de Gruyter Lehrbuch

Allgemeines Verwaltungsrecht

Herausgegeben von

Hans-Uwe Erichsen

Bearbeitet von

Peter Badura · Fritz Ossenbühl
Dirk Ehlers · Hans-Jürgen Papier
Hans-Uwe Erichsen · Walter Rudolf
Wolfgang Rüfner

11., neubearbeitete Auflage

1998

Walter de Gruyter · Berlin · New York

Das Lehrbuch wurde begründet und von der 1. bis zur 7. Auflage gemeinsam herausgegeben von Hans-Uwe Erichsen und Wolfgang Martens.

Zitiervorschlag z. B. Badura in Erichsen, AllgVerwR, 11. A., § 36 Rn 4

∞ Gedruckt auf säurefreiem Papier, das die US-ANSI-Norm über Haltbarkeit erfüllt.

Die Deutsche Bibliothek – CIP-Einheitsaufnahme

Allgemeines Verwaltungsrecht / hrsg. von Hans-Uwe Erichsen.
Bearb. von Peter Badura ... – 11., neubearb. Aufl. – Berlin ;
New York : de Gruyter, 1998
(De-Gruyter-Lehrbuch)
ISBN 3-11-016121-4 brosch.
ISBN 3-11-016333-0 Gb.

Konvertierung/Satz: WERKSATZ Schmidt & Schulz, D-06773 Gräfenhainichen
Druck und Bindung: Kösel GmbH & Co., D-87409 Kempten
Umschlaggestaltung: Hansbernd Lindemann, 10785 Berlin
Printed in Germany

Vorwort zur 11. Auflage

In der hiermit vorgelegten Neubearbeitung des Allgemeinen Verwaltungsrechts hat Hans-Jürgen Papier den bisher von Jürgen Salzwedel bearbeiteten 5. Abschnitt übernommen. Dieser Teil des Buches beschränkt sich nunmehr auf die Darstellung des Rechts der öffentlichen Sachen, während die Fragen der Anstaltsnutzung im 3. Abschnitt im Zusammenhang mit den verwaltungsrechtlichen Sonderverbindungen erörtert werden. Selbstverständlich ist in der Bearbeitung der einzelnen Abschnitte der Entwicklung des Gemeinschaftsrechts und seinen zunehmenden Auswirkungen auf das deutsche Verwaltungsrecht ebenso Rechnung getragen wie der Entwicklung der Gesetzgebung, der Rechtsprechung und der wissenschaftlichen Diskussion im Bereich des Allgemeinen Verwaltungsrechts und des Verwaltungsverfahrensrechts.

Jürgen Salzwedel sei auch an dieser Stelle nochmals sehr herzlich dafür gedankt, daß er über zehn Auflagen hinweg an diesem Buch mitgewirkt hat. Zugleich darf ich Herrn Assessor Christian Biermann, wissenschaftlicher Mitarbeiter am Kommunalwissenschaftlichen Institut der Westfälischen Wilhelms-Universität, sehr herzlich für die Übernahme der mit der herausgeberischen Koordination und mit der drucktechnischen Vereinheitlichung verbundenen Arbeiten danken.

In Fortsetzung und Ergänzung dieses Werkes liegt das von Eberhard Schmidt-Aßmann herausgegebene Lehrbuch Besonderes Verwaltungsrecht vor, das alsbald in 11. Auflage erscheinen wird.

Für Anregungen und Kritik sind Autoren und Herausgeber dankbar.

Münster, im Juli 1998

Hans-Uwe Erichsen

Aus dem Vorwort zur ersten Auflage

Das Allgemeine Verwaltungsrecht mit seinen Rechtsinstituten, seinen Grundsätzen und seiner inneren Systematik muß sich an dem Fortgang der Staatsaufgaben und an der Entwicklung der Rechtsformen des Verwaltungshandelns orientieren. Autoren und Herausgeber haben sich das Ziel gesetzt, die damit gestellten Anforderungen zu erreichen. Das Buch ist zuerst auf die Bedürfnisse der Studenten zugeschnitten. Ihnen will es allerdings mehr geben als eine Einführung oder ein Kurzlehrbuch. Auf der anderen Seite bringt es die Absicht, ein Hilfsmittel für Studium und Prüfung zur Verfügung zu stellen, mit sich, daß nach Stoffverarbeitung und Darstellung nicht die Ansprüche eines großen Lehrbuchs oder Handbuchs angestrebt werden. Autoren und Herausgeber haben freilich auch das Ziel verfolgt, durch die selbständige Behandlung des umfangreichen Materials und durch die Auseinandersetzung mit Literatur und Rechtsprechung zur wissenschaftlichen Durchdringung des Allgemeinen Verwaltungsrechts beizutragen und dem Interesse der Praxis an den dogmatischen Grundlagen und Zusammenhängen des Verwaltungsrechts entgegenzukommen.

Das Werk ist eine Gemeinschaftsarbeit. Autoren und Herausgebern war von Anbeginn klar, daß die Gesamtdarstellung des Allgemeinen Verwaltungsrechts durch mehrere Autoren ein Wagnis ist. Diese Überzeugung hat sich im Verlauf der Entstehung des Werkes bestätigt und noch verstärkt. Sie hoffen aber, daß es – bei aller Unterschiedlichkeit der acht Autoren in einzelnen Standpunkten – gelungen ist, ein Werk zustande zu bringen, das durch die Verbindung systematischen Vorgehens mit eingearbeiteten Fällen und Beispielen sowohl eine Veranschaulichung der Fragestellungen und Probleme des Allgemeinen Verwaltungsrechts als auch eine wissenschaftliche Fundierung dieses Rechtsgebiets fördern kann.

Autoren- und Inhaltsübersicht

Inhaltsverzeichnis

ERSTER ABSCHNITT

Verwaltung und Verwaltungsrecht im demokratischen und sozialen Rechtsstaat

ZWEITER ABSCHNITT

Rechtsquellen und Rechtsbindungen der Verwaltung

DRITTER ABSCHNITT

Das Verwaltungshandeln

1. Teil: Der Verwaltungsakt

VIERTER ABSCHNITT

Das Verwaltungsverfahren

FÜNFTER ABSCHNITT

Recht der öffentlichen Sachen

SECHSTER ABSCHNITT

Das Recht der öffentlich-rechtlichen Schadensersatz- und Entschädigungsleistungen

SIEBENTER ABSCHNITT

Verwaltungsorganisation

Verzeichnis der abgekürzt zitierten Literatur

Achterberg, Allg VwR	Norbert Achterberg, Allgemeines Verwaltungsrecht, 2. Aufl 1986
Achterberg/Püttner, Bes VwR I, II	Norbert Achterberg/Günter Püttner, Besonderes Verwaltungsrecht, Bd I 1990; Bd II 1992
Anschütz/Thoma, HdbDStR (HDStR)	Gerhard Anschütz/Richard Thoma (Hrsg), Handbuch des Deutschen Staatsrechts, Bd I 1930, Bd II 1932
Bachof, Rspr BVerwG I, II	Otto Bachof, Verfassungsrecht, Verwaltungsrecht, Verfahrensrecht in der Rechtsprechung des Bundesverwaltungsgerichts, Bd I, 3. Aufl 1966, Bd II, 1967
Badura, StR	Peter Badura, Staatsrecht, 2. Aufl 1996
Battis, Allg VwR	Ulrich Battis, Allgemeines Verwaltungsrecht, 2. Aufl 1997
Benda/Maihofer/Vogel, HdbVerfR, (2. Aufl 1994)	Ernst Benda/Werner Maihofer/Hans-Jochen Vogel, Handbuch des Verfassungsrechts der Bundesrepublik Deutschland, 1. Aufl 1983; 2. Aufl 1994
Bender, StHR, 2. Aufl	Bernd Bender, Staatshaftungsrecht, Schadensersatz, Entschädigungs- und Folgenbeseitigungspflichten aus hoheitlichem Unrecht, 2. Aufl 1974
Bender, StHR, 3. Aufl	Bernd Bender, Staatshaftungsrecht, 3. völlig neubearbeitete Auflage auf der Grundlage des Staatshaftungsgesetzes 1981
Bettermann/Neumann/Nipperdey/Scheuner, Grundrechte I 1, 2; II; III 1, 2; IV 1, 2	Die Grundrechte, Handbuch der Theorie und Praxis der Grundrechte, Bd 1, 1. u 2. Halbbd, hrsg v Karl August Bettermann, Franz L. Neumann, Hans Carl Nipperdey, 1966/67; Bd 2, hrsg v Franz L. Neumann, Hans Carl Nipperdey, Ulrich Scheuner, 2. Aufl 1968, Bd 3, 1. u 2. Halbbd, hrsg v Karl August Bettermann, Hans Carl Nipperdey, 2. Aufl 1972; Bd 4 1. Halbbd, hrsg v Karl August Bettermann, Hans Carl Nipperdey, Ulrich Scheuner, 2. Aufl 1972; 2. Halbbd, hrsg v Karl August Bettermann, Hans Carl Nipperdey, 2. Aufl 1972
BGB-RGRK	Das Bürgerliche Gesetzbuch mit besonderer Berücksichtigung der Rechtsprechung des Reichsgerichts und des Bundesgerichtshofs, Kommentar, hrsg v Mitgliedern des Bundesgerichtshofs, 12. Aufl 1974 ff
BGHLM	Nachschlagewerk des Bundesgerichtshofs in Zivilsachen, hrsg v Lindenmaier, Möhring ua; Loseblattsammlung, 1951 ff
BK	Bonner Kommentar zum Grundgesetz, Loseblattsammlung, Stand: 81. Lieferung (Dezember 1997)
Bleckmann, EuR	Albert Bleckmann, Europarecht, 6. Aufl 1997
Bull, Allg VwR	Hans Peter Bull, Allgemeines Verwaltungsrecht, 5. Aufl 1997
Degenhart, StR I	Christoph Degenhart, Staatsrecht I, 13. Aufl 1997
Drews/Wacke/Vogel/Martens, Gefahrenabwehr	Bill Drews/Gerhard Wacke/Klaus Vogel/Wolfgang Martens, Gefahrenabwehr, 9. Aufl 1986
Erichsen, StR u VerfGbkt I, II	Hans-Uwe Erichsen, Staatsrecht und Verfassungsgerichtsbarkeit Bd I, 3. Aufl 1982; Bd II, 2. Aufl 1979
Erichsen, VwR u VwGbkt I	Hans-Uwe Erichsen, Verwaltungsrecht und Verwaltungsgerichtsbarkeit, Bd I, 2. Aufl 1984
Eyermann, VwGO	Erich Eyermann, Verwaltungsgerichtsordnung, Kommentar, 10. Aufl 1998

Faber, VwR	Heiko Faber, Verwaltungsrecht, 4. Aufl 1995
Forsthoff, VwR	Ernst Forsthoff, Lehrbuch des Verwaltungsrechts, Bd 1, Allgemeiner Teil, 10. Aufl 1973
Götz, Allg VwR	Volkmar Götz, Allgemeines Verwaltungsrecht, Fälle und Erläuterungen für Studierende, 4. Aufl 1997
Grabitz, EWGV	Eberhard Grabitz, Kommentar zum EWG-Vertrag, Stand: September 1992
Grabitz/Hilf, EU	Eberhard Grabitz/Meinhard Hilf (Hrsg), Kommentar zur Europäischen Union, Stand: Oktober 1997
Grimm/Papier, StVwR NW	Dieter Grimm/Hans-Jürgen Papier (Hrsg), Nordrhein-westfälisches Staats- und Verwaltungsrecht, 1986
vd Groeben/Thiesing/Ehlermann, EWGV I, II, III, IV	Hans vd Groeben/Jochen Thiesing/Claus-Dieter Ehlermann, Kommentar zum EWG-Vertrag, Bd II u III, 4. Aufl 1991, Bd I u IV, 5. Aufl 1997
HdbStKirchR I, II	Ernst Friesenhahn/Ulrich Scheuner (Hrsg), Handbuch des Staatskirchenrechts, 2 Bände, 1975
Herzog ua, EvStL	Roman Herzog/Hermann Kunst/Klaus Schlaich/Wilhelm Schneemelcher (Hrsg), Evangelisches Staatslexikon, 3. Aufl 1987
Hesse, VerfR	Konrad Hesse, Grundzüge des Verfassungsrechts der Bundesrepublik Deutschland, 20. Aufl 1995
Huber, Allg VwR	Peter-Michael Huber, Allgemeines Verwaltungsrecht, 2. Aufl 1997
Hufen, VwPrR	Friedhelm Hufen, Verwaltungsprozeßrecht, 3. Aufl 1998
Isensee/Kirchhof I–IX	Josef Isensee/Paul Kirchhof (Hrsg), Handbuch des Staatsrechts der Bundesrepublik Deutschland, Bd I, 2. Aufl 1995, Bd II 1987, Bd III 1988, Bd IV 1990, Bd V 1992, Bd VI 1989, Bd VII 1992, Bd VIII 1995, Bd IX 1997
Jarass/Pieroth, GG	Hans D. Jarass/Bodo Pieroth, Grundgesetz für die Bundesrepublik Deutschland, Kommentar, 4. Aufl 1997
W. Jellinek, VwR	Walter Jellinek, Verwaltungsrecht, 3. Aufl 1931, Neudruck 1966
Knack, VwVfG	Hans Joachim Knack, Verwaltungsverfahrensgesetz, Kommentar, 5. Aufl 1996
Kopp, VwGO	Ferdinand O. Kopp, Verwaltungsgerichtsordnung, 10. Aufl 1994
Kopp, VwVfG	Ferdinand O. Kopp, Verwaltungsverfahrensgesetz, 6. Aufl 1996
Kottenberg-Steffens, Rechtsprechung	Albert v Mutius (Hrsg), Rechtsprechung zum kommunalen Verfassungsrecht des Landes Nordrhein-Westfalen, Loseblattsammlung, Stand: 37. Lieferung (August 1997)
v Mangoldt/Klein, GG I, II, III	Hermann v Mangoldt/Friedrich Klein, Das Bonner Grundgesetz, Kommentar, Bd I, 2. Aufl 1957, Bd II, 2. Aufl 1964, Bd III, 2. Aufl 1974
v Mangoldt/Klein/Starck, GG	Hermann v Mangoldt/Friedrich Klein/Christian Starck, Das Bonner Grundgesetz, Kommentar, Bd I, 3. Aufl 1985
Maunz/Dürig, GG	Theodor Maunz/Günter Dürig/Roman Herzog/Rupert Scholz/Hans H. Klein/Peter Lerche/Hans-Jürgen Papier/Albrecht Randelzhofer/Eberhard Schmidt-Aßmann, Grundgesetz, (Loseblatt-)Kommentar, Stand: November 1997
Maunz/Zippelius, StaatsR (StR)	Theodor Maunz/Reinhold Zippelius, Deutsches Staatsrecht, 29. Aufl 1994

Maurer, Allg VwR	Hartmut Maurer, Allgemeines Verwaltungsrecht, 11. Aufl 1997
Mayer/Kopp, Allg VwR	Franz Mayer/Ferdinand O. Kopp, Allgemeines Verwaltungsrecht, 5. Aufl 1985
O. Mayer, VwR I, II	Otto Mayer, Deutsches Verwaltungsrecht, 2 Bde, 3. Aufl 1924, Neudruck Bd I 1961, Bd II 1969
Meyer/Borgs, VwVfG	Hans Meyer/Hermann Borgs-Maciejewski, Verwaltungsverfahrensgesetz, Kommentar, 2. Aufl 1982
v Münch/Kunig, GGK I, II, III	Ingo v Münch/Philip Kunig (Hrsg), Grundgesetz-Kommentar, Bd I, 4. Aufl 1992, Bd II, 3. Aufl 1995, Bd III, 3. Aufl 1996
Obermayer, VwVfG	Klaus Obermayer, Kommentar zum Verwaltungsverfahrensgesetz, 2. Aufl 1990
Oppermann, EuR	Thomas Oppermann, Europarecht, 1991
Ossenbühl, StHR	Fritz Ossenbühl, Staatshaftungsrecht, 4. Aufl 1991
Peine, Allg VwR	Franz-Joseph Peine, Allgemeines Verwaltungsrecht, 3. Aufl 1997
Peters, HkWP	Hans Peters (Hrsg), Handbuch der kommunalen Wissenschaft und Praxis, 3 Bde, 1956 ff
Püttner, HkWP	Günter Püttner (Hrsg), Handbuch der kommunalen Wissenschaft und Praxis, 2. Aufl, 6 Bde, 1981 ff
Püttner, Allg VwR	Günter Püttner, Allgemeines Verwaltungsrecht, 7. Aufl 1995
Redeker/v Oertzen, VwGO	Konrad Redeker/Hans-Joachim v Oertzen, Verwaltungsgerichtsordnung, Kommentar, 12. Aufl 1997
Schmidt-Aßmann, Bes VwR	Eberhard Schmidt-Aßmann, Besonderes Verwaltungsrecht, 10. Aufl 1995
Schmitt Glaeser, VwPrR	Walter Schmitt Glaeser, Verwaltungsprozeßrecht, 14. Aufl 1997
Schoch/Schmidt-Aßmann/Pietzner, VwGO	Friedrich Schoch/Eberhard Schmidt-Aßmann/Rainer Pietzner, Verwaltungsgerichtsordnung, (Loseblatt-)Kommentar, Stand: Februar 1998
Schwarze, Eur VwR I, II	Jürgen Schwarze, Europäisches Verwaltungsrecht, Bd I u II, 1988
Schweitzer, StR III	Michael Schweitzer, Staatsrecht III, 6. Aufl 1997
Schweitzer/Hummer, EuR	Michael Schweitzer/Waldemar Hummer, Europarecht, 5. Aufl 1996
Statist Jb	Statistisches Jahrbuch für die Bundesrepublik Deutschland (hrsg vom Statistischen Bundesamt)
Steiner, Bes VwR	Udo Steiner, Besonderes Verwaltungsrecht, 5. Aufl 1995
Stelkens/Bonk/Sachs, VwVfG	Paul Stelkens/Heinz J. Bonk/Michael Sachs, Verwaltungsverfahrensgesetz, 5. Aufl 1998
Stern, StR I, II, III/1, III/2	Klaus Stern, Das Staatsrecht der Bundesrepublik Deutschland, Bd I, 2. Aufl 1984, Bd II 1980, Bd III/1 1988, Bd III/2 1994
Streinz, EuR	Rudolf Streinz, Europarecht, 3. Aufl 1996
Ule, VerwGbarkeit	Carl Hermann Ule, Verwaltungsgerichtsbarkeit, 2. Aufl 1962
Ule, VwPrR	Carl Hermann Ule, Verwaltungsprozeßrecht, Studienbuch, 9. Aufl 1987
Ule/Laubinger, VwVfR	Carl Hermann Ule/Hans Werner Laubinger, Verwaltungsverfahrensrecht, 4. Aufl 1995
Wallerath, Allg VwR	Maximilian Wallerath, Allgemeines Verwaltungsrecht, 4. Aufl 1992

Wolff/Bachof, VwR I, II, III	Hans J. Wolff/Otto Bachof, Verwaltungsrecht, Bd I, 9. Aufl 1974, Bd II, 4. Aufl 1976, Bd III, 4. Aufl 1978
Wolff/Bachof/Stober, VwR I, II	Hans J. Wolff/Otto Bachof/Rolf Stober, Verwaltungsrecht, Bd I, 10. Aufl 1994, Bd II, 5. Aufl 1987

ERSTER ABSCHNITT

Verwaltung und Verwaltungsrecht im demokratischen und sozialen Rechtsstaat

Dirk Ehlers

Gliederung

§ 1
Staatliche Verwaltung

1 „Von der Wiege bis zur Bahre: Formulare, Formulare“. Treffender als mit diesem Spruch kann die Einbindung des Bürgers in Verwaltungsvorgänge nicht beschrieben werden. Ein Mensch kommt idR von der Geburt (vielleicht in einem staat-

lichen Krankenhaus) bis zum Tode (etwa in einem kommunalen Altersheim) mit der Verwaltung in Berührung. So löst schon die Geburt zahlreiche Verwaltungsvorgänge aus (beispielsweise Eintragung der Geburt in das Geburtenbuch durch den Standesbeamten, Zahlung von Kindergeld, uU Gewährung von Entbindungsgeld, Änderung der Steuerklasse). Verfolgt man den Lebensweg weiter, zeigt sich, wie sehr der Einzelne auf die Verwaltung angewiesen bzw ihr ausgeliefert ist. Man denke nur an den Besuch kommunaler Kindergärten, staatlicher Schulen und Universitäten oder die Benutzung öffentlicher Straßen. Die Verwaltung greift sogar über Leben und Tod hinaus. ZB genießt schon der nasciturus öffentlich-rechtlichen Versicherungsschutz,[1] während der Tod für die Verwaltung verschiedene Nachwirkungen hat. So muß die Verwaltung eine ordnungsgemäße Bestattung auf einem Friedhof ermöglichen und den Hinterbliebenen ggf Pensions- oder Rentenansprüche auszahlen.

Wird die Polizei zur Gefahrenabwehr tätig, eine Steuerschuld durch das Finanz- 2
amt beigetrieben, einem Baubewerber eine Baugenehmigung erteilt, einem Gewerbetreibenden die Ausübung des Gewerbes untersagt oder einem Arbeitslosen Arbeitslosenhilfe überwiesen, kann nicht ernsthaft zweifelhaft sein, daß ein Handeln der staatlichen Verwaltung vorliegt. In anderen Fällen ist dies indessen nicht eindeutig. So stellt sich die Frage, ob auch die Wehrübungen der Bundeswehr, der Ankauf von Computern für eine Kreisverwaltung, die Bereitstellung von Verkehrsleistungen durch die Deutsche Bahn AG, die Versorgung der Bevölkerung mit Wasser und Strom durch eine teils städtische, teils sich im Anteilseigentum von Privaten befindende Gesellschaft oder die Ausstrahlung der Sportschau durch eine öffentlich-rechtliche Rundfunkanstalt etwas mit staatlicher Verwaltung zu tun haben. Jede Darstellung des Verwaltungsrechts kommt daher nicht umhin, ihren Gegenstand – die *staatliche Verwaltung* – zu definieren.

I. Der Begriff der staatlichen Verwaltung

Der Begriff „Verwaltung" taucht in vielen Gesetzen, wie etwa den Art 83 ff GG 3
oder den §§ 1 ff VwVfG, auf. Eine Legaldefinition der Verwaltung gibt es jedoch nicht. Die Verwaltungsrechtswissenschaft unterscheidet drei verschiedene Begriffe:

1. Staatliche Verwaltung im organisatorischen Sinne

Jede Organisation bedarf einer Verwaltung. Hier interessiert nur die *staatliche* 4
Verwaltung, nicht die Verwaltung privater Organisationen. Im Schrifttum wird fast durchweg von öffentlicher Verwaltung gesprochen. Indessen ist der Begriff des „Öffentlichen" mehrdeutig[2] und sollte daher möglichst vermieden werden. Unter staatlicher *Verwaltung im organisatorischen Sinne* ist die Gesamtheit der Verwaltungsträger und ihrer Untergliederungen (zB in Organe, Behörden und Äm-

[1] Vgl dazu BVerfGE 45, 376ff.

[2] Vgl *Martens* Öffentlich als Rechtsbegriff, 1969, 22ff; *Häberle* Öffentliches Interesse als juristisches Problem, 1970, 22ff.

ter) zu verstehen, sofern sie vom Staat getragen und in der Hauptsache materiell verwaltend tätig werden (Rn 5 ff). Als Träger von Staatsgewalt sind alle Organisationen anzusehen, hinter denen unmittelbar oder mittelbar allein der Staat steht. Dazu zählen vor allem alle *juristischen Personen des öffentlichen Rechts* (Rn 15), es sei denn, daß sie (wie die sog korporierten Religionsgemeinschaften[3] oder das Bayrische Rote Kreuz[4]) in der gesellschaftlichen Sphäre wurzeln. Ferner gehören hierher sämtliche *Privatrechtssubjekte*, deren Inhaber ausschließlich eine oder mehrere der zuvor genannten juristischen Personen des öffentlichen Rechts, wie zB Bund, Länder oder Kommunen, sind.[5] Zu erwähnen sind insbes die Eigengesellschaften, dh diejenigen Gesellschaften, deren Anteilseigentum unmittelbar oder mittelbar ganz und nicht nur teilweise in den Händen einer juristischen Person des öffentlichen Rechts liegt. Gemischt zusammengesetzte Privatrechtsvereinigungen (die von mindestens einer juristischen Person des öffentlichen Rechts und einer Privatperson getragen werden) sowie private Rechtssubjekte sind nur Träger von Staatsgewalt, wenn und soweit ihnen Staatsgewalt übertragen wurde.[6] Man spricht in solchen Fällen von Beliehenen (Rn 16).

2. Staatliche Verwaltung im materiellen Sinne

5 Unter Verwaltung im materiellen Sinne wird diejenige Staatstätigkeit verstanden, welche die Wahrnehmung von *Verwaltungsaufgaben* zum Gegenstand hat. Die Verwaltungsaufgaben werden in der Lehre teils positiv, teils negativ bestimmt. In Betracht kommt auch eine Kombination dieser Ansätze.

6 a) *Positive Begriffsbestimmung*. Die positiven Umschreibungen beschränken sich idR darauf, einzelne typische Merkmale der Verwaltung hervorzuheben. So wird abgestellt auf die konkret-individuelle Normgebung in Abhängigkeit von Weisungen vorgesetzter Behörden (*Kelsen*[7]), die Verwirklichung des gesetzgeberischen Willens (*Fleiner*[8]) bzw der Staatszwecke für den Einzelfall (*Peters*[9]), die Lösung konkreter Aufgaben gem den Rechtsnormen oder innerhalb ihrer Schranken

[3] Vgl Art 140 GG iVm Art 137 Abs 5 WRV. Zum Sinngehalt des Körperschaftsstatus vgl *v Mangoldt/Klein/v Campenhausen* Das Bonner Grundgesetz, Bd 14, 3. Aufl 1991, Art 140 Rn 154; *Ehlers* in: Sachs (Hrsg), GG, 2. Aufl 1998, Art 140 GG/137 WRV Rn 19.

[4] Art 1 Abs 1 S 1 Gesetz über die Rechtsstellung des Bayerischen Roten Kreuzes v 16. 7. 1986, GVBl, 134.

[5] Vgl *Ehlers* JZ 1987, 218, 224; *Erichsen* Gemeinde und Private im wirtschaftlichen Wettbewerb, 1987, 27. *Burmeister* VVDStRL 52 (1993) 190, 217 ff. AA zB *Püttner* Die öffentlichen Unternehmen, 2. Aufl 1985, 136 f, 141. Auch das europäische Gemeinschaftsrecht rechnet die genannten Rechtssubjekte dem Staat zu. Vgl § 3 Rn 15.

[6] AA wohl BVerfG JZ 1990, 335, das gemischtwirtschaftliche Unternehmen in bestimmten Fällen an die Grundrechte bindet. Krit dazu § 2 Rn 84.

[7] Reine Rechtslehre, 1934, 80, 2. Aufl 1960, 240.

[8] *Fleiner* Institutionen des deutschen Verwaltungsrechts, 8. Aufl 1928; *Jesch* Gesetz und Verwaltung, 1961, 205; *Rupp* Grundfragen der heutigen Verwaltungslehre, 2. Aufl 1991, 135.

[9] Lehrbuch der Verwaltung, 1949, 5 ff; Die Verwaltung als eigenständige Staatsgewalt, 1965, 7.

(*G. Jellinek*[10]), den Einsatz hoheitlicher Mittel (*Giese*[11]), die geleitete, richtungserhaltende, geführte Tätigkeit (*Achterberg*[12]), die soziale Gestaltung im Rahmen der Gesetze und auf dem Boden des Rechts (*Forsthoff*[13]), die Herstellung verbindlicher Entscheidungen (*Luhmann*[14]) oder die planmäßige Tätigkeit öffentlichen Gemeinwesens zur Gestaltung und Gewährleistung des sozialen Zusammenlebens, wobei diese Tätigkeit in ihren Zielen, Zwecken, Aufgaben und Befugnissen durch die Rechtsordnung und innerhalb dieser durch die politischen Entscheidungen der Regierung bestimmt und begrenzt wird (*Bachof*[15]). Nach *Stern* bedeutet Verwaltung im materiellen Sinne die den Organen der vollziehenden Gewalt und bestimmten diesen zuzurechnenden Rechtssubjekten übertragene eigenverantwortliche ständige Erledigung der Aufgaben des Gemeinwesens durch konkrete Maßnahmen in rechtlicher Bindung nach (mehr oder weniger spezifiziert) vorgegebener Zwecksetzung.[16] Für *Roellecke* läßt sich Verwaltung als der Teil einer Organisation charakterisieren, der ohne offen legitimierbare eigene Ziele im Dienste der Aufgaben eines Betriebes durch verbindliche Entscheidung zwischen Betrieb und Umwelt vermittelt.[17] *Scherzberg* definiert öffentliches Verwalten als die Wahrnehmung politischer Handlungsoptionen im Wege des problem- und zielorientierten Einsatzes tatsächlicher oder rechtlicher Ressourcen durch ein hierauf spezialisiertes Organisationssystem.[18] Am anspruchsvollsten ist die Definition von *H. J. Wolff*. Unter öffentlicher Verwaltung im materiellen Sinne soll danach die mannigfaltige, konditional oder nur zweckbestimmte, also insofern fremdbestimmte, nur teilplanende, selbstbeteiligt entscheidend ausführende und gestaltende Wahrnehmung der Angelegenheiten von Gemeinwesen und ihrer Mitglieder als solcher durch die dafür bestellten Sachwalter des Gemeinwesens zu verstehen sein.[19] Selbst bei dieser Definition ist zweifelhaft, ob alle Merkmale der Verwaltung erfaßt werden und ob sich diese Merkmale von denen sonstiger Staatsfunktionen hinreichend unterscheiden lassen. Die Begriffsbestimmung ist so abstrakt geraten, daß sie praktisch kaum handhabbar ist. Festzuhalten ist daher, daß es eine trennscharfe Definition der Verwaltung im materiellen Sinne nicht gibt. Sie wird sich auch in Zukunft nicht entwickeln lassen, weil die Mannigfaltigkeit, in der sich die einzelnen Verrichtungen der Verwaltung ausfächern, der einheitlichen Formel spottet.[20]

10 *Jellinek* Staatslehre 3. Aufl 1960, 610.
11 Allg VwR, 3. Aufl 1952, 6.
12 Allg VwR, § 8 Rn 7.
13 VwR, 6.
14 Theorie der Verwaltungswissenschaft, 1966, 67. Zur Entscheidungsfähigkeit der Verwaltung vgl auch *Thieme* Verwaltungslehre, 4. Aufl 1984, Rn 8 f. Krit dazu *Peine* Allgemeines Verwaltungsrecht, 3. Aufl 1997, Rn 12.
15 EvStL, Bd IV, 3. Aufl 1987, Sp 3828.
16 StR, Bd II, § 41 I 3 (738).
17 Verw 29 (1996) 1 (15).
18 Verwaltung und Öffentlichkeit, 1998, 96 (maschinenschriftl).
19 *Wolff/Bachof/Stober* VwR I, § 2 Rn 19.
20 *Forsthoff* VwR, 1. Kritisch zum materiellen Verwaltungsbegriff auch *G. Winkler* Orientierungen im öffentlichen Recht, 1979, 21 f.

7 b) *Negative Begriffsbestimmung.* Zumeist begnügt sich die Verwaltungsrechtslehre in Anschluß an *Otto Mayer*[21] und *W. Jellinek*[22] mit einer negativen Begriffsbestimmung der Verwaltung (im materiellen Sinne). Danach ist Verwaltung diejenige Staatstätigkeit, die nicht Gesetzgebung und Rechtsprechung ist. Diese Art der Definition wirft aber ebenfalls erhebliche Probleme auf.

8 Zunächst führt die „Substraktionsmethode" nur dann zu eindeutigen Ergebnissen, wenn sich die übrigen Staatsfunktionen Gesetzgebung und Rechtsprechung ihrerseits exakt definieren lassen. Dies ist indessen nicht der Fall. Zwar spricht Art 20 Abs 2 S 2 GG davon, daß die Staatsgewalt durch besondere Organe der Gesetzgebung, der vollziehenden Gewalt und der Rechtsprechung ausgeübt wird. Damit bekennt sich das Grundgesetz aber nicht zu einer strikten Gewaltenteilung.[23] So darf das *Parlament* nicht nur Gesetze im materiellen Sinne erlassen (dh abstrakt-generelle Regelungen), sondern auch lediglich formelle Gesetze (dh Einzelfallgesetze wie das grundsätzlich nur den staatlichen Innenrechtskreis betreffende Haushaltsgesetz oder die sog Maßnahmegesetze).[24] Dem Inhalt nach handelt es sich in solchen Fällen eher um verwaltende Tätigkeit. Ferner ist dem Deutschen Bundestag nicht nur die Gesetzgebung, sondern zB auch die Wahl des Bundespräsidenten (Art 54 GG), des Bundeskanzlers (Art 63 GG) sowie die Kontrolle der Regierung[25] übertragen worden. Der Präsident des Bundestages darf Hausverbote aussprechen (Art 40 Abs 2 S 1 GG), ein parlamentarischer Untersuchungsausschuß Beweiserhebungen vornehmen (Art 44 Abs 2 GG) und ein Bundestagsabgeordneter sich an der Wahl der Bundesrichter beteiligen (Art 95 Abs 2 GG). Umgekehrt ist die *vollziehende Gewalt* an der Gesetzgebung beteiligt (Art 76 Abs 1, 113 Abs 1 GG) und ermächtigt, selbst bestimmte Gesetze – etwa Rechtsverordnungen – zu erlassen (Art 80 GG). Die *Gerichte* werden nicht nur rechtsprechend tätig, sondern führen auch verschiedene Register, wie etwa das Handelsregister (§ 8 HGB), organisieren die juristischen Staatsprüfungen (zB § 4 JAG NW) und dürfen bestimmte „Justizverwaltungsakte" (§ 23 Abs 1 EGGVG) erlassen. Das BVerfG spricht daher davon, daß nur der Kernbereich der einzelnen Gewalten absolut geschützt sei.[26] Wo dieser Kernbereich beginnt, bleibt eine offene Frage.[27]

[21] VwR I, 7. Vgl auch *Fleiner* (Fn 8) 4f.

[22] VwR, 5f.

[23] Dies ergibt sich schon daraus, daß es sich um ein bloßes Rechtsprinzip handelt (vgl zB BVerfGE 2, 302, 319; 3, 225, 247f; 9, 268, 280; 30, 1, 27f). Im Gegensatz zu Regeln haben Prinzipien aber nicht ausschließlich definitiven Charakter. Vgl *Alexy* Theorie der Grundrechte, 1986, 75f. Zur Frage, ob sich dem Grundgesetz ein Verwaltungsvorbehalt entnehmen läßt, vgl *Maurer* VVDStRL 43 (1985) 135ff; *Schnapp* ebd, 172ff; *Kuhl* Der Kernbereich der Exekutive, 1993, 141ff; *Ehlers* Rechtsfragen der Richterwahl, 1998, 55ff.

[24] Zur Zulässigkeit vgl BVerfGE 25, 371, 396; 36, 383, 400.

[25] Vgl dazu statt vieler *Krebs* Kontrolle in staatlichen Entscheidungsprozessen, 1984, 120ff; *Achterberg* Parlamentsrecht, 1984, § 18, 410ff; *Steffani* in: Schneider/Zeh (Hrsg), Parlamentsrecht und Parlamentspraxis in der Bundesrepublik Deutschland, 1989, § 49, 1325ff; *Schröder* in: Isensee/Kirchhof II, § 51 Rn 49.

[26] BVerfGE 9, 268, 280; 30, 1, 28; 34, 52, 59.

[27] *Hesse* VerfR, § 13 Rn 478; *Ehlers* Verfassungsrechtliche Fragen der Richterwahl, 1998, 30ff.

Weiter kann es Staatstätigkeiten geben, die weder zur Gesetzgebung und Rechtsprechung noch zur Verwaltung gehören. So spricht das Grundgesetz in Art 1 Abs 3, 20 Abs 2 S 2 und Abs 3 GG mit Bedacht nicht von Verwaltung, sondern von vollziehender Gewalt. Dieser Begriff wird als der weitere angesehen.[28] Zur vollziehenden Gewalt, dh zur Exekutive, gehört auch der von der Verwaltung abzugrenzende Bereich der *Regierung.*[29] Dementsprechend heißt es beispielsweise in Art 3 Abs 1 S 2 der Verfassung von Berlin: Die vollziehende Gewalt liegt in den Händen der Regierung und der Verwaltung. Zur vollziehenden Gewalt, nicht zur Verwaltung, ist ferner die militärische Kommandogewalt der Bundeswehr zu zählen.[30] Auch gibt es *andere exekutive Betätigungen,* die sich nicht ohne weiteres der Verwaltung zurechnen lassen, wie zB die Kontrolle der Rechnungshöfe, des Wehrbeauftragten und der staatlichen Datenschutzbeauftragten, die Währungsentscheidungen der Deutschen Bundesbank und das Handeln der sog Mediatoren bzw Bürgerbeauftragten, die zwischen Verwaltung und Bürger vermitteln sollen.[31] **9**

Schließlich ist die negative Definition der Verwaltung (im materiellen Sinne) insofern unbefriedigend, als sie die Verwaltung als etwas „Übriggebliebenes" darstellt, was der Bedeutung dieser überaus mächtigen Staatsfunktion nicht gerecht wird. **10**

c) *Kombinierte Begriffsbestimmung.* Angesichts dieser Aporie empfiehlt es sich, die verschiedenartigen Ansätze zu kombinieren. Eine erste Orientierung vermittelt die Substraktionsmethode. Abzustellen ist auf die typischen Merkmale der anderweitigen Staatsfunktionen. Als kennzeichnend für die Gesetzgebung wird die Setzung generell-abstrakter Rechtsnormen angesehen. Unter Rechtsprechung ist die zu rechtskräftiger Entscheidung führende rechtliche Beurteilung von Sachverhalten in Anwendung des geltenden objektiven Rechts durch ein unbeteiligtes Staatsorgan zu verstehen, das auf gesetzlicher Grundlage in sachlicher und personeller Unabhängigkeit tätig wird.[32] Die Regierung im materiellen Sinne zeichnet sich durch ihre staatsleitende, richtungsgebende und führende Tätigkeit,[33] die militäri- **11**

[28] Bei Beratung des Art 20 GG im Parlamentarischen Rat wurde statt des ursprünglich vorgesehenen Begriffes der „Verwaltung" der Terminus „vollziehende Gewalt" bevorzugt, weil auch die Regierung einbezogen werden sollte (*Dehler* JöR NF 1 [1951], 200). Durch Gesetz v 19. 3. 1956 (BGBl I, 111) ist der Begriff „Verwaltung" in Art 1 Abs 3 GG durch den der vollziehenden Gewalt ersetzt worden, um die Bindung der Bundeswehr an die Grundrechte sicherzustellen.

[29] HM. Vgl statt vieler *Achterberg* Allg VwR, § 8 Rn 1 ff; *Schröder* in: Isensee/Kirchhof III, § 67 Rn 1 ff. Krit *Frotscher* Regierung als Rechtsbegriff, 1975, 173 ff, wonach es nicht gerechtfertigt sei, die Bestimmungs- und Leitungsbefugnisse der Exekutive in einem Teilbereich durch eine besondere Funktion „Regierung" herauszustellen.

[30] HM. Vgl *Wolff/Bachof* VwR I, § 2 III a (12); *Stern* StR II, § 42 I 5 (851 f). AA *v Unruh* VVDStRL 26 (1968) 167.

[31] Vgl dazu *Grindel* Ausländerbeauftragte – Aufgaben und Rechtsstellung, 1984; Kempf/Uppendahl (Hrsg), Ein deutscher Ombudsmann. Der Bürgerbeauftragte in Rheinland-Pfalz, 1986; Hoffmann-Riem/Schmidt-Aßmann (Hrsg), Konfliktbewältigung durch Verhandlungen, 1990; *Holznagel* Konfliktlösung durch Verhandlungen, 1990.

[32] Ähnlich *Wolff/Bachof/Stober* VwR I, § 20 Rn 44. Vgl auch zu den Merkmalen der Rechtsprechung BVerfGE 18, 241, 253 f; 26, 186, 195; 27, 312, 320; 27, 355, 361 f; 48, 300, 323.

[33] *Achterberg* Allg VwR, § 8 Rn 2; *Wolff/Bachof/Stober* VwR I, § 20 Rn 25.

sche Kommandogewalt durch die Ausbildung und Führung einer militärischen Macht aus. Im Zweifelsfall ist ergänzend auf die genannten positiven Merkmale der Verwaltung zurückzugreifen, wobei in Anlehnung an Stern vor allem auf die eigenverantwortliche Erledigung der Aufgaben des Gemeinwesens durch konkrete Maßnahmen in rechtlicher Bindung nach (mehr oder weniger spezifiziert) vorgegebener Zwecksetzung abzustellen ist. Trotz der rechtlichen Bindung steuert sich die Verwaltung in einem erheblichen Ausmaße selbst (in Interaktion mit den Betroffenen).

12 d) *Rechtliche Verbindlichkeit.* Die relativ große Unschärfe des Begriffes der Verwaltung im materiellen Sinne kann solange hingenommen werden, als an die Begriffsbestimmung keine Rechtsfolgen geknüpft sind. Stellen die verfassungsrechtlichen oder einfachgesetzlichen Bestimmungen auf das Vorliegen einer Verwaltungstätigkeit im materiellen Sinne ab, ist der Begriff je nach Gesetz eigenständig zu bestimmen. Es ist durchaus denkbar, daß der gesetzliche Begriff der Verwaltung im materiellen Sinne unterschiedlich verwendet wird. Wenn etwa Art 3 Verf. NW von einer Dreiteilung der Gewalten spricht und neben der Gesetzgebung und Rechtsprechung nur die Verwaltung erwähnt, die in den Händen der Landesregierung, der Gemeinden und Gemeindeverbände liegt, so wird damit die gesamte Regierungstätigkeit miterfaßt. Dagegen bezieht der Begriff „Verwaltungstätigkeit" im Sinne des § 1 Abs 1 VwVfG gerade nicht die Tätigkeit der Regierung im materiellen Sinne mit ein.[34]

3. Staatliche Verwaltung im formellen Sinne

13 Unter staatlicher Verwaltung in formellem Sinne ist die gesamte von der staatlichen Verwaltung im organisatorischen Sinne ausgeübte Tätigkeit zu verstehen – unabhängig davon, ob es sich um Verwaltung im materiellen Sinne oder zB um Regierung oder Gesetzgebung handelt. Ob die Verwaltung die Tätigkeit wahrnehmen darf, bestimmt sich nach Verfassungsrecht und einfachem Gesetzesrecht.

II. Die Organisation der staatlichen Verwaltung

14 Die Erledigung der staatlichen Verwaltungsaufgaben obliegt Verwaltungsträgern, dh rechtsfähigen oder teilrechtsfähigen Subjekten. Originärer Verwaltungsträger ist der als rechtsfähige Körperschaft des öffentlichen Rechts (also juristische Person[35]) organisierte Staat in Gestalt von Bund oder Land. Man spricht in solchen Fällen von *unmittelbarer Staatsverwaltung*. Schwerpunktmäßig wird diese von den Ländern wahrgenommen, weil der Bund nur dann verwaltend tätig werden darf, wenn er durch das Grundgesetz hierzu ermächtigt worden ist (wie zB durch Art 87 GG). Auch die Ausführung der Bundesgesetze obliegt regelmäßig den Ländern, entweder als eigene Angelegenheit (Art 83, 84 GG) oder im Auf-

[34] HM. Vgl *Stelkens/Schmitz* in: Stelkens/Bonk/Sachs, VwVfG, § 1 Rn 166. Vgl auch BVerfG NJW 1983, 1725, 1726. AA *Schnapp* AöR 108 (1983) 137, 138.

[35] Krit dazu *Böckenförde* FS H. J. Wolff, 1973, 269, 274 ff.

trage des Bundes (Art 85 GG). Wie alle anderen juristischen Personen werden auch Bund und Länder durch bestimmte Organe tätig. Diese werden jedenfalls dann, wenn sie Außenzuständigkeiten der Verwaltung nach Maßgabe öffentlichen Rechts wahrzunehmen haben, Behörden genannt (§ 12 Rn 14). Während es auf der Bundesebene normalerweise nur eine, höchstens zwei Behördeninstanzen gibt (insbes die Bundesministerien und Bundesoberbehörden)[36] verfügen die Flächenstaaten über oberste Behörden (Ministerpräsidenten, Landesminister), Oberbehörden (die wie die Landeskriminalämter einer obersten Behörde unmittelbar unterstehen und für das gesamte Land zuständig sind), Mittelbehörden (die wie die Bezirksregierungen einer obersten Landesbehörde unmittelbar unterstehen und für einen Teil des Landes zuständig sind) und untere Verwaltungsbehörden (zB Finanzämter).[37]

Die staatliche Verwaltung kann statt dessen auch auf rechtlich verselbständigte **15**
(dezentralisierte) Verwaltungsträger übertragen werden. Es liegt dann eine *mittelbare Staatsverwaltung* vor. Die Träger der mittelbaren Staatsverwaltung können öffentlich-rechtlich oder privatrechtlich organisiert sein. Als öffentlich-rechtliche Organisationsformen haben sich die Körperschaft, Stiftung und Anstalt des öffentlichen Rechts herausgebildet. Eine *Körperschaft* ist mitgliedschaftlich organisiert (§ 53 Rn 11). Die Körperschaftsmitglieder wählen ein Leitungsorgan oder eine Vertretung, die ihrerseits das Leitungsorgan bestellt. Bei den Körperschaften handelt es sich um Selbstverwaltungsträger.[38] Unter *Stiftungen* des öffentlichen Rechts sind mit einem öffentlich-rechtlichen Status versehene Vermögensmassen zu verstehen, die von einem Stifter einem bestimmten Zweck gewidmet sind.[39] Zu den *Anstalten* werden die verselbständigten Verwaltungsträger des öffentlichen Rechts gerechnet, die nicht Körperschaften oder Stiftungen sind. § 41 LVwG SH definiert die Anstalten als „von einem oder mehreren Trägern der öffentlichen Verwaltung errichtete Verwaltungseinheiten mit eigener Rechtspersönlichkeit, die mit einem Bestand an sachlichen Mitteln und Dienstkräften Aufgaben der öffentlichen Verwaltung erfüllen". Die bedeutsamsten Träger der mittelbaren Staatsverwaltung sind die als Körperschaften des öffentlichen Rechts organisierten Gemeinden und Kreise.

Neben den *Organisationsformen* des öffentlichen Rechts dürfen – in bestimm- **16**
ten Grenzen – auch diejenigen *des Privatrechts* in Anspruch genommen werden. Am häufigsten kommt die Form der GmbH und der Aktiengesellschaft vor. Vor allem die Kommunen führen einen Großteil ihrer öffentlichen Einrichtungen (zB Stadthallen, Museen oder Theater) und Wirtschaftsbetriebe als Eigengesellschaften. Keine Verwaltungsträger stellen nach dem Gesagten (Rn 4) die gemischt zusammengesetzten Gesellschaften dar (also diejenigen Gesellschaften, an denen neben der öffentlichen Hand auch Privatpersonen beteiligt sind). Schließlich darf der Staat durch oder aufgrund Gesetzes Private mit der eigenständigen Wahrnehmung von Verwaltungsaufgaben und der Ausübung öffentlich-rechtlicher Hand-

[36] Vgl zu den Ministerien Art 65 S 2, zu den Bundesoberbehörden Art 87 Abs 3 S 1 GG.
[37] Vgl etwa §§ 3ff LOG NW.
[38] Zu den Grenzen der Selbstverwaltung vgl § 4 Rn 9.
[39] Vgl auch die Legaldefinition des § 46 LVwG. Ferner Art 1 Abs 2 BayStG. Näher dazu § 52 Rn 20.

lungsbefugnisse betrauen, um die eigene Verwaltungsapparatur zu entlasten und sich die Sachkunde und Flexibilität dieser Personen zunutze zu machen. Die Privaten werden dann als *Beliehene* (dh mit Staatsgewalt ausgestattete Personen) tätig.[40] Da sie selbständig im eigenen Namen handeln, treten sie als Verwaltungsträger in Erscheinung. Zugleich stellen sie Behörden iSd Verwaltungsverfahrensgesetze dar (§ 12 Rn 18).

17 Von den Beliehenen sind die Verwaltungshelfer zu unterscheiden (zB die für die Polizei tätigen privaten Abschleppunternehmer). Von Verwaltungshilfe wird gesprochen, wenn eine Privatperson nicht selbständig tätig wird, sondern Hilfstätigkeiten im Auftrag und nach Weisung der Behörde wahrnimmt.[41] Da die Verwaltungshilfe nur interne Bedeutung hat, ändert die Heranziehung von Verwaltungshelfern nichts an der Ausgestaltung der Rechtsbeziehungen zwischen Verwaltung und Bürger. Der Verwaltungshelfer darf an der Entscheidungsvorbereitung beteiligt werden, ihm darf aber nicht die Entscheidung selbst übertragen werden. Die Gerichte haben eine systematische Feststellung von Park- und Halteverstößen durch private Unternehmer für nicht rechtmäßig erachtet,[42] die Erhebung von Gebühren durch Verwaltungshelfer aber zugelassen.[43]

18 Das *Zusammenwirken der* verschiedenen *Verwaltungsträger* sowie der verschiedenen Stellen (Behörden) innerhalb eines Verwaltungsträgers richtet sich nach bestimmten Strukturprinzipien, die sich überwiegend bereits dem Verfassungsrecht (insbes dem Demokratieprinzip, Rechtsstaatsprinzip und den Art 83 ff GG) entnehmen lassen. So müssen alle öffentlich-rechtlichen Träger mittelbarer Staatsverwaltung mindestens einer Rechtsaufsicht unterliegen.[44] Soweit es sich um publizistische Privatrechtssubjekte (zB Eigengesellschaften) handelt, fehlt es an ausdrücklichen Aufsichtsbestimmungen. Doch bedürfen auch diese Subjekte einer effektiven Steuerung und Kontrolle (§ 2 Rn 76).[45] Die nähere Ausgestaltung der Verwaltungsorganisation wird ausführlich in den §§ 52 ff beschrieben.

III. Das Personal der staatlichen Verwaltung

1. Die verschiedenen Beschäftigungsverhältnisse

19 In der öffentlich-rechtlich organisierten Verwaltung wurden Mitte 1996 rund 5,3 Millionen Personen beschäftigt.[46] Dies entspricht einem Anteil von etwa 15 % an der Zahl der Gesamterwerbstätigen. Die öffentlichen Bediensteten teilen sich vor-

[40] Vgl zB die §§ 4 TierKBG, 16 Abs 2, 17 Abs 3 u 4, 18 Abs 2 KrW-/AbfG.

[41] *Maurer* Allg VwR, § 23 Rn 60; *Ehlers* Die Erledigung von Gemeindeaufgaben durch Verwaltungshelfer, 1997, 18 ff.

[42] Vgl KG Berlin NJW 1997, 2894 ff; *Scholz* NJW 1997, 14 ff.

[43] OVG NW Gemhlt 1983, 113.

[44] *Andrick* JA 1987, 546 f; *Kirchhof* in: Isensee/Kirchhof III, § 59 Rn 203; *Waechter* Kommunalrecht, 3. Aufl 1997, Rn 188.

[45] Vgl *Püttner* DVBl 1975, 353 ff; *Ehlers* DÖV 1986, 897 ff; *Spannowsky* DVBl 1992, 1072 ff; *Dreier* Hierarchische Verwaltung im demokratischen Staat, 1991, 258 f.

[46] Statist Jb 1997, 531.

nehmlich in zwei große Gruppen auf: die Beamten einerseits und die Angestellten bzw Arbeiter des öffentlichen Dienstes andererseits. Während die *Beamten* in einem öffentlich-rechtlichen Dienst- und Treueverhältnis stehen, werden die *Angestellten* und *Arbeiter* aufgrund privatrechtlicher Dienstverträge beschäftigt. Diese Unterscheidung hat sich historisch herausgebildet. Im Vergleich zu den Angestellten und Arbeitern des öffentlichen Dienstes stehen die Beamten in einer besonders engen Beziehung zum Staat. Dieser soll sich gerade auch in schwierigen Zeiten auf die Beamten verlassen können. Die „hergebrachten Grundsätze des Berufsbeamtentums“ haben in Art 33 Abs 5 GG eine verfassungsrechtliche Absicherung erfahren. Zu diesen Grundsätzen gehören insbes das Prinzip der Einstellung auf Lebenszeit, das Leistungsprinzip, die überkommenen Beamtenpflichten (zB unparteiische und parteipolitisch neutrale Amtsführung, Einsatz der vollen Arbeitskraft, außerdienstliche Verhaltensanforderungen, Streikverbot), das Alimentationsprinzip (Anspruch auf standesgemäße Dienst- und Versorgungsbezüge) und die Fürsorgepflicht des Dienstherrn.[47] Im einzelnen ist das Beamtenrecht insbes im Beamtenrechtsrahmengesetz, im Bundesbeamtengesetz und in den Beamtengesetzen der Länder kodifiziert worden. Dagegen wird das Recht der Arbeiter und Angestellten im öffentlichen Dienst in erster Linie in Tarifverträgen (zB Bundesangestelltentarifvertrag) geregelt. In ihrem materiellen Gehalt haben sich das Beamtenrecht und das Recht der Arbeitnehmer des öffentlichen Dienstes in den letzten Jahrzehnten immer mehr angenähert.[48] Auch setzen sich die Personalvertretungen in den Verwaltungen aus allen Beschäftigungsgruppen zusammen.[49] Nach wie vor gibt es aber einige bedeutende Unterschiede. So gilt das *Streikrecht*[50] und die *Sozialversicherungspflicht* nur für die Angestellten und Arbeiter.[51] Sieht man von den Ausländern, welche die Staatsangehörigkeit eines anderen Mitgliedstaates der europäischen Gemeinschaft besitzen, ab (§ 3 Rn 71), dürfen grundsätzlich nur Deutsche Beamte werden,[52] während für die Angestellten und Arbeiter diese Beschränkung nicht gilt.

Die Wahl zwischen den beamten- und den privatrechtlichen Beschäftigungsver- **20**
hältnissen steht der Verwaltung nicht frei. Nach Art 33 Abs 4 GG ist die Ausübung hoheitsrechtlicher Befugnisse als ständige Aufgabe *idR* Angehörigen des öffentlichen Dienstes zu übertragen, die in einem *öffentlich-rechtlichen Dienst- und Treueverhältnis* stehen. Nach hM übt auch die Leistungsverwaltung hoheitsrechtliche Befugnisse iSd Vorschrift aus.[53] Angesichts einer vermehrten „Flucht“

47 Näher dazu *Kunig* in: Schmidt-Aßmann, Bes VwR, 6. Abschn Rn 44.

48 Vgl Studienkommission für die Reform des öffentlichen Dienstrechts, Bd 6, 1973, Gutachten, 111f, 134. Der Vorschlag der Studienkommission, das Dienstrecht für alle Angehörigen des öffentlichen Dienstes nach einheitlichen Grundsätzen zu gestalten, ist in der Praxis nicht aufgegriffen worden.

49 Vgl zB §§ 12ff BPersVG.

50 HM. Vgl statt vieler *Stern* StR I, § 11 IV 3 a, b.

51 Nach BVerfGE 88, 103, 113ff, darf bei einem rechtmäßigen Streik nicht der Einsatz von Beamten auf bestreikten Arbeitsplätzen angeordnet werden, solange dafür keine gesetzliche Regelung vorhanden ist. Krit dazu *Isensee* DZWir 1994, 399ff.

52 Vgl §§ 7 Abs 1 Nr 1 BBG, 4 Abs 1 Nr 2 BRRG.

53 *Ehlers* Verwaltung in Privatrechtsform, 1984, 122; *Lecheler* in: Isensee/Kirchhof III, § 72 Rn 37; *Isensee* in: Benda/Maihofer/Vogel, HdbVerfR, 2. Aufl 1994, § 32 Rn 56.

der öffentlichen Hand in privatrechtliche Beschäftigungsverhältnisse – im Jahre 1996 standen zB rund 179 000 voll- und teilzeitbeschäftigte Beamte ca. 1,56 Mio. (dh der neunfachen Zahl von) Angestellten und Arbeitern bei den Gemeinden und Gemeindeverbänden gegenüber[54] – ist in vielen Fällen zweifelhaft, ob die Praxis noch mit den grundgesetzlichen Anforderungen in Einklang steht.[55]

2. Zulässigkeit einer Mitbestimmung des Verwaltungspersonals

21 Nach Art 20 Abs 2 S 1 iVm Art 28 Abs 1 S 1 GG geht alle Staatsgewalt in Bund und Ländern vom Volke aus. Wie sich aus Art 20 Abs 2 S 2 GG ergibt, übt das Volk die Staatsgewalt außer durch Wahlen und Abstimmungen durch besondere Organe der Gesetzgebung, der vollziehenden Gewalt und der Rechtsprechung aus. Dies setzt voraus, daß das Volk einen effektiven Einfluß auf die Ausübung der Staatsgewalt durch diese Organe hat. Deren Akte müssen sich deshalb auf den Willen des Volkes zurückführen lassen und ihm gegenüber verantwortet werden.[56] Dies macht ua eine *personell demokratische Legitimation* der mit der Wahrnehmung von Verwaltungsaufgaben betrauten Amtswalter erforderlich.[57] Diese wird regelmäßig über das Volk bzw die vom Volk gewählte Vertretung und die Regierung oder die Minister bzw die sonstige Spitze der Exekutive hergestellt. Dagegen darf es grundsätzlich nicht außenstehenden Instanzen überlassen bleiben, darüber zu entscheiden, wer berechtigt ist, für das Volk zu sprechen. Umstritten ist, ob dies die Zulässigkeit einer Mitbestimmung des Verwaltungspersonals ausschließt. Um die Frage beantworten zu können, muß zwischen der personellen und der direktiven Mitbestimmung unterschieden werden.

22 a) *Personelle Mitbestimmung.* Diese Art der Mitwirkung bezieht sich auf die innerdienstlichen, sozialen oder persönlichen Angelegenheiten der Beschäftigten. Sie ist für das Personal in der öffentlich-rechtlich organisierten Verwaltung in den Personalvertretungsgesetzen,[58] für die Beschäftigten in der privatrechtlich organisierten Verwaltung im Betriebsverfassungsgesetz[59] geregelt. Da die diesbezüglichen Beteiligungsrechte der Beschäftigten im Sozialstaatsgedanken wurzeln und auf Vorstellungen zurückgehen, die auch den Grundrechtsverbürgungen der Art 1, 2 und 5 Abs 1 GG zugrunde liegen,[60] bedarf es insoweit keiner demokratischen Legitimation. Es ist daher nicht zu beanstanden, wenn die Personal- und Betriebsräte von den jeweiligen Beschäftigten gewählt werden und in erster Linie diese Be-

[54] Vgl Statist Jb 1997, 531. Von 5,3 Mio Beschäftigten im öffentlichen Dienst standen ca. 1,9 Mio in einem Beamtenverhältnis.

[55] Krit *Ehlers* (Fn 53) 123 mit Vorschlägen de lege ferenda (520f).

[56] BVerfGE 83, 60, 71f.

[57] Vgl auch *Oebbecke* Weisungs- und unterrichtungsfreie Räume in der Verwaltung, 1986, 84; *Böckenförde* in: Isensee/Kirchhof I, § 22 Rn 16; *Czybulka* Die Legitimation der öffentlichen Verwaltung, 1989, 87ff; *Schmidt-Aßmann* AöR 116 (1991) 329, 360ff.

[58] Vgl zB §§ 75, 76 BPersVG.

[59] §§ 87 ff BetrVG 1972.

[60] BVerfGE 28, 314, 323; 51, 43, 58. Vgl auch *Schenke* JZ 1991, 581, 582; *dens* Die Personalvertretung 1992, 289, 292.

schäftigten und nicht das Volk vertreten.[61] Die Mitbestimmung darf sich aber nur auf innerdienstliche Maßnahmen erstrecken und nur so weit gehen, als die spezifischen in dem Beschäftigungsverhältnis angelegten Interessen der Angehörigen der Dienststelle sie rechtfertigen (Schutzzweckgrenze). Außerdem verlangt das Demokratieprinzip bei Entscheidungen von Bedeutung für die Erfüllung des Amtsauftrages jedenfalls, daß die Letztentscheidung eines dem Parlament verantwortlichen Verwaltungsträgers gesichert ist (Verantwortungsgrenze).[62]

b) *Direktive Mitbestimmung*. Die direktive Mitbestimmung geht erheblich über **23**
die personelle hinaus. Sie zielt auf eine Beteiligung an den staatlichen Leitungsentscheidungen ab. Darunter sind alle Entscheidungen zu verstehen, die nicht die innerdienstlichen, sozialen oder personellen Angelegenheiten, sondern die sonstigen Aufgaben des Staates betreffen (insbes die Gestaltung der Außenrechtsbeziehungen zum Bürger). Diskutiert und vielfach praktiziert wird eine solche Art der Mitbestimmung zB in den wirtschaftlichen Unternehmen der öffentlichen Hand,[63] den Richterwahlausschüssen[64] sowie den Theatern[65] und Museen.[66] IdR wählen dann die Beschäftigten Vertreter zur Wahrnehmung ihrer Interessen in den Verwaltungsrat, den Aufsichtsrat oder ein ähnliches Leitungsgremium.[67] Da die Beschäftigten (in ihrer Eigenschaft als Dienstnehmer) nicht das Volk sind oder dieses repräsentieren, verfügen ihre Vertreter über keine demokratische Legitimation. Nach Ansicht des Verfassungsgerichtshofs für das Land Nordrhein-Westfalen[68] und anderer Gerichte[69] ist eine solche Art der Mitbestimmung daher unzulässig. Dagegen wird in der Literatur vielfach eine Veto- oder Mehrheitsposition der demokratisch legitimierten Amtswalter für ausreichend gehalten.[70] Das Bundesver-

61 Vgl auch *Ehlers* (Fn 5) 220.

62 BVerfGE 93, 37, 70, das aus diesen Vorgaben ein Drei-Stufen-Modell ableitet. Vgl dazu *Ehlers* Jura 1997, 180, 185f.

63 Vgl *Ossenbühl* Grenzen der Mitbestimmung im öffentlichen Dienst, 1986, 37ff; *Tettinger* Mitbestimmung in der Sparkasse und verfassungsrechtliches Demokratiegebot, 1986, 31ff; *Nagel/Bauer* Mitbestimmung in öffentlich-rechtlichen Unternehmen und Verfassungsrecht, 1990, 38ff.

64 Vgl dazu *Böckenförde* Verfassungsfragen der Richterwahl, 1974.

65 Vgl VG Berlin DVBl 1979, 470 m Anm *Röper*; *Kunig* DÖV 1982, 765f; *Ossenbühl* DÖV 1983, 788ff; *Oebbecke* (Fn 57) 192ff.

66 Vgl *H.P. Ipsen* DVBl 1982, 112ff; *Oebbecke* (Fn 57) 201ff.

67 Vgl zB § 43 Abs 1 h) SpkG NW.

68 VerfGH NW JZ 1987, 242ff. Im wesentlichen zust *Ehlers* (Fn 5) 218ff. AA *Nagel/Bauer* (Fn 63) 52.

69 RhPfVerfGH NVwZ-RR 1994, 665, 669 – allenfalls im sog Bagatellbereich verfassungsrechtlich hinnehmbar. Vgl ferner auch BVerwG NVwZ 1998, 267; HessStGH DVBl 1986, 936ff.

70 *K. Ipsen* DÖV 1971, 469, 474; *Bieback* Die Mitwirkung der Beschäftigten in der öffentlichen Verwaltung, 1983, 45ff; *Tettinger* (Fn 63) 55; *Böckenförde* in: Isensee/Kirchhof I, § 22 Rn 19; *R. Schmidt* FS Knöpfle, 1996, 304ff. Entgegen BVerfGE 47, 253, 274, gibt es keine unwichtigen Entscheidungen, die nicht demokratisch legitimiert sein müssen. Vielmehr bedarf nach Art 20 Abs 2 S. 1 GG „alle" Staatsgewalt der demokratischen Legitimation. Vgl auch *Jestaedt* Demokratieprinzip und Kondominialverwaltung, 1993, 376, 379.

fassungsgericht hat sich noch nicht näher mit der direktiven Mitbestimmung im öffentlichen Sektor befaßt, aber davon gesprochen, daß die verschiedenen Legitimationsformen nicht für sich Bedeutung hätten, sondern nur in ihrem Zusammenwirken einen „hinreichenden Gehalt“ bzw ein „bestimmtes Legitimationsniveau“ erreichen müßten.[71] Unverzichtbar ist in jedem Falle ein Letztentscheidungsrecht der Verwaltungsspitze.[72] Das gegenwärtige Recht enthält hierfür kaum Vorkehrungen. So ermöglichen Veto-Positionen keine positiven Entscheidungen. Auf Mehrheitsverhältnisse kann es jedenfalls solange nicht ankommen, wie die Gruppendisziplin nicht rechtlich zwingend vorgeschrieben ist. ZB müssen die Mitglieder des Verwaltungs- bzw Aufsichtsrats kommunaler Unternehmen idR nach den Grundsätzen der Verhältniswahl von den Gemeinderäten bzw Kreistagen gewählt werden.[73] Es sind dann „Koalitionen“ zwischen einigen von den kommunalen Vertretungen gewählten Mitgliedern und den Beschäftigtenvertretern denkbar, welche die demokratischen Mehrheitsverhältnisse in ihr Gegenteil verkehren. Nicht geklärt ist ferner, ob das Erfordernis demokratischer Legitimation unverändert für die privatrechtlich organisierten Einrichtungen und Unternehmen der Verwaltung (zB Eigengesellschaften) gilt.[74] Verlangt man, daß jede mit der Ausübung von Staatsgewalt betraute Person demokratisch legitimiert sein muß, wäre die Inanspruchnahme der privatrechtlichen Organisationsformen unzulässig, wenn nach einfachem Gesetzesrecht (MitbestG, Montan-MitbestG, BetrVG 1952 und 1972) ein Aufsichtsrat (mit Beschäftigtenvertretern) gebildet werden muß. Nicht zu folgen ist der Lehre vom Verwaltungsgesellschaftsrecht, wonach die Mitbestimmungsregelungen für die Eigengesellschaften wegen Unvereinbarkeit mit dem Demokratieprinzip nicht gelten (§ 2 Rn 76).

24 Ungeachtet des dargestellten Meinungsstreits ist die Heranziehung des Sachverstandes der Beschäftigten oder der Mitglieder gesellschaftlicher Gruppen jedenfalls dann mit dem Demokratieprinzip vereinbar, wenn die genannten Personen zu gemeinwohlgebundenen Amtswaltern bestellt und von einem hierzu demokratisch legitimierten Organ (statt von den Beschäftigten) individuell berufen werden.[75] Auch die Bindung an Vorschlagslisten gesellschaftlicher Gruppen oder an Listen von Personalversammlungen kann hingenommen werden, falls dem demokratisch legitimierten Entscheidungsorgan eine hinreichende Auswahlmöglichkeit verbleibt.[76] Deshalb ist es zB verfassungsrechtlich nicht zu beanstanden, wenn § 10 Abs 2 SpkG NW vorschreibt, daß bestimmte Mitglieder des Verwaltungsrates der Sparkasse aus einem Vorschlag der Personalversammlung der Sparkasse zu wählen sind, wobei der Vorschlag mindestens die doppelte Anzahl der zu wählenden Mitglieder enthalten muß.

[71] BVerfGE 93, 37, 67.
[72] Vgl *Ehlers* (Fn 62) 186.
[73] Vgl etwa § 71 Abs 1 S 2, Abs 2 GO M-V.
[74] Vgl *Schenke* JZ 1991, 581, 587f; *Schmidt* (Fn 70) 317f.
[75] AA *Stober* Wasserverbandsrecht und Arbeitnehmermitbestimmung, 1989, 60.
[76] Vgl *Ehlers* (Fn 5) 223; *Oebbecke* VerwArch 81 (1990) 349, 367f. Krit RhPfVerfGH NVwZ-RR 1994, 665, 677f.

3. Partizipation an Verwaltungsentscheidungen

Die Verwaltung liegt nicht allein in den Händen des Personals. Vielmehr können die Adressaten der Verwaltung an der Wahrnehmung der Verwaltungsaufgaben partizipieren. Unter *Partizipation* soll hier nur diejenige Beteiligung der Bürger (Wahlberechtigten), Einwohner oder sonstigen Personen an der Verwaltung verstanden werden, die sich nicht als Ausübung von Staatsgewalt unmittelbar durch das Volk darstellt.[77] Soweit das Staatsvolk oder die Mitglieder der (sonstigen) Körperschaften des öffentlichen Rechts ihren Willen in Wahlen oder Abstimmungen äußern,[78] tritt der Souverän als Gesamtvolk oder vom Verfassungs- bzw Gesetzgeber eingesetztes Teilvolk[79] selbst in Erscheinung und wirkt nicht an Handlungen anderer mit. Hinzuweisen ist einerseits auf die Parlaments-, Kommunal- oder sonstigen Körperschaftswahlen, andererseits auf die Abstimmungen in Form von Volksbegehren und Volksentscheiden[80] oder die Beschlußfassung der Mitgliederversammlungen einer Gemeinde[81] bzw einer Körperschaft. Auch allgemeine Volksbefragungen (nicht nur repräsentative Meinungsumfragen) fallen in diesen Bereich. Sie sind zwar verfassungsrechtlich im Grundgesetz nicht vorgesehen, aber zulässig,[82] sofern dadurch nicht das Bekenntnis der Verfassung zur repräsentativen Demokratie unterlaufen und in die Kompetenzen anderer Rechtsträger eingegriffen wird.[83] 25

Das *Demokratieprinzip* steht einer Partizipation an Verwaltungsentscheidungen positiv gegenüber,[84] gebietet eine solche in aller Regel aber nicht zwingend. Berüh- 26

[77] Zum Begriff der Partizipation vgl *Hartisch* Verfassungsrechtliches Leistungsprinzip und Partizipationsverbot im Verwaltungsverfahren, 1975, 80ff; *Schmidt-Aßmann* (Fn 57) 371. Anders zB *Kluth* Funktionale Selbstverwaltung, 1997, 236 (Selbstverwaltung als Betroffenen-„Partizipation").

[78] Vgl Art 20 Abs 2 S 2, 28 Abs 1 S 2 GG.

[79] *Herzog* in: Maunz/Dürig, GG, Art 20 Rn 56f. Die Qualifizierung der Körperschaftsmitglieder sog funktionaler Selbstverwaltungsträger als Teilvolk lehnen zB OVG NW NWVBl 1996, 254, 257, und *Kluth* (Fn 77) 369ff ab.

[80] Vgl etwa Art 68 Verf NW. Bürgerbegehren und Bürgerentscheide sehen insbes die Kommunalgesetze vor. Zu den Grenzen vgl BayVerfGH, DVBl 1998, 136ff; zu weiteren Rechtsproblemen (insbes zur Frage eines Vollzugsverbotes nach Einreichung eines Bürgerbegehrens) VGH München NVwZ 1998, 423ff; *Schliesky* DVBl 1998, 169ff.

[81] Art 28 Abs 1 S 4 GG.

[82] Str. Wie hier *Pestalozza* NJW 1981, 733, der in der Volksbefragung ein demokratisches Minimum sieht. AA zB *Krause* in: Isensee/Kirchhof II, 325ff; *Herzog* in: Maunz/Dürig, GG, Art 20 II Rn 45.

[83] Vgl BVerfGE 8, 104, 115ff, wonach die Zuständigkeit der Bundesorgane zur ausschließlichen eigenverantwortlichen Bewältigung einer Sachaufgabe schon dann beeinträchtigt wird, wenn die Länder die Bundesorgane durch den in einer von ihnen angeordneten amtlichen Volksbefragung liegenden politischen Druck zwingen wollen, die von ihnen getroffenen Sachentscheidung zu ändern (wie bei einer Volksbefragung über Atomwaffen).

[84] In Art 56 der Hamburgischen Verfassung heißt es sogar ausdrücklich: „Das Volk ist zur Mitwirkung an der Verwaltung berufen. Die Mitwirkung geschieht insbesondere durch die ehrenamtlich tätigen Mitglieder der Verwaltungsbehörden."

ren die Verwaltungsentscheidungen Rechte einzelner, kann zwar eine Beteiligung namentlich in Gestalt einer vorherigen Anhörung (etwa nach Art des § 28 VwVfG) verfassungsrechtlich geboten sein (§ 37 Rn 13). Doch wurzeln die diesbezüglichen Beteiligungsrechte der Bürger, Einwohner und sonstigen Personen zumindest schwerpunktmäßig im Rechtsstaatprinzip und in den Grundrechten, nicht aber im Demokratieprinzip.[85]

27 Das *einfache Gesetzesrecht* kennt zahlreiche Formen der Partizipation. Als Partizipationssubjekte kommen die rechtlich Betroffenen, die Sachverständigen, die Interessenten und die Öffentlichkeit in Betracht.[86] Die Art der Beteiligung läßt sich danach systematisieren, ob dem einzelnen die Möglichkeit gegeben wird, sich *an die Verwaltung* zu wenden, oder ob die Beteiligung *auf Seiten der Verwaltung* erfolgt. In die erste Gruppe fällt zB das Recht der Bürger, der Einwohner und uU auch der im Ausland wohnenden Ausländer,[87] sich zu Planungen und Vorhaben der Verwaltung zu äußern,[88] Fragen zu stellen (etwa in Ratssitzungen),[89] Petitionen einzureichen,[90] Einwendungen gegen ausgelegte Pläne zu erheben[91] oder Einwohneranträge zu stellen[92] (mit der Folge, daß das zuständige Verwaltungsorgan binnen einer bestimmten Frist eine Angelegenheit zu erörtern und zu entscheiden hat). Der zweiten Gruppe sind die Mitwirkungshandlungen der ehrenamtlich tätigen Bürger und Ehrenbeamten[93] sowie der Einwohner und der Angehörigen gesellschaftlicher Gruppen in den Kollegialorganen der Verwaltung[94] zuzurechnen. Erwähnt seien nur die Wahlhelfer,[95] sachkundigen Bürger[96] und sachkundigen Einwohner[97] in bestimmten Gemeindeausschüssen, Ausländer in den Ausländerbeiräten[98], ehrenamtlichen Bürgermeister[99] und Leiter freiwilliger Feuerwehren[100]. Bei der Mitwirkung auf Seiten der Verwaltung müssen die Bürger und Einwohner bzw Angehörigen gesellschaftlicher Gruppen in jedem Falle auf das Gemeinwohl verpflichtet werden. Sie werden somit als Volksvertreter und nicht als eigennützige Individuen oder

[85] Vgl aber auch *Schmitt Glaeser* VVDStRL 31 (1973) 179, 209f.
[86] *Schmidt-Aßmann* (Fn 57) 371f.
[87] BVerwGE 75, 285ff.
[88] Zur Beteiligung vor Erlaß von Rechtsnormen vgl §§ 3 BauGB; 7, 51 BImSchG; 29 BNatSchG. Rechtsvergleichend *Pünder* Exekutive Normsetzung in den Vereinigten Staaten von Amerika und der Bundesrepublik Deutschland, 1995, 212ff, 246ff.
[89] Vgl § 24 GO NW.
[90] Vgl Art 17 GG, § 24 GO NW.
[91] Vgl § 73 Abs 4 VwVfG.
[92] Vgl etwa §§ 20 b GO BW, 25 GO NW.
[93] Vgl zB §§ 177 BBG, 115 BRRG, 81ff VwVfG, 28 GO NW.
[94] Vgl §§ 9, 9 a GjS.
[95] Vgl zB die §§ 6 BWO, 2 Abs 7 KWG NW.
[96] § 58 Abs 3 GO NW.
[97] § 58 Abs 4 GO NW.
[98] § 27 GO NW.
[99] Art 34 Abs 2 BayGO.
[100] § 8 FSHG NW.

Gruppenvertreter tätig.[101] Schließlich muß die Heranziehung der genannten Personen sachgemäß sein und darf nicht zu übermäßigen Einflußmöglichkeiten führen.

IV. Zielsetzung und Grundsätze der staatlichen Verwaltung

1. Verfolgung öffentlicher Interessen

Die Verwaltung verfolgt äußerst unterschiedliche Zielsetzungen. Wie die anderen **28**
Staatsfunktionen auch, darf sie aber immer nur im öffentlichen Interesse tätig werden.[102] Die Zuständigkeiten und Kompetenzen sind dem Staat nicht um seiner selbst, sondern um der Menschen willen übertragen worden.[103] Der Staat darf daher nur pflichtgebunden handeln. Im Gegensatz zu den Privatpersonen steht ihm gerade nicht das Recht zu, sich privatautonom zu verhalten, dh sich beliebige Ziele zu setzen.[104] Dies gilt auch für die privatrechtsförmige Verwaltung (§ 2 Rn 79). Positivrechtlich ergibt sich (insbes) aus dem Rechtsstaatsprinzip iVm den Grundrechten die Notwendigkeit einer kompetenziellen Rechtfertigung durch ein öffentliches Interesse. So vermögen niemals andere Belange die Beschränkung der grundrechtlich garantierten Freiheiten zu legitimieren. Nach wohl hM sind daher alle (zumindest alle öffentlich-rechtlich organisierten) Träger von Staatsgewalt wegen der von vornherein begrenzten Aufgabenstellung des Staates nur *teilrechtsfähig*. Dies bedeutet, daß sie auch nur innerhalb eines bestimmten, gesetzlich umschriebenen Wirkungskreises handeln können. Werden die Grenzen des Wirkungskreises überschritten, ist das Handeln schlechthin unwirksam (*ultra-vires-Prinzip*)[105]. Es liegt dann in Wahrheit ein Nichtakt und nicht nur ein nichtiger Akt des Staates vor.[106] Ob diese Folgerungen – insbes die Annahme von Nichtakten – zwingend sind, ist allerdings zweifelhaft. Nach einer neueren Lehre soll jedenfalls in bestimmten Fällen der Vertrauensschutz Dritter (zB des Vertragspartners der

101 Anderes gilt für die Mitwirkung der Erziehungsberechtigten in der Schule (vgl zB §§ 4, 11 SchMG NW). Die Heranziehung der Erziehungsberechtigten dürfte in erster Linie grundrechtlich fundiert sein und sich im übrigen aus dem Selbstverwaltungsgedanken legitimieren lassen.

102 Vgl zB *Fleiner/Gerster* Grundzüge des allgemeinen und schweizerischen Verwaltungsrechts, 1977, 16.

103 Die staatliche Herrschaft wird daher in der Staatslehre in Anlehnung etwa an Hobbes, Pufendorf und Locke zumeist vertragstheoretisch begründet. Der Staat wird als ein auf (fiktiven) vertraglichen Zusammenschluß der Individuen beruhendes Gebilde verstanden, das geschaffen worden ist, um bestimmte Aufgaben zu erfüllen, welche die einzelnen oder die Gesellschaft nicht selbst wahrzunehmen vermögen. Vgl auch *C. Schmitt* Verfassungslehre, 8. Aufl 1993, 61 ff.

104 *Ehlers* (Fn 53) 86 ff; *Burmeister* VVDStRL 52 (1993) 190, 219 f.

105 Vgl BGHZ 20, 119, 126 ff; 52, 283, 286. Ferner: *Eggert* Die deutsche ultra-vires-Lehre, 1977, 56 ff; *Oldiges* DÖV 1989, 873 ff; *Burmeister* (Fn 104) 220; *Wolff/Bachof/Stober* VwR I, § 32 Rn 9.

106 Zur Unterscheidung vgl §§ 10 Rn 15, 15 Rn 21.

Verwaltung) Vorrang gegenüber dem Schutz der öffentlich-rechtlichen Kompetenzordnung haben.[107]

29 Statt von einem öffentlichen Interesse wird vielfach auch vom Erfordernis eines öffentlichen Zwecks (zB § 107 Abs 1 GO NW) oder der Bindung an das Wohl der Allgemeinheit (etwa Art 14 Abs 3 S 1 GG und Art 3 S 2 BayVerf) gesprochen.[108] Hierbei handelt es sich nur um unterschiedliche Bezeichnungen für dieselbe Sache. Die Präzisierung dieser Richtschnur für das staatliche und damit zugleich das exekutive Verhalten bereitet allerdings große Schwierigkeiten. Einigkeit besteht darüber, daß das öffentliche Interesse im Interesse aller liegen kann (wie etwa das Interesse an einer staatlichen Raumplanung oder an staatlichen Umweltschutzmaßnahmen), aber nicht muß.[109] Beispielsweise haben Körperschaften des öffentlichen Rechts wie etwa die Industrie- und Handelskammern und die Handwerkskammern nur die Interessen ihrer Mitglieder zu fördern.[110] Das Wohl des Ganzen kann somit das Wohl seiner Teile einschließen. *Bonum commune* und *bonum particulare* schließen sich nicht aus. ZB liegt die Hilfe für Obdachlose oder die Förderung eines städtischen Opernhauses im öffentlichen Interesse, mag es in Zeiten des Wohlstandes vielleicht auch nur wenige Obdachlose geben und mag nur ein kleiner Teil der Bevölkerung die Oper besuchen. Selbst das Interesse *eines* Privaten kann zum Gegenstand eines inhaltsgleichen öffentlichen Interesses werden und zB ein polizeiliches Einschreiten zum Schutz privater Rechte[111] oder die Enteignung zugunsten privater Industriebetriebe[112] gebieten. Welche Maßnahmen die Verwaltung im Einzelfall zu ergreifen oder zu unterlassen hat, um dem öffentlichen Interesse zu dienen, kann ausgehend von der jeweiligen normativen Regelung nur anhand der konkreten Umstände des Einzelfalls und unter Berücksichtigung aller entscheidungserheblichen Gesichtspunkte festgestellt werden. In jedem Falle sind das unmittelbar anwendbare europäische Gemeinschaftsrecht, die Verfassungen von Bund und Ländern sowie das sonstige Gesetzesrecht zu beachten.

30 Denkbar ist, daß die Verwaltung *verschiedene öffentliche Interessen* zu verfolgen hat, die sich nicht ohne weiteres in Einklang bringen lassen. So haben Bund und Länder nach § 1 StabilitätsG bei ihren wirtschafts- und finanzpolitischen Maßnahmen die Erfordernisse des gesamtwirtschaftlichen Gleichgewichts zu beachten. Diese Erfordernisse (Stabilität des Preisniveaus, hoher Beschäftigungsstand, außenwirtschaftliches Gleichgewicht sowie stetiges und angemessenes Wirt-

[107] Vgl etwa *Fritz* Vertrauensschutz im Privatrechtsverkehr mit Gemeinden, 1983, 226ff, 272f; *K. Schmidt* AcP 184 (1984) 529ff. Zur Handlungsfähigkeit fehlerhaft gegründeter juristischer Personen des öffentlichen Rechts vgl OVG Magdeburg, LKV 1997, 417; *Wellmann* LKV 1997, 402, 403f; *Kollhosser* NJW 1997, 3265ff.

[108] Vgl näher dazu *Rupp* in: Wohl der Allgemeinheit und öffentliche Interessen, 1968, 116ff; *v Arnim* Gemeinwohl und Gruppeninteressen, 1977, 82ff; *Link* VVDStRL 48 (1990) 7, 19ff; *Isensee* in: Isensee/Kirchhof III, § 57 Rn 2.

[109] *Martens* (Fn 2) 177 mwN.

[110] §§ 1 IHKG; 90f HwO.

[111] BVerwGE 11, 95, 99; *Drews/Wacke/Vogel/Martens* Gefahrenabwehr, 9. Aufl 1986, 402ff; *Dietlein* Die Lehre von den grundrechtlichen Schutzpflichten, 1992, 204ff.

[112] BVerfGE 74, 264, 285. Näher dazu *Schmidbauer* Enteignung zugunsten Privater, 1989, 35ff.

schaftswachstum) können aber miteinander in Konflikt treten. Der Staat muß versuchen, möglichst alle Erfordernisse zu optimaler Wirksamkeit gelangen zu lassen. Dies schließt nicht aus, daß je nach Lage der eine oder andere Gesichtspunkt stärker zu betonen ist.

UU reicht es aus, wenn die Maßnahmen der Verwaltung nur *mittelbar* im öffentlichen Interesse liegen. So dient die Erzielung von Einnahmen durch die Erhebung von Steuern[113] nicht unmittelbar, wohl aber mittelbar dem öffentlichen Interesse, weil die Einnahmen zur Erfüllung der Verwaltungsaufgaben benötigt werden, der Endzweck also ein öffentlicher ist. Als unzulässig muß dagegen eine rein erwerbswirtschaftliche Betätigung der Verwaltung angesehen werden,[114] weil die Erzielung von Einnahmen nach der Finanzordnung des Grundgesetzes prinzipiell der Steuer vorbehalten ist.[115] Das *Verbot einer erwerbswirtschaftlichen Betätigung* bezieht sich nur auf das ausschließliche oder primäre Gewinnstreben. Gegen eine angemessene *Gewinnmitnahme* als Nebenziel einer rechtlich legitimierten Hauptzielsetzung oder eine (sich in Grenzen haltende) Gewinnmitnahme bei Gelegenheit der Erfüllung einer Verwaltungsaufgabe bestehen keine rechtlichen Bedenken. Ersteres ist etwa der Fall, wenn die öffentliche Hand zum Zwecke des Erhalts von Arbeitsplätzen ein gewinnbringendes wirtschaftliches Unternehmen betreibt. Letzteres trifft zB auf die Nutzung sonst brachliegenden Wirtschaftspotentials – wie etwa die Vermietung von Werbeflächen öffentlicher Verkehrsbetriebe und die Aufnahme von Werbeannoncen in die Theaterprogramme[116] – sowie auf die Erhebung einer Konzessionsabgabe des Straßengrundes zum Zwecke der Verlegung öffentlicher Versorgungsleitungen der Energieversorgungsunternehmen zu.[117] Die Zulässigkeit einer Gewinnmitnahme ergibt sich ua aus Art 110 Abs 1 GG (der die Ablieferungen von Bundesbetrieben und Sondervermögen regelt, ohne sich gegen die Erwirtschaftung solcher Überschüsse zu wen- 31

[113] Zum Begriff der Steuer vgl § 3 AO.

[114] Str. Wie hier *Ehlers* (Fn 53) 92ff; *Püttner* (Fn 5) 128ff, 161; *Stober* Handbuch des Wirtschaftsverwaltungs- und Umweltrechts, 1989, § 45 IV 4; *Wolff/Bachof/Stober* VwR I, § 23 Rn 11. AA etwa *Emmerich* Das Wirtschaftsrecht der öffentlichen Unternehmen, 1969, 86ff; *Dickersbach* WiVerw 1983, 187, 202; *Jarass* Wirtschaftsverwaltungs- und Wirtschaftsverfassungsrecht, 3. Aufl 1997, § 12 Rn 30; *R. Schmidt* Öffentliches Wirtschaftsrecht, 1990, § 11 I 1 c (der der öffentlichen Zwecksetzung sogar jeden normativen Gehalt abspricht); *Otting* DVBl 1997, 1258, 1260ff. Vgl auch § 65 Abs 1 Nr 1 der HOen (wonach sich der Staat an privatrechtlichen Unternehmen nur beteiligen darf, wenn ein „wichtiges Interesse" vorliegt) sowie die kommunalrechtlichen Wirtschaftsbestimmungen nach Art des § 107 Abs 1 GO NW (wonach sich eine Gemeinde nur wirtschaftlich betätigen darf, wenn ein öffentlicher Zweck die Betätigung erfordert). Greift Art 90 EGV ein, sind die öffentlichen Unternehmen grundsätzlich auf ein System des unverfälschten Wettbewerbs festgelegt.

[115] Vgl BVerfGE 78, 241, 266f; 82, 159, 178; 93, 319, 342; *Vogel* in: Isensee/Kirchhof I, § 27 Rn 74; *dens* FS Geiger, 1989, 518, 529.

[116] Vgl zur Zulässigkeit von Werbeaktionen BVerwGE 82, 29, 34.

[117] Vgl § 1, 7 KAV. Dagegen ist der Bund nach § 50 Abs 1 TKG befugt, Verkehrswege für die öffentlichen Zwecken dienendenTelekommunikationslinien unentgeltlich zu benutzen. Die Verfassungsmäßigkeit der Regelung ist umstritten. Vgl etwa *Pünder* DVBl 1997, 1353, 1356.

den) sowie aus dem Gemeindewirtschaftsrecht.[118] Die Erzielung von Gewinnen ist grundsätzlich nur zulässig, wenn die Erfüllung des öffentlichen Zwecks nicht beeinträchtigt wird.[119]

32 Zu ergänzen ist, daß die Verfolgung öffentlicher Interessen *kein Monopol des Staates* oder gar der staatlichen Verwaltung ist.[120] Auch das Tätigwerden gesellschaftlicher Vereinigungen oder einzelner Privater kann im öffentlichen Interesse liegen. So sprechen die Pressegesetze davon, daß die Presse insbes dadurch, daß sie Nachrichten beschafft und verbreitet, Stellung nimmt, Kritik übt oder auf andere Weise an der Meinungsbildung mitwirkt, eine öffentliche Aufgabe erfüllt.[121] Der Staat nimmt vielfach private Unternehmen für staatliche Zwecke in seinen Dienst, verpflichtet sie zB zur Vornahme von Eigensicherungsmaßnahmen gegenüber rechtswidrigen Angriffen Dritter,[122] zur Bestellung von betrieblichen Datenschutzbeauftragten[123] oder zur Erstellung von Statistiken für die staatliche Wirtschaftsplanung.[124] Auch freiwillig kann ein Unternehmen öffentliche Verantwortung tragen (zB über den gesetzlichen Standard hinaus Umweltschutzmaßnahmen durchführen). Schließlich ist es auch privaten Einzelpersonen möglich, im öffentlichen Interesse zu handeln, wie das Beispiel der Festnahme eines flüchtigen Straftäters durch Passanten zeigt.[125] Zum Zusammenwirken von Verwaltung und Privaten vgl Rn 49 ff.

2. Grundsätze des Verwaltungshandelns

33 Bei der Wahrnehmung ihrer Aufgaben ist die staatliche Verwaltung an bestimmte Grundsätze gebunden, von denen hier nur die wichtigsten erwähnt werden können.[126] Herausragende Bedeutung kommt dem sich aus der Bindung der vollziehenden Gewalt an Gesetz und Recht (Art 20 Abs 3 GG) ergebenden Erfordernis der *Rechtmäßigkeit* des Verwaltungshandelns zu. Hierauf wird in den verschiedenen Abschnitten dieses Lehrbuches näher eingegangen (vgl insbes § 9 Rn 1 ff). Soweit das Recht Raum für alternative Verhaltensweisen läßt, muß sich die Verwaltung an der *Zweckmäßigkeit* orientieren (§ 1 Rn 48). Außerdem hat sie das Untermaßverbot und Übermaßverbot zu beachten (§ 4 Rn 24). Ferner verpflichtet sie das Haushaltsrecht zur *Wirtschaftlichkeit*.[127] Darunter ist das Gebot zu verstehen, entweder mit den gegebenen Mitteln den größtmöglichen Nutzen zu erreichen (Maximalprinzip) oder einen bestimmten Nutzen mit den geringstmöglichen

[118] ZB § 109 Abs 1 GO NW.
[119] Vgl dazu *Ehlers* (Fn 53) 94 f; *dens* JZ 1990, 1089, 1091; DVBl 1998, 497, 498 ff.
[120] Zur Unterscheidung von öffentlichen und staatlichen Aufgaben vgl *Peters* FS H. C. Nipperdey, Bd II, 1965, 877 ff; *Bull* Die Staatsaufgaben nach dem Grundgesetz, 2. Aufl 1977, 47 ff.
[121] Vgl zB § 3 PresseG NW.
[122] Vgl zB § 3 Abs 2 Nr 3 BImSchG.
[123] § 36 Abs 1 BDSG.
[124] ZB § 1 Abs 1 LohnStaG iVm §§ 6, 10 BStatG.
[125] § 127 Abs 1 StPO.
[126] Vgl dazu auch *Achterberg* Allg VwR, § 19 Rn 4 ff.
[127] Vgl §§ 7 Abs 1 HOen.

Mitteln zu stiften (Minimal- oder Sparsamkeitsprinzip).[128] Die *Zukunftsvorsorge* verpflichtet die Verwaltung insbes zu einer vorausschauenden Planung, die *Berechenbarkeit* des Verwaltungshandelns zu einem klaren Verhalten, das sich an dem aus dem Rechtsstaatsprinzip ableitbaren Bestimmtheitsgrundsatz ausrichtet.[129]

V. Arten der staatlichen Verwaltung

Bei der Bestimmung des Begriffs der staatlichen Verwaltung ist bereits auf deren Mannigfaltigkeit hingewiesen worden. Versucht man die Fülle der verschiedenen Erscheinungsformen der Verwaltung durch Kategorisierung zu ordnen, bieten sich hierfür unterschiedliche Einteilungsschemata an. 34

1. Unterscheidung nach der Art der Aufgabenstellung

Nach dem Tätigkeitsgehalt bzw der Art der Aufgabenstellung läßt sich zwischen Ordnungsverwaltung, Leistungsverwaltung, Abgabenverwaltung, Bedarfsverwaltung, Vermögensverwaltung und wirtschaftender Verwaltung unterscheiden. Teilweise wird auch noch die planende und lenkende Verwaltung gesondert genannt.[130] Indessen ist Planung und Lenkung kein Selbstzweck, sondern einer der genannten Aufgabenarten zugeordnet und damit deren Unterfall. 35

a) *Ordnungsverwaltung*. Wie der Name schon zum Ausdruck bringt, dient die Ordnungsverwaltung der Ordnung des Gemeinwesens. Teilweise schafft die Verwaltung selbst die Ordnung auf gesetzlicher Grundlage (wie bei der Raumordnungsverwaltung). Überwiegend beschränkt sie sich darauf, die Einhaltung der gesetzlich geregelten Ordnung zu überwachen. Wird die Ordnung gefährdet oder gestört, stehen der Verwaltung je nach Gesetzes- und Interessenlage unterschiedliche Handlungsmöglichkeiten zur Verfügung. ZB kann der Gesetzgeber vorschreiben, daß bestimmte Betätigungen unterbleiben sollen (etwa Zuwiderhandlungen gegen die Straßenverkehrsvorschriften). Halten sich die Rechtsunterworfenen nicht daran oder besteht die Gefahr einer Zuwiderhandlung, darf die Verwaltung reglementierend (durch Befehl und Zwang)[131] sowie sanktionierend (durch Auferlegung von Geldbußen)[132] eingreifen. In anderen Fällen ist eine private Betätigung nur zulässig, wenn sie der Behörde zuvor angezeigt worden ist (*Anzeigevorbehalt*). Beispielsweise besteht eine Anzeigepflicht für Versammlungen unter freiem Himmel[133] oder für die Ausübung bestimmter Gewerbebetätigungen.[134] Die zuständige Behörde hat dann die Möglichkeit, das Vorhaben zu prüfen und ggf ein Verbot zu erlassen. Noch einen Schritt weiter geht das *präventive Verbot* 36

128 Vgl *Grupp* DÖV 1983, 661, 662; *v. Mutius* VVDStRL 42 (1984) 149, 177; *Krebs* (Fn 25) 185.
129 *Achterberg* Allg VwR, § 18 Rn 14.
130 Vgl etwa *Stern* StR II, § 41 1 IV (747).
131 Vgl § 44 StVO.
132 Vgl § 44 Abs 1 StVO iVm §§ 36, 37 OWiG.
133 § 14 Abs 1 VersG.
134 § 14 Abs 1 GewO.

mit Erlaubnisvorbehalt. In solchen Fällen prüft die Verwaltung vor Ausführung der Tätigkeit, ob dem Vorhaben öffentlich-rechtliche Vorschriften entgegenstehen. So darf der Bauherr uU erst mit dem Bauen beginnen, wenn die Behörde ihm eine Erlaubnis erteilt hat.[135] Die Erlaubnispflicht wendet sich nicht gegen die Betätigung als solche, sondern soll nur Rechtsverstöße rechtzeitig verhindern. Man spricht in solchen Fällen daher auch von einer bloßen Kontrollerlaubnis.[136] Schließlich kann der Gesetzgeber auch ein unerwünschtes Verhalten schlechthin verbieten, die Verwaltung aber ermächtigen, in Ausnahmefällen eine Befreiung von diesem Verbot zu erteilen (*repressives Verbot mit Befreiungsvorbehalt*). Dies trifft etwa auf das Herstellen und Vertreiben bestimmter Waffen[137] oder das Demonstrieren innerhalb der Bannmeile vor den Parlamenten[138] zu.

37 Die genannten typisierenden Unterscheidungen haben erhebliche *Folgen.* Besteht etwa ein präventives Verbot mit Erlaubnisvorbehalt, hat der Einzelne bei Vorliegen der gesetzlichen Voraussetzungen einen grundrechtlich verbürgten Anspruch auf Erteilung der Erlaubnis, während die Ausnahmebewilligung bei einem repressivem Verbot regelmäßig im Ermessen der Behörde steht. Wird die Kontrollerlaubnis bei präventiven Verboten verweigert, handelt es sich formell gesehen nur um die Ablehnung eines begünstigenden Verwaltungsaktes, materiell dagegen um einen Eingriff in Freiheit und Eigentum, weil die Ablehnung aus dem zunächst nur vorläufigen ein endgültiges Verbot macht.[139] Dies hat etwa zur Folge, daß der Betroffene vor Ablehnung der Erlaubnis angehört werden muß[140] und daß er bei rechtswidriger Ablehnung einen Anspruch auf Entschädigung aus enteignungsgleichem Eingriff (§ 48 Rn 55) hat. Liegt ein repressives Verbot mit Erlaubnisvorbehalt vor, ist die Ausgangslage eine andere, weil die Ausnahmebewilligung den Rechtskreis des einzelnen erweitert, ihre Ablehnung also regelmäßig keinen grundrechtlichen Eingriff darstellt.[141] Die Verletzung einer Anzeigepflicht rechtfertigt nicht die Untersagung der Betätigung, stellt aber grundsätzlich eine Straftat oder Ordnungswidrigkeit dar.[142] Wird die Erlaubnispflicht im Falle eines präventiven Verbots mit Erlaubnisvorbehalt mißachtet, darf die Behörde zwar die Einstellung der Tätigkeit bis zur Erlaubniserteilung fordern, wegen der bloß formellen Illegalität aber nicht die Beseitigung des bereits Geschaffenen verlangen (zB Ab-

[135] Vgl etwa § 63 Abs 1 BauO NW. Zu dem Beschleunigungszwecken dienenden weitgehenden Wegfall des Genehmigungserfordernisses im Bauordnungsrecht vgl *Ortloff* NVwZ 1995, 112ff.

[136] *Maurer* Allg VwR, § 9 Rn 51. Grundlegend zu den Erlaubnispflichten BVerfGE 20, 150, 154ff. Vgl auch BVerfGE 52, 1, 41ff.

[137] § 37 Abs 1 und Abs 3 WaffG.

[138] Vgl § 1 BannmeilenG. Siehe dazu OVG NW NWVBl 1994, 305ff.

[139] *Maurer* Allg VwR, § 9 Rn 52.

[140] Zur Frage, was unter einem Eingriffsakt iSd § 28 Abs 1 VwVfG zu verstehen ist, vgl § 37 Rn 15. Ausf dazu *Ehlers* Jura 1996, 617, 618f.

[141] Dies muß nicht bedeuten, daß eine Anhörung entbehrlich ist, weil unter Eingriffsakt iSd § 28 Abs 1 VwVfG auch jeder belastende Verwaltungsakt verstanden werden könnte. Vgl *Kopp* VwVfG, § 28 Rn 10; aA zB *Bonk* in: Stelkens/Bonk/Sachs, VwVfG, § 28 Rn 27 mwN.

[142] Vgl § 26 Nr 2 VersG, § 146 Abs 2 Nr 1 GewO.

bruch eines ohne Baugenehmigung errichteten, im übrigen aber im Einklang mit den öffentlich-rechtlichen Vorschriften stehenden Hauses)[143]. Das Zuwiderhandeln gegen ein repressives Verbot führt regelmäßig zu weiterreichenden Konsequenzen. ZB dürfen verbotene Waffen sichergestellt und grundsätzlich auch eingezogen (vernichtet) werden.[144] Anzeigepflichten, präventive Verbote und repressive Verbote greifen in die grundrechtlich geschützte Rechtssphäre ein und müssen sich daher rechtfertigen lassen. Insbes muß jeweils dargelegt werden können, daß mildere Maßnahmen nicht ausreichen.

b) *Leistungsverwaltung.* Die Leistungsverwaltung stellt einerseits die staatliche **38**
Infrastruktur bereit[145] (insbes die öffentlichen Einrichtungen wie zB die Straßen, öffentlichen Schulen, Universitäten, Krankenhäuser, Theater, Museen oder Friedhöfe) und dient der Versorgung der Bevölkerung mit Gütern und Dienstleistungen (zB Energie, Wasser, Telekommunikationsdienstleistungen) sowie der Beseitigung von Stoffen (etwa von Abfällen und Abwasser). Andererseits kann die Leistungsverwaltung einzelne Personen gezielt begünstigen (zB durch die Gewährung von Sozialhilfe, Ausbildungsförderungsdarlehen oder Wirtschaftssubventionen). Da der einzelne vielfach auf staatliche „Daseinsvorsorge" (§ 2 Rn 88) angewiesen ist, kommt der Leistungsverwaltung eine außerordentlich große Bedeutung zu, die keineswegs hinter der Ordnungsverwaltung zurücktritt.[146]

c) *Abgabenverwaltung.* Die Abgabenverwaltung sorgt für die Beschaffung der **39**
staatlichen Geldmittel durch Erhebung von Steuern, Gebühren, Beiträgen, Sonderabgaben, Verbandslasten, Umlagen und sonstigen Abgaben.[147]

d) *Bedarfsverwaltung.* Der Bedarfsverwaltung geht es darum, die persönlichen **40**
und sachlichen Mittel zu besorgen, welche die Verwaltung zur Erfüllung ihrer Aufgaben benötigt. Dazu zählt zB die Einstellung von Personen in den öffentlichen Dienst, die Heranziehung von Privaten zur Erfüllungshilfe (etwa zur Vornahme von Straßenbauarbeiten oder zum Abschleppen von Kraftfahrzeugen für die Polizei), der Ankauf von Sachen (zB Computer für die Verwaltung, Fahrzeuge für die Feuerwehr) sowie die Vergabe sonstiger öffentlicher Aufträge (etwa zur Erbringung von Werk- oder Dienstleistungen).[148] Da sich das Gesamtvolumen öffentlicher Beschaffungsmaßnahmen in der Europäischen Gemeinschaft bereits im Jahre 1990 auf ca 595 Mrd ECU belief (14 % des BIP der Gemeinschaft), eine

143 Vgl BVerwGE 19, 162; BVerwG DÖV 1978, 413; OVG NW NWVBl 1987, 19ff.

144 Vgl § 37 Abs 5 WaffG.

145 Ausf dazu *Faber* VwR, 4. Aufl 1995, § 5 II, 31ff.

146 Zu den tatsächlichen Erscheinungsformen sowie zu dem verfassungs- und verwaltungsrechtlichen Ordnungsrahmen *Erichsen* DVBl 1983, 289ff. Ferner zB *Krause* VVDStRL 45 (1987) 212ff; *Ehlers* DVBl 1986, 912ff.

147 Vgl zu den verschiedenen Abgaben *P. Kirchhof* in: Isensee/Kirchhof IV, § 88, 87ff; *F. Kirchhof* in: Achterberg/Püttner, Bes VwR II, Kap 6/2, Rn 149ff; *dens* NVwZ 1987, 1031, 1033ff; *Ehlers/Achelpöhler* NVwZ 1993, 1025, 1026ff. Zur Notwendigkeit der Zuordnung einer Abgabe zu einer Abgabenart vgl (verneinend) BVerfGE 93, 319, 345 (Wasserpfennig).

148 Vgl *Pietzcker* Der Staatsauftrag als Instrument des Verwaltungshandelns, 1978; *Wallerath* Öffentliche Bedarfsdeckung und Verfassungsrecht, 1988. Zum Ausmaß der wirtschaftlichen Beschaffungsmaßnahmen vgl § 2 Rn 73 m Fn 166.

grenzüberschreitende Auftragsvergabe aber verhältnismäßig selten erfolgte, ist das Auftragswesen weitgehend durch Richtlinien der Gemeinschaft geregelt worden.[149] Um den Rechtsschutz zu verbessern, hat die Gemeinschaft sog Rechtsmittelrichtlinien erlassen.[150] In Deutschland unterliegt die Vergabe öffentlicher Aufträge der Nachprüfung durch die Vergabekammern (§ 112 GWB). Gegen die Entscheidungen der Vergabekammer ist Beschwerde vor den Oberlandesgerichten zulässig (§ 126 GWB).

41 e) *Vermögensverwaltung.* Die Vermögensverwaltung dient der Pflege, Ausnutzung oder Verwertung der sich im Eigentum oder in der Verfügungsbefugnis des Staates befindenden Vermögensgegenstände (zB Veräußerungen nicht mehr benötigter Bücher durch die Universitätsbibliothek oder Privatisierung wirtschaftlicher Unternehmen).[151]

42 f) *Wirtschaftende Verwaltung.* Die wirtschaftende Verwaltung zeichnet sich dadurch aus, daß sie in ähnlicher Weise wie sonstige Wirtschaftssubjekte als Anbieter oder Verteiler von Gütern oder Dienstleistungen am Markt in Erscheinung tritt (zB als Bankunternehmen wie die Westdeutsche Landesbank Girozentrale, als Industrieunternehmen wie die Saarbergwerke AG oder als Reisebüro wie das Amtliche Bayerische Reisebüro GmbH). Das Schwergewicht der staatlichen Teilnahme am Wirtschaftsleben liegt bei den Kommunen.[152]

43 g) *Rechtliche Konsequenzen.* Die Unterscheidung der verschiedenen Aufgabenarten hat nicht nur beschreibenden Charakter, sondern kann auch rechtliche Folgen nach sich ziehen. ZB werden die Ordnungs-, Leistungs- und Abgabenverwaltung grundsätzlich öffentlich-rechtlich, die Bedarfs-, Vermögens- und wirtschaftende Verwaltung grundsätzlich privatrechtlich tätig (§ 2 Rn 71 ff). Erläßt die Ordnungsverwaltung einen begünstigenden Verwaltungsakt, der mit einer Auflage verbunden ist, widerspricht es idR nicht dem Übermaßverbot, die Auflage bei Nichterfüllung zwangsweise durchzusetzen, statt den begünstigenden Verwaltungsakt zu widerrufen. Liegt dagegen Leistungsverwaltung vor, ist die zwangsweise Durchsetzung einer Auflage zumeist unzulässig. Wird etwa eine Subvention zweckwidrig verwendet, ist die Verwaltung regelmäßig gehalten, die Subventionsgewährung rückgängig zu machen, statt die Zweckbindungen mit Zwangsmitteln (womöglich Ersatzvornahme) durchzusetzen.[153]

2. Unterscheidung nach dem Gegenstand der Verwaltung

44 Nach dem Gegenstand können die vielfältigen Tätigkeitsbereiche der staatlichen Verwaltung unterschieden werden. ZB wird von Kulturverwaltung, Schulverwaltung, Sozialverwaltung, Wirtschaftsverwaltung, Landwirtschaftsverwaltung, Um-

[149] Vgl den Überbl bei *Nicolaysen* Europarecht II, 1996, 224 ff.

[150] Zur ursprünglich problematischen (nur haushaltsrechtlichen, den gerichtlichen Rechtsschutz ausschließenden) Umsetzung vgl *Pietzcker* NVwZ 1996, 313 ff.

[151] Vgl § 2 Rn 74.

[152] Zu den Rechtsproblemen vgl etwa *Ehlers* DVBl 1998, 497 ff.

[153] Vgl dazu *Henseler* VerwArch 77 (1986) 249, 270, 284; *Heydemann* Die Durchsetzbarkeit von Verhaltensbindungen im Recht der begünstigenden Verwaltung, 1995, 82 ff.

weltschutzverwaltung, Finanzverwaltung, Bauverwaltung, Verkehrsverwaltung und dergleichen mehr gesprochen.

3. Unterscheidung nach dem Verwaltungsträger

Knüpft man an den Verwaltungsträger an, läßt sich zwischen Bundes- und Lan- **45**
desverwaltung, ferner zwischen unmittelbarer und mittelbarer Staatsverwaltung (Rn 14f) differenzieren. Stellt man auf die Hauptverwaltungsträger ab, sind die Bundes-, Landes- und Kommunalverwaltungen zu nennen.

4. Unterscheidung nach der Rechtsform des Tätigwerdens

Die Verwaltung kann sich nicht nur der Organisations- und Handlungsformen des **46**
öffentlichen Rechts, sondern in einem bestimmten Ausmaße auch derjenigen des Privatrechts bedienen (§ 2 Rn 70ff). Nach der Rechtsform des Tätigwerdens kann deshalb zwischen der öffentlich-rechtlichen und der privatrechtlichen Verwaltung abgegrenzt werden.

5. Unterscheidung nach der Modalität des Handelns

Eine weitere Unterscheidung betrifft die Art und Weise des Handelns der Verwal- **47**
tung. Vor allem geht es um die Frage, ob die Verwaltung eingreifend tätig wird oder nicht. Diese Differenzierung ist insofern bedeutsam, als die in Freiheit und Eigentum eingreifende Verwaltung bestimmten Anforderungen unterliegt (namentlich Bindung an das Prinzip vom Vorbehalt des Gesetzes, an die Grundrechte und an das Übermaßverbot), die für die sonstige Verwaltung uU nicht oder nicht in der gleichen Schärfe gelten.[154] Beliebt ist die Entgegensetzung von Eingriffs- und Leistungsverwaltung. Abgesehen davon, daß damit nicht sämtliches Verwaltungshandeln erfaßt werden kann, gibt die Gegenüberstellung nur dann einen Sinn, wenn man die Leistungsverwaltung insoweit nicht als Aufgabenart, sondern als Instrument der Verwaltung (Verwaltungsmittel) versteht.[155] Selbst dann ist zu beachten, daß Eingriff und Leistung bzw Belastung und Begünstigung vielfach miteinander verbunden sind. So wirken zahlreiche Verwaltungsmaßnahmen für den Adressaten sowohl begünstigend als auch belastend. Man spricht in solchen Fällen von einer *Mischwirkung*. Hinzuweisen ist etwa auf die Wasserversorgung oder Erteilung des Schulunterrichts jeweils mit Benutzungszwang, die Zwangsernährung von Häftlingen, den Erlaß begünstigender Verwaltungsakte unter Beifügung einer belastenden Nebenbestimmung, die Heranziehung zu Abgaben in einer bestimmten Höhe (begünstigend insofern, als nicht mehr als der angegebene Betrag bezahlt

[154] Für Nichtgeltung des Übermaßverbotes in der Leistungsverwaltung zB *Erichsen* Jura 1988, 387, 388; *Mußgnug* VVDStRL 47 (1989) 113, 126ff; aA zB *Haverkate* Rechtsfragen des Leistungsstaates, 1983, 14ff, 174 ff; *Bleckmann* JuS 1994, 177, 179.

[155] IdS etwa *Ebsen* DVBl 1988, 883, 885. Krit *Bachof* VVDStRL 30 (1972) 193, 227; *Wolff/Bachof/Stober* VwR I, § 3 Rn 6.

werden muß)[156] oder die Gewährung bestimmter Geldleistungen (belastend, weil die Höhe begrenzt ist und vielleicht hinter dem Antrag zurückbleibt). Ferner haben Verwaltungsmaßnahmen heute immer häufiger *Doppelwirkung*, dh sie begünstigen den einen (zB Genehmigungsempfänger, Bewerber um die ausgeschriebene Stelle eines Beamten oder Adressaten eines Subventionsbescheides), belasten aber den anderen (etwa den Nachbarn oder Konkurrenten) und greifen uU in dessen Rechte ein.[157] Belastung und Begünstigung bzw Eingriff und Leistung müssen nach ihren jeweils eigenen Regeln behandelt werden. Will etwa die Verwaltung einen teils begünstigenden, teils belastenden Verwaltungsakt (außerhalb des Widerspruchsverfahrens) aufheben, gelten für den begünstigenden Teil § 48 Abs 2, 3, 4 und 6 sowie § 49 Abs 2, 3 und 5 VwVfG, für den belastenden Teil dagegen nicht.

6. Unterscheidung nach der Intensität der Gesetzesbindung

48 Schließlich läßt sich danach differenzieren, in welcher Weise die Verwaltung durch das Gesetz gebunden wird. Die gesetzliche Programmierung kann relativ strikt sein, weil die gesetzlichen Tatbestandsvoraussetzungen präzise gefaßt sind und die Verwaltung bei Vorliegen dieser Voraussetzungen in einem bestimmten Sinne (nach dem konditionalen Wenn-dann-Schema) tätig werden muß. Sie kann sich aber auch abschwächen, weil die Vorschriften sehr unbestimmte Rechtsbegriffe verwenden[158] bzw der Verwaltung einen Gestaltungsspielraum entweder in Form eines Beurteilungsspielraums bei der Konkretisierung der gesetzlichen Tatbestandsmerkmale oder in Form eines Ermessensspielraums bei der Bestimmung der Rechtsfolgen einräumen (§ 10 Rn 3 ff). Dies stellt keinen Freibrief dar. Vielmehr muß sich die Verwaltung stets zu derjenigen Entscheidung durchringen, die sie in Anbetracht der verbindlichen Normzwecke für die richtige bzw beste hält. *Gestaltungsspielräume* sind immer auf Optimierung angelegt.[159] Freie Beurteilungs- oder Ermessensspielräume können im Rechtsstaat nicht anerkannt werden.[160] Der Verwaltung ist es daher nicht gestattet, sich mit der zweitbesten Lösung zufriedenzugeben. Wenn das Gesetz in § 68 Abs 1 S 1 VwGO Rechtmäßigkeit und Zweckmäßigkeit nebeneinander stellt, darf dies nicht dahin mißverstanden werden, daß die Zweckmäßigkeitsentscheidung der Verwaltung außerhalb des Rechts anzusie-

[156] Vgl auch BFH BStBl 1985, 562, 563; FG Berlin EFG 1986, 474; FG BW EFG 1986, 532; FG Köln EFG 1986, 213. AA BVerwGE 67, 129, 134; *Stelkens* JuS 1984, 930, 934 – wonach ein Abgabebescheid nicht den Gegenschluß rechtfertige, daß von den Betroffenen mehr als der angegebene Betrag nicht verlangt werden solle.

[157] Zum Nachbarschutz vgl § 2 Rn 67, zum Konkurrentenschutz *Huber* Konkurrenzschutz im Verwaltungsrecht, 1991.

[158] ZB den Rechtsanwender nur final programmieren. Vgl etwa § 16 Abs 1 S 1 BBankG, wonach die Bundesbank „zur Beeinflussung des Geldumlaufs und der Kreditgewährung" eine sog Mindestreserven-Politik betreiben darf.

[159] Zur Bedeutung von Optimierungsgeboten im Planungsrecht vgl *Hoppe* DVBl 1992, 853 ff; *dens* DVBl 1994, 1033, 1034, 1037 ff.

[160] Dies ist heute nicht mehr umstritten. Vgl etwa *W. Schmidt* Gesetzesvollziehung durch Rechtsetzung, 1969, 267. Vgl auch bereits *Bernatzik* Rechtsprechung und materielle Rechtskraft, 1886, 41.

deln ist. Eine zweckwidrige Verwaltungsentscheidung verstößt nicht nur gegen metajuristische Maßstäbe, sondern auch gegen den das Verwaltungshandeln regelnden Rechtssatz selbst (im Beispielsfall gegen § 68 Abs 1 S 1 VwGO)[161]. Demgemäß bestimmt auch § 40 VwVfG, daß das Ermessen einer Verwaltungsbehörde entsprechend dem Zweck der Ermächtigung ausgeübt werden muß. Dies impliziert, daß eine zweckwidrige Entscheidung rechtswidrig ist. Mit der gewählten Terminologie (Beurteilungsspielraum, Ermessensspielraum, Zweckmäßigkeit) soll nur zum Ausdruck gebracht werden, daß die gerichtliche Kontrolldichte in solchen Fällen gemindert ist. Noch weniger determiniert ist die Verwaltung, wenn es überhaupt keine (spezial-)gesetzlichen Handlungsanweisungen gibt (wie zB bei der Benennung von Straßen). Die Verwaltung ist dann ermächtigt, aufgrund eigener Zielvorstellungen zu entscheiden.[162] Auch dann müssen aber stets die allgemeinen Bindungen und Grenzen (wie zB die Zuständigkeitsvorschriften oder verfassungsrechtlichen Vorgaben) beachtet werden. Es gibt somit kein Reservat exekutiven Wirkens, das völlig außerhalb der Sphäre des Rechts liegt.

VI. Administrative Steuerung und gesellschaftliche Selbstregulierung

Da der Bürger in einer Demokratie nicht nur Objekt hoheitlichen Waltens ist und 49
die personellen und finanziellen Mittel der staatlichen Verwaltung nicht ausreichen, um eine Gemeinwohlverwirklichung mit rein ordnungsrechtlichen Instrumenten wie Genehmigungsvorbehalt, Befehl und Zwang sicherzustellen, muß der Staat daran interessiert sein, sich soweit wie möglich der Mithilfe seiner Bürger zu bedienen. Dies kann durch Instrumentalisierung des legitimen Eigennutzes der Bürger geschehen. Erhebt der Staat etwa Umweltabgaben oder fördert er Emissionsvermeidungen durch Gewährung von Subventionen, kann er damit rechnen, daß dies die Bürger zu einem umweltschützenden Verhalten veranlassen wird.[163] Darüber hinaus geht es darum, die Bürger anstelle eines Eigenhandelns der Verwaltung in die Verantwortung zu nehmen. Damit es nicht zu unerwünschten Zuständen kommt, wird der Staat aber vielfach die Rahmenbedingungen bestimmen sowie Kontroll- und abzustufende Einstandspflichten übernehmen müssen. Im Schrifttum wird in solchen Fällen von einer „hoheitlich regulierten gesellschaftlichen Selbstregulierung" gesprochen.[164]

Das Verwaltungsrecht kennt vielfältige Formen privater Selbsterledigung und 50
Verantwortung.[165] So obliegt es nach vielen Gesetzen dem Antragsteller, den Sach-

[161] Vgl *Söll* Das Ermessen der Eingriffsverwaltung, 1973, 119; *Erichsen* VwR u VwGbkt I, 2. Aufl 1984, 88; *Krebs* (Fn 25) 79; *Rupp* (Fn 8) 210f.

[162] Vgl dazu demnächst *Weitzel* Justitiabilität des Rechtssetzungsermessens, zugleich ein Beitrag zur Theorie des Ermessens, 1998.

[163] Zu einem marktwirtschaftlichen Instrument im Umweltschutz, dem Handeln mit Zertifikaten, vgl *Wasmeier* NuR 1992, 219; *Enders* DÖV 1998, 184ff. Zum Blauen Engel vgl *Berendes* GewArch 1998, 14ff; *Klindt* BB 1998, 545ff.

[164] *Hoffmann-Riem* in: ders/Schneider (Hrsg), Verfahrensprivatisierung im Umweltrecht, 1996, 9, 21; *ders* DÖV 1997, 433, 441ff (Gewährleistungs-, Erfüllungs- und Auffangverantwortung).

[165] Vgl *Schmidt-Preuß* VVDStRL 56 (1997) 160, 176ff; *Di Fabio* ebd, 235, 242ff.

verhalt selbst aufzuklären (zB §§ 60 ff SGB I, 6 Abs 3 u 4 UVPG), nach anderen Gesetzen sind Personen zur Eigensicherung und -überwachung (zB §§ 7 Abs 2 Nr 5 AtG, 19 b, 20 a LuftVG, 9 BDSG), zur Fremdüberwachung durch Dritte (§§ 26, 29 a BImSchG, 19 i WHG), zur Bestellung von Betriebsbeauftragten (zB §§ 36 BDSG, 53 BImSchG, 54 KrW-/AbfG) oder zu besonderen Verantwortlichen (zB § 52 a BImSchG)[166] verpflichtet. Teilweise sind Vorabverständigungen (Scoping-Verfahren) ausdrücklich vorgesehen oder zugelassen (zB §§ 71 c Abs 2 VwVfG, 5 UVPG, 12 BauGB). Während im Baurecht früher für fast alle Vorhaben eine Genehmigung eingeholt werden mußte, verzichtet das sog Genehmigungsfreistellungsverfahren heute vielfach auf eine obligatorische präventive Kontrolle (bis hin zur Hochhausgrenze)[167] und gebietet es dem Bauherrn, selbst dafür Sorge zu tragen, daß das materielle Baurecht eingehalten wird. Mitunter sind an die Stelle der präventiven Kontrolle private Sicherungsinstrumente getreten. So ist im Versicherungsaufsichtsrecht der Wegfall des präventiven Genehmigungsvorbehalts für Tarifänderungen durch eine Einführung von Aktuaren und Treuhändern kompensiert worden.[168] Auf dem Gebiet des Telekommunikationswesens hat sich der Staat auf die bloße Gewährleistung flächendeckend angemessener und ausreichender Dienstleistungen zurückgezogen (Art 87 Abs 1 f GG). In anderen Bereichen der Versorgung der Bevölkerung mit Informationen (zB Rundfunk) oder Kommunikationsinfrastrukturen sind ähnliche Entwicklungen zu beobachten.[169] Ferner sollen Selbstkontrollen nach Art des gemeinschaftsrechtlich eingeführten Öko-Audit[170] durch Mobilisierung der Öffentlichkeit einen faktisch-ökonomischen Druck auf die Wirtschaft ausüben, höhere als die gesetzlichen Standards einzuhalten. In solchen Fällen nimmt der Staat oftmals seine Kontrolldichte zurück. Eine immer wichtigere Rolle spielen Selbstbeschränkungsabkommen der Wirtschaft, mit denen mehr oder weniger freiwillig einem staatlichen Handeln vorgebeugt wird.[171] Vielfach initiiert der Staat solche Absprachen oder beteiligt sich an ihnen. So werden Hersteller und Verbraucher von der Rücknahmepflicht für Verkaufsverpackungen nach Maßgabe der Verpackungsverordnung[172] freigestellt, wenn sie sich an einem System beteiligen, das flächendeckend eine regelmäßige Abholung gebrauchter Verkaufsverpackungen beim Endverbraucher oder in der Nähe des Endverbrauchers gewährleistet. Damit hat der Staat zur Schaffung der (wegen ihrer Monopolstellung nicht unbedenklichen) „Duales System Deutschland GmbH“ beigetra-

[166] Im Außenwirtschaftsrecht hat die Bundesregierung durch Verwaltungsvorschrift zur Prüfung der Zuverlässigkeit im Rahmen der §§ 6 Abs 3 Nr 3 KWKG, 3 Abs 2 AWG die Benennung von Ausfuhrverantwortlichen verlangt (BAnz 1990, 6406; 1991, 545).

[167] Im einzelnen bestehen unterschiedliche landesrechtliche Regelungen. Vgl etwa § 67 BauO NW. Dazu Hoppe/Bauer/Faber/Schink (Hrsg), Rechts- und Anwendungsprobleme der neuen Bauordnung NW, 1996.

[168] ZB §§ 11 a, 12, 12 b, 70 VAG.

[169] Vgl zu den Wandlungen der Informationsordnung *Schoch* VVDStRL 57 (1998) 158, 210 f; *Trute* ebd, 216, 230 ff.

[170] VO (EWG) Nr 1836/93 v 29. 6. 1993, ABl L Nr 168 S 1.

[171] Dazu zB *Oebbecke* DVBl 1986, 794 ff; *Schulte* Schlichtes Verwaltungshandeln, 1995, 89 ff; *Kloepfer/Elsner* DVBl 1996, 964 ff.

[172] BGBl 1991 I, 1234.

gen.[173] Schließlich bedürfen die staatlichen Sicherheits-, Gesundheits- und Umweltanforderungen regelmäßig der Konkretisierung durch technische Normen. Diese werden zumeist durch private Normungsgremien auf nationaler und europäischer Ebene erlassen (zB Deutsches Institut für Normung für DIN-Normen, CEN und CENELEC[174] für europäische Produktharmonisierung), wobei Staat und Europäische Gemeinschaft durch die Gestaltung der Rahmenbedingungen, durch personelle Mitarbeit in den Normungsgremien und durch die Entscheidung, welche Normen hoheitlich rezipiert werden, auf das Ergebnis der Normierungen und ihre Umsetzung Einfluß nehmen.[175] Mit diesen und ähnlichen Verfahrensweisen geht oftmals eine Änderung des Verwaltungsauftretens einher. Statt hoheitlicher Mittel bedient sich die Verwaltung kooperativer, informeller (vgl § 32) oder sonstiger nicht regelnder Handlungsformen (wie zB dem Hinweis, der Empfehlung oder der Warnung).[176] Im Umweltrecht wird das Kooperationsprinzip sogar als Leitbild der Umweltverwaltung angesehen.[177]

Die Verlagerung der Verantwortung auf Private ist grundsätzlich zu begrüßen. **51** Jedoch darf weder die Verfassungs- und Gesetzesbindung noch das staatliche Letztentscheidungsrecht in Frage gestellt werden. Um einer Diffusion staatlicher und gesellschaftlicher Verantwortung entgegenzuwirken, muß trotz Kooperation klar zwischen Ausübung von Staatsgewalt und der „Verfolgung von Privatinteressen in Wahrnehmung grundrechtlicher Freiheiten"[178] unterschieden werden. Auch darf der einzelne nicht schutzlos einer gesellschaftlichen (statt staatlichen) Macht ausgeliefert werden.[179] Soweit die kollektive Eigenvornahme Kartellcharakter hat (wie bei den meisten Selbstbeschränkungsabkommen), darf es nicht zu einem Bruch mit dem Wettbewerbsrecht kommen.

VII. Verwaltungswissenschaften

Die Organisation und Tätigkeit der Verwaltung ist Gegenstand der Verwaltungs- **52** wissenschaften. Mit der Verwaltung befassen sich ganz *verschiedene Wissenschaftsdisziplinen* wie zB die Politikwissenschaft, Volkswirtschaftslehre, Betriebs-

[173] Zu den verfassungsrechtlichen Problemen vgl *Hirschfeld* Staatlich initiierte Monopole und Verfassungsrecht – das Beispiel Verpackungsverordnung, 1997. Zu einem weiteren Beispiel (Altautoentsorgung) und den damit verbundenen kartellrechtlichen Problemen *Faber* UPR 1997, 431 ff.

[174] Comité Européenne de Normalisation (CEN), Comité Européenne de Normalisation Electrotechnique (CENELEC).

[175] Zu den vielfältigen Rechtsproblemen vgl *Di Fabio* Produktharmonisierung durch Normung und Selbstüberwachung, 1996. Krit *Breulmann* Normung und Rechtsangleichung der Europäischen Wirtschaftsgemeinschaft, 1993.

[176] Dazu *Schoch* DVBl 1991, 667 ff; *Leidinger* DÖV 1993, 925 ff; *Di Fabio* JZ 1993, 689 ff.

[177] Vgl *Hoppe/Beckmann* Umweltrecht, 2. Aufl 1996, § 1 Rn 53 ff; *Breuer* in: Schmidt-Aßmann (Hrsg), Bes VwR, 10. Aufl 1995, 5. Abschn Rn 18; *Kloepfer* Umweltrecht, 2. Aufl 1998, § 4 Rn 45 ff.

[178] *Schmidt-Preuß* (Fn 165) 162 f.

[179] *Di Fabio* (Fn 165) 252 ff.

wirtschaftslehre[180], Finanzwirtschaftslehre, Soziologie[181], Verwaltungsgeographie, Urbanistik, Statistik, Psychologie und Verwaltungsgeschichte[182]. Auch die Verwaltungsrechtswissenschaft, der es um die rechtliche Ausgestaltung der Verwaltung geht (§ 2 Rn 87ff), kann als ein (besonders wichtiges) Teilgebiet der Verwaltungswissenschaften bezeichnet werden. Statt von Verwaltungswissenschaften wird häufig auch nur von der Verwaltungswissenschaft gesprochen. Die Justizausbildungsgesetze benutzen den Ausdruck „Verwaltungslehre".[183] Diese Begriffsbildung ist problematisch, weil eine Integration der beteiligten Disziplinen in *eine* Wissenschaft oder Lehre kaum möglich, jedenfalls bisher aber nicht verwirklicht worden ist.[184] Als Einführung in die Verwaltungswissenschaften eignen sich für Juristen die Bücher von *Ellwein*[185] und *B. Becker*[186] sowie vor allem von *Thieme*[187], *Lecheler*[188] und *Püttner*[189]. Fallorientiert ist die Darstellung von *Knöpfle/Thieme*[190].

53 Entsprechend ihrem weiten Gegenstandsbereich befassen sich die Verwaltungswissenschaften mit ganz *unterschiedlichen Fragestellungen*: etwa den Verwaltungsaufgaben, der sachlichen und personellen Organisation, der Planung, dem Vollzug und der Kontrolle, dem Einsatz der modernen Techniken, dem Umgang mit dem Bürger oder den Fragen des Büro-Alltags.[191] Gegenwärtig wird – auch wegen der hohen Verschuldung des Staates, des weltweiten Standortwettbewerbs und des Nachholbedarfs in den neuen Ländern – besonders über die Privatisierung

[180] *Thiemeyer* Wirtschaftslehre öffentlicher Betriebe, 1975; *Eichhorn/Friedrich* Verwaltungsökonomie I, 1977; Eichhorn (Hrsg), Betriebswirtschaftslehre, Erkenntnisse zur Regierung, Verwaltung und öffentlichen Unternehmen, 1985; *Reichard* Betriebswirtschaftslehre der öffentlichen Verwaltung, 2. Aufl 1987; *Gornas/Beyer* Betriebswirtschaft in der öffentlichen Verwaltung, 1991.

[181] Vgl etwa *Mayntz* Soziologie der öffentlichen Verwaltung, 1985.

[182] Ausf dazu *Heyen* Geschichte der Verwaltungsrechtswissenschaft in Europa, 1982; Jeserich/Pohl/v Unruh (Hrsg), Deutsche Verwaltungsgeschichte, 5 Bde und Registerband; *Robbers* Europäische Verwaltungsgeschichte, in: Schulze, Europäische Rechts- und Verfassungsgeschichte, 1991, 153ff; *Stolleis* Geschichte des öffentlichen Rechts in Deutschland, 2 Bde, 1988, 1992.

[183] Vgl etwa § 5 Abs 3 Nr 5 JAPO BW.

[184] Zur wissenschaftstheoretischen Einordnung vgl auch *Luhmann* (Fn 14); *König* Erkenntnisinteressen der Verwaltungswissenschaft, 1970. Zu den verschiedenen Aspekten der Verwaltungswissenschaften: König/v Oertzen/Wagener (Hrsg), Öffentliche Verwaltung der Bundesrepublik Deutschland, 1981; *Becker/Thieme* Handbuch der Verwaltung, 1978.

[185] Einführung in die Regierungs- und Verwaltungslehre, 1966.

[186] Öffentliche Verwaltung, 1989.

[187] *Thieme* (Fn 14).

[188] Verwaltungslehre, 1988.

[189] Verwaltungslehre, 2. Aufl 1989. Vgl auch *H. Maier* Die ältere deutsche Staats- und Verwaltungslehre, 1980; Joerger/Geppert (Hrsg), Grundzüge der Verwaltungslehre, 3. Aufl 1983.

[190] Verwaltungslehre – Einführung und Fälle, 2. Aufl 1984.

[191] Zu den Merkmalen der bürokratischen Verwaltung nach wie vor grundlegend *M. Weber* Wirtschaft und Gesellschaft, 5. Aufl 1976.

von Verwaltungsleistungen[192], den Einsatz von Managementkonzepten[193], die Neuordnung von Regionen[194] und großstädtischen Verdichtungsräumen[195] sowie die Deregulierung, Rechts- und Verwaltungsvereinfachung[196] und Beschleunigung von Verwaltungsvorgängen[197] diskutiert. Ferner haben die kooperativen, informalen und optionalen Handlungsmöglichkeiten der Verwaltung besondere Aufmerksamkeit gefunden.[198]

§ 2
Verwaltungsrecht

I. Begriff des Verwaltungsrechts

Der Begriff des Verwaltungsrechts kann in einem weiten oder engen Sinne ver- 1
wendet werden. Bei *weiter Begriffsbildung* läßt sich unter Verwaltungsrecht die Summe der Rechtssätze verstehen, welche die Verwaltung organisieren oder von der Verwaltung zu beachten sind. Üblicherweise wird der *Begriff* des Verwaltungsrechts *enger* gefaßt. Das Verwaltungsrecht kann dann als die Gesamtheit der geschriebenen und ungeschriebenen Rechtssätze des öffentlichen Rechts definiert werden, die entweder die staatliche Verwaltung im organisatorischen Sinne konstituieren oder gerade die Tätigkeit der staatlichen Verwaltung (im organisatorischen Sinne) regeln, mit Ausnahme der Vorschriften anderer Rechtsordnungen, des Verfassungsrechts, des Staatsrechts und des Verwaltungsprozeßrechts. Im folgenden wird dieser Begriff des Verwaltungsrechts zugrunde gelegt. Im einzelnen bedeutet dies folgendes:

192 Vgl *Schoch* Privatisierung der Abfallentsorgung, 1992, 27; *dens* DVBl 1994, 1ff; *Osterloh* VVDStRL 54 (1995) 204ff; *Bauer* ebd, 243ff.

193 Einen Überbl über die verschiedenen, auf Delegation und die Zusammenführung von dezentraler Fach- und Ressourcenverantwortung hinauslaufenden Modelle findet sich bei *Thieme* (Fn 14) 43ff und *Püttner* (Fn 189) 273ff. Zu dem heute am meisten diskutierten sog Neuen Steuerungsmodell vgl *Blume* in: Banner/Reichard (Hrsg), Kommunale Managementkonzepte in Europa, 1993, 143ff. Zur juristischen Verbindlichkeit *Pünder* DÖV 1998, 63ff. Vgl auch *v Mutius* FS Stern, 1997, 685ff; *Wallerath* DÖV 1997, 57ff.

194 Vgl zu der unter europarechtlichen Vorzeichen geführten Diskussion etwa *Knemeyer* DVBl 1990, 449ff; *Eichenberger* in: Ossenbühl (Hrsg), Föderalismus und Regionalismus in Europa, 1990, 17ff; *Schink* DÖV 1992, 385ff; *Schweitzer/Fixson* Jura 1992, 579ff; *Zuleeg* DVBl 1992, 1329ff; *Benz* VerwArch 84 (1993) 328ff.

195 Vgl statt vieler *Kilian/Müllers* VerwArch 89 (1998) 25ff.

196 Vgl etwa *Helmrich* in: Beschränkung des staatlichen Einflusses in der Wirtschaft, 1993, 41ff. Zu den Aufgaben des und Wegen zum „Schlanken Staat" vgl zB BT-Drucks 13/10145.

197 Vgl zu den Beschleunigungsgesetzen *Steiner* NVwZ 1994, 313ff. Krit *Erbguth* JZ 1994, 477ff.

198 Vgl nur *Hoffmann-Riem* DÖV 1997, 433ff mwN.

2 Das Verwaltungsrecht ist ein Teilgebiet des *öffentlichen Rechts* (Rn 10ff). Da sich die staatliche Verwaltung auch der Organisations- und Handlungsformen des Privatrechts bedienen darf (Rn 33ff), regelt es nur einen Teil der Erscheinungsformen und Aktivitäten der Verwaltung.

3 Zuordnungssubjekt des Verwaltungsrechts ist die staatliche Verwaltung. Dies heißt nicht, daß sich das Verwaltungsrecht nur an die *Verwaltung* wendet. Die meisten Rechtssätze des Verwaltungsrechts regeln die Rechtsbeziehungen zwischen Verwaltung und Bürger (Privaten), sprechen also auch letztere an, aber eben nur im Verhältnis zur Verwaltung. So berechtigen die meisten Vorschriften des Polizeirechts die Verwaltung zum Einschreiten und verpflichten die Bürger, den Anordnungen der Verwaltung Folge zu leisten. Da es sich beim Zuordnungssubjekt um *staatliche* Verwaltung handeln muß, scheiden jene Rechtsgebiete des öffentlichen Rechts aus, die sich an andere Verwaltungsträger (etwa die öffentlich-rechtlich organisierten Religionsgemeinschaften) oder sonstige Rechtssubjekte (wie zB die an jedermann adressierten Vorschriften des Strafrechts oder des Zivil- und Strafprozeßrechts) wenden.

4 Die staatliche Verwaltung kann auch durch das *Völkerrecht* oder *europäische Gemeinschaftsrecht* (§ 3 Rn 51ff) gesteuert werden. Ob deren Rechtssätze dem öffentlichen Recht angehören, mag dahinstehen. Jedenfalls muß es sich beim Verwaltungsrecht um Rechtssätze des staatlichen Rechts handeln.

5 Nicht zum Verwaltungsrecht gehört das auf einer höheren Stufe der Normpyramide angesiedelte (formelle) *Verfassungsrecht* und das *Staatsrecht*, mag es auch – wie etwa die Grundrechte, Art 35 Abs 1 GG oder die Art 83ff GG – für die Verwaltung von größter Bedeutung sein. Unter Verfassungsrecht wird hier das im Grundgesetz und in den Landesverfassungen kodifizierte Recht, unter Staatsrecht das Recht der obersten Staatsorgane verstanden (unabhängig davon, ob es in den Verfassungen oder – wie das Wahlrecht und die Geschäftsordnungen der Regierungen und Parlamente – außerhalb derselben geregelt worden ist).[1]

6 Auszuklammern ist schließlich das *Verwaltungsprozeßrecht*, weil es sich in erster Linie um Justizrecht handelt.

II. Arten des Verwaltungsrechts

7 Das Verwaltungsrecht läßt sich in vielfältiger Weise untergliedern. ZB kann zwischen dem Organisations- und dem Verhaltensrecht, dem Innen- und Außenrecht, dem formellen und materiellen Recht sowie dem allgemeinen und besonderen Verwaltungsrecht unterschieden werden. Das *Organisationsrecht* bezieht sich auf die Verwaltung als Institution, das *Verhaltensrecht* auf die Entscheidungstätigkeit. Während das (ua durch Verwaltungsvorschriften geregelte) *Innenrecht* zumindest unmittelbar nur verwaltungsinterne Bedeutung hat,[2] betrifft das *Außenrecht* die

[1] Zur Abgrenzung von Verfassungsrecht und Staatsrecht vgl auch *Stein* Staatsrecht, 15. Aufl 1995, § 1 V.

[2] Zum Innenrecht gehört etwa die Beaufsichtigung der unteren Verwaltungsbehörden durch die höheren oder die Regelung der Amtspflichten der Beamten.

Gestaltung der Rechtsbeziehungen zum Bürger. Das *formelle Verwaltungsrecht* regelt die Rechtmäßigkeit des Verwaltungshandelns in formeller Hinsicht (insbes die Zuständigkeit, das korrekte Verfahren und die Form des Handelns), das *materielle Verwaltungsrecht* das Inhaltliche. Besondere Bedeutung kommt im vorliegenden Zusammenhang der Differenzierung von allgemeinem und besonderem Verwaltungsrecht zu, da im folgenden nur auf den zuerst genannten Rechtsstoff eingegangen wird.

Das *allgemeine Verwaltungsrecht* umfaßt diejenigen Verwaltungsrechtsnormen, 8
die grundsätzlich für die gesamte Verwaltung maßgebend sind. Dazu gehört etwa das Verwaltungsorganisationsrecht, das Verwaltungsverfahrensrecht, das Recht der öffentlich-rechtlichen Handlungsformen, das Recht der Anstaltsnutzung, das öffentliche Sachenrecht, das Verwaltungsvollstreckungsrecht und das Staatshaftungsrecht. Das allgemeine Verwaltungsrecht ist für die öffentlich-rechtlich tätig werdenden Bundesbehörden in dem *Verwaltungsverfahrensgesetz* des Bundes,[3] für die Landesbehörden in den Verwaltungsverfahrensgesetzen der Länder kodifiziert worden. Für die Finanz- und Sozialverwaltung gelten die – weithin inhaltsgleichen – Vorschriften der Abgabenordnung[4] und des SGB X, so daß von einem „Drei-Säulen-Konzept"[5] (VwVfG, AO, SGB X) gesprochen wird. Die verwaltungsverfahrensrechtlichen Regelungen betreffen nicht nur das Verfahren (Amtshilfe, Verfahrensgrundsätze, Fristen, Beglaubigung, formelles Verwaltungsverfahren, ehrenamtliche Tätigkeit, Ausschusse), sondern auch und vor allem das materielle Verwaltungsrecht (Verwaltungsakt, öffentlich-rechtlicher Vertrag, Planfeststellung). Einzelne Verfahrensabschnitte sind in den Verwaltungsvollstreckungsgesetzen und den Verwaltungszustellungsgesetzen normiert worden. Daneben sind noch die Landesorganisations- bzw Landesverwaltungsgesetze zu erwähnen. Die genannten Gesetze sind lückenhaft und enthalten auch zusammengenommen keine vollständige Kodifikation des allgemeinen Verwaltungsrechts. Beispielsweise fehlt es an allgemein gehaltenen Regelungen über die Realakte der Verwaltung oder über die Rechtsnachfolge im öffentlichen Recht. Teilweise lassen sich wichtige Rechtsfiguren – wie das Übermaßverbot, die Selbstbindung der Verwaltung, der Vertrauensschutz des Bürgers oder der Anspruch der Grundrechtsinhaber auf Unterlassung bzw zur (Folgen-)Beseitigung rechtswidriger Eingriffe der Verwaltung in Freiheit und Eigentum – unmittelbar dem Verfassungsrecht entnehmen (§ 4 Rn 20ff). In anderen Fällen kann mit allgemeinen Rechtsgedanken oder mit Analogieschlüssen gearbeitet werden. Nach einer Kammerentscheidung des BVerfG verstößt es gegen

[3] Zur Abgrenzung von Bundes- und Landesrecht vgl § 1 Abs 1–3 (B-)VwVfG, zur Frage, wann das (Bundes- oder Landes-)VwVfG überhaupt anwendbar ist, § 1 Abs 1 (keine inhaltsgleichen oder entgegenstehenden Bestimmungen), § 2 (keine Ausnahmen), § 1 Abs 1 (öffentlich-rechtliche Verwaltungstätigkeit) und § 9 (Ausrichtung auf Verwaltungsakt und öffentlich-rechtlichen Vertrag).

[4] §§ 78ff AO.

[5] Vgl dazu *Stelkens* in: Stelkens/Bonk/Sachs, VwVfG, Einl Rn 68ff. Krit zu den Abweichungen des SGB X, die überwiegend nicht auf sozialrechtlichen Besonderheiten, sondern auf Überlegungen beruhen, die auch für das allgemeine Verwaltungsverfahrensrecht gelten könnten, *Ule* VSSR 8 (1980) 283ff.

Art 2 Abs 1 GG iVm dem Rechtsstaatsprinzip, die gesetzliche Ermächtigungsgrundlage für einen belastenden Verwaltungsakt im Wege der analogen Anwendung einer Norm zu gewinnen.[6] Ein generelles Analogieverbot zu Lasten des einzelnen dürfte es im Verwaltungsrecht anders als im Strafrecht aber nicht geben. ZB lassen sich aus der sinngemäßen Übertragung der Regeln des bürgerlichen Schuldrechts in das öffentliche Recht auch Schadensersatzansprüche ableiten (§ 49 Rn 9). Hält man diese Konstruktion für nicht tauglich, Ansprüche der Verwaltung gegen den Bürger zu begründen, wird man auch Ansprüche des Bürgers gegen die Verwaltung entfallen lassen müssen. Dies entspricht aber nicht dem Schutzgedanken. Schließlich gibt es Regelungen des Verwaltungsrechts, die kraft Gewohnheitsrechts gelten (§ 6 Rn 91). ZB ist der öffentlich-rechtliche Erstattungsanspruch (§ 29 Rn 19ff), soweit er nicht ausdrücklich geregelt ist, gewohnheitsrechtlich fundiert.[7] Auch wird das Haftungsinstitut des enteignungsgleichen Eingriffs (§ 48 Rn 55ff) teilweise auf Gewohnheitsrecht gestützt.[8]

9 Das *besondere Verwaltungsrecht* umfaßt das Recht der einzelnen Tätigkeitsbereiche der Verwaltung. Zu nennen sind etwa das Beamtenrecht, Kommunalrecht, Polizei- und Ordnungsrecht, Baurecht, Wirtschaftsverwaltungsrecht, Umweltrecht, Straßenrecht usw.

III. Das Verwaltungsrecht als Teilgebiet des öffentlichen Rechts

1. Die Notwendigkeit einer Unterscheidung von öffentlichem und privatem Recht

10 Im Schrifttum ist die Ansicht vertreten worden, der Unterschied von öffentlichem und privatem Recht sei „nahezu völlig zertrümmert" und habe seine „Existenzberechtigung verloren".[9] So wird darauf hingewiesen, daß die Zweiteilung der Rechtsordnung auf der *überholten Vorstellung einer Trennung* von Obrigkeitsstaat und bürgerlicher Gesellschaft beruhe. Auch träten im öffentlichen und privaten Recht häufig die gleichen Problemstellungen auf (zB Schutzbedürftigkeit einzelner vor staatlicher oder gesellschaftlicher Macht). Ferner habe sich die ursprüngliche Andersartigkeit von öffentlichem und privatem Recht stark relativiert. So seien Rechtsgebiete wie das Arbeits-, Wirtschafts- und Sozialrecht längst aus dem Privatrecht herausgewachsen, ohne deshalb dem öffentlichen Recht zugerechnet werden zu können.

[6] NJW 1996, 3146. Zust *Konzak* NVwZ 1997, 872f; krit *Schwabe* DVBl 1997, 352f; vgl auch *Ehlers* Verw 31 (1998) 53, 79f.

[7] BVerwGE 71, 85, 88.

[8] Vgl *Papier* in: Maunz/Dürig, GG, Art 14 Rn 687; *Ossenbühl* StHR, 185f.

[9] *Wiethölter* Rechtswissenschaft, 1968, 23, 167f. Vgl zur Kritik auch *Kelsen* AöR 31 (1913) 53, 75ff; *Bullinger* Öffentliches Recht und Privatrecht, 1968, 75ff; *dens* FS Rittner, 1991, 69ff; *dens* in: Hoffmann-Riem/Schmidt-Aßmann (Hrsg), Öffentliches Recht und Privatrecht als wechselseitige Auffangordnungen, 1996, 239ff.

Dieser Ansicht kann in Übereinstimmung mit der hL[10] nicht gefolgt werden. Zunächst ist zu berücksichtigen, daß sich die Zweiteilung des Rechts in öffentliches und privates Recht in einem langen geschichtlichen Prozeß[11] als qualitative Differenzierung innerhalb der Rechtsordnung herausgebildet hat. Sie beruht auf der Annahme, daß für den Staat weithin andere Regelungen als für den einzelnen gelten müssen. An der Notwendigkeit einer Unterscheidung von Staat und Gesellschaft[12] hat sich ungeachtet zahlreicher faktischer Verschränkungen und sonstiger Annäherungen rechtlich gesehen bis heute nichts geändert. So werden die Träger von Staatsgewalt nicht in Wahrnehmung menschlicher Freiheit, sondern in Ausübung von Kompetenzen tätig.[13] Während die Privatpersonen grundsätzlich (dh in den Grenzen der privatrechtlichen Rahmenordnung) Privatautonomie genießen, ist jedes staatliche Handeln auf eine Rechtfertigung angewiesen[14] (§ 1 Rn 28ff). Dementsprechend unterliegt der Staat nach dem Grundgesetz prinzipiell anderen Anforderungen als der einzelne. ZB binden das Demokratie-, Rechtsstaats-, Gesetzmäßigkeits- und Sozialstaatsprinzip ebenso wie die Grundrechte nur den Staat, nicht die sonstigen Rechtssubjekte. Andererseits gebietet es die Friedenssicherungsfunktion und Gemeinwohlverantwortung des Staates, diesem besondere Befugnisse vorzubehalten (zB Steuern zu erheben oder polizeiliche Verfügungen zu erlassen). Es ist daher nach wie vor *sachgerecht, zwischen* dem *öffentlichen Recht* als dem „Amtsrecht" des Staates[15] *und* dem *Privatrecht* als dem „Jedermannsrecht" *zu unterscheiden.* 11

Vor allem aber knüpft das *geltende Recht* an die Unterscheidung von öffentlichem und privatem Recht an. Dies gilt bereits für das *Verfassungsrecht.* Beispielsweise hängt die Verteilung der Gesetzgebungszuständigkeit davon ab, ob das bürgerliche Recht (Art 74 Nr 1 GG) oder das öffentliche Recht berührt ist. Gem Art 33 Abs 4 GG ist die Ausübung hoheitsrechtlicher Befugnisse als ständige Aufgabe idR Personen zu übertragen, die in einem öffentlich-rechtlichen Dienst- und Treueverhältnis (statt in einem privatrechtlichen Arbeits- oder Angestelltenver- 12

[10] Vgl *Ehlers* Verwaltung in Privatrechtsform, 1984, 42ff; *D. Schmidt* Die Unterscheidung von privatem und öffentlichem Recht, 1985, 23ff; *Kempen* Formenwahlfreiheit der Verwaltung, 1989, 5ff; *Di Fabio* VVDStRL 56 (1997) 235, 275.

[11] Vgl *Stolleis* Geschichte des öffentlichen Rechts in Deutschland, Bd 1, 1988, 126ff, 394ff; *dens* in: Hoffmann-Riem/Schmidt-Aßmann (Fn 9) 41ff. Nach *Wyduckel* JuS 1984, 111ff ist die Zweiteilung des Rechts nicht erst in der Zeit des Absolutismus, sondern schon weit davor entstanden. Auch in England, das ursprünglich die Unterscheidung von öffentlichem und privatem Recht nicht kannte, hat sich längst ein public law als Sonderrecht der vollziehenden Gewalt etabliert. Vgl *Wade/Forsyth* Administrative Law, 7. Aufl 1995, 614; *Schwarze* DÖV 1996, 771.

[12] *Rupp* HStR I, § 28 Rn 25ff.

[13] Vgl BVerfGE 61, 62, 101; 68, 193, 206; *Bethge* Die Grundrechtsberechtigung juristischer Personen nach Art 19 Abs 3 GG, 1985, 67f.

[14] Dies gilt für den Gesetzgeber wie für die Verwaltung, der Gestaltungsspielräume eingeräumt worden sind (weshalb es im öffentlichen Recht, nicht aber im Privatrecht beispielsweise eine ausgeformte Ermessenslehre gibt).

[15] *Wolff/Bachof* VwR I, § 23 II c.

hältnis) stehen. Verletzt jemand in Ausübung eines ihm anvertrauten öffentlichen Amtes, dh im Zusammenhang mit einem öffentlich-rechtlichen Tätigwerden (§ 47 Rn 7), die ihm einem Dritten gegenüber obliegende Amtspflicht, richtet sich die Haftung nach Art 34 GG, ansonsten nach Privatrecht. Vor allem aber unterscheiden die *einfachgesetzlichen Bestimmungen* zwischen dem öffentlichen und privaten Recht. So gelten die Vorschriften des Verwaltungsverfahrensgesetzes lediglich für die „öffentlich-rechtliche Verwaltungstätigkeit" (§ 1 Abs 1 VwVfG). Verwaltungsakt und verwaltungsrechtliche Verträge können schon nach ihrer Legaldefinition nur „auf dem Gebiet des öffentlichen Rechts" erlassen bzw abgeschlossen werden (§§ 35, 54 VwVfG). Die Vorschriften des Verwaltungsvollstreckungsgesetzes beziehen sich ua auf die Vollstreckung „öffentlich-rechtlicher Geldforderungen" (§ 1 VwVG). Eine Baugenehmigung oder eine immissionsschutzrechtliche Genehmigung ist zu erteilen, wenn dem Vorhaben „öffentlich-rechtliche Vorschriften" nicht entgegenstehen (zB §§ 75 BauO NW, 6 Nr 2 BImSchG). Für „öffentlich-rechtliche Streitigkeiten" sind grundsätzlich die Verwaltungsgerichte (§ 40 Abs 1 VwGO) oder Verfassungsgerichte (zB Art 93 Abs 1 Nr 4 GG), für die „bürgerlichen Rechtsstreitigkeiten" grundsätzlich die ordentlichen Gerichte (§ 13 GVG) zuständig.

13 Im übrigen ist die Unterscheidung von öffentlichem und privatem Recht auch dem Recht der *Europäischen Gemeinschaften* bekannt, wie Art 181 [238 nF] EGV oder verschiedene Richtlinien der EG[16] zeigen. In diesem Rechtsgebiet kommt der Trennung von öffentlichem Recht und Privatrecht bisher allerdings keine systemprägende Bedeutung zu. Dies liegt daran, daß es keine ausgebaute gemeinschaftsrechtliche Privatrechtsordnung gibt, auf deren Grundlage die Gemeinschaften agieren können. Wenn die Gemeinschaften privatrechtlich handeln wollen und dürfen (zB zum Zwecke der Vergabe gemeinschaftsunmittelbarer Subventionen oder zur Anschaffung von Geräten)[17] müssen sie sich (jedenfalls idR) des nationalen Privatrechts eines Mitgliedstaates bedienen.[18] Überträgt man die für die Unterscheidung des öffentlichen und privaten Rechts auf der nationalen Ebene entwickelten Kriterien der Subjektstheorie (Rn 17ff) sinngemäß auf die EG-Ebene, müßte das Gemeinschaftsrecht ganz überwiegend dem öffentlichen Recht zugeordnet werden, weil zumindest einer der in den EG-Rechtssätzen angesprochenen Adressaten in aller Regel ausschließlich eine Europäische Gemeinschaft oder ein Mitgliedstaat ist. Privatrechtlich zu qualifizieren wären im wesentlichen nur diejenigen EG-Verordnungen, welche ausschließlich Privatrechtssubjekte berechtigen und verpflichten. Das Gemeinschaftsrecht kann aber auch insoweit auf das nationale Recht einwirken, als es um die Zuordnung einer Rechtsmaterie zum öffentlichen oder privaten Recht geht (Rn 51).

[16] Vgl etwa ABl L 210/1 v 21. 7. 1983; ABl C 264/22 v 16. 10. 1989.

[17] Zu den Möglichkeiten und Grenzen der Inanspruchnahme privatrechtlicher Organisations- und Handlungsformen vgl *Brenner* Der Gestaltungsauftrag der Verwaltung in der Europäischen Union, 1996, 132ff.

[18] Zur Rechtsfähigkeit der Europäischen Gemeinschaft vgl Art 210, 211 EGV [281, 282 nF], zur Privatrechtsfähigkeit *Schweitzer/Hummer* Europarecht, 5. Aufl 1996, Rn 719ff.

2. Die Unterscheidung der Rechtsgebiete

Bei der Abgrenzung von öffentlichem und privatem Recht geht es um die Unterscheidung von *Rechtssätzen*, nicht um die Qualifizierung von Rechtsverhältnissen[19] oder Handlungsweisen. Um die Rechtssätze dem einen oder anderen Rechtsgebiet zuweisen zu können, haben Rechtsprechung und Schrifttum eine Vielzahl von *Theorien* entwickelt.[20] Im Jahre 1904 wurden bereits 17 solcher Theorien gezählt.[21] Heute sind etliche dazugekommen.[22] Im wesentlichen wird aber nur über drei Theorien gestritten: nämlich die Interessen-, die Subordinations- und die Subjektstheorie. Die Gerichte haben es bisher vermieden, sich generell auf eine dieser Theorien festzulegen. Sie bedienen sich vielmehr je nach Sachverhaltsgestaltung mal des einen, mal des anderen Ansatzes oder verzichten ganz auf die Heranziehung allgemeiner Abgrenzungskriterien.[23] Alles in allem scheint in der Rechtsprechung nach wie vor die Subordinationstheorie am verbreitetsten zu sein, während im Schrifttum die Subjektstheorie vorherrscht. **14**

a) *Die Interessentheorie.* Wie schon der Name zum Ausdruck bringt, unterscheidet die Interessentheorie öffentliches und privates Recht nach Art der Interessen, die durch einen Rechtssatz geschützt werden. Sie weist diejenigen Rechtssätze, die dem *öffentlichen Interesse* oder Allgemeininteresse dienen, dem öffentlichen Recht zu. Dagegen soll es sich um Privatrecht handeln, wenn die Rechtssätze dem Schutz von *Privat- oder Individualinteressen* zu dienen bestimmt sind.[24] Gegen **15**

[19] Vgl aber auch Rn 86 m Fn 200.

[20] Krit *Koch/Rubel* Allg VwR, III Rn 51 (weil man sich weitgehend einig sei) und *Manssen* Privatrechtsgestaltung durch Hoheitsakt, 1994, 92ff (weil die Begriffe öffentlich und privatrechtlich je noch Kontext unterschiedliche Bedeutung haben könnten). Beiden Einwänden ist nicht zu folgen.

[21] *Holliger* Das Kriterium des Gegensatzes zwischen dem öffentlichen und dem privaten Recht, 1904, 11ff.

[22] So die sog „Wichtigkeitstheorie" (*Püttner* Allg VwR, 80f), wonach wichtige, das ganze soziale Leben oder Grundfragen betreffende Regelungen als öffentlich-rechtlich und weniger wichtige Detailregelungen als privatrechtlich anzusehen sind. Die meisten neueren Ansätze beziehen sich allerdings nicht auf die Unterscheidung von öffentlichem und privatem Recht, sondern auf den Geltungsbereich der jeweiligen Regelungen. Vgl Rn 31ff. Näher zum Ganzen *Ehlers* in: Schoch/Schmidt-Aßmann/Pietzner, VwGO, § 40 Rn 220ff.

[23] Krit zum Hin- und Herspringen der Rechtsprechung *Bachof* in: Festgabe aus Anlaß des 25jährigen Bestehens des BVerwG, 1978, 1, 6.

[24] Vgl etwa BVerfGE 58, 300, 344; BVerwGE 13, 47, 49f; 47, 229, 230; 247, 250. Aus dem Schrifttum (zT in Kombination mit anderen Theorien) *Rennert* in: Eyermann, VwGO, § 40 Rn 43; *Redeker/v Oertzen* VwGO, § 40 Rn 8; *Kissel* GVG, 2. Aufl 1994, § 13 Rn 16; *Klappstein* in: Knack, VwVfG, § 1 Rn 4.1. Die Interessentheorie beruft sich ua auf eine dem römischen Juristen Ulpian zugeschriebene Digestenstelle: Publicum ius est quod ad statum rei Romanae spectat, privatum quod ad singulorum utilitatem: sunt enim quaedam publice utilia, quaedam privatim! (Dig 1, 1, 1, 2). Eine besondere Variante der Interessentheorie vertritt *Achterberg* Allg VwR, § 1 Rn 27. Danach ist öffentliches Recht die Summe der Rechtsnormen, die Rechtsverhältnisse determinieren, in denen zumindest eines der an ihnen beteiligten Rechtssubjekte aufgrund eines weiteren, es hierzu legitimierenden Rechtsverhältnisses als Sachwalter des Gemeinwohls auftritt. Krit dazu *Ehlers* Verw 20 (1987) 373, 380.

diese Art der Abgrenzung spricht, daß öffentliche und private Interessen keine unbedingten Gegensätze sind, der Schutz individueller Interessen auch im öffentlichen Interesse liegen kann (wie die Grundrechtsbestimmungen zeigen) und sich die öffentlichen Interessen nicht hinreichend präzise definieren lassen.[25] Die Interessentheorie wird daher – als alleiniger Ansatz für die Unterscheidung von öffentlichem und privatem Recht – kaum noch vertreten.

16 b) *Die Subordinationstheorie.* Nach der Subordinationstheorie (auch Subjektionstheorie genannt) sind Rechtssätze, die das Verhalten von Hoheitsträgern regeln, dann öffentlich-rechtlich, wenn sie ein *Über-* bzw *Unterordnungsverhältnis* betreffen.[26] Diese Theorie setzt sich verschiedenen Einwänden aus.[27] Sie läßt zunächst offen, was unter Hoheitsträgern zu verstehen ist. Da es auch im Privatrecht Über- und Unterordnung gibt – wie etwa die Hausrechtsmaßnahmen oder arbeitsrechtlichen Anweisungen zeigen[28] – kommt es jedoch auf diese Frage an. Weiterhin kann unter der Herrschaft des Grundgesetzes ein vorrechtliches Über- und Unterordnungsverhältnis zwischen dem Staat und dem Einzelnen nicht mehr anerkannt werden.[29] Stellt man dagegen darauf ab, daß das Über- bzw Unterordnungsverhältnis erst durch Rechtssätze konstituiert wird, dürfte die Über- bzw Unterordnung erst die Folge der Anwendung öffentlichen Rechts sein, also nicht zur Begründung des öffentlich-rechtlichen Charakters der Rechtssätze herangezogen werden können.[30] Vor allem aber gibt die Subordinationstheorie auf viele Fragen keine Antwort. Sie orientiert sich ausschließlich am Staat-Bürger-Verhältnis und vermag daher zB keine Aussagen über die Einstufung des Organisationsrechts zu treffen. Ferner hilft sie nicht weiter, wenn ein Verhältnis der Gleichordnung vorliegt, wie zB bei vertraglicher Gestaltung. Früher ist in solchen Fällen Privatrecht angenommen worden. Heute ist anerkannt, daß ein solcher Schluß unzulässig ist.[31] Schließlich versagt die Subordinationstheorie etwa bei der Qualifizierung exekutiver Realakte (zB der Erteilung von Auskünften oder Vornahme von Verrichtungen) oder bestimmter Anspruchsberechtigungen der Verwaltung (zB den Anspruch auf Herausgabe ungerechtfertigter Bereicherungen).

17 c) *Die Subjektstheorie.* Für die Subjektstheorie liegt der Unterschied zwischen öffentlichem und privatem Recht in der Verschiedenheit der *Zuordnungssubjekte* der die Rechtsordnung bildenden Rechtssätze. Normen, die jedermann berech-

[25] Zur Kritik der Interessentheorie vgl etwa *Erichsen* Jura 1982, 537, 538f; *D. Schmidt* (Fn 10) 86ff; *Ipsen/Koch* JuS 1992, 809, 810.

[26] Vgl GmS-OGB BGHZ 97, 312, 314; 102, 280, 283 – Kombination mit Subjektstheorie; 108, 284, 286; BVerwGE 14, 1, 4; 37, 243, 245; BGHZ 14, 222, 227; 66, 229, 233ff; *Rennert* (Fn 24) § 40 Rn 42; *Stelkens/Schmitz* in Stelkens/Bonk/Sachs, VwVfG, § 1 Rn 75.

[27] Vgl zur Kritik etwa *Erichsen* (Fn 25) 539f; *Zuleeg* VerwArch 73 (1982) 384, 391f; *Ehlers* (Fn 10) 55ff; *D. Schmidt* (Fn 10) 95ff.

[28] Der Vorschlag von *Hufen* VwPrR, § 11 Rn 20, die Subordinationstheorie durch eine Verbindlichkeitstheorie zu ersetzen und eine öffentlich-rechtliche Streitigkeit dann anzunehmen, wenn es um Grund oder Reichweite einseitig verbindlicher Entscheidungen des Staates oder anderer Körperschaften geht, hilft deshalb nicht entscheidend weiter.

[29] *Ehlers* DVBl 1986, 912, 913; *Schnapp* DÖV 1986, 811, 813.

[30] Vgl zu dem Vorwurf des Zirkelschlusses statt vieler *Erichsen* (Fn 25) 539.

[31] GmS-OGB BGHZ 97, 312, 314; 108, 284, 286.

tigen und verpflichten (wie zB § 433 BGB), gehören dem Privatrecht an. Dagegen sind Rechtssätze, die sich an den Staat wenden (wie zB die Vorschriften des Steuer- oder Polizeirechts), dem öffentlichen Recht zuzurechnen. Da sich das öffentliche Recht als Amts- bzw Sonderrecht des Staates entwickelt hat,[32] vermag diese Art der Abgrenzung grundsätzlich zu überzeugen. Die genaue Fassung der Subjektstheorie bereitet allerdings erhebliche Schwierigkeiten. Im wesentlichen wird die Theorie heute in einer formalen und einer materiellen Ausprägung vertreten.

(1) *Formale Subjektstheorie.* Nach der üblicherweise zugrunde gelegten, von **18**
H. J. Wolff entwickelten Subjektstheorie ist öffentliches Recht „der Inbegriff derjenigen Rechtssätze, deren berechtigtes oder verpflichtetes Zuordnungssubjekt ausschließlich ein Träger hoheitlicher Gewalt ist".[33] *Erichsen* definiert das öffentliche Recht als die Gesamtheit jener Rechtssätze, bei denen zumindest ein Zuordnungssubjekt ausschließlich der Staat oder eine seiner Untergliederungen ist.[34] Gegen die *Wolff*sche Fassung der Subjektstheorie lassen sich eine Reihe von Einwendungen erheben. Ein Teil dieser Einwendungen betrifft auch die von *Erichsen* vorgeschlagene Abgrenzung.

(a) Stellt man auf die „Träger hoheitlicher Gewalt" als *Zuordnungssubjekt* ab, **19**
ist fraglich, welche Rechtsgebilde hierunter zu verstehen sind. Geht man davon aus, daß sich die Hoheitsgewalt durch die Fähigkeit zu einem Handeln nach Maßgabe öffentlichen Rechts auszeichnet, wird der zu definierende Begriff in der Definition vorausgesetzt. Werden unter Hoheitsträgern die rechtlich notwendigen Subjekte verstanden, in dem Sinne, daß diese Subjekte stets durch Rechtssatz oder aufgrund Rechtssatzes durch Staatsakt errichtet sein müssen,[35] läßt sich dem entgegenhalten, daß auch Privatrechtssubjekte durch Rechtssatz[36] oder sonstigen Staatsakt[37] errichtet werden können. Hebt man mit *Erichsen* auf den Staat oder seine Untergliederungen ab und versteht man unter Untergliederungen nur solche öffentlich-rechtlicher Art, ergibt sich wiederum das Problem einer definitio per idem. Bezieht man auch privatrechtliche Untergliederungen ein, müßten Vorschriften, die das Handeln von Privatrechtsträgern regeln, dem öffentlichen Recht zugeordnet werden.

[32] Vgl etwa *Leuthold* Annalen des deutschen Reiches, 1884, 321, 346; *O. Mayer* VwR I, 15; *Wolff* AöR 76 (1950/51) 205, 208ff.

[33] *Wolff/Bachof* VwR I, § 22 II c (99). Ganz oder grundsätzlich zustimmend zB *Menger* FS H. J. Wolff, 1973, 160ff; *Pestalozza* Formenmißbrauch des Staates, 1973, 173f; *Stern* StR I, 6f; *Püttner* Die öffentlichen Unternehmen, 2. Aufl 1985, 85; *D. Schmidt* (Fn 10) 147ff; *Wieland* Die Konzessionsabgaben, Zur Belastung wirtschaftsverwaltungsrechtlicher Erlaubnisse mit Abgaben, 1991, 334; *Ipsen/Koch* (Fn 25) 812f; *Scherzberg* JuS 1992, 205, 206; *Koch* Der rechtliche Status kommunaler Unternehmen in Privatrechtsform, 1994, 83ff; *Kopp* VwGO, § 40 Rn 11; *Stelkens/Schmitz* (Fn 26) § 1 Rn 77. Vgl auch *Wolff/Bachof/Stober* VwR I, § 22 Rn 26.

[34] Jura 1982, 537, 540.

[35] *Wolff/Bachof* VwR I, § 22 II c (99f).

[36] So zB die Deutsche Bahn AG (BGBl I 1993, 2386) oder die Deutsche Post AG, Deutsche Postbank AG und Deutsche Telekom AG (BGBl I 1994, 2340).

[37] ZB verdanken wirtschaftliche Vereine gem § 22 BGB ihre Rechtsfähigkeit einer staatlichen Verleihung.

20 (b) Ferner berücksichtigt die *Wolff*sche Fassung der Subjektstheorie nicht, daß die meisten Vorschriften des öffentlichen Rechts sowohl den Staat als auch den einzelnen ansprechen (wie zB die Grundrechte). Notwendig ist also nur, daß *ein*es der angesprochenen *Zuordnungssubjekt*e ausschließlich ein Träger von Staatsgewalt ist.

21 (c) Des weiteren entziehen sich die *Organisationsnormen*, die den Hoheitsträger erst konstituieren, bei der *Wolff*schen Fassung der Subjektstheorie der Einordnung.

22 (d) Am schwersten wiegt der Einwand, daß die Anknüpfung an das Zuordnungssubjekt eines Rechtssatzes kein endgültiges Urteil über den Rechtscharakter des Rechtssatzes erlaubt. So gibt es Rechtssätze, die an einen Träger von Staatsgewalt adressiert sind, diesen aber nur in seiner Eigenschaft als Privatrechtssubjekt ansprechen. Dies heißt nicht, daß der Staat seine Rechtssubjektivität dem Privatrecht verdankt und dem Privaten gleichgestellt werden darf (Rn 77ff). Vielmehr soll mit dem Begriff Privatrechtssubjektivität nur zum Ausdruck gebracht werden, daß der *Staat Zurechnungssubjekt der Rechtssätze des Privatrechts* sein kann. So besteht kein Zweifel daran, daß Vorschriften, welche die privatrechtlich organisierten Träger von Staatsgewalt (zB Eigengesellschaften) berechtigen oder verpflichten – etwa die Deutsche Bahn AG –, dem Privatrecht zuzuordnen sind. Weshalb dies anders sein sollte, wenn nur das privatrechtliche Handeln öffentlich-rechtlich organisierter Träger von Staatsgewalt geregelt wird, ist nicht ersichtlich. ZB leitet § 116 SGB X privatrechtliche Ansprüche auf staatliche Leistungsträger über. An dem Rechtscharakter der Ansprüche ändert sich dadurch nichts. Durch die Tarifordnungen der Angestellten und Arbeiter des öffentlichen Dienstes werden die privatrechtlichen Verhältnisse der Arbeitnehmer öffentlich-rechtlicher Dienstherren geregelt. Vor Privatisierung der Bundespost bestimmte § 7 S 1 PostG,[38] daß die durch die Inanspruchnahme der Einrichtungen des Postwesens entstehenden Rechtsbeziehungen privatrechtlicher Natur sind. Alle genannten Vorschriften wenden (bzw wandten) sich an einen öffentlich-rechtlich organisierten Träger von Staatsgewalt, betreffen (bzw betrafen) diesen aber nur in seiner Stellung als Privatrechtssubjekt. Solche Vorschriften gehören dem Privatrecht an.[39]

23 (e) Nach einer im Schrifttum vertretenen Ansicht können ferner Rechtssätze auch dann dem öffentlichen Recht zuzurechnen sein, wenn sie „an jedermann" adressiert sind, also nicht speziell einen Träger von Staatsgewalt als Zuordnungssubjekt ausweisen. Dies ist der Fall, wenn ein Rechtssatz in beiden Rechtsgebieten gemeinsam gilt (wie dies etwa auf § 242 BGB zutrifft). Sind gleiche Regelungen im privaten und im öffentlichen Recht angezeigt, ist der Gesetzgeber nicht verpflich-

[38] IdF der Bekanntmachung v 3. 7. 1989 (BGBl I, 1449).

[39] Auch *Wolff* räumt diese Möglichkeit ein (vgl *Wolff/Bachof* VwR I, § 22 II c, 101), allerdings ohne dies bei der Formulierung der Subjektstheorie zu berücksichtigen und ohne Kriterien zu nennen, wann der Hoheitsträger als Privatrechtssubjekt berechtigt oder verpflichtet wird. Vgl auch BVerwGE 94, 229, 230f; *Rennert* (Fn 24) § 40 Rn 44. AA *Erichsen* (Fn 25) 541, der auch die hier angesprochenen Rechtssätze dem öffentlichen Recht zuordnet. Ebenso *Koch* (Fn 33) 92f.Vgl auch BVerwG NJW 1994, 1169f (Erklärungen eines Sozialhilfeträgers nach § 554 Abs 2 Nr 2 S 1 2. Alt BGB sind zivilrechtlicher Natur).

tet, inhaltsgleiche Normen des privaten oder öffentlichen Rechts zu schaffen. Er kann es vielmehr bei einem Rechtssatz belassen. Der Rechtssatz gehört dann beiden Rechtskreisen gemeinsam an.[40] Dieses *gemeinsame Recht* ist keine dritte Kategorie neben dem privaten und dem öffentlichen Recht, sondern je nach Sachzusammenhang, in dem es im Einzelfall aktuell wird, entweder dem privaten oder dem öffentlichen Recht zuzuordnen. So gibt § 3 AbgG dem Bewerber um einen Sitz im Bundestag einen Urlaubsanspruch zur Vorbereitung seiner Wahl. Wird der Anspruch von einem Arbeiter oder Angestellten gegen seinen privaten Arbeitgeber geltend gemacht, handelt es sich um Privatrecht. Dagegen liegt öffentliches Recht vor, wenn ein Beamter sich auf die Vorschrift beruft. Die Anhänger der formalen Subjektstheorie müßten dagegen immer Privatrecht annehmen, weil sich der Rechtssatz an „jedermann" wendet. Da die Beurlaubung eines Beamten aber unstreitig ein Vorgang des öffentlichen Rechts ist, käme man zu dem seltsamen, mit dem Sinn der Unterscheidung von öffentlichem und privatem Recht nicht zu vereinbarenden Ergebnis, daß aus einer privatrechtlichen Norm ein Anspruch auf ein öffentlich-rechtliches Verhalten hergeleitet wird.

Als weitere Beispiele für gemeinsames Recht sei auf die Vorschriften der *Gefährdungshaftung* hingewiesen. Nimmt ein Beamter oder sonstiger Angehöriger 24
des öffentlichen Dienstes in Ausübung einer hoheitsrechtlichen Tätigkeit am Straßenverkehr teil, wird er öffentlich-rechtlich tätig.[41] Nichts anderes trifft auf eine Gemeinde zu, die Abwässer in ein Gewässer einleitet.[42] Wird in Ausübung der öffentlich-rechtlichen Tätigkeit in rechtswidriger und schuldhafter Weise ein Schaden verursacht, greift die Amtshaftung (§ 839 BGB iVm Art 34 GG) ein. Gleichzeitig kommen aber die Bestimmungen der §§ 7 Abs 1 StVG, 22 Abs 1 WHG zum Zuge, die eine Gefährdungshaftung normieren. Da die §§ 7 Abs 1 StVG, 22 Abs 1 WHG jedermann berechtigen und verpflichten, müßten sie bei Zugrundelegung der formalen Subjektstheorie zum Privatrecht gezählt werden. Das hätte zur Konsequenz, daß für ein und dieselbe (rechtswidrige und schuldhafte) öffentlich-rechtliche Handlung sowohl öffentlich-rechtlich (nach den Grundsätzen der Amtshaftung) als auch privatrechtlich (nach §§ 7 Abs 1 StVG, 22 Abs 1 WHG) gehaftet würde, der Geschädigte also sowohl einen öffentlich-rechtlichen als auch einen privatrechtlichen Anspruch auf Schadensersatz besäße. Folgt man der hier vertretenen Auffassung, gehören die Vorschriften der Gefährdungshaftung dem gemeinsamen Recht an. Wird öffentlich-rechtlich gehandelt, richtet sich auch die Gefährdungshaftung nach öffentlichem Recht.[43]

[40] Grundlegend *Bettermann* NJW 1977, 513, 515f; *ders* DVBl 1977, 180, 183; *Bachof* (Fn 23) 11f. Vgl ferner *Ehlers* (Fn 10) 60; *Koch* (Fn 33) 85; *Schliesky* Öffentliches Wettbewerbsrecht, 1997, 296. Abl zB *Erichsen* (Fn 25) 541; *D. Schmidt* (Fn 10) 238ff; *Kopp* VwGO, § 40 Rn 11.

[41] Vgl BGHZ 29, 38, 40; 42, 176, 179; BGH DÖV 1979, 865; NJW 1993, 1258, 1259.

[42] BVerwG NJW 1974, 817, 818; BGH NJW 1984, 615, 617; *Breuer* Öffentliches und privates Wasserrecht, 2. Aufl 1987, Rn 770; *Gieseke/Wiedemann/Czychowski* Wasserhaushaltsgesetz, 6. Aufl 1992, § 18 a Rn 14.

[43] AA im Hinblick auf § 22 Abs 1 WHG zB *Breuer* (Fn 42) Rn 780; *Gieseke/Wiedemann/Czychowski* (Fn 42) § 22 Rn 3, 29 (jeweils ohne Problematisierung). Nach hM sind nicht nur Amtshaftungsansprüche, sondern auch Ansprüche auf Schadensersatz aus

25 (f) Möglicherweise gibt es weitere Fälle, in denen öffentliches Recht anzunehmen ist, obwohl der Rechtssatz keinen Träger von Staatsgewalt als Zuordnungssubjekt ausweist. Dies soll nach einer im Schrifttum vertretenen Ansicht der Fall sein, wenn ein Rechtssatz isoliert gesehen zwar keinen Träger von Staatsgewalt ausdrücklich benennt, der Träger aber durch einen anderen Rechtssatz, der im systematischen Zusammenhang mit dem ersten Rechtssatz steht, in diesen einbezogen und dadurch dessen Zuordnungssubjekt wird. Ein solcher Fall liege insbes dann vor, wenn ein Träger von Staatsgewalt Garant für die Durchsetzung dieses Rechtssatzes ist.[44] So zählen nach dieser Ansicht die Vorschriften des Straßenverkehrsrechts, die sich an jedermann wenden, deshalb zum öffentlichen Recht, weil der Staat die Einhaltung der jedermann obliegenden Pflichten überwacht und erforderlichenfalls erzwingt.[45] Diese Auffassung erscheint allerdings sehr zweifelhaft, weil der Staat zahlreiche Verstöße gegen „Jedermann-Normen" sanktioniert, diese Normen deshalb aber nicht alle zum öffentlichen Recht gezählt werden können.

26 (2) *Materielle Subjektstheorie.* Den Einwänden gegen ein rein formales Abstellen auf das Zuordnungssubjekt versucht die materielle Subjektstheorie Rechnung zu tragen. Nach ihr ist öffentliches Recht die Gesamtheit jener Rechtssätze, bei denen zumindest ein Zuordnungssubjekt Träger von Staatsgewalt als *solcher* ist (weil er als solcher berechtigt, verpflichtet oder organisiert wird).[46] Diesem Ansatz ist nach der hier vertretenen Auffassung zu folgen.

27 Als *Träger der Staatsgewalt* sind neben dem Staat alle Organisationen anzusehen, hinter denen unmittelbar oder mittelbar allein der Staat steht. Wie schon ausgeführt wurde, kann es sich hierbei auch um privatrechtlich organisierte Einrichtungen handeln, während private Rechtssubjekte und Privatrechtsvereinigungen, die nur teilweise von einer juristischen Person des öffentlichen Rechts getragen werden (zB gemischtwirtschaftliche Unternehmen), lediglich dann als Träger von Staatsgewalt anzusehen sind, wenn und soweit ihnen im Wege der Beleihung oder in anderer Weise Staatsgewalt übertragen wurde (§ 1 Rn 4).

28 Ob die Rechtssätze einen Träger von Staatsgewalt *als solchen* oder als Privatrechtssubjekt ansprechen, ist den Rechtssätzen im Wege der Auslegung zu entnehmen. Handelt es sich bei den Trägern von Staatsgewalt um *juristische Personen*

Gefährdungshaftung gegen die öffentliche Hand gem § 40 Abs 2 S 1 3. Alt VwGO vor den ordentlichen Gerichten geltend zu machen (BVerwGE 75, 362, 364; *Redeker/v Oertzen* VwGO, § 40 Rn 43; *Hufen* [Fn 28] § 11 Rn 92). Dieser Ansicht ist nicht zu folgen, da § 40 Abs 2 S 1 3. Alt VwGO eine Pflichtverletzung voraussetzt, während die Gefährdungshaftung auch bei ordnungsgemäßem Verhalten eintritt. Allerdings greift bei einer Kumulation von Amtshaftung und Gefährdungshaftung § 17 Abs 2 GVG ein, so daß das Zivilgericht auch über die Gefährdungshaftung mitentscheiden darf.

[44] *Bachof* (Fn 23) 13.

[45] Für öffentlich-rechtlichen Charakter auch *Barbey* WiVerw 1978, 77, 82ff; *W. Schmidt* Einführung in die Probleme des Verwaltungsrechts, 1982, 147. Vgl auch noch *Ehlers* (Fn 10) 59f.

[46] *Ehlers* (Fn 24) 379. Vgl auch *Wolff/Bachof/Stober* VwR I, § 22 Rn 27ff sowie die Nachw in Fn 40. Auf den Hoheitsträger als solchen hat bereits *O. Mayer* VwR I, 15, abgestellt.

des öffentlichen Rechts oder teilsrechtsfähige Vereinigungen des öffentlichen Rechts, ist idR davon auszugehen, daß diese Personen als solche berechtigt oder verpflichtet werden. Etwas anderes gilt, wenn eindeutige Hinweise dafür sprechen, daß die juristischen Personen des öffentlichen Rechts oder teilrechtsfähigen Vereinigungen gerade nicht Sonderrecht in Anspruch nehmen, sondern wie ein Jedermann auftreten sollen. Dies ist insbes anzunehmen, wenn durch Außenrechtssatz eine Verhaltensweise geregelt wird, die sich auf die *Bedarfsdeckung* (Beschaffung der Mittel zur Erfüllung der Verwaltungsaufgaben etwa durch Vergabe öffentlicher Aufträge), *Vermögensverwaltung* (zB Verkauf ausrangierter Gegenstände) oder *Teilnahme am allgemeinen Wirtschaftsverkehr* (zB unternehmerisches Auftreten der Verwaltung als Anbieter am Güter- und Dienstleistungsmarkt) bezieht. Insoweit werden nur mittelbar öffentliche Zwecke verfolgt, dh nicht gegenüber dem Partner der Rechtsbeziehungen. Es fehlt an Anzeichen dafür, daß der Gesetzgeber auch in derartigen Fällen die Träger der Staatsgewalt als solche statt als Privatrechtssubjekte ansprechen will. Abgrenzungsprobleme lassen sich wie bei jeder materiellen Unterscheidung nicht vermeiden. Diese erscheinen aber handhabbar.[47]

Sind die Gesetze ausschließlich an Träger der Staatsgewalt adressiert, die in **29**
einer „*jedermann zur Verfügung stehenden Rechtsform*" organisiert wurden (zB an Eigengesellschaften), ist im Zweifel davon auszugehen, daß die Träger auch als Jedermann (Privatrechtssubjekte) berechtigt oder verpflichtet werden sollen.[48] Dagegen sprechen Rechtssätze, die sich an Private wenden, denen die Wahrnehmung von Staatsaufgaben im Außenverhältnis übertragen worden ist (Beliehene), diese idR als Träger von Staatsgewalt in ihrer Eigenschaft als solche an, sind also dem öffentlichen Recht zuzuordnen.

d) *Kombination verschiedener Theorien.* Vielfach werden die verschiedenen **30**
Abgrenzungstheorien miteinander kombiniert.[49] Dies erscheint unzulässig, wenn man der formalen Subjektstheorie folgt, weil diese keinen Raum für alternative Abgrenzungen läßt. Im übrigen kommt eine Kombination der verschiedenen Theorieansätze in Betracht. So ist die materielle Subjektstheorie zur Klärung der Frage, wann ein Träger von Staatsgewalt als solcher angesprochen wird, auf materielle Kriterien angewiesen, welche die Theorie selbst nicht zu liefern vermag. Werden dem Träger von Staatsgewalt besondere Herrschaftsbefugnisse (dh über-

[47] Zur Frage, wie zu verfahren ist, wenn gleichzeitig mittelbar und unmittelbar öffentliche Zwecke verfolgt werden (zB bei der Auftragsvergabe gezielt bestimmte Personenkreise zu bevorzugen sind), vgl *Ehlers* (Fn 10) 202ff. Vgl auch BVerwG NJW 1990, 1435ff, wonach Vermögensverwaltungsgeschäfte dann öffentlich-rechtlichen Charakter haben, wenn die Förderung des Vertragspartners eindeutig im Vordergrund steht, wie zB bei der Abgabe verbilligter Butter an bestimmte Abnehmer aus Interventionsbeständen.

[48] Vgl auch BVerwG NVwZ 1990, 754.

[49] Für eine Kombination von Subjekts- und Subordinationstheorie zB GmS-OGB BGHZ 102, 280, 283; *Schmitt Glaeser* VwPrR, Rn 55; von Subjekts- und Interessentheorie: *Bachof* (Fn 23) 15ff; von Subordinations- und Interessentheorie: *Rennert* (Fn 24) § 40 Rn 42f; *Redeker/v Oertzen* VwGO, § 40 Rn 8. Für eine Verwendung sämtlicher Theorien *Pietzner/Ronellenfitsch* Assessorexamen im öffentlichen Recht, 9. Aufl 1996, § 5 Rn 23; *Maurer* Allg VwR, § 3 Rn 19.

geordnete Befugnisse im Sinne der Subordinationstheorie) zugestanden, spricht dies für öffentliches Recht, während die bloß mittelbare Erfüllung von Staatsaufgaben (dh eine bestimmte Art der Interessenverfolgung) eine privatrechtliche Einstufung nahelegt. Folgt man der Subordinations- oder der Interessentheorie, muß ohnehin auf weitere Kriterien abgestellt werden, weil die Subordinationstheorie nur eine partielle Zuordnung zum öffentlichen oder privaten Recht erlaubt und die Interessentheorie als alleiniges Qualifizierungsmerkmal keinen hinreichenden Abgrenzungswert besitzt. In jedem Falle ist es methodisch nicht angängig, die Theorien als bloße „Probiersteine" zu benutzen, die man je nach Belieben berücksichtigen oder außer acht lassen kann, wie dies die Gerichte regelmäßig tun.[50] Werden mehrere Theorieansätze vertreten, müssen diese einander systematisch zugeordnet werden. Die materielle Subjektstheorie stellt hierfür ein Beispiel dar, weil sie immer vom Zuordnungssubjekt ausgeht, dieses formale Kriterium aber mit weiteren – nämlich materiellen – Gesichtspunkten kombiniert.

3. Der Geltungsbereich des öffentlichen und privaten Rechts

31 Die Unterscheidung des öffentlichen und privaten Rechts sagt noch nichts über die Geltung der beiden Rechtskreise aus. Vielfach kommen für die Beurteilung von Rechtsverhältnissen, an denen die Verwaltung beteiligt ist, sowohl Bestimmungen des öffentlichen als auch des privaten Rechts in Betracht, ohne daß Klarheit darüber herrscht, welche Rechtssatzgruppe zur Anwendung gelangen soll. So nützt es wenig zu wissen, daß Art 34 GG eine Norm des öffentlichen, § 823 BGB eine Norm des privaten Rechts ist, wenn offenbleibt, welche der beiden Normen auf die schadensverursachende Handlung anzuwenden ist. Ebenso kann nicht zweifelhaft sein, daß die §§ 54ff VwVfG dem öffentlichen, die §§ 433ff BGB dem privaten Recht angehören. Die Frage ist aber gerade, ob die einen oder die anderen Vorschriften für den von der Verwaltung abgeschlossenen Vertrag maßgebend sind. Erst die Bestimmung des Geltungsbereichs der Rechtssätze entscheidet somit darüber, ob ein Handeln bzw Begehren den Regelungen des öffentlichen oder privaten Rechts unterfällt.[51]

32 a) *Der Normbezug*. Entscheidend für die Qualifizierung ist zunächst der Normbezug. Läßt sich etwa ein Handeln nur unter einen (Außen-)Rechtssatz des öffentlichen Rechts subsumieren, ist es als öffentlich-rechtlich anzusehen. So stehen für die mit Eingriffsmitteln arbeitende Verwaltung in aller Regel nur öffentlich-rechtliche Normen zur Verfügung. Die Eingriffsverwaltung wird daher öffentlich-rechtlich tätig. Wird umgekehrt der Sachverhalt allein in einer Norm des privaten Rechts geregelt, gilt Privatrecht. Problematisch ist die Geltung des öffentlichen und privaten Rechts somit nur, wenn keine abschließende spezialgesetzliche Normierung vorliegt und beide Rechtssatzgruppen Regelungen enthalten.

[50] Zum Vorwurf des Methodensynkretismus vgl *Menger* (Fn 33) 163; *Erichsen* StR u VerfGbkt I, 22.

[51] Grundlegend dazu *Pestalozza* (Fn 33) 170ff. Vgl auch *Erichsen* (Fn 25) 542; *Christ* Die Verwaltung zwischen öffentlichem und privatem Recht, 1984, 40. Zu den Einzelheiten *Ehlers* (Fn 22) § 40 Rn 239ff.

b) *Die Lehre von der Wahlfreiheit der Verwaltung*. Nach hM ist die Verwaltung berechtigt, sich auch der Organisations- und Handlungsformen des Privatrechts zu bedienen, sofern nicht die Rechtsordnung die Verwendung dieser Form verbietet.[52] Nimmt die Verwaltung eine *Organisationsform* des Privatrechts in Anspruch – gründet sie zB einen Verein oder eine Gesellschaft –, ist sie vorbehaltlich abweichender Sonderregelungen nach allgemeiner Ansicht allerdings hinsichtlich des *Handelns* auf das Privatrecht festgelegt. Wird der Übertritt in das Privatrecht vollzogen, müssen die daran geknüpften Konsequenzen übernommen werden. Hat die Verwaltung dagegen eine öffentlich-rechtliche Organisationsform gewählt, soll es ihr regelmäßig immer noch offenstehen, welchem Rechtskreis sie ihr Tätigwerden nach außen hin unterstellen will. 33

Die Lehre von Formenwahlfreiheit wird *selten konsequent* vertreten. Stellt man beispielsweise nur auf das Fehlen spezialgesetzlicher Festlegungen einerseits, die Geeignetheit der Formen des öffentlichen und privaten Rechts andererseits ab, müßte es die Verwaltung in der Hand haben, öffentlich-rechtliche Verträge über den Ankauf von Bleistiften und den Verkauf ausrangierter Büromöbel abzuschließen. Ein solches Ergebnis wird – soweit ersichtlich – aber gerade nicht vertreten. Vielmehr wird die Wahlfreiheit (zumeist implizit) nur auf die Erledigung „unmittelbarer Verwaltungsaufgaben" bezogen.[53] Hinzu kommt, daß als Handlungsform der privatrechtlich agierenden Verwaltung grundsätzlich nur der Vertrag in Betracht kommt. Bei der Abgrenzung von öffentlich-rechtlichen und privatrechtlichen Verträgen wird aber gemeinhin auf den Gegenstand des Vertrages (Rn 53), dh auf ein objektives Kriterium, und gerade nicht auf ein subjektives Bestimmungsrecht der Verwaltung abgestellt.[54] 34

Vielfach bleibt unklar, welches Rechtsregime die Verwaltung gewählt hat. Die hM versucht, den Willen der Verwaltung anhand von *Indizien*[55] zu ermitteln, fragt nach der bisher üblichen *Qualifikation* (sog Traditionstheorie)[56] oder arbeitet mit *Vermutungsregeln*[57]. Das Abstellen auf Indizien und auf die Tradition ist vielfach nicht ergiebig. Die Vermutungsregeln gehen davon aus, daß jedes Handeln der öffentlichen Verwaltung, das im Zusammenhang mit der Erfüllung einer 35

[52] Vgl BVerwGE 13, 47, 54; BVerwG MDR 1976, 874f; NJW 1990, 134; NJW 1993, 2695, 2697; NJW 1994, 1169; BGHZ 37, 1, 27; 91, 84, 86; 115, 311, 313; *Fischedick* Benutzung und die Wahl der Benutzungsform kommunaler Einrichtungen, 1986, 11ff; *Hauser* Die Wahl der Organisationsform kommunaler Einrichtungen, 1987, 3ff; *Gries/Willebrand* JuS 1990, 103ff; *R. Schmidt* Öffentliches Wirtschaftsrecht, 1990, § 10 II 8, 492f; *Koch* (Fn 33) 24ff; *Maurer* Allg VwR, § 3 Rn 9.

[53] Vgl *Maurer* Allg VwR, § 3 Rn 9.

[54] Zur Widersprüchlichkeit der Verfahrensweise *Bosse* Der subordinationsrechtliche Verwaltungsvertrag als Handlungsform öffentlicher Verwaltung, 1974, 22f; *Ehlers* JZ 1990, 594; *Scherzberg* (Fn 33) 206, 208; *Krebs* VVDStRL 52 (1993) 248, 275f.

[55] Vgl BGHZ 35, 49, 52; VGH BW DÖV 1978, 569ff; *Gries/Willebrand* (Fn 52) 105; *Hufen* (Fn 28) § 11 Rn 26; *Maurer* Allg VwR, § 3 Rn 26.

[56] Vgl *Püttner* Allg VwR, 80; Bull Allg VwR, Rn 115 f; *Wolff/Bachof/Stober* VwR I, §22 Rn 39ff.

[57] BGH DVBl 1970, 273, 274; *Erichsen* (Fn 25) 544; *ders* Jura 1994, 418, 421; *Zuleeg* (Fn 27) 397; *Bull* Allg VwR, Rn 117. Krit *Wolff/Bachof/Stober* VwR I, §22 Rn 44.

durch öffentlich-rechtlichen Rechtssatz zugewiesenen Aufgabe oder Zuständigkeit erfolgt, nach öffentlichem Recht beurteilt werden muß, solange der Wille, in privatrechtlicher Handlungsform tätig zu werden, nicht in Erscheinung tritt.[58] Sie beruhen auf der zutreffenden Annahme, daß mit dem öffentlichen Recht ein Sonderrecht zur Verfassung und Disziplinierung des Staates und seiner Untergliederungen geschaffen worden ist. Gerade dann stellt sich aber die Frage, warum es die Verwaltung mittels einer eindeutigen Klarstellung in der Hand haben soll, zB die gesamte nicht spezialgesetzlich geregelte Leistungsverwaltung mit privatrechtlichen Mitteln wahrzunehmen.

36 c) *Die Zweistufen-Lehre*. Die von *H. P. Ipsen*[59] Anfang der 50er Jahre entwickelte Zweistufen-Lehre zielt darauf ab, bestimmte Rechtsverhältnisse der Verwaltung jedenfalls teilweise dem öffentlichen Recht zu unterstellen. Dies geschieht dadurch, daß zwischen einem Grundverhältnis und einem Abwicklungsverhältnis unterschieden wird. Während die Entscheidung über das Grundverhältnis öffentlich-rechtlicher Art sein soll, wird die Abwicklung des Rechtsverhältnisses dem Privatrecht überlassen.[60]

37 Die Zweistufen-Lehre ist ursprünglich für die rechtliche Ausgestaltung des *Subventionswesens* entwickelt worden und hat dort besonders weite Verbreitung gefunden. So ist insbes bei der Vergabe zinsverbilligter Darlehen[61] und bei der Übernahme von Bundesbürgschaften und Bundesgarantien im Ausfuhrgeschäft[62] Zweistufigkeit im Sinne einer öffentlich-rechtlichen Bewilligung und privatrechtlichen Abwicklung angenommen worden, während die Vergabe verlorener Zuschüsse fast durchweg allein als Vorgang des öffentlichen Rechts (Verwaltungsakt) gedeutet wurde.[63] Als gesetzliche Ausprägung der Zwei-Stufen-Lehre gilt § 102 II. WoBauG.[64] Bei der *Nutzung öffentlicher Einrichtungen* wird teilweise zweistufig verfahren, indem über die Benutzung bzw die Zulassung öffentlich-rechtlich entschieden wird, während die Ausgestaltung der Nutzung durch Abschluß eines

[58] Vgl statt vieler *Erichsen* (Fn 25) 544.

[59] Vgl *Ipsen* FS Wacke, 1972, 139 ff.

[60] Vgl zur Zweistufen-Lehre erstmalig BVerwGE 1, 308, 310. Ferner: BVerwG NJW 1990, 134 f; BGH BB 1973, 258 f; BGHZ 61, 296, 299; BGH NVwZ 1988, 472, 473; *Stern* Verwaltungsprozessuale Probleme in der öffentlich-rechtlichen Arbeit, 7. Aufl 1995, 17; *Stober* Handbuch des Wirtschaftsverwaltungs- und Umweltrechts, 1989, § 54 IV, 710 ff; *Gramlich* in Stober, Rechtsschutz im Wirtschaftsverwaltungs- und Umweltrecht, 1993, 268 ff; *Schenke* Verwaltungsprozeßrecht, 2. Aufl 1994, Rn 118; *Schmitt Glaeser* VwPrR, Rn 46; *Bonk* in: Stelkens/Bonk/Sachs, VwVfG, § 54 Rn 51; *Rennert* (Fn 24) § 40 Rn 45 f.

[61] BVerwGE 1, 308, 310; 7, 180, 182; 13, 47, 52; 35, 170, 171 f; 45, 13, 14; BGHZ 40, 206, 210; 52, 155, 160 ff; 61, 296, 299.

[62] Vgl BGH NJW 1997, 328 f; *v Kageneck* Hermes-Deckungen, 1991, 48.

[63] BVerwG NJW 1969, 809; NJW 1977, 1838; BGHZ 57, 130, 133, 135; NJW 1985, 517; *Schenke* (Fn 60) Rn 118. Die Notwendigkeit der Annahme eines Verwaltungsakts wird damit begr, daß es dem Vertragsrecht an einer geeigneten Rechtsform fehle (*Ipsen* Öffentliche Subventionierung Privater, 1956, 68 ff). Dies überzeugt nicht, da es atypische Verträge gibt. Krit auch *Schetting* Rechtspraxis der Subventionierung, 1973, 312 ff.

[64] Krit *Zuleeg* (Fn 27) 394 f.

privatrechtlichen Vertrages erfolgt.[65] Selbst wenn die Einrichtung in Form einer juristischen Person des Privatrechts betrieben wird, ist es denkbar, daß sich der öffentlich-rechtliche Träger der juristischen Person die Entscheidung über die Benutzung vorbehält. Nach herrschender,[66] allerdings zweifelhafter[67] Auffassung schließt auch die Verhängung eines öffentlich-rechtlichen Anschluß- und Benutzungszwangs eine privatrechtliche Abwicklung nicht aus.

d) *Die Lehre von der grundsätzlichen Geltung des öffentlichen Rechts.* Die tra- **38**
ditionelle Ausprägung der Lehre von der Formenwahlfreiheit der Verwaltung stößt zunehmend auf Kritik. Bereits der Ausdruck Formenwahlfreiheit ist problematisch. Einerseits geht es nicht primär um die Wahl der Form (sowohl das öffentliche als auch das private Recht kennen die Handlungsformen des Vertrages und des Realaktes), sondern des Rechtsregimes.[68] Andererseits kommt einem Träger von Staatsgewalt niemals „Freiheit", sondern höchstens ein pflichtgebundener Gestaltungsspielraum zu. Da sich der Ausdruck „Formenwahlfreiheit" eingebürgert hat, soll an ihm gleichwohl festgehalten werden. Inhaltlich wird bemängelt, daß die hergebrachte Meinung es der Verwaltung gestattet, sich in erheblichem Ausmaße dem eigens zu ihrer Disziplinierung geschaffenen Rechtsregime zu entziehen: beispielsweise die Anwendung der (nur für öffentlich-rechtliches Handeln geltenden) Verwaltungsverfahrensgesetze und Staatshaftungsregelungen auszuschließen oder über die gerichtliche Kontrollzuständigkeit zu disponieren (Verdrängung der Kontrollzuständigkeit der Verwaltungsgerichte durch Begründung einer Zuständigkeit der ordentlichen Gerichte).

Die Kritik trifft auch die *Zweistufen-Lehre*, weil sie zwar nicht die Grund-, **39**
wohl aber die Abwicklungsverhältnisse dem Privatrecht unterstellt. Im übrigen kommt Zweistufigkeit ohnehin nur in Betracht, wenn sich wirklich zwei Rechtshandlungen unterscheiden lassen. In der Praxis ist dies zumeist nicht der Fall, da nur eine Handlung vorliegt, diese aber nicht zugleich Hoheitsakt und Angebot zum Abschluß eines privatrechtlichen Vertrages sein kann.[69] Denkbar ist nur, daß sich ein äußerlich einheitliches Handlungsgeschehen in Wirklichkeit aus zwei Rechtshandlungen zusammensetzt, die einerseits dem öffentlichen und andererseits dem privaten Recht angehören. Dies darf aber nicht einfach unterstellt werden. Vielmehr müssen eindeutige Anhaltspunkte für eine zweistufige Verfah-

[65] Vgl HessVGH DÖV 1994, 438f; *Gries/Willebrand* (Fn 52) 108; *Schmidt-Aßmann* in: ders, Bes VwR, 1. Abschn Rn 112. Für die Notwendigkeit eines rein öffentlich-rechtlichen Vorgehens *Ossenbühl* DVBl 1973, 289, 291f; *ders* in: Püttner, HkWP, Bd 1, 379ff.

[66] BGH NVwZ 1983, 58, 60; NVwZ 1991, 606, 607; NVwZ-RR 1992, 223; OVG Lüneburg NJW 1977, 450f; OVG NW NVwZ 1987, 727, 728; SächsOVG DVBl 1997, 507f; *Schmidt-Jortzig* Kommunalrecht, 1982, § 15 Rn 656, 737ff; *Erichsen* Kommunalrecht des Landes Nordrhein-Westfalen, 2. Aufl 1997, 260; *Kopp* VwGO, § 40 Rn 17; *Maurer* Allg VwR, § 3 Rn 26.

[67] Vgl *Frotscher* Die Ausgestaltung kommunaler Nutzungsverhältnisse bei Anschluß- und Benutzungszwang, 1974, 15ff; *Ehlers* (Fn 10) 176; *Gries/Willebrand* (Fn 52) 104; *v Danwitz* JuS 1995, 1, 5.

[68] *Schmidt-Aßmann* DVBl 1989, 533, 535 m Fn 14.

[69] Vgl *Ehlers* VerwArch 74 (1983) 112, 117.

renweise vorliegen. Des weiteren bringt die Aufspaltung einheitlicher Lebensverhältnisse in zwei Rechtsverhältnisse unterschiedlicher Rechtsnatur nicht nur eine Rechtswegspaltung mit sich, sondern beschwört auch Abgrenzungsprobleme zwischen der ersten und der zweiten Stufe herauf.[70] So hat sich im Subventionsrecht gezeigt, daß eine eindeutige Abgrenzung nach dem „Ob" (erste Stufe) und „Wie" (zweite Stufe) vielfach nicht durchführbar ist, weil zur Entscheidung über das „Ob" zumindest die Festlegung der wesentlichen Leistungsbedingungen gehört.[71] Schließlich hat sich das rechtsstaatliche Anliegen der Zweistufen-Lehre jedenfalls teilweise erledigt. Zweck der Lehre war es, bestimmte, bis dahin rein privatrechtlich qualifizierte Leistungsverhältnisse der Verwaltung den öffentlich-rechtlichen Bindungen zu unterwerfen und die Einhaltung dieser Bindungen durch gerichtliche Kontrolle zu sichern. Zur Gewährleistung dieser Zwecksetzung bedarf es heute jedoch nicht mehr einer Zerstückelung der Leistungsbeziehungen in einen öffentlich-rechtlichen und einen privatrechtlichen Teil. Vielmehr lassen sich die Rechtsverhältnisse oftmals ohne weiteres öffentlich-rechtlich konstruieren, zB indem die Verwaltung statt eines privatrechtlichen Vertrages einen öffentlich-rechtlichen Vertrag abschließt. Selbst wenn sich die Verwaltung des Privatrechts bedienen darf und will, besteht in der Regel keine Notwendigkeit, den privatrechtlichen Handlungsweisen einen öffentlich-rechtlichen Begründungsakt aufzupfropfen, da die Verwaltung dem Verwaltungsprivatrecht (Rn 70ff) ohnehin nicht entgehen kann.

40 (1) *Alternative Abgrenzungen im Schrifttum.* Die Kritik an der Lehre von der Formenwahlfreiheit der Verwaltung und an der Zweistufen-Lehre hat es bisher nicht vermocht, einen Konsens über die einzunehmende Gegenposition herbeizuführen. Vielmehr werden insoweit ganz unterschiedliche Ansätze vertreten.

41 Nach der *Lehre von der zwingenden Geltung des öffentlichen Rechts* (*Pestalozza*[72]) soll Privatrecht wegen des zwingenden Charakters des öffentlichen Rechts höchstens dann zur Anwendung gelangen können, wenn es an einer öffentlich-rechtlichen Norm zur Regelung eines Sachverhaltes fehlt. Indessen besteht das öffentliche Recht keineswegs nur aus zwingenden Rechtssätzen. Nach der sog *Kompetenzlehre* (*Gern*[73]) soll die Wahl der Privatrechtsform nur wirksam sein, wenn sie ausdrücklich durch den Gesetzgeber oder zumindest die Verwaltung vorgenommen wird. Damit wird die Formenwahl der Verwaltung in keiner Weise beschränkt, sieht man davon ab, daß die Inanspruchnahme des Privatrechts zum Ausdruck gebracht werden muß. Die *Normenfiktionslehre* (*Wolff*[74]) will das Handeln der Verwaltung dann dem öffentlichen Recht zuordnen, wenn die Regelung, wäre sie normativ erfolgt, eine Norm des öffentlichen Rechts sein würde. Dieser

[70] Vgl auch *Maurer* Allg VwR, § 17 Rn 16 ff.

[71] Näher zu den Ungereimtheiten der Zweistufen-Lehre *Götz* Recht der Wirtschaftssubventionen, 1966, 62; *Ehlers* (Fn 69) 117.

[72] *Pestalozza* (Fn 33) 170ff.

[73] ZRP 1985, 56, 60f.

[74] *Wolff/Bachof* VwR I, § 22 III b 2 (102), § 44 II a (345). Vgl auch *v Mutius* Jura 1979, 223, 224; *Schimpf* Der verwaltungsrechtliche Vertrag unter besonderer Berücksichtigung seiner Rechtswidrigkeit, 1982, 61f; *Efstratiou* Die Bestandskraft des öffentlichrechtlichen Vertrags, 1988, 116; *Wolff/Bachof/Stober* VwR I, § 22 Rn 56.

Ansicht kann nicht zugestimmt werden, weil es nach der Normenfiktionstheorie auf die Ausschließlichkeit eines Zuordnungssubjekt des Rechtssatzes ankommt, sich dieses Zuordnungssubjekt jedoch bei der Fiktion einer rechtssatzmäßigen Regelung nicht ändern, vielmehr immer die Verwaltung Zuordnungssubjekt des Rechtssatzes bleiben würde, so daß jedes Verwaltungshandeln dem öffentlichen Recht zugeordnet werden müßte. Knüpft man die Privatrechtsfähigkeit des Staates an die *Grundrechtsfähigkeit* (*Kempen*[75]), dürfte es mangels Grundrechtsfähigkeit des Staates ebenfalls kein privatrechtliches Verwaltungshandeln geben. Stellt man darauf ab, ob staatliche oder gesellschaftliche *Prinzipien* zur Anwendung gelangen sollen (*Schmidt*[76]), gilt nichts anderes. Schließlich wirft die sog *Hoheitstheorie* (*Zuleeg*[77]), welche der Verwaltung nur bei Bestehen eines sachlichen Grundes den Wechsel des Privatrechts gestatten will, mehr Fragen auf, als Antworten gegeben werden.

(2) *Die Notwendigkeit einer normativen Ableitung von Formenwahlfreiheit und zweistufigen Verfahrensweisen.* Nach der hier vertretenen Auffassung stellt das öffentliche Recht das Amtsrecht des Staates dar (Rn 17). Der Staat darf sich diesem Amtsrecht nicht nach Belieben entziehen. Vielmehr entscheidet das öffentliche und private Recht selbst über seinen Geltungsbereich.[78] Aus der Gesamtheit der Vorschriften des öffentlichen Rechts läßt sich daher herleiten, daß es eine Formenwahlfreiheit der Verwaltung nur geben kann, wenn und soweit sie sich aus dem positiven Gesetzesrecht oder zumindest aus Gewohnheitsrecht herleiten läßt. **42**

So muß aus Gründen der demokratischen Legitimation, der parlamentarischen Verantwortlichkeit und der Gewährleistung rechtsstaatlicher Verhältnisse jede Ausgliederung aus der unmittelbaren Staatsverwaltung in Form juristisch verselbständigter Personen auf ein Gesetz zurückgeführt werden können.[79] Dies gilt auch für die Verwendung privatrechtlicher *Organisationsformen.* Allerdings genügen dem Gesetzesvorbehalt grundsätzlich auch Bestimmungen, die sich darauf beschränken, die allgemeinen Voraussetzungen der Inanspruchnahme privatrechtlicher Organisationsformen zu regeln (wie dies für § 65 Abs 1 BHO und die entsprechenden Haushaltsbestimmungen der Länder zutrifft).[80] Das gesetzlich eingeräumte Selbstverwaltungsrecht der Körperschaften umfaßt idR auch das Recht, die körperschaftseigenen Einrichtungen selbst zu organisieren. Das schließt grundsätzlich die Befugnis ein, sich auch der Organisationsformen des Privatrechts zu bedienen.[81] Insbes steht den Kommunen bereits von Verfassungs wegen eine **43**

[75] Die Formenwahlfreiheit der Verwaltung, 122 ff. Krit zu Recht *Schnapp* DÖV 1990, 826ff; *Manssen* (Fn 20) 68 m Fn 105.

[76] *D. Schmidt* (Fn 10) 166ff. Zust *Neumann* DÖV 1992, 154, 158ff.

[77] VerwArch 73 (1982) 384, 393ff.

[78] Vgl auch *Scherzberg* (Fn 33) 208.

[79] *Ossenbühl* Bestand und Erweiterung des Wirkungskreises der Deutschen Bundespost, 1980, 135; *Ehlers* (Fn 10) 155ff. AA zB *Ronellenfitsch* in: Isensee/Kirchhof III, § 84 Rn 38.

[80] *Ehlers* (Fn 10) 91; krit *R. Schmidt* (Fn 52) § 11 II 1. d), 528, 530.

[81] Vgl zB BayVGH DVBl 1977, 177, 179; *Fröhler/Kormann* GewArch 1984, 177ff; *Hendler* DÖV 1986, 675, 681f; *Pietzcker* NJW 1987, 305, 306; *Ehlers* in: Achterberg/Püttner, Bes VwR I, I/2 Rn 301; *Schoch* DÖV 1993, 377, 381.

sog Organisationshoheit[82] und damit – vorbehaltlich entgegenstehender Gesetzesbestimmungen – zugleich der Rückgriff auf die Organisationsformen des Privatrechts zu.[83] Dementsprechend gehen die einfachgesetzlichen Bestimmungen des Kommunalrechts ausdrücklich von der Zulässigkeit der Verwendung bestimmter Organisationsformen des Privatrechts aus.[84] Von einem Recht auf freie Wahl der Organisationsform kann gleichwohl keine Rede sein, weil die Verwendung privatrechtlicher Organisationsformen in jedem Falle einer rechtfertigenden Begründung bedarf.[85] Auch muß eine effektive Steuerung und Kontrolle der privatrechtlich organisierten Verwaltungsträger sichergestellt werden (Rn 76).

44 Eine Wahlfreiheit zwischen öffentlich-rechtlichen und privatrechtlichen *Handlungsformen* kommt der Verwaltung zB bei der Ausgestaltung der Nutzungsverhältnisse der öffentlich-rechtlich organisierten kommunalen Einrichtungen zu.[86] Dies läßt sich verschiedenen kommunalrechtlichen Bestimmungen mit hinreichender Deutlichkeit entnehmen. So können die Kommunen Satzungen zur Regelung der Rechtsverhältnisse der öffentlichen Einrichtungen erlassen, müssen dies aber nicht tun. Dürfen die Kommunen ihre Einrichtungen in privatrechtlichen Organisationsformen mit der Folge führen, daß die Einrichtungen auf die Verwendung privatrechtlicher Handlungsformen festgelegt sind, spricht dies allgemein für die Zulässigkeit einer privatrechtlichen Ausgestaltung der Nutzungsverhältnisse. Bestätigt wird dies durch kommunalabgabenrechtliche Regelungen, die es den Kommunen überlassen, ob sie für die Benutzung ihrer Einrichtungen Gebühren erheben oder privatrechtliche Entgelte fordern wollen.[87] Ferner begründet das Eigenbetriebsrecht die Befugnis der Gemeindevertretungen, (idR als privatrechtliche Geschäftsbedingungen zu deutende) Lieferbedingungen und Tarife festzusetzen.[88] Dies bestätigt das Recht der als Eigenbetriebe geführten öffentlichen Einrichtungen, die Nutzungsverhältnisse dem Privatrecht zu unterstellen. Statt sich des öffentlichen oder des privaten Rechts zu bedienen, dürfen die Kommunen auch zweistufig verfahren.

45 (3) *Qualifizierung des Handelns öffentlich-rechtlich organisierter Verwaltungsträger.* Bei Zugrundelegung der hier vertretenen Ansicht unterfällt das Handeln öffentlich-rechtlich organisierter Träger von Staatsgewalt immer dem öffentlichen Recht, es sei denn, daß sich aus dem positiven Recht oder Gewohnheitsrecht etwas anderes ergibt oder die Verwaltung zum Zwecke der Bedarfsdeckung, Ver-

[82] BVerfG NVwZ 1987, 123f; VerfGH NW NJW 1979, 1201, 1202; *Schmidt-Aßmann* in: ders, Bes VwR, 1. Abschn Rn 23.

[83] *Ehlers* DÖV 1986, 897, 898 m Fn 6; *Wolff/Bachof/Stober* VwR II, § 104 a Rn 20; *Schoch* Privatisierung der Abfallentsorgung, 1992, 44f.

[84] Vgl zB Art 91 Abs 1 BayGO; § 103 Abs 1 GO BW; § 108 Abs 1 GO NW.

[85] Vgl *Ehlers* DÖV 1986, 897, 903f; *Schoch* (Fn 83) 82ff; *dens* (Fn 81) 381ff; *dens* DVBl 1994, 1, 5f. AA *Knemeyer* in: Achterberg/Püttner, Bes VwR II, 5/2 Rn 144; *dens* Der Städtetag 1992, 317, 319; *Püttner* Zur Wahl der Privatrechtsform für kommunale Unternehmen und Einrichtungen, 1993, 30ff.

[86] Vgl *Erichsen* Jura 1986, 196, 198ff; *Ehlers* (Fn 29) 917; *Wolff/Bachof/Stober* VwR II, § 99 Rn 34ff. Krit *v Danwitz* (Fn 67) 5ff.

[87] Vgl zB Art 8 Abs 1 S 2 BayKAG; § 6 Abs 1 S 1 KAG NW.

[88] Vgl zB § 8 EigG BW iVm § 39 Abs 2 Nr 15 GO BW; § 5 Nr 5 EigG Hessen.

mögensverwaltung oder Teilnahme am allgemeinen Wirtschaftsverkehr tätig wird. Die Konsequenzen einer solchen Zuordnung sind beträchtlich. So müssen alle Maßnahmen der Leistungsverwaltung vorbehaltlich abweichender gesetzlicher oder gewohnheitsrechtlicher Regelungen dem öffentlichen Recht unterstellt werden. Dies bedeutet zB, daß die Maßnahmen der Subventionsverwaltung entgegen der hM[89] prinzipiell als öffentlich-rechtlich zu qualifizieren sind.

Daß die Verwaltung grundsätzlich als Privatrechtssubjekt angesprochen wird, **46**
wenn sie zum Zwecke der *Bedarfsdeckung*, *Vermögensverwaltung* oder *Teilnahme am allgemeinen Wirtschaftsverkehr* tätig werden soll, ergibt sich bereits aus den obigen Ausführungen (Rn 28). Zwar könnte der Gesetzgeber etwas anderes bestimmen. Er hat dies, von Ausnahmefällen abgesehen,[90] aber nicht getan. So wenden sich die Vergabevorschriften[91] nicht nur an öffentlich-rechtlich organisierte Träger von Staatsgewalt, sondern auch bestimmte natürliche oder juristische Personen des privaten Rechts,[92] ohne daß diesen Personen die Stellung eines Beliehenen zukommt. Das bedeutet, daß die Vorschriften privatrechtlichen Charakter haben und auch die staatliche Auftragsvergabe dem Privatrecht unterstellen.[93] Dies entspricht der traditionellen Betrachtungsweise.[94]

(4) *Qualifizierung des Handelns privatrechtlich organisierter Verwaltungs-* **47**
träger. Das Handeln privatrechtlich organisierter Träger von Staatsgewalt (wie zB der Eigengesellschaften) ist grundsätzlich privatrechtlich zu qualifizieren, weil den privatrechtlich verselbständigten Verwaltungsträgern die Befugnis fehlt, sich der Handlungsformen des öffentlichen Rechts zu bedienen. Anders ist die Rechtslage nur, wenn den Privatrechtssubjekten durch Gesetz Hoheitsbefugnisse übertragen worden sind. Demgemäß wird zB die Deutsche Bahn AG schon deshalb (grundsätzlich) privatrechtlich tätig, weil es sich um ein Privatrechtssubjekt handelt.

[89] *Bleckmann* Subventionsrecht, 1978, 85ff; *Stober* (Fn 60) § 111, 12, 32; *R. Schmidt* (Fn 52) § 10 II 8, 491ff; *Wolff/Bachof/Stober* VwR I, § 22 Rn 69. Wie hier grundsätzlich *Flaig* in: Klein (Hrsg), Öffentliches Finanzrecht, 2. Aufl 1993, Abschn VI, Rn 97f, 125ff mwN.

[90] Auch die Einstellung von Beamten (statt Arbeitnehmern des öffentlichen Dienstes) kann als Unterfall der Bedarfsdeckung angesehen werden. Insoweit geht es aber um die Begr öffentlich-rechtlicher Dienst- und Treueverhältnisse, so daß das Handeln der Verwaltung dem öffentlichen Recht unterfällt.

[91] Vgl zum bisherigen Recht die §§ 57 a ff HGrG und die VGV, zum neuen Recht §§ 106ff GWB.

[92] Vgl § 107 GWB idF des VgRÄG.

[93] Vgl *Ehlers* (Fn 22) § 40 Rn 277f; *Ruthig* DÖV 1997, 539, 541. Dagegen soll nach *Wolff/Bachof/Stober* VwR I, § 22 Rn 67, die Zwei-Stufen-Theorie bei einer öffentlichen Ausschreibung einschlägig sein. Im Gegensatz zur sog haushaltsrechtlichen Lösung (vgl *Pietzcker* NVwZ 1997, 1186f) soll künftig ein gerichtlicher Rechtsschutz vor den Oberlandesgerichten vorgesehen werden (§ 126 GWB).

[94] Vgl BVerwGE 5, 325, 326ff; 14, 65, 70; 35, 103, 104ff; BVerwG JuS 1973, 651; BGH NJW 1967, 1911; *Pietzcker* Der Staatsauftrag als Instrument des Verwaltungshandelns, 1978, 359; Wallerath Öffentliche Bedarfsdeckung und Verfassungsrecht, 1988, 37f, 64ff, 222f.

48 e) *Ablehnung einer Doppelqualifikation von Maßnahmen.* Nach einer vielfach vertretenen Ansicht kann ein und dieselbe Maßnahme uU sowohl öffentlich-rechtlich als auch privatrechtlich einzustufen sein. Dies wird für möglich gehalten, wenn verschiedene Personen betroffen sind. So sollen bestimmte öffentlich-rechtliche Maßnahmen der Verwaltung – etwa die Mitgliederwerbung gesetzlicher Krankenkassen – gegenüber den Wettbewerbern (im Beispielsfall den privaten Krankenkassen) privatrechtlich zu beurteilen sein mit der Folge, daß die Wettbewerber einen privatrechtlichen Unterlassungsanspruch geltend machen können.[95] Ebenso ist das Ausstrahlen einer Rundfunksendung durch eine öffentlich-rechtliche Rundfunkanstalt sowohl öffentlich-rechtlich (Erfüllung des Programmauftrags gegenüber den Gebührenzahlern) als auch privatrechtlich (gegenüber den in der Sendung kritisierten und uU in ihrer Ehre gekränkten Personen) qualifiziert worden.[96] Schließlich hält es die Rechtsprechung für möglich, daß ein öffentlich-rechtlich tätig werdender Verwaltungsträger im Wege der Geschäftsführung ohne Auftrag zugleich das privatrechtliche Geschäft eines Dritten besorgt.[97] Den genannten Auffassungen kann nicht gefolgt werden. Eine privatrechtliche Norm kann kein öffentlich-rechtliches Verhalten ge- oder verbieten, weil dies dem Sondercharakter des öffentlichen Rechts widerspräche, Sonderberechtigungen oder -verpflichtungen sich also nur aus dem Sonderrecht, nicht aus dem allgemeinen (Privat-)Recht ergeben können.

49 f) *Unbeachtlichkeit eines abweichenden Kausalverlaufs.* Die Qualifikation des Verwaltungshandelns wird durch einen von den Vorstellungen des Handelnden abweichenden Kausalverlauf nicht beeinflußt. ZB verwandelt sich ein öffentlich-rechtliches Übungsschießen der Bundeswehr wegen eines Querschlägers nicht in ein privatrechtliches.[98] Die Rechtsnatur einer Maßnahme bestimmt sich nach dem Zeitpunkt ihrer Vornahme. Will die Verwaltung öffentlich-rechtlich tätig werden, stellt daher auch die „aberratio ictus" den öffentlich-rechtlichen Charakter der Vorgehensweise nicht in Frage.[99] Demgemäß behalten zB beamtenrechtliche Beihilfezahlungen, die dem Erben des Beihilfeberechtigten zugeflossen sind, ihren öffentlich-rechtlichen Charakter.[100] Dagegen wird in der Rechtsprechung vielfach

[95] StRspr. Vgl GmS-OGB BGHZ 102, 280ff; BGHZ 66, 229ff; 67, 81ff; 82, 375ff; 121, 126, 128f. Krit *Bettermann* DVBl 1977, 180ff; *Ehlers* (Fn 10) 363ff; *Schricker* Wirtschaftliche Tätigkeit der öffentlichen Hand und unlauterer Wettbewerb, 2. Aufl 1987, 102ff; *Scherer* NJW 1989, 2724ff; *Kopp* VwGO, § 40 Rn 30; *Redeker/v Oertzen* VwGO, § 40 Rn 21; *Brohm* NJW 1994, 281, 286ff; *Schliesky* DÖV 1994, 114ff; *ders* (Fn 40) 310; *Röhl* VerwArch 86 (1995) 531, 572.

[96] BGHZ 66, 182, 185ff; BVerwG NJW 1994, 2500. Krit *Bettermann* NJW 1977, 513ff; *Ehlers* (Fn 10) 502 m Fn 442.

[97] Vgl etwa BGHZ 40, 28, 30 – Funkenflug-Fall; 63, 167, 169 – Tankwagen-Fall; 65, 384, 387f – Lukendeckel-Fall; BVerwGE 80, 170, 172ff. Krit *Ehlers* (Fn 10) 471ff; *Scherer* (Fn 95) 2725f; *Schwerdtfeger* Öffentliches Recht in der Fallbearbeitung, 9. Aufl 1993, Rn 268; *Schoch* Jura 1994, 241, 245, 247. Zum Ganzen auch *Nedden* Die Geschäftsführung ohne Auftrag im öffentlichen Recht, 1994, 198ff. Vgl ferner § 29 Rn 8ff.

[98] Vgl auch *Renck* JuS 1978, 459, 462.

[99] *Bethge* NJW 1978, 1801f; *Ehlers* (Fn 10) 508.

[100] Vgl auch BVerwG DVBl 1990, 870.

versucht, zwischen Zahlungen an einen vermeintlich Berechtigten und die sonstigen Nichtberechtigten zu differenzieren. Hat die Behörde einer Person aufgrund eines vermeintlichen, in Wahrheit aber nicht bestehenden öffentlich-rechtlichen Leistungsverhältnisses eine Zahlung zukommen lassen, soll diese öffentlich-rechtlich zu beurteilen sein. Ist dagegen eine öffentlich-rechtliche Geldleistung nach dem Tode des Anspruchsberechtigten an den Erben gelangt, da die Behörde den Todesfall nicht registriert und den Geldbetrag auf das Konto des Verstorbenen überwiesen hat, wird die Zahlung dem privaten Recht zugeordnet.[101] Diese Art der Unterscheidung vermag nicht zu überzeugen.[102] Öffentlich-rechtliche Akte verwandeln sich bei abweichendem Kausalverlauf nicht in privatrechtliche Maßnahmen.

g) *Eindeutige rechtsgeschäftliche Erklärungen.* Für die Qualifizierung der Handlungsweise eines öffentlich-rechtlich organisierten Trägers von Staatsgewalt kommt es ausnahmsweise nicht auf den Geltungs- bzw Anwendungsbereich der Rechtssätze an, wenn eine rechtsgeschäftliche, dh final auf Bewirkung einer bestimmten Rechtsfolge gerichtete Erklärung vorliegt, aus der sich eindeutig ergibt, daß sich der Handelnde nur auf das öffentliche bzw private Recht gestützt hat. Es liegt grundsätzlich im Rahmen des rechtlichen Könnens der Träger von Staatsgewalt, öffentlich-rechtliche oder privatrechtliche Erklärungen abzugeben. Hat der Träger eine eindeutige Formenwahl getroffen, gilt das gewählte Rechtsregime unabhängig davon, ob das öffentliche bzw private Recht gewählt werden durfte. Rechtmäßigkeit und Rechtsnatur einer Maßnahme müssen auseinander gehalten werden. Entscheidend für die Rechtsnatur ist nur, was der Verwaltungsträger getan hat, nicht was er hätte tun müssen oder tun dürfen.[103] So ist eine mit einer Rechtsbehelfsbelehrung im Sinne der VwGO und der Androhung der Verwaltungsvollstreckung versehene Zahlungsaufforderung der Verwaltung auch dann als Verwaltungsakt einzustufen, wenn eine privatrechtliche Forderung geltend gemacht wird, die Verwaltung also gar nicht zum Erlaß eines Verwaltungsaktes befugt war.[104] 50

4. Einwirkungen des europäischen Gemeinschaftsrechts

Auch das europäische Gemeinschaftsrecht kann auf die Zuordnung einer Rechtsmaterie zum öffentlichen oder privaten Recht einwirken. ZB hat der gemeinschaftsrechtlich bedingte Abbau staatlicher Monopole auf dem Gebiet des Tele- 51

101 Vgl etwa BVerwGE 84, 274, 275ff; BSG DVBl 1987, 849, 850; NVwZ 1988, 95f; BGHZ 71, 180ff; 73, 202, 203f; VGH BW NVwZ 1989, 892, 893; BayVGH NJW 1990, 933, 934; OLG Karlsruhe NJW 1988, 1920f. Vgl aber auch BVerwG NVwZ 1991, 168f; BFH NJW 1987, 1039; OVG Rh-Pf NVwZ 1988, 1038; HessVGH NJW 1991, 510, 511.

102 Vgl zur Kritik *Bethge* (Fn 99) 1801f; *Ehlers* (Fn 10) 508; *Maurer* JZ 1990, 863ff; *Hänlein* JuS 1992, 559ff; *Kopp* VwGO, § 40 Rn 21; *Meyer-Ladewig* SGG, 5. Aufl 1994, § 51 Rn 18; *Martens* NVwZ 1993, 27.

103 Vgl auch BGH NJW 1997, 328, 329; *Koch* (Fn 33) 91.

104 Vgl auch BVerwGE 13, 307, 308f; 17, 242ff; 30, 211ff; BVerwG MDR 1980, 344; NVwZ 1985, 264. Vgl auch BVerwG NVwZ-RR 1993, 251f.

kommunikationswesens zu einer Beseitigung des staatlichen Übertragungswege- und Telefondienstmonopols sowie zu einer (teils formellen, teils materiellen) Privatisierung geführt.[105] Im Gegensatz zu der (aufgelösten) Deutschen Bundespost müssen die Telekommunikationsunternehmen „privatwirtschaftlich" (Art 87f Abs 2 GG) – dh privatrechtlich – handeln: und zwar auch dann, wenn Staat oder Kommunen an ihnen beteiligt sind.[106] Dagegen zwingen die Vergaberichtlinien der Europäischen Gemeinschaft die Mitgliedstaaten nicht dazu, staatliche Auftragsvergaben auf der Grundlage öffentlichen Rechts zu vergeben (vgl auch Rn 46). Im Schrifttum ist die Auffassung vertreten worden, daß es im Falle des Vollzuges von Gemeinschaftsrecht eine Wahlfreiheit der Verwaltung nicht gebe, weil die Verwaltung um der effektiven Durchsetzung des Gemeinschaftsrechts willen auf das Rechtsregime des öffentlichen Rechts festgelegt werde.[107] Indessen stellt sich die Frage einer Wahlfreiheit im Bereich der Eingriffsverwaltung zumeist ohnehin nicht. Zudem gilt der Vorrang des Gemeinschaftsrechts (§ 3 Rn 42ff) auch gegenüber dem nationalen Privatrecht. Verstöße gegen das Gemeinschaftsrecht sind idR als Verstöße gegen ein gesetzliches Verbot (§ 134 BGB) zu qualifizieren. Verfahrensrechtlich können und müssen ggf die Möglichkeiten des vorläufigen Gerichtsschutzes genutzt werden. Daher ermöglicht auch ein privatrechtliches Auftreten der Verwaltung die effektive Durchsetzung des Gemeinschaftsrechts (etwa die Rückforderung einer Beihilfe, die bei Vergabe mit dem Gemeinsamen Markt unvereinbar war oder später unvereinbar wird).

5. Einzelfälle

52 Die vielfältigen Probleme der Zuordnung von öffentlichem und privatem Recht können hier nicht erschöpfend abgehandelt werden.[108] Vielmehr soll nur auf einige, sich immer wieder stellende Abgrenzungsfragen eingegangen werden.

53 a) *Vertragliches Handeln.* Hinsichtlich der Abgrenzung von öffentlich-rechtlichen und privatrechtlichen Verträgen werden heute im wesentlichen noch drei Auffassungen vertreten: nämlich die Gegenstandslehre, die Vorbehaltslehre und die Aufgabentheorie. Nach hM bestimmt sich die Rechtsnatur des Vertrages nach dessen *Gegenstand* (§ 24 Rn 2ff). Der Gegenstand soll öffentlich-rechtlicher Art sein, wenn der Vertrag auf von der gesetzlichen Ordnung öffentlich-rechtlich geregelte Sachverhalte einwirkt. Unklar bleibt vielfach, welches Ausmaß an öffentlich-rechtlicher Vorordnung zu verlangen ist. Bei konsequenter Anwendung der Gegenstandslehre müßte ferner das gesamte nicht spezialgesetzlich geregelte Vertragshandeln der Verwaltung dem Privatrecht unterstellt werden. Diese Folgerung wird idR aber gerade nicht gezogen. ZB hat die Rechtsprechung Subventionsverträge als verwaltungsrechtliche Verträge iSd § 54 S 1 VwVfG angesehen, obwohl

[105] Vgl *Skouris* Der Einfluß des europäischen Gemeinschaftsrechts auf die Unterscheidung zwischen Privatrecht und öffentlichem Recht, 1997, 14ff.

[106] Zur Frage der Zulässigkeit kommunaler Telekommunikationsdienstleistungen vgl *Ehlers* DVBl 1998, 497, 499, 502.

[107] *Brenner* (Fn 17) 153ff, 421.

[108] Vgl *Ehlers* (Fn 22) § 40 Rn 298ff.

keine öffentlich-rechtliche Vorordnung bestand.[109] Ist die gesetzliche Vorordnung entscheidend, kann es schließlich entgegen der hM (Rn 33) keine grundsätzliche Wahlfreiheit der Verwaltung geben.

Nach der *Vorbehaltslehre* gehört ein Vertrag dem öffentlichen Recht an, wenn mindestens ein Zuordnungssubjekt des Gegenstandes der vertraglichen Rechtsbeziehungen nur ein Träger öffentlicher Gewalt sein kann, weil es um die Regelung der nur diesem vorbehaltenen Rechte und Pflichten geht.[110] Diese Art der Abgrenzung ist insofern zutreffend, als Einigkeit darüber besteht, daß ein Vertrag zB dann als öffentlich-rechtlich anzusehen ist, wenn er einen Hoheitsakt (etwa eine Baugenehmigung) ersetzt oder den Verwaltungsträger zum Erlaß eines Hoheitsaktes verpflichtet. In problematischen Fällen ermöglicht das Kriterium aber auch keine klare Zuordnung. Beispielsweise bleibt offen, wann sich der Träger öffentlicher Gewalt des Privatrechts bedienen darf oder muß. Auch kann es öffentlich-rechtliche Verträge zwischen Privaten geben (§ 24 Rn 9). **54**

Nach der hier vertretenen Ansicht kommt es zunächst darauf an, ob die Verwaltung eine eindeutige Formenwahl getroffen – also zB zu erkennen gegeben hat, daß sie sich nur öffentlich-rechtlich binden will. Liegt diese Voraussetzung vor, steht die Rechtsnatur des Vertrages – unabhängig von der Rechtmäßigkeit der Formenwahl – fest. Im übrigen ist nach der normativen Vorordnung zu fragen. Liegt kein gesetzesakzessorisches Handeln vor, sind alle Verträge mit Beteiligung eines Verwaltungsträgers dem öffentlichen Recht zuzuordnen, es sei denn, daß die Verwaltung nur mittelbar Verwaltungsaufgaben wahrnimmt, dh zur Bedarfsdeckung, Vermögensverwaltung oder Teilnahme am Wirtschaftsverkehr tätig wird (sog *Aufgabentheorie*).[111] **55**

b) *Realakte.* Unter Realakten (Tathandlungen) sind Handlungsweisen zu verstehen, die nicht final auf Bewirkung bestimmter Rechtsfolgen, sondern auf die Herbeiführung eines tatsächlichen Erfolges gerichtet sind (zB Auskünfte ohne Regelungscharakter oder Verrichtungen, wie der Bau einer Straße). Werden solche Akte in Vollziehung einer Rechtsnorm vorgenommen, teilen sie die Rechtsnatur dieser Norm. Die nicht normgeleiteten Realakte werden verschiedentlich dem privaten Recht zugeordnet.[112] Nach anderer Auffassung ist ein auf die Erfüllung öffentlich-rechtlich festgelegter Aufgaben gerichteter Realakt der Verwaltung anhand öffentlich-rechtlicher Normen zu beurteilen, solange der Wille, sich privatrechtlich zu verhalten, nicht in Erscheinung tritt (§ 31 Rn 5). **56**

Gegen die privatrechtliche Qualifizierung aller nicht spezialgesetzlich geregelter Realakte der Verwaltung spricht, daß das öffentliche Recht gerade zur Disziplinie- **57**

109 Vgl zB BVerwG NVwZ 1990, 665ff, m krit Anm *Ehlers* (Fn 54) 594.

110 Vgl *Lange* NVwZ 1983, 313, 316f. Ähnlich OVG NW NJW 1991, 61; *Wolff/Bachof/Stober* VwR I, § 22 Rn 56.

111 Vgl *Ehlers* (Fn 10) 194ff, 444ff. Grds zust *Spannowsky* Grenzen des Verwaltungshandelns durch Verträge und Absprachen, 1994, 98, 110. Vgl auch *Rennert* (Fn 24) § 40 Rn 45. Nicht zu folgen ist *Röhl* (Fn 95) 535ff, wonach die auf den Abschluß eines privatrechtlichen Vertrages gerichtete Willenserklärung der Verwaltung eine öffentlich-rechtliche Handlung darstellt (schon weil dies einen privatrechtlichen Vertrag ausschlösse).

112 Vgl *Christ* (Fn 51) 94f.

rung der Staatsgewalt geschaffen worden ist. Eine Qualifizierung mittels „Willensvermutung“ stößt auf Bedenken, weil nach der hier vertretenen Ansicht eine Formenwahlfreiheit der Verwaltung nur bei normativer Ableitung anzuerkennen ist und es bei den nichtfinalen Handlungsweisen auf den Willen des Handelnden nicht ankommen kann. Nach der hier vertretenen Ansicht ist die Unterscheidung von öffentlich-rechtlichen und privatrechtlichen Realakten daher allein objektiv zu treffen.[113] Die Realakte der öffentlich-rechtlich organisierten Verwaltung sind *immer öffentlich-rechtlich* zu qualifizieren, sofern sie nicht in einem engen inneren und äußeren *Zusammenhang* mit der Wahrnehmung privatrechtlich zu erfüllender Aufgaben stehen.

58 ZB müssen die nicht auf Setzung einer Rechtsfolge gerichteten *Erklärungen* der (öffentlich-rechtlich organisierten) Verwaltungsträger – einschließlich solcher ehrkränkender Art – grundsätzlich dem öffentlichen Recht unterstellt werden. Anderes gilt etwa, wenn ein Beamter einem Unternehmer vorhält, dieser habe die Verwaltung bei der Abrechnung eines öffentlichen Auftrags zu betrügen versucht.[114] Die Erklärung steht dann im Sachzusammenhang zu der Auftragsvergabe, so daß der privatrechtliche Charakter des Auftragsgeschäftes auf die Erklärung abfärbt. Gehen *Emissionen* oder *Immissionen* von einer öffentlichen Einrichtung aus (zB einer Straße, einem Gemeindevolksfest oder einer Stadthalle), hängt die Zuordnung zum öffentlichen oder privaten Recht davon ab, ob die Nutzungsverhältnisse öffentlich-rechtlich oder privatrechtlich ausgestaltet worden sind.[115] ZB sind die Lärmemissionen eines öffentlich-rechtlich genutzten Sportplatzes öffentlich-rechtlich,[116] die Emissionen eines privatrechtlich genutzten Jugendzeltplatzes einer Gemeinde privatrechtlich zu beurteilen.[117] Die *Teilnahme* eines Amtswalters *am Straßenverkehr* ist als öffentlich-rechtlicher Realakt einzustufen, wenn die Zielsetzung den öffentlich-rechtlich wahrzunehmenden Aufgaben zuzurechnen ist und zwischen Fahrt und Zielsetzung ein enger innerer und äußerer Zusammenhang besteht.[118] Ziehen die Verwaltungsträger zur Ausführung der ihnen obliegenden Realakte Privatpersonen heran, hat die Rechtsprechung früher dazu geneigt, die Handlungen der *Privatpersonen* dem Privatrecht zuzuordnen, es sei denn, daß die Behörde in einem solchen Ausmaß auf die Durchführung der Arbeiten Einfluß nehme, daß sie die Arbeiten des Privaten wie eigene gegen sich gelten lassen müsse (sog Werkzeug- oder Ingerenztheorie).[119] Von dieser Auffassung ist der BGH zu Recht jedenfalls für den Bereich der Eingriffsverwaltung abgerückt. So könne sich die öffentliche Hand zumindest in diesem Bereich der Amtshaftung für fehlerhaf-

[113] Vgl *Ehlers* (Fn 10) 497ff.
[114] Vgl BGHZ 34, 99ff (großer Zivilsenat).
[115] Bei den Emissionen und Immissionen handelt es sich genau genommen nicht um Handlungen, sondern um die Folge von Handlungen (*Robbers* DÖV 1987, 272, 273). Dies ändert aus Gründen der anzulegenden Rechtmäßigkeitsmaßstäbe, des Rechtsschutzes und der Haftung aber nichts an der Notwendigkeit einer Zuordnung zum öffentlichen oder privaten Recht. Abzustellen ist auf das verursachende Handeln oder Unterlassen.
[116] Vgl auch BVerwGE 81, 197, 199; 88, 143, 144.
[117] Vgl BGH NJW 1993, 1656 f.
[118] Vgl dazu auch BGHZ 29, 38, 40; 42, 176, 179; BGH DÖV 1979, 865.
[119] Vgl BGHZ 48, 98, 103; BGH NJW 1971, 2220, 2221; NJW 1980, 1679.

tes Verhalten ihrer Bediensteten grundsätzlich nicht dadurch entziehen, daß sie die Durchführung einer von ihr angeordneten Maßnahme durch privatrechtlichen Vertrag auf einen privaten Unternehmer übertrage.[120] Dementsprechend ist das Abschleppen von Fahrzeugen durch einen von der Polizei beauftragten Unternehmer – ungeachtet des privatrechtlichen Rechtsverhältnisses zwischen Polizei und Unternehmer – dem öffentlichen Recht unterstellt worden. Wegen weiterer Einzelheiten sei auf § 31 Rn 1ff hingewiesen.

c) *Hausrechtsmaßnahmen.* Hinsichtlich der Hausverbote differenziert die traditionelle Auffassung nach dem Zweck des Besuches. Geht es dem Adressaten eines Hausverbotes um die Erledigung öffentlich-rechtlicher Angelegenheiten, soll das Verbot öffentlich-rechtlichen Charakter tragen. Erfolgt es im Rahmen privatrechtlicher Rechtsbeziehungen, wird es dem Privatrecht unterstellt.[121] Angeknüpft wird also an die Rechtsnatur des Hauptaktes. Diese Ansicht vermag nicht zu überzeugen. Zweck des Behördenhausrechts ist es, die Funktionsfähigkeit der Verwaltung, dh die ungestörte Wahrnehmung von Verwaltungsaufgaben in einem räumlich geschützten Bereich, sicherzustellen. In Räumlichkeiten, die dem Gemeingebrauch, Anstaltsgebrauch oder Verwaltungsgebrauch dienen, geht es der Verwaltung aber immer nur um öffentlich-rechtliche Aufgabenerfüllung. Auf die Eigentums- und Besitzverhältnisse kommt es nicht an, da sich die Störung nicht gegen das Eigentum oder den Besitz richtet.[122] Die Anknüpfung an den Hauptakt hilft zB nicht weiter, wenn es an einem Hauptakt fehlt (zB sich der Störer nur im Gebäude aufwärmen will). Ferner kann ein öffentlich-rechtliches Zugangsrecht bestehen (etwa das Recht zur Benutzung der kommunalen öffentlichen Einrichtungen). Ein privatrechtliches Verbot ist aber nicht in der Lage, einen öffentlich-rechtlichen Anspruch zum Wegfall zu bringen. Mit der neueren Rechtsprechung[123] und heute überwiegenden Meinung im Schrifttum[124] ist daher davon auszugehen, daß ein Hausverbot in den genannten Fällen immer öffentlich-rechtlichen Charakter hat. Privatrechtlich zu beurteilen sind behördliche Hausverbote, die sich auf Sachen des „Finanzvermögens“ (zB vermietete Häuser einer Kommune) oder auf Räumlichkeiten beziehen, die von einer Eigengesellschaft oder sonstigen juristischen Person des Privatrechts genutzt werden. 59

d) *Nutzung der kommunalen öffentlichen Einrichtungen.* Aus den bisherigen Ausführungen (Rn 44) ergibt sich, daß den Kommunen bei der Ausgestaltung der von ihnen selbst (und nicht einem Privatrechtssubjekt) betriebenen öffentlichen Einrichtungen eine Formenwahlfreiheit zukommt. Die Kommunen können also 60

120 BGHZ 121, 161, 167 m Anm *Würtenberger* JZ 1993, 1003ff.

121 BVerwGE 35, 103 ff; BGHZ 33, 230, 231; BGH NJW 1967, 1911f; OVG NW NJW 1998, 1425f.

122 Entgegen *Wolff/Bachof/Stober* VwR I, § 22 Rn 51 sind die Verwaltungsgebäude keineswegs öffentliche Sachen. Vgl *Ehlers* NWVBl 1993, 327ff.

123 BayVGH BayVBl 1980, 723; NJW 1982, 1717; OVG NW NVwZ-RR 1989, 316. Vgl auch OVG Bremen NJW 1990, 931; VG Frankfurt NJW 1998, 1424.

124 *Knemeyer* DÖV 1970, 596ff; ders VBlBW 1982, 249, 250; *Ehlers* DÖV 1977, 737, 739f; *ders* (Fn 122) 330; *Maurer* Allg VwR, § 3 Rn 24; *Hufen* (Fn 28) § 11 Rn 53; *Redeker/v Oertzen* VwGO, § 40 Rn 28.

die Rechtsverhältnisse öffentlich-rechtlich, zweistufig öffentlich- und privatrechtlich oder nur privatrechtlich regeln. Fehlt es an einer eindeutigen Entscheidung, soll nach hM eine *Vermutung* für das öffentliche Recht streiten.[125] Der Auffassung kann in dieser Allgemeinheit nicht gefolgt werden. Vielmehr ist zu differenzieren. Soll die Zulassung zur Nutzung oder die Ausgestaltung der Nutzungsverhältnisse rechtsgeschäftlich erfolgen, ist im Zweifelsfall von privatrechtlichen Nutzungsverhältnissen auszugehen. Da der öffentlich-rechtliche Vertrag wegen des Schriftformerfordernisses (§ 57 VwVfG) in aller Regel ausscheidet, es faktische Verträge des öffentlichen Rechts nicht gibt[126] und ein Verwaltungsakt zumindest bei der Begründung eines Anschluß- und Benutzungszwang, der Erhebung einer Abgabe und der Zulassung eines Minderjährigen[127] einer satzungsmäßigen Grundlage bedarf, würde die Zugrundelegung der hM rechtswidrige Zustände zur Folge haben. Sollen die Rechtsverhältnisse ganz oder teilweise dem öffentlichen Recht zugeordnet werden, bedarf es im Falle einer nicht eindeutigen Formenwahl einer entsprechenden Bestimmung durch Satzung. Erfolgt die Gewährung und Inanspruchnahme der Leistungen faktisch, wie zB bei der Benutzung von Kinderspielplätzen oder Trimm-Dich-Pfaden, spricht die Vermutung für öffentliches Recht.[128]

6. Grenzfälle

61 In Grenzfällen bereitet die Zuordnung der Verwaltungshandlungen zum öffentlichen oder privaten Recht immer wieder Schwierigkeiten. Eine Zauberformel, die rechtslogische Gewißheit verschafft oder alle Zweifel beseitigt, gibt es nicht. Tröstlich mag sein, daß auch berufene Stellen ihre Probleme mit der Abgrenzung haben. So hat sich schon ein Bundesjustizminister (Dehler), der den Bundeskanzler (Adenauer) vor den Zivilgerichten auf Herausgabe des Tonbandprotokolls eines Regierungskoalitionsgespräches verklagt hat, vom BGH darüber belehren lassen müssen, daß sich die Streitigkeit nach öffentlichem Recht richte, also nicht die ordentlichen, sondern die Verwaltungsgerichte zuständig seien.[129] Der Vollständigkeit halber sei erwähnt, daß auch die Entscheidung des BGH möglicherweise nicht korrekt war, da es sich um einen verfassungsrechtlichen Streit gehandelt haben könnte. Dies ist jedenfalls dann anzunehmen, wenn die Koalitionsvereinbarungen von den Fraktionen, statt von Parteien geschlossen wurden.[130]

[125] VGH BW DÖV 1978, 569, 570; NJW 1979, 1900; *Erichsen* (Fn 25) 545; *Schmidt-Aßmann* in: ders, Bes VwR, 1. Abschn Rn 112; *Maurer* Allg VwR, § 3 Rn 26.

[126] AA *W. Schmidt* Staat und Verwaltungsrecht, 2. Aufl 1994, Rn 243. Zur Ablehnung von Schuldverhältnissen aus dem faktischen bzw sozialtypischen Verhalten im Privatrecht vgl *Heinrichs* in: Palandt, Bürgerliches Gesetzbuch, 57. Aufl 1998, Einführung vor § 145 Rn 25.

[127] Vgl *Ehlers* (Fn 29) 918f.

[128] AA wohl die hM. Vgl *Börner* Sportstätten-Haftungsrecht, 1985, 86ff; *Kopp* VwGO, § 40 Rn 27.

[129] BGHZ 29, 187, 192.

[130] Im Ergebnis wie hier *Ule* VwPrR, 48; *Schmitt Glaeser* VwPrR, Rn 60; *Ehlers* (Fn 22) § 40 Rn 174.

7. Die Einwirkungen des öffentlichen und privaten Rechts aufeinander

Gilt das öffentliche oder private Recht, bedeutet dies noch nicht, daß das jeweils andere Rechtsgebiet für die Rechtsgestaltung ohne Bedeutung ist. Beide Rechtsregime sind Teilgebiete einer einheitlichen Rechtsordnung und wirken in vielfältiger Weise aufeinander ein. Die Gegensätzlichkeiten dürfen daher nicht überzeichnet werden.[131] Im folgenden kann dies nur anhand einiger Beispiele verdeutlicht werden. **62**

a) *Die Einwirkungen des öffentlichen Rechts auf das Privatrecht.* Das öffentliche Recht strahlt in einem sehr starken Ausmaße auf das Privatrecht aus. Seitens der Privatrechtler ist dem öffentlichen Recht sogar vorgehalten worden, daß es eine Usurpation des Zivilrechts anstrebe.[132] **63**

Bedient sich die Verwaltung des Privatrechts, regelt dieses niemals ausschließlich das Tätigwerden der Verwaltung. Vielmehr gilt sog *Verwaltungsprivatrecht* (Rn 70 ff). Darüber hinaus entfalten Verfassungsrecht und Verwaltungsrecht zahlreiche weitere Wirkungen im Privatrecht. Hinsichtlich des *Verfassungsrechts* sei auf die sog mittelbare Drittwirkung der Grundrechte hingewiesen, dh auf die Ausstrahlung der Grundrechte auf die auslegungsfähigen und auslegungsbedürftigen Rechtsbegriffe des Privatrechts.[133] Das *Verwaltungsrecht* kann privatrechtsbindende und indizielle Wirkungen entfalten. Im ersten Fall müssen die Vorgaben des Verwaltungsrechts im Privatrecht zwingend berücksichtigt werden, im zweiten stellen sie nur zu beachtende Anhaltspunkte dar.[134] **64**

So schreibt das Verwaltungsrecht vielfach ausdrücklich eine *privatrechtsgestaltende Wirkung* vor.[135] ZB kann eine Gemeinde durch Ausübung eines Vorkaufsrechts mittels Verwaltungsaktes gem § 28 Abs 2 BauGB in einen privatrechtlichen Vertrag eintreten. Im Immissionsschutzrecht (§ 14 BImSchG), Atomrecht (§ 7 Abs 6 AtG), Wasserrecht (§ 11 Abs 1 S 1 WHG), Gentechnikrecht (§ 23 GenTG) und Planungsrecht (§ 75 Abs 2 S 1 VwVfG) schließen bestimmte Genehmigungen und Zulassungen des öffentlichen Rechts privatrechtliche Ansprüche aus.[136] **65**

Nicht selten knüpfen ferner die *Tatbestandsmerkmale der privatrechtlichen Normen* an die Vorschriften des Verwaltungsrechts an. So stellt etwa das Umwelthaftungsgesetz auf besondere Betriebspflichten ab und definiert diese als „solche, die sich aus verwaltungsrechtlichen Zulassungen, Auflagen und vollziehbaren Anordnungen und Rechtsvorschriften ergeben, soweit sie die Verhinderung von solchen Umwelteinwirkungen bezwecken, die für die Verursachung des Schadens in **66**

131 Näher dazu das Sammelwerk von *Hoffmann-Riem/Schmidt-Aßmann* (Fn 9). Vgl auch *Bydlinski* AcP 194 (1994) 319, 322.

132 *Diederichsen* in: Verhandlungen des 56. DJT, Bd II, 1986, L 48, 69. Vgl auch *Medicus* NuR 1990, 150 (der von der Notwendigkeit spricht, das zivilrechtliche „Urgestein" von dem öffentlich-rechtlichen „Schutt" zu befreien).

133 Vgl BVerfGE 7, 198, 205 f; 73, 261, 269.

134 Vgl zu dieser Unterscheidung sowie zu den Einzelheiten *Jarass* VVDStRL 50 (1991) 238, 250 ff; *Hoffmann-Riem* in: ders/Schmidt-Aßmann (Fn 9) 305 f.

135 Näher dazu *Manssen* (Fn 20) 12 ff, 274 ff.

136 Vgl zum Ganzen auch *Ossenbühl* DVBl 1990, 963, 965.

Betracht kommen".[137] In vielen Fällen hängt die Wirksamkeit privatrechtlicher Geschäfte von einer behördlichen Genehmigung ab.[138] Auch können die Regelungen des Verwaltungsrechts Verbotsgesetze iSd § 134 BGB bzw Schutzgesetze iSd § 823 Abs 2 BGB darstellen[139] und die Sittenwidrigkeit iSd § 1 UWG verbindlich präzisieren.[140]

67 Fehlen ausdrückliche Regelungen, ist heftig umstritten, ob und ggf inwieweit das Verwaltungsrecht als Vorgabe für das Privatrecht in Betracht kommt. In der Praxis stellt sich vor allem die Frage, ob öffentlich-rechtliche Planungsentscheidungen sowie die Standards des öffentlichen Umweltrechts (etwa TA-Luft und TA-Lärm) das private *Nachbarrecht* zu beeinflussen vermögen.[141] § 906 Abs 1 BGB verweist nunmehr zwar ausdrücklich auf das BImSchG.[142] Doch sollen die Maßstäbe dieses Gesetzes nur „in der Regel" gelten. Auch die Gerichte haben eine strikte Bindung an das Verwaltungsrecht seit jeher abgelehnt. So soll die Benutzung eines in einem Bebauungsplan zugelassenen Tennisplatzes uU noch privatrechtlich verhindert werden können.[143] Wird ein immissionsschutzrechtlich genehmigter Kupolofen genehmigungskonform betrieben, schließt dies nach Ansicht des BGH nicht aus, daß der Betriebsinhaber zum Schadensersatz wegen nichtvorhersehbaren Funkenflugs aus der Anlage verpflichtet ist.[144] In solchen Fällen entfaltet das außenverbindliche Verwaltungsrecht jedoch *indizielle Wirkungen*. Dies trifft zB auch auf Baugenehmigungen zu, soweit diese Planungsentscheidungen verbindlich konkretisieren, obwohl Baugenehmigungen kraft ausdrücklicher Bestimmung „unbeschadet der privaten Rechte Dritter" erteilt werden.[145] Die indizi-

[137] Vgl § 6 Abs 3 UmweltHG. Zur Auslegung dieser Norm vgl *Salje* Umwelthaftungsgesetz, Kommentar, 1993, § 6 Rn 6ff.

[138] Vgl etwa §§ 15ff SchwbG, 9 MuSchG, 18 Abs 1 S 1 KSchG. Weitere Beispiele bei *Manssen* (Fn 20) 123f.

[139] Vgl zu § 134 BGB *Canaris* Gesetzliches Verbot und Rechtsgeschäft, 1983, 16; *Hefermehl* in: Soergel, BGB, 12. Aufl 1986, § 134 Rn 6; zu § 823 Abs 2 BGB *Thomas* in: Palandt (Fn 126) Rn 140ff. Nach BGH NJW 1993, 1580f, kann ein Nachbar die Einhaltung einer auf der Grundlage entsprechende Vorschriften in einer Baugenehmigung enthaltenen bestandskräftigen Auflage zu seinem Schutz gegen Lärm mit einer zivilrechtlichen Unterlassungsklage (§§ 823 Abs 2 BGB; 1004 Abs 1 S 2 BGB analog) durchsetzen, auch wenn die Voraussetzungen des § 906 BGB im konkreten Fall nicht vorliegen.

[140] Vgl BGHZ 23, 184, 186; 48, 12, 16; BGH GRUR 1972, 607, 608. Nach *Emmerich* Das Recht des unlauteren Wettbewerbs, 5. Aufl 1998, 30, soll jede nach öffentlichem Recht rechtswidrige Wirtschaftsbetätigung der öffentlichen Hand zugleich sittenwidrig im Sinne des § 1 UWG sein. Krit dazu *Ehlers* (Fn 106) 502f.

[141] Vgl dazu *Marburger* Verhandlungen des 56. DJT, Bd I, 1986, C 102ff; *Hoppe/Beckmann* Umweltrecht, 1989, § 2 Rn 14ff; *Kloepfer* Umweltrecht, 1989, § 4 Rn 295ff; *Hager* Jura 1991, 303, 307; *Breuer* in: Schmidt-Aßmann, Bes VwR, 5. Abschn Rn 102ff. Für eine weitgehende Führungsrolle des öffentlichen Rechts *Dolderer* DVBl 1998, 19ff.

[142] Vgl (vor der Gesetzesänderung bereits) BVerwGE 79, 254, 258; BGHZ 111, 63, 65.

[143] Vgl BGH NJW 1983, 751. Da sich der BGH auf die „Besonderheiten im Einzelfall" beruft (das Schlafzimmer des Nachbarn befand sich fünf Meter vom Tennisplatz entfernt), kann die Entscheidung nicht ohne weiteres verallgemeinert werden.

[144] BGHZ 92, 143, 148.

[145] Vgl zB § 75 Abs 3 BauO NW.

ellen Wirkungen sind besonders stark, soweit es um das „Ob" der Anlage (statt nur das „Wie" der Nutzung) geht. So darf die prinzipielle Zulässigkeit einer öffentlich-rechtlich geplanten oder genehmigten Anlage idR nicht mehr privatrechtlich in Frage gestellt, die anlagentypische Nutzung im Normalfall nicht gänzlich untersagt werden.[146] UU geht die Bindungswirkung des öffentlichen Rechts weiter. Dies ist etwa dann anzunehmen, wenn zwar an sich ein privatrechtlicher Anspruch gegeben ist, das öffentliche Recht aber der Erfüllung des Anspruchs zwingend entgegensteht. Da die Rechtsordnung von dem einzelnen nicht etwas rechtlich Unmögliches verlangen darf, greift in solchen Fällen der privatrechtliche Anspruch nicht durch. So hat der Eigentümer trotz Vorliegens der Anspruchsvoraussetzungen keinen Anspruch darauf, daß der Nachbar Maßnahmen gegen das Quaken der im Nachbargarten angesiedelten Frösche unternimmt, wenn das Naturschutzrecht dem Nachbarn ein entsprechendes Tätigwerden verbietet.[147] IdR sieht das öffentliche Recht in solchen Fällen allerdings Härteklauseln vor, die eine Freistellung im Einzelfall ermöglichen.[148]

b) *Die Einwirkungen des Privatrechts auf das öffentliche Recht.* Auch das öffentliche Recht kann ausdrücklich oder stillschweigend auf das Privatrecht verweisen. Eine ausdrückliche Verweisung enthält etwa § 62 S 2 VwGO, wonach die Vorschriften des Bürgerlichen Gesetzbuches unter bestimmten Voraussetzungen für öffentlichrechtliche Verträge gelten. Stillschweigend auf das Privatrecht verweist Art 14 Abs 1 GG, weil das Eigentum im Sinne dieser Vorschrift nicht nur durch das öffentliche, sondern auch durch das private Recht bestimmt wird.[149] Ferner kann auch das Privatrecht auf das Verwaltungsrecht ausstrahlen. ZB stützt sich das Sozialversicherungsrecht und das Steuerrecht an vielen Stellen auf privatrechtliche Vorgaben. Ebenso knüpfen Vorschriften nach Art der §§ 12 VwVfG, 49 a Abs 2 VwVfG, 5 PolG NW (Zustandsverantwortlichkeit) an Bestimmungen des bürgerlichen Rechts an. Weiterhin können die Vorschriften des Privatrechts in vielen Fällen zur Auslegung und Lückenschließung im öffentlichen Recht herangezogen werden: sei es, daß sie einen allgemeinen Rechtsgedanken wiedergeben, der auch im öffentlichen Recht gilt, sei es, daß sie sich im Wege des Analogieschlusses in das öffentliche Recht übertragen lassen.[150] Vor allem gelten die Regelungen des 68

[146] Str. Vgl zum Meinungsstand *Breuer* DVBl 1983, 431ff; *dens* in: Schmidt-Aßmann, Bes VwR, 5. Abschn Rn 104; *Papier* NVwZ 1986, 624ff; *dens* in: Koch (Hrsg), Schutz vor Lärm, 1990, 129ff; *Gerhardt* BayVBl 1990, 549, 553ff; *Jarass* (Fn 134) 259ff; *Trute* in: Hoffmann-Riem/Schmidt-Aßmann (Fn 9) 183ff.

[147] Vgl BGHZ 120, 239ff; dazu *Vieweg* NJW 1993, 2570ff. Ebenso ist die Rechtslage, wenn ein Eigentümer einen privatrechtlichen Anspruch darauf hat, daß der Nachbar den an der Grenze gepflanzten Baum fällt, eine öffentlich-rechtliche Baumschutzsatzung dem Nachbarn dies aber untersagt.

[148] Vgl zB § 31 Abs 1 BNatSchG. Auf diese Vorschrift hat der BGH in der zuvor angegebenen Entscheidung abgestellt.

[149] Vgl BVerfGE 58, 300, 335f; *Ehlers* VVDStRL 51 (1992) 211, 217.

[150] Vgl etwa BVerwGE 71, 85, 87ff; *Wolff/Bachof/Stober* VwR I, § 22 Rn 46ff Näher dazu § 6 Rn 94. Zur Zulässigkeit einer Aufrechnung von öffentlich-rechtlichen und privatrechtlichen Forderungen vgl BVerwGE 66, 218, 220; *Ehlers* JuS 1990, 777, 782. Zur Zulässigkeit einer Analogie vgl Rn 8.

privaten Schuldrechts häufig sinngemäß im öffentlichen Recht. Werden etwa die sich aus einem verwaltungsrechtlichen Schuldverhältnis ergebenden Pflichten in rechtswidriger und schuldhafter Weise verletzt, sind die Haftungsregeln des bürgerlichen Vertragsrechts (positive Forderungsverletzung) als Ausdruck allgemeiner Rechtsgrundsätze anzuwenden (§ 49 Rn 9 ff). Schließlich kann Privaten die Befugnis zukommen, im Wege des privatrechtlichen Vertragsabschlusses über die Übernahme und Ausübung öffentlicher Rechte und Pflichten zu disponieren (zB Studientauschverträge abzuschließen). Sie wirken damit mittelbar auf öffentlich-rechtliche Sachverhalte ein. So ist es hinzunehmen, wenn sich ein Privater oder eine Bürgerinitiative in einem Abfindungsvertrag gegen Zahlung einer Geldsumme gegenüber einem anderen Privaten verpflichtet, keinen Widerspruch gegen eine immissionsschutzrechtliche Genehmigung einzulegen. Der Vertrag verstößt aber gegen die guten Sitten (§ 138 BGB), wenn sich ein Träger von Staatsgewalt an der Zahlung der Geldsumme beteiligt. Gleichwohl hat der BGH in der Bergkamen-Entscheidung einen entsprechenden Vertragsschluß für wirksam gehalten.[151]

69 c) *Das Zusammenwirken von öffentlichem und privatem Recht.* Daß es zwischen öffentlichem und privatem Recht zu Norm- und Wertungswidersprüchen kommen kann, hat die Froschteich-Entscheidung des BGH (Rn 67) gezeigt. Da die Widerspruchsfreiheit aber ein wesentlicher Grundsatz unserer Rechtsordnung ist,[152] müssen solche Widersprüche möglichst vermieden werden. IdR wirken öffentliches und privates Recht denn auch nicht gegeneinander, sondern zusammen (was ua in der Annahme eines gemeinsamen Rechts, Rn 23 f, zum Ausdruck kommt). So übernimmt im Nachbarrecht das öffentliche Recht häufig die Grob-, das Privatrecht die Feinsteuerung. Auch ist schon darauf hingewiesen worden, daß das Privatrecht nicht selten die Verletzung verwaltungsrechtlicher Vorgaben zusätzlich sanktioniert (zB durch Gewährung von Schadensersatz nach § 823 Abs 2 BGB). Schließlich kann das Privatrecht auch ohne Bindung an öffentlich-rechtliche Vorgaben ähnliche Ziele wie das Verwaltungsrecht verfolgen und ähnliche Konsequenzen hervorrufen: zB neben dem öffentlichen Umweltschutzrecht durch Haftungsregelungen die Unternehmen zu einem effektiven Umweltschutz zwingen. Im Schrifttum ist deshalb davon gesprochen worden, daß öffentliches und privates Recht wechselseitige Auffangordnungen darstellen.[153]

[151] BGHZ 79, 131, 135 ff. Die Besonderheit des vom BGH entschiedenen Falles lag allerdings darin, daß die Geldbeträge von einem privaten Unternehmen zur Verfügung gestellt wurden. Krit zu der genannten Entscheidung des BGH *Frank* Publizistik 1980, 290 ff; *Ehlers* (Fn 10) 446 m Fn 163; *Kloepfer* (Fn 141) § 4 Rn 294; *Pietzner/Ronellenfitsch* (Fn 49) § 36 Rn 3.

[152] *Kirchhof* Unterschiedliche Rechtswidrigkeiten in einer einheitlichen Rechtsordnung, 1978, 8; *Ossenbühl* (Fn 136) 967; *Jarass* (Fn 134) 260.

[153] *Hoffmann-Riem* DVBl 1994, 1381, 1386 f; *ders* in: Hoffmann-Riem/Schmidt-Aßmann (Fn 9) 261 ff.

IV. Das Verwaltungsprivatrecht

1. Das Tätigwerden der Verwaltung in privatrechtlichen Formen

a) *Die Fiskuslehren.* Daß die Verwaltung grundsätzlich befugt ist, privatrechtlich zu agieren, wurde bereits ausgeführt. Tatsächlich bedient sich die Verwaltung schon seit jeher der Organisations- und Handlungsformen des Privatrechts. Man spricht in solchen Fällen auch von Fiskalverwaltung. Unter dem *Fiskus* ist im Laufe der Zeiten unterschiedliches verstanden worden. So wurde und wird der Fiskus **70**

- als eine neben dem obrigkeitlich handelnden Staat stehende selbständige Rechtsperson,
- als Staat in seiner Eigenschaft als Privatrechtssubjekt,
- als Staat in seiner Eigenschaft als Vermögenssubjekt oder
- als Staat in seiner Eigenschaft als Teilnehmer am Wirtschaftsleben

angesehen.[154] Der zuerst genannte Begriff hat seine Hochblüte in der ersten Hälfte des 19. Jahrhunderts gehabt.[155] Hoheitliche Eingriffe (Polizeiverfügungen) hat der Bürger in dieser Zeit nach dem Motto „the king can do no wrong" rechtsschutzlos hinnehmen müssen. Um den Staat bei einem Fehlverhalten wenigstens finanziell gerichtlich in Anspruch nehmen zu können, wurde der Fiskus als weiteres Rechtssubjekt und damit als „Untertan"[156], „Prügelknabe"[157], „alter ego"[158] oder „Biedermann"[159] des Hoheitsverbandes fingiert. Es galt dann der Satz „dulde und liquidiere". Die Lehre von der Doppelpersönlichkeit des Staates – dh eines Staates, der, um mit Stevenson zu sprechen, gewissermaßen aus einem Dr. Jekyll und seinem mystischen Doppelgänger Mr. Hyde besteht – ist bereits in der zweiten Hälfte des 19. Jahrhunderts mit der Gewährleistung eines gerichtlichen Primärrechtsschutzes gegen die Staatsgewalt obsolet geworden. Heute bestehen keine Zweifel daran, daß das Grundgesetz den Staat als einheitliche Rechtsperson begreift.[160] Sind somit das öffentlich-rechtliche und privatrechtliche Auftreten des Staates (und seiner verselbständigten Teile, zB juristischen Personen des öffentlichen Rechts) nur verschiedene Äußerungsformen ein und derselben Rechtsperson, ist der Fiskus nichts anderes als ein Name der Verwaltung in bestimmten Angelegenheiten. Er bringt zum Ausdruck, daß der Staat in Zivil statt in Uniform auftritt.[161] Welchem Fiskusbegriff man – abgesehen von dem bereits zurückgewiesenen – folgen will, ist allein eine Frage der terminologischen Verständigung. Rechtsfolgen hängen von der Begriffsbildung nicht ab. Wegen des verschiedenartigen Sprachgebrauchs empfiehlt es sich, auf den Fiskusbegriff ganz zu verzichten.[162]

[154] Vgl zu den verschiedenen Fiskusbegriffen *O. Mayer* VwR I, 119; *Ehlers* (Fn 10) 75.
[155] Ausf dazu *Rüfner* Verwaltungsrechtsschutz in Preußen von 1749 bis 1842, 1962, 172.
[156] *O. Mayer* VwR I, 51.
[157] *Bornhak* Preußisches Staatsrecht, 1889, Bd 2, 464.
[158] *Burmeister* DÖV 1975, 695, 699.
[159] *Zeidler* VVDStRL 19 (1961) 208, 222.
[160] Vgl statt vieler *Burmeister* VVDStRL 52 (1993) 190, 217ff.
[161] So ein Ausdruck von *W. Jellinek* VwR, 25.
[162] Krit zum Fiskusbegriff *Burmeister* (Fn 158) 700, 703; *Ehlers* (Fn 10) 77f; *Schachtschneider* Staatsunternehmen und Privatrecht, 1986, 8.

71 b) *Art und Ausmaß der privatrechtsförmigen Verwaltung.* Die Verwaltung wird zum Zwecke der Gewährung von Leistungen sowie der Bedarfsdeckung, Vermögensverwaltung und Teilnahme am Wirtschaftsleben ganz oder teilweise privatrechtlich tätig. Das Ausmaß der Aktivitäten ist alles andere als eine quantité négligeable.

72 Diese Feststellung trifft bereits auf die *Leistungsverwaltung* zu. So bedient sich die Verwaltung etwa bei der Versorgung der Bevölkerung mit Elektrizität, Gas, Fernwärme und Wasser, der Erbringung von Verkehrsleistungen (etwa durch die Deutsche Bahn AG, die Flughäfen, die Autobahn Tank & Rast AG oder die kommunalen Verkehrsbetriebe) und der Darreichung von Post- und Telekommunikationsleistungen durch die Deutsche Post AG, Deutsche Postbank AG und Deutsche Telekom AG[163] der Organisations- und Handlungsformen des Privatrechts. Selbst die staatliche Forschung (zB Großforschungseinrichtungen wie die Gesellschaft für Mathematik und Datenverarbeitung mbH oder das Kernforschungszentrum Karlsruhe GmbH), Forschungsförderung (etwa Volkswagen-Stiftung),[164] Kulturpolitik (zB Goethe-Institute, Berliner Festspiele GmbH), Entwicklungspolitik (etwa Deutsche Gesellschaft für Technische Zusammenarbeit GmbH) und Umweltschutzpolitik (Deutsche Bundesstiftung Umwelt)[165] bedienen sich heute in einem nicht geringen Ausmaße der Rechtsformen des Privatrechts.

73 Soweit es um die *Bedarfsdeckung* geht, ist darauf hinzuweisen, daß jedes Jahr dreistellige Milliardenbeträge für die Herstellung oder Anschaffung von Sachgütern (zB den Bau von Straßen, Schulen und Universitäten, den Kauf von Panzern und Flugzeugen oder die Anschaffung von Computern) ausgegeben werden.[166] Außerdem steht die Mehrzahl des Personals der staatlichen Verwaltung in einem privatrechtlichen Beschäftigungsverhältnis (§ 1 Rn 20).

74 Eine *Vermögensverwaltung* in Form einer Vermögensverwertung (Privatisierung) hat im großen Stil die Treuhandanstalt betrieben. Sie wurde 1990 gegründet,[167] um die ehemals volkseigenen Kombinate, Betriebe, Einrichtungen und sonstigen juristisch verselbständigten Wirtschaftseinheiten der DDR, die in Kapitalgesellschaften umgewandelt wurden, zu verwalten, und galt seinerzeit als der größte Konzern der Welt. Bis Ende 1993 hatte die Treuhandanstalt, die mit Ablauf des Jahres 1994 aufgelöst und von Nachfolgeeinrichtungen ersetzt wurde, 13 643 Unternehmen, Unternehmensteile und Bergwerksrechte privatisiert.[168] Zur Vermögensverwaltung gehört aber beispielsweise auch die Sondernutzung öffentlicher

[163] Die Deutsche Telekom AG ist mittlerweile (zu 26,01 %) teilprivatisiert.

[164] Stifter der Volkswagen-Stiftung sind die Bundesrepublik und das Land Niedersachsen. Das Stiftungsvermögen beläuft sich auf mehr als 3 Milliarden DM. Vgl dazu *Möller* ZögU 17 (1994) 368 ff.

[165] Vgl BGBl 1990 I, 1448. Der Bund hat diese Stiftung mit einem Kapital von mehr als 2,5 Mrd. DM ausgestattet.

[166] So sollen die Aufträge des Bundes 1997 mehr als 36 Mrd DM betragen haben. Der Bund vergibt nur rd 19 % aller öffentlichen Aufträge.

[167] Treuhandgesetz v 17. 6. 1990, GBl DDR I, 300. Das Gesetz gilt gem Art 25 EinigungsV v 31. 8. 1990 (BGBl II, 889, 897) mit gewissen Maßgaben fort, auch wenn die Treuhandanstalt inzwischen durch die Bundesanstalt für vereinigungsbedingte Sonderaufgaben (BvS) abgelöst wurde (TreuhUmbenV v 20. 12. 1994, BGBl I, 3913).

[168] Jahresabschluß der Treuhandanstalt v 31. Dezember 1993, 1994, 9.

Straßen ohne Beeinträchtigung des Gemeingebrauchs zum Zwecke der Verlegung und des Betriebs von Versorgungsleitungen. Die Gebietskörperschaften schließen hierüber mit den Versorgungsunternehmen privatrechtliche Konzessionsverträge ab, in denen sich die Unternehmen zur Zahlung einer Konzessionsabgabe verpflichten. Die Einnahmen der Gemeinden aus den Konzessionsabgaben belaufen sich auf mehrere Milliarden DM jährlich.

Schließlich tritt die Verwaltung als Unternehmer und damit als *Teilnehmer am* **75**
Wirtschaftsleben privatrechtlich auf. Die Wirtschaftsaktivitäten sind breit gestreut. ZB unterhalten die Verwaltungsträger Banken (etwa Kreditanstalt für Wiederaufbau, Landesbanken, Sparkassen), Wohnungsbau- und Wasserbaugesellschaften, Versicherungsunternehmen, Spielbanken und Lotterien.[169] Selbst als Hotelier und Produzent von Damenstrümpfen hat sich die Verwaltung schon versucht. Vielfach geht es ihr nicht um die Erbringung bestimmter Wirtschaftsleistungen, sondern nur um die Sicherung von Arbeitsplätzen. Manches Engagement läßt sich nur historisch erklären (zB Porzellanmanufakturen in staatlicher, Bierbrauereien in kommunaler Hand). Der Großteil der Wirtschaftsunternehmen ist privatrechtlich organisiert. Während der Bund seit vielen Jahren eine materielle Privatisierung[170] anstrebt und dementsprechend viele Beteiligungen an Unternehmen (wie der Industrieverwaltungsgesellschaft AG, Veba AG, Viag AG, Volkswagen AG und Salzgitter AG) aufgegeben hat,[171] läßt sich auf Landes- und Kommunalebene ein eindeutiger Trend nicht feststellen. Insbes werden viele Unternehmen und Einrichtungen der Kommunen in einer Rechtsform des Privatrechts geführt (§ 1 Rn 16).

2. Die Steuerung der privatrechtlich organisierten Verwaltung

Wie ausgeführt wurde (§ 1 Rn 18), bedürfen auch die privatrechtlich organisierten **76**
Unternehmen und Einrichtungen der Verwaltung einer effektiven Steuerung und Kontrolle durch die „öffentlichen Anteilseigner". Entsprechende Vorgaben hierfür finden sich insbes im Haushaltsrecht (zB §§ 65 ff BHO, 53 f HGrG) und im Kommunalrecht (etwa §§ 108 ff GO NW). IdR bedient sich die privatrechtlich organisierte Verwaltung der Gesellschaftsform. Nach der Lehre vom Verwaltungsgesellschaftsrecht soll nicht nur dispositives, sondern auch zwingendes Gesellschaftsrecht außer Anwendung bleiben, wenn den Bindungen des öffentlichen Rechts ansonsten nicht genügt werden kann.[172] So sollen Weisungen der Gesell-

[169] Über die Beteiligung des Bundes berichtet jährlich der Beteiligungsbericht des Bundesministers der Finanzen. Für Länder und Kommunen gibt es keine entsprechende Berichterstattung. Zu den verschiedenen Rechtsfragen der wirtschaftlichen Betätigung der öffentlichen Hand vgl den Überblick bei *Ehlers* JZ 1990, 1089 ff.

[170] Im Gegensatz zur bloßen Organisationsprivatisierung, die an der Inhaberschaft des Staates nichts ändert, zeichnet sich die materielle Privatisierung dadurch aus, daß der Staat seine Beteiligungen veräußert.

[171] Immerhin nennt der Beteiligungsbericht 1997 des Bundesministers der Finanzen noch 144 unmittelbare und 372 mittelbare Bundesbeteiligungen.

[172] Vgl *Kraft* Das Verwaltungsgesellschaftsrecht, 1982, 254 ff; *Stober* NJW 1984, 449, 454 f; *Haverkate* VVDStRL 46 (1988) 217, 226 ff; *v Danwitz* AöR 120 (1995) 595 ff; *Ossenbühl* ZGR 1996, 504, 516 ff; *Wahl* in: Hoffmann-Riem/Schmidt-Aßmann (Hrsg), Verwaltungsorganisationsrecht als Steuerungsressource, 1997, 332.

schafter an den Vorstand einer von der öffentlichen Hand getragenen Aktiengesellschaft trotz Unabhängigkeit des Vorstands (§ 76 AktG) unzulässig sein, wenn nur so die verfassungsmäßige Ingerenzpflicht der Verwaltung durchgesetzt werden kann. Auch sollen die privatrechtlichen Vorschriften der unternehmerischen Mitbestimmung nicht gelten (§ 1 Rn 23). Damit wird indessen das Gesetzmäßigkeitsprinzip verletzt. Falls die Inanspruchnahme der privatrechtlichen Organisationsformen mit den öffentlich-rechtlichen Vorgaben nicht vereinbar ist, muß die öffentliche Hand die Formen des öffentlichen Rechts in Anspruch nehmen.[173]

3. Die öffentlich-rechtliche Bindung der Verwaltung beim Handeln in Privatrechtsform

77 a) *Die Bindung der öffentlich-rechtlich organisierten Verwaltung.* Bedient sich die Verwaltung des Privatrechts, heißt dies nicht, daß für sie nur Privatrecht gilt und die Verwaltungsträger die Fähigkeit verlieren, als Zuordnungssubjekt von Rechtssätzen des öffentlichen Rechts angesprochen zu werden.[174] Vielmehr besteht heute Übereinstimmung darüber, daß die privatrechtliche Verwaltung zusätzlichen Bindungen des öffentlichen Rechts unterliegt. Man spricht in solchen Fällen auch von *Verwaltungsprivatrecht.* Dieses zeichnet sich dadurch aus, daß die Normen des Privatrechts durch Bestimmungen des öffentlichen Rechts ergänzt, überlagert oder modifiziert werden. Das Verwaltungsprivatrecht ist also keine dritte Art von Recht neben dem öffentlichen und dem privaten Recht. Der Begriff soll nur zum Ausdruck bringen, daß auf die Verwaltung sowohl privatrechtliche als auch öffentlich-rechtliche Rechtsnormen Anwendung finden.

78 Das *traditionelle*, auf *Sieberts*[175] und *Wolff*[176] zurückgehende *Verständnis des Verwaltungsprivatrechts* unterscheidet zwischen der fiskalischen und der Leistungs- bzw Lenkungsverwaltung. Für erstere soll nur Privatrecht, für die letzteren Verwaltungsprivatrecht gelten.[177] Eine solche kategoriale Aufspaltung der Verwaltung ist indessen *nicht angängig.* Da die Inanspruchnahme des Privatrechts die Verwaltung nicht zum Privaten macht, der Staat vielmehr Staat bleibt,[178] ist eine Gleichstellung der privatrechtlichen Verwaltung mit den sonstigen Rechtssubjekten des Privatrechts in keinem Falle möglich. Es gilt daher niemals nur Privatrecht.[179] Bleibt der Staat Zurechnungssubjekt aller Ausübung von Staatsgewalt

[173] *R. Schmidt* ZGR 1996, 345, 351; *Spannowsky* ebd, 400, 422 ff; *Ehlers* DVBl 1997, 137, 139.

[174] Vgl statt vieler *Krebs* in: Schmidt-Aßmann/Krebs, Rechtsfragen städtebaulicher Verträge, 2. Aufl 1992, 143.

[175] Privatrecht im Bereich öffentlicher Verwaltung, FS Niedermeyer, 1953, 215, 219 ff.

[176] Vgl *Wolff/Bachof* VwR I, § 23 II. Nur leicht verändert *Wolff/Bachof/Stober* VwR I, § 23 Rn 1 ff.

[177] Ebenso zB *Schmalz* Allgemeines Verwaltungsrecht und Grundlagen des Verwaltungsrechtsschutzes, 2. Aufl 1994, Rn 657.

[178] *Haenel* Staatsrecht I, 1892, 161. Vgl ferner *Zeidler* (Fn 159) 226 f; *Binder* Der Staat als Träger von Privatrechten, 1980, 52 ff; *Ehlers* DVBl 1983, 422 ff; *Erichsen* Gemeinde und Private im wirtschaftlichen Wettbewerb, 1987, 18 f; *Kempen* (Fn 10) 90; *Burmeister* (Fn 160) 217 ff.

[179] *Ehlers* (Fn 10) 246.

und verdankt er seine Rechtspersönlichkeit dem öffentlichen Sonderrecht, müssen die grundsätzlichen verfassungs-rechtlichen Bindungen der Staatsgewalt – wie die Schranken des Wirkungskreises von Bund, Ländern, Gemeinden und sonstigen Verwaltungsträgern oder die verfassungsrechtlichen Grundentscheidungen der Art 20 und 28 Abs 1 GG – auf die privatrechtliche Verwaltung erstreckt werden.[180] Nichts anderes trifft auf die Grundrechtsbestimmungen zu. Nach Art 1 Abs 3 GG binden die *Grundrechte* die Gesetzgebung, vollziehende Gewalt und Rechtsprechung als unmittelbar geltendes Recht. Die Erwähnung der vollziehenden Gewalt im Zusammenhang mit der Gesetzgebung und Rechtsprechung deutet darauf hin, daß der Grundgesetzgeber in der Sprache der Gewaltenteilungslehre die Exekutive in allen ihren Erscheinungsformen – und somit auch die gesamte Verwaltung – in die Pflicht nehmen wollte. Bestätigt wird diese Auslegung durch die Entstehungsgeschichte der Norm. Statt von vollziehender Gewalt sprach Art 1 Abs 3 GG ursprünglich von „Verwaltung". Mit Änderung des Grundgesetzes im Jahre 1956 sollte die Geltung der Grundrechtsbestimmungen auch gegenüber den damals neu geschaffenen Streitkräften sichergestellt werden.[181] Der Begriff der vollziehenden Gewalt wurde gegenüber dem der Verwaltung als der umfassendere angesehen. Da zur Verwaltung aber auch die Verwaltung in privatrechtlichen Formen gehört, ist diese ebenfalls an die Grundrechte[182] und damit zB auch an die grundrechtlichen Gesetzesvorbehalte und an das Übermaßverbot gebunden.[183] Besonders bedeutsam ist die Bindung an den Gleichheitssatz, weil sich hieraus zB ein Kontrahierungszwang ergeben kann.

Wie sich aus diesen Ausführungen ergibt, gelten die prinzipiellen Handlungsmaßstäbe der Verwaltung rechtsformunabhängig. Die Verwaltung kann sich des Privatrechts also nur als eines technischen Normenkomplexes bedienen. Die Berufung auf irgendeine – und sei es auch bloß abgeschwächte – *Privatautonomie* bleibt ihr versagt.[184] Vielmehr bedarf auch das privatrechtliche Tätigwerden der **79**

[180] Vgl *Ehlers* (Fn 178) 424f; *Burmeister* (Fn 160) 213ff, 217ff.

[181] Vgl § 1 Rn 9 m Fn 28.

[182] So auch *Erichsen* StR u VerfGbkt I, 112ff; *Starck* in: v Mangoldt/Klein, GG I, Art 1 Rn 143ff; *Jarass/Pieroth* GG, Art 1 Rn 18; *Hesse* VerfR, Rn 348. AA zB *Klein* Die Teilnahme des Staates am wirtschaftlichen Wettbewerb, 1968, 170f. Nach *Wolff/Bachof/Stober* VwR I, § 23 Rn 21f, soll die fiskalische Verwaltung nicht vollziehende Gewalt iSd Art 1 Abs 3 GG sein, gleichwohl einer differenzierten Grundrechtsbindung unterliegen. Art 1 Abs 3 GG dürfe nicht „überstrapaziert" werden. Die Rspr legt zumeist das traditionelle Verständnis des Verwaltungsprivatrechts zugrunde. Vgl zB BGHZ 29, 76, 80; 33, 230, 233; 36, 91, 96; 52, 325, 327ff Umfassend zum Streitstand *Ehlers* (Fn 10) 212ff; *Stern* StR III/1, § 74 IV, 1394ff; *Koch* (Fn 33) 35ff; *Röhl* (Fn 95) 577ff.

[183] Die grundrechtlichen Gesetzesvorbehalte und das (subjektivrechtliche) Übermaßverbot kommen allerdings nur zum Zuge, wenn ein Grundrechtseingriff vorliegt. Dies ist nicht der Fall, wenn der Einzelne in zulässiger Weise von seinen Grundrechten Gebrauch gemacht bzw auch seine Grundrechte verzichtet hat. Da sich die privatrechtliche Verwaltung der Vertragsform bedient, liegen diese Voraussetzungen vielfach vor. Vgl *Ehlers* (Fn 10) 220ff; *Krebs* (Fn 174) 144ff.

[184] Vgl auch *Pietzcker* (Fn 94) 364; *Erichsen* StR u VerfGbkt I, 113f; *Ehlers* (Fn 178) 424; *Scherer* (Fn 95) 2728.

Verwaltung stets der Rechtfertigung durch ein öffentliches Interesse bzw einen öffentlichen Zweck (§ 1 Rn 28ff).

80 Da jede *Rechtsnorm* selbst über ihren *Anwendungsbereich* entscheidet, läßt sich die genaue Bindung der privatrechtlichen Verwaltung nur ermitteln, wenn die jeweils in Frage kommenden Normen daraufhin untersucht werden, ob sie auch für die privatrechtliche Verwaltung gelten.[185] So gibt es Rechtssätze, die sich nur an die öffentlich-rechtlich agierende Verwaltung wenden (zB Art 34 GG). Andere Vorschriften (wie etwa § 55 BHO oder Art 117 Abs 2 BayGO) sprechen allein die privatrechtlich tätig werdende Verwaltung an. Schließlich können die Bestimmungen an die öffentlich-rechtlich und privatrechtlich handelnde Verwaltung gleichermaßen adressiert sein (wie die zuvor genannten Verfassungsrechtssätze).

81 Fraglich ist, ob die privatrechtsförmige Verwaltung an die *Verwaltungsverfahrensgesetze* gebunden ist. Gem § 1 Abs 1 der VwVfGe gelten diese nur für die öffentlich-rechtliche Verwaltungstätigkeit der Behörden. Gleichwohl sind die verwaltungsverfahrensrechtlichen Bestimmungen auf die privatrechtliche Verwaltung zu erstrecken, wenn und soweit sie sich auf höherrangiges, die Verwaltung durchgehend bindendes Verfassungsrecht zurückführen lassen oder als Ausfluß allgemeiner bzw analogiefähiger Rechtsgedanken angesehen werden können. Diese Voraussetzungen treffen etwa auf die §§ 14, 20, 21, 28, 30 und 40 VwVfG zu.[186] Zu weit geht es, wenn prinzipiell alle verwaltungsverfahrensgesetzlichen Bestimmungen auf die Verwaltung in Privatrechtsform angewendet werden.[187]

82 b) *Die Bindung der privatrechtlich organisierten Verwaltung.* Da die allein von der öffentlichen Hand getragenen privatrechtlich organisierten Verwaltungsrechtssubjekte wie zB die Eigengesellschaften nur rechtstechnisch abgesonderte Erscheinungsformen der Staatsgewalt darstellen, gelten die grundsätzlichen verfassungsrechtlichen Bindungen der Staatsgewalt auch für diese Rechtspersonen. So gehören die privatrechtlichen „Trabanten“ der Verwaltung ebenfalls zur vollziehenden Gewalt iSd Art 1 Abs 3 GG und unterliegen daher der *Grundrechtsbindung*. Das BVerfG hat – soweit ersichtlich – bisher noch keine Gelegenheit gehabt, zur Grundrechtsbindung der privatrechtlich organisierten Verwaltungsträger Stellung zu nehmen. Wohl aber hat es einen Grundrechtsschutz mehrfach abgelehnt, weil die Organisationsform nicht entscheidend sei.[188] Sind die öffentlich-rechtlich und privatrechtlich organisierten Verwaltungsträger jedoch hinsichtlich des Grundrechtsschutzes gleich zu behandeln, kann für die Grundrechtsbindung nichts anderes gelten. Dementsprechend haben auch der BGH[189] und das BVerwG[190] eine Grundrechtsbindung von Eigengesellschaften bejaht. Im Schrifttum wird vielfach eine andere Auffassung vertreten.[191]

185 Vgl auch *Krebs* (Fn 54) 274.
186 Näher dazu *Ehlers* (Fn 178) 425ff; *v Zezschwitz* NJW 1983, 1873, 1881.
187 So aber zB *Achterberg* Allg VwR, § 12 Rn 25.
188 Vgl BVerfGE 45, 63, 80; BVerfG NJW 1980, 1093.
189 BGHZ 52, 325, 328.
190 NVwZ 1991, 59.
191 Vgl etwa *Dickersbach* WiVerw 1983, 187, 206; *Badura* FS Schlochauer, 1981, 11, 21; *Püttner* (Fn 33) 119ff. Wie hier dagegen zB *Erichsen* (Fn 178) 26.

Welche *weiteren Vorschriften des öffentlichen Rechts* die privatrechtlich organisierten Verwaltungsträger zu beachten haben, hängt wiederum von dem Geltungswillen der in Rede stehenden Normen ab. Dieser ist ggf durch Auslegung zu ermitteln. Soweit die Privatrechtssubjekte der Verwaltung nicht Adressat der Vorschriften des öffentlichen Rechts sind, diese aber Verhaltensanforderungen statuieren, für welche die öffentlich-rechtlichen Träger der Verwaltung die Verantwortung tragen, müssen diese auf eine Einhaltung der Bindung hinwirken. So richtet sich der in den Gemeindeordnungen geregelte Anspruch der Einwohner auf Benutzung der öffentlichen Einrichtungen einer Gemeinde nur gegen die Gemeinde selbst, nicht gegen die gemeindeeigenen Gesellschaften.[192] Läßt die Gemeinde ihre öffentliche Einrichtung aber durch eine Eigengesellschaft betreiben, ist sie verpflichtet, darauf hinzuwirken, daß diese den kommunalrechtlichen Benutzungsanspruch beachtet.[193] Notfalls kann sie durch Klage vor den Verwaltungsgerichten zu einem Einschreiten gezwungen werden.[194] **83**

c) *Die Bindung der gemischtpublizistischen Privatrechtssubjekte.* Keine Staatsgewalt üben nach der hier vertretenen Ansicht (§ 1 Rn 4) die gemischtpublizistischen Privatrechtssubjekte aus, also diejenigen privatrechtlichen Organisationsgebilde, an denen sowohl die staatliche Verwaltung als auch Private beteiligt sind. Da sich in solchen Fällen nicht nur die äußere Form des Auftretens, sondern auch die Trägerschäft ändert, können derartige Rechtspersonen selbst dann nicht der Staatsorganisation zugerechnet werden, wenn die Verwaltung einen beherrschenden Einfluß auszuüben vermag. Findet sich die staatliche Verwaltung auf der Ebene des Privatrechts zur Zusammenarbeit mit privaten Kräften bereit (etwa indem sie sich in ein Unternehmen „einkauft"), ist daher prinzipiell kein Raum für eine Bindung des gemeinsam getragenen Rechtssubjektes an das öffentliche Recht. Erfolgt die Zusammenarbeit unter öffentlich-rechtlichen Vorzeichen, ist die Rechtslage eine andere. So sind die in Gestalt von öffentlich-rechtlichen Körperschaften organisierten Zweckverbände auch dann als Träger von Staatsgewalt und damit als öffentlich-rechtlich gebundene Rechtssubjekte anzusehen, wenn an ihnen nur eine Gemeinde und ein Privater beteiligt sind. Für die *Grundrechtsgeltung* bedeutet die hier zugrunde gelegte Auffassung, daß die gemischtpublizistischen Privatrechtssubjekte durch die Grundrechte geschützt, aber nicht gebunden werden. Demgegenüber hat das BVerfG in einer Kammerentscheidung die Meinung vertreten, daß die gemischtwirtschaftlichen Unternehmen in Privatrechtsform keinen Grundrechtsschutz genießen, soweit sie „öffentliche Aufgaben" wahrnehmen und von der öffentlichen Hand beherrscht werden.[195] Damit bleiben die Rechte der privaten Anteilseigner unberücksichtigt.[196] **84**

[192] Vgl statt vieler BVerwG NVwZ 1991, 59; *Frotscher* HkWP, Bd 3, 1983, 150f; *Ehlers* (Fn 10) 247. AA zB *Ossenbühl* (Fn 65) 293f; *ders* in: Püttner, HkWP, 388.

[193] Vgl zur Einwirkungspflicht BVerwG NJW 1990, 134, 135. Vgl ferner § 1 Rn 18.

[194] BVerwG NJW 1990, 134f; NVwZ 1991, 59; *v Arnauld* DVBl 1998, 437, 445.

[195] BVerfG JZ 1990, 335. Ähnlich eine verbreitete Ansicht im Schrifttum. Vgl statt vieler *Wolff/Bachof* VwR I, § 23 II b, 106. Vgl auch *Haverkate* (Fn 172) 226ff, 292f.

[196] Zur Kritik der Rspr des BVerfG vgl *Kühne* JZ 1990, 335f; *Schmidt-Aßmann* BB 1990, Beil zu Heft 27, 1, 10ff; *ders* FS Niederländer, 1991, 383, 392; *Ehlers* JZ 1990, 1089, 1096; *Pieroth* NWVBl 1992, 85, 86 f.

85 Der Gefahr, daß die staatliche Verwaltung zur Abschüttelung der öffentlich-rechtlichen Bindungen auf gemischt zusammengesetzte Privatrechtssubjekte ausweicht, ist nicht durch eine Ausweitung der öffentlich-rechtlichen Bindung, sondern eine Stufe früher durch Bekämpfung einer mißbräuchlichen Zusammenarbeit mit Privaten zu begegnen. So darf die Verwaltung nur dann mit Privaten in einer Gesellschaft des privaten Rechts kooperieren, wenn dies durch ein wichtiges Interesse gerechtfertigt wird. Im übrigen ist der staatlichen Verwaltung eine Flucht in die Bindungslosigkeit ohnehin nicht möglich, da sie selbst niemals der öffentlich-rechtlichen Bindung entrinnen kann, vielmehr im Rahmen der Beteiligungsquote verpflichtet ist, ihre mit den Anteilen verbundenen *Einwirkungsrechte* unter Beachtung der öffentlich-rechtlichen Bindungen auszuüben.[197] Diese Verpflichtung ist auch justitiabel.[198] Mittelbar können damit die von der Verwaltung beherrschten gemischtpublizistischen Privatrechtssubjekte dazu gezwungen werden, sich an den Grundrechten und sonstigen für die Verwaltung unabdingbaren öffentlich-rechtlichen Bindungen zu orientieren.

4. Der Rechtsweg im Falle einer öffentlich-rechtlichen Bindung der privatrechtlichen Verwaltung

86 Prozessual stellt sich die Frage, in welcher Gerichtsbarkeit die öffentlich-rechtliche Bindung der privatrechtlichen Verwaltung geltend zu machen ist. Soweit es an abweichenden Spezialregelungen fehlt, sind die ordentlichen Gerichte bzw Zivilgerichte für die bürgerlich-rechtlichen Streitigkeiten (§ 13 GVG), die (allgemeinen) Verwaltungsgerichte für die öffentlich-rechtlichen Streitigkeiten (§ 40 VwGO) zuständig. Da es darauf ankommt, auf welche Rechtsgrundlage der Rechtsschutzsuchende sein konkretes Begehren stützt, gehört der Streit über die Anwendung und Auslegung einer das Privatrecht überlagernden öffentlich-rechtlichen Norm vor die Verwaltungsgerichte.[199] Die hM vertritt vielfach eine andere Auffassung, da sie nicht auf die streitentscheidenden Regelungen, sondern auf die Rechtsverhältnisse[200] oder das „Basisrecht“[201] abstellt und die gerichtliche Kontrolle so an die Rechtsform des Handelns „anseilt“.[202] Dementsprechend sollen die ordentlichen Gerichte im Rahmen ihrer Zuständigkeit nach § 13 GVG über die öffentlich-rechtlichen Bindungen eines privatrechtlichen Verwaltungshandelns mitzuentscheiden haben.[203]

197 *Ehlers* (Fn 10) 250; *ders* JZ 1990, 1089, 1096; *Erichsen* (Fn 178) 24 ff.

198 Vgl die Nachw in Fn 193 u 194.

199 Vgl auch *Menger/Erichsen* VerwArch 61 (1970) 375, 380 f; *Dawin* NVwZ 1983, 400, 401; *Krebs* ZIP 1990, 1513, 1523.

200 ZB GmS-OGB BSGE 37, 292; GmS-OGB BGHZ 97, 312, 313 f; 102, 280, 283; 108, 284, 286; *Kopp* VwGO, § 40 Rn 6; *Redeker/v Oertzen* § 40 Rn 6. Krit *Ehlers* (Fn 22) § 40 Rn 207; *Pietzcker* Verw 30 (1997) 281, 285 ff.

201 Zum Ausdruck vgl *Pietzcker* NVwZ 1983, 121, 124.

202 Vgl *Burmeister* (Fn 158) 698.

203 BVerfG NJW 1992, 493 f; GmS-OGB 97, 312, 317; BVerwG NVwZ 1990, 754; NVwZ 1991, 59; BGHZ 91, 84, 96; OVG Bremen NJW 1991, 715, 716; *Dickersbach* in: Stober, Rechtsschutz im Wirtschaftsverwaltungs- und Umweltrecht, 1993, § 1 V; *Gramlich* ebd, § 13 V 2; *Schmalz* (Fn 177) Rn 659; *Wolff/Bachof/Stober* VwR I, § 22 Rn 31.

ZB wird angenommen, daß für eine Klage auf Zugang zu der öffentlichen Einrichtung einer Gemeinde, die sich gegen eine mit dem Betrieb der Einrichtung beauftragte Eigengesellschaft richtet, der Rechtsweg zu den Verwaltungsgerichten selbst dann nicht gegeben ist, wenn sich der Kläger auf Grundrechtspositionen beruft. Zwar müsse die Eigengesellschaft in Einklang mit den Grundrechten geführt werden, die hieraus resultierende Grundrechtsbindung der Gesellschaft sei aber nicht rechtswegbestimmend.[204] Der Verwaltungsrechtsweg soll ferner nicht gegeben sein, wenn ein Kläger unter Berufung auf den Gleichheitssatz einen Anspruch auf Vergabe eines öffentlichen Auftrags herleitet.[205] Andererseits gehen die Gerichte in ständiger Rechtsprechung zu Recht davon aus, daß die Streitigkeiten zwischen Bürger und Gemeinde über den Zugang zu einer öffentlichen Einrichtung der Gemeinde auch dann öffentlich-rechtliche Streitigkeiten sind, wenn die Gemeinde privatrechtliche Verträge abschließt oder die Einrichtung durch eine juristische Person des Privatrechts betreiben läßt.[206]

V. Verwaltungsrechtswissenschaft

1. Grundlegung und Ausformung

Das neuzeitliche, am Rechtsstaatsprinzip orientierte Verwaltungsrecht geht einerseits vor allem auf die Mitte des 19. Jahrhunderts zunächst in Baden (1863), sodann in Preußen (1872/75) und in den anderen Ländern geschaffene *Verwaltungsgerichtsbarkeit,* andererseits ganz maßgeblich auf die *Verwaltungsrechtswissenschaft* zurück. Zu nennen sind insbes die Werke von *F. F. Mayer*[207], *Hue de Grais*[208], *Otto v Sarwey*[209] und vor allem *Otto Mayer*.[210] Letzterer hat unter dem Einfluß des französischen Verwaltungsrechts erstmals ein geschlossenes System der allgemeinen Lehren des Verwaltungsrechts vorgelegt und hierbei viele Begriffe und Rechtsinstitute entwickelt, die heute nicht mehr aus dem Verwaltungsrecht hinweggedacht werden können. Dies gilt etwa für die Rechtsfigur des Verwaltungsaktes, der nach wie vor die wichtigste Handlungsform der staatlichen **87**

204 BVerwG NVwZ 1991, 59. Vgl auch BVerwGE 35, 103, 106; BGHZ 91, 84, 96f; 93, 372, 381.

205 Vgl *Kunert* Staatliche Bedarfsdeckungsgeschäfte und öffentliches Recht, 1977, 213ff; *Pietzcker* (Fn 94) 396; *dens* (Fn 201) 124ff. Kommt es zu der geplanten Reform des Vergaberechts (Rn 46 m Fn 92), könnte sich eine ausschließliche Zuständigkeit der ordentlichen Gerichtsbarkeit aus § 126 Abs 3 GWB ergeben (vorausgesetzt, die Vorschrift wird als abschließende Regelung gerichtlichen Rechtsschutzes verstanden).

206 Vgl statt vieler BVerwG NJW 1990, 134f.

207 Grundsätze des Verwaltungsrechts mit besonderer Rücksicht auf gemeinsames deutsches Recht, 1862.

208 Handbuch der Verfassung und Verwaltung in Preußen und dem Deutschen Reiche, 1882. Das Lehrbuch hat insges 25 Auflagen erlebt.

209 Allgemeines Verwaltungsrecht, 1883.

210 Deutsches Verwaltungsrecht, 2 Bd, 1. Aufl 1895/96; 3. Aufl 1924. Vgl dazu *Heyen* Otto Mayer, Studien zu den geistigen Grundlagen seiner Verwaltungsrechtswissenschaft, 1981; *Hueber* Otto Mayer, Die „juristische Methode" im Verwaltungsrecht, 1982.

Verwaltung darstellt (§ 12 Rn 2, 5ff). Meyer bediente sich hierbei nicht der früher üblichen sog staatswissenschaftlichen, sondern der juristischen Methode. Ersterer ging es vornehmlich um die Beschreibung der verschiedenen Verwaltungszweige und der sich hierauf beziehenden rechtlichen Regelungen. Letztere versuchte die verschiedenartigen Erscheinungsformen des Verwaltungsrechts in einem dogmatischen System zu erfassen. An der juristischen Methode führt auch heute kein Weg vorbei. Freilich darf diese nicht zu einer Ausblendung der Verwaltungswirklichkeit und der auf dem Spiel stehenden Interessen führen. Um die weitere Ausformung der allgemeinen Lehren des Verwaltungsrechts haben sich dann vor allem *K. Kormann*[211], *J. Hatschek*[212], *F. Fleiner*[213], *A. Merkel*[214] und *W. Jellinek*[215] verdient gemacht.

88 Die ersten drei Jahrzehnte nach dem Zweiten Weltkrieg sind von zwei Verwaltungsrechtslehrbüchern geprägt worden[216]: nämlich denen von *Ernst Forsthoff*[217] und von *H. J. Wolff*[218]. Während es Forsthoff ua darum ging, die Leistungsverwaltung im Dienste der Daseinsvorsorge[219] (einem der Philosophie entlehnten Begriff) stärker herauszustellen, hat Wolff die Verwaltungsrechtswissenschaft „zu bisher höchster terminologischer und systematischer Prägnanz" geführt.[220] Das dreibändige Werk von *Wolff*, das von *Bachof* und *Stober* fortgeführt wird,[221] ist weniger ein Lehr- als ein Handbuch bzw Nachschlagewerk. Einige Bände sind veraltet, insbes die ausführliche Darstellung des Organisationsrechts[222] ist aber nach wie vor unübertroffen.

89 Seit *Mitte der 70er Jahre* sind zahlreiche weitere Lehrbücher des allgemeinen Verwaltungsrechts vorgelegt worden.[223] Nach Kodifizierung des Verwaltungsverfah-

[211] System der rechtsgeschäftlichen Staatsakte, 1910.

[212] Institution (später Lehrbuch) des deutschen und preußischen Verwaltungsrechts, 1. Aufl 1919, 7./8. Aufl 1931 mit Nachtrag 1932 (bearbeitet von *P. Kurtzig*).

[213] Institution des deutschen Verwaltungsrechts, 1. Aufl 1911, 8. Aufl 1928.

[214] Allgemeines Verwaltungsrecht, 1927.

[215] Verwaltungsrecht, 1. Aufl 1928; 3. Aufl 1948.

[216] Vgl aber auch *Hans Peters* Lehrbuch der Verwaltung, 1949.

[217] VwR, Bd 1, 1. Aufl 1950; 10. Aufl 1973.

[218] Verwaltungsrecht I, 1. Aufl 1952; Verwaltungsrecht II, 1. Aufl 1962; Verwaltungsrecht III, 1. Aufl 1966.

[219] Vgl bereits *Forsthoff* Die Verwaltung als Leistungsträger, 1938; *dens* Rechtsfragen der leistenden Verwaltung, 1959.

[220] So die zutreffende Einschätzung von *Achterberg* Allg VwR, § 2 Rn 70.

[221] *Wolff/Bachof/Stober* VwR I; *Wolff/Bachof* VwR II; *Wolff/Bachof/Stober* VwR II; *Wolff/Bachof* VwR III.

[222] *Wolff/Bachof* VwR II.

[223] Kürzere Darstellungen stammen etwa von *Battis* Allg VwR, 2. Aufl 1997; *Götz* Allg VwR, Fälle und Erläuterungen für Studienanfänger, 4. Aufl 1997; *Driehaus/Pietzner* Einführung in das Allgemeine Verwaltungsrecht, 3. Aufl 1996; *Huber* Allg VwR, 2. Aufl 1997; *Koch/Rubel* Allg VwR, 2. Aufl 1992; *Obermayer* Grundzüge des Verwaltungsrechts und Verwaltungsprozeßrechts, 3. Aufl 1988; *Peine* Allg VwR, 3. Aufl 1997; *Püttner* Allg VwR, 7. Aufl 1995; *Schmalz* Allgemeines Verwaltungsrecht und Grundlagen des Verwaltungsrechtsschutzes, 2. Aufl 1994; *W. Schmidt* Staats- und Verwaltungsrecht,

rensrechts in den Verwaltungsverfahrensgesetzen haben zudem die Kommentare zu den Verwaltungsverfahrensgesetzen (§ 33 Rn 33) erhebliche Bedeutung erlangt.[224]

2. Reform des Verwaltungsrechts

Die Forderung, das allgemeine Verwaltungsrecht müsse reformiert und den Gegenwartsaufgaben der Verwaltung angepaßt werden, ist so alt wie das Verwaltungsrecht selbst. Derzeit wird wieder verstärkt über eine Reform nachgedacht.[225] Eine *völlige Neuordnung* des Verwaltungsrechts oder Neuorientierung der Verwaltungsrechtsdogmatik ist weder realistisch noch wünschenswert, zumal das deutsche Verwaltungsrecht den Vergleich mit dem Verwaltungsrecht anderer Rechtsordnungen nicht zu scheuen braucht. Vielmehr geht es darum, das Bewährte mit dem Neuen zu verbinden.[226] **90**

Bemängelt wird zB, daß sich die Verwaltungsrechtsdogmatik noch immer zu sehr an der Eingriffsverwaltung, den bipolaren Interessenbeziehungen, dem Entscheidungsergebnis und der gerichtlichen Kontrolle orientiere und somit die nichtimperativen Handlungsformen,[227] die multipolaren Rechtsverhältnisse, den Entscheidungsprozeß und die Gestaltungsaufgaben der Verwaltung vernachlässige. Gefordert wird ein Verwaltungsrecht, das innovationsfördernd und flexibel ist, eine Gefahren- und Risikovorsorge ermöglicht,[228] Konsens und Akzeptanz erzeugt, ein zügiges Handeln der Verwaltung sicherstellt sowie Stabilität und Revisibilität der Verwaltungshandlungen gewährleistet.[229] Solche Forderungen sind zwar im Prinzip berechtigt. Sie aufzustellen ist aber relativ einfach, ihre Umsetzung ungleich schwerer: zumal die Zielsetzungen teilweise miteinander konfligieren, auch der Gesetzgeber gefordert ist und immer bedacht werden muß, daß die Dogmatik zugleich zur Vereinfachung und Reduktion von Komplexität statt zu immer weiterer Verkomplizie- **91**

2. Aufl 1994; *Wittern* Grundriß des Verwaltungsrechts, 18. Aufl 1994. Umfangreicher gehalten sind die Werke von *Achterberg* Allg VwR, 1988; *Faber* VwR, 4. Aufl 1995; *Mayer/Kopp* Allg VwR; *Maurer* Allg VwR, 11. Aufl 1997; *Wallerath* Allg VwR, 4. Aufl 1992; *Bull* Allg VwR, 5. Aufl 1997.

224 Vgl auch *Ule/Laubinger* Verwaltungsverfahrensrecht, 3. Aufl 1986; *Stelkens* Verwaltungsverfahren, 1991; *Weides* Verwaltungsverfahren und Widerspruchsverfahren, 3. Aufl 1993.

225 Vgl etwa *Pitschas* Verwaltungsverantwortung und Verwaltungsverfahren, 1990, 53 ff, sowie die von *Hoffmann-Riem/Schmidt-Aßmann/Schuppert* herausgegebenen Werke: Konfliktbewältigung durch Verhandlungen, 1990; Reform des Allgemeinen Verwaltungsrechts, 1993; Innovation und Flexibilität des Verwaltungshandelns, 1994; Öffentliches Recht und Privatrecht als wechselseitige Auffangordnungen, 1996; Verwaltungsorganisationsrecht als Steuerungsressource, 1997.

226 Vgl auch *Bachof* VVDStRL 30 (1972) 193, 238. Vgl aber auch *Brohm* ebd, 245 ff.

227 Zum kooperativen Recht vgl etwa *Schulze-Fielitz* DVBl 1994, 657 ff, zum informellen Verwaltungshandeln § 32 Rn 1 ff.

228 Zum Umgang mit dem Risiko vgl *Scherzberg* VerwArch 84 (1993) 484 ff; *Di Fabio* Risikoentscheidungen im Rechtsstaat, 1994, 26.

229 Vgl etwa *Hoffmann-Riem* in: Hoffmann-Riem/Schmidt-Aßmann/Schuppert, Reform des Allgemeinen Verwaltungsrechts, 1993, 115 ff; *dens* (Fn 153) 1381 ff; *dens* DÖV 1997, 433 ff.

rung beitragen soll.[230] Sechs Punkte dürften derzeit besondere Aufmerksamkeit verdienen. Zunächst muß es das Bestreben des Verwaltungsrechts sein, den Gedanken der Vereinfachung, Beschleunigung und Effizienzsteigerung mit den rechtsstaatlichen Postulaten in ein ausgewogenes Verhältnis zu bringen (1). Ferner sollte dem Verwaltungsverfahren (einschließlich des exekutiven Normsetzungsverfahrens) mehr Beachtung geschenkt werden (2). Das Verwaltungsverfahren ist – etwa im Vergleich zu den angelsächsischen Staaten – bisher nicht sonderlich entwickelt.[231] Neuere gesetzliche Bestimmungen wie die §§ 45 Abs 2, 46 nF VwVfG, 114 S 2 VwGO werten das Verwaltungsverfahren allerdings weiter ab.[232] Weiterhin wäre viel gewonnen, wenn für die einzelnen Gebiete des Verwaltungsrechts (zB das Umweltrecht, Subventionsrecht usw) ein Ordnungsrahmen geschaffen wird, der die einzelnen Instrumente aufeinander abstimmt und nicht nur die Handlungsformen der Verwaltung, sondern auch die Vorwirkungen des Handelns, das Verwaltungsverfahren, den Vollzug und die Nachwirkungen in den Blick nimmt (3).[233] Neuartige verallgemeinerungsfähige Rechtsinstitute könnten dann in das System des allgemeinen Verwaltungsrechts eingefügt werden.[234] Statt die Erfüllung von Staatsaufgaben selbst unmittelbar durch die Verwaltung anzustreben, wird sich das Verwaltungsrecht noch öfter auf die Möglichkeiten der Zusammenarbeit mit den Privaten und der Steuerung einer gesellschaftlichen Selbstregulierung (§ 1 Rn 49 ff) zu besinnen haben (4). Sodann wird es darauf ankommen, die für das heutige Verwaltungsgeschehen prägenden komplexen Verwaltungsentscheidungen (zB Planfeststellungsbeschlüsse, umweltrechtliche Genehmigungen usw), die einen Ausgleich zwischen Gemeinwohlinteressen und den divergierenden Interessen einer Mehrzahl von Personen herzustellen haben, in noch besserer Weise als bisher zu reglementieren und zu strukturieren (5).[235] Schließlich wird die Europäisierung und Internationalisierung der nationalen Rechtsordnung auch das Verwaltungsrecht auf Dauer herausfordern (vgl § 3), selbst außerhalb der Reichweite verbindlicher Einwirkungen fremder Rechtsordnungen (6).[236] Dies erfordert ua eine Rechtsvergleichung.

[230] Zu den Aufgaben der Dogmatik vgl *Brohm* (Fn 226) 246 ff; *Schmidt-Aßmann* in: Biernat/Hendler/Schoch/Wasilewski (Hrsg), Grundfragen des Verwaltungsrechts und der Privatisierung, 1994, 15, 17 ff.

[231] Vgl *Ehlers* Jura 1996, 617 f.

[232] Für Verfassungswidrigkeit des § 45 Abs 2 VwVfG zB *Bracher* DVBl 1997, 534 ff; *Hatje* DÖV 1997, 477 ff. AA *Schmidt-Wessendorf* NVwZ 1996, 955, 957. Allgemein zur Fehlerlehre im Verwaltungsrecht vgl *Hill* Das fehlerhafte Verfahren und seine Folgen im Verwaltungsrecht, 1986, 13 f, 301 ff; *Hufen* Fehler im Verwaltungsverfahren, 2. Aufl 1991, 21 f.

[233] Vgl *Ehlers* (Fn 29) 914 ff. Im Sozialrecht ist dies mit dem Vorhaben des Sozialgesetzbuches versucht worden. Im Umweltrecht haben sowohl eine Professorengruppe als auch eine vom Bundesumweltminister eingesetzte unabhängige Sachverständigenkommission Entwürfe eines Umweltgesetzbuches erarbeitet. Vgl die Nachw bei *Sendler* NJ 1997, 506, 510.

[234] Das besondere Verwaltungsrecht dient insoweit als „Referenzgebiet" des allgemeinen Verwaltungsrechts (vgl zu diesem Ausdruck wohl erstmalig *Schmidt-Aßmann* in: Hoffmann-Riem/Schmidt-Aßmann/Schuppert [Fn 225] 13 ff).

[235] Vgl dazu etwa *Schmidt-Preuß* Kollidierende Privatinteressen im Verwaltungsrecht, 1992, 1 ff, 17 ff, 495 ff.

[236] Vgl Schwarze (Hrsg), Das Verwaltungsrecht unter europäischem Einfluß, 1996.

§ 3
Die Einwirkungen des Rechts der Europäischen Gemeinschaften auf das Verwaltungsrecht

Das in Deutschland geltende Recht wird wegen der vermehrten Zusammenarbeit 1
der Staaten immer stärker vom Völkerrecht und vom supranationalen Recht – dh insbes vom Recht der Europäischen Gemeinschaften – beeinflußt. Im Gegensatz zum Völkerrecht, das nach der herrschenden dualistischen Theorie im innerstaatlichen Rechtskreis nur gilt, wenn es von einer innerstaatlichen Norm in innerstaatliches Recht umgewandelt worden ist (Transformationslehre) oder wenn ein innerstaatlicher Rechtsakt die Anwendung des völkerrechtlichen Rechtssatzes im innerstaatlichen Bereich befiehlt (Vollzugslehre)[1], vermag das Europäische *Gemeinschaftsrecht unmittelbare Wirkungen* im nationalen Recht zu entfalten.[2] Es kann daher das innerstaatliche Recht überlagern und verdrängen. Die Einwirkung des Rechts der Europäischen Gemeinschaften auf das Verwaltungsrecht bedarf deshalb einer gesonderten Betrachtung, weil das Gemeinschaftsrecht zwar nicht nur, aber überwiegend Gegenstände des Verwaltungsrechts regelt (zB Fragen des Zugangs zum Beruf und des Aufenthaltsrechts) und weil die – schon jetzt außerordentlich hohe – Bedeutung des Gemeinschaftsrechts ständig zunimmt. So ging Jacques Delors, der ehemalige Kommissionspräsident der Europäischen Gemeinschaft, schon im Jahre 1988 davon aus, daß um die Jahrtausendwende rund 80 % der wirtschafts- und sozialpolitischen Entscheidungen von der Europäischen Gemeinschaft und nicht mehr von deren Mitgliedstaaten getroffen werden.[3] Im folgenden wird daher zunächst allgemein auf die Europäische Union und die Europäischen Gemeinschaften (I.) und das Gemeinschaftsrecht (II.) eingegangen. Sodann wird der Blick auf die Mitwirkung der Mitgliedstaaten an der Setzung des Gemeinschaftsrechts (III.), das Verhältnis von Gemeinschaftsrecht und staatlichem Recht (IV.) und die Transformation des Gemeinschaftsrechts (V.) geworfen. Abschließend wird zum exekutiven Vollzug des Gemeinschaftsrechts (VI.) und zum Rechtsschutz (VII.) Stellung genommen.

I. Europäische Union und Europäische Gemeinschaften

1. Das Verhältnis zwischen Europäischer Union und Europäischen Gemeinschaften

Unter dem Begriff der „*Europäischen Gemeinschaft*" werden umgangssprachlich 2
die drei bestehenden, rechtlich selbständigen Europäischen Gemeinschaften zusammengefaßt. Dies sind die 1951 gegründete Europäische Gemeinschaft für Kohle

[1] Vgl die Nachw in § 6 Rn 100; ferner: *Geiger* Grundgesetz und Völkerrecht, 1994, § 29 II, § 32 II 2; *Schweitzer* StR III, Rn 423 ff.
[2] Vgl nur EuGH Slg 1964, 1251, 1269; 1978, 629, 643 ff; BVerfGE 31, 145, 173 f.
[3] Bulletin der EG 1988, 7/8, 124.

und Stahl (EGKS) sowie die 1957 gegründete Europäische Atomgemeinschaft (EAG) und (vor allem) die im gleichen Jahr errichtete Europäische Wirtschaftsgemeinschaft (EWG),[4] die durch den Vertrag über die Europäische Union in *Europäische Gemeinschaft* (EG) umbenannt wurde (Art 1 [1 nF] EGV), rechtlich gesehen also allein diese Namensbezeichnung trägt. Gegenwärtig gehören den Gemeinschaften 15 Mitgliedstaaten an (Belgien, Dänemark, Deutschland, Finnland, Frankreich, Griechenland, die Republik Irland, Italien, Luxemburg, die Niederlande, Schweden, Österreich, Portugal, Spanien, das Vereinigte Königreich von Großbritannien und Nordirland). Über den Beitritt weiterer Staaten (zB Polen, Ungarn, Tschechei) wird verhandelt. Die Gründungsverträge der Gemeinschaften sind durch die Einheitliche Europäische Akte v 28.2.1986[5] und insbes den Vertrag über die Europäische Union (EUV) v 7.2.1992 (Vertrag von Maastricht)[6] wesentlich geändert worden. Der Vertrag über die Europäische Union ist am 1.11.1993 in Kraft getreten. Mit Inkrafttreten wurde die *Europäische Union* (EU) gegründet (Art A [1 nF] Abs 1 EUV). Diese ist gleichsam ein Dach,[7] das auf drei Pfeilern ruht: nämlich

1. den Europäischen Gemeinschaften (EG, EAG, EGKS),
2. einer Gemeinsamen Außen- und Sicherheitspolitik (GASP)[8] und
3. einer Zusammenarbeit in den Bereichen Inneres und Justiz (ZBJI).[9]

Die Europäische Union zielt auf eine politische Union ab, ohne diese bereits voll zu verwirklichen. Ihre Aufgabe ist die kohärente und solidarische Gestaltung der Beziehungen zwischen den Mitgliedstaaten und ihren Völkern (Art A [1 nF] Abs 3 EUV).

3 Unabhängig von dem Streit über die Völkerrechtsubjektivität der Europäischen Union (Rn 5) ist unstrittig, daß die Gemeinsame Außen- und Sicherheitspolitik (GASP) und die Zusammenarbeit in den Bereichen Inneres und Justiz (ZBJI)[10] *intergouvernemental*, dh auf allgemeiner völkerrechtlicher Grundlage außerhalb der Europäischen Gemeinschaften wahrgenommen werden, so daß die normalen völkerrechtlichen Regeln gelten. Dennoch bestehen zahlreiche Verbindungen zwischen der GASP sowie der ZBJI einerseits und den Gemeinschaften andererseits. So gelten bestimmte Grundsätze in beiden Bereichen (Art F [6 nF] EUV). Auch existiert gem. Art C [3 nF] EUV ein einheitlicher institutioneller Rahmen, weil die

[4] Vgl zu den entsprechenden Gemeinschaftsverträgen BGBl 1952 II, 447; BGBl 1957 II, 1014; BGBl 1957 II, 766. Im folgenden wird auf die EGKS und EAG nur noch insoweit eingegangen, als diese Gemeinschaften gegenüber der EG bedeutsame Besonderheiten aufweisen.

[5] BGBl II, 1102.

[6] BGBl II, 1253. Vgl zu diesem Vertrag etwa *Oppermann/Classen* NJW 1993, 5ff; *Simson/Schwarze* Europäische Integration und Grundgesetz, 1992; *Hahn* Der Vertrag von Maastricht als völkerrechtliche Übereinkunft und Verfassung, 1993. Mit Blick auf die deutsche Situation insbes: *Everling* DVBl 1993, 936ff; *Pernice* DVBl 1993, 909ff; *Schwarze* JZ 1993, 585ff; *Breuer* NVwZ 1994, 417ff.

[7] *Ress* JuS 1992, 985, 986.

[8] Art J – J.11 [11–28 nF] EUV.

[9] Art K – K.9 EUV [vgl auch Art 29–42 EUV nF].

[10] Im Vertrag von Amsterdam werden Teile der ZBJI – Asyl, Einwanderung, Überschreiten der Außengrenzen und Zusammenarbeit in Zivilsachen (mit grenzüberschreitendem Bezug) – vergemeinschaftet.

Europäische Union (EU) unter Leitung des Europäischen Rates (Art D [4 nF] EUV) auf die Gemeinschaftsorgane zurückgreifen darf, um die GASP sowie die ZBJI durchzuführen (Art E [5 nF] EUV). Dementsprechend werden auch die Kommission und das Europäische Parlament in diese Zusammenarbeit einbezogen (Art J. 9, K.4 Abs 2 bzw Art J. 7, K.6 [18, 36 bzw 21, 39 nF] EUV).

Eine erneute Reform des Gemeinschaftsrecht war Ziel einer in Art N Abs 2 des Maastrichter Vertrages für 1996 vorgesehenen Regierungskonferenz. Im Juni 1997 einigten sich die Mitgliedstaaten in Amsterdam auf einen Vertragsentwurf, der im Oktober 1997 unterzeichnet wurde (Vertrag von Amsterdam).[11] Der Vertrag erlangt aber erst dann völkerrechtliche Wirksamkeit, wenn ihn alle vertragsschließenden Staaten ratifiziert haben.[12] Der Amsterdamer Vertrag bleibt zwar hinter den gesteckten Zielen zurück (insbes wurde das Ziel einer umfassenden institutionellen Reform vor Aufnahme neuer Beitrittsverhandlungen sowie das einer Konsolidierung und Vereinfachung des Gemeinschaftsrechts verfehlt), wird aber dennoch das Gemeinschaftsrecht in wichtigen Punkten ändern. Wichtige Neuerungen des Vertrages von Amsterdam sind: 4

- die Aufnahme von Regelungen hinsichtlich Asyl, Visa, Einwanderung und Kontrollen an den Außengrenzen in den EG-Vertrag,
- die Einbeziehung des Schengener Abkommmens in den Rechtsrahmen der EU,
- die Aufnahme von Regelungen zur Förderung eines hohen Beschäftigungsniveaus sowie die Eingliederung des Sozialprotokolls des Maastrichter Vertrages in den EGV,
- der Abschluß eines Protokolls über die Anwendung der Grundsätze der Subsidiarität und der Verhältnismäßigkeit,
- der Ausweitung der Anwendungsfälle des Mitentscheidungsverfahrens,
- die Stärkung von Europol,
- die Reformierung der Verfahren im Rahmen der Gemeinsamen Außenpolitik mit der Möglichkeit von Mehrheitsentscheidungen „unter Vorbehalt“ in eng umgrenzten Fällen.

Technisch wird von Bedeutung sein, daß die Artikel des EGV neu numeriert werden. Die neuen Numerierungen werden im folgenden in eckigen Klammern hinzugefügt.

2. Der Aufbau der Europäischen Gemeinschaft

Die EG besitzt ebenso wie die EAG und die EGKS *Rechtspersönlichkeit* (Völkerrechtssubjektivität)[13] und in jedem Mitgliedstaat die für juristische Personen jeweils vorgesehene weitestgehende Rechts- und Geschäftsfähigkeit (Privat- 5

[11] Der Text des Vertragsentwurfs v Juni 1997 ist abgedr in den von der Europäischen Kommission – Vertretung in der Bundesrepubik Deutschland herausgegebenen EU-Nachrichten, Nr 3 v 9. Juli 1997. Einen Überbl über den Ablauf der Verhandlungen gibt *Streinz* Jura 1998, 57ff. Zum Inhalt vgl *Borchmann* EuZW 1997, 513; *Hilf/Pache* NJW 1998, 705ff; *Streinz* EuZW 1998, 137ff.

[12] In der Bundesrepublik ist ein Ratifizierungsverfahren bereits durchgeführt worden (BGBl II 1998, 386).

[13] Vgl Art 210 [281] EGV, 184 EAGV, 6 Abs 2 EGKSV. Die Völkerrechtsfähigkeit ist beschränkt auf den übertragenen Rechts- und Pflichtenkreis (*Beutler/Bieber/Pipkorn/Streil*

rechtsfähigkeit), Art 211 [282] EGV, 185 EAGV. Ob auch die Europäische Union (Völker-) Rechtssubjektivität besitzt,[14] ist umstritten. Anders als etwa Art 210 [281] EGV enthält der Unionsvertrag keine ausdrückliche Regelung. Ein Wille der Mitgliedstaaten, die Europäische Union stillschweigend mit Völkerrechtssubjektivität auszustatten, wird überwiegend abgelehnt.[15] Indessen wird man mit Blick auf Art J. 3 Nr 2, 4, 5 [14] EUV (wonach der Europäischen Union bestimmte souveräne Rechte zur Wahrnehmung im eigenen Namen obliegen) eine – allerdings sehr beschränkte – eigene Rechtspersönlichkeit der Europäischen Union annehmen können.

6 Für die drei europäischen Gemeinschaften wurden durch Fusionierung[16] *gemeinsame Organe* geschaffen, die streng nach dem Prinzip der begrenzten Einzelermächtigung nur die ihnen jeweils in den Verträgen zugewiesenen Befugnisse wahrnehmen dürfen (Art 4 [7] EGV, 3 EAGV, 3 EGKSV).[17] Die wichtigsten Organe sind der Rat,[18] die Kommission, das Europäische Parlament, der Europäische Gerichtshof und der Rechnungshof.

7 Der *Rat* ist – obwohl er nicht wie ein Legislativorgan gewählt wird, sondern aus den wechselnden Vertretern der Mitgliedstaaten auf Ministerebene besteht, die befugt sind, für die Regierung ihres Mitgliedstaates verbindlich zu handeln[19] – das maßgebliche Rechtsetzungsorgan. Ihm stehen dabei nur selten autonome Rechtsetzungsbefugnisse zu (Art 217 [290] EGV). Regelmäßig ist der Rat auf einen Vorschlag der Kommission angewiesen. Er besitzt ferner ein Aufforderungsrecht gegenüber der Kommission (Art 152 [208] EGV), Kompetenzen bezüglich der Besetzung von Organen (zB Art 188 b [247] EGV) und sonstigen EG-Institutionen (zB Art 198 a [263] EGV) sowie Exekutiv- (zB Art 93 Abs 3 [88 Abs 3] EGV) und Kontrollfunktionen (Art 113 Abs 3 [133 Abs 3] EGV).

8 Die derzeit aus 20 Mitgliedern bestehende *Kommission* (Art 157 Abs 1 [213 Abs 1] EGV) erfüllt als ein Exekutivorgan mit teilweise legislativen Befugnissen (vgl ua Art 145 UA 3 [202 UA 3] EGV) Komplementärfunktionen zum Rat. Das Schwergewicht ihrer Tätigkeit liegt auf der Initiierung von Rechtsakten des Rates, dem Erlaß von Durchführungsmaßnahmen und der Ausführung des Haushaltsplans.

Die Europäische Gemeinschaft, 4. Aufl 1993, 529) und kann gegenüber Dritten (Staaten, internationalen Organisationen) nach hL nur geltend gemacht werden, wenn diese die Gemeinschaften als rechtsfähig anerkannt haben (*Seidl-Hohenveldern/Loibl* Das Recht der internationalen Organisationen einschließlich der supranationalen Gemeinschaften, 7. Aufl 1992, Rn 0321 f, 0700 ff).

14 Diese bejahen etwa *Ress* (Fn 7) 986; *Bleckmann* NVwZ 1993, 824; *Dörr* EuR 1995, 334, 337 ff; *v Bogdandy/Nettesheim* NJW 1995, 2324, 2327.

15 Vgl BVerfGE 89, 155, 195; *Everling* (Fn 6) 941; *Scholz* NVwZ 1993, 817, 818; *Koenig/Pechstein* Die Europäische Union, 1995, 20 ff.

16 Vgl die vertraglichen Regelungen v 25.3.1957 (BGBl II, 1156) und v 8.4.1965 (BGBl II, 1454).

17 Vgl auch Art E [5] EUV. Daß Art F Abs 3 [6] EUV an den genannten Prinzipien nichts ändert, hat das BVerfG zu Recht festgestellt (BVerfGE 89, 155, 195 ff).

18 Dieser nennt sich zukünftig nach dem Beschluß 93/591/EU, EG, EGKS, Euratom des Rates v 8.11.1993 (ABl L 281, 18) „Rat der Europäischen Union".

19 Art 146 [203] EGV, 116 EAGV, 27 EGKSV. Somit gestattet das EG-Recht auch eine Vertretung der Bundesrepublik durch Landesminister (wie der Art 23 Abs 6 GG vorsieht).

Das *Europäische Parlament*, das seit 1979 unmittelbar demokratisch gewählt wird,[20] besitzt trotz Stärkung seiner Position durch den Vertrag über die Europäische Union[21] noch keine echten Legislativbefugnisse. Vielmehr gibt es verschiedene Stufen der Mitwirkung des Parlaments an der Gesetzgebung (fakultative oder obligatorische Anhörung; Verfahren der Zusammenarbeit, Art 189 c [252] EGV; Mitentscheidungsverfahren, Art 189 b [251] EGV; Mitentscheidungsrechte im Haushaltsverfahren, Art 203 [272] EGV;[22] Zustimmungsrechte im Hinblick auf einzelne Gesetzgebungsakte, vgl Art O [49] EUV, 106 Abs 5, 228 Abs 3 [107 Abs 5, 300 Abs 3] EGV). Von den Fällen der Zustimmung abgesehen, fehlt es an einer positiven Letztentscheidungsmöglichkeit des Parlaments. Neben den erwähnten Kompetenzen stehen dem Parlament Beratungsbefugnisse, Kontrollbefugnisse hinsichtlich der Tätigkeit der Organe und Institutionen der Gemeinschaft sowie Mitwirkungsbefugnisse bei der Ernennung der Kommissionsmitglieder zu.[23] 9

Der *Europäische Gerichtshof* sichert die Wahrung des Rechts bei Auslegung und Anwendung der Gemeinschaftsverträge (Art 164 [220] EGV). Für bestimmte Klagen ist ihm ein Gericht erster Instanz beigeordnet worden.[24] Durch seine Rechtsprechung – insbes auch durch richterliche Rechtsfortbildung – hat der EuGH die Entwicklung des Gemeinschaftsrechts nachhaltig beeinflußt. Zur Rechtsfortbildung ist der EuGH schon nach dem Wortlaut des Art 164 [220] EGV („Wahrung des Rechts bei Auslegung und Anwendung dieses Vertrages") berufen. Hierbei muß er aber die (Verbands- und Organ-) Kompetenzgrenzen, die sich aus dem Vertrag und den ungeschriebenen Grundsätzen des Gemeinschaftsrechts ergeben, beachten.[25] Im Hinblick auf die Europäische Union ist nur eine sehr begrenzte Rechtsprechungsbefugnis des EuGH gegeben (Art L [46] EUV). 10

Dem *Rechnungshof* (Art 188 a ff [246 ff] EGV) obliegt die mit der zunehmenden Finanzautonomie der Gemeinschaften immer wichtiger werdende Prüfung der Rechtmäßigkeit und Ordnungsmäßigkeit sowie der Wirtschaftlichkeit von Einnahmen und Ausgaben (Art 188 c [248] EGV). Um diese Kontrolle effektiv zu ermöglichen, sind seine Mitglieder unabhängig und nur dem Gemeinschaftswohl verpflichtet (Art 188 b Abs 4 [247 Abs 4] EGV). 11

20 Vgl den Akt zur Einf allg unmittelbarer Wahlen der Abgeordneten des Europäischen Parlaments v 20.9.1976, ABl L 278, 1. Ein gemeinschaftsweit einheitliches Wahlverfahren ist aber bis heute nicht geregelt worden, so daß die Wahl nach dem jeweiligen nationalen Wahlrecht erfolgt.

21 Vgl zB Art 138 b Abs 2 [192] (Aufforderungsrecht), 138 c [193] (Untersuchungsrecht), 138 d [194] (Petitionsrecht), 158 [214] (Anhörung bei Bestellung der Kommission), 173 Abs 3 [230 Abs 3] (Klagerecht), 189 b [251] EGV (Mitentscheidungsverfahren).

22 Vgl aber auch Art 201 [269] EGV.

23 Vgl zum Ganzen *Beutler/Bieber/Pipkorn/Streil* (Fn 13) 115 ff.

24 Art 168 a [225] EGV iVm dem Beschluß des Rates 88/591/EGKSV, EWG, Euratom v 24.10.1988 (ABl L 319, 1). Die Zuständigkeit wurde erweitert durch Beschluß des Rates 93/350 EWG, EGKS, Euratom v 8.6.1993 (ABl L 144, 21).

25 Vgl zu den Grenzen der Rechtsfortbildung *Ukrow* Richterliche Rechtsfortbildung durch den EuGH, 1995, 152 ff.

II. Das Gemeinschaftsrecht

1. Der Begriff des Gemeinschaftsrechts

12 Unter Gemeinschaftsrecht ist das „Recht des integrierenden Zusammenschlusses" von Staaten zu verstehen.[26] Zum „Europäischen Gemeinschaftsrecht" gehört daher das *Recht der drei Europäischen Gemeinschaften* (EG, EAG, EGKS). Ferner ist noch der Vertrag über die Europäische Union dem Gemeinschaftsrecht zuzuordnen.[27] Damit ist das Gemeinschaftsrecht (vielfach auch Europarecht im engeren Sinne genannt)[28] wesentlich enger als das Europarecht (im weiteren Sinne), das sich auf das europäische Völkerrecht und die normativen Regelungen aller internationalen europäischen Organisationen erstreckt. Zum Europarecht zählen zB auch die normativen Regelungen des Europäischen Wirtschaftsraums (EWR), der Westeuropäischen Union (WEU) oder des Europarates, dessen bedeutsamsten Vertragswerke die Konvention zum Schutz der Menschenrechte und Grundfreiheiten (EMRK)[29] und die europäische Sozialcharta darstellen. Der häufig verwendete Begriff „EU-Recht" ist unzutreffend, wenn er für Rechtsakte benutzt wird, die im Rahmen einer der drei Gemeinschaften (EGKS, EAG, EG) ergehen, da ein solcher Rechtsakt allein auf den Normen des jeweils einschlägigen Vertrages (EGKSV, EAGV, EGV) beruht. Von EU-Akten sollte nur gesprochen werden, wenn Grundlage des Handelns Normen des EUV sind.[30]

2. Das primäre und das sekundäre Gemeinschaftsrecht

Das EG-Recht läßt sich in das primäre und das sekundäre Gemeinschaftsrecht einteilen.

13 a) *Das Primärrecht.* Unter dem Primärrecht versteht man die Gründungsverträge (also EGKSV, EAGV und EGV – nebst Anlagen, Protokollen und späteren Änderungen) sowie die ungeschriebenen allgemeinen Rechtsgrundsätze des Gemeinschaftsrechts (Rn 23)[31] und das die Gründungsverträge ergänzende Gewohnheitsrecht.

14 Von den Gemeinschaftsverträgen kommt dem *EG-Vertrag* mit Abstand die größte Bedeutung zu. Der EG-Vertrag verfolgt in erster Linie wirtschaftliche Aufgaben und Ziele, die durch die Errichtung eines gemeinsamen Marktes (Art 2 [2] EGV) bzw die Verwirklichung des Binnenmarktes (Art 7 a [14] EGV)[32] sowie die

[26] *Ipsen* Europäisches Gemeinschaftsrecht, 1972, 5.

[27] Ebenso *Bleckmann* (Fn 14) 825; *Beutler/Bieber/Pipkorn/Streil* (Fn 13) 186; vgl auch *Streinz* EuZW 1994, 329, 330 m Fn 19.

[28] Vgl *Schweitzer/Hummer* EuR, Rn 7, 36ff.

[29] Vgl dazu *Frowein/Peukert* Europäische Menschenrechtskonvention, 2. Aufl 1996.

[30] Zur Terminologie vgl auch *Hölscheidt/Baldus* DVBl 1996, 1409ff.

[31] Die verwaltungsrechtlichen Grundsätze werden allerdings teilw dem Sekundärrecht zugeordnet. Vgl *Beutler/Bieber/Pipkorn/Streil* (Fn 13) 205. Ferner: *Streinz* EuR, Rn 354; *Bleckmann* (Fn 14) 826.

[32] Zur Frage, was unter „Binnenmarkt" und „Gemeinsamen Markt" zu verstehen ist, vgl *Grabitz* in: Grabitz/Hilf (Hrsg), EUV-EGV, Art 8 a Rn 3.

Errichtung einer Wirtschafts- und Währungsunion (Art 2, 3, 3 a [2, 3, 4] EGV) erreicht werden sollen. Der wirtschaftliche Bezug wird weit gesehen, so daß zahlreiche andere Lebensbereiche miterfaßt werden.[33] Zudem enthält der EG-Vertrag auch Regelungen über die Verfolgung nichtwirtschaftlicher Ziele.[34] Die Verträge berechtigen und verpflichten die Gemeinschaften und Mitgliedstaaten sowie (teilweise auch) die Privaten.[35] Ihre Bestimmungen sind von den Adressaten unmittelbar anzuwenden, wenn sie klar und eindeutig, unbedingt, vollständig und rechtlich vollkommen sind und es zu ihrer Erfüllung oder Wirksamkeit keiner weiteren Handlungen der Staaten oder der Gemeinschaft bedarf.[36] Ist unmittelbare Anwendbarkeit gegeben, heißt dies noch nicht, daß dem einzelnen ein subjektives Recht gewährt wird.[37]

(1) *Diskriminierungsverbot und Grundfreiheiten.* Besondere Bedeutung **15**
kommt dem *Diskriminierungsverbot* (Art 6 [12] EGV) sowie den vier Grundfreiheiten des EG-Vertrages zu: dh der *Freiheit des Warenverkehrs* (Art 9ff [23ff] EGV), der *Freiheit des Personenverkehrs* (Art 48ff [39ff] EGV), bestehend aus der Freizügigkeit der Arbeitnehmer und der Niederlassungsfreiheit, der *Freiheit des Dienstleistungsverkehrs* (Art 59 ff [49ff] EGV) sowie der *Freiheit des Kapital- und Zahlungsverkehrs* (Art 73 a ff [56ff] EGV). Verpflichtungsadressat der Normierungen sind in erster Linie die Mitgliedstaaten (einschließlich aller öffentlichrechtlichen und privatrechtlichen Untergliederungen), ferner Private (die Staatsaufgaben wahrnehmen oder staatsähnlich agieren) und schließlich auch die Gemeinschaft selbst (weil sich deren Ziele, wie zB der Binnenmarkt, ansonsten nicht verwirklichen ließen).[38] Gegenständlich beziehen sich die Normen nach der zutreffenden hM nur auf grenzüberschreitende Sachverhalte.[39] Sie kommen daher

33 ZB hat der Rat ein Aktionsprogramm der Gemeinschaft auf dem Gebiet der Mobilität der Studenten (ERASMUS) angenommen (vgl dazu EuGH NJW 1989, 3091f; s nunmehr Art 126 [149] EGV) und eine Fernsehrichtlinie (RL 89/552/EWG, ABl L 298, 23) verabschiedet, die ua Regelungen über die Werbung, den Jugenschutz, das Recht der Gegendarstellung und die Mindestquote europäischer Werke enthält (krit dazu *Scholz* NJW 1990, 941ff).

34 Vgl insbes die Art 126 – 128 [149–151] EGV (dazu *Klein* Staat 33 [1994] 39, 52 f).

35 Insbes werden die Privaten durch das Diskriminierungsverbot und die Grundfreiheiten geschützt. Die Grundfreiheiten wirken uU auch auf rein privatrechtliche Beziehungen ein. Vgl EuGH Slg 1974, 1405, 1419f; 1976, 1333, 1341; 1981, 181, 195.

36 EuGH Slg 1963, 1, 25; 1966, 257, 266; 1974, 631, 652.

37 Vgl zur Unterscheidung dieser Fragestellungen auch *Huber* EuR 1991, 31, 34; näher dazu Rn 38.

38 Zu den Untergliederungen und Privaten vgl EuGH 1974, 1405, 1419 f; 1976, 1333, 1340f; 1990, I-3313, 3347; 1990, I-4625, 4643f; 1995, I-4921, 5062ff; zur Bindung der Gemeinschaft *Jarass* EuR 1995, 202, 211; *Schwemer* Die Bindung des Gemeinschaftsgesetzgebers an die Grundfreiheiten, 1985, 43f.

39 Vgl zB EuGH Slg 1982, 3723, 3735f; 1994, I-2715, 2724; 1995, I-301, 316; *Jarass* RIW 1993, 1, 2; *Wesser* Grenzen zulässiger Inländerdiskriminierungen, 1995, 56ff; *Streinz* EuR, Rn 706, 719, 722; *Ehlers* Ziele der Wirtschaftsaufsicht, 1997, 12. AA zB *Kewenig* JZ 1990, 20ff; *Epiney* Umgekehrte Diskriminierungen, 1995, 200ff; *Lackhoff/Raczinski* EWS 1997, 109ff.

vor allem[40] ausländischen Marktbürgern zugute.[41] Dagegen verbieten sie es den Mitgliedstaaten nicht, ihre Staatsangehörigen bei rein internen Sachverhalten strenger bzw schlechter als EG-Ausländer zu behandeln (Zulässigkeit einer Inländerdiskriminierung),[42] weshalb etwa das mit dem EG-Recht nicht zu vereinbarende deutsche Reinheitsgebot des Bieres[43] allein für die deutschen Bierbrauer aufrechterhalten werden darf.

16 Das (allgemeine)[44] Diskriminierungsverbot des Art 6 [12] EGV verbietet „jede" Diskriminierung aus Gründen der Staatsangehörigkeit (oder Ansässigkeit im Ausland), und damit nicht nur offene, sondern auch versteckte Diskriminierungen. Letztere liegen vor, wenn an Merkmale angeknüpft wird, die Ausländer zwar nicht formal, aber tatsächlich in dem Sinne benachteiligen, daß sie die verlangten Merkmale praktisch nicht oder nur unter erschwerten Bedingungen erfüllen können.[45]

17 Die Grundfreiheiten konkretisieren bereichsspezifisch das Diskriminierungsverbot, stellen aber darüber hinausgehend zugleich *Beschränkungsverbote* für die EG und ihre Mitgliedstaaten dar.[46] Dies bedeutet, daß sie den EG-Ausländern nicht nur die Inländergleichbehandlung garantieren (Schlechterstellungsverbot), sondern daß ihnen ein Gehalt wie den Freiheitsgrundrechten zukommt. Diese Sichtweise ist ebenso umstritten wie der konkrete Gehalt der Freiheitsrechte der Art 30, 48, 52, 59 und 73 a [28, 39, 43 und 49] EGV, die zusammen ein Grundrecht der Berufsfreiheit verbürgen. Der EuGH hatte ursprünglich nur die Freiheit des Waren- und des Dienstleistungsverkehrs als Beschränkungsverbote ausgelegt,[47] in den Rechts-

[40] Auch im Verhältnis zwischen einem Inländer und seinem Staat liegt ein grenzüberschreitender Sachverhalt vor, wenn sich der Inländer in derselben Lage wie ein EG-Ausländer befindet (zB im EG-Ausland einen berufsqualifizierenden Abschluß erlangt hat). Vgl nur EuGH Slg 1974, 1299, 1309f; 1979, 399, 410; 1981, 1311, 1322; 1988, 111, 126; EuZW 1992, 703.

[41] Vereinzelt regeln Normen des EGV auch inländische Sachverhalte. Vgl etwa Art 119 [141] EGV; dazu EuGH EuZW 1990, 283, 284.

[42] Auch die deutschen Grundrechte (namentlich Art 12 GG) dürften einer Inländerdiskriminierung nicht entgegenstehen, es sei denn, daß das Regelungsziel wegen der Ausklammerung der EG-Ausländer nicht mehr erreicht werden kann. Ein Verstoß gegen den Gleichheitssatz des Art 3 Abs 1 GG scheidet aus, weil die Vorschrift nur Bindungwirkung für den jeweiligen Hoheitsträger innerhalb seines Kompetenzbereichs entfaltet. Vgl zum Streitstand *Nicolaysen* EuR 1991, 95, 107ff; *König* AöR 118 (1993) 591, 599ff; *Schilling* JZ 1994, 8, 9; *Epiney* (Fn 39) 343ff; *Wesser* (Fn 39) 143ff.

[43] Vgl EuGH Slg 1987, 1227, 1272.

[44] Zum Verbot der Diskriminierung aus Gründen des Geschlechts vgl Art 119 [141] EGV, zur Gleichbehandlung von Männern und Frauen hinsichtlich des Zugangs zur Beschäftigung und zum beruflichen Aufstieg EuGH, Slg 1995, I-3051, 3078.

[45] Vgl *Fischer* Europarecht, 2. Aufl 1997, § 12 Rn 4.

[46] Vgl *Ehlers* NVwZ 1990, 810, 811; *Behrens* EuR 1992, 145, 148ff.

[47] Zum Warenverkehr EuGH Slg 1974, 837, 852, zum Dienstleistungsverkehr EuGH NJW 1994, 2013ff. Die Kapitalverkehrsfreiheit ist nach dem Wortlaut des Art 73 b [56] EGV eindeutig als Beschränkungsverbot ausgestaltet.

sachen Kraus und Gebhard dieses Verständnis aber auch auf die Niederlassungsfreiheit übertragen.[48] Für die Annahme eines Beschränkungsverbots spricht der Umstand, daß die Inländergleichbehandlung bereits durch Art 6 [12] EGV garantiert wird und die Zielbestimmungen des Vertrages zeigen, daß eine weitgehende Marktöffnung angestrebt wird. Diese läßt sich aber nur durch eine Aufhebung nicht gerechtfertigter Restriktionen der wirtschaftlichen Betätigung erreichen.

Mit einer einheitlichen Sicht der Grundfreiheiten als Beschränkungsverbot **18** eröffnet sich die Möglichkeit, eine einheitliche Dogmatik der Grundfreiheiten zu entwickeln.[49] Der EuGH unterscheidet vielfach nicht hinreichend zwischen dem Schutzbereich der Beschränkungsverbote, Eingriff und Rechtfertigung. Bei der Bestimmung des Schutzbereiches und des Eingriffs wird ein weites Verständnis zugrundegelegt. So soll nach der sog Dassonville-Formel jede Handelsregelung der Mitgliedstaaten, die geeignet ist, den innergemeinschaftlichen Handel unmittelbar oder mittelbar, tatsächlich oder potentiell zu behindern, als Maßnahme gleicher Wirkung iSd Art 30 [28] EGV anzusehen sein.[50]

Um einer uferlosen Ausdehnung der Beschränkungsverbote entgegenzuwirken, **19** bemüht sich der EuGH in zweifacher Hinsicht um eine Eingrenzung. Nach der sog Keck-Rechtsprechung sollen die Art 30 ff [28 ff] EGV keine Anwendung auf nationale Bestimmungen finden, die nur gewisse Verkaufsmodalitäten beschränken oder verbieten (im Gegensatz zur produktbezogenen Regelung), sofern diese Beschränkungen oder Verbote für alle Wirtschaftsteilnehmer in den Mitgliedstaaten gelten und den Absatz von Erzeugnissen aus anderen Mitgliedstaaten nicht diskriminieren.[51] Dahinter steht der verallgemeinerungsfähige, auf andere Grundfreiheiten übertragbare Gedanke,[52] daß die Beschränkungsverbote nur vor Maßnahmen schützen sollen, die einen spezifisch grenzüberschreitenden Bezug aufweisen (zB den Marktzugang einer Ware behindern). Ferner erkennt der EuGH seit seiner Cassis de Dijon-Entscheidung[53] zwingende Erfordernisse der Mitgliedstaaten (zB Verbraucherschutzinteressen) als Grundlage für Einschränkungen der Grundfreiheiten an. Er ordnet diese wegen der zu engen Auslegung der Art 36, 48 Abs 3, 56 und 66 [30, 39 Abs 3, 46 und 55] EGV allerdings nicht den im Vertrag enthaltenen Rechtfertigungsnormen zu, sondern siedelt sie auf der Tatbestandsebene – im Sinne immanenter Tatbestandsschranken – an. Dies überzeugt nicht.[54] Nach der Rechtsprechung des EuGH vermag die Cassis-Formel nur unterschiedslos wirkende (dh nicht diskriminierende) Maßnahmen der Mitgliedstaaten zu rechtferti-

[48] EuGH Slg 1993, I-1663, 1697; 1995, I-4165, 4197; dazu *Ehlers/Lackhoff* JZ 1996, 467 f. Ausführlich zum Ganzen *Lackhoff* Art 52 EGV – nur ein Gleichheits- oder auch ein Freiheitsrecht?, Diss Münster 1998, 365 ff (maschinenschriftl). Zu Art 48 [39] EGV vgl *Nettesheim* NVwZ 1996, 342, 343 ff.

[49] *Classen* EWS 1995, 97 ff; *Jarass (*Fn 38) 202 ff.

[50] EuGH Slg 1974, 837, 852.

[51] EuGH Slg 1993, I-6097, 6131. Bes anschaulich auch EuGH Slg 1994, I-2355, 2368 f; 1996, I-2975, 3004 ff.

[52] Zu Art 52 [43] vgl EuGH, Slg 1996, I-2975, 3009.

[53] EuGH Slg 1979, 649, 662.

[54] Vgl dazu *Müller-Graff* in: von der Groeben/Thiesing/Ehlermann (Hrsg), Komm. zum EU-/EG-Vertrag, Bd 1, 5. Aufl 1997, Art 30 Rn 184, 190; *Streinz* EuR, Rn 687 ff.

gen.[55] Läßt sich die Maßnahme des Mitgliedstaates auf einen Rechtfertigungsgrund stützen (der nicht als Mittel zur Diskriminierung zu qualifizieren ist), muß die Maßnahme dem Verhältnismäßigkeitsprinzip genügen[56] und darf den Wesensgehalt der Grundfreiheiten nicht antasten.

20 (2) *Die Wettbewerbsvorschriften.* Neben dem allgemeinen Diskriminierungsverbot und den Grundfreiheiten stellen die Wettbewerbsvorschriften der Art 85ff [81ff] EGV einschließlich der Beihilfebestimmungen der Art 92f [87ff] EGV besonders wichtige Regelungen des materiellen Gemeinschaftsrechts dar. Das Beihilfeverbot des Art 92 [87] EGV ist allerdings nicht unmittelbar anwendbar, weil Abs 3 der Vorschrift der EG-Kommission ein Ermessen einräumt.[57] Die Bestimmung bedarf der Konkretisierung durch Einzelfallentscheidungen der Kommission gemäß Art 93 Abs 2 [88 Abs 2] EGV oder durch allgemeine Vorschriften des Rates gemäß Art 94 [89] EGV.[58] Unmittelbar anwendbar sind dagegen Art 93 Abs 3 S 1 [88 Abs 3 S 1] (Pflicht zur Unterrichtung der Kommission) und S 3 EGV (Verbot einer Beihilfegewährung vor abschließender Entscheidung der Kommission). Näher zur Rückforderung von Beihilfen Rn 69.

21 (3) *Ungeschriebene allgemeine Rechtsgrundsätze.* Zu den ungeschriebenen allgemeinen Rechtsgrundsätzen des Gemeinschaftsrechts, die der EuGH im Wege des Vergleichs den Rechtsordnungen der Mitgliedstaaten[59] und den internationalen Verträgen (zB EMRK)[60] entnommen hat, werden vor allem die *grundrechtlichen Verbürgungen*[61] sowie die aus diesen Verbürgungen bzw sonstigem „Verfassungsrecht" abgeleiteten *rechtsstaatlichen Prinzipien* des allgemeinen Verwaltungsrechts gerechnet.[62] Nach Art F Abs 2 [6 Abs 2] EUV achtet die Europäische Union die Grundrechte, wie sie in der EMRK enthalten sind und sich aus den gemeinsamen Verfassungsüberlieferungen der Mitgliedstaaten als allgemeine Grundsätze des Gemeinschaftsrechts ergeben. Ob die Bindung der EU an die Grundrechte der EMRK auch die Gemeinschaft betrifft, ist angesichts von Art L und M [46 und 47] EUV zweifelhaft. Jedenfalls ist die EMRK (zu welcher der Gemeinschaft nach der Rechtsprechung des EuGH[63] mangels entsprechender Kompetenzgrundlage ein Beitritt verwehrt ist) keine Rechtsquelle, sondern eine bloße Rechtserkenntnisquelle für die Ausgestaltung des gemeinschaftsrechtlichen Grundrechtschutzes. Die allgemei-

[55] Vgl EuGH Slg 1981, 1625, 1639; 1985, 531, 549; Slg 1991, I-4151, 4184. Vgl aber auch EuGH Slg 1982, 223, 235ff (Prüfung der Rechtfertigung einer versteckten Diskriminierung durch zwingende Erfordernisse).

[56] Grundlegend dazu EuGH Slg 1970, 1125, 1137. Näher zum Ganzen *Heinsohn* Der öffentlich-rechtliche Grundsatz der Verhältnismäßigkeit, 1997, 75ff.

[57] Vgl EuGH Slg 1977, 595, 610; 1990, I-307, 355; s a BVerwGE 48, 211, 214.

[58] EuGH Slg 1984, 3435, 3451f.

[59] Vgl etwa *Bleckmann* EuR, Rn 572; *Streinz* EuR, Rn 354ff.

[60] Vgl *Tomuschat* EuR 1990, 340, 356f.

[61] Vgl zB EuGH Slg 1974, 491, 507; 1989, 2859, 2923. Näher dazu *Rengeling* Grundrechtsschutz in der Europäischen Union, 1993, 11ff.

[62] Ausf dazu *Schwarze* Eur VwR II, 661ff. Der EuGH orientiert sich hierbei zu Recht nicht am kleinsten gemeinsamen Nenner, sondern an den Interessen und Bedürfnissen der Gemeinschaft. Näher dazu *Zuleeg* VVDStRL 53 (1994) 154, 172f.

[63] EuGH, EuZW 1996, 307.

nen Rechtsgrundsätze binden nicht nur die Gemeinschaften, sondern auch die Mitgliedstaaten, sofern sie Gemeinschaftsrecht umsetzen oder vollziehen.[64] Außer an die Gemeinschaftsgrundrechte sind die Mitgliedstaaten als Vertragsstaaten der EMRK auch unmittelbar an die dort verbürgten Grundrechte gebunden (was problematisch werden kann, wenn die Grundrechtsrechtsprechung des EuGH und des Europäischen Gerichtshofs für Menschenrechte divergiert).

Die Zahl allgemeiner Rechtsgrundsätze ist groß.[65] Als Gemeinschaftsgrundrechte 22
sind beispielsweise die Berufs-, Eigentums-, Meinungs-, Religions- und Vereinigungsfreiheit sowie der Gleichheitsgrundsatz anerkannt. Soweit die Grundfreiheiten Beschränkungsverbote enthalten (Rn 17), ist für die Anerkennung eines inhaltsgleichen Grundrechtsschutzes mangels des Bestehens einer Lücke kein Raum. Erhebliche Bedeutung kommt den rechtsstaatlichen Prinzipien des Gemeinschaftsrechts, wie zB dem Grundsatz der Gesetzmäßigkeit der Verwaltung, dem Grundsatz des Vertrauensschutzes, dem Gebot der Rechtssicherheit, den Grundsätzen für den Widerruf und die Rücknahme von Rechtsakten und den Verfahrensgrundsätzen wie etwa dem Grundsatz des rechtlichen Gehörs, dem Recht auf Akteneinsicht, der Aufklärungspflicht der Verwaltung und den Beweisverwertungsverboten zu. Ferner entnimmt der EuGH dem Gemeinschaftsrecht (insbes dem Art 215 Abs 2 [288 Abs 2] EGV) einen allgemeinen Rechtsgrundsatz, wonach auch die Mitgliedstaaten für Verstöße gegen das primäre und sekundäre Gemeinschaftsrecht haften, wenn die verletzten Vorschriften dem Schutz des einzelnen zu dienen bestimmt sind.[66] Obwohl das deutsche Recht eine Haftung für legislatives Unrecht an sich nicht anerkennt (§ 48 Rn 62f), muß auch für Verstöße des nationalen Gesetzgebers gegen Gemeinschaftsrecht gehaftet werden, sofern diese hinreichend qualifiziert sind. Die zuletzt genannte Beschränkung kommt dann auch der gesetzesvollziehenden Verrichtung zugute. Ist das Gemeinschaftsrecht dagegen korrekt durchgesetzt worden, kommt es für die Haftung auf die Offenkundigkeit und Erheblichkeit des Verstoßes nicht an.

Die allgemeinen Rechtsgrundsätze stehen den Verträgen im Rang gleich und 23
haben daher auch Maßstabscharakter für das Sekundärrecht.[67] Dies schließt die Geltung gemeinschaftsrechtlicher Prinzipien des Verwaltungsrechts unterhalb der Primärebene nicht aus.[68] Keine große Bedeutung kommt bisher dem Gewohnheitsrecht im Gemeinschaftsrecht zu.[69]

[64] Vgl *Bleckmann/Pieper* in: Dauses (Hrsg), Handbuch des EG-Wirtschaftsrechts, B I, Rn 149, 159; *Epiney* (Fn 39) 138f; *Streinz* EuR, Rn 368. Nach EuGH Slg 1991, I-2925, 2964 sollen die Gemeinschaftsgrundrechte die Mitgliedstaaten binden, sofern eine nationale Regelung „in den Anwendungsbereich des Gemeinschaftsrechts" fällt. Kritisch hierzu *Epiney* (Fn 39) 135.

[65] Vgl die Aufzählung bei *Schweitzer/Hummer* EuR, Rn 791ff. Ferner: *Zuleeg* (Fn 62) 170f. Die Grundsätze gehen teilweise weiter als im deutschen Recht. ZB kennt das Gemeinschaftsrecht ein Recht auf Verteidigung (EuGH Slg 1982, 1575, 1611; 1989, 2859, 2923f), welches über das Anhörungsrecht iSd § 28 VwVfG hinausgeht.

[66] Grundlegend EuGH Slg 1991, I-5357, 5415f (Francovich); Slg 1996, I-1029, 1149 (Brasserie du Pêcheur). Vgl zum letzteren *Ehlers* JZ 1996, 776ff.

[67] *Ress/Ukrow* EuZW 1990, 499, 500.

[68] *Rengeling* VVDStRL 53 (1994) 202, 217.

[69] Vgl *Bleckmann/Pieper* in: Dauses (Fn 64) Rn 161ff.

24 b) *Das Sekundärrecht.* Als Sekundärrecht wird das von den Organen der Gemeinschaft auf der Grundlage der Gründungsverträge erlassene Recht bezeichnet. Nach dem insbes in den Art 3 b, 4 und 189 [5, 7 und 249] EGV zum Ausdruck kommenden *Prinzip der begrenzten Einzelermächtigung* dürfen Rat, Kommission und Parlament nicht generell, sondern nur in den Fällen rechtsetzend tätig werden, in denen sie durch die Gründungsverträge dazu ermächtigt worden sind.[70] Allerdings wird dieses Prinzip durch das Vertragslückenschließungsverfahren der Art 235 [308] EGV, 203 EAGV durchbrochen. Danach kann der Rat, wenn dies zur Verwirklichung der Ziele der Gemeinschaft erforderlich erscheint, auch dann (einstimmig auf Vorschlag der Kommission und nach Anhörung des Europäischen Parlaments) geeignete Vorschriften erlassen, wenn in den Verträgen keine Befugnisse vorgesehen sind.

25 Bei Ausübung ihrer Kompetenzen müssen die Organe das *Subsidiaritätsprinzip* (Art 3 b Abs 2 [5 Abs 2] EGV) und den *Verhältnismäßigkeitsgrundsatz* (Art 3 b Abs 3 [5 Abs 3] EGV) beachten. Nach dem Subsidiaritätsprinzip darf die Gemeinschaft in Bereichen, die nicht in ihre ausschließliche Zuständigkeit fallen, nur tätig werden, sofern und soweit die Ziele der in Betracht gezogenen Maßnahmen auf der Ebene der Mitgliedstaaten nicht ausreichend erreicht werden können und daher wegen ihres Umfangs oder ihrer Wirkungen besser auf Gemeinschaftsebene erreicht werden können. Erforderlich ist, daß die Mitgliedstaaten wegen des begrenzten Zugriffs des nationalen Rechts die Ziele nicht realisieren können und ein Handeln der Gemeinschaft deutliche Vorteile mit sich bringt.[71] Die Vereinbarkeit mit dem Subsidiaritätsprinzip bedarf der Begründung (Art 190 [253] EGV), wobei nach der Rechtsprechung eine ausdrückliche Erwähnung des Subsidiaritätsprinzips in der Begründung einer Richtlinie nicht notwendig ist, wenn sich aus den Begründungserwägungen ergibt, daß der Gemeinschaftsgesetzgeber der Auffassung war, das mit seinem Tätigwerden verfolgte Ziel könne wegen der Dimension der vorgesehenen Maßnahme besser auf Gemeinschaftsebene verwirklicht werden.[72] Das Verhältnismäßigkeitsprinzip hat vorwiegend für das „Wie" des Tätigwerdens der Gemeinschaft Bedeutung.

26 Das sekundäre Gemeinschaftsrecht besteht in erster Linie aus den *Verordnungen* und *Richtlinien*[73] sowie den (individuellen und verbindlichen) *Entscheidungen.* Daneben kennt das EG-Recht Beschlüsse[74] sowie Rechtssätze, die dem Innenrecht zuzuordnen sind (zB die Geschäftsordnungen der Organe). Zunehmende Relevanz erlangt schließlich das sog „soft law"[75], das aus nichtregelnden Hand-

[70] Das Prinzip der begrenzten Einzelermächtigung wird durch die finalen Kompetenzzuweisungen relativiert (vgl *Jarass* Grundfragen der innerstaatlichen Bedeutung des EG-Rechts, 1994, 11 f). Das gilt insbes für die Ermächtigung des Art 100 a [95] EGV. Näher dazu *Bleckmann* EuR, Rn 380 ff.

[71] Im einzelnen ist vieles streitig. Wie hier *Jarass* (Fn 70) 18 mwN.

[72] EuGH EuZW 1997, 436, 438.

[73] Der EGKSV bedient sich einer anderen Terminologie und spricht statt von Verordnung und Richtlinien von (allgemeinen) Entscheidungen und (verbindlichen) Empfehlungen (Art 14 Abs 2 und 3 EGKSV).

[74] Vgl *Oppermann* Europarecht, Rn 489 ff.

[75] Vgl *Oppermann* (Fn 74) Rn 403; *Stettner* in: Dauses (Fn 64) A IV Rn 3 Fn 12. Allgem zu diesem völkerrechtlichen Begriff *Heusel* „Weiches" Völkerrecht, 1991, 153 ff; *Karl* JZ 1991, 593 ff.

lungsformen (zB Empfehlungen, Stellungnahmen oder unverbindlichen Programmen) besteht und daher zwar rechtlich bedeutsam sein kann, aber keine Rechtsquelle darstellt.

(1) *Verordnungen.* Verordnungen haben allgemeine Geltung (dh für eine unbestimmte Vielzahl von Personen), sind in allen ihren Teilen verbindlich und wirken (ohne Transformationsakt) unmittelbar in jedem Mitgliedstaat (Art 189 Abs 2 [249 Abs 2] EGV). Sie berechtigen und verpflichten neben der Gemeinschaft nicht nur die Mitgliedstaaten als solche, sondern auch deren Behörden und Gerichte, ferner die in der Verordnung angesprochenen Individuen. **27**

(2) *Richtlinien.* Die hauptsächliche Handlungsform der Gemeinschaft ist die Richtlinie. Im Gegensatz zur Verordnung sind die Richtlinien grundsätzlich allein für die Mitgliedstaaten geltendes Recht und für diese lediglich im Hinblick auf das zu erreichende Ziel verbindlich (Art 189 Abs 3 [249 Abs 3] EGV). Die Richtlinien bedürfen daher der Umsetzung in nationales Recht, wobei den innerstaatlichen Stellen die Wahl der Form und Mittel überlassen bleibt. Dies schließt nach hM[76] detaillierte Regelungen, die den Umsetzungsspielraum der Mitgliedstaaten auf Null reduzieren,[77] nicht aus (da sich Ziele und Mittel nicht eindeutig voneinander abgrenzen lassen und ein Mittel zur Erreichung eines weitergehenden Ziels selbst Zwischenziel sein kann). **28**

Ausnahmsweise kann eine Richtlinie auch *unmittelbar wirken* bzw anwendbar sein.[78] Zum einen darf sich ein Staat, der eine Richtlinie in rechtswidriger Weise nicht umgesetzt hat, nach dem Grundsatz von Treu und Glauben nicht zu seinen Gunsten gegenüber anderen auf sein eigenes pflichtwidriges Verhalten berufen (sog Estoppel-Prinzip).[79] Zum anderen könnte die Wirksamkeit (effet utile) der Richtlinie unterlaufen werden, wenn es die Mitgliedstaaten in der Hand hätten, die Verwirklichung der mit den Richtlinien zu verfolgenden Ziele dadurch zu vereiteln, daß sie diese nicht oder nicht ordnungsgemäß in staatliches Recht umsetzen.[80] Den Richtlinien kommt unter *vier Voraussetzungen* eine *unmittelbare Wirkung* zu: nämlich (1) wenn der Mitgliedstaat seiner Umsetzungspflicht nicht rechtzeitig oder nicht vollständig nachgekommen ist, (2) die Richtlinie inhaltlich unbedingt und hinreichend bestimmt ist, (3) die Anwendung der Richtlinie keines weiteren Ausführungsaktes bedarf und (4) die Richtlinie allein den Mitgliedstaat gegenüber der Gemeinschaft verpflichtet (zB Auferlegung von Mitteilungspflich- **29**

[76] Vgl etwa *Schweitzer/Hummer* EuR, Rn 363.

[77] So zB die RL 89/47/EWG zur Regelung der Sommerzeit (ABl L 17, 57f).

[78] Zur Begrifflichkeit vgl *Jarass* NJW 1990, 2420f. Erstmalig EuGH Slg 1974, 1337, 1348f. Vgl ferner EuGH Slg 1986, 723, 748; 1987, 3969, 3985f; 1989, 1839, 1867f; EuZW 1994, 282, 283. Zust BVerfGE 75, 223, 244f; BGH BB 1990, 1366, 1367. Eine Richtlinie kann auch teilweise unmittelbare Wirkung entfalten (*Jarass* [Fn 70] 72f). Ist der Staat Adressat der Richtlinie, kommt es auf öffentlich-rechtliche oder privatrechtliche Formen des Tätigwerdens nicht an (EuGH EuZW 1990, 424), so daß die Richtlinien auch im Verwaltungsprivatrecht (nicht aber im sonstigen Privatrecht) unmittelbare Wirkungen entfalten können.

[79] EuGH 1979, 1629, 1642; 1982, 53, 70; 1986, 723, 749.

[80] Auf den effet utile-Grundsatz stellt der EuGH ab in EuGH Slg 1974, 1337, 1348; 1977, 113, 126f; 1978, 2327, 2338f.

ten, sog objektive Wirkung) oder nur einen Gemeinschaftsbürger gegenüber einem Mitgliedstaat begünstigt (sog vertikale Wirkung).[81] Dem Mitgliedstaat gleichzustellen sind Private, die Staatsaufgaben wahrnehmen oder staatsähnlich agieren (Rn 15 Fn 38). Verpflichtet eine Richtlinie den Mitgliedstaat und Private, entfaltet sie, bei Vorliegen der sonstigen genannten Voraussetzungen, nur unmittelbare Wirkung gegenüber dem Mitgliedstaat. Im Schrifttum wird eine unmittelbare Wirkung der Richtlinie vielfach auch dann befürwortet, wenn die Richtlinie die Mitgliedstaaten begünstigt und den Bürger belastet (sog umgekehrte vertikale Wirkung),[82] wenn sie Doppelwirkung hat (also den einen Bürger begünstigt, den anderen belastet)[83] oder wenn sie das Verhältnis der Bürger zueinander regelt (sog horizontale Wirkung oder Drittwirkung).[84] Diese Auffassungen sind abzulehnen, weil sie die Unterschiede zwischen Verordnung und Richtlinie verwischen sowie dem Estoppel-Prinzip und dem gemeinschaftsrechtlichen Vorbehalt des Gesetzes zuwiderlaufen würden. Das gemeinschaftsrechtliche Vorbehaltsprinzip[85] besagt, daß dem einzelnen Belastungen nur durch eine Gemeinschaftsnorm auferlegt werden können, soweit der Vertrag dies vorsieht. Nach Art 189 [249] EGV sind den einzelnen unmittelbar belastende Regelungen aber der Verordnung und der Entscheidung vorbehalten.

30 Enthält eine Richtlinie Vorgaben für das mitgliedstaatliche Recht, ist dieses in jedem Falle (dh auch, wenn eine Richtlinie nicht rechtzeitig umgesetzt worden ist und eine unmittelbare Anwendung ausscheidet) *richtlinienkonform auszulegen.*[86] Dies ergibt sich aus der Verbindlichkeit der Zielsetzung von Richtlinien sowie aus dem Rücksichtnahmegebot des Art 5 [10] EGV. Aus Art 5 Abs 2 [10 Abs 2] und 189 Abs 3 [249 Abs 3] EGV folgert der EuGH, daß ein Mitgliedstaat schon vor Ablauf der Umsetzungsfrist einer Richtlinie alle Maßnahmen zu unterlassen hat, die geeignet sind, die Erreichung des in der Richtlinie vorgeschriebenen Ziels ernstlich in Frage zu stellen, so daß die Richtlinie schon vor Ablauf der Umset-

[81] Nicht notwendig ist, daß die Richtlinie ein subjektives Recht vermittelt. Vgl EuGH Slg 1991, I-3757, 3788f; 1991, I-5403, 5408; 1995, I-2189, 2220f; *Stettner* in: Dauses (Fn 64) A IV Rn 26 mit Fn 66; *Callies* NVwZ 1996, 339, 341; *Epiney* DVBl 1996, 409, 411f. Vgl auch *Triantafyllou* NVwZ 1994, 943, 944.

[82] Kritisch dazu *Scherzberg* Jura 1993, 225, 227f.

[83] Solche multipolaren Konstellationen sind beispielsweise im Umweltrecht die Regel, weil die Anlagenbetreiber belastet, die Nachbarn begünstigt werden. Von einer unmittelbaren Wirkung ausgehend und daher problematisch EuGH Slg 1995, I-2189, 2224f. Vgl dazu *Epiney* (Fn 81) 412 f.

[84] Vgl etwa OLG Celle EuZW 1990, 550; *Emmert* EWS 1992, 56, 63ff; *Müller-Graff* NJW 1993, 13, 20f. Zum gegenteiligen Standpunkt des EuGH vgl etwa EuGH NJW 1994, 2473, 2474.

[85] Vgl EuGH Slg 1994, I-3325, 3356; 1996, I-1281, 1303.

[86] EuGH Slg 1984, 1891, 1909; 1921, 1942; 1987, 3969, 3986; NJW 1994, 2077. Zu Einzelheiten vgl *Jarass* EuR 1991, 211, 220ff; *Ress* DÖV 1994, 489ff; *Brechmann* Die richtlinienkonforme Auslegung, 1994; *Zuleeg* (Fn 62) 165ff. Krit *Di Fabio* NJW 1990, 947ff, der aber nicht hinreichend berücksichtigt, daß sich die richtlinienkonforme Auslegung im Rahmen der innerstaatlichen Auslegungsregeln bewegt. Auch Empfehlungen (Art 189 Abs 5 [249 Abs 5] EGV) müssen uU bei der Auslegung des nationalen Rechts berücksichtigt werden (EuGH Slg 1989, 4407, 4421).

zungsfrist Vorwirkungen haben kann, während das BVerwG eine richtlinienkonforme Auslegung vor Ablauf der Umsetzungsfrist ausschließt.[87] Eine richtlinienkonforme Auslegung setzt allerdings voraus, daß das mitgliedstaatliche Recht mehrere Deutungen zuläßt.[88] Eine Pflicht zur richtlinienkonformen Auslegung des nationalen Rechts seitens der mitgliedstaatlichen Gerichte verneint der EuGH dann, „wenn eine solche Auslegung dazu führt, daß einem einzelnen eine in einer nicht umgesetzten Richtlinie vorgesehene Verpflichtung entgegengehalten wird".[89]

Scheiden eine unmittelbare Wirkung der Richtlinie und eine richtlinienkonforme Auslegung des mitgliedstaatlichen Rechts aus, kommt uU eine gemeinschaftsrechtlich begründete, sich im übrigen nach dem nationalen Recht richtende *Haftung* des Mitgliedstaates wegen Nichtumsetzung einer Richtlinie in Betracht.[90] In seinem Francovich-Urteil hat der EuGH eine solche Haftung zum Schutze der Wirksamkeit des Gemeinschaftsrechts bejaht, wenn eine Richtlinie auf die Verleihung von Rechten an einzelne abzielt (1), der Inhalt der Rechte auf der Grundlage der Richtlinie bestimmt werden kann (2) und ein Kausalzusammenhang zwischen dem Verstoß gegen die dem Staat auferlegte Verpflichtung und dem entstandenen Schaden (3) besteht.[91] **31**

Kommen dem Gesetzgeber keine nennenswerten Spielräume zu (wie bei der Umsetzung eindeutiger Richtlinien), reicht ein einfacher Rechtsverstoß für die Annahme einer Haftung aus. Verfügt der nationale Gesetzgeber dagegen über einen weiten Umsetzungsspielraum oder ist die Richtlinie mehrdeutig, bedarf es eines hinreichend qualifizierten Verstoßes gegen die Richtlinie.[92] Ein qualifizierter Verstoß wird angenommen, wenn die Ermessensgrenzen offenkundig und erheblich überschritten worden sind. **32**

Der Mitgliedstaat haftet auch (und gerade) für die nicht rechtzeitige oder fehlerhafte Umsetzung von Richtlinien, denen Doppelwirkung zukommt oder welche die Rechtsverhältnisse zwischen Privaten regeln. In der Bundesrepublik greift die Amtshaftung ein. Unbeachtlich ist, daß die deutschen Gerichte eine Haftung wegen gesetzgeberischen Unterlassens an sich nicht anerkennen (§ 47 Rn 22). Wirkt die Richtlinie (oder das sonstige Gemeinschaftsrecht) unmittelbar, ist die Nichtanwendung des Gemeinschaftsrechts bzw Anwendung des gemeinschaftsrechtswidrigen mitgliedstaatlichen Rechts durch die Exekutive wegen des Vorrangs des Gemeinschaftsrechts (Rn 42ff) rechtswidrig und löst bereits aus diesem Grunde vielfach eine Haftung nach nationalem Recht aus (soweit der Geschädigte nicht Primärrechtsschutz erlangen konnte). **33**

(3) *Entscheidungen.* Obwohl die (individuelle und verbindliche) Entscheidung (Art 189 Abs 4 [249 Abs 4] EGV) keinen Rechtssatzcharakter (iS einer abstrakt-generellen Rechtsnorm) hat, stellt sie eine Rechtsquelle des Gemeinschaftsrechts **34**

[87] EuGH EuZW 1998, 167, 170; BVerwG DVBl 1998, 148, 149.

[88] Vgl EuGH Slg 1984, 1891, 1909; 1984, 1921, 1942f; 1988, 673, 690.

[89] EuGH EWS 1996, 395, 397.

[90] Die dogmatische Einordnung dieses Haftungsanspruchs ist im einzelnen umstritten, vgl dazu *Ehlers* JZ 1996, 776, 777.

[91] EuGH Slg 1991, I-5357, 5415f. Krit dazu etwa *Ossenbühl* DVBl 1992, 993ff. Näher zum Ganzen § 47 Rn 33ff.

[92] Speziell zu den Richtlinien EuGH EuZW 1996, 274, 276f. Vgl ferner Rn 22.

dar. Nach Inhalt und Wirkungsweise entspricht sie weitgehend dem Verwaltungsakt im deutschen Recht.[93] Durch Entscheidung handelt die Gemeinschaft vor allem im Kartellverwaltungs- und Beihilfeaufsichtsrecht (Subventionsrecht). Begrifflich sind unter Entscheidungen alle Maßnahmen zu verstehen, welche die Organe der Gemeinschaft durch einseitige (verbindliche) Regelungen gegenüber feststehenden Personen auf dem Gebiet des Gemeinschaftsrechts treffen und die auf unmittelbare Rechtswirkung nach außen gerichtet sind. Wie sich aus Art 189 Abs 1 [249 Abs 1] EGV ergibt, werden die Entscheidungen vom Rat und von der Kommission erlassen. Eine Übertragung der Kompetenz auf andere Gemeinschaftsinstanzen ist (in Ausnahmefällen) zulässig.[94] Im Gegensatz zur Verordnung darf sich die Entscheidung nur an einen zum Zeitpunkt ihres Erlasses feststehenden (bestimmten oder bestimmbaren) Personenkreis wenden.[95] Da eine Regelung nicht zugleich Verordnung und Entscheidung sein kann, behält die an eine unbestimmte Zahl von Personen gerichtete Regelung auch dann ihren Verordnungscharakter, wenn sie bestimmten Personen gegenüber besondere Wirkungen entfaltet.[96] Auf die Anzahl der geregelten Sachverhalte kommt es, anders als dies für die Verwaltungsakte im deutschen Recht zumeist angenommen wird[97], nicht an. Eine Allgemeinverfügung iSd § 35 S 2 VwVfG kennt das Gemeinschaftsrecht nicht. Die Entscheidungen können an die Mitgliedstaaten oder an die Bürger ergehen. Im ersteren Fall läßt sich die Entscheidung kaum von der Richtlinie abgrenzen.[98] Während die Richtlinie die Mitgliedstaaten typischerweise zum Erlaß genereller Rechtsvorschriften verpflichtet, zielt die Entscheidung regelmäßig auf einzelne Rechts- oder Tathandlungen ab.[99] Im übrigen kann die Abgrenzung der Rechtsakte ebenso wie im deutschen Recht[100] nicht allein nach materiellen Gesichtspunkten erfolgen.[101] Zum einen überschneiden sich die Handlungsformen teilweise. Zum anderen müssen Rechtsnatur und Rechtmäßigkeit einer Maßnahme auseinandergehalten werden. Ergibt die objektive Würdigung des in der Erklärung zum Ausdruck gekommenen Rechtsfolgewillens, daß das Gemeinschaftsorgan eine Entscheidung erlassen wollte, han-

[93] Näher dazu *Junker* Der Verwaltungsakt im deutschen und französischen Recht und die Entscheidung im Recht der Europäischen Gemeinschaften, 1990, 155 ff.

[94] *Junker* (Fn 93) 159 f.

[95] Das ergibt sich daraus, daß die Entscheidung nur für diejenigen verbindlich ist, die sie bezeichnet (Art 189 Abs 4 [249 Abs 4] EGV). Eine gattungsmäßige Bezeichnung reicht aber aus (vgl EuGH Slg 1965, 547, 556; 1971, 411, 421 f; 1978, 1019, 1030; aA *Scherzberg* Verordnung – Richtlinie – Entscheidung, in: Siedentopf (Hrsg), Europäische Integration und nationalstaatliche Verwaltung, 1991, 16, 23 ff. In einer Entscheidung kann uU ein Bündel von Einzelfallentscheidungen stecken, s EuGH EuZW 1997, 696, 699.

[96] Betrifft eine VO bestimmte Personen individuell, haben diese aber ein Klagerecht nach Art 173 Abs 4 [230 Abs 4] EGV. Vgl zB EuGH DVBl 1994, 1124.

[97] Vgl § 12 Rn 42 ff. AA *Obermayer* VwVfG, § 35 Rn 155. Siehe auch *Ehlers* DVBl 1987, 972, 975 f.

[98] Zum möglichen Rechtsetzungscharakter von Entscheidungen vgl EuG NVwZ 1998, 601, 602.

[99] Krit *Scherzberg* (Fn 95) 16, 27 ff.

[100] Str. Vgl *Henneke* in: Knack, VwVfG, § 35 Anm 4.3.1.1; aA *Schenke* NVwZ 1990, 1009, 1018.

[101] AA aber die wohl hM. Vgl EuGH Slg 1985, 257, 271; *Magiera* Jura 1989, 595, 598.

delt es sich auch dann um eine solche, wenn eine Verordnung hätte erlassen werden müssen, die Entscheidung also nicht rechtmäßig ist.[102]

Die Entscheidung entfaltet nicht nur Rechtswirkungen für ihre *Adressaten*, sondern auch für *sonstige Personen* (zB Nachbarn und Konkurrenten), die von der Entscheidung unmittelbar und individuell betroffen sind.[103] Verpflichtet die Entscheidung den Mitgliedstaat zu einem Umsetzungsakt gegenüber dem Bürger, kann sie unter den gleichen Voraussetzungen wie bei der Richtlinie unmittelbare Wirkung zeitigen (Verletzung der Umsetzungspflicht, inhaltlich unbedingte und hinreichend bestimmte Bindung, Entbehrlichkeit weiterer Ausführungsakte, Begünstigung des Bürgers).[104] Wird dem Mitgliedstaat ein Verhalten aufgegeben, das für den Bürger belastende Wirkung hat, kann die Entscheidung entgegenstehendes nationales Recht ganz oder teilweise verdrängen.[105] **35**

Erwächst die Entscheidung gegenüber dem Mitgliedstaat in *Bestandskraft*, ergeben sich aber bei der Durchsetzung der Entscheidung unvorhergesehene und unvorhersehbare Schwierigkeiten, ist die Kommission auf die Initiative des Mitgliedstaats gehalten, mit diesem redlich zusammenzuwirken, um die Schwierigkeiten zu überwinden.[106] Führt der Mitgliedstaat die bestandskräftige Entscheidung nicht aus, kann er in einem Vertragsverletzungsverfahren einer Verurteilung nur entgehen, wenn die Durchführung der Entscheidung ihm absolut unmöglich war.[107] Ein solcher Nachweis dürfte nur äußerst selten gelingen.[108] **36**

Greift der *Bürger* vor einem nationalen Gericht die Rücknahme eines nationalen Verwaltungsaktes, der in Ausführung einer an den Mitgliedstaat gerichteten Entscheidung ergangen ist, an oder wendet er sich gegen einen nationalen Verwaltungsakt, der sich hinsichtlich einer Vorfrage auf eine an ihn – den Bürger – ergangene Entscheidung stützt, stellt sich die Frage, ob er sich auf die Rechtswidrigkeit der Entscheidung berufen kann. Wird der Bürger von der Entscheidung unmittelbar und individuell betroffen, steht ihm ein Klagerecht nach Art 173 Abs 4 [230 Abs 4] EGV zu, das ihn berechtigt, das Gericht erster Instanz anzurufen. Die Klage muß binnen einer Frist von zwei Monaten nach Bekanntgabe oder Kenntniserlangung von der Entscheidung erhoben werden (Art 173 Abs 5 [230 Abs 5] EGV). Läßt der Bürger die Frist trotz Bekanntgabe oder Kenntnis verstreichen, ist die Entscheidung auch ihm gegenüber bestandskräftig.[109] Erlangt er **37**

[102] Vgl zu ähnlichen Fallgestaltungen im deutschen Recht BFH, NVwZ 1987, 1118, 1120; BVerwG, NVwZ 1988, 51 f; *Ehlers* JuS 1990, 777, 779.

[103] Vgl Art 173 Abs 4 [230 Abs 4] EGV und die Beispiele bei *Schwarze*, in: GS Martens, 1987, 819, 844. Zum Konkurrentenschutz s Huber (Fn 37) 47 ff.

[104] Grundlegend EuGH Slg 1970, 825, 837 ff (die Entscheidung ist noch vor der Rspr zur unmittelbaren Wirkung von Richtlinien ergangen). Ferner: EuGH Slg 1987, 2345, 2359 f.

[105] Näher dazu unter Rn 69.

[106] EuGH EuZW 1990, 387.

[107] EuGH Slg 1986, 89, 104.

[108] Ein solcher Fall ist anzunehmen, wenn nach Bestandskraft der individuell Betroffene die Entscheidung erfolgreich angegriffen hat.

[109] Vgl auch EuGH DVBl 1994, 1122, 1123 f; EuZW 1997, 316, 317 f. Zu Grenzen der Bestandskraft s EuGH EuZW 1997, 696, 700 ff.

erst in dem von der nationalen Behörde eingeleiteten Verwaltungsverfahren oder dem gerichtlichen Verfahren Kenntnis, wird man verlangen müssen, daß er die Entscheidung vor dem Gericht erster Instanz angreift und die nationale Behörde oder das nationale Gericht das Verfahren solange aussetzt.[110] Vgl auch Rn 69.

38 c) *Objektives und subjektives Recht.* Soweit Rechtsschutz gegen die Europäische Gemeinschaft begehrt wird und das Gemeinschaftsrecht einen Individualrechtsschutz durch den EuGH bzw das Gericht erster Instanz überhaupt zuläßt (Rn 72), ist der einzelne klagebefugt, wenn die erlassene oder unterlassene Regelung ihn unmittelbar und individuell betrifft (Art 173 Abs 4, 175 Abs 3 [230 Abs 4, 232 Abs 3] EGV). Dagegen vermittelt das Gemeinschaftsrecht dem einzelnen einen vor den nationalen Gerichten durchsetzbaren Anspruch grundsätzlich nur, wenn es ihm ein (subjektives) Recht gewährt, dh die Regelung des Gemeinschaftsrechts unmittelbar anwendbar ist und den Schutz des einzelnen bezweckt.[111] Entgegen anderslautenden Stimmen im Schrifttum[112] kennt das Gemeinschaftsrecht keinen allgemeinen, auf dem prozessualen Institut der Einklagbarkeit (invocabilité) objektiven Gemeinschaftsrechts beruhenden Normvollziehungsanspruch. Auch reicht eine faktische Betroffenheit oder eine qualifizierte Betroffenheit nicht aus, zumal sich unübersehbar viele Betroffenheiten konstruieren lassen. Vielmehr ist es – außerhalb des Vertragsrechts – Sache des Gemeinschaftsgesetzgebers, darüber zu befinden, wann das Gemeinschaftsrecht Klagerechte vor dem nationalen Gericht begründen soll. Wie im nationalen Recht muß daher auch im Gemeinschaftsrecht zwischen objektivem und subjektivem Recht unterschieden werden. Ein (subjektives, dh vor Gericht durchsetzbares) Recht vermittelt das Gemeinschaftsrecht nur, wenn wenigstens eine Privatperson (auch) Träger des normgeschützten Interesses sein soll. Allerdings ist ein individualschützender Charakter im Gemeinschaftsrecht tendenziell früher als im deutschen Recht anzunehmen (so daß man von einer im Vergleich zum deutschen Recht erweiterten Schutznormlehre sprechen kann). Dies ist unter anderem darauf zurückzuführen, daß das Gemeinschaftsrecht den einzelnen nicht nur um seiner selbst willen schützt, sondern zugleich zum Zwecke der effektiven Durchsetzung des Gemeinschaftsrechts instrumentalisiert. So werden im Gemeinschaftsrecht etwa anders als im deutschen Recht auch Vorsorgebestimmungen als individualschützend angesehen.[113] Weist das Gemeinschaftsrecht einen subjektiven Charakter auf, muß

[110] Vgl aber auch EuGH Slg 1983, 2771, 2787 f. Dazu *Schwarze* Eur VwR II, 1019 f.

[111] Str. AA die wohl hL. Vgl § 11 Rn 43 ff m Nachw. Wie hier aber zB EuGH EuZW 1991, 405 („soweit die Richtlinie Ansprüche des einzelnen begründen soll"). Auch einen sekundären Rechtsschutz (Staatshaftung) gebietet das Gemeinschaftsrecht nach der Rspr des EuGH nur, „sofern die verletzte gemeinschaftsrechtliche Vorschrift bezweckt", dem Geschädigten Rechte zu verleihen (EuGH Slg 1996, I-1029, 1149). Wie im nationalen Recht dürfte es nicht allein auf den historischen Willen des Normgebers ankommen, sondern das normumgebende Gefüge (zB das Zusammenspiel mit den Grundfreiheiten) mit zu berücksichtigen sein. Zu Ausnahmen vgl Fn 140. Zum Ganzen auch *Classen* VerwArch 1997, 645 ff; *Ruthig* BayVBl 1997, 289 ff.

[112] Vgl § 11 Rn 45; *v Danwitz* Verwaltungsrechtliches System und europäische Integration, 1996, 175 ff.

[113] EuGH Slg 1991, I-825, 867.

es auch dann als vor nationalen Gerichten durchsetzbares Recht (zB iSd § 42 Abs 2 VwGO) angesehen werden, wenn bei Anlegung rein nationaler Kriterien ein solches nicht anzunehmen wäre.[114] Näher dazu (zT abweichend) § 11 Rn 45.

d) *Das Verhältnis von Primärrecht und Sekundärrecht.* Das primäre Gemeinschaftsrecht steht in seinem Rang über dem Sekundärrecht. Dieses muß daher vertragskonform ausgelegt werden. Die *Normverwerfungskompetenz* für primärrechtswidriges Sekundärrecht liegt allein beim EuGH bzw beim Europäischen Gericht erster Instanz, nicht bei dem Rat oder der Kommission bzw den nationalen Gerichten oder nationalen Verwaltungsbehörden.[115] Das primärrechtswidrige Sekundärrecht kann für nichtig (Art 173, 174 [230, 231] EGV), ungültig (Art 177 Abs 1 b [234 Abs 1b] EGV) oder unanwendbar (Art 184 [241] EGV) erklärt werden. 39

III. Die Mitwirkung der Mitgliedstaaten an der Setzung des Gemeinschaftsrechts

Über ihre *Vertretung im Rat* sind die Mitgliedstaaten an der Setzung europäischen Rechts beteiligt. Die Mitwirkung des deutschen Vertreters im Rat ist *Ausübung deutscher Staatsgewalt*,[116] unterliegt aber zugleich bestimmten Bindungen des Gemeinschaftsrechts. Aus der Sicht des staatlichen Rechts sind die deutschen Ratsvertreter im Rahmen ihrer Einflußmöglichkeiten verpflichtet, auf eine verfassungskonforme Beschlußfassung des Rates hinzuwirken.[117] Diese Pflicht ist auch justitiabel.[118] Die Bindung an das Grundgesetz wird aber durch die aus Art 5 Abs 1 [10] EGV folgende Pflicht zur konstruktiven Zusammenarbeit im Rahmen 40

114 Eine anderweitige gesetzliche Bestimmung iSd § 42 Abs 2 VwGO ist wegen der Rückwirkung auf die Kontrolldichte im Rahmen der Begründetheitsprüfung dagegen erst anzunehmen, wenn das Gemeinschaftsrecht in keiner Weise mehr individualschützend ist, aber gleichwohl Klagerechte gewähren will (zB bei der Zulassung einer Verbandsklage). Auch bei einem Verstoß gegen lediglich objektives Gemeinschaftsrecht kann die Rechtswidrigkeit von dem einzelnen gerügt werden, wenn eine Beeinträchtigung nationaler Grundrechte vorliegt und die Maßnahme wegen Verstoßes gegen das Gemeinschaftsrecht rechtswidrig ist.

115 Vgl EuGH Slg 1987, 4199, 4230f. Rat und Kommission können sekundäres Recht, das sie für primärrechtswidrig halten, allerdings außer Kraft setzen. Zum ansatzweise gegebenen nationalen Rechtschutz vgl Rn 45.

116 Da der Rat nicht aus Organwaltern der Gemeinschaften, sondern Vertretern der Mitgliedstaaten zusammengesetzt ist, kann die Mitwirkung der Ratsmitglieder nicht als Handeln von Gemeinschaftsrechtssubjekten angesehen werden. Vgl auch *Friauf* in: Friauf/Scholz, Europarecht und Grundgesetz, 1990, 42; Streinz Bundesverfassungsgerichtliche Kontrolle über die deutsche Mitwirkung am Entscheidungsprozeß im Rat der Europäischen Gemeinschaften, 1990, 23f.

117 *Tomuschat* (Fn 60) 346f; *Schilling* DVBl 1997, 458ff. AA *Nicolaysen* EuR 1989, 215, 218f. Der Verfassungsbindung steht nicht entgegen, daß die Mitwirkung im Rat zumeist außerhalb des Bundesgebiets erfolgt.

118 In Betracht kommen eine Verfassungsbeschwerde von Privaten (vgl auch BVerfG, NJW 1990, 974; abl BVerfG, DÖV 1992, 1010), ein Organstreit und ein Bund-Länder-Streit (zum Anspruch auf Erlaß einer einstweiligen Anordnung restriktiv BVerfG, NJW 1990, 974f). Näher zum Ganzen *Streinz* (Fn 116) 52ff.

der Grenzen des Art 23 Abs 1 GG relativiert. Sofern die Verwirklichung der Ziele der Gemeinschaft dies zwingend verlangt und die „Verfassungssubstanz" nicht berührt ist, darf der deutsche Vertreter im Rat daher auch dem Erlaß vom Sekundärrecht zustimmen, das inhaltlich vom Grundgesetz abweicht.[119]

41 Um eine *Beteiligung der Bundesländer* an der Setzung von Rechtsakten der Europäischen Union zu sichern, schreibt Art 23 Abs 2 – 5 GG iVm dem Gesetz über die Zusammenarbeit von Bund und Ländern in Angelegenheiten der Europäischen Union[120] vor, daß neben dem Bundestag auch der Bundesrat an der Willensbildung des Bundes zu beteiligen ist. Wenn im Schwerpunkt Gesetzgebungsbefugnisse der Länder, die Einrichtung ihrer Behörden oder ihre Verwaltungsverfahren betroffen sind, ist bei der Willensbildung des Bundes die Auffassung des Bundesrates maßgeblich zu berücksichtigen (Art 23 Abs 5 S 2 GG).[121] Stimmt die Auffassung der Bundesregierung nicht mit der Stellungnahme des Bundesrates überein, ist ein Einvernehmen anzustreben. Kommt dieses nicht zustande und bestätigt der Bundesrat seine Auffassung mit einem mit zwei Dritteln seiner Stimmen gefaßten Beschluß, ist die Auffassung des Bundesrates maßgebend.[122] Sind im Schwerpunkt ausschließliche Gesetzgebungsbefugnisse der Länder betroffen, soll die Wahrnehmung der Rechte, die der Bundesrepublik Deutschland als Mitgliedstaat der Europäischen Union zustehen, vom Bund auf einen vom Bundesrat benannten Vertreter der Länder übertragen werden (Art 23 Abs 6 S 1 GG). Die genannten Regelungen, die eine „Mischverwaltung in auswärtigen Angelegenheiten" einführen,[123] werfen zahlreiche Zweifelsfragen auf.[124] ZB läßt sich darüber streiten, ob die Gewichte von Bundestag und Bundesrat richtig verteilt sind.[125] Auch ist es nicht unbedenklich, ein Bundesorgan (Bundesrat) zum Treuhänder der Länder zu machen, zumal die Landesparlamente dadurch ausgeschlossen werden.[126] Das Letztentscheidungsrecht des Bundesrates in den Fällen der schwerpunktmäßigen Betroffenheit von Gesetzgebungsbefugnissen erschwert die Kompromißfindung im Ministerrat[127] und verstößt möglicherweise gegen Art 5 [10] EGV, weil die Organe der Gemeinschaft nicht durch nationale Bindungen handlungsunfähig ge-

[119] Die Bindung an die Ziele der Gemeinschaft geht der Bindung an das Verfassungsrecht in den genannten Grenzen vor. Vgl *Tomuschat* (Fn 60) 347; *Streinz* (Fn 116) 30ff. AA *Herdegen* EuGRZ 1989, 309, 313; *Friauf* (Fn 116) 89, 92; *Scholz* NJW 1990, 941, 945. Vgl auch BVerfGE 92, 203, insbes 236, zu den Anforderungen des GG an das Auftreten der Bundesregierung im Rat und zur Zusammenarbeit mit den Ländern, wenn eine (geplante) Richtlinie eine Materie betrifft, die innerstaatlich die Kompetenz der Bundesländer betrifft.

[120] BGBl I 1993, 311 u 313.

[121] S a BVerfGE 92, 203ff.

[122] § 5 Abs 2 S 3–5 Gesetz über die Zusammenarbeit von Bund und Ländern in Angelegenheiten der Europäischen Union.

[123] *Herdegen* EuGRZ 1992, 589ff.

[124] Demgemäß werden sie überwiegend kritisch gesehen. Positiv aber *Scholz* (Fn 15) 820f.

[125] *Di Fabio* Staat 32 (1993) 191, 209f; aA *Hilf* VVDStRL 53 (1994) 7, 19.

[126] Krit auch *Pernice* (Fn 6) 910; *Schweitzer,* VVDStRL 53 (1994) 48, 60ff.

[127] *Oppermann/Classen* (Fn 6) 12. Vgl zu den Beeinträchtigungen der Handlungsfähigkeit der Bundesrepublik auch *v Simson/Schwarze* (Fn 6) 39; *T. Stein* VVDStRL 53 (1994) 26, 36.

macht werden dürfen.[128] Ferner wirft die Vertretung des Bundes im Ministerrat durch einen Repräsentanten der Länder die Frage auf, wie die gesamtstaatliche Verantwortung des Bundes (Art 23 Abs 6 S 2 2. Halbs GG) realisiert werden kann.

IV. Das Verhältnis von Gemeinschaftsrecht und staatlichem Recht

1. Das Rangverhältnis

Da das europäische Gemeinschaftsrecht – insbes das Vertragsrecht, die Verordnungen und Entscheidungen, in Ausnahmefällen auch die Richtlinien – unmittelbare Geltung im staatlichen Rechtskreis zu erlangen vermag und sich auch der einzelne vor den staatlichen Organen auf das Gemeinschaftsrecht berufen kann, stellt sich die Frage nach dem Rangverhältnis von Gemeinschaftsrecht und staatlichem Recht. Im Ergebnis besteht heute weitgehende Übereinstimmung darüber, daß das primäre und sekundäre Gemeinschaftsrecht dem Recht der Mitgliedstaaten jedenfalls grundsätzlich vorgeht.[129] Die Begründung für dieses Ergebnis ist allerdings höchst unterschiedlich. Während der EuGH die Geltung und damit den *Vorrang des Gemeinschaftsrechts* den Gemeinschaftsverträgen selbst entnimmt, weil diese im Unterschied zu den gewöhnlichen völkerrechtlichen Verträgen eine eigene (selbständige) Rechtsordnung geschaffen hätten,[130] stützt sich das BVerfG auf den innerstaatlichen Rechtsanwendungsbefehl der Zustimmungsgesetze zu den EG-Verträgen.[131] Die Befugnis des deutschen Gesetzgebers, den „Souveränitätspanzer des Staates"[132] zu durchbrechen und dem supranationalen europäischen Recht den Vorrang vor dem innerstaatlichen Recht einzuräumen, wurde früher dem Art 24 Abs 1 GG entnommen. Heute ist Art 23 nF GG die einschlägige Norm. Der Vorrang kommt auch zum Tragen, wenn das nationale Recht später erlassen wurde.[133] **42**

Umstritten ist, ob der Vorrang des Gemeinschaftsrechts als (normhierarchischer) Geltungsvorrang oder Anwendungsvorrang aufzufassen ist. Im ersten Fall muß das gemeinschaftsrechtswidrige innerstaatliche Recht als nichtig,[134] im zweiten lediglich als nicht anwendbar angesehen werden. Da dem Gemeinschaftsrecht keine dem Art 31 GG entsprechende Kollisionsregel entnommen werden kann, ist **43**

128 *Pernice* (Fn 6) 918 f; *Everling* (Fn 6) 943, 945. Zu umgekehrten Überlegungen, ob sich nicht das Prinzip der Gemeinschaftstreue aus Art 5 [10] EGV zum Gebot der Rücksichtnahme auf die föderative Ordnung in einem Mitgliedstaat verdichten kann, vgl *Stein* (Fn 127) 37.

129 *Oppermann* (Fn 74) Rn 523 ff; *Schweitzer/Hummer* EuR, Rn 845 ff; *Ipsen* in: Isensee/Kirchhof VII, § 181 Rn 58; *Zuleeg* (Fn 62) 159 ff.

130 EuGH Slg 1964, 1251, 1270 f (Costa/ENEL); 1969, 1, 14; 1991, I-6079, 6102. Die europarechtliche Lösung der Kollisionsfrage sichert den Vorrang des EG-Rechts in allen Mitgliedstaaten.

131 Vgl BVerfGE 73, 339, 375; s a 89, 155, 188.

132 Vgl *Bleckmann* EuR, Rn 676, 1070 ff.

133 EuGH Slg 1964, 1251, 1271; 1978, 629, 644 f.

134 Da das Gemeinschaftsrecht rein innerstaatliche Sachverhalte idR nicht betrifft, wäre vielfach nur von Teilnichtigkeit auszugehen.

mit der ganz hM von einem bloßen *Anwendungsvorrang* auszugehen.[135] Dies bedeutet, daß das gemeinschaftsrechtswidrige innerstaatliche Recht gültig bleibt und nur insoweit unanwendbar ist, als das Gemeinschaftsrecht selbst unmittelbare Anwendung verlangt.[136]

44 Die Rangfrage stellt sich nur, wenn eine Norm des Gemeinschaftsrechts und eine Norm des nationalen Rechts dieselbe Frage in widerprüchlicher Weise regeln (direkte Kollision). Anders ist die Rechtslage, wenn das Gemeinschaftsrecht bestimmte Folgen beansprucht, die nach nationalem Recht nicht erreichbar sind oder deren Erreichbarkeit nicht gesichert ist (indirekte Kollision).[137] ZB muß beim Vollzug des Gemeinschaftsrechts vorläufiger Rechtsschutz gewährt werden können.[138] Würde das nationale Recht einen solchen Rechtsschutz nicht kennen, ergäbe sich unmittelbar aus dem Gemeinschaftsrecht die Notwendigkeit, diesen zur Verfügung zu stellen.

45 Während der Vorrang des EG-Rechts nach Ansicht des EuGH uneingeschränkt gilt,[139] hat das BVerfG in zweifacher Hinsicht Vorbehalte angemeldet. Nach der sog *Solange-Rechtsprechung* ermächtigt Art 24 Abs 1 GG nicht dazu, die Identität der geltenden Verfassungsordnung der Bundesrepublik durch Einbruch in ihr Grundgefüge aufzugeben.[140] Heute ergeben sich die Schranken der Übertragung von Hoheitsrechten auf die Europäischen Gemeinschaften bzw die Europäische Union aus Art 23 Abs 1 S 1 u S 3 GG. Danach darf die Bundesrepublik zur Verwirklichung eines vereinten Europas nur bei der Entwicklung einer solchen Europäischen Union mitwirken, die demokratischen, rechtsstaatlichen, sozialen und föderativen Grundsätzen und dem Grundsatz der Subsidiarität verpflichtet ist und einen dem Grundgesetz im wesentlichen vergleichbaren Grundrechtsschutz gewährleistet. Für die Begründung der Europäischen Union sowie die Änderung ihrer vertraglichen Grundlagen und vergleichbaren Regelungen, durch die das Grundgesetz seinem Inhalt nach geändert oder ergänzt wird oder solche Änderungen oder Ergänzungen ermöglicht werden, gilt Art 79 Abs 2 u 3 GG. Werden diese Vorgaben mißachtet, ist das Gemeinschaftsrecht nach Ansicht des BVerfG im deutschen Hoheitsbereich nicht verbindlich (*Grenze des Nichtübertragbaren*).

135 EuGH Slg 1991, I-297, 321; BVerfGE 75, 223, 244; 85, 191, 204; BVerwG NVwZ 1992, 783, 784; *Schmidt-Aßmann* DVBl 1993, 924, 930f; aA zB *Grabitz* Gemeinschaftsrecht bricht nationales Recht, 1966, der seinen Standpunkt aber aufgegeben hat (vgl *Grabitz* in: Kruse [Hrsg], Zölle, Verbrauchssteuern, europäisches Marktordnungsrecht, 1988, 33, 43 f). Vgl aber auch Rn 48.

136 Für die Inländer bleibt das gemeinschaftsrechtswidrige Recht somit häufig in Kraft (vgl BGH NJW 1990, 108). Soweit die Norm dem Gemeinschaftsrecht widerspricht, ist der Mitgliedstaat verpflichtet, sie zu ändern (vgl EuGH Slg 1974, 359, 372 f).

137 Vgl zum Sprachgebrauch *Rengeling/Middeke/Gellermann* Rechtsschutz in der Europäischen Union, 1994, Rn 954f; *v Fragstein* Die Einwirkungen des EG-Rechts auf den vorläufigen Rechtsschutz nach deutschem Verwaltungsrecht, 1997, 29.

138 Vgl EuGH Slg 1990, I-2433, 2474.

139 Dh auch gegenüber anderslautendem mitgliedstaatlichem Verfassungsrecht. Vgl EuGH Slg 1970, 1125, 1135; Slg 1990, I-2433, 2473.

140 BVerfGE 37, 271, 279 (Solange I); 73, 339, 375f (Solange II). Zur Verfassungsrechtslage der anderen Mitgliedstaaten vgl *Streinz* Bundesverfassungsgerichtlicher Grundrechtsschutz und Europäisches Gemeinschaftsrecht, 1989, 133ff.

Wie das Gericht in seinem grundlegenden *Maastricht-Urteil* (noch einmal) zum Ausdruck gebracht hat, nimmt es für sich in Anspruch zu überprüfen, ob das Gemeinschaftsrecht den unabdingbaren Standard des Grundgesetzes wahrt.[141] Außerdem besteht nach Ansicht des BVerfG eine zweite Grenze, weil gemeinschaftsrechliche Rechtsakte nur in der Lage seien, eine Bindungswirkung zu entfalten, wenn den Gemeinschaften durch nationales Zustimmungsgesetz eine Kompetenz übertragen worden ist (*Grenze des Nichtübertragenen*). Das BVerfG soll danach auch verbindlich darüber entscheiden, ob die Gemeinschaften ihre Kompetenzen überschritten haben.[142]

Prozessual kommt in solchen Fällen insbes eine Verfassungsbeschwerde sowohl gegen das Gemeinschaftsrecht selbst[143] als auch gegen den deutschen Vollzugsakt in Betracht. Ebenso kann die Gültigkeit von Gemeinschaftsrecht zum Gegenstand einer Richtervorlage nach Art 100 Abs 1 GG gemacht werden.[144] Das BVerfG hat allerdings betont, daß es seine Gerichtsbarkeit über die Anwendbarkeit von (abgeleitetem) Gemeinschaftsrecht in Deutschland in einem „Kooperationsverhältnis" zum EuGH ausüben werde.[145] Dies dürfte bedeuten, daß das BVerfG vor Annahme einer Unanwendbarkeit des (sekundären) Gemeinschaftsrechts den EuGH im Wege des Vorabentscheidungsverfahrens nach Art 177 [234] EGV anrufen wird (falls eine Entscheidung des EuGH noch nicht vorliegt). Hierzu ist das BVerfG nach Gemeinschaftsrecht auch verpflichtet. 46

Die sich aus der Solange-Rechtsprechung des BVerfG ergebenden Schranken der gemeinschaftsrechtlichen „Integrationsgewalt" sind so hoch angesetzt, daß eine Unanwendbarkeit des Gemeinschaftsrechts in Deutschland nur in krassen Ausnahmefällen in Betracht zu ziehen ist. So genügt auch nach Ansicht des BVerfG der *Grundrechtsschutz* der EG mittlerweile den Anforderungen des Grundgesetzes. Das Gericht wird deshalb bei Fortbestehen dieses Zustandes darauf verzichten, das EG-Recht am Maßstab der Grundrechte des Grundgesetzes zu überprüfen.[146] Bei den sonstigen Vorgaben des Art 23 Abs 1 S 1 u 3 GG handelt es sich um bloße Grundsätze. Nur wenn diese im Kern mißachtet werden, muß das Gemeinschaftsrecht zurücktreten.[147] ZB kann nicht verlangt werden, daß die demokratische, rechtsstaatliche, soziale und föderative Ordnung der Gemein- 47

141 BVerfGE 89, 155, 174f. Näher zu dieser grundlegenden Entscheidung etwa *Bleckmann/Pieper* RIW 1993, 969, 970ff; *Götz* JZ 1993, 1081, 1082ff; *Tomuschat* EuGRZ 1993, 489, 490f; *Schwarze*, NJ 1994, 1, 3ff; *Schröder* DVBl 1994, 316, 322f; *Streinz* EuZW 1994, 329, 331. Vgl auch BVerfGE 58, 1, 30; 73, 339, 387; 75, 223, 235.

142 Vgl BVerfGE 89, 155, 187, 209f; *Kirchhof* Deutsches Verfassungsrecht und Europäisches Gemeinschaftsrecht, in: Kirchhof/Ehlermann (Hrsg), Deutsches Verfassungsrecht und Europäisches Gemeinschaftsrecht, Europarecht-Beiheft 1/1991, 11ff; *v Danwitz* (Fn 111) 458ff; *Huber* Recht der Europäischen Integration, 1996, 193; *Hirsch* NJW 1996, 2457, 2460ff.

143 BVerfGE 89, 155, 175.

144 Vgl auch bereits BVerfGE 37, 271, 283ff; *W. Klein* in: Benda/E. Klein, Verfassungsprozeßrecht, 1991, Rn 734ff.

145 BVerfGE 89, 155, 175, 178.

146 BVerfGE 73, 339, 387; BVerfGE 89, 155, 175, 178.

147 Zur Frage, ob der Kernbereich absolut oder durch Abwägung von EG-rechtlichen und grundgesetzlichen Anforderungen zu bestimmen ist, vgl *Jarass* in: Jarass/Neumann, Leistungen und Grenzen des EG-Umweltschutzes, 1994, 104ff.

schaften exakt derjenigen der Bundesrepublik entspricht.[148] Die Einbußen, welche die *Länder* und *Kommunen* durch die Ausübung der Kompetenzen der Gemeinschaft erleiden können, lassen sich daher kaum mittels eines Rückgriffs auf die Identität der geltenden Verfassungsordnung der Bundesrepublik, so wie sie in Art 23 Abs 1 S 1 u 3 GG bzw Art 79 Abs 3 GG umschrieben ist, aufhalten. So schützen sowohl Art 23 Abs 1 S 1 als auch Art 79 Abs 3 GG nur die bundesstaatliche Ordnung als solche, enthalten jedoch keine Bestandsgarantie für alle derzeitigen Kompetenzen der Länder.[149] Art 28 Abs 2 GG kann ohnehin nicht zum Bestand der genannten Vorschriften gezählt werden.[150] Im Falle einer Übertragung nennenswerter weiterer Kompetenzen auf die Gemeinschaften bzw die Europäische Union ohne gleichzeitige Stärkung des Europäischen Parlaments schließt das BVerfG allerdings eine Verletzung des *Demokratieprinzip*s nicht aus.[151]

2. Der verbleibende Spielraum des Staates

48 Besteht eine *ausschließliche Gesetzgebungskompetenz* einer *Gemeinschaft*, darf ein staatliches Gesetz nicht erlassen werden (es sei denn, daß die Gemeinschaft die Mitgliedstaaten zur Rechtsetzung ermächtigt hat). Ein dennoch erlassenes Gesetz ist nach der hier vertretenen Auffassung[152] ungültig und nicht nur unanwendbar, weil dem Mitgliedstaat die Kompetenz zur Gesetzgebung fehlt. Die Rangfrage stellt sich in solchen Fällen nicht. Allerdings sind die Gemeinschaftskompetenzen nur in seltenen Fällen ausschließlicher Natur. Zu denken ist etwa an Regelungen über die EG-Organe, zB über die Europäische Umweltagentur.[153] Grundsätzlich steht den Gemeinschaften nur eine *konkurrierende Gesetzgebungszuständigkeit* zu.[154]

[148] Vgl auch *Everling* (Fn 6) 945; *Breuer* (Fn 6) 422.

[149] Zu den Kompetenzverlusten vgl Große-Sender (Hrsg), Bericht, Teil Eins, Kommission „Erhaltung und Fortentwicklung der bundesstaatlichen Ordnung innerhalb der Bundesrepublik Deutschland – auch in einem Vereinten Europa", 1990, 139 ff; *Merten* (Hrsg), Föderalismus und Europäische Gemeinschaften, 1990. Zum Schlagwort „Europa der Regionen" vgl § 1 Rn 53 m Fn 194.

[150] Vgl *Ehlers* in: ders (Hrsg), Kommunale Wirtschaftsförderung, 1990, 103, 120; *Rengeling* DVBl 1990, 893, 898. AA *Mombaur/Lennep* DÖV 1988, 988, 991 f.

[151] BVerfGE 89, 155, 182 ff.

[152] IdR wird auf die hier angesprochene Problematik nicht eingegangen, vielmehr nur der Anwendungsvorrang des Gemeinschaftsrechts herausgestellt. Vgl etwa *Scherzberg* in: Siedentopf (Fn 95) 17, 34 ff; *Zuleeg* (Fn 62) 159 ff.

[153] Vgl auch *Jarass* (Fn 70) 13 f. Eine ausschließliche Zuständigkeit der Gemeinschaft wird auch im Bereich der Handelspolitik bejaht (EuGH Slg 1975, 1355, 1363 f). Selbst bei Untätigkeit der Gemeinschaft sollen die Mitgliedstaaten keine Maßnahmen treffen dürfen. Gleichwohl soll das mitgliedschaftliche Recht lediglich nicht anwendbar sein (vgl *Arnold* in: Dauses (Fn 64) K I Rn 20). Zu den ausschließlichen Kompetenzen der Gemeinschaft s a *Himmelmann* EG-Umweltrecht und nationale Gestaltungsspielräume, 1997, 77 ff.

[154] Das gilt insbes auch für die Rechtsangleichung nach Art 100 a [95] EGV. Vgl auch *Jarass* Die Kompetenzen der Europäischen Gemeinschaft und die Folgen für die Mitgliedstaaten, 1997, 35. Durch Ausübung einer konkurrierenden Kompetenz wird diese nicht zu einer ausschließlichen (*Calliess* EuZW 1995, 693, 697 ff; aA wohl EuGH Slg 1993, I-1064, 1077). Art 3 b Abs 2 [5 Abs 2] EGV bleibt somit anwendbar.

Es kommt dann darauf an, ob sie von dieser Zuständigkeit durch Setzung unmittelbar geltenden Rechts abschließend Gebrauch gemacht haben.[155] In dem Umfang, in dem dies geschehen ist, tritt eine Kompetenzsperre ein. ZB ist es den nationalen Rechtssetzungsorganen verwehrt, die Regelung einer EG-Verordnung nochmals inhaltsgleich als verbindliches nationales Recht zu erlassen. Tun sie es dennoch, sind die nationalen Vorschriften ungültig und nicht nur unanwendbar. Zulässig können dagegen deklaratorische Vorschriften sein, dh Normen, die selbst keinen Regelungscharakter haben, sondern nur auf das EG-Recht hinweisen. Dies ist jedenfalls dann anzunehmen, wenn Gemeinschaftsrecht und nationales Recht zusammenwirken und die „Wiederholung" des Gemeinschaftsrechts in einem nationalen Rechtssatz der besseren Verständlichkeit dient. So werden vor allem im Außenwirtschaftsrecht EG-Verordnungen vielfach zum Gegenstand gleichlautender deutscher Rechtsakte gemacht, um die Transparenz des europäischen Außenwirtschaftsrechts zu verbessern und das Zusammenspiel mit den ergänzenden Bestimmungen des deutschen Rechts zu verdeutlichen.[156] Die „Wiederholung" der EG-Verordnungen ist daher nicht ungültig, hat aber deklaratorische Bedeutung.[157] Auch als deklaratorische Bestimmungen dürfen die nationalen Rechtsakte nicht den Gemeinschaftscharakter der zugrunde liegenden Gemeinschaftsregeln verschleiern und die einheitliche Anwendung des Gemeinschaftsrechts gefährden. Eine *parallele Kompetenz* von Gemeinschaft und Mitgliedstaaten gibt es nicht.

V. Die Transformation des Gemeinschaftsrechts

49 Entfaltet das Gemeinschaftsrecht in den Mitgliedstaaten keine unmittelbare Wirkung, muß es zunächst in staatliches Recht transformiert werden. Maßgebend hierfür ist die nationale Rechtsordnung. In der Bundesrepublik stellt sich die Frage, ob Bund oder Länder zuständig sind. Das beurteilt sich nach den Art 70ff GG. Nach wohl hM sind diese Regelungen auf den Fall einer Umsetzungspflicht allerdings nicht unmittelbar anwendbar, da es sich nicht um originäre deutsche Gesetzgebung handele.[158] Dies würde aber nichts an dem Ergebnis ändern. So läßt sich den Art 23 Abs 1, 32, 59, 73ff GG keine generelle Bundeszuständigkeit entnehmen. Umgekehrt liefe eine alleinige Zuständigkeit der Länder dem Grundgedanken des Art 23 Abs 1 GG zuwider. Bei Zugrundelegung der wohl hM wird man daher die *Art 70ff GG entsprechend* heranziehen müssen.[159] Die Beachtung

[155] Auch hierbei dürfte es sich um Ausnahmefälle handeln, da das Gemeinschaftsrecht idR nicht rein nationale Sachverhalte erfaßt.

[156] Vgl zB § 69 a Abs 1 Nr 2 AWV.

[157] So wohl auch EuGH Slg 1973, 981, 982; 1977, 137, 149; 1985, 1057, 1074; BGH EuZW 1994, 219, 220f (Irak-Embargo). Für unzulässig halten solche Verordnungen *Nicolaysen* Europarecht I, 1991, 30; *Bryde* in: Achterberg/Püttner Bes VwR I, 1/3 Rn 749; *ders* in: Schmidt (Hrsg) Öffentliches Wirtschaftsrecht, § 14 Rn 26; *Lux* ZfZ 1990, 194, 205f; *Streinz* in: Isensee/Kirchhof VII, § 182 Rn 18.

[158] *Fischer* (Fn 45) 143. AA wohl *Grabitz* AöR 111 (1986) 1, 9ff.

[159] Vgl *Kössinger* Die Durchführung des europäischen Gemeinschaftsrechts im Bundesstaat, 1989, 40ff mwN. Zu Art 10 Abs 3 des Einigungsvertrags, wonach Rechtsakte der Euro-

der Art 70 ff GG entspricht auch der Staatspraxis. Ein Tätigwerden des Bundes ist daher erforderlich, wenn es sich um Gegenstände der ausschließlichen, der konkurrierenden, der Rahmen- oder Grundsatzgesetzgebung handelt. Im übrigen liegt die Gesetzgebungskompetenz bei den Ländern. Diese sind dem Bund gegenüber nach dem Grundsatz der Bundestreue[160] zu einem Tätigwerden und zu einer korrekten Umsetzung des Gemeinschaftsrechts verpflichtet. Für die Form der Umsetzung (Parlamentsgesetze, Verordnungen oder Satzungen) gelten die allgemeinen Regeln des deutschen Rechts, insbes das Prinzip vom Vorbehalt des Gesetzes. An das Bestimmtheitsgebot des Art 80 Abs 1 S 2 GG sind geringere Anforderungen als im deutschen Recht zu stellen, da das Parlament durch das Gemeinschaftsrecht ohnehin weitgehend festgelegt ist, so daß gegen eine Übertragung der Rechtssetzung auf die Exekutive nicht dieselben Bedenken wie ansonsten bestehen.[161] Eine Umsetzung von EG-Richtlinien durch schlichte Verwaltungspraktiken[162] oder Verwaltungsvorschriften[163] genügt dem Gemeinschaftsrecht nicht, weil dadurch seine korrekte Beachtung nicht gesichert werden kann und die Rechtsunterworfenen nicht hinreichend deutlich über ihre Rechte und Pflichten informiert werden.

50 Werden Richtlinien oder Entscheidungen in deutsche Rechtsvorschriften umgesetzt, stellt sich die Frage, ob die *Umsetzungsakte* noch einer *grundgesetzlichen Überprüfung und Kontrolle* unterliegen. Hierbei ist zu differenzieren. Sind die Umsetzungsvorschriften auslegungsfähig, müssen sie richtlinien- bzw entscheidungskonform interpretiert werden (Rn 30). Widersprechen sich gemeinschafts- und verfassungskonforme Auslegung, setzt sich erstere wegen des Vorrangs des Gemeinschaftsrechts durch.[164] Kommen bei Beachtung des Gemeinschaftsrechts mehrere Auslegungsmöglichkeiten in Betracht, die teils mit dem Grundgesetz in Einklang stehen, teils ihm widersprechen, muß die verfassungsmäßige gewählt werden. Besteht kein Auslegungsspielraum und sind die Umsetzungsvorschriften zwar richtlinien- bzw entscheidungskonform, aber verfassungswidrig, bleiben sie (bei Wahrung der Identität der Verfassungsordnung) gleichwohl gültig und anwendbar.[165] Dieselben Rechtsfolgen treten ein, wenn nichtauslegungsfähige, aber verfassungskonforme Bestimmungen von den Richtlinien oder Entscheidungen abweichen, diesen Rechtsakten der Gemeinschaft aber keine unmittelbare Wirkung zukommt.[166]

päischen Gemeinschaften, deren Umsetzung oder Ausführung in die Zuständigkeit der Länder fällt, von diesen durch landesrechtliche Vorschriften umzusetzen oder auszuführen sind, vgl *Streinz* in: Isensee/Kirchhof VII, § 182 Rn 45.

160 Vgl Stern, StR I, § 19 III 4.

161 Vgl zu einem einfachgesetzlichen Beispiel § 48 a BImSchG.

162 Vgl nur EuGH Slg 1982, 1791, 1804 f.

163 EuGH Slg 1991, I-2567, 2602; 1991, I-2607, 2632; 1991, I-4983, 5023. Zust (zu Recht) zB *Koch* DVBl 1992, 124 ff; *Everling* NVwZ 1993, 209, 214. Krit etwa *Di Fabio* DVBl 1992, 1338 ff; *Reinhardt* DÖV 1992, 102, 108.

164 AA *Di Fabio* (Fn 86) 952.

165 Vgl auch BVerfG NJW 1990, 974 f.

166 AA (für absoluten Vorrang der Richtlinie) *Salzwedel* UPR 1989, 41, 42. Vgl auch *Scheuing* DÖV 1975, 145, 149.

VI. Der exekutive Vollzug des Gemeinschaftsrechts

Das Gemeinschaftsrecht wird durch die Gemeinschaftsorgane selbst oder die Mitgliedstaaten vollzogen.[167] Beim Vollzug wirken das *europäische Verwaltungsrecht* – dh das EG-Eigenverwaltungsrecht sowie das für alle Mitgliedstaaten verbindliche Gemeinschaftsverwaltungsrecht[168] – und das *mitgliedstaatliche Verwaltungsrecht* in einem fortgeschrittenen und unumkehrbaren Prozeß,[169] der verstärkt der konzeptionellen Begleitung und Abstimmung seitens der Verwaltungsrechtswissenschaft bedarf, aufeinander ein. 51

1. Der gemeinschaftseigene Vollzug

Der gemeinschaftseigene oder direkte Vollzug des Gemeinschaftsrechts kann sich auf *interne oder externe Angelegenheiten* beziehen.[170] Ersteres ist etwa der Fall, wenn es um die Erfüllung der sog Intendanturaufgaben, wie zB der Personalangelegenheiten[171] oder des Haushaltsvollzugs, geht. Letzteres trifft auf die Verwaltung der eigenen Politikbereiche der Gemeinschaft und damit die Gestaltung der Rechtsbeziehungen zu Außenstehenden zu. Zu nennen sind etwa die kartellverwaltungsrechtlichen und beihilfeaufsichtlichen Aktivitäten der EG,[172] das Antidumpingverfahren,[173] die gemeinschaftseigene Subventionsvergabe,[174] die Beseitigung von Diskriminierungen auf dem Verkehrssektor[175] und in Zukunft die Tätigkeit der Europäischen Zentralbank.[176] Im Zuge der Bemühungen um mehr Transparenz der Gemeinschaft hat sich mit den Beschlüssen 94/90/EGKS/EG/Euratom über den Zugang der Öffentlichkeit zu den der Kommission vorliegenden Dokumente[177] und den Beschluß 93/731/EG über den Zugang der Öffentlichkeit zu Ratsdokumenten[178] ein neuer Bereich des besonderen Gemeinschaftsverwaltungsrechts entwickelt.[179] 52

[167] Zu Mischformen vgl *Everling* DVBl 1983, 649, 650; *Schmidt-Aßmann* (Fn 135) 934f; *Stettner* in: Dauses (Fn 64) B III Rn 27; *Scheuing* in: Hoffmann-Riem/Schmidt-Aßmann, Innovation und Flexibilität des Verwaltungshandelns, 1994, 289, 295f.

[168] Vgl zur Begriffsbildung *Rengeling* (Fn 68) 205ff.

[169] *Schmidt-Aßmann* (Fn 135) 924.

[170] Vgl *Stettner* in: Dauses (Fn 64) B III Rn 18f; *Rengeling* (Fn 168) 205.

[171] Zum Beamtenrecht vgl VO 259/68 v 29.2.1968, ABl L 56, 1. Zu den Einzelheiten vgl *Oppermann* (Fn 74) Rn 667ff.

[172] Vgl zB Art 85ff, 92ff [81ff, 87ff] EGV, Art 2ff Kartell-VO (EWG-VO Nr 17/62 v 6.2. 1962, ABl L, 204); Art 6ff Fusionskontroll-VO (EWG-VO Nr 4064/89 v 21.12.1989, ABl 1990 L 257, 13). Zur Zulässigkeit von Durchsuchungsmaßnahmen und Zwangsgeldfestsetzungen nach der Kartell-VO vgl EuGH Slg 1989, 2859, 2922ff (Hoechst).

[173] S VO 2423/88/EG, ABl 1988 L 209, 1ff.

[174] Vgl zB Art 40 Abs 3, 130 c [34 Abs 3, 160] EGV.

[175] Art 79 Abs 4 [75 Abs 4] EGV.

[176] Vgl Art 4 a [8] EGV.

[177] ABl 1994 L 46, 58.

[178] ABl 1993 L 340, 43.

[179] S dazu EuG EuZW 1996, 152 ff; EWS 1997, 205ff.

53 Besondere Bedeutung hat in den letzten Jahren die Betrugsbekämpfung erlangt. Allein im Jahre 1996 wurden rund 4 500 Betrugsfälle zu Lasten des EG-Haushalts aufgedeckt, die sich auf eine Summe von 1,3 Mrd ECU beliefen.[180] Zum Schutze der finanziellen Interessen der Gemeinschaft haben EG und EURATOM eine Sanktionsverordnung[181] erlassen, die als eine Art Allgemeiner Teil des EG-Verwaltungssanktionsrechts bezeichnet worden ist.[182] Zur Betrugsbekämpfung sind nicht nur die Mitgliedstaaten verpflichtet (Art 209 a [280] EGV);[183] auf der Grundlage sektoraler Regelungen und der am 1.1.1997 in Kraft getretenen VO Nr 2185/96[184] kann die Kommission selbst Kontrollen und Überprüfungen vor Ort durchführen.[185] Für die Kommission wird hierbei die eigens eingerichtete Betrugsbekämpfungsstelle UCLAF (Unité de Coordination de la Lutte Anti-Fraude) tätig. Im Agrarrecht kann jeder Marktbeteiligte, der einer Unregelmäßigkeit zu Lasten der EG überführt oder verdächtig ist, auf eine „Schwarze Liste" gesetzt und damit von Begünstigungen zeitweilig ausgeschlossen werden.[186]

54 Der gemeinschaftseigene interne Vollzug erfolgt durch die jeweils zuständige Stelle, der externe Vollzug in der Regel durch die *Kommission*.[187] Daneben bestehen andere Verwaltungsstellen (zB das Amt für amtliche Veröffentlichungen)[188] oder gemeinschaftseigene juristische Personen (zB die Europäische Investitionsbank, Art 198 d [266] EGV, und die EAG-Versorgungsagentur, Art 52, 54 EAGV). Einer Verselbständigung gemeinschaftseigener Einrichtungen sind nach dem Vertragsrecht enge Grenzen gesetzt.[189]

55 Gesteuert wird das Handeln der Gemeinschaften sowohl durch das Primär- als auch durch das Sekundärrecht. Hinzuweisen ist beispielsweise auf die Art 93, 189 Abs 4, 190, 192, 213 und 214 [88, 249 Abs 4, 253, 256, 284 und 287] EGV, verschiedene fachgebietsbezogene Verordnungen[190] sowie vereinzelt auch gebietsübergreifende Regelungen.[191] Vielfach hat das Verwaltungsverfahren aber keine ausdrückliche nähere Regelung gefunden, so daß auf die *allgemeinen Rechtsgrundsätze* des Verwaltungsrechts (Rn 21) zurückgegriffen werden muß. Die allge-

180 Näher hierzu *Wolffgang* in: Ehlers/Wolffgang (Hrsg), Rechtsfragen der Europäischen Marktordnungen, 1998, 209, 212.

181 VO (EG/EURATOM) Nr 2988/95 (ABl L 312 v 23.12.1995, 1). Zu Sanktionen im Gemeinschaftsrecht s *Prieß* in: Europäisches Forum für Außenwirtschaft, Verbrauchsteuern und Zoll (Hrsg), Hemmnisse und Sanktionen in der EU, 1996, 44, 50f.

182 Vgl *Dannecker* ZStW 108 (1996) 577, 604; *Kuhl* in: Europäisches Forum für Außenwirtschaft, Verbrauchsteuern und Zoll (Hrsg), 1996, 149, 154.

183 Die Vorschrift ist im Amsterdamer Vertrag neu gefaßt worden, um eine Rechtsgrundlage für den Erlaß von Sekundärrecht zu schaffen.

184 VO (EURATOM/EG) Nr 2185/96 (ABl L 292, 2).

185 Zur strafprozessualen Bewertung vgl *Nelles* ZStW 109 (1997) 727 (743ff).

186 VO (EG) Nr 1469/95 (ABl L 145, 1). Näher dazu *Hitzler* in: Ehlers/Wolffgang (Fn 180) 245ff.

187 Vgl *Streinz* EuR, Rn 468.

188 Beschluß 69/13/Euratom/EGKS/EWG, ABl L 13, 19.

189 Vgl auch EuGH Slg 1977, 741, 760f; vgl auch *Oppermann* (Fn 74) Rn 376ff.

190 Vgl zB VO Nr 17/62, ABl, 204; VO 2423/88, ABl L 209, 1.

191 VO 1182/71, ABl L 124, 1 (VO zur Festlegung der Regeln für Feste, Daten und Termine).

meinen Rechtsgrundsätze bilden gleichsam einen Allgemeinen Teil des Verwaltungsverfahrensrechts. Sie ergänzen die geschriebenen Regelungen (zB der Antidumping-VO, des Zollkodex oder der Dual-use-Verordnung) und bilden wegen ihrer Zugehörigkeit zum Primärrecht einen Maßstab für die Zulässigkeit der getroffenen Regelungen (Rn 23).

Als Handlungsform kommt vornehmlich die (individuelle und verbindliche) *Entscheidung* (Art 189 Abs 4 [249 Abs 4] EGV) in Betracht. Bekanntgabe, Begründungspflicht, Bestandskraft und Vollstreckbarkeit der Entscheidung sind im Primärrecht geregelt.[192] Weitere Handlungsformen stellen der Vertrag (Art 181 [238] EGV) sowie die unverbindliche Empfehlung und Stellungnahme (Art 189 Abs 5 [249 Abs 5] EGV) dar. Diese Aufzählung ist keineswegs abschließend. Hingewiesen sei nur auf das Auskunftsverlangen und die Nachprüfung nach Art 213 [284] EGV.[193] Vieles ist noch ungeklärt. So werfen etwa die *Verwaltungsverträge* der Gemeinschaften hinsichtlich Inhaltskontrolle und gerichtlicher Überprüfung Fragen auf. Ob die Organe der EG auf der Grundlage der Gemeinschaftsrechtsordnung anders als „öffentlich-rechtlich" handeln können, ist nicht zweifelsfrei. Art 181 [238] EGV geht von der Fähigkeit der Europäischen Gemeinschaft aus, nicht nur öffentlich-rechtliche, sondern auch privatrechtliche Verträge zu schließen. Welches Recht auf diese Verträge Anwendung findet, bestimmt sich nach dem Willen der Parteien.[194] Da die Gemeinschaften keine ausgebaute Privatrechtsordnung kennen,[195] werden auf die privatrechtlichen Verträge zumeist die nach den Regeln des internationalen Privatrechts geltenden Vorschriften eines bestimmten Mitgliedstaates angewendet,[196] worauf auch Art 215 Abs 1 [288 Abs 1] EGV hindeutet. Ein privatrechtliches Handeln der Gemeinschaft, das sich nach EG-Recht bestimmt, dürfte es deshalb nur in seltenen Ausnahmefällen geben. Unberührt bleibt das Recht der Gemeinschaft, sich der Privatrechtsordnungen der Mitgliedstaaten zu bedienen (zB auf der Grundlage mitgliedstaatlichen Privatrechts Kaufverträge abzuschließen).[197] Sonderrechte können die Gemeinschaften insoweit aber nicht beanspruchen. Teilweise müssen die EG-Organe auch beim gemeinschaftseigenen Vollzug mit den Behörden der Mitgliedstaaten zusammenwirken.[198] Diese sind zur Hilfestellung verpflichtet. 56

192 Vgl Art 191, 190, 173 Abs 5, 192 [254, 253, 230 Abs 5, 256] EGV. Zur Bestandskraft s EuGH EuZW 1994, 250, 251. UU kann ein Bürger aber trotz Bestandskraft einer an ihn gerichteten Entscheidung deren Aufhebung im Wege des Wiederaufgreifens des Verfahrens verlangen, vgl EuGH EuZW 1997, 696, 700 ff.

193 Zu den sog Comfort-letters (Verwaltungsschreiben der Kommission) als Handlungsformen der EG vgl *Schwarze* Eur VwR II, 1323 ff; *Winterfeld* RIW 1984, 929 ff.

194 EuGH Slg 1976, 1807, 1818; 1982, 2469, 2480; 1985, 3693, 3711 f.

195 § 2 Rn 13. Allgem zum Gemeinschaftsprivatrecht: *Müller-Graff* Privatrecht und europäisches Gemeinschaftsrecht, 2. Aufl 1991, 27 ff; *ders* NJW 1993, 13 ff; *Hauschka* JZ 1990, 521, 524 ff; *Schweitzer/Hummer* Europarecht, 5. Aufl 1996, Rn 719 ff.

196 *Gilsdorf/Oliver* in: vd Groeben/Thiesing/Ehlermann (Fn 54) Bd 5, Art 215 Rn 8.

197 Vgl Art 211 [282] EGV. Nach Angaben der Kommission schließen die Gemeinschaften rd 50 000 Verträge im Jahr ab.

198 Vgl für die Durchsuchung und für die Festlegung von Zwangsgeld nach der Kartell-VO EuGH Slg 1989, 2859, 2928; zur Vollstreckung *Oppermann* (Fn 74) Rn 592; *Schweitzer/Hummer* EuR, Rn 424 ff.

Für *Schadenszufügungen* haben die Gemeinschaften nach den Grundsätzen der vertraglichen Haftung und Amtshaftung einzustehen (Art 215 [288] EGV), wobei das Verschulden des Organs oder der Bediensteten nicht (unbedingt) Voraussetzung für die Haftung ist.[199]

2. Der mitgliedstaatliche Vollzug

57 Überwiegend wird das Gemeinschaftsrecht im mitgliedstaatlichen Vollzug angewendet,[200] weil die Gemeinschaft zwar über weitreichende Rechtsetzungsbefugnisse, aber nur über begrenzte Verwaltungsbefugnisse verfügt. Insoweit läßt sich zwischen *unmittelbarem* und *mittelbarem Vollzug* unterscheiden. Im ersten Fall wenden die nationalen Behörden Gemeinschaftsrecht, im zweiten deutsche Durchführungsbestimmungen an. Beim Verwaltungsvollzug wirkt das EG-Recht insbes auf die Verwaltungsorganisation, die Verwaltungskompetenzen, das Verwaltungsverfahren und den Personaleinsatz ein.

58 a) *Die Verwaltungsorganisation.* Die Verwaltungsorganisation ist grundsätzlich Sache der Mitgliedstaaten. Doch folgt aus Art 5 [10] EGV (Gemeinschaftstreue) die Pflicht, ein System von Verwaltungskontrollen zu schaffen, das die ordnungsgemäße Erfüllung der Voraussetzungen für die Anwendung von Gemeinschaftsrecht sicherstellt.[201] Ferner ist eine Organisation der Verwaltungsbehörden in einer den Anforderungen der Grundfreiheiten nicht entsprechenden Form unzulässig.[202] Das sekundäre Gemeinschaftsrecht enthält nur vereinzelt Vorgaben für die mitgliedstaatliche Verwaltungsorganisation. ZB verpflichtet es die Staaten im Marktordnungsbereich zur Unterhaltung von Zahlstellen, Schaffung eines Informationsnetzes, Einführung von Erzeugergemeinschaften und besonderen Kontrollstellen sowie zur Einbindung Privater in die Marktverwaltung. Erwähnenswert ist weiterhin die Verpflichtung zur Einrichtung von Datenbanken bei bestimmten Behörden.[203] Die über die Typenzulassung von Telekommunikationsendgeräten entscheidende Stelle darf nicht gleichzeitig Netzbetreiber sein,[204] was in der Bundesrepublik zur Heraustrennung des „Zentralamtes für Zulassungen im Fernmeldewesen“ aus dem Bereich der Post und zur Errichtung des „Bundesamtes für Zulassungen im Bereich Telekommunikation“ führte. Heute werden die Aufgaben von der Regelungsbehörde für Telekommunikation und Post wahrgenommen (§§ 59, 66 TKG).

59 b) *Verwaltungskompetenzen.* Problematisch ist die Verteilung der Verwaltungskompetenzen zwischen Bund und Ländern. Wenden die deutschen Behörden Gemeinschaftsnormen an (unmittelbarer Vollzug), sind die Art 83 ff GG zwar

199 Vgl *Gilsdorf/Oliver* in: vd Groeben/Thiesing/Ehlermann (Fn 54), Bd 5, Art 215 Rn 7 ff, 12 ff, 44.

200 Vgl dazu etwa die Übersicht von *Engel* Verw 25 (1992) 437, 440 ff; *Streinz* in: Isensee/Kirchhof VII, § 182 Rn 1 ff; *Schmidt-Aßmann* (Fn 135) 924 ff; *Fischer* (Fn 45) 116 ff; *Zuleeg* (Fn 62) 154 ff; *Rengeling* (Fn 68) 202 ff; *Scheuing* (Fn 167) 289 ff.

201 EuGH Slg 1990, I-2321, 2360.

202 Vgl EuGH Slg 1990, 3239, 3257 ff; *Müller-Graff* in: vd Groeben/Thiesing/Ehlermann (Fn 54), Bd 1, Art 30 Rn 41. Nach EuGH Slg 1982, 153, 157, legitimieren mangelhafte Verwaltungsstrukturen Durchführungsdefizite nicht.

203 Vgl zB Art 4 der VO (EWG) Nr 218/92 des Rates v 27.1.1992, ABl L 24, 1.

204 RL 88/301/EWG, ABl L 131, 73; dazu EuGH Slg 1991, I-1223, 1267 f.

nicht direkt anwendbar, weil es nicht um die Ausführung von Bundes- oder Landesgesetzen, sondern von Rechtssätzen einer eigenständigen Rechtsordnung geht. Doch gelten die Kompetenzverteilungsregelungen des Grundgesetzes sinngemäß.[205] Der Bund kann bzw muß die Verwaltungskompetenz an sich ziehen, sofern die gemeinschaftsrechtlichen Normen innerstaatlich von ihm hätte erlassen werden können.[206] Werden deutsche Durchführungsvorschriften des Gemeinschaftsrechts angewendet (mittelbarer Vollzug), richtet sich die Zuständigkeit direkt nach den Art 83 ff GG. Somit sind im Grundsatz die Länder für den Vollzug des Gemeinschaftsrechts zuständig. In der Praxis haben sich die Verwaltungskompetenzen gleichwohl zu einem erheblichen Teil auf den Bund verlagert, weil dieser von den Möglichkeiten des Art 87 Abs 3 GG extensiv Gebrauch gemacht[207] und sich überdies die Verwaltung der Abgaben vorbehalten hat (Art 108 Abs 1 GG). Wird das Gemeinschaftsrecht nicht durch bundeseigene Verwaltung, sondern durch bundesunmittelbare Körperschaften oder Anstalten bzw durch die Länder vollzogen, gebietet der (innerstaatliche) Grundsatz des staatsfreundlichen Verhaltens den genannten Rechtsträgern, Rücksicht auf die Verpflichtung des Bundes zu einer korrekten Durchführung des Gemeinschaftsrechts zu nehmen.[208] So müssen nach diesem Grundsatz die Kommunen beabsichtigte Beihilfen iSd Art 92 EWGV den Ländern melden und diese die Meldung an den Bund weiterreichen, damit der Bund seiner Unterrichtungspflicht gegenüber der Kommission gem Art 93 Abs 3 S 1 [88 Abs 3 S 1] EGV nachkommen kann.[209]

Das Gemeinschaftsrecht beeinflußt auch nachhaltig die *Normverwerfungskompetenz* der Verwaltung.[210] Im deutschen Recht ist äußerst umstritten, ob die Verwaltungsbehörden die Kompetenz besitzen, Vorschriften, die nach ihrer Auffassung gegen höherrangiges Recht verstoßen, unangewendet zu lassen. Jedenfalls für nachkonstitutionelle formelle Gesetze ist mit der wohl überwiegenden Auffassung eine solche Kompetenz wegen des sich aus Art 100 Abs 1 GG ergebenden Entscheidungsmonopols des BVerfG abzulehnen.[211] Die Behörden haben die Pflicht, 60

205 HM. Vgl statt vieler *Weber* Rechtsfragen der Durchführung des Gemeinschaftsrechts in der Bundesrepublik, 1987, 47ff; *Lerche* in: Maunz/Dürig, GG, Art 83 Rn 51. Teilweise abw *Kössinger* (Fn 159) 52ff.

206 Die Berechtigung des Bundes ergibt sich aus Art 87 Abs 3 GG, eine Verpflichtung zB aus Art 87 Abs 1 u 2 GG.

207 So ist etwa im Agrarbereich die Bundesanstalt für landwirtschaftliche Marktordnung (für Interventionsmaßnahmen iSd § 5 MOG) geschaffen worden, während andere Zuständigkeiten beim Bundesamt für Ernährung und Forstwirtschaft konzentriert worden sind.

208 Zu Art 10 Abs 3 des Einigungsvertrags vgl Fn 159.

209 Vgl *Ehlers* Kommunale Wirtschaftsförderung, 1990, 103, 122f.

210 Zur Normverwerfungskompetenz der Gerichte bezüglich gemeinschaftsrechtswidriger Normen vgl *Pagenkopf* NVwZ 1993, 216, 223; *Mögele* BayVBl 1993, 552, 555.

211 Vgl zum Meinungsstand § 37 Rn 28; *Maurer* Allg VwR, § 4 Rn 44ff. Auch über Rechtsverordnungen und Satzungen darf sich eine Behörde nicht einfach hinwegsetzen. Vielmehr ist der hierarchische Aufbau der Verwaltung – auch aus Gründen der Rechtssicherheit – zu beachten. Außerdem müssen die nach Auffassung der Verwaltung ungültigen Verordnungen und Satzungen aufgehoben werden (vgl auch BVerwGE 75, 142ff). Eine Verwerfungskompetenz kommt daher (allenfalls) in Eilfällen in Betracht. AA aber die hM. Vgl *Kopp* DVBl 1983, 821, 823ff; *Pietzcker* DVBl 1986, 806f; *Vohlhard* NVwZ 1986, 105, 107.

die Entscheidung der nächsthöheren Behörde bzw der Rechtsaufsichtsbehörde einzuholen. Die obersten Behörden (Ministerien) können auf einen Normenkontrollantrag der Regierung nach Art 93 Abs 1 Nr 2 GG hinwirken. Von den Bediensteten kann allerdings nicht verlangt werden, daß sie sich strafbar machen, eine Ordnungswidrigkeit begehen oder die Menschenwürde verletzen.[212] Im übrigen müssen die Normen aber vollzogen werden. Demgegenüber sind nach der Rechtsprechung des EuGH alle mitgliedstaatlichen Verwaltungsbehörden verpflichtet, nationale Rechtsvorschriften, die den unmittelbar wirkenden Richtlinien widersprechen, unangewendet zu lassen.[213] Entsprechendes muß auch im Falle einer Kollision des mitgliedstaatlichen Rechts mit dem sonstigen, unmittelbar geltenden Gemeinschaftsrecht angenommen werden.[214] Dies zwingt die Verwaltungsbehörden dazu, sich eingehende Kenntnisse des Gemeinschaftsrechts anzueignen.[215] Da sich die Behörden anders als die Gerichte (Art 177 [234] EGV) bei Zweifeln über Inhalt und Auslegung des Gemeinschaftsrechts nicht an den EuGH wenden können, läßt sich eine Rechtsunsicherheit vielfach nicht vermeiden.[216] Im übrigen gilt die Verwerfungsbefugnis nach der Rechtsprechung des EuGH nur gegenüber dem mitgliedstaatlichen Recht, nicht gegenüber dem primärrechtswidrigen Sekundärrecht der Gemeinschaft[217] (vgl auch Rn 39).

61 Die *Kontrolle* des mitgliedstaatlichen Vollzugs liegt in erster Linie in den Händen des Mitgliedstaates selbst.[218] Die Kommission kann aber beim Mitgliedstaat und erforderlichenfalls auch bei den innerstaatlich zuständigen Stellen, ggf auf Beschwerde der Bürger hin,[219] Auskünfte einholen und Nachprüfungen vornehmen.[220] Werden Mängel festgestellt, gibt die Kommission hierzu nach Anhörung des Mitgliedstaates eine mit Gründen versehene Stellungnahme ab (Art 169 Abs 1 [226 Abs 1] EGV). Kommt der Mitgliedstaat dieser Stellungnahme innerhalb der von der Kommission gesetzten Frist nicht nach, kann die Kommission den EuGH wegen Vertragsverletzung anrufen und auf diese Weise eine objektive Rechtskontrolle herbeiführen

212 §§ 56 Abs 2 BBG, 38 Abs 2 BRRG.

213 EuGH Slg 1978, 629, 644f; 1989, 1839, 1870f.

214 Abzulehnen ist die Auffassung (*Weber* [Fn 205] 103ff; *Langenfeld* in: Siedentopf [Fn 95] 173, 180f), wonach das Verwerfungsrecht auch dort zum Tragen kommen soll, wo nationales Recht gegen eine Richtlinie verstößt, die keine unmittelbare Wirkung besitzt. Vgl *Scherzberg* (Fn 82) 229; *Jarass* (Fn 70) 104f.

215 Vgl auch *Pieper* DVBl 1990, 684, 688.

216 Namentlich bei der Umsetzung von Richtlinien ist die Einhaltung des EG-Rechts vielfach umstritten.

217 Krit dazu *Scheuing* EuR 1985, 229, 254; *Streinz* Verw 23 (1990) 153, 164.

218 Eine Art Gemeinschaftsaufsicht ermöglicht das Rechnungsabschlußverfahren (Art 5 Abs 2 VO 729/70 EWG, ABl L 94, 13, zuletzt geändert durch VO/EG 1287/95, ABl L 125, 1) im Geflecht der Agrarfinanzierung, weil es vor Kostenüberwälzung auf die Gemeinschaft eine Überprüfung der von den Mitgliedstaaten verausgabten Mittel vorsieht. Vgl *Scherer* EuR 1986, 52, 58ff; *Zuleeg* (Fn 62) 181; *Priebe* in: Dauses (Fn 64) G Rn 169f.

219 Vgl zu dem von der Kommission eingerichteten Beschwerdeverfahren *Jarass* (Fn 70) 107 f.

220 Dies ergibt sich aus den Art 5, 155, 213 [10, 211, 284] EGV, darüber hinaus vielfach auch aus dem sekundären Gemeinschaftsrecht (vgl zB RL 91/692/EWG, ABl L 377, 48 oder VO EWG Nr 595/91, ABl L 67, 11).

(Art 169 Abs 2 [226 Abs 2] EGV).[221] Als Vertragsverletzung wird auch der Verstoß gegen sekundäres Gemeinschaftsrecht angesehen.[222] Kommt der Mitgliedstaat dem Urteil des Gerichtshofs nicht nach, kann dieser die Zahlung eines Pauschalbetrags oder Zwangsgelds verhängen (Art 171 Abs 2 [228 Abs 2] EGV). Ein *Weisungsrecht* zur Steuerung der innerstaatlichen Durchführungsmaßnahmen steht der Kommission dagegen grundsätzlich nicht zu.[223] Doch kann das Gemeinschaftsrecht auch insoweit etwas anderes vorsehen. So ist die Kommission nach der Überwachungsrichtlinie für Liefer- und Bauaufträge berechtigt, vom Mitgliedstaat eine Beseitigung von Verstößen gegen Gemeinschaftsvorschriften über das öffentliche Auftragswesen und die Vergabestelle zu verlangen.[224] Ferner sind die Mitgliedstaaten gehalten, wirksame, verhältnismäßige und abschreckende Sanktionen für die Verletzung von Gemeinschaftsrecht bereitzustellen[225] (vgl auch Rn 53).

Führen die Länder unmittelbar Gemeinschaftsrecht aus, wird man dem Bund in *analoger Anwendung des Art 84 Abs 2 – Abs 5 GG* die dort genannten Ingerenzbefugnisse zugestehen müssen (sinngemäße Gleichsetzung von Gemeinschaftsrecht mit Bundesrecht).[226] Handelt es sich um die Vollziehung von landesrechtlichen Durchführungsbestimmungen, kann der Bund unter Berufung auf den *Grundsatz des bundesfreundlichen Verhaltens* notfalls im Wege des Bundeszwangs (Art 37 GG) ein gemeinschaftskonformes Verhalten der Länder erzwingen.[227] **62**

c) *Verwaltungsverfahren.* Gemeinschaftsrechtliche Vorschriften, die den Vollzug des Gemeinschaftsrechts durch die Mitgliedstaaten unmittelbar und umfassend regeln, sind selten. Gemeinschaftsrechtlich geregelt ist zu einem erheblichen Teil etwa der Vollzug der Agrarmarktordnungen.[228] Die Ausfuhrkontrolle für Güter mit doppeltem Verwendungszweck bestimmt sich nach der Dual-use-Verordnung der EG.[229] Vor allem ist aber auf den am 1.1.1994 in Kraft getretenen Zollkodex hinzuweisen, der das von den nationalen Zollverwaltungen anzuwendende Verwaltungsverfahren kodifiziert hat und zT erheblich vom deutschen Recht abweicht.[230] Fehlen solche Regelungen, richtet sich das Verfahren (grund- **63**

[221] Vgl auch Art 93 Abs 2 [88 Abs 2] EGV.

[222] EuGH Slg 1983, 467, 477; *Geiger* EG-Vertrag, 2. Aufl 1995, Art 169 Rn 3.

[223] Vgl auch *Weber* (Fn 205) 66f; *Kössinger* (Fn 159) 146. Dagegen leitet *Klösters* Kompetenzen der EG-Kommission im innerstaatlichen Vollzug von Gemeinschaftsrecht, 1993, 86ff, aus Art 155 [211] EGV eine Befugnis der Kommission ab, präventive Maßnahmen verwaltungsrechtlicher Art zu ergreifen, die eine einheitliche und effektive Anwendung des Gemeinschaftsrechts gewährleisten. Insbes soll die Kommission das Gemeinschaftsrecht durch norminterpretierende und ermessenslenkende Verwaltungsvorschriften und Einzelweisungen für den mitgliedstaatlichen Verwaltungsvollzug verbindlich auslegen dürfen (156ff).

[224] Vgl Art 3 Abs 2 u 3 der RL 89/665/EWG, ABl L 395, 33. Weiter Nachweise bei *Scheuing* (Fn 167) 335f.

[225] EuGH Slg 1989, 2965, 2985. Vgl zur uneinheitlichen Praxis auch *Spannowsky* JZ 1994, 326, 330ff.

[226] So wohl auch *Weber* (Fn 205) 68; aA *Kössinger* (Fn 159) 151ff.

[227] Vgl auch *Scheuing* (Fn 167) 304.

[228] Vgl etwa VO 804/68, ABl L 148, 13.

[229] VO Nr 3381/94, ABl L 367/1.

[230] VO Nr 2913/92 ABl L 302, 1. Vgl zB Witte (Hrsg), Zollkodex, 2. Aufl 1998.

sätzlich) nach nationalem Recht. Auch dann sind aber zahlreiche inhaltliche und verfahrensrechtliche Vorgaben des Gemeinschaftsrechts zu beachten.

64 (1) *Die verschiedenen Einwirkungsebenen.* Vorgaben für das nationale Verwaltungsverfahrensrecht können sich bereits aus dem *Primärrecht* ergeben. So sind zB nationale Vorschriften, die bei der Einfuhr von Waren Untersuchungen verlangen, die bereits in einem anderen Mitgliedstaat vorgenommen worden sind, prinzipiell mit Art 30 [28] EGV unvereinbar.[231] Ebenso kann das Vertragsrecht gebieten, bestimmte Verfahren einzuführen[232] oder bestimmte Erkenntnisquellen im Verfahren zu berücksichtigen.[233] Vor allem aber verlangt das primäre Gemeinschaftsrecht in einer Vielzahl von Fällen die Zusammenarbeit der nationalen Behörden mit der EG und (oder) den Behörden der anderen Mitgliedstaaten.[234] Insbes zwingt nicht nur das sekundäre, sondern schon das primäre Gemeinschaftsrecht die Mitgliedstaaten häufig zur Anerkennung ausländischer („transnationaler") Verwaltungsakte[235] im Hinblick auf die Zulassung von Gütern und Leistungen zum Markt oder von Personen zum Beruf. Beispielsweise sind ausländische Diplome bei Gleichwertigkeit anzuerkennen, weil ansonsten die Freiheit des Personenverkehrs unverhältnismäßig beschränkt werden würde.[236]

65 Darüber hinaus verlangt der EuGH zweierlei: zum einen darf die Anwendung des mitgliedstaatlichen Rechts nicht die Tragweite und die Wirksamkeit des Gemeinschaftsrechts beeinträchtigen, insbes nicht die Verwirklichung des Gemeinschaftsrechts praktisch unmöglich machen. Zum anderen sind bei Anwendung des mitgliedstaatlichen Rechts keine diskriminierenden Unterschiede im Vergleich zu Verfahren erlaubt, in denen über gleichartige, aber rein nationale Rechtsstreitigkeiten entschieden wird.[237]

66 Zum Gemeinschaftsrecht, das durch das mitgliedstaatliche Recht nicht beeinträchtigt werden darf, gehören auch die *allgemeinen Rechtsgrundsätze* des Gemeinschaftsrechts (Rn 21).[238] Der EuGH hat die gemeinschaftsrechtlichen Maßstäbe zunächst nur zurückhaltend zur Geltung gebracht, im Laufe der Zeit die Einwirkungen des Gemeinschaftsrechts auf das mitgliedstaatliche Recht aber iS einer Effektivierung des Gemeinschaftsrechts zunehmend intensiviert. Er verlangt

[231] Vgl zB EuGH Slg 1981, 3277, 3291.

[232] Vgl EuGH Slg 1990, I-2355, 2357ff.

[233] EuGH Slg 1987, 1227, 1273ff.

[234] Vgl etwa EuGH Slg 1981, 3277ff; zu Fragen des Datenschutzes: *Scheller* JZ 1992, 904, 909.

[235] Vgl *Schmidt-Aßmann* (Fn 135) 935f; *Neßler* NVwZ 1995, 863ff.

[236] Vgl EuGH Slg 1987, 4097, 4116f.

[237] Grundlegend EuGH Slg 1983, 2633, 2666f. Vgl auch EuGH Slg 1980, 1887, 1900. Krit *v Danwitz* DVBl 1998, 421ff.

[238] Der EuGH (Slg 1983, 2633, 2665) spricht davon, daß die nationalen Behörden nach nationalen Bestimmungen vorgehen, soweit das Gemeinschaftsrecht „einschließlich der allgemeinen Rechtsgrundsätze" hierfür keine gemeinsamen Vorschriften enthalten. Näher zu diesen Rechtsgrundsätzen *Schwarze* EuR VwR II, 1058, 1060; *Grabitz* NJW 1989, 1776, 1780ff; *Klein* in: Starck (Hrsg), Rechtsvereinheitlichung durch Gesetze – Bedingungen, Ziele, Methoden –, 1992, 117, 137; *Stettner* in: Dauses (Fn 64) § B III Rn 33; *Streinz* in: Isensee/Kirchhof VII, § 182 Rn 23ff; *Mögele* (Fn 210) 556; *Rengeling* (Fn 68) 227ff; *Scheuing* (Fn 167) 307f.

nicht nur, daß dem Interesse der Gemeinschaft bei der Vornahme von Abwägungen im vollen Umfange Rechnung getragen wird,[239] sondern geht auch davon aus, daß das Gemeinschaftsrecht das mitgliedstaatliche Recht verdrängen kann.[240] Nach der hier vertretenen Ansicht lassen sich den allgemeinen Rechtsgrundsätzen des Gemeinschaftsrechts regelmäßig nur Mindeststandards für den mitgliedstaatlichen Vollzug von Gemeinschaftsrecht entnehmen.[241] Im übrigen sind Unterschiede des mitgliedstaatlichen Verwaltungsverfahrensrechts hinzunehmen, da die Grundsätze Raum für verschiedene Ausgestaltungen lassen (zumal dann, wenn verschiedene Grundsätze wie das Gesetzmäßigkeitsprinzip und das Vertrauensschutzprinzip zum Ausgleich gebracht werden müssen). Streben die Gemeinschaften eine weitergehende Harmonisierung des Verwaltungsverfahrensrechts für den mitgliedstaatlichen Verwaltungsvollzug an, ist der Gemeinschaftsgesetzgeber gefordert.[242]

Ferner wirkt das *sekundäre Gemeinschaftsrecht* auf das allgemeine und besondere staatliche Verwaltungsverfahrensrecht ein. Beispielhaft sei auf die Richtlinien über die Umweltverträglichkeitsprüfung,[243] die Umweltinformationen[244] und die Vergabe öffentlicher Aufträge[245] sowie die EG-Umwelt-Audit-VO[246] hingewiesen. Diese Vorschriften haben etwa zu erhöhten Mitwirkungslasten der Privaten bzw einer Verlagerung von Kontrollaufgaben auf Private, einer stärkeren Kontrolle der Verwaltung durch die Öffentlichkeit, aufwendigeren Verwaltungsverfahren (zB europaweite Ausschreibung öffentlicher Aufträge ab einem gewissen Schwellenwert) und zu einer Ergänzung des ordnungsrechtlichen Umweltrechts durch marktwirtschaftliche Instrumente geführt. Dadurch hat das deutsche Verwaltungsverfahrensrecht eine andere Ausrichtung bekommen.[247] Auf dem Gebiet der Wirtschaftsüberwachung sehen die Richtlinien im Banken- und Versicherungsrecht vor, daß die Zulassung eines Kreditinstituts oder eines Versicherungsunternehmens nicht nur für das Herkunftsland, sondern für die gesamte Gemeinschaft gilt (single licence- respektive Ursprungsland-Prinzip).[248] Dies hat ua zur Konsequenz, daß die Unternehmen auch im Ausland grundsätzlich der Aufsicht des Herkunftslandes unterliegen und die in- und ausländischen Aufsichtsinstanzen zusammenarbeiten müssen. Zugleich zeigen die genannten Richtlinien, daß das Gemeinschaftsrecht die Behörden der Mitgliedstaaten immer häufiger zu einer 67

239 EuGH Slg 1983, 2633, 2669f. Vgl auch EuGH Slg 1989, 2609, 2639f.
240 Vgl EuGH Slg 1990, I-2433, 2473.
241 Ebenso *Streinz* in: Isensee/Kirchhof VII, § 182 Rn 28.
242 Vgl auch EuGH Slg 1976, 1997, 1998; 1980, 1887, 1900.
243 RL 85/337/EWG, ABl L 175, 40.
244 RL 90/313/EWG, ABl L 158, 56. Dazu *Erichsen* NVwZ 1992, 410ff; *Schmidt-Aßmann* (Fn 135) 929f.
245 RL 89/665/EWG, ABl L 395, 33ff; RL 93/37/EWG, ABl L 199, 54ff; *Pietzcker* FS Redeker, 1993, 501ff; *Lampe-Helbig* FS Soergel, 1993, 151ff; *Seidel* in: Dauses (Fn 64) § H IV Rn 61ff; *Triantafyllou* (Fn 81) 943ff.
246 VO 1836/93, ABl L 168, 1.
247 Vgl dazu auch *v Danwitz* (Fn 111) 267ff; *Pernice/Kadelbach* DVBl 1996, 1100, 1113; s a *Brenner* Der Gestaltungsauftrag der Verwaltung in der Europäischen Union, 1996, 432f.
248 ZB RL 89/647/EWG, ABl L 386, 14ff; RL 92/96/EWG, ABl L 360, 1ff. Darüber hinaus dürfen die Herkunftslandbehörden die ausländischen Zweigstellen sogar an Ort und Stelle überprüfen. Näher dazu *Groß* JZ 1994, 596ff.

horizontalen Kooperation verpflichtet. Sinn dieser Kooperation ist es, durch eine Vernetzung der mitgliedstaatlichen Verwaltungsverfahren im Interesse einer möglichst weitgehenden Freiheitsgewährung die reibungslose Zusammenarbeit der Verwaltungsbehörden bei der Beurteilung grenzüberschreitender Sachverhalte zu gewährleisten. Da die grenzüberschreitenden Sachverhalte ständig zunehmen, liegt es auf der Hand, daß auch die horizontale Verwaltungskooperation (etwa die grenzüberschreitende Amtshilfe)[249] immer größere Bedeutung erlangen wird.

68 (2) *Die rechtstechnische Verzahnung von Gemeinschaftsrecht und nationalem Verwaltungsverfahrensrecht.* Die Einwirkung des Gemeinschaftsrechts auf das nationale Verwaltungs(verfahrens-)recht vollzieht sich zwei- bzw dreigestaltig. Entweder ist das Gemeinschaftsrecht in die unbestimmten Rechtsbegriffe der nationalen Vorschriften hineinzulesen oder es sind die nationalen Ermessensermächtigungen der Verwaltung im Lichte des Gemeinschaftsrechts auszuüben. Unter Umständen ist beides geboten. ZB hat ein Widerspruch gegen einen (belastenden) Verwaltungsakt nach § 80 Abs 1 VwGO grundsätzlich aufschiebende Wirkung. Die Behörde kann aber die sofortige Vollziehung des Verwaltungsaktes anordnen, wenn dieses im öffentlichen Interesse liegt (§ 80 Abs 2 Nr 4 VwGO).[250] Ergeht nun der Verwaltungsakt in Vollzug von EG-Recht und verpflichtet dieses dazu, die notwendigen Maßnahmen zur Einhaltung der Gemeinschaftsvorschriften zu treffen, ist das öffentliche Interesse iSd Gemeinschaftsinteresses auszulegen. Zugleich ist eine Ermessensreduzierung auf Null anzunehmen, wenn das Gemeinschaftsrecht die Anordnung der sofortigen Vollziehung gebietet.[251]

69 Im Einzelfall kann die Einwirkung des Gemeinschaftsrechts zu einer Denaturierung (völligen Veränderung) des nationalen (Verwaltungsverfahrens-)Rechts führen. So richtet sich die Rücknahme begünstigender Verwaltungsakte und die Rückforderung der erbrachten Leistungen wegen Verstoßes gegen Gemeinschaftsrecht in der Regel nach dem nationalen Recht und damit grundsätzlich nach den Bestimmungen der §§ 48, 49 a VwVfG, weil das Gemeinschaftsrecht zumeist keine eigenen Rücknahme- und Rückforderungsvorschriften kennt. Hat nun die Kommission der EG auf der Grundlage des Art 93 Abs 2 S 1 [88 Abs 2 S 1] EGV eine bereits gewährte staatliche Beilhilfe bestandskräftig für unvereinbar mit dem gemeinsamen Markt erklärt und die Rückforderung der gezahlten Beträge angeordnet, beschränkt sich die Rolle der nationalen Behörden auf die Durchführung der Entscheidung der Kommission.[252] § 48 VwVfG kommt dann zwar formal zur Anwendung. Es gelten aber völlig andere Maßstäbe, weil die Vorschrift nur noch der Implementation des Gemeinschaftsrechts dient. So kommt den Behörden entgegen § 48 Abs 1 VwVfG kein Ermessen zu. Auch können sich die Beihilfeempfänger regelmäßig weder auf Vertrauensschutz[253] noch auf den Ablauf der Frist des

[249] Für die Zusammenarbeit der Verwaltung der Mitgliedstaaten im Bereich der direkten Steuern und der Mehrwertsteuer vgl das deutsche EG-Amtshilfegesetz (BGBl I 1985, 2436, 2441).

[250] Zum Charakter der Vorschrift als Ermessensbestimmung vgl *Schoch* in: Schoch/Schmidt-Aßmann/Pietzner, VwGO, 1997, § 80 Rn 160 ff.

[251] Vgl EuGH Slg 1990, I-2879, 2905. Krit *v Danwitz* (Fn 112) 361 f.

[252] EuGH JZ 1997, 722, 723.

[253] Vgl dazu BVerwGE 92, 81, 86 f.

§ 48 Abs 4 VwVfG[254] berufen.[255] Vielmehr *muß* der Verwaltungsakt zurückgenommen werden. Dies ist eine schlichte Folge der Bestandskraft der vorgelagerten Entscheidung der EG-Kommission.[256] Gibt es kein vorgelagertes Verfahren von EG-Behörden, richtet sich die Rücknahme gemeinschaftsrechtswidriger nationaler Verwaltungsakte nicht nur der formalen Hülse, sondern auch materiell nach § 48 VwVfG. Auch dann müssen die diesbezüglichen Tatbestandsmerkmale und Ermessensermächtigungen aber im Lichte des Gemeinschaftsrechts ausgelegt werden. So dürfte der Ablauf der Jahresfrist des § 48 Abs 4 VwVfG ausnahmsweise unbeachtlich sein, wenn die Behörde die Frist bewußt zum Nachteil der EG verstreichen läßt. Näher zum Ganzen § 17 Rn 29.

(3) *Konsequenzen.* Die Einwirkung des EG-Rechts auf das Verwaltungsrecht **70**
bewirkt vielfach dessen *Spaltung*, je nachdem, ob ein Lebenssachverhalt nur einen nationalen oder auch einen gemeinschaftsrechtlichen Bezug hat. Die Sogkraft des Gemeinschaftsrechts dürfte aber die Tendenz begünstigen, sich möglichst auch dann am Standard des Gemeinschaftsrechts auszurichten, wenn der Mitgliedstaat nicht dazu verpflichtet ist. Verwaltungsprozessual wird sich wegen der Einwirkung des Gemeinschaftsrechts immer häufiger die Notwendigkeit ergeben, den EuGH im Wege einer Vorabentscheidung nach Art 177 [234] EGV anzurufen (Rn 73).[257] Dies wird Verzögerungen zur Folge haben, zumal der EuGH in seiner heutigen Zusammensetzung jedenfalls nach Erweiterung der Gemeinschaft kaum in der Lage sein dürfte, alle im Vorabentscheidungsverfahren gestellten Fragen in angemessener Zeit zu beantworten.

d) *Personalwesen.* Das EG-Recht hat ferner Auswirkungen auf das Personal- **71**
wesen in der Verwaltung. So knüpfte das deutsche Beamtenrecht früher an die deutsche Staatsangehörigkeit an, während das Gemeinschaftsrecht einen Ausschluß von Arbeitnehmern aus anderen Mitgliedstaaten nur in den Grenzen des eng zu interpretierenden Art 48 Abs 4 [39 Abs 4] EGV zuläßt.[258] Die Kollision zwischen Beamtenrecht und EG-Recht hätte auch nicht durch einen generellen Übergang auf privatrechtliche Beschäftigungsverhältnisse ausgeräumt werden kön-

[254] EuGH JZ 1997, 722 (723).

[255] Nicht zu folgen ist der Ansicht (*Kamann/Selmayr* JuS 1998, 148, 152 ff; vgl auch *Scholz* DÖV 1998, 261, 266 ff), wonach die Rechtsprechung des EuGH mit zwingendem nationalen Verfassungsrecht unvereinbar ist. Zum einen sind nicht alle Regelungen des § 48 VwVfG verfassungsgeboten. Zum anderen ist es einem sorgfältigen Wirtschaftsunternehmen regelmäßig möglich, sich zu vergewissern, ob das Verfahren nach Art 93 [88] EGV eingehalten wurde.

[256] Nach EuGH EuZW 1996, 564, 569, muß sogar gegen bloß formell rechtswidrige (dh nicht ordnungsgemäß angemeldete) Beihilfegewährungen vorgegangen werden. Vgl hierzu sowie zur Frage, ob der Beihilfeempfänger nach Rückzahlung der Beihilfe einen Amtshaftungsanspruch gegen die nationalen Behörden hat, *Ehlers* Verw 31 (1998) 53, 55. Zur Befugnis der Kommission, die Aussetzung der Zahlung staatlicher Beihilfen an Unternehmen bis zur Rückzahlung früherer rechtswidriger Beihilfen anzuordnen, EuGH DVBl 1998, 134 ff.

[257] Vgl zum Vorabentscheidungsverfahren *Ehlers* in: Schoch/Schmidt-Aßmann/Pietzner, VwGO, Anh § 40, Art 177 EGV.

[258] Zur Auslegung des Art 48 Abs 4 [39 Abs 4] EGV vgl EuGH Slg 1980, 3881, 3886 ff; 1982, 1845, 1851 f; 1986, 2121, 2139 ff; 1991, I-5627, 5638 ff.

nen, weil nach dem (weit zu interpretierenden) Art 33 Abs 4 GG die Ausübung hoheitsrechtlicher Befugnisse als ständige Aufgabe idR Angehörigen des öffentlichen Dienstes zu übertragen ist, die in einem öffentlich-rechtlichen Dienst- und Treueverhältnis stehen (§ 1 Rn 20). Wegen der unterschiedlichen Rechtsfolgen der Dienstverhältnisse wäre es als Diskriminierung (Art 6 Abs 1 [12 Abs 1] EGV) zu werten gewesen, wenn deutsche Lehrer in einem Beamtenverhältnis, die mit gleichen Arbeiten in der Bundesrepublik betrauten EG-Ausländer dagegen in einem privatrechtlichen Rechtsverhältnis beschäftigt worden wären. Der deutsche Gesetzgeber hat daher im Jahre 1993 die einzig mögliche Konsequenz gezogen und das Beamtenrecht dahingehend geändert, daß nicht nur Deutsche, sondern auch Ausländer, welche die Staatsangehörigkeit eines anderen Mitgliedstaates der Europäischen Gemeinschaft besitzen, in ein Beamtenverhältnis berufen werden dürfen.[259]

VII. Der Rechtsschutz

72 In den Fällen des gemeinschaftseigenen Vollzugs des Gemeinschaftsrechts (und in weiteren Fällen) gewähren die *Gerichte der Gemeinschaft* – dh der EuGH und das Gericht erster Instanz –, beim mitgliedstaatlichen Vollzug die *nationalen Gerichte* dem einzelnen Rechtsschutz. Der gemeinschaftsrechtliche Rechtsschutz[260] unterscheidet sich in vielerlei Hinsicht von dem deutschen. So kennt das Gemeinschaftsrecht grundsätzlich keinen Individualrechtsschutz gegen Normen (oder auf Erlaß von Normen) und keine individuellen Leistungs- und Feststellungsklagen. Nach Art 173 Abs 4 [230 Abs 4] EGV kann jede natürliche oder juristische Person gegen die an sie ergangenen Entscheidungen sowie gegen diejenigen Entscheidungen Klage erheben, die, obwohl sie als Verordnung oder als eine an eine andere Person gerichtete Entscheidung ergangen sind, sie unmittelbar und individuell betreffen.[261] Damit läßt das Gemeinschaftsrecht die Interessentenklage zu, bleibt hinsichtlich des Drittschutzes aber eher hinter dem deutschen Recht zurück.[262] Verstößt die Bundesrepublik gegen eine Verpflichtung aus dem EG-Vertrag, können sowohl die EG-Kommission (Art 169 [226] EGV) als auch die anderen Mitgliedstaaten (Art 170 [227] EGV) den EuGH anrufen.

73 Soweit die deutschen Gerichte entscheiden, richtet sich das gerichtliche Verfahren nach deutschem Prozeßrecht. Die Einwirkung des Gemeinschaftsrechts[263] ist aber wiederum zu beachten (zur Annahme eines Rechts iSd § 42 Abs 2 VwGO vgl Rn 38). So stellt der EuGH weitreichende Anforderungen an die Ausgestaltung des vorläufigen Rechtsschutzes[264] (insbes wenn im Eilverfahren Gemeinschafts-

[259] Vgl die §§ 7 Abs 1 Nr 1 BBG, 4 Abs 1 Nr 1 BRRG.

[260] Überbl bei *Erichsen/Weiß* Jura 1990, 528 ff; *Schweitzer/Hummer* EuR, Rn 456 ff. Näher dazu *Rengeling/Middeke/Gellermann* Rechtsschutz in der Europäischen Union, 1994.

[261] Vgl dazu etwa EuGH DVBl 1994, 1124.

[262] Vgl näher dazu *Ehlers* VerwArch 84 (1993) 139, 156; *v Danwitz* (Fn 112) 238 ff.

[263] Vgl dazu *Classen* Die Europäisierung der Verwaltungsgerichtsbarkeit, 1996. *Burgi* Verwaltungsprozeß- und Europarecht, 1996.

[264] Zur gemeinschaftsrechtlich geforderten Gewährung vorläufigen Rechtsschutzes vgl Rn 44.

recht wegen erheblicher Zweifel an der Gültigkeit vorläufig nicht angewendet werden soll).[265] Tauchen Fragen über die Auslegung oder Gültigkeit des Gemeinschaftsrechts in einem Verfahren vor einem staatlichen Gericht auf, kann oder muß das Gericht gem Art 177 [234] EGV diese Fragen dem EuGH vorlegen. Das Vorabentscheidungsverfahren des Art 177 [234] EGV verzahnt europäische und nationale Gerichtsbarkeit und ist ein unerläßliches Instrument zur Wahrung der Einheitlichkeit und Kohärenz der Gemeinschaftsrechtsordnung.

§ 4
Verfassungsrecht und Verwaltungsrecht

I. Allgemeines

Als *Otto Mayer* im Jahre 1924 die 3. Auflage seines Lehrbuchs „Deutsches Verwaltungsrecht" veröffentlichte, lagen zwischen diesem Jahr und dem Erscheinungsjahr der Vorauflage ein verlorener Weltkrieg, der Sturz der Monarchie, eine Revolution und eine neue Verfassung. Gleichwohl schrieb *Otto Mayer* in das Vorwort der Neuauflage die berühmt gewordenen Worte: „Groß Neues ist ja seit 1914 und 1917 nicht nachzutragen. ‚Verfassungsrecht vergeht, Verwaltungsrecht besteht'; dies hat man anderwärts schon längst beobachtet." Dagegen veröffentlichte *Fritz Werner*, der damalige Präsident des Bundesverwaltungsgerichts, ein halbes Menschenalter später eine Abhandlung mit dem Titel: „Verwaltungsrecht als konkretisiertes Verfassungsrecht".[1] Offensichtlich liegen hier gegensätzliche Auffassungen vor.[2] Wer hat recht? 1

Innerstaatlich gliedert sich die Rechtsordnung – schon um Widersprüche zu vermeiden – in eine Rangfolge ihrer Rechtssätze. Man spricht auch von einem „Stufenbau der Rechtsordnung"[3] oder von einer „Normenpyramide"[4]. Auf welcher Stufe der Pyramide ein Rechtssatz anzusiedeln ist, bestimmt sich nach der Autorität des Normerzeugers sowie nach dem Inhalt der Kollisionsregelungen. Da der verfassungsgebenden Gewalt des Volkes („pouvoir constituant" im Gegensatz zu 2

265 EuGH Slg 1991, I-415, 540ff (Zuckerfabrik Süderdithmarschen); Slg 1995, I-3761, 3787ff (Atlanta); EuZW 1997, 629, 632. Krit *Schoch* DVBl 1997, 289, 294ff.

1 DVBl 1959, 527ff.

2 Zwar ist zu Recht darauf hingewiesen worden, daß auch Otto Mayer die Verfassungsabhängigkeit des Verwaltungsrechts nicht in Frage stellen wollte (vgl *Bachof* VVDStRL 30 [1973], 193, 204f; *Heyen* Otto Mayer, Studien zu den geistigen Grundlagen seiner Verwaltungsrechtswissenschaft, 1981, 125). Das Ausmaß der Verfassungsabhängigkeit ist aber heute ein völlig anderes, als Otto Mayer dies im Jahre 1924 annahm.

3 *Merkl* FS Kelsen, 1971, 252ff; *Wahl* Staat 20 (1981) 485, 498.

4 *Stern* StR I, § 3 III 2 c.

der verfassungsgebundenen Gewalt „pouvoir constitué")[5] die höchste Autorität zukommt, nimmt in einem Verfassungsstaat die Verfassung den obersten Rang ein.[6] In Deutschland kommt hinzu, daß unsere (Bundes-)Verfassung – das Grundgesetz für die Bundesrepublik Deutschland – nicht nur die grundlegenden Bestimmungen für das Zusammenleben im Staat trifft, sondern auch Leitprinzipien für das Gesetzesrecht, das untergesetzliche Recht (Verordnung und Satzung) und den Vollzug des Gesetzesrechts enthält. Dies bedeutet, daß sich auch (und gerade) das Verwaltungsrecht am Verfassungsrecht messen lassen muß. So legt Art 20 Abs 3 GG ausdrücklich fest, daß die Gesetzgebung an die verfassungsmäßige Ordnung gebunden ist. Da die Verwaltung die Gesetze vollzieht und hierbei nach der schon genannten Vorschrift des Art 20 Abs 3 GG zur Beachtung von Gesetz und Recht verpflichtet ist, ergibt sich auch für sie eine ständige Anbindung an die Verfassung. Für die Grundrechte wird dies zusätzlich in Art 1 Abs 3 GG bekräftigt. Dementsprechend werden Gesetzgebung und Verwaltungsrechtsdogmatik heute im starken Maße durch die Rechtsprechung des BVerfG geprägt.[7] Die Landesverfassungen haben zwar nicht die gleiche Wirkkraft wie das Grundgesetz, entfalten aber strukturell entsprechende Wirkungen.[8] Die Bindung an das Verfassungsrecht besagt nicht nur, daß Gesetzgebung und Verwaltung die Verfassung nicht verletzen dürfen. Vielmehr müssen sie aktiv auf die Verwirklichung der verfassungsrechtlichen Inhalte hinwirken, damit diese zu optimaler Wirksamkeit gelangen können.[9] Dies bestätigt die Annahme von *Fritz Werner*, daß das *Verwaltungsrecht konkretisiertes Verfassungsrecht* ist bzw sein soll. Allerdings wird die Maßgeblichkeit der Verfassung immer häufiger durch die Vorgaben des europäischen Gemeinschaftsrechts ersetzt (vgl § 3).

3 Die Verfassungsabhängigkeit des Verwaltungsrechts besagt nicht, daß das Verwaltungsrecht einfach aus den Verfassungsrechtssätzen deduziert werden kann. Zwar sind viele Regelungen und Rechtsfiguren des Verwaltungsrechts (wie zB die Verfahrensrechte auf Anhörung und Akteneinsicht) *im Kern verfassungsrechtlich* garantiert und damit vor einer ersatzlosen Abschaffung gesichert.[10] Hinsichtlich der Ausgestaltung im einzelnen verbleibt dem Gesetzgeber aber in aller Regel ein erheblicher Spielraum.[11] Das gilt bes dann, wenn kollidierende Verfassungsprinzipien miteinander in Einklang gebracht werden müssen. So läßt sich zB aus dem Grundgesetz nicht ablesen, ab welchem Zeitpunkt ein Verwaltungsakt be-

5 Vgl *Murswiek* Die verfassungsgebende Gewalt nach dem Grundgesetz für die Bundesrepublik Deutschland, 1978, 163ff.

6 Zur Bedeutung und Funktion der Verfassung vgl *Stern* StR I, § 3 III; *Hesse* in: Benda/Maihofer/Vogel (Hrsg), HdbVerfR, 3ff; *dens* VerfR, Rn 16ff.

7 Vgl dazu (krit) *Fischer* Die Auswirkungen der Rechtsprechung des Bundesverfassungsgerichts auf die Dogmatik des Allgemeinen Verwaltungsrechts, 1997.

8 Zur Bedeutung gliedstaatlichen Verfassungsrechts in der Gegenwart vgl *Graf Vitzthum* VVDStRL 46 (1988) 7ff.

9 Zur Verwirklichung der Verfassung vgl *Hesse* VerfR, Rn 41ff.

10 Näher dazu *Hill* Das fehlerhafte Verfahren und seine Folgen im Verwaltungsrecht, 1986, 200ff; *Obermayer* VwVfG, Einl Rn 98 ff; *Kopp* VwVfG, Vorbem § 1 Rn 4.

11 Vgl auch *Ehlers* Verwaltung in Privatrechtsform, 1984, 227; *Bonk* in: Stelkens/Bonk/Sachs, VwVfG, § 1 Rn 29.

standskräftig werden soll (mit der Folge, daß dann das Verfassungsprinzip der Gesetzmäßigkeit hinter dem der Rechtssicherheit zurücktreten muß). Die Monatsfrist der §§ 70 Abs 1, 74 Abs 1 VwGO ist somit nicht verfassungsrechtlich festgeschrieben.[12]

Kollidieren Verfassungsrecht und Verwaltungsrecht, ist wegen des *Geltungsvorrangs* des Verfassungsrechts das Verwaltungsrecht ungültig bzw nichtig (§ 7 Rn 9ff). Läßt sich eine Rechtsfolge sowohl dem Verfassungsrecht als auch dem Verwaltungsrecht entnehmen, besteht ein *Anwendungsvorrang* der rangniedrigeren Verwaltungsrechtsnorm, weil diejenige Rechtsquelle anzuwenden ist, die dem zu entscheidenden Fall am nächsten steht.[13] So läßt sich zwar aus den Art 1, 2, 12 und 14 GG ein Anspruch der Rechtsunterworfenen darauf herleiten, daß ihre Geheimnisse, insbes die zum persönlichen Lebensbereich gehörenden Geheimnisse sowie die Betriebs- und Geschäftsgeheimnisse, nicht ohne rechtfertigenden Grund von der Behörde offenbart werden.[14] Da § 30 VwVfG eine entsprechende ausdrückliche Regelung enthält, ist es aber weder notwendig noch zulässig, unmittelbar auf das Verfassungsrecht zu rekurrieren, sofern die Vorschrift des § 30 VwVfG zum Zuge kommt. 4

Läßt eine Verwaltungsrechtsnorm mehrere Deutungsmöglichkeiten zu, muß sie *verfassungskonform* ausgelegt werden.[15] Bestehen Zweifel daran, ob eine Norm dem Invididualrechtsschutz zu dienen bestimmt ist (also ein subjektives Recht gewährleistet), ist die Ausstrahlungswirkung der *Grundrechte* zu beachten (§ 11 Rn 35ff, 40). Ebenso sind bei jeder Ermessensausübung die grundrechtlich geschützten Interessen und das sich aus den Grundrechtsbestimmungen[16] bzw dem Rechtsstaatsprinzip[17] ergebende *Übermaßverbot* zu berücksichtigen (Rn 24). 5

II. Die Bedeutung der verfassungsrechtlichen Grundentscheidungen für das Verwaltungsrecht

Die Verzahnung des Verfassungsrechts mit dem Verwaltungsrecht braucht hier nicht im einzelnen geschildert zu werden, weil in den folgenden Abschnitten näher auf das Zusammenspiel der beiden Gebiete eingegangen wird. Es genügt, einen kurzen Blick auf die verfassungsrechtlichen *Grundentscheidungen* für die Demokratie, Bundesstaatlichkeit und Rechtsstaatlichkeit sowie auf die Verfassungsaufträge zu werfen. 6

[12] Zur grundsätzlichen Zulässigkeit angemessener Fristen vgl BVerfGE 60, 253, 269f.

[13] Vgl auch *Maurer* Allg VwR, § 4 Rn 42.

[14] Vgl zum sog informationellen Selbstbestimmungsrecht BVerfGE 65, 1, 41ff, zum Geheimnisschutz juristischer Personen *Ehlers/Heydemann* DVBl 1990, 1, 2f.

[15] Vgl *Hesse* VerfR, Rn 79ff; *Pieroth/Schlink* Grundrechte, 13. Aufl 1997, Rn 77ff.

[16] BVerfGE 65, 1, 44; *Kunig* Das Rechtsstaatsprinzip, 1986, 354ff; *Schnapp* in: I. v Münch/Kunig (Hrsg), GGK I, Art 20 Rn 27; *Huster* Rechte und Ziele, 1993, 96ff.

[17] ZB BVerfGE 6, 389, 439; 20, 45, 49; 78, 249, 285f.

1. Demokratie

7 Gem Art 20 Abs 1, 28 Abs 1 GG sind Bund und Länder demokratische Staaten. Da alle Staatsgewalt vom Volke ausgeht (Art 20 Abs 2 S 1 GG) und unter Staatsgewalt sämtliches Handeln des Staates zu verstehen ist,[18] bedarf auch die gesamte Verwaltung – unabhängig von der Art der Aufgabenstellung, der Organisationsform, der Rechtsform des Tätigwerdens und dem Regelungscharakter ihres Handelns[19] – einer *demokratischen* Legitimation. Alle Akte der Verwaltung müssen sich deshalb auf den Willen des Volkes zurückführen lassen und entweder diesem oder dem Parlament als dem Repräsentanten des Volkes gegenüber verantwortet werden (§ 1 Rn 21). Die *parlamentarische Verantwortung* wird über die Regierung und Minister hergestellt. Da Verantwortung nur derjenige tragen kann, der über ausreichende Leitungsbefugnisse verfügt, schreibt Art 65 S 2 GG vor, daß jeder Bundesminister seinen Geschäftsbereich selbständig leitet. Vergleichbare Regelungen enthalten die Landesverfassungen.[20] Somit ergibt sich aus dem Demokratieprinzip, daß die Verwaltung grundsätzlich hierarchisch geordnet sein muß (§ 52 Rn 47ff).[21] *Ministerialfreie* – dh weisungsfreie und damit dem Einflußbereich des zuständigen Ministers entzogene – *Räume* kann es vorbehaltlich abweichender verfassungsrechtlicher Regelungen danach (zumindest prinzipiell) nicht geben, es sei denn, daß die jeweiligen Einrichtungen keine Entscheidungskompetenzen ausüben, sondern zB nur beratend tätig werden.[22] Dennoch kennt das geltende Recht unabhängige Einrichtungen in der Verwaltung, die sich nur schwer mit dem demokratischen bzw parlamentarischen Prinzip vereinbaren lassen, gleichwohl aber von der ganz hM für zulässig erachtet werden. Das bekannteste Beispiel hierfür bildet die Deutsche Bundesbank, die nach § 12 S 2 BBankG bei der Ausübung ihrer Befugnisse

[18] Abzulehnen daher BVerfGE 47, 253, 274, wonach es unwichtige Aufgaben gibt, die nicht unter den Begriff „Ausübung der Staatsgewalt“ fallen. Vgl auch § 1 Rn 23 m Fn 70.

[19] AA *Oebbecke* Weisungs- und unterrichtungsfreie Räume in der Verwaltung, 1986, 81. Vgl auch BVerfGE 47, 253, 273; 83, 60, 73f, wonach „jedenfalls“ alles amtliche Handeln mit Entscheidungscharakter Ausübung von Staatsgewalt darstellt, bei geringem Entscheidungsgehalt einzelne demokratische Legitimationselemente zurücktreten dürfen und bloß vorbereitende und rein konsultative Tätigkeiten „grundsätzlich“ aus dem Bereich des demokratisch zu legitimierenden Handelns ausscheiden. Dagegen *Ehlers* JZ 1987, 218, 219f.

[20] Vgl zB Art 49 Abs 1 S 4 Verf BW; Art 37 Abs 1 S 2 NdsVerf; Art 55 Abs 2 Verf NW; Art 63 Abs 2 SächsVerf.

[21] Vgl dazu BVerfGE 9, 268, 281f; *Haverkate* VVDStRL 46 (1988) 217, 221ff; *Herdegen* Verw 23 (1990) 183, 186. Zu den Grenzen des hierarchischen Prinzips *Brohm* VVDStRL 30 (1972) 245, 293ff; *Schuppert* DÖV 1987, 757ff; *Bryde* VVDStRL 46 (1988) 181, 182ff. Differenzierend *Dreier* Hierarchische Verwaltung im demokratischen Staat, 1991, 108ff m zahlr w Nachw. Zur grundsätzlichen Unzulässigkeit einer direktiven Mitbestimmung vgl § 1 Rn 23ff.

[22] Vgl zur Problematik BVerfGE 9, 268, 281f; 22, 106, 113; *Müller* JuS 1985, 497ff; *Oebbecke* (Fn 19) 92ff; *P. Kirchhof* in: Isensee/Kirchhof III, § 59 Rn 101; *Krebs* in: Isensee/Kirchhof III, § 69 Rn 82; *Lerche* in: Maunz/Dürig, GG, Art 86 Rn 70ff; *Dreier* (Fn 21) 134ff.

von Weisungen der Bundesregierung unabhängig ist,[23] nach Übertragung ihrer Aufgaben und Befugnisse auf die – ebenfalls unabhängige – Europäische Zentralbank allerdings deren Weisungen unterliegen wird.[24] Im Schrifttum werden ministerialfreie Entscheidungsfreiräume nicht selten bereits dann als gerechtfertigt angesehen, wenn die gesetzlich übertragene und umschriebene Aufgabe nach ihrer spezifischen Eigenart eine solche Weisungsfreiheit erfordert (wie etwa im Prüfungswesen).[25] Die hierarchische Ausrichtung schließt eine rechtliche Verselbständigung von Verwaltungseinrichtungen nicht aus. Doch bedürfen die verselbständigten Einrichtungen der Beaufsichtigung durch die unmittelbare Staatsverwaltung.[26] Im Falle der Selbstverwaltung darf es sich nur um Rechtsaufsicht handeln, ansonsten muß grundsätzlich eine Fachaufsicht vorgesehen werden (§ 52 Rn 52f).

Träger der demokratischen Legitimation und damit Legitimationsspender ist **8**
das *Volk*. Es muß sich nicht notwendigerweise um das Staatsvolk – dh die Gesamtheit der deutschen Staatsangehörigen und die in Art 116 Abs 1 GG gleichgestellten Personen – handeln. Vielmehr kommt uU auch ein durch den Verfassungs- oder Gesetzgeber eingesetztes sog *Teilvolk* in Betracht (§ 1 Rn 25). Den Charakter eines Teilvolkes können und dürfen von Verfassungs wegen aber nur die Mitglieder von Selbstverwaltungsträgern haben. Die Selbstverwaltung stellt sich als ganz oder teilweise selbständige, fachaufsichtsfreie Wahrnehmung staatlicher Angelegenheiten durch unterstaatliche Träger der Verwaltung in eigenem Namen dar.[27] Durch Beteiligung der Staatsbürger an der Gestaltung ihres engeren Lebenskreises soll ein weiteres Stück Demokratie gesichert werden. Anders als im Falle von Bund und Ländern können dem Teilvolk (Selbstverwaltungsmitgliedern) auch Ausländer angehören.[28]

Hinsichtlich der verschiedenen Arten der *Selbstverwaltung* ist zwischen der **9**
kommunalen und der funktionalen Selbstverwaltung zu unterscheiden.[29] Die *kommunale Selbstverwaltung* wird durch Art 28 Abs 2 GG gewährleistet. Danach wird den Gemeinden das Recht eingeräumt, alle Angelegenheiten der örtlichen Gemeinschaften im Rahmen der Gesetze in eigener Verantwortung zu regeln. Auch die Gemeindeverbände haben im Rahmen ihres gesetzlichen Aufgaben-

[23] Vgl dazu *Stern* StR II, § 35 I 3 d; *Breuer* VVDStRL 44 (1986) 211, 238ff; *Gramlich* Bundesbankgesetz, Währungsgesetz, Münzgesetz, 1988, § 12 Rn 3, 6; *Hahn* Währungsrecht, 1990, 255ff. Zu weiteren Beispielen etwa *Dreier* (Fn 21) 246f.

[24] Vgl Art 88 S 2 GG, 107 [108] EGV, 14.3 EUV-Prot Nr 3.

[25] Vgl dazu *Böckenförde* in: Isensee/Kirchhof I, § 22 Rn 24; *Lerche* in: Maunz/Dürig, GG, Art 86 Rn 70.

[26] Zu den privatrechtlich organisierten Einrichtungen vgl § 1 Rn 18.

[27] Vgl *Wolff/Bachof* VwR II, § 84 IV; *Stern* StR I, § 12 I 3; *Hendler* Selbstverwaltung als Ordnungsprinzip, 1984, 284ff.

[28] Dementsprechend haben die Ausländer (grds) das aktive und passive Wahlrecht. Das kommunale Wahlrecht steht nur Personen zu, welche die Staatsangehörigkeit eines Mitgliedstaates der Europäischen Gemeinschaft besitzen (Art 8 b EGV, 28 Abs 1 S 3 GG; BVerfGE 83, 37, 50ff; 60, 70ff). Für das Wahlrecht von Ausländern im Bereich der funktionalen Selbstverwaltung (Rn 9) gilt diese verfassungsrechtliche Beschränkung nicht (BVerfGE 83, 37, 55).

[29] Vgl *Stern* StR I, § 12 I 1 mwN.

bereichs nach Maßgabe der Gesetze das Recht der Selbstverwaltung. Die *funktionale Selbstverwaltung* bestimmt sich nicht ausschließlich nach der Wohnsitznahme im Hoheitsbereich einer Körperschaft, sondern nach gruppenspezifischen Kriterien, wie bes Eigenschaften, Funktionen oder Interessen.[30] Zu dieser Art der Selbstverwaltung gehören zB die Hochschulen, die Sozialversicherungsträger, die Kammern der freien Berufe (für Rechtsanwälte, Patentanwälte, Steuerberater, Wirtschaftsprüfer, Ärzte, Zahnärzte, Tierärzte, Apotheker und Architekten), die wirtschaftsständischen Kammern (Industrie- und Handelskammern, Handwerkskammern, Landwirtschaftskammern), die Handwerksinnungen, die Wasser- und Bodenverbände, die Teilnehmergemeinschaften bei der Flurbereinigung sowie die öffentlich-rechtlichen Jagd- und Fischereigenossenschaften.[31] In welchem Umfang eine funktionale Selbstverwaltung vorgesehen werden kann, steht grundsätzlich im Ermessen des Gesetzgebers. Allerdings verlangt das Demokratieprinzip, daß die der Staatsgewalt unterworfenen Personen im wesentlichen identisch mit den Personen sein müssen, denen die Staatsgewalt ihre Einsetzung verdankt.[32] Auch der Gesetzgeber darf daher eine Selbstverwaltung nur einrichten, wenn das Prinzip der Selbstbetroffenheit beachtet wird.[33] Somit ist es unzulässig, Selbstverwaltungsträger mit der Wahrnehmung von Aufgaben zu betrauen, die alle Staatsbürger betreffen (zB Außenpolitik, Verteidigung, Steuererhebung). Ferner müssen die Grundrechte der Verbandsmitglieder beachtet werden. Nach hM stellt sich nicht nur die Begründung der Zwangsmitgliedschaft als rechtfertigungsbedürftiger Grundrechtseingriff dar, vielmehr sollen die Zwangsmitglieder auch einen grundrechtlichen Anspruch auf Einhaltung des gesetzlich zugewiesenen Aufgabenkreises haben.[34] Schließlich darf sich der Gesetzgeber seiner Rechtssetzungsbefugnisse nicht völlig entäußern und die Regelung des Selbstverwaltungsbereichs ganz den körperschaftlichen Organen überlassen. Insbes bedürfen Eingriffe im Grundrechtsbereich einer parlamentarisch-gesetzlichen Ermächtigungsgrundlage.[35]

2. Bundesstaat

10 Der Bundesstaat ist dadurch gekennzeichnet, daß auf demselben Staatsgebiet zwei staatliche Gewalten gleichzeitig wirken. Daher sind die Gesetzgebungs- und Verwaltungskompetenzen geteilt.

11 a) *Verteilung der Gesetzgebungskompetenzen zwischen Bund und Ländern.* Nach Art 70 Abs 1 GG haben die Länder das Recht der Gesetzgebung, soweit das Grundgesetz nicht dem Bund Gesetzgebungsbefugnisse verleiht. Bei den Kompetenzen des Bundes kann es sich um ausschließliche (Art 73), konkurrierende (Art

[30] BVerfGE 83, 37, 55.

[31] Näher dazu *Hendler* (Fn 27) 208ff; *Wolff/Bachof/Stober* VwR II, §§ 93ff; *Kluth* Funktionale Selbstverwaltung, 1997, 33ff.

[32] *Herzog* in: Maunz/Dürig, GG, Art 20 II Rn 56f.

[33] Vgl *Hendler* (Fn 27) 284; *Ehlers* (Fn 19) 221. Selbstbetroffenheit liegt vor, wenn die Mitglieder stärker als andere von der Verwaltung berührt werden.

[34] Vgl BVerfGE 10, 89, 102; 15, 235, 239ff; BVerwGE 34, 69, 74; 59, 231, 233; 64, 115, 119; 298, 301f; *Meßerschmidt* VerwArch 81 (1990) 55ff. Krit *Kluth* (Fn 31) 298ff.

[35] Erstmalig und grundlegend BVerfGE 33, 125, 158.

74, 74 a) oder Rahmen- bzw Grundsatzgesetzgebungsbefugnisse (Art 75, 91 a Abs 2, 109 Abs 3) handeln. Neben den enumerativ aufgeführten Gesetzgebungszuständigkeiten des Bundes werden auch ungeschriebene Bundeskompetenzen kraft Natur der Sache oder Sachzusammenhangs sowie Annexkompetenzen als zulässig angesehen.[36]

Ein einheitliches Rechtsgebiet „*Verwaltungsrecht*" kennt das Grundgesetz nicht. 12
Die Kompetenzen verteilen sich somit auf Bund und Länder, so daß sowohl das allgemeine als auch das bes Verwaltungsrecht aus Bundes- und Landesrecht besteht. Das Schwergewicht liegt heute auf dem Bundesrecht. ZB wird nahezu das gesamte Wirtschaftsrecht (insbes über Art 74 Abs 1 Nr 11 GG) und ein Großteil des Umweltrechts (insbes über Art 74 Abs 1 Nr 11 a, 20, 24, Art 75 Abs 1 Nr 3 und 4 GG) in Bundesgesetzen geregelt. Zu den Rechtsgebieten des Landesrechts, die sich der Sogkraft des „unitarischen Bundesstaates"[37] entziehen konnten, gehören insbes das (Landes-)Verwaltungsverfahrens-, Kommunal-, Polizei- und Ordnungs-, Schul- und Hochschul- sowie das Rundfunkrecht. Vielfach haben die Länder hierbei ihre Rechtssetzung freiwillig untereinander abgestimmt. So bestehen zwischen den Polizeigesetzen der Länder kaum nennenswerte Unterschiede. Nicht selten findet auch eine Kooperation mit dem Bund statt. Insbes haben die Länder ihre Verwaltungsverfahrensgesetze dem Verwaltungsverfahrensgesetz des Bundes durch Erlaß nahezu inhaltsgleicher Landesgesetze angeglichen.[38]

b) *Verteilung der Verwaltungskompetenzen zwischen Bund und Ländern.* 13
Während bei der Gesetzgebung häufig das Bedürfnis nach Rechtseinheit für eine Kompetenz des Bundes spricht, kann die Ausführung der Gesetze idR sachgerechter und lebensnäher durch eine förderal strukturierte bzw dezentralisierte Verwaltung „vor Ort" bewerkstelligt werden.[39] Demgemäß liegt das Schwergewicht der Verwaltungskompetenzen bei den Ländern.

Die grundsätzliche Verteilung der Verwaltungskompetenzen zwischen Bund 14
und Ländern ergibt sich aus den Art 30, 83 ff, 108 und 120 a GG. Danach ist die Ausübung der staatlichen Befugnisse und die Erfüllung der staatlichen Aufgaben Sache der Länder, soweit das Grundgesetz keine andere Regelung trifft oder zuläßt. Insbes obliegen den Ländern der Vollzug der *Landesgesetze* und die Erledigung aller sonstigen Verwaltungsaufgaben, die nicht dem Bund zugewiesen worden sind. Grundsätzlich führen die Länder auch die *Bundesgesetze* als eigene

36 Vgl *Stern* StR I, § 19 III 3.

37 Vgl dazu *Hesse* Der unitarische Bundesstaat, 1962, 12ff.

38 In Berlin, Rheinland-Pfalz und Sachsen verweisen die Landesverwaltungsverfahrensgesetze auf das Verwaltungsverfahrensgesetz des Bundes „in der jeweils geltenden Fassung" (vgl auch § 1 VwVfG Nds). Es handelt sich also um dynamische Verweisungen. Zur Zulässigkeit solcher Verweisungen vgl BVerfGE 47, 285, 311 ff; *Clemens* AöR 111 (1986) 63, 100ff – die zumindest Verweisungen in grundrechtsrelevanten Bereichen als verfassungswidrig ansehen (weitergehend *Ehlers* DVBl 1977, 693ff – Ungültigkeit einer dynamischen Verweisung des Landesrechts auf das Bundesrecht im Bereich ausschließlicher Landeskompetenz). Allgemein zur Bewertung des sog kooperativen Föderalismus *Hesse* VerfR, Rn 234.

39 Vgl auch *Maunz/Zippelius* StR, § 38 II.

Angelegenheiten aus (Art 83, 84 GG). Für bestimmte Sachbereiche sieht das Grundgesetz einen Vollzug der Bundesgesetze durch die Länder im Auftrag des Bundes vor (*Bundesauftragsverwaltung*).[40] Die Länderbehörden unterstehen insoweit der Weisungsgewalt und der Fachaufsicht des Bundes.[41] Schließlich hat sich der Bund den Vollzug von Bundesgesetzen und die sonstigen Verwaltungsaufgaben in den Sachgebieten der Art 87 ff und 108 Abs 1 GG selbst vorbehalten.

15 Die Verteilung der Verwaltungszuständigkeiten zwischen Bund und Ländern ist vom Grundgesetz erschöpfend und grundsätzlich unabdingbar geregelt. Hiervon abweichende Kompetenzverschiebungen zwischen Bund und Ländern (insbes *Mischverwaltung*)[42] sind deshalb grundsätzlich unzulässig. Einen Ausnahmefall sieht das Grundgesetz in Art 91 a GG für die Mitwirkung des Bundes vor.[43] Ferner können Bund und Länder gem. Art 91 b GG aufgrund von Vereinbarungen bei der Bildungsplanung und bei der Forschungsförderung (zB Max-Planck-Gesellschaft) zusammenwirken.

16 Im Bereich ihrer Verwaltungszuständigkeiten haben die Länder die Möglichkeit, durch Abkommen *Gemeinschaftseinrichtungen* zur Wahrnehmung gemeinsamer Länderaufgaben zu errichten. Dabei konzentrieren sich die Abkommen insbes auf die Gebiete Rundfunk und Fernsehen (zB Zweites Deutsches Fernsehen), Wissenschaft und Ausbildung (zB Verwaltungshochschule Speyer, Zentralstelle für die Vergabe von Studienplätzen) sowie Kultur (zB Sekretariat der Ständigen Konferenz der Kultusminister der Länder).[44]

3. Rechtsstaatlichkeit

17 Von großer Bedeutung für die Verwaltung und das Verwaltungsrecht ist das Bekenntnis des Grundgesetzes zum Rechtsstaat.[45] Die Festlegung auf den Rechtsstaat kommt in Art 28 Abs 1 S 1 GG in Gestalt eines Strukturprinzips für die Verfassungsordnung auch der Länder explizit zum Ausdruck. Die wichtigsten Teilelemente des Rechtsstaatsprinzips, wie die Gesetzesbindung (Art 20 Abs 3 GG), Grundrechtsgeltung (Art 1 Abs 3 GG) und Rechtsschutzgewährleistung (Art 19 Abs 4 GG), werden in weiteren Bestimmungen des Grundgesetzes konkretisierend geregelt. In solchen Fällen bedarf es nicht des Rückgriffs auf das allgemeine Rechtsstaatsprinzip. Jedoch ist dieses Prinzip mehr als nur eine Sammelbezeich-

[40] Vgl Art 85 GG.

[41] Zur Rechtsnatur des Weisungsrechts vgl BVerfGE 81, 310, 335 ff; *Schulte* VerwArch 81 (1990) 415, 425 ff.

[42] Vgl *Ronellenfitsch* Die Mischverwaltung im Bundesstaat, 1975; *Loeser* Theorie und Praxis der Mischverwaltung, 1976; *dens* Die bundesstaatliche Verwaltungsorganisation in der Bundesrepublik Deutschland, 1981, 29 ff.

[43] Vgl *I. v Münch* VVDStRL 31 (1973) 51 ff.

[44] BVerwGE 22, 299, 305 f; *Kisker* JuS 1969, 466 ff; *Ehlers* (Fn 10) 335 f.

[45] Vgl zum Rechtsstaatsprinzip *Scheuner* FS zum 100jährigen Bestehen des Deutschen Juristentages II (1960) 229 ff; *Böckenförde* FS Arndt, 1969, 53 ff; vgl auch *Kunig* (Fn 16); *Stern* StR I, § 20; *Schmidt-Aßmann* in: Isensee/Kirchhof I, § 24 Rn 21 ff; *Benda* in: Benda/Maihofer/Vogel, HdbVerfR, § 17, 719 ff.

nung für einzelne Gewährleistungen des Verfassungsrechts. Es hat einen über die Bündelungsfunktion hinausgehenden *eigenständigen Sinngehalt.*[46]

Das BVerfG zählt das Rechtsstaatsprinzip zu den elementaren Prinzipien des Grundgesetzes.[47] Es sei eine „Leitidee" [48], ein Verfassungsgrundsatz, der je nach den sachlichen Gegebenheiten einer Konkretisierung bedürfe.[49] Unterschieden wird idR zwischen dem formellen und dem materiellen Rechtsstaat. Der *formelle Rechtsstaat* bezeichnet einen Staat, in dem alle staatlichen Machtäußerungen anhand von Gesetzen meßbar sind. Für den *materiellen Rechtsstaats*begriff ist wesentlich, daß der Staat auf die Idee der Gerechtigkeit bezogen ist.[50] Der Rechtsstaatsbegriff des Grundgesetzes umfaßt sowohl das formelle als auch das materielle Verständnis.[51] So gesehen ist der Anspruch der Bürgerrechtlerin Bärbel Bohley nach der Wiedervereinigung Deutschlands „Wir wollen Gerechtigkeit und haben den Rechtsstaat bekommen" mit einem juristischen Fragezeichen zu versehen. 18

Die *Einwirkungen* des Rechtsstaatsprinzips *auf das Verwaltungsrecht* sind so vielfältig und zahlreich, daß sie hier nicht im einzelnen dargestellt werden können.[52] Neben der Gesetzesbindung, die in § 9 Rn 7f beschrieben wird, ist im vorliegenden Zusammenhang nur kurz auf die Grundrechtsbindung der Verwaltung (Art 1 Abs 3 GG), die rechtsstaatlichen Verfahrensanforderungen sowie die rechtsstaatlichen Handlungsmaßstäbe der Verwaltung hinzuweisen. 19

a) *Verwaltung und Grundrechte.* Wie schon ausgeführt wurde, binden die Grundrechte die gesamte Verwaltung, einschließlich der privatrechtlichen (§ 2 Rn 82). Dies gilt auch für die Sonderrechtsverhältnisse bzw Sonderstatusverhältnisse, die früher auch als *besondere Gewaltverhältnisse* bezeichnet wurden.[53] Darunter werden Verhältnisse verstanden, die eine engere Beziehung des einzelnen zum Staat begründen, weil sich der einzelne in staatlichen Einrichtungen aufhält oder betätigt: also etwa die Verhältnisse der Beamten, Soldaten, Schüler in öffentlichen Schulen, Studenten, Strafgefangenen oder Benutzer der öffentlichen Einrichtungen (zB Theater oder Museen)[54]. Der einzelne steht in solchen Rechtsverhältnissen nicht als verwaltungsinternes „Rädchen im Anstaltsbetriebe",[55] sondern als 20

[46] AA *Kunig* (Fn 16) 85ff, 481ff; *Schnapp* in: I. v Münch/Kunig, GGK I, Art 20 Rn 24; wie hier *Schmidt-Aßmann* in: Isensee/Kirchhof I, § 24 Rn 7f.

[47] BVerfGE 1, 14ff, 33; 20, 323, 331.

[48] BVerfGE 2, 380, 403.

[49] BVerfGE 7, 89, 92f.

[50] Vgl *Schnapp* in: I. v Münch/Kunig, GGK I, Art 20 Rn 22.

[51] Vgl statt vieler *Schmidt-Aßmann* in: Isensee/Kirchhof I, § 24 Rn 18f.

[52] Vgl dazu *Kunig* (Fn 16) 373ff, 421ff, 438ff.

[53] Vgl *O. Mayer* VwR I, 101f. Näher dazu *Erichsen* FS H. J. Wolff, 1973, 219ff; *Ronellenfitsch* DÖV 1981, 933ff; *ders* VerwArch 73 (1982) 245ff; *ders* DÖV 1984, 781ff; *Loschelder* Vom besonderen Gewaltverhältnis zur öffentlich-rechtlichen Sonderbindung, 1982; *Hesse* VerfR, Rn 321ff.

[54] AA insoweit *I. v Münch* in: I. v Münch/Kunig, GGK I, Vorb Art 1–19 Rn 59.

[55] So aber die Doktrin des besonderen Gewaltverhältnisses. Vgl *Fleiner* Institutionen des Deutschen Verwaltungsrechts, 8. Aufl 1928, § 4, 66.

Rechtssubjekt. Es greift daher der Schutz der Grundrechte ein.[56] Der Grundrechtsinhaber verzichtet auch nicht etwa mit Eintritt in das Sonderrechtsverhältnis auf seine Grundrechte oder die Ausübung seiner Grundrechte. Der Satz „volenti non fit iniuria" kann schon deshalb keine Geltung beanspruchen, weil teilweise Zwang ausgeübt wird (wie bei den Strafgefangenen), der Bürger auf die staatlichen Leistungen angewiesen ist und die staatliche Macht nicht dazu benutzt werden darf, den einzelnen zu einer Preisgabe seiner Grundrechte zu nötigen. Allerdings zeigen Bestimmungen wie Art 17 a Abs 1 und 33 Abs 4 und 5 GG, daß die Grundrechte nach Maßgabe der allgemeinen verfassungsrechtlichen Regeln uU stärker beschränkt werden dürfen, als dies ansonsten zulässig ist.

21 Inhaltlich enfalten die Grundrechte verschiedene Wirkungen. Als *subjektive Rechte* stellen sie in erster Linie Abwehrrechte des Bürgers gegenüber dem Staat dar, verpflichten also auch die Verwaltung, ungerechtfertigte Eingriffe in die Freiheit des einzelnen zu unterlassen und die Folgen rechtswidriger Eingriffe zu beseitigen.[57] Ungerechtfertigt ist ein Eingriff insbes, wenn er nicht auf einer gesetzlichen Ermächtigungsgrundlage beruht oder das Übermaßverbot (Rn 24) verletzt wurde. Ferner wird den Grundrechten unter bestimmten Voraussetzungen heute überwiegend ein *Anspruch* des einzelnen *auf Schutz* vor rechtswidrigen Eingriffen Privater entnommen.[58] Ein (gerichtlich durchsetzbares) Recht auf Schutzmaßnahmen hat der einzelne erst, wenn das Untermaßverbot (Rn 24) verletzt wurde. In der Praxis bes wichtig ist der Anspruch des einzelnen auf ermessensfehlerfreie Entscheidung über das Einschreiten der Polizei- bzw Ordnungsbehörden, der allerdings nicht unmittelbar aus den Grundrechten, sondern aus dem einfachen Recht hergeleitet wird.[59] Weiterhin können die Grundrechtsbestimmungen subjektivrechtlich bewehrte Maßstäbe für die *organisatorische Ausgestaltung staatlicher Einrichtungen*, wie zB der Universitäten, enthalten.[60] Schließlich haben die Grundrechte eine *verfahrensrechtliche Bedeutung*. Angesprochen werden damit nicht nur Grundrechte, die überhaupt erst im Verwaltungsverfahren realisiert werden können (wie zB das Recht der Kriegsdienstverweigerung oder das Asylrecht). Vielmehr lassen sich aus den Grundrechten Verfahrensrechte zum vorbeugenden Schutz materieller Grundrechtspositionen entnehmen.[61] ZB zwingt Art 12 Abs 1 GG dazu, öffentliche Stellen grundsätzlich auszuschreiben.[62] Aus Art 33 Abs 2 iVm Art 19 Abs 4 GG folgt die Verpflichtung des Staates, die Konkurrenten (zur Ermöglichung eines gerichtlichen Rechtsschutzes) vor Vergabe einer Beamtenstelle zu benachrichtigen.[63]

[56] Dies hat das BVerfG erstmalig in seiner Strafgefangenen-Entscheidung (E 33, 1, 10ff) festgestellt.

[57] Zur Herleitung des Folgenbeseitigungsanspruchs aus den Grundrechten vgl *Schoch* VerwArch 79 (1988) 1ff, 34ff.

[58] Vgl zu den staatlichen Schutzpflichten etwa BVerfGE 39, 1, 42ff; 46, 160, 164; 77, 170, 214f mwN; 79, 174, 201f; 88, 203, 251ff; *Klein* NJW 1989, 1633ff; *Dietlein* Die Lehre von den grundrechtlichen Schutzpflichten, 1992, 26ff.

[59] Vgl BVerwGE 11, 95, 98, u *Dietlein* (Fn 58) 204ff.

[60] Vgl BVerfGE 35, 79, 120ff; *Pieroth/Schlink* (Fn 15) Rn 72, 93.

[61] Vgl BVerfGE 63, 131, 143.

[62] Vgl BVerfGE 73, 280, 296.

[63] Vgl BVerfG, NJW 1990, 501 (Kammerentscheidung).

Art 2 Abs 2 S 1 GG verlangt nicht nur Vorkehrungen zum Schutz von Leben und Gesundheit, sondern auch eine entsprechende Verfahrensgestaltung, so zB im atomrechtlichen Genehmigungsverfahren.[64] Dagegen verbürgen die Grundrechte nach hM grundsätzlich keine originären Teilhabe- und Leistungsrechte.[65]

Als *Elemente der objektiven Ordnung* stellen die Grundrechte verfassungsrechtliche Grundentscheidungen dar, von der alle staatlichen Gewalten ihre Richtlinien und Impulse empfangen.[66] Vielfach ist der Gesetzgeber verpflichtet, die Grundrechtsvoraussetzungen zu schaffen. ZB werden nach Art 14 Abs 1 S 2 GG nicht nur die Schranken, sondern auch der Inhalt des Eigentums durch die Gesetze bestimmt, was notwendigerweise ein vorgängiges gesetzgeberisches Tätigwerden erforderlich macht. Neben dem Gesetzgeber ist auch die Verwaltung gehalten, im Rahmen des Möglichen reale Freiheit zu gewährleisten, dh die Voraussetzungen für die Verwirklichung der grundrechtlich geschützten Interessen zu schaffen.[67] Ein grundrechtlicher Anspruch auf Tätigwerden der staatlichen Rechtsträger bzw Organe ist erst gegeben, wenn das Untermaßverbot (Rn 24) verletzt worden ist. **22**

b) *Rechtsstaatsprinzip und Verwaltungsverfahren.* Aus dem Rechtsstaatsprinzip ergeben sich auch Anforderungen an die Organisation und das Verfahren der öffentlichen Verwaltung, die über die bereits aus den Grundrechten zu gewinnenden Direktiven hinausgehen.[68] Was das Organisatorische anbelangt, so müssen insbes klare, für den Bürger einsichtige Zuständigkeiten und Verantwortlichkeiten geschaffen werden. Verfahrensrechtlich bedarf es einer Anhörung oder Beiladung derjenigen, die vom Verfahrensergebnis unmittelbar in ihren Rechten beeinträchtigt werden können. Rechtsstaatlich geboten ist ferner zB die Verpflichtung zur umfassenden Klärung der Sach- und Rechtslage, der Ausschluß von befangenen Amtswaltern im Verwaltungsverfahren, das Recht der Beteiligten, sich prinzipiell eines Bevollmächtigten oder eines Beistands bedienen zu dürfen, sowie die Begründung und Bekanntmachung von Verwaltungsakten. Für den Bereich der exekutiven Normsetzung gilt das Gebot der Publikation.[69] Es betrifft Verordnungen (vgl Art 82 Abs 1 S 2 GG) und Satzungen,[70] nicht aber in jedem Falle Verwaltungsvorschriften.[71] **23**

[64] BVerfGE 53, 30, 59ff. Zum sog Beratungskonzept bei Schwangerschaftsabbrüchen vgl BVerfGE 88, 203, 296ff.

[65] Vgl *Stern* StR III/1, § 67; *Pieroth/Schlink* (Fn 15) Rn 60ff, 98ff. Zu Art 7 Abs 4 GG vgl aber BVerfGE 75, 40, 62f; BVerfG BayVBl 1994, 623 (staatliche Schutz- und Förderungspflicht).

[66] Wegweisend BVerfGE 7, 198, 205. Vgl ferner BVerfGE 73, 261, 269.

[67] Grundlegend dazu *Hesse* VerfR, Rn 290ff.

[68] Vgl zum folgenden *Kopp* Verfassungsrecht und Verwaltungsverfahrensrecht, 1971, 54ff; *Kunig* (Fn 16) 36ff; *Schmidt-Aßmann* in: Isensee/Kirchhof I, § 24 Rn 75ff. Vgl ferner die Nachw in Fn 10, 11.

[69] Vgl *Wittling* Die Publikation der Rechtsnormen einschließlich der Verwaltungsvorschriften, 1991, 164ff, 269f. Zur Frage weitergehender Verfahrensanforderungen im Bereich der exekutiven Normsetzung vgl *Pünder* Exekutive Normsetzung, 1995, 279ff.

[70] *Ossenbühl* in: Isensee/Kirchhof III, § 66 Rn 60.

[71] Vgl BVerwGE 61, 15, 16ff, 18; 61, 40, 41ff; 69, 278, 279ff; krit dazu § 6 Rn 57.

24 c) *Rechtsstaatliche Handlungsmaßstäbe.* Ferner enthalten das Rechtsstaatsprinzip bzw die Grundrechte weitere Handlungsmaßstäbe für das Verwaltungshandeln, wie etwa den Grundsatz der Rechtssicherheit, der Einzelfallgerechtigkeit sowie das Untermaß- und das Übermaßverbot. So beruhen etwa die Regelungen der §§ 48, 49 VwVfG auf einer Abwägung zwischen Gesetzmäßigkeitsprinzip einerseits und der Rechtssicherheit (bzw dem Vertrauensschutz) andererseits. Rechtssicherheit und Vertrauensschutz stehen auch im Vordergrund bei der Selbstbindung der Verwaltung durch eine ständige Verwaltungspraxis.[72] Gesichtspunkte der Einzelfallgerechtigkeit können die Verwaltung dazu zwingen, Dispense zu erteilen oder einen Härteausgleich zu gewähren.[73] Das Untermaßverbot gebietet den Trägern von Staatsgewalt, den rechtlich (hier verfassungsrechtlich) gebotenen Mindeststandard nicht zu unterschreiten.[74] ZB sind der Gesetzgeber und (auf der Grundlage der Gesetze) die Verwaltung gem Art 2 Abs 2 S 1 GG gehalten, das ungeborene Leben wirksam zu schützen.[75] Bes wichtig ist das Übermaßverbot. Es verpflichtet die Verwaltung (wie den Gesetzgeber), bei Verfolgung legitimer Zwecke nur die geeigneten, erforderlichen und verhältnismäßigen Mittel einzusetzen. Die getroffenen Maßnahmen müssen den angestrebten Zweck erreichen (Geeignetheit), dürfen den Adressaten nicht mehr als unbedingt notwendig belasten (Erforderlichkeit) und nicht zu einem Nachteil führen, der zu dem erstrebten Erfolg außer Verhältnis steht (Verhältnismäßigkeit).[76] Nicht hinreichend geklärt ist, ob das Übermaßverbot auch die Leistungsverwaltung bindet.[77] Die Frage dürfte zu bejahen sein, da auch der Leistungsempfänger des Schutzes vor ungeeigneten, nicht erforderlichen oder unangemessenen Verhaltensbindungen bedarf.[78] Zur Geltung des Übermaßverbotes im europäischen Gemeinschaftsrecht vgl § 3 Rn 19, 25.

4. Weitere Verfassungsaufträge

25 Verfassungsaufträge lassen sich nicht nur im Wege der Auslegung den Grundrechtsbestimmungen entnehmen. Vielmehr enthält das Grundgesetz auch ausdrückliche Aufträge. Zu nennen sind etwa das Sozialstaatsprinzip (Art 20 Abs 1,

[72] Vgl *Scheuing* VVDStRL 40 (1982) 153ff; *Hoffmann-Riem* ebd, 187ff; *Raschauer* ebd, 240ff.

[73] Zur Rechtsfigur der ausgleichspflichtigen Inhaltsbestimmungen vgl BVerfGE 58, 137, 147, 149f.

[74] Vgl zu dieser Rechtsfigur *Scherzberg* Grundrechtsschutz und „Eingriffsintensität", 1989, 208ff; für Art 14 *Ehlers* VVDStRL 51 (1992) 211, 216ff.

[75] BVerfGE 88, 203, 254.

[76] Näher hierzu *Hirschberg* Der Grundsatz der Verhältnismäßigkeit, 1981; *Dechsling* Das Verhältnismäßigkeitsgebot, 1989; *Bleckmann* JuS 1994, 177ff; *Remmert* Verfassungs- und Verwaltungsrechtsgeschichtliche Grundlagen des Übermaßverbotes, 1995.

[77] Abl zB *Erichsen* Jura 1988, 388; *Mußgnug* VVDStRL 47 (1989) 112, 126ff. AA *Haverkate* Rechtsfragen des Leistungsstaates, 1983, 14ff, 174ff.

[78] Vgl *Heydemann* Die Durchsetzbarkeit von Verhaltensbindungen im Recht der begünstigenden Verwaltung, 1995, 111ff.

28 Abs 1 S 1 GG) sowie die Pflicht des Staates zur Förderung der Gleichberechtigung (Art 3 Abs 2 S 2 GG), zum Schutz von Ehe und Familie (Art 6 Abs 1 GG) und zum Schutz der natürlichen Lebensgrundlagen (Art 20 a GG). Die Konkretisierung dieser Aufträge obliegt in erster Linie dem Gesetzgeber.[79] Aber auch für die Verwaltung haben die Aufträge in mehrfacher Hinsicht Bedeutung. Zum einen sind sie bei der Auslegung unbestimmter Rechtsbegriffe und Ausübung von Ermessensspielräumen zu beachten. Zum anderen kann sich aus den Aufträgen in Ausnahmefällen ein unmittelbarer Handlungsauftrag der Verwaltung ergeben. Beispielsweise verpflichtet das Sozialstaatsprinzip die Verwaltung dazu, in Notfällen schnelle und unbürokratische Hilfe im Einzelfall zu leisten.

[79] Vgl zum Sozialstaatsprinzip BVerfGE 1, 97, 104f; 8, 274, 329; 22, 180, 204; 27, 253, 283; *Stern* StR I, § 21 III.

ZWEITER ABSCHNITT

Rechtsquellen und Rechtsbindungen der Verwaltung

Fritz Ossenbühl

Gliederung

§ 5
Rechtsquelle und Rechtsnorm

Eine Skizze der Rechtsquellenlehre kann nicht eröffnet werden, ohne jene Begriffe zu erläutern, die immer wieder auftauchen: Rechtsquelle und Rechtsnorm. Dies ist um so notwendiger, als zahlreiche Kontroversen in der Rechtsquellenlehre ihren Grund ausschließlich in der mangelnden Klärung des begrifflichen Instrumentariums haben. Andererseits ist eine Beschränkung auf die herrschende Position geboten, obgleich, wie es in einer Spezialuntersuchung heißt, „die Unklarheiten hinsichtlich des Gesetzesbegriffs noch übertroffen (werden) durch diejenigen, die den Begriff der Rechtsquelle verdunkeln“.[1] **1**

I. Der Begriff der Rechtsquelle[2]

Was man sich unter dem „sympathischen Bild der Quelle“[3] in Verbindung mit dem Recht alles vorstellen kann, ist vielfach beschrieben worden. Insoweit ist eine Reihe von „Quellen-Kategorien“ aufgestellt worden.[4] Von diesen seien die wichtigsten genannt. **2**

[1] *Meyer-Cording* Die Rechtsnormen, 1971, 49.

[2] Literatur: *Ross* Theorie der Rechtsquellen, 1929; *Liver* Der Begriff der Rechtsquelle, in: Rechtsquellenprobleme im Schweizerischen Recht, 1955, 1ff; *Meyer-Cording* (Fn 1) 49ff; *Bühler* Rechtserzeugung, Rechtserfragung, Legitimität der Rechtsquellen, 1985; *Wolff/Bachof* VwR I, § 24.

[3] *Meyer-Cording* (Fn 1) 50.

[4] Vgl *Ross* (Fn 2) 290ff; *Liver* (Fn 2) 3ff; *Meyer-Cording* (Fn 1) 50ff; *Kirchhof* Festgabe BVerfG II, 1976, 50ff.

3 1. *Rechtserzeugungsquellen,* die Vorstellung und Verhalten der Menschen und damit das Recht bestimmen. Sie sind praktisch kaum abzugrenzen, weil sie von der Religion über das Klima eines Landes bis zu den Produktionsverhältnissen reichen.

4 2. *Rechtswertungsquellen,* welche die Maßstäbe für die Rechtsordnung angeben (zB Gerechtigkeit, Gleichheit, Rechtssicherheit, Vernunft).

5 3. *Rechtserkenntnisquellen* als Rechtsquellen im engeren Sinne, denen das geltende Recht unmittelbar entnommen werden kann (zB Gesetze, Verordnungen, Satzungen usw).

Solche Systematisierungen sind gewiß wertvoll, weil sie den Prozeß der Rechtserzeugung im Schnittpunkt zahlreicher Disziplinen (Soziologie, Theologie, Völkerkunde, Philosophie usw) sehen. Für eine Betrachtung der Rechtsquellenlehre unter dem speziellen Aspekt der Rechtstheorie sind sie nur bedingt verwendbar.

6 Für die juristisch-technische, rechtstheoretische Fragestellung ist immer noch die im Jahre 1929 von *Alf Ross*[5] aufgestellte Definition maßgeblich, nach der die Rechtsquelle bestimmt wird als *„Erkenntnisgrund für etwas als Recht“*.[6] In diesem Sinne sind als Rechtsquellen alle Handlungsanweisungen und Maßstäbe zu verstehen, die Verhaltensmuster vorschreiben, Ziele und Mittel des Verwaltungshandelns festlegen und die rechtliche Entscheidung von Konflikten bestimmen, gleichgültig in welcher äußeren Form sie auftreten.

II. Der Begriff der Rechtsnorm[7]

7 *Richard Thoma*[8] schrieb im Jahre 1916, daß der Begriff des Rechtssatzes (der Rechtsnorm) mehrdeutig sei und deshalb „unsere bedeutendsten Staatsrechtslehrer in unfruchtbare Streitigkeiten verwickelt“ habe. Diese Feststellung gilt mit geringen Abstrichen auch heute noch.

Die verschiedenen Rechtssatzdefinitionen aufzuführen, die in den letzten hundert Jahren geprägt worden sind, ist hier unmöglich.[9] Wichtig erscheint es jedoch zu wissen, daß gegenwärtig vielfach noch Rechtssatzbegriffe verwendet werden, die entweder historisch überholt oder unter einem dogmatisch verengten Blick-

[5] (Fn 2) 291f.

[6] Vgl *Jellinek* VwR, 117; *Esser* Grundsatz und Norm in der richterlichen Fortbildung des Privatrechts, 3. Aufl 1974, 134ff; *Adomeit* Rechtsquellenfragen im Arbeitsrecht, 1969, 78f; *Kruse* Das Richterrecht als Rechtsquelle des innerstaatlichen Rechts, 1971, 1; *Wolff/Bachof* VwR I, § 24 I und Liver (Fn 2) 12 (die letzteren mit dem Zusatz: „Erkenntnisgrund für etwas als *positives* Recht“).

[7] Literatur: *Meyer-Cording* (Fn 1) 17ff; *Ossenbühl* Verwaltungsvorschriften und Grundgesetz, 1968, 154ff; *Jesch* Gesetz und Verwaltung, 2. unveränd Aufl 1968, 9ff; *Böckenförde* Gesetz und gesetzgebende Gewalt, 2. Aufl 1981; *Roellecke* Der Begriff des positiven Gesetzes und das Grundgesetz, 1969; *Achterberg* DÖV 1973, 289; *Starck* Der Gesetzesbegriff des Grundgesetzes, 1970.

[8] In: Festgabe Mayer, 1916, 176.

[9] Vgl dazu *Böckenförde* (Fn 7).

winkel gebildet worden sind, aber gleichwohl als allgemeingültige Definitionen ausgegeben werden. Dieser Umstand hat, wie noch zu zeigen sein wird, auch den Blick für die Quellen des Verwaltungsrechts erheblich verkürzt.

1. Der historisch-konventionelle Rechtssatzbegriff

Die Überlegungen zum Gesetzesvorbehalt zeigen,[10] in welcher Weise der Gesetzes- **8** begriff an einer bestimmten historischen Situation und Verfassungsstruktur orientiert war. Die Gleichsetzung von Gesetz und Recht und die damit einhergehende Definition des Rechtssatzbegriffs als einer Regelung, die Freiheit und Eigentum der Bürger berührt oder darin eingreift,[11] ließ von vornherein weite Bezirke außerhalb der so verstandenen Rechtsordnung. Dazu gehörten sowohl der sog Innenbereich des Staates, namentlich die innere Organisation und das Funktionieren der Verwaltung, als auch die staatlichen Anstalten, die dem Bürger, anstatt Eingriffe zuzufügen, Leistungen darboten. Diese Bereiche waren der Notwendigkeit einer Regelung durch Rechtssätze entzogen und der Handlungsfreiheit der Verwaltung überlassen.

Zum selben Ergebnis kam jene für die spätkonstitutionelle Staatsrechtslehre maßgebliche Auffassung, nach der das wesentliche Merkmal für den Rechtssatzbegriff in der Schrankenziehung zwischen selbständigen Willenssphären bzw Rechtssubjekten gesehen wurde.[12] Auch der Staat wurde ebenso wie jeder andere Hoheitsträger als impermeables Rechtssubjekt begriffen, dessen innere Vorgänge als „Verwaltungsinterna" sich außerhalb der Rechtsordnung bewegten. Die „innere Ordnung" des Staates stellte keine Schrankenziehung zwischen selbständigen Rechtssubjekten dar und blieb deshalb per definitionem außerhalb des Rechts.

Die historisch-konventionelle Verengung des damit verbundenen Rechtssatzbegriffs und die auf *Laband*[13] zurückgehende zivilistische Denkweise (Schrankenziehungsformel) sind längst erkannt worden. Trotz dieser Erkenntnis sind bis heute jedoch die notwendigen Folgerungen – auch für die Rechtsquellenlehre – nicht gezogen worden.

2. Der rechtstheoretische Rechtssatzbegriff

Eine zeitgemäße Rechtsquellenlehre kann nicht mit einem Rechtssatzbegriff ope- **9** rieren, der der Verfassungsdogmatik des 19. Jahrhunderts zugeordnet ist. Andererseits ist nicht viel gewonnen, wenn man den historisch-konventionellen Rechtssatzbegriff kurzerhand durch einen rechtstheoretischen Rechtssatzbegriff ersetzt und Rechtssatz beispielsweise definiert als Satz, welcher dazu bestimmt ist, „an einen vorausgesetzten Tatbestand subjektive Rechte und Pflichten zu begründen oder mit einem gewissen Tatbestand gewisse Rechte und Pflichten zu verknüp-

[10] Dazu u § 9 Rn 7ff.
[11] Namentlich *Anschütz* Kritische Studien zur Lehre von Rechtssatz und formeller Gesetze, 2. Aufl 1913, 68, 97, 163 und passim.
[12] Namentlich *Laband* und *Jellinek;* inzw dazu *Böckenförde* (Fn 7) 233ff, 257ff, 272ff.
[13] Vgl dazu *Böckenförde* (Fn 7) 226ff.

fen".[14] Freilich würde auf diese Weise erreicht, daß die bislang aus dem Verwaltungsrecht oder doch der Rechtsquellenlehre verdrängten Regelungsphänomene wie etwa die Verwaltungsvorschriften und Sonderverordnungen nicht mehr bedenkenlos als Nicht-Recht abgestempelt werden könnten.

Indessen liegt das Problem anderswo. Die aktuellen Fragen der Rechtsquellenlehre können nicht dadurch gelöst werden, daß man einen neuen Rechtssatzbegriff aufstellt. Denn die Problematik liegt keineswegs in der Definition des Rechtssatzes, sondern vielmehr in der *Heterogenität der vorhandenen Rechtssätze*.[15] Kurz gesagt: Rechtssatz ist nicht gleich Rechtssatz. Denn schon die herkömmlich als solche anerkannten Rechtssätze weisen etwa nach dem Rang im Rechtsquellensystem, ihren Erzeugungsbedingungen, Adressaten, Verletzungsfolgen usw erhebliche Unterschiede auf.

III. Aufgabe der Rechtsquellenlehre

10 Aus dieser Erkenntnis folgt unmittelbar die Aufgabe der Rechtsquellenlehre. Es gibt weder eine Einheitsrechtsquelle noch einen Einheitsrechtssatz. Vielmehr haben die Rechtssätze unterschiedliche Eigenschaften. Diese Eigenschaften (Erzeugungsmodus, Geltungsbereich, Kontrolle, Rang im Rechtsquellensystem, Verletzungsfolgen etc) sind in vielfacher Weise abgestuft und kombiniert und führen zu Klassifikationen der Rechtssätze, die von erheblicher rechtlicher Bedeutung sind.

Welche Eigenschaften einem Rechtssatz zukommen, ist namentlich der Verfassung zu entnehmen. Aufgabe der Rechtsquellenlehre ist es deshalb, die verschiedenen Rechtssätze und Rechtsquellen anhand ihrer Eigenschaften zu beschreiben, zu erklären und in einen systematischen Zusammenhang zu bringen.

§ 6
Arten der Rechtsquellen

I. Grundsätzliche Bemerkungen

1 Verschiedene Arten von Rechtsquellen sind nur dort denkbar, wo die Rechtsetzungsmacht nicht bei *einer* Instanz monopolisiert ist, sondern mehrere Normgeber in sachgegenständlich, personal oder territorial unterschiedlichen Bereichen Rechtsetzungsgewalt ausüben. Die Vielzahl der Rechtsquellen im Verwaltungsrecht, ihre Abstufung nach Inhalt, Wirkungsgrad und Form, ist deshalb Konsequenz und

[14] So schon *Haenel* Das Gesetz im formellen und materiellen Sinne, 1888, 122; ferner *Engisch* Einführung in das juristische Denken, 8. Aufl 1983, 20; *Radbruch* Rechtsphilosophie, 8. Aufl 1973, 125.

[15] Näheres bei *Ossenbühl* (Fn 7) 159.

Spiegelbild der Verfassungsstruktur; sie hat ihre Ursache namentlich in drei Besonderheiten der deutschen Verfassungsentwicklung:

1. In der Differenzierung der Staatsgewalt, die sich in Deutschland mit der Verfassungsbewegung im 19. Jahrhundert als Ergebnis des gewaltenteilenden Rechtsstaates eingestellt hat.

2. In der föderalistischen Struktur der Bundesrepublik, in der neben dem Bund die Länder als selbständige Staaten mit eigener Gesetzgebungsgewalt existieren.

3. In der rechtlichen Verselbständigung gewachsener oder geschaffener Lebensbereiche mit eigener gegenständlich, personell und territorial beschränkter Rechtsetzungsbefugnis (zB Autonomie der Gemeinden, Universitäten, Rundfunkanstalten, Sozialversicherungsträger).

Für alle vorgenannten Instanzen und Lebensbereiche ist die Rechtserzeugung in Verfassungen und Gesetzen im einzelnen geregelt. Neben den auf diese Weise organisierten Rechtsquellen steht das nichtorganisierte, gewachsene Recht (Gewohnheitsrecht).

Nach der Herkunft des Rechts und der Qualität des Normsetzers wird dementsprechend in der herkömmlichen Rechtsquellenlehre unterschieden zwischen dem geschriebenen (kodifizierten, gesetzten, positiven) Recht und dem ungeschriebenen Recht (Gewohnheitsrecht, Observanzen); ferner zwischen staatlichem und autonomem Recht. Das staatliche Recht teilt sich infolge der föderalistischen Struktur und der Gewaltenteilung wiederum auf in Bundesrecht und Landesrecht sowie in originäres und abgeleitetes Recht, je nachdem, ob dem Normsetzer (wie etwa dem Bundestag) eine eigene verfassungsverbürgte Rechtsetzungsgewalt zukommt oder ob er (wie die Bundesregierung oder einzelne Minister) nur aufgrund einer durch ein parlamentsbeschlossenes Gesetz erteilten Ermächtigung (Delegation) Normen schaffen darf.

Bisher war lediglich vom nationalen Recht die Rede, dh von jenem Recht, das von einem unter der Herrschaft des Grundgesetzes stehenden Normsetzer geschaffen wird oder sich auf einem Teil oder dem Ganzen des Territoriums der Bundesrepublik Deutschland als Gewohnheitsrecht bildet. Dieses nationale Recht wird jedoch in zunehmendem Maße durch supranationales Recht überlagert, modifiziert und verdrängt. Insbesondere das Europarecht tritt immer mehr in den Vordergrund. Die Zahl der Regelungen auf dem Gebiet des Wirtschafts-, Sozial- und Steuerrechts, die europäischen Ursprungs sind, steht vor der 80%-Marke. Zwischen 1962 und 1991 sind rund 750 Richtlinien erlassen worden. Dies hat zur Folge, daß fast jedes zweite deutsche Gesetz inzwischen seinen Ursprung in Brüssel hat. Wir befinden uns also in einem gewaltigen Prozeß der Verschmelzung von Europarecht und nationalem Recht, der selbstredend auch die Grundlagen der verwaltungsrechtlichen Dogmatik zunehmend erfaßt und verändert.

Aus Gründen der Klarheit sollen deshalb im folgenden zunächst die nationalen Rechtsquellen dargestellt werden, sodann anschließend das supranationale Recht.

II. Verfassungsgesetze[1]

2 Wo das Verhältnis von Verfassung und Verwaltung zur Sprache kommt, gehört es zum üblichen Ritual, zwei einander entgegengesetzte Zitate anzuführen, die sich inzwischen zu geflügelten Worten des Verwaltungsrechts entwickelt haben. Das erste Wort stammt von *Otto Mayer,* der gegen Ende des vorigen Jahrhunderts das Verwaltungsrecht als eigenständige Disziplin begründet hat. Im Vorwort seines 1924 in 3. Auflage erschienenen „Deutschen Verwaltungsrechts" heißt es: „Groß Neues ist ja seit 1914 und 1917 (den beiden Vorauflagen, die noch vor der Gründung der Weimarer Demokratie in der Zeit der konstitutionellen Monarchie erschienen waren) nicht nachzutragen. *Verfassungsrecht vergeht, Verwaltungsrecht besteht.*"[2] – In diesem meist mißverstandenen Satz[3] kommt eine gewisse Indolenz oder doch Beharrungskraft des Verwaltungsrechts gegenüber sich wandelnden Verfassungsstrukturen zum Ausdruck. Eine solche Resistenz des deutschen Verwaltungsrechts gegenüber verändertem Verfassungsrecht war bis weit nach dem Inkrafttreten des Grundgesetzes zu beobachten, ist aber heute eher einer die Verfassungsabhängigkeit des Verwaltungsrechts überbetonenden und übertreibenden Haltung gewichen. Das Wort von *Fritz Werner*[4], der das „Verwaltungsrecht als konkretisiertes Verfassungsrecht" apostrophiert hat, ist viel zitiert worden und hat die Neigung des unmittelbaren Zugriffs auf die Verfassung im Prozeß der Rechtsanwendung verstärkt.[5] Die Verfassung wird nun nicht mehr nur als geistiger Überbau der (einfachen) Gesetze betrachtet, sondern wirkt unmittelbar in die tägliche Arbeit des Rechtsanwenders hinein.

3 Der übliche Weg ist freilich der, daß verfassungsrechtliche Wertentscheidungen und Grundprinzipien in erster Linie in Form des Gesetzes durch den Gesetzgeber selbst konkretisiert, ausgeprägt und dadurch in anwendbares Recht umgesetzt werden. Aber in vielen Fällen muß der Rechtsanwender seine Entscheidungsmaßstäbe auch selbst unmittelbar der Verfassung entnehmen. Das gilt namentlich für jenen Bereich, in dem einfache, die Verfassung konkretisierende Gesetze fehlen. Häufig wird der Rechtsanwender aber auch mit Gesetzen konfrontiert, die angesichts gewandelter Grundrechtsauffassungen heute anders interpretiert werden müssen als früher. Ein einleuchtendes und in den vergangenen Jahren aktuelles Beispiel hierfür bildet etwa die Rechtsprechung und Lehre zur Versammlungsfreiheit und zur politischen Werbung im öffentlichen Verkehrsraum.[6] – Größte Bedeutung, insbesondere auch im Rahmen der Rechtsquellenlehre, kommt ferner dem Gleichheitssatz des Art 3 GG zu. Auf dem Boden dieses Verfassungsartikels ist

[1] Zur Bedeutung der Verfassung als Rechtsquelle der Verwaltung: *Giacometti* Allgemeine Lehren des rechtsstaatlichen Verwaltungsrechts, 1. Bd, 1960, 141 ff; *Wahl* Der Staat 20 (1981) 485 ff; *ders* NVwZ 1984, 401 ff.
[2] O. *Mayer* VwR I, VI.
[3] Klärend: *Bachof* VVDStRL 30 (1972) 193, 204.
[4] DVBl 1959, 527.
[5] So auch die Beurteilung von *Bachof* (Fn 3) 193 ff, 195.
[6] Vgl *Ossenbühl* Der Staat 10 (1971) 53; *Stock* Straßenkommunikation als Gemeingebrauch, 1979; *Lorenz* JuS 1993, 375 ff; BVerwGE 56, 24 ff und 63 ff.

praktisch ein neues eigengeartetes Administrativrecht entwickelt worden.[7] Grundlegend sind auch andere, nicht ausdrücklich als solche formulierte, aber anerkannte und mit Verfassungsrang ausgestattete Prinzipien, die das Verwaltungshandeln in der täglichen Arbeit des Beamten und Richters bestimmen. Hervorzuheben ist namentlich der Grundsatz der Verhältnismäßigkeit.[8]

Schließlich hat die Verfassung unmittelbare Bedeutung für die Verwaltungsorganisation.[9] Hingewiesen sei insbesondere auf die Art 83 ff und Art 28 des Grundgesetzes.

III. Gesetze

1. Der *Begriff des Gesetzes* ist mehrdeutig. Kennzeichnend für die deutsche Staats- und Verwaltungsrechtslehre ist der bis heute verwendete *dualistische Gesetzesbegriff*.[10] Er geht zurück auf einen der maßgebenden Staatsrechtslehrer des 19. Jahrhunderts: *Paul Laband*[11]. Der von *Laband* gemeinte Doppelsinn des Gesetzesbegriffs knüpft an den *Inhalt* und an die *Form* des Gesetzes an. Inhaltlich, materiell gesehen, ist Gesetz jeder Rechtssatz. Gesetz, Rechtssatz, Rechtsnorm sind danach synonyme Begriffe für abstrakt-generelle Anordnungen (Imperative), die menschliches Verhalten regeln. – Der formelle (förmliche) Gesetzesbegriff knüpft dagegen nicht an den Norminhalt, sondern an das Zustandekommen des Gesetzes an. Gesetz im formellen Sinne ist danach jeder im verfassungsmäßig vorgesehenen (förmlichen) Gesetzgebungsverfahren zustande gekommene Willensakt der Gesetzgebungsorgane ohne Rücksicht auf den Inhalt.[12] „Gesetz im materiellen Sinne und Gesetz im formellen Sinne verhalten sich daher zueinander nicht wie Gattung und Art, wie ein weiterer und ihm untergeordneter engerer Begriff, sondern es sind zwei durchaus verschiedene Begriffe, von denen jeder durch ein anderes Merkmal bestimmt wird, der eine durch den *Inhalt*, der andere durch die *Form* einer Willenserklärung".[13] Nach einem Bild von *Albert Haenel*[14] sind beide Gesetzesbegriffe zwei sich teilweise deckenden, einander schneidenden Kreisen vergleichbar: was dem Bereich des einen angehört, kann, muß aber nicht, auch in den des anderen fallen. Gesetze können zugleich formellen *und* materiellen Charakter tragen 4

[7] Dazu u Rn 48 ff.

[8] Vgl *Wittig* DÖV 1968, 817; *Gentz* NJW 1968, 1600; *Grabitz* AöR 98 (1973) 568 ff; *Hirschberg* Der Grundsatz der Verhältnismäßigkeit, 1981; *Jakobs* DVBl 1985, 97; *Dechsling* Das Verhältnismäßigkeitsgebot, 1989; *Stern* FS Lerche, 1993, 165; *Ossenbühl* ebd, 151 ff; *ders* Jura 1997, 617.

[9] Dazu u Siebenter Abschnitt.

[10] Vgl *Böckenförde* Gesetz und gesetzgebende Gewalt, 2. Aufl 1981; *Kopp* Inhalt und Form der Gesetze, 2 Bände, 1958; *Ossenbühl* Verwaltungsvorschriften und Grundgesetz, 1968, 54 ff; *Stern* StR II, 560 ff.

[11] Das Budgetrecht nach den Bestimmungen der Preußischen Verfassungsurkunde unter Berücksichtigung der Verfassung des Norddeutschen Bundes, Berlin 1871.

[12] *Wolff/Bachof* VwR I, § 24 II e; BVerfGE 18, 389, 391.

[13] *Laband* Das Staatsrecht des Deutschen Reiches, Bd II, 5. Aufl 1911, 63.

[14] Studien zum Deutschen Staatsrechte, II. Bd, 1888, 110.

(Regelfall bei parlamentsbeschlossenen Bundes- und Landesgesetzen) oder solche im nur formellen (zB denkbar bei Zustimmungsgesetzen nach Art 59 Abs 2 GG) oder *nur* materiellen Sinne sein (zB Rechtsverordnungen, Satzungen, Gewohnheitsrecht).

5 Die Entgegensetzung von „materiellem" und „formellem" Gesetz hatte zu *Labands* Zeiten eine konkrete politisch-staatsrechtliche Funktion.[15] Der *materielle* Gesetzesbegriff war nichts anderes als die juristische Übersetzung „jenes eigentümlichen Spannungsverhältnisses zwischen Staat und Gesellschaft, für das der konstitutionelle Staat des ‚monarchischen Prinzips' das getreue juristische Abbild war".[16] „Inhalt und Umfang des Gesetzesbegriffs bezeichneten (daher) das Maß, in dem die Gesellschaft sich den Staat erobert hatte und ihn dirigieren konnte".[17] Die Verstrickung des dualistischen Gesetzesbegriffs in eine bestimmte politische Zeitsituation und sein historisch-konventioneller Charakter sind längst erkannt.[18]

6 Namentlich das Haushaltsgesetz, für *Laband* das thema probandum (Budgetrecht!) und Prototyp eines förmlichen Gesetzes, wird heute in einem anderen Licht gesehen.[19] Kompetenzscheidende Kraft und Bedeutung kommt dem Gesetzesbegriff gegenwärtig nicht mehr zu. Das Parlament kann nicht unter Berufung auf den konkret-individuellen Gehalt einer Maßnahme oder Willenserklärung von deren Regelung durch (förmliches) Gesetz abgehalten werden. Demgemäß hat auch die Rechtsprechung[20] sog Individual- und Maßnahmegesetze, die sich trotz ihrer abstrakten Formulierung nur auf eine einzelne bestimmte Maßnahme oder bestimmte Personen beziehen,[21] für verfassungsrechtlich zulässig und den Begriff des Maßnahmegesetzes für „verfassungsrechtlich irrelevant" erklärt.[22]

Deshalb stellt sich die Frage, ob uns der dualistische Gesetzesbegriff heute noch etwas bieten kann oder in die Rumpelkammer des konstitutionellen Staatsrechts gehört. Hierauf ist zu antworten, daß der doppelte Gesetzesbegriff durch die Veränderung der Verfassungsstruktur seine politisch-staatsrechtliche Brisanz verloren hat, aber gleichwohl noch in der gegenwärtigen Begriffswelt eine *Verständigungsfunktion* erfüllen kann und auch vom Gesetzgeber selbst zuweilen in diesem Sinne benutzt wird (zB Art 104 Abs 1 GG). Taucht in einem Gesetz oder in der Verfassung der Begriff „Gesetz" auf, bedarf es häufig der Präzisierung, ob nur das

[15] Vgl namentlich *Böckenförde* (Fn 10) 226ff; *Kopp* (Fn 1) Bd I, 32ff; *Jesch* Gesetz und Verwaltung, 2. unveränd Aufl 1968, 12ff, 15ff.

[16] *Jesch* (Fn 15) 20.

[17] *Böckenförde* (Fn 10) 131.

[18] Vgl außer den vorgenannten Autoren: *Forsthoff* VwR, 133; *Wolff/Bachof* (Fn 12) § 24 II c); *Bachof* Rspr BVerwG I, 246; *Ossenbühl* (Fn 10) 54ff; *Böckenförde* Die Organisationsgewalt im Bereich der Regierung, 1964, 61ff; *Böckenförde/Grawert* AöR 95 (1970) 1, 6ff.

[19] Vgl BVerfGE 20, 56, 89ff unter ausdr Abl der Auffassung von *Laband; Mußgnug* Der Haushaltsplan als Gesetz, 1976; *Heun* Staatshaushalt und Staatsleitung, 1989.

[20] BVerfGE 4, 7, 8 f; 10, 89, 108; 15, 126, 146 f; 24, 33, 52; 25, 371, 396; 36, 383, 400; 85, 360, 374 (Akademie der Wissenschaften der DDR); 95, 1 (Südumfahrung Stendal).

[21] Dazu *Meessen* DÖV 1970, 314ff.

[22] BVerfGE 25, 371, 396; 36, 383, 400.

förmliche oder jedes materielle Gesetz gemeint ist.[23] Freilich ist dies eine Aufgabe, für die der dualistische Gesetzesbegriff als solcher keine (Auslegungs-)Hilfe zu bieten vermag.

2. *Die gegenwärtige Problematik der (förmlichen) Gesetze* liegt nicht in ihrem Charakter als Rechtsquelle, sondern vielmehr in der Frage, ob sich das überkommene, verfassungsrechtlich vorgesehene Gesetzgebungsverfahren und damit das Gesetz als geeignet erweist, um die gegenwärtigen Aufgaben der staatlichen Daseinsfürsorge und -vorsorge zu bewältigen, oder ob die tradierten Rechts- und Entscheidungsformen des liberalen Rechtsstaates den sozialstaatlichen Anforderungen inadäquat sind und durch flexiblere Rechtsetzungsformen ergänzt werden müssen.[24] Sichtbaren Ausdruck findet diese Problematik in der vielbeklagten Hypertrophie der Gesetze und der – schon durch den Ausdruck selbst hinreichend charakterisierten – Gesetzgebungsmaschine, die auf Bundesebene alle drei Tage ein Gesetz produziert[25] und maßgeblich zu der oft beschworenen „Informationskrise des Rechts“[26] beiträgt. 7

Mit diesem Befund wird der Anfänger namentlich im Verwaltungsrecht konfrontiert, weit mehr als im Zivil- oder Strafrecht. Niemand kann alle Gesetze – auch nur dem Namen nach – kennen. Für den Neuling im Verwaltungsrecht ebenso wie für den Praktiker kommt es deshalb darauf an, erstens die für die jeweilige Entscheidung einschlägige Rechtsnorm aufzufinden und zweitens das gefundene Gesetz sachgemäß zu erfassen, dh seinen Sinn und Zweck zu ermitteln, es auszulegen und in seinen oft vagen und mehrdeutigen Formulierungen die Kategorien und Denkfiguren des allgemeinen Verwaltungsrechts (zB unbestimmter Gesetzesbegriff, Verwaltungsermessen, Erlaubnis, Dispens usw) wiederzufinden.

Der Griff zum einschlägigen Gesetz setzt eine genaue Kenntnis der Vorschriften des Grundgesetzes über die Verteilung der Gesetzgebungskompetenzen voraus (Art 70 ff, 105 GG). Aus ihnen ergibt sich, ob eine bestimmte Regelungsmaterie 8

23 ZB Art 2 Abs 2 GG (Gesetz = förmliches Gesetz); Art 3 Abs 1 GG (Gesetz = materielles Gesetz); Art 100 Abs 1 GG (Gesetz = förmliches [nachkonstitutionelles] Gesetz); BVerfGE 1, 18ff; 124ff.; krit: *Stern* in: BK Art 100, 99, (Zweitbearbeitung 1967) Rn 59ff; *ders* (Fn 10) 567. – „Gesetz“ iSd Art 20 Abs 3, 97 Abs 1 GG sind die Verfassungen des Bundes und der Länder, förmliche Gesetze, Rechtsverordnungen, autonome Satzungen und Gewohnheitsrecht (BVerfGE 78, 214, 227).

24 Vgl *Ossenbühl* DÖV 1980, 545, 551; *Herzog* Verwaltung und Verwaltungsrecht in der freiheitlichen Industriegesellschaft, 1970, 12; aufschlußreich und lehrreich in diesem Zusammenhang die Typologie von „Leistungsgesetzen“ bei *Häberle* FS Küchenhoff, 1972, 453ff, 456; *Eichenberger/Novak/Kloepfer* VVDStRL 40 (1982) 7ff.; *Leisner* DVBl 1981, 849ff; *Degenhart* DÖV 1981, 477ff; *Ossenbühl* ZG 1997, 307ff.

25 Vgl die Nachw für die ersten vier Legislaturperioden bei *Loewenberg* Parlamentarismus im politischen System der Bundesrepublik Deutschland, 1969, 334, 436 f; ferner *Ziller* Bundesgesetzgebung 1949 bis 1986: 10 Legislaturperioden im Spiegel der Zahlen; Bulletin der Bundesregierung v 10. 3. 1987 (Nr 23) 181ff; Datenhandbuch zur Geschichte des Deutschen Bundestages, 1949–1982, 1984, 679ff; 1980–1984, 1986, 632ff; 1983 – 1991, 803ff; ferner *H. J. Vogel* JZ 1979, 321; *Starck* ZRP 1979, 209; *Maassen* NJW 1979, 1473; *Lange* DVBl 1979, 533; *Isensee* ZRP 1985, 139ff.

26 So die gleichnamige Schrift von *Simitis* Informationskrise des Rechts und Datenverarbeitung, 1970.

durch Bundes- oder/und Landesrecht geordnet werden kann. Die wichtigsten Gesetze, Verordnungen und Satzungen des Bundes und der Länder sind in verschiedenen Textsammlungen systematisch zusammengefaßt.

Bundesrecht:

Sartorius I, Verfassungs- und Verwaltungsgesetze der Bundesrepublik. Loseblattsammlung; die Sammlung ist nicht vollständig, sie klammert wichtige Sondermaterien, wie zB Steuerrecht, Sozialversicherungsrecht aus, für die besondere Textsammlungen bestehen.

Sartorius III. Verwaltungsgesetze, Ergänzungsband für die neuen Bundesländer. Die Existenz dieser Sammlung erklärt sich aus den Besonderheiten der Rechtsangleichung im Prozeß der Wiedervereinigung Deutschlands. Gemäß Art 8 des Einigungsvertrages[27] trat mit dem Wirksamwerden des Beitritts auf dem Gebiet der ehemaligen DDR grundsätzlich Bundesrecht in Kraft. Das Recht der ehemaligen DDR gilt aber nach der differenzierten Lösung des Art 9 EV teilweise als Landes- oder (partikulares) Bundesrecht fort.[28]

Landesrecht:

Baden-Württemberg: *Dürig* Gesetze des Landes Baden-Württemberg, Loseblattsammlung; *Kirchhof/Schmidt-Aßmann* Staats- und Verwaltungsrecht Baden-Württemberg.

Bayern: *Ziegler/Tremel* Verwaltungsgesetze des Freistaates Bayern, Loseblattsammlung; *Bauer/Schmidt* Staats- und Verwaltungsrecht Bayern.

Berlin: *Driehaus/Kürgel* Verfassungs- und Verwaltungsgesetze Berlins, Loseblattsammlung.

Brandenburg: Gesetze des Landes Brandenburg, Loseblattsammlung, hrsg unter Beratung von *H.-J. Knöll.*

Hamburg: Gesetze und Verordnungen der Freien und Hansestadt Hamburg, hrsg von der Landesregierung.

Hessen: *Fuhr/Pfeil* Hessische Verfassungs- und Verwaltungsgesetze, Loseblattsammlung.

Mecklenburg-Vorpommern: Gesetze des Landes Mecklenburg-Vorpommern, Loseblattsammlung, hrsg unter Beratung von *H.-J. Knöll.*

Niedersachsen: *März* Niedersächsische Gesetze, Loseblattsammlung.

Nordrhein-Westfalen: *v Hippel/Rehborn* Gesetze des Landes Nordrhein-Westfalen, Loseblattsammlung; *Erichsen* Staats- und Verwaltungsrecht Nordrhein-Westfalen.

[27] BGBl 1990 II, 885.
[28] Zu den Einzelheiten u § 8 Rn 8ff.

Rheinland-Pfalz: Sammlung des bereinigten Landesrechts, 3 Ordner, hrsg v der Landesregierung.

Schleswig-Holstein: *v Bausenhart* Landesrecht in Schleswig-Holstein, 7 Ordner, Loseblattsammlung.

Saarland: *Hümmerich/Kopp* Saarländische Gesetze, Loseblattsammlung.

Sachsen: Gesetze des Freistaates Sachsen, Loseblattsammlung, hrsg unter Beratung von *H.-J. Knöll u R. Stober; Meissner/Trutz* Staats- und Verwaltungsrecht Freistaat Sachsen.

Sachsen-Anhalt: Gesetze des Landes Sachsen-Anhalt, Loseblattsammlung, hrsg unter Beratung von *H.-J. Knöll.*

Thüringen: Gesetze des Landes Thüringen, Loseblattsammlung, hrsg unter Beratung von *H.-J. Knöll.*

3. Die Krise des (förmlichen) Gesetzes und des Gesetzgebungsverfahrens hat **9** ihre Ursache darin, daß das Gesetz nicht nur „bleibender Ausdruck sozialethischer und rechtlicher Bewertung menschlicher Handlungen", sondern im modernen Industrie und Sozialstaat insbesondere auch „Instrument zur Steuerung gesellschaftlicher Prozesse" ist.[29] Namentlich die zunehmende Technisierung wirft grundsätzliche Regelungsprobleme auf,[30] die sich vor allem im technischen Sicherheitsrecht zeigen. Regeln und Maßstäbe für die rechtliche Beurteilung technischer Anlagen (zB Kraftwerke) sind hier nicht in parlamentsbeschlossenen Gesetzen festgelegt, sondern werden vielmehr durch Expertengremien vorgeformt.[31] Das Problem besteht hier darin, die politische Entscheidungsverantwortung auch im technischen Bereich zur Geltung zu bringen.

4. In der gegenwärtig besonders sichtbar werdenden Krise der Gesetzgebung **10** (Stichworte: Vorbehalt des Gesetzes, Gesetzeshypertrophie, Recht und Technik) gewinnt eine Wissenschaftsdisziplin zunehmend an Beachtung, die allzu lange im Schatten der an der Rechtsanwendung orientierten Dogmatik gestanden hat: *die Gesetzgebungslehre.*[32] Sie befaßt sich nicht nur mit den herkömmlichen Problemen der Rechtsquellenlehre, sondern auch mit der Gesetzgebungstechnik, der Funktionenlehre, außerrechtlichen Einflüssen im Normsetzungsverfahren und anderen Fragen. Die Gesetzgebungslehre vermag nicht nur dem Studierenden eine vertiefte und erweiterte Sicht der Normsetzung zu vermitteln, sie ist auch imstande, der Gesetzgebungspraxis Hilfen zu geben.

29 BVerfGE 39, 1, 59.

30 BVerfGE 49, 89 (betr § 7 II Nr 3 Atomgesetz); grundsätzlich *H. Huber* in: ders, Rechtstheorie, Verfassungsrecht, Völkerrecht, 1971, 57; ferner: *Backherms* JuS 1980, 9; *Ossenbühl* DÖV 1982, 833 ff.

31 Vgl Näheres bei *Marburger* Die Regeln der Technik im Recht, 1979; *Rittstieg* Die Konkretisierung technischer Standards im Anlagenrecht, 1982.

32 Vgl zB *Noll* Gesetzgebungslehre, 1973; *Eichenberger u a* Grundfragen der Rechtssetzung, 1978; *G. Müller* Inhalt und Formen der Rechtssetzung als Problem der demokrati-

11 5. Eine besondere Schwierigkeit des Verwaltungsrechts besteht darin, daß die *Grundsätze und Institutionen des allgemeinen Verwaltungsrechts* nicht zusammenfassend kodifiziert sind. Die Ursache hierfür ist namentlich die, daß das Verwaltungsrecht noch ein recht junges Gebiet darstellt, dessen kaum begonnene Tradition überdies durch das Inkrafttreten des Grundgesetzes in weiten Partien unterbrochen worden ist.[33] Die Entwicklung des Verwaltungsrechts unter der Geltung des Grundgesetzes ist deshalb besonders stark im Fluß. Über die Kodifikationsreife des allgemeinen Verwaltungsrechts ist viel gestritten worden.[34] Gleichwohl hat es nicht an Anläufen gefehlt, die auf eine Kodifizierung des allgemeinen Verwaltungsrechts abzielten.[35] Im Lande Schleswig-Holstein besteht seit 1967 ein Allgemeines Verwaltungsgesetz.[36] Nach langjährigen Beratungen[37] und mehreren Anläufen im Gesetzgebungsverfahren[38] ist im Jahre 1976 auch für den Bund ein Verwaltungsverfahrensgesetz erlassen worden.[39] Ihm sind in den wesentlichen Punkten gleichlautende Gesetze der Länder gefolgt.[40] Die Verwaltungsverfahrensgesetze sind, obwohl sie das allgemeine Verwaltungsrecht nur partiell erfassen, eine wichtige Grundlage zur Erfassung der Probleme des allgemeinen Verwaltungsrechts.

IV. Rechtsverordnungen[41]

1. Begriff und Funktion

12 Vergegenwärtigt man sich Begriff und Funktion der Rechtsverordnungen, so wird deutlich, daß sie als Rechtsquelle in der gegenwärtigen Form erst mit dem gewaltenteilenden Rechtsstaat auftauchen und aus noch näher zu erläuternden Gründen

schen Kompetenzordnung, 1979; Kindermann (Hrsg), Studien zu einer Theorie der Gesetzgebung, 1982; *Hans Schneider* Gesetzgebung, 2. Aufl 1991; *Hill* Einführung in die Gesetzgebungslehre, 1982; *Achterberg* DÖV 1982, 976ff; *Wyduckel* DVBl 1982, 1175ff; *Hotz* Methodische Rechtsetzung, 1983; *Stolzlechner* DÖV 1983, 25; Schaffer/Triffterer (Hrsg), Rationalisierung der Gesetzgebung, 1984; *Thaysen* ZParl 1984, 137ff; *Hugger* Gesetze – Ihre Vorbereitung, Abfassung und Prüfung, 1983; *Achterberg* ZG 1986, 221ff; *Hill* Jura 1986, 57ff, 286ff (jeweils m zahlr w Nachw); *Schreckenberger* Gesetzgebungslehre, 1986.

33 Vgl dazu die Bestandsaufnahmen von *Bachof* in: Staatsbürger und Staatsgewalt, 1963, 3ff; *Zeidler* Der Staat 1 (1962) 321; *Badura* Verwaltungsrecht im liberalen und sozialen Rechtsstaat, 1966; *ders* DÖV 1968, 446; *ders* Das Verwaltungsrecht des liberalen Rechtsstaates, 1967; *Friauf* Der Staat 9 (1970) 223.

34 Vgl die Gutachten, Referate und Diskussionsbeiträge auf dem 43. Deutschen Juristentag 1960 in München, in: Verhandlungen des 43. DJT (1960); w Nachw bei *Ossenbühl* Die Rücknahme fehlerhafter begünstigender Verwaltungsakte, 2. Aufl 1965, 161 m Fn 157, 158.

35 Vgl *Brintzinger* DÖV 1968, 16.

36 LVwG Schleswig-Holstein v 18. 4. 1967, GVBl SH, 131.

37 Vgl *Sendler* AöR 94 (1969) 130ff.

38 Vgl BT-Drucks 6/1173; 7/910; BR-Drucks 269/70; 227/73.

39 Verwaltungsverfahrensgesetz (VwVfG) v 25. 5. 1976 (Sartorius I Nr 100).

40 Vgl die Aufstellung bei *Ule/Laubinger* VwVfR, 55 f, 831ff.

41 Literatur: *Wilke* AöR 98 (1973) 196ff; *Giacometti* (Fn 1) 148ff; *Sturmhöfel* Das Verord-

seit dem Ersten Weltkrieg in der Rechtsetzungspraxis eine ständig zunehmende Bedeutung gewinnen. – Nach dem Schema der Gewaltengliederung steht die Rechtsetzungsgewalt prinzipiell allein dem Gesetzgeber (Parlament, ggf zweite Kammer) zu. Aus mancherlei Gründen (zB Langwierigkeit des Gesetzgebungsverfahrens; entscheidungsarmer, bloß technischer oder kurzfristiger Gehalt bestimmter Regelungen) bedarf der Gesetzgeber der Entlastung. Deshalb eröffnen die Verfassungen ihm den Weg der partiellen Übertragung von Rechtsetzungsgewalt auf die Exekutive, die diese ihr zustehende Gesetzgebungsbefugnis durch den Erlaß von Rechtsverordnungen betätigt. Rechtsverordnungen sind damit als *abgeleitete* Rechtsquellen Ausdruck einer delegierten Rechtsetzung, einer Dekonzentration der Gesetzgebung. Als hoheitliche, abstrakt-generelle Regelungen der Regierungs- und Verwaltungsorgane sind Rechtsverordnungen ebenso wie förmliche Gesetze Rechtsquellen, aus denen allgemein-verbindliches, dh für den Bürger ebenso wie für den Beamten und den urteilenden Richter maßgebliches und zu beachtendes Recht fließt.

Die Rechtsverordnung soll das Gesetz nicht ersetzen, sondern von technischen **13**
Details und ephemeren Regelungen sowie rein fachorientierten, sachbedingten Anordnungen ohne oder mit nur geringem politischem Entscheidungsgehalt entlasten.[42] Insoweit ist das Rechtsverordnungsrecht der Exekutive nicht nur verfassungsrechtlich legitim, sondern schlechthin unentbehrlich. Eine besonnene Anwendung der Rechtsverordnungsbefugnis führt keineswegs zu einem Machtverlust des Parlaments im legislativen Bereich, sondern hat im Gegenteil den Effekt, daß das (förmliche) parlamentsbeschlossene Gesetz seine eigentliche Aufgabe und Funktion, nämlich in der Flut der Paragraphen die tragenden politischen Entscheidungen für das Gemeinwesen zu treffen, wiedergewinnt.

Die *praktische Bedeutung* der Rechtsverordnung mußte somit in dem Maße zunehmen, in dem der Staat im Zeichen eines weit verstandenen Sozialstaatsprinzips ein umfassendes Mandat für eine aktive Wirtschafts-, Gesellschafts- und Kulturpolitik für sich in Anspruch nahm. In den ersten zehn Wahlperioden (1949–1987) sind 3990 Bundesgesetze erlassen worden. Zur Ausführung dieser Bundesgesetze ergingen 12639 Rechtsverordnungen (also etwa pro Werktag eine Rechtsverordnung).[43] Bezeichnend ist, daß die meisten Rechtsverordnungen im Bereich des

nungsrecht im Gewaltenteilungssystem des Grundgesetzes, Diss Mainz, 1964; *Magiera* Der Staat 13 (1974), 1ff, *Kirchhof* in: Bundesverfassungsgericht und Grundgesetz, Bd II, 1976, 50ff (82ff); *Heinz Mayer* Die Verordnung, 1977; *Lepa* AöR 105 (1980) 337ff; *Stern* (Fn 10) 646ff; *Ossenbühl* FS Huber, 1981, 283ff; *Achterberg* Allg VwR, 397ff; *Spanner* BayVBl 1986, 225ff; *Badura* GS Martens, 1987, 25ff; *v Danwitz* Die Gestaltungsfreiheit des Verordnungsgebers, 1989; *Ossenbühl* in: Isensee/Kirchhof III, § 64; *Schwabe* DVBl 1989, 1144; *Schneider* (Fn 32) 151ff; *Mößle* Inhalt, Zweck und Ausmaß, 1990; *Busch* Das Verhältnis des Art 80 Abs 1 Satz 2 GG zum Gesetz- und Parlamentsvorbehalt, 1992; *Rupp* NVwZ 1993, 756ff; *Konzak* DVBl 1994, 1107ff; *Conradi* NVwZ 1994, 977ff; *Jekewitz* NVwZ 1994, 956ff; *Dittmann* Die Rechtsverordnung als Handlungsinstrument der Verwaltung, in: Biernat u a (Hrsg), Grundfragen des Verwaltungsrechts und der Privatisierung, 1994, 107ff; *Badura* StR, F 15; *Ossenbühl* (Fn 24) 305ff.

[42] *Triepel* Delegation und Mandat im öffentlichen Recht, 1942, III; *Wilke* (Fn 41) 213.

[43] Bulletin der Bundesregierung v 14. 3. 1987, Nr 23, 182; Statistische Jahrbücher 1960, 140; 1968, 122; 1976, 146; 1986, 93.

Finanz- und Wirtschaftsrechts sowie des Sozialrechts gezählt wurden, also in Bereichen, in denen die Rechtsordnung in besonderem Maße auf Wandel und Wechsel angelegt ist.

2. Verhältnis von Gesetz und Verordnung

14 Schon diese Zahlen erwecken den Eindruck, als träte die Rechtsverordnung im modernen Industriestaat in Konkurrenz zum Gesetz. Geschichtliche Erfahrungen in Deutschland bestätigen diese Vermutung. Deshalb hat das Verhältnis von Gesetz und Rechtsverordnung in der deutschen Verfassungsentwicklung stets besondere Beachtung gefunden.[44]

15 a) Dogmatisch ist dieses Verhältnis von Gesetz und Rechtsverordnung nach geltendem Verfassungsrecht prinzipiell eindeutig. Eine echte Konkurrenz zwischen beiden Rechtsetzungsformen kann es nicht geben. Die Verordnungsermächtigung bedeutet Übertragung rechtsetzender Gewalt durch die Legislative auf die Exekutive. Nach der seit *Triepel*[45] eingebürgerten Terminologie erweist sich diese Übertragung als Fall einer unechten Delegation, weil der Gesetzgeber die Delegation „stets unter stillschweigendem Vorbehalt künftiger und jederzeit möglicher eigener Ausübung seiner Zuständigkeit" vornimmt, also im Gegensatz zur echten (devolvierenden) Delegation kein Kompetenzverlust eintritt.[46] Das Zugriffsrecht des Parlamentes bleibt von der Delegation unberührt. Überdies wird die Überlegenheit des Gesetzes gegenüber der Rechtsverordnung durch den sog Vorrang des Gesetzes (Art 20 Abs 3 GG) gesichert.

Allerdings schützt diese dogmatische Konstruktion nicht vor einer politischen Praxis, in der der Gesetzgeber die „Flucht aus der Verantwortung"[47] antritt und die ihm zustehende und obliegende Rechtsetzungsmacht im Übermaß auf die Exekutive delegiert. Namentlich diese Gefahr, freilich auch umgekehrt die einer Kompetenzusurpation durch die Regierung und Verwaltung, muß man im Auge behalten, wenn man die verfassungsrechtlichen Anforderungen an das eine Verordnungsermächtigung enthaltende Gesetz (Art 80 GG) betrachtet.[48]

16 b) Das Erfordernis einer *formalgesetzlichen Ermächtigungsgrundlage* für den Erlaß von Rechtsverordnungen folgt prinzipiell schon aus deren Charakter als abgeleiteter Rechtsquelle. Indessen kann diese Ermächtigungsgrundlage unterschiedlich aussehen. Sie kann sowohl in der Verfassung wie auch in einem förmlichen Gesetz enthalten sein und inhaltlich entweder allgemein oder nur für bestimmte Materien und Fragen spezifiziert erteilt sein. Spezifizierende Einengungen der exekutivischen Verordnungsgewalt waren der Weimarer Verfassung fremd. Nicht ein-

[44] Vgl *Bossung* Gesetz und Verordnung, 1936; *Stratenwerth* Verordnung und Verordnungsrecht im Deutschen Reich, 1936; *Roethe* AöR 59 (1931) 194, 321; *Jacobi* AöR 39 (1920) 273; *Ossenbühl* (Fn 41) § 64 Rn 8 ff.

[45] Delegation und Mandat, 58.

[46] Vgl *Peter* AöR 92 (1967) 357 ff, 368.

[47] Vgl *F. Klein* in: Übertragung rechtsetzender Gewalt im Rechtsstaat, 1952, 79 ff.

[48] Dazu unter dem bes Aspekt der Weimarer Verhältnisse: *Jacobi* in: Anschütz/Thoma, HdbDStR II, § 77, 239; ferner BVerfGE 34, 52, 59 = DÖV 1973, 132.

mal die Bindungen der Verfassung selbst galten für eine vom Gesetzgeber entsprechend ermächtigte Exekutive als unüberwindbar.[49]

Der Erlaß von Rechtsverordnungen avancierte damit zur „vereinfachten Form der Gesetzgebung".[50] Hinzu kamen die Erfahrungen mit den sog Diktaturverordnungen auf der Grundlage des Art 48 Abs 2 WRV,[51] die „das förmliche Gesetz fast zur Ausnahmeerscheinung gegenüber der Rechtsverordnung machten".[52] Schließlich folgte die förmliche Inthronisierung der Reichsregierung als Gesetzgeber im nationalsozialistischen Staat.[53]

Als Antwort des Verfassunggebers auf diesen Verfall rechtsstaatlicher und **17**
demokratischer Prinzipien ist Art 80 GG zu verstehen,[54] der verfassungsrechtliche Kautelen gegen eine geräuschlose Verschiebung der Rechtsetzungsmacht auf die Exekutive vorsieht. Deshalb müssen Inhalt, Zweck und Ausmaß der erteilten Ermächtigung im Gesetz bestimmt werden (Art 80 Abs 1 Satz 2 GG). Dieser Bestimmtheitsgrundsatz liefert jedoch für die Entscheidung des Einzelfalles keine konkreten Maßstäbe. Der disziplinierende Effekt des Art 80 GG hängt deshalb weitgehend von der Rechtsprechung ab. Die Auffassungen und Maßstäbe des Bundesverfassungsgerichts schwanken und werden im Schrifttum unterschiedlich gewürdigt.[55] Nach der Rechtsprechung des BVerfG genügt es „wenn Inhalt Zweck und Ausmaß einer Ermächtigungsvorschrift nach allgemeinen Auslegungsgrundsätzen aus ihrem Sinnzusammenhang mit anderen Vorschriften des Gesetzes und aus dem von der gesetzlichen Regelung insgesamt verfolgten Ziel unter Heranziehung der Entstehungsgeschichte des Gesetzes ermittelt werden können".[56] Kritik an einer angeblichen Engherzigkeit der Rechtsprechung läßt sich aufgrund dieser allgemein gehaltenen Formulierungen wohl kaum rechtfertigen.[57]

Dem Bestimmtheitserfordernis, das auch in einigen Landesverfassungen wieder- **18**
kehrt,[58] genügen auch die landesgesetzlichen Ermächtigungsgrundlagen[59] für den

[49] Vgl *Jacobi* (Fn 48) 240f; *Carl Schmitt* ZaöRV VI (1936) 252ff, 261 Fn 21: „Die schrankenlose Delegationsbefugnis des schrankenlosen Gesetzgebers stand außer Zweifel".

[50] Vgl *Wilke* in: v Mangoldt/Klein, GG III, Art 80 Anm II 1 a, 1905.

[51] Vgl *Anschütz* Die Verfassung des Deutschen Reichs v 11. 8. 1919, 14. Aufl 1933, 279f.

[52] So *Jacobi* (Fn 48) 239.

[53] Art 4 des Gesetzes über den Neuaufbau des Reichs v 30. 1. 1934 (RGBl I, 75): „Die Reichsregierung kann neues Verfassungsrecht setzen".

[54] Vgl *Wilke* (Fn 50) Art 80 Anm II 1 c, 1906.

[55] Vgl die sorgfältige Analyse von *Hasskarl* AöR 94 (1969) 85ff; *Huber/Kohnen* ZG 1993, 63ff (70ff); *Cremer* AöR 1997, 248ff.

[56] BVerfGE 26, 16, 27; 29, 198, 210; 55, 207, 226; 69, 162, 167; BVerwGE 30, 287, 292; 36, 61, 66; 45, 331, 333; 56, 186, 189; 65, 323, 326; 68, 277, 280; 80, 1, 20 („Tendenz und Programm" müssen so genau umrissen sein, daß schon aus der Ermächtigung erkennbar und vorhersehbar ist, was dem Bürger gegenüber zulässig sein soll).

[57] Vgl *Wolff/Bachof* (Fn 12) § 25 VII a) 1.

[58] BW Art 61; Hamb Art 53; Nds Art 34; NW Art 70; SH Art 33; anders Hess Art 118; im übrigen sind die in Art 80 I GG ausgeprägten, aus dem rechtsstaatlichen und demokratischen Verfassungssystem des Grundgesetzes folgenden Grundsätze auch für die Landesgesetzgebung verbindlich (BVerfGE 55, 207).

[59] Für die Art 80 GG als bundesgesetzliche Vorschrift nicht unmittelbar gilt (BVerfGE 12, 319, 325; 19, 253, 256).

Erlaß von *Polizeiverordnungen* bzw *Ordnungsverordnungen*,[60] denn die Formel „Abwehr von Gefahren für die öffentliche Sicherheit oder Ordnung" hat durch jahrzehntelange Lehre und Rechtsprechung eine konkrete Gestalt gewonnen.[61]

19 Umstritten ist die Frage, ob auch *gesetzändernde Rechtsverordnungen* zulässig sind.[62] Über diese Frage abstrakt-dogmatisch zu diskutieren, würde an den praktischen Problemen vorbeiführen. Trotz eines starken Gegenargumentes aus Art 129 Abs 3 GG besteht ein unabweisbares „Entlastungsinteresse" des delegierenden Gesetzgebers, welches zu einer ausnahmsweisen Zulässigkeit gesetzändernder Rechtsverordnungen nötigt.[63] § 10 des Ladenschlußgesetzes bildet hierfür ein einleuchtendes Beispiel.[64]

20 *Gesetzvertretende Rechtsverordnungen* sind dagegen verfassungswidrig, sofern das Grundgesetz sie für Einzelfälle nicht selbst ausnahmsweise zuläßt (vgl Art 119 GG).[65]

21 c) Die formalgesetzliche Ermächtigungsgrundlage begründet eine Gestaltungsfreiheit des Verordnungsgebers (Verordnungsermessen), die ihn instand setzt, das Gesetz im Rahmen der vorgegebenen Direktiven nach eigenen Vorstellungen auszufüllen und zu konkretisieren.[66] Das Verordnungsermessen umschließt grundsätzlich auch die Freiheit, eine Rechtsverordnung zu erlassen oder von einem solchen Erlaß abzusehen (Entschließungsermessen).[67] Allerdings kann der Verordnungsgeber aus verschiedenen Gründen zum Erlaß einer Rechtsverordnung verpflichtet sein. Dasselbe gilt für die Aufhebung einer Rechtsverordnung.[68]

3. Verordnungsgeber

22 Die potentiellen Verordnungsgeber sind nicht auf die Exekutivspitze beschränkt, sondern auf alle Verwaltungsstufen verteilt. Rechtsverordnungen können von der Regierung, von einzelnen Ministern, aber auch von nachgeordneten Behörden (Regierungspräsidenten, Polizeipräsidenten, Ordnungsbehörden) erlassen werden.

23 a) Art 80 Abs 1 GG zählt als potentielle Adressaten einer Verordnungsermächtigung die Bundesregierung, einen Bundesminister und die Landesregierungen auf. Erläßt eine Landesregierung auf bundesgesetzlicher Grundlage Rechtsverordnungen, so entsteht die Frage, ob diese Verordnungen (territorial beschränktes) Bundesrecht oder *Landesrecht* darstellen. Die Rechtsprechung qualifiziert sie als *Landesrecht*.[69]

[60] Vgl §§ 25 ff NW OBG.
[61] Vgl *Götz* Allgemeines Polizei- und Ordnungsrecht, 12. Aufl 1995, 42.
[62] Dazu *Peter* (Fn 46) 357 ff; *Schack* JZ 1964, 252; *H.-R. Lange* JR 1968, 8; *Sinn* Die Änderung gesetzlicher Regelungen durch einfache Rechtsverordnung, 1971; *Wilke* (Fn 41) 243 ff.
[63] Vgl *Peter* (Fn 46) 375; *Wolff/Bachof* (Fn 12) § 25 VII b) 1 ß.
[64] Sartorius I Nr 805.
[65] *Wolff/Bachof* (Fn 12) § 25 VII b) 2.
[66] *v Danwitz* (Fn 41); *Ossenbühl* (Fn 41) § 64 Rn 33 ff.
[67] Dazu BVerfGE 78, 249; *Schwabe* (Fn 41) 1144.
[68] *Robbers* JuS 1988, 949; *ders* JuS 1990, 978; *v Barley* NJW 1989, 80.
[69] BVerfGE 18, 407; BayVerfGH DVBl 1963, 101; HessStGH ESVGH 20, 217; aA mit beachtlichen Gründen *Wilke* (Fn 50) Art 80 Anm V 4 c, 1928 ff; *Menger/Erichsen* VerwArch 1966, 64 ff.

b) Meist eröffnen die Verfassungen die Möglichkeit zu bestimmen, daß die Verordnungsermächtigung an nachgeordnete Instanzen weitergegeben werden kann.[70] Einen solchen Weg *genereller Subdelegation* eröffnet das Bundesgesetz über Ermächtigung zum Erlaß von Rechtsverordnungen[71] den Landesregierungen. 24

4. Verfahren

Das Verfahren für das ordnungsgemäße Zustandekommen von Rechtsverordnungen ist unterschiedlich geregelt.[72] Für Polizei- und Ordnungsverordnungen bestehen durchweg detaillierte Regelungen über Form und Verfahren, die sich aus den Länderverfassungen und speziellen Polizei- und Ordnungsgesetzen ergeben.[73] 25

a) Der Erlaß von Bundesrechtsverordnungen ist nur sporadisch geregelt. Das (interne) Verfahren ergibt sich aus der Geschäftsordnung der Bundesregierung[74] und der gemeinsamen Geschäftsordnung für die Bundesministerien.[75] 26

b) Nach Art 80 Abs 2 GG bedürfen bestimmte Gruppen von Rechtsverordnungen der *Zustimmung des Bundesrates.* Statistisch ist dies etwa die Hälfte aller Rechtsverordnungen des Bundes.[76] 27

Die *Zustimmung des Bundestages* ist als Gültigkeitsvoraussetzung für Rechtsverordnungen im Grundgesetz nicht vorgesehen. Gleichwohl werden parlamentarische Zustimmungsverordnungen allgemein für zulässig gehalten, weil der parlamentarische Zustimmungsvorbehalt „im Vergleich zur vollen Delegation der Rechtsetzung auf die Exekutive ein Minus" darstellt.[77] Die Zustimmungsverordnung hat sich namentlich im finanz- und wirtschaftspolitischen Bereich als ein geeignetes Regelungsinstrument erwiesen,[78] das die Vorteile der Verordnungsgebung und die Bewahrung der Verantwortung des Bundestages in glücklicher Weise miteinander verbindet. 28

Die Mitwirkung des Bundestages beim Erlaß von Rechtsverordnungen der Bundesregierung erschöpft sich jedoch nicht in der gesetzlich teilweise vorgesehenen Zustimmung. Vielmehr hat sich in der Staatspraxis eine reichhaltige Typologie anderer Mitwirkungsformen herausgebildet.[79]

[70] Art 80 Abs 1 Satz 4 GG, Art 70 Satz 4 LV NW.

[71] Sartorius I Nr 8.

[72] Vgl *Hill* Das fehlerhafte Verfahren und seine Folgen im Verwaltungsrecht, 1986, 66ff.

[73] Vgl *Götz* (Fn 61) Rn 602ff.

[74] Sartorius I Nr 38, §§ 15 I b, 26 II, 30; BVerfGE 91, 148, 165ff (Umlaufverfahren gem § 20 Abs 2 GeschO BReg ist zulässig).

[75] *Lechner/Hülshoff* Parlament und Regierung, 3. Aufl 1971, 414 (GGO II).

[76] Handbücher des Bundesrates 1989/90, 244; *Riese* Der Maßgabebeschluß des Bundesrates bei zustimmungsbedürftigen Rechtsverordnungen, Diss Bonn, 1991.

[77] BVerfGE 8, 274, 321; BayVGH DVBl 1983, 1157, 1158; *Grupp* DVBl 1974, 177; *Achterberg* (Fn 41) 401ff.

[78] Vgl zB § 51 Abs 2 EStG in der durch § 26 Nr 3 Stabilitätsgesetz neu geschaffenen Fassung (BGBl 1967 I, 582); dazu *Wilke* AöR 93 (1968) 270, 299; vgl ferner § 27 Abs. 2 AWG (Recht des Bundestages, die Aufhebung in Kraft getretener Rechtsverordnungen zu verlangen); die Staatspraxis kennt die Zustimmungsverordnung seit Beginn der Bundesrepublik Deutschland; vgl *Jekewitz* FS Blischke, 1982, 111, 124.

[79] Vgl Datenhandbuch zur Geschichte des Deutschen Bundestages 1980 bis 1984, 664ff;

Die Zulässigkeit eines Zustimmungsvorbehaltes zugunsten von Parlamentsausschüssen ist strittig.[80] Die ablehnenden Begründungen erscheinen indessen zu pauschal. Die Aktivierung der Parlamentsausschüsse auch für die Verordnungsgebung kann in gewissen Grenzen durchaus sinnvoll erscheinen.[81]

29 c) Wie alle Rechtsnormen bedürfen Rechtsverordnungen schließlich der ordnungsgemäßen *Verkündung*. Rechtsverordnungen des Bundes werden im Bundesgesetzblatt oder im Bundesanzeiger,[82] Rechtsverordnungen der Landesregierungen und Landesminister in den Gesetz- und Verordnungsblättern der Länder verkündet.[83] Für Rechtsverordnungen nachgeordneter Instanzen bestehen besondere Verkündungsblätter.

V. Verwaltungsvorschriften[84]

30 Die Verwaltungsvorschriften werden auch in den herkömmlichen Darstellungen des Verwaltungsrechts im Kapitel der Rechtsquellenlehre mitbehandelt; dies jedoch nicht deswegen, weil man die Verwaltungsvorschriften als Rechtsnormen

1983 bis 1991, 1994, 930ff; *Achterberg* (Fn 41) 401; *Ossenbühl* (Fn 41) § 64 Rn 50ff; *Konzak* (Fn 41) 1107; *Rupp* (Fn 41) 756; *Ossenbühl* (Fn 24) 316; *Calliess* NVwZ 1998, 8ff.

[80] Bejahend: *Maunz* in: Maunz/Dürig, GG, Art 80 Rn 60; abl: *Dickersbach* in: Geller/Kleinrahm/Fleck, Die Verfassung des Landes NRW, 3. Aufl (Loseblatt, Stand: 1994), Art 70, Anm 12 b); *Kisker* in: Schule im Rechtsstaat II, 1980, 9, 34ff.

[81] Vgl *Scholz/Bismark* in: Schule im Rechtsstaat II, 1980, 73 (126ff); ferner zum Problem: *v Lucius* AöR 97 (1972) 568; *Berg* Der Staat 9 (1970) 21; *Hüser* Die Mitwirkung der gesetzgebenden Körperschaften an dem Erlaß von Rechtsverordnungen, Diss Göttingen, 1978.

[82] Gesetz über die Verkündung von Rechtsverordnungen v 30. 1. 1950 (Sartorius Nr 70).

[83] Vgl zB Art 71 Abs 2 LV NW.

[84] Literatur: *Brohm* DÖV 1964, 238; *H. Klein* FG Forsthoff, 1967, 163; *Ossenbühl* AöR 92 (1967) 1; *ders* (Fn 10); *ders* FG BVerwG, 1978, 433; *Walter Schmidt* Gesetzesvollziehung durch Rechtsetzung, 1969; *Selmer* VerwArch 59 (1968) 114; *Rupp* Grundfragen der heutigen Verwaltungsrechtslehre, 1965, 19ff; *Hansen* Fachliche Weisung und materielles Gesetz, 1971; *Menger* in: Demokratie und Verwaltung, Schriftenreihe der Hochschule Speyer 1972, 299; *Kirchhof* (Fn 41) 88ff; *J. Martens* Verwaltungsvorschriften zur Beschränkung der Sachverhaltsermittlung, 1980; *Krebs* VerwArch 70 (1979) 259; *Schenke* DÖV 1979, 622; *Scheffler* DÖV 1980, 236; *Weyreuther* DVBl 1976, 853ff; *Hamann* VerwArch 73 (1982) 28ff; *Gusy* GewArch 1980, 324ff; *J. Martens* in: Tipke (Hrsg), Grenzen der Rechtsfortbildung durch Rechtsprechung und Verwaltungsvorschriften im Steuerrecht, 1982, 165ff; *Trzaskalik* in: Tipke (Hrsg), wie vor, S 315ff; *Leisner* Verwaltungsvorschriften als „Nebengesetze" im Steuerrecht?, 1982; *Brohm* in: ders (Hrsg), Drittes deutsch-polnisches Verwaltungssymposion, 1983, 11ff; *Hengstschläger* FS Wenger, 1983, 507ff; *Oldiges* NJW 1984, 1927ff; *Lerche* in: Maunz/Dürig, GG, Art 84 Rn 92ff; *Mechthild Müller* Verwaltungsvorschriften im Ausländerrecht, 1986; *Manfred Schröder* Verwaltungsvorschriften in der gerichtlichen Kontrolle, Diss Bielefeld, 1987; *Beckmann* DVBl 1987, 611ff; *Papier* FS Lukes, 1989, 159ff; *Ossenbühl* in: Hill (Hrsg), Zustand und Perspektiven der Gesetzgebung, 1989, 99ff; *ders* (Fn 41) § 65; *Di Fabio* DVBl 1992, 1338ff; *Klaus Vogel* StuW 1991, 254ff; *Osterloh*

betrachtet, sondern weil sich in der Gegenüberstellung von Rechtsverordnungen und Verwaltungsvorschriften die nach der konstitutionellen Lehre echten Rechtsquellen in anschaulicher Weise von den Regelungen im sog Innenbereich der Verwaltung, die nicht dem Recht zugerechnet wurden, abtrennen lassen.[85] Mit dem Wegfall der Grundlagen der konstitutionellen Verwaltungsrechtslehre ist diese Gegenüberstellung von Recht und Nicht-Recht hinfällig geworden. Die deutsche Verwaltungsrechtslehre und noch zögernder die Judikatur haben indessen erst spät begonnen, aus dieser Erkenntnis die notwendigen Konsequenzen zu ziehen. Der sachgerechte Einbau der Verwaltungsvorschriften in die Rechtsquellenlehre ist als Gegenwartsaufgabe erkannt und schon teilweise vollzogen.

1. Begriff und Terminologie

Die Schwierigkeiten einer Darstellung der im Wandel befindlichen Kategorie der **31**
Verwaltungsvorschriften setzen schon bei der rein sprachlichen Verständigung ein.[86] Unter Verwaltungsvorschriften[87] versteht man heute solche Regelungen, die innerhalb der Verwaltungsorganisation von übergeordneten Verwaltungsinstanzen oder Vorgesetzten an nachgeordnete Behörden oder Bedienstete ergehen und die dazu dienen, Organisation und Handeln der Verwaltung (zB Gesetzesvollzug, Ermessensausübung, Verwaltungsverfahren) näher zu bestimmen.[88] Die Bezeichnungen sind unterschiedlich. Ministerielle Verwaltungsvorschriften ergehen regelmäßig als Erlasse; Verwaltungsvorschriften anderer Behörden heißen Verfügungen, Dienstanweisungen, Richtlinien, Anordnungen usw.

Die am Gesetzesvorbehalt orientierte konstitutionelle Verengung des Rechtssatzbegriffs hat früher dazu geführt, daß unter dem Sammelbegriff Verwaltungsvorschriften alle Regelungen zusammengefaßt wurden, die nicht in den Vorbehaltsbereich der Legislative fielen.[89] Deshalb wurden auch die sog Anstaltsordnungen zu den Verwaltungsvorschriften gerechnet. Zum Teil sind jedoch die Regelungen in besonderen Gewaltverhältnissen (Schule, Universität, Strafanstalt usw) als eigene Kategorie aus den Verwaltungsvorschriften eliminiert und unter dem Terminus „Sonderverordnungen" zusammengefaßt worden.[90]

Gesetzesbindung und Typisierungsspielräume bei der Anwendung der Steuergesetze, 1992, 451ff; *K. Lange* in: Hoffmann-Riem/Schmidt-Aßmann/Schuppert, Reform des Allgemeinen Verwaltungsrechts, 1993, 307ff; Hill (Hrsg), Verwaltungsvorschriften, Dogmatik und Praxis, 1991; *Sendler* UPR 1993, 321ff; *Klaus Vogel* FS Thieme, 1993, 605ff; *Jachmann* Verw 1995, 17ff.

[85] Zur Dichotomie von Innenrecht und Außenrecht: *Brohm* (Fn 84) 18ff.

[86] Vgl *Ossenbühl* (Fn 10) 29ff.

[87] Heute weniger gebräuchlich: *Verwaltungsverordnungen.*

[88] *Wolff/Bachof* (Fn 12) § 24 II d) 2; *Böckenförde/Grawert* (Fn 18) 20.

[89] Vgl noch *Forsthoff* (Fn 18) 139.

[90] Dazu unter Rn 58f.

2. Typologie der Verwaltungsvorschriften

32 Obgleich die Kategorie der Verwaltungsvorschriften durch die Ausklammerung der Sonderverordnungen kräftig entschlackt worden ist und rechtliches Profil gewonnen hat, ist ihr denkbarer sachgegenständlicher Inhalt sehr unterschiedlich; er deckt sich praktisch mit der Weite des Funktionsbereichs der Verwaltung schlechthin. Die folgende Übersicht gibt nur eine grobe, weiterer Differenzierung bedürftige Einteilung wieder.[91]

33 a) Organisatorische Vorschriften regeln den Aufbau und die innere Ordnung sowie Zuständigkeiten und Verfahren der Behörden im Rahmen der exekutiven Organisationsgewalt.[92]

34 b) Verhaltenslenkende Verwaltungsvorschriften leiten die Verwaltung in ihren Aktionen.

35 aa) Als *norminterpretierende* Verwaltungsvorschriften[93] (Auslegungserlasse) dienen sie der Klärung rechtlicher Zweifelsfragen, die bei jedem Gesetz aufzutauchen pflegen, nehmen dem Heer von rechtsanwendenden Bediensteten an der Verwaltungsfront zeitraubende und oft auch dort nicht zu bewältigende Denkarbeit ab und tragen damit zur Rationalisierung der Verwaltungsarbeit und Vereinheitlichung der Rechtsanwendung bei.[94]

36 bb) Als *Ermessensrichtlinien*[95] liefern die Verwaltungsvorschriften Entscheidungsmaßstäbe und Entscheidungsmuster für eine sachgemäße Ausübung des Verwaltungsermessens. Unter ihnen bilden die *Subventionsrichtlinien* die praktisch bedeutsamste, aber auch rechtlich problemreichste Kategorie, weil das „subventionäre"[96] Ermessen über die Kapazität des herkömmlichen gesetzesakzessorischen, dh gesetzlich weitgehend determinierten und dirigierten administrativen Ermessens weit hinausgeht, so daß den Subventionsrichtlinien die „Funktion von gesetzesvertretenden Verwaltungsvorschriften"[97] zufällt.

37 cc) *Als Vereinfachungsanweisungen* sind Verwaltungsvorschriften namentlich im Steuerrecht gang und gäbe, und sie dienen hier dazu, den Vorgang der Besteuerung durch Pauschalierungen, Bagatellgrenzen und Schätzungsrichtlinien zu vereinfachen.[98]

[91] Näheres bei *Ossenbühl* (Fn 10) 250–450.

[92] Dazu *Böckenförde* (Fn 18) 21 ff; *Ossenbühl* (Fn 10) 250 ff. Beispiele: Geschäftsordnungen der Regierungspräsidenten; Allgemeine Verwaltungsvorschrift zur Beobachtung, Sammlung und Auswertung von Arzneimittelrisiken (Stufenplan) nach § 63 AMG. Zur Rechtsnatur von gerichtlichen Geschäftsverteilungsplänen: BayVerfGHE (NF) 38, 90 = NJW 1986, 1673 m ausf Darstellung des Streitstandes. Zur Rechtsnatur der Geschäftsordnungen von Kollegialorganen: *Maurer* Allg VwR, § 24 Rn 12 ff und u Rn 67.

[93] BVerwGE 34, 278, 281; dazu bes *Martens* (Fn 84) 167 ff.

[94] *Ossenbühl* (Fn 10) 284.

[95] *Hamann* (Fn 84) 28 ff; BVerwGE 71, 342; DVBl 1986, 110.

[96] *Ipsen* VVDStRL 25 (1967) 282.

[97] *Friedrich Klein* in: Gemeinschaftsaufgaben zwischen Bund, Ländern und Gemeinden, Schriftenreihe der Hochschule Speyer, Band 11, 1961, 25, 171; *Menger* (Fn 84) 310; *Oldiges* (Fn 84); *Maurer* (Fn 92) § 24 Rn 11; *Ipsen* in: Isensee/Kirchhoff IV, § 92 Rn 41 ff; aus der Rspr zuletzt: BVerwG NVwZ 1998, 273 = DÖV 1997, 732.

[98] Dazu *Kampe* Verwaltungsvorschriften und Steuerprozeß, 1965, 31 ff; *Jaenke* Verwal-

dd) In zunehmendem Maße übernehmen Verwaltungsvorschriften auch die Funktion, technische Regeln und Standards für die Verwaltungsbehörden verbindlich zu machen.[99] 38

ee) Ferner vervollständigen Verwaltungsvorschriften das förmliche Gesetzesrecht, indem sie bewußt offengelassene Gesetzeslücken schließen oder durch formalgesetzliche Verweisung in den Regelungszusammenhang des Gesetzes einbezogen werden.[100] Auf diese Weise avancieren die Verwaltungsvorschriften zu *administrativem Ergänzungsrecht*.[101] 39

c) Schließlich können Verwaltungsvorschriften auch über den Bereich eines Verwaltungsträgers hinausreichen und sich an die Adresse eines anderen Verwaltungsträgers richten. Solche *Verwaltungsvorschriften* existieren nicht nur im Verhältnis zwischen Bund und Ländern (Art 84 Abs 2, 85 Abs 2 GG) sowie Ländern und Gemeinden, sondern auch zwischen anderen Verwaltungsträgern.[102] 40

3. Rechtsnatur

Die Frage nach der Rechtsnatur, genauer: nach dem Rechtsquellencharakter der Verwaltungsvorschriften gilt weithin als das Kernproblem dieser Regelungskate- 41

tungsvorschriften im Steuerrecht, 1959, 117ff; *Osterloh* JuS 1989, 500; krit *Martens* (Fn 84); aus der Rspr: BVerwG v 5. 10. 1979 – Buchholz Folge 3 238. 41 § 5 SVG Nr 3 (9); BVerwGE 78, 214, 228; 94, 326, 331 (durch Runderlaß festgesetze Regelsätze im Sozialhilferecht); *Osterloh* JuS 1990, 100; *Isensee* Die typisierende Verwaltung, 1976; *Osterloh* (Fn 84) 451ff; *Klaus Vogel* (Fn 84) 254ff; *ders* (Fn 84) 605ff.

99 BVerwGE 55, 250; 72, 300, 319ff (Wyhl); BVerwG NVwZ 1988, 824 (TA Luft); OVG Lüneburg OVGE 38, 407 = DVBl 1985, 1322 (TA Luft); OVG NW NVwZ 1988, 173 (TA Luft); OVG Rh-Pf DÖV 1990, 213 (Richtlinien für Trinkwasserschutzgebiete); *Rittstieg* (Fn 31); *Papier* (Fn 84) 159ff; *Lübbe-Wolff* DÖV 1987, 89ff; *Kunert* NVwZ 1989, 1018; *Bonker* Umweltstandards in Verwaltungsvorschriften, 1992; *Wiegand* VR 1991, 110ff; *Wolf* DÖV 1992, 849ff; *Sendler* (Fn 84) 321ff.

100 Die Verweisung als Mittel der Gesetzgebungstechnik gewinnt im gesamten Bereich der Rechtsquellen zunehmend an Bedeutung; DIN Deutsches Institut für Normung eV (Hrsg), Verweisung auf technische Normen in Rechtsvorschriften 1982; vgl aus der Rspr: BVerfGE 26, 338, 363ff; 47, 285; 64, 208; BVerwGE 27, 243; OLG Hamburg NJW 1980, 2830; BAG AP § 1 TVG Nr 7 m Anm *Wiedemann;* BayVerfGH NJW 1989, 1018; BayVerfGH NVwZ 1997, 56, 57 (Beihilfevorschriften); aus dem Schrifttum: *Ossenbühl* DVBl 1967, 401ff; *Karpen* Die Verweisung als Mittel der Gesetzgebungstechnik, 1970; *Arndt* JuS 1979, 784ff; *Baden* NJW 1979, 623ff; *Fuß* FS Paulick, 1973, 293ff; *Hömig* DVBl 1979, 307ff; *Schenke* NJW 1980, 743ff; *Staats* in: Rödig (Hrsg), Studien zu einer Theorie der Gesetzgebung, 1976, 244ff; *Krey* in: Schriftenreihe zum Europäischen Weinrecht, 1981, 109ff; *Sachs* NJW 1981, 1651; *Hill* NJW 1982, 2104ff; *Ebsen* DÖV 1984, 654ff; *Brugger* VerwArch 78 (1987) 1ff; *Clemens* AöR 111 (1986) 63ff; *Klindt* DVBl 1998, 373ff.

101 *Ossenbühl* (Fn 84) 433, 437 mN aus der Rspr; HessVGH DVBl 1979, 83 Leitsatz 3; BVerwGE 38, 139, 141ff; 99, 355, 357 (Bestimmung des „Kaufkraftausgleichs" gem § 7 Abs 2 BBesG); vgl auch BayVerfGH NJW 1997, 56 (Beihilfevorschriften); *Scheuing* VVDStRL 40 (1982) 158f; ferner *Badura* (Fn 41) F 25.

102 Näheres bei *Ossenbühl* (Fn 10) 362–450.

gorie. Die einen konstatieren apodiktisch „keine Rechtsnormen",[103] die anderen schreiben „zweifellos Rechtsnormen".[104] Solche Evidenz, mit der diametral gegenüberstehende Feststellungen getroffen werden, kann ihren Grund nur in einer unterschiedlichen Sichtweise haben. In der Tat wird seit Jahrzehnten ständig auf zwei verschiedenen Ebenen diskutiert,[105] ohne daß dies – namentlich in der Judikatur – voll bewußt geworden wäre.

Die Gleichung: Verwaltungsvorschriften = Nicht-Recht stimmt nur in dem Koordinatensystem des Rechts, welches dem historisch-konventionell verengten Rechtssatzbegriff des 19. Jahrhunderts zugrunde liegt. Dagegen sind Verwaltungsvorschriften unter rechtstheoretischem Aspekt in der Tat „zweifellos Rechtsnormen".[106] Der entscheidende, aber längst erkannte Fehler liegt nun darin, daß das *historisch-konventionelle* Begriffsarsenal der Rechtsquellenlehre verabsolutiert, dh als *rechtstheoretisches* Rüstzeug ausgegeben wird. Auf diese Weise hat sich eine verhängnisvolle Befangenheit im Denken entwickelt, die es der Verwaltungsrechtslehre und namentlich der Judikatur verwehrt, über den Schatten der eigenen Vergangenheit zu springen. Mit am geltenden Recht orientierten dogmatischen Begriffen lassen sich nun einmal keine rechtstheoretischen Aussagen machen; umgekehrt gilt dasselbe.

Demnach erweist sich die Frage nach der Rechtssatzeigenschaft der Verwaltungsvorschriften als ein Scheinproblem. Ob sie Rechtssätze im Sinne der konstitutionellen Doktrin darstellen, interessiert für das geltende Recht nicht mehr.[107]

Andererseits besagt die Feststellung, daß Verwaltungsvorschriften Rechtssätze im rechtstheoretischen Sinne sind, nichts für die praktisch interessierenden Fragen nach den Modalitäten der Rechtserzeugung, der Bindungswirkung und dem Rechtsschutz. Diese Fragen lassen sich nur nach geltendem Recht und nur in differenzierender Sicht beantworten.[108] Dabei muß trotz der notwendigen Begriffsabhängigkeit des Denkens bewußt bleiben, daß der verfassungsdogmatische Begriff des Rechtssatzes selbst nur verfassungsrechtliche Machtlagen und Funktionsbereiche einfangen und verbal fixieren soll.

In differenzierteren Rechtssystemen sind Rechtsquellen stets nach ihrer Eigenart verschieden. Diese Eigenart festzustellen, ist Aufgabe der Rechtsquellenlehre. Mit der Subsumtion unter vorgefaßte Begriffe läßt sich hier kein Problem lösen.

[103] *Franz Mayer* Allgemeines Verwaltungsrecht, 3. Aufl 1972, 15; etwas abgemildert in der 4. Aufl 1977, 21; *F. Mayer/Kopp* Allg VwR, 101 f.

[104] *Meyer-Cording* Die Rechtsnormen, 1971, 119.

[105] Eindringlich dargestellt bei *Böckenförde/Grawert* (Fn 18) 6 ff.

[106] Diese Erkenntnis ist schon klar ausgesprochen von *E. Kaufmann* in: von Stengel-Fleischmann, Wörterbuch des Deutschen Staats- und Verwaltungsrechts, 1914, Bd III, 688, 696 r Sp; *Thoma* FG Otto Mayer, 1916, 107, 176; *ders* in: Anschütz/Thoma, HdbDStR II, 124 f; Hinw auch schon bei *Bierling* Juristische Prinzipienlehre, Bd II, Neudruck 1961, 190 Fn 6. – Vgl aus neuerer Zeit *Meyer-Cording* (Fn 104); *Ossenbühl* (Fn 10) 160 ff; *Böckenförde/Grawert* (Fn 18) 18 f; *Schmidt* (Fn 84) passim; *ders* JuS 1971, 184, 187 ff.

[107] Daran kranken auch die Ausführungen von *Menger* (Fn 84) 301, der stillschweigend von einem überholten Begriff der Rechtsnorm ausgeht; vgl dagegen *Schmidt* (Fn 107) 187 f.

[108] Vgl *Böckenförde* (Fn 18) 69; *Ossenbühl* (Fn 10) 154 ff; *Böckenförde/Grawert* (Fn 18) 19.

Die Zweiteilung in Innenrecht (= Verwaltungsvorschriften) und Außenrecht (= Gesetze, Rechtsverordnungen etc) führt ebenfalls nicht weiter.[109] Sie kann allenfalls eine veranschaulichende Funktion haben. Wie noch zu zeigen sein wird, haben nämlich auch eine Reihe von Verwaltungsvorschriften Außenwirkung. Unterschiede zu den klassischen überkommenen Rechtsquellen bestehen nicht in der Außenwirkung, sondern in den Modalitäten und in der Intensität der Bindungswirkung.

4. Bindungswirkung

Unter den verschiedenen Eigenarten und Eigenschaften einer Rechtsquelle steht **42** sicherlich deren Bindungswirkung im Vordergrund. Um den verschiedenen Verwaltungsvorschriften nach der Intensität und Reichweite ihrer Bindungswirkung gerecht zu werden, muß in mehrfacher Weise differenziert werden.

Nach ständiger Rechtsprechung sind Verwaltungsvorschriften keine Gesetze iSd Art 20 Abs 3 und Art 97 Abs 1 GG.[110] Aber dies bedeutet keineswegs, daß sich der Richter ohne weiteres über die in den Verwaltungsvorschriften enthaltenen Regelungen hinwegsetzen kann. Vielmehr ergeben sich auch für ihn vielfältig abgestufte Bindungswirkungen.

a) Die Verwaltungsvorschriften sind durchweg an nachgeordnete Behörden **43** oder Bedienstete adressiert, die kraft der Geschäftsleitungs- oder/und Organisationsgewalt der vorgesetzten Stelle an diese Vorschriften gebunden sind. Diese sog *Innenwirkung* der Verwaltungsvorschriften ist niemals kontrovers gewesen. Aber sie ist lange Zeit als die einzige rechtliche Bindungswirkung der Verwaltungsvorschriften erachtet worden. Bis in die Gegenwart werden die Verwaltungsvorschriften gerade wegen dieser Beschränkung auf den „Innenbereich" den Rechtsverordnungen gegenübergestellt, denen unmittelbare Verbindlichkeit im „Außenbereich", dh im Verhältnis Hoheitsträger – Bürger zukommt.[111]

b) Indessen wird bei einer solchen pauschalierenden Entgegensetzung von **44** „Innenbereich" und „Außenbereich" außer Ansatz gelassen, daß von jeher rechtliche Verknüpfungen zwischen beiden Bereichen bestanden, durch die Verwaltungsvorschriften extravertiert wurden. So hat schon das Reichsgericht[112] anerkannt, daß Amtspflichten, deren Verletzung nach § 839 BGB die Amtshaftung auslöst, durch allgemeine Dienstbefehle und Einzelbefehle an Bedienstete der öffentlichen Verwaltung begründet werden können. In diesen Zusammenhang gehören ferner die Fälle, in denen Gesetze Verwaltungsvorschriften durch Verwei-

[109] Vgl dazu *Brohm* (Fn 84) 18ff; *Lerche* (Fn 84) Art 84 Rn 96ff.

[110] BVerfGE 78, 214, 227 mN.

[111] Vgl BVerwG NJW 1972, 1483 m Anm *Helmers* ebd, 2012.

[112] RG JW 1906, 745 (Beachtung der Dienstvorschriften über Schußwaffen der Polizeibeamten schließt Rechtswidrigkeit iSv § 839 BGB aus!), Warnmeyer Erg-Bd 1915, 481ff; JW 1925, 956 Nr 26; JW 1934, 2398, 2399; RGZ 148, 256; 145, 215; 105, 100; 87, 414; 51, 261. – Ebenso BGHZ 10, 389, 390; 26, 232, 234; 27, 278, 282 = NJW 1958, 1234, 1235 m Anm *Nedden* ebd, 1819; 34, 375 = VersR 1961, 471; VersR 1961, 512; 1963, 845.

sung in ihren Tatbestand einbeziehen.[113] Ähnliche Verflechtungen zwischen Verwaltungsvorschriften und Gesetzesrecht lassen sich im Strafrecht nachweisen.[114]

45 c) Darüber hinaus geht die höchstrichterliche Rechtsprechung davon aus, daß *Zuständigkeitsvorschriften* und *Verfahrensregelungen* der Verwaltung, die eine bewußt offengelassene Regelungslücke ausfüllen und ein förmliches Gesetz erst vollziehbar machen, eine unmittelbare, nicht erst durch Gesetze vermittelte Außenwirkung haben und damit allgemeinverbindliches Recht erzeugen.[115] Zuständigkeits- und Verfahrensregelungen können, müssen aber nicht ausschließlich durch förmliches Gesetz oder Rechtsverordnung getroffen werden, unterliegen also jedenfalls nicht in toto dem Gesetzesvorbehalt. Andererseits sind die Zuständigkeit der Behörden und das Verwaltungsverfahren, was sich namentlich im Verwaltungsprozeß zeigt, auch im Verhältnis zwischen Hoheitsträger und Bürger von oft ausschlaggebender Bedeutung.[116] Regeln aber solche administrativen Zuständigkeits- und Verfahrensvorschriften (Verwaltungsvorschriften) mit allgemeinverbindlicher Wirkung das Staat-Bürger-Verhältnis, so stehen sie auch in der Bindungswirkung den Rechtsverordnungen im herkömmlichen Sinne nicht nach; im Gegenteil: sie erweisen sich als nicht von der Legislative abgeleitetes, als *originäres* Exekutivrecht.

Freilich ist auch hierbei die Wirkungsweite des Gesetzesvorbehaltes zu beachten. Deshalb können als Verwaltungsvorschriften nicht solche Verfahrensregelungen erlassen werden, die einschneidende Eingriffe in Grundrechtspositionen enthalten oder solche Positionen maßgeblich ausprägen. So hat das Bundesverwaltungsgericht mit Recht die Vergaberichtlinien für die Bewerberauswahl bei der Zuteilung von Güterfernverkehrsgenehmigungen für verfassungswidrig erklärt, weil sie in das Grundrecht des Art 12 Abs 1 GG eingreifen und deshalb der gesetzlichen Grundlage bedürfen.[117]

46 d) Man muß indessen noch einen Schritt weitergehen. In weit intensiverem Maße als durch organisatorische Regelungen wird das Staat-Bürger-Verhältnis durch *verhaltenslenkende* Verwaltungsvorschriften tangiert und determiniert. Man denke nur etwa an die Vielzahl der Steuerrichtlinien, die die Praxis der Finanzbehörden widerspiegeln und auch beim Steuerpflichtigen häufig mehr Beachtung finden als die förmlichen Steuergesetze. Erwähnt seien ferner ministerielle Auslegungsvorschriften zum Wehrpflichtgesetz oder Subventionsrichtlinien, die den vitalen Lebenskreis der Bürger oft stärker und nachhaltiger berühren als Ge-

113 Vgl o bei Fn 100f.

114 Vgl *Ossenbühl* (Fn 10) 491ff.

115 Vgl BVerwGE 36, 327 = DÖV 1971, 317; DÖV 1972, 129; BVerwGE 94, 335 (Regelsätze nach BSHG); BayVGHE 23, 136; betr Verfahrensvorschriften: BVerfGE 40, 237; 78, 214, 227; HessVGH DÖV 1986, 661, der der Verfahrensordnung für die FBW Bindungswirkung zuspricht, aber gleichwohl Rechtsnormqualität abspricht; *Ossenbühl* (Fn 84) 433, 437ff; anders *Lerche* (Fn 84) Art 84 Rn 99.

116 Näheres bei *Ossenbühl* (Fn 10) 597ff.

117 BVerwGE 51, 235; dazu *Selmer* JuS 1977, 616; ebenso BVerwG DVBl 1987, 364 betr Subventionsrichtlinien, die nur bestimmte Unternehmer als Betreuer zulassen; BVerfGE 80, 257 (265) (Zulassungsbeschränkungen für Notare); BVerwG NVwZ 1997, 73, 74 (Regelung der Laufbahnprüfung für Beamtenanwärter).

setz und Verfassung. Von zentraler Bedeutung für die Rechtsposition des Bürgers sind auch jene Verwaltungsvorschriften, die gesetzesergänzend und gesetzeskonkretisierend Maßstäbe und Standards im technischen Sicherheitsrecht und im Arbeits-, Gesundheits- und Umweltschutz festlegen. Inwieweit solche verhaltenslenkenden Verwaltungsvorschriften das sog Außenverhältnis mitgestalten hängt von ihrem Inhalt ab. Betrifft dieser Inhalt den von Verfassungs wegen der Verwaltung zugeordneten oder eröffneten Funktionsbereich, kann man, wie bei den Zuständigkeitsvorschriften, die Annahme einer Außenwirkung von Verfahrensvorschriften nicht ausschließen.

aa) Bei den *norminterpretierenden* Verwaltungsvorschriften wird im allgemeinen ein eigenfunktioneller Bereich der Verwaltung nicht anerkannt.[118] Nur in Ausnahmefällen wird der Verwaltung hier ein Beurteilungsspielraum zugestanden.[119] Prinzipiell gilt aber die Interpretation des Gesetzes als ureigene Aufgabe des Richters.[120] Norminterpretierende Verwaltungsvorschriften haben deshalb *für den Richter* keinen größeren „Beweis- und Bindungswert" als Stellungnahmen des Schrifttums. 47

Problematisch wird die Lage im Normauslegungsbereich dann, wenn die Verwaltung in ihren Auslegungserlassen zu Eingriffsgesetzen einen für den Bürger günstigeren Standpunkt einnimmt als die Gerichte, diesen Standpunkt jedoch in Einzelfällen nicht einhält.[121] Dann stehen Gesetzesbindung der Verwaltung und Gleichheitsgebot einander unversöhnlich gegenüber. Die überwiegend vertretene Auffassung,[122] es gebe keine Gleichheit im Unrecht und keinen Anspruch auf Fehlerwiederholung, vermag dann nicht stets zu befriedigenden Ergebnissen zu

118 Vgl BVerwG NJW 1972, 1483 m Anm *Helmers* ebd, 2012; OVG NW NJW 1976, 2360 = DVBl 1976, 790.

119 Vgl BVerwGE 39, 197; dazu *Bachof* JZ 1972, 208; *Ossenbühl* DÖV 1972, 401; *Schmidt-Eichstaedt* AöR 98 (1973) 173ff; ferner BVerwG DVBl 1972, 895 m Anm *Redeker* (Importquotenurteil); VG Berlin NJW 1973, 1148; dazu *Ossenbühl* DVBl 1974, 309; *Tettinger* DVBl 1982, 421ff; *Ossenbühl* FS Menger, 1985, 731ff. – Für den Bereich dieser Beurteilungsspielräume kommt dann freilich auch eine Gleichheitsbindung der Verwaltung durch norminterpretierende Verwaltungsvorschriften in Betracht; vgl *Schmidt* (Fn 106) 188; *Menger* VerwArch 63 (1972) 213.

120 Vgl *Jesch* (Fn 15) 233; *ders* JZ 1961, 520.

121 Dazu BVerwGE 34, 278 = NJW 1970, 675 = DÖV 1970, 275; 36, 313 = NJW 1971, 1578; NJW 1972, 1483 m Anm *Helmers* NJW 1972, 2012; BVerwGE 92, 153 = NJW 1993, 2065; HessVGH, NJW 1984, 318; ESVGH 35, 287 = NVwZ 1986, 683; BW VGH NJW 1984, 319; *Menger* (Fn 119) 213; *Ossenbühl* DÖV 1970, 264; *Rechenbach* NVwZ 1987, 383; *Sachs* JuS 1987, 903.

122 BVerfGE 50, 142, 166; BVerfG (2. Kammer des 1. Senats) NVwZ 1994, 475, 476 (Pauschalierungsrichtlinie im Steuerrecht); BVerwGE 5, 1, 8; 92, 153, 157; BSGE 7, 75, 78; 15, 137, 141; BGHZ 19, 348; OVG NW OVGE 11, 196, 201; *Ipsen* in: Bettermann/Neumann/Nipperdey/Scheuner, Grundrechte II, 111, 148; *Dürig* in: Staatslexikon, Bd II, 7. Aufl 1986, Sp 1069; *ders* in: Maunz/Dürig, GG, Art 3 I Rn 437; *Mertens* Die Selbstbindung der Verwaltung auf Grund des Gleichheitssatzes, 1963, 26; *Stern* Ermessen und unzulässige Ermessensausübung, 1964, 33 mit Fn 119; *Bettermann* in: Rechtsschutz im Sozialrecht, 1965, 47, 61; *Bachof* JZ 1962, 399 (402); *Randelzhofer* JZ 1973, 536ff; *Pauly* JZ 1997, 647ff.

führen;[123] sie erscheint aber unvermeidlich, will man nicht mit dem Hebel des Gleichheitssatzes die Gesetzesbindung der Verwaltung aus den Angeln heben.[124] Neuere Untersuchungen hingegen tendieren zu einer differenzierenden Betrachtungsweise.[125]

48 bb) Anders liegen die Dinge bei den anderen verhaltenslenkenden Verwaltungsvorschriften, namentlich den *Ermessensrichtlinien*. Sie betreffen im Gegensatz zu den norminterpretierenden Verwaltungsvorschriften einen Bereich, in dem die Verwaltung eigene Maßstäbe setzen kann und einen Entscheidungsspielraum hat, der nur in beschränktem Umfang der richterlichen Kontrolle unterliegt. Hier geht es nicht um eine vollständige Determinierung des Verwaltungshandelns, dessen gesetzliche Direktiven nur verdeutlicht, nicht aber ergänzt oder ausgefüllt werden können.[126] Deshalb entfällt hier der Konflikt zwischen Gesetzesbindung der Verwaltung und Gleichheitsgebot. Vielmehr ist der Gleichheitssatz die dogmatische Brücke, über die sich die Verwaltungsgerichte Zugang zu dem „inneren Bereich" der Verwaltung verschaffen. Auf der Grundlage des Gleichheitsgebotes haben Lehre und Judikatur eine dogmatische Hilfskonstruktion entwickelt, die zu einer durch Art 3 Abs 1 GG vermittelten Außenwirkung der Verwaltungsvorschriften führt (sog *Theorie der Selbstbindung der Verwaltung*),[127] welche die Verwaltungsvorschriften den herkömmlichen Rechtsquellen wie Gesetz und Rechtsverordnung immer mehr annähert.

49 Der Gedanke der Selbstbindung der Verwaltung ist keineswegs neu. Unbegründetes Abweichen von selbstgesetzten Entscheidungsmaßstäben im Ermessensbereich galt von jeher unter dem Aspekt des Willkürverbotes als „klassischer" Ermessensfehler.[128] Erst unter der Geltung des Grundgesetzes ist die administrative Selbstbindung aus Art 3 Abs 1 GG abgeleitet worden.[129] Der Gleichheitssatz verlangt, daß die Verwaltung ihr Ermessen gleichmäßig ausübt. Gleichbehandlung ist

[123] Allerdings ist der Fall des VGH BW DVBl 1972, 186 = ESVGH 21, 195 entgegen *Götz* (Urteilsanmerkung DVBl 1972, 189 sowie DVBl 1968, 93) hierfür kein Beleg (vgl zutr *Dürig* [Fn 122] Art 3 I Rn 185 a, 186).

[124] Vgl Näheres bei *Ossenbühl* (Fn 121) 264; zust VG Berlin NJW 1974, 330, 332; ferner *Schmidt* (Fn 107) 184 ff; *Arndt* FS Armbruster, 1976, 233.

[125] Vgl *Arndt* (Fn 124) 233; *Dürig* (Fn 122) Art 3 I Rn 185 a, 186; *Götz* NJW 1979, 1478; *Berg* JuS 1980, 418; *Wolny* UPR 1987, 121; *Paul Kirchhof* in: Isensee/Kirchhof V, § 125 Rn 65 ff.

[126] Vgl BVerwGE 71, 342; BayVerfGH NVwZ 1997, 56 (Beihilfevorschriften); *Osterloh* JuS 1986, 571.

[127] Schrifttum: *Mertens* (Fn 122); *Scholler* DVBl 1968, 409; *ders* Die Interpretation des Gleichheitssatzes, 1969, bes S 59 ff; *Wallerath* Die Selbstbindung der Verwaltung, 1968; *Dicke* VerwArch 59 (1968) 293; *Ossenbühl* (Fn 10) 514 ff; *Schmidt* (Fn 84); *Dürig* (Fn 122) Art 3 I Rn 428 ff; *Pietzcker* NJW 1981, 2087 ff; *Ossenbühl* DVBl 1981, 857 ff; *ders* (Fn 41) § 65 Rn 44 ff; *Scheuing/Hoffmann-Riem/Raschauer* VVDStRL 40 (1982) 153 ff; Rechtsprechung: vgl zunächst die Darstellung von *Ossenbühl* (Fn 84) 1, 13 ff (Stand 1967); aus der Zeit danach: BVerwGE 34, 278, 280; 36, 313; 36, 323; 44, 1; 44, 136; *Ossenbühl* (Fn 84) 433; *Krebs* (Fn 84) 259.

[128] Vgl die Nachw bei *Walter Jellinek* Gesetz, Gesetzanwendung und Zweckmäßigkeitserwägung, 1913, 323 ff; *ders* VwR, 446.

[129] Zuerst VG Stuttgart DRZ 1950, 571, 572.

jedoch nur im Hinblick auf vorentschiedene Fälle denkbar. Unter Hinweis auf das Gleichbehandlungsgebot kann ein betroffener Bürger Abweichungen von Ermessensrichtlinien immer nur mit der Behauptung geltend machen, andere in gleicher Lage befindliche Bürger hätten bereits entsprechend den Richtlinien bestimmte Vergünstigungen erhalten. Anknüpfungspunkt für die Gleichheitsprüfung, Vergleichsmerkmal im Rahmen des Art 3 Abs 1 GG, sind nicht die Verwaltungsvorschriften, sondern die ständige Verwaltungspraxis (Verwaltungsübung),[130] die Verwaltungsvorschriften sind lediglich Indizien für das Vorhandensein einer entsprechenden Verwaltungspraxis.[131] Denn kraft der für die Bediensteten der öffentlichen Verwaltung geltenden Gehorsamspflicht besteht eine *tatsächliche Vermutung*, daß Verwaltungsvorschriften und Verwaltungspraxis sich decken. Deshalb kann ein Abweichen von den Verwaltungsvorschriften unmittelbar als Verstoß gegen den Gleichbehandlungsgrundsatz qualifiziert werden. Art 3 GG fungiert damit als „Umschaltnorm",[132] die verwaltungsinterne Weisungen in die das Staat-Bürger-Verhältnis unmittelbar regelnde (Außen-)Rechtsordnung extravertiert.

Dies wird besonders in jenen Entscheidungen deutlich, in denen der kompli- 50
zierte Unterbau der Selbstbindungskonstruktion mit den Verwaltungsvorschriften als bloßen Indizien nicht mehr in Erscheinung tritt, sondern für die Frage der Verletzung des Gleichheitssatzes unmittelbar an die Verwaltungsvorschriften selbst angeknüpft und zum Ausdruck gebracht wird, daß sich die Verwaltung durch diese Vorschriften (und nicht erst durch die Verwaltungsübung) gebunden habe.[133] Damit bahnt sich fast unmerklich eine entscheidende Wendung an. Denn nunmehr tritt die Selbstbindung der Verwaltung nicht erst kraft administrativen Handelns (Verwaltungspraxis, Verwaltungsübung) ein, sondern kraft eines – in den Verwaltungsvorschriften – verlautbarten *Willensaktes der Verwaltung*.[134] Damit ist die auf Art 3 GG basierende Selbstbindungskonstruktion aufgegeben, ein selbständiger rechtserzeugender Normwille der Verwaltung im eigenen Funktionsbereich anerkannt, letztlich ein originäres Administrativrecht mit Außenwirkung kreiert.[135] Das Bundesverwaltungsgericht hält in der jüngeren Rechtsprechung jedoch an dem Unterschied zwischen Außenrecht und Innenrecht jedenfalls für die Subventionsverwaltung fest und bezeichnet die Subventionsrichtlinien als „verwaltungsinterne Weisungen" und damit als „Verwaltungsvorschriften".[136]

[130] Vgl *Ossenbühl* (Fn 84) 1, 14ff; *Dürig* (Fn 122) Art 3 I Rn 432ff. Das BVerwG leitet daraus ein Interpretationsverbot von Vergaberichtlinien durch den Richter ab (DVBl 1979, 881 m Anm Götz); ebenso für Verwaltungsanweisungen im Steuerrecht BFH NJW 1979, 392 (nur Leitsatz).

[131] BVerwGE 61, 15, 18, 21; BVerwG DVBl 1981, 1149; DVBl 1986, 110, 111.

[132] *Zacher* VVDStRL 24 (1966) 237.

[133] Nachw bei *Ossenbühl* (Fn 84) 15ff.

[134] So OVG Rh-Pf DVBl 1962, 757 = VerwRspr 15, 282 unter Berufung auf *Menger* VerwArch 51 (1960) 71 Fn 33; vgl auch BVerwG ZBR 1965, 212; HessVGH ESVGH 14, 50, 54ff; BVerwGE 35, 159, 162 (Einfuhraussschreibungen nach § 12 II AWG); vgl auch *Drews/Wacke/Vogel/Martens* Gefahrenabwehr, 385ff.

[135] Vgl *Böckenförde* (Fn 10) 391.

[136] BVerwG NVwZ 1998, 273, 274 = DÖV 1997, 732.

51 Es wäre jedoch in der Tat besser, ein solches eigenständiges Administrativrecht anzuerkennen,[137] anstatt sich mit der Fiktion einer „antizipierten Verwaltungspraxis" zu behelfen,[138] die dazu gedacht ist, die alte Selbstbindungskonstruktion zu erhalten, aber gleichwohl eine Selbstbindung schon mit dem Erlaß der Verwaltungsvorschriften, also mit deren erster Anwendung zu begründen. So wird denn auch in anderen Urteilen für eine Begründung der administrativen Selbstbindung (schon) von der Bekanntgabe der Verwaltungsvorschriften ab mit Recht nicht mehr auf Art 3 GG zurückgegriffen, sondern der Vertrauensschutzgedanke herangezogen.[139] Doch bedarf es auch dieser Krücke nicht, wenn man erkennt und anerkennt, daß die Verwaltung im Ermessensbereich eigene Maßstäbe setzen kann, und zwar auch mit selbstbindender Außenwirkung.

52 Der Einwand, ein selbständiges Verordnungsrecht der Exekutive widerspreche dem Grundgesetz, geht solange fehl, wie das Verwaltungsermessen selbst verfassungsrechtlich abgesichert ist.[140] Deshalb erscheint es auch nicht angebracht, die Verwaltungsvorschriften als leges praeter legem[141] einzuordnen. Eine gefahrdrohende Zementierung der Verwaltungspraxis steht nicht zu befürchten, weil die Selbstbindung der Verwaltung anders wirkt als die Gesetzesbindung im herkömmlichen Sinne.[142] Dies ist auch der Grund, warum keine völlige Egalisierung zwischen Rechtsverordnungen im überkommenen Sinne und Verwaltungsvorschriften eintritt. Denn die Bindungsintensität beider Regelungskategorien ist unterschiedlich. Administrative Selbstbindung bewirkt eine elastische, dh Abweichungen für besondere Ausnahmen zulassende Bindung. Gesetzesbindung ist prinzipiell strikte Bindung, sie duldet keine Ausnahmen. Der Charakter der administrativen Selbstbindung erweist sich dagegen als Ausnahmefall. Aus besonderen, in der individuellen Sachlage liegenden Gründen kann die Verwaltung von ihren Entscheidungsmustern abweichen.[143] Überdies ist ihr Differenzierungsschema insgesamt disponibel, dh sie kann ihre Richtlinien jederzeit aus sachlichen Gründen ändern.[144]

[137] *Klaus Vogel* VVDStRL 24, 125, 162f; *Klein* (Fn 84) 163, 186; *Magiera* (Fn 84) 24; vgl auch *Martens* (Fn 84) 195; *Böckenförde* (Fn 10) 394; *Pietzcker* (Fn 127) 2090; vgl auch *Weyreuther* (Fn 84) 857ff; *Scheffler* (Fn 84) 239; *Krebs* (Fn 84) 265; *Maurer* (Fn 92) § 24 Rn 20ff; *Schmidt-Aßmann* in: Isensee/Kirchhof I, § 24 Rn 40; *ders* FS Stern, 1997, 745, 753; krit: *H. J. Mertens* AG 1982, 29, 39; *Osterloh* (Fn 98) 102f; *Vogel* (Fn 84) 608.

[138] So BVerwG DÖV 1971, 748; DÖV 1982, 76 (betr Prüfungsordnung für den Auswärtigen Dienst); DVBl 1982, 195, 197 (Prüfungsordnung für den nichttechnischen Verwaltungsdienst).

[139] So BVerwGE 35, 159, 162 = NJW 1970, 1563 = DÖV 1971, 173; BVerwG NVwZ 1998, 273; OVG NW GewArch 1976, 290.

[140] Vgl dazu *Horst Joachim Müller* DÖV 1969, 119ff, 127.

[141] So die vorzügliche gleichnamige Studie von *Mertens* (Fn 137) 39.

[142] Näheres bei *Ossenbühl* (Fn 10) 522ff; vgl ferner BVerwGE 52, 193; BVerwG DVBl 1982, 195 (Verhältnis von Verwaltungsvorschriften und Verwaltungspraxis bei Prüfungsordnungen).

[143] Vgl *Schmidt* (Fn 106) 186; BVerwG NJW 1980, 75 (kein Besitzstand für die Zukunft); BVerwGE 71, 228 = DÖV 1985, 682, 684 (Nachzug der 2. Ehefrau eines Ausländers); OVG NW DÖV 1985, 204.

[144] Vgl zB BVerwGE 70, 127, 136; BVerwG DVBl 1981, 1062 = DÖV 1982, 80; NVwZ 1998, 273 = DÖV 1997, 732.

cc) Bemerkenswert ist, daß die neuere Rechtsprechung im technischen Sicherheitsrecht und im Umweltschutzrecht ein Mandat der Verwaltung zur Konkretisierung gesetzlicher Normen durch Verwaltungsvorschriften offen anerkennt und den *normergänzenden* und *normkonkretisierenden* Verwaltungsvorschriften eine modifizierte Bindungswirkung auch für den Richter zuspricht.[145] Mit diesem Schritt wird endlich einer seit Jahrzehnten existierenden und funktionierenden Rechtspraxis auch der rechtliche Segen erteilt.[146] **53**

Allerdings sind die Reaktionen auf die Figur der normkonkretisierenden Verwaltungsvorschrift eher zurückhaltend. Das Bundesverfassungsgericht apostrophiert sie als „Sonderfall des Atomrechts"[147] und läßt ihre verfassungsrechtliche Beurteilung offen.[148] Demgegenüber ist darauf hinzuweisen, daß die normkonkretisierenden Verwaltungsvorschriften auch außerhalb des Atomrechts wichtige praktische Anwendungsfelder haben.[149] Daß die Dogmatik des Verwaltungsrechts aber nicht mehr allein von den nationalen Gerichten abhängt, zeigen zwei Urteile des EuGH v 30. 5. 1991, in denen die Verwaltungsvorschriften im allgemeinen und die TA Luft im besonderen als Instrument zur Umsetzung europarechtlicher Richtlinien verworfen werden.[150] Trotz berechtigter Kritik[151] an diesen Entscheidungen muß damit gerechnet werden, daß damit ein wesentlicher Anwendungsbereich für normkonkretisierende Verwaltungsvorschriften in Zukunft entfallen wird.

e) Sofern eine Regelungslücke im Bereich des Vorbehalts des Gesetzes besteht, übernehmen Verwaltungsvorschriften die Funktion des „Übergangsrechts", wenn und soweit dies zur Aufrechterhaltung der Funktionsfähigkeit der Verwaltung unvermeidbar ist.[152] **54**

145 BVerwGE 72, 300, 320 (Wyhl); 78, 214, 227; BVerwG NVwZ 1988, 824 (TA Luft); OVG Lüneburg OVGE 38, 407 = DVBl 1985, 1322 (TA Luft); OVG NW NVwZ 1988, 173 (TA Luft); VGH BW DVBl 1990, 108 (Anleitung zur Berechnung von Fluglärm); vgl zu den normkonkretisierenden Verwaltungsvorschriften: *Gerhardt* NJW 1989, 2233; *Erbguth* DVBl 1989, 473; *Hill* NVwZ 1989, 401; *Wallerath* NWVBl 1989, 513; *Trute* Vorsorgestrukturen und Luftreinhalteplanung im BImSchG, 1989, 322ff. Zu den Arzneimittelrichtlinien: *Baader* JZ 1990, 409ff.

146 Zum Problem: *Brohm* DÖV 1987, 265ff.

147 BVerfGE 78, 214, 227.

148 BVerfGE 80, 257, 265.

149 Vgl etwa BayVerfGH NVwZ 1997, 56 („Beihilfevorschriften als normative Konkretisierung bei der Umsetzung des dem Dienstherrn bei der Umsetzung der Fürsorgepflicht zustehenden Ermessens"); BVerwGE 94, 326; 94, 335, 340 (Regelsätze im Sozialhilferecht als „konkretisierende" Rechtsnormen mit Außenwirkung); VGH BW VBlBW 1990, 56, 61 (Berechnungsanleitung in der Flughafenplanfeststellung); *Peter Müller* ZMR 1992, 469ff (Mietspiegel); *Vogel* (Fn 84) 615ff, betr Vereinfachungs- und Pauschalierungsrichtlinien im Steuerrecht; *Mühlenbruch* Außenwirksame Normenkonkretisierung durch „Technische Anleitungen", 1992 (betr § 4 Abs 5 Satz 1 AbfG); *Badura* (Fn 41) F 25.

150 EuGH, Rs C-361/88, Slg 1991, I-2567; Rs C-59/89, Slg 1991, I-2607; *Gellermann* Beeinflussung des bundesdeutschen Rechts durch Richtlinien der EG, 1995, insbes S 30ff, 57ff.

151 Vgl bes *Breuer* Entwicklungen des europäischen Umweltrechts – Ziele, Wege und Irrwege, 1992, 80ff; *v Danwitz* VerwArch 1993, 73ff.

152 Vgl zB BVerwG DVBl 1982, 301, 303; NVwZ 1997, 73, 74.

5. Rechtserzeugung

55 a) Die Befugnis zum Erlaß der Verwaltungsvorschriften ist der Exekutivgewalt inhärent. Gesetze, die den Erlaß von Verwaltungsvorschriften regeln, sind deshalb im allgemeinen lediglich Kompetenznormen, nicht dagegen Ermächtigungsgrundlagen. Grundlage für den Erlaß von Verwaltungsvorschriften ist die auf die verschiedenen Verwaltungsinstanzen verteilte Organisations- und Geschäftsleitungsgewalt der Exekutive. Jede Behörde und jeder Verwaltungsträger kann nur soweit Verwaltungsvorschriften erlassen, wie seine Organisations- und Geschäftsleitungsgewalt reicht. Deshalb bedarf es für intersubjektive Verwaltungsvorschriften im Regelfalle einer besonderen gesetzlichen Grundlage. Die Art 84 Abs 2 und 85 Abs 2 GG erweisen sich damit als Ermächtigungsnormen.[153]

56 b) Gesetzliche Regelungen über die *Form und das Verfahren* beim Erlaß von Verwaltungsvorschriften sind nur sporadisch und in zahlreichen Spezialgesetzen zu finden.[154] Daneben enthält die gemeinsame Geschäftsordnung der Bundesministerien (GGO II) detaillierte Regelungen über die äußere Form.[155] Die Beteiligung inner- und außeradministrativer Stellen (zB Gewerkschaften, Arbeitgebervereinigungen, Berufsverbände) beim Erlaß von Verwaltungsvorschriften reicht von der Anhorung über die Mitberatung und Mitwirkung bis zur Zustimmung und Genehmigung.

57 c) Als Rechtssätze bedürfen Verwaltungsvorschriften für ihre Wirksamkeit der Publikation. Die *Verkündung* muß sich an jene richten, die durch die Verwaltungsvorschrift betroffen sind. Die Mindestanforderungen an die Verkündung richten sich nach den personellen, zeitlichen und räumlichen Dimensionen der angesprochenen Personenkreise.[156]

VI. Sonderverordnungen[157]

58 Die rechtliche Problematik der Verwaltungsvorschriften und deren Qualifikation und Behandlung durch Lehre und Judikatur gelten in weiten Partien auch für die Sonderverordnungen.

153 Näheres bei *Ossenbühl* (Fn 10) 453; ebenso BVerfGE 26, 338, 397.

154 Nachw bei *Ossenbühl* (Fn 10) 459 ff.

155 §§ 72 ff GGO II.

156 *Böckenförde/Grawert* (Fn 18) 36; *Lübbe-Wolff* DÖV 1980, 594; *Gusy* DVBl 1979, 720; OVG Berlin DVBl 1976, 266 = DÖV 1976, 53; VGH BW NJW 1979, 2117. Das BVerwG ist noch sehr zurückhaltend. Es konzediert den „Beteiligten eines Verwaltungsverfahrens" ein Auskunftsrecht betr Ermessensrichtlinien, versagt aber Rechtsanwälten sowohl einen Anspruch auf Bekanntgabe (BVerwGE 61, 15 = NJW 1981, 535) wie auch auf Auskunft (BVerwGE 61, 40 = DVBl 1981, 190); BVerwGE 69, 278 = NJW 1984, 2590; NJW 1985, 1234; eine generelle Veröffentlichungspflicht von Verwaltungsvorschriften wird verneint in BVerwG NVwZ 1998, 273, 275 = DÖV 1997, 732, 734; krit: *Hansjörg Jellinek* NJW 1981, 2235; *Schulze-Osterloh* JuS 1981, 683; *Scheuing* VVDStRL 40 (1982) 159 f; *Ketteler* VR 1983, 174 ff; *Wittling* Die Publikation von Rechtsnormen einschließlich der Verwaltungsvorschriften, Diss Bonn 1990.

157 Literatur: *Wolff/Bachof* (Fn 12) § 25 VIII; *Brohm* (Fn 84) 238; *Böckenförde/Grawert*

Diese Vergleichbarkeit der Problemlage rührt daher, daß die Sonderverordnungen aus der Kategorie der Verwaltungsvorschriften ausgeschieden sind und als eigene Regelungsgattung angesehen werden.[158] Allerdings hat der Begriff der Sonderverordnungen in der Rechtsprechung keine Verbreitung gefunden. Mit Sonderverordnungen sind jene Vorschriften der Verwaltung gemeint, die innerhalb sog besonderer Gewaltverhältnisse (zB Wehrdienst, Schule, Universität, öffentlicher Dienst, Anstalten) ergehen und nicht als Gesetze, Rechtsverordnungen oder Satzungen einzuordnen sind. Sonderverordnungen sind also „Verwaltungsvorschriften in besonderen Gewaltverhältnissen". Mit der Erstreckung des Gesetzesvorbehalts auf die besonderen Gewaltverhältnisse seit dem Strafgefangenen-Beschluß des Bundesverfassungsgerichts[159] ist ihr Anwendungsbereich zunehmend kleiner geworden. Früher gehörten hierzu Anstaltsordnungen, namentlich Schulordnungen, Prüfungsordnungen, Versetzungsrichtlinien, Dienstordnungen, Hausordnungen usw, die sich an die Sonderstatusinhaber (Soldaten, Schüler, Beamte, Strafgefangene usw) richten und die Aufgabe haben, die innere Ordnung und das Funktionieren des besonderen Gewaltverhältnisses zu regeln und zu gewährleisten. Inzwischen sind die Sonderverordnungen weitestgehend durch förmliche Gesetze (zB Strafvollzugsgesetz) und Rechtsverordnungen abgelöst worden. Der für Sonderverordnungen verbleibende Regelungsraum wird sich auf untergeordnete Ordnungsregeln individueller Art beschränken, die der Sache nach als Regelungsgegenstand von Gesetzen und Rechtsverordnungen ausscheiden. 59

VII. Satzungen[160]

1. Begriff und Funktion

Satzungen sind Rechtsvorschriften, die von in den Staat eingeordneten juristischen Personen des öffentlichen Rechts (zB Gemeinden, Universitäten, Berufsverbände wie Architekten- und Ärztekammern, Sozialversicherungsträger, Wasserverbände, 63

(Fn 18) 1ff; *Groß* NJW 1969, 2186; *ders* DÖV 1971, 186; *Rupp* NJW 1970, 412; *Peter Becker* DÖV 1970, 730; *Schmidt* (Fn 84) 182, 205; *Erichsen* FS H. J. Wolff, 1973, 219ff; *Wolff/Bachof/Stober* VwR I, § 25 Rn 43ff.

158 Vgl schon *Nebinger* Verwaltungsrecht, 2. Aufl 1949, 190, 192; ferner *Wolff/Bachof* (Fn 12) § 25 VIII; *Vogel* VVDStRL 22 (1965) 158; *Thieme* FS Schack, 1966, 157ff, 164; *ders* DÖV 1956, 521ff, 526; *Brohm* (Fn 84) 238; *Ossenbühl* (Fn 10) 23; *Böckenförde/Grawert* (Fn 18) 21. – Abl dagegen HessStGH ESVGH 21, 1; *Achterberg* (Fn 41) 301.

159 BVerfGE 33, 1.

160 Literatur: *Hans Peters* in: Anschütz/Thoma, HdbDStR II, 264; *Hans Schneider* FS Möhring, 1965, 521; *Badura* DÖV 1963, 561; *Conrad* BayVBl 1970, 384; *Starck* AöR 92 (1967) 449; *ders* NJW 1972, 1489; *Stern* (Fn 23) Art 28 Rn 105ff; *Jakob* DÖV 1970, 666; *Kirchhof* (Fn 41) 85ff; *Meyn* DVBl 1977, 593ff; *Schmidt-Aßmann* FS von Unruh, 1983, 607ff; *Bethge* NVwZ 1983, 577ff; *Kleine-Cosack* Berufsständische Autonomie und Grundgesetz, 1986; *Spanner* BayVBl 1986, 225, 229; *Isensee* DB 1985, 2681 *Ossenbühl* (Fn 41) § 66; *Schmidt-Jortzig* DVBl 1990, 920; *Hill* Gutachten D zum 58 DJT, 1990; ebd die Referate von *Schlichter, Schmidt-Aßmann* und *Fechtrup; Schoch* NVwZ 1990, 801ff; *Oerder* NJW 1990, 2104ff; *Jörn Ipsen* JZ 1990, 789ff; *Schneider*

Rundfunkanstalten, Deutsche Bundesbank) im Rahmen der ihnen gesetzlich verliehenen Autonomie (Rechtsetzungsgewalt, Satzungsbefugnis) erlassen werden.[161] Die Satzungsgewalt ist teils unmittelbar durch die Verfassung verbürgt,[162] teils beruht sie auf der Grundlage einfacher (förmlicher) Gesetze.[163]

64 Die Autonomie ist Normsetzungsmacht zur Festlegung der inneren Ordnung[164] und zur Bewältigung der Aufgaben[165] staats- oder regierungsunabhängiger rechtlich selbständiger Verwaltungseinheiten,[166] insbesondere der Selbstverwaltungskörperschaften.[167] Bei den territorial[168] oder gruppenplural[169] orientierten Selbstverwaltungseinheiten hat die Verleihung der Autonomie einen doppelten Sinn. Sie dient der Aktivierung gesellschaftlicher Kräfte, die durch parlamentarische Vertretungen in einem überschaubaren Bereich kraft ihrer besonderen Sachkunde eigenverantwortlich Entscheidungen treffen und dadurch den Abstand zwischen Normgeber und Normadressat verringern. „Zugleich wird der Gesetzgeber davon entlastet, sachliche oder örtliche Verschiedenheiten berücksichtigen zu müssen, die für ihn oft schwer erkennbar sind und auf deren Veränderungen er nicht rasch genug reagieren könnte."[170] Deshalb ist der Autonomiegedanke nicht nur politisch sinnvoll, sondern entgegen vereinzelten Stimmen im Schrifttum[171] auch verfassungskonform.[172]

(Fn 32) 181 ff; *Papenfuß* Die personellen Grenzen der Autonomie öffentlich-rechtlicher Körperschaften, 1991; *Luthe* SGb 1992, 580 ff; *Maurer* DÖV 1993, 184 ff; §§ 40, 44, 49, 65 ff SHLVwG.

161 BVerfGE 33, 125, 156 = NJW 1972, 1504, 1506 (Facharztbeschluß); BVerfGE 10, 20 49 f; *Starck* (Fn 160) 449 f.

162 Die gemeindliche Satzungsautonomie folgt schon aus Art 28 Abs 2 GG („regeln"); dazu BVerwGE 6, 247, 252; *Gönnenwein* Gemeinderecht, 1963, 144 mN; ferner *Stern* (Fn 23) Art 28 Rn 105; *Schneider* (Fn 160) 521; *Maurer* (Fn 160) 185 („integraler Bestandteil der kommunalen Selbstverwaltungsgarantie"); für die Universitäten vgl zB Art 16 LV NW.

163 Beispiele: Handwerksinnungen: § 55 HandwO; Ärztekammern: § 31 Abs 2 HeilBerG NW; Rundfunkanstalten: § 1 Abs 2 ZDF-Staatsvertrag.

164 ZB Satzung des Westdeutschen Rundfunks Köln (v 26. 11. 1985, GVBl NW 1985, 769); Hauptsatzung der Gemeinden.

165 ZB Gebührenordnungen, Beitragssatzungen, gemeindliche Satzungen über den Anschluß- und Benutzungszwang, Marktordnungen etc.

166 Staatsunabhängig: zB Rundfunkanstalten (Art 5 Abs 1 Satz 2 GG). Regierungsunabhängig: zB (bis zur Ablösung durch die EZB) Deutsche Bundesbank, vgl *Püttner* Die öffentlichen Unternehmen, 2. Aufl 1985, 216; *Uhlenbruck* Die verfassungsmäßige Unabhängigkeit der Deutschen Bundesbank und ihre Grenzen, 1968; *Lampe* Die Unabhängigkeit der Deutschen Bundesbank, 2. Aufl 1971; *Brosius-Gersdorf* Deutsche Bundesbank und Demokratieprinzip, 1997.

167 ZB Gemeinden, Universitäten, Berufsverbände, Wasserverbände.

168 Gebietskörperschaften (Gemeinden, Gemeindeverbände).

169 ZB Berufsverbände (Ärzte- und Notarkammern, Handwerkskammern).

170 BVerfGE 33, 125, 157 ff = NJW 1972, 1504, 1506 (Facharztbeschluß); BVerwGE 6, 247, 251; *Starck* (Fn 160) 451.

171 ZB *Hamann* Autonome Satzungen und Verfassungsrecht, 1958, 65 f.

172 BVerfGE 33, 125, 157 ff = NJW 1972, 1504, 1506.

2. Abgrenzung zu verwandten Rechtsquellen

a) Satzungen sind ebenso wie *Rechtsverordnungen* abgeleitete Rechtsquellen und materielle Gesetze mit allgemeinverbindlicher Geltung und Wirkung. Dennoch bestehen zwischen Satzungen und Rechtsverordnungen grundlegende Unterschiede.[173] Allerdings sind die Grundlagen der Autonomie und der Verordnungsbefugnis identisch; auch die Autonomie wurzelt im staatlichen Recht, beruht auf staatlicher Verleihung.[174] Rechtsetzungsmacht innerstaatlicher Verwaltungseinheiten und Verbände – auch der Gemeinden[175] – existiert nur *aufgrund* und im Rahmen staatlicher Ermächtigung. Eine Konkurrenz zwischen staatlicher und autonomer Rechtsetzungsmacht besteht insoweit nicht. An dieser „zivilisatorischen" Errungenschaft der staatlichen Souveränität gegenüber der Anarchie unkoordinierter Rechtsschöpfung partikulärer Rechtsgemeinschaften[176] ist festzuhalten, und das Bundesverfassungsgericht hat hieraus mit Recht die notwendigen Konsequenzen gezogen.[177] 65

Mit der Unterscheidung zwischen Rechtsverordnungen und Satzungen zieht die Rechtsquellenlehre lediglich die Konsequenzen aus zwei voneinander zu trennenden innerstaatlichen Organisationsprinzipien: der Dekonzentration und der Dezentralisation.[178] Durch Verordnungsermächtigung wird die dem (parlamentarischen) Gesetzgeber zustehende Normsetzungsbefugnis partiell an eine Stelle der bürokratisch-hierarchisch organisierten staatlichen Exekutive abgegeben (Dekonzentration). Dagegen wird durch gesetzliche Verleihung der Autonomie einer selbständigen, vom staatlichen Verwaltungsapparat separierten Verwaltungseinheit (Dezentralisation) die Befugnis eingeräumt, nicht nur partiell, sondern in dem umfassenden Rahmen ihres gesamten Kompetenzbereiches Recht zu setzen.[179] Rechtsverordnungen sollen das Parlament in seiner Rechtsetzungsaufgabe entlasten, Satzungen sollen Selbstverwaltungseinheiten instandsetzen, sich zu organisieren und ihre Aufgaben auch durch den Erlaß abstrakt-genereller Anordnungen wirksam zu erfüllen.[180] Die Autonomie ist deshalb der Selbstverwaltungsidee zwar nicht notwendig immanent,[181] aber für ihre Realisierung im allgemeinen unentbehrlich.

Rechtsverordnungen sind demnach Ausdruck einer *dekonzentrierten*, Satzungen 66
dagegen Instrumente einer *dezentralisierten* Rechtsetzung.[182] Die Autonomie als

173 Dazu: *Schneider* (Fn 32) 521; *Wilke* (Fn 50) Art 80, 1917; *Badura* (Fn 160) 561.

174 BVerwGE 6, 247, 249f; *Badura* (Fn 160) 561f; *Wilke* (Fn 50) Art 80, 1919; ebenso *Schneider* (Fn 32) 523 (m allerdings feinerer Differenzierung).

175 *Badura* (Fn 160) 561ff.

176 *Badura* (Fn 160) 561 Fn 2.

177 BVerfGE 33, 125, 157ff = NJW 1972, 1504, 1506ff, dazu *Starck* (Fn 160) 1489.

178 Zur Unterscheidung: *Bachof* in: Herzog/Kunst/Schlaid/Schneemelder, EvStL, 2. Aufl 1975, Sp 2771ff; *Hans Peters* Lehrbuch der Verwaltung, 1949, 44ff, 94ff; *Thieme* Verwaltungslehre, 4. Aufl 1984, Rn 252.

179 *Haug* NJW 1962, 675: „Sie (die Autonomie) ist blanko und auf Vorrat verliehene Gesamtbefugnis innerhalb abgesteckter Grenzen".

180 *Wilke* (Fn 50) Art 80, 1919.

181 Vgl aber BVerfGE 12, 319, 325: „Ein wesentliches Element der Selbstverwaltung".

182 Vgl *Peters* (Fn 160) 264, 270.

Attribut – wenn auch nicht als essentiale – des Selbstverwaltungsgedankens unterliegt wegen dieses Zusammenhangs nicht den Anforderungen des Art 80 Abs 1 GG.[183] Überdies wird die Satzungsgewalt im allgemeinen durch besondere demokratisch legitimierte Organe (zB Gemeinderat) betätigt.[184] Deshalb genügt die pauschale Einräumung von Rechtsetzungsmacht für „alle eigenen Angelegenheiten" des selbständigen Verwaltungsträgers. Soweit allerdings ein Selbstverwaltungsträger, wie beispielsweise die Gemeinde, zugleich als Vollzugsinstanz im staatlichen Raum agiert,[185] bedarf es für diesen Bereich spezieller Verordnungsermächtigungen, so daß sich – zumal im gemeindlichen Bereich – Satzungen und Rechtsverordnungen nur vom Aufgabenbereich (Selbstverwaltungsaufgaben – staatliche Aufgaben) her sachgemäß abgrenzen lassen.[186]

67 b) Satzungen müssen ferner entgegen einer sowohl im Schrifttum[187] als auch in der Rechtsprechung[188] anzutreffenden verwirrenden Terminologie von den *Geschäftsordnungen* staatlicher Organe streng unterschieden werden.[189] Die Befugnis dieser Organe, ihre innere Ordnung im Rahmen der Gesetze und der Verfassung selbst zu bestimmen, mag man als Geschäftsordnungsautonomie bezeichnen, muß dann aber im Auge behalten, daß diese mit dem der Selbstverwaltungsidee verbundenen Autonomiebegriff nichts zu tun hat. Geschäftsordnungen staatlicher Organe werden in Wahrnehmung einer staatlichen Kompetenz erlassen und sind daher staatliches, nicht autonomes Recht.[190]

Auch Geschäftsordnungen von Selbstverwaltungsorganen (zB Gemeinderat) sind zwar Rechtsquellen, aber nicht Satzungen, weil sie nicht über den Organbereich hinauswirken.

183 BVerfGE 12, 319, 325; 19, 235, 267; 21, 54, 62; 32, 346, 360 f; 33, 125, 157ff = NJW 1972, 1504, 1506; *Menger* (Fn 119) 447ff.

184 Zu diesem umstr „demokratischen Argument": BVerfGE 21, 54, 62 f = JZ 1967, 485 m Anm *Stern/Püttner* ebd, 488; BVerfGE 33, 125, 157 = NJW 1972, 1504, 1506 mit Kritik von *Starck* (Fn 177) 1490.

185 Zum Dualismus des Aufgabenkreises der Gemeinden: vgl *Pagenkopf* Kommunalrecht, Bd 1, 2. Aufl 1975, 168ff; *Ossenbühl* (Fn 10) 385ff.

186 Dazu *Badura* (Fn 160) 561; *Maurer* (Fn 160) 189ff.

187 Vgl etwa *Maunz* (Fn 80) Art 80 Rn 52.

188 Vgl BVerfGE 1, 144, 148, wo das Gericht apodiktisch feststellt, die GeschO des Bundestags sei eine „autonome Satzung".

189 Vgl *Böckenförde* (Fn 18) 116ff; *Klaus Friedrich Arndt* Parlamentarische Geschäftsordnungsautonomie und autonomes Parlamentsrecht, 1966, 156ff; Schneider/Zeh (Hrsg), Parlamentsrecht und Parlamentspraxis, 1989; *Dreier* JZ 1990, 310ff; *Haug* Bindungsprobleme und Rechtsnatur parlamentarischer Geschäftsordnungen, 1994; *Theodossis* Gerichtskontrolle parlamentarischer Geschäftsordnungen, 1996; *Kühnreich* Das Selbstorganisationsrecht des Deutschen Bundestages unter besonderer Berücksichtigung des Hauptstadtbeschlusses, 1997, 60ff; *Schwerin* Der Deutsche Bundestag als Geschäftsordnungsgeber, 1998.

190 *Böckenförde* (Fn 18) 120.

3. Inhalt der Satzungen

a) Die Satzungsgewalt wird im Regelfall pauschal für die „eigenen Angelegenheiten“ des betreffenden Selbstverwaltungsträgers erteilt. Die Autonomie bezieht sich damit auf einen „von vornherein durch Wesen und Aufgabenstellung der Körperschaft begrenzten Bereich“.[191] Satzungen dienen danach namentlich der normativen Festlegung der Selbstorganisation einer rechtsfähigen Verwaltungseinheit und der sachgerechten Erledigung der Selbstverwaltungsaufgaben. 68

Um den potentiellen Inhalt von Satzungen zu bestimmen, muß also von den Selbstverwaltungsaufgaben der öffentlich-rechtlichen Verwaltungsträger ausgegangen werden. Beispiele aus dem Bereich der Universitäten sind Immatrikulationsordnungen, Prüfungsordnungen sowie Habilitations- und Promotionsordnungen.

b) Umstritten ist die Frage, ob und inwieweit Satzungen ohne spezielle formalgesetzliche Ermächtigung in den Rechtskreis des Bürgers, namentlich in seine Grundrechte, eingreifen können.[192] 69

Die Antwort kann nur differenzierend ausfallen. Wie schon hervorgehoben verbergen sich hinter der Entgegensetzung von staatlichem oder autonomem Recht Gemeinwohl und Partikularinteressen (Gruppeninteressen). Hüter des Gemeinwohls gegenüber Gruppeninteressen ist der staatliche Gesetzgeber. Er hat deshalb auch die grundrechtsprägenden Entscheidungen selbst zu treffen und nicht einem möglicherweise gruppenegoistischen Zunftdenken zu überlassen, welches namentlich bei Berufsverbänden nahe liegt. Deshalb hat das Bundesverfassungsgericht mit Recht unter Heranziehung der am Grundsatz der Verhältnismäßigkeit ausgerichteten Stufentheorie zu Art 12 GG im Bereich des Facharztwesens den Erlaß der statusbildenden Normen (Voraussetzungen für die Facharztanerkennung, zugelassene Fachrichtungen, Mindestdauer der Ausbildung, Anerkennungsverfahren etc) dem Gesetzgeber vorbehalten.[193] Diese Grundsätze gelten nicht nur für die berufsständische, sondern auch für die kommunale Selbstverwaltung[194] und andere Selbstverwaltungsbereiche.

Der Auffassung, Satzungen könnten schon aufgrund der generellen Verleihung von Autonomie auch in Freiheit und Eigentum der Bürger eingreifen,[195] wird man deshalb ebensowenig das Wort reden können wie der Meinung, Grundrechte seien „autonomiefest“.[196]

[191] BVerfGE 12, 319, 325; BVerfGE 33, 125, 157ff = NJW 1972, 1504, 1506.

[192] Vgl *Starck* (Fn 160) 449; *Conrad* (Fn 160) 384; *Jakob* (Fn 160) 666; *Friehe* JuS 1979, 465; *Bethge* (Fn 160) 577.

[193] BVerfGE 33, 125, 157ff = NJW 1972, 1504, 1506; dazu *Häberle* DVBl 1972, 909ff; BVerfGE 76, 171; BVerfG NJW 1988, 191 und 194 (betr Standesrichtlinien der Rechtsanwälte); dazu *Kleine-Cosack* NJW 1988, 164; *Zuck* NJW 1988, 185; *ders* EuGRZ 1987, 585.

[194] BVerwGE 90, 359 = NJW 1993, 411 (Verbot von Einwegerzeugnissen und Verpflichtung zur Rücknahme von Abfällen für den Einzelhandel als Eingriff in Art 12 Abs 1 GG, der einer Ermächtigung durch den Gesetzgeber bedarf).

[195] Vgl *Jakob* (Fn 160) 666; *Wolff/Bachof* (Fn 12) § 25 IX b).

[196] Vgl *Peters* (Fn 160) 266; *Köttgen* DVBl 1955, 445; *Maurer* (Fn 160) 188f.

4. Rechtserzeugung

70 Das Verfahren über das Zustandekommen, die Ausfertigung[197] und die Verkündung[198] von Satzungen ist regelmäßig spezialgesetzlich geregelt.[199] Häufig bedürfen Satzungen der Genehmigung der Aufsichtsbehörde.[200] Sie ist Wirksamkeitsvoraussetzung und gegenüber dem Satzungsgeber ein Verwaltungsakt.[201]

VIII. Gewohnheitsrecht[202]

71 Mit dem Gewohnheitsrecht wird eine seit langem unangefochtene Rechtsquelle angesprochen, die zu dem noch zu erörternden „Richterrecht" und zu den „allgemeinen Grundsätzen des Verwaltungsrechts" so enge Verbindungen aufweist, daß eine thematische Trennung kaum möglich erscheint. Dennoch besteht kein Anlaß, den Begriff des Gewohnheitsrechts zu einem Sammelbegriff für das gesamte, nicht gesetzte Recht auszuweiten.[203] Das Gewohnheitsrecht ist als Rechtsquelle kein spezifisch verwaltungsrechtliches Problem.[204] Vielmehr stammen die grundlegenden Werke des zivilrechtlichen Bereichs zum Gewohnheitsrecht schon aus einer Zeit, in der das Verwaltungsrecht noch nicht als selbständige Rechtsdisziplin ausgeprägt war.[205] Die Frage nach Existenz, Voraussetzungen und Anerkennung des Gewohnheitsrechts ist ein Problem jeder Rechtsordnung.

1. Die herkömmliche Lehre und Rechtsprechung

72 Nach der überkommenen, auch heute nur vereinzelt, wenngleich energisch angegriffenen Auffassung steht die Existenz von Gewohnheitsrecht außer Frage.

[197] *Ziegler* DVBl 1987, 280ff; *Wigge* NWVBl 1997, 241ff; BayVGH NVwZ 1994, 88.

[198] *Ziegler* Die Verkündung von Satzungen und Rechtsverordnungen der Gemeinden, 1976.

[199] Vgl zB für Gemeinden: §§ 7, 59 II, 77–80 GO NW.

[200] Im Kommunalrecht gilt der Grundsatz der Genehmigungsfreiheit (vgl *Schmidt-Jortzig* Kommunalrecht, 1982, 213), im Hochschulrecht ist die Genehmigungspflicht die Regel (vgl *Schneider* (Fn 32) 189).

[201] Vgl BVerfGE 10, 20, 50; BVerfG DÖV 1968, 290; OVG NW DVBl 1993, 60; OVG Lüneburg DVBl 1969, 849.

[202] Literatur: *Höhn* Gewohnheitsrecht im Verwaltungsrecht, 1960; *Forsthoff* (Fn 18) 144ff; *Gröpper* DVBl 1969, 945; *Tomuschat* Verfassungsgewohnheitsrecht?, 1972; *Friauf* in: Herzog/Kunst/Schlaid/Schneemelder, EvStL, Bd I, 3. Aufl 1987, Sp 1150ff; *Josef Esser* FS von Hippel, 1967, 95; *Hubmann* JuS 1968, 61; *Adomeit* Rechtsquellenfragen im Arbeitsrecht, 1969, 53ff; *Meyer-Cording* (Fn 104) 70ff; *Giacometti* (Fn 1) 169ff; *Kirchhof* (Fn 41) 92f; *Kortgen* Probleme des Gewohnheitsrechts, 1993.

[203] So zB *Reichel* Gesetz und Richterspruch, 1915, 102; *Wackernagel* FS Haff, 1950, 360ff; hiergegen: *Liver* in: Rechtsquellenproblem im Schweizerischen Recht, 1955, 1, 25; *Höhn* (Fn 202) 43ff; *Tomuschat* (Fn 202) 45.

[204] Vgl *Friauf* (Fn 202) Sp 874ff.

[205] Vgl *Enneccerus/Nipperdey* Allgemeiner Teil des Bürgerlichen Rechts, 15. Aufl 1959, 1. Halbbd, 261ff mwN; ferner *Nörr* FS Felgentraeger, 1969, 353ff.

a) *Rechtserzeugungsvoraussetzungen* sind: 73

- eine langdauernde und allgemeine Übung (longa consuetudo) (objektives Element);
- die Überzeugung der Beteiligten von der Rechtmäßigkeit der Übung (opinio iuris) (subjektives Element);
- die Formulierbarkeit der Übung als Rechtssatz (formales Element).[206]

Gewohnheitsrecht entsteht danach durch eine lange allgemeine Übung, die durch Rechtsüberzeugung getragen wird.[207] Es ist deshalb von den Rechtsbeteiligten und Betroffenen selbst geschaffenes Recht, Urrecht; im Gegensatz zum geplanten, gesetzten Recht (allmählich) *gewachsenes Recht.*

b) Der Geltungsraum des Gewohnheitsrechts deckt sich naturgemäß im 74 wesentlichen mit *dem* Bereich, für den geschriebenes Recht fehlt. Jedoch hat das Gewohnheitsrecht nicht nur im Verhältnis zum geschriebenen Recht ergänzende und lückenfüllende Funktion; es kann sich auch ausnahmsweise gegen Gesetze (contra legem) entwickeln und durchsetzen (consuetudo abrogatoria).[208]

Freilich hat die Zunahme und Verbreitung des kodifizierten Rechts den Entstehungsbereich für Gewohnheitsrecht zunehmend schrumpfen lassen. Indessen ist zumal für das Verwaltungsrecht typisch das Nebeneinander von minuziöser Detailregelung (im *besonderen* Verwaltungsrecht) und gesetzlichem Vakuum (im *allgemeinen* Verwaltungsrecht). Mangels einer Kodifikation des sog allgemeinen Verwaltungsrechts scheint das Gewohnheitsrecht hier als (Ersatz-)Rechtsquelle seinen ureigenen Entstehungsraum zu finden. In der Tat besteht trotz der inzwischen erlassenen Verwaltungsverfahrensgesetze ein großer Teil des allgemeinen Verwaltungsrechts, insbesondere des Staatshaftungsrechts[209] aus ungeschriebenen Regeln. Einige Grundsätze (zB Aufopferungsgrundsatz,[210] Grundsatz der freien Rücknahme rechtswidriger Verwaltungsakte,[211] Befugnis der Verwaltung, im Verhältnis hoheitlicher Überordnung sich ergebende Rechtsfolgen durch Verwaltungsakt geltend zu machen,[212] das behördliche Hausrecht)[213] sind auch ausdrücklich als Gewohnheitsrecht bezeichnet und anerkannt worden. Namentlich im Bereich der Gemeinden begegnet man örtlich beschränkten Gewohnheitsrechtssätzen (sog

[206] Vgl *Wolff/Bachof* (Fn 12) § 25 III; BVerwGE 8, 317, 321; BVerwG DVBl 1979, 116, 117.

[207] *Forsthoff* (Fn 18) 146; BSGE 24, 118, 120 = NJW 1966, 692, 693; OVG NW DÖV 1976, 677; NJW 1991, 1374, 1375.

[208] Strittig! Vgl BVerfGE 9, 213, 221; BVerwGE 8, 317, 321; BVerwG DVBl 1979, 116, 118; VGH BW DÖV 1978, 696; *Wolff/Bachof* (Fn 12) § 25 III; *Forsthoff* (Fn 18) 147; *Friauf* (Fn 202) Sp 874ff; abl für die Annahme gewohnheitsrechtlich begründeter Eingriffsermächtigungen der Verwaltung: *Jesch* (Fn 15) 115f; vgl demgegenüber BVerwGE 19, 245.

[209] Vgl *Ossenbühl* StHR, passim; *Bender* StHR, 2. Aufl, 42f und passim.

[210] ZB BGHZ 16, 374; *Forsthoff* (Fn 18) 354f; *Schack* NJW 1959, 307; *Esser* (Fn 202) 96; zu anderen Begründungen vgl *Wolff/Bachof* (Fn 12) § 61.

[211] Vgl *Ossenbühl* (Fn 34) 51ff; BVerwG DÖV 1977, 606; jetzt kodifiziert in § 48 VwVfG.

[212] BVerwG ZBR 1965, 87, 88; DÖV 1977, 606, 607.

[213] Vgl *Ronellenfitsch* VerwArch 73 (1982) 470; abl *Knemeyer* VBlBW 1982, 249, 252.

Observanzen), die sich seit altersher etwa im Wasser- und Wegerecht, aber auch im Nachbarrecht gebildet haben.[214]

75 c) Dennoch ist ein Faktum auffällig: die richterlichen Entscheidungen und die Stellungnahmen des Schrifttums, die sich auf Gewohnheitsrecht berufen und stützen, sind selten. Dies hat namentlich zwei Gründe. Einmal ist das allgemeine Verwaltungsrecht, einschließlich Staatshaftungsrecht seit Ende der fünfziger Jahre in einem raschen Wandel begriffen.

Die Kontinuität überkommener Grundsätze des Verwaltungsrechts ist angesichts der grundgesetzlichen Regelung weithin unterbrochen oder doch in Frage gestellt. Deshalb fehlt es für die Feststellung von Gewohnheitsrecht an der longa consuetudo. Die opinio iuris allein erzeugt kein *Gewohnheits*-Recht; sie ist vom Standpunkt der herkömmlichen Auffassung allenfalls Grundlage „allgemeiner Grundsätze des Verwaltungsrechts", die, von Lehre und Judikatur aufgestellt, Gewohnheitsrecht lediglich anbahnen, sich als „Gewohnheitsrecht in statu nascendi" darstellen.[215] – Ein zweiter, selten bewußt gewordener Grund, hat tiefere Ursachen. Sie liegen in der Rationalität zivilisierter Rechtsordnungen.[216] Das Argument: „Das haben wir immer so gemacht" ist in einer sog pluralistischen Gesellschaft, der die Homogenität des Rechtsempfindens weithin verloren gegangen ist, verfemt. Als Recht, auch als Gewohnheitsrecht, wird nur das anerkannt, was als vernünftig und einleuchtend begründet angesehen werden kann.[217]

2. Neuere Ansätze einer Negation des Gewohnheitsrechts

76 Mit dem zuletzt aufgenommenen Gedanken ist das Gewohnheitsrecht als Rechtsquelle im Kern berührt. Der „Selbstand" von Gewohnheitsrecht als Rechtsquelle scheitert an den (eigenen) Rechtserzeugungsvoraussetzungen. Ist es schon schwer genug, ja häufig ein Akt der Dezision der letztverbindlich Recht anwendenden Instanz, also der Gerichte, die longa consuetudo festzustellen,[218] so gilt dies um so mehr für die Rechtsüberzeugung der Beteiligten. Abgesehen davon, daß sich *allgemeine* Rechtsüberzeugungen wegen der Komplexität des Verwaltungsrechts im Volke kaum entwickeln können und auch bezeichnenderweise am Gerichts- und Verwaltungsbrauch abgelesen werden,[219] filtern letztlich die Gerichte nach eigener

[214] Vgl dazu *Gröpper* (Fn 202) 946; BVerwG DVBl 1979, 116; keine gewohnheitsrechliche Entstehung von Bebauungsplänen: BVerwGE 55, 369; OVG NW DÖV 1976, 677.

[215] Aufschlußreich jene Anekdote (vgl *Rümelin* Die bindende Kraft des Gewohnheitsrechts, 1929, 14), nach der ein alter schwäbischer Richter, der einen Referendar auf ein angebliches Gewohnheitsrecht hinwies, auf dessen Einwand, ein solches lasse sich aus der bisherigen Rspr nicht nachweisen, bemerkte: „Wisse Se, so a Gewohnheitsrecht muß au amol anfange".

[216] Dazu *Meyer-Cording* (Fn 104) 70ff.

[217] *Meyer-Cording* (Fn 104) 73.

[218] Vgl zB BVerwGE 22, 299, 300 = DVBl 1966, 567, mit der im Jahre 1965 getroffenen Feststellung, seit Inkrafttreten des Grundgesetzes könne sich „schwerlich" bereits ein neues Gewohnheitsrecht gebildet haben.

[219] Vgl *Ossenbühl* (Fn 34) 52; *Höhn* (Fn 202) 55f; *Esser* (Fn 202) 125; BSGE 24, 118, 120f = NJW 1966, 692, 693f.

Wertung jene Verhaltensweisen und Übungen heraus, denen sie das Prädikat „Gewohnheitsrecht“ zusprechen. – Da jedoch dieses einmal festgestellte Gewohnheitsrecht allgemeinverbindliche, dh prinzipiell auch den Richter bindende Kraft hat, ist es zumal in der Judikatur beliebter, (lediglich) von allgemeinen Grundsätzen des Verwaltungsrechts auszugehen.[220]

In einiger Überspitzung wird aus dieser Sicht das Resultat unausweichlich: „Das Gewohnheitsrecht ist nichts anderes als Richterrecht“.[221] Denn realistisch betrachtet, gewinnt Gewohnheitsrecht seine praktische Relevanz erst durch „richterliche Anerkennung“.[222] – Ob man freilich aus diesem Faktum den weitgehenden Schluß einer Negation des Gewohnheitsrechts ziehen darf, erscheint zumindest fraglich.[223] Konsequenterweise würde dies zur Inthronisierung eines totalen Richterrechts führen. Denn letztlich hängt auch die (reale) Geltung von gesetzten Normen weitgehend davon ab, daß und vor allem wie die Gerichte diese auslegen.

IX. Richterrecht[224]

Damit ist die Brücke zu einem der umstrittensten Phänomene der Rechtsquellenlehre geschlagen: dem Richterrecht. Ebenso wie beim Gewohnheitsrecht liegt auch dem Problem des Richterrechts keine spezifisch verwaltungsrechtliche Frage- **77**

[220] Gewohnheitsrecht steht der richterlichen Rechtsfortbildung allerdings offen; vgl BGH VerwRspr 10, 522 (betr Aufopferungsanspruch); BVerfGE 15, 226, 233.

[221] So *Meyer-Cording* (Fn 104) 70.

[222] *Adomeit* (Fn 202) 56; *Esser* (Fn 202) bes S 124ff; *Ryffel* Grundprobleme der Rechts- und Staatsphilosophie, 1969, 429; w Nachw bei *Tomuschat* (Fn 165) 55 Fn 49; ferner schon *Rüthers* Die unbegrenzte Auslegung, 1968, 469 unter Hinw auf *Max Weber* Rechtssoziologie, 1960, 464. Bemerkenswert BGHZ 34, 64, 69 = NJW 1961, 313, 315: „Die zur Bildung eines Gewohnheitsrechts erforderliche gemeinsame Rechtsüberzeugung entfällt nämlich schon deswegen, weil es an einer bestätigenden Rechtsprechung fehlt.“ Abgewogen und iSd herkommlichen Theorie zutr dagegen BGH VerwRspr 10, 522, 523f.

[223] Vgl auch *Tomuschat* (Fn 202) 55.

[224] Literatur: *Zippelius* NJW 1964, 1981; *Hans Peter Schneider* Richterrecht, Gesetzesrecht und Verfassungsrecht, 1969; *Germann* Probleme und Methoden der Rechtsfindung, 2. Aufl 1967, 227ff; *Rüthers* (Fn 222) 457ff; *Baring* in: JJb, Bd 6 (1965/66) 27ff; *Kruse* Das Richterrecht als Rechtsquelle des innerstaatlichen Rechts, 1971; *J. Esser* Grundsatz und Norm in der richterlichen Fortbildung des Privatrechts, 3. Aufl 1974; *ders* (Fn 202) 95ff; *Ossenbühl* AöR 92 (1968) 478; *Kriele* Theorie der Rechtsgewinnung, 2. Aufl 1976, 243; *Fischer* Die Weiterbildung des Rechts durch die Rechtsprechung, 1971; *Tomuschat* (Fn 202) 51ff; *Meyer-Cording* (Fn 104) 60ff; *Redeker* NJW 1972, 409; *Scholz* DB 1972, 3ff, 7ff; *Badura* Grenzen und Möglichkeiten des Richterrechts, 1973; *Stahl* Die Bindung der Staatsgewalten an die höchstrichterliche Rechtsprechung, 1973; *Dreier* FS H.J. Wolff, 1973, 3ff; *Jörn Ipsen* Richterrecht und Verfassung, 1975; *Roellecke/Starck* VVDStRL 34 (1976) 7ff, 43ff; *Coing* JuS 1975, 277ff; *Heusinger* Rechtsfindung und Rechtsfortbildung im Spiegel richterlicher Erfahrung, 1975; *Gerhard Müller* AuR 1977, 129; *Wank* Grenzen richterlicher Rechtsfortbildung, 1978; Roellecke (Hrsg), Zur Problematik der höchstrichterlichen Entscheidung, Wissenschaftliche Buch-

stellung zugrunde. Vielmehr handelt es sich, ohne Übertreibung gesprochen, um ein *existentielles* Problem der gesamten Rechtsordnung, genauer gesagt: der Rechtswissenschaft.[225]

1. Das Problem

78 Die Problematik des Richterrechts resultiert aus der inzwischen Allgemeingut gewordenen Erkenntnis, daß jede von Menschen stammende Gesetzesordnung unvollständig ist und daß auch sorgfältig durchdachte und abgewogene Kodifikationen für einzelne Bereiche der Rechtsordnung ebenso viele Lücken und Probleme enthalten wie legislative Entscheidungen. Dieses Faktum steht mit dem verfassungsrechtlich begründeten Postulat strikter Gesetzesunterworfenheit des Richters in unversöhnlichem Widerspruch. Die überkommene Lehre versucht den Widerspruch dadurch aufzuheben, daß sie das richterliche Urteil als einen Akt der *Erkenntnis* wertet, der nach den anerkannten Regeln juristischer Interpretation abläuft und die verborgene, aber im Gesetz vorgedachte *eine* richtige Entscheidung für den Einzelfall erschließt.[226] Es ist einleuchtend, daß die Diskussion um das Richterrecht von hier aus einerseits in den breiten Strom der Erörterungen um die Methodik der rechtswissenschaftlichen Erkenntnis und der Wissenschaftlichkeit der Jurisprudenz schlechthin einmündet,[227] andererseits mit grundlegenden Problemen der Verfassungsstruktur (Gewaltenteilung, Funktionenlehre) verknüpft ist.[228] Es geht etwa um folgende Fragen: Ist richterliche Tätigkeit, also Rechtsanwendung, durchweg ein rational begründbarer Vorgang mit intersubjektiv verifizierbaren Resultaten oder enthält sie auch volitive Elemente, Bestandteile einer eigenbestimmten Rechtsetzung? Wenn solche richterliche Rechtsetzung bejaht wird, wie ist sie dann verfassungsrechtlich gegenüber der gesetzgebenden Aufgabe des Parlaments zu legitimieren,[229] wie ist ihr Verhältnis zur grundgesetzlich instituierten Legislative, wo liegen die *Grenzen* eines solchen Richterrechts?[230]

gesellschaft Darmstadt, 1982; *Bydlinsky* JZ 1985, 149; *Mayer-Maly* JZ 1986, 557; *Paul Kirchhof* NJW 1986, 2275; FS der Juristischen Fakultät der Universität Heidelberg: Richterliche Rechtsfortbildung, 1986; *Friedrich Müller* „Richterrecht", 1986; *Ossenbühl* Richterrecht im demokratischen Rechtsstaat, 1988; *Söllner* ZG 1995, 1ff; *Hillgruber* JZ 1996, 118ff.

[225] Vgl dazu *Larenz* Methodenlehre der Rechtswissenschaft, 6. Aufl 1991, 6; *Stern* NJW 1958, 695.

[226] *Bülow* Gesetz und Richteramt, 1885 (Neudruck 1972) 29; *Heck* Das Problem der Rechtsgewinnung, 2. Aufl 1932, 1; *Rümelin* Werturteile und Willensentscheidungen, Tübinger Kanzlerrede 1891.

[227] Vgl bes: *Rüthers* (Fn 222); *Schneider* (Fn 224) 24ff.

[228] Vgl *Schneider* (Fn 224) 30ff; *Kruse* (Fn 224) 12ff.

[229] Vgl *Fischer* (Fn 224) 6; *Redeker* (Fn 224) 409.

[230] *Schneider* (Fn 224) 30ff; *Redeker* (Fn 224) 409; *Säcker* Grundprobleme der kollektiven Koalitionsfreiheit, 1969, 123.

2. Auffassungen in Lehre und Rechtsprechung

a) Die Existenz und Legitimität von Richterrecht ist in der höchstrichterlichen Rechtsprechung nie in Zweifel gezogen worden;[231] im Gegenteil: nach dem Selbstverständnis der deutschen höchstrichterlichen Rechtsprechung liegt „die Aufstellung allgemeiner Rechtsgrundsätze in der Natur der Tätigkeit der höheren Gerichte".[232] – Noch entschiedener und klarer heißt es im Jahresbericht 1966 für den Bundesgerichtshof: „*Darüber* ist jedenfalls unter Juristen kein Zweifel möglich, daß in allen übersehbaren Zeiträumen das verwirklichte Recht eine Mischung von Gesetzesrecht und Richterrecht gewesen ist und daß dasjenige Recht, das sich in den Erkenntnissen der Gerichte verwirklicht hat, sich niemals in allem mit demjenigen Recht gedeckt hat, das der Gesetzgeber gesetzt hatte".[233] – Zu bemerken ist schließlich, daß das Bundesverfassungsgericht im Gleichberechtigungsurteil dem Richter die Schließung einer Gesetzeslücke in „schöpferischer Rechtsfindung" aufgetragen hat mit dem Hinweis, solche schöpferische Füllung weiter Lücken auf der Grundlage einer richtungsweisenden Klausel (hier Art 3 Abs 2 GG) sei „eine herkömmliche und stets bewältigte richterliche Aufgabe".[234] Diese Feststellung wird durch die einschlägigen Prozeßordnungen bestätigt, die den Gerichten die „Rechtsfortbildung" zur Aufgabe machen (zB § 11 Abs 4 VwGO, § 137 GVG). 79

Damit ist zugleich angedeutet, in welchem Raum des Verwaltungsrechts sich Richterrecht entfalten kann. Einmal in jenen Bereichen, in denen (einfach-)gesetzliche Bestimmungen fehlen, zum andern aber auch und namentlich dort, wo der Gesetzgeber sich mit der Aufstellung von Generalklauseln und der Verwendung unbestimmter Rechtsbegriffe begnügt und sachnotwendig begnügen muß.[235] So ist beispielsweise die polizeiliche Generalklausel durch eine jahrzehntelange Rechtsprechung in einer Weise konkretisiert worden, daß ihre Anwendung heute keine nennenswerten Schwierigkeiten mehr bereitet.[236] Aufschlußreich und paradigmatisch ist auch die Rechtsprechung des Bundesverwaltungsgerichts zur Auslegung des Begriffs „Eignung zur sittlichen Jugendgefährdung".[237] Sie legt Zeugnis davon ab, daß der Umfang des Jugendschutzes und der ihm korrespondierenden Verlegerfreiheit weitgehend von der konkretisierenden Auslegung bestimmt werden, die der Richter bei einem unbestimmten Rechtsbegriff vornimmt (zB gefährdungsgeneigter Jugendlicher oder Durchschnittsjugendlicher usw).[238] 80

Die ständige Konfrontation der richterlichen Praxis mit ergänzungsbedürftigen Gesetzen und völligen Rechtslücken hat auf diese Weise das Selbstverständnis der

[231] Vgl zB BVerfGE 13, 318, 328; 18, 224, 237; 26, 327, 337; 34, 269, 287ff (Soraya-Beschluß); 65, 182, 190 (Sozialplanabfindung); BAGE 23, 292, 319f („gesetzesvertretendes Richterrecht" im Arbeitskampf); BVerwG MDR 1968, 348; ferner *Schneider* (Fn 224); *Fischer* (Fn 224) und *Rüthers* (Fn 222) 466ff mN.

[232] BVerfGE 26, 327, 337.

[233] NJW 1967, 816.

[234] BVerfGE 3, 225, 243. Weitere Bsp ähnl Art bei *Fischer* (Fn 224).

[235] Dazu namentlich *Kruse* (Fn 224) 7.

[236] Vgl *Drews/Wacke/Vogel/Martens* (Fn 134) 219ff.

[237] BVerwGE 39, 197 = DÖV 1972, 419 = NJW 1972, 596 m Anm *Müller* ebd, 1587.

[238] Dazu *Ossenbühl* DÖV 1972, 401, 403.

Judikatur geprägt. Richterrecht ist ihr zwar problematisch,[239] aber vertraut, auch wenn es nicht immer unter dieser Bezeichnung in Erscheinung tritt[240] oder gar die Gleichung: richterliche Rechtsschöpfung = Rechtsetzung apodiktisch verneint wird.[241]

81 b) In der *Rechtslehre* sind die Vorbehalte gegen die Anerkennung von Richterrecht stärker verbreitet,[242] aber zunehmend im Abbau begriffen.[243] Es geht im Grunde nicht mehr um das Ob, sondern um das *Maß* und die *Grenzen* des Richterrechts.

Man kann sich dem Problem des Richterrechts von verschiedenen Ansatzpunkten her nähern. Wer vom verfassungsdogmatischen Standpunkt ausgeht, wird es unter dem Aspekt der Gewaltenteilung und der Rechtsunterworfenheit des Richters schwerer haben, zur Anerkennung des Richterrechts zu gelangen. Demgegenüber setzt sich in neuerer Zeit immer mehr eine realistische Betrachtungsweise durch, die von dem Faktum ausgeht, daß sich das geltende Recht niemals nur aus dem Gesetz erschließen läßt, sondern stets die Rechtsprechung hinzugenommen werden muß,[244] ja, daß vielfach das genaue Studium der Judikatur wichtiger ist als Gesetzeskenntnis. Von hier aus wird versucht, das Richterrecht in die Rechtsquellentheorie einzubauen. Diesem Anliegen ist zuzustimmen. Denn eine Theorie, die eine breite und die Rechtsordnung beherrschende Wirklichkeit wie die des Richterrechts ignoriert oder nicht verarbeiten kann, ist unglaubwürdig und wertlos.[245]

3. Lösungsansätze

82 Wenn im folgenden von *Verbindlichkeit von Richterrecht* die Rede ist, so sind jene verfassungsgerichtlichen Entscheidungen ausgeklammert, denen kraft einfachgesetzlicher Anordnung ohnehin Gesetzeskraft zukommt.[246]

83 a) Daß man dem Richterrecht die Eigenschaft einer Rechtsquelle abgesprochen hat und auch heute noch ausdrücklich oder stillschweigend abspricht, hat nicht zuletzt seinen Grund darin, daß das richterliche Urteil nicht dieselbe Verbindlichkeit aufweist wie die „klassischen“ Rechtsquellen (zB Gesetze und Rechtsverord-

239 Dazu *Fischer* (Fn 224) 25, 38; BGHZ 54, 332, 337 = NJW 1971, 32 (Ampelunfall); 55, 229, 232 = NJW 1971, 607 (Wasserrohrbruch).

240 Meist ist lediglich die Rede von „allgemeinen Grundsätzen des Verwaltungsrechts“ (dazu sub Rn 87ff) o ä.

241 ZB BVerfGE 18, 224, 238.

242 Vgl *Hirsch* JR 1966, 334; *Flume* Richter und Recht, 1967; *Giacometti* (Fn 1) 176ff; *Friedrich Müller* (Fn 224); abwägend *Scholz* (Fn 224) 3ff, 7ff.

243 Vgl namentlich *Dahm* Deutsches Recht, 1963, 35; *Kruse* (Fn 224); *Meyer-Cording* (Fn 104) 66ff; *Kriele* (Fn 224) 243ff; *Fischer* (Fn 224); *Schneider* (Fn 224); *Esser* (Fn 202); *Säcker* (Fn 230) 95ff; *Germann* (Fn 224); *Redeker* (Fn 224) 411; *Rüthers* (Fn 222) 471f, alle mwN.

244 Vgl eindrucksvoll *Rüthers* (Fn 222); ferner *Kriele* (Fn 224) 243ff; *Kruse* (Fn 224) 4; *Esser* (Fn 202) 118f; *Fischer* (Fn 224).

245 Vgl auch *Fischer* (Fn 224) 7, 10f; *Kruse* (Fn 224) 20.

246 ZB § 31 Abs 2 BVerfGG.

nungen). Der schwächere Grad der Verbindlichkeit des Richterrechts rechtfertigt es jedoch nicht, ihm das Prädikat einer Rechtsquelle vorzuenthalten.[247]

Der häufig zu hörende Einwand, das richterliche Urteil erzeuge nur Wirkungen und Bindungen zwischen den Prozeßparteien (inter partes), gilt wohl für die Entscheidung des konkreten Rechtsstreits als solchem, nicht aber für den im Urteil zum Ausdruck kommenden, vom Richter aufgestellten Rechtsgrundsatz, der sich über den Einzelfall erhebt und als Entscheidungsmaßstab für *künftige* Streitfälle sowohl die Judikatur als auch die übrige Praxis formt und bestimmt.[248] Freilich besteht keine im echten Sinne normative und deshalb prinzipiell unüberwindliche Bindung an Präjudizien; weder für die Verwaltung noch für den Bürger und ebenso nicht für den Richter selbst. Aber der Richter kann in Zukunft nicht ohne weiteres an den Vorentscheidungen vorbeijudizieren; er wird und muß sich mit ihnen auseinandersetzen. Es entsteht eine Argumentationslast, die man mit *Kriele* als „präsumtive Verbindlichkeit" (Vermutung zugunsten des Präjudizes) bezeichnen kann.[249] Die höchstrichterliche Rechtsprechung hat deshalb eine über den entschiedenen Einzelfall hinausgehende Bedeutung. Dem entspricht die Pflicht zur Veröffentlichung solcher Entscheidungen.[250] Die Beachtung von Präjudizien bedeutet nicht Erziehung zur unkritischen Autoritätsgläubigkeit, zur Unwissenschaftlichkeit, sondern zur Bewahrung einer gewissen Kontinuität der Rechtsordnung, deren Eigenwert häufig und teilweise aus einer modischen Denkweise heraus allzu leicht verkannt wird.

b) Die vorstehenden Ergebnisse lassen sich auch aus dem Blickwinkel der rechts- **84**
anwendenden Verwaltungsbehörden bestätigen. Die Verwaltung ist zwar bei der Auslegung von Gesetzen prinzipiell nicht an die Judikatur gebunden. Sie kann sich in Ausnahmefällen sogar *gegen* eine ständige höchstrichterliche Rechtsprechung entscheiden.[251] Doch obliegt ihr die Argumentationslast und Begründungspflicht. – Freilich ist die Negation der höchstrichterlichen Rechtsprechung durch die Verwaltung kein vordringliches praktisches Problem. Denn in der täglichen Praxis ist die Verwaltung im Regelfall für jede klärende richterliche Grundsatzentscheidung dankbar, weil sie einen Zustand der Rechtsungewißheit beendet, klare Bahn schafft. Vielfach wird die Rechtsprechung im rechtsanwendenden Bereich „zu der eigentlich entscheidenden Erkenntnisquelle für das Handeln der Verwaltung".[252] Doch gibt es auch viel beachtete und kritisierte Fälle einer hoheitlich angeordneten Nichtbeachtung höchstrichterlicher Urteile, namentlich im Steuerrecht.[253] Davon

[247] Insoweit stellt *Rüthers* (Fn 222) 472 mit Recht fest, daß es sich bei dem Streit um die Rechtsquellennatur des Richterrechts in erheblichem Maße um „Konstruktions- und Formulierungskontroversen" handelt.

[248] Vgl *Dahm* (Fn 243) 35 („Kristallisationspunkte für die zukünftige Praxis"); *Fischer* (Fn 224) 24f unter Hinw auf das Phänomen des sog Musterprozesses; *Meyer-Hentschel* DÖV 1978, 596ff.

[249] *Kriele* (Fn 224) 243ff.

[250] Vgl BVerwG NJW 1997, 2694; *Huff* NJW 1997, 2651ff.

[251] Näheres bei *Ossenbühl* (Fn 224) 478ff.

[252] *Fischer* (Fn 224) 23.

[253] Vgl *Ossenbühl* (Fn 224) 478ff; *Felix* StuW 1979, 65ff; *W. Leisner* Die allgemeine Bindung der Finanzverwaltung an die Rechtsprechung, 1980; *Mertens* (Fn 84) 190ff.

abgesehen gehen von der höchstrichterlichen Rechtsprechung aber auch konkret faßbare rechtliche Bindungseffekte für die Verwaltung aus. Denn – abermals aufgrund höchstrichterlicher Rechtsprechung (diesmal des RG und BGH) – ist allgemein anerkannt, daß ein Bediensteter der öffentlichen Verwaltung, der ohne neue und gewichtige Gründe von der höchstrichterlichen Rechtsprechung abweicht, sich einer Amtspflichtverletzung schuldig macht, die zu entsprechenden Schadensersatzansprüchen des betroffenen Bürgers gegen die Anstellungskörperschaft (zB Bund, Land, Gemeinden usw) führt.[254] Die präsumtive Verbindlichkeit des höchstrichterlichen Präjudizes erfaßt also auch die administrative Rechtsanwendung. Sie löst eine auf Argumentationslast abgeschwächte Bindung der Verwaltung aus, die mit Hilfe des Amtshaftungsanspruchs indirekt sanktioniert wird.

85 c) Schließlich ist zu bemerken, daß die höchstrichterliche Rechtsprechung das von ihr geschaffene Richterrecht auch in bestimmten Beziehungen wie Gesetzesrecht im herkömmlichen Sinne behandelt. So hat das Bundesverwaltungsgericht unter Zustimmung des Schrifttums[255] auch jene „allgemeinen Grundsätze des Verwaltungsrechts", die sich bei näherem Zusehen als Richterrecht erweisen, als revisibles *Bundesrecht* iSd § 137 VwGO qualifiziert.[256] Ferner sieht das Bundessozialgericht eben diese „allgemeinen Grundsätze des Verwaltungsrechts" als „Gesetze" iSd § 77 SGG an,[257] weil sie „nach ständiger Rechtsprechung wie geschriebene Normen angewendet werden".[258]

86 d) Zieht man ein Resümee, so läßt sich feststellen, daß nur derjenige dem Richterrecht die Qualität einer Rechtsquelle absprechen kann, der den Rechtsquellenbegriff ebenso wie den Rechtssatzbegriff lediglich auf die *herkömmlich* anerkannten Rechtsquellen bezieht, ihn also historisch-konventionell einengt.[259] Eine zeitgemäße, die Rechtswirklichkeit einbeziehende Rechtsquellentheorie kann sich diese Fixierung auf das Begriffsarsenal des 19. Jahrhunderts auf die Dauer nicht weiter leisten. Versteht man, wie dargetan, die Rechtsquelle als „Erkenntnisgrund für etwas als geltendes Recht", so ist auch das Richterrecht als Rechtsquelle anzusehen.[260]

[254] Vgl *Ossenbühl* (Fn 224) 486; *ders* StHR, 44 ff mN.

[255] *Kopp* VwGO, § 137 Rn 7; *Hardt* Zur Rechtsnatur der allgemeinen Grundsätze des Verwaltungsrechts, Diss Würzburg, 1969, 110 ff; *Schleifenbaum* Die allgemeinen Grundsätze des Verwaltungsrechts als revisibles Bundesrecht, Diss München, 1966.

[256] BVerwG DÖV 1971, 857 m Anm *Bachof* ebd, 859, 860 (Betrifft: Folgenbeseitigungsanspruch); BVerwG DVBl 1973, 373, 374.

[257] § 77 SGG lautet: „Wird der gegen einen Verwaltungsakt gegebene Rechtsbehelf nicht oder erfolglos eingelegt, so ist der Verwaltungsakt für die Beteiligten in der Sache bindend, soweit durch Gesetz nichts anderes bestimmt ist."

[258] BSG DVBl 1963, 249; vgl auch BVerwG DÖV 1961, 382.

[259] Vgl o § 5 Rn 8.

[260] Vgl auch *Menger* FS Bogs, 1967, 89, 90, 92.

X. Die allgemeinen Grundsätze des Verwaltungsrechts[261]

1. Begriff

Eine Darstellung der allgemeinen Grundsätze des Verwaltungsrechts ist dadurch erheblich erschwert, daß sich noch keine einheitliche Terminologie durchgesetzt hat, vielmehr fast jeder Autor eigene Begriffsvorstellungen zugrunde legt.[262] Die bestehende Verwirrung wird nicht unbeträchtlich verstärkt, indem auch die *Rechtsnatur* der allgemeinen Grundsätze des Verwaltungsrechts in die *Begriffsbildung* einbezogen wird.[263] Unbestritten ist im Grunde nur die banale Feststellung, daß die *allgemeinen* Grundsätze des Verwaltungsrechts prinzipiell für *alle* Gebiete des Verwaltungsrechts gelten und nicht auf Sondermaterien beschränkt sind. – Im übrigen empfiehlt es sich, zur Erfassung des Phänomens der allgemeinen Grundsätze des Verwaltungsrechts induktiv vorzugehen. **87**

2. Beispiele

Auf der Suche nach Grundsätzen, die unter den Terminus „allgemeine Grundsätze des Verwaltungsrechts" rubriziert werden, stößt man beispielsweise auf folgende Regeln: **88**

a) dic Grundsätze über Bestand, Widerruf und Rücknahme von Verwaltungsakten;[264]
b) die Grundsätze über die Nichtigkeit von Verwaltungsakten;[265]
c) die Grundsätze über die Verwirkung im öffentlichen Recht;[266]
d) die Grundsätze über die Selbstbindung der Verwaltung;[267]
e) die Grundsätze der Erforderlichkeit und Verhältnismäßigkeit;[268]
f) die Grundsätze über das Verwaltungsverfahren (zB rechtliches Gehör, Ver-

[261] Literatur: *Baring* (Fn 224) 27; *Hardt* (Fn 255); *ders* DÖV 1971, 685; *ders* DVBl 1973, 235; *Menger* (Fn 260) 89; *Schleifenbaum* (Fn. 255); *ders* DVBl 1969, 350; *Höhn* (Fn 202) 56; *Tomuschat* (Fn 202) 46ff; *Giacometti* (Fn 1) 283ff; *Rengeling* Rechtsgrundsätze beim Verwaltungsvollzug des Europäischen Gemeinschaftsrechts, 1977, 90ff; *Alexy* in: Rechtstheorie, Beiheft 1, 1979, 59ff; *ders* in: RSP, Beiheft 25, 1985, 13ff; *ders* Theorie der Grundrechte, 1986, 71ff; *Penski* JZ 1989, 105ff; *Weyreuther* DÖV 1989, 321ff.

[262] Vgl *Schleifenbaum* (Fn 255) 71ff; *ders* (Fn 255) 351; *Weyreuther* (Fn 261) 321ff; *Penski* (Fn 261) 105ff.

[263] ZB Gleichsetzung der „allgemeinen Grundsätze" mit Gewohnheitsrecht oder Richterrecht.

[264] Dazu *Kimminich* JuS 1965, 249; *Becker* DÖV 1967, 729; *ders* DÖV 1973, 379; BVerwG DVBl 1973, 373, 374; normiert in den §§ 48, 49 VwVfG.

[265] *Erbel* Die Unmöglichkeit von Verwaltungsakten, 1972; jetzt § 44 VwVfG.

[266] BVerwGE 6, 204, 205.

[267] Vgl *Ossenbühl* AöR 92 (1967), 1, 13ff; BVerwGE 34, 278, 280.

[268] Grundlegend: *Lerche* Übermaß und Verfassungsrecht, 1961; ferner: *Wittig* (Fn 8) 817; BVerwG DÖV 1971, 857, 858; *Hans Huber* Ztschr f Schweiz Recht 96 (1977) 1ff; *Hirschberg* (Fn 8); *Jakobs* (Fn 8) 97; *Dechsling* (Fn 8); *Stern* FS Lerche, 165; *Ossenbühl* ebd, 151ff; *ders* (Fn 8) 617ff.

bot der Entscheidung in eigener Sache, Interessenkollision und Befangenheit);[269]

g) die Grundsätze über die öffentlich-rechtliche Entschädigung;[270]

h) die Grundsätze über den öffentlich-rechtlichen Erstattungsanspruch[271] und Folgenbeseitigungsanspruch;[272]

i) der Grundsatz des Vertrauensschutzes.[273]

Dies sind nur einige Beispiele. Die vorstehende Aufzählung ließe sich erheblich erweitern.[274]

3. Rechtsnatur

89 Geht man den Ursprüngen, der Entstehungsweise und der Bedeutung der hier gemeinten „allgemeinen Grundsätze" nach, so sind zunächst zwei Feststellungen bemerkenswert. *Erstens* können diese Grundsätze auf ein unterschiedliches Alter verweisen; einige sind über hundert, andere erst wenige Jahre alt. *Zweitens:* alle sog „allgemeinen Grundsätze des Verwaltungsrechts" werden ohne Rücksicht auf Alter und Herkunft „nach ständiger Rechtsprechung wie geschriebene Normen angewendet".[275]

Dies ist zunächst der empirische Befund. Stellt man die Frage nach der Rechtsnatur, so zeigt sich, daß die „allgemeinen Grundsätze des Verwaltungsrechts" in Wahrheit keine eigene neue Rechtsquellenkategorie darstellen, sondern als Sammelbegriff für verschiedene – meist ungeschriebene – Rechtsnormen dienen, die sich bei näherem Zusehen als Gewohnheitsrecht oder – häufiger – als Richterrecht, zuweilen auch als Gesetzesrecht erweisen, also in den bereits dargestellten Kategorien von Rechtsquellen aufgehen.[276]

90 a) So findet beispielsweise der Grundsatz der Verhältnismäßigkeit seinen *positivrechtlichen Ausdruck* in den Polizeigesetzen der Länder.[277] Im Polizeirecht als einer der Materien des „klassischen" Verwaltungsrechts ist dieser Grundsatz auch ursprünglich entwickelt, aber sein Anwendungsbereich inzwischen auf das gesamte Verwaltungsrecht ausgedehnt worden. Überdies wird diesem Grundsatz heute sogar verfassungsrechtlicher Rang zugesprochen.[278]

[269] Jetzt kodifiziert im Verwaltungsverfahrensgesetz.

[270] Dazu *Bender* (Fn 210).

[271] Vgl *Ossenbühl* StHR, 333 ff; BVerwGE 18, 308, 314; 20, 295, 297.

[272] *Ossenbühl* (Fn 271) 240 ff; *Schoch* VerwArch 79 (1988) 1 ff.

[273] Vgl *Ossenbühl* DÖV 1972, 25 ff; *Kisker/Püttner* VVDStRL 32 (1974) 149 ff, 200 ff; *Weber-Dürler* Vertrauensschutz im öffentlichen Recht, 1983; *Pieroth* JZ 1984, 971 ff; § 48 Abs 2 VwVfG.

[274] Vgl die umfangreiche Aufzählung bei *Weyreuther* (Fn 261) 321 ff.

[275] So BSGE 18, 22 = DÖV 1963, 182; BSG DVBl 1963, 249.

[276] Vgl auch BVerwG DÖV 1971, 857 m Anm *Bachof* ebd, 859, 860.

[277] Nachw bei *Götz* (Fn 61) § 12.

[278] Dazu *Wittig* (Fn 268) 817; *Gentz* (Fn 8) 1600; *Grabitz* (Fn 8) 568 ff; *Götz* in: Bundesverfassungsgericht und Grundgesetz, 1976, Bd II, 421 ff; *Hirschberg* (Fn 8); *Ossenbühl* FS Lerche, 1993, 151 ff, 154; *Stern* (Fn 268) 165 ff.

b) Eine Reihe von „allgemeinen Grundsätzen des Verwaltungsrechts“ stellt sich als *Gewohnheitsrecht* dar. Dies gilt beispielsweise für den Grundsatz der freien Rücknahme rechtswidriger, belastender Verwaltungsakte[279] (jetzt in § 48 Abs 1 Satz 1 VwVfG kodifiziert) oder die Grundsätze über die öffentlich-rechtliche Entschädigung bei Aufopferung für das Gemeinwohl.[280] 91

c) Die weitaus überwiegende Zahl der „allgemeinen Grundsätze des Verwaltungsrechts“ hat jedoch die Qualität von Richterrecht.[281] Diese Feststellung ist daraus zu erklären, daß einerseits ein „allgemeines Verwaltungsgesetz“, welches die allgemeinen Grundsätze des Verwaltungsrechts normiert, fehlt, andererseits der Rückgriff auf gewohnheitsrechtliche Prinzipien weitestgehend versagt, weil sich das Verwaltungsrecht seit Inkrafttreten des Grundgesetzes in einem Umbruch befindet. Dieser Umbruch, dh die Anpassung der allgemeinen Grundsätze des Verwaltungsrechts an die Verfassungsprinzipien des Grundgesetzes, vollzieht sich vorerst durch die Rechtsprechung in Form des Richterrechts, um sich nach praktischer Bewährung und Übung entweder zu Gewohnheitsrecht zu verfestigen oder, wie etwa in den Verwaltungsverfahrensgesetzen des Bundes und der Länder, in förmlichen Gesetzen eine festere normative Gestalt anzunehmen. 92

Die vorerst als Richterrecht ausgeprägten allgemeinen Grundsätze des Verwaltungsrechts lassen sich nach ihrer Herkunft wie folgt differenzieren.

aa) Zum großen Teil sind diese Grundsätze *Konkretisierungen aus fundamentalen Verfassungsprinzipien.*[282] So ist beispielsweise auf der Grundlage der Konkretisierungskette: Rechtsstaatsgebot – Rechtssicherheit – Vertrauensschutz des Bürgers ein Fundus von Entscheidungsregeln für die Rücknahme fehlerhafter begünstigender Verwaltungsakte entwickelt worden, der sich bewährt hat und sodann in § 48 II–IV VwVfG kodifiziert worden ist. 93

Die Ableitung von Grundsätzen aus Verfassungsprinzipien ist erst nach dem Inkrafttreten des Grundgesetzes in Mode gekommen und durch die Vorstellung vom „Verwaltungsrecht als konkretisiertem Verfassungsrecht“ beflügelt worden. Sie ist heute die gängigste, wenngleich schwierigste Methode der Rechtsfindung und Rechtsschöpfung im öffentlichen Recht.[283]

bb) In den Hintergrund geraten ist auf diese Weise eine andere Methode, derer sich namentlich das Reichsgericht bediente,[284] die aber auch heute in der Rechtsprechung[285] noch eine nicht unerhebliche Rolle spielt: die Analogie. Problematisch ist im Verwaltungsrecht namentlich die Frage der Zulässigkeit von Analogien 94

279 Vgl *Ossenbühl* (Fn 34) 51; BVerwG DÖV 1977, 606.
280 Vgl die Nachw in Fn 270.
281 Vgl *Bachof* Rspr BVerwG II Nr 290.
282 Vgl *Bachof* (Fn 281); *Stern* JZ 1962, 263, 268; *Göldner* Verfassungsprinzip und Privatrechtsnorm in der verfassungskonformen Auslegung und Rechtsfortbildung, 1969, 26ff; *Giacometti* (Fn 1) 180, 283ff.
283 Vgl vorige Fn.
284 Dazu *Schack* FS Laun, 1948, 275.
285 Vgl BGHZ 58, 386, 392ff = DVBl 1972, 672, 673 = NJW 1972, 1364 (Anwendung von § 313 BGB auf Erschließungsverträge nach § 123 Abs 3 BBauG aE, jetzt § 124 Abs 1 BauGB).

zu *zivilrechtlichen* Vorschriften.[286] Sie wird zum Teil wegen der Strukturunterschiede zwischen dem öffentlichen Recht und dem Privatrecht prinzipiell verneint, aber überwiegend, wenn auch mit Vorbehalten, bejaht.

Bei der Verwendung zivilrechtlicher Rechtsvorschriften im öffentlichen Recht zeigen sich zwei Spielarten, die allerdings häufig ineinanderfließen.[287] Einmal kann nach den Grundsätzen der Analogie eine Vorschrift des bürgerlichen Rechts im öffentlichen Recht deshalb Verwendung finden, weil der dieser Vorschrift zugrunde liegende Rechtsgedanke auch hier gilt und die Privatrechtsnorm sich deshalb zur Lösung anbietet.[288] Zum andern kann die zivilrechtliche Norm Ausdruck eines *allgemeinen Rechtsgedankens* sein, der als solcher auch im öffentlichen Recht *unmittelbare* Geltung hat.[289]

In der Rechtsprechung werden die „allgemeinen Grundsätze des Verwaltungsrechts" in der Regel als „Gewohnheitsrecht in statu nascendi" gedeutet, als Grundsätze, die der Rechtsüberzeugung der Beteiligten entsprechen, die aber (noch) kein Gewohnheitsrecht darstellen, weil es an der ständigen Übung fehlt.[290] Solche Qualifikationen fußen ersichtlich auf den Vorstellungen der herkömmlichen Rechtsquellendoktrin und können nach dem Gesagten nur mit Vorbehalten zur Kenntnis genommen werden.

XI. Europäisches Gemeinschaftsrecht[291]

95 Wenn das Europäische Gemeinschaftsrecht[292] erst an letzter Stelle erwähnt wird, so indiziert dies keineswegs Bedeutung und Rang dieser Rechtsquelle im Verwaltungsrecht; ihr würde man nach dem derzeitigen Stand der Entwicklung eher gerecht, wenn man das Europäische Gemeinschaftsrecht an die Spitze stellte, was freilich der Entwicklungsgeschichte nicht entspräche. Über den hohen Stellenwert des Europäischen Gemeinschaftsrechts in unserer Rechtsordnung besteht im Prinzipiellen kaum Streit.[293] Um so merkwürdiger erscheint die Feststellung, daß das

[286] Dazu *Schack* (Fn 284), 275; *Simons* Leistungsstörungen verwaltungsrechtlicher Schuldverhältnisse, 1967, 87ff; *Flückiger* in: Rechtsquellenprobleme im schweizerischen Recht, 1955, 137ff; *Gern* DÖV 1985, 558.

[287] Vgl schon *Schüle* VerwArch 38 (1933) 405ff; BGHZ 58, 386, 392ff = DVBl 1972, 672, 673 = NJW 1972, 1364.

[288] Bsp: BGHZ 58, 386, 392ff = DVBl 1972, 672, 673 = NJW 1972, 1364.

[289] Bsp: Öffentlich-rechtlicher Erstattungsanspruch; BVerwGE 18, 308, 314; 20, 295, 297.

[290] Vgl BSG DVBl 1963, 249, 250; *Höhn* (Fn 202) 56ff.

[291] Literatur: *Hans Peter Ipsen* Europäisches Gemeinschaftsrecht, 1972, insbes S 4ff, 62ff, 107ff, 120ff, 447ff; *Zuleeg* Das Recht der Europäischen Gemeinschaften im innerstaatlichen Recht, 1969; *ders* AöR 97 (1972) 423; *Pescatore* NJW 1969, 2065; *Fuß* NJW 1964, 327, 945, 1600; *Kirchhof* (Fn 42) 93ff; *J. Schwarze* Die Befugnis zur Abstraktion im europäischen Gemeinschaftsrecht, 1976; *Bleckmann* EuR; *Nicolaysen* Europarecht I, 1991; *Oppermann* EuR; *Schweitzer/Hummer* EuR; *Herdegen* EuR, 1997; *Streinz* EuR.

[292] Die Terminologie ist nicht einheitlich; synonym werden benutzt: Europarecht, Recht der Europäischen Gemeinschaften, Europäisches Recht.

[293] Vgl *Stettner* AöR 111 (1986) 359ff, 537ff.

Europäische Gemeinschaftsrecht in neueren verwaltungsrechtlichen Darstellungen entweder ganz fehlt oder nur am Rande erwähnt wird.

1. Grundlagen

Europäisches Gemeinschaftsrecht ist das Recht der drei Europäischen Gemeinschaften (EGKS, EAG, EG) und der Europäischen Union (EU), welches als „primäres Gemeinschaftsrecht" in den europäischen Verträgen[294] normiert ist und als „sekundäres Gemeinschaftsrecht" („Folgerecht", „Organrecht")[295] in Gestalt von verbindlichen Regelungen (Verordnungen, Richtlinien, Entscheidungen, Empfehlungen) der Gemeinschaftsorgane (Rat, Kommission) zum Ausdruck kommt. **96**

Das Europäische Gemeinschaftsrecht steht in keinem Ableitungszusammenhang mit den unter II.–X. angeführten nationalen Rechtsquellen. Mit der Errichtung der Europäischen Gemeinschaften ist kein Bundesstaat, auch keine internationale Organisation im herkömmlichen Sinne, sondern ein verfaßter Verband eigener Art (BVerfG:[296] „Staatenverbund") entstanden, dem eine originäre supranationale öffentliche Gewalt zukommt. Dieser Verband bildet eine eigene Rechtsgemeinschaft mit eigenen Organen, eigenem Rechtsschutzsystem und eigener Rechtsordnung. Das Gemeinschaftsrecht und das innerstaatliche, nationale Recht der Mitgliedstaaten sind „zwei selbständige, voneinander verschiedene Rechtsordnungen".[297] Damit soll zum Ausdruck kommen, daß das sekundäre Gemeinschaftsrecht weder von der nationalen Hoheitsgewalt abgeleitet noch von ihr abhängig ist. Andererseits entfaltet das Gemeinschaftsrecht auch im innerstaatlichen Raum unmittelbare Wirkung und überlagert und verdrängt entgegenstehendes nationales Recht.[298]

2. Normschichten und Normkategorien

a) Die verschiedenen Ansätze einer Strukturierung des Gemeinschaftsrechts können hier nicht dargeboten werden.[299] Auf die Unterscheidung zwischen *Primär-* **97**

[294] Fundstellen (Gründungsverträge): Europäische Gemeinschaft für Kohle und Stahl (EGKS): BGBl 1952 II, 447; Europäische Atomgemeinschaft (EAG): BGBl 1957 II, 1014, 1678; Europäische Wirtschaftsgemeinschaft (EWG): BGBl 1957 II, 766, 1678; (BGBl jeweils Text in 4 Sprachen); Sartorius II, Internationale Verträge – Europarecht; *Wohlfarth/Everling/Glaesner/Sprung* Die Europäische Wirtschaftsgemeinschaft, 1960 (Anhang mit deutschem und französischem Text), in der Fassung des Vertrages über die Europäische Union (EU) v 7. 2. 1992 (BGBl 1992 II, 1293) (Maastricht-Vertrag). Die EWG ist durch Art G EUV in Europäische Gemeinschaft (EG) umbenannt worden. Der Vertrag über die Europäische Union und die Verträge zur Gründung der Europäischen Gemeinschaften sind durch den Amsterdamer Vertrag v 2.10.1997 (BGBl 1998 II, 386) erneut geänd worden. Die Änderungen treten erst in Kraft, wenn das Ratifikationsverfahren in allen Vertragsstaaten abgeschlossen ist (vgl Art 14 des Vertrages von Amsterdam).

[295] *Ipsen* (Fn 291) 6, 111; *Oppermann* (Fn 291) Rn 429ff.

[296] BVerfGE 89, 155 (184, 188 u passim) (Maastricht).

[297] BVerfGE 22, 293, 296f; 37, 271, 277; BVerwGE 38, 90, 94; *Ipsen* (Fn 291) 62f.

[298] BVerfGE 31, 145, 174.

[299] Dazu *Ipsen* (Fn 291) 119.

recht und *Sekundärrecht* ist bereits hingewiesen worden. Notwendig erscheint noch eine weitere Auffächerung des Sekundärrechts.

98 b) Das Sekundärrecht umfaßt Verordnungen, Richtlinien, Entscheidungen (Art 189 EGV [= Art 249 EGV idF des Amsterdamer Vertrages; vgl dazu o § 3 Rn 4], Art 161 EAGV), Empfehlungen und allgemeine Entscheidungen (Art 14 EGKSV). Die *Verordnungen* haben allgemeine Geltung. Sie sind in allen ihren Teilen verbindlich und gelten „unmittelbar in jedem Mitgliedstaat" (Art 189 Abs 2 EGV; Art 161 Abs 2 EAGV). So können zB durch Gemeinschaftsverordnungen Zahlungsansprüche des einzelnen Marktbürgers gegen einen Mitgliedstaat begründet werden, deren Entstehung auch durch innerstaatliche Haushaltsvorschriften nicht gehindert werden kann, und die die innerstaatlichen Gerichte in unmittelbarer Anwendung des Gemeinschaftsrechts zu wahren haben.[300] – *Richtlinien* sind dagegen nach dem Wortlaut der Römischen Verträge (Art 189 Abs 3 EGV; Art 161 Abs 3 EAGV) für jeden Mitgliedstaat, an den sie gerichtet sind, hinsichtlich des zu erreichenden Ziels verbindlich, überlassen jedoch den innerstaatlichen Stellen die Wahl der Form und Mittel. Die normative Zielbestimmung der Gemeinschaften bedarf danach noch ergänzender nationaler Rechtsetzungen über Form und Mittel der Zielverwirklichung. Dies schließt aber nicht aus, daß einer Richtlinie auch „Durchgriffcharakter" zukommt mit der Konsequenz, daß der einzelne Marktbürger sich vor nationalen Gerichten unmittelbar auf eine Gemeinschaftsrichtlinie berufen kann. Eine solche unmittelbare Wirkung der Richtlinien in Verbindung mit Ratsentscheidungen hat der Europäische Gerichtshof (EuGH) erstmals in der Leber-Pfennig-Entscheidung angenommen.[301] Diese Position hat der EuGH in weiteren Entscheidungen bekräftigt[302] und zu dem allgemeinen Satz verdichtet, der Marktbürger könne sich „in Ermangelung von fristgemäß erlassenen Durchführungsmaßnahmen auf Bestimmungen einer Richtlinie, die inhaltlich als unbedingt und hinreichend genau erscheinen, gegenüber allen innerstaatlichen, nicht richtlinienkonformen Vorschriften berufen".[303] Auf derselben Linie liegt die Rechtsprechung des Bundesverwaltungsgerichts.[304] Zusätzliche normative Verstärkungen der Richtlinien hat der EuGH durch zwei weitere rechtliche

[300] Vgl EuGH Slg 1972, 287 (betr Zahlung einer Schlachtprämie).

[301] EuGH Slg 1970, 285 = DVBl 1971, 44 = DÖV 1971, 310 = NJW 1970, 2182; dazu *Ipsen* (Fn 291) 124ff; *Grabitz* EuR 1971, 1; krit *Rambow* DVBl 1971, 46; ferner: *Wägenbaur* DVBl 1972, 244.

[302] Vgl EuGH Slg 1977, 113, 126 f; Slg 1977, 2203, 2211; NJW 1978, 1741; NJW 1979, 1764.

[303] EuGH Slg 1982, 53 = NJW 1982, 499, 500 (6. Richtlinie zur Umsatzsteuerharmonisierung); anders: BFHE 143, 383, 386ff = RIW/AWD 1981, 691 m Anm *Heydt;* dazu *Dänzer-Vanotti* BB 1982, 1106; zusammenfassend: *Everling* FS Carstens, Bd 1, 1984, 95ff; *Seidel* NJW 1985, 517; *Pieper* DVBl 1990, 684ff; *Langenfeld* DÖV 1992, 955ff; *Jarass* Jura 1993, 225ff. – Bes problematisch ist die daraus gefolgerte Pflicht zur administrativen Normverwerfung nationaler Rechtsvorschriften ohne Vorlagemöglichkeit, so EuGH Slg 1989, 1861ff – Costanzo; dazu *Schmidt-Aßmann* DVBl 1993, 924, 932f; *Pietzcker* FS Everling II, 1995, 1095ff.

[304] BVerwGE 70, 41; 74, 241 = NJW 1986, 3040.

Stützen geschaffen: die Pflicht zur richtlinienkonformen Auslegung innerstaatlichen (nationalen) Rechts[305] und den richterrechtlich begründeten Staatshaftungsanspruch bei nicht fristgerechter Umsetzung von Richtlinien.[306] Für *Empfehlungen* nach Art 14 Abs 3 EGKSV gilt dasselbe, weil sie kraft Legaldefinition – in freilich verwirrender Terminologie – den Richtlinien nach Art 189 Abs 3 EGV entsprechen.

Sekundäre Rechtsnormen sind schließlich die *allgemeinen Entscheidungen* i S der Art 14 Abs 2, 15 Abs 3 EGKSV, die nicht „einen Einzelfall betreffen".[307]

3. Fundstellen

a) Das primäre Gemeinschaftsrecht ist im Bundesgesetzblatt Teil II veröffentlicht. **99**
Nichtamtliche Textsammlung: Sartorius II, Europarecht und internationale Verträge.

b) Das sekundäre Gemeinschaftsrecht wird im Amtsblatt der Gemeinschaften publiziert.

XII. Völkerrecht

Das Völkerrecht hat mit dem Europäischen Gemeinschaftsrecht gemeinsam, daß **100**
es als „Zwischensouveränitätenordnung" selbständig neben der staatlichen Rechtsordnung steht.[308] Im Gegensatz zum Europäischen Gemeinschaftsrecht entfaltet das Völkerrecht jedoch keine unmittelbaren Wirkungen im innerstaatlichen Raum. Hierzu bedarf es vielmehr der „Umsetzung" durch innerstaatliche Normen, die nach herkömmlicher Lehre das Völkerrecht in innerstaatliches Recht umwandeln (Transformationslehre), nach einer neueren Auffassung den Charakter des Völkerrechts unangetastet lassen, es jedoch durch Anwendungsbefehl innerstaatlich in Vollzug setzen (Vollzugslehre).[309]

a) Die „allgemeinen Regeln des Völkerrechts" sind nach Art 25 GG (generelle **101**
Transformation)[310] „Bestandteil des Bundesrechts". Sie binden deshalb die inner-

[305] EuGH Slg 1984, 1891 (1908) – v Colson; Slg 1984, 1921 (1942) – Harz; *Ress* DÖV 1994, 489ff; krit: *Di Fabio* NJW 1990, 947ff.

[306] EuGH Slg 1991, I-5357ff – Francovich; dazu *Ossenbühl* StHR, 5. Aufl 1998, 15. Teil.

[307] Vgl *Ipsen* (Fn 291) 447ff; *Börner* Die Entscheidungen der Hohen Behörde, 1965, 114ff; *Fuß* (Fn 291) 328.

[308] Dualistische Theorie: vgl *Triepel* Völkerrecht und Landesrecht, 1899, unveränderter Nachdruck 1958, 111ff; *Rudolf* Völkerrecht und deutsches Recht, 1967, 128ff, 139ff; *Kunig* in: Graf Vitzthum (Hrsg), Völkerrecht, 1997, 118ff.

[309] Vgl *Rudolf* (Fn 308); zur Vollzugslehre: *Partsch* Die Anwendung des Völkerrechts im innerstaatlichen Recht, Überprüfung der Transformationslehre, Berichte der Deutschen Gesellschaft für Völkerrecht, 1964; die Rechtsprechung des BVerfG läßt beide Deutungen zu, vgl den Bericht von *Kimminich* AöR 93 (1968) 485, 496ff; ferner *Bernhardt* in: Bundesverfassungsgericht und Grundgesetz, 1976, II, 154ff; *Geiger* Grundgesetz und Völkerrecht, 2. Aufl 1994, 172ff.

[310] Transformation, Adoption, Inkorporation; die Terminologie ist uneinheitlich; vgl zB

staatlichen Behörden unmittelbar. Freilich ist die Relevanz dieser „allgemeinen Regeln des Völkerrechts" für das innerstaatliche Verwaltungsrecht gering, weil trotz zunehmender Einbeziehung der Rechtsstellung des Individuums in das Völkerrecht die „allgemeinen Regeln" durchweg an die Staaten adressiert sind.[311]

102 b) Anders verhält es sich dagegen mit den völkerrechtlichen Verträgen (Staatsverträge, Verwaltungsabkommen).[312] Ihre Transformation richtet sich nach Art 59 Abs 2 GG. Sie erfolgt bei Staatsverträgen durch besonderes Zustimmungsgesetz und bei sog normativen Verwaltungsabkommen durch Rechtsverordnung.[313] Im übrigen bedürfen Verwaltungsabkommen keiner besonderen Transformation, weil sie sich im Rahmen des eigenen Funktions- und Entscheidungsbereiches der Exekutive halten und deshalb durch schlichten, nicht notwendig per Verwaltungsvorschriften (Auslegungserlasse, Ermessensrichtlinien) gelenkten Vollzug im Einzelfall erfüllt werden können. Die Bindung der (innerstaatlichen) Exekutive an die Regelung des Verwaltungsabkommens mit Wirkung *gegenüber betroffenen Einzelnen* (im Gegensatz zum staatlichen Partner des Abkommens) wird man mit dem Institut der Selbstbindung der Verwaltung zu begründen haben.

103 Im innerstaatlichen Verwaltungsrecht gewinnen die völkerrechtlichen Verträge namentlich durch die große Zahl von Ausländern in der Bundesrepublik Deutschland zunehmende Bedeutung, soweit sie den Status von Ausländern (zB Niederlassungsabkommen) außerhalb des Bereichs der EG betreffen (vgl § 2 Abs 2 AuslG).[314] – Ein weiterer verwaltungsrechtlich relevanter Vertrag ist beispielsweise die Konvention zum Schutze der Menschenrechte und Grundfreiheiten v 4. 11. 1950,[315] die in der Rechtsprechung zum Verwaltungsrecht nicht selten eine Rolle spielt.[316]

Maunz (Fn 80) Art 25 Rn 6ff; *Wolff/Bachof* (Fn 12) § 25 IV; *Menzel/Ipsen* Völkerrecht, 2. Aufl 1979, 54ff; *Ipsen* Völkerrecht, 3. Aufl 1990, 1078f.

311 Vgl dazu etwa *Partsch* Die Rechte und Freiheiten der europäischen Menschenrechtskonvention, 1966, 29ff, 46ff, abgedr auch in: *Bettermann/Neumann/Nipperdey/Schreiner* Grundrechte I 1, 235ff, 263ff, 280ff.

312 Zur Terminologie und Begriffsabgrenzung: *Maunz* (Fn 80) Art 59 Rn 37; Näheres bei *Härle* JIR 12 (1965) 93; *Rudolf* (Fn 308) 222ff; *Jasper* Die Behandlung von Verwaltungsabkommen im innerstaatlichen Recht (Art 59 Abs 2 S 2 GG), 1980.

313 Vgl *Maunz* (Fn 80) Art 59 Rn 45.

314 Vgl aus der Rspr zB BVerwGE 38, 90; DÖV 1970, 341; BVerwGE 36, 45 = DÖV 1970, 856; *Voscherau/Kloesel* DÖV 1970, 814.

315 Zustimmungsgesetz v 7. 8. 1952 (BGBl II 685), geänd durch Protokoll Nr 5 v 20. 1. 1966 (BGBl 1968 II, 1120), in Kraft seit 10. 12. 1971 (BGBl 1972 II, 105); Sartorius II, Nr 130; Literatur: *Partsch* (Fn 311); *Frowein/Peukert* Europäische Menschenrechtskonvention, 2. Aufl 1996.

316 ZB BGHZ 45, 58 und BGHZ 45, 46 (betr Amtshaftung; Art 5 Abs 5 EMRK); BVerwG DVBl 1998, 271 (Art 3 EMRK; Abschiebungshindernisse; OVG NW DÖV 1970, 344 (betr Versammlungsfreiheit; Art 11 EMRK); weitere Beispiele bei *Menzel* DÖV 1970, 514ff; ferner *Ossenbühl* (Fn 306) 16. Teil.

§ 7
Rangordnung der Rechtsquellen[1]

I. Notwendigkeit der Rangordnung

Es gehört zum Wesen einer Rechtsordnung, daß sie eine widerspruchslose Einheit bildet; anders könnte sie ihren Zweck, eine Ordnung zu schaffen, nicht erreichen. Normwidersprüche, die durch die Vielfalt der Normsetzer und Normen unvermeidbar sind, müssen deshalb aufgelöst werden. Diese kollisionsauflösende, einheitsstiftende Funktion kommt den Regeln über die Rangordnung der Normen zu. **1**

Rangprobleme treten auf, wenn zwei Voraussetzungen zusammentreffen:

a) eine potentielle Doppelkompetenz (Konkurrenz zweier Normsetzer; zB „konkurrierende" Gesetzgebung nach Art 74 GG),

b) themenidentische, aber inhaltlich einander widersprechende Regelungen verschiedener Herkunft.

II. Völkerrecht und innerstaatliches Recht[2]

Die „allgemeinen Regeln des Völkerrechts" haben kraft der generellen Transformation durch Art 25 GG im innerstaatlichen Bereich die Qualität von „Bundesrecht". Umstritten ist, ob ihnen Verfassungsrang oder lediglich ein Rang zwischen Verfassung und den formellen Gesetzen zukommt. Diese Frage dürfte im Sinne eines Rangs unterhalb der Verfassung zu beantworten sein.[3] Das nach Art 59 Abs 2 GG speziell transformierte Völkerrecht nimmt den Rang des Zustimmungsgesetzes ein. **2**

III. Europäisches Gemeinschaftsrecht und innerstaatliches Recht[4]

Die Frage nach der Zuordnung von Gemeinschaftsrecht und nationalem Recht, speziell nach dem „Vorrang des Gemeinschaftsrechts", hat verständlicherweise eine kaum mehr übersehbare Diskussion ausgelöst, weil hinter dem „Vorrangproblem" letztlich die Frage steht, ob die Gemeinschaftsorgane mit dem Hebel des Rechts die europäische Integration beschleunigen können. Der derzeitige Stand der Meinungen stellt sich aus europäischer und deutscher Sicht wie folgt dar: **3**

[1] Literatur: *Hensel* in: Anschütz/Thoma, HdbDStR II, 313; *Wolff/Bachof* VwR I, § 26; *Ossenbühl* Verwaltungsvorschriften und Grundgesetz, 1968, 468 ff; *Hans Schneider* Gesetzgebung, 2. Aufl 1991, 347 ff; *ders* FS Kutscher, 1981, 385 ff; Starck (Hrsg), Rangordnung der Gesetze, 1995.

[2] *Kunig* in: Graf Vitzthum (Hrsg), Völkerrecht, 1997, 101 ff.

[3] Vgl *Stern* StR I, 493; *Geiger* Grundgesetz und Völkerrecht, 2. Aufl 1994, 177.

[4] *Jarass* Grundfragen der innerstaatlichen Bedeutung des EG-Rechts, 1994; *Paul Kirchhof* EuR 1991, Beiheft 1, 11 ff; *Herdegen* EuR, 1997, Rn 228 ff. Vgl auch o § 3 Rn 42 ff.

1. Europäisches Gemeinschaftsrecht und innerstaatliche Gesetze

4 Eine echte Kollision zwischen Gemeinschaftsrecht und nationalen Gesetzen besteht bei den Gemeinschaftsnormen mit Durchgriffcharakter (zB Verordnungen). Diese Kollision wird vom Europäischen Gerichtshof iSd Anwendungsvorrangs des Gemeinschaftsrechts vor dem nationalen Recht gelöst.[5] Ebenso hat das Bundesverfassungsgericht zum Ausdruck gebracht, daß die Vorschriften des Gemeinschaftsrechts „im innerstaatlichen Raum unmittelbare Wirkung entfalten und entgegenstehendes nationales Recht überlagern und verdrängen".[6] Diese sich immer mehr verfestigende integrationsfreundliche Auffassung ist durch das „Prinzip der Sicherung der Funktionsfähigkeit der Gemeinschaften" motiviert.[7] Aus europäischer Sicht wird die Vorrangregel exemplarisch in den Art 189 Abs 2 EGV (= Art 249 Abs 2 EGV idF des Amsterdamer Vertrages; vgl dazu o § 3 Rn 4), Art 161 Abs 2 EAGV und Art 14 Abs 2 EGKSV erblickt.[8] Aus der Sicht des deutschen Verfassungsrechts wird der Vorrang aus Art 24 Abs 1 (1990 ergänzt durch Art 23 Abs 1 Satz 2 nF) GG deduziert,[9] der als „Integrationshebel" nicht nur die Möglichkeit eröffnet, daß deutsche Hoheitsgewalt in supranationaler Hoheitsgewalt „aufgeht", sondern als deren Konsequenz auch die innerstaatliche Verbindlichkeit und Unantastbarkeit der supranational gesetzten Normen impliziert. Insoweit stellt sich der „Vorrang des Gemeinschaftsrechts" als Ergebnis einer Deutung der Europäischen Gemeinschaften dar, die in ihnen einen mit den herkömmlichen staatstheoretischen und völkerrechtlichen Kategorien nicht erklärbaren Verband eigener Art sieht, dessen Rechtsordnung selbständig und unabhängig vom nationalen Recht existiert, so daß die herkömmlichen Theorien über das Inkrafttreten des Völkerrechts im nationalen Bereich versagen.[10]

5 Der „Vorrang des Gemeinschaftsrechts" ist freilich nicht in dem schroffen Sinne zu verstehen, wie er in der innerstaatlichen Rechtsordnung etwa in Art 31 GG („Bundesrecht bricht Landesrecht") zum Ausdruck kommt.[11] Trotz thematischer Identität (zB Kartellrecht) können nationale Normen und Gemeinschaftsrecht nebeneinander gelten und zur Anwendung kommen. Das nationale Recht wird nach dem „Prinzip der Funktionssicherung" jedoch insoweit verdrängt, als es „die einheitliche Anwendung des Gemeinschaftskartellrechts und die volle Wirk-

[5] Entscheidende Wendung zuerst EuGH Slg 1964, 1251, 1269f – Costa/ENEL; dazu *Grossfeld* JuS 1966, 347; ferner: EuGH Slg 1969, 1, 13ff – Farbenhersteller Walt Wilhelm ua. Hierzu: *Pescatore* NJW 1969, 2065; die Präzisierung iSd Anwendungsvorranges erfolgte erst durch EuGH Slg 1991, I-297 (321 Tz 19) – Nimz.

[6] BVerfGE 31, 145, 174 = DVBl 1972, 271 m Anm *Sommer* (Umsatzausgleichssteuer für Milchpulver); einschr BVerfGE 37, 271 betr Grundrechte; dazu sub 2. Nunmehr BVerfGE 85, 191, 204.

[7] Vgl *H. P. Ipsen* Europäisches Gemeinschaftsrecht, 1972, 277ff, 280ff.

[8] *Ipsen* (Fn 7) 285.

[9] Vgl BVerfGE 31, 145, 173f; 73, 339, 374f (Solange II); *Ipsen* (Fn 3) 285; *Tomuschat* in: BK, Art 24 Rn 75 (Stand: April 1981).

[10] Dies gilt auch für die „Vollzugslehre"; vgl *Zuleeg* Das Recht der europäischen Gemeinschaften im innerstaatlichen Bereich, 1969, 70f; *Ipsen* (Fn 7) 269f.

[11] Näheres bei *Ipsen* (Fn 7) 287ff.

samkeit der zu seinem Vollzug ergangenen Maßnahmen auf dem gesamten Gemeinsamen Markt beeinträchtigt".[12]

2. Europäisches Gemeinschaftsrecht und Grundrechte[13]

Die Diskussion um das Problem des „Vorrangs des Gemeinschaftsrechts" steht insbesondere unter dem Eindruck, daß auch die nationalen *Grundrechte* diesem „Vorrang" weichen müssen und der „Marktbürger" dem Gemeinschaftsrecht „grundrechtsentkleidet" gegenübersteht.[14] Denn der nationale Richter hätte den „Vorrang des Gemeinschaftsrechts" auch gegenüber der Berufung auf Grundrechte des Grundgesetzes zu beachten, während der Europäische Gerichtshof lediglich zur Auslegung und Anwendung von Gemeinschaftsrecht und nicht von nationalem Recht kompetent ist. 6

Der Europäische Gerichtshof hat sich stets ausdrücklich für den Vorrang des Gemeinschaftsrechts auch gegenüber nationalen Grundrechten ausgesprochen,[15] aber ebenso zum Ausdruck gebracht, daß die Beachtung der „von den gemeinsamen Verfassungsüberlieferungen der Mitgliedstaaten" getragenen Grundrechte zu den „allgemeinen Rechtsgrundsätzen" des Gemeinschaftsrechts gehört, deren Wahrung der Europäische Gerichtshof zu sichern hat.[16] Das Bundesverfassungsgericht hat in seinem viel kritisierten Beschluß v 29.5.1974 zunächst den grundgesetzlichen Grundrechtsgarantien gegenüber dem Gemeinschaftsrecht den Vorrang eingeräumt, weil es den Grundrechtsstandard des Gemeinschaftsrechts dem des Grundgesetzes (noch) nicht für adäquat erachtete.[17] Nachdem durch weitere Entscheidungen sich eine Wende bereits andeutete,[18] hat das Bundesverfassungsgericht durch Beschluß am 22.10.1986 erklärt, im Hoheitsbereich der EG sei mittlerweile ein Maß an Grundrechtsschutz erwachsen das nach Konzeption, Inhalt und Wirkungsweise dem Grundrechtsstandard des Grundgesetzes im wesent- 7

[12] EuGH Slg 1969, 1 (13ff) – Farbenhersteller Walt Wilhelm ua; dazu *Harms* in: Gemeinschaftsrecht und nationale Rechte (KSE 13), 1971, II/37ff.

[13] Literatur: *Zieger* Das Grundrechtsproblem in den Europäischen Gemeinschaften, 1970; dazu *Fuß* AöR 96 (1971) 291ff; ferner: *Benda/Klein* DVBl 1974, 389; *Riegel* NJW 1974, 1585; *Fuß* Die Europäische Gemeinschaft und der Rechtsstaatsgedanke, 1967, 53ff; *Scheuner* AöR 100 (1975) 30ff; *Börner* NJW 1976, 2041; *Frowein* Festgabe BVerfG II, 1976, 187ff; *Tomuschat* NJW 1980, 2611; *Schweitzer* JA 1982, 174ff; *Rengeling* DVBl 1982, 140ff; *Schwarze* EuGRZ 1986, 293; *Schweitzer* StaatsR III, 6. Aufl 1997, Rn 68ff.

[14] Vgl zB *Rupp* NJW 1970, 353; BFHE 93, 248 = NJW 1969, 388; zust Anm *Zuleeg* EuR 1969, 262.

[15] EuGH Slg 1960, 885, 920f; Slg 1970, 1125ff – Intern Handelsgesellschaft.

[16] EuGH Slg 1969, 419 = DVBl 1970, 612 m Anm *Meier;* Slg 1970, 1125 – Jukin Handelsgesellschaft; *Pernice* Grundrechtsgehalte im europäischen Gemeinschaftsrecht, 1979; *Bahlmann* EuR 1982, 13ff; *Schwarze* (Fn 13) 293; *Rengeling* Grundrechtsschutz in der europäischen Gemeinschaft, 1993; *Kugelmann* Grundrechte in Europa, 1997; *Kokott* AöR 121 (1996) 598ff.

[17] BVerfGE 37, 271, 279 („Solange"-Beschluß).

[18] BVerfGE 52, 187, 202 („Vielleicht"-Beschluß); 58, 1, 28; 59, 63 (Eurocontrol).

lichen gleichzuachten sei.[19] Angesichts dieser Entwicklung erscheint der Schutz der Grundrechte gegenüber der Hoheitsgewalt der Gemeinschaften durch den Europäischen Gerichtshof generell in einer Weise gewährleistet, die dem vom Grundgesetz als unabdingbar gebotenen Grundrechtsschutz im wesentlichen entspricht. Demgemäß wird das Bundesverfassungsgericht seine Gerichtsbarkeit über die Anwendbarkeit von abgeleitetem Gemeinschaftsrecht, das als Grundlage für ein Verhalten deutscher Gerichte und Behörden im Hoheitsbereich der Bundesrepublik Deutschland in Anspruch genommen wird, nicht mehr ausüben und dieses Recht mithin nicht mehr am Maßstab der Grundrechte des Grundgesetzes überprüfen.

IV. Stufen der innerstaatlichen Rangordnung

8 Im innerstaatlichen Bereich müssen in einer groben Sichtung zunächst drei Rechtsmassen voneinander abgeschichtet werden: Bundesrecht, Landesrecht und autonomes Recht. Bundes- und Landesrecht gehen als staatliches Recht dem autonomen Recht (zB kommunalen Satzungen) vor, weil sich die Autonomie aus staatlicher Rechtsetzungsgewalt ableitet. Für das Verhältnis von Bundesrecht zu Landesrecht gilt Art 31 GG: „Bundesrecht bricht Landesrecht".[20]

9 Innerhalb des Bundesrechts und des Landesrechts steht die Verfassung im obersten Rang der Normenhierarchie. Ihr folgt das förmliche Gesetz und die auf formalgesetzlicher Grundlage ergehende Rechtsverordnung. Demnach ergibt sich folgende Stufung:

Grundgesetz Förmliches Bundesgesetz Bundesrechtsverordnung	Bundesrecht
	Art 31 GG
Landesverfassung Förmliches Landesgesetz Landesrechtsverordnung	Landesrecht
Autonomes Recht	

10 Gewohnheitsrecht kann sich je nach Rechtsmaterie auf allen Stufen bilden. Es nimmt dann im Rechtsquellensystem den jeweiligen Rang ein.

11 Normwidersprüche zwischen Rechtssätzen verschiedener Stufen werden in der Weise aufgelöst, daß die ranghöhere Norm vorgeht. Normkollisionen auf der-

[19] BVerfGE 73, 339, 378; dazu *Hilf* EuGRZ 1987, 1; *Vedder* NJW 1987, 526; *Jannasch* VBlBW 1987, 179; *Rupp* JZ 1987, 241; *Maidowski* JuS 1988, 114; nunmehr BVerfGE 89, 155 (174f).

[20] Vgl BVerfGE 26, 116, 135; Bundesverfassungsrecht bricht jedoch inhaltsgleiches Landesverfassungsrecht nicht (BVerfGE 36, 342 = DVBl 1974, 420). Aus dem Schrifttum: *März* Bundesrecht bricht Landesrecht. Eine staatsrechtliche Untersuchung zu Artikel 31 des Grundgesetzes, 1989; *Pietzcker,* in: Isensee/Kirchhof IV, § 99.

selben Rangstufe werden im allgemeinen mit der lex-specialis-Regel zu lösen sein, wenn sie sich nicht – wie namentlich auf der Verfassungsstufe – nach dem Prinzip der Konkordanz[21] klären lassen.

Ob auf der Stufe der Verfassung oder der förmlichen Gesetze weitere Stufen- 12
differenzierungen getroffen werden können oder müssen, ist umstritten und namentlich im Verhältnis von Plan- und Vollzugsgesetz sowie allgemeinem Gesetz und Einzelfallgesetz am Beispiel des Haushaltsgrundsätzegesetzes und der kommunalen Neugliederungsgesetze diskutiert worden.[22] Ein weiteres Sonderproblem bietet die „Einstufung" der Verwaltungsvorschriften, deren Placierung mit dem Hinweis auf den „Gesetzesvorrang" allein nicht präzise und abschließend umrissen werden kann.[23]

§ 8 Geltungsbereich der Rechtsquellen

I. Zeitlicher Geltungsbereich

1. Inkrafttreten

Der Zeitpunkt des Inkrafttretens von geschriebenen Rechtsvorschriften ist häufig 1
im jeweiligen Gesetz bestimmt. Er liegt bei Gesetzen, auf die sich die Verwaltung und der Bürger in ihren Dispositionen einstellen müssen, erheblich später als der Zeitpunkt der Verkündung.[1]

Fehlen spezielle Regelungen über das Inkrafttreten, so gelten die allgemeinen Vorschriften, die allerdings für die einzelnen Rechtsquellenkategorien unterschiedlich aussehen[2] und auch von Land zu Land verschieden sind.[3] Gesetze und Rechtsverordnungen im Bunde wie auch in den meisten Ländern treten 14 Tage nach der Verkündung in Kraft.

2. Außerkrafttreten

Für das Außerkrafttreten von Normen gelten insbesondere folgende Tatbestände: 2

a) Rechtsvorschriften treten infolge *Zeitablaufs* außer Kraft, wenn die Rechts- 3
quelle selbst befristet ist oder in ihrer Geltungsweise durch andere Rechtsquellen

21 Vgl dazu *Hesse* VerfR, Rdnr 49ff, 72.

22 Vgl *Wolff/Bachof* (Fn 1) § 26 III; *Püttner* DÖV 1970, 322; *Quaritsch* Das parlamentslose Parlamentsgesetz, 2. Aufl 1961, 18ff; *Maurer* FS Obermayer, 1986, 95 (101f).

23 Dazu ausf *Ossenbühl* (Fn 1) 473ff.

1 ZB § 103 Abs 1 VwVfG.

2 Vgl zB Art 82 Abs 2 Satz 2 GG; § 34 OBG NW, § 36 PrPVG, § 38 Nds SOG.

3 Vgl zB Art 126 LV Bremen (Inkrafttreten am Tage nach der Verkündung); Art 71 Abs 3 LV NW (14 Tage nach Verkündung).

begrenzt wird. Beispiele sind die Gesetze des Gemeinsamen Ausschusses (Art 115k Abs 2 GG) sowie Polizei- und Ordnungsverordnungen.[4]

4 b) Im Regelfall werden Rechtsvorschriften durch *formelle Aufhebung* in jüngeren Gesetzen außer Kraft gesetzt. *Häufig* werden die aufgehobenen Vorschriften genau bezeichnet;[5] zuweilen wird aber auch dem neu erlassenen Gesetz eine Generalklausel eingefügt, die besagt, daß alle entgegenstehenden oder gleichlautenden Bestimmungen außer Kraft treten. Solche Generalklauseln sind positivrechtlicher Ausdruck des allgemeingeltenden Satzes: lex posterior derogat legi priori.[6]

5 c) Bei Untergang des gesetzgebenden Hoheitsträgers gilt die Rechtsordnung im allgemeinen fort. Sonderregelungen gelten im Bereich des autonomen Rechts[7] und der Polizei- und Ordnungsverordnungen,[8] wenn infolge von Gebietsänderungen einzelne normgebende Instanzen wegfallen und in anderen Hoheitsträgern aufgehen.

3. Rückwirkung[9]

6 Verwaltungsrechtliche Vorschriften haben im allgemeinen keine rückwirkende Kraft. Nicht selten greifen sie jedoch abändernd in bereits vergangene und abgewickelte Tatbestände ein, etwa in der Weise, daß durch nachträglich eingeführte Stichtagsregelungen bereits entstandene Ansprüche gegen den Staat wieder entfallen. Es liegt auf der Hand, daß solche rückwirkenden Gesetze unter dem Aspekt der rechtsstaatlichen Prinzipien der Rechtssicherheit und des Vertrauensschutzes verfassungsrechtlich problematisch sind. Nach einer inzwischen durch eine lange Reihe von Entscheidungen gefestigten Rechtsprechung des Bundesverfassungsgerichts[10] sind belastende Gesetze, die abgeschlossene Tatbestände rückwirkend erfassen, regelmäßig „unvereinbar mit dem Gebot der Rechtsstaatlichkeit, zu dessen wesentlichen Elementen die Rechtssicherheit gehört, die ihrerseits für den Bürger in erster Linie Vertrauensschutz bedeutet". Echte (retroaktive) Rückwirkung in diesem Sinne liegt vor, wenn das Gesetz nachträglich ändernd in abgewickelte, der Vergangenheit angehörende Tatbestände eingreift; hierzu im Gegensatz steht die Einwirkung auf gegenwärtige, noch nicht abgeschlossene Sachverhalte und

[4] Längste Geltung 20 Jahre (§ 39 NdsSOG, § 32 Abs 1 OBG NW, § 42 PVG, § 62 II SHLVwG) bzw 30 Jahre (§ 42 HSOG), nach § 14 Abs 3 LWG NW: 40 Jahre.

[5] Vgl zB § 186 Abs 1 BBauG aF.

[6] Zur Bedeutung der lex-posterior-Regel: *H. P. Ipsen* Europäisches Gemeinschaftsrecht, 1972, 264ff, 278ff; *Renck* JZ 1970, 770.

[7] ZB § 18 Abs 1 Satz 2 GO NW (Regelung der Überleitung von Ortsrecht in den Gebietsänderungsverträgen); *Hassel* Rechtsfolgen kommunaler Gebietsreform, 1975, 105ff.

[8] ZB § 37 OBG NW.

[9] Literatur: *Klein/Barbey* Bundesverfassungsgericht und Rückwirkung von Gesetzen, 1964; *Kisker* Die Rückwirkung von Gesetzen, 1963; *Kimminich* JZ 1962, 518; *Selmer* Steuer-Kongreß-Report 1974, 83ff; *Stern* FS Maunz, 1981, 381ff; *Iliopoulos-Strangas* Rückwirkung und Sofortwirkung von Gesetzen, 1986. Aus der Rspr ausf und lehrreich: BVerfGE 30, 367, 385 (Stichtagsregelung im BEG); BVerfGE 32, 111 = DÖV 1972, 232 (Ausschluß der „Österreichfälle" von der Entschädigung nach dem LAG).

[10] Seit der Wende in BVerfGE 13, 270: BVerfGE 30, 367, 385.

Rechtsbeziehungen (sog unechte, retrospektive Rückwirkung).[11] Ausnahmen von dem Verbot der retroaktiven Rückwirkung gelten nur in den Fällen, in denen das Vertrauen des Bürgers auf eine bestimmte Rechtslage nicht schutzwürdig, weil sachlich nicht gerechtfertigt ist. Solche Ausnahmesituationen hat das Bundesverfassungsgericht in folgenden Fallgestaltungen erblickt:[12]

a) Der Bürger mußte nach der rechtlichen Situation in dem Zeitpunkt, auf den zurückbezogen wird, mit der Neuregelung rechnen, zB weil die bestehende Regelung nur vorläufigen Charakter hat.
b) Die geltende Rechtslage ist unklar und verworren oder lückenhaft oder in dem Maße systemwidrig und unbillig, daß ernsthafte Zweifel an deren Verfassungsmäßigkeit bestehen. In diesen Fällen erfordert das Rechtsstaatsprinzip selbst eine rückwirkende Klärung.
c) Ein Vertrauensschutz des Bürgers muß dann zurücktreten, wenn rückwirkende Gesetze ihm keinen oder nur einen ganz unerheblichen Schaden zufügen.
d) Schließlich sind zwingende Gründe des gemeinen Wohls denkbar, die dem Vertrauensschutz vorgehen und deshalb eine Rückwirkung rechtfertigen können.

4. Fortgelten vorkonstitutionellen Rechts

Vorkonstitutionelles Recht ist Recht, welches aus der Zeit vor dem Inkrafttreten des Grundgesetzes stammt. Der Grundgesetzgeber stand vor der Frage, ob und mit welchem Charakter und Rang jenes Recht in der grundgesetzlichen Ordnung weitergelten sollte. Dieses Problem hat zwei Seiten. Die inhaltlich-materielle Seite regelt Art 123 Abs 1 GG, wonach vorkonstitutionelles Recht nicht fortgilt, soweit es dem Grundgesetz widerspricht. Die Kompetenz- und Rangfrage regeln die Art 124, 125 GG, die für die Einordnung vorkonstitutioneller Vorschriften in das heutige Rechtsquellensystem an die grundgesetzliche Legislativkompetenz anknüpfen. Reichsgesetze, die Materien regeln, welche nach dem Grundgesetz in die Legislativkompetenz der Länder fallen, gelten danach als Landesgesetze fort (zB Reichstheatergesetz v 15. 5. 1934). Die Kompetenz für künftige Gesetzesänderungen liegt also beim Landesgesetzgeber. **7**

5. Fortgelten des Rechts der ehemaligen DDR[13]

Ähnlich wie nach der Gründung der Bundesrepublik und der Schaffung des Grundgesetzes stellte sich im Zuge der deutschen Wiedervereinigung die Frage, wie mit „altem“ Recht, hier dem Recht der ehemaligen DDR, zu verfahren ist. Außerdem mußte zugleich dem bundesdeutschen Recht Geltung im Beitrittsgebiet **8**

[11] Vgl BVerfGE 30, 367, 386; 68, 287, 306; 69, 272, 309; der 2. Senat verwendet andere Formulierungen, entscheidet aber in der Sache gleich: BVerfGE 72, 200, 241; 76, 256, 345.

[12] BVerfGE 30, 367, 387ff.

[13] Literatur: *Kloepfer/Kröger* DVBl 1991, 1031ff; *Brunner* in: Isensee/Kirchhof IX, § 210.

verschafft werden. Nicht anders als hinsichtlich der Verfassung (vgl Art 23 S 2 GG a F) bedurfte es dazu eines besonderen Inkraftsetzungsaktes.[14] Geregelt ist die Rechtsangleichung in Kapitel III des Einigungsvertrages:[15]

9 Gemäß Art 8 EV trat mit dem Wirksamwerden des Beitritts im Beitrittsgebiet Bundesrecht in Kraft, soweit es nicht in seinem Geltungsbereich auf bestimmte Länder oder Landesteile der Bundesrepublik Deutschland beschränkt ist und soweit sich nicht aus dem Vertrag selbst, insbesondere aber aus dessen Anlage I Modifikationen ergeben. Letzteres ist vielfach der Fall. Sachlich gegliedert nach den Geschäftsbereichen der Bundesministerien, wird in Anlage I des Einigungsvertrages für eine Vielzahl von Rechtsvorschriften bestimmt, ob sie von der generellen Inkraftsetzung des Bundesrechts durch Art 8 EV ausgenommen sind, inwieweit sie aufgehoben, geändert oder ergänzt werden und ob sie mit bestimmten Maßgaben im Beitrittsgebiet in Kraft treten.[16]

10 Die Fortgeltung des Rechtes der ehemaligen DDR und seine Qualifikation als Bundes- oder Landesrecht bestimmt sich demgegenüber nach Art 9 EV. Dabei handelt es sich um eine fein ziselierte Regelung, die sich deutlich am Vorbild der Art 123ff GG orientiert.[17] Im einzelnen beruht die Inkorporation des Rechtes der DDR in die bundesdeutsche Rechtsordnung entweder auf ausdrücklicher Anordnung oder auf der Generalklausel des Art 9 I EV.

11 Aufgrund ausdrücklicher Anordnung in Kraft bleiben zunächst die in Anlage II des EV im einzelnen aufgeführten Rechtsvorschriften (Art 9 II EV). Die Anlage bestimmt zugleich, ob die Vorschriften unverändert, in geänderter oder ergänzter Form bzw mit bestimmten Maßgaben fortgelten. Dies gilt allerdings nur, wenn diese Rechtsvorschriften mit dem Recht der Europäischen Gemeinschaften und mit dem Grundgesetz unter Berücksichtigung der mit dem EV eingeführten Ergänzungen zu vereinbaren sind. Letzteres ist vor allem mit Blick auf Art 143 GG von Bedeutung, der bis zum 31. 12. 1992 bzw. bis zum 31. 12. 1995 für im Beitrittsgebiet geltendes Recht Abweichungen von Bestimmungen des Grundgesetzes zugelassen hatte. Zu den auf diese Weise in Geltung gebliebenen Rechtsvorschriften zählt etwa das Staatshaftungsgesetz[18] oder das Insolvenzrecht[19] der DDR. In Kraft bleiben auch Rechtsvorschriften, die nach Unterzeichnung des EV von der DDR erlassen wurden, sofern dies zwischen den Parteien des Vertrages vereinbart wird (Art 9 III EV).[20] Schließlich ist zu berücksichtigen, daß der EV auch an anderer

[14] *Stern* in: ders/Schmidt-Bleibtreu (Hrsg), Einigungsvertrag, 3, 30; *Grawert* Der Staat 30 (1991) 209, 224f; *Kloepfer/Kröger* (Fn 13) 1031; *Grziwotz* AöR 116 (1991) 588, 589.

[15] BGBl II 1990, 885.

[16] Vgl dazu die Vorbem zu Anlage I EV.

[17] *Schulze* in: Sachs (Hrsg), GG, Art 123 Rn 17.

[18] Staatshaftungsgesetz v 12. 5. 69, vgl Anlage II, Kapitel III, Sachbereich B, Abschnitt III Nr 1 EV.

[19] Gesamtvollstreckungsverordnung v 6. 6. 1990, umbenannt in Gesamtvollstreckungsordnung. Vgl Anlage II, Kapitel III, Sachgebiet A, Abschnitt II Nr 1 EV. Die Gesamtvollstreckungsordnung wird – wie auch die im alten Bundesgebiet geltende Konkursordnung – am 1. 1. 1999 durch die neue Insolvenzordnung abgelöst werden.

[20] Dazu Art 3 der Vereinbarung zwischen der BR Deutschland und der DDR zur Durchführung und Auslegung des EV, BGBl II 1990, 1239.

Stelle die Fortgeltung von noch zur Zeit der DDR erlassenen Rechtes anordnet. Dies gilt etwa hinsichtlich des Treuhandgesetzes (Art 25 EV).

Rechtsvorschriften der DDR, für die nach der Kompetenzordnung des Grundgesetzes die Länder die Gesetzgebungskompetenz besitzen, gelten aufgrund der generalklauselartigen Regelung des Art 9 I EV fort,[21] sofern sie nicht bereits unter die spezielleren Art 9 II und III EV fallen. Dabei gilt Art 9 I 1 EV für solche Rechtsvorschriften, für deren Erlaß ausschließlich die Bundesländer zuständig sind,[22] während Art 9 I 2 EV Rechtsmaterien betrifft, die sich thematisch der konkurrierenden oder der Rahmengesetzgebungszuständigkeit zuordnen lassen, für die aber keine bundeseinheitlichen Regelungen ergangen sind[23] und die aus diesem Grunde in die Zuständigkeit der Länder gehören.[24] Auch insoweit ist zu beachten, daß die fortgeltenden Vorschriften nicht gegen das Recht der Europäischen Gemeinschaften und das Grundgesetz verstoßen dürfen. Die Erleichterungen aus Art 143 GG gelten hier ausdrücklich nicht (Art 9 I 1 EV).[25] **12**

DDR-Recht, das nach Art 9 I EV übergeleitet wurde, gilt stets als Landesrecht fort. Dies ist ausdrücklich zwar nur in Art 9 I 2 EV geregelt, gilt aber auch für die von Satz 1 erfaßten Vorschriften.[26] Beruht die Fortgeltung auf einer ausdrücklichen Anordnung, ergibt sich häufig bereits aus den beigefügten Maßgaben, ob es sich künftig um Bundes- oder Landesrecht handeln soll. So gilt das Staatshaftungsgesetz der DDR als Recht der fünf neuen Bundesländer fort.[27] Demgegenüber handelt es sich bei der bis zum 1. 1. 1999 geltenden Gesamtvollstreckungsordnung um partielles Bundesrecht. Im übrigen folgt die Qualifikation des nach Art 9 II und III übergeleiteten Rechts als Bundes- oder Landesrecht aus Art 9 IV EV: Um Bundesrecht handelt es sich, wenn die ausschließliche Gesetzgebungszuständigkeit **13**

[21] Vgl die Denkschrift zum Einigungsvertrag, BT-Drucks 11/7760, zu Art 9 EV; *Stern* (Fn 14) 51.

[22] *Kloepfer/Kröger* (Fn 13) 1035.

[23] *Brunner* (Fn 13) § 210 Rn 12; ähnl *Kloepfer/Kröger* (Fn 13) 1035f.

[24] Dieser Regelungsgehalt des Art 9 I 2 EV erschließt sich allerdings nicht unmittelbar. Danach gilt Recht der DDR fort, „das nach der Kompetenzordnung des Bundes Bundesrecht ist und das nicht bundeseinheitlich geregelte Gegenstände betrifft." Gemeint sein könnten damit also auch solche Vorschriften, für die nach Art 73 GG der Bund ausschließlich zuständig wäre, ohne bisher gesetzgeberisch tätig geworden zu sein. Zu den Gründen, warum es sich gleichwohl nicht um Materien der ausschließlichen Bundeszuständigkeit handeln kann, überzeugend *Kloepfer/Kröger* (Fn 13) 1035f.

[25] Der Grund für diese im Vergleich zu Art 9 II EV restriktivere Regelung liegt ausweislich der Denkschrift zum EV (BGBl II 1990, 1239, zu Art 9) darin, daß der Gesetzgeber das nach Art 9 I EV als Landesrecht weitergeltende Recht der DDR – anders als die in Anlage II aufgezählten Vorschriften – „nicht in den Blick genommen" hat.

[26] *Kloepfer/Kröger* (Fn 13) 1036; *Brunner* (Fn 13) § 210 Rn 15; *Schulze* (Fn 17) Art 123 Rn 18.

[27] Vgl die entspr Maßgabe in Anlage II, Kapitel III, Sachbereich B, Abschnitt III Nr 1 EV. Ausf *Ossenbühl* StHR, 5. Aufl 1998, 14. Teil sub III. 2. Das Land Sachsen-Anhalt hat zwischenzeitlich ein eigenes Staatshaftungsgesetz erlassen, dazu *Schlotter* LKV 1993, 248ff; auch in den übrigen neuen Ländern wurde das Staatshaftungsrecht vielfältig ergänzt und modifiziert, vgl *Herbst/Lühmann* Die Staatshaftungsgesetze der neuen Länder, 1997, 135ff.

des Bundes betroffen ist oder wenn sich die Vorschriften auf ein Sachgebiet beziehen, das der konkurrierenden oder der Rahmengesetzgebung unterliegt und auf dem der Bundesgesetzgeber bereits eine bundeseinheitliche Regelung erlassen hat; in allen übrigen Fällen liegt Landesrecht vor.

14 Die Rechtsangleichung nach der deutschen Wiedervereinigung wirft des weiteren eine Reihe von Problemen auf, die hier nur angedeutet werden können. So ist es aufgrund der Besonderheiten der Praxis in der ehemaligen DDR häufig schon schwierig zu ermitteln, welche seinerzeit durchaus beachteten und wichtigen Bestimmungen überhaupt „Recht" iSd Einigungsvertrages sind.[28] Nicht weniger problematisch ist, daß sich die Überleitungsanordnung des Art 9 EV nicht nur auf förmliche Gesetze, sondern auch auf untergesetzliche Rechtsnormen, etwa Verordnungen bezieht.[29] Ob und inwieweit dieses Recht den Anforderungen namentlich der grundrechtlichen Gesetzesvorbehalte entspricht, ist eine weitgehend offene Frage.[30]

II. Räumlicher Geltungsbereich[31]

15 Der räumliche Geltungsbereich eines Gesetzes deckt sich im allgemeinen mit dem Zuständigkeitsbereich des gesetzgebenden Hoheitsträgers (zB Bund, Land, Gemeinde). Denkbar ist aber auch, daß der räumliche Geltungsbereich beschränkt wird; dann entsteht partielles Bundes- oder Landesrecht.

Zu einem Nebeneinander partiell unterschiedlichen Kommunalrechts auf der Satzungsebene kommt es namentlich bei den Gebietsänderungen und den damit zusammenhängenden Vereinigungen mehrerer bislang selbständiger Hoheitsträger.[32]

16 Der räumliche Geltungsbereich nationaler Verwaltungsrechtsnormen wird im Zuge der europäischen Integration zunehmend verändert. Dies gilt namentlich für das Warenverkehrs- und Berufsrecht. Befähigungsnachweise nach Art 57 EGV (Art 47 EGV idF des Amsterdamer Vertrages; vgl dazu o § 3 Rn 4) sowie die Zulassung von Personen zum Beruf und die Zulassung von Waren und Leistungen zum Markt haben, obgleich sie von nationalen Behörden aufgrund nationalen Rechts getroffen werden, infolge gemeinschaftsrechtlicher Anordnung „europaweite" Geltung. Dies ist die Geburtsstunde des transnationalen Verwaltungsaktes, dem grenzüberschreitende Wirkungen insofern zukommen, als er nach Maßgabe sekundären Gemeinschaftsrechts von anderen Mitgliedstaaten ohne besonderes Anerkennungsverfahren anzuerkennen ist.[33]

28 Dazu *Brunner* (Fn 13) § 210 Rn 4ff.
29 *Lerche* FS Helmrich, 1994, 57, 59.
30 Zum Problem ausf *Lerche* (Fn 29) 57ff.
31 Literatur: *Vogel* Der räumliche Anwendungsbereich der Verwaltungsrechtsnorm, 1965.
32 Vgl o Rn 5.
33 Vgl *Neßler* NVwZ 1995, 863ff; *Schmidt-Aßmann* JZ 1994, 823, 838; *Pernice/Kadelbach* DVBl 1996, 1101, 1109; *Stelkens/Bonk/Sachs* VwVfG, § 35 Rn 255ff.

III. Persönlicher Geltungsbereich

Der persönliche Geltungsbereich einer Rechtsnorm knüpft im allgemeinen an den räumlichen Geltungsbereich an. Danach richten sich die Rechtsnormen an alle, die es im territorialen Geltungsbereich angeht. Dies gilt ohne Rücksicht auf Wohnsitz, Nationalität oder Art des Rechtssubjekts. Normen des Landespolizeirechts verpflichten deshalb Ausländer[34] in gleicher Weise wie andere inländische Hoheitsträger (zB den Bund).[35] 17

Rechtsnormen von Hoheitsträgern ohne territoriales Substrat (zB Personalverbände) wenden sich an die betreffenden Mitglieder.

§ 9
Rechtsbindungen der Verwaltung

I. Bedeutung des Rechts für die Verwaltung

Die Bedeutung des Rechts für die Verwaltung bleibt den meisten Studenten mangels Kenntnis der Verwaltungspraxis verschlossen. Das hat seinen Grund in der juristischen Sichtweise, die sie im Zivil- und Strafrecht erfahren und mit der sie auch an das Verwaltungsrecht herangehen. Das Recht erscheint als ein Reservoir von Konfliktregelungen, denen der urteilende Richter seine Maßstäbe für die Entscheidung des ihm unterbreiteten Falles entnimmt. Auch im Verwaltungsrecht ist es – leider – weithin üblich, das Verwaltungshandeln ausschließlich aus der Perspektive des entscheidenden Richters und damit der Prozeßsituation zu betrachten. Mit diesem Prozeßdenken sind Fehlvorstellungen und Verzerrungen verbunden, die sich bei dem Betrachter der Verwaltung und des Verwaltungsrechts einstellen. Der verwaltungsprozessuale Aspekt bringt immer nur die sog „Pathologie der Verwaltung“ *(Werner Weber)* zum Vorschein. Das Bild der Verwaltung wird vom Ausnahmefall geprägt. Verwaltung erscheint im wesentlichen als Gesetzesvollzug. Es entsteht das Trugbild einer Verwaltung, die – gewissermaßen eingeklemmt zwischen erster und dritter Gewalt – die Entscheidungen des Parlaments vollstreckt und durch die Gerichte hierbei kontrolliert wird. 1

Verdeckt bleibt bei dieser Sichtweise, daß die Verwaltung in großem Stile auch ohne besondere gesetzliche Vorschriften ständig Werte für das Gemeinwesen schafft und damit unmittelbar dem Gemeinwohl dient und die Staatszwecke in gleicher Weise wie die Legislative *eigengestaltend* verwirklicht.[1] Das gilt nament- 2

[34] Ausnahme Exterritorialität der Diplomaten, §§ 18–20 GVG.

[35] Vgl zu diesem ausgiebig diskutierten Problem *Götz* Allgemeines Polizei- und Ordnungsrecht, 12. Aufl 1995, Rn 238 ff mwN.

[1] Hierauf hat namentlich *H.Peters* (Lehrbuch der Verwaltung, 1949, 5f; in: FS Laforet, 1952, 19ff; Die Wandlungen der öffentlichen Verwaltung in der neuesten Zeit, 1954) unermüdlich hingewiesen.

lich für den Bereich der kommunalen Selbstverwaltung, die einen großen Teil jener Aufgaben zu bewältigen hat, die der Daseinsfürsorge und Daseinsvorsorge der Bürger dienen (zB Verkehrs- und Versorgungsbetriebe, Badeanstalten, Krankenhäuser, Schulen, Altersheime, Sportplätze, Grünflächen, Parkanlagen, Theater, Museen usw). – Unberücksichtigt bleibt ferner jener weite und praktisch bedeutsame Bereich, in dem die Verwaltung vom Parlament nur grobe Zielweisungen etwa in Gestalt von Vermerken im jährlich zu erlassenden Haushaltsgesetz empfängt, im übrigen aber nach selbstbestimmtem Verteilungsschlüssel Milliardenbeträge an Subventionen ausschüttet, sei es im Interesse sektoraler oder territorialer Wirtschaftspolitik, sei es im Interesse der Unterstützung hilfsbedürftiger Bevölkerungsgruppen. Hinzu tritt der Bereich der Planung, der in der Regie der Exekutive liegt und auf weiten Strecken gesetzlicher Vorschriften oder Richtschnuren entbehrt. – Schließlich darf die Gleichung: Verwaltung = Gesetzesvollzug selbst dort, wo der Gesetzgeber Sonderbereiche gesetzlich durchnormiert hat (wie etwa im Polizei- und Ordnungsrecht, im Sozialhilferecht oder im Ausländerrecht), nicht zu der Annahme verleiten, das Verwaltungshandeln sei rechtlich vollständig determiniert und auf die Realisierung eines vorgegebenen, fremden, nämlich des parlamentarischen Willens beschränkt. Vielmehr sind auch in den gesetzlich durchnormierten Bereichen in unterschiedlicher Dosierung Räume administrativer Beurteilungs- und Gestaltungsfreiheit offengehalten, die sich bei unbestimmten Rechtsbegriffen rechtsdogmatisch als Beurteilungsspielräume, bei der Rechtsfolgebestimmung (Verwaltungsermessen) als administrative Wahlfreiheit oder im Planungsbereich als „Planungsermessen" der Verwaltung niederschlagen.[2]

3 Zuweisungsgehalt und Regelungsdichte der Gesetze sind also in vielfacher Weise abgestuft.[3] Verwaltung erschöpft sich keineswegs im Gesetzesvollzug. Vielmehr läßt sich die Bedeutung des Gesetzes für die Verwaltung in dreifacher Richtung bestimmen:[4]

4 1. Das Gesetz gibt der Verwaltung den *Auftrag,* in Recht transformierte politische Ziele zu verwirklichen. Dabei können sowohl die Zieldirektiven wie auch die vorgesehenen Mittel in ganz unterschiedlicher Weise konkretisiert sein.

5 2. Das Gesetz schafft im Rahmen des sog Gesetzesvorbehalts die rechtliche Grundlage für administrative Eingriffe in den Rechtskreis des Bürgers *(Eingriffsermächtigung).* Belastungen des Bürgers bedürfen im demokratischen Rechtsstaat eines förmlichen, dh verfassungsmäßig zustandegekommenen Gesetzes. Es bildet – in der Terminologie des Zivilrechts gesprochen – die Anspruchsgrundlage im Verhältnis zwischen Hoheitsträger und Bürger.

6 3. Das Gesetz zieht der Verwaltung *Schranken,* soweit sie im gesetzesfreien oder gesetzlich nicht abschließend normierten Raum eigene Zwecksetzungen trifft oder mit selbstgewählten Mitteln ihre Ziele verfolgt. Von hier aus gesehen tritt der

[2] Vgl u § 10.

[3] Vgl zum Problem: *Ossenbühl* DVBl 1974, 309ff; *Brohm* NVwZ 1988, 794ff.

[4] Vgl *Scheuner* DÖV 1969, 585ff; *Brohm* in: Hill (Hrsg), Zustand und Perspektiven der Gesetzgebung, 1989, 217ff (229f).

Verwaltungsbeamte im Bereich frei gestaltender Verwaltung[5] aus einer anderen Perspektive dem Recht gegenüber als der Richter. Für den Richter liefert das Recht Entscheidungsmaßstäbe, mit deren Hilfe ein Konfliktfall gelöst werden soll. Der Verwaltungsbeamte trifft im gestaltenden Bereich nicht nur Konfliktentscheidungen, sondern er realisiert im Interesse des Gemeinwohls ins Auge gefaßte Projekte; er fragt danach, ob und wie ein Projekt im Einklang mit der Rechtsordnung verwirklicht werden kann. Wenn beispielsweise eine Gemeinde Einrichtungen der Daseinsvorsorge (Wasserversorgung, Müllabfuhr, Straßenreinigung etc) privatisieren möchte, muß sie überlegen, ob dies rechtlich zulässig ist und ggf unter welchen Voraussetzungen.[6]

II. Gesetzmäßigkeit und Rechtmäßigkeit der Verwaltung

1. Elemente des Gesetzmäßigkeitsprinzips

Die Bedeutung des Gesetzes für die Verwaltung und die damit verbundene Beziehung zwischen Gesetzgebung und Verwaltung findet ihren Ausdruck in dem *Prinzip der Gesetzmäßigkeit der Verwaltung* (Art 20 Abs 3 GG).[7] Inhalt und Tragweite dieses Prinzips sind in der Theorie nach wie vor umstritten, bereiten jedoch der Praxis keine nennenswerten Schwierigkeiten mehr. 7

Das Gesetzmäßigkeitsprinzip enthält zwei Ausprägungen: den *Vorrang* und den *Vorbehalt* des Gesetzes. Der Gesetzesvorrang bringt die Überlegenheit des förmlichen Gesetzes gegenüber allen abgeleiteten Rechtsquellen zum Ausdruck und bestimmt, daß die Verwaltung das Gesetz anwenden muß (Anwendungsgebot), nicht vom Gesetz abweichen (Abweichungsverbot) und nicht gegen das Gesetz verstoßen darf.[8] Mit dem Begriff „Vorbehalt des Gesetzes" ist die grundlegende und schwierige Frage aufgeworfen, welche Sachentscheidungen und Sachbereiche dem Parlament zur Entscheidung per Gesetz verfassungsrechtlich „vorbehalten" sind, anders gesagt: ob und gegebenenfalls welche Sachbereiche die Verwaltung selbständig, dh ohne parlamentarisches Gesetz, ordnen kann.

[5] Vgl zum Begriff: *Ossenbühl* Verwaltungsvorschriften und Grundgesetz, 1968, 315. Vgl *Graf Vitzthum* AöR 104 (1979) 580ff.

[6] Vgl *Graf Vitzthum* (Fn 5) 580ff.

[7] Die Literatur zu diesem Thema ist kaum mehr überschaubar. Gesamtdarstellungen: *Selmer* JuS 1968, 489ff; *Ossenbühl* (Fn 5) 208–249; *Krebs* Vorbehalt des Gesetzes und Grundrechte, 1975; *ders* Jura 1979, 304ff; *Pietzcker* JuS 1979, 710ff; *Böckenförde* Gesetz und gesetzgebende Gewalt, 2. Aufl 1981, 375ff; *Kloepfer* JZ 1984, 685ff; *Ossenbühl* in: Götz/Klein/Starck (Hrsg), Die öffentliche Verwaltung zwischen Gesetzgebung und richterlicher Kontrolle, 1985, 9ff; *Papier* ebd, 36ff; *Staupe* Parlamentsvorbehalt und Delegationsbefugnis, 1986; *Ossenbühl* in: Isensee/Kirchhof III, § 62.

[8] Vgl *Gusy* JuS 1983, 189ff; *Ossenbühl* (Fn 7) § 62 Rn 1–6.

2. Verfassungsrechtlich spezifizierte Gesetzesvorbehalte

8 Für eine Reihe von Sachbereichen enthält das Grundgesetz ausdrückliche spezielle Gesetzesvorbehalte.[9] Neben den grundrechtlichen Gesetzesvorbehalten (zB Art 12 Abs 1 Satz 2, 14 Abs 1 Satz 2) bestehen vielfältige institutionell-organisatorische Gesetzesvorbehalte, die wichtige Verfassungsinstitutionen wie die kommunale Selbstverwaltung (Art 28 Abs 2), das Beamtentum (Art 33 Abs 5) und die Parteien (Art 21 Abs 3) sowie die Bildung, Verfahrensweise und Verfassung von Staatsorganen (zB Art 54 Abs 7; 94 Abs 2, 95 Abs 3 Satz 2) und die Organisation und das Verfahren der Verwaltung betreffen (zB Art 84 Abs 1, 85 Abs 1, 87 Abs 3). Wichtige geschriebene Gesetzesvorbehalte bestehen ferner auf dem Gebiet des Finanzwesens (zB Art 110, 107 Abs 2, 109 Abs 3) und der internationalen Beziehungen (Art 23 I 2; 24 I, 59 II). Die grundrechtlichen Gesetzesvorbehalte decken der Sache nach den überkommenen sog Eingriffsvorbehalt ab, der zum eisernen Bestand des rechtsstaatlichen Verwaltungsrechts gehört und strikt verstanden wird.[10]

3. Der allgemeine ungeschriebene Gesetzesvorbehalt

9 Neben den vorgenannten speziellen geschriebenen Gesetzesvorbehalten der Verfassung besteht ein allgemeiner ungeschriebener Gesetzesvorbehalt. Die Frage, auf welche Bereiche und Gegenstände sich dieser allgemeine Gesetzesvorbehalt[11] erstreckt, gehört zu den ewigen Streitfragen des Staats- und Verfassungsrechts.

10 Die Problematik des allgemeinen Gesetzesvorbehalts in seiner gegenwärtigen Gestalt erschließt sich nur demjenigen, der bereit ist, einige Grundtatsachen der neueren deutschen Verfassungsentwicklung zur Kenntnis zu nehmen. Dazu sind hier nur einige skizzierende Bemerkungen möglich.[12] – Das Vorbehaltsproblem als Kompetenzproblem konnte historisch erst in dem Augenblick auftreten, in dem die im Absolutismus in der Hand des Landesherrn monopolisierte Staatsgewalt auf verschiedene Gewaltenträger aufgeteilt wurde. Eine solche Auflösung des landesherrlichen Gewaltmonopols war das Ziel und Ergebnis der liberalen Verfassungsbewegung in Deutschland. Die konstitutionellen Bestrebungen richteten sich jedoch nicht auf Mitgestaltung der Staatsordnung, sondern auf die Kontrolle der herkömmlicherweise dem Landesherrn zukommenden Staatsgewalt und damit auf die Sicherung der Individualsphäre. Diese Individualsphäre der bürgerlichen Gesellschaft konstituierte sich durch persönliche Freiheit und Privateigentum. In diese Rechte sollte die Exekutivgewalt, verkörpert durch den Monarchen, künftig

[9] Vgl *Ossenbühl* (Fn 7) § 62 Rn 26 ff.

[10] Analogieverbot bei hoheitlichen Eingriffen: BVerfG NVwZ 1996, 3146 = DVBl 1997, 351 m Anm *Schwabe;* keine rückwirkenden Ermächtigungsgrundlagen: OVG NW DÖV 1995, 427; anders BGH DÖV 1995, 201; Ermächtigungsgrundlagen für Warentests (BVerwG NJW 1996, 3163) und behördliche Empfehlungen (HessVGH DÖV 1995, 75).

[11] Manche sprechen beim allg Gesetzesvorbehalt auch vom „Vorbehalt des Gesetzes", um eine terminologische Abgrenzung zu den speziellen geschriebenen Gesetzesvorbehalten zu schaffen.

[12] Ausf und mN: *Selmer* (Fn 7) 490; *Staupe* (Fn 7).

nur noch und erst eingreifen können, wenn und soweit die betroffene bürgerliche Gesellschaft über ihr Repräsentationsorgan, nämlich das Parlament, ihr Placet erteilt hatte. Diese Legitimation der Exekutive zum Eingriff wurde in der Form des Gesetzes abgegeben.

Daraus ergibt sich, daß in dem politischen Antagonismus zwischen Monarch und Bürgertum, der sich verfassungsrechtlich in dem Gegenüber von Exekutive und Parlament ausdrückte, das „Gesetz" lediglich die Chiffre für die Grenzziehung zweier Machtsphären darstellte. Umfang und Inhalt des Gesetzesbegriffs bestimmten das Maß der Machtbeschränkung des Monarchen, positiv gewendet: das Maß der Mitbestimmung des Bürgertums. Der Gesetzesbegriff war damit als Kompetenzbegriff nur ein „juristischer Problemausdruck" für die sich dahinter verbergende realpolitische Rivalität zwischen Monarch und Parlament.[13]

Entsprechend der politischen Zielsetzung der liberalen Verfassungsbewegung waren der Regelung durch Gesetz nur solche Anordnungen „vorbehalten", die in die Individualsphäre des Bürgers, dh in „Freiheit und Eigentum" eingriffen. Damit erwies sich der „Gesetzesvorbehalt" als „Eingriffsvorbehalt" und hatte als solcher seine politische Stoßrichtung und verfassungsrechtliche Sicherungswirkung gegenüber der Exekutive.

Zugleich leuchtet unmittelbar ein, warum das Gesetz ursprünglich als Regelung, die in Freiheit und Eigentum eingreift, definiert wurde. Jenseits des Sachbereichs „Freiheit und Eigentum" blieb die gesetzesunabhängige Exekutivgewalt erhalten.

„Gesetzesvorbehalt" und „Gesetzesbegriff" sind also in eine bestimmte histori- **11**
sche Epoche verstrickt, anders gesagt: auf eine bestimmte politische Konstellation und Verfassungsstruktur hin definiert und damit als historisch-konventionelle Begriffe gekennzeichnet. Es lag deshalb auf der Hand, nach dem grundlegenden Wandel der Verfassungsstrukturen (Wegfall der konstitutionellen Monarchie, Begründung des demokratischen Rechtsstaates) auch „Gesetzesvorbehalt" und „Gesetzesbegriff" neu zu orientieren. Solche Versuche liegen vor.[14] Die radikalste Form in Gestalt eines „Totalvorbehalts", dh einer durchgehenden, umfassenden Gesetzesabhängigkeit der Verwaltung wird allerdings von niemandem konsequent vertreten. Ein solcher „Totalvorbehalt" wäre auch von den praktischen Notwendigkeiten und Möglichkeiten her gesehen pure Utopie. Allerdings liegen beachtliche Konzeptionen vor, die mit unterschiedlichen Gründen, einerseits mit Hilfe des Demokratiegebotes,[15] andererseits auf der Grundlage des Rechtsstaatsprinzips,[16] einen Gesetzesvorbehalt fordern, der das gesamte unmittelbar an den Bürger gerichtete Verwaltungshandeln umfaßt. Solche Theorien erscheinen unter

[13] Vgl *Ernst Rudolf Huber* Deutsche Verfassungsgeschichte seit 1789, Bd II, 3. Aufl 1988, 16ff. Aus gegenwärtiger Sicht geht es um die Kompetenzabgrenzung zwischen Parlament und Regierung.

[14] Hervorzuheben sind: *Jesch* Gesetz und Verwaltung, 2. unveränd Aufl 1968; *Imboden* Das Gesetz als Garantie rechtsstaatlicher Verwaltung, 2. Aufl 1962; *Rupp* Grundfragen der heutigen Verwaltungsrechtslehre, 1965, 135; *Kloepfer* JZ 1984, 685ff.

[15] So *Jesch* (Fn 14).

[16] So *Rupp* (Fn 14).

dem Aspekt des Wandels der Verfassungsstrukturen und der politischen Realien folgerichtig und einleuchtend, haben sich aber in ihrer Tendenz zur Subalternisierung der Exekutive aus vielen Gründen nicht durchsetzen können.

12 Richtig ist an der Argumentation aus dem demokratischen Prinzip, daß die Exekutive mit dem Wegfall der Monarchie – jedenfalls verfassungsrechtlich – ihre Führungsrolle im Staat verloren hat, und daß das Parlament, das früher nur als „beschränkendes Element"[17] der monarchischen Gewalt fungierte, zum obersten Staatsorgan avanciert ist. Indessen vermag diese Spitzenstellung des Parlaments wohl den Vorrang parlamentarischer Willensakte gegenüber exekutiven Entscheidungen zu begründen, nicht aber Anhaltspunkte für einen totalen Gesetzesvorbehalt zu liefern. Daß überdies in unserem Verfassungssystem auch die Exekutive auf eine *eigene* demokratische Legitimation verweisen kann, wird oft übersehen.[18]

13 Ein anderer Begründungsversuch setzt bei der inhaltlichen Veränderung des Freiheitsbegriffs an.[19] In der liberalen Epoche habe der Freiheitsbegriff eine autonome Eigensphäre des einzelnen bezeichnet, in die der Staat nur durch Gesetz eindringen konnte. An die Stelle der autonomen Eigensphäre, eines selbstbeherrschten und auch als beherrschbar gedachten Lebensraumes, sei die völlige soziale Abhängigkeit vom Staat getreten. Damit habe der Freiheitsgedanke heute eine andere Zielrichtung. Der Bürger versuche, die in der sozialen Abhängigkeit liegende Unfreiheit durch gesetzliche Rechtsverbürgungen abzuschütteln und die Freiheit wieder herzustellen. „Freiheit" bedeute demnach heute nicht – nur – Abwesenheit staatlicher „Eingriffe", sondern auch „Teilhabe" an staatlichen Leistungen. Deshalb müsse der Gesetzesvorbehalt über den „Eingriffsvorbehalt" hinaus auf die gesamte *leistende* Verwaltung erstreckt werden.

14 Das Bestreben, dem Bürger unter den gewandelten Daseinsbedingungen einen gefestigten status positivus socialis zu verschaffen, ist legitim und verfassungsrechtlich geboten (Sozialstaatsprinzip!). Diesem Ziel kann aber durch eine Erweiterung des Gesetzesvorbehaltes nicht wirksam gedient werden. Vielmehr erweisen sich solche Postulate nach Vorbehaltserweiterungen für den Bürger letztlich als Danaergeschenk. Denn: daß der Gesetzgeber die leistende Verwaltung nach der geltenden Verfassung ohne weiteres mit gesetzlichen Grundlagen versehen kann, ist völlig unbestritten. *Insoweit* zieht der Gesetzesvorbehalt keine Kompetenzgrenze mehr, die den *parlamentarischen* Entscheidungsbereich beschneiden könnte. Ein „Totalvorbehalt" hätte danach vornehmlich nicht die Wirkung, dem Parlament neue Entscheidungsmöglichkeiten zu eröffnen, sondern den Aktionsraum der Exekutive einzuengen. Wer deshalb für den „Totalvorbehalt" optiert, raubt dem Bürger die Chance, Leistungen in einem Bereich zu erhalten, in dem der Gesetzgeber bislang keine eigene Initiative ergriffen hat, sei es, weil er bewußt untätig bleibt, sei es, weil er effektiv nicht in der Lage ist, den „Normhunger der

[17] *Meyer/Anschütz* Lehrbuch des deutschen Staatsrechts, 7. Aufl 1919, 268, 334.

[18] Vgl zu dieser Legitimation: *Ossenbühl* (Fn 5) 198ff; zust BVerfGE 49, 89, 125 (Kalkar); 68, 1 (87f) (Raketenstationierung).

[19] Vgl *Rupp* DVBl 1959, 81, 84; *ders* (Fn 14) 113ff; *Mallmann* VVDStRL 19 (1961) 190; *Stern* JZ 1960, 525; *Friauf* DVBl 1966, 737; schon vorher *Scheuner* VVDStRL 11 (1954) 17.

Verwaltung"[20] zu stillen.[21] Konsequenterweise müßte nach der Konzeption eines Totalvorbehaltes auch die seit über zwanzig Jahren praktizierte, ausgedehnte Subventionsverwaltung[22] für verfassungswidrig erklärt werden, obwohl die Verwaltung nichts anderes tut, als im parlamentsbeschlossenen Haushaltsgesetz eingesetzte Milliardenbeträge nach den Zielweisungen des Gesetzgebers – aber selbstgesetztem Verteilungsschlüssel in Gestalt von Subventionsrichtlinien – auszuschütten.

4. Problemfelder

Unter der Geltung des Grundgesetzes ist der Anwendungsbereich des allgemeinen Gesetzesvorbehaltes zunächst für die Leistungsverwaltung, namentlich für die Subventionsverwaltung, diskutiert worden. Diese Diskussion hat sich sodann mit erheblichen praktischen Konsequenzen auf die besonderen Gewaltverhältnisse ausgedehnt. **15**

a) Im Subventionsbereich stellte sich bereits früh ein befriedender Konsens ein. **16** Hier umgeht die Rechtsprechung[23] die Vorbehaltsproblematik, indem sie zwar an dem Erfordernis einer *gesetzlichen* Legitimation für die Darreichung von Subventionen festhält, aber eine ausreichende gesetzliche Legitimation als gegeben erachtet, wenn

- im Haushaltsplan als Bestandteil des förmlichen Haushaltsgesetzes entsprechende Mittel eingesetzt sind,
- innerhalb des Haushaltsplans eine ausreichende Umreißung der Zweckbestimmung dieser Mittel vorgesehen ist,
- die Vergabe dieser Mittel zu den den betreffenden Verwaltungsinstanzen zugewiesenen verfassungsmäßigen Aufgaben gehört.

Ob man allerdings das Haushaltsgesetz als geeignete formalgesetzliche Grundlage iSd Gesetzesvorbehaltes ansehen kann, ist umstritten.[24] Hiergegen sprechen eine Reihe nicht unerheblicher Bedenken, namentlich das sog Bepackungsverbot

[20] So eine plastische Formulierung von *Forsthoff* VwR, 136.

[21] Vgl *Bullinger* Vertrag und Verwaltungsakt, 1962, 96; *Wolff/Bachof* VwR III, § 138 III b; *Ossenbühl* (Fn 5) 217; *Kisker* NJW 1977, 1313ff.

[22] Dazu namentlich *Ipsen/Zacher* VVDStRL 25 (1967) 257ff, 308ff; *Rüfner* Formen öffentlicher Verwaltung im Bereich der Wirtschaft, 1967; *Schetting* Rechtspraxis der Subventionierung, 1973; zur Frage des Gesetzesvorbehaltes: *Jarass* NVwZ 1984, 473ff; *Bauer* DÖV 1983, 53ff; *H. P. Ipsen* in: Isensee/Kirchhof IV, § 92.

[23] Vgl BVerfGE 8, 155; BVerwGE 6, 282; 18, 352 = DVBl 1964, 824; 58, 45, 48; 90, 112, 126; BVerwG NJW 1959, 1098 = DÖV 1959, 706 = DVBl 1959, 573; DÖV 1961, 426; DVBl 1961, 207; DÖV 1963, 387; DÖV 1977, 606; DVBl 1979, 881 mit Anm *Götz;* NVwZ 1998, 273; OVG Lüneburg DVBl 1956, 24, 25; HessVGH ESVGH 6, 231; 14, 50 = DVBl 1963, 443; DVBl 1968, 259, 261; BayVGH BayVBl 1970, 408; *Sendler* WiVerw 1978, 156ff; *Ipsen* (Fn 22) § 92 Rn 43.

[24] Vgl zB *Stern* (Fn 19) 521f; *Rupp* NJW 1966, 1098; BVerfGE 20, 56 = NJW 1966, 1499 (Parteienfinanzierung); *Sellmann* Der schlichte Parlamentsbeschluß, 1966; *Jesch* (Fn 14) 227; *Ipsen* VVDStRL 25 (1967) 291; *Selmer* VerwArch 59 (1968) 140; *Scheuner* DÖV 1969, 585, 591.

(Art 110 Abs 4 Satz 1 GG)[25] und die Beschränkung der haushaltsgesetzlichen Bestimmungen auf den sog innerorganschaftlichen Rechtskreis, also die fehlende Außenwirkung im Verhältnis Staat-Bürger.[26] Überdies wird man zumindest die Frage stellen müssen, ob die weitgreifenden und hochabstrakten Ziel- und Zwecksetzungen, die in Haushaltsvermerken zum Ausdruck kommen, nicht eine so (abgeschwächte) „minimale Orientierung" der Verwaltung am Gesetz darstellen, daß von einer *Gesetzesbindung* der Exekutive schlechterdings keine Rede mehr sein kann.[27] Das Bundesverwaltungsgericht[28] hat sich – z T auch gegen die Kritik einiger Instanzgerichte[29] – über diese Bedenken hinweggesetzt.

17 b) Anders verlief die Entwicklung hinsichtlich der sog besonderen Gewaltverhältnisse (Schulverhältnis, Strafgefangenenstatus, Anstaltsverhältnisse etc). Auch hier hatte sich im Anschluß an den Strafvollzugs-Beschluß des Bundesverfassungsgerichts aus dem Jahre 1972[30] und weiteren grundlegenden und richtungsweisenden Urteilen[31] alsbald der Grundkonsens eingestellt, daß „wesentliche Entscheidungen" nur vom Parlament getroffen werden können (sog Wesentlichkeitstheorie). Was aber als „wesentlich" anzusehen ist, erscheint kaum hinreichend definierbar und ist deshalb im konkreten Fall bis heute die Quelle von weittragenden Kompetenzkonflikten.

18 Der Strafvollzugs-Beschluß des Bundesverfassungsgerichts von 1972 führte schon 1976 zum Erlaß des Strafvollzugsgesetzes, welches an die Stelle von Verwaltungsvorschriften der Justizminister trat. Im Schulrecht dagegen setzte eine breite, durch zahlreiche und vielfältige praktische Konfliktfälle genährte Diskussion über die Geltung des Gesetzesvorbehaltes im Schulrecht ein. Die vor allem in den 70er Jahren auch in der Tagespresse notierten verwaltungsgerichtlichen Entscheidungen über die Einführung der Sexualkunde,[32] der Mengenlehre,[33] der 5-Tage-Woche in der Schule,[34] über die Reform der gymnasialen Oberstufe,[35] die Einführung der obligatorischen Förderstufe,[36] den Erlaß von Prüfungs- und Versetzungsordnungen,[37] die Zulässigkeit von Schulstrafen und Schulverweisen[38] etc sind im Zusammenhang mit dem Gesetzesvorbehalt zu sehen.[39] Es geht

25 Dazu *Portatius* Das haushaltsrechtliche Bepackungsverbot, 1975; BSGE 37, 144.

26 Vgl dazu BVerfGE 20, 56.

27 Vgl *Götz* Recht der Wirtschaftssubventionen, 1966, 299.

28 Vgl etwa BVerwGE 18, 352 (Honnefer Modell).

29 Vgl zB VG Frankfurt DVBl 1961, 52; OVG NW DVBl 1963, 860, 861.

30 BVerfGE 33, 1.

31 BVerfGE 33, 125, 157 (Facharztausbildung); 33, 303, 346 (numerus clausus); 41, 251 (Schulverweis); zusammenfassend BVerfGE 58, 257 (Schulentlassung).

32 BVerwGE 47, 194.

33 BayVerfGH DVBl 1975, 425.

34 BVerwGE 47, 201.

35 HessVGH NJW 1976, 1856.

36 HessStGH ESVGH 35, 1 = DÖV 1984, 718.

37 HessStGH ESVGH 21, 1; BVerwGE 56, 155; VG Freiburg NJW 1976, 865 = DÖV 1976, 56.

38 BVerfGE 41, 251.

39 Vgl *Ossenbühl* FS Bosch, 1976, 751 ff; *Oppermann* Gutachten C zum 51. DJT, 1976,

um das Problem, ob die Schulverwaltung die vorgenannten Fragen aus eigener Kompetenz regeln und ordnen kann oder ob sie hierzu gesetzlicher Zielweisungen und Ermächtigungen bedarf. Veranlaßt durch die Neuorientierung des Gesetzesvorbehaltes in Lehre und Rechtsprechung setzte in den Ländern eine Normierungswelle ein, die darauf gerichtet war, das Schulwesen als überkommene „Lücke des Rechtsstaates" aus der administrativen Alleinherrschaft herauszuführen. Ob dies überall in dem erforderlichen Maße gelungen ist, mag auf sich beruhen.[40] – Die Problematik des Gesetzesvorbehaltes hat sich auf das Prüfungsrecht verlagert.[41] –

c) Die Leistungsverwaltung und die besonderen Gewaltverhältnisse waren jene **19**
Felder, die von Anfang an aus dem überkommenen Gesetzesvorbehalt ausgeklammert wurden und unter der Geltung des Grundgesetzes der Integration in das demokratisch-rechtsstaatliche Kompetenz- und Legitimationssystem bedurften. Insoweit ist die Diskussion um diese Anwendungsfelder gleichsam zwangsläufige Folge der Änderung der Verfassungsstrukturen gewesen. Die Wesentlichkeitstheorie, die sich im Laufe dieser Diskussion herausgebildet hatte, war aber in ihrer Allgemeinheit und Vagheit vorzüglich geeignet, auch auf andere Bereiche der Verwaltung angewendet zu werden. Namentlich für den Bereich des Umwelt- und Technikrechts wurden immer wieder von der Verwaltung getroffene Entscheidungen im Namen der Wesentlichkeitstheorie für den parlamentarischen Gesetzgeber reklamiert, so beispielsweise im Atomrecht die Standortplanung von Kernkraftwerken, die Einführung neuer Technologien (zB Brütertechnologie) und die Einsetzung von Sachverständigenkommissionen in das Verwaltungsverfahren.[42] Für das Immissionsschutzrecht und andere Gebiete des Umweltrechts wurde die gesetzliche Festlegung von Grenzwerten und Umweltstandards gefordert. Doch zeigte sich gerade hier, daß der parlamentarischen Regelung gleichsam natürliche Grenzen gesetzt sind, die ihre Ursachen in den tatsächlichen Besonderheiten der Regelungsmaterie haben und praktisch zu einer Umkehrung der Wesentlichkeitstheorie führen.[43] Oft wird übersehen, daß die Wesentlichkeitstheorie eine parlamentarische Entscheidung nur in den „grundlegenden normativen Bereichen" erfordert,[44] nicht hingegen im Vollzugsbereich. Entscheidungen im Vollzugsbereich stehen der Exekutive zu, auch wenn sich diese Entscheidungen als „wesentlich" erweisen sollten. Insoweit liegt die Funktionenordnung gleichsam quer zur Wesentlichkeitstheorie.[45]

52ff; *Niehues* DVBl 1980, 465; *Lerche* Bayerisches Schulrecht und Gesetzesvorbehalt, 1981; *Heußner* FS Stein, 1983, 111ff; *Erichsen* FS zum 125jährigen Bestehen der Juristischen Gesellschaft zu Berlin, 1984, 113ff.

[40] Vgl *Ossenbühl* DÖV 1977, 801ff.

[41] Vgl *Becker* NJW 1990, 273ff.

[42] Zu diesen Fragen hat der Kalkar-Beschluß des Bundesverfassungsgerichts wesentliche Grundlagen geschaffen; vgl BVerfGE 49, 89.

[43] Vgl *Salzwedel* in: Isensee/Kirchhof III, § 85 Rn 24ff.

[44] Vgl BVerfGE 49, 89, 126.

[45] Vgl VerfGH NW NWVBl 1997, 247, 252 (Braunkohletagebau Garzweiler II); *Degenhardt* DVBl 1996, 773, 783.

20 Für Aufsehen gesorgt hat ein Beschluß des Hessischen VGH, der entschieden hat, daß Anlagen, in denen mit gentechnischen Methoden gearbeitet wird, nur aufgrund einer ausdrücklichen Zulassung durch den Gesetzgeber errichtet und betrieben werden dürfen.[46] Die Entscheidung hat vielfältigen Widerspruch erfahren.[47] Ihre praktische Bedeutung hat sich nach Erlaß des Gentechnikgesetzes v 20. 6. 1990 (Sartorius Nr 270) erledigt. Aber es bleibt das allgemeine Problem, inwieweit technische Innovationen ausdrücklicher gesetzlicher Gestaltung bedürfen und vor allem die Frage, wie dem Gesetzesvorbehalt zur Bewältigung neuer Technologien Genüge getan werden kann.

21 Der Gentechnik-Beschluß des Hessischen VGH betrifft letztlich einen vom Gesetzesvorbehalt bisher nicht erfaßten Aspekt, nämlich die Frage der Abgrenzung zwischen Bürger-Freiheit (zur Erforschung neuer Wege) einerseits und der Notwendigkeit einer staatlichen Zulassung freiheitlicher Bürgerbetätigung andererseits. Dieser Aspekt findet in der Diskussion um die Rechtsschreibereform eine vergleichbare Parallele, denn dort geht es auch um die „Zuständigkeit des Staates" zur Regelung (nicht um die Zuständigkeit des Parlamentes).[48]

22 d) Nicht zu verwechseln mit dem Gesetzesvorbehalt ist der *Parlamentsvorbehalt,* dem das Bundesverfassungsgericht im Bereich der auswärtigen Gewalt einen eigenen verfassungsrechtlichen Stellenwert beigemessen hat.[49] Der Gesetzesvorbehalt erfaßt jene Materien, die nur in der Form eines Parlamentsgesetzes geregelt werden können. Insoweit ist der Gesetzesvorbehalt ein Sach- und Formvorbehalt. Der Parlamentsvorbehalt betrifft nur die Sache, nicht die Form. Die Sachentscheidung muß zwar vom Parlament getroffen werden; dies kann aber (auch) in der Form eines schlichten Parlamentsbeschlusses geschehen (zB Zustimmung zum Auslandseinsatz der Bundeswehr).

23 e) Abschließend sei ein weiterer Gedanke hervorgehoben. Wie weit man auch immer die Reichweite des Gesetzesvorbehaltes ziehen mag, die Verwaltung ist, auch wenn und soweit sie im sog *gesetzesfreien* Raum agiert, keineswegs rechtlich ungebunden. Die nicht selten stillschweigend und zuweilen auch unreflektiert vollzogene Gleichung: „*gesetzesfreie* Verwaltung = rechtsfreie Verwaltung" ist schlicht falsch. Wie jede andere staatliche Instanz unterliegt die Verwaltung den Bindungen der Verfassung. Insoweit hat die Rechtsprechung namentlich unter Heranziehung des Gleichheitssatzes und des Grundsatzes der Verhältnismäßigkeit der Verwaltung Bindungen auferlegt, von denen man mit Recht sagen kann, daß ihnen gesetzesgleiche Wirkung zukommt.[50]

[46] HessVGH NJW 1990, 336 m Anm *Deutsch;* JZ 1990, 88 m Anm *Rupp.*
[47] Vgl *Rose* DVBl 1990, 279ff; *Gersdorf* DÖV 1990, 514ff, *Sendler* NVwZ 1990, 231ff.
[48] *Menzel* NJW 1998, 1177, 1182ff.
[49] BVerfGE 90, 286; krit *Badura* StR, E 2, G 83.
[50] Dazu o § 6 Rn 46ff.

§ 10
Rechtliche Gebundenheit und Ermessen der Verwaltung

Wie schon früher dargetan, ist Verwaltung keineswegs gleichzusetzen mit Gesetzesvollzug. Vielmehr tritt die Verwaltung zum Gesetz in eine höchst differenzierte Beziehung. Das Gesetz kann für die Verwaltung vor allem drei Bedeutungen haben: es kann der Verwaltung die *Ermächtigung* zum Eingreifen in den Rechtskreis des Bürgers geben (Gesetz als Ermächtigungsgrundlage); es kann der Verwaltung den *Auftrag* erteilen, ein näher definiertes öffentliches Interesse zu verwirklichen; schließlich kann das Gesetz sich lediglich als *Schranke* eines Verwaltungshandelns erweisen, das aus eigenem Antrieb ein öffentliches Bedürfnis zu befriedigen sucht. Es liegt auf der Hand, daß schon auf dem Hintergrund dieser groben Dreiteilung eine Gesetzesbindung der Verwaltung ganz unterschiedlich ausfallen kann und auch ausfallen muß, und zwar nicht nur, was die Regelungsdichte der Gesetzesnormen anbetrifft, sondern auch die Normstruktur. Vollständige Normen bestehen im allgemeinen aus Tatbestand und Rechtsfolge und sind nach dem „Wenn-Dann-Schema" aufgebaut („Wenn" = Tatbestand; „Dann" = Rechtsfolge), also konditional programmiert. Im Gegensatz zu solchen „Vollzugsnormen" stehen die „Gestaltungsnormen", namentlich Plangesetze, die keine Tatbestände enthalten, sondern Ziele anvisieren und Zweckprogramme fixieren, die die Verwaltung ansteuern und verwirklichen muß: Solche Normen sind nicht konditional, sondern final programmiert und schon strukturell mit größeren Freiheiten für die Verwaltung verbunden als die „Vollzugsnormen".[1] 1

I. Intensität und Modalitäten der Gesetzesbindung

1. Strenge Gesetzesbindung

Von strenger Gesetzesbindung zu sprechen, ist dann erlaubt, wenn die Verwaltung in ihrem Handeln an normative Vorgaben gebunden ist, die ihr keine nennenswerte eigene Entscheidungsfreiheit belassen. Die gesetzliche Bindung kann soweit gehen, daß sich der Gesetzesvollzug als ein Rechenexempel darstellt und die Verwaltungsentscheidungen durch Computer erstellt werden können, wie zB im Steuerrecht, Rentenrecht, Besoldungsrecht, Wohngeldrecht. Den „Verwaltungsfabrikaten" der Massenverwaltung stehen auf der anderen Seite jene Verwaltungsentscheidungen und Verwaltungsmaßnahmen gegenüber, die nur in einer konkret-individuellen Abwägung der Umstände des Einzelfalles ergehen können und sich nur bedingt und beschränkt normativ programmieren lassen, die also typischerweise durch einen mehr oder weniger großen Rest normfeindlicher Individualität gekennzeichnet sind. Die Norm tritt dann zugunsten der situationsbedingten Einzelfallgerechtigkeit zurück. Und dies bedeutet, daß dem Gesetzesanwender nach dem Maß des Zurücktretens normativer Vorgaben Entscheidungsfreiheit zuwächst. Rechtstechnisch und normstrukturell wird die Lockerung und Ab- 2

[1] Vgl *Hoppe* DVBl 1974, 641.

schwächung der Gesetzesbindung vor allem durch zwei Instrumente herbeigeführt: durch die Einstellung sog unbestimmter Rechtsbegriffe in den Gesetzestatbestand und durch die Einräumung von Wahlfreiheit der Verwaltung auf der Rechtsfolgeseite der Norm (sog Verwaltungsermessen).

2. Unbestimmte Rechtsbegriffe und Generalklauseln

3 Der Ausdruck „unbestimmter Rechtsbegriff" ist genau besehen ein Pleonasmus, denn letztlich ist jeder Rechtsbegriff mehrdeutig und insofern unbestimmt.[2] Gemeint sind mit dem „unbestimmten Rechtsbegriff" im hier interessierenden Zusammenhang solche Begriffe, die in besonderem Maße der Auslegung und Konkretisierung bedürfen, bevor sie auf einen konkreten Sachverhalt angewendet werden können. Dazu gehören beispielsweise: öffentliche Sicherheit und Ordnung, öffentliches Interesse, öffentliche Belange, Gemeinwohl, unbillige Härte, Unzumutbarkeit, Zuverlässigkeit, Gefahr im Verzuge, Bedarfsgerechtigkeit, volkswirtschaftliche Förderungswürdigkeit, umweltschädliche Auswirkungen usw. Die Auslegung und Anwendung unbestimmter Rechtsbegriffe gehört zum täglichen Brot der Verwaltung. Denn es gibt kein Verwaltungsgesetz, das nicht in hohem Maße mit unbestimmten Rechtsbegriffen angereichert wäre.

4 Unbestimmte Rechtsbegriffe sind der Tribut für das begrenzte menschliche Erkenntnis- und Definitionsvermögen. Sie sollen Sachverhalte erfassen, die sich weder annähernd genau voraussehen noch definitorisch eingrenzen lassen. Deshalb sind sie notwendig, um der Verwaltung ein flexibles, fallangepaßtes und situationsgerechtes Handeln zu ermöglichen. Dies wird besonders deutlich, wenn unbestimmte Rechtsbegriffe im Kontext von sog Generalklauseln auftauchen. Das wichtigste Beispiel ist die polizeiliche Generalklausel, wie sie sich in § 14 Abs 1 PrPVG und seinen heute geltenden Nachfolgebestimmungen findet.[3]

5 Unbestimmte Rechtsbegriffe bedeuten letztlich ein Stück unvollendeter Gesetzgebung. Das Normprogramm ist bewußt vage gefaßt und/oder unvollständig. Auf diese Weise wächst dem Normanwender ein Auslegungs- und Konkretisierungsmandat zu, dessen Wahrnehmung sich zuweilen der Sache nach sehr deutlich als „nachgeholte Normsetzung" erweist. Unbestimmte Rechtsbegriffe sind deshalb Delegationsbegriffe: sie ermächtigen den Gesetzesanwender, das normative Programm zu vervollständigen und zu verdeutlichen.

3. Rechtsfolgebestimmung durch die Verwaltung

6 Ein ganz vergleichbarer Vorgang wie beim unbestimmten Rechtsbegriff im Gesetzestatbestand kann auch auf der Rechtsfolgeseite der Norm stattfinden, wenn der Verwaltung Ermessen eingeräumt wird. Die Einräumung von Verwaltungs-

[2] *Achterberg* Allg VwR, § 18 Rn 39.

[3] Danach haben die Polizeibehörden im Rahmen der geltenden Gesetze die nach pflichtgemäßem Ermessen notwendigen Maßnahmen zu treffen, um von der Allgemeinheit oder dem einzelnen Gefahren abzuwehren, durch die öffentliche Sicherheit oder Ordnung bedroht wird.

ermessen bedeutet, daß das Gesetz an die Erfüllung des Gesetzestatbestandes nicht nur eine einzige bestimmte Rechtsfolge knüpft, sondern der Verwaltung die Freiheit einräumt, unter mehreren Rechtsfolgen zu wählen. Diese Wahl setzt jedoch erst ein, wenn der gesetzliche Tatbestand erfüllt ist. Da die Wahl an durch den Gesetzeszweck gedeckten Sachgründen zu orientieren ist, enthält die Ermessensausübung auch Elemente einer sachgerechten Ergänzung des Normprogramms. Die durch das Verwaltungsermessen gekennzeichnete Entscheidungsfreiheit der Verwaltung besteht darin, daß das Gesetz nur einen Mindesttatbestand vorgibt, den die Verwaltung durch weitere Sachvoraussetzungen ergänzen kann, um sodann den ergänzten Tatbestand unter Berücksichtigung der besonderen Umstände des Einzelfalles situationsgerecht anzuwenden und eine fallangepaßte Rechtsfolge festzusetzen.

4. Rechtsbindung der Verwaltung und richterliche Kontrolle

Der unbestimmte Rechtsbegriff im öffentlichen Recht ist nicht primär ein rechts- **7**
theoretisches Problem. Gewiß stellen sich bei der Auslegung und Konkretisierung unbestimmter Rechtsbegriffe die Fragen der Methodik und der Interpretationskunst in besonderer Weise. Aber diese Seite des Problems haben die unbestimmten Rechtsbegriffe im Verwaltungsrecht gemeinsam mit den unbestimmten Rechtsbegriffen des Zivil- und Strafrechts. Die spezifische verwaltungsrechtliche Problematik des unbestimmten Rechtsbegriffs tritt erst dann voll in den Blick, wenn man sie vor dem Hintergrund der Funktionsteilung zwischen Verwaltung und Verwaltungsgerichtsbarkeit betrachtet.[4] In diesem Zusammenhang geht es um die Frage, wem nach der Rechtsordnung das Mandat zur Auslegung und Konkretisierung der unbestimmten Rechtsbegriffe und zur letztverbindlichen Anwendung auf den Einzelfall zusteht: der gesetzanwendenden Verwaltung oder dem kontrollierenden Verwaltungsrichter; oder ob das Mandat zur Auslegung und letztverbindlichen Anwendung unbestimmter Rechtsbegriffe im Verwaltungsrecht möglicherweise sogar in bestimmter Weise auf Verwaltung einerseits und Verwaltungsgerichtsbarkeit andererseits aufgeteilt ist. Diese unter dem Topos der Kontrolldichte geläufige Frage stellt sich in gleicher Weise für das Verwaltungsermessen.

Das damit gegebene öffentlich-rechtliche Spezifikum und seine Besonderheit in **8**
der Gerichtsbarkeit läßt sich in einer gewissen sprachlichen Zuspitzung auf die Formel bringen: die Zivil- und Strafgerichte entscheiden, die Verfassungs- und Verwaltungsgerichte hingegen kontrollieren. Zivil- und Strafgerichte haben eine uneingeschränkte Rechtsanwendungszuständigkeit, weil ihrem Judiz keine dem objektiven Allgemeininteresse verpflichtete Entscheidung eines kompetenten Hoheitsträgers vorausgeht. Der Verwaltungsrichter hingegen sitzt typischerweise über eine Verwaltungsentscheidung zu Gericht, die von einem hierfür gesetzlich eingerichteten Hoheitsträger getroffen worden ist und rechtlich nur nach dem Maß vorgegebener Rechtskriterien kontrolliert werden kann. Fehlen solche Rechtsmaßstäbe oder verblassen sie ins Unerkennbare, so verliert eine Rechtskontrolle ihre Grundlage.

[4] Vgl *Franßen* FS Zeidler, 1987, 429ff; *Ossenbühl* FS Redeker, 1993, 55; *Schmidt-Aßmann* DVBl 1997, 281ff.

9 Dieser Zusammenhang muß von Anfang an im Auge behalten werden. Nur wenn man ihn ständig im Sinn behält, läßt sich die mit dem unbestimmten Rechtsbegriff und dem Verwaltungsermessen verbundene Problematik sachgerecht erfassen.

II. Das Verwaltungsermessen[5]

1. Begriff

10 Der Begriff des Ermessens ist vieldeutig. Im Zusammenhang mit der Ausübung von Staatsgewalt meint er ein bestimmtes je nach dem Entscheidungsträger und der Entscheidungsart unterschiedliches Maß an Entscheidungsfreiheit. So ist neben dem Verwaltungsermessen auch die Rede vom Gesetzgebungsermessen,[6] vom Verordnungsermessen[7] und vom richterlichen Ermessen.[8] Ob das Ermessen in allen vorgenannten Bereichen eine einheitliche Struktur aufweist oder qualitative Unterschiede zeigt, ist umstritten.[9] Im vorliegenden Zusammenhang geht es allein um das Ermessen der Verwaltung. Aber auch in diesem thematisch beschränkten Ausschnitt war und ist der Ermessensbegriff nicht einheitlich. Für das Verständnis der älteren Literatur und auch der Rechtsprechung ist wichtig zu wissen, daß man unter Ermessen der Verwaltung früher eine Entscheidungsfreiheit verstanden hat, die sich sowohl auf den Tatbestand wie auch auf die Rechtsfolgeseite der Norm erstreckte. Diese Unterscheidung zwischen Tatbestandsermessen (kognitivem Ermessen) und Rechtsfolgeermessen (volitives Ermessen)[10] in Deutschland ist erst in den 60er Jahren einer anderen Einteilung gewichen.[11] In der seitdem herrschenden Lehre und Rechtsprechung wird entgegen dem Sprachgebrauch im Gemeinschaftsrecht[12] das Verwaltungsermessen als „normativ begründete, eingegrenzte und diri-

[5] Literatur: *Sachs* in: Stelkens/Bonk/Sachs, VwVfG, Erl zu § 40; *von Mutius* Jura 1987, 92; *Bullinger* Verwaltungsermessen im modernen Staat, 1986, 131ff; *Starck* FS Sendler, 1991, 167ff; *Wolff/Bachof/Stober* VwR I, § 31 Rn 31ff; *Herdegen* JZ 1991, 747ff; *Brohm* JZ 1995, 369ff; *Waechter* VerwArch 1997, 298ff.

[6] Vgl zB BVerfGE 1, 264, 279; durchgesetzt hat sich jedoch hier der Topos der „Gestaltungsfreiheit (Gestaltungsspielraum) des Gesetzgebers"; vgl *Schlaich* Das Bundesverfassungsgericht, 4. Aufl 1997, Rn 494f.

[7] Vgl *Ossenbühl* in: Isensee/Kirchhof III, § 64 Rn 33ff; *Badura* GS Martens, 1987, 25ff.

[8] *Schiffczyk* Das „freie Ermessen" des Richters im Zivilprozeßrecht, Diss Erlangen 1979.

[9] Vgl *Ossenbühl* FS Huber, 1981, 283ff, 286ff.

[10] *Wolff/Bachof* VwR I, § 31 IIa.

[11] *Bachof* JZ 1955, 97ff; vgl zur Entwicklung des Ermessensbegriffs: *Bullinger* in: ders (Hrsg), Verwaltungsermessen im modernen Staat, 1986, 131ff; *Faber* VwR, § 14 I; *Ossenbühl* DÖV 1968, 618ff.

[12] Im Gemeinschaftsrecht werden ebenso wie beispielsweise in der französischen Rechtsordnung alle der Verwaltung eröffneten normativen Spielräume als „Ermessen" erfaßt. Es fehlt die deutsche Unterscheidung zwischen Ermessen und unbestimmtem Rechtsbegriff (vgl *von Danwitz* Verwaltungsrechtliches System und Europäische Integration, 1996, 184ff, 326ff, 360ff; *Brenner* Der Gestaltungsauftrag der Verwaltung in der Europäischen Union, 1996, 381ff). Im Zuge der Angleichung der nationalen Dogmatiken dürfte damit

gierte Rechtsfolgenbestimmung durch die Verwaltung" definiert.[13] Aus diesem engeren Begriff des Verwaltungsermessens wird der Begriff des *Planungsermessens* ausgenommen. Das Planungsermessen weist eine andere Struktur auf als das Verwaltungsermessen im engeren Sinne.[14] Das Verwaltungsermessen ist gleichsam streng gesetzesakzessorisch und auf die Auswahl unter gesetzlich vorgesehenen Rechtsfolgen beschränkt, während das Planungsermessen eine Beurteilungs- und Bewertungsfreiheit der Verwaltung im Rahmen einer durch Abwägung gekennzeichneten Planungsentscheidung kennzeichnet.[15] Die Gesetzesakzessorietät ist in besonderem Maße beim *Dispensermessen* ausgeprägt, welches die Verwaltung ermächtigt, eine Ausnahme (Befreiung) von einer zwingenden Rechtsnorm zu erteilen.[16]

Verwaltungsermessen im heute herrschend verstandenen Sinne besteht nur bei **11**
Anwendung einer Verwaltungsrechtsnorm, die einen Mindesttatbestand aufweist, der seinerseits erfüllt sein muß, bevor eine Ermessensentscheidung einsetzen kann. Ein Mangel am Gesetzestatbestand bedeutet demzufolge eine Ermessenssperre. Vereinfacht gesagt setzt eine Ermessensentscheidung eine vorhergehende rechtliche Subsumtion voraus, die sich ihrerseits als ein Akt der Rechtsanwendung darstellt.

Ob eine Gesetzesnorm der Verwaltung bei der ihr obliegenden Entscheidung **12**
Ermessen einräumt, wird im Gesetzestext häufig durch die Worte „kann", „darf", „soll", „ist befugt (berechtigt)" und dgl zum Ausdruck gebracht, ist aber nicht immer ohne weiteres der Wortfassung zu entnehmen.[17] Nach § 8 RuStAngG *kann* ein Ausländer eingebürgert werden, wenn er die im Gesetz genannten vier Voraussetzungen erfüllt (unbeschränkte Geschäftsfähigkeit, unbescholtener Lebenswandel, Wohnung, Unterhaltsfähigkeit); er muß aber nicht eingebürgert werden. Vielmehr kann die Verwaltung weitere Voraussetzungen für die Einbürgerung fordern, wie beispielsweise Beherrschung der deutschen Sprache, Eingliederung in die deutsche Kulturordnung, Mindestaufenthalt in Deutschland etc. Sie hat neben solchen generellen zusätzlichen Entscheidungskriterien auch die jeweiligen besonderen Umstände des Einzelfalles bei ihrer Entscheidung zu berücksichtigen.

zu rechnen sein, daß die deutsche Ermessenslehre einer Revision unterzogen wird (vgl *Brenner* aaO, 383 mwN; *Bleckmann* Ermessensfehlerlehre – Völker- und Europarecht, Vergleichendes Verwaltungsrecht, 1997).

13 Vgl *Ossenbühl* DÖV 1976, 463, 465; *Schmidt-Aßmann* in: Maunz/Dürig, GG, Art 19 IV Rn 189.

14 Vgl *Hoppe* (Fn 1) 644; *Ossenbühl* in: Verhandlungen des 50. DJT, Bd II, 1974, B 184; *Sachs* (Fn 5) § 40 Rn 42; BVerwGE 34, 301, 304; 48, 56, 59; anders: *Alexy* JZ 1986, 701, 711 (Fn 115).

15 Vgl *Schmidt-Aßmann* (Fn 13) Art. 19 IV Rn 208ff; *Wolff/Bachof/Stober* (Fn 5) § 31 Rn 57ff.

16 Vgl *Brohm* (Fn 5) 373; für Baudispense s § 31 BauGB (Befreiung von Festsetzungen des Bebauungsplans).

17 Vgl zB § 7 AtG betr die atomrechtliche Anlagengenehmigung, bei der ein Versagungsermessen der Verwaltung angenommen wird.

2. Ermessensausübung

13 Ist eine Behörde ermächtigt, nach ihrem Ermessen zu handeln, hat sie ihr Ermessen entsprechend dem Zweck der Ermächtigung auszuüben und die gesetzlichen Grenzen des Ermessens einzuhalten (§ 40 VwVfG). Bevor der eigentliche Ermessensakt stattfinden kann, muß die Behörde deshalb zunächst den Raum der ihr zugeordneten Entscheidungsfreiheit bestimmen. Er ergibt sich zum einen aus dem Zweck des Gesetzes, dem *Ermessensdirektiven* im Sinne finaler Ermessensbindungen entnommen werden können, zum andern aus den *Ermessensschranken.*[18] So kann beispielsweise die Ablehnung einer straßenrechtlichen Erlaubnis zur Aufstellung eines Verkaufsstandes mit Rücksicht auf den Zweck der Straßen- und Wegegesetze[19] wohl aus Gründen der Verkehrssicherheit und der Leichtigkeit des Verkehrs, nicht aber mit Erwägungen des Warenangebotes begründet werden. Insoweit wird durch den Gesetzeszweck dem Verwaltungsermessen einerseits die Richtung gewiesen, zugleich aber auch eine Schranke gezogen. Die aus dem Gesetzeszweck resultierenden Ermessensdirektiven, die dem Ermessen die Richtung weisen, können unterschiedlich dicht und deutlich ausgeprägt sein. Solche Ermessensdirektiven können im Gesetzestatbestand durch unbestimmte Gesetzesbegriffe, die alle sachlichen Entscheidungserwägungen im Einzelfall in sich aufnehmen (zB „unbillige Härte", „öffentliche Belange"), zum Ausdruck kommen und die Ermessensentscheidung inhaltlich bestimmen.[20] Denkbar ist aber auch, daß die Ermessensrichtung durch das Gesetz in der Weise vorgezeichnet wird, daß eine bestimmte Entscheidung vom Gesetz als Normalfall gewollt ist und davon nur in Ausnahmefällen abgewichen werden darf (sog intendiertes Ermessen).[21] Ein solches intendiertes Ermessen ist nicht weit entfernt vom Verwaltungsermessen bei Soll-Vorschriften[22] und liegt der Sache nach nahe beim Dispensermessen.[23] Ermessensschranken allgemeiner Art ergeben sich außer aus dem Gesetzeszweck auch aus Verfassungsgrundsätzen, namentlich dem Gleichheitssatz und dem Grundsatz der Verhältnismäßigkeit.

14 Die Verdeutlichung der Ermessensfreiheit durch Konkretisierung und Präzisierung der Ermessensdirektiven, die aus dem jeweiligen Gesetzeszweck resultieren, wie auch der Ermessensschranken ist ein denkbarer Gegenstand von generellabstrakten Festlegungen, die in Gestalt sogenannter Ermessensrichtlinien vorgesetzter an nachgeordnete Behörden ergehen.[24] Die Ermittlung des Gesetzeszwecks einer Norm ist genau besehen ein Vorgang der Norminterpretation, der der Vorbereitung der Ermessensentscheidung dient. Die Generalisierung der Ermessens-

[18] *Sachs* (Fn 5) § 40 Rn 73.

[19] ZB § 18 StrWG NW.

[20] Vgl dazu u Rn 47f (Koppelungsvorschriften).

[21] BVerwGE 72, 1, 6; 91, 82, 90f; abl: *Maurer* Allg VwR, § 7 Rn 12; krit *Sachs* (Fn 5) § 40 Rn 28ff; ferner *Volkmann* DÖV 1996, 282ff.

[22] Vgl *Sachs* (Fn 5) § 40 Rn 26f.

[23] Vgl *Wolff/Bachof* (Fn 10) § 48 II c; Baudispense gem § 31 BauGB sind an den Zweck des Bebauungsplans gebunden und müssen dessen Zielsetzung beachten (vgl *Löhr* in: Battis/Krautzberger/Löhr, BauGB, 5. Aufl 1998, § 31 Rn 19).

[24] Vgl o § 6 Rn 48ff.

entscheidung dient in besonderem Maße der Einheitlichkeit des Gesetzesvollzuges und der Wahrung des Gleichheitssatzes. Andererseits ist das Verwaltungsermessen dazu gedacht, der Verwaltung für den Einzelfall Entscheidungsfreiheit einzuräumen, damit die Behörden fall- und situationsangepaßt reagieren können. Damit soll nicht nur der Flexibilität des Verwaltungshandelns gedient, sondern auch der Gerechtigkeit des Einzelfalles zum Durchbruch verholfen werden. In der eigenbestimmten Wertabwägung der konkret-individuellen Interessen- und Konfliktlage liegt Wesen und Kern der Ermessensausübung.[25] Dieser Wesenskern muß bei aller Generalisierung gewahrt und erhalten bleiben. Eine Durchnormierung des Verwaltungsermessens durch Ermessensrichtlinien wäre gesetzwidrig, weil sie das gesetzlich eingeräumte Verwaltungsermessen wieder beseitigen würde.

3. Ermessensfehler

Die Entscheidungsfreiheit, die der Verwaltung durch die Einräumung von Ermessen zugute kommen soll, bedingt eine Beschränkung der richterlichen Kontrolle von administrativen Ermessensentscheidungen. Der Umfang der richterlichen Kontrolle ist in der Kontrollnorm des § 114 VwGO umschrieben, die inhaltlich mit der Handlungsnorm des § 40 VwVfG korrespondiert. Beide Normen geben jedoch über den Bereich der Entscheidungsfreiheit und den korrespondierenden Raum richterlicher Kontrolle nur eine vage Auskunft. Auszugehen ist zunächst von der Erkenntnis, daß eine fehlerhafte Ermessensausübung, dh eine rechtswidrige Ermessensausübung sich als Rechtsfehler darstellt. Ermessensfehler sind also Rechtsfehler.[26] Für die Systematisierung von Ermessensfehlern gibt es eine Reihe von Vorschlägen und Modellen.[27] Eingebürgert hat sich eine Dreiteilung, die allerdings nicht zu scharfen Abgrenzungen führt. Danach wird unterschieden zwischen Ermessensnichtgebrauch, Ermessensüberschreitung und Ermessensfehlgebrauch. 15

a) *Ermessensnichtgebrauch (Ermessensmangel, Ermessensunterschreitung)* liegt vor, wenn die entscheidende Behörde sich für gebunden hält, weil sie nicht erkannt hat, daß das Gesetz ihr Verwaltungsermessen einräumt, und deshalb von ihrem Ermessen keinen Gebrauch gemacht hat. Die administrative Fehlvorstellung über die ihr zustehende Entscheidungsfreiheit kann verschiedene Ursachen haben, die dann in einer Fehlinterpretation des Gesetzestatbestandes liegen, dessen Vorliegen Voraussetzung für die Ermessensfreiheit ist; denkbar ist aber auch, daß der Sachverhalt falsch gesehen oder die Einräumung von Ermessen nicht erkannt wird. Hält die Behörde sich, aus welchen Gründen auch immer, irrig für gebunden, so ist ihre Entscheidung ermessensfehlerhaft, also rechtswidrig und daher auf Anfechtungsklage von den Gerichten aufzuheben. 16

b) Die *Ermessensüberschreitung* bildet gleichsam das Gegenstück zum Ermessensnichtgebrauch. Die Behörde nimmt mehr Entscheidungsfreiheit für sich in Anspruch, als ihr nach dem Gesetz zusteht. Dies ist der Fall, wenn der gesetzlich vor- 17

[25] BVerwG DVBl 1997, 189.
[26] Vgl *Alexy* (Fn 14) 705.
[27] Vgl *Alexy* (Fn 14) 701 ff.

gegebene Ermessensrahmen überschritten wird. Denkbar ist dies zum einen durch Festlegung einer Rechtsfolge, die durch das Gesetz nicht mehr gedeckt ist oder durch die fälschliche Annahme von Tatbestandsvoraussetzungen, deren Vorliegen die Ermessensentscheidung erst eröffnet.

18 c) Der *Ermessensfehlgebrauch* (Ermessensmißbrauch, Ermessenswillkür) ist der praktisch bedeutsamste und dogmatisch umstrittenste Fehlertatbestand.

Ermessensfehlgebrauch liegt selbstredend dann vor, wenn die behördliche Entscheidung aus Schikane getroffen wird oder von persönlichen Gründen des Amtswalters beeinflußt ist.[28] Fehlerhafter Ermessensgebrauch liegt aber auch dann vor, wenn die Verwaltung sich für ihre Entscheidung nicht auf sachliche Gründe stützt. Dabei ist besonders zu beachten, daß der Kreis zulässiger sachlicher Entscheidungsgründe durch den Gesetzeszweck begrenzt wird. Einem Referendar darf die Genehmigung zur Nebentätigkeit bei einem Rechtsanwalt nur aus dienstlichen Gründen versagt werden, nicht aber mit der Begründung, es gebe in dem betreffenden Bezirk schon genügend Rechtsanwälte.[29] Eine Sondernutzungserlaubnis darf nicht aus berufslenkenden Gründen versagt werden, mögen sie auch für sich gesehen plausibel erscheinen. In beiden Fällen werden die Ablehnungsgründe durch den jeweiligen Gesetzeszweck eingegrenzt. Neben den aus der ratio legis resultierenden Ermessensdirektiven muß die Verwaltung auch die gesetzlichen Grenzen des Ermessens beachten. Dazu gehören vor allem allgemeine Grundsätze des Verwaltungs- und Verfassungsrechts, namentlich der Gleichheitssatz und der Grundsatz der Verhältnismäßigkeit sowie das Koppelungsverbot.[30] Einen wesentlichen Einfluß auf die Ermessensentscheidung der Verwaltung haben auch die Grundrechte.[31] Sie sind in ihrer Eigenschaft als objektive Wertentscheidungen von den Behörden zu beachten und können bei der Abwägung der Umstände des Einzelfalles eine entscheidende Rolle spielen, beispielsweise bei der Ausweisung eines Ausländers, der mit einer Deutschen verheiratet ist (Art 6 Abs 1 GG)[32] oder bei der Erteilung einer Sondernutzungserlaubnis zur Aufstellung von Plakatständern einer Partei zur Wahlwerbung (Art 5 Abs 1 und 21 Abs 2 GG).[33]

4. Selbstbindung und Ermessensreduzierung

19 Namentlich unter dem Einfluß der Grundrechte kann der Entscheidungsspielraum der Verwaltung sich bis zur Gebundenheit verflüchtigen. Dies ist bei der Selbstbindung der Verwaltung und bei der Ermessensreduzierung auf Null der Fall.

20 Die *Selbstbindung der Verwaltung* ist Ausdruck des aus Art 3 Abs 1 GG resultierenden Gleichbehandlungsgebotes.[34] Sie tritt durch eine längere, gleichmäßige,

[28] Vgl *Sachs* (Fn 5) § 40 Rn 62ff.
[29] BVerwG NJW 1970, 2313.
[30] Vgl BVerwGE 67, 177, 182; DÖV 1981, 380, 382; OVG Koblenz NVwZ 1992, 796 (Koppelungsverbot als Element des Rechtsstaatsprinzips).
[31] Vgl *Sachs* (Fn 5) § 40 Rn 85ff; *Brohm* (Fn 5) 369ff.
[32] BVerwGE 42, 133; 48, 299, 302f; 60, 126; 70, 54, 56f; 71, 228, 232f; 78, 192, 207.
[33] BVerwGE 56, 56.
[34] *Ossenbühl* DVBl 1981, 857.

allgemein geübte Verwaltungspraxis ein. Hat die Verwaltung 100 Fälle im Sinne X entschieden, so kann sie nicht den 101. Fall im Sinne Y entscheiden, es sei denn, daß mit dem 101. Fall aus Sachgründen eine grundsätzliche Verwaltungspraxis für die Zukunft eröffnet, also eine generelle Praxisänderung eingeleitet werden soll.[35] Das Gleichbehandlungsgebot gewährt jedoch niemandem einen Anspruch auf Fehlerwiederholung.[36] Eine rechtswidrige Verwaltungspraxis führt also grundsätzlich keine Selbstbindung der Verwaltung herbei. Gleichheit im Unrecht gebietet Art 3 Abs 1 GG grundsätzlich nicht.[37]

Während sich die Verwaltung bei der Selbstbindung durch eigenes Entscheidungsverhalten Fesseln anlegt und ihre Entscheidungsfreiheit einbüßt, tritt der Verlust des Verwaltungsermessens bei der Ermessensreduzierung auf Null durch die besondere Situation des Einzelfalles ein. Sind diese Umstände so gelagert, daß bei ermessensfehlerfreier Abwägung nur eine einzige Entscheidung rechtsfehlerfrei getroffen werden kann, so besteht für diese Entscheidung keine Wahlfreiheit der Verwaltung mehr (sog Ermessensreduzierung auf Null oder Ermessensschrumpfung).[38] **21**

So können beispielsweise die Polizeibehörden, denen für ein Einschreiten nach den Polizeigesetzen grundsätzlich ein Entschließungsermessen zusteht, verpflichtet sein einzugreifen, wenn das Gewicht der Gefahr oder Störung, die Bedeutung des gefährdeten Rechtsgutes oder der Grad der Gefährdung dies erfordern.[39] Praktisch kann dann die Ermessensfreiheit derart zusammenschrumpfen, daß nur noch eine einzige Entscheidung, nämlich die einzuschreiten, rechtmäßig ist.

5. Anspruch auf fehlerfreie Ermessensausübung[40]

Ermessensentscheidungen sind dadurch gekennzeichnet, daß das Entscheidungsergebnis der begrenzten Entscheidungsfreiheit der Verwaltung anheimgegeben ist. Deshalb besteht grundsätzlich kein Anspruch auf eine bestimmte Ermessensentscheidung. Jedoch hat der durch eine Ermessensentscheidung Betroffene einen Anspruch auf fehlerfreie Ermessensausübung, wenn die Ermessensnorm nicht nur im Interesse der Allgemeinheit besteht, sondern auch dem Individualinteresse des Betroffenen dienen soll.[41] Der Anspruch auf ermessensfehlerfreie Entscheidung hat einen doppelten Inhalt: Es besteht ein Anspruch darauf, daß die Verwaltung überhaupt entscheidet (Bescheidungsanspruch) und es besteht ein Anspruch darauf, daß Ermessensfehler vermieden werden.[42] Verweigert die Verwaltung eine Ent- **22**

35 BVerfGE 73, 280, 300.
36 Vgl *Ossenbühl* (Fn 7) § 65 Rn 58.
37 Dazu o § 6 Rn 47.
38 BVerwGE 69, 90, 94; *Gern* DVBl 1987, 1194; *Di Fabio* VerwArch 1995, 214ff; *Haun/Schlette/Schmitz* AöR 122 (1997) 32ff; *Finkelnburg/Ortloff* Öffentliches Baurecht, 4. Aufl 1998, 257ff.
39 Vgl *Drews/Wacke/Vogel/Martens* Gefahrenabwehr, 401ff; Bsp: HessVGH NJW 1994, 1750.
40 *Pietzcker* JuS 1982, 106.
41 Vgl BVerwGE 37, 112.
42 *Pietzcker* (Fn 40) 108.

scheidung oder hat sie eine ermessensfehlerhafte Entscheidung getroffen, so kann der Betroffene mit der *Bescheidungsklage* einen fehlerfreien Ermessensakt erwirken.[43] Danach wird ein fehlerhafter Ermessensakt vom Gericht aufgehoben und die Behörde verpflichtet, den Kläger unter Beachtung der Rechtsauffassung des Gerichts neu zu bescheiden.

Eine Verpflichtungsklage scheidet grundsätzlich aus. Sie kommt nur dann in Betracht, wenn ein Fall der Ermessensschrumpfung besteht, so daß die Behörde aus Rechtsgründen nur noch eine einzige rechtmäßige Entscheidung treffen kann.[44]

III. Der unbestimmte Rechtsbegriff[45]

1. Begriff und Beispiele

23 Begriffe erfassen gedankliche Inhalte in sprachlicher Form und machen sie auf diese Weise anderen mitteilbar. Da die sprachliche Abbildung des Gedankens stets unvollkommen ist, ist auch der Rechtsbegriff stets unvollkommen im Sinne von mehrdeutig, deutungsfähig und daher unbestimmt. Die Unbestimmtheit der Rechtsbegriffe ist lediglich dem Grade nach unterschiedlich. Sie kann verschiedene Ursachen haben. Meist markiert sie die Grenze der Normierbarkeit und des menschlichen Erkenntnisvermögens. Unbestimmte Rechtsbegriffe können persönliche Beurteilungen (zB bei der „Zuverlässigkeit" im Berufs- und Gewerberecht), mit subjektiven Elementen angereicherte künstlerische und pädagogische Werturteile (zB „Denkmalswürdigkeit", „jugendgefährdende Schriften", „guter Unterhaltungsfilm", „besonders wertvoller Film" usw), Prognosen (zB „Gefährdung") und schwierige makroökonomische Bewertungen erfordern („volkswirtschaftlich förderungswürdig") oder auf metarechtliche Normen oder Maßstäbe verweisen (zB „Stand von Wissenschaft und Technik", „gute Sitten").

24 Unbestimmte Rechtsbegriffe haben ihren Platz typischerweise im Gesetzestatbestand und heben sich schon durch diesen Standort vom Verwaltungsermessen ab. Die Auslegung und Anwendung unbestimmter Rechtsbegriffe auf den Einzelfall ist Rechtsanwendung, die sich prinzipiell von der Ausübung des Verwaltungs-

[43] Vgl *Schmitt Glaeser* VwPrR, Rn 302.

[44] Vgl *Schmitt Glaeser* (Fn 43) Rn 301.

[45] Literatur: *Jesch* AöR 82 (1957) 163 ff; *Ehmke* „Ermessen" und „unbestimmter Rechtsbegriff" im Verwaltungsrecht, 1960; *Rupp* Grundfragen der heutigen Verwaltungsrechtslehre, 2. Aufl 1991, 177 ff; *Czermak* JuS 1968, 399 ff; *Ossenbühl* DÖV 1972, 401 ff; *ders* DVBl 1974, 309 ff; *Walter Schmidt* NJW 1975, 1753 ff; *Scholz/Schmidt-Aßmann* VVDStRL 34 (1976) 145 ff; *Koch* Unbestimmte Rechtsbegriffe und Ermessensermächtigungen im Verwaltungsrecht, 1979; *Badura* FS Bachof, 1984, 169 ff; *Erichsen* DVBl 1985, 22 ff; *Schmidt-Eichstaedt* DVBl 1985, 645 ff; *Papier* DÖV 1986, 621 ff; *Sendler* FS Ule, 1987, 337 ff; *Franßen* (Fn 4) 429 ff; *Rupp* FS Zeidler, 1987, 455 ff; *Schmidt-Aßmann* (Fn 13) Art 19 IV Rn 180 ff; *Wahl* NVwZ 1991, 409 ff; *Redeker* NVwZ 1992, 305 ff; *Ossenbühl* (Fn 4) 55 ff; *Koenig* VerwArch 83 (1992) 351 ff; *Wilke* in: Merten (Hrsg), Gewaltentrennung im Rechtsstaat, 1989, 135 ff; *Wolff/Bachof/Stober* (Fn 5) § 31 Rn 8 ff, *Schulze-Fielitz* JZ 1993, 772 ff; *Hofmann* NVwZ 1995, 740 ff; *Sieckmann* DVBl 1997, 101 ff.

ermessens unterscheidet, auch wenn sich in bestimmten Konstellationen Rechtsanwendung und Ermessensausübung überschneiden oder sogar zu einer einheitlichen Entscheidung verschmelzen.[46]

2. Das doppelte Problem

Unbestimmte Rechtsbegriffe sind keine Besonderheit des öffentlichen Rechts. Sie signalisieren vielmehr ein allgemeines Problem der Rechtsetzung und kommen deshalb in allen Rechtsgebieten vor. Ihre Problematik besteht darin, sie so zu konkretisieren, daß ihnen anwendbare Entscheidungsmaßstäbe entnommen werden können. Der Vorgang der Begriffskonkretisierung gilt als ein Erkenntnisverfahren, das nach den anerkannten Regeln der Gesetzesauslegung abläuft. Dieses Erkenntnisverfahren ist im öffentlichen Recht nicht prinzipiell anders strukturiert als im Zivil- oder Strafrecht. 25

Die spezifisch verwaltungsrechtliche Problemkomponente des unbestimmten Rechtsbegriffs zeigt sich erst, wenn man den unbestimmten Rechtsbegriff als Ort administrativer Entscheidungsfreiheit betrachtet. Dann stellt sich nicht nur die Frage nach dem Erkenntnisverfahren, sondern die weitere Frage nach dem Recht zur Letzterkenntnis, dh danach, wem im Zweifelsfalle die Befugnis zusteht, einen unbestimmten Rechtsbegriff letztverbindlich zu interpretieren und auf einen Sachverhalt anzuwenden: der rechtsanwendenden Verwaltung oder dem kontrollierenden Verwaltungsrichter. Damit stellt sich der unbestimmte Rechtsbegriff im Verwaltungsrecht als ein doppeltes Problem dar. 26

a) *Unbestimmte Rechtsbegriffe als Erkenntnisproblem (normtheoretisch-methodische Sicht).* Das Verständnis des unbestimmten Rechtsbegriffs als ein Erkenntnisproblem war lange Zeit der grundlegende Denkansatz. Er entspricht und beruht auf der „Gesetzesanwendungs-Doktrin",[47] die die Verwaltung in einer absoluten Bindung an das Gesetz sieht, mit anderen Worten: Verwaltung als voll determinierten, rational nachprüfbaren Gesetzesvollzug versteht und deshalb folgerichtig dem Richter die unbeschränkte Kontrollkompetenz über den administrativen Gesetzesvollzug zuordnet. Dieser Ansatz beruhte vor allem auf zwei Grundlagen. Zum einen auf der Rechtsanwendungserfahrung in anderen Rechtsbereichen. Auch der Zivil- oder Strafrichter war und ist vor das Problem gestellt, unbestimmte Rechtsbegriffe zu konkretisieren. Auch er muß häufig Entscheidungen treffen, bei denen sein eigener Sachverstand nicht ausreicht und er sich der Hilfe von Sachverständigen bedienen muß. Warum sollte dies bei der Anwendung des Verwaltungsrechts und bei der gerichtlichen Kontrolle von Verwaltungsentscheidungen anders sein? 27

Zum andern war und ist motivierend auch das „Prinzip der einzigen richtigen (rechtmäßigen) Entscheidung".[48] Ist nach dem Gesetzestatbestand danach gefragt, ob ein Berufsbewerber die erforderliche „Zuverlässigkeit" besitzt, so kann diese Frage im konkreten Einzelfall nur mit „Ja" oder „Nein" beantwortet werden. In

[46] S dazu Rn 47f.
[47] Hier setzt die grundsätzliche Kritik von *Ehmke* (Fn 45) 45ff an.
[48] Vgl *Ossenbühl* (Fn 45) 310; VG Wiesbaden, NJW 1988, 356, 358 mwN.

diesem Falle von einer „Bandbreite von Entscheidungsmöglichkeiten" zu sprechen, die das Recht in gleicher Weise als vertretbar ansieht,[49] ist unzutreffend und mit einer „Rechts-Ordnung" unvereinbar.[50] Man mag über das Vorliegen der „Zuverlässigkeit" eines Bewerbers streiten können im Sinne von „Ja" oder „Nein", aber dieses kann nicht bedeuten, daß beide Entscheidungen gleichermaßen rechtmäßig sind. Vielmehr muß das entscheidende Organ sich nach Kräften bemühen, die einzige rechtmäßige Entscheidung zu finden.

28 Ist die Auslegung und Anwendung eines unbestimmten Rechtsbegriffs ein Erkenntnisakt, so ist nicht zu sehen, aus welchem Grunde dieser Erkenntnisakt ganz oder auch nur teilweise der nachträglichen richterlichen Kontrolle entwunden werden soll. Dies wäre allenfalls dann diskutabel, wenn das Erkenntnispotential der Verwaltung in bestimmter Hinsicht höher zu veranschlagen wäre als das des Richters. Jedenfalls bei der *Auslegung* unbestimmter Rechtsbegriffe, dh bei der abstrakt-generellen Sinnerschließung des Inhalts dieser Begriffe ist ein solcher Erkenntnisvorsprung der Verwaltung nicht ersichtlich. Vielmehr gehört die Sinnerfassung unbestimmter Rechtsbegriffe zum herkömmlichen klassischen Funktionsbereich der rechtsprechenden Gewalt. Dementsprechend wird auch die Auslegung unbestimmter Rechtsbegriffe im Sinne fallunabhängiger Normkonkretisierung zum ureigenen Funktionsbereich des Richters gerechnet.[51] Aus dieser Sicht bleibt dann nur noch die Frage, ob der auf diese Weise konkretisierte dh vom unbestimmten zum konkretisierten Rechtsbegriff gewandelte gesetzliche Entscheidungsmaßstab auch so „angewendet" wird, daß der Verwaltungsrichter mit Letztverbindlichkeit feststellt, ob die von ihm ausgehenden Entscheidungsmaßstäbe auch im konkreten Einzelfall anwendbar sind (Subsumtion). Damit landet der vom normtheoretischen Ansatz ausgehende Weg der Betrachtung bei der entscheidenden Kernfrage: Quis judicabit?[52] Wem steht in Zweifelsfällen das „Recht zur Letzterkenntnis" zu? Es ist selbstverständlich, daß diese Frage erst dann relevant wird und gestellt werden darf, wenn alle denkbaren Erkenntnismöglichkeiten ausgeschöpft sind. Erst der dann noch verbleibende Zweifelsfall zeigt dann, daß der normtheoretisch-methodische Ansatz an eine Rationalitätsgrenze stößt und nicht recht weiter führt. An dieser Stelle eröffnet sich dann der Blick auf das Spezifikum des unbestimmten Rechtsbegriffs im Verwaltungsrecht.

29 b) *Unbestimmte Rechtsbegriffe als Ort administrativer Entscheidungsfreiheit (funktionellrechtliche Sicht).*[53] Die funktionellrechtliche Sicht wird plastisch, wenn man sich einige typische Entscheidungssituationen vergegenwärtigt. Soll über die Frage der „Denkmalswürdigkeit" eines Gebäudes in Hamburg im Zweifelsfalle – nur um den geht es – der Verwaltungsrichter das letzte Wort haben, obgleich nach

[49] So *Redeker* DÖV 1971, 762.

[50] Vgl *Walter Schmidt* Gesetzesvollziehung durch Rechtsetzung, 1969, 142f; VG Wiesbaden NJW 1988, 356, 359.

[51] So *Bachof* (Fn 11) 98; *Soell* Das Ermessen der Eingriffsverwaltung, 1973, 141ff; Gegenpositionen bei *Schmidt* (Fn 50) 121ff; *Weigel* Beurteilungsspielraum oder Delegationsbegriff, 1971.

[52] Vgl *Ossenbühl* (Fn 45) 310.

[53] Dazu namentlich: *Franßen* (Fn 4) 429ff; *Ossenbühl* (Fn 4) 55ff, 64ff; BVerfGE 88, 40, 56 („besonderes pädagogisches Interesse").

dem Gesetz für die Entscheidung dieser Frage ein Gremium mit unabhängigen Sachverständigen eingesetzt worden ist?[54] Soll im Streitfalle die Meinung des Verwaltungsrichters maßgebend sein, wenn es um die Frage geht, ob durch eine Neuzulassung von Beförderungsgenehmigungen „öffentliche Verkehrsinteressen" beeinträchtigt werden?[55] Liegt es in der Befugnis zur Letztentscheidung des Richters, ob bei der Genehmigung eines Kernkraftwerks in hinreichendem Maße „Vorsorge gegen Schäden" getroffen worden ist?[56] Und man denke an das Verbot einer Demonstration in der Innenstadt von Frankfurt, das von der Behörde ausgesprochen wurde, weil Anhaltspunkte dafür vorlagen, daß es zu schweren Ausschreitungen kommen würde. Doch das VG Frankfurt wußte es besser und hob das Demonstrationsverbot im Eilverfahren auf. Dann kam es so, wie die Behörde es vorher eingeschätzt hatte. Anläßlich der Demonstration wurden in der Innenstadt Schäden in Millionenhöhe angerichtet. Jetzt mochte die Verwaltung sehen, wie sie Entschädigungsansprüche befriedigte und mit der in der Bevölkerung bestehenden Unsicherheit fertig wurde. Keinen Trost konnte sie jedenfalls in der grotesken Bemerkung des OVG Münster finden, daß die „sachliche Verantwortlichkeit von der Verwaltungsbehörde praktisch (!?) auf das Gericht übergehe", „wenn dieses eine angefochtene Entscheidung aufhebt oder die Behörde zum Erlaß eines bestimmten VA verpflichtet".[57]

Schon diese wenigen Entscheidungssituationen dürften hinreichend deutlich machen, daß es bei der richterlichen Kontrolle von Verwaltungsentscheidungen um mehr geht als um hermeneutische Fragen. Wenn und soweit sich richterliche (Nach-)Kontrolle nicht mehr rational durchführen läßt und ins Irrationale verflüchtigt, ergibt sich die naheliegende Frage, ob es dann nicht bei der Verwaltungsentscheidung verbleiben soll, damit nicht ein problematisches Urteil der Verwaltung durch ein ebenso problematisches Urteil des Richters ersetzt wird. Einige Autoren sind der Meinung, daß die aufgezeigten Zweifelsfälle bei einem besonnenen judicial restraint angemessen zu entscheiden seien, einer sachlich beschränkten Zurücknahme der richterlichen Kontrollbefugnis bedürfe es nicht. Da auch die partielle Rücknahme der Kontrollbefugnis letztlich von der richterlichen Auffassung vom Kontrollumfang abhängt, sind die Unterschiede praktisch nicht sehr groß. Judicial restraint und administrative Entscheidungsfreiheit, wenn sie nicht gesetzlich ausdrücklich festgelegt sind, bestehen praktisch nur nach Maßgabe ihrer richterlichen Anerkennung. Aber es ist doch ein grundlegend unterschiedlicher Ansatz, ob man sich mit dem judicial restraint begnügen will oder danach fragt, ob die Rechtsordnung nicht für bestimmte Entscheidungssituationen eine andere Kompetenzaufteilung zwischen Verwaltung und Verwaltungsgerichtsbarkeit vorgenommen hat, als sie üblicherweise besteht. Mit dieser Frage wird das Problem des unbestimmten Rechtsbegriffs in den Zusammenhang der Funktionsteilung ge- **30**

[54] Vgl BVerwG DÖV 1966, 722; krit *Ossenbühl* Verwaltungsvorschriften und Grundgesetz, 1968, 337ff.

[55] BVerwGE 79, 208, 213ff; 82, 295, 299ff.

[56] BVerwGE 72, 300, 316; 81, 185, 190.

[57] OVG NW GewArch 1975, 243, 245; vgl auch *Müller-Glöge* Die verwaltungsgerichtliche Kontrolle administrativer Immissionsprognosen, 1982, 104f.

stellt. Der damit befolgte funktionellrechtliche Ansatz eröffnet sodann auch andere Argumentationsmöglichkeiten, als sie beim hermeneutischen Ansatz denkbar sind. Die funktionellrechtliche Sicht versucht nicht, den Entscheidungsvorgang in seine Bestandteile zu zerlegen, genau zu analysieren, um dann an irgendeiner Stelle festzumachen, wo die Erkenntnis aufhört und die Bewertung anfängt, sondern die funktionellrechtliche Interpretation fragt danach, ob dieses Organ nach seiner Zusammensetzung, nach seiner Legitimation, nach dem Verfahren, in dem es Entscheidungen trifft, nach seiner Problemverarbeitungskapazität usw überhaupt geeignet ist, die fragliche Entscheidung zu treffen.[58] Die funktionellrechtliche Methode ist namentlich im Verfassungsrecht ein anerkanntes Verfahren, um die Kompetenzen zwischen Parlament und Exekutive ebenso wie zwischen Parlament und Bundesverfassungsgericht abzugrenzen.[59] Für das Verwaltungsrecht hat der funktionellrechtliche Ansatz im Schrifttum viele Anhänger gefunden. Die „Funktionsgrenzen der Rechtsprechung" sind inzwischen auch zu einem Topos gediehen, der in der Rechtsprechung des Bundesverfassungsgerichts verwendet wird[60] und zur Ermittlung der verwaltungsgerichtlichen Kontrolldichte eingesetzt wird.

3. Entwicklungen und gegenwärtiger Stand

31 Der unbestimmte Rechtsbegriff und die mit ihm verbundene Kontrollproblematik ist „ein mit der Institution der Verwaltungsgerichtsbarkeit seit ihrer Geburtsstunde verbundenes Dauerthema".[61] Dies hat seinen Grund darin, daß die Balancierung von Verwaltungsverantwortung einerseits und Gerichtskontrolle andererseits von dem ständig wechselnden Zustand der jeweiligen anderen Gewalten abhängt und sich deshalb in permanenter Bewegung befindet. So vollzieht sich auch die Entwicklung zum unbestimmten Rechtsbegriff und zur Kontrolldichte nicht gradlinig, sondern vielmehr in Wellenbewegungen, indem Zeiten einer Kontrollrestriktion von solchen einer Kontrollockerung abgelöst werden.

32 Diese Wellenbewegungen sind erst dadurch ausgelöst worden, daß man seit Mitte der 50er Jahre dazu überging, das Verwaltungsermessen aus dem Gesetzestatbestand zu verdrängen und als volitives Ermessen auf der Rechtsfolgeseite der Norm zu domestizieren. Den Anstoß für diese Entwicklung hat vor allem *Bachof* durch einen im Jahre 1955 erschienenen Beitrag gegeben, in dem er vorschlug, das Verwaltungsermessen als „Willensentscheidung" auf der Rechtsfolgeseite der Norm anzusiedeln, weil die Subsumtion eines Sachverhaltes unter einen gesetzlichen Tatbestand stets einen „Erkenntnisakt" darstelle. Es sei besser anstatt von „Subsumtionsermessen" oder „kognitivem Ermessen" von einem „Beurteilungsspielraum" bei der Anwendung unbestimmter Rechtsbegriffe im Gesetzestatbestand zu sprechen.[62] Die Auslegung unbestimmter Rechtsbegriffe sei zweifellos

[58] Vgl *Ossenbühl* (Fn 4) 55 ff, 64 ff.
[59] Vgl BVerfGE 68, 1, 85 ff (Raketenstationierung); ferner BVerfGE 84, 34, 50.
[60] BVerfGE 84, 34, 50 (Josefine Mutzenbacher).
[61] *Wahl* (Fn 45) 409.
[62] *Bachof* (Fn 11) 97 ff.

gerichtlich nachprüfbar. Hingegen sei der Verwaltung bei der Anwendung des unbestimmten Rechtsbegriffs auf einen konkreten Sachverhalt (Subsumtion) ein Beurteilungsspielraum zu konzedieren. Dieser Ansatz traf sich der Sache nach mit der Vertretbarkeitslehre von *Ule,* die zur selben Zeit aufkam.[63] Mit der Qualifizierung der Feststellung des Gesetzestatbestandes im Einzelfall als „Erkenntnisakt" war jedoch eine Eigendynamik ausgelöst, die die unbestimmten Rechtsbegriffe, die vormals als Ermessensbegriffe nur einer beschränkten Gerichtskontrolle unterlagen, zunehmend der richterlichen Überprüfung zuführte.

Nach dem derzeitigen Stand der Entwicklung ist zunächst der allgemein anerkannte Ausgangspunkt der Betrachtung festzuhalten.

a) Die *sog normative Ermächtigungslehre.* Zum eisernen Bestand der Kontroll- **33** problematik gehört die in Rechtsprechung und Lehre einmütig bekundete These, daß eine Verringerung der richterlichen Kontrolldichte und damit korrespondierende administrative Freiräume nur existieren, soweit der Verwaltung nach materiellem Recht die Ermächtigung zur Letztentscheidungskompetenz eingeräumt worden ist.[64] Dieser geradezu selbstverständlich erscheinende Ansatz ist jedoch nur dann weiterführend, wenn es gelingt, dem geltenden Recht mit hinreichender Plausibilität entsprechende Beurteilungsermächtigungen an die Verwaltung zu entnehmen. Dies bedeutet, daß mit der normativen Ermächtigungslehre nur dann geholfen ist, wenn die Gesetze auch so beschaffen sind, daß ihnen eine Antwort zur Frage der Letztentscheidungsbefugnis der Verwaltung entnommen werden kann. Dies ist jedoch nicht der Fall. Bestimmungen wie § 70 Abs 5 Satz 2 GWB, wonach die Würdigung der gesamtwirtschaftlichen Entwicklung in der kartellbehördlichen Verfügung der Nachprüfung durch die Gerichte entzogen ist, findet man im Verwaltungsrecht nicht. Explicite Vorgaben des Gesetzgebers zur Kontrollintensität sucht man durchweg vergeblich. Der Gesetzgeber macht sich insoweit auch keine besonderen Gedanken; er überläßt die Kontrollfrage getrost der Wissenschaft und Praxis. Diese wiederum forschen nach einem gesetzgeberischen Willen, der gar nicht existiert. Und weil dieser Wille nicht existiert, orientiert man sich letztlich an Vernunftgründen und Systemstimmigkeiten, die ihrerseits in den Gesetzen nicht immer deutlich zum Ausdruck kommen.[65] Die Frage, wann ein unbestimmter Rechtsbegriff der Verwaltung einen „Beurteilungsspielraum" eröffnet, ist ungelöst, weil über die Kriterien, nach denen diese Frage zu beantworten ist, keine Einigkeit herrscht. Die „Zubilligung" von Beurteilungsspielräumen liegt damit praktisch in der Kompetenz-Kompetenz des jeweils entscheidenden Richters. Dies erklärt die „Wellenbewegungen" hinsichtlich der Kontrolldichte, von denen schon die Rede war.

b) *Kontrolldichte nach Entscheidungstypen.* Die Intensität der Bindung der **34** Verwaltung an das Gesetz und die ihr korrespondierende richterliche Kontrolldichte haben sich im Laufe der Zeit nach unterschiedlichen Entscheidungstypen ausdifferenziert. Diese Differenzierungen sind mit ganz unterschiedlichen Argu-

[63] *Ule* Zur Anwendung unbestimmter Rechtsbegriffe im Verwaltungsrecht, GS Jellinek, 1955, 309ff.

[64] BVerfGE 61, 82, 111; *Schmidt-Aßmann* (Fn 13) Art 19 IV Rn 185 mwN.

[65] Vgl *Ossenbühl* (Fn 4) 64.

menten abgestützt.[66] Davon mag die folgende Übersicht einen Eindruck vermitteln. Einer nur beschränkten richterlichen Kontrolle unterliegen danach folgende Entscheidungstypen:

35 aa) *Prüfungsentscheidungen (Abitur, Staatsexamen usw).*[67]

Prüfungsentscheidungen waren ursprünglich ganz aus der verwaltungsgerichtlichen Kontrolle ausgenommen. Noch in den 50er Jahren war der Gedanke an die richterliche Kontrolle von Prüfungsentscheidungen fremd. Sie wurden teils als Ermessensentscheidungen, teils als höchstpersönliche Werturteile charakterisiert und auf diese Weise per se außerhalb des gerichtlichen Kontrollzusammenhangs gestellt. Dasselbe galt auch für prüfungsähnliche Entscheidungen, namentlich im Bereich der Schule (zB Versetzungsentscheidungen). Erst allmählich brach sich die Einsicht Bahn, daß Prüfungsentscheidungen in besonderem Maße in das persönliche Schicksal des einzelnen und in seine Grundrechtspositionen eingreifen und deshalb nicht außerhalb eines rechtsstaatlichen Rechtsschutzes bleiben können. Andererseits war von vornherein klar, daß gerichtliche Kontrollen nicht zu „Wiederholungsprüfungen" ausgeweitet werden können. Deshalb hat sich in der Praxis die Formel eingespielt, daß Prüfungsentscheidungen daraufhin gerichtlich kontrolliert werden können, ob die Prüfer (1) den Prüfungsmaßstab richtig verstanden und angewendet haben, (2) die Verfahrensvorschriften eingehalten worden sind, (3) die Prüfer vom richtigen Sachverhalt ausgegangen sind, (4) keine allgemeingültigen Bewertungsmaßstäbe verletzt worden sind und (5) die Prüfer sich nicht von sachfremden Erwägungen haben leiten lassen. Diese inzwischen eingefahrene Rechtsprechung der Verwaltungsgerichte hat das Bundesverfassungsgericht für defizitär erachtet, soweit es Prüfungen angeht, die für den Zugang zu Berufen bedeutsam sind.[68] Das Bundesverfassungsgericht unterscheidet danach zwischen *prüfungsspezifischen Wertungen,* für die ein Beurteilungsspielraum bejaht wird, und *fachwissenschaftlichen Beurteilungen,* für die ein Beurteilungsspielraum abgelehnt wird. Diese Rechtsprechung hat erhebliche Kritik gefunden.[69] Ob sie praktikabel ist und zu einer nennenswerten Verschiebung der Kontrolldichte führt, wird man bezweifeln müssen. Ein maßgeblicher Gesichtspunkt für die verminderte Kontrolldichte bei Prüfungsentscheidungen besteht in der Unwiederholbarkeit der Prüfungssituation, die insbesondere u a dadurch gekennzeichnet ist, daß die Prüfungsleistungen nicht isoliert betrachtet werden können, sondern zumindest auch im Zusammenhang und im Vergleich mit anderen Prüflingen gesehen werden müssen.

36 bb) *Beamtenrechtliche Beurteilungen.* Anerkannt sind des weiteren Beurteilungsermächtigungen für beamtenrechtliche Befähigungs- und Leistungsurteile.[70]

[66] Vgl auch BVerfGE 88, 40, 56ff.

[67] *Eisvogel* Die Auswirkungen der neuen Bundesverfassungsgerichtsrechtsprechung zum Prüfungsrecht auf die gerichtliche Kontrolle von Prüfungsentscheidungen und die künftige Ausgestaltung von Prüfungsverfahren unter besonderer Berücksichtigung juristischer Staatsprüfungen, Diss Bonn, 1994.

[68] BVerfGE 84, 34, 45ff.

[69] Vgl *Redeker* NVwZ 1992, 305ff.

[70] BVerfGE 39, 334, 354 (Verfassungstreue); BVerwGE 21, 127; 60, 245; 61, 176; 80, 224; BVerwG DVBl 1991, 867.

Dabei geht es vor allem um die Beurteilung der Eignung, Befähigung und fachlichen Leistung, die Art 33 Abs 2 GG als Kriterien für die Bestenauslese nennt. Die Kontrollformel, welche den Prüfungsumfang der gerichtlichen Kontrolle umreißt, ist mit der für Prüfungsentscheidungen im wesentlichen identisch. Hat die Verwaltung für die Beurteilung Richtlinien erlassen, so prüft das Gericht auch, ob diese Richtlinien eingehalten sind.[71]

cc) *Wertentscheidungen durch unabhängige Sachverständige und Ausschüsse.* 37
In vielen Fällen muß die Verwaltung künstlerische, moralisch-ethische oder pädagogische Werturteile treffen. Dies gilt beispielsweise für die Prädikatisierung oder Subventionierung von Filmen,[72] für die Indizierung jugendgefährdender Schriften[73] oder die Einbeziehung eines Gebäudes in den Denkmalschutz.[74] Bei diesen Entscheidungen („Denkmalswürdigkeit" eines Gebäudes, „Wertvoller Film", „guter Unterhaltungsfilm", „Eignung einer Schrift zur Jugendgefährdung") spielen subjektiv-wertende Elemente eine erhebliche Rolle. Um insoweit eine möglichst optimale Entscheidung zu gewährleisten, sieht das Gesetz die Einrichtung von fachlich und/oder pluralistisch zusammengesetzten Gremien vor, die in die Entscheidungsfindung einbezogen sind. Handelt es sich hierbei um weisungsfreie und unabhängig arbeitende Gremien mit Entscheidungsmacht, so kann dies für eine Beschränkung der richterlichen Kontrolle sprechen.[75] Bei grundrechtsrelevanten Entscheidungen ist allerdings darauf zu achten, daß die Entscheidungsgremien gesetzlich eingerichtet und entscheidungsadäquat zusammengesetzt sind.[76] Der Grund für die Kontrollbeschränkung besteht darin, daß bei entsprechender Zusammensetzung die Gremien im Zweifel „sachgerechter" zu entscheiden vermögen als das kontrollierende Gericht. Hinzu kommt, daß ein durch Gesetz in das Verwaltungsentscheidungsverfahren eingebautes Gremium auch jenen Vorzug aufweisen kann, der den rechtsstaatlichen Mehrwert des richterlichen Urteils ganz wesentlich mitbestimmt, nämlich die Unabhängigkeit bei der Entscheidung.[77]

dd) *Prognosen.*[78] Prognosen als „Aussagen über künftige Tatsachen"[79] sind 38
keine Subsumtionen, sondern Wahrscheinlichkeitsurteile. Subsumtion bedeutet die Verknüpfung eines *ermittelten* feststehenden vergangenen oder gegenwärtigen Sachverhaltes mit dem abstrakten Tatbestand des Gesetzes. Prognose ist die Vorausschau *künftiger* Sachverhalte. Sie ergibt sich aus einem Schluß von den vorhandenen und bekannten Tatsachen (Prognosebasis) mittels anerkannter Erfahrungs-

[71] BVerwGE 80, 224, 226.
[72] BVerwGE 23, 193; 91, 211, 216; HessVGH NJW 1998, 1426 (Filmprädikat); VG Berlin NJW 1973, 1148.
[73] BVerfGE 83, 130; BVerwGE 39, 197, 203; 91, 211, 216.
[74] BVerwGE 24, 60.
[75] Vgl *Ossenbühl* (Fn 4) 55 ff, 67 f; BVerwGE 91, 211, 217.
[76] Vgl BVerfGE 83, 130, 149 ff; abl BVerwGE 94, 307 (Prädikatisierung von Wein).
[77] *Ossenbühl* (Fn 45) 401, 403.
[78] Vgl *Hoppe* in: FG BVerwG, 1978, 295 ff; *Nierhaus* DVBl 1977, 19 ff; *Tettinger* DVBl 1982, 421 ff; *Nell* Wahrscheinlichkeitsurteile in juristischen Entscheidungen, 1983, 219 ff; *Haverkate* Rechtsfragen des Leistungsstaates, 1983, 263 ff; *Müller-Glöge* (Fn 57); *Schmidt-Aßmann* (Fn 13) Art 19 IV Rn 198 ff; *Ossenbühl* FS Menger 1985, 731 ff.
[79] *Haverkate* (Fn 78) 264.

sätze auf den (wahrscheinlichen) Eintritt eines künftigen Sachverhaltes.[80] Unsicherheiten ergeben sich für beide: für die Prognose ebenso wie für die Subsumtion. Bei der Prognose hat die Unsicherheit ihre Ursache darin, daß es dem Menschen an der Gabe der Prophetie mangelt und der Erfahrungshorizont als Grundlage des Prognoseschlusses stets beschränkt ist. Subsumtion ist Wahrheitsfindung,[81] Prognose ein Wahrscheinlichkeitsurteil. Die Problematik der Prognosekontrolle wurzelt in dem der Prognose anhaftenden Defizit an Rationalität.[82] Gerichtliche Kontrolle bedeutet Nachprüfung an Hand rationaler Maßstäbe. Prognosen entziehen sich deshalb der rechtlichen Kontrolle nach dem Maß des jeweiligen Rationalitätsdefizits. Die Prognoseunsicherheit hängt von mehreren Faktoren ab, insbesondere von dem vorgegebenen Wahrscheinlichkeitsgrad (zB hinreichend wahrscheinlich, sicher, nach der praktischen Vernunft ausgeschlossen etc) und dem Stand der Erfahrungen. Der Wahrscheinlichkeitsgrad wird der Verwaltung für ihre Entscheidung regelmäßig durch das Gesetz vorgegeben. Er ist eine Frage der Sinnerfassung des materiellen Rechts und deshalb kein typisches Prognoseproblem.[83] Die typische Prognoseunsicherheit besteht vielmehr in der Frage, ob das prognostizierte Ereignis mit dem gesetzlich vorgesehenen Wahrscheinlichkeitsgrad eintreten wird oder nicht. Der Wahrscheinlichkeitsgrad umreißt den Prognosespielraum der Verwaltung. Das Wahrscheinlichkeitsurteil im Einzelfall wirft die Frage nach einer „Einschätzungsprärogative" der Verwaltung auf.[84] Auf sie konzentriert sich das Problem der Kontrolldichte im Verwaltungsgerichtsverfahren.

39 Prognosen als Annahmen künftiger Wirklichkeit sind meist eingebettet in komplexe Verwaltungsentscheidungen.[85] Sie erscheinen als Bestandteile einer Gesamtentscheidung oder als Elemente einer Abwägung. Prognoseentscheidungen haben ihr Anwendungsfeld vor allem im Bereich der Gefahrenabwehr, also des klassischen Polizei- und Ordnungsrechts[86] ebenso wie im technischen Sicherheits- und Umweltrecht.[87] Sie verbinden sich vielfach mit Werturteilen wie beispielsweise bei der Indizierung jugendgefährdender Schriften.[88]

40 Die Gerichte prüfen bei Prognoseentscheidungen, auch dann wenn der Verwaltung eine „Einschätzungsprärogative" zusteht, den Wahrscheinlichkeitsgrad voll nach, ferner die Richtigkeit und Vollständigkeit der Prognosebasis, während der prognostische Schluß auf einwandfreie Methodik, Plausibilität und Stimmigkeit überprüft wird.[89]

[80] Zur Struktur der Prognoseentscheidung: *Hoppe* (Fn 78) 295 ff.
[81] Dh ein juristisches Erkenntnisproblem, wobei freilich die volitiven Elemente im Rechtsanwendungsprozeß nicht verkannt seien.
[82] Vgl *Ossenbühl* in: BVerfG und Grundgesetz, 1976, 458 ff, 501.
[83] Vgl BVerwGE 16, 285, 287 f; BVerwG DÖV 1977, 134, 135 f.
[84] Vgl *Schmidt-Aßmann* (Fn 13) Art 19 IV Rn 197.
[85] Vgl *Hoppe* (Fn 78) 295 ff.
[86] Vgl *Drews/Wacke/Vogel/Martens* (Fn 39) 263 ff.
[87] Vgl *Müller-Glöge* (Fn 57).
[88] BVerwGE 39, 197, 203.
[89] Vgl *Ossenbühl* (Fn 78) 731, 745.

ee) *Risikoentscheidungen.* Die spezifische Eigenart und Struktur von Risikoentscheidungen ist erst in jüngerer Zeit voll ins Bewußtsein getreten.[90] Die herkömmliche Lehre und Rechtsprechung hat sie eher in sachlicher Einheit mit den traditionellen klassischen Gefahrenabwehrentscheidungen des Polizeirechts gesehen. Jedoch ist die zunehmend an praktischer Bedeutung gewinnende Risikoverwaltung (zB Atomrecht, Immissionsschutzrecht, Gentechnikrecht, Arzneimittelrecht, Chemikalienrecht, Pflanzenschutzrecht etc) mit Entscheidungsproblemen verbunden, die sich von der herkömmlichen Gefahrenabwehrverwaltung grundlegend unterscheiden. Gefahrenabwehrentscheidungen herkömmlicher Art betreffen Zustände und Sachverhalte, die sich mit Hilfe von Erfahrungssätzen bereits jetzt als Gefahren diagnostizieren lassen. Risikoentscheidungen hingegen verlagern die Abwehr in den Bereich des Gefahrenverdachts und darüber hinaus in das Vorfeld des Gefahrenverdachts. Daraus ergibt sich, daß Risikoentscheidungen durch ein besonderes Maß an kognitiver Unsicherheit bei der Beurteilung der Schadenswahrscheinlichkeit gekennzeichnet sind.[91] Risikoentscheidungen müssen trotz eines unter Umständen erheblichen Informationsdefizits aufgrund bloßer Verdachtsmomente getroffen werden. Dies erfordert eine Entscheidungsorganisation, die nicht nur einen differenzierten Sachverstand einbezieht, sondern auch eine Risiko-Nutzen-Abwägung verlangt, die ihrerseits nur in enger Kooperation mit den Beteiligten und entsprechenden spezifisch zusammengesetzten Gremien verantwortlich geleistet werden kann.[92] Die Problematik von Risikoentscheidungen wird durch die Arteparon-Entscheidungen des VG und OVG Berlin belegt.[93] Bei diesen Entscheidungen ging es um die ungewöhnliche Situation, daß die Verwaltungsgerichte entgegen den Empfehlungen der Sachverständigen ein umstrittenes Arzneimittel vorläufig zuließen, indem sie ein volles Prüfungsrecht für sich in Anspruch nahmen und auch vor einer Kontrolle der Nutzen-Risiko-Abwägung nicht zurückwichen. Die Entscheidungen stammen aus den Jahren 1989 und 1990. Die tragische Pointe des Falles besteht darin, daß, wie inzwischen gemeldet wird, die Verabreichung des zugelassenen Arzneimittels zu einer hohen Anzahl von Todesfällen geführt hat. 41

Für Risikoentscheidungen ergibt sich aus der Struktur der verschiedenen Gesetze der Risikoverwaltung (zB Gentechnikgesetz, Pflanzenschutzgesetz, Arzneimittelgesetz usw), daß den Risikoverwaltungsbehörden bei den von ihnen zu treffenden Risikoentscheidungen Beurteilungsspielräume gesetzlich zugestanden sind.[94] Am Beispiel des Atomrechts hat das Bundesverwaltungsgericht im Wyhl-Urteil einen plausiblen und tragfähigen Ansatz für die dogmatische Erfassung der Risikoentscheidungen entwickelt.[95] Das Gericht folgert aus der Normstruktur des § 7 Abs 2 Nr 3 AtG, daß der Gesetzgeber die „erforderliche Schadensvorsorge", also die Risikobeurteilung „in die Hand der Exekutive" gelegt habe. Nach diesem 42

[90] Grundlegend: *Di Fabio* Risikoentscheidungen im Rechtsstaat, 1994.
[91] *Di Fabio* (Fn 90) 128 ff.
[92] *Di Fabio* (Fn 90) 128 ff.
[93] Vgl die Darstellung bei *Di Fabio* (Fn 90) 261 ff.
[94] Vgl *Di Fabio* (Fn 90) 286 ff.
[95] BVerwGE 72, 300, 316.

Konzept des *Funktionsvorbehaltes der Exekutive* steht den atomrechtlichen Genehmigungsbehörden ein „eigener Beurteilungsbereich" zu, der durch entsprechende – im allgemeinen generalisierte – Risikoentscheidungsmaßstäbe[96] konkretisiert wird und der richterlichen Kontrolle allenfalls auf Plausibilität zugänglich ist. Dieser Ansatz des Wyhl-Urteils respektiert die Besonderheiten von Risikoentscheidungen, hat aber leider bisher nicht die verdiente Verbreitung in den übrigen Risikoverwaltungsbereichen gefunden. Es dauert lange, bevor sich neue Einsichten in den eingefahrenen Gleisen der Dogmatik einen gesicherten Platz verschaffen.

43 ff) *Planungsentscheidungen.* Die Planungsentscheidungen sind dagegen ein Entscheidungstyp, dessen Kontrollbeschränkung seit langem anerkannt ist.[97]

Am Beispiel der richterlichen Kontrolle von kommunalen Bebauungsplänen hat die Rechtsprechung des Bundesverwaltungsgerichts ein Kontrollschema entwickelt,[98] welches als eine der großen Leistungen des Richterrechts unter der Geltung des Grundgesetzes gilt.[99] Die dort gefundene Kontrollstruktur findet aber auch auf andere Planungsentscheidungen der Verwaltung, namentlich die Planfeststellungsbeschlüsse, Anwendung.[100]

44 Die Beurteilungsfreiheit der Verwaltung und die ihr zugeordnete Kontrollbeschränkung beruht darauf, daß das Gesetz der Verwaltung keinen subsumierbaren Tatbestand vorgibt, sondern lediglich ein Ziel (zB städtebauliche Entwicklung und Ordnung), und es der Verwaltung überläßt, dieses Ziel näher zu konkretisieren und die Wege zur Erreichung dieses Ziels zu bestimmen.[101] Prägend für Planungsentscheidungen sind ebenfalls Abwägungen, für die das Gesetz Abwägungsgesichtspunkte liefert, aber die Präferenzen der planenden Verwaltung überläßt. Planungsnormen sind also als solche schon durch ein erhebliches Maß an administrativer Gestaltungsfreiheit gekennzeichnet. Diese administrative Gestaltungsfreiheit ist Grund und Grenze für die richterliche Kontrollbeschränkung.

45 gg) *Entscheidungen als Faktoren rechtlicher Beurteilung.* Maßgebliche Bedeutung bei der Frage der Kontrolldichte gewinnt auch die Faktorenlehre,[102] die in einigen Entscheidungen sogar ausdrücklich angesprochen wird.[103]

Die Faktorenlehre wirft das Problem auf, wie weit die Grenzen der rechtlich zu beurteilenden konkreten Wirklichkeit zu ziehen sind und welche Faktoren – von der Verwaltung selbst gesetzt – bei der Gesetzesanwendung Beachtung verdienen und sich gleichsam „normativ" auswirken. So ist beispielsweise die Beurteilung des „dienstlichen Bedürfnisses für die Versetzung eines Beamten" abhängig von

[96] Sie treten in Erscheinung als „normkonkretisierende Verwaltungsvorschriften", dazu o § 6 Rn 53.
[97] *Hoppe* FS Scupin, 1973, 121 ff; *ders* FS Menger, 1985, 747 ff; *Tsevas* Die verwaltungsgerichtliche Kontrollintensität bei der materiell-rechtlichen Nachprüfung des Planfeststellungsbeschlusses für raumbeanspruchende Großprojekte, 1992.
[98] BVerwGE 34, 301; 45, 309; 48, 56; 52, 237; 71, 166; 75, 214.
[99] Vgl *Redeker* FS Scupin, 1983, 874.
[100] Vgl BVerwGE 48, 56; 52, 237; 71, 166; 75, 214.
[101] Vgl *Hoppe* (Fn 1) 641 ff.
[102] Vgl *Kellner* DÖV 1969, 309 ff; *Ossenbühl* (Fn 54) 333 Fn 235; *ders* DÖV 1970, 84 ff, 87 ff; *Schmidt-Aßmann* (Fn 13) Art 19 IV Rn 202.
[103] Vgl BVerwG DÖV 1977, 134, 135; Buchholz, 407. 4 § 17 RStrG Nr 23, 46.

der Stellenplanung der Behörde, die aber ihrerseits nicht der richterlichen Kontrolle unterliegt, sondern vielmehr als „Faktor" der richterlichen Beurteilung zugrunde zu legen ist.[104] Dasselbe gilt beispielsweise für Strombedarfsprognosen, die ein Verwaltungsgericht im Eilverfahren treffen muß.[105] Eine solche Prognose muß sich an Ausgangsdaten orientieren. Zu diesen Ausgangsdaten („Faktoren") gehört auch eine Reihe von politischen Entscheidungen, zB ob die nationale oder regionale Stromversorgung langfristig im Schwergewicht durch Kohle und Öl oder/und durch Kernkraft gewährleistet werden soll. Solche „politischen Zielvorgaben und Weichenstellungen" haben die Gerichte als Entscheidungs-„Faktoren" ungeprüft hinzunehmen.

IV. Kombination von Ermessen und unbestimmten Rechtsbegriffen

Ermessen und unbestimmter Rechtsbegriff betreffen zwei unterschiedliche Probleme der Rechtsanwendung und sind deshalb entgegen immer wieder vorgetragenen Gegenkonzeptionen[106] auseinanderzuhalten.[107] Dies bedeutet jedoch keineswegs, daß es zwischen dem Verwaltungsermessen und der Anwendung unbestimmter Rechtsbegriffe keine Gemeinsamkeiten gäbe. Im Prozeß der Rechtsanwendung können Ermessensausübung und Anwendung unbestimmter Rechtsbegriffe vielmehr eng miteinander verknüpft sein und einander beeinflussen. Auch wenn bei dieser Verknüpfung unter besonderen Voraussetzungen Ermessensausübung und Anwendung unbestimmter Rechtsbegriffe zu einer einheitlichen Verwaltungsentscheidung verschmelzen können, ist diese Besonderheit kein Grund, die dogmatische Unterscheidung ganz aufzugeben. Eine Dogmatik kann nie so glatt sein, daß sie ungebrochen jede Erscheinung in sich aufnimmt. **46**

Im folgenden geht es darum, zwei häufig auftretende Normtypen aufzuzeigen, in denen sich Ermessensausübung und Anwendung unbestimmter Rechtsbegriffe eng miteinander verbinden, aber durchaus nicht stets ununterscheidbar miteinander verschmelzen.

1. Koppelungsvorschriften

Eine sehr häufig anzutreffende Verbindung zwischen unbestimmten Rechtsbegriffen im Gesetzestatbestand und Ermessensfreiheit auf der Rechtsfolgeseite der Norm findet man in den sog Koppelungsvorschriften. Zu diesem Normtyp gehört beispielsweise § 26 Abs 1 Satz 1 BBG. Dort wird im Gesetzestatbestand der Begriff „dienstliches Bedürfnis" verwendet, während in der Rechtsfolge der Verwaltung Ermessensfreiheit eingeräumt wird. Solche Koppelungsvorschriften bilden an sich keine Besonderheit. Der Rechtsanwendungsvorgang verläuft in zwei Etappen. Zunächst sind die Voraussetzungen des Gesetzestatbestandes festzustellen. Dies ist **47**

104 BVerwGE 26, 65, 77; 39, 291, 299.
105 Vgl BayVGH GewArch 1984, 274 mwN.
106 Vgl *Herdegen* (Fn 5) 747.
107 Ebenso *Maurer* (Fn 21) § 7 Rn 55.

ein Vorgang der Rechtsanwendung. Liegen alle Tatbestandsvoraussetzungen vor, so schließt sich die Ermessensausübung durch die Verwaltung an. Rechtsanwendung und Ermessensausübung lassen sich unschwer trennen.

48 Schwierigkeiten ergeben sich jedoch dann, wenn die im Gesetzestatbestand verwendeten unbestimmten Rechtsbegriffe so umfassend sind, daß sie alle denkbaren Sachgründe für die Entscheidung absorbieren. In diesem Falle bleiben dann nämlich keine weiteren Sachgründe mehr übrig, die die Verwaltung im Rahmen der Ermessensausübung über den Gesetzestatbestand hinaus der Entscheidung im Einzelfall zugrunde legen könnte. Eine solche Konstellation liegt beispielsweise bei der Erteilung eines Dispenses vor, wenn dies „mit den öffentlichen Belangen vereinbar ist, oder wenn Gründe des Wohls der Allgemeinheit die Befreiung erfordern". Als unbestimmte Rechtsbegriffe im Tatbestand nehmen die Begriffe „öffentliche Belange" und „Wohl der Allgemeinheit" praktisch alle denkbaren sachlichen Entscheidungserwägungen in sich auf, so daß für eine anschließende Ermessensausübung kein Raum mehr verbleibt. Die Konsequenz ist die, daß man entweder die nach der Gesetzesfassung als „Kann"-Vorschrift ausgewiesene Norm als „Muß"-Vorschrift versteht oder alle Sachkriterien absorbierende Begriffe im Gesetzestatbestand nicht als unbestimmte Rechtsbegriffe im technischen Sinne deutet, sondern als Ermessensdirektiven, die der Ermessensentscheidung die Richtung weisen. Für beide Wege gibt es in der Rechtsprechung Belege.[108] Der Gemeinsame Senat der Obersten Gerichtshöfe des Bundes hat § 131 Abs 1 Satz 1 AO a F in letzterem Sinne verstanden und eine unlösbare Verknüpfung der Auslegung des Begriffs „unbillig" mit der Ermessensausübung angenommen.[109] Nach Auffassung des Senats ragt der Begriff „unbillig" in den Ermessensbereich hinein und bestimmt damit zugleich Inhalt und Grenzen der pflichtgemäßen Ermessensausübung. Im gleichen Sinne hat auch das Bundesverwaltungsgericht die strukturell vergleichbare Vorschrift des § 5 Abs 1 Satz 2 lit c WoBindG als Norm gedeutet, die zu einer „einheitlichen Ermessensentscheidung" ermächtigt.[110]

2. Planungsnormen

49 Eine Kombination von (Planungs-)Ermessen und unbestimmten Rechtsbegriffen findet man auch bei Planungsnormen. Beispielhaft sei auf § 1 BauGB hingewiesen. Dort ist der planenden Verwaltung ein Ziel vorgegeben und eine Abwägungspflicht auferlegt. Die bei der Abwägung zu berücksichtigenden öffentlichen Interessen sind in einem umfangreichen Katalog durch unbestimmte Rechtsbegriffe fixiert. Die Auslegung dieser Rechtsbegriffe ist Rechtsanwendung und demzufolge voll gerichtlich überprüfbar. Hingegen gehört die Abwägung dieser Interessen zum nur beschränkt kontrollierbaren Planungsermessen der Verwaltung.[111]

[108] Vgl zB BVerwGE 18, 247, 250; 39, 355, 363 ff (GemSOBG); ferner: *Faber* (Fn 11) 108 ff.
[109] BVerwGE 39, 355, 363 ff.
[110] BVerwGE 72, 1, 5.
[111] Vgl *Schmidt-Aßmann* (Fn 13) Art 19 IV Rn 208.

DRITTER ABSCHNITT

Das Verwaltungshandeln

Hans-Uwe Erichsen

Gliederung

§ 11
Verwaltungshandeln und Verwaltungsrechtsverhältnis

I. Übersicht über die Handlungsformen der Verwaltung

1 Überwiegend wird die öffentliche Verwaltung nach Maßgabe des für den Staat und seine Untergliederungen geltenden Sonderrechts tätig. Ihr stehen dann besondere *Handlungsformen des öffentlichen Rechts* zu Gebote. Zu ihnen gehören Rechtsverordnung, Verwaltungsvorschrift, Sonderverordnung und Satzung. Sie sind bereits ausführlich dargestellt worden.[1] Darüber hinaus stellt das geltende Verwaltungsrecht der Verwaltung den Verwaltungsakt und den verwaltungsrechtlichen Vertrag zur Verfügung. Eine Sonderform des Verwaltungsakts ist die zollrechtliche Entscheidung nach Art 4 Nr 5 des Zollkodex der Europäischen Gemeinschaften.[2] Mit ihr normiert das Gemeinschaftsrecht eine eigene, für den Vollzug des Gemeinschaftsrechts durch die nationale Verwaltung geltende Handlungsform, die dem Verwaltungsakt ähnelt.[3] Verwaltungsakt und verwaltungsrechtlicher Vertrag, aber auch nur sie, sind Gegenstand von Regelungen in den Verwaltungsverfahrensgesetzen des Bundes und der Länder. Damit sind allerdings die Möglichkeiten der Verwaltung, im Einzelfall durch Willenserklärung tätig zu werden, nicht erschöpft. Ihr stehen im Außenverhältnis auch sonst die verwaltungsrechtliche Willenserklärung und im innerorganisatorischen Bereich die Einzelweisung zu Gebote. Der Erörterung bedürfen schließlich die vielfältigen Formen ihres sonstigen Handelns und Verhaltens, zB Bau und Unterhaltung öffentlicher Straßen, soweit es nach Maßgabe des öffentlichen Rechts vorgenommen wird, oder etwa die der Information der Bürger dienenden Hinweise, Berichte und Warnungen.

2 Nicht selten bedienen sich die Träger öffentlicher Verwaltung zur Erfüllung ihrer Aufgaben der *Handlungsformen* des *Privatrechts*.[4] So beschäftigen sie Angestellte und Arbeiter des öffentlichen Dienstes auf der Grundlage privatrechtlicher Dienstverträge. Zur Deckung ihres Sachbedarfs schließen sie Kaufverträge. Auf Grund von Werkverträgen lassen die Träger der Straßenbaulast Straßenbauarbeiten durch Privatunternehmer ausführen. In diesen Fällen werden *Rechtsverhältnisse* des *privaten Rechts* zwischen öffentlicher Verwaltung und Bürger begründet.

Die das allgemeine Verwaltungsrecht kennzeichnende duale Ordnung, die sich in der Dichotomie von öffentlichem und privatem Recht, von Außen- und Innenrecht und in der Trennung von Gesetzgebung und Gesetzesvollzug umsetzt, wird einerseits als Folge reduzierter Steuerungsbereitschaft und -intensität des Gesetz-

[1] Vgl o § 6 Rn 12ff, 30ff, 58f, 63ff.

[2] VO (EWG) Nr 2931/92 des Rates v 12.10.1992 zur Festlegung des Zollkodex der Gemeinschaften, ABl 1992 Nr L 302, 1ff; dazu *Witte* ZfZ 1993, 162ff.

[3] *Scherney* Änderung einer Entscheidung im Zollrecht, 1995, 11; *Witte* (Fn 2) 162, 165; zur Vergleichbarkeit mit dem Verwaltungsaktsbegriff des § 35 VwVfG: *Scheuing* in: Hoffmann-Riem/Schmidt-Aßmann, Innovation und Flexibilität des Verwaltungshandelns, 1994, 289, 322; krit *Rengeling* VVDStRL 53 (1994) 202, 213.

[4] Vgl o § 2 Rn 70ff.

gebers in einer Zeit raschen Wandels der hochkomplexen sozialen, wirtschaftlichen und technischen Verhältnisse und andererseits durch die Entwicklung neuer Modelle für die interne Steuerung des Verwaltungshandelns zunehmend relativiert.[5]

II. Das Verwaltungsrechtsverhältnis

Konnte der in erster Linie auf Überwachung gesellschaftlicher Abläufe gerichtete liberale Rechtsstaat des 19. Jahrhunderts seine Verwaltungszwecke weitgehend – wenn auch nicht ausschließlich – durch *punktuelle* Intervention der Verwaltung erfüllen, so sieht sich der durch Art 20, 28 GG konstituierte soziale Rechtsstaat[6] auch auf die Gestaltung gesellschaftlicher Abläufe und Befriedigung gesellschaftlicher Bedürfnisse verpflichtet. Die Abhängigkeit des Bürgers von der Verwaltung ist intensiver, dauerhafter und umfassender geworden, wie sich etwa im Bereich der Daseinsvorsorge, also beispielsweise der Versorgung mit Energie, Wasser und anderen existenznotwendigen Leistungen, zeigt.[7] Mehr als früher kommt es zu Beziehungen zwischen Staat und Bürger, die über das bloße Unterworfensein unter die staatliche Anordnungsgewalt hinaus individualisiert und konkretisiert sowie zT durch eine kooperative Struktur charakterisiert sind. Es geht zudem nicht mehr nur um bilaterale Beziehungen zwischen Bürger und Verwaltung, sondern der Bürger findet sich etwa als Drittbetroffener oder -begünstigter häufig noch mit anderen – wie etwa im Falle der Genehmigung einer Großanlage – in einem *mehrdimensionalen Beziehungsgefüge,* dessen Komplexität die Erfassung und den Ausgleich aller Interessen nachhaltig erschwert.[8] Diese neue Dimension des Verwaltungshandelns stellt auch an das allgemeine Verwaltungsrecht neue Anforderungen. Die Wissenschaft hat darauf ua mit einer verstärkten Beachtung des Verwaltungsrechtsverhältnisses reagiert.[9] 3

Versteht man das *Rechtsverhältnis* als jede sich aus einer rechtlichen Regelung ergebende Beziehung zwischen mindestens zwei Rechtssubjekten,[10] so sind *Ver-* 4

[5] *Krebs* VVDStRL 52 (1993) 250, 253ff; *Bulling* DÖV 1989, 277ff; *Dose* Verhandlungen mit der öffentlichen Verwaltung, 2. Aufl 1993; *J. J. Hesse* in: Hoffmann-Riem/Schmidt-Aßmann, Konfliktbewältigung durch Verhandlungen, Bd 1, 1990, 97ff; *Kunig* DVBl 1992, 1193, 1195, 1201ff sowie u § 32; speziell zu normersetzenden Absprachen *Brohm* DÖV 1992, 1025ff.

[6] Dazu auch o § 4 Rn 17ff, 25.

[7] Dazu *Forsthoff* VwR, 340ff; *Erichsen* DVBl 1983, 289ff; *Krause* VVDStRL 45 (1987) 212, 213ff; *Pitschas* in: Hoffmann-Riem/Schmidt-Aßmann (Fn 3) 219, 223. Allgemein dazu auch *Haverkate* Rechtsfragen des Leistungsstaates, 1983.

[8] Vgl *Schmidt-Aßmann* VVDStRL 34 (1976) 263f; *Erichsen* VVDStRL 35 (1977) 207ff; *Ehlers* DVBl 1986, 912, 915; *P.-M. Huber* Konkurrenzschutz im Verwaltungsrecht, 1991, 169; *Bauer* Verw 25 (1992) 301, 314 f, 323ff.

[9] Zur Entwicklung *Vosniakou* Beiträge zur Rechtsverhältnistheorie: Verwaltungsrechtsverhältnis und Fortschreibung der Verwaltungsrechtsdogmatik, 1992, 59ff mwN.

[10] Vgl *Achterberg* Allg VwR, § 19 Rn 14; *Forsthoff* (Fn 7) 170, 173; *Giacometti* Allgemeine Lehren des rechtsstaatlichen Verwaltungsrechts, Bd I, 1960, 321; BVerwGE 89, 327, 329 mwN; *Ehlers* (Fn 8) 912; *Hill* NJW 1986, 2602, 2605; *Pietzcker* Verw 30 (1997) 281, 282; *Vosniakou* (Fn 9) 44 mwN in Fn 3.

waltungsrechtsverhältnisse die nach Verwaltungsrecht zu beurteilenden Rechtsbeziehungen zwischen Rechtssubjekten. Ob man als zusätzliches Kriterium für das Rechtsverhältnis das Vorliegen von subjektiv-öffentlichen Rechten einführt,[11] ist jedenfalls dann von untergeordneter Bedeutung, wenn man auch die Rechte und Berechtigungen des Staates und seiner Untergliederungen als subjektiv-öffentliche Rechte anerkennt.[12] Verwaltungsrechtsverhältnisse sind folglich zwischen zwei oder mehreren Rechtssubjekten bestehende, über das bloße Staat-Bürger-Verhältnis hinaus verdichtete, besondere öffentlich-rechtliche, nicht verfassungs- oder völkerrechtliche Rechtsbeziehungen.[13] Dabei kann man jede durch eine rechtliche Regelung gestaltete Beziehung als eigenes Rechtsverhältnis auffassen[14] oder auch ausgehend von einem einheitlichen Sachverhalt alle damit zusammenhängenden Rechtsbeziehungen als Komplex und diesen als das Verwaltungsrechtsverhältnis ansehen.[15]

5 Verwaltungsrechtsverhältnisse können zwischen Trägern öffentlicher Verwaltung, zwischen öffentlicher Verwaltung und Bürger sowie ausnahmsweise auch zwischen Bürgern[16] bestehen. Man kann sie, in Abgrenzung zum allgemeinen Staat-Bürger- oder Gewaltverhältnis,[17] auch als verwaltungsrechtliche Sonderverbindungen bezeichnen.[18] Kriterium der Abgrenzung zum allgemeinen Staat-Bürger-Verhältnis kann dabei das Vorliegen durchsetzbarer bzw vollstreckbarer Rechts- und Pflichtenbeziehungen zwischen einem Träger öffentlicher Verwaltung und einem Bürger bzw einem anderen Träger öffentlicher Verwaltung sein. So wird das bereits in Art 12 a GG iVm § 1 WPflG zugrundegelegte Wehrdienstverhältnis erst durch die Erfassung gem §§ 3 Abs 2, 15 WPflG zu einem Verwaltungsrechtsverhältnis konkretisiert. Verwaltungsrechtsverhältnisse bestehen nach heute gesicherter Erkenntnis[19] nicht nur im sog Außenverhältnis, sondern auch im *Innenbereich* von Verwaltungsträgern. Verwaltungsrechtsverhältnisse *können* daher auch durch Rechtssätze begründet werden, die die Verwaltungsorganisation, dh ua das Verhältnis und Verhalten der sie konstituierenden Einheiten, ihrer Organe und deren Teile, betreffen. So wird etwa die zwischen dem einzelnen Rats-

[11] So *Krause* (Fn 7) 221. Vgl auch *Wolff/Bachof/Stober* VwR I, § 32 Rn 33.

[12] Vgl u § 11 Rn 46 und *Bauer* DVBl 1986, 208 ff; aA zB *Ehlers* (Fn 8) 915.

[13] Vgl *Maurer* Allg VwR, § 8 Rn 16; *Vosniakou* (Fn 9) 46 f; *Wallerath* Allg VwR, § 6 V 1.

[14] So zB *Ehlers* (Fn 8) 912 f.

[15] So zB *Gröschner* Das Überwachungsrechtsverhältnis, 1992, 141 f; *Hill* Das fehlerhafte Verfahren und seine Folgen im Verwaltungsrecht, 1986, 272 f; *Vosniakou* (Fn 9) 52.

[16] Vgl u § 24 Rn 9.

[17] Zur Kontroverse um diesen Begriff vgl *Loschelder* Vom besonderen Gewaltverhältnis zur öffentlich-rechtlichen Sonderverbindung, 1982, 47 ff; *Schnapp* DÖV 1986, 811, 812 f; *Bauer* (Fn 12) 216; *Bachof* VVDStRL 45 (1987) 258 ff; *Löwer* NVwZ 1986, 793, 794; *Krause* (Fn 7) 220.

[18] Wie hier *Wallerath* (Fn 13) § 6 V 1 und die Terminologie im Zivilrecht; vgl *Larenz* SchuldR I, § 32 Rn 40.

[19] Vgl zB *Rupp* Grundfragen der heutigen Verwaltungsrechtslehre, 2. Aufl 1991, 19 ff; *Ossenbühl* Verwaltungsvorschriften und Grundgesetz, 1968, 154 ff; *Böckenförde/Grawert* AöR 95 (1970) 1, 18 f; *Schnapp* AöR 105 (1980) 243, 250; *Krebs* Jura 1981, 569, 573 f; *Erichsen* FS Menger, 1985, 211, 214 ff mwN.

mitglied und der Gemeindevertretung bestehende Beziehung als organschaftliches bzw mitgliedschaftliches Rechtsverhältnis angesehen.[20]

Das Verwaltungsrechtsverhältnis ist als Institution des Verwaltungsrechts 6
zunächst wenig beachtet worden.[21] Auch das VwVfG[22] nimmt – seinem Namen durchaus entsprechend – das materielle Verwaltungsrechtsverhältnis nicht zur Kenntnis. Es enthält zwar Regelungen über den öffentlich-rechtlichen Vertrag, doch betreffen diese Vorschriften im wesentlichen die Zulässigkeit und den Bestand des öffentlich-rechtlichen Vertrages, nicht hingegen die Rechte und (Haupt- und Neben-)Pflichten eines durch ihn begründeten Verwaltungsrechtsverhältnisses. Insoweit enthält das VwVfG in § 62 S 2 einen eher lakonischen denn hilfreichen Hinweis auf die Regelungen des BGB.[23] Diese Beschränkung der Kodifikation hat ihren Grund in der bisherigen Fixierung des Verwaltungsrechts auf Entscheidungen der Verwaltung. Immerhin ist das *Verwaltungsverfahrensrechtsverhältnis* nunmehr, jedenfalls in gewissem Umfang, Gegenstand des VwVfG und damit die bisherige, eher statische und auf das Verfahrensprodukt beschränkte, punktuelle Betrachtung durchbrochen.[24]

In der steuerrechtlichen Dogmatik hat demgegenüber das Steuerrechtsverhältnis – wenn auch in seiner terminologischen Erfassung mit Unsicherheiten belastet[25] – schon seit längerem Bedeutung gewonnen. Die AO 1977 trägt diesem Befund durch eine Regelung des „Steuerschuldverhältnisses" und des Besteuerungsverfahrens Rechnung.[26] Dient hier das Verwaltungsrechtsverhältnis der Erfassung einer auf staatlichen Eingriff gerichteten Beziehung zwischen Staat und Bürger, so ist das Sozialrechtsverhältnis überwiegend – wenn auch nicht nur – als Mittel zur Ordnung von Leistungsbeziehungen zwischen Staat und Bürger entdeckt und in verfahrensrechtlicher und materiellrechtlicher Hinsicht im SGB X und in §§ 30ff,

20 So OVG NW DVBl 1978, 150f; dazu *v Mutius* JK 79, VwGO § 43/2; vgl etwa BVerwG NVwZ 1989, 470. Dazu *Rupp* (Fn 19) 19ff; *Bethge* DVBl 1980, 309ff; *Häberle* Das Verwaltungsrechtsverhältnis, in: Das Sozialrechtsverhältnis, Schriftenreihe des Deutschen Sozialgerichtsverbandes, Bd XVIII, 1979, 60ff; *Maurer* (Fn 13) § 8 Rn 13ff (für Bürgermeister und Gemeindevertretung); *Achterberg* (Fn 10) § 19 Rn 44–46; *Schnapp* (Fn 19) 253f; *Krebs* (Fn 19) 572ff; *Schröder* NVwZ 1985, 246f.

21 Vgl etwa *Bachof* VVDStRL 30 (1972) 183, 231f mwN in Fn 172; *Krause* Rechtsformen des Verwaltungshandelns, 1974, 110; *dens* (Fn 7) 212, 217f; *J. Martens* JuS 1977, 664, 666.

22 Mit VwVfG sind immer die VwVfGe des Bundes und der Länder gemeint. Wird lediglich das VwVfG des Bundes oder das eines Landes bzw werden nur die VwVfGe der Länder behandelt, ist dies zum Ausdruck gebracht.

23 Zur strukturellen Andersartigkeit der Rechtsverhältnisse im Privatrecht und öffentlichen Recht vgl *Krause* (Fn 7) 219ff; *Ehlers* (Fn 8) 915f.

24 Vgl dazu schon *Brohm* VVDStRL 30 (1972) 245, 253ff; *Schmidt-Aßmann* Jura 1979, 505ff; ein Defizit sehen hier noch *Hoffmann-Riem* in: ders ua, Reform des Allgemeinen Verwaltungsrechts, 1994, 115, 123, 132; *Schoch* in: Hoffmann-Riem/Schmidt-Aßmann (Fn 3) 199f.

25 Vgl dazu schon *Hensel* VVDStRL 3 (1927) 63, 77; *Tipke/Kruse* ReichsabgabenO, 7. Aufl Stand April 1976, § 97 Rn 1 a.

26 Vgl dazu *Tipke/Kruse* (Fn 25) vor § 33 Rn 1; *Tipke/Lang* Steuerrecht, 14. Aufl 1994, §§ 6f.

38ff SGB AT teilweise einer Regelung unterworfen worden.[27] Charakteristisch ist in beiden Fällen die Verflechtung von materiell-rechtlichen und verfahrensrechtlichen Elementen. Gemeinsam ist ihnen wie auch anderen Verwaltungsrechtsverhältnissen,[28] daß es jeweils um die rechtliche Ordnung einer in besonderer Weise verdichteten komplexen Beziehung geht, die nicht nur Hauptpflichten oder -ansprüche, sondern auch Mitwirkungspflichten des Bürgers und sonstige Nebenpflichten von Verwaltung und Bürger umfaßt.[29]

7 Die über eine deskriptive Funktion hinausgehende Bedeutung des Verwaltungsrechtsverhältnisses in der Dogmatik des allgemeinen Verwaltungsrechts ist bislang eher gering einzuschätzen.[30] Ein neuer „Archimedischer Punkt"[31] des Verwaltungssystems ist mit dem Verwaltungsrechtsverhältnis nicht gefunden.[32] Angesichts dessen wird man zwar das Verwaltungsrechtsverhältnis als Möglichkeit zur Erfassung einer Verdichtung im Verhältnis von Verwaltung und Bürger(n) (Staat und Gesellschaft), wie sie insbesondere im Bereich der Leistungsverwaltung[33] – aber nicht nur dort – zu registrieren ist, ansehen können.[34] Das Verwaltungsrechtsverhältnis beschreibt aber nur das Gefüge bestehender Rechte und Pflichten, die aus den dem Verwaltungsrechtsverhältnis zugrundeliegenden rechtlichen Regelungen folgen; es ist nicht Entstehungsgrund (wenn auch uU Entstehungsvoraussetzung) von Rechten und Pflichten.[35] Es bedarf hier aber noch der weitergehenden Aufhellung, wobei insbesondere das bestehende Rechtsschutzsystem der VwGO, aber auch das Problem der Freiheitsgewährleistung gegenüber der Macht

[27] Einiges zum Sozialrechtsverhältnis bei *Henke* VVDStRL 28 (1970) 149, 156ff; *Rüfner* ebd, 215ff; *Krause* in: Das Sozialrechtsverhältnis (Fn 20) 12ff; *Löwer* (Fn 17) 793, 795ff; *Stober* DVBl 1987, 269, 277f; *Kreßel* Öffentliches Haftungsrecht und sozialrechtlicher Herstellungsanspruch, 1990, 261f mwN; vgl auch *Brugger* AöR 112 (1987) 389ff.

[28] Weiter sind als bes bedeutsame Rechtsverhältnisse das Subventionsverhältnis und das Nutzungsverhältnis öffentlicher Einrichtungen zu nennen. Vgl dazu *Ehlers* (Fn 8) 917ff mwN.

[29] Vgl auch BGHZ 21, 214, 218f; 54, 299, 303; *Krause* (Fn 27) 14; *Ehlers* (Fn 8) 916; *Bull* Allg VwR, § 14 Rn 823ff; *Krause* (Fn 7) 227ff.

[30] So auch *Huber* (Fn 8) 169; *Schmidt-Aßmann* Das allgemeine Verwaltungsrecht als Ordnungsidee und System, 1982, 26 Fn 40; *ders* DVBl 1989, 533, 539f; *Maurer* (Fn 13) § 8 Rn 24; *Löwer* (Fn 17) 794; *Ehlers* (Fn 8) 912 spricht von einem Desiderat. S aber *Vosniakou* (Fn 9) 64ff.

[31] *Häberle* (Fn 20) 67.

[32] So auch *Bachof* (Fn 21) 279; *Häberle* VVDStRL 45 (1987) 252f; vgl auch *Kempen* Die Formenwahlfreiheit der Verwaltung, 1989, 91ff, 128ff; *Löwer* (Fn 17) 794; *Maurer* (Fn 13) § 8 Rn 24 aE.

[33] Vgl auch *Henke* Das Recht der Wirtschaftssubventionen als öffentliches Vertragsrecht, 1979, 6f.

[34] Vgl auch *Bauer* VerwArch 78 (1987) 241, 259ff; *Schulte* DVBl 1988, 512, 513f; *dens* VerwArch 81 (1990) 415, 420ff; *Hill* DVBl 1989, 321, 325 mwN in Fn 47; *Schmidt-Aßmann* (Fn 30) 540.

[35] Wie hier *v Danwitz* Verw 30 (1997) 339, 350; aA *Bauer* (Fn 8) 321ff; *Gröschner* (Fn 15) 178ff; *ders* Verw 30 (1997) 301, 323ff, 328ff; *Schmidt-Preuß* Kollidierende Privatinteressen im Verwaltungsrecht, 1992, 21.

des Leistungsstaates[36] in die Überlegungen einzubeziehen sind. Anzustreben ist insbesondere eine Typologie verwaltungsrechtlicher Schuldverhältnisse, wie sie auch das System des BGB kennt.[37]

1. Die Begründung von Verwaltungsrechtsverhältnissen

Verwaltungsrechtsverhältnisse können auf sehr unterschiedliche Weise entstehen.[38] 8
Sie können einmal unmittelbar aufgrund Rechtssatzes unabhängig von einem final darauf gerichteten Verhalten der Beteiligten zustande kommen.[39] So werden Studienbewerber bei vorhandener gesetzlicher Regelung durch Immatrikulation Mitglieder der als Studentenschaft bezeichneten Gliedkörperschaft der Universität und damit Subjekt eines Verwaltungsrechts-(Mitgliedschafts-)verhältnisses.[40] Unabhängig von dem Willen der Beteiligten entstehen verwaltungsrechtliche Sonderverbindungen ua aufgrund gesetzlich festgelegter Anzeige- und Auskunftspflichten[41] oder durch gemeindliche Satzungen, die einen Anschluß- und Benutzungszwang begründen.[42] Sie entstehen bei Schadenszufügung aufgrund von § 839 BGB, Art 34 GG, indem zwischen der haftenden Körperschaft und dem Geschädigten ein zum Schadensersatz verpflichtendes Rechtsverhältnis begründet wird.[43] Verwaltungsrechtliche Sonderverbindungen entstehen unmittelbar aufgrund objektiven Rechtssatzes auch bei Fehlen oder Wegfall des rechtlichen Grundes für eine Leistung – Erstattungsverhältnis[44] – oder bei der Rechtsbeeinträchtigung durch Verwaltungsakt oder verwaltungsrechtlichen Realakt – Folgenbeseitigungs- bzw allgemeiner Beseitigungsanspruch.[45]

Verwaltungsrechtliche Sonderverbindungen können weiter durch Verwaltungsakt[46], also durch ein auf Begründung eines solchen Rechtsverhältnisses gerichtetes

[36] Dazu *Erichsen* (Fn 7) 289ff.

[37] Vgl *Ehlers* (Fn 8) 916; *Löwer* (Fn 17) 794; *v Danwitz* (Fn 35) 354ff.

[38] Vgl dazu auch *Maurer* (Fn 13) § 8 Rn 18; *Gries/Willebrand* JuS 1990, 103, 106ff. Speziell zum Überwachungsrechtsverhältnis *Gröschner* (Fn 15) 160ff.

[39] So heißt es zB in § 38 AO: „Die Ansprüche aus dem Steuerschuldverhältnis entstehen, sobald der Tatbestand verwirklicht ist, an den das Gesetz die Leistungspflicht knüpft." Gleichsinnig formuliert § 40 Abs 1 SGB AT: „Ansprüche auf Sozialleistungen entstehen, sobald ihre im Gesetz oder aufgrund eines Gesetzes bestimmten Voraussetzungen vorliegen."

[40] Vgl etwa BVerwGE 59, 231, 234; dazu *v Mutius* JK 80, GG Art 9 I/2; OVG Hamburg NJW 1977, 1251.

[41] Vgl §§ 6, 24 BSeuchG, 9 TierSG, 11 FleischbeschauG, 16ff PStG, 14 GewO (Anzeigepflicht); §§ 46 WaffG, 36 BSeuchG, 73 TierSG, 116 BSHG, aber auch §§ 13–15 SGB AT (Auskunftspflicht). Näher *Gröschner* (Fn 15) 161ff, der ein „materielles Überwachungsrechtsverhältnis" mit der Aufnahme der entspr Tätigkeit begründet sieht.

[42] Vgl BGH DVBl 1983, 1055, 1056; *Erichsen* Kommunalrecht NW, 2. Aufl 1997 § 10 II 1, 2.

[43] Vgl dazu im einzelnen u § 47 Rn 7ff.

[44] Dazu u § 29 Rn 19ff.

[45] Vgl dazu im einzelnen u § 49 Rn 17ff.

[46] Dazu *Schmidt-Aßmann* (Fn 30) 536.

einseitig hoheitliches Verhalten der Verwaltung begründet werden.[47] So entstehen das Wehrdienstverhältnis durch Erfassung und das Beamtenverhältnis durch Ernennung. Eine verwaltungsrechtliche Sonderverbindung entsteht auch, wenn dem Bürger durch Ordnungs- oder Polizeiverfügung aufgegeben wird, eine Gefahr für die öffentliche Sicherheit zu beseitigen. Wenn zB die Polizei ein Motorrad wegen Diebstahlsverdachts sicherstellt, so begründet sie dergestalt durch Verwaltungsakt ein öffentlich-rechtliches Verwahrungsverhältnis.[48] Vielfach werden durch Verwaltungsakt auf die Erbringung von Leistung(en) gerichtete Verwaltungsrechtsverhältnisse begründet. Das gilt nicht nur für den Bereich der Sozialverwaltung,[49] auch der Bescheid über die Bewilligung einer Subvention läßt ein Verwaltungsrechtsverhältnis entstehen,[50] und Anstaltsnutzungsverhältnisse werden nach ganz überwiegender Auffassung in der Rechtsprechung und Literatur in der Regel ebenfalls durch Verwaltungsakt begründet.[51] Solche durch Verwaltungsakt begründeten Verwaltungsrechtsverhältnisse sind häufig nicht nur zweiseitig. So werden durch Verwaltungsakte mit Dritt- oder Doppelwirkung Rechtsbeziehungen materiell- und verfahrensrechtlicher Art zwischen mehreren Rechtssubjekten gestaltet, wird also etwa durch den Dispens von nachbarschützenden Vorschriften das Rechtsverhältnis zwischen Verwaltung, Bauherrn und Nachbarn geordnet.[52]

Die einseitige Begründung einer verwaltungsrechtlichen Sonderverbindung kann auch durch Zusicherung gemäß § 38 Abs 1 S 1 VwVfG oder Zusage,[53] sie kann weiter durch ein Verhalten geschehen, welches auf die Wahrnehmung fremder Interessen gerichtet ist. Hinzuweisen ist auf die Fälle der Geschäftsführung mit (gesetzlichem[54] oder durch bestandskräftigen Verwaltungsakt begründetem)[55] oder ohne Auftrag.[56] Eine verwaltungsrechtliche Sonderverbindung kann ausnahmsweise auch durch bloßen Verwaltungsrealakt begründet werden, wie dies etwa im Falle der bloßen Inbesitznahme beim verwaltungsrechtlichen Verwahrungsverhältnis möglich ist.[57] Ein Verwaltungsrechtsverhältnis kann darüber hin-

[47] Vgl etwa BSG NJW 1977, 77 zur Begründung eines Versorgungsrechtsverhältnisses mittels Feststellung der Anspruchsvoraussetzungen durch VA. Überholt insoweit *Forsthoff* (Fn 7) 200.

[48] Vgl *Friauf* in: Schmidt-Aßmann, Bes VwR, 2. Abschn Rn 140; *Bender* StHR, 3. Aufl, Rn 244.

[49] Vgl dazu etwa *Kirchhof* FS zum 25jährigen Bestehen des Bundessozialgerichts, 1979, 562, 566.

[50] Vgl auch BVerwG DVBl 1978, 212, 213; *Erichsen* VerwArch 69 (1978) 303. Für den Subventionsvertrag *Henke* (Fn 33) 20ff; *Menger* VerwArch 69 (1978) 93ff; *Ehlers* (Fn 8) 912, 917ff.

[51] BVerwG NVwZ 1987, 46; *Wolff/Bachof/Stober* VwR II, § 99 III 1; *Bender* (Fn 48) Rn 808; *Erichsen* (Fn 42) § 10 H 3.

[52] Dazu auch *Scholz* VVDStRL 34 (1976) 200.

[53] Zu dieser Unterscheidung u § 12 Rn 33. Vgl im übrigen OVG Lüneburg NJW 1977, 773f zur Begründung eines Verwaltungsrechtsverhältnisses durch Zusage.

[54] ZB § 1 Abs 3 des Gesetzes über die Errichtung des Bundesverwaltungsamtes v 28.12. 1959, BGBl I, 829; §§ 103ff BSHG.

[55] Vgl BVerwG NVwZ 1987, 788f.

[56] ZB den gesetzlich geregelten Fall der GoA in § 121 BSHG; dazu des weiteren u § 29 Rn 8ff.

[57] Vgl dazu u § 29 Rn 4.

aus nicht nur durch einseitig hoheitliches Handeln der Verwaltung, sondern auch durch ein darauf gerichtetes einseitiges Verhalten des Bürgers begründet werden. So wird bei förmlichen Postzustellungsaufträgen gem § 16 PostG zwischen dem POSTDIENST und seinen Benutzern ein Verwaltungsrechtsverhältnis (Benutzungsverhältnis) durch die tatsächliche Inanspruchnahme der Posteinrichtungen begründet, wobei auch der Empfänger Beteiligter dieses Rechtsverhältnisses ist.[58] Im übrigen werden Dienstleistungen im Bereich des Postwesens nach Art 87f Abs 1 GG privatrechtlich erbracht. Auch der freiwillige Beitritt zur Sozialversicherung, der durch eine einseitige rechtsgestaltende Willenserklärung des Bürgers erfolgt,[59] läßt ein Verwaltungsrechtsverhältnis entstehen. Durch den Antrag des Bürgers auf Erlaß eines Verwaltungsakts, etwa einer Genehmigung,[60] wird jedenfalls ein Verwaltungsverfahrensrechtsverhältnis begründet[61] und kann ein Verwaltungsrechtsverhältnis[62] ebenso entstehen wie beim Antrag auf Gewährung einer sonstigen Verwaltungsleistung.

Neben der Möglichkeit, einseitig eine verwaltungsrechtliche Sonderverbindung zu begründen, steht die Möglichkeit, zwei- oder mehrseitig durch darauf gerichtete Einigung, also etwa durch verwaltungsrechtlichen Vertrag, ein solches Rechtsverhältnis zu konstituieren. Verwaltungsrechtsverhältnisse insbesondere verfahrensrechtlichen Inhalts können schließlich auch durch sozialen Kontakt zwischen Verwaltung und Bürger entstehen,[63] wenn die Beteiligten über den Inhalt eines Rechtssatzes etwa im Hinblick auf das Bestehen einer Anzeigepflicht streiten.[64] Auch in diesem Fall besteht eine Beziehung wegen einer rechtlichen Regelung.

2. Die Rechtsfähigkeit

a) Die Begründung rechtlicher Beziehungen, die Schaffung eines Gefüges von Rechten und Pflichten durch die Rechtsordnung setzt voraus, daß diese bestimmten Subjekten zugeordnet werden können. Es muß daher die Frage beantwortet werden, wer Berechtigter oder Verpflichteter in bezug auf ein bestimmtes Recht oder eine bestimmte Pflicht sein kann. Zuordnungssubjekt eines Rechts oder einer Pflicht kann nur derjenige sein, dem Rechtsfähigkeit, dh die Fähigkeit, Träger von Rechten und/oder Pflichten zu sein,[65] zukommt. Die Rechtsfähigkeit wird durch die Rechtsordnung festgelegt.[66] 9

[58] Vgl BVerwG DÖV 1986, 654f.
[59] Vgl *Rüfner* (Fn 27) 187, 213; BSGE 23, 248, 251.
[60] Vgl etwa BGH VersR 1970, 1007.
[61] Vgl § 22 VwVfG. Zur Bedeutung und Wirkung des Antrags *Schnell* Der Antrag im Verwaltungsverfahren, 1986 und *Gusy* BayVBl 1985, 484ff.
[62] Näher *Gröschner* (Fn 15) 165ff, der insoweit von einem formellen Überwachungsrechtsverhältnis spricht.
[63] Ebenso *Bauer* (Fn 8) 320f.
[64] *Gröschner* (Fn 15) 155ff.
[65] *Wolff/Bachof/Stober* VwR I, § 32 Rn 5; *Maurer* (Fn 13) § 21 Rn 4; *Wallerath* (Fn 13) § 6 V 2 a.
[66] Vgl *Schnapp* Jura 1980, 68, 70f; *Wolff/Bachof/Stober* (Fn 65) § 32 Rn 9.

10 Die in Art 1 Abs 1 GG gewährleistete Menschenwürde und die Grundrechte *verpflichten* den Gesetzgeber, *natürlichen Personen* die Rechtsfähigkeit zu verleihen.[67] Vereinigen sich Menschen zur Verfolgung gemeinsamer Zwecke und Interessen, steht es demgegenüber weitgehend in seinem Ermessen, ob er einer solchen Vereinigung eigene Rechtsfähigkeit verleiht.[68] Das geschieht, indem diese Organisationen zur *juristischen Person* erklärt werden.[69] Durch diesen „rechtstechnischen Kunstgriff"[70] wurde es möglich, dem Staat und seinen Untergliederungen, aber auch supranationalen Organisationen wie den Europäischen Gemeinschaften Rechte und Pflichten zuzuordnen.[71]

11 b) Es besteht heute weitgehendes Einverständnis darüber, daß alle Rechtsfähigkeit relativ ist.[72] Natürlichen und juristischen Personen werden nämlich durch die Rechtsordnung in der Regel Rechte und Pflichten in bezug auf einen bestimmten Rechtskreis zugeordnet, so daß von der Rechtsfähigkeit immer nur in bezug auf eine Teilrechtsordnung gesprochen werden kann. Zwar legt § 1 BGB fest, daß die „Rechtsfähigkeit" des Menschen mit seiner Geburt beginnt, doch ist auch die vollrechtsfähige Person iSd BGB nicht Träger aller möglichen Rechte, nicht einmal des BGB.[73] *Vollrechtsfähigkeit* bedeutet demnach nicht etwa die Fähigkeit, Träger aller denkbaren Rechte oder Pflichten zu sein.

Dementsprechend ist mit der Vollrechtsfähigkeit natürlicher Personen nicht notwendigerweise ihre Fähigkeit verbunden, Zuordnungssubjekt verwaltungsrechtlicher Rechte und Pflichten zu sein. Allerdings steht ihnen in der Regel weitreichende, einer besonderen Einzelzuweisung nicht bedürftige Rechtsfähigkeit auch im Bereich des Verwaltungsrechts zu, doch können Rechtsvorschriften Abweichendes festlegen. *Teilrechtsfähigkeit* liegt dann vor, wenn die Fähigkeit, Träger von Rechten und/oder Pflichten zu sein, lediglich vereinzelt, in bezug auf einen bestimmten Bereich oder auf bestimmte Angelegenheiten, uU auch nur eine ganz bestimmte Angelegenheit zuerkannt wird. So kann zB gemäß § 2 Abs 1 S 2 GastG eine Gaststättenerlaubnis auch nicht rechtsfähigen Vereinen erteilt werden. Regelungen dieser Art, die organisierte Personen- und/oder Sachgesamtheiten zu Zuordnungssubjekten einzelner Rechte und Pflichten machen, finden sich im Verwaltungsrecht häufiger. Solchen Gesamtheiten kommt insoweit Teilrechtsfähigkeit zu.

Die Übergänge von der Voll- zur ihr gegenüber quantitativ reduzierten Teilrechtsfähigkeit sind fließend. Insoweit gibt es mancherlei Zwischenlösungen, wie sich beispielhaft am Bundeseisenbahnvermögen verdeutlichen läßt: Dieses ist gemäß §§ 4 Abs 1, 5 BENeuglG in vermögensrechtlicher, haftungsrechtlicher und prozessualer Hinsicht selbständiges Sondervermögen mit einer Stellung im Rechts-

[67] Vgl *Flume* Allgemeiner Teil des Bürgerlichen Rechts, Bd 2, Das Rechtsgeschäft, 3. Aufl 1979, 1. Vgl auch *Wolff/Bachof/Stober* (Fn 65) § 33 Rn 1.

[68] Vgl *Schnapp* (Fn 66) 68, 70 f; *Wolff/Bachof/Stober* (Fn 65) § 34 Rn 1.

[69] Vgl dazu *Wolff* Organschaft und juristische Person, Bd 1, 1933, 1 ff, 87 ff.

[70] So *Wolff* (Fn 69) 131 ff, 194, der mit seiner rechtstechnischen Betrachtungsweise dem bis heute ungelösten Streit um das Wesen der juristischen Person entgeht. Vgl auch *Wolff/Bachof/Stober* (Fn 65) § 32 Rn 3.

[71] Vgl dazu *Böckenförde* FS Wolff, 1973, 269, 273; *Schnapp* (Fn 66) 70.

[72] Dazu *Fabricius* Die Relativität der Rechtsfähigkeit, 1963, 163.

[73] Vgl *Bachof* AöR 83 (1958) 208, 263 f.

verkehr, die der juristischer Personen – wie das gemäß § 124 Abs 1 HGB auch bei der OHG der Fall ist – stark angenähert ist, ohne daß ihm im verwaltungsrechtlichen Bereich eine derart selbständige Stellung zukommt.

Während das deutsche Zivilrecht bei den juristischen Personen des Privatrechts **12** keine Begrenzung der Rechtsfähigkeit durch den Verbandszweck annimmt, also insoweit die ultra-vires-Lehre ablehnt,[74] geht man bei den juristischen Personen des öffentlichen Rechts davon aus, daß diese in ihrem rechtlichen Können – und nicht nur Dürfen – durch die ihnen zugewiesenen Aufgaben bzw die Verbandskompetenz begrenzt sind. So überschreitet der AStA als Organ der verfaßten Studentenschaft deren verfassungsrechtlich zulässigen Wirkungskreis, handelt *ultra vires,* wenn er ein „allgemeinpolitisches Mandat" in Anspruch nimmt. Insoweit eingegangene Verpflichtungen und begründete Rechte sind nichtig, abgegebene Erklärungen werden der Studentenschaft nicht zugerechnet.[75] Gleiches gilt für den Beschluß einer Gemeindevertretung, mit dem eine Gemeinde zur „atomwaffenfreien Zone" erklärt wird.[76]

c) Vorwiegend theoretische Bedeutung hat demgegenüber der Begriff der **13** *Rechtssubjektivität.* Wird er nicht, wie bei *Böckenförde*[77] und *Ossenbühl,*[78] mit dem Begriff der Teilrechtsfähigkeit gleichgestellt, so ist er als rechtstheoretischer Begriff zu verstehen, der besagt, daß ein wie immer geartetes Subjekt Träger wenigstens eines Rechtes oder einer Pflicht ist.[79] Dabei braucht die rechtstechnische Zuordnung keine rechtlich endgültige, sie kann auch nur eine transitorische sein.[80]

d) Mit der Lösung vom Impermeabilitätsdogma[81] steht auch der Annahme von **14** Rechtsverhältnissen innerhalb binnendifferenzierter Verwaltungsorganisation kein Hindernis mehr entgegen, wenn auch insoweit eine die Zuordnung von Rechten und Pflichten ermöglichende Rechtsfähigkeit zu bejahen ist. Diese *Innenrechtsfähigkeit* wird etwa in Art 93 Abs 1 GG, §§ 63, 64 BVerfGG vorausgesetzt, wenn dort Organe des Staates oder Teile von ihnen als Zurechnungssubjekt von Rechten und Pflichten angesehen werden. Sie ist dann gegeben, wenn ein innerorganisatorisches Funktionssubjekt, dh ein Organ, ein Organteil oder ein Organ- bzw Amtswalter, Endsubjekt innenrechtlicher Zuordnung von Aufgaben und Zustän-

[74] Vgl dazu *Eggert* Die deutsche ultra-vires-Lehre, 1977; *K. Schmidt* AcP 184 (1984) 529ff.

[75] Vgl BVerwGE 34, 69 und – diese Entscheidung nochmals ausf bestätigend – BVerwGE 59, 231, 237f u 64, 298. Dazu auch *Bachof* DÖV 1980, 607ff; *Laubinger* VerwArch 74 (1983) 175ff; 263ff; *Pietzcker* JuS 1985, 27ff; *ders* NJW 1987, 305ff; *Kluth* DVBl 1986, 716ff; *v Mutius* JK 80, GG Art 9 I/2; *Erichsen* JK 95, GG Art 12 I/35; s zur Überschreitung von Verbandskompetenzen auch *Kluth* Jura 1998, 408ff und zu Klagemöglichkeiten der Mitglieder in diesem Fall *dens* Funktionale Selbstverwaltung, 1997, 332.

[76] BVerwGE 87, 228; vgl auch BVerwGE 87, 237; BVerfGE 79, 127, 147; *Schoch* JuS 1991, 728ff; *Erichsen* (Fn 42) § 4 A 1; *dens* JK 91, GG Art 28 II/19; *Schmidt-Aßmann* in: ders (Fn 48) 1. Abschn Rn 15; anders *Seewald* Verw 25 (1992) 175, 185ff.

[77] (Fn 71) 304.

[78] (Fn 19) 165.

[79] *Wolff/Bachof/Stober* (Fn 65) § 32 Rn 4; *Bachof* (Fn 73) 259.

[80] *Wolff/Bachof/Stober* (Fn 65) § 32 Rn 4.

[81] Dazu *Erichsen* StR u VerfGbkt I, 3. Aufl 1982, 88.

digkeiten ist.[82] Innenrechtsfähigkeit ist demnach immer punktuell.[83] Sie kann auch gegeben sein, wenn im Zuge der Verwirklichung neuer Steuerungsmodelle eine funktionsbezogene Dezentralisierung[84] von Zuständigkeit und Kontrolle erfolgt. In diesem Rahmen können Kontrakte zwischen Politik und Verwaltung wie auch zwischen den verschiedenen Funktionseinheiten der Verwaltung intrapersonale Verträge sein.[85]

15 e) Um einen besonderen – verfahrensrechtlichen – Aspekt der Rechtsfähigkeit geht es bei der *Beteiligungsfähigkeit*.[86] Darunter ist die Fähigkeit zu verstehen, Beteiligter eines Verfahrens der Verwaltung oder vor dem Verwaltungsgericht zu sein.[87] Beteiligungsfähig sind nach den übereinstimmenden Regelungen in § 11 Nr 1 VwVfG, § 10 Nr 1 SGB X und § 61 Nr 1 VwGO natürliche und juristische Personen. Gemäß § 61 Nr 2 VwGO sind darüber hinaus Vereinigungen, soweit ihnen ein Recht zustehen oder – wie zu ergänzen ist[88] – eine Pflicht auferlegt werden kann, beteiligungsfähig. Hier wird für die nichtrechtsfähige Personenvereinigung[89] die materiellrechtliche Teilrechtsfähigkeit verfahrensrechtlich aufgenommen. Wie die „Soweit-Formulierung" ergibt, handelt es sich um eine begrenzte Verfahrensfähigkeit, die nur auf das Verfahren zur Begründung, Änderung, Feststellung oder Beendigung jenes Rechts oder jener Pflicht bezogen ist, deren Zuordnungssubjekt die Vereinigung sein kann.[90] Gemäß § 11 Nr 3 VwVfG und § 10 Nr 3 SGB X sind schließlich anders als nach § 61 Nr 3 VwGO, der einen Vorbehalt zugunsten landesrechtlicher Regelung enthält, alle Behörden beteiligungsfähig.

16 Die Beteiligungsfähigkeit von Innenrechtssubjekten – Organen, Organteilen, Organ- bzw Amtswaltern – ist in systemimmanenter Rechtsfortbildung ausgehend von §§ 11 Nr 2 VwVfG, 61 Nr 2 VwGO zu bejahen.[91] Für die Beteiligungsfähigkeit reicht es allerdings nicht aus, daß es dem klagenden Organ bzw Organteil oder dem klagenden Organ- oder Amtswalter um die Durchsetzung einer ihm durch das Innenrecht eingeräumten bloßen Wahrnehmungszuständigkeit geht, wie

[82] Vgl *Krebs* (Fn 19) 574; *Erichsen* (Fn 19) 214 ff.

[83] Vgl *Hoppe* Organstreitigkeiten vor den Verwaltungs- und Sozialgerichten, 1970, 167; *Schoch*, JuS 1987, 783, 787; *Burmeister* VVDStRL 52 (1992) 190, 220.

[84] Dazu *Deckert/Wind* Das neue Steuerungsmodell, 1996, 21, 71; *Reinermann* Krise als Chance, 1994, 33; *v Mutius* FS Stern, 1997, 685, 698 f, 705 f; *Krämer* VerwRdsch 1993, 419 f; *Grömig/Thielen* Städtetag 1996, 598.

[85] Eine andere Frage ist, mit welchem Inhalt solche Verträge geschlossen werden dürfen – dazu und zu der Frage, welche Folgen ein Verstoß gegen die inhaltliche Zulässigkeit hat: *Wallerath* DÖV 1997, 57, 64; *Pünder* DÖV 1998, 63, 67, 71.

[86] Gelegentlich wird auch von Beteiligtenfähigkeit gesprochen.

[87] Vgl etwa *Kopp* VwVfG, § 11 Rn 4.

[88] Vgl etwa *Wolff/Bachof/Stober* (Fn 65) § 34 Rn 20; *Kopp* (Fn 87) § 11 Rn 12.

[89] Vgl *Obermayer* VwVfG, § 11 Rn 15; im einzelnen auch *Kopp* (Fn 88) § 11 Rn 12.

[90] Vgl auch OVG Lüneburg NJW 1979, 735; *Schnell* (Fn 61) 50 ff; *Bonk* in: Stelkens/Bonk/Sachs, VwVfG, § 11 Rn 19; *Ule/Laubinger* VwVfR, § 15 Rn 25; *Kopp* (Fn 87) § 11 Rn 7; *Clausen* in: Knack, VwVfG, § 11 Rn 4.3.2; *Obermayer* (Fn 89) § 11 Rn 18. Die hier vertretene Auffassung bestimmt auch die Auslegung des § 61 Nr 2 VwGO. Vgl dazu etwa *Kopp* VwGO, § 61 Rn 12; *Redeker/v Oertzen* VwGO, § 61 Rn 4; *Schmitt Glaeser* VwPrR, Rn 92 ff; aA *Hoffmann-Becking* DVBl 1972, 299, 301.

[91] *Erichsen/Biermann* Jura 1997, 157, 159; *Erichsen* (Fn 19) 223 f; *Schoch* (Fn 83) 787.

sie sich etwa durch die Verpflichtung ergibt, die dem Organ oder Amt zugewiesenen Zuständigkeiten wahrzunehmen. Es besteht vielmehr Einigkeit darüber, daß im Falle des Innenrechtsstreits die Beteiligungsfähigkeit nur dann gegeben ist, wenn die geltend gemachte Innenrechtsposition als wehrfähig anzusehen ist. Eine solche wehrfähige Innenrechtsposition ist dann anzunehmen, wenn die mit ihr verbundene Zuständigkeit dem innerorganisatorischen Funktionssubjekt als Endsubjekt, mithin zur eigenständigen Wahrnehmung übertragen ist.[92]

3. Die verwaltungsrechtliche Handlungsfähigkeit

Die rechtlich zuerkannte Fähigkeit einer Person, *selbst durch ein Verhalten Rechtsfolgen herbeizuführen,* knüpft an die natürliche Zurechnungsfähigkeit an, die sich aus dem Lebensalter und dem damit vermuteten Vorhandensein bestimmter geistiger Fähigkeiten ergibt. So unterscheidet das BGB nach der Art des rechtlich erheblichen Verhaltens zwischen Geschäfts- und Deliktsfähigkeit und trifft dafür verschiedene Regelungen in §§ 104ff einerseits und §§ 827f andererseits. Auch im Verwaltungsrecht ist zu unterscheiden zwischen Handlungen, die bewußt und gewollt darauf gerichtet sind, Rechtsfolgen herbeizuführen, und solchen Handlungen, die die Rechtsordnung im übrigen als verwaltungsrechtlich erheblich ansieht. **17**

Der bis zum Inkrafttreten des VwVfG für den Bereich des Verwaltungs- und Verwaltungsverfahrensrechts bestehende Mangel einer allgemeinen gesetzlichen Regelung der Fähigkeit, Rechtsfolgen herbeizuführen, hat zu terminologischer Unklarheit geführt.[93] Entsprechend der Formulierung in § 12 Abs 1 Nr 2 VwVfG, § 79 Abs 1 Nr 2 AO, § 36 Abs 2 SGB AT und § 11 Abs 1 Nr 2 SGB X empfiehlt es sich, nunmehr den Begriff Handlungsfähigkeit zu verwenden.[94] Diesem Oberbegriff können ggf Unterkategorien, die auf Art oder Wirkung des jeweiligen verwaltungsrechtlich erheblichen Verhaltens abstellen, wie Verfahrenshandlungs-, Wahl-, Verfügungs-, Verwaltungs-, Deliktsfähigkeit etc, untergeordnet werden. In jedem Fall setzt Handlungsfähigkeit Rechts- bzw Beteiligungsfähigkeit voraus. **18**

Für den Bereich des *Verwaltungsverfahrens* ist die Handlungsfähigkeit in den §§ 12 VwVfG, 11 SGB X und 79 AO geregelt (Verfahrenshandlungsfähigkeit). Nach § 12 Abs 1 Nr 1 VwVfG, § 11 Abs 1 Nr 1 SGB X und § 79 Abs 1 Nr 1 AO kann eine natürliche Person dann durch eigenes, darauf gerichtetes Verhalten **19**

[92] Dazu im einzelnen *Erichsen* (Fn 19) 221ff; *ders* (Fn 42) § 7 C; *Erichsen/Biermann* (Fn 91) 159; *Kluth* (Fn 76) 333; *Bier* in: Schoch/Schmidt-Aßmann/Pietzner, VwGO, § 61 Rn 7.

[93] So verwenden *Wolff/Bachof/Stober* (Fn 65) § 32 Rn 42 als allgemeinen Begriff den der „Wirkungsfähigkeit", dem sie als Unterbegriffe „Handlungs-, Willens-, Geschäfts-, Verfügungs-, Delikts-, Wahlfähigkeit usw" unterordnen. *Forsthoff* (Fn 7) 181 definiert die „Geschäftsfähigkeit" als „Fähigkeit zu Willenserklärungen und rechtlich relevanten Handlungen" und verwendet sie damit als Oberbegriff.

[94] Vgl auch *C. R. Meyer* Die Stellung der Minderjährigen im öffentlichen Recht, 1988, 23; *Wallerath* (Fn 13) § 6 V 2b. Auch im Hinblick auf das BGB wird die Handlungsfähigkeit als Oberbegriff verwendet; vgl *Larenz/Wolf* Allg Teil des Bürgerlichen Rechts, 8. Aufl 1997, § 6 Rn 1.

Rechtsfolgen in einem Verwaltungsverfahren herbeiführen, also zB Anträge stellen oder Erklärungen der Verwaltung entgegennehmen,[95] wenn sie nach bürgerlichem Recht geschäftsfähig ist. Natürliche Personen, die nach bürgerlichem Recht in der Geschäftsfähigkeit beschränkt sind, sind gem § 12 Abs 1 Nr 2 VwVfG, § 11 Abs 1 Nr 2 SGB X und § 79 Abs 1 Nr 2 AO insoweit handlungsfähig, als sie für den Gegenstand des Verfahrens durch Vorschriften des bürgerlichen Rechts als geschäftsfähig oder durch Vorschriften des öffentlichen Rechts als handlungsfähig anerkannt sind.[96] Von Bedeutung im Hinblick auf die erstgenannte Möglichkeit sind insbesondere die §§ 112, 113 BGB.[97] Was die Zuerkennung der Handlungsfähigkeit durch Vorschriften des öffentlichen Rechts betrifft, so findet sich sowohl im Hinblick auf natürliche wie auf Rechtshandlungen eine *Vielzahl von Sonderregelungen.*[98] So kann etwa der Mensch mit 14 Jahren über sein religiöses Bekenntnis entscheiden,[99] ist er mit 15 Jahren berechtigt, Anträge auf Sozialleistungen zu stellen[100] und darf er mit 16 Jahren die Feuerbestattung anordnen.[101] Ob Vorschriften, die Rechte und Pflichten eines Minderjährigen vom Erreichen einer Altersgrenze abhängig machen, zugleich auch seine Verfahrenshandlungsfähigkeit für den betreffenden Bereich begründen, ist durch Auslegung zu ermitteln.[102] So folgt etwa aus § 7 Abs 1 Nr 4 StVZO nicht nur, daß Fahrerlaubnisse der Klassen 1 b, 4 und 5 schon ab dem 16. Lebensjahr erteilt werden dürfen, sondern auch, daß der Minderjährige selbst die zum Erwerb der Fahrerlaubnis notwendigen Verfahrenshandlungen vornehmen kann.[103] Hingegen enthielt § 2 Abs 2 Nr 1 AuslG aF, wonach Ausländer erst ab Vollendung des 16. Lebensjahres einer Aufenthaltsgenehmigung bedurften, nach Auffassung des BVerwG *nicht* zugleich auch eine Regelung der Verfahrenshandlungsfähigkeit des minderjährigen Ausländers.[104] Mittlerweile ist die Handlungsfähigkeit Minderjähriger im ausländerrechtlichen Verwaltungsverfahren allerdings in § 68 Abs 1 AuslG ausdrücklich geregelt.[105]

[95] Vgl zur passiven Handlungsfähigkeit BVerwG NJW 1994, 2633f; BayVGH DÖV 1984, 433f.

[96] Vgl zur Handlungsfähigkeit der Minderjährigen im Verwaltungsverfahren und -prozeß *C. R. Meyer* (Fn 94); *Robbers* DVBl 1987, 709ff; *Schnell* (Fn 61) 50ff; vgl auch BVerwGE 75, 304; BVerwG JZ 1985, 675 m Anm *Ehlers;* BVerwG NJW 1985, 576; VG Kassel und VG Köln NVwZ 1985, 217f.

[97] Vgl *Schnell* (Fn 61) 55.

[98] Vgl die Nachweise bei *Clausen* in: Knack (Fn 90) § 12 Rn 3.2.1.

[99] § 5 S 1, 2 RelKErzG.

[100] § 36 Abs 1 SGB AT.

[101] § 5 FeuerbG.

[102] *Kopp* (Fn 87) § 12 Rn 6; *Obermayer* (Fn 89) § 12 Rn 12; OVG Lüneburg DVBl 1982, 218, 219.

[103] BayVGH VerwRspr 9, 385; BVerwG MDR 1966, 442; *Robbers* DVBl 1987, 709, 712; *Ule/Laubinger* (Fn 90) § 16 Rn 12; *C. R. Meyer* (Fn 94) 123f; aA *Middel* Öffentlich-rechtliche Willenserklärungen von Privatpersonen, 1971, 45ff.

[104] BVerwG NJW 1982, 539 (dazu *v Mutius* JK 82, VwVfG § 12/2); NJW 1985, 576; ebenso etwa OVG Berlin MDR 1979, 522; *Schnell* (Fn 61) 56f; aA VGH BW ESVGH 31, 314; OVG Lüneburg DVBl 1982, 218 f; *Kunz* NJW 1982, 2707ff.

[105] Zu § 68 Abs 3 AuslG vgl OVG Hamburg NVwZ-RR 1996, 708.

Eine *Betreuung* nach §§ 1896ff BGB berührt – im Gegensatz zur früheren Entmündigung – die Geschäftsfähigkeit des Betroffenen als solche nicht, so daß sich die Handlungsfähigkeit des (nicht nach § 104 Nr 2 BGB geschäftsunfähigen) Betreuten im Verwaltungsverfahren grundsätzlich nach § 12 Abs 1 Nr 1 VwVfG, § 11 Abs 1 Nr 1 SGB X bzw § 79 Abs 1 Nr 1 AO richtet.[106] Unterfällt indes der Gegenstand des Verfahrens einem Einwilligungsvorbehalt nach § 1903 BGB, so ist der Betreute gem § 12 Abs 2 VwVfG, § 11 Abs 2 SGB X bzw § 79 Abs 2 AO nur insoweit handlungsfähig, als er nach bürgerlich- oder öffentlich-rechtlichen Vorschriften ohne Einwilligung des Betreuers handeln kann.[107]

Da die Zuerkennung der Handlungsfähigkeit an die natürliche Zurechnungs- **20**
fähigkeit (Alter, Einsichtsfähigkeit) anknüpft, kommt sie primär nur natürlichen Personen zu. Aber auch *juristischen Personen* und sonstigen rechtsfähigen Personen- und Sachgesamtheiten muß die Möglichkeit gegeben sein, durch darauf gerichtete Handlungen Rechtsfolgen zu begründen. Das wird dadurch ermöglicht, daß für diese Rechtsgebilde Menschen handeln, deren Verhalten jenen über die Rechtsfigur des Organs rechtlich zugerechnet wird (sogenannte organschaftliche Vertretung), wie das etwa in § 12 Abs 1 Nr 3 VwVfG, § 11 Abs 1 Nr 3 SGB X, § 79 Abs 1 Nr 3 AO und in §§ 89, 31 BGB der Fall ist. Die Zurechnung organschaftlichen Verhaltens richtet sich nach den einschlägigen Regelungen des materiellen und des Organisationsrechts.[108] Ob dergestalt den juristischen Personen selbst Verfahrenshandlungsfähigkeit zuteil wird, ist umstritten.[109]

Behörden werden gemäß § 12 Abs 1 Nr 4 VwVfG, § 11 Abs 1 Nr 4 SGB X und § 79 Abs 1 Nr 4 AO durch ihren Leiter, dessen Vertreter oder durch besonders Beauftragte vertreten. Wer Leiter einer Behörde bzw dessen Vertreter ist, bestimmt sich nach den jeweils einschlägigen organisationsrechtlichen Regelungen, ua nach dem Geschäftsverteilungsplan.

Der begrenzte Anwendungsbereich des VwVfG[110] wirft das Problem auf, wel- **21**
che Regelungen dann anzuwenden sind, wenn öffentlich-rechtliche Spezialnormen nicht bestehen und das VwVfG nicht eingreift. Bis zum Inkrafttreten des VwVfG wurde die Fähigkeit, durch darauf gerichtete Willenserklärungen Rechtsfolgen auf dem Gebiet des Verwaltungsrechts zu begründen, in unmittelbarer[111] oder sinngemäßer[112] Anwendung der §§ 104 ff BGB beurteilt. Dabei wird es bleiben können,[113] kann man doch davon ausgehen, daß der in § 12 VwVfG wie auch in § 79

[106] Vgl aber auch §§ 12 Abs 3 VwVfG, 11 Abs 3 SGB X, 79 Abs 3 AO iVm § 53 ZPO, wonach der Betreute *nicht* handlungsfähig ist, wenn der Betreuer das Verfahren führt. S dazu *Ule/Laubinger* (Fn 90) § 16 Rn 6.

[107] Näher *Laubinger/Repkewitz* VerwArch 85 (1994) 86ff.

[108] Vgl dazu *Kopp* (Fn 87) § 12 Rn 14.

[109] Vgl *Erichsen* VwR u VwGbkt I, 64 (zu § 62 VwGO); *v Mutius* JuS 1977, 99, 101. Abw *Ule/Laubinger* (Fn 90) § 16 Rn 2, 15.

[110] Dazu u § 33 Rn 13f.

[111] So *Wolff* VwR I, 8. Aufl 1971, § 33 VII; anders nunmehr *Wolff/Bachof/Stober* (Fn 65) § 33 Rn 90.

[112] *Middel* (Fn 103) 148f; *Forsthoff* (Fn 7) 182.

[113] Vgl auch OVG NW OVGE 36, 264, 270; *C. R. Meyer* (Fn 94) 100ff; *Wallerath* (Fn 13) § 6 V 2b.

AO, § 11 SGB X formulierte Bezug auf die Regelungen des bürgerlichen Rechts über die Geschäftsfähigkeit zum Ausdruck bringt, daß es sich dabei um allgemeine Rechtsgrundsätze handelt.[114]

22 Hinsichtlich der Begründung verwaltungsrechtlicher Rechtsfolgen durch sonstiges tatsächliches, etwa ordnungswidriges oder deliktisches Verhalten finden sich vereinzelt öffentlich-rechtliche Regelungen, wie beispielsweise hinsichtlich der polizei- und ordnungsrechtlichen Verantwortlichkeit strafmündiger Kinder oder Entmündigter. Soweit das nicht der Fall ist, kann, wenn die Rechtsfolgen strafähnlichen Charakter haben, auf das Strafrecht, etwa auf § 3 JGG[115], wenn sie in vermögensrechtlicher Haftung bestehen, auf die §§ 827, 828 BGB[116] zurückgegriffen werden.

23 Für handlungsunfähige Personen handelt ihr gesetzlicher Vertreter.[117]

4. Der Inhalt von Verwaltungsrechtsverhältnissen

24 Was den *Inhalt der Rechte und Pflichten* angeht, so erhält das Verwaltungsrechtsverhältnis zwischen Verwaltung und Bürger in der Regel sein Gepräge dadurch, daß an ihm mit dem Staat oder einer Untergliederung des Staates, uU auch mit der EG oder einer der anderen Europäischen Gemeinschaften, ein Rechtssubjekt beteiligt ist, dem ein eigener und im Verhältnis zum Bürger prinzipiell verschiedenartiger Status zukommt. Insoweit unterscheidet sich die verwaltungsrechtliche wesentlich von der privatrechtlichen Sonderverbindung.[118] Insbesondere ist die Freiheit inhaltlicher Gestaltung angesichts des Ausmaßes, in dem die Verwaltung durch Gesetz und Recht bestimmt wird, beim Verwaltungsrechtsverhältnis sehr viel geringer als beim privatrechtlichen Rechtsverhältnis.[119] Das gilt selbst dann, wenn die Verwaltung, wie es beispielsweise im Rahmen von Verwaltungsrechtsverhältnissen der Daseinsvorsorge geschieht, sich zu Hauptleistungen verpflichtet, wie sie jedermann erbringen könnte.[120]

25 Der Inhalt des Verwaltungsrechtsverhältnisses kann sehr unterschiedlich sein.[121] Es können materiellrechtliche und verfahrensrechtliche Rechte und Pflichten, Haupt- und Nebenpflichten sowie Obliegenheiten zum Bestand des Verwaltungsrechtsverhältnisses gehören. Verwaltungsrechtsverhältnisse können ein- und zweisowie mehrseitig verpflichtend und/oder berechtigend sein. Sie können auf einmalige Leistung, aber auch – wie etwa im Bereich des Sozialleistungs- oder des

114 Vgl auch *Kopp* (Fn 87) § 12 Rn 27.

115 *Forsthoff* (Fn 7) 182.

116 Vgl dazu *C. R. Meyer* (Fn 94) 159ff, 167ff, 197ff.

117 Vgl *Obermayer* (Fn 89) § 12 Rn 19ff; *Ehlers* DVBl 1986, 912, 918.

118 Zur Funktionsverschiedenheit des Rechtsverhältnisses im privaten und öffentlichen Recht vgl *Krause* (Fn 7) 220f.

119 Das gilt wegen der regelmäßig fehlenden Disponibilität öffentlich-rechtlicher Rechte und Pflichten auch für die – freilich seltenen – Verwaltungsrechtsverhältnisse zwischen Privaten. Vgl auch § 24 Rn 9.

120 Diese Besonderheit zeigt sich als Folge des sog Verwaltungsprivatrechts (vgl dazu § 2 Rn 70ff) auch bei privatrechtlichem Handeln der Verwaltung.

121 Vgl die Typologie bei *Bull* (Fn 29) Rn 726ff.

Steuerrechtsverhältnisses – auf wiederkehrende, ggf durch Verwaltungsakt zeitlich (zB Fälligkeit) oder inhaltlich (zB Höhe der zu leistenden Rentenzahlung) zu konkretisierende Leistungen der Verwaltung oder des Bürgers angelegt sein. Zum Spektrum der Verwaltungsrechtsverhältnisse gehören auch die auf mehrseitigen Willenserklärungen beruhenden Gesellschaftsverhältnisse, wie sie insbesondere zwischen Trägern öffentlicher Verwaltung etwa in Form eines Zweckverbandes oder einer Arbeitsgemeinschaft[122] bestehen können, und zu ihnen gehören inter- und intraorganschaftliche Rechtsverhältnisse.[123]

Die Hauptleistungspflichten werden in aller Regel durch den Begründungsakt bestimmt. So wird etwa durch eine Ordnungsverfügung die Verpflichtung zu einem bestimmten, eine Gefahr für die öffentliche Sicherheit beseitigenden Verhalten festgelegt, werden durch Einigung, wie etwa beim verwaltungsrechtlichen Austauschvertrag, die Beteiligten gehalten, einander bestimmte, im Vertrag bezeichnete Leistungen zu erbringen. Wird die verwaltungsrechtliche Sonderverbindung durch Anwendung eines Rechtssatzes auf einen konkreten Sachverhalt begründet, so beschreibt die Rechtsfolge des Rechtssatzes – häufig in Verbindung mit anderen Normen – den Inhalt der Rechte und Pflichten der verwaltungsrechtlichen Sonderverbindung. So entsteht etwa eine einen Träger öffentlicher Verwaltung zur Leistung von Schadensersatz in bestimmter Höhe verpflichtende verwaltungsrechtliche Sonderverbindung durch Anwendung des § 839 BGB, Art 34 GG in Verbindung mit §§ 249ff BGB auf einen konkreten Sachverhalt. 26

Den Inhalt von Verwaltungsrechtsverhältnissen bestimmende Regelungen finden sich häufig auch in Satzungen. So ergehen viele Anstaltsnutzungsordnungen in Form einer Satzung. Sie *müssen* diese Rechtsform beachten, wenn zB nach Maßgabe der Gemeindeordnungen Anschluß- und Benutzungszwang für gemeindliche Einrichtungen wie etwa Friedhof[124], Schlachthof[125], Wasserversorgung[126], Energieversorgung[127] festgelegt wird[128] oder wenn es um die Erhebung von Abgaben, dh Steuern, Gebühren und Beiträgen durch die Gemeinden geht.[129] Die inhaltsbestimmenden Regelungen legen in der Regel die Leistungspflichten der Gattung nach fest; sie bedürfen durchweg der Konkretisierung, die in sehr unterschiedlicher Form ua durch individualisierende Zulassung oder Heranziehung und Leistung erfolgt. 27

122 Vgl etwa *Ehlers* Verwaltung in Privatrechtsform, 1984, 339, 409ff.

123 Vgl dazu *Hoppe* NJW 1980, 1017, 1018; *Schnapp* AöR 105 (1980) 243, 276f; *Erichsen/Biermann* (Fn 91) 160.

124 Vgl etwa OVG NW OVGE 25, 106f; dazu auch *H. Weber* NVwZ 1987, 641ff.

125 Vgl etwa BGHZ 61, 7; OVG NW OVGE 18, 71, 76.

126 Vgl BGHZ 59, 303, 307; zu den sich aus höherrangigem Recht ergebenden Schranken bei der Ausgestaltung des Wasserversorgungsverhältnisses durch Satzungsrecht: OVG NW NVwZ 1986, 1050f und NVwZ 1987, 727ff.

127 Vgl LG Frankfurt MDR 1970, 843.

128 Vgl zB § 9 NWGO, § 11 BaWüGO, § 8 Nr 2 NdsGO, § 26 RhpfGO, § 19 Abs 2 HessGO, Art 24 Abs 1 Nr 2, 3 BayGO; *Rehn/Cronauge* GO NW, Stand 5/97, § 9 Anm V 1; *Waechter* Kommunalrecht, 3. Aufl 1997, Rn 572ff.

129 Vgl etwa § 132 BauGB und §§ 2 der KAGe der Länder.

28 Hinsichtlich der Erfüllung der Hauptleistungspflichten finden sich vielfach keine ausdrücklichen Regelungen im Verwaltungsrecht. Auch soweit es um die weiteren Verhaltens- und sekundären Leistungspflichten – zB Kooperations- und Schadensersatzpflichten – sowie Einreden und Einwendungen geht, bestehen Regelungslücken. Gesetzliche Vorgaben für die nähere Ausgestaltung von Verwaltungsrechtsverhältnissen finden sich etwa in den §§ 38 ff, 60 ff SGB I für das Sozialleistungs- und in den §§ 20 ff VwVfG, 16 ff SGB X, 82 ff AO für das Verfahrensrechtsverhältnis. Wechselseitige Rücksichtnahme- und Treuepflichten der Beteiligten eines Verwaltungsrechtsverhältnisses können sich darüber hinaus aus dem auch im öffentlichen Recht wirksamen Grundsatz von Treu und Glauben ergeben.[130] Schließlich verweisen §§ 62 S 2 VwVfG, 61 S 2 SGB X für vertraglich begründete Rechtsverhältnisse[131] auf die Vorschriften des BGB.

29 Aber auch für nichtvertragliche Verwaltungsrechtsverhältnisse, die durch eine besondere *Nähebeziehung* zwischen den Beteiligten gekennzeichnet sind und gewissermaßen „schuldrechtsähnlich" strukturiert sind, greifen Rechtsprechung und Literatur auf den Normenbestand des Privatrechts zurück. Derartige Sonderverbindungen werden auch als *verwaltungsrechtliche Schuldverhältnisse* bezeichnet.[132] Die genaue Abgrenzung dieser Rechtsfigur ist freilich umstritten. Der Vorschlag, den Begriff des verwaltungsrechtlichen Schuldverhältnisses auf Sonderverbindungen vermögensrechtlicher Art zu beschränken,[133] überzeugt schon deshalb nicht, weil auch das BGB nicht nach diesem Kriterium differenziert.[134] Auch ermöglicht es keine trennscharfe Abgrenzung, da auch personal geprägte Verwaltungsrechtsverhältnisse wie das Beamten-, das Wehrdienst- und das Mitgliedschaftsverhältnis in einer Universität oder einer berufsständischen Kammer häufig nicht frei von vermögensrechtlichen Pflichten sind. Freilich führt auch die Formel der Rechtsprechung, wonach es darauf ankommt, ob „ein besonders enges Verhältnis des einzelnen zur Verwaltung begründet worden ist und mangels ausdrücklicher gesetzlicher Regelung ein Bedürfnis für eine angemessene Verteilung der Verantwortung innerhalb des öffentlichen Rechts vorliegt",[135] kaum zu eindeutigen Ergebnissen. Unter Zugrundelegung dieser Formel ist indes eine Anzahl von Fallgruppen entwickelt worden, für die die Anwendbarkeit der Regeln des BGB-Schuldrechts (insbesondere im Hinblick auf Nebenpflichten und Haftung) heute grundsätzlich anerkannt ist. Hierzu gehören insbesondere die öffentlich-rechtliche

130 Vgl etwa *Schetting* Rechtspraxis der Subventionierung, 1973, 128; *Löwer* NVwZ 1986, 793, 797; *Hill* Das fehlerhafte Verfahren und seine Folgen im Verwaltungsrecht, 1986, 281; *Bauer* (Fn 8) 322; *Gröschner* (Fn 35) 332 ff; *Keller* Vorvertragliche Schuldverhältnisse im Verwaltungsrecht, 1997, 96 ff; *Stelkens/Schmitz* in: Stelkens/Bonk/Sachs (Fn 90) § 9 Rn 35 f.

131 Näher dazu u §§ 23 ff.

132 Vgl näher *Windthorst* JuS 1996, 605 ff; *Peine* Allg VwR, 3. Aufl 1997, Rn 381 ff; *Ossenbühl* StHR, 283 ff. S a u § 29 sowie § 49 Rn 9 ff.

133 Vgl etwa *Wolff/Bachof/Stober* (Fn 65) § 55 Rn 3; *Bull* (Fn 29) Rn 730; *Wallerath* (Fn 13) § 6 V 4; *Janson* DÖV 1979, 696 f mwN.

134 Vgl etwa MünchKomm/*Kramer* BGB, 3. Aufl 1994, Einl vor § 241 Rn 40.

135 BGHZ 21, 214, 218; 59, 303, 305; 61, 7, 11; BGH DÖV 1997, 836, 837.

Verwahrung,[136] Leistungs- und Benutzungsverhältnisse im Bereich der Daseinsvorsorge,[137] die öffentlich-rechtliche GoA[138] und das Beamtenverhältnis.[139] Gerade in jüngerer Zeit sind aber den zivilrechtlichen Haftungsregeln auf dem Weg über die Rechtsfigur des verwaltungsrechtlichen Schuldverhältnisses verschiedentlich auch neue Anwendungsfelder erschlossen worden.[140]

Umstritten ist, ob die Regeln des BGB auf das verwaltungsrechtliche Schuldverhältnis *analog*[141] oder als Ausdruck allgemeiner, für das Zivil- wie das öffentliche Recht unmittelbar geltender *allgemeiner Rechtsgrundsätze*[142] anzuwenden sind. Mögen die Methoden der Rechtsgewinnung auch unterschiedlich sein, die gewonnenen Ergebnisse stimmen weitgehend überein.[143]

5. Die subjektiv-öffentlichen Rechte

Das subjektiv-öffentliche Recht bezeichnet in seiner von *G. Jellinek*[144] und **30**
O. Bühler[145] begründeten und vor allem von *O. Bachof*[146] weiterentwickelten Form die einem Rechtssubjekt in öffentlich-rechtlichen Vorschriften eingeräumte Rechtsmacht, mit Hilfe der Rechtsordnung eigene Interessen zu verfolgen.[147] Das subjektiv-öffentliche Recht in dieser Form ist ein notwendiger und zentraler Bestandteil einer Rechtsordnung, die den einzelnen nicht zum Objekt staatlicher Gewalt macht, seine Autonomie nicht ausgrenzt, sondern auf „Verfassung" des Ge-

[136] Vgl etwa BGHZ 3, 162, 172ff; 34, 349, 354; BGH NJW 1990, 1230; OLG Köln NVwZ 1994, 618, 619f; *Maurer* JuS 1994, 1015, 1017f; *Papier/Dengler* Jura 1995, 38ff. Näher u § 29 Rn 4ff.

[137] Vgl etwa BGHZ 54, 299; 59, 303; 61, 7; BVerwG NJW 1995, 2303; OLG Düsseldorf NVwZ-RR 1996, 305. Näher u § 29 Rn 32ff.

[138] Vgl etwa BVerwGE 80, 170; *Schoch* Jura 1994, 241ff mwN. Näher u § 29 Rn 8ff.

[139] Vgl etwa BVerwGE 13, 17; 25, 138; BVerwG DVBl 1989, 199.

[140] BGH DÖV 1997, 836 (vwr Schuldverhältnis zwischen dem Bund und dem Träger einer Beschäftigungsstelle für Zivildienstleistende; dazu *Erichsen* JK 98, Allgem VerwR, Verwrechtl Schuldverhältnisse/1); OLG Köln NVwZ 1994, 618, 619 (vwr Schuldverhältnis zwischen Schulträger und Lehrer); OLG Düsseldorf NVwZ 1992, 97 (vwr Schuldverhältnis zwischen dem Träger des Jugendamtes und den Teilnehmern einer Jugendfreizeit); *Spannowsky* BWVP 1991, 197, 199; *Cremer* VBlBW 1996, 241, 244f (vwr Schuldverhältnis zwischen Polizei und Eigentümer einer zur Obdachlosenunterbringung beschlagnahmten Wohnung; zurückhaltend insoweit BGH NJW 1996, 315ff).

[141] So etwa RGZ 65, 117; BGH NJW 1990, 1230; BGHZ 109, 8, 9.

[142] So etwa BGHZ 59, 303, 305; BGH DÖV 1997, 836, 837; BVerwGE 13, 17, 22; *Bender* StHR, 3. Aufl 1981, Rn 812; unklar OLG Düsseldorf NVwZ-RR 1996, 305.

[143] *Ossenbühl* (Fn 132) 297; *Windthorst* JuS 1996, 605, 608f; einschränkend *Maurer* (Fn 13) § 3 Rn 30. Vgl. auch *Ehlers* (Fn 122) 226 Fn 307.

[144] System der subjektiven öffentlichen Rechte, 2. Aufl 1905 (Nachdruck 1963) 41ff.

[145] Die subjektiven öffentlichen Rechte und ihr Schutz in der deutschen Verwaltungsrechtsprechung, 1914, 9ff, 21, 223ff; *ders* GS Jellinek, 1955, 269, 274ff.

[146] VVDStRL 12 (1954) 36, 72ff; *ders* GS Jellinek, 1955, 287ff.

[147] Zum Begriff *Schmidt-Aßmann* in: Maunz/Dürig, GG, Art 19 Abs 4 Rn 118ff; *Scherzberg* DVBl 1988, 129, 131f; *Huber* (Fn 8) 100ff.

meinwesens insgesamt gerichtet seine „Individualität und Personalität" in sich aufnimmt.[148]

Der Lehre vom subjektiv-öffentlichen Recht liegt die Vorstellung zugrunde, daß die Erfüllung einer durch Normen des objektiven öffentlichen Rechts begründeten Verpflichtung nur dann begehrt werden kann, wenn und soweit die Norm auch eine darauf gerichtete subjektive Berechtigung einräumt. Damit wird das Bestehen eines allgemeinen Gesetzesvollziehungsanspruchs verneint.

Subjektiv-öffentliche Rechte werden in einer Anzahl von staatliche Leistungs- oder sonstige Handlungspflichten begründenden Normen ausdrücklich benannt (§ 4 Abs 1 BSHG, § 1 BAföG, §§ 38, 39 SGB-AT), in anderen Fällen ausdrücklich ausgeschlossen (§ 2 Abs 2 BauGB, § 3 Abs 2 HGrG). Problematisch ist die Bestimmung subjektiver Berechtigungen des einfachen Rechts in jenen Fällen, in denen eine ausdrückliche gesetzgeberische Entscheidung fehlt.

31 a) Nach der sog „Schutznormlehre"[149] ist ein subjektiv-öffentliches Recht anzunehmen, wenn ein Rechtssatz[150] des öffentlichen Rechts *erstens* eine Verhaltenspflicht enthält – auch Ermessensnormen begründen solche Verhaltenspflichten,[151] indem sie die Verwaltung dazu verpflichten, bei Vorliegen bestimmter Voraussetzungen ihr Ermessen auszuüben –, wenn er *zweitens* zumindest auch der Befriedigung von Individualinteressen und nicht ausschließlich der Verwirklichung öffentlicher Interessen dient, und wenn er schließlich *drittens* darauf gerichtet ist, dem Träger der als schützenswert angesehenen Interessen die *Rechtsmacht* zur Durchsetzung dieses Interesses einzuräumen.

32 Zur Beurteilung, *ob* eine Norm zumindest auch den Interessen des einzelnen dienen soll, haben Rechtsprechung und hL eine Reihe von „Auslegungsdirektiven" entwickelt.[152] Läßt sich in bezug auf die Frage des Individualschutzes ein eindeutiger Wille des historischen Gesetzgebers ermitteln, so kann hierauf abzustellen sein.[153]

[148] So *Schmidt-Aßmann* (Fn 147) Art 19 Abs 4 Rn 117; krit zur Funktion des subjektiv-öffentlichen Rechts *Roellecke* AöR 114 (1989) 589ff.

[149] Grundlegend *Bühler* Die subjektiven öffentlichen Rechte (Fn 145) 21ff, 224; vgl ferner *dens* GS Jellinek, 1955, 269, 272; *Bachof* GS Jellinek, 1955, 294; *Sachs* in: Stelkens/Bonk/Sachs (Fn 90) § 40 Rn 132ff; *dens* in: Stern, Staatsrecht Bd III/1, 1988, § 65 II 3 (533ff); *Ramsauer* AöR 111 (1986) 501, 509ff; *Dietlein* DVBl 1991, 685, 687; *dens* JuS 1996, 593, 595.

[150] In Betracht kommen neben Gesetzen auch Rechtsverordnungen und Satzungen sowie öffentlich-rechtliche Verträge und Verwaltungsakte, vgl zu allem *Schmidt-Aßmann* (Fn 147) Art 19 Abs 4 Rn 131f. Zu Verwaltungsvorschriften vgl o § 6 Rn 41, 42ff. Sie können mangels Außenwirkung grundsätzlich keine subjektiv-öffentlichen Rechte begründen; vgl aber *Jarass* NJW 1983, 2844, 2847, der sie dann für potentiell drittschützend hält, wenn sie, wie etwa die TA Luft, als antizipierte Sachverständigengutachten angesehen werden; weitergehend *Brohm* FS Menger, 1985, 235, 242ff.

[151] Das subjektiv-öffentliche Recht, das sich daraus ergeben kann, ist das Recht auf fehlerfreien Ermessensgebrauch, vgl *Schmidt-Aßmann* (Fn 147) Art 19 Abs 4 Rn 135 mwN; zur drittschützenden Wirkung von Ermessensnormen vgl etwa BVerwG DÖV 1987, 296, 297.

[152] Vgl etwa *Bauer* AöR 113 (1988) 582, 599ff; *Schmidt-Aßmann* (Fn 147) Art 19 Abs 4 Rn 127ff; *Huber* (Fn 8) 109ff.

[153] Vgl zur Bedeutung der historischen Interpretation im Rahmen der Schutznormtheorie *Schmidt-Aßmann* (Fn 147) Art 19 Abs 4 Rn 138; *Bauer* (Fn 152) 597f.

Im übrigen kommt es nach der Rechtsprechung des BVerwG vor allem darauf an, ob die Norm aufgrund individualisierender Tatbestandsmerkmale einen geschützten Personenkreis erkennen läßt, der sich von der Allgemeinheit unterscheidet.[154] Das ist insbesondere dann der Fall, wenn ein bestimmter Kreis von Begünstigten (zB die „Nachbarschaft" in § 5 Abs 1 Nr 1 BImSchG) im Text der Norm ausdrücklich benannt wird.[155] Früher machte das BVerwG die individualschützende Wirkung einer Vorschrift zusätzlich davon abhängig, daß der Kreis der Berechtigten nicht übermäßig weit sein dürfe;[156] seiner neueren Rechtsprechung zur Schutznormtheorie wird man eine derartige Beschränkung indes nicht mehr entnehmen können.[157]

Ob neben der in dieser Weise zu ermittelnden Schutzrichtung einer Norm dem dritten der o g Kriterien („Rechtsmacht") eigene Bedeutung zukommt, ist unter den Vertretern der Schutznormtheorie streitig. In neueren Darstellungen dieser Lehre wird es häufig nicht mehr erwähnt.[158] Auch die Rechtsprechung fragt bei der Prüfung, ob eine Norm ein subjektives Recht gewährt, im allgemeinen nur danach, ob die durch die Norm statuierte Verhaltenspflicht – zumindest auch – Individualinteressen zu dienen bestimmt ist.[159] Dem liegt die Annahme zugrunde, daß unter der Verfassungsordnung des Grundgesetzes eine bezweckte Begünstigung dem einzelnen *stets* zugleich die Rechtsmacht vermittle, sich auf sie zu berufen und sie durchzusetzen.[160] Indes wird man ein Gebot, den Schutz von Individualinteressen *ausnahmslos* durch Einräumung einer individuellen Durchsetzungsbefugnis zu gewährleisten, der Verfassung nicht entnehmen können, so daß das Rechtsmachtkriterium als Element der Schutznormlehre jedenfalls nicht als von vornherein entbehrlich erscheint.[161] Freilich gilt auch dann eine *Vermutung* zugunsten der Subjektivierung rechtlich geschützter Individualinteressen,[162] so daß die Ergebnisse beider Ansätze in der Regel übereinstimmen werden. 33

154 BVerwG DVBl 1948, 476, 477; DVBl 1978, 1265, 1266; BVerwGE 81, 329, 334. Vgl. auch VGH Kassel NJW 1995, 1170, 1171: Kein Recht des Postbenutzers auf Beibehaltung eines bestimmten Postamtes.

155 BVerwG DVBl 1987, 476, 477; OVG Münster DVBl 1976, 790, 791; *Jarass* (Fn 150) 2845.

156 BVerwGE 27, 29, 32 f; 32, 173, 175; 52, 122, 129.

157 Vgl BVerwG DVBl 1987, 476, 477; DVBl 1987, 1265, 1266, wo das Kriterium der (räumlichen) Abgegrenztheit des geschützten Personenkreises ausdrücklich aufgegeben wird (ebenso auch BVerwGE 94, 151, 158). Gegen ein Abstellen auf die Zahl der Begünstigten auch *Kopp* VwGO, § 42 Rn 72; *Huber* (Fn 8) 110; *Wahl* JuS 1984, 577, 585; *König* Drittschutz, 1993, 123. Anders noch *Kluth/Neuhäuser* NVwZ 1996, 738, 744.

158 Vgl etwa *Maurer* (Fn 13) § 8 Rn 8; *Wallerath* (Fn 13) 144; *Schwerdtfeger* Öffentliches Recht in der Fallbearbeitung, 10. Aufl 1997, Rn 186; *Schulze-Fielitz* in: Dreier, GG, Bd 1, 1996, Art 19 IV Rn 44; *Krüger* in: Sachs, GG, Art 19 Rn 128.

159 So etwa BVerfGE 27, 297, 307; anders aber BVerwG Buchh 454.32 § 8 a WoBindG 1974 Nr 2.

160 Vgl *Bachof* GS Jellinek, 1955, 287, 299 ff; krit zu dieser Annahme *Preu* Subjektivrechtliche Grundlagen des öffentlichrechtlichen Drittschutzes, 1992, 126 ff.

161 *Sachs* in: Stern (Fn 149) § 65 II 3 c (535 ff); *ders* NVwZ 1988, 127, 129; *ders* in: Stelkens/Bonk/Sachs (Fn 90) Rn 134; *Schenke* in: BK, Art 19 Abs 4 Rn 289 (Stand 12/82); *Dietlein* JuS 1996, 593, 595; für Beibehaltung der dreistufigen Prüfung auch *Redeker/v Oertzen* (Fn 90) § 42 Rn 102.

162 Vgl *Schenke* (Fn 161) Art 19 Abs 4 Rn 288 f; *Dietlein* (Fn 161) 595.

34 b) Bedeutung hat das subjektiv-öffentliche Recht auch im Hinblick auf den verwaltungsgerichtlichen Rechtsschutz. Die VwGO ist, wie etwa die Erfordernisse der Klagebefugnis gemäß § 42 Abs 2 und der Rechtsverletzung gemäß § 113 Abs 1, 5 VwGO bei der Anfechtungs- und Verpflichtungsklage und der Antragsbefugnis gemäß § 47 Abs 2 VwGO nF bei der Normenkontrolle zeigen, primär auf den Schutz der Rechte des einzelnen hin angelegt.[163] Klagt der *Adressat* eines ihn belastenden Verwaltungsakts vor dem VG auf Aufhebung desselben – Anfechtungsklage –, so ist die Klagebefugnis dann gegeben, wenn – was regelmäßig der Fall sein wird – ein gezielter Eingriff in Grundrechte vorliegt, da die einen solchen Eingriff in Abwägung von Allgemeinwohl und individuellem Freiheitsinteresse determinierenden Regelungen grundsätzlich immer auch dem Schutz der Freiheit des Eingriffsadressaten dienen.[164] Problematisch wird die Bestimmung einfachgesetzlicher subjektiv-öffentlicher Rechte demgegenüber in Mehrpersonenverhältnissen, etwa bei der Klage auf Abwehr einer Drittbegünstigung oder auf Erlaß eines belastenden Verwaltungsakts an einen Dritten.[165] Solche Konstellationen treten zB im öffentlichen Bau- und im Anlagenzulassungsrecht,[166] aber auch in anderen Bereichen des Umwelt- und Planungsrechts[167] sowie im Wirtschaftsverwaltungsrecht[168] häufig auf.

35 c) Kritik an der Schutznormlehre wird vor allem unter dem Aspekt mangelnder Rechtssicherheit geübt.[169] Ob die Rechtsprechung eine Norm als individualschützend einstufen werde oder nicht, sei im konkreten Fall kaum vorhersehbar,[170] die Anwendung der Schutznormlehre habe in vielen Bereichen zu einer „verwirrenden Kasuistik"[171] geführt. Angesichts dieser praktischen Schwierigkeiten fehlt es in der Literatur nicht an Versuchen, den subjektiv-rechtlichen Schutz des einzelnen unabhängig vom Schutznormgedanken zu begründen.

aa) Nach teilweise vertretener Auffassung sind jedenfalls im Bereich der *Abwehr* staatlicher Maßnahmen (status negativus) einfachgesetzliche subjektive Rechte (und damit auch die Schutznormtheorie) entbehrlich, da der erforderliche

163 BVerwGE 78, 347, 348; *Schmidt-Aßmann* in: Schoch/Schmidt-Aßmann/Pietzner (Fn 92) Einl Rn 21.

164 *Erichsen* in: Isensee/Kirchhof VI, § 152 Rn 17ff, 45; *Wahl/Schütz* in: Schoch/Schmidt-Aßmann/Pietzner (Fn 92) § 42 Abs 2 Rn 48. Abzulehnen ist die Auffassung, der Adressat eines belastenden Verwaltungsakts habe einen grundrechtlichen Anspruch auf *objektive* Rechtmäßigkeit des Eingriffs, so daß es für das Merkmal der Rechtsverletzung iSd §§ 42 Abs 2, 113 Abs 1 VwGO auf die Schutzrichtung des einschlägigen einfachen Rechts von vornherein nicht ankomme (sog *Adressatentheorie;* vgl etwa *Papier* in: Isensee/Kirchhof VI, § 154 Rn 45; *Skouris* NJW 1981, 2727, 2729; *Hufen* VwPrR, § 25 Rn 59).

165 Auch *König* (Fn 157) 35, bezeichnet den Drittschutz als den „eigentliche(n) Anwendungsbereich der Schutznormtheorie". Vgl ferner *Wahl* DVBl 1996, 641.

166 Dazu etwa *König* (Fn 157).

167 Dazu etwa *Wahl/Schütz* (Fn 164) § 42 Abs 2 Rn 193 ff, 250ff.

168 Dazu etwa *Wahl/Schütz* (Fn 164) § 42 Abs 2 Rn 287 ff; *Sodan* in: ders/Ziekow, VwGO, § 42 Rn 431ff.

169 Vgl etwa *Bauer* (Fn 152) 592ff, 604ff; *Zuleeg* DVBl 1976, 509, 511ff; *Schmidt-Aßmann* DVBl 1987, 216, 221; *Bernhardt* JZ 1963, 302, 304ff; *Breuer* DVBl 1983, 431, 432; *Huber* (Fn 8) 153.

170 *Bauer* (Fn 152) 607; *Peine* (Fn 132) Rn 83.

171 *Maurer* (Fn 13) § 8 Rn 9.

Schutz schon durch die Grundrechte gewährt werde.[172] Dem liegt die Annahme zugrunde, der einzelne könne sich mit Hilfe der Grundrechte gegen rechtswidrige Belastungen *jeglicher Art* zur Wehr setzen. Insoweit ist zu beachten, daß der Staat in zunehmendem Maße von den traditionellen Lenkungsmitteln des Ge- und Verbotes abgeht, den gleichen Effekt aber über Methoden mittelbarer Beeinflussung wie etwa Subventionierung oder Abgabenerhebung verwirklicht.[173] Angesichts dessen ist es nicht mehr haltbar, den grundrechtlichen Freiheitsschutz auf solche staatlichen Einwirkungen zu beschränken, die dem Bürger gegenüber unmittelbar durch Eingriff erfolgen.[174] Ein Schutzbedürfnis besteht vielmehr auch im Hinblick auf Beeinträchtigungen seines sozialen, wirtschaftlichen oder lokalen Umfelds, die die *tatsächlichen* Voraussetzungen freiheitlicher Betätigung nachteilig betreffen. Zwar gehört daher „reale Freiheit" zur Thematik grundrechtlicher Freiheit, die *Grundrechtsnormen* sind insofern aber nicht als Grundlagen subjektiver Rechte, sondern als *objektivrechtliche Wert- und Steuerungsvorgaben* angesprochen, deren Umsetzung in die soziale Wirklichkeit in erster Linie dem Gesetzgeber obliegt.[175] Dieser hat primär grundrechtskonform über die Verteilung von realen Freiheitschancen zu entscheiden. Ihm obliegt insofern auch die Entscheidung, ob und welche Interessen der Bürger an staatlichem Verhalten er zu subjektiven Rechten ausgestaltet.[176] Dieses differenzierte Beziehungsgefüge zwischen subjektiv- und objektivrechtlichem Aussagegehalt der Grundrechte und der damit korrespondierenden Regelungskompetenz des Gesetzgebers würde unterlaufen, wenn jedes durch staatliches Verhalten betroffene Interesse eines Bürgers zugleich in den Rang eines durch die Grundrechte subjektivrechtlich geschützten Interesses erhoben würde. Soweit vielmehr der Gesetzgeber in der verfassungsgebotenen Weise die Entscheidung über die Zumessung und Begrenzung grundrechtlicher Freiheit getroffen hat, findet ein Rückgriff auf die Grundrechte grundsätzlich nicht mehr statt.[177]

172 *Zuleeg* (Fn 169) 514ff; ähnl *Bernhardt* (Fn 169) 306f (zur Klagebefugnis); *Sening* NuR 1980, 102, 105; *ders* BayVBl 1986, 161, 165f.

173 Dazu etwa BVerfGE 18, 1, 12f, 17; 43, 58, 68f; BVerwGE 71, 183, 191; 75, 109, 115; *Kirchhof* Verwalten durch „mittelbares" Einwirken, 1977, 1ff; *Erichsen* Jura 1991, 638, 639; *Brohm* DVBl 1994, 133, 134.

174 BVerwGE 71, 183, 191; vgl auch *Erichsen* DVBl 1983, 289, 293ff; *dens* (Fn 81) 59 mwN; *Ramsauer* VerwArch 72 (1981) 89, 94ff; *Kirchhof* (Fn 173) 189ff; *Discher* JuS 1993, 463, 464; *Albers* DVBl 1996, 233, 234; *Pieroth/Schlink* Grundrechte, 13. Aufl 1997, Rn 238ff.

175 *Erichsen* (Fn 109) 147ff mwN; ebenso *Lerche* JurA 1970, 821, 847ff; *Breuer* (Fn 169) 436; *Scherzberg* DVBl 1989, 1128, 1131f; *E. Klein* NJW 1989, 1633, 1637f; *Huber* (Fn 8) 189ff; *Preu* (Fn 160) 29f; *Schmidt-Preuß* (Fn 35) 37ff; *Blankenagel* Verw 26 (1993) 1, 10; *Wahl* (Fn 165) 644f.

176 *Maurer* (Fn 13) § 8 Rn 13; *Schlichter* NVwZ 1983, 641, 642; *Schmidt-Preuß* (Fn 35) 37; *Blankenagel* (Fn 175) 11.

177 *Erichsen* (Fn 164) § 152 Rn 78; vgl auch BVerwGE 89, 69, 78; *Krebs* Kontrolle in staatlichen Entscheidungsprozessen, 1984, 89; *Breuer* (Fn 169) 436; *ders* DVBl 1986, 849, 854; *Schmidt-Aßmann* (Fn 147) Art 19 Abs 4 Rn 122; *Pietzcker* FS Bachof, 1984, 131, 145ff; aA etwa *Achterberg* DVBl 1981, 278, 280ff.

36 Eine Durchbrechung des Primats gesetzgeberischer Zuordnung realer Freiheitschancen rechtfertigt sich nur bei einer dem grundrechtswidrigen Effekt einer direkten Verhaltenssteuerung durch Ge- oder Verbote gleichkommenden Beeinträchtigung der Ausübung der grundrechtlichen Freiheit.[178] Die mittelbare staatliche Einwirkung ist daher nur bei einer erhöhten Betroffenheitsintensität grundrechtsrelevant.[179] In Fällen der „Drittbetroffenheit" ist die beeinträchtigende Wirkung allerdings nicht Ziel des hoheitlichen Handelns, sondern lediglich eine seiner – in Kauf genommenen oder auch wider Erwarten eingetretenen – Folgen.[180] Angesichts der Uferlosigkeit solcher Folge- und Nebenwirkungen kann mit Hilfe der Äquivalenz- oder Adäquanztheorie allein deren Grundrechtserheblichkeit nicht begründet werden. So kann sich auch eine gewichtige Beeinträchtigung grundrechtlich geschützter Interessen als Ausprägung des allgemeinen Lebensrisikos darstellen. Eine am Eingriffsmodell orientierte grundrechtskonforme Risikozuordnung hat als Kriterium für die Zurechenbarkeit einer Handlungsfolge die Dichte der Erfolgsbeziehungen zwischen staatlichem Ausgangsakt und Beeinträchtigung zu beachten,[181] etwa mit der Folge, daß die Grundrechtserheblichkeit des Wirkungszusammenhangs grundsätzlich mit der Länge der Kausalkette abnehmen wird.[182] Andererseits kann sich eine hinreichende Erfolgsbeziehung auch daraus ergeben, daß es sich um im einzelnen vorhersehbare und bei der Entscheidungsfindung zu berücksichtigende oder mit der staatlichen Maßnahme intendierte Folgewirkungen handelt.[183]

Nach alldem existiert ein weiter Bereich staatlich (mit-)verursachter Interessenbeeinträchtigungen, in dem die Grundrechte unmittelbar *keinen* Schutz bieten. In diesem Bereich können sich Abwehrrechte gegen staatliche Maßnahmen nur aus einfachem Gesetzesrecht ergeben, so daß das einfachgesetzliche subjektiv-öffent-

178 Vgl auch *Jarass* (Fn 150) 2847; *Krebs* (Fn 177) 90; *Preu* (Fn 160) 30. Weitergehend *Wahl* (Fn 165) 648; *ders* in: Schoch/Schmidt-Aßmann/Pietzner (Fn 92) Vorb § 42 Abs 2 Rn 75ff, 83, der die Grundrechte im Verwaltungsrechtskreis generell für unanwendbar hält.

179 *Kirchhof* (Fn 173) 49f; vgl auch *Gallwas* Faktische Beeinträchtigungen im Bereich der Grundrechte, 1970, 25ff; *Erichsen* Jura 1987, 367, 369; *ders* (Fn 173) 639; *Ramsauer* (Fn 174) 95, 104f; *Preu* (Fn 160) 30. Vgl insoweit etwa die frühere Rspr des BVerwG zum baurechtlichen Nachbarstreit, wonach ein unmittelbarer Rückgriff auf Art 14 Abs 1 GG gegenüber mittelbaren Beeinträchtigungen bei *schwerer und unerträglicher* Betroffenheit zulässig war (BVerwGE 32, 173, 179; 54, 211, 222; 66, 307, 309; in neueren Entscheidungen wird demgegenüber die Anwendung des Art 14 Abs 1 GG wegen des Vorrangs des einfachgesetzlichen Nachbarschutzes verneint, vgl BVerwGE 89, 69, 78; BVerwG DVBl 1997, 61, 62; dazu auch *Bönker* DVBl 1994, 506ff).

180 Vgl *Ramsauer* (Fn 174) 89f.

181 *Ramsauer* (Fn 174) 103f; *ders* Die faktischen Beeinträchtigungen des Eigentums, 1980, 174.

182 *Sodan* DÖV 1987, 858, 864; *ders* (Fn 168) § 42 Rn 387 aE; *Ramsauer* (Fn 174) 103; *ders* (Fn 181) 174.

183 *Erichsen* (Fn 164) § 152 Rn 84; *ders* Jura 1992, 142, 146; *Discher* (Fn 174) 465ff; vgl auch BVerfGE 30, 227, 242f; BVerwGE 82, 76, 79; 87, 37, 43f. Zur Problematik faktischer Grundrechtsbeeinträchtigungen s ferner auch *Albers* DVBl 1996, 233ff sowie *Roth* Faktische Eingriffe in Freiheit und Eigentum, 1994.

liche (Abwehr-)Recht keineswegs entbehrlich ist. In bezug auf *Leistungs-* oder *Schutzansprüche* gegen den Staat kommt eine Ablösung des einfachen Rechts durch die Grundrechte ohnehin wegen des insoweit stark beschränkten Gewährleistungsgehalts der grundrechtlichen Verbürgungen[184] nicht in Betracht.[185]

bb) Eine weitere Auffassung wendet sich in erster Linie gegen das Abstellen auf die Art des Interesses, dessen Schutz die Norm bezweckt. Die Einräumung einer subjektiven Stellung bei persönlicher Betroffenheit könne unter der Geltung des Grundgesetzes nicht im Belieben des Gesetzgebers stehen.[186] Daher wird vorgeschlagen, ein subjektiv-öffentliches Recht immer schon dann anzunehmen, wenn gesetzwidriges Verhalten des Staates den Bürger „in seinen eigenen Angelegenheiten" betreffe.[187] Indes wird auf diese Weise die bezweckte Objektivierung nicht erreicht. Der Kreis der „eigenen Angelegenheiten" des Bürgers ist nicht außerrechtlich gegeben, sondern wird erst durch normative Zuordnung konstituiert.[188] Auch hiernach kommt es also auf die Schutzrichtung der jeweils einschlägigen Normen an, so daß die kritisierten Unsicherheiten der Schutznormtheorie nicht vermieden werden. **37**

cc) Eine dritte Ansicht versucht, zur Begründung subjektiv-öffentlicher Rechte Elemente der *Rechtsverhältnislehre* fruchtbar zu machen.[189] Eine „Gesamtbetrachtung der jeweiligen Rechtsbeziehung" soll den Blick auf das gesamte relevante Normenmaterial, insbesondere auch auf die verfassungsrechtlichen Determinanten lenken; auch sollen die konkreten Sachstrukturen des jeweiligen Regelungsbereichs verstärkt berücksichtigt werden.[190] Daß bei der Anwendung einer Vorschrift die maßgeblichen Auslegungsgesichtspunkte, daß das normative Umfeld und der geregelte Sachverhalt umfassend und vollständig zu berücksichtigen sind, ist indes schon nach herkömmlicher Auffassung selbstverständlich und bedarf zur Begründung nicht des Bezuges auf die Rechtsverhältnislehre.[191] Die Qualifikation eines Beziehungsgefüges als Rechtsverhältnis eröffnet jedenfalls nicht die Möglichkeit, bestimmte, nicht normativ fundierte Rechtsfolgen herzuleiten.[192] **38**

184 Vgl nur *Pieroth/Schlink* Grundrechte, 13. Aufl 1997, Rn 88 ff, 95 ff.

185 Auch *Zuleeg* (Fn 169) 519 räumt ein, daß dem einfachgesetzlichen subjektiv-öffentlichen Recht im Bereich des status positivus „zentrale Bedeutung" zukomme. Vgl ferner auch *Huber* (Fn 8) 160.

186 *Lorenz* Der Rechtsschutz des Bürgers und die Rechtsweggarantie, 1973, 60; *Henke* Das subjektiv-öffentliche Recht, 1968, 3 f, 57 ff.

187 *Henke* (Fn 186) 57 ff, 60; *ders* FS W. Weber, 1974, 495, 510 f; ähnl *Bartlsperger* VerwArch 60 (1969) 35, 49 (Berührung in „individuelle[n] Angelegenheiten"); *Lorenz* (Fn 186) 60 („Berührung des individuellen Lebenskreises").

188 *Friauf* JurA 1969, 3, 11; *Pietzcker* (Fn 177) 146; *Schmidt-Preuß* (Fn 35) 191; *Wolff/Bachof/Stober* (Fn 65) § 43 Rn 25; *Schmidt-Aßmann* (Fn 147) Art 19 Abs 4 Rn 120.

189 *Bauer* Geschichtliche Grundlagen der Lehre vom subjektiven öffentlichen Recht, 1986, 161 ff; *ders* (Fn 152) 610 ff; *ders* JuS 1990, 24, 28 ff. Auch *Henke* DÖV 1980, 621, 623, bezeichnet das Rechtsverhältnis als „Grundlage aller subjektiven Rechte".

190 *Bauer* (Fn 152) 612 ff.

191 Vgl nur *Schmidt-Aßmann* (Fn 147) Art 19 Abs 4 Rn 128.

192 Vgl auch die Anwendungsbeispiele bei *Bauer* (Fn 152) 615 ff. *Bauer* argumentiert hier durchgängig mit Sachverhalts- und Regelungsstrukturen; die Feststellung, daß hierdurch „Rechtsverhältnisse" konstituiert werden, hat an keiner Stelle eine für die Argumentation

39 d) Die bei der Ermittlung subjektiv-öffentlicher Rechte bestehenden Unsicherheiten beruhen auf dem notwendigerweise wertenden Charakter der zu treffenden Entscheidung und sprechen daher nicht grundsätzlich gegen die Schutznormtheorie.[193] Unwägbarkeiten und Wertungsspielräume vermögen auch die dargestellten alternativen Ansätze nicht zu vermeiden. Problematisch an der Schutznormlehre erscheint allerdings die von ihr vorausgesetzte Unterscheidung zwischen öffentlichen und privaten Interessen.[194] Trifft das öffentliche Recht im Sozialstaat vielfach Entscheidungen über die Verteilung knapp gewordener Güter,[195] öffnet sich die Gegenüberstellung Staat – Individuum zu einem zumindest dreiseitigen, vielfach aber auch mehrseitigen Verhältnis unter Beteiligung einer Reihe von gegenläufigen Privatinteressen. Die Gegenüberstellung öffentlicher und privater Interessen ist untauglich vor allem zur Lösung der Fälle, in denen der Gesetzgeber – wie etwa im Baunachbarrecht – die Regelung der zwischen Privaten bestehenden Konflikte in das öffentliche Recht verlagert, an deren Schlichtung also ein öffentliches Interesse begründet und sie den Staatsorganen anvertraut. Vergegenwärtigt man sich schließlich, daß auch staatliche oder Gemeinwohlinteressen nichts anderes als wohlverstandene Individualinteressen sein können,[196] so wird deutlich, daß eine Lösung der sich der Schutznormlehre stellenden Frage nicht in der Entgegensetzung von privaten und staatlichen Interessen liegen, sondern nur in der präziseren Erfassung der in einer Vorschrift benannten oder vorausgesetzten *Trägerschaft der Interessenwahrnehmung* gesucht werden kann.[197]

40 Ein subjektives öffentliches Recht wird danach begründet, wenn einem Rechtssubjekt ein bestimmtes Interesse zur eigenen Wahrnehmung und damit als „eigenes" normativ zugewiesen, es insoweit von der Rechtsordnung als Zurechnungsendsubjekt anerkannt wird. Das setzt zunächst voraus, daß das Interesse durch die Anwendung eines Rechtssatzes tatsächlich erfaßt ist und sich dies nicht nur als unspezifische Folge, sondern als sein objektiver Regelungsgegenstand und zumindest eines seiner Regelungsziele darstellt, der Rechtssatz also eine Regelung unter Berücksichtigung des Interesses enthält oder anordnet.[198] Zudem muß er ein Rechtssubjekt durch ausdrückliche oder konkludente Benennung zum Träger der von der Regelung erfaßten Interessen machen. Es geht also nicht um die kaum durchführbare Unterscheidung, ob ein bestimmtes, von der Norm geschütztes Interesse ein solches

tragende Funktion. – Krit zur Leistungsfähigkeit der Rechtsverhältnislehre bei der Begründung subjektiv-öffentlicher Rechte auch *Pietzcker* (Fn 10) 287ff; *Huber* (Fn 8) 168ff; *Sodan* (Fn 168) Rn 381.

193 *Schmidt-Aßmann* (Fn 147) Art 19 Abs 4 Rn 130; *Sodan* (Fn 168) Rn 380.

194 Krit dazu auch *Bauer* (Fn 152) 594f; *König* (Fn 157) 117ff.

195 *Wahl* (Fn 157) 578.

196 So auch *Bachof* GS Jellinek, 1955, 290f, 296f; *Bleckmann* DVBl 1986, 666, 667; *Bull* (Fn 29) Rn 235.

197 Vgl auch *Scholz* VVDStRL 34 (1976) 145, 203f; *dens* Wirtschaftsaufsicht und subjektiver Konkurrenzschutz, 1971, 164ff; *Bleckmann* (Fn 196) 667; *Scherzberg* Jura 1988, 455, 457; *Bull* (Fn 29) Rn 235; s a BVerwG DVBl 1988, 538, 539.

198 Daran fehlt es etwa, wenn die geltend gemachte Beeinträchtigung nach Art und Intensität bei der Entscheidung nicht zu berücksichtigen ist, vgl *Marburger* Gutachten zum 56. DJT, 1986, Bd 1, C 36f; *Schlichter* (Fn 176) 643; ebenso BVerwG DÖV 1987, 296, 297f.

des einzelnen oder der Allgemeinheit ist, sondern darum, ob das fragliche Interesse nach dem Regelungsgehalt der Norm vom einzelnen *wahrgenommen* werden soll. Das Schwergewicht der Prüfung verlagert sich hiernach von dem zweiten der im Rahmen der Schutznormlehre zu prüfenden Gesichtspunkte auf den dritten.

Wann ein Interesse zur eigenen Wahrnehmung zugewiesen wird, ist durch Auslegung der Norm zu klären. Hierbei kommen im Grundsatz die üblichen Auslegungsgesichtspunkte – Normtext, Entstehungsgeschichte, Systematik und Schutzzweck – zur Anwendung.[199] Insoweit können durchaus auch die vom BVerwG zur Einordnung des von einer Norm geschützten Interesses entwickelten Kriterien, insbesondere die Individualisierbarkeit des begünstigten Personenkreises, bedeutsam sein. Freilich ist nach der hier vertretenen Konzeption auch nicht ausgeschlossen, subjektive Rechte – etwa unter dem Gesichtspunkt eines besonderen Kontrollbedürfnisses – auch jenseits des herkömmlichen Bereichs „individueller“ Belange des einzelnen anzuerkennen.[200] Zu berücksichtigen ist bei der Auslegung ferner der Einfluß der *Grundrechte*.[201] Regelt eine Norm einen grundrechtsrelevanten Interessenkonflikt, so wird ihr vor dem Hintergrund der verfassungsrechtlichen Grundentscheidung für Selbstbestimmung und Eigenverantwortung des Bürgers in der Regel zu entnehmen sein, daß die betroffenen Interessen vom einzelnen Grundrechtsträger selbst wahrgenommen werden sollen.[202] Das gilt insbesondere auch dann, wenn sich der objektivrechtliche Verfassungsauftrag zu einer *grundrechtlichen Schutzpflicht* verdichtet.[203] Im übrigen ist der Schutzgehalt der einfachgesetzlichen Vorschriften jeweils unter Berücksichtigung des Zusammenhangs der normativen Ordnung des jeweiligen Rechtsgebiets zu beurteilen. In diesem Sinne ist etwa im Bauplanungsrecht der Gedanke des Planungsverbundes und der daraus folgenden Vorteils- und Lastengemeinschaft fruchtbar gemacht worden.[204]

199 Vgl auch *Scherzberg* (Fn 197) 458.

200 Überlegungen in dieser Richtung finden sich etwa bei *Masing* Die Mobilisierung des Bürgers für die Durchsetzung des Rechts, 1997, 218 ff. Ein Beispiel hierfür ist BVerwGE 87, 62, 69 f, wo der Regelung in § 29 Abs 1 Nr 4 BNatSchG ein subjektiv-öffentliches Recht anerkannter Naturschutzvereine auf Verfahrensbeteiligung entnommen wird, obwohl die Vorschrift nach herkömmlichem Verständnis allein dem Schutz öffentlicher Interessen dient. Dem BVerwG folgend VGH BW DVBl 1993, 163, 164; OVG SH NVwZ 1994, 590, 591; OVG Magdeburg LKV 1995, 326, 327.

201 Vgl zur Bedeutung der Grundrechte bei der Ermittlung einfachgesetzlicher subjektiv-öffentlicher Rechte – mit unterschiedlichen Akzenten – etwa *Wahl* (Fn 165) 645 ff; *dens* (Fn 178) Vorb § 42 Abs 2 Rn 75 ff; *Huber* (Fn 8) 189 ff; *König* (Fn 157) 196 ff; *Breuer* (Fn 169) 436 f; *Wiegand* BayVBl 1994, 609, 614 f, 647; *Peine* (Fn 132) Rn 83 f sowie aus der Rspr zB BVerwGE 81, 329, 339 ff; 98, 118, 124 f.

202 *Breuer* (Fn 169) 437; *Wahl* (Fn 157) 585 f; *Scherzberg* (Fn 197) 458 f; *Bauer* (Fn 152) 624 ff; *Huber* (Fn 8) 200 ff, 203.

203 Vgl zu derartigen Schutzpflichten BVerfGE 46, 160, 164; 49, 89, 142; 53, 30, 57 f; 56, 54, 73; 77, 170, 214 f; 88, 203, 251 ff; *Dietlein* Die Lehre von den grundrechtlichen Schutzpflichten, 1992; *H. H. Klein* DVBl 1994, 489 ff.

204 BVerwGE 82, 61, 75; 94, 151, 155; *Breuer* (Fn 169) 437; *Wahl* (Fn 157) 580 mwN; *Bauer* (Fn 152) 626; *Schmidt-Preuß* DVBl 1994, 288 f; zum Umweltrecht vgl *Breuer* (Fn 177) 854 ff; zum Wirtschaftsrecht vgl *Brohm* (Fn 150) 235, 241 f.

41 e) Eine subjektive Rechtsposition im *Verfahrensrecht* ist entsprechend den obigen, dem materiellen Recht geltenden Ausführungen dadurch gekennzeichnet, daß eine verfahrensrechtlich vorgesehene Option einem Subjekt zur eigenen Wahrnehmung zugewiesen wird.[205] Derartige Rechtspositionen begründen vor allem die allgemeinen Verfahrensgrundsätze – etwa das Akteneinsichtsrecht oder die Befangenheitsregeln –, die die Rechtsverfolgung eines Beteiligten im Verwaltungsverfahren gewährleisten, sowie diejenigen Normen, die der Einbringung der dem Betroffenen zugewiesenen sachlichen Interessen in das Verfahren dienen.[206] Eine subjektive Rechtsposition kann dem einzelnen auch im Hinblick auf eine angemessene Sachverhaltsaufklärung zukommen.[207] Soweit es um die unterbliebene Mitwirkung einer anderen Behörde geht, ist zu fragen, ob deren Beteiligung zumindest auch zur verstärkten Berücksichtigung der einem Betroffenen zugewiesenen Interessen bestimmt ist.[208]

42 Bei der Auslegung der Verfahrensvorschriften im Hinblick auf ihren subjektivrechtlichen Gehalt ist wiederum die Einwirkung der in den Grundrechten getroffenen objektiven Wertentscheidungen zu beachten.[209] Das Bundesverfassungsgericht hat im Mülheim-Kärlich-Beschluß in der Mißachtung derjenigen Verfahrensnormen eine Grundrechtsverletzung gesehen, die der Gesetzgeber in Erfüllung seiner grundrechtlichen Schutzpflichten erlassen hat.[210] Ist die Verfahrensgestaltung in diesen Fällen[211] in besonderem Maße zur Verstärkung des unter Umständen nur beschränkten materiellen Rechtsgüterschutzes bestimmt,[212] dienen derartige Vorschriften der Wahrnehmung eigener Interessen im Verfahren und begründen subjektive Rechtspositionen.

Verfahrensrechtliche Anforderungen stellen im allgemeinen keinen Selbstzweck dar, sondern werden um der bestmöglichen Verwirklichung der einschlägigen *materiellen* Rechtspositionen willen aufgestellt. Das BVerwG nimmt aus diesem Grunde in ständiger Rechtsprechung an, daß eine Verletzung verfahrensrechtlicher Rechtspositionen die Klagebefugnis im Verwaltungsprozeß nur dann begründet,

205 Zur Anwendung der Schutznormtheorie im Verfahrensrecht vgl etwa BVerwGE 44, 235, 239f; 62, 243, 246ff; DÖV 1980, 516, 517; *Schmidt-Aßmann* in: Lerche/Schmitt Glaeser/Schmidt-Aßmann, Verfahren als staats- und verwaltungsrechtliche Kategorie, 1984, 30f; *Rupp* (Fn 19) 166; *Geist-Schell* Verfahrensfehler und Schutznormtheorie, 1988.

206 *Hufen* Fehler im Verwaltungsverfahren, 2. Aufl 1991, Rn 539ff, dort auch zum subjektivrechtlichen Gehalt anderer Verfahrensnormen. Ebenso *ders* (Fn 164) § 14 Rn 118; einschränkend *Wahl/Schütz* (Fn 164) § 42 Abs 2 Rn 78.

207 *Hufen* (Fn 206) Rn 542 mwN; *ders* (Fn 164) § 14 Rn 118. Zur Frage der subjektiv-rechtlichen Qualität der Verfahrensvorschriften des UVPG vgl *Erbguth/Schink* UVPG, 2. Aufl 1996, Einl Rn 117ff mwN.

208 *Weides* Verwaltungsverfahren und Widerspruchsverfahren, 3. Aufl 1993, 106 Fn 42; *Hufen* (Fn 206) Rn 542; vgl auch BVerwG DÖV 1974, 418, 420.

209 Vgl *P.-M. Huber* Grundrechtsschutz durch Organisation und Verfahren als Kompetenzproblem in der Gewaltenteilung und im Bundesstaat, 1988, 72ff.

210 BVerfGE 53, 30, 65f; vgl auch BVerfGE 56, 216, 241f.

211 Wann eine Vorschrift in Erfüllung der grundrechtlichen Schutzpflicht ergeht, ist weitgehend ungeklärt; vgl dazu *Laubinger* VerwArch 73 (1982) 60, 74ff.

212 BVerfGE 53, 30, 58 und 75ff – diss op –; vgl auch BVerfGE 44, 105, 116; BVerfG DVBl 1994, 465.

wenn sich der Verfahrensverstoß auf die materiellrechtliche Position des Klägers ausgewirkt haben kann.[213] Eine Ausnahme besteht nur, wenn die Auslegung ergibt, daß das Gesetz eine selbständig, dh unabhängig von einer materiellrechtlichen Betroffenheit durchsetzbare Verfahrensposition gewähren will,[214] was etwa im Hinblick auf die Beteiligungsrechte anerkannter Naturschutzverbände nach § 29 Abs 1 BNatSchG angenommen wird.[215]

f) Besondere Grundsätze gelten für die Herleitung subjektiv-öffentlicher Rechte aus Vorschriften des *Europäischen Gemeinschaftsrechts*.[216] Nach der Rechtsprechung des EuGH begründen gemeinschaftsrechtliche Normen Rechte des einzelnen gegen den Staat, wenn sie den Mitgliedstaaten klare und eindeutige Verpflichtungen auferlegen, die keiner Bedingung und keinem zeitlichen Aufschub unterliegen und rechtlich „vollständig" sind, dh keiner weiteren Konkretisierung durch gemeinschaftlichen oder innerstaatlichen Rechtsakt bedürfen.[217] Eine individualbezogene Schutzrichtung der Vorschrift ist hiernach nicht erforderlich.[218] Der EuGH stellt insofern hinsichtlich der Entstehung individueller Rechtspositionen aus Gemeinschaftsrecht geringere Anforderungen als die am Normzweck orientierte, eine auf den einzelnen bezogene Schutzrichtung verlangende deutsche Verwaltungsrechtsdogmatik.[219] Ein wesentlicher Grund dafür dürfte in dem Bestreben liegen, den Bürger und sein Interesse in den Dienst effektiver Durchsetzung des Gemeinschaftsrechts zu stellen.[220] 43

213 BVerwGE 61, 256, 275; 75, 285, 291; BVerwG DVBl 1983, 183, 184; DÖV 1992, 533f; DVBl 1993, 1149, 1150; ähnl BVerwGE 69, 256, 270; 75, 214, 228; BVerwG NVwZ 1994, 688, 689f; NVwZ 1996, 788, 792 (unter Berufung auf § 46 VwVfG). Vgl ferner *Breuer* FS Sendler, 1991, 357, 387f; *Wahl/Schütz* (Fn 164) Rn 75; *Sachs* in: Stelkens/Bonk/Sachs (Fn 90) § 45 Rn 139ff; *v Danwitz* DVBl 1993, 422f; krit *Hufen* (Fn 164) § 14 Rn 119.

214 BVerwG DÖV 1992, 533f.

215 Vgl BVerwGE 87, 62, 69; BVerwG NVwZ-RR 1996, 141; DVBl 1998, 334, 335f; HessVGH NVwZ 1988, 1040; OVG SH NVwZ 1994, 590, 591; OVG Magdeburg LKV 1995, 326, 327 mwN. Zu weiteren Fallgruppen vgl *Wahl/Schütz* (Fn 164) § 42 Abs 2 Rn 73.

216 Im einzelnen ist hier freilich noch vieles str; vgl etwa den Überblick bei *Rengeling/Middeke/Gellermann* Rechtsschutz in der Europäischen Union, 1994, Rn 1085.

217 Vgl EuGH Slg 1963, 1, 25 – van Gend & Loos; Slg 1964, 1253, 1273f – Costa/ENEL; Slg 1966, 257, 266f – Lütticke; Slg 1970, 1213, 1222f Tz 10 – Spa SACE; *Daig/Schmidt* in: v d Groeben/Thiesing/Ehlermann, EWGV, Bd 4, 4. Aufl 1991, Art 189 Rn 10f; *Zuleeg* VVDStRL 53 (1994) 154, 190; *ders* EuGRZ 1992, 329, 333; *ders* NJW 1993, 31, 37; *Fischer* Europarecht in der öffentlichen Verwaltung, 1993, 94; vgl auch *Streinz* Europarecht, 3. Aufl 1996, Rn 349; *Oppermann* Europarecht, 1991, Rn 536. Anders etwa *Rengeling/Middeke/Gellermann* (Fn 216) Rn 1092.

218 *Jarass* Grundfragen der innerstaatlichen Bedeutung des EG-Rechts, 1994, 59f; *Classen* in: Kreuzer/Scheuing/Sieber, Die Europäisierung der mitgliedstaatlichen Rechtsordnungen in der Europäischen Union, 1997, 107, 117.

219 *v Danwitz* DÖV 1996, 481, 483ff, entnimmt der Rspr des EuGH sogar einen allgemeinen Normvollziehungsanspruch.

220 *Jarass* (Fn 218) 58; *Everling* NVwZ 1993, 209, 215; *Schmidt-Aßmann* DVBl 1993, 924, 934; *Remmert* Verw 29 (1996) 465, 485; *Masing* (Fn 200) 19ff, 50ff. AA *Classen* VerwArch 88 (1997) 645, 677.

Nach ständiger Rechtsprechung des Gerichtshofs kann der einzelne sich gegenüber dem Staat insbesondere auch auf Bestimmungen in EG-*Richtlinien* berufen, wenn diese Bestimmungen hinreichend genau sowie inhaltlich unbedingt sind und der betreffende Mitgliedstaat die Richtlinie nicht fristgerecht oder nicht korrekt umgesetzt hat.[221] Auch aus solchen unmittelbar anwendbaren Richtlinienvorschriften kann daher der Bürger subjektive Rechte herleiten,[222] ohne daß es auf einen (zumindest auch) auf seinen Schutz gerichteten Normzweck ankäme.[223] Zur Bestimmung der *Zuordnungssubjekte* gemeinschaftsrechtlich begründeter subjektiv-öffentlicher Rechte stellt der EuGH üblicherweise auf das Merkmal der „Betroffenheit",[224] zT auch auf das Vorhandensein eines nicht näher definierten „unmittelbaren Interesses"[225] ab. Insoweit wird man, ähnlich wie im deutschen Recht,[226] zu verlangen haben, daß Belange des Anspruchstellers durch den geregelten Sachverhalt in qualifizierter Weise berührt sind.[227]

44 Von der Frage, wann unmittelbar aus gemeinschaftsrechtlichen Normen subjektiv-öffentliche Rechte des einzelnen folgen, ist jene zu unterscheiden, wann Gemeinschaftsrecht den *nationalen* Gesetzgeber zur Einräumung subjektiver Rechte verpflichtet. Nach der Rechtsprechung des EuGH muß das zur Umsetzung einer Richtlinie ergehende nationale Recht gewährleisten, „daß – soweit die Richtlinie Ansprüche des einzelnen begründen soll – die Begünstigten in der Lage sind, von allen ihren Rechten Kenntnis zu erlangen und diese gegebenenfalls vor den nationalen Gerichten geltend zu machen".[228] Hieraus läßt sich entnehmen, daß über die

[221] Vgl etwa EuGH Slg 1970, 1213, 1223f Tz 14/16 – Spa SACE; Slg 1977, 113, 126f Tz 20/29 – Nederlandse Ondernemingen; Slg 1978, 2327, 2340 Tz 18/21 – Delkvist; Slg 1986, 3855, 3847 Tz 13 – Nederlandse Vakbeweging; EuZW 1994, 282, 283 – Comitato di coordinamento per la difesa della cava; *Classen* EuZW 1993, 83, 84.

[222] So auch *Ruffert* DVBl 1998, 69, 71; *Zuleeg* EuGRZ 1992, 329, 333; *ders* NJW 1993, 31, 37; *Triantafyllou* NVwZ 1994, 943, 944; *Klein* Unmittelbare Geltung, Anwendbarkeit und Wirkung von Europäischem Gemeinschaftsrecht, 1988, 22ff; *Everling* FS Carstens, 1984, 95, 107f. AA *Hailbronner* RIW 1992, 553, 557ff.

[223] Zutr *Ruffert* (Fn 222) 71. Die Gegenauffassung, die verlangt, daß die fragliche Richtlinienvorschrift den Schutz des Bürgers bezweckt (s etwa *Pernice* NVwZ 1990, 414, 424; *Winter* DVBl 1991, 657, 659; *Langenfeld* DÖV 1992, 955, 962; *Haneklaus* DVBl 1993, 129, 132; *Gellermann* DÖV 1996, 433, 436), findet in der Rechtsprechung des EuGH keine Grundlage; vgl nur EuGH EuZW 1994, 282, 283 Tz 8 – Comitato di coordinamento per la difesa della Cava. Ausf dazu *Ruffert* Subjektive Rechte im Umweltrecht der Europäischen Gemeinschaft, 1996, 166ff.

[224] Vgl etwa EuGH Slg 1970, 825, 838 Tz 5 – Grad; Slg 1977, 113, 126 Tz 20/29 – Nederlandse Ondernemingen; Slg 1978, 2327, 2340 Tz 18/21 – Delkvist; Slg 1991, I-2567, 2601 Tz 16 – Kommission/Deutschland.

[225] EuGH Slg 1991, I-3757, 3790 Tz 23 – Verholen.

[226] Vgl etwa *Wahl/Schütz* (Fn 164) § 42 Abs 2 Rn 161.

[227] So auch *Schwarze* in: ders, Das Verwaltungsrecht unter europäischem Einfluß, 1996, 123, 179; *Classen* Die Europäisierung der Verwaltungsgerichtsbarkeit, 1996, 76; wohl auch *Langenfeld* (Fn 223) 962; aA *Wegener* ZUR 1994, 196, 197. Vgl hierzu ferner *Rengeling/Middeke/Gellermann* (Fn 216) Rn 1090ff; *Jarass* (Fn 218) 59f.

[228] EuGH Slg 1991, I-825, 867 Tz 6; Slg 1991, I-2567, 2600f Tz 15; Slg 1991, I-2607, 2631 Tz 18; Slg 1991, I-4983, 5023 Tz 13; EuZW 1995, 635, 636 Tz 18 (alle Kommission/Deutschland).

Verpflichtung des nationalen Gesetzgebers, Rechte einzuräumen, die *Zweckrichtung* der Richtlinie entscheidet. Die Judikatur des EuGH zur Verpflichtung der Mitgliedstaaten, in ihrem nationalen Recht subjektive Rechte zu begründen, unterscheidet sich daher von derjenigen zur subjektiv-rechtlichen Qualität unmittelbar wirksamer Gemeinschaftsrechtsnormen durch ihre Normzweckorientierung.[229] Freilich läßt der Gerichtshof zur Begründung einer individualschützenden Zielrichtung umsetzungsbedürftiger Richtlinienbestimmungen auch solche Normzwecke genügen, die als typische Gemeinwohlbelange nach deutschem Recht nicht zur Annahme subjektiv-öffentlicher Rechte führen würden.[230] Ein Bekenntnis zur Schutznormtheorie deutscher Prägung kann daher der Rechtsprechung des EuGH auch insoweit nicht entnommen werden.[231]

Umstritten ist, ob zur Umsetzung einer in diesem Sinne individualschützenden **45** Richtlinie stets die Begründung subjektiv-öffentlicher Rechte erforderlich ist,[232] oder ob auch eine bloße Klagemöglichkeit – etwa in Gestalt einer Ausnahme vom Erfordernis der Klagebefugnis (§ 42 Abs 2 1. Hs VwGO) – ausreicht.[233] Die Formulierung des EuGH, der Bürger müsse in die Lage versetzt werden, „Rechte" geltend zu machen, spricht eher dagegen, auch die Einräumung einer bloßen Befugnis zur Klage *ohne* Zuerkennung eines materiellen Anspruchs genügen zu lassen. Auch ist das gemeinschaftsrechtliche Diskriminierungsverbot zu beachten, wonach gemeinschaftsrechtlich begründete Rechtspositionen hinsichtlich ihrer Durchsetzbarkeit nicht schlechter gestellt werden dürfen als nationale Positionen; dies wäre aber bei Einräumung eines bloßen Klagerechts jedenfalls im Hinblick auf die Anwendbarkeit von Art 19 Abs 4 GG der Fall.[234] Soll also eine Richtlinie „Ansprüche des einzelnen begründen", so wird dem Bürger durch und nach Maßgabe nationalen Rechts eine *materielle* Rechtsposition zu gewähren sein. Hiernach können in gemeinschaftsrechtlich determinierten Bereichen subjektiv-öffentliche Rechte auch in Fällen einzuräumen sein, in denen die fragliche Norm nach den Maßstäben der Schutznormtheorie bloß Allgemeininteressen schützt.[235] Begründet

[229] *Ruffert* (Fn 222) 72.

[230] Vgl etwa EuGH Slg 1991, I-825, 867 Tz 7; Slg 1991, I-2567, 2601 Tz 16; Slg 1991, I-2607, 2631 Tz 19; Slg 1991, I-4983, 5023 Tz 14 (alle Kommission/Deutschland). Dazu auch *v Danwitz* (Fn 219) 484f; *ders* DVBl 1998, 421, 425f; *Remmert* (Fn 220) 474ff; *Schwarze* (Fn 227) 176f; *Masing* (Fn 200) 37.

[231] So aber *Triantafyllou* DÖV 1997, 192, 195ff; *ders* NVwZ 1994, 943, 944. Richtig demgegenüber etwa *v Danwitz* VerwArch 84 (1993) 73, 88.

[232] So etwa *Ruffert* (Fn 222) 74; *ders* Subjektive Rechte (Fn 223) 297f; *Pernice* EuR 1994, 325, 339f; *Zuleeg* NJW 1993, 31, 37; *Engel* Verw 25 (1992) 437, 459; *v Danwitz* (Fn 231) 89; wohl auch *Pietzcker* NVwZ 1996, 313, 314f.

[233] So etwa *Schmidt-Aßmann* DVBl 1993, 924, 934; *Everling* RIW 1992, 379, 384f; *Wahl/Schütz* (Fn 164) § 42 Abs 2 Rn 216; *Remmert* (Fn 220) 477ff; *Classen* (Fn 218) 118; *Ruthig* BayVBl 1997, 289, 295.

[234] *Classen* (Fn 227) 79f; vgl auch *v Danwitz* (Fn 219) 488.

[235] Vgl etwa *Erichsen* NVwZ 1992, 409, 413 zur Umsetzung der Umweltinformations-Richtlinie 90/313/EWG.

das nationale Umsetzungsrecht subjektive Rechte nicht ausdrücklich, kommt eine richtlinienkonforme Auslegung in Betracht.[236]

46 g) Bedenken gegen die Anerkennung *subjektiv-öffentlicher Rechte des Staates* werden vor allem im Hinblick auf den Zweck dieses Rechtsinstituts geltend gemacht, das zur Befriedigung menschlicher Interessen, und zwar grundsätzlich der eigenen Interessen der Inhaber der Rechtsmacht diene,[237] also ausschließlich als eine „personalisierte Rechtsposition" verstanden wird.[238] Diese Sichtweise dürfte aus der Orientierung des heutigen Begriffs des subjektiv-öffentlichen Rechts am subjektiven Privatrecht zu erklären sein,[239] das naturgemäß nur von individuellen Interessen handelt.[240] Die Ablehnung subjektiver Rechte des Staates läßt sich auf die historische Vorstellung einer ursprünglichen, durch Recht lediglich begrenzten staatlichen Souveränität zurückführen, die eines speziellen rechtlichen Schutzes nicht bedarf.[241] Vergegenwärtigt man sich jedoch, daß ein allgemeines Gewaltverhältnis im Sinne einer vorrechtlichen Unterworfenheit des Bürgers unter den Staat unter dem Grundgesetz nicht mehr anzuerkennen ist,[242] das Recht vielmehr die Konfliktentscheidung auch zwischen staatlichen Befugnissen und Individualinteressen darstellt,[243] so liegt es nahe, dem Staat in gleicher Weise wie dem Bürger subjektive Rechte zuzubilligen, wenn er eine rechtlich konstituierte Verhaltenspflicht des Bürgers mit Hilfe der ihm verliehenen Rechtsmacht durchsetzen kann.[244] Das gilt nicht nur bei den aus öffentlich-rechtlichen Verträgen resultierenden Rechten oder beim Auftreten als Privatrechtssubjekt, sondern auch bei gesetzlich begründeten oder zugelassenen und etwa durch Verwaltungsakt konkretisierten, dem Bürger gegenüber einforderbaren Verhaltenspflichten.[245]

47 h) Umstritten ist, ob subjektiv-öffentliche Rechte auch im staatlichen Innenbereich bestehen können.[246] Zuständigkeiten und Befugnisse staatlicher Organe

236 *Steinberg* AöR 120 (1995) 549, 587; *Zuleeg* (Fn 232) 37; näher *Ruffert* Subjektive Rechte (Fn 223) 298 ff; *Ruthig* (Fn 233) 293 f.

237 So schon *Bachof* GS Jellinek, 1955, 292; *Rupp* (Fn 19) 248; zu weiteren Einwänden vgl die Darstellung von *Schenke* Rechtsschutz bei normativem Unrecht, 1979, 233 ff.

238 *Krebs* FS Menger, 1985, 191, 209; *Huber* (Fn 8) 168; *Wahl/Schütz* (Fn 164) § 42 Abs 2 Rn 103.

239 Vgl *Bühler* Die subjektiven öffentlichen Rechte (Fn 145) 9; dazu *Bauer* (Fn 189) 73 ff.

240 Näher zur Entwicklung des subjektiven Privatrechts *Schapp* Das subjektive Recht im Prozeß der Rechtsgewinnung, 1977, 69 ff; *Bauer* (Fn 189) 73 ff.

241 Vgl etwa *O. Mayer* VwR I, 105 f; *G. Jellinek* (Fn 144) 197 f; dazu *Schapp* (Fn 240) 155 ff; *Bauer* (Fn 189) 48 ff, 95 ff, 167 ff; zusammenfassend *ders* DVBl 1986, 208, 209 ff.

242 Dazu *Hesse* VerfR, Rn 280 ff; *Erichsen* Jura 1982, 537, 539.

243 Vgl *Schapp* (Fn 240) 14 ff, 156 ff.

244 *Schapp* (Fn 240) 156 (vgl auch *dens* S 173 ff zu den Konsequenzen im Bereich des Steuerrechts und des Baurechts); *Schenke* (Fn 237) 238 ff; *Gröschner* (Fn 35) 324, 326 ff; *ders* (Fn 15) 86 ff, 89, 151. Zur Problematik subjektiv-öffentlicher Rechte im Bund-Länder-Verhältnis vgl *Bauer* Die Bundestreue, 1992, 282 ff, 288 ff.

245 *Schenke* (Fn 237) 233 ff; *Schapp* (Fn 240) 152 ff, 172 ff; *Henke* (Fn 189) 623 Fn 12, 625 ff; *Bauer* (Fn 189) 166 f, 172 ff; *Gröschner* (Fn 35) 324, 326 ff. Bedenken bei *Krebs* (Fn 238) 209 f; *Bleckmann* (Fn 196) 666.

246 Vgl dazu etwa *Erichsen* (Fn 19) 225 ff; *Böckenförde* FS Wolff, 1973, 269, 300 ff; *Fehrmann* NWVBl 1989, 303, 306; *Wahl/Schütz* (Fn 164) § 42 Abs 2 Rn 92; *Bethge* DVBl

und Organteile können im Innenrechtsstreit gerichtlich geltend gemacht werden, wenn es sich um der intrapersonalen Machtbalance dienende, sog. „wehrfähige Innenrechtspositionen" handelt.[247] Auch in diesen Fällen wird dem berechtigten gegenüber dem verpflichteten Organ bzw Organteil eine Rechtsmacht zur eigenständigen Wahrnehmung einer Option zugewiesen, so daß eine strukturelle Ähnlichkeit zu den subjektiv-öffentlichen Rechten des Außenrechts unverkennbar ist. Allerdings zielt die Zuweisung von im Innenrechtskreis begründeten Optionen nicht auf die Verwirklichung eines sachbezogenen, an gegensätzlichen inhaltlichen Zielen und deren Ausgleich orientierten Regelungskonzepts, sondern ausschließlich auf Optimierung der Entscheidung durch eine die Entscheidungseinheit auffächernde Verfahrensgestaltung. Eine zu diesem Zweck erfolgende Funktionszuordnung läßt sich nur schwerlich unter den zur Erfassung von Außenrechtsbeziehungen entwickelten und auf die Durchsetzung inhaltlicher Maximen bezogenen Begriff der Wahrnehmung von Interessen fassen. Sieht man daher den Bezug auf (zur eigenen Wahrnehmung zugewiesene) *Interessen* als konstitutiv für den Begriff des subjektiv-öffentlichen Rechts an, so spricht dies eher gegen eine Einordnung von Innenrechtspositionen als subjektiv-öffentliche Rechte. Letztlich handelt es sich allerdings um eine in erster Linie terminologisch bedeutsame Frage,[248] da die mit wehrfähigen Innenrechtspositionen verbundenen prozessualen Probleme von dem Streit um ihre Rechtsnatur weitgehend unabhängig sind.

6. Die Nachfolge im Verwaltungsrechtsverhältnis

Ebenso wie im Privatrecht kann sich auch im Verwaltungsrecht die Frage stellen, **48**
ob und unter welchen Bedingungen Rechte oder Pflichten von einem Rechtsträger auf einen anderen übergehen können. Angesprochen ist damit das in Theorie und Praxis nach wie vor umstrittene Problem der *Rechtsnachfolge im Verwaltungsrechtsverhältnis*. Zu unterscheiden ist bei seiner Behandlung zwischen der Nachfolge in Rechte und Pflichten der Träger öffentlicher Verwaltung einerseits und der Nachfolge in Rechte und Pflichten des Bürgers andererseits.

Auf der Seite der *Verwaltung* ist davon auszugehen, daß im modernen Staat mit **49**
seiner rechtssatzmäßig festgelegten Zuständigkeitsordnung die frühere Übung freier Veräußerung von Hoheitsrechten überwunden ist und der Vergangenheit angehört.[249] Ein Subjektwechsel setzt daher stets eine *gesetzliche* Grundlage vor-

1980, 824, 825; *Schmidt-Aßmann* (Fn 147) Art 19 Abs 4 Rn 147f; *Schnapp* VerwArch 78 (1987) 407, 424f.

[247] Näher *Erichsen* (Fn 19) 211ff; *Erichsen/Biermann* (Fn 91) 159 mit umfassenden Nachweisen aus der Rspr. Vgl auch schon o § 11 Rn 16.

[248] AA *Wahl/Schütz* (Fn 164) § 42 Abs 2 Rn 92 unter Hinweis auf Art 19 Abs 4 GG. Indes wird man die Anwendbarkeit des Art 19 Abs 4 GG nicht davon abhängig machen können, ob eine wehrfähige Innenrechtsposition als subjektives Recht zu qualifizieren ist (aA *Fehrmann* [Fn 246] 308). Vielmehr folgt die Ausgrenzung innenrechtlicher Kompetenzen aus dem Regelungsbereich der Rechtsweggarantie schon aus der fehlenden Grundrechtsträgerschaft staatlicher Organe (vgl *Jarass* in: ders/Pieroth, GG, 4. Aufl 1997, Art 19 Rn 29).

[249] Vgl *H. Krüger* Allgemeine Staatslehre, 2. Aufl 1966, 870f.

aus.[250] Das gilt sowohl für die Einzelrechtsnachfolge durch Abtretung als auch für die Gesamtrechtsnachfolge, wie sie zB bei Maßnahmen der Gebietsreform (Eingemeindungen, Verschmelzung von Gemeinden) in Betracht kommt.[251]

50 Bezüglich der Rechtsnachfolge in verwaltungsrechtliche Rechte und Pflichten des *Bürgers* bedarf es der Unterscheidung zwischen Nachfolgefähigkeit und Nachfolgetatbestand.[252] Die *Nachfolgefähigkeit* der Pflicht bzw des Rechts richtet sich auch in diesen Fällen primär nach dem Inhalt der einschlägigen gesetzlichen Regelungen, die indes ein einheitliches Prinzip nicht erkennen lassen. So finden sich zahlreiche Vorschriften, die eine Gesamtrechtsnachfolge, insbesondere im Wege der Erbfolge, in vermögensrechtliche Verbindlichkeiten des einzelnen anordnen.[253] Ausnahmsweise wird aber auch das Gegenteil bestimmt.[254] Auch im Hinblick auf die *Einzel*nachfolge in öffentlich-rechtliche Pflichten finden sich unterschiedliche Regelungen der Nachfolgefähigkeit.[255] Noch unübersichtlicher ist die Gesetzeslage in Ansehung subjektiver öffentlicher Rechte des Bürgers. Die Regelungen reichen von der Eröffnung genereller Nachfolgefähigkeit[256] über die Zulassung der Übertragung[257] und die Bestimmung der Vererblichkeit[258] bis hin zum Ausschluß der Übertragung[259] bzw der Einzel- wie der Gesamtrechtsnachfolge[260].

[250] Vgl OLG Brandenburg LKV 1996, 464; *Wolff/Bachof/Stober* (Fn 65) § 41 Rn 16f; *Dyllick/Hillebrand/Neubauer* LKV 1995, 206, 208; differenzierend *Schink* Rechtsnachfolge bei Zuständigkeitsveränderungen in der öffentlichen Verwaltung, 1984, 36ff. Teilweise wird ein Pflichtenübergang daneben auch aufgrund bloß tatsächlicher Übernahme von Kompetenzen eines weggefallenen oder handlungsunfähigen Verwaltungsträgers angenommen (sog Funktionsnachfolge); vgl *Wolff/Bachof/Stober* (Fn 65) § 41 Rn 18; krit dazu *Schink* aaO, 54ff.

[251] Zu den durch die deutsche Wiedervereinigung aufgeworfenen Fragen einer Rechts- und Pflichtennachfolge von Gebietskörperschaften vgl etwa BGHZ 127, 285ff mwN; 127, 297ff; KG VIZ 1996, 171 m Anm *Wilhelms*; OLG Brandenburg LKV 1996, 464; *Dyllick/Hillebrand/Neubauer* (Fn 250) 206ff; *Purps* VIZ 1995, 269ff; *Bultmann* VIZ 1996, 499ff.

[252] Vgl *Stadie* DVBl 1990, 501; *Peine* JuS 1997, 984; *Rumpf* VerwArch 78 (1987) 269, 274, 293ff mit Beispielen.

[253] Vgl zB § 45 Abs 1 AO 1977, § 61 Abs 3 S 2 BBG, §§ 92 a Abs 2, 92 c BSHG.

[254] Vgl § 101 OWiG.

[255] Vgl *Wolff/Bachof/Stober* (Fn 65) § 42 Rn 58.

[256] Vgl zB §§ 8 Abs 6 und 19 a Abs 4 WHG; ebenso für die Baugenehmigung die Bestimmungen der Landesbauordnungen.

[257] Vgl zB § 48 GewO; begrenzte Übertragbarkeit von Ansprüchen auf Geldleistungen gemäß § 53 Abs 2 und 3 SGB AT, § 84 Abs 1 BBG.

[258] Vgl zB § 45 Abs 1 AO 1977, §§ 56ff SGB AT (primäre Sonderrechtsnachfolge, subsidiäre Erbfolge in fällige Ansprüche auf laufende Geldleistungen); zwar nicht rechtskonstruktiv, wohl aber hinsichtlich ihrer praktischen Auswirkungen gehören auch die berufs- und gewerberechtlichen Hinterbliebenen-Privilegien in diesen Zusammenhang; vgl etwa § 46 GewO, § 13 ApothG, § 19 GüKG, § 19 PBefG, § 10 GastG.

[259] Vgl zB § 59 S 1 SGB AT für Ansprüche auf Dienst- und Sachleistungen; § 4 Abs 1 BSHG; § 1 Abs 3 ApothG. Dabei läßt ein gesetzlicher Ausschluß von rechtsgeschäftlichen Verfügungen zu Lebzeiten des Berechtigten noch nicht die Annahme zu, daß damit auch die Rechtsnachfolge im Falle seines Todes ausgeschlossen sei; vgl BVerwGE 30, 123, 124.

[260] Vgl zB § 4 HambG über die Gewährung von Blindengeld v 19.2.1971 (GVBl, 29).

Soweit die Frage der Rechtsnachfolge in verwaltungsrechtliche Rechtspositionen des einzelnen gesetzlich nicht normiert ist, kommt es im Hinblick auf die Nachfolgefähigkeit darauf an, ob die in Rede stehende Berechtigung oder Verpflichtung *höchstpersönlichen* Charakter besitzt.[261] Während früher öffentlichrechtliche Rechte und Pflichten grundsätzlich als höchstpersönlich und damit als nachfolgeunfähig angesehen wurden und nur für rein vermögensrechtliche Positionen eine Ausnahme gemacht wurde,[262] hat sich mittlerweile eine stärker nach dem Inhalt der jeweiligen Position differenzierende Sichtweise durchgesetzt. Höchstpersönlich sind Rechte oder Pflichten dann, wenn sie nach ihrer Zweckbestimmung *ausschließlich* einer bestimmten Person zugeordnet sind,[263] wenn also für ihren Bestand oder ihre Erfüllung persönliche Eigenschaften oder Fähigkeiten des Betroffenen so wesentlich sind, daß ein Übergang auf eine andere Person ausgeschlossen erscheint.[264] Das hängt nicht von der Vermögenswertigkeit der fraglichen Position ab. So sind *sachbezogene* Verhaltenspflichten, wie etwa die durch bauaufsichtliche Verfügung begründete Verpflichtung zur Beseitigung eines Schwarzbaus, in der Regel nicht wesentlich durch persönliche Merkmale beeinflußt und damit nicht höchstpersönlich.[265] Umgekehrt können auch vermögensrechtliche Ansprüche höchstpersönlicher Natur und deshalb nachfolgeunfähig sein.[266] Eine weitergehende Auffassung hält sogar alle öffentlich-rechtlichen Pflichten für nachfolgefähig, die durch *vertretbare Handlung* zu erfüllen sind.[267]

Eine Berechtigung oder eine Verpflichtung geht nicht schon dann ohne weiteres **51**
auf den Rechtsnachfolger über, wenn sie nicht in dem bezeichneten Sinn höchstpersönlich ist. Es bedarf vielmehr darüber hinaus eines *Nachfolgetatbestandes,* dh eines *Rechtsgrundes* für den Eintritt eines Nachfolgers.[268] Einen derartigen Rechtsgrund liefert im Fall der Gesamtrechtsnachfolge durch Erbgang die entsprechende Anwendung der §§ 1922, 1967 BGB.[269] Danach gehen die nachfolgefähigen Rechte und Pflichten des öffentlichen Rechts auf den Erben über. Die an den Erblasser gerichtete Beseitigungsanordnung verpflichtet also auch den

261 Vgl etwa *Rumpf* (Fn 252) 294ff; *Stadie* (Fn 252) 503f; *Schoch* JuS 1994, 1026, 1030.

262 Nachw bei *Knöpfle* in: FG Maunz, 1971, 230 Fn 7; *v Mutius* VerwArch 62 (1971) 83, 84 Fn 31.

263 *Peine* DVBl 1980, 941, 944; *Schlabach/Simon* NVwZ 1992, 143, 145.

264 *v Mutius* (Fn 262) 85; *ders* VerwArch 71 (1980) 93, 99.

265 BVerwG NJW 1971, 1624; OVG Münster NVwZ 1987, 427; *v Mutius* (Fn 262) 86; aA *Schenke* in: Steiner, Bes VwR, Abschn II Rn 188.

266 BVerwGE 21, 302, 303; 25, 23, 26; 30, 123, 124; 35, 48, 49; 36, 252, 253f.

267 *Würtenberger* in: Achterberg/Püttner, Bes VwR II, 7. Abschn Rn 174; *Stadie* (Fn 252) 504; *Schoch* (Fn 261) 1030; aA *Schenke* (Fn 265) aaO. Einschränkend auch *v Mutius,* VerwArch 71 (1980) 93, 99. Zu der umstrittenen Frage, ob auch „abstrakte", also noch nicht durch VA konkretisierte Ordnungspflichten nachfolgefähig sind, vgl *Götz* Allg POR , 12. Aufl 1995, Rn 247; *Peine* (Fn 252) 987 mwN.

268 OVG NW NVwZ-RR 1997, 70; *v Mutius* (Fn 267) 98ff; *Stadie* (Fn 252) 501; *Schink* VerwArch 82 (1991) 357, 384; *Stober* NJW 1977, 123f.

269 Vgl OVG NW NJW 1989, 2834; *Schoch* (Fn 261) 1030; aA *Peine* (Fn 252) 986f; *Rumpf* (Fn 252) 273ff, 276ff; gegen eine analoge und für eine direkte Anwendung der BGB-Vorschriften *Stadie* (Fn 252) 501ff mwN.

Erben.[270] Für die Einzelnachfolge in übertragbare subjektive öffentliche Rechte gelten die §§ 398 ff BGB analog. Dagegen ist für die Einzelnachfolge in öffentlich-rechtliche Pflichten eine Anleihe beim Bürgerlichen Recht nur im Ausnahmefall des § 419 BGB möglich.[271] Im übrigen ist zu prüfen, inwieweit einzelne Vorschriften des öffentlichen Rechts, die eine Nachfolge vorsehen, analogiefähig sind.[272] Abzulehnen ist die Auffassung, *sachbezogene* Pflichten folgten schon kraft ihres „dinglichen" Charakters dem Eigentum an der Sache (so daß etwa auch der rechtsgeschäftliche Erwerber eines Grundstücks aus einer gegen den Voreigentümer ergangenen Bauordnungsverfügung in Anspruch genommen werden könnte).[273] Die Objektbezogenheit einer Verpflichtung vermag die nach dem Grundsatz vom Vorbehalt des Gesetzes für eine Bindung des Rechtsnachfolgers erforderliche Rechtsgrundlage nicht zu ersetzen.[274] Eine „Rechtsnachfolge" kraft Dinglichkeit ist daher allein im Hinblick auf sachbezogene Allgemeinverfügungen nach § 35 S 2 2. und 3. Alt VwVfG anzuerkennen,[275] durch die öffentlich-rechtliche Eigenschaften einer Sache oder Regeln für ihre Benutzung durch die Allgemeinheit mit Wirkung für und gegen jeden Eigentümer festgelegt werden.

7. Die Beendigung des Verwaltungsrechtsverhältnisses

52 Das Verwaltungsrechtsverhältnis definiert einerseits das Beziehungsgeflecht im Verhältnis von Zurechnungsendsubjekten, also den Bestand und die wechselseitige Zuordnung von Rechten und Pflichten; andererseits dient es dazu, die in seinem Vollzug entstandene Verteilung von Rechten und Pflichten zu legitimieren und zu stabilisieren, indem es den Rechtsgrund für die erbrachten und erhaltenen Leistungen bildet. Zu einer Beendigung oder einem Erlöschen des Verwaltungsrechtsverhältnisses kommt es nur, wenn beide Funktionen entfallen.

Die Tatbestände einer Beendigung von Verwaltungsrechtsverhältnissen sind ebenso vielgestaltig wie die Gründe ihrer Entstehung.[276] So enden durch Verwaltungsakt begründete Verwaltungsrechtsverhältnisse beispielsweise durch Aufhebung

[270] BVerwG NJW 1971, 1624; weitere Nachw bei *v Mutius* (Fn 267) 102; vgl auch BVerwG DVBl 1982, 78 zum Übergang der Pflicht aus § 25 Abs 1 WoBindG auf den Erben.

[271] Vgl *Würtenberger* (Fn 267) Rn 175.

[272] Vgl etwa OVG Hamburg NVwZ-RR 1997, 11, 12 mwN; dazu *Erichsen* JK 97, Pol- u OrdR, Rechtsnachfolge/5.

[273] So aber zB OVG NW NVwZ 1987, 427; NVwZ-RR 1997, 12, 13; VGH BW NVwZ 1992, 392; *Götz* (Fn 267) Rn 248 mwN. Vgl auch BVerwG NJW 1971, 1624 für den Fall der Gesamtrechtsnachfolge.

[274] VGH Kassel DVBl 1977, 255, 256; *Schoch* (Fn 261) 1031; *Würtenberger* (Fn 267) Rn 175; *Erichsen* (Fn 272). In einigen Landesbauordnungen finden sich allerdings mittlerweile Vorschriften, die eine Bindung des Rechtsnachfolgers ausdrücklich anordnen, vgl etwa §§ 89 Abs 2 S 3 BauO Nds, 77 S 3 BauO Sachs; 76 Abs 1 S 2, 77 Abs 1 S 3 BauO Thür.

[275] Vgl dazu u § 12 Rn 50, 52.

[276] *Bull* (Fn 29) Rn 749. Vgl für einzelne Arten von Verwaltungsrechtsverhältnissen auch *Gries/Willebrand* JuS 1990, 193 ff (verwaltungsrechtliches Schuldverhältnis); *Krause* (Fn 27) 28 (Sozialrechtsverhältnis); *Gröschner* (Fn 15) 175 ff (Überwachungsrechtsverhältnis).

oder Erledigung des VA, vertragliche Verwaltungsrechtsverhältnisse durch Kündigung, Anfechtung oder Abschluß eines Auflösungsvertrages; befristete Verhältnisse enden durch Zeitablauf, auflösend bedingte durch Bedingungseintritt. Sonderverbindungen, die unmittelbar aufgrund Gesetzes entstanden sind, können durch Änderung der Sachlage erlöschen, wenn diese bewirkt, daß die einschlägigen Tatbestandsvoraussetzungen nicht mehr vorliegen.

Einige wichtige *handlungsformbezogene* Beendigungstatbestände werden in den folgenden Abschnitten näher behandelt.[277] An dieser Stelle soll auf Erfüllung und Verzicht als für den Bestand von Rechten und Pflichten aus Verwaltungsrechtsverhältnissen (und damit mittelbar auch für den Bestand dieser Rechtsverhältnisse selbst), ferner auf Verwirkung und Verjährung als für die Durchsetzung solcher Rechte und Pflichten allgemein und unabhängig von der Handlungsform bedeutsame Tatbestände eingegangen werden.

a) Ist Inhalt der verwaltungsrechtlichen Sonderverbindung die Verpflichtung 53
zur einmaligen einseitigen Erbringung oder zum einmaligen Austausch von Leistungen, so erlöschen mit ihrer *Erfüllung*[278] die Rechte und Pflichten. Die verwaltungsrechtliche Sonderverbindung kann indes noch Bedeutung für Art und Umfang nachwirkender Verhaltenspflichten der Beteiligten haben[279] und bildet zudem den Rechtsgrund der Leistungshandlung. Zu einer *vollständigen* Beendigung des Verwaltungsrechtsverhältnisses führt die Erfüllung daher nur dann, wenn Nebenpflichten nicht bestehen oder gleichfalls erfüllt werden und auch die Stabilisierungsfunktion entfällt, weil ein fortdauernder, einer fortbestehenden Legitimation bedürfender Zustand nicht geschaffen worden ist (wie es in der Regel bei nicht vermögenswerten Leistungen bzw Erfüllungshandlungen anzunehmen sein wird).

Erfüllungswirkung kann auch einem Erfüllungssurrogat zukommen, so etwa der Aufrechnung.[280] Bei Dauerverwaltungsrechtsverhältnissen, die auf wiederkehrende Leistungen gerichtet sind, führt die Erbringung der einzelnen Leistung zum Erlöschen der jeweils darauf gerichteten Rechte und Pflichten; das Rechtsverhältnis bleibt als solches bestehen.

b) Ein Recht kann durch Verzicht (Erlaß[281]) erlöschen. Ein solcher Verzicht 54
kann sowohl bei einem Verwaltungsrechtsverhältnis, welches auf einmalige Leistung gerichtet ist, als auch bei einem auf wiederkehrende Leistungen gerichteten Dauerverwaltungsrechtsverhältnis stattfinden; er kann sich auf die gesamte oder auf Teilleistungen, auf materiellrechtliche wie auch auf verfahrensrechtliche Be-

[277] Vgl v a u §§ 16ff; ferner zB auch § 27 Rn 2 sowie § 29 Rn 41.

[278] Zu den Erfüllungshandlungen *Ehlers* (Fn 122) 480ff.

[279] *Ehlers* (Fn 8) 912, 914f, 920.

[280] Vgl BVerwG DVBl 1986, 146; KStZ 1983, 169; OVG NW NJW 1980, 1068 u DÖV 1976, 673f m Anm *Metschies* DÖV 1977, 141f; *Ehlers* NVwZ 1983, 446, 448; *Pietzner* VerwArch 73 (1982) 453, 456. Ausdrückliche Regelungen der Aufrechnung in § 51 SGB AT (dazu etwa *Pietzner* aaO, 463) und – mit hilfsweisem Verweis auf die Regelungen des BGB – in § 226 AO. Zu den prozessualen Problemen der Aufrechnung mit einer rechtswegfremden Gegenforderung vgl BVerwG NJW 1993, 2255; HessVGH DVBl 1994, 806; dazu *Erichsen* JK 95, VwGO §§ 167, 173/2. Zur Aufrechnung auch u § 29 Rn 2.

[281] Vgl etwa §§ 163, 227 AO.

rechtigungen beziehen.[282] Der Verzicht kann von seiten der Verwaltung durch Verwaltungsakt[283] oder, wie auch von seiten des Bürgers,[284] durch verwaltungsrechtliche Willenserklärung erfolgen;[285] er kann auch Gegenstand einer vertraglichen Vereinbarung sein und wird es immer dann sein müssen, wenn das Recht vertraglich begründet wurde.[286] Eine Verzichtserklärung kann diese Rechtsfolge nur auslösen, wenn der Verzichtende dispositionsbefugt ist.[287] Ob und inwieweit diese Dispositionsbefugnis besteht, muß je nach Art des zugrunde liegenden Verwaltungsrechtsverhältnisses entschieden werden. Dem Vorrang des Gesetzes entsprechend sind dabei zunächst jene normativen Bestimmungen zu beachten, die ausdrücklich eine Dispositionsbefugnis einräumen oder ausschließen. So läßt zB § 46 Abs 1 SGB AT den Verzicht auf Sozialleistungen zu, während § 2 Abs 3 BBesG einem Verzicht auf die Besoldung eines Beamten, Richters oder Soldaten entgegensteht.[288] In bezug auf eine durch Verwaltungsakt eingeräumte Rechtsposition wird gelegentlich die Zulässigkeit des Verzichts mit dem Argument geleugnet, daß derartige Positionen nicht der Verfügungsgewalt des einzelnen entsprungen seien.[289] Dabei werden indes Entstehungstatbestand der Rechtsposition und das entstandene Recht selbst verwechselt. Daß der Bürger die Berechtigung nicht selbständig begründen kann, führt nicht zum Fehlen der Dispositionsbefugnis über das entstandene Recht. Vielmehr ist auch ein Verzicht auf durch Verwaltungsakt begründete Berechtigungen grundsätzlich möglich und nur dann ausgeschlossen, wenn die Dispositionsbefugnis fehlt.[290] Das Fehlen muß sich nicht aus einer ausdrücklich entgegenstehenden Bestimmung ergeben, sondern kann auch aus dem Zweck der Berechtigung entnommen werden. Entscheidend ist, inwieweit die Ausübung eines Rechts zugleich im öffentlichen Interesse liegt.[291] Insbesondere ist ein

282 Im einzelnen *Illian* Der Verzicht Privater im Verwaltungsrecht, 1993, 125 ff.

283 Vgl etwa § 227 AO.

284 Vgl etwa § 46 Abs 1 SGB AT.

285 Vgl BVerwG NVwZ 1982, 196 f; OVG NW NJW 1985, 644; NJW 1987, 1964 f; *Schink* (Fn 250) 181 f. Zur materiell- und verfahrensrechtlichen Seite der Verzichtserklärung VGH BW NVwZ 1983, 229 f.

286 Vgl auch *Henke* (Fn 33) 414; *Ule/Laubinger* (Fn 90) § 71 Rn 1.

287 *Wilde* Der Verzicht Privater auf subjektive öffentliche Rechte, 1966, 27; *Nebendahl/Rönnau* NVwZ 1988, 873, 875 f; *Kopp* (Fn 87) vor § 9 Rn 14 a; *Wolff/Bachof/Stober* (Fn 65) § 43 Rn 81; *Forsthoff* (Fn 7) 287, 288; *Quaritsch* GS Martens, 1987, 407, 408; *Stelkens* in: Stelkens/Bonk/Sachs (Fn 90) § 53 Rn 17. Auf dieser Einsicht beruht auch die Regelung des § 46 Abs 2 SGB AT. Zur Verzichtbarkeit von Rechten aus nachbarschützenden Vorschriften des Baurechts vgl VGH BW NVwZ 1983, 229 f; HessVGH DVBl 1995, 525; dazu *Erichsen* JK 95, Allgem VerwR, Verzicht/1.

288 Zu § 2 Abs 3 BBesG vgl BVerwG DÖV 1987, 292 f.

289 Vgl *Forsthoff* (Fn 7) 288.

290 Vgl BVerwGE 84, 209, 211; VGH BW NVwZ 1995, 280 (dazu *Erichsen* JK 95, VwGO § 75/2); OVG NW NJW 1987, 1964 f; OVG NW OVGE 26, 265, 267 f; *Bussfeld* DÖV 1976, 765 ff; *Nebendahl/Rönnau* (Fn 287) 875; *Schönleiter* in: Landmann/Rohmer, GewO Bd 1, Stand 8/93, § 49 Rn 24.

291 So etwa bei den Grundrechten, vgl *Erichsen* FS Wolff, 1973, 219, 238; *Sachs* VerwArch 76 (1985) 398, 418 ff; *Sturm* FS Geiger, 1974, 173, 192 f; s a *Pietzcker* Staat 17 (1978) 527, 539 f. AA etwa OVG Bremen NJW 1980, 606, 607 mwN. *Quaritsch* (Fn 287) 407,

Verzicht regelmäßig dann ausgeschlossen, wenn mit einer Rechtsposition eine Verpflichtung verknüpft ist.[292] Auf die erfolgte Ernennung zum Beamten kann daher nicht verzichtet werden. Hier ist nur ein Antrag auf Entlassung vorgesehen.[293]

c) Das Institut der *Verwirkung* ist nach Tatbestand und Rechtsfolge noch recht diffus. Es wird hergeleitet aus dem auch im öffentlichen Recht geltenden Grundsatz von Treu und Glauben.[294] Die Ausübung eines materiell- oder verfahrensrechtlichen Rechts kann ausgeschlossen sein, wenn der Berechtigte das Recht nach seiner Entstehung oder Fälligkeit über einen längeren Zeitraum, der nach Art, Inhalt und Bedeutung des Rechts unterschiedlich zu bemessen ist, nicht geltend gemacht hat und besondere Umstände vorliegen, die dazu führen, daß der Verpflichtete nach Treu und Glauben nicht mehr mit der Geltendmachung rechnen mußte,[295] sie als rechtsmißbräuchlich anzusehen ist. Eine Verwirkung kommt in jedem Fall nur dann in Betracht, wenn auch ein Verzicht möglich wäre, dh bei disponiblen Rechtsgütern.[296] Als Rechtsfolge der Verwirkung wird überwiegend ein Verbot der Ausübung des Rechts angesehen.[297] **55**

Eine Verwirkung kann – entsprechend der jetzt in § 66 SGB AT ausdrücklich erfolgten Regelung – bei Ansprüchen des Bürgers gegen den Staat auf eine Leistung auch dann eintreten, wenn der Bürger es an der gebotenen Mitwirkung bei der Feststellung der Tatsachen, die für seinen Leistungsanspruch erheblich sind, fehlen läßt und er damit eine Obliegenheit verletzt.[298] Rechtsfolge ist die Befugnis

410ff sieht in der Ausübung des Verzichts die Ausübung eines Grundrechts (Art 2 I GG) und erachtet deshalb den Verzicht auf bestimmte Grundrechte in einigen Fällen als zulässig. Zum Ausschluß des Verzichts im Disziplinarrecht vgl BVerwGE 76, 176. Zum Verzicht auf die Staatsangehörigkeit nach § 26 RuStAG vgl BVerwG NJW 1986, 2205; NVwZ 1994, 386. – Näher zum Kriterium des „öffentlichen Interesses" *Illian* (Fn 282) 64ff.

292 Hingewiesen sei etwa auf die Konzession zur Personenbeförderung, vgl *Wolff/Bachof/Stober* (Fn 65) § 52 Rn 9.

293 Vgl §§ 23 Abs 1 Nr 3 BRRG, 30 Abs 1 BBG; *Wolff/Bachof/Stober* (Fn 65) § 52 Rn 9.

294 BVerwGE 44, 294, 298ff (dazu *Menger* VerwArch 66 [1975], 85ff); 48, 247, 251; BVerwG NJW 1974, 2247, 2248; VGH BW NVwZ 1989, 76, 78; NVwZ-RR 1996, 191; *Forsthoff* (Fn 7) 172; *Wolff/Bachof/Stober* (Fn 65) § 37 Rn 17; *Becker* DÖV 1967, 729, 737. Zur Verwirkung im Abgabenrecht vgl *Schmid* KStZ 1980, 41ff; zur Verwirkung im Baunachbarrecht vgl *Bauer* Verw 23 (1990) 211ff; *de Vivie/Barsuhn* BauR 1995, 492.

295 Vgl etwa BVerwGE 44, 339, 343f; 48, 247, 251; 52, 16, 25; BVerwG BayVBl 1991, 726 (dazu *Erichsen* JK 92, Allgem VerwR, Verwirkung/1); BVerfGE 32, 305f; BGH NJW 1980, 880; BayVGH BayVBl 1991, 725; OVG Hamburg, NVwZ-RR 1993, 110 (dazu *Erichsen* JK 93, VwGO § 74 I/1); OVG NW NVwZ-RR 1996, 405, 406; *Kopp* (Fn 87) § 53 Rn 30; *Ossenbühl* NVwZ 1995, 547, 549; *Stelkens* (Fn 287) § 53 Rn 13; weiter aus dem Zivilrecht etwa BGHZ 25, 47, 51; Soergel/*Teichmann* BGB, Bd 2, 12. Aufl 1990, § 242 Rn 332ff; *Köhler* BayVBl 1986, 712, 714, 716.

296 So auch *Wolff/Bachof/Stober* (Fn 65) § 37 Rn 17; *Bauer* Verw 23 (1990) 211, 214; aA *Ossenbühl* (Fn 295) 549f.

297 Vgl etwa BayVGH NVwZ-RR 1994, 241, 242; *Wolff/Bachof/Stober* (Fn 65) § 52 Rn 7; *Becker* (Fn 294) 737; *Stelkens* (Fn 287) § 53 Rn 13.

298 Vgl dazu auch *Kirchhof* (Fn 49) 537, 561f; *Schetting* (Fn 130) 274ff.

der Verwaltung, wegen der durch die fehlende Mitwirkung bedingten Unklarheit der Leistungsberechtigung ohne weitere eigene Sachverhaltsermittlung die Leistung zu versagen oder zu entziehen.

56 d) Eine Verjährung von Ansprüchen aus einem Verwaltungsrechtsverhältnis[299] findet dort statt, wo sie gesetzlich vorgesehen ist.[300] Einschlägige Regelungen finden sich etwa in §§ 169ff, 228ff AO, § 45 SGB AT. Fehlt es an solchen ausdrücklichen Normierungen, so sind die Regelungen der §§ 194ff BGB entsprechend heranzuziehen.[301] Die Verjährung führt in der Regel[302] nicht zu einem Erlöschen des Rechts, sondern berechtigt nach überwiegender Ansicht den Verpflichteten nur zur Leistungsverweigerung. Eine gleichwohl erfolgte Erfüllung ist daher mit Rechtsgrund erfolgt.

Sonderregelungen über Unterbrechung und Hemmung der Verjährung öffentlich-rechtlicher Ansprüche enthalten die §§ 53 VwVfG, 171, 230f AO. Im übrigen werden in Übereinstimmung mit der ausdrücklichen Regelung in § 45 Abs 2 SGB AT die Vorschriften des BGB über die Hemmung und Unterbrechung der Verjährung analog oder als Ausdruck eines allgemeinen Rechtsgedankens herangezogen.[303]

[299] Dazu *Lange* Die verwaltungsrechtliche Verjährung, 1984.

[300] Vgl *Forsthoff* (Fn 7) 193; *Wolff/Bachof/Stober* (Fn 65) § 37 Rn 20 ff; BSGE 22, 173; BSG NJW 1968, 1947; DVBl 1969, 372.

[301] BVerwGE 28, 336, 338; 75, 173, 179; BVerwG DVBl 1983, 504; RiA 1983, 150; OVG NW NJW 1981, 1328; HessVGH NVwZ-RR 1994, 129; *Henke* (Fn 33) 407ff; *Dörr* DÖV 1984, 12, 15. Für *unmittelbare* Anwendung der §§ 194ff BGB auf öffentlich-rechtliche Geldforderungen VG Minden NVwZ-RR 1994, 609. Umstritten ist, ob die §§ 194ff BGB auch auf nichtvermögensrechtliche Positionen – etwa ordnungsrechtliche Eingriffsbefugnisse – anwendbar sind; vgl VGH BW NVwZ-RR 1996, 387, 390 (dazu *Erichsen* JK 97, AbfG BW § 22 IV/1); OVG NW NVwZ 1997, 507, 511; *Stelkens* (Fn 287) § 53 Rn 6; *Martensen* NVwZ 1997, 442f; *Ossenbühl* (Fn 295) 548f; *Kothe* VerwArch 88 (1997) 456, 484, 486f.

[302] Anders im Falle der sog rechtsaufhebenden oder erlöschenden Verjährung, vgl etwa §§ 47, 232 AO; dazu ferner BVerwG NVwZ 1982, 377; BayVGH VerwRspr 24, 922; *Kruse* Lehrbuch des Steuerrechts Bd 1, 1991, 200ff; *Dörr* (Fn 301) 16f.

[303] Vgl *Wolff/Bachof/Stober* (Fn 65) § 37 Rn 20; *Henke* (Fn 33) 408; BVerwG DÖV 1977, 62, 63; BSGE 19, 88; BSG DVBl 1963, 409; BGH NJW 1985, 2324 zur Verjährungsunterbrechung.

1. Teil
Der Verwaltungsakt

§ 12
Bedeutung und Begriff des Verwaltungsakts

I. Geschichtliche Entwicklung und gegenwärtige Bedeutung

Der Begriff des Verwaltungsakts erscheint im ersten Drittel des 19. Jahrhunderts **1** in der deutschen staats- und verwaltungsrechtlichen Literatur. Es handelt sich dabei um eine Übersetzung des französischen Begriffs *acte administratif*, womit jede Maßnahme der Verwaltung, sei sie nach Maßgabe des Zivilrechts oder des öffentlichen Rechts ergangen, gemeint war. Demgegenüber wird der Begriff des Verwaltungsakts in Deutschland von Anbeginn an auf Maßnahmen der Verwaltung im Bereich des öffentlichen Rechts beschränkt.[1]

Die zentrale Stellung, die dem Institut des Verwaltungsakts in der verwaltungs- **2** rechtlichen Dogmatik auch heute noch zukommt, wurde von *Otto Mayer* begründet. Nach seiner Definition ist der Verwaltungsakt „ein der Verwaltung zugehöriger obrigkeitlicher Ausspruch, der dem Unterthanen gegenüber im Einzelfall bestimmt, was für ihn Rechtens sein soll".[2] Daß damit im wesentlichen noch heute Gültiges gesagt worden ist, zeigt sich, wenn man sich die Definition vergegenwärtigt, die in § 35 S 1 VwVfG enthalten ist. Es heißt dort: „Verwaltungsakt ist jede Verfügung, Entscheidung oder andere hoheitliche Maßnahme, die eine Behörde zur Regelung eines Einzelfalles auf dem Gebiet des öffentlichen Rechts trifft und die auf unmittelbare Rechtswirkung nach außen gerichtet ist".[3]

Der Verwaltungsakt war für *Otto Mayer* jenes Instrument öffentlicher Verwaltung, mit dem sie der rechtsstaatlichen Forderung nach Rechtssicherheit im Verhältnis des Bürgers zum Staat gerecht werden und „die Bahnen und Grenzen seiner (des Staates) Wirksamkeit wie die freie Sphäre seiner Bürger in der Weise des Rechts genau bestimmen und abgrenzen kann".[4]

Der Verwaltungsakt gewann indes in der Folgezeit in erster Linie unter dem **3** *Blickwinkel des Rechtsschutzes* Bedeutung. So legte etwa Art 107 WRV fest: „Im Reich und in den Ländern müssen nach Maßgabe der Gesetze Verwaltungsgerichte zum Schutze der einzelnen gegen Anordnungen und Verfügungen der Verwaltungsbehörden bestehen". Dementsprechend war in manchen Ländern der

[1] Vgl dazu *Erichsen* Verfassungs- und verwaltungsrechtsgeschichtliche Grundlagen der Lehre vom fehlerhaften belastenden Verwaltungsakt und seiner Aufhebung im Prozeß, 1971, 110ff; *Mohnhaupt* in: Heyen, Wissenschaft und Recht der Verwaltung seit dem Ancien Régime, 1984, 49ff.

[2] Deutsches Verwaltungsrecht, Bd I, 1. Aufl 1895, 64f, 95.

[3] Ebenso § 118 S 1 AO, § 31 S 1 SGB X; krit zur VA-Definition etwa *Brohm* VVDStRL 30 (1972) 281ff; *Krause* Rechtsformen des Verwaltungshandelns, 1974, 115ff.

[4] Verwaltungsrecht I, 62 unter Bezug auf *Stahl* Die Philosophie des Rechts, Zweiter Band: Rechts- und Staatslehre, 1870, 137.

Rechtsschutz, den die Verwaltungsgerichte gewährten, auf Klagen gegen (häufig auch nur bestimmte – Enumerationsprinzip) Verwaltungsakte beschränkt.[5] Auch die nach dem 2. Weltkrieg in den westlichen Besatzungszonen zunächst erlassenen Vorschriften über die Verwaltungsgerichtsbarkeit machten „den Verwaltungsakt zum Angelpunkt des ganzen Rechtsschutzsystems".[6] Dieser Bedeutung des Verwaltungsakts entsprechend kam es in § 25 VO Nr 165 der Britischen Militärregierung über die Verwaltungsgerichtsbarkeit in der Britischen Zone zur ersten *Legaldefinition:* „Verwaltungsakt im Sinne dieser Verordnung ist jede Verfügung, Anordnung, Entscheidung oder sonstige Maßnahme, die von einer Verwaltungsbehörde zur Regelung eines Einzelfalles auf dem Gebiete des öffentlichen Rechts getroffen wird".[7]

Die VwGO eröffnet nunmehr in § 40 Abs 1 S 1 vorbehaltlich abweichender bundesgesetzlicher Regelung den Rechtsweg zu den allgemeinen Verwaltungsgerichten für *alle* öffentlich-rechtlichen Streitigkeiten nichtverfassungsrechtlicher Art. Damit kommt dem Institut des Verwaltungsakts heute keine Bedeutung für die *Eröffnung des Rechtsweges* mehr zu.[8] Andererseits macht die VwGO in §§ 68 ff die Zulässigkeit einer Klage vor dem Verwaltungsgericht auf Aufhebung oder Verpflichtung zum Erlaß eines abgelehnten oder unterlassenen Verwaltungsakts – Anfechtungs- oder Verpflichtungsklage gemäß § 42 Abs 1 VwGO – von besonderen Voraussetzungen abhängig. Diese besonderen Sachentscheidungsvoraussetzungen begrenzen die Möglichkeit des verwaltungsgerichtlichen Rechtsschutzes und kennzeichnen damit eine *Sonderstellung des Verwaltungsakts.* So tritt, wenn der Verwaltungsakt nicht innerhalb der Widerspruchs- oder Klagefrist der §§ 70 Abs 1, 74 Abs 1 VwGO angefochten wird, die sog (formelle) Bestandskraft ein, dh die Regelung des Einzelfalles wird von der Rechtsordnung, abgesehen vom Fall der Nichtigkeit des Verwaltungsakts, ohne Rücksicht darauf, ob sie rechtmäßig erlassen wurde oder nicht, als unanfechtbar und damit für den Betroffenen – vorbehaltlich einer Änderung durch die Verwaltung[9] – endgültig verbindlich angesehen.[10]

[5] Vgl etwa die §§ 10f, 70f der Landesverwaltungsordnung für Thüringen v 10.6.1926. Man spricht insoweit von nachträglichen Verwaltungsstreitsachen; vgl dazu auch *Menger* System des verwaltungsgerichtlichen Rechtsschutzes, 1954, 137f.

[6] So *Bachof* Staatsbürger und Staatsgewalt, Bd II, 1963, 1, 8.

[7] VOBlbrZ 1948, 263, 265; vgl auch § 22 Abs 1 MilitärregierungsVO Nr 165 für die britische Zone, für die amerikanische Zone § 22 Abs 1 der gleichlautenden Verwaltungsgerichtsgesetze Bayerns (bay GVBl 1946, 281, 282), Bremens (brem GBl 1947, 171, 172), Hessens (hess GVBl 1946, 194, 195) und Württemberg-Badens (GVBl 1946, 221, 223) sowie § 19 Abs 1 des Verwaltungsgerichtsgesetzes für West-Berlin (berl GVBl 1951, 46, 47). Soweit der Rechtsweg zu den Verwaltungsgerichten in den einschlägigen Vorschriften auch für sonstige oder andere öffentlich-rechtliche Streitigkeiten eröffnet war, wußten die Gerichte damit zunächst wenig anzufangen.

[8] Das BVerwG hat sich diese Einsicht allerdings erst spät zu eigen gemacht. Vgl dazu *Menger* und *Erichsen* VerwArch 58 (1967) 70, 78 und dann BVerwGE 23, 223, 224; 47, 247, 251; 60, 144, 148.

[9] Vgl dazu u §§ 16ff.

[10] Vgl dazu *Erichsen/Knoke* NVwZ 1983, 185, 186 und im einzelnen u § 38 Rn 45ff.

Aber auch schon vor dem Eintritt der Bestandskraft ist der Verwaltungsakt *wirksam*. Das gilt auch für den rechtswidrigen, aber nicht nichtigen Verwaltungsakt, wie die Regelung des § 43 VwVfG zeigt, in dessen Abs 3 allein der nichtige Verwaltungsakt für unwirksam erklärt wird.[11] Dies läßt sich auch dem § 80 Abs 1 VwGO entnehmen, der offensichtlich davon ausgeht, daß auch der rechtswidrige Verwaltungsakt wirksam ist. Die Wirksamkeit eines Verwaltungsakts kann durch die in § 80 Abs 2 Nr 4 VwGO vorgesehene Anordnung der sofortigen Vollziehung auch dann erhalten werden, wenn der Verwaltungsakt angefochten wird.[12] Es bleibt noch darauf hinzuweisen, daß die Verwaltung, wie §§ 3, 6 VwVG des Bundes und die entsprechenden Vorschriften der Länder zeigen, mit dem Erlaß eines Verwaltungsakts die Möglichkeit hat, sich einseitig einen Vollstreckungstitel zu schaffen.[13] 4

Die *Bedeutung des Verwaltungsakts* im System der verwaltungsrechtlichen Handlungsformen ist also schon weitgehend aus den Regelungen der Verwaltungsverfahrensgesetze, aus denen des Verwaltungsprozeßrechts und aus jenen des Verwaltungsvollstreckungsrechts erschließbar: mit dem Verwaltungsakt ist der Verwaltung ein Mittel zur schnellen, wirksamen und zwangsweise durchsetzbaren, einseitigen Regelung von Sachverhalten gegeben. Die Verwaltung hat also die Möglichkeit, durch den Erlaß eines Verwaltungsakts einseitig[14] die Rechtsfolgen verbindlich gegenüber dem Bürger festzulegen, die sich im Einzelfall aus der Anwendung der Rechtsordnung auf einen Sachverhalt ergeben.[15] Damit tritt der für *Otto Mayer* entscheidende *Aspekt der Rechtssicherheit* heute wieder in den Vordergrund.[16] 5

In dieser Funktion hatte und hat der Verwaltungsakt – zumal in der heutigen Zeit unübersichtlicher Vorschriftenfülle – seine Bedeutung für den Bereich der Eingriffsverwaltung, die den Nährboden seiner Entstehung gab. Sie begründet zugleich seine Brauchbarkeit als *Instrument der Leistungsverwaltung*. Zwar ist der Verwaltungsakt nicht die einzige der Verwaltung im Bereich der Leistungsverwaltung zu Gebote stehende Handlungsform. Insbesondere gewinnt der verwaltungsrechtliche Vertrag als Mittel zur Begründung eines rechtlichen Beziehungsgefüges, wie es im Bereich der Leistungsverwaltung zuweilen zur sachgerechten Bewälti-

11 Vgl auch *Krebs* VerwArch 68 (1977) 285, 288f.

12 Vgl dazu auch *Erichsen* Jura 1984, 414, 420ff; *Erichsen/Klenke* DÖV 1976, 833f.

13 Vgl dazu u § 21 Rn 2.

14 Die von *J. Martens* DVBl 1968, 322, 324/325 vertretene These von der „Zweiseitigkeit" des Verwaltungsakts, die die Nichtanfechtung des Bürgers als Zustimmung erklärt – ebenso *ders* Die Praxis des Verwaltungsverfahrens, 1985 Rn 220ff –, kommt einerseits der verfassungsrechtlich unhaltbaren Figur des Verwaltungsakts auf Unterwerfung bedenklich nahe und trägt andererseits der eigenständigen Funktion der Verwaltung im Gesetzesvollzug, die sich ua darin äußert, daß Verwaltungsakte mit Bekanntgabe wirksam werden, nicht hinreichend Rechnung. Krit zu *J. Martens a v Mutius* FS Wolff, 1973, 167, 191f.

15 Vgl auch BVerwGE 49, 351, 353f; BVerwG VerwRspr 23, 3/4 Nr 61; BSG NJW 1977, 77 und die insoweit zutr Ausführungen von *J. Martens* (Fn 14) 324ff.

16 Vgl auch *Rüfner* VVDStRL 28 (1970) 187, 205; *Vogel* ebd, 269 und *dens* BayVBl 1977, 617, 618; *Rupp* DVBl 1963, 577, 578; *J. Martens* (Fn 14) 323f; *Krause* (Fn 3) 186f.

gung von Leistungsbeziehungen erforderlich sein kann, zunehmend an Bedeutung.[17] Jedoch ist der Verwaltungsakt auch im Bereich der Leistungsverwaltung als Mittel der Konkretisierung, Klarstellung und Stabilisierung und damit zur Herstellung von Rechtsklarheit und Rechtssicherheit unverzichtbar.[18]

6 Man wird sich indes zu vergegenwärtigen haben, daß sich die Figur des Verwaltungsakts in heutiger Zeit nicht auf die Gewährleistung von Stablität beschränken kann, sondern in zunehmenden Maße auch *Flexibilitätsbedürfnissen* Rechnung zu tragen hat.[19] Die heutige öffentliche Verwaltung ist durch ein zunehmendes Maß an Komplexität gekennzeichnet. Die Errungenschaften der modernen Technik führen wie etwa bei Großanlagen – Flughäfen, Kraftwerken – dazu, daß der Kreis der Betroffenen erheblich größer und damit das Geflecht der in einem Genehmigungsverfahren zu berücksichtigenden Interessen sehr viel unüberschaubarer wird. Diese Mehrseitigkeit der Pole und Beziehungen bedingt, daß etwa eine beantragte staatliche Zulassungsentscheidung nicht nur eine auf einen Interessenausgleich zielende Konkretisierungs- und Stabilisierungsleistung erbringen, sondern – darüber hinaus – auch zukünftig notwendig werdende Anpassungen[20] an veränderte Tatsachen oder neue Erfahrungen ermöglichen muß.

7 Besonders deutlich wird dies an dem aus Umwelt- und Technikrecht geläufigen Institut der *Teilentscheidung*.[21] Hiervon spricht man, wenn Verwaltungsverfahren zeitlich und nach ihrem Gegenstand in Abschnitte gegliedert werden, die jeweils zu schrittweisen Festlegungen und Entscheidungen und damit zu einer Reduktion der Komplexität der Verwaltungsentscheidung führen. Die Flexibilisierungspotentiale dieses Instituts werden deutlich, wenn man sich vergegenwärtigt, daß eine solche Teilentscheidung regelmäßig nicht nur auf der Beurteilung der den jeweiligen Teil des Projekts betreffenden Wissensbasis, sondern auch auf einem *vorläufigen* positiven Gesamturteil über die beantragte Anlage basiert und damit der Verwaltung auch die Verarbeitung von bloßem Teilwissen ermöglicht.[22]

8 Die Mehrseitigkeit der Pole und Beziehungen im Zeitalter der modernen Industriegesellschaft hat aber auch dazu geführt, daß in zunehmenden Maße *kooperative*[23] Elemente Eingang in das Verwaltungsverfahren gefunden haben. In den Interessengeflechten mehrpoliger Rechtsverhältnisse muß die Verwaltung nicht

[17] Zum verwaltungsrechtlichen Vertrag als Mittel der Subventionsverwaltung *Menger* VerwArch 69 (1978) 93 ff; *Henke* Das Recht der Wirtschaftssubventionen als öffentliches Vertragsrecht, 1979, 20 ff; *Ehlers* VerwArch 74 (1983) 112, 122 ff; *ders* DVBl 1986, 912, 918 f; jeweils mwN.

[18] So auch *Schmidt-Aßmann* Das allgemeine Verwaltungsrecht als Ordnungsidee und System, 1982, 32 f; *Maurer* Allg VwR, § 9 Rn 40 f; *ders* DVBl 1989, 798, 806. Abw *Achterberg* Allg VwR, § 19 Rn 33.

[19] Vgl hierzu *Schoch* in: Hoffmann-Riem/Schmidt-Aßmann, Innovation und Flexibilität des Verwaltungshandelns, 199 ff mwN.

[20] Die Verwaltung verfügt regelmäßig über mehrere Möglichkeiten zur Anpassung an veränderte Lagen (zB nachträgliche Anordnungen, Rücknahme, Widerruf, Auflagen, Befristung etc).

[21] *Ladeur* VerwArch 86 (1995) 511, 519.

[22] *Ladeur* (Fn 21) 519.

[23] Zum Vordringen kooperativ geprägter Handlungsweisen der Verwaltung vgl u § 32.

nur ein ständig zunehmendes Maß von Wissen berücksichtigen und kann weniger auf Erfahrung Rücksicht nehmen, sondern muß vor allem die Entscheidungsbasis unter Bedingungen der Komplexität und Ungewißheit weitaus mehr als zuvor *modellieren,* dh ein Moment des Zukunftentwurfs und der prognostischen Konstruktion integrieren.[24] Beispielsweise sei hier nur auf die Risikobewertung einer hochkomplexen Anlage, einer neuen Technologie (Gentechnologie) oder die Bestimmung der Verhältnismäßigkeit einer nachträglichen Anordnung im Umweltrecht hingewiesen. Aufgrund der in diesen Bereichen bestehenden Komplexität und Ungewißheit ist die Verwaltung im Rahmen der von ihr zu treffenden Entscheidungen in zunehmendem Maße auf die *Kooperation* mit den betroffenen privaten Interessenträgern angewiesen, um die entscheidungsrelevanten Aspekte erkennen und bewerten zu können.[25] Beispielhaft sei in diesem Zusammenhang nur auf die in der Praxis in zunehmendem Maße stattfindenden Verhandlungen zwischen Vorhabenträger und Behörde im Vorfeld von Genehmigungsverfahren hingewiesen, in denen die Erfüllung der Genehmigungsvoraussetzungen und die endgültige Fassung des Bescheides zwischen den Beteiligten abgestimmt werden.[26]

Die Zusammenschau zeigt somit, daß der Verwaltungsakt nach geltendem Recht Elemente der Stabilität und Flexiblität in sich vereint. Darüber hinaus ist das Verfahren zum Erlaß des Verwaltungsakts – wie das oben genannte Bsp zeigt – auch in der Lage, kooperative Elemente aufzunehmen und damit der vielerorts aufgestellten Forderung nach verstärkter Berücksichtigung des Kooperationsgedankens Rechnung zu tragen.[27] Entgegen prinzipiell ansetzender Kritik[28] ist der Verwaltungsakt daher nach wie vor als die wichtigste Handlungsform der Verwaltung anzusehen.[29] **9**

Eine Reihe von EG-Richtlinien verpflichten die nationalen Behörden, die Verwaltungsentscheidungen anderer Mitgliedstaaten wie eigene anzuerkennen. Diese nationalen Verwaltungsakte haben dann – als Folge dieses Anerkennungsprinzips[30] – nicht mehr nur nationale, sondern über die eigenen Staatsgrenzen hinaus- **10**

[24] *Ladeur* (Fn 21) 517.

[25] *Schoch* (Fn 19) 227.

[26] Vgl hierzu u § 32 Rn 3 ff.

[27] *Schoch* (Fn 19) 224 f bezeichnet die Funktion des verfahrenseröffnenden Antrags, die Sachverhaltsermittlung und die Verfahrens- und Verwaltungsöffentlichkeit als denkbare „Schaltstellen" des Verwaltungsakts, die den Kooperationsgedanken anerkennen und aufnehmen können.

[28] *J. Martens* Der Bürger als Verwaltungsuntertan?, KritV 1986, 104, 114 ff.

[29] *Schoch* (Fn 19) 226.

[30] Bahnbrechend für die Entwicklung dieses Anerkennungsprinzips war die „Cassis-de-Dijon-Doktrin" des EuGH (EuGH Slg 1979, 649, 664 = NJW 1979, 1766), in der dieser ausgeführt hatte, daß es keinen nachvollziehbaren Grund dafür gebe, zu verhindern, „daß in einem Mitgliedstaat rechtmäßig hergestellte und in den Verkehr gebrachte alkoholische Getränke in die anderen Mitgliedstaaten eingeführt werden". Diesen Grundgedanken hat der EuGH in der Folgezeit erweitert und vertieft. Er gilt inzwischen nicht nur im Bereich der Warenfreiheit, sondern auch auf dem Sektor der Dienstleistungsfreiheit, vgl *Neßler* NVwZ 1995, 863, 864.

reichende, also *transnationale* Wirkungen.[31] So fordern beispielsweise Richtlinien die gegenseitige Anerkennung von Diplomen und Prüfungszeugnissen,[32] von Schiffsattesten[33] und von verschiedenen behördlichen Produktzulassungsentscheidungen.[34] Gleiches gilt für Zulassungen im Gentechnikrecht[35] sowie im Banken-[36] und Versicherungsrecht.[37]

Die Pflicht zur Anerkennung von Verwaltungsentscheidungen anderer Mitgliedstaaten besteht jedenfalls dann, wenn die Entscheidung rechtmäßig ist.[38] Rechtmäßigkeitsmaßstab ist dabei nicht das Recht des anerkennenden Mitgliedstaates, sondern das Recht des Mitgliedstaates, dessen Behörden die Verwaltungsentscheidung getroffen haben.[39] Darüber hinaus entfalten aber auch rechtswidrige Entscheidungen transnationale Wirkungen und sind von allen Behörden zu beachten, solange sie nicht von einem Gericht des Ursprunglandes aufgehoben worden sind.[40] Zur Vermeidung von Wettbewerbsverzerrungen setzt die Anerkennungspflicht des weiteren voraus, daß sowohl der Gesetzgebungsstandard als auch die Verwaltungspraxis in den einzelnen Mitgliedstaaten ein vergleichbares Niveau aufweisen.[41]

Der transnationale Verwaltungsakt hat das Ziel, Hindernisse für die Verwirklichung der Freiheiten des EG-Vertrages zu beseitigen, die sich aus Unterschieden in den Rechtsordnungen ergeben, ohne gleichzeitig die nationalen Rechtsordnungen im Detail harmonisieren und angleichen zu müssen. Der Umstand, daß nunmehr eine einzige Genehmigung ausreicht, um gemeinschaftsweit wirtschaftlich handeln zu können, leistet einen wesentlichen Beitrag zur Verwirklichung der Wirtschaftsfreiheiten des EG-Vertrages.

[31] Grundlegend zum Institut des transnationalen Verwaltungsakts *Neßler* Europäisches Richtlinienrecht wandelt deutsches Verwaltungsrecht, 1994, 5ff.

[32] RL 89/48/EWG, ABl 1989 Nr L 19, 16.

[33] RL 76/135/EWG, ABl 1976 Nr L 21, 10.

[34] Vgl beispielsweise RL 87/540/EWG, ABl 1987 Nr L 1322, 20 und RL 87/404/EWG, ABl 1987 Nr L 220, 48.

[35] RL 90/220/EWG, ABl 1990 Nr 117, 15.

[36] RL 85/611/EWG, ABl 1985 Nr L 365, 3.

[37] RL 92/49/EWG, ABl 1992 Nr L 228, 1.

[38] S dazu das „Weißbuch zum Binnenmarkt" der Kommission KOM (85) 310 endg v 14.6.1985 Rn 58, 77. Dieser Gedanke ist auch die Kernthese der sog „Cassis-Rechtsprechung" des EuGH seit EuGH Slg 1979, 649, 664. Zu den Fehlerfolgen transnationaler Verwaltungsakte und zu der Frage der Verwerfungskompetenz vgl *Neßler* (Fn 30) 865ff.

[39] Denn wenn alle Rechtsordnungen der Mitgliedstaaten für die Rechtmäßigkeit von Belang wären, wäre keine einheitliche, gemeinschaftsweit gültige Verwaltungsentscheidung denkbar; eine solche will das Institut des transnationalen Verwaltungsakts aber gerade schaffen, vgl hierzu *Steindorff* ZHR 150 (1986) 687, 689 und *Neßler* (Fn 30) 864.

[40] *Neßler* (Fn 31) 32.

[41] Das betont der EuGH in seinen Urteilen zur gegenseitigen Anerkennung von Verwaltungsakten immer wieder: vgl EuGH Slg 1981, 3305, 3325f; 1986, 419, 436. In den Fällen, in denen kein vergleichbarer Regelungs- und Verwaltungsstandard gegeben ist, wird regelmäßig so verfahren, daß ein Rechtsgebiet durch eine Koordinierungsrichtlinie erst inhaltlich angeglichen wird, bevor später eine Anerkennungsrichtlinie erlassen wird.

II. Die einzelnen Merkmale der Definition des Verwaltungsakts

1. Die Maßnahme

Die in § 35 S 1 VwVfG und ebenso in § 118 S 1 AO, § 31 S 1 SGB X enthaltene Formulierung „Verwaltungsakt ist jede Verfügung, Entscheidung oder andere Maßnahme" läßt erkennen, daß die Begriffe Verfügung und Entscheidung nur als Beispiele zur Erläuterung des Oberbegriffs *Maßnahme* aufgeführt werden. Maßnahme ist jedes zweckgerichtete Verhalten, welches Menschen oder juristischen Personen bzw deren Untergliederungen zurechenbar ist.[42] Als Maßnahme ist also in Übereinstimmung mit § 37 Abs 2 S 1 VwVfG auch jedes Verhalten zu verstehen, welches nicht durch Worte, sondern durch Zeichen, Körperbewegung ua Mittel (konkludent) etwas zum Ausdruck bringen soll.[43] **11**

Vielfach ergehen heute Entscheidungen der Verwaltung unter Verwendung von Maschinen.[44] Die Steuerung des Verkehrs durch eine Verkehrsampel und der vom Computer gefertigte Steuerbescheid sind nur zwei Beispiele aus der täglichen Verwaltungspraxis. Zunächst wurden allerdings Zweifel daran geäußert, ob es sich auch bei diesen Vorgängen *automatisierter Verwaltung* um Maßnahmen iSd Definition des Verwaltungsakts handele.[45] Es ist indes zu beachten, daß die von einer EDV-Anlage ermittelte Entscheidung immer durch das von Menschen eingegebene Programm bestimmt ist. Vor allem aber wird mit Recht darauf hingewiesen, daß auch diese „Verwaltungsfabrikate"[46] der Verwaltung zuzurechnen sind.[47] Aus diesem Grunde handelt es sich auch bei solchen von Maschinen gefertigten „Verwaltungsfabrikaten" um Maßnahmen iSd Verwaltungsaktsdefinition.[48] Davon, daß solche Maßnahmen Verwaltungsakte sein können, gehen auch die Regelungen der §§ 28 Abs 2 Nr 4, 37 Abs 4 und 39 Abs 2 Nr 3 VwVfG[49] aus, wo von Verwaltungsakten die Rede ist, die „mit Hilfe automatischer Einrichtungen erlassen" werden. **12**

[42] Zust *Löwer* JuS 1980, 805, 807f; zu eng *Wolff/Bachof* VwR I, § 46 IV; *H. Meyer* in: Meyer/Borgs, VwVfG, § 35 Rn 23.

[43] Zum Erlaß von Verwaltungsakten durch Duldung vgl *Randelzhofer/Wilke* Die Duldung als Form flexiblen Verwaltungshandelns, 1981, 37f, 40f.

[44] Vgl dazu auch § 38 Rn 7f sowie *Polomski* Der automatisierte Verwaltungsakt, 1993, 88ff; *Ehlers* Jura 1991, 337ff.

[45] *Zeidler* Über die Technisierung der Verwaltung, 1959, 15ff, 18.

[46] So etwa der Ausdruck von *Zeidler* (Fn 45) 18.

[47] Vgl *Bull* Verwaltung durch Maschinen, 2. Aufl 1964, 67, 82; *Müller-Heidelberg* DVBl 1961, 12; *Polomski* (Fn 44) 88ff.

[48] So die heute wohl ganz üM. Vgl etwa u § 38 Rn 7; *Ehlers* (Fn 44) 340ff; *Luhmann* Recht und Automation in der öffentlichen Verwaltung, 1966, 32; *v d Groeben/Knack* Allgemeines Verwaltungsgesetz für das Land Schleswig-Holstein, 1968, § 108 Rn 3. 3; *Kuhn* Landesverwaltungsgesetz Schleswig-Holstein, 1968, § 108 Anm 10; *Bull* (Fn 47) 62, 73; *v Mutius* VerwArch 67 (1976) 116; BGH NJW 1987, 1945; OVG NW DÖV 1974, 599ff. Vgl dazu auch BVerwGE 45, 189, 190f (maschinell erstellter Einberufungsbescheid).

[49] Vgl auch §§ 119 Abs 4 und 121 Abs 2 Nr 3 AO; §§ 33 Abs 4, 35 Abs 2 Nr 3 SGB X.

2. Die Behörde

Die Maßnahme muß nach § 35 S 1 VwVfG von einer Behörde[50] getroffen worden sein.

13 a) Der Begriff „Behörde“ wird in den Gesetzen sehr häufig, gelegentlich auch unzutreffend[51] verwandt. Insbesondere spricht auch das Grundgesetz mehrfach von „Behörden“.[52] Begriffsidentität bedeutet hier indes nicht Bedeutungsgleichheit, sondern es werden im Schrifttum mehrere Behördenbegriffe unterschieden.[53] § 1 Abs 4 VwVfG des Bundes und die im Zusammenhang damit erlassenen entsprechenden Regelungen der Verwaltungsverfahrensgesetze der Länder definieren Behörde „im Sinne dieses Gesetzes“, also im Hinblick auf das Verwaltungsverfahren, als „jede Stelle, die Aufgaben der öffentlichen Verwaltung wahrnimmt“.[54] Diese weite Formulierung wurde gewählt, weil man sich vom organisationsrechtlichen Behördenbegriff abheben wollte.[55] Die Legaldefinition der VwVfGe des Bundes und der Länder zielt vielmehr auf den Behördenbegriff der VwGO, verfehlt ihn indes mit ihrem Wortlaut – anders als § 3 SHLVwG – erheblich.

14 „Stelle“ iSd VwVfGe des Bundes und der Länder ist nicht der Träger öffentlicher Verwaltung selbst. Wie *Hans J. Wolff* betont hat, sind juristische Personen keine Behörden, sie „haben“ vielmehr eine oder mehrere.[56] „Stelle“ ist eine überindividuell organisierte und damit vom Wechsel der sie innehabenden Personen unabhängige Organisationseinheit. Jedoch ist nicht jede „Stelle“ auch schon Behörde. Behörden müssen vielmehr von unselbständigen Hilfsorganen – etwa bestimmten Ausschüssen[57] – oder Behördenteilen abgegrenzt werden. Daher können – wie es präziser in der Definition des § 3 Abs 2 SHLVwG heißt – nur „organisatorisch selbständige Stellen“ von Trägern öffentlicher Verwaltung, dh Organe, Behörden iSd VwVfGe des Bundes und der Länder sein. Die „Stelle“ im Sinne der Behördendefinition des Verwaltungsverfahrensrechts muß damit eine durch Rechtssätze des öffentlichen Organisationsrechts festgelegte Zuständigkeit zur

[50] Zum Begriff der Behörde vgl auch u § 35 Rn 1ff und § 52 Rn 31 sowie *Borgs* in: Meyer/Borgs, VwVfG, § 1 Rn 21ff.

[51] Vgl etwa § 7 Abs 2 NWOBG.

[52] Vgl etwa Art 84, 85, 86, 87, 87 b GG. Weitere Nachw bei *Wolff/Bachof* VwR II, § 76 I a.

[53] Vgl dazu u § 52 Rn 31.

[54] So auch § 1 Abs 2 SGB X. Ebenso oder ähnl OVG NW NJW 1972, 2241; *Ule* VwPrR, Anh zu § 32 S 145; *Eyermann/Fröhler* VwGO, 9. Aufl 1988 § 42 Rn 111; *Finkelnburg/Lässig* VwVfG, 1979 § 1 Rn 94f; *Redeker/v Oertzen* VwGO, § 42 Rn 64. Vgl auch schon § 25 Abs 2 MRVO Nr 165: „Verwaltungsbehörde iS dieser Verordnung ist jede mit Aufgaben der öffentlichen Verwaltung im Geltungsbereich dieser Verordnung betraute deutsche Stelle, ohne Rücksicht auf ihre Rangstufe oder Besetzung, jedoch mit Ausnahme der Gerichte und der Amtsstellen der Religionsgesellschaften“.

[55] Vgl Begründung zum Regierungsentwurf, BT-Drucks 7/910, 32f.

[56] *Wolff/Bachof* (Fn 52) § 76 Id 5.

[57] Vgl dazu *Wolff/Bachof* (Fn 52) § 76 Id 7; vgl zur Behördeneigenschaft von Ausschüssen auch *Finkelnburg/Lässig* (Fn 54) § 1 Rn 87f sowie BVerwGE 70, 4, 11; OVG NW OVGE 18, 194f; 22, 267, 269 zur Behördeneigenschaft von Prüfungsausschüssen und OVG NW DVBl 1987, 100, 102; OVG Lüneburg DÖV 1986, 210, 211 sowie BayVGH BayVBl 1981, 209, 211 zur Behördeneigenschaft von Untersuchungsausschüssen.

selbständigen, wenn auch transitorischen Wahrnehmung der ihr übertragenen Aufgaben besitzen.[58] Erforderlich ist weiter, daß der „Stelle" die Zuständigkeit für eine nach außen wirkende Verwaltungstätigkeit zugewiesen ist.[59] Als „Stelle" iSd § 1 Abs 4 VwVfG des Bundes und der entsprechenden Regelungen der VwVfGe der Länder ist mithin eine durch Rechtssätze des öffentlichen Organisationsrechts geschaffene, überindividuelle, mit Wahrnehmungszuständigkeiten für das Außenverhältnis ausgestattete Organisationsgliederung eines Trägers öffentlicher Verwaltung zu verstehen.[60]

„Öffentliche Verwaltung" ist in § 1 Abs 4 VwVfG des Bundes und den entsprechenden Regelungen in den VwVfGen der Länder im materiellen Sinne gemeint;[61] es geht also um solche Aufgaben, deren Erfüllung ein Verhalten verlangt, welches seinem Inhalt nach öffentliche Verwaltung darstellt. Entsprechend der ausdrücklichen Regelung in § 3 Abs 2 SHLVwG handelt es sich bei einer Organisationsgliederung nur dann um eine Behörde, wenn sie Aufgaben öffentlicher Verwaltung zwar nicht nur, jedoch zumindest auch nach Maßgabe öffentlichen Rechts wahrnimmt.[62] **15**

Behörde iSd Verwaltungsaktsdefinition der VwVfGe des Bundes und der Länder ist demnach jede Organisationseinheit eines Trägers öffentlicher Verwaltung, die aufgrund von Rechtssätzen des öffentlichen Organisationsrechts als solche nach außen in Erscheinung tritt und Aufgaben der öffentlichen Verwaltung zumindest auch nach Maßgabe öffentlichen Rechts wahrnimmt.[63] **16**

Es werden damit also nicht nur Gliederungen der Verwaltung im organisatorischen Sinne[64] erfaßt, sondern auch solche aus dem Bereich von Gesetzgebung und Rechtsprechung im organisatorischen Sinne. Dementsprechend ist der Präsident des Oberlandesgerichts Behörde, wenn er gemäß § 10 Abs 2 EheG Befreiung von der Pflicht zur Vorlage eines Ehefähigkeitszeugnisses erteilt, ist der Präsident des Bundestages Behörde, wenn er anordnet, einen Zwischenrufer von der Galerie zu entfernen, und wird etwa der Gemeinderat als Behörde angesehen, wenn er den Leiter des Rechnungsprüfungsamtes bestellt bzw abberuft (§§ 109 Abs 1, 4 BaWüGO, 104 Abs 3 BayGO, 118 Abs 2 NdsGO, 104 Abs 2 NWGO, 115 Abs 2 SHGO).[65] **17**

b) *Behördenfunktionen* iSd Definition des Verwaltungsakts können auch von natürlichen Personen oder juristischen Personen des Privatrechts im eigenen oder **18**

[58] Vgl auch *Kuhn* (Fn 48) § 3 Anm 5; *Kopp* VwVfG, § 1 Rn 20; *Borgs* (Fn 50) § 1 Rn 29; *Ule/Laubinger* VwVfR, § 9 Rn 5.

[59] Vgl auch *Wolff/Bachof/Stober* VwR I, § 45 Rn 20; *Ule/Laubinger* (Fn 58) § 9 Rn 6; *Klappstein* in: Knack, VwVfG, § 1 Rn 8.1.; aA *Borgs* (Fn 50) § 1 Rn 30.

[60] Vgl auch die Behördendefinition in BVerfGE 10, 20, 48.

[61] Vgl dazu o § 1 Rn 5 ff.

[62] Vgl auch *Kopp* (Fn 58) § 1 Rn 21; *Ule/Laubinger* (Fn 58) § 9 Rn 6; aA *Stelkens* in: Stelkens/Bonk/Sachs, VwVfG, § 1 Rn 134.

[63] Vgl etwa *Wolff/Bachof/Stober* (Fn 59) § 45 Rn 20.

[64] Vgl dazu o § 1 Rn 4.

[65] Vgl *Rauball* in: Rauball/Pappermann/Roters, Gemeindeordnung für NW, 3. Aufl 1981, § 27 GO NW Rn 14; OVG NW OVGE 19, 62, 63; 29, 83, 85 f; 30, 222, 223 f.

auch im fremden Namen[66] wahrgenommen werden, soweit sie durch Gesetz oder aufgrund eines Gesetzes in den Funktionsbereich des Staates oder seiner rechtsfähigen Untergliederungen einbezogen und mit einer Rechtsstellung ausgestattet sind, die sie in die Lage versetzt, Hoheitsgewalt gegenüber Dritten auszuüben. Man spricht dann von *Beleihung*.[67] Die Beliehenen sind Behörden iSd VwVfGe.[68] Soweit sie Zurechnungsendsubjekte der von ihnen ausgeübten Verwaltungstätigkeit sind, haben sie auch den Status eines Trägers öffentlicher Verwaltung; anderenfalls sind sie jenem Träger öffentlicher Verwaltung zugeordnet, dessen Hoheitsgewalt sie ausüben. Insoweit kann etwa kirchlichen Stellen,[69] auf deren Tätigkeit gemäß § 2 Abs 1 VwVfGe dieselben allerdings keine Anwendung finden, Behördeneigenschaft zukommen und erläßt der Sachverständige des TÜV mit Zuteilung der Prüfplakette nach § 29 StVZO einen Verwaltungsakt.[70]

19 c) Kein Verwaltungsakt ist die der Verwaltung nicht zurechenbare *Handlung eines Unbefugten*.[71] Bei solcher Betätigung, wie etwa der des „Hauptmanns von Köpenick", handelt es sich um strafbare Amtsanmaßung (§ 132 StGB), die verwaltungsrechtlich grundsätzlich[72] irrelevant ist, es sei denn, die Verwaltung selbst habe den Schein rechtmäßiger Amtsausübung erweckt. Letzteres bestimmt etwa die Beurteilung von Amtshandlungen des Scheinbeamten: Bei nichtiger oder zurückgenommener Ernennung sind die Amtshandlungen des Ernannten in gleicher Weise gültig, wie wenn sie ein Beamter vorgenommen hätte (§ 14 BBG).

3. Die Gebietsklausel

Die Maßnahme einer Behörde kann nach § 35 S 1 VwVfG nur dann ein Verwaltungsakt sein, wenn sie „auf dem Gebiet des öffentlichen Rechts" getroffen wird.

20 Die Rechtsordnung legt gelegentlich fest, daß durch Maßnahmen der Behörden, die sie zur Erfüllung von Aufgaben öffentlicher Verwaltung treffen, privatrechtliche Beziehungen begründet werden. Hinzuweisen ist in diesem Zusammenhang

[66] Vgl etwa *Steiner* Öffentliche Verwaltung durch Private, 1975, 222 ff.

[67] Im einzelnen ist hier vieles streitig. Vgl zu diesen Fragen: *Finkelnburg/Lässig* (Fn 54) § 1 Rn 97 f; *Steiner* (Fn 66); *Ossenbühl* und *Gallwas* VVDStRL 29 (1971) 137 ff, 211 ff; *W. Martens* Öffentlich als Rechtsbegriff, 1969, 133 ff; *v Mutius* VerwArch 62 (1971) 291, 300 und 64 (1973) 433 ff; *H. P. Ipsen* FS Maunz, 1981, 145, 153 ff; *Wolff/Bachof* (Fn 42) § 4 I a 2, § 48 II b, § 64 II g 3; BVerwGE 29, 166, 169 f; OVG NW NJW 1980, 1406 ff; BVerwGE 61, 222; auch schon *O. Mayer* VwR II, 95. Beispiele bei *Michaelis* Der Beliehene, 1969, 90 f und *Wolff/Bachof/Stober* VwR II, § 104 Rn 2.

[68] Vgl *Kopp* (Fn 58) § 1 Rn 25; *Borgs* (Fn 50) § 1 Rn 25; *Stelkens* (Fn 62) § 1 Rn 135; *Stuible-Treder* Der Beliehene im Verwaltungsrecht, 1986, 110 f. Davon gehen auch BVerwG BayVBl 1989, 247 und OVG NW NJW 1980, 1406 aus.

[69] Nur soweit sie vom Staat verliehene Befugnisse ausüben. Vgl dazu *Erichsen* StR u VerfGbkt II, 128 f.

[70] Vgl VG Münster NJW 1967, 171, 172; BayVGH DÖV 1975, 210 f; VG München BayVBl 1984, 410, 411 f; *Borchert* JuS 1974, 723, 726; offengelassen in *Götz/Lukes* Zur Rechtsstruktur der Technischen Überwachungs-Vereine, 2. Aufl 1980, 30 ff.

[71] Vgl *Wolff/Bachof* (Fn 42) § 51 II a.

[72] Ausnahme: § 11 Abs 2 EheG. Vgl auch OVG NW DVBl 1977, 257 und dazu *Krebs* (Fn 11) 285 ff.

etwa auf das den Gemeinden in § 24 BauGB eingeräumte Vorkaufsrecht beim Verkauf von Grundstücken.[73] Übt die Gemeinde ihr Vorkaufsrecht durch entsprechende Erklärung aus, so kommt gemäß § 28 Abs 2 S 2 BauGB iVm § 505 Abs 2 BGB ein Kaufvertrag zwischen ihr und dem Verkäufer über das betroffene Grundstück zustande.[74] Dieser Kaufvertrag unterliegt der Regelung von Rechtsnormen, deren Zuordnungssubjekt jedermann sein kann, also des Privatrechts. Wirkung und Erfolg der Maßnahme treten mithin auf dem Gebiet des Privatrechts ein. Daraus folgt jedoch nicht, daß die Ausübung eines der Gemeinde in § 24 BauGB eingeräumten Vorkaufsrechtes kein Verwaltungsakt sein kann, denn die Gebietsklausel der Definition stellt nicht darauf ab, in welchem Bereich der Erfolg eintritt, sondern nach Maßgabe welcher Norm die Behörde gehandelt hat.[75] Da die Vorschrift des § 24 BauGB ausschließlich die Gemeinde und damit eine Untergliederung des Staates berechtigt, handelt es sich bei ihr um öffentliches Recht.[76] Allerdings kann auch auf der Grundlage einer öffentlich-rechtlichen Aufgabenzuweisung privatrechtlich gehandelt werden, solange das Recht nicht Gegenteiliges festlegt. Das ist hier durch § 28 Abs 2 S 1 BauGB geschehen, der die Erklärung über die Ausübung des gemeindlichen Vorkaufsrechts als Verwaltungsakt qualifiziert.[77]

Jene Verwaltungsakte, die, wie die Erklärung über die Ausübung des gemeindlichen Vorkaufsrechts, auf die Gestaltung privatrechtlicher Beziehungen gerichtet sind, werden als *privatrechtsgestaltende Verwaltungsakte* bezeichnet.[78] Zu ihnen gehören insbesondere auch die nach vielen öffentlich-rechtlichen Regelungen erforderlichen Genehmigungen privatrechtlicher Rechtsgeschäfte. Hinzuweisen ist etwa auf die Grundstücksverkehrsgenehmigung nach § 2 GrdstVG, auf die Zustimmung des Arbeitsamtes zu Massenentlassungen nach § 18 KündigungsschutzG, auf die Zustimmung der Hauptfürsorgestelle zur Kündigung eines Schwerbehinderten nach § 18 SchwerbehindertenG[79] und auf die Genehmigung einer Stiftung nach § 80 BGB.[80] Die erforderliche Genehmigung wird als Rechtsbedingung qualifiziert.[81] **21**

[73] Zum Vorkaufsrecht nach § 11 RHeimstG vgl *Erichsen* VwR u VwGbkt I, 15 ff.

[74] Wie dieser Kaufvertrag zustande kommt, ist fraglich. Vgl dazu *Dyong/Stock* in: Ernst/Zinkahn/Bielenberg, BauGB, Stand Juni 1996, § 28 Rn 5 f; BGH MDR 1963, 303 und BGHZ 32, 375, 377; vgl dazu auch OVG NW OVGE 23, 280 f; *Lemmel* in: Schlichter/Stich, Berliner Kommentar zum Baugesetzbuch, 2. Aufl 1995, § 28 Rn 10.

[75] Vgl dazu *Ehlers* Verwaltung in Privatrechtsform, 1984, 433 f; *Wilke* JuS 1966, 481 ff u *dens* JZ 1968, 221 ff.

[76] So auch BGHZ 60, 275, 283. In dieser vor Inkrafttreten der gesetzgeberischen Qualifikation der Ausübung des Vorkaufsrechts – § 24 Abs 4 S 1 BBauG, jetzt § 28 Abs 2 S 1 BauGB – ergangenen Entscheidung kommt der BGH allerdings dann doch zu dem Ergebnis, es handle sich nicht um einen Verwaltungsakt.

[77] Zu den damit verbundenen Problemen des Rechtsschutzes vgl *Krautzberger* in: Battis/Krautzberger/Löhr, BauGB, 5. Aufl 1996 § 28 Rn 20 f

[78] Vgl *Krebs* in: Schmidt-Aßmann, Bes VwR, 4. Abschn Rn 155; *Lutz Schmidt* Unmittelbare Privatrechtsgestaltung durch Verwaltungsakt, 1975 mit umfangreichem Beispielsmaterial.

[79] BVerwGE 91, 7, 9 f.

[80] BVerwG DVBl 1970, 179, 180. Weiteres Beispiel OVG Rh-Pf DÖD 1984, 151 f.

[81] Vgl *Erman/Battes* BGB, 1. Bd, 9. Aufl 1993 Bem vor §§ 275–292 Rn 19. Des weiteren dazu *Humpert* Genehmigungsvorbehalte im Kommunalverfassungsrecht, 1990, 4 und

22 § 35 S 1 VwVfG verlangt, daß es sich um *hoheitliche* Maßnahmen auf dem Gebiet des öffentlichen Rechts handeln muß. Hoheitliches Verhalten kann immer nur öffentlich-rechtlich erfolgen. Andererseits wird man aus der Verwendung beider Begriffe in § 35 S 1 VwVfG zu entnehmen haben, daß nicht jedes öffentlich-rechtliche Verhalten auch hoheitlich im Sinne dieser Vorschrift ist. Das Merkmal hoheitlich findet vielmehr seine Erklärung in dem überkommenen Befund, daß der Verwaltungsakt das Mittel zur *einseitigen* Regelung von Sachverhalten ist.[82] Verwaltungsakte sind also jene Maßnahmen einer Behörde, die *einseitig nach Maßgabe öffentlichen Rechts* ergehen.

23 Häufig ist die Behörde nur dann zum Erlaß eines fehlerfreien Verwaltungsakts in der Lage, wenn eine kraft Gesetzes oder nach der Natur der Sache erforderliche Beteiligung des Bürgers[83] gegeben ist. Solche als *mitwirkungsbedürftig* bezeichneten Verwaltungsakte sind die meisten begünstigenden Verwaltungsakte wie zB Beamtenernennung, Einbürgerung, Bauerlaubnis und sonstige Gewährungen. Mitwirkungsbedürftig ist aber zB auch die an die Zustimmung des Eigentümers gebundene straßenrechtliche Widmung.[84] Die Mitwirkungshandlung (Antrag, Zustimmung) stellt sich als verwaltungsrechtliche Willenserklärung[85] dar. Da der Geltungsgrund für die gesetzte Rechtsfolge auch bei dem mitwirkungsbedürftigen Verwaltungsakt ausschließlich in dem behördlichen Ausspruch und nicht etwa auch in der Mitwirkungshandlung des Bürgers besteht, liegt insoweit kein Widerspruch zu dem Merkmal der hoheitlichen und damit einseitigen Regelung vor. Die rechtsdogmatisch vor allem interessierende Frage nach den Folgen für den trotz fehlender oder fehlerhafter Mitwirkung erlassenen Verwaltungsakt wird an späterer Stelle erörtert werden.[86]

Otto Mayer nannte den mitwirkungsbedürftigen Verwaltungsakt „Verwaltungsakt auf Unterwerfung".[87] Das Bundesverwaltungsgericht spricht in Anlehnung an *Hans J. Wolff*[88] dann von einem Verwaltungsakt auf Unterwerfung, wenn ein „Verwaltungsakt von der Übernahme einer Verpflichtung abhängt, die ihn überhaupt erst wirksam macht".[89] Eine derartige Verpflichtung darf dem Adressaten

189f; *Kieckebusch* VerwArch 57 (1966) 17 und 162ff; *O. Lange* AcP 152 (1952/53) 241ff sowie RGZ 168, 261, 267; 129, 357, 376.

82 So auch *Wallerath* Allg VwR, § 7 I 1; *Hill* DVBl 1989, 321ff. Das Kriterium der Einseitigkeit wird unterschiedlich hergeleitet, vgl etwa *H. Meyer* (Fn 50) § 35 Rn 41 und *Maurer* (Fn 18) § 9 Rn 25. Das Merkmal der Regelung, dem vielfach das Kriterium der Einseitigkeit zugeordnet wird – vgl etwa *Wolff/Bachof/Stober* (Fn 59) § 45 Rn 43, 44 –, ist insoweit nicht aussagekräftig, da sich eine Regelung auch einvernehmlich – etwa durch Vertrag – herbeiführen läßt. Bedenken gegen das Kriterium der Einseitigkeit bei *J. Martens* (Fn 14) 324, 325.

83 Bei der Beteiligung einer zweiten Behörde am Erlaß des Verwaltungsakts spricht man vom mehrstufigen Verwaltungsakt; vgl dazu Rn 44.

84 § 2 Abs 2 BFStrG und die entspr Bestimmungen der Landesstraßengesetze.

85 Vgl dazu § 22.

86 U § 36 Rn 8.

87 *O. Mayer* VwR I, 98; VwR II, 151.

88 *Wolff/Bachof/Stober* (Fn 59) § 46 Rn 51.

89 BVerwG DVBl 1969, 665; vgl auch BVerwG DVBl 1983, 810, 812; OVG Lüneburg NVwZ 1988, 450; *Weides* JuS 1985, 364, 368f.

jedoch nicht auferlegt werden, um damit den Vorbehalt des Gesetzes zu umgehen.[90] Deshalb rechtfertigt die Unterwerfungserklärung des Empfängers einer Subvention für den Fall der zweckwidrigen Verwendung einer Zuwendung nicht die Geltendmachung eines öffentl-rechtl Erstattungsanspruchs durch Leistungsbescheid.[91]

4. Die Regelung

Um einen Verwaltungsakt handelt es sich nur, wenn die Maßnahme zur Regelung eines Einzelfalles ergeht. Der Begriff „Regelung" ist mehrdeutig. Er bezeichnet zum einen das Verfahren, zum anderen die in dem Verfahren gewonnene Entscheidung. Da der Verwaltungsakt den Abschluß des auf seinen Erlaß gerichteten Verfahrens darstellt, kann im Rahmen der Legaldefinition des § 35 S 1 VwVfG mit Regelung jedoch nicht mehr das Verfahren, sondern nur noch das Endprodukt, dh die getroffene Entscheidung, gemeint sein.[92] **24**

Regelung kann in einem Rechtsstaat nur die rechtliche Regelung sein. Das Vorliegen einer *rechtlichen* Regelung wurde früher für Maßnahmen im sog besonderen Gewaltverhältnis,[93] wozu etwa das Strafvollzugsverhältnis, das Wehrdienstverhältnis, das Beamtenverhältnis und das Schulverhältnis gerechnet wurden, überwiegend in Abrede gestellt. Auch sie ergehen indes – wie alle Maßnahmen der vollziehenden Gewalt – in Ausübung rechtlich organisierter und übertragener Gewalt sowie nach Maßgabe der über Art 1 Abs 3 GG bestehenden Bindung an die Grundrechte.[94] Das gilt auch für Gnadenentscheidungen,[95] bei denen es sich – da sie die übrigen Voraussetzungen, von denen das Vorliegen eines Verwaltungsakts abhängt, erfüllen – um Verwaltungsakte handelt.[96] **25**

Eine Verfügung, Entscheidung oder andere Maßnahme hat dann Regelungscharakter, wenn sie nach ihrem Erklärungsgehalt darauf gerichtet ist, eine Rechtsfolge zu setzen.[97] Der Verwaltungsakt gehört daher in die Kategorie der verwaltungsrechtlichen Willenserklärungen.[98] Die Verfügung, Entscheidung oder sonstige Maßnahme muß, um die griffige Formel *Otto Mayers* aufzunehmen, darauf ge- **26**

[90] *Erichsen* VerwArch 61 (1970) 174ff; *Renck* JuS 1971, 77ff in Auseinandersetzung mit BVerwG DVBl 1969, 665; *Kirchhof* DVBl 1985, 651, 654; *H. Meyer* (Fn 50) § 36 Rn 33.

[91] Dazu auch u § 29 Rn 31.

[92] Vgl auch *Stelkens* (Fn 62) § 35 Rn 78.

[93] Dazu *Erichsen* FS Wolff, 1973, 219, 238f; *Paetzold* DVBl 1974, 454ff.

[94] *Lorenz* Der Rechtsschutz des Bürgers und die Rechtsweggarantie, 1973, 29ff.

[95] Dazu im einzelnen *Erichsen* StR u VerfGbkt I, 98 ff mwN; vgl auch BayVerfGH BayVBl 1979, 114. AA BVerwG DVBl 1982, 1147, 1148f.

[96] So auch *Achterberg* (Fn 18) § 21 Rn 54; *Trautmann* MDR 1971, 173, 176f; *Baltes* DVBl 1972, 562, 563; *Redeker/v Oertzen* (Fn 54) § 42 Rn 60; *Wolff/Bachof/Stober* (Fn 59) § 45 Rn 39; aA etwa *Ule* VwPrR, Anh zu § 32 VII 3; *Schätzler* Handbuch des Gnadenrechts, 2. Aufl 1992, 122.

[97] Zur Abgrenzung gegenüber Realakten vgl etwa BVerwGE 77, 268, 271ff.

[98] So auch *Krause* (Fn 3) 92 mwN in Fn 211; *J. Martens* DÖV 1987, 992, 995; aA *Rüping* Verwaltungswille und Verwaltungsakt, 1986, 18ff; *Forsthoff* VwR, 205ff, sieht den Verwaltungsakt zwar als Erklärung, nicht aber als Willenserklärung an.

richtet sein, gegenüber dem einzelnen festzulegen, „was für ihn Rechtens sein soll".[99] Ob eine Maßnahme diesen Inhalt hat, kann im Einzelfall zweifelhaft sein; ihr Entscheidungsgehalt ist ggf durch Auslegung der Erklärung zu bestimmen.[100]

27 Entsprechend dem möglichen Regelungsinhalt läßt sich zwischen befehlenden, gestaltenden und feststellenden Verwaltungsakten unterscheiden. Befehlende Verwaltungsakte (Verfügungen) ge- oder verbieten ein bestimmtes Tun, Dulden oder Unterlassen; nur sie sind vollstreckungsfähig und ggf vollstreckungsbedürftig. Gestaltende Verwaltungsakte sind ausschließlich auf die Begründung, Änderung oder Aufhebung eines Rechtsverhältnisses gerichtet. Bezieht sich ein Verwaltungsakt auf ein Rechtsverhältnis des privaten Rechts, handelt es sich um einen privatrechtsgestaltenden Verwaltungsakt.[101]

28 Ist eine Maßnahme einer Verwaltungsbehörde auf Feststellung einer bestimmten, rechtlich erheblichen Eigenschaft einer Person oder Sache, wie zB der Staatsbürgerschaft[102], des Wahlrechts, des Wohnsitzes oder des Einheitswertes eines Grundstücks gerichtet, so stellt sich die Frage, ob insoweit eine Regelung und damit ein Verwaltungsakt vorliegen kann. Das BVerwG hat gelegentlich vom „deklaratorisch feststellenden Verwaltungsakt"[103] gesprochen. Ob indessen eine bloße Feststellung dessen, was ist, als Regelung angesehen und eine entsprechende Maßnahme der Verwaltung als *feststellender Verwaltungsakt* angesehen werden kann, ist zweifelhaft.[104] Andererseits geht die VwGO in § 113 Abs 2 davon aus, daß es den feststellenden Verwaltungsakt gibt. Man muß sich in diesem Zusammenhang vergegenwärtigen, daß die Anwendung eines Rechtssatzes auf einen konkreten Sachverhalt kein mechanistischer Prozeß ist, bei dem der Rechtsanwender „en quelque fâçon nul" ist, sondern daß hier ein – nunmehr auch verfahrensrechtlich geordneter – Nachvollzug einer normativen Interessenbewertung erfolgt, die in der Regel allgemein, dh generell und abstrakt formuliert und damit mit einem gewissen Maß an Offenheit und Unbestimmtheit[105] verbunden ist. Doch liegen die Probleme der Rechtsanwendung nicht nur im Bereich des Normativen, der Auslegung, sie sind auch mit der für die Sachverhaltsermittlung notwendigen Tatsachenfeststellung verbunden. Das Recht gilt in gewissem Umfange nach Maßgabe der Entscheidung, die in dem für seine Anwendung vorgeschriebenen Verfahren von den dazu Berufenen getroffen wird.[106] Ist eine Erklärung der Verwaltung darauf gerichtet, die im Verhältnis von Staat und Bürger bestehenden Unsicherheiten zu beseitigen,

99 *O. Mayer* VwR I, 95ff.

100 Vgl etwa VGH BW BWVP 1984, 201f; HessVGH DVBl 1984, 794, 795 und u § 38 Rn 17.

101 Vgl o Rn 21.

102 Vgl BVerwGE 41, 277ff.

103 BVerwGE 14, 151, 152; 34, 353, 354. Vgl auch VGH BW NVwZ 1983, 100.

104 Vgl *Hoffmann-Becking* DÖV 1972, 196, 198.

105 Vgl dazu o § 10.

106 Vgl dazu *Hart* Der Begriff des Rechts, 1973, 196; *Erichsen* VerwArch 63 (1972) 337, 344; *dens* DVBl 1985, 22ff; *Hoffmann-Riem* Staat 10 (1974) 335, 347f; *Schnapp* Zuständigkeitsverteilung zwischen Kreis und kreisangehörigen Gemeinden, 1973, 28; *J. Martens* AöR 89 (1964) 429, 432f; *dens* ZZP 79 (1966) 404, 411ff; *W. Schmidt* Gesetzesvollziehung durch Rechtsetzung, 1969, 119f, 142; *Ossenbühl* DVBl 1974, 309f; *Appel/Melchinger* VerwArch 84 (1993) 349, 360ff.

indem sie die generelle und abstrakte Regelung des Gesetzes verbindlich konkretisiert und/oder individualisiert, so legt die Verwaltung fest, was im Einzelfall rechtens sein soll, und trifft damit eine Regelung.[107] Die Regelung liegt also beim feststellenden Verwaltungsakt – wie auch beim sog gestaltenden Verwaltungsakt[108] – in der Festlegung dessen, was im Einzelfall rechtens sein soll.[109]

Nach Ansicht des OVG NW hängt der Regelungscharakter einer behördlichen Maßnahme weiterhin davon ab, daß sie Wirksamkeit entfalten, in Bestandskraft erwachsen und als vollstreckbarer Titel fungieren kann.[110] Da dem Verlangen eines parlamentarischen Untersuchungsausschusses auf Herausgabe von Beweismitteln gemäß Art 44 Abs 2 S 1 GG iVm § 95 StPO diese Wirkungen nicht zukommen, spricht ihm das Gericht die Regelungs- und damit die Verwaltungsaktseigenschaft ab.[111] Dem ist entgegenzuhalten, daß das Vorliegen einer Regelung zu den tatbestandlichen Voraussetzungen eines Verwaltungsakts gehört, während Wirksamkeit, Bestandskraft und Titelfunktion zu seinen Rechtsfolgen zählen. Deshalb setzt eine Regelung nicht eine bestimmte Form ihrer Durchsetzbarkeit voraus; vielmehr liegt eine Regelung immer dann vor, wenn eine Maßnahme nach ihrem Erklärungsgehalt darauf gerichtet ist, eine Rechtsfolge zu setzen. Da das Herausgabeverlangen schon nach seinem Wortlaut die konkrete Verpflichtung des Adressaten begründet, den bezeichneten Gegenstand herauszugeben,[112] ist sein Regelungscharakter zu bejahen.

Die Frage, was und in welchem Umfang, dh welcher Gegenstand in welcher **29**
Dichte geregelt ist, ist ausgehend vom Erklärungsgehalt des Verwaltungsakts zu beantworten, der im Tenor, ggf unter Berücksichtigung der Begründung, seinen Ausdruck findet. Hierbei ist unerheblich, ob der Behörde durch Rechtsvorschriften der Gegenstand und insoweit der Inhalt der Entscheidung vorgegeben ist oder ob dies – wie vielfach bei Vorbescheiden und Teilgenehmigungen,[113] aber auch

[107] Vgl dazu etwa *Siemer* Normenkontrolle durch Feststellungsklage?, 1971, 38, 43f; *Hoffmann-Becking* (Fn 104) 199; auch *Bettermann* VVDStRL 17 (1959) 118f; *W. Schmidt* (Fn 106) 141f; *Löwenberg* Die Geltendmachung von Geldforderungen im Verwaltungsrecht, 1967, 42f; *J. Martens* (Fn 14) 324; *dens* JuS 1975, 69, 72f; *Appel/Melchinger* (Fn 106) 367f.

[108] *J. Martens* – (Fn 14) 324 – stellt zutr fest, daß „damit der Unterschied zwischen deklaratorischen und konstitutiven Verwaltungsakten im wesentlichen beseitigt ist". Vgl auch *dens* JuS 1975, 69, 76 sowie *Hoffmann-Becking* (Fn 104) 198f.

[109] Vgl auch BVerwGE 58, 37, 38f; VGH BW NVwZ 1983, 100 und die Definition des feststellenden Verwaltungsakts bei *Menger* System des verwaltungsgerichtlichen Rechtsschutzes, 1954, 108f; *Wolff/Bachof/Stober* (Fn 59) § 46 Rn 7 und *Schwerdtfeger* Öffentliches Recht in der Fallbearbeitung, 10. Aufl 1997, Rn 31.

[110] OVG NW NVwZ 1987, 608, 609f und NVwZ 1990, 1083, 1084.

[111] OVG NW NVwZ 1987, 608, 609f und NVwZ 1990, 1083, 1084.

[112] So auch *Ehlers* Verw 31 (1998) 53, 61; aA *Ossenbühl* GS Martens, 1987, 177, 182.

[113] Vgl *Schmidt-Aßmann* in: FG BVerwG, 1978, 569, 575ff; *Ossenbühl* NJW 1980, 1353ff; *v Mutius/Schoch* DVBl 1983, 149ff; *Büdenbender/Mutschler* Bindungs- und Präklusionswirkung von Teilentscheidungen nach BImSchG und AtG, 1979 Rn 11ff; OVG NW NJW 1979, 380f; VGH BW NJW 1979, 2528 = DÖV 1979, 521 und ESVGH 32, 161; VG Koblenz NJW 1980, 1410. Zum Unterschied von Vorbescheid und Teilgenehmigung vgl OVG Lüneburg NVwZ 1987, 342, 343 und u § 38 Rn 25f.

sonst im gestuften Verwaltungsverfahren[114] – nicht der Fall ist. Die Rechtsvorschriften sind Rechtmäßigkeitsmaßstab für den Verwaltungsakt, können aber über den Regelungsinhalt eines erlassenen Verwaltungsakts grundsätzlich nichts aussagen.[115] Ist die Formulierung des Tenors gegebenenfalls auch unter Einbeziehung der Begründung nicht eindeutig, so ist grundsätzlich davon auszugehen, daß die Behörde ihre Entscheidung in erschöpfender Würdigung der im Rahmen ihrer rechtssatzmäßig festgelegten Prüfungs- und Entscheidungskompetenz einschlägigen Aspekte trifft.[116] Dies ist gerade in gestuften Verwaltungsverfahren von erheblicher Bedeutung, da Umfang und Dichte der Regelung Bindungswirkung und Bestandskraft und damit das Ausmaß der Abschichtung und Stabilisierung bestimmen.[117] Die Regelungsdichte ist etwa bei einer gemäß § 8 BImSchG oder § 18 AtVfV erteilten Teilgenehmigung hinsichtlich des endgültig zu beurteilenden Teilkomplexes größer als im Hinblick auf die das Gesamtprojekt betreffenden vorläufigen Erklärungen. Bei den Letztgenannten handelt es sich um „Grundsatzentscheidungen“,[118] und nur insoweit kommt ihnen Regelungsqualität zu.[119]

30 Bei gestuften Verwaltungsverfahren kann es geschehen, daß die Verwaltung, um die Verknüpfung der einzelnen Teilgenehmigungen zu verdeutlichen, *wiederholend* an die Aussagen bereits bestandskräftiger Teilgenehmigungen anknüpft. Diese der Verständlichkeit dienenden Hinweise sollen keine Rechtsfolge setzen; ihnen mangelt es daher an der Regelungsqualität.[120]

31 Ob eine Regelung vorliegt, kann auch zweifelhaft sein, wenn beispielsweise der Antrag des Bürgers auf Erteilung einer Erlaubnis oder Gewährung einer sonstigen Vergünstigung von der Verwaltung abgelehnt wird, er dagegen zunächst nichts unternimmt, jedoch später einen neuen Antrag stellt und die Behörde diesen Antrag erneut ablehnt. Es stellt sich dann die Frage, ob in dieser zweiten Äußerung der Behörde ebenfalls ein Verwaltungsakt liegt. Ob eine auf die Bewirkung einer Rechtsfolge gerichtete Maßnahme vorliegt, ist – wie schon gesagt – durch *Auslegung ihres Entscheidungssatzes festzustellen.*[121] Wenn also etwa der neue Antrag

[114] Vgl *Wahl* DÖV 1975, 373ff.

[115] Vgl auch *Ehlers* (Fn 17) 912.

[116] Vgl auch *Schmidt-Aßmann* (Fn 113) 577f; *Ossenbühl* (Fn 113) 1354; *Wahl* (Fn 114) 375; VG Koblenz NJW 1980, 1410, 1411.

[117] Vgl auch *Breuer* VerwArch 72 (1981) 261, 263; *Wilting* Gestuftes atomrechtliches Genehmigungsverfahren und Bürgerbeteiligung, 1985, 26; *Schenke* DÖV 1990, 489ff.

[118] BVerwG DVBl 1972, 678, 679; DVBl 1993, 734f; BVerwGE 72, 300, 309f; OVG NW DVBl 1978, 854. Zum „Konzeptvorbescheid“ vgl BVerwGE 70, 365, 372f; 72, 300, 303ff und u § 38 Rn 26.

[119] So auch *Schmidt-Aßmann* (Fn 113) 578f; *Ossenbühl* (Fn 113) 1357f; *Weber* DÖV 1980, 397, 398ff; *Breuer* (Fn 117) 263ff; *Rengeling* NVwZ 1982, 217, 219; *v Mutius/Schoch* (Fn 113) 152ff; *Degenhart* Kernenergierecht, 2. Aufl 1982, 62, 67ff; *Wilting* (Fn 117) 28ff; BVerwGE 24, 23, 27; 61, 256, 273ff; VG Koblenz NJW 1980, 1410ff; OVG Lüneburg DVBl 1982, 32. Vgl auch *Büdenbender/Mutschler* (Fn 113) Rn 41, 191ff; *J. Ipsen* AöR 107 (1982) 259, 275ff. Noch zurückhaltender VGH BW DÖV 1979, 521, 523 und ESVGH 32, 161, 169 sowie *Klante* BayVBl 1987, 5, 7ff.

[120] So auch *Schmidt-Aßmann* (Fn 113) 579 f; BVerwG DVBl 1982, 960, 961.

[121] Vgl dazu *Erichsen/Hoffmann-Becking* JuS 1971, 144, 145; *Hoffmann-Becking* (Fn 104) 199; BVerwGE 60, 144, 145.

mit dem Hinweis auf den bereits erteilten Bescheid abgelehnt wird, so soll *in der Sache* keine neue Rechtsfolge gesetzt werden; hieran ändert auch der Umstand nichts, daß die Behörde bei der Ablehnung auf diejenigen Gründe eingeht, die nach Auffassung des Antragstellers Anlaß für eine neue Sachprüfung bieten.[122] Es handelt sich *insoweit* nicht um einen Verwaltungsakt. Man spricht von einer *wiederholenden* (wiederholten) *Verfügung*. Wird sie erlassen, so enthält sie allerdings auch die Erklärung, daß nicht beabsichtigt sei, das Verwaltungsverfahren wiederaufzugreifen. Sie ist *insoweit* auf Setzung einer Rechtsfolge gerichtet und damit unter diesem Aspekt ein – verwaltungsverfahrensgestaltender – Verwaltungsakt[123]. Ergeht hingegen auf den zweiten Antrag ein ablehnender Bescheid mit neuer sachlicher Begründung, so liegt es nahe, daraus zu schließen, daß die Rechtsfolge *in der Sache* erneut gesetzt und damit eine neue Sachregelung erlassen werden soll. Man spricht in solchen Fallen vom *Zweitbescheid*. Die in ihm getroffene Sachentscheidung kann bei Belastungen auf eine zulässige Anfechtungsklage oder bei Ablehnung eines Antrags auf Erlaß eines begünstigenden Verwaltungsakts auf eine zulässige Verpflichtungsklage hin vom Verwaltungsgericht nachgeprüft werden.[124] Der wiederholenden Verfügung kann hingegen nur mit einer auf Wiederaufgreifen des Verwaltungsverfahrens gerichteten Klage begegnet werden. Hierbei ist zu beachten, daß der Eintritt in die neue Sachprüfung noch nicht die für den Betroffenen verbindliche, im Ausgangs-VA enthaltene Regelung beseitigt.[125] Einer Entscheidung der Behörde, das Verfahren wiederaufzugreifen, mangelt es daher an einer unmittelbar nach außen gerichteten Rechtswirkung.[126] Stellt das Wiederaufgreifen des Verfahrens somit keinen VA dar,[127] so ist die allgemeine Leistungsklage die insoweit einschlägige Rechtsschutzform. Von vornherein unbegründet wäre eine derartige Klage allerdings, wenn der Betroffene den das Wiederaufgreifen *ablehnenden* Bescheid, der ein VA iSd § 35 VwVfG ist, bestandskräftig werden ließe.[128] Der Betroffene wird diesen folglich mit einem Widerspruch gemäß § 68 ff VwGO und einer sich ggf anschließenden Anfechtungsklage angrei-

[122] Vgl OVG NW NWVBl 1994, 177; *Ehlers* (Fn 112) 75.

[123] Vgl auch BVerwGE 44, 334 f; 57, 342, 345; *W. Martens* Jura 1979, 83, 88; *Erichsen/Ebber* Jura 1997, 424, 430 f; *Erichsen* (Fn 73) 156 f und u § 20 Rn 15 sowie § 38 Rn 54. Zur wiederholenden Verfügung im einzelnen: *Wolff/Bachof/Stober* (Fn 59) § 50 Rn 11; BayVerfGHE 11, 51 f; BVerwGE 13, 99, 101 f; BVerwG DVBl 1963, 186. Die Terminologie ist nicht einheitlich. Während die Rechtsprechung ganz überwiegend von wiederholender Verfügung spricht – vgl etwa BVerwGE 23, 175, 176; 27, 181, 184, 185 –, wird in der Literatur mehrfach von wiederholter Verfügung gesprochen – vgl etwa *Siegmund-Schultze* DVBl 1970, 256.

[124] Vgl im einzelnen *Erichsen/Ebber* (Fn 123) 431 f.

[125] *Ule/Laubinger* (Fn 58) § 65 Rn 28 aE; *Geuder* Wiederaufgreifen des Verwaltungsverfahrens und neue Sachentscheidung, 1981, 12; aA *Kemper* NVwZ 1985, 872, 875.

[126] Ausf dazu *Erichsen/Ebber* (Fn 123) 431.

[127] AA etwa *Kopp* (Fn 58) § 35 Rn 38; *Schwabe* JZ 1985, 545, 554; offengelassen von *Geuder* (Fn 125) 182. Methodisch bedenklich ist es, wenn teilweise aus dem VA-Charakter der *Ablehnung* des Wiederaufgreifens auf den VA-Charakter des Wiederaufgreifens geschlossen wird, so etwa *Burgi* JuS-Lernbogen 1991, 81, 83.

[128] Vgl zu diesen Fallkonstellationen etwa *Kopp* VwGO, § 42 Rn 11 aE, 29.

fen müssen. Unter Berücksichtigung der in § 88 VwGO getroffenen Regelung handelt es sich also bei einer nach Erlaß der wiederholenden Verfügung auf Wiederaufgreifen des Verfahrens gerichteten Klage um eine – auf Aufhebung der wiederholenden Verfügung gerichtete – Anfechtungsklage in Verbindung mit einer – auf Wiederaufgreifen gerichteten – allgemeinen Leistungsklage.[129]

32 An einer Regelung mangelt es auch bei bloßen Bekanntgaben, Warnungen und Empfehlungen[130] sowie bei der Auskunft und der Beratung. Die *Auskunft,* so wird schlagwortartig definiert, ist eine Wissenserklärung; sie kann sich auf Tatsachen beziehen oder Rechtsauskunft sein. Auskunft und Beratung, beide in § 25 VwVfG unter bestimmten Voraussetzungen zur grundsätzlichen Verpflichtung der Behörde gemacht,[131] sind nicht auf Setzung einer Rechtsfolge gerichtet und daher keine Verwaltungsakte.

33 Von der Auskunft ist im Wege der Auslegung des Erklärten[132] die *Zusage* abzugrenzen.[133] Sie ist eine gegenüber einem anderen Rechtssubjekt erfolgende, im ungeschriebenen allgemeinen Verwaltungsrecht wurzelnde Selbstverpflichtung der Verwaltung zu einem späteren öffentlich-rechtlichen Tun oder Unterlassen.[134] § 38 Abs 1 S 1 VwVfG[135] erfaßt demgegenüber mit seiner Legaldefinition der *Zusicherung*[136] nicht jede denkbare, sondern nur die gegenüber einem Bürger erfolgende „Zusage, einen bestimmten Verwaltungsakt später zu erlassen oder zu unterlassen".[137] Die Zusage oder Zusicherung will demnach eine Rechtsfolge, nämlich die Selbstverpflichtung der öffentlichen Verwaltung begründen. Gleichwohl geht § 38 VwVfG, indem er in Abs 2 mehrere Regelungen des VwVfG über den Verwaltungsakt für *„entsprechend"* anwendbar erklärt, offenbar davon aus, daß es sich

[129] Vgl dazu u § 20 Rn 15 und *Erichsen/Ebber* (Fn 123) 431.

[130] Vgl *Ossenbühl* Umweltpflege durch behördliche Warnungen und Empfehlungen, 1986, 12f; *Gröschner* DVBl 1990, 619ff; vgl auch BVerwGE 71, 183, 186. Zur Bekanntgabe von austauscharmen Wetterlagen („Smog-Alarm") *Ehlers* DVBl 1987, 972ff; *Jarass* NVwZ 1987, 98 ff; *Kluth* NVwZ 1987, 960ff; *Appel/Melchinger* (Fn 106) 376ff.

[131] Vgl auch u § 37 Rn 24 und weitergehend §§ 13f SGB I; zum Rechtscharakter einer Auskunft vgl auch BFHE 126, 358f.

[132] Dazu auch BVerwGE 65, 61, 70; BVerwG NJW 1986, 2267.

[133] Vgl dazu im einzelnen *Erichsen* Jura 1991, 109ff; *Krause* (Fn 3) 288ff und 331ff sowie *Jakobs* Jura 1985, 234, 236; *Monreal* Auskünfte und Zusagen von Finanzbehörden, 1967, 41ff, 168ff; *Acker* Auskünfte durch die Verwaltung, 1970, 10f; BSG DVBl 1966, 940.

[134] So BVerwGE 26, 31, 36; vgl auch die Definition des 44. Deutschen Juristentages (Verhandlungen des 44. DJT, Bd II S D 106): „Zusage ist ihrem Wesen nach hoheitliche Selbstverpflichtung der Verwaltung gegenüber bestimmten Erklärungsempfängern". Auskunft ist individuelle Tatsachenmitteilung einer Verwaltungsbehörde. Dazu auch *Redeker/v Oertzen* (Fn 54) § 42 Rn 53, 57 mwN.

[135] Vgl auch § 34 SGB X.

[136] Vgl dazu *Maiwald* BayVBl 1977, 449f; *Obermayer* FS Maunz, 1981, 247, 248ff; *Erichsen* JK 96, VwVfG § 38/1.

[137] Vgl zum Umfang der einer Zusicherung mit Blick auf § 38 Abs 3 VwVfG zukommenden Bindungswirkung BVerwGE 97, 323 und krit dazu *Baumeister* DÖV 1997, 229.

bei der Zusicherung nicht um einen Verwaltungsakt handelt.[138] Auf jeden Fall handelt es sich aber – und Gleiches wird dann für die Zusage im allgemeinen anzunehmen sein[139] – um eine verwaltungsrechtliche Willenserklärung.[140]

Zu unterscheiden von der Zusicherung ist auch der *Vorbescheid*[141]. Während jene die Verpflichtung zur künftigen Regelung eines Sachverhalts enthält, empfiehlt es sich, den Begriff des Vorbescheides für diejenigen Erklärungen der Verwaltung zu reservieren,[142] die auf die gegenwärtige, abschließende Entscheidung von Teilaspekten – etwa über die bebauungsrechtliche Zulässigkeit nach den §§ 30–37 BauGB[143] – gerichtet und daher Verwaltungsakte sind.[144] **34**

Das BVerwG hat einen Bescheid über die Bewilligung von Beihilfen, in dem festgelegt wurde, daß die Beträge „vorbehaltlich des Ergebnisses der noch durchzuführenden Betriebsprüfung" gezahlt werden, als begünstigenden Verwaltungsakt qualifiziert und damit eine nur *vorläufige Regelung* als Regelung iSd § 35 S 1 VwVfG angesehen.[145] Man wird dem zu folgen haben, da das VwVfG in § 36 Abs 2 Nr 1 und 2 selbst deutlich werden läßt, daß auch die Setzung einer zeitlich begrenzten Rechtsfolge sich als Regelung iSd § 35 S 1 VwVfG darstellt.[146] **35**

Eine andere Frage ist, ob der Erlaß einer solchen vorläufigen Regelung stets rechtmäßig ist. Das BVerwG hält offenbar im Anschluß an *Tiedemann*[147] die in verschiedenen Gesetzen enthaltenen Regelungen, die etwa eine Festsetzung „unter Vorbehalt"[148], eine „vorläufige" Festsetzung[149], cinc „vorläufige Erlaubnis"[150] oder

[138] So auch *Maiwald* (Fn 136) 452. Vgl ferner *Ule/Laubinger* (Fn 58) § 49 Rn 1. Für Verwaltungsaktscharakter BSG NVwZ 1994, 830; BVerwG NVwZ 1986, 1011, 1012 m Anm *Stelkens* NVwZ 1987, 471; *H. Meyer* (Fn 42) § 38 Rn 1 und 9; *Henneke* in: Knack, VwVfG, § 38 Rn 3.4; *Stelkens* (Fn 62) § 38 Rn 10; *Obermayer* VwVfG, § 38 Rn 34ff; *Jakobs* Jura 1985, 234, 235f. Vgl dazu auch *Fiedler* AöR 105 (1980) 79, 105f; Ehlers (Fn 112) 68; die Frage offenlassend BVerwG NJW 1988, 662, 663; BVerwGE 97, 323, 327. Der Regierungsentwurf – BT-Drucks 7/910, 59 – ging davon aus, daß mit der Regelung des § 38 keine Aussage über die Rechtsnatur der Zusicherung getroffen worden sei. Angesichts der Regelung des § 38 Abs 2 VwVfG ist es bedenklich, die Zusicherung – auch hinsichtlich des Rechtsschutzes – wie einen Verwaltungsakt zu behandeln. So aber *Maurer* JuS 1976, 485, 491; *Maiwald* (Fn 136) 452.

[139] Vgl aber BVerwGE 64, 24, 26. Zu den Rechtsfragen der Zusage – hinsichtlich ihrer Rechtsnatur abw – auch *Krebs* VerwArch 69 (1978) 85ff. Zur Abgrenzung öffentlichrechtlicher und privatrechtlicher Zusagen *Ehlers* (Fn 75) 459ff.

[140] Vgl auch § 22.

[141] Vgl BVerwGE 48, 242, 244f; 69, 1, 2f; 70, 365, 372f.

[142] Zur Vielfalt der Bedeutungsgehalte dieses Begriffs etwa *Ortloff* NVwZ 1983, 705f; BVerwGE 24, 23, 27 und 48, 242, 244f.

[143] So BVerwGE 48, 242, 244f; 68, 241, 242; 69, 1, 2; 70, 365, 372f.

[144] So auch BVerwGE 68, 241, 242; 69, 1, 2; *Kopp* (Fn 58) § 38 Rn 6c; *Maurer* (Fn 18) § 9 Rn 63; *Ortloff* (Fn 142) 706. Abw *Jakobs* (Fn 138) 236; vgl auch u § 38 Rn 25.

[145] BVerwGE 67, 99ff im Anschluß an *Tiedemann* DÖV 1981, 786ff

[146] Vgl auch *Ehlers* (Fn 112) 62; *Henneke* Der Landkreis 1995, 24f.

[147] (Fn 145) 786ff.

[148] § 164 AO.

[149] § 165 AO.

[150] § 11 GaststättenG.

eine „einstweilige Erlaubnis“[151] vorsehen, insoweit für verallgemeinerungsfähig und trägt keine Bedenken, einen „vorläufigen Verwaltungsakt“[152] bzw einen Verwaltungsakt unter dem Vorbehalt späterer endgültiger Entscheidung als zulässig anzusehen.[153] Demgegenüber ist zu bedenken, daß das VwVfG in den §§ 36 Abs 2 Nr 1 und 2, 43 ff für den Verwaltungsakt ein System der Wirksamkeit und Wirksamkeitsbeendigung kodifiziert hat.[154] Diese ua von dem Versuch, den verfassungsrechtlichen Vorgaben des Vertrauensschutzes Rechnung zu tragen, bestimmten Regelungen sind als abschließend zu verstehen und sprechen gegen die Zulässigkeit des „vorläufigen Verwaltungsakts“. Die mit einer Regelung durch vorläufigen Verwaltungsakt, der vor allem dazu dienen soll, Kautelen der §§ 48, 49 VwVfG zu unterlaufen,[155] verbundene Folge des Ausschlusses von Vertrauensschutz läßt sich insoweit auch nicht durch an die Einhaltung des Bestimmtheitsgebotes zu stellende strenge Anforderungen[156] oder mit Hilfe einer Einwilligung des Bürgers[157] rechtfertigen.

5. Die unmittelbare Rechtswirkung nach außen

Es muß sich um eine Regelung handeln, die auf unmittelbare Rechtswirkung nach außen gerichtet ist.

36 a) Diese Merkmale finden sich noch nicht sehr lange in den Definitionen des Verwaltungsakts. Das hat seinen Grund darin, daß bis vor nicht allzu langer Zeit das Vorliegen rechtlicher Regelungen nur in jenen Fällen angenommen wurde, in denen es um die Abgrenzung der individuellen Verhaltensfreiheit der Bürger[158] bzw um Eingriffe in Freiheit und Eigentum der Bürger[159] ging.[160] Verhaltensgebote im sog *Innenbereich des Staates,* also die oben behandelten Verwaltungsvorschriften und die Einzelweisungen[161], wurden nicht als rechtliche Regelungen

[151] § 20 PersBefG.

[152] So BVerwGE 67, 99, 101; *Tiedemann* (Fn 145) 786 ff; *Maurer* (Fn 18) § 9 Rn 63 b; *J. Martens* NVwZ 1987, 464, 467; *ders* DÖV 1987, 992 ff.

[153] So auch in entspr Anwendung von § 123 VwGO *Kopp* (Fn 58) § 9 Rn 23. Unter Bezug auf § 10 VwVfG *Finkelnburg/Lässig* (Fn 54) § 10 Rn 18; auf §§ 10 S 2, 24 Abs 1 S 2 VwVfG abstellend *Schimmelpfennig* BayVBl 1989, 69, 75; einschränkend *Peine* DÖV 1986, 849, 857; *ders* FS Thieme, 1993, 563, 575 ff; *König* BayVBl 1989, 33 ff; *Kreßel* BayVBl 1989, 65, 68 f; *Kemper* DVBl 1989, 981, 985 ff; *Di Fabio* DÖV 1991, 629, 635 ff.

[154] So auch *Henneke* (Fn 146) 25.

[155] Vgl etwa BVerwGE 67, 99, 104 und *Götz* JuS 1983, 924, 925; abl auch *Henke* DVBl 1983, 1247.

[156] So etwa OVG NW NWVBl 1992, 279, 280 und DVBl 1991, 1365, 1366; *Henneke* (Fn 146) 26. Vgl auch *Ehlers* (Fn 112) 62.

[157] Zutr zur Unbeachtlichkeit der Einwilligung OVG NW NJW 1985, 1042, 1043.

[158] Zu den Begründern dieser Auffassung gehören *Laband* Das Staatsrecht des Deutschen Reiches, Bd 1, 2. Aufl 1887, 590 und *Georg Jellinek* Gesetz und Verordnung, 1887, 240 f.

[159] Zu den Begründern dieser Auffassung gehören *Anschütz* Art „Gesetz“, in: Wörterbuch des Deutschen Staats- und Verwaltungsrechts, Bd 2, 2. Aufl 1913, 212, 214 und *Thoma* in: Anschütz/Thoma, HdbDStR II, 221, 223.

[160] Vgl dazu *Erichsen* (Fn 95) 86 f und o § 5 Rn 8, § 9 Rn 10.

[161] Vgl dazu § 6 Rn 30 ff.

angesehen.[162] Zwar wird nunmehr, nachdem auch der Innenbereich des Staates als rechtlich geordnet erkannt ist, den Regelungen, die die Organisation des Innenbereichs und die dort stattfindenden Funktionsabläufe betreffen, Rechtsqualität zuerkannt. Sie werden gleichwohl nicht in den Verwaltungsaktsbegriff einbezogen, sondern durch das Erfordernis der unmittelbaren Rechtswirkung nach außen aus dieser Kategorie eliminiert.

Ausgeschlossen aus der Kategorie der Verwaltungsakte werden auf diese Weise **37** die intrapersonalen Maßnahmen, wie *Verwaltungsvorschriften* und *Weisungen,* die nur innerhalb der Organisation eines Trägers öffentlicher Verwaltung Rechtswirkungen äußern und den einzelnen Amtswalter lediglich in seiner Eigenschaft als „Glied der Verwaltung"[163] berechtigen oder verpflichten.[164]

Eine Regelung mit Außenwirkung[165] ist dann zu bejahen, wenn die Maßnahme **38** auf Setzung einer Rechtsfolge für eine natürliche oder juristische Person in der Weise gerichtet ist, daß sie ihren Rechtskreis erweiternd, verringernd oder feststellend gestaltet[166] und damit interpersonal wirken soll.

Unmittelbarkeit iS der Verwaltungsaktsdefinition liegt nur vor, wenn und so- **39** weit die Maßnahme in ihrem – ausdrücklich formulierten oder aus ihrem Erklärungsgehalt zu erschließenden – Entscheidungssatz (Tenor) die angestrebten Rechtsfolgen gegenüber der natürlichen oder juristischen Person bezeichnet. Löst dagegen eine Maßnahme der Verwaltung Rechtsfolgen aus, obwohl es an einem auf diese Rechtsfolgen gerichteten „Tenor" fehlt, so können diese nicht tenorierten Rechtsfolgen den Verwaltungsaktscharakter der Maßnahme nicht begründen.[167] Weist zB eine übergeordnete Behörde die nachgeordnete Bauaufsichtsbehörde an, bestimmte Baustoffe der Firma X wegen ihrer Gefährlichkeit zu verbieten,[168] so liegt eine amtsadressierte, intrapersonale Maßnahme vor, die trotz der nachteiligen Betroffenheit der Firma X kein Verwaltungsakt ist.[169]

Nicht auf unmittelbare Rechtswirkung nach außen gerichtet ist auch die Entscheidung über die Abwicklung einer Verwaltungseinrichtung der ehemaligen DDR gemäß Art 13 EV[170]. Die Abwicklungsentscheidung zielt darauf, den Fort-

[162] Vgl dazu auch *Erichsen* (Fn 93) 229ff.

[163] So BVerwGE 14, 84, 85, 87; 60, 144, 146; 81, 258, 260. Im einzelnen dazu *Erichsen* DVBl 1982, 95, 96ff; *ders* (Fn 73) 39f; *Rottmann* ZBR 1983, 77, 81ff; *Risken* Grenzen amtlicher und dienstlicher Weisungen im öffentlichen Recht, 38f, 68f. Vgl auch *Ehlers* (Fn 75) 426ff.

[164] Zur Frage der Außenwirkung von Verwaltungsvorschriften vgl o § 6 Rn 42ff; *Krebs* VerwArch 70 (1979) 259ff.

[165] Vgl auch *Wolff/Bachof/Stober* (Fn 59) § 45 Rn 81; *Erichsen* (Fn 73) 39ff; *v Mutius* JuS 1977, 455, 460; *Stelkens* (Fn 62) § 35 Rn 77; BVerwGE 1, 260; 5, 153; 7, 125, 128; 8, 192; 28, 145, 146; OVG NW DÖV 1986, 480.

[166] Vgl auch BVerwGE 55, 280, 285; 60, 144, 145 und BVerwG DVBl 1981, 495.

[167] *Erichsen* DVBl 1982, 95, 99; *Erichsen/Hoffmann-Becking* (Fn 121) 146; BVerwGE 60, 144, 145ff; 81, 258, 260ff und 90, 220, 222f; OVG Rh-Pf DÖV 1980, 614f.

[168] Vgl VGH BW DRZ 1950, 500f, der in diesem Fall das Vorliegen eines Verwaltungsakts bejahte.

[169] Vgl hierzu auch *Müller-Volbehr* DVBl 1976, 57f; *Vehse* BayVBl 1976, 490f; *Kopp* BayVBl 1976, 719f.

[170] BVerwGE 90, 220, 222; OVG Berlin LKV 1992, 96ff.

bestand der jeweiligen Einrichtung zu beenden. Damit ist zwar die Überführung der an einer abzuwickelnden Einrichtung Beschäftigten in die sog Warteschleife verbunden. Dies ist jedoch weder nach seinem Wortlaut noch nach dem Erklärungsgehalt Gegenstand des Tenors der Abwicklungsentscheidung. Daher vermag diese Rechtsfolge die Verwaltungsaktseigenschaft der Abwicklungsentscheidung nicht zu begründen.[171]

40 b) Die *Maßnahmen in den sog besonderen Gewaltverhältnissen* wurden früher weitgehend und werden zT auch heute noch nicht als Verwaltungsakte angesehen. Die Begründungen dafür sind unterschiedlich. Es wird etwa das Unterworfensein unter die besondere Dienst- und Befehlsgewalt zur Begründung herangezogen.[172] Verbreitete Resonanz hat aber vor allem die von *Ule*[173] begründete, gelegentlich[174], allerdings heute nicht mehr[175] vom BVerwG herangezogene Unterscheidung von *Grund- und Betriebsverhältnis* gefunden.

Als Grundverhältnis hat *Ule* die Gesamtheit jener Rechtsbeziehungen bezeichnet, die sich aus der Begründung, Veränderung oder Beendigung des besonderen Gewaltverhältnisses ergeben. Als Betriebsverhältnis werden die Rechtsbeziehungen angesehen, „die sich aus der Geltung der (geschriebenen oder ungeschriebenen) ‚Betriebsordnung' ergeben".[176] „Maßnahmen, die lediglich das ‚Betriebsverhältnis', also die Amtsstellung des Beamten oder die Stellung des Schülers oder Studenten im Unterrichts- oder Lehrbetrieb einer Schule oder Hochschule betreffen, sind keine Verwaltungsakte, da sie keine rechtliche Regelung darstellen. Sie treffen den Adressaten nicht als Person; seine individuelle Rechtsstellung wird durch sie nicht berührt".[177]

Die Unterscheidung von Grund- und Betriebsverhältnis hat angesichts der gewandelten verfassungsrechtlichen Einschätzung des besonderen Gewaltverhältnisses[178] an dogmatischer Überzeugungskraft verloren. Sie hat sich aber auch schon deshalb als problematisch erwiesen, weil es nicht gelungen ist, brauchbare Kriterien für die Abgrenzung von Grund- und Betriebsverhältnis zu entwickeln.[179] Es

171 BVerwGE 90, 220, 222; OVG Berlin LKV 1992, 96ff; vgl auch *Ehlers* (Fn 112) 63f.

172 So *Bachof* FS Laforet, 1952, 285f.

173 Vgl VVDStRL 15 (1957) 133, 151ff; DVBl 1957, 17. Ihm folgend: *v Mangoldt/Klein* GG, Art 19 Abs 3, Anm 6a, 579; *Redeker/v Oertzen* (Fn 54) § 42 Rn 71ff; *Püttner* Allg VwR, 91; *H. Meyer* (Fn 42) § 35 Rn 53; *Ronellenfitsch* DÖV 1984, 781, 786; vgl auch *Vogel* BayVBl 1977, 617, 618f.

174 Vgl BVerwGE 5, 153, 154; 8, 192, 193; BVerwG NJW 1976, 864, wo vom „Grundverhältnis der ... Kinder zur Schule" die Rede ist. Vgl auch VGH BW DVBl 1975, 438, 439; BayVGH BayVBl 1990, 629f.

175 Vgl BVerwGE 60, 144ff.

176 *Ule* VVDStRL 15 (1957) 152; vgl auch *dens* VerwGbarkeit, Anm IV 4 zu § 42.

177 So *Ule* (Fn 96) Anhang zu § 32 V 2.

178 Vgl *Erichsen* (Fn 93) 238f; auch *Ronellenfitsch* DÖV 1981, 933ff; *Obermayer* (Fn 138) § 35 Rn 222ff.

179 Vgl etwa *Siegmund-Schultze* DVBl 1962, 508, 509; *Menger* VerwArch 51 (1960) 375ff; *Thieme* JZ 1964, 81, 82f. Zur Kritik auch *Fuß* DÖV 1972, 765, 770; *Hansen* Fachliche Weisung und materielles Gesetz, 1971, 43; *Krause* (Fn 3) 249/250; *Schnapp* Amtsrecht und Beamtenrecht, 1977, 119ff; *Gönsch* JZ 1979, 16, 17f; *Strunk* Beamtenrecht, 3. Aufl 1986, 260ff; *J. Martens* Die Praxis des Verwaltungsverfahrens, 1985 Rn 303f.

kommt vielmehr auch bei einer Maßnahme im sog besonderen Gewaltverhältnis darauf an, ob sie nach ihrem Entscheidungssatz auf unmittelbare Setzung einer Rechtsfolge für eine natürliche Person gerichtet ist.[180] Ist das der Fall, so sind insoweit die Voraussetzungen für das Vorliegen eines Verwaltungsakts erfüllt.

Ausgehend von diesem Ansatz ist die Frage zu beantworten, ob es sich bei der **41**
an einen Beamten gerichteten Maßnahme um einen Verwaltungsakt oder eine innerdienstliche Weisung handelt. Anders als bei Versetzungen liegt ein Verwaltungsakt beispielsweise bei Umsetzungen, dh bei der Einweisung des Beamten in ein neues Amt[181] ungefähr derselben Qualität und derselben Behörde,[182] in der Regel nicht vor, weil der Beamte grundsätzlich kein Recht auf die Ausübung eines bestimmten Amtes im organisationsrechtlichen oder funktionellen Sinne hat.[183] So wurde kein Verwaltungsakt angenommen, als einem Beamten, der Leiter des Sport- und Bäderamtes einer Gemeinde war, die Aufgaben des Leiters der Abteilung Statistik und Wahlen im Haupt- und Personalamt übertragen wurden.[184] Das Vorliegen eines Verwaltungsakts wird auch dann verneint, wenn dem Beamten ein besoldungsmäßig niedriger bewerteter Dienstposten zugewiesen wird.[185] Das BVerwG hat der Umsetzung eines Oberamtsrats aus dem Ordnungsamt in das Lastenausgleichsamt eines Kreises die Qualität eines Verwaltungsakts abgesprochen[186] und sich von früheren Entscheidungen distanziert, in denen zunächst die Entziehung von Leitungsfunktionen – Stellung als Geschäftsstellenleiter, Stellung als Amtsleiter – mit der Begründung als Verwaltungsakt qualifiziert wurde, sie stelle „nicht nur eine geschäftsverteilungsmäßige Zuweisung neuer Dienstgeschäfte dar", sondern berühre „auch den subjektiven Rechtsstand des Beamten".[187]

Ob eine Maßnahme den Beamten via Amt als „Glied der Verwaltung" oder als Träger eigener Rechte und Pflichten betrifft, läßt sich nur durch eine Analyse der im gegebenen Fall jeweils einschlägigen Rechtsnormen feststellen.[188] Zuweilen wird dann, wenn eine Umsetzung diskriminierenden Charakter hat, das Vorliegen eines Verwaltungsakts mit der Begründung bejaht, daß damit das Recht des Beamten aus Art 3 Abs 1 GG betroffen sein könne.[189] Das überzeugt deshalb nicht, weil die Umsetzung ihrem objektiven Sinngehalt nach *nicht* auf die Diskriminierung

180 Vgl auch BVerwGE 14, 84, 86; *Forsthoff* (Fn 98) 203 ff; *Achterberg* (Fn 18) § 21 Rn 48; *Schenke* JuS 1982, 906, 910.

181 Zum Begriff u § 52 Rn 28.

182 Vgl *Scheerbarth/Höffken/Bauschke/Schmidt* Beamtenrecht, 6. Aufl 1992, 372 ff; *Schnellenbach* Beamtenrecht in der Praxis, 3. Aufl 1994 Rn 113; *Kremer* NVwZ 1983, 6, 7, 9.

183 Vgl dazu *Erichsen* DVBl 1982, 95, 96 ff; BVerwGE 60, 144 ff; BVerwG ZBR 1968, 218; DVBl 1995, 1245 (dazu *Erichsen* JK 96, VwVfG § 35 S 1/19); NVwZ-RR 1996, 337, 338. AA offenbar OVG Rh-Pf DÖD 1978, 184 f; *Obermayer* (Fn 138) § 35 Rn 226.

184 OVG NW ZBR 1975, 51; vgl auch OVG Hamburg DÖD 1979, 60.

185 OVG NW RiA 1976, 36.

186 BVerwGE 60, 144, 145 ff.

187 BVerwG ZBR 1968, 218, 219 im Anschluß an BVerwGE 14, 84, 87; vgl auch OVG NW DÖV 1976, 425. Zu dieser Rechtsprechung krit *Menger* VerwArch 68 (1977) 169 ff.

188 Vgl dazu im einzelnen *Erichsen* (Fn 183) 98; *dens* (Fn 73) 42 f.

189 Vgl etwa OVG NW DÖV 1976, 425; VG Frankfurt DÖV 1978, 251 m Anm *Gönsch;* OVG Rh-Pf DÖD 1978, 184.

und damit nicht auf eine erweiternde, verringernde oder feststellende Gestaltung des Individualrechtskreises des Beamten gerichtet ist und sie daher auch in Fällen diskriminierender Wirkung als eine seine Einordnung in den Funktionsablauf betreffende Weisung anzusehen ist. Die als Folge der Weisung mögliche Diskriminierung ist im Rahmen der Prozeßführungsbefugnis einer auf ihre Beseitigung gerichteten allgemeinen Leistungsklage zu berücksichtigen.[190]

42 c) Erhebliche Schwierigkeiten bereitet immer wieder die Einordnung von sog *Organisationsakten*. Beispielhaft seien hier die Verlegung einer Schule,[191] die Schließung einer Schulklasse durch eine Gemeinde,[192] die Schließung einer Schule,[193] die Schließung einer kommunalen Kindertagesstätte,[194] der Abbruch eines Schulversuchs,[195] die Einführung der Fünf-Tage-Woche in den Schulen,[196] die Eingemeindung eines gemeindefreien Forstgebietes durch Beschluß des Landesinnenministeriums,[197] die Änderung von Fleischbeschaubezirken[198] oder die Ordnung und Zuweisung von Aufgaben im Rahmen öffentlicher Verwaltung[199] genannt. In diesem Zusammenhang wird mehrfach die Auffassung vertreten, diesen Maßnahmen komme eine Doppelnatur zu.[200] So werden sie einerseits als Verwaltungsakt – etwa wenn sie den Rechtsbestand von Gebietskörperschaften neu ordnen –, zugleich aber auch als justizfreier Regierungsakt – gegenüber den Gebietsangehörigen – angesehen.[201] So hat das BVerwG die Bezeichnung gemäß § 1 Abs 3 LBG als Maßnahme mit Doppelnatur qualifiziert. Gegenüber einer möglicherweise in ihrer Planungshoheit beeinträchtigten Gemeinde soll es sich dabei um einen Verwaltungsakt, im Verhältnis zum Bürger um ein Verwaltungsinternum handeln.[202] Gestaltet indes eine solche Maßnahme[203] unmittelbar den Rechts-

[190] Vgl auch BVerwGE 60, 144, 148ff; BVerwG DVBl 1995, 1245; dazu *Erichsen* JK 96, VwVfG § 35 S 1/19. Zu Fragen des Rechtsschutzes etwa *Erichsen* (Fn 183) 99f; *Rottmann* ZBR 1983, 77, 87ff.

[191] OVG NW DVBl 1979, 569.

[192] HessVGH DÖV 1951, 306; BVerwGE 18, 40, 41.

[193] BVerwGE 18, 40, 41f; BVerwG NJW 1978, 2211; OVG NW DVBl 1989, 1272. Vgl auch *Krebs* VerwArch 69 (1978) 231, 232ff.

[194] OVG Bbg NVwZ-RR 1997, 555; dazu *Erichsen* JK 98, VwVfG § 35/6.

[195] BVerwG NJW 1976, 864.

[196] BVerwGE 47, 201, 205; OVG NW DVBl 1976, 948 und dazu *Krebs* (Fn 193) 231ff.

[197] OVG Lüneburg DÖV 1963, 150; dazu *Fichtmüller* JuS 1965, 350ff.

[198] BVerwG DVBl 1961, 86.

[199] Vgl BVerwG DÖV 1966, 796; BVerwGE 14, 84.

[200] Dazu *Bachof* FS W. Weber, 1974, 515ff.

[201] Vgl *Stelkens* (Fn 62) § 35 Rn 121; BVerwG BayVBl 1986, 660f m Anm *Dehner;* OVG Lüneburg DÖV 1963, 150 1. LS und 151.

[202] BVerwG NVwZ 1983, 545; BVerwGE 74, 124ff; unentschieden BVerwG NVwZ 1990, 260, 261f; NVwZ-RR 1994, 305, 306.

[203] Sie wird auch als Verwaltungsakt gegenüber den Betroffenen und als Rechtsnorm im übrigen qualifiziert. So *Redeker/v Oertzen* (Fn 54) § 42 Rn 43; *Schweiger* DÖV 1955, 360. Vgl auch OVG NW DVBl 1968, 660, 662; dazu *Wolff/Bachof/Stober* (Fn 59) § 45 Rn 73.

kreis einer Gebietskörperschaft oder/und ihrer Mitglieder,[204] so handelt es sich um eine Regelung mit unmittelbarer Außenwirkung und damit – wenn die weiteren Voraussetzungen gegeben sind – um einen Verwaltungsakt. Sie ist dann Verwaltungsakt auch für den, dessen Rechtskreis sie nicht unmittelbar betrifft.[205] Diesem mangelt es nur an der Klagebefugnis des § 42 Abs 2 VwGO.[206]

Hinzuweisen ist in diesem Zusammenhang noch auf die Maßnahmen im Rahmen von Aufsichtsverhältnissen (zB Kommunalaufsicht). Ihnen kommt unmittelbare Rechtswirkung nach außen zu, wenn sie ihrem Sinngehalt nach darauf gerichtet sind, den Rechtskreis, welcher dem Adressaten der Maßnahme – in der Regel einer juristischen Person des öffentlichen Rechts – im Außenverhältnis zugeordnet ist, unmittelbar erweiternd, verringernd oder feststellend zu gestalten,[207] sie also etwa in den Selbstverwaltungsbereich einer Gemeinde eingreifen, wie es beispielsweise die Genehmigung einer gemeindlichen Satzung und deren Versagung tun.[208] **43**

d) Unter Anwendung der dargestellten Kriterien ist auch die Frage zu beantworten, ob in jenen Fällen Verwaltungsakte vorliegen, in denen das Gesetz die Vornahme von Maßnahmen durch eine Behörde an die Mitwirkung (zB Einvernehmen, Zustimmung) einer anderen Behörde knüpft (sog *mehrstufiger Verwaltungsakt*)[209]. Das geltende Recht macht davon vielfältigen Gebrauch. Mehrstufig ist zB die Entscheidung der Baugenehmigungsbehörde nach § 36 Abs 1 BauGB[210] im Hinblick auf das erforderliche Einvernehmen der Gemeinde und die notwendige Zustimmung der höheren Verwaltungsbehörde. Das gleiche gilt für die Baugenehmigung im Fall des § 9 Abs 2 FStrG, die nur mit Zustimmung der obersten Landesstraßenbaubehörde erteilt werden darf. Die Rechtsprechung des BVerwG tendiert dahin, die Mitwirkungsakte wegen der in aller Regel fehlenden unmittelbaren Rechtswirkung im Verhältnis zum Bürger als bloße Verwaltungsinterna zu qualifizieren. Sie verweist bei Verweigerung des Einvernehmens oder der Zustimmung den Bürger auf die Verpflichtungsklage gegen die nach außen hin zum Han- **44**

[204] Darauf stellen auch BayVGH BayVBl 1956, 121 und BayVBl 1971, 309, OVG NW OVGE 18, 97 und DVBl 1989, 1272 sowie HessVGH NVwZ 1989, 779 ff ab. Vgl auch *Schnapp* AöR 105 (1980) 243, 263 f.

[205] Gegen die Theorie von der Doppelnatur auch BayVGH DÖV 1964, 849; *Humpert* (Fn 81) 193 ff; *Laubinger* VerwArch 77 (1986) 421, 430 ff; *Geiger* BayVBl 1987, 106, 107 f; *Menger* VerwArch 50 (1959) 283; *Maurer* (Fn 18) § 21 Rn 69.

[206] So auch *Fichtmüller* JuS 1965, 350, 354.

[207] Vgl dazu im einzelnen bzgl einer kommunalaufsichtsbehördlichen Genehmigung: *Humpert* (Fn 81) 189 f; BVerwG DÖV 1970, 277 ff; OVG Lüneburg OVGE 25, 375, 378; bzgl anderer Maßnahmen der Kommunalaufsicht: BVerwG NJW 1978, 1820 f und dazu *Schmidt-Jortzig* JuS 1979, 488 ff sowie *Widtmann* BayVBl 1978, 723; BVerwG NVwZ 1995, 910 und dazu *Schwerdtner* VBlBW 1996, 209; *Ehlers* (Fn 112) 62 f; BayVGH BayVBl 1979, 305 f; OVG NW OVGE 18, 87; OVG NW DÖV 1970, 607; dazu *Rauball* (Fn 65) § 112 Rn 1; bzgl einer Genehmigung auf dem Gebiet des Handwerksrechts: BVerwGE 16, 83, 84 und dazu *G. Küchenhoff* JuS 1965, 52, 58.

[208] Vgl dazu *Humpert* (Fn 81) 190 ff; *Bachof* (Fn 200) 518 ff.

[209] Dazu auch u § 37 Rn 31 ff. Begriffsprägung durch *Menger* VerwArch 50 (1959) 387, 397. Im übrigen auch *Erichsen* (Fn 73) 109 f.

[210] Vgl auch § 14 Abs 2 BauGB.

deln berufene Behörde, wobei im Rahmen dieser Klage die Rechtmäßigkeit der Verweigerung mit überprüft und bei Rechtswidrigkeit die Mitwirkungshandlung als durch das Urteil des Verwaltungsgerichts ersetzt angesehen wird.[211]

Um die Frage nach der *Verwaltungsaktsqualität einer Mitwirkungshandlung*[212] zu beantworten, ist zu untersuchen, ob die Maßnahme auf unmittelbare Bewirkung einer Rechtsfolge für ein anderes Außenrechtssubjekt gerichtet ist. Dieses Rechtssubjekt kann einmal der Träger öffentlicher Verwaltung sein, dessen Behörde den Verwaltungsakt gegenüber dem Bürger erläßt. In diesem Fall handelt es sich bei der Mitwirkungshandlung einmal dann um einen Verwaltungsakt, wenn durch sie der Behörde, die gegenüber dem Bürger tätig wird, eine Entscheidung aufgegeben wird, die den Außenrechtskreis des Trägers öffentlicher Verwaltung, dessen Organ sie ist, unmittelbar betrifft. Wenn also etwa die Zustimmung oder das Einvernehmen versagt wird, dann muß die für die Entscheidung gegenüber dem Bürger zuständige Behörde die beantragte Genehmigung ablehnen. Betrifft diese eine Angelegenheit aus dem eigenen Wirkungskreis des Trägers öffentlicher Verwaltung, dessen Organ sie ist, so liegt ein Verwaltungsakt vor. Zum anderen liegt auch dann ein Verwaltungsakt vor, wenn der Behörde, die den Verwaltungsakt erläßt, etwa durch Erklärung des Einvernehmens und/oder der Zustimmung die Entscheidung über Angelegenheiten des eigenen Wirkungskreises jenes Trägers öffentlicher Verwaltung, dessen Organ sie ist, freigegeben wird, wenn sie also nunmehr in Wahrnehmung eigener Aufgaben des von ihr repräsentierten Trägers öffentlicher Verwaltung – positiv oder negativ – über den Erlaß eines Verwaltungsakts gegenüber dem Bürger entscheiden darf.[213]

Auch hier gilt, daß eine Maßnahme, der Verwaltungsaktsqualität zukommt, diese immer und gegenüber jedermann besitzt. Diese Fälle werden zwar nach richtiger Ansicht nicht von der fragwürdigen und mißglückten Vorschrift des § 44 a VwGO erfaßt,[214] jedoch ist eine Verpflichtungsklage des Bürgers auf Erlaß dieses Verwaltungsakts gemäß § 42 Abs 2 VwGO nur dann zulässig, wenn er geltend macht, durch die Ablehnung *dieses* Verwaltungsakts in *seinen* Rechten verletzt zu sein.

[211] BVerwGE 16, 116; 18, 333; 19, 94; 21, 354; 22, 342; 26, 31; 28, 145; 34, 65; 45, 13 17; BVerwG NJW 1986, 2205, 2206. Vgl auch *Stelkens* (Fn 62) § 35 Rn 88. Krit dazu *Menger* und *Erichsen* (Fn 8) 74; *Schuegraf* DVBl 1961, 654; *Fickert* DVBl 1964, 173, 174. Vgl auch *Erichsen* (Fn 73) 110f.

[212] Vgl dazu auch *Kopp* DÖV 1980, 504, 507.

[213] Soweit beispielsweise die nach außen handelnde Behörde Organ der Gemeinde ist, wird deren durch Art 28 Abs 2 GG gewährleisteter Rechtskreis (Planungshoheit) durch die Erteilung oder Versagung der Zustimmung seitens der Mitwirkungsbehörde gemäß § 36 Abs 1 BauGB oder § 9 Abs 2 FStrG tangiert (unzutr *H. Meyer* [Fn 42] § 35 Rn 60). Deshalb ist in diesen Fällen die Mitwirkungshandlung Verwaltungsakt. Dagegen ist die Mitwirkungshandlung einer Behörde dann kein Verwaltungsakt, wenn sie lediglich zur Kontrolle der Ausübung von Kompetenzen dient, die auf eine andere Behörde delegiert worden sind; vgl etwa den BVerwG DVBl 1964, 1000f zugrunde liegenden Fall; vgl dazu auch *Kopp* (Fn 58) § 35 Rn 41ff mwN.

[214] Vgl auch *Redeker* NJW 1980, 1593, 1597; *Pagenkopf* NJW 1979, 2382, 2383; differenzierend *Kopp* (Fn 212) 507. Für die Anwendbarkeit des § 44 a VwGO *Wallerath* (Fn 82) § 7 I 4 u II 3c.

Eine Mitwirkungshandlung kann auch dann Verwaltungsakt sein, wenn sie auf unmittelbare Setzung einer Rechtsfolge für *den Bürger* gerichtet ist.[215] Das wird indes nur selten der Fall sein.

6. Der Einzelfall

45 Ein Verwaltungsakt liegt schließlich nur vor, wenn es sich um die Regelung eines *Einzelfalles* handelt. Dieses Merkmal grenzt die Kategorie des Verwaltungsakts gegen die des Rechtssatzes mit Außenwirkung ab,[216] der allgemein gilt. Indessen, so griffig das Merkmal des Einzelfalls auf den ersten Blick erscheint, so schwierig kann die Abgrenzung im Anwendungsfall sein, wie das im Jahre 1952 für die vom Typhus befallenen Kreise Nord- und Südwürttembergs über Rundfunk und Presse verkündete Verbot des Innenministeriums, mit Endiviensalat zu handeln, zeigt.[217]

46 a) Da die Ordnung von Lebenssachverhalten stets im Verhältnis zu Menschen erfolgt und nur ihnen gegenüber erfolgen kann, gibt es keine adressatlosen Regelungen.[218] Ist demnach der personale Adressat notwendige Voraussetzung einer rechtlichen Regelung, so bietet es sich an, Differenzierungen zwischen den Regelungen nach Maßgabe ihrer personalen Adressaten vorzunehmen. Für die Abgrenzung von allgemeiner Regelung und Einzelfallregelung, also zur Unterscheidung von *Rechtsnorm und Einzelakt*,[219] werden hier neben der Zahl ihrer personalen Adressaten in Übereinstimmung mit der Vorschrift des § 35 VwVfG auch die Zahl der durch die Regelung geordneten Lebenssachverhalte in die Betrachtung einbezogen.[220] Es ergeben sich dann folgende Kombinationsmöglichkeiten: Eine Regelung kann sich an eine im *Zeitpunkt ihres Erlasses*[221] unbestimmte Zahl von unmittelbaren personalen Adressaten für unbestimmt viele Sachverhalte richten. Sie ist dann *generell und abstrakt*. Das ist beispielsweise der Fall, wenn die Straßenreinigungssatzung einer Gemeinde bestimmt: „Jeder Anlieger hat die Fläche von Unrat zu reinigen, die sich in Länge seiner Grundstücksfront bis zur Mitte der Gesamtstraßenanlage erstreckt".

47 Eine Regelung kann sich an eine im Zeitpunkt ihres Erlasses bestimmte Zahl von unmittelbaren personalen Adressaten für einen bestimmten Sachverhalt richten. Sie ist dann *individuell und konkret*. Beispiel: Entscheidung, daß der Rechtskandidat A das 1. juristische Staatsexamen am 1.4.1993 bestanden habe.

48 Die Kategorisierung dieser Regelungen ist nach allgemeiner Meinung problemlos.[222] Im ersten Fall handelt es sich um einen allgemeinen Rechtssatz – Rechtsverordnung, Satzung –, im zweiten Fall um einen Verwaltungsakt.

215 Vgl etwa BVerwGE 55, 280, 285; *Maurer* (Fn 18) § 9 Rn 30; *Kopp* (Fn 58) § 35 Rn 41.

216 Vgl dazu mit umfassenden Nachweisen *v Mutius* (Fn 14) 167ff.

217 BVerwGE 12, 87. Dazu *Erichsen* (Fn 73) 49ff.

218 Unzutr *Forsthoff* (Fn 98) 384; *Krämer* in: Kodal/Krämer, Straßenrecht, 5. Aufl 1995, 209; VGH BW BWVP 1982, 206.

219 Vgl dazu *v Mutius* (Fn 14) 176f; *Hill* Jura 1986, 286, 287 und *Zimmer* Jura 1980, 242ff.

220 Vgl dazu *Volkmar* Allgemeiner Rechtssatz und Einzelakt, 1962, 77f; *v Mutius* (Fn 14) 195f.

221 Es kommt immer auf den Erlaßzeitpunkt an. Vgl *v Mutius* (Fn 14) 196ff.

222 Im Einzelfall kann allerdings die Zuordnung bestimmter Rechtsakte zu einer dieser Kategorien Schwierigkeiten bereiten, wie zB die Bestimmung der Rechtsnatur von Allgemein-

Eine Regelung kann sich jedoch auch an eine im Zeitpunkt ihres Erlasses bestimmte Zahl von unmittelbaren personalen Adressaten für unbestimmt viele Sachverhalte richten. Sie ist dann *individuell und abstrakt*. So hatte in einem vom OVG NW[223] entschiedenen Fall die Klägerin eine Anordnung des Oberstadtdirektors erhalten, in der ihr aufgegeben wurde, an den Tagen, an denen nicht durch natürliche Witterungseinflüsse allgemeine Glatteisgefahr gegeben sei, sondern sich durch die Abdämpfe der von ihr betriebenen Kühltürme in deren Umgebung Glätte gebildet habe, den hierdurch verursachten polizeiwidrigen Zustand zu beseitigen. Solche individuell-abstrakten Regelungen werden als Verwaltungsakte qualifiziert.[224]

49 Eine Regelung kann sich schließlich an eine im Zeitpunkt ihres Erlasses unbestimmte Anzahl von unmittelbaren personalen Adressaten für einen räumlich und/oder zeitlich bestimmten Sachverhalt richten. Sie ist dann *generell und konkret*. Als Beispiele seien die Sperrung einer bestimmten Straße wegen dort bestehender Explosionsgefahr oder das Verbot einer für einen bestimmten Termin geplanten Demonstration angeführt.[225]

50 b) Bei der generell-konkreten Regelung ist zwar im Zeitpunkt ihres Erlasses die Zahl der Adressaten, die von ihr künftig unmittelbar personal betroffen sind, offen und damit unbestimmt, jedoch lassen sich alle von dieser Regelung Betroffenen durch ihre Beziehung zum geregelten räumlich und/oder zeitlich konkreten Sachverhalt definieren. So richtete sich das Verbot, Endiviensalat zu verkaufen, im Januar 1953 an alle, die in den vom Typhus befallenen Kreisen mit Endiviensalat Handel betrieben, oder betrifft etwa die Widmung der Straße zum Gemeingebrauch alle jene, die diese Straße benutzen wollen. Man spricht in diesen Fällen von einer *Allgemeinverfügung*.[226] Sie wird in § 35 S 2 VwVfG definiert als Verwaltungsakt, „der sich an einen nach allgemeinen Merkmalen bestimmten oder bestimmbaren Personenkreis richtet oder die öffentlich-rechtliche Eigenschaft einer Sache oder ihre Benutzung durch die Allgemeinheit betrifft".[227]

Das VwVfG unterscheidet demnach zwei Arten der Allgemeinverfügung. Die in § 35 S 2 1. Variante definierte Allgemeinverfügung wird gelegentlich als adressatenbezogen[228] bzw personenrechtlich[229] bezeichnet, im Hinblick auf jene nach § 35 S 2 2. und 3. Variante wird von sachenrechtlichen[230] bzw sachbezogenen[231]

verbindlichkeitserklärungen von Tarifverträgen. Dazu iErg zutr OVG NW OVGE 29, 96f mN: generell-abstrakte Regelung. Vgl dazu im übrigen *Kopp* (Fn 58) § 35 Rn 31 mwN.

223 OVGE 16, 289f.

224 *Wolff/Bachof/Stober* (Fn 59) § 45 Rn 79; *Volkmar* (Fn 220) 150f; *v Mutius* (Fn 14) 167, 199f; OVG NW OVGE 16, 289f. Im Erg auch *Maurer* (Fn 18) § 9 Rn 20.

225 Vgl auch *Volkmar* (Fn 220) 128.

226 AA *v Mutius* (Fn 14) 206ff.

227 Vgl auch § 31 S 2 SGB X.

228 So *Maurer* (Fn 18) § 9 Rn 32.

229 So *Weides* Verwaltungsverfahren und Widerspruchsverfahren, 3. Aufl 1993, 31.

230 *Weides* (Fn 229) 32.

231 *Kopp* (Fn 58) § 35 Rn 65.

Allgemeinverfügungen gesprochen.[232] Sachbezogene Allgemeinverfügungen werden auch als dingliche Verwaltungsakte bezeichnet.[233] Dies ist unproblematisch, solange man sich bewußt bleibt, daß die Annahme von Rechtsbeziehungen zwischen Personen und Sachen sich als rechtstechnische Verkürzung sachbezogener Rechtsverhältnisse unter Personen darstellt.[234]

Die adressatenbezogene Allgemeinverfügung setzt gemäß § 35 S 2 1. Variante VwVfG voraus, daß sich der Verwaltungsakt an einen nach allgemeinen Merkmalen bestimmten oder bestimmbaren Personenkreis richtet. An einen nach allgemeinen Merkmalen bestimmten oder bestimmbaren Personenkreis muß sich indes auch jeder allgemeine Rechtssatz richten. Täte er das nicht, so wären die durch ihn Verpflichteten oder Berechtigten nicht feststellbar und der Rechtssatz aus diesem Grunde – wie jede andere Regelung auch – unwirksam.[235] Wenn der Gesetzgeber in § 35 S 2 VwVfG des Bundes auf Anregung des Bundesrates[236] schließlich auch den „bestimmbaren Personenkreis" aufgenommen hat, so ist bei dieser Formulierung übersehen worden, daß alles, was bestimmbar ist, auch bestimmt ist.[237] Mag dergestalt auch die gesetzliche Formulierung mißglückt sein, so ist doch der mit ihr verfolgte Zweck zu beachten und bei der Anwendung dieser Vorschrift umzusetzen. Es sollte mit ihr der Tatsache Rechnung getragen werden, daß es Regelungen gibt, die sich an eine bei ihrem Erlaß unbestimmte Zahl von unmittelbaren personalen Adressaten richten, die indes den auch zukünftig betroffenen Personenkreis schon etwas mehr individualisieren, als es in der Regel beim allgemeinen Rechtssatz der Fall ist.[238] Dies wird dadurch bewirkt, daß die gegenwärtig oder künftig von der Regelung Betroffenen alle durch ihre Beziehung zu dem im Zeitpunkt des Erlasses bestimmten geregelten Sachverhalt – Benutzung der X-Straße, Teilnahme an der Demonstration v 20.4.1977 – gekennzeichnet sind.[239]

Die personenbezogene Allgemeinverfügung unterscheidet sich von der von **51**
Hans J. Wolff sog *Sammelverfügung*, die ein Bündel von einzelnen Verwaltungsakten darstelle, deren unmittelbare personale Adressaten und geregelte Sachverhalte im Zeitpunkt ihres Erlasses bestimmt sind,[240] dadurch, daß sie das Einzelfall-

232 Vgl auch *Gornig* Die sachbezogene hoheitliche Maßnahme, 1985, 48f; *Weides* (Fn 229) 31; *Obermayer* (Fn 138) § 35 Rn 248ff; *Stelkens* (Fn 62) § 35 Rn 200ff.

233 So zuerst *Niehues* DÖV 1965, 319f; *ders* FS Wolff, 1973, 247f. Ihm folgend *Wolff/Bachof/Stober* (Fn 59) § 45 Rn 89ff; *Menger* und *Erichsen* VerwArch 59 (1968) 366ff; *Kopp* (Fn 58) § 35 Rn 65; *Stelkens* (Fn 62) § 35 Rn 222; *Henneke* (Fn 138) § 35 Rn 5.2.7; VG Münster NJW 1967, 1630f; VGH BW BWVP 1974, 58 und NJW 1981, 1749, 1750; BayVGH BayVBl 1983, 20; BVerwG NVwZ 1986, 834, 835.

234 Was etwa *Grund* DVBl 1974, 449ff verkennt. Vgl dazu *Niehues* FS Wolff, 1973, 245, 247f. Gegen *Grund v Mutius* DVBl 1974, 904f.

235 Vgl *Volkmar* (Fn 220) 59f; *Menger* und *Erichsen* (Fn 233) 368; *Gornig* (Fn 232) 51.

236 Vgl BT-Drucks 7/4494, 8; 7/910, 102, 109.

237 Vgl schon *Volkmar* (Fn 220) 68 und auch *Vogel* (Fn 173) 619; *H. Meyer* (Fn 42) § 35 Rn 68.

238 Unzutr HessVGH NVwZ 1984, 116, 117.

239 *Ehlers* (Fn 112) 65 verlangt zusätzlich, daß der angesprochene Personenkreis darüber hinaus zumindest in etwa übersehbar sein müsse.

240 *Wolff/Bachof/Stober* (Fn 59) § 45 Rn 77.

kriterium in die Zukunft öffnet und die Regelung des Verwaltungsakts für Zu- und Abgänge im unmittelbaren personalen Adressatenkreis freigibt. Im Gegensatz zum allgemeinen Rechtssatz regelt die Allgemeinverfügung jedoch immer einen konkreten Sachverhalt.[241]

52 Sachbezogene Allgemeinverfügungen sind nach § 35 S 2 2. und 3. Variante VwVfG dadurch gekennzeichnet, daß sie die öffentlich-rechtliche Eigenschaft einer Sache oder ihre Benutzung durch die Allgemeinheit betreffen. Der Sachverhalt, der den durch die Regelung betroffenen, bei ihrem Erlaß aber unbestimmten Kreis unmittelbarer Regelungsadressaten in gewisser Weise individualisiert, wird hier durch den Bezug auf eine *bestimmte* Sache konkretisiert. Diese Sache kann in der Weise betroffen sein, daß ihr durch Allgemeinverfügung der *Status einer öffentlichen Sache* verliehen – Widmung[242] – oder ganz bzw teilweise entzogen wird – Entwidmung[243]. Die öffentlich-rechtliche Eigenschaft einer „Sache" ist aber auch dann Gegenstand der Regelung, wenn es etwa um die Umstufung[244] oder Umbenennung[245] von Straßen, die Eintragung in das Naturdenkmalbuch,[246] die Eintragung eines Grundstücks in die Denkmalliste,[247] die Festsetzung eines Wasserschutzgebietes iSd § 19 Abs 1 WHG[248] oder die Einrichtung eines militärischen Sicherheitsbereichs nach § 2 Abs 2 UZwGBw[249] geht. Um ihre „Benutzung durch die Allgemeinheit" iSd § 35 S 2 3. Variante VwVfG geht es bei der Freigabe von Wasserskistrecken oder der Nutzung von Wasserschutzgebieten iSd § 19 Abs 2 Nr 1 WHG[250] und Anordnungen über die Öffnungszeiten von Apotheken nach § 4 Abs 2 S 1 LadenschlußG.[251]

Regelungen dieser Art sind daher – vorbehaltlich abweichender landesgesetzlicher Einstufung – Allgemeinverfügungen. Demgegenüber ist bei der Ordnung der Benutzung von Anstalten oder sonstigen Einrichtungen nicht eine Sache iSd § 35 S 2 VwVfG betroffen.[252] Insoweit kann es nur um Regelungen nach § 35 S 2 1. Variante VwVfG gehen.[253]

[241] Das wird etwa von *Fuß* DÖV 1964, 522, 526 und von *J. Martens* DVBl 1968, 322, 328 für unerheblich gehalten.

[242] Vgl dazu BGH DÖV 1968, 132; *Krämer* (Fn 218) 208f; u § 42 Rn 1ff; *Maurer* (Fn 18) § 9 Rn 33; ausf *Axer* Die Widmung als Schlüsselbegriff des Rechts der öffentlichen Sachen, 1994, 30ff.

[243] Vgl *H. Meyer* (Fn 42) § 35 Rn 71; *Kopp* (Fn 58) § 35 Rn 67.

[244] Vgl VGH BW BWVP 1984, 111; *H. Meyer* (Fn 42) § 35 Rn 71; *Salzwedel* in: Schmidt-Aßmann, Bes VwR, 8. Abschn Rn 23.

[245] Vgl OVG NW NJW 1987, 2695; BayVGH BayVBl 1988, 496; VGH BW NVwZ 1992, 196; *H. Meyer* (Fn 42) § 35 Rn 71.

[246] Dazu *Wolff/Bachof/Stober* (Fn 59) § 45 Rn 90.

[247] OVG NW NVwZ-RR 1995, 314.

[248] BayVGH BayVBl 1968, 321; *H. Meyer* (Fn 42) § 35 Rn 71; aA BVerwGE 18, 1, 3f; 29, 207.

[249] BVerwG NJW 1990, 2076.

[250] Vgl HessVGH DÖV 1966, 871.

[251] Vgl BVerwG NJW 1990, 787; BayVGH NJW 1986, 1564, 1565.

[252] Vgl dazu *Ehlers* (Fn 112) 65f.

[253] So auch *Axer* (Fn 242) 185. AA *H. Meyer* (Fn 42) § 35 Rn 74; *Maurer* (Fn 18) § 9 Rn 34.

Bis heute umstritten ist die Frage, ob solche Verkehrszeichen, die Ge- oder Verbote begründen, Allgemeinverfügungen oder Rechtsnormen sind. Das Verkehrszeichen, das ein Ge- oder Verbot anordnet, trifft eine Regelung darüber, in welcher Weise eine Straße an einer ganz bestimmten Stelle von Personen benutzt werden darf. Besonders plastisch wird dies beim Haltverbot, welches in einem bestimmten räumlichen Bereich jedes Halten von Kraftfahrzeugen verbietet. Die Zahl der Personen, die von diesem Haltverbot betroffen sein wird, ist beim Erlaß dieser Regelung nicht abzusehen. Bei Verkehrszeichen, die Ge- oder Verbote begründen, handelt es sich mithin um Regelungen, die die Benutzung einer Sache durch die Allgemeinheit festlegen, und damit um Allgemeinverfügungen gemäß § 35 S 2 3. Variante VwVfG[254]. 53

§ 13
Wirksamkeit und Bindungswirkung des Verwaltungsakts

Gemäß § 41 Abs 1 VwVfG muß ein Verwaltungsakt demjenigen Beteiligten (vgl § 13 VwVfG), für den er bestimmt ist (Adressat) oder der von ihm betroffen wird (so der Dritte beim Verwaltungsakt mit belastender Drittwirkung), *bekanntgegeben* werden.[1] Erst mit der Bekanntgabe wird er dem Adressaten oder Betroffenen gegenüber wirksam (§ 43 Abs 1 VwVfG). Damit ist die sog äußere Wirksamkeit gemeint, die von der inneren Wirksamkeit[2] der durch den Verwaltungsakt getroffenen Regelung zu unterscheiden ist.[3] Die gesetzliche Regelung der äußeren Wirksamkeit entspricht rechtsstaatlichen Grundsätzen. Der Verwaltungsakt bleibt wirksam, solange und soweit er nicht durch die Behörde zurückgenommen oder widerrufen, anderweitig aufgehoben oder durch Zeitablauf oder auf andere Weise erledigt ist (§ 43 Abs 2 VwVfG). Wirksamkeit mit der Folge seiner Verbindlichkeit entfaltet auch der rechtswidrige Verwaltungsakt, falls er nicht an einem solchen 1

[254] *Stelkens* (Fn 62) § 35 Rn 176; *Kopp* (Fn 58) § 35 Rn 67; *Henneke* (Fn 138) § 35 Rn 6.2; *H. Meyer* (Fn 42) § 35 Rn 74; BVerwGE 59, 221, 224f; 92, 32, 34; BVerwG DÖV 1988, 694; NJW 1995, 1977 (dazu *Erichsen* JK 96, VwVfG § 38/1); BayVGH NVwZ 1984, 383f mit Anm *Renck* NVwZ 1984, 355. AA *Vogel* in: Drews/Wacke/Vogel/Martens, Gefahrenabwehr, § 23 Nr 7c; BayVGH NJW 1978, 1988, denen zufolge es sich bei Verkehrszeichen um Rechtsnormen handelt. Das BVerfG hat die Verkehrszeichen bereits vor Erlaß der VwVfGe als Allgemeinverfügungen qualifiziert und damit alsbald Gefolgschaft in der zunächst recht unterschiedlichen, ganz überwiegend jedoch zur Annahme von Rechtsverordnungen tendierenden Rechtsprechung gefunden, vgl BVerfG NJW 1965, 2395; BVerwGE 27, 181, 182f; 32, 204, 205; *Menger* und *Erichsen* VerwArch 56 (1965) 374, 378ff und VerwArch 59 (1968) 366f; *Prutsch* JuS 1980, 566ff.

[1] Vgl ausf u § 38 Rn 19ff sowie *Erichsen/Hörster* Jura 1997, 659ff.

[2] Die innere Wirksamkeit kann früher oder später eintreten; vgl BVerwGE 55, 212, 215ff; zur rückwirkenden Widmung vgl OVG Lüneburg nds StädteT 1988, 226.

[3] Hierzu ausf *Seibert* Die Bindungswirkung von Verwaltungsakten, 1988, 206ff; *Sachs* in: Stelkens/Bonk/Sachs, VwVfG, § 43 Rn 158ff.

Mangel leidet, der zur Nichtigkeit führt.[4] Nur der nichtige Verwaltungsakt ist unwirksam (§ 43 Abs 3 VwVfG).

2 Die *Wirksamkeit des Verwaltungsakts* ist in mehrfacher Hinsicht von Bedeutung. Sie äußert sich zunächst im Verhältnis zum *Adressaten.* Dieser wird etwa verpflichtet, eine in einem Verwaltungsakt festgelegte Regelung zu befolgen. Will der Adressat die Befolgungspflicht hemmen, muß er Widerspruch einlegen oder Anfechtungsklage erheben (§ 68 Abs 1 VwGO), denen idR aufschiebende Wirkung zukommt (§ 80 Abs 1 VwGO).

3 Mit dem Wirksamwerden des Verwaltungsakts wird sodann die *erlassende Behörde* gebunden. Will sie sich von einem wirksam gewordenen Verwaltungsakt lösen, so ist das nur unter Beachtung der Regeln für Widerruf, Rücknahme und Wiederaufgreifen des Verfahrens (im engeren Sinn – § 51 VwVfG) möglich.[5] Problematisch ist in diesem Zusammenhang die Frage, inwieweit die Behörde auch in einem nachfolgenden anderen Verfahren an einen Verwaltungsakt gebunden ist, den sie in einem früheren Verfahren erlassen hat.[6] Hier ist zu differenzieren: Es ist der Behörde verwehrt, im neuen Verfahren zum Nachteil des Adressaten von einer ihm gewährten Begünstigung abzuweichen.[7] Anderenfalls würde sie nämlich die Vorschriften über Widerruf und Rücknahme begünstigender Verwaltungsakte bzw die Vorschrift über das Wiederaufgreifen des Verfahrens (§ 51 VwVfG) umgehen. Von besonderer Bedeutung ist die in einem weiteren Sinne vorgreifliche *Bindungswirkung von Teilentscheidungen* für nachfolgende Entscheidungen in *gestuften* Verwaltungsverfahren.[8] Das gilt namentlich in bezug auf Vorbescheid und Teilgenehmigung im Atomrecht und im Recht des Immissionsschutzes.[9] Zwar bestehen noch manche Unklarheiten hinsichtlich des Rechtsgrundes und des Ausmaßes der solchen Teilregelungen zukommenden Bindungswirkung.[10] Es läßt sich aber nicht bezweifeln, daß die Behörde sich bei Folgeentscheidungen nicht in Widerspruch zum Regelungsgehalt einer Vorentscheidung setzen darf. Hat sie zB durch Vorbescheid oder (Teil-)Errichtungsgenehmigung die Eignung des Standortes für eine Anlage bejaht, ist sie bei der Entscheidung über die Betriebsgenehmigung daran gebunden, also nicht befugt, die Standorteignung nun in Frage zu

4 Vgl zur Nichtigkeit u § 15 Rn 24ff.

5 Vgl dazu u §§ 16ff; *Erichsen/Knoke* NVwZ 1983, 185, 189.

6 Vgl *Erichsen/Knoke* (Fn 5) 190ff; *J. Ipsen* Verw 17 (1984) 169, 186ff, der insoweit plastisch von „verfahrensübergreifender Verbindlichkeit" spricht.

7 *Wolff/Bachof* VwR I § 52 III b; *J. Ipsen* (Fn 6) 189; vgl auch BVerwGE 58, 124, 127. Für ein generelles Abweichungsverbot *Seibert* (Fn 3) 192ff; *Sachs* (Fn 3) § 43 Rn 39f.

8 Vgl hierzu *Seibert* (Fn 3) 457ff, 479ff.

9 Vgl o § 12 Rn 34 und u § 38 Rn 25ff; BVerwG UPR 1985, 138; OVG Lüneburg NVwZ 1987, 342ff.

10 Vgl etwa BVerwGE 72, 300, 307ff; *Klante* BayVBl 1987, 5, 8ff sowie *Büdenbender/Mutschler* Bindungs- und Präklusionswirkung von Teilentscheidungen nach BImSchG und AtG, 1979, 70ff; *Selmer* Vorbescheid und Teilgenehmigung im Immissionsschutzrecht, 1979, 34ff; *Seibert* (Fn 3) 457ff; 479ff; *Ossenbühl* NJW 1980, 1353ff; *Selmer/Schulze-Osterloh* JuS 1981, 393ff; *Breuer* VerwArch 72 (1981) 261, 263ff; *Rengeling* NVwZ 1982, 217ff; *Scheuing* VVDStRL 40 (1982) 176ff; *v Mutius/Schoch* DVBl 1983, 149, 151ff; *Sachs* (Fn 3) § 43 Rn 72ff; zur Bindungswirkung eines Bauvorbescheides vgl BVerwGE 68, 241, 243ff; BVerwG NJW 1984, 1473; NVwZ 1989, 863; *Dürr* JuS 1984, 770, 772f.

stellen.[11] Man wird indes darüber noch hinausgehen und eine Bindung auch an das in der Teilentscheidung enthaltene vorläufige positive Gesamturteil hinsichtlich der ganzen Anlage anerkennen müssen. Dieses Urteil präjudiziert jedenfalls insoweit, als die Sach- und Rechtslage unverändert bleibt.[12]

Darüber hinaus stellt sich die Frage, ob und inwieweit die durch einen Verwaltungsakt gesetzte Rechtsfolge im Verhältnis zu einem nachfolgenden Verwaltungsakt eine präjudizielle Wirkung dergestalt entfaltet, daß ihr Inhalt der späteren Entscheidung maßgeblich und unangreifbar zugrunde zu legen ist. Ob eine derartige materielle Bestandskraft[13] anzuerkennen ist, wird an anderer Stelle[14] erörtert.[15]

Für die Bindung *anderer Behörden* an einen wirksamen Verwaltungsakt gilt **4**
folgendes: Unbestreitbar müssen sie bei ihren Entscheidungen von seiner Existenz ausgehen. Man kann hier von *Tatbestandswirkung* des Verwaltungsakts sprechen und damit an die Tatsache seines Vorhandenseins anknüpfen.[16] Allerdings ist die Terminologie recht uneinheitlich.[17] Unter „Tatbestandswirkung" ist auch die Bindung an den *Inhalt* der Regelung eines fremden Verwaltungsakts zu verstehen.[18] Eine solche Bindung ist anzuerkennen, weil sonst das System der Zuständigkeitsverteilung aus den Angeln gehoben würde;[19] dies gilt auch, soweit es sich um Behörden eines anderen Rechtsträgers innerhalb der Bundesrepublik Deutschland handelt.[20] Darüber hinaus sind die Behörden der Bundesrepublik Deutschland auch an den Inhalt der Regelung eines Verwaltungsakts gebunden, der von einer Behörde eines EG-Mitgliedstaates erlassen worden ist, wenn und soweit innerstaatlich unmittelbar anwendbares EG-Recht eine derartige Bindungswirkung vorschreibt (sog transnationaler Verwaltungsakt).[21] Dagegen sind andere Behörden

[11] OVG Lüneburg NVwZ 1987, 342, 343.

[12] Ebenso OVG Lüneburg NVwZ 1987, 342, 343; *Seibert* (Fn 3) 463; differenzierend *Sachs* (Fn 3) § 43 Rn 82; vgl auch *Gerhardt* DVBl 1989, 125, 132 ff.

[13] Für einen Verzicht auf diesen Begriff *Seibert* (Fn 3) 188.

[14] § 38 Rn 45 ff; vgl dazu auch *Erichsen/Knoke* (Fn 5) 185 ff.

[15] Vgl auch BVerwGE 48, 271, 275 ff. Soweit das Gericht allerdings meint, der Antragsteller dürfe durch die Bestandskraft der Ablehnung nicht gehindert sein, die Frage der Rechtmäßigkeit des Vorhabens wenigstens einmal in einem „mit allen rechtsstaatlichen Garantien ausgestatteten gerichtlichen Verfahren zur Prüfung stellen zu können" (277), überzeugt das nicht; vgl dazu *Krebs* VerwArch 67 (1976) 415 f; *J. Ipsen* (Fn 6) 191 ff; *Erichsen/Knoke* (Fn 5) 191; BVerfGE 60, 253, 269 f.

[16] Vgl *Jesch* Die Bindung des Zivilrichters an Verwaltungsakte, 1956, 58 ff; *Kopp* VwVfG, Vorbem 26 vor § 35.

[17] Vgl *J. Ipsen* (Fn 6) 176 ff; *Seibert* (Fn 3) 69 ff.

[18] *Erichsen/Knoke* (Fn 5) 189. Ein spezieller Fall der Tatbestandswirkung ist die sogenannte „Legalisierungswirkung" von Genehmigungen bei der Frage der Haftung für Altlasten; vgl hierzu *Fluck* VerwArch 79 (1988) 406 ff.

[19] Vgl auch *Knöpfle* BayVBl 1982, 225, 228 f; BVerwGE 74, 315, 320, 325 f; *Seibert* (Fn 3) 259 ff; *Klappstein* in: Knack, VwVfG, § 43 Rn 2.2.4; differenzierend *Sachs* (Fn 3) § 43 Rn 99 ff; *M. Schröder* VVDStRL 50 (1991) 221 f.

[20] *Seibert* (Fn 3) 259 ff; speziell für das Bund-Länder-Verhältnis VG Hannover NJW 1988, 1928 ff; *Bleckmann* NVwZ 1986, 1 ff; *Seibert* (Fn 3) 271 ff.

[21] Vgl *Neßler* NVwZ 1995, 863 ff; *Engel* Verw 25 (1992) 437, 451 f; *Schmidt-Aßmann* DVBl 1993, 924, 935 f sowie o § 12 Rn 10.

an die einem Verwaltungsakt *zugrunde liegenden Erwägungen und Feststellungen* nur dann gebunden, wenn das gesetzlich bestimmt ist.[22] *Feststellungswirkung* in diesem Sinn[23] hat nach § 15 Abs 5 BVFG der zum Nachweis der Vertriebenen- oder Flüchtlingseigenschaft erteilte Ausweis der Vertriebenenbehörde hinsichtlich der Feststellung der deutschen Volkszugehörigkeit. Diese Feststellung bindet die Einbürgerungsbehörde bei der Prüfung gemäß Art 116 Abs 1 GG, ob der Antragsteller die deutsche Volkszugehörigkeit besitzt.[24] In zunehmendem Umfang sieht der Gesetzgeber vor, daß für ein Vorhaben *verschiedene Genehmigungen mehrerer Behörden* erforderlich sind (zB Baugenehmigung und gaststättenrechtliche Erlaubnis, atomrechtliche Genehmigung und Baugenehmigung). Die Frage, ob und ggf inwieweit hier eine Genehmigung die Prüfungskompetenz der für die Erteilung der anderen Genehmigung(en) zuständigen Behörde(n) beschränkt, ist weitgehend ungeklärt.[25] Sie dürfte sich auch nicht einheitlich beantworten lassen.[26] Insoweit bleibt der *Gesetzgeber* aufgerufen, das *Bindungsproblem bereichsspezifisch zu* regeln.

5 Die *Gerichte* aller Gerichtsbarkeiten sind grundsätzlich ebenfalls an Existenz und Inhalt eines wirksamen Verwaltungsakts gebunden.[27] Das folgt aus dem Verfassungsprinzip der Gewaltenteilung. Das Grundgesetz hat dieses Prinzip jedoch nicht in reiner Form verwirklicht, läßt vielmehr in beträchtlichem Umfang die Gewaltenhemmung durch Gewaltenverschränkung und Gewaltenkontrolle sowie die Gewaltenverlagerung zu.[28] Der Gewaltenkontrolle dient insbes auch der (verwaltungs-)gerichtliche Rechtsschutz gegen belastende Verwaltungsakte (Art 19 Abs 4 GG, §§ 40, 42, 113 VwGO). Im Rahmen der ihnen damit übertragenen Kontrollkompetenz gegenüber der vollziehenden Gewalt besteht selbstverständlich keine Bindung der Gerichte. Der Begriff Tatbestandswirkung bezieht sich mithin allein auf die Bindung nicht betroffener Dritter, anderer Behörden sowie der Gerichte, welche nicht selbst zur Aufhebung des Verwaltungsakts befugt sind.[29] Außerdem ist zu beachten, daß es Fälle gibt, in denen ein Gericht zwar nicht zur Aufhebung von Verwaltungsakten, wohl aber zur Prüfung ihrer Rechtmäßigkeit bzw Rechtswidrigkeit berufen ist; dies ist etwa bei der Amtshaftung (Art 34 GG, § 839 BGB)[30]

[22] BVerwG NVwZ 1987, 496f; *Sachs* (Fn 3) § 43 Rn 151f; *Klappstein* (Fn 19) § 43 Rn 2.2.4.3.

[23] Zum Begriff vgl *Seibert* (Fn 3) 127ff.

[24] BVerwGE 34, 90ff; 35, 316ff; zur Feststellungswirkung der Statusentscheidungen der Versorgungsbehörden nach § 3 Abs 1 und 4 des Schwerbehindertengesetzes vgl BVerwGE 66, 315ff.

[25] Nach OVG NW NWVBl 1988, 106ff hat die Baugenehmigung für die atomrechtliche Genehmigung keine bindende Wirkung; anders hingegen OVG Lüneburg DVBl 1983, 184, 186.

[26] Eingehend und grundsätzlich zur Problematik *Jarass* Konkurrenz, Konzentration und Bindungswirkung von Genehmigungen, 1984; *Seibert* (Fn 3) 353ff; vgl auch *Gaentzsch* NJW 1986, 2787ff; *Ortloff* NJW 1987, 1665ff.

[27] *H. Meyer* in: Meyer/Borgs, VwVfG, § 43 Rn 9; vgl auch BVerwG NVwZ 1987, 496; *Scherzberg* DVBl 1991, 84, 91ff; *Broß* VerwArch 78 (1987) 91, 101ff.

[28] BVerfGE 34, 59f; 68, 1, 86f.

[29] Vgl *Erichsen/Knoke* (Fn 5) 189.

[30] Vgl BGHZ 9, 129, 131; 86, 356, 359; 99, 182, 186; BGH NJW 1991, 1168; ausf *Scherz-*

und beim Widerstand gegen Vollstreckungsbeamte (§ 113 StGB)[31] der Fall. Weitergehend sieht der Bundesgerichtshof die Zivilgerichte stets dann zu einer Prüfung der Rechtmäßigkeit eines Verwaltungsakts berufen, wenn es sich um eine Vorfrage für die durch das Gericht zu treffende Entscheidung handelt und der Verwaltungsakt nicht Gegenstand eines verwaltungsgerichtlichen Verfahrens war; unter Berücksichtigung der verschiedenen Funktionen des Verwaltungsverfahrens und des gerichtlichen Urteils sei eine Bindungswirkung des Verwaltungsakts für das nachfolgende gerichtliche Verfahren abzulehnen.[32] Nicht abschließend geklärt ist die Frage der Bindung der Strafgerichte an atomrechtliche oder andere verwaltungsrechtliche Genehmigungen im Bereich des Umweltstrafrechts[33] sowie an behördliche Duldungen.[34]

§ 14
Nebenbestimmungen

Begriff und wesentliche Erscheinungsformen der Nebenbestimmungen hat das Verwaltungsrecht dem Privatrecht entlehnt. Die Beifügung solcher Nebenbestimmungen zu Verwaltungsakten hat sich zu einer viel geübten Praxis der Verwaltungsbehörden entwickelt, die sich dieses Mittels vornehmlich zu dem Zweck bedienen, begünstigende Verwaltungsakte inhaltlich oder zeitlich zu begrenzen. 1

I. Arten

Als Nebenbestimmungen können einem Verwaltungsakt Befristung, Bedingung, Widerrufsvorbehalt, Auflage und Vorbehalt der nachträglichen Aufnahme, Änderung oder Ergänzung einer Auflage beigefügt werden (§ 36 VwVfG). 2

1. Befristung, Bedingung und Widerrufsvorbehalt

Befristung ist eine Bestimmung, nach der eine Begünstigung oder Belastung zu einem bestimmten Zeitpunkt beginnt, endet oder für einen bestimmten Zeitraum gilt (Beispiel: Erteilung der Erlaubnis zur Aufstellung eines Werbestandes einer 3

berg (Fn 27) 91ff; krit *Berkemann* DVBl 1986, 183, 184; *Broß* (Fn 27) 111; *Schmidt-Aßmann* DVBl 1987, 216, 218; aA *Ortloff* (Fn 26) 1670; *Jeromin* NVwZ 1991, 543ff.

[31] Vgl dazu und zum Begriff der Rechtswidrigkeit in § 113 StGB: *Lorenz* DVBl 1971, 165, 171f; *Mohrbotter* JZ 1971, 213ff; *W. Meyer* NJW 1972, 1845ff; *Günther* NJW 1973, 309; KG NJW 1972, 781 m Anm *Rostek*, 1335f; *Wagner* JuS 1975, 224ff; *Ostendorf* JZ 1981, 165ff; *Geppert* Jura 1989, 274ff.

[32] BGHZ 112, 363, 365; 117, 159 und dazu *Coester-Waltjen* JK 92, BGB § 459/12. Zur Prüfungskompetenz der ordentlichen Gerichtsbarkeit in Bezug auf die Wirksamkeit eines öffentlich-rechtlichen Vertrages vgl BVerwG NJW 1997, 3257, 3258.

[33] Vgl *Horn* NJW 1988, 2335ff; *Franzheim* JR 1988, 319ff; *Sachs* (Fn 3) § 43 Rn 110f; *Heine* NJW 1990, 2425ff. Für eine grundsätzliche Bindung der Strafgerichte *Ossenbühl* DVBl 1990, 963, 972f.

[34] Vgl *Wasmuth/Koch* NJW 1990, 2434ff; *M. Schröder* (Fn 19) 226.

politischen Partei auf einem öffentlichen Platz während eines Monats vor dem Wahltag).

4 Unter *Bedingung* versteht man eine Bestimmung, nach der die innere Wirksamkeit der Regelung des Verwaltungsakts, also der Eintritt oder der Wegfall einer Begünstigung oder einer Belastung von dem ungewissen Eintritt eines zukünftigen Ereignisses abhängt. Es sind also wie im Privatrecht (§ 158 BGB) aufschiebende und auflösende Bedingungen zu unterscheiden (Beispiel: vorsorgliche, durch den Eintritt des Verteidigungsfalles bedingte Einberufung eines gedienten Wehrpflichtigen)[1]. Wird die innere Wirksamkeit des Verwaltungsakts von einem zukünftigen Verhalten des Verwaltungsaktadressaten abhängig gemacht, spricht man von einer Potestativbedingung[2] (Beispiel: Baugenehmigung mit der Maßgabe, daß Einstellplätze für Kraftfahrzeuge geschaffen werden).[3]

5 Der *Widerrufsvorbehalt* ist eine besondere Art der auflösenden Bedingung. Ungewisses zukünftiges Ereignis, von dem der Wegfall des Verwaltungsakts abhängt, ist die Ausübung des vorbehaltenen Widerrufs (Beispiel: Begründung des Beamtenverhältnisses auf Widerruf, wenn der Beamte einen Vorbereitungsdienst abzuleisten hat; vgl § 3 Abs 1 Nr 4 BRRG, § 5 Abs 2 BBG).

2. Auflage und Auflagenvorbehalt

6 a) Bei der *Auflage* handelt es sich um eine Bestimmung, durch die dem Adressaten eines begünstigenden Verwaltungsakts ein Tun, Dulden oder Unterlassen vorgeschrieben wird. In der Verwaltungspraxis ergibt sich häufig die Notwendigkeit, einen Verwaltungsakt noch nach seinem Erlaß mit Auflagen zu versehen oder diese zu ergänzen. Ein entsprechender *Vorbehalt* ermöglicht es der Verwaltung, den Verwaltungsakt den gewandelten Erfordernissen anzupassen, ohne Entschädigung leisten zu müssen, was anderenfalls unter Umständen der Fall wäre.[4] Die Auflage ist auch angesichts des zunehmenden Ausmaßes kooperativen Verwaltungshandelns[5] die praktisch weitaus bedeutsamste aller Nebenbestimmungen. Namentlich als „Instrument der Wirtschaftsverwaltung“[6] ist sie unentbehrlich geworden.

7 b) Die Auflage ist im Gegensatz zu den übrigen Nebenbestimmungen nicht integrierter Bestandteil des Verwaltungsakts, dem sie beigegeben wird. Sie ist zwar nicht selbst Verwaltungsakt, sondern als Nebenbestimmung Gegenstand einer ein-

[1] BVerwGE 27, 263, 265 f; gegen die Zulässigkeit derart bedingter Einberufungsbescheide VG Saarl NJW 1968, 516.

[2] Vgl dazu *Erichsen* VwR u VwGbkt, 77 f.

[3] BVerwGE 29, 261, 265; VGH BW VBlBW 1995, 29; dazu *Erichsen* JK 95, VwVfG § 36/6.

[4] Vgl dazu u § 18 Rn 16; ausf zum Auflagenvorbehalt *Kloepfer* Verw 8 (1975) 295 ff; krit dazu *Schachel* Nebenbestimmungen zu Verwaltungsakten, 1979, 45 ff.

[5] Dazu § 32.

[6] *H. Krüger* DVBl 1955, 450 ff, 518 ff; zur Auflage bei der Vergabe von Subventionen vgl *Götz* Recht der Wirtschaftssubventionen, 1966, 45 ff; *Schleich* NJW 1988, 236 ff; zu Geldleistungsauflagen *Schachel* DVBl 1980, 1038 ff; zur Verwendung der Auflage im Planungsrecht *Mößle* BayVBl 1982, 193 ff und 231 ff.

heitlichen Entscheidung.[7] Ihr kommt aber definitionsgemäß Regelungscharakter zu. Ihre Befolgung kann daher auch erzwungen werden. Den Unterschied zwischen (aufschiebender) Bedingung und Auflage hat besonders plastisch *C. F. von Savigny* formuliert: „Die Bedingung... suspendiert, zwingt aber nicht, der Modus zwingt, aber suspendiert nicht".[8] Ungeachtet dieser klaren begrifflichen Trennung erweist sich die *Abgrenzung* bisweilen als *problematisch,* wenn eine Nebenbestimmung dem Verwaltungsaktadressaten ein bestimmtes Verhalten aufgibt.[9] Dafür ist nicht zuletzt mangelnde Genauigkeit der Gesetzes- und Verwaltungssprache verantwortlich. So kann sich etwa die Kategorisierung von „Baubedingungen" als außerordentlich schwierig erweisen.[10] In Zweifelsfällen bedarf es daher der Auslegung. Dabei hängt die Beantwortung der Frage, ob es sich im Falle einer Verhaltenserwartung um eine Auflage oder eine Potestativbedingung handelt, davon ab, ob die Verwaltung die innere Wirksamkeit der Hauptregelung von dem aufgegebenen Verhalten abhängig machen wollte oder nicht. Sofern dies dem Wortlaut des Bescheides und/oder den Umständen nicht eindeutig zu entnehmen ist, wird nach dem rechtsstaatlichen Grundsatz des Übermaßverbots regelmäßig der Annahme einer Auflage als der den Adressaten weniger belastenden Beschränkung der Vorzug zu geben sein.[11]

c) Nach Ansicht eines Teils von Rechtsprechung und Lehre ist von der Auflage **8**
die sogenannte „modifizierende Auflage" zu unterscheiden. Eine modifizierende Auflage soll vorliegen, wenn eine Nebenbestimmung den Gegenstand der Bewilligung selbst berührt bzw einschränkt oder abändert, also den Inhalt der Genehmigung selbst qualitativ verändert.[12] Die Bezeichnung „modifizierende Auflage" ist indes irreführend und das Institut entbehrlich.[13] Sofern eine Begünstigung nicht wie beantragt gewährt wird (zB Erteilung einer Baugenehmigung für ein Haus mit Flachdach statt des beantragten Satteldaches), liegt eine Ablehnung des Antrags verbunden mit der Genehmigung eines anderen Vorhabens vor, nicht aber eine

7 Vgl *Erichsen* Jura 1990, 214, 217; so auch *H. Meyer* in: Meyer/Borgs, VwVfG, § 36 Rn 19; *Obermayer* VwVfG, § 36 Rn 59; *Fehn* DÖV 1988, 202ff; aA *Kopp* VwVfG, § 36 Rn 29; *Stelkens* in: Stelkens/Bonk/Sachs, VwVfG, § 36 Rn 32.

8 System des heutigen römischen Rechts, 3. Bd 1840, 231.

9 Vgl BVerwG DÖV 1988, 299, 300. Wird die Erteilung einer Lizenz davon abhängig gemacht, daß zuvor eine Kaution gestellt wurde, soll nach BVerwGE 85, 24, 27 eine Auflage mit dem Inhalt vorliegen, daß der Antragsteller die Einbehaltung der Kaution zu dulden hat.

10 *Weyreuther* DVBl 1969, 232ff.

11 Vgl dazu *Roellecke* DÖV 1968, 333ff; *Weyreuther* (Fn 10) 232ff; *Kopp* (Fn 7) § 36 Rn 23; *Schachel* (Fn 4) 74ff, 150ff; *Erichsen* (Fn 2) 77f; *dens* (Fn 7) 215; abw *Stelkens* (Fn 7) § 36 Rn 31.

12 BVerwGE 36, 145, 154; 65, 139, 142; 85, 24, 26; BVerwG DÖV 1974, 380, 381; *Henneke* in: Knack, VwVfG, § 36 Rn 3.6; *Stelkens* (Fn 7) § 36 Rn 48 mwN.

13 So auch *Schachel* Jura 1981, 449, 455; *Rumpel* BayVBl 1987, 577, 580f; *Fehn* (Fn 7) 210; *Erichsen* (Fn 7) 216; *Brenner* JuS 1996, 281, 285; *Wolff/Bachof* VwR I, § 49 I f; vgl auch *Ehlers* VerwArch 67 (1976) 369ff; *B.-F. Hoffmann* DVBl 1977, 514ff; *K. Lange* AöR 102 (1977) 377ff; *Maurer* Allg VwR, § 12 Rn 16; *Cöster* Kassation, Teilkassation und Reformation von Verwaltungsakten durch die Verwaltungs- und Finanzgerichte, 1978, 50ff; *H.-J. Schneider* Nebenbestimmungen und Verwaltungsprozeß, 1981, 134ff.

Nebenbestimmung iS von § 36 VwVfG.[14] Vorhabenbezogene Auflagen, wie zB die Festsetzung von Emissions- und Immissionswerten, folgen dagegen den für Auflagen allgemein geltenden Regeln.[15]

II. Zulässigkeit

9 Die Frage, ob einem Verwaltungsakt Nebenbestimmungen beigegeben werden dürfen, hat der Gesetzgeber bisweilen ausdrücklich entschieden, indem er die Beifügung entweder verboten[16] oder gestattet[17] bzw sogar geboten[18] hat. Unabhängig von solchen gesetzlichen Regelungen sind etliche Verwaltungsakte ihrer Natur nach in freilich unterschiedlichem Umfang nebenbestimmungsfeindlich. So duldet zB die Einbürgerung als statusbegründender Verwaltungsakt aus Gründen der Rechtssicherheit keinerlei Beschränkung durch Nebenbestimmungen.[19]

10 Von derartigen Fällen abgesehen, hängt die Zulässigkeit lästiger Nebenbestimmungen zu begünstigenden Verwaltungsakten entscheidend davon ab, ob ein Anspruch auf den Erlaß des begünstigenden Verwaltungsakts besteht oder sein Erlaß in das Ermessen der Behörde gestellt ist.

Ein Verwaltungsakt, auf dessen Erlaß *ein Anspruch besteht,* darf mit einer Nebenbestimmung nur versehen werden, wenn sie gesetzlich zugelassen ist oder wenn sie sicherstellen soll, daß die gesetzlichen Voraussetzungen des Verwaltungsakts erfüllt werden (§ 36 Abs 1 VwVfG).[20] Das grundsätzliche Erfordernis gesetzlicher Zulassung folgt daraus, daß die Nebenbestimmung den Anspruch beschränkt. Dazu ist die Verwaltung nur kraft gesetzlicher Ermächtigung befugt.[21] Anders verhält es sich nur dort, wo die Nebenbestimmung der Sicherstellung gesetzlich vorgesehener Voraussetzungen dient; denn hier räumt die Nebenbestimmung gerade anspruchshindernde Versagungsgründe aus[22] (Beispiel: Erteilung einer Gaststättenerlaubnis mit Auflagen zu dem Zweck, die Betriebsräume in einen Zustand zu versetzen, der die Versagung der Erlaubnis nach § 41 Nr 2 Gast-

[14] *Erichsen* (Fn 7) 216; *Wolff/Bachof* (Fn 13) § 49 I f; *H. Meyer* (Fn 7) § 36 Rn 20. OVG NW NWVBl 1989, 99 spricht auch in diesem Fall der vom Antrag abw erteilten Baugenehmigung von einer modifizierenden Auflage; hingegen ist das BVerwG in E 69, 37, 39 für diesen Fall vom Begriff der modifizierenden Auflage abgerückt.

[15] So auch *H. Meyer* (Fn 7) § 36 Rn 20. Bemerkenswert ist, daß auch das BVerwG den Begriff der „modifizierenden Auflage" in einigen neueren Entscheidungen nicht mehr verwendet; vgl BVerwG NJW 1987, 1346 und BVerwGE 75, 271 zur eingeschränkten Genehmigung eines Bebauungsplans nach § 11 BauGB; anders, das Vorliegen einer modifizierenden Auflage allerdings verneinend, BVerwGE 85, 24, 26.

[16] ZB § 15 Abs 4 PBefG.

[17] ZB §§ 3, 5 GaststättenG; § 8 Abs 2 HandwO; § 17 Abs 1 S 2–4 AtomG.

[18] ZB § 8 Abs 2 FStrG und die entspr Bestimmungen der Landesstraßengesetze.

[19] BVerwGE 27, 263, 266.

[20] So kann die Baugenehmigung nach den Landesbauordnungen mit Auflagen und unter Bedingungen erteilt werden. Vgl zur Bedeutung solcher Regelungen *Schachel* (Fn 4) 99 ff; zur Zulässigkeit kartellrechtlicher Auflagen vgl BGH NJW 1984, 2697 ff.

[21] Vgl dazu u § 15 Rn 13 f.

[22] Vgl BVerwG DÖV 1988, 299, 300.

stättenG nicht [mehr] zulassen würde). Bei Verwaltungsakten, die dauerhaft eine Leistung gewähren, darf eine Befristung nach § 36 Abs 1 2. Alt VwVfG auch erfolgen, wenn zwar bei Erlaß des Verwaltungsakts dessen Voraussetzungen vorliegen, mit der Befristung aber sichergestellt werden soll, daß die Voraussetzungen erfüllt bleiben. Der Sicherstellung des „Erfülltwerdens" steht die des „Erfülltbleibens" gleich; die Sicherstellungsfunktion erstreckt sich bei einem Dauerverwaltungsakt auch auf den Fortbestand der Voraussetzungen.[23]

Begünstigenden Verwaltungsakten, deren Erlaß im behördlichen Ermessen steht, dürfen gemäß § 36 Abs 2 VwVfG Nebenbestimmungen ohne besondere gesetzliche Grundlage beigefügt werden. Problematisch erscheint, ob diese Regelung dem verfassungsrechtlichen Gebot des Vorbehalts des Gesetzes[24] gerecht wird. Befristung, Bedingung und Widerrufsvorbehalt schränken lediglich die in dem Verwaltungsakt geregelte Begünstigung ein, ohne den Verwaltungsaktadressaten darüber hinaus zu belasten. Insoweit schließt das Recht zur Vorenthaltung einer Begünstigung dasjenige auf ihre Gewährung unter Beschränkungen ein. Hingegen stellt die unter Auflagen gewährte Begünstigung kein bloßes Minus zur uneingeschränkten Begünstigung dar, sondern gibt die Möglichkeit der zwangsweisen Durchsetzung einer gesonderten Verpflichtung; der Erlaß der Auflage bedarf daher einer gesetzlichen Ermächtigung. Dieses Erfordernis entfällt auch nicht, wenn im Einzelfall der Saldo zwischen Begünstigung und Belastung positiv ausfällt;[25] die gesetzliche Ermächtigung wird auch nicht, wie die Lehre vom Verwaltungsakt auf Unterwerfung annimmt, durch die Zustimmung des Betroffenen ersetzt.[26] 11

§ 36 Abs 2 VwVfG stellt den Erlaß von Nebenbestimmungen allein in das pflichtgemäße Ermessen der Behörde, ohne den Ermächtigungszweck zu bestimmen. Als dem verfassungsmäßigen Bestimmtheitsgebot entsprechende gesetzliche Ermächtigung ist § 36 Abs 2 VwVfG daher nur hinreichend, wenn die Norm verfassungskonform restriktiv dahin ausgelegt wird,[27] daß sie nur zum Erlaß solcher Nebenbestimmungen ermächtigt, die sich im Rahmen der Zwecksetzung des Verwaltungsakts und der zu seinem Erlaß ermächtigenden gesetzlichen Regelung halten, also sachbezogen und sachgerecht sind (vgl § 40 VwVfG).[28] Diese Sachbezogenheit ist zB gewahrt, wenn eine wasserrechtliche Genehmigung zu dem Zweck befristet wird, eine eventuelle spätere Entschädigungspflicht des Staates aufgrund eines Widerrufs der Genehmigung zu begrenzen.[29] Unstatthaft ist mithin die Verfolgung *ressortfremder* öffentlicher Interessen.[30]

Darüber hinaus setzt bereits der Begriff der Nebenbestimmung voraus, daß zwischen der mit dem Verwaltungsakt getroffenen Hauptregelung und der Neben-

23 VGH BW BWVP 1988, 78, 79; *Erichsen* VerwArch 66 (1975) 299, 307; *Obermayer* (Fn 7) § 36 Rn 70; aA *H. Meyer* (Fn 7) § 36 Rn 30.
24 Vgl hierzu o § 9 Rn 7ff, § 10 sowie *Erichsen* StR u VerfGbkt I, 84ff.
25 So aber die sogenannte Saldotheorie, vgl *Schleich* (Fn 6) 236ff; abl *H. Meyer* (Fn 7) § 36 Rn 33.
26 Vgl o § 12 Rn 23.
27 So auch *H. Meyer* (Fn 7) § 36 Rn 33.
28 BVerwGE 36, 145, 154; zu eng und eigentlich überflüssig daher § 36 Abs 3 VwVfG.
29 BVerwG NVwZ 1988, 147, 148.
30 So auch *Stelkens* (Fn 7) § 36 Rn 81.

bestimmung ein innerer Zusammenhang besteht. Unzulässig sind daher – vorbehaltlich spezialgesetzlicher Regelungen – mit einem begünstigenden Verwaltungsakt verbundene Regelungen, die nicht den Adressaten, sondern *einen Dritten* zu einem bestimmten Tun, Dulden oder Unterlassen verpflichten.[31]

12 Rechtliche Bindungen des behördlichen Ermessens enthalten schließlich die Grundrechte und das Übermaßverbot (Beispiel: A erhält die Erlaubnis, auf dem Bürgersteig einer öffentlichen Straße einen Zeitschriftenkiosk aufzustellen. Der Erlaubnis ist die Auflage beigefügt, daß nur solche Druckwerke verkauft werden dürfen, die nach dem Gutachten des Jugendausschusses des Stadtrates unbedenklich auch Jugendlichen zugänglich gemacht werden können. Die Aufstellung eines Zeitschriftenkiosks ist erlaubnisbedürftige Sondernutzung, die Beifügung von Auflagen ist an sich zulässig [§ 8 Abs 1 und 2 FStrG und die entsprechenden Bestimmungen der Landesstraßengesetze]. Die beigefügte Auflage leidet jedoch an mehreren Mängeln: Da weder straßen- noch verkehrsrechtlich motiviert, ist sie vom Gesetzeszweck nicht gedeckt.[32] Zur Verfolgung des Auflagenzwecks fehlt der Gemeinde ferner die Zuständigkeit, wie das GjS ergibt, das auch inhaltlich eine solche Maßnahme nicht zuläßt, die überdies gegen Art 5 Abs 1 S 3 und 12 Abs 1 GG verstößt).

13 Wird einem begünstigenden Verwaltungsakt unzulässigerweise eine lästige Nebenbestimmung beigefügt, so stellt sich die – wie der vorstehende Sachverhalt zeigt – für den Adressaten wichtige Frage, ob die *Rechtswidrigkeit* der *Nebenbestimmung* den *Verwaltungsakt als Ganzes* ergreift oder dessen *günstiger* Teil *davon unberührt bleibt*. Es handelt sich dabei um einen Ausschnitt aus dem Problemkreis der *Teilrechtswidrigkeit* von Verwaltungsakten, der sogleich zusammenhängend behandelt wird.[33]

§ 15
Rechtmäßigkeit und Rechtswidrigkeit von Verwaltungsakten

1 Der Entscheidung der Frage, ob ein Verwaltungsakt rechtmäßig oder rechtswidrig ist, kommt im rechtsstaatlichen Verwaltungsrecht eine außerordentliche Bedeutung zu. Das leuchtet ohne weiteres ein, wenn man sich vergegenwärtigt, daß sich an die Feststellung der Rechtmäßigkeit oder Rechtswidrigkeit eines Verwaltungsakts ganz *unterschiedliche Rechtsfolgen* anknüpfen. So haben etwa Anfechtungs- und Verpflichtungsklage nur Erfolg, sofern der belastende Verwaltungsakt bzw die Ablehnung oder Unterlassung des begünstigenden Verwaltungsakts rechtswidrig ist (§ 113 Abs 1 und 5 VwGO). Ferner folgt der Widerruf rechtmäßiger Verwaltungsakte anderen Rechtsregeln als die Rücknahme rechtswidriger Verwaltungsakte. Und schließlich spielt die Frage der Rechtmäßigkeit oder Rechtswidrig-

[31] VG Potsdam NVwZ 1994, 925; dazu *Erichsen* JK 95, VwVfG § 35/5.
[32] Vgl zu diesem Aspekt *W. Schmidt* NVwZ 1985, 167ff.
[33] Vgl dazu u § 15 Rn 29ff.

keit eines Verwaltungsakts auch im System der öffentlich-rechtlichen Entschädigungs- und Schadensersatzleistungen eine wesentliche Rolle.

Ob ein Verwaltungsakt rechtmäßig oder rechtswidrig ist, beurteilt sich grundsätzlich nach der Rechts- und Sachlage im Zeitpunkt der (letzten) Verwaltungsentscheidung.[1] Maßgeblich ist daher der Zeitpunkt des Erlasses des Verwaltungsakts oder des Widerspruchsbescheids. Eine spätere Änderung der Verhältnisse führt weder zur Rechtswidrigkeit eines rechtmäßig erlassenen noch zur Rechtmäßigkeit eines ursprünglich rechtswidrigen Verwaltungsakts.[2] Die Behörde kann aber verpflichtet sein, einen Verwaltungsakt aufzuheben, dessen Aufrechterhaltung sich infolge neuer und für seinen Inhalt wesentlicher Umstände als rechtswidrig erweist.[3] Das gilt einmal in bezug auf noch nicht vollzogene Verwaltungsakte, zum anderen für *Verwaltungsakte mit Dauerwirkung*. Darunter sind solche Verwaltungsakte zu verstehen, die auf Dauer angelegte Rechtsverhältnisse zur Entstehung bringen und sich so ständig neu aktualisieren (zB Rentenbescheid, Gewerbeerlaubnis).[4] 2

Die folgende Darstellung wendet sich zunächst den Voraussetzungen zu, die erfüllt sein müssen, um einen Verwaltungsakt – bezogen auf den Zeitpunkt seines Erlasses – als rechtmäßig erscheinen zu lassen. Im Anschluß daran ist dann der rechtswidrige Verwaltungsakt zu behandeln.

I. Der rechtmäßige Verwaltungsakt

Voraussetzung für die Rechtmäßigkeit eines Verwaltungsakts ist zunächst, daß die Behörde zum Gebrauch der Handlungsform Verwaltungsakt befugt war. Darüber hinaus ist erforderlich, daß er von der *zuständigen Behörde* im *richtigen Verfahren* und in der *gehörigen Form* erlassen worden ist und *nicht an inhaltlichen Mängeln* leidet.[5] Die damit bezeichneten Rechtsbindungen sind in anderen Zusammenhängen ausführlich zu behandeln. An dieser Stelle genügt es daher, einen Überblick zu geben. 3

1. Zulässigkeit der Handlungsform Verwaltungsakt

Die Behörde muß befugt sein, durch Verwaltungsakt zu handeln.[6] Allerdings wird die Frage nach dem Erfordernis einer gesetzlichen Regelung, die der Verwaltung diese Befugnis zur verbindlichen Einzelfallregelung verleiht, unterschiedlich beant- 4

[1] *Kopp* VwGO, § 113 Rn 23; dies gilt auch für die Entscheidung der Behörde nach §§ 48, 49 VwVfG, vgl *Erichsen* VwR u VwGbkt I, 124 mwN.

[2] BVerwGE 11, 334, 335f; 42, 206, 209; 51, 15, 24f; BVerwG DVBl 1973, 861, 863; NJW 1975, 1373f und NVwZ 1988, 260, 261f; vgl auch BVerwG NVwZ 1990, 653f; NVwZ 1990, 654 Nr 7; zu den Konsequenzen für die Überprüfung atom- und immissionsschutzrechtlicher Genehmigungen vgl *Breuer* DVBl 1981, 300ff; vgl auch u § 17 Rn 6.

[3] Vgl dazu u § 20, das BVerwG hält in diesem Zusammenhang unter bestimmten Voraussetzungen auch eine Anfechtungsklage für zulässig, vgl BVerwGE 28, 202, 204f; 59, 148, 159f.

[4] Anders bei Kettenverwaltungsakten wie zB der Gewährung von Sozialhilfe.

[5] *Wolff/Bachof/Stober* VwR I, § 48 Rn 16; *Maurer* Allg VwR, § 10 Rn 2.

[6] Vgl zB zur Befugnis der Gemeinden aus § 191 Abs 1 S 1 AO, einen Steuerschuldner durch VA in Form des Duldungsbescheides in Anspruch zu nehmen, BVerwG NJW 1991, 242.

wortet. So wird die Auffassung vertreten, daß der Grundsatz vom Vorbehalt des Gesetzes nur für den Inhalt des Verwaltungshandelns gelte, nicht aber für die Handlungsform.[7] Die grundsätzliche Möglichkeit der Verwaltung, kraft hoheitlicher Gewalt tätig zu werden, beinhalte die Befugnis zum Handeln durch Verwaltungsakt.[8] Speziell bei Leistungs- und Erstattungsbescheiden – und hier vor allem im Bereich des Beamten- und Soldatenverhältnisses – geht das Bundesverwaltungsgericht von der Zulässigkeit dieser Handlungsform auch ohne ausdrückliche Ermächtigung aus. Dies wird mit der Annahme eines allgemeinen Gewaltverhältnisses zwischen Staat und Bürger, das die Verwaltung außerhalb des Grundsatzes vom Gesetzesvorbehalt einseitig verbindlich konkretisieren dürfe,[9] dem Rückgriff auf einen allgemeinen Rechtsgrundsatz, der der Exekutive diese Befugnis einräume,[10] und schließlich unter Bezug auf ein diesbezügliches Gewohnheitsrecht begründet.[11] Die Rückforderung von Subventionen durch Verwaltungsakt wird mit dem Hinweis für zulässig erachtet,[12] daß die Verwaltung das, was sie mittels Verwaltungsakt gewähre, auch in derselben Handlungsform zurückfordern dürfe.

Die Frage nach der Geltung des Gesetzesvorbehalts muß ausgehend von Inhalt und Reichweite dieses Prinzips beantwortet werden. Es gehört nach wie vor zu seinen Regelungsgehalten, daß Belastungen des Bürgers nur aufgrund eines Gesetzes erfolgen dürfen.[13] Soweit also der Einsatz der Handlungsform Verwaltungsakt einen eigenen Eingriffswert aufweist, bedarf es einer gesetzlichen Grundlage. Die gegenüber der Rechtsprechung des BVerwG durchweg kritische Literatur fragt, ob der Gesetzesvorbehalt auch für das „Wie" des Eingriffs gelte,[14] was letztlich nur sinnvoll ist, wenn man davon ausgeht, daß es einen Eingriff durch einen Verwaltungsakt als solchen geben kann.[15] Ein eigenständiger Eingriff durch die Handlungsform des Verwaltungsakts wird zT darin gesehen, daß sich die Verwaltung mit dem Erlaß eines Verwaltungsakts selbst einen Vollstreckungstitel schaffe und dem Bürger die Widerspruchs- und Prozeßlast auferlegt werde.[16] Inhalt und Form sind jedoch insoweit nicht trennbar. Die Beeinträchtigung eines Betroffenen liegt beispielsweise nicht darin, daß von ihm 250,– DM verlangt werden und dies dar-

[7] So zB BVerwGE 28, 1, 9; *Maurer* (Fn 5) § 10 Rn 5.

[8] *Maurer* (Fn 5) § 10 Rn 5.

[9] Vgl BVerwGE 18, 283, 285 f; 21, 270, 272f.

[10] S BVerwGE 19, 243, 245.

[11] So BVerwGE 19, 243, 245; 21, 1, 2; BVerwG NJW 1977, 1838; zu diesen Begründungsansätzen vgl ausf *Erichsen* (Fn 1) 70f.

[12] Vgl u § 29 Rn 31 und die Angaben dort unter Fn 156f; krit zur Kehrseitentheorie *Hill* DVBl 1989, 321, 323f. Positivrechtliche Regelung für das VwVfG in § 49 a Abs 1 S 2.

[13] Vgl o § 9 Rn 7ff.

[14] Vgl *Renck* JuS 1965, 129, 130, 132f; *G. Arndt* Der Verwaltungsakt als Grundlage der Verwaltungsvollstreckung, 1967, 43; *Bachof* Rspr BVerwG II, 23f; *Achterberg* DÖV 1971, 397, 403f. Auch noch *Menger* und *Erichsen* VerwArch 57 (1966) 379; 61 (1970) 177f.

[15] Vgl *Arbeiter* Die Durchsetzung gesetzlicher Pflichten, 1978, 130.

[16] Vgl *Schenke* JuS 1979, 886, 887; *Osterloh* JuS 1983, 280, 283; *Löwenberg* Die Geltendmachung von Geldforderungen im Verwaltungsrecht, 1967, 49f; *Schwerdtfeger* Öffentliches Recht in der Fallbearbeitung, 10. Aufl 1997, Rn 66; *Wallerath* Allg VwR, § 2 II 1a.

über hinaus in der Form des Verwaltungsakts geschieht, sondern der Verwaltungsakt wird überhaupt erst existent durch Beschreibung des Zahlungsverlangens, dh seines Regelungsgehaltes, und das Verlangen, 250,– DM zu zahlen, wird erst deshalb zum Eingriff, weil es in der Form des Verwaltungsakts ergeht.[17]

Man muß sich vergegenwärtigen, daß die Anwendung eines Gesetzes auf einen konkreten Sachverhalt kein mechanistischer Prozeß ist, bei dem der Rechtsanwender „en quelque façon nul“ ist, sondern daß hier ein Nachvollzug einer gesetzgeberischen Interessenbewertung erfolgt, die in der Regel allgemein, dh generell und abstrakt formuliert und damit mit einem gewissen Maß an Offenheit und Unbestimmtheit[18] verbunden ist.[19] Doch liegen die Probleme der Rechtsanwendung nicht nur im Bereich des Normativen, der Auslegung, sie sind auch mit der für die Sachverhaltsermittlung notwendigen Tatsachenfeststellung verbunden. Das Recht gilt in gewissem Umfange nach Maßgabe der Entscheidung der zu seiner Anwendung mit Bindungswirkung Berufenen.[20]

Ist eine Äußerung der Verwaltung darauf gerichtet, die im Verhältnis von Staat und Bürger bestehenden Unsicherheiten zu beseitigen, indem sie die generelle und abstrakte Regelung des Gesetzes durch Verwaltungsakt verbindlich konkretisiert und individualisiert, so legt die Verwaltung rechtsgestaltend fest, was im Einzelfall Rechtens sein soll, und trifft damit eine Regelung.[21] Der Verwaltungsakt besitzt mithin einen eigenen Eingriffswert.

Der Gesetzesvorbehalt nimmt allerdings die leistungsgewährende Verwaltung heute von seinem Geltungsanspruch nicht mehr aus.[22] So hat das BVerfG den Gesetzesvorbehalt vom Erfordernis des Eingriffs gelöst und auf alle für die Grundrechtsverwirklichung wesentlichen Entscheidungen erstreckt.[23] Es bedarf daher der Prüfung, ob auch dann, wenn dem Bürger gegenüber Leistungen in der Form des Verwaltungsakts bewilligt (Bewilligungsbescheid) oder erbracht werden (Erteilung einer Genehmigung), dies nur zulässig ist, wenn der Einsatz der Handlungs-

17 Vgl *Arbeiter* (Fn 15) 135f; auch OVG NW NJW 1976, 2036, 2037; OVG NW DÖV 1982, 124.

18 Vgl etwa *Larenz* Methodenlehre, 6. Aufl 1991, 204f; *Esser* Vorverständnis und Methodenwahl in der Rechtsfindung, 1970, 45f, 62f; *Engisch* Einführung in das juristische Denken, 8. Aufl 1983, 106f; *Dreier* FS Wolff, 1973, 3, 6f; *Roth* JuS 1975, 617f; *Brugger* AöR 119 (1994) 1, 13ff.

19 Vgl dazu o § 12 Rn 28.

20 Vgl dazu *Hart* Der Begriff des Rechts, 1973, 169; *Erichsen* VerwArch 63 (1972) 337, 344; *Hoffmann-Riem* Staat 13 (1974) 335, 347f; *Schnapp* Zuständigkeitsverteilung zwischen Kreis und kreisangehörigen Gemeinden, 1973, 28; *J. Martens* AöR 89 (1964) 429, 432f; *dens* ZZP 79 (1966) 404, 411f; *W. Schmidt* Gesetzesvollziehung durch Rechtsetzung, 1969, 119f, 142; *Ossenbühl* DVBl 1974, 309f.

21 Vgl dazu *Siemer* Normenkontrolle durch Feststellungsklage?, 1971, 38, 43f; *Hoffmann-Becking* DÖV 1972, 196, 199; auch *Bettermann* VVDStRL 17 (1959) 118f; *W. Schmidt* (Fn 20) 141f; *Löwenberg* (Fn 16) 42f; *J. Martens* DVBl 1968, 322, 324; *dens* JuS 1975, 69, 72f und NVwZ 1982, 480, 484; *Stelkens/Stelkens* in: Stelkens/Bonk/Sachs, VwVfG, § 35 Rn 77; *Arbeiter* (Fn 15) 138; OVG NW NJW 1976, 2036, 2037; BSGE 42, 178, 179f.

22 *Erichsen* DVBl 1983, 289, 293f; vgl aber auch o § 9 Rn 14.

23 BVerfGE 49, 89, 126.

form Verwaltungsakt gesetzlich vorgesehen ist. Insoweit ist zu bedenken, daß auch in diesen Fällen eine Individualisierung und Konkretisierung des Staat-Bürger-Verhältnisses durch den Verwaltungsakt stattfindet. Auch insoweit ist ein spezifischer Regelungswert durchaus gegeben,[24] kann in dem Einsatz der Handlungsform ein grundrechtsverwirklichender Effekt liegen.

2. Zuständigkeit, Verfahren, Form

5 a) Es entspricht einem Prinzip arbeitsteiliger Organisationen und zugleich einem elementaren rechtsstaatlichen Gebot, daß die Verwaltungsbehörden nur im Rahmen der ihnen zugewiesenen *Zuständigkeit* zum Erlaß von Verwaltungsakten befugt sind. Die Verteilung der Zuständigkeiten auf die verschiedenen Träger öffentlicher Verwaltung und ihre Behörden ist Gegenstand des Rechts der Verwaltungsorganisation, das unten dargestellt werden wird.[25] Hier sollen deshalb nur diejenigen Erfordernisse kurz bezeichnet werden, die beim Erlaß eines Verwaltungsakts und bei der Prüfung seiner Rechtmäßigkeit zu beachten sind. Dabei handelt es sich um die internationale, die sachliche, die instanzielle und die örtliche Zuständigkeit.

5a Die *internationale* Zuständigkeit zum Erlaß eines Verwaltungsakts ist nur ausnahmsweise dann nicht gegeben, wenn etwa die Europäischen Gemeinschaften im Rahmen ihrer Kompetenzen ausschließlich für den Vollzug von Gemeinschaftsrecht zuständig sind.[26]

6 Die *sachliche* Zuständigkeit bezieht sich auf den Gegenstand der Regelung, also darauf, ob die Behörde in bezug auf die betreffende Angelegenheit wahrnehmungsbefugt ist. Diese Befugnis setzt zunächst die *Verbandskompetenz* voraus. Damit ist die Zuständigkeit des Verwaltungsträgers (Bund, Land, Gemeinde, sonstige juristische Person des öffentlichen Rechts) gemeint, dem die Behörde angehört.[27] Für das Verhältnis von Bund und Ländern sind insoweit die Art 30, 83 ff GG maßgeblich.[28] Den Gemeinden eignet im Rahmen der Gesetze eine umfassende Zuständigkeit zur Regelung aller Angelegenheiten der örtlichen Gemeinschaft.[29] Die Aufgaben und Zuständigkeiten sonstiger juristischer Personen des

[24] Vgl *Arbeiter* (Fn 15) 134 f. Für eine Erstreckung des Gesetzeserfordernisses auf die Befugnis zum Handeln durch VA bei einer Ausdehnung des Gesetzesvorbehaltes auf die Leistungsverwaltung auch *Ehlers* Verw 31 (1998) 53, 59.

[25] Vgl §§ 51 ff.

[26] Vgl o § 3 Rn 52 ff.

[27] Zur Verbandskompetenz vgl ausf *Oldiges* DÖV 1989, 873 ff.

[28] Vgl dazu u § 51 Rn 18 ff. Im Fall des Vollzugs unmittelbar anwendbaren Gemeinschaftsrechts sind die Art 83 ff GG lediglich analog anwendbar; vgl o § 3 Rn 59.

[29] So Art 28 Abs 2 GG und die Landesverfassungen und Gemeindeordnungen der Flächenstaaten. Zum Begriff der Angelegenheiten der örtlichen Gemeinschaft vgl *Schmidt-Aßmann* in: ders, Bes VwR, Rn 14 ff; *Erichsen* Kommunalrecht NW, 2. Aufl 1997, § 16 B 2a; *Ehlers* NWVBl 1990, 44, 47 f; *Lehngut* DÖV 1989, 655, 657 ff; *Schmidt-Jortzig* DÖV 1989, 142, 144 ff; *Schoch* VerwArch 81 (1990) 18, 34 ff; BVerfGE 50, 195, 201 f; 56, 298, 312 ff; 79, 127, 143 ff; zur Problematik, ob und auf welche Weise ein Gemeindebürger gegen die Überschreitung der gemeindlichen Verbandskompetenz vorgehen kann, vgl *Oebbecke* NVwZ 1988, 393 ff.

öffentlichen Rechts werden gesetzlich bestimmt.[30] Ist die Verbandskompetenz gegeben, richtet sich die sachliche Zuständigkeit weiter nach der *Abgrenzung* der einzelnen *Verwaltungszweige (Ressorts)* und der *verschiedenen Behörden desselben* Ressorts.[31] So ist zB die Aufgabe der Gefahrenabwehr in den einzelnen Bundesländern in mannigfacher Weise auf Vollzugspolizei und (allgemeine sowie besondere) Ordnungsbehörden (Verwaltungspolizei) verteilt.[32]

Die sachlich zuständige Behörde muß auch *instanziell,* dh im Instanzenzug der hierarchisch gegliederten Verwaltungsorganisation, zuständig sein. In der Regel ist die Zuständigkeit zur Erledigung von Sachaufgaben der jeweils unteren Instanz zugewiesen; so sind zB für die Aufgabe der Gefahrenabwehr allenthalben grundsätzlich die örtlichen Ordnungsbehörden zuständig.[33] Nur in den gesetzlich geregelten Fällen dürfen vorgesetzte Behörden eine Sache an sich ziehen und an Stelle nachgeordneter Behörden tätig werden (Selbsteintritts- oder Evokationsrecht).[34] Ein Recht zum Selbsteintritt begründet zB § 44 Abs 1 S 2 StVO. Hilft die Ausgangsbehörde einem Widerspruch gegen einen Verwaltungsakt nicht ab, so ist für den Erlaß des dann erforderlichen Widerspruchsbescheides regelmäßig die nächsthöhere Behörde instanziell zuständig (§ 73 Abs 1 Nr 1 VwGO). Die Verfehlung der innerhalb der sachlich zuständigen Behörde bestehenden Zuständigkeit eines bestimmten Amtswalters ist in der Regel ohne Folgen für die Rechtmäßigkeit des Verwaltungsakts, wird sie doch durchweg nur durch behördeninterne Geschäftsverteilungspläne geregelt.[35] Ein Verstoß gegen diese zum Innenrecht gehörenden Regelungen macht den Verwaltungsakt nicht rechtswidrig.[36] **7**

Ein Verwaltungsakt ist schließlich nur rechtmäßig, wenn ihn die im Rahmen ihrer sachlichen Zuständigkeit auch *örtlich* zuständige Behörde erlassen hat. Die örtliche Zuständigkeit markiert die räumlichen Grenzen, in denen eine sachlich zuständige Behörde handeln darf. Behörden können für das gesamte Gebiet eines Verwaltungsträgers oder für bestimmte Teile desselben zuständig sein, die als Bezirke bezeichnet werden. Auf den mit verschiedenen Anknüpfungspunkten ver- **8**

30 Vgl für die Hochschulen § 2 des Hochschulrahmengesetzes idF v 9.4.1987 (BGBl I, 1170) und die Hochschulgesetze der Länder.

31 Vgl ausf *Wolff/Bachof* VwR II, § 72 II.

32 Vgl dazu *Vogel* in: Drews/Wacke/Vogel/Martens, Gefahrenabwehr, § 7 Nr 4c.

33 Vgl *Vogel* (Fn 32) § 7 Nr 5.

34 Vgl dazu u § 52 Rn 45; *Vogel* (Fn 32) § 7 Nr 5 c; prinzipiell anders allein § 1 Abs 4 des hamburgischen Gesetzes über Verwaltungsbehörden idF v 30.7.1952 (GVBl I, 163): Der Senat kann allgemein und im Einzelfall Weisungen erteilen und Angelegenheiten selbst erledigen, auch soweit eine Fachbehörde oder ein Bezirksamt zuständig ist.

35 Vgl *Maurer* (Fn 5) § 21 Rn 50; *Eiselstein* JuS 1987, 30, 32; zu den Geschäftsverteilungsplänen s u § 52 Rn 38; zu den Verwaltungsvorschriften s o § 6 Rn 30ff. Hinzuweisen ist allerdings darauf, daß im Polizeirecht aufgrund ausdrücklicher gesetzlicher Bestimmung bestimmte Eingriffe nur von dem Behördenleiter angeordnet werden dürfen; vgl dazu *Lisken/Mokros* NVwZ 1991, 609ff.

36 Dazu *Knoke* Rechtsfragen der Rücknahme von Verwaltungsakten, 1989, 44ff. Zur Unbeachtlichkeit eines Verstoßes gegen Innenrecht für die Beurteilung der Rechtmäßigkeit eines Verwaltungsakts vgl auch u Rn 22a.

bundenen Bezirk der Behörde stellen zur Bestimmung der örtlichen Zuständigkeit § 3 VwVfG des Bundes und die Verwaltungsverfahrensgesetze der Länder ab.[37]

9 Die Ermittlung der Zuständigkeit ist gelegentlich überaus mühsam.[38] Das liegt einmal an der Vielzahl und Unübersichtlichkeit der einschlägigen Gesetze und Rechtsverordnungen. Es kommt hinzu, daß die Zuständigkeiten der Behörden bisweilen auch lediglich durch Verwaltungsvorschriften[39] festgelegt werden, die nicht dem Gebot der Verkündung in den Gesetz- und Verordnungsblättern unterliegen. Da von Verfassungs wegen *kein umfassender Vorbehalt* des *Gesetzes* für die Regelung der *Behördenzuständigkeiten besteht,*[40] ist eine solche Praxis unbedenklich, soweit nicht für bestimmte Bereiche kraft ausdrücklicher Anordnung oder im Hinblick auf die „Wesentlichkeit" der Regelung[41] diese durch Gesetz oder auf seiner Grundlage durch Rechtsverordnung getroffen werden muß. Zuständigkeitsbegründende Verwaltungsvorschriften haben Außenwirkung und bedürfen daher der Publikation.[42]

b) Ein Verwaltungsakt ist ferner nur dann rechtmäßig, wenn er in einwand-
10 freier Art und Weise zustande gekommen ist, die Behörde also das vorgeschriebene *Verfahren* beachtet hat.[43] Wichtige Verfahrensgrundsätze sind etwa das Verbot der Mitwirkung befangener Amtswalter (§§ 20f VwVfG), die Anhörung des Betroffenen (§§ 28f VwVfG) und die gesetzlich angeordnete Beteiligung anderer Behörden (vgl zB § 36 BauGB). Welche Erfordernisse in verfahrensrechtlicher Hinsicht im einzelnen Beachtung verlangen, wird ausführlich im Abschnitt über das Verwaltungsverfahren erörtert.[44] Auch das Gemeinschaftsrecht enthält Verfahrensvorschriften, die von deutschen Behörden bei Erlaß eines Verwaltungsakts zu beachten sein können. Dies ist etwa dann möglich, wenn der Verwaltungsakt im

[37] Ausf zur örtlichen Zuständigkeit *Wolff/Bachof* (Fn 31) § 72 III.

[38] In Übungs- und Prüfungsarbeiten ist auf die Zuständigkeitsfrage nicht einzugehen, wenn nach dem Sachverhalt die zuständige Behörde gehandelt hat. Wo die Zuständigkeit zu prüfen ist, sollte das nicht vor dem Aufsuchen der Ermächtigungsgrundlage geschehen, da jene von dieser abhängen kann; ebenso *Schwerdtfeger* (Fn 16) Rn 64.

[39] Zu ihnen o § 6 Rn 30ff.

[40] Vgl o § 6 Rn 45 und u § 52 Rn 3; BVerfGE 8, 155, 165ff; 40, 237, 250f; BVerwGE 36, 327ff; BVerwG BayVBl 1972, 161; *Schmidt-Aßmann* FS H. R. Ipsen, 1977, 333ff; aM zB *Finkelnburg/Lässig* VwVfG, 1979 § 3 Rn 3; *Ule/Laubinger* VwVfR, § 10 Rn 15; zum Erfordernis gesetzlicher Ermächtigung bei Beleihung Privater vgl OVG NW NJW 1980, 1406.

[41] Zur Wesentlichkeitstheorie vgl o § 9 Rn 17ff und sogleich u Rn 18.

[42] S o § 6 Rn 57 und BVerfGE 40, 237, 252f, 255. Dieser Forderung wird die Verwaltungspraxis bislang nicht immer ausreichend gerecht; vgl etwa OVG Berlin DVBl 1976, 266. Unter Aufhebung dieser Entscheidung lehnt das BVerwGE 61, 15ff einen Anspruch eines Rechtsanwalts auf Veröffentlichung ausländerrechtlicher Verwaltungsvorschriften ab. Auch ein Anspruch auf Zusendung solcher Richtlinien wird ihm vorenthalten (BVerwGE 61, 40ff). Beide Urteile lassen offen, ob eine objektivrechtliche Publikationspflicht besteht und dieser ggf ein Anspruch der betroffenen Ausländer entspricht. Ein Anspruch einzelner Mitglieder oder Fraktionen einer Gemeindevertretung auf Überlassung gemeindeeigener Verwaltungsvorschriften wird vom BVerwG NWVBl 1990, 154 ebenfalls verneint.

[43] Zu den Verfahrensgeboten und den Verfahrensfehlern s *Hufen* Fehler im Verwaltungsverfahren, 2. Aufl 1991, Rn 46ff, und *Hill* Das fehlerhafte Verfahren und seine Folgen im Verwaltungsrecht, 1986, 301ff.

[44] U §§ 33ff, besonders § 37.

unmittelbaren Vollzug von Gemeinschaftsrecht ergeht[45] oder das Gemeinschaftsrecht eine unmittelbar anwendbare Verfahrensvorschrift enthält, wie dies zB bei Art 93 Abs 3 EGV (Art 88 Abs 3 EGV idF des Amsterdamer Vertrages; vgl o § 3 Rn 4) der Fall ist, der den Mitgliedsstaat verpflichtet, vor der Gewährung von neuen, den Gemeinsamen Markt berührenden Beihilfen die EG-Kommission zu informieren.[46]

c) Schließlich muß die in einem Verwaltungsakt getroffene Entscheidung *inhaltlich* hinreichend *bestimmt* sein (§ 37 Abs 1 VwVfG). Allerdings kann die Frage nach der Bestimmtheit eines Verwaltungsakts nicht ohne Blick auf seinen Inhalt beantwortet werden, so daß das Bestimmtheitsgebot zuweilen nicht als Verfahrensvorschrift, sondern als inhaltliche Anforderung verstanden wird.[47] **11**

d) *Formgebunden* ist ein Verwaltungsakt nur, soweit Rechtssätze, wie zB § 20 Abs 1 S 1 OBG NW, das vorschreiben. Schriftliche Verwaltungsakte sind regelmäßig zu *begründen* (§ 39 VwVfG).[48] **12**

3. Inhaltliche Anforderungen

a) Art 20 Abs 3 GG bindet die vollziehende Gewalt an Gesetz und Recht. Die Bedeutung des damit zum Ausdruck gebrachten Verfassungsprinzips der *Gesetzmäßigkeit der Verwaltung* für das Verwaltungshandeln ist bereits mehrfach hervorgehoben worden.[49] Es handelt sich dabei um ein rechtsstaatliches Postulat, das heute zugleich als demokratisches Verfassungsgebot erscheint.[50] Bei der Beurteilung der Rechtmäßigkeit bzw Rechtswidrigkeit eines Verwaltungsakts tritt die Bindungskraft des Grundsatzes der Gesetzmäßigkeit der Verwaltung in besonderem Maße zutage, und zwar wie folgt: **13**

Sowohl belastende wie begünstigende Verwaltungsakte unterliegen dem *Vorrang des Gesetzes,* dürfen also nicht einem gültigen Rechtssatz widersprechen. Der Vorrang des Gesetzes umfaßt dabei auch alle unmittelbar anwendbaren[51] Normen des Gemeinschaftsrechts, nicht jedoch deutsche Rechtssätze, die mit unmittelbar anwendbarem Gemeinschaftsrecht kollidieren und insoweit unanwendbar sind.[52] Darüber hinaus kann der Erlaß von Verwaltungsakten dem *Vorbehalt des Gesetzes* unterliegen. Dem Vorbehalt des Gesetzes genügt auch unmittelbar anwendbares Gemeinschaftsrecht. Uneingeschränkt gilt der Vorbehalt des Gesetzes für belastende Verwaltungsakte. Er verlangt ihre Rückführbarkeit auf eine gesetzliche Ermächtigungsgrundlage. Auch feststellende Verwaltungsakte können aufgrund **14**

[45] Beispiele dazu bei *Schwarze* Eur VwR II, 1069ff; s a o § 3 Rn 57ff.

[46] Vgl *Erichsen/Buchwald* Jura 1995, 84, 88f mwN.

[47] *H. Meyer* NVwZ 1986, 513, 517; allgemein zur Problematik der Abgrenzung der Verfahrensfehler von inhaltlichen Fehlern *Hill* (Fn 43) 318f.

[48] Zu Form und Inhalt des Verwaltungsakts vgl eingehend u § 38 Rn 5ff.

[49] Vgl § 9 Rn 7ff, § 10.

[50] Zur Entwicklung des Prinzips *Jesch* Gesetz und Verwaltung, 2. Aufl 1968; *Erichsen* Verfassungs- und verwaltungsrechtsgeschichtliche Grundlagen der Lehre vom fehlerhaften belastenden Verwaltungsakt und seiner Aufhebung im Prozeß, 1971, 147ff.

[51] Vgl o § 3 Rn 13f, 26ff.

[52] Zum Anwendungsvorrang von Gemeinschaftsrecht s o § 3 Rn 42ff.

ihrer abschließend feststellenden Wirkung ein belastendes Element enthalten.[53] Beruht ein belastender Verwaltungsakt unmittelbar auf einer Rechtsverordnung oder einer Satzung, so muß diese ihrerseits gesetzlich ermächtigt sein.[54]

15 Problematisch erscheint, ob die strafrechtlichen Bestimmungen über *Notwehr* (§ 32 StGB) und *rechtfertigenden Notstand* (§ 34 StGB) als gesetzliche *Ermächtigungen* iS des *Eingriffsvorbehalts* angesehen werden können. Verfassungsrechtliche Tragweite und politische Brisanz der Frage sind offenkundig.[55] Bei ihrer Beantwortung ist davon auszugehen, daß strafrechtliche Rechtfertigungsgründe und das Prinzip der Gesetzmäßigkeit der Verwaltung auf verschiedenen Ebenen der Rechtsordnung liegen. Ihnen kommen je eigene Funktionen und Rechtsfolgen zu. Notwehr und rechtfertigender Notstand beziehen sich auf an sich strafbare Handlungen und schließen ausnahmsweise zugunsten des Täters deren Rechtswidrigkeit und damit die Strafbarkeit aus. Es spricht manches dafür, daß diese Rechtfertigungsgründe das Handeln eines Amtswalters nicht als solches, sondern nur in seiner Eigenschaft als Privatmann zu rechtfertigen vermögen. Was strafrechtlich als (gerechtfertigte) Tat erscheint, unterliegt als Staatsakt den Grundsätzen des staatlichen Sonderrechts, zu denen als unabdingbares Element auch der Vorbehalt des Gesetzes gehört. Dieser meint und verlangt Rechtssätze, durch die nicht jedermann, sondern eben nur ein Träger hoheitlicher Gewalt berechtigt oder verpflichtet wird.[56] Um derartige Rechtssätze handelt es sich bei den §§ 32 und 34 StGB ersichtlich nicht. Sie sind daher nicht geeignet, Maßnahmen der staatlichen Eingriffsverwaltung die erforderliche spezifisch verfassungsrechtliche Legitimation

[53] Dazu o Rn 4. Vgl BVerwGE 72, 265, 267; zur Rspr zum feststellenden Verwaltungsakt o § 12 Rn 28; *J. Martens* NVwZ 1987, 106 und *Bauer* NVwZ 1987, 112f.

[54] Art 80 Abs 1 GG und die entspr Bestimmungen der Landesverfassungen für Rechtsverordnungen; für das Satzungsrecht *Schmidt-Aßmann* Die kommunale Rechtsetzung im Gefüge der administrativen Handlungsformen und Rechtsquellen, 1981, 7ff; *Bethge* NVwZ 1983, 577ff; BVerwGE 6, 247, 248ff.

[55] Sie wird im Blick auf die Notwehr in Form der Nothilfe für den gezielt tödlichen Schuß der Polizei zum Zweck der Befreiung von Geiseln aus der Hand von Verbrechern diskutiert (Vgl dazu *Vogel* [Fn 32] § 28 Nr 8b; *Götz* Allgemeines Polizei- und Ordnungsrecht, 12. Aufl 1995, Rn 414; *Gloria/Dischke* NWVBl 1989, 37, 42f). Allerdings sehen die geltenden gesetzlichen Regelungen des polizeilichen Schußwaffengebrauchs vor, daß das Recht zum Gebrauch von Schußwaffen auf Grund anderer gesetzlicher Vorschriften bzw die Vorschriften über Notwehr und Notstand unberührt bleiben. Diese Notrechtsvorbehalte werden nicht stets zutr gewürdigt. Ua auf rechtfertigenden Notstand hat sich der BM des Innern zur Rechtfertigung des „Lauschangriffs" des Bundesamtes für Verfassungsschutz durch Einbruch in die Wohnung des Atomwissenschaftlers Dr. *Traube* und das Anbringen eines Abgehörgerätes berufen (Vgl Sten Ber des BT 8. WP, 960, 987). Ausf Berichterstattung über diesen und weitere Abhörfälle in: Der Spiegel Nr 10-13/1977. Auch die Unterbindung des Kontakts zwischen Häftlingen und Verteidigern im Zusammenhang mit der Entführung von *Hanns-Martin Schleyer* im September 1977 ist bis zum Erlaß des sog Kontaktsperregesetzes v 30.9.1977 (BGBl I, 1877) auf § 34 StGB gestürzt worden. Zur Verfassungsmäßigkeit dieses Gesetzes (= §§ 31ff EGGVG) vgl BVerfGE 49, 24, 52ff.

[56] Vgl o § 2 Rn 17ff.

zu geben.[57] Dabei ist wieder zu bedenken, daß der Vorbehalt des Gesetzes nicht nur eine Ermächtigung der Exekutive dafür verlangt, überhaupt in die Individualsphäre eingreifen zu dürfen, sondern sich auch auf die Bestimmung der zulässigen Maßnahmen und Mittel erstreckt. Eine Behörde darf also nicht Maßnahmen treffen bzw Mittel einsetzen, die ihr das Gesetz vorenthalten hat. Im übrigen verbietet schon der Vorrang des Gesetzes, außerhalb der gesetzlich zugewiesenen Zuständigkeiten tätig zu werden und von dem gesetzlich geregelten Verfahren abzuweichen. Würde der Verwaltung die Berufung auf strafrechtliche Rechtfertigungsgründe gestattet, so hätte das eine Dispensation von diesen rechtsstaatlichen Bindungen zur Folge. Nach alledem kann ein Eingriff in die Individualsphäre sub specie des öffentlichen Rechts als rechtswidriger Staatsakt zu beurteilen sein, während dem handelnden Amtswalter ein strafrechtlicher Rechtfertigungsgrund zur Seite steht.[58] Gewicht und Ernst der Frage, ob die vorhandenen gesetzlichen Ermächtigungen angesichts der Erscheinungsformen und Gefahren des gegenwärtigen Terrorismus ausreichen, werden damit nicht verkannt. Die Antwort darauf fällt aber im Verfassungsstaat des Grundgesetzes in die Verantwortung und Zuständigkeit des Parlaments.

Ob auch für Einzeleingriffe in die Individualsphäre im Rahmen sog *besonderer* **16**
Gewaltverhältnisse[59] eine gesetzliche Grundlage erforderlich ist, war früher umstritten. Seitdem das BVerfG entschieden hat, daß auch die Grundrechte von Strafgefangenen nur durch Gesetz oder aufgrund eines Gesetzes eingeschränkt werden können,[60] hat sich die These einer umfassenden Geltung des Gesetzesvorbehalts auch für die sog besonderen Gewaltverhältnisse zunehmend durchgesetzt.[61] So ist für das Schulverhältnis heute anerkannt, daß grundrechtsrelevante Maßnahmen

[57] Ebenso *Amelung* NJW 1977, 833ff; *Kirchhof* in: Merten (Hrsg), Aktuelle Probleme des Polizeirechts, 1977, 67ff; *ders* NJW 1978, 969ff; *Böckenförde* NJW 1978, 1881ff; *Sydow* JuS 1978, 222ff; *Merten* Gutachtliche Stellungnahme zu §§ 41 Abs 2, 44 des Musterentwurfs eines einheitlichen Polizeigesetzes, 30ff; *Kinnen* MDR 1974, 631, 633f; *Gloria/Dischke* (Fn 55) 43; vgl auch *A. Arndt* Gesammelte juristische Schriften, 1976, 157, 161ff; *Forsthoff* VwR, 297f; BVerfGE 33, 1, 17 sowie die Stellungnahme des Bundesministeriums der Justiz, in: FAZ v 12.10.1988, 4. AA RGZ 117, 138, 142f (staatliches Notwehrrecht als Rechtfertigungsgrund für polizeiliche Stillegung einer kommunistischen Zeitungsdruckerei); *Schwabe* JZ 1974, 636; *ders* NJW 1977, 1902ff; *ders* Die Notrechtsvorbehalte des Polizeirechts, 1979, 41ff; *R. Lange* JZ 1976, 547; BGH EuGRZ 1977, 433.

[58] Eine solche Relativität ist auch sonst nichts Ungewöhnliches; vgl zur Relativität der Rechtsfähigkeit o § 11 Rn 11; zur Relativität ein und derselben Notwehrhandlung gegenüber dem Angreifer und im Verhältnis zu anderen Personen *Schmidhäuser* Strafrecht AT, 2. Aufl 1984, 157; grundsätzlich zum Problem *Kirchhof* Unterschiedliche Rechtswidrigkeiten in einer einheitlichen Rechtsordnung, 1978.

[59] Vgl zum Begriff o § 4 Rn 20.

[60] BVerfGE 33, 1 LS 1, 9; dazu *Erichsen* VerwArch 63 (1972) 441ff; *Starck* JZ 1972, 360ff; *H. Weber* JuS 1972, 339. Durch Erlaß des Strafvollzugsgesetzes v 16.3.1976 (BGBl I, 581) ist der Gesetzgeber seinem Regelungsauftrag inzwischen nachgekommen.

[61] Vgl o unter § 4 Rn 20 sowie *Erichsen* FS Wolff, 1973, 238ff; *Thiele* ZBR 1983, 345, 347; *Ronellenfitsch* DÖV 1984, 781, 782ff.

einer Ermächtigung durch förmliches Gesetz bedürfen, also dem Vorbehaltsprinzip unterliegen.[62]

17 Der Vorbehalt des Gesetzes greift schließlich dort ein, wo eine *Begünstigung untrennbar mit* einer *Belastung verbunden* ist,[63] sofern sich diese Belastung nicht darin erschöpft, als vorbehaltsfreie Nebenbestimmung die gesetzlichen Voraussetzungen der Begünstigung sicherzustellen.[64]

18 Aber auch auf *begünstigende Verwaltungsakte* kann sich entgegen herkömmlicher Auffassung der Gesetzesvorbehalt erstrecken.[65] Nach der Rechtsprechung des BVerfG entscheidet nämlich nicht nur das Kriterium des „Eingriffs" über die Erforderlichkeit einer gesetzlichen Grundlage, sondern insbes auch die Bedeutung der jeweiligen Maßnahme für die Grundrechtsverwirklichung des Bürgers. Eine Ermächtigung durch den Gesetzgeber ist danach für solche Akte der Exekutive erforderlich, die die Verwirklichung der Grundrechte *wesentlich* betreffen (sog „Wesentlichkeitstheorie").[66] Dementsprechend verlangt das BVerfG eine gesetzliche Grundlage, wenn die Beteiligung des einzelnen an staatlichen Leistungen die notwendige Voraussetzung für die Verwirklichung von Grundrechten darstellt.[67] Auch die Vergabe von Subventionen erfordert eine gesetzliche Grundlage, wobei zweifelhaft ist, ob ein Haushaltsgesetz als eine dem Gesetzesvorbehalt genügende Ermächtigung angesehen werden kann.[68] Darüber hinaus kann der Gesetzgeber den Vorbehalt des Gesetzes für die Leistungsverwaltung positivrechtlich im Range einfachen Rechts einführen, wie das in § 31 SGB-AT für Sozialleistungen geschehen ist. Das alles führt indes nicht zu einer Ausdehnung des Vorbehaltsprinzips auf den Gesamtbereich leistender Verwaltung. Ein derartiger *Totalvorbehalt* läßt

62 Vgl BVerfGE 34, 165, 192f; 41, 251, 259ff; 47, 46, 78ff; 58, 257, 268ff; BVerwGE 47, 194 und 201; BVerwGE 56, 155ff; BayVerfGH DÖV 1974, 672 mit Anm *Hennecke;* OVG Berlin JZ 1973, 551 mit Anm *Evers;* OVG Rh-Pf NJW 1973, 1663; OVG Hamburg MDR 1973, 787; OVG NW JZ 1976, 273 mit Anm *Evers;* VGH BW NJW 1976, 869; HessVGH DÖV 1977, 211 mit Anm *Hennecke;* VGH BW NVwZ 1990, 87, 88f; *Bosse* DÖV 1975, 350ff; *Erichsen* VerwArch 67 (1976) 93ff; *H. Weber* JuS 1976, 335ff; *Theuersbacher* NVwZ 1988, 887, 891.

63 Vgl BVerwGE 6, 282, 288; 20, 101, 102.

64 Vgl o § 14 Rn 10f.

65 Dazu *Erichsen* (Fn 22) 292ff und *ders* StR u VerfGbkt I, Fälle 4 und 5; vgl auch *Weides* Verwaltungsverfahren und Widerspruchsverfahren, 3. Aufl 1993, 155ff; *Pietzcker* JuS 1979, 710ff.

66 Dazu ausf *Clement* Der Vorbehalt des Gesetzes, insbes bei öffentlichen Leistungen und öffentlichen Einrichtungen, 1987, 118ff.

67 BVerfGE 33, 303, 336f betr die Zulassung zum Hochschulstudium; vgl auch BVerfGE 49, 89, 127 betr die Genehmigung von Anlagen iSd § 7 Abs 1 AtomG. Zur Genehmigung der Errichtung und des Betreibens von gentechnischen Anlagen vgl HessVGH NVwZ 1990, 276ff; zu dieser Entscheidung o § 9 Rn 20.

68 Bejahend: BVerwG DÖV 1977, 606 und BVerwGE 58, 45, 48 = DVBl 1979, 881 mit Anm *Götz;* aA *Erichsen* (Fn 22) 294; *Haverkate* NVwZ 1988, 769, 770ff; näher dazu *W. Martens* FS Wolff, 1973, 433ff; *Wolff/Bachof* VwR III, § 138 III; zum Gesetzesvorbehalt für Pressesubventionen vgl BVerfGE 80, 124, 132; VG Berlin DVBl 1975, 268 mit Anm *Henke* und OVG Berlin JR 1975, 435; vgl auch OVG NW NWVBl 1990, 226, 229f.

sich weder aus der demokratischen noch aus der rechtsstaatlichen Verfassungsentscheidung ableiten.

19 b) Neben der Bindung an den Grundsatz der Gesetzmäßigkeit ist weiter diejenige an die *Grundrechte* als unmittelbar geltendes Recht (Art 1 Abs 3 GG) hervorzuheben. Auch dazu ist oben schon grundsätzlich Stellung genommen worden.[69] Hier bleibt nachzutragen, in welcher Hinsicht grundrechtliche Gebote speziell dem Verwaltungsakt inhaltliche Anforderungen auferlegen.

Ergeht ein Verwaltungsakt auf Grund eines Gesetzes und sind die gesetzlichen Voraussetzungen für seinen Erlaß erfüllt, so muß darüber hinaus die Ermächtigungsgrundlage ihrerseits mit den nationalen Grundrechten bzw im Fall der Anwendung von Gemeinschaftsrecht[70] oder gemeinschaftsrechtlich determinierten Normen[71] mit den vom EuGH entwickelten gemeinschaftsrechtlichen Grundrechten vereinbar sein. In diesem Zusammenhang ist darauf hinzuweisen, daß zur Prüfung der Grundrechtsmäßigkeit eines Gesetzes[72] nur dann Anlaß besteht, wenn insoweit ernsthafte Zweifel bestehen oder in einer öffentlichrechtlichen Aufgabe ausdrücklich verlangt wird, seine Verfassungsmäßigkeit zu untersuchen.

Während es sich in Fällen der vorstehend bezeichneten Art um eine durch das Gesetz gleichsam mediatisierte Grundrechtsbindung der Verwaltung handelt, hat sie dort unmittelbar die Grundrechte zu beachten, wo sie Verwaltungsakte im gesetzesfreien Raum oder in Ausübung eines ihr vom Gesetzgeber eingeräumten Ermessens erlaßt. Die grundrechtlichen Gewährleistungen wirken hier als ermessenssteuernde Faktoren. In der Spruchpraxis der Gerichte haben sich dabei vor allem das aus Art 3 Abs 1 GG abgeleitete Prinzip der Selbstbindung der Verwaltung und das verfassungsrechtliche Übermaßverbot als Schranken des verwaltungsbehördlichen Ermessens erwiesen.[73]

20 c) Rechtmäßig ist ein Verwaltungsakt schließlich nur dann, wenn er auf einen tatsächlich und rechtlich *möglichen Erfolg* gerichtet ist.[74]

II. Der rechtswidrige Verwaltungsakt

1. Begriffliche Abgrenzung

21 Vorab aus der weiteren Erörterung auszuscheiden ist der sog *Nichtakt*.[75] Vom rechtswidrigen ist sodann der *unzweckmäßige* Verwaltungsakt zu unterscheiden. Die Zweckmäßigkeit eines Verwaltungsakts wird zwar im Widerspruchsverfahren

[69] Vgl o § 4 Rn 20ff.

[70] BVerfGE 73, 339, 387 – Solange II; vgl auch BVerfGE 89, 155, 174f – Maastricht – und o § 3 Rn 47. Das VG Frankfurt (EuZW 1997, 182) geht allerdings davon aus, daß bei einem „strukturellen Defizit“ in der Grundrechtsgewährleistung durch den EuGH vom Bundesverfassungsgericht die Vereinbarkeit mit den Grundrechten des Grundgesetzes zu prüfen ist.

[71] Vgl etwa *Tomuschat* EuR 1990, 340, 344f.

[72] Vgl dazu *Erichsen* (Fn 65) Fälle 1, 2 und 8; *Schwerdtfeger* (Fn 16) Rn 439ff.

[73] Vgl o § 10 Rn 13, 19ff.

[74] Vgl dazu eingehend *Vogel* (Fn 32) § 25 Nr 5b.

[75] Vgl dazu o § 12 Rn 19.

nachgeprüft (§ 68 Abs 1 S 1 VwGO), ist aber nicht Gegenstand der verwaltungsgerichtlichen Kontrolle. Besonderen Regeln folgt schließlich der *unrichtige* Verwaltungsakt. Unrichtig nennt man einen Verwaltungsakt, der Schreibfehler, Rechenfehler und ähnliche offenbare Unrichtigkeiten (zB falsa demonstratio) enthält. Solche Mängel kann die Behörde jederzeit und formlos – auch mit Wirkung für die Vergangenheit – berichtigen (§ 42 VwVfG).[76]

22 *Rechtswidrig* ist nach einer Formulierung des BVerwG derjenige Verwaltungsakt, der durch unrichtige Anwendung bestehender Rechtssätze zustande gekommen ist.[77] Was die Fehlerquellen und Fehlergründe im einzelnen betrifft, so kann auf die oben dargestellten Anforderungen verwiesen werden, denen ein rechtmäßiger Verwaltungsakt entsprechen muß. Die Nichtbeachtung auch nur einer von ihnen führt ebenso wie die Anwendung einer Norm aufgrund eines unrichtig ermittelten Sachverhalts[78] zur Rechtswidrigkeit.

22a Die Rechtswidrigkeit von Verwaltungsakten setzt freilich stets die Verletzung solcher Rechtssätze voraus, die unmittelbar und *mit Rechtswirkung nach außen* Gebote oder Verbote für die Behörde enthalten.[79] Verstöße gegen zum *Innenrecht* gehörende Regelungen (zB interne Organisations- und Verfahrensregelungen wie etwa Geschäftsverteilungspläne u ä) machen den Verwaltungsakt, für sich gesehen, nicht rechtswidrig.[80] Die (Außen-)Rechtswidrigkeit läßt sich daher regelmäßig[81] auch nicht unmittelbar aus einem Verstoß gegen Verwaltungsvorschriften herleiten; allerdings kann sie sich in diesem Fall aus einem Verstoß gegen Art 3 Abs 1 GG ergeben.[82]

2. Rechtsfolgen der Rechtswidrigkeit

23 Die Rechtsordnung reagiert in unterschiedlicher Weise auf die Fehlerhaftigkeit eines Verwaltungsakts. Anders als bei der rechtlich mißbilligten privatrechtlichen Willenserklärung, die grundsätzlich nichtig ist (§§ 125, 134, 138 BGB), bewirkt die *Rechtswidrigkeit* eines *Verwaltungsakts* nur *ausnahmsweise* seine *Nichtigkeit.* Das erklärt sich aus der Tragweite dieser Fehlerfolge: Der *nichtige* Verwaltungsakt ist entsprechend § 43 Abs 3 VwVfG *rechtlich unwirksam* und braucht daher von niemandem (Bürger, Behörde, Gericht) beachtet zu werden.

[76] Vgl dazu näher u § 38 Rn 51.

[77] BVerwGE 13, 28, 31; 31, 222, 223; zum Begriff der Rechtswidrigkeit umfassend *Hill* (Fn 43) 393 ff.

[78] *Wolff/Bachof/Stober* (Fn 5) § 49 Rn 48; *Maurer* (Fn 5) § 10 Rn 2; zur Pflicht zur Sachaufklärung und ihren Grenzen *Hufen* (Fn 43) Rn 117 ff.

[79] Vgl hierzu im Zusammenhang mit der Auslegung des § 48 VwVfG *Erichsen* Jura 1981, 534, 536; *Kopp* VwVfG, § 48 Rn 23.

[80] Vgl zur Unbeachtlichkeit von Geschäftsverteilungsplänen für die Prüfung der sachlichen Zuständigkeit einer Behörde bereits o Rn 7 aE.

[81] Zu Ausnahmen vgl o § 6 Rn 45, 53.

[82] Vgl *Oldiges* NJW 1984, 1927, 1930 f; *Maurer* VVDStRL 43 (1985) 135, 163; OVG NW NVwZ-RR 1997, 585; dazu *Erichsen* JK 98, VwVfG §§ 48, 49/17.

Die im Hinblick auf den immerhin von ihm ausgehenden Rechtsschein zugelassene (§ 44 Abs 5 VwVfG, § 43 Abs 1 VwGO) und auch zweckmäßige Nichtigkeitsfeststellung hat daher nur deklaratorische Bedeutung.

Ein Verwaltungsakt ist *nichtig,* wenn das Gesetz einen Fehler ausdrücklich mit **24** dieser Folge verknüpft. Während die Verwaltungsgesetze sich insoweit früher zumeist mit punktuellen Regelungen begnügten, hat § 44 Abs 2 VwVfG (s auch § 125 Abs 2 AO 1977 und § 40 Abs 2 SGB X) hier einen Wandel gebracht und einen Katalog von Nichtigkeitsgründen aufgestellt.[83]

Daran anschließend bestimmt § 44 Abs 3 VwVfG, daß ein Verwaltungsakt **25** *nicht* schon deshalb *nichtig* ist, weil er an einem der hier in Form eines *Negativkatalogs* aufgezählten formellen Mängel leidet. Die aufgeführten Zuständigkeits- und Verfahrensfehler bewirken also nicht die Nichtigkeit eines mit ihnen behafteten Verwaltungsakts, sondern führen nur zu seiner (einfachen) Rechtswidrigkeit, die zudem unter den Voraussetzungen des § 45 VwVfG geheilt werden und nach Maßgabe des § 46 VwVfG folgenlos bleiben kann.

Für alle sonstigen Fehler gilt die *Generalklausel* des § 44 Abs 1 VwVfG, die also **26** zu den Absätzen 2 und 3 der Vorschrift im Verhältnis der Subsidiarität steht.[84] Ein Verwaltungsakt ist danach nichtig, soweit er an einem besonders schwerwiegenden Fehler leidet und dies bei verständiger Würdigung aller in Betracht kommenden Umstände offenkundig ist.[85] Beide Voraussetzungen müssen kumulativ erfüllt sein, was wesentlich dazu beiträgt, daß auch ein im Blick auf seine Tragweite oder den Schutzzweck der verletzten Norm sehr schwerer Fehler nur ausnahmsweise die evidenzabhängige Nichtigkeit eines Verwaltungsakts zur Folge haben wird. Zu denken ist etwa an besonders eklatante Verfehlungen der sachlichen Zuständigkeit (Beispiel: Geltendmachung einer privatrechtlichen Schadensersatzforderung durch Polizeiverfügung),[86] an die Erlaubnis zur Vornahme strafbarer Handlungen (Beispiel: Erlaubnis eines bis zum 2.4.1974 gemäß § 285 StGB aF strafbaren gewerbsmäßigen Glücksspiels),[87] an den auf einen rechtlich unmöglichen Erfolg gerichteten Verwaltungsakt (Beispiele: Einbürgerung eines deutschen Staatsangehörigen;[88]

[83] Problematisch ist die Sittenwidrigkeit als Nichtigkeitsgrund, § 44 Abs 2 Nr 6 VwVfG, wie die umstrittene Rechtsprechung des BVerwG deutlich werden läßt; das BVerwG wertet den Betrieb einer Peep-Show als sittenwidrig (BVerwGE 64, 274; 84, 314, 315 ff) und folgert daraus, daß Erlaubnisse für derartige Veranstaltungen wegen Verstoßes gegen die guten Sitten nichtig seien (BVerwG VerwArch 78 [1987], 297, 298; BVerwGE 84, 314, 315 ff; so auch OVG NW GewArch 1984, 332; OVG Hamburg GewArch 1985, 125; BayVGH NVwZ 1986, 1034 ff; VGH BW NVwZ 1988, 640, 642; anders VG München NVwZ 1983, 693; *Kirchberg* NVwZ 1983, 141).

[84] Nicht zutr daher VGH BW BWVP 1987, 112 f, der bei örtlicher Unzuständigkeit auf § 44 Abs 1 LVwVfG zurückgreift.

[85] So schon vor Inkrafttreten der VwVfGe die hM, vgl BVerwGE 19, 284, 287 f; vgl auch BVerwGE 23, 237, 238; 35, 334, 343; *Wolff/Bachof* VwR I, § 51 Ic.

[86] PrOVGE 50, 248; vgl auch VG Frankfurt NJW 1986, 1128 (zur Unzulässigkeit der Geltendmachung zivilrechtlicher Erstattungsansprüche durch Rückforderungsbescheid).

[87] OLG Celle NJW 1969, 2250.

[88] BayVGH VerwRspr 13 (1961) 283 ff.

Versetzung eines Nichtbeamten in den Ruhestand)[89/90] und an den in sich widersprüchlichen Verwaltungsakt.[91]

27 Die Rechtswidrigkeit eines Verwaltungsakts führt mithin nur ausnahmsweise zur Nichtigkeit und damit zur Unwirksamkeit. In der Regel bleibt der rechtswidrige Verwaltungsakt zumindest *einstweilen* ebenso *wirksam* wie der rechtmäßige Verwaltungsakt. Erst seine Aufhebung durch die Verwaltung oder das Verwaltungsgericht beendet seine Geltung.[92] Handelt es sich um einen belastenden Verwaltungsakt, so wird die Initiative zu seiner Beseitigung im allgemeinen vom Betroffenen ausgehen, der nach erfolglosem Widerspruchsverfahren (§§ 68 ff VwGO) im Wege der Anfechtungsklage (§ 42 Abs 1 VwGO) – deshalb auch der Terminus „Anfechtbarkeit" – seine gerichtliche Kassation begehren wird. Anfechtung ist hier also im Gegensatz zum bürgerlichen Recht nicht Selbst-, sondern Fremdanfechtung, und nicht sie, sondern erst ein weiterer Hoheitsakt, nämlich die Aufhebung, beseitigt den rechtswidrigen Verwaltungsakt.

28 *Aufhebbar* ist ein rechtswidriger Verwaltungsakt aber nur, sofern die Rechtswidrigkeit nicht folgenlos bleibt und der Verwaltungsakt auch nicht umgedeutet werden kann. Der von einem rechtswidrigen Verwaltungsakt Betroffene kann die Aufhebung desselben dann nicht verlangen, wenn lediglich ein *entscheidungsunerheblicher* Mangel des Verfahrens, der Form oder der örtlichen Zuständigkeit vorliegt (§ 46 VwVfG[93]; auch § 44 a VwGO). Außerdem kommt eine nachträgliche *Heilung* des wegen Verletzung von Form- oder Verfahrensvorschriften ursprüng-

[89] BGHZ 2, 315, 317.

[90] Dagegen liegt keine rechtliche Unmöglichkeit vor, wenn ein Verwaltungsakt sich an einen von mehreren Berechtigten richtet und diesem eine Handlung gebietet, die er nur mit Zustimmung der anderen Berechtigten vornehmen darf (Beispiel: Abbruchverfügung gegen einen von mehreren Miteigentümern). Die Nebenberechtigung stellt jedoch ein Vollzugshindernis dar, das nachträglich durch Erlaß einer gegen die Mitberechtigten gerichteten Beseitigungs- oder Duldungsverfügung ausgeräumt werden muß, falls nicht die Mitberechtigten ihre Zustimmung geben. Vgl *Martens* in: Drews/Wacke/Vogel/Martens (Fn 32) § 19 Nr 6 b und *Vogel* ebda § 25 Nr 5 b β.

[91] Vgl HessVGH NVwZ 1986, 315; OVG NW NVwZ 1986, 580, 581.

[92] Vgl o § 13.

[93] Zur Tragweite der Bestimmung ausf u § 38 Rn 33 ff; zu § 46 VwVfG aF vgl *H. Meyer* (Fn 47) 513 ff; *Hufen* (Fn 43) Rn 616 ff; *ders* DVBl 1988, 69 ff. Durch das GenBeschlG v 12.9.1996 (BGBl I, 1354) wurde der Anwendungsbereich des § 46 VwVfG stark erweitert, vgl hierzu *Bonk* NVwZ 1997, 320, 325 f; *Stüer* DVBl 1997, 326, 330. Fraglich ist, ob die Verletzung grundrechtsrelevanter Verfahrensvorschriften iS der neueren Rechtsprechung des BVerfG (zB BVerfGE 53, 31, 62 ff) zu einer Relativierung des § 46 VwVfG und damit zu einer Aufwertung formeller Mängel nötigt; vgl dazu *Ossenbühl* NJW 1981, 375 ff; *dens* NVwZ 1982, 465, 471; *Dolde* NVwZ 1982, 65 ff; *Laubinger* VerwArch 73 (1982) 60, 77 f; *v Mutius* NJW 1982, 2150, 2159; *Hufen* NJW 1982, 2160 ff; *Goerlich* DÖV 1982, 635 ff. Bei der Beantwortung dieser Frage ist davon auszugehen, daß Verfahrensvorschriften nicht deshalb mutieren, weil sie im Dienst materieller Grundrechte (zB Art 2 Abs 2, 14 Abs 1 GG) stehen. Ein Verstoß gegen eine solche Vorschrift bleibt ein Verfahrensfehler. Bei offensichtlich fehlender Beeinflussung der Sachentscheidung läßt sich daraus nicht zugleich eine rechtswidrige Beeinträchtigung einer materiellen Rechtsposition konstruieren. § 46 VwVfG ist also auch insoweit anwendbar.

lich rechtswidrigen Verwaltungsakts in Betracht (§ 45 VwVfG)[94]. Liegt keiner dieser Fälle vor, so ist vor der Aufhebung des rechtswidrigen Verwaltungsakts zu erwägen, ob er gemäß § 47 VwVfG in einen anderen Verwaltungsakt *umgedeutet* werden kann, dessen Erlaß rechtmäßig wäre.[95] In der Praxis beruht die Aufhebbarkeit zumeist entweder auf der fehlerhaften Interpretation von Rechtssätzen oder auf Subsumtionsfehlern. Eine gewisse Rolle spielt ferner der Verwaltungsakt, der auf eine verfassungs- oder gemeinschaftsrechtswidrige Ermächtigungsgrundlage gestützt und deshalb aufhebbar ist.[96] Erwähnung verdient schließlich die unmittelbar durch einen Verwaltungsakt bewirkte Verletzung verfassungsrechtlicher Prinzipien, zB des rechtsstaatlichen Übermaßverbotes.

3. Teilrechtswidrigkeit

Ist nur ein Teil eines Verwaltungsakts rechtswidrig, so stellt sich die Frage, ob und **29** unter welchen Voraussetzungen der rechtswidrige Teil den Verwaltungsakt im ganzen infiziert oder aber die Restregelung unberührt läßt. Sie stellt sich insbes für den Adressaten eines begünstigenden Verwaltungsakts, der mit einer für ihn ungünstigen Nebenbestimmung (etwa Auflage, Befristung) versehen ist.

Isolierte Teilrechtswidrigkeit setzt zunächst voraus, daß ein Verwaltungsakt **30** seinem Inhalt nach überhaupt *teilbar* ist. Das ist einmal bei nur äußerlicher Zusammenfassung mehrerer materiell selbständiger Anordnungen in einem Bescheid (zB Polizeiverfügung mit verschiedenen voneinander unabhängigen Befehlen) und zum anderen auch dann der Fall, wenn die nach Abtrennung des fehlerhaften Teils verbleibende Restregelung als selbständiger Verwaltungsakt für sich fortbestehen kann (zB rechtswidrig bedingte als unbedingte Erlaubnis). Es kommt weiter darauf an, ob die Behörde einen solchen Verwaltungsakt ohne die einschränkende Klausel hätte erlassen dürfen. Ist das nicht der Fall, ergreift die Rechtswidrigkeit den Verwaltungsakt im ganzen.

Für die *Teilnichtigkeit* bestimmt § 44 Abs 4 VwVfG in Anlehnung an § 139 **31** BGB darüber hinaus, daß sie zur Gesamtnichtigkeit führt, wenn der nichtige Teil so wesentlich ist, daß die Behörde ohne ihn den Verwaltungsakt nicht erlassen hätte. Es ist davon auszugehen, daß im Gegensatz zu § 139 BGB die Teilnichtigkeit des Verwaltungsakts die Regel, seine Gesamtnichtigkeit die Ausnahme sein soll.[97] Wird das berücksichtigt, so infiziert die Nichtigkeit einer Teilregelung die gültige Restregelung jedenfalls dann nicht, wenn diese ohne den nichtigen Teil

[94] Vgl u § 38 Rn 38. Zur rechtssystematischen Einordnung der Bestimmung vgl *Ossenbühl* NJW 1986, 2805, 2810; *H. Meyer* (Fn 47) 516, 518; vgl auch *Hill* (Fn 43) 97f.

[95] Vgl u § 38 Rn 44.

[96] Handelt es sich bei der Ermächtigungsgrundlage um ein nachkonstitutionelles förmliches Gesetz, ist nach Art 100 Abs 1 GG zu verfahren; dazu *Erichsen* Jura 1982, 88ff. Im Fall der Gemeinschaftsrechtswidrigkeit sind die nationalen Gerichte – soweit nicht eine Vorlagepflicht nach Art 177 Abs 3 EGV (Art 234 Abs 3 EGV nF) besteht – selbständig zur Nichtanwendung berechtigt; vgl *Streinz* in: Schweitzer, Europäisches Verwaltungsrecht, 1991, 241, 283f.

[97] BT-Drucks 7/910, 65.

hätte erlassen werden müssen.[98] Insoweit ist ein abweichender Behördenwille rechtlich irrelevant. Das ist dann anders, wenn die Verwaltung nach Ermessen zu handeln befugt ist. Sofern keine Ermessensreduzierung auf Null vorliegt,[99] wird hier zu fragen sein, wie die Behörde bei Kenntnis der Teilnichtigkeit ihr Ermessen hinsichtlich der Restregelung zulässigerweise und vernünftigerweise betätigt hätte.[100] Das wird nicht selten, aber keineswegs ausnahmslos auf das Ergebnis der Gesamtnichtigkeit hinauslaufen. So würde etwa in dem oben[101] gebildeten Beispiel die Nichtigkeit der Auflage die straßenrechtliche Erlaubnis ungeachtet des Umstandes unberührt lassen, daß es sich dabei um eine Ermessensentscheidung handelt.

32 Das praktisch bedeutsamere Problem, ob die nicht zur Nichtigkeit, sondern nur zur Aufhebbarkeit führende Rechtswidrigkeit einer Teilregelung die rechtmäßige Restregelung infiziert, ist positivrechtlich ausdrücklich nach wie vor nicht gelöst. Diese Lücke kann aber durch sinngemäße Anwendung des § 44 Abs 4 VwVfG geschlossen werden. Das Verfahren der Analogie bietet sich deshalb an, weil zwischen Nichtigkeit und Aufhebbarkeit kein prinzipieller, sondern nur ein gradueller Unterschied besteht. Es ermöglicht, die Auswirkungen der Fehlerhaftigkeit eines Teils eines Verwaltungsakts auf den Verwaltungsakt im ganzen anhand eines einheitlichen Maßstabs zu beurteilen.[102]

Für die behördliche *Feststellung* auch der *Teilnichtigkeit* gilt § 44 Abs 5 VwVfG. Ihre Feststellung durch das Verwaltungsgericht kann nach § 43 VwGO begehrt werden.

33 Umstritten ist, ob Nebenbestimmungen eines Verwaltungsakts als Teilregelungen mittels der Anfechtungsklage isoliert angreifbar sind. Nach einer von Teilen der Literatur und der Rechtsprechung vertretenen Auffassung soll hierbei die Differenzierung nach Art der Nebenbestimmung entscheidend sein: Bedingung, Befristung und Widerrufsvorbehalt sollen danach als unselbständige, integrierende Bestandteile des Verwaltungsakts nicht isoliert anfechtbar, der Rechtsschutz begehrende Bürger soll auf die Verpflichtungsklage auf Erlaß eines Verwaltungsakts ohne die Nebenbestimmung verwiesen sein.[103] Demgegenüber soll die isolierte An-

[98] *W. Martens* DVBl 1965, 428, 431; *Kopp* (Fn 79) § 44 Rn 64; aA OVG NW DVBl 1991, 1366 f; *Klappstein* in: Knack, VwVfG, § 44 Rn 7.2.

[99] Vgl dazu o § 10 Rn 21.

[100] Ähnl *Klappstein* (Fn 98) § 44 Rn 7.2; *Kopp* (Fn 79) § 44 Rn 62. Eine derartige objektive Betrachtungsweise, die sich vom mutmaßlichen Parteiwillen entfernt, ist zunehmend auch bei der Handhabung des § 139 BGB zu beobachten; vgl etwa *Larenz/Wolf* Allg Teil des Bürgerlichen Rechts, 8. Aufl 1997, § 45 Rn 24 ff; *Soergel/Hefermehl* BGB Bd 1, 12. Aufl 1988, § 139 Rn 34.

[101] § 14 Rn 12.

[102] Ebenso *Laubinger* VerwArch 73 (1982) 345, 365 ff; *Schenke* JuS 1983, 182, 183; ähnl *J. Schmidt* in: Eyermann, VwGO, § 113 Rn 9.

[103] Vgl zB BVerwGE 29, 261, 265; 36, 145, 154; auch BVerwG NJW 1986, 600; VGH BW VBlBW 1995, 29; dazu *Erichsen* JK 95, § 36/6; *Pietzcker* NVwZ 1995, 15 ff; *Störmer* DVBl 1996, 81 ff.

fechtung einer Auflage grundsätzlich zulässig,[104] die einer sogenannten modifizierenden Auflage unzulässig sein.[105] Nach anderer Auffassung ist jedwede Nebenbestimmung der isolierten Anfechtung entzogen; der von einer Nebenbestimmung Betroffene soll danach stets gehalten sein, Verpflichtungsklage auf Erlaß eines Verwaltungsakts ohne die Nebenbestimmung zu erheben.[106]

Demgegenüber ist darauf hinzuweisen, daß § 113 Abs 1 Satz 1 VwGO die Möglichkeit einer *teilweisen Aufhebung* des Verwaltungsakts durch das Verwaltungsgericht ausdrücklich („soweit") vorsieht. Daher ist gegenüber einem durch eine rechtswidrige Nebenbestimmung beschränkten begünstigenden Verwaltungsakt auch die auf die Aufhebung der fehlerhaften Teilregelung begrenzte Anfechtungsklage zulässig. Das gilt unabhängig davon, ob es sich dabei um eine Befristung, eine Bedingung oder eine Auflage handelt.[107]

Die Anfechtungsklage ist begründet, wenn entweder die Behörde den begünstigenden Verwaltungsakt ohne die fehlerhafte Teilregelung hätte erlassen müssen oder das Gericht zu dem Ergebnis kommt, daß die Begünstigung uneingeschränkt hätte gewährt werden *dürfen und* die Verwaltung sie bei objektiver Betrachtung auch in Kenntnis der Fehlerhaftigkeit der Teilregelung *gewährt hätte*.[108]

104 So BVerwGE 36, 145, 154; 65, 139, 140ff; 85, 24, 26; BVerwG DVBl 1982, 306; NJW 1983, 640; OVG NW NuR 1988, 400; einschränkend BVerwGE 55, 135, 137 und BVerwG BayVBl 1996, 183; aA *Fehn* DÖV 1988, 202ff.

105 BVerwGE 36, 145, 154; 55, 135, 136ff; 85, 24, 26; BVerwG DÖV 1974, 380 und DÖV 1974, 563; BVerwGE 65, 139, 140ff; BayVGH BayVBl 1973, 583 und 1977, 87; HessVGH JZ 1978, 21; zur Entbehrlichkeit der Rechtsfigur der „modifizierenden Auflage" vgl o § 14 Rn 8. Bemerkenswerterweise hat der 4. Senat des BVerwG in seiner Entscheidung v 17.2.1984 (NVwZ 1984, 366) eine Abkehr von der Differenzierung nach Art der Nebenbestimmung – hier: Auflage oder modifizierende Auflage – vollzogen und stellt für die Begründetheit der Klage entscheidend auf die Frage der Teilbarkeit des Verwaltungsakts ab. Maßgebend ist danach, ob die Hauptregelung ohne die Nebenbestimmung mit einem Inhalt bestehenbleiben kann, der sinnvoll ist und der Rechtsordnung entspricht. Zur Tragweite dieser Entscheidung vgl *Osterloh* JuS 1984, 978 und *Stelkens* in: Stelkens/Bonk/Sachs (Fn 21) § 36 Rn 91.

106 *Stadie* DVBl 1991, 613 ff.

107 Vgl *W. Martens* DVBl 1965, 428, 432; *Erichsen* VerwArch 66 (1975) 299ff; *dens* (Fn 1) 75ff; *dens* Jura 1990, 214, 217; *Schenke* JuS 1983, 182ff; *Kopp* (Fn 1) § 42 Rn 18; *H. Meyer* in: Meyer/Borgs, VwVfG, § 36 Rn 41ff; *H.-J. Schneider* Nebenbestimmungen und Verwaltungsprozeß, 1981, 100ff; *Laubinger* (Fn 102) 357ff; für die Auflage BVerwGE 36, 145, 153f; 41, 178, 180f; 657 139, 140ff; ebenso jetzt für die Befristung bzw auflösende Bedingung der Aufnahme eines Krankenhauses in den Krankenhausbedarfsplan BVerwGE 60, 269, 271, 274 f. AA etwa *Störmer* (Fn 103) 84ff mit dem Argument, § 113 Abs 1 S 1 VwGO setze voraus, daß der Verwaltungsakt, dessen Teil aufgehoben werden kann, *insgesamt* mit der Anfechtungsklage anfechtbar sei.

108 Ganz ähnl BVerwG NVwZ 1984, 366; noch weitergehend *Laubinger* (Fn 102) 357ff; gegen das BVerwG *Stelkens* NVwZ 1985, 469ff, der den Entscheidungsspielraum der Behörde ausgehöhlt sieht; so auch *Funk* BayVBl 1986, 105, 106; gegen eine Teilkassation bei begünstigenden Ermessensentscheidungen *H. Meyer* (Fn 107) § 36 Rn 47; *H.-J. Schneider* (Fn 107) 161ff; *Brenner* JuS 1996, 281, 287.

§ 16
Aufhebung von Verwaltungsakten durch die Verwaltung – Einführung

I. Grundlagen

1 Mit Eintritt der Wirksamkeit des Verwaltungsakts ist die erlassende Behörde an die getroffene Regelung gebunden.[1] Anders als § 318 ZPO es für die Bindung des Gerichts an die von ihm erlassenen End- und Zwischenurteile vorsieht, ist die mit Eintritt der Wirksamkeit eines Verwaltungsakts einhergehende Bindung der Behörde indes nicht endgültig. Sie wird es auch nicht durch die mit Ablauf der Widerspruchs- und Klagefrist nach §§ 70, 74 VwGO eintretende *Unanfechtbarkeit* des Verwaltungsakts (auch „formelle Bestandskraft" genannt), denn diese wirkt nur gegenüber dem betroffenen Bürger.[2]

Die gegenüber dem Urteil geringere Beständigkeit des Verwaltungsakts entspricht den Unterschieden, die zwischen dem gerichtlichen Verfahren und dem Verwaltungsverfahren im Hinblick etwa auf die Richtigkeitsgewähr, die Funktion endgültiger Befriedung und Streitentscheidung sowie die Neutralität des Entscheidungsträgers bestehen.[3] So wirken etwa zahlreiche Verwaltungsakte in die *Zukunft.* Insoweit muß die Verwaltung flexibel bleiben und zur Reaktion auf wechselnde Lagen imstande sein. Daher obliegt es dem rechtsstaatlichen Verwaltungsrecht, besondere Grundsätze für eine sachgerechte Beurteilung der Beständigkeit und Dauer von Verwaltungsakten zu entwickeln. Diese Grundsätze müssen einerseits den von der Verwaltung zu verfolgenden *öffentlichen Interessen,* andererseits aber auch den berechtigten *Individualinteressen* des betroffenen Bürgers gerecht werden. Solche Prinzipien sind ursprünglich – abgesehen von einigen speziellen Regelungen – vor allem von Rechtsprechung und Wissenschaft erarbeitet worden. Seit 1977, mit Inkrafttreten der Verwaltungsverfahrensgesetze des Bundes und der Länder, existieren in deren §§ 48 ff detaillierte gesetzliche Regelungen der Materie. Im Mittelpunkt der anschließenden Darstellung stehen daher die von den Gesetzgebern des Bundes und der Länder in den VwVfGen getroffenen Regelungen.

2 Auch in bezug auf die behördliche Aufhebung von Verwaltungsakten sind allerdings wichtige Bereiche der öffentlichen Verwaltung der Regelung der VwVfGe des Bundes und der Länder entzogen.[4] In diesen Sachbereichen bestehen zumeist Sonderregelungen. So richtet sich die Aufhebung von Steuer-Verwaltungsakten nach §§ 130 ff, 172 ff AO 1977, denen in § 2 Abs 2 Nr 1 VwVfG des Bundes und den entsprechenden Bestimmungen der Länder der Vorrang eingeräumt ist. Die Aufhebung von Verwaltungsakten für die in § 2 Abs 2 Nr 4 VwVfG des Bundes und den entsprechenden Regelungen der Länder genannten Bereiche des Sozial-

[1] Dazu u § 13 Rn 3.
[2] Dazu u § 38 Rn 45 ff.
[3] Vgl dazu u § 33 Rn 9 und u § 38 Rn 48; ferner *Erichsen/Knoke* NVwZ 1983, 185, 188; *Maurer* Allg VwR, § 9 Rn 42, 43; BVerwGE 48, 271, 276 f.
[4] Zum folgenden ausf *Steiner* VerwArch 83 (1992) 479 ff.

rechts ist in §§ 44ff SGB X geregelt. Das *allgemeine Verwaltungsverfahrensrecht* gilt darüber hinaus gegenüber *fachgesetzlichen Sonderregelungen* nur *subsidiär*. *Bundesgesetzlichen* Sonderregelungen kommt gemäß § 1 Abs 1 VwVfG des Bundes Anwendungsvorrang zu, soweit sie inhaltsgleich oder entgegenstehend sind. Letzteres ist jedenfalls dann zu bejahen, wenn sie abschließend gemeint sind. Gleiches gilt gemäß Art 31 GG im Verhältnis zu den Regelungen in den VwVfGen der Länder über die Aufhebung von Verwaltungsakten.[5] Die diesbezüglichen in den Verwaltungsverfahrensgesetzen der Länder enthaltenen Vorschriften treten darüber hinaus nach dem in fast allen Verwaltungsverfahrensgesetzen der Länder[6] festgelegten *Vorrang* gegenüber inhaltsgleichen oder entgegenstehenden *landesrechtlichen* Sonderregelungen zurück. Da diese vielfach nicht inhaltsgleich mit den in §§ 48, 49 VwVfGe der Länder getroffenen Regelungen sind, stellt sich auch hier jeweils die im Wege der Auslegung zu beantwortende Frage, ob sie als abschließende gemeint und damit als entgegenstehende zu begreifen sind.[7] Im Zweifel ist die Anwendbarkeit der Vorschriften der Verwaltungsverfahrensgesetze anzunehmen, wenn sich der Auslegung der Sonderregelung nicht hinreichend deutlich entnehmen läßt, daß ihre Anwendung ausgeschlossen sein soll.[8]

Der Aufhebung nicht zugänglich sind Verwaltungsakte, die sich wie Genehmigungen von Satzungen in erster Linie als Akte der Mitwirkung an Rechtssetzungsverfahren darstellen, da nach der Entstehung des Rechtssatzes sich dieser nur noch selbst aufheben oder ändern läßt und nicht mehr der einzelne Teilakt, der zu seiner Entstehung beigetragen hat.[9] Dagegen sind gestaltende und insbes auch privatrechtsgestaltende Verwaltungsakte aufhebbar,[10] da die Gestaltungswirkung zum einen noch nicht eingetreten sein muß und zum anderen die Rückabwicklung einer – insbes auch privatrechtlichen – Gestaltung nicht generell ausgeschlossen ist.[11] 3

5 Vgl BVerwG DVBl 1998, 139, 140.

6 Eine Ausnahme gilt für Bremen, das Saarland und Schleswig-Holstein. In Bremen sind mit Inkrafttreten des VwVfG alle inhaltsgleichen und entgegenstehenden landesrechtlichen Vorschriften weggefallen. § 317 Abs 2 LVwG SH idF v 18.4.1967 hob mit Ablauf des 31.12.1971 und § 96 VwVfG Saarl mit dem 1.1.1981 alle entgegenstehenden landesrechtlichen Sondervorschriften auf; vgl *Klappstein* in: Knack, VwVfG, § 1 Rn 2.2.

7 Dazu auch *Lange* WiVerw 1979, 15, 23f; *Wendt* JA 1980, 85, 86, 92; vgl auch BVerwG NVwZ 1987, 488f.

8 VGH BW DVBl 1990, 1068, 1069; *Erichsen* JK 91, VwVfG § 48/10.

9 Vgl BVerwGE 90, 88, 90; OVG NW NWVBl 1992, 407; NVwZ-RR 1996, 169, 170; *Sachs* in: Stelkens/Bonk/Sachs VwVfG § 48 Rn 20; *Ehlers* Verw 31 (1998) 53, 69.

10 Vgl BayVGH NVwZ 1992, 992, 993; *Erichsen* Jura 1981, 534, 542; *dens* VerwArch 69 (1978) 303, 307; *Ehlers* (Fn 9) 69; *Sachs* (Fn 9) § 48 Rn 102; *Steiner* DVBl 1970, 34; nunmehr auch *Maurer* (Fn 3) § 11 Rn 33; aA *Kopp* VwVfG § 48 Rn 13; *Ossenbühl* Die Rücknahme fehlerhafter begünstigender Verwaltungsakte, 2. Aufl 1965, 130; *Wolff/Bachof/Stober* VwR I, § 53 Rn 82; offenlassend BVerwG DVBl 1997, 956, 957. Vgl zur Rechtslage vor Inkrafttreten des VwVfG BVerwGE 54, 257, 259ff, wonach die Aufhebung eines privatrechtsgestaltenden Verwaltungsakts nicht grds ausgeschlossen war.

11 Vgl Ehlers (Fn 9). Die Aufhebung ist allerdings ermessensfehlerhaft, wenn die sozialen Wirkungen eines gestaltenden Verwaltungsakts nicht mehr rückabgewickelt werden können; vgl *Faber* VerwR, 4. Aufl 1995, § 24 Ib (252).

4 Die Aufhebung von Einzelentscheidungen der Organe der Europäischen Gemeinschaften richtet sich, soweit sich keine geschriebenen europarechtlichen Regelungen finden,[12] nach den vom EuGH dazu im Wege der „wertenden Rechtsvergleichung" entwickelten allgemeinen Rechtsgrundsätzen.[13] Die nationalen Vorschriften und daher die §§ 48ff VwVfG sind nicht anwendbar. Demgegenüber findet die Aufhebung von gemeinschaftsrechtserheblichen[14] Verwaltungsakten, die von nationalen Behörden der Mitgliedstaaten erlassen worden sind, mangels einschlägigen Gemeinschaftsrechts „grundsätzlich nach Maßgabe des nationalen Rechts statt".[15] Demnach sind diesbezüglich die §§ 48ff VwVfG anwendbar,[16] soweit nicht das maßgebliche Gemeinschaftsrecht – wie im Bereich des Zollrechts[17] – oder das nationale Recht[18] eine spezielle Regelung trifft.[19] Die „stillschweigende Verweisung"[20] auf die nationalen Vorschriften und damit auf die §§ 48ff VwVfG wird jedoch begrenzt[21] durch das vorrangige gemeinschaftsrechtliche „Diskriminierungsverbot"[22] und „Effizienzgebot"[23]. Im übrigen sind aber

12 Solche finden sich zB in Art 65 § 2 Abs 4 EGKS und Art 8 Abs 3 der VO Nr 17, ABl 1962 Nr 13, 204ff (Kartellverordnung), sowie im Beamtenrecht der Gemeinschaft; vgl *Schwarze* Eur VwR II, 951ff; *Erichsen/Buchwald* Jura 1995, 84, 85.

13 Vgl EuGH Slg 1957, 83, 118f; Slg 1961, 109, 173; Slg 1962, 511, 549; dazu *Schwarze* (Fn 12) 956ff; *Triantafyllou* NVwZ 1992, 436, 437; *Erichsen/Buchwald* (Fn 12) 85f.

14 Gemeinschaftsrechtserheblich ist ein Verwaltungsakt, der in unmittelbarem oder mittelbarem Vollzug von Gemeinschaftsrecht (vgl o § 3 Rn 57) ergeht oder bei dessen Erlaß unmittelbar anwendbares EG-Recht zu beachten ist.

15 So EuGH NJW 1998, 47, 48 Tz 24. Vgl auch EuGH Slg 1980, 617, 629; Slg 1982, 1449, 1463; Slg 1982, 1503, 1535; Slg 1983, 2633 Tz 19; Slg 1989, 2633, 2655; Slg 1990, I-959 Tz 61; Slg 1990, I-3437 Tz 12.

16 Dazu BVerwGE 92, 81, 82 mwN sowie o § 3 Rn 69 und u § 17 Rn 5, 11, 15, 29; § 18 Rn 15. Vgl auch *Bleckmann* EuR, Rn 727ff; *Richter* Rückforderung staatlicher Beihilfen nach §§ 48, 49 VwVfG bei Verstoß gegen Art 92ff EGV, 1995, 15ff; *Ehlers* DVBl 1991, 605, 611f.

17 Art 8, 9 VO Nr 2913/92 des Rates v 12.10.1992, ABl 1992 Nr L 302 – Zollkodex (ZK).

18 ZB § 10 Gesetz zur Durchführung der gemeinsamen Marktorganisation (MOG), BGBl I 1986, 1397; vgl *Dickersbach* NVwZ 1996, 962, 970.

19 Ferner ist auf Art 8 der VO 797/70, ABl 1970 Nr L 94, 13 hinzuweisen, der zwar für die Aufhebung von Verwaltungsakten im Bereich des Agrarrechts auf das nationale Recht verweist, einen eigenen, darüber hinausgehenden Regelungsgehalt aber insofern hat, als er nach der Rspr des EuGH – Slg 1983, 2633, 2666 Tz 22 (Deutsche Milchkontor) – das nach § 48ff VwVfG eröffnete Aufhebungsermessen ausschließt. Vgl dazu etwa *Fischer* DVBl 1990, 1089, 1093f. Zur Diskussion über eine – möglicherweise auf Art 94 EGV (Art 89 EGV nF) gestützte – Kodifikation der für die Rückforderung gemeinschaftswidrig ausgezahlter Beihilfen geltenden Regeln vgl *Schwarze* EuR 1997, 419, 430 mwN.

20 So EuGH Slg 1982, 1449 Tz 6.

21 Vgl dazu auch *Sinnaeve* Die Rückforderung gemeinschaftsrechtswidriger nationaler Beihilfen, 1997, 110ff; *Richter* (Fn 16) 53; *Hilf* in: Schwarze, Europäisches Verwaltungsrecht im Werden, 1982, 67ff.

22 Danach darf bei der Anwendung nationalen Rechts im Vollzug von Gemeinschaftsrecht kein Unterschied zu vergleichbaren rein nationalen Verfahren gemacht werden; vgl EuGH Slg 1982, 1449 Tz 6; Slg 1980, 617 Tz 10; *Erichsen/Buchwald* (Fn 12) 87 sowie o § 3 Rn 65.

Unterschiede im nationalen Verwaltungsrecht hinzunehmen, soweit bei erforderlichen Abwägungen dem Interesse der Gemeinschaft im vollen Umfang Rechnung getragen wird.[24]

5 Die Aufhebung, dh die Beseitigung der Regelung eines Verwaltungsakts durch die Verwaltung, erfolgt außerhalb des Vorverfahrens nur[25] durch Widerruf, Rücknahme oder Wiederaufgreifen gem § 51 VwVfG[26]. Während des Vorverfahrens kann die Ausgangsbehörde zudem einem zulässigen und begründeten Widerspruch bis zum Eintritt des Devolutiveffekts nach § 72 VwGO abhelfen;[27] einen Rückgriff auf die §§ 48 ff VwVfG wird man daneben im Hinblick auf die im Falle einer Abhilfeentscheidung nach § 72 VwGO bestehende Kostentragungspflicht der Behörde gemäß § 80 VwVfG als unzulässig anzusehen haben.[28] Die VwVfGe nennen die Aufhebung eines rechtmäßig erlassenen Verwaltungsakts „Widerruf", die eines rechtswidrig erlassenen Verwaltungsakts „Rücknahme". Widerruf und Rücknahme eines Verwaltungsakts setzen, wie das Wiederaufgreifen, voraus, daß der Verwaltungsakt wirksam geworden und die Wirksamkeit nicht zwischenzeitlich – etwa durch Zeitablauf[29] – iSv § 43 Abs 2 VwVfG entfallen ist. Sie führen, wie § 43 Abs 2 VwVfG zeigt, zur Beendigung der Wirksamkeit.[30] Nichtige Verwaltungsakte sind gem § 43 Abs 3 VwVfG unwirksam und können daher nicht nach §§ 48 ff VwVfG aufgehoben werden. Da für sie die Nichtigkeitsfeststellung nach § 44 Abs 5 VwVfG vorgesehen ist, kommt auch eine analoge Anwendung mangels Regelungslücke nicht in Betracht.[31]

6 Die Entscheidung über die Aufhebung des Verwaltungsakts ist ein Verwaltungsakt, der in einem neuen, vom Erlaßverfahren unabhängigen Verwaltungsverfahren iSd § 9 VwVfG ergeht.[32] Die örtliche Zuständigkeit bestimmt sich nach § 48 Abs 5, § 49 Abs 5 und § 51 Abs 4 jeweils iVm § 3 VwVfG. Die §§ 48 Abs 5, 49 Abs 5 und 51 Abs 4 VwVfG stellen zugleich klar, daß nach Unanfechtbarkeit des Verwaltungsakts ausschließlich die zum Zeitpunkt der Aufhebung nach den allgemeinen Vorschriften örtlich zuständige Behörde die Entscheidung über die Auf-

[23] Danach darf die Anwendung des nationalen Rechts die Tragweite und Wirksamkeit des Gemeinschaftsrechts nicht beeinträchtigen; vgl nur EuGH NJW 1998, 84, 85 Tz 24 mwN. Dazu *Erichsen* JK 97, VwVfG §§ 48, 49 a/16; *dens* JK 91, VwVfG § 48/12. Vgl auch *dens/Buchwald* (Fn 12) 87 sowie o § 3 Rn 65.

[24] Vgl EuGH Slg 1983, 2633, 2666 Tz 21; *Streinz* Europarecht, 3. Aufl 1997, Rn 487.

[25] Die §§ 48 ff VwVfG stellen insoweit einen zwingenden Formenkanon dar, mit der Folge, daß insbes der Rechtsgedanke des § 273 BGB außerhalb des öffentlich-rechtlichen Vertragsrechts nicht anwendbar ist; vgl HessVGH NJW 1996, 2746, 2748.

[26] Dazu u § 20 Rn 9 ff.

[27] Vgl auch BVerwG NVwZ 1997, 272, 273; *Klappstein* (Fn 6) § 48 Rn 2.2.

[28] Vgl u § 19 Rn 9. Abw BVerwG NVwZ 1997, 272, 273.

[29] Dazu BayVGH BayVBl 1990, 405, 406.

[30] Vgl dazu auch BVerwGE 98, 298, 304.

[31] Vgl. dazu *Erichsen* (Fn 10) 535; *dens* VwR u VwGbkt I, 125 f; *Klappstein* (Fn 6) § 48 Rn 2.1; *Knoke* Rechtsfragen der Rücknahme von Verwaltungsakten, 1989, § 4 I 4 c; *Peine* Allg VwR, 3. Aufl 1997, Rn 326; aA *Kopp* (Fn 10) § 48 Rn 17; *Ule/Laubinger* VwVfR, § 61 Rn 11.

[32] Vgl *Sachs* (Fn 9) § 48 Rn 241; *Knoke* (Fn 31) § 5 II 1 mwN; *v Mutius* JK 86, VwVfG § 3/1; *Kopp* (Fn 10) § 48 Rn 100.

hebung desselben treffen darf. Dies gilt auch dann, wenn die Behörde den Verwaltungsakt nicht erlassen hat. Eine fortdauernde Zuständigkeit der Erlaßbehörde, wie sie zB § 3 Abs 3 VwVfG vorsieht, ist demnach ausgeschlossen. Dies gilt insbes für den Fall, daß der aufzuhebende Verwaltungsakt wegen örtlicher Unzuständigkeit der Erlaßbehörde rechtswidrig ist.[33] Die sachliche Zuständigkeit für die Aufhebung eines Verwaltungsakts ist im VwVfG nicht geregelt. Insoweit gelten, wie auch hinsichtlich evtl Formerfordernisse,[34] soweit keine besonderen Regelungen bestehen,[35] die für den Erlaß maßgebenden Regelungen.[36] Fraglich ist, wer die Aufhebungskompetenz besitzt, wenn eine sachlich unzuständige Behörde den aufzuhebenden Verwaltungsakt erlassen oder zwischenzeitlich ein Zuständigkeitswechsel stattgefunden hat. Insoweit fehlt eine entsprechende Regelung, wie sie die §§ 48 Abs 5, 49 Abs 5 und 51 Abs 4 VwVfG hinsichtlich der örtlichen Zuständigkeit treffen. Dies könnte dafür sprechen, daß ein Zuständigkeitswechsel nicht stattfindet, dh die sachlich unzuständige bzw unzuständig gewordene Behörde die Entscheidung über die Aufhebung des Verwaltungsakts trifft.[37] Vergegenwärtigt man sich indes, daß zum einen die angeführten Vorschriften nur der Klarstellung im Hinblick auf § 3 Abs 3 VwVfG dienen, das Verwaltungsverfahren, das zur Aufhebung eines Verwaltungsakts führt, kein Annexverfahren des Verfahrens ist, welches zum Erlaß des aufzuhebenden Verwaltungsakts führt, und zudem die Zuständigkeit für den Erlaß eines Verwaltungsakts immer von der gesetzlichen Regelung abhängt, die im Zeitpunkt des Erlasses des Verwaltungsakts gilt, so ergibt sich die sachliche Zuständigkeit für die Aufhebung eines Verwaltungsakts ausschließlich aus der zum Zeitpunkt der Entscheidung über die Aufhebung bestehenden Rechtslage.[38]

33 Vgl *Erichsen* (Fn 10) 545; *Knoke* (Fn 31) § 5 I 1; *Sachs* (Fn 9) § 48 Rn 253; *Bettermann* FS BVerwG, 1978, 62; BVerwG NVwZ-RR 1996, 538. Die dagegen vertretenen Ansichten, daß zur Rücknahme ausschließlich – so *Meyer* in: Meyer/Borgs, VwVfG, § 48 Rn 77 – bzw kumulativ – so *Kopp* (Fn 10) § 48 Rn 100 – die Erlaßbehörde zuständig sein soll, stehen mit der Gesetzeslage nicht in Einklang. Die angeführten Regelungen sowie § 46 VwVfG zeigen, daß allein die zuständige Behörde Herrin des Aufhebungsverfahrens sein soll. „Allgemeine Rechtsgrundsätze", auf die *Kopp* sich beruft, vermögen diesen Befund nicht zu ändern, da diese durch die Kodifikation des VwVfG abgelöst worden sind.

34 Vgl dazu *Klappstein* (Fn 6) § 48 Rn 5.2.

35 ZB § 13 II 2 und 3 BBG.

36 Vgl *Erichsen* (Fn 10) 534, 545; *Ule/Laubinger* (Fn 31) § 61 Rn 32; *Sachs* (Fn 9) § 48 Rn 241; *Kopp* (Fn 10) § 48 Rn 101; *Klappstein* (Fn 6) § 48 Rn 5.4; *Wolff/Bachof/Stober* (Fn 10) § 51 Rn 91.

37 So *Sachs* (Fn 9) § 48 Rn 253ff; VG Oldenburg NVwZ 1985, 68, 69. *Kopp* (Fn 10) § 48 Rn 102 und *Knoke* (Fn 31) § 5 I 2 nehmen eine kumulative Zuständigkeit von sachlich unzuständiger bzw nunmehr unzuständiger Erlaßbehörde und zuständiger bzw nunmehr zuständiger Behörde an.

38 So auch *Klappstein* (Fn 6) § 48 Rn 5.4; *Seibert* Die Bindungswirkung von Verwaltungsakten, 1989, 294ff; *Obermayer* VwVfG, § 48 Rn 161.

II. Begünstigende und nicht begünstigende Verwaltungsakte

Die Systematik der Regelungen der Rücknahme und des Widerrufs in den Verwaltungsverfahrensgesetzen des Bundes und der Länder ist bestimmt durch die Zweiteilung der Verwaltungsakte in „begünstigende" und „nicht begünstigende". 7

a) *Begünstigende* Verwaltungsakte sind nach der Legaldefinition in § 48 Abs 1 S 2 VwVfG solche, die ein Recht oder einen rechtlich erheblichen Vorteil begründen oder – wie insbes im Fall des feststellenden Verwaltungsakts – bestätigen. Recht iS dieser Vorschrift ist jedes subjektiv-öffentliche Recht,[39] also ein von der Rechtsordnung als schutzwürdig und durchsetzbar anerkanntes Individualinteresse. Die zusätzliche Nennung des rechtlich erheblichen Vorteils hat demgegenüber lediglich eine klarstellende Funktion; sie soll einer engeren Auslegung des Begriffs „Recht" vorbeugen.[40] Nicht ausreichend sind insofern bloße Reflexwirkungen des objektiven Rechts, auch wenn sie für den Bürger wirtschaftlich günstig sind.[41] Nicht begünstigende Verwaltungsakte sind zum einen solche, die eine Belastung begründen oder bestätigen, aber zum anderen auch alle sonstigen, die von § 48 Abs 1 S 2 VwVfG nicht erfaßt werden. 8

Entscheidend für die Abgrenzung ist der Regelungsgehalt des Verwaltungsakts unter Berücksichtigung des Zwecks der ggf zugrundeliegenden Normen. Weist der Verwaltungsakt dem Betroffenen ein Interesse zur eigenen Wahrnehmung zu, dann ist er auf Begründung bzw Bestätigung eines Rechts gerichtet. Begünstigt er jemanden dagegen lediglich tatsächlich, dann liegt nur ein Rechtsreflex vor.[42] Begünstigende Verwaltungsakte sind etwa die Gewährung einer Subvention, die Baugenehmigung, die Einbürgerung, die Beamtenernennung und die Festsetzung eines bestimmten Besoldungsdienstalters,[43] aber auch die Zusage einer Umzugskostenvergütung ungeachtet der Tatsache, daß sie ggf nachteilige tatsächliche Auswirkungen auf die Gewährung von Trennungsgeld besitzt.[44] Lediglich eine Reflexwirkung im Verhältnis zu tatsächlich betroffenen Bürgern kommt demgegenüber insbes Organisationsakten zu, wie etwa der Benennung einer Straße durch die Gemeinde,[45] der Vergabe einer Hausnummer[46] oder der Aufstellung eines Halteverbotszeichens vor dem Grundstück.[47] Solche den Bürger reflexartig begünstigenden und andere durch § 48 Abs 1 S 2 VwVfG nicht erfaßte Verwaltungsakte gehören in die Kategorie der nicht begünstigenden Verwaltungsakte.

[39] Dazu o § 11 Rn 30ff.
[40] Vgl etwa *Erichsen* (Fn 10) 537; *Sachs* (Fn 9) § 48 Rn 124ff; dazu auch amtl Begr, BT-Drucks 7/910, 68; *Knoke* (Fn 31) § 3 I.
[41] Vgl *Kopp* (Fn 10) § 48 Rn 45 iVm § 9 Rn 8; VGH BW NJW 1979, 1670, 1671.
[42] Dazu auch § 11 Rn 30ff, 39f; vgl auch *Scherzberg* Jura 1988, 455ff.
[43] Vgl BVerwGE 14, 222, 232f.
[44] BVerwGE 81, 149.
[45] Vgl VGH BW NJW 1979, 1670, 1671; dazu *Hoffmann* JA 1980, 122f; OVG NW NJW 1987, 2695, 2696.
[46] Vgl BayVGH NVwZ 1983, 352; *Ehlers* DVBl 1970, 492, 494f.
[47] *Erichsen* (Fn 10) 538; so wohl auch OVG NW DVBl 1977, 257, 258.

9 b) Ein Verwaltungsakt kann seinen Adressaten zugleich begünstigen und belasten. Man spricht dann von einem Verwaltungsakt mit Mischwirkung.[48] Es stellt sich die Frage, ob bzw inwieweit ein solcher Verwaltungsakt als begünstigend iSd §§ 48, 49 VwVfG zu qualifizieren ist. Die Mischwirkung kann einmal in der Setzung mehrerer teils begünstigender, teils belastender Rechtsfolgen bestehen. Das ist etwa der Fall, wenn eine Genehmigung erteilt und hierfür zugleich eine Gebühr festgesetzt wird. Eine Mischwirkung kann aber auch einem Verwaltungsakt zukommen, der nur *eine* Rechtsfolge setzt. In diesen Fällen kann Teilbarkeit in Belastung und Begünstigung vorliegen, etwa wenn eine von einem Bürger beantragte Geldleistung nur teilweise gewährt wird. Belastung und Begünstigung können indes auch untrennbar miteinander verknüpft sein, was etwa dann der Fall ist, wenn eine Baugenehmigung erteilt wird, die nicht in vollem Umfang dem gestellten Antrag entspricht.

Die Fälle der Setzung mehrerer Rechtsfolgen sowie der Teilbarkeit einer Rechtsfolge des Verwaltungsakts lassen sich dadurch bewältigen, daß eine Teilaufhebung der Begünstigung bzw der Belastung nach den jeweils für begünstigende bzw für nicht begünstigende Verwaltungsakte geltenden Regelungen erfolgt.[49]

Bei einer *untrennbaren Verknüpfung* der Rechtswirkungen geht es dagegen um die Aufhebung des *gesamten* Verwaltungsakts. Solche Verwaltungsakte dürfen nach heute wohl überwiegend vertretener Auffassung insgesamt nur unter den Voraussetzungen aufgehoben werden, die für die Aufhebung der Begünstigung gelten,[50] jedenfalls sofern das begünstigende Element nicht lediglich eine Nebenwirkung ohne besondere Bedeutung oder eine Nebenbestimmung eines ansonsten belastenden Verwaltungsakts darstellt.[51]

Demgegenüber wird für den Fall, daß ein auf Geld oder eine teilbare Sachleistung gerichteter nicht begünstigender Verwaltungsakt die vom Bürger zu erbringende Leistung, etwa von ihm zu übernehmende Kosten, zu niedrig festsetzt, teilweise die Auffassung vertreten, daß ein solcher Verwaltungsakt als ausschließlich belastend zu qualifizieren sei.[52] Dabei wird aber nicht hinreichend berücksichtigt, daß die Behörde durch einen solchen Verwaltungsakt eine Gesamt- und nicht nur eine Teilforderung festsetzt und daher der Leistungsbescheid auch die Feststellung enthält, daß die Leistungspflicht der Höhe nach auf den festgesetzten Betrag be-

[48] Vgl dazu *Wolff/Bachof/Stober* (Fn 10) § 46 Rn 24, § 51 Rn 29; *Ule/Laubinger* (Fn 31) § 61 Rn 27.

[49] Vgl auch *Kopp* (Fn 10) § 48 Rn 47; *Ule/Laubinger* (Fn 31) § 61 Rn 27f. Ebenso *Wolff/Bachof/Stober* (Fn 10) § 51 Rn 29.

[50] Vgl *Sachs* (Fn 9) § 48 Rn 129, 132; *Ule/Laubinger* (Fn 31) § 61 Rn 27.

[51] Vgl *Erichsen* (Fn 10) 538.

[52] So etwa BVerwGE 30, 132, 133; wohl auch BVerwGE 67, 129, 133; ferner HessVGH NJW 1981, 596f; VGH BW NVwZ-RR 1997, 120; *Schröder* JuS 1970, 615; *Stelkens* JuS 1984, 930, 932f; *Sachs* (Fn 9) § 48 Rn 131; *Bronnenmeyer* Der Widerruf rechtmäßiger begünstigender Verwaltungsakte nach § 49 VwVfG, 1994, 282. Zu den dabei auftretenden Vertrauensschutzproblemen vgl *Lange* Jura 1980, 456, 461f.

grenzt ist, und er deshalb insoweit begünstigende Wirkung hat.[53] Die nachträgliche Erhöhung der geforderten Leistung ist daher ebenfalls nach Maßgabe der für begünstigende Verwaltungsakte geltenden Regeln zu behandeln.

§ 17
Die Rücknahme rechtswidriger begünstigender Verwaltungsakte

I. Entwicklung und Grundstrukturen der geltenden Regelungen

Regelungen der Voraussetzungen, unter denen ein zu Unrecht erlassener Verwaltungsakt durch die Verwaltungsbehörde zurückgenommen werden muß oder darf, gab es bis zum Inkrafttreten der VwVfGe nur vereinzelt. Zu nennen sind etwa § 12 BBG, § 15 GastG, § 25 PBefG, § 47 Abs 1 WaffG[1] oder die zwischenzeitlich aufgehobenen §§ 53 Abs 2 GewO, 78, 88 GüKG. Rechtsprechung und Lehre sahen sich daher vor die Aufgabe gestellt, allgemeine Rechtsgrundsätze für die Beurteilung der Zulässigkeit der Rücknahme zu entwickeln. Sie gingen in der ersten Hälfte dieses Jahrhunderts unter Bezug auf das Prinzip der Gesetzmäßigkeit der Verwaltung[2] nahezu einhellig davon aus, daß die Behörde wenn nicht gar verpflichtet so doch jedenfalls berechtigt sei, einen als rechtswidrig erkannten Verwaltungsakt voraussetzungslos zurückzunehmen. Umstritten war lediglich der Zeitpunkt der Wirksamkeit der Rücknahme. Während einerseits dafür plädiert wurde, sie regelmäßig nur in die Zukunft (ex nunc) wirken zu lassen, wurde andererseits der in die Vergangenheit zurückwirkenden (ex tunc) Rücknahme der Vorzug gegeben. 1

Zur Überwindung der Regel der freien Rücknehmbarkeit des rechtswidrigen begünstigenden Verwaltungsakts hat wesentlich ein Urteil des OVG Berlin v 14.11. 1956[3] beigetragen, das vom BVerwG bestätigt worden ist.[4] Dem Rechtsstreit lag folgender Sachverhalt zugrunde: Der Klägerin, einer in der DDR lebenden Beamtenwitwe, wurde vom beklagten Berliner Innensenator bescheinigt, daß ihr ein Anspruch auf Versorgung zustehe, sofern sie ihren Wohnsitz in Berlin (West) begründe. Daraufhin siedelte die Klägerin dorthin über. Nunmehr setzte der Beklagte das Witwengeld der Klägerin fest. Als sich später herausstellte, daß die gesetzlichen Voraussetzungen für die Bewilligung nicht erfüllt waren, stellte der Beklagte die Zahlung des Witwengeldes ein und teilte der Klägerin mit, sie müsse die überzahlten Versorgungsbezüge zurückzahlen.

[53] Vgl *Erichsen* (Fn 10) 539; *Wolff/Bachof/Stober* (Fn 10) § 53 Rn 29; *Maurer* (Fn 3) § 9 Rn 49 und § 11 Rn 15; *Ule/Laubinger* (Fn 31) § 62 Rn 28, der die gegenteiligen Ausführungen *Bronnenmeyers* (Fn 52) zutr als zynisch und nicht überzeugend ablehnt.

[1] Vgl dazu BVerwGE 71, 248 ff.
[2] Vgl zuletzt *Forsthoff* VwR, 261.
[3] DVBl 1957, 503 mit Anm *Haueisen*.
[4] BVerwGE 9, 251 ff; vgl dazu *Erichsen* VwR u VwGbkt I, 103 ff.

2 Der Fall zeigt deutlich die Unzulänglichkeit der früheren Auffassung, weil und soweit sie das *schutzwürdige Vertrauen* des Adressaten in die Rechtsbeständigkeit des begünstigenden Verwaltungsakts unberücksichtigt läßt. Dieses Vertrauen ist auch von Rechts wegen schutzfähig. Gleichgültig, ob man auf das Gebot der Rechtssicherheit, ein Element des Rechtsstaatsprinzips, oder auf die Grundrechte abstellt,[5] der Vertrauensschutz hat ebenso wie die Gesetzmäßigkeit Verfassungsrang. Daraus folgt, daß die Lösung im konkreten Konflikt der Rechtsgüter und Interessen nur durch ihre *Abwägung* unter Berücksichtigung aller Umstände des jeweiligen Einzelfalls gewonnen werden kann.

Rechtsprechung und Lehre haben demgemäß die Rücknahme eines rechtswidrigen begünstigenden Verwaltungsakts nur zugelassen, soweit das öffentliche Interesse an der Gesetzmäßigkeit der Verwaltung das Vertrauen des durch den Verwaltungsakt Begünstigten auf die Rechtsbeständigkeit der behördlichen Entscheidung überwog.[6]

3 Durch die 1977 in Kraft getretenen Verwaltungsverfahrensgesetze des Bundes und der Länder hat die Rücknahme rechtswidriger Verwaltungsakte in § 48 eine ausführliche Regelung erfahren. Ihre Anwendung ist allerdings dort ausgeschlossen, wo Spezialvorschriften, wie die eingangs genannten, eine abschließende Regelung enthalten.[7]

Gemäß § 48 Abs 1 S 1 VwVfG steht die Rücknahme von Verwaltungsakten grundsätzlich im Ermessen der Behörde. Der Gedanke des Vertrauensschutzes ist in § 48 Abs 2–4 VwVfG in differenzierender Weise berücksichtigt. Er kann bei Verwaltungsakten, die auf Geld- oder Sachleistungen gerichtet sind, unter Abweichung vom Grundsatz des § 48 Abs 1 S 1 VwVfG zum Ausschluß der Rücknahme führen. Bei sonstigen begünstigenden Verwaltungsakten soll dagegen das Vertrauen des Begünstigten der Rücknahme nach § 48 Abs 1 S 1 VwVfG nicht entgegenstehen, sondern lediglich durch Zubilligung eines finanziellen Ausgleichsanspruchs kompensiert werden.

4 § 48 VwVfG setzt die *Rechtswidrigkeit* des Verwaltungsakts voraus. Rechtswidrig sind grundsätzlich alle Verwaltungsakte, bei deren Erlaß gegen Rechtsvorschriften des Außenrechts verstoßen wurde.[8] Verstöße gegen Form- und Verfahrensvorschriften können allerdings gemäß § 45 VwVfG unter bestimmten Voraussetzungen geheilt, ein insoweit rechtswidriger Verwaltungsakt rechtmäßig werden.[9] Bei Vorliegen der Voraussetzungen von § 46 VwVfG kann zudem mangels anderer Entscheidungsmöglichkeit in der Sache auch ein rechtswidriger

[5] Vgl *Kimminich* JuS 1965, 249, 254; *Kopp* BayVBl 1980, 38ff; BVerfGE 13, 261, 271; 39, 128, 145f; 59, 128, 167; 64, 158, 174; 71, 1, 11f; BVerwGE 41, 277, 279; 74, 357; zur Rspr des BVerfG vgl *Pieroth* JZ 1984, 971ff.

[6] Die Rspr des BVerwG zusammenfassend BVerwGE 19, 188, 189 mwN; vgl ferner *Ossenbühl* DÖV 1972, 25ff; *Becker* DÖV 1973, 379ff; BVerwG JuS 1973, 321 Nr 10, 579 Nr 7.

[7] Vgl den Überblick bei *Sachs* in: Stelkens/Bonk/Sachs, VwVfG, § 48 Rn 3ff.

[8] Vgl dazu *Erichsen* Jura 1981, 534, 536.

[9] Vgl OVG NW NVwZ 1988, 740, 741; *Knoke* Rechtsfragen der Rücknahme von Verwaltungsakten, 1989, 35f.

Verwaltungsakt von der Aufhebung ausgeschlossen sein.[10] Die Verletzung von Verwaltungsvorschriften vermag grundsätzlich keine Außenrechtswidrigkeit zu begründen.[11] Allerdings kann ein Verstoß gegen diese dann zur Außenrechtswidrigkeit führen, wenn sie in ständiger Praxis angewandt wurden, die Behörde infolgedessen wegen des in Art 3 Abs 1 GG normierten Gebots der Gleichbehandlung mittelbar im Außenverhältnis an die Verwaltungsvorschriften gebunden ist.[12]

Rechtswidrigkeit liegt insbes auch vor, wenn mit dem Erlaß des Verwaltungsakts gegen unmittelbar anwendbare Vorschriften des Gemeinschaftsrechts verstoßen wurde.[13] Insoweit gilt der zugunsten des Gemeinschaftsrechts bestehende Anwendungsvorrang.[14] 5

Rechtmäßig *ergangene* Verwaltungsakte können durch eine Änderung der Sach- oder Rechtslage in Widerspruch zur bestehenden Rechtsordnung geraten. Es wird die Auffassung vertreten, daß auf einen solchen „rechtswidrig werdenden" Verwaltungsakt immer oder in bestimmten Fällen die Regelungen über die Rücknahme anzuwenden seien.[15] Demgegenüber stellt die überwiegende Auffassung in Rechtsprechung und Literatur für die Rechtswidrigkeitsbestimmung auf den Zeitpunkt des Erlasses ab.[16] 6

[10] Vgl *Skouris* NJW 1980, 1721, 1722; *Schenke* DÖV 1986, 305, 311; *Kopp* VwVfG, § 46 Rn 8 sowie § 48 Rn 28; aA *Knoke* (Fn 9) 36ff; *H. Meyer* in: Meyer/Borgs,VwVfG, § 46 Rn 12; *ders* NVwZ 1986, 513, 521; *Maurer* Allg VwR, § 11 Rn 18.

[11] Vgl BVerwGE 34, 278, 280; 36, 323, 327; 41, 1, 8; BVerwG NVwZ-RR 1996, 47, 48; DVBl 1996, 814; OVG NW DVBl 1997, 1286; NVwZ-RR 1989, 169; NVwZ-RR 1997, 585; dazu *Erichsen* JK 98, VwVfG §§ 48, 49/17; ferner *Wolff/Bachof/Stober* VwR I, § 24 Rn 27; *Ule/Laubinger* VwVfR, § 48 Rn 11; *v Mutius* JK, VwVfG § 48/2. AA *Krebs* VerwArch 70 (1979) 259, 265ff. Zu Ausnahmen von diesem Grundsatz vgl *Ossenbühl*, o § 6 Rn 42ff, der allerdings – über die in der Rspr anerkannten Fallgruppen hinaus – annimmt, daß Verwaltungsvorschriften, die ein der Verwaltung eingeräumtes Ermessen im Interesse einer einheitlichen Ausübung näher strukturieren, als sog originäres Administrativrecht *unmittelbar* rechtliche Außenwirkung entfalten.

[12] Vgl OVG NW NVwZ-RR 1997, 585; dazu *Erichsen* JK 98, VwVfG §§ 48, 49 /17.

[13] Vgl etwa BVerwGE 92, 81ff; Vorinstanz OVG NW EuZW 1992, 286f; OVG Rh-Pf EuZW 1992, 349, 350; dazu *Erichsen/Buchwald*, Jura 1995, 84, 87, 89; sowie *Richter* Die Rückforderung staatlicher Beihilfen nach §§ 48, 49 VwVfG bei Verstoß gegen Art 92ff EGV, 1995, 83ff.

[14] Dazu o § 3 Rn 42f.

[15] Vgl BVerwGE 66, 65, 68; OVG NW NVwZ-RR 1988, 1, 2; OVG NW NVwZ 1988, 71, 72; *Lange* Jura 1980, 456, 459f; *dens* WiVerw 1979, 15, 16f; *Schenke* DVBl 1989, 433ff; *dens* BayVBl 1990, 107ff; *J. Martens* NVwZ 1989, 828, 832; *Kleinlein* VerwArch 81 (1990) 149ff; *Bronnenmeyer* Der Widerruf rechtmäßiger begünstigender Verwaltungsakte nach § 49 VwVfG, 1994, 66ff. Vgl auch BayVGH NVwZ 1989, 378, 379, wonach § 48 VwVfG *ausschließlich* auf „rechtswidrig werdende" Verwaltungsakte anwendbar sein soll.

[16] Vgl etwa BVerwGE 31, 222, 223; 45, 235, 243; BVerwG ZBR 1982, 350; *Erichsen* (Fn 4) 124; *dens* JK 90, VwVfG, § 48/9; *dens/Buchwald* Jura 1995, 84, 87; *Wolff/Bachof/Stober* (Fn 11) § 49 Rn 57; *Kopp* (Fn 10) § 48 Rn 24; *dens* BayVBl 1989, 652ff und – nunmehr aber differenzierend – BayVBl 1990, 524f; *Klappstein* in: Knack, VwVfG, vor § 43 Rn 5.2.4; *Sachs* (Fn 7) § 44 Rn 15; *Pieroth* NVwZ 1984, 681, 683; *Scherzberg* BayVBl 1992, 426, 427; *Lehner* Verw 26 (1993) 183, 200.

Die Annahme, die Aufhebung „rechtswidrig werdender" Verwaltungsakte richte sich ausschließlich nach § 48 VwVfG, ist schwerlich mit der gesetzlichen Regelung in § 49 Abs 2 S 1 Nr 3 und 4 VwVfG in Einklang zu bringen. Diese Bestimmungen ermächtigen zum Widerruf *rechtmäßiger* begünstigender Verwaltungsakte mit Wirkung ex nunc, wenn die Behörde auf Grund einer Änderung der Sach- oder Rechtslage berechtigt wäre, den Verwaltungsakt nicht zu erlassen. Geht man davon aus, daß eine Änderung der Sach- bzw Rechtslage grundsätzlich die Rechtswidrigkeit des Verwaltungsakts iSd § 48 VwVfG nach sich zieht, so würde dies dazu führen, daß die Anwendung des § 49 Abs 2 S 1 Nr 3 und 4 VwVfG sich auf solche Fälle beschränkte, in denen die Änderung der Sach- oder Rechtslage nicht zum Wegfall der Rechtmäßigkeitsvoraussetzungen führt, sondern der Behörde lediglich die in ihrem Ermessen stehende Berechtigung eingeräumt wird, von einem Erlaß des betreffenden Verwaltungsakts abzusehen.[17] Für eine solche Annahme lassen sich aber weder dem Wortlaut noch der Entstehungsgeschichte der Vorschrift Anhaltspunkte entnehmen. Beim nachträglichen Wegfall der Rechtmäßigkeitsvoraussetzungen eines Verwaltungsakts besteht zudem keine Notwendigkeit, auf die Regelung der Rücknahme mit ihrer Möglichkeit einer Aufhebung auch für die Vergangenheit zurückzugreifen.[18] Der Behörde darf es nämlich nicht zum Vorteil gereichen, wenn sie es versäumt, den Wandel der tatsächlichen und rechtlichen Verhältnisse zu verfolgen bzw sogleich zu handeln.

Demgegenüber wollen vermittelnde Ansätze jeweils ausgehend von der zum Erlaß des Verwaltungsakts ermächtigenden Norm bestimmen, ob eine nachträgliche Änderung der Sach- oder Rechtslage zur Rechtswidrigkeit führt.[19] Der für den Erlaß des Verwaltungsakts maßgeblichen Norm ist aufgrund der geänderten Sach- bzw Rechtslage indes lediglich eine Antwort auf die Frage zu entnehmen, ob ein Verwaltungsakt dieses Inhalts nunmehr erlassen werden darf. Dagegen ergreift der Normbefehl nicht – sofern die Änderung nicht ausnahmsweise auf den Erlaßzeitpunkt zurückwirkt[20] – einen bereits ergangenen Verwaltungsakt.[21]

7 Ungeschriebene Tatbestandsvoraussetzung für die Rücknahme von Verwaltungsakten ist, daß diese gegenüber dem richtigen Adressaten erfolgt. Dies ist bei begünstigenden Verwaltungsakten der Adressat der Begünstigung bzw dessen Rechtsnachfolger.[22]

[17] So *Lange* (Fn 15) 459; *ders* WiVerw 1979, 15, 16f.

[18] Anders *Lange* (Fn 15) 459f.

[19] Vgl *Schenke* BayVBl 1990, 107, 108; *Kleinlein* (Fn 15) 163ff.

[20] Vgl BVerwG DVBl 1989, 304; 1990, 304; dazu *Erichsen* JK 90, VwVfG § 48/9; auch bereits BVerwGE 40, 336, 339.

[21] Vgl auch *Erichsen/Ebber* Jura 1997, 424, 425.

[22] Vgl BVerwG NJW 1987, 2598; OVG NW NVwZ 1988, 151; NWVBl 1997, 30; VGH BW NVwZ 1998, 87, 88; *Kopp* (Fn 10) § 48 Rn 22 a; *Sachs* (Fn 7) § 48 Rn 242.

II. Die Rücknahme von Geld- oder Sachleistungsverwaltungsakten

1. Vertrauensschutz als Bestandsschutz

§ 48 Abs 2 S 1 VwVfG bestimmt, daß ein rechtswidriger Verwaltungsakt, der eine Geldleistung (zB Subvention, beamtenrechtliche Beihilfe) oder teilbare[23] Sachleistung (zB Kleidung, Zeitungsabonnement) gewährt oder dafür Voraussetzung ist (zB Festsetzung des Besoldungsdienstalters, Investitionszulagenbescheinigung, nicht aber die Gewährung von Sonderurlaub unter Fortzahlung der Dienstbezüge),[24] nicht zurückgenommen werden darf, soweit der Begünstigte auf den Bestand des Verwaltungsakts vertraut hat (a) und sein Vertrauen unter Abwägung mit dem öffentlichen Interesse an einer Rücknahme schutzwürdig ist (b und c). In Übereinstimmung mit der vor Erlaß der VwVfGe bestehenden Rechtslage ist hier Vertrauensschutz also Bestandsschutz. Dieser Schutz in Gestalt eines *Rücknahmeverbotes* setzt kumulativ Vertrauen und dessen Schutzwürdigkeit voraus. 8

a) Was das Vertrauen angeht, so ist erforderlich und ausreichend, daß der Begünstigte auf den Bestand des Verwaltungsakts *tatsächlich* vertraut hat, also ein *Vertrauenstatbestand* vorliegt. Darauf, ob der Begünstigte vertrauen durfte, kommt es insoweit nicht an.[25] An einem Vertrauenstatbestand fehlt es etwa, wenn der Begünstigte von dem ihm zugegangenen Verwaltungsakt noch keine Kenntnis erlangt hat.[26] Demgegenüber mangelt es hieran nicht deshalb, weil ein Verwaltungsakt unter dem Vorbehalt späterer Änderung ergangen ist.[27] Auch der Umstand, daß ein Verwaltungsakt vom Adressaten erschlichen wurde, schließt nicht aus, daß die Voraussetzungen des Vertrauenstatbestandes erfüllt sind. Ein Indiz für dessen Vorliegen liegt vor allem im Gebrauchmachen von der Begünstigung durch den Begünstigten. 9

b) Antwort auf die Frage nach der Schutzwürdigkeit des Vertrauens wird durch Abwägung des öffentlichen Interesses an der Wiederherstellung des rechtskonformen Zustandes und des privaten Interesses des Begünstigten am Fortbestehen der Regelung gegeben.[28] Maßgaben für diese Abwägung hat der Gesetzgeber exemplarisch, dh nicht abschließend[29] in § 48 Abs 2 S 2 VwVfG – positive Regelbeispiele – und in § 48 Abs 2 S 3 VwVfG – Negativkatalog – normiert. Sie orientieren sich an den von der Rechtsprechung vor Inkrafttreten der VwVfGe des Bundes und der Länder erarbeiteten Gesichtspunkten. 10

Danach ist beim Verbrauch der gewährten Leistungen sowie beim Vorliegen von Vermögensdispositionen, die nicht mehr oder nur unter unzumutbaren Nachteilen rückgängig gemacht werden können, gemäß § 48 Abs 2 S 2 VwVfG im Regelfall von der Schutzwürdigkeit des Vertrauens auszugehen. Das Vertrauen des Be-

[23] Vgl dazu *Kopp* (Fn 10) § 48 Rn 53; *H. Meyer* (Fn 10) § 48 Rn 55.
[24] OVG NW DVBl 1980, 885; dazu *v Mutius* JK 81, VwVfG § 48/1.
[25] Vgl *Erichsen* (Fn 8) 540; *H. Meyer* (Fn 10) § 48 Rn 56.
[26] *Erichsen* (Fn 8) 540; *Maurer* (Fn 10) § 11 Rn 30.
[27] *Erichsen* (Fn 8) 540; aA wohl *Maurer* FS Boorberg-Verlag, 1977, 223, 246.
[28] Vgl etwa *Obermayer* VwVfG, § 48 Rn 60ff.
[29] Dazu auch BVerwGE 92, 81, 85; *Sachs* (Fn 7) § 48 Rn 141, 153; *Fastenrath* JZ 1992, 1082, 1084; *Triantafyllou* NVwZ 1992, 436, 440; aA *Pache* NVwZ 1994, 318, 323.

günstigten soll also in der Regel Schutz verdienen, wenn es seinen Ausdruck in konkreten Dispositionen zur Verwirklichung der Begünstigung gefunden,[30] wenn ein „Ins-Werk-Setzen" stattgefunden hat.[31] Dementsprechend ist in der Rechtsprechung, außer in dem bereits eingangs erwähnten Fall,[32] die Schutzwürdigkeit des Vertrauens zB bejaht worden bei der Ausrichtung der allgemeinen Lebensführung auf die Höhe eines Pensionsfestsetzungsbescheids,[33] bei dem Erwerb eines Grundstücks bzw dem Bau eines Hauses aufgrund einer enteignungsrechtlichen Ausgleichszahlung,[34] bei der Erbringung von Aufwendungen für Baupläne im Hinblick auf eine Darlehensbewilligung.[35]

Ob ein Vertrauen auf einen lediglich angekündigten Verwaltungsakt, der erst nach Mittelverbrauch ergeht, schutzwürdig ist, erscheint schon im Hinblick auf den Wortlaut („auf den Bestand des Verwaltungsakt vertraut hat") auch dann als zweifelhaft, wenn der Verbrauch durch den angekündigten Verwaltungsakt motiviert wurde.[36] Als schutzwürdig iSd § 48 Abs 2 S 2 VwVfG wäre aber etwa auch das Vertrauen in den Bestand einer nicht gegen unmittelbar anwendbare Normen des Gemeinschaftsrechts verstoßenden[37] Subventionsbewilligung anzusehen, wenn der Begünstigte im Hinblick darauf bereits ein Exportgeschäft abgeschlossen hat.[38] Dagegen ist das Vertrauen einer Gemeinde, der zu Unrecht eine Finanzzuweisung gewährt wurde, im Hinblick auf den für sie geltenden Grundsatz der Gesetzmäßigkeit der Verwaltung nicht schutzwürdig.[39]

11 Die Rücknahme von nationalen Behörden erlassener begünstigender Verwaltungsakte, die wegen Verstoßes gegen unmittelbar anwendbares *Gemeinschaftsrecht* rechtswidrig sind, erfolgt innerhalb der Grenzen des gemeinschaftsrechtlichen Effizienzgebots und Diskriminierungsverbots nach Maßgabe des § 48 VwVfG.[40] Diese Vorgaben sind insbes bei der nach § 48 Abs 2 S 1 VwVfG vorzu-

[30] Vgl *H. Meyer* (Fn 10) § 48 Rn 58; *Wendt* JA 1980, 85, 88.

[31] IdS schon BVerwGE 17, 335, 338; 24, 294, 296; *Wolff/Bachof* VwR I, § 51 V e 4; *Ossenbühl* Die Rücknahme fehlerhafter begünstigender Verwaltungsakte, 2. Aufl 1965, 87f. Vgl auch BVerwG BayVBl 1989, 726, 728.

[32] O Rn 1; BVerwGE 9, 251, 254.

[33] BVerwGE 8, 261, 269; vgl auch BVerwGE 19, 188, 190f.

[34] Ähnler Fall: BVerwGE 35, 122, 129.

[35] BVerwGE 10, 64, 67.

[36] Abl auch OVG Lüneburg NVwZ-RR 1997, 572, 573; aA OVG Hamburg NVwZ 1988, 73, 74; *Kopp* (Fn 10) § 48 Rn 56.

[37] S dazu u Rn 11.

[38] Vgl *Erichsen* (Fn 8) 541; auch *Götz* NVwZ 1984, 480, 481. § 48 VwVfG ist dagegen unanwendbar und Vertrauensschutz findet damit nicht statt, wenn der Subventionsbescheid, wie in der Agrarwirtschaft praktiziert, nur vorläufig, unter dem Vorbehalt des Ergebnisses einer noch durchzuführenden Betriebsprüfung ergeht, BVerwGE 67, 99ff mit zust Anm *Tiedemann* DVBl 1983, 1246.

[39] OVG Rh-Pf NVwZ 1988, 448, 449; vgl auch BVerwGE 60, 208, 210; anders wohl VGH BW VBlBW 1991, 18, 19; *Kopp* (Fn 10) § 48 Rn 57c; *Knoke* (Fn 9) § 8 II 3d.

[40] S o § 3 Rn 69. Das Diskriminierungsverbot darf jedoch nicht dahin verstanden werden, daß nicht diskriminierende Maßnahmen im nationalen Bereich gerechtfertigt sind, welche die Erfüllung der gemeinschaftsrechtlichen Verpflichtung praktisch unmöglich machen. Vielmehr genießt das Effizienzgebot gegenüber dem Diskriminierungsverbot Vorrang. Vgl

nehmenden Abwägung zwischen dem Vertrauensschutz des Begünstigten auf der einen und dem öffentlichen Interesse an der Aufhebung des Verwaltungsakts auf der anderen Seite zu berücksichtigen. Da die Grundsätze des Vertrauenschutzes und der Rechtssicherheit zum Bestand des Gemeinschaftsrechts gehören,[41] können diese auch in nationalen Rücknahmeverfahren mit europarechtlichem Bezug grundsätzlich Beachtung finden.[42] Das gemeinschaftsrechtliche Effizienzgebot ist bei der Bestimmung des öffentlichen Interesses im Rahmen der Abwägung des § 48 Abs 2 S 1 VwVfG dergestalt zu berücksichtigen,[43] daß das Vertrauen des Begünstigten das öffentliche Interesse nur noch dann überwiegt, wenn außergewöhnliche Umstände vorliegen.[44] Somit wird die Regelwertung des § 48 Abs 2 S 2 VwVfG durch das gemeinschaftsrechtliche Effizienzgebot verdrängt.[45]

c) Ungeachtet konkreter Vermögensdispositionen zur Verwirklichung der Be- **12**
günstigung schließt § 48 Abs 2 S 3 VwVfG die Berufung auf Vertrauen in bestimmten Fällen zwingend[46] aus.[47] Gemäß § 48 Abs 2 S 3 Nr 1 VwVfG ist das Vertrauen dann nicht schutzwürdig, wenn der Begünstigte den Verwaltungsakt durch arglistige Täuschung, Drohung oder Bestechung erwirkt hat.[48] Den Tatbestandsmerkmalen arglistige Täuschung, Drohung sowie Bestechung kommt dieselbe Bedeutung wie im Straf- und Zivilrecht zu.[49] „Erwirkt" ist der Verwal-

EuGH Slg 1983, 3595, 3614 Tz 17; Schlußanträge des GA Darmon in Rs C-94/87, EuGH Slg 1989, 175, 185 Rn 10; *Dickersbach* NVwZ 1996, 962, 967. Dementspr hat der EuGH in Slg 1989, 175ff u Slg 1990, I-3437ff nur auf das Effizienzgebot abgestellt.

41 EuGH Slg 1983, 2633, 2669 Tz 30; Slg 1990, I-3437, 3456 Tz 13. Es ist indes zu beachten, daß Inhalt und Reichweite des europarechtlichen Vertrauensschutzes nicht unbedingt mit dem nationalrechtlichen übereinstimmen; so auch *Polley* EuZW 1996, 300, 303.

42 EuGH Slg 1990, 3437, 3456f Tz 13, 14. Die gemeinschaftsrechtlichen Grundsätze des Vertrauensschutzes und der Rechtssicherheit verdrängen zwar nicht die nationalen Bestimmungen, wohl aber gewährleisten sie – eine diesbezügliche Entscheidung des EuGH steht noch aus – einen einheitlichen, bei der Aufhebung gemeinschaftsrechtsrelevanter Verwaltungsakte zu beachtenden Mindeststandard; vgl *Streinz* Verw 23 (1990) 153, 176; *Triantafyllou* (Fn 29) 438; *Schulze* EuZW 1993, 279, 289; *Erichsen/Buchwald* (Fn 13) 86; *Schwarze* Eur VwR II, 1065.

43 Vgl EuGH Slg 1983, 2633, 2669 Tz 32; Slg 1990, 3437, 3458 Tz 19; *Schmidt-Räntsch* EuZW 1990, 376, 379; *Triantafyllou* (Fn 29) 438; *Richter* DÖV 1995, 846, 850.

44 Vgl EuGH Slg 1983, 2633, 2669 Tz 32; *Triantafyllou* (Fn 29) 439; *Erichsen/Buchwald* (Fn 13) 88; *Richter* (Fn 43) 851.

45 *Pache* (Fn 29) 324; *Erichsen/Buchwald* (Fn 13) 85; vgl auch BVerwG 92, 81, 83 (dazu *Erichsen* JK 94, VwVfG § 48/13); VGH BW NVwZ 1998, 87, 88; *Hopt/Mestmäcker* WM 1996, 801, 807; aA *Fastenrath* (Fn 29) 1083.

46 So auch *Knoke* (Fn 9) § 8 II 2a aa; *Klappstein* (Fn 16) § 48 Rn 8.4; *Sachs* (Fn 7) § 48 Rn 153; aA *Erfmeyer* DÖV 1997, 629.

47 Der Ausschluß des Vertrauensschutzes hindert die Behörde jedoch nicht, im Rahmen der Ermessensentscheidung nach § 48 Abs 1 S 1 VwVfG aus anderen Gründen von der Rücknahme abzusehen; vgl *Knoke* (Fn 9) § 8 II 2a aa; *Ule/Laubinger* (Fn 11) § 62 Rn 16; *Kopp* (Fn 10) § 48 Rn 61, 63; *Dickersbach* (Fn 40) 963.

48 So auch schon BVerwGE 16, 340f; 17, 1f; 31, 1f (jeweils zur Beamtenernennung).

49 So auch *H. Meyer* (Fn 10) § 48 Rn 59; *Knoke* (Fn 9) § 8 II 2a cc; *Ule/Laubinger* (Fn 11) § 62 Rn 12.

tungsakt, wenn das in Nr 1 beschriebene unlautere Verhalten des Begünstigten sowohl kausal für den Erlaß als auch für die Rechtswidrigkeit des Verwaltungsakts war.[50] Ein unredliches Verhalten seines Vertreters, nicht jedoch das eines Dritten, muß sich der Begünstigte insoweit zurechnen lassen.[51]

13 Gemäß § 48 Abs 2 S 3 Nr 2 VwVfG ist der Vertrauensschutz zudem dann ausgeschlossen, wenn der Begünstigte oder sein Vertreter den Verwaltungsakt durch in wesentlicher Beziehung unrichtige oder unvollständige Angaben erwirkt hat. „Angaben" müssen sich auf objektive Tatsachen beziehen.[52] Sie sind unrichtig, wenn die Tatsachen, die der Begünstigte ausdrücklich oder konkludent behauptet, mit der Wirklichkeit nicht übereinstimmen.[53] Unvollständig sind sie, wenn der Begünstigte Tatsachen verschweigt, von deren Nichtvorliegen die Behörde erkennbar ausgeht, oder die Angaben solcher Tatsachen unterläßt, zu deren Übermittlung eine rechtliche Verpflichtung bestand oder eine behördliche Aufforderung erging.[54] Da die Angaben in „wesentlicher Beziehung" fehlerhaft sein müssen, reicht nicht bereits jede kausale Fehlerhaftigkeit der Angaben aus. Vielmehr müssen die Angaben zur Entscheidungsfindung der Behörde erforderlich sein.[55] Der Begriff der Erwirkung setzt, wie bereits im Zusammenhang mit dem Ausschlußtatbestand des § 48 Abs 2 S 3 Nr 1 VwVfG dargelegt, voraus, daß die fehlerhaften Angaben nicht nur für den Erlaß, sondern auch für die Rechtswidrigkeit des Verwaltungsakts ursächlich sein müssen. Ob er zudem ein zweck- und zielgerichtetes Handeln erfordert,[56] erscheint im Hinblick darauf, daß die Schutzwürdigkeit des Vertrauens entfällt, weil die Ursache der Rechtswidrigkeit des Verwaltungsakts dem Verantwortungsbereich des Begünstigten entstammt[57] und es auf ein Verschulden des Begünstigten – etwa Kenntnis oder fahrlässige Unkenntnis von der Fehlerhaftigkeit vorgelegter Urkunden – daher nicht ankommt,[58] zumindest zweifelhaft. Fraglich ist indes, wie eine Mitverantwortung der Behörde hinsichtlich der Unvollständigkeit oder Unrichtigkeit der Angaben – zB durch ein irreführendes bzw unvollständiges Antragsformular oder falsche Beratung durch die Behörde – zu

[50] Ebenso *Knoke* (Fn 9) § 8 II 2 a aa sowie *Klappstein* (Fn 16) § 48 Rn 8.4.1; *H. Meyer* (Fn 10) § 48 Rn 59; wohl auch *Kopp* (Fn 10) § 48 Rn 67. Vgl auch BVerwGE 74, 357, 364; OVG NW NVwZ-RR 1997, 585, 587; aA *Sachs* (Fn 7) § 48 Rn 158; *Ossenbühl* DÖV 1964, 511, 518.

[51] Vgl etwa *Ule/Laubinger* (Fn 11) § 62 Rn 13; *Sachs* (Fn 7) § 48 Rn 156; *Kopp* (Fn 10) § 48 Rn 65.

[52] Vgl BayVGH BayVBl 1987, 695, 696; *Obermayer* (Fn 28) § 48 Rn 78.

[53] So zuletzt OVG NW NVwZ-RR 1997, 585, 587.

[54] Ebenso OVG NW NVwZ-RR 1997, 585, 587. Vgl auch *Obermayer* (Fn 28) § 48 Rn 78.

[55] Vgl *Bull* Allg VwR, Rn 647; *Knoke* (Fn 9) § 8 II 2 a bb; *Kopp* (Fn 10) § 48 Rn 70; *Klappstein* (Fn 16) § 48 Rn 8.4.2.

[56] So aber BayVGH BayVBl 1987, 696; *Klappstein* (Fn 16) § 48 Rn 8.4.2; *Sachs* (Fn 7) § 48 Rn 162.

[57] Vgl *Erichsen* (Fn 8) 541; *Wolff/Bachof/Stober* (Fn 11) § 51 Rn 77; *Klappstein* (Fn 16) § 48 Rn 8.4.2; *Knoke* (Fn 9) § 8 II 2 a cc; sowie die amtl Begr, BT-Drucks 7/910, 70.

[58] Vgl auch BVerwGE 8, 261, 271 f; 29, 294, 296, 299 f; 40, 212, 217; 74, 357, 364; 78, 139, 142 f; *Klappstein* (Fn 16) § 48 Rn 8.4.2; *Sachs* (Fn 7) § 48 Rn 162; *Ule/Laubinger* (Fn 11) § 61 Rn 13; aA BayVGH BayVBl 1987, 696.

behandeln ist. Nach dem Prinzip der objektiven Zurechnung, auf dem § 48 Abs 2 S 3 Nr 2 VwVfG beruht, könnte der Ausnahmetatbestand dennoch eingreifen. Die Mitverantwortung der Behörde würde in diesem Fall allenfalls Berücksichtigung finden, wenn sie die Rücknahme als unzulässige Rechtsausübung entsprechend den Grundsätzen des § 242 BGB ausschließt.[59] Vergegenwärtigt man sich indes, daß die Behörde zum einen nach § 24 VwVfG für die Ermittlung des Sachverhaltes verantwortlich zeichnet, zum andern nach § 25 VwVfG beratungs- und auskunftspflichtig ist und von daher im Falle der Mitverantwortung der Behörde ein Verfahrensfehler vorliegt, so schließt dieser den Wegfall des Vertrauensschutzes nach der Nr 2 aus.[60] Vielmehr sind anstelle des „Entweder – Oder" des § 48 Abs 2 S 3 Nr 2 VwVfG die jeweiligen Mitverantwortungsteile bei der Abwägung zwischen Vertrauensschutz und Rücknahmeinteresse zu berücksichtigen.[61]

Gemäß § 48 Abs 2 S 3 Nr 3 VwVfG ist das Vertrauen des Begünstigten schließ- **14**
lich dann nicht schutzwürdig, wenn dieser die Rechtswidrigkeit des Verwaltungsakts kannte oder infolge grober Fahrlässigkeit nicht kannte. Für die Kenntnis genügt das im Rahmen einer „Parallelwertung in der Laiensphäre" entwickelte Bewußtsein des Begünstigten, daß ihm die gewährte Leistung rechtlich nicht zustand.[62] Grob fahrlässig handelt, wer die im Verkehr erforderliche Sorgfalt in besonders schwerem Maße verletzt.[63] Die Erkenntnis der Rechtswidrigkeit im Rahmen einer „Parallelwertung in der Laiensphäre" muß sich hier also geradezu aufdrängen.[64] Maßgeblich sind insoweit die Umstände des Einzelfalls, insbes die persönlichen Kenntnisse und Fähigkeiten des Begünstigten.[65] So sind etwa im Hinblick auf juristische Fragen an Personen mit juristischer Vorbildung im allgemeinen strengere Anforderungen zu stellen als an andere.[66] Im Falle einer deutlich übersetzten Geldleistung wird man aber regelmäßig auch bei einem juristisch nicht geschulten Laien von grob fahrlässiger Unkenntnis der Rechtswidrigkeit auszugehen haben.[67] Besteht kein offensichtlicher Anlaß zu Zweifeln an der Rechtmäßigkeit des Bescheides, so trifft den Begünstigten grundsätzlich auch keine Verpflichtung, den Bescheid anhand der beigefügten Begründung oder unter Verwendung zusätzlicher Erkenntnismittel zu überprüfen.[68] Doch ergibt sich eine solche Verpflichtung im Rahmen von *Beamtenrechtsverhältnissen* aus der beam-

[59] So BVerwGE 77, 357, 364.

[60] Vgl *Obermayer* (Fn 28) § 48 Rn 80f; *Kopp* (Fn 10) § 48 Rn 70; *Sachs* (Fn 7) § 48 Rn 162; iErg auch BVerwGE 88, 278, 283f; *Klappstein* (Fn 16) § 48 Rn 8.4.2.

[61] So auch *Maurer* (Fn 10) § 11 Rn 31.

[62] Vgl *Kopp* (Fn 10) § 48 Rn 72 mwN.

[63] Vgl etwa *Sachs* (Fn 7) § 48 Rn 166; *Ule/Laubinger* (Fn 11) § 62 Rn 15; BVerwGE 40, 212, 217; VGH BW DVBl 1977, 652.

[64] Nicht ausreichend ist indes, wenn der Begünstigte nur die Umstände, die die Rechtswidrigkeit des Verwaltungsakts begründen, nicht aber die Rechtswidrigkeit selbst kannte oder infolge grober Fahrlässigkeit nicht kannte; vgl BVerwG DVBl 1994, 115, 116.

[65] *Ule/Laubinger* (Fn 11) § 62 Rn 15; *Sachs* (Fn 7) § 48 Rn 167; OVG Rh-Pf DVBl 1982, 219, 221.

[66] Vgl *Sachs* (Fn 7) § 48 Rn 167 mwN.

[67] Vgl *Erichsen* (Fn 8) 541; *Sachs* (Fn 7) § 48 Rn 167.

[68] Vgl *Kopp* (Fn 10) § 48 Rn 73.

tenrechtlichen Treuepflicht. Sie gebietet, einen Besoldungs- oder Versorgungsfestsetzungsbescheid auch auf Überzahlungen hin zu überprüfen, und zwar selbst dann, wenn der Bescheid nur anhand von beigefügten Kennzahlen zu entschlüsseln ist.[69] Dagegen vermag allein der Umstand, daß sich ein Gewerbetreibender nicht vorher vergewissert hat, daß die Beihilfe unter Beachtung des nach Art 93 Abs 3 EGV (Art 88 Abs 3 EGV idF des Amsterdamer Vertrages; vgl o § 3 Rn 4) vorgeschriebenen Notifizierungsverfahrens gewährt wurde, keine besonders schwere Sorgfaltsverletzung zu begründen.[70]

15 Nach der Rechtsprechung des EuGH[71] darf gleichwohl der Begünstigte nicht auf den Bestand eines nationalen Beihilfebescheides vertrauen, wenn die Beihilfe unter Nichtbeachtung des in Art 93 EGV (Art 88 EGV nF) vorgeschriebenen Notifizierungsverfahren gewährt wurde und zudem gegen Art 92 EGV (Art 87 EGV nF) verstößt, es sei denn, besondere Umstände lassen das Vertrauen des Beihilfeempfängers ausnahmsweise als schutzwürdig erscheinen. Das BVerwG trägt dem dadurch Rechnung, daß es diesen Gesichtspunkt neben den in § 48 Abs 2 S 3 VwVfG genannten Ausschlußgründen bei der Abwägung nach § 48 Abs 2 S 1 VwVfG berücksichtigt.[72] *Wann* aufgrund besonderer Umstände ausnahmsweise Vertrauensschutz gewährt werden kann, ist allerdings offen.[73] Der grundsätzliche Ausschluß des Vertrauensschutzes rechtfertigt sich daraus, daß es jedem Unternehmer spätestens seit der Warnmitteilung der EG-Kommission aus dem Jahre 1983,[74] durch welche die Kontrollpraxis der Kommission weithin publik wurde,[75] zumutbar und auch möglich ist, in Erfahrung zu bringen, ob das Verfahren nach Art 93 Abs 3 EGV (Art 88 Abs 3 EGV nF) eingehalten wurde.[76]

16 d) Liegt kein schutzwürdiges Vertrauen vor, so entscheidet die Behörde gemäß § 48 Abs 1 S 1 VwVfG *nach Ermessen* über die Rücknahme, wobei sich weder aus der Rechtswidrigkeit des Verwaltungsakts noch aus der mangelnden Schutzwürdigkeit des Vertrauens des Begünstigten eine Reduktion des Ermessens ergibt. Vielmehr stehen sich das Gebot der Rechtssicherheit und das Prinzip der materiellen

[69] *Erichsen* (Fn 8) 541; *Obermayer* (Fn 28) § 48 Rn 83; BVerwGE 40, 212, 217; BVerwG NVwZ 1987, 500; zu den Grenzen der Prüfungspflicht vgl OVG NW NVwZ 1988, 1037.

[70] BVerwGE 92, 81, 84; dazu *Erichsen* JK 94, VwVfG § 48/13; *Knössels* VR 1992, 159, 160; *Schulze* (Fn 43) 283; vgl. auch *Happe* NVwZ 1993, 32, 35; *Pache* (Fn 29) 323; *Streinz* Europarecht, 3. Aufl 1997, Rn 491f; zweifelnd auch *Triantafyllou* (Fn 29) 439; aA *Fastenrath* (Fn 29) 1083; *Richter* (Fn 43) 850.

[71] EuGH Slg 1990, I-3437, 3457 Tz 14; dazu *Erichsen* JK 91, VwVfG § 48/12; bestätigend EuGH NJW 1998, 47, 49 Tz 41; dazu *Erichsen* JK 97, VwVfG § 48/16.

[72] BVerwGE 92, 81, 85f (dazu *Erichsen* JK 94, VwVfG § 48/13); vgl auch *Erichsen/Buchwald* (Fn 13) 89; *Fastenrath* (Fn 29) 1084; *Triantafyllou* (Fn 29) 440. Nach *Pache* (Fn 29) 324 sowie *Kamann/Selmayr* JuS 1998, 148, 150 kann dieser Weg nur de lege ferenda beschritten werden, de lege lata sei dies ausgeschlossen, da der Negativkatalog des § 48 Abs 2 S 3 abschließend sei.

[73] So auch *Hopt/Mestmäcker* (Fn 45) 807 sowie *Dickersbach* (Fn 40) 968.

[74] Mitteilung der Kommission v 24.11.1983, ABl 1983 Nr C 318, 3ff.

[75] So auch *Sommermann* DVBl 1996, 889, 894.

[76] Ähnl OVG NW JZ 1992, 1080, 1081; EuGH Slg 1990, I-3437, 3457 Tz 14 (dazu *Erichsen* JK 91, VwVfG § 48/12); BVerwG 92, 81, 86 (dazu *Erichsen* JK 94, VwVfG § 48/13); *Sommermann* (Fn 75) 894. Zweifel äußern dagegen *Fischer* (Fn 19) 1091 und *Pache* (Fn 29) 323.

Gerechtigkeit gleichberechtigt gegenüber.[77] Bei der Ermessensentscheidung sind die den Vertrauensschutz nicht betreffenden, regelmäßig bei der Bildung von Ermessensentscheidungen zu berücksichtigenden Determinanten, sind also etwa der Gleichheitssatz, die übrigen Grundrechte und das Übermaßverbot zu beachten. Das Ermessen erstreckt sich in Fällen der Teilbarkeit auch auf die Entscheidung darüber, ob der Verwaltungsakt ganz oder teilweise zurückgenommen werden soll. Eine nach dem Recht der Europäischen Gemeinschaften bestehende Pflicht zur Rücknahme gemeinschaftsrechtswidriger Beihilfebescheide schließt dieses Entschließungsermessen der Behörde jedoch aus.[78]

2. Begrenzungen des Ausschlusses der Rücknahme

Die Rücknahme eines Verwaltungsakts, der auf Gewährung einer Geld- oder Sachleistung gerichtet ist, ist nur ausgeschlossen, *soweit* das schutzwürdige Vertrauen auf seinen Bestand reicht. Daraus folgt, daß der Ausschluß der Rücknahmebefugnis nach § 48 Abs 2 VwVfG in unterschiedlichem Ausmaß begrenzt sein kann. So kann bei teilbaren Verwaltungsakten[79] die Rücknahme nur hinsichtlich eines Teiles ausgeschlossen sein. Bezüglich des übrigen Teiles entscheidet die Behörde dann gemäß § 48 Abs 1 S 1 VwVfG nach Ermessen. Der Ausschluß der Rücknahme kann zudem in zeitlicher Hinsicht begrenzt sein. Das kommt im Hinblick auf Verwaltungsakte mit Dauerwirkung[80] in Betracht. Bei ihnen ist eine Rücknahme mit Wirkung nur für die *Zukunft* oder schon für die *Vergangenheit* möglich. **17**

Hat der Begünstigte hinsichtlich künftiger Leistungen noch keine konkreten Vermögensdispositionen iSd § 48 Abs 2 S 2 2. Alt VwVfG getroffen, so wird in aller Regel dem öffentlichen Interesse an der Wiederherstellung eines gesetzmäßigen Zustandes der Vorrang vor dem Interesse des Begünstigten am Fortbestand des rechtswidrig gewährten Vorteils gebühren. Nur ausnahmsweise wird in einem solchen Fall aus anderen Gründen die Gesetzmäßigkeit dem Vertrauen des Leistungsempfängers nachzuordnen sein. Eine Rücknahme mit Wirkung für die Zukunft (ex nunc oder von einem späteren Zeitpunkt an) ist daher in der Regel nicht durch § 48 Abs 2 S 1 VwVfG ausgeschlossen. **18**

Sollen aufgrund eines Verwaltungsakts mit Dauerwirkung bereits erbrachte Leistungen zurückgefordert werden, so setzt das eine Rücknahme mit rückwirkender Kraft voraus. Gleiches gilt für Verwaltungsakte, die eine einmalige Geld- oder Sachleistung gewährten. In diesen Fällen führt die Abwägung der kollidierenden Interessen zu einer Umkehrung des für die Rücknahme mit Wirkung für die Zukunft charakteristischen Regel-Ausnahme-Verhältnisses. Zumeist wird hier der Gesichtspunkt des Vertrauensschutzes einer rückwirkenden Rücknahme entgegen- **19**

[77] Vgl BVerwGE 44, 333, 336 mwN; BVerwG NVwZ 1985, 265; HessVGH ZBR 1995, 278, 288; *Sachs* (Fn 7) § 48 Rn 96.

[78] Vgl BVerwGE 74, 357; 92, 81, 87; EuGH Slg 1983, 2633, 2666f; NJW 1998, 47, 49 Tz 34; *Sachs* (Fn 7) § 48 Rn 106 mwN; *Fischer* (Fn 19) 1093f; *Erichsen/Buchwald* (Fn 13) 88f.

[79] Vgl dazu o § 15 Rn 30 und auch *Erichsen* (Fn 4) 85.

[80] Vgl dazu *Knoke* (Fn 9) § 8 III.

stehen, insbes weil der Begünstigte gewährte Leistungen verbraucht oder Vermögensdispositionen der in § 48 Abs 2 S 2 VwVfG bezeichneten Art getroffen hat.[81]

20 Soweit die Rücknahmebefugnis nicht in zeitlicher Hinsicht begrenzt ist, entscheidet die Behörde grundsätzlich nach Ermessen über den Zeitpunkt, von dem an die Rücknahme wirksam werden soll.[82] § 48 Abs 2 S 4 VwVfG erklärt allerdings die Rücknahme mit Wirkung für die Vergangenheit zur Regel, wenn die Berufung auf Vertrauen nach § 48 Abs 2 S 3 VwVfG ausgeschlossen ist. Freilich besteht auch hier keine Pflicht zur Rücknahme. Doch wird nur selten ermessensfehlerfrei davon abgesehen werden können.[83]

III. Die Rücknahme anderer begünstigender Verwaltungsakte

21 a) Begünstigende Verwaltungsakte, die nicht Geld- oder teilbare Sachleistungen zum Gegenstand haben, sind etwa Genehmigungen und Erlaubnisse, die Beamtenernennung und die Einbürgerung. Bei ihnen steht in Abkehr von der vor Erlaß der VwVfGe des Bundes und der Länder vorherrschenden Rechtsauffassung der Gesichtspunkt des Vertrauensschutzes einer Rücknahme nicht entgegen. Gemäß § 48 Abs 1 S 1 VwVfG entscheidet die Behörde also nach Ermessen. Der Schutz des Vertrauens des Begünstigten erfolgt in der Weise, daß § 48 Abs 3 VwVfG einen *finanziellen Ausgleich* für erlittene Vermögensschäden gewährt. Die darin gegenüber dem Bestandsschutz für Geld- und Sachleistungsverwaltungsakte liegende Minderung des Vertrauensschutzes wird mit der Floskel begründet, andere Verwaltungsakte seien „stärker staatsbezogen".[84] Das leuchtet nicht ein, wenn man bedenkt, daß der moderne Staat wesentlich auch Sozialstaat ist und als solcher häufig gerade bei der Gewährung von Geld- und Sachleistungen tätig wird, die mithin nicht weniger staatsbezogen sind.

22 b) Nach einer verbreiteten Auffassung ist das Vertrauen des Begünstigten auf den Fortbestand des Verwaltungsakts indes als Determinante der gemäß § 48 Abs 1 S 1 VwVfG zu treffenden Ermessensentscheidung zu berücksichtigen.[85] Doch stehen einer derartigen Relativierung der in § 48 Abs 2 und 3 VwVfG getroffenen differenzierenden Regelung sowohl die Entstehungsgeschichte[86] als auch die eindeutige Systematik[87] des § 48 VwVfG entgegen.[88]

[81] IdS schon BVerwGE 17, 335, 338; vgl auch *Knoke* (Fn 9) § 8 III. Zur Vertrauensbetätigung bei der Gewährung einmaliger Leistungen s BVerwGE 19, 188, 190ff; 24, 294, 296ff.
[82] Vgl dazu BayVGH DÖD 1991, 91, 92; auch *Knoke* (Fn 9) § 7 II 2.
[83] Zur Notwendigkeit der Ermessensbetätigung OVG NW GewArch 1985, 31.
[84] BT-Drucks 7/910, 71.
[85] Vgl etwa *Ule/Laubinger* (Fn 11) § 62 Rn 27; *Wendt* (Fn 30) 90; *H. Meyer* (Fn 10) § 48 Rn 52, 64; *Kopp* (Fn 10) § 48 Rn 34, 84; *Achterberg* Allg VwR, § 23 Rn 71; VGH BW VBlBW 1985, 425, 426; VGH BW BWVP 1987, 89.
[86] Vgl im Hinblick auf das VwVfG des Bundes die amtl Begr, BT-Drucks 7/910, 71; ferner *Frotscher* DVBl 1976, 281, 285; *Göldner* DÖV 1979, 805, 807, 809.
[87] Vgl auch *Erichsen* VerwArch 69 (1978) 303, 308.
[88] Vgl *Erichsen* (Fn 4) 128; *Sachs* (Fn 7) § 48 Rn 183ff; *Klappstein* (Fn 16) § 48 Rn 5.6.3; *Frotscher* (Fn 86) 285; OVG NW DVBl 1980, 885, 887; VGH BW NJW 1980, 2597, 2598 sowie *v Mutius* JK 81, VwVfG § 48/1; *Erichsen* JK 89, VwVfG § 48/8.

Der Ausschluß des Bestandsschutzes kann dann, wenn sich das vom Begünstigten investierte Vertrauen in den Bestand des Verwaltungsakts nicht in Geldwert beziffern läßt, dazu führen, daß überhaupt kein Vertrauensschutz stattfindet. Vergegenwärtigt man sich, daß der Grundsatz des Vertrauensschutzes überwiegend aus dem rechtsstaatlichen Gebot der Rechtssicherheit, teilweise auch aus den Grundrechten abgeleitet wird[89] und ihm somit Verfassungsrang zukommt, so begegnet ein vollständiger Ausschluß des Vertrauensschutzes verfassungsrechtlichen Bedenken.[90] Sie führen zu der Frage nach einer verfassungskonformen Auslegung des § 48 VwVfG.[91] Angesichts der eindeutigen Aussage und Systematik der Vorschrift muß das Bestehen einer solchen Möglichkeit jedoch stark angezweifelt werden.[92] **23**

c) Der Ausgleichsanspruch gemäß § 48 Abs 3 VwVfG[93] ist antragsgebunden. Die Behörde setzt den auszugleichenden Vermögensnachteil durch Verwaltungsakt fest. Der Ausgleichsanspruch kann gemäß § 48 Abs 3 S 5 VwVfG nur innerhalb einer einjährigen Ausschlußfrist geltend gemacht werden. Die Frist beginnt, sobald die Behörde auf sie hingewiesen hat. Voraussetzung für den Ausgleichsanspruch ist nach § 48 Abs 3 S 3 VwVfG, daß das Vertrauen des Betroffenen auf den Bestand des Verwaltungsakts schutzwürdig ist. Bei der Bestimmung der Schutzwürdigkeit des Vertrauens sind die Kriterien des § 48 Abs 2 VwVfG, insbes auch § 48 Abs 2 S 3 VwVfG, auf den ausdrücklich verwiesen wird, als Maßstab heranzuziehen.[94] Das Ausmaß des Vermögensausgleichs ist auf das negative Interesse des Betroffenen begrenzt. Er ist so zu stellen, als ob der Verwaltungsakt nicht erlassen worden wäre. Daher kommen als ausgleichspflichtige Vermögensnachteile nur Aufwendungen in Betracht, die der Betroffene im Vertrauen auf den Bestand des Verwaltungsakts getätigt hat. Ist jedoch ausnahmsweise das negative Interesse größer als das positive, also das am Bestand des Verwaltungsakts, so bildet letzteres gemäß § 48 Abs 3 S 3 VwVfG die Obergrenze des Ausgleichsanspruchs.[95] **24**

IV. Die zeitliche Begrenzung der Rücknehmbarkeit gemäß § 48 Abs 4 VwVfG

a) Die Befugnis der Behörde, rechtswidrige begünstigende Verwaltungsakte zurückzunehmen, wird gemäß § 48 Abs 1 S 2 iVm § 48 Abs 4 VwVfG in zeitlicher Hinsicht begrenzt: Eine Rücknahme ist nur innerhalb eines Jahres von dem Zeitpunkt **25**

89 Vgl dazu o Rn 2.

90 Vgl *Erichsen* (Fn 8) 542; *dens* (Fn 4) 129ff.

91 So etwa *Maurer* (Fn 27) 242f; vgl auch *Kopp* (Fn 10) § 48 Rn 34, 84; *dens* GewArch 1986, 177, 181ff; *Ule/Laubinger* (Fn 11) § 62 Rn 27; *Schenke* DÖV 1983, 320, 323 und *Göldner* (Fn 86) 809; wohl auch VGH BW BWVP 1987, 89.

92 Vgl dazu *Erichsen* (Fn 4) 132 mwN; ferner *Weyreuther* Verwaltungskontrolle durch Verbände?, 1975, 49; *Becker* JR 1976, 489; *Preuß* JA 1977, 265; *Fiedler* AöR 105 (1980) 79, 115f.

93 Zur Rechtsnatur vgl *Knoke* (Fn 9) § 9 I 2 c mwN.

94 Vgl ausf *Knoke* (Fn 9) § 9 I 2a sowie *Ule/Laubinger* (Fn 11) § 62 Rn 28; *Klappstein* (Fn 16) § 48 Rn 9.2.1; *Kopp* (Fn 10) § 48 Rn 89. AA *Johlen* NJW 1976, 2155.

95 Vgl *Kopp* (Fn 10) § 48 Rn 90; *Klappstein* (Fn 16) § 48 Rn 9.2.3; *Sachs* (Fn 7) § 48 Rn 197; *Ule/Laubinger* (Fn 11) § 62 Rn 29; VGH BW VBlBW 1997, 18, 19f.

an zulässig, in welchem die Behörde Kenntnis, also positives Wissen, von Tatsachen erhält, die die Rücknahme rechtfertigen. Es handelt sich dabei um eine *Ausschlußfrist.*[96] Von dieser Begrenzung sind gemäß § 48 Abs 4 S 2 VwVfG die Fälle des § 48 Abs 2 S 3 Nr 1 VwVfG ausgenommen. Durch die Frist des § 48 Abs 4 VwVfG wird indes nicht ausgeschlossen, daß die Behörde zu einem Zeitpunkt, der vor Ablauf der Jahresfrist liegt, ihr Rücknahmerecht verwirkt hat. Das ist schon der Fall, wenn aufgrund eines positiven Verhaltens der Behörde beim Betroffenen berechtigte Erwartungen erweckt wurden, daß die Behörde von ihrem Recht keinen Gebrauch machen werde.[97]

26 b) Häufig wird die Behörde eine Rücknahme deshalb in Betracht ziehen, weil ihr bei der *rechtlichen Würdigung* des für den Erlaß des Verwaltungsakts maßgeblichen, vollständig bekannten Sachverhalts ein Fehler unterlaufen ist. So nahm das Bundesamt für den Zivildienst einen Bescheid zurück, durch den einem Kriegsdienstverweigerer der Tauglichkeitsgrad „nicht zivildienstfähig" zuerkannt und seine Entlassung aus dem Zivildienst verfügt worden war, obwohl nach dem Ergebnis der ärztlichen Untersuchung nur eine vorübergehende Dienstunfähigkeit vorgelegen hatte.[98] Die für die Entscheidung über das Bestehen einer Genehmigungspflicht nach dem GüKG zuständige Behörde nahm einen gemäß § 8 Abs 2 GüKG ergangenen Bescheid zurück, durch den sie gegenüber dem Inhaber einer Presseverteilerstelle rechtsirrig festgestellt hatte, daß Transporte von Zeitschriften und belletristischer Literatur zu Grossisten, Bahnhofsbuchhändlern und Einzelhändlern nicht den Bestimmungen des GüKG unterlägen.[99] Es stellt sich die Frage, ob § 48 Abs 4 S 1 VwVfG auch in diesen Fällen anwendbar ist.

27 Nach einer insbes von Teilen der Rechtsprechung vertretenen Auffassung[100] soll in Fällen fehlerhafter rechtlicher Würdigung die im Erlaßzeitpunkt *vorhandene* Sachverhaltskenntnis den Lauf der Jahresfrist auslösen. Kenntnis „erhalten" kann die Behörde indes nur von solchen Tatsachen, die ihr bei Erlaß des Verwaltungsakts noch nicht bekannt waren. Damit steht dieser Auslegung der Wortlaut entgegen.[101] Ihre Folge, daß rechtswidrige Verwaltungsakte im Regelfall nur innerhalb eines Jahres seit ihrem Erlaß zurückgenommen werden könnten, wäre überdies mit der Systematik des § 48 VwVfG nicht in Einklang zu bringen, würde sie

[96] Vgl *Kopp* (Fn 10) § 48 Rn 94 mwN. Die Ausschlußfrist gilt nicht nur für die erste Entscheidung einer Behörde über die Rücknahme, sondern auch für jede weitere, die erste Rücknahme ersetzende Entscheidung; so zum mit § 48 Abs 4 VwVfG insoweit vergleichbaren § 45 Abs 4 S 2 SGB X sowie zur Hemmung und Unterbrechung der Frist BVerwGE 100, 199, 204f; dazu *Erichsen* JK 97, VwVfG § 48/15. S a Sachs (Fn 7) § 48 Rn 209.

[97] Vgl BVerwG NVwZ 1995, 703, 706; VGH BW VBlBW 1994, 111, 114; Klappstein (Fn 16) § 48 Rn 5.3.2; Obermayer (Fn 28) § 48 Rn 155.

[98] BVerwGE 66, 61; dazu auch *Erichsen/Weiß* Jura 1987, 150ff.

[99] OVG NW NVwZ 1984, 734.

[100] BVerwGE 66, 61, 64 (dazu *v Mutius* JK 83, VwVfG § 48/3); BVerwG NVwZ 1984, 717; HessVGH NVwZ 1984, 382, 383; OVG Berlin DVBl 1983, 354, 355.

[101] Vgl *Pieroth* (Fn 16) 685; OVG NW DVBl 1984, 1084; OVG Rh-Pf NVwZ 1984, 735.

doch das differenzierte, die Voraussetzungen der Rücknehmbarkeit regelnde System in § 48 Abs 2 und 3 VwVfG weitgehend leerlaufen lassen.[102]

Die Anwendbarkeit des § 48 Abs 4 S 1 VwVfG in Fällen fehlerhafter Rechtsanwendung hängt daher davon ab, ob auch die fehlerhafte rechtliche Würdigung eine Tatsache iS dieser Vorschrift ist. Der Begriff „*Tatsachen*" erfaßt nach dem allgemeinen Wortsinn all jene Umstände, die in ihrer Gesamtheit einen bestimmten Lebenssachverhalt ausmachen, also faktische Gegebenheiten, an deren Vorhandensein die Rechtsordnung bestimmte Rechtsfolgen knüpft.[103] Daraus zieht die wohl überwiegende Meinung in Lit und Rspr[104] den Schluß, Tatsachen iSd § 48 Abs 4 S 1 VwVfG könnten nur solche Umstände sein, die dem für den Erlaß des Verwaltungsakts maßgeblichen Sachverhalt zugehören. Zudem wird darauf verwiesen, daß die rechtliche Würdigung eines Sachverhalts schon begrifflich keine Tatsache sei.[105]

Demgegenüber ist zu betonen, daß es im Rahmen des § 48 Abs 4 S 1 VwVfG nicht um den Erlaß, sondern um die Rücknahme eines Verwaltungsakts geht. Zu berücksichtigen ist daher der *gesamte für die Rücknahme* relevante Lebenssachverhalt. Zu ihm gehört auch die faktische Gegebenheit einer nicht mit dem Recht übereinstimmenden, also fehlerhaften Würdigung des bei Erlaß des Verwaltungsakts bekannten Sachverhalts.[106] Der Wortsinn spricht mithin für ihre Qualifikation als Tatsache iSd § 48 Abs 4 S 1 VwVfG. Die Systematik des Gesetzes drängt nicht zu einer Einbeziehung des Rechtsanwendungsfehlers in den Tatsachenbegriff;[107] sie spricht indes auch nicht dagegen.[108] Auch die Entstehungsgeschichte[109] läßt keine eindeutigen Rückschlüsse zu.[110] Entscheidendes Gewicht kommt damit

102 Vgl *Burianek* Jura 1985, 518, 519; BayVGH NVwZ 1984, 735, 736; *Kopp* (Fn 10) § 48 Rn 97.

103 Vgl etwa *Knoke* (Fn 9) § 10 III 1a; *Busch* DVBl 1982, 1001; *Krützmann* VBlBW 1983, 362, 363; *Weides* DÖV 1985, 91, 93f; *Schoch* NVwZ 1985, 880, 882; BayVGH DVBl 1983, 946, 947; OVG Rh-Pf NVwZ 1984, 735.

104 So insbes BVerwGE 66, 61, 64 und die in Fn 100 Genannten.

105 *Knoke* (Fn 9) § 10 III 1aaa; *Allesch* BayVBl 1984, 519; *Weides* (Fn 103) 94; *Hendler* JuS 1985, 947, 948; *Schoch* (Fn 103) 882; BayVGH DVBl 1983, 946, 947; OVG Rh-Pf NVwZ 1985, 735.

106 So iErg auch BVerwGE (Gr Sen) 70, 356ff (dazu *v Mutius* JK 85, VwVfG § 48/7); BVerwG NVwZ 1986, 119, das allerdings zu sehr auf den Relativsatz „... welche die Rücknahme rechtfertigen" abstellt; *Stadie* DÖV 1992, 247, 250; krit *Knoke* (Fn 9) § 10 III 1acc; *Kopp* DVBl 1985, 525; *Schoch* (Fn 103) 883; *Becker* RiA 1985, 252.

107 So aber BVerwGE (Gr Sen) 70, 356, 359; dazu *v Mutius* JK 85, VwVfG § 48/7; zust *Weides* DÖV 1985, 431, 433.

108 Vgl auch *Knoke* (Fn 9) § 10 III 1b; so aber *Schoch* (Fn 103) 883; *Pieroth* (Fn 16) 686; BayVGH BayVBl 1984, 538 unter Hinweis auf den Ausnahmecharakter der Vorschrift; ferner *Kellermann* VBlBW 1988, 46, 53.

109 Vgl den Regierungsentwurf von 1970, BT-Drucks 6/1173, 57 sowie die amtl Begr, BT-Drucks 7/910, 71, aber auch den § 37 Abs 4 des Musterentwurfs eines VwVfG aus dem Jahr 1963.

110 So aber iS einer Einbeziehung von Rechtsanwendungsfehlern BVerwGE (Gr Sen) 70, 356, 361f (dazu *v Mutius* JK 85, VwVfG § 48/7); im gegenteiligen Sinne etwa OVG NW DVBl 1984, 1084, 1086; BayVGH DVBl 1983, 946, 947 (dazu *v Mutius* JK 84, VwVfG

dem Gesetzeszweck zu. § 48 Abs 4 S 1 VwVfG veranlaßt die Behörde zu einer unnötige Verzögerungen vermeidenden Reaktion,[111] die Vorschrift dient damit dem Interesse der Rechtssicherheit. Aus der Regelung des § 48 Abs 4 S 2 VwVfG und der Beschränkung des § 48 Abs 4 S 1 VwVfG auf begünstigende Verwaltungsakte ergibt sich, daß, wie ansatzweise auch in der amtlichen Begründung zum Ausdruck kommt,[112] die zeitliche Rücknahmesperre daneben auch dem Vertrauensschutzinteresse des Betroffenen dient.[113] Hiervon ausgehend ist es nicht gerechtfertigt, die nachträgliche Kenntniserlangung von Rechtsanwendungsfehlern vom Anwendungsbereich des § 48 Abs 4 S 1 VwVfG auszunehmen.[114] Im Ergebnis ist daher festzustellen, daß auch der Umstand einer fehlerhaften rechtlichen Würdigung des für den Erlaß des Verwaltungsakts maßgeblichen Sachverhalts eine Tatsache iSd § 48 Abs 4 S 1 VwVfG ist.[115]

28 c) Problematisch ist ferner, welchen *Umfang* die Tatsachenkenntnis haben muß, um den Lauf der Jahresfrist auszulösen, wann also die vorliegenden Tatsachen die Rücknahme „rechtfertigen". Vom Wortlaut ausgehend ist für die Beantwortung dieser Frage die Maßstabsnorm für die Rücknahmeentscheidung, ist also § 48 Abs 1 S 1 VwVfG heranzuziehen. Demnach muß die Behörde zumindest diejenigen Tatsachen kennen, aus denen sich die Rechtsfolge der Rücknehmbarkeit ergibt, also jene, aus denen die Rechtswidrigkeit des Verwaltungsakts folgt. Gegen eine Beschränkung der zu fordernden Kenntnis auf diese[116] spricht indes, daß allein sie noch keine Beurteilung der Frage zulassen, ob der Verwaltungsakt tatsächlich zurückgenommen werden darf. Um eine *rechtmäßige* Entscheidung hierüber treffen zu können, bedarf die Behörde vielmehr auch der Kenntnis der für die Ermessensbetätigung iSd § 48 Abs 1 S 1 und die Güterabwägung gemäß § 48 Abs 2 VwVfG

§ 48/5); *Busch* (Fn 103) 1003; *Allesch* (Fn 105) 519f; *Pieroth* (Fn 16) 686; *Kopp* (Fn 106) 525f; *Schoch* (Fn 103) 883; *Becker* (Fn 107) 253; *Knoke* (Fn 9) § 10 III 1c.

[111] Vgl BVerwGE (Gr Sen) 70, 356, 395f (dazu *v Mutius* JK 85, VwVfG § 48/7); OVG Rh-Pf NVwZ 1984, 735; *Knoke* (Fn 9) § 10 III 1c.

[112] Vgl BT-Drucks 7/910, 71.

[113] So etwa BVerwG DVBl 1982, 1001; OVG Berlin NJW 1983, 2156, 2157; OVG NW DVBl 1984, 1084, 1086; VGH BW NVwZ 1984, 362; *Knoke* (Fn 9) § 10; *Sachs* (Fn 7) § 48 Rn 205; *Kopp* (Fn 10) § 48 Rn 94. Nach *Weides* (Fn 103) 95 ist der Vertrauensschutz das vorrangige Anliegen der Vorschrift. *Götz* Allg VwR, 4. Aufl 1997, 138ff, sieht in § 48 Abs 4 S 1 VwVfG das Prinzip des Vertrauensschutzes mit dem der Verwirkung verknüpft. Weitgehend allein auf das Interesse der Rechtssicherheit stellen ab BVerwGE (Gr Sen) 70, 356, 359; *v Mutius* JK 85, VwVfG § 48/7; *Obermayer* (Fn 28) § 48 Rn 46.

[114] So auch BVerwGE (Gr Sen) 70, 356, 359f (dazu *v Mutius* JK 85, VwVfG § 48/7); *Krützmann* (Fn 103) 365; insoweit dem BVerwG (Gr Sen) folgend auch *Schoch* (Fn103) 883.

[115] So auch BVerwGE (Gr Sen) 70, 356ff (dazu *v Mutius* JK 85, VwVfG § 48/7); BVerwGE 100, 199, 201ff; BVerwG NVwZ 1986, 119; NVwZ 1987, 500; BGH BW NVwZ 1998, 87, 89; vgl auch *Weides* (Fn 103) 94; *dens* (Fn 107) 433; *Götz* (Fn 113); *Klappstein* (Fn 16) § 48 Rn 5.3.1.1. AA vgl Fn 100 und 105; offengelassen von OVG Rh-Pf NVwZ 1988, 448, 449.

[116] So etwa *Schoch* (Fn 103) 884; *Weides* (Fn 103) 96; *ders* (Fn 107) 434f.

maßgeblichen Tatsachen.[117] Diese Annahme wird untermauert, wenn man sich vergegenwärtigt, daß § 48 Abs 4 S 1 VwVfG zwar einer unnötigen und sachwidrigen Verzögerung der Entscheidung durch die Behörde vorbeugen, diese jedoch nicht unter Druck setzen will. Insbes bei komplizierten Sachverhalten wäre die Behörde oft gar nicht in der Lage, innerhalb eines Jahres nach Kenntniserlangung von der Rechtswidrigkeit alle für die Ermessensbetätigung notwendigen Tatsachen zu ermitteln.[118] Die Jahresfrist des § 48 Abs 4 S 1 VwVfG ist mithin keine Bearbeitungsfrist, sondern eine Entscheidungsfrist,[119] die beginnt, wenn die Behörde ohne weitere Sachverhaltsaufklärung objektiv in der Lage ist, unter sachgerechter Ausübung ihres Ermessens über die Rücknahme des Verwaltungsakts zu entscheiden.[120]

d) Fraglich ist, ob § 48 Abs 4 S 1 VwVfG die Rücknahme eines gegen unmittel- **29**
bar anwendbares Gemeinschaftsrecht verstoßenden nationalen Verwaltungsakts ausschließen kann. Der EuGH hat mehrfach festgestellt, daß es nicht gegen Gemeinschaftsrecht verstößt, wenn bei dessen Vollzug durch nationale Behörden auch auf Fristen des nationalen Rechts abgestellt wird, solange dem gemeinschaftsrechtlichen Effizienzgebot und Diskriminierungsverbot Rechnung getragen wird.[121] Daher ist § 48 Abs 4 S 1 VwVfG grds auch auf die Rücknahme nationaler Verwaltungsakte anwendbar, die unmittelbar anwendbares Gemeinschaftsrecht verletzen. Das gemeinschaftsrechtliche Effizienzgebot könnte indes die Anwendung des § 48 Abs 4 S 1 VwVfG hinsichtlich solcher nationaler Beihilfebescheide ausschließen, die aufgrund einer nach Art 93 Abs 2 EGV (Art 88 Abs 2 EGV nF) ergangenen, bestandskräftigen Entscheidung der EG-Kommission wegen Verstoßes gegen Art 92, 93 EGV (Art 87, 88 EGV nF) aufzuheben sind. Die Ausschlußfrist des § 48 Abs 4 S 1 VwVfG dient dem Vertrauensschutz und der Rechtssicherheit. Das Vertrauen des Begünstigten ist indes in diesen Fällen, nach der Rechtsprechung des EuGH, nicht schutzwürdig.[122] Zudem beschränkt sich die Rolle der nationalen Behörde nach einer bestandskräftigen Entscheidung der EG-Kommission auf die Durchführung dieser Entscheidung.[123] Steht die Aufhebung

[117] Vgl BVerwGE (Gr Sen) 70, 356, 362ff (dazu *v Mutius* JK 85, VwVfG § 48/7); BayVGH BayVBl 1980, 501; ZBR 1983, 66; BayVBl 1991, 339; *Knoke* (Fn 9) § 10 III 2; *Allesch* (Fn 105) 520f; *H. Meyer* (Fn 10) § 48 Rn 149; *Grziwotz* BayVBl 1990, 705.

[118] Vgl BVerwGE (Gr Sen) 70, 356, 363f (dazu *v Mutius* JK 85, VwVfG § 48/7); OVG NW NVwZ 1988, 71, 72; BayVGH ZBR 1983, 66; *Knoke* (Fn 9) § 10 III 2d; *Allesch* (Fn 105) 521; *Hendler* (Fn 105) 951.

[119] So auch BVerwGE (Gr Sen) 70, 356, 362ff (dazu *v Mutius* JK 85, VwVfG § 48/7); BVerwGE 92, 81, 87; BVerwG NVwZ 1987, 500; NJW 1988, 2911, 2912; DVBl 1989, 41, 42 (dazu *Kopp* DVBl 1990, 663); NVwZ 1995, 703, 704; OVG NW NVwZ 1988, 71, 72; VGH BW NVwZ-RR 1993, 58; *Knoke* (Fn 9) § 10 III 1f; *H. Meyer* (Fn 10) § 48 Rn 50; *Allesch* (Fn 105) 520. AA die in Fn 100 Genannten sowie *Kopp* (Fn 106) 526f; *ders* Verw 20 (1987) 1, 25; *Becker* (Fn 107) 254; *Stadie* (Fn 106) 251; krit *Kellermann* (Fn 108) 49ff; *Sachs* (Fn 7) § 48 Rn 219ff.

[120] BVerwGE 100, 199, 203; vgl auch VGH BW NVwZ 1998, 87, 89; HessVGH ZBR 1996, 406, 408; BayVGH NJW 1997, 2255, 2256.

[121] Vgl nur EuGH Slg 1983, 2633, 2669 Tz 33 sowie EuGH EuZW 1995, 92.

[122] S o Rn 11, 15.

[123] EuGH NJW 1998, 47, 49 Tz 49; dazu *Erichsen* JK 97, VwVfG §§ 48, 49 a/16.

des Beihilfebescheides aber nicht im Ermessen der nationalen Behörde, so ist der Begünstigte, auch wenn die nationale Behörde die vorgeschriebene Ausschlußfrist verstreichen läßt, nicht im Ungewissen darüber, daß die nationale Behörde den Beihilfebescheid zurücknimmt. Somit steht der Grundsatz der Rechtssicherheit der Rücknahme solcher Beihilfebescheide nicht entgegen.[124] Vielmehr würde in dieser Situation ein Ausschluß der Rücknahme wegen Zeitablaufs den gemeinschaftsrechtlichen Beihilfevorschriften „jede praktische Wirksamkeit" nehmen und deshalb gegen das gemeinschaftsrechtliche Effizienzgebot verstoßen. Die Ausschlußfrist nach § 48 Abs 4 VwVfG ist daher in Fällen dieser Art wegen des Effizienzgebots nicht anwendbar.[125] Findet daher bei Verwaltungsakten, die aufgrund einer bestandskräftigen Entscheidung der EG-Kommission wegen Verstoßes gegen Art 92, 93 EGV (Art 87, 88 EGV nF) aufzuheben sind, kein Vertrauensschutz[126] und keine Ermessensabwägung[127] statt, so ist festzustellen, daß von dem Grundsatz, die Rücknahme solcher Verwaltungsakte richte sich nach nationalem Recht, kaum noch etwas übrig bleibt. Das nationale Recht dient nur noch als Ermächtigung zur Durchsetzung des Gemeinschaftsrechts.[128]

30 e) Die Kenntnis muß, wie sich insbes aus der Entstehungsgeschichte,[129] aber auch aus dem Charakter der Jahresfrist als Entscheidungsfrist ergibt,[130] das Bewußtsein des Bezuges auf einen *konkreten* Verwaltungsakt einschließen.[131] Hieraus folgt zugleich, daß nur solche Mitarbeiter eine der Behörde – es gilt hier, wie auch sonst, der Behördenbegriff des § 1 Abs 4 VwVfG[132] – *zurechenbare* Kenntnis

[124] EuGH NJW 1998, 47, 49 Tz 37; dazu *Erichsen* JK 97, VwVfG §§ 48, 49 a/16.

[125] EuGH NJW 1998, 47, 48f; dazu *Erichsen* JK 97, VwVfG §§ 48, 49a/16; Anm *Hoenike* EuZW 1997, 279; Anm *Berrisch* EuR 1997, 155; Anm *Classen* JZ 1997, 724 u *ders* in: Kreuzer/Scheuing/Sieber, Die Europäisierung der mitgliedstaatlichen Rechtsordnungen in der Europäischen Union, 1997, 107, 111f, der § 48 Abs 4 S 1 bezogen auf diese Fallkonstellation zwar für gemeinschaftswidrig hält, aber dennoch an dessen Anwendung festhalten will, da die Kommissionsentscheidung nicht unmittelbar anwendbar sei. Eine Lösung könne nur der nationale Gesetzgeber bringen. Dagegen *Happe* NVwZ 1998, 26, 27. Zur Verfahrensgeschichte s *Sommermann* (Fn 75) 892f.

[126] O Rn 11, 15.

[127] O Rn 16. Vgl zur gemeinschaftsrechtswidrigen Zulässigkeit der Berufung auf Treu und Glauben EuGH NJW 1998, 47, 49 Tz 43; dazu *Erichsen* JK 97, VwVfG §§ 48, 49a/16.

[128] *Erichsen* JK 97, VwVfG §§ 48, 49a/16; so auch *Hoenike* (Fn 125); *Ehlers* DVBl 1991, 605, 612; *Sommermann* (Fn 75) 894, der es daher für konsequenter hält, den Rückforderungsbescheid unmittelbar auf die Kommissionsentscheidung zu stützen und § 48 VwVfG insgesamt für unanwendbar zu halten. Krit zur Rspr des EuGH auch *v Danwitz* DVBl 1998, 421ff.

[129] Vgl BT-Drucks 7/910, 71.

[130] Vgl *Knoke* (Fn 9) § 10 III 2d.

[131] So auch *Kopp* (Fn 10) § 48 Rn 97; *Mayer/Kopp* Allg VwR, § 15 III 5; *Steenblock* DÖV 1984, 218, 219; *Krützmann* (Fn 103) 364; *Knoke* (Fn 9) § 10 III 3; aA OVG Berlin NJW 1983, 2156f.

[132] So auch *Knoke* (Fn 9) § 10 III 3b; *Schoch* (Fn 103) 884f; *Pieroth* (Fn 16) 684f; OVG Berlin NJW 1983, 2156f; dazu *v Mutius* JK 83, VwVfG § 48/4. Nach aA ist Behörde iSd § 48 Abs 4 S 1 VwVfG die intern zuständige Stelle; vgl *Sachs* (Fn 7) § 48 Rn 215; *Allesch* (Fn 105) 522; *Burianek* (Fn 102) 519.

haben können, denen die für den Fristbeginn maßgeblichen Tatsachen im Zusammenhang mit der Überprüfung des Verwaltungsakts bekannt geworden sind.[133] Dies werden zumeist, müssen aber nicht zwangsläufig die intern zuständigen Mitarbeiter sein.[134] Der Umstand, daß eine bestimmte Tatsache dem Inhalt der Akten zu entnehmen ist, rechtfertigt demnach für sich allein noch nicht den Schluß auf Kenntnis.[135]

§ 18
Der Widerruf begünstigender Verwaltungsakte

I. Notwendigkeit des Widerrufs

Die bereits angesprochene Fortgeltung oder -wirkung der durch den Verwaltungsakt gesetzten Rechtsfolge läßt auch im Hinblick auf den Verwaltungsakt, der rechtmäßig erlassen wurde, die Frage entstehen, wie sich Änderungen der Sach- und Rechtslage, die sich nach Erlaß des Verwaltungsakts ergeben, auswirken. Sie können in der Praxis häufig den „Widerruf des Verwaltungsakts" zur Folge haben. So hat zB bei einer Inanspruchnahme nach dem Reichsleistungsgesetz der nachträglich aufgetretene Eigenbedarf des ehedem Leistungspflichtigen zum Widerruf des Beschlagnahme und Zuweisung regelnden Verwaltungsakts gegenüber dem begünstigten Leistungsempfänger geführt.[1] Die Bestellung eines Tierarztes zum Fleischbeschauer wurde widerrufen, da ein anderer Veterinär Anspruch auf den Beschaubezirk geltend machte,[2] und die Erlaubnis eines Rechtsanwaltes zur Abhaltung auswärtiger Sprechtage wurde aufgehoben, als er am OLG zugelassen wurde.[3] Die später eingetretene schwierige Finanzlage einer Gemeinde bewog sie zur Aufhebung eines auf eine Geldleistung gerichteten Bewilligungsbescheides,[4] und der Bund widerrief eine Subventionsbewilligung wegen Nichterfüllung ihres Bestimmungszwecks.[5] Die Erlaubnis zur Benutzung des Politischen Archivs des Auswärtigen Amtes wurde entzogen, weil der Erlaubnisinhaber Mitbenutzer beleidigte,[6] und die Erlaubnis zur Aufstellung eines Zeitungskiosks hinter dem „Chor der Johanniskirche" wurde wegen Feilbietens von Heften der sog Schmutz- und Schundliteratur[7] aufgehoben. Die Weigerung eines Gastwirts, zur Bekämpfung des 1

133 So *Knoke* (Fn 9) § 10 III 3c.

134 So aber BVerwGE (Gr Sen) 70, 356, 364; VGH BW VBlBW 1986, 221, 224 und auf der Grundlage eines engen Behördenbegriffs die in Fn 132 für die Gegenmeinung Genannten.

135 Vgl BVerwGE (Gr Sen) 70, 356, 364; VGH BW NVwZ 1998, 87, 89; *Knoke* (Fn 9) § 10 III 3; aA OVG Berlin NJW 1983, 2156; *Pieroth* (Fn 16) 685; *Schoch* (Fn 103) 884f.

1 Vgl HessVGH VerwRspr 1 (1949) 38 u OVG Lüneburg VerwRspr 3 (1951) 675.

2 HessVGH VerwRspr 5 (1953) 701.

3 BVerwGE 1, 99.

4 BGH VerwRspr 6 (1954) 308.

5 BVerwG DVBl 1983, 810.

6 BVerwGE 18, 34.

7 VGH Stuttgart VerwRspr 6 (1954) 569.

in seiner Gaststätte erfolgenden Drogenmißbrauchs mit den Polizeibehörden zusammenzuarbeiten, führte zum Widerruf der Gaststättenerlaubnis,[8] und wegen Änderung der Lerninhalte wurde die Genehmigung eines Schulbuches widerrufen.[9] Der Verstoß gegen bestehende Auflagen durch einen Anbieter von Bungee-Jumping führte zum Widerruf der Reisegewerbekarte,[10] die Nichtanpassung eines Schlachthofes an geänderte Richtlinien-Anforderungen zum Widerruf der EG-Zulassung.[11] Ein sog Grünbrache-Zuschuß wurde wegen Zweckverfehlung widerrufen, weil ein Landwirt gegen die von ihm eingegangene Verpflichtung verstieß, die entsprechende Fläche als sog Grünbrache zu behandeln.[12]

In allen diesen Entscheidungen ging es um die Aufhebung eines Verwaltungsakts, der zu einer rechtlichen Besserstellung des Adressaten führte. Seinem Interesse an der Aufrechterhaltung dieser Begünstigung für die Zukunft begegnet das von den Behörden verfolgte Interesse an der Beseitigung des Verwaltungsakts.

II. Die Regelung des Widerrufs begünstigender Verwaltungsakte

1. Spezialgesetzliche Regelungen

2 Der Widerruf ist Gegenstand vielfacher bundesgesetzlicher Regelungen.[13] Beispielhaft sei an dieser Stelle auf § 15 Abs 2 und Abs 3 GastG,[14] § 21 BImSchG, § 17 Abs 3 bis 5 AtG,[15] § 4 Abs 2 ApothekenG, § 25 Abs 1, Abs 2 Nr 2 und 3 PBefG, § 53 BAFöG, § 83 Abs 5 2. WoBauG[16] und § 47 Abs 2 bis 4 WaffG[17] hingewiesen.[18]

2. Entwicklung und Inhalt der Regelungen der Verwaltungsverfahrensgesetze des Bundes und der Länder

3 Die Regelungen über den Widerruf in den VwVfGen des Bundes und der Länder gehen im Grunde kaum über jenen Erkenntnisstand hinaus, der bereits die Regelung des § 42 PrPVG aus dem Jahre 1931 bestimmte. Der Grund dafür liegt darin, daß die Verwaltungsrechtswissenschaft die Fragen des Widerrufs von Verwaltungsakten nach dem 2. Weltkrieg vernachlässigt hat. Nachdem Rechtsprechung[19]

[8] BVerwGE 56, 205. Vgl auch die Fallgestaltungen BGH NJW 1970, 1178 und dazu *Menger* u *Erichsen* VerwArch 61 (1970) 384f; BVerwGE 36, 71.

[9] BVerwG DVBl 1982, 1004.

[10] VGH BW NVwZ-RR 1994, 20; dazu *Erichsen* JK 94, VwVfG § 49/4.

[11] OVG NW NWVBl 1996, 306; dazu *Erichsen* JK 97, VwVfG § 49 II/2.

[12] BVerwG DÖV 1997, 1006; dazu *Erichsen* JK 98, VwVfG § 49 III/1.

[13] Dazu bereits o § 16 Rn 2.

[14] Vgl dazu BVerwGE 49, 160ff; 81, 74ff.

[15] Vgl dazu *Schoch* DVBl 1990, 549ff mwN.

[16] Vgl dazu BVerwG NJW 1982, 2568f.

[17] Vgl dazu BVerwGE 67, 16ff; 71, 243ff; BVerwG DVBl 1996, 1439, 1441.

[18] Ein ausführlicher Katalog bundesgesetzlicher Sonderregelungen findet sich bei *Klappstein* in: Knack, VwVfG, § 49 Rn 1.4.1f.

[19] Vgl BVerfGE 2, 380, 393f.

und Wissenschaft[20] anfänglich den *Grundsatz der freien Widerrufbarkeit* von Verwaltungsakten vertreten hatten, führte der Rückgriff auf die verfassungsrechtlichen Grundsätze der Gesetzmäßigkeit der Verwaltung, der Rechtssicherheit und des Vertrauensschutzes alsbald zu einer Abkehr von diesem Prinzip.[21] Im einzelnen ist indes vieles unklar geblieben, zeigten Rechtsprechung und Schrifttum keine klare Linie. Der diffuse Grundsatz des Vertrauensschutzes[22] bestimmte weitgehend die gewonnenen Ergebnisse, die sich allerdings insoweit auf einen Nenner bringen lassen, als der Widerruf begünstigender Verwaltungsakte nur in Ausnahmefällen, dh bei Vorliegen besonderer Gründe für zulässig erachtet wurde.

§ 49 Abs 2 und 3 VwVfG legen nunmehr fest, daß ein begünstigender recht- **4**
mäßiger Verwaltungsakt, auch nachdem er unanfechtbar geworden ist, nur[23] widerrufen werden darf, wenn bestimmte Gründe vorliegen. Damit bekennt diese Vorschrift sich im Grundsatz zur *Unwiderrufbarkeit* begünstigender Verwaltungsakte, berücksichtigt aber gleichzeitig die auch schon in § 42 PrPVG zum Ausdruck gekommene Auffassung, daß der Grundsatz des Vertrauensschutzes für die Verwaltung keine *absolute* Aufhebungssperre bewirkt.[24] Sie sucht den Widerstreit zwischen dem auf den Fortbestand des Verwaltungsakts gerichteten Interesse und Vertrauen des Begünstigten einerseits und dem für eine Aufhebung des Verwaltungsakts streitenden, von der Verwaltung verfolgten öffentlichen Interesse andererseits dahingehend zu lösen, daß dem letzteren nur in den Fällen der enumerativ aufgeführten Widerrufsgründe ein Vorrang eingeräumt werden darf.[25] Dieser grundsätzliche Vorrang der Interessen des Begünstigten gründet nicht zuletzt darauf, daß das Grundgesetz in den *Grundrechten* Direktiven zur Lösung des Gegensatzes von individuellem und öffentlichem Interesse bereitstellt, die auch für die Schutzwürdigkeit eines auf Bestand von Rechten gerichteten Vertrauens[26] und damit auch für den Widerruf von Verwaltungsakten von Bedeutung sind. Im Verhältnis zu den gesetzlichen Regelungen über den Widerruf von Verwaltungsakten in den VwVfGen des Bundes und der Länder kommt ihnen ebenso wie dem Verfassungsgrundsatz des Übermaßverbotes[27] auch heute noch die Bedeutung eines Kontrollmaßstabes und einer Interpretationsleitlinie zu.[28]

[20] Vgl *Forsthoff* VwR, 1. Aufl 1950, 201.

[21] Vgl BGH VerwRspr 5 (1953) 278; BayVGH VerwRspr 3 (1951) 316; *Haueisen* NJW 1955, 1457, 1458, 1459 mwN; *Kimminich* JuS 1965, 249, 257.

[22] Vgl *Ossenbühl* DÖV 1972, 25f; *Grabitz* DVBl 1973, 675; *Schmidt* JuS 1973, 529; *Kisker* VVDStRL 32 (1974) 150ff; *Püttner* VVDStRL 32 (1974) 200, 206; *Lange* WiVerw 1979, 15ff; *Kopp* BayVBl 1980, 38ff.

[23] Es handelt sich um eine abschließende Regelung. Vgl *Klappstein* (Fn 18) § 49 Rn 6; *Kopp* VwVfG, § 49 Rn 19; *Häberle* FS Boorberg-Verlag, 1977, 47, 88.

[24] Vgl auch *Lotz* WiVerw 1979, 1, 11f.

[25] Vgl auch *Kopp* (Fn 23) § 49 Rn 19 mwN.

[26] Zur Verortung des Vertrauensschutzes in den Grundrechten vgl etwa BVerfGE 36, 281, 293; 45, 142, 168; 53, 257, 309f; *Schmidt* (Fn 22) 532ff; *Grabitz* (Fn 22) 681f; *Kisker* (Fn 22) 161, 182. Vgl auch *Maurer* FS Boorberg-Verlag, 1977, 223, 226f, 251f; *Wendt* JA 1980, 85, 92. Vgl auch bereits o § 17 Rn 2.

[27] Vgl etwa BVerwGE 49, 160, 168f.

[28] Vgl auch *Lange* Jura 1980, 456, 457; *Schenke* DÖV 1983, 320, 327; *Roters* VR 1982, 226, 232.

5 Fraglich ist, ob auch ein *rechtswidriger* begünstigender Verwaltungsakt nach § 49 Abs 2 VwVfG, also nach Maßgabe der für den Widerruf *rechtmäßiger* begünstigender Verwaltungsakte geltenden Voraussetzungen aufgehoben werden darf. Eine derartige Anwendbarkeit der Vorschrift über ihren Wortlaut hinaus wird mit der Begründung vertreten, daß im Blick auf die dort genannten Widerrufsgründe kein Anlaß bestehe, den durch einen rechtswidrigen Verwaltungsakt Begünstigten stärker zu schützen als den Adressaten eines rechtmäßigen begünstigenden Verwaltungsakts.[29] Dieser Schluß begegnet schon im Hinblick auf die differenzierte Ausgestaltung der Voraussetzungen und Rechtsfolgen von Widerruf und Rücknahme Bedenken. Angesichts der Tatsache, daß im Rahmen des § 48 VwVfG bei der Beurteilung der Schutzwürdigkeit des Vertrauens die Gegebenheiten berücksichtigt werden können, die die Widerrufbarkeit eines Verwaltungsakts begründen, besteht für die Anwendung des § 49 VwVfG auf rechtswidrige Verwaltungsakte indes auch kein Bedürfnis.[30]

6 a) Nach § 49 Abs 2 S 1 Nr 1 VwVfG darf ein begünstigender Verwaltungsakt einmal dann widerrufen werden, wenn der Widerruf durch Rechtsvorschriften zugelassen ist. Rechtsvorschriften idS sind nur Außenrechtssätze, also beispielsweise Gesetze, Rechtsverordnungen und Satzungen, nicht aber Verwaltungsvorschriften.[31] Da die Widerrufsvoraussetzungen jeweils den in Bezug genommenen Rechtsvorschriften – wenn auch zT nur durch Auslegung – zu entnehmen sind, kommt § 49 Abs 2 S 1 Nr 1 VwVfG insoweit kein eigenständiger Regelungsgehalt zu.[32]

7 Ein rechtmäßig erlassener begünstigender Verwaltungsakt unterliegt gemäß § 49 Abs 2 S 1 Nr 1 VwVfG auch dann der Aufhebung, wenn die Verwaltung ihm – zu ergänzen ist: *zulässigerweise*[33] – einen Widerrufsvorbehalt beigefügt hat.[34] Es ist unbedenklich, wenn zur Festlegung der Voraussetzungen des Widerrufs ein Widerrufsvorbehalt auf Verwaltungsvorschriften Bezug nimmt, die die Voraussetzungen und Zwecke der Leistung der Verwaltung festlegen und die dem Emp-

[29] Vgl *Kopp* (Fn 23) § 48 Rn 19 und § 49 Rn 7; *H. Meyer* in: Meyer/Borgs, VwVfG, § 48 Rn 19; *Ule/Laubinger* VwVfR, § 61 Rn 23 u § 63 Rn 3; *Schenke* (Fn 28) 325; BVerwG DVBl 1998, 139, 140; HessVGH NVwZ 1984, 382; BayVGH DVBl 1983, 946; OVG NW NJW 1985, 281, 282; VGH BW NVwZ 1986, 394; vgl auch BVerwG NVwZ 1987, 498f.

[30] Vgl *Erichsen* VwR u VwGbkt I, 125; idS – das Ergebnis jedoch offenlassend – auch OVG NW NVwZ 1988, 942, 943; dazu *Erichsen* JK 89, VwVfG § 48/8; aA *Bronnenmeyer* Der Widerruf rechtmäßiger begünstigender Verwaltungsakte nach § 49 VwVfG, 1994, 35ff.

[31] Vgl dazu *Erichsen* Jura 1981, 590, 591; *Ule/Laubinger* (Fn 29) § 63 Rn 5; *Achterberg* Allg VwR, § 23 Rn 79.

[32] Vgl auch *Obermayer* VwVfG, § 49 Rn 23ff; *Bronnenmeyer* (Fn 30) 88f.

[33] Vgl auch *Erichsen* (Fn 31) 591. Wie hier auch *Achterberg* (Fn 31) § 23 Rn 80; *Maurer* Allg VwR, § 11 Rn 41; *Wallerath* Allg VwR, § 7 VI 3b; *Klappstein* (Fn 18) § 49 Rn 6.1.2; differenzierend *Bronnenmeyer* (Fn 26) 99ff; *Sarnighausen* NVwZ 1995, 563ff. Ferner amtl Begr zu § 45 RegE, BT-Drucks 7/910, 72. AA BVerwG NVwZ 1987, 498, 499; *H. Meyer* (Fn 29) § 49 Rn 23; *Ule/Laubinger* (Fn 29) § 63 Rn 6; grundsätzlich auch *Kopp* (Fn 23) § 49 Rn 30; *Sachs* in: Stelkens/Bonk/Sachs, VwVfG, § 49 Rn 41.

[34] Vgl dazu auch bereits *v Münch* JZ 1964, 53f und 121; *Wolff/Bachof/Stober* VwR I, § 51 Rn 42.

fänger des begünstigenden Verwaltungsakts bekannt sind.[35] Auch der zulässige Widerrufsvorbehalt läßt indes den Widerruf nicht aus jedem beliebigen, sondern nur aus jenen Gründen zu, die die Beifügung des Widerrufsvorbehalts rechtfertigen.[36]

b) § 49 Abs 2 S 1 Nr 2 VwVfG sieht ferner bei Nichterfüllung oder nicht fristgemäßer Erfüllung einer zulässigen[37] Auflage den Widerruf vor.[38] Auf ein Verschulden des Begünstigten kommt es dabei nicht an.[39] Die Widerrufsmöglichkeit rechtfertigt sich hier daraus, daß Anlaß zum Widerruf ein Verhalten des Begünstigten selbst ist, durch das er Verhaltenserwartungen – etwa die Verwendung der bewilligten Mittel zu einem bestimmten Zweck –, die die Verwaltung zulässigerweise durch Beifügung einer Auflage zum Ausdruck gebracht hat, nicht entspricht[40] oder sie zu enttäuschen droht.[41] Ist eine Auflage nach den einschlägigen Vorschriften, also etwa nach § 36 VwVfG, zulässig beigefügt, so darf der Verwaltungsakt jedoch selbst bei Nichterfüllung nicht ohne weiteres widerrufen werden. Auch wenn es im Ermessen der Verwaltung steht, ob sie die Auflage selbständig erzwingen oder den Verwaltungsakt widerrufen will,[42] wird doch das Übermaßverbot in der Regel gebieten, daß die Behörde zunächst die Erfüllung der Auflage zu erreichen sucht.[43] **8**

c) Nach § 49 Abs 2 S 1 Nr 3 VwVfG ist ein Widerruf weiterhin dann zulässig, wenn die Behörde berechtigt wäre, den Verwaltungsakt aufgrund nachträglich eingetretener Tatsachen – *Änderung der Sachlage* – nicht zu erlassen und – kumulativ dazu – ohne den Widerruf das öffentliche Interesse gefährdet würde. **9**

Die Änderung der Sachlage kann äußere und innere Umstände betreffen, gleich ob sie im Verhalten des Betroffenen[44] oder außerhalb seiner Verantwortungs-

[35] Davon geht auch BVerwG DVBl 1983, 810, 811 aus; vgl auch BVerwG NVwZ 1987, 498, 499; HessVGH NVwZ 1989, 165, 166.

[36] Vgl dazu auch *Klappstein* (Fn 18) § 49 Rn 6.1.2; *Kopp* (Fn 23) § 49 Rn 28; *Wolff/Bachof/Stober* (Fn 34) § 47 Rn 7; HessVGH NVwZ 1989, 165, 166.

[37] Vgl *Klappstein* (Fn 18) § 49 Rn 6.2.1; *Wendt* (Fn 26) 92; *Schenke* (Fn 28) 326. Anders *Ule/Laubinger* (Fn 29) § 63 Rn 7; *Kopp* (Fn 23) § 49 Rn 31: nur Berücksichtigung im Rahmen der Ermessensausübung. Dazu auch *Schachel* Nebenbestimmungen zu Verwaltungsakten, 1979, 39 mwN.

[38] Ebenso vor dem Inkrafttreten der VwVfGe bereits *Haueisen* (Fn 21) 1460; *Kimminich* (Fn 21) 257; *Forsthoff* VwR, 265, 266; BGHZ 24, 100, 101; BayVGH VerwRspr 3 (1951) 316, 321.

[39] Vgl *Kopp* (Fn 23) § 49 Rn 33; *Sachs* (Fn 33) § 49 Rn 53.

[40] Vgl *Forsthoff* (Fn 38) 265, 266 mwN.

[41] So BayVGH VerwRspr 3 (1951) 316, 318f.

[42] Vgl BGHZ 24, 100, 102.

[43] Wobei eine selbständige Erzwingung nicht für erforderlich angesehen wird, sondern Widerruf unter Bestimmung einer Frist für die Erfüllung der Auflage angedroht werden darf. Vgl *Kopp* (Fn 23) § 49 Rn 32; *Klappstein* (Fn 18) § 49 Rn 6.2.1; *H. Meyer* (Fn 29) § 49 Rn 25; *Ule/Laubinger* (Fn 29) § 63 Rn 7; *Schachel* (Fn 37) 37f; *Bronnenmeyer* (Fn 30) 231ff. Weitergehend aber wohl *Sachs* (Fn 33) § 49 Rn 56.

[44] Vgl BVerwGE 18, 34, 36; 59, 124ff; BVerwG NJW 1988, 1991; OVG NW NVwZ 1985, 132, 133; VGH BW DÖV 1994, 219; dazu *Erichsen* JK 94, VwVfG § 49/4.

sphäre liegen.[45] Sie kann sich beispielsweise aus einer durch neue wissenschaftliche Erkenntnisse und Einsichten gebotenen abweichenden Bewertung der bei Erlaß des Verwaltungsakts vorliegenden Tatsachen ergeben. Nicht ausreichend ist indes eine auf einem bloßen „Meinungsumschwung" beruhende andere Beurteilung der Verhältnisse durch die Behörde.[46] Ist der begünstigende Verwaltungsakt in Vollzug einer Rechtsnorm erlassen worden, so kann die Änderung der Sachlage dazu führen, daß die den Tatbestand dieser Rechtsnorm erfüllenden Tatsachen nicht mehr vorliegen. Handelt es sich dabei um eine Ermessensermächtigung, so kann die Änderung der Sachlage in diesem wie im Fall nicht gesetzesdirigierter Vergünstigung auch dazu führen, daß die Verwaltung bei einem nunmehr gestellten Antrag die Vergünstigung versagen müßte, weil eine andere Entscheidung ermessensfehlerhaft wäre. Sie kann schließlich dazu führen, daß die Verwaltung die Vergünstigung ermessensfehlerfrei versagen dürfte, ohne daß andererseits eine für den Bürger positive Entscheidung ermessensfehlerhaft wäre. Auch der letztgenannte Fall würde die erste der in § 49 Abs 2 S 1 Nr 3 VwVfG für den Widerruf von Verwaltungsakten normierten Voraussetzungen erfüllen.

Die zweite Voraussetzung der Gefährdung des öffentlichen Interesses erfordert mehr als ein bloßes Überwiegen des öffentlichen Interesses an der Aufhebung des Verwaltungsakts gegenüber dem privaten Interesse des Begünstigten an dessen Aufrechterhaltung,[47] aber weniger als den Eintritt schwerer Nachteile für das Gemeinwohl iSd § 49 Abs 2 S 1 Nr 5 VwVfG.[48] Grundsätzlich wird zu verlangen sein, daß der Widerruf zur Beseitigung oder Verhinderung eines sonst unmittelbar drohenden Schadens für den Staat bzw die Allgemeinheit notwendig ist.[49] Davon wird man im allgemeinen dann ausgehen können, wenn ein neuerlicher Erlaß des Verwaltungsakts nach Änderung der Sachlage zwingend ausgeschlossen oder zumindest ermessensfehlerhaft wäre.

10 d) Gemäß § 49 Abs 2 S 1 Nr 4 VwVfG darf die Behörde den Verwaltungsakt widerrufen, falls sie aufgrund einer *geänderten Rechtsvorschrift* berechtigt wäre, den Verwaltungsakt nicht zu erlassen, soweit von der Vergünstigung noch kein Gebrauch gemacht oder aufgrund des Verwaltungsakts noch keine Leistung empfangen worden ist und ohne Widerruf das öffentliche Interesse gefährdet wäre. „Rechtsvorschriften" idS sind wiederum nur Außenrechtssätze; eine Änderung von Verwaltungsvorschriften reicht, auch wenn und soweit man diesen unmittel-

[45] Vgl *Sachs* (Fn 33) § 49 Rn 60f; *Kopp* (Fn 23) § 49 Rn 38. Die Nichtanpassung an sich ändernde normative Vorgaben soll nach OVG NW NWVBl 1996, 307, 308 als Änderung der Sachlage, nicht als Rechtsänderung zu bewerten sein, wenn der Adressat eines rechtmäßig erlassenen Verwaltungsakts verpflichtet ist, sein Verhalten an sich ändernde Vorschriften anzupassen. Dazu *Erichsen* JK 97, VwVfG § 49 II/2; vgl auch *Ehlers* Verw 31 (1998) 53, 71.

[46] Vgl BVerwG DVBl 1982, 1004f; NVwZ 1991, 577, 578 (dazu *Erichsen* JK 92, VwVfG § 49 II/1); *Kopp* (Fn 23) § 49 Rn 38 mwN; *Wolff/Bachof/Stober* (Fn 34) § 51 Rn 45. Dazu auch *J. Martens* NVwZ 1983, 130, 133f.

[47] Vgl *Klappstein* (Fn 18) § 49 Rn 6.3.2; *Ule/Laubinger* (Fn 29) § 63 Rn 12.

[48] Vgl *Sachs* (Fn 33) § 49 Rn 69.

[49] So etwa *Kopp* (Fn 23) § 49 Rn 39; VGH BW VBlBW 1989, 263, 264; vgl auch BVerwG DVBl 1982, 1004, 1005.

bare Außenwirkung zuerkennt,[50] nicht aus.[51] Eine Änderung der Rechtslage stellt demgegenüber die bestandkräftige, im Verfahren nach Art 93 Abs 1 und 2 EGV (Art 88 Abs 1 und 2 EGV nF) ergangene Entscheidung der EG-Kommission dar, daß eine bestehende Beihilfe[52] nunmehr nach Art 92 EGV (Art 87 EGV nF) mit dem Gemeinsamen Markt unvereinbar ist und daher – uU teilweise – nicht mehr gewährt werden darf. Da Art 92 EGV keine unmittelbare Wirkung zukommt,[53] steht erst mit Bestandskraft der negativen Kommissionsentscheidung innerstaatlich fest, daß eine bestehende Beihilfe mit dem Gemeinsamen Markt unvereinbar ist und damit gegen Art 92 EGV verstößt.[54]

Als nicht ausreichend wird allgemein eine Änderung der Rechtsprechung angesehen.[55] Neben die Änderung der Rechtslage und die Gefährdung des öffentlichen Interesses tritt – anders als im Falle des § 49 Abs 2 S 1 Nr 3 VwVfG – als weiteres Erfordernis, daß noch kein Gebrauch von der Vergünstigung gemacht worden ist, also kein schutzwürdiges Vertrauen vorliegt.[56] Von einer Schutzwürdigkeit des Vertrauens wird in der Regel mit dem Beginn der Verwirklichung des genehmigten Werkes (sog Inswerksetzen) oder ab der Vornahme besonderer Anstalten[57] auszugehen sein. Der Gedanke des Widerrufsausschlusses wegen Inswerksetzung[58] hat sich – soweit ersichtlich – zunächst im Baurecht entwickelt,[59] und der geradezu „klassische Fall" *(Forsthoff)* ist der des Beginns der Bauausführung aufgrund der Bauerlaubnis mit dem ersten Spatenstich.[60] Später wurde diese Überlegung auf andere Bereiche übertragen und nicht nur auf andere Erlaubnisse, sondern auch

[50] Vgl dazu o § 6 Rn 42ff; ferner *Ossenbühl* FS BVerwG, 1978, 433ff; *Krebs* VerwArch 70 (1979) 259, 264ff.

[51] Vgl dazu *H. Meyer* (Fn 29) § 49 Rn 32; *Kopp* (Fn 23) § 49 Rn 42; *Ule/Laubinger* (Fn 29) § 63 Rn 15; *Obermayer* (Fn 32) § 49 Rn 44. Davon, daß die Änderung von Verwaltungsvorschriften nicht dem § 49 Abs 2 Nr 4 VwVfG unterfällt, geht auch BVerwG DVBl 1982, 1004f aus.

[52] Dazu zählen Beihilfen, die vor dem 1.1.1958 bzw dem Stichtag des Beitritts des Mitgliedstaats eingeführt waren, Beihilfen, vor deren Einführung die Kommission ordnungsgemäß unterrichtet, die von dieser aber nicht beanstandet wurden, und Beihilfen, bei denen es die Kommission trotz ordnungsgemäßer Unterrichtung unterlassen hat, innerhalb von zwei Monaten zur Vereinbarkeit mit Art 92 EGV (Art 87 EGV nF) Stellung zu nehmen, sofern die Einführung der Beihilfe vom Mitgliedstaat vorher angezeigt wurde; vgl *v Wallenberg* in: Grabitz/Hilf, EU, Art 93 EGV Rn 4 mwN.

[53] Vgl nur EuGH Slg 1997, I-595, 610; *Wenig* in: v d Groeben/Thiesing/Ehlermann, EWGV II, Art 92 Rn 2; *Richter* Rückforderung staatlicher Beihilfen nach §§ 48, 49 VwVfG bei Verstoß gegen Art 92ff EGV, 1995, 86.

[54] Vgl BVerwGE 92, 81, 83; OVG NW NVwZ 1993, 79, 80; *Richter* (Fn 53) 123; *Happe* NVwZ 1993, 32, 34; *Schmidt-Räntsch* EuZW 1990, 376, 379; *Wenig* (Fn 53) Art 93 Rn 26 mwN.

[55] Vgl *Kopp* (Fn 23) § 49 Rn 42; *Klappstein* (Fn 18) § 49 Rn 6.4.1; *Wolff/Bachof/Stober* (Fn 34) § 51 Rn 46.

[56] Vgl dazu auch *Erichsen* (Fn 31) 593; ferner *Haueisen* (Fn 21) 1459. Vgl zum Vertrauensschutz auch bereits o § 17 Rn 2.

[57] S *Forsthoff* (Fn 38) 269 mwN; *Kimminich* (Fn 21) 257; BGH MDR 1963, 915.

[58] Vgl auch *Sachs* (Fn 33) § 49 Rn 75.

[59] Vgl zB PrOVGE 24, 395; 28, 378; *Schoen* FS PrOVG, 1925, 118, 134.

[60] *O. Mayer* VwR I, 254; *Forsthoff* (Fn 38) 269.

auf den leistungsgewährenden Bewilligungsbescheid angewandt. Bezüglich der Leistungsgewährung stellt das Gesetz aber jetzt lediglich auf den Empfang der Leistung ab, dh diese muß nicht auch unbedingt schon verbraucht oder zum Gegenstand von Vermögensdispositionen gemacht worden sein.[61]

11 e) Ein Widerruf wird schließlich in § 49 Abs 2 S 1 Nr 5 VwVfG für zulässig erklärt, um schwere Nachteile für das Gemeinwohl zu verhüten oder zu beseitigen. In dieser Regelung kommt das frühere ius eminens,[62] ein Staatsnotrecht, das auch in § 74 Einl PrALR seinen Niederschlag gefunden hat, zum Tragen. Angesichts des Ausnahmecharakters dieser Widerrufsbefugnis wird man § 49 Abs 2 S 1 Nr 5 VwVfG eng auszulegen und an die Beeinträchtigung des Gemeinwohls hohe Anforderungen zu stellen haben.[63] Was im einzelnen als schwerer Nachteil für das Gemeinwohl anzusehen ist, ist anhand des materiellen Rechts, insbes des Verfassungsrechts, zu ermitteln, wobei die zu Art 12 GG zum Begriff der wichtigen Gemeinschaftsgüter ergangene Rechtsprechung des BVerfG Anhaltspunkte liefern kann.[64]

11a f) Nach § 49 Abs 3 VwVfG darf ein rechtmäßiger Verwaltungsakt, der eine einmalige oder laufende Geld- oder teilbare Sachleistung[65] zur Erfüllung eines bestimmten Zwecks gewährt oder hierfür Voraussetzung ist, ganz oder teilweise und mit Wirkung für die Vergangenheit widerrufen werden. Der in § 49 VwVfG neu eingeführte Abs 3 ersetzt[66] den wegen seiner Beschränkung auf Zuwendungen iS des Haushaltsrechts und wegen des in der BHO eher deplaziert wirkenden Standortes wenig zufriedenstellenden § 44 a Abs 1 BHO aF.[67] § 49 Abs 3 S 1 VwVfG umfaßt nicht nur Zuwendungen iS von §§ 23, 44 BHO, sondern auch andere Leistungen wie Sachleistungen und zweckgerichtete Leistungen, auf die ein gesetzlicher Absspruch besteht.[68] Anders als bei § 48 Abs 2 S 1 VwVfG muß die Leistung jedoch zur Erfüllung eines bestimmten Zweckes gewährt werden (1. Alt) oder der Verwaltungsakt muß Voraussetzung für die Gewährung einer zweckbestimmten Leistung sein (2. Alt).[69] Wie sich insbes aus dem Wortlaut des § 49 Abs 3 Nr 1

[61] Vgl *Sachs* (Fn 33) § 49 Rn 74.

[62] Dazu *Erichsen* Verfassungs- und verwaltungsrechtsgeschichtliche Grundlagen der Lehre vom fehlerhaften belastenden Verwaltungsakt und seiner Aufhebung im Prozeß, 1971, 44f, 159f.

[63] Vgl *Klappstein* (Fn 18) § 49 Rn 6.5; *Ule/Laubinger* (Fn 29) § 63 Rn 21; *Achterberg* (Fn 31) § 23 Rn 84; *Wallerath* (Fn 33) § 7 VI 3 b; *Erichsen* (Fn 31) 593; *Wendt* (Fn 26) 93.

[64] Vgl *Kopp* (Fn 23) § 49 Rn 47; *Häberle* (Fn 23) 47, 89; *Britz* DÖV 1982, 231, 233f; *Bronnenmeyer* (Fn 30) 161ff.

[65] Dazu o § 17 Rn 8.

[66] Art 2 des Gesetzes zur Änderung verfahrensrechtlicher Vorschriften, BGBl I 1996, 656ff; in Kraft getreten am 21. 5. 1996.

[67] Die landesgesetzlichen Entsprechungen des § 44 a BHO aF waren und sind zT noch in den Haushaltsordnungen oder aber in den jährlichen Haushaltsgesetzen verankert.

[68] Insoweit geht § 49 Abs 3 S 1 VwVfG nF über den Regelungsgehalt des § 44 a Abs 1 BHO aF hinaus. Vgl BT-Drucks 13/1534, Begr S 6; *Baumeister* NVwZ 1997, 19, 20; *Sachs* (Fn 33) § 49 Rn 93f; *Gröpl* VerwArch 88 (1997) 23, 37; *Sachs/Wermeckes* NVwZ 1996, 1185, 1186.

[69] *Kopp* (Fn 23) § 49 Rn 35. Vgl auch *Sachs* (Fn 33) § 49 Rn 93; *Sachs/Wermeckes* (Fn 68) 1186; *Gröpl* (Fn 58) 25.

VwVfG als auch aus der vom Gesetzgeber verfolgten Intention ergibt, erfaßt § 49 Abs 3 S 1 VwVfG jedoch keine Geld- oder Sachleistungsverwaltungsakte, bei denen bereits die Leistungsgewährung als solche den gesetzlichen Zweck unmittelbar verwirklicht.[70] Vielmehr werden nur solche Geld- oder Sachleistungsverwaltungsakte erfaßt, bei denen der Leistungsempfänger die Leistung zu einem bestimmten Zweck verwenden oder damit einen solchen erfüllen muß.[71] Zudem ist sowohl wegen des Wortlauts des § 49 Abs 3 S 1 Nr 1 VwVfG („für den in dem Verwaltungsakt bestimmten Zweck") als auch aus Gründen der Rechtssicherheit und -klarheit davon auszugehen, daß die Zweckbestimmung im Verwaltungsakt selbst enthalten sein muß.[72]

g) § 49 Abs 3 S 1 VwVfG enthält zwei Widerrufstatbestände, die inhaltlich mit den in § 44 a Abs 1 BHO aF getroffenen Regelungen übereinstimmen.[73] Nach § 49 Abs 3 S 1 Nr 1 VwVfG ist ein Widerruf mit Wirkung ex tunc zulässig, wenn der Empfänger der Leistung diese nicht, nicht alsbald[74] oder nicht mehr für den im Verwaltungsakt bestimmten Zweck verwendet. Ein rückwirkender Widerruf ist nach § 49 Abs 3 S 1 Nr 2 VwVfG zudem zulässig, wenn eine dem Verwaltungsakt rechtmäßig beigefügte Auflage nicht erfüllt wird. **11b**

h) Alle diese Widerrufsgründe gelten gemäß § 38 Abs 2 VwVfG auch für die Zusicherung. Allerdings endet im Falle der Änderung der Sach- und/oder Rechtslage die Bindungswirkung bei einer Zusicherung gemäß § 38 Abs 3 VwVfG schon dann, wenn die Behörde neuerlich die Zusicherung nicht mehr hätte geben dürfen oder – bei nunmehr eingeräumtem Ermessen oder Änderung der im Rahmen der Ermessensentscheidung erheblichen Tatsachen – nicht mehr gegeben hätte.[75] **12**

i) Der Widerruf eines begünstigenden Verwaltungsakts steht nach § 49 Abs 2 S 1 und Abs 3 S 1 VwVfG im Ermessen der Verwaltung. Auch bei Vorliegen der Widerrufsgründe ist die Behörde mithin, anders als in einigen spezialgesetzlichen Regelungen,[76] nicht zum Widerruf verpflichtet, es sei denn, daß ausnahmsweise eine Ermessensreduzierung auf Null anzunehmen ist. Diese ist zB wegen der durch Art 5 EGV (Art 10 EGV nF) begründeteten Loyalitätspflicht gegeben, wenn ein Verwaltungsakt nachträglich wegen Verstoßes gegen Normen des Gemeinschaftsrechts rechtswidrig wird.[77] Ein Widerruf scheidet in den Fällen des § 49 Abs 2 S 1 **13**

[70] Dies ist bei einem Großteil der Sozialleistungen und bei Bezügen aus ö-r Dienstverhältnissen der Fall; vgl *Sachs* (Fn 33) § 49 Rn 93.

[71] So auch *Sachs* (Fn 33) § 49 Rn 93; *Baumeister* (Fn 58) 20; *Gröpl* (Fn 58) 36f. AA *Kopp* (Fn 23) § 49 Anh I Rn 16.

[72] Vgl *Sachs* (Fn 33) § 49 Rn 95f; *Gröpl* (Fn 58) 25; *Baumeister* (Fn 58) 20; wohl auch *Kopp* (Fn 23) Nachtrag, Rn 35.

[73] BT-Drucks 13/1534, Begr S 6.

[74] In diesem Fall kommt als milderes Mittel die Erhebung von Zwischenzinsen gem § 49a Abs 4 VwVfG in Betracht; so auch *Baumeister* (Fn 58) 20. S zu § 49a VwVfG auch u § 29 Rn 20ff.

[75] Vgl auch BVerwG NJW 1976, 686, 687. Dazu auch *Lange* (Fn 28) 467; *ders* (Fn 22) 29f.

[76] Vgl etwa §§ 15 Abs 2 GastG, 17 Abs 4 u 5 AtG, 47 Abs 2 S 1, Abs 3 u Abs 4 WaffG, 48 SGB X.

[77] Vgl auch BVerwG NVwZ 1988, 349, 350.

Nr 1 u Nr 2 VwVfG aus, wenn nach dem Widerruf ein Verwaltungsakt gleichen Inhalts erneut erlassen werden müßte.[78] Für die Fälle des § 49 Abs 3 S 1 VwVfG wird den haushaltsrechtlichen Grundsätzen der Wirtschaftlichkeit und Sparsamkeit eine ermessenslenkende Bedeutung dergestalt zukommen, daß im Regelfall nur die Entscheidung für den Widerruf ermessensfehlerfrei ist.[79]

14 k) Der Widerruf ist nach § 49 Abs 2 S 1 VwVfG und § 49 Abs 3 S 1VwVfG sowohl für den gesamten Verwaltungsakt als auch – im Falle der Teilbarkeit[80] – nur für einen Teil zulässig. Während § 49 Abs 3 S 1 VwVfG für die von ihm erfaßten Verwaltungsakte einen Widerruf auch mit Wirkung für die Vergangenheit *(ex tunc)* zuläßt,[81] kommt im Falle des Widerrufs nach § 49 Abs 2 S 1 VwVfG nur eine Aufhebung mit Wirkung für die Zukunft *(ex nunc)* in Betracht.[82] Da § 49 Abs 2 S 1 VwVfG insoweit als abschließend anzusehen ist und gegen Verwaltungsakte auf Unterwerfung auch im übrigen durchgreifende verfassungsrechtliche Bedenken bestehen, gilt dies auch dann, wenn der Begünstigte sich mit einem Widerruf ex tunc einverstanden erklärt hat.[83] § 49 Abs 4 VwVfG stellt diesbezüglich klar, daß für den Eintritt der Wirksamkeit des Widerrufs auch ein späterer Zeitpunkt als derjenige der Bekanntgabe bestimmt werden kann. Mit dem Wirksamwerden des Widerrufs wird der widerrufene Verwaltungsakt nach § 49 Abs 4 VwVfG unwirksam.

15 l) Die Ausschlußfrist des § 48 Abs 4 VwVfG, die zur *absoluten*, auch die Verwaltung bindenden Bestandskraft[84] führt, gilt gemäß § 49 Abs 2 S 2 und Abs 3 S 2 VwVfG auch für den Widerruf begünstigender Verwaltungsakte. Erhält also die Behörde nach Erlaß des begünstigenden Verwaltungsakts von Tatsachen Kenntnis, welche den Widerruf eines begünstigenden Verwaltungsakts rechtfertigen, so ist der Widerruf nur innerhalb eines Jahres nach dem Zeitpunkt der Kenntniserlangung zulässig.[85] Die Behörde hat dann Kenntnis erlangt, wenn ihr alle für die Widerrufsentscheidung erheblichen Tatsachen – also auch die für die Ermessensbetätigung maßgeblichen – bekannt sind.

Fraglich ist, ob die Ausschlußfrist auf einen ursprünglich rechtmäßigen und insbes Art 92, 93 EGV (Art 87, 88 EGV nF) ursprünglich entsprechenden nationalen Beihilfebescheid anzuwenden ist, wenn die Kommission in einem Verfahren nach Art 93 Abs 1 und 2 EGV (Art 88 Abs 1 und 2 EGV nF) bestandskräftig feststellt, daß die Beihilfe nunmehr nach Art 92 EGV (Art 87 EGV nF) gegen den *Gemein-*

78 Vgl *Bronnenmeyer* (Fn 30) 85.

79 Vgl zum Widerruf von Subventionen wegen Zweckverfehlung BVerwG DÖV 1997, 1006, 1007; dazu *Erichsen* JK 98, VwVfG § 49 III/1.

80 Dazu o § 15 Rn 30 u auch *Erichsen* (Fn 30) 85.

81 Vgl *Sachs* (Fn 33) § 49 Rn 90 u 97; *Dickersbach* NVwZ 1996, 962, 965.

82 Zu letzterem BVerwG ZBR 1982, 350; für rückwirkende Aufhebung bei fehlender Schutzwürdigkeit des Adressaten *Lehner* Verw 26 (1993) 183, 207f.

83 Vgl auch *Götz* NVwZ 1984, 480, 482 und OVG NW NJW 1985, 1042, 1043. Zum Verwaltungsakt auf Unterwerfung vgl o § 12 Rn 23.

84 Vgl zu der sich aus der materiellen Bestandskraft ergebenden Bindung der Behörde *Erichsen/Knoke* NVwZ 1983, 185, 189.

85 Vgl BVerwG NJW 1988, 2911, 2912 und BVerwG NVwZ 1988, 349, 350; *Bronnenmeyer* (Fn 30) 206ff. Zu den damit verbundenen Fragen vgl o § 17 Rn 25ff.

samen Markt verstößt und sie deshalb nicht mehr ausgezahlt werden darf, was zur Folge hat, daß der Beihilfebescheid zu widerrufen ist.[86] Ebenso wie bei der Rücknahme eines nationalen Beihilfebescheides, der von Anfang an gegen Art 92, 93 EGV (Art 87, 88 EGV nF) verstößt,[87] steht auch der Widerruf eines erst „gemeinschaftsrechtswidrig werdenden" nationalen Beihilfebescheides nicht im Ermessen der nationalen Behörde,[88] so daß der Begünstigte nicht darüber im Ungewissen sein kann, daß die nationale Behörde den Beihilfebescheid aufhebt. Da der Ausschluß des Widerrufs wegen Fristablaufs den gemeinschaftsrechtlichen Vorschriften über die Überwachung bestehender Beihilfen die praktische Wirksamkeit nehmen würde und deshalb gegen das gemeinschaftsrechtliche Effizienzgebot verstößt,[89] ist davon auszugehen, daß die Ausschlußfrist auch in Fällen der nachträglich festgestellten Unvereinbarkeit einer Beihilfe mit dem *Gemeinsamen Markt* keine Anwendung findet.

Aufgrund des Anwendungsvorrangs des Gemeinschaftsrechts findet die Ausschlußfrist zudem keine Anwendung, wenn die EG-Kommission, nachdem sie erfahren hat, daß eine bestehende Beihilfe vom Begünstigten zweckwidrig verwendet wird,[90] feststellt, daß dies zugleich eine mißbräuchliche Anwendung der entsprechenden Beihilferegelungen darstellt, und den Mitgliedstaat auffordert, die Beihilfe zurückzufordern. Vielmehr ist die zuständige nationale Behörde selbst dann verpflichtet, den Beihilfebescheid wegen Zweckverfehlung nach § 49 Abs 3 S 1 Nr 1 VwVfG zu widerrufen, wenn die Jahresfrist des § 49 Abs 3 S 2 iVm § 48 Abs 4 VwVfG bereits verstrichen ist.

m) In den Fällen des § 49 Abs 2 S 1 Nr 3–5 VwVfG hat nach der in § 49 Abs 6 **16**
VwVfG ausdrücklich vorgesehenen Regelung die Behörde den Betroffenen *auf Antrag* für den Vermögensnachteil zu entschädigen, den dieser dadurch erleidet, daß er auf den Bestand des Verwaltungsakts vertraut hat, soweit sein Vertrauen schutzwürdig ist. Die Frage der Schutzwürdigkeit des Vertrauens ist hier jedoch anders zu beurteilen als im Zusammenhang der Regelungen des § 48 VwVfG.[91] Geht es dort um die Stabilisierung einer rechtswidrig erteilten Begünstigung bzw um den Ausgleich des durch Rücknahme dieser Begünstigung entstandenen Vermögensnachteils, so handelt es sich im Falle des § 49 Abs 6 VwVfG um eine vor dem Hintergrund des Art 14 Abs 3 GG oder des Aufopferungsanspruchs zu gewährende Entschädigung.[92] Sie ist *grundsätzlich* zu gewähren und kann nur dann ausgeschlossen oder verringert werden, wenn entsprechend dem in § 254 BGB zum Ausdruck gekommenen allgemeinen Rechtsgedanken[93] eine Verletzung von

[86] S o Rn 10.
[87] S o § 17 Rn 16.
[88] S o Rn 13. Vgl auch EuGH Slg 1983, 3707, 3715 Tz 8f sowie *v Wallenberg* (Fn 52) Art 92 EGV Rn 31.
[89] Vgl schon o § 17 Rn 29.
[90] Dazu o Rn 11a, b.
[91] Vgl auch *Ule/Laubinger* (Fn 29) § 63 Rn 28; *Johlen* NJW 1976, 2155f. Anders *Sachs* (Fn 33) § 49 Rn 123f.
[92] Vgl dazu auch *Kopp* (Fn 23) § 49 Rn 55; *Maurer* (Fn 26) 223, 253f; *Schenke* (Fn 28) 327; wohl auch *Wendt* (Fn 26) 93.
[93] Zur Anwendbarkeit dieses Rechtsgedankens im öffentlichen Recht vgl *Erichsen* VerwArch 63 (1972) 223f.

Obliegenheiten vorliegt, die den Begünstigten treffen, er also etwa den nachträglichen Eintritt von Tatsachen, die zum Widerruf führen, unter Verletzung von Sorgfaltspflichten, beispielsweise um die Entschädigung zu erhalten, herbeigeführt hat.[94] Das *Ausmaß der Entschädigung* ist gemäß § 49 Abs 6 S 2 VwVfG auf den Betrag des Interesses begrenzt, welches der Betroffene am Bestand des Verwaltungsakts hat. Ein Ersatz des entgangenen Gewinns ist nicht vorgesehen.[95] Der Anspruch kann nur innerhalb eines Jahres geltend gemacht werden, wobei diese *Frist* erst beginnt, wenn die Behörde den Betroffenen auf sie hingewiesen hat.

17 n) Für Streitigkeiten über die Entschädigung ist nach § 49 Abs 6 S 3 VwVfG der ordentliche Rechtsweg gegeben. Gegen die Widerrufserklärung selbst, die ein Verwaltungsakt ist, kann Widerspruch und Anfechtungsklage vor dem Verwaltungsgericht erhoben werden.

§ 19
Die Aufhebung von Verwaltungsakten mit Drittwirkung

1 Häufig erschöpft sich der Regelungsgehalt eines Verwaltungsakts nicht in der (befehlenden, gestaltenden oder feststellenden) Regelung der Beziehungen zwischen Behörde und Empfänger. Die von ihm gegenüber dem Adressaten gesetzten Rechtsfolgen können vielmehr Wirkungen auch bei Dritten eintreten lassen. So kann ein Verwaltungsakt, der einen rechtserheblichen Vorteil für eine Person begründet oder bestätigt, gleichzeitig in eine rechtlich geschützte Position einer *anderen* Person eingreifen. Man spricht insoweit vom *Verwaltungsakt mit Dritt- oder Doppelwirkung*.[1] Hierzu gehört nicht nur der seinen Adressaten begünstigende Verwaltungsakt, der einen Dritten belastet, sondern auch der den Adressaten belastende Verwaltungsakt, der einen Dritten begünstigt.

I. Die Qualifikation von Verwaltungsakten mit Drittwirkung als begünstigende bzw als belastende Verwaltungsakte

2 Die den Regelungen des Widerrufs und der Rücknahme in den Verwaltungsverfahrensgesetzen des Bundes und der Länder zugrundeliegende Zweiteilung in „begünstigende" und „nicht begünstigende" Verwaltungsakte wirft außer in den Fällen der Verwaltungsakte mit Mischwirkung[2] auch im Hinblick auf Verwaltungsakte mit Drittwirkung Probleme auf. Die Aufhebung der Verwaltungsakte mit Drittwirkung ist – abgesehen von § 50 VwVfG – keiner eigenständigen Regelung unterworfen worden. Es stellt sich deshalb die Frage, ob diese Gruppe

[94] Vgl dazu auch *Klappstein* (Fn 18) § 49 Rn 7.3; *Ule/Laubinger* (Fn 29) § 63 Rn 28; *Bronnenmeyer* (Fn 30) 272 ff.
[95] Vgl *Sachs* (Fn 33) § 49 Rn 131; Amtl Begr, BT-Drucks 7/910, 73.

[1] Vgl *Ule/Laubinger* VwVfR, § 64 Rn 1.
[2] Dazu o § 16 Rn 9.

von Verwaltungsakten im Hinblick auf ihre Aufhebbarkeit den begünstigenden oder den nicht begünstigenden und hier den belastenden Verwaltungsakten zugeordnet werden muß. Sie muß unter Berücksichtigung sowohl der auf die Aufrechterhaltung des Verwaltungsakts gerichteten Interessen des Begünstigten als auch der auf dessen Aufhebung gerichteten Interessen des Belasteten beantwortet werden.

a) Dem begünstigten Adressaten eines Verwaltungsakts kann man nicht schon 3
deshalb jede Schutzwürdigkeit absprechen, weil zugleich ein Dritter irgendwie belastet wird, wovon der Begünstigte möglicherweise nicht einmal Kenntnis hat. Der verfassungsrechtlich abgesicherte Vertrauensschutz würde dann weitgehend leerlaufen. Würde man die begünstigenden Verwaltungsakte mit belastender Drittwirkung den Regelungen über den Widerruf bzw die Rücknahme belastender Verwaltungsakte unterstellen, so würde das schutzwürdige Vertrauen und Interesse des Begünstigten nur im Rahmen der in §§ 48 Abs 1 S 1, 49 Abs 1 VwVfG vorgesehenen Ermessensbildung berücksichtigt werden können.[3] Auf der anderen Seite werden die Interessen des belasteten Dritten nicht unzumutbar verkürzt, wenn man den begünstigenden Verwaltungsakt mit belastender Drittwirkung den Regelungen über die Aufhebung begünstigender Verwaltungsakte unterstellt. Insoweit ist zu berücksichtigen, daß die Belange eines Dritten bereits durch die Möglichkeiten des Widerspruchs und der Anfechtungsklage gewahrt werden. Ferner spricht auch die Regelung des § 50 VwVfG dafür, daß der in §§ 48 Abs 1 S 2 und Abs 2, 49 Abs 2 VwVfG konkretisierte Vertrauensschutz des Begünstigten nicht schon durch die Tatsache einer Drittbelastung suspendiert sein soll, sondern erst dadurch, daß der belastete Dritte von seinem Anfechtungsrecht tatsächlich Gebrauch gemacht hat. Deshalb ist im Ergebnis auch die Aufhebung eines begünstigenden Verwaltungsakts mit belastender Drittwirkung nur unter den besonderen Voraussetzungen zulässig, die für den Widerruf und die Rücknahme eines begünstigenden Verwaltungsakts gelten,[4] dh sie richtet sich in ihrem Anwendungsbereich nach §§ 48 Abs 1 S 2 und Abs 2, 49 Abs 2 VwVfG. Den Interessen des belasteten Dritten ist allerdings, soweit möglich, bei der Ermessensausübung Rechnung zu tragen.[5]

b) Beim belastenden Verwaltungsakt mit begünstigender Drittwirkung – eine 4
derartige Doppelwirkung kommt etwa einer auf Betreiben eines Nachbarn ergangenen Abrißverfügung zu – spricht gegen seine Qualifizierung als begünstigend iSv §§ 48 ff VwVfG nach dem oben Gesagten[6] bereits, daß eine Regelung nur gegenüber dem Adressaten ergeht, die Begünstigung des Dritten dagegen – ungeachtet eines möglicherweise bestehenden subjektiv-öffentlichen Rechts auf ihren

[3] So aber iErg *Schenke* DÖV 1983, 320, 328.

[4] So auch *Knoke* Rechtsfragen der Rücknahme von Verwaltungsakten, 1989, 64 ff; *Maurer* Allg VwR, § 11 Rn 68; *Wallerath* Allg VwR, § 7 VI 4; *Ule/Laubinger* (Fn 1) § 64 Rn 12, 20; *Kopp* VwVfG, § 48 Rn 49; *Erichsen* Jura 1981, 590, 595; anders offenbar *Schenke* (Fn 3) 328.

[5] Vgl *Lange* Jura 1980, 456, 463; *dens* WiVerw 1979, 15, 19 f.

[6] § 16 Rn 8.

Erlaß – eine rein tatsächliche Auswirkung dieser Regelung ist.[7] Darüber hinaus unterscheidet sich auch die Interessenlage von derjenigen beim begünstigenden Verwaltungsakt mit belastender Drittwirkung. Das Vertrauen des nur tatsächlich reflexartig begünstigten Dritten ist nicht in gleichem Maße schutzwürdig wie das eines unmittelbar durch den Verwaltungsakt und damit rechtlich Begünstigten.[8] Überdies ist er – bei Verletzung drittschützender Normen – in vielen Fällen dadurch geschützt, daß er auch nach erfolgter Aufhebung mit Hilfe der Verpflichtungsklage den neuerlichen Erlaß des Verwaltungsakts erreichen kann.[9] Die Aufhebung des belastenden Verwaltungsakts mit begünstigender Drittwirkung richtet sich daher nach den für nicht begünstigende Verwaltungsakte geltenden Regelungen.[10]

II. Die Aufhebung begünstigender Verwaltungsakte mit Drittwirkung während des Rechtsbehelfsverfahrens

1. Verfassungsrechtliche Probleme des § 50 VwVfG

5 Ist ein den Adressaten begünstigender Verwaltungsakt von einem belasteten Dritten angefochten worden und soll die Aufhebung während des Rechtsbehelfsverfahrens erfolgen, um dem Widerspruch oder der Klage abzuhelfen, so gilt die besondere Regelung des § 50 VwVfG.[11] Diese Regelung bringt eine Reihe von Problemen und Zweifelsfragen mit sich.

6 § 50 VwVfG schließt für die Aufhebung während des Rechtsbehelfsverfahrens die Geltung der §§ 48 Abs 1 S 2 und Abs 2, 49 Abs 2 VwVfG aus.[12] Diese Regelung zielt offenbar darauf ab, für die Dauer des Vorverfahrens und eines verwaltungsgerichtlichen Prozesses den Grundsatz der freien Aufhebbarkeit wirksam werden zu lassen. Es wird insoweit darauf verwiesen, daß der durch den Verwaltungsakt Begünstigte im Falle der Anfechtung der Begünstigung ohnehin nicht auf den Bestand des Verwaltungsakts vertrauen dürfe, sondern mit dessen Aufhebung rechnen müsse.[13] Ein solches Verständnis dieser Regelung begegnet in den Fällen Bedenken, in denen der Vertrauensschutz grundrechtlich unterfangen ist, wie es etwa bei Erteilung einer die Ausübung der Baufreiheit des Art 14 Abs 1 S 1 GG freigebenden Baugenehmigung oder bei einer die Ausübung der Berufsfreiheit des Art 12 Abs 1 S 1 GG eröffnenden Apothekenerlaubnis der Fall ist.[14] Der Gesetz-

[7] Vgl *Knoke* (Fn 4) 68 f.
[8] Vgl *Knoke* (Fn 4) 69.
[9] Vgl *Erichsen* (Fn 4) 534, 539.
[10] *Knoke* (Fn 4) 68 f; *Erichsen* (Fn 4) 534, 539; vgl auch BVerwG DÖV 1977, 105, 106; OVG NW NJW 1977, 587.
[11] Entspr Regelungen finden sich in § 132 S 2 AO und § 49 SGB X.
[12] AA wohl *Büdenbender/Mutschler* Bindungs- und Präklusionswirkung von Teilentscheidungen nach BImSchG und AtG, 1979, 25 f (Rn 64).
[13] Vgl etwa *Kopp* (Fn 4) § 50 Rn 2; *Klappstein* in: Knack, VwVfG, § 50 Rn 2.2; *Lange* Jura 1980, 456, 463; *Sachs* in: Stelkens/Bonk/Sachs, VwVfG, § 50 Rn 1, 69; *Gassner* JuS 1997, 794, 797.
[14] Vgl auch *Erichsen* VerwArch 69 (1978) 303, 309 f; *Knoke* (Fn 4) 289.

geber darf dann den auf den Fortbestand der Begünstigung gerichteten Vertrauensschutz nicht ohne weiteres für unbeachtlich erklären. Dies gilt umso mehr, als § 50 VwVfG bei Rücknahme und Widerruf während des Rechtsbehelfsverfahrens auch die in §§ 48 Abs 3, 49 Abs 5 VwVfG vorgesehenen Ansprüche auf Entschädigung ausschließt,[15] und dies nach dem eindeutigen Wortlaut auch dann *uneingeschränkt* gilt, wenn es um die Aufhebung eines Verwaltungsakts geht, der eine dem Schutz des Art 14 Abs 1 GG unterfallende Rechtsposition begründet hat.[16] Solchen Bedenken durch Berücksichtigung des Vertrauens im Rahmen der gemäß §§ 48 Abs 1 S 1, 49 Abs 2 VwVfG zu treffenden Ermessensentscheidung Rechnung zu tragen[17] ist sowohl nach dem Wortlaut als auch im Hinblick auf den in der Entstehungsgeschichte der Vorschrift[18] zum Ausdruck kommenden gesetzgeberischen Willen ausgeschlossen.[19]

Bedenklich ist weiterhin, daß § 50 VwVfG durch die Außerkraftsetzung des **7**
§ 49 Abs 2 VwVfG seinem Wortlaut nach die gesetzliche Grundlage für den Widerruf des Verwaltungsakts beseitigt, deren es wegen des möglichen Eingriffs in grundrechtliche Gewährleistungen notwendig bedarf.[20] Die Entstehungsgeschichte gibt darüber zwar keinen eindeutigen Aufschluß, jedoch Anhaltspunkte dafür, daß nicht die Grundlage der Aufhebung, sondern lediglich die vertrauensschutzbedingte Einschränkung der Aufhebungsmöglichkeiten entfallen sollte.[21] Angesichts dessen wird man eine evidente Unrichtigkeit anzunehmen haben,[22] die im Wege verfassungskonformer Auslegung dahin zu korrigieren ist, daß § 50 VwVfG nicht die Geltung des § 49 Abs 2 VwVfG im Ganzen, insbes als Ermächtigungsgrundlage für den Widerruf, entfallen läßt, sondern nur die dort normierten Einschränkungen der Widerrufbarkeit.[23]

[15] Vgl auch *Kopp* (Fn 4) § 50 Rn 4; *Ule/Laubinger* (Fn 1) § 64 Rn 23.

[16] Für eine Kompensationsmöglichkeit nach den Grundsätzen des enteignungsgleichen Eingriffs *Kopp* (Fn 4) § 50 Rn 4; *Wallerath* (Fn 4) § 7 VI 4; *Johlen* NJW 1976, 2155, 2156. Zur Fragwürdigkeit dieser Konstruktion vor dem Hintergrund der neueren Rechtsprechung des BVerfG zum Eigentumsgrundrecht vgl allerdings *Baur* NJW 1982, 1734 ff; *Battis* NVwZ 1982, 58 ff; *Ossenbühl* NJW 1983, 1 ff; *Schwerdtfeger* JuS 1983, 104 ff; *Leisner* DVBl 1983, 61 ff; *Papier* NVwZ 1983, 258 ff.

[17] Vgl *Lange* (Fn 5) 21 ff; *dens* (Fn 5) 464 f; *H. Meyer* in: Meyer/Borgs, VwVfG, § 50 Rn 17–19.

[18] Vgl BT-Drucks 7/910, 73 f.

[19] Vgl *Knoke* (Fn 4) 313 f. Zur ähnlichen, sich im Rahmen von § 48 Abs 3 VwVfG stellenden Problematik o § 17 Rn 22.

[20] Dazu näher *Erichsen* (Fn 14) 309 ff. Vgl auch *Schenke* (Fn 3) 326 f, der allerdings hieraus den Schluß zieht, daß der Verwaltungsakt mit Drittwirkung als nicht begünstigender Verwaltungsakt iSv § 49 Abs 1 VwVfG angesehen werden müsse.

[21] Vgl Musterentwurf 1963, 182; Amtl Begr BT-Drucks 7/910, 74.

[22] Ein Redaktionsversehen nehmen insoweit an: *H. Meyer* (Fn 17) § 50 Rn 4 sowie *Lange* (Fn 5) 464 f.

[23] So iErg auch – allerdings ohne die Problematik anzusprechen – *Kopp* (Fn 4) § 50 Rn 1 ff; *Ule/Laubinger* (Fn 1) § 64 Rn 1 ff. Ferner *H. Meyer (Fn 17)* § 50 Rn 4. Dazu auch *Erichsen* (Fn 4) 595.

2. Anwendungsbereich und Voraussetzungen

8 Von diesen Bedenken einmal abgesehen, stellt sich die Frage nach dem Anwendungsbereich und den Voraussetzungen der Vorschrift des § 50 VwVfG. Die Aufhebbarkeit wird nach § 50 VwVfG nur erleichtert, soweit durch die Rücknahme bzw den Widerruf dem Widerspruch oder der Klage „abgeholfen wird". Von „abhelfen" ist auch in §§ 72, 73 VwGO die Rede. Dort bezeichnet dieser Begriff die einem Widerspruch stattgebende Entscheidung durch die erlassende Behörde in dem Zeitraum bis zur Weiterleitung an die Widerspruchsbehörde.[24] Insoweit und auch für die Entscheidung im Vorverfahren durch die Widerspruchsbehörde gelten nach § 79 VwVfG die Regelungen der VwGO.

9 Geht man davon aus, daß die §§ 68f VwGO nicht nur kompetenz- und verfahrensrechtliche Regelungen enthalten, sondern auch vorschreiben,[25] daß die Überprüfung von Rechtmäßigkeit und Zweckmäßigkeit bei einem auf Beseitigung eines Verwaltungsakts gerichteten Widerspruch in der Regel nur nach Maßgabe der für seinen *Erlaß* maßgebenden Vorschriften und Daten zu erfolgen hat,[26] so ist für Vertrauensschutz in der Regel kein Raum. Aber auch wenn man im Vorverfahren entsprechend der ausdrücklichen Regelung in § 132 S 1 AO die Regelungen der §§ 48, 49 VwVfG für anwendbar erachtet,[27] so findet ein auf den Fortbestand des erlassenen Verwaltungsakts gerichteter Vertrauensschutz schon deswegen in aller Regel nicht statt,[28] weil sich ein schutzwürdiges Vertrauen noch nicht gebildet haben kann. Man wird daher davon auszugehen haben, daß § 50 VwVfG nicht die Entscheidung über den Widerspruch selbst erfaßt.[29] Im Hinblick auf die gemäß § 72 VwGO bestehende *Pflicht* der Behörde, einem zulässigen und begründeten Widerspruch abzuhelfen und über die Kosten zu entscheiden, sowie die nach Maßgabe des § 80 VwVfG in diesem Fall bestehende Kostentragungs- bzw -erstattungspflicht kann § 50 VwVfG aber auch keine mit § 72 VwGO *konkurrierende Abhilfekompetenz* entnommen werden.[30]

10 Der Vorschrift des § 50 VwVfG unterfallen mithin nur die Fälle, in denen der erlassenden Behörde durch den Devolutiveffekt die Entscheidung über den Wider-

[24] Dazu auch *Kopp* (Fn 4) § 50 Rn 17.

[25] So *Ule/Laubinger* VwVfR (3. Aufl 1986) § 64 I 3a (466f); wohl auch *Kopp* (Fn 4) § 50 Rn 5. Dagegen die Frage offen lassend Amtl Begr, BT-Drucks 7/910, 74.

[26] Vgl *Knoke* (Fn 4) 293ff; *Allesch* Die Anwendbarkeit der VwVfGe auf das Widerspruchsverfahren nach der VwGO, 1984, 216; *v Mutius* Jura 1979, 559; BVerwG NJW 1970, 263f; ferner *Weides* Verwaltungsverfahren und Widerspruchsverfahren, 3. Aufl 1993, 285f.

[27] Vgl *Erichsen* (Fn 14) 312; *Menger/Erichsen* VerwArch 60 (1969) 376, 379.

[28] Vgl auch BVerwGE 1, 247, 250; 21, 142, 145; 31, 67, 69; 49, 244, 249f.

[29] Im Erg ebenso *Kopp* (Fn 4) § 50 Rn 6, der vom Widerruf eines VA „anläßlich" eines Rechtsbehelfsverfahrens spricht. Abw noch *Erichsen* (Fn 14) 309ff. Vgl ferner *Sachs* (Fn 13) § 50 Rn 3ff. Anders *Lange* (Fn 5) 465; *H. Meyer* (Fn 17) § 50 Rn 16.

[30] Vgl *Knoke* (Fn 4) 297ff; *Meister* DÖV 1985, 146ff; *Allesch* (Fn 26) 219. AA *Pietzner/Ronellenfitsch* Das Assessorexamen im öffentlichen Recht, 9. Aufl. 1996, § 25 Rn 6; BVerwG NVwZ 1997, 272f, mit der Einschränkung, daß sich die Behörde nicht allein für eine Rücknahme entscheiden dürfe, um der aus § 80 Abs 1 S 1 VwVfG folgenden Kostenlast zu entgehen.

spruch bereits genommen ist.[31] In jenen Fällen führt § 50 VwVfG dazu, die ansonsten eingreifenden Beschränkungen der Rücknahme und des Widerrufs nach §§ 48 Abs 1 S 2 und Abs 2, 49 Abs 2 VwVfG auszuschließen; er erhält daher der erlassenden Behörde für die Dauer von Vorverfahren und verwaltungsgerichtlichem Verfahren die ausschließlich dem Drittinteresse Rechnung tragende Möglichkeit zur Abhilfe durch Aufhebung.[32]

Auf dieser Grundlage ist schließlich auch die Streitfrage zu entscheiden, welche **11**
Behörde Adressat des § 50 VwVfG sein kann. Es ist diejenige Behörde, die nach den allgemeinen Vorschriften für die Aufhebung des Verwaltungsakts zuständig ist,[33] dh grundsätzlich die erlassende Behörde.[34] Dementsprechend ist für die Aufhebung eines Widerspruchsbescheids die Zuständigkeit der Widerspruchsbehörde gegeben.[35]

Reduziert schon der eben aufgezeigte beschränkte Anwendungsbereich des § 50 **12**
VwVfG die Bedeutung dieser Vorschrift nachhaltig, so wird ihre Erheblichkeit im Hinblick auf den Widerruf noch weiter eingeschränkt, weil es dabei um die Aufhebung rechtmäßig erlassener Verwaltungsakte geht. In Betracht kommt hier wohl nur der Fall, daß der Verwaltungsakt während des Vorverfahrens als unzweckmäßig erkannt und aus diesem Grunde widerrufen wird.[36]

Voraussetzung für die erleichterte Aufhebbarkeit nach § 50 VwVfG ist nach **13**
dem Gesagten die Anhängigkeit eines Widerspruchs- oder verwaltungsgerichtlichen Verfahrens. Das bedeutet, daß der Verwaltungsakt von dem belasteten Dritten tatsächlich angefochten sein muß, während die bloße Tatsache der Anfechtbarkeit für den Eintritt der Rechtsfolgen des § 50 VwVfG nicht genügt.[37] Darüber hinaus ist zu fordern, daß der eingelegte Rechtsbehelf zulässig und begründet ist, denn nur dann besteht Anlaß „abzuhelfen", also der Beschwer des Dritten Rechnung zu tragen.[38] Dafür spricht zudem, daß eine die Hintanstellung

[31] Vgl *Erichsen* JK 95, VwVfG § 50/2; ebenso Knoke (Fn 4) 300.

[32] Ebenso *Obermayer* VwVfG, § 50 Rn 21; *Knoke* (Fn 4) 298.

[33] So auch *Obermayer* (Fn 32) § 50 Rn 19ff; *Knoke* (Fn 4) 301; dazu auch *Kopp* (Fn 4) § 50 Rn 6 u 19.

[34] Nach *Ule/Laubinger* (Fn 1) § 64 Rn 6 betrifft § 50 VwVfG immer nur den Widerruf durch die erlassende Behörde. Anders etwa *H. Meyer* (Fn 17) § 50 Rn 16.

[35] Dazu *Kopp* (Fn 4) § 49 Rn 54 iVm § 48 Rn 101, 103.

[36] Vgl auch *Wallerath* (Fn 4) § 7 VI 4; *Klappstein* (Fn 13) § 50 Rn 3.3; *Lange* (Fn 5) 464; *Allesch* (Fn 26) 224.

[37] Vgl *Ule/Laubinger* (Fn 1) § 64 Rn 8; *Lange* (Fn 5) 463; *Knoke* (Fn 4) 304f; aA *Horn* DÖV 1990, 864ff.

[38] Vgl *Knoke* (Fn 4) 306ff; *Allesch* (Fn 26) 222f; *Lange* (Fn 5) 20f; *dens* (Fn 5) 456, 463ff; *Klappstein* (Fn 13) § 50 Rn 4.1; *Simon* Rücknahme und Widerruf von Verwaltungsakten in bzw während des Rechtsbehelfsverfahrens, 1987, 149ff; *Ule/Laubinger* (Fn 1) § 64 Rn 9; *Bronnenmeyer* Der Widerruf rechtmäßiger begünstigender Verwaltungsakte nach § 49 VwVfG, 1994, 293ff; *Erichsen* JK 97, VwVfG § 50/3; für einen Ausschluß der Rechtsfolgen nur bei evident unzulässigem oder unbegründetem Rechtsbehelf *Sachs* (Fn 13) § 50 Rn 99f; ähnl *Kopp* (Fn 4) § 50 Rn 14; VGH BW BWVP 1987, 89; BVerwG NVwZ 1983, 32, 34 zu § 21 Abs 7 BImSchG; OVG Bautzen NVwZ 1993, 488; *Büdenbender/Mutschler* (Fn 12) 24f (Rn 62); *Gassner* (Fn 13) 799. Nur Zulässigkeit des Rechtsbehelfs fordern dagegen *H. Meyer* (Fn 17) § 50 Rn 11; *Wallerath* (Fn 4) § 7 VI 4;

des Vertrauensschutzes rechtfertigende Schutzwürdigkeit betroffener Rechte Dritter in den Fällen der Unzulässigkeit bzw Unbegründetheit des eingelegten Rechtsbehelfs nicht gegeben ist. Insbes im Hinblick auf die Begründetheit stellt sich allerdings die Frage nach der *Beurteilungskompetenz,* denn die im Rahmen des § 50 VwVfG zuständige Behörde ist nach dem Gesagten im allgemeinen nicht mit derjenigen Stelle identisch, die über den Rechtsbehelf entscheidet. Der Vertrauensschutz des Begünstigten legt hier eine Objektivierung der behördlichen Sicht bei der Entscheidung über die Aufhebung nahe, für die es auf die bei verständiger Würdigung des bekannten Sachverhalts bestehenden Erfolgsaussichten ankommt.[39]

III. Die Aufhebung von Beihilfebescheiden im Falle ihrer Überprüfung durch die Kommission

14 In letzter Zeit wird die analoge Anwendung von § 50 VwVfG in Fällen der Aufhebung von Beihilfebewilligungsbescheiden durch deutsche Behörden nach Feststellung der Gemeinschaftsrechtswidrigkeit durch die EG-Kommission diskutiert. Voraussetzung für eine analoge Anwendbarkeit ist das Bestehen einer Interessenlage, die derjenigen, die § 50 VwVfG zugrunde liegt, vergleichbar ist. Dies wäre zu bejahen, wenn der durch eine Beihilfe Begünstigte mit einer der Anfechtung vergleichbaren befristeten Destabilisierung des Beihilfebewilligungsbescheides durch die EG-Kommission rechnen müßte. Der EG-Kommission, die durch einen gemeinschaftsrechtswidrigen Subventionsbescheid nicht wie ein Dritter iSd § 50 VwVfG belastet wird, steht aber kein solches befristetes Anfechtungsrecht zu, sie kann vielmehr in jedem Fall und jederzeit das Verfahren zur Feststellung der Gemeinschaftsrechtswidrigkeit einleiten. In Fällen, in denen die EG-Kommission *von sich aus* die Gemeinschaftsrechtswidrigkeit der Bewilligung der Beihilfe festgestellt hat, ist die analoge Anwendbarkeit von § 50 VwVfG daher abzulehnen.[40]

In Fällen, in denen ein durch die Gewährung der Beihilfe belasteter *Konkurrent* des Beihilfeempfängers durch eine erfolgreiche Klage beim EuGH veranlaßt hat, daß eine Unbedenklichkeitsentscheidung der EG-Kommission aufgehoben wurde, kommt demgegenüber die analoge Anwendung von § 50 VwVfG auf die Aufhebungsentscheidung der deutschen Behörde nach Verpflichtung zur Rückforde-

Obermayer (Fn 32) § 50 Rn 13; *Schenke* (Fn 3) 328; OVG NW NVwZ 1989, 72, 73; *zumindest* Zulässigkeit des Rechtsbehelfs wird – ohne die Frage, ob zusätzlich eine nicht offensichtliche Unbegründetheit zu fordern ist, zu beantworten – vom BayVGH NVwZ 1997, 701 gefordert.

[39] Vgl *Knoke* (Fn 4) 309f; vgl auch *Schmidt-Aßmann* FS zum 25jährigen Bestehen des BVerwG, 1978, 569, 583; *Kopp* (Fn 4) § 50 Rn 14; ähnl *Gassner* (Fn 13) 799, der allerdings – abw von der hier vertretenen Auffassung – davon ausgeht, daß die Objektivierung des Beurteilungsmaßstabs iErg darauf hinauslaufe, daß neben der Zulässigkeit des von einem Dritten eingelegten Rechtsbehelfs lediglich zu fordern sei, daß dieser Rechtsbehelf (je nach konkreter Entscheidungssituation) nicht offensichtlich unbegründet sei; BVerwG NVwZ 1983, 32, 34 zu § 21 Abs 7 BImSchG.

[40] Vgl BVerwG NVwZ 1995, 703, 704.

rung der Beihilfe durch die EG-Kommission in Betracht,[41] da der Beihilfeempfänger damit rechnen muß, daß innerhalb der Frist des Art 173 Abs 5 Hs 1 EGV (Art 230 Abs 5 Hs 1 EGV nF) Konkurrenten durch Klage gegen die Unbedenklichkeitsbescheinigung der EG-Kommission im Beihilfeverfahren gemäß Art. 93 EGV (Art 88 EGV nF), die gewissermaßen den Rechtsgrund für die Gewährung der Beihilfe darstellt, vorgehen.

§ 20
Widerruf und Rücknahme belastender Verwaltungsakte, Wiederaufgreifen des Verfahrens

I. Materiellrechtliche Grundsätze für Widerruf und Rücknahme belastender Verwaltungsakte

1. Widerruf

Gemäß § 49 Abs 1 VwVfG kann ein rechtmäßiger ausschließlich belastender[1] Verwaltungsakt auch nach Eintritt der Unanfechtbarkeit grundsätzlich ganz oder teilweise mit Wirkung für die Zukunft widerrufen werden. Ein Widerrufsverbot besteht nach dieser Vorschrift nur dann, wenn entweder ein inhaltsgleicher Verwaltungsakt erneut erlassen werden müßte oder ein Widerruf aus anderen Gründen unzulässig wäre. Erneut erlassen werden müßte ein gebundener Verwaltungsakt. Aus anderen Gründen unzulässig ist zB der Widerruf eines Verwaltungsakts, den nicht zu widerrufen die Behörde einem Dritten zugesichert hat.[2] **1**

Im übrigen steht der Widerruf im behördlichen Ermessen. Widerruft und entscheidet die Verwaltung damit zugunsten des Bürgers, ist seinem Interesse entsprochen. Lehnt die Behörde einen Widerruf im Hinblick auf die Rechtmäßigkeit des Bescheides und seine Unanfechtbarkeit ab, so kann darin idR ein Ermessensfehler nicht gesehen werden.[3] **2**

Ermessen obwaltet freilich nur unter der *Voraussetzung* einer *unveränderten Sach- und Rechtslage.* Die durch einen Verwaltungsakt getroffene Regelung bezieht sich nämlich auf die tatsächlichen und rechtlichen Verhältnisse im Zeitpunkt seines Erlasses. Ändern sich danach die Umstände zugunsten des Betroffenen, kann ihm die Bestandskraft der ihn belastenden Entscheidung nicht entgegengehalten werden.[4] So besteht zB dann eine Verpflichtung zum Widerruf, wenn die **3**

41 Vgl *Polley* EuZW 1996, 300, 304.

1 Zur Rechtslage beim ambivalenten Verwaltungsakt vgl o § 19.

2 *H. Meyer* in: Meyer/Borgs, VwVfG, § 49 Rn 15; *Obermayer* VwVfG, § 49 Rn 11 f; vgl auch *Kopp* VwVfG, § 49 Rn 17 f.

3 Ebenso *H. Meyer* (Fn 2) § 49 Rn 11.

4 Das entspricht der vor Erlaß der VwVfGe des Bundes und der Länder bestehenden Rechtsauffassung; vgl etwa BVerwGE 11, 106, 107; 19, 153, 155 f; 24, 115, 117; 31, 112 f; 44, 333, 335. Dementspr verpflichtet § 51 Abs 1 Nr 1 VwVfG die Behörde zu einer neuen Sachentscheidung, wenn sich die dem unanfechtbaren Verwaltungsakt zu-

tatsächlichen oder rechtlichen Voraussetzungen einer Polizei- oder Ordnungsverfügung mit Dauerwirkung nachträglich weggefallen sind.[5] Die Behörde darf hier die Aufhebung der Verfügung pro futuro nicht deshalb ablehnen, weil der Adressat sie hat unanfechtbar werden lassen oder weil seine Anfechtungsklage abgewiesen worden ist.

2. Rücknahme

4 Über die Rücknahme eines rechtswidrigen ausschließlich belastenden Verwaltungsakts, ihre zeitliche Wirkung und ihr sachliches Ausmaß entscheidet die Verwaltung gemäß § 48 Abs 1 S 1 VwVfG ebenfalls nach *Ermessen.* Das gilt unabhängig vom Grund und von der Art des Rechtsfehlers, also etwa auch dann, wenn der Verwaltungsakt auf einer vom BVerfG für ungültig erklärten Norm beruht. § 79 Abs 2 S 1 BVerfGG steht dem nicht entgegen.[6]

5 Bei der Ermessensentscheidung über die Rücknahme hat die Behörde die dafür und dagegen sprechenden Gründe untereinander abzuwägen.[7] Für die Aufrechterhaltung des Verwaltungsakts streitet in erster Linie das Prinzip der Rechtssicherheit. Auf ihm beruhen die Rechtsbehelfsfristen, die nicht ausgehöhlt werden dürfen. Der bloße Hinweis auf die Unanfechtbarkeit vermag indes die Aufrechterhaltung eines zweifelsfrei als rechtswidrig erkannten Verwaltungsakts angesichts der Gegenläufigkeit der Prinzipien der Gesetzmäßigkeit und der materiellen Gerechtigkeit nicht zu rechtfertigen. Sie wird vielmehr nur ausnahmsweise und unter besonderen Voraussetzungen ermessensfehlerfrei erfolgen können.[8] So wird zB bei nur geringfügiger Belastung des Betroffenen oder nach Verstreichenlassen einer langen Zeit seit Erlaß des Verwaltungsakts von einer Rücknahme abgesehen werden können. Auch ein anderenfalls erforderliches massenhaftes Wiederaufgreifen abgeschlossener Verfahren dürfte uU ein Beharren auf der getroffenen Entscheidung als berechtigt erscheinen lassen. Ermessensfehlerhaft wäre es aber jedenfalls, eine Rücknahme abzulehnen, wenn die Aufrechterhaltung des Erstbescheides schlechthin unerträglich wäre oder wenn die Berufung auf seine Unanfechtbarkeit als Verstoß gegen Treu und Glauben anzusehen wäre.[9] Auch die sachlich nicht gerechtfertigte Abweichung von einer ständigen im Hinblick auf die Rücknahme in gleichliegenden Fällen entwickelten Verwaltungspraxis wäre unter dem Aspekt der Selbstbindung als ermessensmißbräuchlich zu qualifizieren.[10]

grunde liegende Sach- oder Rechtslage nachträglich zugunsten des Betroffenen geändert hat. Vgl dazu auch *Maurer* Allg VwR, § 11 Rn 52.

[5] *Vogel* in: Drews/Wacke/Vogel/Martens, Gefahrenabwehr, § 22 Nr 3c und § 25 Nr 5c β.

[6] *Steiner* in: Starck, Bundesverfassungsgericht und Grundgesetz I, 1976, 646f.

[7] Ausf dazu *Wolff/Bachof* VwR I, § 53 VI d 2; *H. Meyer* (Fn 2) § 48 Rn 48; *W. Martens* Jura 1979, 83, 86ff.

[8] Ebenso *Maurer* JuS 1976, 493; *Wendt* JA 1980, 88; *Stelzer* Verw 30 (1997) 139, 155ff; in der Tendenz auch *Wolff/Bachof* (Fn 7) § 53 Vf.

[9] BVerwGE 28, 122, 127; 44, 333, 336; vgl auch BVerfGE 27, 297, 306f: Ableitung von Grenzen des Ermessensspielraums aus Sinn und Zweck des in besonderem Maße auf Verwirklichung der materiellen Gerechtigkeit angelegten Wiedergutmachungsrechts; zur Aufhebung einer unanfechtbar gewordenen Auflage im Baurecht s BVerwG DVBl 1962, 640f.

[10] BVerwGE 26, 153, 155.

II. Das Wiederaufgreifen des Verfahrens

6 Nach Erlaß eines Verwaltungsakts kann der Betroffene gemäß §§ 68ff VwGO – soweit statthaft – Widerspruch und – ggf im Anschluß daran – gemäß §§ 40, 42 VwGO Anfechtungs- bzw Verpflichtungsklage erheben und dergestalt den Eintritt der Unanfechtbarkeit und damit der (formellen) Bestandskraft verhindern. Es kann indes auch nach Ablauf der in §§ 70, 74 VwGO bestimmten Fristen bzw nach rechtskräftiger Bestätigung eines Verwaltungsakts ein Interesse – sei es der Verwaltung, sei es des Bürgers – an der Beseitigung eines belastenden Verwaltungsakts und damit an seiner Aufhebung bestehen. Zu den belastenden Verwaltungsakten gehört insoweit auch der „nicht so begünstigende Verwaltungsakt".

1. Begriffsbestimmung

7 Erwägt die zuständige Behörde die Aufhebung eines unanfechtbar gewordenen Verwaltungsakts – sei es aufgrund eines Antrags des Betroffenen, sei es von Amts wegen –, so hat sie zuvor zu prüfen, ob die nach den jeweils einschlägigen Vorschriften erforderlichen Voraussetzungen für eine Aufhebung vorliegen. Entschließt sie sich, in eine derartige Prüfung einzutreten, so spricht man von einem Wiederaufgreifen des Verfahrens.[11] Die sich an den Akt des Wiederaufgreifens anschließende Prüfung bezeichnet man als neue Sachprüfung.

2. Zweistufiges Verfahren

8 Bereits die obigen Ausführungen machen deutlich, daß jeder Beseitigung eines unanfechtbar gewordenen Verwaltungsakts zwei selbständige Verfahrensstufen vorausgehen: In einem ersten Schritt entscheidet die Behörde, ob sie überhaupt in eine neue Sachprüfung eintritt. Trifft sie eine positive Entscheidung (= Wiederaufgreifen), so entscheidet sie in einem zweiten Schritt, ob sie den betreffenden Verwaltungsakt aufhebt.[12]

3. Das Wiederaufgreifen gemäß § 51 VwVfG

9 a) Eine ausdrückliche Regelung des Wiederaufgreifens des Verfahrens findet sich in § 51 VwVfG. Gemäß Abs 1 dieser Vorschrift *hat* die Behörde auf einen gemäß § 51 Abs 2 und Abs 3 VwVfG zulässigen und gemäß § 51 Abs 1 Nr 1–3 VwVfG begründeten Antrag des Betroffenen[13] über „die Aufhebung oder Änderung eines

[11] Vgl BVerwGE 95, 86, 87, 94, *Ule/Laubinger* VwVfR, § 65 Rn 7; *Knoke* Rechtsfragen der Rücknahme von Verwaltungsakten, 1989, 108f.

[12] Vgl statt vieler *Erichsen* VwR u VwGbkt I, 156; aA für den Anwendungsbereich der §§ 48, 49 VwVfG *Korber* Einteiliges Aufhebungs- u zweiteiliges Wiederaufgreifensverfahren, 1983, 32ff; *ders* DVBl 1984, 405ff; DÖV 1985, 309ff; BayVBl 1985, 470ff; gegen *Korber* argumentierend etwa *Knoke* (Fn 11) 110 Fn 35.

[13] Näher zur Zulässigkeit und Begründetheit des Antrags *Erichsen/Ebber* Jura 1997, 424ff sowie u § 38 Rn 52ff.

unanfechtbaren Verwaltungsakts zu entscheiden". Unter einer „Aufhebung" versteht das VwVfG gemäß § 43 Abs 2 VwVfG ua die Rücknahme und den Widerruf eines Verwaltungsakts gemäß §§ 48 ff VwVfG. Nimmt man zusätzlich die Vorschrift des § 51 Abs 5 VwVfG in den Blick, wonach die Vorschriften des § 48 Abs 1 Satz 1 VwVfG und des § 49 Abs 1 VwVfG „unberührt" bleiben, so könnte man daraus den Schluß ziehen, daß sich der Regelungsgehalt des § 51 VwVfG auf die Begründung einer Verpflichtung der Behörde, das Verfahren wiederaufzugreifen, beschränkt, im Hinblick auf die Rechtsgrundlage für eine Aufhebung der Erstentscheidung aber auf die Vorschriften der §§ 48 f VwVfG verwiesen wird.[14] In den Fällen des § 51 Abs 1 Nr 1 VwVfG wäre demzufolge § 49 VwVfG[15], in den Fällen der § 51 Abs 1 Nr 2 und 3 VwVfG § 48 VwVfG Rechtsgrundlage für eine Aufhebung der Erstentscheidung. Konsequenz einer derartigen Interpretation des § 51 VwVfG wäre, daß die Behörde jedenfalls in den Fällen des § 51 Abs 1 Nr 2 und 3 VwVfG aufgrund des ihr in § 48 VwVfG eingeräumten Ermessens selbst bei Vorliegen eines Wiederaufgreifensgrundes nach § 51 und damit nach erkannter[16] Rechtswidrigkeit des Verwaltungsakts zur Rücknahme nur unter der Voraussetzung einer Ermessenreduktion „auf Null" verpflichtet wäre,[17] denn allein die Rechtswidrigkeit eines Verwaltungsakts führt nach dem Wortlaut des § 48 VwVfG noch nicht zu einer Aufhebungsverpflichtung der Behörde.[18] Für eine Ermessensentscheidung der Behörde könnte allerdings auch ein Bedürfnis bestehen, wenn davon auszugehen wäre, daß bei begünstigenden Verwaltungsakten mit drittbelastender Wirkung das Vertrauen des Begünstigten in den Bestand des Verwaltungsakts nur über die Annahme einer Ermessensentscheidung Berücksichtigung finden kann.[19]

10 Gegen eine Beschränkung des Regelungsgehaltes des § 51 VwVfG auf einen derartigen – rein verfahrensrechtlichen – Inhalt spricht zum einen, daß § 43 Abs 2 VwVfG unter einer Aufhebung nicht *ausschließlich* die Rücknahme gemäß § 48 VwVfG und den Widerruf gemäß § 49 VwVfG versteht. Daher ist es auch möglich, daß § 51 VwVfG von einem Begriff der Aufhebung ausgeht, der nicht die Voraussetzungen der §§ 48–50 VwVfG erfüllt.[20] Auch der Wortlaut des § 51 Abs 5 VwVfG besagt zunächst nur, daß *neben* § 51 VwVfG auch die Vorschriften der §§ 48, 49 VwVfG Anwendung finden. Schließlich deutet die Formulierung „bleiben unberührt" nicht darauf hin, die Vorschrift *darüber hinaus* als Rechtsfolgenverweisung in dem Sinne zu interpretieren, daß sich die Aufhebung des betreffenden Verwaltungsakts *im Anschluß* an ein Wiederaufgreifen *gemäß § 51 VwVfG*

[14] So die Interpretation einer in der Literatur vertretenen Mindermeinung, etwa *Maurer* (Fn 4) § 11 Rn 61; *Burgi* JuS-Lernbogen 1991, 82 (84). Vgl zu den jeweiligen Argumenten auch *Schmidt* Das Wiederaufgreifen des Verwaltungsverfahrens – Zur Dogmatik des § 51 VwVfG, 1982, 35 und *Frohn* Verw 20 (1987) 337 ff.

[15] Vgl *Burgi* (Fn 14) 84. Das Ermessen wäre allerdings *in diesem Fall* „auf Null" reduziert, vgl o Rn 3.

[16] *Frohn* (Fn 14) 342.

[17] Vgl *Maurer* (Fn 4) § 11 Rn 61; *Burgi* (Fn 14) 84.

[18] Vgl etwa VGH BW NVwZ 1989, 882 (884).

[19] *Maurer* (Fn 4) § 11 Rn 61; *Burgi* (Fn 14) 84.

[20] So auch *Müller* Verw 10 (1977) 519, 520 zu Fn 33; *Sachs* in: Stelkens/Bonk/Sachs, VwVfG, § 51 Rn 30; *Schwabe* JZ 1985, 545, 552. AA *H. Meyer* (Fn 2) § 51 Rn 5.

nach den §§ 48, 49 VwVfG richtet.[21] Läßt sich folglich allein aufgrund des Wortlautes der Vorschrift kein eindeutiges Ergebnis erzielen, so sind ergänzend die mit der Norm vom Gesetzgeber verfolgten Zwecke zu berücksichtigen. Ausweislich des Regierungsentwurfs sollte mit der Schaffung der Regelung die bis zu diesem Zeitpunkt existierende höchstrichterliche Rechtsprechung zum Wiederaufgreifen des Verfahrens kodifiziert werden.[22] Lagen die nunmehr in § 51 Abs 1 Nr 1–3 VwVfG genannten Gründe für ein Wiederaufgreifen vor, so hielt das BVerwG die Behörde stets für *verpflichtet*, eine erneute Entscheidung auf der Grundlage des in der Sache anwendbaren materiellen Rechts zu treffen.[23] Zwar geht die Begründung des Regierungsentwurfs davon aus, daß die Aufhebung des betreffenden Verwaltungsakts in das Ermessen der Behörde gestellt ist.[24] Dies widerspricht allerdings dem mit der Schaffung der Vorschrift verfolgten Zweck der Kodifizierung der einschlägigen BVerwG-Rechtsprechung. Der mit der Vorschrift verfolgte Zweck spricht damit eher gegen ein Ermessen der Behörde bei der Entscheidung über die Aufhebung oder Änderung der Erstentscheidung. Vergegenwärtigt man sich darüber hinaus, daß auch im Anwendungsbereich der §§ 48, 49 VwVfG eine Verpflichtung der Behörde, das Verfahren wiederaufzugreifen, aufgrund einer Ermessensreduktion „auf Null" denkbar ist und § 51 VwVfG demzufolge ein eigenständiger Regelungsgehalt nur für den Fall zukommt, daß sich die Aufhebung im Anschluß an ein Wiederaufgreifen nicht nach den §§ 48f VwVfG richtet, so sprechen die überzeugenderen Argumente gegen eine Anwendbarkeit der §§ 48f VwVfG auf die gemäß § 51 VwVfG von der Behörde im Anschluß an ein Wiederaufgreifen zu treffende Entscheidung.[25] Entsprechend der engen Anlehnung des Wortlauts des § 51 VwVfG an das gerichtliche Wiederaufnahmeverfahren[26] ist vielmehr davon auszugehen, daß das Verfahren durch eine der Verpflichtung der Behörde zum Wiederaufgreifen genügende Entscheidung in denselben Zustand wie *vor* der Erstentscheidung zurückversetzt wird, dh die Behörde zu neuer Sachentscheidung auf der Grundlage des für den Erlaß des Verwaltungsakts geltenden Rechts – im Falle des § 51 Abs 1 Nr 1 VwVfG unter Zugrundelegung der neuen Sach- und Rechtslage – verpflichtet ist. Dementsprechend handelt es sich bei der von der Behörde zu treffenden Sachentscheidung nur dann um eine Ermessensentscheidung, wenn das in der Sache, dh das für den *Erlaß* des neuen Verwaltungsakts anwendbare Recht ihr Ermessen einräumt. Etwaigen schutzwürdigen Interessen eines durch den Ausgangs-Verwaltungsakt Begünstigten kann über eine

[21] *Schwabe* (Fn 20) 551; *Frohn* (Fn 14) 338.

[22] BT-Drucks 7/910 zu § 47 Abs 1 S 75.

[23] Nachweise bei *Sachs* JuS 1982, 264, 267.

[24] BT-Drucks 7/910 zu § 47 Abs 1 S 75.

[25] HM; BVerwG BayVBl 1993, 120f; NJW 1982, 2204; *Sachs* (Fn 20) § 51 Rn 32ff; *Klappstein* in: Knack, VwVfG, § 51 Anm 4.3.1; *Achterberg* Allg VwR, § 23 Rn 99; *Kopp* (Fn 2) § 51 Rn 10; *Obermayer* (Fn 2) § 51 Rn 93; *Schenke* DÖV 1983, 320, 330; *Baumeister* VerwArch 83 (1992) 374, 376; *Ule/Laubinger* (Fn 11) § 65 Rn 30; *Korber* DÖV 1985, 309, 313; *Kühne* JA 1985, 326, 327ff; *Selmer* JuS 1987, 363, 367; *Frohn* (Fn 14) 342f; *ders* Jura 1993, 393, 396; differenzierend nach den einzelnen Wiederaufgreifensgründen *Schwabe* (Fn 20) 551ff.

[26] § 153 VwGO.

analoge Anwendung von § 48 Abs 3 VwVfG bzw § 49 Abs 6 VwVfG (Entschädigung) Rechnung getragen werden.[27]

11 Die von der Behörde in diesem Rahmen zu treffende Entscheidung in der Sache wird als (positiver oder negativer) Zweitbescheid bezeichnet.[28]

12 Trifft die Behörde die neue Entscheidung nach dem in der Sache anwendbaren Recht, so stellt sich in diesem Zusammenhang die Frage, ob sie auch eine Entscheidung treffen darf bzw muß, durch die eine dem Antragsteller im Ausgangsbescheid gewährte und von ihm als zu gering empfundene Leistung gekürzt bzw ganz entzogen oder aber eine Belastung erweitert wird – reformatio in peius.[29] Die Wiederaufgreifensgründe des § 51 VwVfG setzen sämtlich voraus, daß sie zu einer für den Antragsteller günstigeren Entscheidung führen bzw geführt hätten.[30] Eine reformatio in peius kommt deshalb nur dann in Betracht, wenn aufgrund eines gemäß § 51 Abs 1 VwVfG vorliegenden Grundes für ein Wiederaufgreifen die Behörde das Verfahren nicht nur im Umfang des konkreten Wiederaufgreifensgrundes, sondern *anläßlich* des Wiederaufgreifensgrundes *in vollem Umfang* wiederaufzugreifen berechtigt ist. Nach dem der Vorschrift des § 51 VwVfG erkennbar zugrundeliegendem Zweck, dem von einem belastenden Verwaltungsakt Betroffenen die Möglichkeit einer Änderung des Verwaltungsakts zu seinen Gunsten zu eröffnen, ist davon auszugehen, daß eine Berechtigung der Behörde, das Verfahren gemäß § 51 VwVfG wiederaufzugreifen und eine neue Sachentscheidung zu treffen, nur im Umfang einer entsprechenden Änderung *zugunsten* des Betroffenen besteht.[31] Eine reformatio in peius durch die auf einen begründeten Antrag auf Wiederaufgreifen *nach § 51 VwVfG* getroffene neue Sachentscheidung ist folglich ausgeschlossen.[32]

Das bedeutet indes nicht, daß die Behörde gehindert ist, einen entsprechenden Antrag des Betroffenen zum Anlaß zu nehmen, ein Verfahren auf Aufhebung eines gegenüber dem Betroffenen im Ausgangsverfahren erlassenen begünstigenden Verwaltungsakts nach den §§ 48, 49 VwVfG einzuleiten.[33]

13 Ist die von der Behörde im Rahmen des früheren Verfahrens getroffene Regelung nicht nur unanfechtbar geworden, sondern hat sie darüber hinaus auch gerichtliche Bestätigung gefunden, so stellt sich die Frage, ob einer von der im Ausgangs-Verwaltungsakt getroffenen Regelung abweichenden neuen Sachentscheidung *der Behörde* gemäß § 121 VwGO die Rechtskraft der den Ausgangs-Verwaltungsakt bestätigenden gerichtlichen Entscheidung entgegensteht. Gemäß § 121 Nr 1 VwGO binden rechtskräftige Entscheidungen die Beteiligten und ihre Rechtsnachfolger, soweit über den Streitgegenstand entschieden worden ist. Streit-

[27] Ebenso *Sachs* (Fn 20) § 51 Rn 64ff.

[28] *Ule/Laubinger* (Fn 11) § 65 Rn 33; *Klappstein* (Fn 25) § 51 Anm 9.1.3; *Kopp* (Fn 2) § 51 Rn 10 aE; *Sachs* (Fn 20) § 51 Rn 29.

[29] Zum entspr Problem im Widerspruchsverfahren vgl etwa *Erichsen* Jura 1992, 645, 651.

[30] Das gilt aus systematischen Gründen auch für § 51 Abs 1 Nr 3 VwVfG iVm § 580 ZPO, vgl *Sachs* (Fn 20) § 51 Rn 44.

[31] Vgl *Sachs* (Fn 20) § 51 Rn 42ff.

[32] AA offenbar BVerwG BayVBl 1993, 120, 121; wie hier: *Ule/Laubinger* (Fn 11) § 65 Rn 9.

[33] Näher dazu *Erichsen/Ebber* (Fn 13) 430. Vgl dazu auch BVerwG BayVBl 1993, 120f.

gegenstand ist im Rahmen einer Anfechtungs- bzw Verpflichtungsklage der vom Kläger geltend gemachte Anspruch auf Aufhebung des belastenden Verwaltungsakts bzw der geltend gemachte Anspruch auf Erlaß des begehrten begünstigenden Verwaltungsakts.[34] Rechtskräftig entschieden wird damit stets nur über eine entsprechende *Verpflichtung* der Behörde zum Erlaß des begehrten Bescheides im Rahmen einer Verpflichtungsklage bzw über die (gerichtliche) Aufhebung eines belastenden Bescheides, nicht jedoch über eine *Berechtigung* der Behörde zum Erlaß eines begünstigenden bzw zur Aufhebung eines belastenden Verwaltungsakts. Die Rechtskraft einer den Ausgangsbescheid bestätigenden gerichtlichen Entscheidung steht damit einer von der im Ausgangsbescheid getroffenen Regelung abweichenden erneuten Sachentscheidung *der Behörde* nicht entgegen.[35]

b) Will der Antragsteller Rechtsschutz gegen einen auf seinen Antrag auf Wiederaufgreifen ergangenen Bescheid in Anspruch nehmen, so ist entsprechend der dargelegten Zweistufigkeit des Verfahrens[36] im Hinblick auf die Frage nach der im Einzelfall einschlägigen Rechtsschutzmöglichkeit zunächst zu bestimmen, auf welcher Stufe des Verfahrens die auf seinen Antrag ergangene behördliche Entscheidung anzusiedeln ist. Die Behörde kann zum einen bereits das Wiederaufgreifen selbst, dh den Eintritt in eine neue Sachprüfung, abgelehnt haben (sog wiederholende Verfügung). Zum anderen kann sie in eine neue Sachprüfung eingetreten sein, das Begehren des Antragstellers in der Sache aber (erneut) abschlägig beschieden haben (sog negativer Zweitbescheid). Schließlich kann sie in eine neue Sachprüfung eingetreten sein, an deren Ende sie einen dem Begehren des Antragstellers stattgebenden Bescheid erlassen hat (sog positiver Zweitbescheid). Ein positiver Zweitbescheid kann die Aufhebung des den Antragsteller belastenden Ausgangs-Verwaltungsakts enthalten, darüber hinaus aber auch den Erlaß eines den Antragsteller begünstigenden Verwaltungsakts, der von der Behörde in Gestalt des Ausgangs-Verwaltungsakts ganz oder teilweise abgelehnt worden war. Aus der Sicht des Antragstellers stellen sich Rechtsschutzfragen insoweit ausschließlich für den Fall des Erlasses einer wiederholenden Verfügung und für den Fall des Erlasses eines negativen Zweitbescheides.[37] **14**

aa) Lehnt die Behörde bereits das Wiederaufgreifen als solches ab, so spricht man von einer „wiederholenden Verfügung". Der Begriff „wiederholend" suggeriert, daß in diesem Fall die von der Behörde getroffene Entscheidung keine eigenständige Regelung enthält. Das ist indes nur insoweit zutreffend, als keine neue Entscheidung *in der Sache* getroffen wird. Jedoch enthält eine derartige Entscheidung der Behörde die Ablehnung, das Verfahren wiederaufzugreifen, und **15**

34 *Kopp* VwGO, § 90 Rn 8f.

35 *Kopp* (Fn 34) § 121 Rn 13; *Sachs* (Fn 23) 266; *Kemper* NVwZ 1985, 872, 875; *Gosch* JA 1976, 227, 232; vgl auch *Erfmeyer* DVBl 1997, 27, 29ff; abw BVerfG NVwZ 1989, 141, 142 (Kammerentscheidung); offengelassen von BVerwG NVwZ 1989, 161, 162r Sp; wie hier BVerwGE 95, 86, 92 für den Anwendungsbereich des § 48 VwVfG.

36 S o Rn 8.

37 Bei Verwaltungsakten mit Doppelwirkung können sich auch Rechtsschutzfragen für einen durch den begünstigenden Verwaltungsakt belasteten Dritten stellen; dazu etwa *Geuder* Wiederaufgreifen des Verwaltungsverfahrens und neue Sachentscheidung, 1981, 182ff.

insofern eine eigenständige Regelung.[38] Sie ist folglich ein Verwaltungsakt iSd § 35 VwVfG.

Will der Antragsteller sein Begehren und in diesem Zusammenhang das Wiederaufgreifen des Verfahrens gerichtlich durchsetzen, so ist die allgemeine Leistungsklage die insoweit einschlägige Rechtsschutzform. Da ein Eintritt in eine neue Sachprüfung im Rahmen des § 51 VwVfG noch nicht die für den Betroffenen verbindliche, im Ausgangs-Verwaltungsakt enthaltene Regelung beseitigt,[39] mangelt es nämlich einer Entscheidung der Behörde, das Verfahren wiederaufzugreifen, an einer unmittelbar nach außen gerichteten Rechtswirkung und damit an der Verwaltungsaktqualität iSd § 35 VwVfG. Von vornherein unbegründet wäre eine derartige Klage allerdings, wenn der Betroffene den *ablehnenden* Bescheid, der – wie dargelegt – ein Verwaltungsakt iSd § 35 VwVfG ist, bestandskräftig werden ließe.[40] Der Betroffene wird diesen folglich mit einem Widerspruch gemäß §§ 68 ff VwGO und einem mit dem Antrag auf Verurteilung zum Wiederaufgreifen verbundenen Antrag auf Aufhebung der wiederholenden Verfügung durch das Verwaltungsgericht anfechten müssen. Darüber hinaus stellt sich die Frage, ob der Antragsteller zumindest bei gebundenen Entscheidungen *direkt* die verwaltungsgerichtliche Verpflichtung der Behörde zum Erlaß eines positiven Zweitbescheides begehren kann (und nicht nur die Verurteilung zu einem Wiederaufgreifen des Verfahrens).[41] Dagegen spricht indes bereits der Wortlaut des § 51 VwVfG, wonach *die Behörde* bei Vorliegen eines Wiederaufgreifensgrundes „über die Aufhebung oder Änderung" zu entscheiden hat. Die Kontrolle der Gerichte kann folglich erst dann eingreifen, wenn eine Entscheidung der Behörde über die Aufhebung oder Änderung vorliegt. Hat sich die Behörde aber fälschlich für nicht verpflichtet gehalten, überhaupt eine Entscheidung in der Sache zu treffen, und deshalb bereits das Wiederaufgreifen des Verfahrens als solches abgelehnt, so kann die nach dem Gesetz von der Behörde zu treffende Entscheidung über die Aufhebung oder Änderung (vorbehaltlich der gerichtlichen Überprüfung der Rechtmäßigkeit dieser Entscheidung) nicht – auch nicht aus Gründen der Prozeßökonomie – durch das Verwaltungsgericht ersetzt werden. Eine direkt auf die Verpflichtung der Behörde zum Erlaß eines positiven Zweitbescheides in der Sache gerichtete Klage ist folglich nicht zulässig.[42]

16 Der Zulässigkeit einer auf die Verurteilung der Behörde, das Verfahren wiederaufzugreifen, gerichteten Klage steht in Ermangelung eines identischen Streitgegenstandes die Rechtskraft einer den Ausgangs-Verwaltungsakt bestätigenden gerichtlichen Entscheidung gemäß § 121 VwGO nicht entgegen. Ein gerichtlicher Antrag auf Verurteilung der Behörde, das Verfahren wiederaufzugreifen, betrifft nämlich zunächst nur den Anspruch des Betroffenen auf *irgendeine* Sachentschei-

[38] *Kopp* (Fn 2) § 51 Rn 40.

[39] *Ule/Laubinger* (Fn 11) § 65 Rn 28 aE; *Geuder* (Fn 37) 12; aA *Kemper* (Fn 35) 875.

[40] Vgl zu diesen Fallkonstellationen *Kopp* (Fn 34) § 42 Rn 11 aE, 29.

[41] Vgl BVerwG NJW 1982, 2204 f; *Ule/Laubinger* (Fn 11) § 65 Rn 14 aE.

[42] Ebenso *Sachs* (Fn 20) § 51 Rn 69 ff; *Kopp* (Fn 2) § 51 Rn 40; *Geuder* (Fn 37) 177 f; unentschieden *Ule/Laubinger* (Fn 11) § 65 Rn 14 mN auch zur Gegenauffassung. Wohl aA BVerwG NJW 1982, 2204.

dung, während sich die vorherige gerichtliche Entscheidung über einen vom Betroffenen geltend gemachten Anspruch auf *Aufhebung* bzw auf *Erlaß* eines Verwaltungsakts und damit über den Anspruch auf eine *bestimmte* Sachentscheidung verhält.[43]

bb) Hat die Behörde das Verfahren wiederaufgegriffen, erneut in der Sache selbst entschieden und eine Aufhebung des belastenden Erstbescheides bzw den Erlaß eines begünstigenden Bescheides abgelehnt, so tritt dieser Zweitbescheid materiell- und verfahrensrechtlich an die Stelle des Erstbescheides.[44] Gegen ihn sind folglich dieselben Rechtsbehelfe statthaft wie gegen den Ausgangsbescheid.[45] **17**

Ob ein Zweitbescheid oder nur eine wiederholende Verfügung anzunehmen ist, kann bei einer dem Erstbescheid inhaltsgleichen Tenorierung zweifelhaft sein. Für das Vorliegen eines Zweitbescheides sprechen dann insbes eine in wesentlichen Punkten geänderte Begründung und die Beifügung einer Rechtsbehelfsbelehrung. Will die Behörde dem Schluß von der Rechtsbehelfsbelehrung auf das Vorliegen eines Zweitbescheides begegnen, muß sie deutlich machen, daß sie es ablehnt, das Verfahren wiederaufzugreifen.[46] **18**

Auch insoweit steht die Rechtskraft einer den Ausgangsbescheid bestätigenden gerichtlichen Entscheidung gemäß § 121 VwGO der Zulässigkeit der *gegen einen negativen Zweitbescheid* gerichteten Klage – sei es eine Anfechtungsklage, sei es eine Verpflichtungsklage – nicht entgegen.[47] Zwar liegen insoweit identische Streitgegenstände vor.[48] Die in § 51 VwVfG enthaltene Regelung führt jedoch zu einer *Durchbrechung* der Rechtskraft einer den Ausgangsbescheid bestätigenden gerichtlichen Entscheidung. Räumt nämlich – wie bei § 51 VwVfG der Fall – eine Norm des einfachen Rechts dem Bürger ein subjektiv-öffentliches Recht ein, so begründet dies gemäß Art 19 Abs 4 S 1 GG auch seine Einklagbarkeit. Diese würde unterlaufen, wenn dem in § 51 VwVfG enthaltenen Anspruch auf Wiederaufgreifen und damit auch auf eine neue (rechtmäßige) Sachentscheidung die Rechtskraft der früheren gerichtlichen Entscheidung entgegengehalten werden könnte.[49] **19**

[43] Vgl BVerwG NJW 1985, 280; *Sachs* JuS 1985, 447, 448; *ders* (Fn 20) § 51 Rn 83.

[44] *Sachs* (Fn 20) § 51 Rn 74 und *Ule/Laubinger* (Fn 11) § 65 Rn 34, die allerdings noch weiter nach dem Wortlaut der von der Behörde getroffenen Entscheidung differenzieren und bei einer „Ablehnung einer Änderung" trotz wiederaufgegriffenen Verfahrens stets nur eine Verpflichtungsklage, gerichtet auf Verpflichtung der Behörde, den Erstbescheid abzuändern, für einschlägig halten.

[45] Differenzierend *Sachs* (Fn 20) § 51 Rn 74; *Ule/Laubinger* (Fn 11) § 65 Rn 34.

[46] *Erichsen* (Fn 12) 158.

[47] So noch BVerwGE 35, 234ff; *Schachtschneider* VerwArch 63 (1972) 112ff, 277ff; *Schickendanz* JuS 1985, 924.

[48] Davon geht auch BVerwGE 82, 272ff aus; BVerwG NVwZ 1986, 293, 294; ebenso wohl auch *Giegerich* JuS 1985, 923f; aA *Sachs* (Fn 43).

[49] Näher dazu *Erichsen/Ebber* (Fn 13) 432; vgl auch *Sachs* (Fn 43) 449; BVerwGE 82, 272, 275.

4. Das Wiederaufgreifen „iwS" gemäß §§ 48, 49 VwVfG

20 a) Vergegenwärtigt man sich neben § 51 VwVfG die Vorschriften der §§ 48, 49 VwVfG, so wird deutlich, daß die Aufhebung belastender Verwaltungsakte nicht ausschließlich Regelungsgegenstand der Vorschrift des § 51 VwVfG ist. Vielmehr kann die Behörde belastende unanfechtbare Verwaltungsakte auch nach den §§ 48, 49 VwVfG aufheben. Einen entsprechenden Antrag des Betroffenen setzen diese Vorschriften nicht voraus, sie schließen ihn allerdings auch nicht aus.

Das Verhältnis von § 51 VwVfG auf der einen und §§ 48, 49 VwVfG auf der anderen Seite ist Regelungsgegenstand von § 51 Abs 5 VwVfG. Danach bleiben die Vorschriften des § 48 Abs 1 S 1 VwVfG und § 49 Abs 1 VwVfG unberührt. Die Behörde ist demzufolge nicht gehindert, von Amts wegen bzw veranlaßt durch einen unzulässigen oder unbegründeten Antrag des Betroffenen im Rahmen des § 51 VwVfG ein auf Aufhebung gerichtetes Verwaltungsverfahren nach den §§ 48, 49 VwVfG einzuleiten.[50]

21 Anders als bei den in § 51 VwVfG geregelten Voraussetzungen steht der Eintritt der Behörde in eine neue Sachprüfung im Anwendungsbereich der §§ 48 ff VwVfG im Ermessen der Behörde. Dies ergibt sich zwar nicht unmittelbar aus den §§ 48 ff VwVfG selbst, die lediglich die *im Anschluß* an einen Eintritt in eine neue Sachprüfung zu treffende Entscheidung in das Ermessen der Behörde stellen, wohl aber aus der in § 22 S 1 VwVfG getroffenen Regelung.[51]

22 Ob die oben unter 3 b) gemachten Ausführungen hinsichtlich der Rechtsschutzmöglichkeiten im Anwendungsbereich des § 51 VwVfG uneingeschränkt auch auf den Anwendungsbereich der §§ 48, 49 VwVfG übertragbar sind, erscheint zweifelhaft. Insoweit stellt sich insbes die Frage, ob auch im Anwendungsbereich der §§ 48, 49 VwVfG eine im Anschluß an eine erneute Sachprüfung ergehende *ablehnende* Entscheidung (in Bezug auf eine Aufhebung des Erstbescheides) vollständig an die Stelle des Erstbescheides tritt und insoweit die gleichen Rechtsschutzmöglichkeiten (wieder) eröffnet, die bereits gegen den Erstbescheid bestanden, oder lediglich als *Bestätigung* der bereits im Erstbescheid getroffenen Regelung anzusehen ist. Unterschiede ergäben sich insoweit vor allem hinsichtlich der einschlägigen Rechtsschutzform. So wäre etwa die nach erneuter Sachprüfung ergehende Entscheidung der Behörde, einen ergangenen Beitragsbescheid nach Unanfechtbarkeit nicht aufzuheben, im zuerst genannten Fall mit der Anfechtungsklage anzugreifen, da dann in der Nichtaufhebungsentscheidung aufgrund der erneuten Sachprüfung zugleich ein Neuerlaß des Beitragsbescheides zu sehen wäre.[52] Geht man demgegenüber davon aus, daß die Nichtaufhebungsentscheidung den Ausgangsbescheid in ihrem Tenor lediglich bestätigt und insoweit keine erneute Regelung enthält, müßte der Betroffene eine Verpflichtungsklage (bzw ggf eine Bescheidungsklage), gerichtet auf die Verpflichtung der Behörde durch das Gericht, den Beitragsbescheid aufzuheben, erheben.

[50] Vgl *Erichsen* (Fn 12) 159 f; *Maurer* (Fn 4) § 11 Rn 62; *Kopp* (Fn 2) § 51 Rn 41; *Ule/Laubinger* (Fn 11) § 65 Rn 8 f.

[51] Näher dazu *Erichsen/Ebber* (Fn 13) 432 f.

[52] Davon wird man jedenfalls dann ausgehen müssen, wenn ein Bescheid mit einer in wesentlichen Punkten *neuen* Begründung aufrechterhalten wird; vgl o § 12 Rn 31.

Demgegenüber dürften die Ausführungen zur Durchbrechung der Rechtskraft einer den Erstbescheid bestätigenden gerichtlichen Entscheidung vollinhaltlich auch für den Anwendungsbereich der §§ 48, 49 VwVfG gelten.[53]

b) Die begriffliche Zusammenfassung der Einleitung eines Verfahrens gemäß **23** § 51 VwVfG auf der einen und der Einleitung eines Verfahrens gemäß § 48 bzw § 49 VwVfG auf der anderen Seite unter der Bezeichnung „Wiederaufgreifen" knüpft an die Rechtsprechung des BVerwG vor Inkrafttreten der Verwaltungsverfahrensgesetze des Bundes und der Länder an, die bei Vorliegen bestimmter – nunmehr in § 51 VwVfG normierter – Voraussetzungen einen Anspruch und damit eine Verpflichtung der Behörde zu einem Wiederaufgreifen und zu einer erneuten Entscheidung in der Sache *auf der Grundlage des für den Erlaß des Verwaltungsakts geltenden Rechts* annahm und im übrigen von einem Ermessen der Behörde ausging.[54] Verwendet man den Begriff „Wiederaufgreifen" nach Inkrafttreten der Verwaltungsverfahrensgesetze des Bundes und der Länder für den Anwendungsbereich der §§ 48ff VwVfG, so muß man sich vergegenwärtigen, daß der Gesetzgeber die dargelegte Rechtsprechung im Hinblick auf das im Ermessen der Verwaltung stehende „Wiederaufgreifen" insoweit nicht vollständig übernommen hat, als sich die gemäß §§ 48, 49 VwVfG zu treffende Entscheidung – im Gegensatz zu § 51 VwVfG – *nicht*, jedenfalls nicht ausschließlich, an dem für den *Erlaß* des Verwaltungsakts anwendbaren Recht orientiert, sondern an den in diesen Vorschriften normierten Voraussetzungen. Das bedeutet insbes, daß die Behörde auch nach Eintritt in eine neue Sachprüfung stets eine *Ermessensentscheidung* (vorbehaltlich einer Ermessensreduktion auf Null) über die Aufhebung des betreffenden Verwaltungsakts fällt. Die Behörde greift also im Anwendungsbereich der §§ 48, 49 VwVfG nicht das *frühere* Verfahren auf und trifft – unbeeinflußt von der früheren Entscheidung in der Sache – eine neue Entscheidung. Vielmehr trifft sie insoweit in einem *neuen* Verfahren eine auf Aufhebung des betreffenden Verwaltungsakts gerichtete Ermessensentscheidung.[55]

§ 21
Vollstreckung von Verwaltungsakten

Feststellende und gestaltende Verwaltungsakte sind einer Vollstreckung weder **1** bedürftig noch überhaupt fähig, da ihre Rechtswirkungen ipso iure eintreten. Dagegen stellt sich beim befehlenden Verwaltungsakt (zB Steuerbescheid, Polizeiver-

[53] So auch *Erfmeyer* (Fn 35) 30; zweifelnd *Sachs* (Fn 20) § 51 Rn 84; *Ehlers* Verw 31 (1998) 53, 75.

[54] Vgl *Selmer* (Fn 25) 364 l Sp mwN.

[55] Krit hinsichtlich des Begriffs „Wiederaufgreifen iwS" auch *Schwabe* (Fn 20) 547 l Sp; *Ule/Laubinger* (Fn 11) § 65 Rn 9; demgegenüber will *Selmer* (Fn 25) 365 *neben* §§ 48, 49 VwVfG die skizzierte Rechtsprechung des BVerwG zum Wiederaufgreifen als Ausdruck eines ungeschriebenen Rechtssatzes anwenden. Eine eindeutige Stellungnahme der Rechtsprechung existiert bislang – soweit ersichtlich – nicht; ebenso die Einschätzung von *Ehlers* (Fn 52) 75.

fügung), sofern ihn der Adressat nicht freiwillig befolgt, die Frage nach der Durchsetzung des Gebotenen oder Verbotenen. Die zwangsweise Verwirklichung des befehlenden Verwaltungsakts erfolgt im Wege der *Verwaltungsvollstreckung*.

2 Die Verwaltungsvollstreckung unterscheidet sich wesentlich von der Vollstreckung privatrechtlicher Ansprüche. Wird ein privatrechtlicher Anspruch nicht befriedigt, muß der Gläubiger regelmäßig auf Erfüllung klagen. Das gerichtliche Urteil, das im Erkenntnisverfahren ergeht, dient als „Titel", aus dem im anschließenden besonderen Vollstreckungsverfahren durch den Gerichtsvollzieher oder das Vollstreckungsgericht nach den Bestimmungen des Achten Buches der Zivilprozeßordnung (§§ 704–945) vollstreckt wird. Selbsthilfe des Gläubigers läßt die Rechtsordnung nur ganz ausnahmsweise zu (§§ 229–231 BGB). Im Gegensatz dazu dürfen die Verwaltungsbehörden ihre Verwaltungsakte ohne ein gerichtliches Erkenntnisverfahren selbst vollstrecken:[1] Der Verwaltungsakt trägt – wie man treffend gesagt hat – seinen Titel in sich selbst.

3 Ob behördliche Vollstreckungsmaßnahmen dem Vorbehalt des Gesetzes unterliegen, ist streitig.[2] Bedenkt man jedoch, daß mit der zwangsweisen Verwirklichung eines Verwaltungsbefehls erneut und noch weitergehend in die Individualsphäre eingegriffen wird als durch die in der Ebene des Normativen bleibende Anordnung, kann nicht zweifelhaft sein, daß die Vornahme von Zwangsmaßnahmen eine ausdrückliche gesetzliche Grundlage erfordert, die Befehlsbefugnis also nicht die Vollzugsbefugnis einschließt.[3] Das Problem ist freilich gegenwärtig ohne praktische Bedeutung, da in Bund und Ländern allenthalben gesetzliche Regelungen des Rechts der Verwaltungsvollstreckung bestehen.[4] Diese Regelungen unterscheiden sich zwar in Einzelheiten, beruhen aber im Grundsätzlichen auf gleichartigen Prinzipien. Ihnen gilt die anschließende Darstellung.

[1] Zur Frage, ob darin ein Verstoß gegen das in Art 92 GG festgelegte Richtermonopol zu sehen ist: *v Mutius* KKZ 1986, 161, 163.

[2] Abl: BVerwGE 28, 1, 2, auch in der amtl Begr zum Entwurf eines BVwVG BT-Drucks Nr 3981 – 1 Wp – S 6, heißt es: „Was eine Behörde aufgrund ihrer gesetzlichen Vollmacht anordnen kann, muß sie auch erzwingen können, notfalls mit physischer Gewalt"; bejahend: *Wolff/Bachof* VwR III, § 160 Rn 2; *Forsthoff* VwR, 291; *App/Wettlaufer* Verwaltungsvollstreckungsrecht, 3. Aufl 1997, § 4 Rn 13; *v Mutius* in: Verwaltungsvollstreckung, Arbeitspapier Nr 21 des Lorenz-von-Stein-Instituts für Verwaltungswissenschaften, 1986, 13, 24.

[3] Ausf dazu *Arndt* Der Verwaltungsakt als Grundlage der Verwaltungsvollstreckung, 1967, 25f, 43f.

[4] Vgl für den Bund: Verwaltungs-Vollstreckungsgesetz (BVwVG) v 27.4.1953 (BGBl I, 157 = Sartorius I Nr 112); Gesetz über den unmittelbaren Zwang bei Ausübung öffentlicher Gewalt durch Vollzugsbeamte des Bundes (UZwG) v 10.3.1961 (BGBl I, 165 = Sartorius I Nr 115); Gesetz über die Anwendung unmittelbaren Zwanges und die Ausübung besonderer Befugnisse durch Soldaten der Bundeswehr und zivile Wachpersonen v 12.8.1965 (BGBl I, 796 = Sartorius I Nr 117). Die Rechtsgrundlagen der Verwaltungsvollstreckung in den Ländern sind nachgewiesen bei *Engelhardt/App* Verwaltungs-Vollstreckungsgesetz, Verwaltungszustellungsgesetz, 4. Aufl 1996, Einl Anm 3; *Sadler* Verwaltungs-Vollstreckungsgesetz, 3. Aufl 1996, Einl Rn 4. Zu den strukturellen Unterschieden der landesrechtlichen Vollstreckungsgesetze vgl *App* DÖV 1991, 415.

I. Vollstreckung von Geldforderungen

1. *Gegenstand* der Vollstreckung wegen Geldforderungen sind öffentlich-rechtliche Geldforderungen (insbes also Steuern, Gebühren, Beiträge);[5] privatrechtliche Geldforderungen kommen nur insoweit in Betracht, als die Verwaltungsvollstreckung gesetzlich ausdrücklich zugelassen ist.[6] 4

2. Die Vollstreckung wird durch *Vollstreckungsanordnung*[7] eingeleitet (so zB § 3 Abs 1 BVwVG). Die Einleitung der Vollstreckung ist an folgende Voraussetzungen geknüpft (vgl zB § 3 Abs 2 BVwVG): 5

a) *Leistungsbescheid*, durch den der Schuldner zur Leistung aufgefordert worden ist;[8]

b) *Fälligkeit* der Leistung;

c) *Ablauf einer einwöchigen Frist* seit Bekanntgabe des Leistungsbescheides bzw nach Eintritt der Fälligkeit.

Außerdem soll der Schuldner vor Anordnung der Vollstreckung mit einer Zahlungsfrist von einer weiteren Woche besonders gemahnt werden (so zB § 3 Abs 3 BVwVG).[9]

3. Das *Vollstreckungsverfahren* richtet sich nach den Vorschriften der Abgabenordnung über die Beitreibung (vgl zB § 5 Abs 1 BVwVG), die sich ihrerseits eng an die Bestimmungen der Zivilprozeßordnung anlehnen.[10] Danach erfolgt die Vollstreckung in das bewegliche Vermögen durch Pfändung und Pfandverwertung im Wege der Versteigerung. 6

In Forderungen wird durch Pfändungsverfügung und Einziehung vollstreckt. Die Vollstreckung in das unbewegliche Vermögen wird nach den Vorschriften über die gerichtliche Zwangsvollstreckung betrieben. Vollstreckungsorgan ist hier also das Amtsgericht als Vollstreckungsgericht.

4. Der *Rechtsschutz* gegen Maßnahmen der Verwaltungsvollstreckung[11] ist *ge-*

[5] Dazu *Erichsen* Jura 1995, 47ff.

[6] Vgl zB § 2 Abs 1 des VwVG Hambg; weitere Nachweise bei *Engelhardt/App* (Fn 4) § 1 VwVG Anm III 2; *App/Wettlaufer* (Fn 2) § 3 Rn 8; zur Frage der Zulässigkeit der Beitreibung privatrechtlicher Forderungen im Wege der Verwaltungsvollstreckung vgl *Sauthoff* DÖV 1987, 800ff; *dens* DÖV 1989, 1ff; *Röper* DÖV 1982, 680ff.

[7] Die Vollstreckungsanordnung ist kein Verwaltungsakt, also nicht mit der Anfechtungsklage anfechtbar; vgl BVerwG NJW 1961, 332, 333; zum Begriff vgl *Engelhardt/App* (Fn 4) § 3 VwVG Anm 5; *App/Wettlaufer* (Fn 2) § 16 Rn 1.

[8] Zu den Voraussetzungen, unter denen ein Leistungsbescheid ergehen darf, vgl *Wolff/Bachof* VwR I, §§ 30 III a 4, 44 III f 1. Die Unanfechtbarkeit bzw sofortige Vollziehbarkeit des Leistungsbescheides ist nur dann Voraussetzung für dessen Vollstreckung, wenn dies – wie in einigen Landesvollstreckungsgesetzen – gesetzlich angeordnet ist; vgl hierzu *Erichsen/Rauschenberg* Jura 1998, 31, 32.

[9] Zur Mahnung vgl ausf *App/Wettlaufer* (Fn 2) § 16 Rn 6ff.

[10] Diese Verweisung auf die AO kommt nur dann zum Zuge, wenn nicht die AO bereits deshalb anwendbar ist, weil es sich um die Vollstreckung von Steuern gemäß § 1 AO handelt, vgl zB § 1 Abs 3 BVwVG.

[11] Vgl dazu ausf: *App/Wettlaufer* (Fn 4) §§ 40f; *Traulsen* Die Rechtsbehelfe im Verwaltungsvollstreckungsverfahren, 1971; *Kröller* Vollstreckungsschutz im Verwaltungszwangsverfahren, 1970; *v Mutius* (Fn 2) 13, 32ff; *Heuer* Zivilprozessuale Rechtsbehelfe

setzlich nur *fragmentarisch* geregelt. Abhängig von der jeweiligen Sach- und Interessenlage sind verschiedene Möglichkeiten in Betracht zu ziehen.

7 a) Soweit *Vollstreckungsmaßnahmen* als *Verwaltungsakte* zu qualifizieren sind (Beispiel: Sachpfändungen), können sie nach erfolglosem Widerspruchsverfahren mit der *Anfechtungsklage* gem § 42 Abs 1 VwGO angegriffen werden.[12] Maßnahmen, für die *Zivilgericht* oder *Gerichtsvollzieher zuständig* sind, müssen dagegen im *ordentlichen* Rechtsweg mit den in der Zivilprozeßordnung vorgesehenen Rechtsbehelfen bekämpft werden.[13]

8 b) Fraglich ist, welche Rechtsbehelfe dem Vollstreckungsschuldner zu Gebote stehen, wenn er nach Eintritt der Unanfechtbarkeit des Leistungsbescheides gegen den darin erhobenen, der Vollstreckung zugrunde liegenden Anspruch selbst Einwendungen erhebt, also etwa Erfüllung, Aufrechnung, Stundung, Erlaß, oder geltend macht, die Sach- oder Rechtslage habe sich dergestalt geändert, daß die Aufrechterhaltung des Leistungsgebotes und seine Vollstreckung rechtswidrig seien.

9 Im Zivilprozeß ist in derartigen Fällen die *Vollstreckungsgegenklage* gem § 767 ZPO gegeben. Sie findet im verwaltungsgerichtlichen Verfahren über § 167 Abs 1 S 1 VwGO zunächst insoweit Anwendung, als es um die Vollstreckung verwaltungsgerichtlicher Entscheidungen geht.[14] Allerdings wird auch in bezug auf die Vollstreckung von Verwaltungsakten die Auffassung vertreten, daß § 767 ZPO uneingeschränkt anwendbar sei.[15] Eine entsprechende Anwendung des § 767 ZPO kann jedoch gem § 173 VwGO nur insoweit in Betracht kommen, als die VwGO „keine Bestimmungen über das Verfahren enthält". Zwar gibt es in der VwGO keine dem § 767 ZPO entsprechende Sondervorschrift; es ist aber dem in § 173 VwGO zum Ausdruck kommenden Anwendungsvorrang entsprechend zunächst zu untersuchen, ob das angestrebte Ziel mit einer der in der VwGO vorgesehenen Rechtsschutzformen verfolgt werden kann.[16] Insoweit kommt zunächst eine

in der Verwaltungsvollstreckung, 1996; *Pietzner* VerwArch 84 (1993) 261ff; *Schenke/Baumeister* NVwZ 1993, 1ff.

[12] BVerwGE 54, 314, 316; BVerwG NJW 1961, 332, 333; OVG Lüneburg DVBl 1962, 344; *App/Wettlaufer* (Fn 2) § 41 Rn 6 mit weiteren Beispielen. Diese Klage ist auch gegen den der Vollstreckung zugrunde liegenden Leistungsbescheid gegeben. Zur Frage, ob die Behörde mit einem durch Leistungsbescheid geltend gemachten Erstattungsanspruch gegen einen neuen Subventionsanspruch trotz des Suspensiveffekts der Klage aufrechnen darf, vgl BVerwGE 66, 218 und die zutr Kritik daran von *W. Schmidt* JuS 1984, 28ff.

[13] BVerwG NJW 1961, 332, 333.

[14] BVerwG NVwZ 1985, 563.

[15] OVG NW DÖV 1965, 425, 426; OVG Hamburg DVBl 1962, 683, 684f; OVG Berlin NVwZ-RR 1989, 510; VG Freiburg NVwZ-RR 1993, 447; *Gaul* JZ 1979, 499f; *Renck* BayVBl 1976, 682; *Kleinlein* VerwArch 81 (1990) 149, 177; *Traulsen* (Fn 11) 150ff, 174ff; *Heuer* (Fn 11) 110ff.

[16] BVerwGE 27, 141, 143; OVG Rh-Pf DÖV 1982, 414; OVG NW NJW 1976, 2036, 2038; NVwZ 1993, 74; HessVGH DVBl 1989, 64; VGH BW NVwZ 1993, 72; *Fischer* BayVBl 1980, 173; *Schenke* VerwArch 61 (1970) 260ff, 342ff; *ders/Baumeister* (Fn 11) 9; *v Mutius* (Fn 2) 13, 37ff; *Kopp* VwGO, § 167 Rn 18; *Pietzner* in: Schoch/Schmidt-Aßmann/Pietzner, VwGO, § 167 Rn 59.

Anfechtungsklage in Betracht,[17] die sich aber immer nur gegen einzelne Vollstreckungsmaßnahmen richten kann und voraussetzt, daß diesen Verwaltungsaktqualität zukommt, weshalb diese Möglichkeit häufig keinen ausreichenden Rechtsschutz bietet.[18] Weiter ist – je nach Sachlage – an eine *Klage auf Feststellung* gem § 43 Abs 1 VwGO, daß die Verbindlichkeit nicht mehr bestehe[19] bzw die weitere Vollstreckung unzulässig sei,[20] eine *Verpflichtungsklage* gem § 42 Abs 1 VwGO auf Verpflichtung zur Aufhebung des Leistungsbescheides[21] bzw Erlaß eines die Vollstreckung für unzulässig erklärenden Verwaltungsakts[22] oder eine *Klage auf Einstellung oder Beschränkung* der Vollstreckung[23] zu denken.

In aller Regel bieten demnach die Rechtsschutzformen der VwGO ausreichenden Rechtsschutz und sind deshalb wegen § 173 VwGO vorrangig.

c) Für den *Rechtsschutz* eines *Dritten,* der durch eine Vollstreckungsmaß- **10**
nahme in seinen Rechten verletzt wird (zB durch Pfändung einer ihm gehörenden, also schuldnerfremden Sache), haben die meisten Verwaltungsvollstreckungsgesetze entweder die *Drittwiderspruchsklage* gem § 771 ZPO für anwendbar erklärt oder enthalten eine dem § 771 ZPO inhaltsgleiche Bestimmung und sehen insoweit die Zuständigkeit der *ordentlichen* Gerichte vor.[24] Die bundesrechtliche Kompetenz für eine solche Rechtswegzuweisung ergibt sich aus § 40 Abs 1 S 1 VwGO, die landesrechtliche ist durch § 40 Abs 1 S 2 VwGO gedeckt.

II. Erzwingung von Handlungen, Duldungen und Unterlassungen

1. Ein Verwaltungsakt, der auf die Vornahme einer Handlung (auch die Heraus- **11**
gabe einer Sache) oder auf Duldung oder Unterlassung gerichtet ist, kann mit bestimmten, gesetzlich (zB in § 9 Abs 1 BVwVG) vorgesehenen *Zwangsmitteln*

17 So BayVGH BayVBl 1979, 688; *Eyermann/Fröhler* VwGO, 9. Aufl 1988, Anh § 172 Rn 11 a.

18 Vgl *Schenke* (Fn 16) 260 ff, 342 ff.

19 So OVG NW NJW 1976, 2036, 2038; *Maurer* Allg VwR, § 20 Rn 11; *Schenke/Baumeister* (Fn 11) 9 f.

20 So VGH BW VBlBW 1982, 403, 404; NVwZ 1993, 72; HessVGH NVwZ-RR 1989, 507; *Bosch/Schmidt* Praktische Einführung in das verwaltungsgerichtliche Verfahren, 6. Aufl 1996, § 32 I 2; *Kopp* VwGO, § 167 Rn 19; gegen Vollstreckungsrechtsschutz durch Feststellungsklagen *Pietzner* (Fn 16) Rn 71.

21 BVerwGE 27, 141, 143; BayVBl 1980, 179, 180 (Kombination von Anfechtungs- und Verpflichtungsklage).

22 Diese Rechtsschutzmöglichkeit ist allerdings nur nach bay und rh-pf Landesvollstreckungsrecht eröffnet; vgl hierzu OVG Rh-Pf DÖV 1982, 414; BayVGH NJW 1968, 1154; VG Freiburg NVwZ-RR 1989, 514; *Schenke/Baumeister* (Fn 11) 9; weitergehend *Kopp* (Fn 16) § 167 Rn 19; *Pietzner* (Fn 16) Rn 69.

23 *Engelhardt/App* (Fn 4) § 18 VwVG Anm IV 2; *App/Wettlaufer* (Fn 2) § 41 Rn 14; *Kopp* (Fn 16) § 167 Rn 19; *Heuer* (Fn 11) 90 ff.

24 BGH DÖV 1960, 597; *Kreiling* NJW 1963, 888, 890 f mwN; vgl auch *App/Wettlaufer* (Fn 2) § 40 Rn 9 f; dagegen enthält das hess VwVG keine vergleichbare Bestimmung, weshalb daher gem § 40 Abs 1 S 1 VwGO die Zuständigkeit der Verwaltungsgerichte gegeben ist, vgl hierzu *Traulsen* (Fn 11) 72, 146 ff.

durchgesetzt werden. Daraus erklärt sich der für diese Art der Verwaltungsvollstreckung vielfach verwendete Ausdruck „Verwaltungszwang". Zwangsmittel sind die Ersatzvornahme, das Zwangsgeld und der unmittelbare Zwang.

12 a) Wird die Verpflichtung, eine Handlung vorzunehmen, deren Vornahme durch einen anderen möglich ist (vertretbare Handlung), nicht erfüllt, so kann die Behörde im Wege der *Ersatzvornahme* einen anderen mit der Vornahme der Handlung auf Kosten des Pflichtigen beauftragen (zB § 10 BVwVG). Ersatzvornahme ist also die Ausführung einer Handlung kraft behördlichen Auftrags durch einen Dritten an Stelle des Verpflichteten auf dessen Kosten[25] (Fremdvornahme), zB der Abbruch eines baurechtswidrigen Gebäudes durch einen Unternehmer auf der Grundlage eines mit der Behörde geschlossenen Werkvertrages,[26] wenn der Grundeigentümer einer Abbruchverfügung nicht nachkommt. Nach den meisten Landesvollstreckungsgesetzen ist eine Ersatzvornahme auch dann gegeben, wenn die Vollzugsbehörde die Handlung selbst ausführt (Selbstvornahme).[27]

13 b) Zur Vornahme unvertretbarer Handlungen kann der Pflichtige gem § 11 Abs 1 S 1 BVwVG durch ein *Zwangsgeld* angehalten werden.[28] Bei vertretbaren Handlungen kann ein Zwangsgeld verhängt werden, wenn die Ersatzvornahme untunlich[29] ist, besonders, wenn der Pflichtige außerstande ist, die daraus entstehenden Kosten zu tragen (zB § 11 Abs 1 S 2 BVwVG). Gem § 11 Abs 2 BVwVG ist das Zwangsgeld auch zulässig, wenn der Pflichtige der Verpflichtung zuwiderhandelt, eine Handlung zu dulden oder zu unterlassen. Ist das Zwangsgeld uneinbringlich, kann durch gerichtliche Entscheidung Ersatzzwangshaft angeordnet werden (vgl im einzelnen zB § 16 BVwVG). Die Ersatzzwangshaft stellt kein selbständiges Zwangsmittel dar, sondern tritt als Beugehaft an die Stelle eines

[25] Zu den Voraussetzungen des Kostenerstattungsanspruchs sowie zu dessen Fälligkeit und Durchsetzung vgl näher *Erichsen/Rauschenberg* (Fn 8) 34f.

[26] Gegen die Annahme eines privatrechtlichen Vertrages *Burmeister* JuS 1989, 256ff, der von der Indienstnahme des Unternehmers durch öffentlich-rechtlichen Rechtsakt ausgeht; dagegen zu Recht *Maurer* (Fn 19) Rn 14; *App/Wettlaufer* (Fn 2) § 33 Rn 4.

[27] Vgl zB § 59 Abs 1 VwVG NW; eine lediglich die Fremdvornahme umfassende Ersatzvornahme enthalten neben § 10 BVwVG nur § 5 Abs 2 VwVG Berl iVm § 10 BVwVG und § 63 VwVG Rh-Pf.

[28] Ein zur Durchsetzung eines Unterlassungsgebots angedrohtes Zwangsgeld darf – vorbehaltlich abw gesetzlicher Regelungen – auch dann noch festgesetzt und beigetrieben werden, wenn das ausgesprochene Gebot zwischenzeitlich gegenstandslos geworden ist und die Gefahr weiterer Zuwiderhandlungen daher nicht mehr besteht, sofern jedenfalls der Verstoß nach der Androhung und noch während der Geltungsdauer der Verfügung erfolgte, vgl hierzu OVG NW DVBl 1989, 889; NVwZ-RR 1992, 517; NVwZ-RR 1993, 671 = *Erichsen* JK 93, VwVG NW §§ 58ff/1; OVG Magdeburg NJ 1996, 661, 662 = *Kunig* JK 97, SOG LSA § 53/1; *Erichsen/Rauschenberg* (Fn 8) 35f mwN; zur Gegenansicht vgl ausf *Dünchheim* NVwZ 1996, 117, 118ff mwN.

[29] Vgl hierzu OVG Rh-Pf DÖV 1992, 712, 713; HessVGH NVwZ 1990, 481; OVG Lüneburg OVGE 31, 491, 495; OVG NW NJW 1977, 1981; *Henneke* Jura 1989, 64, 65; *Engelhardt/App* (Fn 4) § 11 VwVG Anm 3b; soweit die VwVGe der Länder keine Bestimmung des Inhalts enthalten, wonach bei vertretbaren Handlungen das Zwangsgeld gegenüber der Ersatzvornahme subsidiär ist, steht es im Ermessen der Behörde, welches Zwangsmittel sie wählt, vgl *Erichsen/Rauschenberg* (Fn 8) 35 mwN.

nicht beizutreibenden Zwangsgeldes.[30] Ihre Anordnung setzt daher die Bestandskraft der Festsetzung des Zwangsgeldes voraus.[31] Da die Ersatzzwangshaft einen schwerwiegenden Eingriff in das durch Art 2 Abs 2 GG garantierte Grundrecht auf Freiheit der Person darstellt, darf sie unter Anwendung des Übermaßverbots nur in Ausnahmefällen verhängt werden, wenn alle sonstigen Zwangsmittel erschöpft sind.[32]

c) Führen die Ersatzvornahme oder das Zwangsgeld nicht zum Ziel oder sind **14** sie untunlich (etwa ungeeignet zur Zweckerreichung), kann die Behörde den Pflichtigen zur Handlung, Duldung oder Unterlassung zwingen oder die Handlung selbst vornehmen (zB § 12 BVwVG). Der *unmittelbare Zwang* kommt also als schärfstes Zwangsmittel nur als *ultima ratio* in Betracht. Soweit es sich nicht um die von einigen Landesgesetzen[33] der Ersatzvornahme zugerechnete Vornahme der Handlung durch die Verwaltung selbst handelt, besteht der unmittelbare Zwang in der Einwirkung auf Personen oder Sachen durch körperliche Gewalt, durch Hilfsmittel der körperlichen Gewalt (zB Fesseln, Wasserwerfer, Diensthunde) und durch Waffen (§ 2 Abs 1 UZwG). Die Anwendung unmittelbaren Zwangs darf nur bzw nur in dem Ausmaß stattfinden, als die Verhältnismäßigkeit gewahrt ist, dh Ziel und Eingriff in einem angemessenen Verhältnis zueinander stehen. Innehabung, Ausübung und Grenzen von Zwangsanwendungsbefugnissen sind im Bund und in einigen Ländern durch besondere Gesetze geregelt, andernorts haben entsprechende Vorschriften in die allgemeinen Vollstreckungsgesetze Aufnahme gefunden.[34]

2. Die *Vollziehbarkeit*[35] *des Verwaltungsakts* setzt regelmäßig nur voraus, daß **15** er wirksam, also nicht, daß er rechtmäßig ist. Erforderlich ist weiter, daß er entweder unanfechtbar oder sein sofortiger Vollzug angeordnet oder dem Rechtsmittel keine aufschiebende Wirkung beigelegt ist (so zB § 6 Abs 1 BVwVG). Damit verweist das Verwaltungsvollstreckungsrecht auf die VwGO; denn diese regelt den Eintritt der Unanfechtbarkeit (§§ 70 und 74 sowie Beendigung eines verwaltungsgerichtlichen Verfahrens durch rechtskräftige Klageabweisung, Prozeßvergleich oder Klagerücknahme), den Wegfall des Suspensiveffekts (§§ 80 Abs 2 Nr 1–3, Abs 2 S 2 iVm entsprechenden Landesgesetzen) und die Anordnung der sofortigen Vollziehung gem § 80 Abs 2 Nr 4[36], § 80 a Abs 1 Nr 1 VwGO. Soweit die Vollstreckbarkeit von Verwaltungsakten *generell* bejaht wird, wenn ein Rechtsbehelf

30 *Sadler* (Fn 4) § 16 Rn 1; *Engelhardt/App* (Fn 2) § 16 VwVG Anm 1.

31 LG Oldenburg NVwZ 1985, 221, 222; *App/Wettlaufer* (Fn 2) § 38 Rn 2.

32 BVerwGE 4, 196, 198; OVG NW NJW 1976, 1284; NWVBl 1990, 19, 20; *Erichsen/Rauschenberg* (Fn 8) 36 mwN.

33 Vgl Fn 27.

34 Vgl die Nachweise in Fn 4; zum Verwaltungszwang im Polizei- und Ordnungsrecht s *Vogel* in: Drews/Wacke/Vogel/Martens, Gefahrenabwehr, § 28; *Knemeyer* Polizei- und Ordnungsrecht, 6. Aufl 1995, Rn 276 ff; *Gusy* Polizeirecht, 3. Aufl 1996, Rn 348 ff; *Rachor* in: Lisken/Denninger (Hrsg), Handbuch des Polizeirechts, 2. Aufl 1996, E Rn 465 ff.

35 Vollstreckungshindernisse, die auf dem tatsächlichen oder rechtlichen Unvermögen des Adressaten beruhen, können regelmäßig durch Erlaß einer Duldungsverfügung überwunden werden, vgl hierzu *Erichsen/Rauschenberg* (Fn 8) 37 f mwN.

36 Dazu *Erichsen* Jura 1984, 414, 420 ff.

mit aufschiebender Wirkung zwar noch zulässig, dieser aber nicht eingelegt worden ist,[37] werden die ausdrücklichen Bestimmungen der Vollstreckungsgesetze zur Vollziehbarkeit von Verwaltungsakten im *Zwangsverfahren* außer acht gelassen. Diese sehen gerade nicht vor, daß die aufschiebende Wirkung nicht eingetreten sein darf. Deshalb darf ein Verwaltungsakt, der eine Handlungs-, Duldungs- oder Unterlassungspflicht regelt, solange nicht vollstreckt werden, wie ein Rechtsbehelf mit aufschiebender Wirkung noch zulässig ist.[38]

3. Die gesetzliche Ausgestaltung des *Zwangsverfahrens*[39] trägt dem Umstand Rechnung, daß die Vollstreckung des Verwaltungsakts in der Hand der Verwaltung selbst liegt. Das Verfahren ist daher rechtsstaatlichen Anforderungen Rechnung tragend formalisiert und reglementiert.

16 a) Das von der Behörde ausgewählte Zwangsmittel muß schriftlich unter Bestimmung einer zumutbaren Frist für die Erfüllung[40] angedroht werden. Eine Androhung ohne die erforderliche Fristsetzung ist, auch wenn sie bestandskräftig geworden ist, keine mögliche Grundlage weiterer Vollstreckungsmaßnahmen.[41] Die Androhung wird in der Praxis häufig bereits mit dem zu vollziehenden Verwaltungsakt verbunden. Das ist zweckmäßig und zulässig (vgl im einzelnen § 13 BVwVG).

17 b) Wird die Verpflichtung nicht innerhalb der in der Androhung bestimmten Frist erfüllt, setzt die Behörde das Zwangsmittel fest (vgl etwa § 14 BVwVG). Die Festsetzung eines anderen als des angedrohten Zwangsmittels ist rechtswidrig.

c) Erst danach darf das festgesetzte Zwangsmittel angewendet werden. Leistet der Pflichtige bei der Ersatzvornahme oder bei unmittelbarem Zwang Widerstand, kann dieser mit Gewalt gebrochen werden (s § 15 BVwVG).

d) Es sind jedoch Situationen denkbar, in denen die Einhaltung des vorstehend beschriebenen Verfahrensganges den angestrebten Erfolg gefährden oder vereiteln würde (Beispiele: Ein mit Mineralöl beladener Tankwagen stürzt um, durch das auslaufende Öl droht eine Grundwasserverseuchung.[42] – Der Fahrer stellt seinen PKW verkehrsgefährdend ab und entfernt sich).[43]

[37] So OVG NW VerwRspr 25, 277, 279f; *Eyermann/Fröhler* (Fn 17) § 80 Rn 5; *Redeker/v Oertzen* VwGO, § 80 Rn 7; *Kalkbrenner* BayVBl 1976, 87; *Wolff/Bachof* (Fn 2) Rn 3f.

[38] OVG NW OVGE 25, 91, 93; BayVGH BayVBl 1976, 86; *Engelhardt/App* (Fn 4) § 6 VwVG Anm II 1; *Sadler* (Fn 4) § 6 Rn 42; *Pietzner/Ronellenfitsch* Das Assessorexamen im Öffentlichen Recht, 9. Aufl 1996, § 53 Rn 26; *Erichsen/Rauschenberg* (Fn 8) 37; *Henneke* (Fn 29) 14.

[39] Zum Zwangsverfahren im einzelnen vgl *Erichsen/Rauschenberg* (Fn 8) 38ff.

[40] Überfallartiger Verwaltungszwang verstößt gegen Art 19 Abs 4 GG und ist daher rechtswidrig; vgl BVerwGE 17, 83, 85f. Zum Erfordernis der Fristsetzung vgl ferner HessVGH NVwZ 1990, 584, OVG NW NVwZ-RR 1993, 59.

[41] HessVGH NVwZ 1990, 584; NVwZ 1982, 514; *Klappstein* in: Knack, VwVfG, § 44 Anm 4.1.4.2; *Henneke* (Fn 29) 67; differenzierend VGH BW NVwZ-RR 1992, 591; zur Gegenansicht vgl *App/Wettlaufer* (Fn 2) § 37 Rn 5.

[42] Vgl OVG NW DVBl 1964, 683ff.

[43] Vgl OVG NW NJW 1982, 2277; OVG Hamburg NJW 1992, 1909; HessVGH NVwZ-RR 1995, 29; BayVGH BayVBl 1991, 433; OVG Saarland NJW 1994, 878 = *Kunig* JK 94, Pol- u OrdR/Ersatzvornahme/2.

Für solche Fälle hat das Verwaltungsvollstreckungsrecht durch das Institut des *sofortigen Zwanges* bzw der *unmittelbaren Ausführung* Vorsorge getroffen: Danach kann der Verwaltungszwang ohne vorausgehenden Verwaltungsakt angewendet werden, wenn der sofortige Vollzug zur Verhinderung strafbarer Handlungen oder zur Abwendung einer drohenden Gefahr notwendig ist und die Behörde hierbei im Rahmen ihrer gesetzlichen Befugnisse – hier also rechtmäßig – handelt (so § 6 Abs 2 BVwVG).[44] Auch Androhung und Festsetzung des Zwangsmittels sind unter diesen Voraussetzungen entbehrlich (§§ 13 Abs 1 und 14 BVwVG).

3. Für den *Rechtsschutz* gegen Maßnahmen des Verwaltungszwanges ist der Rechtsweg zu den Verwaltungsgerichten eröffnet; es gilt im wesentlichen folgendes:

a) Zwangsmaßnahmen können mit der Klage vor dem VG angegriffen werden. **18**
Einschlägig ist gem § 42 Abs 1 VwGO die Anfechtungsklage, soweit es sich bei den Zwangsmaßnahmen um Verwaltungsakte handelt. Androhung und Festsetzung eines Zwangsmittels sind anfechtbare Verwaltungsakte,[45] während seine Anwendung mangels Regelungsgehalts als Realakt einzuordnen ist.[46] Ist das Zwangsmittel angewendet, also der Verwaltungsakt vollzogen, gewährt § 113 Abs 1 S 2 VwGO dem Betroffenen Rechtsschutz, wenn er den Verwaltungsakt rechtzeitig angefochten hat und die Behörde zur Rückgängigmachung der Vollziehung in der Lage ist. Dies ist der klassische Fall des *Folgenbeseitigungsanspruchs*.[47] Wo eine Folgenbeseitigung nicht möglich ist (Beispiel: polizeilicher Hiebwaffeneinsatz gegen Demonstranten), kann gegebenenfalls in analoger Anwendung des § 113 Abs 1 S 4 VwGO[48] auf *Feststellung der Rechtswidrigkeit* der Anwendung des Zwangsmittels geklagt und darüber hinaus *Schadensersatz* wegen Amtspflichtverletzung[49] oder *Entschädigung* wegen Aufopferung[50] oder enteignungsgleichen Eingriffs[51] verlangt werden.

[44] Dazu *App/Wettlaufer* (Fn 2) § 30 Rn 16 ff.

[45] BVerwG DVBl 1989, 362 f; BVerwGE 49, 169, 170; 82, 243, 246; 84, 354, 360; OVG Rh-Pf NVwZ 1986, 762; NVwZ 1994, 715; HessVGH GewArch 1983, 263; NVwZ-RR 1996, 361; BayVGH NJW 1982, 460; *Erichsen/Rauschenberg* (Fn 8) 38, 40; *Wolff/Bachof* (Fn 2) Rn 31; *Engelhardt/App* (Fn 4) § 18 VwVG Anm II 1, IV 1; *Sadler* (Fn 4) § 13 Rn 1, § 14 Rn 1.

[46] *Renck* JuS 1970, 113, 114 f; *Maurer* (Fn 19) Rn 24; ausf hierzu *Pietzner* (Fn 11) 271 ff; unzutr BVerwGE 26, 161, 164 f; *App/Wettlaufer* (Fn 2) § 41 Rn 6.

[47] Zum Folgenbeseitigungsanspruch s u § 49 Rn 17 ff.

[48] Zur Anwendung von § 113 Abs 1 S 4 VwGO auf die Feststellung der Rechtswidrigkeit von Realakten vgl BayVGH NVwZ-RR 1991, 519; *Schmidt* in: Eyermann, VwGO, § 113 Rn 106; *Gerhardt* in: Schoch/Schmidt-Aßmann/Pietzner, VwGO, § 113 Rn 107; *Redeker/v Oertzen* (Fn 37) § 113 Rn 36; *Hufen* VwPrR, § 18 Rn 66 f; aA OVG NW NJW 1994, 1673; VGH BW DVBl 1995, 367; OVG Hamburg NVwZ-RR 1995, 1135, 1136; *Kopp* (Fn 16) § 113 Rn 48; *Schenke* in: FS Menger, 1985, 461, 474; *ders* JZ 1996, 1103, 1109; offen bei BVerwGE 52, 316; BVerwG NJW 1997, 71, 72; *Erichsen* VerwArch 68 (1977) 179, 186.

[49] Zur Amtshaftung s u § 47.

[50] Zur Aufopferung s u § 48 Rn 82 ff.

[51] Zum enteignungsgleichen Eingriff s u § 48 Rn 55 ff.

Ebenso verhält es sich mit dem Rechtsschutz beim sofortigen Zwang bzw bei der unmittelbaren Ausführung. Allerdings bestimmt § 18 Abs 2 BVwVG, daß hiergegen die Rechtsmittel zulässig sind, die gegen Verwaltungsakte allgemein gegeben sind. Aber im übrigen, dh etwa bei Ersatzvornahme durch einen beauftragten Dritten,[52] scheiden Widerspruch und Anfechtungsklage aus. Dem Betroffenen kann deshalb nur mit verwaltungsgerichtlich durchsetzbaren Ansprüchen auf (Folgen-)Beseitigung[53] oder Feststellung der Rechtswidrigkeit und im ordentlichen Rechtsweg einklagbaren Ansprüchen auf Schadensersatz oder Entschädigung geholfen werden.

19 b) Bei alledem ist zu beachten, daß die Rechtswidrigkeit eines Vollzugsaktes nach Eintritt der *Unanfechtbarkeit* des ihm zugrunde liegenden wirksamen Verwaltungsakts nicht damit begründet werden kann, dieser leide an ursprünglicher Fehlerhaftigkeit.[54] Anderenfalls würden die Anfechtungsfristen der VwGO praktisch gegenstandslos werden. § 18 Abs 1 S 3 BVwVG verlautbart insofern einen allgemeingültigen Grundsatz (Beispiel: A läßt eine mit der Baufälligkeit seines Hauses begründete Abbruchverfügung unanfechtbar werden. Gegenüber der Androhung und Festsetzung des Zwangsmittels der Ersatzvornahme wird A nicht mit dem Einwand gehört, das Haus sei gar nicht baufällig oder die Verfügung verstoße gegen das Prinzip der Verhältnismäßigkeit). In derartigen Fällen muß der Betroffene versuchen, durch Klage auf *Verpflichtung zur Rücknahme* oder zum Erlaß eines günstigeren *Zweitbescheids* den zu vollstreckenden Verwaltungsakt selbst aus der Welt zu schaffen.[55] Hat sich die *Sach-* oder *Rechtslage* dagegen *nach* Eintritt der *Unanfechtbarkeit* des Verwaltungsakts zugunsten seines Adressaten *geändert,* kann das im Rahmen der *Anfechtungsklage* gegen die einzelne Zwangsmaßnahme geltend gemacht werden, sofern ihr Regelungsgehalt zukommt.[56] Einer etwaigen Fortsetzung des Verwaltungszwanges kann vorbeugend durch eine auf *Unterlassung der Vollstreckung* gerichtete *allgemeine Leistungsklage* begegnet werden,[57] wobei es zur Verhinderung drohender Vollstreckungshandlungen in aller Regel geboten sein wird, auch vorläufigen Rechtsschutz nach Maßgabe des § 123 VwGO in Anspruch zu nehmen.[58] In Betracht kommt auch eine auf *Feststellung der Unzulässigkeit der weiteren Vollziehung* gerichtete Klage,[59] deren Statt-

[52] Vgl dazu *Engelhardt/App* (Fn 4) § 18 VwVG Anm III.

[53] Zur Terminologie BVerwG DVBl 1971, 858, 860.

[54] Vgl BVerwG NJW 1984, 2591, 2592; OVG NW NWVBl 1997, 218, 219f; SächsOVG SächsVBl 1997, 10; *Pietzner* (Fn 15) Rn 61; *Maurer* (Fn 19) Rn 12; *Engelhardt/App* (Fn 4) § 18 VwVG Anm II 2 b; *Poscher* VerwArch 89 (1998) 111, 120ff.

[55] S o Rn 8ff und § 20 Rn 14ff, 22.

[56] BVerwGE 6, 321, 322f; BVerwG MDR 1977, 607; OVG NW OVGE 21, 193, 195; NVwZ 1993, 74f; OVG Lüneburg OVGE 27, 509, 511; VGH BW NVwZ-RR 1992, 473; *Eyermann/Fröhler* (Fn 17) Anh § 172 Rn 11a; *Kopp* (Fn 16) § 167 Rn 19; aA *Schenke/Baumeister* (Fn 11) 3ff; *Poscher* (Fn 54) 122f.

[57] S o Rn 9 und Nachweise in Fn 23.

[58] Vgl BayVGH BayVBl 1993, 600; HessVGH ESVGH 21, 97, 98f; *Engelhardt/App* (Fn 4) § 18 VwVG Anm IV 2; *Kopp* (Fn 16) § 167 Rn 20.

[59] S o Rn 9 und Nachweise in Fn 20.

haftigkeit jedoch in Anlehung des § 43 Abs 2 VwGO zweifelhaft sein dürfte, da im allgemeinen ein zumindest gleichwertiger Rechtsschutz durch die Unterlassungsklage gewährt wird.[60]

2. Teil
Verwaltungsrechtlicher Vertrag und andere verwaltungsrechtliche Sonderverbindungen

§ 22
Die verwaltungsrechtliche Willenserklärung

I. Definition und Einordnung

Unter einer verwaltungsrechtlichen Willenserklärung ist die von der Verwaltung oder einem Bürger abgegebene, auf die unmittelbare Herbeiführung einer Rechtsfolge auf dem Gebiet des Verwaltungsrechts gerichtete Erklärung zu verstehen.[1] Die verwaltungsrechtliche Willenserklärung ist insbes für den Bürger das universale Handlungsmittel, um Rechtsfolgen auf dem Gebiet des öffentlichen Rechts herbeizuführen.[2] 1

Die *Erscheinungsformen* der verwaltungsrechtlichen Willenserklärung sind äußerst vielfältig. So sind der Antrag[3] im Verwaltungsverfahren, die Aufrechnung der Verwaltung oder des Bürgers[4], die Zusicherung und Zusage der Verwal- 2

[60] Nach verbreiteter Auffassung soll § 43 Abs 2 VwGO allerdings keine Geltung beanspruchen, soweit es sich um gegen Hoheitsträger gerichtete Feststellungsklagen handelt; vgl. BVerwGE 36, 179, 181 f; 40, 323, 327; 51, 69, 75; 77, 207, 211; OVG NW NJW 1976, 2036, 2038; VGH BW NVwZ 1993, 903 f; *Eyermann/Fröhler* (Fn 17) § 43 Rn 15; *Pietzner/Ronellenfitsch* (Fn 38) § 18 Rn 14. Dagegen *Erichsen* Jura 1994, 476, 479 mwN. Allgemein zum Rechtsschutz im Zwangsverfahren vgl etwa *Engelhardt/App* (Fn 4) § 6 VwVG Anm III, § 18 VwVG Anm IV; *Sadler* (Fn 4) § 6 Rn 93 ff, § 18 Rn 1 ff sowie die Nachweise in Fn 11.

[1] Vgl auch *Kluth* NVwZ 1990, 608, 609; *Krause* VerwArch 61 (1970), 297 ff; *dens* Rechtsformen des Verwaltungshandelns, 1974 S 66; *Middel* Öffentlichrechtliche Willenserklärungen von Privatpersonen, 1971, 22 f; *Wallerath* Allg VwR, § 8 I 1 a.

[2] Vgl *Krause* (Fn 1) 303 ff; *Middel* (Fn 1) 25 ff.

[3] Vgl *Schnell* Der Antrag im Verwaltungsverfahren, 1986; *Krause* (Fn 1) 304; *Clausen* in: Knack, VwVfG, § 22 Rn 4.1.

[4] Vgl BVerwGE 66, 218, 220; BVerwG DVBl 1986, 146; VGH BW VBlBW 1991, 386; BFH NVwZ 1987, 1118, 1119 f; BB 1990, 1404, 1405; dazu auch *Veitenthal* BayVBl 1990, 615, 616; *Appel* BayVBl 1983, 201 ff; *Ebsen* DÖV 1982, 389 ff; *Weidemann* DVBl 1981, 113 ff; *Ehlers* Verwaltung in Privatrechtsform, 1984, 465 f; *ders* JuS 1990, 777 ff; *Erichsen* VwR u VwGbkt l, 2. Aufl 1984, 117.

tung[5], der Verzicht[6], die Steuererklärung[7], die Ausübung eines Zurückbehaltungsrechts[8], die Zustimmung des Bürgers[9], das Einverständnis der aufnehmenden Gemeinde zur Versetzung eines Beamten[10], Verwaltungsvorschriften[11], die auf den Abschluß eines verwaltungsrechtlichen Vertrages gerichtete Erklärung[12] und der Verwaltungsakt[13] als verwaltungsrechtliche Willenserklärungen anzusehen.[14]

3 Willenserklärungen können *ausdrücklich,* dh durch Wort oder Schrift, oder *konkludent* abgegeben werden. Bei der konkludenten Erklärung wird menschlichem Verhalten ein bestimmter Erklärungs- und Regelungsgehalt beigelegt, ohne daß dieser in sprachlicher Form zum Ausdruck kommt. Dies entspricht der Erfahrung, daß Sinn- und Aussagevermittlung zwischen Menschen nicht nur durch Sprache – in Wort und Schrift –, sondern auch durch sinngeprägtes soziales Verhalten möglich ist. Es bedarf deshalb jeweils des Nachweises, daß in der Rechtsgemeinschaft einem bestimmten Verhalten ein bestimmter Erklärungswert zukommt. Eine konkludente Erklärung der Verwaltung im öffentlich-rechtlichen Rechtsverkehr kann, angesichts des für das Verwaltungshandeln geltenden Grundsatzes der Klarheit und Bestimmtheit und um dem betroffenen Bürger aus der Unbestimmtheit konkludenter Erklärungen keine Nachteile erwachsen zu lassen, nur ausnahmsweise angenommen werden. Fehlt es an einem eindeutigen Erklärungsgehalt des Verhaltens, so stellt es „lediglich" einen Realakt dar.[15] Im Hinblick auf die Beratungs- und Betreuungspflicht der Verwaltung (vgl §§ 13, 14, 15, 16 Abs 3 SGB I und §§ 24, 25 VwVfG) gilt für konkludente Erklärungen des Bürgers demgegenüber der Grundsatz, daß die Anforderungen an den Erklärungsgehalt davon abhängig sind, ob sie auf die Herbeiführung einer begünstigenden oder belastenden Rechtsfolge gerichtet sind. Dementsprechend sind die Anforderungen an die Eindeutigkeit der Willenserklärung am geringsten, je günstiger die Rechtsfolgen für den Bürger sind, und verschärfen sich für nachteilige rechtsgeschäftliche Handlungen.[16] So kann beispielsweise die konkludente Erklärung eines Verzichts nur dann angenommen werden, wenn das Verhalten eindeutig diese Annahme zuläßt.[17]

5 *Wolff/Bachof* VwR I, § 45 IIb 2 mwN; *Wallerath* (Fn 1) § 8 II; *König* VR 1990, 401, 403; vgl o § 12 Rn 33.
6 Vgl o § 11 Rn 54.
7 Vgl dazu *Middel* (Fn 1) 26.
8 Vgl OVG NW DVBl 1983, 1074.
9 Vgl *Heiß/Hablitzel* DVBl 1976, 93, 96; *Pappermann* JuS 1980, 35; zur Zustimmung zum Bauvorhaben des Nachbarn vgl *Hartmann* DÖV 1990, 8, 9ff.
10 Vgl VGH BW VBlBW 1988, 151, 152f.
11 Vgl BVerwGE 52, 193, 199; 84, 287, 288; *Stelkens* in: Stelkens/Bonk/Sachs, VwVfG, § 35 Rn 91.
12 Vgl u § 26 Rn 5.
13 Vgl o § 12 Rn 26; *Löwer* DVBl 1980, 952, 955; *Erichsen* (Fn 4) 125, 216; *J. Martens* DÖV 1987, 992, 995; *Kluth* (Fn 1) 608. Abl: *Forsthoff* VwR, 205ff; *Rüping* Verwaltungswille und Verwaltungsakt, 1986, 19ff, 31 mwN.
14 Zu erwähnen sind schließlich die Prozeßhandlungen des Bürgers, auch im Zivilprozeß, vgl *Krause* (Fn 1) 328.
15 Dazu §§ 30ff.
16 Vgl *Krause* (Fn 1) 324.
17 Vgl *Krause* (Fn 1) 325.

Vom Verwaltungsakt unterscheiden sich die „einfachen" Willenserklärungen durch das Fehlen des einseitig anordnenden Charakters und der Vollstreckbarkeit.[18] Weiterhin ist die Willenserklärung vom Realakt abzugrenzen.[19] Maßgeblich ist insofern, ob die Erklärung auf die unmittelbare Herbeiführung von Rechtsfolgen gerichtet ist. Die Abgrenzung kann im Einzelfall schwierig sein. **4**

II. Die Regelungen des VwVfG

Im VwVfG sowie im SGB AT werden einige, die verwaltungsrechtliche Willenserklärung betreffende Fragen geregelt.

Da Willenserklärungen im Verwaltungsrecht grundsätzlich empfangsbedürftig **5** sind,[20] kommt es auf die Frage an, wann die Erklärung zugeht. Für den *Zugang* bei der Verwaltung liegt in den §§ 24, 25 VwVfG und den §§ 14, 15 SGB AT eine von § 130 BGB abweichende Regelung vor, so daß dieser nicht anwendbar ist.[21] Eine verwaltungsrechtliche Willenserklärung ist einer Behörde dann zugegangen, wenn sie in deren Einflußbereich gelangt ist, unabhängig von der Möglichkeit der Kenntnisnahme. Für den Zugang beim Bürger gilt demgegenüber der Grundsatz des § 130 BGB.[22]

Was die *Form* angeht, so gilt im Verwaltungsverfahren gem § 10 S 1 VwVfG **6** grundsätzlich Nichtförmlichkeit. So können Anträge, vorbehaltlich abweichender Regelung, auch formlos mündlich und telefonisch gestellt werden, uU auch durch konkludentes Verhalten. Dagegen können im förmlichen Verfahren gem § 64 VwVfG Anträge nur schriftlich oder zur Niederschrift bei der Behörde gestellt werden. Der Schriftform wird dabei – und das ist in der Praxis häufig – durch den Gebrauch eines – handschriftlich unterschriebenen[23] – Formblattes genügt,[24] doch hängt umgekehrt die Wirksamkeit des Antrages in der Regel nicht vom Gebrauch eines Formblattes ab.[25] Für den verwaltungsrechtlichen Vertrag sieht § 57 VwVfG ebenfalls die Schriftform vor.

Die *Vertretung* des Bürgers vor und gegenüber der Verwaltung ist in den §§ 14ff **7** VwVfG geregelt. Diese sollten auch in anderen Fällen, die nicht dem Geltungsbe-

[18] Vgl die Ausführungen zu § 12 Rn 20ff. Dazu auch *Maurer* Allg VwR, § 9 Rn 10; *Ehlers* NVwZ 1983, 446, 448; *Kluth* (Fn 1) 609; OVG NW NVwZ 1987, 608, 609f.

[19] Vgl dazu §§ 30ff.

[20] *Krause* (Fn 1) 319.

[21] Vgl *Schnell* (Fn 3) 105f; iErg auch *Kluth* (Fn 1) 612.

[22] BVerwGE 9, 217, 219. Zum Zugang eines Verwaltungsakts beim Bürger vgl *Erichsen/Hörster* Jura 1997, 659, 661.

[23] *Kopp* VwVfG, § 64 Rn 6; zu der Möglichkeit eines wirksamen Antrags trotz Fehlens der Unterschrift *Bonk* (Fn 11) § 64 Rn 7; *Busch* (Fn 3) § 64 Rn 3.1.1.

[24] Vgl *Kopp* (Fn 23) § 64 Rn 6.

[25] Vgl dazu *Bonk* (Fn 11) § 64 Rn 6 sowie BVerwGE 9, 219: „Die Rechtswirksamkeit eines Antrags auf eine mit Rechtsanspruch ausgestattete Ausgleichsleistung hängt nicht von der Einreichung eines ausgefüllten Formblattes ab." Nach BVerwGE 16, 198, 205 ist auch der Formularantrag nach dem wirklichen Willen des Antragstellers auszulegen, was insbes bei der Verwendung falscher Formblätter von Bedeutung sein kann.

reich des VwVfG unterfallen, analog angewendet werden. Während die allgemeine Regelung in § 14 VwVfG weitgehend derjenigen des Bürgerlichen Rechts entspricht,[26] finden sich in den §§ 15–19 VwVfG spezielle Vorschriften für die Bestellung eines Empfangsbevollmächtigten, die Bestellung eines Vertreters von Amts wegen sowie von Vertretern in Massenverfahren, die der Vereinfachung des Verwaltungsverfahrens dienen.

8 Nach § 62 S 2 VwVfG sind auf den verwaltungsrechtlichen Vertrag, vorbehaltlich der im VwVfG getroffenen besonderen Regelungen, die *Vorschriften des BGB entsprechend anzuwenden.* Die Spärlichkeit der vorhandenen verwaltungsrechtlichen Regelungen läßt auch im Hinblick auf verwaltungsrechtliche Willenserklärungen den Rückgriff auf einschlägige Regelungen des BGB unausweichlich erscheinen. Indes ist die Willenserklärung im Zivilrecht als Akt der Rechtsausübung und -gestaltung Ausdruck der Abkehr vom formalisierten Rechtsverkehr und der Anerkennung einer Gestaltungsfreiheit, wie sie in § 305 BGB ihren weitestgehenden Ausdruck gefunden hat. Für das Zivilrecht, das die Rechtsgestaltung grundsätzlich in die Hände der Beteiligten legt und diese nur durch allgemeine Typenbildung und wenige allgemeine Schranken in §§ 134, 138 BGB begrenzt, ist die Feststellung des konkreten Willens deshalb primärer Maßstab der Rechtserkenntnis.[27] Die privaten Rechtssubjekte können Zwecke, Ziele und Inhalt ihrer Rechtsgeschäfte im Rahmen der gesetzlichen Verbote und zwingenden Inhaltsbestimmungen frei wählen. Darin liegt ihre Privatautonomie.[28]

9 Die öffentliche Verwaltung ist demgegenüber in ihren Zwecken und Zielen durch Verfassung und Gesetz festgelegt.[29] Zuständigkeiten und Befugnisse kommen ihr nur nach Maßgabe konstituierender Zuweisung durch die Rechtsordnung zu. Ihr eignet kein natürlicher Wille, ihr wird vielmehr ein Wille rechtlich zugerechnet.[30] Der das Zivilrecht und die Lehre von der Willenserklärung beherrschende Gedanke der Privatautonomie hat für die Verwaltung keine Gültigkeit.[31] Dies muß für die etwaige Orientierung an den zivilrechtlichen Lehren und Rechtsinstituten berücksichtigt werden.[32]

10 So ist etwa, was die Gebundenheit an eine abgegebene Willenserklärung angeht, auf Erklärungen des Bürgers § 145 BGB entsprechend anwendbar.[33] Daraus folgt, daß der Widerruf einer Willenserklärung entsprechend § 130 Abs 1 S 2 BGB jedenfalls dann zulässig ist, wenn er *vor* Zugang der widerrufenen Erklärung oder

[26] Vgl *Kopp* (Fn 23) § 14 Rn 4.

[27] Vgl *Flume* Allgemeiner Teil des Bürgerlichen Rechts, Bd 2, Das Rechtsgeschäft, 3. Aufl 1979, 8: „Der Vertrag ist richtig, weil und soweit er von der beiderseitigen Selbstbestimmung der Vertragsschließenden getragen ist".

[28] Vgl die grundlegende Darstellung bei *Flume* (Fn 27) § 1 und seine genaue Abgrenzung zur Rechtsetzung, 5f.

[29] Vgl dazu o § 9 Rn 7ff.

[30] Vgl *Kluth* (Fn 1) 610; *Forsthoff* (Fn 13) 205f.

[31] Vgl dazu o § 2 Rn 77ff sowie *Ehlers* (Fn 4), 1984, 87f; *Erichsen* Gemeinde und Private im wirtschaftlichen Wettbewerb, 1987, 27.

[32] Vgl *Punke* Verwaltungshandeln durch Vertrag, 1988, 12ff; *Kluth* (Fn 1) 609f; *Krause* (Fn 1) 327f (zur Anfechtung).

[33] BVerwGE 30, 185.

gleichzeitig mit ihr zugeht.[34] Nach üM ist der Widerruf einer Willenserklärung allerdings nicht mehr zulässig, wenn diese zu einer Amtshandlung geführt hat, der *abschließende* Wirkung zukommt.[35]

Die öffentlich-rechtlichen Willenserklärungen Privater erfolgen zwar nicht aufgrund oder in Ausübung einer gesetzlichen Ermächtigung, sind zugleich aber auch nicht Ausfluß von Privatautonomie. Das öffentliche Recht kennt keine dem Zivilrecht vergleichbare Gestaltungsfreiheit, auch wenn es um die Durchsetzung oder Geltendmachung subjektiver öffentlicher Rechte geht.[36] Es kann nur von einem öffentlich-rechtlichen Entscheidungsspielraum gesprochen werden.[37] Daher sind auch bei den verwaltungsrechtlichen Willenserklärungen Privater die Regeln des Zivilrechts nicht unbesehen anwendbar.[38] **11**

III. Die Auslegung verwaltungsrechtlicher Willenserklärungen

Der für die Auslegung privatrechtlicher Willenserklärungen geltende § 133 BGB ist nach einhelliger Ansicht in Rspr und Lit grundsätzlich auch im öffentlichen Recht anwendbar.[39] Demnach ist bei der Auslegung verwaltungsrechtlicher Willenserklärungen auf ihren objektiven Erklärungsgehalt abzustellen.[40] Auch hier ist indes zwischen Erklärungen der Verwaltung und des Bürgers zu differenzieren. **12**

Sind Erklärungen der Verwaltung unklar oder mehrdeutig, so sind sie im Zweifel gesetzeskonform auszulegen.[41] So sind zB Bescheide über die Bewilligung einer Zuwendung im Zweifel so auszulegen, daß sie nicht gegen zwingende haushaltsrechtliche Vorschriften verstoßen.[42] Als Grenze gilt der insofern eindeutig entgegenstehende Wille der Verwaltung mit der Folge, daß die Erklärung dann uU rechtswidrig ist. Im übrigen hat die Auslegung im Zweifel zugunsten des Antrag- **13**

[34] *Kopp* (Fn 23) Vorbem § 9 Rn 12 a.

[35] So kann beispielsweise der Antrag eines Beamten auf langfristige Beurlaubung ohne Dienstbezüge nach antragsgemäßer Bewilligung des Urlaubs nicht mehr ohne Zustimmung des Dienstherrn rechtswirksam widerrufen werden, vgl hierzu BVerwG DÖV 1997, 918, 919. Gleiches gilt nach BVerwG ZBR 1997, 20 für die Rücknahme eines Antrags auf Versetzung in den Ruhestand.

[36] Vgl *Krause* VVDStRL 45 (1987), 212, 220f.

[37] *Krause* (Fn 1) 303.

[38] Zur unterschiedlichen Bedeutung des Willens des Betroffenen gemäß dem Grundsatz „volenti non fit iniuria" im Privatrecht und Verwaltungsrecht vgl *Sachs* VerwArch 76 (1985), 398ff.

[39] BVerwG NVwZ 1984, 36, 37; BVerwGE 67, 305, 307f; 49, 244, 247; BVerwG DVBl 1982, 195, 197 und DVBl 1972, 40; BayVGH BayVBl 1986, 24, 25 und 1985, 530, 531; *Clausen* (Fn 3) § 9 Rn 5.4; *Kluth* (Fn 1) 610; *Krause* (Fn 1) 322. Allgemein zum Stand der Auslegung gem § 133 BGB: BGH NJW 1984, 721; BVerwGE 84, 257, 265f.

[40] Vgl BVerwGE 16, 198, 204; 29, 310, 312; 52, 193, 199; 60, 223, 228f; BayVGH BayVBl 1986, 24, 25 und 1985, 394, 395; HessVGH NVwZ 1989, 165; VGH BW NVwZ-RR 1990, 535, 538, 541. Vgl auch *Krause* NJW 1979, 1007, 1010.

[41] OVG NW DVBl 1984, 1081; BayVGH BayVBl 1980, 501, 502; BayVGH DVBl 1977, 394, 395; *Kluth* (Fn 1) 610; *Clausen* (Fn 3) § 9 Rn 5.4.

[42] OVG NW NVwZ 1992, 988, 989; DVBl 1984, 1081.

stellers bzw Betroffenen zu erfolgen. Unklarheiten gehen idR zu Lasten der Behörde.[43]

14 Willenserklärungen des Bürgers sind aufgrund der Betreuungspflicht der Verwaltung, wie sie auch in §§ 13, 14, 15, 16 Abs 3 SGB I und § 25 VwVfG zum Ausdruck kommt, sowie ihrer Prüfungs- und Aufklärungspflicht aus § 24 VwVfG weitergehend als im Zivilrecht auf das ihnen zugrundeliegende wahre Interesse hin zu untersuchen. So muß eine Auslegung und ggfs Umdeutung gem dem Willen des Antragstellers erfolgen, wenn die Verwaltung Anhaltspunkte dafür hat, daß das Erklärte den Willen nicht zutreffend wiedergibt.[44] Der im Zivilrecht insbes beim Vertragsabschluß häufig vorliegende Interessengegensatz ist im Verwaltungsrecht nicht vorhanden. Hier ist auch die Verwaltung an einer möglichst dem wahren Interesse und der Rechtslage entsprechenden Erklärung des Bürgers interessiert.[45]

IV. Die Anfechtung verwaltungsrechtlicher Willenserklärungen

15 Das Auseinanderfallen von geistiger Vorstellung und erklärtem Willen ist auch bei der Abgabe verwaltungsrechtlicher Willenserklärungen anzutreffen. Trotz des zB in § 24 VwVfG statuierten Untersuchungsgrundsatzes und der in § 25 VwVfG verankerten Beratungspflicht der Verwaltung, die gerade darauf abzielen, daß der Bürger die richtigen und dh seinen wahren Interessen und Begehren entsprechenden Willenserklärungen abgibt, sind Irrtümer und sonstige Willensmängel nicht zu vermeiden. Der Gesetzgeber hat deshalb in einer Reihe von Einzelbestimmungen Anfechtungsrechte des Bürgers ausdrücklich vorgesehen. Doch gibt es darüber hinaus bei der Abgabe von Willenserklärungen Irrtumsmöglichkeiten. Insoweit wird im Verwaltungsrecht ein den §§ 119 ff BGB entsprechendes Anfechtungsrecht des Bürgers angenommen,[46] das jedoch in einigen Fällen modifiziert ist.[47] Auf Erklärungen im Rahmen des Widerspruchsverfahrens, das grundsätzlich ein Verwaltungsverfahren darstellt, finden die strengeren Grundsätze des Prozeßrechts Anwendung mit der Folge, daß zB die Rücknahme eines Widerspruchs nicht unter Berufung auf Willensmängel angefochten werden kann.[48]

[43] BVerwG NVwZ 1984, 36, 37; 1987, 52; NJW 1989, 53, 54; BVerwGE 41, 305, 306; 48, 279, 281 f; 60, 223, 229; *Clausen* (Fn 3) § 9 Rn 5.4.

[44] BVerwGE 25, 191, 194; *Krause* (Fn 1) 322 f; *Kluth* (Fn 1) 611 mwN.

[45] Vgl dazu *Krause* (Fn 1) 322.

[46] Vgl *Wolff/Bachof/Stober* VwR I, § 55 Rn 32; *Kopp* (Fn 23) Vorbem § 9 Rn 12 a mwN; *Middel* (Fn 1) 112 ff; *Schnell* (Fn 3) 155 ff; *Hartmann* (Fn 9) 13 f; *Schmidt-De Caluwe* Jura 1993, 399, 402; VGH BW VBlBW 1983, 22, 23; NJW 1985, 1723; NJW 1990, 268; OVG Rh-Pf DVBl 1984, 281 ff; OVG NW NJW 1987, 1964, 1965; NJW 1988, 1043; einschränkend *Stelkens* (Fn 11) § 35 Rn 146 f.

[47] Vgl *Kluth* (Fn 1) 614; *Middel* (Fn 1) 118 f; *Schmidt-De Caluwe* (Fn 46) 402 ff. Zu der Streitfrage, ob im Verwaltungsverfahren auch die Anfechtungsregelung des § 123 Abs 2 BGB (Anfechtung wegen Täuschung durch einen Dritten) gilt, vgl *Clausen* (Fn 3) § 9 Rn 5.4 mwN.

[48] Vgl BVerwGE 57, 342, 346 f; *Borgs* in: Meyer/Borgs, VwVfG § 19 Rn 14; *Kluth* (Fn 1) 614; vgl auch OLG Hamm NJW 1976, 1952 f. Ausf zu dieser Problematik *v Mutius* JK 1980, VwGO § 69/1.

Da Geltungsgrund und Gültigkeitsmaßstab von Handlungen der Verwaltung in erster Linie Gesetz und Recht sind,[49] ist auf seiten der Verwaltung ein abweichender, ihr zugerechneter Wille in seiner Bedeutung dann zu relativieren, wenn das Erklärte sich im Rahmen des Rechtmäßigen hält.[50] Die Behörde kann deshalb in der Regel Willensmängel nicht durch die Ausübung eines Anfechtungsrechtes beheben, sondern durch Rücknahme und Widerruf, die anderen Grundsätzen unterliegen.[51] Für den Verwaltungsakt ist dies in den §§ 48, 49 VwVfG geregelt. 16

§ 23
Begriff und Arten des verwaltungsrechtlichen Vertrages

Während der Verwaltungsakt – und zwar auch der mitwirkungsbedürftige[1] – auf die einseitige Herbeiführung von Rechtsfolgen gerichtet ist, setzt der Vertrag Rechtsfolgen durch darauf gerichtete Einigung von – mindestens zwei – Rechtssubjekten. Es gibt ihn als Handlungsform nicht nur im Privatrecht, sondern auch im öffentlichen Recht. Man denke nur an den völkerrechtlichen Vertrag oder an Verträge unter den Ländern der Bundesrepublik, denen in der Regel staatsrechtliche Qualität zukommt.[2] An dieser Stelle geht es indessen nur um den verwaltungsrechtlichen Vertrag, also um die *Setzung von Rechtsfolgen des Verwaltungsrechts durch Einigung von mindestens zwei Rechtssubjekten.*[3] § 9 VwVfG sieht neben dem Erlaß eines Verwaltungsakts den Abschluß eines öffentlich-rechtlichen Vertrages als Produkt eines Verwaltungsverfahrens an; es geht also bei den Regelungen der VwVfGe nicht eigentlich um den öffentlich-rechtlichen, sondern – entsprechend auch der jeweils in ihrem § 1 enthaltenen Beschränkung ihres Anwendungsbereichs auf öffentlich-rechtliche *Verwaltungstätigkeit* – um den verwaltungsrechtlichen Vertrag.[4] Die Möglichkeit, verwaltungsrechtliche Verträge 1

49 Vgl *Erichsen* (Fn 4) 87f, 90.

50 Vgl *Krause* (Fn 1) 328.

51 Vgl *Kopp* (Fn 23) Vorbem § 9 Rn 13; *Clausen* (Fn 3) § 9 Rn 5.4. Für eine Anfechtbarkeit von Willenserklärungen zwischen zwei Trägern öffentlicher Verwaltung aber VGH BW VBlBW 1988, 151, 152f.

1 Vgl dazu o § 12 Rn 23. Zur Abgrenzung von mitwirkungsbedürftigem Verwaltungsakt und Vertrag vgl etwa OVG Lüneburg NJW 1978, 2260; *Grupp* VerwArch 69 (1970), 125, 132ff; *Wolff/Bachof* VwR I, § 44 II a 2; *Bosse* Der subordinationsrechtliche Verwaltungsvertrag als Handlungsform öffentlicher Verwaltung, 1974, 30ff.

2 Vgl dazu *Hans Schneider* VVDStRL 19 (1961), 8f, 12ff; BVerfGE 22, 221, 229f; 34, 216, 226. Nach BVerfGE 42, 103, 113ff ist der Staatsvertrag über die Vergabe von Studienplätzen als verwaltungsrechtlicher Vertrag zu qualifizieren. Ebenso BVerwGE 50, 124, 129ff. Dazu auch *Menger* VerwArch 67 (1976), 419, 429; *Hans Schneider* DÖV 1976, 416; *Pestalozza* NJW 1976, 1087.

3 Zur Abgrenzung von verwaltungsrechtlichem Vertrag und (informeller) Absprache als Unterfall des Realhandelns s etwa *Kunig* DVBl 1992, 1193, 1194f; *Lecheler* BayVBl 1992, 545, 548; *Brohm* DÖV 1992, 1025, 1029; *Scherzberg* JuS 1992, 205. Näher u § 32.

4 Vgl auch *Birk* NJW 1977, 1797, 1798, der dementspr §§ 54ff VwVfG auf Verträge, die auf den Erlaß von Rechtsnormen gerichtet sind, nicht für anwendbar hält.

zu schließen, ist nicht auf Rechtssubjekte des Außenrechts beschränkt. Auch zwischen Zuordnungssubjekten des Innenrechts der Verwaltung können – *intrapersonale – Verträge* geschlossen werden. Daher sind etwa im Rahmen neuer Steuerungsmodelle „Kontrakte“ [5] zwischen Politik und Verwaltung oder verschiedenen Funktionseinheiten der Verwaltung möglich.[6] Bestehen demnach gegen intrapersonale Verträge im Hinblick auf die Zulässigkeit der Handlungsform keine Bedenken, bleibt nur die Frage nach ihrem zulässigen Inhalt.[7]

2 Je nachdem, in welchem Verhältnis die Vertragsparteien zueinander stehen, werden *subordinations-* und *koordinationsrechtlicher* Vertrag unterschieden.

Der subordinationsrechtliche Vertrag ist Gegenstand der Regelung des § 54 S 2 VwVfG. Nach verbreiteter Ansicht handelt es sich um einen subordinationsrechtlichen Vertrag, wenn die Vertragspartner „normalerweise“, dh außerhalb des Vertrages, im Verhältnis der Über- und Unterordnung zueinander stehen, wohingegen ein koordinationsrechtlicher Vertrag vorliegen soll, wenn die Parteien gleichgeordnet sind.[8] Fragwürdig ist die dieser Terminologie zugrunde liegende Annahme eines „abstrakten“ Über- und Unterordnungsverhältnisses,[9] da sich die Rechtsstellung von Rechtssubjekten zueinander nur aus den Rechtssätzen ergeben kann, die das zwischen ihnen jeweils bestehende Rechtsverhältnis konstituieren. Nach anderer Ansicht kommt es darauf an, ob die Parteien hinsichtlich des Vertragsgegenstandes gleichgeordnet sind oder sich im Subordinationsverhältnis gegenüberstehen und der Behörde damit in dem betreffenden Sachbereich die Befugnis zu einseitig-hoheitlicher Regelung zukommt.[10]

Nur im letztgenannten Fall soll ein zwischen ihnen geschlossener Vertrag als subordinationsrechtlicher zu qualifizieren sein. Diesem Ansatz steht indes die Zielsetzung des § 54 S 2 VwVfG entgegen. Beim subordinationsrechtlichen Vertrag wird dem potentiell schwächeren Vertragspartner nach §§ 55, 56, 59 Abs 2 VwVfG ein erhöhter rechtsstaatlicher Schutz gewährt.[11] Gerade wenn ein bestimmter Lebenssachverhalt aber nach seiner gesetzlichen Ausgestaltung nicht durch Subordination bestimmt und damit einer Regelung im Wege des Verwaltungsakts nicht zugänglich sein soll, indiziert dies ein verstärktes Schutzbedürfnis des Bürgers. Es wäre

[5] Vgl zum „Kontraktmanagement“ *Pünder* DÖV 1998, 63; *Wallerath* DÖV 1997, 57.

[6] Vgl o § 11 Rn 14.

[7] Dazu *Pünder* (Fn 5) 66f; *Wallerath* (Fn 5) 64ff.

[8] Begr zu § 50 EVwVfG 1973, BT-Drucks 7/910, 78; *Maurer* Allg VwR, § 14 Rn 12; *Bisek* Der öffentlich-rechtliche Vertrag, 1970, 5; *Kottke* System des subordinationsrechtlichen Verwaltungsvertrages, 1966, 6ff; *Weiß* Der öffentlich-rechtliche Vertrag im Musterentwurf eines Verwaltungsverfahrensgesetzes 1963, 1971, 2f; *Bosse* (Fn 1) 15f; *Henneke* in: Knack, VwVfG, § 54 Rn 4.1/4.2; ähnl *Schimpf* Der verwaltungsrechtliche Vertrag unter besonderer Berücksichtigung seiner Rechtswidrigkeit, 1982, 70f; präzisierend *Wolff/Bachof/Stober* VwR I, § 54 Rn 19.

[9] *Bisek* (Fn 8) 5 im Anschluß an *Stern* VerwArch 49 (1958), 106, 143/144.

[10] BayVGH BayVBl 1991, 47, 50; *Kopp* VwVfG, § 54 Rn 18–20; *H. Meyer* in: Meyer/Borgs, VwVfG, § 54 Rn 40ff, hinsichtlich der Definition des subordinationsrechtlichen Vertrages beide unter krit Auseinandersetzung mit § 54 S 2 VwVfG. Ähnl auch *Bullinger* DÖV 1977, 812, 813 Fn 3.

[11] *Schmidt-Aßmann/Krebs* Rechtsfragen städtebaulicher Verträge, 2. Aufl 1992, 174.

daher widersprüchlich, insoweit die besonderen Sicherungsmechanismen der §§ 55, 56, 59 Abs 2 VwVfG nicht verfügbar zu machen. Das spricht dafür, einen verwaltungsrechtlichen Vertrag nur dann als koordinationsrechtlich zu bezeichnen, wenn es sich bei den vertragsschließenden Parteien nur um Träger öffentlicher Verwaltung, dh um rechtsfähig organisierte Zuordnungssubjekte von Verwaltungszuständigkeiten, oder nur um Private handelt. Als subordinationsrechtlich ist demgegenüber der zwischen einem Träger öffentlicher Verwaltung auf der einen und einem oder mehreren Bürgern auf der anderen Seite geschlossene verwaltungsrechtliche Vertrag zu qualifizieren.[12]

§ 24
Die Zuordnung eines Vertrages zum öffentlichen Recht

I. Die Notwendigkeit der Unterscheidung von öffentlich-rechtlichem und privatrechtlichem Vertrag

Sowohl das Privatrecht wie auch das öffentliche Recht kennen also den Vertrag. **1**
Man kann ihn als Rechtsfigur begreifen, die diesen voneinander geschiedenen Teilrechtsordnungen vorausliegt und einem für beide Teile geltenden Gemeinrecht[1] angehört. Daher lassen sich die von der Verwaltung geschlossenen Verträge unabhängig von ihrer Zugehörigkeit zum Privatrecht oder zum öffentlichen Recht als Verwaltungsverträge qualifizieren.[2] Das ändert indessen nichts daran, daß jeweils im Einzelfall zu bestimmen ist, ob ein öffentlich-rechtlicher oder ein privatrechtlicher Vertrag vorliegt, da, wie alsbald gezeigt werden wird, die Grenzen der Abschluß- und Gestaltungsfreiheit und die Wirksamkeitsbedingungen unterschiedlich und auch die im Zusammenhang mit ihnen entstehenden Streitigkeiten in verschiedenen Rechtswegen zu entscheiden sind.

II. Unterscheidungskriterien

Eine Zuordnung des Vertrages zum öffentlichen Recht erweist sich dann nicht als **2**
schwierig, wenn er in Vollzug einer gesetzlichen Regelung geschlossen wird, die dem öffentlichen Recht angehört.[3] Dies ist durchweg für koordinationsrechtliche – zB in § 1 Abs 2 des Gesetzes über kommunale Gemeinschaftsarbeit NW – und ge-

[12] Ebenso etwa *Schmidt-Aßmann/Krebs* (Fn 11) 176; *Ehlers* NJW 1990, 800, 802 mit Fn 19; *Achterberg* Allg VwR, § 21 Rn 237; *Püttner* DVBl 1982, 122, 123; *v Mutius* Jura 1979, 223; *Scherzberg* (Fn 3) 208.

[1] Vgl den Ausdruck von *Bullinger* Öffentliches und Privates Recht, 1968, 75, 82.

[2] Vgl *Krebs* VVDStRL 52 (1993), 248, 257f; *Pitschas* in: Blümel/Pitschas, Reform des Verwaltungsverfahrensrechts, 1994, 229, 249f; *Schmidt-Aßmann* in: Hoffmann-Riem ua, Reform des Allgemeinen Verwaltungsrechts, 1993, 11, 58.

[3] Vgl auch *Erichsen* Jura 1982, 537, 542/543. Zust *Maurer* Allg VwR, § 14 Rn 11.

legentlich auch für subordinationsrechtliche Verträge – zB in § 124 Abs 1 BauGB, der Erschließungsverträge der Gemeinde mit dem Bürger ausdrücklich vorsieht[4] – der Fall.[5] Soweit eine solche gesetzliche Regelung nicht vorhanden ist, wird die Frage, ob es sich um einen öffentlich-rechtlichen oder privatrechtlichen Vertrag handelt, von der Rechtsprechung und, ihr folgend, vielfach auch vom Schrifttum ausgehend vom *„Gegenstand des Vertrages“* beantwortet.[6] Fraglich ist indes, was „Gegenstand des Vertrages“ idS ist. Die in der Formulierung unterschiedlichen Umschreibungen[7] laufen überwiegend darauf hinaus, daß Gegenstand des Vertrages die durch ihn begründeten oder von den Parteien mit ihm verknüpften Rechtsfolgen sind.[8] Dieser Ansatz liegt auch der Regelung des § 54 S 1 VwVfG zugrunde, der darauf abstellt, ob ein Rechtsverhältnis auf dem Gebiet des öffentlichen Rechts begründet, geändert oder aufgehoben wird.[9] Dementsprechend liegt ein verwaltungsrechtlicher Vertrag immer dann vor, wenn durch ihn auf von der gesetzlichen Ordnung verwaltungsrechtlich geregelte Sachverhalte eingewirkt werden soll.[10]

3 Beim Austauschvertrag zwischen Verwaltung und Bürger übernimmt die Verwaltung vielfach Verpflichtungen zu Leistungen, die ohne weiteres als öffentlich-rechtliche zu qualifizieren sind – wie etwa der Erlaß eines Verwaltungsakts (Baugenehmigung) – und zu denen die Verwaltung sich auch nur öffentlich-rechtlich verpflichten kann. Demgegenüber kann die für den Bürger begründete Verpflich-

[4] Zur öffentlich-rechtlichen Qualität von Erschließungsverträgen vgl BVerwGE 22, 138, 140f; 32, 37, 38; BGHZ 54, 287, 289f; *Ehlers* Verwaltung in Privatrechtsform, 1984, 450; *Ernst* in: Ernst/Zinkahn/Bielenberg, BauGB, Stand: Juli 1996, § 124 Rn 10f; *Gaentzsch* BauGB, 1991, § 124 Rn 2.

[5] Weitere Beispiele: §§ 110, 111 und 231 BauGB; § 28 Abs 2 und § 32 Abs 3, 5 und 6 PBefG; § 13 Abs 6 FStrG; weitere Nachweise BT-Drucks 7/910, 78; *Ehlers* (Fn 4) 449 Fn 178 und *Henneke* in: Knack, VwVfG, § 54 Rn 4.2.1.

[6] Vgl Gms-OGB BGHZ 97, 312, 313f = BVerwGE 74, 368, 370; BGHZ 32, 214, 216; 35, 69f; 56, 365, 368; 116, 339, 342; BVerwGE 22, 138; 25, 299, 301; BVerwG MDR 1976, 874; BVerwG JZ 1990, 591f; BayVBl 1994, 348; *Scherzberg* JuS 1992, 205, 206; *Kunig* DVBl 1992, 1193, 1195 Fn 19; *Klein* ThürVBl 1992, 231, 233; *Rupp* JuS 1960, 59, 60; *H. Meyer* in: Meyer/Borgs, VwVfG, § 54 Rn 25; *Achterberg* Allg VwR, § 21 Rn 227; *Maurer* (Fn 3) § 14 Rn 10; weitere Nachweise bei *Gern* VerwArch 70 (1979), 219ff; *Menger* VerwArch 64 (1973), 203 Fn 1 und *Bosse* Der subordinationsrechtliche Verwaltungsvertrag als Handlungsform öffentlicher Verwaltung, 1974, 21ff.

[7] Vgl dazu *Menger* (Fn 6) 203f; *Christ* Die Verwaltung zwischen öffentlichem und privatem Recht, 1984, 100ff, 113ff; *Ehlers* (Fn 4) 442f; krit *Kasten/Rapsch* NVwZ 1986, 708, 709ff.

[8] Vgl etwa BGH DVBl 1965, 276; BGH JZ 1973, 420.

[9] Vgl amtliche Begr BT-Drucks 7/910, 78.

[10] BGHZ 32, 214, 216; 35, 69, 71; 56, 365, 368 und BGH NJW 1972, 585; BGH JZ 1973, 420; BGH DVBl 1988, 684, 686; BVerwGE 42, 331, 332; BVerwG MDR 1976, 874; BVerwG DVBl 1980, 686, 687; *Menger* (Fn 6) 203; *Bosse* (Fn 6) 20ff, 116; *Kawalla* Der Subordinationsrechtliche Verwaltungsvertrag und seine Abwicklung, 1984, 17; *Schimpf* Der verwaltungsrechtliche Vertrag unter besonderer Berücksichtigung seiner Rechtswidrigkeit, 1982, 60f; ähnl *Schmidt-Aßmann/Krebs* Rechtsfragen städtebaulicher Verträge, 2. Aufl 1992, 168ff.

tung in diesen Fällen immer nur eine sein, wie sie *jedermann* eingehen und erfüllen könnte – Zahlung von Geld,[11] Übereignung von Grundstücken[12] etc. Man hat verschiedentlich versucht, insbes im Hinblick auf die Frage nach dem Rechtsweg, die einzelnen aus einem solchen Vertrage entstehenden Rechte und Pflichten „nach ihrem Gegenstand" dem öffentlichen oder dem Privatrecht zuzuordnen und kam dergestalt zu gemischt öffentlich-rechtlichen/privatrechtlichen Verträgen.[13]

Durch Vertrag wird häufig *ein* Rechtsverhältnis begründet; es können indes vertraglich auch mehrere Rechtsverhältnisse unter denselben Vertragspartnern vereinbart werden. Eine Aufgliederung der Rechte und Pflichten, die zu *einem* durch Vertrag begründeten Rechtsverhältnis gehören, in öffentlich-rechtliche und privatrechtliche führt dazu, daß für die einzelnen im Rahmen des *einen* Rechtsverhältnisses bestehenden Rechte und Pflichten, etwa hinsichtlich der Zulässigkeit ihrer Begründung und ihres Inhalts, unterschiedliche Vorschriften des öffentlichen und des Privatrechts anzuwenden wären. Eine solche unterschiedliche Behandlung der zu *einem* Rechtsverhältnis gehörenden Rechtsbeziehungen ist daher nicht nur aus rechtspraktischen, sondern auch aus rechtsdogmatischen Gründen[14] abzulehnen.[15] Es ist daher nicht möglich, durch Vertrag ein gemischt öffentlich-rechtlich/privatrechtliches Rechtsverhältnis zu begründen.[16] Dies schließt allerdings nicht aus, im Rahmen einer Vereinbarung eine Mehrzahl von Komplexen vertraglich zu regeln und dergestalt vertraglich mehrere und zwar öffentlich-rechtliche und privatrechtliche Rechtsverhältnisse zu begründen.[17]

Ein auf Vertrag beruhendes oder durch ihn gestaltetes *Verwaltungs*rechtsverhältnis liegt also immer dann vor, wenn mindestens *eine* der dieses Rechtsverhältnis konstituierenden Rechtsbeziehungen dem Verwaltungsrecht zuzuordnen **4**

[11] Vgl auch BVerwGE 42, 331, 332f; *Rüfner* JZ 1973, 421f.

[12] Vgl BGH DVBl 1972, 824.

[13] Vgl etwa BGHZ 32, 214, 216; 56, 365, 368; *Lerche* Staatsbürger und Staatsgewalt, Bd II, 1963, 59, 66f; *Gern* Der Vertrag zwischen Privaten über öffentlich-rechtliche Berechtigungen und Verpflichtungen, 1977, 82f, 92; vgl auch *Klein* (Fn 6) 233. Für eine Annäherung des privatrechtlichen und des verwaltungsrechtlichen Verwaltungsvertrages *Krebs* (Fn 2) 258.

[14] Zutr *Schmidt-Aßmann/Krebs* (Fn 10) 171; *H. Meyer* (Fn 6) § 54 Rn 30.

[15] BVerwGE 42, 331, 333. Vgl auch OLG Schleswig NVwZ 1988, 761, 762; *Menger* (Fn 6) 203 f mwN; *Frank* DVBl 1977, 682, 690.

[16] Vgl auch BVerwG DVBl 1980, 686, 687; *Bisek* Der öffentlich-rechtliche Vertrag, 1970, 33f; *Wolff/Bachof* VwR I, § 44 II a und § 22 III g; *Ule/Laubinger* VwVfR, § 68 Rn 6; *Henneke* (Fn 5) § 54 Rn 4.3; *Bonk* in: Stelkens/Bonk/Sachs, VwVfG, § 54 Rn 36; *H. Meyer* (Fn 6) § 54 Rn 31; *Schimpf* (Fn 10) 63ff; *K. Lange* NVwZ 1983, 313, 319; *Ehlers* (Fn 4) 444f; *Burmeister* VVDStRL 52 (1993), 323, 371. Vgl auch BVerwGE 22, 138, 140; BVerwG NJW 1976, 2360, wo die Zuordnung nach dem Schwergewicht der Vereinbarungen vorgenommen wird. BGHZ 116, 339, 342 und BVerwGE 94, 202, 204 entscheiden die Frage nach der Zuordnung des Vertragsgegenstandes danach, ob die Vertragsabmachungen mit ihrem „Schwerpunkt" öffentlich-rechtlich oder privatrechtlich ausgestaltet sind und welcher Teil dem Vertrag das „entscheidende Gepräge" gibt. Ähnl BGHZ 76, 16, 20; *Krebs* (Fn 2) 276f.

[17] Vgl auch BVerwG DVBl 1980, 686, 687 u DÖV 1981, 878; BVerwG DVBl 1990, 438, 439 m Anm *Götz; H. Meyer* (Fn 6) § 54 Rn 31; *Fluck* Verw 22 (1989), 185, 190f.

ist.[18] Das gilt auch, wenn diese Rechtsbeziehung nicht Gegenstand einer ausdrücklichen vertraglichen Leistungsvereinbarung ist, sondern ihren Grund in dem zur Geschäftsgrundlage gemachten Zweck der Gegenleistung des Bürgers hat.[19] So liegt ein verwaltungsrechtlicher Vertrag vor, wenn es beispielsweise in einer Vereinbarung zwischen einem Träger öffentlicher Verwaltung und einem Bürger um die Verpflichtung zu Vorauszahlungen von Erschließungsbeiträgen[20] oder die Überbürdung der Herstellungskosten einer Abwasserbeseitigungsanlage durch Erschließungsvertrag,[21] um Studienförderung mit der Verpflichtung zum späteren Eintritt in den öffentlichen Dienst,[22] um Pflegesatzvereinbarungen iSd § 93 II BSHG,[23] um die Verpflichtung eines Bauwilligen, der Gemeinde bestimmte Folgekosten eines Bauvorhabens zu ersetzen (sog Folgekostenvertrag)[24], um eine Verpflichtung zur Änderung eines Bebauungsplans,[25] zur Durchführung des Verfahrens zur Aufstellung eines Bebauungsplans und zur Erteilung des Einvernehmens im Baugenehmigungsverfahren[26] oder zur Erteilung eines Baudispenses[27] geht. Durch verwaltungsrechtlichen Vertrag *kann* die Gewährung von Subventionen[28] und *kann* die Nutzung von Anstalten[29] vereinbart werden.

5 Soweit die Sachverhalte indes nicht öffentlich-rechtlich vorgeordnet sind und die Verwaltung Verträge mit dem Bürger allein auf der Grundlage einer Aufgabenzuweisungs- oder Zuständigkeitsnorm schließt, ist zu erwägen, ob die Zuordnung eines Vertrages zum öffentlichen Recht nicht dadurch geschehen kann, daß man darauf abstellt, ob die vertragliche Regelung, wäre sie normativ erfolgt, eine Norm des öffentlichen Rechts sein würde.[30] Indes begegnet dieser Ansatz im Hinblick auf die Subjektstheorie Bedenken. Da es bei dieser Theorie entscheidend auf die Ausschließlichkeit eines Zuordnungssubjekts des Rechtssatzes ankommt, dieses Zuordnungssubjekt sich jedoch bei der Fiktion einer rechtssatzmäßigen Regelung nicht ändern würde,[31] wäre jeder Vertrag, an dem der Staat oder eine seiner

[18] So auch *K. Lange* JuS 1982, 500, 503; *Maurer* (Fn 3) § 14 Rn 11. AA BGHZ 56, 365, 372.

[19] Vgl etwa BayVGH BayVBl 1991, 47, 50; *H. Meyer* (Fn 6) § 54 Rn 25; *Bruns* JZ 1985, 57, 62f; *Erbguth/Rapsch* DÖV 1992, 45, 46f; *Ehlers* (Fn 4) 447f; aA *K. Lange* (Fn 18) 503; *ders* (Fn 16) 320f.

[20] BGH JZ 1973, 420.

[21] BVerwGE 89, 7.

[22] Vgl BVerwGE 91, 200; BVerwG DÖV 1987, 72f.

[23] Übereinstimmend BVerwGE 94, 202, 204; BGHZ 116, 339, 341ff mwN zum Streitstand.

[24] BVerwGE 42, 331; 90, 310. Dazu *Erichsen* VwR u VwGbkt I, 2. Aufl 1984, 169ff; *Kawalla* (Fn 10) 79ff.

[25] BVerwG DVBl 1980, 686.

[26] BVerwGE 42, 331; zu letzterem auch OVG Rh-Pf NVwZ 1992, 796, 797.

[27] BGH DVBl 1972, 824f

[28] Dazu BVerwGE 89, 345; *Menger* VerwArch 69 (1978), 93ff; *Henke* Das Recht der Wirtschaftssubventionen als öffentliches Vertragsrecht, 1979, 20ff; *ders* DVBl 1984, 845ff; *Bleckmann* Subventionsrecht, 1978, 88; *Friehe* DÖV 1980, 673.

[29] Vgl aber u § 26 Rn 5.

[30] *Menger* (Fn 6) 205 im Anschluß an *Bettermann* JZ 1966, 445 und *Wolff/Bachof* (Fn 16) § 44 II a. Ebenso *v Mutius* VerwArch 65 (1974), 201, 205; *Schimpf* (Fn 10) 61f; *Efstratiou* Die Bestandskraft des öffentlich-rechtlichen Vertrages, 1988, 116.

[31] Das übersieht *Bisek* (Fn 16) 32; wie hier *K. Lange* (Fn 18) 314.

Untergliederungen beteiligt ist, ein öffentlich-rechtlicher Vertrag.[32] Man wird daher, wenn die Verwaltung lediglich aufgrund von Aufgaben- oder Zuständigkeitsregelungen tätig wird und beispielsweise etwa eine Gemeinde mit einem Künstler einen Vertrag über die Überlassung von Bildern für eine von ihr veranstaltete Ausstellung abschließt,[33] jeweils prüfen müssen, ob die von ihr zu erbringende Leistung nach Maßgabe öffentlichen Rechts erfolgt.[34]

Wenn in diesem Zusammenhang zur Qualifikation des Verwaltungshandelns **6**
auf die öffentliche Aufgabe oder das öffentliche Interesse abgestellt wird,[35] so ist dies – einmal abgesehen von der Konturenlosigkeit dieser Begriffe[36] – schon deshalb nicht tragfähig, weil *jedes* Handeln der Verwaltung öffentlichen Interessen und Aufgaben zu dienen hat. Da der Verwaltung nach durchaus herrschender Auffassung, soweit nicht Rechtsvorschriften entgegenstehen, die Freiheit der Formenwahl selbst bei Verfolgung öffentlich-rechtlicher Ziel- und Zwecksetzungen zusteht,[37] läßt sich auch aus einem solchen, *ausdrücklich* normierten Ziel- und Zweckbezug des Verwaltungshandelns in diesen Fällen nicht ohne weiteres auf seine Zuordnung zum öffentlichen oder privaten Recht schließen.[38]

Man wird sich allerdings, auch soweit Freiheit der Formenwahl[39] gegeben ist, **7**
vergegenwärtigen müssen, daß mit dem öffentlichen Recht ein *Sonderrecht* zur Verfassung und Disziplinierung des Staatsgewalt ausübenden Staates und seiner Untergliederungen geschaffen worden ist.[40] Daher ist davon auszugehen, daß ein Träger öffentlicher Verwaltung eine ihm durch einen Rechtssatz des öffentlichen Rechts zugewiesene Aufgabe oder Zuständigkeit *in der Regel* auch im Bereich und mit den Mitteln des öffentlichen Rechts erfüllen will. Daraus folgt, daß jedes Handeln der öffentlichen Verwaltung, das im Zusammenhang mit der Erfüllung einer durch öffentlich-rechtlichen Rechtssatz zugewiesenen Aufgabe oder Zuständigkeit erfolgt, nach öffentlichem Recht zu beurteilen ist, solange der Wille, in privatrechtlicher Rechtsform tätig zu werden, nicht in Erscheinung tritt.[41]

32 So *Pestalozza* Formenmißbrauch des Staates, 1973, 181. Abl auch *Ehlers* (Fn 4) 197; *K. Lange* (Fn 18) 500; *H. Meyer* (Fn 6) § 54 Rn 29; *Scherzberg* (Fn 6) 207.

33 Vgl BVerwG MDR 1976, 874; krit dazu *Ehlers* (Fn 4) 455; *Schwarze* JuS 1978, 94 ff.

34 Vgl dazu auch BGH NJW 1975, 2015 f.

35 Vgl etwa *Bachof* FS BVerwG, 1978, 1, 14 ff. Auf die Unmittelbarkeit der Erfüllung öffentlicher Aufgaben stellt *Ehlers* (Fn 4) 199 ff, 452 ff ab, was allerdings im Hinblick darauf Bedenken erweckt, daß auch die unmittelbare Erfüllung öffentlicher Aufgaben in privatrechtlichen Formen erfolgen kann; vgl BVerwG DÖV 1990, 615 f; OVG NW NJW 1991, 61, 62.

36 Vgl auch o § 1 Rn 28 ff.

37 Vgl dazu etwa BVerwG MDR 1976, 874 f; ausf o § 2 Rn 70 ff.

38 Vgl auch BVerwG MDR 1976, 874 f; *K. Lange* (Fn 16) 317 f. AA *Bosse* (Fn 6) 28.

39 Dazu auch § 2 Rn 70 ff.

40 Vgl dazu auch o § 2 Rn 11.

41 So *Menger/Erichsen* VerwArch 60 (1969), 376, 378; *Erichsen* DVBl 1983, 289, 294; *ders* Jura 1982, 537, 544; *Wolff/Bachof* (Fn 16) § 22 III b 2; *M. Hoffmann* Der Abwehranspruch gegen rechtswidrige hoheitliche Realakte, 1969, 17 f; *K. Lange* (Fn 18) 502; *ders* (Fn 16) 318; *Achterberg* (Fn 6) § 21 Rn 235; *Kamalla* (Fn 10) 24 ff; *Henke* DÖV 1985, 41, 44 f zu sog Kooperationsverträgen; OLG Schleswig NVwZ 1988, 761, 762.

8 Ein im Rahmen öffentlich-rechtlicher Aufgabensetzung oder Zuständigkeit zwischen Verwaltung und Bürger durch Vertrag begründetes Rechtsverhältnis ist daher dem öffentlichen Recht zuzuordnen, wenn nicht aus den Umständen bei Abschluß der Vereinbarung oder in ihr zum Ausdruck kommt, daß man privatrechtliche Rechtsbeziehungen begründen will. Dieses ist etwa der Fall, wenn man sich privatrechtstypischer Vertragsgestaltung oder Terminologie bedient, oder wenn herkömmlich, wie etwa bei einem Vertrag zwischen Gemeinde und Künstler über die Überlassung von Bildern[42] oder allgemein bei sog Beschaffungsverträgen, mit denen sich die Behörde erst mit den zur Aufgabenerfüllung erforderlichen Mitteln versorgt,[43] bestimmte Vereinbarungen in privatrechtlicher Form getroffen zu werden pflegen.

III. Der öffentlich-rechtliche Vertrag unter Privaten

9 Ausgehend davon, daß ein öffentlich-rechtlicher Vertrag immer dann vorliegt, wenn die Einigung auf die Begründung, Aufhebung oder Änderung eines öffentlich-rechtlichen Rechtsverhältnisses gerichtet ist, kann es öffentlich-rechtliche Verträge unter Privaten nur geben, soweit diese über die Zuordnung öffentlich-rechtlicher Rechte und Pflichten bestimmen können. Eine solche *Dispositionsbefugnis* kommt Privaten indes nur zu, wenn die Rechtsordnung dies vorsieht,[44] wie das etwa in § 95 NWLWG der Fall ist, wonach die „Pflicht zur Gewässerunterhaltung ... auf Grund einer Vereinbarung mit Zustimmung der allgemeinen Wasserbehörde mit öffentlich-rechtlicher Wirkung von einem anderen übernommen werden" kann.[45]

[42] Insoweit ist die Entscheidung des BVerwG MDR 1976, 874 iErg zutr.

[43] Dazu Gms-OGB BGHZ 97, 313, 315 = BVerwGE 74, 368, 371; ferner BGHZ 116, 339, 344f mwN; s a *Ehlers* (Fn 4) 202ff.

[44] Vgl schon *Apelt* Der verwaltungsrechtliche Vertrag, 1920, 53; *Kopp* VwVfG, § 54 Rn 10, 33; *Henneke* (Fn 5) § 54 Rn 4.1; Begr EVwVfG 1963, 194; BGHZ 35, 175, 177; OVG Lüneburg OVGE 27, 341, 343. Mit unterschiedlicher Begründung wird im übrigen der verwaltungsrechtliche Vertrag unter Privaten für zulässig erachtet von *Wolff/Bachof/Stober* VwR I, § 54 Rn 19; *Forsthoff* VwR, 273; *Imboden* Der verwaltungsrechtliche Vertrag, 1958, 43, 44; *Menger/Erichsen* VerwArch 58 (1967), 171, 178; *Stern* VerwArch 49 (1958), 106, 148, 155; *Götz* JuS 1970, 1, 2; *Pestalozza* JZ 1975, 50, 51ff; *Obermayer* BayVBl 1977, 546, 548; *K. Lange* (Fn 18) 504; *Ehlers* Verw 31 (1998), 53, 77; abl *Menger* VerwArch 52 (1961), 92, 101. *Gern* (Fn 13) 40ff; *ders* NJW 1979, 694, 695 hält solche Verträge nur für möglich, soweit Privatpersonen zugleich beliehene Hoheitsträger sind und kraft dieser Rechte paktieren; dazu *Clemens* Verw 12 (1979), 380ff; wie *Gern* auch *Schimpf* (Fn 10) 71ff und *Kasten/Rapsch* (Fn 7) 712.

[45] Dazu *Wolff/Bachof/Stober* (Fn 44) § 54 Rn 19 und *Stern* VerwArch 49 (1958), 106, 148. Als öffentlich-rechtlicher Vertrag unter Privaten wird zB angesehen: die Einigung nach § 110 Abs 1 BauGB – Vgl *Dyong* in: Ernst/Zinkahn/Bielenberg, BauGB, Stand: Juli 1996, §§ 110/111 Rn 8 –, die bergrechtliche Grundabtretung – Vgl *Piens/Schulte/Graf Vitzthum* Bundesberggesetz, 1983, vor § 91 Rn 22 –, der Vertrag über die Abrundung von Jagdgebieten zwischen den Jagdberechtigten nach § 9 Abs 2 S 3 BayJagdG – vgl *Stern* (Fn 45) 148 –, die Vereinbarung des Arbeitgebers mit dem Arbeitnehmer, daß er einen Teil von dessen Sozialversicherungsanteil übernehmen werde – vgl *Pestalozza* (Fn 44) 52.

IV. Die Anwendung der Verwaltungsverfahrensgesetze

Die VwVfGe finden nur Anwendung bei *öffentlich-rechtlichen* Verträgen der Verwaltung und auch hier selbstverständlich nur nach Maßgabe der in §§ 1, 2 VwVfG enthaltenen Regelungen.[46] § 54 VwVfG gilt dementsprechend auch für Verwaltungsabkommen, wenn sie auf die Setzung verwaltungsrechtlicher Rechtsfolgen gerichtet sind.[47] Nicht anwendbar sind §§ 54 ff VwVfG dagegen auf öffentlich-rechtliche Verträge unter Privaten, es sei denn, die Vertragspartner schließen den Vertrag als Beliehene.[48] Fachgesetzlichen Sonderregelungen kommt jeweils gegenüber den Verwaltungsverfahrensgesetzen der Vorrang zu.[49] Indes ist der Inhalt der im Bereich des verwaltungsrechtlichen Vertrages in Sondergesetzen enthaltenen Regelungen durchweg auf die Festlegung der Zulässigkeit dieser Handlungsform insbes im Verhältnis Staat-Bürger beschränkt.[50] Daher greifen in diesen Fällen in der Regel die Vorschriften der §§ 54 ff VwVfG ein. Hinzuweisen ist allerdings darauf, daß in dem von der Anwendung des VwVfG ausgenommenen Bereich des Sozialrechts[51] das Zehnte Buch des SGB (SGB X) den verwaltungsrechtlichen Vertrag in den §§ 53–61 nahezu inhaltsgleich mit dem VwVfG geregelt hat. Im Bereich der Kommunalabgabenverwaltung finden die Regelungen des VwVfG und damit auch die Vorschriften über den verwaltungsrechtlichen Vertrag keine Anwendung.[52] Weiter ist im gegebenen Zusammenhang von Bedeutung, daß die VwVfGe durchweg in § 2 Abs 3[53] die Anwendung der §§ 54–62 VwVfG, also der Regelungen über den öffentlich-rechtlichen Vertrag, für die Tätigkeit der Behörden bei Leistungs-, Eignungs- und ähnlichen Prüfungen sowie für die Tätigkeit der Schulen und Hochschulen ausschließen. 10

[46] Vgl dazu *H. Meyer* NJW 1977, 1705 f; zur Anwendung des VwVfG auf die Vertragsverhandlungen *Bauer* in: Hoffmann-Riem/Schmidt-Aßmann, Innovation und Flexibilität des Verwaltungshandelns, 1994, 259.

[47] Dazu auch *Bonk* (Fn 16) § 54 Rn 33; *Achterberg* (Fn 6) § 21 Rn 277 ff.

[48] Undifferenziert *Maurer* (Fn 3) § 14 Rn 10. Zutr insoweit *Schimpf* (Fn 10) 73. Vgl auch BVerwG NJW 1992, 2908 mwN.

[49] Vgl *Erichsen* (Fn 24) 51; *Schmidt-Aßmann,* Städte- und Gemeindebund, 1977, 9 ff.

[50] Beispiele für die Anwendung vgl o Rn 4; Krebs (Fn 2) 251 mwN.

[51] § 2 Abs 2 Nr 4 VwVfG des Bundes; § 2 Abs 2 Nr 3 der BaWü-, Brem-, Hamb-, Hess-, NW-, NdsVwVfGe; Art 2 Abs 2 Nr 4 BayVwVfG; § 1 Abs 3 Nr 3 RhPfVwVfG; § 2 Abs 1 Nr 3 MVVwVfG.

[52] Vgl dazu *Erichsen* VerwArch 70 (1979), 349, 355 ff; *Thiem* Allgemeines kommunales Abgabenrecht, 1981, 12 ff, 79 ff; OVG NW DVBl 1981, 834, 835; KStZ 1986, 175 f; *Ehlers* DVBl 1986, 529, 531 f; für eine analoge Anwendung dag *Allesch* DÖV 1988, 103 ff; *Heun* DÖV 1989, 1053, 1064; für eine unmittelbare Anwendung BayVGH NVwZ 1989, 167, 168 und VGH BW VBlBW 1987, 388.

[53] Vgl auch § 2 Abs 1, 2, 3 BerlVwVfG und § 1 Abs 4 RhPfVwVfG.

§ 25
Der koordinationsrechtliche Vertrag

1 Verträge zwischen Trägern öffentlicher Verwaltung zur Setzung verwaltungsrechtlicher Rechtsfolgen werden gemäß § 54 S 1 VwVfG als *zulässig* angesehen, soweit Rechtsvorschriften nicht entgegenstehen.[1] Es wird hier und vielfach auch in der Literatur nur auf den Vorrang des Gesetzes abgestellt;[2] doch es gilt zu beachten, daß die Fähigkeit, durch Verträge berechtigt und/oder verpflichtet zu werden, nur insoweit gegeben ist, als die Rechtsordnung den Beteiligten Rechtsfähigkeit verleiht.[3]

2 Inhaltlich können die koordinationsrechtlichen verwaltungsrechtlichen Verträge auf gegenseitige Berechtigung oder Verpflichtung gerichtet sein[4] oder auch nur einseitig einen der Vertragspartner zur Erbringung bestimmter Leistungen verpflichten.[5] Sie können auch auf verfügende Wirkung gerichtet sein, wie etwa im Falle von Eingemeindungsverträgen. Von erheblicher Bedeutung unter den koordinationsrechtlichen Verträgen sind jene Vereinbarungen, die auf die Gründung öffentlich-rechtlicher Organisationseinheiten, etwa eines Zweckverbandes nach den Gesetzen über die kommunale Gemeinschaftsarbeit,[6] eines Planungsverbandes nach § 205 BauGB oder einer der Abstimmung unter den Beteiligten dienenden Arbeitsgemeinschaft, wie sie verschiedene Landesgesetze für den kommunalen Bereich vorsehen,[7] gerichtet sind. Hinsichtlich der *inhaltlichen Gestaltung* dieser Verträge gilt der Vorrang des Gesetzes, wobei vor allem auch die Vorschriften über die örtliche und sachliche Zuständigkeit zu beachten sind.[8] In den durch das Gesetzmäßigkeitsprinzip gezogenen Grenzen kommt allerdings auch die Übertragung von Verwaltungskompetenzen durch koordinationsrechtlichen Vertrag in Betracht.[9] Werden koordinationsrechtliche Verträge unter Verstoß gegen den Grundsatz des Vorrangs des Gesetzes oder in sonst unzulässiger Weise geschlossen, so sind sie rechtswidrig. Rechtswidrige koordinationsrechtliche Verträge sind nach § 59 Abs 1 VwVfG nichtig, wenn „sich die Nichtigkeit aus der entsprechenden Anwendung von Vorschriften des Bürgerlichen Gesetzbuchs ergibt".[10]

[1] Entgegenstehende Vorschriften zB: § 1 S 2 RhPfZweckVG; § 1 Abs 1 S 2 NWGkG; Art 1 Abs 4 BayKomZG.

[2] Vgl *Bisek* Der öffentlich-rechtliche Vertrag, 1970, 49; *Giacometti* Allgemeine Lehren des rechtsstaatlichen Verwaltungsrechts, 1960, 448; *Götz* JuS 1970, 1, 5.

[3] Vgl auch *v Mutius* JuS 1977, 99, 101 mwN. Zur Rechtsfähigkeit vgl o § 11 Rn 9ff. Vgl dazu auch die Formulierung in § 1 Abs 1 S 1 NWGkG; Art 3 Abs 1 BayKomZG.

[4] Der Staatsvertrag über die Vergabe von Studienplätzen wird von BVerwGE 50, 124, 130ff als verwaltungsrechtlicher Vertrag angesehen.

[5] Zu denken ist etwa an einen Vertrag zwischen Land und Gemeinde über die Bezuschussung eines gemeindlichen Theaters.

[6] Vgl §§ 4ff NWGkG; §§ 2ff RhPfZweckVG; Art 18ff BayKomZG. Dazu *v Mutius* JuS 1978, 28, 32f; *Erichsen* Kommunalrecht NW, 2. Aufl 1997, § 13 B 1.

[7] Vgl §§ 2f NWGkG; § 14 RhPfZweckVG; Art 4ff BayKomZG; dazu *Erichsen* (Fn 6) § 13 B 3.

[8] Vgl auch *Bullinger* Vertrag und Verwaltungsakt, 1962, 85; *Kopp* VwVfG, § 54 Rn 32.

[9] Vgl OVG Rh-Pf NVwZ 1986, 843f.

[10] S dazu u § 26 Rn 22ff.

§ 26
Der subordinationsrechtliche Vertrag

I. Die Zulässigkeit des subordinationsrechtlichen Vertrages

Hatte noch Otto *Mayer* sich strikt dagegen gewandt, den Vertrag, den er durch die Gleichberechtigung der Vertragspartner gekennzeichnet und damit als typisch privatrechtlich ansah, als Mittel zur Regelung des Verhältnisses zwischen Verwaltung und Bürger zu übernehmen, da der staatliche Wille sich auch in der Einigung mit dem Bürger letztlich einseitig durchsetze,[1] so ist die Frage nach der prinzipiellen Zulässigkeit des verwaltungsrechtlichen Vertrages zwischen einem Träger öffentlicher Verwaltung und dem Bürger heute positiv zu beantworten.[2] 1

Nachdem sich der subordinationsrechtliche Vertrag in der Praxis der Verwaltung eingebürgert hatte und von Rechtsprechung und Schrifttum sowie in neueren Gesetzen – zB § 124 Abs 1 BauGB – anerkannt worden war,[3] wird er in § 54 S 2 VwVfG *ausdrücklich* für zulässig erklärt.[4] Dies geschieht in einer allerdings völlig verunglückten Formulierung,[5] die mit den Worten: „insbes ... anstatt einen Verwaltungsakt zu erlassen" das Subordinationsverhältnis umschreibt. § 54 S 2 VwVfG eröffnet also entgegen seinem Wortlaut der Verwaltung nicht die Wahlmöglichkeit zwischen Verwaltungsakt und öffentlichem Vertrag, sondern betrifft ausschließlich die generelle und abstrakte Zulässigkeit der Handlungsform des verwaltungsrechtlichen Vertrages im Subordinationsverhältnis. Die Frage, ob die Verwaltung im konkreten Fall mit dem Bürger einen verwaltungsrechtlichen Vertrag schließen darf, beurteilt sich nach § 54 S 1 VwVfG. Danach kann ein solcher Vertrag abgeschlossen werden, „soweit Rechtsvorschriften nicht entgegenstehen".

Die von der Verwaltung mit dem Bürger geschlossenen subordinationsrechtlichen Verträge sind ganz überwiegend *Verpflichtungsverträge,* die der Erfüllung bedürfen.[6] Diese Erfüllung erfolgt in aller Regel durch einseitige Maßnahmen, etwa Zahlung einer bestimmten Summe zur Ablösung der Einstellplatzverpflich- 2

[1] AöR 3 (1888), 3, 42. Den koordinationsrechtlichen Vertrag hielt *O. Mayer* Deutsches Verwaltungsrecht, 2. Aufl 1917, Bd II, 646 hingegen für zulässig. Dazu *Henke* Das Recht der Wirtschaftssubventionen als öffentliches Vertragsrecht, 1979, 22 ff.

[2] Zur Entwicklung vgl *Bullinger* Vertrag und Verwaltungsakt, 1962, 31 f; *Bosse* Der subordinationsrechtliche Verwaltungsvertrag als Handlungsform öffentlicher Verwaltung, 1974, 15 ff, 37 f. Krit *Burmeister* VVDStRL 52 (1993), 190, 224.

[3] Auch *Bullinger* (Fn 2) 249, der sich zunächst dezidiert gegen die Zulässigkeit des verwaltungsrechtlichen Vertrages ausgesprochen hatte, hat 1967 – in: GS H. Peters, 667, 682 Fn 52 – seine Auffassung modifiziert. Argumente *Bullingers* zieht jüngst noch das BVerwG in E 98, 58, 68 heran; krit dazu *H. Mayer* JZ 1996, 78, 79.

[4] Dazu *Kopp* VwVfG, § 54 Rn 20, 21; *Bisek* Der öffentlich-rechtliche Vertrag, 1970, 36 f; *Bleckmann* VerwArch 63 (1972), 404, 409 f. Zu § 121 S 2 SHLVwG vgl *Kuhn* Landesverwaltungsgesetz Schleswig-Holstein, 1968, § 121 Rn 13 f.

[5] Vgl auch *Kopp* (Fn 4) § 54 Rn 20; *Bullinger* DÖV 1977, 812, 813 Fn 3.

[6] Vgl dazu auch *Redeker* DÖV 1966, 543 ff.

tung durch den Bürger[7] und Erteilung einer Baugenehmigung durch die Verwaltung. Es braucht sich jedoch nicht stets um Austauschverträge[8] oder um die wechselseitige kausale Verknüpfung von Leistungsverpflichtungen[9] zu handeln; es sind auch einseitig verpflichtende Verträge zwischen Verwaltung und Bürger denkbar.[10] Die Verträge können *schuldrechtlich* oder *dinglich verfügender* Natur sein. In letztere Kategorie gehört etwa die Einigung nach § 110 BauGB über den Übergang von Grundeigentum, die gemäß § 110 Abs 3 BauGB an die Stelle der Enteignung tritt. Verfügenden Charakter haben auch Verträge, die einen rechtsgestaltenden Verwaltungsakt ersetzen.[11]

II. Abschlußfreiheit, Form und Verfahren

3 Im Anschluß an die zuvor in der höchstrichterlichen Rechtsprechung[12] und im Schrifttum[13] ganz überwiegend vertretene Auffassung sieht § 54 S 1 VwVfG vor, daß ein Rechtsverhältnis auf dem Gebiet des öffentlichen Rechts durch Vertrag begründet, geändert oder aufgehoben werden kann, soweit Rechtsvorschriften nicht entgegenstehen. Dieser Vorbehalt bezieht sich nur auf die Handlungsform, nicht auf den Inhalt des Vertrages.[14] Grundsätzlich besteht also eine *facultas alternativa* zwischen Verwaltungsakt und Vertrag. Die Entscheidung für die eine oder die andere Handlungsform steht im Ermessen der Verwaltung.[15] Die Behörde unterliegt dabei – trotz dessen systematischer Stellung in Teil III des VwVfG[16] – den in § 40 VwVfG umschriebenen Bindungen. Bei der Wahl der Handlungsform ist stets eine sachgerechte und effektive Lösung der betreffenden Verwaltungsaufgabe

[7] §§ 51 Abs 6 NWBauO, 48 Abs 6 SHBauO, 39 Abs 5 BWBauO, 48 Abs 3 BerlBauO, 45 Abs 4 RhPfBauO, 67 Abs 7 HessBauO, 65 Abs 4 HambBauO, 49 Abs 7 SächsBauO, Art 56 Abs 1 BayBauO; zu derartigen Verträgen vgl *Ehlers* DVBl 1986, 529ff.

[8] Zum Austauschvertrag zwischen Subventionsgeber und -nehmer vgl *W. Henke* (Fn 1) 33f.

[9] Vgl etwa BVerwGE 42, 331, 333.

[10] Vgl etwa *H. H. Klein* DVBl 1968, 129, 133f.

[11] Dem Vertragsabschluß kann insoweit allerdings ausnahmsweise ein Vertragsformverbot entgegenstehen, dazu u Rn 4; zur Zulässigkeit der vertraglichen Gewährung einer Baugenehmigung s einerseits *Schmidt-Aßmann/Krebs* Rechtsfragen städtebaulicher Verträge, 1992, 212, andererseits *Reckers* Gesetzwidrige und gesetzabweisende Regelungen in Verwaltungsverträgen zwischen Bürger und Staat, 1988, 85f; einschr auch *Maurer* Allg VwR, § 14 Rn 27.

[12] Vgl BVerwGE 22, 138; 23, 213, 214ff; 42, 331, 335f; BGH DÖV 1966, 759, 760.

[13] Vgl *Götz* JuS 1970, 1, 2 mwN in Fn 16.

[14] Vgl *H. Meyer* NJW 1977, 1705, 1710 Fn 55; *dens* in: Meyer/Borgs, VwVfG, § 54 Rn 66. Nach anderer Auffassung bezieht sich der Vorbehalt auch auf den Vertragsinhalt. So *Kopp* (Fn 4) § 54 Rn 22 mwN; wohl auch *Ehlers* VerwArch 74 (1983), 112, 125f. Vgl auch BVerwG NJW 1980, 1294. Zu den Folgen des Verstoßes gegen ein Handlungsformverbot vgl u Rn 26.

[15] Anders § 53 Abs 2 SGB X, wonach ein öffentlich-rechtlicher Vertrag über Sozialleistungen nur geschlossen werden darf, „soweit die Erbringung der Leistung im Ermessen des Leistungsträgers steht".

[16] Zutr *Scherzberg* JuS 1992, 205, 209.

anzustreben. Aus dem verfassungsrechtlichen Übermaßverbot wird dabei in aller Regel keine Ermessensreduktion zugunsten einer vertraglichen Rechtsgestaltung folgen.[17]

Nach der Begründung des Regierungsentwurfs wurden als entgegenstehende Rechtsvorschriften iSd § 54 S 1 VwVfG des Bundes nur Gesetze angesehen,[18] 4
während das BVerwG in zutreffender Anlehnung an Art 20 Abs 3 GG „Gesetz und Recht" als Schranke der Zulässigkeit verwaltungsrechtlicher Verträge bezeichnet.[19] Damit ist der Abschluß eines verwaltungsrechtlichen Vertrages unzulässig, soweit Verfassung, Gesetz, Rechtsverordnung, Satzung oder auch aus ihnen herzuleitende allgemeine Grundsätze entgegenstehen.[20] Man wird allerdings kaum Regelungen finden, die den Abschluß eines subordinationsrechtlichen Vertrages *ausdrücklich* untersagen. Als entgegenstehend ist daher jede Regelung anzusehen, die der Verwaltung eine bestimmte andere als die vertragliche Handlungsform zwingend vorschreibt.[21] Ob das der Fall ist, muß jeweils im Wege der Auslegung festgestellt werden. Legt eine Norm fest, daß die Verwaltung durch „Bescheid" oder „Verfügung", „Erlaubnis" oder „Genehmigung" tätig wird, so hat das bei Rechtsvorschriften, die *nach* dem VwVfG erlassen wurden, zumindest indizierende Wirkung.[22] Bei *vor* Erlaß des VwVfG in Kraft getretenen Rechtsvorschriften hat eine entsprechende Formulierung weniger Aussagekraft. Hier sind allgemeine Grundsätze, insbes auch jene Überlegungen heranzuziehen, die Rechtsprechung und Schrifttum schon vor Inkrafttreten des VwVfG entwickelt haben.[23] So sind etwa §§ 2 Abs 1 BBesG, 5, 9, 17f BRRG als Rechtsvorschriften anzusehen, die iSd § 54 S 1 VwVfG „entgegenstehen". Ganz allgemein gilt, daß das Beamtenverhältnis einer Gestaltung durch Vereinbarung nur insoweit zugänglich ist, als dafür eine gesetzliche Grundlage besteht.[24] Demgegenüber dürfte es sich bei § 20 NWOBG, der für ordnungsbehördliche Verfügungen die Schriftform an-

17 Ebenso *Kunig* DVBl 1992, 1193, 1196; *Scherzberg* (Fn 16) 209f; *Krebs* VVDStRL 52 (1993), 248, 262f; *Burmeister* VVDStRL 52 (1993), 190, 209; *Bauer* in: Hoffmann-Riem/Schmidt-Aßmann, Innovation und Flexibilität des Verwaltungshandelns, 1994, 226; vgl auch *Brohm* DÖV 1992, 1025, 1033; entgegen *Goerlich* „Formenmißbrauch" und Kompetenzverständnis, 1987, 102 und *Reckers* (Fn 11) 82f ist durchaus zweifelhaft, ob das Übermaßverbot generell geeignet ist, die Auswahl der Formen des Verwaltungshandelns zu steuern; angesichts der restriktiven Fehlerfolgenregelung der §§ 54ff VwVfG – dazu u Rn 18ff – wäre auch die Annahme fragwürdig, daß sich eine vertragliche Regelung als das gegenüber einseitig-hoheitlicher Anordnung schlechthin „mildere Mittel" darstellt.

18 BT-Drucks 7/910, 79.

19 BVerwGE 42, 331, 334ff; dazu auch *Klückmann* SKV 1977, 98, 99; *Bleckmann* (Fn 4) 409f; *Weyreuther* FS Reimers, 1979, 379, 386.

20 Vgl auch *Bonk* in: Stelkens/Bonk/Sachs, VwVfG, § 54 Rn 47; *Ule/Laubinger* VvVfR, § 70 Rn 3 Fn 4. AA im Hinblick auf Gewohnheitsrecht *Kopp* (Fn 4) § 54 Rn 26; *Henneke* in: Knack, VwVfG, § 54 Rn 6.1.

21 So etwa *Püttner* Allg VwR, 104, 105; *Bosse* (Fn 2) 49f; *Braun* BayVBl 1983, 225, 232f; Begr EVwVfG 1973 BT-Drucks 7/910, 79.

22 Krit *Kunig* (Fn 17) 1196.

23 Vgl dazu auch *Kopp* (Fn 4) § 54 Rn 27f; *Klückmann* (Fn 19) 99f; *Götz* (Fn 13) 3. Abw dazu *H. Meyer* (Fn 14) § 54 Rn 70.

24 BVerwGE 91, 200, 203.

ordnet, nur um eine die typische Handlungsform der Verwaltung betreffende Regelung handeln, die eine vertragliche Gestaltung im Bereich des Rechts der Gefahrenabwehr nicht ausschließt.[25]

5 Anders als das BGB weist das öffentliche Recht kaum Vorschriften darüber auf, unter welchen Voraussetzungen ein Vertrag zustandekommt. Der verwaltungsrechtliche Vertrag wird gem § 62 S 2 VwVfG iVm §§ 145 ff BGB durch Angebot und Annahme geschlossen.[26] Hierbei handelt es sich um verwaltungsrechtliche Willenserklärungen.[27] § 57 VwVfG sieht vor, daß ein verwaltungsrechtlicher Vertrag *schriftlich* zu schließen ist, soweit nicht durch Rechtsvorschrift eine andere Form vorgeschrieben ist. Die Anforderungen des Schriftformerfordernisses ergeben sich aus § 62 S 2 VwVfG iVm § 126 BGB.[28] Als Rechtsvorschrift iSd § 57 VwVfG sind auch Rechtsverordnung und Satzung anzusehen; sie gehen indes nur dann der in § 57 VwVfG getroffenen Regelung vor, wenn sie andere, in der Regel weitergehende Formen vorsehen. Ein Ausschluß des Formerfordernisses durch Rechtsverordnung oder (kommunale) Satzung ist nicht möglich.[29] Ob diese Regelung in einer Zeit der Massenverwaltung glücklich ist, ist sehr fraglich.[30] Sie wird jedenfalls dazu führen, daß der verwaltungsrechtliche Vertrag als Mittel zur Erledigung der alltäglichen Aufgaben daseinsvorsorgender Kommunalverwaltung (etwa Begründung von Anstaltsnutzungsverhältnissen)[31] kaum mehr praktische Bedeutung haben wird.

[25] Vgl dazu auch *Tschaschnig* Die Nichtigkeit subordinationsrechtlicher Verträge nach dem Verwaltungsverfahrensgesetz, 1984, 146ff; *Beyer* Der öffentlich-rechtliche Vertrag, informales Handeln der Behörden und Selbstverpflichtung Privater als Instrumente des Umweltschutzes, 1986, 78f, dort S 81ff auch zu weiteren Beispielen aus dem Bereich des Umweltrechts; zum verwaltungsrechtlichen Vertrag bei der Altlastensanierung *Müllmann* NVwZ 1994, 876.

[26] Vgl dazu etwa OVG Saarl NJW 1993, 1612; OVG NW NVwZ 1992, 988, 989. – Zum Erfordernis des Rechtsbindungswillens beim Vertrag im Gegensatz zur (informellen) Absprache s *Kunig* (Fn 17) 1195. Vgl auch §§ 32, 23 Rn 1.

[27] Vgl *Henneke* (Fn 20) § 54 Rn 9; *J. Martens* Die Praxis des Verwaltungsverfahrens, 1985 Rn 345ff; *Klein* ThürVBl 1992, 231, 232; abw *Kopp* (Fn 4) § 54 Vorbem Rn 12; *ders* BayVBl 1980, 609ff, der auf seiten der Behörde einen Verwaltungsakt annimmt. Zutr dagegen *Krebs* VVDStRL 52 (1993), 248, 261 mwN. Zur verwaltungsrechtlichen Willenserklärung vgl o § 22.

[28] OVG Lüneburg NJW 1992, 1404, 1405; *Obermayer* VwVfG, § 57 Rn 10 mwN; *Klein* (Fn 27) 233; aA *Henneke* (Fn 20) § 57 Rn 2ff, der über die vorrangige Verweisungsnorm des § 62 S 1 VwVfG § 37 III VwVfG zur Ausfüllung des Schriftformerfordernisses heranziehen will, der indes nur für den Verwaltungsakt als einseitige Regelung Geltung beanspruchen kann; gegen Anwendung des § 126 II S 1 BGB auch *Bonk* (Fn 20) § 57 Rn 7, 11; *Weihrauch* VerwArch 82 (1991), 543ff. Vgl ferner zur Bedeutung des Schriftformerfordernisses *Fluck* Verw 22 (1989), 185, 202ff; s a BVerwG JZ 1990, 591, 593f m Anm *Ehlers*.

[29] Vgl auch *Kopp* (Fn 4) § 57 Rn 7f; *Ehlers* Verwaltung in Privatrechtsform, 1984, 208 Fn 202; aA *Maurer* DVBl 1989, 798, 803 unter Hinweis auf die durchgängige Subsidiarität der Vorschriften des VwVfG.

[30] So auch *Bauer* (Fn 17) 267.

[31] Vgl etwa *Rüfner* Formen öffentlicher Verwaltung im Bereich der Wirtschaft, 1967, 312ff; *Wolff/Bachof/Stober* VwR II, § 99 Rn 9; *Ehlers* (Fn 29) 208ff, 517f.

Das VwVfG spricht davon, daß „die Behörde“ verwaltungsrechtliche Verträge abschließt. Diese Formulierung ist ungenau, weil aus den abgeschlossenen Verträgen nur der jeweilige *Träger* öffentlicher Verwaltung berechtigt oder verpflichtet wird. Darin ist die Bezugnahme auf das jeweils geltende, die Vertretung eines Trägers öffentlicher Verwaltung regelnde Organisationsrecht[32] zu sehen. Etwas anderes gilt lediglich für § 61 Abs 1 VwVfG. **6**

Die Regelungsbedürftigkeit weiterer, im Hinblick auf das Zustandekommen verwaltungsrechtlicher Verträge erheblicher Fragen liegt auf der Hand. Man wird, sofern dies mit den Grundsätzen des öffentlichen Rechts vereinbar ist, insoweit, der Regelung des § 62 S 2 VwVfG folgend, ergänzend die einschlägigen Vorschriften des BGB entsprechend anwenden müssen.[33] **7**

Die Wirksamkeit von Verträgen, die in Rechte Dritter eingreifen, hängt entsprechend der in § 58 Abs 1 VwVfG vorgesehenen Regelung davon ab, ob der Dritte schriftlich zustimmt, da Verträge auch im öffentlichen Recht grundsätzlich Rechtsbeziehungen nur zwischen den Vertragspartnern begründen können und daher auch im öffentlichen Recht Verträge zu Lasten Dritter unzulässig sind. Die Zustimmungspflicht wird durch Vereinbarungen ausgelöst, die die einem Dritten zur eigenen Wahrnehmung zugewiesenen Interessen[34] rechtswidrig beeinträchtigen. Das Erfordernis der Zustimmung gilt in jedem Falle für drittbelastende Verfügungsverträge. Bei der Antwort auf die Frage, ob dies auch für Verpflichtungsverträge gilt, ist zu beachten, daß der obligatorische Vertrag ein Mittel zur Individualisierung und Konkretisierung von Rechtsbeziehungen ist. Das von ihm zwischen den Vertragspartnern begründete und gestaltete Rechtsverhältnis ist als rechtliche Ordnung eines gegebenen Sachverhalts auch gegenüber Dritten verbindlich,[35] entfaltet Tatbestandswirkung. Ihm ist daher der Maßstab der Rechtmäßigkeit des Erfüllungsaktes zu entnehmen.[36] Der Vertrag, der die Verwaltung etwa zum Erlaß eines Verwaltungsakts verpflichtet, welcher einen Dritten belastet, wie es etwa beim Vertrag über die Gewährung eines Dispenses oder einer Subvention der Fall sein kann, setzt also den Maßstab für die Beurteilung der Rechtmäßigkeit des zu erlassenden Verwaltungsakts und damit für einen Eingriff in Rechte des Dritten. Mithin bedürfen auch Verträge, durch die eine Verpflichtung zum Eingriff in Rechte Dritter begründet wird, der Zustimmung.[37] Die Zustimmung kann **8**

32 So sind zB die Regelungen über die Vertretungsmacht des für die Gemeinde handelnden Organs den einschlägigen Bestimmungen der Gemeindeordnungen zu entnehmen.

33 Dazu allg *Punke* Verwaltungshandeln durch Vertrag, Arbeitspapiere Nr 28 d Lorenz-v-Stein-Instituts Kiel, oJ 8ff und passim; vgl auch § 61 SGB X und dazu *W. Henke* (Fn 1) 37ff und o § 11 Rn 28. S a bereits Rn 5 sowie u § 27.

34 Zu Begriff und Voraussetzungen des subjektiv-öffentlichen Rechts s o § 11 Rn 30ff.

35 Vgl etwa *Obermayer* (Fn 28) § 54 Rn 129, § 59 Rn 25; *H. Meyer* (Fn 14) § 54 Rn 4.

36 Ausf *Schmidt-Aßmann/Krebs* (Fn 11) 227, 204f; *Krebs* (Fn 17) 270f; *Erichsen* Jura 1994, 47, 48; *Scherzberg* (Fn 16) 214; aA *Maurer* (Fn 11) 803; *Ule/Laubinger* (Fn 20) § 69 Rn 15.

37 OVG NW NVwZ 1988, 370, 371; *Erichsen* (Fn 36) 48; *Schmidt-Aßmann/Krebs* (Fn 11) 227; *Fluck* Die Erfüllung des öffentlich-rechtlichen Verpflichtungsvertrages durch Verwaltungsakt, 1985, 56ff, 64 ff; *Henneke* (Fn 20) § 58 Rn 4.2; *H. Meyer* (Fn 14) § 58 Rn 9, 10; *Scherzberg* (Fn 16) 214; *Kunig* (Fn 17) 1196; *Bonk* (Fn 20) § 58 Rn 12; *Grzi-*

entsprechend § 62 S 2 VwVfG iVm § 184 Abs 1 BGB auch nachträglich erteilt werden. Wird anstelle eines mehrstufigen Verwaltungsakts ein verwaltungsrechtlicher Vertrag geschlossen, so führt das nicht dazu, daß die bei Erlaß eines Verwaltungsakts erforderlichen Mitwirkungshandlungen anderer Behörden entfallen können. Vielmehr ist in allen diesen Fällen entsprechend der Regelung des § 58 Abs 2 VwVfG ein solcher Vertrag erst wirksam, nachdem die Mitwirkung der anderen Behörde(n) in der vorgeschriebenen Form erfolgt ist. Dies gilt gleichermaßen für Verfügungs- und Verpflichtungsverträge.[38]

III. Die Freiheit inhaltlicher Gestaltung

9 Die Möglichkeit, im Wege der Einigung Rechtsfolgen zu setzen, läßt die Gefahr entstehen, daß dabei Machtpositionen ausgenutzt, Verwaltungsleistungen kommerzialisiert werden.[39] Diese Überlegung führt zu der Frage nach den rechtlichen Grenzen für die inhaltliche Gestaltung subordinationsrechtlicher Verträge. Es ist zu prüfen, ob es auch hier zulässig ist, „bis zur Grenze der Sittenwidrigkeit und speziell des Wuchers um eine Gegenleistung zu feilschen".[40] Jeder Träger öffentlicher Verwaltung ist als Teil der vollziehenden Gewalt gemäß Art 20 Abs 3 GG an Gesetz und Recht gebunden.

Welcher Handlungsform er sich bei seinen Maßnahmen auch bedient, der *Vorrang des Gesetzes* gilt in jedem Falle. Der Inhalt subordinationsrechtlicher Verträge darf also nicht gegen höherrangige Regelungen verstoßen; die Normen des europäischen Gemeinschaftsrechts, der Verfassung, der Gesetze, Verordnungen und Satzungen sowie des Gewohnheitsrechts dürfen durch vertragliche Regelungen nicht durchbrochen werden.[41] Das gilt auch für Verträge, die die Verwaltung in Ausübung ihres Ermessens schließt. Allerdings bleibt stets zu fragen, ob die einschlägigen Normen handlungsformunabhängige Maßstäbe enthalten oder sich auf die Disziplinierung einseitig-hoheitlicher Regelungen beschränken und der Ver-

wotz NJW 1995, 1927, 1928; im Hinblick auf den Subventionsvertrag auch OVG NW NVwZ 1984, 522, 524f; *Friehe* DÖV 1980, 673, 674; *Knuth* JuS 1986, 523, 524; *Braun* (Fn 21) 233f; aA *Bullinger* (Fn 5) 816 mit Fn 24; *Maurer* (Fn 11) § 14 Rn 30; *Ule/Laubinger* (Fn 20) § 69 Rn 15; ferner vor Inkrafttreten des VwVfG *Bosse* (Fn 2) 79; *Redeker* (Fn 6) 545.

[38] BVerwG NJW 1988, 662, 663; *Bonk* (Fn 20) § 58 Rn 20.

[39] Vgl BVerwGE 42, 331, 338ff; BGH NJW 1975, 1019, 1020; BayVGH BayVBl 1976, 237, 238; auch *Schilling* Verw Arch 87 (1996), 191: „unfreiwilliger" Vertrag.

[40] Formulierung von *Bullinger* (Fn 2) 255. Vgl zur Gefahr eines Mißbrauchs a *Klückmann* (Fn 19) 100.

[41] Vgl auch BVerwGE 23, 213, 216; 42, 331, 334; 49, 359, 361 und BVerwG NJW 1980, 1294; BGHZ 26, 84, 85; *Götz* (Fn 13) 5; *Schuster* Wirksame rechtswidrige öffentlichrechtliche Verträge, 1990, 26ff; *Krebs* VVDStRL 52 (1993), 248, 264; mißverständlich *Püttner* (Fn 21) 107; aA *Salzwedel* Die Grenzen der Zulässigkeit des öffentlichen Vertrages, 1958, 19, bei „zwingenden vertragsfordernden Interessen". – Zur Frage einer vertraglichen Verpflichtung zur Duldung rechtswidriger Lagen *Kunig* (Fn 17) 1197; *Scherzberg* (Fn 16) 210f.

waltung für vertragliche Vereinbarungen daher ein weitergehender Handlungsspielraum zusteht.[42] § 55 VwVfG sieht überdies im Einklang mit der schon in § 106 VwGO zum Ausdruck gekommenen Auffassung vor, daß die Verwaltung in pflichtgemäßer Ausübung ihres Ermessens mit dem Bürger einen Vergleichsvertrag schließen darf, um eine bei verständiger Würdigung der Sach- oder Rechtslage bestehende Ungewißheit im Wege gegenseitigen Nachgebens zu beseitigen.[43] Auch wenn der verwaltungsprozessuale Vergleich als Prozeßhandlung unwirksam sein sollte, kann er als außergerichtlicher Vergleichsvertrag gültig sein.[44]

Ob demgegenüber der *Vorbehalt des Gesetzes* für die inhaltliche Gestaltung verwaltungsrechtlicher Verträge gilt, ist Gegenstand der Diskussion. So ist das BVerwG davon ausgegangen, daß dieser Grundsatz nicht gilt. Zur Begründung hat das Gericht ausgeführt, daß es bei verwaltungsrechtlichen Verträgen, „auch soweit Grundrechtspositionen berührt werden, angesichts der einverständlichen Mitwirkung der am Vertrag Beteiligten zumindest nicht in dem Sinne zu Eingriffen kommt, in dem dies bei jenem Erfordernis gesetzlicher Grundlage vorausgesetzt wird".[45] Auch in der Literatur wird die Frage, ob in der vertraglichen Verpflichtung des Bürgers in jedem Fall eine den Gesetzesvorbehalt auslösende Grundrechtsbetroffenheit gesehen werden kann, mehrfach verneint.[46] So wird darauf hingewiesen, daß unter den Bedingungen einer arbeitsteiligen Wirtschaftsordnung die Nutzung grundrechtlicher Freiheitschancen vielfach eine Selbstbindung des Grundrechtsträgers voraussetzt. Die Übernahme eigener Lasten könne sich deshalb auch als Mittel zur Wahrnehmung von Grundrechtspositionen darstellen. Wenn man dem Bürger die Befugnis zu selbstbestimmter Rechtsgestaltung gegenüber dem Staat nicht in wesentlichem Umfang absprechen wolle, müsse das auch für den Abschluß von Verträgen auf dem Gebiet des öffentlichen Rechts gelten.[47] **10**

42 So für die nicht von §§ 45 ff BauGB geregelte freiwillige Umlegung BVerwG NJW 1985, 989 f; *Schmidt-Aßmann/Krebs* (Fn 11) 46 ff, 196 f; allgemein zur Problematik *Reckers* (Fn 11) 70 f, 98 ff; zu weitgehend in der Beschränkung der Gesetzesbindung *Bleckmann* NVwZ 1990, 601, 604.

43 Vgl auch BVerwGE 14, 103, 105; 17, 87, 94; 49, 359, 364 f; BVerwG Buchholz Nr 32 zu § 127 BBauG; BVerwG NJW 1990, 2700, 2702 f; OVG Lüneburg OVGE 32, 311, 313 f; BayVGH BayVBl 1988, 721, 722; *Erichsen* VerwArch 68 (1977), 65, 66 ff; *Bosse* (Fn 2) 61 ff; *H. J. Müller* Verw 10 (1977), 513, 524 f; *Meyer-Hesemann* DVBl 1980, 869 ff; *Funke* Der gerichtliche Vergleich im Verwaltungsprozeß, 1996; zu den Voraussetzungen des § 55 VwVfG vgl i e *Tschaschnig* (Fn 25) 51 ff; krit zur Normierung des Vergleichsvertrages *J. Martens* (Fn 27) Rn 333; Bedenken gegen einen Vergleich auf dem Gebiet des gemeinschaftlichen Agrarrechts *Mögele* BayVBl 1993, 552, 558 unter Verweis auf EuGH Slg 1983, 2633.

44 BVerwG NJW 1994, 2306, 2307; zust *Ehlers* Verw 31 (1998), 53, 77.

45 BVerwGE 42, 331, 335; so wohl auch *Bleckmann* (Fn 4) 434 ff; *Klein* (Fn 27) 234; *Kopp* (Fn 4) § 54 Rn 24; *Schwabe* Probleme der Grundrechtsdogmatik, 1977, 107 ff; *Schilling* (Fn 39) 203; krit zum BVerwG *v Mutius* VerwArch 65 (1974), 201, 208; *Menger* FS Ernst, 1980, 301, 314; *Ehlers* (Fn 14) 126.

46 S etwa *Schmidt-Aßmann/Krebs* (Fn 11) 185 ff; *Göldner* JZ 1976, 352, 355; *Efstratiou* Die Bestandskraft des öffentlich-rechtlichen Vertrages, 1988, 120 ff; *Correll* DÖV 1998, 363, 365 f.

47 *Ehlers* (Fn 29) 220 f; *Scherzberg* (Fn 16) 211.

Demgegenüber ist zu betonen, daß jedes vom Staat oder seinen Untergliederungen herbeigeführte grundrechtsrelevante Verhalten der gesetzlichen Grundlage und damit der dem Schutz des Bürgers Rechnung tragenden Legitimation durch den Gesetzgeber bedarf.[48] Das gilt angesichts der Unhaltbarkeit der Theorien über den Grundrechtsverzicht[49] auch für die grundrechtsrelevante Einwirkung mit Zustimmung des Grundrechtsträgers.[50] Auch wenn zur grundrechtlich gewährleisteten Freiheit „die Möglichkeit gehört, sich auf der Grundlage eigener Entschließung zu binden“,[51] müssen Zulässigkeit und Reichweite einer dergestalt im Verhältnis zum Staat erfolgenden Reduzierung der Verhaltensalternativen gesetzlich definiert werden. Das gilt gerade auch für den Pakt mit dem Staat, bei dem stets die Gefahr besteht, daß der Bürger übervorteilt oder instrumentalisiert wird.[52] Auch die vertragliche Bindung des Bürgers bedarf daher immer gesonderter gesetzlicher Grundlage. Das gilt auch dann, wenn es sich bei seiner Mitwirkung um einen im Einzelfall grundrechtlich zulässigen Freiheitsgebrauch handelt. Der Gesetzesvorbehalt verpflichtet also den Gesetzgeber, die der Gestaltungsfreiheit offenliegende Rechtssphäre des Bürgers abzugrenzen.[53] Dies setzt eine Regelung voraus, die der Verwaltung ein Minimum an inhaltlichen Entscheidungsmaßstäben vorgibt.[54]

11 § 56 VwVfG regelt den zulässigen Inhalt eines verwaltungsrechtlichen Austauschvertrages, soweit es um die vom Bürger zu erbringende Leistung, seine Gegenleistung geht. § 56 Abs 2 VwVfG legt fest, daß in allen Fällen, in denen Gegenstand des Vertrages eine gebundene Leistung der Verwaltung ist, nur eine solche Gegenleistung des Bürgers vereinbart werden darf, die – wie in § 36 Abs 1 VwVfG auch für Nebenbestimmungen vorgesehen – auf Herbeiführung oder Erhaltung der Rechtmäßigkeitsvoraussetzungen für die Leistung der Verwaltung gerichtet ist. Eine Gegenleistung des Bürgers darf auch dann ausbedungen werden, wenn sie in dem Gesetz, welches die Behörde zur Leistung verpflichtet, vorgesehen ist. Gegenstand und Umfang der dem Bürger vertraglich auferlegten Belastungen sind insoweit durch den Gesetzgeber selbst bestimmt. Dem Gesetzesvorbehalt ist damit Rechnung getragen.

12 Soweit der Austauschvertrag nicht auf eine gebundene Leistung der Verwaltung zielt, findet § 56 Abs 1 VwVfG Anwendung. § 56 Abs 1 VwVfG betrifft zum einen jene Fälle, in denen die Gewährung einer Leistung durch eine bestehende fachgesetzliche Regelung in das Ermessen der Verwaltung gestellt ist. Beispielhaft sei an dieser Stelle auf die sog Baudispensverträge verwiesen, in denen die Verwaltung

[48] Vgl dazu o § 9 Rn 7ff und *Erichsen* StR u VerfGbkt I, 84ff, 149f.

[49] Vgl dazu *Erichsen* (Fn 48) 161f; *Sturm* FS *Geiger*, 1974, 173ff.

[50] Vgl auch *Menger/Erichsen* VerwArch 58 (1967), 171, 172ff; *Bosse* (Fn 2) 54; *Bonk* (Fn 20) § 56 Rn 27; *Schimpf* Der verwaltungsrechtliche Vertrag unter besonderer Berücksichtigung seiner Rechtswidrigkeit, 1982, 202ff; *Punke* (Fn 33) 171f; *Gusy* DVBl 1983, 1222, 1228; ebenso für den Bereich informeller Absprachen *Brohm* DÖV 1992, 1025, 1032f; differenzierend *Pietzcker* Staat 17 (1978), 527ff; *Sachs* VerwArch 76 (1985), 398, 418ff.

[51] *Robbers* JuS 1985, 925, 930; *Schmidt-Aßmann/Krebs* (Fn 11) 186; *Kunig* (Fn 17) 1198.

[52] Vgl *Schilling* (Fn 39) 201f.

[53] BVerfGE 20, 150, 157f; 52, 1, 41; s a BVerwGE 47, 194, 198.

[54] BVerfGE 9, 137, 147; 69, 1, 41; 78, 214, 226.

sich gegen eine Leistung des Bürgers zur Erteilung eines in ihrem Ermessen stehenden Baudispenses verpflichtet.[55] § 56 Abs 1 VwVfG gilt zum anderen auch für solche Verträge, die die Verwaltung mit dem Bürger allein auf der Grundlage einer Aufgabenzuweisungs- oder Zuständigkeitsnorm schließt. Gemäß § 56 Abs 1 S 1 VwVfG muß der Zweck der Gegenleistung des Bürgers „im Vertrag vereinbart", dh in bestimmter Weise bezeichnet und im Vertragstext zum Ausdruck gebracht sein.[56] Zweck der Gegenleistung des Bürgers wird vielfach die vertraglich vereinbarte Leistung der Verwaltung sein. In der Verwaltungspraxis wird die Leistung der Verwaltung indes häufig nicht zum Gegenstand ausdrücklicher vertraglicher Vereinbarung gemacht.[57] Vielmehr gehen die Beteiligten davon aus, daß die Verwaltung eine bestimmte Leistung erbringen, etwa das Verfahren zur Aufstellung eines Bebauungsplanes einleiten wird. Bei diesen gelegentlich sog „hinkenden Austauschverträgen"[58] ist die in Aussicht genommene Leistung der Verwaltung Geschäftsgrundlage, liegt in ihr der Zweck der Gegenleistung des Bürgers. Insbes im Hinblick auf diese Verträge kommt dem Gebot, den Zweck im Vertrag zu vereinbaren, Bedeutung zu.[59] Wird doch damit die Möglichkeit eröffnet, zu kontrollieren, ob den weiteren in § 56 Abs 1 VwVfG aufgestellten Erfordernissen genügt ist.

In § 56 Abs 1 S 1 VwVfG wird verlangt, daß die Gegenleistung der Behörde zur **13** Erfüllung ihrer öffentlichen Aufgaben dienen muß. Die Behörde wird zwar als Organ eines Trägers öffentlicher Verwaltung tätig, es kommt im Rahmen des § 56 Abs 1 VwVfG gleichwohl auf die ihr zur Wahrnehmung zugewiesenen öffentlichen Aufgaben an.[60] Die Gegenleistung des Bürgers muß darüber hinaus den gesamten Umständen nach angemessen sein. Diese im Hinblick auf die Gesamtheit der durch den Vertrag begründeten Rechtsbeziehungen erforderliche Angemessenheit ist insbes unter Berücksichtigung der Regelungsgehalte des Übermaßverbots[61] zu bestimmen.[62] Dabei können ua die für die Bemessung von Gebühren aus diesem Grundsatz entwickelten Maßstäbe[63] Bedeutung gewinnen.[64]

Die Gegenleistung des Bürgers muß gemäß § 56 Abs 1 S 2 VwVfG schließlich **14** im sachlichen Zusammenhang mit der vertraglichen Leistung der Behörde stehen. Das *Gebot des Sachzusammenhangs* von Leistung und Gegenleistung ist unter Bezug auf die Grundsätze zu konkretisieren, die schon vom PrOVG[65] und vom RG[66] und ihnen folgend vom BVerwG und vom BGH zur Inhaltsbestimmung des

[55] Vgl dazu *Wolff/Bachof/Stober* (Fn 31) § 46 Rn 47.
[56] *Bonk* (Fn 20) § 56 Rn 41; einschr BVerwG JZ 1990, 591, 593 f m krit Anm *Ehlers*.
[57] Vgl *Ehlers* (Fn 44) 76 f.
[58] Vgl OVG Rh-Pf NVwZ 1992, 796, 797 mwN; zust *Ehlers* (Fn 44) 76; *ders* (Fn 29) 446 f; *Klein* (Fn 27) 235; abl *K. Lange* JuS 1982, 500, 503.
[59] Nach BVerwG DVBl 1995, 675, 676 findet § 56 VwVfG „zumindest entsprechend Anwendung".
[60] So auch *Kopp* (Fn 4) § 56 Rn 11. Abw *Bonk* (Fn 20) § 56 Rn 42.
[61] Vgl o § 4 Rn 24.
[62] Vgl auch BVerwGE 42, 331, 345; BVerwG DÖV 1987, 72 f.
[63] Vgl BVerwG NJW 1980, 1294, 1295.
[64] So auch *Kopp* (Fn 4) § 56 Rn 13.
[65] OVGE 78, 370, 375.
[66] RGZ 132, 174, 178; 133, 361, 363.

sog *Kopplungsverbots*[67] entwickelt worden sind. Ein hinreichender sachlicher Zusammenhang ist zu bejahen, wenn die Gegenleistung jenen Sachbereich betrifft, aus dem auch die Leistung der Behörde stammt, und der Durchsetzung von Belangen dient, die die Behörde nach der sie zur Leistung ermächtigenden Vorschrift im Einzelfall verfolgen darf.[68] Er ist ferner stets dann gegeben, wenn die Gegenleistung des Bürgers rechtsordnungskonforme Hindernisse für die im Ermessen der Behörde stehende Leistung beseitigt. Er ist nicht gegeben, wenn ein Bürger als Gegenleistung für einen Baudispens die vertragliche Verpflichtung eingeht, einen Rechtsbehelf gegen eine seinen bellenden Hund betreffende Ordnungsverfügung zurückzunehmen.[69] Demgegenüber darf eine Gemeinde die von ihr auf der Grundlage ihrer Allzuständigkeit betriebene Förderung einer gewerblichen Investition von der Vermeidung zusätzlicher Immissionsbelastungen der Nachbarschaft abhängig machen.[70]

15 Es bleibt zu fragen, ob auch die Regelung des § 56 Abs 1 VwVfG dem Vorbehalt des Gesetzes genügt. Die in § 56 Abs 1 S 1 und 2 VwVfG niedergelegten Voraussetzungen für eine vertragliche Verpflichtung des Bürgers engen den Handlungsspielraum der Verwaltung zwar ein, damit ist allerdings schwerlich den Anforderungen entsprochen, die der Gesetzesvorbehalt an die Bestimmtheit einer Norm stellt, die zu *einseitig-hoheitlicher* Regelung ermächtigt. Im Bereich *vertraglichen* Handelns dürften indes insoweit andere Maßstäbe gelten.[71] Vertragliche Rechtsgestaltung entfaltet die ihr eigene Richtigkeitsgewähr gerade dann, wenn den Parteien ein Verhandlungs- und Entscheidungsspielraum eröffnet ist. Das Ergebnis des vertraglich herzustellenden Ausgleichs der beteiligten Belange ist vornehmlich an der Interessenlage im Einzelfall orientiert und normativ deshalb nicht abschließend zu antizipieren. Dem Vorbehalt des Gesetzes ist hier durch eine Regelung Genüge getan, die den rechtsstaatlich gebotenen Schutz des Bürgers vor einem etwaigen Verhandlungsübergewicht der Verwaltung bereitstellt.

§ 56 Abs 1 VwVfG trägt mithin für den Anwendungsbereich des VwVfG dem Gesetzesvorbehalt Rechnung.[72] Er macht der Verwaltung ein Handlungsinstrument verfügbar, welches diese im Rahmen der in der Vorschrift genannten Voraussetzungen einsetzen kann, um den Bürger zu – sonder- oder fachgesetzlich nicht vorgesehenen – Gegenleistungen für die von ihr erbrachten Leistungen zu verpflichten.[73]

[67] Zur Problematik des Kopplungsverbots bei Staatsaufträgen in privatrechtlicher Form vgl *Pietzcker* Der Staatsauftrag als Instrument des Verwaltungshandelns, 1978, 390 ff.

[68] Vgl BVerwG BayVBl 1994, 348, 349; *Kopp* (Fn 4) § 56 Rn 17; *Henneke* (Fn 20) § 56 Rn 5.4; *Bleckmann* (Fn 42) 606.

[69] Vgl BVerwG NJW 1980, 1294, 1295.

[70] BVerwG JZ 1990, 591, 592 f.

[71] Ebenso *Kunig* (Fn 17) 1197 f; vgl *Bauer* (Fn 17) 268 f.

[72] Einschränkend auf den Fall, daß sich der Bürger zu einem Verhalten verpflichtet, das erst die Voraussetzungen für die Rechtmäßigkeit der Behördenleistung herstellt, *Scherzberg* (Fn 16) 212.

[73] Vgl *Achterberg* JA 1979, 356, 359; *Bauer* (Fn 17) 273; *Bonk* (Fn 20) § 56 Rn 16; *Kopp* (Fn 4) § 56 Rn 5; einschr *Ehlers* VerwArch 74 (1983), 112, 126 Fn 83; aA *J. Martens* (Fn 27) Rn 334 ff und *Schimpf* (Fn 50) 249 ff.

16 Die „vertragliche Leistung" der Verwaltung ist in § 56 VwVfG zwar erwähnt, jedoch keiner Regelung unterworfen worden. Das mag seinen Grund darin haben, daß zu Zeiten der Konzeption des Gesetzes dem Grundsatz des Vorbehalts des Gesetzes für die Leistungsverwaltung anders als heute[74] keine Bedeutung zugemessen wurde. Für die Leistung der Verwaltung im Rahmen des Austauschvertrages gelten daher die allgemeinen Grundsätze vom Vorrang[75] und Vorbehalt des Gesetzes[76]. Die Verwaltung darf daher keine Leistungsverpflichtung eingehen, die oder deren Erfüllung gegen die bestehende Rechtsordnung verstößt. Sie darf sich daher nicht zum Erlaß eines bestimmten Bebauungsplans oder zur Erteilung einer Baugenehmigung für ein nichtprivilegiertes Bauvorhaben im Außenbereich[77] verpflichten;[78] sie muß sich insbes im Rahmen ihrer sachlichen und örtlichen Zuständigkeit halten.[79]

17 §§ 55, 56 VwVfG legen nicht etwa die zulässigen Typen des verwaltungsrechtlichen Vertrages abschließend fest.[80] Sie geben vielmehr der Verwaltung die Möglichkeit, Verträge in einer Weise inhaltlich zu gestalten, wie dies ohne eine gesetzliche Regelung wegen der Grundsätze des Vorrangs des Gesetzes – Vergleichsvertrag – und des Vorbehalts des Gesetzes – Austauschvertrag – nicht oder nur in sehr viel engeren Grenzen zulässig wäre. Daher bleibt neben den in §§ 55, 56 VwVfG vorgesehenen Vertragsinhalten Raum für andere inhaltliche Gestaltungen, die allerdings stets den Grundsätzen des Vorrangs und des Vorbehalts des Gesetzes Rechnung tragen müssen.

IV. Der fehlerhafte subordinationsrechtliche Vertrag

18 Der insoweit einschlägige § 59 VwVfG[81] enthält zunächst in seinem Abs 1 eine *Generalklausel* betreffend die Nichtigkeit sowohl koordinations- als auch subordinationsrechtlicher Verträge. Für subordinationsrechtliche Verträge enthält er in Abs 2 darüber hinaus einen Katalog *spezieller* Nichtigkeitsgründe, dem im Verhältnis zu § 59 Abs 1 Vorrang zukommt, ohne indes die – nachrangige – Anwendung dieser Regelung auszuschließen.[82]

19 Bei der Beantwortung der Frage, wann ein subordinationsrechtlicher Vertrag nichtig ist, wird man sich vergegenwärtigen müssen, daß der Vertrag als einver-

74 Vgl BVerfGE 47, 46, 78f; 49, 89, 126f; *Erichsen* VerwArch 69 (1978), 387, 392ff und o § 9 Rn 11ff, 15ff.

75 Vgl *Achterberg* (Fn 73) 361.

76 Vgl *Bonk* (Fn 20) § 56 Rn 21; aA *Pietzcker* (Fn 50) 534.

77 BVerwGE 49, 359.

78 Vgl BVerwG DVBl 1980, 686, 688; BGHZ 76, 16, 22; *Dolde* NJW 1979, 889, 890 mwN.

79 Vgl auch *Kopp* (Fn 4) § 56 Rn 6; *Bonk* (Fn 20) § 56 Rn 20.

80 So auch *Kopp* (Fn 4) § 54 Rn 2; *Ule/Laubinger* (Fn 20) § 68 Rn 16; s etwa BVerfG NJW 1990, 1926, 1928 zur Vereinbarung eines Schiedsgutachtens.

81 Vgl auch § 58 SGB X.

82 *Erichsen* (Fn 36) 48; *Bonk* (Fn 20) § 59 Rn 10; *Tschaschnig* (Fn 25) 95ff. AA *Obermayer* (Fn 28) § 59 Rn 74ff.

nehmliche Regelung eines Sachverhaltes eher geeignet sein kann, eine Befriedigung gegenläufiger Interessen von Verwaltung und Bürger herbeizuführen, daß indes dieser Effekt ausbleiben muß, wenn der Bürger zu Leistungen veranlaßt wird, zu denen er rechtmäßig nicht verpflichtet werden kann. Die Kehrseite der weitgehenden Zulässigkeit der Handlungsform des subordinationsrechtlichen Vertrages muß daher die rechtliche Disziplinierung von Verwaltungsmacht durch die Nichtigkeitsdrohung sein. Diese Konsequenz zieht § 59 VwVfG allerdings nur in begrenztem Umfang.[83]

20 § 59 Abs 2 Nr 1 VwVfG sieht vor, daß ein subordinationsrechtlicher Vertrag dann nichtig ist, wenn ein Verwaltungsakt mit entsprechendem Inhalt nichtig wäre.[84] Da indessen die Nichtigkeit von Verwaltungsakten an Voraussetzungen geknüpft ist,[85] die den Eintritt dieser Rechtsfolge zur seltenen Ausnahme machen, kommt dieser Regelung wenig Bedeutung zu. § 59 Abs 2 Nr 4 VwVfG legt fest, daß ein subordinationsrechtlicher Vertrag dann nichtig ist, wenn sich die Behörde eine nach § 56 VwVfG[86] unzulässige[87] Gegenleistung versprechen läßt.[88]

21 Mit der Zulässigkeit von Vergleichsverträgen ist die Gefahr gegeben, daß uU in Kollusion mit dem Bürger Vergleichsverträge geschlossen werden, ohne daß bei verständiger Würdigung eine Ungewißheit über den Sachverhalt oder die Rechtslage besteht. Darüber hinaus besteht die Möglichkeit, daß ein Vertragspartner seine Stellung ausnutzt, um aus dem in § 55 VwVfG vorgesehenen gegenseitigen Nachgeben ein einseitiges werden zu lassen. Auch in diesen beiden Fällen soll nach § 59 Abs 2 Nr 3 VwVfG Nichtigkeit eintreten, wenn ein Verwaltungsakt mit entsprechendem Inhalt nicht nur wegen eines Verfahrens- oder Formfehlers iSd § 46 VwVfG rechtswidrig wäre.[89] Wenn es demgegenüber an dem in § 55 VwVfG geforderten pflichtgemäßen Ermessen fehlt, tritt Nichtigkeit nach § 59 Abs 2 Nr 3 VwVfG nicht ein.[90] Die Gefahr der *Kollusion* beim Abschluß subordinationsrechtlicher Verträge zwischen Verwaltung und Bürger besteht schließlich auch insoweit, als die Verwaltung sich zu Leistungen an den Bürger verpflichtet, die un-

[83] Zu den einzelnen Nichtigkeitsgründen ausf *Tschaschnig* (Fn 25) 66 ff; *Schimpf* (Fn 50) 270 ff; *Erichsen* (Fn 36) 48 ff.

[84] So schon *Haueisen* DVBl 1968, 285, 287; *ders* NJW 1969, 122 f; *Kottke* System des subordinationsrechtlichen Verwaltungsvertrages, 1966, 92; *J. Martens* AöR 89 (1964), 429, 461; *Menger* VerwArch 52 (1961), 196, 211; *Stein* AöR 86 (1961), 320, 331; *Rüfner* (Fn 31) 341.

[85] Vgl dazu o § 15 Rn 24 ff.

[86] Vgl auch § 123 SHLVwG.

[87] Vgl vorstehend Rn 11 ff.

[88] Vgl dazu auch OVG Rh-Pf NVwZ 1992, 796, 797; *Erichsen* (Fn 36) 49; *Götz* (Fn 13) 5 mwN in Fn 39; *Thieme* NJW 1974, 2201, 2204; vgl auch BGHZ 26, 84, 87; BGH DVBl 1972, 824, 826; zum Wegfall der gesetzlichen Grundlage für die Leistung der Bürger vgl BayVGH DÖV 1970, 563, 564, wo jeweils die Regelung des § 138 BGB zur Begründung herangezogen wird.

[89] Dazu *Göldner* JZ 1976, 352, 357; BayVGH BayVBl 1988, 721, 722.

[90] Näher *Erichsen* (Fn 36) 49; *H. Meyer* (Fn 14) § 59 Rn 40; s a Begr EVwVfG 1973, BT-Drucks 7/910, 82; aA *Kopp* (Fn 4) § 59 Rn 22; *Tschaschnig* (Fn 25) 86; *Efstratiou* (Fn 46) 245; *Punke* (Fn 33) 130 ff.

zulässig sind.[91] In den Fällen des bewußten rechtswidrigen Zusammenwirkens von Verwaltung und Bürger ist der Vertrag daher gemäß § 59 Abs 2 Nr 2 VwVfG nichtig.[92]

Nach § 59 Abs 1 VwVfG ist ein verwaltungsrechtlicher Vertrag auch dann nichtig, wenn sich die Nichtigkeit aus der *entsprechenden Anwendung von Vorschriften des Bürgerlichen Gesetzbuches* ergibt. Es geht hier insbes um die entsprechende Anwendung der §§ 105, 116 S 2, 117 BGB.[93] Bei Formmängeln, also etwa bei einem Verstoß gegen § 57 VwVfG, gilt § 125 BGB entsprechend.[94] **22**

Ergänzend anwendbar sind auch die im BGB (§§ 119, 120, 122, 123, 142) zum Ausdruck gekommenen Rechtsgrundsätze über die Anfechtung.[95] Die Nichtigkeit eines sittenwidrigen Vertrages ergibt sich über § 59 1 VwVfG aus § 138 BGB und im Falle eines subordinationsrechtlichen Vertrages auch aus §§ 59 Abs 2 Nr 1, 44 Abs 2 Nr 6 VwVfG.

Entsprechend anwendbar ist schließlich § 134 BGB.[96] Doch zeigen die Sonderregelungen des § 59 Abs 2 VwVfG, daß über die entsprechende Anwendung des § 134 BGB für den subordinationsrechtlichen Vertrag nicht alle Verstöße gegen den Vorrang und Vorbehalt des Gesetzes mit der Rechtsfolge der Nichtigkeit bedacht werden dürfen.[97] **23**

Bei der Anwendung des § 134 BGB ist zunächst zu berücksichtigen, daß diese Vorschrift lediglich eine Leerformel enthält, die über die Rechtsfolge bei Verstoß des Vertrages gegen ein Gesetz nichts aussagt. Ob diese Kollision zur Nichtigkeit des Rechtsgeschäfts führt, ist dem Verbotsgesetz selbst – ggf durch Auslegung – zu **24**

91 Vgl o unter Rn 16.

92 Dazu *Punke* (Fn 33) 120ff; *Efstratiou* (Fn 46) 242ff; *Erichsen* (Fn 36) 49.

93 Vgl dazu auch *Middel* Öffentlich-rechtliche Willenserklärungen von Privatpersonen, 1971, 116f; ausf zu den in Betracht kommenden Normen *Punke* (Fn 33) 133ff.

94 Nach *W. Henke* (Fn 1) 303 soll die Nichtigkeitsfolge allerdings nur bei schweren Formmängeln eintreten. Die Berufung auf Formfehler kann jedenfalls nach Treu und Glauben versagt sein; vgl *Bonk* (Fn 20) § 57 Rn 15; *Dolde/Uechtritz* DVBl 1987, 446, 449f für die konkludente Risikoübernahme nach Bauplanungsabreden. S ferner OVG Lüneburg NJW 1992, 1404, 1406, das trotz formnichtigen Vertrages ausnahmsweise einen Erfüllungsanspruch aus § 62 S 2 VwVfG iVm § 242 BGB zuerkennt, wenn nach einseitiger Vertragserfüllung eine Rückabwicklungsmöglichkeit fehlt.

95 Vgl *Apelt* Der verwaltungsrechtliche Vertrag, 1920, 217; *Imboden* Der verwaltungsrechtliche Vertrag, 1958, 97; *Middel* (Fn 93) 116f; Begr. zu § 58 EVwVfG 1973 BT-Drucks 7/910, 83; *Wolff/Bachof* VwR I, § 44 III a.

96 Die grundsätzliche Anwendbarkeit des § 134 BGB steht zwar im Gegensatz zu der in der Gesetzesbegründung vertretenen Rechtsauffassung, vgl Begr zu § 55 EVwVfG 1973, BT-Drucks 7/910, 81, sie wird jedoch heute zutr nahezu einhellig vertreten, vgl etwa BVerwGE 89, 7, 10; *Schimpf* (Fn 50) 284ff mit ausf Begründung; *Schmidt-Aßmann/Krebs* (Fn 11) 218ff; *Erichsen* (Fn 36) 49f; *Bonk* (Fn 20) § 59 Rn 28; in der Sache auch BVerwGE 90, 310, 311; BVerwG DVBl 1990, 438ff m Anm *Götz;* aA etwa *Blankenagel* VerwArch 76 (1985), 276, 282ff.

97 BVerwGE 89, 7, 10; *Erichsen* (Fn 36) 50; *Krebs* (Fn 27) 267; *Klein* (Fn 27) 236; *Kopp* (Fn 4) § 59 Rn 7; *Schimpf* (Fn 50) 286. Vgl aber auch *Obermayer* FS BayVGH, 1979, 275, 281f; umfassende Meinungsübersicht bei *Bramsche* Rechtsfolgen verwaltungsvertraglicher Gesetzesverstöße, 1986, 10ff.

entnehmen.[98] Soweit eine Vorschrift dem Inhalt eines Vertrages entgegensteht, dh insbes den mit dem Rechtsgeschäft bezweckten Erfolg verbietet, ist unter Rückgriff auf den Schutzzweck der Norm und das Gewicht des an der Nichtigkeit der vertraglichen Regelung bestehenden öffentlichen Interesses zu ermitteln, ob die Vorschrift lediglich einen Maßstab für die Beurteilung der Rechtmäßigkeit des Verwaltungshandelns enthält oder ob sie darüber hinaus auch die Rechtswirksamkeit des getätigten Rechtsgeschäftes verhindern will.[99]

25 Die Anwendung des § 134 BGB wirft dann Probleme auf, wenn sich die Verwaltung unter Verstoß gegen den Grundsatz des Vorrangs des Gesetzes zu einer bestimmten hoheitlichen Betätigung – etwa zum Erlaß eines Verwaltungsakts – verpflichtet. Hier ist zunächst wiederum durch Auslegung zu ermitteln, ob die Verbotsnorm schon die Eingehung einer behördlichen Verpflichtung oder nur den Erfüllungsakt mißbilligen bzw verhindern will.[100] Ergibt sich, daß der verwaltungsrechtliche Verpflichtungsvertrag nicht nichtig ist, so fragt sich wiederum, welche Folgen sich aus dem Verstoß gegen den Vorrang des Gesetzes für die Erfüllung dieser vertraglich begründeten Verpflichtung ergeben.[101] Die These, die Behörde könne in diesem Falle den Erlaß eines vertraglich geschuldeten Verwaltungsakts – etwa im Hinblick auf § 48 VwVfG – verweigern bzw eine gewährte Leistung zurückfordern,[102] beruht auf der Prämisse, daß der Erfüllungsakt der Behörde als solcher trotz wirksamen Verpflichtungsvertrages rechtswidrig bleibt. Bedenkt man indessen, daß der wirksame verwaltungsrechtliche Verpflichtungsvertrag wie ein bestandskräftiger Verwaltungsakt die Rechtslage individualisiert und konkretisiert,[103] so bildet er allein den Maßstab für die Rechtmäßigkeit des Erfüllungsaktes.[104] Nur der vertragswidrige Erfüllungsakt ist daher insoweit fehlerhaft.[105]

25a Die Anwendung des § 59 Abs 1 VwVfG iVm § 134 BGB könnte auch bei Verträgen, die gegen das Gemeinschaftsrecht verstoßen, in Betracht kommen. Fraglich ist etwa, ob ein unter Verstoß gegen das Gemeinschaftsrecht geschlossener Vertrag über die Gewährung von Subventionen nichtig ist. Die vom EuGH geforderte

[98] Vgl nur Staudinger/*Dilcher* BGB, 12. Aufl 1980, § 134 Anm 3; *Flume* Allg Teil des Bürgerlichen Rechts, 2. Bd, Das Rechtsgeschäft, 4. Aufl 1992, § 17, 1 (S 341). Vgl auch *Erichsen* (Fn 36) 50 (mit Beispielen); *Weyreuther* (Fn 19) 388f; *Bramsche* (Fn 97) 43ff; *Efstratiou* (Fn 46) 224ff.

[99] So etwa *Schimpf* (Fn 50) 286ff; vgl zum Begriff des gesetzlichen Verbots ferner *Krebs* VerwArch 72 (1981), 49, 58; *Tschaschnig* (Fn 25) 115ff; OVG NW NVwZ 1992, 988, 989 spricht im zweiten Fall von einem „qualifizierten Rechtsverstoß". Zu Grundrechten als Verbotsgesetz vgl einerseits *Maurer* (Fn 11) § 14 Rn 34; *dens* (Fn 29) 805; *Di Fabio* DVBl 1990, 338, 341 Fn 39; andererseits *Scherzberg* (Fn 16) 214; *Gusy* (Fn 50) 1227f.

[100] Vgl dazu *Tschaschnig* (Fn 25) 37ff; *Erichsen* (Fn 36) 50.

[101] Vgl dazu *Fluck* (Fn 37) 51ff; *Bullinger* (Fn 5) 816ff; *Tschaschnig* (Fn 25) 37ff; *Punke* (Fn 33) 248ff; *Kunig* (Fn 17) 1200.

[102] Vgl etwa *Tschaschnig* (Fn 25) 37ff; *Bullinger* (Fn 5) 816ff.

[103] Vgl dazu bereits o Rn 8.

[104] Vgl *Fluck* (Fn 37) 64ff mwN; *J. Martens* (Fn 27) Rn 324; *Schmidt-Aßmann/Krebs* (Fn 11) 204f, 213ff; *Krebs* (Fn 27) 270f.

[105] *Erichsen* (Fn 36) 51; *Scherzberg* (Fn 16) 215; für Nichtigkeit *Fluck* (Fn 37) 94ff; dagegen zutr *Punke* (Fn 33) 252ff; zu den Folgeproblemen *Kreuzer* Der vertragswidrige Verwaltungsakt, 1987, 128ff.

effektive Durchsetzung des Gemeinschaftsrechts gebietet dieses Ergebnis.[106] Daher wird zum Teil ohne Berücksichtigung des VwVfG eine unmittelbar gemeinschaftsrechtlich begründete Nichtigkeit des Vertrags angenommen[107] oder eine Rechtsfortbildung mit diesem Ergebnis für notwendig erachtet.[108] Wie schon Art 93 Abs 2 EGV (Art 88 Abs 2 EGV idF des Amsterdamer Vertrages; vgl dazu o § 3 Rn 4) ergibt, tritt nicht eo ipso Nichtigkeit der gemeinschaftsrechtswidrigen Regelung ein. Auch kann die in Art 93 Abs 3 EGV (Art 88 Abs 3 EGV nF) festgelegte Pflicht zur Unterrichtung der Kommission nicht als Mitwirkungspflicht einer Behörde betrachtet werden,[109] so daß die Unwirksamkeit nicht unter Bezug auf § 58 Abs 2 VwVfG begründet werden kann. Vielmehr ist Art 92 Abs 1 EGV (Art 87 Abs 1 EGV nF) als Verbotsgesetz im Sinne des § 134 BGB zu betrachten. Ein „gesetzliches Verbot" kann sich auch aus zwingenden Normen des Gemeinschaftsrechts ergeben.[110] Verstößt ein Vertrag dagegen, so ist er gemäß § 59 Abs 1 VwVfG als nichtig anzusehen.[111]

Fraglich ist, ob ein verwaltungsrechtlicher Vertrag auch in dem nicht von § 59 **26**
Abs 2 VwVfG geregelten Fall nichtig ist, daß unter Verstoß gegen § 54 S 1 VwVfG die Handlungsform des verwaltungsrechtlichen Vertrages[112] zur Begründung, Änderung oder Aufhebung eines Rechtsverhältnisses benutzt wird.[113] Nach der vor Inkrafttreten des VwVfG geltenden Rechtslage wurde ein gegen ein Handlungsformverbot verstoßender Vertrag als unwirksam angesehen.[114]

Unter der Geltung des VwVfG wird teils direkt aus der Formulierung des § 54 S 1 VwVfG, wonach ein Rechtsverhältnis durch Vertrag nur begründet, geändert oder aufgehoben werden „kann", soweit Rechtsvorschriften nicht entgegenstehen, die Unwirksamkeit eines gegen ein Handlungsformverbot verstoßenden Vertrages gefolgert.[115] Indes zeigt die Interpretation nach Wortlaut und Systematik, daß § 54 S 1 VwVfG keine Aussage darüber entnommen werden kann, welche Rechtsfolge sich an den Verstoß eines Vertrages gegen ein Handlungsformverbot knüpft. §§ 55, 56 VwVfG sprechen ebenfalls davon, daß ein (Vergleichs- oder Austausch-)Vertrag geschlossen werden „kann", wenn bestimmte Voraussetzungen gegeben sind, und

106 Vgl auch o § 17 Rn 11, 15f, 29.

107 *Schwarze* in: ders, Das Verwaltungsrecht unter europäischen Einfluß, 1996, 123, 163; *Ehlers* DVBl 1991, 605, 613.

108 *Zuleeg* VVDStRL 53 (1994), 154, 167.

109 So *Schneider* NJW 1992, 1197, 1199.

110 BVerwGE 70, 41, 45; *Bonk* (Fn 20) § 59 Rn 31; *Erichsen* (Fn 36) 50; *Kopp* (Fn 4) § 59 Rn 7; aus der zivilrechtlichen Literatur vgl nur Palandt/*Heinrichs* BGB, 57. Aufl 1998, § 134 Rn 2.

111 *Erichsen* (Fn 36) 50.

112 Beispiele für Handlungsformverbote bei *Erichsen* (Fn 36) 50 sowie o Rn 4.

113 So jedenfalls iErg die heute nahezu einhellige Meinung. Für Wirksamkeit hingegen *Schenke* JuS 1977, 281, 290; *Müller* Verw 10 (1977), 513, 523.

114 Vgl die Nachweise in der 9. Aufl § 27 Rn 26 Fn 96.

115 So noch die 9. Aufl § 27 Rn 26; ferner *Krebs* (Fn 99) 54f; *ders* VerwArch 70 (1979), 81, 86f; *Tschaschnig* (Fn 25) 139ff. Dagegen *Efstratiou* (Fn 46) 217f; *Maurer* (Fn 11) § 14 Rn 42; *Ehlers* DVBl 1986, 529, 536 Fn 81; *Scherzberg* (Fn 16) (S 212 nach Fn 101; 213 bei und in Fn 113), die über andere Wege jedoch ebenfalls zum Ergebnis der Unwirksamkeit des Vertrages gelangen.

trotzdem hielt der Gesetzgeber in § 59 Abs 2 Nr 3 und 4 VwVfG eine Regelung über die Folge eines Verstoßes gegen die Voraussetzungen der §§ 55, 56 VwVfG für erforderlich. Daraus folgt, daß § 54 S 1 VwVfG nur ein Maßstab der Rechtmäßigkeit, nicht aber der Rechtswirksamkeit vertraglichen Verwaltungshandelns entnommen werden kann.

Kann die Unwirksamkeit eines gegen ein Handlungsformverbot verstoßenden Vertrages somit nicht dem § 54 S 1 VwVfG entnommen werden, so könnte ein solcher Vertrag jedoch gem § 59 Abs 1 VwVfG iVm § 134 BGB nichtig sein. Vergegenwärtigt man sich, daß § 59 Abs 1 VwVfG die „entsprechende" Anwendung der Nichtigkeitsgründe des BGB anordnet und der Wortlaut des § 134 BGB („gesetzliches Verbot") für die Einbeziehung des Vertragsform-„Verbotes" durchaus offen ist, so kann einer entsprechenden Anwendung des § 134 BGB auf diesen Fall nicht entgegenstehen, daß das Zivilrecht, in dem der Vertrag das typische Gestaltungsinstrument darstellt, „Handlungsformverbote" nicht kennt. Die zivilrechtliche Auslegung, wonach nicht jedes Verbot der Vornahme eines Rechtsgeschäfts ein „gesetzliches Verbot" iSd § 134 BGB ist, sondern das Verbot sich gegen den „Inhalt"[116] des Rechtsgeschäfts richten müsse, kann aufgrund der andersartigen Ausgangslage im Zivilrecht nicht übernommen werden. § 134 BGB wendet sich gegen den wirtschaftlichen Erfolg eines Rechtsgeschäfts. Auch ein gesetzliches Handlungsformverbot kann sich gegen den wirtschaftlichen „Erfolg" des Vertrages richten, so daß die besseren Gründe für eine Einbeziehung der Handlungsformverbote in die Normenkombination der §§ 59 Abs 1 VwVfG, 134 BGB sprechen.[117]

Auch die Besonderheiten der Rechtslage in Schleswig-Holstein führen zu keinen Friktionen mit dem oben vorgeschlagenen Lösungsweg: Dort führt der Verstoß gegen ein Handlungsformverbot kraft der Sonderregelung des § 126 Abs 3 Nr 2 SHLVwG zur „Unwirksamkeit" des Vertrages, die jedoch in diesem Fall nur innerhalb bestimmter zeitlicher Grenzen geltend gemacht werden kann. § 126 Abs 1 SHLVwG, der inhaltlich dem § 59 Abs 1 VwVfG entspricht, iVm § 134 BGB ist also insoweit von der zeitliche Grenzen statuierenden lex specialis als verdrängt anzusehen.

27 Läßt ein Vertrag verschiedene Auslegungsmöglichkeiten zu, so ist im Zweifel die „gesetzeskonforme Auslegung" zu wählen, die die Nichtigkeit des Vertrages vermeidet.[118] Die Teilnichtigkeit eines Vertrages[119] führt nach § 59 Abs 3 VwVfG,

[116] Vgl aus der zivilrechtlichen Literatur Staudinger/*Dilcher* (Fn 98) § 134 Rn 2 mwN; MünchKomm/*Mayer-Maly* BGB, Bd 1, 3. Aufl 1993, § 134 Rn 1; dagegen nicht nur auf den „Inhalt" des Vertrages fixiert etwa *Medicus* Allgemeiner Teil des Bürgerlichen Rechts, 6. Aufl 1994, Rn 644 ff; *Brox* Allgemeiner Teil des Bürgerlichen Gesetzbuchs, 20. Aufl 1996, Rn 275; Palandt/*Heinrichs* (Fn 110) § 134 Rn 1.

[117] Ebenso die hM: BayVGH BayVBl 1991, 47, 49; OVG NW NVwZ 1984, 522, 524; *Efstratiou* (Fn 46) 217 f; *W. Henke* (Fn 1) 305 f; *Schimpf* (Fn 50) 285; *Bonk* (Fn 20) § 59 Rn 29, 31; *Kopp* (Fn 4) § 59 Rn 29; *H. Meyer* (Fn 14) § 54 Rn 71; *Henneke* (Fn 20) § 54 Rn 6.1; *Obermayer* (Fn 28) § 59 Rn 54; *Schmidt-Aßmann* FS Gelzer, 1991, 117, 125 f; *Ehlers* (Fn 115) 536 Fn 81; *Klein* (Fn 27) 236.

[118] BayVGH DVBl 1977, 394, 395; OVG NW NVwZ 1992, 988, 989 mwN. – Zur Auslegung von Willenserklärungen der Verwaltung vgl schon o § 22 Rn 13.

[119] Vgl dazu *Obermayer* (Fn 97) 275, 288 f. – Zu den in § 44 Abs 4 VwVfG geregelten Auswirkungen der Teilnichtigkeit eines *Verwaltungsakts* auf die Gesamtregelung s o § 15 Rn 29.

der inhaltlich dem § 139 BGB entspricht, in der Regel zur Gesamtnichtigkeit, es sei denn, daß bei Würdigung aller Umstände anzunehmen ist, daß er auch ohne den nichtigen Teil geschlossen worden wäre.

In anderen als den angeführten Fällen ist der rechtswidrige Vertrag im Anwendungsbereich des VwVfG nicht nichtig, sondern *wirksam*. Fraglich ist, ob der subjektiv-öffentliche Rechte verletzende, aber wirksame Vertrag, ebenso wie ein Verwaltungsakt, vom Betroffenen mit Rechtsbehelfen angegriffen werden kann.[120] Eine dies ausschließende Auffassung muß vor Art 19 Abs 4 GG Bestand haben.[121] Der in diesem Zusammenhang immer wieder ins Feld geführte Verzicht auf das Anfechtungsrecht[122] dürfte als Fiktion anzusehen sein. Er ist aber auch deshalb höchst fragwürdig, weil ein Verzicht auf das Grundrecht des Art 19 Abs 4 GG verfassungsrechtlichen Bedenken begegnet.[123] Indes lassen sich die gegenüber der restriktiven Fehlerfolgenregelung der §§ 58, 59 VwVfG erhobenen verfassungsrechtlichen Bedenken im Wege einer verfassungskonformen Auslegung der §§ 59 I VwVfG, 134 BGB berücksichtigen.[124] **28**

Ist ein Vertrag wirksam geschlossen worden, so besteht die Möglichkeit einer Änderung der Verhältnisse, die für die Festsetzung des Vertragsinhalts maßgebend gewesen sind. In diesen Fällen entsteht die Frage, ob die Parteien weiterhin an den Vertrag gebunden sind. Rechtsprechung und Schrifttum haben in diesem Zusammenhang die Lehre vom Wegfall der Geschäftsgrundlage und die clausula rebus sic stantibus jeweils allein oder kumulativ herangezogen.[125] Man hat auch versucht, die verwaltungsrechtsspezifische Bewältigung dieses Problems terminolo- **29**

[120] § 126 Abs 3 SHLVwG kennt die Möglichkeit, bei einem Verstoß gegen den Vorrang und den Vorbehalt des Gesetzes in weiteren Fällen binnen Monatsfrist nach Vertragsabschluß die Unwirksamkeit des Vertrages geltend zu machen. Vgl Begr zu § 54 Abs 1 EVwVfG 1973, BT-Drucks 7/910, 81.

[121] Bedenken bei *Götz* DÖV 1973, 298, 302; *Bramsche* (Fn 97) 64ff, 110ff sowie *Schenke* (Fn 113) 283f, der allerdings den verfassungsrechtlich verankerten Folgenbeseitigungsanspruch für einschlägig hält; ebenso *Schimpf* (Fn 50) 332ff, der in verfassungskonformer Auslegung § 59 VwVfG dahingehend versteht, daß ein gerichtlich durchsetzbarer Beseitigungsanspruch gegenüber den lediglich rechtswidrigen Verträgen durch diese Vorschrift nicht ausgeschlossen wird; vgl auch *Blankennagel* VerwArch 76 (1985), 276, 281, 295ff mit dem Vorschlag eines Rücktrittsrechts gem §§ 346f BGB; aA *Schleicher* DÖV 1976, 550, 554f; *Frank* DVBl 1977, 682, 685f; *H. Meyer* (Fn 14) 1707 Fn 29; *Fluck* (Fn 37) 46ff; *Efstratiou* (Fn 46) 268ff.

[122] Vgl *Wolff/Bachof/Stober* (Fn 31) § 54 Rn 43 mwN.

[123] Vgl dazu *Erichsen* (Fn 48) 161f; *Sturm* (Fn 49) 173ff; *Schimpf* (Fn 50) 366ff; BVerwGE 5, 128, 134f; im Hinblick auf den subordinationsrechtlichen Vertrag auch *Bosse* (Fn 2) 51ff; abw *Goldner* JZ 1976, 352, 354f; *Hoffmann-Riem* Konfliktmittler in Verwaltungsverhandlungen, 1989, 62f. Die Auffassung *Obermayers* (Fn 97) 280 sowie (Fn 28) § 59 Rn 29, die Rechtsschutzgarantie sei deshalb nicht betroffen, weil kein Hoheitsakt vorliege, beruht auf der fragwürdigen Prämisse, der Begriff der öffentlichen Gewalt in Art 19 Abs 4 GG meine nur das einseitige hoheitliche Handeln.

[124] Näher *Erichsen* (Fn 36) 50; *Scherzberg* (Fn 16) 213.

[125] Vgl dazu *Fiedler* VerwArch 67 (1976), 125, 133, 135ff, 144ff mwN. Zur Problematik im Staatsvertragsrecht vgl BVerfGE 34, 216, 230ff.

gisch dadurch zu verdeutlichen, daß vom Wegfall der Verwaltungsgrundlage gesprochen wurde.[126]

30 Nunmehr werden in § 60 VwVfG[127] diese Fragen einer Regelung unterworfen.[128] § 60 Abs 1 S 1 VwVfG stellt darauf ab, daß sich die tatsächlichen oder rechtlichen Verhältnisse[129] seit Abschluß des Vertrages geändert haben. Die Vorschrift macht damit die bei Vertragsabschluß bestehende Lage und nicht etwa deren Einschätzung durch die Vertragsparteien zum Ausgangspunkt der Beurteilung.[130] Es geht darüber hinaus nur um jene Verhältnisse, die einen *maßgeblichen* Einfluß auf den Inhalt des Vertrages gehabt haben. Die bei Abschluß des verwaltungsrechtlichen Vertrages vorhandenen Verhältnisse müssen sich so wesentlich geändert haben, daß *einer* Vertragspartei das Festhalten an der ursprünglichen vertraglichen Regelung nicht zuzumuten ist. Es muß also zu einer schweren Störung des Wertigkeitsverhältnisses von Leistung und Gegenleistung gekommen sein, um den Grundsatz pacta sunt servanda zu durchbrechen.[131] Zwar wird mit dem Kriterium der Zumutbarkeit weiterer Vertragstreue ein objektivierender Maßstab für die Beurteilung der Äquivalenzstörung für verbindlich erklärt,[132] doch erweist sich die Regelung des § 60 Abs 1 S 1 VwVfG insoweit als nicht unproblematisch, als die Verwaltung es als Vertragspartner in der Hand haben kann, die Rechtslage durch den Erlaß von Rechtsvorschriften – etwa Rechtsverordnungen oder Satzungen – selbst zu ändern.[133]

31 Die Rechtsfolge ist in § 60 Abs 1 S 1 VwVfG abgestuft. In erster Linie hat, dem Grundsatz pacta sunt servanda folgend, eine Anpassung zu erfolgen.[134] Nur wenn diese sich als nicht möglich erweist oder einer – also auch der durch die Entwicklung der Verhältnisse nicht benachteiligten – Vertragspartei nicht zuzumuten ist, kann die benachteiligte Vertragspartei den Vertrag kündigen.[135]

[126] *Bisek* (Fn 4) 153 f; *Simons* Leistungsstörungen verwaltungsrechtlicher Schuldverhältnisse, 1967, 183; *Wolff/Bachof* (Fn 95) § 44 III d.

[127] Ebenso § 59 SGB X.

[128] Krit zu § 60 VwVfG *Littbarski* Der Wegfall der Geschäftsgrundlage im öffentlichen Recht, 1982; s a *Efstratiou* (Fn 46) 339 ff, 385 ff; *Schwerdtner* VBlBW 1998, 9 ff.

[129] Vgl dazu *Kuhn* (Fn 4) § 127 Anm 5; BVerwGE 25, 299, 303; BVerwG DÖV 1956, 410 f; *Fiedler* (Fn 125) 138, 142, 153; *Lorenz* DVBl 1997, 865, 866.

[130] Vgl auch *Kuhn* (Fn 4) § 127 Anm 4; *Bosse* (Fn 2) 86; *Lorenz* (Fn 129) 866. Bei gemeinsamer Fehleinschätzung ist aber eine analoge Anwendung zu erwägen, vgl *Beyer* (Fn 25) 158 ff; *H. Meyer* (Fn 14) § 60 Rn 10.

[131] *Lorenz* (Fn 129) 867 stellt dementspr fest, daß sich nicht das normale Vertragsrisiko realisieren darf, sondern weit überschritten sein muß.

[132] Dazu auch BVerfGE 34, 218, 232 und *Fiedler* (Fn 125) 148 f.

[133] Vgl *Schumacher* VR 1995, 484; *Heberlein* DVBl 1982, 763, 768.

[134] Dazu näher *Lorenz* (Fn 129) 868. Der Anspruch auf Anpassung des Vertrages kann durch eine Leistungsklage geltend gemacht werden, BVerwG NVwZ 1996, 171, 173.

[135] Vgl dagegen BVerwG NVwZ 1996, 171, 173: Anpassung dürfte ausgeschlossen sein, wenn Kündigungsmöglichkeit besteht. Zur Frage der Ausgleichspflicht des Kündigenden vgl einerseits *Littbarski* (Fn 128) 56 ff, andererseits *Bonk* (Fn 20) § 60 Rn 17; speziell zu Entschädigungsfragen bei der Kündigung der Behörde nach § 60 Abs 1 S 2 VwVfG *Kokott* VerwArch 83 (1992), 503 ff.

In § 60 Abs 1 S 2 VwVfG ist schließlich vorgesehen, daß die Behörde den Vertrag auch kündigen kann, um schwere Nachteile für das Gemeinwohl zu verhüten oder zu beseitigen.[136] Hier wird der Möglichkeit der Fehleinschätzung und -prognose allerdings nur zugunsten der dem Gemeinwohl verpflichteten Verwaltung Rechnung getragen. Jedoch hat die Behörde bei der Ermessensausübung das Bindungsinteresse des Vertragspartners zu berücksichtigen.[137] 32

Die Kündigung bedarf in den Fällen des § 60 Abs 1 VwVfG gemäß Abs 2 dieser Vorschrift der Schriftform. Sie soll, dh sie muß in der Regel[138] begründet werden.

§ 27
Vertragserfüllung und Leistungsstörungen

Das Verwaltungsrecht ist auch insofern lückenhaft, als es an Regelungen über die Erfüllung verwaltungsrechtlicher Verträge und über die Rechtsfolgen von Leistungsstörungen bei verwaltungsrechtlichen Verträgen mangelt. Soweit öffentlich-rechtliche Regelungen fehlen[1] – und das wird bei Anwendbarkeit des VwVfG die Regel sein – sind deshalb gemäß § 62 S 2 VwVfG die in den Vorschriften des Bürgerlichen Gesetzbuchs getroffenen Regelungen über die Erfüllung und über Leistungsstörungen sowie die in den §§ 157, 242 BGB enthaltenen Regelungen entsprechend heranzuziehen.[2] 1

Darüber hinaus besteht die Möglichkeit, zur Sicherung der Erfüllung und zur Erleichterung der Durchführung eines Ausgleichs von Schäden aufgrund von Leistungsstörungen eine *Vertragsstrafe* zu vereinbaren.[3] Die Zulässigkeit von Vertragsstrafen in verwaltungsrechtlichen Verträgen ist heute[4] unumstritten.[5] Der Verweis des § 62 VwVfG auf die Vorschriften des BGB umfaßt auch die §§ 339ff BGB. Die Grenzen einer Vereinbarung von Vertragsstrafen zugunsten der Verwal- 1a

[136] Vgl dazu auch *H. Meyer* (Fn 14) 1710f; *Heberlein* (Fn 133) 768; *Efstratiou* (Fn 46) 345f.

[137] Vgl *Bauer* (Fn 17) 286.

[138] Vgl zur Auslegung von „Soll"-Vorschriften BVerwGE 12, 284, 285; 20, 117, 118; 49, 16, 23.

[1] Zur Rückforderung durch verwaltungsrechtlichen Vertrag gewährter Beihilfen mittels Verwaltungsakts nur bei ausreichender gesetzlicher Grundlage vgl einerseits BVerwG NVwZ 1992, 769, 770 (dazu *Erichsen* JK 93, GG 20 III/31) und andererseits BVerwGE 59, 60.

[2] Vgl dazu auch *W. Henke* Das Recht der Wirtschaftssubventionen als öffentliches Vertragsrecht, 1979, 315ff; *dens* DÖV 1985, 41, 48ff; *Kawalla* Der subordinationsrechtliche Verwaltungsvertrag und seine Abwicklung, 1984, 119; BGH NJW 1972, 2300; *Erichsen* DÖV 1965, 158, 159. Zur Bindung an das AGB-Gesetz *Ehlers* Verwaltung in Privatrechtsform, 1984, 352ff. Zur „gesetzeskonformen" Vertragsauslegung vgl o § 26 Rn 27.

[3] Zur doppelten Zwecksetzung der Vertragsstrafe vgl Palandt/*Heinrichs* BGB, 57. Aufl 1998, Rn 1 vor § 339.

[4] Vor Erlaß des VwVfG vgl *Holz* Ist im öffentlichen Recht Raum für Vertragsstrafen?, 1930.

[5] Vgl BVerwGE 98, 58, 64ff; 74, 78, 81f; *Kessler/Kortmann* DVBl 1977, 690, 692; *Koch* DÖV 1998, 141, 143; *Schilling* VerwArch 85 (1994) 226, 230.

tung sind jedoch enger als in privatrechtlichen Verträgen.[6] Auf die Vertragsstrafe ist § 56 Abs 1 S 2 VwVfG zwar nicht direkt anwendbar, da eine Vertragsstrafe keine Gegenleistung zur Leistung der Behörde darstellt, aber eine entsprechende Anwendung ist möglich, so daß eine unangemessene oder nicht in sachlichem Zusammenhang mit der Leistung der Behörde stehende Vertragsstrafe unzulässig ist.[7] Im Gegensatz zur Möglichkeit in privatrechtlichen Verträgen, auch den Ersatz immaterieller Schäden in eine Vertragsstrafe einzubeziehen,[8] ist es unzulässig, mit Hilfe einer Vertragsstrafe in einem verwaltungsrechtlichen Vertrag Leistungen der Verwaltung, die keinen Vermögenswert haben, auszugleichen. Ohne gesetzliche Regelung ist es der öffentlichen Hand verwehrt, Verwaltungsleistungen zu kommerzialisieren.[9]

2 Mit der *Erfüllung* erlöschen entsprechend einem allgemeinen, etwa in § 47 AO für das Steuerschuldverhältnis und in §§ 362 ff BGB für den privatrechtlichen Vertrag zum Ausdruck kommenden Rechtsgrundsatz die durch öffentlich-rechtlichen Vertrag begründeten Forderungen oder Verpflichtungen.[10] Der Vertrag bleibt allerdings als Rechtsgrund der Leistung(en) bestehen. Die Verpflichtungen erlöschen auch dann, wenn der zur Leistung Verpflichtete die Aufrechnung erklärt und die Voraussetzungen für eine Aufrechnung vorliegen[11] oder der dispositionsbefugte Leistungsberechtigte dem Leistungsverpflichteten durch verwaltungsrechtlichen Vertrag die Schuld erläßt[12] bzw in einem solchen Vertrag anerkennt, daß das verwaltungsrechtliche Schuldverhältnis nicht besteht.[13] Die auch im öffentlichen Recht bestehenden Institute der Verwirkung[14] und der Verjährung[15] finden Anwendung. Die Vertragsparteien können schließlich jederzeit durch einen neuen Vertrag den bestehenden Vertrag aufheben oder inhaltlich abändern, sofern die für den Abschluß und Inhalt verwaltungsrechtlicher Verträge geltenden Regeln beachtet werden.

3 Werden Verträge nicht, zu spät oder nur schlecht erfüllt, so spricht man allgemein, also auch im Hinblick auf verwaltungsrechtliche Verträge, von *„Leistungsstörungen“*.[16] Die sie betreffenden Vorschriften des Bürgerlichen Rechts über

[6] Im einzelnen *Schilling* (Fn 5) 238 ff; speziell zur Möglichkeit von Vertragsstrafen in Ausbildungsförderungsverträgen zugunsten von Medizinern im öffentlichen Gesundheitswesen *Koch* (Fn 5) 143 ff.

[7] Vgl *Obermayer* VwVfG, § 62 Rn 184.

[8] Vgl Palandt/*Heinrichs* (Fn 3) § 253 Rn 2.

[9] Vgl *Schilling* (Fn 5) 241.

[10] Dazu auch o § 11 Rn 53.

[11] Vgl § 51 SGB AT, § 226 AO und §§ 387 ff BGB sowie o § 11 Rn 53.

[12] Vgl §§ 163, 227 AO und o § 11 Rn 54.

[13] Vgl § 397 BGB.

[14] Dazu o § 11 Rn 55.

[15] Dazu o § 11 Rn 56.

[16] Vgl dazu *Bullinger* DÖV 1977, 812 f; *H. Meyer* NJW 1977, 1705, 1709 f; *Obermayer* BayVBl 1977, 546, 550 ff; für subordinationsrechtliche Verträge ausf *Kawalla* (Fn 2) 121 ff. Zur Problematik der Leistungsstörungen beim Subventionsvertrag vgl *W. Henke* (Fn 2) 315 ff; im Hinblick auf den Folgelastenvertrag vgl *Plagemann* WM 1979, 794 ff; *Stürner* JuS 1973, 749, 750; *Dolde/Uechtritz* DVBl 1987, 446, 451 f; *Ule/Laubinger* VwVfR, § 72 Rn 1 ff.

Unmöglichkeit[17], Verzug[18], positive Vertragsverletzung[19] und culpa in contrahendo[20] werden – worauf oben schon hingewiesen wurde[21] – auf öffentlich-rechtliche Sonderverbindungen seit langem zumindest dann entsprechend oder rechtsgrundsätzlich angewandt, wenn diese schuldrechtsähnlichen Inhalt haben.[22] Es ist jedoch hinsichtlich der entsprechenden oder rechtsgrundsätzlichen Anwendung der BGB-Vorschriften über Leistungsstörungen auf verwaltungsrechtliche Verträge Vorsicht geboten. In jedem Fall ist zunächst zu prüfen, ob nicht öffentlich-rechtliche Vorschriften und Grundsätze einschlägig sind, insbes, ob die Regelungen des § 59 VwVfG über die Nichtigkeit des Vertrages und jene des § 60 VwVfG die entsprechende Anwendung der BGB-Vorschriften ausschließen.[23]

Ist dies zu verneinen und bleibt damit die Frage, ob im konkreten Fall die eine **4**
oder andere BGB-Vorschrift über Leistungsstörungen lückenfüllend heranzuziehen ist, so wird man sich zu vergegenwärtigen haben, daß die Regelungen des Bürgerlichen Rechts über Leistungsstörungen ihre Legitimation aus dem Prinzip privatautonomer Gestaltungs- und damit vertraglicher Rechtssetzungsfreiheit erfahren. Da es hinsichtlich des verwaltungsrechtlichen Vertrages wegen der Bindung des einen Vertragspartners an Gesetz und Recht an einer solchen weitgreifenden Autonomie vertraglicher Rechtsgestaltung fehlt, dürfen bei Eintritt von Leistungsstörungen jedenfalls jene Sanktionen nicht undifferenziert übernommen werden, die wesentlich vom Grundsatz privatautonomer Gestaltungsfreiheit bestimmt werden. Bei der Suche nach differenzierenden Lösungen dürfte auch der Versuch[24] hilfreich sein, verwaltungsrechtliche Verträge nach möglichen Erscheinungsformen zu kategorisieren und die Frage nach den für die Leistungsstörungen maßgeblichen Regelungen typenspezifisch zu untersuchen.

Im Falle von Leistungsstörungen kann auch ein „deliktischer" Anspruch nach Art 34 GG, § 839 BGB in Betracht kommen, wenn die korrekte Erfüllung verwal-

[17] Vgl dazu etwa BVerwGE 89, 345, 348; OVG Lüneburg DÖV 1968, 803 ff; *Papier* Die Forderungsverletzung im öffentlichen Recht, 1970, 147 f; *Obermayer* (Fn 16) 550 ff; *Ule/Laubinger* (Fn 16) § 72 Rn 2 ff.

[18] Vgl dazu *Obermayer* (Fn 16) 552 f; *Ule/Laubinger* (Fn 16) § 72 Rn 10; gegen die Anwendung des § 288 Abs 2 BGB allerdings BVerwG DÖV 1979, 761 und NVwZ 1986, 554; dazu *Friehe* NVwZ 1986, 538 f.

[19] BGHZ 59, 303 und dazu *Stürner* JuS 1973, 749 ff; *Obermayer* (Fn 16) 553; *Ule/Laubinger* (Fn 16) § 72 Rn 11. Vgl BVerwG NVwZ 1996, 174.

[20] Vgl dazu OVG NW DÖV 1971, 276, 277; BGHZ 71, 386, 392 ff = JuS 1979, 68 m Anm *Schulze-Osterloh; Littbarski* JuS 1979, 537 ff; *Obermayer* (Fn 16) 553; *Keller* Vorvertragliche Schuldverhältnisse im Verwaltungsrecht, 1997, 138 ff, 142 ff, 182 ff; *Punke* Verwaltungshandeln durch Vertrag, Arbeitspapiere Nr 28 d Lorenz-v-Stein-Instituts, Kiel o J, 97 ff.

[21] Vgl § 11 Rn 29.

[22] Vgl auch u § 29 Rn 1 f.

[23] Zum Zusammenhang zwischen Leistungsstörungen, Nichtigkeit des Vertrages und Wegfall der Geschäftsgrundlage *Bullinger* (Fn 16) 814 ff, 817 f und *H. Meyer* (Fn 16) 1709 ff. Vgl auch BVerwG NJW 1979, 327, 329 f. Zum Rücktritt bei Wegfall der Geschäftsgrundlage vgl OVG NW NJW 1995, 3003, 3004; dazu *Erichsen* JK 96, VwGO § 113 I 1/8.

[24] Vgl *Bullinger* (Fn 16) 814 ff.

tungsvertraglicher Pflichten zu den Amtspflichten zu zählen ist, die den zuständigen Amtswalter treffen.[25]

5 Bei den *Klagen auf Erfüllung* verwaltungsrechtlicher Verträge handelt es sich um öffentlich-rechtliche Streitigkeiten, für die der Rechtsweg zu den Verwaltungsgerichten gegeben ist. Da es nach der hier vertretenen Auffassung keine gemischt öffentlich-rechtlich/privatrechtlichen Rechtsverhältnisse geben kann, kann es insoweit auch nicht dazu kommen, daß hinsichtlich der durch ein vertraglich begründetes Rechtsverhältnis entstandenen Erfüllungsansprüche von Verwaltung und Bürger unterschiedliche Rechtswege gegeben sind.[26]

6 Nachdem Streit über den Rechtsweg für *Klagen* des Bürgers gegen die Verwaltung *auf Schadensersatz wegen Verletzung der Pflichten aus verwaltungsrechtlichen Verträgen* entstanden war,[27] legt § 40 Abs 2 VwGO in der seit dem 1.1.1977 geltenden Fassung ausdrücklich fest, daß alle Schadensersatzansprüche, die auf der Verletzung der Pflichten aus einem verwaltungsrechtlichen Vertrag beruhen, von der Sonderzuweisung an die ordentlichen Gerichte ausgenommen sind.[28]

§ 28
Die Vollstreckung aus subordinationsrechtlichen Verträgen

1 Wollen Verwaltung oder Bürger ihre Rechte aus einem subordinationsrechtlichen Vertrag zwangsweise durchsetzen, so müssen sie Klage erheben und sich mit dem Urteil einen Vollstreckungstitel schaffen.[1] Ein Vollzug des Vertrages durch Leistungsbescheid ist ohne besondere gesetzliche Ermächtigung unzulässig.[2] § 61 Abs 1 VwVfG sieht jedoch vor, daß sich jeder Vertragsschließende der sofortigen Voll-

[25] Zutr *Kunig* DVBl 1992, 1183, 1201; *Papier* in: Maunz/Dürig, GG, Art 34 Rn 148; aA BGHZ 87, 9, 18f; *Maurer* Allg VwR, § 14 Rn 57 aE. Zur Rechtswegproblematik Fn 28. Vgl auch u § 49 Rn 16.

[26] So auch *Wolff/Bachof* VwR I, § 44 IIIf; aA *Lerche* Staatsbürger und Staatsgewalt Bd II, 1963, 59, 66; *Stern* VerwArch 49 (1958), 106, 153.

[27] Vgl dazu BGHZ 43, 34; *Menger/Erichsen* VerwArch 56 (1965), 278ff; *Bettermann* JZ 1966, 445, 446f.

[28] Dies gilt entgegen BGH NJW 1986, 1109f auch für Ansprüche wegen culpa in contrahendo. Zu den sich bei gleichzeitig bestehenden deliktischen Ansprüchen ergebenden Rechtswegproblemen vgl *W. Henke* JZ 1984, 441, 446. Beachte nunmehr jedoch § 17 Abs 2 GVG.

[1] So BVerwGE 50, 171, 172ff, 175; OVG NW 1967, 722f; *Wolff/Bachof* VwR I, § 44 IIf; aA noch OVG NW DÖV 1960, 798, 800; OVG Hamburg VerwRspr 8 (1956), 228, 230.

[2] BVerwG 50, 171, 172ff; *Erichsen* VerwArch 68 (1977), 65, 71f; *Henneke* in: Knack, VwVfG, § 54 Rn 11. Vgl auch BVerwGE 59, 60, 62ff; BVerwGE 89, 345, 348ff. Allgemein zur Zulässigkeit der Handlungsform Verwaltungsakt o § 15 Rn 4.

streckung aus einem subordinationsrechtlichen Vertrag unterwerfen kann.[3] Diese Erklärung kann gemäß § 61 Abs 1 S 2 VwVfG für die Behörde wirksam nur von dem Behördenleiter, seinem allgemeinen Vertreter oder einem Angehörigen des öffentlichen Dienstes, der die Befähigung zum Richteramt hat, abgegeben werden.[4] Sie muß gemäß § 61 Abs 1 S 3 VwVfG zudem in der Regel – Ausnahmen in § 61 Abs 1 S 4 VwVfG – von der fachlich zuständigen Aufsichtsbehörde genehmigt werden. Die Durchführung der Vollstreckung wird in § 61 Abs 2 VwVfG geregelt.

§ 29
Andere verwaltungsrechtliche Sonderverbindungen

Wie oben – § 11 Rn 29 – bereits ausgeführt, wenden Rechtsprechung und Schrifttum auf verwaltungsrechtliche Sonderverbindungen – man spricht insoweit auch von verwaltungsrechtlichen Schuldverhältnissen – Vorschriften des BGB über das Schuldverhältnis analog oder als Ausdruck allgemeiner Rechtsgrundsätze mit gewissen Modifikationen an, die sich aus dem besonderen Status der Verwaltung als einem der an diesem Verwaltungsrechtsverhältnis beteiligten Rechtssubjekte ergeben. Das ist unproblematisch, soweit man sich des Vorrangs einschlägiger öffentlich-rechtlicher Regelungen bewußt bleibt. 1

Unter den Vorschriften des BGB, die dabei analog oder rechtsgrundsätzlich angewandt werden, sind in erster Linie die Regelungen über die Leistungsstörungen, den Maßstab und die Zuordnung der Haftung zu nennen.[1] So hat die Rechtsprechung die §§ 275, 280[2], 323 ff[3], 276, 278[4] BGB ebenso wie die Regeln über culpa 2

[3] Dazu *Beyer* Der öffentlich-rechtliche Vertrag, informales Handeln der Behörden und Selbstverpflichtung Privater als Instrumente des Umweltschutzes, 1986, 174ff.

[4] Nach BVerwGE 98, 58, 66, gilt dies auch, wenn sich nur der Bürger der sofortigen Vollstreckung unterwirft; abl *H. Meyer* JZ 1996, 78, 79; *Kunig* JK 96, VwVfG § 61 I/1 mwN.

[1] Vgl dazu *Simons* Leistungsstörungen verwaltungsrechtlicher Schuldverhältnisse, 1967, 85f; *Papier* Die Forderungsverletzung im öffentlichen Recht, 1970, 40f; *Schetting* Rechtspraxis der Subventionierung, 1973, 208ff; *W. Henke* Das Recht der Wirtschaftssubventionen als öffentliches Vertragsrecht, 1979, 315ff; *Janson* DÖV 1979, 696ff; *Bender* StHR, 3. Aufl, Rn 811ff; *Krause* VVDStRL 45 (1987), 212, 231ff; *Wolff/Bachof/Stober* VwR I, § 55 Rn 33ff; einschränkend *Windthorst* JuS 1996, 605, 608ff. S a *U. Stelkens* DVBl 1998, 303ff.

[2] Vgl dazu etwa *v d Groeben/Knack* Landesverwaltungsgesetz Schleswig-Holstein, 1968, § 128 Rn 2; *Schwerdtfeger* Öffentliches Recht in der Fallbearbeitung, 10. Aufl 1997, Rn 301; OVG Lüneburg DÖV 1968, 803ff.

[3] Vgl *Papier* (Fn 1) 147f.

[4] Vgl dazu *Simons* (Fn 1) 147ff, 153ff mwN; *Stürner* JuS 1973, 749, 750; *Maurer* Allg VwR, § 28 Rn 6; RGZ 166, 218, 223; BGHZ 3, 162, 173; 54, 299, 302f; BVerwG DÖV 1965, 670, 671; OLG Düsseldorf NVwZ-RR 1996, 305 mwN.

in contrahendo[5] und positive Forderungsverletzung[6] sowie die Grundsätze über die vertraglichen Schutzwirkungen zugunsten Dritter[7] für das verwaltungsrechtliche Schuldverhältnis fruchtbar gemacht und hat etwa der BGH[8] die Vorschriften des Kaufrechts „als Ausdruck allgemeiner Rechtsgedanken" sinngemäß auf die durch eine Satzung begründete verwaltungsrechtliche Sonderverbindung zwischen der Gemeinde und einem Nutzer ihrer Wasserversorgung angewandt. Auch zu den Fragen des öffentlich-rechtlichen Schuldversprechens und Schuldanerkenntnisses ist auf die dazu entsprechend im bürgerlichen Recht entwickelten Grundsätze zurückgegriffen worden.[9] Ferner sind die Vorschriften über den Wegfall der Geschäftsgrundlage und die clausula rebus sic stantibus[10] als Ausfluß des auch im Verwaltungsrecht geltenden Grundsatzes von Treu und Glauben mit der Folge herangezogen worden, daß eine Änderung der für die Begründung der verwaltungsrechtlichen Sonderverbindung maßgebenden tatsächlichen oder rechtlichen Verhältnisse zu ihrer Anpassung an die neue Lage, uU zu ihrer Geltungsbeendigung führen kann.[11] Aus dem Gesamtzusammenhang des PAuswG ist ein gesetzliches Schuldverhältnis zwischen dem Bund und den Gemeinden hergeleitet worden, auf welches hinsichtlich des gesetzlich nicht geregelten Vergütungsanspruchs für die Herstellung von Personalausweisen die §§ 315ff BGB analog Anwendung finden sollen.[12] Auf die Verzinsung bestehender Aufwendungsersatzansprüche wird § 256 BGB[13] angewandt; hingegen sollen auf die Verzinsung von Schadensersatzansprüchen die §§ 284, 288, 291 BGB nicht generell anwendbar sein.[14] Rechte und Pflichten aus dem verwaltungsrechtlichen Schuldverhältnis erlöschen durch Erfüllung, Verzicht und Verwirkung.[15] Dabei kann die Erfüllung auch durch Aufrechnung erfolgen, wie es in manchen Vorschriften – etwa § 51 SGB AT, § 226 AO, § 25 a BSHG – ausdrücklich vorgesehen ist. Aber auch über diese Sonderregelungen hinaus ist die Aufrechnung gegenseitiger, gleichwertiger und fälliger

[5] Vgl *Simons* (Fn 1) 172f; BGHZ 6, 330, 332; 71, 386, 391ff; BGH NJW 1990, 1042, 1045; BVerwG DÖV 1974, 133, 134; *Wolff/Bachof/Stober* (Fn 1) § 55 Rn 44.

[6] Vgl dazu *Papier* (Fn 1) 17f; BVerwGE 13, 17, 22; BVerwG NJW 1995, 2303, 2304; BGH NJW 1974, 1816, 1817; OVG NW NVwZ-RR 1996, 482; 1997, 207.

[7] Vgl BGHZ 49, 278, 279.

[8] BGHZ 59, 303; dazu *Stürner* (Fn 4) 749f; vgl auch BGH DVBl 1977, 893; *Windthorst* (Fn 1) 609.

[9] Vgl dazu BVerwG DÖV 1977, 206f u OVG Lüneburg DÖV 1977, 208f m Anm *Zimmermann* DÖV 1977, 209f; BVerwG NJW 1995, 1104ff; BGHZ 102, 343ff; BGH NJW 1994, 2620f.

[10] Dazu OVG Lüneburg NJW 1977, 773, 774; *Henneke* in: Knack, VwVfG, § 38 Rn 6; vgl a o § 26 Rn 29.

[11] Vgl BVerwG DÖV 1956, 410; *Bull* Allg VwR, Rn 843; ausf *Köbler* Die „clausula rebus sic stantibus" als allgemeiner Rechtsgrundsatz, 1991, 179ff.

[12] BVerwGE 98, 18, 26ff; dazu *Kunig* JK 96, GG Art 104a/3.

[13] BVerwGE 80, 170, 176.

[14] BVerwG DVBl 1988, 347, 348; OVG NW NWVBl 1997, 99, 100. Vgl a VGH BW NVwZ 1991, 583; *Wolff/Bachof/Stober* (Fn 1) § 55 Rn 41ff. S aber a BVerwGE 98, 18, 30 für gesetzl Schuldverhältnisse.

[15] Dazu ie o § 11 Rn 53ff.

Forderungen zulässig.[16] Das gilt unter bestimmten Voraussetzungen auch für den Fall einer Aufrechnung öffentlich-rechtlicher gegen privatrechtliche wie auch privatrechtlicher gegen öffentlich-rechtliche Forderungen.[17]

Von den verwaltungsrechtlichen Schuldverhältnissen, die bisher in besonders starkem Maße Rechtsprechung und Schrifttum beschäftigt haben, werden im folgenden das verwaltungsrechtliche Verwahrungsverhältnis, die Geschäftsführung ohne Auftrag, der öffentlich-rechtliche Erstattungsanspruch sowie das öffentlich-rechtliche Benutzungsverhältnis behandelt.[18] 3

I. Das verwaltungsrechtliche Verwahrungsverhältnis

Das verwaltungsrechtliche Verwahrungsverhältnis besteht, wenn die Verwaltung bewegliche Sachen kraft öffentlichen Rechts zur Aufbewahrung in Besitz hat.[19] Es kann in unterschiedlicher Weise *begründet* werden. Einmal kann es durch die auf Begründung eines solchen Rechtsverhältnisses gerichtete Willenseinigung der Beteiligten – verwaltungsrechtlicher Vertrag[20] –, zum anderen kann es durch darauf gerichteten Verwaltungsakt und Inbesitznahme, also etwa Beschlagnahme und Sicherstellung einer Sache,[21] und schließlich durch die bloße Inbesitznahme einer Sache[22] zum Zwecke der Verwahrung begründet werden. 4

[16] Vgl BVerwG NVwZ 1984, 168f; BVerwGE 96, 71, 73; BayVGH BayVBl 1985, 119; NJW 1997, 3392; *Veitenthal* BayVBl 1990, 615ff.

[17] Vgl dazu *Forsthoff* VwR, 284f; *Pietzner* VerwArch 73 (1982), 453ff u VerwArch 74 (1983), 59ff; *Appel* BayVBl 1983, 201ff; *Ehlers* NVwZ 1983, 446; *dens* Verwaltung in Privatrechtsform, 1984, 467; BVerwGE 66, 218, 220; 77, 19, 24; BVerwG NJW 1993, 2255; VGH BW NJW 1997, 3394, 3395. Ausf zur Aufrechnung im Verwaltungsrecht *K. Hartmann* Die Aufrechnung im Verwaltungsrecht, 1996; *Grandtner* Die Aufrechnung als Handlungsinstrument im Öffentlichen Recht, 1995; *Detterbeck* DÖV 1996, 889ff; *Gaa* Die Aufrechnung im öffentlichen Recht unter Berücksichtigung der Neuregelung des § 17 II GVG für den Verwaltungsprozeß, 1996; *ders* NJW 1997, 3343ff.

[18] Zu weiteren Erscheinungsformen vgl o § 11 Rn 29; *Windthorst* (Fn 1) 608; *Wolff/Bachof/Stober* (Fn 1) § 55 Rn 4ff; *Maurer* (Fn 4) § 28 Rn 3.

[19] Vgl BGHZ 34, 349, 354; *Menger/Erichsen* VerwArch 57 (1966), 64, 73; *Schwerdtfeger* (Fn 2) Rn 260; *Büllesbach* Die öffentlich-rechtliche Verwahrung, 1994, 48f; *Ehlers* in: Schoch/Schmidt-Aßmann/Pietzner, VwGO, § 40 Rn 533. Zu der Frage, ob die Zuweisung von Wohnraum an Obdachlose ein Verwahrungsverhältnis zwischen der Einweisungsbehörde und dem betroffenen Wohnungseigentümer begründet, vgl BGH NJW 1995, 2918, 2919; 1996, 315; *Spannowsky* BWVP 1991, 197, 199; *Cremer* VBlBW 1996, 241, 244.

[20] Vgl *Menger/Erichsen* (Fn 19) 75.

[21] Vgl RGZ 166, 215, 221f; BGH WPM 1973, 1416 u *H. Weber* JuS 1974, 191, 192 mwN; BGH NJW 1987, 2573, 2574; 1990, 1230, 1231; *Maurer* JuS 1994, 1015, 1017f.

[22] Vgl BGHZ 34, 349, 354; *Schwerdtfeger* (Fn 2) Rn 260; *Quaritsch* in: Lüder (Hrsg), Staat und Verwaltung, 1997, 169, 170f. Zur Inbesitznahme im Rahmen einer Anstaltsnutzung vgl *Ehlers* (Fn 19) Rn 535; OLG Köln NVwZ 1994, 618, 619 m Anm *Maurer* (Fn 21); BayVGH BayVBl 1998, 215, 216.

5 Gelegentlich geschieht es, daß ein Bürger bewegliche Sachen, die Staatseigentum sind, zur Verwahrung erhält. So haben gemäß § 24 Abs 6 Nr 4 WPflG die der Wehrüberwachung unterliegenden Wehrpflichtigen die sog Grundausstattung an Bekleidungs- und Ausrüstungsstücken aufzubewahren und zu pflegen.

Wenn auch die Pflicht zur Verwahrung in diesem Fall Bestandteil einer umfassenderen öffentlich-rechtlichen Sonderverbindung ist, in der der Bürger zum Staat steht, so erscheint es doch geboten, auf die mit der Verwahrung verbundenen Beziehungen die Regelungen über die öffentlich-rechtliche Verwahrung anzuwenden.[23]

6 Auf die öffentlich-rechtliche Verwahrung finden die Vorschriften der §§ 688 ff BGB analog oder rechtsgrundsätzlich Anwendung, soweit weder gesetzliche Sonderbestimmungen[24] eingreifen noch die Zweck- und Interessenausrichtung dieser verwaltungsrechtlichen Sonderverbindung entgegensteht.[25] Letzteres wird uneingeschränkt für die Regelung des § 695 BGB und auch für den in § 690 BGB festgelegten Haftungsmaßstab zu bejahen sein, wenn die Verwahrung nicht nur den Interessen des Hinterlegers, sondern nur oder jedenfalls auch dem öffentlichen Interesse zu dienen bestimmt ist.[26] Insbes um die Rechtsfolgen in den Fällen der Beschädigung, der Zerstörung oder der anderweitigen Unmöglichkeit der Herausgabe der Sache zu bestimmen, haben Rechtsprechung und Schrifttum die §§ 275, 276, 278[27], 280, 282[28] sowie anspruchsmindernd wegen Mitverschuldens des Hinterlegers § 254[29] neben den Vorschriften der § 839 BGB, Art 34 GG[30] herangezogen. Dies ist vor allem von Bedeutung im Hinblick auf die Regelung des § 839 Abs 1 S 2 BGB und für die Verteilung der Beweislast, da der Verwaltung hier –

[23] Vgl VG Arnsberg JuS 1975, 401; *H. Müller* JuS 1977, 232; *Quaritsch* (Fn 22) 170; *Maurer* (Fn 21) 1018; abl dagegen *Büllesbach* (Fn 19) 150.

[24] S etwa §§ 27 ff BGSG, §§ 44 ff PolG NW, Art 26 ff BayPAG; dazu *Büllesbach* (Fn 19) 124 ff.

[25] Vgl BVerwGE 52, 247, 254; *Schwerdtfeger* (Fn 2) Rn 261; *Ossenbühl* StHR, 288; BGH NJW 1990, 1230; BayVGH BayVBl 1998, 215, 216. Weitgehend gegen eine Analogiefähigkeit der §§ 688 ff BGB *Büllesbach* (Fn 19) 95 ff. Die Bestimmung des § 689 BGB, wonach ein Vergütungsanspruch des Verwahrers als stillschweigend vereinbart gilt, kann nur auf das vertraglich begründete verwaltungsrechtliche Verwahrungsverhältnis angewendet werden; vgl *Quaritsch* (Fn 22) 177; *Büllesbach* (Fn 19) 104 ff. Die Erstattung von Aufwendungen kann der Verwahrer dagegen entspr dem Maßstab des § 693 BGB auch in den übrigen Fällen verlangen; vgl *Quaritsch* (Fn 22) 178; HessVGH NVwZ 1988, 655, 656; DÖV 1991, 699; abl *Büllesbach* (Fn 19) 110 ff mwN.

[26] Vgl auch BVerwG NJW 1978, 717, 718; *Papier* (Fn 1) 42 mwN; *Windthorst* (Fn 1) 610; *Büllesbach* (Fn 19) 106.

[27] Vgl etwa BGHZ 1, 369, 383; 3, 162, 173; *Schack* FS Laun, 1948, 292; *Grave* DVBl 1978, 450, 451; *Ossenbühl* (Fn 25) 297; *Rüfner* JuS 1981, 259, 262; *Maurer* (Fn 21) 1018.

[28] Vgl BGHZ 3, 162, 174; *Koch* Die öffentlich-rechtliche Verwahrung, 1953, 54; *Papier* (Fn 1) 42; *Quaritsch* (Fn 22) 174 ff auch zur Möglichkeit der Haftungsbeschränkung für die Behörde.

[29] Vgl BGH NJW 1990, 1230, 1231; *Quaritsch* (Fn 22) 174.

[30] Zu dieser Anspruchskonkurrenz vgl BGHZ 72, 302, 306 m Anm *Boujong* NJW 1979, 425; BGH NJW 1990, 1230, 1231; BayVGH BayVBl 1998, 215, 216; *Quaritsch* (Fn 22) 176 f.

anders als bei der Amtshaftung – die Beweislast für fehlendes Verschulden obliegt.[31]

7 Für vermögensrechtliche Ansprüche aus öffentlich-rechtlicher Verwahrung ist gemäß § 40 Abs 2 S 1 VwGO der *Rechtsweg* zu den ordentlichen Gerichten gegeben, soweit der Bürger einen solchen Anspruch – beispielsweise auf Herausgabe der verwahrten Sache oder auf Schadensersatz[32] – gegen die Verwaltung gerichtlich geltend macht.[33] Für die gerichtliche Geltendmachung von Ansprüchen des Staates aus dem Verwahrungsverhältnis – zB auf Entgelt wegen der Verwahrung – ist demgegenüber der Verwaltungsrechtsweg eröffnet.[34]

II. Die öffentlich-rechtliche Geschäftsführung ohne Auftrag

8 Die Regeln der §§ 677 ff BGB über die Geschäftsführung ohne Auftrag dienen dem Interessenausgleich zwischen demjenigen, der fremde Geschäfte besorgt, ohne dazu durch ein besonderes Rechtsverhältnis (aus Vertrag oder Gesetz) berechtigt zu sein, und demjenigen, dessen Geschäfte wahrgenommen werden.[35] Auch das öffentliche Recht ist gelegentlich mit Sachverhalten konfrontiert, in denen Geschäfte eines anderen besorgt werden. So erbrachte beispielsweise eine Krankenkasse für eine andere die dieser gesetzlich obliegende Leistung,[36] finanzierte ein öffentlich-rechtlicher Krankenhausträger die Behandlung, zu deren Übernahme ein Rentenversicherungsträger verpflichtet war,[37] errichtete eine Gemeinde statt der verpflichteten Bundesrepublik Deutschland an einem unübersichtlichen Fußgängerweg eine Beleuchtungsanlage,[38] bauten Anlieger eine Straße aus, für die die

31 Vgl BGH NJW 1990, 1230, 1231; OLG Köln NVwZ 1994, 618, 619; *Quaritsch* (Fn 22) 174 f.

32 Vgl *Kopp* VwGO, § 40 Rn 64; *Redeker/v Oertzen* VwGO, § 40 Rn 44; *Menger/Erichsen* (Fn 19) 76; *Ule* VerwGbarkeit, § 40 IV 2 a (S 95). Einengend *Papier* (Fn 1) 145. Vgl ferner LG Köln NJW 1965, 1440.

33 Dazu *Schoch* FS Menger, 1985, 305, 316 ff; *Kopp* (Fn 32) Rn 67; *Eyermann* VwGO, § 40 Rn 110, 128; *Ule* VwPrR, § 8 III; *Rüfner* (Fn 27) 260; *Wilke* JuS 1960, 481, 482; *Büllesbach* (Fn 19) 12 ff, 47 f; *Quaritsch* (Fn 22) 178 f; s a *Menger/Erichsen* (Fn 19) 75; BGHZ 43, 269, 277; BayVGH BayVBl 1998, 215.

34 *Erichsen/Menger* (Fn 19) 75; krit *Quaritsch* (Fn 22) 178 f.

35 *Medicus* Bürgerliches Recht, 17. Aufl 1996, Rn 403 ff; MünchKomm/*Seiler* BGB, Bd 4, 3. Aufl 1997, vor § 677 Rn 3; *H. H. Klein,* DVBl 1968, 166.

36 BSG NJW 1958, 886. § 102 SGB X sieht für den vorleistenden Leistungsträger nunmehr einen „Erstattungsanspruch" vor.

37 BSG NJW 1991, 2373. Dazu und allg zur GoA im Sozialrecht vgl *v Einem* NWVBl 1992, 384 ff.

38 BayVGH BayVBl 1971, 67 f; dazu *Hoepffner* Die Geschäftsführung ohne Auftrag in der Verwaltung, 1972, 123 f; weitere Beispiele: OVG Lüneburg OVGE 18, 384 f; OVG NW NJW 1976, 1956 f; BGH DÖV 1978, 688, 689; BVerwG DÖV 1986, 285 und OVG NW DVBl 1986, 784; dazu *Erichsen* JK 87, Allg VerwR, Öff-rechtl GoA/1; BVerwG DVBl 1991, 1156 ff; OVG Hamburg NVwZ 1992, 264 ff; BayVGH BayVBl 1997, 48 ff.

Gemeinde die Straßenbaulast trug[39] und stellte ein Bauherr anstelle der gesetzlich verpflichteten Gemeinde eine Erschließungsanlage her.[40]

9 Grundsätzlich ist anerkannt, daß es das Rechtsinstitut der Geschäftsführung ohne Auftrag auch im öffentlichen Recht gibt. Die Vorschriften des Bürgerlichen Rechts werden analog oder als Ausdruck allgemeiner Rechtsgrundsätze angewandt.[41] Dem Institut der GoA kommt – wie im Zivilrecht – einmal eine Legitimationsfunktion zu. Zum anderen dient es dem Ausgleich zwischen Geschäftsführer und Geschäftsherrn.[42] Es kommen insgesamt vier, in erster Linie allerdings drei Fallgruppen in Betracht. So ist denkbar, daß ein Träger öffentlicher Verwaltung für einen anderen[43] oder daß ein Träger öffentlicher Verwaltung für einen Bürger[44] oder daß umgekehrt ein Bürger für einen Träger öffentlicher Verwaltung handelt.[45] Schließlich ist es nicht ausgeschlossen, daß ein Bürger für einen anderen Bürger in öffentlich-rechtlicher Geschäftsführung ohne Auftrag tätig wird, beispielsweise wenn ein Hauseigentümer für einen anderen die öffentlich-rechtliche Verpflichtung des Schneeräumens übernimmt.[46]

[39] OVG NW Die Gemeinde 1962, 40.

[40] VGH BW NJW 1977, 1843. Vgl a OVG NW NWVBl 1990, 99; BVerwGE 80, 170; dazu *Erichsen* JK 89, Allg VerwR, Öff-rechtl GoA/2, sowie die Beispiele bei *Blas* BayVBl 1989, 648 ff u *Fleischfresser* VR 1988, 305 ff; *Schoch* Jura 1994, 241 ff; *Nedden* Die Geschäftsführung ohne Auftrag im öffentlichen Recht, 1994, 31 ff. S a *Bamberger* JuS 1998, 706 ff.

[41] Vgl dazu *Hoepffner* (Fn 38) 76 f; *Mertens* Die Kostentragung bei der Ersatzvornahme im Verwaltungsrecht, 1976, 72, 73; *Menger* VerwArch 69 (1978), 397 f; *Ehlers* Verwaltung in Privatrechtsform, 1984, 476 mwN; *Blas* (Fn 40) 649; *Fleischfresser* (Fn 40) 305; BVerfGE 18, 429, 436; BVerwGE 80, 170, 172 f; dazu *Erichsen* (Fn 40); BVerwG DVBl 1991, 1156 f; OVG NW NVwZ-RR 1996, 482, 483; BSG NJW 1991, 2373; VGH BW NJW 1977, 1843; einschränkend *Nedden* (Fn 40) 122 ff. Gegen die Anerkennung einer öffentlich-rechtlichen GoA *Wollschläger* Geschäftsführung ohne Auftrag im öffentlichen Recht und Erstattungsanspruch, 1977, 32 ff, 60, 72, 95.

[42] Vgl *Schoch* (Fn 40) 242; *Nedden* (Fn 40) 74 ff.

[43] Vgl etwa BVerwG NJW 1986, 2524 f; DVBl 1991, 1156; VGH BW NJW 1985, 2603 f; HessVGH NVwZ 1987, 822 f; OVG NW NJW 1976, 1956 f; OVG Lüneburg OVGE 18, 384 f; OVG Hamburg NVwZ-RR 1995, 369 ff; BayVGH BayVBl 1997, 48 ff; BSG NJW 1958, 886 f; NJW 1991, 2373; BGHZ 40, 28 f; NVwZ 1990, 297; *Hoepffner* (Fn 38) 117 f; *H. H. Klein* (Fn 35) 167; *Blas* (Fn 40) 648; *Achterberg* Allg VwR, § 25 Rn 116; *Ehlers* (Fn 41) 469 ff.

[44] Vgl BGH NJW 1975, 47, 49; BGH NJW 1990, 1604; BayVGH NVwZ-RR 1996, 652; VG Bremen NVwZ-RR 1996, 29; *Hoepffner* (Fn 38) 150 f; *Achterberg* (Fn 43) § 25 Rn 116; *Ehlers* (Fn 41) 469 ff. Bsp und Fallösung auch bei *Maurer* JuS 1970, 561 f; *Schwerdtfeger* (Fn 2) Rn 263 ff und *Habermehl* Jura 1987, 199, 200.

[45] Vgl BVerwGE 80, 170 ff; VGH BW NJW 1977, 1843; OVG Lüneburg NVwZ 1991, 81; OVG NW NVwZ-RR 1996, 653 ff; VG Hannover NdsVBl 1996, 167; *Hoepffner* (Fn 38) 156 f; *Freund* JZ 1975, 513 ff; *Blas* (Fn 40) 649 ff; *Fleischfresser* (Fn 40) 305 ff; *Achterberg* (Fn 43) § 25 Rn 116. Beispiele ferner bei *H. H. Klein* (Fn 35) 169 f u *Habermehl* (Fn 44) 200 f; Fallösung bei *Demel* JuS 1978, 696 f.

[46] Vgl zur Frage der öffentlich-rechtlichen GoA zwischen Privaten *Hoepffner* (Fn 38) 166; *Gusy* JA 1979, 69, 72; *Schoch* (Fn 40) 247; *Nedden* (Fn 40) 97 f, 114 ff, 203 ff; *Wolff/Bachof/Stober* (Fn 1) § 55 Rn 16 f; *Habermehl* (Fn 44) 200.

Der Anwendungsbereich der öffentlich-rechtlichen Geschäftsführung ohne Auftrag soll nach einer Meinung auf das Verhältnis von Trägern öffentlicher Verwaltung zueinander beschränkt sein,[47] dagegen nach einer anderen Ansicht gerade diese Beziehungen ausschließen[48] und sich nur auf Fälle des Tätigwerdens eines Privaten für einen Träger öffentlicher Verwaltung erstrecken.[49] Soweit die öffentlich-rechtliche Geschäftsführung ohne Auftrag zwischen einem Träger öffentlicher Verwaltung und einem Bürger anerkannt wird, ist strittig, ob dies nur im Verhältnis des Staates als Geschäftsführer zu einem Bürger als Geschäftsherrn[50] oder auch in der umgekehrten Beziehung gilt.[51] 10

Für einen völligen Ausschluß einer der genannten Fallgruppen aus dem Anwendungsbereich der öffentlich-rechtlichen Geschäftsführung ohne Auftrag lassen sich keine zwingenden Gründe anführen.[52] Gleiches muß auch für die mehrfach vertretene Auffassung[53] gelten, die sämtliche oder auch nur bestimmte Fallgruppen der öffentlich-rechtlichen Geschäftsführung ohne Auftrag durch das Institut des allgemeinen öffentlich-rechtlichen Erstattungsanspruchs[54] erfassen und mit dem Hinweis auf die Entbehrlichkeit und die sich daraus ergebende Vereinfachung die öffentlich-rechtliche Geschäftsführung ohne Auftrag ersatzlos wegfallen lassen will. Zum einen ist dieser Erstattungsanspruch gegenüber dem Anspruch nach den Regelungen der Geschäftsführung ohne Auftrag das umfassendere und allgemeinere Prinzip eines Vermögensausgleichs,[55] so daß ihm nicht aus Gründen der Spezialität eine Vorrangstellung zukommen kann. Zum anderen stellt die sog berechtigte Geschäftsführung ohne Auftrag einen Rechtsgrund für eine erfolgte Vermögensverschiebung dar.[56] Sie schließt damit eine notwendige Voraussetzung des allgemeinen öffentlich-rechtlichen Erstattungsanspruchs, nämlich die Rechtsgrundlosigkeit der Vermögensverschiebung, aus. Es ist daher davon auszugehen, daß beide Rechtsinstitute nebeneinander Anwendung finden, ohne daß einem von ihnen ein Vorrang zukommt.[57] 11

47 So *Rietdorf* DÖV 1966, 253, 254.

48 So *H. H. Klein* (Fn 35) 169 mit der Begründung, es fehle am Bedürfnis.

49 So *Nedden* (Fn 40) 85ff; 98; 171; 178ff, 217ff.

50 So *Schack* JZ 1966, 640, 641; *Soergel/Mühl* BGB, 11. Aufl 1980, Vorbem § 677 Rn 4, 8; vgl auch *Scherer* NJW 1989, 2724, 2725.

51 So BVerwGE 80, 170, 172f; OVG NW NVwZ-RR 1996, 482, 483; 1996, 653; VG Hannover NdsVBl 1996, 167; *H. H. Klein* (Fn 35) 169f; *Blas* (Fn 40) 649f; *Fleischfresser* (Fn 40) 305. Für die Zulässigkeit einer bloßen Notgeschäftsführung *Freund* (Fn 45) 515. Einschränkend auch VGH BW NJW 1977, 1843; *Demel* (Fn 45) 696.

52 Vgl *Ehlers* (Fn 41) 478; *Maurer* (Fn 44) 562; *Blas* (Fn 40) 648ff; *v Einem* (Fn 37) 385; davon gehen ua BVerwGE 80, 170, *Schwerdtfeger* (Fn 2) Rn 263ff und VGH BW NJW 1977, 1843 aus. BVerfGE 18, 429, 436 läßt die Frage offen, ob die öffentlich-rechtliche GoA außer in Fällen der Gleichordnung der Beteiligten anwendbar ist.

53 Vgl *Wollschläger* (Fn 41) 35ff, 83f, 95; *H. H. Klein* (Fn 35) 169; *Morlok* Verw 25 (1992), 371, 394ff; MünchKomm/*Seiler* (Fn 35) Rn 24ff; in der Tendenz a *Menger* (Fn 41) 402f.

54 Zu diesem u Rn 19ff.

55 Vgl auch *Mörtel* BayVBl 1970, 396, 397; *Blas* (Fn 40) 652; *Fleischfresser* (Fn 40) 305.

56 Vgl *Hoepffner* (Fn 38) 148f; *Palandt/Thomas* BGB, 57. Aufl 1998, § 812 Rn 27; *Schwerdtner* Jura 1982, 593; *Blas* (Fn 40) 652.

57 So iErg a BVerwG DVBl 1975, 898ff; BVerwGE 80, 170, 176f; VGH BW NJW 1977,

12 Davon abgesehen ist aber stets zu beachten, daß die Anwendung der Regeln über die Geschäftsführung ohne Auftrag durch Spezialvorschriften[58] ausgeschlossen ist.[59] Soweit es um das Verhältnis zweier Träger öffentlicher Verwaltung geht, ist insbes zu prüfen, ob die Anwendbarkeit der Regeln über die Geschäftsführung ohne Auftrag nicht ganz oder teilweise durch vorrangige Finanzausgleichsregelungen ausgeschlossen ist.[60] Nimmt ein Träger öffentlicher Verwaltung die Aufgabe eines anderen Trägers öffentlicher Verwaltung wahr, und besteht keine den Finanzausgleich betreffende Sonderregelung, so wird zuweilen eine Kostenerstattung mit der Begründung abgelehnt, es gelte grundsätzlich das sog *„Entstehungsprinzip“*, wonach die Kosten endgültig von dem Verwaltungsträger zu tragen seien, bei dem sie angefallen seien.[61] Demgegenüber kommt eine andere Auffassung gestützt auf das sog *„Ausgleichsprinzip“* zu dem Ergebnis, der aufgrund gesetzlicher Aufgabenzuordnung an sich zuständige Verwaltungsträger habe grundsätzlich dem handelnden die bei Wahrnehmung der Verwaltungsaufgabe anfallenden Kosten zu ersetzen. Das „Entstehungsprinzip“ bilde hiervon die gesetzlich zu normierende Ausnahme.[62]

13 Soweit es um die Erstattungsfähigkeit von Kosten im Verhältnis Bund – Länder oder Bund – Gemeinden geht, wird man Erkenntnisse über die Verteilung der Kostenlast aus Art 104a Abs 1 GG gewinnen können. Ausdrücklich regelt Art 104a Abs 1 GG zwar nur das Verhältnis von Bund und Ländern, jedoch sind, wie Art 106 Abs 9 GG deutlich werden läßt, die Gemeinden finanzverfassungsrechtlich den Ländern zuzurechnen.[63] Darüber hinaus wird man in Art 104a Abs 1 GG den Ausdruck einer *allgemeinen* Lastenverteilungsregel für das Verhältnis von Trägern öffentlicher Verwaltung zueinander sehen müssen. Danach hat derjenige, der für die Wahrnehmung einer Verwaltungsaufgabe zuständig ist, auch die für

1843f; BayVGH VerwRspr 24 (1978), 542ff; BayVBl 1997, 48, 50; OVG Lüneburg Die Gemeinde 1990, 260; OVG Hamburg NVwZ-RR 1995, 369, 370; *Blas* (Fn 40) 652; *Fleischfresser* (Fn 40) 305; *Ehlers* (Fn 41) 478 m w Gründen; *Nedden* (Fn 40) 168ff. Gegen eine verfrühte „Verabschiedung“ der GoA auch *Gusy* (Fn 46) 72.

[58] Gesetzlich ist die öff-rechtl GoA nur vereinzelt geregelt, zB in § 121 BSHG. Einige Gesetze haben Abwicklungsvorschriften der GoA (§§ 683ff BGB) für anwendbar erklärt: so zB §§ 43 PolG BW; 32 HessSOG; 42 Abs 2 OBG NW. Zu Spezialvorschriften im Sozialrecht vgl *v Einem* (Fn 37) 386.

[59] Vgl BVerwGE 10, 282, 290; OVG NW DÖV 1978, 59, 60; *Mertens* (Fn 41) 73; *Hurst* DVBl 1965, 757, 760; *Rietdorf* (Fn 47) 254; *Fleischfresser* (Fn 40) 306ff. Eine Lücke, Voraussetzung für die Analogie oder die Anwendung allgemeiner Rechtsgrundsätze, liegt dann nicht vor; vgl dazu *Larenz* Methodenlehre der Rechtswissenschaft, 6. Aufl 1991, 366ff. S a BVerwGE 98, 18, 26. Zur Heranziehung der BGB-Regelungen zur Ausfüllung des Aufwendungsbegriffs iRd § 15 BGSG s VG Bremen NVwZ-RR 1996, 26, 30.

[60] Vgl hierzu HessVGH NVwZ 1987, 822, 823f; OVG Hamburg NVwZ-RR 1995, 369, 372ff; s a BSG NJW 1991, 2373.

[61] Vgl hierzu *Rietdorf* (Fn 47) 255; iErg ebenso *Vogel* in: Drews/Wacke/Vogel/Martens, Gefahrenabwehr, 9. Aufl 1986, § 33 Nr 5b.

[62] So *Wollschläger* (Fn 41) 20; *Morlok* (Fn 53) 394ff; iErg a BVerwG NJW 1986, 2524f; BayVGH BayVBl 1997, 48ff.

[63] Vgl BVerwGE 44, 351, 364; 81, 312, 313; 98, 18, 21.

den Vollzug dieser Aufgabe erforderlichen Mittel aufzubringen; zwischen Verwaltungsaufgabe und Verwaltungsausgabe besteht insoweit Konnexität.[64] Unerheblich für die Frage der Kostentragung ist, wer die Entscheidung, die letztlich die Kosten hat anfallen lassen, getroffen oder die Ausgaben „veranlaßt" hat.[65] Die in Art 104 a Abs 1 GG zum Ausdruck kommende Grundsatzentscheidung legt es daher nahe, den an sich zuständigen Verwaltungsträger mit den Kosten zu belasten, die bei Erfüllung der Verwaltungsaufgabe entstanden sind.[66] Einen darauf gerichteten *Anspruch* kann der an sich unzuständige Träger öffentlicher Verwaltung, der die Verwaltungsaufgabe wahrgenommen hat, daraus nicht herleiten. Insoweit kommen die Vorschriften der Geschäftsführung ohne Auftrag in Betracht, die das mit Hilfe der allgemeinen Lastenverteilungsregel getroffene Ergebnis subjektiv-rechtlich unterfangen können.

Im Verhältnis eines Trägers öffentlicher Verwaltung zum Bürger wird häufig **14** anzunehmen sein, daß die öffentlich-rechtlichen Gesetze, die die Rechtsbeziehungen zwischen Bürger und Staat regeln, auch die Verpflichtungen des Bürgers gegenüber dem Staat abschließend normieren. Liegen also zB die Rechtmäßigkeitsvoraussetzungen einer Ersatzvornahme[67] nicht vor, darf zugunsten der Verwaltung nicht auf den Aufwendungsersatzanspruch der §§ 683, 670 BGB zurückgegriffen werden. Anderenfalls würden die gesetzlichen Zuständigkeitsregelungen, die abschließende Normierung der Zwangsmittel in den Verwaltungsvollstreckungsgesetzen oder andere Rechtmäßigkeitsvoraussetzungen staatlichen Handelns umgangen werden können.[68] Selbst wenn in den betreffenden öffentlich-rechtlichen Gesetzen eine Regelung der Kostentragung fehlt, ist vor dem Rückgriff auf die Regeln der Geschäftsführung ohne Auftrag immer erst zu klären, ob nach dem Sinn und Zweck des jeweiligen Gesetzes nicht der Staat oder eine seiner Unter-

[64] *Erichsen* Die Konnexität von Aufgabe und Finanzierungskompetenz im Bund-Länder-Verhältnis, 1968, 13ff; *ders* Kommunalrecht NW, 2. Aufl 1997, § 9 B 1bee mwN; *Vogel/Kirchhof* in: BK, Art 104a Rn 19ff, 38; *Fischer-Menshausen* in: v Münch/Kunig, GGK III, Art 104 a Rn 3. Ausf dazu *Trapp* Das Veranlassungsprinzip in der Finanzverfassung der Bundesrepublik Deutschland, 1997.

[65] BVerwGE 44, 351, 364; *Pieroth* in: Jarass/Pieroth, GG, Art 104a Rn 2 mwN. In diese Richtung aber *v Mutius* Kommunalrecht, 1996, Rn 447 („Verantwortungsprinzip"); *Schmidt-Jortzig* VVDStRL 52 (1993), 164; *Henneke* in: Henneke/Maurer/Schoch, Die Kreise im Bundesstaat, 1994, 129; vgl dazu a *Schoch/Wieland* Finanzierungsverantwortung für gesetzgeberisch veranlaßte kommunale Aufgaben, 1995, 151ff.

[66] Vgl zu den einzelnen Voraussetzungen des Rückgriffs sowie zum Umfang des Ausgleichs *Wollschläger* (Fn 41) 22ff, 25f u OVG Hamburg NVwZ-RR 1995, 369ff. Krit zur Herleitung aus Art 104a GG *Nedden* (Fn 40) 108f.

[67] Vgl zum Begriff und den Rechtmäßigkeitsvoraussetzungen § 21 Rn 12, 15ff.

[68] *Wolff/Bachof/Stober* (Fn 1) § 55 Rn 12; *Götz* Allgemeines Polizei- und Ordnungsrecht, 12. Aufl 1995, Rn 452ff; *Maurer* (Fn 44) 563f; *Würtenberger* NVwZ 1983, 192, 193f; *Ehlers* (Fn 41) 471ff. Vgl auch *Steckert* DVBl 1971, 243, 246; AG Krefeld NJW 1979, 722f; *Erichsen* JK 94, Pol-u OrdR, Selbstvornahme/2; *Schoch* (Fn 40) 244f; *Nedden* (Fn 40) 146ff, 162ff; MünchKomm/*Seiler* (Fn 35) Rn 31 mwN. Zum Teil werden von diesem Grundsatz gewisse Ausnahmen gemacht, vgl dazu *Hurst* (Fn 59) 760; *Maurer* (Fn 44) 565.

gliederungen die Kosten letztendlich tragen soll und es ihm deshalb verwehrt ist, sie auf den Bürger überzuwälzen.[69]

15 Was die Geschäftsführung durch einen Bürger angeht,[70] so ist zu bedenken, daß Aufgaben, Zuständigkeiten und Befugnisse von Trägern öffentlicher Verwaltung durch zahlreiche kompetenzbegründende und -begrenzende Normen geregelt sind. Die mit der gesetzlichen Errichtung eines Aufgaben- und Kompetenzgefüges verfolgten Zwecke wären jedoch in ihrer Verwirklichung gefährdet, wenn ein Bürger an Stelle des zuständigen Verwaltungsträgers die diesem zugewiesenen Aufgaben erfüllte.[71] Ganz abgesehen davon könnte die Verwaltung kaum übersehen, welche Kostenbelastung dadurch auf sie zukäme. Daher wird grundsätzlich die Geschäftsführung eines Bürgers für einen Träger öffentlicher Verwaltung nicht dem öffentlichen Interesse entsprechen. Es sind allerdings auch Sachverhalte denkbar, in denen ausnahmsweise[72] – und beschränkt auf Fälle des Verwaltungstathandelns[73] – ein Eingreifen eines Bürgers zugunsten des Staates im öffentlichen Interesse liegt.[74] Das kann etwa in Notfallsituationen der Fall sein, wenn also Gefahr für Leben, Gesundheit oder Eigentum im Verzuge ist oder wenn ohne das Eingreifen des Geschäftsführers ein nicht wiedergutzumachender Schaden droht.[75] Aber auch über Notfallsituationen hinaus können konkrete Umstände wie die Sachnähe des Betroffenen, seine konkreten Handlungs- und Zugriffsmöglichkeiten, die sachliche Dringlichkeit der Aufgabe sowie das Verhalten der zuständigen Behörde ein öffentliches Interesse am privaten Eingreifen begründen.[76] Sofern jedoch Leistungsansprüche gegen die Behörde auf Vornahme der gebotenen Handlung bestehen, ist dem Bürger in der Regel zuzumuten, eigene Rechtsschutzmöglichkeiten einschließlich des vorläufigen Rechtsschutzes auszuschöpfen.[77] Darüber hinaus kann das Eingreifen immer nur insoweit als zulässig angesehen werden, als Rechte anderer nicht betroffen sind. Die Okkupation von Hoheitsgewalt im Verhältnis zu Dritten ist schon wegen der Geltung des Gesetzesvorbehalts für solche Maßnahmen ausgeschlossen.[78] In Anbetracht der rechtsstaatlichen Schutzfunktion des Gesetzesvorbehalts, die eine hinreichende Bestimmtheit der gesetzlichen Tatbestandsmerkmale

[69] Vgl dazu *Schubert* NJW 1978, 687, 688.

[70] Dazu a BVerwGE 80, 170ff; VGH BW NJW 1977, 1843f; OVG Lüneburg NVwZ 1991, 81; OVG NW NVwZ-RR 1996, 482, 483; NVwZ-RR 1996, 653; VG Hannover NdsVBl 1996, 167; *Freund* (Fn 45) 513ff; *Menger* (Fn 41) 397ff; *Blas* (Fn 40) 649ff; *Schoch* (Fn 40) 245f.

[71] Ausf BayVGH VerwRspr 21 (1969), 397, 400; OVG Lüneburg Die Gemeinde 1990, 260f; vgl ferner *Hoepffner* (Fn 38) 161f; *H. H. Klein* (Fn 35) 170; *Blas* (Fn 40) 651; *Nedden* (Fn 40) 139ff.

[72] Vgl a *Menger* (Fn 41) 400f; *Ossenbühl* (Fn 25) 290.

[73] Vgl *Schoch* (Fn 40) 246 mwN.

[74] Vgl *Hoepffner* (Fn 38) 162; *Blas* (Fn 40) 651; VGH BW NJW 1977, 1843f; OVG NW NVwZ-RR 1996, 653. Bsp bei *Freund* (Fn 45) 515ff und *Nedden* (Fn 40) 85ff. Abl *Wollschläger* (Fn 41) 43f.

[75] So BayVGH VerwRspr 24 (1973), 542, 546; *Menger* (Fn 41) 401; MünchKomm/*Seiler* (Fn 35) Rn 25ff.

[76] BVerwGE 80, 170, 174; *Blas* (Fn 40) 650.

[77] Vgl BVerwGE 80, 170, 175f; *Fleischfresser* (Fn 40) 307; MünchKomm/*Seiler* (Fn 35) Rn 28.

[78] AA *Achterberg* (Fn 43) § 25 Rn 166; wie hier *Fleischfresser* (Fn 40) 306.

verlangt,[79] ist es auch der Verwaltung nicht erlaubt, beim Fehlen einer spezialgesetzlichen Regelung mit Hilfe der zum großen Teil blankettartig gefaßten Bestimmungen über die Geschäftsführung ohne Auftrag in die Rechtssphäre des Bürgers einzugreifen.[80]

Wann eine privatrechtliche und wann eine öffentlich-rechtliche Geschäftsführung ohne Auftrag vorliegt, kann im Einzelfall schwierig zu beantworten sein.[81] 16 Die Zuordnung zu dem einen oder anderen Rechtsbereich ist zum einen für die Zulässigkeit einer Geschäftsführung ohne Auftrag, zum anderen für den Rechtsweg relevant.[82] Es wird einmal auf die Rechtsnatur der vom Geschäftsführer ergriffenen Maßnahmen abgestellt,[83] während die wohl überwiegende Auffassung fragt, welchen Charakter das Geschäft gehabt hätte, wenn es vom Geschäftsherrn vorgenommen worden wäre.[84] Anknüpfungspunkt für die Geschäftsführung ohne Auftrag ist das für einen anderen geführte „Geschäft" (vgl § 677 BGB).[85] Es bildet demnach das Kriterium, nach dem die öffentlich-rechtliche von der privatrechtlichen Geschäftsführung ohne Auftrag zu unterscheiden ist.[86] Eine öffentlich-rechtliche Geschäftsführung ohne Auftrag liegt mithin in entsprechender Anwendung der §§ 677ff BGB[87] oder der in ihnen zum Ausdruck gekommenen Rechtsgrundsätze vor, wenn der Geschäftsführer ein fremdes öffentlich-rechtliches Geschäft für einen anderen ohne Auftrag ausführt.[88]

Ob ein *fremdes* Geschäft vorliegt, ist aufgrund der gesetzlichen Zuordnung des 17 Aufgabenbereichs, in den das besorgte Geschäft fällt, zu ermitteln. Ob ein fremdes Geschäft vorliegt, ist dabei vor allem umstritten, wenn der Geschäftsführer gleichzeitig eine eigene gesetzlich zugewiesene Aufgabe wahrnimmt, so etwa die Polizei bei Einschreiten aufgrund ihrer Eilkompetenz zur Gefahrenabwehr.[89] Jedenfalls soweit hier eine Pflicht zum Tätigwerden besteht, ist die Behörde dem Störer gegen-

[79] Vgl BVerfGE 8, 274, 325; 49, 89, 129.

[80] Vgl dazu *Wollschläger* (Fn 41) 79f; *Gusy* (Fn 46) 71.

[81] Vgl dazu *Scherer* (Fn 50) 2725f, 2728; *H.H. Klein* (Fn 35) 169; *Schack* (Fn 50) 641; *Baur* DVBl 1965, 893, 896; *Hamann* NJW 1955, 481, 482; *Bonk* in: Stelkens/Bonk/Sachs, VwVfG, § 54 Rn 53; ausf *Hoepffner* (Fn 38) 97f; *Ehlers* (Fn 41) 479f.

[82] Vgl *Maurer* (Fn 44) 562; *Wollschläger* (Fn 41) 183.

[83] So *Hamann* (Fn 81) 482; *Tiedau* DÖV 1952, 164, 165; OVG Lüneburg OVGE 11, 307, 312; BVerwG DVBl 1956, 375, 376.

[84] BGHZ 40, 28, 31; *Baur* (Fn 81) 896; *H.H. Klein* (Fn 35) 169; *Hoepffner* (Fn 38) 101f, 104; *Menger* (Fn 41) 399; *Gusy* (Fn 46) 69f; *Ehlers* (Fn 41) 479f, der allerdings in Ausnahmefällen auf das geführte Geschäft abstellt. Vgl auch *Mertens* (Fn 41) 72. *Schoch* (Fn 40) 247 u *Oldiges* JuS 1989, 616, 620 stellen auf den Handlungszusammenhang ab, dem die GoA entspringt.

[85] So BVerwGE 18, 221, 222; OVG NW NVwZ-RR 1996, 482, 483; 1996, 653; *Hoepffner* (Fn 38) 100f; *Gusy* (Fn 46) 69; *Scherer* (Fn 50) 2728.

[86] So auch *Hoepffner* (Fn 38) 104; *v Einem* (Fn 37) 385; VGH BW NJW 1977, 1843f u dazu *Menger* (Fn 41) 399. So wohl auch MünchKomm/*Seiler* (Fn 35) Rn 32 („öffentlich-rechtliche Verpflichtungen").

[87] Vgl die Darstellung bei *Medicus* (Fn 35) §§ 17, 18, Rn 403ff; ferner *Berg* JuS 1975, 681ff; *Wollschläger* (Fn 41) 57ff, 126ff, 182ff.

[88] Vgl BGH NJW 1975, 47, 49 und 207f; *Hoepffner* (Fn 38) 5f.

[89] Vgl etwa BVerwG NJW 1986, 2524f; OVG NW NJW 1986, 2526; *Blas* (Fn 40) 650.

über zur Geschäftsbesorgung iSd § 677 BGB in sonstiger Weise „berechtigt" und kommt auch eine Unterordnung unter den Willen des Störers, also ein Fremdgeschäftsführungswillen, nicht in Betracht.[90]

18 Aufwendungsersatz entsprechend §§ 683, 670 BGB, auf den es letztlich ja ankommt, kann grundsätzlich nur verlangt werden, wenn die Geschäftsführung auch dem „Interesse" *und* dem „Willen" des Geschäftsherrn entspricht (§ 683 BGB).[91] Bei einer Geschäftsführung für einen Träger öffentlicher Verwaltung sind dabei allerdings Interesse und Wille identisch, weil sich jedes staatliche Handeln am öffentlichen Interesse auszurichten hat (vgl auch § 679 BGB).[92] Ein öffentliches Interesse dürfte regelmäßig fehlen, wenn ein sofortiges Handeln nicht unabweisbar erscheint oder ein der begünstigten Behörde verbleibender Ermessensspielraum ausgefüllt wird, es sich also nicht um eine gebundene Entscheidung oder einen Fall von Ermessensreduzierung handelt;[93] anderes gilt allerdings, wenn die Behörde ein Tätigwerden gänzlich ablehnt.[94] Ausnahmsweise kann auch bei einer Geschäftsführung für einen Privaten entsprechend §§ 683 S 2, 679 BGB ein entgegenstehender Wille des Geschäftsherrn unbeachtlich bleiben. Das ist insbes dann der Fall, wenn ohne die Geschäftsführung eine im öffentlichen Interesse liegende Pflicht des Geschäftsherrn nicht rechtzeitig erfüllt worden wäre.

III. Der öffentlich-rechtliche Erstattungsanspruch

19 Wie im Privatrecht, so besteht auch im öffentlichen Recht ein Anspruch auf Rückgewähr von Leistungen, die rechtsgrundlos im Rahmen eines öffentlich-rechtlichen Rechtsverhältnisses bewirkt worden sind.[95] Dieser Anspruch ist zuweilen ausdrücklich geregelt. Daneben kennt das allgemeine Verwaltungsrecht – ähnlich der AO in § 37 Abs 2 – aber auch einen *allgemeinen* öffentlich-rechtlichen Erstattungsanspruch, der insoweit eingreift, als keine spezialgesetzlich abschließende Er-

[90] S a *Ehlers* (Fn 41) 471, 475; *v Einem* (Fn 37) 387; OVG Hamburg NVwZ-RR 1995, 369, 373f; aA *Blas* (Fn 40) 650.

[91] Vgl a *Schwerdtfeger* (Fn 2) Rn 269f, dort auch zu den strengen Voraussetzungen, die für den Fall der GoA einer Verwaltungsbehörde zugunsten eines Bürgers gemacht werden. Zu dem *H. H. Klein* (Fn 35) 170. Zur Bestimmung des Interesses *Wollschläger* (Fn 41) 83; *Gusy* (Fn 46) 71; insbes zum Interesse eines Trägers öffentlicher Verwaltung *Demel* (Fn 45) 697f.

[92] Dazu a BayVGH VerwRspr 24 (1973), 542, 546; OVG NW NVwZ-RR 1996, 653; OVG Hamburg NVwZ-RR 1995, 369, 373; *Blas* (Fn 40) 650; *v Einem* (Fn 37) 388.

[93] BVerwGE 80, 170, 174; OVG Lüneburg Die Gemeinde 1990, 260f; BGH DÖV 1978, 688f; *Habermehl* (Fn 44) 203; *Blas* (Fn 40) 650; *Schoch* (Fn 40) 248.

[94] BVerwGE 80, 170, 175.

[95] Vgl *Lassar* Der Erstattungsanspruch im Verwaltungs- und Finanzrecht, 1921; *E. Weber* Der Erstattungsanspruch, 1970; *H. Weber* JuS 1970, 169ff; *dens* JuS 1986, 29ff; *Wallerath* DÖV 1972, 221ff; *dens* Allg VwR, § 17 II; *Wolff/Bachof/Stober* (Fn 1) § 55 Rn 19; *Ossenbühl* (Fn 25) 333ff; *dens* NVwZ 1991, 513; *Schoch* Jura 1994, 82ff; *Morlok* (Fn 53) 371ff; *Achterberg* (Fn 43) § 25 Rn 19; *Maurer* (Fn 4) § 28 Rn 20; *Erichsen* VwR u VwGbkt I, 2. Aufl 1984, 134f; *Lorenz* FS Lerche, 1993, 929, 931; BVerwGE 4, 215, 218f; 6, 1, 10; 71, 85, 87; 80, 170, 177; 100, 56, 59; BGH DÖV 1977, 67.

stattungsregelung vorliegt.[96] Er kann sowohl dem Bürger gegen den Staat – etwa Anspruch auf Erstattung von ohne Rechtsgrund gezahlten öffentlichen Abgaben – als auch dem Staat gegen den Bürger – zB Anspruch auf Erstattung irrtümlich überzahlter Ausbildungsförderungsmittel – zustehen. Zudem ist er im Verhältnis mehrerer Träger öffentlicher Verwaltung untereinander bzw zwischen einem Hoheitsträger und seinen Organen anerkannt.[97]

1. Der Erstattungsanspruch nach § 49 a VwVfG

Eine nähere gesetzliche Ausgestaltung hat der öffentlich-rechtliche Erstattungsanspruch etwa in 53 Abs 2 BRRG, in § 87 Abs 2 BBG, in § 50 SGB X[98] und – für die praktisch bedeutsamsten Fälle – nunmehr in § 49 a VwVfG erfahren. Diese durch Art 1 VwVf-ÄndG[99] neu eingefügte Vorschrift entspricht inhaltlich weitgehend den Bestimmungen der nunmehr aufgehobenen §§ 48 Abs 2 S 5 ff VwVfG und 44 a Abs 2 und 3 BHO sowie den korrespondierenden Regelungen in den LVwVfGen.[100] **20**

§ 49 a VwVfG regelt nach seinem Wortlaut und der gesetzgeberischen Intention[101] die Pflicht des Leistungsempfängers zur Erstattung einer staatlichen (Geld- oder Sach-) Leistung[102] für die Fälle, in denen diese Leistung auf einem Verwaltungsakt beruht und dieser den Bürger *begünstigende*[103] Verwaltungsakt mit **21**

[96] Zur Nichtanwendbarkeit des allg öff-rechtl Erstattungsanspruchs im Rahmen der Nutzung einer öff-rechtl Einrichtung wegen des zwingenden kommunalabgabenrechtlichen Satzungsvorbehalts für Entgeltforderungen s VGH BW NVwZ-RR 1997, 123; dazu *Erichsen* JK 97, KAG § 2/1; *Riedl* BayVBl 1993, 522, 524; aA BayVGH NVwZ-RR 1991, 196.

[97] Vgl BVerwGE 36, 108, 110; 100, 56; 59; OVG Hamburg NVwZ-RR 1995, 369, 374; *Wolff/Bachof/Stober* (Fn 1) § 55 Rn 20; *Ossenbühl* (Fn 25) 337; *Mertens* (Fn 41) 80; *Achterberg* (Fn 43) § 25 Rn 25; *v Mutius* VerwArch 71 (1980), 413, 414. Weitere Bsp bei *Schoch* Jura 1994, 82, 85 f. Zur Geltung im *verfassungsrechtlichen* Verhältnis zwischen Parlament und einer parlamentarischen Gruppierung s BremStGH NVwZ 1997, 786 ff.

[98] Weitere Spezialregelungen bei *v Mutius* VerwArch 71 (1980), 413, 414; *H. Weber* JuS 1986, 29, 31 ff; *Schoch* (Fn 97) 83 f; *Windthorst* JuS 1996, 894, 895.

[99] Gesetz zur Änderung verwaltungsverfahrensrechtlicher Vorschriften v 2.5.1996, BGBl I, 656. Zur Entstehungsgeschichte s BT-Drucks 13/1534, 5 ff; *Heße* NJW 1996, 2779, 2780; *Sachs* in: Stelkens/Bonk/Sachs, VwVfG, 4. Aufl 1993 § 49 Rn 77 ff. Zur Rechtslage vor der Neuregelung s Voraufl § 17 Rn 16 ff, § 29 Rn 19 ff.

[100] Vgl Übersichten bei *Baumeister* NVwZ 1997, 19; *Sachs* in: Stelkens/Bonk/Sachs, VwVfG, § 49 a Rn 86.

[101] Vgl Begr des Regierungsentwurfs BT-Drucks 13/1534, 6.

[102] Vgl hierzu *Sachs* (Fn 100) § 49 a Rn 14.

[103] Aufgrund des systematischen Zusammenhangs mit den Abs 2 bis 4, die von dem „Begünstigten“ und der „von der Behörde festgesetzten Frist“ sprechen, sowie der Begr des Regierungsentwurfs findet die Vorschrift hingegen keine Anwendung auf – vom Wortlaut des Abs 1 S 1 durchaus mitumfaßte – Fälle, in denen ein *belastender* Verwaltungsakt rückwirkend zurückgenommen oder widerrufen wird. So auch *Sachs* (Fn 100) § 49 a Rn 12 f; aA *Baumeister* (Fn 100) 22 f. Für das Erstattungsverlangen des Bürgers gegen den Staat ist dann der allg öffentl-rechtl Erstattungsanspruch einschlägig.

Wirkung für die Vergangenheit zurückgenommen (§ 48 Abs 2 VwVfG)[104] oder widerrufen (§ 49 Abs 3 VwVfG)[105] worden oder infolge Eintritts einer auflösenden Bedingung (§ 36 Abs 2 Nr 2 VwVfG)[106] unwirksam geworden ist. Nicht erfaßt werden vom Regelungsgehalt dieser Vorschrift demgegenüber die übrigen Fälle der Unwirksamkeit eines Verwaltungsakts, zB durch Aufhebung im Verwaltungsstreitverfahren,[107] sowie der Nichtigkeit nach § 44 VwVfG.[108] Desweiteren findet § 49a VwVfG keine Anwendung bei Rücknahme oder Widerruf mit Wirkung *ex nunc*[109] oder wenn die Leistung nicht infolge eines Verwaltungsakts, sondern aufgrund verwaltungsvertraglicher Grundlage oder schlichten Verwaltungshandelns erfolgt ist.

22 Die Erstattungspflicht des Leistungsempfängers entsteht gem § 49a Abs 1 S 1 VwVfG verschuldensunabhängig und kraft Gesetzes, also unabhängig von der nach S 2 erforderlichen behördlichen Festsetzung, mit der Wirksamkeit der Rücknahme oder des Widerrufs bzw mit dem Eintritt der auflösenden Bedingung.

23 Für den *Umfang* der Erstattungspflicht gelten – mit Ausnahme der besonderen, in § 49a Abs 3 VwVfG getroffenen Zinsregelungen[110] – gem der Rechtsfolgeverweisung des § 49a Abs 2 S 1 VwVfG die Vorschriften des BGB über die Herausgabe einer ungerechtfertigten Bereicherung entsprechend. Demnach erstreckt sich die Erstattungspflicht neben dem tatsächlich Erlangten[111] vor allem entsprechend § 818 Abs 1 BGB auf die tatsächlich gezogenen Nutzungen und Surrogate,[112] bei Unmöglichkeit oder Unvermögen der Herausgabe des Erlangten auf Wertersatz (§ 818 Abs 2 BGB). Wie schon in § 48 Abs 2 S 7 VwVfG aF sieht § 49a Abs 2 S 2 VwVfG eine von den zivilrechtlichen Bestimmungen der §§ 818 Abs 3, 819 BGB abweichende, verschärfte Haftung des Leistungsempfängers vor: Auf den Wegfall der Bereicherung kann er sich nicht berufen, soweit er die Umstände[113] kannte oder infolge grober Fahrlässigkeit nicht kannte, die zur Rücknahme, zum Widerruf oder zur Unwirksamkeit[114] des Verwaltungsakts geführt haben. Ungeachtet

104 Dazu näher o § 17 Rn 8ff.

105 Dazu näher o § 18 Rn 11aff.

106 Dazu näher o § 14 Rn 4.

107 Vgl Begr des Regierungsentwurfs BT-Drucks 13/1534, 6. Eine Analogie scheidet ebenfalls aus, vgl *Gröpl* VerwArch 88 (1997), 23, 45.

108 *Sachs* (Fn 100) § 49 a Rn 7; *Gröpl* (Fn 107) 45.

109 Vgl *Baumeister* (Fn 100) 23; *Gröpl* (Fn 107) 39; aA *Sachs* (Fn 100) § 49 a Rn 11, der – jedenfalls mit Einschränkungen – eine analoge Anwendung befürwortet; so auch für die frühere Regelung des § 44 a BHO *Kopp* VwVfG, § 49 Anh I Rn 11.

110 Dazu näher *Sachs* (Fn 100) § 49 a Rn 70ff; *Gröpl* (Fn 107) 41ff; *Baumeister* (Fn 100) 24ff.

111 Einzubeziehen sind auch diejenigen Leistungen, die zeitlich nach der Aufhebung bzw dem Bedingungseintritt irrtümlich erbracht worden sind, vgl *Sachs* (Fn 100) § 49 a Rn 27.

112 Dazu im einzelnen *Sachs* (Fn 100) § 49 a Rn 43ff.

113 Dh die die Rechtswidrigkeit des aufzuhebenden Verwaltungsakts begründenden bzw die dem Widerruf zugrunde liegenden *tatsächlichen* Umstände, ohne daß es auf die zutr *rechtliche* Wertung ankommt; vgl BVerwG RdL 1998, 102, 104; *Sachs* (Fn 100) § 49 a Rn 65f.

114 Aus dem Regelungszusammenhang mit § 49 a Abs 1 VwVfG ergibt sich, daß hiermit die Unwirksamkeit wg Eintritts einer auflösenden Bedingung gemeint ist; so auch *Sachs* (Fn 100) § 49 a Rn 67.

der rechtlichen Eigenständigkeit der behördlichen Entscheidungen über die Aufhebung des gewährenden Verwaltungsakts und den Erlaß des Leistungsbescheids gem § 49a Abs 1 S 2 VwVfG wird dies – wegen der an das Verhalten bzw die Kenntnis des Leistungsempfängers anknüpfenden Aufhebungsvoraussetzungen in § 48 Abs 2 S 3 und § 49 Abs 3 VwVfG – im praktischen Ergebnis wohl regelmäßig[115] dazu führen, daß der Einwand der Entreicherung abgeschnitten wird, wenn und soweit eine Rücknahme bzw ein Widerruf mit Rückwirkung zulässig ist.

Sofern eine staatliche Beihilfe gegen Gemeinschaftsrecht verstößt und durch bestandskräftige Kommissionsentscheidung die Rückforderung angeordnet ist, ist diesbezüglich schließlich zu beachten, daß bei fehlendem schutzwürdigen Vertrauen des Beihilfeempfängers nach der Rechtsprechung des EuGH die Berufungsmöglichkeit auf die Entreicherung gemeinschaftsrechtlich ausgeschlossen ist, da andernfalls die Rückforderung der zu Unrecht gezahlten Beträge praktisch unmöglich gemacht und den Gemeinschaftsvorschriften über die staatlichen Beihilfen jede praktische Wirksamkeit genommen würde (sog *Vereitelungsverbot*).[116]

Nach § 49a Abs 1 S 2 VwVfG ist die zu erstattende Leistung durch schriftlichen[117] *Verwaltungsakt*, den sog. *Leistungsbescheid*, festzusetzen. Durch diese Regelung hat der Leistungsbescheid die erforderliche gesetzliche Grundlage erhalten, deren er als belastender Verwaltungsakt bedarf.[118] Entgegen der früheren Soll-Vorschrift in § 48 Abs 2 S 8 VwVfG schreibt § 49 a VwVfG nunmehr keine Verbindung des Leistungs- mit dem Aufhebungsbescheid mehr vor;[119] die Möglichkeit, beide selbständigen Regelungen in einem Bescheid miteinander zu verbinden, bleibt aber unbenommen. § 49 a Abs 1 S 2 VwVfG enthält neben der Ermächtigung zugleich auch eine Verpflichtung der Behörde zum Erlaß eines Leistungsbescheids. 24

115 Weitergehend wohl die Annahme der Bundesregierung („stets") in der Begr des Entwurfs, vgl BT-Drucks 13/1534, 12; krit zu dieser Prognose etwa der Bundesrat in seiner Stellungnahme, BT-Drucks 13/1534, 10f; vgl auch *Sachs* (Fn 100) § 49 a Rn 65f; *Gröpl* (Fn 107) 37f, 40f.

116 Vgl EuGH Slg 1990, I-3437ff – BUG-Alutechnik; dazu *Erichsen* JK 91, VwVfG § 48/12; DVBl 1997, 951ff – Alcan; dazu *Erichsen* JK 97, VwVfG §§ 48, 49a/16; *Hoenike* EuZW 1997, 279; *Sachs* (Fn 100) § 49 a Rn 69 a. Das Urteil bezieht sich zwar – entgegen der Vorlage-Frage des BVerwG (DVBl 1997, 951, 952) – ausdrücklich (nur) auf die *Rücknahme*; aus dem Gesamtzusammenhang ergibt sich indes die Geltung für die *Rückforderung* sowie für sonstige nationale Vorschriften, die dem tatsächlichen Rückfluß der Beihilfen entgegenstehen können (vgl ua Tz 37, 50 des Urteils). Ausf zur Problematik *Sinnaeve* Die Rückforderung gemeinschaftsrechtswidriger nationaler Beihilfen, 1997.

117 S §§ 37 Abs 3, 39, 41 Abs 2 VwVfG und wegen der gebundenen Entscheidung auch § 46 VwVfG.

118 Nach Aussage der Begr des Regierungsentwurfs, BT-Drucks 13/1534, 6, sollte dieser Bestimmung dagegen nicht konstitutive, sondern nur *klarstellende* Bedeutung im Hinblick auf die VA-Befugnis zukommen, die in der durch die Rechtsprechung gebilligten behördlichen Praxis bislang schon dahin ging, auch ohne gesetzliche Ermächtigung bei durch Verwaltungsakt gewährten Leistungen die Erstattungsverlangen durch Leistungsbescheid geltend zu machen; s a u Rn 31.

119 Zur Begründung wird auf Zweckmäßigkeitsgesichtspunkte abgestellt, BT-Drucks 13/1534, 6f; vgl auch *Hofmann* VR 1995, 7, 8. Weiterhin vorgesehen ist eine solche Verbindung zB in § 50 Abs 3 S 2 SGB X.

Diese Verpflichtung bezieht sich einerseits darauf, das Erstattungsverlangen in der Handlungsform des Verwaltungsakts geltend zu machen. Damit ist dem Träger öffentlicher Verwaltung die Möglichkeit genommen, die Erstattung mittels einer Klage vor dem Verwaltungsgericht durchzusetzen[120] oder etwa vertraglich mit dem Erstattungspflichtigen zu regeln.[121] Zum anderen zwingt § 49a Abs 1 S 2 VwVfG die Behörde, den kraft Gesetzes entstandenen Erstattungsanspruch geltend zu machen. Anders als bei den in § 48 Abs 2 und § 49 Abs 3 getroffenen Bestimmungen über die Aufhebung des der Leistung zugrunde liegenden Verwaltungsakts steht der Behörde hinsichtlich der Entscheidung über das Erstattungsverlangen mithin kein Ermessen zu. Es handelt sich also um eine gebundene Entscheidung.[122] Aufgrund dieser unterschiedlichen Entscheidungsvorgaben kann auch nicht ohne weiteres angenommen werden, daß der Leistungsbescheid zugleich konkludent die Rücknahme bzw den Widerruf des begünstigenden Verwaltungsakts zum Inhalt hat, wie es nach Auffassung des BVerwG etwa regelmäßig der Fall ist, wenn die Behörde zur Rücknahme des gewährenden Bescheides verpflichtet ist.[123]

2. Der allgemeine öffentlich-rechtliche Erstattungsanspruch

25 Ableitung und dogmatische Begründung des allgemeinen öffentlich-rechtlichen Erstattungsanspruchs sind umstritten. So wird auf das Prinzip der Gesetzmäßigkeit der Verwaltung zurückgegriffen,[124] auch hat man die §§ 812ff BGB analog herangezogen.[125] Nach heute überwiegender Auffassung wird der allgemeine Erstattungsanspruch als Ausdruck eines allgemeinen, auch im öffentlichen Recht geltenden Rechtsgrundsatzes[126] oder als eigenständiges Rechtsinstitut des öffentlichen Rechts bzw allgemeinen Verwaltungsrechts[127] angesehen, was allerdings im Ver-

[120] Vgl *Sachs* (Fn 100) § 49a Rn 36; *Baumeister* (Fn 100) 24; zur Unzulässigkeit der Leistungsklage bei *vorgeschriebenem* Verwaltungsakt s a BVerwGE 25, 280, 281; 58, 316, 318; *Pietzcker* in: Schoch/Schmidt-Aßmann/Pietzner, VwGO, § 42 Abs 1 Rn 171 mwN; *Redeker/v Oertzen* VwGO, § 42 Rn 154; die Bundesregierung ging hingegen bloß von einer weiteren *Option* aus.

[121] Vgl *Gröpl* (Fn 107) 39f.

[122] Gleiches wurde schon für die frühere Regelung des § 48 Abs 2 S 5 VwVfG angenommen, vgl *Sachs* (Fn 99) § 48 Rn 121 mwN. Unbenommen bleibt die Mgl der Stundung, der Niederschlagung oder des Erlasses, soweit deren gesetzlichen Voraussetzungen (zB des § 59 BHO) vorliegen.

[123] BVerwGE 67, 305, 313; vgl a BVerwG NVwZ 1985, 488, 489; OVG NW NWVBl 1993, 393, 394; *Sachs* (Fn 100) § 49 a Rn 38; *Hofmann* (Fn 119) 8.

[124] *W. Jellinek* VwR, 239; vgl auch *Maurer* (Fn 4) § 28 Rn 21; *Wolff/Bachof/Stober* (Fn 1) § 55 Rn 19; *Schwerdtfeger* (Fn 2) Rn 280; *Götz* NVwZ 1984, 480; BVerwGE 48, 279, 286; OVG NW OVGE 22, 115, 120; BremStGH NVwZ 1997, 786, 788.

[125] OVG NW DÖV 1967, 271, 272; OVG Lüneburg NJW 1953, 839f; *Thiedau* MDR 1952, 330; vgl dazu *Wallerath* DÖV 1972, 221, 222.

[126] BVerwGE 36, 108, 110; *Bachof* Die verwaltungsgerichtliche Klage auf Vornahme einer Amtshandlung, 2. Aufl 1968, 101; *Haueisen* NJW 1954, 977; *Wallerath* Allg VwR, § 17 II.

[127] *Wolff/Bachof/Stober* (Fn 1) § 55 Rn 19; *Bull* Allg VwR, Rn 825; *Mertens* (Fn 41) 79; *Mörtel* (Fn 55) 398; BVerwGE 4, 215, 218f; OVG NW NJW 1992, 2245. Vgl dazu auch *Ossenbühl* (Fn 25) 341.

hältnis Staat gegen Bürger angesichts des insoweit geltenden Gesetzesvorbehalts nicht unproblematisch ist. Daneben wird ergänzend auf eine gewohnheitsrechtliche Geltung zurückgegriffen.[128]

Diesem Meinungsstreit über die Grundlage des Erstattungsanspruchs kommt **26** insofern nicht nur akademische Bedeutung zu, als etwa ein Rückgriff auf bürgerlich-rechtliches Bereicherungsrecht vor allem die (rechtsgrundsätzliche oder entsprechende) Anwendbarkeit des § 818 Abs 3 BGB implizieren würde.[129] Dies bedeutete den Ausschluß des Erstattungsanspruchs bei Wegfall der Bereicherung, sofern nicht der Empfänger den Mangel des rechtlichen Grundes gekannt hat (§ 819 Abs 1 BGB). Vorbehaltlich besonderer gesetzlicher Bestimmungen, wie sie etwa § 49a Abs 2 S 2 VwVfG[130], § 53 Abs 2 BRRG und § 87 Abs 2 BBG enthalten, wird man die Frage, ob die Berufung auf den Wegfall der Bereicherung zuzulassen sei, danach zu beurteilen haben, ob die Interessenlage des jeweiligen Erstattungsfalles der von den §§ 818 Abs 3, 819 BGB vorausgesetzten entspricht oder nicht.[131] Dabei ist insbes zu berücksichtigen, daß die Funktion, die im Zivilrecht den §§ 818 Abs 3, 819 BGB zukommt, im öffentlichen Recht im Zusammenhang mit der Rücknahme eines Verwaltungsakts durch den Grundsatz des Vertrauensschutzes übernommen wird.[132] Ein schutzwürdiges Vertrauen des Bürgers ist im Regelfall zu verneinen, wenn dieser den Mangel des rechtlichen Grundes einer Leistung aus grober Fahrlässigkeit nicht kennt. Gegenüber einem Rückforderungsanspruch kann er dann nicht den Wegfall der Bereicherung geltend machen.[133] Den Trägern öffentlicher Verwaltung ist dagegen die Berufung auf den Wegfall der Bereicherung allgemein verwehrt.[134] Abgesehen vom Bereicherungsfortfall kann sich ein vollständiger oder teilweiser Ausschluß des Erstattungsanspruchs im Einzelfall auch aus dem Grundsatz von Treu und Glauben ergeben, etwa wenn eine Leistung zweckgebunden erfolgt und eine vollständige Rückabwicklung des Verwaltungsrechtsverhältnisses unmöglich ist[135] oder der Vermögensverlust durch ein gleiches Maß des Verschuldens der Behörde wie eines Dritten eingetreten ist und nicht feststellbar ist, wo bzw bei wem letztlich das Vermögen verblieben und

[128] BVerwGE 71, 85, 88; 100, 56, 56, 59; *Achterberg* (Fn 43) § 25 Rn 24; vgl auch *Ossenbühl* JZ 1985, 795 und NVwZ 1991, 513, 516; *Schoch* (Fn 97) 84f; *Schwerdtfeger* (Fn 2) Rn 280).

[129] AA *Maurer* (Fn 4) § 28 Rn 22; *Schoch* (Fn 97) 85.

[130] S dazu o Rn 23.

[131] *Wolff/Bachof* VwR I, § 44 I b 6; *H. Weber* (Fn 21) 171, 172f; noch weitergehend BVerwGE 71, 85, 88ff, das eine Heranziehung der zivilrechtlichen Regelungen generell ablehnt und ausschließlich auf eine Abwägung von Vertrauensschutz und Wiederherstellungsinteresse abstellt; dazu *H. Weber* (Fn 98) 34f.

[132] Vgl dazu BVerwGE 25, 72, 81; 71, 85, 89f; *Ossenbühl* (Fn 25) 352f; *Wallerath* (Fn 126) § 17 II 2; *Achterberg* (Fn 43) § 25 Rn 27; differenzierend *Maurer* (Fn 4) § 28 Rn 27f. S a *Lorenz* (Fn 97) 947f; *Schwerdtfeger* (Fn 2) Rn 280.

[133] BVerwGE 71, 85, 89ff; 89, 345, 353.

[134] Vgl BVerwGE 36, 108, 113f; 71, 85, 89; OVG Hamburg MDR 1968, 1038, 1039; *H. Weber* (Fn 21) 173; *Wallerath* (Fn 126) § 17 II 2; *Ossenbühl* (Fn 25) 354; *v Mutius* (Fn 98) 415; *Maurer* (Fn 4) § 28 Rn 26.

[135] Vgl OVG NW NJW 1978, 1542f.

kondizierbar ist.[136] Nicht ausgeschlossen ist der Erstattungsanspruch bei Kenntnis der Nichtschuld; § 814 BGB findet insofern weder unmittelbar noch analog Anwendung.[137] Auch hier ist darauf abzustellen, ob ein schutzwürdiges Vertrauen des Bürgers vorliegt.

27 Bei den Anspruchsvoraussetzungen ergeben sich dagegen weitgehende Parallelen zum zivilrechtlichen Bereicherungsanspruch. Erste Voraussetzung des allgemeinen öffentlich-rechtlichen Erstattungsanspruchs ist das Vorliegen einer *Vermögensverschiebung*.[138] Diese Vermögensverschiebung kann „durch Leistung" oder „in sonstiger Weise" erfolgt sein.[139] Letzteres ist etwa beim sog Abwälzungsanspruch[140] der Fall. Er besteht, wenn statt des an sich leistungspflichtigen Hoheitsträgers ein anderer geleistet hat.

28 Weitere Anspruchsvoraussetzung ist die *Rechtsgrundlosigkeit* dieser Vermögensverschiebung. Rechtsgrundlos ist die Vermögensverschiebung in der Regel dann, wenn sie dem materiellen Recht widerspricht. Dies gilt zum einen für den Bereich des Verwaltungstathandelns. Auch beim Erstattungsverlangen im Verhältnis von Trägern öffentlicher Verwaltung untereinander bzw zwischen ihnen und ihren Organen ist das materielle Recht maßgebend. Dementsprechend ist im Falle der Institutionsleihe – teilweise auch unscharf als Organleihe bezeichnet[141] – die Vermögensverschiebung zugunsten des ausleihenden Trägers öffentlicher Verwaltung rechtsgrundlos erfolgt, wenn und soweit nicht gesetzliche Bestimmungen, insbes Finanzausgleichsregelungen, dem ausgeliehenen Funktionssubjekt die Kosten dieser Verwaltungstätigkeit auferlegen.[142]

Hingegen ist bei der Vermögensverschiebung aufgrund eines Verwaltungsakts oder eines verwaltungsrechtlichen Vertrages nicht auf dessen Rechtmäßigkeit, sondern allein auf dessen Rechtswirksamkeit abzustellen. Eine aufgrund eines verwaltungsrechtlichen Vertrages erfolgte Vermögensverschiebung entbehrt eines Rechtsgrundes, wenn und soweit die diesbezügliche vertragliche Regelung nichtig ist.[143] Der durch einen Verwaltungsakt vermittelte Rechtsgrund einer Vermögensverschiebung fehlt, wenn und soweit der Verwaltungsakt unwirksam ist oder aufge-

[136] Vgl OVG NW NJW 1992, 2245 f. S a OVG NW NVwZ-RR 1993, 263, 265 f.

[137] Vgl HessVGH NJW 1991, 510, 512; OVG Rh-Pf NVwZ 1992, 796, 798; dazu *Erichsen* JK 93, VwVfG §§ 56, 59/3; von OVG Hamburg NVwZ-RR 1995, 369, 374 offengelassen.

[138] ZT wird darüber hinaus eine „unmittelbare" Vermögensverschiebung verlangt; vgl BVerwGE 48, 279, 286 mwN und *Ossenbühl* NVwZ 1991, 513, 519 f.

[139] Vgl *Wallerath* (Fn 126) § 17 II 1; *Mertens* (Fn 41) 83 ff; *H. Weber* (Fn 98) 30 f; *Schoch* (Fn 97) 86; dazu auch *Wollschläger* (Fn 41) 32 ff. AA *E. Weber* (Fn 95) 26; VG Minden NVwZ 1985, 679, 680.

[140] Dazu BSGE 16, 151, 156 f; *Wolff/Bachof* VwR I, § 44 I b 6; *Wallerath* (Fn 125) 224 f; *Ossenbühl* (Fn 25) 337 f; vgl auch BVerwGE 32, 279, 281 f; 41, 216, 219; OVG Hamburg NVwZ-RR 1995, 369, 374; OVG NW NWVBl 1990, 88; dazu *Erichsen* JK 90, Allg VerwR, Öff-rechtl Erstattungsanspruch/3; BayVGH BayVBl 1997, 48 ff.

[141] Vgl hierzu *Erichsen* Kommunalrecht NW, 2. Aufl 1997, § 7 A 2 b, B 3 b mwN.

[142] Vgl OVG NW NWVBl 1990, 88; dazu *Erichsen* (Fn 140); OVG SH Die Gemeinde 1992; abl dazu *Erichsen* JK 93, Allg VerwR, Öff-rechtl Erstattungsanspruch/4.

[143] S Klausurbsp bei *Erichsen/Scherzberg* Jura 1994, 212 ff.

hoben wurde.[144] Für die Fälle der *rückwirkenden* Aufhebung des Verwaltungsakts bzw der Unwirksamkeit wegen Eintritts einer auflösenden Bedingung ist dies in dem oben näher beschriebenen § 49 a VwVfG ausdrücklich geregelt. Sofern § 49 a VwVfG nicht eingreift – insbes bei Nichtigkeit oder behördlicher Aufhebung des Bewilligungsbescheids mit Wirkung für die Zukunft[145] –, ist fraglich, ob für ein Erstattungsverlangen auf den allgemeinen Erstattungsanspruch zurückgegriffen werden kann. Dabei ist hinsichtlich des Regelungs- und Rechtfertigungsgehalts eines leistungsgewährenden Verwaltungsakts grundsätzlich davon auszugehen, daß die Entscheidung über die Bewilligung oder Gewährung einer Leistung die Entscheidung über das endgültige Behaltendürfen dieser Leistung einschließt. Im Falle der Nichtigkeit des Bewilligungsbescheids fehlte der Vermögensverschiebung von Anfang an eine wirksame Grundlage. Es bestand somit zu keinem Zeitpunkt ein Recht zum Behaltendürfen der Leistung, die mithin nach allgemeinen Grundsätzen zu erstatten ist. Demgegenüber ist die behördliche Aufhebung eines Bewilligungsbescheids *ex nunc* – wie auch die vom Gesetzgeber bewußt getroffene Neuregelung der §§ 49 Abs 3, 49 a VwVfG bestätigt – grundsätzlich ohne Einfluß auf das Behaltendürfen der gewährten Leistung.[146] Da dieses Recht durch eine Aufhebung ex nunc nicht rückwirkend beseitigt wird, scheidet demnach ein Erstattungsanspruch aus, wenn die Verwaltung den die Leistung bewilligenden *Bescheid mit Wirkung für die Zukunft* aufhebt.[147]

Ein öffentlich-rechtlicher Erstattungsanspruch ist schließlich nur gegeben, wenn **29**
die rechtsgrundlose Vermögensverschiebung sich im Rahmen *öffentlich-rechtlicher Rechtsbeziehungen* vollzogen hat.[148] Die Abgrenzung zum zivilrechtlichen Bereicherungsanspruch macht Schwierigkeiten, weil ein nicht vorhandener Rechtsgrund weder dem öffentlichen noch dem privaten Recht zugeordnet werden kann. Man ist deshalb gezwungen, für die Frage der Zuordnung auf den *vermeintlichen* Rechtsgrund abzustellen.[149] Eine rechtsgrundlose Vermögensverschiebung im Rahmen öffentlich-rechtlicher Rechtsbeziehungen ist beispielsweise dann anzunehmen, wenn ein PKW-Fahrer, dessen geparktes Fahrzeug durch einen von der Vollzugsbehörde beauftragten Unternehmer unzulässigerweise abgeschleppt worden ist, die Abschleppkosten an diesen Unternehmer zahlt. Die Zahlung erfolgt hier nämlich

[144] Vgl auch *v Mutius* (Fn 97) 417 mwN; *Grawert* DVBl 1981, 1029; *Maurer* (Fn 4) § 28 Rn 24; *Achterberg* (Fn 43) § 25 Rn 26; *Schoch* (Fn 97) 87 mwN; BVerwG NJW 1993, 1282.

[145] Zu weiteren von § 49 a VwVfG nicht erfaßten Erstattungskonstellationen s *Gröpl* (Fn 107) 44 f.

[146] So auch *Grawert* (Fn 143) 1029. Nicht überzeugend BVerwG DVBl 1983, 810, 812; NJW 1993, 1610; *Thoenes* DVBl 1983, 812, 813; *Oldiges* NJW 1984, 1927, 1935; *Jarass* DVBl 1984, 855 f.

[147] Vgl BT-Drucks 13/1534, 5; so auch *Baumeister* (Fn 100) 23; *Gröpl* (Fn 107) 39 Fn 75; aA *Sachs* (Fn 100) § 49 a Rn 9.

[148] Vgl etwa BayVGH VerwRspr 24 (1973), 542, 547; VGH BW NJW 1978, 2050, 2051; *Wallerath* (Fn 125) 222.

[149] Vgl dazu BVerwGE 84, 274, 276 ff; BVerwG DVBl 1980, 686, 687; *Lassar* (Fn 95) 101; *E. Weber* (Fn 95) 18 f; *Ossenbühl* (Fn 25) 334 f; *Wallerath* (Fn 126) § 17 II 1; *K. Vogel* Verw 10 (1972), 375 f. *Schoch* (Fn 97) 87 stellt darauf ab, ob die tatsächlich erbrachte Leistung nach Maßgabe öffentlichen oder privaten Rechts vorgenommen worden ist.

zur Erfüllung einer Forderung der Verwaltung, die der Unternehmer lediglich als Beauftragter geltend macht.[150]

30 Was den Umfang der Erstattungspflicht betrifft, ist der Rechtsgedanke des § 818 Abs 1 BGB zu beachten. Danach sind nur tatsächlich gezogene Nutzungen zu erstatten. Ein Ausgleich für unterbliebene Aufwendungen kann demgegenüber nicht gefordert werden.[151] Ein Zinsanspruch besteht nur, soweit dies gesetzlich ausdrücklich – wie etwa in § 49a Abs 3 S 1 VwVfG oder in § 50a Abs 2a SGB X – vorgesehen ist.[152] Praktisch bedeutsam ist auch die Frage der Vererblichkeit der Erstattungspflicht. Sie betrifft einen Ausschnitt aus dem Problemkreis der (Gesamt-) Rechtsnachfolge im öffentlichen Recht, einem positivrechtlich ebenfalls nur fragmentarisch und sehr uneinheitlich geregelten Institut. Soweit ausdrückliche gesetzliche Bestimmungen fehlen, tritt im öffentlichen Recht in entsprechender Anwendung der §§ 1922, 1967 BGB der Erbe in solche öffentlich-rechtlichen Positionen ein, die nicht höchstpersönlicher Natur sind.[153] Höchstpersönlich ist die Erstattungspflicht als (regelmäßig) auf Geldzahlung oder (seltener) auf Naturalleistung gerichtete Verbindlichkeit durchweg nicht. Sie ist daher in der Regel vererblich.[154]

31 Die Geltendmachung des Erstattungsanspruchs eines Trägers öffentlicher Verwaltung gegenüber einem Bürger erfolgt in der verwaltungsbehördlichen Praxis regelmäßig durch Verwaltungsakt, den sog Leistungsbescheid, und zwar auch dann, wenn, anders als zB in § 49a Abs 1 S 2 VwVfG[155], eine gesetzliche Ermächtigung dazu fehlt. Diese Praxis hat die Billigung der Rechtsprechung gefunden. Ausgehend von der Annahme eines Subordinationsverhältnisses[156] oder unter Bezug auf die sog „Kehrseitentheorie"[157] wird die Rückforderung einer durch Verwaltungsakt festgesetzten Leistung auch durch Verwaltungsakt als zulässig angesehen. Nach zutreffender Auffassung bedarf jedoch der Erlaß eines Leistungsbescheides als eines belastenden Verwaltungsakts stets einer gesetzlichen Grundlage (Vorbehalt des Gesetzes).[158] Soweit eine solche gesetzliche Ermächtigung fehlt, ist der Erstattungsanspruch verwaltungsgerichtlich mit einer allgemeinen Leistungsklage[159] geltend zu machen. Ebenso muß gerichtlich vorgegangen werden, wenn der Bürger gegen den Staat oder aber Träger öffentlicher Verwaltung untereinander ihre Erstattungsbegehren durchsetzen wollen.[160]

[150] Vgl dazu OVG NW NJW 1980, 1974; *Knöll* DVBl 1980, 1027, 1032f. Zur Mitwirkung Privater bei der Beitreibung von Kosten vgl auch BVerwG NVwZ 1982, 309.

[151] Vgl OVG Hamburg KStZ 1982, 234, 236. Zum Aufwendungsersatz im Falle der Nichtleistungskondiktion s OVG Hamburg NVwZ-RR 1995, 369, 374.

[152] Vgl BVerwG NVwZ 1991, 168, 169; OVG NW BB 1998, 377; s a *Schön* NJW 1993, 3289ff; *Sachs* (Fn 100) § 49a Rn 71; *Gröpl* (Fn 107) 41 mwN.

[153] Vgl o § 11 Rn 51.

[154] BSGE 24, 190, 192; *E. Weber* (Fn 95) 87ff, 97; *Sachs* (Fn 100) § 49a Rn 31.

[155] Vgl dazu o Rn 23, ferner § 50 Abs 3 SGB X.

[156] Vgl BVerwGE 21, 270, 271; 24, 225, 228; *Ossenbühl* (Fn 25) 355.

[157] BVerwGE 20, 295, 297; 25, 72, 76ff; BSG NVwZ 1984, 62f; ebenso *E. Weber* (Fn 95) 69ff; *Ehlers* VerwArch 74 (1983), 112, 127f; *Ossenbühl* NVwZ 1991, 513, 522.

[158] Dazu o § 15 Rn 4; *Schoch* (Fn 97) 90 mwN.

[159] Dazu *Erichsen* Jura 1992, 384ff.

[160] Vgl BayVGH BayVBl 1997, 48; *Schoch* (Fn 97) 89f mwN; s dort a zur Verjährung.

IV. Das öffentlich-rechtliche Benutzungsverhältnis

Der Staat stellt den Bürgern in vielfältiger Weise im Rahmen der Daseinsvorsorge 32
Leistungen und Einrichtungen zur Benutzung zur Verfügung. So besteht etwa die Möglichkeit, öffentliche Sachen – wie zB Verkehrsflächen – zu nutzen.[161] Daneben wird der Bezug von Wasser und Energie oder die Inanspruchnahme sächlicher und/oder personeller Mittel nach entsprechender Zulassung im Rahmen relativer Rechtsbeziehungen ermöglicht. Dies ist etwa bei der Benutzung von Anstalten oder öffentlichen Einrichtungen iS des Kommunalrechts – wie Schulen, Schlacht- und Friedhöfen, Versorgungs- und Verkehrsbetrieben, Schwimmbädern, Museen oder Abfall- und Abwasserbeseitigungsanlagen – der Fall.[162]

Es steht dem Träger öffentlicher Verwaltung nach herrschender Auffassung in 33
diesem Bereich der Leistungsverwaltung grundsätzlich frei, zwischen öffentlich-rechtlicher und privatrechtlicher Organisation des die Leistung anbietenden Zuordnungssubjekts sowie der öffentlich-rechtlichen oder privatrechtlichen Gestaltung der Benutzungsbeziehung zu wählen.[163] Ein öffentlich-rechtliches Benutzungsverhältnis kommt allerdings nur in Betracht, wenn die Nutzung von einem öffentlich-rechtlich organisierten Zuordnungssubjekt angeboten wird, es sich also um eine Körperschaft, Anstalt oder Stiftung handelt.[164] Andererseits kann auch ein öffentlich-rechtlich organisiertes Zuordnungssubjekt sich für eine privatrechtliche Ausgestaltung des Nutzungsverhältnisses entscheiden.

Rechtlicher Regelung bedürftig sind die Einräumung, die Bedingungen und Folgen sowie das Ende der Nutzung. Ob eine öffentlich-rechtlich oder privatrechtlich bestimmte Nutzung gewollt ist, läßt sich insbes bei den *Benutzungsordnungen*, die bei massenhafter Benutzung öffentlicher Einrichtungen, Anstalten und Sachen von deren Zuordnungssubjekten erlassen werden, häufig nicht ohne weiteres feststellen. Bei diesen Benutzungsregelungen kann es sich einmal um öffentlich-rechtliche Satzungen oder um Allgemeinverfügungen iSd § 35 S 2 1. Alt VwVfG,[165] andererseits um privatrechtliche Allgemeine Geschäftsbedingungen handeln. Die Zuordnung zum öffentlichen oder privaten Recht muß in unklaren Fällen unter Berücksichtigung verfügbarer Anhaltspunkte erfolgen, die – wie etwa die Veröffentlichung im Amtsblatt oder die Verwendung des Begriffs „Gebühr" oder

161 Dazu ausf u §§ 40ff.

162 Zur Abgrenzung öffentliche Sache, öffentliche Anstalt, öffentliche Einrichtung vgl *Erichsen* (Fn 64) § 10 E; *Chen* Öffentlich-rechtliche Anstalten und ihre Nutzung, 1994, 26ff sowie u § 40 Rn 24ff. Der vielfach zur Erfassung und rechtlichen Bewältigung dieser Nutzungsbeziehungen verwendete Begriff des „Anstaltsverhältnisses" ist insoweit unzulänglich; vgl u § 40 Rn 24ff; s aber auch *Wolff/Bachof/Stober* VwR II, § 99 Rn 1.

163 Vgl nur zu den Grenzen der Wahlfreiheit vgl *Fischedick* Die Wahl der Benutzungsform kommunaler Einrichtungen, 1986, 14ff; *Hauser* die Wahl der Organisationsform kommunaler Einrichtungen, 1987, 5f; *Ehlers* (Fn 41) 172ff; *v Danwitz* JuS 1995, 1, 5f mwN; s a BVerwG NJW 1986, 2387; *Kempen* Formenwahlfreiheit der Verwaltung, 1989.

164 Dazu gehören nach o § 12 Rn 18 Ausgeführtem auch die Beliehenen.

165 Demgegenüber sieht *Fischedick* (Fn 163) 26f die Allgemeinverfügung als ungeeignetes Gestaltungsmittel an. S aber *Löwer* DVBl 1985, 928, 939; *Lange* VVDStRL 44 (1986), 169, 182f. S a o § 12 Rn 50.

„Beitrag" – für ein öffentlich-rechtliches Nutzungsregime sprechen können oder bei Verwendung der Begriffe „Mietzins", „Entgelt" oder „Verkauf" auf eine privatrechtliche Gestaltung der Nutzungsbeziehung schließen lassen. Fehlt es an solchen Indizien, ist von der Regel auszugehen, daß ein Träger öffentlicher Verwaltung sich im Zweifel zur Erfüllung seiner öffentlich-rechtlich gesetzten Aufgaben der Organisations- und Handlungsformen des öffentlichen Rechts bedient.[166] Das Benutzungsverhältnis eines öffentlich-rechtlich organisierten Zuordnungssubjekts ist daher im Zweifel öffentlich-rechtlicher Natur.[167]

34 Das öffentlich-rechtliche Benutzungsverhältnis entsteht mit Wirksamkeit des die Benutzungsmöglichkeit begründenden Rechtsakts bzw – sofern dies so bestimmt ist[168] – mit der tatsächlichen Benutzung. Wird das Nutzungsverhältnis öffentlich-rechtlich gestaltet, so kann dies durch Verwaltungsakt, der die Zulassung und den Inhalt des Nutzungsverhältnisses, ggf mit Hilfe von Nebenbestimmungen einseitig bestimmt, durch verwaltungsrechtlichen Vertrag oder schlichtes, ggf auch konkludentes Verwaltungshandeln erfolgen.[169] Bei privatrechtlicher Gestaltung wird die Entscheidung über Zulassung zur Nutzung sowie Ausgestaltung des Nutzungsverhältnisses durch und nach Maßgabe privatrechtlichen Vertrages erfolgen.[170] Nicht ausgeschlossen ist eine zweistufige Regelung der Nutzungsbeziehungen, bei der die Entscheidung über das Ob der Zulassung öffentlich-rechtlich erfolgt und die nähere Ausgestaltung privatrechtlich geregelt wird.[171] Indes ist regelmäßig von einer einheitlichen Ausgestaltung des Nutzungsverhältnisses auszugehen.[172]

Auf die Zulassung zur widmungsgemäßen[173] Nutzung kann kraft gesetzlicher Bestimmung ein Anspruch bestehen. Für den praktisch bedeutsamen Fall der kommunalen öffentlichen Einrichtungen ist ein solcher Rechtsanspruch der Einwohner in den GOen bzw KrOen enthalten. Grundrechtlich gewährleistet ist etwa das Zugangsrecht zu Schulen und Hochschulen. Weitere einfachgesetzliche Anspruchsgrundlagen finden sich zB in § 5 PartG, § 22 PBefG, § 6 EnWG oder § 70 GewO.

166 Vgl *Erichsen* Jura 1982, 537, 543f; *Löwer* (Fn 165) 938; *Zundel* JuS 1991, 472, 473; *Ehlers* (Fn 41) 182; BayVGH NVwZ-RR 1988, 71; BGH NJW 1975, 106, 107 mwN; aA *Mohl* Die kommunalen öffentlichen Einrichtungen – Begriff und Zulassungsanspruch, 1988, 24. S a *v Danwitz* (Fn 163) 5f.

167 *Erichsen* (Fn 141) § 10 H 3; *Schmidt-Aßmann* in: ders, Bes VwR, 1. Abschn Rn 112; *Fischedick* (Fn 163) 23; OVG NW OVGE 24, 175, 181; aA *Ehlers* (Fn 41) 181f; *Wolff/Bachof/Stober* (Fn 162) § 99 Rn 36.

168 Etwa bei einem Spielplatz oder Park; vgl *Fischedick* (Fn 163) 29; *v Danwitz* (Fn 163) 4.

169 Zur Zulässigkeit von Benutzungsregelungen durch sog Sonderverordnungen s *Fischedick* (Fn 163) 27f; *Wolff/Bachof/Stober* (Fn 162) § 99 Rn 2; *Ehlers* (Fn 41) 182; *Maurer* (Fn 4) § 8 Rn 31; *Krebs* VerwArch 70 (1979), 259ff; *Lange* (Fn 165) 182ff; *Salzwedel* Voraufl § 41 Rn 13.

170 *Erichsen* (Fn 64) § 10 H 3, dort auch zur Rechtswegproblematik bei der Geltendmachung eines Kontrahierungsanspruchs; *Ehlers* (Fn 41) 178; OVG Rh-Pf NVwZ 1982, 379, 380.

171 So BVerwGE 32, 333, 334; BVerwG NVwZ 1987, 46; 1991, 59; OVG NW OVGE 24, 175, 177; *Kopp* VwGO, § 40 Rn 16; *Chen* (Fn 162) 51; *Wolff/Bachof/Stober* (Fn 162) § 99 Rn 9.

172 *Erichsen* (Fn 141) § 10 H 3; *Pappermann* JZ 1969, 485, 488; *Ossenbühl* DVBl 1973, 289, 291; *Lässig* NVwZ 1983, 18, 20.

173 S dazu ausf u § 42 Rn 2ff.

Auch ohne ausdrückliche Normierung findet der Zulassungsanspruch in diesen Fällen indes eine Begrenzung in der vorhandenen Kapazität. Reicht das bestehende Leistungsangebot zur Befriedigung der Nachfrage nicht aus, hat das Zuordnungssubjekt die vorhandene Kapazität unter der Überzahl der Bewerber ermessensfehlerfrei zu verteilen. Verteilungsmaßstab ist dabei das aus Art 3 Abs 1 GG fließende Gebot *sachgerechter Auswahl*. Als anerkannte Auswahlkriterien kommen insoweit bei der Vergabe öffentlicher Einrichtungen etwa das Prioritätsprinzip, die Zuverlässigkeit eines Bewerbers oder die Durchführung eines Losverfahrens in Betracht.[174]

Der Inhalt des Benutzungsverhältnisses, vor allem die Rechte und Pflichten der zugelassenen Benutzer sowie Voraussetzungen, Umfang und Modalitäten der staatlichen Leistungserbringung,[175] ist je nach Typus des Leistungsangebots bzw dessen Zweckbestimmung (Schule, Krankenhaus, Wasserversorgung, Theater, Schlachthof) sehr verschieden. Einzelheiten ergeben sich zumeist aus den Benutzungsordnungen oder den für den Einzelfall hoheitlich oder konsensual festgelegten Regelungen. Bei der inhaltlichen Gestaltung der Nutzungsbeziehung hat der Träger öffentlicher Verwaltung dabei – wie auch sonst bei seinem staatlichen Handeln – den Vorrang[176] und den Vorbehalt des Gesetzes zu beachten.[177] Letzteres bedeutet vor allem, daß grundrechtserhebliche Maßnahmen, insbes den Benutzer belastende Regelungen, nur durch oder aufgrund eines Gesetzes erfolgen dürfen und bei erheblichen Grundrechtsbeeinträchtigungen die wesentlichen Entscheidungen durch den parlamentarischen Gesetzgeber selber zu treffen sind. Demnach können bei kommunalen öffentlichen Einrichtungen die die Leistungserbringung bestimmenden Regelungen – etwa die Festlegung von Öffnungszeiten, Ausleihbestimmungen oder Verhaltensvorschriften wie Rauchverbot oder Badekappenzwang[178] – auf die in den jeweiligen Gemeindeordnungen enthaltenen allgemeinen Satzungsermächtigungen[179] gestützt werden. Demgegenüber ermächtigen diese Vorschriften nicht zu Satzungsregelungen, die zB einem Abfallbeauftragten erlauben, Grundstücke zu Kontrollzwecken zu betreten,[180] oder die bestimmen, daß nach dem Tod eines Nutzungsberechtigten das mit Lasten verbundene 35

[174] Dazu ie *Erichsen* (Fn 141) § 10 G 3 mwN; *Chen* (Fn 162) 73f; zu Auswahlkriterien bei der Zulassung von Parteien vgl *Gassner* VerwArch 85 (1994), 533, 541ff; zum Hochschulzulassungsrecht s BVerfGE 33, 303ff; 43, 291ff; 85, 36ff.

[175] *Fischedick* (Fn 163) 4; *Wolff/Bachof/Stober* (Fn 162) § 99 Rn 1.

[176] Insbes im Bereich der Energie- und Wasserversorgung finden sich so zB detaillierte Vorgaben für die Ausgestaltung der Benutzungsverhältnisse; vgl AVBEltV BGBl I 1979, 684; AVBGasV BGBl I 1979, 676; AVBWasserV BGBl I 1980, 750; AVBFernwärmeV BGBl I 1980, 742; dazu *Fischedick* (Fn 163) 46ff. Zur Sperrwirkung dieser Verordnungen gegenüber der Gesetzgebungskompetenz des Landes auf dem Gebiete des Kommunalrechts vgl BVerwG NVwZ 1986, 754, 755; NVwZ-RR 1992, 37, 38f; *Erichsen* (Fn 141) § 10 I 1.

[177] Vgl dazu näher *Erichsen* Jura 1995, 550ff.

[178] Weitere Bsp s *Chen* (Fn) 79ff.

[179] Vgl zB § 7 Abs 1 S 1 GO NW; § 5 Abs 1 S 1 KrO NW; zT sind aber auch spezielle Satzungsermächtigungen – etwa in Art 24 Abs 1 Nr 1 GO Bay; Art 18 Abs 1 Nr 1 LKrO Bay; § 8 Nr 1 GO LSA – vorgesehen.

[180] Vgl VGH BW DVBl 1993, 778; dazu *Erichsen* JK 94, GG Art 13/6.

Nutzungsrecht an einer Grabstätte auf einem kommunalen Friedhof auf näher bestimmte Personen übergeht.[181]

Nach Maßgabe der einschlägigen kommunalverfassungsrechtlichen Vorschriften[182] können die Kommunen durch Satzung den Anschluß an und/oder die Benutzung bestimmter, der Volksgesundheit dienender öffentlicher Einrichtungen verpflichtend vorschreiben.[183] Das gilt zB für die Anlagen zur Trinkwasserversorgung, Friedhöfe, Schlachthöfe oder die Kanalisation.

36 Zumeist werden als „Gegenleistung" für die Nutzung bzw Nutzungsmöglichkeit Benutzungsgebühren oder Beiträge verlangt.[184] Hierbei ist zunächst zu berücksichtigen, daß vor allem im Anwendungsbereich der KAGe für eine solche Abgabenerhebung der Erlaß einer entsprechenden Satzung zwingend vorgeschrieben ist.[185] Bei der Bemessung dieser Abgaben sind insbes die abgabenrechtlichen Konkretisierungen des Übermaßverbots zu beachten, wie sie auf kommunaler Ebene in den KAGen ausdrücklich normiert sind. Danach darf das Gesamtaufkommen an Gebühren bzw Beiträgen den Gesamtaufwand der staatlichen Leistungserbringung nicht übersteigen (*Kosten- bzw Aufwandsdeckungsprinzip*) und muß sich die im Einzelfall erhobene Abgabe an dem erlangten Vorteil orientieren (*Äquivalenzprinzip*).[186] Als weiteres Kriterium für die Rechtmäßigkeit der Abgabenerhebung ist schließlich der allgemeine Gleichheitssatz des Art 3 Abs 1 GG zu berücksichtigen.[187] Zur Geltendmachung der Gebühren oder Beiträge durch Leistungsbescheid ist das Zuordnungssubjekt – entsprechend dem oben bei Rn 31 Ausgeführten – wegen der Geltung des Vorbehalts des Gesetzes nur befugt, wenn eine entsprechende gesetzliche Ermächtigung hierfür vorliegt.

37 Auch ohne eine entsprechende ausdrückliche Normierung wird für das öffentlich-rechtliche Benutzungsverhältnis die Verpflichtung der an diesem Verhältnis Beteiligten angenommen, alle Maßnahmen zu unterlassen, durch die Rechtsgüter des jeweils anderen gefährdet oder geschädigt werden können.[188] So hat etwa der Benutzer einer öffentlichen Einrichtung insbes die zum Schutz der Einrichtung

[181] Vgl OVG NW StuGR 1986, 430.

[182] Vgl zB § 9 GO NW; § 7 KrO NW.

[183] Vgl dazu näher *Erichsen* (Fn 141) § 10 I; *Wolff/Bachof/Stober* (Fn 162) § 99 Rn 16ff; *Chen* (Fn 162) 95ff; *Wagener* Anschluß- und Benutzungszwang für Fernwärme, 1989; BVerwG NVwZ 1986, 754; NVwZ-RR 1992, 37. Dies umfaßt auch die Befugnis, nähere Regelungen hinsichtlich des Benutzungsverhältnisses zu treffen; vgl OVG NW NVwZ-RR 1995, 244f und zu den Grenzen OVG NW NWVBl 1997, 473.

[184] Vgl dazu ausf *Erichsen* Jura 1995, 47ff; *Aengenvoort* NWVBl 1997, 409ff.

[185] Vgl VGH BW NVwZ-RR 1997, 123; dazu *Erichsen* JK 97, KAG § 2/1 hins Benutzungsentgelt für Obdachlosenunterkunft; *Quaas* Kommunales Abgabenrecht, 1997, Rn 13ff.

[186] Vgl *Erichsen* (Fn 184) 48ff mwN; *Chen* (Fn 162) 82f; *Quaas* (Fn 185) Rn 73.

[187] Vgl zum Gebührenabschlag für einheimische Benutzer einer kommunalen Einrichtung BVerwG DVBl 1997, 1062; dazu *Erichsen* JK 98, GG Art 3 I/25; VGH BW VBlBW 1996, 180; dazu *Erichsen* JK 97, GG Art 3/23; zur Staffelung von Kindergartenbeiträgen BVerfG NJW 1998, 2128ff; BVerwG NVwZ 1995, 173ff; 190ff; OVG NW NVwZ 1995, 191ff; OVG Lüneburg NVwZ-RR 1995, 468ff; zu Sozialtarifen und Tarifbindungen vgl *Chen* (Fn 162) 60ff; *Quaas* (Fn 185) Rn 76ff.

[188] Zu weiteren Pflichten vgl *Wolff/Bachof/Stober* (Fn 162) § 99 Rn 23.

erlassenen Benutzungsregelungen einzuhalten und Handlungen zu unterlassen, die ihren Betrieb oder gar Bestand bedrohen.[189]

Aus der Benutzungsordnung kann sich das Recht des Zuordnungssubjekts der öffentlichen Einrichtung, Anstalt oder Sache ergeben, Verstöße gegen die Benutzungsordnung und sonstige Störungen abzuwehren sowie zur Sicherung ihres widmungsgemäßen Funktionierens den Benutzer von der weiteren Nutzung auszuschließen. Die Satzung kann für Zuwiderhandlungen gegen Regelungen der Nutzungsordnung auch ein Bußgeld vorsehen.[190] Sofern die Benutzungsordnung zu Ordnungsmaßnahmen in der Handlungsform des Verwaltungsakts ermächtigt, können diese Maßnahmen ggf mit den Mitteln des Verwaltungszwangs durchgesetzt werden.[191] Allerdings begegnet die Annahme, daß sich aus den Vorschriften über die Einrichtung und Betreibung öffentlicher Einrichtungen bzw aus der Anstaltsgewalt eine „Annexkompetenz" zum Erlaß von Verwaltungsakten, die zur Sicherstellung eines ordnungsgemäßen Betriebes notwendig sind, ergebe,[192] angesichts der uneingeschränkten Geltung des Vorbehalts des Gesetzes erheblichen Bedenken. Fehlen entsprechende Satzungsregelungen, kommen zur Abwehr und Beseitigung von Gefahren und Störungen die gefahrenabwehrrechtlichen Generalklauseln in Betracht.[193] Im übrigen können die sich aus dem öffentlich-rechtlichen Benutzungsverhältnis ergebenden Leistungs- und/oder Unterlassungsansprüche verwaltungsgerichtlich geltend gemacht werden.[194] 38

Bisweilen kommt es beim Betrieb oder der Benutzung zu Schäden, die ihre Ursachen in der Sphäre des Zuordnungssubjekts oder auch des Benutzers haben können. So entstanden etwa dem Nutzer der Wasserversorgung Schäden, die auf der Lieferung verschmutzten Wassers[195] bzw auf Straßenarbeiten in der Nähe des Hausanschlusses[196] beruhten, oder wurden der gemeindlichen Kläranlage zusätzliche Reinigungs- und Entsorgungskosten dadurch verursacht, daß der Anschlußnehmer satzungswidrig kontaminierten Klärschlamm abgeliefert hatte.[197] Schadensersatzansprüche können in diesen Fällen zum einen aus dem öffentlich-rechtlichen Benutzungsverhältnis hergeleitet werden, auf das die BGB-Vorschriften über Lei- 39

189 OVG NW NWVBl 1998, 196, 197.

190 Vgl OLG Köln NVwZ 1994, 935f. Dies ist zB ausdrücklich in § 7 Abs 2 GO NW vorgesehen.

191 Vgl OVG NW Eildienst StNW 1997, 238; VG Göttingen Die nds Gemeinde 1997, 60; *Zuleeg* JuS 1973, 34, 38; *Fischedick* (Fn 163) 98.

192 OVG NW NWVBl 1995, 313; dazu *Erichsen* JK 96, GO NW § 8 II/2; vgl auch BVerwG NJW 1995, 2303; *Wansleben* in: Held ua, Kommunalverfassungsrecht NW, GO, § 8 Erl 3.1. Zur gewohnheitsrechtlichen Ermächtigung aufgrund der sog Anstaltsgewalt vgl *Pieroth* VerwArch 68 (1977), 217 (218); *Salzwedel* Voraufl § 41 Rn 13f; *Fischedick* (Fn 163) 97f.

193 Vgl *Erichsen* (Fn 141) § 10 H 4; *dens* JK 96, GO NW § 8 II/2; *Cremer* Jura 1992, 653, 655f; VGH BW NVwZ 1987, 701, 702. Zum Ausschluß von der Nutzung s u Rn 41.

194 *Chen* (Fn 162) 106.

195 Vgl BGHZ 59, 303ff; BGH NJW 1973, 455ff; dazu *Menger* VerwArch 64 (1973), 305ff; *v Mutius* Kommunalrecht, 1996 Rn 128ff.

196 OVG NW NWVBl 1998, 198. Weitere Bsp bei *Erichsen* (Fn 141) § 10 J; *Boujong* Kommunales Haftungsrecht, 1988, 91, 104f;

197 Vgl OVG NW NWVBl 1998, 196f; NVwZ 1987, 1105ff; BVerwG NJW 1995, 2303ff.

stungsstörungen analog bzw als Ausdruck allgemein gültiger Rechtsgrundsätze Anwendung finden.[198] Danach haften das Zuordnungssubjekt der öffentlichen Einrichtung, Anstalt oder Sache und der Benutzer[199] einander aus Verzug, Unmöglichkeit oder nach den Grundsätzen der positiven Forderungsverletzung oder culpa in contrahendo.[200] Darüber hinaus können je nach Eigenart des Benutzungsverhältnisses auch die Spezialregelungen des Besonderen Schuldrechts entsprechende Anwendung finden, so zB die Gewährleistungsregelungen des Kaufrechts auf ein Wasserversorgungsverhältnis.[201]

40 Sofern keine gesetzlichen Sondervorschriften bestehen, kann – entsprechend der zivilrechtlichen Möglichkeit der *Haftungsfreizeichnung* – die Haftung im Rahmen des öffentlich-rechtlichen Benutzungsverhältnisses grundsätzlich auf Vorsatz oder grobe Fahrlässigkeit beschränkt werden.[202] Grenzen der Haftungsbeschränkung ergeben sich insoweit aus den Grundsätzen der Erforderlichkeit und Verhältnismäßigkeit.[203] Eine durch Satzung vorgesehene erweiterte verschuldensunabhängige Haftung des Benutzers bedarf wegen des damit verbundenen weitreichenden Grundrechtseingriffs einer entsprechenden gesetzlichen Ermächtigungsgrundlage. Die in den GOen enthaltene Befugnis zur Regelung eines Anschluß- und Benutzungszwangs wird hierfür als nicht ausreichend angesehen.[204]

Mit der Haftung aus dem öffentlich-rechtlichen Benutzungsverhältnis konkurriert regelmäßig auf Seiten des Nutzers die deliktische Haftung nach §§ 823ff BGB sowie auf Seiten des Zuordnungssubjekts die Amtshaftung aus § 839 BGB, Art 34 GG.[205] Darüber hinaus kann auch der allgemeine öffentlich-rechtliche Erstattungsanspruch für ein Erstattungsverlangen in Betracht kommen.[206]

[198] Vgl BVerwG NJW 1995, 2303; OVG NW OVGE 39, 93; NWVBl 1998, 196, 197; BGHZ 54, 299; 61, 7, 11; *Chen* (Fn 162) 110ff; *Fischedick* (Fn 163) 73f; *Thiemann* VerwArch 65 (1974), 380, 385ff.

[199] Hierzu OVG NW NWVBl 1998, 196, 197.

[200] Zur Beweislast s OVG NW NWVBl 1998, 196, 197, 198. Zur Frage, ob der Schadensersatzanspruch durch Verwaltungsakt geltend gemacht werden kann, vgl BVerwG NJW 1995, 2303, 2304; OVG NW Eildienst StNW 1997, 238, 241. Zum Ausschluß bzw der Minderung des Anspruchs wegen Mitverschuldens vgl BVerwG NJW 1995, 2303, 2307; OVG NW NVwZ 1987, 1105, 1108; s dort auch zur Verjährung.

[201] Vgl BGHZ 59, 303, 305ff; *Fischedick* (Fn 163) 73 mwN. Zu Verwahrungspflichten s OLG Köln NVwZ 1994, 618ff; dazu auch o Rn 4ff.

[202] BGHZ 61, 7, 12f; OVG NW OVGE 18, 153, 154; BayVGH DVBl 1985, 903, 904; *Chen* (Fn 162) 116ff; *Erichsen* (Fn 141) 262ff; *Fischedick* (Fn 163) 77f. Zu den ausdrücklichen Haftungsfreizeichnungsklauseln der AVBWasserV und AVBFernwärmeV s *Knüppel* NJW 1980, 212ff; *Fischedick* (Fn 163) 80ff.

[203] So für Benutzungsverhältnisse mit Anschluß- und Benutzungszwang BGHZ 61, 7, 13; *Heintzen* NJW 1992, 857ff; vgl auch *Erichsen* (Fn 141) § 10 J mwN; *dens* VerwArch 65 (1974), 219, 222ff; *Fischedick* (Fn 163) 77f; *Chen* (Fn 162) 122ff; für eine entsprechende Anwendung des AGBG *Schulte* Zulässigkeit allgemeiner Haftungsregelungen bei der Benutzung kommunaler öffentlicher Einrichtungen, 1978, 202ff.

[204] Vgl OVG NW NWVBl 1998, 196, 197.

[205] Dazu ausf u § 47. Zur Anspruchskonkurrenz s *Erichsen* (Fn 141) § 10 J; *Chen* (Fn 162) 104ff mwN; *Fischedick* (Fn 163) 65ff; OVG NW NWVBl 1998, 198f.

[206] S aber VGH BW NVwZ-RR 1997, 123; dazu *Erichsen* JK 97, KAG § 2/1.

Das öffentlich-rechtliche Benutzungsverhältnis endet mit Aufhebung der Nutzungszulassung, bei Befristung mit Ende der Frist, mit Kündigung des verwaltungsrechtlichen Vertrages oder etwa Auflösung der Einrichtung oder Anstalt bzw Untergang der Sache.[207] Soll ein durch Verwaltungsakt auf Dauer zugelassener Benutzer von der weiteren Nutzung deshalb ausgeschlossen werden, weil er die ihm aufgrund der Benutzungsordnung auferlegten Pflichten nicht eingehalten hatte, bedarf es nach dem bei Rn 38 Ausgeführten einer entsprechenden Ermächtigungsgrundlage. Fehlen entsprechende Regelungen in der Benutzungsordnung, kommen insoweit die §§ 48, 49 VwVfG sowie die gefahrenabwehrrechtlichen Generalklauseln in Betracht. 41

3. Teil
Der Verwaltungs-Realakt

§ 30
Begriff und Bedeutung

Mit dem Ausdruck des Verwaltungs-Realaktes (Verwaltungstathandeln, schlichtes Verwaltungshandeln)[1] bezeichnet man zusammenfassend diejenigen Verhaltensweisen der Träger öffentlicher Verwaltung, die im Gegensatz zum Verwaltungsakt und zur Willenserklärung nicht final auf die Bewirkung bestimmter Rechtsfolgen gerichtet sind, sondern unmittelbar nur einen *tatsächlichen* Erfolg herbeiführen.[2] Solche Realakte kommen in der Verwaltungspraxis in außerordentlich großer Zahl und Mannigfaltigkeit vor. Insbes verdienen Realakte im Verhältnis zwischen Verwaltung und Bürger Aufmerksamkeit. Zu ihnen gehören zB Auskünfte[3], Warnun- 1

[207] S a *Wolff/Bachof/Stober* (Fn 164) § 99 Rn 23. Zu den Beendigungsgründen eines Schulverhältnisses s zB § 7 Abs 1 ASchO NW.

[1] Einen umfassenden Überbl über den Stand der Begriffsbildung in Rspr und Literatur gibt *Schulte* Schlichtes Verwaltungshandeln, 1995, 17f.

[2] Vgl nur *Wolff/Bachof/Stober* VwR I, § 57 Rn 1; *Hoffmann* Der Abwehranspruch gegen hoheitliche Realakte, 1969, 18; *Schulte* (Fn 1) 20. Krit *Krause* Rechtsformen des Verwaltungshandelns, 1974, 56f sowie *Robbers* DÖV 1987, 272, 273f. Einen Überbl über die abw Begriffsbestimmungen gibt *Widmann* Abgrenzung zwischen Verwaltungsakt und eingreifendem Realakt, 1996, 31ff.

[3] Nicht gefolgt werden kann BVerwGE 31, 301, 306f, das in der Entscheidung über Erteilung oder Versagung der Auskunft über einen Informanten und seine Mitteilung wegen der dabei anzustellenden Ermessenserwägungen einen Verwaltungsakt sieht. Unrichtig auch BFH NJW 1979, 735; OVG Bremen NVwZ 1983, 358f. Ausf zu dieser Problematik *Schulte* (Fn 1) 86ff. Zum Auskunftsanspruch des Bürgers nach § 19 BDSG vgl BVerwG NJW 1992, 451; s a o § 12 Rn 32.

gen und Empfehlungen,[4] Berichte und Gutachten sowie die Öffentlichkeitsarbeit der Verwaltung. Ferner sind etwa Errichtung und Unterhaltung von öffentlichen Verkehrswegen, Versorgungseinrichtungen und Verwaltungsgebäuden, Erteilung von Unterricht, Krankenbehandlung und Dienstfahrten den Verwaltungs-Realakten zuzuordnen.[5] Den genannten und einer Fülle weiterer tatsächlicher Verrichtungen kommt im Zeichen eines – im Gegensatz zum liberalen Rechtsstaat des 19. Jahrhunderts – nicht auf das Handeln in Form von Ge- oder Verboten beschränkten, sondern zunehmend außerhalb der überkommenen Formtypik agierenden Staates nicht unerhebliche Bedeutung zu.

§ 31 Rechtliche Einordnung

I. Kriterien der Zuordnung zum öffentlichen Recht

1 Realakte sind ihrer Erscheinung nach vielfach indifferent im Hinblick auf den Rechtskreis, der den Maßstab zu ihrer rechtlichen Beurteilung liefert.[1] So können etwa die Fahrten von Bediensteten mit dem Kfz eines Trägers öffentlicher Verwaltung,[2] können die ehrverletzenden Äußerungen von Beamten, kann der Betrieb einer gemeindlichen Kläranlage[3] jeweils öffentlich-rechtlich oder privatrechtlich zu qualifizieren sein. Die Entscheidung darüber, ob Realakte dem öffentlichen oder privaten Recht zuzuordnen sind, kann jedoch aus mehreren Gründen nicht dahinstehen. Einmal entscheidet die rechtliche Einordnung darüber, welche Ansprüche demjenigen zustehen, der durch einen Verwaltungs-Realakt nachteilig betroffen wird. Ist die schadenstiftende Maßnahme als Hoheitsakt zu qualifizieren, kommen Ansprüche aus Amtshaftung nach Art 34 GG iVm § 839 BGB oder aus enteignendem bzw enteignungsgleichem Eingriff in Betracht. Erscheint die Maß-

[4] Vgl dazu BVerwGE 71, 183 ff (Arzneimitteltransparenzlisten); BVerwGE 82, 76 ff und BVerfG NJW 1989, 3269 ff (Jugendsekten); BVerwGE 87, 37 (Liste kontaminierter Weine); OVG Lüneburg NJW 1992, 192 (Veröffentlichung personenbezogener Daten im Verfassungsschutzbericht); *Ossenbühl* Umweltpflege durch behördliche Warnungen und Empfehlungen, 1986; *Philipp* Staatliche Verbraucherinformationen im Umwelt- und Gesundheitsrecht, 1989; *Schwerdtfeger* FS zum 125jährigen Bestehen der Juristischen Gesellschaft zu Berlin, 1984, 715 ff; *Robbers* (Fn 2) 278; *Sodan* DÖV 1987, 858 ff; *Schulte* DVBl 1988, 512 ff; *Gröschner* DVBl 1990, 619 ff; *Heintzen* VerwArch 81 (1990), 532 ff; s ferner *Gramm* NJW 1989, 2917, 2920 ff zur Aids-Aufklärung.

[5] Einteilungen bei *Achterberg* Allg VwR, § 21 Rn 292 ff; *Püttner* Allg VwR, 99; *Wolff/Bachof/Stober* (Fn 2) § 57 Rn 7 ff; *Stern* BayVBl 1956, 44 ff und 86 ff; *Robbers* (Fn 2) 274 ff.

[1] *Erichsen* VerwArch 62 (1971), 181, 183; *Pestalozza* Formenmißbrauch des Staates, 1973, 178 f.

[2] Zum Problem der rechtlichen Qualifizierung der Teilnahme am Straßenverkehr vgl *Ehlers* Verwaltung in Privatrechtsform, 1984, 499 ff.

[3] Vgl hierzu etwa BVerwG DÖV 1974, 132; BGH NJW 1984, 1876.

nahme dagegen als Privatrechtsakt, kann Schadensersatz oder Entschädigung allein auf der Grundlage privatrechtlicher Vorschriften verlangt werden (§ 823 iVm §§ 31, 89 oder 831 BGB; § 906 Abs 2 S 2 BGB).

Zum anderen stellt sich die Frage nach der Rechtsnatur dort, wo Ansprüche auf Vornahme oder Abwehr (Beseitigung und Unterlassung) von Verwaltungs-Realakten geltend gemacht werden. Wenn die begehrte oder abzuwehrende Handlung nach öffentlichem Recht erfolgt ist, stellt die gerichtliche Geltendmachung eines Leistungs- oder Abwehranspruchs eine öffentlich-rechtliche Streitigkeit nichtverfassungsrechtlicher Art dar, die mangels bes gesetzlicher Zuweisung gemäß § 40 Abs 1 S 1 VwGO im Verwaltungsrechtsweg zu verfolgen ist.[4] Einschlägige Rechtsschutzform ist die allgemeine Leistungsklage.[5] Die Verpflichtungsklage nach § 42 Abs 1 VwGO scheidet aus, da mit ihr nur die Verurteilung zum Erlaß einer Amtshandlung begehrt werden kann, die ein Verwaltungsakt ist.[6] 2

Bei der Beantwortung der Frage, ob der Staat oder eine seiner Untergliederungen bei Vornahme des Realaktes öffentlich-rechtlich oder privatrechtlich gehandelt hat, geht es mithin um die Zuordnung des seiner Erscheinung nach ambivalenten Verhaltens zu einer Norm,[7] nicht um deren Zuordnung zum öffentlichen oder privaten Recht, geht es also um die Qualifikation von Verhalten, nicht von Rechtssätzen. Erst wenn die Zuordnung des Verhaltens zum Rechtssatz erfolgt ist und sich dessen Qualifikation als fraglich herausstellt, kommt es auf die auf die Differenzierung unter den vorhandenen Rechtssätzen gerichtete Unterscheidung von öffentlichem und privatem Recht an.[8] 3

Ein Realakt läßt sich einer bestimmten Rechtsnorm in der Regel unproblematisch zuordnen, wenn er ergeht, um ihre an den Bürger gerichtete Rechtsfolge zu vollziehen.[9] Dementsprechend ist die in Vollziehung des § 12 BVwVG erfolgende Anwendung unmittelbaren Zwangs als öffentlich-rechtliche Maßnahme zu qualifizieren. Sofern die Verwaltung indes allein aufgrund von Aufgabenzuweisungs- und Zuständigkeitsnormen einen Realakt vornimmt, erweist sich die normative 4

[4] Vgl zB BGHZ 34, 99, 108f; BVerwG DVBl 1971, 858 m Anm *Rupp* DVBl 1972, 232 = DÖV 1971, 857 m Anm *Bachof;* dazu *Erichsen* VerwArch 63 (1972), 217ff; *Hoffmann-Becking* JuS 1972, 509ff; BVerwGE 71, 183, 186; dagegen ist der ordentliche Rechtsweg eröffnet, wenn Ansprüche aus Auskunftserteilung und Abgabe einer eidesstattlichen Versicherung lediglich als Hilfs- und Nebenansprüche eines auf Geldersatz gerichteten Amtshaftungsanspruchs geltend gemacht werden, vgl BGHZ 78, 274, 276ff. Ausf zum Ganzen *W. Martens* Negatorischer Rechtsschutz im öffentlichen Recht, 1973, 12ff. Zum Rechtsweg bei kirchlichem Glockengeläut vgl BVerwGE 68, 62, 63ff; OLG Frankfurt DVBl 1985, 861, OVG Nds NdsVBl 1996, 70 und *Müssig* DVBl 1985, 837ff (Verwaltungsrechtsweg bei *liturgischem* Glockengeläut) sowie BVerwG NJW 1994, 956 (Zivilrechtsweg bei *nichtsakralem* Glockenschlagen).

[5] Zur Statthaftigkeit einer Feststellungsklage neben der auf Unterlassung gerichteten allgemeinen Leistungsklage vgl BVerwG NJW 1992, 2496, 2497.

[6] BVerwGE 31, 301, 303ff.

[7] Vgl *Erichsen* Jura 1982, 537, 542; *Christ* Die Verwaltung zwischen öffentlichem und privatem Recht, 1984, 40f.

[8] Dazu o § 2 Rn 10ff.

[9] *Erichsen* (Fn 7) 543; *Scherer* NJW 1989, 2724, 2726; ausf *Christ* (Fn 7) 76ff.

Zuordnung als ungleich komplizierter. So kann etwa die Abgabe rufgefährdender Presseerklärungen durch eine Behörde,[10] die Einleitung von Regenwasser in einen Bach zum Zwecke der Kanalisation durch Arbeiter der Gemeinde,[11] die Veranstaltung von Pressefahrten durch öffentliche Verkehrsträger,[12] die Mitgliederwerbung eines Trägers der gesetzlichen Krankenversicherung,[13] können Immissionen, die von einem Grundstück eines Trägers öffentlicher Verwaltung ausgehen,[14] und Straßenbaumaßnahmen der Gemeinde[15] nicht ohne weiteres als öffentlich-rechtlich oder privatrechtlich beurteilt werden. Daß dieses Handeln der Erfüllung einer öffentlichen Aufgabe dient, ist angesichts der Verpflichtung jeglichen Handelns öffentlicher Verwaltung auf das öffentliche Interesse nicht geeignet, eine Zuordnung zum öffentlichen Recht zu begründen.

5 Man wird sich indes zu vergegenwärtigen haben, daß mit dem öffentlichen Recht ein Sonderrecht zur Verfassung und Disziplinierung des Staatsgewalt ausübenden Staates und seiner Untergliederungen existiert. Daher ist bei der Qualifikation solcher Maßnahmen davon auszugehen, daß ein Träger öffentlicher Verwaltung eine ihm durch öffentlich-rechtlichen Rechtssatz zugewiesene Aufgabe idR auch im Bereich und mit den Mitteln des öffentlichen Rechts erfüllen will.[16] Ein auf die Erfüllung öffentlich-rechtlich festgelegter Aufgaben gerichteter Realakt der Verwaltung ist demnach anhand öffentlich-rechtlicher Normen zu beurteilen, solange der Wille, sich privatrechtlich zu verhalten, nicht in Erscheinung tritt.[17]

6 Dementsprechend unterliegen dienstliche Äußerungen im hoheitlichen Bereich öffentlich-rechtlichen Maßstäben, sofern sie sich nicht im Einzelfall als Ausdruck der persönlichen Auffassung des sie abgebenden Beamten darstellen.[18] Die Bereitstellung eines Geländes zur Durchführung geselliger Veranstaltungen durch eine Gemeinde ist als öffentlich-rechtlich zu qualifizieren, wenn die Gemeinde im Rahmen ihres Auftrages zur Daseinsvorsorge handelt.[19] Gleiches gilt für die Mitgliederwerbung eines Trägers der gesetzlichen Krankenversicherung, und zwar unabhängig davon, ob sie sich nachteilig auf private oder öffentlich-rechtlich organisierte Konkurrenten auswirkt.[20] Ebenso gilt die Vermutung für einen öffentlich-recht-

[10] BGH NJW 1978, 1860; BVerwG NJW 1989, 412f.

[11] BGH DVBl 1969, 623.

[12] Vgl zur damaligen Deutschen Bundesbahn BVerwGE 47, 247, 250.

[13] BGHZ 66, 229, 237; s a Gms-OBG NJW 1990, 1527.

[14] OVG SH Gemeinde SH 1993, 59.

[15] OVG NW NWVBL 1994, 109, 110.

[16] Dazu bereits o § 24 Rn 7; *Wolff/Bachof/Stober* VwR I, § 22 Rn 43; *Erichsen* (Fn 7) 544; *ders* DVBl 1986, 1203; *Lange* JuS 1982, 500, 502; *Brohm* DÖV 1992, 1025, 1029.

[17] *Wolff/Bachof/Stober* (Fn 16) § 22 Rn 43; *Erichsen/Menger* VerwArch 60 (1969), 376, 378; *Erichsen* (Fn 7) 544; *ders* JK 90, Allg VerwR, FBA/7; *Hoffmann* Der Abwehranspruch gegen rechtswidrige hoheitliche Realakte, 1969, 17f. Dagegen *Christ* (Fn 7) 40f; *Ehlers* (Fn 2) 497f und o § 2 Rn 57.

[18] OLG Zweibrücken NVwZ 1982, 332; OVG Rh-Pf NJW 1987, 1660f; BVerwG JZ 1987, 422; *Erichsen* JK 88, Allg VerwR, FBA/6.

[19] VGH BW NVwZ 1986, 62, 63f.

[20] *Scherer* NJW 1989, 2724, 2727f; zum Konkurrenzverhältnis zwischen gesetzlichen Krankenkassen s Gms-OBG NJW 1990, 1527; aA für das Verhältnis zu privaten Kassen BGHZ 66, 229, 237. Krit dazu auch *Ehlers* Verw 20 (1987), 373, 384 Fn 30. Weitere

lichen Charakter von Immissionen, die von einem Grundstück eines Trägers öffentlicher Verwaltung erfolgen.[21] Die Durchführung von Pressefahrten durch die Deutsche Bahn AG, die gemäß Art 87a Abs 3 S 1 GG als privatrechtliches Wirtschaftsunternehmen an die Stelle des bisherigen öffentlich-rechtlichen Sondervermögens der Bundesbahn getreten ist, dürfte nunmehr nach Maßgabe privaten Rechts zu beurteilen sein.[22]

II. Maßstäbe der Rechtmäßigkeit

Verwaltungs-Realakte unterliegen den für Verwaltungshandeln im allg geltenden 7
Grundsätzen. So gilt für sie der Vorrang und der Vorbehalt des Gesetzes[23] ebenso wie das Übermaßverbot. Greift die Bundesregierung durch eine an die Öffentlichkeit gerichtete Warnung in die grundrechtlich geschützte Sphäre einer Religionsgesellschaft ein, setzt dies eine gesetzliche Grundlage voraus.[24] Persönlichkeits-

Bsp für öffentl-rechtl Realakte: Veröffentlichung von Warentests durch eine Behörde (BVerwG DVBl 1996, 807); Verbreitung von Stellungnahmen über Wirksamkeit von Arzneimitteln durch Kassenärztliche Bundesvereinigung (BVerwGE 58, 157); Veröffentlichung von Arzneimitteltransparenzlisten (BVerwGE 71, 183); Empfehlung der Stadt Frankfurt, in Karton verpackte Getränke zu vermeiden (HessVGH NVwZ 1995, 611); Warnung vor Jugendsekten (OVG NW NJW 1996, 2114; BayVGH NVwZ 1995, 793; OVG Hamburg NVwZ 1995, 498); Herausgabe von Berichten des Luftfahrt-Bundesamtes (BVerwGE 14, 323); Ausgabe von Leih-Schulbüchern an Schüler (OVG Nds NJW 1996, 2947); Betrieb einer Kläranlage (BVerwG DÖV 1974, 132; BGH NJW 1984, 1876), einer Mülldeponie (BGH NJW 1980, 770); Erstattung des Prüfungsberichts durch Rechnungshof (OVG NW DVBl 1979, 431); Sprüche des Bundesoberseeamtes (BVerwGE 59, 319); Eintragung ins Verkehrszentralregister (BVerwGE 77, 268, 271). Umstritten ist die Einordnung der Sendetätigkeit der Rundfunkanstalten, soweit es um den Programminhalt geht; vgl dazu *W. Martens* (Fn 4) 17ff mwN, BGHZ 66, 182, 185; *Bettermann* NJW 1977, 513ff; *Lerche* FS Löffler, 1980, 217ff; zum öffentl-rechtl Charakter des Werbefunks vgl BayVGH NVwZ 1987, 435, 436; zum Streit über den Inhalt der Sendungen privater Anbieter mit Landesmedienanstalt vgl BayVGH DVBl 1992, 454.

21 Vgl OVG SH Gemeinde SH 1993, 59. S a u Rn 8.

22 Vgl *Fromm/Sellmann* NVwZ 1994, 547, 548. Zu den Konsequenzen der Poststrukturreform für die Rechtswegfrage vgl *Maurer* (Fn 3) § 3 Rn 27 und *Rennert* in: Eyermann, VwGO, § 40 Rn 56.

23 Zum Gesetzesvorbehalt bei willensbeeinflussenden und motivationsbestimmenden Maßnahmen des Staates *Ossenbühl* Umweltpflege durch behördliche Warnungen und Empfehlungen, 1986, 33ff; *Philipp* Staatliche Verbraucherinformationen im Umwelt- und Gesundheitsrecht, 1989, 199ff; *Gröschner* DVBl 1990, 619, 622ff.

24 Dazu *Wahl/Massing* JZ 1990, 553, 557ff; dagegen halten BVerwGE 82, 76, 80f; BVerwG NVwZ 1994, 162, 163f und BVerfG NJW 1989, 3269 die Befugnis der Bundesregierung zur Öffentlichkeitsarbeit für ausreichend; iErg übereinstimmend OVG NW NJW 1996, 3355 (Warnung der Bundesregierung vor „Psychogruppen"); BayVGH NVwZ 1995, 793ff (Verbreitung von Schriften über neureligiöse Bewegungen) und OVG Hamburg NVwZ 1995, 498, 501 (Verbreitung von Informationen über Scientology). Krit dazu *Gusy* JZ 1989, 1003ff; *Gröschner* (Fn 23) 628f; *Heintzen* VerwArch 81 (1990), 532, 549ff; s a OVG NW NVwZ 1986, 400 und VGH BW NVwZ 1989, 279f.

beeinträchtigungen sind nur rechtmäßig, wenn sie nicht gegen das Übermaßverbot verstoßen.[25] Enthalten Auskünfte Angaben tatsächlicher Art, müssen diese richtig sein.[26] Mitglieder öffentlich-rechtlicher Verbände, die auf dem Prinzip der Zwangsmitgliedschaft beruhen, haben einen Anspruch darauf, daß die Organe des Verbandes Erklärungen außerhalb seines Aufgabenbereichs unterlassen.[27] Nimmt die Verwaltung zum Zwecke eines Straßenbaus privates Grundeigentum in Anspruch, so bedarf es dazu der Enteignung bzw vorläufigen Besitzeinweisung oder der Zustimmung des Eigentümers.[28]

8 Noch weitgehend ungeklärt ist die Rechtslage in Ansehung hoheitlich bewirkter Immissionen.[29] Die zivilgerichtliche Rspr unterstellt die nachbarrechtlichen Beziehungen zwischen Verwaltung und Bürger grundsätzlich den Bestimmungen des Bürgerlichen Rechts und damit auch dem Maßstab des § 906 BGB.[30] Daraus folgt dann, daß der Betroffene die Einwirkungen insoweit nicht verbieten kann, als sie die Benutzung seines Grundstücks nicht oder nur unwesentlich beeinträchtigen. Gem § 906 Abs 1 S 2 BGB nF[31] liegt eine unwesentliche Beeinträchtigung *idR* dann vor, wenn die in Gesetzen oder Rechtsverordnungen festgelegten Grenz-

Zu dem Erfordernis einer gesetzlichen Ermächtigungsgrundlage für die Veröffentlichung von Warentests vgl BVerwG DVBl 1996, 807; für die Veröffentlichung von Arzneimitteltransparenzlisten BVerwG 71, 183, 198. Allgem zu dem Erfordernis einer gesetzlichen Ermächtigungsgrundlage für staatliche Warnungen *Di Fabio* JuS 1997, 1, 4 ff mwN. Zu der Frage einer gesetzlichen Ermächtigungsgrundlage für Warnungen vor gesundheitsgefährdenden Produkten vgl auch *Erichsen* JK 91, GG Art 12, 14/5 a, b; *dens* JK 97, GG Art 12 I / 40.

[25] BVerfGE 30, 1, 20 ff; 43, 101, 106; 73, 206, 253 f; 74, 203, 214 f; BVerwGE 23, 223; 26, 169; OVG NW NJW 1972, 2147; VGH BW NJW 1973, 1663; eingehend zum Ehrenschutz im öffentlichen Recht *Frotscher* JuS 1978, 505 ff; *Berg* JuS 1984, 521 ff. Vgl jetzt insbes BVerwGE 59, 319, 326: Ein Abwehranspruch stehe dem Einzelnen dann zu, wenn die Behörde nicht im Rahmen ihrer Zuständigkeit gehandelt hat, ihr Handeln dem Grundsatz der Verhältnismäßigkeit widerspricht oder aus sonstigen Gründen rechtswidrig ist.

[26] BayVGH DVBl 1965, 447; OVG NW DVBl 1967, 51; BGH DVBl 1981, 88 und 93.

[27] BVerwGE 34, 69, 75; 64, 298, 301 f; BVerwG DVBl 1980, 564 m Anm *Redeker;* HessVGH WissR 1997, 173; OVG NW NVwZ-RR 1995, 278; OVG Bremen NJW 1994, 1606 und dazu *Erichsen* JK 95, GG Art 12 I/34; VGH BW NJW 1976, 570; OVG Hamburg DVBl 1977, 642; eingehend und krit dazu *Laubinger* VerwArch 74 (1983), 175 ff, 263 ff; *Kluth* DVBl 1986, 716, 723 ff; *Meßerschmidt* VerwArch 81 (1990), 55, 74 ff; *Oebbecke* NVwZ 1988, 393, 395 ff. Zum Unterlassungsanspruch der Studierenden gegen allgemeinpolitische Äußerungen der verfaßten Studentenschaft vgl *Erichsen* JK 95, GG Art 12 I/35. Zur Zulässigkeit der Einführung von sog Semestertickets vgl *Kettler* DÖV 1997, 674, 676.

[28] BVerwG DVBl 1971, 858; vgl auch BVerwG DVBl 1980, 996.

[29] Vgl § 906 BGB ... Zuführung von Gasen, Dämpfen, Gerüchen, Rauch, Ruß, Wärme, Geräusch, Erschütterungen und ähnliche von einem anderen Grundstück ausgehende Einwirkungen ... Nach *Robbers* DÖV 1987, 272, 273 sind Immissionen nicht den Verwaltungs-Realakten zuzurechnen.

[30] BGH NJW 1978, 1051; NJW 1980, 770; NJW 1984, 1876; NJW 1986, 1980; NJW 1988, 900; NJW 1989, 1276; LG Stuttgart NJW 1997, 1860; ebenso *Leisner* NJW 1975, 233 ff.

[31] Abs 1 S 2 angef durch Art 2 § 4 SachenRÄndG v 21.9.1994 (BGBl I, 2457).

oder Richtwerte von den nach diesen Vorschriften ermittelten und bewerteten Einwirkungen nicht überschritten werden.[32] Gleiches gilt gem § 906 Abs 1 S 3 BGB nF für die Werte in allgem Verwaltungsvorschriften, die nach § 48 BImschG erlassen worden sind und den Stand der Technik wiedergeben.[33] Eine Duldungspflicht besteht aber gem § 906 Abs 2 S 1 BGB auch insoweit, als eine wesentliche Beeinträchtigung durch eine *ortsübliche* Benutzung des anderen Grundstücks herbeigeführt wird und nicht durch Maßnahmen verhindert werden kann, die Benutzern dieser Art *wirtschaftlich zumutbar* sind. Indes erscheint es zweifelhaft, ob der zivilgerichtlichen Rspr darin gefolgt werden kann, daß die Kriterien für die Duldungspflicht des betroffenen Grundeigentümers gegenüber hoheitlich bewirkten Immissionen primär und grundsätzlich dem § 906 BGB zu entnehmen seien und daher ein Abwehranspruch bei unwesentlicher (§ 906 Abs 1 BGB) und bei zwar wesentlicher, aber ortsüblicher und unvermeidbarer Beeinträchtigung (§ 906 Abs 2 S 1 BGB) ausscheide. Es ist nämlich zu berücksichtigen, daß das bürgerliche Nachbarrecht die Kollision privater Nutzungen und Interessen regelt. Die Anwendung seiner Vorschriften auf hoheitlich bewirkte Immissionen läuft deshalb darauf hinaus, öffentlich-rechtliches, am Allgemeinwohl orientiertes Handeln nach privatrechtlichen Vorstellungen zu beurteilen, die für das hier in Rede stehende Bürger-Staat-Verhältnis kaum sachgerechte Lösungen gewährleisten dürften. Der Rückgriff auf das bürgerliche Nachbarrecht sollte daher vermieden werden.[34]

Ausgehend von dem oben Gesagten[35] sind Immissionen von Verwaltungseinrichtungen, die im Rahmen der Erfüllung öffentlich-rechtlich geregelter Aufgaben **9**
von diesen ausgehen, im Zweifel nach Maßgabe öffentlichen Rechts zu beurteilen. Die Entwicklung eines eigenständigen öffentlich-rechtlichen Nachbarrechts[36] findet sich in der neueren verwaltungsgerichtlichen Rspr, die im Zeichen eines gewachsenen Umweltbewußtseins in weiten Teilen der Bevölkerung zunehmend

32 Die Neufassung des § 906 BGB ist auf den Umstand zurückzuführen, daß der BGH und das BVerwG seit dem Jahre 1988 in dem Bestreben der Harmonisierung von öffentl und privatem Immissionsschutzrecht den Begriff der „Wesentlichkeit" einer Immission iSv § 906 Abs 1 BGB mit dem Begriff der „Erheblichkeit" einer Umwelteinwirkung iSd § 3 Abs 1 BImschG gleichgesetzt und infolgedessen die Überschreitung öffentl-rechtl Richtwerte als Indiz für die Wesentlichkeit bzw Erheblichkeit einer Beeinträchtigung angesehen haben, vgl BVerwG NJW 1988, 2396; NJW 1989, 1291; BGH NJW 1990, 2465; NJW 1993, 925; NJW 1993, 1656; NJW 1995, 132, 133. Zur Kritik hieran vgl nur *Wagner* NJW 1991, 3247f. Die Neufassung des § 906 BGB sollte diese Harmonisierungsbestrebungen der beiden Gerichte nachzeichnen und gesetzlich fixieren, vgl hierzu *Fritz* NJW 1996, 573f.

33 Von § 906 Abs 1 BGB nicht erfaßt sind die Fälle der Überschreitung von Grenz- oder Richtwerten, sowie die Behandlung privater Umweltstandards wie DIN-Normen, VDI-Richtlinien, VDE-Bestimmungen oder DVGW-Regeln. Hier gelten die von der Rspr entwickelten Grundsätze (Annahme einer „indiziellen Wirkung" bzw bes Beachtung ihres hohen Erkenntniswertes) weiter, vgl *Kregel* NJW 1994, 2599, 2600; *Fritz* (Fn 32) 574.

34 So auch *Peine* JuS 1987, 169, 176ff; *Kraft* JuS 1990, 278, 280; das BVerwG geht von iErg übereinstimmenden Grenzwerten der zu duldenden Immissionen aus; vgl BVerwGE 79, 254, 258f; zust *Kutscheidt* NVwZ 1989, 193, 195; ebenso BGH DVBl 1990, 771, 772.

35 Vgl Rn 3ff.

36 Vgl dazu auch *Papier* Recht der öffentlichen Sachen, 3. Aufl 1998, 154ff.

mit der Frage eines *negatorischen Rechtsschutzes* gegen *schädliche Umwelteinwirkungen* (§ 3 Abs 1 BImSchG) befaßt wird. Die Verwaltungsgerichte haben zutreffend herausgearbeitet, daß die objektive *Rechtmäßigkeit* des Betriebs solcher Einrichtungen sich zunächst nach den Vorschriften des Rechts der Bauleitplanung sowie des allgem und bes Rechts der Gefahrenabwehr, namentlich des Immissionsschutzrechts (insbes § 22 Abs 1 BImSchG) richtet.[37] Danach zulässige Immissionen müssen geduldet werden. Rechtswidrige Immissionen können dagegen abgewehrt werden, wenn sie den einzelnen in seinen *Rechten verletzen.* Die Feststellung einer Rechtsverletzung bereitet dort keine Schwierigkeit, wo die Norm, gegen die verstoßen wurde, dem Kläger ein subjektiv-öffentliches Recht gewährt.[38] Indes begründet nach Auffassung des BVerwG etwa § 22 BImSchG keine Abwehransprüche gegenüber einem störenden Hoheitsträger.[39] In einem solchen Fall muß unmittelbar auf die thematisch einschlägigen Grundrechte der Art 2 Abs 2 und 14 GG rekurriert werden. Dabei ist den die Rechtmäßigkeit von Bestand und Betrieb der emittierenden Einrichtung regelnden Bestimmungen vor allem des Bauplanungs- und Umweltrechts die rechtliche Grundlage für eine Beeinträchtigung grundrechtlich geschützter Güter zu entnehmen.[40] Soweit die einschlägigen Normen nicht ihrerseits bereits auf einer am Übermaßverbot ausgerichteten Abwägung der betroffenen Interessen beruhen, liefert dieses geeignete Maßstäbe zur Bestimmung der Grenzen der Duldungspflicht des von Immissionen durch öffentlich-rechtliches Verwaltungshandeln Betroffenen.[41] Die entsprechende Anwendung des § 906 BGB erweist sich mithin als entbehrlich.[42]

[37] Vgl BVerwGE 68, 62, 66 ff (kirchliches Glockenläuten); BVerwGE 79, 254, 256 ff (Feueralarmsirene); BVerwG NJW 1989, 1291, 1294 (städt Sportplatz); HessVGH NVwZ 1997, 304, 4. LS (städtisches Hallenbad); OVG NW DÖV 1983, 1020, 1022; NVwZ 1983, 356, 357; UPR 1984, 99, 100; VGH BW DVBl 1984, 881.

[38] Vgl OVG NW DÖV 1983, 1020, 1022 f; BVerwGE 68, 62, 66 f.

[39] BVerwGE 79, 254, 256 f; BVerwG NJW 1989, 1291, 1294; zust *Laubinger* VerwArch 80 (1989), 261, 265, 289.

[40] Vgl auch BVerfGE 79, 174, 195 ff; *Laubinger* (Fn 39) 295 ff; *Peine* (Fn 34) 180.

[41] *W. Martens* (Fn 4) 94 f; zust *Bartlsperger* in: Dokumentation zur wissenschaftlichen Fachtagung der Gesellschaft für Umweltrecht eV, Berlin 1979, 1980, 28, 72 ff; OVG NW NVwZ 1983, 356, 357; abl *Schapp* Das Verhältnis von privatem und öffentlichem Nachbarrecht, 1978, 147 ff. Das BVerwG wendet etwa §§ 3, 22 BImSchG analog an; auch in diesem Rahmen bedarf es aber einer Abwägung der emittierenden und der immissionsbetroffenen Nutzung, vgl BVerwG NVwZ 1997, 391; BVerwGE 79, 254, 260 ff; krit *Laubinger* (Fn 39) 267.

[42] Gegen eine direkte oder entspr Anwendung des § 906 BGB auch *Peine* (Fn 34) 178 f; *Laubinger* (Fn 39) 297 f; *Ehlers* (Fn 2) 494 ff; aA OVG NW DÖV 1983, 1020, 1022; VGH BW DVBl 1984, 881, 882 und BWVP 1985, 253; differenzierend *Papier* (Fn 36) 138 f.

§ 32
Das informale Verwaltungshandeln

1 Unter Bedingungen hoher Komplexität und raschen Wandels der sozialen, wirtschaftlichen und technischen Verhältnisse ist administratives Entscheiden zunehmend mit Unsicherheiten belastet.[1] Zugleich sinken infolge der zunehmenden Verwendung finaler und prozeduraler statt konditional-inhaltlicher Programmierungen sowie des gehäuften Auftretens von unbestimmten Rechtsbegriffen und Generalklauseln in vielen neueren Gesetzen die Steuerungsfähigkeit und der Steuerungsanspruch des Rechts.[2] Die Bewältigung von Interessenkonflikten erfolgt zunehmend nicht mehr im Gesetz selbst, sondern wird auf die rechtsanwendenden Instanzen übertragen.[3] Angesichts dieser Entwicklungen entspricht die überkommene Vorstellung von Verwaltung als im wesentlichen normvollziehender Tätigkeit (vgl Art 1 Abs 3, 20 Abs 3 GG: „vollziehende Gewalt") nur noch eingeschränkt der Realität.

2 Gewißheitsverluste und Handlungsunsicherheiten infolge zunehmend unüberschaubarer, komplexer Entscheidungssituationen bei sinkender Steuerungskraft der normativen Vorgaben lassen in manchen Fällen Konsenslösungen sinnvoll erscheinen. Hierin liegt ein wesentlicher Grund für das Vordringen *kooperativ* geprägter Handlungsweisen der Verwaltung in Ergänzung oder anstelle des herkömmlichen einseitig-hoheitlichen Instrumentariums.[4] Die VwVfGe sehen als rechtlich ausgestaltete Form einer solchen Kooperation zwischen Staat und Bürger in erster Linie den öffentlich-rechtlichen Vertrag vor.[5] Auch unterhalb der Schwelle rechtsverbindlicher Regelung kommt es aber zu einer Vielzahl von Kontakten zwischen Behörden und Privaten, zu Aushandlungsprozessen, Absprachen über Entscheidungsinhalte, „Arrangements" über streitige Rechts- und Sachfragen, Übereinkünften verschiedenster Art, mit denen Entscheidungen abgesichert und Konflikte vermieden werden sollen. Die Verwaltungsrechtsdogmatik hat sich mit derartigen „informalen", weil rechtlich nicht geregelten und nicht auf Rechtsfolgensetzung abzielenden Vorgehensweisen der Verwaltung lange Zeit kaum befaßt. Seit einigen Jahren findet indes informales Verwaltungshandeln, entspre-

[1] *Ladeur* VerwArch 86 (1995), 511, 517f; *ders* KritV 1991, 241, 242ff.

[2] *Brohm* DÖV 1987, 265f; *ders* in: Hill, Zustand und Perspektiven der Gesetzgebung, 1989, 217, 225ff; *Dreier* StWissStPr 1993, 647, 658f; *Bauer* VerwArch 78 (1987), 241, 250f. Beispiele bei *Scherzberg* Verwaltung und Öffentlichkeit, Habilitationsschrift Münster, 1998, 131ff.

[3] *Scherzberg* (Fn 2) 147; *Hoffmann-Riem* VVDStRL 40 (1982), 187, 202; *Benz* Kooperative Verwaltung, 1994, 54f; *Schneider* VerwArch 87 (1996), 38, 46.

[4] *Kunig* in: Hoffmann-Riem/Schmidt-Aßmann, Konfliktbewältigung durch Verhandlungen, Bd 1, 1990, 43, 51; *Dreier* (Fn 2) 656f; *Henneke* NuR 1991, 267, 272; *Bauer* (Fn 2) 241, 251; *Burmeister* VVDStRL 52 (1993), 190, 200ff.

[5] Vgl dazu o §§ 23ff.

chend seiner gestiegenen Bedeutung für die administrative Praxis, auch im rechtswissenschaftlichen Schrifttum verstärkt Beachtung.[6]

3 Informales Verwaltungshandeln ist vor allem, wenn auch keineswegs nur im Bereich des Wirtschaftsverwaltungs- und Umweltrechts verbreitet.[7] Typische Erscheinungsformen[8] sind etwa: Verhandlungen zwischen Vorhabenträger und Behörde im Vorfeld von Genehmigungsverfahren, in denen die Erfüllung der Genehmigungsvoraussetzungen und die endgültige Fassung des Bescheides zwischen den Beteiligten abgestimmt werden[9] (häufig auf der Grundlage eines dem Antragsteller vorab übersandten Entscheidungsentwurfs),[10] Absprachen über die freiwillige Beseitigung rechtswidriger Zustände zur Vermeidung staatlicher Eingriffsmaßnahmen,[11] Verständigungen im Steuerrecht zur Überwindung von Sachverhaltsungewißheiten,[12] Gespräche zwischen Veranstalter und Polizei zur Vorbereitung von Großdemonstrationen.[13] Mitunter treten informale Vereinbarungen zwischen Staat und Wirtschaft auch an die Stelle von Gesetzen oder Verordnungen (sog normvertretende Absprachen).[14] Eine neuartige Form informalen Verwaltungshandelns ist

[6] Grundlegend *Bohne* Der informale Rechtsstaat, 1981. Vgl ferner *dens* VerwArch 75 (1984), 343ff; *Hoffmann-Riem* (Fn 3) 191ff; *Eberle* Verw 17 (1984), 439ff; *Bauer* (Fn 2) 241ff; *Bulling* DÖV 1989, 277ff; *Kunig/Rublack* Jura 1990, 1ff; *Henneke* (Fn 4) 267ff; *Püttner* KritV 1991, 63; *Burmeister* (Fn 4) 230ff; *Dreier* (Fn 2) 647ff; *Brohm* DVBl 1994, 133ff; *Benz* (Fn 3); *Schulze-Fielitz* Der informale Verfassungsstaat, 1994; *Tomerius* Informale Projektabsprachen im Umweltrecht, 1995; *Kippes* Bargaining, 1995; *Stelkens/Schmitz* in: Stelkens/Bonk/Sachs, VwVfG, § 9 Rn 162ff, sowie die Beiträge in *Hoffmann-Riem/Schmidt-Aßmann* Konfliktbewältigung durch Verhandlungen, 2 Bde, 1990. Teilweise werden neben kooperativen Handlungsweisen auch einseitige Maßnahmen der Verwaltung wie Warnungen, Empfehlungen u ä (dazu o § 30) unter den Begriff des „informalen Verwaltungshandelns" gefaßt, vgl *Henneke* (Fn 4) 270f; *Brohm* DVBl 1994, 133, 134; *Schulte* DVBl 1988, 512ff; s a BVerwG NJW 1991, 1770, 1771; noch weitergehend *Ossenbühl* UTR 3 (1987) 27, 29ff; *Klages* NVwZ 1988, 481, 486; ausdrücklich dagegen *Dreier* (Fn 2) 649.

[7] Vgl etwa den Überbl bei *Bauer* (Fn 2) 244f; ferner *Eberle* (Fn 6) 439f; *Hoffmann-Riem* in: ders/Schmidt-Aßmann (Fn 6) Bd 1, 13, 19; *ders* (Fn 3) 191ff; *Dreier* (Fn 2) 652f.

[8] Vgl zu den Erscheinungsformen informalen Verwaltungshandelns a *Bauer* (Fn 2) 242ff; *Hoffmann-Riem* (Fn 7) 16ff; *Brohm* (Fn 6) 136f; *Bohne* Der informale Rechtsstaat (Fn 6) 49ff, 88ff; *Tomerius* (Fn 6) 32ff; *Schulte* Schlichtes Verwaltungshandeln, 1995, 40ff.

[9] *Tomerius* (Fn 6) 33ff; *Lübbe-Wolff* NuR 1989, 295ff; *Winter* NJW 1979, 393, 399; *Bohne* (Fn 8) 50ff; *Bulling* DÖV 1989, 277, 279; *Stelkens/Schmitz* (Fn 6) Rn 164ff.

[10] *Bohne* (Fn 8) 59; *Hoffmann-Riem* (Fn 3) 193.

[11] *Tomerius* (Fn 6) 37f; *Jarass* BImSchG, 3. Aufl 1995, § 17 Rn 4f; *ders* DVBl 1986, 314, 319ff.

[12] *Isensee* Die typisierende Verwaltung, 1976, 188; *Tipke* in: ders/Kruse, AO, § 85 Rn 45ff (Stand 6/97); *Seer* Verständigungen im Steuerverfahren, 1996, 7ff.

[13] Vgl BVerfGE 69, 315, 354ff; dazu *Hoffmann-Riem* FS Simon, 1987, 379ff.

[14] Vgl etwa die Vereinbarung zwischen dem Bundesgesundheitsminister und der Zigarettenindustrie über Werbebeschränkungen aus dem Jahre 1971 (die allerdings letztlich doch nicht dazu führte, daß eine entspr gesetzliche Regelung unterblieb). Näher zu normvertretenden Absprachen *Oebbecke* DVBl 1986, 793ff; *Brohm* DÖV 1992, 1025ff; *ders* in: Biernat u a, Grundfragen des Verwaltungsrechts und der Privatisierung, 1994, 135ff; *Grewlich* DÖV 1998, 54ff; *Fluck/Schmitt* VerwArch 89 (1998), 220ff.

die Einrichtung von Bürgerforen, runden Tischen und ähnlichen Gremien zur frühzeitigen Verständigung mit Betroffenen und Interessengruppen über umweltrelevante oder sonst bedeutsame Planungen,[15] zT auch unter Hinzuziehung neutraler Konfliktmittler, sogenannter Mediatoren.[16] Schließlich kann auch die im Vordringen befindliche Verwaltungssteuerung durch Leistungsabsprache (Kontraktmanagement)[17] als informales Verwaltungshandeln aufgefaßt werden, sofern den in diesem Zusammenhang getroffenen verwaltungsinternen Absprachen nach dem Willen der Beteiligten nur politische, nicht auch rechtliche Verbindlichkeit zukommen soll.[18] Von einer gewissen Tendenz zur „Reformalisierung"[19] informalen Verwaltungshandelns kann insofern gesprochen werden, als neuerdings zunehmend kooperative Formen der Entscheidungsvorbereitung gesetzlich angeordnet werden.[20] Neben den §§ 5 UVPG, 2 Abs 2, 2a 9. BImSchV sind hier besonders die durch das Genehmigungsverfahrensbeschleunigungsgesetz vom 12.9.1996[21] in das VwVfG eingefügten §§ 71c, 71e VwVfG zu nennen, die für Genehmigungsverfahren bei Vorhaben „im Rahmen einer wirtschaftlichen Unternehmung" vorbereitende Kontakte zwischen Vorhabenträger und Genehmigungsbehörde (ggf unter Hinzuziehung anderer beteiligter Stellen) ausdrücklich verlangen.[22] Der Einsatz von *Konfliktmittlern* ist in § 2 Abs 2 S 3 Nr. 5 der 9. BImSchV und jetzt auch in § 4b BauGB[23] gesetzlich vorgesehen.

Informales Verwaltungshandeln kann zur Optimierung der Sicherheit von 4
Handlungsperspektiven sowie zur Verfahrensbeschleunigung beitragen, und es kann die Akzeptanz staatlicher Entscheidungen verbessern. Sein unverbindlicher Charakter ermöglicht zudem flexibles Reagieren auf veränderte Umstände.[24] *Gefahren* liegen demgegenüber vor allem in der Tendenz zur Umgehung und Rela-

15 *Hill* DVBl 1994, 973; *ders* in: Blümel/Pitschas, Reform des Verwaltungsverfahrensrechts, 1993, 339ff; *ders* DÖV 1994, 279, 280ff; *Scherzberg* (Fn 2) 157f; vgl auch *Ahrens-Salzsieder* VerwArch 87 (1996), 288ff.

16 Vgl zur Mediation etwa *Gaßner/Holznagel/Lahl* Mediation, 1992; *Holznagel* in: Dose/Holznagel/Weber, Beschleunigung von Genehmigungsverfahren, 1994, 151ff; *Schulte* (Fn 8) 45ff; *Schneider* (Fn 3) 60ff.

17 Dazu *Reichard* Umdenken im Rathaus, 5. Aufl 1996, 52f; *Banner* in: Reichard/Wollmann, Kommunalverwaltung im Modernisierungsschub?, 1996, 141, 142; *v Mutius* FS Stern, 1997, 685, 690, 708ff; *Pünder* DÖV 1998, 63ff.

18 Weitergehend *Pünder* (Fn 17) 65ff, der verwaltungsinterne „Kontrakte" generell als informales Verwaltungshandeln ansieht, dabei jedoch nicht genügend zwischen der Frage der begrifflichen Einordnung einer Vereinbarung und der Frage ihrer Wirksamkeit unterscheidet. Vgl dazu auch o § 23 Rn 1.

19 Vgl etwa *Kunig/Rublack* (Fn 6) 6; *Kunig* (Fn 4) 43, 51.

20 Allgemein zur rechtlichen „Programmierung" informaler Vorgehensweisen der Verwaltung *Dose* in: ders/Voigt, Kooperatives Recht, 1995, 11, 13ff; *ders* Verw 27 (1994), 91ff.

21 BGBl I, 1354.

22 Vgl dazu *Bonk* NVwZ 1997, 320, 326ff; *Stüer* DVBl 1997, 326ff. Zum Anwendungsbereich der §§ 71a–71e VwVfG auch *Weinreich* NVwZ 1997, 949, 952.

23 Dazu *Battis/Krautzberger/Löhr* NVwZ 1997, 1145, 1151.

24 Näher zu den Vorteilen informalen Verwaltungshandelns *Bauer* (Fn 2) 250ff; *Henneke* (Fn 4) 272f; *Dreier* (Fn 2) 656f; *Schneider* (Fn 3) 45ff.

tivierung gesetzlicher Vorgaben sowie in der möglichen Vernachlässigung von Allgemein- und Drittinteressen, ferner in der Erschwerung politischer und gerichtlicher Kontrolle.[25] Aus diesen Gefahren generell auf rechtsstaatliche Fragwürdigkeit informalen Verwaltungshandelns zu schließen,[26] wäre zu weitgehend. Indessen bedarf es jeweils einer sorgfältigen Prüfung, ob und inwieweit derartige Verfahrenweisen rechtlichen Determinanten und Grenzen unterliegen.

5 So wird denn auch die grundsätzliche Zulässigkeit informalen Verwaltungshandelns kaum bestritten.[27] Eine Bindung der Verwaltungstätigkeit an bestimmte Handlungsformen besteht, soweit nicht Rechtsvorschriften ausnahmsweise etwas anderes vorsehen, grundsätzlich nicht (vgl § 10 S 1 VwVfG). Gesetzliche Aufklärungs-, Beratungs- und Erörterungspflichten machen vorbereitende Kontakte zwischen Behörde und Bürger im Zusammenhang mit Verwaltungsverfahren oft sogar zur rechtlichen Notwendigkeit.[28] Auch die Regelungskomponenten des Übermaßverbots können dazu führen, vor Erlaß einseitiger Eingriffsakte zunächst nach einvernehmlichen Lösungen zu suchen.[29] Zugleich ist aber auch im informalen Bereich stets die Gesetzesbindung der Verwaltung zu beachten. Deshalb sind Absprachen zwischen Staat und Bürger immer nur dort möglich, wo das Recht entsprechende Spielräume läßt.[30] Eine Abweichung von rechtlichen Vorgaben im Wege informaler Verständigung verstößt gegen den Grundsatz des Vorrangs des Gesetzes; für eine pragmatische Relativierung zwingender gesetzlicher Anforderungen, etwa aus ökonomischen Gründen, ist kein Raum.[31] Ebenso muß auch die konsensuale Ausfüllung von Ermessens- und Abwägungsspielräumen mit den Zwecksetzungen des einschlägigen materiellen Rechts in Einklang stehen.[32] Für informales Verwaltungshandeln gelten ferner – wie für jede Verwaltungstätigkeit – der Gleichheitssatz[33], die staatliche Kompetenzordnung[34] sowie das Kopplungs-

[25] Vgl i e *Bauer* (Fn 2) 254ff; *Henneke* (Fn 4) 273; *Hoffmann-Riem* (Fn 3) 203ff; *Spannowsky* Grenzen des Verwaltungshandelns durch Verträge und Absprachen, 1994, 51 (allgemein zu konsensualen Handlungsweisen der Verwaltung). Krit auch *Ladeur* VerwArch 86 (1995), 511, 519ff, der in Reaktion auf die durch informales Verwaltungshandeln aufgeworfenen Probleme für eine „Erneuerung des Verwaltungsaktsbegriffs" plädiert.

[26] So *Sendler* DÖV 1989, 482, 486.

[27] Vgl *Bauer* (Fn 2) 260ff; *Bohne* VerwArch 75 (1984), 343, 372; *Lecheler* BayVBl. 1992, 545, 547; *Bull* Allg VwR, Rn 245; *Maurer* Allg VwR, § 15 Rn 19. Vgl zur Zulässigkeit regelungsersetzender Absprachen aber auch *Schulze-Fielitz* DVBl 1994, 657, 661; *Burmeister* (Fn 4) 230ff.

[28] *Bull* (Fn 27) Rn 245; *Maurer* (Fn 27) § 15 Rn 19; *Kunig/Rublack* (Fn 6) 4f; *Schulze-Fielitz* (Fn 27) 664ff.

[29] *Bauer* (Fn 2) 261; aA *Dreier* (Fn 2) 664.

[30] *Kunig* (Fn 4) 43, 58; *ders/Rublack* (Fn 6) 7; *Hoffmann-Riem* (Fn 7) 27; *Schneider* (Fn 3) 51; *Rengeling* Das Kooperationsprinzip im Umweltrecht, 1988, 149f.

[31] *Lübbe-Wolff* (Fn 9) 301; *Henneke* (Fn 4) 274; *Bauer* (Fn 2) 260. Zur Reichweite des verwaltungsrechtlichen Opportunitätsprinzips vgl *Voßkuhle* Verw 29 (1996), 511ff.

[32] *Kunig/Rublack* (Fn 6) 7; *Hoffmann-Riem* (Fn 7) 27; *Brohm* (Fn 6) 139; *Tomerius* (Fn 6) 52ff; *Bohne* (Fn 27) 351. Vgl auch schon BVerwGE 45, 309, 321.

[33] *Hufen* Fehler im Verwaltungsverfahren, 2. Aufl 1991, Rn 106; *Spannowsky* (Fn 25) 451; *Bauer* (Fn 2) 262; *Brohm* (Fn 6) 139; *Tomerius* (Fn 6) 66ff; *Kunig* (Fn 4) 61.

[34] BVerwGE 45, 309, 321; *Becker* DÖV 1985, 1003, 1010; *Oebbecke* (Fn 14) 795.

verbot[35], das insbes hinsichtlich der in der Praxis verbreiteten „Tauschgeschäfte" zur Durchsetzung öffentlich-rechtlicher Pflichten Bedeutung erlangt.[36] Anforderungen an informale Handlungsweisen können sich, wenn auf den Aushandlungsprozeß eine „förmliche" Entscheidung folgt, auch als Vorwirkung verwaltungsverfahrensrechtlicher Regelungen ergeben, etwa aus dem Gebot unparteiischer Amtsausübung (§§ 20, 21 VwVfG), das eine Verhandlungsführung verbietet, die die Besorgnis der Befangenheit des betreffenden Amtswalters begründet,[37] oder aus dem Untersuchungsgrundsatz (§ 24 VwVfG), der sich auf die Zulässigkeit von Absprachen über Fragen der Sachverhaltsfeststellung auswirken kann.[38] Zu beachten sind schließlich auch die Anforderungen des europäischen Gemeinschaftsrechts, weshalb etwa die Umsetzung von EG-Richtlinien im Wege informaler Absprachen grundsätzlich nicht in Betracht kommt.[39] Auch dürfen Absprachen auf mitgliedstaatlicher Ebene Tragweite und Wirksamkeit des Gemeinschaftsrechts nicht beeinträchtigen.[40]

Weitergehende wechselseitige Schutz-, Treue- und Rücksichtnahmepflichten 6
können sich als Folge der besonderen, durch den informalen Kontakt begründeten Nähebeziehung zwischen den Beteiligten aus dem allgemeinen Grundsatz von Treu und Glauben ergeben.[41] In diesen Schutz sind uU auch Dritte einbezogen.[42] Insbes dürfen informale Absprachen nicht dazu führen, daß infolge faktischer Bindungen Beteiligungs- und Anhörungsrechte Dritter im nachfolgenden Verwaltungsverfahren leerlaufen oder ihnen Rechtsschutzmöglichkeiten genommen werden. Hieraus kann eine Pflicht der Behörde folgen, betroffene Dritte schon zu den

[35] *Bohne* (Fn 27) 359; *Bauer* (Fn 2) 262; *Spannowsky* (Fn 25) 451. Allgemein zum Kopplungsverbot s o § 26 Rn 14.

[36] Vgl etwa *Hoffmann-Riem* (Fn 3) 204f; *Bohne* (Fn 27) 359.

[37] *Bohne* (Fn 27) 351; *Hufen* (Fn 33) Rn 107; vgl auch BVerwGE 75, 214, 230f; VG Sigmaringen VBlBW 1984, 420ff.

[38] *Kunig/Rublack* (Fn 6) 5; *Tomerius* (Fn 6) 48ff; *Eberle* (Fn 6) 450ff. Zum Konzept der „nachvollziehenden Amtsermittlung" vgl *Schneider* (Fn 3) 55f.

[39] Vgl die „Empfehlung vom 9.12.1996 über Umweltvereinbarungen zur Durchführung von Richtlinien der Gemeinschaft", Empfehlung 96/733/EG, ABl 1996 Nr L 333, 59ff, die für solche Vereinbarungen die Vertragsform verlangt. Dazu *Wägenbaur* EuZW 1997, 645ff; *Krieger* EuZW 1997, 648ff. S ferner *Fluck/Schmitt* (Fn 14) 247ff.

[40] Vgl zum gemeinschaftsrechtlichen Effizienzgebot EuGH Slg 1983, 2633, 2666 Tz 22 (Milchkontor); ferner o § 16 Rn 4.

[41] *Hill* Das fehlerhafte Verfahren und seine Folgen im Verwaltungsrecht, 1986, 281; *Kunig/Rublack* (Fn 6) 6; *Henneke* (Fn 4) 275; *Bauer* (Fn 2) 262ff; *Ritter* in: Grimm, Wachsende Staatsaufgaben – sinkende Steuerungsfähigkeit des Rechts, 1990, 69, 84; *Gröschner* Verw 30 (1997), 301, 334. Entgegen teilweise vertretener Auffassung (vgl zB *Henneke, Bauer* und *Gröschner* aaO; ferner *Schulte* [Fn 8] 217, 221ff) bleibt auch in diesem Zusammenhang der dogmatische Nutzen der *Rechtsverhältnislehre* gering. Treue- und sonstige Nebenpflichten bei informalem Verwaltungshandeln folgen aus der Anwendung einer Rechtsnorm (des Grundsatzes von Treu und Glauben) auf einen Sachverhalt (die informale Kooperation); der Kategorie des Verwaltungsrechtsverhältnisses bedarf es zu ihrer Begründung nicht. Vgl auch *Pietzcker* Verw 30 (1997), 281ff.

[42] *Beyerlin* NJW 1987, 2713, 2719; *Kunig/Rublack* (Fn 6) 6.

für sie erheblichen Vorverhandlungen hinzuzuziehen oder sie jedenfalls über den Inhalt getroffener Absprachen zu informieren.[43]

Eine analoge Anwendung handlungsformbezogener Vorschriften des VwVfG auf informales Verwaltungshandeln kommt nach richtiger Auffassung grundsätzlich *nicht* in Betracht.[44]

[43] *Bohne* (Fn 27) 352; *Henneke* (Fn 4) 275; *Hoffmann-Riem* (Fn 3) 224; *Beyerlin* (Fn 42) 2718 ff. AA *Eberle* (Fn 6) 45 ff; *Bulling* (Fn 6) 280.

[44] So auch *Maurer* (Fn 27) § 15 Rn 21; *Lange* VerwArch 82 (1991), 1, 15 f; *Dreier* (Fn 2) 662 f.

VIERTER ABSCHNITT

Das Verwaltungsverfahren

Peter Badura

Gliederung

§ 33
Grundlagen und Rechtsquellen

I. Die Gewährleistung rechtsstaatlichen Gesetzesvollzugs durch das Verwaltungsverfahren

1. Die Aufgaben des Staates, die Verwaltungszwecke und die Rechte des Einzelnen

Die Ausführung des Gesetzes durch die Exekutive ist stets eine gesetzesgebundene 1
Wirksamkeit, aber zu ihr gehört „ein wesentliches Element der Mitgestaltung und ergänzenden Konkretisierung", das Gesetz bedarf oft „eines erheblichen Moments aktiver Ergänzung, Vorbereitung, Planung und Verdeutlichung durch die Verwaltung".[1] Das Vordringen des *Verfahrensgedankens* im Verwaltungsrecht ist eine spezifische Verkörperung des Rechtsstaatsprinzips angesichts der neueren Weiterbildung der Staatsaufgaben und Verwaltungszwecke, einer Entwicklung, die mit dem Vordringen der Gestaltungsaufgaben der öffentlichen Verwaltung die für den klassischen Gesetzesvorbehalt charakteristische Trennung von Normsetzung und Normvollzug vielfach verwischt.[2] „Die Abgrenzung zwischen Verwaltungsverfahrensrecht und materiellem Verwaltungsrecht war in der Vergangenheit und ist auch künftig Wandlungen unterworfen, die sich aus der Veränderung der Staatsaufgaben im Bereich der Verwaltung und der erforderlichen Mittel zu ihrer Bewältigung unabweislich ergeben können".[3]

Die Rechtsformen des Verwaltungshandelns und das mit ihnen in einem inne- 2
ren Zusammenhang stehende Verfahrensrecht der Verwaltung dienen dem *wirksamen* und *rechtsstaatlichen Gesetzesvollzug*. Die Bedeutung des Verwaltungsverfahrensrechts als Richtigkeitsgewähr für die sachlich richtige und rechtmäßige Vorgehensweise und Entscheidungsfindung der Verwaltung tritt nicht in einen Widerstreit mit der davon unterscheidbaren Funktion des Verwaltungshandelns und Verwaltungsverfahrens, die Rechte des Einzelnen zu sichern und durch die Entscheidung zur Geltung zu bringen. In neuerer Zeit sind die eine sachgerechte Entscheidungsfindung fördernde Möglichkeit kooperativer Verfahrensformen[4] und die durch eine geeignete Verfahrensgestaltung zu erreichende Akzeptanz und partizipationsdemokratische Legitimität der verfahrensrichtigen Entscheidung genauer durchdacht und herausgearbeitet worden.[5] Derartige Vorstellungen und

[1] *Scheuner* DÖV 1969, 585.

[2] *Brohm* VVDStRL 30 (1972) 245 (bes LS 7, 13, 20); *Badura* FS BayVerfGH, 1972, 157/168ff; *Schmidt-Aßmann* Das allgemeine Verwaltungsrecht als Ordnungsidee und System, 1982, 35ff; *Schoch* Verw 25 (1992) 21/23ff.

[3] BVerfGE 55, 274, 320 im Hinblick auf die Auslegung des Art 84 Abs 1 GG.

[4] *Brohm* DVBl 1990, 321; *Schuppert* in: Hoffmann-Riem/Schmidt-Aßmann (Hrsg), Konfliktbewältigung durch Verhandlungen – Konfliktmittlung in Verwaltungsverfahren, 1990, Bd 11, 29; *Hill* DVBl 1993, 973; *ders* DÖV 1994, 279; *Schulze-Fielitz* DVBl 1994, 657; *J.-P. Schneider* VerwArch 87 (1996) 38.

[5] *Wahl* VVDStRL 41 (1983) 151/157ff; *Lerche/Schmitt Glaeser/Schmidt-Aßmann* Ver-

Postulate, die auch mit rechtspolitischen Vorschlägen für eine breitere „Verfahrensteilhabe" der Betroffenen und der Öffentlichkeit verbunden werden, sind nicht eigentlich selbständige „Funktionen" des Verwaltungsverfahrens. Denn sie ändern nicht die Grundlinie des Verfahrensrechts der Verwaltung, das Vorgehen der Behörde bei der Begründung oder Gestaltung von Rechtsverhältnissen zu ordnen und zu binden,[6] in denen Verwaltungszwecke unter Wahrung betroffener Rechte und Interessen verwirklicht werden. Nur in Bezug auf dieses Ziel läßt sich das Verwaltungsverfahren als „Gesprächsmöglichkeit und Forum des Informationsaustauschs"[7] begreifen.

3 Der Leitgedanke, daß die Verfahrensvorschriften der öffentlichen Verwaltung der Ausübung materiellrechtlicher Befugnisse und der Gewährleistung rechtsstaatlicher Anforderungen dienen und kein Selbstzweck sind, darf nicht so verstanden werden, daß das Verfahrensrecht allein ergebnisorientiert, allein auf die *Sachentscheidung* bezogen sei. Die verfahrensrechtlichen Bindungen des Gesetzesvollzugs stehen im Dienst auch anderer Zwecke – zB der Wirtschaftlichkeit und Sparsamkeit der Verwaltung – und anderer rechtlich geschützter Interessen und können in dieser Hinsicht eine selbständige Bedeutung haben. Je nach dem Bindungsziel und Schutzzweck der Verfahrensvorschrift kann ein Verstoß gegen Verfahrensrecht erheblich sein und zu einem Rechtsmangel führen, ohne Rücksicht auf die materielle Rechtmäßigkeit der getroffenen Sachentscheidung. Der Ausbau der so erweiterten Verfahrensprägung des Verwaltungshandelns, gepaart mit dem verfassungsrechtlichen Gedanken des Grundrechtsschutzes durch Verfahren, hat eine deutliche Vertiefung der Lehre von den Rechtsfolgen eines Verfahrensfehlers nach sich gezogen.[8] Die neuere Gesetzgebung hat den dienenden Charakter des Verfahrensrechts wieder deutlicher betont (s u § 34 III) und ist deshalb von Kritikern als Rückschritt empfunden worden. Die Verfahrensvorschriften sollten jedoch nicht primär unter dem Blickwinkel der Fehlerfolgen betrachtet, sondern zuerst als Garantien rechtsstaatlicher und wirksamer Verwaltung begriffen werden.

4 Ein maßgeblicher Impuls für die mit dem Erlaß der *Verwaltungsverfahrensgesetze* in Bund und Ländern entscheidend eingeleitete Verselbständigung und Gewichtsverstärkung des Verwaltungsverfahrensrechts[9] war dann die Einsicht des Bundesverfassungsgerichts in dem Beschluß v 20.12.1979 zu dem *Genehmigungsverfahren für das Atomkraftwerk Mülheim-Kärlich,* daß der grundrechtlichen Schutzfunktion des Verfahrens bei einer schwachen Steuerungskraft des materiellen Rechts und, dem korrespondierend, einem weiten Beurteilungs- und Gestal-

fahren als staats- und verwaltungsrechtliche Kategorie, 1984; *Pitschas* Verwaltungsverantwortung und Verwaltungsverfahren, 1990; *Würtenberger* NJW 1991, 257; *Hoffmann-Riem* DVBl 1994, 1381; *ders* DÖV 1997, 433.

[6] *Bull* Allg VwR, Rn 501. – Die dogmatische Wende vom Verwaltungsakt zum Verwaltungsrechtsverhältnis ist mit Nachdruck durch *Bachof* (VVDStRL 30 [1972], 193) gefördert worden.

[7] *Schmidt-Aßmann* in: Isensee/Kirchhof III, § 70 Rn 28.

[8] *Rupp* FS Bachof, 1984, 151; *Grimm* NVwZ 1985, 865; *Hill* Das fehlerhafte Verfahren und seine Folgen im Verwaltungsrecht, 1986; *Geist-Schell* Verfahrensfehler und Schutznormtheorie, 1988; *Hufen* Fehler im Verwaltungsverfahren, 3. Aufl 1998.

[9] VwVfG v 25.5.1976 (BGBl I, 1253).

tungsspielraum der Verwaltung eine eigene und gesteigerte Bedeutung zukommt.[10] Es handelt sich nicht einfach um ein behebbares Regelungsdefizit des materiellen Rechts, sondern um eine in der Komplexität der Staatsaufgaben unvermeidliche Qualität der Gesetze, mit denen die Regierung und Verwaltung in die Lage versetzt werden muß, ihrem Planungs-, Gestaltungs- und Förderungsauftrag nachzukommen. Was die rechtsstaatliche Garantiefunktion des Gesetzes nicht leisten kann, soll bis zu einem gewissen Grad kompensatorisch durch Verfahrensrecht, Verfahrensgestaltung und Sanktionierung von Verfahrensverstößen geleistet werden.

Die Verselbständigung der *Garantiefunktion des Verwaltungsverfahrens* kann 5 allerdings, auch im Umweltrecht und im technischen Sicherheitsrecht, nicht so weit vorangetrieben werden, daß selbst bei gebundenen Entscheidungen die „offenen Rechtsbegriffe" in den materiellrechtlichen Entscheidungsgrundlagen die Verfahrensregeln so weit zum Selbstzweck erheben, daß es auf die Auswirkungen eines Verfahrensmangels auf die materielle Richtigkeit der Sachentscheidung und die gebotene Rechtswahrung der Betroffenen überhaupt nicht ankäme. Daß das Verwaltungsverfahren der „Hervorbringung" einer rechtmäßigen Entscheidung dient, erlaubt nicht den Schluß, daß es keine sozusagen an sich materiellrechtlich „richtige" Entscheidung außerhalb der Prozedur der verfahrensrechtlich geordneten Auslegung und Anwendung des Gesetzes und Ermittlung des entscheidungserheblichen Sachverhalts gäbe.[11] Weder mit dem Grundsatz der Gesetzmäßigkeit der Verwaltung, noch mit dem Schutz der Rechte konkret Betroffener läßt es sich vereinbaren, der nur partizipatorischen Äußerungsmöglichkeit Dritter eine verselbständigte verfahrensrechtliche Rechtsposition zuzusprechen. Davon zu unterscheiden sind absolute Verfahrensvorschriften, mit denen das Gesetz zur Sicherung eines sachgerechten und rechtsstaatlichen Normvollzugs, nicht zuletzt zum Schutz der Grundrechte Betroffener, eine strikte Bindung des Verwaltungshandelns anordnet und damit einen Verfahrensverstoß als erheblich qualifiziert.

Das Verwaltungsverfahren ist zuerst Gegenstand rechtlicher Regelung und juristischer Betrachtung. Praxis und Rationalität[12] des sich im Verwaltungsverfahren ausdrückenden administrativen Entscheidungsprozesses gehören zum Arbeitsfeld der *Verwaltungswissenschaft*. Die Funktionen und die Erfolgsbedingungen verfahrensrechtlich geordneten Verwaltungshandelns sind in neuerer Zeit eingehend untersucht worden, vor allem mit dem Ziel der Reform des Verfahrensrechts, der Vereinfachung und Beschleunigung von Planungs- und Genehmigungsverfahren, der Verbesserung der verwaltungsinternen Abläufe und des Einsatzes der modernen Informations- und Kommunikationstechnologie.[13] 6

[10] BVerfGE 53, 30, 57ff, 62ff. – Die Abw Meinung der Richter *Simon* und *Heußner* (ebd, 69ff) hat das grundrechtliche Schutzprinzip in seiner Tragweite für das Verwaltungsverfahren noch schärfer formuliert.

[11] Dahin tendierend *Grimm* NVwZ 1985, 865/871, und noch weitergehend *Schoch* Verw 25 (1992) 21/47.

[12] *Luhmann* Legitimation durch Verfahren, 1969, 201ff.

[13] S etwa die Schriften der Deutschen Sektion des Internationalen Instituts für Verwaltungswissenschaften und die „Speyerer Forschungsberichte" des Forschungsinstituts für öffentliche Verwaltung bei der Hochschule für Verwaltungswissenschaften Speyer. Studien-

2. Verwaltungsverfahren, Verwaltungsverfahrensrecht und Allgemeines Verwaltungsrecht

7 In einem Verfahren sind eine Anzahl von Handlungen im Dienste eines bestimmten Ziels planvoll und zweckmäßig geordnet. Das *Verfahren* im *Rechtssinn* ist auf die Gestaltung oder Feststellung von Rechten, Pflichten oder Rechtslagen durch eine mehr oder weniger förmliche Entscheidung gerichtet. Es hat ein, in der Regel durch das Gesetz bestimmtes, Verfahrensziel, ist kraft einer zugewiesenen Zuständigkeit von einem Organ des Staates oder einer rechtsfähigen Verwaltungseinheit durchzuführen und weist, sofern es eine bestimmte Zahl von Betroffenen erfaßt, einen oder mehrere Beteiligte mit rechtlich begründeten Handlungsmöglichkeiten im Verfahrensgang auf.

8 Die Unterscheidung von „materiellem" und „formellem" Recht orientiert sich an der Einrichtung der gerichtlichen Rechtspflege, deren Aufgabe es ist, durch eine mit unabhängigen Richtern besetzte neutrale Spruchstelle förmlich über Recht und Unrecht im Einzelfall zu befinden und Rechtsstreitigkeiten zu entscheiden. Das den Rechtsgang vor dem Gericht ordnende formelle Recht dient, vom Ganzen der Rechtsordnung aus betrachtet, dem materiellen Recht, das dem Status, die Rechte und Pflichten und das Verhalten der Rechtsgenossen im Rechtsverkehr regelt. Unter dem Blickwinkel des Prozesses regelt das formelle Recht die Voraussetzungen der Rechtspflegeentscheidung und die Verfahrenshandlungen des Gerichts und der Beteiligten, während das materielle Recht die sachlichen Maßstäbe des Entscheidens und damit den Inhalt der Entscheidung bestimmt.[14]

9 Das *Verwaltungsverfahren* gehört zur Ausübung der vollziehenden Gewalt und ist kein Verfahren der Rechtspflege.[15] Da die Exekutive bei der Durchführung des Verwaltungsverfahrens in der Regel eigene Aufgaben und Befugnisse wahrnimmt, die ihr durch das materielle Recht zugewiesen sind, ist die Behörde im Verwaltungsverfahren, anders als das Gericht im Prozeß oder sonstigen Rechtspflegeverfahren, zugleich Partei und entscheidende Instanz. Das auch im Verwaltungsverfahren bestehende und Rechte, Pflichten und Lasten der Beteiligten umfassende Verfahrensrechtsverhältnis[16] ist von dem Prozeßrechtsverhältnis des gerichtlichen Verfahrens prinzipiell unterschieden. Dementsprechend ist es zwar möglich, die Rechtssätze und Grundsätze, welche die Art und Weise des Verwaltungshandelns durch die Festlegung seiner formellen Voraussetzungen und Wirkungen regeln, als *„Verwaltungsverfahrensrecht"* zusammenzufassen. Doch können das Verwaltungsverfahrensrecht und das materielle Verwaltungsrecht nicht ebenso scharf getrennt werden, wie etwa das Verwaltungsrecht und das Verwaltungsprozeßrecht. Das Verwaltungsverfahrensrecht und die anderen nicht nur einem besonderen Ge-

bezogene Übersichtsdarstellungen ua: Hoffmann-Riem (Hrsg), Sozialwissenschaften im Öffentlichen Recht, 1981; *Püttner* Verwaltungslehre, 2. Aufl 1989; *ders* FS Stern, 1997, 733.

14 *Boehmer* Grundlagen der Bürgerlichen Rechtsordnung, Erstes Buch, 1950, 93ff; *Bettermann* VVDStRL 17 (1959) 118, 120; *Henckel* Prozeßrecht und materielles Recht, 1970, 5ff; *Zöllner* AcP 190 (1990) 471.

15 *Bettermann* (Fn 14) 120ff; *Haueisen* DVBl 1966, 773.

16 *Wolff/Bachof* VwR III, § 156 III b 2.

biet des Verwaltungsrechts angehörenden Rechtssätze und Grundsätze des Verwaltungshandelns sind Bestandteile des Allgemeinen Verwaltungsrechts.

Zahlreiche Bestimmungen und Grundsätze, die sich als verwaltungsverfahrens- 10
rechtliche Regeln begreifen lassen, müssen zugleich dem *materiellen Verwaltungsrecht* zugerechnet werden, weil sie auch den Inhalt individueller Rechte oder Pflichten bestimmen. Das gilt vor allem für die Regeln, die zu der Lehre vom Verwaltungsakt gehören. Der Verwaltungsakt hat eine Doppelfunktion; denn er ist ein gegebenenfalls in Bestandskraft erwachsender, das Verwaltungsverfahren abschließender Verfahrensakt und bestimmt zugleich gestaltend oder feststellend, begünstigend oder belastend die individuelle Rechtsposition des oder der Betroffenen. Vorschriften mit materiellrechtlichem Inhalt und zugleich verfahrensrechtlicher Bedeutung, denen in dieser Hinsicht eine „Doppelgesichtigkeit" eignet, finden sich häufig,[17] auch und gerade in den Verwaltungsverfahrensgesetzen.

Durch die *Kodifikation* hat das Verwaltungsverfahrensrecht einschließlich der 11
mitgeregelten Gegenstände des materiellen Allgemeinen Verwaltungsrechts eine klare Zuordnung zum Bundes- oder Landesrecht erhalten. Die Gefahr der Rechtszersplitterung[18] ist dadurch weitgehend gebannt, daß nach der Neufassung des § 137 Abs 1 VwGO durch § 97 Nr 3 VwVfG Vorschriften von Verwaltungsverfahrensgesetzen der Länder revisibel sind, die ihrem Wortlaut nach mit dem VwVfG des Bundes übereinstimmen.

II. Die Kodifikation des Verwaltungsverfahrensrechts

1. Bundesstaatliche Zuständigkeitsordnung, Rechtsquellen

Eine umfassende gesetzliche Regelung des Verwaltungsverfahrens vor allen Behör- 12
den des Bundes und der Länder ist durch die bundesstaatliche Verteilung der staatlichen Aufgaben und Befugnisse ausgeschlossen. Durch *Bundesgesetz* kann das Verwaltungsverfahren der bundeseigenen Verwaltung und der bundesunmittelbaren Körperschaften und Anstalten des öffentlichen Rechts sowie das Verwaltungsverfahren der Behörden der Länder geregelt werden, soweit diese Bundesrecht im Auftrage des Bundes ausführen (Art 85 Abs 1 GG).[19] Durch Bundesgesetz mit Zustimmung des Bundesrates kann das Verwaltungsverfahren vor den Landesbehörden und den Behörden der rechtsfähigen Verwaltungsträger des Landesrechts geregelt werden, soweit diese Bundesrecht unter Aufsicht des Bundes als eigene Angelegenheit ausführen (Art 84 Abs 1 GG). Das gleiche gilt für das von Landesfinanzbehörden und von den kommunalen Gebietskörperschaften, soweit diese die ihnen allein zufließenden Steuern verwalten, anzuwendende Verfahren (Art 108 Abs 5 S 2 GG). Das Verwaltungsverfahren beim landeseigenen Vollzug von *Landesrecht* fällt in die Gesetzgebungszuständigkeit der Länder. Nur für

17 BVerfGE 55, 274, 321.

18 *Ule/Becker* Verwaltungsverfahren im Rechtsstaat, 1964, 22ff; *Ule* FS Wacke, 1972, 277.

19 Auch bei der Auftragsverwaltung kann der Bund das Verwaltungsverfahren der Länder regeln, und zwar durch nicht-zustimmungsbedürftiges Bundesgesetz (BVerfGE 26, 338, 385; *Lerche* in: Maunz/Dürig, GG, Art 85 Rn 27, 28).

das Widerspruchsverfahren besteht eine einheitliche bundesrechtliche Regelung (§§ 68ff VwGO). Im Hinblick auf dessen Eigenschaft als verwaltungsgerichtliches Vorverfahren kann sich der Bund hier auf eine Kompetenz kraft Sachzusammenhangs berufen (Art 74 Abs 1 Nr 1 GG).

13 Allgemeine Gesetze über das Verwaltungsverfahren sind das *Verwaltungsverfahrensgesetz* (VwVfG) v 25.5.1976 (BGBl I S 1253), zuletzt geändert durch Gesetz v 12.9.1996 (BGBl I S 1354), und die Verwaltungsverfahrensgesetze der Länder. Die Verwaltungsverfahrensgesetze der Länder gelten für die öffentlich-rechtliche Verwaltungstätigkeit der Behörden der Länder, der Gemeinden, der Gemeindeverbände und der sonstigen der Aufsicht des Landes unterstehenden juristischen Personen des öffentlichen Rechts; sie gelten für diese Behörden auch dann, wenn sie Bundesrecht ausführen (§ 1 Abs 2 VwVfG). Das VwVfG gilt für die öffentlich-rechtliche Verwaltungstätigkeit der Behörden des Bundes und der bundesunmittelbaren Körperschaften, Anstalten und Stiftungen des öffentlichen Rechts. Auf die Verwaltungstätigkeit der Länder bei der Ausführung von Bundesrecht ist das VwVfG nur subsidiär anwendbar, nämlich wenn diese nicht durch ein Verwaltungsverfahrensgesetz des Landes geregelt ist (§ 1 Abs 3 VwVfG). Auf den Landesvollzug unter Bundesaufsicht ist das VwVfG bei Gesetzen, die nach seinem Inkrafttreten erlassen werden, in jedem Fall nur anwendbar, wenn das durch zustimmungsbedürftiges Bundesgesetz vorgesehen wird (Art 84 Abs 1 GG, § 1 Abs 2 S 2 VwVfG).

14 Sachlich wird der Anwendungsbereich des VwVfG und der Verwaltungsverfahrensgesetze der Länder, soweit nicht überhaupt eine Ausnahme nach § 2 VwVfG oder nach den entsprechenden Ausnahmevorschriften der Verwaltungsverfahrensgesetze der Länder vorliegt, danach bestimmt, daß öffentlich-rechtliche Verwaltungstätigkeit im Wege eines Verwaltungsverfahrens (§ 9 VwVfG) ausgeübt wird. Außerdem treten das VwVfG und die Verwaltungsverfahrensgesetze der Länder zurück hinter bundesrechtliche bzw landesrechtliche Vorschriften, die inhaltsgleiche oder entgegenstehende Bestimmungen enthalten (§ 1 Abs 1, Abs 2 S 1 VwVfG und die entsprechenden Regelungen der Verwaltungsverfahrensgesetze der Länder). Die in einem Gesetz enthaltene verwaltungsverfahrensrechtliche Bestimmung verdrängt die entsprechende Vorschrift des Verwaltungsverfahrensgesetzes soweit – aber auch nur soweit – als sie eine abschließende Regelung enthält.[20]

Insgesamt sind die Regelungen über den Anwendungsbereich (§§ 1, 2 VwVfG) kompliziert und der Ausdruck einer breiten Einbuße an äußerlicher und sachlicher Einheitlichkeit des Verwaltungsverfahrensrechts. Der Sicherung der Rechtseinheit dient es immerhin, daß Vorschriften der Verwaltungsverfahrensgesetze der Länder, die ihrem Wortlaut nach mit dem VwVfG übereinstimmen, revisibel sind (§ 137 Abs 1 Nr 2 VwGO). Die seither erlassenen Verwaltungsverfahrensgesetze der Länder erfüllen diese Voraussetzung durchweg. Das rechtspolitische Ziel einer Vereinheitlichung des Verwaltungsverfahrensrechts und einer Beseitigung von Sonderrecht, soweit nicht zwingende Gründe für dessen Beibehaltung sprechen, wird verfolgt durch das Erste Gesetz zur Bereinigung des Verwaltungsverfahrensrechts v 18.2.1986 (BGBl I S 265), ein umfangreiches Artikelgesetz.[21]

[20] BVerwG DVBl 1987, 694; BVerwGE 79, 68.

[21] Regierungsvorlage: BT-Drucks 10/1232 (dort Näheres zu den rechtspolitischen Fragen,

Im Bereich des *Landesrechts* war die jüngste und umfassendste Kodifikation des Verwaltungsverfahrensrechts vor dem Inkrafttreten des VwVfG im Rahmen des Allgemeinen Verwaltungsgesetzes für das Land Schleswig-Holstein (Landesverwaltungsgesetz) v 18.4.1967 (GVOBl S 131) erfolgt. Es ist durch Ges v 18.12.1978 (GVOBl 1979, S 2) an das VwVfG angepaßt worden und gilt jetzt idF d Bek v 2.6.1992 (GVOBl S 243), zuletzt geänd durch Ges v 24.10.1996 (GVOBl S 652). **15**

Seit dem Erlaß des VwVfG sind folgende Verwaltungsverfahrensgesetze der Länder ergangen:

Bremisches Verwaltungsverfahrensgesetz (BremVwVfG) v 15.11.1976 (GBl S 243), zuletzt geänd durch Ges v 17.9.1997 (GBl S 325, ber S 519),

Hessisches Verwaltungsverfahrensgesetz (HVwVfG) v 1.12.1976 (GVBl S 454, ber 1977 S 95), zuletzt geänd durch Ges v 15.7.1997 (GVBl I S 217),

Niedersächsisches Verwaltungsverfahrensgesetz (NVwVfG) v 28.11.1997 (GVBl S 489),

Gesetz über das Verfahren der Berliner Verwaltung v 8.12.1976 (GVBl S 2735, ber S 2898), zuletzt geänd durch Ges v 19.6.1997 (GVBl S 320),

Gesetz Nr 1056, Saarländisches Verwaltungsverfahrensgesetz (SVwVfG) v 15.12.1976 (ABl S 1151), zuletzt geänd durch Ges v 26.11.1997 (ABl 1998 S 42),

Verwaltungsverfahrensgesetz für das Land Nordrhein-Westfalen (VwVfG NW) v 21.12.1976 (GV NW S 438), zuletzt geänd durch Ges v 22.11.1994 (GVBl S 1064),

Bayerisches Verwaltungsverfahrensgesetz (BayVwVfG) v 23.12.1976 (BayRS 2010-1-I), zuletzt geänd durch Ges v 26.7.1997 (GVBl S 348),

Landesgesetz über das Verwaltungsverfahren in Rheinland-Pfalz (Landesverwaltungsverfahrensgesetz – LVwVfG) v 23.12.1976 (GVBl S 308), geänd durch Ges v 17.11.1995 (GVBl S 463),

Verwaltungsverfahrensgesetz für Baden-Württemberg (Landesverwaltungsverfahrensgesetz – LVwVfG) v 21.6.1977 (GBl S 227), zuletzt geänd durch Ges v 24.11.1997 (GBl S 470),

Hamburgisches Verwaltungsverfahrensgesetz (HmbVwVfG) v 9. 11. 1977 (GVOBl S 333, ber S 402), zuletzt geänd durch Ges v 27.8.1997 (GVOBl S 44).

Die Verwaltungsverfahrensgesetze von Niedersachsen, Berlin und Rheinland-Pfalz stellen die in einigen Punkten angepaßte Übernahme des VwVfG dar, während die Gesetze der anderen Länder eine integrale, mit dem VwVfG wortgleiche Regelung des Verwaltungsverfahrensrechts geben.

In den Ländern der früheren DDR war das VwVfG für eine Übergangszeit, längstens bis zum 31.12.1992, auch auf den landeseigenen Vollzug von Landesrecht anzuwenden (Art 8 iVm Anl I Kap II Sachgebiet B Abschn III Nr 1 Einigungsvertrag). Die neuen Bundesländer verfügen nunmehr über Landesgesetze:

Verwaltungsverfahrensgesetz für das Land Brandenburg (VwVfGBbg) v 26.2.1993 (GVBl S 26), geänd durch Ges v 14.11.1996 (GVBl I S 306),

Verwaltungsverfahrens- und Zustellungsgesetz des Landes Mecklenburg-Vorpommern (VwVfG M-V) v 21.4.1993 (GVBl S 482),

70f); Ausschußbericht: BT-Drucks 10/4512. – Blümel (Hrsg), Die Vereinheitlichung des Verwaltungsverfahrensrechts, 1984.

Vorläufiges Verwaltungsverfahrensgesetz für den Freistaat Sachsen (SächsVwVfG) v 21. 1. 1993 (GVBl S 74), geänd durch Ges v 19. 4. 1994 (GVBl S 777),

Verwaltungsverfahrensgesetz für das Land Sachsen-Anhalt (VwVfG LSA) v 18. 8. 1993 (GVBl S 412), geänd durch Ges v 21. 11. 1997 (GVBl S 1018),

Verwaltungsverfahrensgesetz (ThürVwVfG) v 7. 8. 1991 (GVBl S 293), geänd durch Ges v 10. 10. 1997 (GVBl S 349).

16 Neben den Verwaltungsverfahrensgesetzen gelten im Bund und in den Ländern zahlreiche Teilregelungen und Einzelvorschriften fort, die gegenständlich zum Verwaltungsverfahrensrecht gehören. Für einzelne Verwaltungszweige bestehen in sich abgeschlossene, wenn auch sachlich weitgehend mit den Verfahrensgrundsätzen der Verwaltungsverfahrensgesetze übereinstimmende Regelungen des Verwaltungsverfahrens, so in der Abgabenordnung v 16.3.1976 (BGBl I S 613) und im Sozialgesetzbuch – Allgemeiner Teil – v 11.12.1975 (BGBl I S 3015) und – Verwaltungsverfahren (SGB X) – v 18.8.1980 (BGBl I S 1469). Verfahrensrechtliche Bestimmungen finden sich in vielen Gesetzen der besonderen Verwaltungsgebiete.[22] Selbständig geregelt sind die Zustellung und die Vollstreckung von Verwaltungsakten: Verwaltungszustellungsgesetz (VwZG) v 3.7.1952 (BGBl III 201–3), Verwaltungs-Vollstreckungsgesetz (VwVG) v 27.4.1953 (BGBl III 201-4) sowie die entsprechenden Landesgesetze, zB das Bayer. Verwaltungszustellungs- und Vollstreckungsgesetz idF d Bek v 11.11.1970 (BayRS 2010-2-I).

Verfahrensrechtliche Vorschriften finden sich in großem Umfang in Verwaltungsvorschriften, besonders in Dienstordnungen und Durchführungsbestimmungen.

2. Das Kodifikationsproblem

17 Die Begründung des wissenschaftlichen Verwaltungsrechts folgte der Leitidee, das Handeln der Exekutive dem Prinzip des Rechtsstaates zu unterwerfen. Sie beruhte auf dem *Grundsatz der Gesetzmäßigkeit der Verwaltung* und dem Gedanken der *„Justizförmigkeit der Verwaltung“*, dessen kennzeichnender Ausdruck das Institut des Verwaltungsaktes ist, die rechtlich geordnete administrative Entscheidung über einen Einzelfall.[23] Die hier wirksame Parallele zum gerichtlichen Urteil hatte nicht die prozeßrechtliche Ausgestaltung des gerichtlichen Verfahrens vor Augen, sondern den rechtsgebundenen und verselbständigten Ausspruch über das, was im Einzelfall rechtens sei, als Voraussetzung und Grundlage der Durchsetzung des materiellen Rechts.[24]

[22] So zB im Baurecht (bes §§ 207 ff BauGB und die Regelung des Baugenehmigungsverfahrens in den LBO), im technischen Sicherheitsrecht (§§ 10 ff BImSchG und VO über das Genehmigungsverfahren – 9. BImSchV – idF d Bek v 29.5.1992, BGBl I, 1001, zuletzt geänd durch Ges v 9.10.1996, BGBl I, 1498; §§ 7 ff AtG und Atomrechtliche Verfahrensverordnung – AtVfV – idF d Bek v 3.2.1995, BGBl I, 180), im Wasserrecht (bes § 9 WHG), im Enteignungsrecht, im Sozialrecht (§§ 114 ff BSHG; G über das Verwaltungsverfahren der Kriegsopferversorgung v 6.5.1976, BGBl I, 1169, zuletzt geänd durch Art II § 16 SGB X) und im Ausländerrecht (§§ 63 ff AuslG, AsylVfG idF d Bek v 27.7.1993, BGBl I, 1361, zuletzt geänd durch Ges v 29.10.1997, BGBl I, 2584).

[23] O. *Mayer* Dt VwR I, 1895, § 5.

[24] *Bullinger* Vertrag und Verwaltungsakt, 1962, 242 f.

Auf diese ausschlaggebende Einsicht folgte erst einige Zeit später der zweite Schritt der Entdeckung und Ausformung eines spezifischen „*Verwaltungsverfahrens*".[25] Ein Meilenstein dieser Entwicklung ist das *österreichische Bundesgesetz v 21.7.1925, BGBl Nr 274, über das allgemeine Verwaltungsverfahren (Allgemeines Verwaltungsverfahrensgesetz)*. In Deutschland blieb bis weit über das Ende des 2. Weltkrieges hinaus das Ziel vorherrschend, die rechtsstaatliche Basis des Verwaltungshandelns durch die Verdeutlichung und Fortbildung der Grundsätze des Allgemeinen Verwaltungsrechts zu verbreitern und zu vertiefen, vornehmlich in der Lehre vom Verwaltungsakt. Die Landesverwaltungsordnung für Thüringen v 10.6.1926 idF d Bek v 22.7.1930 (GS S 123), vor allem aber der *Entwurf einer Verwaltungsrechtsordnung für Württemberg* und dessen Anhang, der Entwurf eines Verwaltungsverfahrensgesetzes für Württemberg,[26] zeigen jedoch, daß die Vorstellung eines Verwaltungsverfahrensrechts im größeren Zusammenhang des Allgemeinen Verwaltungsrechts Fuß zu fassen begann. 18

Das wesentliche Problem einer Kodifikation des Verwaltungsverfahrensrechts[27] besteht darin, daß die Exekutive bei ihren Entscheidungen über die Rechte und Pflichten der Verwaltungsunterworfenen regelmäßig eigene Aufgaben und Befugnisse wahrnimmt, typischerweise also nicht als neutraler Dritter über einen Streit von Parteien befindet. Dieser prinzipielle Umstand hat seinen Grund in der verfassungsrechtlich vorgegebenen Scheidung der Vollziehung und der Rechtsprechung. Er ist die Ursache dafür, daß die das Verwaltungshandeln bestimmenden Rechtssätze sich nur in begrenztem Umfang in solche des „formellen" und des „materiellen" Rechts aufteilen lassen; denn diese Unterscheidung ist durch die Eigenart der richterlichen Spruchtätigkeit bedingt. Eine auf reine Verfahrensregeln beschränkte Kodifikation des Verwaltungsverfahrensrechts würde dementsprechend nicht weit führen,[28] so daß sich die maßgebliche praktische Frage so stellt, in welchem Ausmaß die materiellrechtlichen Grundsätze des Verwaltungshandelns in eine Kodifikation des Verwaltungsverfahrensrechts einbezogen werden müssen, um zu einer sinnvollen und wirksamen Regelung zu gelangen. Auf der anderen Seite müssen die speziellen Verfahrensregeln einzelner Verwaltungszweige in ihrem Zusammenhang mit dem jeweiligen materiellen Verwaltungsrecht belassen werden.[29] 19

Um den Erfolg kodifikatorischer Bestrebungen zu sichern, genügt es somit nicht, das Verwaltungshandeln unter einem verfahrensrechtlichen Blickwinkel zu erfassen und die als Verfahrensregeln definierbaren Grundsätze im Rahmen des Allgemeinen Verwaltungsrechts herauszuheben. Es muß darüber hinaus gelingen, die Komplexität derjenigen Institute und Grundsätze des Allgemeinen Verwaltungsrechts, die zugleich eine verfahrens- und materiellrechtliche Funktion haben, 20

[25] *Merkl* Allgemeines Verwaltungsrecht, 1927, § 15; *Herrnritt* Das Verwaltungsverfahren, 1932.

[26] Hrsg von der Kommission für die Landesordnung des Allgemeinen öffentlichen Rechts, 1931, ErgBd 1936.

[27] *Bettermann* VVDStRL 17 (1959) 118, 141 ff; Empfiehlt es sich, den Allgemeinen Teil des Verwaltungsrechts zu kodifizieren? Gutachten von *Spanner* und *Werner*, Referate von *von der Groeben* und *Weber*, 43. DJT, 1960, Bd I/2 und II D; *Forsthoff* VwR, 162 ff.

[28] *Von der Groeben* (Fn 27) D 18 ff.

[29] *Bettermann* (Fn 27) 143.

zu durchdringen, wie zB die Bestandskraft von Verwaltungsakten, und den kodifikatorischen Regelungsbereich befriedigend abzustecken. Sobald sich in dieser Kernfrage Lösungen abzeichneten, mußten die großen rechtsstaatlichen und verwaltungspraktischen Vorteile einer zusammenfassenden Regelung des Verwaltungsverfahrensrechts[30] dem Kodifikationsgedanken zum Durchbruch verhelfen. Diese Lage war 1960 eingetreten. Hatten auf der Wiener Staatsrechtslehrertagung von 1958 die skeptischen Stimmen noch einen deutlichen Widerhall,[31] so brachte der 43. Deutsche Juristentag in München von 1960 ein klares Votum für eine einheitliche Regelung des Verwaltungsverfahrens unter Einbeziehung „konnexer Materien des Allgemeinen Verwaltungsrechts".[32]

21 Neben dem durch die Eigenart des Verwaltungshandelns hervorgerufenen kodifikatorischen Grundproblem des Verwaltungsverfahrens muß der Gesetzgeber noch einer Reihe weiterer Erfordernisse und Gesichtspunkte Rechnung tragen. Dazu gehören besonders zwei Fragenkreise. Die praktischen Bedürfnisse der Verwaltungstätigkeit, von Verwaltungszweig zu Verwaltungszweig verschieden, ermöglichen nur eine begrenzte Vereinheitlichung des Verwaltungsverfahrensrechts und widerstreben in vielen Bereichen einer „Prozessualisierung" des Verwaltungshandelns überhaupt. Daraus erklärt sich die zentrale Stellung des Grundsatzes der Nichtförmlichkeit des Verwaltungsverfahrens. Die verfahrensmäßige Ausgestaltung der Verwaltungstätigkeit gewinnt dort ein vordringliches Gewicht, wo die Exekutive leistend oder erlaubend individuelle Rechte zuweist oder feststellt, vor allem wenn Rechte Dritter berührt werden können, und wo sie öffentliche und private Interessen in einer Planungsentscheidung abwägend zum Ausgleich zu bringen hat. Außerdem sind seit jeher mit gutem Grund die Verwaltungsvollstreckung und die Enteignung verfahrensrechtlich formalisiert.

22 Das Ausmaß der Prozessualisierung der Verwaltungstätigkeit steht in einem gewissen Zusammenhang mit den bestehenden Möglichkeiten *verwaltungsgerichtlichen Rechtsschutzes*.[33] Der nach dem Kriege eingerichtete umfassende Rechtsschutz durch eine dreistufige Verwaltungsgerichtsbarkeit hat einen intensiven Ausbau des Verwaltungsverfahrensrechts nicht so vordringlich erscheinen lassen. Andererseits sehen viele Befürworter einer Vereinfachung und Beschleunigung des verwaltungsgerichtlichen Verfahrens eine kompensatorische Möglichkeit in einer stärkeren Prozessualisierung des Verwaltungsverfahrens. Der hohe Standard des österreichischen Verwaltungsverfahrensrechts korrespondiert offenkundig dem Umstand, daß in Österreich Verwaltungsstreitigkeiten in erster und letzter Instanz

[30] Zu diesen Vorteilen des Näheren: Musterentwurf eines Verwaltungsverfahrensgesetzes (EVwVfG 1963) 1964, 2. Aufl 1968, 59ff; Entw eines Verwaltungsverfahrensgesetzes (VwVfG), BT-Drucks 7/910, Begr I Rn 5 und 6.

[31] *Bettermann/Melichar* Das Verwaltungsverfahren, Referate und Diskussion, VVDStRL 17 (1959) 118ff.

[32] Empfiehlt es sich, den Allgemeinen Teil des Verwaltungsrechts zu kodifizieren? Gutachten von *Spanner* und *Werner*, Referate von *von der Groeben* und *Weber*, Diskussion, 43. DJT, 1960, Bd I/2 und II D.

[33] *Lorenz* Der Rechtsschutz des Bürgers und die Rechtsweggarantie, 1973, 178ff; *Schwarze* Der funktionale Zusammenhang von Verwaltungsverfahrensrecht und verwaltungsgerichtlichem Rechtsschutz, 1974; *Badura* JA 1984, 83.

durch den nur eine Rechtskontrolle ausübenden Verwaltungsgerichtshof entschieden werden.[34] Ein so weitgehender kompensatorischer Ausbau des Verwaltungsverfahrens stößt an die verfassungsrechtliche Garantie des Art 19 Abs 4 GG, die das Vorhandensein jedenfalls *einer* verwaltungsgerichtlichen Tatsacheninstanz gewährleistet.[35]

Angesichts der bundesstaatlichen Kompetenzordnung müssen bei einer Kodifi- **23** kation des Verwaltungsverfahrensrechts, die nur durch mehrere Gesetzgebungsakte des Bundes und der Länder erfolgen kann (dazu oben unter Rn 12), besondere Vorkehrungen im Interesse der Rechtseinheit getroffen werden. In dem Beschluß des 43. Deutschen Juristentages ist dieser Punkt zu Recht an die Spitze gestellt worden.[36] Eine Rechtszersplitterung müßte sich vor allem bei den Behörden nachteilig auswirken, die zugleich Landesrecht und, gem Art 84 GG, Bundesrecht auszuführen haben. Der in der Kodifikationsfrage beschrittene Weg eines Zusammenwirkens von Bund und Ländern bei der Ausarbeitung eines Modellgesetzentwurfs war geeignet, die Wahrung der Rechtseinheit sicherzustellen.

3. Das Verwaltungsverfahrensgesetz (VwVfG)

Das *Verwaltungsverfahrensgesetz v 25.5.1976* (BGBl I S 1253) hat lange Zeit nur **24** geringfügige Änderungen erfahren. Erst das Änderungsgesetz v 2.5.1996 (BGBl I S 656) mit der Einfügung des § 49a VwVfG und vor allem das Genehmigungsverfahrensbeschleunigungsgesetz v 12.9.1996 (BGBl I S 1354)[37] waren tiefere Eingriffe in den ursprünglichen Bestand. Das Bundesgesetz und die Verwaltungsverfahrensgesetze der Länder stimmen nach wie vor in ihrem Wortlaut nahezu vollständig überein. Eine Ausnahme macht das Allgemeine Verwaltungsgesetz für das Land Schleswig-Holstein (Landesverwaltungsgesetz) v 18.4.1967 (GVOBl S 131)[38] insofern, als es zusätzlich das Recht der Verwaltungsorganisation in seinen Grundlagen regelt.

Die Verwaltungsverfahrensgesetze sind aus dem Musterentwurf eines Bund- **25** Länder-Ausschusses, veröffentlicht am 17.3.1964, hervorgegangen,[39] der unter Berücksichtigung der nachfolgenden Prüfung und Diskussion in seiner „Münchener Fassung" die endgültige Gestalt fand.[40] Der im Herbst 1970 von der Bundesregierung im Bundestag eingebrachte Entwurf eines Verwaltungsverfahrensgesetzes[41] konnte bis zum Ende der 6. Legislaturperiode nicht abschließend be-

34 *Melichar* (Fn 31) 183ff; *Spanner* in: Ule (Hrsg), Verwaltungsverfahrensgesetze des Auslandes, 1967, Bd I, 413ff.

35 *Bettermann* AöR 96 (1971) 528, 550.

36 Verh des 43. DJT, 1960, Bd II D 143.

37 S u § 34 Rn 11.

38 Jetzt geltend idF d Bek v 2.6.1992 (GVBl 243), zuletzt geänd durch Ges v 24.10.1996 (GVBl 652).

39 Musterentwurf eines Verwaltungsverfahrensgesetzes (EVwVfG 1963), hrsg vom Bundesminister des Innern, Grote 1964.

40 Musterentwurf eines Verwaltungsverfahrensgesetzes (EVwVfG 1963) 2.Aufl, m Anh „Münchener Fassung", Grote 1968. – *Sendler* AöR 94 (1969) 130.

41 BT-Drucks VI/1173. – *Spanner* JZ 1970, 671.

raten werden. Es wurde in etwas veränderter Form im Sommer 1973 erneut eingebracht,[42] bis Ende des Jahres 1975 in den Ausschüssen beraten[43] und nach Anrufung des Vermittlungsausschusses durch den Bundesrat[44] von den gesetzgebenden Körperschaften verabschiedet.[45]

26 Das durch die Verwaltungsverfahrensgesetze kodifizierte Recht des Verwaltungshandelns und des Verwaltungsverfahrens ist, trotz mancher Kritik,[46] zum Kernstück des deutschen Allgemeinen Verwaltungsrechts geworden.[47] Die reiche Kommentarliteratur belegt sein Gewicht für die Praxis.[48] Die Entwicklung des Allgemeinen Verwaltungsrechts, seiner Dogmatik und der rechtsstaatlichen Grundsätze des Verwaltungshandelns ist durch die Kodifikation angeregt und gefördert worden. Die Erörterungen und Vorschläge zu Reformen, insbes der Entscheidungsregeln der planenden und gestaltenden Verwaltung, nehmen ihren Ausgang von den Verwaltungsverfahrensgesetzen, die zu Recht in dem größeren und das Verfahrensrecht fundierenden Zusammenhang des die rechtsstaatlichen Prinzipien vermittelnden Allgemeinen Verwaltungsrecht gesehen werden.[49] Auch die speziellere Frage, ob und in welchem Ausmaß bereichsspezifisches Verwaltungsverfahrensrecht[50] einer Vereinheitlichung des Verwaltungsverfahrensrechts[51] vorzuziehen ist, wird wesentlich davon bestimmt, ob an der dienenden Funktion des Verfahrensrechts gegenüber dem materiellen Recht als Grundsatz festgehalten wird. Die Ausbildung bereichsspezifischen Verfahrensrechts etwa für die planende Verwaltung[52] oder die

42 BT-Drucks 7/910. – *Redeker* DVBl 1973, 744.

43 Bericht und Antrag des federführenden Innenausschusses: BT-Drucks 7/4494.

44 BT-Drucks 7/4908.

45 Zusammenfassende Darstellungen: *Baumann* und *Schleicher* DÖV 1976, 475, 550; *Götz* NJW 1976, 1425; *Maurer* JuS 1976, 485; *Ule* DVBl 1976, 421; *ders* in: Jeserich/Pohl/von Unruh (Hrsg), Dt Verwaltungsgeschichte, Bd 5, 1986, 1162.

46 Bes krit die Würdigung von *Schmitt Glaeser* in: ders (Hrsg), Verwaltungsverfahren, 1977, 1ff.

47 *Hill* 10 Jahre Verwaltungsverfahrensgesetz, 1987 (Speyerer Arbeitshefte 78); *Schmidt-Aßmann* in: Isensee/Kirchhof III, § 70; *Schoch* Verw 25 (1992) 21; *von Danwitz* Jura 1994, 281.

48 *H. Meyer/Borgs-Maciejewski* 2. Aufl 1982; *Obermayer* 2. Aufl 1990; *Knack* 5. Aufl 1996; *Kopp* 6. Aufl 1996; *Stelkens/Bonk/Sachs* 5. Aufl 1998.

49 *Hoffmann-Riem* AöR 115 (1990) 400; *Pitschas* Verwaltungsverantwortung und Verwaltungsverfahren, 1990; *Bullinger* DVBl 1992, 1463; Hoffmann-Riem/Schmidt-Aßmann/Schuppert (Hrsg), Die Reform des Allgemeinen Verwaltungsrechts, 1993; Blümel/Pitschas (Hrsg), Reform des Verwaltungsverfahrensrechts, 1994. – S a den Schlußbericht der Kommission „Zukunft des öffentlichen Dienstes", hrsg vom Bayer. Staatsministerium der Finanzen, Jan 1994, 170ff.

50 *Wahl* in: Blümel/Pitschas (Fn 49) 83ff plädiert für „Verfahrenstypen als Institute der mittleren Ebene der dogmatischen Systembildung".

51 Blümel (Hrsg), Die Vereinheitlichung des Verwaltungsverfahrensrechts, 1984; *ders* in ders/Pitschas (Fn 49) 24f.

52 Einen Mittelweg ging das Planungsvereinfachungsgesetz v 17.12.1993 (BGBl I, 2123), das die allg Vorschriften über das Planfeststellungsverfahren (§§ 72ff VwVfG) für die Verkehrswege durch übereinstimmende Novellierung der Fachplanungsgesetze ergänzt. Inzwischen ist durch die Novellierung der §§ 72ff VwVfG (GenBeschlG 1996) ein Allgemeiner Teil des verbesserten Planfeststellungsrechts geschaffen worden.

leistende Verwaltung kann bis zu einem gewissen Grad die Kritik auffangen, daß die Verwaltungsverfahrensgesetze sich zu sehr an der hoheitlich agierenden Eingriffsverwaltung orientierten.

4. Europäisches Gemeinschaftsrecht

In fortschreitendem Maß erweisen sich die europäische Integration und das europäische Gemeinschaftsrecht als politische und rechtliche Rahmenbedingungen der öffentlichen Verwaltung und als einflußreiche Faktoren des Verwaltungsrechts.[53] Die europäische Integration verändert die Aufgaben und Gegenstände der öffentlichen Verwaltung, sie läßt aber die Verfügung der Mitgliedstaaten über die Verwaltungsorganisation, das Verwaltungsverfahren und den öffentlichen Dienst im großen und ganzen unberührt. Das nationale Recht und seine Anwendung dürfen jedoch keine Diskriminierung zur Folge haben und dürfen die einheitliche und effektive Anwendung des Gemeinschaftsrechts nicht in Frage stellen. Im Streitfall sichert das Vorabentscheidungsverfahren (Art 234 EGV, bisher Art 177 EGV) die einheitliche Geltung und Anwendung des Gemeinschaftsrechts im Unionsgebiet. 27

Das Gemeinschaftsrecht überläßt den Vollzug seiner Rechtsvorschriften und Rechtsakte ganz überwiegend den Behörden der Mitgliedstaaten nach deren eigenen verwaltungsrechtlichen Regeln und Verfahren, modifiziert aber durch diese „indirekte“ oder „mittelbare Gemeinschaftsverwaltung“ das nationale Recht. In Deutschland hat sich das beispielsweise bei der Rücknahme von Subventionsbescheiden gezeigt, die unter Verstoß gegen die EG-Beihilfevorschriften, etwa ohne Beachtung der Notifizierungspflicht des Art 88 Abs 3 EGV (bisher Art 93 Abs 3 EGV), ergingen.[54] Dieser Einfluß muß schließlich auch die Ausführung des nationalen Verwaltungsrechts erreichen, da auf die Dauer dieselben Behörden nicht nach verschiedenen Verwaltungsrechtssystemen handeln können. Diese osmotische Rechtsangleichung und die wechselseitige Beeinflussung der zunehmend verklammerten Rechtsebenen des Gemeinschaftsrechts und der nationalen Rechtsordnungen werden allmählich den Korpus eines „europäischen Verwaltungsrechts“ hervorbringen; dessen Umrisse sind schon heute erkennbar.[55] Die Regelungen des vertragsbegründeten und des organgeschaffenen EG-Rechts verbinden sich mit den gemeinsamen Rechtsüberzeugungen der Mitgliedstaaten zu gemeinschaftsrechtlich geltenden rechtsstaatlichen Grundsätzen des Verwaltungsverfahrens.[56] 28

[53] *Schmidt-Aßmann* FS Lerche, 1993, 513; *ders* DVBl 1993, 924; *Cassese* Staat 33 (1994) 25; *E. Klein* Staat 33 (1994) 39; *Classen* NJW 1995, 2457; *Schoch* JZ 1995, 109; *Brenner* Der Gestaltungsauftrag der Verwaltung in der Europäischen Union, 1996; *Haibach* NVwZ 1998, 456; *Scholz* DÖV 1998, 261. – *Ehlers* o § 3.

[54] EuGH EuZW 1994, 250; EuGH DÖV 1998, 287 m Anm *Scholz* DÖV 1998, 261; OVG NW JZ 1992, 1080.

[55] *Schwarze* Europäisches Verwaltungsrecht, 1988; ders (Hrsg), Das Verwaltungsrecht unter europäischem Einfluß, 1996; Schweitzer (Hrsg), Europäisches Verwaltungsrecht, 1991.

[56] *Schwarze* Eur VwR (Fn 55) II, 1135ff; ders/Starck (Hrsg), EuR 1995, Beiheft 1; *Oppermann*, EuR, Rn 404ff; *Beutler/Bieber/Pipkorn/Streil* Die Europäische Union, 4. Aufl 1993, 223ff; *Rengeling* Grundrechtsschutz in der Europäischen Gemeinschaft, 1993; *Gassner* DVBl 1995, 16; *Stelkens/Bonk/Sachs* VwVfG, Einl X.

III. Rechtsstaatliche Grundsätze

1. Rechtsstaatliches Verwaltungsverfahren

29 Das Verwaltungsverfahren ist in Existenz und Ausgestaltung eine *Ausprägung rechtsstaatlicher Grundsätze* für die Art und Weise des Verwaltungshandelns.[57] Daß von der großen Vielfalt der Verwaltungstätigkeit nur ein Ausschnitt, nämlich das Handeln einer Behörde durch Verwaltungsakt und durch öffentlich-rechtlichen Vertrag, zum Gegenstand der ausdrücklichen Regelung in der Kodifikation des Verwaltungsverfahrensrechts gemacht worden ist, war neben verwaltungspraktischen Bedürfnissen durch den Leitgedanken bestimmt, daß in diesen Rechtsformen des Verwaltungshandelns das Rechtsstaatsprinzip voll zur Entfaltung kommt. Das Verwaltungsverfahrensrecht muß rechtsstaatlichen Anforderungen genügen und weiter unterliegt auch die Durchführung eines Verwaltungsverfahrens, das in Ablauf oder Entscheidung grundrechtliche Freiheiten oder Garantien berührt, strengeren Bindungen. Ein Verfahrensmangel kann, über den Gesetzesverstoß hinaus, eine Grundrechtsverletzung darstellen.[58] Kann allerdings von vornherein ausgeschlossen werden, daß bei fehlerfreier Verfahrensgestaltung eine für den Betroffenen günstigere Entscheidung getroffen worden wäre oder hätte getroffen werden müssen, kommt auch eine Grundrechtsverletzung durch Verfahrensfehler nicht in Betracht.[59]

2. Grundrechtsschutz durch Verfahren

30 Die Grundrechte verpflichten die öffentliche Gewalt zur *Gewährleistung* bestimmter verfassungsrechtlich garantierter Rechte und Freiheiten. Sie normieren Tatbestände und Rechtsfolgen vielgestaltiger Schutz- und Abwehransprüche, in denen sich in erster Linie materielle Garantiegehalte und Schutzgüter verwirklichen, außerdem aber – im Dienst effektiver Wirksamkeit dieser materiellen Verbürgungen – organisatorische und verfahrensrechtliche Vorkehrungen gefordert werden. Dieser Grundrechtsschutz durch Organisation und Verfahren ist zuerst Sache normativer Regelung, die in ihren wesentlichen Geboten durch den Gesetzgeber festzulegen ist. Er äußert sich im Verwaltungsverfahrensrecht, kann aber im Einzelfall auch die Gestaltung des Verfahrens bestimmen.[60]

[57] *Kopp* Verfassungsrecht und Verwaltungsverfahrensrecht, 1971; *Häberle* in: Schmitt Glaeser (Hrsg), Verwaltungsverfahren, 1977, 47; *Ossenbühl* NVwZ 1982, 465; *Wahl/Pietzcker* VVDStRL 41 (1983) 151, 193; *Schmidt-Aßmann* (Fn 7) Rn 12ff; *Schoch* (Fn 2) 25ff.

[58] *Redeker* NJW 1980, 1593; *Goerlich* Grundrechte als Verfahrensgarantien, 1981; *von Mutius* NJW 1982, 2150; *Ossenbühl* FS Eichenberger, 1982, 183/189ff; *Held* Grundrechtsbezug des Verwaltungsverfahrens, 1984; *Grimm* NVwZ 1985, 865.

[59] BVerfGE 73, 280, 299.

[60] BVerfGE 52, 380, 389; 53, 30, 65f, 74ff; 56, 216, 236; 57, 295, 319f; 65, 1, 44; 69, 1, 25; 77, 170, 229f; 77, 381, 405f; 90, 60, 96. – *Hesse* VerfR, Rn 358ff; *Laubinger* VerwArch 73 (1982) 60; *Ossenbühl* FS Eichenberger, 1982, 183; *P. Kirchhof* in: Isensee/Kirchhof III, § 59, Rn 48ff; *Wahl* NVwZ 1990, 426, 431ff; *Denninger* in: Isensee/Kirchhof VII, § 113, Rn 19ff; *Papier* in: Maunz/Dürig, GG, Art 14 Rn 43ff.

Der Grundrechtsschutz durch Verfahren leitet sich aus der grundrechtlichen Schutzpflicht des Staates ab, seine Bedeutung ist je nach der Art der grundrechtlichen Garantie und der Regelungsaufgabe des Gesetzgebers unterschiedlich.[61] Der Gesetzgeber verfügt bei der Erfüllung der aus materiellen Grundrechten folgenden Schutzpflichten über einen Gestaltungsspielraum; auch andere Belange als die Schutzinteressen der einzelnen können ins Gewicht fallen.[62] Die Gestaltung des Verfahrens und seine ordnungsmäßige Abwicklung übernehmen eine eigengewichtige Garantiefunktion bei Planungs- und Aufsichtsaufgaben aufgrund von Ermächtigungsnormen mit schwacher materieller Determinierungskraft.[63] Der Verfahrensgedanke ist hier durch den Grundsatz der Gesetzmäßigkeit der Verwaltung in Verbindung mit einem etwa berührten Grundrecht fundiert. „Die Entwicklung von wachsenden Staatsaufgaben bei verminderter Bedeutungsgewißheit rechtsverbindlicher materieller Wertungen macht das Verfahren vermehrt zum Ursprung der Gemeinwohlfindung." Der zuständigen Behörde wird die Entscheidungsbefugnis und Entscheidungsverantwortung dadurch nicht genommen.[64] 31

In anderen Fallgruppen sind das Verwaltungsverfahren und verfahrensrechtliche Rechte Betroffener unmittelbar durch die Schutzwirkung eines Grundrechts geboten. „Verfahrensgeprägt" ist die Eigentumsgarantie insofern als die Enteignung grundsätzlich nur aufgrund eines formalisierten Verwaltungsverfahrens erfolgen darf (Art 14 Abs 3 GG). Als „verfahrensabhängig" läßt sich ein Grundrecht, wie etwa das Asylrecht (Art 16 a GG) oder das Recht, den Kriegsdienst mit der Waffe aus Gewissensgründen zu verweigern (Art 4 Abs 3 GG), bezeichnen, das gewissermaßen einem „Verfahrensvorbehalt" unterliegt, weil das Verfahren hier „mit gleichsam konstitutiver Wirkung" die Geltendmachung des Rechts regelt.[65] Für die Art und Weise der normativen Verfahrensausgestaltung lassen sich auch hier aus dem Grundrecht nur elementare, rechtsstaatlich unverzichtbare Anforderungen ableiten.

IV. Ausland

Die Rechtsvergleichung findet im Bereich des Verwaltungsverfahrensrechts ein reiches Feld.[66] Für die deutsche Entwicklung hat das österreichische Bundesgesetz über das allgemeine Verwaltungsverfahren (AVG) v 21.7.1925, jetzt wieder verlautbart als Allgemeines Verwaltungsverfahrensgesetz 1991 – AVG (BGBl Nr 51/1991)[67], eine hervorragende Bedeutung erlangt. Besondere Aufmerksamkeit ver- 32

[61] BVerfGE 84, 34, 46; 84, 59, 72f.

[62] BVerfGE 77, 170, 229f.

[63] S o Rn 4.

[64] *Kirchhof* (Fn 60) Rn 50, 55.

[65] BVerfGE 60, 253, 294f; 77, 170, 229; BVerfG DVBl 1992, 1538.

[66] Ule (Hrsg), Verwaltungsverfahrensgesetze des Auslandes, 2 Bde, 1967; *ders/Laubinger* VwVfR, 20ff; *Riedel* EuR 1995, Beiheft 1, 49.

[67] *Mannlicher/Quell* Das Verwaltungsverfahren, 8. Aufl, I. Halbbd, 1975, *Ringhofer* Die öst Verwaltungsverfahrensgesetze, 10. Aufl 1988; *ders* Verwaltungsverfahren Bd I, 1987, *Walter/H. Mayer* Grundriß des öst Verwaltungsverfahrensrechts, 6. Aufl 1991, *Wielinger/*

dienen auch der amerikanische Administrative Procedure Act (APA) v 11.6.1946 (60 Stat. 237, 1946, 5 U.S.A.C. § 1001)[68] und das Schweizerische Bundesgesetz über das Verwaltungsverfahren v 20.12 1968 (AS 1969 737).[69] In Italien sind das Recht des Verwaltungsverfahrens (procedimento ammistrativo) und insbes das Recht auf Akteneinsicht reformiert worden (Gesetz n. 241, v 7.8.1990, Gazz. Uff., 18.8.1990, n. 192).[70] Kodifikation und Praxis des deutschen Verwaltungsverfahrensrechts sind in Japan[71] und Taiwan auf aufmerksames Interesse gestoßen. Unter den Bedingungen einer sozialistischen Rechtsordnung hatte das polnische Verwaltungsverfahrensgesetzbuch v 14.6.1960, novelliert durch das Gesetz über den Verwaltungsgerichtshof und die Änderung des Verwaltungsverfahrensgesetzbuches v 31.1.1980, neu bekanntgemacht am 17.3.1980 (Dziennik Ustaw 1980, Nr 9, Pos 26), erneut geändert durch das Gesetz v 24.5.1990, die Ausformung und Sicherung subjektiver Verfahrensrechte am weitesten vorangetrieben.[72]

V. Literatur

33 *K. A. Bettermann/E. Melichar* Das Verwaltungsverfahren, VVDStRL 17 (1959) 118, 183.
E. Becker Das allgemeine Verwaltungsverfahren in Theorie und Gesetzgebung, 1960.
W. Schmitt Glaeser (Hrsg), Verwaltungsverfahren, 1977.
K. Finkelnburg/C. Lässig Verwaltungsverfahrensgesetz, 1979 ff.
H. Meyer/H. Borgs-Maciejewski Verwaltungsverfahrensgesetz, 2. Aufl, 1982.
R. Wahl/J. Pietzcker Das Verwaltungsverfahren zwischen Verwaltungseffizienz und Rechtsschutzauftrag, VVDStRL 41 (1983) 151, 193.
J. Marten Praxis des Verwaltungsverfahrens, 1985.
E. Schmidt-Aßmann Verwaltungsverfahren, in: Isensee/Kirchhof III § 70, 623.
K. Obermayer Verwaltungsverfahrensgesetz, 2. erg Aufl 1990.
P. Stelkens Verwaltungsverfahren, 1991.
P. Weides Verwaltungsverfahren und Widerspruchsverfahren, 3. Aufl 1993.
W. Blümel/R. Pitschas (Hrsg), Reform des Verwaltungsverfahrensrechts, 1994.

Gruber Einführung in das öst Verwaltungsverfahrensrecht, 4. Aufl 1988; *Hauer/Leukauf* Handbuch des öst Verwaltungsverfahrensrechts, 4. Aufl 1990; *G. Gruber* in: Bundeskanzleramt (Hrsg), Die öffentliche Verwaltung in Österreich, 1992, 145.

68 *Byse/Riegert* Das amerikan Bundesverwaltungsverfahrensgesetz von 1946, in: Staatsbürger und Staatsgewalt, 1963, Bd I, 405; *Morstein Marx* in: Ule (Fn 66) 899; *Gellborn* Protection of the Citizen in American Administrative Procedure, 1969; *Rasenack* DÖV 1970, 851; *Kluckmann* DVBl 1976, 470; *Dolzer* DÖV 1982, 578; *Jarass* DÖV 1985, 377.

69 *Fleiner-Gerster* Grundzüge des allgemeinen und schweizerischen Verwaltungsrechts, 2. Aufl 1980, 191 ff; *Gygi* Bundesverwaltungsrechtspflege, 2. Aufl 1983; *Hafelin/G. Müller* Grundriß des Allgem Verwaltungsrechts, 2. Aufl 1993, 298 ff.

70 *Cassese* Le Basi del Diritto Amministrativo, 1989, 222 ff, *Masucci* Trasformazione dell' amministrazione e moduli convenzionali, 1988; *ders* AöR 121 (1996) 261.

71 S den Entw eines allg Verwaltungsverfahrensgesetzes in Japan v 12.12.1991, abgedr bei *Shiono* VerwArch 84 (1993) 45; dazu *Bullinger* ebd, 65.

72 *Roggemann* Die Staatsordnung der Volksrepublik Polen, 1974, 319 ff; *Wyrzykowski* AöR 106 (1981) 93; *Schnapp/Wasilewski* VerwArch 83 (1992) 409.

C. H. Ule/H.-W. Laubinger Verwaltungsverfahrensrecht, 4. Aufl, 1995.
H. J. Knack Verwaltungsverfahrensgesetz (VwVfG), 5. Aufl, 1996 (mit einem Nachtrag, 1996).
F. O. Kopp Verwaltungsverfahrensgesetz, 6. Aufl, 1996 (mit einem Nachtrag, 1997).
P. Stelkens/H. J. Bonk/ M. Sachs Verwaltungsverfahrensgesetz, 5. Aufl, 1998.

A. Köttgen Das Verwaltungsverfahren als Gegenstand der Bundesgesetzgebung, DÖV 1952, 422.
C. H. Ule/E. Becker Verwaltungsverfahren im Rechtsstaat, 1964.
F. O. Kopp Verfassungsrecht und Verwaltungsverfahrensrecht, 1971.
E. Schmidt-Aßmann Die Grundgedanken des Verwaltungsverfahrens und das neue Verwaltungsverfahrensrecht, JURA 1979, 505.
P. Badura Die gegenwärtige Diskussion über das Verwaltungsverfahren in der Bundesrepublik Deutschland, JA 1981, 33.
W. Blümel Grundrechtsschutz durch Verfahrensgestaltung, in: ders (Hrsg), Frühzeitige Bürgerbeteiligung bei Planungen, 1982, S 23.
Chr. Degenhart Das Verwaltungsverfahren zwischen Verwaltungseffizienz und Rechtsschutzauftrag, DVBl. 1982, 872.
A. von Mutius Grundrechtsschutz contra Verwaltungseffizienz im Verwaltungsverfahren? NJW 1982, 2150.
F. Ossenbühl Verwaltungsverfahren zwischen Verwaltungseffizienz und Rechtsschutzauftrag, NVwZ 1982, 465.
W.-R. Schenke Das Verwaltungsverfahren zwischen Verwaltungseffizienz und Rechtsschutzauftrag, VBlBW 1982, 313.
R. Steinberg Komplexe Verwaltungsverfahren zwischen Verwaltungseffizienz und Rechtsschutzauftrag, DÖV 1982, 619.
R. Pitschas Das Verwaltungsverfahren nach dem Sozialgesetzbuch, JuS 1983, 434.
P. Lerche/W. Schmitt Glaeser/E. Schmidt-Aßmann Verfahren als staats- und verwaltungsrechtliche Kategorie, 1984.
H. Hill Verfahrensermessen der Verwaltung, NVwZ 1985, 449.
A. von Mutius Gerichtsverfahren und Verwaltungsverfahren, FS Menger, 1985, 575.
R. Pitschas Der Verwaltungsstaat in der Krise: Vom Wandel des Verwaltungsverfahrens, in: H.-J. Konrad (Hrsg), Grundrechtsschutz und Verwaltungsverfahren, 1985, 23.
H. Hill Das fehlerhafte Verfahren und seine Folgen im Verwaltungsrecht, 1986.
W. Hoffmann-Riem/E. Schmidt-Aßmann (Hrsg), Konfliktbewältigung durch Verhandlungen, 1990.
G. Ress (Hrsg), Entwicklungstendenzen im Verwaltungsverfahrensrecht und in der Verwaltungsgerichtsbarkeit, 1990.
Th. Würtenberger Akzeptanz durch Verwaltungsverfahren, NJW 1991, 257.
F. Schoch, Der Verfahrensgedanke im Allgemeinen Verwaltungsrecht, Verwaltung 25, 1992, S. 21.
E. König/J. Meins Verwaltungsverfahrensgesetz des Freistaates Bayern unter Berücksichtigung des Verwaltungsverfahrensgesetzes des Bundes, 1994.
J.-P. Schneider Kooperatives Verwaltungsverfahren, VerwArch 87 (1996) 38.
W. Blümel/R. Pitschas (Hrsg), Verwaltungsverfahren und Verwaltungsprozeß im Wandel der Staatsfunktionen, 1997.
H. J. Bonk Strukturelle Änderungen des Verwaltungsverfahrens durch das Genehmigungsverfahrensbeschleunigungsgesetz, NVwZ 1997, 320.
G. Haibach Die Rechtsprechung des EuGH zu den Grundsätzen des Verwaltungsverfahrens, NVwZ 1998, 456.
F. Hufen Fehler im Verwaltungsverfahren, 3. Aufl. 1998.

§ 34
Verwaltungshandeln und Verwaltungsverfahren

I. Der Begriff des Verwaltungsverfahrens

1 Die Kodifikation der allgemeinen Grundsätze des Verwaltungshandelns in den Verwaltungsverfahrensgesetzen versteht unter *Verwaltungsverfahren* die nach außen wirkende Tätigkeit der Behörden, die auf die Prüfung der Voraussetzungen, die Vorbereitung und den Erlaß eines Verwaltungsaktes oder auf den Abschluß eines öffentlich-rechtlichen Vertrages gerichtet ist; das Verwaltungsverfahren in diesem Sinn schließt den Erlaß des Verwaltungsaktes oder den Abschluß des öffentlich-rechtlichen Vertrages ein (§ 9 VwVfG). Diese Abgrenzung des Begriffs, mit der zugleich der *Anwendungsbereich des Verwaltungsverfahrensgesetzes* festgelegt wird, orientiert sich an der konkreten Sachentscheidung durch hoheitliches oder rechtsgeschäftliches Verwaltungshandeln zum Vollzug des Gesetzes. Sie stimmt mit dem Wortgebrauch der Verfassung überein (Art 84 Abs 1 GG). Danach sind Vorschriften über das Verwaltungsverfahren jedenfalls gesetzliche Bestimmungen, die die Tätigkeit der Verwaltungsbehörden im Blick auf die Art und Weise der Ausführung des Gesetzes einschließlich ihrer Handlungsformen, die Form der behördlichen Willensbildung, die Art der Prüfung und Vorbereitung der Entscheidung, deren Zustandekommen und Durchsetzung sowie verwaltungsinterne Mitwirkungs- und Kontrollvorgänge in ihrem Ablauf regeln.[1] Die Anknüpfung an die Rechtsformen des Gesetzesvollzugs durch die Sachentscheidung einer Behörde im Einzelfall entspricht dem Grundgedanken einer in sich folgerichtigen Normierung der rechtsstaatlichen Grundsätze ordnungsgemäßer Verwaltung.[2] Damit ist weder eine analoge Anwendung dieser ausdrücklich festgelegten Grundsätze auf rechtsähnliches Verwaltungshandeln ausgeschlossen, noch die Exekutive gehindert, geeignete Vorkehrungen des Gesetzesvollzugs anzuwenden, die den Besonderheiten einzelner Verfahrenstypen oder Sachverhalte Rechnung tragen. Daß es in einem weiteren Sinn Verwaltungsverfahrensrecht auch außerhalb der kodifizierten Regelung der konkreten Sachentscheidung gibt, zB für die administrative Rechtsetzung,[3] rechtfertigt sich aus der Verschiedenartigkeit der Aufgaben und Entscheidungsgrundlagen der Exekutive.

2 Formelle Regeln für die Zuständigkeit und das Verfahren von Behörden bestehen zwar für den Gesamtbereich des Verwaltungshandelns, also zB auch für das nach Privatrecht abgewickelte Auftragswesen der öffentlichen Hand. Von einem Verwaltungsverfahren kann aber nur dort gesprochen werden, wo eine Behörde kraft öffentlichen Rechts Entscheidungen zu treffen hat, die *„extern"* wirkend *Rechte oder Pflichten von Verwaltungsunterworfenen* feststellend oder gestaltend

[1] BVerfGE 55, 274, 320f.

[2] *Fiedler* AöR 105 (1980) 79. Anders *Pitschas* in: Blümel/Pitschas (Hrsg), Reform des Verwaltungsverfahrensrechts, 1994, 229ff, der sich gegen den „Formendualismus" von Verwaltungsakt und Vertrag und den Zuschnitt des Verwaltungsverfahrens auf die hoheitliche Verwaltung wendet.

[3] S *Schmidt-Aßmann* in: Isensee/Kirchhof III, § 70, Rn 8.

bestimmen. Da weiterhin Verfahren der administrativen Rechtsetzung wegen der Abstraktheit der normativen Regelung und der in der Regel unbestimmten Zahl von Betroffenen von der administrativen Entscheidung über Einzelfälle spezifisch verschieden sind, so daß dort ein konkretes Verfahrensrechtsverhältnis nicht entstehen kann, beschränkt sich der Begriff des Verwaltungsverfahrens im strengen Sinn auf den einer einheitlichen Regelung zugänglichen Bereich der *Verfahren zum Erlaß von Verwaltungsakten.* Dem stehen die Verfahren zum Abschluß *öffentlich-rechtlicher Verträge* insofern gleich, als diese der Behörde neben dem Verwaltungsakt als Handlungsform offenstehen. Bei der Ersetzung oder Ergänzung des Verwaltungsverfahrens durch *„informales"* Verwaltungshandeln mit konsultativen oder kooperativen Mitteln muß die staatliche Entscheidungsverantwortung auch dort gesichert und müssen die rechtsstaatlichen Grundsätze des Gesetzesvollzugs gewährleistet bleiben.[4]

Das Grundmuster eines Verwaltungsverfahrens läßt drei *Stufen des Verfahrensablaufs* erkennen: die Einleitung des Verfahrens – das Verfahren vor der Entscheidung – die Entscheidung. 3

An die Entscheidung kann sich, wenn sie ein Gebot oder Verbot eines Handelns, Duldens oder Unterlassens oder die Verpflichtung zu einer Leistung ausspricht, ihre Durchsetzung in Gestalt eines *Verwaltungsvollstreckungsverfahrens* anschließen. Sofern nicht unmittelbar die Verwaltungsklage statthaft ist, können die Entscheidung und die eine selbständige Beschwer bewirkenden Vollstreckungshandlungen mit einem *Widerspruch* angegriffen werden, wodurch ein besonderes administratives Rechtsbehelfsverfahren (zugleich verwaltungsgerichtliches Vorverfahren) eingeleitet wird (§§ 68ff VwGO).

Die Behörde hat in dem Verwaltungsverfahren die tatsächlichen Grundlagen der Entscheidung zu ermitteln, besonders durch die Erforschung des Sachverhalts und gegebenenfalls die Beiziehung von Sachverständigen. Sie hat den Betroffenen, zuerst dem Adressaten ihrer Entscheidung, Gelegenheit zu geben, ihre Rechte und rechtlich geschützten Interessen geltend zu machen und sich zu dem Gegenstand und Fortgang des Verfahrens zu äußern. Schließlich ist die Mitwirkung der durch das Verfahren in ihrer Zuständigkeit oder ihrem Wirkungskreis berührten Behörden herbeizuführen.

II. Nichtförmliche und förmliche Verwaltungsverfahren

Der Begriff des Verwaltungsverfahrens legt den sachlichen Anwendungsbereich 4
der Vorschriften des Verwaltungsverfahrensrechts fest. Die Exekutive ist, soweit das Gesetz nichts anderes festlegt, beim Erlaß von Verwaltungsakten an die Regeln des Verwaltungsverfahrensrechts, also vor allem die Verfahrensgrundsätze und die Bestimmungen über das Zustandekommen und die Bestandskraft des Verwaltungsaktes, gebunden. Das Verwaltungshandeln ist aber grundsätzlich keinen

[4] *Rengeling* Das Kooperationsprinzip im Umweltrecht, 1987; Hoffmann-Riem/Schmidt-Aßmann (Hrsg), Konfliktbewältigung durch Verhandlungen, 1990; *Kunig/Rublack* Jura 1990, 1; *Scherer* DÖV 1991, 1; *Schulze-Fielitz* DVBl 1994, 657.

besonderen Formen des Verfahrensganges unterworfen, § 10 VwVfG *(Grundsatz der Nichtförmlichkeit des Verwaltungsverfahrens)*. Die sachgerechte und auch die Rechte der Betroffenen belegbar sichernde Durchführung des Verwaltungsverfahrens macht die Führung von *Akten* erforderlich. Soweit das der Fall ist, ist die Vollständigkeit der Aktenführung eine rechtsstaatliche Pflicht der Behörde.[5]

5 Nur wenn und soweit das Gesetz es anordnet, findet ein *förmliches Verwaltungsverfahren* statt. In diesem Falle sind, je nach der Eigenart des Verfahrensgegenstandes, prozedurale Förmlichkeiten des Verfahrensganges vorgeschrieben, besonders hinsichtlich der Ermittlung des Sachverhalts, der Anhörung der Betroffenen und der Mitwirkung von Sachverständigen. Im förmlichen Verwaltungsverfahren ist das verfahrensgestaltende Ermessen der Behörde bezüglich des Verfahrensablaufes beschränkt.

6 Das Verwaltungsverfahrensgesetz normiert einige allgemeine Regeln für das förmliche Verwaltungsverfahren (§§ 63 ff VwVfG). Diese Vorschriften sind nur anwendbar, wenn das nach Inkrafttreten des VwVfG durch Rechtsvorschrift angeordnet wird, wie zB gemäß § 41 Saatgutverkehrsgesetz v 20.8.1985 (BGBl I S 1633).[6] Förmliche Verwaltungsverfahren sind unabhängig vom VwVfG für Enteignungen, für die Anerkennung als Kriegsdienstverweigerer und für die Ahndung von Verwaltungsunrecht (siehe § 2 Abs 2 Nr 2 VwVfG)[7] eingerichtet. Auch die staatlichen und akademischen Prüfungen sind förmliche Verwaltungsverfahren (§ 2 Abs 3 Nr 2 VwVfG).[8] Für das *Planfeststellungsverfahren*, das ein wesentlicher Anwendungsfall des förmlichen Verwaltungsverfahrens für die Entscheidung über die Zulassung von Vorhaben ist, treffen die Vorschriften der §§ 72 ff VwVfG eine allgemeine Regelung, die das jeweilige Fachgesetz ergänzt, soweit dieses nicht abschließend spezielleres Verfahrensrecht enthält.

III. Komplexe Verwaltungsverfahren

7 Die Verwaltungsverfahren zur Vorbereitung der Entscheidung über die *Zulässigkeit von Vorhaben* im *technischen Sicherheitsrecht* und im *Fachplanungsrecht* weisen aufgrund des planerischen und gestaltenden Charakters des Gestattungsaktes eine mehr oder weniger auffällige Komplexität auf.[9] „Komplex" sind diese Verfahren nicht wegen ihres Umfangs, ihrer Vielschichtigkeit oder ihrer Schwierigkeit, sondern wegen ihres Gegenstandes: die materiellrechtlichen Entscheidungsgrundlagen und die daraus resultierende Verwaltungsaufgabe verknüpfen eine große Zahl teils gleichlaufender und teils widerstreitender Belange des öffentlichen

[5] BVerfG NJW 1983, 2135.

[6] Verfahren vor den Sortenausschüssen und den Widerspruchsausschüssen des Bundessortenamtes (§ 70 VwVfG ist nicht anwendbar).

[7] *Wolff/Bachof* VwR III, § 159; *Boujong* Karlsruher Komm zum Gesetz über Ordnungswidrigkeiten, 1989; *Göhler* Ordnungswidrigkeitenrecht, 12. Aufl 1998; *Knapp* JuS 1979, 609; *König* BayVBl 1980, 276.

[8] *Niehues* Prüfungsrecht, 3. Aufl 1994.

[9] *Badura* BayVBl 1976, 515; *Schmidt-Aßmann* VVDStRL 34 (1976) 221; *Steinberg* DÖV 1982, 619.

Interesses und in ihren Rechten oder Interessen berührter einzelner, des Vorhabenträgers („Unternehmers“) und Drittbetroffener. Das zur Prüfung gestellte Vorhaben kann nur zugelassen werden, wenn es den gesetzlichen Anforderungen genügt, und es kann nur in einer Gestaltung zugelassen werden, die einen gerecht abgewogenen Ausgleich der betroffenen öffentlichen und privaten Belange zur Grundlage hat. Die materiellrechtliche Eigenart derartigen Gesetzesvollzugs beeinflußt naturgemäß die verfahrensrechtlichen Entscheidungsregeln; die Sondervorschriften für „*Massenverfahren*“ (vgl § 73 Abs 6 S 4 und 5 VwVfG) sind dabei nur ein eher verwaltungspraktischer Nebenpunkt. Die Massenverfahren, deren charakteristische Erscheinung die Genehmigungsverfahren für technische Großvorhaben sind, stellen die Behörde und deren verfahrensgestaltendes Ermessen in betontem Maße vor die Aufgabe, das Verfahren in genauer Beachtung des Rechts, aber doch einfach, zweckmäßig und zügig durchzuführen (§ 10 S 2 VwVfG).[10]

Die Bestrebungen und Vorschläge zur Vereinfachung und Beschleunigung von **8**
Verwaltungsverfahren betreffen hauptsächlich komplexe *Planungs- und Genehmigungsverfahren für die Zulassung von Vorhaben.*[11] Dabei geht es nicht allein um die Verbesserung des eigentlichen Verwaltungsverfahrens. Die Reformbemühungen richten sich zu einem Teil auf die organisatorischen Vorkehrungen und das Management der das Verfahren führenden Behörde, auch auf Maßnahmen, die in den Rahmen des verfahrensgestaltenden Ermessens der Behörde fallen und ohne normative Veränderungen erreichbar sind.[12] Vor allem aber ist der Ruf nach Vereinfachung und Beschleunigung der Verwaltungsverfahren eine Reaktion auf die vielfach beklagte Überreglementierung und den Perfektionismus des materiellen Rechts, das die Anforderungen an Vorhaben bestimmt. Die Verbesserung und Vereinfachung des Verwaltungsverfahrens, die Gewährleistung der Effizienz der öffentlichen Verwaltung insgesamt sind wesentliche Zielsetzungen des Rechtsstaates.[13] Komplexe Verwaltungsverfahren gibt es allerdings im Gesamtbereich der planenden, lenkenden und verteilenden Verwaltung, nicht nur bei der Zulassung von Vorhaben.

[10] *Blümel* FS Weber, 1974, 539; *Schmidt-Aßmann* (Fn 9) 248 ff; *Kopp* DVBl 1980, 320; *Henle* BayVBl 1981, 1; *ders* DVBl 1983, 780; *Schmel* Massenverfahren vor den Verwaltungsbehörden und den Verwaltungsgerichten, 1982; *Jehlen* NVwZ 1989, 109. – Bei einer großen Zahl von Klagen darf das Gericht einige Verfahren als „Musterprozesse“ auswählen und die Verhandlungen der anderen Verfahren einstweilen zurückstellen (BVerfGE 54, 39). S jetzt § 93 a VwGO.

[11] *Bonk* DVBl 1986, 485; *Stelkens* NVwZ 1986, 541; *Brohm* NVwZ 1991, 1025; *Bullinger* Beschleunigte Genehmigungsverfahren für eilbedürftige Vorhaben, 1991; *ders* DVBl 1992, 1463; *Ronellenfitsch* Beschleunigung und Vereinfachung des Anlagenzulassungsverfahrens, 1994; *ders* in: Blümel/Pitschas (Hrsg), Reform des Verwaltungsverfahrensrechts, 1994, 303; *Hill* DVBl 1993, 973; *ders* DÖV 1994, 279; *Stich* WiVerw 1994, 83; Bericht der BReg über die Möglichkeiten einer weiteren Beschleunigung und Vereinfachung der immissionsschutzrechtlichen Genehmigungsverfahren, BT-Drucks 12/6923.

[12] Hoffmann-Riem/Schmidt-Aßmann (Hrsg), Konfliktbewältigung durch Verhandlungen – Informelle und mittlerunterstützte Verhandlungen im Verwaltungsverfahren, 1990; *Bullinger* JZ 1993, 492.

[13] *Bullinger* Beschleunigte Genehmigungsverfahren (Fn 11) 31 ff.

9 Das *Planfeststellungsverfahren* selbst ist eine Ausprägung der aus der Komplexität des Verfahrens- und Entscheidungsgegenstandes herrührenden Besonderheiten. Zusätzlich ist vorgeschlagen worden, die Verwaltungsverfahrensgesetze um eine Modellregelung für den Verfahrenstyp „komplexe Genehmigungsverfahren" zu ergänzen und dafür die gemäß § 10 Abs 10 BImSchG erlassene Verordnung über das Genehmigungsverfahren (9. BImSchV) v 18.2.1977 (BGBl I S 274), jetzt idF d Bek v 29.5.1996 (BGBl I S 1001), zuletzt geändert durch das Ges v 9.10. 1996 (BGBl I S 1498), als Leitbild zu nehmen.[14]

Das Genehmigungsverfahrensbeschleunigungsgesetz v 19.9.1996 (BGBl I S 1354) hat diese Bestrebungen aufgegriffen und die §§ 71a ff in das VwVfG eingefügt. Diese Vorschriften formalisieren einige Vorkehrungen, mit deren Hilfe die Behörde Genehmigungsverfahren beschleunigen kann, die der Durchführung von Vorhaben im Rahmen einer wirtschaftlichen Unternehmung des Antragstellers dienen.[15] Das Gesetz zur Beschleunigung und Vereinfachung immissionsschutzrechtlicher Genehmigungsverfahren v 9.10.1996 (BGBl I S 1498) enthält neben Verbesserungen des einschlägigen Verfahrensrechts, zB durch die Einführung des „gestreckten" Genehmigungsverfahrens (§ 12 Abs 2a BImSchG, § 7 9. BImSchV), auch Änderungen des materiellen Rechts.[16]

10 In der jüngsten Zeit haben sich – nicht zuletzt angesichts der notwendigen Infrastrukturpolitik im Gebiet der früheren DDR – die Reformbestrebungen in eingreifenden Novellierungen der einschlägigen Gesetze niedergeschlagen.[17]

Um die Planungszeiten für Verkehrswege in den neuen Bundesländern so zu verkürzen, daß so schnell wie möglich deren Zustand verbessert werden kann, ist – mit bis zum 31.12.1995, für Verkehrswege der Bundeseisenbahnen bis zum 31.12.1999, befristeter Geltung – das *Gesetz zur Beschleunigung der Planungen für Verkehrswege in den neuen Ländern sowie im Land Berlin (Verkehrswegeplanungsbeschleunigungsgesetz)* v 16.12.1991 (BGBl I S 2174) erlassen worden.[18] Das Gesetz vereinfacht die Planfeststellung, ua durch die Einführung einer Plangenehmigung mit Konzentrationswirkung ohne vorheriges Planfeststellungsverfahren und durch kurze Äußerungsfristen. Dieses Gesetz war Anlaß und Ausgangspunkt für eine Neuordnung des Fachplanungsrechts für Verkehrsanlagen und Verkehrswege in dem *Gesetz zur Vereinfachung der Planungsverfahren für Verkehrswege (Planungsvereinfachungsgesetz)* v 17.12.1993 (BGBl I S 2123)[19]. Das

[14] *Wahl* in: Blümel/Pitschas (Fn 11) 96f.

[15] *Schmitz/Wessendorf* NVwZ 1996, 955; *Bonk* NVwZ 1997, 320; *Stüer* DVBl 1997, 326.

[16] *Hansmann* NVwZ 1997, 105; *K. Schäfer* NVwZ 1997, 526; *Stüer* (Fn 15) 326; *Meins* BayVBl 1998, 136.

[17] Schlußbericht der Kommission „Zukunft des öffentlichen Dienstes", hrsg vom Bayer Staatsministerium der Finanzen, 1994, 177ff.

[18] Gesetzentwurf der BReg, BT-Drucks 12/1092; Beschlußempfehlung und Bericht des Ausschusses für Verkehr, BT-Drucks 12/1474. – *Blümel* Verkehrswegeplanung in Deutschland, 3. Aufl 1993; *ders* in: ders/Magiera/Merten/Sommermann, Verfassungsprobleme im vereinten Deutschland, 1993, 1; *Steinberg* Fachplanung, 2. Aufl 1993, 51ff; *Paetow* DVBl 1994, 94; BVerwG NVwZ 1993, 565 (Stadtautobahn Berlin und „Bahnbiotop").

[19] Gesetzentwurf der BReg, BT-Drucks 12/4328; Beschlußempfehlung und Bericht des Ausschusses für Verkehr, BT-Drucks 12/5284. – Blümel (Hrsg), Verkehrswegerecht im Wan-

Gesetz zur Erleichterung von Investitionen und der Ausweisung und Bereitstellung von Wohnbauland (Investitionserleichterungs- und Wohnbaulandgesetz) v 22.4.1993 (BGBl I S 466) verbessert das städtebauliche Planungs- und Erschließungsrecht sowie die Verfahren zur Zulassung gewerblicher und industrieller Anlagen.[20] Über Änderungen des Verwaltungsverfahrensrechts hinaus ergreifen die Reformschritte auch das verwaltungsgerichtliche Verfahren, insbes den vorläufigen Rechtsschutz.

Die *Beschleunigungsnovellen* des Jahres 1996 zielen zur Stärkung des „Wirtschaftsstandorts Deutschland" auf eine vereinfachte und raschere Verfahrensweise bei der Zulassung von Vorhaben unter Wahrung der rechtsstaatlichen Erfordernisse.[21] Das *Gesetz zur Beschleunigung von Genehmigungsverfahren (Genehmigungsverfahrensbeschleunigungsgesetz – GenBeschlG)* v 12.9.1996 (BGBl I S 1354) hat in das VwVfG einen neuen Abschnitt „Beschleunigung von Genehmigungsverfahren" (§§ 71a bis 71e) eingefügt und die Vorschriften über das Planfeststellungsverfahren (§§ 72ff VwVfG) durchgreifend novelliert. Es hat außerdem die Heilung von Verfahrensfehlern erleichtert und die dienende Rolle des Verfahrens in der Regelung über die Folgen von Verfahrens- und Formfehlern deutlicher zur Geltung gebracht (§§ 45, 46 VwVfG); diese Neuerungen sind nicht ohne Kritik geblieben. In einem sachlichen Zusammenhang mit der verwaltungsverfahrensrechtlichen Neuregelung der Heilung und der Folgen von Verfahrensfehlern stehen die neuen Vorschriften des 6. VwGOÄndG v 1.11.1996 (BGBl I S 1626), die den Weg für eine Nachbesserung bei Verfahrens- und Formfehlern der Behörde öffnen und das Nachschieben von Gründen bei Ermessensentscheidungen ausdrücklich zulassen (§§ 87 Abs 1 S 2 Nr 7, 114 S 2 VwGO).[22] Durch das *Gesetz zur Beschleunigung und Vereinfachung immissionsschutzrechtlicher Genehmigungsverfahren* v 9.10.1996 (BGBl I S 1498) sind das Bundes-Immissionsschutzgesetz und die Verordnung über das immissionsschutzrechtliche Genehmigungsverfahren (9. BImSchV) vor allem im Interesse rascherer Entscheidung über die Zulassung industrieller Anlagen novelliert worden. 11

IV. Informations- und Kommunikationstechnologie

Der planmäßige und wirtschaftliche Einsatz von Informationstechnik auf der Grundlage der *elektronischen Datenverarbeitung* ist unter den heutigen Bedingungen eine elementare Bedingung der effizienten Erfüllung von Aufgaben der öffentlichen Verwaltung.[23] Die Möglichkeiten der Rationalisierung und Vereinfachung 12

del, 1994; *Ronellenfitsch* DVBl 1994, 441; *Steinberg/Berg* NJW 1994, 488; *Steiner* NVwZ 1994, 313.

20 Gesetzentwurf der BReg, BT-Drucks 12/4047 iVm 12/3944; Beschlußempfehlung und Bericht des Ausschusses nach Art 77 GG, BT-Drucks 12/4614. – *Busse* BayVBl 1993, 193, 231; *M. Krautzberger* NVwZ 1993, 520.

21 *Jahn* GewArch 1997, 129; *Dienes* ET 1998, 102. S weiter die Nachw in Fn 15 und 16.

22 *Redeker* NVwZ 1996, 521; *Schmieszek* NVwZ 1996, 1151; *Hatje* DÖV 1997, 477; *Kluth* WiB 1997, 512; *Schenke* NJW 1997, 81; *Stüer* (Fn 15) 326.

23 *Forsthoff* Rechtsfragen der leistenden Verwaltung, 1959, 57ff; *Zeidler* Über die Techni-

des Verwaltungshandelns durch den planmäßigen und kompatiblen – eine nötige Vernetzung gewährleistenden – Ausbau der Informations- und Kommunikationstechniken werden zunehmend ausgeschöpft. Der Gesetzgeber hat die Bedeutung dieser Techniken für das Verwaltungshandeln und das Verwaltungsverfahren, wie auch die Notwendigkeit sachangemessenen und wirksamen Datenschutzes, rasch erkannt.[24]

13 In den *Verwaltungen* des Bundes, der Länder und der kommunalen Gebietskörperschaften findet die EDV-Anlage eine in rascher Verbreitung begriffene Anwendung. Neben der Dokumentation und der sonstigen für einen raschen Abruf bereiten Speicherung von Daten, zB im Meldewesen, in der Statistik, im polizeilichen Erkennungswesen, dienen die Rechner der Vorbereitung von Planungsentscheidungen, zB durch „Planspiele", und schließlich der Automatisierung administrativer Entscheidungen im Rahmen von Verwaltungsverfahren. „Die öffentliche Verwaltung bedient sich der elektronischen Datenverarbeitung zur rationellen Erledigung automationsgeeigneter Aufgaben und zur Gewinnung von Planungsinformationen und Entscheidungshilfen" (Art 1 Abs 1 S 1 BayEDVG). Die Kernfrage ist, welche Verwaltungsgeschäfte automatisierbar sind. Die prinzipielle Grenze der Programmierbarkeit von Verwaltungsentscheidungen – abgesehen von den Grenzen, die aus der Komplexität der Sachverhalte und den Anforderungen der Wirtschaftlichkeit der Verwaltungsführung hervorgehen – wird dort sichtbar, wo die Entscheidungsgrundlagen der Exekutive Ermessensermächtigungen oder relativ unbestimmte Normen einschließen.

14 Die Nutzbarmachung der elektronischen Datenverarbeitung für die *Praxis der Verwaltung* und der Gerichte, für die Vorbereitung politischer Entscheidungen der Regierung und des Parlaments und für die Rechtswissenschaft wirft nicht nur Fragen der Computertechnologie und der Organisation technischer Abläufe auf. Die Arbeitsweise von EDV-Anlagen und die Voraussetzungen und Wirkungen ihrer Anwendung beeinflussen das Recht und die Rechtspraxis.[25] Die damit verbun-

sierung der Verwaltung, 1959; *Bull* Verwaltung durch Maschinen, 1964; *Eberle* Organisation der automatischen Datenverarbeitung in der öffentlichen Verwaltung, 1976; *Thieme* Verwaltungslehre, 3. Aufl 1977, 381ff; *Püttner* Verwaltungslehre, 2. Aufl 1989; *Lazaratos* Rechtliche Auswirkungen der Verwaltungsautomation auf das Verwaltungsverfahren, 1990; *Ehlers* Jura 1991, 337; Schlußbericht der Kommission „Zukunft des öffentlichen Dienstes" (Fn 17) 156ff; *Luhmann* Recht und Automation in der öffentlichen Verwaltung, 2. Aufl 1997. – Zeitschrift: Öffentliche Verwaltung und Datenverarbeitung (ÖVD), 1971ff.

[24] Die Länder haben vielfach besondere Gesetze über die Organisation der Datenverarbeitung erlassen; s zB Gesetz über die Datenzentrale Baden-Württemberg v 18.10.1982 (GVBl, 467); Gesetz über die Organisation der elektronischen Datenverarbeitung im Freistaat Bayern (EDVG) v 12.10.1970 (BayRS 200-3-I); Hess Gesetz über die Errichtung der Hess Zentrale für Datenverarbeitung und Kommunale Gebietsrechenzentren idF v 3.11.1982 (GVBl I, 263, ber S 289). Zur Datenschutzgesetzgebung s u unter § 34 V.

[25] *Simitis* Rechtliche Anwendungsmöglichkeiten kybernetischer Systeme, 1966; *ders* Informationskrise des Rechts und Datenverarbeitung, 1970; *Wieacker* FS Bötticher, 1969, 383; Veranstaltung der Datenverarbeitungskommission des 48. DJT, bes die Referate von *Fiedler, von Oertzen* und *Simitis* Verh d 48. DJT, 1970, II T; *Haft* Elektron Datenverarbeitung im Recht, 1971; EDV, Kybernetik und Recht, in: Materialien zum Bericht

denen Fragestellungen sind in der *Rechtsinformatik* bereits zum Gegenstand einer eigenen juristischen Disziplin geworden.[26] Der Bereich der öffentlichen Verwaltung erweist sich als der gegenwärtig bedeutsamste Sektor der EDV im Recht; die Rechtsinformatik überschneidet sich hier mit der Verwaltungswissenschaft.[27]

Die EDV-Anlage leistet eine *automatisierte Verarbeitung von Informationen.* 15
Die bei einem Benutzungsvorgang eingegebenen Daten werden durch die Anlage mit Hilfe des vorab eingegebenen Programms zu neuen Daten verarbeitet. Das Programm, das die Datenverarbeitung steuert, muß, bevor es gespeichert und in elektrische Impulse umgesetzt werden kann, in einer für den Rechner verständlichen technischen „Sprache" formuliert werden. Diese Programmierung der Arbeitsgrundlagen des Rechners setzt eine spezifische Formalisierung der zunächst in der natürlichen Sprache ausgedruckten Information voraus. Die Anwendung von EDV-Anlagen hat daher jedenfalls eine zweifache Begrenzung. Die Arbeitsgrundlagen (Entscheidungsprämissen) müssen zu einem Computerprogramm formalisierbar sein und die Anlage kann nur programmierte, dh unmittelbar aus einem Programm ableitbare Daten (Entscheidungen) hervorbringen. Dies, die konditionale Programmierung und Programmiertheit der Computerinformation, sind zugleich die Bedingungen der qualitativ besonderen Leistung einer EDV-Anlage, der Automation. Die Automation ist die kybernetisch deutbare Arbeitsweise eines Regelkreises, der sich nach eigenen (eingegebenen) Regeln selbst steuert und kontrolliert, ohne von einer (weiteren) menschlichen Einflußnahme abhängig zu sein.

Die die menschliche Fähigkeit und deren gebräuchliche Hilfsmittel weit überragende Speicherkapazität, Verarbeitungskapazität und Arbeitsgeschwindigkeit der EDV-Anlage macht sie angesichts der Zeitknappheit und der „Informationskrise" (Simitis) zu einem unentbehrlichen Hilfsmittel, wo immer ein wirtschaftlich sinnvoller Einsatz möglich erscheint. Mit diesem Einsatz entstehen organisatorische Zwänge, aber auch das Bedürfnis, die für einen Vollzug mit Hilfe von Rechnern in Betracht kommenden Rechtsvorschriften „computergerecht" zu fassen.[28]

Die *Anwendung von EDV-Anlagen im Verwaltungsverfahren* unterliegt den all- 16
gemeinen Grundsätzen des Verwaltungshandelns. Die Entscheidungsprogramme sind Verwaltungsvorschriften,[29] die automatisierten Bescheide Verwaltungsakte. Die These, daß der Einsatz von EDV-Anlagen zu einer „Zweiteilung des Gesetzes-

zur Lage der Nation 1972, BT-Drucks VI/3080, 323ff; *Junker* NJW 1992, 1733 und 1993, 824. – Zeitschriften: Datenverarbeitung in Steuer, Wirtschaft und Recht (DSWR), 1972ff; Datenverarbeitung im Recht (DVR), 1972–1985; Computer und Recht (CR), 1985ff; Recht der Datenverarbeitung (RDV), 1985ff; Informatik und Recht (IuR), 1986ff.

26 *Steinmüller* EDV und Recht, 1970; *Fiedler* JuS 1970, 432, 552, 603 und 1971, 67, 228; *Schmidt* AöR 96 (1971) 321; *Zielinski* JuS 1971, 215; *Bund* Einführung in die Rechtsinformatik, 1990; *Zöllner* Informationsordnung und Recht, 1990; *Sieber* Jura 1993, 561.

27 *Luhmann* Theorie der Verwaltungswissenschaft, 1966, 67ff; *ders* Recht und Automation in der öffentlichen Verwaltung, 2. Aufl 1997, 21ff.

28 *von Berg* Automationsgerechte Rechts- und Verwaltungsvorschriften, 1968; *von Oertzen* DVBl 1969, 61.

29 *Schmidt* (Fn 26) 352.

vollzugs" in einen durch Menschen beeinflußten und deshalb rechtlich beurteilbaren Vorgang und einen von menschlichem Willen unabhängigen und deshalb nicht in den Kategorien des Verwaltungshandelns faßbaren technischen Vorgang führe und daß dementsprechend der „Verwaltungsakt aus der Maschine", soweit er auf automatisierten Abläufen beruhe, ein hinsichtlich etwaiger Fehler und der Haftung nach Sonderrecht zu behandelndes „Verwaltungsfabrikat" sei,[30] hat zu Recht keinen Beifall gefunden. Richtig ist allerdings, daß Entstehungsakt und Form des *automatisierten Bescheids* zu besonderen rechtlichen Gesichtspunkten im Hinblick auf Formvorschriften, auf die Bedürfnisse des Rechtsschutzes und auf die Beweislage bei der Haftung Anlaß geben müssen.[31] Die Schematisierung der Sachverhaltserfassung durch die Automatisierung darf nicht zu einer Abschwächung der Amtsermittlungspflicht der Behörde führen.[32]

V. Datenschutz

17 Die in den EDV-Anlagen auf bisher unvorstellbare Weise potenzierbare Konzentration und Nutzbarkeit von Informationen macht gesetzliche Regelungen des *Datenschutzes* unumgänglich.[33] Die rechtspolitische Aufgabe, begründet und geleitet durch die staatliche Schutzpflicht für das Grundrecht des allgemeinen Persönlichkeitsrechts (Art 2 Abs 1 iVm Art 1 Abs 1 GG), umfaßt die Erhebung, Verarbeitung und Weitergabe personenbezogener Daten durch öffentliche Stellen, einschließlich des Zugangsrechts, der Sicherung und der Kontrolle von Datenbeständen und ihrer Verwendung. Bei unternehmensbezogenen Daten besteht eine entsprechende grundrechtliche Schutzpflicht aufgrund der Eigentumsgarantie und der Unternehmensfreiheit. Diese datenschutzrechtliche Aufgabe des Gesetzgebers ist durch die Risiken der elektronischen Datenverarbeitung besonders dringlich, betrifft aber insgesamt das Machtpotential der Exekutive aufgrund der Informationskonzentration in ihrer Hand.[34]

18 Datenverarbeitung und Datenschutz in der öffentlichen Verwaltung sind dem Verwaltungsverfahren zuzuordnen. Sie sind im Bereich der Landesverwaltung Sache der Landesgesetzgebung, auch soweit die Länder Bundesrecht ausführen.[35]

[30] *Zeidler* (Fn 23); *ders* DVBl 1959, 681; *ders* DVBl 1961, 493.

[31] S u unter § 38 I.

[32] *Lazaratos* Rechtliche Auswirkungen (Fn 23).

[33] *Steinmüller* u a, Gutachten über Grundfragen des Datenschutzes im Auftrag des Bundesministeriums des Innern, Anl 1 der Antwort der BReg auf eine Kleine Anfrage betr Schutz der Privatsphäre, BT-Drucks VI/3826; *Simitis* in: ders/Dammann/Geiger/Mallmann/Walz, Komm zum Bundesdatenschutzgesetz, 4. Aufl 1992, § 1, Erläuterungen; *ders* NJW 1998, 2473; *Auernhammer* Bundesdatenschutzgesetz, 3. Aufl 1993; *Tinnefeld/Ehmann* Einführung in das Datenschutzrecht, 2. Aufl 1994; *Schomerus/Gola* Bundesdatenschutzgesetz, 6. Aufl 1997.

[34] *Benda* HbVerfR, 2. Aufl 1994, § 6 Rn 23ff.

[35] Bad-Württ Gesetz zum Schutz personenbezogener Daten v 27.5.1991 (GBl, 277), geänd durch Ges v 21. 7. 1997 (GBl, 297); Bayer Datenschutzgesetz v 23.7.1993 (GVBl, 498); Berliner Datenschutzgesetz idF d Bek v 17.12.1990 (GVBl, 16, ber S 54), zuletzt geänd

Der Bund kann das Verfahren der Bundesverwaltung und durch zustimmungsbedürftiges Gesetz gemäß Art 84 Abs 1 GG auch das Verfahren der Landesverwaltung bei der Ausführung von Bundesrecht regeln; Bundesgesetze über das Verwaltungsverfahren bei der Ausführung von Bundesrecht im Auftrag des Bundes (Art 85 Abs 1 GG) sind nicht zustimmungsbedürftig. Für die Entwicklung des Datenschutzrechts hat deshalb das *Gesetz zum Schutz vor Mißbrauch personenbezogener Daten bei der Datenverarbeitung (Bundesdatenschutzgesetz, BDSG)* v 27.1.1977 (BGBl I S 201) besondere Bedeutung erlangt. An seine Stelle ist später das *Bundesdatenschutzgesetz (BDSG)* v 20. 12. 1990 (BGBl I S 2954), zuletzt geänd durch Ges v 14.9.1994 (BGBl I S 2325), getreten.[36] Der Bundesbeauftragte für den Datenschutz erstattet alle zwei Jahre einen Tätigkeitsbericht zum Vollzug des Datenschutzrechts und zur Verbesserung des Datenschutzes (§ 26 Abs 1 BDSG).

Der gesetzliche Datenschutz durch das Bundesdatenschutzgesetz, die Daten- 19
schutzgesetze der Länder und die bereichsspezifischen Datenschutzbestimmungen trägt den der automatischen Datenverarbeitung eigentümlichen Gefahren der unbegrenzten Abrufbarkeit, der Verknüpfung und der Kontextentfremdung personenbezogener Daten Rechnung. Das Bundesverfassungsgericht hat im Volkszählungs-Urteil jede Erhebung und Verwendung personenbezogener Daten an den grundrechtlichen Schutz des *Rechts auf „informationelle Selbstbestimmung"*, einer Ausprägung des allgemeinen Persönlichkeitsrechts (Art 2 Abs 1 iVm Art 1 Abs 1 GG) gebunden und daraus vor allem ein grundsätzliches Gebot der Zweckbindung (Verbot der Zweckentfremdung) personenbezogener Daten im Bereich der öffentlichen Verwaltung, ausgenommen die Statistik, abgeleitet. Das Grundrecht legt dem Gesetzgeber weiter die Gewährleistungspflicht organisatorische und verfahrensrechtliche Vorkehrungen zu treffen („Abschottung"), welche der Gefahr einer Verletzung des Persönlichkeitsrechts entgegenwirken.[37] In einer Reihe von

durch Ges v 3.7.1995 (GVBl, 404); Brandenburg. Datenschutzgesetz v 20.1.1992 (GVBl, 2); Bremisches Datenschutzgesetz idF d Bek v 6.6.1995 (GVBl, 343, ber S 378); Hamburgisches Datenschutzgesetz v 5.7.1990 (GVBl I, 133, ber S 165, 226), zuletzt geänd durch Ges v 10.3.1992 (GVBl, 39); Hess Datenschutzgesetz v 11.11.1986 idF d Ges v 21.12.1988 (GVBl I, 309; 1988, 424); Landesdatenschutzgesetz von Mecklenburg-Vorpommern v 24.7.1992 (GVBl, 487), geänd durch Ges v 7.7.1997 (GVBl, 282); Niedersächs Datenschutzgesetz v 17.6.1993 (GVBl, 141), geänd durch Ges v 29.5.1995 (GVBl, 126); Datenschutzgesetz Nordrhein-Westfalen v 15.3.1988 (GVBl, 160), geänd durch Ges v 22.11.1994 (GVBl, 1064); Rheinl-Pfälz Landesgesetz zum Schutze des Bürgers bei der Verarbeitung personenbezogener Daten v 21.12.1978 (GVBl, 749), zuletzt geänd durch Ges v 13.2.1991 (GVBl, 46); Saarländisches Datenschutzgesetz v 24.3.1993 (ABl, 286); Sächsisches Datenschutzgesetz v 11.12.1991 (GVBl, 401), geänd durch Ges v 7.4.1997 (GVBl, 350); Sachsen-Anhalt. Gesetz zum Schutz personenbezogener Daten der Bürger v 12.3.1992 (GVBl, 152), zuletzt geänd durch Ges v 28.6.1995 (GVBl, 190); Schleswig-Holstein Gesetz zum Schutz personenbezogener Informationen v 30.10.1991 (GVBl, 555); zuletzt geänd durch Ges v 12.3.1996 (GVBl, 291); Thüringer Datenschutzgesetz v 29.10.1991 (GVBl, 516).

36 *Dammann* NVwZ 1991, 640; *Gola* NJW 1993, 3109.

37 BVerfGE 64, 67; 65, 1; 78, 77; BayVerfGH BayVBl 1998, 142. – *Heußner* FS Wannagat, 1981, 173; *Scholz/Pitschas* Informationelle Selbstbestimmung und staatliche Informationsverantwortung, 1984; *Simitis* NJW 1984, 398; *ders* CR 1987, 602; *ders* RDV 1990,

Landesverfassungen ist der Schutz der personenbezogenen Daten im Hinblick auf die Erhebung, Verwendung und Weitergabe als Grundrecht ausdrücklich garantiert, gelegentlich verbunden mit Rechten auf Auskunft und Akteneinsicht.[38]

20 Die vor allem durch das Volkszählungs-Urteil hervorgerufenen und geleiteten Bestrebungen, das Bundesdatenschutzgesetz grundlegend zu novellieren, waren erst nach einem ungewöhnlich langen und kontroversen Gesetzgebungsprozeß von Erfolg gekrönt. Das *Bundesdatenschutzgesetz* in der Fassung des Gesetzes zur Fortentwicklung der Datenverarbeitung und des Datenschutzes v 20.12.1990 (BGBl I S 2954)[39] schützt den einzelnen davor, daß er durch den Umgang mit seinen personenbezogenen Daten in seinem Persönlichkeitsrecht beeinträchtigt wird. Das Gesetz gilt im Bereich der öffentlichen Verwaltung für die Erhebung, Verarbeitung und Nutzung personenbezogener Daten. Die Verarbeitung und Nutzung personenbezogener Daten in verwaltungsinternen Dateien und in Akten unterliegt erleichterten Bedingungen. „Erheben" ist das Beschaffen von Daten über den Betroffenen. „Verarbeiten" ist das Speichern, Verändern, Übermitteln, Sperren und löschen personenbezogener Daten. „Nutzen" ist jede Verwendung personenbezogener Daten, soweit es sich nicht um Verarbeitung handelt (§§ 1 bis 3, 12ff BDSG).

21 Die durch das Recht auf informationelle Selbstbestimmung verfassungsrechtlich geforderte konsequente Beachtung des Gesetzesvorbehalts und der Zweckbindung rechtmäßig erhobener Daten verstärkt die Notwendigkeit des Ausbaus des *bereichsspezifischen Datenschutzrechts*. Bereichsspezifische Rechtsvorschriften gehen dem allgemeinen Datenschutzrecht vor (§ 1 Abs 4 BDSG); dieses wiederum geht den Vorschriften des Verwaltungsverfahrensgesetzes vor, soweit bei der Ermittlung des Sachverhalts personenbezogene Daten verarbeitet werden (§ 1 Abs 5 BDSG). Davon abgesehen haben die Beteiligten verwaltungsverfahrensrechtlich – soweit nicht spezielle Rechtsvorschriften die Geheimhaltung regeln – Anspruch darauf, daß ihre Geheimnisse, insbes die zum persönlichen Lebensbereich gehörenden Geheimnisse sowie die Betriebs- und Geschäftsgeheimnisse, von der Behörde nicht unbefugt offenbart werden (§ 30 VwVfG).[40]

22 Der Schutz des Betroffenen durch die gesetzlichen Ausprägungen des Rechts auf informationelle Selbstbestimmung besteht nicht nur in Regelungen und Vorkehrungen zur Gewährleistung der Geheimhaltung und gegen unbefugte Verwendung oder Weitergabe, sondern umfaßt auch ein *Recht auf Auskunft* über die zu seiner Person gespeicherten Daten und den Zweck der Speicherung (§ 19 BDSG). Dieses Recht ist durch Geheimhaltungsbedürfnisse der inneren Sicherheit beschränkt.[41]

3; *Rupprecht* FS Geiger, 1989, 296; *Badura* JbDBP 1989, 9; *Ziegler* Statistikgeheimnis und Datenschutz, Diss München 1990; *Kunig* Jura 1993, 595. S die Berichte über die Entwicklung des Datenschutzrechts von *Gola* (zuletzt NJW 1997, 3411) sowie den Rechtsprechungsbericht von *K. Vogelgesang/E. Vogelgesang* (CR 1996, 752).

[38] Art 21 b Verf Bln, Art 11 Verf Bbg, Art 6 Verf MV; Art 4 Abs 2 Verf NW, Art 2 Verf Saarl, Art 33 Verf Sachs, Art 6 Verf LSA, Art 6 Verf Thür.

[39] Gesetzentwurf der BReg, BT-Drucks 11/4306; Beschlußempfehlung und Bericht des Innenausschusses, BT-Drucks 11/7235.

[40] *Knemeyer* NJW 1984, 2241.

[41] BVerwG DVBl 1990, 707 (zum BDSG 1977); BVerwG JZ 1992, 360 m Anm *Knemeyer* JZ 1992, 348.

Bereichsspezifische Datenschutzvorschriften finden sich in zahlreichen Rechtsgebieten. Von besonderer Bedeutung ist das Recht der inneren Sicherheit.[42] In die Polizeigesetze sind umfangreiche Abschnitte über Datenerhebung und -verarbeitung aufgenommen worden (zB Art 30ff bayer PAG),[43] desgleichen in die Gesetze über die Zentralstelle des Bundes gem Art 87 Abs 1 S 2 GG und die Nachrichtendienste (§§ 7ff BKAG, §§ 8ff BVerfSchG, §§ 2ff BNDG, §§ 1ff MADG). Im Sozialrecht wird vom „Sozialgeheimnis“ (§ 35 SGB I, §§ 67f SGB X), im Abgabenrecht vom „Steuergeheimnis“ (§§ 30, 31 AbgO)[44] gesprochen. Das Post- und Fernmeldegeheimnis (Art 10 GG)[45] ist durch detaillierte Datenschutzbestimmungen im einzelnen ausgeformt (§§ 39ff PostG, §§ 85 ff TKG). Eine eingehende Regelung haben das Statistikgeheimnis (§ 16 BStatG) und der Schutz der personenbezogenen Daten bei den Meldebehörden (Melderechtsrahmengesetz idF d Bek v 24.6.1994, BGBl I S 1430, geänd durch Ges v 12.7.1994, BGBl I S 1497) erfahren. Auch sonst sind datenschutzrechtliche Regelungen und Vorkehrungen getroffen worden, wo personen- oder unternehmensbezogene Daten in Informationsbeständen öffentlicher Stellen gesammelt werden, zB bei den Industrie- und Handelskammern (§ 9 IHKG). 23

§ 35
Die Subjekte des Verwaltungsverfahrens

I. Die Behörde

Das Verwaltungsverfahren wird von der zur Entscheidung über den Verfahrensgegenstand berufenen Behörde durchgeführt. Behörde im Sinne der Verwaltungsverfahrensgesetze ist jede Stelle, die Aufgaben der öffentlichen Verwaltung wahrnimmt (vgl § 1 Abs 4 VwVfG). 1

Verwaltungsbehörden sind durch das jeweilige Organisationsrecht geschaffene Organe des Staates oder eines sonstigen Verwaltungsträgers.[1] Kraft der ihnen zugewiesenen Zuständigkeit nehmen sie selbständig Aufgaben und Befugnisse der öffentlichen Verwaltung gegenüber den Verwaltungsunterworfenen wahr. Die *Zuständigkeitsordnung* legt fest, durch welche Behörde jeweils in den einzelnen

42 *Rupprecht* FS Geiger, 1989, 296; *Einwag* in: Verfassungsschutz in der Demokratie, hrsg vom Bundesamt für Verfassungsschutz, 1990, 105; *Simitis/Fuckner* NJW 1990, 2713. – BVerwG NJW 1990, 2765 und 2768 (Gefahrenabwehr und Strafverfolgung durch die Polizei); BGH DÖV 1991, 849 (Videoüberwachung durch die Polizei).

43 *Götz* Allgemeines Polizei- und Ordnungsrecht, 12. Aufl 1995, 192ff; *Knemeyer* Polizei- und Ordnungsrecht, 7. Aufl 1998, 103ff.

44 BVerfGE 67, 100.

45 BVerfGE 85, 386.

1 *Forsthoff* VwR, § 23, 2b: *Wolff/Bachof/Stober* VwR II, § 76; *Böckenförde* FS H. J. Wolff, 1973, 269; *Meyer/Borgs* § 1, Rn 21ff.

Materien das Verwaltungsverfahren durchzuführen ist. Nach den Grundsätzen der hierarchischen Verwaltungsorganisation darf ausnahmsweise die höhere Behörde eine Angelegenheit der unteren Behörden an sich ziehen und selbst erledigen, also an deren Stelle handeln, wenn die Erfüllung einer Verwaltungsaufgabe nicht auf dem für den Normalfall gegebenen Weg der Weisung, sondern mit Sicherheit nur durch das unmittelbare Tätigwerden der höheren Behörde erreicht werden kann (*„Selbsteintrittsrecht“* der höheren Behörde).[2] Davon ist das Verwaltungshandeln im Wege der aufsichtlichen Ersatzvornahme zu unterscheiden, bei der ein aufsichtsführender Verwaltungsträger, zB der Staat, für den beaufsichtigten Verwaltungsträger, zB eine Gemeinde, tätig wird.

2 Es gibt *monokratische (bürokratische) und kollegiale Behörden.*[3] Eine Behörde ist monokratisch organisiert, wenn die ihr zugewiesenen Verwaltungsgeschäfte von einer Person oder – so der Regelfall – von einem Personalkörper mit hierarchisch geordneten Ämtern wahrgenommen werden. Von einer Kollegialbehörde kann im strengen Sinn nur dort gesprochen werden, wo die der Behörde zugewiesene Kompetenz in Beratung, Durchführung des Verwaltungsverfahrens, Beschlußfassung und Erlaß der Entscheidung gegenüber dem Betroffenen mehreren zu einem Gremium zusammengefaßten Personen („Ausschuß“) zukommt, das Verwaltungshandeln also durch dieses Gremium als Kollegialorgan erfolgt. Davon ist organisationsrechtlich der Fall zu unterscheiden, daß die Willensbildung zwar einem beschließenden Kollegium zusteht, der Vollzug der Beschlüsse und die Vertretung nach außen aber einem anderen Organ des Verwaltungsträgers obliegt, wie zB im Kommunalrecht; hier ist Behörde nur das nach außen handelnde Vertretungsorgan. Das klassische Beispiel für ein Verwaltungsverfahren vor einer Kollegialbehörde ist das ehem preußische Beschlußverfahren, bei dem staatliche Verwaltungsangelegenheiten durch Ausschüsse der kommunalen Selbstverwaltungskörperschaften erledigt wurden.[4] Zum Unterschied von monokratischen Behörden sind Kollegialbehörden nicht weisungsgebunden.

3 Wenn das Verwaltungsverfahren von einer Kollegialbehörde durchgeführt wird, sind besondere verfahrensrechtliche Bestimmungen über die Willensbildung (Geschäftsordnung) und die Verfahrenshandlungen des Gremiums und seiner Mitglieder erforderlich.[5] Die Rechtsbeständigkeit der Entscheidung einer Kollegialbehörde oder einer Behörde, die an die Willensbildung eines Kollegialorgans gebunden ist, hängt auch von der Einhaltung der besonderen Regeln über das kollegiale Handeln ab.[6]

[2] *Herdegen* Verw 23 (1990) 183.

[3] *Dagtaglou* Kollegialorgane und Kollegialakte der Verwaltung, 1960; *Forsthoff* (Fn 1) § 23, 2b; *Wolff/Bachof/Stober* (Fn 1) § 75 II, III; *Wolff/Bachof* VwR III, § 175 II; *Lecheler* Verwaltungslehre, 1988, 105 ff.

[4] *Wolff* VwR III, 1. Aufl 1966, § 157 I, 3. Aufl 1973, § 157 II a 4.

[5] Vgl §§ 71, 88 ff VwVfG.

[6] Vgl § 44 Abs 3 Nr 3, § 45 Abs 1 Nr 4 VwVfG. – *Alscher* NJW 1972, 800.

II. Unparteilichkeit der Amtsführung und Ausschluß wegen Befangenheit

Die einer Behörde zur Erledigung zugewiesenen Aufgaben und Befugnisse öffentlicher Verwaltung werden kraft eines organisatorisch umschriebenen Amtes von Personen wahrgenommen, deren persönliche Rechtsstellung durch ein Beamtenverhältnis oder ein sonstiges Dienstverhältnis bestimmt wird. Entsprechend dem seit jeher geltenden Grundsatz, daß die Ausübung öffentlicher Verwaltung ohne Ansehen der Person zu geschehen hat, sind die öffentlichen Bediensteten dienstrechtlich zu einer *unparteiischen Amtsführung* verpflichtet. Der Beamte hat seine Amtsaufgaben unparteiisch und uneigennützig zu erfüllen (§§ 35 Abs 1 S 1, 36 S 2 BRRG). Zur Sicherung eines unparteiischen Verwaltungshandelns sind außerdem vor allem im Kommunalrecht, zB Art 49 BayGemO, § 26 NdsGemO, aber auch in verstreuten Einzelregelungen Mitwirkungsverbote ausgesprochen, die Personen wegen persönlicher Beteiligung von der Erledigung einzelner Verwaltungsgeschäfte ausschließen. 4

Der Grundsatz der Unparteilichkeit der öffentlichen Verwaltung und die verschiedenen gesetzlich angeordneten Pflichten und Mitwirkungsverbote zu Lasten von Amtsträgern führen zu der, unabhängig von ausdrücklicher gesetzlicher Regelung bestehenden Norm des Verwaltungsverfahrensrechts, daß ein Amtsträger, der Beteiligter des Verwaltungsverfahrens, durch den Gegenstand des Verfahrens unmittelbar betroffen oder sonst wegen eines Grundes, der objektiv geeignet ist, Mißtrauen gegen die Unparteilichkeit seiner Amtsführung zu rechtfertigen, befangen ist, an Verfahren und Entscheidung nicht mitwirken darf.[7] Das VwVfG hat die Fälle des Beteiligt- und Betroffenseins als Ausschlußgründe normiert (§ 20), ein Recht zur Ablehnung wegen Besorgnis der Befangenheit aber nur für das förmliche Verfahren vor Ausschüssen eingeräumt (§ 71 Abs 3). Im übrigen ist vorgesehen, daß derjenige, der in einem Verwaltungsverfahren für eine Behörde tätig werden soll, den Leiter der Behörde oder dessen Beauftragten zu unterrichten und sich auf dessen Anordnung der Mitwirkung zu enthalten hat, wenn ein Grund vorliegt, der geeignet ist, Mißtrauen gegen eine unparteiische Amtsführung zu rechtfertigen, oder wenn von einem Beteiligten das Vorliegen eines solchen Grundes behauptet wird (§ 21). 5

Der Beteiligte eines Verwaltungsverfahrens und der sonst durch die Entscheidung der Behörde Betroffene kann einen Ausschlußgrund und das Mitwirkungsverbot wegen Befangenheit im Verwaltungsverfahren geltend machen. Die Mißachtung eines Ausschlußgrundes und der Verstoß gegen das Mitwirkungsverbot wegen Befangenheit sind Verfahrensmängel, die als Rechtsfehler gegen die Sachentscheidung der Behörde geltend gemacht werden können, wenn sich der Mangel auf die Entscheidung ausgewirkt haben kann.[8] Wenn es allerdings dem Betroffenen möglich gewesen war, die Befangenheit des Amtsträgers im Verwaltungsverfahren geltend zu machen und er von der Möglichkeit der Rüge keinen 6

[7] *Mußgnug* Das Recht auf den gesetzlichen Verwaltungsbeamten? 1970; *Kirchhof* VerwArch 66 (1975) 370; *Kazele* Interessenkollisionen und Befangenheit im Verwaltungsrecht, 1990; *Kopp* BayVBl 1994, 109.

[8] BVerwGE 69, 256, 266ff; 75, 214, 227ff; 78, 347. – *Kösling* NVwZ 1994, 455.

Gebrauch gemacht hat, verliert er nach einem allgemeinen Rechtsgrundsatz sein Rügerecht.[9]

7 Der in den Vorschriften der §§ 20, 21 VwVfG für die einzelnen Amtsträger getroffenen Regelung liegt ein allgemeiner Rechtsgedanke des Verfahrensrechts zugrunde. Der *rechtsstaatliche Grundsatz fairer Verfahrensgestaltung,* der auch im Verwaltungsverfahren gilt, gebietet der Behörde, die ihr übertragene Aufgabe des Gesetzesvollzugs in unparteiischer Weise wahrzunehmen. Dies gewinnt besondere Bedeutung in Verfahren über die Zulassung von Vorhaben, bei denen die Behörde über planerische Gestaltungsfreiheit verfügt. Die gerechte Abwägung widerstreitender Belange stellt Anforderungen an das dabei einzuhaltende Verfahren. Die Behörde muß ihr Verfahren so einrichten, daß ihre Unbefangenheit und Unparteilichkeit im Hinblick auf die problemabgewogen zu treffende Entscheidung, die erforderliche innere Distanz und Neutralität gegenüber dem Vorhaben nicht in Frage gestellt wird. Die auch dem Träger des Vorhabens gegenüber gebotene Unparteilichkeit schließt Beratung, Information und ähnliche informelle Verfahrensweisen nicht aus.[10]

III. Die Beteiligten

8 *Beteiligter eines Verwaltungsverfahrens* ist, wer als Adressat der Entscheidung, Antragsteller, Antragsgegner, kraft einschlägiger Rechtsvorschriften zu Einwendungen oder Äußerungen Berechtigter oder sonst in seinen rechtlich geschützten Interessen Betroffener eine verfahrensrechtliche Rechtsstellung besitzt oder erhält (§ 13 VwVfG). Der *materiellrechtlich Betroffene* ist nicht als solcher, sondern nur dadurch Beteiligter, daß er als Adressat der Entscheidung, Antragsteller oder Antragsgegner diese Verfahrensstellung besitzt oder als sonst Betroffener durch „Hinzuziehung" (§ 13 Abs 1 Nr 2 und Abs 2 VwVfG) erhält. Das formelle Recht, im Verfahren gehört zu werden, vermittelt nur dann auch die Rechtsstellung als Beteiligter, wenn dem materiell ein rechtlich geschütztes Interesse zugrunde liegt. Das entspricht der Rechtslage bei der verwaltungsgerichtlichen Klagebefugnis (§ 42 Abs 2 VwGO), die durch ein bloß formelles Beteiligtsein an dem vorangegangenen Verwaltungsverfahren nicht begründet wird.[11] Dementsprechend ist nicht Beteiligter, wer nur als Sachverständiger oder wegen seines Sachverstandes gehört worden ist. Ebenso sind mitwirkungsberechtigte Behörden (dazu unten unter § 37 Rn 31 ff) nicht Beteiligte. Ist jedoch ein anderer Verwaltungsträger befugt, an dem Verfahren mitzuwirken oder sich in ihm zu äußern, kann dieser zu dem Verfahren hinzugezogen und damit Beteiligter werden, wenn er dadurch die Gelegenheit erhalten soll, eine eigene Rechtsposition geltend zu machen; so zB die Gemeinden, die wegen ihrer Planungshoheit an einem Baugenehmigungsverfahren mitwirken (§§ 31, 36 Abs 1 BauGB) oder in ein Planfeststellungsverfahren einbezogen sind.[12]

[9] BVerwGE 90, 287, 290.
[10] BVerwGE 75, 214, 230 f.
[11] *Hufen* Fehler im Verwaltungsverfahren, 2. Aufl 1991, 121 ff.
[12] BVerwG DVBl 1966, 177 und 181; BVerwGE 81, 95, 106; BVerwG DVBl 1992, 1233. – *Steinberg* Fachplanung, 2. Aufl 1993, 341 f.

Die Festlegung des Kreises der Beteiligten ist wegen der mit dieser Stellung verbundenen verfahrensrechtlichen Rechte, zB Recht auf Gehör, Akteneinsicht, Zustellung der Entscheidung, von wesentlicher Bedeutung. Sie ist Ausdruck eines rechtsstaatlichen Verfahrens, dient aber auch dem öffentlichen Interesse an einer sachgerechten Entscheidungsvorbereitung. Die Behörde muß diejenigen, deren rechtlich geschützte Interessen durch das Verwaltungsverfahren berührt werden können, zB die betroffenen Nachbarn des Bauherrn bei einem Baugenehmigungsverfahren, die vorhandenen Unternehmer bei der personenbeförderungsrechtlichen Genehmigung eines Linienverkehrs (§ 14 Abs 1 Nr 2 lit a PersBefG), bei der Einleitung eines Verwaltungsverfahrens ermitteln. Die Betroffenen haben nach Maßgabe des § 13 Abs 2 VwVfG einen Anspruch auf Beteiligung; derjenige, dessen rechtlich geschützte Interessen durch die Entscheidung rechtsgestaltend berührt werden, kann die Beteiligung durch Klage auf Hinzuziehung erstreiten (Verpflichtungsklage, § 123 VwGO; § 44a S 2 VwGO). Die Beteiligten und die zu Unrecht nicht beteiligten Betroffenen, zB beim Verwaltungsakt mit Drittwirkung,[13] können die Entscheidung anfechten. 9

Ein Beteiligter kann sich durch einen *Bevollmächtigten* vertreten lassen (§ 14 VwVfG). Werden in einem Verwaltungsverfahren Anträge oder Eingaben von mehr als 50 Personen auf Unterschriftslisten unterzeichnet oder in Form vervielfältigter gleichlautender Texte eingereicht (gleichförmige Eingaben) oder sind an einem Verwaltungsverfahren mehr als 50 Personen im gleichen Interesse beteiligt, ohne vertreten zu sein, kommt nach den neuartigen Bestimmungen der §§ 17ff VwVfG die Bestellung eines *gemeinsamen Vertreters* in Betracht, sei es seitens der Antragsteller oder Beteiligten, sei es kraft einer Vertretungsfiktion, sei es durch Bestellung von Amts wegen. Die Vertretungsmacht dieses „Vertreters", der an Weisungen der Vertretenen nicht gebunden ist (§ 19 Abs 1 S 2 VwVfG), kann durch die einzelnen Vertretenen durch Erklärung zum Erlöschen gebracht werden. Diese Regelungen haben ihren praktischen Nutzen bisher nicht erwiesen. 10

IV. „Partizipation" an Verwaltungsentscheidungen

Der Fragenkreis der „Partizipation" an Verwaltungsentscheidungen reicht weit über das Verwaltungsverfahren in dem hier zugrunde gelegten strengen Sinn hinaus, wie auch das politische Thema und Programm der „Partizipation" jenseits des Kreises der Verwaltung Grund, Möglichkeit und Grenze der Demokratie angesichts des wohlfahrtsstaatlichen bürokratischen Etatismus betrifft.[14] 11

[13] *Mußgnug* NVwZ 1988, 33; *Huber* Konkurrenzschutz im Verwaltungsrecht, 1991, 52ff.

[14] *Walter/Schmitt Glaeser* VVDStRL 31 (1973) 179ff, dazu *Grawert* AöR 98 (1973) 103, 109ff; *Breuer* Verw 10 (1977) 25; *Schmitt Glaeser* in: Lerche/Schmitt Glaeser/Schmidt-Aßmann, Verfahren als staats- und verwaltungsrechtliche Kategorie, 1984, 35; *Schmidt-Aßmann* in: Isensee/Kirchhof III, § 70, Rn 23ff – zur städtebaulichen Planung *Battis* Partizipation im Städtebaurecht, 1976; *Schuppert* in Hoffmann-Riem (Hrsg), Bürgernahe Verwaltung? 1980, 279; Blümel (Hrsg), Frühzeitige Bürgerbeteiligung bei Planungen, 1982.

Ein wesentliches Ziel der rechtsstaatlichen Ausgestaltung des Verwaltungsverfahrens ist, daß alle in ihren rechtlich geschützten Interessen Betroffenen auch an dem Verfahren *beteiligt* werden und daß sie ihre Rechte in dem Verfahren hinreichend zur Geltung bringen können. Das ist eine Frage des *rechtlichen Gehörs* und nicht einer „Teilnahme" an der Durchführung des Verfahrens und der zu treffenden Entscheidung. Der Zielpunkt der „Partizipation" ist eine Erweiterung der Gruppe der (materiellrechtlich) Betroffenen und dementsprechend der (verfahrensrechtlich) zu Beteiligenden über den Kreis der durch das Verfahren unmittelbar in ihren rechtlich geschützten Interessen Betroffenen hinaus und weiter eine Teilnahme dieser erweiterten Gruppe an der Gestaltung des Verfahrens und der Entscheidung. Dieses Ziel ist dem Gedanken der Selbstverwaltung zuzuordnen, wenngleich dessen herkömmlicher Anwendungsbereich damit eine Expansion von einer erheblichen staatsrechtlichen Tragweite erfährt. Diese, unter Umständen fundamentaldemokratisch radikalisierte Partizipationsforderung stößt auf die im Gesetz und im administrativen Gesetzesvollzug zum Ausdruck kommende staatliche Verfaßtheit des demokratischen Prozesses.[15] Aller Erfahrung nach mündet sie, de constitutione lata, in das Problem der Institutionalisierung des Einflusses der organisierten Interessen auf die staatliche Willensbildung.

12 In dem engeren Bereich der Gestaltung des exekutivischen Verfahrens bezeichnet die mit dem werbenden, aber mißverständlichen Etikett der „Partizipation" gemeinte Forderung nach einer Stärkung des rechtlichen Gehörs eine Unzulänglichkeit des gegebenen Rechtszustandes beim gestaltenden und planenden Verwaltungshandeln, soweit dadurch die, möglicherweise divergierenden, rechtlich geschützten Interessen mehrerer berührt werden. In diesen Fällen muß jedenfalls ein *förmliches Verwaltungsverfahren* vorgesehen sein. Außerdem aber muß das Verfahren in der Richtung formalisiert werden, daß die Ermittlung des Sachverhalts, die Einbeziehung gutachtlichen Sachverstandes und die Offenlegung der für das planerische oder gestaltende Ermessen wesentlichen Umstände den Betroffenen in einem für die Wahrung ihrer Rechte hinreichenden Maße zugänglich werden, so daß sie eine gewisse Kompensation für den nur nachträglichen, meistens langwierigen und hinsichtlich des Ermessens begrenzten verwaltungsgerichtlichen Rechtsschutz erlangen.[16] Die materiellrechtliche Basis für die notwendig zu verbessernde verfahrensrechtliche Stellung der Betroffenen ist die in neuerer Zeit vertiefter entwickelte Einsicht in das den Verfahrensgegenstand bildende *verwaltungsrechtliche Rechtsverhältnis* zwischen der Behörde und den Betroffenen.[17] Die grundrechtlichen Garantien sichern das rechtsstaatliche Minimum dieser verfahrensrechtlichen Rechtsstellung (dazu oben unter § 33 III). Ein Beispiel für die gesetzlich vorgesehene Partizipation im Verwaltungsverfahren zur institutionalisierten Sicherung von Gemeinschaftsinteressen ist die im Naturschutzrecht eingerichtete Mit-

[15] Vgl BVerfGE 83, 60, 74.

[16] *Brohm* VVDStRL 30 (1972) 245, 279ff, 291 und Leitsätze 12, 14; *Blümel* FS Weber, 1974, 539.

[17] *Bachof* VVDStRL 30 (1972) 193, 200ff und Leitsätze 24, 25; *Achterberg* Allg VwR, § 20; *Bull* Allg VwR, §§ 14ff.

wirkung anerkannter Verbände (§ 29 BNatSchG). Die Mitwirkung ist als ein subjektives, gerichtlich selbständig durchsetzbares Recht auf Beteiligung am Verwaltungsverfahren ausgestaltet.[18]

§ 36
Die Einleitung des Verwaltungsverfahrens

I. Beginn des Verfahrens von Amts wegen oder auf Antrag

1 Indem die einschlägigen Rechtsvorschriften die normativen Voraussetzungen des Verwaltungshandelns festlegen, regeln sie zugleich und in der Regel implizit, ob und wann ein Verwaltungsverfahren durchzuführen ist. Die Behörde eröffnet das Verwaltungsverfahren von Amts wegen (ex officio, Offizialprinzip), es sei denn, daß Rechtsvorschriften das Verwaltungshandeln von einem Antrag des Betroffenen abhängig machen. Das dem Grundsatz nach bestehende Ermessen der Behörde zu entscheiden, ob und wann sie ein Verwaltungsverfahren durchführt, kann durch Rechtsvorschriften eingeschränkt sein (§ 22 VwVfG).

Das *Offizialprinzip* beherrscht die Verwaltungszweige, in denen die Exekutive mit dem Ziel der Gefahrenabwehr, der Lenkung, der Abgabenerhebung oder der Beschaffung sonstiger Leistungen durch Gebote, Verbote oder Auferlegung von Pflichten eingreifend tätig wird. Die Einleitung eines Verfahrens *aufgrund Antrages* kommt hauptsächlich dort in Betracht, wo die Tätigkeit oder Handlungsweise eines Privaten der administrativen Erlaubnis bedarf, zB die Ausführung eines Bauvorhabens, die Ausübung eines Handwerks oder die Benutzung eines Gewässers, oder wo die Verwaltung Leistungen gewährt, zB Sozialversicherungsleistungen, Wohnbeihilfe oder Subventionen. Das Antragserfordernis braucht nicht ausdrücklich aufgestellt zu sein, sondern kann sich auch aus der Sache ergeben, zB durch die Statuierung einer Genehmigungspflicht. Auch die Frage, wer Antragsberechtigter ist, bestimmt sich mangels einer besonderen Regelung nach dem den Verfahrensgegenstand bildenden Rechtsverhältnis.

2 Die Besonderheiten des auf Antrag eingeleiteten Verwaltungsverfahrens erklären sich daraus, daß der Antragsteller einen *aus dem materiellen Recht abgeleiteten Anspruch* auf eine Amtshandlung geltend macht. Ihn trifft die Beibringungs- und Beweislast für die anspruchsbegründenden Umstände; er muß den Hauptbeitrag zur Ermittlung des Sachverhalts leisten. Diese Initiativfunktion geht über die Mitwirkungslast hinaus, die dem Beteiligten eines Verwaltungsverfahrens obliegt (s § 37 Rn 3, 4).[1]

3 Nicht weniger als der Vorsitzende des Verwaltungsgerichts (§ 86 Abs 3 VwGO) ist die Behörde im Verwaltungsverfahren verpflichtet, darauf hinzuwirken, daß Formfehler beseitigt, unklare Anträge erläutert, sachdienliche Anträge gestellt und

[18] BVerwG DVBl 1991, 214; BVerwG BayVBl 1998, 280; HessVGH NVwZ 1988, 1040.

[1] *Wahl* in: Blümel/Pitschas (Hrsg), Reform des Verwaltungsverfahrens, 1994, 93ff.

ungenügende tatsächliche Angaben ergänzt werden. Sie soll die Stellung von Anträgen anregen, die offensichtlich nur versehentlich oder aus Unkenntnis nicht gestellt worden sind (§ 25 VwVfG).

Im Interesse der Beschleunigung von *Genehmigungsverfahren* treffen die Behörde Förderungs- und Beratungspflichten, um eine sachgerechte Antragstellung zu gewährleisten. Soweit erforderlich, findet bereits vor Stellung des Antrags eine „Erörterung" mit dem zukünftigen Antragsteller statt, zB darüber, welche Nachweise und Unterlagen von ihm zu erbringen sind (§ 71 c Abs 2 VwVfG). Nach Eingang des Antrags ist dem Antragsteller unverzüglich mitzuteilen, ob die Angaben und Antragsunterlagen vollständig sind und mit welcher Verfahrensdauer zu rechnen ist (§ 71 c Abs 3 VwVfG).

4 Für die *Reihenfolge der Bearbeitung von Anträgen,* die sich auf denselben Verwaltungsvorgang beziehen, gilt grundsätzlich der Grundsatz der Priorität. Beispielsweise ist die Führung von Vormerk- oder Bewerberlisten für die Erteilung von Taxikonzessionen (§ 13 Abs 5 PBefG) als zulässig und sogar geboten angesehen worden.[2]

II. Der Antrag

5 Der Antrag auf Erlaß eines Verwaltungsaktes[3] vereinigt in sich die beiden Funktionen, die Behörde zur Einleitung eines Verwaltungsverfahrens zu veranlassen und die materiellrechtliche Voraussetzung für den Erlaß des Verwaltungsaktes zu schaffen, der ohne den Willen des Betroffenen nicht zustande kommen soll. Wenn, wie im Regelfall, das die erstrebte Erlaubnis, Leistung oder sonstige Begünstigung regelnde Gesetz bei der Erfüllung bestimmter Voraussetzungen einen Anspruch auf den Erlaß des Verwaltungsaktes einräumt oder auch nur die Behörde zur Entscheidung nach Ermessen ermächtigt, ist die Behörde *verpflichtet,* ein Verwaltungsverfahren einzuleiten, wenn die formellen Bedingungen der Antragstellung gegeben sind.

6 Wenn sich auch die verfahrensrechtliche und die materiellrechtliche Bedeutung des Antrags unterscheiden lassen, so hat doch die zweite Funktion, nämlich das Geltendmachen eines Anspruchs und die Zustimmung zu dem beantragten Verwaltungsakt, verwaltungsrechtlich das Übergewicht. In diesem Sinne ist der Antrag eine *Willenserklärung des öffentlichen Rechts,* für deren rechtliche Behandlung mangels besonderer Rechtsvorschriften die allgemeinen Grundsätze des bürgerlichen Rechts über Willenserklärungen entsprechend anzuwenden sind. So ist für die Auslegung von Anträgen, vor allem bei behörden- und rechtsunerfahrenen Antragstellern, ohne Formalismus der „wirkliche Wille" zu erforschen (§ 133

[2] BVerwGE 16, 190 (= DÖV 1964, 54 m Anm *Czermak);* 23, 314; BVerwG NJW 1990, 1376. – Nach der neueren Rspr des BVerwG sind Art und Anwendungsweise der Auswahlkriterien in den Grundzügen gesetzlich zu regeln (BVerwG NJW 1982, 1168 im Anschluß an BVerwGE 51, 235). Die geforderte Regelung ist erfolgt (Art 1 Nr 2 5. ÄndGPBefG v 25.2.1983, BGBl I, 196).

[3] *Gusy* BayVBl 1985, 484; *Schnell* Der Antrag im Verwaltungsverfahren, 1986.

BGB).[4] Bis zum Wirksamwerden des Verwaltungsaktes kann der Antrag zurückgenommen (§§ 130, 182 ff BGB), danach kann er angefochten werden (§§ 119 ff BGB).[5]

Der Antrag kann verfahrensrechtlich an eine *Form* oder eine *Frist* gebunden sein. Es kann schriftliche oder auch formularmäßige Antragstellung vorgeschrieben sein und es kann die Vorlage erforderlicher Unterlagen verlangt werden (siehe zB § 12 PBefG, § 325 Abs 4 LAG). Verhältnismäßig eingehende Regelungen bestehen über den Antrag auf Anerkennung als Asylberechtigter (§§ 13 ff AsylVfG). Der Antrag im förmlichen Verfahren ist formgebunden (§ 64 VwVfG). Auch ohne ausdrückliche gesetzliche Anordnung kann die Behörde eine schriftliche oder formularmäßige Antragstellung fordern, wenn sonst eine sachgemäße Bearbeitung des Antrages nicht möglich ist. Fehler, die durch behördliche Formulare veranlaßt sind, gehen zu Lasten der Verwaltung.[6] Soweit Formerfordernisse lediglich eine Ordnungsfunktion haben, ist ihre Verletzung auf die Wirksamkeit des Antrages ohne Einfluß.[7] Auch bei Fristvorschriften ist je nach ihrem Zweck eine unterschiedliche Wirkung der Fristversäumnis möglich.[8] In der Regel dienen Antragsfristen dazu, in angemessener Zeit einen Überblick über die zur Anmeldung geplanten Ansprüche zu gewinnen und zu einem gewissen Zeitpunkt einen Schlußstrich zu machen.[9] Bei einer derartigen Frist führt die Versäumnis zum Ausschluß mit dem nicht rechtzeitig geltend gemachten Anspruch, vorbehaltlich einer Wiedereinsetzung in den vorigen Stand (vgl § 32 VwVfG). Die Fristbestimmung kann aber auch die Funktion haben, Ansprüche auszuschließen, wenn wegen des Ablaufs der Frist die Feststellung des Sachverhalts nach allgemeiner Erfahrung entweder überhaupt nicht mehr oder nur noch unter unzumutbaren Mühen möglich ist. Sind in einem solchen Fall die Voraussetzungen des verspätet angemeldeten Anspruchs zweifelsfrei gegeben, widerspricht eine Anwendung der Fristvorschrift der Normfunktion und führt zu einem sozial unangemessenen und gesetzlich nicht gewollten Ergebnis; die Fristversäumnis ist unschädlich.[10] 7

III. Antrags- und mitwirkungsbedürftiger Verwaltungsakt

Der Verwaltungsakt, dessen Erlaß von einem Antrag des Betroffenen abhängig ist, 8 wird (verfahrensrechtlich) antragsbedürftiger oder (materiellrechtlich) mitwirkungsbedürftiger Verwaltungsakt genannt.[11]

4 BVerwGE 16, 198, 203 ff; *Wolff/Bachof/Stober* VwR I, § 36 II; *Krause* VerwArch 61 (1970) 297; *ders* JuS 1972, 425; *Middel* Öffentlich-rechtliche Willenserklärungen von Privatpersonen, 1971; *Kluth* NVwZ 1990, 608.

5 BVerwG DÖV 1965, 174; BVerwGE 30, 185; OVG Rh-Pf NVwZ 1984, 316.

6 BVerwGE 10, 12; *Wolff/Bachof* VwR III, § 156 V a 5.

7 BVerwGE 9, 129.

8 *Weides* Verwaltungsverfahren und Widerspruchsverfahren, 3. Aufl 1993, 64 ff.

9 BVerwG DÖV 1962, 868.

10 BSGE 14, 246 betr § 58 Abs 1 aF BVFG. Anders BVerwGE 13, 209 für die Antragsfrist im Wiedergutmachungsverfahren und BVerwGE 17, 199 für die Fristvorschriften des Lastenausgleichsrechts.

11 *Forsthoff* VwR, § 11, 4; *Wolff/Bachof/Stober* (Fn 4) § 46 X; *Badura* JuS 1964, 103; *Menger* FS Ernst, 1980, 301.

Der ohne die vorgeschriebene Mitwirkung des Betroffenen erlassene Verwaltungsakt ist *fehlerhaft.* Ob dieser Fehler die Nichtigkeit des Verwaltungsaktes zur Folge hat, hängt von der Bedeutung des Antragserfordernisses und der Eigenart des Verwaltungshandelns ab.[12] Dabei kommt es auf die sachliche Funktion des Antrages an. Sofern damit, wie etwa typisch bei der Beamtenernennung, die Zustimmung des Betroffenen vorausgesetzt wird, ist die fehlende Mitwirkung so wesentlich, daß sie die Nichtigkeit des dennoch erlassenen Verwaltungsaktes zur Folge hat.[13] Der Mangel des Antrages ist, sofern der Fehler nicht zur Nichtigkeit führt, heilbar (§ 45 Abs 1 Nr 1 VwVfG).

§ 37
Das Verfahren vor der Entscheidung

I. Die Verfahrensgrundsätze

1 Bei der Ausgestaltung der Grundsätze des Verwaltungsverfahrens wirken das öffentliche Interesse an einer zuverlässigen und raschen Ermittlung der Entscheidungsgrundlagen und die rechtsstaatliche Leitlinie, die Rechte der Betroffenen durch eine zur Rechtswahrung hinreichende verfahrensrechtliche Rechtsstellung zu sichern und andererseits die Beteiligten und Dritte nur nach dem Maß des Verhältnismäßigen und Zumutbaren zur Mitwirkung am Verfahren zu verpflichten, zusammen.

1. Untersuchungsgrundsatz, Mitwirkungslast der Beteiligten

2 Die Exekutive erfüllt die ihr zugewiesenen Verwaltungsaufgaben, gleichgültig ob sie von Amts wegen oder auf Antrag tätig wird, im *öffentlichen Interesse.* Dem entspricht der das Verwaltungsverfahren beherrschende *Untersuchungsgrundsatz:* Die Behörde ermittelt den Sachverhalt von Amts wegen. Sie bestimmt Art und Umfang der Ermittlungen; an das Vorbringen und an die Beweisanträge der Beteiligten ist sie nicht gebunden. Die Behörde hat alle für den Einzelfall bedeutsamen, auch die für die Beteiligten günstigen Umstände zu berücksichtigen (§ 24 Abs 1 und 2 VwVfG; vgl auch § 88 Abs 1 AbgO).[1]

3 Die Herrschaft des Untersuchungsgrundsatzes schließt es nicht aus, daß auch die Beteiligten bei der Ermittlung des Sachverhalts *mitwirken* und insbes die ihnen bekannten Tatsachen und Beweismittel angeben sollen (vgl § 26 Abs 2 VwVfG).

[12] BVerwGE 11, 18 m Anm *Badura* JuS 1964, 103; BVerwG DÖV 1966, 351.

[13] *Forsthoff* (Fn 11) 207; BayVGHE 12, 65. In BVerwGE 30, 185, 187 und OVG NW OVGE 14, 339, 344 ist die Frage offen gelassen.

[1] *Pestalozza* in: Schmitt Glaeser (Hrsg), Verwaltungsverfahren, 1977, 185; *Berg* Die verwaltungsrechtliche Entscheidung bei ungewissem Sachverhalt, 1980, 245ff; *Hufen* Fehler im Verwaltungsverfahren, 2. Aufl 1991, 96ff; *Brühl* JA 1992, 193; *Sobota* DÖV 1997, 144. BVerwG DVBl 1980, 999 (Wahrunterstellung im Planfeststellungsverfahren). – Für das verwaltungsgerichtliche Verfahren s § 86 Abs 1 VwGO.

Dies ist, strenggenommen, nur eine verfahrensrechtliche Obliegenheit (Last); denn eine Pflicht der Beteiligten zum persönlichen Erscheinen, zur Aussage und zur Vorlage von Urkunden und sonstigen Schriftstücken besteht nur kraft besonderer gesetzlicher Regelung, wie zB in § 22 GaststättenG, § 208 BauGB, §§ 93ff AbgO.[2] Die Zuerkennung von Anhörungs- und Informationsrechten schließt insofern eine Mitwirkungslast ein, als der Beteiligte, der diese Rechte nicht hinreichend wahrnimmt, nicht damit gehört wird, die Behörde habe sein Beteiligungsrecht verletzt.[3]

Die Verwirkung von verfahrensrechtlichen Befugnissen und von Rechten durch *Präklusion,* insbes durch die Präklusion von Einwendungen in Verfahren über die Zulassung von Vorhaben (vgl etwa § 73 Abs 4 S 3 VwVfG, § 10 Abs 3 S 3 BImSchG, § 17 Abs 4 FStrG), ist eine besonders eingreifende Sanktionierung der Mitwirkungslast Beteiligter und Drittbetroffener.[4] Sie muß durch Gesetz oder aufgrund Gesetzes ausdrücklich vorgesehen sein. Wenn sich der Einwendungsausschluß auch auf das verwaltungsgerichtliche Verfahren erstreckt („materielle“ Präklusion), ergeben sich aus dem Rechtsstaatsprinzip in Verbindung mit der Rechtsschutzgarantie (Art 19 Abs 4 GG) besondere Anforderungen. Eine derartige Verfahrensgestaltung muß durch das öffentliche Interesse geboten sein, die Betroffenen müssen in geeigneter Weise auf diese Rechtsfolge hingewiesen werden und der Zugang zum gerichtlichen Rechtsschutz darf durch Gestaltung des Verwaltungsverfahrens nicht vereitelt oder unzumutbar erschwert werden.[5] **4**

Präklusion bedeutet nur, daß derjenige, der seiner Mitwirkungslast nicht oder nicht rechtzeitig nachgekommen ist, sein Recht verliert, Erklärungen, Tatsachen, Beweismittel etc vorzubringen. Der Untersuchungsgrundsatz kann ungeachtet dessen die Pflicht der Behörde – und des Gerichts – begründen, auch präkludiertes Vorbringen in der Sache zu berücksichtigen. Da das nationale Recht die Verwirklichung von Gemeinschaftsrecht und von gemeinschaftsrechtlichen Rechten nicht praktisch unmöglich machen oder übermäßig erschweren darf, kann eine verwaltungsverfahrensrechtlich eingetretene Präklusion von Einwendungen die Pflicht der Behörde und des Gerichts nicht einschränken, Verletzungen des Gemeinschaftsrechts von Amts wegen zu prüfen.[6]

Die aus einer Mißachtung der verfahrensrechtlichen Mitwirkungslast sich ergebende Präklusion eines Vorbringens oder von Einwendungen ist von der Präklusion von Ansprüchen zu unterscheiden, die durch die Bestandskraft eines Verwaltungsaktes bewirkt wird (siehe zB § 75 Abs 2 VwVfG, § 14 BImSchG).

In Verwaltungsverfahren, die *auf Antrag* eingeleitet werden und mit denen der Antragsteller einen Anspruch auf eine Genehmigung, Geldleistung oder sonstige **5**

2 *Grupp* VerwArch 80 (1989) 44.

3 BVerwG DÖV 1979, 517. – Zur Mitwirkungslast der Beteiligten im Verwaltungsprozeß: BVerwG DÖV 1976, 749; *Redeker* DVBl 1982, 83.

4 S u unter § 38 Rn 27.

5 BVerfGE 61, 82, 109ff; BVerwGE 60, 297; BVerwG DVBl 1997, 51. – *Hill* Das fehlerhafte Verfahren und seine Folgen im Verwaltungsrecht, 1986, 445ff; *Brandt* NVwZ 1997, 233; *Röhl/Ladenburger* Die materielle Präklusion im raumbezogenen Verwaltungsrecht, 1997.

6 EuGH Slg 1995, I-4599; 1995, I-4705. – *von Danwitz* Jb des Umwelt- und Technikrechts 1997, 387.

Begünstigung geltend macht, bezieht sich die Mitwirkungslast auf die zur Sachverhaltsaufklärung entsprechend den materiellen Anspruchsvoraussetzungen notwendigen Erklärungen und Unterlagen. So hat beispielsweise der Bauherr dem Bauantrag oder der Betreiber dem Antrag auf Genehmigung einer Anlage die zur Beurteilung nötigen Beschreibungen, Pläne und sonstigen Unterlagen beizugeben (§ 10 Abs 1 BImSchG; §§ 3ff 9. BImSchV). Dem Ausländer, der eine Aufenthaltsgenehmigung beantragt, legt das Gesetz eine näher umrissene Mitwirkungslast auf, um der Behörde eine rasche und sachgerechte Entscheidung zu ermöglichen (§ 70 AuslG). Die Behörde kann ggf eine Ergänzung der Erklärungen oder Unterlagen verlangen und dem Antragsteller dafür eine angemessene Frist setzen.

2. Beschleunigungsgrundsatz

6 Das Verwaltungsverfahren ist einfach, zweckmäßig und zügig durchzuführen (§ 10 S 2 VwVfG). Der damit nun auch ausdrücklich ausgesprochene Beschleunigungsgrundsatz, der für alle Verwaltungsverfahren gilt, hat in der Gesetzgebung der letzten Jahre eine Ausprägung durch eine Reihe von Verfahrensvorkehrungen erfahren, mit denen eine Verbesserung vor allem von Genehmigungs- und Planungsverfahren erreicht werden soll. Unter Wahrung der rechtsstaatlichen Grundsätze des Verwaltungshandelns soll dem Interesse des Antragsteller, dessen Mitwirkungslast durch Präklusionsvorschriften verdichtet wird (s o § 37 Rn 4), und der Aufgabe des Planungsträgers an rascher und effizienter Verfahrensabwicklung Rechnung getragen, zugleich aber auch eine Fortentwicklung des Verfahrensrechts im Sinn „kooperativer“ Arbeitsformen der öffentlichen Verwaltung erreicht werden. Die Modernisierung komplexer Verwaltungsverfahren ist ein Element zur Stärkung des Wirtschaftsstandorts Deutschland im europäischen und globalen Systemwettbewerb.[7]

7 Unter den Reformgesetzen des Jahres 1996 ist für das Verwaltungsverfahrensrecht vor allem das *Genehmigungsverfahrensbeschleunigungsgesetz* v 12.9.1996 (BGBl I S 1354) von Bedeutung.[8] Das Gesetz änderte im allgemeinen Verfahrensrecht die Vorschriften über die Heilung von Verfahrens- und Formfehlern (§ 45 Abs 2 VwVfG) und über die Folgen von Verfahrens- und Formfehlern (§ 46 VwVfG), traf einige spezielle Regelungen für Genehmigungsverfahren, die der Durchführung von Vorhaben im Rahmen einer wirtschaftlichen Unternehmung des Antragstellers dienen (§§ 71a bis 71e VwVfG), und novellierte die Vorschriften über das Planfeststellungsverfahren (§§ 72ff VwVfG). Das in die Grundsatznorm des § 10 VwVfG aufgenommene Gebot der „Zügigkeit“ des Verwaltungsverfahrens wird in § 71b VwVfG bekräftigt und im weiteren durch eine besondere Pflicht der Beratung und Auskunft gegenüber dem Antragsteller ergänzt (§ 71c VwVfG); siehe dazu oben § 36 II und unten § 37 I 6. Sternverfahren und Antragskonferenz

[7] S o § 34 III. – *Bullinger* JZ 1994, 1129; *G. Hoffmann* DÖV 1995, 237; *Schlichter* DVBl 1995, 173; *Schmitz/Wessendorf* NVwZ 1996, 955; *Repkewitz* VerwArch 88 (1997) 137; *Stüer* DVBl 1997, 326.

[8] Gesetzentwurf der BReg, BT-Drucks 13/3995. – *Jäde* UPR 1996, 361; *Bonk* NVwZ 1997, 320.

zielen in erster Linie auf eine Beschleunigung der Mitwirkung anderer Stellen und Verwaltungsträger (s u § 37 Rn 32). Im Planfeststellungsverfahren sind die Vorschriften der §§ 71a bis 71e VwVfG nicht anzuwenden (§ 72 Abs 1 VwVfG).

3. Beweisaufnahme

Die Behörde ermittelt den Sachverhalt von Amts wegen. Sie bestimmt Art und Umfang der Ermittlungen; an das Vorbringen und an die Beweisanträge der Beteiligten ist sie nicht gebunden. Sie hat alle für den Einzelfall bedeutsamen, auch die für die Beteiligten günstigen Umstände zu berücksichtigen. Nach dieser Richtlinie des *Untersuchungsgrundsatzes* bedient sich die Behörde der Beweismittel, die sie nach pflichtgemäßem Ermessen zur Ermittlung des Sachverhalts für erforderlich hält (§§ 24, 26 VwVfG). Sie ist befugt, Beteiligte anzuhören und Zeugen und Sachverständige[9] zu vernehmen oder von ihnen schriftliche Äußerungen einzuholen. Eine Pflicht der Beteiligten sowie von Zeugen und Sachverständigen, zu erscheinen und sich zu äußern, besteht jedoch nur kraft besonderer gesetzlicher Anordnung; so sieht zB § 65 VwVfG vor, daß im förmlichen Verwaltungsverfahren Zeugen zur Aussage und Sachverständige zur Erstattung von Gutachten verpflichtet sind. Die Abnahme des Eides, ist im VwVfG nicht vorgesehen;[10] die Versicherung an Eides statt kann nur kraft besonderer gesetzlicher Regelung verlangt werden. 8

Das verfahrensgestaltende Ermessen der Behörde hinsichtlich der Durchführung der Beweisaufnahme kann für bestimmte Verfahren in einzelnen Punkten beschränkt sein. Beispielsweise schreibt § 67 VwVfG für das förmliche Verwaltungsverfahren grundsätzlich eine mündliche Verhandlung vor. Nicht selten ist die Behörde durch Rechtsvorschriften verpflichtet, Sachverständige zu hören.[11] In einem nachfolgenden Verwaltungsprozeß ist das Gericht grundsätzlich nicht gehindert, sich auf ein im Verwaltungsverfahren eingeholtes Sachverständigengutachten zu stützen oder den Gutachter zum Sachverständigenbeweis heranzuziehen.[12] 9

Der Untersuchungsgrundsatz schließt die Geltung einer *formellen Beweislast* im Verwaltungsverfahren aus. Die Beteiligten unterliegen also nicht einer mit verfahrensrechtlichen Rechtsfolgen bewehrten Behauptungs- oder Beweisführungslast. Die Beschränkung der Ermittlungspflicht der Behörde durch eine Anspannung der Mitwirkungslast des Beteiligten kann allerdings in der Wirkung einer formellen Beweislast nahekommen, etwa wenn das Unterlassen nötiger Erklärungen oder Mitwirkungshandlungen der Behörde erlaubt, bestimmte Schlußfolgerungen über entscheidungserhebliche Umstände zu ziehen.[13] 10

[9] *Skouris* AöR 107 (1982) 215.

[10] Dazu die Begr zum EVwVfG 1973, BT-Drucks 7/910, 50. – Im förmlichen Verwaltungsverfahren kann die Behörde eine eidliche Vernehmung durch das Gericht herbeiführen (§ 65 Abs 3 bis 5 VwVfG).

[11] *Fröhler* Rechtsprobleme technischer Begutachtungen (insbes im Rahmen von Verwaltungsverfahren), 1971; Nicklisch (Hrsg), Der technische Sachverständige im Prozeß, 1984.

[12] BVerwG DVBl 1980, 593.

[13] *Hill* (Fn 5) 270f (dort auch zu § 66 SGB I); *Grupp* VerwArch 80 (1989) 44; *Stelkens/*

Auch im Verwaltungsverfahren gelten jedoch die Grundsätze der *materiellen Beweislast*. Ist ein für die Entscheidung erheblicher Umstand mit den gegebenen Mitteln nicht aufklärbar (non liquet), kann die Regelung mangels einer Voraussetzung nicht getroffen werden, so daß die Beweislast beim belastenden Verwaltungsakt der Behörde, beim begünstigenden Verwaltungsakt dem Antragsteller zufällt. Die Beweislast für die tatsächlichen Voraussetzungen einer Einwendung gegen die Ausübung einer Eingriffsbefugnis der Behörde trägt der Einwendende.[14]

11 Ist der Sachverhalt durch die Behörde unrichtig ermittelt und ist dieser Ermittlungsmangel für die der Sachentscheidung zugrunde liegende Rechtsanwendung erheblich, leidet die Entscheidung – über einen Verfahrensmangel hinaus – an einem materiellen Rechtsfehler. Die *mangelhafte* oder *unvollständige Sachverhaltsaufklärung* durch die Behörde ist in der Regel für sich allein kein zur gerichtlichen führender Verfahrensfehler; denn dem Gericht obliegt seinerseits eine umfassende Aufklärungspflicht (§ 86 Abs 1 VwGO). Der Verwaltungsakt unterliegt der Aufhebung durch das Gericht, wenn die gerichtliche Sachverhaltsaufklärung eine sachliche Unrichtigkeit und damit materielle Rechtswidrigkeit ergibt.[15]

12 Dieser Grundsatz ist seit dem Neuregelungsgesetz v 17.12.1990 (BGBl I S 2809) dadurch aufgelockert, daß das Gericht den Verwaltungsakt ohne in der Sache selbst zu entscheiden aufheben kann, wenn es eine weitere Sachaufklärung für erforderlich hält und soweit nach Art oder Umfang die noch erforderlichen Ermittlungen erheblich sind und die Aufhebung auch unter Berücksichtigung der Belange der Beteiligten sachdienlich ist (§ 113 Abs 3 VwGO). Die unzureichende Sachverhaltsaufklärung durch die Behörde sollte dafür nicht genügen, da der Verwaltungsprozeß keine edukatorische Funktion hat. Die typische Fallgestaltung ist ein Verfahrensfehler der Behörde, der das Unterlassen der erforderlichen Ermittlungen veranlaßt hat.[16]

4. Das Recht auf Gehör

13 Die Behörde übt im Verwaltungsverfahren die ihr zugewiesenen Aufgaben und Befugnisse aus und wirkt mit der Entscheidung belastend oder begünstigend auf rechtlich geschützte Interessen der Beteiligten ein. Nach rechtsstaatlichen Grundsätzen folgt aus dieser Zielsetzung des Verwaltungsverfahrens, daß die Beteiligten ihre Rechte im Verfahren in der Weise geltend machen können, daß ihnen in dem gebotenen und möglichen Maß Gelegenheit gegeben wird, sich zu dem Verfahren, dem Gegenstand des Verfahrens, der zu treffenden Entscheidung und ihren tatsächlichen Grundlagen sowie zu den erheblichen rechtlichen Gesichtspunkten und den für eine in Betracht kommende Ermessensabwägung maßgeblichen Umständen zu äußern (Grundsatz des rechtlichen Gehörs).[17] Die materielle Betroffen-

Bonk/Sachs, VwVfG, 5. Aufl 1998, § 26, Rn 44ff, 57ff. – BFH NVwZ-RR 1990, 282 (abgabenrechtliche Mitwirkungspflichten).

[14] BVerwG DÖV 1979, 601.

[15] BVerwG DVBl 1983, 33.

[16] *Redeker/von Oertzen* VwGO, 12. Aufl 1997, § 113, Rn 25.

[17] *Forsthoff* VwR, 235f; *Lerche* ZZP 78 (1965) 1, 25ff; *J. Martens* NVwZ 1982, 13; *Lau-*

heit der Beteiligten ist der Grund und der Maßstab für das Recht auf Gehör. Das Recht auf Gehör ist im übrigen auch „unverzichtbarer Bestandteil eines rechtlich geordneten Verfahrens".[18] Es ist allerdings, anders als das rechtliche Gehör vor Gericht (Art 103 Abs 1 GG), nicht auch als Grundrecht gewährleistet. Die Gewährung des rechtlichen Gehörs in einem Verfahren, das zu einer den Betroffenen beschwerenden Maßnahme führen kann, ist ein fundamentaler rechtsstaatlicher Grundsatz.[19]

Das Recht auf Gehör besteht nach Maßgabe des zur Rechtswahrung Gebotenen. Soweit nicht besondere Rechtsvorschriften bestehen, bestimmt sich die Art und Weise, in der rechtliches Gehör zu gewähren ist, nach der Eigenart des jeweiligen Verwaltungshandelns. Die nach § 28 VwVfG vor Erlaß eines eingreifenden Verwaltungsaktes vorgeschriebene Anhörung des Beteiligten dient dazu, seine subjektiven Rechte und Belange zu wahren und zugleich im Interesse der öffentlichen Verwaltung Fehler bei der Tatsachenermittlung zu vermeiden.[20] Grundsätzlich ist es ausreichend, wenn der Beteiligte Gelegenheit erhält, sich schriftlich zu äußern.[21] Das Anhörungsgebot umfaßt auch die Pflicht der Behörde, das Vorbringen zur Kenntnis zu nehmen und bei der Entscheidung in Erwägung zu ziehen. Unter Umständen, zB wenn aus besonderen Gründen des öffentlichen Interesses eine sofortige Entscheidung[22] oder sonst eine Entscheidung ohne vorgängige Anhörung geboten ist, kann das Recht auf Gehör beschränkt sein (§ 28 VwVfG). 14

Das VwVfG hat das rechtliche Gehör zwar als einen *verfahrensrechtlichen Anspruch* ausgestaltet, diesen Anspruch jedoch – außerhalb des förmlichen Verfahrens (vgl § 66 VwVfG) – dahin eingeengt, daß er für den Erlaß von Verwaltungsakten gelte, die in Rechte eines Beteiligten „eingreifen", und daß er sich nur auf die für die Entscheidung erheblichen Tatsachen beziehe. Das ist nicht einleuchtend. Auch wenn die Entscheidung erst eine Rechtsposition gewähren soll, also im engeren Sinn nicht in bestehende Rechte „eingreift",[23] trifft sie eine Regelung der rechtlich geschützten Interessen der Beteiligten, indem sie etwa über eine Erlaubnis oder eine Leistungsbewilligung entscheidet; auch insoweit müssen die Beteiligten ihre Rechte im Verfahren geltend machen können. Das Recht, sich zu den entscheidungserheblichen Tatsachen zu äußern, stellt das rechtsstaatliche Minimum dar, wird aber für die hinreichende Rechtswahrung häufig nicht ausreichend sein. 15

binger VerwArch 75 (1984) 55; *Weides* JA 1984, 648; *Schilling* VerwArch 78 (1987) 45; *Weyreuther* FS Sendler, 1991, 183; *Ehlers* Jura 1996, 617.

[18] *Forsthoff* (Fn 17) 228.

[19] EuGH Rs 234/84 DVBl 1987, 230.

[20] BGH DVBl 1992, 1290.

[21] BVerwGE 20, 160, 166; BVerwG DVBl 1968, 430; BayVGH BayVBl 1964, 24.

[22] „Gefahr im Verzuge" iSv § 28 Abs 2 Nr 1 VwVfG setzt voraus, daß durch eine vorherige Anhörung auch bei Gewahrung kürzester Anhörungsfristen ein Zeitverlust eintrete, der mit hoher Wahrscheinlichkeit zur Folge hätte, daß der Zweck der zu treffenden Regelung nicht erreicht wird. In jedem Fall gebietet das Übermaßverbot, die ohne vorherige Anhörung getroffene Regelung auf die keine Verzögerung erlaubenden Maßnahmen zu beschränken (BVerwG DVBl 1984, 530).

[23] Vgl die Begr zu § 24 Abs 1 EVwVfG 1973, BT-Drucks 7/610, 51. – S a BVerwGE 66, 184.

16 Die Verletzung des Rechts auf Gehör ist ein Verfahrensfehler. Der Fehler kann durch Nachholung der erforderlichen Anhörung bis zum Abschluß eines verwaltungsgerichtlichen Verfahrens geheilt werden (§ 45 Abs 1 Nr 3, Abs 2 VwVfG). Bei Ermessensentscheidungen kann die unterbliebene Anhörung nur durch die Ausgangsbehörde, nämlich durch nunmehr korrekte Ermessensausübung, nicht durch die Widerspruchsbehörde im Rahmen der dieser – wenn auch unbeschränkt (§ 68 Abs 1 S 1 VwGO) – zustehenden Ermessenskontrolle nachgeholt werden.[24] Die Nachholung muß, jedenfalls bei Ermessensentscheidungen, in einem Verwaltungsverfahren erfolgen, das geeignet ist, auf Grund einer neuen Ermessensbetätigung zu einer Abänderung des ohne Anhörung erlassenen Verwaltungsaktes zu führen; dazu reicht die Anhörung in einem nachfolgenden Rechtsstreit, etwa durch Erklärungen in der mündlichen Verhandlung im Verfahren des vorläufigen Rechtsschutzes, nicht aus.[25] Ist die erforderliche Anhörung eines Beteiligten vor Erlaß des Verwaltungsaktes unterblieben und ist dadurch die rechtzeitige Anfechtung versäumt worden, gilt die Fristversäumnis als nicht verschuldet (§ 45 Abs 3 VwVfG).

5. Akteneinsicht

17 Die jetzt in den Verwaltungsverfahrensgesetzen getroffene Regelung (§ 29 VwVfG) hat die früher sehr umstrittene Frage, ob, unter welchen Voraussetzungen und in welchem Umfang den Beteiligten Einsicht in die von der Behörde geführten Akten zu geben ist, auf eine neue Grundlage gestellt. Diese Regelung betrifft nur die Akteneinsicht durch die Beteiligten eines Verwaltungsverfahrens. Die Einsicht, daß eine wirksame Ausübung des Rechts auf Gehör bis zu einem gewissen Grade durch die Kenntnis der in dem Verfahren anfallenden Behördenakten bedingt ist, muß zu dem Grundsatz führen, daß den Beteiligten insoweit ein Recht auf Akteneinsicht zusteht, als die Kenntnis der Akten für die Wahrung ihrer Rechte in dem Verfahren erforderlich ist; dieses Recht kann nur durch besondere Gründe des öffentlichen Interesses und den Schutz der Rechte Dritter beschränkt sein. Das Recht auf Akteneinsicht in einem Verwaltungsverfahren ist von dem datenschutzrechtlichen Auskunftsanspruch des Betroffenen zu unterscheiden (§ 19 BDSG).

18 Nach dem früheren Rechtszustand bestand ein Recht auf Akteneinsicht nur kraft besonderer Rechtsvorschrift und entschied im übrigen die Behörde nach Ermessen, ob und in welchem Umfang sie einem Beteiligten, der ein berechtigtes Interesse nachwies, Akteneinsicht gewährte. Die Vorschrift des § 29 VwVfG be-

[24] BVerwGE 66, 184 (3. Senat). Anders BVerwGE 66, 111 und BVerwG NVwZ 1984, 578 (1. Senat): Die Anhörung durch die Widerspruchsbehörde genügt, wenn deren Überprüfungsbefugnis nicht entgegen der Grundregel des § 68 Abs 1 S 1 VwGO auf eine Rechtmäßigkeitskontrolle beschränkt ist.

[25] BVerwG DVBl 1984, 530; HessVGH NVwZ 1987, 510. – Die vermeintlich zu großzügige Zulassung von Ausnahmen und Heilungsmöglichkeiten durch die Gerichte stößt bei den Vertretern des „kooperativen" Verfahrensgedankens auf Kritik (*Schoch* Verw 25 [1992], 21, 42 ff). Recht auf Gehör kann jedoch nicht als Recht auf Verfahrensteilhabe umgedeutet werden.

ruht demgegenüber auf dem Prinzip der *„beschränkten Aktenöffentlichkeit“*. Das danach bestehende Recht der Beteiligten auf Einsicht in die das Verfahren betreffenden Akten, soweit deren Kenntnis zur Geltendmachung oder Verteidigung ihrer rechtlichen Interessen erforderlich ist, umfaßt vor allem Schriftsätze anderer Beteiligter, Niederschriften über Beweisaufnahmen, Sachverständigengutachten sowie Äußerungen anhörungsberechtigter Dritter und mitwirkungsberechtigter Behörden. Es schließt die Befugnis ein, auf eigene Kosten Kopien zu nehmen. Auch Aktennotizen unterliegen dem Einsichtsrecht, nicht jedoch Entwürfe zu Entscheidungen und vorbereitende Aufzeichnungen. Über die Einsicht in beigezogene Akten entscheidet die diese Akten führende Behörde.

Aus den Vorschriften über das Recht auf Akteneinsicht ergibt sich mittelbar die Pflicht der Behörde, im Rahmen der allgemeinen Regeln über die Führung, Aufbewahrung und Vernichtung von Akten in einem Verwaltungsverfahren Akten anzulegen und deren Vollständigkeit zu gewährleisten.[26]

Die Akteneinsicht ist nur ausgeschlossen, soweit durch sie die ordnungsgemäße **19** Erfüllung der Aufgaben der Behörde beeinträchtigt, das Bekanntwerden des Inhalts der Akten dem Wohle des Bundes oder eines Landes Nachteile bereiten würde oder soweit die Vorgänge nach einem Gesetz oder ihrem Wesen nach, namentlich wegen der berechtigten Interessen der Beteiligten oder dritter Personen, geheimgehalten werden müssen.[27] Die Gewährung der Akteneinsicht darf nicht das Persönlichkeitsrecht eines Dritten verletzen.[28] Auch die Beteiligten haben Anspruch darauf, daß ihre persönlichen, beruflichen und betrieblichen Geheimnisse von der Behörde nicht unbefugt offenbart werden.[29]

Die behördliche Entscheidung über die Einsicht in die Akten eines schwebenden **20** Verwaltungsverfahrens aufgrund § 29 VwVfG ist eine Verfahrenshandlung iSd § 44a VwGO.[30] Das gilt auch dann, wenn das Einsichtsbegehren sich auf Akten bezieht, die sich bei einer das Verwaltungsverfahren nicht selbst führenden Behörde befinden, die Amtshilfe gem § 29 Abs 3 S 2 VwVfG leistet.[31]

Das Verwaltungsverfahrensrecht gibt ein Recht auf Akteneinsicht nur den Be- **21** teiligten und nur in dem – noch nicht abgeschlossenen[32] – Verwaltungsverfahren. *Weitergehende Einsichtsrechte* können durch Rechtsvorschrift begründet sein, um das Informationsinteresse der Öffentlichkeit oder, bei Verfahren mit weitreichender Bedeutung, eines größeren Kreises der Bevölkerung zu befriedigen.[33] So kann

26 BVerfG NJW 1983, 2135; BVerwG NVwZ 1988, 621; VGH Bad-Württ DVBl 1995, 1358.

27 Die früher bestehende Rechtsauffassung, daß die Prüfungsakten „ihrem Wesen nach“ geheim seien, ist aufgegeben; vgl BFH BStBl 1967 III, 579; BayVGH BayVBl 1987, 184; BVerfGE 95, 237, 252.

28 *Schoenemann* DVBl 1988, 520.

29 *Knemeyer* NJW 1984, 2241.

30 BVerwG NJW 1979, 177; BVerwG NJW 1982, 120; BayVGH BayVBl 1990, 622 (erfolgreiche Leistungsklage); OVG NW DVBl 1980, 964. Krit dazu *Redeker/von Oertzen* VwGO, 12. Aufl 1997, § 44a, Rn 3a.

31 BayVGH NVwZ 1987, 613.

32 OVG Rh-Pf DVBl 1991, 1367.

33 *Schröder* Verw 4 (1971) 301; *Bieber* DÖV 1991, 857.

die Behörde in immissionsschutzrechtlichen und in atomrechtlichen Genehmigungsverfahren nach pflichtgemäßem Ermessen Akteneinsicht gewähren; § 29 Abs 1 S 3, Abs 2 und 3 VwVfG finden entsprechende Anwendung (§ 10a 9. BImschV, § 6 Abs 4 AtVfV).

22 Eine verfahrensunabhängige „Verwaltungsöffentlichkeit" durch Offenlegung von Akten ist aufgrund der Richtlinie des Rates v 7. 6. 1990 (90/313/EWG) über den freien Zugang zu Informationen über die Umwelt (ABl Nr L 158 v 23.6. 1990, S 56) einzuführen.[34] Das Ziel der Richtlinie ist es, dadurch daß die Behörde verpflichtet ist, auf Antrag „ohne Nachweis eines Interesses" Informationen über die Umwelt zur Verfügung zu stellen, den freien Zugang zu diesen Informationen und deren Verbreitung zu gewährleisten und so den Umweltschutz zu verbessern. Die Richtlinie bedarf der Umsetzung in nationales Recht, entfaltet also keine unmittelbare Wirkung;[35] der dafür zuständige Bund ist dem durch das Gesetz zur Umsetzung der Richtlinie 90/313/EWG des Rates v 7.6.1990 über den freien Zugang zu Informationen über die Umwelt v 8.7.1994 (BGBl I S 1490) nachgekommen.[36] Der danach bestehende Anspruch auf Zugang zu Umweltinformationen in Behördenakten ist durch den gebotenen Schutz öffentlicher Belange begrenzt (§§ 7, 8 UIG). In einigen der neuen Landesverfassungen ist das Umweltinformationsrecht zum Grundrecht erhoben worden (Art 6 Abs 3 Verf MV; Art 6 Abs 2 Verf SA; Art 33 Verf Thür). In der Verfassung Brandenburgs wird jedermann nach Maßgabe des Gesetzes das Recht auf Einsicht in Akten und sonstige amtliche Unterlagen der Behörden und Verwaltungseinrichtungen des Landes und der Kommunen zugesprochen, soweit nicht überwiegende öffentliche oder private Interessen entgegenstehen, und wird dieses Recht als „politisches Gestaltungsrecht" verstanden (Art 21 Verf Brbg).

23 Die verschiedenen Rechte auf Akteneinsicht außerhalb eines Verwaltungsverfahrens formen, soweit sie individuellen Interessen zu dienen bestimmt sind, *materiellrechtliche* Rechtspositionen aus und sind kein Gegenstand des Verwaltungsverfahrensrechts. Das seit jeher bestehende Recht des Beamten auf Einsicht in seine vollständigen Personalakten (§ 56 BRRG) entspringt dem öffentlich-rechtlichen Dienst- und Treueverhältnis. Die gebotene Wiedergutmachung von Unrecht liegt dem Recht jedes einzelnen zugrunde, Einsicht in die von dem Bundesbeauftragten verwalteten und erschlossenen Unterlagen des Staatssicherheitsdienstes der früheren DDR zu erhalten (§ 3 Stasi-Unterlagen-Gesetz v 20.12.1991, BGBl I S 2272). In Ermangelung ausdrücklicher Rechtsvorschriften kann die Behörde eine verfahrensunabhängige Akteneinsicht nach Ermessen gewähren, unter Umständen auch nach dem allgemeinen Rechtssatz von Treu und Glauben zur Einsichtsgewährung verpflichtet sein.[37]

[34] *Dienes* ET 1992, 319; *Erichsen* NVwZ 1992, 409; *von Schwanenflügel* DÖV 1993, 95.

[35] VG Stade NVwZ 1994, 201. Anders VG Minden ZVR 1993, 284.

[36] BVerwG JZ 1998, 243 m Anm *Hendler*; VG München NVwZ 1996, 410 m Anm *Bachelin* GewArch 1996, 154. – *Scherzberg* DVBl 1994, 733; *Turiaux* NJW 1994, 2319; *ders* UIG-Kommentar, 1995; *Kollmer* NVwZ 1995, 858; *Röger* UIG-Kommentar, 1995; *Stollmann* NVwZ 1995, 146; *Berg* GewArch 1996, 177; *Vahldiek* ZUR 1997, 146.

[37] OVG Rh-Pf DVBl 1991, 1367.

6. Auskunfts- und Beratungspflicht der Behörde

Eine allgemeine Auskunfts- und Beratungspflicht der Behörde besteht nicht, auch nicht gegenüber den Beteiligten eines Verwaltungsverfahrens.[38] Es gehört aber zu den Grundsätzen eines ordnungsmäßigen Verfahrens, daß die Behörde Anträge mit dem Antragsteller erörtert, auf sachgemäße Anträge hinwirkt und ihm die erforderlichen Wege ebnet (vgl § 25 VwVfG; siehe auch oben unter § 36 Rn 3).[39] Eine derartige durch besondere Umstände gebotene Aufklärungs- und Beratungspflicht besteht besonders gegenüber rechts- und behördenunkundigen Beteiligten. Ein solcher besonderer Umstand ist es, wenn ein Beteiligter erkennbar Maßnahmen beabsichtigt, die für ihn nachteilige Folgen haben oder zumindest mit dem Risiko des Eintretens solcher Folgen behaftet sind. „Der Beamte hat Helfer des Staatsbürgers zu sein".[40] Die Verletzung einer danach bestehenden Beratungs- oder Aufklärungspflicht kann zur Amtshaftung führen. Das Sozialgesetzbuch hat jetzt einen Anspruch auf Beratung über die Rechte und Pflichten nach diesem Gesetz und auf Auskünfte über „alle sozialen Angelegenheiten nach diesem Gesetzbuch" begründet (§§ 14, 15 SGB – Allgem Teil –).[41] Eine der Beschleunigung von Genehmigungsverfahren dienende Pflicht der Behörde zu Beratung und Auskunft besteht gemäß § 71 c VwVfG. **24**

Sofern ein *Rat* oder eine *Auskunft* gegeben wird, muß die Erklärung richtig, klar, unmißverständlich und vollständig sein, auch wenn eine Rechtspflicht zu dem Rat oder der Auskunft nicht bestanden hatte. Auch insoweit trifft den Beamten eine Pflicht, deren Verletzung eine Amtshaftung zur Folge haben kann.[42] **25**

Durch eine Auskunft berät die Behörde den Bürger durch Mitteilung tatsächlicher Umstände oder rechtlicher Beurteilungen, ohne damit eine als bindend gewollte Erklärung über ihr zukünftiges Verhalten abzugeben, so daß der Beratene aus der Auskunft grundsätzlich keinen Anspruch auf ein bestimmtes Verwaltungshandeln herleiten kann; darin liegt der Unterschied der Auskunft von der *Zusage*, insbes der Zusicherung, einen bestimmten Verwaltungsakt später zu erlassen oder zu unterlassen (§ 38 VwVfG).[43] **26**

[38] VGH BW JuS 1977, 771; VGH BW BWVP 1979, 109. – *Krieger* Das Recht des Bürgers auf behördliche Auskunft, 1972; *Merten* VSSR 1 (1973) 66.

[39] BVerwG DVBl 1963, 777; OVG Lüneburg BB 1960, 643; *Ule/Laubinger* VwVfR, § 26; *Oebbecke* DVBl 1994, 147.

[40] BGH JZ 1971, 227; BGH NJW 1985, 1335. – Zur behördlichen „Betreuungspflicht": BVerwGE 20, 136; 26, 201; 30, 46.

[41] *Schnapp* DAngVers 1978, 538 und 1979, 9.

[42] BGH DVBl 1981, 88; BGH JuS 1981, 222; BGH DVBl 1993, 434; OLG Saarbrücken NVwZ 1995, 199. – Eine unzutr Auskunft kann hinsichtlich der dadurch entstandenen Rechtsnachteile, zB Fristversäumnis, zu einem Folgenbeseitigungsanspruch führen (BVerwGE 38, 336; BVerwG DVBl 1994, 170; BSG DVBl 1973, 793). Zum Herstellungsanspruch des Sozialrechts vgl BSGE 51, 89; 52, 145; 55, 261; *Brugger* AöR 112 (1987) 389.

[43] BGHZ 117, 83; BSG DVBl 1994, 1245.

7. Grundsätze der Rechtsanwendung

27 Die gesamte Tätigkeit der Behörde im Verwaltungsverfahren muß an dem Ziel ausgerichtet sein, aufgrund einer zutreffenden rechtlichen Würdigung des ordnungsmäßig und vollständig festgestellten Sachverhalts zu einer *rechtsbeständigen Entscheidung zu* gelangen. Welche Gründe die Rechtsbeständigkeit der Entscheidung in Frage stellen, also deren Anfechtbarkeit (Aufhebbarkeit) oder Nichtigkeit zur Folge haben, ist Gegenstand der Grundsätze über den fehlerhaften Verwaltungsakt. Ein wesentlicher Grund für die Fehlerhaftigkeit des Verwaltungsaktes ist die unrichtige Rechtsanwendung durch die Behörde, sei es daß die Behörde ohne hinreichende Rechtsgrundlage oder sonst aufgrund einer unzutreffenden rechtlichen Beurteilung des Sachverhalts gehandelt, sei es daß sie die Richtlinien und Grundsätze eines ihr eingeräumten Ermessens verletzt hat. Die Ermittlung des für die Entscheidung maßgeblichen Rechts ist somit eine grundlegende Pflicht der Behörde im Verwaltungsverfahren.

28 Der spezifische Auftrag der Exekutive im Gesamtzusammenhang der Staatsfunktionen, vor allem ihre Bindung an die parlamentarische Rechtsetzung, kommt in dem *Grundsatz der Gesetzmäßigkeit der Verwaltung* zum Ausdruck. Die Behörde darf ein entscheidungserhebliches Gesetz nicht unangewendet lassen, weil es nach ihrer Meinung *verfassungswidrig sei.* Gegebenenfalls ist eine Weisung der höheren Behörde, äußerstenfalls der obersten Landes- bzw Bundesbehörde einzuholen, die, wenn sie das Gesetz für unwirksam hält, die Entscheidung der Landes- bzw Bundesregierung über einen Antrag auf abstrakte Normenkontrolle beim Bundesverfassungsgericht (Art 93 Abs 1 Nr 2 GG) oder, bei Verletzung der Landesverfassung, beim Landesverfassungsgericht, herbeizuführen hat.[44] Soweit das Gesetz es zuläßt, ist das Verwaltungsverfahren auszusetzen, wenn ernste Bedenken gegen die Verfassungsmäßigkeit eines entscheidungserheblichen Gesetzes erhoben werden können.[45] Handelt es sich um die Wirksamkeit einer Verordnung, Satzung oder Verwaltungsvorschrift, sind die Geltungszweifel auf dem Dienstweg zur Prüfung durch das Organ zu bringen, das die fragliche Rechtsvorschrift erlassen hat. Findet das Verwaltungsverfahren vor der Behörde eines rechtsfähigen Verwaltungsträgers statt, ist, sofern es sich nicht um eine Satzung oder sonstige Rechtsvorschrift des Verwaltungsträgers selbst handelt, die zur Rechtsaufsicht zuständige Behörde anzurufen.

29 Der *Beamte* trägt für die Rechtmäßigkeit seiner dienstlichen Handlungen die volle persönliche Verantwortung; dieser beamtenrechtlichen Pflicht kann er auch unter Berufung auf seine Gehorsamspflicht gegenüber dienstlichen Anordnungen (§ 37 BRRG) nicht entgehen und in den Fällen, wo das ihm aufgetragene Verhalten strafbar und die Strafbarkeit für ihn erkennbar ist oder das ihm aufgetragene

[44] Die Frage eines „Prüfungsrechts" der Exekutive gegenüber dem Gesetz und im Fall von Rechtsverordnungen ist in den Argumentationsgrundlagen und in den Einzelheiten umstr. – *Hoffmann* JZ 1961, 193; *Menger* VerwArch 52 (1961) 305ff; *Bachof* AöR 87 (1962) 1; *Hall* DÖV 1965, 553; *Kabisch* Prüfung formeller Gesetze im Bereich der Exekutive, 1967; *Ossenbühl* Verw 2 (1969) 393; *Pietzcker* AöR 101 (1976) 374; *ders* DVBl 1986, 806.

[45] BVerfGE 12, 180 betr Aussetzung der Beitreibung einer Abgabe.

Verhalten die Würde des Menschen verletzt, selbst im Wege der Remonstration nicht ausweichen (§ 38 BRRG).[46]

Die von dem Beamten bei der Ermittlung und Anwendung des für die Entscheidung maßgeblichen Rechts aufzuwendende Sorgfalt ist eine ihm den Beteiligten gegenüber obliegende *Amtspflicht* iSd Amtshaftungsrechts. Der Erlaß einer rechtswidrigen Entscheidung stellt eine fahrlässige Verletzung dieser Sorgfaltspflicht dar, wenn der Beamte sich über einen klaren, bestimmten und völlig eindeutigen Wortlaut des Gesetzes hinweggesetzt hat oder, bei einer durch die höchstrichterliche Rechtsprechung noch nicht klargestellten, zweifelhaften Rechtsfrage, nicht die ihm vernünftigerweise erreichbaren Hilfsmittel, wie Kommentare, wissenschaftliche Veröffentlichungen, Gerichtsentscheidungen, ausgeschöpft hat.[47] Die höchstrichterliche Rechtsprechung ist ein wesentlicher Anhaltspunkt für die Beurteilung einer zweifelhaften Rechtslage, bindet aber den Beamten iSd Amtshaftungsrechts nicht unbedingt, so daß er beim Vorliegen beachtlicher Gegengründe auch abweichend entscheiden darf.[48] Die Mißachtung von Ausführungsbestimmungen oder sonstigen Verwaltungsanordnungen zur Rechtsanwendung ist pflichtwidrig. 30

II. Die Mitwirkung anderer Behörden oder Verwaltungsträger

Die Zuständigkeitsordnung legt fest, welche Behörde jeweils in einer Verwaltungsangelegenheit das Verfahren durchzuführen und die Entscheidung zu treffen hat. Neben der *entscheidungszuständigen* Behörde wirken kraft besonderer Rechtsvorschriften in zahlreichen Fällen an dem Verwaltungsverfahren andere Behörden oder Verwaltungsträger mit, deren Zuständigkeit oder Rechtsstellung berührt wird oder deren Sachkunde herangezogen werden soll. Die Rechtsposition der *mitwirkungsberechtigten* Behörden oder Verwaltungsträger in dem Verwaltungsverfahren ist je nach dem Zweck der Mitwirkungsbefugnis und je nach der Ausgestaltung des mitwirkenden Einflusses unterschiedlich.[49] 31

Rechtsvorschriften, welche die Mitwirkung anderer Behörden oder Verwaltungsträger vorschreiben, sind *verfahrensrechtliche* Regelungen; sie stellen für die entscheidungszuständige Behörde das formelle Erfordernis auf, die Mitwirkung der mitwirkungsberechtigten Stellen herbeizuführen. Der verfahrensrechtlichen Position der mitwirkungsberechtigten Stelle, besonders wenn diese ein rechtsfähiger Verwaltungsträger, zB eine kommunale Gebietskörperschaft, ist, liegt nicht selten ein *eigenes rechtlich geschütztes Interesse* zugrunde. In diesem Fall ist das Mitwirkungsrecht die mögliche Grundlage einer Beteiligung an dem Verwaltungsverfahren (siehe oben unter § 35 Rn 1ff).

Die *Beschleunigung von Verfahren* durch eine verbesserte Regelung der Mitwirkung von in ihrer Zuständigkeit oder ihren Rechten berührten Behörden und Ver- 32

[46] *Depenheuer* DVBl 1992, 404.
[47] BGHZ 30, 19; BGH NJW 1979, 2097; BGH NJW 1980, 826; BGH DVBl 1981, 825; *Bender* StHR, 3. Aufl 1981, Rn 344ff.
[48] OVG NW NJW 1979, 2061; *Ossenbühl* AöR 92 (1968) 478.
[49] *Wolff/Bachof/Stober* VwR I, § 45 Rn 66ff; *dies* VwR II, § 77 V.

waltungsträgern ist ein hervorgehobenes Thema der Reformbemühungen. Konzentriertes Verfahrensmanagement, „Sternverfahren“ (§ 71d VwVfG) und Antragskonferenz (§ 71e VwVfG) sind dafür geeignete Vorkehrungen. Die Fristsetzung mit Ausschlußwirkung (§§ 71d, 73 Abs 3a VwVfG) kann die Mitwirkung anderer Stellen nicht entbehrlich machen, wenn deren Äußerung für die Rechtmäßigkeit der Entscheidung von Bedeutung ist.

33 Danach, ob die entscheidungszuständige Behörde an den Mitwirkungsakt gebunden ist oder nicht, ist zwischen einem *bestimmenden* und einem nur *beratenden* Einfluß der mitwirkungsberechtigten Stelle zu unterscheiden. Das Gesetz drückt den bestimmenden Einfluß in der Regel dadurch aus, daß es die Entscheidung von der „Zustimmung“ der anderen Stelle abhängig macht[50] oder ausspricht, daß die Entscheidung *„im Einvernehmen“* mit der anderen Stelle zuergehen habe.[51] Die fragliche Entscheidung kann in diesen Fällen nur erlassen werden, wenn Zustimmung der oder Einvernehmen mit der mitwirkungsberechtigten Stelle vorliegen. Da aber auch hier nur eine einheitliche Entscheidung, wenn auch nicht allein aufgrund des Willens der entscheidungszuständigen Behörde, erlassen wird, ist es mißverständlich, diese als „gemeinsamen“ oder „mehrstufigen“ Verwaltungsakt zu bezeichnen. Den beratenden Einfluß drückt das Gesetz in der Regel dadurch aus, daß es die „Anhörung“ einer anderen Stelle vorschreibt[52] oder verlangt, daß die Entscheidung *„im Benehmen“* mit der anderen Stelle zu treffen sei.[53] Bei dieser Art der Mitwirkung ist die mitwirkungsberechtigte Stelle gutachtlich, zur Interessenwahrung oder wegen Berührung ihrer Zuständigkeit zu hören, ohne daß die Stellungnahme bindend wäre. In der Entscheidung kann demnach von der Äußerung der anderen Stelle aus sachlichen Gründen abgewichen werden.

34 Bei Verwaltungsverfahren zum Erlaß begünstigender Verwaltungsakte ist die Frage von praktischer Bedeutung, ob der Mitwirkungsakt ein *Verwaltungsakt* ist, ob also der Antragsteller den Mitwirkungsakt, wenn die von ihm beantragte Entscheidung deswegen abgelehnt worden ist, weil die mitwirkungsberechtigte Stelle die Zustimmung etc versagt hat, selbständig verwaltungsgerichtlich anfechten kann. Aufgrund der Rechtsprechung des Bundesverwaltungsgerichts zu dem Erfordernis der Zustimmung der Landesstraßenbaubehörde gemäß § 9 Abs 2 FStrG,[54] die für andere vergleichbare Fälle fortgesetzt worden ist,[55] hat sich die

[50] Bsp: Genehmigung von Bauführungen im äußeren Schutzstreifen der Bundesfernstraßen nur mit Zust der obersten Landesstraßenbaubehörde (§ 9 Abs 2 FStrG).

[51] Bsp: Genehmigung von Bauvorhaben unter Zulassung von Ausnahmen oder Befreiungen von den Festsetzungen eines Bebauungsplanes oder im nichtbeplanten Innenbereich oder im Außenbereich nur im Einvernehmen mit der Gemeinde (§§ 31, 36 Abs 1 BauGB).

[52] Bsp: „Anhörverfahren“ vor Entscheidung über den Antrag auf eine personenbeförderungsrechtliche Genehmigung (§ 14 PBefG).

[53] Bsp: Festsetzung der Ortsdurchfahrt durch die oberste Landesstraßenbaubehörde im Benehmen mit der höheren Verwaltungsbehörde und nach Anhörung der Gemeinde (§ 5 Abs 4 S 4 FStrG).

[54] BVerwGE 16, 116; 19, 238.

[55] BVerwGE 18, 333 (Zust des Bundesamtes für gewerbliche Wirtschaft zur Erteilung eines Warenbegleitscheins im Interzonenhandel); BVerwGE 21, 354 (Zust der Luftfahrtbehörde gem § 12 Abs 2 LuftVG); 26, 31 und 32, 148, 154ff (Zulassung einer Aus-

Auffassung durchgesetzt, daß diese Mitwirkungsakte grundsätzlich keine unmittelbar wirkenden Regelungen zu Lasten des Betroffenen und deshalb mangels „Außenwirkung" keine Verwaltungsakte sind. Das den Verfahrensgegenstand bildende Rechtsverhältnis, aus dem der Antragsteller den Anspruch auf die ihn begünstigende Entscheidung ableitet, ist einheitlich und nur zweiseitig; es gibt nur den einen unteilbaren Anspruch, über den die entscheidungszuständige Behörde zu befinden hat. Auch wenn der erstrebte Verwaltungsakt nur deshalb abgelehnt worden ist, weil die mitwirkungsberechtigte Behörde die Zustimmung versagt hat, hat der Antragsteller nicht Anfechtungsklage wegen der versagten Zustimmung, sondern nur Verpflichtungsklage wegen der abgelehnten Begünstigung zu erhehen, erhält also Rechtsschutz in einem einzigen Rechtsstreit gegen die entscheidungszuständige Behörde. Gegenstand dieses Rechtsstreits ist der Anspruch auf den begünstigenden Verwaltungsakt, über dessen Bestehen das Gericht auch insoweit entscheidet, als einzelne Anspruchsvoraussetzungen von der mitwirkungsberechtigten Behörde bestimmend zu beurteilen waren, so daß das Gericht implizit auch über die Rechtmäßigkeit des Mitwirkungsaktes befindet. Nur wenn die mitwirkungsberechtigte Stelle den Mitwirkungsakt zu Unrecht dem Betroffenen als Bescheid eröffnet, ist die Anfechtungsklage statthaft, die ohne sachliche Prüfung allein deswegen erfolgreich sein muß, weil die Mitwirkungsregelung zu einem derartigen Verwaltungsakt nicht ermächtigt.[56]

Von dieser Rechtslage ist auch dann auszugehen, wenn die mitwirkungsberech- 35
tigte Stelle ein *rechtsfähiger Verwaltungsträger* ist. Wenn deshalb beispielsweise die Gemeinde in einem Baugenehmigungsverfahren ihr Einvernehmen nicht erklärt (§§ 31, 36 Abs 1 BauGB) und die Baugenehmigungsbehörde aus diesem Grunde die Baugenehmigung versagt, kann der Antragsteller dagegen Rechtsschutz nur durch eine Verpflichtungsklage gegen die Baugenehmigungsbehörde suchen.[57] Die Baugenehmigungsbehörde ist im übrigen an die Versagung des Einvernehmens durch die Gemeinde auch dann gebunden, wenn sie diese für rechtswidrig hält, unbeschadet der Möglichkeit, das Einvernehmen der Gemeinde bei rechtswidriger Versagung durch eine besondere Entscheidung im Rahmen der Baugenehmigung zu ersetzen (§ 36 Abs 2 S 3 BauGB).[58] Die Erteilung der Baugenehmigung trotz fehlenden oder versagten Einvernehmens der Gemeinde leidet an einem Verfahrensfehler, der bei Anfechtungsklage der Gemeinde gegen die Baugenehmigung zu deren Aufhebung führen muß; denn dieser Mangel ist im Hinblick auf die Planungshoheit der Gemeinde erheblich (§ 46 VwVfG).[59]

Führt die Behörde eine vorgeschriebene bestimmende oder beratende Mitwir- 36
kung einer Behörde oder eines Verwaltungsträgers nicht herbei, ist die gleichwohl

nahme von der laufbahnrechtl Mindestbewahrungszeit durch den Bundespersonalausschuß bei der Beamtenernennung).

[56] BVerwG NJW 1969, 444 (gegen BVerwGE 16, 116, 127); VGH BW DVBl 1967, 205.

[57] BVerwGE 22, 342; 28, 145. – Die rechtswidrige Versagung des Einvernehmens kann die Gemeinde einem Amtshaftungsanspruch aussetzen (BGH DÖV 1976, 133).

[58] Die ältere Rechtslage ließ eine Ersetzung des rechtswidrig versagten Einvernehmens nur im Wege der Kommunalaufsicht zu (BVerwGE 22, 342; BVerwG NVwZ 1986, 556; *Battis/Krautzberger/Löhr* NVwZ 1997, 1145, 1162).

[59] BVerwG BayVBl 1986, 729.

erlassene Entscheidung wegen eines *Verfahrensmangels* fehlerhaft, nicht jedoch nichtig (vgl § 44 Abs 3 Nr 4 VwVfG). Die erforderliche Mitwirkung kann im Widerspruchsverfahren nachgeholt werden (vgl § 45 Abs 1 Nr 5 VwVfG), es sei denn, der Zweck des Mitwirkungserfordernisses kann nur bei einer Mitwirkung vor der Entscheidung erreicht werden.[60] Der Mangel einer gebotenen Mitwirkung kann von anderen Verfahrensbeteiligten nicht gerügt werden.[61]

III. Die Amtshilfe

37 Alle Behörden des Bundes und der Länder leisten sich gegenseitig Rechts- und Amtshilfe (Art 35 GG). *Rechtshilfe* wird von Gerichten (§§ 156ff GVG) und von Verwaltungsbehörden gegenüber Gerichten im Hinblick auf eine Tätigkeit der Rechtspflege geleistet. *Amtshilfe* ist die im Rahmen der Erfüllung von Aufgaben der öffentlichen Verwaltung auf Ersuchen einer Behörde geleistete „ergänzende Hilfe" einer anderen Behörde (§ 4 Abs 1 VwVfG).[62] Sie dient einer zweckmäßigen und wirtschaftlichen Erledigung von Verwaltungsgeschäften auf der Grundlage der gegebenen Zuständigkeitsordnung und der gegebenen Verteilung der administrativen Aufgaben und Befugnisse. Amtshilfe liegt nicht vor, wenn Behörden einander innerhalb eines bestehenden Weisungsverhältnisses Hilfe leisten, zB innerhalb eines in sich hierarchisch geordneten Verwaltungszweiges oder aufgrund eines Verhältnisses der Rechts- oder Fachaufsicht, oder wenn die Hilfeleistung in Handlungen besteht, die der ersuchten Behörde als eigene Aufgabe obliegen, wie zB im Falle der Vollzugshilfe der Polizei gegenüber den Ordnungsbehörden (§ 4 Abs 2 VwVfG).

38 Die bisher nur in verstreuten Einzelbestimmungen spezifizierte verfassungsrechtliche Amtshilfeverpflichtung hat in den §§ 4ff VwVfG eine nähere Ausgestaltung durch eine allgemeine Regelung erhalten. Die ein Verwaltungsverfahren durchführende Behörde will durch ein Ersuchen um Amtshilfe, zB um Erteilung einer Auskunft oder um Gewährung von Akteneinsicht, das bei ihr anhängige und anhängig bleibende Verfahren in einem Einzelpunkt fördern, weil die eigene Erledigung rechtlich oder tatsächlich unmöglich oder unwirtschaftlich wäre. Durch das Ersuchen um und die Gewährung von Amtshilfe werden die kompetenzmäßigen und sachlichrechtlichen Grenzen für das Tätigwerden der ersuchenden und der ersuchten Behörde nicht verändert; besondere Vertraulichkeits- oder Verschwiegenheitspflichten etwa, zB das Steuergeheimnis, bleiben auch gegenüber einem Amtshilfeersuchen bestehen. Die Verantwortlichkeit für die Rechtmäßigkeit des Verfahrens und der Entscheidung, die durch das Ersuchen gefördert werden

[60] BVerwG VerwRspr 16, 851 (Anhörung der Hauptfürsorgestelle vor der Entlassung eines Schwerbeschädigten).

[61] BVerwGE 28, 268; BVerwG NJW 1974, 1961, 1964.

[62] *Forsthoff* (Fn 17) § 6, 1; *Wolff/Bachof* VwR II, § 77 VI; *J. Schmidt* in: Schmitt Glaeser (Hrsg), Verwaltungsverfahren, 1977, 135; *Schnapp* NJW 1980, 2165; *Meyer-Teschendorf* JuS 1981, 187; *Schlink* Die Amtshilfe, 1982; *ders* NJW 1986, 249; *Schnapp/Friehe* NJW 1982, 1422; *Barbey* FS für die Jurist Gesellschaft zu Berlin, 1984, 25; *Simitis* NJW 1986, 2795. – BVerwGE 38, 336; BVerwG NVwZ 1986, 467.

sollen, bleibt Sache der ersuchenden Behörde, während die ersuchte Behörde für die Art und Weise der geleisteten Amtshilfe, deren Rechtmäßigkeit sich nach dem für die ersuchte Behörde geltenden Recht richtet, verantwortlich ist (§ 7 VwVfG). Dementsprechend darf die ersuchte Behörde die erbetene Amtshilfe nur leisten, wenn diese in ihren Zuständigkeitsbereich fällt und nach den für die ersuchte Behörde maßgeblichen Rechtsvorschriften zulässig ist (§ 5 Abs 2 VwVfG).

Die Amtshilfe ist ein verwaltungsinterner Vorgang, in dem sich die Einheit der Verwaltungsfunktion ungeachtet der bundesstaatlichen Kompetenzverteilung, der Trennung der unmittelbaren Staatsverwaltung und der rechtsfähigen Verwaltungsträger und der arbeitsteiligen Zuständigkeitsordnung äußert. Zu dem Erlaß von Verwaltungsakten durch die ersuchte Behörde kann ein Amtshilfeersuchen nur führen, wenn die ersuchte Behörde dazu kraft besonderer gesetzlicher Ermächtigung befugt und der ersuchenden Behörde gegenüber dazu auch gesetzlich verpflichtet ist. **39**

Die im Rahmen der Amtshilfe vorgenommene Amtshandlung der ersuchten Behörde gegenüber der ersuchenden Behörde ist eine Verfahrenshandlung iSd § 44a VwGO. Um einen anfechtbaren Verwaltungsakt würde es sich nur dann handeln, wenn die Verfahrenshandlung eine Rechtsposition beeinträchtigte, die dem Betroffenen selbständig, also ohne funktionellen Zusammenhang mit der behördlichen Entscheidungsfindung eingeräumt wurde.[63] Die Übermittlung personenbezogener Daten im Amtshilfeverkehr muß die *datenschutzrechtlichen* Beschränkungen beachten (§ 15 iVm § 1 Abs 3 Nr 2 S 3 BDSG sowie die entspr Rechtsvorschriften der Landes-Datenschutzgesetze).[64] Das Amtshilferecht bietet für die Weitergabe personenbezogener Daten dann keine ausreichende Rechtsgrundlage, wenn die Übermittlung zu einer Abweichung von der Zweckbindung der Daten („Zweckentfremdung") führt; denn für diesen Fall fordert das Recht auf informationelle Selbstbestimmung einen „amtshilfefesten" Schutz.[65] Unter dieser Voraussetzung bedarf es einer besonderen gesetzlichen Ermächtigung für die Informationsübermittlung im Wege der Amtshilfe, die im Datenschutzrecht oder in bereichsspezifischen Gesetzen zu finden sein kann, zB im Polizei- oder Sicherheitsrecht. **40**

[63] BayVGH BayVBl 1988, 341 (Übermittlung von Unterlagen seitens der Polizei an die Ausländerbehörde kein Verwaltungsakt); *Stelkens/Bonk/Sachs* VwVfG, 5. Aufl 1998, § 5, Rn 41.

[64] *Simitis/Dammann/Mallmann/Reh* Komm zum Bundesdatenschutzgesetz, 3. Aufl 1981, § 10, Rn 50ff; *Knack* VwVfG, 5. Aufl 1996, § 5, Rn 5. 2. 3. 6; *Stelkens/Bonk/Sachs* VwVfG, 5. Aufl 1998, § 4, Rn 9; *Bull* DÖV 1979, 689; *Simitis* NJW 1986, 2795. – S o unter § 34 V.

[65] BVerfGE 65, 1, 46.

§ 38
Die Entscheidung

I. Der Verwaltungsakt als Bescheid

1 Das Verwaltungsverfahren ist an dem Verfahrensziel ausgerichtet, eine bestimmte Aufgabe öffentlicher Verwaltung mit den der zuständigen Behörde zur Verfügung stehenden Befugnissen im Einzelfall durch den Erlaß eines *Verwaltungsaktes* oder den Abschluß eines *öffentlich-rechtlichen Vertrages* zu erfüllen. Ziel und formeller Abschluß des Verwaltungsverfahrens ist die Entscheidung der Behörde über die verfahrensbefangenen Rechte und Pflichten der Beteiligten und der sonst Betroffenen. Grundlage des Verfahrens ist ein konkretes öffentlich-rechtliches Rechtsverhältnis, über das im ganzen oder in einzelnen Hinsichten eine feststellende oder gestaltende Regelung durch Verwaltungsakt oder Vertrag in Betracht kommt.[1]

2 Der Verwaltungsakt als die aufgrund des Verwaltungsverfahrens ergehende Entscheidung hat eine *verfahrensrechtliche* und eine *materiellrechtliche* Funktion. Als Verfahrenshandlung der Behörde bringt er das Verfahren zum Abschluß und gibt er der getroffenen Entscheidung eine der Bestandskraft fähige Gestalt. Soweit der Verwaltungsakt eine Sachentscheidung ist, ist er durch seine Wirkung auf die betroffenen Rechte und Pflichten eine nach dem materiellen Recht zu beurteilende, begünstigende oder belastende Verwaltungshandlung. Im Hinblick auf seine verfahrensrechtliche Funktion kann er *„Bescheid"*,[2] im Hinblick auf seine materiellrechtliche Funktion kann er, nach dem Muster des Polizei- und Ordnungsrechts, *„Verfügung"* genannt werden. Diese Terminologie hat keinen festen Kurswert: „Verwaltungsakt ist jede Verfügung, Entscheidung oder andere hoheitliche Maßnahme, die eine Behörde zur Regelung eines Einzelfalles auf dem Gebiet des öffentlichen Rechts trifft und die auf unmittelbare Rechtswirkung nach außen gerichtet ist" (§ 35 S 1 VwVfG). Dies hängt nicht zuletzt damit zusammen, daß die Eigenart des Verwaltungshandelns eine scharfe Verselbständigung des Verwaltungsverfahrenrechts und der verfahrensrechtlichen Wirkungen des Verwaltungsaktes nicht zuläßt (siehe oben unter § 33 I 2).

3 Der Verwaltungsakt ist ein spezifischer Modus der administrativen Verwirklichung und Konkretisierung des objektiven Rechts, nämlich *ein verselbständigter und einer besonderen Bestandskraft fähiger Ausspruch einer Rechtsfolge.*[3] In der bei Unanfechtbarkeit des Verwaltungsaktes eintretenden Bestandskraft zeigt sich der aus der verfassungsstaatlichen Funktion der öffentlichen Verwaltung entspringende, eigene Rechtswert des Verwaltungsaktes. Denn *Bestandskraft* bedeutet, bezogen auf die im Entscheidungszeitpunkt gegebene Sach- und Rechtslage, die Maßgeblichkeit der durch den Verwaltungsakt bewirkten Regelung gegenüber behaupteten oder bestehenden Fehlern, sofern diese nicht die Unwirksamkeit

[1] *Bachof* VVDStRL 30 (1972) 193, 230ff; *Martens* Die Praxis des Verwaltungsverfahrens, 1985, 24ff. – S des Näheren o unter § 11 Rn 3ff.
[2] Vgl §§ 56ff öst Allgem Verwaltungsverfahrensgesetz. *Winkler* Der Bescheid, 1956.
[3] *Martens* DVBl 1968, 322; *ders* Praxis (Fn 1) 161f.

(Nichtigkeit) des Verwaltungsaktes zur Folge haben. Der Verwaltungsakt, indem er hinkünftig bestimmt, was für die Betroffenen in dem konkreten Rechtsverhältnis rechtens sein soll, verfügt über eine verfahrensrechtlich definierte, aber in erster Linie materiellrechtlich bedeutsame Entscheidungs- und Bindungswirkung. Muß er im Wege der *Verwaltungsvollstreckung* gegen den Pflichtigen durchgesetzt werden, gewinnt er überdies nach Maßgabe seiner Bestandskraft die selbständige Bedeutung eines Titels.[4] Auf die Bedeutung des Verwaltungsaktes als grundlegender Handlungsform der Verwaltung ist in § 12 Rn 2ff genauer eingegangen.

Abgesehen von den Fällen, wo die Exekutive mündlich, durch Zeichen oder konkludent handelt, tritt der Verwaltungsakt als (schriftlicher) *Bescheid* in Erscheinung. Juristisch betrachtet ist der Bescheid das Ziel und der Abschluß eines rechtlich geordneten Verfahrens. Die realen Bedingungen und Umstände dieses Entscheidungsvorganges sind Gegenstand der *Verwaltungswissenschaft.* Danach läßt sich die Verwaltung als ein System begreifen, das darauf spezialisiert ist, gesellschaftliche Komplexität auf der Grundlage von in Rechtsvorschriften ausgedrückten Programmen durch verbindliche Entscheidungen zu reduzieren, und lassen sich das Verwaltungsverfahren als ein geordneter Prozeß der Informationsverarbeitung und die Entscheidung als das Ergebnis dieses Prozesses beschreiben.[5] **4**

II. Form und Inhalt des Verwaltungsaktes

1. Formvorschriften

Der Verwaltungsakt ist nur formgebunden, wenn das durch Rechtsvorschriften bestimmt ist. Am geläufigsten ist die *Schriftform,* so zB bei der Genehmigung lästiger Anlagen (§ 10 Abs 7 BImSchG), beim Steuerbescheid (§ 157 AbgO) und bei der Entscheidung im förmlichen Verfahren (vgl § 69 Abs 2 VwVfG). Daß der Verwaltungsakt als ein schriftlicher Bescheid ergeht, ist – auch ohne Formvorschrift – außerhalb des polizeilichen Einschreitens aus praktischen Gründen der Aktenführung und der Verwaltungsklarheit der Regelfall. Man wird sogar ein ungeschriebenes Gebot der Schriftform annehmen müssen, wo es auf den Wortlaut der Entscheidung ankommt, zB bei Erlaubnissen mit Nebenbestimmungen, bei der Vergabe von Leistungen.[6] In dem besonders formstrengen Beamtenrecht (§ 6 Abs 2 BBG), aber auch bei anderen rechtsbegründenden Entscheidungen (zB Einbürgerung, § 16 RuStAngG; Genehmigung eines Güterfernverkehrs, § 15 GüKG) fordert das Gesetz die Aushändigung einer unter Umständen auch in ihrem Inhalt normierten Urkunde. **5**

Die *Formvorschriften* sollen die Behörde und den Bürger vor undurchdachten und unklaren Entscheidungen schützen, ihre Beachtung ist daher Bedingung der

[4] *Arndt* Der Verwaltungsakt als Grundlage der Verwaltungsvollstreckung, 1967.

[5] *Luhmann* Theorie der Verwaltungswissenschaft, 1966, ber S 67ff (Rez. DÖV 1970, 18); *ders* Recht und Automation in der öffentlichen Verwaltung, 1966, 21ff; *ders* Legitimation durch Verfahren, 1969, 203ff; *Schmidt* AöR 96 (1971) 321.

[6] *Wolff/Bachof* VwR I, § 50 IIc 3.

Wirksamkeit des Verwaltungsaktes. Das gilt ausnahmsweise nur dann nicht, wenn der Formvorschrift eine bloße Ordnungsfunktion zukommt.[7]

6 Handelt die Behörde durch schriftlichen Bescheid, sei es kraft Formvorschrift oder aus praktischen Gründen, setzt die Formgültigkeit der Entscheidung zwingend voraus, daß der Bescheid die ihn erlassende Behörde erkennen läßt (§ 44 Abs 2 Nr 1 VwVfG). Die Angabe des Datums ist zweckmäßig, das Fehlen des Datums jedoch grundsätzlich kein Verfahrensmangel. Der Bescheid muß handschriftlich oder durch Faksimile unterschrieben sein; bei genormten Massenverwaltungsakten kann die Unterschrift gedruckt sein oder weggelassen werden (§ 37 Abs 3 und 4 VwVfG). Ist hingegen die Form der Urkunde gefordert, sind Datum und eigenhändige Unterschrift Bedingungen der Formgültigkeit.[8]

2. Automatisierte Bescheide

7 Die zunehmende Ausstattung mit elektronischen Datenverarbeitungsanlagen[9] hat das *automatisiert ausgefüllte Formular* in einigen Verwaltungszweigen zur Regelform des Bescheides werden lassen. Derartige maschinell hergestellte Verwaltungsakte sind zB Rentenbescheide, Steuerbescheide, Gebührenbescheide.[10]

Die Verwendung von EDV-Anlagen entbindet die Behörde nicht von den rechtsstaatlichen Erfordernissen, daß ein Bescheid eine klare, eindeutige und für den Empfänger verständliche Äußerung der Verwaltung sein und daß der Betroffene aus dem Bescheid die Gründe der Entscheidung in dem Maße erkennen können muß, wie es für die Wahrung seiner Rechte notwendig ist. Die Behörde darf von dem Adressaten eines Bescheids kein besonderes Fachwissen der EDV für das Lesen automatisierter Bescheide voraussetzen, andererseits ist es dem Betroffenen, zB einem Versorgungsempfänger, grundsätzlich zuzumuten, schematisierte Kennzeichen oder Kennziffern an Hand beigefügter Erläuterungen zu entschlüsseln.[11]

8 Nach § 37 Abs 4 VwVfG können bei einem schriftlichen Verwaltungsakt, der mit Hilfe automatischer Einrichtungen erlassen wird, ausnahmsweise die Unterschrift oder die Namenswiedergabe des Behördenleiters, seines Vertreters oder seines Beauftragten fehlen und können zur Inhaltsangabe Schlüsselzeichen verwendet werden, wenn derjenige, für den der Verwaltungsakt bestimmt ist oder der von ihm betroffen wird, aufgrund der dazu gegebenen Erläuterungen den Inhalt des

[7] BVerwG JZ 1964, 687 betr §§ 42, 17 Abs 2, 3 KgfEG.

[8] *Forsthoff* VwR, 238 f; *Klink* Verwaltungsakt, Vorverfahren, Vorbescheid und Urteil, 2. Aufl 1968, 20 ff; *Badura* in: Schmitt Glaeser (Hrsg), Verwaltungsverfahren, 1977, 205; *Wendt* JA 1980, 25, 29 f; *Randelzhofer/Wilke* Die Duldung als Form flexiblen Verwaltungshandelns, 1981, 29 ff.

[9] S o § 34 IV.

[10] *Polomski* Der automatisierte Verwaltungsakt, 1993.

[11] BVerwG DVBl 1972, 955 betr die rückwirkende Rücknehmbarkeit eines fehlerhaften automatisierten Verwaltungsaktes und den Umfang der dem Adressaten zumutbaren Nachprüfung des Bescheids. – Das Gebot der Klarheit gilt auch hinsichtlich der Qualität einer automatisierten Behördenerklärung als Verwaltungsakt (OVG NW DÖV 1974, 599 betr eine „Mitteilung über veränderte Dienstbezüge“).

Verwaltungsaktes eindeutig erkennen kann.[12] Einer Begründung des mit Hilfe automatischer Einrichtungen erlassenen Verwaltungsaktes bedarf es nicht, wenn dies nach den Umständen des Einzelfalles nicht geboten ist (§ 39 Abs 2 Nr 3 VwVfG); materielle Abstriche vom Begründungszwang werden damit nicht zugelassen. Eine Beglaubigung von Computerausdrucken ist zulässig (§ 33 Abs 4 S 1 Nr 3 VwVfG).

3. Begründung und Begründungszwang

Durch die Begründung eines Bescheids wird die Behörde dazu veranlaßt, die 9
tatsächlichen und rechtlichen Voraussetzungen eines Verwaltungsaktes sorgfältig zu prüfen, und wird der Betroffene in die Lage versetzt, Inhalt und Tragweite des Verwaltungsaktes zu erkennen und die von der Behörde ihrer Entscheidung zugrunde gelegten Feststellungen und Erwägungen auf ihre Stichhaltigkeit zu kontrollieren. Die Frage, ob und inwieweit ein *Begründungszwang* für Verwaltungsakte besteht, steht in engem Zusammenhang mit dem Recht auf Gehör und der Gewährleistung wirksamen Rechtsschutzes (Art 19 Abs 4 GG) und orientiert sich ebenso an der rechtsstaatlichen Maxime, daß das Verwaltungsverfahren den Betroffenen eine hinreichende Gelegenheit zur Wahrung ihrer Rechte geben muß. Daraus folgt als Grundsatz, daß ein Verwaltungsakt, der die rechtlich geschützten Interessen eines Betroffenen berührt, einer Begründung bedarf, es sei denn, die Behörde habe einem Antrag des Betroffenen in vollem Umfang entsprochen oder der Betroffene bliebe auch ohne Begründung über die tatsächlichen und rechtlichen Erwägungen der Behörde nicht im unklaren.[13] Soweit der Begründungszwang reicht, muß die Behörde den Verwaltungsakt als schriftlichen Bescheid erlassen.

Eine allgemeine Regelung über den grundsätzlichen Begründungszwang für 10
Verwaltungsakte ist in § 39 VwVfG vorgesehen. In zahlreichen Einzelvorschriften ist bestimmt, daß Entscheidungen als schriftlich begründete Bescheide zu ergehen haben, so zB für die Genehmigung lästiger Anlagen (§ 10 Abs 7 BImSchG), für Entscheidungen im förmlichen Verfahren (§ 69 Abs 2 VwVfG), für den Widerspruchsbescheid (§ 73 VwGO). Bei der akzessorischen Anordnung der sofortigen Vollziehung eines Verwaltungsaktes ist das besondere Interesse an der sofortigen Vollziehung schriftlich zu begründen (§ 80 Abs 3 VwGO).[14]

[12] S dazu die Begr des EVwVfG 1963, 142. Der Satz 2, der erstmals in § 29 Abs 4 S 2 EVwVfG 1970 enthalten war, hat durch die in Anm 11 zit Entscheidung des BVerwG eine Bestätigung erfahren. – BVerfG NJW 1994, 574; BVerwGE 44, 189 (automatisierter Einberufungsbescheid ohne Unterschrift); BVerwG NJW 1993, 1667 (Unterschriftserfordernis bei manuellen Änderungen oder Ergänzungen eines automatisierten Bescheids); *Stelkens/Bonk/Sachs* VwVfG, 5. Aufl 1998, § 37, Rn 55ff.

[13] Sprung/König (Hrsg), Die Entscheidungsbegründung in europ Verfahrensrechten und im Verfahren vor internation Gerichten, 1974; *Scheffler* DÖV 77, 767; *Wendt* JA 1980, 25, 30ff; *Dolzer* DÖV 1985, 9; *Lücke* Begründungszwang und Verfassung, 1987.

[14] *Finkelnburg/Jank* Vorläufiger Rechtsschutz im Verwaltungsstreitverfahren, 3. Aufl 1986, 230ff.

11 Die Anforderungen an *Umfang und Vollständigkeit der Begründung* sind von der Art des Verwaltungsverfahrens und der Entscheidung abhängig und stets an dem Leitgedanken zu messen, daß der Betroffene den für die Wahrung seiner Rechte und die Beurteilung der Erfolgsaussichten eines Rechtsbehelfs notwendigen Aufschluß über die tatsächlichen Umstände und rechtlichen Gesichtspunkte erhält, auf denen die Entscheidung der Behörde beruht. Unabdingbar ist, daß der Betroffene Klarheit über die Rechtsgrundlage des Verwaltungshandelns hat. Von besonderer Bedeutung sind die Begründung und die Deutlichkeit und Ausführlichkeit ihres Inhalts bei Ermessensentscheidungen. Die Begründung muß hier, sofern das nicht ohne weiteres auf der Hand liegt, die Gesichtspunkte erkennen lassen, von denen die Behörde bei der Abwägung ausgegangen ist (vgl § 39 Abs 1 S 3 VwVfG).[15] Nicht erforderlich ist, daß sämtliche erwogenen Umstände und sämtliche bei der Ermessensausübung in Betracht gezogenen Erwägungsgründe in die Begründung aufgenommen werden. Beruft sich die Behörde in einem Rechtsstreit, zB über eine Planungsentscheidung, auf nicht ausdrücklich in der Begründung aufgeführte Abwägungsumstände oder -vorgänge, und kommt es darauf für die Rechtsbeständigkeit der Verwaltungsentscheidung an, muß das Gericht gem § 86 Abs 1 VwGO Beweis erheben.

12 Der Verfahrensfehler einer *mangelnden oder mangelhaften Begründung* kann im Widerspruchsverfahren und selbst bis zum Abschluß des verwaltungsgerichtlichen Verfahrens geheilt werden (§ 45 Abs 1 Nr 2, Abs 2 VwVfG).[16] Die spätere Ergänzung oder Berichtigung der dem Bescheid beigefügten Begründung ist vom *Nachschieben von Gründen* zu unterscheiden (dazu unten § 38 IV). Auch die Begründung einer Ermessensentscheidung kann nachträglich ergänzt werden; neue Gründe für die sachliche Richtigkeit der Ermessensausübung können nachgeschoben werden, sofern sie sich (nur) als eine Ergänzung der Ermessenserwägungen darstellen (§ 114 S 2 VwGO). Führt die Heilung der Begründung oder das Nachschieben von Gründen zu ausscheidbaren Kosten, kann zu Lasten der Behörde die Kostenfolge des § 155 Abs 5 VwGO eintreten.

Fehlt einem Verwaltungsakt die erforderliche Begründung und ist dadurch die rechtzeitige Anfechtung versäumt worden, gilt die Fristversäumnis als nicht verschuldet (§ 45 Abs 3 VwVfG).

4. Rechtsmittelbelehrung

13 Die Beifügung einer Rechtsmittelbelehrung ist ausdrücklich nur für bestimmte Verwaltungsakte vorgeschrieben, so für Bescheide von Bundesbehörden (§ 59 VwGO), für bauplanungsrechtliche Verwaltungsakte (§ 211 BauGB), für Entscheidungen im förmlichen Verfahren (§ 136 Abs 2 S 2 SchlHLVwG), für Widerspruchsbescheide (§ 73 Abs 3 S 1 VwGO). Das *Fehlen einer Rechtsmittelbelehrung,* sei diese ausdrücklich gefordert oder nicht, hat keinen Einfluß auf die

[15] BVerwGE 22, 215.

[16] Vor der Änderung des § 45 Abs 2 VwVfG durch Art 1 Nr 3 des GenBeschlG v 12.9.1996 konnte eine Heilung nur im Widerspruchsverfahren erfolgen (dazu die Begründung, BT-Drucks 7/910, 66).

Rechtsbeständigkeit des Verwaltungsaktes, sondern stets nur die Folge, daß die Anfechtungsfrist – dh beim Verwaltungsakt die Widerspruchsfrist (§ 70 VwGO), beim Widerspruchsbescheid und beim ohne Vorverfahren angreifbaren Verwaltungsakt die Klagefrist (§ 74 VwGO) – nicht zu laufen beginnt, statt dessen vielmehr eine besondere Anfechtungsfrist von einem Jahr in Lauf gesetzt wird (§ 58 VwGO).

Die *unrichtige oder unvollständige Rechtsmittelbelehrung* steht der fehlenden gleich. Der Beteiligte muß über den Rechtsbehelf, die Verwaltungsbehörde oder das Gericht, bei denen der Rechtsbehelf anzubringen ist, den Sitz und die einzuhaltende Frist schriftlich belehrt werden. An die Richtigkeit und Vollständigkeit der Belehrung werden strenge Anforderungen gestellt.[17] Die Rechtsmittelbelehrung muß unzweideutig sein und darf auch nicht über das Gesetz hinausgehende formelle Erschwernisse des Rechtsbehelfs angeben, so zB daß der Klage Abschriften für die übrigen Beteiligten beigefügt werden „müßten“ (obwohl § 81 Abs 2 VwGO nur eine Sollvorschrift ist).[18]

5. Inhalt, Auslegung und Bestimmtheit des Verwaltungsaktes

Die Rechtsbeständigkeit eines Verwaltungsaktes beurteilt sich nach der durch ihn **14**
getroffenen Verfügung: Der den *Inhalt des Verwaltungsakts* bildende Ausspruch über die Rechte oder Pflichten des oder der Betroffenen muß rechtmäßig sein. Dafür kommt es nicht auf die Richtigkeit der Rechtsausführungen an, die von der Behörde der Entscheidung als Begründung beigefügt sind.[19] Eine Unrichtigkeit der Begründung kann die Rechtsbeständigkeit des Verwaltungsaktes nur dann in Frage stellen, wenn sie in unzutreffenden tatsächlichen Feststellungen besteht oder einen Ermessensfehler erkennen läßt.

Im einfachsten Fall besteht der Verwaltungsakt aus einer Verfügung, die die **15**
Rechtsstellung des Adressaten, der zugleich der einzige Betroffene ist, regelt, sei es belastend, wie zB bei der Anordnung, ein baurechtswidriges Haus zu beseitigen, sei es begünstigend, wie zB bei der Gewährung einer Sozialhilfeleistung. Diese Grundkonstellation ist jedoch nicht schlechthin der Regelfall für die aus einem Verwaltungsverfahren hervorgehende Entscheidung. In einem Verwaltungsakt können mehrere an den Adressaten gerichtete Regelungen verbunden sein, so beim *Verwaltungsakt mit Nebenbestimmungen,* und die in dem Verwaltungsakt getroffene Entscheidung kann die Rechtsstellungen mehrerer Betroffener teils begünstigend, teils belastend erfassen, so beim *Verwaltungsakt mit Doppelwirkung.* Bei dem Verwaltungsakt mit Nebenbestimmungen treten zu der Hauptregelung, zB der Erteilung einer Genehmigung, in dienender Funktion ergänzende Bestim-

[17] S des Näheren die Kommentare zu § 58 VwGO. – Über die erforderliche Form des Rechtsbehelfs braucht nicht belehrt zu werden (BVerwGE 50, 248). Die Angabe der postalischen Anschrift der Ausgangsbehörde ist nicht gefordert, wohl aber die eindeutige und unverwechselbare Angabe ihres Sitzes (BVerwG BayVBl 1991, 154).

[18] BVerwG NJW 1980, 1707. – Zu den Anforderungen an die Rechtsmittelbelehrung bei zweifelhafter Rechtslage vgl BVerwG DÖV 1965, 713.

[19] BayVGHE 7, 1, 6.

mungen (Auflage, Bedingung, Befristung, Widerrufsvorbehalt) hinzu. Für Voraussetzungen und Wirkungen der Nebenbestimmungen ist das materielle Recht maßgebend; wegen des sachlichen Zusammenhangs mit dem Verwaltungsverfahrensrecht hat das VwVfG hierzu eine Vorschrift aufgenommen (§ 36). Der Verwaltungsakt mit Nebenbestimmungen ist im Dritten Teil unter § 14 behandelt. Ein aufgrund eines förmlichen Verwaltungsverfahrens ergehender *Planfeststellungsbeschluß* ist in der Regel ein komplexer Verwaltungsakt mit Nebenbestimmungen, mit Drittwirkung und – aufgrund seiner „Konzentrationswirkung" (§ 75 Abs 1 VwVfG) – mehrfachen Rechtsfolgewirkungen.

16 Der Bescheid enthält eine *Kostenentscheidung,* wenn der Verwaltungsakt eine kostenpflichtige Amtshandlung ist. Kosten, das sind (Verwaltungs-) Gebühren und Auslagen, werden nach Maßgabe der Kostengesetze des Bundes[20] und der Länder[21] für fast alle Amtshandlungen erhoben, die nicht überwiegend im öffentlichen Interesse von Amts wegen vorgenommen werden. Kosten, die bei richtiger Sachbehandlung durch die Behörde nicht entstanden wären, werden niedergeschlagen. Die Höhe der Verwaltungsgebühren bestimmt sich nach den Kostenverzeichnissen, die aufgrund einer im Kostengesetz ausgesprochenen Ermächtigung[22] als Rechtsverordnungen erlassen werden. Die Kosten des *Widerspruchsverfahrens,* über die im Widerspruchsbescheid zu entscheiden ist (§ 73 Abs 3 S 2 VwGO), gehören zu den Kosten eines sich anschließenden gerichtlichen Verfahrens (§ 62 Abs 1 VwGO). Schließt sich ein gerichtliches Verfahren nicht an (isoliertes Vorverfahren), bemißt sich die Erstattung von Aufwendungen[23] nach § 80 VwVfG bzw den entsprechenden Vorschriften der Landes-Verwaltungsverfahrensgesetze.[24]

17 Die den rechtlichen Inhalt des Verwaltungsaktes bildende Verfügung wird in einem schriftlichen Bescheid häufig auch äußerlich in einem besonderen *Verfügungssatz,* gegebenenfalls gefolgt von den angeordneten Nebenbestimmungen und der Kostenentscheidung, von der Begründung abgehoben, die oft wiederum in die Wiedergabe des Sachverhalts und die rechtlichen Erwägungen unterteilt wird. Sofern der Verfügungssatz für sich allein nicht klar und verständlich ist, ist die Begründung heranzuziehen, um den Inhalt und Sinn der Verfügung zu ermitteln.[25] Obwohl Verwaltungsakte mit privatrechtlichen Willenserklärungen nicht vergleichbar sind, ist zur *Auslegung von Bescheiden* der in § 133 BGB ausgedrückte allgemeine Rechtsgedanke heranzuziehen, daß es nicht auf den Buchstaben ankommt, sondern auf den wirklichen Willen der Behörde, soweit er im Bescheid greifbar einen Niederschlag gefunden hat. Für die Ermittlung des erklärten Wil-

[20] VwKostG v 23.6.1970 (BGBl I, 821), zuletzt geänd durch Ges v 5.10.1994 (BGBl I, 2911).

[21] ZB BayKostG v 20.2.1998 (BayRS 2013-1-F).

[22] Zu den Anforderungen an die Bestimmtheit dieser gesetzlichen Ermächtigungen BVerfGE 20, 257, 268 ff betr § 80 Abs 2 S 2 GWB (s die Neufass durch Ges v 22.7.1969, BGBl I, 901); BVerfGE 33, 358 betr § 23 FlBeschG; BVerwG JZ 1970, 183.

[23] Art 80 BayVwVfG regelt weitergehend die Kosten im Vorverfahren insges.

[24] BVerwG DVBl 1978, 630; *Pietzner* BayVBl 1979, 107; *ders* DÖV 1979, 779; *Renck* DÖV 1979, 558.

[25] BVerwGE 5, 275.

lens der Behörde sind auch die Umstände und Gesichtspunkte heranzuziehen, die zur Aufhellung des Inhalts der Verfügung beitragen können und die dem Beteiligten bekannt sind, wenn der Verwaltungsakt sich ausdrücklich oder konkludent, aber jedenfalls erkennbar, auf sie bezieht. Insofern ist Maßstab der Auslegung eines Bescheides der verständige und die Zusammenhänge, die der Verwaltungsakt erkennbar in die Entscheidung einbezogen hat, berücksichtigende Beteiligte.[26] Nach diesen Auslegungsgrundsätzen einer objektiven Würdigung des Erklärungsinhalts ist auch zu verfahren, wenn zu ermitteln ist, ob eine Verwaltungsäußerung ein Verwaltungsakt oder eine privatrechtliche Willenserklärung ist.[27]

Ist der Inhalt eines Verwaltungsaktes auch mit Hilfe der Begründung nicht klar **18**
und eindeutig feststellbar, enthält er keine vollziehbare, befolgbare und vollstreckbare Entscheidung und ist unwirksam (nichtig). Der Verwaltungsakt muß *inhaltlich hinreichend bestimmt* sein (§ 37 Abs 1 VwVfG).[28] Dieser tragende Grundsatz des Verwaltungshandelns ist, besonders im Polizei- und Ordnungsrecht, seit jeher betont worden.[29] Der Adressat eines Gebots oder Verbots, muß der Verfügung entnehmen können, welche Handlungsweise ihm aufgegeben ist, ohne daß das Geforderte einer verschiedenen subjektiven Bemessung zugänglich sein darf. Die Mittel, mit denen der Pflichtige den gewünschten Zustand erreichen soll, brauchen ihm nicht genau vorgeschrieben zu werden; oft erfordert der Grundsatz der Verhältnismäßigkeit der Mittel sogar, daß dem Pflichtigen zwischen gleich geeigneten Mitteln die Wahl überlassen bleibt.

6. Bekanntgabe und Zustellung des Verwaltungsaktes

Der Verwaltungsakt ist demjenigen, für den er bestimmt ist (Adressaten), und den **19**
sonstigen Beteiligten bekanntzugeben. Er wird für einen Betroffenen in dem Zeitpunkt *wirksam,* in dem er ihm bekanntgegeben wird (§§ 41, 43 Abs 1 VwVfG).[30] Mit der Wirksamkeit treten die in dem Verwaltungsakt ausgesprochenen Rechtsfolgen ein, nicht jedoch auch die *Vollziehbarkeit.*[31] Von der Wirksamkeit des Verwaltungsaktes ist seine *Bestandskraft* zu unterscheiden, die ihm erst bei Unanfechtbarkeit zukommt.

Auch bei *mehreren Beteiligten* wird der Verwaltungsakt für den Adressaten mit **20**
der Bekanntgabe an ihn wirksam und für die anderen Beteiligten jeweils mit der Bekanntgabe an diese. Die Unanfechtbarkeit, und folglich auch die Bestandskraft, tritt für jeden Beteiligten selbständig ein, je nach dem Zeitpunkt der Bekanntgabe

26 BVerwGE 12, 87, 91; OVG Lüneburg, Urt v 2.12.1966, III OVG A 4/64; BGH NJW 1985, 1335; *Wolff/Bachof/Stober* VwR I, § 49 Rn 71.

27 BVerwG DÖV 1973, 533 betr eine Zahlungsaufforderung.

28 BVerwGE 31, 15; OVG NW OVGE 13, 182; 16, 263; *Stumpp* DVBl 1968, 330.

29 Paradigmatisch PrOVGE 88, 209. Vgl *Drews/Wacke/Vogel/Martens* Gefahrenabwehr, 9. Aufl 1986, 435 ff.

30 *Erichsen/Hörster* Jura 1997, 659.

31 Ein Verwaltungsakt, der ein vollziehbares Gebot oder Verbot enthält, kann erst vollzogen und gegen den Pflichtigen im Wege der Verwaltungsvollstreckung durchgesetzt werden, wenn er unanfechtbar geworden oder wenn die sofortige Vollziehung (§ 80 Abs 2 Nr 4 VwGO) angeordnet worden ist.

an ihn und dem Ende des Fristlaufes für ihn.[32] Dasselbe gilt für Betroffene, die an dem Verwaltungsverfahren nicht beteiligt worden sind; für diese kann der Verwaltungsakt erst aufgrund und zu dem Zeitpunkt der Bekanntgabe wirksam und entsprechend dem Zeitpunkt der Unanfechtbarkeit bestandskräftig werden. Die Bekanntgabe des Verwaltungsaktes an den Betroffenen ist, abgesehen von einer möglichen Verwirkung, die unabdingbare Voraussetzung der Wirksamkeit und der Unanfechtbarkeit für diesen Betroffenen. Ein Verwaltungsakt mit Drittwirkung wird deshalb erst dann in vollem Umfang bestandskräftig, wenn er nicht nur für den Adressaten, sondern für alle Betroffenen unanfechtbar geworden ist.

21 Die Behörde kann die *Bekanntgabe des Verwaltungsaktes* selbst oder durch die Post vornehmen. Die Bekanntgabe ist mit dem Zugang des nicht unmittelbar übergebenen Bescheids bewirkt, hängt also nicht von der tatsächlichen Kenntnisnahme durch den Empfänger ab (vgl § 130 Abs 1 BGB). Die Behörde hat gegebenenfalls den Zugang und den Zeitpunkt des Zugangs nachzuweisen. Eine Bekanntgabe und demzufolge ein wirksamer Zugang des Verwaltungsaktes liegt nur vor, wenn der Verwaltungsakt dem Empfänger kraft des Willens der Behörde eröffnet worden ist.[33] Eine Kenntnisnahme ohne den Willen der Behörde, zB durch Zufall oder durch Mitteilung eines Dritten, beruht nicht auf einer Bekanntgabe und hat deshalb auch nicht die dieser zukommenden Wirkungen, bes nicht den Beginn des Laufs der Rechtsbehelfsfrist. Das Anfechtungsrecht kann allerdings durch Untätigkeit verwirkt werden, wenn der Betroffene die Entscheidung kannte oder hätte kennen müssen und demnach von einem Rechtsbehelf während eines längeren Zeitraums abgesehen hat.[34]

22 Wenn es durch Rechts- und Verwaltungsvorschriften bestimmt ist, wie zB für die Planfeststellung (§ 74 Abs 4 S 1 VwVfG), für den Widerspruchsbescheid (§ 73 Abs 3 S 1 VwGO), hat die Bekanntgabe des Verwaltungsaktes förmlich durch *Zustellung* zu erfolgen. Die Zustellung, bei der der Zugang des Bescheids und der Zeitpunkt des Zugangs durch besondere Förmlichkeiten gesichert und bei den strengeren Formen auch urkundlich festgehalten werden, kann durch die Behörde oder die Post bewirkt werden. Das Verfahren der Zustellung ist für die Behörden des Bundes und die Landesfinanzbehörden im Verwaltungszustellungsgesetz v 3. 7. 1952 (BGBl III 201-3)[35] und für die anderen Behörden der Länder durch die Verwaltungszustellungsgesetze der Länder geregelt, die teils das Bundesgesetz inhaltlich übernommen,[36] teils in enger Anlehnung an das Bundesgesetz eigene Bestimmungen erlassen haben.[37]

[32] BVerwG NJW 1970, 263; BVerwGE 44, 294; *Siegmund-Schultze* DVBl 1966, 247. – Bei in häuslicher Gemeinschaft lebenden Ehegatten wird idR die Bekanntgabe an einen Ehegatten ausreichen (BVerwG DVBl 1994, 810).

[33] BVerwGE 22, 14; 29, 321; BVerwG NVwZ 1992, 565 m Anm *Allesch* NVwZ 1993, 544. – Der Bekanntgabewille fehlt zB, wenn nur Akteneinsicht gewährt wird (BVerwG NVwZ 1991, 73).

[34] BVerwGE 44, 294, 299f; 78, 85, 89ff (Nachbarklage).

[35] *Kohlrust/Eimert* Das Zustellungsverfahren nach dem VwZG, 1967; *dies* DStR 1968, 410, 456, 502, 567, 602; *Engelhardt/App* VwVG. VwZG, 4. Aufl 1996; *Kintz* JuS 1997, 1115.

[36] So das Nds VwZVG v 15. 6. 1966 (GVBl, 114).

[37] So das Bay VwZVG idF d Bek v 11.11.1970 (BayRS 2010-2-1). – *Schmitt-Lermann* Bay VwZVG, 1961.

Die Zustellung besteht in der Übergabe eines Schriftstücks in Urschrift, Ausfertigung oder beglaubigter Abschrift oder in dem Vorlegen der Urschrift. Das Schriftstück muß bei mehreren Beteiligten jedem von ihnen in einer gesonderten Ausfertigung zugestellt werden. Der bei einer Verletzung dieses Erfordernisses eintretende Zustellungsmangel kann nicht gemäß § 9 Abs 1 VwZG geheilt werden.[38] Ist die förmliche Zustellung vorgeschrieben, kommt es für den Beginn des Fristlaufs einer Rechtsbehelfsfrist auf eine sonstige Kenntnisnahme des Empfängers von dem Bescheid nicht an.[39] Die Zustellung durch die Post kann mit Zustellungsurkunde oder mittels eingeschriebenen Briefes erfolgen. Die Postzustellungsurkunde begründet als öffentliche Urkunde iSd § 418 Abs 1 ZPO iVm § 98 VwGO den vollen Beweis der darin bezeugten Tatsachen.[40] Bei der Zustellung mittels eingeschriebenen Briefes gilt dieser mit dem dritten Tag nach der Aufgabe zur Post als zugestellt, es sei denn, daß das zuzustellende Schriftstück nicht oder zu einem späteren Zeitpunkt zugegangen ist; im Zweifel hat die Behörde den Zugang des Schriftstücks und den Zeitpunkt des Zugangs nachzuweisen (§ 4 Abs 1 VwZG).[41] Läßt sich die formgerechte Zustellung eines Schriftstücks nicht nachweisen oder ist das Schriftstück unter Verletzung zwingender Zustellungsvorschriften zugegangen, so gilt es als in dem Zeitpunkt zugestellt, in dem es der Empfangsberechtigte nachweislich erhalten hat (§ 9 Abs 1 VwZG), vorausgesetzt, daß dem Zugehen ein Bekanntmachungswillen der Behörde zugrunde lag.[42] Diese Heilung von Zustellungsmängeln tritt nicht ein, wenn mit der Zustellung die Frist für die Einlegung eines gerichtlichen Rechtsbehelfs beginnt (§ 9 Abs 2 VwZG).[43] Auch in diesem Fall wird aber ein Verwaltungsakt, den der Empfänger nachweislich erhalten hat, mit dem Zugang wirksam (er kann nur nicht unanfechtbar werden)[44] und fällt der Zustellungsmangel dann weg, wenn der Verwaltungsakt zugegangen ist und der Empfänger den in Betracht kommenden Rechtsbehelf eingelegt, zB Widerspruch erhoben hat. 23

Im förmlichen Verwaltungsverfahren, insbes im Planfeststellungsverfahren, kann die Zustellung an die einzelnen Beteiligten durch *öffentliche Bekanntmachung* ersetzt werden, wenn mehr als 50 Zustellungen vorzunehmen wären (§§ 69 Abs 2, 74 Abs S VwVfG). Bei anderen Verwaltungsakten darf die Zustel- 24

[38] OVG Koblenz DÖV 1974, 714; BayVGH BayVBl 1982, 630; OVG Berlin NVwZ 1986, 136; aA HessVGH NVwZ 1986, 137. Anders bei in häuslicher Gemeinschaft lebenden Ehegatten (vgl Art 8a BayVwZVG).

[39] BVerwGE 22, 14.

[40] BVerwG NJW 1986, 2127.

[41] BVerwGE 36, 127; BayVerfGH BayVBl 1974, 268; HessVGH NVwZ 1986, 138; OVG Hbg NJW 1997, 2616 (Zustellung per Telefax). – In § 41 Abs 2 VwVfG ist eine entspr Regelung für die nicht durch Zustellung bewirkte Bekanntgabe von Bescheiden vorgesehen.

[42] BVerwGE 16, 165; 22, 14; 25, 1; 29, 321.

[43] BVerwG DÖV 1980, 648 für den Fall, daß bei einer Zustellung nach § 195 Abs 2 S 2 ZPO der Datumsvermerk auf der Sendung von dem Datumsvermerk auf der Postzustellungsurkunde abweicht; BVerwG NJW 1983, 1076 für den Fall, daß die Postzustellungsurkunde keine eindeutige Eintragung über den Tag der Zustellung enthält.

[44] OVG Berlin DVBl 1961, 212. Zur Ersatzzustellung: BVerwG NJW 1973, 1945.

lung oder sonstige Bekanntgabe nur kraft besonderer gesetzlicher Vorschrift durch öffentliche Bekanntmachung ersetzt werden (so zB gem § 10 Abs 8 BImSchG); lediglich Allgemeinverfügungen (§ 35 S 2 VwVfG) dürfen auch dann öffentlich bekanntgemacht werden, wenn eine Bekanntgabe an die Beteiligten „untunlich" ist (§ 41 Abs 3 VwVfG). In „Massenverfahren" dürfen Ladungen zur mündlichen Verhandlung und zu einem Erörterungstermin sowie Benachrichtigungen über einen Verfahrensabschluß ohne Bescheid ebenfalls durch öffentliche Bekanntmachung bewirkt werden (§§ 67 Abs 1, 73 Abs 6, 69 Abs 3 VwVfG).

7. Vorbescheid und Teilgenehmigung, „Stufung" des Entscheidungsvorgangs

25 Vor der abschließenden Entscheidung über den Gegenstand des Verwaltungsverfahrens durch den Verwaltungsakt kann die Behörde einen *„Vorbescheid"* über einzelne Entscheidungsvoraussetzungen erlassen, wenn diese Verfahrensweise gesetzlich zugelassen ist oder wenn der Antragsteller ein berechtigtes Interesse daran geltend machen kann, daß bestimmte, einer Verselbständigung fähige Teile der Entscheidung vorweggenommen werden. Der Vorbescheid ist ein Verwaltungsakt mit einer auf den vorab geregelten Entscheidungsteil beschränkten Wirkung, der von den Beteiligten angefochten werden kann. Ausdrückliche Regelungen finden sich bei der immissionsschutzrechtlichen Genehmigung lästiger Anlagen (§ 9 BImSchG) und der atomrechtlichen Anlagengenehmigung (§§ 7a, 7b AtG, § 19 AtVfV). Ein wichtiger Anwendungsfall ist der Standort-Vorbescheid.[45]

26 Vom Vorbescheid ist die *Teilgenehmigung* zu unterscheiden, durch die die Zulassung eines Teiles des den Entscheidungsgegenstand bildenden Vorhabens ausgesprochen wird (§ 8 BImSchG; § 7b AtG, § 18 AtVfV). So kann zB je eine Teilgenehmigung über die Errichtung und über den Betrieb einer Anlage ergehen und kann weiter die Gestattung der Errichtung einer Anlage in mehrere Teilgenehmigungen aufgespalten werden. Die „Konzeptgenehmigung" einer nuklearen Anlage ist keine Teilgenehmigung, sondern ein Vorbescheid; denn sie hat nicht gestattenden Charakter, sondern regelt definitiv einen Ausschnitt aus dem feststellenden Teil der Anlagengenehmigung.[46] Die Behörde kann, soweit das Gesetz oder Grundsätze der Rechtsstaatlichkeit nicht entgegenstehen, das Genehmigungsverfahren nach Zweckmäßigkeit gestalten und auch in einzelne Abschnitte aufgliedern. Art und Tragweite der Verfahrensstufung müssen aber klar und eindeutig sein; eine Teilgenehmigung kann wegen Unbestimmtheit ihres Regelungsgehalts Dritte in ihren Rechten verletzen.[47]

Mit der Teilgenehmigung wird eine der Bestandskraft fähige Zulassung eines Teilabschnitts des Vorhabens ausgesprochen. Die dem Unternehmer durch endgültige Entscheidungen in der Teilgenehmigung zugewiesene Rechtsposition kann auch bei einer Änderung der Sachlage nur durch Widerruf, nicht aber durch ab-

[45] BVerwG DVBl 1982, 960. – *Reichelt* Der Vorbescheid im Verwaltungsverfahren, 1989.

[46] BVerwGE 70, 365; *Sellner* NVwZ 1986, 616; *Klante* BayVBl 1987, 5; BVerwG DVBl 1986, 190; BVerwG DVBl 1988, 148; BVerwG NVwZ 1989, 52.

[47] BVerwGE 80, 207, 215.

weichende Regelungen in einer nachfolgenden Teilgenehmigung beseitigt werden.[48] Der sich in einen umgreifenden Entscheidungszusammenhang einfügenden Eigenart der Teilgenehmigung trägt das Atomrecht dadurch Rechnung, daß die Erteilung der Teilgenehmigung auch davon abhängt, daß eine vorläufige Prüfung ergibt, daß die Genehmigungsvoraussetzungen im Hinblick auf die Errichtung und den Betrieb der gesamten Anlage vorliegen werden (§ 18 AtVfV). Dieses einer atomrechtlichen Teilgenehmigung zugrunde liegende „vorläufige positive Gesamturteil" wird in den nachfolgenden Teilgenehmigungen jeweils im Umfang von deren Gestattung in eine neue, detaillierte und auf den neuesten Stand von Wissenschaft und Technik aktualisierte endgültige Feststellung umgewandelt und dadurch „verfestigt".[49]

Die durch Vorbescheid und durch Teilgenehmigungen entstehende „Stufung" 27
des Entscheidungsvorganges bringt mehrere auf ein Vorhaben bezogene und in einem übergreifenden Verwaltungsverfahren verbundene Verwaltungsakte hervor, die über relativ verselbständigte Entscheidungsinhalte verfügen und insoweit abgeschlossene Verfahrenslagen schaffen, die auch – wenn das gesetzlich vorgesehen ist – materielle Präklusionswirkung entfalten.[50] Im Hinblick auf die Mitwirkungslast der Drittbetroffenen, die Ausgleichsfunktion der komplexen Entscheidung zugunsten und zu Lasten aller Beteiligten und den Rechtsgedanken der Verwirkung ist die materielle Präklusion von Einwendungen nach gesetzter Frist, mit der eine Ausschlußwirkung auch für das gerichtliche Verfahren eintritt, verfassungsrechtlich unbedenklich, wenn die verwaltungsverfahrensrechtliche Regelung über die Wahrung der betroffenen Rechte und insbes über das Geltendmachen von Einwendungen rechtsstaatlichen Anforderungen genügt.[51] Von dem Einwendungsausschluß kraft Präklusion („Verwirkungs-Präklusion"), zB gemäß § 7 AtVfV, ist die Bindungswirkung einer bestandskräftigen Entscheidung innerhalb des gestuften Verfahrens („Bestandskraft-Präklusion"), zB gemäß § 7b AtomG, zu unterscheiden (s o § 37 Rn 4).

Die zeitliche Ausdehnung des Gesamtverfahrens erlaubt die sukzessive Berück- 28
sichtigung neuer Umstände und neuer wissenschaftlicher oder technologischer Einsichten, soweit das nicht eine wesentliche Änderung des Vorhabens oder der Entscheidung, zur Folge hat und sich dementsprechend die Betroffenheit der Rechte oder sonstigen Belange Dritter nicht wesentlich ändert. Vorbescheid und

48 Für das Verhältnis von Errichtungs- und Betriebsgenehmigung im Atomrecht: BVerwGE 88, 286; BVerwG DVBl 1993, 1151.

49 BVerwG NVwZ 1993, 578 (KKW Mülheim-Kärlich, Rechtsstreit über die neue 1. Teilgenehmigung v 20. 7. 1990, mit der die durch BVerwGE 80, 207 aufgehobene 1. Teilgenehmigung v 9. 1. 1975 ersetzt wurde).

50 *Schmidt-Aßmann* in: FG BVerwG, 1978, 569; *J. Ipsen* DVBl 1980, 146; *ders* AöR 107 (1982) 259, 275ff; *Ossenbühl* NJW 1980, 1353; *Papier* NJW 1980, 313; *A. Weber* DÖV 1980, 397; *Selmer/Schulze-Osterloh* JuS 1981, 393; *Degenhart* FS Menger, 1985, 621; *Sellner* Immissionsschutzrecht und Industrieanlagen, 2. Aufl 1988, 165ff; *Burmeister* in: Ress (Hrsg), Entwicklungstendenzen im Verwaltungsverfahrensrecht und in der Verwaltungsgerichtsbarkeit, 1990, 55; *Wieland* DVBl 1991, 616.

51 BVerfGE 61, 82; BVerfG UPR 1983, 23; BVerwGE 60, 297; 61, 256. – *J. Ipsen* AöR 107 (1982) 259, 280ff; *Degenhart* ET 1983, 230, 241ff; *Badura* JZ 1984, 14.

erste Teilgenehmigung oder entsprechende erste Teilzulassungen dürfen nur nach Durchführung einer Umweltverträglichkeitsprüfung erteilt werden (§ 13 UVPG). Die Verschiedenheit der Entscheidungsregeln und der Verfahrensgestaltungen stehen dem Versuch im Wege, die Entscheidungsstufung durch Vorbescheid und Teilgenehmigungen zusammen mit der kaskadenartigen Abfolge von Verwaltungsverfahren zur Planung und Beurteilung eines Vorhabens, wie zB die luftrechtliche Aufeinanderfolge von Genehmigung nach § 6 LuftVG und Planfeststellung nach §§ 8ff LuftVG[52] oder die straßenrechtliche Aufeinanderfolge von Entscheidung über die Linienführung nach § 16 BFStrG und Planfeststellung nach § 17 FStrG, zu einer einheitlichen Lehre von „gestuften" Verwaltungsverfahren zu verallgemeinern.

29 Ein praktisch wichtiger Fall des Vorbescheids ist die *Bebauungsgenehmigung* als von der Baugenehmigung abgespaltene Vorabentscheidung über die planungsrechtliche Bebaubarkeit des Grundstücks, mit der dem Eigentümer oder Bauherrn Klarheit über die städtebauliche Situation des Grundstücks verschafft werden kann.[53] Die Bebauungsgenehmigung bindet die Baugenehmigungsbehörde mit einer Befristung analog § 21 BauGB[54] bei der späteren Entscheidung über die Baugenehmigung. Sie steht dementsprechend für die Mitwirkungsrechte der Gemeinde und der höheren Verwaltungsbehörde (§§ 31, 36 BauGB) sowie für den Rechtsschutz des Nachbarn der Baugenehmigung gleich.

III. Bedeutung und Heilung von Verfahrensmängeln

1. Verfahrensmängel und Verfahrensfehler

30 Ein Verwaltungsakt, der gegen das materielle Recht verstößt, ist fehlerhaft. Je nach dem Gewicht der Rechtsverletzung hat ein solcher Fehler die Nichtigkeit, dh Unwirksamkeit (§§ 44, 43 Abs 3 VwVfG), oder die Aufhebbarkeit des Verwaltungsaktes (im Rahmen eines Rechtsbehelfsverfahrens, §§ 68, 42, 113 VwGO) zur Folge. Die Grundsätze über die Folgen eines Fehlers für die Rechtsbeständigkeit der Entscheidung sind Gegenstand der Lehre vom fehlerhaften Verwaltungsakt (Dritter Teil, § 15 Rn 21ff).

31 Auch ein *Verfahrensmangel,* dh ein Verstoß gegen die für das Zustandekommen des Verwaltungsaktes maßgeblichen Regeln, stellt einen Rechtsfehler dar, der

[52] Die Genehmigung bildete ursprünglich die Grundlage der Planfeststellung, die ggf zu ergänzen oder zu ändern war, wenn dies nach dem Ergebnis des Planfeststellungsverfahrens notwendig war (§ 6 Abs 4 S 1 LuftVG). Nach der neuen Vorschrift des § 8 Abs 6 LuftVG idF d Planungsvereinfachungsgesetzes v 17.12.1993 (BGBl I, 2123) ist die Genehmigung nicht (mehr) Voraussetzung für ein Planfeststellungs- oder Plangenehmigungsverfahren.

[53] Die Bebauungsgenehmigung ist ihrem Wesen nach ein Ausschnitt aus dem feststellenden Teil der Baugenehmigung, der sich über die bodenrechtliche Bebauungsfähigkeit eines Grundstücks verhält (BVerwGE 48, 242; BVerwG NJW 1984, 1473 und 1474). – In Bayern ist die Bebauungsgenehmigung als Vorbescheid gesetzlich geregelt (Art 75 BayBO); dazu BayVGH BayVBl 1970, 366 m abl Anm *Mang*.

[54] BVerwG DÖV 1969, 143; OVG Lüneburg DÖV 1967, 278.

die Nichtigkeit oder die Aufhebbarkeit des Verwaltungsaktes zur Folge haben kann. Bei Verfahrensmängeln, die nicht schon zur Nichtigkeit des Verwaltungsaktes führen, besteht jedoch die Besonderheit, daß sie nicht schlechthin die Aufhebbarkeit des Verwaltungsaktes begründen, sondern nur unter der weiteren Voraussetzung, daß sie in bestimmter Weise für die getroffene Entscheidung erheblich waren. Nur dann ist der Verfahrensmangel ein die Rechtsbeständigkeit des Verwaltungsaktes berührender Verfahrensfehler (§ 46 VwVfG). In dieser eingeschränkten Wirkung von Verfahrensverstößen auf die Rechtsbeständigkeit von Verwaltungsakten kommt der Grundgedanke zum Ausdruck, daß das Verfahrensrecht dem materiellen Recht dient und daß eine Entscheidung der Verwaltung, die in der Sache rechtmäßig ist, im Regelfall nicht wegen eines für die Sachrichtigkeit der Entscheidung bedeutungslosen Verfahrensverstoßes gerichtlich soll zu Fall gebracht werden können.[55] Zur Aufhebung des Verwaltungsaktes führt ein dem Verwaltungsverfahren anhaftender Mangel nur dann, wenn er sich auf die Entscheidung in der Sache ausgewirkt hat.[56] Dasselbe gilt, wenn die verletzte Verfahrensnorm einem Dritten eine absolut zu beachtende verfahrensrechtliche Rechtsposition einräumt. Der Grund für die gesetzliche Einräumung derartiger Verfahrensrechte, deren Verletzung ohne Rücksicht auf die materielle Richtigkeit der Sachentscheidung zur Aufhebung des Verwaltungsaktes führt, ist verschiedenartig; der Bezug zur Sachentscheidung bleibt stets erhalten. Das Anhörungsrecht der Gemeinde im luftrechtlichen Genehmigungsverfahren (§ 6 LuftVG) schützt die kommunale Planungshoheit angesichts der planungsrechtlichen Vorwirkung dieser Unternehmergenehmigung.[57] Das Beteiligungsrecht anerkannter Naturschutzverbände nach § 9 BNatSchG gibt dem naturschutzrechtlichen Allgemeininteresse einen institutionalisierten Sachwalter.[58] Die beratende Mitwirkung bestimmt zusammengesetzter Sachverständigengremien soll der Entscheidung der Behörde im Allgemeininteresse und auch zur Sicherung der Rechte des von der Entscheidung betroffenen Dritten im Hinblick auf materiell nur schwach steuerbare Wertungen eine spezifische Richtigkeitsgewähr verschaffen.[59]

Die vor Inkrafttreten des VwVfG zweifelhafte Frage, ob ein an einem unerheblichen Verfahrensmangel leidender und deswegen rechtsbeständiger Verwaltungsakt auch rechtswidrig sei, ist jetzt als geklärt anzusehen. Aus der Wortfassung des § 46 VwVfG und auch aus den Bestimmungen des § 59 Abs 2 Nrn 2 und 3 VwVfG ist zu entnehmen, daß jeder Verfahrensrecht verletzende Verwaltungsakt rechtswidrig ist, ohne Rücksicht darauf, ob wegen des Verfahrensmangels die Aufhebung des Verwaltungsaktes verlangt werden kann oder nicht.[60]

55 *Ossenbühl* NVwZ 1982, 465/471.

56 BVerwGE 56, 230/233; *Laubinger* VerwArch 72 (1981) 333.

57 BVerwG DÖV 1979, 517; BVerwG DÖV 1980, 135; BVerwG DVBl 1988, 532.

58 BVerwG DVBl 1991, 214.

59 Ein Bsp dafür sind die Sachverständigen-Ausschüsse, die gem §§ 2 Abs 2, 5 Abs 2 des Gesetzes über den Schutz deutschen Kulturgutes gegen Abwanderung v 6.8.1955 zu bilden sind.

60 *Meyer/Borgs* VwVfG § 46, Rn 8. – Diese positivrechtliche Festlegung ist überprüfungsbedürftig. Sie bedeutet, daß ein Verwaltungsakt, der „nur wegen eines Verfahrens- oder Formfehlers iSd § 46 rechtswidrig" ist, dennoch entgegen § 113 Abs 1 S 1 VwGO rechts-

2. Angreifbarkeit von Verfahrenshandlungen

32 *Verfahrenshandlungen* der Behörde dienen der Förderung des Verfahrensziels, der Sachentscheidung,[61] und sind deshalb in der Regel keine selbständigen und abgeschlossenen Regelungen. Auch soweit sie als Verwaltungsakte anzusehen wären, bewirken sie in der Regel keine selbständige Rechtsbeeinträchtigung zu Lasten der Betroffenen. Ein ihnen anhaftender oder durch ihre Vornahme oder Unterlassung herbeigeführter Verfahrensmangel kann deswegen grundsätzlich nur in der Weise von dem Betroffenen gerügt werden, daß er die aufgrund des Verwaltungsverfahrens ergehende Entscheidung unter Berufung auf einen Verfahrensfehler mit dem Rechtsbehelf angreift. Diese Rechtslage soll durch § 44a VwGO in der Fassung des § 97 Nr 2 VwVfG klargestellt werden.[62] Danach ist eine Klage oder ein sonstiger Rechtsbehelf nur gegen oder im Hinblick auf solche behördliche Verfahrenshandlungen statthaft, die vollstreckt werden können oder gegen einen Nichtbeteiligten ergehen. Im übrigen ist ein Rechtsbehelf gegen oder im Hinblick auf eine behördliche Verfahrenshandlung unzulässig.[63] Demnach ist zB die behördliche Entscheidung darüber, ob ein Beteiligter innerhalb des laufenden Verwaltungsverfahrens und für dieses Verfahren Akteneinsicht erhält (§ 29 VwVfG), keine selbständig angreifbare Verfahrenshandlung.[64]

3. Geltendmachung von Verfahrensmängeln

33 Die Rechtsbeständigkeit des Verwaltungsaktes wird durch einen Verfahrensmangel berührt, wenn dieser Mangel die Nichtigkeit des Verwaltungsaktes bewirkt oder – wenn das nicht der Fall ist – ein erheblicher Verfahrensmangel iSd § 46 VwVfG ist, ohne wegen „Heilung" nach § 45 VwVfG unbeachtlich zu sein. Dies hängt jeweils von dem Inhalt der verletzten Rechtsvorschrift und ihrem Zweck, besonders ihrer Schutzrichtung ab. Die *Nichtigkeit* des Verwaltungsaktes haben Verfahrensverstöße zur Folge, bei denen die Gewährleistungsfunktion der verletzten Norm für die Richtigkeit und Ordnungsmäßigkeit der Entscheidung so ausschlaggebend ist, daß ihre Unwirksamkeit ohne Rücksicht auf eine Anfechtung des Verwaltungsaktes eintreten muß. Diese Frage beurteilt sich nunmehr nach § 44 VwVfG und den entsprechenden Bestimmungen der Verwaltungsverfahrensgesetze

beständig bleibt. Folgerichtiger und im Hinblick auf eine mögliche Haftung ausreichend wäre es, hier lediglich eine rechtswidrige Verfahrenshandlung anzunehmen, die „die Rechtmäßigkeit des Verwaltungsaktes (nicht) beeinträchtigt" (BVerwGE 29, 282, 283f).

[61] *Redeker/v Oertzen* VwGO, § 44a, Rn 1.

[62] BVerwG BayVBl 1978, 444 (insoweit in NJW 1979, 177 nicht abgedr); BayVGH DVBl 1988, 1179; *Kopp* VwVfG, 6. Aufl 1996, § 97, Rn 4; *Hill* Jura 1985, 61. Anders *Meyer/Borgs* VwVfG, § 97, Rn 17, 18, und *Redeker/von Oertzen* (Fn 61), die § 44a VwGO rein konstitutiv nur auf Verfahrenshandlungen beziehen, die Verwaltungsakte sind; für eine restriktive Auslegung auch *W. Schmidt* JuS 1982, 745 sowie BayVGH BayVBl 1990, 622. – *Eichberger* Die Einschränkung des Rechtsschutzes gegen behördliche Verfahrenshandlungen, 1986.

[63] BVerwG NJW 1979, 177.

[64] S o unter § 37 Rn 20.

der Länder. Absolute Nichtigkeitsgründe im Bereich des Verfahrensrechts sind danach nur die Fehler, daß ein schriftlicher Bescheid die erlassene Behörde nicht erkennen läßt, daß die vorgeschriebene Form der Urkunde nicht gewahrt ist und daß die Behörde ohne die örtliche Zuständigkeit der belegenen Sache gehandelt hat (§ 44 Abs 2 Nrn 1 bis 3 VwVfG). Für eine weitere Gruppe von Verfahrensverstößen ist ausdrücklich festgelegt, daß sie nicht zur Nichtigkeit führen (§ 44 Abs 3 VwVfG). Ob von diesen beiden Gruppen nicht erfaßte Verfahrensmängel die Nichtigkeit des Verwaltungsaktes bewirken, entscheidet sich nach der Abwägungsklausel des § 44 Abs 1 VwVfG, wonach ein Verwaltungsakt nichtig ist, soweit er an einem besonders schwerwiegenden Fehler leidet und dies bei verständiger Würdigung aller in Betracht kommenden Umstände offenkundig ist. Danach wird etwa die Nichtbeachtung der für die Entscheidung vorgeschriebenen Schriftform, sofern die Formgebundenheit nicht nur Ordnungs- oder Beweiszwecken dient, wie bisher als Nichtigkeitsgrund zu gelten haben. Nichtig ist auch ein mitwirkungsbedürftiger Verwaltungsakt, bei dem die Mitwirkung des Betroffenen dessen Zustimmung einschließen soll, wenn diese Mitwirkung fehlt.[65]

Die Regelung über die Folgen von Verfahrensfehlern (§ 46 VwVfG) in der ur- **34**
sprünglichen Fassung des Gesetzes von 1976 war das Ergebnis eines lebhaften Meinungsstreits und hat auch im folgenden eine andauernde Kontroverse ausgelöst.[66] Wegen eines Verstoßes gegen Vorschriften über das Verfahren, die Form oder die örtliche Zuständigkeit, der nicht nach § 44 VwVfG zur Nichtigkeit führt, konnte danach die Aufhebung des Verwaltungsaktes nicht verlangt werden, „wenn keine andere Entscheidung in der Sache hätte getroffen werden können". Damit hatte sich die strengere Auffassung durchgesetzt, die Verfahrensfehler bei Ermessensentscheidungen und gleichartigen Entscheidungsspielräumen der Verwaltung grundsätzlich für erheblich ansah. Erwies sich danach, daß es für die Anwendung des § 46 VwVfG auf den Unterschied der *rechtlich gebundenen Entscheidung* und der im Ermessen stehenden oder einem Beurteilungsspielraum zugänglichen Entscheidung ankam, blieb als Zweifelsfrage übrig, ob die Einschränkung der Aufhebbarkeit von Verwaltungsakten nach § 46 VwVfG nur die kraft ihrer rechtlichen Grundlage („abstrakt") gebundene Entscheidung erfaßte oder darüber hinausgehend alle Entscheidungen oder Entscheidungselemente, die nach der im konkreten Fall bestehenden Rechtslage nicht von einem Abwägungsspielraum der Behörde iSd Ermessens, der planerischen Gestaltungsfreiheit oder der Beurteilungs- oder Einschätzungsermächtigung abhängig waren.[67] Die „kon-

[65] S o unter § 36 Rn 8.

[66] Kennzeichnend *Hufen* Fehler im Verwaltungsverfahren, 3. Aufl 1998.

[67] Diese Auslegung konnte ein Argument aus der Entstehungsgeschichte des Gesetzes gewinnen. Denn der letzte Halbsatz lautete ursprünglich (§ 36 Entw 1970): „… wenn keine andere Entscheidung in der Sache hätte getroffen werden können oder wenn anzunehmen ist, daß die Verletzung die Entscheidung in der Sache nicht beeinflußt hat" (BT-Drucks VI/1173, 13, 53). Unter die zweite Alternative, die dann entfallen ist, sollte der Bereich der freien Ermessensentscheidungen fallen. Folgerichtig hieß es nach Wegfall des Satzteils, die Vorschrift beziehe sich nur auf gebundene Verwaltungsakte (§ 42 Entw 1973; BT-Drucks 7/910, 17, 66; 7/4494, 9). Zu beiden Fassungen hebt jedoch die Begründung mit dem Satz an: „Ist die Entscheidung sachlich richtig, so soll der Bürger

krete" Betrachtungsweise erlaubte eine folgerichtige – nicht von den Zufällen der Entscheidungskonstellation abhängige – und auf den Grundgedanken des Verwaltungsverfahrensrechts zurückführbare Auslegung des § 46 VwVfG. Sie war vorzuziehen.

35 Das Genehmigungsverfahrensbeschleunigungsgesetz von 1996 hat den letzten Halbsatz des § 46 VwVfG wie folgt gefaßt: „...wenn offensichtlich ist, daß die Verletzung die Entscheidung in der Sache nicht beeinflußt hat". Die zu der bisher geltenden Fassung der Vorschrift vielfach vertretene Auffassung, daß auf die „Alternativlosigkeit" des Entscheidungsinhalts abzustellen sei, wird damit verworfen und nunmehr – erweiternd – auch die Kausalität des Verfahrens- oder Formfehlers für die Entscheidung für maßgeblich erklärt. Damit werden jetzt eindeutig auch solche Ermessensentscheidungen erfaßt, in denen zwar keine Ermessensreduzierung auf Null vorliegt, in denen die Behörde aber bei Vermeidung des Verfahrens- und Formfehlers dieselbe – materiell rechtmäßige – Entscheidung getroffen hätte. Das weitere Erfordernis der „Offensichtlichkeit" der Kausalität schließt fernliegende und nur abstrakt vorstellbare Entscheidungsmöglichkeiten von der Berücksichtigung aus.[68]

Die nach der Neufassung des § 46 VwVfG getroffene Regelung über die Erheblichkeit von Verfahrensmängeln entspricht im Grundsatz der älteren Rechtslage, die Verfahrensmängeln Erheblichkeit für die Rechtsbeständigkeit des Verwaltungsaktes zusprach, wenn die verletzte Verfahrensregel nach Inhalt und Zweck ein zwingendes Gebot aufstellte oder wenn der Verfahrensverstoß auf den Inhalt der Entscheidung einen Einfluß haben konnte, dh wenn nicht von vornherein feststand, daß auch bei einem ordnungsmäßigen Verfahren keine andere Entscheidung hätte ergehen und die rechtlich geschützten Interessen der Betroffenen nicht wirksamer hätten zur Geltung gebracht werden können.

Die Vorschrift des § 46 VwVfG beschränkt die Möglichkeit des Betroffenen, Verfahrensmängel zu rügen, und damit die gerichtliche Kontrolle im Hinblick auf die Einhaltung der Verfahrensregeln, sie lockert nicht die Bindung der Behörde an das Verwaltungsverfahrensrecht. In dieser Vorschrift äußert sich die Ausrichtung des Verfahrens und des Verfahrensrechts an dem Verfahrensziel der Rechtmäßigkeit und Sachrichtigkeit der Entscheidung, deren Zustandekommen das Verfahren dient. Ein angefochtener Verwaltungsakt, der rechtmäßig nicht anders hätte ergehen können, verletzt den Betroffenen nicht deshalb in seinen Rechten iSd § 113 Abs 1 VwGO, weil er unter Verstoß gegen die genannten Verfahrensregeln zustande gekommen ist. Diese Verfahrensverstöße haben nach § 46 VwVfG nur Bedeutung für die Rechtsbeständigkeit des Verwaltungsaktes, wenn bei richtiger Anwendung der einschlägigen Rechtsvorschriften auf den vollständig ermittelten oder vom Gericht noch zu ermittelnden Sachverhalt eine andere Entscheidung hätte ergehen können, wenn also das Gericht den angefochtenen Verwaltungsakt

nicht allein wegen eines Formfehlers die Aufhebung des Verwaltungsaktes verlangen können."

[68] Gesetzentwurf der BReg, Begründung, BT-Drucks 13/3995, 8. – *Bonk* NVwZ 1997, 320, 325f; *Gromitsaris* SächsVBl 1997, 101.

auch aus materiellen Gründen aufheben muß.[69] Verfahrensmängel werden demzufolge überall dort beachtlich sein können, wo die Behörde nach Ermessen handelt oder in anderer Weise über eine selbständige Beurteilungs- oder Entscheidungsbefugnis verfügt. Wenn beispielsweise das Gesetz, wie im Fall des § 7 Abs 2 AtG, die Verantwortung für die Risikoermittlung und -bewertung der Exekutive zuweist, muß bei einem die Rechte Dritter berührenden Mangel der Ermittlung und Bewertung der Verwaltungsakt aufgehoben werden, ohne daß es einer gerichtlichen Aufklärung dahingehend bedarf, ob das in Betracht zu ziehende, aber von der Behörde übergangene Risiko tatsächlich besteht. Die Behörde wird dadurch in die Lage versetzt, ihre auf ungenügender Sachverhaltsermittlung und -bewertung beruhende und deshalb aufgehobene Entscheidung nach nunmehr zureichender, das Entscheidungsergebnis nachträglich rechtfertigender Ermittlung und Bewertung zu ersetzen.[70]

Die in neuerer Zeit deutlicher hervortretende Betonung des Verfahrensgedankens im Verwaltungsrecht hat das Interesse an einer vertieften Behandlung der Bedeutung von Verfahrensmängeln für die Rechtsbeständigkeit von Verwaltungsakten, aber auch für die Rechtmäßigkeit des Verwaltungshandelns ohne Regelungswirkung und der privatrechtlichen Betätigung der Exekutive belebt.[71] Die Auffassung, wonach es auf die Erheblichkeit des Verfahrensmangels für die Sachentscheidung nicht ankomme, sondern allein darauf, ob das Verfahren – und damit dessen Mangel – bedeutungslos war, weil die Behörde nach materiellem Recht keine andere Entscheidung treffen durfte („Alternativenlosigkeit des Verfahrens"),[72] fordert nur ein strengeres Kriterium für die Frage, ob der Verfahrensmangel einen Einfluß auf die Entscheidung haben konnte. In der Tat kann auch im Fall einer rechtlich gebundenen Entscheidung ein Verfahrensmangel deswegen erheblich sein, weil das materielle Recht die Sachentscheidung nicht in vollem Umfang determiniert. Doch enthebt diese Einsicht nicht das Gericht der Prüfung, ob nach den konkreten Gegebenheiten eine andere Entscheidung in der Sache hätte getroffen werden können. Nach allgemeinen Grundsätzen des Verwaltungsrechts, die in § 46 VwVfG vorausgesetzt werden, führt ein Verfahrensfehler nur dann zur Rechtswidrigkeit des Verwaltungsaktes, wenn sich der Mangel auf die Entscheidung ausgewirkt haben kann. Es muß zumindest die konkrete Möglichkeit bestehen, daß ohne den angenommenen Verfahrensverstoß die angegriffene Entscheidung anders ausgefallen wäre.[73] 36

Der Adressat eines Verwaltungsaktes kann jeden Verfahrensfehler mit dem in Betracht kommenden Rechtsbehelf geltend machen, soweit er in seinen Rechten 37

[69] BVerwG DVBl 1982, 1145; BVerwG BayVBl 1986, 729/731; *Laubinger* VerwArch 72 (1981) 333, 347.

[70] BVerwG DVBl 1988, 1170.

[71] *Rupp* FS Bachof, 1984, 151; *Hill* Das fehlerhafte Verfahren und seine Folgen im Verwaltungsrecht, 1986; *Schenke* DÖV 1986, 305; *Seibert* FS Zeidler, 1987, Bd 1, 469; *Geist-Schell* Verfahrensfehler und Schutznormtheorie, 1988; *Hufen* Fehler im Verwaltungsverfahren, 2. Aufl 1991; *Schmidt-Aßmann/H. Krämer* REDP/ERPL 1993, Sondernummer, 99.

[72] *Hufen* (Fn 66) 391 ff.

[73] BVerwGE 75, 214/228; BVerwG DVBl 1993, 1149.

verletzt sein kann. Andere Beteiligte oder sonst Betroffene können sich dagegen nur auf solche Verfahrensfehler berufen, die auf dem Verstoß gegen Rechtsvorschriften beruhen, die ihren rechtlich anerkannten Interessen – ihrer verfahrensrechtlichen Rechtsstellung oder ihren materiellrechtlichen Rechten – dienen (§§ 42 Abs 2, 113 Abs 1 S 1 VwGO). Beispielsweise kann der *Drittbetroffene eines Verwaltungsaktes mit Drittwirkung* nur die Verletzung solcher Verfahrensnormen geltend machen, die zumindest auch dem Schutz seiner Interessen dienen, nicht aber schlechthin die Kontrolle des Verwaltungsaktes auf dessen Verfahrensrichtigkeit erreichen.[74] Die gesetzlich eingeräumte Befugnis, an einem Verwaltungsverfahren beteiligt zu werden oder sich durch Einwendungen, Bedenken oder Anregungen an einem Verwaltungsverfahren zu beteiligen, kann nur ein der Behörde vorgeschriebenes Mittel sein, sich möglichst umfassend über den für die Entscheidung beachtlichen Sachverhalt zu unterrichten. Vorschriften mit einer derartigen bloßen Unterrichtungsfunktion geben dem Dritten kein Recht, Verfahrensmängel geltend zu machen. Dieses Recht besteht nur, wenn und soweit die Verfahrensregel gerade zum Schutz materiellrechtlicher Rechtspositionen des Dritten dient oder wenn der Verfahrensregel eine eigene verfahrensrechtliche Schutzfunktion zukommt, derart, daß der Dritte unter Berufung allein auf einen ihn betreffenden Verfahrensmangel, dh ohne Rücksicht auf das Entscheidungsergebnis in der Sache, die Aufhebung einer behördlichen Entscheidung soll durchsetzen können. Das ist nur dann der Fall, wenn der der Rechtsnorm zugrunde liegende Schutzzweck gerade in der Wahrung der Anhörungs- oder Mitwirkungsrechte selbst liegt. „Für den Regelfall ist dagegen anzunehmen, daß Verfahrensvorschriften durch die Regelung von Art und Weise, in der betroffene Rechte oder Interessen geltend zu machen und von der Behörde zu ermitteln sind, den Schutz allein desjenigen materiellen Rechts bezwecken, auf das sich das vorgeschriebene Verfahren bezieht."[75]

4. Heilung von Verfahrensfehlern

38 Auch ein iSd § 46 VwVfG erheblicher Verfahrensmangel ist unbeachtlich, kann also nicht zur gerichtlichen Aufhebung des Verwaltungsaktes führen, wenn er durch eine nach der Entscheidung herbeigeführte Wahrung der zunächst verletzten Verfahrensregel „geheilt" worden ist, so beispielsweise wenn die erforderliche und zunächst unterbliebene Anhörung eines Beteiligten nachgeholt wird. Die Frage der *Heilung von Verfahrensfehlern* war in der Gerichtspraxis vor Inkrafttreten des VwVfG in der Regel anhand der Zweckrichtung der verletzten Verfahrensregel und in Ansehung der besonderen Umstände des Einzelfalles beurteilt worden, so

[74] Der Drittbetroffene bei der Genehmigung einer lästigen Anlage gem §§ 16ff GewO kann die Verletzung des Zustimmungserfordernisses gem § 10 c LuftVG nicht rügen (BVerwGE 24, 23, 31); Bauherr und Nachbar können einen Verstoß gegen die aus § 36 Abs 1 BBauG folgenden Beteiligungspflichten nicht rügen (BVerwGE 28, 268, 270). Die anderen Beteiligten eines luftrechtlichen Planfeststellungsverfahrens können nicht rügen, daß die gebotene Anhörung der in ihrer Planungshoheit berührten Gemeinde unterblieben sei (BVerwG DVBl 1974, 562).

[75] BVerwGE 41, 58, 64f. – Ebenso BVerwGE 44, 235, 239f; 56, 110, 137; BVerwG DVBl 1980, 996; BVerwG NJW 1982, 1546; BVerwG DVBl 1993, 1149.

daß nur wenige allgemeine Grundsätze erkennbar waren.[76] Nunmehr richtet sich die Heilung von Verfahrens- und Formfehlern allein nach der Bestimmung des § 45 VwVfG, der als abschließende Regelung zu betrachten ist.[77]

Die Vorschrift läßt die Heilung von Verfahrens- und Formfehlern nur in den ausdrücklich aufgezählten Fällen zu (§ 45 Abs 1 VwVfG). Nach der ursprünglichen Fassung des § 45 Abs 2 VwVfG konnte die fehlende oder mangelhafte Handlung, ausgenommen das nachträgliche Stellen eines für den Erlaß des Verwaltungsaktes erforderlichen Antrags (§ 45 Abs 1 Nr 1 VwVfG), nur bis zum Abschluß des Vorverfahrens oder, falls ein Vorverfahren nicht stattfand, bis zur Erhebung der verwaltungsgerichtlichen Klage nachgeholt werden. Auf Grund der Neufassung der Bestimmung durch Art 1 Nr 3 des GenBeschlG ist die Heilung des Mangels bis zum Abschluß eines verwaltungsgerichtlichen Verfahrens zuzulassen, also auch noch in der Revisionsinstanz.

Die Erleichterung der nachträglichen Korrektur von Verfahrens- und Formfehlern im Verwaltungsverfahren korrespondiert mit verwaltungsprozeßrechtlichen Vorschriften, die das in dieser Hinsicht lebhaft kritisierte 6. VwGOÄndG v 1.11. 1996 (BGBl I S 1626) eingeführt hat.[78] Im vorbereitenden Verfahren kann der Vorsitzende oder der Berichterstatter der Verwaltungsbehörde die Gelegenheit zur Heilung von Verfahrens- und Formfehlern binnen einer Frist von höchstens drei Monaten geben, wenn das nach seiner freien Überzeugung die Erledigung des Rechtsstreits nicht verzögert (§ 87 Abs 1 S 2 Nr 7 VwGO). Außerdem kann das Gericht die Verhandlung zur Heilung von Verfahrens- und Formfehlern aussetzen, soweit dies im Sinne der Verfahrenskonzentration sachdienlich ist (§ 94 S 2 VwGO). Die prozessualen Gestaltungsmöglichkeiten des Richters werden dadurch erweitert. Ob und in welcher Weise Fehler geheilt werden können, ergibt sich allein aus dem Verwaltungsverfahrensrecht. Sofern sich der Rechtsstreit durch eine wirksame Heilung des Fehlers erledigt, wird das Verfahren auf Antrag des Klägers einzustellen sein, mit der Kostenfolge zu Lasten der Behörde (§ 161 Abs 2 VwGO). 39

IV. Nachschieben von Gründen und Konversion

Die Entscheidung der Behörde beruht auf tatsächlichen Feststellungen und rechtlichen Erwägungen, die in der schriftlichen Begründung des Verwaltungsaktes mehr oder weniger ausführlich festgehalten sind. Die *Rechtsbeständigkeit des Verwaltungsaktes* bestimmt sich nach dem Inhalt der getroffenen Verfügung; auf die Begründung kommt es dafür nur insoweit an, als die tatsächlichen Feststellungen zutreffen müssen und nicht ein Ermessensfehler unterlaufen sein darf. Die Richtigkeit einer gegebenen Begründung ist dementsprechend nicht schlechthin für die 40

[76] Ein wesentlicher Grundsatz war, daß Verfahrensfehler, die beim Zustandekommen von Ermessensentscheidungen unterlaufen waren, nachträglich nicht geheilt werden konnten, so zB die Verletzung des Rechts auf Gehör (BVerwG DVBl 1965, 26, 28).

[77] *Meyer/Borgs* VwVfG, § 45 Rn 6; *Ule/Laubinger* VwVfR, § 58, Rn 2.

[78] *Schmieszek* NVwZ 1996, 1151, 1155. – Krit: *Redeker* NVwZ 1996, 521; *ders* NVwZ 1997, 625; *Schenke* NJW 1997, 81, 86ff; *Kluth* WiB 1997, 512; *Berkemann* DVBl 1998, 446.

Rechtsbeständigkeit des Verwaltungsaktes maßgebend. Die verfahrensrechtliche Ordnungsmäßigkeit der Begründung (§ 39 VwVfG) ist von der materiellrechtlichen Richtigkeit der in der Begründung mitgeteilten tatsächlichen und rechtlichen Entscheidungsgrundlage, die ggf durch „nachgeschobene Gründe" ergänzt oder geändert werden kann, zu unterscheiden.

41 Die Behörde darf nach Erlaß des Verwaltungsaktes und gegebenenfalls des Widerspruchsbescheids durch *„Nachschieben von Gründen"*, die im Entscheidungszeitpunkt bereits vorlagen, eine fehlende Begründung nachholen (siehe dazu oben unter Rn 38 Rn 12) und eine gegebene Begründung ergänzen, sofern dadurch die getroffene Verfügung inhaltlich nicht geändert und der Betroffene dadurch nicht in der Wahrung seiner Rechte beeinträchtigt wird.[79] Sie kann im gerichtlichen Verfahren die in der ursprünglichen Begründung gegebene *rechtliche Rechtfertigung* unter den genannten Voraussetzungen vervollständigen und auch ändern, zB also sich auf eine andere Rechtsgrundlage des Verwaltungsaktes berufen. In denselben Grenzen muß das Verwaltungsgericht auch ohne neues Rechtsvorbringen der Behörde, einen angefochtenen Verwaltungsakt als rechtmäßig bestätigen, wenn er zwar in seiner zunächst gegebenen Begründung keine Rechtfertigung findet, aber von einer anderen Rechtsvorschrift getragen wird. Ebenso können *neue Tatsachen* vorgebracht und auch ein geänderter Sachverhalt behauptet werden, wenn dadurch der Verwaltungsakt inhaltlich nicht geändert, nicht eine widersprüchliche tatsächliche Grundlage der Entscheidung angenommen und die Rechtswahrung des Betroffenen nicht beeinträchtigt wird.

42 Auch bei einer Ermessensentscheidung braucht die Behörde nicht sämtliche in Betracht gezogenen Gesichtspunkte in der Begründung aufgeführt zu haben. Sie kann nachträglich weitere Umstände vortragen, die der Entscheidung zugrunde gelegt worden waren und mit den ausdrücklich genannten Gründen konsistent sind. Hingegen ist eine „Nachbesserung" einer Ermessensentscheidung durch einen Sachvortrag vor Gericht nicht möglich, mit dem eine bisher unterbliebene Ermessensausübung oder -erwägung nachgeholt wird. Ist beispielsweise bei einer Planungsentscheidung das Abwägungsmaterial unzureichend ermittelt worden, liegt ein Abwägungsfehler vor, der – soweit sachlich erheblich – zur Aufhebung des Verwaltungsaktes führen muß.[80]

Durch Art 1 Nr 19 des 6. VwGOÄndG v 1.11.1996 ist dem § 114 VwGO folgender Satz angefügt worden: „Die Verwaltungsbehörde kann ihre Ermessenserwägungen hinsichtlich des Verwaltungsaktes auch noch im verwaltungsgerichtlichen Verfahren ergänzen." Über Tragweite und Nutzen dieser neuen Vorschrift, deren klarstellende oder ändernde Wirkung gegenüber der bisherigen Rechtslage sich nicht leicht erschließt, bestehen Meinungsverschiedenheiten und Zweifel.[81]

[79] BVerwGE 1, 311; 10, 37, 44; 11, 170; BVerwG DÖV 1967, 62; BayVGHE 7, 1; 10, 126, 135; 13, 105; OVG NW OVGE 17, 115; *Schmitt Glaeser* VwPrR, Rn 529 ff; *H.-D. Horn* Verw 25 (1992) 203. Gegen die hL wendet sich *Schenke* NVwZ 1988, 1; *ders* Verwaltungsprozeßrecht, 5. Aufl 1997, Rn 813 ff.

[80] BVerwG NVwZ 1989, 152 (unterbliebene Verkehrsanalyse bei einer straßenrechtlichen Planfeststellung).

[81] *Redeker* NVwZ 1997, 625, 627; *Schenke* NJW 1997, 81, 88 ff.

Nicht zweifelhaft ist, daß § 114 S 2 VwGO weder etwas über die Anforderungen an die Rechtmäßigkeit einer Ermessensentscheidung besagt, noch auf die anerkannte Befugnis der Behörde verweist, einen Verwaltungsakt auch nach Rechtshängigkeit der Klage zu ändern, noch schließlich die prozeßrechtlichen Rechtsfolgen einer nachträglichen Nachholung von Ermessenserwägungen regelt. Angesichts dessen kann der Vorschrift nur eine begrenzte klarstellende Bedeutung zukommen. Daß die Ergänzung – nicht die Nachholung – der Ermessensbegründung auch noch im Verwaltungsstreitverfahren mit heilender Wirkung zulässig ist, was § 114 S 2 VwGO jetzt ausdrücklich anordnet, galt auch bisher schon, sofern die nachträglich angegebenen Gründe schon bei Erlaß des Verwaltungsaktes oder des Widerspruchsbescheids vorlagen, diese Heranziehung keine Wesensänderung des angefochtenen Verwaltungsaktes bewirkt und der Betroffene nicht in seiner Rechtsverteidigung beeinträchtigt wird.[82] Stellen die neu vorgebrachten Gründe nicht eine *Ergänzung der Ermessensbegründung*, sondern eine *Nachholung der Ermessensausübung* dar, handelt es sich um eine inhaltliche Änderung des erlassenen Verwaltungsaktes mit der Folge, daß der Kläger nach Maßgabe des § 91 VwGO die Rechtmäßigkeit des geänderten Verwaltungsaktes zur Nachprüfung stellen oder den Rechtsstreit für in der Hauptsache erledigt erklären kann, um die Kostenlast abzuwenden.[83]

Die Möglichkeit des Nachschiebens von Gründen beruht auf dem Gedanken, **43**
daß das Gericht einen angefochtenen Verwaltungsakt, der nicht an einem – erheblichen und unheilbaren – Verfahrensfehler leidet, nur dann aufzuheben hat, wenn er objektiv das Recht verletzt. Beim Nachschieben von Gründen handelt es sich nicht um eine Heilung von Verfahrensfehlern, deren Zulässigkeit sich nach § 45 VwVfG bemißt, sondern um die Ergänzung oder Berichtigung der Rechtsgründe oder der tatsächlichen Umstände, auf denen die Verwaltungsentscheidung beruht. Die Behörde verteidigt damit im Verwaltungsprozeß die Rechtsbeständigkeit des angefochtenen Verwaltungsaktes.

Dem allgemeinen Rechtsgedanken folgend, der in § 140 BGB zu einer Regelung **44**
über die Konversion eines nichtigen Rechtsgeschäfts geführt hat, besteht die rechtliche Möglichkeit der *Umdeutung eines fehlerhaften Verwaltungsaktes* (§ 47 VwVfG). Entspricht ein nichtiger oder aufhebbarer Verwaltungsakt den förmlichen und sachlichen Voraussetzungen eines inhaltlichen anderen Verwaltungsaktes, so ist dieser als erlassen anzusehen, wenn anzunehmen ist, daß die Behörde diesen Verwaltungsakt bei Kenntnis der Unwirksamkeit oder Aufhebbarkeit des ersten Verwaltungsaktes erlassen hätte und wenn der Verwaltungsakt, in den die ursprüngliche und fehlgegangene Entscheidung umgedeutet wird, keinen weitergehenden Eingriff in die Rechte des Betroffenen ausspricht. Die danach zulässige Umdeutung eines für rechtswidrig erkannten Verwaltungsaktes kann das Gericht auch von sich aus vornehmen.[84] Eine derartige Konversion setzt voraus, daß recht-

[82] BVerwG DVBl 1998, 145.

[83] BVerwGE 85, 163, 165 f.

[84] BVerwG DÖV 1985, 152 m Anm *Weyreuther* DÖV 1985, 126, dessen Qualifikation der Umdeutung nach § 47 VwVfG als Verfahrenshandlung der Behörde und der richterlichen Konversion als prozeßrechtliche Handlung des Gerichts nicht überzeugen will; denn die

liches Gehör gewährt und daß die Rechtswahrung des Betroffenen dadurch nicht verkürzt wird. Handelt es sich um einen nur aufhebbaren Verwaltungsakt, ist die Umdeutung unzulässig, wenn eine Rücknahme nicht erfolgen dürfte (§ 47 Abs 2 S 2 VwVfG). Aus dem Grundsatz, daß eine Behörde fehlerhaft handelt, wenn sie sich bei bestehender Ermessensfreiheit rechtsirrig für gebunden hält, folgt, daß ein gebundener Verwaltungsakt nicht in eine Ermessensentscheidung umgedeutet werden kann.[85] Ist die Ausgangsbehörde nicht mit der Widerspruchsbehörde identisch, steht einer derartigen Umdeutung auch die Entscheidungs- und Kontrollbefugnis der Widerspruchsbehörde entgegen.[86] Prozeßrechtlich ist eine Konversion als Klageänderung zu behandeln (§ 91 VwGO).

V. Die Bestandskraft des Verwaltungsaktes

1. Bestandskraft oder Rechtskraft?

45 Der Verwaltungsakt erlangt mit der Bekanntgabe an den Betroffenen *Wirksamkeit* und mit seiner Unanfechtbarkeit *Bestandskraft* (siehe unter Rn 3 und Rn 19f). Die prinzipielle Verschiedenartigkeit des Verwaltungsverfahrens und des gerichtlichen Verfahrens (dazu unter § 33 Rn 8f) läßt es nicht zu, die prozeßrechtlichen Regeln über die *Rechtskraft* gerichtlicher Entscheidungen auf die Entscheidungs- und Bindungswirkung von Verwaltungsakten zu übertragen. Welchen Inhalt und welche Tragweite die einem Verwaltungsakt zukommende „Beständigkeit" (Bestandskraft) hat, muß in Abgrenzung von der materiellen Rechtskraft gerichtlicher Entscheidungen im Verwaltungsrecht selbständig bestimmt werden.[87]

46 Eine *gerichtliche Entscheidung* wird formell rechtskräftig genannt, wenn sie mit regulären Rechtsmitteln nicht mehr angegriffen werden kann, wenn also die zu ihrer Anfechtung offene Frist abgelaufen oder der Rechtsweg erschöpft ist. Die in einem unanfechtbaren Urteil ausgesprochene Entscheidung über den Streitgegenstand ist, bezogen auf die im Entscheidungszeitpunkt gegebene Sach- und Rechtslage, für die Beteiligten maßgeblich; sie bindet die Beteiligten hinsichtlich des verfahrensbefangenen Rechtsverhältnisses (vgl §§ 322, 325 ZPO, 121 VwGO). Insofern wirkt das Urteil materielle Rechtskraft. Wie die Rechtskraft des Urteils beruht auch die Bestandskraft des Verwaltungsaktes auf dem rechtsstaatlichen Grundsatz der Rechtssicherheit.[88]

47 Verwaltungsakte können nur innerhalb gesetzlich festgelegter Fristen mit Widerspruch oder Klage angefochten werden. Sie werden mit Fristablauf oder Er-

Umdeutung betrifft den Verwaltungsakt als materiellrechtliche Entscheidung. S weiter BVerwG NVwZ 1991, 999 (Umdeutung eines auf das Straßenbaubeitragsrecht gestützten Bescheids in einen Erschließungsbeitragsbescheid). – *Laubinger* VerwArch 78 (1987) 207, 345; *Schenke* DVBl 1987, 641; *Gornig/Deutsch* JuS 1997, 918.

85 BVerwGE 15, 196; 48, 81.

86 BVerwG DVBl 1982, 304.

87 BVerwGE 5, 312; 48, 271; *Forsthoff* VwR, § 13, 1; *Wolff/Bachof/Stober* VwR I, § 50; *Erichsen/Knoke* NVwZ 1983, 185; *J. Ipsen* Verw 17 (1984) 169; *Seibert* Die Bindungswirkung von Verwaltungsakten, 1988.

88 BVerwGE 60, 253, 269ff.

schöpfung des Rechtswegs unanfechtbar. Die *Unanfechtbarkeit des Verwaltungsaktes* bedeutet nicht nur, daß hinfort ein Rechtsbehelf unzulässig ist, sondern auch, daß – bezogen auf die im Entscheidungszeitpunkt gegebene Sach- und Rechtslage – die durch den Verwaltungsakt bewirkte Regelung hinkünftig für die Behörde und die Beteiligten *maßgeblich* ist, ohne Rücksicht auf behauptete oder bestehende Fehler des Verwaltungsaktes, es sei denn, daß diese die Unwirksamkeit des Verwaltungsaktes zur Folge haben. Wie weit diese Maßgeblichkeit der in dem Verwaltungsakt getroffenen Regelung sachlich reicht, bestimmt sich nach dem Entscheidungsgegenstand und dem der Entscheidung zugrunde liegenden Recht. Die prozeßrechtlichen Grundsätze über die objektiven Grenzen der Rechtskraft einer gerichtlichen Entscheidung gelten nicht auch für den Umfang der Bestandskraft von Verwaltungsakten, die ja nicht auf die Streitentscheidungs- und Befriedungsaufgabe der Rechtsprechung gegründet sind und nicht aus einem Verfahren hervorgehen, das die Richtigkeitsgewähr des gerichtlichen Verfahrens aufweist. Das materielle Recht muß daher für die sachliche Reichweite der Maßgeblichkeit unanfechtbarer Verwaltungsakte berücksichtigt werden. Der Gegenstand und die rechtliche Tragweite der Bestandskraft eines Verwaltungsaktes lassen sich nicht einheitlich für alle Rechtsgebiete und für alle Arten von Verwaltungsakten beurteilen.[89]

Nur insofern als die Verbindlichkeit des Verwaltungsaktes hinsichtlich seines **48**
Entscheidungsgegenstandes kraft Unanfechtbarkeit eintritt, in ihren Voraussetzungen verfahrensrechtlich bedingt und zuletzt in dem allgemeinen rechtsstaatlichen Prinzip der Rechtssicherheit begründet ist, kann man von einer „Wesensverwandtschaft" der Bestandskraft von Verwaltungsakten und der formellen Rechtskraft von gerichtlichen Entscheidungen sprechen. Davon abgesehen beschränkt sich die Parallelität darauf, daß in beiden Fällen mit staatlicher Autorität umkleidete Akte vorliegen, die selbständige und nicht ohne weiteres wieder zu beseitigende Wirkungen für die Beteiligten haben. Während für das Gericht, das den Prozeß als neutraler Dritter führt, ausdrücklich gesagt ist, daß es an die in seinem Urteil enthaltene Entscheidung gebunden ist (§ 318 ZPO), liegt die Sache beim Verwaltungsverfahren anders; denn die Behörde ist selbst an dem Verwaltungsverfahren materiell beteiligt. Ob die Behörde ihren Verwaltungsakt aufheben darf, ist des-

[89] BVerwGE 48, 271. Die Entscheidung betrifft die Frage, ob die Bestandskraft eines Bescheides, mit dem eine Baugenehmigung mangels Bebaubarkeit des Grundstücks abgelehnt worden war, hinsichtlich der materiellen Baurechtswidrigkeit der Anlage bindend für eine spätere Entscheidung über eine Beseitigungsanordnung sei. Die Frage wird unter Bezugnahme auf den in Art 14 Abs 1 GG verankerten Anspruch auf Erteilung einer Baugenehmigung verneint. Demgegenüber wäre über die materielle Baurechtswidrigkeit abschließend entschieden, soweit dies Gegenstand eines rechtskräftigen Gerichtsurteils wäre, das die Rechtmäßigkeit des die Baugenehmigung versagenden Bescheides bestätigte. Der im Institut der materiellen Rechtskraft liegende spezifische Ausgleich zwischen einerseits dem Interesse an der materiellen Richtigkeit einer Entscheidung und andererseits dem Interesse an einem rechtsbeständigen Abschluß des Verfahrens könne auf Verwaltungsakte allenfalls dann übertragen werden, wenn diese in einem Verfahren ergangen seien, das eine dem gerichtlichen Verfahren vergleichbare Gewähr für die Richtigkeit der Entscheidung biete.

halb nicht ein bloß verfahrensrechtliches Problem, sondern hängt von der materiellrechtlich bestimmten Bindungswirkung ab, die einem bestandskräftigen Verwaltungsakt zukommt.

49 Die als Bestandskraft bezeichnete *Maßgeblichkeit der Entscheidung* hindert den Betroffenen daran, etwaige Fehler des Verwaltungsaktes geltend zu machen und eine Änderung des Verwaltungsaktes oder eine neue Entscheidung in der Sache zu verlangen, wenn sich die dem Verwaltungsakt zugrunde liegende Sach- und Rechtslage nicht geändert hat. Er hat – verfahrensrechtlich – keinen Anspruch auf ein Wiederaufgreifen des Verwaltungsverfahrens (dazu unter Rn 52ff) und – materiellrechtlich – keinen Anspruch auf eine *neue sachliche Entscheidung*. Auf der anderen Seite erwächst für den Betroffenen aus der Bestandskraft des Verwaltungsaktes materiellrechtlich ein *Vertrauenstatbestand*, der die Behörde in gewissem Umfang daran hindert, den Verwaltungsakt wegen eines Fehlers zurückzunehmen oder aus anderen Gründen zu widerrufen, das Verwaltungsverfahren also im öffentlichen Interesse wieder aufzugreifen. Diese Bindungswirkung des bestandskräftigen Verwaltungsaktes zu Lasten und zugunsten des Betroffenen entspringt zwar – wie die formelle Rechtskraft eines Urteils – dem verfahrensrechtlichen Tatbestand der Unanfechtbarkeit,[90] bestimmt sich aber inhaltlich – anders als die materielle Rechtskraft eines Urteils – nach dem materiellen Recht. Nur bei *„streitentscheidenden" Verwaltungsakten,* bei denen die Behörde in einem geregelten Verfahren unter Klärung des Sachverhalts und unter Anhörung der Beteiligten das Bestehen oder Nichtbestehen eines Rechts oder einer Verpflichtung zwischen den Beteiligten feststellt, kommt das Verwaltungsverfahren insoweit einem gerichtlichen Verfahren so nahe, daß die Bestandskraft des Verwaltungsaktes entsprechend der materiellen Rechtskraft einer gerichtlichen Entscheidung definiert ist.[91]

50 Die als Bestandskraft bezeichnete Entscheidungs- und Bindungswirkung des Verwaltungsaktes für die Behörde und die Beteiligten ist zu unterscheiden von der Bindungswirkung, die ein Verwaltungsakt in Gestalt der *Tatbestandswirkung*[92] und der *Feststellungswirkung*[93] für andere Behörden haben kann. Die in einem Verwaltungsakt getroffenen tatsächlichen Feststellungen und die ihm zugrunde liegenden rechtlichen Erwägungen sind für einen anderen als den durch den Verwaltungsakt „geregelten" Rechtsbereich nur dann ausnahmsweise verbindlich, wenn eine der-

[90] Die Bestandkraft begünstigender Verwaltungsakte läßt einen Vertrauenstatbestand entstehen, doch kann ein Vertrauenstatbestand auch aus anderen Umständen hervorgehen. Deswegen greift der Schutz des Vertrauens auf den Bestand eines Verwaltungsaktes erst durch, wenn das Verwaltungsverfahren unanfechtbar abgeschlossen ist, es kann sich aber ausnahmsweise im Einzelfall aus dem Grundsatz von Treu und Glauben etwas anderes ergeben (BVerwG DÖV 1965, 707).

[91] BVerfGE 2, 380, 393f betr Haftentschädigungsverfahren; BVerwGE 4, 250; BayVGHE 12, 39, 41.

[92] BVerwG DVBl 1980, 881 (Tatbestandswirkung eines Bescheids über die Anerkennung als steuerbegünstigter Wohnraum gem §§ 82, 83 Abs 2 WoBauG für eine Bescheinigung über Gebührenbefreiung).

[93] BVerwGE 34, 90 und 35, 316 (Bindungswirkung von Vertriebenen- und Flüchtlingsausweisen im Hinblick auf den staatsangehörigkeitsrechtlichen Status gem § 15 Abs 1 S 2 BVFG).

artige über die Tatbestandswirkung hinausgehende „Feststellungswirkung" gesetzlich angeordnet ist.[94] Die Bestandskraft ist auch zu unterscheiden von der durch die Zuständigkeitsverteilung zwischen den Gerichtszweigen bedingten Verpflichtung der Zivil- und Strafgerichte, den Inhalt eines wirksamen Verwaltungsaktes als bestehend zugrunde zu legen. Dazu des Näheren im Dritten Teil unter § 13.

2. Berichtigung von Verwaltungsakten

Die Behörde kann Schreibfehler, Rechenfehler und ähnliche *offenbare Unrichtigkeiten* in einem Verwaltungsakt jederzeit, auch nach Unanfechtbarkeit, berichtigen (§ 42 VwVfG). Die Berichtigung eines Verwaltungsaktes betrifft nicht Verfahrensmängel, formelle Verstöße beim Erlaß eines Bescheides oder inhaltliche Fehler, betrifft überhaupt nicht das Zustandekommen und den Inhalt der getroffenen Entscheidung, sondern lediglich die äußere Erscheinungsweise der Entscheidung. Eine berichtigungsfähige „offenbare Unrichtigkeit" kommt nur bei einem Widerspruch des erkennbar durch die Behörde Gewollten mit dem, was die Behörde ausgesprochen hat, in Betracht.[95] Eine offenbare Unrichtigkeit eines Bescheides kann also nur eine Unvollkommenheit in der Wiedergabe der Entscheidung sein, die sich bei verständiger Betrachtung aus der schriftlichen Niederlegung selbst ohne Zuhilfenahme der zugrunde liegenden Vorstellungen der Behörde ergibt, die „ins Auge springt".[96] Die eine Berichtigung zulassende „offenbare" Unrichtigkeit kann sich auch aus Umständen ergeben, die aus dem Zustandekommen des Verwaltungsaktes herrühren und für Behörde und Beteiligte klar ersichtlich sind.[97] Die Behörde kann das Recht auf Berichtigung verwirken.[98] Die praktische Bedeutung der Unterscheidung zwischen berichtigungsfähigen „Unrichtigkeiten" und nur durch eine Änderung oder Aufhebung des Verwaltungsaktes korrigierbaren „Fehlern" besteht darin, daß die Behörde im Fall der Berichtigung – da der Inhalt der Entscheidung unberührt bleibt – nicht durch die Grundsätze über die Rücknahme und den Widerruf von Verwaltungsakten beschränkt ist; denn eine offenbare Unrichtigkeit kann keinen Vertrauenstatbestand begründen. 51

3. Wiederaufgreifen des Verfahrens, erneute Sachentscheidung

Unter bestimmten Voraussetzungen kann die Behörde einen nach unanfechtbar abgeschlossenem Verwaltungsverfahren bestandskräftig gewordenen Verwaltungsakt zugunsten oder zu Lasten des Betroffenen aufheben oder ändern. Dies kommt 52

[94] BVerwG NVwZ 1987, 496 (keine Bindung der Mietpreisbehörde an die Anerkennung der Wohnung als steuerbegünstigt); *Forsthoff* VwR, 107. – Zum Verwaltungsrecht als „Vorgabe für Zivil- und Strafrecht" vgl *Schröder/Jarass* VVDStRL 50 (1991) 196, 238.

[95] BSG DVBl 1962, 29; BSG DÖV 1963, 184; BVerwG DVBl 1972, 955; *Schröcker* NJW 1968, 2035; *Sträßer* Der Versorgungsbeamte 1968, 101. – Erkennbare Fehler im Rahmen der Datenverarbeitung, etwa Fehler im Rechenzentrum, stehen Schreib- und Rechenfehlern gleich (BVerwG NJW 76, 532).

[96] BVerwG DVBl 1972, 955 betr eine automatisch hergestellte Versorgungsberechnung.

[97] BVerwG NVwZ 1986, 198.

[98] BSG NJW 1966, 125.

in zwei Fallgruppen in Betracht. Die eine Fallgruppe wird von der Frage gebildet, ob und unter welchen Voraussetzungen *die Behörde verpflichtet ist,* einen bestandskräftigen Verwaltungsakt wegen eines behaupteten oder bestehenden Rechtsverstoßes zugunsten des Betroffenen aufzuheben oder zu ändern. Diese materiellrechtliche Frage wird in der Vorschrift des § 51 VwVfG unter dem Begriff des *„Wiederaufgreifens des Verfahrens"* geregelt.[99] Die andere Fallgruppe wird durch die Frage gebildet, ob und unter welchen Voraussetzungen die Behörde einen bestandskräftigen Verwaltungsakt *aufheben oder ändern darf,* sei es in Gestalt der *Rücknahme* eines fehlerhaften Verwaltungsaktes, sei es in Gestalt des *Widerrufs* eines fehlerfreien Verwaltungsaktes. Beide Fallgruppen überschneiden sich hinsichtlich der Befugnis oder Verpflichtung der Behörde, einen belastenden fehlerhaften Verwaltungsakt ganz oder teilweise zurückzunehmen.

53 Eine Aufhebung oder Änderung des unanfechtbaren Verwaltungsaktes ist eine Durchbrechung der Bestandskraft des Verwaltungsaktes, wenn sich die im Entscheidungszeitpunkt bestehende Sach- und Rechtslage nicht geändert hat; denn auf diese Entscheidungsgrundlage ist die Bestandskraft des Verwaltungsaktes bezogen. Der Antrag auf Wiederaufgreifen des Verfahrens löst ein erneutes Verfahren mit dem Ziel aus, darüber zu entscheiden, ob ungeachtet der Unanfechtbarkeit und der Bestandskraft des Verwaltungsaktes eine erneute Sachentscheidung geboten ist, weil einer der gesetzlichen Tatbestände vorliegt, die einen darauf gerichteten Anspruch des Antragstellers begründen (§ 51 Abs 1 VwVfG). Ist der Antrag zulässig und begründet, ist der Weg zu der *neuen* – inhaltlich von der ersten Entscheidung abweichenden oder auch mit dieser übereinstimmenden – *Sachentscheidung* eröffnet und muß diese Sachentscheidung ergehen. Ob und in welcher Weise die Aufhebung oder Änderung des Verwaltungsaktes zu erfolgen hat, gegen den das Verfahren wieder aufgegriffen ist, bestimmt sich nach dem materiellen Recht. Der materiellrechtliche Anspruch auf eine neue Sachentscheidung ist durch § 51 VwVfG verfahrensrechtlich als Anspruch auf Wiederaufgreifen des Verfahrens eingekleidet. Die in dieser Bestimmung festgelegte Unterscheidung der Zulässigkeit und der Begründetheit des Antrags auf Wiederaufgreifen des Verfahrens ändert nichts daran, daß Gegenstand des Verfahrens und im Streitfall der Verpflichtungsklage vor dem Verwaltungsgericht der Anspruch des Antragstellers auf die neue, günstigere Sachentscheidung ist.[100]

54 Erhebt der von einem unanfechtbaren belastenden Verwaltungsakt, zB einer Beseitigungsanordnung oder der Ablehnung einer beantragten Erlaubnis, Betroffene Gegenvorstellungen oder stellt er einen neuen Antrag, kann die Behörde, sofern sich seit dem Erlaß des Verwaltungsakts Sachlage und Rechtslage nicht geändert haben und auch einer der anderen Gründe für ein Wiederaufgreifen des Verfahrens nicht vorliegt (§ 51 Abs 1 VwVfG), darauf verweisen, daß die Angelegenheit unanfechtbar verbeschieden ist *(„wiederholende Verfügung").* Die Behörde kann in diesem Fall aber auch erneut zur Sache entscheiden *(„Zweit-*

[99] *W. Martens* Jura 1979, 83; *Sachs*, JuS 1982, 264; *J. Martens* NVwZ 1983, 130; *Selmer* JuS 1987, 363; *Baumeister* VerwArch 83 (1992) 374; *Ule/Laubinger* VwVfR, § 65; *Erichsen/Ebber* Jura 1997, 424.

[100] BVerwG DÖV 1982, 856.

bescheid"). Hat die Behörde durch Zweitbescheid eine neue Sachentscheidung getroffen, sei es als Bestätigung des Erstbescheids, sei es als dessen Aufhebung oder Änderung, liegt ein Verwaltungsakt vor, der nach dem Maße der erneuten Entscheidung den Klageweg eröffnet. Ob die Behörde sich durch eine wiederholende Verfügung auf die Bestandskraft des Verwaltungsakts beruft oder ob sie diese mit einem regelnden Zweitbescheid durchbricht, steht in ihrem Ermessen. Sie ist zu einer erneuten Sachentscheidung nicht verpflichtet und der Betroffene hat darauf keinen Anspruch.[101] Das gilt auch dann, wenn der Betroffene die Fehlerhaftigkeit des Verwaltungsaktes behauptet oder wenn diese sich, zB durch eine höchstrichterliche Entscheidung, nachträglich herausstellt.[102] Der Betroffene hat, was sich aus dem Gleichheitssatz ergibt, nur dann einen Anspruch auf ein Wiederaufgreifen des Verfahrens und auf Aufhebung oder Änderung eines unanfechtbaren fehlerhaften Verwaltungsaktes, wenn sich eine Verwaltungspraxis und damit eine „Selbstbindung der Verwaltung" dahin gebildet hat, daß in Fällen bestimmter Art regelmäßig ein Wiederaufgreifen des Verfahrens stattfindet und eine Abweichung von einer solchen Praxis im konkreten Fall nicht auf sachgerechten Erwägungen beruht.[103] Diese Grundsätze gelten auch dann, wenn der Verwaltungsakt gerichtlich bestätigt worden war; in diesem Fall eröffnet allerdings – abgesehen von dem eben genannten Zweitbescheid aufgrund der Selbstbindung der Verwaltung – der neue Sachbescheid wegen der materiellen Rechtskraft des gerichtlichen Urteils den Verwaltungsrechtsweg ohne eine Änderung der Sach- und Rechtslage oder das Vorliegen neuer Beweismittel nicht erneut.[104] Ein anfechtbarer Verwaltungsakt ist nicht nur der Zweitbescheid, sondern auch die wiederholende Verfügung. Denn die wiederholende Verfügung regelt das Rechtsverhältnis zwischen der Behörde und dem Betroffenen insoweit, als eine Änderung der Sach- oder Rechtslage verneint wird und als durch die Wahl der wiederholenden Verfügung und nicht des Zweitbescheids die Behörde ihr Ermessen ausübt.[105] Hinsichtlich dieser Entscheidung, nicht auch hinsichtlich der durch den bestandskräftigen Verwaltungsakt getroffenen Regelung selbst, kann die gerichtliche Kontrolle nicht ausgeschlossen sein.[106]

Hat sich die *Sach- oder Rechtslage* dagegen nach Erlaß des Verwaltungsaktes **55**
geändert, kann die Behörde den Betroffenen, der Gegenvorstellungen erhebt oder einen neuen Antrag stellt, nicht auf die Bestandskraft ihrer Entscheidung verweisen. Der Betroffene hat in diesem Fall einen *Anspruch auf ein Wiederaufgreifen des Verfahrens und eine neue Sachentscheidung,* den er unter Beachtung der verfahrensrechtlichen Voraussetzungen durch einen Antrag gemäß § 51 VwVfG gel-

101 BVerwGE 11, 106 (= JZ 1961, 427 m Anm *Haueisen*); 11, 242; 13, 99; 15, 155; 17, 256; BVerwG NJW 1965, 602; BVerwGE 44, 333 m Anm *Maurer* JuS 1976, 25.

102 BVerwGE 11, 124; BVerwG JZ 1963, 482; BVerwG DVBl 1967, 159; BVerwG JZ 1967, 701; BVerwG DÖV 1978, 405; BVerwG NJW 1981, 2595.

103 BVerwG DVBl 1965, 485; BVerwG DVBl 1967, 159; BVerwGE 26, 153.

104 BVerwG DÖV 1968, 498; BVerwGE 35, 234; BVerwG NVwZ 1985, 280.

105 OVG Rh-Pf DÖV 1965 55.

106 BVerfGE 27, 297 betr einen Wiedergutmachungsbescheid; BVerwG NJW 1980, 135; BVerwG DÖV 1982, 856. Dazu: *Menger/Erichsen* VerwArch 61 (1970) 274, 285ff; *Schwabe* JuS 1970, 382; *Siegmund-Schultze* DVBl 1970, 256.

tend machen kann. Einem Rechtsstreit über den Anspruch aus § 51 VwVfG steht auch die Rechtskraft eines Urteils, mit dem der im Erstverfahren ergangene Bescheid bestätigt worden ist, nicht entgegen.[107]

56 Eine *neue Sachlage* kann durch neue Tatsachen, zB den Nachweis der für eine gewerberechtliche Erlaubnis vorausgesetzten und zunächst nicht gegebenen Sachkunde, oder durch neue, rechtserhebliche Beweismöglichkeiten geschaffen werden. Fachliche Meinungen, wissenschaftliche Ansichten und bloße Folgerungen sachkundiger Personen sind für sich allein keine neuen Beweismittel iSd § 51 Abs 1 Nr 2 VwVfG. Das Beweismittel, insbes ein nachträglich erstattetes Sachverständigengutachten, muß so beschaffen sein – durch neue Tatsachen oder Beurteilungen, die es belegt oder bekundet –, daß es die Richtigkeit der tatsächlichen Entscheidungsgrundlagen des Erstbescheids erschüttert.[108] Wird ein neues Beweismittel in zulässiger Weise geltend gemacht, wird das – wiederaufgegriffene – Verwaltungsverfahren in die Lage zurückversetzt, in der es sich vor der unanfechtbar gewordenen Entscheidung der Behörde befunden hat. Für die neue Entscheidung ist das neue Beweismittel, aber auch der gesamte, noch nicht abschließend erledigte Verfahrensstoff zu berücksichtigen.[109]

57 Eine *neue Rechtslage* entsteht durch eine Änderung der auf den maßgeblichen Sachverhalt anzuwendenden Rechtsvorschriften. Eine Änderung der Gerichtspraxis ist keine Änderung der Rechtslage iSd § 51 Abs 1 Nr 1 VwVfG.[110] Nach der Vorschrift des § 48 Abs 2 SGB X dagegen ist ein sozialrechtlicher Verwaltungsakt mit Dauerwirkung auch dann ex nunc aufzuheben, wenn der zuständige oberste Gerichtshof des Bundes in ständiger Rechtsprechung nachträglich das Recht anders auslegt als die Behörde bei Erlaß des Verwaltungsaktes und sich dies zugunsten des Berechtigten auswirkt.

58 In der Regel wird die Wirkung der neuen Sachentscheidung erst mit Erlaß des Zweitbescheides (ex nunc) eintreten, also nicht eine Aufhebung oder Änderung der ursprünglichen Entscheidung umfassen. Denn das Wiederaufgreifen des Verfahrens und die neue Sachentscheidung wegen geänderter Sach- oder Rechtslage sind keine Durchbrechung der Bestandskraft des Verwaltungsaktes, weil diese sich auf die Sach- oder Rechtslage im Zeitpunkt der Entscheidung beschränkt. Anders ist es nur, wenn die neue Rechtsvorschrift sich Rückwirkung beigelegt hat oder wenn durch neue Beweismittel der Sachverhalt der ursprünglichen Entscheidung sich als unrichtig erweist (§ 51 Abs 1 Nr 2 VwVfG); unter diesen Voraussetzungen kann eine Aufhebung oder Änderung des Erstbescheids durch den ex tunc wirkenden Zweitbescheid stattfinden. Bei einem Verwaltungsakt mit Dauerwirkung hängt die Wirkung des Zweitbescheides von dem Geltungszeitraum der neuen Rechtsvorschrift und der Bedeutung der neuen Tatsache oder des neuen Beweismittels ab und kann dementsprechend vergangene oder nur zukünftige Zeitabschnitte erfassen. Die Befugnis der Behörde, einen rechtmäßigen nicht begünstigenden Verwaltungsakt zu widerrufen (§ 49 Abs 1 VwVfG) und einen

[107] BVerwGE 82, 272.
[108] BVerwGE 82, 272. – Zur Frist des § 51 Abs 3 VwVfG: BVerwG NVwZ 1990, 359.
[109] BVerwG NVwZ-RR 1993, 667.
[110] BVerwGE 31, 112; 95, 86, 89.

rechtswidrigen Verwaltungsakt zurückzunehmen (§ 48 Abs 1 Satz 1 VwVfG), wird durch die Pflicht der Behörde, das Verfahren unter bestimmten Voraussetzungen wieder aufzugreifen und erneut zur Sache zu entscheiden, nicht verdrängt (§ 51 Abs 5 VwVfG). Diese Befugnis steht im Ermessen der Behörde und führt zu einer neuen Sachentscheidung, die im Streitfall eine umfassende gerichtliche Überprüfung dieses „Zweitbescheids" herbeiführt.[111]

Die Befugnis der Behörde zur Rücknahme eines rechtswidrigen und zum Widerruf eines fehlerfreien Verwaltungsaktes wird, soweit das Gesetz nicht eine ausdrückliche Regelung enthält, wie zB in §§ 172ff AbgO, durch die Grundsätze der Gesetzmäßigkeit der Verwaltung und – bei begünstigenden Verwaltungsakten – des Vertrauensschutzes bestimmt. Das VwVfG sieht ausführliche allgemeine Vorschriften vor (§§ 48 bis 50). Siehe hierzu die Darstellung im Dritten Teil unter §§ 16ff. **59**

§ 39
Planung

I. Rechtsformen und Verfahren planender Verwaltung

1. Planungsgewalt und Gewaltenteilung

Planung ist eine bestimmte Methode des Vorgehens, durch die eine rationale Erledigung staatlicher Aufgaben gewährleistet werden soll. Planung richtet sich auf die Zukunft und basiert auf Feststellungen über gegebene Umstände und auf methodisch geleiteten Einschätzungen über zu erwartende oder mögliche Abläufe und Ereignisse („Prognosen"). Planung gibt es bei Staatsaufgaben aller Art und in allen Zweigen und auf allen Ebenen staatlichen Handelns.[1] Die Vielgestaltigkeit des staatlichen Planens zeigt sich in der politischen Planung durch Regierung und Gesetzgebung, zB in der Außen- und Verteidigungspolitik, in der mehrjährigen Finanzplanung und im durch Gesetz festzustellenden Haushaltsplan,[2] in der Strukturpolitik (Art 91a Abs 1 Nr 2 GG), in der Raumordnung und Landesplanung, in der Bildungsplanung (Art 91b GG). Die politische Planung weist gleitende Übergänge zur planenden Verwaltung auf, so zB zu der vorhabenbezogenen Fachplanung, der örtlichen Bauleitplanung, der landesplanerischen Standortplanung für großtechnische Anlagen, der naturschutzrechtlichen Landschaftsplanung (§§ 5ff BNatSchG), der forstlichen Rahmenplanung (§§ 6, 7 BWaldG) und der Kranken- **1**

[111] BVerwGE 78, 332; BVerwG NVwZ-RR 1993, 667.

[1] *Kaiser* Planung I-VII, 1965f; *Böckenförde* Staat 11 (1972) 429; *Ossenbühl* 50. DJT, 1974, Gutachten B; *Scheuner* FS Weber, 1974, 369; *Graf Vitzthum* Parlament und Planung, 1978; *Würtenberger* Staatsrechtliche Probleme politischer Planung, 1979; *Schmitt Glaeser/König* JA 1980, 321, 414; *Herzog/Pietzner* Planung, in: Herzog ua, EvStL, Sp 2503; *Hoppe* in: Isensee/Kirchhof III, § 71 (653–716).

[2] Art 109 Abs 3, Art 110 GG; Haushaltsgrundsätzegesetz v 19.8.1969 (BGBl I, 1273), zuletzt geänd durch Ges v 2. 5. 1996 (BGBl I, 656); § 9 StabG.

hausplanung.[3] Ein großer Teil planender Staatstätigkeit ist vorbereitend, „staatsintern", und hat keine rechtlich verbindliche Wirkung, besteht auch nur in indikativen Datenzusammenstellungen und Analysen.

2 Die rechtsstaatlichen Grundlagen und Grundsätze der planenden Verwaltung sind hauptsächlich aus dem *Gewaltenteilungsprinzip* und dem *Grundsatz der Gesetzmäßigkeit der Verwaltung* abzuleiten. Die Planung durch Gesetz ist die Ausnahme;[4] der Regelfall ist die Planung der Exekutive aufgrund Gesetzes, durch öffentlich-rechtliche Regelung oder Entscheidung oder auch mit den Mitteln des Privatrechts.[5] Das Gesetz regelt die Planungsaufgaben der Exekutive, die Planungsleitsätze, das Verfahren und die Befugnisse der Beurteilung und Entscheidung. Die Ausgestaltung des Verfahrens, die Erfordernisse der Sachverhaltsermittlung und die Anforderungen an die Entscheidungsfindung, insbes an die planerische Abwägung, tragen den Merkmalen planender Verwaltung Rechnung: der Knappheit der Mittel und des Raumes, der Zukunftsbezogenheit der Planungsentscheidung und der Komplexität der betroffenen Belange und der ausgelösten Wirkungen. Aus dem Gesetz ergibt sich auch, ob und für wen planende Rechtsakte der Exekutive eine verbindliche Wirkung haben, insbes ob sie Rechte oder Pflichten des einzelnen begründen.

3 Im Lichte des Gewaltenteilungsprinzips erweist sich das *Gesetz* als die Schlüsselstellung der Rechtsgebundenheit staatlicher Planungsgewalt. Es fällt in die politische Verantwortung und Gestaltungsfreiheit der parlamentarischen Volksvertretung, die normativen Grundlagen für die Planungsakte der Exekutive zu schaffen. Es ist Sache der Exekutive, aufgrund Gesetzes und in Wahrnehmung der planerischen Aufgaben und Befugnisse, insbes in Ausübung planerischen Ermessens, Planungsnormen zu erlassen und konkrete Planungsentscheidungen zu treffen, vor allem bei der Zulassung von Vorhaben. Es ist Sache der Gerichte, die Planungsakte der Exekutive anhand der Maßstäbe des Gesetzes und der rechtsstaatlichen Grundsätze des Planungsrechts[6] auf ihre Rechtmäßigkeit zu überprüfen.

2. Das Recht der raumbezogenen Planung

4 *Raumbezogene Planung* soll eine geordnete, dem öffentlichen Interesse entsprechende und der Rücksichtnahme auf die privaten Belange Dritter Rechnung tragende Nutzung von Grund und Boden sicherstellen. Das Recht der raumbezogenen Planung legt die Erfordernisse fest, denen die Nutzung von Grund und Boden allgemein und im Einzelfall genügen muß.[7] Es regelt – im Recht der Raumordnung

[3] Krankenhausfinanzierungsgesetz idF d Bek v 10.4.1991 (BGBl I, 886), zuletzt geänd durch Ges v 1.11.1996 (BGBl I, 1631), iVm dem Landesrecht, zB Art 3ff Bayer Krankenhausgesetz idF d Bek v 11.9.1990 (BayRS 2126-8-A), zuletzt geänd durch Ges v 27.12.1996 (GVBl, 519).

[4] BVerfGE 95, 1 (Südumfahrung Stendal). – *Badura* FS Hans Huber, 1981, 15; *Blümel* DVBl 1997, 205.

[5] *Badura* (Fn. 4) 15.

[6] S u § 39 II 2.

[7] *Wahl* Rechtsfragen der Landesplanung und Landesentwicklung, 2 Bde, 1978; *Hoppe* FS Menger, 1986, 747; *Peine* Raumplanungsrecht, 1987; *Ronellenfitsch* Einführung in das

und Landesplanung[8] und im Städtebaurecht[9] – die Verfahren, in denen *Planungsnormen* für bestimmte räumliche und sachliche Bereiche erlassen werden, insbes Ziele der Raumordnung und Landesplanung (§§ 6ff ROG) und kommunale Bauleitpläne (§§ 1ff BauGB). Es regelt die *Zulassung von Vorhaben* durch fachplanerische Entscheidung,[10] ua durch Planfeststellung oder Genehmigung, einschließlich der landesplanerischen Abstimmung, ggf durch ein Raumordnungsverfahren (§§ 14, 15 ROG), und der Umweltverträglichkeitsprüfung.[11]

Die raumbezogene Planung der Exekutive begegnet in verschiedenen *Rechtformen,* je nach dem Planungsträger und der Planungsaufgabe. Zu unterscheiden sind die normativen Ziele der Raumordnung und Landesplanung, die kommunale Bauleitplanung, insbes durch den verbindlichen Bebauungsplan, und die Planfeststellung oder sonstige Zulassung von Vorhaben mit planerischem Einschlag. Die Planungsnormen der Raumordnung und Landesplanung, zB in einem Regionalplan (§ 9 ROG), haben Vorrang vor der örtlichen Bauleitplanung (§ 1 Abs 4 BauGB) und vor der fachplanerischen Entscheidung über die Zulassung von Vorhaben (§ 4, 5 ROG). Die überörtliche Fachplanung hat Vorrang vor der örtlichen Bauleitplanung (§§ 4, 7, 38 BauGB). **5**

Die raumbezogene Planung ist ihrem Gegenstand nach *Gesamtplanung* oder *Fachplanung.* Die Gesamtplanungen sind zusammenfassende „überfachliche" Planungen für einen bestimmten räumlichen Bereich: Die überörtliche Bundes-, Landes- und Regionalplanung – „Raumordnung" iSd Art 75 Abs 1 S 1 Nr 4 GG[12] – unterscheidet sich von der örtlichen Bauleitplanung der Gemeinden – „Bodenrecht" iSd Art 74 Abs Nr 18 GG –. Das Recht der Raumordnung und Landesplanung und die auf dem Gesetz beruhenden Planungsakte („Ziele") und Beurteilungen („Abstimmung" von Vorhaben, § 14 ROG) beziehen sich auf „raumbedeutsame Planungen und Maßnahmen", dh Planungen und sonstige Maßnahmen, durch die Grund und Boden in Anspruch genommen oder die räumliche Entwicklung oder Funktion eines Gebietes beeinflußt wird, einschließlich des Einsatzes der hierfür vorgesehenen öffentlichen Finanzmittel (§ 3 Nr 6 ROG). **6**

Fachplanungen betreffen bestimmte *Sachbereiche*[13] oder einzelne *Vorhaben,* über deren Zulassung nach den einschlägigen Fachgesetzen,[14] ergänzend §§ 72ff **7**

Planungsrecht, 1987; *Erbguth* Bauplanungsrecht, 1989; *Ernst/Hoppe* Das öffentliche Bau- und Bodenrecht, Raumplanungsrecht, 3. Aufl 1991; *Schmidt-Aßmann* FS Schlichter, 1995, 3.

8 Raumordnungsgesetz v 18.8.1997 (BGBl I, 2081), sowie die Landesplanungsgesetze.

9 Baugesetzbuch idF d Bek v 27.8.1997 (BGBl I, 2141).

10 *Steinberg* Fachplanungsrecht, 2. Aufl 1993; *Kühling* Fachplanungsrecht, 2. Aufl 1994; *Stüer* Handbuch des Bau- und Fachplanungsrechts, 1997.

11 Gesetz über die Umweltverträglichkeitsprüfung v 12.2.1990 (BGBl I, 205), zuletzt geänd durch das Ges v 18.8.1997 (BGBl I, 2081).

12 BVerfGE 3, 407, 425ff.

13 ZB fachliche Programme und Pläne des Landesplanungsrechts (s etwa Art 15, 16 BayLPlG) oder Landschaftsplanung nach dem Naturschutzrecht.

14 ZB Straßenverkehr (§§ 16ff FStrG), Eisenbahnverkehr (§§ 18ff AEG), Luftverkehr (§§ 6ff LuftVG), Bundeswasserstraßen (§§ 13ff BWaStrG), Ausbau oberirdischer Gewässer (§ 31 WHG).

VwVfG bzw LandesVwVfG entschieden wird. Die sachbereichsbezogenen Fachplanungen sind normative Planungsakte, je nach ihrer Verbindlichkeit Rechtsverordnungen oder Verwaltungsvorschriften. Die vorhabenbezogenen Fachplanungen erfolgen im Wege förmlicher Verwaltungsverfahren durch Planfeststellungsbeschluß, im vereinfachten Verfahren durch Plangenehmigung oder durch Unternehmergenehmigung mit planerischem Einschlag. Die vorhabenbezogenen Planungsakte müssen den *Erfordernissen der Raumordnung und Landesplanung* genügen, was gelegentlich durch eine „Raumordnungsklausel" ausdrücklich bekräftigt wird, wie in § 6 Abs 2 Satz 1 LuftVG.[15] Diese ergeben sich aus den Raumordnungsgrundsätzen (§ 2 ROG), aus einschlägigen Zielen der Raumordnung und Landesplanung (§§ 3 Nr 2, 4 ROG) und im Wege der landesplanerischen Abstimmung, ggf durch ein Raumordnungsverfahren (§§ 14, 15 ROG).

Das *Raumordnungsverfahren* dient der landesplanerischen Abstimmung, um vor der abschließenden Entscheidung in dem fachplanerischen Verfahren der Zulassung des Vorhabens als Vorfrage die raumordnerische Verträglichkeit des Vorhabens zu klären („Raumverträglichkeitsprüfung").[16] Es wird mit einer landesplanerischen Beurteilung abgeschlossen; diese ist kein Verwaltungsakt. Das Ergebnis des Raumordnungsverfahrens ist im Rahmen des Verwaltungsverfahrens über die Zulassung des Vorhabens „zu berücksichtigen" (§ 4 Abs 2 und 4 ROG). Gegenüber dem Träger des Vorhabens, sofern dieser keine öffentliche Stelle und keine öffentliche Aufgaben wahrnehmende Person des Privatrechts (§ 4 Abs 3 ROG) ist, und gegenüber Dritten haben die im Raumordnungsverfahren festgestellten Erfordernisse der Raumordnung keine unmittelbare Rechtswirkung.[17] Die verwaltungsgerichtliche Prüfung kann in einem Rechtsstreit über den Fachplanungsakt erfolgen, aber nur hinsichtlich der in den Fachplanungsakt eingegangenen landesplanerischen Abstimmung und nur soweit das Landesplanungsrecht individuelle Rechte schützt oder nachteilig betrifft, zB bei den Gemeinden oder zu Lasten des Trägers des Vorhabens, oder soweit der Fachplanungsakt eine enteignungsrechtliche Vorwirkung hat.

8 Bei der fachplanerischen Zulassung derjenigen Vorhaben, die erhebliche Auswirkungen auf die Umwelt haben können, ist die *Umweltverträglichkeit* zu prüfen und im Rahmen der Abwägung der von dem Vorhaben berührten öffentlichen und privaten Belange zu berücksichtigen.[18] Die mit Hilfe der Umweltverträglichkeitsprüfung angestrebte wirksame Umweltvorsorge nach einheitlichen Grundsätzen findet bei den Vorhaben statt, die in § 3 UVPG in Verbindung mit der Anlage zu diesem Gesetz festgelegt sind. Die Umweltverträglichkeitsprüfung ist eine verwaltungsverfahrensrechtliche Formalisierung der Prüfung bestimmter Kriterien des Umweltschutzes vor der Zulassung bestimmter Anlagen und Natur-Ein-

[15] *Forsthoff/Blümel* Raumordnungsrecht und Fachplanungsrecht, 1970.

[16] BVerwG DVBl 1984, 627 – luftrechtliche Genehmigung für die Erweiterung des Flughafens Nürnberg.

[17] S die Begründung des Gesetzentwurfs der BReg, BT-Drucks 13/6392, 82.

[18] Das UVPG (Fn 11) stellt die Umsetzung der Richtlinie des Rates v 27.6.1985 über die Umweltverträglichkeitsprüfung bei bestimmten öffentlichen und privaten Projekten (85/337/EWG) dar. – *Erbguth* VerwArch 81 (1990) 327; *Steinberg* DVBl 1990, 1369; *Everling* NVwZ 1993, 209; Hoppe (Hrsg) UVPG, 1995; *Erbguth/Schink* UVPG, 2. Aufl 1996; *Becker* NVwZ 1997, 1167; *Hien* NVwZ 1997, 422.

griffe,[19] insbes durch „Bewertung" der Auswirkungen und „Berücksichtigung" der dazu zu beschaffenden Angaben bei der Entscheidung (§ 12 UVPG). Sie ist ein unselbständiger Teil fachplanerischer, sicherheitstechnischer und immissionsschutzrechtlicher Verwaltungsverfahren. Die Umweltauswirkungen des Vorhabens können schon im Raumordnungsverfahren entsprechend dem Planungsstand des Vorhabens ermittelt, beschrieben und bewertet werden, nach dem Ermessen der Behörde auch durch ein förmliches UVP-Verfahren (§ 16 UVPG).

Einen weiteren Schritt in der gemeinschaftsrechtlich vorangetriebenen Reform der Sicherung von Umwelterfordernissen bei der Zulassung bestimmter Vorhaben bildet die noch der Umsetzung bedürftige *Richtlinie 96/61/EG des Rates v 24. 9. 1996 über die integrierte Vermeidung und Verminderung der Umweltverschmutzung* (ABl Nr L 257/26).[20] Um einen integrierten Schutz der Umweltgüter Luft, Wasser und Boden zu gewährleisten, sieht die IVU-Richtlinie (engl IPPC-Richtlinie) für im einzelnen aufgeführte „industrielle Tätigkeiten" die normative Festlegung von Anforderungen für Anlagen und Grundpflichten der Betreiber sowie Verfahrensregeln für die Prüfung und Genehmigung der Anlagen vor.

Es gibt keine einheitliche *Rechtsform* der raumbezogenen Planung. Als Richtschnur können folgende Abgrenzungen gelten: *Überörtliche Gesamtplanungen,* durch die die Raumordnungsgrundsätze in Gestalt von Zielen der Raumordnung und Landesplanung verwirklicht werden,[21] haben normative Verbindlichkeit und sind, soweit sie nicht durch Gesetz festgesetzt werden,[22] dem Namen oder der Sache nach Rechtsverordnungen.[23] *Örtliche Gesamtplanungen* (Bauleitpläne der Gemeinden) sind je nach Gegenstand und Verbindlichkeit – vorbereitende – Flächennutzungspläne oder – verbindliche – Bebauungspläne; die Bebauungspläne werden als Satzung erlassen (§§ 1 Abs 2, 10 BauGB). Die *Rechtsakte der Fachplanung,* durch die aufgrund eines förmlichen oder nicht-förmlichen Verwaltungsverfahren über die Zulassung eines Vorhabens entschieden wird (Planfeststellungsbeschluß, Plangenehmigung, Unternehmergenehmigung mit planungsrechtlichem Einschlag) sind Verwaltungsakte. Besondere Planungsentscheidungen, die zur Entscheidung oder Beurteilung einzelner Entscheidungsprämissen der Zulassungsentscheidung vorausgehen,[24] können nicht selbständig, sondern nur als Entscheidungsinhalt der Vorhabenzulassung angefochten oder sonst gerichtlicher Überprüfung zugeführt werden; das gilt insbes für die Entscheidung des Bundesministers für Verkehr über die Planung und Linienführung der Bundesfernstraßen (§ 16 FStrG) und der Bundeswasserstraßen (§ 13 BWaStrG).[25] **9**

[19] BVerwG DÖV 1996, 604; BVerwG DVBl 1997, 831; BayVGH BayVBl 1992, 692 (Ermittlungspflicht wegen der Auswirkungen eines Fernstraßenbaus auf Natur und Landschaft).

[20] *Becker* Integrierte Vermeidung und Verminderung der Umweltverschmutzung, 1997; *ders* DVBl 1997, 567; *Dolde* NVwZ 1997, 313; *Di Fabio* NVwZ 1998, 329; *Masing* DVBl 1998, 549; *Volkmann* VerwArch 89 (1998) 363.

[21] BremStGH DVBl 1983, 1144.

[22] BVerfGE 76, 107 (Landes-Raumordnungsprogramm Niedersachsen).

[23] BVerwG DVBl 1989, 662; BayVGH DVBl 1983, 1157; BayVGH NVwZ 1985, 502.

[24] ZB die Trassierungsentscheidung nach § 16 FStrG oder die landesplanerische Beurteilung aufgrund eines Raumordnungsverfahrens.

[25] BVerwGE 62, 342; BVerwG NVwZ 1985, 736 (Rhein-Main-Donau-Kanal).

10 Die Rechtsformen sind bei der vorhabenbezogenen Fachplanung bis zu einem gewissen Grad austauschbar. So können Festsetzungen über die Verkehrsflächen in einem Bebauungsplan (§ 9 Abs 1 Nr 11 BauGB) die straßenrechtliche und die personenbeförderungsrechtliche Planfeststellung ersetzen (§ 17 Abs 3 FStrG, § 28 Abs 3 PBefG).[26] Die neuerdings in Betracht gezogene Vorhabenzulassung durch Gesetz[27] bedeutet die Durchbrechung der Gewaltenteilung durch ein Einzelfallgesetz und kann nur bei besonderen rechtfertigenden Umständen gangbar sein.[28]

3. Planung durch Gesetz und aufgrund Gesetzes

11 Die *rechtsstaatlichen Grundsätze des Planungsrechts* basieren auf dem Verfassungsgebot der Gesetzmäßigkeit der Verwaltung und zufolge der Eingriffs- und Gestaltungswirkung der planerischen Rechtsakte auf den grundrechtlichen Maßgaben der Verhältnismäßigkeit und der willkürfreien Sachgerechtigkeit. Der Grundsatz der Gesetzmäßigkeit der Verwaltung definiert die planerische Gestaltungsfreiheit der Exekutive.

Aus dem Gewaltenteilungsprinzip ergibt sich, daß das Gesetz die Grundlagen und Entscheidungsregeln raumbezogener Planung festzulegen hat, daß aber die Entscheidung über die planungsrechtliche Zulassung von Vorhaben im Regelfall aufgrund Gesetzes durch die Exekutive im Wege eines Verwaltungsverfahrens zu erfolgen hat. Planung durch Gesetz betrifft die Koordination und Planmäßigkeit der staatlichen Tätigkeit, die zeitliche und finanzielle Dimension des Staatshandelns, losgelöst von konkreten Maßnahmen und Vorhaben.[29]

12 Aus dem Gewaltenteilungsprinzip ergibt sich weiter, daß die politische Gestaltungsfreiheit des *Gesetzgebers* und die planerische Gestaltungsfreiheit der *Exekutive,* ungeachtet der mit dem Wesen rechtsstaatlicher Planung verbundenen Gemeinsamkeiten, verschiedenartig sind. Das gesetzgebende Parlament trifft die wesentlichen politischen Entscheidungen; seine Sache ist es, die Staatsaufgaben zu bestimmen, die Rechte und Freiheiten normativ auszugestalten und kollidierende Interessen und Rechte nach seiner Maxime des Gemeinwohls abzugrenzen und auszugleichen.

26 BVerwGE 38, 152 m abl Anm *Blümel* DVBl 1972, 119; BVerwG DÖV 1989, 223.

27 Gesetz über den Bau der „Südumfahrung Stendal" der Eisenbahnstrecke Berlin-Oebisfelde v 29.10.1993 (BGBl I, 1906) sowie weitere Gesetzesvorlagen über straßenrechtliche Vorhaben. – *Kunig* Jura 1993, 308; *Ronellenfitsch* DVBl 1994, 441, 444 f; *Blümel* DVBl 1997, 205.

28 BVerfGE 95, 1, Anm *Hufeld* JZ 1997, 302 und *Schneller* ZG 1998, 179.

29 S das Gesetz über den Ausbau der Bundesfernstraßen idF d Bek v 15.11.1993 (BGBl I, 1878), zuletzt geänd durch Ges v 29.12.1994 (BGBl 1995 I, 13), und das nach dem Landesplanungsrecht einzelner Länder durch Gesetz festzusetzende Landesentwicklungsprogramm. Der Bedarfsplan für den Fernstraßenausbau wie auch die Aufnahme eines Ausbauvorhabens in den Bedarfsplan treffen keine abschließende Entscheidung über die Zulässigkeit des Vorhabens, sondern nur über eine der tatbestandlichen Voraussetzungen der Zulässigkeit; sie bedürfen deshalb nicht der Umweltverträglichkeitsprüfung (BVerwG DÖV 1998, 160).

13 Ausführung des Gesetzes durch die Exekutive ist auch der Erlaß *normativer Planungsakte,* allerdings mit einem unterschiedlichen Maß freier Gestaltung, je nachdem ob die gesetzliche Ermächtigung die Delegation von *Verordnungsgewalt* zur Wahrnehmung in „exekutivischer Eigenverantwortung"[30] oder die Zuweisung von *Satzungsautonomie* zur Wahrnehmung von Selbstverwaltung zum Inhalt hat.[31] Das Gesetz kann auch dem Verordnungsgeber einen „politischen Beurteilungsspielraum" zugestehen,[32] doch ist dessen normatives Ermessen von vornherein in die Grenzen der gesetzlichen Ermächtigung gewiesen, von der es das Maß und die Kriterien der Sachgerechtigkeit der Planung empfängt.[33] Der Spielraum der kommunalen Planungshoheit hingegen muß durch das Gesetz weiträumiger gefaßt werden (Art 28 Abs 2 GG)[34] als das normative Ermessen des Verordnunggebers, dessen Ermächtigung nach Inhalt, Zweck und Ausmaß strengeren Anforderungen des rechtsstaatlichen Bestimmtheitsgebots genügen muß (Art 80 Abs 1 S 2 GG).

II. Vorhabenbezogene Fachplanung

1. Das Rechtsinstitut der Planfeststellung

14 Das Planfeststellungsverfahren ist ein kennzeichnendes Beispiel für ein förmliches Verwaltungsverfahren. Es hat die verwaltungsrechtliche Prüfung eines raumbezogenen Vorhabens, zB eines Verkehrsweges, mit dem Ziel zum Gegenstand, den „Plan", dh die Art, Beschaffenheit, Lage und Ausführung des Vorhabens unter Abwägung und Ausgleichung des Anspruchs des Unternehmers („Trägers") des Vorhabens, des öffentlichen Interesses und der rechtlich geschützten Interessen der durch das Vorhaben betroffenen Dritten in Gestalt einer durch den Planfeststellungsbeschluß begründeten Berechtigung des Unternehmers „festzustellen". Der Planfeststellungsbeschluß ist ein komplexer Verwaltungsakt, der die Zulassung des Vorhabens entsprechend dem festgestellten Plan und den sonst getroffenen planerischen Regelungen ausspricht. Ist Unternehmer des Vorhabens der Staat oder ein sonstiger Verwaltungsträger, der zugleich durch seine Planfeststellungsbehörde über die Planfeststellung entscheidet, fehlt materiellrechtlich ein Anspruch auf Planfeststellung.

15 Ungeachtet der Verschiedenheit der Vorhaben und der jeweiligen speziellen gesetzlichen Regelungsziele weisen die fachgesetzlichen Bestimmungen so weitgehende materiellrechtliche und verfahrensrechtliche Gemeinsamkeiten auf, daß man von einem in den Grundlinien einheitlichen *Rechtsinstitut der Planfeststellung* sprechen kann.[35] Dementsprechend sehen die §§ 72ff VwVfG allgemeine

30 BVerfGE 49, 89, 124ff; 67, 100, 139; 68, 1, 87.
31 *Badura* GS Martens, 1987, 25.
32 BVerfGE 45, 142, 162f (Erforderlichkeit einer getreidemarktordnungsrechtlichen Verordnung).
33 BVerfGE 85, 36 entgegen BVerwGE 70, 318, 330ff (Kapazitätsbemessung beim hochschulrechtlichen numerus clausus).
34 BVerfGE 76, 107, 117ff.
35 *Forsthoff* VwR, § 16; *Manner* Die rechtsstaatlichen Grundlagen des Planfeststellungsver-

Verfahrensregeln für die Planfeststellungsverfahren der Bundesverwaltung vor. Übereinstimmende Regelungen enthalten die Verwaltungsverfahrensgesetze der Länder, die auch bestimmen können, daß für Planfeststellungen des Landesrechts die Konzentrationswirkung (dazu unten unter Rn 22) auf nach Bundesrecht notwendige Entscheidungen erstreckt wird (§ 100 Nr 2 VwVfG). Die allgemeinen Vorschriften der Verwaltungsverfahrensgesetze gelten nur subsidiär. Gegenüber inhaltsgleichen oder entgegenstehenden fachgesetzlichen Regelungen treten sie zurück (§ 1 Abs 1 und 2 VwVfG für den Bund). Wo die fachgesetzlichen Bestimmungen, insbes in älteren Gesetzen, als unvollständige und nicht abschließende Regelungen zu betrachten sind, ist das allgemeine Planfeststellungsrecht der Verwaltungsverfahrensgesetze ergänzend heranzuziehen.

16 Bei der Planfeststellung übt die Exekutive Aufgaben der *Fachplanung* in einem Einzelfall aus, im Unterschied zu der Aufstellung von Programmen und Plänen der Raumordnung und Landesplanung und zu den Plänen der örtlichen Bauleitplanung, die normativ die bauliche und sonstige Nutzung des Bodens hinsichtlich aller raumbeeinflussenden Vorhaben und Maßnahmen vorbereiten oder regeln. Die Planfeststellung eines Vorhabens muß sich in die übergreifenden Erfordernisse der überörtlichen und überfachlichen Gesamtplanung, insbes die Ziele der Raumordnung und Landesplanung, einfügen. Sie muß mit den etwa berührten anderen Fachplanungen abgeglichen werden (siehe die Abstimmungspflicht nach § 14 ROG) und muß die sonst berührten öffentlichen Interessen, zB des Natur- und Umweltschutzes, der Wasserwirtschaft, berücksichtigen.[36] Diese Komplexität des öffentlichen Interesses, neben den besonderen Anforderungen an das Vorhaben kraft der fachgesetzlichen Regelung der Planungsaufgabe, kommt in der notwendigen Mitwirkung oder sogar Beteiligung anderer Behörden und Verwaltungsträger zum Ausdruck.

17 Unter den zur Mitwirkung berufenen Verwaltungsträgern nehmen die *Gemeinden,* in deren Gebiet das Vorhaben liegt oder auf deren Gebiet sich das Vorhaben sonst auswirkt, eine besondere Stellung ein. Diese beruht – unbeschadet des Vorranges der überörtlichen Fachplanung vor der Ortsplanung (§§ 7, 38 BauGB) – auf der Planungshoheit der Gemeinde und ist verschiedentlich auch ausdrücklich geregelt (zB § 10 Abs 2 S 1 Nr 1 LuftVG). Die Planungshoheit der Gemeinde schließt, unabhängig von einer besonderen gesetzlichen Festlegung, ein „Recht der Gemeinden auf Mitwirkung an überörtlichen, aber ortsrelevanten Planungen" ein.[37]

fahrens, Diss München 1976; *Badura/Schmidt-Aßmann* Hafenentwicklung in Hamburg, 1983; *Kügel* Der Planfeststellungsbeschluß und seine Anfechtbarkeit, 1985; *Battis* Verw 21 (1988) 22; *Ronellenfitsch* VerwArch 80 (1989) 92; *Hoppe/Beckmann* Umweltrecht, 1989, 119ff; *Kloepfer* Umweltrecht, 2. Aufl 1998, § 5 Rn 79ff; *R. Breuer* FS Sendler, 1991, 357; *Tsevas* Die verwaltungsgerichtliche Kontrollintensität bei der materiell-rechtlichen Nachprüfung des Planfeststellungsbeschlusses für raumbeanspruchende Großprojekte, 1991; *Blümel* VerwArch 83 (1992) 146; *Bender/Sparwasser/Engel* Umweltrecht, 3. Aufl 1995, 69ff; *Gaentzsch* FS Schlichter, 1995, 517. – S im übrigen die in Fn 10 angegebenen allgem Darstellungen sowie die Kommentierungen zu §§ 72ff VwVfG.

[36] S o § 39 I 2.

[37] BVerwGE 31, 263, 266; BVerwG DÖV 1998, 79. – *Blümel/Pfeil* VerwArch 88 (1997) 353ff.

In den von § 38 BauGB erfaßten Fachplanungen umfaßt die Planungsentscheidung auch die bebauungsrechtliche Zulässigkeit des Vorhabens. Dafür ist in verfahrens- und materiellrechtlicher Hinsicht allein das Fachplanungsrecht maßgebend, soweit es eine Regelungskompetenz für sich in Anspruch nimmt. Der Vorbehalt zugunsten von Fachplanungen gem § 38 S 1 BauGB betrifft nicht nur die Anwendbarkeit der §§ 29ff BauGB, sondern beschränkt auch die Gemeinde im Gebrauch ihrer Planungshoheit (§§ 1ff BauGB) in Bezug auf vorhandene Anlagen der Fachplanung.[38] Die Beteiligung der Gemeinde und die Berücksichtigung städtebaulicher Belange sind ausdrücklich vorgeschrieben.[39]

Die Planfeststellung muß die durch das Vorhaben und seine Auswirkungen be- **18**
troffenen *privaten Belange,* nämlich das Eigentum, und sonstige vermögenswerte Rechte, die Gesundheit und alle sonstigen schutzwürdigen Interessen, berücksichtigen, in die Abwägung und Ausgleichung aufnehmen und planungsrechtlich regeln, soweit sie beeinträchtigt werden. Planfeststellungsverfahren mit einer großen Zahl von Einwendungen oder Betroffenen nehmen den Charakter von „Massenverfahren" an (dazu oben unter § 34 III). Die privatrechtliche Verfügungsmacht über die für das Vorhaben benötigten Grundstücke wird dem Unternehmer durch die Planfeststellung nicht verschafft; hierfür muß ggf eine Enteignung erfolgen, für deren Durchführung der Planfeststellungsbeschluß entsprechend seinem Regelungsgehalt eine sachlich bindende Vorentscheidung darstellt.

Die Anfänge des Planfeststellungsrechts reichen, besonders im Eisenbahn- und **19**
im Enteignungsrecht, in das 19. Jahrhundert zurück.[40] Der Sache nach hatte auch das Genehmigungsverfahren bei lästigen Anlagen gem §§ 16ff GewO (jetzt §§ 4ff Bundes-Immissionsschutzgesetz) den Charakter eines Planfeststellungsverfahren. Im älteren Enteignungsrecht war für das Unternehmen, dessen Ausführung die Enteignung notwendig machte, im Rahmen des Enteignungsverfahrens ein Plan aufzustellen.[41] Vergleichbar ist die Aufstellung des Flurbereinigungsplanes gemäß §§ 56ff FlurBG.[42] Im geltenden Recht ist die Planfeststellung eine fachplanerische Entscheidung über die Zulassung eines bestimmten Vorhabens mit vielgestaltigen und einen größeren Personenkreis betreffenden Auswirkungen. Die wichtigsten Planfeststellungsverfahren sind bundesrechtlich geregelt; im Vordergrund stehen die Planfeststellungen für Verkehrswege und Verkehrsanlagen,[43] für den Ausbau eines Gewässers oder seiner Ufer[44] und für

38 BVerwGE 79, 318; BVerwG DVBl 1989, 458.

39 Dies gilt auf Grund des Bau- und Raumordnungsgesetzes 1998 nunmehr für alle von § 38 BauGB erfaßten Verfahren. – *Lasotta* DVBl 1998, 255.

40 *Blümel* Die Bauplanfeststellung I, 1961.

41 §§ 15ff preuß Gesetz über die Enteignung von Grundeigentum v 11.6.1874 (GS S 221).

42 *Hiddemann* Die Planfeststellung im Flurbereinigungsgesetz, 1970; *Blümel/Ronellenfitsch* Die Planfeststellung in der Flurbereinigung, 1975.

43 Bau und Änderung von Bundesfernstraßen (§§ 17ff FStrG); Bau und Änderung von Eisenbahnen einschließlich Betriebsanlagen des Schienenweges (§§ 18ff AEG); Ausbau und Neubau von Bundeswasserstraßen (§§ 13ff BWaStrG); Anlegung und Änderung von Flughäfen und Landeplätzen mit beschränktem Bauschutzbereich (§§ 8ff LuftVG); Bau und Änderung von Straßenbahnen (§§ 28ff PBefG).

44 § 31 WHG iVm dem Landeswasserrecht.

abfallwirtschaftliche Deponien[45] und atomwirtschaftliche Entsorgungsanlagen.[46] Landesrechtliche Planfeststellungsverfahren finden sich vor allem im Straßen- und im Wasserrecht.

20 Das Gesetz ordnet an, für welche Vorhaben ein Planfeststellungsverfahren durchzuführen ist *(„Planfeststellungsvorbehalt“)*. Die gesetzliche Planfeststellungspflicht besteht nur zum Schutz der Interessen der Allgemeinheit, so daß ein Rechtsanspruch Drittbetroffener auf Einleitung und Durchführung des Planfeststellungsverfahrens ausscheidet. Dementsprechend gibt die rechtswidrige Unterlassung eines gesetzlich vorgeschriebenen Planfeststellungsverfahrens für ein realisiertes Vorhaben einem betroffenen Dritten keine verfahrensrechtliche Ansprüche gegen die Behörde.[47]

21 Die Planfeststellung erfolgt im Regelfall durch *Planfeststellungsbeschluß* aufgrund des (förmlichen) Planfeststellungsverfahrens. Die neuere Gesetzgebung, hauptsächlich das Planungsvereinfachungsgesetz v 17.12.1993 (BGBl I S 2123) und das Genehmigungsverfahrensbeschleunigungsgesetz v 12.9.1996 (BGBl I S 1354), lassen in größerem Maß als bisher eine Planfeststellung durch *Plangenehmigung* zu (zB § 74 Abs 6 VwVfG, § 17 Abs 1 a FStrG).[48] Voraussetzung dafür ist, daß Rechte Dritter durch das Vorhaben nicht beeinträchtigt werden oder die Betroffenen ihr Einverständnis erklären und daß mit den Trägern öffentlicher Belange, deren Aufgabenbereich berührt wird, das Benehmen hergestellt worden ist. Die Plangenehmigung hat die Rechtswirkungen der Planfeststellung (§ 75 VwVfG) mit Ausnahme der enteignungsrechtlichen Vorwirkung. Auf ihre Erteilung finden die Vorschriften über das Planfeststellungsverfahren keine Anwendung, so daß das Anhörungsverfahren mit Öffentlichkeitsbeteiligung entfällt (s § 73 VwVfG). Vor Erhebung einer verwaltungsgerichtlichen Klage, für die das Oberverwaltungsgericht im ersten Rechtszug zuständig ist (§ 48 Abs 1 S 2 VwGO), bedarf es keiner Nachprüfung in einem Vorverfahren.

Planfeststellungsbeschluß und Plangenehmigung entfallen in Fällen von unwesentlicher Bedeutung (§ 74 Abs 7 VwVfG). Damit kommen auch die Rechtswirkungen dieser Gestattungsakte nicht zum Zuge.

22 Beim Vollzug des Planfeststellungsvorbehalts kann dem Grundsatz der Problembewältigung im Regelfall nur eine einheitliche Planungsentscheidung für das Vorhaben gerecht werden. Soweit die Einheitlichkeit der Planungsentscheidung

[45] Nur noch die Errichtung und der Betrieb von Anlagen zur Ablagerung von Abfällen (Deponien) sowie die wesentliche Änderung einer solchen Anlage oder ihres Betriebes bedürfen der Planfeststellung, während im übrigen Abfallentsorgungsanlagen jetzt durch immissionsschutzrechtliche Genehmigung zugelassen werden (§ 31 KrW-/AbfG).

[46] Errichtung und Betrieb der Anlagen des Bundes zur Sicherstellung und zur Endlagerung radioaktiver Abfälle sowie die wesentliche Änderung solcher Anlagen oder ihres Betriebes (§ 9 b AtG).

[47] BVerwG NJW 1977, 2367; BVerwG DVBl 1980, 996; BVerwGE 62, 243; BVerwG NJW 1982, 1546; VGH BW NVwZ 1986, 663; OVG NW NVwZ 1988, 179. – Gegen diese Auff der Rspr: *R. Wahl* NVwZ 1990, 426, 431.

[48] Blümel (Hrsg), Verkehrswegerecht im Wandel, 1994; *Steiner* NVwZ 1994, 313; *Axer* DÖV 1995, 495; *Schmitz/Wessendorf* NVwZ 1996, 955; *Bonk* NVwZ 1997, 320; *Jarass* DVBl 1997, 795; *Repkewitz* VerwArch 88 (1997) 137.

gewahrt bleibt, darf unter Beachtung der rechtlichen Planungsschranken, insbes des Abwägungsgebots und des Grundsatzes der einheitlichen Planungsentscheidung, eine ergänzende Planfeststellung vorbehalten,[49] eine abschnittsweise Planfeststellung durchgeführt[50] und eine Planänderung vor Unanfechtbarkeit des Planfeststellungsbeschlusses und Fertigstellung des Vorhabens vorgenommen werden.[51]

2. Planungsaufgabe, rechtsstaatliche Bindung der planerischen Gestaltungsfreiheit

Der im Wege des Planfeststellungsverfahrens durch den Planfeststellungsbeschluß 23
mit rechtlicher Verbindlichkeit ausgestattete „Plan" ordnet die Bodennutzung und Raumbeanspruchung, die von dem auszuführenden Vorhaben bewirkt werden wird. Außerdem begründet diese fachplanerische Entscheidung eine öffentlich-rechtliche Berechtigung des antragstellenden Unternehmers des Vorhabens, sofern dieser nicht mit dem Verwaltungsträger identisch ist, dessen Behörde das Planfeststellungsverfahren durchführt, und hat insofern den Charakter einer Unternehmergenehmigung. Das Planfeststellungsverfahren dient der Verwirklichung des einschlägigen materiellen Rechts, das dem Fachgesetz, sonstigen Rechtsvorschriften und verbindlichen Regelungen (zB Ziele der Raumordnung und Landesplanung) und den allgemeinen planungsrechtlichen Grundsätzen und Entscheidungsregeln zu entnehmen ist. Das Fachgesetz definiert die Planungsaufgabe und spricht die Ermächtigung zur Ausübung der *planerischen Gestaltungsfreiheit* (des „Planungsermessens") aus, die prägendes Element jeder Planung ist. Es gibt der planenden Verwaltung eine richtlinienartige Orientierung durch Zielsetzung und Abwägungsgrundsätze im Hinblick auf den gesetzlich angestrebten Zustand des zu beurteilenden Vorhabens und auf die umfassende „Bewältigung" der von ihm aufgeworfenen „Probleme", insbes die Abgleichung mit den zu erwartenden Auswirkungen auf die Rechte und sonstigen Belange Dritter und mit den öffentlichen Erfordernissen.

Die auf Grund und nach Maßgabe des die Planungsentscheidung fundierenden 24
Gesetzes der Behörde zustehende planerische Gestaltungsfreiheit („Planungsermessen") ist an die rechtsstaatlichen Planungsgrundsätze gebunden. Diese umfassen

[49] BVerwGE 61, 307. – Blümel (Hrsg), Teilbarkeit von Planungsentscheidungen, 1984; *Roeser* FS Schlichter, 1995, 479.

[50] BVerwGE 62, 342, 351ff; BVerwG NVwZ 1990, 860 (längsgeteilter Ausbau einer Bundesautobahn); BVerwG DVBl 1996, 676 (Eisenbahnrecht); BVerwG NVwZ 1996, 1011 (UVP); BVerwG DVBl 1997, 838, 841. – Bei der abschnittsweisen Planfeststellung ist jeder Planfeststellungsbeschluß, eingefügt in das Gesamtprojekt, ein für sich selbständiger Verwaltungsakt. Ein erst durch folgende Abschnitte Betroffener kann nach Maßgabe der Zwangspunkte, welche die Planfeststellung eines vorangehenden Abschnitts schafft, auch diese angreifen (BVerwG DVBl 1992, 1435; BVerwG DVBl 1993, 161).

[51] BVerwG NVwZ 1986, 834; BVerwG NJW 1990, 925; BVerwG DVBl 1992, 713; BVerwG DVBl 1993, 155; BVerwG DVBl 1995, 1007; BVerwG DVBl 1996, 677. – *Badura* FS Gesellschaft für Rechtspolitik, 1984, 27, 42ff; *Hoppe* FS Ule, 1987, 75; *Ebling* DÖV 1990, 471; *Kuschnerus* DVBl 1990, 235; *Stüer* DVBl 1990, 35.

die Planrechtfertigung, die Planungsleitsätze und das Abwägungsgebot.[52] Die Planfeststellung bedarf in dem Maße, wie sie Rechte oder sonstige schutzwürdige Belange Dritter berührt, der *Planrechtfertigung;* das Vorhaben muß notwendig, dh in seiner sachlichen und zeitlichen Konkretisiertheit vernünftigerweise im öffentlichen Interesse geboten sein. Für die danach aufzubringende objektive Erforderlichkeit des Vorhabens genügt es nicht, daß die Planung auf die fachplanerische Zielsetzung ausgerichtet ist oder daß sie einer im ganzen sachgerechten Planungskonzeption der Behörde entspricht. Wenn für ein Sachgebiet durch Gesetz ein Bedarfsplan aufgestellt wird, wie im Fernstraßenrecht und im Eisenbahnrecht, und ein Vorhaben in den Ausbauplan aufgenommen ist, ist damit die Planrechtfertigung insoweit mit normativer Verbindlichkeit, auch für die gerichtliche Planprüfung, ausgesprochen.[53] Die Planung ist weiter gebunden an die im Fachplanungsgesetz oder in sonst einschlägigen Rechtsvorschriften als strikt zu beachtende – und nicht nur als zu optimierende oder zu berücksichtigende – *Planungsleitsätze* aufgestellten Anforderungen. Endlich muß die Planungsentscheidung dem *Abwägungsgebot* entsprechen, auch soweit es nicht, wie zB in § 17 Abs 1 S 2 FStrG, ausdrücklich ausgesprochen ist.

25 Im Abwägungsgebot findet die planerische Gestaltungsfreiheit ihre spezifische Bindung der wählenden und abwägenden Beurteilung und Entscheidung. Die von dem Vorhaben berührten öffentlichen und privaten Belange müssen, soweit entscheidungserheblich, zutreffend ermittelt, gewichtet und in einer „abgewogenen" Entscheidung sachgerecht zum Ausgleich gebracht werden. Direktiven der Abwägung sind diejenigen Planungsleitsätze, die das Gesetz nicht als zwingende Vorgaben oder Grenzen der Planungsentscheidung, sondern als Optimierungsgebote oder als zu berücksichtigende öffentliche Belange vorschreibt. Eine „Planungsalternative", zB eine andere Straßentrasse, ist im Rahmen der Abwägung nur zu würdigen, wenn sie sich nach Lage der konkreten Verhältnisse aufdrängt oder naheliegt.[54] Der Grundsatz der „Problembewältigung" steht nicht selbständig neben dem Abwägungsgebot, sondern ist letztlich nur eine Facette, ein Teil dieses Gebots.[55]

26 In die Abwägung einzustellen ist alles, was nach Lage der Dinge Beachtung verlangt. Dazu gehören alle mehr als nur geringfügig betroffenen schutzwürdigen Interessen Dritter, zB der Anwohner eines Straßenbauvorhabens.[56] Das Abwägungsgebot gewährt dem Drittbetroffenen eine Rechtsstellung des Inhalts, daß er verlangen kann, daß seine eigenen Belange auf ihre Schutzwürdigkeit und Schutz-

[52] BVerwGE 34, 301; 48, 56; 52, 237; 55, 220; 56, 110; 71, 163; 71, 166; 98, 339, 349f; 100, 238, 251. – *Badura* FS zum 25jährigen Bestehen des BayVerfGH, 1972, 157; *Weyreuther* DÖV 1977, 419: Abwägung und Folgerichtigkeit bei der planerischen Gestaltung des betroffenen „Interessengeflechts", insbes hinsichtlich des erfaßten Eigentums; *Niehues* WiVerw 1985, 250; *Steinberg* NVwZ 1986, 812; *Sendler* FS Schlichter, 1995, 55; *Bartlsperger* DVBl 1996, 1; *Hoppe/Just* DVBl 1997, 789.

[53] BVerwGE 98, 339; 100, 388; BVerG NVwZ-RR 1997, 339.

[54] BVerwG NVwZ-RR 1989, 458; BVerwG DVBl 1992, 1435; BVerwG NVwZ-RR 1997, 336.

[55] *Sendler* WiVerw 1985, 211.

[56] BVerwG NVwZ 1988, 363; BVerwG NVwZ 1989, 151; BVerwG DVBl 1989, 510.

bedürftigkeit geprüft und sachentsprechend abgewogen werden. Das Recht des Drittbetroffenen auf gerechte Abwägung seiner eigenen Belange ist gewahrt, wenn die Behörde diese Belange erkannt und angemessen gewichtet hat.[57] Nicht zu umgehende Rechtsbeeinträchtigungen Dritter müssen durch Nebenbestimmungen, zB Vorkehrungen aktiven oder passiven Schallschutzes, berücksichtigt und äußerstenfalls durch Entschädigung ausgeglichen werden (vgl § 74 Abs 2 VwVfG). Diese planungsrechtliche Entschädigung ist ein Billigkeitsausgleich und muß von einer enteignungsrechtlichen Entschädigung unterschieden werden.[58]

27 Der Anspruch auf Schutzvorkehrungen und ggf Geldausgleich ist eine spezifische Ausprägung des fachplanerischen Abwägungsgebots. Entscheidend ist, ob dem Betroffenen die mittelbaren Einwirkungen im planungsrechtlichen Sinn ohne Ausgleich zumutbar sind, die sich aufgrund der durch das Vorhaben verursachten Situationsveränderung zu Lasten seines Grundeigentums oder sonstiger Rechte ergeben. Fehlt es an einem solchen Ausgleich, ist der Plan insoweit mangels ausreichender Konfliktbewältigung rechtswidrig.[59] Das Fehlen erforderlicher Schutzauflagen führt allerdings nur zu einem Anspruch auf Planergänzung, es sei denn dieser Mangel würde die Ausgewogenheit des Gesamtvorhabens oder eines abtrennbaren Planungsteils überhaupt in Frage stellen; dann hätte der Betroffene einen Anspruch auf Aufhebung oder Teilaufhebung des Planfeststellungsbeschlusses.[60]

Die Planungskompetenz der Planfeststellungsbehörde und damit deren Pflicht zur Bewältigung der mit dem Vorhaben aufgeworfenen „Probleme" erstreckt sich auf notwendige Folgemaßnahmen an anderen Anlagen (§ 75 Abs 1 VwVfG). Die Planungs- oder Gestattungskompetenz anderer Behörden für derartige andere Anlagen darf durch diese Kompetenzerweiterung der Planfeststellungsbehörde nur insoweit zurückgedrängt werden, als die mitzuerledigenden Folgemaßnahmen zur Sicherung der Funktionsfähigkeit der anderen Anlagen unumgänglich sind und nicht ein eigenes Planungskonzept voraussetzen.[61]

28 Planungsentscheidungen beruhen in der Regel auf *prognostischen Einschätzungen.* Die hier der Verwaltung zukommende „Einschätzungsprärogative" für zukünftige Entwicklungen und entscheidungserhebliche Umstände ist von der – auf der Grundlage einer prognostischen Einschätzung auszuübenden – planerischen Gestaltungsfreiheit zu unterscheiden.[62] Bei der Prognose als Hilfsmittel zukunftsgerichteten Entscheidens hat die Verwaltung bestimmte Bedingungen der Gültigkeit vorausschauenden Einschätzens künftiger Verläufe zu beachten, insbes ein methodisch einwandfreies Vorgehen auf der Basis richtig und vollständig ermittelter Tatsachen. Die Verantwortung der Verwaltung und die gerichtliche

57 BVerwGE 48, 56, 66; BVerwG NVwZ 1989, 151.

58 BGH DVBl 1986, 766 m Anm *Berkemann;* BVerwGE 77, 295; BVerwG UPR 1996, 388.

59 BVerwG DVBl 1993, 155; BVerwG NVwZ 1993, 477.

60 BVerwGE 56, 110; 71, 150; BVerwG DVBl 1993, 155.

61 BVerwG DVBl 1988, 843 – Folgemaßnnahmen für Gemeindestraßen aufgrund einer bahnrechtlichen Planfeststellung.

62 BVerwGE 56, 110, 121; 70, 318 ff, 336 f; BVerwG DVBl 1985, 1382, 1384; BVerwG DVBl 1986, 55; BVerwG DVBl 1986, 416. – *Badura* FS Bachof, 1984, 169, 178 ff; *Ossenbühl* FS Menger, 1985, 731.

Überprüfung der Planung beschränkt sich auf die Beachtung der methodischen und sachlichen Gültigkeitsbedingungen der Prognose. Im Unterschied dazu ergibt sich die begrenzte Nachprüfbarkeit eines *zukunftsbezogenen Planungsaktes* aus der gesetzlich begründeten planerischen Gestaltungsfreiheit. Die planende Verwaltung ist nicht darauf beschränkt, die faßbaren Gegebenheiten und prognostischen Einschätzungen nur reaktiv aufzugreifen. Die planerische Gestaltungsfreiheit schließt – geleitet durch die gesetzliche Planungsaufgabe – eine aktive Bestimmungsvollmacht für die „gestaltend" anzustrebende Entwicklung, zB des Verkehrsbedarfs oder der Verkehrsströme, ein.[63]

29 Die rechtsstaatlichen Grundsätze des Planungsrechts orientieren sich daran, daß die Planfeststellung eine Entscheidung ist, die der Verwirklichung einer im öffentlichen Interesse liegenden Planungsaufgabe dient und zu Rechtseingriffen zu Lasten Dritter führt oder führen kann. Von diesem – typischen – Fall der *„gemeinnützigen"* Planfeststellung ist der Fall einer *„privatnützigen"* Planfeststellung zu unterscheiden, wie er zB bei einem privaten Ausbauvorhaben nach § 31 WHG in Betracht kommt. Eine privatnützige Planfeststellung hat materiellrechtlich den Charakter einer Genehmigung; sie muß sich in jeder Hinsicht im Einklang mit den Erfordernissen des Gemeinwohls halten und vermag Eingriffe in Rechte Dritter nicht zu rechtfertigen.[64]

30 Das Prinzip der Gewaltenteilung und der Grundsatz der Gesetzmäßigkeit der Verwaltung beschränken die Rechtsprechungsaufgabe der Verwaltungsgerichte auf die Planprüfung nach den Maßstäben des Rechts. Es ist deshalb nicht die Sache der Verwaltungsgerichte zu prüfen, ob ein planfeststellungspflichtiges Vorhaben nach volkswirtschaftlichen Grundsätzen rentabel ist[65] oder ob es in seiner Ausgestaltung als zweckmäßig gelten kann. Soweit der Planfeststellungsbeschluß auf der Ausübung planerischer Gestaltungsfreiheit beruht, ist die gerichtliche Überprüfung nur eine Rechtskontrolle (§§ 113, 114 VwGO). Mit der dem Gericht obliegenden Kontrollfunktion ist es nicht vereinbar, daß es anstelle der Verwaltung eine eigene planerische Abwägung vornimmt, etwa indem es die von ihm zu prüfende Abwägung „aufbessert".[66]

31 Im Fachplanungsrecht für *Verkehrswege* und *Verkehrsanlagen* ist aufgrund der Novellierung der einschlägigen Fachgesetze durch das Planungsvereinfachungsgesetz v 17.12.1993, im Eisenbahnrecht aufgrund des § 20 Abs 7 AEG in der Fassung des Art 5 Eisenbahnneuordnungsgesetz v 27.12.1993, die Beachtlichkeit von Abwägungsfehlern eingeschränkt. Mängel bei der Abwägung der von dem Vorhaben berührten öffentlichen und privaten Belange sind nur erheblich, wenn sie offensichtlich und auf das Abwägungsergebnis von Einfluß gewesen sind. Erhebliche Mängel bei der Abwägung oder eine Verletzung von Verfahrens- oder Formvorschriften führen nur dann zur Aufhebung der Planfeststellung, wenn sie nicht

[63] HessVGH NVwZ 1986, 849; *Papier* in: Bitburger Gespräche, Jb 1981, 81, 85.

[64] BVerwGE 55, 220; BVerwG DVBl 1990, 589 (keine privatnützige Planfeststellung im Abfallrecht) m Anm *Weidemann;* BVerwG DVBl 1990, 1170. – *Sellmann* DVBl 1987, 223; *Kühling* FS Sendler, 1991, 391.

[65] BVerwG 72, 15 und BayVGH BayVBl 1983, 80 – Rhein-Main-Donau-Kanal.

[66] BVerwG DVBl 1978, 618; BVerwG NVwZ 1988, 844; BVerwG DÖV 1991, 853.

durch Planergänzung oder durch ein ergänzendes Verfahren behoben werden können. Diese planungsrechtliche Regel über die Rechtsfolge von Abwägungsmängeln und über deren Behebbarkeit ist durch das Genehmigungsverfahrensbeschleunigungsgesetz v 12.9.1996 in das allgemeine Recht der Planfeststellung aufgenommen worden (§ 75 Abs 1a VwVfG).[67]

III. Das Planfeststellungsverfahren

1. Besonderheiten des Verfahrens

Dem Ziel des Planfeststellungsverfahrens entsprechend muß das Verfahren so ausgestaltet sein, daß in die Abwägung und Entscheidung alle für den Plan erheblichen Umstände eingehen können und daß dabei alle durch das Vorhaben betroffenen Rechte und Interessen, alle berührten über- und gleichgeordneten anderen Planungen und alle sonst berührten Gesichtspunkte des öffentlichen Interesses berücksichtigt werden.[68] Der erschöpfenden Ermittlung des Kreises der Betroffenen, der umfassenden Gewährung des rechtlichen Gehörs und der Mitwirkung der in ihrem Aufgabenkreis berührten Behörden und Verwaltungsträger dient das dem Planfeststellungsbeschluß vorangehende „*Anhörungsverfahren*“ (vgl § 73 VwVfG), das vor der – in der Regel, aber nicht notwendig von der zur Entscheidung berufenen Planfeststellungsbehörde verschiedenen – Anhörungsbehörde stattfindet.[69] Dem Ziel des Planfeststellungsverfahrens entsprechend ist der Planfeststellungsbeschluß mit besonderen rechtlichen Wirkungen ausgestattet (dazu unten § 39 III 2). **32**

Das Planfeststellungsverfahren wird auf *Antrag des Unternehmers* (Trägers des Vorhabens) durch Einreichung des Planes für das Vorhaben bei der Anhörungsbehörde *eröffnet*. Der Plan besteht aus den Zeichnungen und Erläuterungen, die das Vorhaben, seinen Anlaß und die von dem Vorhaben betroffenen Grundstücke und Anlagen erkennen lassen (vgl § 73 Abs 1 S 2 VwVfG). Die Anhörungsbehörde hat den Kreis der Betroffenen zu ermitteln und ihnen Gelegenheit zur Stellungnahme und zur Erhebung von Einwendungen zu geben. Dem dienen die *befristete Auslegung des Planes*[70] und eine mündliche Verhandlung in einem förmlich anzuberaumenden *Erörterungstermin*. Vor diesem Termin sind die Stellungnahmen der Behörden, deren Aufgabenkreis durch das Vorhaben berührt wird, und gegebenenfalls zusätzliche sachverständige Äußerungen einzuholen. Im Interesse einer Beschleunigung des Verfahrens ist die Anhörungsbehörde verpflichtet, die betrof- **33**

[67] *Bonk* NVwZ 1997, 320, 329f; *Gromitsaris* SächsVBl 1997, 101, 105ff; *Stelkens/Bonk/Sachs* VwVfG, 5. Aufl 1998, § 75, Rn 33ff; *Stüer* NWVBl 1998, 170.

[68] *Wolff/Bachof* VwR III, § 158 Ib; *Blümel* FS Weber, 1974, 539.

[69] § 10 LuftVG schreibt den Landesregierungen nicht vor, im luftrechtl Planfeststellungsverfahren für die Anhörung der Beteiligten und für die Planfeststellung verschiedene Behörden zu bestimmen (BVerwG NJW 1980, 1706).

[70] Die Planauslegung dient der Information; daran orientiert sich mangels ausdrücklicher Regelung auch die Frage, welche Planunterlagen auszulegen sind (BVerwG DVBl 1978, 618).

fenen Behörden innerhalb eines Monats nach Zugang des vollständigen Planes zur Stellungnahme aufzufordern und eine Frist zu setzen, die drei Monate nicht überschreiten darf (§ 73 Abs 2 und Abs 3a VwVfG idF des GenBeschlG 1996). Die Präklusion von nach dem Erörterungstermin eingehenden Stellungnahmen tritt zu dem Untersuchungsgrundsatz (s o § 37 I 1) nicht in Widerspruch, weil die Berücksichtigung nach wie vor erfolgen muß, wenn die Stellungnahme für die Rechtmäßigkeit der Entscheidung von Bedeutung ist (§ 75 Abs 3a S 2 letzter Halbs VwVfG). Anhörungsverfahren und Einwendungsbefugnis sind im Planfeststellungsrecht regelmäßig ausgestaltet, daß ohne Rücksicht auf eine Rechtsbetroffenheit im strengen Sinn eine möglichst umfassende Information der Behörde erreicht wird. Die damit zugleich gewährte und geordnete Rechtswahrung der in ihren Rechten Betroffenen ist in diesen übergreifenden Verfahrenssinn eingebettet.

34 Die bei der Auslegung des Planes festgesetzte *Einwendungsfrist* hat eine sachliche Praklusionswirkung derart, daß verspätet angebrachte Einwendungen von der Berücksichtigung ausgeschlossen werden und auch im Wege der Anfechtung des Planfeststellungsbeschlusses nicht mehr geltend gemacht werden können, nur kraft ausdrücklicher gesetzlicher Bestimmung.[71] Anders als im immissionsschutzrechtlichen Genehmigungsverfahren (siehe § 10 Abs 3 S 3 BImSchG) und im atomrechtlichen Genehmigungsverfahren (siehe § 7 AtVfV) war im Planfeststellungsrecht zunächst überwiegend eine derartige Ausschlußwirkung nicht vorgesehen. Neuerdings ist im Planfeststellungsrecht für Verkehrswege und Verkehrsanlagen durchgehend eine materielle Präklusion von Einwendungen gegen den Plan eingeführt worden, die nach Ablauf der Einwendungsfrist erhoben werden (siehe zB § 17 Abs 4 FStrG, § 10 Abs 4 LuftVG, § 20 Abs 2 AEG). Das Genehmigungsverfahrensbeschleunigungsgesetz 1996 hat nunmehr allgemein bestimmt, daß mit Ablauf der Einwendungsfrist alle Einwendungen ausgeschlossen, dh materiell präkludiert sind, die nicht auf besonderen privatrechtlichen Titeln beruhen (§ 73 Abs 4 S 3 und 4 VwVfG).[72] Fehlt die gesetzliche Anordnung der materiellen Ausschlußwirkung, unterliegen verspätete Einwendungen lediglich einer „formellen" Präklusion, dh der Beteiligte hat keinen Anspruch auf besondere Behandlung der Einwendung in dem Erörterungstermin[73] und auf ihre förmliche Verbescheidung; im Planfeststellungsbeschluß sind jedoch auch die verspäteten Einwendungen sachlich zu berücksichtigen, soweit sie entscheidungserheblich sind.

35 Die Berechnung der Einwendungsfrist erfolgt entsprechend § 187 Abs 1 BGB. Die zu kurze Bemessung der Auslegungsfrist ist ein Verfahrensfehler; für diejenigen Betroffenen, die Einwendungen trotz der zu kurzen Frist erhoben haben, handelt es sich um einen unerheblichen Verfahrensmangel, weil für sie eine Schmälerung der Rechtswahrung nicht bewirkt worden ist.[74] Geringfügige Änderungen des Plans im Anhörungsverfahren machen eine erneute Auslegung nicht erforder-

[71] BVerwGE 26, 302, 303; 29, 282, 284. Diese Entscheidungen ergingen zu § 18 Abs 3 aF FStrG. S auch o § 38 II 7.

[72] BVerwG DVBl 1996, 684; BVerwG DVBl 1997, 51; BVerwG DÖV 1998, 157; *Niehues* FS Schlichter, 1995, 619; *Solveen* DVBl 1997, 803. – S o § 37 I 1.

[73] S die Begr zu § 69 EVwVfG 1973 (BT-Drucks 7/910, 88).

[74] BVerwGE 29, 282.

lich.[75] Das VwVfG sieht wegen der Vielzahl der Beteiligten im Planfeststellungsverfahren eine Akteneinsicht, abgesehen von dem ausgelegten und damit zur Einsicht offenen Plan selbst, nur nach pflichtgemäßem Ermessen der Behörde vor (§ 72 Abs 1 zweiter Halbs VwVfG), abweichend von dem Grundsatz des § 29 VwVfG.

Der *Erörterungstermin* trägt dem Umstand Rechnung, daß bei der Planfeststellung nicht nur zweiseitige Rechtsverhältnisse zwischen der Behörde und einzelnen Betroffenen Verfahrensgegenstand sind, sondern die umfassende und allseitige rechtliche Gestaltung eines Vorhabens, bezüglich dessen alle Betroffenen in einer Planungssituation rechtlich verbunden sind. Sowohl vom Standpunkt der Sachgerechtigkeit des Verfahrens wie im Interesse einer wirksamen Rechtswahrung der Betroffenen kommt dem Erörterungstermin eine wesentliche Bedeutung zu. In ihm findet in gewissem Umfang bereits eine Ausgleichung der betroffenen öffentlichen und privaten Interessen statt und wird diese im übrigen jedenfalls vorbereitet. Deswegen kann nur ausnahmsweise eine nicht gleichzeitig mit allen Beteiligten und den mitwirkenden Behörden erfolgende Erörterung dem Verfahrenserfordernis der mündlichen Verhandlung genügen.[76] **36**

Das der Entscheidung über den Planfeststellungsantrag vorausgehende Verfahren muß der Planfeststellungsbehörde die erforderlichen tatsächlichen und rechtlichen *Grundlagen für die Beurteilung des Vorhabens* verschaffen. Die gesetzlichen und planungsrechtlichen Anforderungen an das Vorhaben bilden die Beurteilungskriterien für die Entscheidung über die Planfeststellung. Die Richtigkeit und Vollständigkeit der tatsächlichen Entscheidungsgrundlagen muß für die rechtlich gebundenen Beurteilungen ebenso gegeben sein, wie für die Ausübung der planerischen Gestaltungsfreiheit. Eine der Bedingungen für die Rechtmäßigkeit der Planungsentscheidung, die sich aus dem Abwägungsgebot herleiten, ist die sachrichtige Zusammenstellung des „Abwägungsmaterials". Ein für die Abwägung erheblicher Umstand darf entsprechend dem Vorbringen des Betroffenen als gegeben unterstellt werden, sofern er auf diesem Wege sachdienlich ermittelt werden und sich nicht in der Abwägung zum Nachteil eines anderen Planbetroffenen auswirken kann.[77] Im übrigen ist der entscheidungserhebliche Sachverhalt nach dem Untersuchungsgrundsatz zu ermitteln (§ 24 VwVfG), ggf mit Hilfe von Sachverständigen.[78] **37**

2. Der Planfeststellungsbeschluß

Im Planfeststellungsbeschluß entscheidet die Planfeststellungsbehörde aufgrund des Antrages des Unternehmers, des Ergebnisses des Anhörungsverfahrens und der Stellungnahme der Anhörungsbehörde über die Zulässigkeit des Vorhabens, über die nicht erledigten Einwendungen, über die Art, Beschaffenheit, Lage und Aus- **38**

75 BVerwGE 29, 282, 286. – Vgl auch § 73 Abs 8 VwVfG, sowie § 17 WaStrG iVm § 74 Abs 8 VwVfG; § 34 Abs 1 S 1 KrW-/AbfG iVm § 73 Abs 8 VwVfG.

76 BVerwG VRS 37, 154; VG Schleswig DVBl 1972, 515.

77 BVerwG DVBl 1980, 999.

78 Zur UVP und zur landesplanerischen Beurteilung, bes mit Hilfe eines Raumordnungsverfahrens, als unselbständigen Verfahrensteilen des Planfeststellungsverfahrens s o § 39 Rn 7, 8.

führung des Vorhabens (den „Plan“) einschließlich der notwendigen Folgemaßnahmen und über die von dem Unternehmer zu beachtenden Bedingungen und Auflagen. Auf die Verschiedenartigkeit der verfahrensrechtlichen und materiellrechtlichen Einzelheiten der fachgesetzlichen Regelungen ist hier nicht einzugehen. Allgemeine Regelungen sind in den §§ 74, 75 VwVfG vorgesehen. Der *Anspruch des Unternehmers* auf öffentlich-rechtliche Zulassung seines Vorhabens, der bei den typischen Genehmigungsverfahren, zB nach dem Immissionsschutzrecht, ganz im Vordergrund steht und der auch bei den Verwaltungsakten mit Drittwirkung, zB der Baugenehmigung, das Verfahren und die Entscheidung prägt, ist bei der Planfeststellung in die umfassende und allseitige Abwägung und Ausgleichung der betroffenen öffentlichen und privaten Interessen und Rechte nach dem Leitmaß der Planungsaufgabe eingefügt. *Gegenstand der Planfeststellung* ist die rechtliche Fundierung des Vorhabens entsprechend den Anforderungen aller einschlägigen Bestimmungen und Richtlinien des öffentlichen Rechts und unter Abgleichung aller berührten öffentlichen und privaten Interessen und Rechte. Diesen Zielen dienen als besondere rechtliche Eigenschaften des Planfeststellungsbeschlusses die Konzentrationswirkung und die Gestaltungswirkung, die zu der Gestattungswirkung hinzutreten.

39 Die Planfeststellung ersetzt alle nach anderen Rechtsvorschriften notwendigen öffentlich-rechtlichen Genehmigungen, Verleihungen, Erlaubnisse, Zustimmungen und Planfeststellungen: *„Konzentrations-“* oder *„Ersetzungswirkung“* (§ 75 Abs 1 zweiter Halbs VwVfG).[79] Die Konzentrationswirkung der Planfeststellung ist nur eine verfahrensrechtliche („formelle“) Wirkung, dh eine Konzentration der behördlichen Zuständigkeit. Die Planfeststellungsbehörde bleibt an alle Rechtsvorschriften, die außerhalb des engeren Fachplanungsrechts bestehen, einen materiellen Gehalt haben und nicht durch das ausgeführte Fachplanungsrecht verdrängt werden (wie im Fall des § 38 BauGB), gebunden. Die „formelle“ Konzentration der Sachentscheidung entbindet jedoch die Planfeststellungsbehörde von der Anwendung der reinen Verfahrensvorschriften anderer Rechtsbereiche; sie verfährt nach dem für sie geltenden Verfahrensrecht.[80] Die Konzentrationswirkung ist das die Planfeststellung verfahrensrechtlich kennzeichnende Merkmal; denn das Planfeststellungsverfahren wird nicht, auch nicht neben anderen Gründen, im Interesse Dritter durchgeführt, sondern allein deshalb, um mit Hilfe der formellen und materiellen Konzentrationswirkung zu einer einheitlichen und umfassenden Verwaltungsentscheidung zu gelangen.[81] Für das einer Planfeststellung unterliegende Vorhaben soll nur *ein* Verfahren vor *einer* Behörde mit *einer* umfassenden rechtsgestaltenden Entscheidung stattfinden. Die Konzentrationswirkung einer bundesrechtlichen Planfeststellung verdrängt landesrechtliche Genehmigungs- oder Zustimmungsvorbehalte; deshalb kann zB eine landschaftsschutzrechtliche Genehmigungspflicht einer eisenbahnrechtlichen Planfeststellung nicht entgegengehalten werden.[82] Die für die Planfeststellung angeordnete „Zuständig-

[79] BVerwGE 31, 263; 85, 348. – *Laubinger* VerwArch 77 (1986) 77.
[80] BVerwG DVBl 1992, 1435.
[81] BVerwG NJW 1977, 2367.
[82] BVerwG NJW 1977, 2367.

keitskonzentration“ ist die Bedingung der angestrebten „Einheitswirkung“ der Entscheidung.[83]

Durch die Planfeststellung werden alle öffentlich-rechtlichen Beziehungen zwischen dem Unternehmer, zB bei der straßenrechtlichen Planfeststellung dem Träger der Straßenbaulast, und den durch den Plan Betroffenen rechtsgestaltend geregelt: „*Gestaltungswirkung*“ (§ 75 Abs 1 S 2 VwVfG). Die Sicherung der rechtlich geschützten Interessen der Betroffenen erfolgt vor allem durch *Bedingungen und Auflagen*, durch die der Unternehmer im öffentlichen Interesse oder zur Vermeidung nachteiliger Wirkungen auf Rechte anderer mit Pflichten, Vorkehrungen oder Maßnahmen belastet werden kann, die sich aus dem jeweiligen fachplanerischen Ziel ableiten lassen. So sind beispielsweise im straßenrechtlichen Planfeststellungsbeschluß dem Träger der Straßenbaulast die Errichtung und die Unterhaltung solcher Anlagen aufzuerlegen, die für das öffentliche Wohl oder zur Sicherung der Benutzung der benachbarten Grundstücke gegen Gefahren, erhebliche Nachteile oder erhebliche Belästigungen notwendig sind.[84] Sind solche Anlagen untunlich oder mit dem Vorhaben unvereinbar, so hat der Betroffene gegen den Träger des Vorhabens Anspruch auf angemessene Entschädigung in Geld (§ 74 Abs 2 VwVfG); dieser Entschädigungsanspruch ist ein Ausgleichsanspruch wegen unbilliger Rechtsbeeinträchtigung, nicht ein enteignungsrechtlicher Entschädigungsanspruch.[85] **40**

Über den Anspruch ist im Planfeststellungsbeschluß dem Grund und der Höhe nach zu entscheiden.[86] Die planerische Entscheidung über derartige Nebenbestimmungen ist an dem Abwägungsgebot und dem Grundsatz der Problembewältigung auszurichten. Durch sie ist der Ausgleich solcher Einwirkungen der Planung auf rechtlich geschützte Belange Dritter herzustellen, die nicht – wie etwa der notfalls durch Enteignung durchzuführende Zugriff auf das Grundeigentum – einen „unmittelbaren Eingriff“ bedeuten, sondern – wie etwa der Verkehrslärm – „nur als Folge der zugelassenen Planung und der mit ihr verbundenen Situationsveränderung in der Umgebung des Vorhabens“ auftreten, insofern also einen nur „mittelbaren Eingriff“ in rechtlich geschützte Belange Dritter darstellen.[87] Ein mittelbarer Eingriff kann Rechte Dritter enteignend betreffen oder in seinem Gewicht hinter einer enteignenden Wirkung zurückbleiben. Ein enteignend wirkender mittelbarer Eingriff liegt vor, wenn das Vorhaben oder Regelungen des Planfeststellungsbeschlusses in das – nicht unmittelbar in Anspruch genommene – Eigentum Dritter dadurch eingreifen, daß die vorgegebene Grundstückssituation nachhaltig verändert und das Grundstück des Dritten schwer und unerträglich getroffen wird. Wird durch einen Dritten diese Rechtsfolge geltend gemacht, ist auf seinen Antrag im Planfeststellungsbeschluß über seinen Anspruch auf Übernahme des Grundstücks **41**

[83] BVerwGE 31, 263, 267f.

[84] Diese Regelung, früher in § 17 Abs 4 FStrG ausgesprochen, gilt nunmehr gem der dem § 74 Abs 2 VwVfG entspr Vorschrift des Landesverwaltungsverfahrensgesetzes.

[85] S o Rn 26 Fn 58.

[86] BVerwGE 71, 166, 174f.

[87] BVerwG DVBl 1980, 999, 1001; BVerwG DVBl 1981, 403; BVerwG Buchholz 407. 4 § 17 FStrG Nr 44; BVerwG NJW 1982, 1473.

oder auf Ausdehnung der Enteignung zu entscheiden.[88] Wenn es gesetzlich vorgesehen oder in zulässiger Weise im Planfeststellungsbeschluß vorbehalten ist, können Nebenbestimmungen auch nachträglich festgelegt werden (§ 75 Abs 2 VwVfG).[89]

42 Über die öffentlich-rechtliche Gestaltungswirkung hinaus hat die Planfeststellung insofern auch *privatrechtsgestaltende* Wirkung, als negatorische Ansprüche auf Unterlassung und Beseitigung des Vorhabens oder auf Einstellung des Betriebs ausgeschlossen sind (§ 75 Abs 2 und 3 VwVfG; §§ 9 Abs 3, 11 LuftVG, ua). Diese Duldungspflicht wird durch die öffentlich-rechtlichen Ansprüche auf Schutzvorkehrungen und ggf Billigkeitsausgleich kompensiert. Ist entgegen dem Planfeststellungsvorbehalt die erforderliche Planfeststellung für das Vorhaben unterblieben, bestehen die öffentlich-rechtlichen Abwehr- und Beseitigungsansprüche fort; dementsprechend kann ein Auflagenanspruch auch außerhalb des Planfeststellungsverfahrens entstehen und durchgesetzt werden.[90]

43 Der Planfeststellungsbeschluß läßt das Eigentum an den von dem Vorhaben erfaßten Grundstücken einschließlich der privatrechtlichen Verfügungsbefugnis unberührt. Wenn der Unternehmer nicht Eigentümer oder sonst Verfügungsberechtigter ist und die Grundstücke auch nicht freihändig erwerben kann, ist nach den gesetzlichen Vorschriften eine *Enteignung* möglich. Obwohl der Planfeststellungsbeschluß einzelne Entscheidungselemente der Enteignung vorwegnimmt – die Zulässigkeit der Enteignung ist nur davon abhängig, daß sie zur Durchführung des Vorhabens notwendig ist und der festgestellte Plan ist mit Bindung für die Enteignungsbehörde dem Enteignungsverfahren zugrunde zu legen[91] –, ist die Enteignung ein selbständiger Vorgang, der ein weiteres Verfahren neben dem Planfeststellungsverfahren voraussetzt. Das Enteignungsverfahren dient dem Ausgleich für die „zugunsten einer Planung bezweckten unmittelbaren Eingriffe in Rechte Dritter und für die mit solchen Eingriffen verbundenen Folgeschäden", sofern darüber eine Vereinbarung nicht erreicht werden kann.[92]

44 Der *Planfeststellungsbeschluß* ist, besonders hinsichtlich der Bedingungen und Auflagen und der nicht berücksichtigten Einwendungen, zu begründen und den durch den Plan Betroffenen und den sonst Beteiligten mit Rechtsmittelbelehrung zuzustellen.[93] In Massenverfahren kann die Zustellung durch öffentliche Bekanntmachung ersetzt werden (§ 74 Abs 5 VwVfG).[94] Die Begründung hat sich auf die für Planung wichtigsten Punkte zu beschränken; sie braucht nicht so erschöpfend zu

[88] BVerwGE 61, 295; BVerwG DVBl 1987, 907. – *Korbmacher* DÖV 1982, 517.
[89] BVerwGE 61, 1.
[90] BVerwG DVBl 1980, 996, BVerwGE 62, 243, 248.
[91] § 19 Abs 1 S 2, 3 und Abs 2 FStrG; § 30 PBefG. – Zur enteignungsrechtlichen Vorwirkung der Planfeststellung: BVerfG NVwZ 1987, 967 (§§ 9 Abs 1 S 2, 28 Abs 2 LuftVG); BVerwGE 71, 166; BVerwG NVwZ 1993, 477. Die Festsetzung einer Verkehrsfläche im Bebauungsplan hat keine enteignende Vorwirkung (BVerwG BauR 1997, 981; BVerwG DÖV 1998, 517).
[92] BVerwG DVBl 1980, 999, 1001.
[93] § 74 Abs 4 VwVfG, § 17 Abs 6 FStrG.
[94] Die öffentliche Bekanntmachung nichtanonymisierter Daten über die wirtschaftlichen Verhältnisse von Einwendern gegen ein Vorhaben im Planfeststellungsverfahren kann das Recht auf informationelle Selbstbestimmung verletzen (BVerfG NVwZ 1990, 1162).

sein, daß sich allein aus ihr alle für die Entscheidung maßgebenden Einzelheiten ergeben müßten. Ggf ist der Abwägungsvorgang und sind die der Abwägung zugrunde liegenden Tatsachen und planerischen Überlegungen gerichtlich aufzuklären.[95] Wegen der Art seines Zustandekommens gibt das VwVfG dem Planfeststellungsbeschluß eine erhöhte Bestandskraft – kein Wiederaufgreifen des Verfahrens (§ 72 Abs 1 iVm § 51) – und schließt es für ihn die Notwendigkeit eines Vorverfahrens vor einer verwaltungsgerichtlichen Anfechtung aus (§ 74 Abs 1 S 2 iVm § 70).

Rechtsschutz gegen einen Planfeststellungsbeschluß kann seitens des Unternehmers oder seitens eines durch die Planfeststellung betroffenen Dritten begehrt werden, wenn und soweit eine individuelle rechtliche Betroffenheit geltend gemacht werden kann. Der Unternehmer kann durch eine nachteilige Abweichung von dem eingereichten Plan oder durch Auflagen und Bedingungen belastet sein. Abgesehen von dem Fall einer belastenden Auflage, die selbständig mit der Anfechtungsklage angegriffen werden kann,[96] kommt für den Unternehmer die Verpflichtungsklage (ggf als Bescheidungsklage) auf die Planfeststellung mit dem begehrten und nicht erreichten Inhalt in Betracht, ebenso wie wenn sein Antrag insgesamt abgelehnt worden wäre. 45

Ein in seinen rechtlich geschützten Interessen Betroffener, zB der Eigentümer des Anliegergrundstücks einer planfestzustellenden Straße, kann eine ihn belastende Planfeststellung mit der Anfechtungsklage angreifen. Die Klagebefugnis steht auch einer in ihrer Planungshoheit berührten *Gemeinde* zu.[97] Die Planungshoheit der Gemeinde umfaßt das ihr als Selbstverwaltungskörperschaft zustehende Recht auf Planung und Regelung der Bodennutzung in ihrem Gebiet (§§ 1 Abs 1, 2 Abs 1 BauGB). Dieses Recht wird durch eine überörtliche Fachplanung nicht etwa schon deswegen beeinträchtigt, weil diese das Gemeindegebiet berührt und damit notwendigerweise die Ausgangslage für zukünftige Planungen der Gemeinde beeinflußt. Vielmehr kann die Gemeinde bei Inanspruchnahme ihres Gebietes durch überörtliche Fachplanung eine materielle Rechtsbeeinträchtigung nur geltend machen, wenn für das betroffene Gebiet bereits eine hinreichend bestimmte gemeindliche Planung vorliegt, die allerdings noch nicht verbindlich zu sein braucht, und wenn die Störung dieser Planung durch den überörtlichen Fachplan „nachhaltig“ ist, dh unmittelbare Auswirkungen gewichtiger Art auf die Planung hat.[98] Allein unter Hinweis auf befürchtete Störungen des Orts- oder Landschaftsbildes kann die Klage einer Gemeinde gegen eine fachplanerische Entscheidung nicht begründet werden.[99] Das Land kann gegen den Planfeststellungsbeschluß einer Bundesbehörde die Verwaltungsgerichte anrufen, wenn bei der planerischen Abwägung Rechte oder Interessen des Landes berücksichtigungs- 46

95 BVerwG DVBl 1980, 999, 1001.
96 BVerwGE 41, 178; BVerwG DVBl 1974, 191; BVerwG DÖV 1974, 563.
97 BVerwGE 31, 263; 51, 6; 77, 128; BVerwG DVBl 1992, 1233; BVerwG NVwZ 1994, 371; BayVGH BayVBl 1986, 241 (Rangierbahnhof München).
98 BVerwG DÖV 1985, 113 (rechtsgrundsätzlich zusammenfassend).
99 BayVGH DÖV 1986, 208; BayVGH BayVBl 1986, 370. – Zu den Voraussetzungen, unter denen eine Gemeinde sich, gestützt auf Belange des Denkmalschutzes und der Erhaltung des Ortsbildes, gegen den Planfeststellungsbeschluß für den Bau einer überörtlichen Straße wenden kann: BayVGH NVwZ 1984, 816.

bedürftige Belange sind. Die Erfordernisse des Naturschutzes und der Landschaftspflege begründen eine Rechtsposition des Landes nicht.[100]

47 Für die Klagebefugnis eines Dritten genügt nicht, daß Einwendungen erhoben und abgewiesen worden sind oder daß sonst eine Beteiligung an dem Verfahren erfolgt ist. Der Dritte muß sich auf ein durch die Planfeststellung betroffenes rechtlich geschütztes Interesse berufen können, also durch den Plan Betroffener sein.[101] Die Vorschriften über die Beteiligung Dritter am Verwaltungsverfahren gewähren dem Dritten – entsprechend der insoweit dienenden Funktion des Verwaltungsverfahrensrechts – im allgemeinen Schutz allein im Hinblick auf die bestmögliche Verwirklichung seiner dem Beteiligungsrecht zugrunde liegenden materiellrechtlichen Rechtsposition.[102] Nicht „alle Interessen und Erwartungen", die ein Dritter im Hinblick auf das Vorhaben hegt, sondern nur eigene Rechte, aus denen sich nach Inhalt und Schutzwirkung der zugrunde liegenden Rechtsvorschriften ein Störungsabwehranspruch – Planaufhebungs-, Planänderungs- oder Planergänzungsanspruch – des Dritten ergeben kann, sind geeignet, die Klagebefugnis gegen den Planfeststellungsbeschluß zu begründen.[103]

48 Ein Grundeigentümer, der im Hinblick auf eine zur Durchführung des Vorhabens demnächst notwendige Enteignung durch den Planfeststellungsbeschluß vorwirkend betroffen wird, kann die Verletzung des Abwägungsgebotes grundsätzlich auch mit der Begründung geltend machen, öffentliche Belange (zB des Landschaftsschutzes) seien nicht hinreichend beachtet worden. Eine Eingrenzung der danach für den Eigentumsschutz des Betroffenen maßgeblichen Rechtsfehler kann sich im Falle örtlich begrenzter Verfahrensfehler oder bei einem materiellen Mangel ergeben, bei dessen Korrektur (zB durch eine teilweise Verlegung der Trasse) der Eingriff in das Eigentum des Betroffenen unverändert bestehen bliebe.[104] Demgegenüber ist dem durch die Auswirkungen des Vorhabens nur mittelbar Betroffenen ein Recht auf eine gerechte Abwägung eingeräumt, das sich seinem Gegenstand nach nur auf die rechtlich geschützten eigenen Belange des Betroffenen bezieht. Der geltend gemachte rechtliche Mangel muß hier also speziell auf der Verletzung von Vorschriften beruhen, die ihrerseits die Belange des Drittbetroffenen schützen sollen.[105] In Ermangelung einer solchen Schutznorm kann der Drittbetroffene mittelbare Auswirkungen unter Berufung auf Art 14 GG abwehren, wenn er in seinem Eigentum schwer und unerträglich getroffen wird.[106] Soweit dem Eigentümer auf der Grundlage von Art 14 GG ein Anspruch auf umfassende objektive Planprüfung zusteht, ist er damit nicht davon enthoben, den Voraus-

[100] BVerwG DVBl 1989, 1053.

[101] *Schechinger* DVBl 1991, 1182; *Steinberg* FS Schlichter, 1995, 599; *Blümel* Planung und Verwaltungsgerichtsbarkeit, 1997.

[102] BVerwG DÖV 1992, 533 (Ausbau eines Rheinhafens, § 17 BWaStrG).

[103] BVerwG DÖV 1983, 678; BVerwG DVBl 1988, 538 (U-Bahnbau). – *Johlen* DVBl 1989, 287.

[104] BVerwGE 67, 74.

[105] BVerwGE 48, 56, 66. – Allein die Behauptung, bei einer straßenrechtlichen Planfeststellung sei die gebotene UVP unterblieben, begründet keine Klagebefugnis (BayVGH BayVBl 1993, 436).

[106] BVerwGE 50, 282, 287.

setzungen des § 42 Abs 2 VwGO zu genügen. Eine Klagebefugnis besteht nicht, wenn der geltend gemachte Rechtsfehler gerade für die Rechtsbetroffenheit des Klägers aus verfahrensrechtlichen oder materiellrechtlichen Gründen unerheblich ist.[107]

Zielt die Rechtsschutzbitte des Drittbetroffenen auf die Beifügung einer Auflage **49**
über Schutzvorkehrungen oder eine sonstige ergänzende Anordnung zu seinen Gunsten, ist die Verpflichtungsklage (ggf als Bescheidungsklage) statthaft. Das setzt allerdings voraus, daß die gerügte Unvollständigkeit des Planfeststellungsbeschlusses, gegen die sich der klageweise verfolgte Anspruch auf Planergänzung wendet, nicht für die Planungsentscheidung von so großem Gewicht ist, daß dadurch die Ausgewogenheit der Planung insgesamt in Frage gestellt wird; sonst kommt nur ein mit Anfechtungsklage geltend zu machender Abwehranspruch auf Aufhebung oder Teilaufhebung des Planfeststellungsbeschlusses in Betracht.[108]

Im Prozeß des Drittbetroffenen ist der Unternehmer des planfeststellungsbedürf- **50**
tigen Vorhabens notwendig beizuladen (§ 65 Abs 2 VwGO).[109]

Die neuere Gesetzgebung hat den *vorläufigen Rechtsschutz* bei der Anfech- **51**
tungsklage gegen eine Planfeststellung im Interesse einer raschen Beendigung planerischer Schwebezustände modifiziert.[110] Die aufschiebende Wirkung tritt kraft Gesetzes nicht ein; der Antrag auf gerichtliche Anordnung der aufschiebenden Wirkung ist fristgebunden.[111]

[107] BVerwG NVwZ-RR 1997, 336.
[108] S o Rn 27.
[109] BVerwG DÖV 1976, 788; BVerwG NJW 1982, 1546; BayVGHE 29, 82.
[110] S zB § 17 Abs 6a und 6b FStrG.
[111] Meinem Assistenten *Fabian Friedrich*, der mich bei der Vorbereitung der 11. Auflage mit Sachkenntnis und Sorgfalt unterstützt hat, bin ich zu besonderem Dank verbunden.

FÜNFTER ABSCHNITT

Recht der öffentlichen Sachen

Hans-Jürgen Papier

Gliederung

§ 40
Begriff und Wesen der öffentlichen Sachen

Die „öffentliche Sache“ ist eine im deutschen Verwaltungsrecht fest verankerte Sammelbezeichnung für einen unterschiedlich abgesteckten Kreis höchst inhomogener Vermögensgegenstände, die aber unbestritten in zweierlei Hinsicht Gemeinsamkeiten aufweisen: Es handelt sich um Vermögensgegenstände, die wegen ihrer öffentlichen Zweckbestimmung eine besondere, von den übrigen Gegenständen abgehobene Rechtsstellung aufweisen, einen Rechtsstatus also, der nicht oder nicht nur von der Privatrechtsordnung, sondern (auch) von der verwaltungsrechtlichen Sonderrechtsordnung geprägt ist. 1

Zum besseren Verständnis der nachfolgenden Ausführungen sind folgende, beispielhaft aufgeführte Gegenstände als zum gesicherten oder doch möglichen Bestand öffentlicher Sachen gehörig zu erwähnen: Straßen, Wege und Plätze, natürliche und künstliche Wasserläufe, Eisen-, Straßen- und Untergrundbahnen, Flugplätze, Häfen, Deiche, Grünanlagen, Kinderspielplätze, Sportplätze und Schwimmbäder, Kinder- und Jugendheime, Altersheime und Krankenhäuser, Schulen, Hoch- und Fachschulen, Bibliotheken, Forschungslaboratorien, Kasernen und Truppenübungsplätze, Parkplätze und Parkhäuser, Anlagen des Post-, Fernmelde- und Rundfunkwesens, Versorgungsanlagen für Wasser, Elektrizität und Gas, Kläranlagen, Müllschütten und Müllverbrennungsanlagen, Rathäuser und sonstige Verwaltungs- sowie Regierungs- und Gerichtsgebäude, Kirchen, Gemeinde- und Pfarrhäuser, kirchliche Begräbnisplätze sowie die zum kirchlichen Kultgebrauch bestimmten Gegenstände. 2

I. Der Sachbegriff

Zunächst ist der für das Recht der öffentlichen Sachen maßgebliche Sachbegriff zu definieren. Nach hL gilt für das öffentliche Recht der bürgerlich-rechtliche Sachbegriff (§§ 90ff BGB) *nicht.*[1] Die Gegenstände brauchen also nicht die im § 90 BGB geforderte Körperlichkeit aufzuweisen. Das bedeutet, daß über den privatrechtlichen Sachbegriff hinausgehend auch der Luftraum außerhalb der vom Bodeneigentümer beherrschten Sphäre, die Stratosphäre, ferner das offene Meer sowie der elektrische Strom, denen sämtlich die körperliche Begrenzung und Beherrschbarkeit fehlen, zu den Sachen im öffentlich-rechtlichen Sinne gerechnet werden. 3

Ob diese Erweiterung des Sachbegriffs sinnvoll ist, hängt von der Vorentscheidung darüber ab, welche Zwecke mit der Qualifizierung als öffentliche Sache verfolgt werden und welche Ordnungsprinzipien der Begriffsbildung daher zugrunde 4

[1] S *Forsthoff* VwR, 378; *Wolff/Bachof* VwR I, § 55 IIb; Begründung zum Entwurf einer Verwaltungsrechtsordnung für Württemberg, 1931, 532f; *Pappermann* JuS 1979, 794, 797f; *Papier* in: Berg/Knemeyer/Papier/Steiner (Hrsg), Staats- und Verwaltungsrecht in Bayern, 6. Aufl 1996, Teil G Rn 3.

liegen sollen. Mit der Zuordnung zum Kreis der öffentlichen Sachen soll um der Wahrung und Sicherung öffentlicher Funktionen willen eine (partielle) Exemtion von der sonst eingreifenden sachenrechtlichen Privatrechtsordnung und eine Unterstellung unter eine sonderrechtliche Herrschafts- oder Nutzungsordnung bewirkt werden.[2] Nur Gegenstände, die ohne den öffentlich-rechtlichen Status der allgemeinen, der spezifischen Zweckrichtung oder Aufgabenstellung aber nicht voll Rechnung tragenden privatrechtlichen Herrschafts- und Nutzungsordnung unterstünden, können sinnvollerweise dem Begriff der öffentlichen Sache zugeordnet werden. Dieser findet nur in diesem kontrastierenden und abgrenzenden Sinne seine Berechtigung. Gegenstände, die per se der allgemein-privatrechtlichen Zuordnung oder Herrschafts- und Nutzungsordnung nicht unterstehen, zu den öffentlichen Sachen zu zählen, ist danach sinnwidrig. Öffentliche Sachen können somit nur *körperliche* Gegenstände sein.[3]

5 Dagegen ist der hM insofern zu folgen, als sie die bürgerlich-rechtlichen Vorschriften über Sachzusammenhänge (§§ 93–95 BGB) im Recht der öffentlichen Sachen für unmaßgeblich erklärt. Während nach § 93 BGB wesentliche Bestandteile einer Sache das rechtliche Schicksal der Hauptsache teilen, kann sich der öffentlich-rechtliche Sonderstatus allein auf die Hauptsache oder auf einzelne ihrer (wesentlichen) Bestandteile beschränken. Als Beispiel sei die auf privatem Grundstück errichtete Verkehrsregelungsanlage erwähnt. Wesentliche Bestandteile können also zu einer eigenständigen öffentlichen Sache werden. Auch an den bürgerlich-rechtlichen Zubehörbegriff (§ 97 BGB) ist der einen öffentlich-rechtlichen Sonderstatus begründende Hoheitsträger nicht gebunden. Ferner können mehrere nach Privatrecht selbständige Sachen oder Sachgesamtheiten eine *einheitliche* öffentliche Sache sein, so beispielsweise der öffentliche Weg oder Platz, der sich über mehrere Privatgrundstücke erstreckt.[4]

II. Der öffentlich-rechtliche Status

6 Gemeinwohlfunktion und Indienststellung einer Sache für einen öffentlichen Zweck allein machen diese noch nicht zu einer „öffentlichen Sache". Vielmehr muß die gesetzliche, gewohnheitsrechtliche oder administrative, gemeinhin als *Widmung*[5] bezeichnete Begründung eines öffentlich-rechtlichen Rechtsstatus an der Sache hinzukommen. Sachen, die zwar öffentlichen Zwecken dienen und für das Gemeinwesen oder seine Bürger bedeutsame Funktionen besitzen, bei denen sich aber der Rechtsverkehr ausschließlich nach bürgerlichem Recht vollzieht, also nur privatrechtliche Herrschaftsrechte und Nutzungsverhältnisse bestehen, sind *keine* „öffentlichen Sachen".

[2] *W. Weber* Die öffentliche Sache, VVDStRL 21 (1964) 145, 149; *Papier* Recht der öffentlichen Sachen, 3. Aufl 1998, 2; *ders* (Fn 1) Teil G Rn 1.

[3] So auch *W. Weber* (Fn 2) 149.

[4] S a *Papier* Jura 1979, 93f; *ders* (Fn 1) Teil G Rn 3; *ders* (Fn 2) 3; *Pappermann* (Fn 1) 797f.

[5] *Forsthoff* VwR, 383f; *Wolff/Bachof* VwR I, § 56 I; *Pappermann* (Fn 1) 794f; *Papier* (Fn 4) 94; *ders* (Fn 1) Teil G Rn 4, 6.

1. Die Sachen des „Finanzvermögens"

7 Von dieser Einschränkung sind nicht nur die sog „tatsächlichen öffentlichen Sachen" betroffen,[6] die – im Eigentum einer *Zivil*person stehend – der Öffentlichkeit zugänglich gemacht sind, wie beispielsweise der private Waldweg, das private Schwimmbad oder die private Kunstgalerie. Auch die Sachen des *Finanzvermögens* eines öffentlichen Gemeinwesens, die diesem und seinen Aufgaben nur (mittelbar) über ihre Erträge dienen, also primär erwerbswirtschaftlich genutzt werden und deshalb ausschließlich dem bürgerlichen Rechtsverkehr unterstellt sind, bleiben mangels eines öffentlich-rechtlichen Sonderstatus in der Herrschafts- und Nutzungsmacht ausgeklammert.[7] Sie sind in das Verwaltungsrechtssystem nicht inkorporiert.

2. Entstehung durch Rechtsakt

8 Über Rechtsnatur und Inhalt des verwaltungsrechtlichen Sonderstatus öffentlicher Sachen gibt es hinsichtlich der Einzelheiten keine volle Übereinstimmung. Zunächst ist festzustellen, daß der verwaltungsrechtliche Rechtsstatus einer Sache nur aufgrund eines *Rechtsakts* entstehen kann. Dieser kann ein förmliches Gesetz, ein sonstiger Rechtssatz, zB ein Gewohnheitsrechtssatz, oder ein Administrativakt sein.[8] Inhalt und Umfang des öffentlich-rechtlichen Status der Sache werden in erster Linie durch diesen Rechtsakt bestimmt. Sie sind also nicht „aus der Natur" oder „aus dem Wesen" einer öffentlichen Sache „vorgegeben". Ist der Rechtsakt ein Administrativakt, kann die statusbegründende Wirkung von dem zugrunde liegenden Gesetz abschließend bestimmt oder aber der Verwaltung hinsichtlich des Umfangs und Inhalts der verwaltungsrechtlichen Rechtsstellung ein Ermessen eingeräumt sein. Erst wenn der statusbegründende Rechtsakt keine statusspezifischen Inhalts- und Umfangsbestimmungen enthält, ist auf allgemeine Grundsätze des (sachenrechtlichen) Verwaltungsrechts zurückzugreifen.

3. Verwaltungsrechtlicher Sonderstatus als „dingliche" Rechtsmacht

9 Der verwaltungsrechtliche Status einer Sache wird gemeinhin mit der Existenz einer *dinglichen* Rechtsmacht des öffentlichen Rechts gleichgesetzt.[9] Auch für das Verwaltungsrecht ist die aus dem Privatrecht bekannte Unterscheidung subjektiver Rechte in absolute oder Darfrechte, insbesondere dingliche oder Sachenrechte einerseits, relative oder Sollrechte, insbesondere Forderungsrechte andererseits, gültig.[10] Diese Trennung ist keine spezifisch privatrechtliche Erscheinung, sondern Bestandteil der allgemeinen Rechtslehre. Während ein absolutes Recht von jedermann zu achten ist und deshalb eine ausschließende Rechtsmacht verleiht, ist die Rechtsmacht bei den relativen Rechten darauf beschränkt, daß eine bestimmte

6 *Wolff/Bachof* VwR I, § 55 Ia.
7 *Forsthoff* VwR, 376; *Pappermann* (Fn 1) 794f; *Papier* (Fn 4) 93; *ders* (Fn 1) Teil G Rn 5.
8 *Wolff/Bachof* VwR I, § 56 II.
9 *Wolff/Bachof/Stober* VwR I, § 40 Rn 14ff; *Papier* (Fn 4) 94.
10 *Niehues* Verwaltungssachenrecht, FS Hans J. Wolff, 1973, 247ff.

Person (oder mehrere) dem Rechtsinhaber gegenüber ein bestimmtes Verhalten (Tun oder Unterlassen) schuldet.

10 Zu den absoluten Rechten gehören insbesondere die dinglichen oder Sachenrechte. Diese werden vereinfachend oder verkürzend als Rechte bezeichnet, die sich unmittelbar auf eine Sache beziehen und die *an* der *Sache* bestehen. Diese Umschreibung darf nicht darüber hinwegtäuschen, daß rechtliche Beziehungen nur zwischen Rechtssubjekten bestehen, daß Rechts- oder Pflichtsubjekte nur Personen, nicht aber Sachen sein können.[11] Das Recht an der Sache jedermann gegenüber bedeutet also bei präziser Betrachtung, daß eine unbestimmte Vielheit von Rechtssubjekten (jedermann) zugunsten des Rechtsinhabers durch Unterlassungs-, Duldungs- oder Nichtstörungspflichten gebunden ist, damit der Rechtsträger den Gegenstand (Rechtsobjekt) ungestört „beherrschen" kann. Die in der „Dinglichkeit" eines Rechts zum Ausdruck kommende Person-Sachbeziehung ist also nur eine vereinfachende (Hilfs-)Konstruktion für eine Vielzahl *personaler* Rechtsbeziehungen in bezug auf eine Sache.[12]

4. Das „öffentliche Eigentum"

11 Im deutschen Verwaltungsrecht werden vor allem seit *Otto Mayer* zwei Gestaltungsformen öffentlich-dinglicher Rechte an Sachen diskutiert: Zum einen wird das öffentliche Sachenrecht als ein in seiner Vollkommenheit und Umfassenheit dem privatrechtlichen Eigentum vergleichbares Recht, also als „öffentliches Eigentum" verstanden.[13] Zum anderen wird die verwaltungsrechtliche dingliche Herrschaftsmacht als ein beschränkt-dingliches Recht, also als eine öffentlich-rechtliche „Dienstbarkeit",[14] lastend auf dem (fortbestehenden) privatrechtlichen Eigentum an der Sache, konstruiert.[15]

12 Die Lehre vom „öffentlichen Eigentum" hat *Otto Mayer,* in Anlehnung an das Institut des domaine public des französischen Rechts, in das deutsche Verwaltungsrecht einzufügen versucht. Erfolgreich war dieses Unterfangen im wesentlichen nicht.[16] Immerhin ist das „öffentliche Eigentum" gesetzlich eingeführt durch das Hamburger Wegegesetz für alle öffentlichen Wege, Straßen und Plätze der Stadt, die dem Gemeingebrauch gewidmet sind (§ 4 I HambWG; Hamb. GVBl 1961, 119), ferner durch das Hamburger Deichordnungsgesetz (DOG) für einen Teil der Deichgrundstücke (§ 4a I HambWG; Hamb. GVBl 1964, 79) und schließlich durch das BaWü Wassergesetz für das Bett der Gewässer erster und zweiter Ordnung (§ 4 I; BaWüGBl 1976, 372).

13 Nach dem oben Ausgeführten steht es dem Gesetzgeber frei, den verwaltungsrechtlichen Status öffentlichen Zwecken gewidmeter Sachen im Sinne einer um-

[11] *Rupp* Grundfragen der heutigen Verwaltungsrechtslehre, 2. Aufl 1991, 17, 166, 223.

[12] *Niehues* (Fn 10) 252.

[13] *O. Mayer* VwR II, 49ff; s ferner *Haas* DVBl 1962, 653ff; *Wittig* DVBl 1969, 680ff; *Papier* (Fn 1) Teil G Rn 6.

[14] *Wolff/Bachof* VwR I, § 57 I a 2; *Papier* (Fn 4) 94; *ders* (Fn 1) Teil G Rn 7; *Pappermann* (Fn 1) 798f.

[15] S a BGHZ 9, 380; 19, 90; 21, 327; 48, 104; BGH, NJW 1971, 95

[16] Ausführlich dazu *Forsthoff* VwR, 379 Fn 5.

fassenden öffentlich-rechtlichen Sachherrschaft, insofern vergleichbar dem privatrechtlichen Vollrecht „Eigentum“, zu ordnen. Dies gilt trotz der sachenrechtlichen Kodifikation des Bürgerlichen Gesetzbuches und seines Einführungsgesetzes auch für den Landesgesetzgeber.[17]

Der wesentliche Grund für die (partielle) Unterstellung öffentlicher Sachen unter ein neuartiges, öffentlich-rechtliches Eigentumsinstitut besteht letztlich nur darin, die betreffenden Sachen dem bürgerlich-rechtlichen Veräußerungsverkehr zu entziehen.[18] Diese Konsequenz wäre sicher auch auf der Basis der überlieferten Konzeption einer dualistischen Rechtsgestaltung bei entsprechender gesetzlicher Ausgestaltung der öffentlich-rechtlichen Eigentumsbelastung denkbar.[19] **14**

Die lapidare Unterstellung öffentlicher Sachen unter ein „öffentliches Eigentum“ im Hamburger Wege- und Deichrecht und im Baden-Württembergischen Wasserrecht ist als solche ziemlich aussage- oder sinnlos. Die unbestrittene Gestaltungsfreiheit des Gesetzgebers in Bezug auf Inhalt und Ausmaß der öffentlich-rechtlichen Sachherrschaft und sein Recht, diese öffentlich-rechtliche Sachherrschaft in einer dem privatrechtlichen Eigentum vergleichbar umfassenden Weise auszugestalten, dürfen nicht darüber hinwegtäuschen, daß diese Gestaltungsmacht nicht schon durch Verwendung bloßer Leerformeln wie „öffentliches Eigentum“ ausgefüllt wird. **15**

Das Eigentumsrecht ist wie jedes dingliche Recht eine „konstruktive Verkürzung“ („brennpunktartige Bündelung“)[20] einer Vielzahl personaler Rechtsbeziehungen, die im Hinblick auf eine Sache bestehen.[21] Das privatrechtliche Sacheigentum beispielsweise erfährt eine inhaltliche Konturierung erst und allein durch die Rechte und Pflichten des Eigentümers und Dritter begründenden Vorschriften des BGB bzw seiner Nebengesetze. Losgelöst von diesem „Normenwerk“ ist das „Eigentum“ eine inhaltlich entleerte Hülse oder eine nichtssagende Floskel. **16**

Entsprechendes gilt für ein „öffentliches Eigentum“, wenn der Gesetzgeber nicht zugleich ein dieses öffentlich-rechtliche Eigentum konturierendes Normenwerk zur Verfügung stellt. Bei Fehlen eines eigenen Systems personaler Rechte und Pflichten in bezug auf öffentliche Sachen kann die gesetzgeberische Verwendung des Begriffs „öffentliches Eigentum“ nur zweierlei bedeuten: Entweder sollen zur Rechtsausfüllung die das privatrechtliche Eigentum konstituierenden Normen des bürgerlichen Rechts entsprechend gelten (so § 5 S 1 BaWüWaG). In diesem Fall ist die Verwendung des Begriffs „öffentliches Eigentum“ weitgehend sinnlos und ein „Etikettenschwindel“. Oder aber dieser Rückgriff soll gerade ausgeschlossen sein, was im § 4 I 5 HambWG und § 4a II 3 HambWaG ausdrücklich bestimmt ist. Dann aber ist die Regelung mangels eigenen, eigentumskonstituierenden verwaltungsrechtlichen Normenwerkes in höchstem Maße unvollständig. Inhalt und Ausmaß der öffentlich-rechtlichen Sachherrschaft, also des verwaltungsrechtlichen Rechtsstatus der Sachen, müssen weiterhin maßgeblich unter **17**

[17] BVerfGE 42, 20ff.
[18] W. *Weber* (Fn 2) 149.
[19] *Salzwedel* DÖV 1963, 241, 244.
[20] *Rupp* (Fn 11) 225.
[21] *Niehues* (Fn 10) 252.

Rückgriff auf die allgemeinen Grundsätze des Verwaltungsrechts bestimmt werden. Dies trifft bezüglich der genannten Gesetze insbesondere für das Nachbarrecht zu.[22]

5. Dualistische Konstruktion des Rechtsstatus

18 a) In Gesetzgebung, Rechtsprechung und Lehre ist eine *gemischt privatrechtlich-öffentlichrechtliche Grundkonzeption* der öffentlichen Sachen herrschend. Öffentliche Sachen unterstehen danach der einen und einheitlichen Eigentumsordnung, die für das deutsche Rechtssystem im Bürgerlichen Gesetzbuch ausgeformt ist. Aufgrund der *Widmung* für einen öffentlichen Zweck lastet jedoch auf diesem Privateigentum ein beschränktes dingliches Recht, also eine „Dienstbarkeit" des öffentlichen Rechts. Diese verleiht eine besondere öffentlich-rechtliche Sachherrschaft über die Sache, die verschieden abgesteckte Nutzungsbefugnisse einerseits und spezifische Unterhaltungspflichten des öffentlichen Rechts andererseits beinhaltet. Die Dienstbarkeit hat zugleich die negative Wirkung, daß die privatrechtlichen Eigentümerbefugnisse im jeweiligen Umfange der öffentlich-rechtlichen Sachherrschaft verdrängt werden.[23]

19 Es ist möglich, daß diese „janusköpfige"[24] Rechtskonstruktion öffentlicher Sachen ihre Ursprünge in der Fiskustheorie hat, die vermögensrechtliche und zivilrechtliche Ansprüche identifizierte und die in der Judikatur mangels einer der Zivilgerichtsbarkeit vergleichbaren Verwaltungsrechtspflege und mangels einer unmittelbaren öffentlich-rechtlichen Staatshaftung lange Zeit – jedenfalls hinsichtlich ihrer praktischen Auswirkungen – gepflegt wurde.[25] Die hoheitlich-fiskalische Doppelrolle der öffentlichen Sache und die Theorie vom öffentlich-rechtlich „modifizierten Privateigentum" boten die konstruktive Basis für die Zuordnung der Haftungsfragen zum Zivilrecht und für ihre Justiziabilität überhaupt.[26]

20 b) Andererseits darf nicht übersehen werden, daß auch *das geltende Recht,* soweit es sich mit dem Rechtsstatus öffentlicher Sachen befaßt, abgesehen von den erwähnten landesgesetzlichen Regelungen in Hamburg und Baden-Württemberg, diese dualistische Konstruktion übernommen hat: Für das Straßen- und Wegerecht sehen das FStrG des Bundes sowie die Straßengesetze der Länder neben den öffentlich-rechtlichen Benutzungsformen des Gemein- und Sondergebrauchs nach wie vor die Benutzung der öffentlichen Sache aufgrund eines bürgerlich-rechtlichen (Gestattungs-)Vertrages mit dem Privateigentümer vor. Nach § 8 X FStrG beispielsweise richtet sich die „Einräumung von Rechten zur Benutzung des Eigentums der Bundesfernstraßen" nach bürgerlichem Recht, wenn die Benutzung „den

[22] Vgl dazu u § 6.

[23] BGHZ 9, 380; 19, 90; 21, 327; 48, 104; BGH, NJW 1971, 95; *Wolff/Bachof* VwR I, § 57 I; *Salzwedel* (Fn 19) 244; *Pappermann* (Fn 1) 798f; *Papier* (Fn 4) 94; *ders* (Fn 1) Teil G Rn 8; *ders* (Fn 2) 10.

[24] *Stern* Die Öffentliche Sache, VVDStRL 21 (1964) 183, 187.

[25] *Papier* JZ 1975, 585, 586; vgl aber a *Rüfner* Verwaltungsrechtsschutz in Preußen von 1749 bis 1842, 1962, 172ff und *Bullinger* Vertrag und Verwaltungsakt, 1962, 200ff, 219ff.

[26] *Bartlsperger* Verkehrssicherungspflicht und öffentliche Sache, 1970, 62f.

Gemeingebrauch nicht beeinträchtigt". Die Landesstraßengesetze enthalten, abgesehen von der Hamburger Regelung, im Grundsatz entsprechende Vorschriften.[27]

Auch im Wasserrecht gehen die geltenden Gesetze von einem mit öffentlichen beschränkt-dinglichen Rechten belasteten Privateigentum am Gewässer und Gewässerbett aus.[28] Allerdings ist schon in diesem Zusammenhang darauf hinzuweisen, daß nach dem WHG und den Landeswassergesetzen die eigentumsrechtliche Restherrschaft weitaus stärker beschnitten ist als die des Wegeeigentümers:[29] Der Gewässereigentümer hat aufgrund der – in Einzelheiten differierenden – Vorschriften der Landeswassergesetze im wesentlichen *jede* Sondernutzung des Gewässers „als solches" *unentgeltlich* zu dulden, vgl § 13 LWG NW.[30] Er ist nicht in der Lage, gewisse Formen der Sondernutzung des Gewässers, nach hM auch des Gewässerbettes, von dem Abschluß eines entgeltlichen, privatrechtlichen Vertrages abhängig zu machen.[31] Nach den verbindlichen Rahmenvorschriften der §§ 7 und 8 WHG können Sondernutzungsrechte nur aufgrund eines *öffentlich-rechtlichen* Aktes, der „Erlaubnis" oder der „Bewilligung" des Trägers der Gewässerhoheit, begründet werden. 21

c) Die dualistische Rechtskonstruktion bietet den praktischen Vorteil, die nicht so seltenen Fälle einer Divergenz zwischen Eigentumsträgerschaft und öffentlich-rechtlicher Sachherrschaft angemessen zu lösen. Für den Bereich der öffentlichen Wege und Straßen sind die geltenden Gesetze zwar bestrebt, das Eigentum und die Funktionen der öffentlich-rechtlichen Wegehoheit in einer Rechtsperson zu vereinigen.[32] Dennoch sind öffentliche Straßen und Wege, die im Eigentum von Zivilpersonen stehen, keine so seltene Erscheinung. Bei der Anlage von Wegeprovisorien aus Anlaß großer Straßenbau- oder sonstiger Vorhaben beispielsweise ist diese Lösung häufig unausweichlich.[33] 22

Die Möglichkeit der Divergenz ist aber vor allem bei den öffentlichen Sachen gegeben, die dem (internen) Verwaltungsgebrauch oder der „anstaltlichen" Nutzung durch Zivilpersonen zu dienen bestimmt sind. Dienststellen der öffentlichen Verwaltung ebenso wie staatliche oder kommunale Einrichtungen sind nicht selten auf gemieteten Grundstücken oder in gemieteten Räumen untergebracht. Die Annahme eines „Doppelstatus" ist bei diesen öffentlichen Sachen unvermeidbar. Es ist deshalb auch kein Zufall, daß die gesetzliche Einführung „öffentlichen Eigentums" sich bisher nur auf einen Teilbereich der öffentlichen Sachen erstreckt: Er- 23

27 Vgl § 23 I StrWG NW, Art 23 I BayStrWG.

28 *Breuer* Öffentliches und privates Wasserrecht, 2. Aufl 1987, Rn 65; *Salzwedel* (Fn 19) 244.

29 Näher dazu u § 41 Rn 24ff.

30 S aber Art 4 II 3 BayWG, wonach dem privaten Gewässereigentümer grds ein Anspruch auf Entgelt zusteht; vgl dazu *Zeitler* in: Sieder/Zeitler/Dahme/Knopp, Bayerisches Wassergesetz, Art 4 Rn 64ff.

31 *Salzwedel* (Fn 19) 244; anders bei einem erheblichen dauernden Eingriff in das Gewässerbett, *Salzwedel* in: Erichsen (Hrsg), Allgemeines Verwaltungsrecht, 10. Aufl 1995 (Vorauflage), § 44 Rn 10; *Papier* (Fn 2) 11.

32 *Kodal/Krämer* Straßenrecht, 5. Aufl 1995, Kap 7 Rn 10.2; § 6 I FStrG normiert einen gesetzlichen Eigentumsübergang beim Wechsel der Straßenbaulast.

33 Vgl a *W. Weber* (Fn 2) 171.

faßt vom öffentlichen Eigentum sind im wesentlichen Sachen im Gemeingebrauch, an denen der öffentliche Sachherr überdies (privatrechtliches) Eigentum erlangt haben muß. Die Annahme eines „modifizierten Privateigentums" hat also den praktischen Vorteil, den Rechtsstatus *aller* öffentlichen Sachen im Grundsatz *einheitlich* bestimmen zu können.

6. Öffentlich-rechtlicher Sonderstatus ohne „Dinglichkeit" – Das Verhältnis von „Sachen-" und „Anstaltsrecht"

24 a) Bei einer ganzen Reihe öffentlichen Zwecken unmittelbar dienender Sachen ist die Existenz eines dinglich-öffentlichen Rechts, also einer *sachenrechtlichen* Sonderstellung überhaupt, zweifelhaft. Dies gilt vornehmlich für diejenigen Sachen, die im Rahmen von Anstaltsnutzungsverhältnissen, beispielsweise zu Zwecken der daseinsvorsorgenden Leistungsverwaltung, dem Bürger zugänglich sind. Das Verhältnis des öffentlichen Anstaltsrechts zum Recht der öffentlichen Sachen kann noch immer nicht als geklärt angesehen werden.[34] Die Schwierigkeiten, beide Rechtssysteme in ein richtiges Bezugssystem zu bringen, folgen nicht aus dem öffentlichen Sachbegriff. Denn so wenig es im Privatrecht Mühe bereitet, das „Unternehmen", das „Handelsgeschäft" oder den „eingerichteten und ausgeübten Gewerbebetrieb" als einheitliches Rechts- und Vermögensobjekt zu verstehen, so wenig ist es ausgeschlossen, die Zusammenfassung persönlicher und sächlicher Verwaltungsmittel in einer öffentlichen Einrichtung oder Anstalt als Gegenstand eines verwaltungsrechtlichen Sonderrechts, also als einheitliche „öffentliche Sache" zu sehen.

25 b) Schwierigkeiten entstehen aber dadurch, daß die Nutzung öffentlicher Einrichtungen und sonstiger anstaltlich gebundener öffentlicher Sachen durch den Bürger nicht aufgrund eines unmittelbaren, dh *dinglichen* Rechts an der Sache, sondern erst nach Begründung und nach Maßgabe eines öffentlich- oder privatrechtlichen Benutzungsverhältnisses erfolgt. Dieses Benutzungsverhältnis ist, soweit es dem öffentlichen Recht angehört, regelmäßig kein vertraglich begründetes Rechtsverhältnis. Es entsteht überwiegend durch Verwaltungsakt, nämlich durch ausdrückliche oder konkludent erklärte Zulassung zur Anstaltsnutzung.[35] Damit entstehen keine dinglichen oder Sachenrechte des Benutzers, sondern verwaltungsschuldrechtliche Sonderverbindungen des öffentlichen Rechts. Selbst wenn – wie bei den kommunalen Einrichtungen zugunsten der Gemeindeeinwohner (s § 18 II GO NW) – ein Zulassungsanspruch besteht, kann von einem unmittelbaren, dh dinglichen (Benutzungs-)Recht an der öffentlichen Sache keine Rede sein. Auch das kommunalrechtliche Benutzungsrecht ist nur ein relatives öffentliches Recht auf Begründung einer verwaltungsschuldrechtlichen Sonderverbindung oder auf Abschluß eines bürgerlich-rechtlichen Benutzungsvertrages.[36]

26 c) Für die hL[37] kann der öffentlich-rechtliche Sonderstatus nur in der Existenz eines dinglich-öffentlichen Rechts an der Sache erblickt werden. Ohne diese

[34] Vgl dazu *Kodal/Krämer* (Fn 32) Kap 5 Rn 1 ff; *Erichsen* Jura 1986, 148, 152.
[35] *Wolff/Bachof* VwR I, § 55 III b; *Papier* (Fn 1) Teil G Rn 11.
[36] OVG NW, NJW 1969, 1077; OVG Nds NJW 1977, 450 f.
[37] *Wolff/Bachof* VwR I, § 57; *Forsthoff* VwR, 376 ff.

sachenrechtliche Sonderstellung soll eine „öffentliche Sache" auch dann nicht vorliegen, wenn ihre Benutzung aufgrund und im Rahmen eines *öffentlich-rechtlichen* Benutzungsverhältnisses verwaltungsschuldrechtlicher Art erfolgt. Um dennoch die „anstaltlich genutzten" Sachen den „öffentlichen Sachen" zuordnen zu können, wird von der hL zusätzlich zum Benutzungsverhältnis und unabhängig von seiner Rechtsnatur eine öffentlich-rechtliche, dingliche Sachherrschaft des Anstalts- oder Unternehmensträgers an den zur Einrichtung gehörenden beweglichen und unbeweglichen Sachen angenommen.

Die Gemengelage zwischen öffentlichem Sachen- und Anstaltsrecht stellt sich danach wie folgt dar: Wird die öffentliche Anstalt oder Einrichtung von einem öffentlich-rechtlichen (Unternehmens-)Träger verwaltet, kann das Benutzungsverhältnis nach seiner Wahl entweder privatrechtlich oder öffentlich-rechtlich ausgestaltet sein. Aber diese Wahl zwischen öffentlich-rechtlicher oder privatrechtlicher Nutzungsordnung soll keinen Einfluß darauf haben, ob die dem Unternehmen zugehörigen Gegenstände den Status einer öffentlichen Sache haben oder nicht. Diesen erlangen sie nur, wenn neben der Einbeziehung in ein schuldrechtliches Benutzungsverhältnis eine sachenrechtliche Dienstbarkeit öffentlich-rechtlicher Art zugunsten des Unternehmensträgers, lastend auf dem Privateigentum, begründet worden ist. Dies erfordert eine Widmung, die zwar einen objektiv nachweisbaren Willensakt des öffentlichen Sachherrn voraussetzt, die aber auf jeden Fall bei denjenigen beweglichen und unbeweglichen Sachen vermutet werden soll, die unmittelbar zum Unternehmen gehören und seine Funktionsfähigkeit bedingen.[38] **27**

d) Es ist theoretisch nicht ausgeschlossen, den sachenrechtlichen Status unterschiedlich zu bestimmen und ihn bei „anstaltlich" oder gar verwaltungsintern genutzten Sachen auf eine dingliche Sachherrschaft allein des Verwaltungsträgers zu beschränken, so daß Dritte – anders als beim Gemeingebrauch – nur aufgrund einer besonderen Zulassung und im Rahmen eines schuldrechtlichen Benutzungsverhältnisses daran partizipieren können. Es erscheint indes zweifelhaft, bei den im Rahmen anstaltlicher Benutzungsverhältnisse genutzten Sachen stets eine Belastung mit einer sachenrechtlichen Dienstbarkeit zu unterstellen. Im Privatrecht ist der Kreis der Sachenrechte gesetzlich abschließend bestimmt. Entsprechendes gilt für den Inhalt der einzelnen Rechte. Arten und Inhalt subjektivdinglicher Rechte unterliegen also selbst im Bürgerlichen Recht nicht der privatautonomen Bestimmung.[39] Entsprechendes gilt – erst recht – im *öffentlichen* Recht. Dingliche Rechte einschließlich öffentlich-rechtlicher Dienstbarkeiten als Belastungen des Privateigentums können nur *durch Gesetz* oder *aufgrund Gesetzes* entstehen. Eine solche Grundlage für eine öffentlich-dingliche Sachherrschaft findet sich beispielsweise im öffentlichen Wege- und Wasserrecht. Dagegen ist es den Verwaltungsträgern nicht möglich, beliebig, ohne gesetzliche Grundlage, an den von ihnen für interne Zwecke genutzten oder Dritten im Rahmen eines Benutzungsverhältnisses zur Verfügung gestellten Sachen dingliche, das Privateigentum belastende oder modifizierende Sachherrschaften mit einem nach eigenem Ermessen bestimmten Inhalt zu begründen. **28**

[38] *Wolff/Bachof* VwR I, § 56 IIe 3.
[39] Palandt/*Bassenge* BGB, 57. Aufl 1998, Einl Vor § 854 BGB, Rn 3.

29 Die Eindeutigkeit dieses Ergebnisses ist besonders augenfällig, wenn die Verwaltungseinrichtung mit beweglichen oder unbeweglichen Gegenständen betrieben wird, die von Zivilpersonen als Eigentümern gemietet oder gepachtet sind. Der Verwaltungsträger leitet dann sein Besitz- oder Nutzungsrecht allein aus einem privatrechtlichen Vertrag mit dem Eigentümer her. Wird dieser Vertrag wirksam gekündigt, muß der Verwaltungsträger die Sache kraft Privatrechts herausgeben, ohne sich auf eine öffentlich-rechtliche Sachherrschaft berufen zu können.[40] Hier zusätzlich und unabhängig vom privatrechtlichen Besitz- und Nutzungsrecht eine öffentlich-rechtliche Sachherrschaft kraft Widmung anzunehmen, erweist sich nicht nur als lebensfremde Fiktion, diese Konstruktion kollidiert überdies mit dem „sachenrechtlichen Gesetzmäßigkeitsprinzip". Das gestattet eine „gesetzesfreie", administrative Begründung *dinglicher* Rechte des öffentlichen Rechts nicht, auch dann nicht, wenn und soweit ein Besitzrecht des Verwaltungsträgers aufgrund privatrechtlichen Titels besteht.

30 Aus den gleichen Gründen kann von einem öffentlich-rechtlichen Träger nicht unter Berufung auf eine öffentlich-rechtliche Sachherrschaft kraft Widmung die Herausgabe einer Sache im früheren Verwaltungsgebrauch verlangt werden, an der ein Dritter gutgläubig Eigentum erworben hat („Hamburger Siegelstempel").[41] Ein solcher Eigentumseingriff, der in der öffentlich-rechtlichen Herausgabepflicht kraft Widmung läge, bedürfte der gesetzlichen Grundlage. Daran fehlt es beim Verwaltungsgebrauch ebenso wie beim Anstaltsgebrauch.

31 e) Es ist andererseits nicht einzusehen, weshalb der für „öffentliche Sachen" charakteristische Sonderrechtsstatus nur dann bestehen soll, wenn die öffentlich-rechtliche Nutzung in den Formen oder auf der Grundlage *dinglicher* Rechtspositionen erfolgt. Eine besondere, sie von den übrigen Gegenständen abhebende Rechtsstellung und einen nicht oder nicht nur von der Privatrechtsordnung bestimmten Rechtsstatus haben Sachen immer dann, wenn die Rechtsbeziehungen zu den Benutzern durch Rechtssätze des öffentlichen Rechts geregelt sind. Die öffentlich-rechtliche Natur des Benutzungsverhältnisses muß entscheidendes und ausreichendes Charakteristikum des Sonderstatus öffentlicher Sachen sein, egal, ob diese öffentlich-rechtliche Nutzungsordnung – in der grundsätzlichen Unterscheidung des Zivilrechts gesprochen – eine sachenrechtliche oder schuldrechtliche ist.

32 Dieses Ergebnis macht deutlich, daß die „anstaltlich" genutzten Sachen ebenso wie die Sachen im Verwaltungsgebrauch zu den „öffentlichen Sachen" gehören, weil und soweit sie einer öffentlich-rechtlichen Nutzungsordnung unterliegen. Das „Recht der öffentlichen Sachen" ist nicht begrenzt auf Normenkomplexe, die subjektiv-öffentliche *Sachen*rechte regeln.

[40] AA wohl die hL: *Wolff/Bachof* VwR I, § 56 V a.

[41] OVG NW, NJW 1993, 2635ff; s a *Axer* NWVBl 1992, 11ff; *Manssen* JuS 1992, 745ff; *Ehlers* NWVBl 1993, 327ff, vgl a u § 4 II 1.

§ 41
Die Arten der öffentlichen Sachen

1 Unter der Voraussetzung, daß der Sachgebrauch selbst und nicht nur eine mögliche Ertragserwirtschaftung öffentliche Zwecke verfolgt, ist die für „öffentliche Sachen" charakteristische *direkte Gemeinwohlfunktion* vorhanden.[1] Diese kann im einzelnen aber sehr unterschiedlichen Inhalts sein, was zu der herkömmlichen Unterscheidung öffentlicher Sachen in Sachen im Gemeingebrauch, im Sondergebrauch, im Anstaltsgebrauch sowie im Verwaltungsgebrauch geführt hat. Während die öffentlichen Sachen im Gemein-, Sonder- und Anstaltsgebrauch der Benutzung durch Zivilpersonen, also einer *externen* Nutzung dienen, heben sich die Sachen im Verwaltungsgebrauch von dieser ersten Gruppe durch die Bestimmung zur *internen* Nutzung seitens der Bediensteten öffentlicher Verwaltungen ab.

I. Öffentliche Sachen im Zivilgebrauch

2 Berechtigungen von Zivilpersonen, öffentliche Sachen zu nutzen, können entweder ohne vorgeschaltete Zulassung eingeräumt sein oder nur kraft besonderer – ausdrücklicher oder stillschweigender – Zulassung des Trägers öffentlicher Sachherrschaft bestehen. Zur ersten Gruppe gehören die Sachen im Gemeingebrauch, zur zweiten die Sachen im Sonder- und Anstaltsgebrauch.[2]

1. Sachen im Gemeingebrauch

3 An einer Sache besteht Gemeingebrauch, wenn sie kraft Hoheitsakts – Widmung durch normativen oder administrativen Rechtsakt – einer unbeschränkten Öffentlichkeit unmittelbar und ohne besondere Zulassung zur bestimmungsgemäßen Benutzung zur Verfügung steht.[3] Der dem allgemeinen Verwaltungsrecht angehörende Begriff des Gemeingebrauchs besitzt keine eigene normative Geltungs- und Steuerungskraft. Er gilt nur solange und mit dem Inhalt, wie ihn die besonderen Verwaltungsgesetze des Bundes und der Länder verwenden. Aufgrund der in der Bundesrepublik gültigen Rechtsordnung besteht Gemeingebrauch als nach der Zweckbestimmung regelmäßige Nutzungsart nur an den öffentlichen Straßen, an den Gewässern als Verkehrswege sowie am hohen Luftraum, soweit man diesen mit der hM[4] überhaupt dem Sachbegriff zuordnet.

4 a) *Öffentliche Straßen* iS des geltenden Straßenrechts sind diejenigen Straßen, Wege und Plätze, die dem öffentlichen Verkehr gewidmet sind. Nach der gelten-

[1] *Wolff/Bachof* VwR I, § 55 II; *Papier* in: Berg/Knemeyer/Papier/Steiner (Hrsg), Staats- und Verwaltungsrecht in Bayern, 6. Aufl 1996, Teil G Rn 1; *ders* Recht der öffentlichen Sachen, 3. Aufl 1998, 17.

[2] *Papier* (Fn 1) Teil G Rn 9.

[3] *Wolff/Bachof* VwR I, § 58 II a; *Papier* (Fn 1) Teil G Rn 13, 96.

[4] *Wolff/Bachof* VwR I, § 55 II b.

den Gesetzeslage werden die öffentlichen Straßen gemäß ihrer Verkehrsbedeutung unterteilt in:

- Bundesfernstraßen (Bundesautobahnen und Bundesstraßen mit den Ortsdurchfahrten, s § 1 II FStrG),
- Landstraßen I. Ordnung = Landstraßen, Staatsstraßen,
- Landstraßen II. Ordnung = Kreisstraßen,
- Gemeindestraßen und
- sonstige öffentliche Straßen (Art 3 I BayStrWG; 53 I StrWG NW).

5 Berlin und Hamburg kennen diese Einteilung nicht, in Bremen ist sie mit den Straßengruppen A, B und C modifiziert (s § 3 I BrStrWG).

6 Das Straßenrecht ist entsprechend der verfassungsrechtlichen Kompetenzaufteilung teils bundesrechtlich, teils landesrechtlich geregelt. In Ausübung seines Rechts zur konkurrierenden Gesetzgebung für den Bereich „Bau und Unterhaltung der Landstraßen des Fernverkehrs" (Art 74 I Nr 22 GG) hat der Bund das Bundesfernstraßengesetz (FStrG) – in der Fassung der Bekanntmachung vom 19. April 1994, BGBl 854 – sowie das Gesetz über die vermögensrechtlichen Verhältnisse der Bundesautobahnen und sonstigen Bundesstraßen des Fernverkehrs erlassen (v 2. März 1951, BGBl 157; Bestimmungen hinsichtlich des Eigentums enthält auch Art 2 des Gesetzes zur Änderung des BFernStrG vom 10. Juli 1961, BGBl 877). Diese Gesetze regeln die Rechtsverhältnisse an den Bundesautobahnen und den Bundesstraßen einschließlich der Ortsdurchfahrten.

7 Die Landesstraßengesetze erfassen die Landstraßen der I. und II. Ordnung, die Gemeindestraßen und die sonstigen öffentlichen Straßen. Für die Gemeindestraßen, die als sog „Ortsstraßen" innerhalb von Baugebieten oder innerhalb eines im Zusammenhang bebauten Ortsteils liegen und als „Erschließungsanlagen" anzusehen sind, gilt aber die Bundeskompetenz für das gemeindliche Erschließungsrecht aus Art 74 I Nr 18 GG.[5] Die bundesgesetzliche Sonderregelung für diesen speziellen Bereich der Gemeindestraßen findet sich in den §§ 123ff BauGB.

8 Der Gemeingebrauch an öffentlichen Straßen wird in § 7 I 1 FStrG und in den damit inhaltlich übereinstimmenden Normen der meisten Landesgesetze (s § 14 I 1 NdsStrG; Art 14 I 1 BayStrWG) als Gebrauch bezeichnet, der jedermann im Rahmen der Widmung und der verkehrsrechtlichen Vorschriften zum Verkehr gestattet ist. Die Verkehrsfunktion der öffentlichen Straße wird in § 7 I 3 FStrG mit den Worten ausdrücklich wiederholt, Gemeingebrauch liege nicht vor, wenn jemand die Straße nicht vorwiegend zum Verkehr, sondern zu anderen Zwecken benutzt. Das StrWG NW umschreibt ausschließlich mit *jener* Klausel die Ausrichtung auf den Verkehrszweck (§ 14 III).

9 Trotz dieser gesetzlichen Begrenzung des Gemeingebrauchs an öffentlichen Straßen auf die Nutzung zum Verkehr, also auf die beabsichtigte Ortsveränderung, ist die Straße ein „öffentlich-rechtliches Mehrzweckinstitut".[6] Neben dem

[5] BVerfGE 3, 407ff.

[6] *Köttgen* Gemeindliche Daseinsvorsorge und gewerbliche Unternehmerinitiative, 1961, 28, 34; *W. Weber* Die öffentliche Sache, VVDStRL 21 (1964) 145, 153; *Mussgnug* in:

(schlichten) Gemeingebrauch gibt es nämlich den Anliegergebrauch, die Sondernutzung kraft öffentlich-rechtlicher Erlaubnis sowie die Benutzung aufgrund privatrechtlichen (Gestattungs-)Vertrages.

Der *Anlieger* einer öffentlichen Straße ist auf den Gemeingebrauch an ihr in einer gesteigerten Weise angewiesen. Eine ausschließliche Nutzung der Straße zum Verkehr in dem engen Sinne des Straßenverkehrs kann der verfassungsrechtlich garantierten (Art 14 I 1 GG) Kontaktmöglichkeit des Anliegers nach „außen"[7] nicht genügen. Aus der Eigentumsgarantie folgt daher unmittelbar ein Recht des Straßenanliegers, die öffentliche Straße über die jedem Dritten eröffnete Möglichkeit der *Verkehrs*benutzung *hinaus* in dem Maße in Anspruch zu nehmen, wie es eine angemessene Nutzung seines Anliegergrundstücks und/oder Gewerbebetriebes erfordert.[8] Das StrWG NW hat den Anliegergebrauch auch ausdrücklich geregelt. Nach § 14a I StrWG NW dürfen Straßenanlieger innerhalb der geschlossenen Ortslage die an ihre Grundstücke grenzenden Straßenteile über den Gemeingebrauch hinaus auch für Zwecke der Grundstücke benutzen, soweit diese Benutzung zur Nutzung des Grundstücks erforderlich ist, den Gemeingebrauch nicht dauernd ausschließt oder erheblich beeinträchtigt oder in den Straßenkörper eingreift.[9] 10

Die Straßengesetze des Bundes und der Länder berücksichtigen die Tatsache, daß Zivilpersonen nicht selten ein berechtigtes Interesse daran haben, die öffentliche Straße *über* den Gemein- und Anliegergebrauch *hinaus* zu nutzen, auf zweierlei Weise:[10] Durch verwaltungsrechtliche *Erlaubnis* des zuständigen Trägers der öffentlich-rechtlichen Sachherrschaft kann die Nutzung der Straße über den Gemein- und Anliegergebrauch hinaus *(Sondernutzung)* zeitlich befristet oder widerruflich und regelmäßig benutzungsgebührenpflichtig gestattet werden (vgl §§ 8 I/II FStrG; 18 I/II StrWG NW; Art 18 I/II BayStrWG). Das Interesse von Zivilpersonen an einer andauernden, nicht selten erhebliche Investitionen bedingenden und meist in die Sachsubstanz eingreifenden Sondernutzung kann nach dem geltenden Straßenrecht nur über einen bürgerlich-rechtlichen *Gestattungsvertrag* und nur unter der Voraussetzung befriedigt werden, daß diese Nutzung den Gemeingebrauch nicht beeinträchtigt. Eine nur kurzfristige Beeinträchtigung zum Zwecke der öffentlichen Versorgung bleibt aber dabei unberücksichtigt (vgl §§ 8 X FStrG, 23 StrWG NW; Art 22 BayStrWG). 11

b) Öffentliche Sachen im Gemeingebrauch sind auch die *Gewässer* in ihrer Eigenschaft als *Wasserwege.* Die schiffbaren Gewässer sind nach dem Gesetz in doppelter Hinsicht öffentlichen Zwecken gewidmet: Nämlich zu verkehrlichen als auch zu wasserwirtschaftlichen Zwecken. Gemäß Art 75 I Nr 4 GG besitzt der Bund eine Rahmengesetzgebungskompetenz für den Bereich „Wasserhaushalt", der auch häufig als „Wasserwirtschaft"[11] bezeichnet wird. Er umfaßt die recht- 12

Bartlsperger/Blümel/Schroeter (Hrsg), Ein Vierteljahrhundert Straßenrechtsgesetzgebung, 1980, 81ff.

[7] BVerwGE 30, 235, 239.

[8] *Papier* (Fn 1) Teil G Rn 117.

[9] Zu den anderen landesrechtlichen Regelungen des Anliegergebrauchs vgl u § 43 Rn 19ff.

[10] *Papier* (Fn 1) Teil G Rn 120; *ders* (Fn 1) 20.

[11] *Breuer* Öffentliches und privates Wasserrecht, 2. Aufl 1987, Rn 2.

lichen Regeln über die „haushalterische Bewirtschaftung des in der Natur vorhandenen Wassers nach Menge und Güte".[12] Durch das Wasserhaushaltsgesetz (WHG) hat der Bund von seiner Rahmengesetzgebungskompetenz Gebrauch gemacht, die Ausführungsvorschriften der Länder bezüglich der wasserwirtschaftlichen Nutzung der Gewässer finden sich in den Landeswassergesetzen.

13 Für das Wasserwegerecht sind die Gesetzgebungszuständigkeiten anders geregelt. Nach Art 74 I Nr 21 GG besitzt der Bund das Recht zur konkurrierenden Gesetzgebung für „Seewasserstraßen und die dem allgemeinen Verkehr dienenden Binnenwasserstraßen". Aus der Gegenüberstellung dieses Kompetenztitels und der Zuständigkeit für den Bereich des „Wasserhaushalts" (Art 75 I Nr 4 GG) ergibt sich, daß auf Art 74 I Nr 21 GG nur Regelungen gestützt werden können, die die Verkehrsfunktion der Wasserstraßen betreffen.[13] Die Zuständigkeit für den Wasserhaushalt richtet sich ausschließlich nach Art 75 I Nr 4, 70 GG, auch soweit es um Gewässer iS des Art 74 I Nr 21 GG geht.

14 Von seiner Kompetenz aus Art 74 I Nr 21 GG hat der Bund durch das WaStrG Gebrauch gemacht. Es betrifft die „Seewasserstraßen und die Binnenwasserstraßen des Bundes, die dem allgemeinen Verkehr dienen" (§ 1 I Nr 1 und 2 WaStrG). Für die übrigen schiffbaren Gewässer hat der Bund keine wasserwegerechtlichen Vorschriften erlassen, so daß insoweit die Länder zuständig sind (vgl Art 72 I, 74 I Nr 21 GG). Die Länder haben keine besonderen wasserstraßenrechtlichen Gesetze erlassen, sondern das Wasserwegerecht in ihre primär den Wasserhaushalt betreffenden (Landes-)Wassergesetze aufgenommen (zB §§ 33, 37 LWG NW).

15 Gemäß §§ 5, 6 WaStrG darf jedermann die Bundeswasserstraßen im Rahmen der Vorschriften des Schiffahrtsrechts mit Wasserfahrzeugen befahren. Für die übrigen schiffbaren Gewässer enthalten die Landeswassergesetze entsprechende Gemeingebrauchsvorschriften. Nach § 37 I LWG NW darf jedermann die schiffbaren Gewässer zur Schiff- und Flußfahrt benutzen. Darüber hinaus dürfen alle natürlichen oberirdischen Gewässer mit kleinen Fahrzeugen ohne eigene Triebkraft von jedermann befahren werden (§ 33 I LWG NW). Das Befahren mit kleinen elektrisch angetriebenen Motorbooten kann durch die obere Wasserbehörde zusätzlich als Gemeingebrauch zugelassen werden (§ 33 II LWG NW).

16 Die hL zählt die Gewässer generell, also auch soweit es um die *wasserwirtschaftlichen* Benutzungen geht, zu den öffentlichen Sachen im Gemeingebrauch.[14] Dabei wird aber übersehen, daß nach dem WHG und nach den dessen Rahmenvorschriften ausfüllenden Landeswassergesetzen alle wesentlichen Benutzungen der öffentlichen Gewässer wasserwirtschaftlicher Art nicht im Gemeingebrauch stehen, sondern nur als öffentlich-rechtliche Sondernutzungen zulässig sind. Der Gemeingebrauch wasserwirtschaftlicher Art ist nach den genannten Gesetzen auf recht unbedeutende Randbereiche zurückgedrängt.[15] Er ist zunächst durch § 23 WHG allein auf die „oberirdischen Gewässer" beschränkt, die anderen Gewässergruppen des WHG („Küstengewässer", „Grundwasser") sind von vornherein aus-

[12] BVerfGE 15, 1, 15.
[13] BVerfGE 15, 1; *Breuer* (Fn 11) Rn 3.
[14] BVerwGE 32, 299, 302f; *Wolff/Bachof* VwR I, § 55 III b 2; *Forsthoff* VwR, 389f.
[15] *Breuer* (Fn 11) Rn 66.

geklammert. Aufgrund der Ermächtigung des § 23 WHG haben die Landeswassergesetze den Gemeingebrauch überdies in sachlicher Hinsicht erheblich eingeschränkt. Er bezieht sich auf traditionelle, heute weniger bedeutsame Nutzungen wie das Baden, Waschen, Schöpfen mit Handgefäßen, Viehtränken, Schwemmen und den Eissport.[16] Die eigentlichen Einwirkungen auf den Wasserhaushalt wie das Entnehmen oder Ableiten von Wasser, das Entnehmen fester Stoffe aus Gewässern, das Einbringen und Einleiten von Stoffen in die Gewässer sind nach geltendem Wasserrecht „bewirtschaftet". Sie sind gerade nicht jedermann ohne besondere Zulassung gestattet, so daß es überholt ist, die Gewässer in wasserhaushaltsrechtlicher Sicht noch als „Sachen im Gemeingebrauch" zu bezeichnen.[17]

c) Nach hM[18] ist auch der *Luftraum* eine öffentliche Sache im Gemein- 17
gebrauch. Die Widmung zum Gemeingebrauch wird unmittelbar dem Gesetz entnommen: Nach § 1 I LuftVG ist die Benutzung des Luftraums durch Luftfahrzeuge frei, soweit sie nicht durch das LuftVG selbst, durch das Gesetz über die Bundesanstalt für Flugsicherung sowie die zur Durchführung dieser Gesetze ergangenen Rechtsverordnungen beschränkt ist.[19]

Da der hohe Luftraum überhaupt nicht Gegenstand der allgemeinen, sachen- 18
rechtlichen Privatrechtsordnung sein kann, ist seine Zuordnung zu einem diesen allgemeinen Status verdrängenden Sonderrechtsstatus als „öffentliche Sache" aber sinn- oder ertraglos.[20] Der hohe Luftraum ist daher nicht Gegenstand der nachfolgenden Ausführungen.

2. Öffentliche Sachen im Sondergebrauch

a) Die Benutzung der Gewässer zu wasserwirtschaftlichen Zwecken ist grundsätz- 19
lich nur dem gestattet, dem der Träger der Gewässerhoheit (öffentlicher Sachherr) die Benutzung durch begünstigenden Verwaltungsakt gestattet hat. Nach § 2 I WHG bedarf jede Benutzung oberirdischer Gewässer, der Küstengewässer und des Grundwassers (s § 1 I WHG) der behördlichen Erlaubnis (§ 7 WHG) oder der Bewilligung (§ 8 WHG).

„Benutzungen" iS dieser Vorschriften sind insbesondere das Entnehmen und 20
Ableiten von Wasser aus oberirdischen Gewässern, das Aufstauen und Absenken oberirdischer Gewässer, das Entnehmen fester Stoffe aus oberirdischen Gewässern, das Einbringen und Einleiten von Stoffen in oberirdische Gewässer, Küstengewässer und in das Grundwasser sowie das Entnehmen, Zutagefördern, Zutageleiten und Ableiten von Grundwasser (vgl § 3 I WHG).

b) Erlaubniserteilung und Bewilligung stehen im Ermessen der Verwaltungs- 21
behörde – *„Bewirtschaftungsermessen"*.[21] Eine äußerste Grenze dieses „Bewirt-

[16] S § 33 I LWG NW, Art 21 BayWG; vgl a BayVGH, DVBl 1980, 496 Nr 172 = ZfW 1980, 243.
[17] *Papier* (Fn 1) Teil G Rn 12.
[18] *Wolff/Bachof* VwR I, § 55 II b 1; w Nachw bei *Papier* Jura 1979, 93.
[19] Vgl a *Wolff/Bachof* VwR I, § 56 II a.
[20] S o § 40 Rn 3 f sowie *W. Weber* (Fn 6) 149.
[21] *Breuer* (Fn 11) Rn 187.

schaftungsermessens" ergibt sich aus § 6 WHG, wonach Erlaubnis und Bewilligung nicht erteilt werden dürfen, wenn von der beabsichtigten Benutzung eine Beeinträchtigung des Wohls der Allgemeinheit, insbesondere eine Gefährdung der öffentlichen Wasserversorgung, zu erwarten ist. Außerdem darf eine Erlaubnis für das Einleiten von Abwasser nur erteilt werden, wenn Menge und Schädlichkeit des Abwassers so gering gehalten werden, wie dies bei Anwendung der jeweils in Betracht kommenden Verfahren nach den allgemein anerkannten Regeln der Technik möglich ist (§ 7 a I WHG). Bei Einleitung gefährlicher Stoffe müssen die in allgemeinen Verwaltungsvorschriften niederzulegenden Anforderungen dem Stand der Technik entsprechen (§ 7 a I S 3 WHG). Diese Vorschrift erzwingt – im Gegensatz zu § 6 WHG – eine Emissionsbegrenzung unabhängig von dem Zustand des konkreten Gewässers.

22 Während die *Erlaubnis* (§ 7 WHG) nur eine widerrufliche Benutzungsbefugnis gewährt, die überdies befristet werden kann und unbeschadet der Rechte Dritter ergeht, begründet die *Bewilligung* (§ 8 WHG) ein gesteigertes Nutzungsrecht. Ihr fehlt die Widerruflichkeit, ihre Rücknahme ist nur beschränkt zulässig (vgl §§ 5, 12 I/II WHG), sie begründet eine grundsätzlich unentziehbare Rechtsposition auf Zeit (vgl § 8 V WHG). Die Bewilligung entfaltet außerdem eine Präklusionswirkung (§ 11 I WHG), die weitergeht als die in der vergleichbaren Regelung des § 14 BImSchG: Nach Eintritt der Bestandskraft des Bewilligungsbescheides sind nicht nur Unterlassungs- und Beseitigungsansprüche Dritter gegen den Benutzer, sondern auch Ansprüche auf Vornahme von Schutzvorkehrungen und auf Schadensersatz ausgeschlossen.[22] Die meisten Landeswassergesetze erweitern die privatrechtsgestaltende Wirkung der Bewilligung noch durch Zuerkennung besonderer Abwehransprüche des Berechtigten gegen Dritte: So kann gem § 26 I LWG NW der Bewilligungsempfänger (Unternehmer) Abwehransprüche gegen private Störer in entsprechender Anwendung der privatrechtlichen Vorschriften über den Schutz des Eigentums, also vornehmlich des § 1004 BGB, geltend machen.[23] Wegen des Regelungsvorbehalts in Art 65, 124 EGBGB ist den Ländern eine solche Regelung grundsätzlich gestattet.[24] Soweit das Landesrecht keinen Schutz des Bewilligungsinhabers nach eigentumsrechtlichen Vorschriften anordnet (Baden-Württemberg, Bayern und Hamburg), kommt ein Schutz der Bewilligung als sonstiges Recht iS von § 823 I BGB in Betracht.[25] Für bestimmte Benutzungsformen, insbesondere für das Einleiten von Abwasser, dürfen Bewilligungen nicht erteilt werden (§ 8 II WHG).

23 c) An den Gewässern als öffentliche Sachen im Sondergebrauch gibt es nach dem Gesetz in geringem Umfange auch Gemeingebrauch (§ 23 WHG, § 33 LWG NW, Art 21 BayWG). Aber die gemeingebräuchlichen Nutzungsmöglichkeiten sind – wie ausgeführt – für die öffentlich-rechtliche Zweckbestimmung, also die haushalterische Bewirtschaftung der Gewässer, nicht bestimmend. Der Gemeingebrauch liegt außerhalb dieser Zweckbestimmung, er steht in einem Ausnahme-

[22] Dazu *Breuer* (Fn 11) Rn 87.

[23] Zu den unterschiedlichen landesrechtlichen Regelungen s *Breuer* (Fn 11) Rn 756 ff.

[24] Vgl *Breuer* (Fn 11) Rn 756; *Czychowski* Wasserhaushaltsgesetz, 7. Aufl 1998, § 8 Rn 8.

[25] Str, wie hier *Czychowski* (Fn 24) § 8 Rn 9; aA aber *Breuer* (Fn 11) Rn 756 je mwN.

verhältnis zu ihr. Der wasserhaushaltsrechtliche Gemeingebrauch ist daher mit dem straßenrechtlichen, der die öffentlich-rechtliche Zweckbestimmung der Straße prägt, insoweit nicht vergleichbar. Beim wasserhaushaltsrechtlichen Gemeingebrauch handelt es sich der Sache nach eher um eine wegen Bagatellität erlaubnisfreie Sonderbenutzung.

d) Auch an den Gewässern besteht – abgesehen von der Rechtslage in Baden- **24**
Württemberg – privatrechtliches Eigentum. Dieses erstreckt sich bei den oberirdischen Gewässern nicht nur auf das Gewässerbett, sondern auch auf die sich über dem Gewässerbett jeweils befindliche Wassersäule, die „fließende Welle".[26] Nach Art 89 I GG ist der Bund Eigentümer der Bundeswasserstraßen. Die Gewässer der I. Ordnung stehen im Eigentum der Länder, die übrigen oberirdischen Gewässer stehen in der Regel im Eigentum des jeweiligen Ufergrundstückseigentümers (siehe beispielsweise §§ 4, 5 LWG NW; eine andere Regelung trifft § 4 LWG BaWü). Das Grundwasser ist nicht Bestandteil des Grundeigentums;[27] demgemäß bestimmt § 1a III WHG, daß die Grundwassernutzung sowie die anderen wasserwirtschaftlichen Nutzungen, die einer Erlaubnis oder Bewilligung bedürfen, nicht aus dem Grundeigentum folgen. Das BVerfG hat jene gesetzgeberischen Abspaltungen bestimmter Nutzungen vom Grundeigentum als Ausfluß einer Inhaltsbestimmung nach Art 14 I 2 GG für verfassungsrechtlich unbedenklich angesehen.[28]

Der Gewässereigentümer hat alle wasserwirtschaftlichen Benutzungen zu dul- **25**
den, für die die erforderliche Erlaubnis oder Bewilligung erteilt ist oder die nach dem Gesetz als Gemein- oder Anliegergebrauch (vgl §§ 23, 24 WHG) erlaubnisfreie Nutzungen sind. Dem Gewässereigentümer selbst steht die (erlaubnisfreie) Eigentümernutzung des § 24 WHG zur Verfügung. Diese folgt aber nicht aus dem privatrechtlichen Eigentum, sie gehört vielmehr in den Zusammenhang mit den erlaubnisfreien Gewässerbenutzungen bei Bagatellfällen, also dem Gemein- und Anliegergebrauch. Ist der Gewässereigentümer zugleich Eigentümer von Sachen, die zum Zwecke der Gewässerbenutzung mit in Anspruch genommen werden (müssen), beispielsweise eines Ufergrundstücks, so bezieht sich die öffentlich-rechtliche Duldungspflicht nicht auch auf diese Sachnutzungen. Diese bedürfen eines privatrechtlichen Gestattungsvertrages.[29]

Die Landeswassergesetze bestimmen zT zusätzlich, daß der Eigentümer die **26**
zulässigen Gewässerbenutzungen *unentgeltlich* zu dulden hat. Es ist zweifelhaft und umstritten, ob sich diese Pflicht zur unentgeltlichen Duldung auch auf Nutzungsformen erstreckt, die einen dauernden (Substanz-)Eingriff in das Gewässerbett, etwa durch Errichtung fester technischer Anlagen bedingen. Die hL bejaht dies, auch soweit die Landeswassergesetze, wie zB § 13 LWG NW, die Unentgeltlichkeit auf die Gewässerbenutzung „als solche" begrenzen.[30] Das privatrechtliche Eigentum am Gewässer wäre unter diesen Voraussetzungen ein völlig inhaltsloses

26 *Salzwedel* in: von Münch (Hrsg), Besonderes Verwaltungsrecht, 8. Aufl 1988, 747.
27 S Art 4 I BayWG; *Salzwedel* (Fn 26) 747.
28 S BVerfGE 58, 300 – Naßauskiesung.
29 *Salzwedel* ZfW 1962, 80.
30 *Czychowski* (Fn 24) Einl VIII 2.

Recht, was dann, wenn Eigentümer eine Zivilperson ist, verfassungsrechtliche Bedenken wegen Art 14 I 1 GG auslösen dürfte.[31] Daher muß die Duldungspflicht des Eigentümers dann enden, wenn die Benutzung eine Inanspruchnahme des Gewässerbetts erfordert. In diesen Fällen kann der Eigentümer seine Nutzungsgestattung von der Zahlung eines Entgelts abhängig machen. Noch weitergehende Ansprüche des Eigentümers gewährt Art 4 II 3 BayWG.[32]

3. Öffentliche Sachen im „Anstaltsgebrauch"

27 a) Eine weitere Gruppe von Sachen, die Zivilpersonen im Rahmen einer öffentlich-rechtlichen Nutzungsordnung zur Verfügung stehen und die deshalb einen öffentlich-rechtlichen Sonderstatus aufweisen, bilden die von der hL sogenannten „Sachen im Anstaltsgebrauch". Da darunter letztlich alle Sachen fallen, die von Zivilpersonen nach besonderer – oft stillschweigender – Zulassung benutzt werden dürfen, ist die Bezeichnung als „Anstaltsgebrauch" inkorrekt. Sie stützt sich auf einen weiten, von *Otto Mayer* geprägten, heute aber für Wissenschaft und Praxis als unbrauchbar erkannten Anstaltsbegriff. Danach wurde die Anstalt definiert als „Bestand von Mitteln, sächlichen und persönlichen, welche in der Hand eines Trägers öffentlicher Verwaltung einem besonderen öffentlichen Zweck dauernd zu dienen bestimmt sind".[33]

28 Der Anstaltsbegriff hat für Wissenschaft und Praxis aber nur dann einen Wert, wenn er eine von der Körperschaft und Stiftung *abhebende* Organisationsform bezeichnet.[34] Er setzt daher eine „rechtlich subjektivierte und institutionalisierte"[35] Organisation voraus. „Öffentliche Anstalten" sind somit alle organisierten Subjekte öffentlicher Verwaltung, soweit diese keine Körperschaften oder Stiftungen sind. Rechtsfähigkeit ist nicht verlangt: Unter dem Begriff der „öffentlichen Anstalt" sind die rechtlich selbständigen Anstalten des öffentlichen Rechts *und* die organisatorisch verselbständigten Verwaltungseinheiten ohne Rechtspersönlichkeit zusammengefaßt.[36]

29 Nicht einbezogen sind daher „öffentliche Einrichtungen", die keine eigene Organisation erfordern oder aufweisen, sondern nur einen Sachinbegriff in der Hand eines Trägers öffentlicher Verwaltung darstellen (Bsp: Sportplatz, Schleuse, Park, Kanalisationsanlagen). Der Begriff der „öffentlichen Einrichtungen" iS des Kommunalrechts (§ 18 GO NW) ist also insofern weiter als der der öffentlichen „Anstalt". Keine öffentlichen Anstalten sind ferner die von juristischen Personen des Privatrechts betriebenen Unternehmen, auch soweit sie öffentlichen Zwecken dienen (Bsp: die Stadtwerke-AG). Auch insoweit kann aber eine „öffentliche Einrichtung" iS des Kommunalrechts vorliegen.[37]

[31] *Salzwedel* (Fn 26) 788 f; *ders* (Fn 29) 80 f.
[32] Vgl dazu *Zeitler* in: Sieder/Zeitler/Dahme/Knopp, Bayerisches Wassergesetz, Art 4 Rn 64 ff.
[33] O. *Mayer* VwR II, §§ 51, 52.
[34] *Wolff/Bachof/Stober* VwR II, § 98 I 1 e.
[35] *Wolff/Bachof/Stober* VwR II, § 98 I 1 h.
[36] *Wolff/Bachof/Stober* VwR II, § 98 I 1 h.
[37] *Wolff/Bachof/Stober* VwR II, § 98 I 1 h.

Benutzungen öffentlicher Sachen kraft besonderen Zulassungsakts des öffentlichen Rechts gibt es unbestreitbar nicht nur im Rahmen einer verwaltungsrechtlich subjektivierten und institutionalisierten Organisation, sondern auch bei öffentlichen Sachen oder Sachinbegriffen ohne besondere Anstaltsorganisation, ferner im Rahmen einer körperschaftlichen Organisation und Mitgliedschaft sowie bei Sachträgerschaften durch öffentlich-rechtliche Stiftungen. Der Begriff „Anstaltsgebrauch" bezeichnet somit den zu erfassenden Bereich öffentlicher Sachen in unzulänglicher Weise: Es geht viel allgemeiner um die von Zivilpersonen nicht (schon) kraft dinglichen Rechts wie bei der Widmung zum Gemeingebrauch, sondern (erst) im Rahmen einer öffentlich-rechtlichen, relativen Benutzungsordnung, etwa aufgrund einer verwaltungsschuldrechtlichen Sonderverbindung nutzbaren Sachen oder Sachgesamtheiten. **30**

b) Soweit die nur in der Sonderverbindung nutzbaren öffentlichen Sachen nicht von der allgemeinen Staats- oder Gemeindeadministration, sondern von selbständigen Organisationseinheiten verwaltet werden, sind mehrere (Organisations-) Rechtsformen denkbar und gebräuchlich: Das Muttergemeinwesen kann eine juristische Person des Privatrechts, insbesondere eine Kapitalgesellschaft (AG, GmbH), als Unternehmensträgerin gründen. Es besteht aber auch die Möglichkeit der Schaffung selbständiger Rechtspersonen des öffentlichen Rechts, etwa einer rechtsfähigen Anstalt. Verzichtet das Muttergemeinwesen auf einen Verwaltungsträger mit eigener Rechtssubjektivität, so bleibt die Möglichkeit des Regie- oder Eigenbetriebes, der zwar organisatorisch verselbständigt, aber nicht rechtsfähig ist. **31**

c) Von der Rechtsform der Organisation ist die Rechtsform der Nutzung zu unterscheiden. Ist eine privatrechtliche Unternehmensrechtsform gewählt, so kann das Benutzungsverhältnis grundsätzlich ebenfalls nur privatrechtlicher Natur sein. Öffentlich-rechtliche Benutzungsverhältnisse können Trägergesellschaften des Privatrechts nur bei (rechtssatzmäßiger) Beleihung mit öffentlicher Gewalt begründen.[38] **32**

Bei öffentlich-rechtlichen Organisationsformen besteht für den Träger der Anstalt oder Einrichtung nach hL ein Wahlrecht zwischen privatrechtlicher und öffentlich-rechtlicher Gestaltung der Nutzungsverhältnisse. Die *privat*rechtliche Nutzung kann fiskalisch-erwerbswirtschaftlicher Natur sein (zB Ratskeller, staatliche Brauerei, Forstbetrieb = Sachen im Finanzvermögen) oder dem Verwaltungsprivatrecht angehören, was insbesondere bei den Anstalten und Einrichtungen der öffentlichen Daseinsvorsorge der Fall ist. *Öffentlich-rechtliche* Benutzungsverhältnisse können sowohl durch verwaltungsrechtlichen Vertrag, durch Verwaltungsakt (ausdrückliche oder stillschweigende Zulassung) oder unmittelbar durch Rechtssatz (zB Satzung) plus tatsächliche Inanspruchnahme begründet werden.[39] Ein Wahlrecht des Trägers scheidet allerdings dann aus, wenn gesetzliche Bestimmungen eine eindeutige Zuordnung vornehmen, wie zB im Schul- und Strafvollzugsrecht. **33**

[38] S a *Pappermann/Löhr* JuS 1981, 117; *Pappermann/Löhr/Andriske* Recht der öffentlichen Sachen, 1987, 130.

[39] *Wolff/Bachof/Stober* VwR II, § 99 V.

34 d) Besondere Probleme entstehen bei der Nutzung „öffentlicher Einrichtungen" der Gemeinden, die diese zur wirtschaftlichen, sozialen und kulturellen Betreuung ihrer Einwohner geschaffen haben und den Gemeindebürgern zur Benutzung zur Verfügung stellen. Denn nach den Gemeindeordnungen der Länder (vgl § 18 II GO NW, Art 21 I BayGO) haben alle Gemeindeeinwohner einen kommunalrechtlichen, dh öffentlich-rechtlichen Anspruch auf Zulassung zur Benutzung der öffentlichen Einrichtungen ihrer Gemeinde im Rahmen des geltenden Rechts.[40] Diese öffentlich-rechtlichen Ansprüche auf Zulassung beschränken nach hL weder die Wahlfreiheit im Organisationsstatut noch diejenige in der Gestaltung der Nutzungsverhältnisse. Auch im Anwendungsbereich der kommunalrechtlichen Zulassungsberechtigung kann es mit anderen Worten selbständige Unternehmensträger des Privatrechts (AG, GmbH) und/oder privatrechtliche Benutzungsverhältnisse geben.[41] Auch soweit durch Gesetz oder Satzung ein Anschluß- und Benutzungszwang eingeführt ist, kann das Benutzungsverhältnis ein solches des Privatrechts sein.[42]

35 Betreibt die Gemeinde die „öffentliche Einrichtung" ohne Zwischenschaltung einer selbständigen Rechtsperson, sei es unmittelbar durch ihre allgemeine Verwaltung, sei es durch eine verselbständigte Organisationseinheit (nichtrechtsfähige Anstalt, Regie- oder Eigenbetrieb), so ist die Annahme eines einstufigen, einheitlich öffentlich-rechtlichen Rechtsverhältnisses in bezug auf die Benutzung nur *eine* mögliche Gestaltungsform. Werden trotz öffentlich-rechtlicher Zulassungsberechtigungen privatrechtliche Benutzungsverträge geschlossen, ist das Rechtsverhältnis zweistufig: Dem Abschluß eines privatrechtlichen Vertrages ist die ausdrückliche oder – wie meist – konkludent erklärte Zulassung durch Verwaltungsakt vorgeschaltet. Der Streit um die Zulassungsberechtigung eines Gemeindeeinwohners ist eine öffentlich-rechtliche Streitigkeit iS des § 40 I VwGO, auch dann, wenn das in Vollziehung der öffentlich-rechtlichen Zulassungsentscheidung entstehende Rechtsverhältnis dem Privatrecht angehört.[43]

36 Werden die „öffentlichen Einrichtungen" iS des Kommunalrechts durch rechtsfähige Unternehmensträger betrieben, stellt sich in bezug auf die öffentlich-rechtliche Zulassungsberechtigung die Frage nach der Passivlegitimation. Geht man mit der hM davon aus, daß der kommunalrechtliche Zulassungsanspruch immer gegen die *Gemeinde* gerichtet ist, kann er im Falle einer rechtlich selbständigen Unternehmensträgerschaft nicht unmittelbar die Zulassung, sondern nur die *Einwirkung* des Muttergemeinwesens auf die unternehmensinterne Willensbildung zum Inhalt haben. Kraft dieser Einwirkungs- oder Ingerenzpflicht ist die Gemeinde gehalten, auf eine von ihr gegründete und unterhaltene, zur Erfüllung ihrer Aufgaben zwischengeschaltete Trägergesellschaft mit den ihr kraft Gesellschafts-

[40] S dazu OVG NW, NJW 1969, 1077.

[41] S *Papier* in: MünchKomm, 3. Aufl 1997, § 839 BGB, Rn 155; *Maurer* Allg VwR, § 3 Rn 26; ferner BVerwGE 32, 333 f.

[42] S Hess VGH ESVGH 25, 59, 72; OVG Nds, NJW 1977, 450; *Maurer* Allg VwR, § 3 Rn 26.

[43] OVG NW, NJW 1969, 1077; OVG Nds, NJW 1977, 450; BayVGH, BayVBl 1988, 726; vgl a *Kopp* VwGO, § 40 Rn 16 mwN.

rechts zur Verfügung stehenden Mitteln einzuwirken, damit diese der öffentlichrechtlichen Zulassungsberechtigung der Einwohner Rechnung trägt. Diese Einwirkungspflichten sind im Verwaltungsrechtsweg und mittels der allgemeinen Leistungsklage durchsetzbar.[44]

Das eine „öffentliche Sache" konstituierende Merkmal des öffentlich-recht- 37
lichen Benutzungsstatus ist auch im Bereich der „anstaltlich genützten Sachen" nur bei verwaltungsrechtlichen Leistungsverhältnissen gegeben. Die Existenz eines abstrakten, öffentlich-rechtlichen Zulassungsanspruchs gegen die Gemeinde rechtfertigt also noch nicht die Einbeziehung der zur Verfügung gestellten Sachen in den Kreis der „öffentlichen", dh öffentlich-rechtlich nutzbaren Sachen. Diese Restriktion ist zum einen deshalb geboten, weil es – wie ausgeführt – öffentlichrechtliche Zulassungsansprüche auch bei Trägergesellschaften und Organisationsformen des Privatrechts gibt, wo die Qualifizierung als „öffentliche Sache" auf jeden Fall ausscheiden muß. Zum anderen ist zu berücksichtigen, daß der kommunalrechtliche Zulassungsanspruch nicht für alle Personen in Betracht kommt, die die „öffentliche Einrichtung" benutzen. Dieser öffentlich-rechtliche Anspruch steht nur den Einwohnern der betreffenden Gemeinde und den ortsansässigen juristischen Personen und Personenvereinigungen, nicht aber Dritten zu.[45] Diese Tatsache verbietet es nicht nur, aus der öffentlich-rechtlichen Natur des Zulassungsrechts zwingend die öffentlich-rechtliche Gestaltung des Leistungsverhältnisses zu folgern; die unterschiedliche Qualifizierung der Nutzungsverhältnisse zu ein und derselben Einrichtung wäre die Konsequenz. Ein Ansatz am (öffentlich-rechtlichen) Zulassungsanspruch würde letztlich auch eine *einheitliche* Zuordnung einer Sache zum Kreis der öffentlichen Sachen ausschließen: Es müßte auch insoweit danach differenziert werden, ob die Nutzungen Berechtigter oder Dritter in Frage stehen.[46]

e) Auch bei den nur kraft verwaltungsrechtlicher Sonderverbindung nutzbaren 38
öffentlichen Sachen („Sachen im Anstaltsgebrauch" iS der herrschenden Terminologie) ist zwischen ordentlicher Benutzung und Sonderbenutzung zu unterscheiden:

Die ordentliche Benutzung kann eine freiwillige Nutzung sein oder auf einer 39
öffentlich-rechtlichen Benutzungspflicht beruhen. Einem Benutzungszwang entspricht ein Benutzungsrecht,[47] ein solches kann überdies kraft besonderer rechtssatzmäßiger Bestimmung bestehen, was beispielsweise im Bereich der kommunalen Einrichtungen der Fall ist. Fehlt eine positiv-rechtliche Einräumung eines Benutzungsanspruchs, so haben diejenigen, die die Sache entsprechend ihrem (Anstalts-)Zweck benutzen wollen, nur einen Anspruch auf fehlerfreie Ermessensentscheidung über die Zulassung zur Benutzung.[48] Eine Ermessensreduzierung auf Null und damit ein Zulassungsanspruch ist in diesen Fällen aber aufgrund grundrechtlicher Einwirkungen, etwa der Art 12 und 2 II GG, denkbar.

[44] Zur Einwirkungspflicht s a *Erichsen* Jura 1986, 196f; *Püttner* DVBl 1975, 353ff; *Papier* (Fn 41) § 839 BGB, Rn 155; *Pappermann/Löhr/Andriske* (Fn 38) 141f.
[45] *Ossenbühl* DVBl 1973, 295.
[46] Vgl a *Püttner* (Fn 44) 354.
[47] *Forsthoff* VwR, 415.
[48] *Forsthoff* VwR, 414f; *Wolff/Bachof/Stober* VwR II, § 99 III 1.

40 Die ordentliche Benutzung kann eine *offene* in dem Sinne sein, daß sie grundsätzlich von jedem Interessenten in Anspruch genommen werden kann (Beispiele: Verkehrsbetriebe, Theater, Krankenhäuser). Sie kann eine *geschlossene* Benutzung sein, die nur einem abgegrenzten, sich durch bestimmte sachliche oder persönliche Merkmale auszeichnenden Personenkreis offensteht – Beispiele: Schulen, Kindergärten, Schlachthäuser, Schleusenanlagen.[49] Die Benutzung kann schließlich eine *abgeschlossene* sein, bei der die Benutzer von der Umwelt abgesondert sind (Beispiele: Haftanstalten, Fürsorgeanstalten, Heil- und Pflegeanstalten mit geschlossenen Abteilungen). Hier besteht neben der öffentlich-rechtlichen, sich auch auf die Sachnutzungen erstreckenden Leistungsbeziehung ein verwaltungsrechtlicher Sonderstatus des Benutzers, es liegt also nicht nur ein allgemeines, sondern ein besonderes Gewaltverhältnis zum Anstaltsträger vor.[50]

41 f) Eine Sonderbenutzung[51] öffentlicher Sachen im „Anstaltsgebrauch" liegt vor, wenn die Sache von Personen benutzt wird, die nicht zu dem Personenkreis gehören, dem der Anstaltszweck zu dienen bestimmt ist, die also keine „Benutzungs-Destinatäre", sondern sonstige Benutzungsinteressenten sind, oder wenn die *Art* der Benutzung außerhalb der öffentlichen (Anstalts-)Zweckbestimmung liegt; Beispiel: Eröffnung eines Gewerbebetriebs (Handel mit Schiffausrüstungsgegenständen) auf dem Gelände einer Schleusenanlage.[52]

42 Eine Sonderbenutzung liegt auch vor, wenn die Nutzung zwar im Rahmen des Anstaltszwecks liegt, die ordentliche Benutzung aber erheblich übersteigt und/oder den Anstaltsgebrauch anderer erheblich beeinträchtigt; Beispiele: Sondergrabstätten und Erbbegräbnisse auf öffentlichen Friedhöfen; Sondernutzung öffentlicher Badeanstalten durch Sportvereine; besondere Nutzungskapazitäten von Großunternehmen bei der öffentlichen Strom-, Gas- oder Wasserversorgung.[53]

43 Im Gegensatz zu den Sondernutzungen an Sachen im Gemeingebrauch fehlt es hinsichtlich der Sonderbenutzungen öffentlicher Sachen im Anstaltsgebrauch regelmäßig an gesetzlichen oder satzungsrechtlichen Bestimmungen über Begründung und Inhalt der Nutzungsverhältnisse. Der Träger hat deshalb eine Wahlmöglichkeit zwischen einstufig-öffentlich-rechtlicher Begründung durch Verwaltungsakt (Erlaubnis, Bewilligung), zweistufiger Gestaltung durch öffentlich-rechtliche Bewilligung und privatrechtlichen Vollziehungsvertrag und schließlich einstufig-privatrechtlicher Ausformung ausschließlich durch Abschluß eines privatrechtlichen Vertrages (zB eines Miet- oder Pachtvertrages). Die neueren Friedhofssatzungen sehen im allgemeinen Sonderbenutzungen *öffentlich-rechtlicher* Art auf Zeit vor.[54]

[49] *Wolff/Bachof/Stober* VwR II, § 98 II 7.
[50] *Wolff/Bachof/Stober* VwR II, § 8 II 7.
[51] S a *Forsthoff* VwR, 417f; *Pappermann/Löhr* (Fn 38) 119f.
[52] BVerwGE 39, 235.
[53] *Forsthoff* VwR, 418.
[54] Vgl *Engelhardt* Bestattungswesen und Friedhofsrecht, in: Listl/Pirson (Hrsg), HdbStKirchR, Bd 2, 2. Aufl 1995, § 43, 122; *Gaedke* Handbuch des Friedhofs- und Bestattungsrechts, 6. Aufl 1992, 180ff.

Wird eine Sonderbenutzung außerhalb des Anstaltszwecks („der Anstaltsdestination“) angestrebt, so hat der Bewerber weder einen Zulassungsanspruch noch einen Anspruch gegen den Träger auf fehlerfreie Ermessensentscheidung.[55] 44

II. Öffentliche Sachen im Verwaltungsgebrauch

Sachen, deren öffentliche Zweckbestimmung in der *internen* Verwaltungsnutzung liegt, werden als öffentliche Sachen im „Verwaltungsgebrauch“ bezeichnet.[56] Sie dienen der öffentlichen Verwaltung zur Aufgabenerfüllung unmittelbar durch den Gebrauch der Amtsträger selbst. Dazu zählen vor allem die von den Trägern öffentlicher Gewalt (Verwaltung, Justiz, Legislative) genutzten Dienstgebäude einschließlich des Inventars sowie die beweglichen sächlichen Mittel dieser öffentlichen Gewalthaber (Beispiele: Die Ausrüstungen und Waffen der Streitkräfte und Polizei, der Fuhrpark der öffentlichen Verwaltung). Über Sachen im Verwaltungsgebrauch verfügen idR auch die Verwaltungsträger, die primär öffentliche Sachen im Gemein-, Sonder- oder „Anstaltsgebrauch“ verwalten (Beispiel: Fuhrpark und Geräte der Straßenbaubehörden). 45

Auch Sachen im Verwaltungsgebrauch sind nicht selten Dritten (Zivilpersonen) zugänglich (Beispiel: dem Publikumsverkehr zugängliche Dienstgebäude). Aber solche Zugangsberechtigungen sind nur Ausfluß von Rechten Dritter auf Wahrnehmung ihrer Verwaltungsangelegenheiten durch Kontakt mit den zuständigen Amtsträgern. Die Zugangsberechtigung ist deshalb nur ein *Annex* zu dieser umfassenderen Befugnis. Sie besteht ausschließlich zum Zwecke der Wahrnehmung von Verwaltungsangelegenheiten. Die Zugänglichkeit durch Dritte ist ein Mittel des nutzungsberechtigten Verwaltungsträgers, seine Verwaltungsaufgaben zu erfüllen. Sie ist deshalb auch von der Art dieser Aufgabenstellung und von der näheren Bestimmung des nutzungsberechtigten Verwaltungsträgers abhängig. Eine originäre, eigenständige oder unmittelbare öffentlich-rechtliche Nutzungsbefugnis von Zivilpersonen gibt es an Sachen im Verwaltungsgebrauch nicht – weder mit noch ohne Zulassung des Verwaltungsträgers. Benutzungs*rechte* Dritter kann es nur aufgrund und nach Maßgabe *privat*rechtlicher Verträge mit dem Sacheigentümer oder sonst nach Privatrecht Berechtigten geben (Beispiel: Besitzrecht des Kantinenpächters). 46

Die Rechtsbeziehungen zwischen dem öffentlichen Sachherrn und Dritten, denen die Sache im Verwaltungsgebrauch zugänglich ist oder die „Zugang nehmen“, sind *öffentlich-rechtlicher* Natur, wenn dieser Zugang der Wahrnehmung öffentlich-rechtlich geregelter Verwaltungsangelegenheiten durch Kontakt mit den zuständigen Amtsträgern dient.[57] *„Hausverbote“* als Mittel oder als Annex von „Kontaktbeschränkungen“ im Rahmen öffentlich-rechtlich geordneter Verwaltungsfunktionen sind Maßnahmen auf dem Gebiete des öffentlichen Rechts, also Verwaltungsakte. 47

[55] *Wolff/Bachof/Stober* VwR II, § 99 III 2; *Papier* (Fn 1) 33f.
[56] *Wolff/Bachof* VwR I, § 55 III a; *Papier* Jura 1979, 98.
[57] *Papier* (Fn 1) 35; vgl auch OVG NW, NJW 1998, 1425.

48 Besucher von Verwaltungsgebäuden hingegen, die allein zur Wahrnehmung ihrer privatrechtlichen Angelegenheiten, sei es durch Kontakt mit Amtsträgern – Beispiel: Handelsvertreter mit dem Ziel der Auftragsvergabe[58] –, sei es ohne dieses Ziel einer Kontaktaufnahme zur Verwaltung selbst – Beispiele: Fotograf im Standesamt,[59] Obdachloser[60] – das öffentliche Gebäude betreten, stehen in *privatrechtlichen* Beziehungen zum Sachherrn. Hausverbote sind hier – teilweise als Annex privatrechtlicher Auftragssperren – Maßnahmen auf dem Gebiete des bürgerlichen Rechts.[61] „Hausverbote" oder „Hausverweisungen" gegenüber Demonstranten, die in ein Verwaltungsgebäude eindringen, um die Behörde unter Druck zu setzen, sind hingegen dem *öffentlichen* Recht zuzuordnen, weil sie in einem Zusammenhang mit der Wahrnehmung der eigentlichen Verwaltungsfunktionen des öffentlichen Sachherrn stehen.[62]

49 In der Literatur wird zT darauf abgestellt, ob das Hausverbot die Erfüllung der öffentlichen Aufgaben im Verwaltungsgebäude sichern soll. In diesem Fall wird ein Verwaltungsakt unabhängig davon angenommen, zu welchem Zweck der Dritte das Verwaltungsgebäude betreten hat.[63]

50 Stellt das Hausverbot einen Verwaltungsakt dar, so besteht die notwendige normative Eingriffsgrundlage für den „Anstaltsherrn" im Gewohnheitsrecht.[64]

III. Die res sacrae

51 Da die Kirchen Körperschaften des öffentlichen Rechts sind (vgl Art 140 GG/137 V WV), zählen grundsätzlich auch die dem kirchlichen Gebrauch dienenden körperlichen Gegenstände zu den „öffentlichen Sachen".[65] Allerdings muß auch hier einschränkend betont werden, daß „öffentliche Sachen" nur die einem öffentlichrechtlichen Herrschafts- und/oder Nutzungsregime unterworfenen Sachen sind. Damit zählen nur solche (körperlichen) Gegenstände des kirchlichen Vermögens zum Kreis der öffentlichen Sachen, die im Rahmen und zum Zwecke der öffentlich-rechtlich geordneten kirchlichen Funktionen genutzt werden. Das sind insbesondere Kirchengebäude, die kirchlichen Begräbnisstätten und die zum kirchlichen Kultgebrauch bestimmten Gegenstände.[66]

[58] BGH, DVBl 1968, 145; BVerwGE 35, 103.

[59] BGHZ 33, 230.

[60] Vgl OVG NW, DVBl 1963, 303.

[61] S a *Knoke* AöR 94 (1969) 388ff.

[62] AA noch *Salzwedel* in: Erichsen (Hrsg), Allgemeines Verwaltungsrecht, 10. Aufl 1995 (Vorauflage), § 46 Rn 4.

[63] S *Knemeyer* DÖV 1970, 596ff; *ders* VBlBW 1982, 249ff; *Ronellenfitsch* VerwArch 73 (1982) 469ff; *Maurer* Allg VwR, § 3 Rn 24; *Pappermann/Löhr* JuS 1981, 269, 274; *Pappermann/Löhr/Andriske* (Fn 38) 164; BayVGH, BayVBl 1980, 723.

[64] Ebenso *Pappermann/Löhr* (Fn 63) 274 mwN; *Berg* JuS 1982, 260ff; VG Frankfurt/Main, NJW 1998, 1424: Annex zur Sachkompetenz; BayVGH, BayVBl 1981, 657; aA BayVGH, BayVBl 1980, 723: spezielle gesetzliche Ermächtigung erforderlich.

[65] *Wolff/Bachof* VwR I, § 55 IIa; krit hierzu *Kromer* Sachenrecht des Öffentlichen Rechts, 1985, 31f.

[66] *W. Weber* in: ZevKiR 11, 111.

Gegenstände des kirchlichen Vermögens, die in den Formen des Privatrechts genutzt werden, sind also keine „öffentlichen Sachen". Damit sind nicht nur die zu Erwerbszwecken genutzten Sachen, sondern auch die dem gemeinen Wohl oder karitativen Interessen dienenden Gegenstände gemeint (*Beispiel:* Der von der Kirche betriebene Kindergarten, dessen Benutzung aufgrund privatrechtlicher Verträge erfolgt). 52

Die kirchlichen öffentlichen Sachen sind entweder öffentliche Sachen im „Anstaltsgebrauch" oder im (kirchlichen) Verwaltungsgebrauch. Der Begriff „Anstaltsgebrauch" erfaßt jede „Dritt"-Benutzung aufgrund verwaltungsrechtlicher Sonderverbindung, dh nicht kraft dinglichen, zulassungsfreien Jedermanns-Rechts, sondern im Rahmen einer bereits bestehenden oder erst durch (ausdrücklichen bzw konkludenten) Zulassungsakt begründeten Sonderverbindung. Unter diesen weiten Begriff „Anstaltsgebrauch" fällt beispielsweise nicht nur die Friedhofsbenutzung,[67] sondern auch der Kirchenbesuch. Auch insoweit liegt *kein* Gemeingebrauch vor.[68] Die Benutzung der Gotteshäuser erfolgt im Rahmen einer kirchenverwaltungsrechtlichen Benutzungsordnung und einer durch (konkludente) Zulassung begründeten Sonderverbindung. Der „Sachherr" regelt, ob das Gotteshaus nur zur Teilnahme an den Gottesdiensten oder auch darüber hinaus zu Andachtszwecken geöffnet wird oder ob gar die Kirche sonstigen Besuchern, die sie aus historischem oder kunsthistorischem Interesse aufsuchen, offen stehen soll. Er bestimmt dann die Öffnungszeiten und ist berechtigt, den Zugang von der Leistung eines Entgeltes sowie von bestimmten anderen Voraussetzungen abhängig zu machen.[69] 53

§ 42
Entstehung, Inhalt und Beendigung des öffentlich-rechtlichen Status

I. Entstehung einer „öffentlichen Sache" im Rechtssinne

Zu einer öffentlichen Sache im Rechtssinne kann eine Sache nach allgemeiner Auffassung nur dadurch werden, daß sie durch hoheitlichen Rechtsakt einer besonderen, öffentlich-rechtlichen Nutzungsordnung unterstellt wird. Dieser Rechtsakt, der sowohl ein Legislativ- als auch ein Administrativakt sein kann,[1] wird *Wid-* 1

[67] *Forsthoff* VwR, 418, für die öffentlichen Friedhöfe, für die kirchlichen muß das gleiche gelten.

[68] *W. Weber* (Fn 6) 176 mit Fn 62.

[69] Insgesamt zu den res sacrae *Forsthoff* AöR NF 31 (1940) 209ff; *Axer* Die Widmung als Schlüsselbegriff des Rechts der öffentlichen Sachen, 1994, 202ff; *Kromer* (Fn 65) 30f, 72ff; *Schütz* Res sacrae, in: Listl/Pirson (Hrsg), HdbStKirchR, Bd 2, 2. Aufl 1995, § 38, 3ff; *W. Weber* (Fn 66) 111ff; vgl a BayObLG, JZ 1981, 190.

[1] *Wolff/Bachof* VwR I, § 56 II; *Papier* Jura 1979, 98.

mung genannt. Zu diesem Rechtsakt Widmung muß als weitere Wirksamkeitsvoraussetzung des öffentlichen Rechtsstatus die tatsächliche *Indienststellung* hinzutreten.[2]

1. Rechtsform und Rechtsnatur der Widmung

2 a) Eine *Widmung durch Gesetz* und nicht (erst) aufgrund Gesetzes liegt vor, wenn einer Sache allein aufgrund Erfüllung der tatbestandlichen Voraussetzungen eines Gesetzes ein öffentlich-rechtlicher Sonderstatus zukommt. Solche „statusbegründenden" Normen können formelle Gesetze, Rechtsverordnungen, Satzungen und Gewohnheitsrechtssätze sein.[3]

3 Die Bundeswasserstraßen sind unmittelbar kraft *formellen Gesetzes* (§ 5 WaStrG) öffentliche Sachen im Gemeingebrauch. Entsprechendes gilt für den Luftraum aufgrund des § 1 LuftVG, der nach hM ebenfalls zu den öffentlichen Sachen zählt. Auch die Gewässer der I. Ordnung sind unmittelbar kraft der Landeswassergesetze iVm den ihnen anliegenden Verzeichnissen (vgl § 3 I Nr 1 LWG NW, Art 2 I Nr 1 BayWG) öffentliche Sachen, dh mit dem im WHG und in den Landeswassergesetzen näher ausgestalteten wasserhaushaltsrechtlichen, öffentlichrechtlichen Sonderstatus belastet. Entsprechendes gilt zT für die Gewässer II. Ordnung (vgl § 3 I Nr 2 LWG NW).

4 Widmungen durch *Rechtsverordnung* sind im Wasserrecht zT bezüglich der Gewässer II. Ordnung festzustellen. Diese erlangen ihren öffentlich-rechtlichen Sonderstatus teilweise durch Aufnahme in ein Verzeichnis, das von der obersten Wasserbehörde durch Rechtsverordnung aufzustellen ist.[4]

5 Die Unterstellung einer Sache oder Sachgesamtheit unter ein öffentlich-rechtliches Nutzungsregime kann schließlich durch *Satzung* erfolgen. Diese Widmungsform ist vor allem bei den sog „anstaltlich genutzten Sachen" anzutreffen. Sie liegt vor, wenn eine Gemeinde durch Erlaß entsprechender Satzungen die Benutzung ihrer Anstalten und Einrichtungen *öffentlich-rechtlich* ausgestaltet. An einer Widmung fehlt es aber nach dem oben Gesagten (s § 40 Rn 24ff), wenn die Gemeinde im Satzungswege zwar die Zugänglichkeit ihrer Einrichtung für alle Gemeindebürger statuiert, diese also dem kommunalrechtlichen Zulassungsanspruch (vgl § 18 II GO NW) unterwirft, die Benutzungsverhältnisse selbst hingegen dem Privatrecht unterstellt.

6 Durch *Gewohnheitsrechtssatz* ist der Meeresstrand als öffentliche Sache im Gemeingebrauch gewidmet.[5] Eine öffentliche Sache kraft natürlicher Beschaffenheit, wie es vor allem beim Meeresstrand nicht selten behauptet wird,[6] gibt es bei Annahme eines zwingenden Rechtsakterfordernisses nicht.

[2] *Wolff/Bachof* VwR I, § 56 III; *Kodal/Krämer* Straßenrecht, 5. Aufl 1995, Kap 7 Rn 15; *Papier* in: Berg/Knemeyer/Papier/Steiner (Hrsg), Staats- und Verwaltungsrecht in Bayern, 6. Aufl 1996, Teil G Rn 4; *ders* Recht der öffentlichen Sachen, 3. Aufl 1998, 39.

[3] *Wolff/Bachof* VwR I, § 56 II.

[4] S Art 2 I Nr 2, 3 I BayWG; weitere Nachw bei *Wolff/Bachof* VwR I, § 56 II b.

[5] *Wolff/Bachof* VwR I, § 56 II c.

[6] *Krause-Dünow* DVBl 1965, 592.

b) Die *Widmung durch Verwaltungsakt* ist eine weitere und nach hM die wichtigste Form der Konstituierung „öffentlicher Sachen“. Sie ist vor allem für die öffentlichen *Straßen* als Regelform der Widmung gesetzlich vorgesehen. Nach § 2 I FStrG erhält eine Straße die Eigenschaft einer Bundesfernstraße durch Widmung, über die gemäß § 2 VI die oberste Landesstraßenbaubehörde entscheidet, und nach § 2 I StrWG NW sind öffentliche Straßen im Sinne dieses Gesetzes alle diejenigen Straßen, Wege und Plätze, die dem öffentlichen Verkehr gewidmet sind. Widmung ist die Verfügung, durch die eine Straße die Eigenschaft einer öffentlichen Straße erhält (Art 6 I BayStrWG). Die Widmung für den öffentlichen Verkehr „verfügt“ der Träger der Straßenbaulast (vgl § 6 II 1 StrWG NW) bzw die Straßenbaubehörde (Art 6 II BayStrWG). 7

Der öffentlich-rechtliche Sonderstatus öffentlicher Straßen besteht nach den Straßengesetzen des Bundes und der Länder in einer öffentlich-rechtlich-dinglichen Sachherrschaft, die auf dem (fortbestehenden) Privateigentum an der Sache als verwaltungsrechtliche „Dienstbarkeit“ lastet. Dieses beschränkt-dingliche Recht an der Sache entsteht durch die Widmung, die deshalb als ein *dinglicher Verwaltungsakt* bezeichnet wird.[7] Die Verwaltungsverfahrensgesetze des Bundes und der Länder behandeln die dinglichen Verwaltungsakte und damit auch die Widmung als einen Unterfall der Allgemeinverfügung, § 35 2 VwVfG (s auch § 6 I StrWG NW). Die Widmung regelt nicht unmittelbar personale Rechtsbeziehungen, sondern begründet eine rechtserhebliche Eigenschaft einer Sache. Rechte und Pflichten Dritter, beispielsweise der Eigentümer und der Unterhaltungspflichtigen, soweit sie mit dem Träger der öffentlich-rechtlichen Sachherrschaft nicht identisch sind, ferner der Benutzer, entstehen durch das an diese Sacheigenschaft Rechtsfolgen knüpfende Gesetz. Das Recht zum Gemein- einschließlich Anliegergebrauch beispielsweise wird nicht durch den Widmungsakt begründet und inhaltlich festgelegt, sondern folgt unmittelbar aus dem Gesetz, das im Falle einer Widmung einer Straße, eines Weges oder Platzes zum öffentlichen Verkehr Benutzungsrechte bestimmten Inhalts und Umfangs gewährt, vgl §§ 2 I, 14 I StrWG NW.[8] 8

Erst durch „Vermittlung“ dieser Rechtssätze, also mittelbar, begründet der administrative Akt der Widmung personale Rechtsbeziehungen gegenüber allen, die es angeht oder angehen wird. Soweit bei diesen Personen eine Verletzung subjektiver Rechte möglich ist (vgl § 42 II VwGO), ist eine Klage vor den allgemeinen Verwaltungsgerichten gegen diesen Akt zulässig. Der Einstufung der Widmung als dinglichen Verwaltungsakt hat sich nunmehr auch der Gesetzgeber (vgl § 35 VwVfG) angeschlossen. Ob dieser dingliche Verwaltungsakt als „adressatloser“ Verwaltungsakt[9] anzusehen ist, oder ob er – wegen seiner mittelbaren personalen Rechtswirkungen gegenüber Personen, die es angeht oder angehen wird – im Anschluß an § 35 Satz 2 VwVfG den „Allgemeinver- 9

[7] *Wolff/Bachof* VwR I, § 56 II e 2; *Salzwedel* DÖV 1963, 241, 243; *Papier* Jura 1979, 98f; vgl *dens* (Fn 2) Teil G Rn 61.

[8] *Wolff/Bachof* VwR I, § 56 I.

[9] *Forsthoff* VwR, 384.

fügungen" zuzuordnen ist, ist eine praktisch wie rechtsdogmatisch bedeutungslose Frage.[10]

10 Die Widmung ist auf jeden Fall kein gegen den Eigentümer gerichteter Eingriffsakt.[11] Das ergibt sich nicht nur daraus, daß die personelle Identität zwischen Sacheigentümer und Träger der öffentlich-rechtlichen Widmungszuständigkeit ein von den geltenden Straßengesetzen als Regelfall zugrunde gelegter Zustand ist (vgl § 6 I FStrG). Einem diesbezüglichen Regelungsgehalt der Widmung würde in diesen Fällen die Außenwirkung fehlen. Es ist auch zu beachten, daß nach dem Gesetz eine Widmung überhaupt nur erfolgen darf, wenn der für die Widmung zuständige Verwaltungsträger sich zuvor die privatrechtliche Verfügungsmacht, sei es durch privatrechtlichen Vertrag, sei es durch einseitige Zustimmungserklärung des Eigentümers oder aber durch öffentlich-rechtlichen Enteignungs- oder Besitzeinweisungsakt verschafft hat (s §§ 2 II FStrG, 6 V StrWG NW, Art 6 III BayStrWG). Der diesem Vorgang folgenden, statusbegründenden Widmung fehlt also der notwendige und primär eigentümergerichtete Eingriffs- oder Güterbeschaffungscharakter.

11 Für die dem Landesrecht unterliegenden Straßen ist nach einigen Landesstraßengesetzen unter bestimmten Voraussetzungen ein besonderer Rechtsakt der Widmung neben der (tatsächlichen) Indienststellung entbehrlich. Nach § 5 VI 1 BaWüStrG, § 2 I 2 HessStrG, § 7 IV 1 StrWG-MV, § 6 IV 1 StrWG SH *gilt* die Straße mit der Verkehrsübergabe als gewidmet, wenn in Vollzug eines aufgrund anderer gesetzlicher Vorschriften durchgeführten förmlichen Verfahrens der Bau oder die Änderung einer öffentlichen Straße unanfechtbar angeordnet ist. Ähnlich, aber ohne die Fiktion und in präziserer Umschreibung der Voraussetzungen bestimmen § 6 VII StrWG NW und Art 6 VI BayStrWG, daß bei Straßen, deren Bau oder wesentliche Änderung durch *Planfeststellung* geregelt wird, die Widmung in *diesem* Verfahren mit der Maßgabe verfügt werden kann, daß sie mit der Verkehrsübergabe wirksam wird (vgl auch § 6 V NdsStrG).

12 Die Art der Bekanntgabe der Widmungsverfügung ist nach den Straßengesetzen strikt *formgebunden:* Sie ist öffentlich bekanntzumachen (s § 5 IV 1 BaWüStrG, § 3 III 1 BerlStrG, § 6 I 2 BbgStrG, § 4 III 1 HessStrG, § 7 II StrWG-MV, § 6 III NdsStrG, § 6 I 2 StrWG NW, § 6 III LStrG RP, § 6 IV SaarlStrG, § 6 I 2 SächsStrG, § 6 I 2 StrG LSA, § 6 II StrWG SH, § 6 I 2 ThürStrG, s auch § 2 VI 2 FStrG).[12] Diese Formvorschriften gelten aber nur für diejenigen Widmungsverfügungen, die *nach* dem Inkrafttreten der neueren Straßengesetze ergangen sind (zB NRW = 1962). Öffentliche Straßen, die diese ihre Eigenschaft schon zuvor erlangt hatten, behalten diese Eigenschaft, auch wenn den heutigen Widmungsformerfordernissen nicht entsprochen worden war.[13] Nach preußischem Wegerecht mußten die drei „klassischen Widmungsbeteiligten" an der Widmung mitgewirkt haben: die Wegepolizeibehörde (in heutiger Sicht: Straßenaufsichtsbehörde), der

[10] Vgl a *Axer* Die Widmung als Schlüsselbegriff des Rechts der öffentlichen Sachen, 1994, 57ff; *Papier* (Fn 2) 42.

[11] *Forsthoff* VwR, 384; *Papier* (Fn 2) Teil G Rn 84.

[12] In Bayern gilt mangels straßenrechtlicher Normierung Art 41 III BayVwVfG.

[13] S *Pappermann/Löhr* JuS 1980, 36f.

Straßenbaulastträger sowie der Wegeeigentümer.[14] Aber Widmungsverfügung bzw Zustimmungen waren nicht formgebunden, sie konnten aus schlüssigem Verhalten gefolgert werden.[15]

Lassen sich Widmungshandlungen nicht nachweisen, kommt noch das Institut der „unvordenklichen Verjährung“ in Betracht.[16] Aus einer tatsächlichen und langjährigen Benutzung eines Weges kann die – widerlegbare – Vermutung seiner Widmung folgen, wenn diese Benutzung widerspruchslos hingenommen und in der Annahme der Rechtmäßigkeit durchgeführt worden ist. **13**

2. Widmung bei Sachen im Anstalts- und Verwaltungsgebrauch

14 Nach hL kommt der Widmung durch Verwaltungsakt eine über den Bereich des Wegerechts hinausgehende Bedeutung zu. Auch bei den Sachen im Anstalts- und Verwaltungsgebrauch wird – wie ausgeführt (s oben § 40 Rn 24ff) – der öffentlich-rechtliche Sonderstatus der Sache in der Existenz eines *beschränkt-dinglichen,* öffentlichen Rechts *an* der Sache erblickt. Dies setzt notwendigerweise den Erlaß eines „dinglichen“ Verwaltungsakts, nämlich der Widmung voraus. Da aber bei diesen Sachen des Anstalts- und Verwaltungsgebrauchs in aller Regel eine förmliche Widmung nicht erfolgt, wird die Widmung als durch schlüssiges Handeln erklärt angesehen. Dieses schlüssige Handeln soll in den Vorgängen der Sachbeschaffung, Sachherstellung, Inventarisierung oder Ingebrauchnahme liegen.[17]

15 Richtiger Auffassung nach wird an den Sachen im Anstalts- und Verwaltungsgebrauch überhaupt kein subjektiv-dingliches, öffentliches Recht an der Sache begründet. Der öffentlich-rechtliche Sonderstatus besteht hier in der Einbeziehung dieser Sachen in ein verwaltungsrechtliches, durch relative, nicht aber durch absolut-dingliche Rechte gekennzeichnetes Nutzungsregime, insbesondere in ein öffentlich-rechtliches, „quasi-obligatorisches“ Benutzungsverhältnis (s oben § 40 Rn 28ff, 31f). Ein der wegerechtlichen Widmung vergleichbarer dinglicher Verwaltungsakt begründet dieses Sonderrechtsverhältnis nicht. Der öffentlich-rechtliche Sonderstatus basiert auf dem *faktischen* Vorgang der Sachbeschaffung und Ingebrauchnahme im Rahmen oder zum Zwecke eines öffentlich-rechtlichen Benutzungs- oder sonstigen Verwaltungsrechtsverhältnisses. Dieses wiederum hat seine Grundlage regelmäßig in Gesetzen oder Satzungen, so daß die Eigenschaft der „öffentlichen Sache“ hier letztlich durch *Rechtssatz* plus *faktische* Inanspruchnahme konstituiert wird.

3. Zulässigkeitsvoraussetzungen einer verwaltungsaktsmäßigen Widmung

16 Die gemischt privatrechtlich-öffentlich-rechtliche Konstruktion der Rechtsverhältnisse an öffentlichen Sachen bedingt eine Mehrheit von beteiligten Rechtsträgern. So wie neben dem privatrechtlichen Eigentum ein öffentlich-rechtliches Sachherr-

[14] S PrOVGE 25, 212; 53, 294; 59, 410; 99, 134.

[15] S *Pappermann/Löhr* (Fn 13) 36 mwN.

[16] S dazu *Wolff/Bachof* VwR I, § 56 IIf; *Kodal/Krämer* (Fn 2) Kap 4 Rn 5f; *Papier* (Fn 2) Teil G Rn 71; *Pappermann/Löhr* (Fn 13) 37.

[17] *Wolff/Bachof* VwR I, § 56 IIe 3; *Papier* (Fn 2) 50.

schafts- und/oder Sachnutzungsverhältnis hinsichtlich derselben Sache besteht, brauchen Eigentümer und Träger der Verwaltungsfunktion nicht identisch zu sein. Im öffentlichen Straßenrecht gilt darüber hinaus die Besonderheit, daß die Verwaltungsfunktionen und -trägerschaft ihrerseits aufgespalten sind in die Straßenbaulast einerseits und die Straßenaufsicht andererseits.[18] Diese Differenzierungen bei den Verwaltungsfunktionen und die Aufspaltungen der Trägerschaft führen dazu, daß mehrere Rechtspersonen und/oder Behörden am Widmungsverfahren zu beteiligen sind und daß der für die wegerechtliche Widmung regelmäßig zuständige Straßenbaulastträger insofern besondere Zulässigkeitsvoraussetzungen zu beachten hat.

17 a) Ist der künftige Träger der Straßenbaulast nicht Eigentümer des der Straße dienenden Grundstücks, darf eine Widmung nach den geltenden Straßengesetzen (s § 2 II FstrG; § 6 V StrWG NW; Art 6 III BayStrWG) nur unter den folgenden, alternativ geltenden Voraussetzungen erfolgen:

18 (1) Der künftige Träger der Straßenbaulast muß sich aufgrund privatrechtlicher Verträge (Kaufvertrag, Auflassung) das Eigentum am Grundstück beschaffen. Ist der (bisherige) Eigentümer zur rechtsgeschäftlichen Veräußerung nicht bereit, kann das Eigentum der Straßenbaulastträger aufgrund hoheitsrechtlicher Enteignung begründet werden.

19 (2) Eine Widmung ist aber auch schon dann zulässig, wenn das Vollrecht „Eigentum" zwar beim Dritten verbleibt, dem Träger der Straßenbaulast aber ein *dingliches* Recht an dem Grundstück nach den Vorschriften des BGB eingeräumt wird. In Betracht kommen sowohl eine Grunddienstbarkeit (subjektiv-dingliches Recht, vgl §§ 1018 ff BGB) als auch eine beschränkte persönliche Dienstbarkeit i S der §§ 1090 ff BGB. Im zweiten Fall ist Berechtigter der Träger der Straßenbaulast, im ersten Fall der jeweilige Eigentümer des „herrschenden" Grundstücks. Als solches kommt ein bereits bestehendes, im Eigentum des Straßenbaulastträgers befindliches, angrenzendes Straßenstück in Betracht.

20 (3) Die privatrechtliche, entweder auf Eigentum oder auf einem sonstigen dinglichen Recht basierende Verfügungsmacht des Straßenbaulastträgers ist aber nicht unbedingt Voraussetzung einer straßenrechtlichen Widmung. Die notwendige Verfügungsmacht des Straßenbaulastträgers kann auch auf spezifisch öffentlich-rechtlichen Rechtsgeschäften beruhen. Diese sind entweder verwaltungsrechtliche *Verträge* zwischen dem Straßenbaulastträger und dem Eigentümer bzw dem sonst zur Nutzung dinglich Berechtigten oder *einseitige* empfangsbedürftige Willenserklärungen des Eigentümers bzw der sonst zur Nutzung dinglich Berechtigten.[19] Die Straßengesetze sprechen im ersten Fall von einer „Besitzerlangung" „durch Vertrag", im zweiten Fall von einer „Zustimmung" (s § 2 II FStrG; § 6 V StrWG NW; § 5 I BaWüStrG). Um Rechtsgeschäfte *öffentlich-rechtlicher* Natur handelt es sich in beiden Fällen, weil ihr *Gegenstand* dem öffentlichen Recht angehört.[20] Gegenstand dieser Rechtsgeschäfte ist die Begründung einer öffentlich-rechtlichen

[18] *Kodal/Krämer* (Fn 2) Kap 12 Rn 1 ff, Kap 17 Rn 1 ff; *Wolff/Bachof* VwR I, § 57 IV c.

[19] *Kodal/Krämer* (Fn 2) Kap 7 Rn 11.1.

[20] Zum Gegenstand des Rechtsgeschäfts als Abgrenzungskriterium s allgemein BVerwGE 22, 138; BGHZ 57, 130.

Dienstbarkeit oder Sachherrschaft, es ist damit ein Sachverhalt betroffen, der von der gesetzlichen Ordnung öffentlich-rechtlich geregelt ist. Die Zustimmung als Willenserklärung des öffentlichen Rechts ist grundsätzlich unwiderruflich, jedenfalls nach Erlaß der Widmungsverfügung. Aber ebenso wie eine Dienstbarkeit des Privatrechts kann auch die Zustimmung inhaltlich beschränkt sein, dem Straßenbaulastträger also ein Recht zur Widmung begrenzten Umfangs gewähren. Eine bestimmte Form ist für die Zustimmungserklärung nicht vorgesehen. Die auf Zustimmung oder Vertrag beruhende öffentlich-rechtliche Eigentumsbelastung geht auch auf etwaige Rechtsnachfolger über.[21]

(4) Eine öffentlich-rechtliche Verfügungsmacht des Straßenbaulastträgers als **21** Voraussetzung der straßenrechtlichen Widmung kann schließlich auf einem *Verwaltungsakt,* nämlich dem *Besitzeinweisungsbeschluß* der Enteignungsbehörde im Rahmen eines Enteignungsverfahrens basieren, s § 18f FStrG, § 41 StrWG NW, Art 40 BayStrWG iVm Art 39 BayEG.

b) Mit der Widmung entsteht aber nicht nur eine das Eigentum beschränkende **22** öffentlich-rechtliche Dienstbarkeit. Es entstehen zugleich öffentlich-rechtliche Unterhaltungspflichten.[22] Ist die widmende Behörde nicht Organ des Unterhaltungspflichtigen, so ist *dessen* Zustimmung eine weitere Zulässigkeitsvoraussetzung der Widmung.[23]

Auch bei den öffentlich-rechtlichen Straßenausbau- und Unterhaltungspflichten **23** (Straßenbaulast) handelt es sich nicht um direkte (Regelungs-)Folgen der Widmung. Der Widmungsakt bestimmt auch nicht den Träger der Straßenbaulast. Beides ergibt sich unmittelbar aus dem Gesetz. Da die Widmungsverfügung aber die Straßengruppe, zu der die Straße gehören soll, zu bestimmen hat (s § 6 III StrWG NW) und das Gesetz die Baulastträgerschaft anknüpfend an die Straßengruppe bestimmt (vgl §§ 43, 44, 45, 47 StrWG NW; Art 41ff, 46, 53ff BayStrWG), legt die wegerechtliche Widmungsverfügung *indirekt* auch den Träger der Straßenbaulast fest.

Die geltenden Straßengesetze des Bundes und der Länder haben die öffentlich- **24** rechtlichen Sachherrschaftsbefugnisse weitgehend dem Baulastträger übertragen. Das gilt auch und vor allem für die Widmungsverfügung. Die Fälle möglicher Divergenz zwischen Widmungsbefugnis und Straßenbaulastträgerschaft sind also selten. Nach dem NdsStrG ist der Straßenbaulastträger *immer* für die Widmung zuständig, es sei denn, es soll eine nicht dem Land oder einer sonstigen Gebietskörperschaft gehörende Straße für den öffentlichen Verkehr gewidmet werden. In diesem Fall hat die Straßenaufsichtsbehörde die Widmung zu verfügen (vgl § 45 Rn 4). Nach dem Straßenrecht anderer Länder kann hingegen die Konstellation bestehen, daß die widmende Behörde nicht Organ des Straßenbaulastträgers ist. In solchen Fällen ist die Zustimmung des Trägers der Straßenbaulast weitere Zulässigkeitsvoraussetzung der Widmung (vgl Art 6 II 2 BayStrWG; § 6 II 2 StrWG NW). Für die Bundesfernstraßen ist sogar zu beachten, daß der Bund als Träger

21 Vgl *Kodal/Krämer* (Fn 2) Kap 7 Rn 11.3.

22 *Wolff/Bachof* VwR I, § 57 III; *Papier* (Fn 2) Teil G Rn 80.

23 *Wolff/Bachof* VwR I, § 56 IVb; *Kodal/Krämer* (Fn 2) Kap 7 Rn 13; *Papier* (Fn 2) Teil G Rn 77.

der Straßenbaulast (§ 5 I FStrG) keine eigenen Straßenbaubehörden hat. Über die Widmung entscheidet daher die oberste Landesstraßenbaubehörde (§ 2 VI 1 FStrG). Folgerichtig bestimmt § 2 VI 2 FStrG, daß die Widmungsbehörde das „Einverständnis" des Bundesministers für Verkehr als Organ des Trägers der Straßenbaulast herbeizuführen hat.

4. Rechtsfolgen bei fehlerhafter Widmungsverfügung

25 Fehlen die genannten Widmungsvoraussetzungen, ist die Widmungsverfügung fehlerhaft. Ob diese Fehlerhaftigkeit, insbesondere die fehlende Zustimmung des Eigentümers, die Widmung nichtig oder nur anfechtbar macht, ist in Literatur und Rechtsprechung umstritten.[24] Bei fehlender oder rechtlich unwirksamer Eigentümermitwirkung hätte die Annahme von Nichtigkeit die praktisch bedeutsame Konsequenz, daß der Eigentümer Herausgabe der dem Verkehr übergebenen Straße nach den Vorschriften des bürgerlichen Rechts verlangen und dieses Begehren vor den ordentlichen Gerichten durchsetzen könnte. Bei bloßer Anfechtbarkeit entstünde hingegen der öffentlich-rechtliche Rechtsstatus, das Verlangen seiner Aufhebung wäre als öffentlich-rechtliche Streitigkeit vor den Verwaltungsgerichten durchzusetzen. Die Widmung ist trotz der oben beschriebenen Beteiligung Dritter kein „Gesamtakt" in dem Sinne, daß bei Fehlen eines Teilaktes, etwa der Eigentümer- oder Baulastträgerzustimmung, der Tatbestand der Widmung nicht erfüllt, die Verfügung also gar nicht zustande gekommen ist.[25] Die Zustimmungserfordernisse bezeichnen nach dem Gesetz Rechtmäßigkeitsvoraussetzungen der Widmung, nicht aber Bestandteile des Widmungsvorgangs.[26] Dann aber besteht kein Grund, für diese Rechtmäßigkeitsvoraussetzungen andere als die allgemeinen Fehlerfolgen gelten zu lassen. Nach den Grundsätzen des allgemeinen Verwaltungsrechts, die im § 44 I VwVfG einen positivgesetzlichen Niederschlag gefunden haben, ist ein Verwaltungsakt nur dann nichtig, wenn er an einem besonders schwerwiegenden Fehler leidet und dies bei verständiger Würdigung aller in Betracht kommenden Umstände offenkundig ist. Daß dies hinsichtlich der Nichteinhaltung der Widmungsvoraussetzungen stets oder auch nur üblicherweise anzunehmen sei, kann nicht gesagt werden. Dies leuchtet für die Fälle ohne weiteres ein, in denen die nach dem Gesetz in Betracht kommenden rechtsgeschäftlichen Erklärungen des Eigentümers zwar vorliegen, diese aber an rechtlichen Mängeln leiden, die ihre Unwirksamkeit, Nichtigkeit oder Anfechtbarkeit bedingen. Die Fehlerhaftigkeit der Widmungsverfügung ist hier sicher nicht offenkundig.

[24] Für Nichtigkeit: *Axer* (Fn 10) 82f; *Forsthoff* VwR, 386; *Salzwedel* in: Schmidt-Aßmann, Bes VwR, 771; *Sieder/Zeitler/Numberger/Schmid/Wiget* Bayerisches Straßen- und Wegegesetz, Art 6 Rn 76ff; für Anfechtbarkeit: *Wolff/Bachof* VwR I, § 56 IV a 2; *Kodal/Krämer* (Fn 2) Kap 7 Rn 18.52f; BGH, NJW 1967, 2309; BayObLG, DÖV 1961, 832; BayVBl 1971, 196; *Pappermann/Löhr* (Fn 13) 37f; *Papier* (Fn 2) Teil G Rn 88f; *ders* (Fn 2) 54f.

[25] So aber noch *Salzwedel* in: Erichsen (Hrsg), Allgemeines Verwaltungsrecht, 10. Aufl 1995 (Vorauflage), § 43 Rn 8.

[26] Vgl a *Kodal/Krämer* (Fn 2) Kap 7 Rn 18.53.; *Papier* (Fn 2) Teil G Rn 89.

Dies gilt im Regelfall aber auch dann, wenn die rechtsgeschäftlichen Erklärungen des Eigentümers gar nicht erfolgt sind. Das geltende Recht ist durch das Bestreben gekennzeichnet, Eigentum und Straßenbaulast in einer Rechtsperson zu vereinigen. Widmungsverfügungen ergehen daher üblicherweise und rechtlich einwandfrei *ohne* besondere Eigentümerzustimmung, weil die widmende Behörde Organ des Straßeneigentümers ist. Ist dies ausnahmsweise nicht der Fall, mußte also eine besondere Eigentümerzustimmung eingeholt werden und ist dies unterblieben, so kann dies nicht als Mangel angesehen werden, der für jeden verständigen Beobachter ohne weiteres ersichtlich sein müßte. Dies gilt um so mehr, als die Eigentumsverhältnisse an den öffentlichen Straßen nach der Gesetzeslage kompliziert und unübersichtlich gestaltet sind. Es ist also selten offenkundig, daß der Straßenbaulastträger (ausnahmsweise) nicht selbst Eigentümer ist. **26**

Von einem schweren und offenkundigen Fehler wird man aber beispielsweise dann sprechen müssen, wenn eine öffentliche Straße über Grundstücke geführt werden soll, die unbestritten im Eigentum von Zivilpersonen stehen und deren Zustimmung nicht eingeholt oder nicht abgewartet wird.[27] **27**

II. Beendigung des öffentlich-rechtlichen Sonderstatus („Entwidmung", „Einziehung")

Ebenso wie die Entstehung erfordert auch die Beendigung des öffentlich-rechtlichen Sonderstatus einen Rechtsakt, nämlich die *Entwidmung* oder – in der straßenrechtlichen Terminologie- die *Einziehung*.[28] Als actus contrarius der Widmung kann die Entwidmung nur in der für die Widmung jeweils vorgesehenen Rechtsform erfolgen. Geschieht die Widmung, wie im Straßenrecht, durch Verwaltungsakt, so ist auch die Entwidmung (Einziehung) einer öffentlichen Straße ein dinglicher Verwaltungsakt (vgl § 7 I StrWG NW, „Allgemeinverfügung"). Mit der Entwidmung endet die öffentlich-rechtliche Dienstbarkeit, die auf dem Privateigentum an der Sache lastet, oder – soweit das Institut des *öffentlichen* Eigentums gesetzlich eingeführt ist – das öffentlich-rechtliche Eigentum an der Sache. Die Sache fällt in das Finanzvermögen des öffentlichen Sachherrn oder Verwaltungsträgers zurück oder die privaten Eigentums – oder sonstigen dinglichen Rechte Dritter an der Sache leben – frei von der bisherigen öffentlich-rechtlichen Belastung – wieder auf. Je nach dem Inhalt des öffentlich-rechtlichen Sonderstatus erlöschen aufgrund der Entwidmung der Gemeingebrauch einschließlich des Anliegergebrauchs und etwaige (schlichte) Sondernutzungsbefugnisse,[29] ferner anstaltsrechtliche oder sonstige öffentlich-rechtliche Benutzungsverhältnisse in Ansehnung der entwidmeten Sache. **28**

27 Zur fehlerhaften Widmung s a *Axer* (Fn 10) 81 ff; *Kodal/Krämer* (Fn 2) Kap 7 Rn 18.52 f; *Salzwedel* in: Schmidt-Aßmann, Bes VwR, 774; *Marschall/Schroeter/Kastner* Bundesfernstraßengesetz, 5. Aufl 1998, § 2 Rn 16, 37 ff; *Fickert* Aktuelle Fragen des Straßenrechts in Rechtspraxis und höchstrichterlicher Rechtsprechung, 1980, § 6 Rn 23 ff; *Sieder/Zeitler/Numberger/Schmid/Wiget* (Fn 24) Art 6 Rn 31 ff; *Sauthoff* NVwZ 1998, 239, 240.

28 S a *Wolff/Bachof* VwR I, § 56 V a; *Kodal/Krämer* (Fn 2) Kap 7 Rn 20 ff.

29 *Wolff/Bachof* VwR I, § 56 V c; vgl a *Papier* (Fn 2) Teil G Rn 139.

29 Im Straßenrecht ist die Entwidmung = Einziehung von bestimmten Voraussetzungen abhängig. Nach § 2 IV FStrG *ist* eine Bundesstraße einzuziehen, wenn sie jede Verkehrsbedeutung verloren hat oder überwiegende Gründe des öffentlichen Wohls für ihre Beseitigung vorliegen. Unter entsprechenden Voraussetzungen *soll* nach § 7 II StrWG NW, § 8 I NdsStrG die Einziehung erfolgen. Die Absicht der Einziehung, die vom Träger der Straßenbaulast bzw der Straßenbaubehörde (§ 7 I 2 StrWG NW; Art 8 BayStrWG; § 8 NdsStrG; § 37 I LStrG RP; § 8 I SaarlStrG) oder von der Straßenaufsichtsbehörde (s § 6 I 2 HessStrG; § 8 I StrWG SH), bei Bundesstraßen von der obersten Landesstraßenbaubehörde (§ 2 VI FStrG) ausgesprochen wird, ist geraume Zeit vorher in den Gemeinden, die die Straße berührt, öffentlich bekannt zu machen. Es besteht die Möglichkeit, Einwendungen zu erheben. Die öffentlich bekanntzumachende Einziehungsverfügung kann von denen, die die Verletzung eigener Rechte geltend machen können (vgl § 42 II VwGO), mit der Anfechtungsklage (§§ 40 I, 42 I VwGO) angegriffen werden. Möglich ist auch eine *Teil*einziehung, durch die die Widmung einer Straße nachträglich auf bestimmte Benutzungsarten, Benutzungszwecke oder Benutzerkreise (Beispiel: Errichtung einer Fußgängerstraße) beschränkt wird (s auch § 7 I 2 StrWG NW, Art 8 I 2 BayStrWG).

III. Die Änderungsverfügung („Umstufung")

30 Soweit Inhalt und Umfang des öffentlichen Rechtsstatus einer Sache durch die Widmungsverfügung bestimmt werden, bedarf die Statusänderung einer Änderungsverfügung. Im Straßenrecht hat diese Änderungsverfügung wegen ihrer praktischen Bedeutung eine besondere normative Ausgestaltung erfahren. Sie wird hier als *Umstufung* bezeichnet.

1. Die verschiedenen Straßengruppen

31 Die öffentlichen Straßen sind nach den Wegegesetzen des Bundes und der Länder in verschiedene *Straßengruppen* (Straßenklassen) eingeteilt (§ 1 II FStrG, § 3 StrWG NW, Art 3 I BayStrWG, § 3 NdsStrG). Maßgebend für diese Eingruppierung ist die *Verkehrsbedeutung* der jeweiligen Straße, dh ihre räumliche Verkehrsbeziehung.[30]

32 a) *Bundesfernstraßen* (Autobahnen und Bundesstraßen) sind diejenigen öffentlichen Straßen, die ein zusammenhängendes Verkehrsnetz bilden und einem weiträumigen Verkehr dienen oder zu dienen bestimmt sind (§ 1 I 1 FStrG).

33 b) *Landstraßen I. Ordnung* (Staatsstraßen, Landstraßen) sind diejenigen öffentlichen Straßen, die untereinander oder zusammen mit Bundesfernstraßen ein Verkehrsnetz für den durchgehenden Verkehr im Lande bilden (vgl § 3 II StrWG NW, § 3 I Nr 1 NdsStrG, Art 3 I Nr 1 BayStrWG).

34 c) *Kreisstraßen* (Landstraßen II. Ordnung) sind öffentliche Straßen, die vorwiegend dem überörtlichen Verkehr innerhalb eines Landkreises oder einer kreisfreien

[30] *Kodal/Krämer* (Fn 2) Kap 8 Rn 4.

Stadt oder zwischen benachbarten Kreisen oder kreisfreien Städten dienen (vgl § 3 III StrWG NW, Art 3 I Nr 2 BayStrG, § 3 I Nr 2 NdsStrG).

35 d) *Gemeindestraßen* sind vornehmlich die Gemeindeverbindungsstraßen, die Ortsstraßen und die beschränkt öffentlichen Wege. *Gemeindeverbindungsstraßen* vermitteln den nachbarlichen Verkehr der Gemeinden oder Gemeindeteile untereinander oder den Verkehr mit anderen Verkehrswegen innerhalb des Gemeindegebiets (vgl Art 46 Nr 1 BayStrWG). Die *Ortsstraßen,* die den größten Teil der Gemeindestraßen ausmachen, dienen dem Verkehr innerhalb der geschlossenen Ortslage oder ausgewiesener Baugebiete (vgl Art 46 Nr 2 BayStrWG). Eine dritte Kategorie innerhalb der Gemeindestraßen sind die Wege, die etwa als Friedhofs-, Schul-, Wander- oder selbständige Geh- und Radwege nur einem beschränkten öffentlichen Verkehr dienen (vgl § 3 IV Nr 3, § 48 StrWG NW).

36 e) Zu den *sonstigen öffentlichen Straßen* (§ 3 V StrWG NW; § 53 NdsStrG) zählen alle dem öffentlichen Verkehr dienenden Straßen, die keiner anderen Straßengruppe angehören. Hauptbeispiel für diese Kategorie sind die sog Eigentümerstraßen und -wege, die von Grundstückseigentümern freiwillig und unwiderruflich dem öffentlichen Verkehr zur Verfügung gestellt werden, wie zB Wege innerhalb von Wohnsiedlungen oder Zufahrtswege zu Industriewerken.[31]

2. Eingruppierung, Aufstufung, Abstufung

37 Die Zugehörigkeit zu einer bestimmten Straßengruppe ist danach durch das Gesetz selbst vorausbestimmt. Die normativen Zuordnungskriterien der Verkehrsbedeutung sind jedoch nicht immer offenkundig. Andererseits muß die Zuordnung einer bestimmten Straße eindeutig festliegen, weil von dieser Zugehörigkeit die Zuständigkeiten für die Straßenbaulast und die Straßenaufsicht abhängen. Aus diesem Grunde verlangen die Straßengesetze eine ausdrückliche Eingruppierung in der Widmungsverfügung (s § 6 III StrWG NW, § 6 I NdsStrG). Ändert sich die Verkehrsbedeutung der Straße mit der Folge, daß die in der Widmungsverfügung festgelegte Straßengruppe nicht mehr der gesetzlichen Einteilung oder Abgrenzung entspricht, hat eine *Umstufung* in die nunmehr gesetzesadäquate Straßengruppe zu erfolgen.[32] Dabei handelt es sich um eine *Aufstufung,* wenn eine öffentliche Straße in eine der oben genannten Straßengruppe mit *höherer* Verkehrsbedeutung umgestuft wird. Eine *Abstufung* liegt im umgekehrten Fall vor. Wie Widmung und Entwidmung (Einziehung) ist auch die Umstufung ein dinglicher Verwaltungsakt der mit Rechtsbehelfsbelehrung öffentlich bekannt zu machen ist, s § 8 I StrWG NW: „Allgemeinverfügung“.[33]

[31] *Kodal/Krämer* (Fn 2) Kap 8 Rn 12.2f; ausführlich s *Fickert* (Fn 27) § 3 Rn 65ff.
[32] *Papier* (Fn 2) Teil G Rn 141ff.
[33] Vgl a *Salzwedel* in: Schmidt-Aßmann, Bes VwR, 778.

IV. Die Bau- und Unterhaltungslast

38 Dem dualistischen Rechtsstatus öffentlicher Sachen entspricht die Notwendigkeit, zwischen dem privatrechtlichen Sacheigentümer und dem öffentlich-rechtlichen Sachherrn zu unterscheiden. Der öffentlich-rechtliche Sachherr ist der Träger der Hoheitsrechte, die sich aus dem öffentlich-rechtlichen Nutzungsregime ergeben. Dieser Träger kann, muß aber nicht auch der Sacheigentümer sein. Im öffentlichen Wege- und Wasserrecht tritt ein dritter Beteiligter hinzu: Hier wird traditionellerweise zwischen dem Wege- oder Gewässereigentümer, dem Träger der Wege- oder Gewässerhoheit und dem Träger der Bau- und Unterhaltungslast unterschieden.[34] Diese überkommene Unterscheidung ist in funktioneller Hinsicht auch noch für das geltende Straßen- und Wasserrecht bedeutsam, wenngleich die neuen Straßengesetze bestrebt sind, die drei Funktionen *einer* öffentlich-rechtlichen Körperschaft zuzuordnen. Andererseits drückt diese Trias der beteiligten Rechtsträger gerade für den Bereich des Straßenrechts die zu beachtenden Verwaltungsfunktionen und -trägerschaften nicht mehr erschöpfend aus. Insbesondere die Notwendigkeit der Vorschaltung eines Planfeststellungsverfahrens führt zu einer Erweiterung des Kreises der bei einer Straßenanlage oder -veränderung beteiligten oder zu beteiligenden Behörden.

39 Bei öffentlichen Wegen und Gewässern lastet auf dem Privateigentum ein beschränktes dingliches Recht, eine „Dienstbarkeit" des öffentlichen Rechts. Die daraus folgende öffentlich-rechtliche Sachherrschaft vermittelt aber nicht nur Nutzungsbefugnisse, sie begründet auch spezifische Unterhaltungspflichten des *öffentlichen* Rechts.[35] Für das Wege- und Gewässerrecht ist eine gewisse Verselbständigung und Trennung dieser öffentlich-rechtlichen Unterhaltungspflichten von den wege- und gewässerherrschaftlichen Funktionen kennzeichnend, was sich ursprünglich auch in einer strikten organisatorischen Differenzierung zwischen den Trägern der öffentlich-rechtlichen Wege- oder Gewässerherrschaft einerseits und den Trägern der öffentlich-rechtlichen Bau- und Unterhaltungspflichten andererseits niederschlug.[36]

1. Inhalt

40 Nach § 3 I FStrG und den inhaltlich übereinstimmenden Vorschriften der Landesstraßengesetze umfaßt die Straßenbaulast die Verpflichtung, im Rahmen der Leistungsfähigkeit die öffentlichen Straßen in einem dem regelmäßigen Verkehrsbedürfnis genügenden Zustand zu bauen, zu unterhalten, zu erweitern oder sonst zu verbessern.

41 Die Straßenbaulast betrifft danach die Herstellung neuer Straßen ebenso wie die Unterhaltung, Erweiterung, Verbesserung und Verlegung bestehender Straßen. Sie umfaßt Planung und Entscheidung über Straßenanlegung, Straßenführung

[34] *Wolff/Bachof* VwR I, § 57 I a 3; *Salzwedel* DÖV 1963, 241, 247.
[35] *Wolff/Bachof* VwR I, § 57 III; *Papier* (Fn 2) Teil G Rn 7f.
[36] S a *Salzwedel* (Fn 23) 247ff; *ders* in: Schmidt-Aßmann, Bes VwR, 786f; *Kodal/Krämer* (Fn 2) Kap 12 Rn 3ff.

und Straßenbeschaffenheit, den Erwerb der benötigten Grundstücke, deren Freilegung, die technische Herstellung des Straßenkörpers (zB des Straßenunterbaus, der Straßendecken, Brücken, Tunnel, Rad- und Gehwege) sowie die Ausstattung der Straße mit dem erforderlichen Zubehör.[37] Dazu gehört die Beschaffung, Anbringung, Unterhaltung und der Betrieb der amtlichen Verkehrszeichen und -einrichtungen (vgl § 2 II Nr 3 StrWG NW sowie § 45 V StVO). Die Straßenbaulast erstreckt sich ferner auf die Herstellung von Anlagen zur Entwässerung der öffentlichen Straße sowie auf deren *verkehrsmäßige* Reinigung.[38] Die *verkehrsmäßige* Reinigung betrifft die Beseitigung von Verkehrshindernissen oder Erschwerungen des Verkehrs im Interesse der Sicherheit oder Leichtigkeit des Verkehrs. Sie dient der Straßenunterhaltung und ist damit Bestandteil der Straßenbaulast.

Daneben gibt es die *polizeimäßige* (ordnungsmäßige) Reinigung zur Wahrung allgemeiner ordnungsrechtlicher und gesundheitspolizeilicher Belange.[39] Sie besteht nur innerhalb von Ortschaften und obliegt grundsätzlich den Gemeinden (s § 1 StrReinG NW). Die *polizeimäßige* Reinigung ist *nicht* Bestandteil der Straßenbaulast. Sie umfaßt- anders als jene – insbesondere auch das Räumen und Streuen der Straße bei Schnee und Eisglätte (Winterwartung), s § 1 II StrReinG NW. Die Winterwartung *soll* allerdings auch von den Trägern der Straßenbaulast nach besten Kräften vorgenommen werden (s § 3 III FStrG, § 9 III StrWG NW, Art 9 III 2 BayStrWG). Eine Rechtspflicht wird damit jedoch nicht begründet. 42

Soweit ein Straßenbaulastträger zur Erfüllung seiner Verpflichtungen unter Berücksichtigung seiner Leistungsfähigkeit nicht imstande ist, hat er auf den nicht verkehrssicheren Zustand durch Verkehrszeichen oder Verkehrseinrichtungen hinzuweisen (vgl § 9 I 3 StrWG NW, Art 9 III 3 BayStrWG). 43

2. Die „Begünstigten"

Die aus der Straßenbaulast folgenden Rechtspflichten bestehen nach traditionellem Verständnis grundsätzlich nur gegenüber dem öffentlich-rechtlichen Sachherrn, sind also nicht externer Natur oder „bürgergerichtet".[40] Der Träger der Straßenbaulast wird nach diesem Verständnis – auch soweit es sich, wie regelmäßig, um eine Körperschaft des öffentlichen Rechts handelt – nicht als Träger öffentlicher Gewalt, sondern als selbst Gewaltunterworfener in Erfüllung ordnungsrechtlicher Pflichten tätig, die ihm gegenüber dem öffentlichen Sachherrn, dem Träger der Straßenaufsicht, obliegen.[41] Dieses Verständnis der Straßenbaulast hat zur Konsequenz, daß die öffentlich-rechtlichen Bau- und Unterhaltungspflichten keine dritt- oder bürgergerichteten Amtspflichten sein können, deren schuldhafte Verletzung Schadensersatzansprüche verletzter Dritter gem § 839 BGB/Art 34 GG 44

[37] *Kodal/Krämer* (Fn 2) Kap 12 Rn 10ff; *Salzwedel* in: Schmidt-Aßmann, Bes VwR, 786f.
[38] *Salzwedel* in: Schmidt-Aßmann, Bes VwR, 787; *Kodal/Krämer* (Fn 2) Kap 41 Rn 1ff.
[39] *Kodal/Krämer* (Fn 2) Kap 41 Rn 4ff; *Pappermann/Löhr* JuS 1980, 196.
[40] BGHZ 24, 124; *Salzwedel* (Fn 34) 248; *Papier* (Fn 2) Teil G Rn 80; *ders* (Fn 2) 63.
[41] *Salzwedel* (Fn 34) 248; *ders* in: Schmidt-Aßmann, Bes VwR, 786f; *Papier* (Fn 2) Teil G Rn 80.

auszulösen vermag. Der Rückgriff auf eine *privatrechtliche* Verkehrssicherungshaftung (§ 823 I BGB) des Trägers der (faktischen) Straßenbaulast war der bekannte Ausweg der Judikatur.[42]

45 Die Verkehrssicherungspflicht in Ansehung öffentlicher Straßen deckt sich dem Inhalte nach mit den öffentlich-rechtlichen Unterhaltungspflichten, den Straßenbaulasten. Sie wird nicht aus dem privatrechtlichen (Rest-)Eigentum gefolgert und auch nicht dem Eigentümer zugeordnet, sondern aus einer entsprechenden Anwendung des § 836 BGB abgeleitet.[43] Haftungsgrund soll die Tatsache der von einer Sache ausgehenden Gefährdung Dritter sein, die überdies demjenigen zuzurechnen sei, der die tatsächliche Sachherrschaft innehabe.[44] Dieser Haftungsgrund bestehe unabhängig davon, ob der Träger der Sachherrschaft eine Zivilperson oder ein Hoheitsträger sei.[45] Gleichwohl soll die privatrechtliche Haftung wegen Verletzung der Verkehrssicherungspflicht keine objektive Gefährdungs-, sondern eine den Träger der (faktischen) Unterhaltungs- oder Baulast treffende Verschuldenshaftung nach § 823 I BGB sein.

46 Die Rechtsprechung läßt aber Ausnahmen vom privatrechtlichen Haftungsregime zu. So kann der Gesetzgeber bestimmen, daß für bestimmte Sachbereiche die Verkehrssicherung den zuständigen Verwaltungsträgern „als Amtspflicht in Ausübung öffentlicher Gewalt" obliegen soll.[46]

47 In Abkehr der tradierten Sicht der Straßenbaulast und in Wahrnehmung der von der Rechtsprechung eröffneten Möglichkeit bestimmen – mit Ausnahme des HessStrG – die Landesstraßengesetze nunmehr, daß die straßenrechtlichen Bau- und Unterhaltungspflichten den betreffenden Körperschaften als Amtspflichten in Ausübung hoheitlicher Gewalt obliegen (s § 59 BaWüStrG; Art 72 BayStrWG; § 7 V BerlStrG; § 10 I BbgStrG; § 9 BremLStrG; § 5 HambWG; § 10 II StrWG-MV; § 10 II NdsStrG; § 9a I StrWG NW; § 48 LStrG RP; § 9 IIIa SaarlStrG; § 10 I Sächs StrG; § 11 I StrG LSA; § 10 IV StrWG SH; § 10 I Thür StrG). Im FStrG fehlt eine diesbezügliche Regelung in Ansehung der Verkehrssicherungspflicht für die Bundesfernstraßen. Da der Bund insoweit seine Gesetzgebungskompetenz nicht ausgeschöpft hat, werden die Länder für befugt erachtet, ihre oa Regelungen auch auf die Bundesfernstraßen zu erstrecken, was auch geschehen ist, so daß hier kraft des jeweiligen Landesrechts das gleiche gilt.[47] Insoweit ist die Konstruktion einer subordinationsrechtlichen, ausschließlich dem Staat als öffentlichem Wegeherrn gegenüber bestehenden, quasi-polizeirechtlichen Unterhaltungspflicht aufgegeben. Die Verletzung der Bau- und Unterhaltungspflicht kann dann nicht nur zu Sanktionen des Trägers der Straßenaufsicht, sondern auch zu Schadensersatzansprüchen verletzter Dritter aus Art 34 GG / § 839 BGB führen. Diesen Weg be-

[42] BGHZ 9, 373; 24, 124; 60, 54; s a *Papier* in: MünchKomm, 3. Aufl 1997, § 839 BGB, Rn 175 ff.

[43] BGHZ 9, 373, 387.

[44] BGHZ 60, 54, 55; BGH, VersR 1983, 639, 640.

[45] BGHZ 9, 373, 387.

[46] BGHZ 9, 373, 387; BGH, NJW 1967, 1325, 1326; BGHZ 60, 54, 59; BGH, NJW 1979, 2043 (insoweit in BGHZ 75, 134 nicht abgedruckt); BGH, NJW 1980, 2194, 2195; BGH, VersR 1983, 639, 640; BGH, NJW 1983, 2021.

[47] S a *Kodal/Krämer* (Fn 2) Kap 40 Rn 11 mwN.

schritt auch das mit der Entscheidung vom 19.10.1982 vom BVerfG[48] für nichtig erklärte Staatshaftungsgesetz vom 26.6.1981: § 17 III StHG bestimmte, daß die Verkehrssicherung für öffentliche Straßen eine Pflicht des *öffentlichen* Rechts sei, bei deren Verletzung nach Staatshaftungsrecht gehaftet werde.

3. Träger der Straßenbaulast

Wer Träger der Straßenbaulast ist, bestimmt sich nach der Zugehörigkeit der **48**
Straße zu den gesetzlich vorgesehenen Straßengruppen:

(1) Für die *Bundesfernstraßen* (Autobahnen und Bundesstraßen) ist gem § 5 I **49**
FStrG der *Bund* Träger der Straßenbaulast. Für die Ortsdurchfahrten bestehen Sonderregelungen; dazu unten. Die Verwaltungsorgane, deren sich die straßenbaulastpflichtigen Körperschaften zur Erfüllung ihrer Aufgabe bedienen, sind die *Straßenbaubehörden.* Der Bund besitzt keine eigenen Straßenbaubehörden. Nach Art 90 II GG verwalten die Länder oder die nach Landesrecht zuständigen Selbstverwaltungskörperschaften die Bundesfernstraßen im Auftrage des Bundes. Das bedeutet, daß bezüglich der Bundesfernstraßen zwischen der „finanziellen" Straßenbaulast, die gem § 5 I FStrG beim Bund liegt, und der „faktischen" Straßenbaulast unterschieden werden muß. Die letztere nehmen die Länder durch ihre Straßenbaubehörden wahr. Das Land NW hat überdies von der Ermächtigung des Art 90 II GG Gebrauch gemacht und die Aufgaben der „faktischen" Straßenbaulast Selbstverwaltungskörperschaften, nämlich den Landschaftsverbänden, übertragen (s § 5 Ib 3 LVerbO). Bei Verletzung der Verkehrssicherungspflicht haftet der Träger der *faktischen,* nicht der der finanziellen Straßenbaulast.[49]

(2) Für die *Landstraßen I. Ordnung* (Staatsstraßen, Landstraßen) sind die Län- **50**
der Träger der Straßenbaulast (s Art 41 1 Nr 1 BayStrWG), in NW die Landschaftsverbände (§ 43 lit a StrWG NW), für die *Landstraßen der II. Ordnung* (Kreisstraßen) sind es die Kreise bzw die kreisfreien Städte (s Art 41 1 Nr 2 BayStrWG), im Saarland das Land (§ 46 I SaarlStrG). Auch die meisten Kreise verwalten ihre Straßen nicht selbst, sondern tragen nur die Kosten der Bau- und Unterhaltungsmaßnahmen, die die Straßenbaubehörden der Länder bzw der Landschaftsverbände nach Weisung der Kreise ausführen. Auch insoweit muß wieder zwischen finanzieller und faktischer Straßenbaulast unterschieden werden und die Haftung den Ländern aufgebürdet werden.[50]

(3) Für die *Ortsdurchfahrten* von Bundesfernstraßen und Landstraßen gelten **51**
Sonderregelungen: Nach § 5 II FStrG sind bei den Ortsdurchfahrten von *Bundesfernstraßen* die *Gemeinden* Träger der Straßenbaulast, wenn sie mehr als 80000 Einwohner haben. Gemeinden mit einer Einwohnerzahl zwischen 50000 und 80000 werden Träger der Straßenbaulast, wenn sie dies gegenüber der obersten Landesstraßenbaubehörde mit Zustimmung der obersten Kommunalaufsichtsbehörde verlangen (§ 5 IIa S 2 FStrG). Bei Ortsdurchfahrten von *Landstraßen* und

[48] BVerfGE 61, 149ff.
[49] S BGHZ 14, 83; 16, 95; 24, 124; *Kodal/Krämer* (Fn 2) Kap 40 Rn 33.
[50] S BGHZ 6, 195; 14, 83; *Kodal/Krämer* (Fn 2) Kap 40 Rn 36 mwN.

Kreisstraßen sind die Gemeinden ebenfalls ab einer bestimmten Einwohnerzahl Träger der Straßenbaulast (vgl § 44 StrWG NW: ab 80000 Einwohner; Art 42 BayStrWG ab 25000 Einwohner).

52 (4) Die Gemeinden sind auch Träger der Straßenbaulast hinsichtlich der *Gemeindestraßen* (Gemeindeverbindungsstraßen, Ortsstraßen), s § 47 I StrWG NW, Art 47 I BayStrWG.

53 (5) Bei den *sonstigen öffentlichen Straßen* wird der Träger der Straßenbaulast durch die Widmungsverfügung (so § 50 I StrWG NW) oder nach näherer Maßgabe des Landesrechts bestimmt (zB Gemeinden bzw Eigentümer: Art 54, 54a, 55 BayStrWG).

54 Die behördlichen Einrichtungen des Straßenbaulastträgers sind die *Straßenbaubehörden.*

§ 43
Der Gemeingebrauch an öffentlichen Straßen

1 Für die dem öffentlichen Verkehr durch Verwaltungsakt gewidmeten Straßen, Wege und Plätze eröffnet das Gesetz den Gemeingebrauch. Der Gebrauch dieser Straßen ist also jedermann im Rahmen der Widmung und der Verkehrsvorschriften zum Verkehr gestattet (s § 7 I FStrG, § 16 I HambWG; § 14 NdsStrG; § 20 StrWG SH; abweichend von diesem Wortlaut Art 14 BayStrWG, was jedoch keine sachliche Änderung bedeutet). In den anderen Gesetzen fehlt der Zusatz „zum Verkehr", siehe etwa § 4 LStrG RP, § 14 HessStrG, § 14 I StrWG NW, dafür wird dann aber ausdrücklich klargestellt, daß kein Gemeingebrauch mehr vorliegt, wenn die Straße nicht vorwiegend zu dem Verkehr benutzt wird, dem sie zu dienen bestimmt ist, s § 14 III StrWG NW. Von verkehrsüblichen Grenzen sprechen § 13 BaWüStrG und § 14 I SaarlStrG.[1]

I. Eigentum, öffentlich-rechtliche Sachherrschaft, Gemeingebrauch

2 1. Der Gemeingebrauch ist Ausfluß oder Bestandteil der auf dem Privateigentum als Dienstbarkeit lastenden öffentlich-rechtlichen Sachherrschaft. Jede dem Gemeingebrauch entsprechende Sachnutzung hat der Sacheigentümer zu dulden. Während früher der öffentlich-rechtliche Herrschaftsstatus mit dem Gemeingebrauch gleichgesetzt, jede den Gemeingebrauch überschreitende Form der Sachnutzung als eine außerhalb der Disposition des öffentlichen Sachherrn liegende Eigentumsbeeinträchtigung angesehen wurde,[2] hat das geltende Straßenrecht den öffentlich-rechtlichen Sachherrschaftstatus *erweitert.*[3] Die öffentlich-rechtliche

[1] Vgl zu den sich aus den verschiedenen Formulierungen ergebenden Interpretationen: *Maurer* DÖV 1975, 221f; *Kodal/Krämer* Straßenrecht, 5. Aufl 1995, Kap 24 Rn 9.
[2] Vgl BGHZ 9, 380.
[3] S *W. Weber* Die öffentliche Sache, VVDStRL 21 (1964) 145, 156; *Salzwedel* DÖV 1963, 241, 244f.

Dienstbarkeit beschränkt sich nicht mehr auf die Eröffnung des Gemeingebrauchs. Auch Straßennutzungen über den Gemeingebrauch hinaus stehen zur Disposition des öffentlichen Sachherrn, unterliegen daher der Duldungspflicht des Eigentümers (vgl § 8 I FStrG, § 18 I StrWG NW, Art 18 I BayStrWG). Der öffentlichrechtliche Status der Straße ist damit nicht in vollem Umfange als Gemeingebrauch an das Publikum („jedermann") weitergegeben. Der öffentliche Sachherr ist vielmehr ermächtigt, einzelne („schlichte") Sondernutzungen, gegebenenfalls gegen öffentlich-rechtliche Benutzungsgebühren (siehe § 19 a StrWG NW, Art 18 IIa BayStrWG), zu erlauben, ohne daß dies einer Gestattung des Eigentümers bedarf.[4] Nur die (Sonder-)Benutzungen des öffentlichen Straßenlandes, die den Gemeingebrauch nicht beeinträchtigen (können), wie zB die Anlage von Versorgungsleitungen im Erdreich, liegen außerhalb der Dispositionsgewalt des öffentlichen Sachherrn und jenseits der (öffentlich-rechtlichen) Duldungspflicht des Privateigentümers. Sie bedürfen daher eines privatrechtlichen Gestattungsvertrages mit dem Eigentümer (s § 8 X FStrG, § 23 StrWG NW; Art 22 BayStrWG).

2. Als Ergebnis ist daher festzustellen: Die Wegehoheit als Summe aller öffent- 3
lich-rechtlichen Sachherrschaftsbefugnisse überschreitet die Grenzen des Gemeingebrauchs. Der „privatrechtsgerichtete", eigentumsbeschränkende Wirkungsbereich der Widmungsverfügung bestimmt nicht zugleich den Gemeingebrauch. Aber neben dieser eigentumsbeeinträchtigenden Wirkung hat die wegerechtliche Widmung eine zweite, spezifisch öffentlich-rechtliche Gestaltungswirkung: Sie grenzt in Verbindung mit dem Gesetz auch den zulassungsfreien, jedermann eröffneten Gemeingebrauch gegen den erlaubnispflichtigen Sondergebrauch ab. Die Widmung hat also eine *Doppelfunktion*.[5]

3. Nach § 7 I FStrG, § 14 StrWG NW sowie den übrigen Landesstraßengeset- 4
zen (Ausnahme: Wortlaut des Art 14 I BayStrWG) ist der Gebrauch der öffentlichen Straßen jedermann im Rahmen der Widmung und der *verkehrsrechtlichen Vorschriften* zum Verkehr gestattet. Der dem einzelnen tatsächlich gestattete Gemeingebrauch ist damit auf die Gemeinverträglichkeit, die vornehmlich durch das Verkehrsrecht konkretisiert wird, reduziert. Der wegerechtliche Gemeingebrauch ist damit der *individuelle*, konkret und real ausübbare Gemeingebrauch.[6] Dieser individuelle, durch die Gemeinverträglichkeitsschranken „durchgefilterte"[7] Gemeingebrauch bleibt hinter der gemeingebrauchsbestimmenden und -begrenzenden Funktion der Widmung zurück. Wer zB eine Einbahnstraße in verbotener Richtung befährt, wer in einer Halteverbotszone parkt oder wer eine Geschwindigkeitsbeschränkung mißachtet, hält sich *innerhalb* des widmungsbestimmten, abstrakten Gemeingebrauchs. Die Straße ist dem Publikumsverkehr gewidmet,

4 Ebenso *Kodal/Krämer* (Fn 1) Kap 26 Rn 8; *Pappermann/Löhr/Andriske* Recht der öffentlichen Sachen, 1987, 90f; *Steiner* in: ders, Bes VwR, V Rn 115; aA offenbar *Salzwedel* in: Schmidt-Aßmann, Bes VwR, 786.

5 *Salzwedel* ZfW 1962, 73, 77ff; *ders* (Fn 3) 244; *Papier* Recht der öffentlichen Sachen, 3. Aufl 1998, 78.

6 *Salzwedel* (Fn 5) 75ff; *ders* (Fn 3) 244; *Kodal/Krämer* (Fn 1) Kap 24 Rn 10ff; *Pappermann/Löhr* JuS 1980, 354; vgl *Papier* in: Berg/Knemeyer/Papier/Steiner (Hrsg), Staats- und Verwaltungsrecht in Bayern, 6. Aufl 1996, Teil G Rn 94.

7 *Salzwedel* (Fn 5) 76; *ders* (Fn 3) 245.

diese abstrakte Zweckbestimmung wird nicht überschritten. Eine Sondernutzung liegt also nicht vor. Es sind mit solchem Verkehr aber die Grenzen des individuellen Gemeingebrauchs überschritten, die durch das Gemeinverträglichkeitserfordernis, dh vor allem durch das Verkehrsrecht, bestimmt werden und die daraus resultieren, daß die öffentlichen Straßen von vielen anderen entsprechend ihrer abstrakten Verkehrsfunktion genutzt werden. Dieser Umstand verlangt, um Überforderungen zu vermeiden, gemeingebrauchsordnende, die Gemeinverträglichkeit der individuellen Nutzung sichernde Verkehrsvorschriften. Die Überschreitung des individuellen Gemeingebrauchs ist bis zur Grenze des abstrakten, widmungsbestimmten Gemeingebrauchs keine wegerechtlich erlaubnispflichtige und -fähige Sondernutzung, sondern unzulässiger *Gemeingebrauch.*[8] Diese nicht mehr gemeinverträgliche Gemeingebrauchsnutzung kann allenfalls durch *verkehrsbehördliche* Sondergenehmigung (vgl §§ 29 II, 46 I, II StVO) legalisiert werden.

II. Eigentumsbeschränkende Funktion der straßenrechtlichen Widmung – Zur Restherrschaft des Eigentümers

5 Die „eigentümergerichtete" Wirkung der Widmung besteht in der Begründung einer öffentlich-rechtlichen Dienstbarkeit, lastend auf dem (fortbestehenden) Privateigentum, und von Duldungspflichten des Eigentümers.[9] Damit wird die verbleibende Verfügungs- und Nutzungsmacht des Privateigentümers festgelegt. Hinsichtlich dieser Eigentumsbeschränkungen steht der die Widmung verfügenden Behörde jedoch kein Ermessensspielraum zu: Die Grenzziehung ist abschließend von den Straßengesetzen vorgenommen worden. Die Eigentumsbegrenzung erfolgt damit im Wegerecht zwar nicht unmittelbar durch Gesetz – es bedarf stets der administrativen Widmung – aber *aufgrund* Gesetzes.

1. Die privatrechtliche Verfügungsbefugnis

6 Die von den Straßengesetzen den Grundeigentümern belassene Restherrschaft umfaßt grundsätzlich alle diejenigen Verfügungen über das Eigentumsrecht und Nutzungen der Sache, die die öffentlich-rechtliche Zweckbestimmung unangetastet lassen. Die öffentliche Sache wird also nicht zur res *extra* commercium.[10] Privatrechtliche Verfügungen über das Eigentum (Veräußerung, Belastung) sind danach zulässig, wenn die Nutzung der Sache entsprechend ihrer öffentlich-rechtlichen Zweckbestimmung dadurch nicht beeinträchtigt wird.[11] Dabei ist zu berücksichtigen, daß die durch die Widmung begründete öffentlich-rechtliche Dienstbarkeit auf den Rechtsnachfolger im Eigentum übergeht (vgl § 2 III FStrG;

[8] *Salzwedel* (Fn 5) 76f; *ders* (Fn 3) 244f; *Kodal/Krämer* (Fn 1) Kap 24 Rn 12; vgl a *Papier* (Fn 6) Teil G Rn 95.
[9] *Salzwedel* (Fn 5) 77f; *ders* (Fn 3) 244f; *Pappermann* JuS 1979, 794, 798f.
[10] *Wolff/Bachof* VwR I, § 57 II; *Forsthoff* VwR, 379.
[11] *Wolff/Bachof* VwR I, § 57 II; *Forsthoff* VwR, 379f; *Pappermann* (Fn 9) 799; *Papier* (Fn 6) Teil G Rn 79.

§ 6 VI StrWG NW; Art 6 V BayStrWG). Ein gutgläubiger, lastenfreier Erwerb des Straßengrundstücks gem § 892 BGB[12] kommt nicht in Betracht, da die öffentlich-rechtliche Eigentumsbeschränkung kein in das Grundbuch eintragungsfähiges Recht ist.[13]

Privatrechtliche Verfügungen, durch welche die der öffentlich-rechtlichen Zweckbestimmung gemäße Sachnutzungen tangiert werden, sind unzulässig. Entsprechend den allgemeinen Regeln des bürgerlichen Rechts (§ 134 BGB) wird man solche Verfügungen daher als nichtig anzusehen haben.[14] Räumt beispielsweise der Eigentümer eines als öffentliche Straße gewidmeten Grundstücks einem Dritten eine persönliche Dienstbarkeit ein, die den Gemeingebrauch des Publikums ausschließt oder beeinträchtigt, so ist diese privatrechtliche Verfügung nichtig. Nach verbreiteter Auffassung[15] soll die der öffentlich-rechtlichen Zweckbestimmung zuwiderlaufende Verfügung hingegen wirksam sein, nur die Ausübung des Rechts wird als unzulässig angesehen, solange die öffentlich-rechtliche Dienstbarkeit besteht. Wird jene aufgehoben, die öffentliche Straße entwidmet/eingezogen, so soll die Rechtsausübung nachträglich zulässig werden. Für eine solche Konstruktion des Ruhens dinglicher Privatrechte besteht jedoch weder im öffentlichen Recht noch im Privatrecht eine Grundlage. Unzulässigkeit der Verfügung heißt, daß das Rechtsgeschäft gegen ein gesetzliches Verbot verstößt, was grundsätzlich zur Nichtigkeit führt (§ 134 BGB). Das eben zur rechtsgeschäftlichen Verfügung Gesagte gilt entsprechend für die „Verfügungen" im Wege der Zwangsvollstreckung und des Enteignungsverfahrens (s Art 6 V BayStrWG, § 6 VI StrWG NW, § 2 III FStrG). Dem Straßeneigentümer stehen abgesehen von den erwähnten Duldungspflichten die aus dem Eigentum folgenden privatrechtlichen Abwehransprüche zu (§§ 1004, 823 BGB). Er kann zB von dem Eigentümer anliegender Grundstücke verlangen, daß diese in den Straßenraum ragende Äste beseitigen.[16] 7

2. Realakte des Eigentümers

Unzulässig sind aber nicht nur der öffentlich-rechtlichen Zweckbestimmung zuwiderlaufende rechtsgeschäftliche Verfügungen des Eigentümers oder Hoheitsakte gegen den Eigentümer mit entsprechender Wirkung, sondern auch *tatsächliche Handlungen* des Eigentümers, die den Gemeingebrauch überschreiten und ihn vereiteln oder beeinträchtigen.[17] Eine solche Verletzung der öffentlich-rechtlichen 8

[12] Für gewidmete bewegliche Sachen (zB Dienstwagen) soll die öffentlich-rechtliche Zweckbestimmung die Anwendung des § 936 BGB ausschließen, *Wolff/Bachof* VwR I, § 57 II b 3; *Salzwedel* in: Schmidt-Aßmann, Bes VwR, 766. Für einen gutgläubigen Erwerb aber OVG Münster, NWVBl 1993, 348 ff m Anm *Ehlers* NWVBl 1993, 327 ff, vgl a o § 40 Rn 28.

[13] *Wolff/Bachof* VwR I, § 57 II b 3; *Kodal/Krämer* (Fn 1) Kap 5 Rn 22; *Axer* Die Widmung als Schlüsselbegriff des Rechts der öffentlichen Sachen, 1994, 100 ff; *Papier* (Fn 5) 80 f.

[14] *Kodal/Krämer* (Fn 1) Kap 5 Rn 23.1; *Pappermann/Löhr/Andriske* (Fn 4) 19.

[15] S etwa *Marschall/Schroeter/Kastner* Bundesfernstraßengesetz, 5. Aufl 1998, § 2 Rn 21; *Wolff/Bachof* VwR I, § 57 II b 1; *Prandl/Gillessen* Bayerisches Straßen- und Wegegesetz, 9. Aufl 1990, Art 6 Erl 7.

[16] BGH, DVBl 1980, 496 Nr 171 = MDR 1979, 1009.

[17] *Kodal/Krämer* (Fn 1) Kap 5 Rn 23.1.

Dienstbarkeit durch den Eigentümer kann in der Vorenthaltung des Besitzes oder in einer sonstigen Straßennutzung ohne die erforderliche öffentlich-rechtliche Erlaubnis liegen. Es ist umstritten, nach welchen Vorschriften sich die Geltendmachung der öffentlich-rechtlichen Dienstbarkeit richtet und wer für diese Geltendmachung zuständig ist.

3. Geltendmachung der öffentlich-rechtlichen Sachherrschaft

9 a) Das preußische Recht kannte das Institut der *Inanspruchnahmeverfügung*, mittels derer die Wegepolizeibehörde die öffentlich-rechtliche Dienstbarkeit gegenüber dem Eigentümer oder gegenüber sonstigen nach bürgerlichem Recht zum Besitz Berechtigten geltend machen konnte.[18] Soweit solche Inanspruchnahmeverfügungen dem geltenden Straßenrecht unbekannt sind, wird eine Eingriffsermächtigung des Trägers der Straßenbaulast gegen die öffentlich-rechtliche Dienstbarkeit beeinträchtigende Dritte, einschließlich der Eigentümer, von der herrschenden Lehre und Judikatur abgelehnt.[19] Es wird auf die allgemeinen ordnungs- oder polizeirechtliche Eingriffsermächtigungen verwiesen. Jede den öffentlich-rechtlichen Sachherrschaftsstatus verletzende Nutzung der Straße, auch die des insoweit zur Duldung oder Unterlassung verpflichteten Eigentümers, bedeutet eine Störung der öffentlichen Sicherheit. Zum Eingriff ermächtigt ist danach die allgemeine Ordnungs- bzw Sicherheitsbehörde, nicht aber der Träger der Straßenbaulast.

10 b) Diese Lösung ist jedenfalls rechtspolitisch nicht begrüßenswert. Der Verwaltungsträger, der die öffentlich-rechtliche Dienstbarkeit begründet, und dies ist im geltenden Recht regelmäßig der Straßenbaulastträger als Widmungsbehörde, sollte auch ermächtigt sein, die öffentlich-rechtliche Dienstbarkeit durchzusetzen und vor Störungen Dritter einschließlich der Eigentümer zu schützen. Dieser Forderung ist jetzt im FStrG und den meisten Landesstraßengesetzen Rechnung getragen: Nach § 8 VII a FStrG ist der für die Erteilung von Sondernutzungserlaubnissen zuständige Verwaltungsträger – also regelmäßig der Straßenbaulastträger – zum Einschreiten gegenüber demjenigen ermächtigt, der die Bundesfernstraße ohne die erforderliche Erlaubnis benutzt.[20] Ein solcher Fall unzulässiger Straßennutzung liegt auch vor, wenn der *Eigentümer* in Verletzung der ihm auferlegten öffentlich-rechtlichen Eigentumsschranken die Straße unter Überschreitung und Beeinträchtigung des Gemeingebrauchs nutzt.

11 c) Das öffentliche Recht enthält auf jeden Fall eigene Störungsabwehrermächtigungen, seien es speziell straßenrechtliche, seien es die allgemeinen ordnungs- oder polizeirechtlichen. Für eine sinngemäße Anwendung der bürgerlich-rechtlichen

[18] S *Germershausen-Seydel*, Wegerecht und Wegeverwaltung in Preußen, Bd I, 4. Aufl 1932, unveränderter Nachdruck, Köln 1953, 506 ff; *Salzwedel* (Fn 3) 249.

[19] BVerwG, DÖV 1975, 208; *Brohl* DVBl 1962, 392, 396; *Nedden* DÖV 1959, 847 f; *Frotscher* VerwArch 1971, 159 f; *Pappermann/Löhr* JuS 1980, 196, 198; aA *Salzwedel* (Fn 3) 250; *ders* in: Schmidt-Aßmann, Bes VwR, 767.

[20] Vergleichbare Regelungen enthalten § 16 a VIII BaWüStrG, Art 18 a I BayStrWG, § 20 I BbgStrG, § 25 I StrWG-MV, § 22 NdsStrG, § 22 StrWG NW, § 41 VIII LStrG RP, § 18 VIII SaarlStrG, § 20 I SächsStrG, § 20 I StrG LSA und § 20 I Thür StrG.

Vorschriften über die actio negatoria (vgl §§ 1004, 1027 BGB) bestehen kein Bedürfnis und keine Berechtigung.[21] Der Träger der Straßenbaulast hat gegen „störende“ Eigentümer oder Dritte also keine Herausgabe-, Unterlassungs- oder Beseitigungsklage zu erheben. Er oder die allgemeine Ordnungsbehörde können das entsprechende Verhalten durch einseitige Herausgabe-, Unterlassungs- oder Beseitigungsverfügung durchsetzen.

4. Herausgabe- und Abwehransprüche des Eigentümers

a) Der öffentliche Rechtsstatus schränkt auf der anderen Seite die bürgerlich- **12** rechtlichen Ansprüche des Sacheigentümers aus seinem Eigentum ein: Der Herausgabeanspruch gem § 985 BGB gegen den öffentlich-rechtlichen Sachherrn bzw Straßenbaulastträger oder gegen solche Besitzer, die den Besitz kraft öffentlich-rechtlicher Sondernutzungserlaubnis ausüben, ist ausgeschlossen. Unterlassungs- und Beseitigungsansprüche gem § 1004 BGB bestehen gegenüber solchen Sachnutzungen nicht, die im Rahmen der öffentlich-rechtlichen Dienstbarkeit liegen. Insoweit ist der Eigentümer zur Duldung verpflichtet (§ 1004 II BGB). Entsprechende Duldungspflichten bestehen für alle sonstigen nach bürgerlichem Recht zum Besitz Berechtigten.[22]

b) Die Duldungspflicht ist – wie oben ausgeführt – *nicht* auf die gemeinge- **13** bräuchliche Nutzung begrenzt. Auch gemeingebrauchs*überschreitende* und zugleich gemeingebrauchs*beeinträchtigende,* also die öffentlich-rechtliche Zweckbestimmung der Sache tangierende Nutzungen unterliegen der ausschließlich *öffentlich-rechtlichen* Sachdisposition und damit der Duldungspflicht des Eigentümers bzw der sonst nach Privatrecht Berechtigten. Duldungspflicht und Ausschluß des Abwehranspruchs bestehen unabhängig davon, ob für diese Sondernutzungen die erforderliche öffentlich-rechtliche Erlaubnis vorliegt oder nicht. Die illegale Sondernutzung stellt eine Verletzung der öffentlich-rechtlichen Dienstbarkeit, nicht aber des privatrechtlichen Eigentums dar.[23] Demgegenüber war § 8 I BerlStrG aF zu eng geraten, wenn er bestimmte, daß das Privateigentum durch die Bestimmung der Straße für den Gemeingebrauch beschränkt ist.[24] Gleiches gilt für die jetzige Regelung in §§ 10 I, 11 VII BerlStrG.

Eigentumseinwirkungen Dritter, die einerseits keine gemeingebräuchliche Nut- **14** zung darstellen und andererseits den Gemeingebrauch nicht beeinträchtigen, also die öffentlich-rechtliche Zweckbestimmung und den Sonderrechtsstatus gar nicht tangieren, liegen außerhalb der Duldungspflicht des Eigentümers. Hinsichtlich solcher Nutzungen hat jener die allgemeinen bürgerlich-rechtlichen Abwehrbefugnisse, solche Nutzungen kann er aber auch aufgrund seiner privatrechtlichen Herrschaftsmacht im Rahmen bürgerlich-rechtlicher Verträge, möglicherweise gegen Entgelt, gestatten (s § 8 X FStrG, § 23 StrWG NW, Art 22 BayStrWG).

21 AA offenbar *Fickert* Aktuelle Fragen des Straßenrechts in Rechtspraxis und höchstrichterlicher Rechtsprechung, 1980, § 18 Anm 18.

22 *Kodal/Krämer* (Fn 1) Kap 5 Rn 23.1.

23 *Salzwedel* (Fn 3) 251.

24 Krit auch *Kodal/Krämer* Straßenrecht, 4. Aufl 1985, Kap 5 Rn 23.

III. Gemeingebrauchsbestimmende und -begrenzende Widmungsfunktion

1. Grundlagen

15 Die wegerechtliche Widmungsverfügung konstituiert nicht nur einen öffentlich-rechtlichen, das Privateigentum beschränkenden Sachherrschaftsstatus, sie bestimmt auch die Grenzen dessen, was von dem öffentlich-rechtlichen Sachherrschaftsstatus an das Publikum als erlaubnisfreie Benutzungsberechtigung weitergegeben wird und welche Straßenbenutzungen nicht jedermann, sondern nur einzelnen aufgrund besonderer öffentlich-rechtlicher Erlaubnis gestattet sein sollen.[25] Die „jedermann" gewährte öffentlich-rechtliche Berechtigung, die öffentliche Straße *ohne* besondere Zulassung zu benutzen, wird Gemeingebrauch genannt.[26] Dieser (abstrakte) Gemeingebrauch entsteht – als Bestandteil des (darüber hinausgehenden) öffentlich-rechtlichen Sachherrschaftsstatus – durch die Widmungsverfügung.[27] Sein Inhalt und Umfang werden aber nicht allein durch die Widmungsverfügung festgelegt, vielmehr bestimmt das Gesetz selbst eigene Schranken des abstrakten Gemeingebrauchs:

16 Nach § 7 I 1 FStrG, mit dem die Landesstraßengesetze wörtlich oder doch dem Sinne nach überwiegend übereinstimmen, ist eine Benutzung „im Rahmen der Widmung" „zum Verkehr" als Gemeingebrauch gestattet (eindeutig abweichend nur § 13 I BaWüStrG und § 14 I SaarlStrG: „innerhalb der verkehrsüblichen Grenzen"). Der *Verkehrszweck* ist also eine unmittelbare normative Gemeingebrauchsschranke, die durch die konkrete Widmungsverfügung nicht iS einer Gemeingebrauchserweiterung durchbrochen werden kann. Die Widmung kann nur durch *besondere* Zweckbestimmungen einzelner Wege *zusätzliche* Gemeingebrauchsschranken festlegen. Der normativ vorausgesetzte Verkehrszweck der Straßennutzung wird im § 7 FStrG sowie in den §§ 10 II BerlStrG, 14 III StrWG NW, 14 I NdsStrG, 20 I StrWG SH und in Art 14 I BayStrWG durch die Bestimmungen unterstrichen, daß kein Gemeingebrauch vorliege, wenn die Straße nicht vorwiegend zum Verkehr, sondern zu anderen Zwecken benutzt werde.

2. Verkehrsgebrauch

17 Der straßenrechtliche Verkehrsbegriff wird von der hL in einem engen Sinne der *Ortsveränderung* verstanden.[28] Verkehrsgebrauch ist danach nur eine die Fort-

[25] *Salzwedel* (Fn 3) 244.

[26] S a *Kodal/Krämer* (Fn 1) Kap 24 Rn 1.1; *Wolff/Bachof* VwR I, § 58 II a; vgl *Papier* (Fn 6) Teil G Rn 92.

[27] *Wolff/Bachof* VwR I, § 56 I.

[28] BVerwGE 35, 326, 329; BVerwG, DVBl 1969, 308 ff und 696 f; OLG Hamm, NJW 1977, 687, 689; *Kodal/Krämer* (Fn 1) Kap 24 Rn 18 ff; *Marschall/Schroeter/Kastner* (Fn 15) § 7 Rn 8 ff; *Wiget* in: Sieder/Zeitler/Numberger/Schmid/Wiget, Bayerisches Straßen- und Wegegesetz, Art 14 Rn 15; *Pappermann/Löhr* (Fn 6) 351; *Steinberg* NJW 1978, 1898, 1900 f; *Papier* (Fn 6) Teil G Rn 99 ff; *ders* (Fn 5) 86 f.

bewegung von Personen und Sachen bezweckende, also auf Ortsveränderung gerichtete Inanspruchnahme der Straßen. Straßenbenutzungen, die nicht der Ortsveränderung, sondern beispielsweise gewerblich-kommerziellen, politischen, kulturellen oder religiösen Zwecken dienen, unterfallen danach nicht mehr dem straßengesetzlichen Gemeingebrauch, ohne daß es auf die Gemeinüblichkeit und Gemeinverträglichkeit der konkreten Nutzung ankommt. Dieser Grundsatz bedarf näherer Erläuterung, wobei einige gewichtige, teils unstreitige, teils jedenfalls in der neueren Judikatur überwiegend vertretene Ausnahmen festzustellen sind:

Ein Verkehrsgebrauch liegt auf jeden Fall *nicht* mehr vor, wenn es schon an **18**
einem *objektiven* Verkehrsverhalten fehlt. Dies ist der Fall, wenn die Inanspruchnahme der öffentlichen Straße sich nicht im Aufenthalt von Personen oder in der Fortbewegung von Personen und Sachen erschöpft, sondern in einer Lagerung von Sachen oder im Aufstellen von Gegenständen oder in einem Eingriff in den Straßenkörper bzw dessen Veränderung besteht.[29] Unabhängig von der später noch zu erörternden *subjektiven* Komponente des Benutzungs*zwecks* (politische Information und Werbung, kommerzielle Werbung, gewerbliche Tätigkeit) liegt also immer erlaubnispflichtige Sondernutzung und kein Gemeingebrauch mehr vor, wenn Verkaufs- oder Werbestände aufgestellt werden. Wird zB politische Information oder (partei-)politische Werbung nicht allein durch Verteilen von Handzetteln oder Zeitungen oder durch den Handverkauf entsprechenden Materials betrieben, sondern werden (zusätzlich) Ständer oder Werbeträger aufgestellt bzw in dem zum Straßenraum gehörenden Luftraum angebracht, so ist im Gegensatz zum ersten Fall die Überschreitung des abstrakten Gemeingebrauchs in Rspr und Lehre unbestritten.[30] Dies gilt auch für den Fall, daß Plakate an auf öffentlichem Straßenland stehende Verteilerschränke etc geklebt werden.[31] Eine Ausnahme von dem (Mindest-)Erfordernis des *objektiven* Verkehrsverhaltens wird lediglich beim *Anliegergebrauch* gemacht.

3. Anliegergebrauch

Die Eigentümer und Besitzer von Grundstücken, die an einer öffentlichen Straße **19**
gelegen sind (Straßenanlieger), haben aufgrund ihrer räumlichen Beziehung zur Straße ein unabweisbares Bedürfnis, die öffentliche Straße über den allgemeinen Gemeingebrauch iS eines ausschließlichen Verkehrsgebrauchs (Fahren, Gehen, Befördern von Personen und Sachen) hinaus zu nutzen. In gewissem Grade war die nicht verkehrszweckgerichtete Anliegernutzung als *gesteigerter Gemein*gebrauch stets anerkannt und damit ebenso wie der sog *schlichte* Gemeingebrauch zulassungsfrei. In seiner Grundsatzentscheidung aus dem Jahre 1929[32] hatte das RG

[29] *Kodal/Krämer* (Fn 1) Kap 24 Rn 10ff; *Pappermann/Löhr* (Fn 6) 352; BGH, NJW 1979, 1610ff; OLG Stuttgart, DÖV 1978, 770.

[30] OLG Celle, NJW 1975, 1894; NJW 1976, 204; OLG Karlsruhe, NJW 1976, 1362; OLG Stuttgart, DÖV 1978, 770; BGH, NJW 1979, 1610ff; vgl a BVerwGE 56, 56ff; BVerwG, NJW 1981, 472; *Papier* (Fn 6) Teil G Rn 102; *Pappermann/Löhr* (Fn 6) 352; *Pappermann/Löhr/Andriske* (Fn 4) 69; *Steiner* (Fn 4) V Rn 134.

[31] OLG Hamm, DVBl 1977, 289.

[32] RGZ 123, 181.

bezüglich der Anbringung einer in den Straßenraum hineinragenden Lichtreklame festgestellt, daß die Straße nicht nur dem Gebrauch zum Reisen und Fortbringen von Sachen iS des § 7 II 15 ALR, sondern „auch sonstigem allgemein ausgeübten Gebrauch", insbesondere „auch den aus dem geschäftlichen Verkehr der Anlieger erwachsenden Bedürfnissen" diene.

20 Eine ausdrückliche Regelung des Anliegergebrauchs enthalten lediglich § 14 IV BbgStrG, § 17 HambWG, § 14 IV StrG LSA, § 14a StrWG NW und § 14 IV ThürStrG. Damit liegt die Annahme nahe, daß mit dem Erlaß des FStrG und den übrigen Landesstraßengesetzen, soweit darin der Gemeingebrauch normativ auf den Verkehrszweck beschränkt ist, das Rechtsinstitut des *gesteigerten* Gemeingebrauchs in der Form der Anliegernutzung nicht mehr anerkannt werden könne. Bei dieser Betrachtung wird aber übersehen, daß dem Anlieger durch Bundesverfassungsrecht (Art 14 I 1 GG) die angemessene Nutzung seines Grundstücks oder seines eingerichteten und ausgeübten Gewerbebetriebs garantiert ist. Für eine angemessene Nutzung ist eine gewisse, nicht unmittelbar verkehrszweckgerichtete Inanspruchnahme der öffentlichen Straße einschließlich des dazu gehörigen Luftraums, also der Kontakt nach außen, nicht selten unerläßlich. Das bedeutet, daß der *gesteigerte* Gebrauch der öffentlichen Straßen durch den Anlieger insofern unmittelbar durch Art 14 I 1 GG verfassungsrechtlich garantiert ist, als dieser Gebrauch für eine angemessene Nutzung des Anliegergrundstücks oder des Anliegergewerbebetriebs *erforderlich* ist und er sich im Rahmen des Ortsüblichen und der Gemeinverträglichkeit hält.[33] Der Anliegergebrauch umfaßt allerdings nicht solche Benutzungen der öffentlichen Straße, die jene über ihre tatsächliche Beschaffenheit und Eignung hinaus übermäßig in Anspruch nehmen.[34]

21 Zu der in ihrem Kerngehalt verfassungsrechtlich geschützten Anliegernutzung gehört der *Kontakt nach außen,*[35] was beispielsweise für den Gewerbetreibenden bedeutet, daß ihm die Möglichkeit eröffnet sein muß, durch nach außen ragende Hinweis- und Werbeschilder, Lichtzeichen, Lichttransparente und Aufschriften auf den auf der Straße sich abwickelnden und am Geschäft vorbeiflutenden Verkehr einzuwirken.[36] Im Bereich gewerblicher Tätigkeit ist weiterhin als Gemeingebrauch das *Be- und Entladen* anzusehen, es sei denn, wegen der Häufigkeit, Dauer und der Intensität der Verkehrsbehinderung werden die Grenzen des Ortsüblichen und Gemeinverträglichen überschritten. Auch das Aufstellen von

[33] BVerwGE 30, 238; 32, 225; 54, 1ff; BVerwG, NJW 1983, 770f; NJW 1975, 357; GewArch 1970, 280; DÖV 1971, 100ff; BVerwGE 94, 136, 138f; VGH BaWü, NJW 1972, 837, 839; OLG Hamm, DÖV 1975, 577; OVG NW, NVwZ-RR 1995, 482, 483; vgl a BVerfG, NVwZ 1991, 358; *Beckmann* NJW 1972, 837f; *ders* NJW 1975, 846; *Maurer* (Fn 1) 217ff; *Papier* in: Maunz/Dürig, GG, Art 14 Rn 120; *ders* (Fn 5) 88; *Kodal/Krämer* (Fn 1) Kap 25 Rn 28f; *Pappermann/Löhr* JuS 1980, 580ff.

[34] S VGH BaWü, DÖV 1982, 206ff; *Papier* (Fn 6) Teil G Rn 117ff.

[35] *Papier* in: Maunz/Dürig, GG, Art 14 Rn 115ff, mwN aus Rspr und Literatur.

[36] OVG Koblenz, NJW 1982, 1828; VGH BaWü, NJW 1972, 837, 839; BayVGH, VGHE 28, 15; OLG Hamm, DÖV 1975, 576f; BVerwGE 54, 1, 3; NJW 1975, 357; NJW 1975, 1528; DÖV 1978, 373; NJW 1983, 770, 771; *Maurer* in: Bartlsperger/Blümel/Schroeter (Hrsg), Ein Vierteljahrhundert Straßenrechtsgesetzgebung, 1980, 115ff; *Schwab* NVwZ 1983, 459f; *Papier* (Fn 6) Teil G Rn 117.

Fahrradständern vor dem Gewerbebetrieb ist, im Rahmen des Ortsüblichen, Gemeingebrauch des Anliegers.[37] Zum Anliegergebrauch gehört schließlich das Anbringen von *Ladenmarkisen*.[38]

Das aus Art 14 I GG folgende Recht auf Anliegergebrauch gewährt keinen Anspruch des Eigentümers darauf, daß Parkmöglichkeiten auf öffentlichen Straßen in unmittelbarer oder angemessener Nähe zu seinem Grundstück errichtet werden oder erhalten bleiben.[39] Gewährleistet ist allein der Zugang zum öffentlichen Straßennetz, nicht aber die Teilnahme am Straßenverkehr iS des Straßenverkehrsrechts.[40] **22**

Ebensowenig gehört im städtischen Ballungsgebiet einer Fußgängerzone die uneingeschränkte Anfahrmöglichkeit zu einem privat genutzten Wohngrundstück zu dem durch Art 14 I GG geschützten Kernbereich des Anliegergebrauchs.[41] **23**

Die Aufstellung oder Anbringung eines *Warenautomaten* auf dem oder im öffentlichen Straßenraum ist nicht mehr Bestandteil eines gesteigerten Gemeingebrauchs des Anliegers.[42] Denn dadurch wird, auch wenn der Automat vom Anlieger selbst aufgestellt und betrieben wird, nicht der Kontakt zwischen dem Geschäftslokal und der Öffentlichkeit vermittelt. Vielmehr wird ein Teil des Gewerbebetriebes selbst nach außen verlagert und auf der öffentlichen Straße abgewickelt. Es handelt sich somit um eine erlaubnispflichtige Sondernutzung. Entsprechendes gilt – im Gegensatz zu der oben erwähnten *Eigen*werbung des Anliegers – für die *Fremd*reklame.[43] Die Errichtung von Werbeanlagen im öffentlichen Straßenraum durch den Anlieger oder mit seiner Zustimmung zum Zwecke der Werbung *Dritter* ist nicht mehr Ausdruck der Notwendigkeit eines Kontakts nach außen und einer angemessenen Nutzung des Anliegergrundstücks. Zum Anliegergebrauch gehört also nicht mehr die gesonderte oder die mit dem Firmenschild (Eigenwerbung) verbundene Werbung für die vom Geschäftsinhaber vertriebenen Waren (Fremdwerbung). Solche „gemischten Werbeanlagen" bedürfen danach der Sondernutzungserlaubnis.[44] Kein (gesteigerter) Gemeingebrauch, sondern Sondernutzung des Gewerbetreibenden ist ferner das Aufstellen von *Obst-* und *Gemüsekisten* auf dem Bürgersteig vor Lebensmittelgeschäften sowie – jedenfalls im städtischen Bereich – von *Tischen* und *Stühlen* vor Restaurants, Cafés oder Eisdielen.[45] **24**

[37] OVG Lüneburg, DÖV 1963, 194.

[38] *Hammes* DVBl 1950, 71, 72; Einzelheiten bei *Kodal/Krämer* (Fn 1) Kap 25 Rn 104.

[39] BVerwG, NJW 1983, 770f; *Sauthoff* NVwZ 1998, 239, 247.

[40] Vgl a BVerwG, NJW 1980, 354; VGH BaWü, DVBl 1981, 416 Nr 144.

[41] BVerwGE 94, 136, 140 m Anm *Peine* JZ 1994, 522. Zur grundsätzlich weitergehenden Zugänglichkeit gewerblich genutzter Grundstücke vgl BVerwG, NJW 1975, 1528; *Sauthoff* (Fn 39) 247.

[42] BVerwG, NJW 1975, 357 mit Anm *Beckmann* NJW 1975, 846; BGH, NJW 1973, 1281; OVG Lüneburg, KStZ 1971, 138; *Kodal/Krämer* (Fn 1) Kap 25 Rn 105; *Pappermann/Löhr* (Fn 33) 581; *Papier* (Fn 6) Teil G Rn 118.

[43] S BVerwG, DÖV 1977, 605; DÖV 1978, 374; OLG Hamm, DÖV 1975, 577; BGH, NJW 1978, 2201; *Pappermann/Löhr* (Fn 33) 581; *Schmidt-Tophoff* DVBl 1970, 17.

[44] S *Pappermann/Löhr* (Fn 33) 581; zum Verbot der Lichtreklame s BVerwG, DÖV 1980, 521.

[45] Vgl a *Kodal/Krämer* (Fn 1) Kap 25 Rn 106; VGH BaWü, NZV 1996, 127, 128.

25 Außerhalb der gewerblichen Anliegernutzung wird zum gesteigerten Gemeingebrauch des Anliegers insbesondere die vorübergehende *Lagerung* von *Baumaterialien,* die vorübergehende *Aufstellung* von *Baumaschinen,* von *Bauzäunen* oder *Baugerüsten* aus Anlaß eines Neubaus oder Wiederaufbaus eines Hauses angesehen.[46] Entsprechendes gilt für die Bereitstellung von *Müllkästen* auf dem Bürgersteig zum Zwecke der Abholung und von Sperrmüll[47] sowie das Anbringen von mit Metallrosten abgedeckten Lichtschächten.[48] Gegenstand des Anliegergebrauchs ist schließlich die Nutzung von *Zufahrten* über den Bürgersteig, jedenfalls innerhalb der geschlossenen Ortslage, vgl § 20 I StrWG NW, sowie die Errichtung von nur geringfügig in den Luftraum der Straße hineinragenden *Balkonen.*

4. Der ruhende Verkehr

26 Außerhalb des eben erläuterten Anliegergebrauchs setzt der straßenrechtliche Gemeingebrauch auf jeden Fall ein objektiv verkehrsmäßiges Verhalten voraus. Ein solches ist aber nicht nur das Gehen, Fahren mit Kraftfahrzeugen, -rädern und Fahrrädern sowie das Transportieren von Personen und Gütern, sondern auch das Parken und Abstellen von Fahrzeugen, soweit ein innerer Zusammenhang mit Verkehrsvorgängen besteht – „ruhender Verkehr".[49] Zum ruhenden Verkehr zählt nicht nur das kurzfristige Abstellen von Fahrzeugen, sondern auch das *Dauer*parken, also das regelmäßige Abstellen von Fahrzeugen auf öffentlichen Straßen, etwa über Nacht oder an Sonn- und Feiertagen.[50] Auch während längerer Zeit und regelmäßig abgestellte Fahrzeuge, auch Lastkraftwagen und Omnibusse, nehmen am Verkehr immer dann noch teil, wenn sie zum Verkehr zugelassen und betriebsbereit sind. Es kommt nicht auf die Willensrichtung des Halters oder Benutzers an, wann eine Inbetriebsetzung erfolgen soll. Entscheidend sind die objektiven Merkmale der Möglichkeit und Zulässigkeit jederzeitiger Inbetriebsetzung.[51] Das Abstellen eines Fahrzeuges, das nicht (mehr) zugelassen und/oder nicht (mehr) betriebsbereit ist, ist erlaubnispflichtige Sondernutzung.[52] Kein Gemeingebrauch ist ferner im Abstellen eines Wohnwagens oder eines sonstigen Anhängers auf einer öffentlichen Straße zu sehen, wenn keine Verbindung zum Zugfahrzeug besteht.[53] Entsprechendes gilt, wenn das Abstellen des Fahrzeugs zu einem anderen Zweck als dem der späteren Inbetriebnahme erfolgt, also etwa zu gewerblichen Zwecken

[46] Vgl BGHZ 23, 235; *Kodal/Krämer* (Fn 1) Kap 25 Rn 104.
[47] Vgl *Hammes* (Fn 38) 103; *Kodal/Krämer* (Fn 1) Kap 25 Rn 104.
[48] BVerwG, NJW 1981, 412 f.
[49] Dazu *Kodal/Krämer* (Fn 1) Kap 24 Rn 48 ff; *Marschall/Schroeter/Kastner* (Fn 15) § 7 Rn 9; *Steiner* JuS 1984, 1, 6 ff; *Salzwedel* (Fn 3) 251; *Papier* (Fn 6) Teil G Rn 100.
[50] BVerwGE 23, 325; 34, 320; *Salzwedel* (Fn 3) 251; *Marschall/Schroeter/Kastner* (Fn 15) § 7 Rn 9; *Kodal/Krämer* (Fn 1) Kap 24 Rn 49 ff.
[51] BVerwGE 34, 324; s ferner BVerwG, DAR 1974, 55, 56; NJW 1982, 2332.
[52] BVerfGE 67, 299, 324; VGH BaWü, NZV 1996, 511; *Kodal/Krämer* (Fn 1) Kap 24 Rn 54; *Salzwedel* (Fn 5) 92; *Sauthoff* (Fn 39) 244.
[53] S BVerwGE 34, 320 ff; BVerwG, DVBl 1974, 290; *Kodal/Krämer* (Fn 1) Kap 24 Rn 54; vgl a OLG Braunschweig, NVwZ 1982, 63.

wie dem Verkauf von Gütern bzw des Fahrzeugs selbst, der Vornahme von Dienstleistungen oder zu Zwecken der Werbung.[54] Dagegen dürfte es sich noch um ein verkehrsrechtlich eröffnetes „Parken" und daher um Gemeingebrauch handeln, wenn eine Fahrzeugvermietungsfirma Fahrzeuge zum Zwecke der Vermietung an Kunden aufstellt.[55]

Da nach der Zweckbestimmung der öffentlichen Straße auch das (Dauer-)Parken als ruhender Verkehr innerhalb des abstrakten Gemeingebrauchs liegt, kann dieses nur als im konkreten Fall nicht mehr gemeinverträglich durch *verkehrs*rechtliche Vorschriften oder aufgrund des *Verkehrs*rechts eingeschränkt oder partiell ausgeschlossen werden. Verbote des Dauerparkens (etwa im innerstädtischen Bereich), die nicht durch das Straßenverkehrsrecht oder aufgrund des bundesrechtlichen Verkehrsrechts (Aufstellen von Verbotsschildern nach der StVO), sondern durch das *Landes*wegerecht ausgesprochen werden (s zB § 16 II 1 HambWG aF[56]), sind wegen Verstoßes gegen Art 72 I iVm Art 74 I Nr 22 GG verfassungswidrig.[57] Daher kann auch der Gemeingebrauch weder durch eine von vornherein begrenzte Widmung noch durch (nachträgliche) Teileinziehung auf den fließenden Verkehr unter Ausschluß des Parkens bzw des Dauerparkens begrenzt werden. Das Parken ist vom Bundesgesetzgeber im Recht des Straßenverkehrs abschließend geregelt, es unterliegt daher Einschränkungen oder Verboten nur nach Maßgabe des Straßenverkehrsrechts.[58] Insoweit besteht ein *Vorrang* des *Straßenverkehrsrechts*.[59] Die Straßenbaubehörde (Träger der Baulast) ist nicht berechtigt, mittels des wegerechtlichen Instrumentariums der Widmungsbeschränkung bzw Teileinziehung der Sache nach verkehrsordnende Regelungen zu treffen. „Fließender" und „ruhender" Verkehr sind widmungsrechtlich nicht aufspaltbar: Es ist daher nicht möglich, durch Widmungsverfügung den „ruhenden Verkehr" vom Gemeingebrauch an einer bestimmten Straße als spezifische Benutzungsart abzutrennen und ihn einem Regime erlaubnis- und gebührenpflichtiger Sondernutzungen zu unterwerfen.[60] Soweit sich Verkehrsvorgänge im Rahmen der Verkehrsvorschriften halten, liegen sie innerhalb des wegerechtlichen Gemeingebrauchs.[61] 27

Diese Aussagen zum spezifischen Vorrang des Straßenverkehrsrechts gelten im übrigen nicht nur für den ruhenden, sondern auch für den *fließenden* Verkehr (dazu unten § 43 Rn 49 ff). 28

[54] S OLG Hamm, NJW 1977, 689; BayObLGSt 1977, 118, 120; BayObLG, DÖV 1983, 297; OLG Düsseldorf, NVwZ 1991, 206; *Steiner* (Fn 49) 7; vgl u Rn 30.

[55] BVerwG, NJW 1982, 2332 f; BayVGH, BayVwBl 1979, 688; VG Meiningen, NVwZ 1995, 1141 (L); aA BayObLG, NJW 1980, 1807 f.

[56] Abgedruckt in BVerfGE 67, 299, 300.

[57] BVerfGE 67, 299; *Salzwedel* (Fn 3) 251.

[58] BVerfGE 67, 299, 324 ff; s a *Kodal/Krämer* (Fn 1) Kap 24 Rn 52 f.

[59] Dazu *Steiner* (Fn 49) 6 ff; *ders* (Fn 4) V Rn 165, 167.

[60] S a *Steiner* (Fn 49) 7 f; aus der Rspr s BVerfGE 67, 299, 323; BVerwGE 34, 241 f; 34, 320, 323; 44, 193, 194; BVerwG, DVBl 1979, 155, 156.

[61] S BVerwGE 34, 320, 321; BVerwG, NJW 1982, 2332; vgl a OLG Frankfurt aM, NStZ-RR 1996, 250.

5. „Zum Zwecke des Verkehrs" als subjektive Komponente

29 Die Bestimmung des Verkehrsgebrauchs bereitet dann erhebliche Schwierigkeiten, wenn zwar objektiv gesehen Vorgänge des fließenden oder ruhenden Verkehrs vorliegen, es also nicht um Aufstellung, Errichtung, Befestigung oder Lagerung von Gegenständen oder um Substanzeinwirkungen geht, die Inanspruchnahme der öffentlichen Straße aber *subjektiv* einen anderen Zweck als den der Fortbewegung verfolgt. Ist die Ortsveränderung einschließlich eines kurzfristigen Verweilens an einem bestimmten Ort nicht der eigentliche Straßenbenutzungszweck, ist diese vielmehr nur eine Nebenfolge oder das notwendige Mittel zur Verfolgung eines anderen, etwa gewerblich-kommerziellen Ziels, so fehlt es nach hL grundsätzlich an einer gemeingebräuchlichen Straßennutzung.[62]

30 a) Wer öffentliches Straßenland zum Verkauf von Waren, zur Erbringung von Dienstleistungen oder zum Zwecke der Werbung benutzt (*gewerblich-kommerzielle Zweckverfolgung*[63]), übt danach erlaubnispflichtige Sondernutzungen auch dann aus, wenn dies *ohne* feste Verkaufs- oder Werbestände[64] bzw ohne Errichtung von Kiosken geschieht. Bezüglich der gewerblich-kommerziellen Zweckverfolgung wird ein Verkehrsgebrauch allgemein abgelehnt bei allen Formen des Straßenhandels, beispielsweise durch Verkauf aus „Bauchläden"[65] oder aus parkenden Fahrzeugen,[66] ferner im Falle der Werbung etwa durch Verteilung von Handzetteln oder Prospekten,[67] durch Einsatz von Lautsprechern,[68] durch Anbringen von Plakatträgern im Bereich einer öffentlichen Straße,[69] durch Abstellen oder Inverkehrbringen von Fahrzeugen mit Plakatflächen,[70] sowie durch Plakattragen[71] oder Schaustellungen.

31 Dagegen soll auf innerörtlichen Straßen, insbesondere Fußgängerzonen, der Handverkauf von Zeitungen[72] und der Verkauf aus einem „Bauchladen"[73] noch

[62] Vgl BVerwG, DVBl 1970, 873; BVerwGE 35, 329; BVerwG, DVBl 1969, 308ff und 696f; OLG Hamm, NJW 1977, 689; OLG Düsseldorf, NVwZ 1991, 206, 207; BayVGH, BayVBl 1996, 665, 666; so noch *Marschall/Schroeter/Kastner* Bundesfernstraßengesetz, 4. Aufl 1977, § 7 Rn 2.1; aA nunmehr *Marschall/Schroeter/Kastner* (Fn 15) § 7 Rn 9, 14. Nach aA kommt es auf die äußerlich nicht erkennbaren Absichten und Motive des Wegebenutzers nicht an, sofern sich das Verhalten nicht wesentlich von dem anderer unterscheidet, vgl OVG Hamburg, NJW 1996, 2051, 2052; OLG Köln, NVwZ 1992, 100f; *Kodal/Krämer* (Fn 1) Kap 24 Rn 113.

[63] Zur gewerblichen Nutzung s a *Pappermann/Löhr* (Fn 6) 352; *Sauthoff* (Fn 39) 245.

[64] Vgl zum Anbringen von Plakatträgern OLG Hamm, NVwZ 1991, 205f.

[65] AA *Kodal/Krämer* (Fn 1) Kap 24 Rn 98; OLG Köln, NVwZ 1992, 100; vgl a OVG Hamburg, NJW 1996, 2051f.

[66] OLG Hamm, NJW 1977, 689; aA *Kodal/Krämer* (Fn 1) Kap 24 Rn 99.

[67] BVerwGE 35, 329; vgl aber auch BGH, DVBl 1981, 383, 385; OLG Köln, NVwZ 1992, 100; kritisch zur Einordnung als Sondernutzung *Kodal/Krämer* (Fn 1) Kap 24 Rn 113.

[68] OVG NW, OVGE 27, 252.

[69] OLG Hamm, NVwZ 1991, 205f; vgl a BVerwG, NVwZ 1996, 1210.

[70] OLG Düsseldorf, NVwZ 1991, 206f.

[71] AA *Kodal/Krämer* (Fn 1) Kap 24 Rn 113, wegen der Vergleichbarkeit mit dem Verhalten sonstiger Fußgänger.

[72] OLG Frankfurt, NJW 1976, 203f; OLG Bremen, NJW 1976, 1359; *Kodal/Krämer* (Fn 1) Kap 24 Rn 100.

gemeingebräuchlich sein, weil und soweit die Straße dadurch nicht wesentlich anders benutzt wird als durch sonstige Verkehrsteilnehmer.[74] Neben dem äußeren Erscheinungsbild soll es auf die äußerlich nicht erkennbaren Absichten und Motive des Wegebenutzers nicht ankommen.[75] Allein das Abstellen auf die äußere Erscheinungsform ohne Berücksichtigung des Zwecks der Straßenbenutzung widerspricht jedoch der den Straßengesetzen zugrundeliegenden Systematik. Zwar kommt es nicht auf die hinter der Straßenbenutzung zum Verkehr stehende Motivationslage an,[76] solange die Benutzung überwiegend zum Zwecke der Ortsveränderung erfolgt. Wird die Straße aber nicht mehr überwiegend zum Verkehr, sondern als Verkaufsfläche genutzt, ist wegen der vom Straßenrecht vorgegebenen Dichotomie von einer erlaubnispflichtigen Sondernutzung auszugehen.[77] Hierfür sprechen nicht zuletzt auch die Aspekte der Rechtssicherheit[78] und der Vermeidung einer Auflösung der Gesetzessystematik in eine unüberschaubare Einzelfallkasuistik. Lediglich bei einer grundrechtlich besonders legitimierten Straßenbenutzung muß dieses Ergebnis ggf über eine erweiternde Auslegung des Verkehrsbegriffs korrigiert werden, was jedoch bei der allein oder überwiegend gewerblich-kommerziellen Zweckverfolgung nicht der Fall ist.[79]

b) Umstritten ist die Rechtslage bei *politischer Information und Werbung,* wie dem Verteilen oder Verkauf politischen Informations- oder Werbematerials sowie der Aufforderungen zu politischen Straßendiskussionen und ihren Durchführungen, soweit auf das Aufstellen fester Verkaufs- oder Werbestände und den Einsatz von Lautsprecheranlagen (Megaphone) verzichtet wird. Verteiler, Verkäufer und/oder „Diskutanten" halten sich zwar regelmäßig noch im Rahmen eines objektiven Verkehrsverhaltens. Sie üben Ortsveränderungen aus, indem sie an die vorbeigehenden Passanten jeweils herantreten. Sie verfolgen aber letztlich einen anderen Zweck als die von ihnen anzusprechenden oder zu erreichenden Fußgänger. Fortbewegung und Ortsveränderung sind nicht der Hauptzweck, den sie auf dem Straßenland verfolgen, sondern nur ein Mittel zur Wahrnehmung anderer, nicht verkehrsmäßiger Ziele, wie die der politischen Information, Überzeugung, Diskussion oder Agitation. **32**

Während nach früherer Auffassung aus diesen Gründen ein Verkehrsgebrauch abgelehnt und ebenso wie bei Straßennutzungen mit vorwiegend gewerblich-kommerzieller Zielsetzung eine erlaubnispflichtige Sondernutzung angenommen wurde,[80] hat sich mittlerweile in der Judikatur[81] und Lehre[82] wegen der Grund- **33**

[73] OLG Köln, NVwZ 1992, 100; *Kodal/Krämer* (Fn 1) Kap 24 Rn 98.

[74] Vgl *Kodal/Krämer* (Fn 1) Kap 24 Rn 100.

[75] OVG Hamburg, NJW 1996, 2051, 2052.

[76] *Wiget* (Fn 28) Art 14 Rn 37; *Kodal/Krämer* (Fn 1) Kap 24 Rn 21.41.

[77] *Papier* (Fn 5) 94f.

[78] Dies wird auch betont in BVerwGE 84, 71, 78.

[79] Vgl *Steiner* (Fn 4) V Rn 131 mwN. Für den Handverkauf von Zeitungen kommt dagegen eine erweiternde Auslegung im Hinblick auf die Pressefreiheit des Art 5 I GG in Betracht, offengelassen von OLG Frankfurt, NJW 1976, 203, 204.

[80] Ohne Ansätze einer Differenzierung: BVerwGE 35, 326, 329; OVG NW, DVBl 1972, 509; BayObLG, DVBl 1967, 202; BayVGH, DVBl 1967, 920; *Kodal*, Straßenrecht, 2. Aufl 1964, 251ff.

rechtsgarantie des Art 5 I GG eine die straßenrechtliche Erlaubnispflicht *verneinende* Auffassung durchgesetzt. Ausgangspunkt dieser Neuabgrenzung ist die Rechtsprechung des BVerfG zum Schrankenvorbehalt der „allgemeinen Gesetze" im Rahmen der Meinungs- und Pressefreiheitsgarantie (Art 5 II GG). Danach setzen die allgemeinen Gesetze, zu denen unzweifelhaft auch die Straßengesetze mit ihren Erlaubnisvorbehalten gehören,[83] dem Grundrecht der Meinungs- und Pressefreiheit nicht unbedingt Grenzen. Vielmehr müssen die allgemeinen Gesetze ihrerseits im Lichte der überragenden Bedeutung der Meinungs- und Pressefreiheit für das demokratische Staatswesen ausgelegt und damit in ihrer das Grundrecht begrenzenden Wirkung eingeschränkt werden. Diese „Wechselwirkung" zwischen Grundrecht und Grundrechtsschranke führt dazu, daß „allgemeine Gesetze" der Meinungsfreiheit nur insoweit Grenzen setzen, als der Eingriff zum Schutze höher- oder gleichwertiger Rechtsgüter geboten ist.[84]

34 Für die Fälle der Verteilung oder des Verkaufs von Handzetteln oder Schriften politischen Inhalts werden auf der Grundlage dieser bundesverfassungsgerichtlichen Judikatur verschiedene Ansätze vorgeschlagen, die jedoch hinsichtlich ihrer Ergebnisse: Erlaubnisfreiheit entsprechender Straßennutzungen, im wesentlichen übereinstimmen.

35 (1) Teils wird nicht am Gemeingebrauchs- und Verkehrszweckbegriff angesetzt, sondern mangels einer auf Ortsveränderungen gerichteten Inanspruchnahme, ungeachtet des Art 5 I GG, eine Sondernutzung angenommen. Die Einwirkung des Grundrechts der Meinungsfreiheit auf die schrankenziehende Bedeutung der straßenrechtlichen Sondernutzungsbestimmungen wird in einer Unwirksamkeit des normativen Erlaubnisvorbehalts gesehen. Es wird insofern also eine *erlaubnisfreie Sondernutzung* angenommen.[85] Auf der Grundlage desselben Ausgangspunkts einer straßenrechtlichen Sondernutzung wird von anderen Autoren auf die wegen Art 5 I GG eintretende generelle Ermessensreduzierung auf Null bei

[81] OLG Stuttgart, NJW 1976, 201; OLG Frankfurt, NJW 1976, 203; OLG Düsseldorf, NJW 1975, 1288; OLG Celle, NJW 1975, 1894f; OLG Bremen, NJW 1976, 1359; OLG Hamm, NJW 1976, 2172; OVG Berlin, NJW 1973, 2044ff; OVG Lüneburg, NJW 1977, 916; offengeblieben in: OLG Saarbrücken, NJW 1976, 1362; BVerwGE 56, 63, 66f; aA wohl BayVGH, NJW 1978, 1940f. Vgl a BVerfG, NVwZ 1992, 53f, wonach das Sondernutzungsgenehmigungserfordernis zur Gewährleistung der Leichtigkeit des Verkehrs in Fußgängerzonen und verkehrsberuhigten Bereichen unverhältnismäßig in Art 5 I 1 GG eingreift; krit hierzu: *Lorenz* JuS 1993, 375ff; *Enders* VerwArch 83 (1992) 527ff.

[82] *Pappermann* NJW 1976, 1343; *Pappermann/Löhr* (Fn 6) 351f; *Crombach* DVBl 1977, 277, 278ff; *Sigrist* DÖV 1976, 376ff; vgl a *Steinberg* (Fn 28) 1898ff; *Meissner* JA 1980, 583ff; *Thiele* DVBl 1980, 977ff; ablehnend *Schröder* Die Verwaltung 10 (1977) 455f. Nach *Kodal/Krämer* (Fn 1) Kap 24 Rn 22, Kap 26 Rn 59.3, gehört das Verteilen politischer Schriften zum kommunikativen Verkehr und damit zum Gemeingebrauch, ohne daß es einer verfassungsrechtlichen Würdigung bedarf.

[83] Vgl BVerfG, NVwZ 1992, 53.

[84] Grundlegend: BVerfGE 7, 198, 208ff; s ferner 20, 162, 177; 21, 271, 281; 39, 334, 367; 82, 43, 50; BVerfG, NVwZ 1992, 53.

[85] OLG Düsseldorf, NJW 1975, 1288; OLG Celle, NJW 1975, 1894; OLG Celle, Nds Rpfl 1976, 18.

der Entscheidung über Anträge auf Sondernutzungserlaubnisse verwiesen.[86] Es wird ferner betont, daß unter diesen Voraussetzungen ein präventives Erlaubnisverfahren ein *unnötiger* Grundrechtseingriff sei, so daß eine verfassungskonforme Interpretation zu dem gleich geeigneten, aber weniger einschneidenden Anzeigeverfahren führe.[87]

Die Annahme erlaubnisfreier, allenfalls anzeigepflichtiger Sondernutzungen **36**
stößt aber schon deshalb auf Bedenken, weil damit die Grenzen einer verfassungskonformen Gesetzesinterpretation verlassen werden. Auch die These des BVerfG von der „Wechselwirkung" zwischen Grundrecht und Schranke erfordert und rechtfertigt nur die stärkere Gewichtung der Grundrechte des Art 5 I GG bei der *Interpretation* der schrankenziehenden Gesetze. Von einer *Auslegung* straßenrechtlicher Vorschriften kann aber dann nicht mehr gesprochen werden, wenn die dort vorgesehene grundlegende Unterscheidung zwischen zulassungsfreiem Gemeingebrauch und erlaubnispflichtiger Sondernutzung zugunsten einer dem Gesetz in dieser Form unbekannten Zwischenform der erlaubnisfreien bzw anzeigepflichtigen Sondernutzung verwischt wird.[88]

(2) Methodisch richtiger erscheint daher der Ansatz am Gemeingebrauchsbe- **37**
griff und bei der Interpretation des normativen Verkehrszweckerfordernisses.[89] Der „Verkehrs"-begriff ist durchaus interpretationsfähig. Die enge Auslegung iS einer nur die Fortbewegung von Personen und Sachen bezweckenden, ausschließlich auf Ortsveränderung gerichteten Inanspruchnahme der Straße ist vom Wortsinn keinesfalls zwingend vorgegeben. „Verkehr" kann auch in dem weiteren Sinne einer die Kontaktaufnahme und Kommunikation mit anderen Verkehrsteilnehmern beabsichtigenden Straßenbenutzung verstanden werden. Es ist ferner darauf hinzuweisen daß über Inhalt und Umfang des Gemeingebrauchs keine generellen Aussagen getroffen werden können, diese vielmehr auch abhängig sind von zeitlichen und örtlichen Gegebenheiten. Die Annahme, öffentliche Straßen und Plätze seien generell und ausschließlich für die Fortbewegung von Mensch und Sache bestimmt, läßt sich unter Berücksichtigung der grundrechtlichen Garantie einer nur begrenzt einschränkbaren Meinungs- und Pressefreiheit nicht mehr aufrechterhalten. Im *innerörtlichen* Bereich weisen öffentliche Straßen und Plätze eine über die bloße Fortbewegung und das umständebedingte Stehenbleiben hinausreichende Zweckbestimmung auf. Der von Art 5 I GG garantierte freie Meinungsbildungsprozeß, der freie Austausch von Informationen und Meinungen setzen jedenfalls auch voraus, daß im innerörtlichen Bereich (City-Bereich) allgemein zugängliche Foren der Kontaktaufnahme und Kommunikation bestehen. Hier umfaßt die öffentliche Zweckbestimmung von Straßen und Plätzen grundsätzlich auch den Austausch von Informationen und Meinungen.[90]

[86] *Steinberg* (Fn 28) 1901 f; *Steinberg/Herbert* JuS 1980, 108, 111 ff.
[87] *Pappermann* (Fn 82) 1343; *Crombach* (Fn 82) 279.
[88] OVG NW, DVBl 1972, 510; OLG Stuttgart, NJW 1976, 202; OLG Frankfurt, NJW 1976, 203; OLG Bremen, NJW 1976, 1359; s ferner *Pappermann/Löhr* (Fn 6) 352.
[89] Ebenso *Pappermann/Löhr* (Fn 6) 351 f; *Pappermann/Löhr/Andriske* (Fn 4) 68 f; *Papier* (Fn 6) Teil G Rn 103.
[90] OLG Stuttgart, NJW 1976, 202; BayVGH, BayVBl 1996, 665, 666.

38 Daß beispielsweise das längere Gespräch auf der Straße nach dem Einkauf oder Kinobesuch, daß das längere abendliche oder sonntägliche Verweilen auf öffentlichen Straßen und Plätzen grundsätzlich vom Verkehrsgebrauch miterfaßt ist, ist auch nie angezweifelt worden. Eine verfassungskonforme Interpretation des Verkehrszweckbegriffs muß aber auch andere Formen der Kommunikation im Rahmen eines objektiven Verkehrsverhaltens, also insbesondere die Verteilung von Handzetteln zum Zwecke politischer Werbung oder Information, erfassen. Besondere Beachtung erfordert in diesem Zusammenhang aber nicht nur die Meinungs- und Pressefreiheit. In vergleichbarer Weise sind auch Glaubens-, Bekenntnis- und Religionsausübungsfreiheit durch Art 4 I/II GG grundrechtlich garantiert,[91] so daß in dem oben beschriebenen Rahmen auch kirchliche „Werbungs"- und Informationstätigkeit noch vom Verkehrsgebrauch erfaßt sein kann.

39 Diese Auffassung führt nicht zwangsläufig zu einer untragbaren Beeinträchtigung des primär auf Ortsveränderung zielenden fließenden Fußgänger- und Kraftwagenverkehrs. Denn stets sind die Schranken des *individuellen* Gemeingebrauchs einzuhalten, die sich aus dem Erfordernis der Gemeinverträglichkeit und den Vorschriften des Verkehrsrechts ergeben. Die Überschreitung dieser Grenzen macht die Gemeingebrauchsausübung unzulässig. Schließlich sei nochmals hervorgehoben, daß ein Gemeingebrauch auch unter Berücksichtigung der Grundrechte des GG ausscheidet, wenn ein objektiv-verkehrsmäßiges Verhalten nicht mehr vorliegt, wenn also Gegenstände auf der öffentlichen Straße aufgestellt, errichtet bzw gelagert werden (zB Aufstellen von Werbe- und Verkaufsständen, Plakatständer).[92]

40 c) Ob und inwieweit die *künstlerische Betätigung* im Bereich öffentlicher Straßen im Hinblick auf die grundrechtiche Gewährleistung des Art 5 III 1 GG als erlaubnisfreier kommunikativer Verkehr angesehen werden kann, ist umstritten.[93] Wesentliches Argument der Befürworter der Erlaunisfreiheit von Straßenkunst ist die vorbehaltlose Gewährung der Kunstfreiheit in Art 5 III 1 GG. Wenn der Verkehrsbegriff zugunsten der in Art 5 II GG unter dem Vorbehalt der allgemeinen Gesetze stehenden Meinungsäußerungsfreiheit verfassungskonform auszulegen ist, müsse dies ebenso für die vorbehaltlos gewährleistete Kunstfreiheit gelten. Nach ständiger Rechtsprechung des BVerwG stellt Straßenkunst jedoch grundsätzlich eine Sondernutzung dar.[94] Angesichts der Notwendigkeit, im Einzelfall Konflikte miteinander konkurrierender Straßennutzungen zu vermeiden, stelle das präven-

[91] S BVerfGE 24, 245; vgl dazu u Rn 42.

[92] Vgl BVerwGE 47, 280, 282; 56, 56, 58; 56, 63, 65f; BVerwG, NVwZ-RR 1995, 129; OVG Schleswig, NVwZ 1992, 70.

[93] Vgl *Bismark* NJW 1985, 246; *Fischer/Reich* Der Künstler und sein Recht, 1992, 7ff; *Goerlich* Jura 1990, 415, 417; *Goring/Jahn* JA-Übungsblätter 1992, 56; *Häde* JuS 1993, 113, 117; *Hufen* DÖV 1983, 353; *Laubinger* VerwArch 81 (1990) 583; *Meyer* DÖV 1991, 542; *Steinberg/Hartung* JuS 1990, 795; *Würkner* NVwZ 1987, 841; *ders* NJW 1987, 1793; *ders* GewArch 1987, 321; *Wiget* (Fn 28) Art 14 Rn 50; *Steiner* (Fn 4) V Rn 135.

[94] BVerwG, DÖV 1981, 342f; BVerwG, NJW 1987, 1836f; BVerwGE 84, 71, 75f = NJW 1990, 2011 m Anm *Würkner*; vgl a die bei *Laubinger* (Fn 93) wiedergegebenen unveröffentlichten Entscheidungen von BVerwG und BVerfG.

tive Erlaubnisverfahren eine verhältnismäßige Einschränkung der Kunstfreiheit im Interesse der Grundrechte anderer Straßenbenutzer, insbesondere der Anlieger (Art 14 I 1 GG), der anderen Verkehrsteilnehmer (Art 2 I GG) und anderer Straßenkünstler (Art 5 III 1, 3 I GG) dar. Der Sondernutzungserlaubnis kommt damit eine Ausgleichs- und Verteilungsfunktion zu, um so im Einzelfall die widerstreitenden Grundrechte zu einem möglichst schonenden Ausgleich zu bringen.[95] Sofern im Einzelfall die straßenkünstlerische Darbietung Rechte anderer nicht ernstlich beeinträchtigt, ist in der Regel das bei der Sondernutzungserteilung bestehende Ermessen reduziert und es besteht ein Anspruch auf Erlaubniserteilung.[96] Eine Erlaubnisfreiheit kommt lediglich in solchen Fallgestaltungen in Betracht, bei denen die vorherige Einholung der Erlaubnis die Kunstausübung praktisch unmöglich machen würde, was bei „Spontankunst" der Fall sein könnte.[97]

Ebenso wie Art 5 I und Art 4 hat auch die Kunstfreiheitsgarantie des Art 5 III **41** GG Auswirkungen auf die Bestimmung des straßenrechtlichen Gemeingebrauchs. Der „kommunikative Gemeingebrauch" kann auch Betätigungen im Gewährleistungsbereich des Art 5 III GG umschließen, so etwa das Musizieren in einer Fußgängerstraße.[98] Aber auch hier gilt die wesentliche Einschränkung, daß eine gegenständliche Inanspruchnahme der Straße jenseits objektiver Verkehrsvorgänge stets eine Sondernutzung darstellt. Das Aufstellen von Kunstgegenständen ist daher ebenso eine Sondernutzung wie das Bemalen des Straßenpflasters und das Aufstellen von Verstärkeranlagen, Lautsprechern und Instrumenten.[99] Die straßenrechtlichen Vorschriften über die erlaubnispflichtige Sondernutzung setzen in der erwähnten verfassungskonformen Einschränkung auch der Kunstfreiheit des Art 5 III GG legitime Schranken.[100] Da nahezu alle Formen der Straßenkunst die Straße gegenständlich in Anspruch nehmen, ist der Rechtsprechung für den Regelfall zu folgen, und eine Sondernutzungserlaubnispflicht anzunehmen.

d) Auch bei *religiöser und weltanschaulicher Information und Werbung* auf **42** öffentlichen Straßen und Plätzen fehlt es an sich am Hauptzweck der Fortbewegung und Ortsveränderung. Soweit diese Tätigkeit lediglich durch die unentgeltliche Abgabe von Zeitschriften und Informationsmaterial ohne Hilfsmittel (zB Informationsstände) erfolgt, ist das Verhalten wie die politische Information und Werbung als kommunikativer Verkehr dem Gemeingebrauch zuzurechnen.[101] Werden zugleich entgeltliche Leistungen beworben oder angeboten, schließt dies nicht den Schutz des Art 4 GG aus, solange die Glaubenslehre nicht als bloßer Vorwand für die Verfolgung wirtschaftlicher Zwecke dient.[102] Sofern der Verkauf religiöser Schriften gegenüber dem Zweck der Vermittlung des eigenen Glaubens

95 BVerwGE 84, 71, 76.
96 BVerwGE 84, 71, 78.
97 BVerwGE 84, 71, 79 in Anlehnung an die Rspr des BVerfG zur „Spontanversammlung".
98 S OLG Hamm, NJW 1980, 1702f.; *Jarass* in: Jarass/Pieroth, GG, Art 5 Rn 70; aA BVerwG, NJW 1987, 1837 f; vgl a BVerwGE 84, 71, 76f, wo das Erlaubniserfordernis auf alle Formen der Straßenkunst erstreckt wird.
99 S BVerwG, DÖV 1981, 342; OLG Hamm, NJW 1980, 1702, 1703.
100 S BVerwG, DÖV 1981, 342; BVerwGE 84, 71, 75ff.
101 BayVGH, BayVBl 1996, 665f; vgl a BVerwG, NJW 1997, 406, 407.
102 BVerwG, NJW 1997, 406, 407.

von erkennbar untergeordneter Bedeutung ist, kann dies noch dem kommunikativen Verkehr zugeordnet werden.[103] Wird dagegen der Straßenraum gegenständlich in Anspruch genommen (Aufstellung von Informations- bzw Verkaufstischen), besteht eine Sondernutzungserlaubnispflicht.[104] Insoweit gelten dieselben Grundsätze, die das BVerwG im Hinblick auf die ebenfalls vorbehaltlos gewährleistete Kunstfreiheit für die Fälle der Straßenkunst entwickelt hat.[105] Das präventive Kontrollverfahren der Sondernutzungserlaubnis soll einen Ausgleich der unterschiedlichen grundrechtlich geschützten Belange, die bei der Benutzung des Straßenraums miteinander in Konflikt geraten können gewährleisten und stellt eine regelmäßig nur geringe und daher verhältnismäßige Belastung dar. Sofern im Einzelfall die beabsichtigte Straßenbenutzung weder die Rechte anderer Verkehrsteilnehmer (Art 2 I, 3 I GG) noch das Recht auf Anliegergebrauch (Art 14 I GG) noch andere Grundrechte ernstlich beeinträchtigt, besteht in der Regel ein Anspruch auf Erlaubniserteilung.[106]

6. Sonderregelungen durch Satzung

43 Die örtlichen Gegebenheiten und Gepflogenheiten sind aber nicht nur bei der Bestimmung des Verkehrsgebrauchs im Rahmen der *gesetzlich* gezogenen Gemeingebrauchsgrenzen zu berücksichtigen. Die Straßengesetze *ermächtigen* zu diesem Zwecke auch die Gemeinden, *durch Satzung* bestimmte Sondernutzungen in den Ortsdurchfahrten der Bundesfernstraßen (§ 8 I 4 FStrG) und der Land- und Kreisstraßen sowie in den Gemeindestraßen (vgl § 19 StrWG NW, § 18 I 4 NdsStrG, ferner Art 22a BayStrWG) von der Erlaubnispflicht zu befreien. Solche Gemeindesatzungen bedürfen, wenn die Gemeinde nicht selbst Straßenbaulastträger ist, der Zustimmung des Trägers der Straßenbaulast (§ 8 I 5 FStrG: der obersten Landesstraßenbaubehörde).

7. Besondere Gemeingebrauchsschranken

44 Gemeingebrauchsschranken können sich über die normativ-abstrakte Verkehrszweckbestimmung hinaus aus der *besonderen* Zweckbestimmung einzelner Straßen und Wege ergeben.[107] Eine solche besondere Zweckbestimmung erfolgt durch die Widmungsverfügung. Regelmäßig ist die Widmung unbeschränkt, sie umfaßt also alle nicht schienengebundenen Landverkehrsarten. Die Widmung kann aber auch auf bestimmte Verkehrsarten oder Verkehrszwecke beschränkt sein.[108] Wird die Widmung in dieser Weise *nachträglich* beschränkt, so liegt eine

[103] OVG Hamburg, NJW 1996, 2051f; vgl a BayVGH, BayVBl 1996, 665, 666, zur deutlich untergeordneten Werbung in unentgeltlich verteilten Zeitschriften.
[104] VG Frankfurt, NVwZ 1991, 195f; OVG Lüneburg, NVwZ-RR 1996, 244, 245; vgl a BVerwG, NJW 1997, 406, 407.
[105] BVerwG, NJW 1997, 406, 407; NJW 1997, 408.
[106] BVerwG, NJW 1997, 406, 407; NJW 1997, 408.
[107] *Salzwedel* (Fn 3) 244; *ders* (Fn 5) 84; *Kodal/Krämer* (Fn 1) Kap 24 Rn 16ff.
[108] S *Kodal/Krämer* (Fn 1) Kap 24 Rn 16; *Papier* (Fn 6) Teil G Rn 92.

*Teil*einziehung vor.[109] Ist eine öffentliche Straße als Fußgängerstraße gewidmet, so liegt der Fahrzeugverkehr *außerhalb* des Gemeingebrauchs. Dementsprechend bedarf auch der Anlieger einer Sondernutzungserlaubnis zum Fahren und Parken in einer Fußgängerzone.[110] Der als Radweg gewidmete Teil einer öffentlichen Straße kann nur von Radfahrern gemeingebräuchlich genutzt werden, entsprechendes gilt für die Bürgersteige zugunsten der Fußgänger. Ist eine Straße als Bundesautobahn gewidmet, so ist sie ausschließlich für den Schnellverkehr mit Kraftfahrzeugen bestimmt (vgl § 1 III FStrG), so daß etwa das Parken, der Fußgängerverkehr oder der Verkehr mit Fahrzeugen unter einer Mindestgeschwindigkeit als *außerhalb* des (abstrakten) Gemeingebrauchs liegend unzulässig ist. Art und Maß der Beschränkung ergeben sich hier *mittelbar* aus der Widmung, nämlich aus der Zuweisung der Straße zu einer bestimmten Straßengruppe.

Die besonderen *wege*rechtlichen Widmungsschranken dürfen nicht mit den die **45**
Gemeingebrauchsausübung ordnenden Vorschriften des (Straßen-)Verkehrsrechts verwechselt werden, auch soweit diese die wegerechtlichen Gemeingebrauchsschranken zusätzlich verkehrsrechtlich absichern.[111] Die wegerechtlichen Gemeingebrauchsschranken betreffen den *abstrakten* Gemeingebrauch.[112] Sie legen fest, was schon abstrakt gesehen nicht auf öffentliche Straßen oder auf eine bestimmte öffentliche Straße gehört. Sie gelten ungeachtet dessen, wieviele Verkehrsteilnehmer zu erwarten sind. Ordnungsbedürfnisse, die sich erst daraus ergeben, daß zu viele den abstrakt eröffneten Gemeingebrauch ausüben, fallen ausschließlich das Verkehrsrecht, das nicht den Gemeingebrauch von der Sondernutzung, sondern den individuell zulässigen vom unzulässigen Gemeingebrauch abgrenzt.[113]

8. Erlaubnisfreie Benutzung

Die Benutzung zum Gemeingebrauch steht jedermann ohne besondere Zulassung **46**
offen, sie ist also – im Gegensatz zur Sondernutzung, die mangels abweichender satzungsrechtlicher Vorschriften erlaubnispflichtig ist – erlaubnisfrei.[114] Damit ist nicht nur der einseitige behördliche Zulassungsakt, sondern auch die „Vorschaltung" eines Vertragsschlusses ausgeschlossen, unabhängig davon, ob Verwaltungsermessen oder Erlaubnispflicht bzw Kontrahierungszwang bestehen. Dagegen ist es mit dem straßenrechtlichen Gemeingebrauch nicht unvereinbar, wenn für bestimmte Formen des schlichten oder gesteigerten Gemeingebrauchs eine straßenverkehrsrechtliche oder (bau-)ordnungsrechtliche Genehmigung vorliegen muß.

109 Vgl a *Kodal/Krämer* (Fn 1) Kap 24 Rn 16.
110 VGH BaWü, DÖV 1980, 730 = JA 1980, 609.
111 S dazu *Kodal/Krämer* (Fn 1) Kap 24 Rn 17.3.
112 *Salzwedel* (Fn 3) 251; *ders* (Fn 5) 83; *Papier* (Fn 6) Teil G Rn 93.
113 *Salzwedel* (Fn 3) 251; *ders* (Fn 5) 83.
114 S a *Kodal/Krämer* (Fn 1) Kap 24 Rn 15.

9. Unentgeltlichkeit?

47 Ob die zulassungsfreie Benutzung durch jedermann auch die Unentgeltlichkeit der gemeingebräuchlichen Nutzung voraussetzt, ist stets umstritten gewesen.[115] Die geltenden Straßengesetze bringen in dieser Frage insoweit eine Klärung, als sie die Erhebung von Benutzungsgebühren *nicht* als unvereinbar mit dem Gemeingebrauch ansehen. Die Unentgeltlichkeit der Nutzung gehört also nicht zum „Wesen" des Gemeingebrauchs.[116] Allerdings bedarf eine Gebührenerhebung einer besonderen *formell-gesetzlichen* Ermächtigung (s zB § 7 I 4 FStrG, § 14 IV StrWG NW, Art 14 II BayStrWG; § 14 III NdsStrG).

48 Seit der Ergänzung des Art 74 I Nr 22 GG im Jahr 1969[117] besitzt der Bund für die Erhebung und Verteilung von Gebühren für die Benutzung öffentlicher Straßen mit Fahrzeugen explizit die konkurrierende Gesetzgebungskompetenz. Das im Jahr 1990 erlassene Gesetz über Gebühren für die Benutzung von Bundesfernstraßen mit schweren Lastfahrzeugen[118] verstieß wegen der gleichzeitig mit der von allen Verkehrsunternehmen zu zahlenden Straßenbenutzungsgebühr eingeführten Senkung der Kraftfahrzeugsteuer für deutsche Verkehrsunternehmen gegen Art 76 EGV (= Art 72 EGV idF des Amsterdamer Vertrages; vgl dazu o § 3 Rn 4).[119] Durch die Richtlinie 93/89/EWG des Rates der Europäischen Gemeinschaften über die Besteuerung bestimmter Kraftfahrzeuge zur Güterbeförderung sowie die Erhebung von Maut- und Benutzungsgebühren für bestimmte Verkehrswege durch die Mitgliedstaaten vom 25.10.1993[120] wurde der gemeinschaftsrechtliche Rahmen für Straßenbenutzungsgebühren konkretisiert.[121] Gestützt auf Art 74 I Nr 22 GG wurden 1994 das Autobahnbenutzungsgebührengesetz für schwere Nutzfahrzeuge[122] und das Fernstraßenbauprivatfinanzierungsgesetz[123] erlassen.[124]

10. Gebrauch im Rahmen der Verkehrsvorschriften

49 Nach dem Inhalt und Umfang der meisten gemeingebrauchsbestimmenden straßenrechtlichen Vorschriften wird nur die Benutzung im Rahmen der *Verkehrsvorschriften* als Gemeingebrauch gestattet (so § 7 I 1 FStrG, § 10 II 1 BerlStrG, § 13 I 1 BaWüStrG, § 14 I 1 BbgStrG, § 14 1 HessStrG, § 21 I 1 StrWG-MV, § 14 I 1 NStrG, § 14 I 1 StrWG NW, § 14 I 1 SaarlStrG, § 14 I 1 SächsStrG, § 14 I 1 StrG LSA, § 20 I 1 StrWG SH, § 14 I ThürStrG, anders Art 14 I BayStrWG). Da-

[115] Nachweise bei *Forsthoff* VwR, 390 mit Fn 2, 3; *Kodal/Krämer* (Fn) Kap 24 Rn 23ff.
[116] AA noch BVerwGE 4, 342.
[117] BGBl 363.
[118] BGBl 826.
[119] EuGH Slg 1992, I-3141 – Kommission/Bundesrepublik Deutschland = NJW 1992, 1949.
[120] ABl Nr L 279/32.
[121] Vgl dazu *Kodal/Krämer* (Fn 1) Kap 16 Rn 19, 19.1.
[122] Vom 30.8.1994, in Durchführung des Übereinkommens vom 9.2.1994 mit Belgien, Dänemark, Luxemburg und den Niederlanden, BGBl II, 1765.
[123] Vom 30.8.1994, BGBl, 2243.
[124] Zu beiden vgl *Kodal/Krämer* (Fn 1) Kap 16 Rn 20ff; *v Mangoldt/Klein/Pestalozza* GG VIII, Rn 1628ff.

mit verweisen die Straßengesetze auf die verkehrsrechtlichen Bestimmungen vornehmlich des StVG, der StVZO und der StVO. Die verkehrsrechtlichen Ge- und Verbote sind an die Stelle des traditionellen wegerechtlichen *Gemeinverträglichkeitsgebots* getreten.[125] Die Ausübung des „schlichten" Gemeingebrauchs an öffentlichen Straßen ist stets Straßenverkehr. Da der Bund für diesen Bereich von seinem Recht der konkurrierenden Gesetzgebung (Art 74 I Nr 22 GG) in vollem Umfange Gebrauch gemacht hat, kann sich die Frage der Gemeinverträglichkeit des Verkehrsgebrauchs heute ausschließlich nach dem (bundesrechtlichen) Verkehrsrecht, nicht aber nach dem (Landes-)Wegerecht bestimmen.

Das das Gemeinverträglichkeitsprinzip abschließend bestimmende oder konkretisierende Verkehrsrecht (vgl insbesondere § 1 StVO) kann deshalb aber nicht den bisher behandelten wegerechtlichen Gemeingebrauchsschranken gleichgesetzt werden. Während jene den öffentlich-rechtlichen Sachherrschaftsstatus überhaupt oder die Grenzen zwischen Gemeingebrauch und Sondernutzung bestimmen, besagt das Verkehrsrecht, welche im Rahmen des wegerechtlich-abstrakten Gemeingebrauchs liegenden Nutzungen auch tatsächlich zulässigerweise ausgeübt werden dürfen. Es legt die Grenzen zwischen abstraktem und individuellem, zwischen zulässigem und unzulässigem Gemeingebrauch fest.[126] Die auf die Verkehrsvorschriften verweisenden Gemeingebrauchsklauseln der Straßengesetze sind letztlich überflüssig, weil sich die Bindung an die Verkehrsvorschriften schon unmittelbar aus ihrer Normativität ergibt.[127] 50

Wegerechtliche und verkehrsrechtliche Regelungen sind daher gegeneinander abzugrenzen.[128] Das *Wegerecht* legt die abstrakte Zweckbestimmung der öffentlichen Sache, also die abstrakte Verkehrsaufgabe der Straße fest. Es bestimmt, was überhaupt nicht auf öffentliche Straßen allgemein oder auf bestimmte, eine besondere wegerechtliche Zweckbestimmung aufweisende Verkehrswege gehört. Es verbietet alle diese abstrakte Zweckbestimmung überschreitenden Nutzungen unabhängig davon, ob im konkreten Fall eine Verkehrsstörung zu erwarten ist oder nicht.[129] 51

Im Gegensatz dazu bezieht sich das *Verkehrsrecht* auf Ordnungsbedürfnisse, die erst durch die Art und Menge der *bestimmungsgemäßen* Benutzungen der öffentlichen Straße entstehen.[130] Es hat an die Zahl der Verkehrsteilnehmer, an die Frequenzen der Straßenbenutzung und an die zeitlichen Verkehrsballungen anzuknüpfen. Die Gemeingebrauchsausübung unter diesen konkreten Gemeinverträglichkeitsgesichtspunkten zu ordnen, ist die Aufgabe des Verkehrsrechts und der es ausführenden Straßenverkehrsbehörden. Es ist auch für die Privatstraßen und Privatwege verbindlich, soweit diese dem öffentlichen Verkehr vom Eigentümer zur Verfügung gestellt werden.[131] Die Fläche muß maW mit ausdrücklicher Zulassung 52

[125] *Kodal/Krämer* (Fn 1) Kap 24 Rn 28ff; *Wolff/Bachof* VwR I, § 58 IIc 2; *Salzwedel* (Fn 3) 251; *ders* (Fn 5) 88f.

[126] *Salzwedel* (Fn 3) 251; *ders* (Fn 5) 83; *Kodal/Krämer* (Fn 1) Kap 24 Rn 27ff.

[127] S a *Kodal/Krämer* (Fn 1) Kap 24 Rn 29.

[128] Vgl dazu BVerfGE 67, 299, 314f, 321ff.

[129] *Salzwedel* (Fn 3) 251; *Papier* (Fn 6) Teil G Rn 93.

[130] *Salzwedel* in: Schmidt-Aßmann, Bes VwR, 765; s a BVerwGE 34, 241, 243; 320, 323; 62, 376, 378; *Steiner* (Fn 49) 2ff.

[131] *Salzwedel* in: Schmidt-Aßmann, Bes VwR, 765f.

oder stillschweigender Duldung des Verfügungsberechtigten für jedermann ohne Beschränkung auf einen abgegrenzten, durch persönliche Beziehungen verbundenen Personenkreis tatsächlich benutzbar sein.[132]

53 Das *Straßenverkehrsrecht* ermöglicht nur solche Regelungen, die sich mit der Nutzungsausübung im Rahmen der Widmung befassen.[133] Das Verkehrsrecht „knüpft an die wegerechtliche Widmung in ihrem gegebenen Bestand an“ und regelt weder ihre Voraussetzungen noch ihren Umfang.[134] Das bedeutet zum einen, daß das Straßenverkehrsrecht nicht zu solchen verkehrsregelnden Maßnahmen berechtigt, die den Widmungsrahmen *überschreiten* und Verkehrsarten zulassen, die von der wegerechtlichen Widmung nicht umschlossen sind.[135] Es können zB keine verkehrsregelnden Maßnahmen auf der Grundlage des Straßenverkehrsrechts getroffen werden, die eine wegerechtliche Teilentwidmung der Straße (Einrichtung eines Fußgängerbereichs) durch Zulassung einer anderen Benutzungsart, etwa eines beschränkten Fahrzeugverkehrs, faktisch (partiell) wieder rückgängig machen.[136]

54 Verkehrsregelnde Maßnahmen auf der Grundlage des Straßenverkehrsrechts finden ihre Grenzen an der wegerechtlichen Widmung aber nicht nur, soweit sie den Widmungsrahmen sprengen, sondern im Grundsatz auch, soweit sie ihn *unterschreiten.* Dieser Grundsatz bedarf indes einer gewissen Präzisierung und Differenzierung: Durch Anordnung von Verkehrsverboten und Verkehrsbeschränkungen dürfen im Ergebnis keine dauerhaften Entwidmungen oder Widmungsbeschränkungen der Straße, also dauerhafte Ausschlüsse bestimmter Verkehrsarten bewirkt werden.[137] Praktisch bedeutet dies, daß beispielsweise die Einrichtung von Fußgängerzonen im Ortsstraßenbereich im Grundsatz nicht mittels und auf der Grundlage des Verkehrsrechts erfolgen darf. Denn insoweit geht es um Beschränkungen des abstrakten Verkehrsgebrauchs und der abstrakten Verkehrsaufgabe der öffentlichen Straße. Solche besonderen Zweckbestimmungen können nur durch die Widmungsverfügung ausgesprochen werden. Werden – wie in aller Regel – vorhandene, bisher einem umfassenderen Verkehrsgebrauch gewidmete Straßen betroffen, so handelt es sich bei solchen nachträglichen Widmungsbeschränkungen um eine Teileinziehung.[138] Eine verkehrsrechtliche Lösung ist grundsätzlich ausgeschlossen, wenn und soweit es nicht mehr um Ordnungsbedürfnisse innerhalb des bestimmungsgemäßen Gebrauchs, sondern um (Neu-) Festsetzung der abstrakten Verkehrsbestimmung und -funktion geht.

55 Auf der anderen Seite sind gemäß § 45 StVO auch Verkehrsverbote und Verkehrsbeschränkungen *verkehrsrechtlicher* Art zulässig, die aus Gründen der

[132] *Steiner* (Fn 49) 3.

[133] BVerwGE 62, 376, 378 = NJW 1982, 840 = DÖV 1981, 920f; BVerfGE 67, 299, 314; *Steiner* (Fn 49) 4; *Papier* (Fn 6) Teil G Rn 108; *ders* (Fn 5) 107.

[134] S BVerwGE 34, 241, 243; 320, 323; 62, 376, 378.

[135] BVerwGE 62, 378f; *Steiner* (Fn 49) 4f.

[136] S dazu BVerwGE 62, 376ff.

[137] S etwa *Kodal/Krämer* (Fn 1) Kap 24 Rn 28.2; *Peine* Rechtsfragen der Einrichtung von Fußgängerstraßen, 1979, 66ff; *ders* DÖV 1978, 835, 838; *Steiner* (Fn 49) 5; *Papier* (Fn 6) Teil G Rn 109.

[138] BayVGH, DVBl 1973, 508; Hess VGH, DVBl 1973, 510f; *Wendrich* DVBl 1973, 475.

Sicherheit oder Ordnung des Straßenverkehrs Verkehrs- und Benutzungsarten rechtlich ausschließen, die an sich innerhalb des widmungsrechtlichen Rahmens liegen, die also im Ergebnis den wegerechtlichen Benutzungsspielraum einengen.[139] So darf zB eine verkehrsrechtliche Anordnung zum Schutz der Nachtruhe den Lkw- oder Motorradverkehr beschränken (s § 45 I Nr 3, I b 1 Nr 5 StVO). Die Grenzen zur dauerhaften Einziehung oder Teileinziehung, die dem Straßenrecht und *seinem* Instrumentarium vorbehalten sind, sind im Einzelfall schwer zu ziehen und umstritten. So wird zT die (enge) Auffassung vertreten, jede Verkehrsbeschränkung, die dauerhaft sein soll und die Einfluß auf die Zulässigkeit bestimmter Verkehrsarten hat, sei nicht mehr vom Straßenverkehrsrecht gedeckt.[140] Die Rechtsprechung des *Bundesverwaltungsgerichts*[141] und teilweise auch die Literatur[142] bemessen den Gestaltungsrahmen des Verkehrsrechts etwas großzügiger. Es wird darauf verwiesen, daß Maßnahmen nach § 45 StVO nur zur Gefahrenabwehr zulässig sind und daher voraussetzungsgemäß wegen dieser finalen Ausrichtung situationsbedingt und nicht dauerhafter Natur sind.[143] Die auf § 45 StVO gestützten Maßnahmen seien stets abhängig vom Fortbestehen der Gefahrensituation, durch die ihre Anordnung veranlaßt wurde. Sie sind nach dieser Auffassung gewissermaßen per se oder de iure dauerhaften (Teil-)Einziehungen nicht gleichgeordnet, auch wenn tatsächlich ein Ende der sie legitimierenden Gefahrenlage nicht absehbar ist, die Anordnung also nur „potentiell befristet" ist.[144] In diesem Sinne hat das Bundesverwaltungsgericht eine verkehrsrechtliche Anordnung akzeptiert, die aus den engen Straßen einer historisch gewachsenen Innenstadt den Kraftfahrzeugverkehr „ausgliederte", weil infolge des Nebeneinanders von starkem Fußgängerverkehr und intensivem Fahrzeugverkehr eine Verkehrsgefährdung sowie eine erhebliche Beeinträchtigung der Leichtigkeit und Flüssigkeit des Straßenverkehrs entstanden war.[145]

Die Anlegung von Fußgängerbereichen, Fußgängerzonen oder Fußgänger- **56**
straßen, die primär aus *städtebaulichen Gründen* erfolgt, ist eindeutig nur mittels des wegerechtlichen Instrumentariums (Widmungsbeschränkung, Teileinziehung) möglich.[146] Die Straßenverkehrsbehörden sind aufgrund des § 45 I b 1 Nr 3 StVO nur ermächtigt, wegerechtlich verfügte Maßnahmen verkehrsrechtlich zu *kennzeichnen*. Daneben besteht die Möglichkeit, im Bebauungsplan gemäß § 9 I 1 Nr 11 BauGB Verkehrsflächen mit entsprechender besonderer Zweckbestimmung auszuweisen, was eine planerisch-vorbereitende Bedeutung hat.[147]

[139] S BVerwG, DÖV 1980, 915 = DVBl 1980, 1045 ff; *Steiner* (Fn 49) 5.
[140] So *Peine* (Fn 137) 66 ff; *ders* DÖV 1978, 835, 838.
[141] S DÖV 1980, 915; vgl a BVerwGE 94, 136, 138.
[142] S *Steiner* (Fn 49) 5; *dens* (Fn 4) V Rn 167; *Pappermann/Löhr/Andriske* (Fn 4) 37.
[143] S *Steiner* (Fn 49) 5.
[144] *Steiner* (Fn 49) 5.
[145] DÖV 1980, 915; s dazu *Steiner* (Fn 49) 5.
[146] BVerwG, BayVBl 1976, 692; *Steiner* (Fn 49) 5, s a *Kodal/Krämer* (Fn 1) Kap 10 Rn 17.23; *Papier* (Fn 6) Teil G Rn 110; *ders* (Fn 5) 109.
[147] S *Salzwedel* in: Schmidt-Aßmann, Bes VwR, 778.

57 Die Anlegung sogenannter „verkehrsberuhigter Bereiche" ist indes auch aufgrund des Straßenverkehrsrechts zulässig (s § 45 I b 1 Nr 3 StVO). Denn hier geht es nicht um den Ausschluß bestimmter Verkehrsarten von der gemeingebräuchlichen Nutzung der Straße, sondern um die Schaffung einer spezifisch verkehrsrechtlichen Ordnung.[148]

58 Umgekehrt liegt – wie oben bereits ausgeführt (Rn 26 f) – das Parken, auch das regelmäßige oder Dauerparken im innerstädtischen Bereich, im Rahmen der abstrakten Verkehrsaufgabe oder -bestimmung der Straße, so daß Beschränkungen und Verbote insoweit nur durch das bundesrechtliche Verkehrsrecht oder aufgrund des Verkehrsrechts zulässig sind, vgl §§ 12, 13 StVO.[149] Allein aufgrund des Verkehrsrechts darf daher auch das Parken gebührenpflichtig gemacht werden, was etwa durch die die Parkuhrenregelung enthaltende Ermächtigung des § 13 StVO möglich ist. Zum Gemeingebrauch gehört nach dem oben Gesagten (Rn 47) nicht zwingend die Unentgeltlichkeit. Gebührenerhebungen aufgrund förmlichen Gesetzes sind also auch bei gemeingebräuchlicher Straßenbenutzung zulässig.

59 Der Vorrang des Straßenverkehrsrechts bewirkt generell, daß die Straßenbaulastträger (Straßenbaubehörden) mittels der Widmungsbeschränkung nicht den bundesrechtlich abschließend geregelten Verkehrsbegriff modifizieren und damit bundesrechtlich zugelassene Verkehrsvorgänge nicht ausschließen dürfen. Das gilt daher auch für den fließenden Verkehr, so daß *wege*rechtlich zB kein Richtungsverkehr (Einbahnstraße) und keine Busspuren für den öffentlichen Nahverkehr eingerichtet werden dürfen.[150]

IV. Gemeingebrauch und subjektives öffentliches Recht

1. Der „schlichte" Gemeingebrauch

60 a) Die Qualifizierung des Gemeingebrauchs hat in der Vergangenheit zu Kontroversen geführt.[151] Die Annahme eines subjektiven öffentlichen Rechts ist teilweise mit der Begründung abgelehnt worden, der einzelne habe aufgrund des Gemeingebrauchs keine gegenüber dem Staat (Kommune) unentziehbare Rechtsposition, es läge in der Willensmacht des Staates (Kommune), den Gemeingebrauch an einer Straße wieder aufzuheben oder zu beschränken.[152] Andere haben die Existenz eines subjektiv-öffentlichen Rechts umgekehrt gerade deshalb geleugnet, weil der Gemeingebrauch mehr sei als eine gesetzlich verliehene Rechtsposition und – wie das „Recht zum Atmen" – Ausfluß einer „natürlichen" Handlungsfreiheit sei.[153]

[148] S a *Steiner* (Fn 49) 6; *Papier* (Fn 6) Teil G Rn 112; zur Zulässigkeit verkehrsberuhigender Straßeneinbauten vgl *Bartlsperger* Das Gefahrenrecht öffentlicher Straßen, 1994.

[149] BVerfGE 67, 299, 313 ff; BVerwGE 23, 325; 34, 241 ff; 34, 320 ff; *Salzwedel* (Fn 3) 251; *Steiner* (Fn 49) 6 ff.

[150] S *Steiner* (Fn 49) 8; *dens* (Fn 4) V Rn 172.

[151] Nachw bei *Wolff/Bachof* VwR I, § 58 II b.

[152] *O. Mayer* VwR II, 6 f.

[153] *Hans Peters* Lehrbuch der Verwaltung, 1949, 211.

b) Nach heutigem Erkenntnisstand erweist sich dieser Streit weitgehend als sinnlos: Ein subjektives öffentliches Recht besteht dann, wenn jemandem durch Normen des öffentlichen Rechts die Willensmacht verliehen ist, von einem Dritten ein Tun oder Unterlassen verlangen zu können.[154] Nach den Straßengesetzen des Bundes und der Länder darf jedermann im Rahmen der Widmung und der Verkehrsvorschriften die öffentlichen Straßen zum Verkehr benutzen. Öffentliche Straßen sind all diejenigen Straßen, Wege und Plätze, die dem öffentlichen Verkehr gewidmet sind. Soweit und solange an einer Sache Gemeingebrauch besteht, hat der Bürger also ein subjektives öffentliches Recht auf Ausübung des individuell zulässigen, dh auch verkehrsrechtlich unbedenklichen Gemeingebrauchs. Er hat damit einen öffentlich-rechtlichen Anspruch gegen den Träger der Straßenbaulast, der Straßenaufsicht, gegen den Straßeneigentümer, gegen die Straßenverkehrsbehörde, die (örtliche) Ordnungsbehörde und die Polizei auf Duldung des individuellen Gemeingebrauchs und auf Unterlassung von (rechtswidrigen) Beschränkungen und Behinderungen entsprechender Straßenbenutzungen.[155] Diese Abwehrrechte (Duldungs-und Unterlassungsansprüche) sind Ausfluß oder Erscheinungsformen eines absoluten oder dinglichen (Nutzungs-)Rechts *an* der öffentlichen Sache. Rechtswidrige Eingriffe in den individuellen Gemeingebrauch durch Träger öffentlicher Gewalt stellen überdies eine Verletzung des Grundrechts der allgemeinen Handlungsfreiheit aus Art 2 I GG beim „schlichten" Gemeingebrauch,[156] beim Anliegergebrauch sogar des Eigentümergrundrechts aus Art 14 I 1 GG dar.[157] **61**

c) Dieses subjektive öffentliche Recht des (individuellen) Gemeingebrauchs gewährt aber *kein* Recht auf Begründung oder Aufrechterhaltung des Gemeingebrauchs an bestimmten Sachen.[158] Es gibt kein subjektives öffentliches Recht des Bürgers auf Anlegung und Widmung einer bestimmten Straße, auf einen bestimmten Widmungsinhalt, auf Unterlassen von Einziehungen, Umstufungen oder nachträglichen Widmungsbeschränkungen (Teileinziehungen) sowie auf Vornahme, Aufrechterhaltung oder Unterlassung bestimmter, die Gemeingebrauchsausübung ordnender *verkehrs*rechtlicher Regelungen. Diejenigen, die den Gemeingebrauch an einer bestimmten Straße ausüben (wollen), haben allerdings ein subjektives öffentliches Recht auf Einhaltung der verfahrensrechtlichen Vorschriften bei der (Teil-)Einziehung und auf Unterlassung materiell-rechtswidriger (Teil-) Einziehungen.[159] **62**

d) Andererseits ist zu berücksichtigen, daß den Freiheitsgarantien des GG, insbesondere aus Art 12 I, 5 I, 2 II (Bewegungsfreiheit), 11, 14 I und 2 I GG, nur dann eine Funktionsfähigkeit zukommen kann, wenn ein öffentliches Straßennetz als Stätte der Fortbewegung und Kommunikation vom Staat zur Verfügung ge- **63**

[154] *Erichsen* § 11 Rn 30ff mwN; *Maurer* Allg VwR, § 8 Rn 2.
[155] *Salzwedel* in: Schmidt-Aßmann, Bes VwR, 779ff; *Forsthoff* VwR, 391f; *Wolff/Bachof* VwR I, § 58 II; *Steiner* (Fn 4) V Rn 112.
[156] S a *Salzwedel* in: Schmidt-Aßmann, Bes VwR, 779ff; *Kodal/Krämer* (Fn 1) Kap 24 Rn 5ff; *Papier* (Fn 6) Teil G Rn 96; *ders* (Fn 5) 111.
[157] BVerwGE 32, 222ff; *Papier* in: Maunz/Dürig, GG, Art 14 Rn 115.
[158] *Salzwedel* in: Schmidt-Aßmann, Bes VwR, 780; *Papier* (Fn 6) Teil G Rn 97.
[159] S a *Steiner* (Fn 4) V Rn 112.

stellt wird und wenn dem einzelnen ein Recht auf Benutzung dieser öffentlichen „Einrichtungen“ zusteht. Die genannten Freiheitsrechte verpflichten also die Gemeinwesen, ein öffentliches Straßennetz mit öffentlich-rechtlichen Benutzungsrechten des Bürgers in angemessenem Umfang zur Verfügung zu stellen. Eine in großem Stile betriebene Privatisierung des Straßennetzes oder die Einführung eines generellen, durch Verwaltungsermessen geprägten Zulassungsverfahrens würden der *institutionellen* (Verfassungs-)Garantie des Gemeingebrauchs widersprechen.[160] Eine Überschreitung der durch diese institutionelle Garantie gezogenen Grenzen könnte auch gegenüber konkreten Einziehungen von einzelnen Gemeingebrauchsberechtigten als Grundrechtsverletzung geltend gemacht werden.

2. Der Anliegergebrauch

64 a) Auch der *gesteigerte* Gemeingebrauch des *Anliegers* ist ein subjektiv-öffentliches Recht, das sich nach hM sogar unmittelbar aus dem Verfassungsrecht, nämlich Art 14 I GG, ergibt.[161] Aber auch insoweit bedeutet diese Aussage zunächst nur, daß, solange und soweit Gemeingebrauch an einer öffentlichen Sache tatsächlich eingeräumt ist, für den Anlieger ein subjektiv-öffentliches Recht auf ungestörte Nutzung im Rahmen der oben abgesteckten Grenzen besteht.[162] Wie beim „schlichten“ Gemeingebrauch ist auch im Hinblick auf den „gesteigerten“ Gemeingebrauch des Straßenanliegers zwischen dem Recht auf Wahrnehmung bestehenden Gemeingebrauchs einerseits und dem Recht auf Einräumung oder Aufrechterhaltung eines (gesteigerten) Gemeingebrauchs andererseits grundsätzlich zu unterscheiden.

65 b) Es ist aber auch zu berücksichtigen, daß der grundrechtliche Eigentumsschutz aus Art 14 GG zugunsten der Straßenanlieger (Eigentümer oder Besitzer von Grundstücken oder Gebäuden, Inhaber von eingerichteten und ausgeübten Gewerbebetrieben) stets die *„Kontaktmöglichkeit nach außen“* mitumfaßt. Art 14 I GG garantiert also jedem Anlieger eine Zugänglichkeit zum öffentlichen Straßennetz als Bestandteil seiner Eigentumsposition und *nicht nur* die gesteigerte Benutzung *vorhandenen* Verkehrsraums.[163] Anliegerrecht bzw Anliegergebrauch beziehen sich auf solche Straßen, denen eine Erschließungsfunktion zukommt, also im wesentlichen auf die Gemeindestraßen und die Ortsdurchfahrten.[164]

66 Deshalb liegt ein Eingriff in die verfassungsrechtlich geschützte Eigentumsposition vor, wenn dem Straßenanlieger durch Einziehungsverfügungen, Widmungsbeschränkungen, verkehrsrechtliche Verbote oder durch tatsächliche Baumaßnahmen die Zufahrt oder der Zugang zur öffentlichen Straße auf Dauer unterbrochen oder derart erschwert werden, daß der Wert des Grundstücks oder eines Besitz-

[160] *Salzwedel* in: Schmidt-Aßmann, Bes VwR, 780; *Papier* (Fn 6) Teil G Rn 97.

[161] BVerwGE 30, 238; 32, 225; 54, 1 ff; BVerwG, NJW 1981, 412; BVerfG, NVwZ 1991, 358; *Papier* in: Maunz/Dürig, GG, Art 14 Rn 115 ff mwN; *ders* (Fn 5) 112.

[162] *Salzwedel* in: Schmidt-Aßmann, Bes VwR, 782 f; *Kodal/Krämer* (Fn 1) Kap 25 Rn 1 ff; *Papier* (Fn 6) Teil G Rn 117.

[163] *Salzwedel* in: Schmidt-Aßmann, Bes VwR, 782 f; zum Anliegerrecht s a *Ossenbühl* StHR, 139 ff.

[164] S a *Salzwedel* in: Schmidt-Aßmann, Bes VwR, 782 f.

und Nutzungsrechts erheblich herabgemindert wird.[165] Solche Eigentumseingriffe sind nur zulässig und vom Anlieger zu dulden, wenn sie durch Gesetz oder aufgrund eines Gesetzes erfolgen, das Art und Ausmaß der Entschädigung regelt (Art 14 III GG). Selbst wenn man dabei im Sinne der neueren Rechtsprechung des BVerfG keine Enteignung (mangels eines Eigentums*entzuges*) erblickte, wäre die Eigentumsbeschränkung wegen ihrer besonderen Schwere nur verhältnismäßig, wenn sie gegen Leistung einer Entschädigung erfolgte.[166] Der Gesetzgeber des FStrG und der Landesstraßengesetze hat von dieser verfassungsrechtlich eröffneten Möglichkeit, den Eigentumsschutz des Anliegers von einer Bestands- auf eine (bloße) Wertgarantie zu reduzieren, Gebrauch gemacht: Ein Anspruch darauf, daß die Straße nicht verändert oder nicht eingezogen wird, wird auch dem Straßenanlieger entweder ausdrücklich (vgl § 14a II StrWG NW, Art 17 I BayStrWG) oder implicite – so das FStrG (vgl § 8a IV und V) – nicht eingeräumt. Es wird jedoch eine Entschädigungspflicht des Straßenbaulastträgers begründet, wenn der Anlieger auf Dauer entweder vom öffentlichen Verkehrsnetz völlig abgeschnitten oder wenn die Zugänglichkeit wesentlich erschwert wird (s § 8a IV FStrG, § 20 V und VI StrWG NW, Art 17 II BayStrWG). Entsprechendes gilt, wenn durch Änderungen an der öffentlichen Straße der Zutritt von Licht und Luft zu einem Anliegergrundstück auf Dauer unterbunden oder erheblich beeinträchtigt wird (s § 8a VII FStrG, § 20 VIII StrWG NW, Art 17 II BayStrWG).

c) Die Eigentumsposition des Straßenanliegers erstreckt sich aber *nicht* auf **67** seine *Lagevorteile,* die ihm aus der bisherigen Verkehrsbedeutung der öffentlichen Straße erwachsen sind.[167] Bleibt die öffentliche Straße als Mittel des Kontakts oder der Kommunikation mit dem öffentlichen Verkehrsnetz erhalten, verliert sie aber infolge von Veränderungen im Straßensystem, in der Verkehrsregelung oder bei den öffentlichen Verkehrsmitteln ihre bisherige Verkehrsbedeutung, indem etwa der Durchgangsverkehr abgezogen wird (Bau einer Umgehungsstraße), die Parkmöglichkeiten erheblich eingeschränkt werden[168] oder die Laufkundschaft durch Einführung neuer Verkehrsmittel (Betrieb einer U-Bahn) ausbleibt, so bedeuten der Verlust oder die Reduzierung des Kundenstammes *keinen* („enteignenden") Eingriff in den Gewerbebetrieb des Anliegers. Da hier eigentumskräftige Rechtspositionen gar nicht tangiert werden, gilt dies selbst dann, wenn der Verlust der Lagevorteile zur Existenzvernichtung führt.[169] Art 14 I GG begründet auch keine Rechtsposition, die den unveränderten Fortbestand einer *bestimmten* Verbindung der Anliegerstraße mit dem öffentlichen Straßennetz zum Gegenstand hat.[170]

165 Vgl BVerwGE 30, 235, 238f; 32, 222ff; BGHZ 57, 359, 362 mit Nachw früherer Entscheidungen; BGHZ 66, 173, 177; *Ossenbühl* StHR, 139ff.

166 S *Papier* in: Maunz/Dürig, GG, Art 14 Rn 116.

167 S BGHZ 48, 58; 55, 261; 66, 177; 70, 212, 218f; vgl a BayVGH, BayVBl 1992, 276, 277; BVerfG, NVwZ 1991, 358; *Breuer* Die Bodennutzung im Konflikt zwischen Städtebau und Eigentumsgarantie, 1976, 356ff mwN; *Ossenbühl* StHR, 140; *Papier* in: Maunz/Dürig, GG, Art 14 Rn 117.

168 S BVerwG, NJW 1983, 770f.

169 *Papier* in: Maunz/Dürig, GG, Art 14 Rn 117; *ders* (Fn 6) Teil G Rn 119.

170 S BGHZ 55, 261, 264; 70, 212, 218f.

68 Aus Art 14 GG folgt mithin grundsätzlich kein Anspruch darauf, daß die Widmung einer bestimmten Straße unverändert aufrechterhalten bleibt (vgl auch Art 17 BayStrWG). Der grundrechtliche Schutz des Anliegergebrauches kann also in aller Regel nicht die Widmungsbeschränkung einer öffentlichen Straße durch Teileinziehung verhindern, soweit eine ausreichende Verkehrsanbindung des Anliegergrundstücks, bei der Errichtung einer Fußgängerzone vornehmlich über Zufahrten und Zugänge, erhalten bleibt.[171] Etwas anderes wird dann anzunehmen sein, wenn der an der Straße nur noch beschränkt fortbestehende Anliegergebrauch nicht mehr ausreicht, um die angemessene Nutzung der an ihr liegenden Grundstücke zu gewährleisten. Hier ist der Kern des durch die Eigentumsgarantie des Art 14 GG geschützten Anliegergebrauchs der öffentlichen Straße beeinträchtigt.[172] Allerdings ist nicht schon jede Nutzung als angemessen anzusehen, zu der das Grundstück Gelegenheit bietet oder die aus wirtschaftlichen Gründen wünschenswert erscheint. Erforderlich ist, daß das Grundstück nach seiner Lage und Art auf die betreffende Nutzung angewiesen ist.[173] Ein solches Angewiesensein auf eine bestimmte Grundstücksnutzung kommt zB dann in Betracht, wenn ohne diese die Errichtung bzw Fortführung eines Gewerbebetriebes nicht möglich oder jedenfalls wirtschaftlich unvertretbar wäre.[174] Die jeweilige Nutzung muß also für das Grundstück geradezu unentbehrlich sein, wenn nicht gar eine existentielle Bedeutung haben.

69 Diese Voraussetzungen wird man nur in Ausnahmefällen als gegeben ansehen können. Die Nutzung eines Grundstückes, selbst wenn diese gewerblicher Natur sein sollte, „steht und fällt" in aller Regel nicht damit, daß in unmittelbarer oder angemessener Nähe zum Grundstück auf öffentlichen Straßen Parkmöglichkeiten vorhanden sind. Die Benutzung einer Straße zum Zwecke des Parkens gehört demgemäß nicht zum grundrechtlich geschützten Anliegergebrauch.[175] Es ist daher folgerichtig, wenn das Bundesverwaltungsgericht einen Anspruch des Anliegers aus Art 14 GG gerichtet auf Schaffung und Erhaltung von Parkraum an öffentlichen, seinem Grundstück benachbarten Straßen verneint.[176]

70 Für die Beantwortung der Frage, ob eine bestimmte Grundstücksnutzung noch als angemessen zu bezeichnen ist und wie weit der durch Art 14 GG geschützte Anliegergebrauch im Einzelfall reicht, kommt es entscheidend auf die tatsächlichen Gegebenheiten und Umstände an. So wird zB ein Eingriff in den grundrechtlich geschützten Anliegergebrauch abzulehnen sein, wenn für bestimmte Straßen in der Kurzone eines Badeortes saisonbegrenzt ein Verkehrsverbot für Kraftfahrzeuge nach § 45 StVO angeordnet wird und ein Anlieger, der an einer dieser Straßen auf eigenem Grundstück eine Pension betreibt und dort einen Kfz-Einstellplatz hat, bzw seine Gäste diesen – wenn überhaupt – dann nur in einge-

[171] Vgl BVerwG, NJW 1983, 770, 771; BVerwGE 94, 136, 138ff m zust Anm *Peine* JZ 1994, 522; vgl a *Sauthoff* (Fn 39) 243.
[172] Vgl BVerwG, NJW 1983, 1663, 1664.
[173] St Rspr, vgl BVerwG, NJW 1969, 284; NJW 1977, 1789; BVerwGE 94, 136, 138f.
[174] BVerwG, NJW 1978, 2201.
[175] BVerwG, NJW 1983, 770, 771.
[176] BVerwG, NJW 1983, 770, 771.

schränktem Maße nutzen können. Das Bundesverwaltungsgericht führt in einem Beschluß vom 26.6.1979 vor allem an, daß dem Anlieger eines Grundstücks, welches im Zentrum eines Kurbereichs gelegen ist, Beschränkungen der Grundstücksnutzung in weit höherem Maße als gewöhnlich zuzumuten seien.[177]

d) Eine besondere praktische Bedeutung haben ferner die *vorübergehenden „Kontaktunterbrechungen“* oder erheblichen *„Kontaktbeschränkungen“* durch 71
Baumaßnahmen am öffentlichen Straßenland.[178] Hier werden zwar eigentumskräftige Rechtspositionen der Anlieger tangiert, an einem entschädigungspflichtigen Eigentumseingriff fehlt es wegen der Sozialpflichtigkeit des Anliegereigentums aber unter folgenden Voraussetzungen:

(1) Der Anlieger muß grundsätzlich die Behinderungen entschädigungslos dul- 72
den, die durch Ausbesserungs- und Verbesserungsarbeiten an der Straße entstehen. Die Straßenanlieger nehmen am Gemeingebrauch der Straße teil, können aber die Vorteile von der Straße grundsätzlich nur im jeweiligen Rahmen des Gemeingebrauchs erwarten und müssen vor allem diejenigen Einschränkungen hinnehmen, die der Erhaltung, Sicherung und Förderung des Gemeingebrauchs dienen. Dazu zählen neben den verkehrsrechtlichen Maßnahmen insbesondere die Behinderungen, die durch Vornahme von Erhaltungs- und Ausbesserungsarbeiten sowie von solchen Arbeiten nötig werden, die der Verbesserung oder Modernisierung der Straße, dh ihrer Anpassung an gesteigerte oder geänderte Verkehrsbedürfnisse dienen.[179]

(2) Die öffentliche Straße ist ein „Mehrzweckinstitut“. Sie dient nicht nur dem 73
Gemeingebrauch. Die Straßenkörper haben herkömmlicherweise auch die Funktion, das Leitungsnetz der öffentlichen Versorgung aufzunehmen. Der Straßenanlieger muß auch mit Arbeiten rechnen, die zwar nicht dem Gemeingebrauch dienen, die aber zur Verlegung oder Ausbesserung der Versorgungsleitungen, -röhren oder sonstigen Anlagen ausgeführt werden, soweit jene üblicherweise im Interesse der Allgemeinheit und/oder der Straßenanlieger im Straßenkörper liegen.[180]

(3) Schließlich fällt den öffentlichen Straßen heute verstärkt die Aufgabe zu, 74
Verkehrseinrichtungen und -anlagen aufzunehmen, denen eine überörtliche Funktion, also eine Verkehrsbedeutung weit über die konkret betroffene Straße hinaus, zukommt. Zu denken ist hierbei an U-Bahnen, an Tunnel- oder Stelzenstraßen und Brücken. Es ist fraglich, ob die Anlieger Beschränkungen ihrer Kommunikation mit dem öffentlichen Straßennetz durch Bauarbeiten auch für solche Anlagen entschädigungslos dulden müssen. Während die Rechtsprechung zunächst wegen der überörtlichen Verkehrsbedeutung und des fehlenden Bezugs zum Gemeingebrauch einen entschädigungspflichtigen Eingriff weitgehend bejahte,[181] nimmt der BGH nunmehr unter Hinweis auf die veränderten und gesteigerten Verkehrs-

177 BVerwG, NJW 1980, 354.
178 Dazu *Ossenbühl* StHR, 140ff; *Papier* in: Maunz/Dürig, GG, Art 14 Rn 119.
179 S BGHZ 57, 359, 361, 364; BGH, NJW 1977, 1817; NJW 1979, 1043, 1045; NJW 1980, 2703, 2704; *Ossenbühl* StHR, 140.
180 BGH, NJW 1962, 1816; BGH, MDR 1964, 656; BGHZ 57, 359, 364f; *Ossenbühl* StHR, 140f.
181 BGH, NJW 1965, 1907f.

bedürfnisse in städtischen Ballungsgebieten und wegen der Tatsache, daß diese Anlagen in der Regel jedenfalls auch einen Bezug zu der konkret betroffenen Straße haben, eine grundsätzlich entschädigungsfreie Duldungspflicht der Anlieger an.[182]

75 (4) Kontaktunterbrechungen und erhebliche Kontaktbeschränkungen durch die genannten drei Kategorien von Baumaßnahmen halten sich jedoch nicht uneingeschränkt im Rahmen dessen, was der Anlieger kraft der Sozialgebundenheit seines Eigentums entschädigungslos zu dulden hat. Die „Opfergrenze" ist *überschritten*, wenn die Beschränkungen aufgrund ihrer Dauer und Intensität dazu führen, daß ein an sich gesunder Gewerbebetrieb eines Anliegers zusammenbricht oder doch in seiner Existenz erheblich gefährdet ist; vgl auch die Regelungen des § 8a V FStrG, § 39 III LStrG RP, § 20 VI StrWG NW und § 39 HambWG.[183] Um solche Entschädigungskosten zu vermeiden, wird der Träger der Straßenbaulast vor Beginn der Bauarbeiten den Anliegern Gelegenheit zur Anhörung bieten müssen, um auf diese Weise auf mögliche besondere Gefährdungen aufmerksam zu werden und durch Umstellung oder Anpassung der Vorhaben sowie durch rechtzeitige Einleitung von Behelfs- oder Stützungsmaßnahmen Betriebszusammenbrüche zu vermeiden.

76 Die Grenzen entschädigungsloser Duldungspflichten der Anlieger sind zweitens dann überschritten, wenn die Beschränkungen nach Art und Dauer über das hinausgehen, was bei sorgfältiger und sachgerechter Planung sowie bei ordnungsgemäßer Durchführung der Arbeiten unter Einsatz möglicher und zumutbarer Mittel sachlicher und persönlicher Art notwendig gewesen ist.[184] Diese Grenze zulässiger Eigentumsbeschränkungen ergibt sich aus dem Grundsatz der Verhältnismäßigkeit, der Grundrechtseinwirkungen verbietet, die sich als unnötig, ungeeignet oder im Hinblick auf den erstrebten Zweck als nicht erforderlich oder unangemessen erweisen. Es handelt sich hier also – im Gegensatz zu der zuvor erwähnten Fallgruppe der *enteignenden* Einwirkung – um *rechtswidrige,* also *enteignungsgleiche* Eingriffe.

77 (5) Eine weitere Funktion des aus Art 14 I GG folgenden Anliegerrechts besteht in dem Recht, die Anliegerstraße über den schlichten Gemeingebrauch hinaus zu nutzen („*Gesteigerter Gemeingebrauch*", vgl auch § 14a I StrWG NW). Der gesteigerte Gebrauch der öffentlichen Straße ist den Anliegern insoweit unmittelbar durch Art 14 I GG verfassungsrechtlich gewährleistet, als dieser Gebrauch für eine angemessene Nutzung des Anliegergrundstücks oder des Anliegergewerbebetriebes erforderlich ist und er sich im Rahmen des Ortsüblichen und der Gemeinverträglichkeit hält.[185] Einzelheiten sind oben unter Rn 19ff behandelt.

182 BGHZ 57, 359 – „Frankfurter U-Bahn" – s a *Ossenbühl* StHR, 141.
183 S ferner BGH, NJW 1965, 1908; *Ossenbühl* StHR, 141f.
184 BGH, NJW 1965, 1908; *Ossenbühl* StHR, 141f.
185 S BVerwGE 30, 238; 32, 225; 54, 1ff; BVerwG, NJW 1983, 770f; BVerwGE 94, 136, 138f.

§ 44
Sondernutzung

I. Grundlagen

1 Nutzungen öffentlicher Sachen im Gemeingebrauch, die über den Gemein- und Anliegergebrauch hinausgehen, stellen eine Sondernutzung dar. Nach früherem Wegerecht konnte der Sondergebrauch kraft *öffentlichen* Rechts in *zwei* Formen zugelassen werden: Neben der „schlichten" *Gebrauchserlaubnis* gab es die *Verleihung* eines subjektiven öffentlichen Rechts auf andauernde, in die Substanz der Sache eingreifende Benutzung („gesteigerte Sondernutzung"), s etwa Art 183 I EVRO Wü.

2 Das geltende Straßenrecht des Bundes und der Länder unterscheidet nicht mehr zwischen schlichter und gesteigerter öffentlich-rechtlicher Sondernutzung. Es gibt nur noch *eine* Form *öffentlich-rechtlicher* Sondernutzungserlaubnisse, die stets dann erforderlich sind, wenn der den Gemeingebrauch *überschreitende* Sondergebrauch zugleich den Gemeingebrauch *beeinträchtigt* (s § 8 I FStrG; § 18 I StrWG NW; Art 18 I BayStrWG; § 18 I BaWüStrG; § 21 I StrWG SH; § 41 LStrG RP; § 18 I NdsStrG; § 16 I HessStrG). Fehlt dem (gemeingebrauchsüberschreitenden) Sondergebrauch diese Beeinträchtigungswirkung, so ist nach dem System des geltenden Wegerechts, soweit es der gemischt privatrechtlich-öffentlich-rechtlichen Konstruktion folgt, der öffentlich-rechtliche Sachherrschaftsstatus *nicht* tangiert: Solche Sondernutzungen können nur aufgrund privatrechtlicher Verträge mit dem Sacheigentümer gestattet werden (s § 8 X FStrG; §§ 18 I, 23 I StrWG NW; § 22 SaarlStrG; Art 22 I BayStrWG; § 23 I BaWüStrG; § 28 I StrWG SH; § 45 I LStrG RP; § 23 I NdsStrG; § 20 I HessStrG).

3 An die Stelle der alten Unterscheidung zwischen öffentlich-rechtlicher Gebrauchserlaubnis und öffentlich-rechtlicher Nutzungsverleihung ist also im Straßenrecht der Gegensatz von öffentlich-rechtlichem Sondergebrauch (Sondernutzung) und privatrechtlich zu begründenden Benutzungsrechten getreten. Maßgebliches Abgrenzungskriterium dieser beiden Formen des Sondergebrauchs ist die *Wirkung* auf den Gemeingebrauch: Wird durch den Sondergebrauch der Gemeingebrauch beeinträchtigt, regelt er sich ausschließlich nach öffentlichem Recht, ist das nicht der Fall, ist allein das Privatrecht maßgeblich.[1]

4 Ein Sondergebrauch an der dem Gemeingebrauch gewidmeten Verkehrsfläche beeinträchtigt an der Stelle, auf der er ausgeübt wird, den Gemeingebrauch notwendigerweise.[2] „Oberflächensondernutzungen" richten sich also idR allein nach *öffentlichem* Recht, unabhängig davon, ob sie im Einzelfall die individuelle Gemeingebrauchsausübung Dritter tatsächlich gefährden.[3] Nur ausnahmsweise fehlt „Oberflächennutzungen" die abstrakte Eignung, den Gemeingebrauch zu beein-

[1] *Papier* Recht der öffentlichen Sachen, 3. Aufl 1998, 119f.

[2] BVerwGE 4, 344; 35, 329f.

[3] S a *W. Weber* Die öffentliche Sache, VVDStRL 21 (1964) 145, 163, 167, 175f; *Puppermann/Löhr* JuS 1980, 732.

trächtigen. Dies ist etwa anzunehmen, wenn es um die Nutzung von Obstbäumen oder Rasenflächen am Straßenrand oder um die Nutzung des Luftraums weit oberhalb der Straße geht.

5 Den „Oberflächennutzungen" stehen die Benutzungen der öffentlichen Straße „in der Tiefe des Straßenkörpers" gegenüber. Sie beeinträchtigen die öffentlich-rechtliche Zweckbestimmung, also die Verkehrsfunktion der Straße nicht. Entsprechende Benutzungsrechte können – mit Ausnahme der Rechtslage in Hamburg (§ 19 I WegeG) – nur aufgrund privatrechtlicher Gestattungsverträge mit dem Eigentümer eingeräumt werden (§ 8 X FStrG; § 23 I StrWG NW; Art 22 I BayStrWG; § 22 SaarlStrG; § 23 a BaWüStrG; § 28 I StrWG SH; § 45 I LStrG RP; § 23 I NdsStrG; § 20 I HessStrG). Der „Nicht-Beeinträchtigung" steht nach den Straßengesetzen eine Beeinträchtigung von kurzer Dauer gleich, wenn diese für Zwecke der öffentlichen Versorgung und Entsorgung, also zB zur Verlegung von Kabeln, Rohren etc erfolgt.

II. Sondernutzungserlaubnis

6 Der den Gemein- einschließlich Anliegergebrauch überschreitende und ihn beeinträchtigende Gebrauch öffentlicher Straßen bedarf der Erlaubnis (s § 8 I FStrG, § 18 I StrWG NW, Art 18 I BayStrWG), es sei denn, kommunale Satzungen oder bis zu ihrem Erlaß gesetzliche Überleitungsvorschriften sehen für Ortsdurchfahrten von Bundes- und Landesstraßen sowie für Gemeindestraßen etwas Abweichendes vor (§ 8 I 4 FStrG; §§ 19 StrWG NW, 18 I 4 NdsStrG, Art 22 a BayStrWG). Wann der (abstrakte) Gemeingebrauch überschritten wird, ist oben im Rahmen der Gemeingebrauchserörterungen ausgeführt worden (s § 43 Rn 15 ff). Die Beeinträchtigungswirkungen solcher Überschreitungen stimmen im wesentlichen mit dem Bereich der „Oberflächensondernutzungen" überein.[4]

1. Voraussetzungen, Formen und Inhalt der Erlaubniserteilung

7 Die Erlaubnis wird entweder in der Form eines (antragsbedingten) begünstigenden Verwaltungsaktes oder eines verwaltungsrechtlichen Vertrages erteilt.[5] Sie darf nach dem Gesetz (s § 8 II 1 FStrG, § 18 II 1 StrWG NW, Art 18 II BayStrWG) nur befristet oder widerruflich ergehen. Sie kann mit Bedingungen versehen und mit Auflagen verbunden werden. Ihre Erteilung steht im *Ermessen* der zuständigen Behörde, dasselbe gilt für die Ausübung des Widerrufs. Eine unwiderrufliche Sondernutzung könnte eine elastische Erfüllung der Verkehrsbedürfnisse mindern, weil die Straße jederzeit Veränderungen unterworfen sein kann. Feste Bindungen durch Rechte Dritter sind daher vom Gesetz ausgeschlossen. Für den Antragsteller besteht daher grundsätzlich kein Rechtsanspruch auf Erlaubniserteilung, sondern

[4] W. *Weber* (Fn 3) 175 f; *Pappermann/Löhr* (Fn 3) 732.

[5] *Salzwedel* in: Schmidt-Aßmann, Bes VwR, 783 ff; *Wolff/Bachof* VwR I, § 59 II b 2; *Papier* in: Berg/Knemeyer/Papier/Steiner (Hrsg) Staats- und Verwaltungsrecht in Bayern, 6. Aufl 1996, Teil G Rn 122.

nur auf fehlerfreie Ermessensausübung bei der Antragsbescheidung. Der *kommunalrechtliche* Zulassungsanspruch ist insoweit nicht einschlägig, weil dieser sich gemäß den Gemeindeordnungen der Länder nur auf die Benutzung öffentlicher Einrichtungen der Gemeinde bezieht (s § 18 II GO NW, Art 21 I BayGO). Zu diesen „Einrichtungen" gehören die Sachen im Gemeingebrauch nicht.[6]

Die (inneren) Grenzen des Ermessens ergeben sich aus der wegehoheitlichen Funktion des Straßenbaulastträgers oder der Straßenbaubehörde. Die Entscheidung über Erteilung oder Nichterteilung einer Erlaubnis ist ermessensmißbräuchlich, wenn sie weder aus Gründen eines Schutzes der Straßensubstanz, noch der Aufrechterhaltung eines störungsfreien Gemeingebrauchs für alle, noch des Schutzes der Sicherheit und Leichtigkeit des Straßenverkehrs[7] gerechtfertigt ist.[8] Nicht alle beliebigen öffentlichen Interessen können also eine Erlaubnisversagung rechtfertigen.[9] Andererseits ist eine konkrete Gefahr der Beeinträchtigung von Sicherheit und Leichtigkeit des Straßenverkehrs nicht Voraussetzung einer zulässigen Versagung. Sie kann zB auch erfolgen, um spezifische verkehrsrechtliche Probleme von vornherein erst gar nicht aufkommen zu lassen. Nach der Rechtsprechung darf die Erlaubnis auch aus dem Grunde verweigert werden, eine Verschandelung und Verschmutzung des Stadtbildes zu verhindern oder einen besonders schützenswerten historischen Stadtkern von Nutzungen durch Sichtwerbung freizuhalten.[10] Innerhalb dieser Ermessensgrenzen darf die Erlaubnis mit Bedingungen und Auflagen verbunden werden. 8

Die ursprüngliche Auffassung des VGH Kassel,[11] eine Sondernutzungserlaubnis dürfe stets verweigert werden, wenn das Vorhaben des Antragstellers gesetzeswidrige Zwecke verfolge (Empfehlung, das Volkszählungsgesetz 1983 nicht zu befolgen), ist zu weitgehend und ignoriert den Sinn und Zweck des straßenrechtlichen Erlaubnisvorbehalts. Der VGH Kassel ist in einer späteren Entscheidung von dieser Auffassung auch ausdrücklich abgerückt.[12] Fiskalische Erwägungen können die Entscheidung über Erteilung oder Nichterteilung keinesfalls rechtfertigen. Wegen der abschließenden bundesrechtlichen Vorschriften über die Abfallvermeidung dürfen bei der Erteilung einer Sondernutzungserlaubnis auch nicht Zwecke der Abfallvermeidung dergestalt verfolgt werden, daß die ausschließliche Verwendung von Mehrweggeschirr und -besteck verlangt wird.[13] 9

[6] S a *Pappermann/Löhr* (Fn 3) 733 mwN.

[7] S BVerwGE 56, 58; BVerwG, NJW 1981, 472.

[8] Vgl *Wiget* in: Sieder/Zeitler/Numberger/Schmid/Wiget, Bayerisches Straßen- und Wegegesetz, Art 18 Rn 14; *Schulke* BayVBl 1961, 206; *Salzwedel* in: Schmidt-Aßmann, Bes VwR, 784; *Papier* (Fn 5) Teil G Rn 122; vgl a *Sauthoff* NVwZ 1998, 239, 247f; *dens* NVwZ 1994, 19, 23; *dens* NVwZ 1990, 223, 227.

[9] *Salzwedel* in: Schmidt-Aßmann, Bes VwR, 784; *Steiner* in: ders, Bes VwR, V Rn 115; *Papier* (Fn 1) 122; aA *Wolff/Bachof* VwR I, § 59 II b 2; *Pappermann/Löhr* (Fn 3) 734; *Löhr* NVwZ 1983, 20ff.

[10] S BVerwGE 47, 280, 284; *Pappermann/Löhr* (Fn 3) 734; zum Schutzzweck der Sondernutzungserlaubnis s ferner BVerwG, NJW 1981, 472.

[11] NJW 1983, 2280.

[12] NVwZ 1987, 902ff; vgl a VGH Kassel, NVwZ 1994, 189, 190 mwN.

[13] VGH BaWü, NZV 1997, 308; vgl a BVerwG, DVBl 1997, 1118f, zu einem mit einer

10 Die politischen Parteien haben kraft Bundesverfassungsrechts (Art 28 I 2, 38 I, 21 GG) einen Rechtsanspruch auf Erlaubniserteilung, soweit es um die Sichtwerbung im Wahlkampf geht. Die Bedeutung der Wahlen im demokratischen System des Grundgesetzes und die Bedeutung der Parteien für diese Wahlen schränken das Ermessen der Behörden bei der Entscheidung über die Erlaubnis zum Aufstellen von Wahlplakaten erheblich ein, so daß dem Grunde nach den Parteien Aufstellmöglichkeiten zu eröffnen *sind.*[14] Dagegen besteht keine Verpflichtung, einer Partei auch außerhalb der Zeiten unmittelbarer Wahlvorbereitung die Aufstellung von Plakatständern zu erlauben.[15]

2. Benutzungsgebühr

11 Neben einer *Verwaltungsgebühr* für die Erteilung der Erlaubnis können für Sondernutzungen *(Benutzungs-)*Gebühren erhoben werden. Die Straßengesetze selbst bieten dafür aber keine unmittelbare Ermächtigungsgrundlage. Vielmehr müssen zu diesem Zwecke auf ihrer Grundlage entweder Rechtsverordnungen der Landesregierung (s § 8 III 2 FStrG) oder kommunale Satzungen (s §§ 8 III 5 FStrG, 19 a StrWG NW; Art 18 II a 2 und 3 BayStrWG) ergehen. Für diese (Benutzungs-)Gebühren gilt das *Kostendeckungsprinzip* nicht. Sie können daher – in den Grenzen des *Äquivalenz*prinzips – insbesondere auch nach dem wirtschaftlichen Vorteil des Sondernutzungsberechtigten bemessen werden.[16]

3. Erlaubnisbehörde

12 Zuständig für die Erteilung einer Sondernutzungserlaubnis ist der Träger der Straßenbaulast, in Baden-Württemberg (§ 18 II), Hessen (§ 16 I), Nordrhein-Westfalen (§ 18 I), Rheinland-Pfalz (§ 41 I) und Bayern (Art 18 I StrWG) die Straßenbaubehörde im besonderen. Nur in Hamburg ist die Zuständigkeit der Wegeaufsichtsbehörde begründet (§ 19 I WegeG). Bei Bundesfernstraßen ist die Straßenbaubehörde nur außerhalb von Ortsdurchfahrten zuständig. Im Bereich der *Ortsdurchfahrten* ist die Gemeinde Erlaubnisbehörde, und zwar auch dann, wenn sie nicht Träger der Straßenbaulast ist. In diesem Fall bedarf die Erlaubnis aber der Zustimmung der Straßenbaubehörde (§ 8 I FStrG). Eine entsprechende Regelung findet sich auch im Landesrecht (s etwa § 18 I 3 StrWG NW, § 18 I 2, 3 NdsStrG, Art 18 I BayStrWG).

Nebenbestimmung versehenen Bescheid auf der Grundlage einer gem Art 22a BayStrWG erlassenen Sondernutzungssatzung; aA BayVGH, NVwZ 1994, 187, 188.

[14] S BVerwGE 47, 280ff; *Pappermann/Löhr* (Fn 3) 734f; vgl a *Wiget* (Fn 8) Art 14 Rn 45.

[15] BVerwGE 56, 56ff.

[16] S § 8 III 6 FStrG; Art 18 II a 4 BayStrWG; § 19 a II StrWG NW; *Wiget* (Fn 8) Art 18 Rn 32; *Wolff/Bachof* VwR I, § 59 II d; *Pappermann/Löhr* JuS 1980, 880f.

4. Das Verhältnis zu anderen verwaltungsrechtlichen Erlaubnissen und Genehmigungen

Die Sondernutzungserlaubnis ersetzt nicht die nach anderen Verwaltungsgesetzen erforderlichen Erlaubnisse oder Genehmigungen, etwa eine Bauerlaubnis, eine straßenverkehrsrechtliche oder ordnungsbehördliche Erlaubnis. Auf der anderen Seite wird eine Sondernutzungserlaubnis durch eine straßenverkehrsrechtliche Erlaubnis für eine übermäßige Straßenbenutzung (§ 29 II/III StVO) oder Ausnahmegenehmigung *ersetzt* (s § 8 VI FStrG, § 21 StrWG NW, Art 21 BayStrWG; § 19 NdsStrG). Die Erlaubnis kann ferner durch ein Planfeststellungsverfahren ersetzt werden, weil von diesem allgemein eine Konzentrationswirkung ausgeht.[17] **13**

Baugenehmigungen dürfen unter bestimmten Voraussetzungen nur mit *Zustimmung* der Straßenbaubehörden erteilt werden. So dürfen zB nach dem *Bundes*recht bauliche Anlagen längs der Bundesautobahnen in einer Entfernung bis zu 100 m und längs der Bundesstraßen bis zu 40 m nur errichtet, erheblich geändert und anders genutzt werden, wenn für die erforderliche Baugenehmigung die Zustimmung der obersten Landesstraßenbaubehörde vorliegt (§ 9 II Nr 1 FStrG). Entsprechendes gilt, wenn bauliche Anlagen auf Grundstücken stehen, die außerhalb der zur Erschließung bestimmten Teile der Ortsdurchfahrt über Zufahrten oder Zugänge an Bundesstraßen angeschlossen sind (§ 9 II Nr 2 FStrG). Vergleichbare Regelungen gibt es auch im *Landes*recht. So darf nach § 25 I StrWG NW eine Baugenehmigung für bauliche Anlagen an Landstraßen und Kreisstraßen in einer Entfernung bis zu 40 m nur mit Zustimmung der Straßenbaubehörde erteilt werden. Entsprechendes gilt, wenn bauliche Anlagen auf Grundstücken, die außerhalb der Ortsdurchfahrten über Zufahrten oder Zugänge an Landstraßen oder Kreisstraßen angeschlossen sind, erheblich geändert oder anders genutzt werden sollen (§ 25 I Nr 2 StrWG NW). **14**

Diese Zustimmungen sind nach der Rechtsprechung keine (selbständigen) Verwaltungsakte, sondern verwaltungs*interne* Mitwirkungsakte.[18] Bei Versagung der Zustimmung hat der Antragsteller (Verpflichtungs-)Klage gegen die Baugenehmigungsbehörde, gerichtet auf Erteilung der Baugenehmigung, zu erheben. Wird die beklagte Behörde antragsgemäß verurteilt, ersetzt das Verpflichtungsurteil die Zustimmung der – zwingend beizuladenden – Straßenbaubehörde.[19] Das Verwaltungsgericht, das über das Vorliegen der gesetzlichen Genehmigungsvoraussetzungen zu befinden hat, hat in diesem Zusammenhang auch die Rechtmäßigkeit des Mitwirkungsakts der Straßenbaubehörde zu beurteilen. **15**

5. Duldungspflicht des Eigentümers

Der öffentlich-rechtliche Sachherrschaftsstatus erfaßt nach dem oben Gesagten (s § 43 Rn 2 ff) auch den *gemeingebrauchsbeeinträchtigenden* Sondergebrauch. Der Eigentümer hat diesen also zu dulden. Seine Zustimmung zur Erlaubniserteilung **16**

[17] S a *Salzwedel* in: Schmidt-Aßmann, Bes VwR, 785; vgl a *Papier* (Fn 5) Teil G Rn 126.

[18] Grundlegend BVerwGE 16, 116; s a BVerwGE 18, 333; 21, 354; 26, 31; 32, 148, 154 ff; *Badura* § 37 Rn 34; *Wolff/Bachof* VwR I, § 45 Rn 66 f.

[19] S BVerwGE 16, 119.

ist nicht erforderlich,[20] was zugleich bedeutet, daß die Erhebung eines privatrechtlichen Entgelts für den Sondernutzungsgebrauch nicht in Betracht kommt. Eine Ausnahme besteht nur nach § 11 VI BerlStrG, weil dieser neben der Erlaubnis der Straßenaufsicht die Zustimmung des Eigentümers verlangt, § 11 I, VII.[21]

6. Der „illegale" Sondergebrauch

17 Wird erlaubnispflichtiger Sondergebrauch ausgeübt, ohne daß eine Erlaubnis eingeholt ist, so berechtigt dies die allgemeinen Ordnungs- und Sicherheitsbehörden zum Einschreiten gemäß der ordnungsrechtlichen bzw polizeirechtlichen Generalermächtigung (s § 14 OBG NW).[22] Eine speziell wegerechtliche Eingriffsermächtigung findet sich im Bundesrecht sowie in einigen Landesstraßengesetzen: Nach § 8 VII a FStrG ist die für die Erlaubniserteilung zuständige Behörde ermächtigt, die erforderlichen Maßnahmen zur Beendigung der Benutzung zu treffen. Entsprechende Regelungen enthalten etwa Art 18 a I BayStrWG, § 22 StrG NW und § 18 VIII SaarStrG.

18 Da die Erteilung einer Sondernutzungserlaubnis grundsätzlich im Ermessen der zuständigen Behörde steht, hat der einzelne nur einen Rechtsanspruch auf fehlerfreie Ermessensausübung.[23] Ist in Ausnahmefällen dieses Ermessen auf „Null reduziert", verdichtet sich auch dieser Anspruch zu einem Erlaubniserteilungsanspruch. Liegt ein solcher Fall vor, so ist ein Sondergebrauch *ohne* Erlaubnis zwar formell, nicht aber (auch) materiell illegal. Vergleichbar der Rechtslage im Baurecht[24] kann bei bloß formeller Illegalität ein Einschreiten ermessensfehlerhaft und daher rechtswidrig sein.[25]

III. Gestattung des Wegeeigentümers

1. Anwendungsbereich

19 Eine öffentlich-rechtliche Sondernutzungserlaubnis ist nicht erforderlich, wenn der den Gemeingebrauch überschreitende Sondergebrauch der öffentlichen Straße keine *dauernde* gemeingebrauchs*beeinträchtigende* Wirkung hat. Statt dessen muß in diesen Fällen die in den Formen des bürgerlichen Rechts erfolgende Gestattung des Wegeeigentümers eingeholt werden (s § 8 X FStrG, § 23 StrWG NW, Art 22 BayStrWG), deren Erteilung von einem privatrechtlichen Entgelt abhängig gemacht werden kann.[26]

[20] S a *Wolff/Bachof* VwR I, § 59 II c, d; *Kodal/Krämer* Straßenrecht, 5. Aufl 1995, Kap 26 Rn 9 ff, Kap 27 Rn 2 ff; *Nedden* NJW 1956, 81 f; *Ziegler* DVBl 1976, 89 ff; *Pappermann/Löhr* (Fn 3) 732.

[21] S a *Wolff/Bachof* VwR I, § 59 II d 3 zu § 10 I, V BerlStrG aF.

[22] S a *Pappermann/Löhr* JuS 1980, 197 f.

[23] *Wiget* (Fn 8) Art 18 Rn 26; *Salzwedel* in: Schmidt-Aßmann, Bes VwR, 784; *Papier* (Fn 5) Teil G Rn 122.

[24] S dazu PrOVGE 105, 300; BVerwG, DÖV 1958, 80 f; *Meyer* MDR 1971, 978.

[25] S a *Sauthoff* NVwZ 1998, 239, 251.

[26] *Wolff/Bachof* VwR I, § 59 III b 2.

Eine *Ausnahme* gilt nur für *Berlin* und *Hamburg*. Nach § 11 I, VI, VII BerlStrG bedarf jeder Gebrauch der öffentlichen Straßen über den Gemeingebrauch hinaus (Sondernutzung) sowohl der Zustimmung des Straßeneigentümers als auch einer straßenaufsichtsrechtlichen Erlaubnis. Nach § 11 VI BerlStrG darf (nur) ein privatrechtliches Entgelt seitens des Straßeneigentümers erhoben werden. Das Hamburger Wegerecht kennt wegen seines andersgearteten Ausgangspunkts eines öffentlich-rechtlichen Eigentums konsequenterweise *nur* die öffentlich-rechtliche Sondernutzungserlaubnis (s § 19 I WG).[27] 20

Die Gestattung des Wegeeigentümers nach bürgerlichem Recht kann sowohl durch schuldrechtlichen Vertrag (Miete, Pacht, Leihe) als auch durch Einräumung dinglicher Rechte (Grunddienstbarkeit, beschränkte persönliche Dienstbarkeit) erfolgen. Wichtigste Beispielsfälle bilden die Konzessionsverträge mit den Versorgungsunternehmen (zB Elektrizitätsversorgungsunternehmen) über die Verlegung von Leitungen in den Straßenkörper. 21

Bei *vorübergehendem* gemeingebrauchs*beeinträchtigenden* Sondergebrauch kommt die bürgerlich-rechtliche Gestaltung nur in Betracht, wenn dieser Gebrauch zum Zwecke der öffentlichen Versorgung (und Entsorgung) erfolgt (s etwa § 8 X FStrG, § 23 I StrWG NW, Art 22 II BayStrWG). Zur öffentlichen Versorgung zählt die Versorgung mit lebenswichtigen Gütern oder Dienstleistungen wie Gas, Wasser, Strom, Wärme und Abnahme der Abwässer. Abgesehen von den Sonderregelungen in Berlin und Hamburg unterstehen daher Verlegung und Instandsetzung von Wasser-, Fernheizungs-, Gas-, Strom- und Abwasserleitungen ausschließlich dem privatrechtlichen Regime, und zwar auch insoweit, als infolge entsprechender Bauarbeiten kurzfristige Gemeingebrauchsbeeinträchtigungen vorkommen. Eine Ausnahme gilt für Telegraphen- und Telefonleitungen. Der Post und dem Nachfolgeunternehmen TELEKOM AG war aufgrund von § 1 I Telegraphenwegegesetz[28] insoweit ein gesetzliches Sondernutzungsrecht eingeräumt. Durch das Telekommunikationsgesetz (TKG) vom 25. 7. 1996[29] wurde das Telegraphenwegegesetz aufgehoben (§ 100 III) und wird das Fernmeldeleitungsrecht nunmehr gem § 50 I TKG dem Bund als „Nutzungsberechtigung" zugewiesen, der gem § 50 II TKG diese Befugnisse im Rahmen der Erteilung einer Lizenz zur Erbringung von Telekommunikationsdienstleistungen nach den §§ 6ff TKG auf die Lizenznehmer zu übertragen hat.[30] 22

2. Bindungen des Wegeeigentümers

Ist der Wegeeigentümer ein Träger öffentlicher Gewalt, so unterliegt er nach heute herrschender Auffassung auch bei Wahrnehmung seiner Gestattungs- oder Vergabebefugnis der Grundrechtsbindung, insbesondere der Bindung an den Gleich- 23

[27] *Wolff/Bachof* VwR I, § 59 III b 2; *Salzwedel* in: Schmidt-Aßmann, Bes VwR, 784.
[28] Ges v 18. 12. 1899, RGBl 705 idF der Bek v 24. 4. 1991, BGBl 1053; s a *Kodal/Krämer* (Fn 20) Kap 27 Rn 124ff; *Wiget* (Fn 8) Art 18 Rn 8.
[29] BGBl 1120.
[30] Vgl dazu *Scherer* NJW 1996, 2953, 2961f.

heitssatz des Art 3 I GG. Denn die Zurverfügungstellung des öffentlichen Straßenraums zur gemeingebrauchsüberschreitenden Nutzung für Zwecke der öffentlichen Versorgung bleibt unmittelbare Wahrnehmung öffentlicher Verwaltungszwecke, gehört also zum Bereich des Verwaltungsprivatrechts.[31] Das „Ausweichen" auf die Handlungsformen des bürgerlichen Rechts befreit nicht zugleich auch von der Grundrechtsbindung des Art 1 III GG.[32] Streitigkeiten zwischen „Bewerbern" und öffentlichen Straßeneigentümern sind jedoch *privatrechtlicher* Natur, so daß die ordentlichen Gerichte zur Entscheidung berufen sind (§ 13 GVG). Einschränkungen der Dispositionsfreiheit oder Privatautonomie können sich für die Wegeeigentümer ferner aus § 826 BGB ergeben, und zwar selbstverständlich auch für die privaten Wegeeigentümer. Die Ablehnung der Gestattung oder die Forderung eines unangemessenen Entgelts können sittenwidrig sein und die Reaktionsansprüche aus § 826 BGB auslösen, wenn der Wegeeigentümer faktisch eine Monopolstellung bei der Vergabe von Leitungsrechten innehat, was etwa in Stadtgebieten oder in Kreuzungsbereichen sehr häufig der Fall sein wird.[33]

§ 45
Nachbarrecht

I. Zur Anwendbarkeit des privaten Nachbarschutzrechts

1 Soweit durch Errichtung und Nutzung öffentlicher Sachen Emissionen, etwa Geräusche, Erschütterungen oder Luftverunreinigungen (s § 3 III BImSchG) verursacht werden, stellt sich die Frage nach den Abwehr- und Ausgleichsansprüchen der Nachbarn. Öffentliche Sachen sind im allgemeinen privaten Grundstücken benachbart. Benachbarte Grundstücke stehen in einem Gemeinschaftsverhältnis zueinander, das durch die Notwendigkeit gegenseitiger Rücksichtnahme gekennzeichnet ist. Andernfalls ist beiderseits eine angemessene Nutzung nicht möglich. Infolge der Nutzung der öffentlichen Sachen und im besonderen aufgrund des Verkehrs auf öffentlichen Straßen beeinträchtigen Emissionen die Nachbargrundstücke. Ebenso kann der mit der öffentlichen Sache verfolgte Zweck durch Immissionen, ausgehend von den Anliegergrundstücken, tangiert werden. Dasjenige Recht, das einen Ausgleich zwischen den durch die verschiedenen Nutzungen ausgelösten Kollisionen und Konflikten schafft, indem es Abwehransprüche gegen die von den Nutzungen ausgehenden Beeinträchtigungen, Ansprüche auf Vornahme von Schutzmaßnahmen, Duldungspflichten und zum Ausgleich Entschädigungsansprüche wegen Duldung der Beeinträchtigung normiert, ist das Nachbarrecht. Das *privat*rechtliche Nachbarrecht des BGB sieht für die dem zivilrechtlichen Herrschafts- und Nutzungsregime unterliegenden Sachen folgende Regelungen vor:

[31] S dazu *Wolff/Bachof* VwR I, § 23 Rn 29ff.

[32] BGHZ 29, 76, 80; *Wolff/Bachof/Stober* VwR I, § 23 Rn 32; *Salzwedel* in: Schmidt-Aßmann, Bes VwR, 785.

[33] S a *Salzwedel* in: Schmidt-Aßmann, Bes VwR, 785f.

Unterlassungs- und Beseitigungsansprüche benachbarter Eigentümer oder Besitzer (§§ 1004 I / 862 BGB) sind ausgeschlossen, wenn diese Nachbarn die Immissionen (zum Begriff siehe § 3 II BImSchG) zu dulden verpflichtet sind (§ 1004 II, §§ 862 II/ 858 I BGB). Eine Duldungspflicht besteht vor allem unter den Voraussetzungen des § 906 BGB.

Inwieweit das private Nachbarrecht auch auf die durch Errichtung und Nutzung *öffentlicher* Sachen verursachten Immissionen anwendbar ist, läßt sich nur differenziert beantworten: 2

1. Privatrechtliche Einrichtungen, Anlagen, Betriebe

Die Geltung des bürgerlich-rechtlichen Nachbarschutzes ist unproblematisch, soweit es um die *privatrechtlich organisierten* und/oder *privatrechtlich genutzten* Einrichtungen, Anlagen oder Betriebe der öffentlichen Hand geht. Nach herrschender Auffassung ist die Existenz eines öffentlich-rechtlichen Nutzungsregimes nicht unabdingbare Voraussetzung einer Zuordnung der Einrichtung zum Kreis der *öffentlichen* Sachen (s oben § 40 Rn 24ff u § 41 Rn 27ff). Daher gibt es auf der Grundlage der hM „öffentliche" Sachen („im Anstaltsgebrauch"), die der allgemeinen privatrechtlichen Nutzungsordnung unterliegen *und* bei denen das private Nachbarschutzrecht zum Zuge kommt („öffentliche Sache" kraft „Widmung zur öffentlichen Einrichtung"). Bei diesen öffentlichen Einrichtungen wird die von der Judikatur vertretene besondere Duldungspflicht wegen überwiegender Gemeinwohlbelange sogar weit öfter zu bejahen sein als bei den emittierenden Anlagen oder Betrieben in privater Hand. Der dann zum Zuge kommende nachbarrechtliche Ausgleichsanspruch bleibt jedoch ein privatrechtlicher Entschädigungsanspruch, gleichgültig, ob Betreiber die öffentliche Hand oder eine Zivilperson ist. 3

2. Sachen im öffentlichen Eigentum

Umgekehrt gehören die nachbarrechtlichen Beziehungen zweifellos dem *öffentlichen* Recht an, soweit die öffentlichen Sachen durch Gesetzgebungsakt der Privatrechtsordnung ganz entzogen und einer ausschließlich verwaltungsrechtlichen Herrschafts- und Nutzungsordnung unterstellt sind. Dies ist bei den öffentlichen Straßen nach dem HambWG und bei den öffentlichen Gewässern nach dem BaWüWG der Fall, die im „öffentlichen Eigentum" des Landes stehen (s oben § 40 Rn 11ff). 4

3. Öffentliche Sachen mit gemischt privatrechtlich-öffentlich-rechtlichem Status

Weniger eindeutig vorgegeben ist die Qualifizierung der nachbarrechtlichen Beziehungen in Ansehung derjenigen öffentlichen Sachen, die – wie ganz überwiegend – einem gemischt privatrechtlich-öffentlich-rechtlichen Status unterliegen. An den öffentlichen Sachen im Gemein- und Sondergebrauch besteht nach der weit überwiegenden Zahl der einschlägigen Bundes- und Landesgesetze Privateigentum, das von einer öffentlich-rechtlichen Dienstbarkeit überlagert wird und dessen Ver- 5 fügungs- und Nutzungsbefugnisse durch einen verwaltungsrechtlichen Herrschaftsstatus partiell verdrängt sind (s oben § 40 Rn 18). Entsprechendes gilt für die Sachen im Verwaltungsgebrauch sowie für die Sachen im „Anstaltsgebrauch", soweit sie kraft Gesetzes oder aufgrund eigener Entscheidung des („Anstalts"-) Trägers überhaupt einer *öffentlich-rechtlichen* Nutzungsordnung unterliegen (s oben § 40 Rn 24ff).

6 Der dualistische Rechtsstatus hat Auswirkungen auch auf die nachbarrechtlichen Beziehungen. Die in Ausübung der privatrechtlichen Restherrschaft des Sacheigentümers erfolgenden bzw gestatteten Sachnutzungen sind auch unter nachbarschutzrechtlichen Gesichtspunkten allein dem Zivilrecht zuzuordnen. Sachnutzungen hingegen, die auf der Grundlage und im Rahmen der öffentlich-rechtlichen Dienstbarkeit erfolgen, unterliegen im Verhältnis des Sachherrn zum Nachbarn der öffentlich-rechtlichen Sonderrechtsordnung. Öffentlich-rechtlich sind hier nicht nur die Beziehungen der (Dritt-)Benutzer zum Eigentümer und zum öffentlichen Sachherrn, sondern auch die Beziehungen zwischen dem die widmungsgemäße Benutzung ausübenden bzw zulassenden öffentlichen Sachherrn einerseits und den durch diese Benutzung beeinträchtigten Nachbarn andererseits. Die Verdrängung der privatrechtlichen Sachenrechtsordnung ist umfassend, soweit es um Sachnutzungen im Rahmen der öffentlich-rechtlichen Zweckbestimmung geht. Ein partielles Aufleben etwa für die nachbarrechtlichen Beziehungen ist ebenso rechtsdogmatisch undenkbar wie rechtspolitisch wegen der Einwirkungslosigkeit des Sacheigentümers auf die zugelassenen Nutzungen ungerechtfertigt.[1]

7 Das *RG* hielt demgegenüber ausnahmslos das private Nachbarrecht, also insbesondere die §§ 906, 1004 BGB, für maßgeblich, wenn es Immissionen zu beurteilen hatte, die vom Bau oder Betrieb öffentlicher Kommunikationsanlagen ausgingen.[2] Der BGH hat in seinem Urteil vom 15.6.1967[3] jene generell-privatrechtliche Zuordnung aufgegeben. Er hat die öffentlich-rechtliche oder privatrechtliche Beurteilung der von öffentlichen (Kommunikations-)Anlagen ausgehenden Immissionen davon abhängig gemacht, ob die Einwirkungen der öffentlichen Hand im Rahmen hoheitsrechtlicher oder privatrechtlicher Benutzungen erfolgen. Dabei werden die Bau- und Verkehrsimmissionen, ausgehend von öffentlichen Straßen, als hoheitliche Einwirkungen qualifiziert, die allein öffentlich-rechtliche Ansprüche der Anlieger auszulösen vermögen.[4]

8 Die Rechtsnatur der Nutzungs- und Leistungsbeziehungen in Ansehung öffentlicher Sachen ist also auch maßgeblich für die Qualifikation der nachbarrechtlichen Relationen. Die Zuordnung der nachbarrechtlichen Relation stimmt mit der Rechtsnatur der Nutzungs- oder Leistungsbeziehungen in Ansehung der öffent-

[1] Ausführlich dazu *Breuer* Die Bodennutzung im Konflikt zwischen Städtebau und Eigentumsgarantie, 1976, 333ff. S a *Martens* FS Schack, 1966, 87; *Papier* NJW 1974, 1797, 1798; *ders* in: Maunz/Dürig, GG, Art 14 Rn 460ff.

[2] Vgl etwa RGZ 159, 129ff; 167, 14ff; s ferner RGZ 58, 130; 170, 40, 44.

[3] BGHZ 48, 98ff.

[4] BGHZ 54, 384; BGH, DVBl 1972, 115ff; DVBl 1972, 675ff; BGHZ 64, 220ff; 97, 361, 364; BGH, NJW 1988, 900, 901; OVG NW, DÖV 1983, 1020; vgl a *Steiner* in: ders, Bes VwR, V Rn 146f.

lichen Sache überein.[5] Erfolgt die Benutzung in den Formen des öffentlichen Rechts, dann sind auch die Neben- oder Folgewirkungen dieser Sachnutzungen, soweit sie dem öffentlichen Sachherrn zuzurechnen sind, dem öffentlichen Recht zuzuordnen. Dies gilt nicht nur, wenn das öffentlich-rechtliche Nutzungsregime durch einen formalen, ausdrücklichen, administrativen oder legislatorischen Widmungsakt begründet worden ist, wie das bei den öffentlichen Straßen und Gewässern der Fall ist. Die Widmung konstituiert hier aufgrund ihrer dinglichen Wirkung ohne Zweifel zugleich ein öffentlich-rechtliches Nachbarrechtsverhältnis.[6] Eine entsprechende Verknüpfung von Benutzungs- und Nachbarrechtsordnung gilt aber auch bei denjenigen öffentlichen Sachen, die nicht aufgrund eines ausdrücklichen, dinglich wirkenden Widmungsakts, sondern – als öffentliche Sachen im „Verwaltungs-" und „Anstaltsgebrauch" – wegen einer öffentlich-rechtlichen Betriebs- oder (quasi-schuldrechtlichen) Benutzungsordnung den die Einbeziehung in den Kreis der „öffentlichen Sachen" rechtfertigenden Sonderstatus erhalten.[7] Bei den öffentlichen Sachen kann für die Nachbarrechtsbeziehung nicht auf das private (Rest-)Eigentum, sondern nur auf die – öffentlich-rechtlich eröffnete und geregelte – Nutzung abgestellt werden, denn allein *diese* führt zu den nachbarrechtlich zu bewältigenden Kollisionen.[8]

II. Das öffentliche Nachbarschutzrecht

1. Der öffentlich-rechtliche Abwehranspruch des Nachbarn

Gegenüber Einwirkungen, die auf einer öffentlich-rechtlichen Sachnutzung beruhen, stehen den beeinträchtigten Nachbarn die privatrechtlichen negatorischen bzw quasi-negatorischen Störungsabwehransprüche (§§ 1004, 823 I, 862 I BGB) nicht zu. Es kommt vielmehr allein ein *öffentlich-rechtlicher* Unterlassungs- und Beseitigungsanspruch in Betracht,[9] der beim Fehlen spezieller verwaltungsgesetzlicher Regelung seine Grundlage in den verfassungsrechtlichen Freiheitsrechten hat.[10] Diese und hier speziell Art 14 I 1 GG gewähren Ansprüche auf *Unterlassung* rechtswidriger Einwirkungen in die geschützte Rechts- und Freiheitssphäre durch Rechtsakte ebenso wie durch Realakte und damit auch durch Emissionen in Ausübung öffentlicher Gewalt. Nach erfolgter Rechtsverletzung gehen diese An- 9

[5] S a *Papier* in: MünchKomm, 3. Aufl 1997, § 839 BGB, Rn 168f.

[6] S a *Papier* (Fn 5) § 839 Rn 169.

[7] Vgl BGHZ 48, 102f; 54, 387f; BGH, DVBl 1976, 774; BGH, DVBl 1976, 210, 211; BGH, DVBl 1965, 157, 158; BVerwG, NJW 1974, 817f; BVerwG, DVBl 1973, 635; OVG NW, DÖV 1983, 1020; s a BVerwG, DVBl 1974, 777.

[8] *Papier* in: Berg/Knemeyer/Papier/Steiner (Hrsg), Staats- und Verwaltungsrecht in Bayern, 6. Aufl 1996, TeilG Rn 162.

[9] BVerwG, NJW 1974, 817; DVBl 1977, 285f; BVerwGE 79, 254, 256; OVG NW, DÖV 1983, 1020ff; sowie *Papier* (Fn 1) 1798; *ders* (Fn 8) TeilG Rn 163; *Martens* (Fn 1) 87.

[10] S *Weyreuther* Gutachten 47. DJT, 1968, B 90; vgl a BVerwG, NJW 1972, 269. Offengelassen in BVerwGE 79, 254, 257, ob §§ 1004, 906 BGB oder Art 2 II, 14 I GG Grundlage des Abwehranspruchs sind; vgl a BVerwGE 94, 100, 103.

sprüche in (verschuldensunabhängige) Störungs*beseitigungs*ansprüche über und passen sich der geschehenen Rechtsverletzung an.[11] Diese Unterlassungs- und Beseitigungsansprüche der beeinträchtigten Nachbarn sind gem § 40 I VwGO vor den Verwaltungsgerichten geltend zu machen.[12]

2. Duldungspflichten des Nachbarn

10 Aber auch der *öffentlich-rechtliche* Abwehranspruch greift nicht bei *jeder* Emissionsverursachung durch „öffentliche Anlagen" ein. Die Einwirkungen der öffentlichen Gewalt müssen vielmehr rechtswidrig sein und den Nachbarn in seinen Rechten verletzen.[13] Auch hier gilt es den Umfang der (öffentlich-rechtlichen) Duldungspflichten zu bestimmen. Diese Grenzziehung wird vielfach durch Rückgriff auf die privatrechtliche Vorschrift des § 906 BGB vorgenommen, die danach eine analoge Anwendung finden soll.[14] Nach dieser Auffassung ergeben sich auch gegenüber Immissionen, die durch Grundstücksnutzungen in den Formen des öffentlichen Rechts verursacht werden, nachbarliche Duldungspflichten unter folgenden Voraussetzungen:

11 a) Die Einwirkungen beeinträchtigen die Benutzung des benachbarten Grundstücks *nicht* oder *nicht wesentlich* (§ 906 I BGB).

12 b) Wesentliche Beeinträchtigungen werden durch eine ortsübliche Benutzung des anderen Grundstücks herbeigeführt, die durch wirtschaftlich zumutbare Maßnahmen nicht verhindert werden können (§ 906 II 1 BGB).

13 Hat der Nachbar unter dieser (zweiten) Voraussetzung Einwirkungen von „hoher Hand" zu dulden *und* beeinträchtigt diese Einwirkung eine angemessene Nutzung *seines* Grundstücks oder dessen Ertrag über das zumutbare Maß hinaus, so steht ihm unter sinngemäßer Anwendung des § 906 II 2 BGB ein jenem Ausgleichsanspruch entsprechender öffentlich-rechtlicher Entschädigungsanspruch gegen den Betreiber der störenden „öffentlichen Anlage" zu.[15]

14 c) Werden die nach allgemeinem Nachbarrecht gezogenen Grenzen der Duldungspflicht (§ 906 I/II 1 BGB) durch Immissionen von „hoher Hand" überschritten, liegen also wesentliche Beeinträchtigungen vor, die nicht auf einer ortsüblichen Nutzung basieren, so nehmen Rechtsprechung und hL auch für das öffentliche Nachbarrecht eine besondere, ungeschriebene Duldungspflicht wegen überwiegender Gemeinwohlbelange an:[16] Den betroffenen Nachbarn sind öffent-

[11] Ausführlich *Weyreuther* (Fn 10) B 85 ff; *Papier* (Fn 1) 1798.

[12] S OVG NW, DÖV 1983, 1020 ff; BVerwGE 79, 254, 256; *Ossenbühl* StHR, 281; *Papier* (Fn 8) TeilG Rn 166.

[13] Wegen der Einzelheiten s a OVG NW, DÖV 1983, 1020, 1021 ff; s a *Steiner* (Fn 4) V Rn 148.

[14] BGHZ 48, 101 f; 54, 388; 64, 220, 222; 72, 289, 291 f; BGH, NVwZ 1982, 700, 701; OVG NW, DÖV 1983, 1020, 1022; BGH, DVBl 1976, 774; vgl a BGHZ 122, 76, 77; s ferner *Papier* (Fn 1) 1799; *Kloepfer* JuS 1976, 436 ff mwN; *Steiner* (Fn 4) V Rn 149.

[15] S BGHZ 54, 384, 391.

[16] BGHZ 48, 98, 104; 54, 384, 388; 60, 119, 122 f; OVG NW, DÖV 1983, 1020; s a *Bender/Dohle* Nachbarschutz im Zivil- und Verwaltungsrecht, Rn 124; *Papier* (Fn 1) 1799; *Pikart* WM 1969, 83; vgl a Palandt/*Bassenge* BGB, 57. Aufl 1998, § 906 BGB, Rn 41.

lich-rechtliche Abwehransprüche iS von Unterlassungs- und/oder Beseitigungsansprüchen – ungeachtet der Grenzen des § 906 I/II 1 BGB – auf jeden Fall genommen, wenn die öffentlich-rechtliche Nutzung des Grundstücks zugleich einer lebens- oder gemeinwichtigen Einrichtung bzw Veranstaltung der öffentlichen Hand dient.

d) Auch hier kann der in der Nutzbarkeit seines Grundstücks nicht nur un- **15**
wesentlich beeinträchtigte Nachbar Abwehrrechte in der Gestalt von Ansprüchen auf Vornahme geeigneter und zumutbarer Schutzvorkehrungen gegen den öffentlichen Sachherrn geltend machen. Sind geeignete und zumutbare Vorkehrungen nicht möglich oder zur Störungsabwehr nicht ausreichend, so kann für den Verletzten ein Entschädigungsanspruch wegen enteignenden Eingriffs in Betracht kommen. Dieser öffentlich-rechtliche Enteignungsentschädigungsanspruch hat eine entsprechende „Ausfallfunktion" wie der nachbarrechtliche Ausgleichsanspruch (bürgerlich-rechtlicher Aufopferungsanspruch). Welcher der beiden Ansprüche bei Immissionen durch die „öffentliche Hand" in Betracht kommen kann, hängt davon ab, ob die emissionsverursachende Nutzung in den Formen des öffentlichen oder privaten Rechts erfolgt.[17]

Dieser öffentlich-rechtliche Entschädigungsanspruch setzt einen *enteignenden,* **16**
dh die Grenzen der Sozialbindung des Eigentums überschreitenden Eingriff voraus. Die Einwirkungen durch die Immissionen „öffentlicher Anlagen" müssen, um diese Voraussetzung bejahen zu können, die vorgegebene Situation der Nachbargrundstücke nachhaltig verändern und deren Nutzungsmöglichkeiten schwer und unerträglich treffen,[18] das Nachbareigentum also unverhältnismäßig beeinträchtigen.

Für öffentlich-rechtlich gestaltete Nachbarschaftsverhältnisse, bei denen Maß- **17**
nahmen der Vermeidung oder Minderung der die Erheblichkeitsschwelle übersteigenden Immissionen aufgrund des unangemessen hohen Aufwands ausscheiden, besteht nach dem *BVerwG*[19] ein Anspruch auf Geldausgleich für Maßnahmen des passiven Lärmschutzes. Dieser folgt aus einem allgemeinen Rechtssatz, wie er für das private Nachbarrecht in § 906 II 2 BGB und für öffentlich-rechtliche Nachbarschaftsverhältnisse in § 74 II 3 VwVfG, § 41 II BImSchG Ausdruck gefunden hat.

3. Kritik an der herrschenden Lehre

Zu diesen verschiedenen Stufen eines öffentlich-rechtlichen Nachbarschutzes ist **18**
folgendes festzustellen:

a) Eine *generelle, ungeschriebene Duldungspflicht* wegen überwiegender Ge- **19**
meinwohlbelange kann – ebenso wie im privaten Nachbarschutzrecht – nicht anerkannt werden. Der öffentlich-rechtliche Abwehranspruch des Nachbarn hat seine Grundlage in Art 14 I 1 GG. Nur der *Gesetzgeber* kann diesen Anspruch beschränken oder in Einzelfällen ausschließen (Art 14 I 2 GG). Soweit dies nicht

[17] Vgl a BGHZ 48, 104f.

[18] S BGHZ 49, 148, 152; 54, 384, 391; NJW 1988, 900, 901, BGHZ 97, 114, 116; 122, 76, 77 sowie mit gewissen Modifizierungen wegen des BImSchG: BGHZ 64, 220 = DVBl 1975, 658; dazu *Kloepfer* (Fn 14); vgl a BVerwG, DVBl 1974, 777ff mit Nachw.

[19] BVerwGE 79, 254, 262f – Feuerwehrsirene.

durch spezielle Regelungen geschehen ist, kann es nur bei den von der hL durch Rückgriff auf § 906 BGB bestimmten *allgemeinen* Grenzen nachbarlicher Duldungspflichten verbleiben. Werden diese durch Einwirkungen seitens der öffentlichen Gewalt überschritten, liegt eine *rechtswidrige* Eigentumsbeeinträchtigung vor. Dies wiederum löst unabweislich den verfassungsrechtlich verankerten (Art 14 I 1 GG) Unterlassungs- und Beseitigungsanspruch aus. Um diesen Abwehranspruch auch über die allgemeinen nachbarlichen Duldungspflichten hinaus auszuschließen, bedarf es auf jeden Fall einer *gesetzlichen* Regelung.[20] Auch eine solche muß die verfassungsrechtlichen Eingriffsschranken, die die inhalts- und schrankenbestimmende Gesetzgebung im Rahmen des Art 14 I 2/II GG zu beachten hat, wahren: Wird dem Nachbarn eine Duldungspflicht auch in bezug auf schwere und unerträgliche Beschränkungen der Nutzbarkeit seines Grundstücks auferlegt, so muß der Gesetzgeber, da er insoweit unverhältnismäßige Eigentumsbindungen vornimmt oder zuläßt, eine angemessene Entschädigung vorsehen, um seine Eigentumsbeschränkung „abzufedern" und vor dem „Makel" der verfassungswidrigen Sozialbindung zu bewahren.

20 b) Aber auch die *Heranziehung des § 906 BGB* selbst zur Bestimmung der allgemeinen öffentlich-rechtlichen Duldungspflichten ist nicht unproblematisch.[21] Gegen sie wird vor allem eingewandt, Eigentum im Verhältnis zur öffentlichen Gewalt sei vom Inhalt her nicht identisch mit dem Eigentum in der zivilrechtlichen Relation. Eigentum im Verhältnis zum Träger öffentlicher Gewalt könne *nur* durch Normen des öffentlichen Rechts bestimmt und begrenzt werden. An diesem Einwand ist richtig, daß das Eigentum gegenüber der öffentlichen Gewalt anders ausgeformt und umgrenzt sein *kann* als im Verhältnis zu anderen Zivilpersonen. Inhalts- und Schrankenbestimmungen des Eigentums iS des Art 14 I 2 GG nimmt nicht nur der Zivilgesetzgeber, sondern auch der Gesetzgeber des öffentlichen Rechts vor.[22] Die Grenzen des Eigentums können dem Hoheitsträger gegenüber anders verlaufen als gegenüber Zivilpersonen. Fehlt aber eine spezifisch verwaltungsgesetzliche Eigentumsausformung und -begrenzung, bleibt auch in der öffentlich-rechtlichen Relation die privatrechtliche Konstituierung und Begrenzung maßgeblich.[23]

21 Speziell bei § 906 BGB ist aber zu beachten, daß die dort vorgenommene nachbarrechtliche Begrenzung des Eigentums nach den Maßstäben der Ortsüblichkeit auf dem Gedanken beruht, benachbarte Grundstücke würden etwa einheitlich genutzt werden und Beeinträchtigungen würden daher für den Nachbarn grundsätzlich zumutbar sein.[24] Diese Vorschrift ist auf den Ausgleich im „kleinnachbarrechtlichen Raum" ausgerichtet.[25] Bei den öffentlichen Verkehrsanlagen, etwa den

[20] S *Papier* (Fn 1) 1799; ebenso *Ossenbühl* StHR, 264.

[21] S etwa *v Heyl* DÖV 1975, 604; *Leisner* NJW 1975, 233 ff; *Papier* (Fn 1) 1799; *ders* Maunz/Dürig, GG, Art 14 Rn 477; *Rupp* Grundfragen der heutigen Verwaltungsrechtslehre, 2. Aufl 1991, 221 ff, 235 ff; *Martens* (Fn 1) 93 f.

[22] S a BVerfGE 58, 300, 335 f.

[23] S *Papier* (Fn 1) 1799; *ders* Maunz/Dürig, GG, Art 14 Rn 476; *ders* Recht der öffentlichen Sachen, 3. Aufl 1998, 159; OVG NW, DÖV 1983, 1020, 1022.

[24] S BGHLM Nr 11 zu § 906 BGB; BGHZ 54, 389.

[25] Vgl a *Breuer* (Fn 1) 341 ff; *Steiner* Rechtliche Aspekte einer städtebaulich orientierten

öffentlichen Straßen und anderen vergleichbar raumübergreifenden und -verbindenden Kommunikationsanlagen, treffen diese Voraussetzungen nicht immer und nicht uneingeschränkt zu. Dienen diese Anlagen dem durchlaufenden Verkehr, sind sie nicht mehr auf enge Räume zugeschnitten. Je mehr sie den überörtlichen Verkehr aufnehmen, desto weniger können sie den Verhältnissen der jeweils benachbarten Grundstücke angepaßt, also unter Zugrundelegung der Besonderheit der jeweiligen Einzelregion „ortsüblich" sein. Die Anlage einer lärmintensiven Bundesfernstraße wahrt zB weder im freien Außenbereich noch im ruhigen Wohngebiet den faktischen status quo des engeren Raumes und damit den Rahmen des Ortsüblichen.[26] Die Rechtsprechung hat dann auch bei Anlagen des überörtlichen Verkehrs zur Beurteilung der Ortsüblichkeit auf die Verhältnisse in dem gesamten Gebiet, durch das die Fernverkehrsstraße führt, als Vergleichsmaßstab abgestellt.[27] Man muß sich im klaren sein, daß mit dieser Erweiterung des Vergleichsmaßstabes auf den gesamten verkehrsmäßig zu erschließenden Raum der §906 BGB und in Sonderheit sein „Ortsüblichkeitsmerkmal" weitestgehend an Präzision und Konturierung verlieren.[28]

Andererseits kann nicht festgestellt werden, daß §906 BGB nach seinem Sinn **22**
und Zweck für die von öffentlichen Sachen ausgehenden Immissionen *generell* unpassend ist. Sachen im Anstalts- und Verwaltungsgebrauch, aber auch Verkehrsanlagen, die der Erschließung eines engeren Gebiets und nicht dem durchgehenden Verkehr dienen, können durchaus in den von §906 BGB vorausgesetzten Vergleichsmaßstab des betroffenen „engeren Raumes" und seiner üblichen Nutzung sinnvollerweise einbezogen werden.

Im Urteil vom 20. März 1975[29] versuchte der BGH die rechtlichen Grenzen des **23**
Straßenlärms unter Rückgriff auf §42 BImSchG und die „Wertentscheidung" des BImSchG für den Schutz von Wohngebieten vor schädlichen Umwelteinwirkungen zu bestimmen. Diese Wertentscheidung solle es ausschließen, unzumutbare Beeinträchtigungen nur ganz ausnahmsweise, bei besonders schwerer Einwirkung, anzunehmen. Dieser Ansatz bringt indes keine Lösung. Der BGH verkennt in dieser Entscheidung, daß §42 BImSchG den Nachbarschutz im *Vorfeld* der Enteignung fixiert und nicht die Grenzen der Sozialbindung im Verhältnis zur Enteignung bestimmt.[30] Zum anderen mußte §42 BImSchG voraussetzungsgemäß solange unvollziehbar bleiben, wie die nach §43 BImSchG mögliche Rechtsverordnung über die Grenzwerte – wie im Zeitpunkt der vorerwähnten BGH-Entscheidung – nicht ergangen war.[31]

Verkehrsplanung in den Gemeinden, 1981, 57ff; *Schapp* Das Verhältnis von privatem und öffentlichem Nachbarrecht, 1978, 97ff, 123ff; *Schmidt-Aßmann* Schutz gegen Verkehrslärm, in: Salzwedel (Hrsg), Grundzüge des Umweltrechts, 1982, 303, 325.

26 S a *Breuer* (Fn 1) 343ff.

27 S etwa BGHZ 54, 390 mwN.

28 S a *Papier* in: Maunz/Dürig, GG, Art 14 Rn 478.

29 BGHZ 64, 220ff; vgl dazu *Parzefall* Entschädigung des Straßennachbarn bei Eigentumsbeeinträchtigung durch Verkehrslärm, 1995, 34f, 76ff.

30 Ebenso *Schmidt-Aßmann* (Fn 25) 325; *Papier* in: Maunz/Dürig, GG, Art 14 Rn 479.

31 S a BVerwGE 61, 295, 300; 71, 150, 159; 77, 285, 287f; vgl a *Jarass* Bundes-Immissionsschutzgesetz, 3. Aufl 1995, §42 Rn 4.

4. Spezielles Nachbarschutzrecht bei Planfeststellungsverfahren

24 Der Tatsache, daß eine sinngemäße Anwendung des § 906 BGB im öffentlichen Nachbarschutzrecht zwar grundsätzlich möglich ist, diese aber nicht in allen Fällen der unterschiedlichen Interessenlage gerecht wird, hat der Gesetzgeber vornehmlich für die von öffentlichen Straßen ausgehenden Verkehrsimmissionen in gewissem Grade Rechnung getragen. Insbesondere die Vorschriften über das Planfeststellungsverfahren sowie die §§ 41, 42 und 50 BImSchG stellen verwaltungsgesetzliche Spezialnormen des Nachbarschutzes und der nachbarlichen Duldungspflicht dar.

25 a) Die Vorschaltung eines *Planfeststellungsverfahrens* bedeutet aufgrund der Einwendungs- und Anfechtungsmöglichkeiten der Nachbarn zunächst eine besondere *verfahrensmäßige* Ausgestaltung oder „Kanalisation" der Abwehrrechts*ausübung:* Öffentlich-rechtliche Störungsabwehransprüche der Nachbarn müssen grundsätzlich bis zum Eintritt der Unanfechtbarkeit in den vorgesehenen Verwaltungs- und verwaltungsgerichtlichen Verfahren geltend gemacht werden. Nach Unanfechtbarkeit des Planfeststellungsbeschlusses tritt eine *Präklusionswirkung* ein (vgl § 75 II VwVfG): Ansprüche auf Unterlassung des Vorhabens, auf Beseitigung oder Änderung der Anlagen oder auf Unterlassung der Benutzung sind nunmehr ausgeschlossen. Die Präklusionswirkung erfaßt also auch Ansprüche auf *Änderung* festgestellter Anlagen.

26 Insofern sind auch *eingeschränkte* Abwehrrechte, die auf Vornahme geeigneter und zumutbarer Schutzvorrichtungen abzielen, nach Eintritt der Unanfechtbarkeit grundsätzlich ausgeschlossen. Auch diese Ansprüche sind im präventiven Verwaltungs- oder in dem gegen den erlassenen Planfeststellungsbeschluß gerichteten verwaltungsgerichtlichen Anfechtungsverfahren geltend zu machen. Sind diese Ansprüche begründet, führt das zu entsprechenden Auflagen im Planfeststellungsbeschluß (§ 74 II VwVfG, § 39 I StrWG NW iVm § 74 II VwVfG NW; Art 38 I BayStrWG iVm Art 74 II BayVwVfG).

27 Etwas anderes gilt nach der Regelung des § 75 II 2 VwVfG, wenn unvorhersehbare Wirkungen des Vorhabens oder der dem festgestellten Plan entsprechenden Anlagen auf die benachbarten Grundstücke erst *nach* Unanfechtbarkeit des Plans auftreten.[32] In diesem Fall kann der beeinträchtigte Nachbar auch noch nachträglich vom Träger der Straßenbaulast die Errichtung und Unterhaltung von Schutzvorrichtungen verlangen. Diese Regelung ist Bestandteil der allgemeinen Verwaltungsverfahrensgesetze des Bundes und der Länder (s Art 75 II 2 BayVwVfG; § 75 II 2 VwVfG NW), so daß sie für *alle* Straßen, einschließlich der dem *Landes*recht unterliegenden, gilt.

28 b) Das neuere Verwaltungsrecht enthält in bezug auf Verkehrsimmissionen auch in inhaltlicher Beziehung, also zum Umfang der materiellen nachbarlichen Duldungspflicht und zu den Voraussetzungen von Abwehr- und Entschädigungsansprüchen der Nachbarn, eine Reihe von Sondervorschriften.

[32] Nach BVerwGE 80, 7, 13, soll die Zunahme von Verkehrslärm aufgrund einer fehlerhaften Verkehrsprognose nicht unvorhersehbar sein, krit hierzu *Kodal/Krämer* Straßenrecht, 5. Aufl 1995, Kap 35 Rn 17.4.

Zu den materiell-rechtlichen Voraussetzungen jener unter a) erwähnten Ansprüche auf *Schutzanlagen* ist folgendes festzustellen: Für den Bereich der *Bundesfernstraßen* bestimmt § 74 II 2 VwVfG, daß dem Träger des Vorhabens Vorkehrungen oder die Errichtung und Unterhaltung von Anlagen aufzuerlegen sind, die zum Wohl der Allgemeinheit oder zur Vermeidung nachteiliger Wirkungen auf Rechte anderer erforderlich sind. Entsprechendes gilt gemäß den Verwaltungsverfahrensgesetzen der Länder und ihren allgemeinen Vorschriften zum Planfeststellungsverfahren für die dem *Landes*recht unterliegenden öffentlichen Straßen (vgl § 74 II 2 VwVfG NW; Art 74 II 2 BayVwVfG). Die Ansprüche auf Vornahme von Schutzanlagen sind nach dem Gesetz jedoch ausgeschlossen, wenn solche Vorkehrungen oder Anlagen untunlich oder mit dem Vorhaben unvereinbar sind (§ 74 II 3 VwVfG; s auch § 74 II 3 VwVfG NW, Art 74 II 3 BayVwVfG). Der betroffene Nachbar hat dann einen Anspruch auf angemessene Entschädigung in Geld (§ 74 II 3 VwVfG, § 74 II 3 VwVfG NW, Art 74 II 3 BayVwVfG). **29**

Das BVerwG hat in mehreren Urteilen zu der Frage Stellung bezogen, wann Lärmeinwirkungen durch Verkehrsgeräusche „erhebliche Nachteile" (so die ursprüngliche Formulierung in § 17 IV 1 FStrG aF) iS der erwähnten fachplanungsrechtlichen Schutzansprüche darstellen.[33] Schutzgegenstand ist danach nicht nur das Eigentumsrecht iS des Art 14 GG, erfaßt sind auch sonstige Rechte oder Rechtsgüter der Nachbarn, die bei der Benutzung der Grundstücke durch schädliche Einwirkungen der Straße nachteilig betroffen sein können, also etwa die in Art 2 II GG geschützten Rechtsgüter wie Leben, Gesundheit, körperliche Unversehrtheit und persönliche Bewegungsfreiheit. Auch soweit Eigentumsrechte betroffen sind, kommt der Schutzanspruch nicht erst dann in Betracht, wenn die Einwirkungen im *verfassungungsrechtlichen* Sinne unzumutbar sind, also das Eigentum des Nachbarn „schwer und unerträglich" beeinträchtigen. Die fachplanungsrechtlichen Ansprüche auf Schutzvorkehrungen bzw auf Entschädigung bewegen sich danach im „Vorfeld" des *verfassungsrechtlichen* „Mindestschutzes" des Eigentums.[34] **30**

Unter den genannten Voraussetzungen ist die Planfeststellung nach *einfachem* Recht nur rechtmäßig, wenn mit ihr ein Ausgleich für die (mittelbaren) Eigentumseinwirkungen angeordnet wird. Dieser Ausgleich kann in der Anordnung einer Schutzmaßnahme bestehen, mittels derer den physisch-realen Beeinträchtigungen entgegengewirkt wird. Der Ausgleich kann aber auch durch Festsetzung einer angemessenen Entschädigung bewirkt werden. Diese ist jedoch keine (von Art 14 III GG geforderte) Enteignungsentschädigung. **31**

Für die nähere Bestimmung des Begriffs „erhebliche Nachteile"[35] ist nicht allein die bauplanungsrechtlich geprägte Situation der Nachbarschaft maßgeblich. Zwar **32**

[33] BVerwG, DÖV 1976, 782; DÖV 1976, 788; DÖV 1976, 790; DÖV 1976, 791 m Anm *v Heyl*.

[34] BVerwGE 51, 15, 29; 59, 253, 261; *Korbmacher* Eigentums- und entschädigungsrechtlich relevante Entscheidungen in der fachplanerischen Abwägung, in: Blümel (Hrsg), Aktuelle Probleme des Enteignungsrechts, Speyerer Forschungsberichte 23 (1982) 1, 13ff; *Papier* (Fn 8) Teil G Rn 174.

[35] S dazu BVerwGE 51, 6ff, 15ff, 35ff; 61, 295, 298f; *Papier* in: Maunz/Dürig, GG, Art 14 Rn 468; *ders* (Fn 8) Teil G Rn 175.

genießen „reine“ oder „allgemeine“ Wohngebiete iS des Bebauungsrechts (vgl §§ 3 und 4 BauNVO) grundsätzlich einen höheren Lärmschutz als Industrie- oder Gewerbegebiete iS der §§ 8 und 9 BauNVO. Zu berücksichtigen ist aber auch die konkrete, situationsbedingte *Vorbelastung* des jeweiligen Einwirkungsgebiets. Eine solche „Geräuschvorbelastung“ kann beispielsweise für – bebauungsrechtlich – „reine“ oder „allgemeine“ Wohngebiete deshalb bestehen, weil diese wegen ihrer Lage in innerstädtischen Ballungsgebieten ohnehin einem erhöhten Dauerschallpegel ausgesetze sind. Solche Gebiete sind nur insoweit schutzfähig, als gerade in der *Erhöhung* des Dauerschallpegels aufgrund des zu beurteilenden Straßenlärms eine (zusätzliche) nachteilige Einwirkung erheblichen Umfangs liegt.[36]

33 Die „Vorbelastung“ des konkreten Einwirkungsgebiets kann ferner „plangegeben“ in dem Sinne sein, daß erhöhte Lärmeinwirkungen deshalb zumutbar sind, weil die Nutzung der Nachbargrundstücke in einer Zeit in Angriff genommen wurde, in der die Verkehrsbelastung für die Betroffenen aufgrund des Standes der Planung bereits *voraussehbar* war.[37]

34 Die praktische Handhabung des § 74 II VwVfG und der entsprechenden Vorschriften der Landes-Verwaltungsverfahrensgesetze in bezug auf die Planfeststellung öffentlicher Straßen und vergleichbarer Anlagen bereitete erhebliche Schwierigkeiten, solange der Gesetz- und Verordnungsgeber entgegen dem Regelungsauftrag des § 43 BImSchG[38] und der Kritik der Rspr an seiner Untätigkeit[39] keine jene Zumutbarkeits- und Erheblichkeitsschwelle konkretisierenden Bestimmungen über Grenzwertregelungen getroffen hatte. Mit dem Erlaß der Verkehrslärmschutzverordnung – 16. BImSchV vom 12. 6. 1990[40] – hat sich das zum großen Teil geändert. Aber auch nach Erlaß der Verkehrslärmschutzverordnung bleiben für diejenigen Straßen, die nicht der Anwendung der Verordnung unterfallen, insbesondere für die „Altstraßen“, die vor dem Inkrafttreten der Verordnung am 21. 6. 1990 errichtet worden sind, die erwähnten Konkretisierungsprobleme bestehen, wobei die 16. BImSchV als Anhaltspunkt herangezogen werden kann.[41] Das BVerwG hob zu Recht hervor, daß die Frage nach einem die Lärmerheblichkeit rechtlich-verbindlich festlegenden Grenzwert im Wege der (richterlichen) Rechtsanwendung nicht weiter geklärt werden kann. Diese Frage muß daher – bei Fehlen einer rechtssatzmäßigen Konkretisierung – von den Instanzgerichten als „außerrechtliche Fachfrage“ durch Sachverhaltsermittlung und ggfls unter Heranziehung von Sachverständigen entschieden werden.[42] Unter bestimmten Voraussetzungen können nicht-rechtssatzmäßige Normierungen technischer Regeln (TA-Lärm, TA-Luft) sowie VDI-Richtlinien oder DIN-Normen gewisse Anhaltspunkte liefern. Die Grenzwerte für den Lärm gewerblicher Anlagen können aber

[36] *Papier* (Fn 8) Teil G Rn 175; zur Lärmvorbelastung vgl a BGHZ 91, 361, 364; BGH, NJW 1988, 900, 902.
[37] Vgl BVerwGE 71, 150, 155 f; 77, 285, 293 f.
[38] BVerfGE 79, 174, 194.
[39] BVerwGE 77, 285, 286 f; 84, 31, 39; vgl a *Stüer* DVBl 1992, 547, 553.
[40] BGBl 1036.
[41] *Jarass* (Fn 31) § 43 Rn 5.
[42] BVerwGE 61, 295, 299.

nur sehr begrenzt für den Straßenlärm herangezogen werden, weil gewerblicher Lärm und Straßenlärm nur bedingt miteinander verglichen werden können.[43] Das BVerwG hat für ein Wohngebiet iS der §§ 3, 4 BauNVO, das durch andere Störfaktoren bisher nicht vorbelastet ist, die Grenze des noch zumutbaren Straßenlärms bei einem äquivalenten Dauerschallpegel (Außenpegel) von etwa 55 dB(A) am Tage und von 45 dB(A) bei Nacht gezogen.[44] Die Zumutbarkeitsgrenze für Verkehrslärmimmissionen ist vom BVerwG dabei niedriger angesetzt worden als dies in dem endgültig gescheiterten Entwurf eines Verkehrslärmschutzgesetzes erfolgte. Für „Mischgebiete" hat der BaWüVGH einen Grenzwert von 60/50 dB(A) und für planerisch stark vorbelastete Gebiete hat der BayVGH einen Grenzwert von 75/65 dB(A) vertreten.[45]

c) Eine Enteignungswirkung kann von den Planfeststellungen nicht nur dadurch ausgehen, daß die Festsetzungen eines Planfeststellungsbeschlusses unmittelbar auf die Inanspruchnahme fremden Eigentums gerichtet sind.[46] *Enteignende Wirkungen* können auch dadurch hervorgerufen werden, daß infolge der öffentlich-rechtlichen Zulassung des Vorhabens sowie durch die darauf beruhende Ausführung und damit durch die Veränderungen der tatsächlichen Gegebenheiten eigentumsrelevante Nachteile bei Nachbargrundstücken entstehen.[47] Diese mittelbaren, „drittbelastenden" Eigentumsbeeinträchtigungen der Planfeststellung können im Einzelfall eine solche Intensität entfalten und von solcher Eingriffstiefe sein, daß sie als materiell enteignend zu qualifizieren sind, auch wenn im engeren, verfassungsrechtlichen Sinne mangels eines Substanzeingriffes keine Enteignungen vorliegen. Nach der st Rspr des BVerwG,[48] der sich die Literatur angeschlossen hat,[49] ist diese Grenze zur enteignenden Einwirkung überschritten, wenn durch das Vorhaben Beeinträchtigungen hervorgerufen werden, welche die vorgegebene Grundstückssituation nachhaltig verändern und dadurch Nachbargrundstücke schwer und unerträglich treffen. Unter diesen Voraussetzungen kann die Eigentumsbeschränkung nur dann als verfassungsgemäße Sozialbindung des Eigentums gewertet werden, wenn sie durch Entschädigungsleistungen kompensiert wird. Über diese Tatsache des entschädigungspflichtigen Eingriffs und damit über die Entschädigungsleistung muß – jedenfalls dem Grunde nach – schon im Planfeststellungsbeschluß selbst entschieden werden.[50] 35

Grundlage des Entschädigungsanspruchs ist entweder der gewohnheitsrechtlich geltende Aufopferungsgrundsatz („enteignender Eingriff") oder eine spezielle Ent- 36

[43] S a *Jarass* NJW 1981, 721, 725f; *ders* (Fn 31) § 41 Rn 21.

[44] BVerwGE 51, 15, 34; vgl a BVerwGE 71, 150, 155; 77, 285, 286.

[45] S NJW 1980, 1012; DÖV 1981, 233 sowie *Blocher* DÖV 1981, 633 mit Anm 15 und 16; *Papier* (Fn 8) Teil G Rn 176.

[46] Vgl dazu BVerwG, DVBl 1983, 899ff.

[47] BVerwGE 50, 282, 286f; 58, 154, 161; 61, 295, 303; BGHZ 95, 28ff; BGH, JZ 1986, 544; vgl a *Korbmacher* (Fn 34) 1ff.

[48] Vgl BVerwGE 32, 173, 179; 36, 248, 249f; 44, 244, 246ff; 50, 282, 287f; 61, 295, 303; BVerwG, BRS 28 Nr 138.

[49] Nachw bei *Korbmacher* (Fn 34) 12.

[50] BVerwGE 61, 295, 304; vgl a BVerwG, DVBl 1980, 289ff; BGH, JZ 1986, 544; *Papier* (Fn 8) Teil G Rn 177 mwN.

schädigungsnorm des Fachplanungsrechts. Als solche einfachgesetzlichen Entschädigungsnormen kommen die unter b) genannten Entschädigungsregelungen in Betracht (also zB § 74 II 3 VwVfG), obgleich diese *nicht nur* den *enteignenden* Eingriff betreffen. Hält man es für ausgeschlossen, dem Aufopferungsinstitut eine eigenständige Anspruchsgrundlage auch für jene Fälle mittelbar wirkender Enteignungen zu entnehmen und enthält auch das jeweilige Fachplanungsrecht keine besondere Entschädigungsregelung, so ist der unverhältnismäßig in das Eigentum einwirkende Planfeststellungsbeschluß rechtswidrig. Für den betroffenen Eigentümer besteht dann allein die Möglichkeit der verwaltungsgerichtlichen Anfechtung des Planfeststellungsbeschlusses.[51]

37 d) Denkbar sind schließlich planbedingte Einwirkungen auf Rechte, insbesondere auf das Eigentum Dritter, die weder die Intensität eines enteignenden Eingriffs erreichen noch eine Kompensationsverpflichtung im „Vorfeld" des enteignenden Eingriffs auslösen.[52] Die zweite Alternative kann sich deswegen ergeben, weil solche Entschädigungs- oder real-physischen Ausgleichsleistungen im einfachen Recht nicht vorgesehen sind oder weil die drittbelastenden Einwirkungen nicht die im Fachplanungsrecht aufgestellte Grenze der Erheblichkeit oder Unzumutbarkeit überschreiten. Dennoch dürfen solche planbedingten Einwirkungen, insbesondere auf das Eigentum Dritter, nicht als rechtlich irrelevant angesehen werden. Sie sind vielmehr planerisch „zu bewältigen", was bedeutet, daß die nicht unerheblichen Eigentumsbeeinträchtigungen oder -belästigungen in den planerischen Abwägungsprozeß (vgl § 17 I 2 FStrG) einbezogen und in der Abwägung eine angemessene Berücksichtigung erfahren müssen.[53] Nur im Rahmen einer gerechten Abwägung mit den *für* die konkrete Planung sprechenden (öffentlichen oder privaten) Belangen können die nachteilig betroffenen Nachbar- bzw Eigentümerbelange in rechtlich einwandfreier Weise „überwunden" werden. Fehlt es an einem solchen sachgerechten und insoweit vollständigen Vorgang des Abwägens oder ist die Abwägung der Sache nach von einer evidenten Fehlgewichtung bzw Vernachlässigung der beeinträchtigten Nachbar- oder Eigentümerbelange geprägt, so ist der Planfeststellungsbeschluß rechtswidrig und verwaltungsgerichtlich anfechtbar.[54]

5. Straßenbau aufgrund Bebauungsplans

38 a) Wird die öffentliche Straße nicht aufgrund eines Planfeststellungsverfahrens, sondern eines *Bebauungsplans* errichtet (vgl § 17 III FStrG, § 125 I BauGB, 38 IV StrWG NW), so ergibt sich ein wesentlicher Unterschied für das Nachbarschutzrecht daraus, daß dem Bebauungsplan eine dem unanfechtbaren Planfeststellungs-

[51] S a *Papier* in: Maunz/Dürig, GG, Art 14 Rn 464, wo auf die Konkretisierung jener „Enteignungsschwelle" eingegangen wird.

[52] S dazu *Korbmacher* (Fn 34) 20f; *Papier* in: Maunz/Dürig, GG, Art 14 Rn 467.

[53] S BVerwGE 59, 87, 98 u 102f; 61, 295, 302; 87, 332, 341f; BVerwG, UPR 1994, 150, 151; vgl a *Papier* (Fn 8) Teil G Rn 179 mwN.

[54] Vgl a BVerwG, Buchholz 407.4 zu § 17 FStrG Nr 33; BVerwG, Buchholz 445.4 zu § 31 WHG Nr 6; *Korbmacher* (Fn 34) 21; *Papier* in: Maunz/Dürig, GG, Art 14 Rn 467 mwN.

beschluß eigene Präklusionswirkung *nicht* zukommt. Der Bebauungsplan kann auch nicht „unanfechtbar" werden. Nachbarliche Abwehransprüche gegen planbedingte Nutzungen können auch außerhalb des Planaufstellungs- oder Plananfechtungsverfahrens (vgl dazu § 47 I Nr 1 VwGO) geltend gemacht werden. Durch das Sechste Gesetz zur Änderung der VwGO vom 1. 11. 1996[55] wurde allerdings für das Normenkontrollverfahren in § 47 II 1 VwGO eine Antragsfrist von zwei Jahren nach Bekanntmachung der Rechtsvorschrift eingeführt, die nach Art 10 IV für „Altvorschriften" ab dem Inkrafttreten des Änderungsgesetzes am 1. 1. 1997 zu Laufen begonnen hat.

b) Nachbarrechtliche Abwehransprüche gegen die Errichtung und Unterhaltung „öffentlicher Anlagen" können sich unmittelbar aus dem (gültigen) Bebauungsplan ergeben. Dies setzt voraus, daß die tatsächliche Nutzung der Festsetzung des Bebauungsplans *wider*spricht, also objektiv rechtswidrig ist *und* daß die einschlägigen Festsetzungen des Bebauungsplans eine nachbarschützende Funktion haben. Festsetzungen über die *Art* der baulichen Nutzung haben im allgemeinen nachbarschützenden Charakter, während das bei den Festsetzungen über das *Maß* der baulichen Nutzung im allgemeinen nicht der Fall ist.[56] **39**

c) Die im Bebauungsplan getroffenen Festsetzungen haben andererseits auch die Wirkung, daß die Nachbarn die festgesetzten Anlagen und Einrichtungen zu dulden haben. Die Festsetzungen eines Bebauungsplans erfolgen zur Ordnung der städtebaulichen Entwicklung und damit auch zur näheren Gestaltung des (öffentlichen wie privaten) Nachbarrechts.[57] Die Bebauungsplanung der Nachbarschaft hat also auch Rückwirkungen auf die Vorschrift des § 906 BGB. Die Festsetzungen des Bebauungsplans sind (mit-)bestimmend für die „Ortsüblichkeit" der Immissionen: Vorhaben, die den Festsetzungen eines (gültigen) Bebauungsplans entsprechen, müssen regelmäßig als „ortsüblich" im Sinne des § 906 II BGB angesehen werden, sie sind daher nachbarrechtlich zu dulden.[58] Andernfalls könnten Nachbarn aufgrund des (privaten) Nachbarrechts (§§ 1004, 906 BGB) Vorhaben verhindern, die nach (öffentlichem) Planungsrecht gerade zulässig sein sollen. **40**

d) Wird es aufgrund der planerischen Festsetzungen bzw in ihrem Vollzuge zu enteignenden Einwirkungen auf Nachbargrundstücke kommen, weil die vorgegebene Grundstückssituation nachhaltig verändert und dadurch die Nutzung der Nachbargrundstücke schwer und unerträglich getroffen wird, so ergeben sich folgende rechtliche Konsequenzen: Der Plangeber muß entweder für einen real-physischen Schutz der Nachbarschaft sorgen, indem er die nachbarschädlichen Auswirkungen einer Festsetzung durch hinreichend wirksame und planerisch abgesicherte Maßnahmen, insbesondere iVm einer angemessenen räumlichen Trennung der widerstreitenden Nutzungsarten, auf ein zumutbares Maß reduziert und damit die enteignenden Einwirkungen seiner Planung vermeidet, oder er muß – wenn dies **41**

55 BGBl 1626.

56 Vgl dazu *Sendler* BauR 1970, 4ff; *Gelzer* Bauplanungsrecht, 5. Aufl 1991, Rn 979ff.

57 S *Papier* in: Maunz/Dürig, GG, Art 14 Rn 451ff.

58 So auch *Schrödter* DVBl 1968, 38; *ders* DVBl 1973, 769; *Friauf* DVBl 1971, 718; *Bartlsperger* DVBl 1971, 746; *Breuer* in: Schrödter, Baugesetzbuch, 5. Aufl 1992, § 44 Rn 66; *ders* (Fn 1) 335; aA der BGH, s etwa DVBl 1971, 744, 745; vgl a BGH, NJW 1983, 751.

nicht möglich oder nicht tunlich ist – die betroffenen Grundstücke ausdrücklich in Anspruch nehmen. In diesem zweiten Fall werden die Nachbargrundstücke in den Plan einbezogen und ihre bisher zulässigen Nutzungen aufgehoben bzw geändert. Auf diese Weise wird die planerische Harmonisierung hergestellt, zugleich werden aber auch zugunsten der Eigentümer der in Anspruch genommenen Nachbargrundstücke gesetzliche Entschädigungsfolgen (vgl §§ 40 ff BauGB) ausgelöst. Unterläßt der Plangeber trotz der mittelbar enteignenden Einwirkungen auf Nachbargrundstücke beides, so ist der Bebauungsplan wegen Verletzung des Art 14 GG rechtswidrig und deshalb nichtig.

42 e) Liegen die belastenden Einwirkungen auf Umgebungsgrundstücke, die auf planbedingten Veränderungen der tatsächlichen Grundstücksnutzung basieren, *diesseits* der Enteignungsschwelle, so kann der Bebauungsplan aus folgenden Gründen rechtswidrig sein: Es kann gegen die Vorschrift des § 50 BImSchG verstoßen worden sein, der dem Plangeber aufgibt, die Flächen einander so zuzuordnen, daß schädliche Umwelteinwirkungen auf ausschließlich oder überwiegend dem Wohnen dienende Gebiete sowie auf sonstige schutzwürdige Gebiete so weit wie möglich vermieden werden. § 50 BImSchG normiert eine bindende Rechtspflicht. Bebauungspläne, die dagegen verstoßen, sind nichtig. Allerdings besitzt diese Vorschrift keine nachbarschützende Funktion,[59] der durch einen konkreten Bebauungsplan beschwerte Nachbar ist aufgrund der Neufassung des § 47 VwGO in einem verwaltungsgerichtlichen Normenkontrollverfahren nur antragsbefugt, wenn und soweit er durch die planerische Festsetzung in eigenen Rechten verletzt sein kann (§ 47 II 1 VwGO).

43 Entsprechendes gilt für die Verletzung des planungsrechtlichen Abwägungsgebotes (§ 1 VI BauGB). Dieses kann – genauso wie bei der Fachplanung – verletzt sein, weil nicht unerhebliche Beeinträchtigungen der Belange Dritter, insbesondere Eigentumsbeeinträchtigungen der Nachbarn, in den Abwägungsprozeß nicht hinreichend einbezogen worden sind und in der Abwägung keine angemessene Berücksichtigung erfahren haben. Nach der Rechtsprechung hat auch das planungsrechtliche Abwägungsgebot keine generelle nachbarschützende Funktion,[60] auf eine solche drittschützende Wirkung kommt es aber bei der verwaltungsgerichtlichen Normenkontrolle nach § 47 II 2 VwGO nach seiner Neufassung an. Ein Nachbarschutz des objektiv-rechtlichen Abwägungsgebots ist jedenfalls insoweit zu bejahen, als gerade die Verletzung rechtlich geschützter *eigener* Belange des Betroffenen geltend gemacht wird.[61]

44 f) Davon unberührt bleibt der nachbarrechtliche Anspruch aus § 41 BImSchG. Der Nachbar kann also die Vermeidung schädlicher Umwelteinwirkungen aufgrund von Verkehrsimmissionen durch Vornahme technisch möglicher und wirtschaftlich zumutbarer Schutzvorkehrungen verlangen. Kann bei der Trassierung dem Lärmschutz nicht ausreichend Rechnung getragen werden, müssen die nach dem Stand der Technik möglichen Lärmschutzmaßnahmen beim Bau der Ver-

[59] S BVerwG, GewArch 1982, 34; offenlassend aber BVerwG, NVwZ 1989, 151, 152; für eine nachbarschützende Funktion *Jarass* (Fn 31) § 50 Rn 14.
[60] S BVerwGE 48, 56, 66.
[61] S BVerwGE 48, 56, 66.

kehrswege getroffen werden (Beispiel: Lärmschutzwälle, -wände und -zäune, Tunnelung), soweit dies erforderlich ist, um „schädliche Umwelteinwirkungen“ durch Verkehrsgeräusche zu vermeiden (§ 41 I BImSchG). Würden die für die (aktiven) Lärmschutzmaßnahmen aufzuwendenden Kosten außer Verhältnis zu dem angestrebten Zweck stehen, kann von den Lärmschutzmaßnahmen an den Verkehrswegen abgesehen werden (§ 41 II BImSchG). In diesem Falle ist der Träger der Straßenbaulast verpflichtet, den durch Lärm Betroffenen Ersatz für passive Schallschutzmaßnahmen an den Wohngebäuden zu leisten (§ 42 BImSchG). Auf den Entschädigungsanspruch des § 42 BImSchG ist der Nachbar mithin nur angewiesen, wenn trotz schädlicher Umwelteinwirkungen ein Störungsabwehranspruch nach § 41 BImSchG nicht besteht (s § 41 II).

Nach § 43 BImSchG ist die Bundesregierung ermächtigt, die zur Durchführung **45** der §§ 41 und 42 I BImSchG erforderlichen Vorschriften, insbesondere über die Immissionsgrenzwerte, zu erlassen, bei deren Überschreitung eine schädliche Umwelteinwirkung zu Lasten der Nachbarn vorliegen soll. Während § 42 I den Entschädigungsanspruch ausdrücklich von der Überschreitung der verordnungsrechtlichen Immissionsgrenzwerte abhängig macht und damit bis zum Erlaß der 16. BImSchV[62] keine anwendbare Norm war,[63] enthält § 41 BImSchG eine solche Verweisung auf die verordnungsrechtlichen Grenzwerte nicht. Sind sie aufgestellt, gilt die gesetzeskonkretisierende Wirkung dieser Rechtsverordnung sicher auch für § 41 BImSchG, dieser ist aber auch ohne eine entsprechende Verordnung unmittelbar anwendbares Recht.[64]

[62] Vgl dazu *Alexander* NVwZ 1991, 318ff; *Schulze-Fielitz* UPR 1994, 1ff; *Parzefall* (Fn 29) 76ff.

[63] S a BVerwGE 61, 295, 299f; 71, 150, 159; 77, 285, 287f.

[64] BVerwGE 71, 150, 154f; 77, 285, 287f; 84, 31, 39.

SECHSTER ABSCHNITT

Das Recht der öffentlich-rechtlichen Schadensersatz- und Entschädigungsleistungen

Wolfgang Rüfner

Gliederung

§ 46
Einleitung

1 In den folgenden §§ 47–50 soll das Recht der öffentlich-rechtlichen Schadensersatz- und Entschädigungsleistungen dargestellt werden. Dabei wird versucht, die Erscheinungen der Rechtswirklichkeit zu systematisieren und möglichst widerspruchsfrei in eine logische Ordnung zu bringen. In wesentlichen Teilen ist das Recht der öffentlich-rechtlichen Schadensersatz- und Entschädigungsleistungen eine Schöpfung der Rechtsprechung, die nicht systematisch arbeiten kann, sondern

sich von Fall zu Fall vorantasten muß, auch wenn sie sich um eine folgerichtige Fortentwicklung des Rechts bemüht.[1] Die Schwierigkeiten rühren vor allem daher, daß das derzeitige deutsche Staatshaftungsrecht aus verschiedenen Wurzeln erwachsen ist, die ursprünglich völlig getrennt waren: Die Haftung des Staates für rechtswidriges Handeln leitet sich einerseits aus der deliktischen Amtshaftung (§ 839 BGB), andererseits aus dem Gedanken der Aufopferung und Enteignung ab. Gleichzeitig bieten Aufopferung und Enteignung aber auch die Grundlage für Entschädigungspflichten bei rechtmäßigem Handeln. Das wird vor allem bei der Haftung aus dem sog. „enteignungsgleichen Eingriff" deutlich. Sie ist Haftung für hoheitliches Unrecht und damit Teil des Staatshaftungsrechts, richtet sich aber in vielem nach den Regeln über die Enteignungsentschädigung und gehört insoweit zum Enteignungsrecht.

Ausgangspunkt der Entwicklung des Amtshaftungsrechts im 20. Jahrhundert war der Anspruch des Bürgers gegen den Beamten aus § 839 BGB. Der Beamte selbst haftet nach der Konzeption des BGB gemäß den allgemeinen Regeln des bürgerlichen Deliktsrechts für jeden Schaden, den er durch Verletzung einer ihm dem Bürger gegenüber obliegenden Amtspflicht schuldhaft verursacht. Diese Haftung geht über die Haftung nach § 823 Abs 1 BGB insofern hinaus, als der Beamte nicht nur für die Verletzung eines absoluten Rechts, sondern für alle Vermögensschäden eintreten muß. Freilich mildert die Möglichkeit der Verweisung auf anderweitige Ersatzmöglichkeiten bei bloßer Fahrlässigkeit (§ 839 Abs 1 Satz 2 BGB) diese strenge Schadensersatzpflicht. 2

§ 839 BGB bot somit dem Bürger von Anfang an einen nahezu umfassenden Schutz gegen staatliches Unrecht, das ein Beamter vorsätzlich oder fahrlässig verursacht hatte. Allerdings richtete sich der Anspruch nur gegen den Beamten persönlich, seine Durchsetzbarkeit setzte also dessen Zahlungsfähigkeit voraus. Das wurde als unbefriedigend empfunden und führte alsbald dazu, daß der Staat oder die sonstige Anstellungskörperschaft kraft gesetzlicher Vorschrift (heute Art 34 GG) für den Beamten einstehen mußte. Die Übernahme der Haftung durch den Staat blieb allerdings auf den Bereich öffentlich-rechtlichen Handelns beschränkt. Für privatrechtliches amtliches Handeln haftet nach wie vor der Beamte selbst. Aus der persönlichen Haftung des Beamten ist daher heute eine mittelbare Staatshaftung (Amtshaftung) geworden, wenn der Beamte öffentlich-rechtlich gehandelt hat. Der Bürger hat stets einen zahlungsfähigen Schuldner. Ein umfassender Schutz gegen schuldhafte Amtspflichtverletzungen bei öffentlich-rechtlichem Handeln ist gewährleistet. 3

Parallel dazu und bis zum Ende des 2. Weltkriegs nahezu unabhängig vom Amtshaftungsrecht entwickelte sich die Pflicht des Staates, für rechtmäßige, den einzelnen ungleich treffende hoheitliche Eingriffe Entschädigung in Geld zu leisten. Im 19. Jahrhundert spielte die Entschädigung für den Entzug von Grundeigentum die größte Rolle, da der Staat im allgemeinen nur auf Grundstücke im Wege der Enteignung zugreifen mußte. Die Enteignung von Grundeigentum 4

[1] Letzteres ist mit *Schmitt* DVBl 1977, 697 durchaus anzuerkennen. Grundsätzlich zur Entwicklung des Staatshaftungsrechts *Ossenbühl* DVBl 1994, 977ff und in: Der sozialrechtliche Herstellungsanspruch (SDSRV Bd 39), 1994, 7ff.

wurde daher in besonderen Gesetzen sorgfältig geregelt. Daneben galt der Grundsatz weiter, daß der Staat zur Entschädigung des einzelnen Bürgers gehalten sei, wenn er aus Gründen des gemeinen Wohls in dessen Rechte eingriff (so §§ 74, 75 Einl ALR, sog Aufopferungsanspruch).

Diese Entschädigungspflichten wurden seit dem 1. Weltkrieg zunehmend erweitert, wobei der Begriff der Enteignung immer mehr ausgedehnt wurde, so daß der für die Aufopferung verbleibende Raum enger wurde. Enteignung wird heute nicht nur beim Entzug von Eigentum im Sinne des bürgerlichen Rechts angenommen, sondern auch bei einem Entzug sonstiger vermögenswerter Rechte. Für die früher allgemein subsidiäre Aufopferung bleiben nur Vermögensschäden, die als Folge der Beeinträchtigung nichtvermögenswerter Rechte (insbesondere der Gesundheit) auftreten.

5 Ein Schadensersatz oder eine Entschädigung für rechtswidrig schuldloses Handeln war in diesem System nicht vorgesehen. Diese Lücke im Staatshaftungsrecht hat der BGH seit der Entscheidung des Großen Senats für Zivilsachen BGHZ 6, 270 in ständiger Rechtsprechung geschlossen und mit dem Argument des „erst recht" die Auffassung vertreten, daß Entschädigung wegen „enteignungsgleichen Eingriffs" auch geleistet werden müsse, wenn der Staat rechtswidrig in vermögenswerte Rechte der Bürger eingegriffen habe.[2] Entsprechendes gilt für die Aufopferungsentschädigung bei rechtswidrigen Eingriffen in nichtvermögenswerte Rechte, insbesondere bei Gesundheitsschädigungen.

Die Rechtsprechung hat diesen Ansatz konsequent weitergeführt und den enteignungsgleichen Eingriff (und die Aufopferung) zu einer umfassenden Grundlage der Staatshaftung für hoheitliches Unrecht ausgebaut. Der BGH versteht seine Konstruktion nicht etwa nur als subsidiäre Aushilfe bei Versagen des Amtshaftungsanspruchs, sondern nimmt einen enteignungsgleichen Eingriff auch dann an, wenn die Voraussetzungen der Amtshaftung vorliegen.[3] Regelmäßig stehen daher heute Ansprüche aus Amtshaftung und aus „enteignungsgleichem Eingriff" (bzw Aufopferung) konkurrierend nebeneinander. Entgegen vielfach geäußerten Erwartungen hat der BGH am enteignungsgleichen Eingriff trotz deutlicher Kritik des BVerfG festgehalten.

Für die Ansprüche aus dem so entwickelten Staatshaftungsrecht ist nach § 40 Abs 2 VwGO grundsätzlich der ordentliche Rechtsweg gegeben. Die Vorgabe des Art 34 S 3 GG läßt dem Gesetzgeber für eine andere Regelung kaum Spielraum, wenn er nicht für regelmäßig konkurrierende Anspruchsgrundlagen unterschiedliche Rechtswege eröffnen will. Ähnliches gilt für die Ansprüche aus Aufopferung für das gemeine Wohl, die mit den verfassungsrechtlich den ordentlichen Gerichten zugewiesenen Ansprüchen auf Enteignungsentschädigung (Art 14 Abs 3 S 4 GG) nahe verwandt sind. Für sonstige Entschädigungen finden sich unterschiedliche spzialgesetzliche Regelungen. Problematisch ist die Zulässigkeit des Rechtswegs für Ansprüche aus ausgleichpflichtiger Inhaltsbestimmung des Eigentums.[4]

[2] S dazu im einzelnen u § 48 Rn 55ff.
[3] BGHZ 13, 88.
[4] Dazu u § 48 Rn 49.

Das Staatshaftungsrecht wird ergänzt durch eine Reihe spezieller Ansprüche, die sich zT im Bundes- oder Landesrecht finden, zT von der Rechtsprechung erarbeitet worden sind.[5] Den umfassendsten Anspruch auf Schadensersatz für rechtwidrige hoheitliche Tätigkeit gewährte das Staatshaftungsgesetz der DDR in der Fassung, die es durch den Einigungsvertrag erhalten hatte. Es galt in den neuen Bundesländern zunächst als Landesrecht fort, ist aber inzwischen in Berlin aufgehoben und in Sachsen-Anhalt wesentlich verändert worden.[6] 6

§ 47
Amtshaftung und Beamtenhaftung

I. Grundlagen

1. Geschichtliches

§ 839 BGB hat Vorläufer in einer persönlichen deliktischen Haftung des Beamten, wie sie etwa in den §§ 89ff II 10 ALR geregelt war. Danach haftete der Beamte persönlich für jede schuldhafte Amtspflichtverletzung ohne Rücksicht darauf, ob er einen allgemeinen Deliktstatbestand verwirklicht hatte. Seine Haftung ging also über die des allgemeinen Deliktsrechts hinaus, war indes durch eine Subsidiaritätsklausel (§ 91 II 10 ALR) eingeschränkt. Eine Staatshaftung bestand grundsätzlich nur nach allgemeinem Deliktsrecht. Eine unmittelbare Staatshaftung wegen Verletzung öffentlich-rechtlicher Pflichten wurde im 19. Jahrhundert in der Rechtslehre vertreten,[1] vermochte sich jedoch nicht durchzusetzen. 1

Das BGB hat den bestehenden Rechtszustand – wie auch in anderen Bereichen – unter Vereinheitlichung für das ganze Reich kodifiziert, ohne zu reformieren.[2] § 839 BGB statuiert ohne Differenzierung zwischen öffentlich-rechtlichem und privatrechtlichem Handeln eine persönliche Haftung des Beamten. 2

Schon unmittelbar nach Erlaß des BGB begann jedoch eine Entwicklung, welche an die Stelle der Haftung des Beamten bei öffentlich-rechtlichem Handeln eine Staatshaftung setzte. Der Staat trat für die Schuld seines Beamten ein. Reichsrechtlich geschah dies erstmals in § 12 der GBO v 24. 3. 1897. Baden und Württemberg sahen in ihren Ausführungsgesetzen zum BGB eine Haftung des Staates anstelle des Beamten vor, andere Länder begründeten wenigstens eine Ausfallhaftung des Staates. In Preußen übernahm der Staat im Beamtenhaftungsgesetz v 1. 8. 1909 für 3

[5] Dazu u § 49.
[6] Dazu u § 49 Rn 40ff.

[1] Ausf Nachw bei *Windscheid/Kipp* Lehrbuch des Pandektenrechts, 2. Bd, 9. Aufl 1906, § 470 Anm 3a und 4 (1051f); ferner *Scheuner* JuS 1961, 243; *Heidenhain* Amtshaftung und Entschädigung aus enteignungsgleichem Eingriff, 1965, 15ff; *Bender* StHR, 2. Aufl, Rn 374ff; *Ossenbühl* StHR, 6ff; *Papier* in: Maunz/Dürig GG, Art 34 Rn 1ff; *Pfab* Staatshaftung in Deutschland, 1996, 4ff.
[2] Dazu krit *Scheuner* GS Jellinek, 1955, 331, 338.

seine Beamten bei hoheitlichem Handeln die Haftung, das Reich folgte für seine Beamten im Reichsbeamtenhaftungsgesetz v 22.5.1910.[3]

Endpunkt dieser Entwicklung war Art 131 Weimarer Reichsverfassung (WRV). Er schrieb die Übernahme der Haftung durch den Staat oder die Körperschaft, in deren Dienst der Beamte stand, vor, wenn der Beamte in Ausübung der ihm anvertrauten öffentlichen Gewalt gehandelt hatte. Während der Weimarer Zeit dehnte die Rechtsprechung den Beamtenbegriff aus: Bei öffentlich-rechtlichem Handeln (so wurde die Ausübung der anvertrauten öffentlichen Gewalt interpretiert) wurde als Beamter jeder angesehen, den der Staat mit der Ausübung der öffentlichen Gewalt betraut hatte, ohne Rücksicht darauf, ob er Beamter im Sinn des Beamtenrechts war. Das RG kam so zu einer umfassenden Staatshaftung bei der Verletzung öffentlich-rechtlicher Amtspflichten.[4]

2. Geltendes Recht

4 § 839 BGB gilt seit 1900 fast unverändert. An die Stelle des Art 131 WRV ist Art 34 GG getreten, und zwar ohne sachliche Änderung. Die abweichende Formulierung „Verletzt jemand in Ausübung eines ihm anvertrauten öffentlichen Amtes..." trägt nur der Rechtsprechung des RG zum erweiterten haftungsrechtlichen Beamtenbegriff Rechnung.[5]

5 Im Bereich öffentlich-rechtlichen Handelns gilt also jetzt folgendes: Grundlage der Haftung und damit im technischen Sinn Anspruchsgrundlage ist § 839 BGB.[6] Für den handelnden Beamten tritt die Anstellungskörperschaft ein. Sie übernimmt die Haftung, welche an sich nach § 839 BGB den Beamten träfe. Es handelt sich um eine Art von Schuldübernahme, allerdings wird wegen der Erweiterung des Beamtenbegriffs teilweise eine Haftung des Staates begründet, die den handelnden Nichtbeamten überhaupt nicht treffen könnte.[7] § 839 BGB geht als Spezialregelung allen Deliktstatbeständen des BGB[8] vor. Die Rechtsprechung neigt dazu, alle Tatbestandsmerkmale – also nicht nur den Begriff des Beamten – extensiv auszulegen.[9]

[3] Dazu *Heidenhain* (Fn 1); *Bender* (Fn 1) Rn 383ff, beide m vielen Einzelnachw.

[4] Vgl *Anschütz* Die Verfassung des Deutschen Reichs, 14. Aufl 1933, Art 131, Anm 5f, 609f.

[5] v. *Mangoldt/Klein* GG Art 34 Anm III 2a, 831. Die Staatshaftung greift nur ein, wenn ein innerer Zusammenhang mit der Ausübung des öffentlichen Amtes besteht, eine Schädigung „bei Gelegenheit" reicht nicht aus, *Papier* in: Isensee/Kirchhof VI, § 157 Rn 29 mwN. In Ausnahmefällen kann das Verhalten von Beamten zugleich Amtshaftung begründende Amtspflichtverletzung und unerlaubte Handlung innerhalb des bürgerlichrechtlichen Rechtskreises des Dienstherrn sein, BGH NJW 1996, 3208, 3209 mwN.

[6] Zur Rechtslage in den neuen Bundesländern s u § 49 Rn 40ff.

[7] Insofern ist die Kritik von *Bender* (Fn 1) Rn 394 an dem Ausdruck Schuldübernahme berechtigt. Art 34 GG ist keine selbständige Staatshaftungsnorm, *Ruland* BayVBl 1976, 581 mwN (auch zur Gegenmeinung, die sich bis heute nicht durchsetzen konnte); *Papier* (Fn 1) Rn 11; BGHZ 96, 50, 57.

[8] Andere Anspruchsgrundlagen, insbes aus Gefährdungshaftung können mit dem Anspruch aus § 839 BGB konkurrieren, BGHZ 105, 65, 66.

[9] Dazu krit *Münzel* NJW 1966, 1341ff, der bes auf das Bestreben der Rspr hinweist, durch

Dagegen hat im Bereich des privatrechtlichen (fiskalischen) Staatshandelns die Zeit stillgestanden. Nach wie vor gibt es nur die (auch hier dem allgemeinen Deliktsrecht vorgehende) Eigenhaftung des Beamten aus § 839 Abs 1 BGB. Der Staat haftet daneben – wegen der Subsidiarität gemäß § 839 Abs 1 S 2 BGB allerdings vorrangig – nach den allgemeinen Grundsätzen des bürgerlichen Rechts, im Deliktsrecht also nach den §§ 31, 89 und 831 BGB. Die extensive Auslegung des § 839 BGB gilt nicht für den fiskalischen Bereich. Insbesondere gilt nicht der erweiterte haftungsrechtliche Beamtenbegriff. Nach § 839 BGB haftet hier vielmehr nur der Beamte im beamtenrechtlichen Sinn. **6**

II. Amtshaftung wegen Verletzung von Amtspflichten im öffentlich-rechtlichen Rechtskreis

1. Anspruchsgegner

a) *Der Grundsatz der mittelbaren Staatshaftung.* Erste Voraussetzung eines Amtshaftungsanspruchs gegen den Staat oder die Körperschaft, in deren Dienst der Handelnde steht, ist öffentlich-rechtliches Handeln (bzw Unterlassen gebotener Amtshandlungen)[10] des Amtsträgers, dem eine Amtspflichtverletzung vorgeworfen wird. Nur bei öffentlich-rechtlichem Handeln tritt Übernahme der Haftung ein, die an sich gem § 839 BGB den Beamten selbst trifft. Klausurtechnisch muß eine Prüfung eines Anspruchs aus § 839 BGB in Verbindung mit Art 34 GG gegen die Anstellungskörperschaft abgebrochen werden, wenn privatrechtliches Handeln festgestellt wird. Es ist deshalb wenig sinnvoll, die einzelnen Voraussetzungen des § 839 BGB vorweg zu behandeln und am Ende festzustellen, ein Anspruch gegen die Anstellungskörperschaft entfalle, weil privatrechtliches Handeln vorliege. **7**

Für die Beurteilung der Frage, ob ein Handeln öffentlich-rechtlich oder privatrechtlich ist, gelten die allgemeinen Regeln.[11] In vielen Bereichen ist die Unterscheidung zwischen öffentlichem und privatem Recht in der Vergangenheit hauptsächlich an Beispielen aus dem Amtshaftungsrecht herausgearbeitet worden. Das gilt zB für Krankenhäuser[12], für die frühere Bundesbahn[13] und die Bundes- **8**

Ausdehnung der Haftung aus § 839 BGB iVm Art 34 GG den Entlastungsbeweis gem § 831 BGB auszuschalten.

10 Zum Unterlassen bei Verweigerung des Dienstes BGHZ 69, 128, 136ff (Bummelstreik der Fluglotsen).

11 Dazu o § 2 Rn 10ff; *Wagner* JZ 1968, 245ff; *Ossenbühl* (Fn 1) 24ff; *Papier* (Fn 1) Rn 106ff; aus der neueren Rspr BGHZ 97, 97, 101 (Betrieb einer Kläranlage als Ausübung eines öffentlichen Amtes); BGHZ 110, 253, 254ff mwN (Konkursantrag einer Gemeindefinanzbehörde wegen rückständiger Gemeindesteuern als Ausübung öffentlichen Amtes). BGHZ 118, 304, 306ff: Tätigkeit eines Zivildienstleistenden ist immer Ausübung eines öffentlichen Amts, auch bei Tätigkeit für eine privatrechtlich handelnde Organisation. In Nordrhein-Westfalen soll das Führen eines Rettungswagens im Rettungsdienst stets Ausübung eines öffentlichen Amtes sein, so BGH NJW 1991, 2954.

12 ZB BGHZ 9, 145; BGHZ 77, 74, 75; BGH NJW 1985, 677 (grundsätzlich privatrechtliches Verhältnis); BGHZ 38, 49 (öffentlich-rechtliches Verhältnis bei psychiatrischem

post[14], für die Verkehrssicherungspflicht[15] und die Verkehrsregelung.[16] Bei Dienstfahrten nimmt die Rechtsprechung öffentlich-rechtliches Handeln an, wenn der Zweck der Fahrt in den Bereich des öffentlich-rechtlichen Handelns gehört.[17] Die Verkehrsunfälle aus der Teilnahme von Behördenfahrzeugen am allgemeinen Verkehr machten 1972, damals allerdings noch unter Einschluß der Bundespost, annähernd drei Viertel der Ausgaben für die Staatshaftung aus.[18]

9 b) *Anspruchsgegner.* Nach Art 34 GG trifft die Verantwortlichkeit grundsätzlich den Staat oder die Körperschaft, in deren Dienst der Amtsträger steht. Der

Krankenhaus, das vorwiegend der Unterbringung gem dem Unterbringungsgesetz diente); zusammenfassend zur öffentlichen Gesundheitspflege BGHZ 59, 310, 313; öffentliche Gewalt übt der Vertrauensarzt der Sozialversicherungsträger aus, BGH NJW 1968, 2293; nicht dagegen der Kassenarzt oder der „Durchgangsarzt" der Unfallversicherung, der vom Sozialversicherungsträger bestellt wird, BGHZ 63, 265, 270 ff, oder der gerichtliche Sachverständige, der vom Sozialgericht gehört wird, BGHZ 59, 310; dazu *v. Mutius* VerwArch 64 (1973) 433 ff. Der Truppenarzt handelt bei Behandlung von Soldaten im Rahmen der gesetzlichen Heilfürsorge hoheitlich, BGHZ 108, 230, 232; ergänzend auch für Behandlung in einem zivilen Krankenhaus, BGH NJW 1996, 2431, dazu *Meysen* JuS 1998, 405 ff. Gesundheitsämter handeln auch bei freiwilligen Schutzimpfungen öffentlich-rechtlich, BGHZ 126, 386, 387.

13 Privatrechtliches Verhältnis, BGHZ 2, 37, 40 f; 6, 304; BGH VersR 1972, 747. Die neu gegründete Deutsche Bahn AG (Art 2 des Eisenbahnneuordnungsgesetzes v 27.12.1993, BGBl I, 2378) kann nicht mehr öffentlich-rechtlich handeln. Beamte werden bei ihr nur noch übergangsweise beschäftigt.

14 Früher öffentlich-rechtlich, BGHZ 20, 102; BGHZ 67, 69. – Zum geltenden Recht s u Rn 13.

15 Die Frage der Verkehrssicherungspflicht für öffentliche Sachen ist sehr bestritten. Entgegen der wohl hM in der Literatur – vgl *Papier* (Fn 1) Rn 134 ff – nimmt die Rspr grundsätzlich eine privatrechtliche Pflicht an, BGHZ 9, 373; BGH NJW 1968, 443; BGH DVBl 1974, 157; BGH NJW 1977, 1965; BGH NJW 1978, 1628; BGHZ 86, 152; BGHZ 103, 338, 340 ff (Öffentlicher Kinderspielplatz); zur Streupflicht BGH VersR 1985, 569, 641, 973; *Ossenbühl* (Fn 1) 28 ff. Auch der BGH erkennt an, daß die Verkehrssicherungspflicht öffentlich-rechtlich ausgestaltet werden kann: BGHZ 27, 278 und 32, 352; BGHZ 112, 74 zum StrReinG NW; BGHZ 60, 54 zu § 10 des nds. Straßengesetzes; vgl auch BGH NJW 1973, 463, bestätigt in BGHZ 66, 398, wo durch eine Begrenzung des Inhalts der in § 10 dieses Gesetzes begründeten Amtspflicht Amtshaftung auf den Umfang der allg Deliktshaftung beschränkt wird; dazu krit *Papier* (Fn 1) Rn 171 f; zur Räum- und Streupflicht nach der neueren Rspr *Rinne* NJW 1996, 3303 ff; zur Verkehrssicherungspflicht in den neuen Bundesländern *Uecker* NZV 1992, 300 ff.

16 Öffentlich-rechtliche Ordnung, wobei sich Verkehrsregelung und Verkehrssicherung oft nur schwer trennen lassen, vgl BGH NJW 1971, 2220; NJW 1972, 1268 (dazu *Ossenbühl* JuS 1973, 421 ff); BGH NJW 1974, 453; BGH VersR 1985, 825.

17 BGHZ 29, 38; 42, 176; 49, 267; 50, 271; 68, 217, 218 f. BGH DVBl 1983, 1; BGH NJW 1985, 1950. – Der Staat übernimmt auch die Haftung des Kraftfahrers aus § 18 StVG, BGH DVBl 1983, 1061 mwN. – Zu Dienstreisen im eigenen Wagen des Beamten BGH DÖV 1979, 865. Krit zur Rspr des (RG und des) BGH *Münzel* (Fn 1) 1641 f; *Bender* (Fn 1) Rn 460; *Ossenbühl* (Fn 1) 29 f; *Papier* (Fn 1) Rn 132 f; MünchKomm/*Papier* § 839 Rn 173 f.

18 MünchKomm/*Papier* § 839 Rn 100.

BGH stellt darauf ab, „wer dem Amtsträger das Amt, bei dessen Ausübung er fehlsam gehandelt hat, anvertraut hat, mit anderen Worten dem Amtsträger die Aufgaben, bei deren Wahrnehmung die Amtspflichtverletzung vorgekommen ist, übertragen hat".[19] Diese sog Amtsübertragungstheorie, nach welcher der BGH unter Ablehnung älterer Kriterien (Anstellungs- oder Funktionstheorie) verfährt, führt im Normalfall zu dem Ergebnis, daß die Anstellungskörperschaft haftet, und bietet für die Zweifelsfälle eine angemessene Lösung.[20]

Kraft besonderer gesetzlicher Vorschrift[21] trifft die Haftung manchmal nicht die Anstellungskörperschaft, sondern die Körperschaft, in deren Interesse der Beamte tätig geworden ist. So haftet häufig für die Beamten der Landkreise, soweit sie in staatlichen Angelegenheiten tätig geworden sind, nicht die Anstellungskörperschaft, der Kreis, sondern der Staat.[22] **10**

Die sog beliehenen Unternehmer, natürliche oder juristische Personen des privaten Rechts, welchen hoheitliche Aufgaben übertragen worden sind, haben keine Anstellungskörperschaft im eigentlichen Sinn.[23] Auch wenn die konkret handelnden natürlichen Personen Angestellte einer anderen Person des Privatrechts sind, haftet nicht die Anstellungskörperschaft, sondern immer die juristische Person des öffentlichen Rechts, welche den Unternehmer beliehen hat.[24] Nach der insoweit **11**

[19] BGHZ 53, 217, 219; BGH NVwZ 1994, 823.

[20] BGH NVwZ 1994, 823.

[21] *Grüneberg* DVBl 1990, 621 ff sieht in § 89 Abs 2 SGB X eine Sondervorschrift, die zur Haftung der beauftragenden Körperschaft führt.

[22] Art 35 Abs 3 und 37 Abs 5 BayLKrO; § 53 Abs 2 und § 56 Abs 2 LKrO BW; § 6 des schleswig-holsteinischen Gesetzes über die Errichtung allgemeiner unterer Landesbehörden v 25. 2. 1971. Soweit derartige gesetzliche Bestimmungen nicht bestehen, haftet die Anstellungskörperschaft, und zwar auch dann, wenn der Beamte Aufgaben einer anderen Körperschaft erfüllt hat. Insbesondere haften die Kommunen grundsätzlich für Amtspflichtverletzungen ihrer Beamten bei der Erfüllung von übertragenen Staatsaufgaben, BGHZ 11, 192, 197; BGH LM Art 34 GG Rn 24; BGH NJW 1981, 1096; BGHZ 87, 202, 204 ff; BGHZ 91, 243, 251; BGH VersR 1985, 568; BGH VersR 1986, 372 und 683; *Papier* (Fn 1) Rn 282; für eine Schulsekretärin tritt die Kommune (eventuell der Schulverband) als Schulträger ein, BGH NJW 1990, 915; offen bleiben demnach nur wenige Fälle, insbesondere die der Beamten, die bei zwei Dienstherren angestellt sind (zB Oberfinanzpräsidenten, die zugleich Bundes- und Landesbeamte sind), die Fälle der abgeordneten Beamten, der Beamten, die ein Nebenamt im Dienst eines anderen Dienstherren ausüben, sowie der Ehrenbeamten, an deren Bestellung verschiedene Körperschaften beteiligt sind (zB Schiedsmänner). Zu diesen Fällen *Papier* (Fn 1) Rn 289; *Bender* (Fn 1) Rn 697 ff; *Ossenbühl* (Fn 1) 80 f; BGHZ 34, 20; 36, 193, 195 ff; 53, 217. – Ob Kirchen nach § 839 BGB/Art 34 GG haften, ist umstritten, dazu *Dagtoglou* in: BK, Art 34, Rn 455 f; *Friesenhahn* HdbStKirchR I, 564; *Papier* (Fn 1) Rn 102 ff, 286. Für den Religionslehrer, der in staatlichen Schulen tätig wird, haftet der Staat, BGHZ 34, 20; OLG Celle DVBl 1974, 44 m Anm *Butz*.

[23] Dazu *Ossenbühl* und *Gallwas* VVDStRL 29 (1971) 137 ff.

[24] *Steiner* JuS 1969, 69, 75 mwN auch abw Ansichten. – Der BGH folgt der Amtsübertragungstheorie (s o Rn 9), BGHZ 122, 85, 87 ff; BGH NVwZ 1994, 823. Einen grundlegend neuen Ansatz bringt *Frenz* Die Staatshaftung in den Beleihungstatbeständen, 1992, der sich für eine Haftung des Beliehenen, eventuell der Anstellungskörperschaft des Beliehenen und eine subsidiäre Staatshaftung ausspricht.

nicht ganz konsequenten Rechtsprechung des BGH[25] tritt zB für den TÜV-Sachverständigen das Land[26] ein, welches ihm die amtliche Anerkennung als Sachverständiger gewährt hat, während für den Prüfingenieur für Baustatik die Körperschaft eintritt, welche Trägerin des im Einzelfall beauftragenden Bauamtes ist.[27]

12 Nach der Rechtsprechung des BGH sind von den Beliehenen diejenigen zu unterscheiden, welche die Verwaltung zu ihrer Unterstützung herangezogen hat, ohne ihnen öffentliche Gewalt zu übertragen. Nach der früheren Rechtsprechung des BGH sollte sich die Verwaltung das Tätigwerden des Privaten wie eigenes zurechnen lassen, wenn sie es so sehr beeinflußte, daß der Private als ihr Werkzeug erschien.[28] Neuerdings erweitert der BGH die Staatshaftung mit der Erwägung, je stärker der hoheitliche Charakter der Aufgabe in den Vordergrund trete, je enger die Verbindung zwischen der übertragenen Tätigkeit und der von der Behörde zu erfüllenden Aufgabe und je begrenzter der Entscheidungsspielraum des Unternehmers sei, desto näher liege es, ihn als Beamten im haftungsrechtlichen Sinne anzusehen. Danach könne sich die öffentliche Hand jedenfalls im Bereich der Eingriffsverwaltung der Amtshaftung für fehlerhaftes Verhalten ihrer Bediensteten nicht dadurch entziehen, daß sie die Durchführung einer von ihr angeordneten Maßnahme durch privatrechtlichen Vertrag auf einen privaten Unternehmer übertrage. Der entschiedene Fall betraf Fehler beim polizeilich angeordneten Abschleppen eines Kraftfahrzeugs durch ein privates Unternehmen, die zu einem schweren Unfall geführt hatten.[29]

13 c) *Ausnahmen von der Staatshaftung.* Von der Vorschrift, daß die Haftung auf die öffentliche Körperschaft übergeht, gibt es gewisse spezialgesetzlich vorgeschriebene Ausnahmen, die durch das Wort „grundsätzlich“ in Art 34 GG gedeckt sind.[30] Insbesondere sind hier die fortgeltenden Bestimmungen der §§ 5 und 7 des Gesetzes über die Haftung des Reiches für seine Beamten (RBHG) zu nennen. Der Bund haftet demnach nicht für Gebührenbeamte (vgl die entsprechende Vorschrift in § 19 Abs 1 BNotO),[31] die Haftung gegenüber Ausländern kann nach

[25] Dazu krit *Bender* (Fn 1) Rn 704.

[26] BGHZ 49, 108; 122, 85, 87ff; Die hoheitliche Tätigkeit beschränkt sich auf die Prüfung, OLG Braunschweig NJW 1990, 2629; ähnlich OLG Schleswig NJW 1996, 1218 zur Abgasprüfung.

[27] BGHZ 39, 358.

[28] BGHZ 48, 99, 103 (Straßenbau, hier zur Frage des enteignungsgleichen Eingriffs); BGH NJW 1971, 2220 = JR 1972, 128 (Installation einer Ampelanlage durch eine Elektrofirma). Krit zu dieser Rspr *Burmeister* JuS 1989, 257, 259f.

[29] BGHZ 121, 161, 164ff; im wesentlichen zust *Würtenberger* JZ 1993, 1003; *Kreissl* NVwZ 1994, 349ff. Anders entschieden BGHZ 125, 19, 24f = JZ 1994, 784 m krit Anm *Ossenbühl* zur Behandlung eines Bundeswehrsoldaten in einem zivilen Krankenhaus s o Fn 12. Grundsätzlich zu diesen Fragen MünchKomm/*Papier* § 839 Rn 135f, der sich dafür einsetzt, jeden Erfüllungsgehilfen als Amtsträger anzusehen.

[30] So die hM, *Kreft* BGB-RGRK, § 839 Rn 24ff; *Papier* (Fn 1) Rn 212ff (mit Betonung der institutionellen Garantie der Staatshaftung und des Ausnahmecharakters der Haftungseinschränkungen); *ders* (Fn 5) § 157 Rn 15f m dem Hinw, daß die Staatshaftung, nicht die spezielle „Schuldübernahmekonstruktion“ garantiert sei; *Pfab* (Fn 1) 86ff; BVerfG DVBl 1982, 1135, 1142.

[31] Dazu BGHZ 9, 289.

Maßgabe des § 7 RBHG durch Rechtsverordnung beschränkt werden, wenn die Gegenseitigkeit verbürgt ist.[32] Für Beamte des auswärtigen Dienstes tritt der Bund nicht ein, wenn das Verhalten des Beamten nach einer amtlichen Erklärung des Reichs- (jetzt Bundes-)kanzlers politischen oder internationalen Rücksichten entsprochen hat.[33] In den entsprechenden Landesgesetzen finden sich ähnliche Vorbehalte, die jedoch, soweit es um die Haftung gegenüber Ausländern geht, zunehmend aufgehoben werden.[34] In allen diesen Fällen[35] ist nur die Übernahme der Haftung durch den Staat ausgeschlossen, die persönliche Haftung des Beamten bleibt unberührt. Dies ist nur im Fall des Gebührenbeamten sinnvoll, im übrigen ist es nicht zu begründen, warum der Beamte persönlich haften soll.[36]

Letzteres war früher im Bereich der Post weithin der Fall, später wurde auch die Haftung der Beamten beschränkt. Heute richtet sich die nach wie vor eng begrenzte Haftung der Nachfolgeunternehmen der Bundespost nach Zivilrecht.[37] Die

32 Dazu *Frowein* JZ 1964, 358ff mN der gesetzlichen Bestimmungen; *Galke* DÖV 1992, 53, 54f; *Kaiser* NVwZ 1997, 667ff; OLG Frankfurt/M. NJW 1970, 2172 m ausf Nachw; zu dieser Entscheidung *Erichsen* VerwArch 62 (1971) 186ff; der BGH hat die Fortgeltung der Bestimmung in stRspr bejaht, BGHZ 13, 241; NJW 1956, 1836; NJW 1961, 1811; BGH NJW 1985, 1287; BGHZ 76, 375, wo jedoch auf S 383ff darauf hingewiesen wird, daß der Anspruch aus enteignungsgleichem Eingriff auch Ausländern und ausländischen juristischen Personen zusteht; ähnlich BGHZ 76, 387, 395ff; BGHZ 77, 11 läßt den Ausschluß der Staatshaftung entfallen, wenn der Geschädigte später Deutscher wird; BGHZ 99, 62 (dazu krit *Breue,* NJW 1988, 1567ff; *Berkemann* DVBl 1987, 521ff) urteilt entspr, wenn der Anspruch kraft Gesetzes auf einen deutschen Sozialversicherungsträger übergegangen ist; gegen den BGH *Grassmann* JZ 1969, 454ff; *Neufelder* NJW 1974, 979ff; krit Ossenbühl (Fn 1) 81f; *Gramlich* NVwZ 1986, 448f; *Hauschka* NVwZ 1990, 1155ff. Zur Gleichbehandlung der EG-Bürger; Überblick über alle Regelungen in Bund und Ländern *Papier* (Fn 1) Rn 262ff; *ders* (Fn 5) § 157 Rn 50.

33 § 5 Nr 2 RBHG. Die Bestimmung ist in vieler Hinsicht problematisch, wird aber von der hM als fortgeltend angesehen, *Papier* (Fn 1) Rn 261; *Dagtoglou* (Fn 22) Rn 322–326; beide mit ausf Nachw. RGZ 102, 166, 173 nahm an, daß bei Ausschluß der Staatshaftung die persönliche Haftung des Beamten möglich sei; demgegenüber weist *Dagtoglou* (Rn 326) mit Recht darauf hin, daß eine Amtspflichtverletzung nicht vorliegt, wenn das Verhalten des Beamten politischen oder internationalen Rücksichten entsprochen hat und damit pflichtgemäß war; ebenso *Ossenbühl* (Fn 1) 81f; *Galke* (Fn 32) DÖV 1992, 58. Problematisch bleibt nur die Beurteilung der Erklärung des Kanzlers.

34 Zum Gebührenbeamten *Galke* (Fn 32) 56ff; OLG Hamm NJW 1972, 2088 (m abl Anm *Burrichter* NJW 1973, 192), bestätigt durch BGHZ 62, 372, wo der Bezirksschornsteinfegermeister, soweit er öffentlich-rechtlich tätig wird, als Gebührenbeamter angesehen wird; OLG Hamm NJW-RR 1990, 228 (auch zum Umfang der Amtspflicht gegenüber Dritten). Dazu *Bins* Die Haftung des Bezirksschornsteinfegermeisters, 1977. Die Mitglieder der Ortsgerichte in Hessen sind nicht Gebührenbeamte, BGHZ 113, 71, 76ff.

35 Vgl jedoch Fn 33. Zur persönlichen Haftung des Beamten BGH NJW 1981, 518, 519.

36 Anders hier *Dagtoglou* (Fn 22) Rn 317 mwN. BGH NJW 1981, 518, 519 verweist auf die Möglichkeit ausgleichender Maßnahmen im Innenverhältnis zwischen Dienstherrn und Beamten.

37 Zu dem bis zum Erlaß des neuen Postverfassungsgesetzes geltenden Recht *Erichsen* DÖV 1965, 158ff; zum späteren Recht *Loh* Die Haftung im Postbetrieb, 1972. Krit zum neuen Recht *Allgaier* VersR 1991, 636ff.

verbliebenen öffentlich-rechtlichen Aufgaben erfüllt die Bundesanstalt für Post und Telekommunikation bzw der Bundesminister für Post und Telekommunikation.[38]

2. Begriff des Beamten

14 Nach dem weiten haftungsrechtlichen Beamtenbegriff ist jeder „Beamter", der hoheitlich (= öffentlich-rechtlich) handelt. Beamter im Sinne des Staatshaftungsrechts kann, wie bereits erwähnt, auch der Angestellte oder Arbeiter im öffentlichen Dienst, ja sogar der beliehene Unternehmer oder die beliehene Privatperson sein, die eine Anstellungskörperschaft im strengen Sinn nicht haben.[39] Die Qualifikation des Handelnden als Beamter im haftungsrechtlichen Sinn ist kaum mehr zweifelhaft, wenn öffentlich-rechtliches Handeln bejaht ist. Für den Aufbau juristischer Gutachten ergibt sich daraus, daß mit der Bejahung der Frage 1) (öffentlich-rechtliches Handeln) die Frage 2) (Beamter) in aller Regel schon beantwortet ist.

Beamte können insbesondere auch Mitglieder von Kollegialbehörden und kommunalen[40] oder staatlichen Parlamenten sein. Die Probleme, die sich hier stellen, liegen nicht im Beamtenbegriff, sondern im Begriff der Amtspflicht.[41]

3. Amtspflicht gegenüber einem Dritten

15 a) *Ableitung der Amtspflicht.* Der Beamte hat ähnlich wie jeder Arbeitnehmer Dienstpflichten gegenüber seinem Dienstherrn. Ein Teil dieser Pflichten obliegt ihm zugleich als Amtspflicht gegenüber außenstehenden Dritten. Grundlage des Tatbestands der Amtspflichtverletzung ist, anders als im allgemeinen bürgerlichen Deliktsrecht, nicht die Verletzung eines absoluten Rechts oder eines Schutzgesetzes, sondern die Verletzung einer der Dienstpflichten, die dem Beamten zugleich Dritten gegenüber obliegen. Mit anderen Worten: Die Amtspflicht gegenüber Dritten wird aus der internen Dienstpflicht abgeleitet und geht gerade deshalb über die allgemeinen deliktischen Haftungstatbestände hinaus. Die Amtspflicht wird nicht, jedenfalls nicht ausschließlich, durch die Rechte und Pflichten zwischen Verwaltung und Bürger bestimmt.[42] Amtspflichten können sich aus bloßen Ver-

[38] Postneuordnungsgesetz v 14.9.1994, BGBl I, 2325.

[39] *Ossenbühl* (Fn 1) 13ff, dort auch zur Unterscheidung der drei Beamtenbegriffe, des haftungsrechtlichen, des staats- (oder beamten-) rechtlichen und des strafrechtlichen Beamtenbegriffs.

[40] BGHZ 65, 182, 183; BGH NJW 1981, 2122; BGHZ 84, 292, 298f; 29, 34, 51; 106, 323, 330; 108, 224, 226; 109, 380, 388; 110, 1, 8. Dazu *Rombach* Verwaltungsrundschau 1989, 398ff.

[41] *Bender* StHR, 2. Aufl, Rn 648ff; *Ossenbühl* (Fn 1) 13; *Scheuing* FS Bachof, 1984, 356f; *v. Arnim* Die Haftung der Bundesrepublik Deutschland nach dem Investitionshilfegesetz, 1986, 37; BGH DVBl 1976, 173, 175. Anders für die Abgeordneten *Bettermann* in: Bettermann/Neumann/Nipperdey/Scheuner, Grundrechte III/2, 779, 836.

[42] Dazu die Ableitung der Pflichten der Beamten des Gesundheitsamts bei OLG Karlsruhe NJW 1990, 2319. – Grundsätzlich gegen die hM und ihre nachstehend dargestellten

waltungsvorschriften oder aus Einzelweisungen ergeben.[43] Daraus folgt, daß es auf das dienstpflichtwidrige Verhalten des Beamten, nicht auf die Rechtswidrigkeit einer behördlichen Maßnahme ankommt. Der Beamte, der seinen Dienstpflichten entsprechend handelt, etwa einen Verwaltungsakt, auf den der Bürger Anspruch hat, nicht erläßt, weil die erforderliche Zustimmung einer anderen Behörde fehlt, oder der einer bindenden dienstlichen Weisung folgt, handelt nicht amtspflichtwidrig. Der Vorwurf der Amtspflichtverletzung trifft in solchen Fällen den Beamten, der für die rechtswidrige Verweigerung der Zustimmung bzw für die rechtswidrige Weisung verantwortlich ist.[44]

Zumeist freilich werden die Rechtspflichten des Staates oder anderer Verwaltungsträger auch Amtspflichten der Beamten begründen, da es den zuständigen Amtswaltern dienstlich übertragen ist und übertragen werden muß, diese Pflichten dem Bürger gegenüber zu erfüllen. Das verwaltungsgerichtliche Verfahren wird daher häufig den Amtshaftungsprozeß präjudizieren. Streitgegenstand der Anfechtungsklage gegen einen Verwaltungsakt ist auch dessen Rechtmäßigkeit bzw Rechtswidrigkeit. Ist ein Verwaltungsakt als rechtswidrig aufgehoben worden, so kann unter denselben Prozeßparteien im Amtshaftungsprozeß nicht mehr dessen Rechtmäßigkeit behauptet werden und umgekehrt.[45]

b) *Begriff des Dritten und Amtspflicht ihm gegenüber.* Die Amtspflicht muß **16**
(zumindest auch) gegenüber dem betroffenen Bürger bestehen. Die Verletzung von Pflichten, die nur das Interesse des Staates im Auge haben, begründet keine Amtshaftung. Es besteht hier eine Parallele zum subjektiven öffentlichen Recht, das nach hM in ähnlicher Weise abgegrenzt wird[46] und zur Lehre vom Zweck des

Konsequenzen *Papier* (Fn 1) Rn 142ff; *ders* (Fn 5) Rn 30ff; MünchKomm/*Papier* § 839 Rn 11f.

[43] *Wolff/Bachof* VwR 1, 9. Aufl 1974, § 64 Ib 4a; *Bender* StHR, 2. Aufl, Rn 501; *Ossenbühl* (Fn 1) 38; BGH VersR 1961, 512.

[44] *Bender* (Fn 41) Rn 492ff; *ders,* JZ 1986, 839; *Ossenbühl* (Fn 1) 45f; Reform des Staatshaftungsrechts – Kommissionsbericht, 1973, 37; desgleichen Referentenentwürfe, 1976, 54. Aus der Rspr BGH NJW 1959, 1629 (auch zum Problem der Remonstrationspflicht); BGH NJW 1977, 713 = JuS 1977, 471 m Anm *Selmer* zur rechtswidrigen Verweigerung einer Zustimmung, insbes, wenn staatliche Behörden an die Zustimmung von Kommunen gebunden sind, BGHZ 65, 182; 93, 87, 90; BGH NVwZ 1986, 504 (dazu *Schröer/Kortmann/Andrae* NVwZ 1986, 449ff); BGH VersR 1986, 372; BGHZ 118, 263, 265ff; den Erlaß genereller Weisungen (Verwaltungsvorschriften) behandelt der BGH ähnlich wie die Rechtssetzung und lehnt Amtspflichten gegenüber dem Bürger ab, BGH NJW 1971, 1699, dazu *Menger* VerwArch 63 (1972) 225f; BGHZ 75, 120, 127f; 91, 243, 249; anders für Weisungen, die sich nur auf einen bestimmten Personenkreis auswirken konnten, BGHZ 63, 319, 324f.

[45] *Kreft* in: BGB-RGRK, § 839 Rn 580ff; *Schenke* Rechtsschutz bei normativem Unrecht, 1979, 92f, meint, dies widerspreche der Auffassung, die Amtspflicht ergebe sich aus der internen Dienstpflicht. Aus der neueren Rspr BGH NJW 1985, 1692; BGH NVwZ 1985, 682; BGH NJW 1986, 2952, 2953 (zum finanzgerichtlichen Urteil). Entscheidungen der Verwaltungsbehörden haben nicht dieselbe Wirkung wie Entscheidungen der Gerichte (vgl Fn 117). Dagegen stehen im Verfahren nach §§ 23ff EGGVG ergangene Entscheidungen den verwaltungsgerichtlichen gleich, BGH NJW 1994, 1950.

[46] Zum Zusammenhang zwischen Amtspflicht gegenüber einem Dritten und subjektivem

Schutzgesetzes iSd § 823 Abs 2 BGB. Grundsätzlich kann ein Schadensersatzanspruch aus § 839 BGB nur entstehen, soweit ein eventueller Nachteil vom Schutzzweck der verletzten Rechtsnorm (besser: der Dienstpflicht) umfaßt wird.[47] Davon unabhängig ist allerdings der Amtsmißbrauch zum Schaden des Bürgers immer als Amtspflichtverletzung diesem gegenüber zu bewerten.[48] Die Rechtsprechung neigt dazu, den Kreis der Amtspflichten gegenüber Dritten im Bereich des öffentlich-rechtlichen Handelns sehr weit auszudehnen, um dem Bürger die Vorteile der Staatshaftung zu sichern.[49]

17 Wenig Zweifel werfen rechtswidrige Handlungen im Bereich der Eingriffsverwaltung auf. Es gehört zu den Amtspflichten jedes Beamten, in die Rechte der Bürger nicht rechtswidrig einzugreifen. Das Eingreifen eines unzuständigen Beamten ist rechtswidrig und Amtspflichtverletzung.[50] Der rechtswidrige Eingriff – hierunter fällt auch die rechtswidrige Versagung einer Erlaubnis im Rahmen präventiver Kontrolle, insbesondere einer Bauerlaubnis[51] – erfüllt darum in der Regel den Tatbestand einer Amtspflichtverletzung.[52] Im Rahmen der Leistungsverwaltung ist die Erfüllung der Rechtsansprüche des Bürgers (einschließlich des Rechts auf rechtsfehlerfreien Ermessensgebrauch) Amtspflicht,[53] wobei der BGH allerdings Pflichten zur Erfüllung öffentlich-rechtliche Verträge nicht zu den Amtspflichten rechnet.[54] Überhaupt gehört zu den Amtspflichten eine ordnungsgemäße Sach-

öffentlichem Recht sowie Klagebefugnis BGHZ 125, 258, 268; *Papier* (Fn 1) Rn 166 ff; *Zuleeg* DVBl 1976, 518 f; *Buschlinger* DÖV 1964, 797 ff, der indes entgegen der hM davon ausgeht, eine Amtspflicht müsse auf objektivem Recht beruhen. Ein logisch notwendiger Zusammenhang zwischen subjektivem öffentlichem Recht und Amtspflicht besteht bei Zugrundelegung der hM nicht. Insoweit zutr *Rupp* Grundfragen der heutigen Verwaltungslehre, 1965, 271.

47 BGH NJW 1986, 2952, 2954; BGHZ 121, 65, 67; BGHZ 125, 258, 268; BGHZ 129, 23, 25 f; speziell zu Bauverwaltungsakten BGH DVBl 1994, 1132. Zu diesem Problem *Papier* (Fn 5) § 157 Rn 36 ff. Eine Bestimmung des Drittschutzes durch wertende Abgrenzung von Risikosphären schlägt *Ladeur* DÖV 1994, 665 ff vor.

48 BGH DÖV 1979, 866 (zum Bummelstreik der Fluglotsen, Amtsmißbrauch jedenfalls zu bejahen, wenn das mißbilligte Verhalten den Tatbestand des § 826 BGB erfüllt hat); BGHZ 91, 243, 252; BGH VersR 1985, 281 = SGb 1986, 83 m Anm *Mummenhoff*.

49 Die Verletzung von Pflichten aus öffentlich-rechtlichen Verträgen ist jedoch nach BGHZ 87, 9, 17 f keine Amtspflichtverletzung. Dagegen mit Recht *Papier* (Fn 1) Rn 148; *Ossenbühl* (Fn 1) 50.

50 BGHZ 117, 240, 244.

51 BGHZ 93, 87, 90 ff, dort, 91 ff auch zur Amtspflicht gegenüber Dritten, die nicht den Bauantrag gestellt haben; OLG Saarbrücken NVwZ 1986, 791; BGH NVwZ 1987, 356. Dem Eigentümer gegenüber, der den Bauantrag nicht gestellt hat, besteht die Amtspflicht nach der Rspr nicht, BGH NVwZ 1987, 356; BGH NVwZ 1990, 501; BGH NJW 1991, 2696; BGHZ 122, 317, 320 ff; BGH NJW 1994, 2091; BGH NJW-RR 1996, 724; s a BGH NVwZ-RR 1995, 1 f; krit *Maser* FS Soergel, 1993, 194 ff.

52 BGHZ 97, 97, 102 (unzulässige Immissionen durch Kläranlage).

53 Amtspflichtverletzung ist die Nichterfüllung eines Folgenbeseitigungsanspruchs, BGHZ 130, 332, 334 ff, ebenso die rechtswidrige Anforderung von Leistungen, BGH NJW 1979, 642; daher kann auch die unrichtige Feststellung eines Betriebsprüfers, die zu ungerechtfertigten Steuerforderungen führt, Amtspflichtverletzung sein, BGH NJW 1987, 434.

54 BGHZ 87, 9, 18; 120, 184, 188; dagegen mit Recht MünchKomm/*Papier* § 839 Rn 194.

behandlung.[55] Entscheidungen sind nicht grundlos hinauszuzögern.[56] Sinnlose, den Bürger schädigende Verfahren und Rechtsmittel sind zu vermeiden.[57] Begangene Fehler sind nach Möglichkeit zu beheben, um den Betroffenen vor Schaden zu bewahren.[58] Das amtliche Handeln muß konsequent sein, durch vorherige rechtmäßige Handlungen begründete berechtigte Erwartungen der Bürger dürfen nicht enttäuscht werden.[59] Der Beamte darf nicht „sehenden Auges" zulassen, daß der Bürger wegen Rechtsunkenntnis Schaden erleidet.[60] Zum Teil kehren hier die Grundsätze wieder, welche im bürgerlichen Recht bezüglich der Schutz- und Sorgfaltspflicht in einem Schuldverhältnis entwickelt worden sind.[61] Ein bestehendes Steuerschuldverhältnis kann in Verbindung mit Treu und Glauben die Amtspflicht begründen, den Steuerschuldner vor Schaden zu bewahren, der ihm aus dem Konkurs eines Mittlers droht, über den er seine Steuerzahlungen leitet.[62]

Amtliche Warnungen, insbesondere Warnungen vor bestimmten Produkten, müssen rechtmäßig, insbesondere begründet und verhältnismäßig sein.[63] Amtliche Gutachten[64] und Auskünfte sind richtig und sorgfältig zu erteilen.[65] Amts-

[55] Zu den Amtspflichten des Vormundschaftsrichters bei Genehmigungen BGH NJW 1986, 2829. Zu den Amtspflichten bei der Behandlung von Umlegungs- und Erbsachen, insbes wenn ein falscher Erbschein erteilt wurde, BGHZ 117, 287, 291 ff. Zu Amtspflichten bei der Auswahl von Beamten BGH DVBl 1994, 1065 und BGHZ 129, 226 (insbes zum Verfahren).

[56] BGH NJW 1979, 2041, 2042f; LG Wiesbaden NVwZ 1994, 1142, dazu krit *de Witt* NVwZ 1994, 1077ff. Eine bevorstehende, für den Antragsteller ungünstige Rechtsänderung rechtfertigt keine Verzögerung, BGH NVwZ 1991, 298. – Zum Fall der Prozeßverschleppung *Blomeyer* NJW 1977, 557ff.

[57] BGHZ 110, 253, 254 (zum Konkursantrag des Finanzamts); BGH NVwZ 1995, 100 (zur Anfechtung der Baugenehmigung durch die Gemeinde).

[58] BGH NJW 1986, 2952, 2953.

[59] BGH NJW 1963, 644; BGHZ 76, 343, 348 betr Zusicherung der Erschließung; zur Hinweispflicht auch BGH NJW 1981, 2122, 2123.

[60] Zu Beratungs- und Aufklärungspflichten BGH DVBl 1978, 146; BGH NJW 1985 1335, 1337 mwN; OLG Hamm NJW 1989, 462; zu den Beratungspflichten des Notars BGH NJW 1994, 2283.

[61] Dazu *Löwer* Staatshaftung für unterlassenes Verwaltungshandeln, 1979, 255f; *Häberle* in: Das Sozialrechtsverhältnis (Schriftenreihe des Deutschen Sozialgerichtsverbandes, Bd XVIII), 79f – Zu den oft mit Amtshaftungsansprüchen konkurrierenden Ansprüchen aus der entsprechenden Anwendung der Regeln über die vertragliche Haftung s u §49 Rn 9ff. Zur Amtsverschwiegenheit BGH NJW 1981, 675.

[62] BGH NVwZ 1996, 512 betr Konkurs eines Spediteurs, welcher die Einfuhrumsatzsteuer vom Geschädigten erhalten, aber nicht abgeführt hatte.

[63] Die Fragen sind bislang überwiegend aufgrund von Unterlassungs- und Widerrufsklagen von den Verwaltungsgerichten beurteilt worden. Dazu *Ossenbühl* (Fn 1) 244f und u §49 Rn 24. Einen Schadensersatzanspruch behandelt OLG Stuttgart, NJW 1990, 2690 (Birkel-Nudeln). BGH NJW 1994, 1950, 1952 verlangt bes. Sorgfalt vor namentlicher Nennung von Beteiligten an Strafverfahren. Zu Warnungen vor Jugendsekten *Muckel* JA 1995, 343ff; zu Warnungen nach dem Produktsicherheitsgesetz *Tremmel/Nolte* NJW 1997, 2265ff.

[64] OLG Hamm NWVBl 1996, 400, 402f (rechtswidrige Ausübung des Vorkaufsrechts ist Verletzung der Amtspflicht gegenüber Käufer und Verkäufer).

pflichtwidrig ist auch eine rechtswidrige Erlaubnis, die den Bürger der Gefahr aussetzt, bei einer späteren Rücknahme geschädigt zu werden.[66] Allerdings nimmt der BGH neuerdings an, daß eine rechtswidrige Erlaubnis, die keinen Vertrauenstatbestand geschaffen hat, nicht den Tatbestand des § 839 BGB erfüllt.[67]

18 Ganz allgemein nimmt die Rechtsprechung an, daß im Bereich hoheitlichen Handelns die Pflicht des Beamten, kein Delikt im Sinne der §§ 823ff. BGB zu begehen, Amtspflicht gegenüber dem Bürger ist.[68] Jede Verwirklichung eines allgemeinen Deliktstatbestands ist darum Amtspflichtverletzung. Das führt zu der merkwürdigen Konsequenz, daß auch die Beachtung der allgemeinen Pflichten im Straßenverkehr zur Amtspflicht wird und der Dienstherr über § 839 BGB iVm Art 34 GG bei deren Verletzung auf „Hoheitsfahrten"[69] öffentlich-rechtlich haftet. Die Kritik an diesen Ergebnissen sollte weniger bei dem Begriff der Amtspflicht als bei der übermäßigen Ausdehnung des öffentlich-rechtlichen Handelns ansetzen.[70]

[65] BGH NJW 1965, 1226; BGH MDR 1976, 561; BGH NJW 1978, 371; BGH DVBl 1978, 704; BGH NJW 1980, 2573 und 2576; BGH NJW 1985, 1338; BGH DVBl 1986, 110; BGH NVwZ 1986, 76; BGH NVwZ 1987, 258; BGH VersR 1985, 1186; BGH VersR 1986, 1082; BGH DVBl 1994, 1134, 1135; BGH NVwZ 1997, 1243 zur unzureichenden Beratung nach § 14 SGB I. BGHZ 117, 83, 90f schließt jedoch ein Vertrauen auf die Auskunft über den voraussichtlichen Ausgang einer erkennbar noch nicht entschiedenen Sache aus. Dies sei nicht nur eine Frage des Mitverschuldens, sondern schon des Anspruchstatbestandes und des durch das Amtshaftungsrecht gewährten Vermögensschutzes; dazu *de Witt/Burmeister* NVwZ 1992, 1039ff; krit *Maser* (Fn 51) 189ff; *Bömer* NVwZ 1996, 749ff; dazu auch die folgenden Fn 66 und 67 (zur Erlaubnis).

[66] Dazu die interessante Entscheidung BGHZ 60, 112 betr eine rechtswidrige Bauerlaubnis; wichtig ist die Abgrenzung zu BGHZ 39, 358 (s Fn 76) auf S 118f; dazu auch BGH NVwZ 1986, 961 und BGH NVwZ 1995, 620, 622. Zum Vorbescheid BGHZ 105, 52, 54 mwN; BGHZ 122, 317, 321ff (Vorbescheid wie Erlaubnis grundstücksbezogen). Zum Mitverschulden des Bauherrn, der auf eine von vornherein bedenkliche Bauerlaubnis vertraut, BGH DVBl 1976, 176, BGH NJW 1985, 265 und 1692, 1693. Eine Verletzung einer Amtspflicht gegenüber dem Bauherrn ist es auch, unter Verstoß gegen gesetzliche Vorschriften die sofortige Vollziehung einer Bauerlaubnis anzuordnen. Der Schadensersatzanspruch kann aber wegen § 254 BGB entfallen, BGH NJW 1985, 265. Gegenüber dem Bauunternehmer besteht die Amtspflicht nicht, BGH NJW 1980, 2578; BGH DÖV 1983, 295 verneint eine Amtspflicht gegenüber dem Eigentümer eines Grundstücks, über dessen Kopf hinweg einem nicht antragsberechtigten Bauwilligen ein Vorbescheid erteilt wurde. – Die Behörde darf auch keine rechtswidrigen Zusagen machen und keine unwirksamen Verpflichtungen eingehen; dazu BGHZ 76, 16, 29ff.

[67] BGHZ 134, 268, 283ff im Anschluß an BGHZ 117, 83, dazu vorst Fn 66.

[68] *Kreft* (Fn 45) § 839 Rn 159ff; BGHZ 69, 128, 138; BGHZ 112, 74 zum Umfang der Streupflicht, die der Pflicht zur Verkehrssicherung entspricht; dazu auch BGH NVwZ 1991, 1212 und BGH NJW 1993, 2802; zur Haftung des Trägers der Straßenbaulast bei der Errichtung künstlicher Verkehrshindernisse OLG Köln, NJW 1992, 2237. BayObLG NVwZ 1991, 202; BGH NJW 1994, 1950 zur Nennung des Namens eines Beschuldigten durch den ermittelnden Staatsanwalt.

[69] S o Rn 8.

[70] *Ruland* (Fn 7) 582f; *Papier* (Fn 1) Rn 132f.

Grenzfälle, bei denen zweifelhaft ist, ob eine Amtspflicht nur gegenüber der Allgemeinheit oder auch gegenüber dem Bürger, und zwar gerade gegenüber dem geschädigten Bürger besteht, treten vielfach bei der Frage auf, ob polizeiliches Einschreiten geboten war. An sich ist heute anerkannt, daß die Polizei (hier im weiteren Sinn zu verstehen) nicht nur zugunsten der Allgemeinheit, sondern auch zugunsten des einzelnen tätig wird. Sie arbeitet jedoch grundsätzlich nach dem Opportunitätsprinzip, so daß ihr Nichteinschreiten in der Regel rechtmäßig ist und deshalb keine Amtshaftungsansprüche begründen kann. Schon vor der grundsätzlichen Anerkennung eines Anspruchs auf polizeiliches Einschreiten bei sog Ermessensreduzierung[71] haben die Zivilgerichte aber angenommen, daß ein Nichteinschreiten in Fällen offenkundiger schwerer Gefahren Amtspflichtverletzung sein kann. Der BGH sieht inzwischen, daß die frühere Rechtsprechung, die eine Amtspflichtverletzung nur bei Willkür bejahte, zu eng war. Da die rechtmäßige Ermessensausübung Pflicht jedes Beamten ist,[72] ist die Verletzung einer Amtspflicht gegenüber dem Bürger immer dann anzunehmen, wenn entweder wegen Ermessensreduzierung ein Recht auf Einschreiten bestand oder das Ermessen rechtsfehlerhaft ausgeübt wurde und dadurch ein Schaden entstand.[73] Die Pflicht des Staatsanwaltes, Straftaten zu verfolgen, besteht nach Ansicht des BGH dagegen grundsätzlich nicht gegenüber dem durch eine Straftat Geschädigten.[74] 19

Im übrigen gibt es zu diesem Problemkreis eine reichhaltige Kasuistik, die darauf abstellt, welchen Interessen die betreffende Amtspflicht zu dienen hat.[75] Besondere praktische Bedeutung gewinnt diese Abgrenzung, wenn Schäden unmittelbar durch das Verhalten Privater entstehen, zugleich aber eine Verletzung von Aufsichtspflichten durch die Behörde in Betracht kommt. So soll die Bauaufsicht nicht die Vermögensinteressen des Bauherrn sichern; eine nachlässige Prüfung der Standfestigkeit begründet also bei späterem Einsturz keine Amtshaftungs- 20

[71] Grundlegend BVerwGE 11, 95.

[72] *Maurer* Allg VwR, § 25 Rn 18.

[73] *Ossenbühl* (Fn 1) 42; BGHZ 74, 144, 156; 75, 120, 124. Zum Polizeirecht RGZ 147, 144; BGH VerwRspr 5, 832 und 14, 831. – Zur „Willkürrechtsprechung" bei Ermessensfehlern BGHZ 2, 209, 214; 4, 302, 311f; 12, 206, 208f; 45, 143, 145f. Zu den Kausalitätsproblemen bei Ermessensentscheidungen s u Rn 24.

[74] BGH NJW 1996, 2373; dazu *Vogel* NJW 1996, 3401f; OLG Düsseldorf NJW 1996, 530, dazu krit *Hörstel* NJW 1996, 497f, der auf einen seiner Ansicht nach vorliegenden Amtsmißbrauch hinweist; auch schon *ders* MDR 1994, 633ff; zu diesen Problemen *Rinne* FS Odersky, 1996, 480ff.

[75] Dazu zusammenfassend m vielen Nachw BGHZ 69, 128, 135ff (Bummelstreik der Fluglotsen); *Blankenagel* DVBl 1981, 15ff. Aus der neueren Rspr BGHZ 81, 21, 31; BGH NJW 1982, 2345 und 2347; BGHZ 84, 285; BGH NJW 1983, 627 und 2191; BGHZ 89, 1; BGHZ 91, 243; BGH VersR 1986, 1100; BGH NJW 1987, 585; BGHZ 109, 163, 166ff; BGH NJW 1994, 3012; BGH DVBl 1994, 693; BGHZ 129, 23, 25f; BGH NVwZ 1995, 620, 622; OLG Düsseldorf NVwZ 1991, 709 zu den Offenbarungspflichten bei der Arbeitsvermittlung. – Zum Problem des rechtswidrigen Smog-Alarms *Jacobs* NVwZ 1987, 100ff, dessen Unterscheidung zwischen Bekanntgabe des Smog-Alarms (keine Amtspflicht gegenüber Dritten) und Unterlassung der rechtzeitigen Aufhebung jedoch nicht überzeugt.

ansprüche.[76] Der Amtsarzt, der die gesundheitliche Eignung eines Taxifahrers überprüft, hat bezüglich der beruflichen Interessen an der begehrten Erlaubnis eine Amtspflicht gegenüber dem Untersuchten, nicht dagegen bezüglich sonstiger drohender Gesundheitsgefahren.[77] Der Träger der Kraftfahrzeugzulassungsstelle haftet für alle Schäden, die der Fahrer eines nicht vorschriftsmäßig versicherten Fahrzeugs verursacht hat, wenn ihr Bediensteter die Amtspflicht verletzt hat, den Fahrzeugschein des Fahrzeugs unverzüglich einzuziehen und das Kennzeichen zu entstempeln.[78] Dagegen soll die Pflicht der Kraftfahrzeugzulassungsstelle, sich bei jeder Befassung mit einem Kraftfahrzeug, insbesondere bei einem Eigentümerwechsel, den Kraftfahrzeugbrief vorlegen zu lassen, Amtspflicht gegenüber dem Eigentümer und sonstigen dinglichen Berechtigten,[79] aber nicht gegenüber potentiellen Käufern sein.[80] Die Pflichten der Versicherungsaufsicht bestehen nach der sehr bedenklichen Ansicht des BGH nicht gegenüber Versicherten und eventuellen Verkehrsopfern.[81] Dagegen nahm der BGH an, daß dem Bundesaufsichtsamt für das Kreditwesen nach der alten Fassung des § 6 KWG Amtspflichten gegenüber den Einlagegläubigern der Banken oblagen.[82] Auch betrachtet er es als Amtspflicht der Beamten der Grenzzollstellen gegenüber jedem inländischen Verkehrsteilnehmer, die Haftpflichtversicherung ausländischer Kraftfahrzeuge zu überprüfen.[83] Die Stiftungsaufsicht dient auch den Interessen der Stiftung selbst.[84] Der

[76] BGHZ 39, 358, 362ff, dazu krit *Maser* (Fn. 51) 193; BGH NJW 1965, 200 (technische Aufsicht über Seilbahn); ähnlich BGH NJW 1973, 458 (kein Schutz eines eventuellen Käufers eines Kraftfahrzeugs durch die TÜV-Prüfung). Zum Problem der technischen Kontrolle *Hübner* NJW 1988, 441ff.

[77] BGH NJW 1994, 2415. Der Amtsarzt hatte nicht auf einen drohenden Lungenkrebs hingewiesen. Ähnliche Gesichtspunkte bei BGHZ 65, 195, 198ff (Feststellung der Wehrdienstuntauglichkeit hat nicht den Zweck, dem Untauglichen Erwerbseinbußen zu ersparen); ähnlich OLG Köln VersR 1996, 1017 (zum Schutzzweck des § 20 ZDG); BGH NVwZ 1994, 1237 (Prüfpflicht bei der Anerkennung von Saatgut nicht gegenüber den Betrieben, die das Saatgut verarbeiten).

[78] BGHZ 111, 272, 276f: Die Haftung beschränkt sich auf die gesetzlich vorgeschriebene Mindestversicherungssumme.

[79] BGHZ 10, 122, 125; BGHZ 30, 374; auch BGHZ 10, 389.

[80] BGHZ 10, 122, 125; auch BGHZ 18, 110, 113ff; etwas großzügiger BGH NJW 1965, 911 (leichtfertiger Umgang mit Vordrucken für Kraftfahrzeugbriefe); BGH NJW 1982, 2188; zu diesem Komplex *Schlechtriem* NJW 1970, 1994f.

[81] BGHZ 58, 96; dagegen mit Recht *Scholz* NJW 1972, 1217ff. Einschr auch BGHZ 63, 35, 41f zu den Amtspflichten des Nachlaßrichters; BGH NJW 1976, 103 betr Zollbehandlung.

[82] BGHZ 74, 144 und 75, 120; BGH NJW 1983, 563; dazu *Kopf/Bäumler* NJW 1979, 1871ff; *Papier* JuS 1980, 265ff; stille Gesellschafter sind dagegen nicht begünstigt, BGHZ 90, 310; zur Bankenaufsicht neuerdings § 6 Abs 3 des Gesetzes über das Kreditwesen idF v 11.7.1985. S a § 81 Abs 1 S 1 des Versicherungsaufsichtsgesetzes. Krit hierzu *Papier* (Fn 1) Rn 173ff; *Schenke/Ruthig* NJW 1994, 2324ff; *Schenke* FS Lorenz, 1994, 473ff (auch unter europarechtlichen Gesichtspunkten); *Vespermann* Staatshaftung im Versicherungswesen, 1996, 115ff.

[83] BGH NJW 1971, 2222.

[84] BGHZ 68, 142, 145f.

Amtsvormund hat in besonderen Ausnahmefällen auch Amtspflichten gegenüber einem potentiellen Arbeitgeber seines Mündels und muß ihn vor dessen besonders gefährlichen Neigungen warnen.[85] Die Amtspflicht, ein Kind nur auf Antrag vom Schulbesuch zu beurlauben, besteht auch gegenüber den Eltern des Kindes.[86] Die Warnpflichten des Deutschen Wetterdienstes sollten nur Rahmenbedingungen für die Luftfahrt sichern. Sie begründen keine Amtspflichten gegenüber den Fluggesellschaften.[87]

Sonderprobleme wirft die Amtshaftung gegenüber anderen Verwaltungsträgern auf. Sie tritt dort nicht ein, wo der eine Verwaltungsträger Aufgaben des anderen in dessen Auftrag erfüllt, zB nicht bei Fehlern der übergeordneten Behörden, die bei den in Auftragsverwaltung handelnden Gemeinden zu Schäden führt. Insoweit wird die Verwaltung als Einheit betrachtet. Die untergeordnete Körperschaft steht der übergeordneten nicht wie ein geschädigter Bürger in Vertretung widerstreitender Interessen gegenüber. Anders ist es bei Eingriffen in den Bereich der Selbstverwaltung. Sie können den Staat zum Schadensersatz gegenüber Gemeinden oder anderen Trägern der Selbstverwaltung verpflichten.[88] 21

Ob es eine Amtshaftung wegen rechtswidriger Rechtssetzung oder der rechtswidrigen Unterlassung der Rechtssetzung geben kann, ist umstritten. Nach dem weiten Beamtenbegriff, der für die öffentlich-rechtliche Amtshaftung gilt, kann, wie bereits erwähnt, die Beamteneigenschaft der Parlamentarier kaum mehr verneint werden. Der BGH meint jedoch, daß Pflichten zur Rechtssetzung – von besonderen Ausnahmefällen, etwa bei Einzelfall- oder Maßnahmegesetzen, abgesehen – nur gegenüber der Allgemeinheit bestünden, so daß es an der Amtspflicht gegenüber einem Dritten fehle.[89] Amtspflichten bei Erlaß von Bebauungsplänen 22

[85] BGHZ 100, 313, 316ff.

[86] OLG Schleswig NJW 1990, 913. Das beurlaubte Kind war entführt worden.

[87] BGHZ 129, 23, 25ff; auch BGHZ 129, 17, 18ff.

[88] Zu diesem Problemkreis BGHZ 32, 145; 60, 371; BGH DVBl 1974, 592; BGH NJW 1978, 592; BGH NVwZ 1991, 707, 708f; BGHZ 116, 312, 315ff (zur Haftung unter Sozialversicherungsträgern), dazu *v. Einem* BayVBl 1994, 486ff; *Bender* (Fn 41) 2. Aufl, Rn 539ff; *Ossenbühl* (Fn 1) 56f; *Schmitt* DVBl 1977, 700; zur Haftung der Post gegenüber der Gemeinde beim Leitungsbau bejahend BGHZ 85, 121, 126f = BGH JZ 1983, 764 m Anm *Papier* = DVBl 1983, 1064, dazu *Nümann* DVBl 1984, 320ff, behandelt den Beliehenen der untergeordneten Körperschaft gleich.

[89] BGHZ 56, 40, 44ff = NJW 1971, 1172 m Anm *Schwabe* auf S 1657; BGH NJW 1988, 478, 482; BGH DVBl 1993, 718 (Milchgarantiemengen). Im Sinne des BGH *Jaenicke* VVDStRL 20 (1963) 135, 150; *Schack* DÖV 1971, 446ff; *Ossenbühl* (Fn 1) 87f (mit Vorbehalt für Maßnahmegesetze); krit zum BGH *Menger* (Fn 44) 84ff und *Schröder* JuS 1973, 355, 358ff; *Schenke* (Fn 45) 90; *Schenke/Guttenberg* DÖV 1991, 945, 949ff; *Boujong* FS Geiger, 1989, 430, 431ff; *Scheuing* (Fn 41) 357f, der aber den Verschuldensnachweis für sehr problematisch hält; bei grundrechtsverletzenden Gesetzen will *Haverkate* NJW 1973, 441, 442ff eine Amtspflichtverletzung gegenüber dem Grundrechtsträger annehmen; ähnlich *v. Arnim* (Fn 41) 46ff; *Papier* (Fn 1) Rn 179; *ders* (Fn 5) § 157 Rn 39; *Wunderlich* Die Rechtsprechung des Bundesverfassungsgerichts zur Eigentumsgarantie und ihre Auswirkungen auf die Staatshaftung für legislatives Unrecht, 1993, 154; *Fetzer* Die Haftung des Staates für legislatives Unrecht, 1994, 88ff. S a *Dagtoglou*, Ersatzpflicht des Staates bei legislativem Unrecht?, 1963, 38ff, der – insbesondere bei

erkennt der BGH gegenüber Planbetroffenen an, wenn das Gebot der Rücksichtnahme zu ihren Gunsten drittschützende Wirkung entfaltet und ihnen ein subjektives Recht verleiht.[90] Die Amtsträger der Gemeinde (Ratsmitglieder) haben bei der Aufstellung von Bebauungsplänen gegenüber Eigentümern, zukünftigen Eigentümern und Bewohnern des Plangebiets die Amtspflicht, Gesundheitsschäden aus Altlasten zu vermeiden. Die Haftung aus einer diesbezüglichen Amtspflichtverletzung erstreckt sich auch auf Vermögensschäden künftiger Erwerber unbewohnbarer Wohnungen.[91]

4. Kausalität

23 Für die Kausalität zwischen Amtspflichtverletzung und Schaden (haftungsausfüllende Kausalität) gelten die allgemeinen Regeln des Bürgerlichen Rechts. Ein Schadensersatzanspruch aus § 839 BGB setzt voraus, daß die Amtspflichtverletzung für den Schaden adäquat kausal war. Für die Feststellung der Kausalität ist zu fragen, welchen Verlauf das Geschehen bei pflichtgemäßem Verhalten des Beamten genommen und wie sich die Vermögenslage des Geschädigten dann gestaltet hätte.[92] Kommt es für die Feststellung der Ursächlichkeit einer Amtspflichtverletzung darauf an, wie die Entscheidung eines Gerichts oder einer Behörde ausgefallen wäre, so ist stets darauf abzustellen, wie (nach Auffassung des über den Ersatzanspruch erkennenden Gerichts) richtigerweise hätte entschieden werden müssen, nicht darauf, ob die Behörde oder das Gericht tatsächlich anders entschieden hätten.[93]

Maßnahmegesetzen – für eine recht weitgehende Annahme von Amtspflichten eintritt; *ders* in: BK, Art 34 GG Rn 432 mwN. Übersicht über den Meinungsstand bei *Dohnold* DÖV 1991, 152ff. Zum Recht der Europäischen Gemeinschaft, EuGH NJW 1978, 1742 und DVBl 1980, 118 und u Rn 33ff.

[90] BGH DVBl 1976, 173, 175f; BGHZ 84, 292, 301; BGHZ 92, 34, 51ff = JZ 1984, 987 m Anm *Papier* = DÖV 1985, 23 mit Anm *Schwabe;* OLG Karlsruhe NVwZ 1991, 101; *Dolde* NVwZ 1985, 250ff; *Papier* (Fn 1) Rn 182ff: sehr viel weiter in der Annahme von Amtspflichten gegenüber dem Bürger geht *Teschner* Die Amtshaftung der Gemeinden nach rechtswidrigen Beschlüssen ihrer Kollegialorgane, 1990, 60ff; zu Amtspflichten bei nichtigen Bebauungsplänen *Volhard* NVwZ 1986, 105ff; BGH DVBl 1986, 1624.

[91] BGHZ 106, 323, 330ff; 108, 224, 226ff (229: nicht gegenüber Kreditgebern); 109, 380, 388ff (nicht für Eigentümer nicht kontaminierter und nur in ihrem Verkehrswert beeinträchtigter Grundstücke im Plangebiet); dazu ergänzend BGHZ 121, 65, 68f (Marktwert wird an sich nicht geschützt); BGHZ 110, 1, 8ff (nicht schlechthin Amtspflicht gegenüber Dritten, nachteilige Einwirkungen zu vermeiden); einschränkend auch BGH NWVBL 1991, 210. Zu diesem Komplex *Ipsen/Tettinger* Altlasten und kommunale Bauleitplanung, 1988, 21ff; *Bielfeldt* DÖV 1989, 67ff, auch 441ff (zu polizeirechtlichen Möglichkeiten der Abhilfe). *Schink* DÖV 1988, 529ff; *ders* NJW 1990, 351ff; *Dörr/Schönfelder* NVwZ 1989, 933ff; *Wurm* UPR 1990, 201ff; *Ossenbühl* DÖV 1992, 761ff; *Maser* (Fn 51) 200ff; BGHZ 116, 215, 219ff verneint eine drittschützende Amtspflicht bei Erlaß einer Abrundungssatzung, die ein erkennbar durch Steinschlag gefährdetes Grundstück in den Innenbereich einbezogen hatte.

[92] BGH VersR 1985, 358 mwN; BGH NVwZ 1994, 823, 825; *Bender* JZ 1986, 843; zum Zurechnungszusammenhang BGH NJW 1992, 2086.

[93] BGH NJW 1986, 1924, 1925 mwN und einem Vorbehalt für § 839 Abs 3; BGH NJW

Besondere Probleme ergeben sich bei Entscheidungen, für die den Behörden ein Ermessen (oder ein Beurteilungsspielraum) zusteht. Ist aufgrund einer Amtspflichtverletzung – in Betracht kommen vor allem Nichtausübung des Ermessens (sog Ermessensmangel) und Ermessensmißbrauch – eine rechtmäßige Ermessensausübung unterblieben, dann ist die Amtspflichtverletzung nicht nur kausal für den Schaden, wenn der Beamte anders hätte entscheiden müssen (Ermessensreduzierung), sondern auch, wenn er bei rechtmäßiger Ermessensausübung anders entschieden hätte. Es ist also nicht nur nach dem rechtlich möglichen, sondern nach dem tatsächlich wahrscheinlichen alternativen Kausalverlauf zu fragen. Wäre nach der nachweisbaren Praxis der Behörde das Ermessen so ausgeübt worden, daß der Schaden nicht eingetreten wäre, ist die Amtspflichtverletzung für den Schaden kausal.[94] 24

5. Verschulden

a) *Grundsätzliches.* § 839 BGB setzt als Deliktstatbestand des bürgerlichen Rechts Verschulden voraus. Dafür gelten grundsätzlich die allgemeinen Regeln des bürgerlichen Rechts, insbesondere gilt auch für § 839 BGB der objektivierte Schuldbegriff. Die Rechtsprechung stellt auf den pflichtgetreuen Durchschnittsbeamten[95] der entsprechenden Amtsstellung ab, so daß eine besondere individuelle Einfältigkeit die Haftung nicht ausschließt.[96] Die Verschuldenshaftung kommt dadurch einer objektiven Haftung bereits nahe, und die hM, die seit langem nicht mehr die Namhaftmachung des handelnden schuldigen Beamten verlangt, zieht daraus die richtige Konsequenz.[97] Die Rechtsprechung überträgt zudem die Grundsätze des Organisationsverschuldens auch auf das Amtshaftungsrecht.[98] Die 25

1986, 2952, 2954, wo ausdrücklich darauf hingewiesen wird, daß die Kausalität nicht deshalb entfällt, weil der Beamte, hätte er die ihm vorgeworfene Amtspflichtverletzung vermieden, schuldlos schließlich zu demselben Ergebnis hätte gelangen können; ebenso BGH NVwZ 1994, 409; BGHZ 129, 226, 232ff = JZ 1996, 146 m Anm *Huber* = JR 1996, 110 m Anm *Mann* mindert die Darlegungs- und Beweislast eines verfahrensfehlerhaft übergangenen Beamtenbewerbers. Zu diesem Komplex *Bender* JZ 1986, 843; *Ossenbühl* (Fn 1) 60f.

[94] BGH NJW 1959, 1316, 1317; BGH NVwZ 1985, 682, 684; BGH VersR 1985, 887, zum entsprechenden Problem des Beurteilungsspielraums bei Prüfungen BGH DVBl 1983, 586; vgl zu diesen Problemen *Bender* (Fn 41) Rn 550ff und 565f; *ders* StHR, 3. Aufl 1981, Rn 312; *ders* (Fn 93) 843; *Papier* (Fn 1) Rn 192; *ders* (Fn 5) Rn 41.

[95] BGH NVwZ 1986, 505; BGH NJW 1986, 2829, 2831; BGH NVwZ-RR 1996, 65; LG Göttingen NJW 1991, 236, 237; *Bender* (Fn 93) 843; Mitglieder kommunaler Vertretungen werden nicht milder beurteilt, BGHZ 106, 323, 329f. Vgl zu diesem Komplex auch die bei *Engelhardt* NVwZ 1989, 931 genannten Entscheidungen.

[96] Im Fall der Unzurechnungsfähigkeit sehen die Haftungsgesetze des Reichs und verschiedener Länder gleichwohl eine Billigkeitshaftung vor. Vgl § 1 Abs 2 des Gesetzes über die Haftung des Reichs für seine Beamten; dazu *Bender* (Fn 41) Rn 577f.

[97] RGZ 100, 102; BGH WM 1960, 1304, 1305; dazu *Ossenbühl* (Fn 1) 63.; *Papier* (Fn 1) Rn 105; *Schmitt* (Fn 88) 700f; *Oppermann/Tiemann* Verschuldensmaßstäbe bei Amtshaftung der Deutschen Bundesbank, 1983, 71ff.

[98] BGHZ 111, 273ff; BGHZ 120, 184, 191ff (zum Sicherstellungsauftrag der Kassenärztlichen Vereinigungen); *Ossenbühl* (Fn 1) 62.

Haftung von Kollegialorganen bereitet danach keine besonderen Schwierigkeiten.[99]

Am mangelnden Verschulden wird darum eine Amtshaftungsklage nur in Ausnahmefällen scheitern.[100] Der häufigste Fall dürfte die Fehlentscheidung bei zweifelhafter Rechtslage sein,[101] da die Rechtsprechung in der Regel ein Verschulden verneint, wenn die Rechtmäßigkeit des Amtshandelns von einem Kollegialgericht gebilligt worden ist.[102] Eine Amtshaftungsklage kann daher in den oberen Instanzen keinen Erfolg mehr haben, wenn eine Instanz die Amtshandlung für rechtmäßig gehalten hat.

26 b) *Modifizierung der Haftung nach dem Grad des Verschuldens.* Im Gegensatz zum allgemeinen bürgerlichen Recht ist der Grad des Verschuldens bei der Amtshaftung nicht ohne Bedeutung.

Die höchsten Anforderungen werden an das Verschulden der Richter gestellt: Eine Amtshaftung gibt es beim Urteil in einer Rechtssache nur bei vorsätzlicher Rechtsbeugung (§ 839 Abs 2 BGB).[103]

27 Im übrigen besteht eine unbedingte Ersatzpflicht nur bei vorsätzlicher Amtspflichtverletzung.[104] Bei Fahrlässigkeit tritt die Haftung nur ein, wenn der Geschädigte nicht auf andere Weise Ersatz zu erlangen vermag (§ 839 Abs 1 S 2 BGB). Diese sog Subsidiaritätsklausel sollte den persönlich haftenden Beamten schützen. Dieser Zweck ist mit der Übernahme der Haftung durch den Staat (heute Art 34 GG) im Bereich des öffentlich-rechtlichen Staatshandelns weggefallen.[105] Trotzdem hat die Rechtsprechung § 839 Abs 1 S 2 BGB noch jahrzehntelang zu Lasten

[99] MünchKomm/*Papier* § 839 Rn 126.

[100] Kommissionsbericht (Fn 44) 153f und Referentenentwürfe (Fn 44) 67ff; MünchKomm/*Papier* § 839 Rn 278ff.

[101] BGHZ 119, 365, 369ff, wo eine sorgfältige tatsächliche und rechtliche Prüfung verlangt wird; ergänzend BGH JZ 1994, 1116 m Anm *Schwabe* = NJW 1994, 3158. Zur Pflicht, die höchstrichterliche Rspr zu beachten, *Ossenbühl* (Fn 1) 60f.

[102] BGH NJW 1957, 1835; BGHZ 27, 338, 343 = NJW 1959, 35 m krit Anm *Dahs;* BGH NJW 1971, 1699, 1701; BGH DVBl 1976, 173, 176; BGHZ 73, 161, 164; BGH VersR 1984, 870; BVerwG NVwZ 1985, 265; einschränkend BGH NJW 1982, 36; OVG Rh-Pf ZBR 1976, 347; BGH NJW 1984, 168; BGH NVwZ 1990, 498, 500; BGH NVwZ 1991, 298; BGH NJW 1994, 3162, 3164; *Krohn/Papier* Aktuelle Fragen der Staatshaftung und der öffentlich-rechtlichen Entschädigung, 1986, 33f; krit zur Rspr *Schmidt* NJW 1993, 1630f. Nach BGHZ 115, 141, 150 und BGHZ 117, 240, 250 gilt der Ausschluß des Verschuldens nicht, wenn das Gericht nur im Eilverfahren entschieden hat; zu Besonderheiten beim Haftbefehlsantrag eines Staatsanwalts BGH NJW 1998, 751ff.

[103] Dazu *Ossenbühl* (Fn 1) 83ff mwN; *Papier* (Fn 1) Rn 237ff; BGHZ 64, 347. Eingehend und krit zur Rspr *Merten* FS Wengler, Bd II, 1973, 519ff; *Papier* (Fn 1) Rn 237; *Smid* Jura 1990, 225ff. Zur Haftung des Sachverständigen BGHZ 62, 54, dazu aber BVerfGE 49, 304. Zur Entscheidung über eine Betreuung *Coeppicus* NJW 1996, 1997ff.

[104] Zur Abgrenzung von Vorsatz und Fahrlässigkeit BGH Rpfleger 1988, 353, 354: Bedingter Vorsatz genügt, Vorsatz muß sich nicht auf den Schaden beziehen.

[105] Deshalb für völligen Verzicht auf die Subsidiarität *Papier* (Fn 1) Rn 225ff mwN; *ders* (Fn 5) § 157 Rn 47; *Nüßgens* FS Geiger 1989, 473f, der aber auch auf die Haftung im privatrechtlichen Bereich hinweist.

der Geschädigten außerordentlich extensiv interpretiert. Versicherungsansprüche sollten als anderweitige Ersatzmöglichkeiten die Haftung ausschließen. Das Fehlen einer anderweitigen Ersatzmöglichkeit gilt noch immer als anspruchsbegründendes Merkmal des gesetzlichen Tatbestands, das der Kläger darzulegen und erforderlichenfalls zu beweisen hat.[106]

In neuerer Zeit hat der BGH seine Rechtsprechung wesentlich geändert und die Subsidiaritätsklausel zunehmend eingeengt.[107] Hier sind insbesondere drei Fallgruppen zu nennen. Der BGH schloß aus dem Grundsatz der Gleichbehandlung aller Verkehrsteilnehmer, daß § 839 Abs 1 S 2 BGB nicht anzuwenden sei, wenn ein Amtsträger bei dienstlicher (dem öffentlichen Recht zuzurechnender) Teilnahme am allgemeinen Straßenverkehr ohne Inanspruchnahme von Sonderrechten nach § 35 StVO schuldhaft einen Verkehrsunfall verursacht hat.[108] Die Subsidiarität soll auch ausscheiden, wenn ein Amtsträger die ihm als hoheitliche Aufgabe obliegende Straßenverkehrssicherungspflicht nicht erfüllt. Die öffentlich-rechtlich gestaltete Amtspflicht zur Sorge für die Verkehrssicherung entspreche inhaltlich der Verkehrssicherungspflicht und stehe in engem Zusammenhang mit den Pflichten, die einem Amtsträger als Teilnehmer am allgemeinen Straßenverkehr oblägen. Deshalb sei es gerechtfertigt, auch insoweit dem Grundsatz der haftungsrechtlichen Gleichbehandlung Vorrang vor der Verweisungsklausel des § 839 Abs 1 S 2 BGB zu geben.[109] Für die ausschließlich dem hoheitlichen Pflichtenkreis zuzurechnende Verkehrsregelung soll dagegen die Subsidiarität nicht entfallen.[110] Wichtig ist ferner, daß der BGH es neuerdings ablehnt, die Subsidiaritätsklausel zu Lasten gesetzlicher oder privater Versicherungen anzuwenden.[111] Er meint, Zweck der Versicherung sei es nicht, dem Staat das Haftungsrisiko abzunehmen. 28

Die Subsidiarität der Amtshaftung, die im Staatshaftungsgesetz ersatzlos wegfallen sollte, hat damit ihre wirtschaftliche Bedeutung[112] schon im geltenden Recht verloren. Soweit sie noch reicht, schließt sie eine gesamtschuldnerische Haftung des Staates und eines Dritten, der den Schaden verursacht hat, aus. Die anderweitige Ersatzmöglichkeit läßt den Anspruch aus Amtshaftung nicht entstehen. Folg- 29

106 BGH NVwZ 1992, 911 (Haftung des Architekten bei rechtswidriger Baugenehmigung); BGHZ 120, 124, 125, wo (126ff) die Grenzen einer zumutbaren Verfolgung schwer durchsetzbarer Ansprüche behandelt werden.

107 BGHZ 62, 380 (Lohnfortzahlung, dazu auch BGH NJW 1974, 1816, 1817f; *Ruland* VSSR 1975, 92ff); BGHZ 62, 394 (Versorgungsleistungen nach BVG). Dazu *Nüßgens* (Fn 105) 456ff.

108 BGHZ 68, 217 (dazu *Lässig* JuS 1978, 679ff); ergänzend BGH NJW 1981, 681 und 1038; wurden Sonderrechte nach § 35 StVO in Anspruch genommen, gilt die Subsidiarität, BGHZ 85, 225; BGH DÖV 1983, 294; BGHZ 113, 164, 166ff.

109 BGHZ 75, 134; BGH NJW 1981, 682 abw von BGHZ 60, 54; auch BGH VersR 1985, 642, 643 zur Streupflicht. BGHZ 118, 368, 372f: Verweisungsprivileg entfällt auch, wenn die Überwachung der Eigentümer vernachlässigt wird, auf welche die Streupflicht übertragen worden war.

110 BGHZ 91, 48, 52ff.

111 BGHZ 70, 7; 79, 26 und 35; BGHZ 85, 230; BGH NJW 1983, 2191; BGH MDR 1983, 372; dazu *Kreft* (Fn 45) § 839 Rn 498; krit *Bülow* DVBl 1981, 813ff.

112 Zu den Gründen dagegen, die Subsidiaritätsklausel überhaupt als obsolet zu betrachten, *Nüßgens* FS Gelzer, 1991, 293, 296.

lich ist auch für eine Ausgleichspflicht unter Gesamtschuldnern kein Raum.[113] Die Ersatzpflicht ist nicht ausgeschlossen, wenn lediglich Ansprüche gegen die öffentliche Hand als anderweitige Ersatzmöglichkeit in Betracht kommen. Das gilt etwa für Ansprüche aus enteignungsgleichem Eingriff oder aus Aufopferung.[114] Dabei schadet es nicht, wenn die Ansprüche sich gegen verschiedene juristische Personen des öffentlichen Rechts richten, sofern die öffentliche Hand nur „in dieser Beziehung wirtschaftlich als ein Ganzes" anzusehen ist. Auch eine Verweisung auf konkurrierende öffentlich-rechtliche Körperschaften, die ebenfalls aus Amtshaftung in Anspruch genommen werden können, weil Beamte verschiedener Anstellungskörperschaften den Schaden verursacht haben, ist nicht möglich. Hier tritt vielmehr Gesamtschuldnerschaft ein.[115]

6. Mitverschulden und Versäumung eines Rechtsmittels

30 Für das Mitverschulden gelten grundsätzlich die allgemeinen Regeln des BGB. Bei vorsätzlichem Handeln des Beamten mindert Fahrlässigkeit des Geschädigten die Ansprüche gegen den Staat nicht.[116]

31 Einen Sonderfall regelt § 839 Abs 3 BGB: Hat der Verletzte es schuldhaft[117] unterlassen, den Schaden durch Gebrauch eines Rechtsmittels abzuwenden, so tritt eine Ersatzpflicht nicht ein, soweit das Rechtsmittel den Schaden hätte verhindern können.[118] Diese Vorschrift sollte ursprünglich den Beamten schützen, sie hat aber auch unter den heutigen Verhältnissen einen guten Sinn, selbst wenn sie tatsächlich den Staat entlastet. Dem Bürger ist zuzumuten, den voll ausgebauten Verwaltungsrechtsschutz in Anspruch zu nehmen, um den Schaden abzuwenden. Unter Rechtsmitteln sind alle förmlichen und nicht förmlichen Rechtsbehelfe[119] zu

[113] Dazu krit *Schwendy* AcP 179 (1979) 385ff.

[114] BGHZ 13, 88, 104f; BGHZ 49, 267, 275; dazu *Ossenbühl* (Fn 1) 69; *Kreft* (Fn 45) § 839 Rn 503.

[115] BGHZ 9, 65; 13, 88, 102; *Bender* (Fn 41) Rn 610. Zur Haftung der Europäischen Gemeinschaft BGH NJW 1972, 383; dazu *Ossenbühl* (Fn 1) 70; *Papier* (Fn 1) Rn 236.

[116] BGH VersR 1985, 281, 283.

[117] BGH VersR 1985, 281, 282; BGH NVwZ 1986, 76, 77; BGHZ 113, 17, 21ff = DVBl 1991, 379 m Anm *Schröder* (751); dazu *Broß* VerwArch 82 (1991) 595ff; *Jeromin* NVwZ 1991, 543ff. Die Bestandskraft hindert das Zivilgericht an sich nicht, einen Verwaltungsakt als rechtswidrig anzusehen, BGHZ 86, 356, 359; BGH NVwZ 1986, 76, 77; BGHZ 113, 17, 21ff; BGHZ 127, 223, 225 = JR 1995, 498 m Anm *Oebbecke*, der berechtigte Kritik an den Ausführungen des BGH zum Schaden übt.

[118] BGH, NJW 1994, 1647, 1649. Zu den Kausalitätsfragen, die sich insoweit stellen, BGH NJW 1986, 1924. Der BGH versagt nicht jeden Ersatzanspruch, wenn das Rechtsmittel den Schaden nur zum Teil hätte abwenden können, läßt sich aber, soweit das Rechtsmittel den Schaden vermieden hätte, nicht auf eine Schadensteilung nach § 254 BGB ein. Für den Erfolg des Rechtsmittels soll nicht ausschlaggebend sein, wie hätte entschieden werden müssen, sondern – insbesondere für die Dienstaufsichtsbeschwerde – wie tatsächlich entschieden worden wäre. Dazu *Bender* (Fn 93) 843.

[119] MünchKomm/*Papier* § 839 Rn 327 mwN, aber m Hinw auf Bedenken gegen die hM; noch weiter als die hM und jedenfalls zu weit geht *Peglau* DVBl 1996, 1350f, der sogar

verstehen, also insbesondere Widerspruch und Klage, aber auch Gegenvorstellungen und Dienstaufsichtsbeschwerden, sofern sie geeignet sind, sowohl die amtliche Maßnahme zu berichtigen als auch den Schaden abzuwenden. Die Verfassungsbeschwerde ist allerdings wegen ihres Ausnahmecharakters nicht als Rechtsmittel anzusehen.[120] Auch darf sich der Geschädigte in der Regel auf die Richtigkeit eines richterlichen Urteils verlassen.[121]

7. Verjährung

Für die Verjährung gelten die allgemeinen Regeln des BGB. Da es sich um Ansprüche aus unerlaubter Handlung handelt, beträgt die Verjährungsfrist drei Jahre ab Kenntnis des Verletzten von dem Schaden und der Person des Ersatzpflichtigen,[122] ohne Rücksicht auf diese Kenntnis 30 Jahre von der Begehung der Handlung an.[123] Der BGH nimmt neuerdings unter Aufgabe seiner früheren Rechtsprechung in entsprechender Anwendung von § 209 und § 211 BGB an, daß Widerspruch und Anfechtungsklage gegen einen amtspflichtswidrig erlassenen Verwaltungsakt die Verjährung unterbrechen.[124] Auch eine Klage auf Feststellung der Nichtigkeit der Vollziehung zugrunde liegenden Verwaltungsaktes genügt zur Unterbrechung der Verjährung.[125] 32

den Antrag auf Zwangsgeldfestsetzung nach § 172 VwGO unter die Rechtsmittel nach § 839 Abs. 3 BGB rechnet.

120 Zu diesem Komplex *Kreft* (Fn 45) § 839 Rn 529ff; BGHZ 28, 104, 106; BGHZ 30, 19, 28; BGH NJW 1960, 1718; BGH NJW 1974, 639f; BGH VersR 1984, 947; BGH VersR 1985, 281, 282; auch BGH DVBl 1978, 704 und BGH NVwZ 1994, 409, 410.

121 BGH VersR 1985, 358, 359.

122 Zum Beginn der Verjährungsfrist BGHZ 93, 87, 89; 97, 97, 110ff; BGH NJW 1986, 1866 (Kenntnis, daß keine anderweitige Ersatzmöglichkeit besteht); BGHZ 95, 238, 240 (wiederholte Amtspflichtverletzung); BGHZ 98, 77, 82ff (30-Jahresfrist auch zu § 839 Abs 3 BGB); BGHZ 102, 246 (Verjährungsbeginn, auch wenn Anspruch der Höhe nach noch nicht feststeht, aber Feststellungsklage möglich ist); BGH NJW 1994, 3162, 3164f (keine Verjährung, solange die Rechtslage so unsicher ist, daß dem Geschädigten die Klageerhebung unzumutbar ist).

123 BGHZ 122, 317, 324ff: Nach einem positiven Bauvorbescheid war die Baugenehmigung versagt worden, wogegen sich der Kläger erfolglos mit Widerspruch und Klage gewendet hatte.

124 BGHZ 95, 238, 241ff = DVBl 1986, 181 m Anm *Berkemann;* dazu ferner *Peters* NJW 1986, 1087ff; *Schenke* JuS 1986, 694ff; *Bender* (Fn 93) 845; in BGHZ 97, 97, 110f wird dies auch ausgedehnt auf die Anfechtung eines Verwaltungsakts, dessen amtspflichtswidriger Vollzug den Schaden verursachte, in BGHZ 103, 242 auf die Geltendmachung des sozialrechtlichen Herstellungsanspruchs.

125 BGH NJW 1995, 2778: Amtspflichtverletzung durch Vollzug eines Steuerbescheids. Der Steuerbescheid beruhte auf einem Feststellungsbescheid, der auf Feststellungsklage für nichtig erklärt worden war.

8. Exkurs: Haftung nach dem Recht der Europäischen Union

33 a) *Haftung der Gemeinschaft.* Die Haftung der Gemeinschaft ist in Art 288 EGV[126] geregelt. Für die in Art 288 I EGV genannte vertragliche Haftung gilt das aufgrund besonderer Vereinbarung oder nach den allgemeinen Regeln des Internationalen Privatrechts anwendbare nationale Recht, in Ausnahmefällen auch das Völkerrecht. Ansprüche, die im Zusammenhang mit den von der Gemeinschaft geschlossenen privat- oder öffentlich-rechtlichen Verträgen stehen, sind daher im Regelfall vor den nationalen Gerichten geltend zu machen.

34 Die sog außervertragliche Haftung (Art 288 II EGV) ist der Amtshaftung vergleichbar. Art 288 II EGV formuliert selbst jedoch weder Voraussetzungen noch Folgen des Amtshaftungsanspruches, sondern verweist auf die allgemeinen Rechtsgrundsätze, die den Rechtsordnungen der Mitgliedstaaten gemeinsam sind. Angesichts der erheblichen Unterschiede in den Rechtsordnungen der Mitgliedstaaten ist es nicht überraschend, daß die Haftung nach Art 288 II EGV in der bisherigen Rechtsprechung des EuGH noch nicht voll entwickelt ist. Als Mindestvoraussetzungen sind anerkannt, daß rechtswidriges, nach außen wirksames hoheitliches Handeln kausal zu einem Schaden an einem vom Gemeinschaftsrecht geschützten Recht oder Interesse geführt haben muß. Verschulden ist nicht unbedingt erforderlich.[127] Ähnlich wie im deutschen Amtshaftungsrecht ist die Erschöpfung der innerstaatlichen Klagemöglichkeiten zu fordern[128] und der Schadensersatz grundsätzlich auf Geldleistungen beschränkt.[129]

Unterschiede bestehen insoweit, als das Europarecht eine unmittelbare Haftung der Gemeinschaft vorsieht, eine Überleitung der persönlichen Haftung des Beamten auf die Körperschaft wie in Art 34 GG also nicht kennt. Im Gegensatz zum nationalen Recht ist eine Amtshaftung auch für rechtswidrige Rechtssetzungsakte anerkannt und letztlich der Hauptanwendungsfall von Ansprüchen gegen die Gemeinschaft, da die gemeinschaftsrechtlichen Bestimmungen regelmäßig von den Mitgliedstaaten vollzogen werden. Der EuGH hat in diesem Bereich eine Reihe von Einschränkungen herausgearbeitet. Rechtsetzungsakte können nach der sog „Schöppenstedt-Formel"[130] des EuGH nur dann Grundlage von Schadensersatzansprüchen sein, wenn eine „hinreichend qualifizierte Verletzung einer höherrangigen, dem Schutz der einzelnen dienenden Rechtsnorm" vorliegt. Nur wenn die Grenzen des Ermessens bei der Rechtssetzung offenkundig und erheblich überschritten wurden, so daß das Verhalten der Gemeinschaftsorgane an Willkür grenzt, kommt eine Haftung in Frage.[131]

[126] Art 215 aF EGV; eine enstprechende Vorschrift findet sich in Art 188 EAGV; nur die Amtshaftung regelt Art 40 Abs 1 EGKVS.

[127] *Schweitzer* EuropaR, 5. Aufl Rn 618 mwN.

[128] EuGHE 1986, 753, 769.

[129] *Schweitzer* (Fn 127) Rn 619.

[130] EuGHE 1971, 975, 985; auch EuGH, NJW 1982, 2722, 2723 mwN.

[131] EuGH NJW 1980, 1216, 1217 (Isoglukose) = EuGHE 1979, 3583ff, negativ entschieden. Erfolg hatten die Schadensersatzklagen EuGH NJW 1980, 1214 (Maisgrieß) = EuGHE 1979, 3017ff (siehe dazu auch EuGHE 1979, 3091ff) und EuGH NJW 1975, 2165ff (Ausgleichsbeträge) = EuGHE 1975, 533ff; EuGH v 19.5.1992, NVwZ 1992,

Ansprüche gegen die Gemeinschaft sind nicht vor den nationalen Gerichten, sondern im Wege der Amtshaftungsklage unmittelbar beim EuGH durchzusetzen (Art 235 EGV[132]).

b) *Haftung des Mitgliedstaates.* Die Haftung deutscher Verwaltungsträger bei der fehlerhaften Anwendung des Rechts der Europäischen Gemeinschaft richtet sich nach deutschem Recht, also nach § 839 BGB iVm Art 34 GG. Für die Frage, ob deutsche Behörden das Gemeinschaftsrecht fehlerhaft angewandt haben, wird im Verfahren vor dem deutschen Gericht häufig eine Vorlage nach Art 234 Satz 2 und 3 EGV[133] in Frage kommen. 35

Ist das Gemeinschaftsrecht selbst rechtswidrig, ist der Fehler allein der Europäischen Gemeinschaft zuzurechnen, da die Mitgliedstaaten gemeinschaftsrechtliche Bestimmungen bis zu ihrer Aufhebung durch ein Organ der Gemeinschaft grundsätzlich vollziehen müssen, ohne eine eigene Verwerfungskompetenz zu besitzen. Eine Haftung der Bundesrepublik oder anderer deutscher Verwaltungsträger besteht daher im Regelfall weder wegen Amtshaftung noch wegen eines enteignungsgleichen Eingriffs.[134]

Besondere Schwierigkeiten ergeben sich, wenn die Bundesrepublik in Verletzung ihrer Vertragsverpflichtung die Rechtssetzung unterläßt, insbesondere Richtlinien der Gemeinschaft nicht entsprechend Art 249 Abs 3 EGV[135] umsetzt. Soweit einer nicht umgesetzten Richtlinie unmittelbare Geltung zukommt,[136] kann der Bürger Rechte aus der Richtlinie unmittelbar geltend machen;[137] ein Schaden wird also regelmäßig nicht entstehen. 36

Fehlt die unmittelbare Wirkung der Richtlinie, etwa weil sie das Verhältnis der Bürger untereinander regelt,[138] so gewinnt die Frage Bedeutung, ob und auf welcher Grundlage der Mitgliedstaat dem Bürger einen aus der fehlenden Umsetzung der Richtlinie entstehenden Schaden zu ersetzen hat. In Deutschland wurde diese Frage anläßlich des Konkurses einiger Reiseveranstalter und der verspäteten Umsetzung der sog Pauschalreiserichtlinie,[139] die den Kunden Sicherheit bei derartigen Fällen geben sollte, aktuell.[140] Der EuGH hat in Fortführung sei-

1077 (Milchreferenzmengen). Krit zur restriktiven Rspr des EuGH schon *Aubin* Die Haftung der Europäischen Wirtschaftsgemeinschaft und ihrer Mitgliedstaates bei gemeinschaftsrechtswidrigen nationalen Verwaltungakten, 1982, 147ff mwN. – Zur Haftung nach dem Recht der EGKS EuGH v 18.5.1993, NVwZ 1993, 869 (Stahlwerke Peine-Salzgitter).

132 Art 178 aF; vgl auch Art 151, 188 EAGV, Art 35 EGKVS.

133 Art 177 Abs 2 und 3 aF.

134 BGHZ 125, 27 = JZ 1994, 726 m Anm *Herdegen*, der eine Pflicht der deutschen Behörden annimmt, die Gültigkeit des europäischen Rechts vor der Anwendung zu prüfen; diff auch *Bleckmann* Europarecht, 5. Aufl, Rn 1037.

135 Art 189 Abs 3 aF.

136 Zu den Voraussetzungen und Grenzen der unmittelbaren Geltung *Ehlers* o § 3 Rn 29.

137 S etwa EuGHE 1990, 495, 525.

138 *Ehlers* (Fn 136) Rn 29; *Jarass* NJW 1994, 884f; *ders* NJW 1991, 2669.

139 RiL 90/314/EWG.

140 Zum damaligen Streitstand: *Hailbronner* JZ 1992, 284ff; *Tonner* ZIP 1993, 1205ff, *Detterbeck* VerwArch 85 (1994) 160ff; *Jarass* NJW 1994, 881ff.

ner bisherigen Rechtsprechung[141] einen Anspruch gegen die Bundesrepublik bejaht.[142]

Folgende vier Voraussetzungen müssen für einen derartigen Anspruch gegen den Mitgliedstaat vorliegen: Qualifizierter Verstoß gegen Gemeinschaftsrecht durch den Mitgliedstaat, der im Falle der Nichtumsetzung einer Richtlinie regelmäßig zu bejahen ist (1). Die Richtlinie muß das Ziel haben, Rechte an einzelne zu verleihen (2). Der Inhalt dieser Rechte muß auf der Grundlage der Richtlinie hinreichend bestimmbar sein (3). Zwischen dem Verstoß des Staates gegen die Verpflichtung aus dem Gemeinschaftsrecht und dem Schaden muß Kausalität bestehen (4).[143] Unter diesen Voraussetzungen hat der Mitgliedstaat im Rahmen des nationalen Haftungsrechts den Schaden zu beheben. Die formellen und materiellen Voraussetzungen des Schadensersatzes in den Mitgliedstaaten dürfen nicht ungünstiger sein als bei Klagen, die nur nationales Recht betreffen. Sie dürfen nicht so ausgestaltet werden, daß sie die Geltendmachung des Anspruchs praktisch unmöglich machen oder übermäßig erschweren. Demzufolge kann in diesem Ausnahmefall auch ein Anspruch wegen gesetzgeberischen Unterlassens, der im deutschen Staatshaftungsrecht nicht anerkannt ist, bestehen.

Das grundsätzliche Problem geht über die Nichtumsetzung von Richtlinien weit hinaus. Der EuGH läßt nicht nur die Tendenz erkennen, daß die Verletzung von Gemeinschaftsrecht durch den nationalen Gesetzgeber stets eine Haftung des Mitgliedstaates zur Folge haben soll.[144] In diesem Bereich ist eine Haftung für legislatives Unrecht, das dem Recht der Mitgliedstaaten weitgehend fremd ist, somit grundsätzlich zu bejahen. Es scheint sich darüberhinaus ein allgemeiner Grundsatz des Gemeinschaftsrechts zu entwickeln, wonach die Mitgliedstaaten – ob gesetzgeberisch oder verwaltend tätig – generell für Schäden haften, die auf Verstößen gegen das Gemeinschaftsrecht beruhen.[145]

III. Haftung wegen Verletzung einer Amtspflicht im privatrechtlichen Rechtskreis

1. Haftung des Beamten

37 Im Bereich des privatrechtlichen Verwaltungshandelns gilt § 839 BGB noch in seinem ursprünglichen Sinn. Der Beamte haftet persönlich nach der Sondernorm des § 839 BGB, also nicht nach allgemeinem Deliktsrecht. Dadurch wird seine Haf-

141 „Francovich I", EuGH v 19.11.1991, NJW 1992, 165 ff.

142 EuGH v 8.10.1996, JZ 1997, 198 ff = NJW 1996, 3141.

143 EuGH v 19.11.1991, NJW 1992, 165 ff; EuGH v 5. 3. 1996, JZ 1996, 789 ff; EuGH v 8.10.1996, JZ 1997, 198 ff; EuGH v 10. 7. 1997, NJW 1997, 2585, 2586; EuGH v 10.7.1997, EuZW 1997, 534 und 538.

144 „Brasserie du pêcheur ua", EuGH v 5. 3. 1996, JZ 1996, 789 ff m Anm *Ehlers* JZ 1996, 776 ff; dazu auch Vorlagebeschluß des BGH v 28. 11. 1992, NVwZ 1993, 601; *Böhm* JZ 1997, 53 ff.

145 MünchKomm/*Papier* § 839 Rn 97 ff; *Streinz* Europarecht, 3. Aufl Rn 412; *Hailbronner* JZ 1992, 289; *Prieß* NVwZ 1993, 125; *Fischer* NVwZ 1992, 635 ff; *Böhm* JZ 1997, 53 ff; *Ossenbühl* FS Everling, 1995, 1031 ff; ausf *Pfab* (Fn 1) 100 ff.

tung einerseits erweitert, andererseits durch die in § 839 BGB enthaltenen Beschränkungen, insbesondere durch die Subsidiarität, eingeschränkt.

Für den privatrechtlichen Bereich gilt die Erweiterung des Beamtenbegriffs nicht. Eine Eigenhaftung gemäß § 839 BGB kommt daher nur für Beamte im beamtenrechtlichen Sinn in Betracht. Andere Bedienstete des Staates haften nach allgemeinem Deliktsrecht. **38**

Der Anwendungsbereich der Eigenhaftung wird dadurch eingeengt, daß die Rechtsprechung den Begriff der Amtspflicht im Bereich des privatrechtlichen Handelns enger auslegt und nicht auf die allgemeinen Pflichten im Verkehr erstreckt. Es muß sich vielmehr um spezifische Dienstpflichten handeln, nicht um jedermann obliegende Sorgfaltspflichten. Als solche kommen etwa die Fahrdienstvorschriften der früheren Bundesbahn[146] oder auch Pflichten der Krankenhausärzte[147] in Betracht. Insgesamt ist die Eigenhaftung nicht sehr bedeutend, vor allem auch deshalb, weil der Beamte auf den je nach den Umständen aus anderen Rechtsgründen haftenden Dienstherrn als anderweitige Ersatzmöglichkeit verweisen kann.[148] **39**

2. Haftung des Dienstherrn

Der Dienstherr haftet für die Amtspflichtverletzungen des Beamten nach allgemeinen Grundsätzen, dh, soweit nicht Sondergesetze (zB § 7 StVG, Haftpflichtgesetz) in Frage kommen, vertraglich und deliktisch nach den allgemeinen Regeln iVm den §§ 89 Abs 1, 31 BGB, für Gehilfen darüber hinaus gem. § 831 BGB und § 278 BGB. Da auf dem Gebiet des Privatrechts Vertragsverhältnisse die Regel sind, wird sich sehr häufig eine Haftung des Dienstherrn gem § 278 BGB ergeben, auf die der Beamte dann verweisen kann.[149] **40**

IV. Art und Höhe des Schadensersatzes

Nach ständiger Rechtsprechung kann auf Grund von § 839 BGB – sowohl bei Übernahme der Haftung durch den Staat wie bei Eigenhaftung des Beamten – nur Geldersatz, nicht Naturalrestitution verlangt werden. Das hat seinen Grund einmal darin, daß jedenfalls im öffentlich-rechtlichen Bereich die Zivilgerichte nicht zur Vornahme amtlicher Handlungen verurteilen können. Sodann kann auf der **41**

[146] BGH MDR 1963, 915.

[147] BGH DRiZ 1964, 197; BGHZ 85, 393, 396ff (auch bei gesondert berechenbarer Leistung iSv § 64 BPflV).

[148] Krit zur Anwendung des § 839 BGB im fiskalischen Bereich *Ruland* (Fn 7) 583ff.

[149] Das gilt auch für die Haftung aus culpa in contrahendo; insofern sind die von *Bender* (Fn 41) Rn 416–418 angeführten Beispielfälle mE nicht richtig entschieden. Zum Verweisungsprivileg des Krankenhausarztes BGHZ 85, 393, 395ff; BGH NJW 1986, 2883; BGH NJW 1988, 2946 (in BGHZ 105, 142 insoweit nicht abgedr) betont, daß das Verweisungsprivileg nur die deliktische, nicht die vertragliche Haftung betrifft. BGHZ 95, 63, 67ff bejaht eine vertragliche und deliktische Haftung des Krankenhausträgers – mangels ausdrücklicher anderweitiger Regelung – auch bei gesondert berechenbaren ärztlichen Leistungen.

Grundlage von § 839 BGB nur das verlangt werden, was der Beamte persönlich zu leisten vermag. Er hat persönlich keine Befugnis, über seine Amtshandlungen zu verfügen, sondern ist insoweit den Weisungen seines Dienstherrn unterworfen. Das gilt auch für den Widerruf von Ehrenkränkungen.[150] Richtiger Adressat eines Anspruchs auf Naturalrestitution oder Beseitigung einer Beeinträchtigung ist darum der Dienstherr, nicht der Beamte persönlich. Auch der Anspruch auf Naturalrestitution gegen den Staat kann nicht auf § 839 BGB iVm Art 34 GG gestützt werden, weil auf Grund von Art 34 GG die Haftung nur so auf den Staat übergeht, wie sie auf Grund von § 839 BGB beim Beamten bestehen würde. Der betroffene Bürger muß sich daher auf andere Anspruchsgrundlagen (öffentlich-rechtliche Beseitigungsansprüche, sonstige Schadensersatzansprüche) stützen, wenn er Naturalrestitution wünscht.[151] Geldersatz kann er dagegen aus § 839 BGB auch bei Verletzung des allgemeinen Persönlichkeitsrechts unter den Voraussetzungen verlangen, die allgemein im Deliktsrecht gelten.[152]

42 Die Höhe des Schadensersatzes richtet sich nach den allgemeinen bürgerlichrechtlichen Grundsätzen. Zum Schaden gehören auch die Kosten, die für einen gem § 839 Abs 1 S 2 BGB erforderlichen Prozeß aufgewendet werden mußten.[153]

43 Die Rückgriffshaftung des Beamten gegenüber seinem Dienstherrn ist im Beamtenrecht geregelt, das die Grenzen des Art 34 S 2 GG beachten muß. Wegen der Einzelheiten muß auf Darstellungen des Beamtenrechts verwiesen werden.[154] Für Angestellte und Arbeiter gelten tarifvertragliche bzw arbeitsrechtliche Regelungen, für Beliehene und Verwaltungshelfer kommt eine Haftung aus dem Schuldverhältnis in Frage, das zwischen ihnen und dem Träger der öffentlichen Verwaltung besteht.[155]

[150] Dazu eingehend BGHZ 34, 99 (unter Anerkennung von Ausnahmen bei sehr persönlich geprägten Ehrenkränkungen, 107, 110); BGH NJW 1963, 1203; BGHZ 67, 92, 100 mwN; BGH VersR 1985, 281; BVerwGE 75, 354, 356; weniger einschränkend *Wolff/Bachof* (Fn 43) § 64 II e 2; *Bender* (Fn 41) Rn 727f; *Papier* (Fn 1) Rn 210, die Verurteilung zu jeder Leistung zulassen wollen, die keine Amtstätigkeit voraussetzt, also insbesondere zur Leistung vertretbarer Sachen. Praktische Bedeutung dürfte dieser Abweichung nicht zukommen.

[151] Schon BGHZ 78, 274 ließ zu, daß Hilfs- und Nebenansprüche zu den Amtshaftungsansprüchen (zB auf Auskunftserteilung) im ordentlichen Rechtsweg geltend gemacht werden. Vgl jetzt § 17a GVG.

[152] BGH VersR 1986, 441, 443; BGH NJW 1994, 1950.

[153] BGHZ 18, 366, 371f; BGH VersR 1962, 740, 742; BGH VersR 1964, 872, 875. Zur Vorteilsausgleichung BVerwG BayVBl 1988, 440.

[154] *Kunig* in: Schmidt-Aßmann, BesVerwR, 10. Aufl 1995, 6. Abschnitt, Rn 144ff; *Papier* (Fn 1) Rn 290ff.

[155] Dazu *Ossenbühl* (Fn 1) 96ff.

§ 48
Enteignung und Aufopferung

I. Grundlagen

1. Wurzeln des Enteignungs- und Aufopferungsrechts

Die Wurzeln des heutigen Enteignungs- und Aufopferungsrechts liegen im ius eminens der absoluten Landesherren. Ihnen wurde das Recht zugestanden, aus besonderen Gründen Rechte der Untertanen gegen Entschädigung zu entziehen. Eine positive Ausprägung fand diese Befugnis in den §§ 74, 75 Einl ALR: 1

„§ 74. Einzelne Rechte und Vorteile der Mitglieder des Staats müssen den Rechten und Pflichten zur Beförderung des gemeinschaftlichen Wohls, wenn zwischen beiden ein wirklicher Widerspruch (Kollision) eintritt, nachstehen.

§ 75. Dagegen ist der Staat denjenigen, welcher seine besonderen Rechte und Vorteile dem Wohle des gemeinen Wesens aufzuopfern genötigt wird, zu entschädigen, gehalten."

Nach diesen Grundsätzen, die gemeinrechtlich auch in den anderen deutschen Ländern galten, war der Staat bei Eingriffen in vermögenswerte Rechte der Bürger zur Entschädigung verpflichtet. Die Verpflichtung wegen sog Aufopferung hatte indes im 19. Jahrhundert keine sehr große praktische Bedeutung. Von Ausnahmefällen abgesehen,[1] verschaffte sich der Staat die notwendigen Güter auf dem Markt, nur auf Grundstücke mußte er mit Hoheitsgewalt zugreifen.

Für die Entziehung von Grundstücken, welche insbesondere im Zuge des Eisenbahnbaus wichtig wurde,[2] wurden detaillierte Enteignungsgesetze erlassen, die teilweise noch heute gelten.[3] Auf ihrer Grundlage konnten durch Verwaltungsakt Grundstücke entzogen oder Rechte an Grundstücken beschränkt werden. Neben diesen Enteignungsgesetzen, welche die heute oft so genannte „klassische Enteignung"[4] regelten, blieben die älteren Grundsätze der Aufopferung in Kraft. Sie hatten freilich nur eine verhältnismäßig unwichtige Auffangfunktion. Dies um so mehr, als in Preußen durch die authentische Deklaration der §§ 74, 75 Einl ALR in der berühmten Kabinettsorder v 4. 12. 1831[5] ein Entschädigungsanspruch bei Aufhebung oder Beschränkung vermögenswerter Rechte durch Gesetze ausgeschlossen wurde. Zu Lasten überalterter Privilegien hat der Staat des 19. Jahrhunderts vielfach von der Möglichkeit der entschädigungslosen Aufhebung Gebrauch gemacht,[6] ein Vorgehen, das damals nicht als Verstoß gegen die in den Verfassungen enthaltenen Eigentumsgarantien aufgefaßt wurde.

[1] Sie betrafen vor allem Leistungen an die bewaffnete Macht, Reichsgesetze v 13.6.1873, RGBl 129 und v 13. 2. 1875, RGBl 52.

[2] Dazu *Bullinger* Der Staat 1962, 460 ff.

[3] Vgl insbes das preußische Ges über die Enteignung von Grundeigentum v 11.6.1874.

[4] Dazu krit *Scheuner* in: Reinhardt/Scheuner, Verfassungsschutz des Eigentums, 1954, S 85 ff.

[5] GS 256.

[6] Dazu *Anschütz* VerwArch. 5 (1897) 1, 11; *Stödter* Öffentlich-rechtliche Entschädigung, 1933, 67 ff.

2. Enteignung und Aufopferung unter der Weimarer Reichsverfassung

2 Einen wesentlichen Umschwung brachte die Weimarer Reichsverfassung, in deren Artikel 153 es heißt:

„Das Eigentum wird von der Verfassung gewährleistet. Sein Inhalt und seine Schranken ergeben sich aus den Gesetzen. Eine Enteignung kann nur zum Wohle der Allgemeinheit und auf gesetzlicher Grundlage vorgenommen werden. Sie erfolgt gegen angemessene Entschädigung, soweit nicht ein Reichsgesetz etwas anderes bestimmt. Wegen der Höhe der Entschädigung ist im Streitfall der Rechtsweg bei den ordentlichen Gerichten offenzuhalten, soweit Reichsgesetze nichts anderes bestimmen".

3 Umstürzend war daran nur, daß dem Reich die Möglichkeit gegeben wurde, Eigentum ohne Entschädigung zu entziehen. Trotzdem vollzog sich auf der Grundlage des Art 153 WRV eine Neuorientierung der gesamten Eigentumslehre. Den Anstoß gab Martin Wolff in seiner Abhandlung „Reichsverfassung und Eigentum",[7] welche den verfassungsrechtlichen Eigentumsschutz auch auf obligatorische Rechte, Wertpapiere, Anteile an Kapitalgesellschaften und überhaupt auf jedes vermögenswerte private Recht erstreckte. Die Rechtsprechung ist dem gefolgt. Seither ist der Eigentumsbegriff des Verfassungsrechts weiter als der des bürgerlichen Rechts.[8]

4 Das RG erweiterte den Eigentumsschutz auch in anderer Hinsicht: Es verlangte nicht mehr Entzug und Übertragung des Rechts auf einen Begünstigten (Staat oder privaten Unternehmer), sondern betrachtete als Enteignung auch schon die Beschränkung vermögenswerter Rechte durch Einzelakt. Zudem erkannte es an, daß eine entschädigungspflichtige Enteignung nicht nur auf Grund eines Gesetzes, sondern auch durch ein Gesetz möglich war.[9] Damit bot die Eigentumsgarantie annähernd denselben Schutz wie die §§ 74, 75 Einl ALR vor der preußischen Kabinettsorder von 1831, freilich praktisch wie bisher beschränkt auf eine Wertgarantie, da gerichtlicher Rechtsschutz gegen die Enteignung selbst nicht gewährt wurde.[10] Mit der Ausdehnung des Enteignungsbegriffs wuchsen die Abgrenzungsschwierigkeiten. Insbesondere ergaben sich kaum lösbare Probleme der Abgrenzung zwischen entschädigungspflichtiger Enteignung und entschädigungslos zulässiger Bestimmung von Inhalt und Schranken des Eigentums.[11]

5 Noch blieb es allerdings dabei, daß als Enteignung nur die rechtmäßige Entziehung bzw Beschränkung des Eigentums aufgefaßt wurde. Enteignungsentschädigung gab es also nur bei rechtmäßigen Eingriffen. Wer unter einem rechtswidrigen Eingriff zu leiden hatte, mußte sich mit dem Amtshaftungsanspruch begnügen.

[7] In: Berliner Festgabe für Wilhelm Kahl, 1923.

[8] *Anschütz* Die Verfassung des Deutschen Reichs, 14. Aufl 1933, Art 153, Anm 2, 704; zur Bewertung *Ossenbühl* StHR, 122 ff.

[9] Dazu *Anschütz* (Fn 8) Art 153, Anm 7, 709 f; RGZ 129, 146, 148 f; vgl zu diesen Erweiterungen „in jede Richtung" *Maurer* Allg VwR, § 26 Rn 9.

[10] Dazu *Böhmer* Der Staat 1985, 170 ff.

[11] *Anschütz* (Fn 8) Art 153, Anm 5 ff, 705 ff; *Forsthoff* VwR, 331 ff – Die Folgen ließen sich durch reichsgesetzlichen Ausschluß der Entschädigung mildern. Die Auswirkungen zeigt BGHZ 71, 1, 5 f.

Die Grundsätze der Aufopferung, insbesondere die §§ 74, 75 Einl ALR, galten neben dem erweiterten verfassungsrechtlichen Eigentumsschutz fort und boten nach wie vor die Möglichkeit, Entschädigung zu gewähren, wo der Schutz der Verfassung versagte. Angesichts der Ausdehnung der Enteignung blieb jedoch der Anwendungsbereich der Aufopferung gering, zumal das RG es – in Anwendung der bereits erwähnten preußischen Kabinettsorder von 1831 – ablehnte, Entschädigung für die Aufopferung immaterieller Rechtsgüter zu gewähren.[12] Das RG hat jedoch in späterer Zeit einen Aufopferungsanspruch wegen rechtswidriger schuldloser Beeinträchtigung vermögenswerter Rechte durch Verwaltungsakt bejaht.[13] 6

3. Fortentwicklung unter dem Grundgesetz

Art 14 GG enthält gegenüber Art 153 WRV wesentliche Änderungen: Eine entschädigungslose Enteignung ist ausgeschlossen. Eine Enteignung ist nur durch Gesetz oder auf Grund eines Gesetzes zulässig, das Art und Ausmaß der Entschädigung regelt. In der WRV war demgegenüber die Entschädigungsregelung „angemessene Entschädigung" in der Verfassung selbst enthalten, so daß in dem enteignenden Gesetz dazu nichts gesagt werden mußte. Das GG macht die Regelung der Entschädigung „unter gerechter Abwägung der Interessen der Allgemeinheit und der Beteiligten" zur Bedingung der Gültigkeit des Enteignungsgesetzes (sog Junktimklausel). Für die Aufopferung gelten nach wie vor die alten Grundlagen, also die §§ 74, 75 Einl ALR und Gewohnheitsrecht.[14] 7

Wichtiger als die Änderungen der Rechtsgrundlagen sind die Änderungen, welche der BGH seit Erlaß des GG erarbeitet hat. Bezüglich der rechtmäßigen Enteignung ist die Praxis grundsätzlich auf der Linie geblieben, die in der Weimarer Zeit vorgezeichnet war. Es gab kein „Zurück zum klassischen Enteignungsbegriff",[15] vielmehr blieb es dabei, daß die Eigentumsgarantie jedes vermögenswerte Recht umfaßt. 8

Eine völlige Umgestaltung erfuhr dagegen die Entschädigung für rechtswidrige Eingriffe.[16] Der BGH gewährt seit der berühmten Entscheidung des Großen Senats für Zivilsachen v 9./10. 6. 1952[17] Entschädigung wegen „enteignungsgleichen Eingriffs" auch für rechtswidrige Eingriffe, die im Falle ihrer Rechtmäßigkeit als 9

[12] Davon ist erst BGHZ 9, 83 abgegangen.

[13] RGZ 140, 276, 281 ff; dazu *Schack* Verhandlungen des 41. Deutschen Juristentags, Bd I, 1. Halbbd, 14 ff; *Scheuner* GS Jellinek, 1955, 331, 340; *Kreft* Aufopferung und Enteignung, 1968, 14 mwN.

[14] Zum Verfassungsrang der Aufopferung *Ossenbühl* (Fn 8) 108 f; *Wolff/Bachof* VwR I, 9. Aufl 1974, § 61 I b mwN, wo die Aufopferung jedoch im weiteren, die Enteignung einschließenden Sinne verstanden wird. Zur Aufopferung ieS *Rüfner* Verhandlungen des 49. Deutschen Juristentags, Bd I, Gutachten E, 36 mwN.

[15] So der Titel des Aufsatzes von *Dürig* JZ 1954, 4 ff. Dazu *Maurer* FS Dürig, 1990, 300 ff.

[16] Zu dieser Entwicklung *Scheuner* JuS 1961, 243, 244 ff; auch *ders* (Fn 13) 340 f, wo mit Recht auf die Fortführung des Ansatzes von RGZ 140, 276, 281 ff hingewiesen wird; ähnlich *Jaenicke* in: Haftung des Staates für rechtswidriges Verhalten seiner Organe, 1967, 78.

[17] BGHZ 6, 270.

Enteignung zu betrachten wären. Es gibt seitdem den Anspruch aus enteignungsgleichem Eingriff, der regelmäßig, wenn auch nicht notwendig, mit dem Amtshaftungsanspruch konkurriert, also auch bei schuldhaft rechtswidrigem hoheitlichem Eingriff angenommen wird.[18] Das Argument dafür war ein zweimaliges „erst recht“: Wenn schon ein rechtmäßiger Eingriff einen Entschädigungsanspruch auslöst, dann erst recht ein rechtswidriger;[19] und wenn schon ein rechtswidrig schuldloser, dann erst recht ein rechtswidrig schuldhafter.[20]

10 Neben dem Entschädigungsanspruch aus Enteignung nach einem ordnungsgemäßen Enteignungsverfahren gab es danach Entschädigung wegen rechtswidriger und wegen rechtmäßiger Eingriffe mit enteignender Wirkung. Der rechtswidrige Eingriff wurde als „enteignungsgleich“, der rechtmäßige, der als besondere Kategorie[21] nach und nach herausgearbeitet wurde, als „enteignend“ bezeichnet. Das Sonderopfer des Bürgers mußte bei rechtswidrigen Eingriffen, soweit die Rechtswidrigkeit nicht lediglich auf einem Verstoß gegen die Junktim-Klausel beruhte, nicht besonders begründet werden. Es ergab sich schon daraus, daß der Bürger über das allen gleichmäßig und rechtmäßig auferlegte Maß belastet wurde. Bei enteignenden Eingriffen mußte dagegen die ungleiche Belastung besonders nachgewiesen werden.[22]

11 Der BGH hat den enteignungsgleichen Eingriff in einer fast 30jährigen Rechtsprechung fortentwickelt und zu einem Institut der verschuldensunabhängigen Staatshaftung ausgebildet. Freilich hatte das BVerfG bereits frühzeitig darauf hingewiesen, daß jede Enteignung ohne eine den Anforderungen der Junktim-Klausel entsprechende gesetzliche Grundlage rechtswidrig sei.[23] Grundlage für einen Entschädigungsanspruch könne nicht Art 14 Abs 3 GG, sondern nur das Enteignungsgesetz sein. Trotzdem sprach der BGH bei Belastungen der Bürger mit ungleich treffenden Sonderopfern Entschädigung nach Enteignungsgrundsätzen zu. Im Grunde führte er die Rechtsprechung zu Art 153 WRV, dessen Abs 2 S 2 als Anspruchsgrundlage für einen Entschädigungsanspruch angesehen worden war, ungeachtet des veränderten Verfassungstextes fort.[24]

12 Das BVerfG mußte wegen seiner von Anfang an vertretenen Auffassung zur Junktim-Klausel der Rechtsprechung des BGH mit Skepsis gegenüberstehen. In seiner Entscheidung v 15. 7. 1981 (Naßauskiesung)[25] wies das Gericht sehr scharf darauf hin, daß es den Zivilgerichten nicht erlaubt sei, ohne gesetzliche Grundlage Enteignungsentschädigung zuzubilligen. Der Bürger, der glaube, daß ihm eine

[18] BGHZ 13, 88.

[19] So BGHZ 6, 270.

[20] So BGHZ 13, 88.

[21] Der BGH trennte in seiner späteren Rspr so klar zwischen enteignungsgleichem und enteignendem Eingriff, daß man entgegen *Weyreuther* Über die Verfassungswidrigkeit salvatorischer Entschädigungsregelungen im Enteignungsrecht, 1980, 36, im enteignenden Eingriff eine zusätzliche Kategorie sehen mußte.

[22] *Badura* AöR 98 (1973) 153, 171 f.

[23] BVerfGE 4, 219, 230 ff.

[24] Zur Fortentwicklung der älteren Vorstellungen *Schwerdtfeger* Die dogmatische Struktur der Eigentumsgarantie, 1983, 10 ff.

[25] BVerfGE 58, 300.

rechtswidrige Beeinträchtigung seines Eigentums zugemutet worden sei, müsse sich gegen den eingreifenden Akt zur Wehr setzen und habe nicht die Möglichkeit, statt der Abwehr des Eingriffs Enteignungsentschädigung ohne gesetzliche Grundlage zu fordern.[26] Es gelte also nicht der Grundsatz „dulde und liquidiere", vielmehr betont das BVerfG den Vorrang des primären Rechtsschutzes, dh des Rechtsschutzes gegen den Eingriff.

Das BVerfG verwarf zugleich den weiten, in der Rechtsprechung des BGH konturenlos gewordenen Enteignungsbegriff. Als Enteignung sei nur die zweckgerichtete (finale) Maßnahme anzusehen, die auf vollständige oder teilweise Entziehung konkreter subjektiver, durch Art 14 Abs 1 S 1 GG geschützter Rechtspositionen gerichtet sei. **13**

Entgegen manchen Stimmen in der Literatur[27] hat der BGH nach dieser Entscheidung des BVerfG den enteignungsgleichen Eingriff nicht aufgegeben. Die Dogmatik des Eigentumsschutzes ist aber auch in der Rechtsprechung des BGH wesentlich verändert worden. Der Enteignungsbegriff wurde im Sinn der Auffassung des BVerfG eingeengt und formalisiert. Während der BGH bisher mit der sog „Umschlagtheorie"[28] angenommen hatte, daß jede das entschädigungslos hinzunehmende Maß übersteigende Beschränkung des Eigentums Enteignung sei und als solche entschädigt werden müsse, gibt es jetzt Eigentumsbeschränkungen, die rechtswidrig sind, weil sie das zulässige Maß übersteigen, die aber nicht als Enteignung qualifiziert werden.[29] Diese Eigentumsbeschränkungen können durch Zubilligung einer Entschädigung zumutbar werden. Daraus ergibt sich neben der Enteignung als zweite Kategorie die ausgleichspflichtige Inhaltsbestimmung,[30] in der Literatur manchmal Aufopferungsenteignung[31] genannt. **14**

Als Ergebnis der Entwicklung haben sich neben der Enteignung drei Rechtsinstitute herausgebildet, aufgrund deren Entschädigung für Eingriff in das Eigentum verlangt werden kann: **15**

1. die ausgleichspflichtige Inhaltsbestimmung
2. der enteignungsgleiche Eingriff
3. der (besonders problematische) enteignende Eingriff

[26] BVerfGE 58, 300, 324; dazu *Rittstieg* NJW 1982, 721 ff; krit *Baur* NJW 1982, 1734 ff; auch schon BVerfGE 52, 1, 27 f; 46, 268, 285 f. Das BVerfG hat seine Auffassung später mehrfach bestätigt: BVerfGE 70, 191, 199 ff; 74, 264, 280; 79, 174, 191 f; 83, 201, 211.

[27] *Scholz* NVwZ 1982, 346 f; *Battis* NVwZ 1982, 586 f; *Weber* JuS 1982, 855 f; *Bull* Allgemeines Verwaltungsrecht, 1982, 403 f; auch noch *Schröer* NJW 1984, 1864 ff; *v. Brünneck* Die Eigentumsgarantie des Grundgesetzes, 1984, 418. W Nachw bei *Weber* JuS 1984, 479, Fn 8.

[28] Gegen diese „Umschlagtheorie" *Böhmer* (Fn 10) 192 ff und BGHZ 100, 136, 144.

[29] Deutlich der Kammerbeschluß BVerfG NJW 1998, 367.

[30] So schon *Schulze-Osterloh* Das Prinzip der Opferentschädigung im Zivilrecht und im öffentlichen Recht, 1980, 235 ff; auch *dies*, NJW 1981, 2537 ff und (*Osterloh*) DVBl 1991, 906, 908; BVerfGE 58, 137, 149 ff, wo das BVerfG die Pflicht zur Ablieferung ohne Kostenerstattung beanstandet.

[31] *Bender* JZ 1986, 888; *Nüßgens/Boujong* Eigentum, Sozialbindung, Enteignung, 1987, Rn 339 mwN; *Knauber* NVwZ 1984, 756; *Kimminich* BK Art 14 Rn 200.

II. Die Enteignung

1. Tatbestand der Enteignung

16 a) *Enteignungsakt.* Nachdem sich der engere formalisierte Enteigungsbegriff des BVerfG durchgesetzt hat, ist als Enteignung nur noch die durch Hoheitsakt bewirkte vollständige oder teilweise Entziehung von als Eigentum geschützten Rechtspositionen anzusehen. Die Teilentziehung kann einen real abteilbaren Teil des Gegenstandes (einen Teil eines Grundstücks) betreffen oder auch eine rechtlich verselbständigungsfähige Position.[32] Die Enteigung kann zB auch in einer Belastung eines Grundstücks durch eine Dienstbarkeit bestehen.[33] In der Regel wird die Enteignung durch Verwaltungsakt aufgrund eines Gesetzes, in Ausnahmefällen auch unmittelbar durch Gesetz[34] vollzogen. Die Enteignung wird damit zwar nicht auf einen Güterbeschaffungsvorgang verengt,[35] die Beschränkung oder auch die Beseitigung bestehender Rechtspositionen im Rahmen einer gesetzlichen Umgestaltung wird aber nicht mehr als Enteignung aufgefaßt.[36] Damit sind die sog Enteignungstheorien im Sinne der bisherigen Rechtsprechung des BGH, die nur zwischen entschädigungslos zulässigen Inhaltsbestimmungen und Enteignungen unterschieden, überholt. Sie behalten eine gewisse Bedeutung für die Abgrenzung von entschädigungslos zulässigen und entschädigungspflichtigen Inhaltsbestimmungen.[37]

17 b) *Objekt der Enteignung.* Objekt der Enteignung können alle privaten vermögenswerten Rechte sein, die durch die Eigentumsgarantie geschützt sind, also neben dem Sacheigentum auch Forderungen aller Art,[38] Rechte aus Mietverträgen,[39] Mitgliedsschaftsrechte, nicht zuletzt auch das Recht am eingerichteten und ausgeübten Gewerbebetrieb,[40] den das BVerfG allerdings noch nie ausdrücklich als verfassungsgeschützt anerkannt hat.[41] Streitig war längere Zeit, ob auch Ansprüche des öffentlichen Rechts unter den Eigentumsschutz fallen können. Heute ist richtig erkannt, daß es nicht auf die formale Zurechnung eines bestimmten Anspruchs zum privaten oder zum öffentlichen Recht ankommt, sondern

32 So *Maurer* (Fn 9) § 26 Rn 47; dazu *Burgi* NVwZ 1994, 527 ff.

33 BVerfGE 45, 297, 339; BGHZ 83, 61, 63 ff; BGH NJW 1985, 387; BGHZ 120, 38, 42; BVerwG DVBl 1997, 68, 70; zu Leitungsdienstbarkeiten *Krohn* DVBl 1985, 150 ff.

34 Dazu u Rn 18.

35 Dagegen ausdrücklich BVerfGE 83, 201, 211; anders *Lege* NJW 1993, 2565 ff; *ders* Zwangskontrakt und Güterdefinition, 1995, 73 ff.

36 So klar BVerfGE 83, 201, 211 f; anders noch BVerfGE 52, 1, 28; 58, 300, 331 ff.

37 Dazu u Rn 40 ff.

38 Zur Position aus öffentlich-rechtlichen Verträgen *Kokott* VerwArch 83 (1992) 503, 516.

39 Zum Mietrecht als Eigentum BVerfGE 89, 1, 6 ff, dagegen *Depenheuer* NJW 1993, 2561 ff; auch BGHZ 123, 166, 169 ff; BGHZ 117, 236, 237 ff und BGHZ 125, 293, 298 ff sehen das Recht des Mieters als Eigentum an, aber nicht die Erwartung, das Mietverhältnis werde über die Kündigungsfrist hinaus bestehen.

40 Dazu ausf *Kimminich* (Fn 31) Rn 77 ff; *Ehlers* VVDStRL 51, 215 (mit Fn 15). Das Vermögen als solches ist nach hM nicht geschützt, BGHZ 83, 110.

41 BVerfG NJW 1992, 36, 37 mwN, wo dies wiederum dahingestellt bleibt. Als Rechtsinstitut des einfachen Rechts will das BVerfG das Recht am Gewerbebetrieb immerhin akzeptieren.

darauf, ob der Betroffene sein Recht durch eigene Leistung oder eigenen Kapitalaufwand erworben hat. Es können daher zB auch Ansprüche aus der Sozialversicherung zum geschützten Eigentum gehören.[42]

2. Zulässigkeit der Enteignung

a) *Grundsätzliches.* Wie jeder Eingriff in die Rechte des Bürgers bedarf die Enteignung gem Art 14 Abs 3 Satz 1 GG einer gesetzlichen Grundlage. Das Gesetz kann, wie jetzt ausdrücklich festgelegt ist, auch selbst unmittelbar enteignen.[43] Die Zulässigkeitsvoraussetzungen ergeben sich zunächst aus den jeweils einschlägigen Gesetzen. Für die Ausgestaltung der Enteignungsgesetze wie für deren Auslegung enthält das GG wichtige Vorgaben: **18**

Eine Enteignung – für Sozialisierungen vgl Art 15 GG – ist nur zum Wohle der Allgemeinheit zulässig, gleichgültig, ob die öffentliche Hand oder ein Privater Enteignungsbegünstigter ist. Das Prinzip der Verhältnismäßigkeit ist zu beachten: Der schwere Eingriff in das Eigentum muß zur Förderung des öffentlichen Wohls geeignet und erforderlich sein. Es darf nicht außer Verhältnis zu dem Nutzen stehen, den die Allgemeinheit daraus ziehen soll.[44] **19**

Anders als in älterer Zeit ermöglicht die umfassende Rechtschutzgarantie unter dem Grundgesetz eine vollständige gerichtliche Kontrolle der Rechtmäßigkeit jeder Enteignung. Die Zulässigkeit der Enteignung ist daher immer mehr in den Vordergrund des Interesses gerückt. Art 14 GG kann nicht mehr nur als Garantie einer Entschädigung im Falle der Enteignung und damit als bloße Wertgarantie betrachtet werden.[45] Das schließt nicht aus, daß der Bürger den Streit um die Zulässigkeit der Enteignung vermeidet, sich dem Enteignungsakt beugt und die gesetzlich vorgesehene Entschädigung verlangt. Die Rechtmäßigkeit ist kein Begriffsmerkmal der Enteignung. Dies ist zu betonen, weil der vom BVerfG sehr in den **20**

[42] BVerfGE 53, 257, 289ff; 58, 81, 109, 64, 87, 97; 95, 143, 160ff mwN. Zu diesen Problemen *Kimminich* (Fn 31) Rn 65ff; *Ossenbühl* (Fn 8) 131ff; *Rüfner* Einführung in das Sozialrecht, 2. Aufl 1991, 33f mwN.

[43] Die Legalenteignung ist Ausnahme, BVerfGE 24, 367, 402f; BVerfGE 45, 297, 324ff betont den Ausnahmecharakter der Legalenteignung, stellt den Unterschied zwischen Enteignung durch Gesetz und Enteignung auf Grund eines Gesetzes scharf heraus und erklärt eine Vermischung von Legal- und Administrativenteignung für unzulässig. BVerfGE 95, 1, 22 erklärt auch die Legalplanung mit enteignungsrechtlichen Vorwirkungen für nur ausnahmsweise zulässig. Die Notwendigkeit der gesetzlichen Grundlage wird in BVerfGE 56, 249, 261ff hervorgehoben.

[44] Zur Zulässigkeit der Enteignung *Papier* in: Maunz/Dürig, GG, Art 14 Rn 507f; *Kimminich* (Fn 31) Rn 378ff; *Ossenbühl* (Fn 8) 164ff, aus der Rspr insbes BVerwGE 19, 171; BGHZ 68, 100, 102ff; BVerwGE 71, 108 (Boxberg); dazu *Gramlich* JZ 1986, 269ff; *v. Brünneck* NVwZ 1986, 425ff; *Leisner* DVBl 1988, 555ff; BVerfGE 74, 264, 284ff (Boxberg, Aufhebung von BVerwGE 71, 108), dazu *Schmidt-Aßmann* NJW 1987, 1587ff; BGHZ 105, 94, 95ff; BVerwGE 87, 241, 246ff. – Zur Sonderform der transitorischen Enteignung *Frey* Die Verfassungsmäßigkeit der transitorischen Enteignung 1983.

[45] *Frenzel* Das öffentliche Interesse als Voraussetzung der Enteignung, 1978, 68ff; BVerfGE 56, 249, 259 und insbes das Sondervotum *Böhmer* S 266, 272ff; *Böhmer* (Fn 10) 168ff; *ders* NJW 1988, 2561ff.

Vordergrund gestellte Vorrang des Primärrechtsschutzes hier wie bei der ausgleichspflichtigen Inhaltsbestimmung[46] zu Fehlschlüssen verleiten könnte.

21 b) *Enteignungszwecke.* Die Enteignungszwecke lassen sich nicht abschließend aufzählen. Auch die Enteignung zugunsten Privater[47] ist nicht ausgeschlossen, und zwar selbst dann nicht, wenn das öffentliche Wohl nur mittelbar, zB durch Schaffung von Arbeitsplätzen oder durch Verbesserungen der regionalen Wirtschaftsstruktur gefördert werden soll. Mit Recht verlangt das BVerfG jedoch gerade in solchen Fällen eine genaue gesetzliche Beschreibung des Enteignungszwecks, damit die Entscheidung über die Zulässigkeit der Enteignung nicht allein in die Hand der Verwaltung gegeben und der Gemeinwohlbezug der Unternehmenstätigkeit auf Dauer garantiert wird.[48]

22 c) *Junktimklausel.* Grundbedingung für jedes verfassungsmäßige Enteignungsgesetz ist, daß Art und Ausmaß der Entschädigung im Gesetz geregelt sind (Art 14 Abs 3 S 2 GG). Die Junktimklausel gilt allerdings nur für nachkonstitutionelle Gesetze. Für vorkonstitutionelle Gesetze ist mangels besonderer Vorschriften die Regelung der Weimarer Reichsverfassung („angemessene Entschädigung") als Ergänzung zu betrachten.[49] Für die Enteignungen in der sowjetischen Besatzungszone und in der späteren DDR galt die Junktimklausel ebenfalls nicht. Die Maßnahmen in diesem Bereich können nicht am GG gemessen werden, weil es damals noch nicht in Kraft war.[50]

23 Sog salvatorische Klauseln, welche nicht klarstellen, ob der Gesetzgeber eine Enteignung mit Entschädigungspflicht anordnen will, sondern eine Entschädigung für den Fall einer Enteignung vorsehen, sind für die echten Enteignungen unzulässig.[51] Sie sind auch nicht mehr erforderlich, da die Enteignung nach dem neuen formalisierten Enteignungsbegriff klarer abzugrenzen ist als früher.

3. Entschädigung

24 a) *Grundsätzliches.* Art 14 Abs 3 Satz 3 GG schreibt vor, die Entschädigung, die in der Regel in Geld besteht, unter gerechter Abwägung der Interessen der Allgemeinheit und der Beteiligten zu bestimmen.[52] Wie sich aus den Materialien des

46 Dazu u Rn 53.

47 Dazu *Schmidbauer* Enteignung zugunsten Privater, 1989; *Bauer* Kongruenz privater und öffentlicher Interessen im Enteignungsrecht, Diss. Saarbrücken, 1996.

48 BVerfGE 74, 264, 284 ff (Boxberg); BGH DVBl 1988, 1217.

49 BVerfGE 4, 219; 46, 268, 286 ff; 58, 300, 319 ff; BGHZ 90, 4, 13 f; soweit ein älteres Gesetz die Entschädigung ausdrücklich ausgeschlossen oder niedriger als in Art 14 Abs 3 S 3 GG vorgeschrieben geregelt hatte, ist es nach Inkrafttreten des GG nicht mehr anwendbar, *Papier* (Fn 44) Art 14 Rn 492.

50 BVerfGE 84, 90, 123. Das BVerfG verlangt gleichwohl (128 ff) eine Wiedergutmachung, für die es dem Gesetzgeber aber einen weiten Spielraum zubilligt. Zum Ausschluß der Rückerstattung für die Enteignungen auf besatzungsrechtlicher Grundlage s u Rn 37.

51 BVerwGE 84, 361, 368 f.

52 Zur Bemessung der Entschädigung ausf *Kimminich* (Fn 31) Art 14 Rn 437 ff m umfassenden Nachw; desgl *Papier* (Fn 44) Art 14 Rn 510 ff; viele praktische Hinw geben *Aust/Jacobs* Die Enteignungsentschädigung, 3. Aufl 1991.

GG ergibt, wollte der Parlamentarische Rat bewußt nicht die Weimarer Formulierung von der angemessenen Entschädigung in das GG aufnehmen.[53] Welche Vorstellungen die Abgeordneten im einzelnen hatten, ist nicht mehr festzustellen; sicher scheint jedoch zu sein, daß sie zu einer elastischeren Regelung kommen wollten, als sie die WRV in der Auslegung des RG enthalten hatte.[54]

Das BVerfG vertritt die Auffassung, das Abwägungsgebot ermögliche es, auf **25**
die Besonderheiten des Sachverhalts Rücksicht zu nehmen. Eine starre, allein am Marktwert ausgerichtete Entschädigung sei dem GG fremd. Dem Enteigneten müsse nicht stets das volle Äquivalent für das Genommene gegeben werden. Der Gesetzgeber könne je nach den Umständen vollen Ersatz, aber auch eine darunter liegende Entschädigung bestimmen.[55] Der BGH sieht als Ausgangspunkt einer gerechten Entschädigung den Wiederbeschaffungswert (bei Eigentumsbeschränkungen den Minderwert) an und kommt so grundsätzlich zu einer Entschädigung nach Marktwerten, ohne indes die Befugnis des Gesetzgebers zu leugnen, in besonderen Fällen eine niedrigere Entschädigung vorzusehen.[56] Man kann darum kaum von einem Gegensatz zwischen BVerfG und BGH sprechen, allenfalls von einer anderen Akzentuierung. Dies um so mehr, als das BVerfG in der maßgebenden Leitentscheidung einen außergewöhnlichen Fall einer Gruppenenteignung durch Gesetz zu beurteilen hatte, nämlich die Enteignung der Hamburger Deichgrundstücke.[57] Der BGH hat sich dagegen mit Einzelenteignungen des Alltags zu befassen, für die zudem meist eine Entschädigung nach dem Verkehrswert gesetzlich vorgeschrieben ist.[58]

[53] Vgl JöR nF 1, 152ff, wo nachgewiesen wird, daß alle Anträge, die angemessene oder volle Entschädigung verlangten, abgewiesen wurden.

[54] *Weber* in: Bettermann/Neumann/Nipperdey/Scheuner, Grundrechte Bd II, 389; *Scheuner* (Fn 4) 128f; *Schack* DÖV 1966, 549, 551; *Leisner* Sozialbindung des Eigentums, 1972, 109f.

[55] BVerfGE 24, 367, 421; auch BVerfGE 46, 268, 284ff.

[56] BGHZ 39, 198, 200; 41, 354, 358; zur Verminderung der Entschädigung in bes Fällen BGHZ 6, 270, 293; 13, 395, 397; *Papier* (Fn 44) Art 14 Rn 531 (Anrechnung entschädigungslos möglicher Sozialbindungen); ähnlich *Bryde* in: v. Münch, GGK, I, Art 14 Rn 94; umfassend zur Rspr des BGH *Kreft* WM, Sonderbeilage 6/1985. Zur Ertragswertmethode BGHZ 120, 38, 46ff.

[57] Gegen eine Überbewertung von BVerfGE 24, 367 *Weber* FS Michaelis, 1972, 316, 322; *Leisner* (Fn 54) 114; *Meyer* AöR 97 (1972) 12, 19f; *Rüfner* FS Scheuner, 1973, 512, 525.

[58] *Schmidt-Aßmann* FS W. Weber, 1974, 589, 597ff zur Regelung des BBauG (jetzt BauGB); krit zum BBauG *Bielenberg* DVBl 1974, 113ff. Daß der BGH sich in diesem Rahmen bemüht, die Entschädigungen nicht zu hoch werden zu lassen, zeigt zB seine Rspr zur Teilenteignung, BGHZ 61, 253; 76, 1; BGH DVBl 1978, 61 und 374; BGHZ 80, 360; s auch BGHZ 62, 305, 307ff zur Vorteilsausgleichung, die allerdings aus dem Gleichheitsgedanken beschränkt wird. Dazu auch BGH WM 1976, 588, 591; BGH NJW 1977, 1817, 1818 (beide Entscheidungen zum enteignenden Eingriff bei U-Bahnbauten) und *Küppers* DVBl 1978, 349ff. Zur Beschränkung der Entschädigung auch BGHZ 67, 200, 203ff: Der Eigentümer, der Baulandpreise als Entschädigung erhält, kann nicht noch zusätzlich Entschädigung wegen der Folgekosten für seinen landwirtschaftlichen Betrieb erhalten. Vielmehr muß hierauf die Summe, welche wegen einer über die landwirtschaftliche Nutzbarkeit hinausgehenden Qualität bewilligt wurde, angerechnet werden.

26 Für die Einzelenteignung muß es schon aus Gründen der Gleichheit bei der vollen Entschädigung bleiben, denn sie soll das besondere Opfer des Enteigneten ausgleichen. Die Einzelenteignung, zB für den Bau einer Straße oder für ein gemeinnütziges Unternehmen, trifft den Eigentümer rein zufällig und eignet sich nicht für Zwecke der Umverteilung.[59] Bei der Gruppenenteignung, uU auch bei der Sozialisierung, muß dagegen das Prinzip der vollen Entschädigung nicht das letzte Wort sein. Hier kann der Gesetzgeber aus besonderen Gründen auch eine niedrigere Entschädigung festsetzen.[60]

27 b) *Folgekosten.* Die Entschädigung beschränkt sich, wie seit langem anerkannt und auch in neueren Enteignungsgesetzen festgelegt ist (vgl §§ 93 Abs 2, 95, 96 BauGB), nicht unbedingt auf den Wert der entzogenen Substanz. Vielmehr werden in verhältnismäßig engen Grenzen auch andere Vermögensnachteile ausgeglichen, die durch die Enteignung verursacht sind.[61] Hierunter fallen etwa Umzugskosten, Kosten einer Betriebsverlegung, Einbußen durch den Verlust des bisherigen Kundenkreises,[62] anfallende Umsatzsteuern,[63] bei Teilenteignung auch Wertminderung des Restgrundstücks[64] sowie Kosten der Rechtsverteidigung.[65] Die Entschädigung muß dagegen nicht garantieren, daß der Enteignete sich real ein entsprechendes Grundstück wiederbeschaffen kann. Sie muß ihm nur das Äquivalent des Entzogenen gewähren.[66] Es bleibt ihm überlassen, wie er die Entschädigung anlegt. Daher erkennt die Rechtsprechung Wiederbeschaffungskosten grundsätzlich nicht als entschädigungspflichtige Folgekosten an.[67]

28 c) *Begrenzung der Entschädigung.* Zur Begrenzung der Entschädigung achtet der BGH darauf, daß nur „gegenwärtige konkrete Werte" in die Berechnung einbezogen werden, nicht Zukunftschancen und spekulativ überhöhte Werte. Aller-

[59] *Scheuner* (Fn 4) 132, 137; *Weber* (Fn 57) 323; *Rüfner* (Fn 57) 514f; *Schmidt-Aßmann* (Fn 58) 601f; *Kimminich* (Fn 31) Rn 448, 458f. Anders vor allem *Schulthes* Die Höhe der Enteignungsentschädigung vom Preußischen Enteignungsgesetz bis zum Bundesbaugesetz, Diss Köln 1965, 77f. – Einen anderen neuen Ansatz wählt *Opfermann* Die Enteignungsentschädigung nach dem Grundgesetz, 1974, 102ff, der grundsätzlich auf das Kriterium der eigenen Leistung des Enteigneten abstellt.

[60] Dazu im einzelnen *Rüfner* (Fn 57) 524ff. Ausf und mit Recht restriktiv gegen eine Entschädigung unter dem Marktwert *Leisner* NJW 1992, 1409ff.

[61] Dazu *Schmidt-Aßmann*, NJW 1974, 1265ff; *ders* (Fn 58) 590ff (passim, insbes S 602ff zur neueren Entwicklung des Härteausgleichs); *Ossenbühl* (Fn 8) 170ff; *Opfermann* (Fn 59) 182ff; BGH NJW 1977, 1725.

[62] BGHZ 55, 294; 95, 28, 38; *Fernau* Der Betrieb 1976, 2454ff.

[63] BGHZ 65, 253, 261ff, anders ebd, 256ff zur Einkommensteuer.

[64] BGHZ 61, 253; auch 67, 190, 197ff zum „Resthofschaden"; BGH NJW 1981, 219; BGH NJW 1981, 2116; BGH DVBl 1982, 352; BGH NJW 1982, 95; BGHZ 84, 261; BGH NJW 1982, 2183; BGH DVBl 1983, 625 und 630; BGH NJW 1986, 2424; BGHZ 98, 341, 346ff; 118, 309, 310ff; 119, 62, 64ff; 132, 63, 68ff.; BVerwG DÖV 1984, 426. Zu diesen Problemen *Köhne* FS Pikalo, 1979, 113ff; *Vahle* MDR 1981, 625ff.

[65] BGHZ 63, 81, 83 (nicht für Umlegungsverfahren!).

[66] BGH NJW 1966, 497, 498.

[67] BGHZ 41, 354, 358ff; 43, 300 mit recht enger Interpretation des § 96 Abs 1 Nr 1 BBauG (jetzt BauGB); krit zur engen Auslegung des BGH *Schmidt-Aßmann* (Fn 61) 1269f.

dings hat diese Einschränkung keine sehr große praktische Bedeutung, wenn dem Enteigneten das Äquivalent für seinen Verlust gegeben werden soll.[68] Immerhin sind künftige Gewinnchancen, die aus einem Gewerbebetrieb zu erhoffen sind,[69] ebensowenig zu berücksichtigen wie die künftige Entwicklung eines Grundstücks zum Bauland.[70] Insofern unterscheidet sich die Entschädigung vom Schadensersatz. Bereits vom sog gesunden Grundstücksverkehr honorierte Bauerwartungen erhöhen indes bei Einzelenteignungen die Entschädigung.[71]

Ist eine Entschädigung zu niedrig festgesetzt oder verspätet ausgezahlt worden, so ist darauf zu achten, daß der Betroffene insgesamt das Äquivalent für seinen Verlust erhält. In Zeiten steigender Preise sind darum frühere Teilleistungen nach den früheren Wertverhältnissen anzurechnen.[72] **29**

[68] Dazu *Rüfner* (Fn 57) 520f. Es ist nur eine Nichtberücksichtigung einzelner überhöhter Spekulationspreise, keine Abkehr vom Verkehrswertprinzip möglich.

[69] BGHZ 57, 359, 368ff. – Wegen des Ausschlusses eines branchenüblichen Zuwachses u Rn 71.

[70] BGHZ 62, 96; 64, 382, 388ff; s a BGH NJW 1967, 2306: Werterhöhungen, die durch die bevorstehende Enteignung bedingt sind, sind nicht zu berücksichtigen. Dazu gehört auch eine höhere Qualität eines Grundstücks, die dieses Grundstück durch den Bebauungsplan, der Grundlage der Enteignung (hier fur Universität) ist, erhalten hat. Dies gilt auch zugunsten des Eigentümers, BGH DVBl 1980, 677. Als Gegenbeispiel BGH NJW 1968, 892. – Durch die Ausweisung eines Grundstücks als Gemeinbedarfsfläche kann es schon lange vor der Enteignung von jeder Wertsteigerung durch Qualitätsänderung (in der Diktion des BGH: „von jeder konjunkturellen Weiterentwicklung") ausgeschlossen werden. Zu dieser Vorwirkung der Enteignung BGHZ 28, 160, 162 und BGH NJW 1966, 497 = (ausführlicher) ZMR 1966, 43; BGHZ 64, 382, 384ff; BGH DVBl 1978, 378; BGHZ 89, 338, 342ff; dazu *Kloepfer* Vorwirkung von Gesetzen, 1974, 239ff; *Kulenkamp* NJW 1974, 836ff. Der Umlegungsbeschluß hindert jedoch die Weiterentwicklung noch nicht, BGH DVBl 1982, 1086. § 95 Abs 2 Nr 3 BauGB schließt die Berücksichtigung jeder Werterhöhung aus, die eingetreten ist, nachdem dem Eigentümer ein angemessenes Kauf- oder Tauschangebot gemacht worden ist. Dazu BGH NJW 1976, 1499; BGH NJW 1977, 955 = DVBl 1976, 159 m Anm *Meilicke*; BGHZ 68, 100; auch BGHZ 83, 61, 70, wonach rein abstrakte Chancen bei der Berechnung der Entschädigung für die Untertunnelung wegen eines U-Bahnbaus außer Betracht bleiben. BGH NJW 1982, 95, 96 stellt allein auf die baurechtlich zulässige Nutzung ab.

[71] BGHZ 39, 198, 202ff; die Frage, ob die Verfassung das fordert, dürfte zu verneinen sein, *Rüfner* (Fn 57) 521ff. Die Bebauungserwartung gehört jedenfalls als solche nicht zur geschützten Rechtsposition, BGH NJW 1974, 637. Das Problem liegt zur Zeit darin, daß die Bauerwartung bei Enteignung eines Grundstücks berücksichtigt wird, aber selbst entschädigungslos entzogen werden kann, wenn das Grundstück nicht enteignet wird. Vgl BGHZ 63, 240, 246f; 66, 173, 176f. Zu dieser Frage *Krohn* FS Geiger, 1989, 426f. Die seit 1977 geltende Neufassung des § 44 BBauG (jetzt § 42 BauGB) hat den Schutz der rechtlich zulässigen, aber nicht ausgeübten Nutzungsmöglichkeiten erheblich eingeschränkt. § 95 Abs 2 Nr 7 BauGB geht vom Prinzip der Gleichbehandlung von Enteigneten und Nichtenteigneten ab, indem Enteignungsentschädigung nur noch für den rechtlich gesicherten Wert gewährt wird. Dazu *Wendt* DVBl 1978, 356ff, der die Bestimmung für verfassungswidrig hält.

[72] BGHZ 26, 373; 44, 52; 61, 240; BGH NJW 1976, 1255 und 1499; BGHZ 68, 100, 104ff; BGH NVwZ 1986, 1053. Fallen der Preise kann sich zum Nachteil des Enteigne-

30 Vielfach wird darüber geklagt, daß Enteignete sich an Entschädigungen ungerechtfertigt bereicherten. Die Belastung, insbesondere der Gemeinden, durch Enteignungsentschädigungen ist erheblich, ihre Senkung wäre im allgemeinen Interesse wünschenswert. Es handelt sich jedoch im allgemeinen kaum um ein Problem der Enteignungsentschädigung. Sie folgt nur den Bodenpreisen, und das ist, wenn die Entschädigung möglichst die Gleichheit zwischen Enteigneten und Nichtenteigneten wahren soll, kaum zu vermeiden. Der Berechnung müssen zwar nicht immer die höchsten kurzfristig gezahlten Spekulationspreise zugrunde gelegt werden. Aber mit dieser Begrenzung lassen sich allenfalls extreme Maximalforderungen abwenden. Das eigentliche Problem liegt im Bodenrecht, das ungerechtfertigte Gewinne zuläßt, die dann auch bei Enteignungen honoriert werden müssen.[73]

31 Allerdings gehen Enteignungsentschädigungen nicht selten über die schon als überhöht angesehenen Marktpreise hinaus. Der Grund liegt in einem unzweckmäßigen Enteignungsverfahren, das eine Verzögerung der Enteignung durch übermäßige Forderungen erlaubt. Da es in Zeiten steigender Baukosten für die öffentliche Hand häufig wirtschaftlicher ist, einen Überpreis für den Landerwerb zu zahlen, statt eine Verzögerung und damit zumeist erhebliche Verteuerung des Baus hinzunehmen, hat der Enteignete eine starke Stellung. § 112 Abs 2 BauGB hat deshalb nach dem Muster des früheren § 22 Abs 5 StBFG[74] eine Trennung der Enteignung vom Streit über die Höhe der Entschädigung zugelassen.

32 d) *Anspruchsgegner*. Entschädigungspflichtig ist nach positivem Recht grundsätzlich der Enteignungsbegünstigte, also uU auch ein privater Unternehmer, zu dessen Gunsten enteignet wurde. Fehlt ein Begünstigter – wie zumeist bei Eigentumsbeschränkungen im Interesse der Allgemeinheit, soweit sie überhaupt noch als Enteignungen bewertet werden können – so richtet sich der Anspruch gegen den eingreifenden Träger der öffentlichen Verwaltung.[75]

4. Enteignungsverfahren

33 Das Enteignungsverfahren ist teils bundes-, teils landesrechtlich geregelt. Der Bund hat die Kompetenz für die Enteignungsgesetzgebung nach Art 74 Nr 14 GG nur für Sachgebiete, für die er im übrigen zur Gesetzgebung zuständig ist.[76] Er hat

ten auswirken, BGH NJW 1977, 1535. Dies gilt nicht, wenn ein unbegründetes Rechtsmittel gegen die Zulässigkeit der Enteignung die Auszahlung verzögert hat, BGH NVwZ 1990, 797 mwN. Zur „Steigerungsrechtsprechung" auch BGHZ 97, 361, 371; BGH NVwZ 1992, 915, 916 (Entschädigung wegen Verkehrsimmissionen). Ausf zu diesen Problemen *Kimminich* (Fn 31) Rn 545 ff.

[73] *Rüfner* (Fn 57) 518. – Die neuere Diskussion um die Senkung der Enteignungsentschädigungen ist darum stets verbunden mit der Diskussion der Bodenreform. Dazu insbes das Buch von *Opfermann* (Fn 59), ferner *J. Bauer* Die Behandlung der sog unverdienten Wertsteigerungen bei der Enteignungsentschädigung, insbesondere in der höchstrichterlichen Rspr, 1975.

[74] Dazu *Rüfner* (Fn 57) 521 ff; *ders* JuS 1973, 593, 594 mwN.

[75] *Wolff/Bachof* (Fn 14) § 62 V d; § 44 Abs 1 BauGB; § 7 Pr EnteigG; BGHZ 72, 211, 213 f.

[76] Dazu ausf *C. Friedrich* Rechtsprobleme beim Erlaß eines Bundesenteignungsgesetzes, Diss Erlangen-Nürnberg, 1978; *Zuleeg* DVBl 1963, 322. Dazu auch BVerfGE 56, 249,

diese Kompetenz bisher nicht durchweg zu einer erschöpfenden Regelung des Enteignungsverfahrens genutzt, sondern sich häufig damit begnügt, Voraussetzungen der Enteignung sowie einzelne wichtige Punkte des Verfahrens zu regeln, und im übrigen auf die Enteignungsgesetze der Länder zu verwiesen. Das Baugesetzbuch, das Enteignungen im Rahmen der Zwecke des § 85 Abs 1 zuläßt,[77] enthält ebenso wie das Landbeschaffungsgesetz (für Zwecke der Verteidigung) und das Bundesberggesetz[78] eine vollständige Regelung, das Bundesfernstraßengesetz dagegen nur partielle Bestimmungen (§§ 19, 19a), während § 22 AEG lediglich die Zulässigkeit der Enteignung regelt.[79] Soweit das Bundesrecht keine Regelungen enthält, ist auch bei Enteignungen für den Bund oder aufgrund von Bundesrecht auf das Landesrecht zurückzugreifen.[80]

Die Entwicklung des Enteignungsverfahrens wurde maßgeblich von dem preußischen Gesetz über die Enteignung von Grundeigentum v 11.6.1874 beeinflußt,[81] das in einer durch das Gesetz über ein vereinfachtes Enteignungsverfahren v 26.7.1922 veränderten Fassung im Saarland und in Schleswig-Holstein fortgilt. Das preußische Verfahren war, insbesondere in seiner ursprünglichen Form, sehr langwierig und erlaubte es dem Grundstückseigentümer, das Verfahren durch überhöhte Entschädigungsforderungen in die Länge zu ziehen. Die neueren Enteignungsgesetze haben das Verfahren wesentlich vereinfacht. Anders als nach dem Preußischen Enteignungsgesetz werden die Entscheidung über die Enteignung und die über die Entschädigung grundsätzlich in einem Beschluß verbunden. Eine Vorabentscheidung über die Enteignung ist möglich, wenn über die Höhe der Entschädigung noch nicht abschließend entschieden werden kann.[82] Zwar ist die Übereignung überall noch von einer besonderen Ausführungsanordnung[83] abhängig, die erst nach Bestandskraft des Enteignungsbeschlusses (regelmäßig dessen **34**

wo klargestellt wird, daß nicht zugunsten jedes in einem Bebauungsplan vorgesehenen Projekts auf der Grundlage des BauGB (früher BBauG) enteignet werden darf. Überhaupt ist zwischen Planung und Enteignung zur Durchführung von Planungen zu unterscheiden, BVerwG NJW 1983, 296. Enteignungsrechtliche Fragen werden durch die Bauplanung nicht präjudiziert. Eine Enteignung ist nicht allein deshalb zulässig, weil ein Grundstück in einen Bebauungsplan für einen bestimmten Zweck vorgesehen ist, BVerfGE 74, 264, 287ff (Boxberg).

77 Dazu BVerfGE 74, 264, 287ff (Boxberg); BGH DVBl 1988, 1217.

78 Dazu *Weides/Jahnz* DVBl 1984, 921ff.

79 Zu den einschlägigen zT inzwischen überholten Vorschriften des Bundesrechts *Weyreuther* DVBl 1972, 93.

80 BGHZ 64, 361; BVerfGE 45, 297, 320 (zum Zusammenspiel von PersBefG, Bundes-und Landesenteignungsgesetz).

81 Zur grundlegenden Bedeutung der frühen Enteignungsgesetze für die Entwicklung eines rechtsstaatlichen Verwaltungsverfahrens *Frenzel* Der Staat 1979, 592ff.

82 § 28 Abs 2 LEntG BW Art 30 Abs 2 BayEG; § 30 Abs 5 HessEG; § 33 NdsEnteigG; § 35 Abs 1 RhPfEG; § 29 II EEGNW; § 112 Abs 2 BauGB. Dazu BGHZ 77, 338, 346; BGH DVBl 1983, 1147.

83 Die Ausführungsanordnung (§ 117 BauGB) entspricht dem Ausspruch der Enteignung nach preußischem Recht. Die besondere Ausführungsanordnung bezeichnet BVerfGE 45, 297, 336 als ein beherrschendes Prinzip des gemeindeutschen Enteignungsrechts.

sämtlicher Teile)[84] ergeht und den Eigentumswechsel bewirkt, jedoch ist eine vorzeitige Besitzeinweisung vorgesehen. Eine vorherige Zahlung der Entschädigung oder wenigstens eine Sicherung des Enteigneten ist vorgeschrieben.[85]

35 Die vollständige Durchführung eines Enteignungsverfahrens ist grundsätzlich unerwünscht. Die Beteiligten sollen sich vielmehr möglichst gütlich einigen. Dies kann vor dem Enteignungsverfahren durch normalen „freihändigen" Erwerb nach den Regeln des Zivilrechts geschehen. Der ernsthafte Versuch, das Grundstück zu angemessenen Bedingungen freihändig zu erwerben, gehört zu den Zulässigkeitsvoraussetzungen der Enteignung.[86] Auch während des Verfahrens können sich die Beteiligten insgesamt oder über einzelne Teilbereiche einigen. Diese Einigung ist ein öffentlich-rechtlicher Vertrag, sie ersetzt und erübrigt – soweit sie reicht[87] – den entsprechenden Verwaltungsakt. Die Enteignungsbehörde hat auf eine solche Einigung der Beteiligten hinzuwirken.[88]

36 Stellt sich später wider Erwarten heraus, daß der Enteignungszweck nicht erreichbar ist, hat der enteignete Bürger kraft Verfassungsrechts einen Anspruch auf Rückübereignung, selbst wenn dies nicht – wie in den neueren Gesetzen, vgl § 102 BauGB – ausdrücklich vorgeschrieben ist.[89]

37 Die Regelung für die Enteignungen in der DDR folgt diesen Prinzipien und bestimmt deshalb grundsätzlich, daß das Eigentum, das unter Mißachtung rechtsstaatlicher Prinzipien entzogen wurde, zurückgegeben wird. Ausgenommen sind

[84] Zum Teil sind verschiedene Rechtswege zulässig: Art 44f BayEG und §§ 50ff HessEG lassen gegen die Entscheidung betr die Enteignung den Verwaltungsrechtsweg, wegen der Entschädigung den ordentlichen Rechtsweg zu; § 217 BauGB (früher § 157 BBauG) und nach seinem Muster § 41 LEntG BW, § 43 NdsEnteigG und § 48 RhPfEG erklären für beide Teile des Enteignungsbeschlusses die Kammern für Baulandsachen bei den ordentlichen Gerichten für zuständig. Nach § 50 EEG NW sind für Entscheidungen über Entschädigungen die Kammern für Baulandsachen, im übrigen die Verwaltungsgerichte zuständig. Auch im Gebiet des Preußischen Enteignungsgesetzes ist der Rechtsweg aufgespalten.

[85] Zur Verzinsung BGHZ 88, 337.

[86] § 4 Abs 2 LEntG BW; Art 3 Abs 2 Nr 1 BayEG; § 5 Nr 2 HessEG; § 5 Nr 1 NdsEnteigG; § 4 Nr 1 RhPfEG; § 11 Abs 2c LBG; § 4 Abs 2 EEG NW; § 87 Abs 2 BauGB; zum allg Grundsatz *K. Rauscher* Enteignung und freihändiger Erwerb, 1976, insbes die Nachw auf S 33ff. *Rauscher* selbst kritisiert die hM, die sich auf Art 14 Abs 3 GG beruft. Vgl auch BGHZ 90, 243.

[87] Auch für den Bereich des BauGB (früher BBauG) ist ein Entschädigungsfeststellungsverfahren noch zulässig, wenn sich die Parteien über den Eigentumsübergang vertraglich geeinigt haben, BGHZ 95, 1, 6ff.

[88] Zur Formpflichtigkeit des Vertrages BGHZ 88, 165.

[89] BVerfGE 38, 175; dazu *Kimminich* DÖV 1975, 314ff; *v Mutius* VerwArch 66 (1975) 283ff; ausf *Wigginghaus* Die Rechtsstellung des enteigneten Grundeigentümers, 1978; zur Entschädigung bei Rückübereignung BGHZ 76, 365; zum Anspruch auf Rückübereignung bei vertraglicher Einigung zur Abwendung der Enteignung BGHZ 84, 1. Der Enteignungszweck darf im Rahmen des Rückübereignungsverfahrens nicht ausgetauscht werden, OLG Hamm NVwZ 1990, 299. § 102 BauGB gilt nicht, wenn ein Enteignungsverfahren in der DDR schon vor deren Beitritt endgültig fehlgeschlagen war, BVerfG v 30. 6. 1994 – 7 C 19/93, ihm folgend BGH NJW 1995, 1280.

die Enteignungen auf besatzungsrechtlicher bzw besatzungshoheitlicher Grundlage (1945–1949).[90] Das BVerfG hat diesen Ausschluß der Rückgabe nicht beanstandet.[91] Eine abschließende Regelung dieser und anderer Fragen, die aus der Enteignungspraxis der DDR entstanden sind, versucht das Entschädigungs- und Ausgleichsleistungsgesetz v 27. 9. 1994.[92]

III. Die ausgleichspflichtige Inhaltsbestimmung

1. Grundsätzliches

Nach der Rechtsprechung des RG und der früheren Rechtsprechung des BGH schlossen Inhaltsbestimmung des Eigentums (Art 14 Abs 1 S 2 GG) und Enteignung lückenlos aneinander: Entweder war ein ansonsten rechtmäßiger Eingriff in das Eigentum eine entschädigungslos hinzunehmende Inhaltsbestimmung oder eine Enteignung. Diese Auffassung machte die Abgrenzung der Enteignung zur Hauptfrage des Eigentumsschutzes. Da die Abgrenzung von Wertungen abhing, waren in den Grenzfällen vorhersehbare klare Ergebnisse nicht zu erwarten. Ob eine Maßnahme des Natur- oder Denkmalschutzes entschädigungslos hinzunehmen oder nur unter Zubilligung eines finanziellen Ausgleichs zumutbar ist, hängt von den Umständen des Einzelfalles ab, die sich nicht in einem Gesetz vorab hinreichend bestimmt festlegen lassen. Der Gesetzgeber half sich mit sog salvatorischen Klauseln,[93] welche der Junktimklausel genügen sollten, sie aber ad absurdum führten. **38**

Die neuere Dogmatik der Eigentumsgarantie vermeidet das frühere „entweder – oder". Sie verengt die Enteignung auf die zielgerichtete Entziehung des Eigentums.[94] Für die mannigfachen Beschränkungen, die durch Gesetze oder aufgrund von Gesetzen verfügt werden müssen, um das Eigentum sozialverträglich zu halten, erweitert sie die Inhaltsbestimmung, die jetzt auch Maßnahmen umfassen **39**

[90] Einigungsvertrag Art 41 nebst Anl III und Ges zur Regelung offener Vermögensfragen in Anl II, Kap III, Sachgebiet B, Abschn I Nr 5, seither mehrfach geändert. Die Fälle der Mauergrundstücke sind noch ungelöst. In diesem Bereich könnte wie in einigen andern (zB bei Vorratsenteignungen für den Bergbau, die sich heute als sinnlos erweisen) das Prinzip der Rückübereignung angewendet werden. Dazu *Drobnig* DtZ 1994, 228 ff.

[91] BVerfGE 84, 90, 117 ff; bestätigt in BVerfGE 94, 12, 33 ff; dazu und zu der umfangreichen Lit zu diesen Fragen *Sendler* DÖV 1994, 401 ff mwN; BVerwG NJW 1994, 2777.

[92] Dazu und zur einschlägigen Rspr *Zimmermann* DtZ 1994, 359 ff; *Schmidt-Preuß* NJW 1994, 2777; *Graf Vitzthum* DZWiR 1994, 1 ff; *Meixner* DÖV 1997, 184 ff mwN.

[93] Dazu o Rn 23.

[94] BVerfGE 58, 300, 330 ff; BVerfGE 83, 201, 211. Der BGH und das BVerwG haben sich dieser Auffassung angeschlossen, zB BGHZ 121, 73, 78; 121, 328, 331 ff; 123, 242, 244; BVerwGE 94, 1, 5 f = DVBl 1993, 1141 mit Anm *Götz,* S 1356 f; *Lege* JZ 1994, 431 ff bemerkt mit Recht, daß das BVerwG insoweit konsequenter ist als der BGH und kritisiert (432 f) die Vorbehalte in BGHZ 121, 328, 337, 339 bezüglich der schlechthin unzulässigen Inhaltsbestimmung. Die unterschiedliche Akzentuierung wird auch bei *Krohn* ZfBR 1994, 5 ff sehr deutlich.

kann, welche dem Bürger ohne Entschädigung nicht zuzumuten sind. Die Entschädigung wird, wenn in eine als Eigentum geschützte Rechtsposition eingegriffen wird,[95] in diesen Fällen zur Voraussetzung für die Rechtmäßigkeit der Inhaltsbestimmung.

2. Die Abgrenzung von entschädigungspflichtiger und entschädigungslos zulässiger Inhaltsbestimmung

40 Die Abgrenzung von entschädigungspflichtiger und entschädigungslos zulässiger Inhaltsbestimmung muß, wenn die Wertungen im übrigen unverändert bleiben, an der Linie der bisherigen Abgrenzung von Inhaltsbestimmung und Enteignung verlaufen.[96] Daraus folgt, daß die bisherigen Abgrenzungen von entschädigungslos zulässiger Inhaltsbestimmung und Enteignung, die sog Enteignungstheorien, nicht völlig überholt sind.[97] Das Bundesverfassungsgericht sagt selbst, daß eine Inhaltsbestimmung sich für den Betroffenen wie eine Enteignung auswirken könne.[98]

41 Allerdings gibt es Unterschiede: Bisher prüften die ordentlichen Gerichte auf Entschädigungsklagen der Bürger, ob eine Enteignung vorlag. Bejahten sie diese Frage, so sprachen sie aufgrund einer Entschädigungsvorschrift oder auch ohne eine solche aufgrund von Art 14 Abs 3 GG Entschädigung zu, wobei oft ungeklärt blieb, ob der Eingriff rechtmäßig (dann sog enteignender Eingriff) oder rechtswidrig (dann enteignungsgleicher Eingriff) war. Nach der neuen Auffassung kann Entschädigung grundsätzlich nur noch aufgrund eines Gesetzes zugesprochen werden. Gibt es keine Entschädigungsvorschrift, ist die Inhaltsbestimmung, welche das entschädigungslos hinzunehmende Maß übersteigt, zwar rechts- und verfassungswidrig[99] und auf Klage bzw Verfassungsbeschwerde aufzuheben.[100] Es steht den ordentlichen Gerichten aber grundsätzlich nicht zu, Entschädigung zu gewähren.[101] Selbst wenn das BVerfG ein Gesetz wegen Fehlens einer Entschädigungsvorschrift

[95] Dazu aus der früheren Rspr zum enteignungsgleichen Eingriff u Rn 64f.

[96] *Kimminich* (Fn 31) Rn 185ff; *Schmidt-Aßmann* in: Richterliche Rechtsfortbildung, 1986, 120; *ders* JuS 1986, 836f; *ders* DVBl 1987, 218; auch *Schwabe* JZ 1983, 274f; *Papier* Eigentumsgarantie des Grundgesetzes im Wandel, 1984, 341f; *Dörr* NJW 1988, 1049, 1050 spricht von den materiellen Grenzen der Inhalts- und Schrankenbestimmungen; *Pietzcker* NVwZ 1991, 419ff zum Naturschutz-, Wald- und Wasserrecht. *Lege* (Fn 94) 433ff. Dazu BGHZ 121, 328, 336ff; 123, 242, 252; BGHZ 126, 379, 382ff, dazu *Schlette* JuS 1996, 204ff; BGH NVwZ 1996, 930, 932; BGHZ 133, 271, 276; grundsätzlich abw *Osterloh* (Fn 30) 910ff, die zumindest de lege ferenda eine stärkere Festlegung auch der Entschädigungen durch den Gesetzgeber fordert, allerdings auf der Basis der noch vorhandenen salvatorischen Klauseln kaum zu abw Ergebnissen kommen dürfte.

[97] Anders *Ipsen* DVBl 1983, 1030; *Heinz/Schmitt* NVwZ 1992, 513, 516ff.

[98] BVerfGE 83, 201, 213.

[99] BGHZ 99, 24, 28; 100, 136, 144.

[100] Als Beispiele BVerfGE 71, 230, 246ff (Begrenzung der Mietbindung im Ergebnis zulässig); BVerfG NJW 1987, 313 (übermäßige Beschränkung durch richterliche Auslegung des Gesetzes beanstandet und aufgehoben).

[101] BGHZ 102, 350, 359f; *Lege* NJW 1990, 870.

für nichtig erklärt hat, kommt die Bewilligung einer Entschädigung – jedenfalls nach der neueren Rechtsprechung des BGH[102] – nicht in Frage. Der Gesetzgeber ist nicht zum Ausgleich in Geld verpflichtet. Er kann auf das verfassungswidrige Gesetz endgültig verzichten oder andere Ausgleichs- oder Übergangsregelungen treffen.[103] Der Bürger muß sich gegen den Eingriff – regelmäßig durch Klage vor dem Verwaltungsgericht, notfalls durch Verfassungsbeschwerde – wehren. Hierfür bleiben die früheren Abgrenzungen wichtig und die bisherige Rechtsprechung mutatis mutandis verwertbar.

Ausgangspunkt der Diskussion über die Abgrenzung der Enteignung und In- **42** haltsbestimmung waren die sog Einzelaktstheorie des RG[104] und die Schutzwürdigkeitstheorie von W. Jellinek.[105] In der Nachkriegszeit neigte der BGH mehr der Einzelaktstheorie, das BVerwG mehr einer fortentwickelten Schutzwürdigkeitstheorie zu.[106] Es ist jedoch seit langer Zeit nicht mehr berechtigt, von einem grundsätzlichen Gegensatz der beiden obersten Bundesgerichte zu sprechen.[107] Der BGH stellte von vornherein nicht allein formal auf den Einzeleingriff ab, sondern auf das Sonderopfer, den Gleichheitsverstoß, der die Enteignung kennzeichne. Damit ist eine wertende Betrachtung, was gleich und was ungleich sei, nicht ausgeschlossen.[108] Andererseits kann das einen einzelnen treffende Sonderopfer selbst dann unzumutbar sein, wenn eine gleichartige allgemeine Belastung als Sozialbindung entschädigungslos hinzunehmen wäre. Insoweit hat der Gedanke des Sonderopfers nach wie vor eine gewisse Berechtigung.[109] Er ist wie viele Topoi aus den Enteignungstheorien ein Kriterium zur Bestimmung der Zumutbarkeit.[110] Das Problem ist jedoch nicht mit einem einzigen Abgrenzungskriterium zu lösen.[111] Schwierigkeiten ergeben sich immer wieder bei Maßnahmen, die Gruppen betreffen, denn der Gleichheitsverstoß und damit das Sonderopfer hängen dann davon

102 Dazu u Rn 62f.

103 Dazu *Muckel* Kriterien des verfassungsrechtlichen Vertrauensschutzes bei Gesetzesänderungen, 1989, 119ff.

104 RGZ 129, 146, 149.

105 *W. Jellinek* VwR, 412ff.

106 Zum Ausgangspunkt in der Nachkriegszeit BGHZ 6, 270, 280; BVerwGE 5, 143, 145.

107 *Kreft* (Fn 13) 18, der mit Recht feststellt, daß ein grundlegender Unterschied unter den höchsten Gerichten (neben BGH und BVerwG auch BSG und BVerfG) nicht mehr besteht; *ders* Ehrengabe Heusinger, 1968, 167ff. Ähnlich, aber diff *Bender* NJW 1965, 1297ff; *Krumbiegel* Der Sonderopferbegriff in der Rechtsprechung des Bundesgerichtshofes, 1975, 102ff; *H. Schulte* Zur Dogmatik des Art 14 GG, 1979, 11f; *Aicher* Grundfragen der Staatshaftung bei rechtmäßigen hoheitlichen Eigentumsbeeinträchtigungen, 1978, 174ff; *Weyreuther* (Fn 21) 14f. – Krit zur Rspr *Schneider* DÖV 1965, 292ff.

108 BGHZ 60, 126, 132 stellt ausdrücklich auf die Schwere des Eingriffs ab, um die Sozialbindung einzugrenzen. In diesem Sinn auch schon BGHZ 8, 273, 275f, wo allerdings noch von Aufopferung gesprochen wird. Zu diesem Problemkreis *Leisner* (Fn 54) 132ff. Zum materiellen Sonderopferbegriff des BGH *Krumbiegel* (Fn 107) 77ff.

109 Eine selbständige Bedeutung als alleiniges Kriterium kann das Sonderopfer nicht mehr haben. Vgl *Schmitt-Kammler* NJW 1990, 2518, der das Kriterium allerdings noch weiter zurückdrängt.

110 *Lege* (Fn 101) 869.

111 *Papier* (Fn 44) Rn 310.

ab, welche Vergleichsgruppen herangezogen werden.[112] Da nicht jede Ungleichbehandlung noch so geringfügigen Umfangs als entschädigungspflichtig betrachtet werden kann, muß ein Gleichheitsverstoß von einiger Erheblichkeit gefordert werden; die von der Eigentumsgarantie vorausgesetzte Opfergrenze muß überschritten sein.[113] Es muß also eine materielle Bewertung einsetzen, so daß trotz einer formellen Ungleichbehandlung im Grenzfall eine Entschädigungspflicht zu verneinen sein kann. Keinesfalls darf die Sozialbindung des Eigentums – und wäre sie auch allgemein und gleichmäßig – so weit gehen, daß ein Gegenstand für den Eigentümer keinen Nutzen mehr hat, also seine Privatnützigkeit verliert. Diese äußerste Schranke der Eigentumsbindung herausgearbeitet zu haben, ist das Verdienst der sog Privatnützigkeitstheorie von *Reinhardt*.[114] Letztlich entscheidend ist der Gedanke der Zumutbarkeit[115] und damit die Verhältnismaßigkeit.[116] Die Kriterien, welche die einzelnen Theorien herausgearbeitet haben, sind Hilfen zur Konkretisierung dessen, was dem Bürger ohne Entschädigung zugemutet werden kann.

43 Die Zumutbarkeit darf, soll das Eigentum eine objektive und im Verkehr berechenbare Größe bleiben, nicht individuell nach der Lage des Einzelfalls ermittelt werden. Dies wäre mit der Funktion der Enteignungsentschädigung als Wertgarantie[117] nicht vereinbar. Für welche Eigentumskategorien welche Belastungen entschädigungslos zumutbar sind, mag verschieden sein.[118] Insoweit ist es richtig, daß es keine allgemeinverbindliche Formel für die Abgrenzung geben kann.[119] Eine individuelle Interessenabwägung nach der Betroffenheit des einzelnen Bürgers hat nur Berechtigung für die Frage, ob eine einzelne Enteignungsmaßnahme (zB der Entzug eines bestimmten Grundstücks) zulässig ist. Sie ist unerheblich für die Beurteilung, ob eine Maßnahme als entschädigungspflichtig anzusehen ist. Hierfür kann es nur auf die objektiven Gegebenheiten ankommen, und insoweit ist es richtig, daß der BGH zur Bestimmung der Sozialpflichtigkeit auf die Situationsgebundenheit des Grundstücks, nicht auf die Situation des Eigentümers abstellt.[120] Dies bedeutet zB, daß es für die Abgrenzung der entschädigungslos zulässigen Beschränkung von Bedeutung sein kann, wie ein Grundstück nach den baurechtlichen Vorschriften nutzbar ist. Es ist aber unerheblich, ob ein Eigentümer es selbst bewohnt oder vermietet hat. Wenn die Rechtsprechung auf den Bestands-

112 Dazu *Krumbiegel* (Fn 107) 37 ff.

113 BGHZ 57, 359, 366; BGH NJW 1976, 1840, 1841; BGH NJW 1979, 2303; *Krumbiegel* (Fn 107) 76.

114 *Reinhardt* in: Reinhardt/Scheuner (Fn 4) 10 ff; idS auch *Leisner* (Fn 54) 201 ff, wenn auch mit Kritik an der Privatnützigkeitstheorie im einzelnen (171 ff). Dazu BVerfGE 37, 132, 140; 49, 244; 53, 332; 50, 290, 339; 52, 1 = DÖV 1980, 92, 93 mit Anm *Bäumler* 339; BVerfGE 91, 294, 308; VGH Mannheim DVBl 1988, 1219, 1222 f.

115 Zu den Theorien ausf m umfassenden Nachw *Kimminich* (Fn 31) Rn 190 ff; *Steinberg/Lubberger* Aufopferung – Enteignung und Staatshaftung, 1991, 31 ff; aus der neueren Rspr BVerfGE 71, 230.

116 *Dörr* NJW 1988, 1051.

117 BVerfGE 58, 300, 323; VGH Mannheim DVBl 1988, 1219, 1223.

118 BVerfGE 50, 290, 340 ff; *v Brünneck* (Fn 27) 389.

119 *v Brünneck* (Fn 27) 405.

120 Gegen den BGH *v Brünneck* (Fn 27) 407.

schutz, dh den Schutz der bisher rechtmäßigen ausgeübten Nutzung, abstellt,[121] so berücksichtigt sie nicht die persönliche Lage des Eigentümers, sondern die objektivierbare Verwendung des Grundstücks.[122]

Insbesondere zur Abgrenzung zwischen entschädigungslos zulässigen und „enteignenden“ Eingriffen in Grundstücke hat der BGH die Lehre von der Sozialpflichtigkeit, die sich zur Pflicht verdichten kann, entwickelt. Eigentum, insbesondere Grundeigentum, unterliegt kraft der Sozialbindung potentiellen Schranken, die durch Gesetz oder auf Grund eines Gesetzes rechtlich verbindlich festgelegt werden können, ohne daß eine Entschädigungspflicht eintritt. Dabei wird die Frage des Schutzbereichs des Eigentums mit dem Problem des Eingriffs und des unzumutbaren Sonderopfers oft in kaum trennbarer Weise vermengt.[123] Die Beschränkungen können sich allgemein aus der Sozialpflichtigkeit des Eigentums ergeben[124] oder auch durch die besondere Situation eines Grundstücks bedingt sein.[125] **44**

Mit Rücksicht auf die Sozialpflichtigkeit hat der Eigentümer zB eine befristete und für die Planung notwendige Bausperre zu dulden. Eine solche Duldungspflicht besteht grundsätzlich allgemein, ihre Zeitdauer kann jedoch je nach der Situation des Grundstücks und dem deshalb erforderlichen Zeitraum für eine vernünftige Planung länger oder kürzer sein.[126] Ebenfalls mit der Sozialpflichtigkeit des Eigentums rechtfertigt der BGH Belastungen, welche durch Anschluß- und Benutzungszwang auferlegt werden.[127] Die Mietpreisbindung kann eine zulässige Eigentumsbeschränkung sein.[128] **45**

[121] BGHZ 123, 242, 244, 248; BVerwGE 88, 191, 203 f; BVerwGE 92, 359, 365 f.

[122] Mit Recht warnt aber *Leisner* BB 1992, 73 ff davor, nur noch die ausgeübte Nutzung für geschützt zu halten.

[123] *Badura* (Fn 22) 169; *Schulte* (Fn 107) 22 ff; *Aicher* (Fn 107) 371. Ausgangspunkt war BGHZ 23, 20. Dazu ferner *Kimminich* (Fn 31) Rn 104 ff m ausf Nachw. *Krumbiegel* (Fn 107) 87 ff, insbes 108 ff, wo herausgearbeitet wird, daß der Gedanke der Sozialpflichtigkeit eine allg Leitlinie in der Rspr des BGH ist. Dazu auch BVerfGE 50, 290, 340 ff, wo das BVerfG je nach der Funktion des Eigentums diff und im übrigen den Grundsatz der Verhältnismäßigkeit hervorhebt.

[124] BVerwG NJW 1983, 2893 zur Zweckentfremdung von Wohnraum.

[125] Zur Situationsgebundenheit BGHZ 123, 242, 252 ff.

[126] Dazu das sog Freiburger Bausperrenurteil BGHZ 30, 338, dazu *Ossenbühl* (Fn 8) 156 ff; zur faktischen Bausperre BGHZ 58, 124, 127 ff; BGH DVBl 1973, 142, dazu *Schrödter/Schmaltz* DVBl 1973, 143 ff; BGHZ 73, 161, 166 ff; BGHZ 78, 152 – Im übrigen zur Bausperre §§ 14 ff BauGB. Für Sanierungen sieht das BauGB keine Fristen vor, dazu BVerwG NJW 1996, 2807. Die Rspr zur Entschädigung von Straßenanliegern bei Bauarbeiten beruht auf ähnlichen Grundsätzen, dazu u Rn 76 ff.

[127] BGHZ 40, 355 (Einführung der Müllabfuhr, Klage des bisherigen privaten Unternehmers abgewiesen); ähnlich BVerwGE 62, 224 (wo allerdings eine gewisse Rücksicht auf die bisherigen Abfuhrunternehmer verlangt wird, wenn die Abfuhr weiterhin gem § 3 Abs 2 S 2 AbfG Privaten übertragen werden soll); BGHZ 54, 293 (Einführung kommunaler Abwasserbeseitigung, Klage eines betroffenen Eigentümers abgewiesen); diff BGHZ 77, 179, 183 ff. Zu diesem Problemkreis *Steinke* DVBl. 1976, 662 ff; krit *Ossenbühl* (Fn 8) 158 ff; *Wolny* GewArch 1978, 8 ff; *B. Börner* Einführung eines Anschluß- und Benutzungszwanges für Fernwärme durch kommunale Satzung, 1978, 26 ff.

[128] BVerfGE 91, 294, 310 mwN.

46 Die Sozialpflichtigkeit läßt mit Rücksicht auf die Situationsgebundenheit eines Grundstücks auch Belastungen zu, die den Eigentümer ungleich gegenüber anderen treffen.[129] Dies ist insbesondere für den Natur-[130] und Denkmalschutz[131] wichtig.[132] Der BGH ist der Ansicht, die einschlägigen Beschränkungen konkretisierten nur die Sozialpflichtigkeit des Eigentums. Dahinter steht der Gedanke, daß ein Eigentümer, der sich dieser Sozialpflichtigkeit bewußt ist, ohnehin den nunmehr ausdrücklich verbotenen Gebrauch von seinem Grundstück nicht machen würde.[133]

47 Nicht immer unter dem Stichwort der Sozialpflichtigkeit wird die Polizeipflichtigkeit diskutiert. In der Sache ist jedoch grundsätzlich nicht umstritten, daß der Eigentümer für den polizeimäßigen Zustand seiner Sache einzustehen hat. Der Störer darf entschädigungslos in die Schranken des Polizeirechts verwiesen werden, wie überhaupt ein rechtswidriger Zustand oder ein rechtswidriger Gebrauch des Eigentums keine rechtlich geschützten Positionen begründen kann.[134]

[129] So ausdrücklich BGHZ 60, 126, 131f; dazu *Kreft* Ehrengabe Heusinger, 1968, 167, 178; *Krumbiegel* (Fn 107) 84f.

[130] BGH LM Art 14 GG Nr 60; BGHZ 77, 351; BGHZ 90, 40; BGHZ 123, 242, 251ff; VGH Mannheim NJW 1984, 1700; BVerfG NVwZ 1997, 159; BVerwG NVwZ-RR 1996, 500 zur Begründung eines Vorkaufsrechts; BVerwG NJW 1996, 409.

[131] *Leibholz/Lincke* DVBl 1975, 933ff; *Moench* NJW 1980, 1545ff; *Bader* NWVBl 1991, 224ff; BGH LM Art 14 GG Nr 70; BGH DVBl 1977, 34; BGHZ 72, 211, 216ff; BVerwG DÖV 1980, 521; BVerwG DVBl 1981, 97; BGHZ 99, 24, 31ff; BGHZ 105, 15, 17ff, insbes zur Opferschwelle.

[132] Zum Natur- und Denkmalschutz ferner *Weyreuther* Die Situationsgebundenheit des Grundeigentums, 1983; *Parodi* Eigentumsbindung und Enteignung im Natur- und Denkmalschutz, 1984; *Körner* Denkmalschutz und Eigentum, 1992, der S 96ff den Begriff der Situationsgebundenheit krit betrachtet.

[133] BGHZ 72, 211, 218; dazu *Krumbiegel* (Fn 107) 42f; *Schulte* (Fn 107) 13; krit *Aicher* (Fn 107) 179ff. – Zu den Grenzen der Sozialpflichtigkeit BGHZ 60, 126, 134ff = DVBl 1973, 627 m Anm *Schmidt-Aßmann*. Die Verfassungsbeschwerde gegen diese Entscheidung wurde in BVerfGE 45, 63 als unzulässig verworfen. Dazu *Starck* JuS 1977, 732ff; *Rogazinski* JuS 1978, 385ff; *Kimminich* FS Pikalo, 1979, 87ff; neuerdings anders als BGHZ 60, 126: BGHZ 84, 223, eine Entscheidung, die durch BVerfGE 58, 300 vorgezeichnet war. Dazu ergänzend BGH NVwZ 1982, 644 zur Bewertung von Grundstücken mit Kiesvorkommen. Zur Abgrenzung der Sozialpflichtigkeit ferner BVerwGE 49, 365, 371f; BGHZ 72, 211, 219ff; BGH NJW 1977, 945; BGH GewArch 1978, 327; BGHZ 77, 351; 80, 111.

[134] *Ossenbühl* (Fn 8) 160ff; *Bender* StHR, 2. Aufl, Rn 35ff; *Krumbiegel* (Fn 107) 107; *A. Erler* Maßnahmen der Gefahrenabwehr und verfassungsrechtliche Eigentumsgarantie, 1977; *Papier* (Fn 44) Rn 439ff; BGHZ 43, 196, 203; BVerfGE 20, 351, 358ff; Grenzen dieses Prinzips bei allg Katastrophen (radioaktive Verseuchung) zeigt *Günther* Agrarrecht 1986, 189ff; der Grundsatz, daß dem Störer keine Entschädigung gebühre, ist allerdings in wichtigen Fällen von Sondergesetzen durchbrochen, dazu BGHZ 55, 366 und 60, 126, 140. – Einzelfragen sind bestritten, insbes ist es fraglich, ob der berühmte Schweinemästerfall richtig entschieden ist, OVG Münster E 11, 250; BGHZ 45, 23; dazu *Ossenbühl* (Fn 8) 161f mwN; *Schenke* JuS 1977, 789ff. Einschränkend zur Störerhaftung, insbes zur Inanspruchnahme bei Ersatzvornahme und zur Entschädigung *Hoeft* Die Entschädigungsansprüche des Störers im allgemeinen Polizei- und Ordnungsrecht, Diss Hamburg 1994.

3. Entschädigung

Grundlage des Entschädigungsanspruchs ist das Gesetz, welches die Entschädigung vorsieht. Ihre Höhe ist regelmäßig in allgemeinen Formulierungen vorgezeichnet. Es wird zB der Ausgleich eines Wertunterschieds (§ 42 Abs 2 BauGB) oder eine angemessene Entschädigung in Geld (§ 74 Abs 2 S 3 VwVfG; § 42 Abs 2 BImSchG; § 9 Abs 9 FStrG) vorgeschrieben. Die Auslegung dieser Bestimmungen muß sich an dem (verfassungsrechtlich vorgeprägten) Zweck der Gesetze orientieren, einen Ausgleich für die verfügten Nachteile zu gewähren. Regelmäßig sind diese Nachteile voll auszugleichen. Für die Einzelheiten kann auf die Grundsätze zur Bemessung der Enteignungsentschädigung zurückgegriffen werden.[135] **48**

Entschädigungspflichtig ist, soweit keine gesetzliche Regelung besteht, grundsätzlich der Begünstigte. Fehlt ein Begünstigter, so richtet sich der Anspruch gegen den eingreifenden Träger der öffentlichen Verwaltung.[136]

4. Rechtsweg

Während für die Enteignungsentschädigung nach Art 14 Abs 3 S 4 GG der ordentliche Rechtsweg gegeben ist, sind die Rechtswegfragen für die Entschädigung wegen entschädigungspflichtiger Inhaltsbestimmung kompliziert und noch nicht voll geklärt. Es handelt sich nicht um Enteignungsentschädigungen, die zwingende Zuweisung an die ordentlichen Gerichte gilt also nicht. Zu beachten sind Vorschriften, welche die Feststellung der Entschädigung nach Grund und Höhe den Verwaltungsbehörden und Verwaltungsgerichten übertragen (insbesondere § 74 Abs 2 S 3 VwVfG).[137] Bei Fehlen ausdrücklicher gesetzlicher Bestimmungen neigt das BVerwG grundsätzlich der Zulässigkeit des Verwaltungsrechtswegs,[138] der BGH der Zulässigkeit des ordentlichen Rechtswegs zu. Die Frage ist noch nicht voll geklärt, zumal der BGH auch noch mit der Figur des enteignenden Eingriffs arbeitet.[139] Die Ansprüche sind öffentlich-rechtlicher Natur, so daß § 40 Abs 1 VwGO, aber möglicherweise auch § 40 Abs 2 VwGO heranzuziehen ist. Die Bestimmung des Eigentumsinhalts ist indes nicht als Aufopferung zu begreifen. Es geht nicht darum, daß einzelne Rechte zugunsten des allgemeinen Wohls zurücktreten müssen, sondern um allgemeine Regelungen. Grundsätzlich ist daher dem BVerwG im theoretischen Ansatz zu folgen.[140] **49**

135 *Maurer* (Fn 9) § 26 Rn 86; dazu BVerwG NJW 1997, 142, wo dargelegt wird, daß nicht jede Wertminderung eines durch Straßenbau beeinträchtigten Grundstücks im Außenbereich auszugleichen ist.

136 *Wolff/Bachof* (Fn 14) § 62 V d; § 44 Abs 1 BauGB; § 7 PrEnteigG; BGHZ 72, 211, 213f; BGHZ 134, 316, 321f.

137 *Hermes* NVwZ 1990, 733, 734.

138 BVerwGE 94, 1, 2ff.

139 BGHZ 91, 20, 28; 97, 114, 117; auch 97, 361, 362f; BGHZ 117, 240, 251; BGHZ 128, 204, 205ff. Dem BGH folgend *Schenke* NJW 1995, 3145ff mit berechtigten Bedenken wegen der sonst drohenden Aufspaltung des Rechtswegs (3152).

140 *Maurer* (Fn 9) § 26 Rn 115; *Schoch* JZ 1995, 768ff; *Lege* NJW 1995, 3145. BVerwGE 94, 1, 6f; dazu krit *Krohn* (Fn 94) 5, 7.

5. Salvatorische Klauseln

50 Die praktischen Auswirkungen der neuen Eigentumsdogmatik scheinen nicht sehr erheblich zu sein. Während bisher das zumutbare Maß übersteigende Inhaltsbestimmungen als Enteignungen qualifiziert wurden, sind sie jetzt ausgleichspflichtige Inhaltsbestimmungen. Entschädigungen werden materiell geschuldet und sind entsprechend den gesetzlichen Bestimmungen zu zahlen.

51 Der entscheidende Unterschied liegt in der Zulässigkeit salvatorischer Klauseln.[141] Da die Junktimklausel nur für die Enteignung im engeren Sinn gilt, sind Bedenken, welche sich gegen salvatorische Entschädigungsregelungen erheben lassen, für die entschädigungspflichtige Inhaltsbestimmung hinfällig.[142] In vielen Gesetzen finden sich derartige Klauseln, die teils auf Enteignung bzw enteignende Wirkung abstellen, teils auch ohne diesen Rekurs auf den Eigentumsschutz Entschädigung gewähren. Zu nennen sind neben den Gesetzen über Natur- und Denkmalschutz[143] etwa § 8 a Abs 4, 5, 7, § 9 Abs 9, § 9 a Abs 2, § 11 Abs 5, § 19 a BFStrG und die entsprechenden Bestimmungen der Länder sowie § 74 Abs 2 S 3 VwVfG (sowohl des Bundes wie der Länder). Ferner sind wichtige Entschädigungsvorschriften des BauGB, insbesondere § 42 Abs 2 hier einzuordnen. Voll befriedigend sind die Regelungen freilich nicht immer. Es reicht nicht unbedingt aus, wenn eine Entschädigung nur für passive Schutzvorrichtungen (insbes für Schallschutz) vorgesehen wird (zB in § 42 BImSchG). Sie mögen Vorrang vor reiner Geldentschädigung haben, rechtfertigen aber nicht Beeinträchtigungen des Eigentums, welche durch passive Schutzmaßnahmen nicht behoben werden können. § 42 Abs 2 S 2 BImSchG läßt zwar Vorschriften über weitergehende Entschädigungen unberührt, kann aber damit nicht auf den enteignenden Eingriff verweisen,[144] der gerade nicht die vom BVerfG geforderte gesetzliche Grundlage für einen Entschädigungsanspruch bietet. Möglich ist allenfalls eine analoge Anwendung des § 906 Abs 2 S 2 BGB im öffentlichen Recht, wenn öffentlich-rechtlich handelnde Unternehmungen Immissionen verursachen.[145] Der BGH hat letzteres allerdings bisher abgelehnt und auf § 906 BGB nur zur Bestimmung der entschädigungslos hinzunehmenden Immissionen abgestellt. Im übrigen verweist er nach wie vor auf den enteignenden Eingriff.[146]

[141] Dazu o Rn 23.

[142] BGHZ 99, 24, 28 mwN; 105, 15, 16f; 121, 73, 78; 123, 242, 244; 126, 379, 380ff; BGH NVwZ 1996, 930; BGHZ 133, 271, 273f; einen Vorbehalt für existenzbedrohende Eingriffe macht BGHZ 133, 265, 267. Zu diesem Problem *Rüfner* FS Boujong, 1996, 643ff.

[143] Dazu *Kröner* FS Geiger, 1989, 445, 448ff.

[144] Anders *Ossenbühl* (Fn 8) 238.

[145] IdS *Ehlers* (Fn 40) 247; *Maurer* (Fn 9) § 26 Rn 82. BVerwGE 79, 254, 262f; BVerwG NJW 1989, 1291, jedoch jeweils beschränkt auf Geldentschädigung zur Herstellung von passivem Immissionsschutz, dh von Schallschutzvorrichtungen; darüber hinausgehend BVerwGE 80, 184, 190f, wo das BVerwG auf einen allgemeinen Rechtssatz verweist, wonach im öffentlich-rechtlichen Nachbarschaftsverhältnis für einen Ausgleich zu sorgen ist.

[146] BGHZ 91, 20, 28; 97, 114, 117; auch 97, 361, 362f; krit zur Terminologie des BGH *Hartung* Entschädigung für Straßenverkehrsimmissionen in der Rechtsprechung des

Die salvatorischen Klauseln sind nur für die entschädigungspflichtige Eigentumsbestimmung wichtig, weil der Gesetzgeber bei der Enteignung im engeren Sinne, dh beim gezielten Eingriff zur Entziehung subjektiver Rechte, die enteignende Wirkung in aller Regel vorhersehen kann.[147] Die Klauseln der Gesetze, die (wie die Denkmalschutzgesetze) mit der bisherigen Diktion des BGH Entschädigungen für den Fall einer „enteignenden Wirkung" vorsehen, sind verfassungskonform als Entschädigungsregelungen für sonst unzumutbare Bestimmungen von Inhalt und Schranken des Eigentums zu deuten.[148] **52**

Eine Entschädigung wegen eines rechtswidrigen „enteignungsgleichen" Eingriffs kann auf dieser Grundlage nicht gefordert werden.[149] Hat der Betroffene jedoch zB die Verfügung, welche sein Eigentum unter Denkmalschutz stellt, mit Erfolg angefochten, kann er für die bis zur Aufhebung durch das Verwaltungsgericht eingetretenen Schäden Entschädigung aus enteignungsgleichem Eingriff verlangen. Es bleibt ihm aber unbenommen, die Verfügung hinzunehmen und Entschädigung nach den Bestimmungen des Denkmalschutzrechts zu verlangen, wenn deren Voraussetzungen vorliegen. Insoweit hat er ein Wahlrecht und muß sich nicht auf den Primärrechtsschutz verweisen lassen.[150] Dies führt nicht zu einer Wahlfeststellung des Gerichts zwischen Entschädigung wegen enteignenden und enteignungsgleichen Eingriffs,[151] sondern nur zur Behandlung der nicht angefochtenen und im Zweifel bestandskräftigen Verfügung als rechtmäßig. Der beklagte Hoheitsträger kann nicht im Entschädigungsprozeß geltend machen, die Verfügung sei rechtswidrig, deshalb werde keine Entschädigung geschuldet.[152] Er kann allenfalls unter Beachtung des VwVfG die Verfügung aufheben. Dem Bürger ist das Risiko eines Prozesses um die Rechtmäßigkeit der Verfügung nicht zuzumuten, wenn er sich mit der gesetzlich vorgesehenen Entschädigung für rechtmäßige Verfügungen begnügen will.[153] **53**

Diese Neuorientierung hat ihren Preis: Die Kritiker der salvatorischen Klauseln hatten mit Recht darauf hingewiesen, daß die Schutzfunktion der Junktimklausel gerade darin bestehe, den Gesetzgeber zu einer klaren Entscheidung zu zwingen **54**

Bundesgerichtshofs, 1987, 160; BGHZ 117, 240, 251 f lehnt die Anwendung des § 904 ab und verweist auf den enteignenden Eingriff; mit dieser Rechtsfigur arbeitet auch BGHZ 129, 124.

147 Zur Möglichkeit von Abgrenzungsproblemen bei verkappten Enteignungen jedoch *Dörr* NJW 1988, 1952; *Papier* NWVBl 1990, 398.

148 So *Götz* DVBl 1993, 1356 f; BVerwGE 84, 361, 368 f, mindestens für eine Übergangszeit; salvatorische Klauseln für echte Enteignungen will das BVerwG ausschließen; krit dazu *Schink* DVBl 1990, 1375 f; *Papier* (Fn 147) 400 f; BVerwGE 94, 1, 6 stellt klar, daß Enteignungen in solchen Fällen nicht in Frage kommen. BVerwGE 94, 1, 6 ff hält (zu Art 36 Abs 1 BayNatSchG) den Verwaltungsrechtsweg für gegeben; dagegen BGHZ 128, 204, 206 ff.

149 BGHZ 110, 12, 14; die vorhergehende Rechtsprechung konnte anders verstanden werden, *Kröner* (Fn 143) 453; *Ossenbühl* FS Geiger, 1989, 479 f.

150 So zutr BGHZ 90, 17, 32 unter Hinw auf *Götz* DVBl. 1984, 395, 397; *Kröner* (Fn 143) 453; *Schlette* (Fn 96) 207; anders *Körner* (Fn 132) 105 f.

151 Dagegen mit Recht *Ossenbühl* (Fn 149) 493.

152 Anders hier *Ossenbühl* (Fn 149) 493.

153 *Ehlers* (Fn 40) 244.

und diese Entscheidung in Kenntnis der Entschädigungspflichten zu treffen. Diese Schutzfunktion entfällt für die ausgleichspflichtige Inhaltsbestimmung, die nicht der Junktimklausel nach Art 14 Abs 3 S 2 GG unterliegt.[154] Der Verlust an Sicherheit für den Bürger hält sich indes in vertretbaren Grenzen, da der bisherige weite Enteignungbegriff in der Praxis dazu geführt hatte, daß die Junktimklausel durch salvatorische Klauseln entwertet wurde und nicht gegen vorschnelle Enteignungen schützen konnte.[155]

IV. Der enteignungsgleiche Eingriff

1. Grundsätzliches

55 Die Ausführungen des BVerfG im Naßauskiesungsbeschluß[156] lassen sich so deuten, als ob die gesamte Rechtsprechung zum enteignungsgleichen Eingriff aufgegeben und das Staatshaftungsrecht damit wieder nahezu auf den Stand von 1949 (dh im wesentlichen auf die Amtshaftung) zurückgeführt werden sollte.[157] Den von rechtswidrigen Maßnahmen betroffenen Bürgern wäre dann nur noch die Abwehrklage (Anfechtungsklage bzw gegen schlichtes Verwaltungshandeln Unterlassungs- oder Beseitigungsklage) geblieben. Soweit der primäre Rechtsschutz den Schaden nicht hätte verhindern können (zB bei rechtswidriger Ablehnung eines Bauantrags und dadurch verursachter Verzögerung eines Baus), wäre der Bürger auf den Amtshaftungsanspruch verwiesen worden. Alle Fortschritte des Staatshaftungsrechts seit dem 2. Weltkrieg wären damit aufgegeben. Dies wäre nach dem Scheitern des Staatshaftungsgesetzes unerträglich und auch, nachdem die Ergänzung des Staatshaftungsrechts durch den „enteignungsgleichen Eingriff" sich in Jahrzehnten durchgesetzt und gewohnheitsrechtliche Geltung[158] erlangt hat, dogmatisch nicht haltbar.[159] Bundes- und Landesgesetzgeber haben den enteignungsgleichen Eingriff als Rechtsinstitut in § 48 Abs 6 VwVfG anerkannt. Selbst das BVerfG hat ihn, wenn auch nur in einer Kammerentscheidung, inzwischen als „Rechtsinstitut des einfachen Rechts" akzeptiert.[160]

[154] Auf die mißlichen Konsequenzen weist *Schmaltz* DVBl 1987, 572 anschaulich hin. *Papier* (Fn 147) 401 will, um sie zu vermeiden, salvatorische Klauseln auch im Bereich der Inhalts- und Schrankenbestimmungen ausschließen; ebenso *Pietzcker* JuS 1991, 371 ff; *ders* (Fn 96) 426 f; *Detterbeck* DÖV 1994, 273 ff, allerdings mit Vorbehalt für nicht vorhersehbare Zufallsenteignungen (279).

[155] *Papier* (Fn 44) Art 14 Rn 488 ff mwN; *Kimminich* Natur + Recht 1985, 1 ff; *Weyreuther* (Fn 21) bes S 28 ff; *Olivet* DÖV 1985, 697 ff; BGHZ 99, 24, 27 f.

[156] BVerfGE 58, 300.

[157] Dafür *v Brünneck* (Fn 27) 415 f m Hinw auf Regelungen eines möglichen Staatshaftungsgesetzes.

[158] Dagegen *Schmitt-Kammler* FS Ernst Wolf, 1985, 608; *Scherzberg* DVBl 1991, 88, der aber am enteignungsgleichen Eingriff als Ergebnis zulässiger richterlicher Rechtsfortbildung festhalten will.

[159] *Ossenbühl* NJW 1983, 5 f; *Papier* NVwZ 1983, 259 f; *Boujong* UPR 1984, 138.

[160] BVerfG NJW 1992, 36, 37.

Der BGH hat gegenüber der These des BVerfG, eine Entschädigung könne nur auf gesetzlicher Grundlage zugesprochen werden,[161] zugestanden, daß ein Entschädigungsanspruch wegen enteignungsgleichen Eingriffs nicht unmittelbar aus Art 14 Abs 3 GG hergeleitet werden könne. Dies sei aber auch nicht erforderlich. Der Aufopferungsgedanke in seiner richterrechtlich ausgeprägten Ausformung biete eine hinreichende Anspruchsgrundlage, die dort zum Zuge komme, wo es sich nicht um eine Enteignung iS von Art 14 Abs 3 GG handele. Auf dieser Grundlage könne auch die Zuständigkeit der ordentlichen Gerichte zur Entscheidung über diese Ansprüche nicht in Zweifel gezogen werden.[162] In der Sache geht der BGH damit wieder auf den Aufopferungsanspruch und auf den Ansatz zurück, den das Reichsgericht schon vor 1933 gezeigt hatte.[163] Insoweit können Bedenken aus der Junktim-Klausel nicht erhoben werden.[164] Mit Recht weist der BGH darauf hin, daß die Rechtsprechung des BVerfG nur die Enteignung im engeren Sinn des Art 14 Abs 3 GG betreffe, also den staatlichen Zugriff auf das Eigentum, der auf die vollständige oder teilweise Entziehung konkreter, dem Schutz des Art 14 Abs 1 S 1 GG unterliegender Rechtsposition des einzelnen ausgerichtet sei.[165] Der Enteignungsbegriff wird damit dem BVerfG folgend neu definiert und verengt. Der enteignungsgleiche Eingriff wird von der Enteignung abgelöst und verselbständigt.[166] Er kann heute als ein gewohnheitsrechtlich anerkanntes Institut des einfachen Rechts betrachtet werden.[167] 56

Er sollte seiner Definition nach eine Maßnahme sein, die im Fall ihrer gesetzlichen Zulässigkeit als Enteignung zu betrachten wäre.[168] Obwohl sich der enteignungsgleiche Eingriff immer mehr von der Enteignung gelöst und zu einem eigenständigen Anspruch des Staatshaftungsrechts entwickelt hat,[169] ergeben sich daraus noch heute Beschränkungen der Entschädigung, die im Grunde einem Tatbestand des Staatshaftungsrechts nicht mehr angemessen sind. Allerdings sind daraus nicht in allen Bereichen grundlegende Änderungen zu erwarten, weil der 57

161 BVerfGE 58, 300, 324; sehr scharf wird diese These von *Böhmer* (Fn 10) 163ff, bes 180ff akzentuiert.

162 BGHZ 90, 17, 31 unter Hinw auf BGHZ 6, 270, 276, wo der BGH auf die gewohnheitsrechtlich weitergeltenden Grundsätze der §§ 74/75 Einl ALR verweist, die zum Zuge kämen, wo es sich nicht um eine Enteignung im technischen Sinne handele; auch BGHZ 91, 20, 26 zum enteignenden Eingriff. Zu diesem Problem *Hendler* DVBl 1983, 875, auch 880f zum weiteren früheren Enteignungsbegriff des BGH; *Boujong* (Fn 159) 137f; *Papier* JuS 1985, 184ff.

163 S o Rn 6. Krit dazu *Schmitt-Kammler* JuS 1995, 476f.

164 *Schmitt-Kammler* (Fn 158) 606f.

165 BGHZ 91, 20, 26f zum enteignenden Eingriff.

166 *Ipsen* (Fn 83) 1037; *Ossenbühl* Neuere Entwicklungen im Staatshaftungsrecht, 1984, 15ff; *Papier* (Fn 96) 37f; *Boujong* (Fn 159) 137f; *Nüßgens/Boujong* (Fn 31) Rn 3, 40; ausdrücklich auch BGHZ 99, 24, 29.

167 MünchKomm/*Papier* § 839 Rn 33f.

168 BGHZ 6, 270, 290.

169 So *Ossenbühl* (Fn 150) 476, der aber S 496 selbst daran zweifelt, ob der Rechtsprechung die Ablösung von Art 14 GG möglich ist. Gegen diese Ablösung *Kreft* FS Geiger, 1989, 408ff, der betont, daß Grundlage nach wie vor die Entschädigung für rechtswidrige Eingriffe in das Eigentum sei.

Aufopferungsanspruch, auf den die neueste Rechtsprechung des BGH in der Sache zurückgreift,[170] in seiner Struktur dem Anspruch auf Enteignungsentschädigung ähnlich ist.

2. Tatbestand des enteignungsgleichen Eingriffs

58 Der Entschädigungsanspruch aus enteignungsgleichem Eingriff setzt nach der Rechtsprechung des BGH voraus, daß rechtswidrig in eine durch Art 14 GG geschützte Rechtsposition von hoher Hand unmittelbar eingegriffen wurde.[171]

59 a) *Eingriff.* Grundsätzlich ist danach jeder rechtswidrige Eingriff in vermögenswerte Rechte als enteignungsgleich anzusehen. Ursprünglich sollte auch beim enteignungsgleichen Eingriff Tatbestandsvoraussetzung sein, daß der Eingriff bewußt gegen einen bestimmten vermögenswerten Gegenstand gerichtet war.[172] Später verzichtete der BGH auf den „gezielten Eingriff",[173] betonte aber, daß nur ein unmittelbarer hoheitlicher Eingriff, der ein Sonderopfer auferlege, einen Entschädigungsanspruch begründen könne. Das schwer abzugrenzende Kriterium der Unmittelbarkeit[174] ist häufig zur Begrenzung der ansonsten sehr weit ausgedehnten Haftung herangezogen worden. Neben- und Fernwirkungen einer Maßnahme und auch im bürgerlichen Recht nicht zu ersetzende Drittschäden sollen ausscheiden.[175] Adäquate Verursachung im Sinn des Zivilrechts reicht nicht aus, wenn die Einwirkung auf die Rechtsposition des Bürgers erst auf eine näherliegende Zwischenursache zurückzuführen ist.[176] Gewisse Parallelen zur Theorie der unmittelbaren Verursachung im Polizeirecht drängen sich auf.[177] Die Recht-

[170] S o Rn 56.

[171] BGHZ 117, 240, 252 in Fortführung der bisherigen Rspr; BGH NJW 1994, 1468 = JZ 1994, 784 m Anm *Ossenbühl.*

[172] IdS noch BGHZ 23, 235, 240.

[173] Ausdrücklich gegen das Erfordernis des gezielten Eingriffs sprach sich erstmals BGH NJW 1964, 105 (Schützenpanzerfall) aus; jedoch schon vorher BGHZ 28, 310 (Treckerfall) und BGHZ 37, 44 (Beschädigung von Holz im Wald durch Schießübungen). Die Fälle betreffen zumeist Konstellationen, die nach der späteren Rspr dem enteignenden Eingriff zuzuordnen sind.

[174] *Schack* DÖV 1974, 390ff; krit *Bender* (Fn 134) Rn 100f; *Ossenbühl* (Fn 8) 206ff; *ders* JuS 1988, 195; *ders* FS Geiger 1989, 489f; *ders* JZ 1994, 786; *Olivet* NVwZ 1986, 434f.

[175] *Wagner* NJW 1966, 569ff; *Bender* (Fn 134) Rn 100f; *Schack* DÖV 1973, 390ff; ausf *Gronefeld* Preisgabe und Ersatz des enteignungsrechtlichen Finalitätsmerkmals, 1972, 98ff; zum Drittschaden BGHZ 31, 1.

[176] *Badura* (Fn 22) 170f.

[177] So versagte der BGH früher (BGHZ 54, 332, 338; dazu krit *Ossenbühl* JuS 1971, 575, 577ff) unter Berufung auf die fehlende Unmittelbarkeit Ersatzansprüche wegen der Schäden, die durch Versagen einer Verkehrsampel verursacht worden waren. Die Stadt habe durch die Ampelanlage lediglich eine Gefahrenlage geschaffen, die erst durch das Hinzutreten weiterer Umstände zum Schaden geführt habe. Inzwischen (BGHZ 99, 249 – zu § 39 Abs 1b NWOBG; dazu *Ossenbühl* JuS 1988, 193ff) hat er allerdings der berechtigten Kritik an dieser Entscheidung Rechnung getragen. Er sieht jetzt den einzelnen Ampelbefehl als Verwaltungsakt iS einer Allgemeinverfügung und damit als Maßnahme an, die den Schaden unmittelbar verursacht hat.

sprechung nähert sich in den Ergebnissen teilweise wieder der früheren Lehre vom gezielten Eingriff.[178]

Aus der Anbindung an die Dogmatik der Enteignung folgt, daß Unterlassen[179] (im Sinne schlichter Untätigkeit, zB Nichtbescheiden eines Antrags)[180] nicht als Eingriff zu werten ist. Die Ablehnung eines Antrags, welche die rechtmäßige Nutzung des Eigentums hindert (zB die Ablehnung eines Bauantrags) steht dagegen als „qualifiziertes Unterlassen" dem Eingriff gleich.[181] **60**

Es gibt danach nur noch wenige Eingriffe, die nicht enteignungsgleich wirken können. Richterliche Urteile können grundsätzlich – abgesehen vom Fall der Rechtsbeugung – keine enteignungsgleichen Eingriffe sein. Entsprechend dem Spruchrichterprivileg des § 839 Abs 2 BGB gibt der BGH dem Bürger nicht die Möglichkeit, die dritte Gewalt gegen sich selbst zu mobilisieren.[182] Nach der bisherigen Rechtsprechung fielen auch solche rechtswidrigen Staatshandlungen aus dem Begriff des enteignungsgleichen Eingriffs heraus, die schon ihrer Natur nach nicht im Interesse der Allgemeinheit,[183] sondern im privaten Interesse lagen, für dessen Durchsetzung der Staat tätig wurde. So wurden rechtswidrige Maßnahmen der Zwangsvollstreckung[184] und auch die rechtswidrige Konkurseröffnung[185] nicht als enteignungsgleiche Eingriffe bewertet. Das ist mit dem Charakter einer Norm des Staatshaftungsrechts, zu dem sich der enteignungsgleiche Eingriff entwickelt hat, nicht mehr vereinbar und sollte aufgegeben werden.[186] **61**

Die ältere Rechtsprechung des BGH schloß auch rechtswidrige Maßnahmen des Gesetzgebers nicht aus den enteignungsgleichen Eingriffen aus.[187] Davon ist der **62**

[178] *Ossenbühl* JuS 1971, 575, 578. Krit zur Rspr MünchKomm/*Papier* § 839 Rn 47f, der sich dafür ausspricht, auf die Verwirklichung einer typischen Gefahrenlage abzustellen.

[179] Dazu krit *Ossenbühl* (Fn 166) 22; *ders* JZ 1994, 786f; ferner zum Problem des Unterlassens *Ossenbühl* (Fn 8) 212ff; Reform des Staatshaftungsrechts – Kommissionsbericht, 1973, 41; BGHZ 56, 40, 42 betr Unterlassen der Aufhebung der Wohnungszwangswirtschaft durch Rechtsverordnung, dazu *Schröder* JuS 1973, 355ff; *Menger* VerwArch 63 (1972) 81ff; *Schwabe* JuS 1974, 26ff; ausf *Löwer* Staatshaftung für unterlassenes Verwaltungshandeln, 1979, bes S 100ff, 312ff.

[180] BGH DVBl 1971, 464; BGH NJW 1980, 387; auch BGHZ 125, 19, 21ff.

[181] BGHZ 19, 1; 65, 182, 188f; BGH VersR 1986, 372, 374; BGH NJW 1988, 478, 481; BGHZ 125, 258, 264 (Ablehnung eines Bauvorbescheids); BGHZ 134, 316, 320 (Ablehnung einer Teilungsgenehmigung); krit zur Unterscheidung von schlichter Untätigkeit und qualifiziertem Unterlassen *Ossenbühl* (Fn 150) 485.

[182] BGHZ 50, 14, 19ff zur Aufopferung; die Argumente gelten aber auch für den enteignungsgleichen Eingriff. Dazu *Menger* VerwArch 59 (1968) 368f; *Konow* JR 1966, 16ff.

[183] Dabei wird bezüglich der Förderung des allgemeinen Wohls nicht Effektivität verlangt – das wäre bei rechtswidrigen Maßnahmen kaum denkbar –, sondern bloß Intentionalität, *Krumbiegel* (Fn 107) 50; BGHZ 76, 387, 391ff sieht jedoch im Amtsmißbrauch der Fluglotsen einen enteignungsgleichen Eingriff.

[184] BGHZ 30, 123, 125f; es handelte sich in concreto um die Vollziehung eines Steuerarrests, den der BGH aber der Zwangsvollstreckung im privaten Interesse gleichstellte.

[185] BGH NJW 1959, 1085.

[186] Dagegen *Ossenbühl* (Fn 166) 22; *ders* (Fn 150) 491f; *Schmitt-Kammler* (Fn 109) 2519.

[187] Dazu BGHZ 25, 266, 269f; auch BGHZ 56, 40, 42 u BGHZ 78, 71, beide allerdings

BGH jedoch seit seiner Entscheidung v 12. 3. 1987[188] abgerückt. Der Ausgleich von Nachteilen, die unmittelbar oder mittelbar durch ein verfassungswidriges formelles Gesetz herbeigeführt würden, halte sich nicht mehr im Rahmen eines richterrechtlich geprägten und ausgestalteten Haftungsinstituts, wie es der enteignungsgleiche Eingriff darstelle. Die Zubilligung von Entschädigungsansprüchen für legislatives Unrecht in Gestalt eines mit dem Grundgesetz nicht zu vereinbarenden formellen Gesetzes könne für die Staatsfinanzen weitreichende Folgen haben. Schon das spreche dafür, die Haushaltsprärogative des Parlaments in möglichst weitgehendem Umfang zu wahren und die Gewährung von Entschädigungen für legislatives Unrecht der Entscheidung des Parlamentgesetzgebers zu überantworten. Auch seien für die Entschädigung wegen legislativen Unrechts verschiedene Lösungen denkbar, so daß eine gesetzliche Klärung der Haftungsfrage sachgerecht sei.

63 Der BGH geht hinter die Regelung des für verfassungswidrig erklärten Staatshaftungsgesetzes zurück, indem er Entschädigung auch für Akte des Vollzugs formeller Gesetze ausschließt.[189] Die Haftung für förmliche Gesetze reduziert sich damit auf den Stand, den sie nach der preußischen Kabinettsorder v 4. 12. 1831[190] hatte, wo eine Entschädigung für Akte des Gesetzgebers grundsätzlich ausgeschlossen und besonderer gesetzlicher Bestimmung vorbehalten war. Die Entscheidung hat eine lebhafte Diskussion ausgelöst. Sie dogmatisch zu rechtfertigen, fällt sehr schwer, wenn der enteignungsgleiche Eingriff und der mit ihm verbundene umfassende (sekundäre) Eigentumsschutz nicht prinzipiell in Frage gestellt werden sollen. Der BGH nimmt dem Gesetzgeber das finanzielle Risiko verfassungswidriger Gesetze ab und bürdet es dem Bürger auf. Es ist zu hoffen, daß dies nicht zu einer weniger sorgfältigen verfassungsrechtlichen Prüfung bei der künftigen Gesetzgebung führen wird. Die nach der bisherigen Rechtsprechung grundsätzlich bestehende Möglichkeit, Entschädigung aus enteignungsgleichem Eingriff zu erlangen, hatte nicht zu einer erheblichen Belastung des Staatshaushalts geführt.[191]

64 b) *Eingriffsobjekt.* Bezüglich des Eingriffsobjekts gelten für den enteignungsgleichen Eingriff dieselben Grundsätze wie für die Enteignung. Es muß sich also um gegenwärtige rechtlich als Eigentum geschützte vermögenswerte Gegenstände handeln. Handlungen des Staates können nur insoweit enteignungsgleiche Eingriffe sein, als sie diese Rechte verletzen, zu denen nach der Rechtsprechung des BGH auch der eingerichtete und ausgeübte Gewerbebetrieb gehört.[192] Die Beein-

Rechtsverordnungen betreffend, die auch nach der neueren Rechtsprechung – s nachstehende Fn – nicht ausgeschlossen sind.

188 BGHZ 100, 136; schon vorher idS *Nüßgens/Boujong* (Fn 31) Rn 446; bestätigt in BGHZ 102, 350, 359 (Waldschäden, dazu *Rüfner* Jura 1989, 134 ff); ausf zust *Boujong* FS Geiger, 1989, 430, 435 ff. Übersicht über den Meinungsstand bei *Dohnold* DÖV 1991, 152 ff. Für Rechtsverordnungen kann eine Haftung nach den Grundsätzen des enteignungsgleichen Eingriffs eintreten, BGHZ 111, 349, 352 f; BGH DVBl 1993, 718, 719.

189 Vgl § 5 Abs 2 des Staatshaftungsgesetzes, dazu *Schäfer* in: Schäfer/Bonk, Staatshaftungsgesetz, 1982, § 5 Rn 50 ff.

190 GS S 256.

191 *Schäfer* (Fn 189) § 5 Rn 66, 148.

192 Zum Gewerbebetrieb eher restriktiv BGHZ 111, 349, 355 ff (nur bei Eingriff in den Be-

trächtigung von Erwerbschancen fällt daher aus dem enteignungsgleichen Eingriff heraus, selbst wenn Amtshaftungsansprüche denkbar sind. So erhielt der Apotheker, dem vor dem Apothekenurteil des BVerfG[193] die Zulassung zum Beruf verweigert worden war, keine Enteignungsentschädigung, da nicht in gegenwärtige vermögenswerte Rechte eingegriffen worden war. Es war lediglich ein Anspruch des Klägers nicht erfüllt worden.[194] Ebensowenig können Ansprüche darauf gestützt werden, daß die Erweiterung eines Gewerbebetriebs zu Unrecht untersagt worden sei.[195]

Häufig scheiterten Ansprüche daran, daß gerade nicht in die als Eigentum geschützte Substanz eingegriffen wurde.[196] Aus diesem Grunde sind zB schon früher die meisten Klagen wegen enteignungsgleicher Eingriffe durch Rechtssetzung erfolglos geblieben. Grundsätzlich hat der Bürger kein Recht darauf, daß das geltende Recht unverändert bleibt, auch wenn es ihm gute Erwerbschancen eröffnet, auf die er sich mit seinem Gewerbebetrieb eingestellt hat. So wurde die Klage eines Knäckebrotfabrikanten, der sich durch die Herabsetzung des Schutzzolls für Knäckebrot beschwert fühlte,[197] ebenso abgewiesen wie die eines Herstellers von Blinkern, die infolge einer Änderung der StVZO nicht mehr verkäuflich waren.[198] Auch die Klage des Anliegers, dessen Geschäfte durch die Verlegung der Hauptstraße zurückgingen,[199] und die Klagen der Krabbenfischer, die ihr Gewerbe durch einen neuen Elbdamm beeinträchtigt sahen,[200] waren erfolglos. Nach denselben Grundsätzen wurde über Ansprüche von Anliegern entschieden, die sich durch Straßenbauarbeiten oder die ihnen nach der neueren Rechtsprechung des BGH weitgehend gleichzustellenden U-Bahnbauten geschädigt fühlten: Entschädigung wurde nur gewährt, wenn entweder die Bauarbeiten rechtswidrig verzögert wur- 65

trieb als Sach- und Rechtsgesamtheit, nicht bei Einzelmaßnahmen, welche nur die Ausgestaltung eines einzelnen Produkts betreffen); dazu *Rönne* DVBl 1993, 869; krit *Schenke/Guttenberg* DÖV 1991, 945, 951f. Dem BGH folgend OLG Köln NVwZ 1994, 410. Das BVerfG hat sich zu der Frage bisher nicht eindeutig geäußert, vgl BVerfG NJW 1992, 1878.

193 BVerfGE 7, 377.

194 BGH NJW 1962, 2347; auch BGHZ 34, 188; BGH VwRspr 14, 78.

195 BGH DVBl 1968, 216; auch BGHZ 57, 359, 368ff; BGH NJW 1959, 1775 betraf einen Ausnahmefall. Zur Beschränkung auf den Bestandsschutz BGHZ 92, 34, 46f; dazu krit *Dolde* NVwZ 1985, 250f; *Kosmider* JuS 1986, 274; ferner BGH VersR 1986, 372, 374.

196 Dazu *Kreft* (Fn 13) 19f, 23; dies gilt auch für rechtswidrige Eingriffe, vgl BGHZ 84, 230, 233; BGHZ 132, 181, 186ff = JZ 1996, 1122, 1124 m Anm *Maurer*.

197 BGHZ 45, 83, 87ff.

198 BGH NJW 1968, 293; auch BGH NJW 1964, 769 (Märchenfilme); anders entschieden BGHZ 25, 266, 269f (TÜV) und BGHZ 78, 41 (Werbeverbot durch Rechtsverordnung); BGHZ 133, 265, 268 (Möglichkeit, Tierkörperbeseitigung durchzuführen, keine geschützte Rechtsposition).

199 BGHZ 48, 58; auch BGHZ 55, 261 und 294; BGHZ 94, 373; BVerfG NJW 1992, 1878 (Benutzbarkeit einer öffentlichen Straße gehört für einen Fuhrunternehmer jedenfalls nicht zum Bestand des geschützten Gewerbebetriebs); in diesen Zusammenhang gehört auch der Wannseefall BGHZ 48, 46. Zu diesem Problem *Papier* Recht der öffentlichen Sachen, 3. Aufl 1998, 114ff.

200 BGHZ 45, 150; jedoch auch BGHZ 80, 111 (Deicherhöhung).

den oder wenn sie das übliche von einem Anlieger zu duldende Maß überstiegen.[201] In ähnlicher Weise hat die Rechtsprechung früher Ansprüche wegen Straßenlärms behandelt und Entschädigung nur unter ganz besonderen Umständen bei unerträglicher Beeinträchtigung zugesprochen.[202] Mit Rücksicht auf die Wertungen des Gesetzgebers im Bundesimmissionsschutzgesetz hat der BGH jedoch die Anforderungen, die an einen Entschädigungsanspruch wegen Straßenlärms gestellt werden, später wesentlich herabgesetzt.[203] Abwehr- und Entschädigungsansprüche werden jedenfalls nur dann gewährt, wenn die im Bürgerlichen Recht (§ 906 BGB) umschriebenen nachbarrechtlichen Duldungspflichten überschritten werden. Das Bürgerliche Recht wird so für die öffentlich-rechtliche Stellung des Eigentümers maßgebend.[204] Inzwischen sind für viele früher als enteignungsgleiche Eingriffe behandelte Fälle Entschädigungsregelungen geschaffen worden.[205]

66 c) *Rechtswidrigkeit und Sonderopfer.* Der Anspruch aus enteignungsgleichem Eingriff soll ein Sonderopfer ausgleichen. Rechtswidrige Eingriffe, die über das Maß dessen hinausgehen, was allen Bürgern zugemutet wird, legen den Betroffe-

[201] BGHZ 57, 359 mwN; BGH NJW 1976, 1312; BGH NJW 1977, 1817; BGHZ 72, 289, 296; der BGH meint, daß normale Straßenbauarbeiten zur Anpassung an den Verkehr grundsätzlich entschädigungslos hinzunehmen seien; er setzt allerdings die Opfergrenze bei U-Bahnbauten niedriger an. Dazu auch der Fall der Sperrung der Zufahrt BGH DÖV 1976, 209 und den der Untertunnelung BGH NJW 1980, 2703; BGH NJW 1983, 1663 (Kombination der Probleme des U-Bahnbaus und der Straßenveränderung). Zu diesem Problem *Papier* (Fn 199) 112 ff; *Krumbiegel* (Fn 107) 65 f, insbes zur Frage der Existenzvernichtung eines Gewerbebetriebs; *ders* S 101 f zur Behandlung der Anlieger in Anwendung der Pflichtigkeitstheorie. Zu den Rechten des Anliegers auch BGH NJW 1975, 1880 und 1976, 1205; BVerwGE 54,1; VGH Mannheim DÖV 1982, 206 m Anm *Steiner*, 554; BVerwG NJW 1983, 770; BVerwG DÖV 1984, 426.

[202] BGHZ 49, 148, wo allerdings der bürgerlich-rechtliche Aufopferungsanspruch zugrunde gelegt ist; das ist in den negativ entschiedenen Fällen BGHZ 54, 384 und BGH NJW 1974, 53 richtiggestellt. Vgl zu der Problematik der privatrechtlichen Aufopferung und der Enteignung BGHZ 64, 220, 222; BGH NJW 1976, 1204; BGH DVBl 1978, 110; BGHZ 70, 212; 72, 289; *Schulte* Eigentum und öffentliches Interesse, 1970, 107 ff.

[203] BGHZ 64, 220; dazu *Kastner* NJW 1975, 2319; *Battis* NJW 1976, 936 ff; *Kloepfer* JuS 1976, 436 ff. Zu diesen Problemen auch BGH DVBl 1976, 774; BGH NJW 1977, 894; BGH DVBl 1978, 110 m Anm *Stephan* in DVBl 1979, 314; BGHZ 97, 114 = DVBl 1986, 766 m Anm *Berkermann* = JZ 1986, 544 m Anm *Papier*; BGHZ 97, 361; BGH NJW 1986, 2424; auch BGH NJW 1986, 2423 zum Fluglärm; zu den Auswirkungen des BImSchG bei Straßenbauten vgl die vier Entscheidungen des BVerwG in DVBl 1976, 779 ff, von denen sich drei auch in BVerwGE 51, 6 ff finden; BVerwGE 84, 31, 39 ff zur Zumutbarkeit bei der Planfeststellung für Bundesstraßen. Entschädigungspflichtig ist der Träger der Straßenbaulast, BGH NJW 1980, 582.

[204] BGH NJW 1978, 1051; BGH DVBl 1978, 110; BGH NJW 1980, 770; BGHZ 122, 76, 78 (zur Abgrenzung von Entschädigungen für Eingriffe im Vorfeld der Enteignung und von enteignenden Eingriffen s u Rn 79); zu diesen Problemen *Schmidt-Aßmann* FS Pikalo, 1979, 273 ff; *Wagner* NJW 1991, 3247 ff; krit zur Rspr des BGH *Hartung* Entschädigung für Straßenverkehrsimmissionen in der Rechtsprechung des Bundesgerichtshofs, 1987, bes S 148 f. – Zur entsprechenden Anwendung des § 906 Abs 2 S 2 BGB als Anspruchsgrundlage im öffentlichen Recht s o Rn 51.

[205] Dazu o Rn 48.

nen stets ein Sonderopfer auf. Es folgt also aus der Rechtswidrigkeit das Sonderopfer, das damit jeden Abgrenzungswert verliert.[206] Dabei kommt es nicht wie bei der Amtshaftung darauf an, ob das Verhalten des eingreifenden Beamten amtspflichtwidrig ist, sondern darauf, ob der Eingriff im Verhältnis von Staat und Bürger rechtswidrig ist.[207] Der Entschädigungstatbestand wird erfüllt, nicht obwohl, sondern weil der Eingriff rechtswidrig war.[208] Damit führt das Institut des enteignungsgleichen Eingriffs zu einer partiellen unmittelbaren, primären und verschuldensunabhängigen Staatsunrechtshaftung.[209]

Die Rechtswidrigkeit des Eingriffs kann sich auch daraus ergeben, daß der Bürger ohne Entschädigungsbestimmung mit einer als Inhaltsbestimmung auferlegten Beschränkung seines Eigentums belastet wird, die nur gegen Entschädigung zulässig ist. Er kann in solchen Fällen – vom Vorrang des Primärrechtsschutzes[210] abgesehen – Entschädigung nur wegen rechtswidriger Maßnahmen im Rang unterhalb des Gesetzes verlangen, nicht für Schäden, die sich unmittelbar oder mittelbar aus einem verfassungswidrigen Gesetz ergeben.[211]

3. Entschädigung

Grundsätzlich kann zur Bemessung der Entschädigung auf die Ausführungen zur Enteignung verwiesen werden. Allerdings kann bei rechtmäßiger Enteignung diskutiert werden, welche Entschädigung der Gesetzgeber unter Berücksichtigung der Interessen der Allgemeinheit festzusetzen hat. Er ist, wie oben erwähnt wurde, nicht unter allen Umständen gehalten, dem Enteigneten einen vollen Ausgleich entsprechend dem Marktwert zu gewähren.[212] Beim enteignungsgleichen Eingriff kann eine Diskussion darüber, in welcher Höhe die Entschädigung zuzubilligen und ob sie mit Rücksicht auf die Interessen der Allgemeinheit niedriger anzusetzen ist, de lege lata kaum geführt werden. Die Festsetzung der Entschädigung ist bei Enteignungen Sache des Gesetzgebers, der bei enteignungsgleichen Eingriffen – abgesehen von Sonderregelungen[213] – nicht bemüht wird. Der BGH hat es sogar abgelehnt, bei rechtswidrigen Eingriffen eine niedrigere Entschädigung zu berücksichtigen, die gesetzlich für einen entsprechenden rechtmäßigen Eingriff vorgesehen war.[214] Basis der Entschädigung ist, da es an einem regelnden Gesetz fehlt, **67**

[206] *Schmitt-Kammler* (Fn 109) 2518ff; vorsichtiger *Ossenbühl* (Fn 150) 490f.

[207] *Michaelis* FS Larenz, 1973, 947ff.

[208] *Bender* (Fn 134) Rn 94ff; *Krumbiegel* (Fn 107) 59ff, 117ff. Mit Recht wurden schon vor BVerfGE 58, 300 Bedenken gegen die Qualifizierung rechtswidriger Eingriffe als Enteignung geltend gemacht, *Schulze-Osterloh* (Fn 30) 262f (allerdings zu weitgehend mit der Forderung nach Rückkehr zum „klassischen Enteignungsbegriff"); *Schulte* (Fn 107) 30f wies zutr darauf hin, daß der BGH als Enteignung immer nur den rechtmäßigen Eingriff bezeichnet hatte.

[209] So MünchKomm/*Papier* § 839 Rn 29.

[210] Dazu u Rn 73.

[211] Dazu o Rn 62f.

[212] S o Rn 25f.

[213] S u § 49 Rn 2f.

[214] BGHZ 13, 395, 398.

der allgemeine Gedanke des Ausgleichs eines Sonderopfers, der notwendigerweise zur vollen Entschädigung für den Substanzverlust führen muß.[215]

68 Auch die Entschädigung wegen enteignungsgleichen Eingriffs ist kein Schadensersatz.[216] Sie beschränkt sich darum auf den Substanzverlust; für verlorene Chancen und Gewinnmöglichkeiten wird Ersatz nicht geleistet, auch wenn sie im Zeitpunkt der gerichtlichen Entscheidung keine Beweis- oder Schätzungsprobleme mehr aufwerfen. So gibt es keine Entschädigung für die Miete, die aus einem Haus hätte gezogen werden können, dessen Bau zu Unrecht nicht erlaubt worden war.[217] Ein derartiger Folgeschaden ist vom Ersatz ebenso ausgeschlossen wie der Schaden, der einem Bauherrn bei Verzögerung durch steigende Baukosten oder an anderer Stelle aufzuwendende Mieten entsteht.[218]

69 Allerdings wäre es verfehlt, die Begrenzung der Entschädigung auf die Formel „kein Ersatz für entgangenen Gewinn" zu bringen. Vielmehr wird zumindest bei rechtswidrigen Eingriffen in Gewerbebetriebe regelmäßig entgangener Gewinn ersetzt. Wird eine Verkaufsveranstaltung verboten,[219] eine Werbemöglichkeit rechtswidrig beeinträchtigt[220] oder die Vermietung eines vorhandenen Gegenstandes verhindert,[221] so wird Entschädigung gezahlt, obwohl in allen genannten Fällen entgangener Gewinn in Frage steht. Die Möglichkeit, vorhandene Vermögensgegenstände – zu denen nicht zuletzt auch der eingerichtete und ausgeübte Gewerbebetrieb gehört – zu nutzen, ist nämlich durch Art 14 GG geschützt. Die Nutzungsmöglichkeit ist ein gegenwärtiger konkreter Wert, der sich bei einem etwaigen Verkauf im Verkaufspreis, bei einer Vermietung im Mietzins niederschlägt. Ihr Entzug ist ein Eingriff in das Objekt,[222] also in die Substanz. Dagegen sind Gewinne, die aus erst zu schaffenden Anlagen, aus einer Geschäftserweiterung[223] oder gar aus einem erst noch zu errichtenden Betrieb gezogen werden könnten,[224] nicht zu berücksichtigen.

[215] Die Ablösung des enteignungsgleichen Eingriffs von der Enteignung könnte auf längere Sicht auch die Anbindung der Entschädigung an die Enteignungsentschädigung lockern. Dazu *Ossenbühl* (Fn 166) 20f.

[216] Für Schadensersatz *Ehlers* (Fn 40) 245f.

[217] BGHZ 30, 338, 352.

[218] BGHZ 30, 338, 354f; einen Anspruch auf Ersatz des merkantilen Minderwerts erkennt BGH NJW 1981, 1663 an, dagegen nicht einen solchen auf Verzugszinsen, BGH NJW 1982, 1277.

[219] BGHZ 32, 208; zur Berechnung bei vorübergehenden und dauernden Eingriffen BGH BauR 1972, 364.

[220] BGH NJW 1960, 1995.

[221] BGH NJW 1965, 1912, 1913.

[222] BGHZ 30, 338, 351f; 91, 20, 30f; die Entschädigung für den Ertragsausfall ist nur eine vereinfachte Berechnung, BGHZ 57, 359, 368; BGH JZ 1994, 1116 m Anm *Schwabe*. Konsequent gewährt BGH NJW 1975, 1966 Entschädigung auch bei vorübergehenden Eingriffen in Gewerbebetriebe, die mit Verlust arbeiten. BGH NJW 1994, 3158 lehnt eine Berechnung nach dem Minderwert bei einem Zwischenverkauf vor Klärung ab; BGH VersR 1996, 1024 stellt dagegen bei eingetretenem Schaden durch zu niedrige Wildabschußpläne auf den fiktiven Verkaufswert ab.

[223] BGHZ 34, 188; jedoch auch BGH NJW 1980, 387.

[224] BGH NJW 1962, 2347; BGHZ 134, 316, 324.

Freilich ist diese Einschränkung in der Praxis weniger fühlbar, als es bei theoretischer Betrachtung scheint: Die meisten Gewinnchancen schlagen sich im Verkaufs- oder Mietwert des Objekts nieder und werden dadurch entschädigungsfähig. Zwar wird der Ausfall der normalen Mieterträge aus einem noch zu errichtenden Gebäude dem Eigentümer des Grundstücks nicht ersetzt, aber in der Endabrechnung hat er doch häufig keinen oder jedenfalls keinen hohen Schaden. Er erhält Entschädigung dafür, daß er sein Grundstück nicht nutzen konnte, und zwar in Höhe der Bodenrente.[225] Im übrigen hat er bis zum Bau noch entsprechend der Höhe der Baukosten Zinseinnahmen aus dem angesparten Kapital oder er spart Zinsen für Fremdkapital. Schwer trifft ihn allerdings die Erhöhung der Baukosten infolge der Verzögerung des Baus. **70**

Die Chance der branchenüblichen Weiterentwicklung eines Gewerbebetriebs zählt der BGH nicht zur geschützten Substanz.[226] In älteren Entscheidungen hatte er zwar auch die Chance einer echten Erweiterung oder Neuerrichtung nicht berücksichtigt, aber Entschädigung gewährt, als die Modernisierung eines Geschäfts verhindert[227] oder die Bebauung eines bereits als Betriebsgrundstück vorgesehenen Grundstücks verboten wurde.[228] Die Entschädigung für rechtswidrige Eingriffe in Gewerbebetriebe wird auch dadurch reduziert, daß der BGH nur sehr zurückhaltend einen Eingriff in den eingerichteten ausgeübten Gewerbebetrieb annimmt.[229] **71**

Entschädigungspflichtig ist wie bei der Enteignung grundsätzlich der Begünstigte. Allerdings ist möglicher Anspruchsgegner beim rechtswidrigen enteignungsgleichen Eingriff immer nur die öffentliche Hand, nicht ein Privater, der zufällig aus dem Eingriff Vorteile gezogen hat. Überhaupt werden beim enteignungsgleichen Eingriff selten Vorteile im Sinn des Enteignungsrechts entstehen. Mangels eines konkreten Vorteils tritt an die Stelle des Begünstigten derjenige Verwaltungsträger, dessen Aufgaben erfüllt wurden, dh in der Regel der, der eingegriffen hat.[230] **72**

225 Zur Berechnung im einzelnen BGHZ 30, 338, 352f; ferner BGHZ 65, 182, 189; BGH NJW 1980, 1567, 1571; auch BGHZ 129, 124, 127ff, wo der BGH unter dem Gesichtspunkt des enteignenden Eingriffs Entschädigung wegen Fluglärms für ein Baugrundstück, aber nicht für ein in Kenntnis der Lärmbelästigung errichtetes Haus gewährte; zur Vorteilsausgleichung BGH NJW 1989, 2117.

226 BGHZ 57, 359, 368ff; BGH NJW 1972, 1574f; jedoch BGHZ 60, 126, 131, 133f, wo eine Entschädigung wegen Versagung einer noch nicht begonnenen Auskiesung gewährt wurde. Ferner BGH NJW 1976, 1312, wo bei einem länger andauernden Eingriff durch S-Bahnbau Mindererträge berücksichtigt wurden, die dadurch entstanden, daß während der Behinderung rechtmäßig errichtete Bauten nicht voll benutzt werden konnten.

227 BGH NJW 1959, 1775f.

228 BGH NJW 1965, 2101, 2104, ein Grenzfall, wie sich am Vergleich zu BGHZ 30, 281, 286ff, BGH DVBl 1968, 216 und BGH NJW 1980, 387 zeigt.

229 BGHZ 111, 349, 355ff; dazu *Rinne* DVBl 1993, 869ff, der aber (872) darauf hinweist, daß Entwicklungsmöglichkeiten in der Rspr des BGH nicht völlig außer Betracht bleiben.

230 Dazu BGHZ 40, 49, 52 mwN; bestätigt durch BGHZ 60, 126, 143ff; BGH NJW 1976, 1840, 1841f; BGHZ 90, 17, 20f; BGHZ 91, 243, 253f; BGH JZ 1973, 630 nimmt an, daß im Zweifel die überörtliche Gemeinschaft, nicht die Gemeinde als begünstigt anzusehen ist, wenn die Gemeinde nicht selbst eingegriffen hat. BGHZ 99, 262, 272ff lehnt

4. Vorrang des Primärrechtsschutzes und Mitverschulden

73 Die Schärfe, mit der das BVerfG auf den Vorrang des primären Rechtsschutzes (Abwehr durch Klage vor dem Verwaltungsgericht) hinweist,[231] hätte nahegelegt, eingreifende Verwaltungsakte, die der Bürger nicht angefochten hat, als rechtmäßig zu behandeln und deshalb einen Anspruch wegen enteignungsgleichen Eingriffs zu verneinen. Dies lehnt der BGH jedoch (ebenso wie bei der Amtshaftung[232]) ab und hält sich nur an rechtskräftige (verwaltungsgerichtliche) Urteile für gebunden, welche die Rechtmäßigkeit eines Verwaltungsakts bestätigt haben.[233] Die Versäumung eines Rechtsmittels wird nur als Mitverschulden im Sinne des § 254 BGB gewertet.[234] Es gibt danach zwar kein Wahlrecht des Bürgers mehr, den Eingriff abzuwehren oder Entschädigung zu verlangen. Die Versäumung eines Rechtsmittels schließt aber den Entschädigungsanspruch nicht unbedingt aus. Diese flexible Lösung kommt den Bedürfnissen der Praxis entgegen. Oft ist zweifelhaft, ob eine Abwehrklage Aussicht auf Erfolg hat, so daß der Bürger bei unbedingtem Verlangen nach vorheriger Anfechtung des Eingriffsakts in unnötige Prozesse getrieben werden kann.[235] Auch ist zu bedenken, daß die Ausdehnung der Abwehrklagen rechtspolitisch nicht immer erwünscht ist: Für das öffentliche Interesse wichtige Projekte werden durch eine unbedingte Verweisung der betroffenen Bürger auf den Verwaltungsrechtsschutz noch mehr verzögert als bisher, uU führt die Beseitigungsklage zu großen Schäden.[236] Die Diskrepanz zwischen BVerfG und BGH ist jedoch in diesem Punkt unverkennbar.[237]

eine Haftung der Gemeinde ab, die zu einem einen Dritten schädigenden Bauvorhaben ihr Einvernehmen erklärt hatte. Zu diesem Komplex *Schack* JuS 1965, 295ff; ferner BGHZ 65, 182, 189. Nach BGHZ 134, 316, 321ff haftet bei Versagen einer Teilungsgenehmigung sowohl der Träger der versagenden Bauaufsichtsbehörde wie die Gemeinde, die das Einvernehmen versagt hatte.

231 BVerfGE 58, 300, 324; zum Vorrang der Eigentumsgewährleistung vor der Gewährleistung von Entschädigung *Schwerdtfeger* (Fn 24) 9f.

232 BGHZ 86, 356, 359; BGH NVwZ 1986, 76, 77.

233 BGHZ 86, 226, 232f; 95, 28, 35f = JZ 1986, 180 m Anm *Papier*.

234 So BGHZ 92, 34, 50f = JZ 1984, 987 m Anm *Papier* = DÖV 1985, 23 m Anm *Schwabe*; Dazu *Kosmider* (Fn 195) 274ff; auch schon BGHZ 90, 17, 31ff; auch BGHZ 91, 20, 24f zum enteignenden Eingriff; zunächst erschien die Haltung des BGH schärfer, BGHZ 84, 230, 236f; den Primärrechtsschutz betont auch stärker BGHZ 110, 12, 14ff, dazu zust *Hermes* (Fn 137) 733ff; zu diesen Problemen *Boujong* (Fn 159) 139f; *Kreft* (Fn 169) 406ff; *Scherzberg* (Fn 158) 91ff; *Papier* in: Isensee/Kirchhof VI, § 157 Rn 63 spricht sich für die analoge Anwendung des § 839 Abs 3 BGB aus. Ebenso *Ehlers* (Fn 40) 245, der zusätzlich eine einengendere Handhabung des § 839 Abs 3 BGB fordert; *Schlichter* FS Sendler, 1991, 241, 245ff.

235 Vgl etwa den Fall BGHZ 91, 20, bei dem es auf die schwierige und wenig geklärte Frage des Abwehranspruchs gegen wichtige öffentliche Unternehmungen ankam; *Ossenbühl* (Fn 166) 23ff. Die Beispiele, die *Ossenbühl* gibt, überzeugen freilich nicht alle: Bei intendierter, aber rechtswidriger Enteignung fehlt es ebensowenig wie beim Überbau durch eine Straße an einer Entschädigungsnorm bzw der Möglichkeit, den Fall entschädigungsrechtlich zu lösen. BVerfGE 58, 300 ist insoweit kein Hindernis.

236 Insofern sind die Konsequenzen, die *v Brünneck* (Fn 27) 416 aufzeigt, nicht unbedenklich. Daß die Lösung des BGH dogmatisch nicht befriedigen kann, hat *Schmidt-Aßmann*

Der Anspruch aus enteignungsgleichem Eingriff hat sich in der Rechtsprechung des BGH zu einem Tatbestand des Staatshaftungsrechts entwickelt, der das überkommene Amtshaftungsrecht ergänzt und sich von der Enteignung teilweise gelöst hat. Das führt notwendigerweise in der Frage des Mitverschuldens zu Konsequenzen: Der Geschädigte muß sich ein Mitverschulden wie bei jeder anderen Haftungsnorm anrechnen lassen.[238] Die Versäumung eines zumutbaren Rechtsmittels wird vom BGH, wie gezeigt, als Mitverschulden bewertet. 74

V. Der enteignende Eingriff

Ein Entschädigungsanspruch aus enteignendem Eingriff kommt in Betracht, wenn rechtmäßige hoheitliche Maßnahmen bei einem Betroffenen zu Nachteilen führen, die er aus rechtlichen oder tatsächlichen Gründen hinnehmen muß, die aber die Schwelle des enteignungsrechtlich Zulässigen übersteigen.[239] Der BGH hält mit dieser Formulierung auch nach der Neuordnung der eigentumsrechtlichen Dogmatik an der problematischen Figur des enteignenden Eingriffs fest. Wie der enteignungsgleiche muß auch der enteignende Eingriff unmittelbar sein, ja das Erfordernis der Unmittelbarkeit hat hier seine größte Bedeutung. Eine Stadt muß nach Auffassung des BGH nicht für Wasserschäden infolge eines Rohrbruchs in ihrem Leitungssystem eintreten. Die Verlegung und Unterhaltung der Wasserleitung schaffe lediglich eine Gefahrenlage, die erst durch Hinzutreten weiterer Umstände zum Schaden führen könne. Der Schaden des Klägers habe sich ganz außerhalb einer von der Stadt getroffenen hoheitlichen Maßnahme auf Grund dieser Gefahrenlage konkretisiert. Diese Wendungen und auch die weitere Argumentation des BGH in diesem Fall, insbesondere seine Ablehnung einer öffentlich-rechtlichen Gefährdungshaftung, zeigen, daß das Gericht die Haftung aus Enteignung nicht ohne weiteres zu einer Gefährdungshaftung werden lassen wollte.[240] Hier lag und 75

(Fn 96) 119f mit Recht betont. *W. Sass* Art 14 GG und das Entschädigungserfordernis, 1992, 367ff will dagegen den enteignenden Eingriff im weiteren Umfang aufrechterhalten, um bei Überschreiten der Regelbelastungsgrenze selbst unvermeidbare Unterlassungs- und Beseitigungsklagen auszuschließen, die bei rechtswidriger Beeinträchtigung begründet sein müßten.

237 Schon *Hendler* (Fn 162) 882; sehr scharf *Böhmer* (Fn 10) 195ff, der den ordentlichen Gerichten überhaupt die Kompetenz bestreitet, über das Vorliegen einer Enteignung zu entscheiden. Daran hält BGHZ 95, 28, 35 jedoch ausdrücklich fest.

238 BGHZ 56, 57, 64ff, allerdings in den tragenden Gründen auf § 254 Abs 2 BGB beschränkt. Ebenso schon vorher zur Aufopferung BGHZ 45, 290, 294ff; BGHZ 91, 243, 258ff; *Bettermann* in: Bettermann/Neumann/Nipperdey/Scheuner, Grundrechte III/2, 779, 864; im Gegensatz zum Amtshaftungsanspruch werden Ausländer nicht schlechter gestellt als Inländer, BGH NJW 1980, 1567, 1570.

239 BGHZ 117, 240, 252.

240 BGHZ 55, 229; ähnlich BGH NVwZ 1992, 913; als Gegenbeispiele BGHZ 57, 370; BGH JR 1976, 478; BGH NJW 1978, 1051. Bes deutlich zeigt BGH NJW 1980, 770, wie unsicher das Kriterium der Unmittelbarkeit ist. Der BGH gewährt danach Entschädigung, wenn sich eine besondere typische Gefahr verwirklicht. Dies gilt zB nicht, wenn eine beschlagnahmte Sache durch Dritte beschädigt wird, BGHZ 100, 335, 338f; Un-

liegt die Hauptbedeutung der Unmittelbarkeit.[241] Keine Entschädigung wird gewährt, wenn sich als Folge rechtmäßigen staatlichen Handelns, das den Betroffenen keiner rechtswidrigen Gefährdung aussetzte, das allgemeine Lebensrisiko realisiert hat.[242]

76 Der enteignende Eingriff gibt dem BGH die Möglichkeit, Entschädigung für zufällige Schäden zu gewähren, die sich als Folge rechtmäßiger hoheitlicher Handlungen ergeben. Es kommen etwa in Frage: nicht vorhersehbare Schäden durch Schießübungen der Bundeswehr, Straßen- und U-Bahnbauten, Immissionen öffentlicher Unternehmen. Diese Schäden sind – so die Rechtsprechung des BGH, der zwischen rechtmäßigen und rechtswidrigen Handlungen unterscheidet[243] – nicht auf rechtswidrige Handlungen zurückzuführen. Die Frage, ob enteignende Eingriffe trotz fehlender Entschädigungsnorm im Hinblick auf die Junktim-Klausel rechtmäßig sein konnten, wurde dabei nicht gestellt. Im Grunde hätte klar sein müssen, daß eine Duldungspflicht der Betroffenen – sah man den Eingriff im Sinne des weiteren Enteignungsbegriffs als Enteignung an – schon wegen Verletzung der Junktim-Klausel nicht bestand,[244] der Eingriff also, wo es nicht um unvorhersehbare und nicht abwehrbare Zufallsfolgen rechtmäßiger Handlungen ging, rechtswidrig war. Dies gilt auch nach der dogmatischen Neuorientierung: Viele Fälle des enteignenden Eingriffs stellen sich als ausgleichspflichtige Inhaltsbestimmungen dar, die nur rechtmäßig sein können, wenn eine Entschädigung vorgesehen ist. Der enteignende Eingriff geht insoweit in der ausgleichspflichtigen Inhaltsbestimmung auf.[245] Ist keine Entschädigung vorgesehen, hilft die Unterscheidung von Handlungs- und Erfolgsunrecht nicht weiter. Eine Handlung, deren rechtswidriger Erfolg voraussehbar ist, kann nicht rechtmäßig sein.[246]

77 Der enteignende Eingriff hat darum keine Berechtigung mehr in den Fällen, in denen über das zu duldende Maß hinausgehende Eigentumsbeeinträchtigungen vorhersehbar und deshalb auch abwehrbar sind. Zu denken ist an Schädigungen durch Straßen- und U-Bahnbauarbeiten und durch Immissionen öffentlicher

mittelbarkeit wurde auch für die Waldschäden verneint, BGHZ 102, 350, 358. Bei Schäden, die durch von vornherein fehlerhafte öffentliche Einrichtungen oder Bauten verursacht werden, ist anders zu entscheiden: BayObLG NJW-RR 1990, 284 (Überschwemmung wegen zu engen Brückendurchlasses).

241 Zur Unmittelbarkeit noch BGHZ 48, 46, 49; BGH VersR 1972, 1047; BGHZ 91, 243, 253 f mwN.

242 So die Argumentation in BGHZ 46, 327 (Turnunfall in der Schule, zur Aufopferung).

243 BGH NJW 1965, 1907, 1908 (U-Bahnbau an der Buschkrugbrücke in Berlin); auch BGH JR 1976, 478, 480 f; BGH NJW 1976, 1312. Ältere Entscheidungen zeigen in dieser Frage Unklarheit: BGH NJW 1964, 104; BGH DÖV 1965, 203; BGHZ 28, 310; BGHZ 37, 44.

244 Dazu *Bothe* JuS 1976, 516; *Schmidt* JZ 1977, 123 ff; *Weyreuther* (Fn 21) 32 ff; für die Möglichkeit einer Duldungspflicht wegen der richterrechtlich gewährleisteten Entschädigungspflicht *Schwerdtfeger* (Fn 24) 37.

245 *Maurer* (Fn 9) § 26 Rn 108

246 Mit Recht krit zu dieser Unterscheidung *Ossenbühl* (Fn 8) 228. Zutr OLG München NVwZ 1994, 482: für vorhersehbare Überschwemmungsschäden, die durch einen unsachgemäß angelegten Weg verursacht wurden, Entschädigung wegen enteignungsgleichen Eingriffs.

Unternehmungen aller Art, zB auch durch Straßenlärm. Der Bürger kann sich hiergegen je nach Lage des Falles in verschiedenen Formen wehren, zB durch Anfechtung von Genehmigungen und Planfeststellungen, Normenkontrollanträge gegen Bebauungspläne nach § 47 VwGO oder auch durch schlichte Unterlassungsklagen.[247] Zwar läßt sich im allgemeinen Aufopferungsanspruch auch insoweit eine Grundlage für eine Entschädigung finden,[248] jedoch wird der vom BVerfG geforderte Vorrang des Primärrechtsschutzes mißachtet,[249] wenn ohne weiteres Entschädigung zugesprochen wird, ohne Rücksicht darauf, ob der Bürger sich um eine mögliche Abwehr der Beeinträchtigung bemüht hat. Die Verweisung auf die Möglichkeit der Entschädigung nach allgemeinen Grundsätzen der Aufopferung vermag jedenfalls die Maßnahme und damit eine Duldungspflicht nicht zu rechtfertigen.

Die Rechtsprechung zum enteignenden Eingriff, der trotz Fehlens einer Entschä- **78**
digungsnorm rechtmäßig sein soll, kann daher in der bisherigen Form nach BVerfGE 58, 300 nicht in vollem Umfang aufrecht erhalten werden. Davon sind die Fälle der unvorhersehbaren, unfallartigen,[250] unzumutbaren Zufallsfolgen hoheitlicher Maßnahmen, zB Schäden aus Kanalarbeiten,[251] nicht betroffen. Insoweit[252] kann der „enteignende Eingriff" – ob unter dieser oder unter einer anderen Bezeichnung – beibehalten werden.[253] Die Frage einer Duldungspflicht stellt sich ebensowenig wie die der vorrangigen Abwehrklage.[254]

Die Abgrenzung im einzelnen bleibt schwierig. Unvorhersehbare Beeinträchti- **79**
gungen können auch auftreten, wenn eine Planung mit Prüfung von Entschädigungsansprüchen abgeschlossen ist. Der BGH will den enteignenden Eingriff in solchen Fällen auf die Überschreitung des enteignungsrechtlich Zumutbaren beschränken. Die Schwelle des enteignungsrechtlich Zumutbaren soll über der Schwelle der Entschädigungspflicht nach dem Fachplanungsrecht liegen.[255] Während über den fachplanungsrechtlichen Ausgleich die Verwaltungsbehörden und Verwaltungsgerichte entscheiden, hält der BGH für Ansprüche aus enteignendem Eingriff die ordentlichen Gerichte für zuständig. Da der Geschädigte regel-

247 Die Auffassung *Papiers* (Fn 96) 39f, wegen der Nebenfolgen hoheitlicher Realakte sei ein primärer Rechtsschutz immer ausgeschlossen, geht zu weit.

248 BGHZ 91, 20, 28; 97, 114, 117; 122, 76, 77f; BGHZ 129, 124, 126f hält an dieser Rspr fest.

249 Dazu zutr *Heinz/Schmitt* (Fn 97) 520f, die mit Recht darauf hinw, daß zB Beeinträchtigungen durch U-Bahnbauten vorhersehbar sind. Ähnlich *Sass* (Fn 236) 371f, aber mit anderer Konsequenz.

250 So *Schmitt-Kammler* (Fn 109) 2520.

251 BGH DÖV 1965, 203; auch BGHZ 28, 310; 45, 150 (negativ entschiedener Fall des Elbleitdamms); ferner BGHZ 78, 41; BGH NJW 1980, 1679. Zu diesen Problemen *Peter* JZ 1969, 549, 557.

252 Weitergehend *Sass* (Fn 236) 367ff.

253 *Bender* JZ 1986, 829 möchte den enteignenden Eingriff auf diese Fälle der Zufallschäden beschränken; ähnlich *Schmidt-Aßmann* (Fn 96) 122; *Maurer* (Fn 9) § 26 Rn 109.

254 *Ossenbühl* (Fn 166) 27, der jedoch den Bereich des enteignenden Eingriffs zu weit ausdehnt; *Boujong* (Fn 159) 142. Vgl zur „Zufallsenteignung" *Kimminich* (Fn 155) 1ff, bes 7.

255 BGHZ 97, 114, 118 = JZ 1986, 544 m insoweit abl Anm *Papier*; BGHZ 122, 76, 76, 77ff. Dezidiert gegen den BGH mit Recht *Sass* (Fn 236) 372ff.

mäßig einen einheitlichen Anspruch geltend macht, zudem die Verwaltungsgerichte nach § 17 Abs 2 GVG nF auch über die eventuellen Ansprüche aus enteignendem Eingrifff entscheiden können, ist diese Unterscheidung im allgemeinen praktisch nicht durchzuhalten. Es wäre auch absurd, wenn der Geschädigte bei verschiedenen Gerichten verschiedene Teile der Entschädigung einklagen müßte.[256] Es ist vielmehr anzunehmen, daß die Entschädigung, welche das Fachplanungsrecht gewährt, die Entschädigung wegen enteignenden Eingriffs im Sinne des BGH umfaßt.[257]

80 Es bleibt ein problematischer Fall: Im Planungsverfahren wurde ein Entschädigung abgelehnt, hinterher stellt sich heraus, daß die neue Anlage (Straße, Flughafen oder dgl) wider Erwarten zu einer sehr schweren Beeinträchtigung führt, welche als enteignender Eingriff im Sinne des BGH einzuordnen ist. Geht man von einem einheitlichen Entschädigungsanspruch aus, ist mit der bestandskräftigen Ablehnung auch über die Entschädigung aus enteignendem Eingriff endgültig entschieden.[258] Dies kann, sollen unerträglich unrichtige Ergebnisse vermieden werden, jedoch nur grundsätzlich gelten. Die Entschädigung aus enteignendem Eingriff soll gerade die unvorhersehbaren Zufallsschäden erfassen. Zu diesen lassen sich auch solche Schäden rechnen, für die zwar generell eine Entschädigung vorgesehen ist, die aber im konkreten Fall nicht erwartet wurden. Hat also eine Fachplanungs- oder sonst für die Entscheidung über die Entschädigung zuständige Behörde eine Entschädigung abgelehnt, weil die Entschädigungsschwelle des Fachplanungsrechts nicht erreicht sei, kann eine Entschädigung wegen enteignenden Eingriffs später jedenfalls nicht mit der Begründung abgelehnt werden, es sei bestandskräftig entschieden. Eine derart rigorose Praxis muß sich schon aus dem – beim enteignungsgleichen Eingriff erwähnten Grund[259] – verbieten, daß der Bürger zur Verhinderung von Anlagen nicht zum äußersten Widerstand getrieben werden sollte. Nachzudenken ist allenfalls darüber, ob eine Pflicht zum Wiederaufgreifen des Verfahrens bezüglich der Entschädigung (§ 51 VwVfG) nicht die bessere Lösung wäre als eine nachträglich zugesprochene Entschädigung wegen enteignenden Eingriffs. Bei Planungen nach den §§ 72 ff. VwVfG kommt ein Entschädigungsanspruch nach § 75 Abs 2 S 2–4 VwVfG in Frage.[260]

81 Soweit der enteignende Eingriff aufrechterhalten werden kann, ist bezüglich der Entschädigung und des Entschädigungspflichtigen auf den enteignungsgleichen Eingriff zu verweisen.

[256] IdS schon BVerwGE 77, 285, 295, 296 ff; dazu *Ossenbühl* (Fn 8) 237.

[257] So mit Recht *Ossenbühl* (Fn 8) 237.

[258] IdS *Ossenbühl* (Fn 8) 238. Der BGH hatte sich mit einem solchen Fall noch nicht zu befassen. BGHZ 97, 114 und BGHZ 122, 76 betrafen Fälle, in denen über die Entschädigung nicht endgültig entschieden war.

[259] S o Rn 73.

[260] BVerwG NVwZ 1989, 253 (noch zu § 17 Abs 4 S 2 FStrG aF); dazu *Alexander* NVwZ 1991, 318, 322; *Wallmann* DÖV 1991, 1011, 1013 f.

VI. Aufopferung

1. Tatbestand

a) *Objekt der Aufopferung.* Die Entschädigung wegen Aufopferung wird entsprechend der Entschädigung wegen Enteignung oder enteignungsgleichen Eingriffs gewährt, wenn durch einen Hoheitsakt in nichtvermögenswerte Rechtsgüter wie Leben, Gesundheit, körperliche Unversehrtheit oder persönliche Freiheit eingegriffen und dadurch dem Betroffenen ein besonderes Opfer zugunsten der Allgemeinheit auferlegt wird, das Vermögensschäden zur Folge hat. **82**

Ob und inwieweit außer den genannten Rechtsgütern noch weitere in den Schutzbereich der Aufopferung einbezogen werden können,[261] ist zweifelhaft. In der Diskussion ist eine Erweiterung auf das allgemeine Persönlichkeitsrecht, das die Ehre des Menschen umfaßt. Wenn eine Verletzung des Persönlichkeitsrechts Schadensersatzansprüche auslösen kann, wäre es an sich konsequent, das Recht auch als Schutzgut der Aufopferung zu betrachten.[262] Sehr große praktische Bedeutung dürfte diese Erweiterung jedoch kaum erlangen, da es sich bei den Ansprüchen wegen Verletzung des allgemeinen Persönlichkeitsrechts zumeist um Schmerzensgeldansprüche handelt, die bei der Aufopferung ohnehin nicht berücksichtigt werden. Immerhin könnte zB die in der Vorenthaltung einer verdienten Qualifikation (Examen!) liegende Verletzung des Persönlichkeitsrechts auch einmal Vermögensschäden zur Folge haben. Noch weiter gehen Forderungen, welche andere grundrechtlich geschützte Positionen einbeziehen wollen und so auch bei Eingriffen in die Berufsfreiheit zur Aufopferungsentschädigung kommen. Damit ließen sich über die Aufopferung Beschränkungen der Entschädigung wegen enteignungsgleichen Eingriffs überspielen, die der BGH bisher mit seinem Abstellen auf den Bestandsschutz aufrechterhalten hat. Die rechtswidrige Untersagung einer beruflichen Betätigung, zB der Eröffnung eines Gewerbebetriebes, wäre dann ein Aufopferungsentschädigung auslösender Eingriff in die Berufsfreiheit.[263] **83**

b) *Abgrenzung der Aufopferung.* Rechtmäßigkeit und Rechtswidrigkeit spielen bei der Aufopferung nicht ganz dieselbe Rolle wie bei der Enteignung. Der rechtmäßige entschädigungspflichtige Eingriff in Leben oder Gesundheit ist kaum denkbar, denn wann sollte der Staat – abgesehen von den Fällen des rechtmäßigen **84**

261 Dafür zumindest de lege ferenda *Ferschl* Der öffentlich-rechtliche Aufopferungsanspruch, Diss Passau, 1992, 200ff, für Ausdehnung auf Eingriffe in die Berufsfreiheit (243ff).

262 IdS *Dürig* in: Maunz/Dürig, GG, Art 2 Abs 1 Rn 27; ebenso *Papier* in: Maunz/Dürig, GG, Art 34 Rn 53; unentschieden BGHZ 50, 14, 18f; angesichts der Anforderungen, die BGH DÖV 1972, 206 und BGH DVBl 1977, 183 (beide zur Amtshaftung) an die Verletzung des Persönlichkeitsrechts stellen, dürften praktische Fälle selten werden.

263 IdS *Battis* Erwerbsschutz durch Aufopferungsentschädigung, 1969, 98ff mwN; *Löwer* (Fn 179) 418ff; *Scheuing* FS Bachof, 1984, 362; *Ehlers* (Fn 40) 243f; *Schenke* NJW 1991, 1777, 1779f; *Maurer* (Fn 9) §27 Rn 3; vorsichtige Öffnung befürwortend *Ossenbühl* (Fn 150) 496; *ders* (Fn 8) 204ff; krit zu solchen Tendenzen *Wolff/Bachof* (Fn 14) §61 Ie; abl auch BGHZ 111, 349, 355ff mit klarer Unterscheidung des Schutzes nach Art 12 und Art 14 GG; dazu zust *Rinne* (Fn 229) 869ff; BGH NJW 1994, 1468 und 2229; BVerfG NVwZ 1998, 271.

Vorgehens gegen Rechtsbrecher – das Recht haben, Leben oder Gesundheit seiner Bürger zu zerstören oder ernsthaft zu beeinträchtigen?[264] Als Fälle rechtmäßiger Aufopferung verbleiben daher nur diejenigen, in denen der Bürger durch hoheitliche Maßnahmen rechtmäßig einer besonderen Gefahr ausgesetzt wird, die sich in einzelnen Fällen realisiert und dadurch dem Betroffenen ein besonderes Opfer auferlegt.[265] Das gilt zB für die Impfschäden, die der BGH im Gegensatz zum RG als Aufopferungsschäden anerkannt hat.[266]

85 Im übrigen ist die Aufopferung dem enteignungsgleichen bzw dem enteignenden Eingriff vergleichbar. Es handelt sich also entweder von vornherein um rechtswidrige Eingriffe[267] oder um rechtswidrige Zufallsfolgen,[268] für welche der Staat einzustehen hat. Immer wieder auftretende Beispiele bietet das Polizeirecht: Verletzt ein Polizist einen Passanten durch einen Fehlschuß, also durch rechtswidriges (fahrlässiges) Handeln, so ist ebenso Entschädigung zu leisten wie für rechtmäßiges Handeln, das infolge eines technischen Fehlers (der berühmte „Querschläger") zu einem Schaden führt.[269] Wie bei der Enteignung kann aus der Gesetzwidrigkeit des staatlichen Handelns auf das Sonderopfer geschlossen werden.[270] Bei sonstigen Eingriffen muß dagegen wie bei der Enteignung das Sonderopfer besonders begründet werden. Die Beeinträchtigung des Betroffenen muß über das hinausgehen, was allen (uU allen aus einer Gruppe) zugemutet wurde.[271]

86 Aus diesen Gründen sind normale Impfreaktionen entschädigungslos hinzunehmen.[272] Der BGH war anscheinend auch der Meinung, daß Tod und schwere Gesundheitsbeschädigung zu den entschädigungslos in Kauf zu nehmenden Folgen des Wehrdienstes gehörten. Er verneinte Aufopferungsansprüche der Kriegsopfer mit dem Argument, die Wehrdienstgesetze verlangten ganz allgemein von allen dazu tauglichen Männern, im Krieg Wehrdienst zu leisten und die damit verbundenen Nachteile und Gefahren auf sich zu nehmen.[273] Er verkannte dabei, daß,

[264] *Rüfner* (Fn 14) 34f. *Schmitt-Kammler* (Fn 163) 474 hält diesen entspr der Enteignung umrissenen Tatbestand der Aufopferung für sehr eng.

[265] *Ossenbühl* JuS 1970, 276, 277, 281, der mit Recht darauf hinweist, daß nur sehr selten der Zwang selbst die Sonderopferlage begründe.

[266] BGHZ 9, 83; vgl dazu jetzt § 51ff BSeuchG; *Schiwy* Impfung und Aufopferungsentschädigung, 1974; BGH NVwZ 1990, 2311.

[267] Zu dieser Unrechtshaftung, jedoch mit Kritik der Ableitung aus der Aufopferung *Schmitt-Kammler* (Fn 163) 476ff.

[268] *Schmitt-Kammler* (Fn 163) 475 spricht von Unfallhaftung.

[269] Die Fälle sind vielfach im Polizeirecht bes geregelt, s u § 49 Rn 2f.

[270] Vgl jedoch BGHZ 65, 196, 206ff: Kein Sonderopfer des Wehruntauglichen, der zum Wehrdienst einberufen wird und dadurch Zeit verliert, da das „Mehr an Freiheit" nicht Zweck seiner Verschonung ist. Vgl auch BGHZ 66, 118, 122, dazu *Pagenkopf* NJW 1977, 1519f.

[271] BGHZ 36, 379, 391; der BGH war allerdings einer dezidierten Stellungnahme enthoben. Grundsätzlich hierzu *Krumbiegel* (Fn 107) 27f.

[272] § 52 BSeuchG, der auf der Rspr des BGH beruht.

[273] BGHZ 20, 61, 64; auch BGH NJW 1970, 1231; iSd BGH *Bender* (Fn 134) Nr 125; *Ferschl* (Fn 261) 107; anders, Aufopferung bejahend *Rohwer-Kahlmann* FS Bogs, 1959, 303ff; *ders* Zeitschrift für Sozialreform 1970, 260; *Obermayer* Rechtsnatur der Kriegsopferansprüche, München o J (ca 1964); *Berg* FS Bogs, 1967, 19ff.

wie bei der Impfung, nur die Gefährdung, nicht die Folgen für die Betroffenen gleich sind.[274]

Kein Sonderopfer ist auch dort anzunehmen, wo sich nur das allgemeine Lebensrisiko realisiert hat, wenn auch zufällig im staatlichen Bereich. Mit dieser Begründung lehnte der BGH eine Aufopferungsentschädigung wegen eines Turnunfalls in der Schule ab, der trotz Beachtung aller Sorgfalt vorgekommen war.[275] Überhaupt muß das Risiko, das zu der Beschädigung geführt hat, dem Staat zugerechnet werden können. Ist das nicht der Fall, ist die Opfergrenze nicht überschritten.[276] **87**

Zur Begrenzung der Aufopferung kann ansonsten im wesentlichen auf das verwiesen werden, was zur Enteignung ausgeführt wurde. Akte der Rechtsprechung können grundsätzlich keine Ansprüche auslösen.[277] Eine Aufopferung durch Unterlassen scheidet ohnehin aus. Die Unmittelbarkeit wird ebenso wie beim enteignungsgleichen Eingriff gefordert, nicht aber die Finalität.[278] Der Eingriff muß wenigstens seiner Intention nach (auch) dem Wohl der Allgemeinheit dienen.[279] Dagegen war der BGH in der Frage des Zwangs großzügig. Zwar lösen freiwillige Opfer keine Ansprüche aus, es genügt jedoch das „psychologische Abfordern", etwa durch eine allgemeine Empfehlung einer Impfung.[280] Auch wird die Entschädigung nicht verweigert, wenn ein Kranker einer gesetzlichen Pflicht zur ärztlichen Behandlung freiwillig nachgekommen ist.[281] **88**

c) *Aufopferung und Spezialregelungen.* Eine wesentliche Beschränkung des Aufopferungsanspruchs ergibt sich daraus, daß zwar eine Konkurrenz mit dem Amtshaftungsanspruch möglich ist, daß aber spezielle Ansprüche gegen die öffentliche Hand, die auf dem Aufopferungsgedanken beruhen oder einen Schadensausgleich anstreben, den allgemeinen Aufopferungsanspruch ausschließen.[282] Das **89**

274 *Rüfner* (Fn 14) 34f; BGH NJW 1980, 770 läßt (für den enteignenden Eingriff) eine bes von der Verwaltung geschaffene Gefahrenlage genügen.

275 BGHZ 46, 327; dazu *Ossenbühl* (Fn 265) 276ff; *Forkel* JZ 1969, 7ff. Aufgrund der Entscheidung wurde die Nr 14 in § 539 Abs 1 RVO eingefügt (jetzt § 2 Abs 1 Nr 8 SGB VII).

276 BGHZ 17, 172, 174ff (Gefährdung durch Strafvollzug geht zu Lasten des Gefangenen); dazu krit *Tiedemann* NJW 1962, 1760, 1761f; diff BGHZ 60, 302, 303ff (bei einem Untersuchungsgefangenen kommt es darauf an, ob er die Freiheitsentziehung selbst verschuldet hat). Bei Unterbringung eines Geisteskranken in einer Heil- und Pflegeanstalt bejaht BGH NJW 1971, 1881, 1882f die Aufopferungslage. Danach dürfte die Gurtanlegepflicht entgegen *Müller* NJW 1983, 593ff keine Aufopferungsansprüche begründen können. Zu Entschädigungsansprüchen staatlich geförderter Hochleistungssportler *Burmeister* NJW 1983, 2617ff.

277 BGHZ 36, 379, 383f; 50, 14, 19ff; dazu krit *Konow* JR 1969, 6ff.

278 *Bender* (Fn 134) Nr 120f. Im Ampelfall, BGHZ 54, 332, wäre also auch für eine etwaige Körperverletzung die Entschädigung versagt worden. Vgl jedoch die Formulierung des BGH in NJW 1971, 1881, 1883, wonach das Opfer nicht unmittelbar durch den Eingriff bewirkt sein müsse.

279 BGHZ 36, 379, 388; *Ossenbühl* (Fn 8) 113f; ausf zum bes Opfer *Forkel* (Fn 275) 7ff.

280 BGHZ 24, 45; BGHZ 31, 187; für die Impfung siehe jetzt § 51 BSeuchG.

281 BGHZ 25, 238, 242.

282 MünchKomm/*Papier* § 839 Rn 57f.

steht mit dem heute überwiegend angenommenen Verfassungsrang der Aufopferung nicht im Widerspruch. Ersichtlich bewertet zwar das GG, das Menschenwürde, Freiheit und Unverletzlichkeit der Person im Katalog der Grundrechte voran stellt, Leben und Gesundheit nicht geringer als Vermögenswerte. Das heißt jedoch nicht, daß sich aus dem GG schon auf Heller und Pfennig die Höhe der Aufopferungsentschädigung herauslesen ließe. Der Gesetzgeber kann daher Art und Ausmaß der Entschädigung in billiger Weise regeln.[283]

90 Die §§ 51ff BSeuchG schließen daher für Impfschäden den allgemeinen Aufopferungsanspruch aus. Die Aufopferung hat für Impfschäden somit de lege lata keine praktische Bedeutung mehr. Besondere Ausprägungen des Aufopferungsgedankens enthalten auch die Entschädigungsvorschriften des Polizeirechts, soweit sie sich auf Personenschäden beziehen,[284] und die Regelungen über die Entschädigung wegen unschuldig erlittener Haft.[285] Sehr wichtig ist, daß Aufopferungsansprüche nicht entstehen, soweit der Schaden durch die Sozialversicherung abgedeckt wird, da der Geschädigte seinen Schaden bereits auf die Allgemeinheit abwälzen kann. Es gilt also nicht die allgemeine Regel, nach der der Anspruch gem § 116 SGB X auf die leistende Versicherung übergeht. Vielmehr entsteht der Aufopferungsanspruch überhaupt nicht.[286]

2. Entschädigung

91 Zur Höhe der Entschädigung fehlen so fest umrissene Kriterien wie bei der Enteignung, bei der ein berechenbarer Vermögensschaden ausgeglichen werden soll. Grundsätzlich ist angemessener Ausgleich des durch den Eingriff verursachten Vermögensschadens geboten, ein Schmerzensgeld ist ausgeschlossen.[287] § 844 BGB ist anzuwenden.[288] Da die Berechnung des angemessenen Ausgleichs bei Körperschäden erhebliche Schwierigkeiten bereitet, neigt der BGH in neuerer Zeit dazu, die Kriegsopferversorgung zum Maßstab der Entschädigung zu nehmen. Der Gesetzgeber hat sich dem bei der Neuregelung des Impfschädenrechts angeschlossen,[289] mit einer weiteren Entwicklung in diese Richtung ist zu rechnen.

[283] *Wolff/Bachof* (Fn 14) § 61 Ib mwN; *Bender* (Fn 134) Nr 756ff; *Rüfner* (Fn 14) 36; s a BVerfGE 31, 212.

[284] Dazu u § 49 Rn 2f.

[285] Dazu das Ges über die Entschädigung für Strafverfolgungsmaßnahmen v 8.3.1971, BGBl 1157, das eine Ausprägung des Aufopferungsgedankens ist, *Schätzler* Gesetz über die Entschädigung für Strafverfolgungsmaßnahmen, 2. Aufl 1982, Einleitung Nr 23, 30. – Zum Ausschluß des allgemeinen Aufopferungsanspruchs BGHZ 45, 58, 76ff (entschieden für den Anspruch aus Art 5 Abs 5 der EMRK).

[286] BGHZ 20, 81; der BGH erklärt es für unerheblich, daß die Sozialversicherungsrente anders berechnet wird als eine etwaige Aufopferungsentschädigung. Zur Subsidiarität des Aufopferungsanspruchs *Konow* DVBl 1968, 205ff.

[287] BGHZ 20, 61, 68ff.

[288] BGHZ 18, 286, 289ff; 34, 23.

[289] BGHZ 20, 61, 68ff; § 51 BSeuchG.

Zur Entschädigung verpflichtet ist wie bei der Enteignung grundsätzlich der begünstigte Verwaltungsträger. Regelmäßig ist jedoch bei Gesundheitsbeschädigungen kein Begünstigter vorhanden, so daß der Verwaltungsträger Entschädigung leisten muß, dessen Aufgaben erfüllt wurden.[290] 92

§ 49
Ergänzungen des allgemeinen öffentlich-rechtlichen Schadensersatz- und Entschädigungsrechts

Das allgemeine öffentlich-rechtliche Schadensersatz- und Entschädigungsrecht wird durch eine Vielzahl von Bestimmungen über Schadensersatz und Entschädigung in besonderen Fällen abgeändert und ergänzt. Sie gehören zum größten Teil in spezielle Gebiete des besonderen Verwaltungsrechts und können hier nicht alle aufgeführt werden. Die folgende Darstellung kann nur einen Überblick über die wichtigsten ergänzenden Grundsätze bieten. 1

I. Sonderbestimmungen des Polizeirechts

Im Polizeirecht gibt es besondere Entschädigungsansprüche der Bürger. Nach allen Landesgesetzen ist dem im polizeilichen Notstand in Anspruch genommenen Nichtstörer Entschädigung zu gewähren. Im übrigen divergieren die Regelungen. Entsprechende Ansprüche werden unbeteiligten Dritten teils kraft ausdrücklicher gesetzlicher Vorschrift, teils im Wege der Analogie zugebilligt, wenn sie durch polizeiliche oder ordnungsbehördliche Maßnahmen einen Schaden erlitten haben. Zahlreiche Landesgesetze gewähren nach dem Vorbild Nordrhein-Westfalens (§ 39 Abs 1 Buchst b NWOBG) einen generellen Entschädigungsanspruch wegen rechtswidriger Maßnahmen.[1] 2

[290] BGH NJW 1963, 1828, 1830 (für die Schule der Staat, nicht die Gemeinde entschädigungspflichtig). Zu diesen Fragen *Schack* (Fn 230) 295 ff.

[1] Zu den polizeirechtlichen Entschädigungsvorschriften im einzelnen *Treffer* Staatshaftung im Polizeirecht, 1993, 23 ff; *Friauf* in: Schmidt-Aßmann, Bes VwR, 10. Aufl 1995, 22. Abschn Rn 197 ff; *Drews/Wacke/Vogel/Martens* Gefahrenabwehr, 664 ff; *Götz* Allgemeines Polizei- und Ordnungsrecht, 12. Aufl 1995, Rn 427 ff; zu § 39 Abs 1 b OBGNW BGHZ 92, 302 und BGHZ 99, 249; BGHZ 126, 279, 283 ff (zur Entschädigung des Anscheinstörers); BGH NJW 1994, 2087, 2088 f; einschränkend BGHZ 86, 356 (keine Entschädigung des Nachbarn, wenn keine nachbarschützende Norm verletzt); BGHZ 123, 191, 198 f einschränkend zum Schutzzweck der Norm und deshalb verneinend, wenn Baubehörde trotz aller Sorgfalt Baugenehmigung für belastetes Grundstück erteilte; *Fink* NVwZ 1992, 1045 ff, der wie der BGH die Vorschrift auch auf Fehler bei bauplanungsrechtlichen Entscheidungen anwenden will. Zum weiten Begriff der Maßnahme iS dieser Bestimmungen BGH v 22.1.1998, DVBl 1998, 328 mwN. BGHZ 125, 258, 262 f will § 68 Abs 1 S 2 rhpf PVG (anders als § 39 Abs 1 b OBG NW) nicht auf Baubehörden erstrecken.

3 Soweit diese Sonderbestimmungen nicht eingreifen, bestehen die allgemeinen Ansprüche wegen enteignungsgleichen Eingriffs und Aufopferung. Sie können – im Gegensatz zu den Amtshaftungsansprüchen – nicht mit den Ansprüchen aus den erwähnten Sonderregeln konkurrieren: Die Sonderregeln sind nämlich verfassungsrechtlich unbedenkliche Einzelausgestaltungen der Ansprüche aus Aufopferung und enteignungsgleichem Eingriff, die an die Stelle der Ansprüche nach den allgemeinen Grundsätzen treten. Das gilt nicht nur für die Aufopferung, die ohnehin gegenüber anderen Ansprüchen gegen die öffentliche Hand subsidiär ist,[2] sondern auch für den enteignungsgleichen Eingriff, dessen Einzelausgestaltung dem nach der Kompetenzordnung des GG zuständigen Gesetzgeber zusteht.[3]

II. Entschädigung bei Widerruf oder Rücknahme begünstigender Verwaltungsakte

4 Schon in älterer Zeit gab es im Polizeirecht Entschädigungsansprüche bei Widerruf von begünstigenden Verwaltungsakten. Nach dem 2. Weltkrieg beschränkte die Rechtsprechung die Rücknahme rechtswidriger begünstigender Verwaltungsakte aus dem Gedanken des rechtsstaatlichen Vertrauensschutzes. In den Verwaltungsverfahrensgesetzen des Bundes und der Länder (§§ 48, 49) sind nunmehr die Zulässigkeit von Widerruf und Rücknahme sowie Entschädigungsansprüche bei Widerruf oder Rücknahme eingehend geregelt. Diese allgemeinen Bestimmungen haben Vorschriften in Spezialgesetzen (zB im Baurecht) weitgehend entbehrlich werden lassen, die es nur noch gelegentlich gibt, zB im Immissionsschutzrecht (§ 21 BImSchG)[4] und im Atomrecht (§§ 17, 18 AtomG).[5]

III. Soziale Entschädigung

5 Von der Verwaltungsrechtslehre wenig bemerkt, ist in den vergangenen Jahrzehnten eine große Zahl von Fällen, für die eine Entschädigung der öffentlichen Hand erforderlich erschien, sozialrechtlich geregelt worden. Vor allem ist auf den langen Katalog des § 2 Abs 1 SGB VII (früher § 539 Abs 1 RVO) hinzuweisen, in dem immer wieder Fallgruppen auftauchen, welche an sich unter die Aufopferung zu rechnen sind oder ihr wenigstens nahestehen. Es sind ua zu nennen: die Verwaltungshelfer (Nr 11 a), die Zeugen (Nr 11 b), die Blutspender (Nr 13 b). Es bestand und besteht die Tendenz, immer dann, wenn sich ein Bedürfnis nach Entschädigung für Körperschäden zeigt, dem die überkommene Aufopferung nicht gerecht wird, den § 2 Abs 1 SGB VII zu erweitern. Typisch dafür war die Reaktion des Gesetzgebers auf BGHZ 46, 37, wo der BGH eine Aufopferungsentschädigung

[2] S o § 48 Rn 89 f.
[3] BGHZ 72, 273, 276 f; 82, 361, 363 f.
[4] Dazu OLG Hamm NVwZ 1990, 693.
[5] Zum Widerruf atomrechtlicher Genehmigungen *Schoch* DVBl 1990, 549 ff.

wegen eines unverschuldeten und nicht auf rechtswidriges Handeln zurückzuführenden Turnunfalls verweigert hatte: Die Entscheidung führte zur Neufassung der Nr 14 des § 539 Abs 1 RVO (jetzt § 2 Abs 1 Nr 8 SGB VII). Danach sind Kinder beim Besuch von Kindergärten, Schüler während des Besuchs allgemeinbildender Schulen und Studierende an Hochschulen durch die Unfallversicherung geschützt. Es handelt sich nicht um eine echte Unfallversicherung, für die Beiträge gezahlt werden, sondern nur um eine Leistungspflicht der öffentlichen Hand entsprechend den Leistungen der Unfallversicherung. Konkurrierende Amtshaftungsansprüche sind teilweise ausgeschlossen.[6]

Für die Impfschäden hat der Gesetzgeber in den §§ 51ff BSeuchG Versorgung nach den Vorschriften über die Kriegsopferversorgung (BVG) vorgeschrieben.[7] Desgleichen richtet sich die Entschädigung der Opfer von Tumultschäden nach dem BVG.[8] Die erkennbare Neigung, die Aufopferungsentschädigung nach den Maßstäben des BVG zu bemessen, wurde schon erwähnt.[9] 6

§ 5 SGB I hat die soziale Entschädigung grundsätzlich umrissen. Damit ist, da § 5 SGB I wie alle anderen Bestimmungen über die sozialen Rechte unmittelbar keine Ansprüche schafft, zwar erst ein Programm entworfen. Die Weichen für die künftige Entwicklung sind jedoch gestellt. Die soziale Entschädigung soll, soweit die Gesetzgebungskompetenz des Bundes dies erlaubt,[10] auf lange Sicht nach dem Muster der (noch fortzuentwickelnden und auf die Bedürfnisse der Friedensgesellschaft auszurichtenden) Kriegsopferversorgung geregelt werden. Mit dem Gesetz über die Entschädigung für Opfer von Gewalttaten (OEG) hat der Gesetzgeber erstmals nach Erlaß des SGB I diesen Prinzipien entsprochen.[11] 7

Inhaltlich unterscheidet sich die sozialrechtliche Entschädigung nach Höhe und Art von der allgemeinen Aufopferungsentschädigung: Es werden feste Sätze gezahlt, die den individuellen Schaden nur beschränkt berücksichtigen. Für die Heilung wird zumeist Leistung in Natur geboten, also nicht nur Geldersatz. 8

[6] §§ 204f SGB V (früher §§ 636f RVO). Die Amtshaftung kommt zB Schülern nur noch für Sachschäden zugute, *Schmitt* DVBl 1977, 698. Auch Fehler der Aufsichtsbehörden begründen keine Amtshaftung, BGH NJW 1992, 2031.

[7] Konkurrierende Amtshaftungsansprüche sind nicht ausgeschlossen, § 54 Abs 4 BSeuchG, dazu BGH NJW 1990, 2311; zur Rspr des BSG *Wuttke* ZfSH/SGB 1986, 529ff.

[8] Dazu *Rüfner* Verhandlungen des 49. Deutschen Juristentags, Bd I, Gutachten E, S 9f mwN; *Brintzinger* DÖV 1972, 227ff; *Karpen* NJW 1987, 349ff. Die Rechtslage ist im einzelnen sehr unübersichtlich.

[9] S o § 48 Rn 91.

[10] Dazu *Rüfner* in: Wannagat, Sozialgesetzbuch, Allgemeiner Teil, §§ 5, 24 Rn 4f.

[11] OEG v 11.5.1976, BGBl I, 1181; dazu *Rüfner* NJW 1976, 1249f; *Röhmel* JA 1977, 39ff, 87ff; *Kunz/Zelner* Opferentschädigungsgesetz, 3. Aufl 1995; rechtsvergleichend *Jung* in: Das Verbrechensopfer, hrsg von G. F. Kirchhoff und K. Sessar, 1979, 379ff. – Grundlegend zur sozialen Entschädigung *Schulin* Soziale Entschädigung als Teilsystem kollektiven Schadensausgleichs, 1981; zum Ausschluß der Entschädigung wegen Unbilligkeit (§ 2 Abs 1 OEG) BSG NJW 1985, 647 mwN.

IV. Schadensersatzansprüche aus verwaltungsrechtlichen Schuldverhältnissen

9 Schon das RG hatte Regeln des privaten Schuldrechts auf entsprechende Rechtsverhältnisse des öffentlichen Rechts angewendet. Es hat diese Analogie vor allem am Recht der öffentlich-rechtlichen Verwahrung, der nutzbaren Anstalten und am Beamtenverhältnis entwickelt und die zur positiven Forderungsverletzung herausgearbeiteten Grundsätze auf zivilrechtsähnliche öffentlich-rechtliche Rechtsverhältnisse (verwaltungsrechtliche Schuldverhältnisse) übertragen. Der BGH hat diese Rechtsprechung, die allerdings für das Beamtenrecht durch die gesetzliche Fixierung der beamtenrechtlichen Fürsorgepflicht eine andere Grundlage erhalten hat, bestätigt und ausgeweitet.[12] Grundsätzlich ist heute anerkannt, daß auf verwaltungsrechtliche Schuldverhältnisse Regeln des bürgerlichen Vertragsrechts entsprechend oder als Ausdruck allgemeiner Rechtsgrundsätze anzuwenden sind.

10 Dies bietet dem Bürger gegenüber dem Amtshaftungsanspruch manche Vorteile: Für die meisten Fälle der positiven Forderungsverletzung gelten die Beweislastregeln der §§ 282, 285 BGB, so daß der Schuldner für sein Nichtverschulden beweispflichtig ist.[13] Die Subsidiarität der Amtshaftung entfällt,[14] der Geschädigte ist nicht auf Geldersatz beschränkt, sondern kann Naturalrestitution verlangen. Die Haftung für Hilfspersonen richtet sich nach § 278 BGB, die kurze Verjährung der deliktischen Ansprüche gilt nicht. Für Schmerzensgeld bietet die quasivertragliche Haftung allerdings keine Grundlage.[15]

11 In den Einzelheiten besteht noch viel Unklarheit. Die Rechtsprechung hat sich kasuistisch vorangetastet, ohne den Begriff des verwaltungsrechtlichen Schuldverhältnisses eindeutig abzugrenzen.[16] Sie hat dabei auf das besonders enge Verhältnis des einzelnen zum Staat und auch darauf abgestellt, ob das Handeln des Staates im Rahmen des betreffenden Rechtsverhältnisses Ausfluß einer fürsorgerischen Tätigkeit in bezug auf den einzelnen sei.[17] Anerkannt ist die Anwendung des bürgerlichen Haftungsrechts bei der öffentlich-rechtlichen Verwahrung, der öffentlich-rechtlichen Geschäftsführung ohne Auftrag,[18] den verwaltungsrechtlichen Ver-

[12] RGZ 99, 96, 97ff; BGHZ 17, 191, 192f; 54, 299, 302ff; 59, 303, dazu *Stürner* JuS 1973, 749ff; BGH NJW 1974, 1816; BGH NJW 1977, 197, 198; BGHZ 71, 386; BGHZ 109, 8, 9ff; auch BGH JuS 1974, 191f zur öffentlich-rechtlichen Verwahrung; *Janson* DÖV 1979, 696ff. Sehr krit zu dieser Haftung *Papier* Die Forderungsverletzung im öffentlichen Recht, 1970, 99ff; *ders* JZ 1975, 585ff; MünchKomm/*Papier* § 839 Rn 4ff. Ergänzend zu diesem Abschn o § 27.

[13] BGHZ 23, 288 und 28, 251; BGH DVBl 1978, 108, 109f; BVerwGE 13, 17, 24f; BGH DVBl 1983, 1062; OLG Köln NVwZ 1994, 618.

[14] BGHZ 63, 167, 171ff.

[15] Auch ansonsten kann die Amtshaftung gelegentlich vorteilhafter sein. S etwa BGHZ 76, 16, 30f, wonach § 307 Abs 1 S 2 BGB der Amtshaftung nicht entgegengesetzt werden kann. Im übrigen zu den Unterschieden der Haftung *Ossenbühl* StHR, 285f.

[16] *Ossenbühl* (Fn 15) 295.

[17] BGHZ 21, 214, 218ff; krit zur begrifflichen Abgrenzung *Ossenbühl* (Fn 15) 295ff; *Papier* JZ 1975, 586ff.

[18] BGHZ 63, 167, 170.

trägen[19] und – hier war die praktische Bedeutung am größten – bei den öffentlich-rechtlichen Benutzungs- und Leistungsverhältnissen.[20] Dazu treten die heute im Hinblick auf die Fürsorgepflicht besonders geregelten Beamtenverhältnisse.[21] Für die Rechtsverhältnisse der Strafgefangenen[22] und Schüler[23] hat der BGH dagegen die Anwendung der Regeln des bürgerlichen Vertragsrechts abgelehnt.[24]

Nicht abschließend geklärt ist auch, welche Regeln des privaten Schuldrechts **12**
auf verwaltungsrechtliche Schuldverhältnisse anzuwenden sind. Die Rechtsprechung neigt dazu, nach Bedarf im Einzelfall auf alle dem jeweiligen Fall angemessenen Bestimmungen zurückzugreifen.[25] Im Vordergrund standen stets die Schadensersatzansprüche, insbesondere die Schadensersatzansprüche wegen positiver Forderungsverletzung. Solche Schadensersatzansprüche sind gem § 40 Abs 2 S 1 VwGO grundsätzlich vor den Zivilgerichten geltend zu machen,[26] soweit es nicht um die Verletzung von Pflichten aus öffentlich-rechtlichen Verträgen geht.[27]

[19] Dazu *H. Meyer* NJW 1977, 1705 ff, bes 1711 ff; *Bullinger* DÖV 1977, 812 ff (mit diff Stellungnahme); *Obermayer* BayVBl 1977, 546 ff.

[20] *Ossenbühl* (Fn 15) 286 ff; *Bettermann/Papier* Verw 1975, 173 f.

[21] BGHZ 43, 178, 184 f; BVerwGE 13, 17; 25, 138, 141; BVerwG DVBl 1963, 677.

[22] BGHZ 21, 214.

[23] BGH NJW 1963, 1828 und BGH DVBl 1964, 584; jedoch auch BGH DVBl 1964, 813; dazu krit *Bender* StHR, 2. Aufl, Rn 194; *Menger* VerwArch 56 (1965) 90 ff; *Meyer* in: I. v Münch GGK II, Art 34 Rn 20.

[24] In der Lit zeichnet sich die Tendenz ab, das Verwaltungsrechtsverhältnis überhaupt als bes Rechtsverhältnis anzusehen und das verwaltungsrechtliche Schuldverhältnis in ihm aufgehen zu lassen. Dazu *Papier* Die Forderungsverletzung (Fn 12) 17 ff; *Löwer* Staatshaftung für unterlassenes Verwaltungshandeln, 1979, 454 ff; *Häberle* in: Das Sozialrechtsverhältnis (Schriftenreihe des Deutschen Sozialgerichtsverbandes, Bd XVIII), 60 ff.

[25] OVG Münster DÖV 1971, 276; BGHZ 71, 386, 392 ff und 76, 343, 348 f sowie BGH DVBl 1986, 409 zur Haftung aus culpa in contrahendo. Dazu *Littbarski* JuS 1979, 537 ff. Zur Sachmängelhaftung nach Kaufrecht BGHZ 59, 303, 305 f; BGH DVBl 1977, 893.

[26] Zu dieser bestrittenen und kaum befriedigend lösbaren Frage *Ossenbühl* (Fn 15) 302 ff. – Für Zivilrechtsweg BGHZ 43, 34; BGH NJW 1977, 197; BGH DVBl 1978, 108, 109 m Anm *Grave* auf S 450; BGH DÖV 1983, 289; BGH DVBl 1983, 1062; BVerwGE 37, 231 wegen des Sachzusammenhangs mit der Amtshaftung; ähnlich OVG NW JuS 1974, 191; BGHZ 71, 386, 388 und 76, 343, 348 für Ansprüche aus culpa in contrahendo; BGH DVBl 1986, 409 hält (auch angesichts § 40 Abs 2 S 1 VwGO nF) für Ansprüche aus culpa in contrahendo am Zivilrechtsweg fest; dazu *Bender* JZ 1986, 839 und *Scherer* NVwZ 1986, 540 f; vorsichtiger BVerwG DÖV 1971, 707, wo beim Übergang vom Haupt- (= Erfüllungs-) zum Schadensersatzanspruch ein Wechsel des zulässigen Rechtswegs ausgeschlossen wird. Aus ähnlichen Gründen hält BVerwG DÖV 1974, 133 den Verwaltungsrechtsweg für zulässig, wenn ein Anspruch aus culpa in contrahendo geltend gemacht wird, der nicht im Zusammenhang mit einem Amtshaftungsanspruch steht. Für Schadensersatzansprüche wegen Verletzung der beamtenrechtlichen Fürsorgepflicht nimmt das BVerwG wegen § 126 Abs 1 BRRG die Zulässigkeit des Verwaltungsrechtswegs an. Allg spricht sich *Papier* in: Maunz/Dürig, GG, Art 34 Rn 67 für die Zulässigkeit des Verwaltungsrechtswegs entsprechend der Regelung für öffentlich-rechtliche Verträge aus. Zur Haftung des Bürgers gegenüber dem Staat *Hüttenbrink* DÖV 1982, 489 ff.

[27] Dazu BGHZ 87, 9; BGH DVBl 1986, 409 (jedoch anders für culpa in contrahendo).

13 Im Zusammenhang mit der vertragsähnlichen Haftung, insbesondere bei der Nutzung öffentlicher Einrichtungen, stellt sich häufig die Frage, ob Haftungsbeschränkungen, wie sie im Bürgerlichen Recht üblich sind, auch in verwaltungsrechtlichen Schuldverhältnissen zulässig sind. Die Praxis bejaht das, und zwar ungeachtet des grundsätzlich zwingenden Charakters des öffentlichen Rechts zu Recht. Die Haftungsregeln des bürgerlichen Rechts sind nicht zwingend, können es auch nicht sein, weil eine Anpassung an die besonderen Verhältnisse des Einzelfalls gestattet werden muß. Sie können deshalb auch nicht ohne die Möglichkeit der Modifikation in das öffentliche Recht übertragen werden. Anderenfalls wäre die Verwaltung oft gezwungen, um der Freizeichnung willen in das Privatrecht auszuweichen.[28]

14 Die Kompetenz, Haftungsbeschränkungen zu statuieren, fällt demjenigen zu, der zur Ausgestaltung des verwaltungsrechtlichen Schuldverhältnisses berechtigt ist. Bei öffentlich-rechtlichen Verträgen kann die Haftung daher nur durch den Vertrag, bei anderen verwaltungsrechtlichen Schuldverhältnissen auch einseitig durch die Verwaltung beschränkt werden. Üblich sind Haftungsbeschränkungen in Satzungen, es genügt aber grundsätzlich jede Rechtsform, in der die Einzelheiten eines verwaltungsrechtlichen Schuldverhältnisses überhaupt festgelegt werden können (also uU auch eine schlichte Benutzungsordnung oder ein Verwaltungsakt).[29]

15 Grenzen dieser „Freizeichnung" ergeben sich zunächst aus dem bürgerlichen Recht. Haftungsbeschränkungen, die im Bürgerlichen Recht wegen Monopolmißbrauchs oder Sittenwidrigkeit nicht zu tolerieren sind, sind auch im öffentlichen Recht unwirksam. Das AGB-Gesetz ist, soweit Regelungen durch Rechtsnormen (Gesetz, Verordnung, Satzung) getroffen worden sind, zwar nicht unmittelbar anwendbar,[30] eine entsprechende Anwendung ist jedoch bei gegebenem Anlaß möglich.[31] Schlichten Anstalts- und Benutzungsordnungen kann das AGB-Gesetz jedenfalls entgegengesetzt werden.[32] Darüber hinaus sind die verwaltungsrechtlichen Grundsätze der Erforderlichkeit und Verhältnismäßigkeit zu wahren. Haftungsbeschränkungen dürfen nicht mit den Zwecken der Verwaltung

[28] Dazu *Forsthoff* VwR, S 422f; *Schneider* NJW 1962, 705, 707f; *Püttner* Die öffentlichen Unternehmen, 2. Aufl 1985, 254ff; *Götz* JuS 1971, 349ff; *Rüfner* DÖV 1973, 808, 809; *Tiemann* BayVBl 1974, 57ff; *ders* VerwArch 65 (1974) 381, 397ff; *Erichsen* VerwArch 65 (1974) 219ff; *Frotscher* Die Gemeinde 1975, 139ff; BayVerfGH DÖV 1970, 488; BGHZ 61, 7, 12f; dazu *Heintzen* NVwZ 1992, 857ff, der meint, das Verbot der geltungserhaltenden Reduktion für Klauseln im AGB (BGHZ 106, 259, 267) müsse auch für das öffentlich-rechtliche Staatshandeln gelten.

[29] *Rüfner* (Fn 28) 808, 809; anders *Götz* (Fn 28) 352, der eine objektiv-rechtliche Regelung fordert.

[30] Palandt/*Heinrichs* Bürgerliches Gesetzbuch, 57. Aufl 1998, § 1 AGBG, Anm 1.

[31] Hierzu *Wolf/Horn/Lindacher* AGB-Gesetz, 3. Aufl 1994, Einl Rn 20 mwN; s a §§ 26f AGBG.

[32] Man mag auch hier von einer entsprechenden Anwendung sprechen. Sie ist jedoch unausweichlich, weil die Verwaltung beim Rückgriff auf das Zivilrecht an die Einschränkungen der Privatautonomie gebunden werden muß, die zum Schutz des Geschäftspartners erforderlich sind.

im Widerpruch stehen und zB nicht die Haftung für die Erreichung der Ziele ausschließen, deretwegen die öffentliche Hand eine Leistung anbietet. So wäre etwa der Ausschluß der Haftung für ernsthafte Gesundheitsschäden, die durch Lieferung schlechten Wassers entstehen, grundsätzlich unwirksam. Im übrigen muß die Verwaltung eine gerechte Risikoverteilung anstreben, ist aber dabei nicht notwendig an die zivilrechtlichen Kategorien von Vorsatz, grober und leichter Fahrlässigkeit gebunden. Der Ausschluß der Haftung für leichtere Schäden, die den einzelnen wenig beeinträchtigen, aber wegen ihrer Summierung den Träger einer öffentlichen Einrichtung schwer belasten können, ist im Interesse niedriger Gebühren oft zu tolerieren. Dagegen darf dem Bürger kein unerträgliches Risiko aufgebürdet werden, insbesondere nicht das Risiko schwerer Gesundheitsschäden.[33]

Besonders problematisch ist in diesem Zusammenhang, ob mit der vertragsähnlichen Haftung zugleich die Haftung aus § 839 BGB iVm Art 34 GG ausgeschlossen werden kann. Der BGH scheint das zu verneinen,[34] ohne zu erkennen, daß die „Freizeichnung" im öffentlichen Recht weitgehend wirkungslos bleibt, wenn sie nicht auch die Amtshaftung einschließt. Ein Verstoß gegen Pflichten aus einem verwaltungsrechtlichen Schuldverhältnis ist in aller Regel ohne eine gleichzeitige Amtspflichtverletzung kaum denkbar.[35] Der Verwaltung steht es zu, die Pflichten aus verwaltungsrechtlichen Schuldverhältnissen und somit auch die Amtspflichten der beteiligten Beamten auszugestalten. Die Beschränkung der Haftung für Pflichtverletzung ist als ein zulässiges Minus gegenüber der Beschränkung der Pflichten anzusehen. Allerdings ist demnach eine Beschränkung der Amtshaftung nur insoweit möglich, als die Verwaltung befugt ist, die Rechtsverhältnisse der Beteiligten zu regeln. Die Haftung für Amtspflichten, die unabhängig vom verwaltungsrechtlichen Schuldverhältnis bestehen, kann nicht ausgeschlossen werden.[36] 16

V. Folgenbeseitigungsanspruch und Herstellungsanspruch

1. Entwicklung und Grundlagen des Folgenbeseitigungsanspruchs

Ausgangspunkt der Diskussion um den Folgenbeseitigungsanspruch war ein typischer Fall der Nachkriegszeit. Eine Wohnung wurde beschlagnahmt, die Beschlagnahme für sofort vollziehbar erklärt, später auf Klage wieder aufgehoben. Die Zwangsmieter saßen aber in der Wohnung. *Bachof* entwickelte in seiner grund- 17

[33] *Rüfner* (Fn 28) 810f.

[34] BGHZ 61, 7, 14f, wo ein Ausschluß der Haftung wegen Verletzung der allg Amtspflichten durch kommunale Satzung nicht zugelassen wird. Ob der BGH für spezielle, nur aus dem Schuldverhältnis entstehende Amtspflichten eine andere Lösung für möglich hält, steht dahin, ist aber kaum anzunehmen. Ebenso gegen einen Ausschluß der Amtshaftung *Tiemann* (Fn 28) 60ff; *Schwarz* JuS 1974, 641ff; *Brehm* DÖV 1974, 416f; *Frotscher* (Fn 28) 142.

[35] *Papier* Die Forderungsverletzung (Fn 12) 108; aber auch BGHZ 87, 9, 17f zum Verhältnis von Amtspflichten und Pflichten aus einem öffentlich-rechtlichen Vertrag.

[36] IdS *Rüfner* (Fn 28) 809f mwN; präzisierend und mit Recht korrigierend weist *Seibert* DÖV 1986, 965 darauf hin, daß die Zulassung zur Benutzung einer Einrichtung nicht den Ausschluß allg Pflichten erlaubt, insbes nicht der Verkehrssicherungspflicht.

legenden Monographie „Die verwaltungsgerichtliche Klage auf Vornahme einer Amtshandlung“[37] ausgehend von diesem Fall einen Folgenbeseitigungsanspruch gerichtet auf Beseitigung der fortdauernden Beeinträchtigungen aus dem Vollzug eines rechtswidrigen Verwaltungsakts, den er aus allgemeinen Prinzipien des Entschädigungsrechts, dem Grundsatz der Gesetzmäßigkeit der Verwaltung und hilfsweise auch mit Verweisung auf die Bestimmungen der ZPO über die Vollstreckung nicht rechtskräftiger Entscheidungen begründete.

18 Der Folgenbeseitigungsanspruch gehörte also von Anfang an in den Zusammenhang der vielfältigen Bemühungen, die Lücken des Staatshaftungsrechts zu schließen und insbesondere eine verschuldensunabhängige Haftung für staatliches Unrecht zu schaffen. Er richtete sich im Gegensatz zu der kurz nach Erscheinen von *Bachofs* Schrift einsetzenden Rechtsprechung zum enteignungsgleichen Eingriff auf Naturalrestitution und beschränkte sich in der ursprünglichen Konzeption *Bachofs* auf die Beseitigung der unmittelbaren Folgen eines vor Bestandskraft vollzogenen Verwaltungsakts. Der Folgenbeseitigungsanspruch war also zunächst kein allgemeiner öffentlich-rechtlicher Wiedergutmachungsanspruch, wie er später insbesondere von *Menger* und *Haas* postuliert wurde,[38] sondern nur ein partieller Anspruch auf Beseitigung der Schäden aus bestimmten Handlungen der Verwaltung, der sich auf Naturalrestitution richtete und beschränkte.

19 Die weitere Diskussion über den Folgenbeseitigungsanspruch[39] führte zu dem Ergebnis, daß die Begrenzung auf die Folgen des Vollzugs rechtswidriger Verwaltungsakte (Vollzugsfolgenbeseitigungsanspruch) zu eng war. Für den Vollzugsfolgenbeseitigungsanspruch gelten zwar gewisse prozessuale Besonderheiten (§ 113 Abs 1 S 2 VwGO),[40] die Folgen rechtswidrigen Verwaltungshandelns können aber nicht prinzipiell verschieden sein, je nachdem, ob ein Verwaltungsakt durchgesetzt wurde oder ob die Verwaltung ohne Verwaltungsakt vorgegangen war. Der Folgenbeseitigungsanspruch ist also nach heutigem Verständnis generell auf die Beseitigung der Folgen rechtswidrigen Verwaltungshandelns gerichtet.[41] Er soll die Verwaltung verpflichten, einen rechtswidrigen Zustand, dessen Entstehung ihr zugerechnet werden kann, durch Wiederherstellung des ursprünglichen Zustandes zu beseitigen.

[37] *Bachof* Die verwaltungsgerichtliche Klage auf Vornahme einer Amtshandlung, 1951, 98 ff.

[38] *Menger* GS W. Jellinek, 1955, 350 ff; *ders* in: Grundrechte III/2, 717, 733; *Haas* System der öffentlich-rechtlichen Entschädigungspflichten, 1955, 63 ff; auch *J. Kohl* Die Lehre von der Unrechtsunfähigkeit des Staates, 1977, 116 ff; partiell *Franke* VerwArch 57 (1966) 357, 364 ff; idS auch *Haueisen* DVBl 1973, 739 ff, der dem Gedanken eines umfassenden öffentlich-rechtlichen Wiedergutmachungsanspruchs mit der Bezeichnung Folgenbeseitigungsanspruch zuneigt.

[39] Darstellung der Entwicklung in BVerwGE 69, 366, 368 ff.

[40] Zur lediglich prozessualen Bedeutung dieser Bestimmung BVerwG DÖV 1971, 857, 858 entgegen einer mißverständlichen Äußerung in BVerwGE 28, 155, 164.

[41] BVerwG DÖV 1971, 857 m zust Anm *Bachof* = DVBl 1971, 858 m krit Anm v *Grave* und *Rupp* in DVBl 1972, 231 ff – Die Entscheidung folgt weitgehend Gedankengängen, die *Weyreuther* in seinem Gutachten zum 47. Deutschen Juristentag (Verhandlungen Bd I, Gutachten B) vorgezeichnet hatte.

Der Folgenbeseitigungsanspruch ist im geltenden Recht nicht positiviert,[42] allerdings in § 113 Abs 1 S 2 VwGO vorausgesetzt. Wie er zu begründen ist, ist streitig geblieben. Vielfach bleibt die Ableitung dunkel, man beruft sich auf den allgemein anerkannten Folgenbeseitigungsanspruch wie auf gefestigtes Gewohnheitsrecht.[43] Dies verdeckt die Probleme, welche das vermeintlich allgemein anerkannte Rechtsinstitut nach wie vor stellt. Der Folgenbeseitigungsanspruch ist nicht auf bestimmte einzelne positive Sätze des geltenden Rechts zu stützen und auch nicht (wie etwa der enteignungsgleiche Eingriff) in Weiterentwicklung bestimmter altüberlieferter Ansprüche zu begründen. Es handelt sich vielmehr um einen neuen Typus eines Anspruchs, dessen Tatbestandsvoraussetzungen und Rechtsfolgen ungeklärt sind. **20**

Zwar gibt es eine grundsätzliche Übereinstimmung darüber, daß es in einem **21** Rechtsstaat nicht angehen kann, rechtswidrige Zustände, welche die Verwaltung geschaffen hat, bestehen zu lassen. Inwieweit es dazu jedoch über die bestehenden Ansprüche aus dem Staatshaftungsrecht hinaus eines zusätzlichen eigenständigen Folgenbeseitigungsanspruchs bedarf, ist zweifelhaft. Die Begründung dieses zusätzlichen Anspruchs ist umso schwieriger, je weiter er reichen und je mehr er das Staatshaftungsrecht revolutionieren soll. Das BVerwG schwankt und sieht die Grundlagen teils im Grundsatz der Gesetzmäßigkeit der Verwaltung,[44] teils in den Freiheitsrechten[45] und vermeidet es nicht selten, sich auf eine Rechtsgrundlage festzulegen.[46] Die Lustlosigkeit und Gleichgültigkeit gegenüber der Frage nach der Rechtsgrundlage[47] verkennt, daß die Rechtsfolgen von der Rechtsgrundlage abhängen.[48]

Ist der Folgenbeseitigungsanspruch nur ein Beseitigungsanspruch im Sinn einer **22** actio negatoria des öffentlichen Rechts, so genügt es, darauf zu verweisen, daß die Freiheitsrechte Abwehrrechte des Bürgers sind, die nicht nur die Grundlage für die Abwehr belastender Verwaltungsakte bieten, sondern auch Ansprüche auf Abwehr tatsächlicher Beeinträchtigungen begründen.[49] Der Abwehranspruch ergibt sich aus den einzelnen Grundrechten oder auch aus einfachgesetzlich begründeten Rechten der Bürger und dem Vorbehalt des Gesetzes. Der Folgenbeseitigungsanspruch als Rechtsbegriff ist in einer solchen Konzeption[50] nur eine zusammen-

42 Zu einigen speziellen Vorschriften *Schoch* Jura 1993, 478, 480; *T. Schneider* Folgenbeseitigung im Verwaltungsrecht, 1994, 29.

43 Schon BVerwG DÖV 1971, 857, 858; *Ossenbühl* (Fn 15) 249f mwN.

44 BVerwGE 69, 366, 370 (3. Senat); dazu krit *Ossenbühl* (Fn 15) 251.

45 BVerwG DÖV 1971, 857, 858; BVerwGE 82, 24, 25 (4. Senat); dafür *Ossenbühl* (Fn 15) 252ff; *Schneider* (Fn 42) 57ff; *Schoch* (Fn 42) 480f.

46 BVerwGE 82, 76, 95 (7. Senat).

47 *Ossenbühl* (Fn 15) 251.

48 *Schneider* (Fn 42) 15f, 26, 117.

49 *Fiedler* NVwZ 1986, 972.

50 Zur Konzeption eines rein negatorischen Folgenbeseitigungsanspruchs grundlegend *Bettermann* DÖV 1955, 528ff; *ders* Grundrechte III/2, 802f; *Papier* DÖV 1972, 845ff; zum Zusammenhang von Unterlassungs- und Beseitigungsanspruch *Erichsen/Hoffmann-Becking* JuS 1971, 144, 148 und berichtigend *Erichsen* VerwArch 63 (1972) 220f; *Hoffmann-Becking* JuS 1972, 509, 510ff; *H. Rupp* Grundfragen der heutigen Verwaltungs-

fassende Bezeichnung für einen Abwehranspruch, der im öffentlichen Recht ebenso wie im Zivilrecht besteht, wenn in (absolute) Rechte der Bürger eingegriffen wird und daraus eine fortdauernde rechtswidrige Beeinträchtigung entsteht.[51] Dabei kommt es – so die überwiegende Meinung – auf die Rechtswidrigkeit der Folgen, nicht des Verwaltungshandelns an.[52] Aus dem grundrechtlichen Anspruch auf Unterlassen von Eingriffen läßt sich der Anspruch auf Beseitigung der rechtswidrigen Grundrechtsbeeinträchtigung herleiten.[53]

23 Schwieriger ist es, einen über die actio negatoria hinausgehenden Folgenbeseitigungsanspruch zu begründen, der nicht nur auf Störungsbeseitigung, sondern generell auf Wiederherstellung gerichtet ist und sich damit entgegen allen Behauptungen einem Schadensersatz- oder Entschädigungsanspruch nähert. Einen solchen Anspruch allein auf die Grundrechte und die Erwägung zu stützen, eine Grundrechtsverletzung müsse durch einen Ausgleichsanspruch kompensiert werden,[54] reicht nicht aus. Der Folgenbeseitigungsanspruch als allgemeiner Wiedergutmachungsanspruch bedarf vielmehr einer zusätzlichen Begründung, die nicht in einzelnen Vorschriften der Verfassung oder des einfachen Rechts zu finden ist. Als Wiedergutmachungsanspruch ist er letztlich nur durch Rückgriff auf die Argumente zu begründen, mit denen schon früher – damals noch ohne Erfolg – versucht wurde, einen allgemeinen öffentlich-rechtlichen Wiedergutmachungsanspruch abzuleiten: Ein umfassender Schutz des Bürgers gegen die öffentliche Gewalt wird vom GG ersichtlich angestrebt. Er ist nur möglich, wenn über die Abwehr belastender Eingriffe hinaus Restitution, ja sogar Kompensation gewährt wird, wo die Abwehr nicht ausreicht. Daß das GG diese Kompensation im Prinzip fordert, läßt sich nicht nur aus Rechtsstaatsprinzip, sondern auch aus Art 34 GG schließen.[55] Der Folgenbeseitigungsanspruch, der über einen Abwehranspruch hinausgeht, ist darum nichts anderes als ein verschuldensunabhängiger Schadensersatz- oder Entschädigungsanspruch, der die vorhandenen Lücken des Staatshaftungsrechts schließen soll.[56]

rechtslehre, 1965, 249ff; *Rösslein* Der Folgenbeseitigungsanspruch, 1968, 65ff. Vom negatorischen Anspruch geht auch *Schoch* VerwArch 79 (1988) 32ff aus, will ihn aber zu einem restitutorischen Beseitigungsanspruch erweitern (46f).

51 *Fiedler* (Fn 49) 972 unter Bezugnahme auf BVerwG NJW 1985, 1481, wo das BVerwG sich wesentlich auf Art 14 GG stützt und den Folgenbeseitigungsanspruch nur nebenbei erwähnt; ähnlich *Ossenbühl* (Fn 15) 251ff, der jedoch nur auf die grundrechtliche Statusverletzung abstellt.

52 BVerwGE 82, 76, 95; *Ossenbühl* (Fn 15) 262 mwN auch der vor allem in älterer Zeit vertretenen Gegenmeinung; *Schneider* (Fn 42) 82f.

53 *Schneider* (Fn 42) 64ff.

54 IdS aber *Papier* (Fn 26) Rn 58; auch *M. Redeker*, DÖV 1987, 195ff.

55 Zur Begründung des Folgenbeseitigungsanspruchs *Fiedler* (Fn 49) 970ff, der mit Recht betont, daß die Einzelausgestaltung des Rechtsinstituts nicht aus dem GG abzulesen sei.

56 Dafür *Schneider* (Fn 42) 117ff.

2. Einzelheiten

a) *Der Folgenbeseitigungsanspruch als actio negatoria.* Der Folgenbeseitigungsanspruch als actio negatoria des öffentlichen Rechts ist in Rechtsprechung und Lehre allgemein anerkannt. Er kann gegen alle rechtswidrigen Störungen geltend gemacht werden, die auf Maßnahmen der öffentlichen Verwaltung zurückzuführen sind,[57] gleichgültig, ob es um die Folgen eines rechtswidrigen bereits vollzogenen Verwaltungsakts oder um die Folgen schlichten Verwaltungshandelns geht. Der Folgenbeseitigungsanspruch kann Grundlage des Verlangens auf Widerruf einer ehrkränkenden Behauptung im öffentlich-rechtlichen Bereich[58] sein. Dies hat neuerdings für behördliche Warnungen und Empfehlungen besondere Bedeutung erlangt.[59] Immissionen öffentlich-rechtlich handelnder Unternehmen[60] können auf der Grundlage des Folgenbeseitigungsanspruchs abgewehrt werden.[61] Desgleichen kann die Beseitigung der fortdauernden tatsächlichen Beeinträchtigungen aus einem aufgehobenen[62] rechtswidrigen Verwaltungsakt unter dem Titel der Folgenbeseitigung verlangt werden. Die Verwaltungsgerichte gehen dabei so weit, dem Nachbarn, der sich mit Erfolg gegen eine rechtswidrige Bauerlaubnis zur Wehr gesetzt hat, einen Anspruch auf Anordnung des Abrisses zu geben,[63] obwohl 24

57 BVerwG DÖV 1971, 857; BVerwG DÖV 1985, 362; BVerwGE 80, 178, 179 formuliert: „Nach allg Auffassung kommt ein Folgenbeseitigungsanspruch in Betracht, wenn durch einen hoheitlichen Eingriff in ein subjektives Recht ein rechtswidriger Zustand geschaffen worden ist, der noch andauert".

58 BGHZ 34, 99, 108f; BVerwGE 38, 336, 346; BVerwGE 59, 319, 326f; BVerwGE 75, 354. OVG Lüneburg NJW 1992, 192 gewährt auch einen Anspruch auf Widerruf rechtswidrig veröffentlichter Angaben im Verfassungsschutzbericht. VGH Kassel NJW 1993, 3011 gewährt einen Anspruch auf Vernichtung einer rechtswidrig angelegten Gesundheitsamtsakte. OVG Rh-Pf NJW 1991, 1844 hält sogar einen Anspruch gegen ein Ratsmitglied wegen einer Kritik an der Amtsführung des Bürgermeisters für möglich.

59 *Ossenbühl* (Fn 15) 244f mwN; BVerwGE 82, 76, 94ff; 90, 112, 114; BVerwG DVBl 1990, 699. Die Entscheidungen beschäftigen sich ebenso wie die einschlägige Literatur primär mit der Rechtmäßigkeit des Staatshandelns. Der Folgenbeseitigungsanspruch wird allenfalls am Rand erwähnt. Zu diesen Problemen *Pinger* JuS 1988, 53ff (dort 56f zum Folgenbeseitigungsanspruch); *Leidinger* DÖV 1993, 926ff.

60 BVerwG NJW 1974, 817; OVG Hamb NJW 1978, 658; OVG NW DÖV 1983, 1020 m Anm *Schwabe,* DÖV 1984, 387 (der berechtigte Kritik an dem übertriebenen argumentativen Aufwand des OVG übt).

61 Zum Folgenbeseitigungsanspruch zwischen Trägern öffentlicher Verwaltung *Fiedler/Fink* DÖV 1988, 317ff.

62 Auf die vorherige Aufhebung des Verwaltungsakts ist bes Gewicht zu legen. Solange der Verwaltungsakt noch besteht, ist die Beeinträchtigung durch ihn gedeckt, *Ossenbühl* (Fn 15) 264. § 113 Abs 1 S 2 VwGO läßt es jedoch zu, die Aufhebung eines Verwaltungsakts und die Folgenbeseitigung in derselben Klage geltend zu machen.

63 OVG Lüneburg DVBl 1962, 418, 420; OVG Lüneburg DVBl 1975, 915, 917f; OVG Saarl NVwZ 1983, 685; nur eine Folgenbeseitigungslast erkennt OVG Lüneburg BauR 1982, 147 an; idS auch *Sarnighausen* NJW 1993, 1623, 1627f; *Ivo* Die Folgenbeseitigungslast, 1996, 20ff, 105ff; anders, Folgenbeseitigungsanspruch und Folgenbeseitigungslast verneinend, aber trotzdem regelmäßig eine Pflicht zum Einschreiten gegen den illegalen Bau annehmend OVG Münster NJW 1984, 883. *Horn* DÖV 1989, 976ff sieht

nicht lediglich ein Verwaltungsakt vollzogen wurde, sondern der Bürger die Beseitigung der weitergehenden Konsequenzen eines aufgehobenen Verwaltungsakts anstrebt.[64] Einen Folgenbeseitigungsanspruch auf Räumung seiner Wohnung hat nach Ablauf der Beschlagnahmefrist auch der Wohnungseigentümer, dessen Wohnung zur Abwehr von Obdachlosigkeit vorübergehend beschlagnahmt wurde, und zwar selbst dann, wenn der bisherige Mieter in die noch von ihm bewohnte Wohnung eingewiesen wurde (sog unechte Wiedereinweisung).[65]

25 b) *Der Folgenbeseitigungsanspruch als Restitutionsanspruch.* Die neuere Rechtsprechung und Lehre neigen dazu, über diesen negatorischen Anspruch hinauszugehen und den Folgenbeseitigungsanspruch als einen besonderen Wiederherstellungsanspruch zu betrachten. Das BVerwG hatte sich von Anfang an nicht auf einen bloßen Beseitigungsanspruch im Sinn der actio negatoria festgelegt und bereits 1971 auch beim Folgenbeseitigungsanspruch Mitverschulden, also eine Kategorie des Schadensersatzrechts, berücksichtigt.[66] Neuerdings spricht es von einem Anspruch auf Naturalherstellung, wie er in § 249 S 1 BGB seinen gesetzlichen Niederschlag gefunden habe, und meint, der Folgenbeseitigungsanspruch sei auf die Beseitigung der rechtswidrigen Folgen eines Tuns oder Unterlassens der vollziehenden Gewalt gerichtet und gewähre einen Ausgleich in natura.[67] Die genauen Grenzen, die diesem Anspruch gezogen werden sollen, sind bislang aus Rechtsprechung und Literatur nicht erkennbar. Es gibt noch keine höchstrichterliche Entscheidung, welche einen Anspruch, der über eine actio negatoria hinausging, zubilligte und sich darum mit dessen Höhe beschäftigen mußte. Ein voller Schadensersatz soll jedenfalls nicht gewährt werden. Vielmehr kann nur Naturalrestitution verlangt werden, und zwar beschränkt auf die Herstellung des Zustandes, der vor dem rechtswidrigen Tun oder Unterlassen

im Folgenbeseitigungsanspruch eine eigenständige Ermächtigung zum Einschreiten und bejaht jedenfalls regelmäßig eine Pflicht zum Einschreiten aufgrund spezialgesetzlicher Ermächtigungen, welche eine Abbruchsanordnung zulassen. Als ausreichende Ermächtigungsgrundlage mit Rechtsanspruch des belasteten Dritten sieht *Schenke* DVBl 1990, 328 ff den Folgenbeseitigungsanspruch an; ebenso *Schneider* (Fn 42) 150 ff. Gegen den Folgenbeseitigungsanspruch als Rechtsgrundlage *Fiedler/Fink* (Fn 61) 321. Dazu auch die in den beiden folgenden Fn zitierten Entscheidungen.

64 OVG Saarl NVwZ 1983, 685.

65 BGHZ 130, 332, 334 ff, dazu *Rüfner* JuS 1997, 309 ff; gegen den BGH im Fall der unechten Wiedereinweisung *Roth* DVBl 1996, 1401 ff; VGH BW NVwZ 1987, 1101 = VBlBW 1987, 423 m Anm *Götz*; VGH BW NJW 1990, 2770; der VGH meint aber, daß zusätzlich auf die polizeiliche Generalklausel als Grundlage für das Einschreiten gegen den Besitzer der Wohnung zurückgegriffen werden muß. Ebenso OVG NW NVwZ 1991, 905. *Ivo* (Fn 63) 47 will nur eine Folgenbeseitigungslast annehmen; ebenso *Blanke/Peilert* Verw 1998, 31, 43 f, die indes verkennen, daß dann, wenn die persönliche Situation des bisherigen Mieters die Räumung ausschließt, eine neue Einweisung, nicht die Berücksichtigung seiner Interessen im Rahmen einer Folgenbeseitigungslast erforderlich ist. Auch VGH BW DÖV 1996, 1056 spricht in diesem Zusammenhang von der Folgenbeseitigungslast.

66 BVerwG DÖV 1971, 857, 859; dazu krit *Rupp* (Fn 41) 233; *Schoch* (Fn 50) 53 f.

67 BVerwGE 69, 366, 371; dazu *Maaß* BayVBl 1987, 520 ff.

bestanden hat,[68] und beschränkt auf die Beseitigung des rechtswidrigen Eingriffs.[69] So kann als Folgenbeseitigung nicht etwa eine Einstellung in ein Beamtenverhältnis als Schadensausgleich begehrt werden.[70] Entgangener Gewinn ist schon deshalb ausgeschlossen, weil er nicht als Wiederherstellung eines früheren Zustandes gewährt werden kann.

Ursprünglich lehnte das BVerwG jeglichen Geldanspruch[71] und folgerichtig **26** auch eine Schadensteilung bei Mitverschulden[72] ab. Daran hält das Gericht nicht mehr fest. Soweit die Herstellung aus tatsächlichen oder rechtlichen Gründen ausgeschlossen ist, tritt auch beim verschuldensunabhängigen Folgenbeseitigungsanspruch einem allgemeinen Rechtsgrundsatz entsprechend an die Stelle der Wiederherstellung ein Geldanspruch. Dies ermöglicht auch eine Schadensteilung, wenn bei einem unteilbaren Folgenbeseitigungsanspruch Mitverschulden zu berücksichtigen ist.[73] Im übrigen sind Schadensersatz- oder Entschädigungsansprüche aus anderen Anspruchsgrundlagen zu begründen.

Unmittelbar intendierte Folgen einer Amtshandlung müssen beseitigt werden. **27** Inwieweit im Rahmen der haftungsbegründenden und haftungsausfüllenden Kausalität auch mittelbare adäquate Folgen berücksichtigt werden, ist bisher offengeblieben. Das BVerwG hat die Beseitigung sonstiger Folgen jedenfalls dann nicht verlangt, wenn sie erst durch das Verhalten des Betroffenen verursacht oder mitverursacht worden waren, das auf dessen eigener Entschließung beruhte.[74] Mit Hinweis darauf versagte es einem Kläger, welcher rechtswidrig ein zinsloses Bardepot hatte unterhalten müssen, die Entschädigung für die aufgewendeten Kreditzinsen, obwohl er sie nicht vermeiden konnte, wenn er dem Verwaltungsakt, dessen sofortige Vollziehung angeordnet worden war, Folge leisten wollte.[75]

Der Folgenbeseitigungsanspruch, wie ihn das BVerwG heute versteht, ist damit **28** über einen nur negatorischen Beseitigungsanspruch hinausgewachsen und zu einem gleichsam verkürzten Restitutionsanspruch auf Wiederherstellung des ursprünglichen, durch hoheitliches Verwaltungshandeln veränderten tatsächlichen Zustandes geworden.[76] Er hat den Charakter eines Ersatzanspruchs und ist ein Institut des Staatshaftungsrechts geworden. Er würde also auch – dies entspricht

[68] BVerwGE 69, 366, 371; *Papier* (Fn 26) Rn 59; MünchKomm/*Papier* § 839 Rn 83; *Bender* (Fn 26) 844.

[69] BVerwGE 94, 100, 119 ff. Das BVerwG verpflichtete deshalb nach Straßenausbau aufgrund rechtswidrigen Bebauungsplans trotz bestandskräftiger Widmung zur Sperrung für den Durchgangsverkehr, allerdings nicht zur Wiederherstellung des früheren Straßenzustandes.

[70] BVerwG DVBl 1979, 852.

[71] BVerwGE 69, 366, 371.

[72] BVerwG DÖV 1978, 857, 859.

[73] BVerwGE 82, 24, 28 f; ausf m vielen Nachw zum Mitverschulden *Schneider* (Fn 42) 175 ff; gegen Geldersatz OVG NW NWVBl 1994, 109, 111 ff mwN.

[74] BVerwGE 69, 366, 372 f.

[75] BVerwGE 69, 366, 373 f; dazu krit *Bender* VBlBW 1985, 203; *Fiedler* (Fn 49) 973, 975; *M. Redeker* (Fn 54) 200.

[76] *Bender* (Fn 26) 844; *Köckerbauer* JuS 1988, 782 ff.

einer alten Entscheidung des Württemberg-Badischen VGH[77] – das Begehren rechtfertigen, ein rechtswidrig abgerissenes Haus wieder in natura aufzubauen. Allenfalls könnte dagegen eingewendet werden, die Naturalrestitution sei in einem solchen Fall nicht zumutbar,[78] der Geschädigte könne sich mit einer Geldentschädigung begnügen, die er aus enteignungsgleichem Eingriff erhalten könne. Die neuere Lehre und Rechtsprechung zum Folgenbeseitigungsanspruch laufen damit ziemlich genau auf das Ergebnis hinaus, das mit § 3 des für verfassungswidrig erklärten Staatshaftungsgesetzes[79] vermutlich erreicht worden wäre.[80]

29 Die Frage ist berechtigt, ob es in der legitimen Kompetenz der Rechtsprechung liegt, in dieser Weise ein gescheitertes Reformgesetz doch noch durchzusetzen. Sie ließe sich leichter bejahen, wenn zu belegen wäre, daß dieser Fortschritt der Rechtsprechung einem dringenden Bedürfnis entspräche und eine für den Bürger schmerzliche Haftungslücke schlösse. Dies muß indes bezweifelt werden: Gegenüber dem enteignungsgleichen Eingriff, der mit dem Folgenbeseitigungsanspruch, soweit er über einen negatorischen Anspruch hinausgeht, beim Eingriff in vermögenswerte Rechte regelmäßig konkurrieren wird,[81] ergeben sich für den Bürger keine nennenswerten Vorteile. Die Naturalrestitution ist in einer funktionierenden Geldwirtschaft unwichtig.[82] Der Geschädigte wird den Geldersatz zumeist vorziehen. Haftungslücken, welche der als Wiederherstellungsanspruch verstandene Folgenbeseitigungsanspruch schließen müßte, sind angesichts des weit ausgedehnten enteignungsgleichen Eingriffs (bzw auch des Anspruchs aus rechtswidriger Aufopferung) schwerlich erkennbar. Dies gilt auch für die Beseitigung der Folgen rechtswidrigen Unterlassens,[83] da Unterlassen (jedenfalls schlichtes Unterlassen)[84] regelmäßig allenfalls zu Folgen führen wird, die durch eine actio negatoria abzuwehren sind.[85]

30 Der Folgenbeseitigungsanspruch kann auf der Grundlage der neueren Rechtsprechung zu einem umfassenden Grundtatbestand des Staatshaftungsrechts ent-

[77] VGH Württemberg-Baden VwRspr 1, 342, 344; anders VGH Bad-Württ NVwZ-RR 1990, 449, da Schadensersatz nicht gefordert werden könne und die alte abgerissene Mauer, um die gestritten wurde, ohnehin nicht mehr aufgebaut werden könne, sondern nur eine neue Mauer; dazu – wegen der Spitzfindigkeit der Argumentation – mit Recht krit *Schneider* (Fn 42) 121 f, 146 f.

[78] Zur Zumutbarkeit, *Ossenbühl* (Fn 15) 269 ff; *Schneider* (Fn 42) 162 ff; BVerwGE 94, 100, 113 ff; OVG NW NWVBL 1994, 109, 110; BayVGH NVwZ-RR 1995, 592.

[79] Dazu *Schäfer* in: Schäfer/Bonk, Staatshaftungsgesetz, 1982, § 3, insbes auch zu Abs 2 und 3.

[80] Bes deutlich ist diese Orientierung am Staatshaftungsgesetz bei *Achterberg* Allg VwR, § 25 Rn 8 ff.

[81] *Ossenbühl* (Fn 15) 280.

[82] Für die Fälle, in denen der Geldersatz nicht ausreicht – *Schoch* (Fn 42) 478, 479 – ist jedenfalls die vom BVerwG über die Beseitigung ausgedehnte Wiedergutmachung nicht erforderlich.

[83] Zum Unterlassen BVerwGE 69, 366, 371.

[84] Zum qualifizierten Unterlassen o § 48 Rn 60.

[85] Zum Unterlassen *Ossenbühl* (Fn 15) 260 f, der jedoch nur auf die Vorenthaltung von Leistungen abstellt und die Störung durch Unterlassen nach vorangegangenem Tun nicht bedenkt. Dazu *Schneider* (Fn 42) 109 ff.

wickelt werden, der den enteignungsgleichen Eingriff weitgehend überflüssig und die Amtshaftung auf eine ergänzende Funktion in Randbereichen (Differenz zum vollen Schadensersatz) beschränken könnte.[86] Dazu müßte freilich das BVerwG seine Zurückhaltung überwinden, die es bislang noch zeigt, wenn es hervorhebt, die Grenzen zum Amtshaftungsanspruch dürften nicht verwischt werden.[87]

3. Ansprüche im Umkreis des Folgenbeseitigungsanspruchs

Bis in die Mitte der 60er Jahre zeigten Literatur und Rechtsprechung Neigung, **31**
viele längst anerkannte öffentlich-rechtliche Ansprüche, die auf rechtswidriges Verwaltungshandeln zurückzuführen waren, als Folgenbeseitigungsansprüche zu bezeichnen, vor allem dann, wenn sie auf einem rechtswidrigen Verwaltungsakt beruhten. So sind gelegentlich Erstattungs-,[88] Herausgabe-[89] oder sogar Amtshaftungsansprüche[90] und Ansprüche aus enteignungsgleichem Eingriff Folgenbeseitigungsansprüche genannt worden. In neuerer Zeit sieht man davon mit Recht ab,[91] obwohl für Ansprüche auf Erstattung und Herausgabe die Vorschrift des § 113 Abs 1 S 2 VwGO Bedeutung hat.

Es bleibt eine Fallgruppe, die früher häufiger unter dem Stichwort Folgenbesei- **32**
tigungsanspruch diskutiert wurde und bei der heute nicht selten von Folgenbeseitigungslast[92] die Rede ist: Die Verwaltung hat zu Unrecht eine Vergünstigung abgelehnt oder einen begünstigenden Verwaltungsakt nicht erlassen. Nachträglich, insbesondere während des Rechtsmittelverfahrens, haben sich dem Erlaß des begehrten Akts Hindernisse in den Weg gestellt. Beispiele finden sich vor allem im Berufszulassungsrecht: Ein Bewerber wurde zu Unrecht nicht zugelassen, anschließend wurden die Zulassungsvoraussetzungen verschärft, so daß er nach neuem Recht nicht mehr zugelassen werden dürfte, aber den erstrebten Beruf ausüben könnte, wenn er rechtzeitig zugelassen worden wäre.[93] Hier haben sich die Gerichte auf den Standpunkt gestellt, die frühere rechtswidrige Ablehnung dürfe dem Bewerber nicht zum Nachteil gereichen, er sei also so zu behandeln, als ob er rechtzeitig zugelassen worden wäre. Eine andere Entscheidung laufe auf eine Rückwirkung der neuen ungünstigeren Norm hinaus.[94]

[86] IdS *Fiedler* (Fn 49) 977; *M. Redeker* (Fn 54) 198ff.

[87] BVerwGE 69, 366, 373. Die letzten Konsequenzen zieht *Kreßel* Öffentliches Haftungsrecht und sozialrechtlicher Herstellungsanspruch, 1990.

[88] *Bachof* (Fn 37) 100ff; anders *ders* im Vorwort zum Nachdruck (= 2. Aufl 1968) S XV; *Wolff* VwR I, 6. Aufl, § 54 IIb, anders *ders*, 8. Aufl ebd; *Wolff/Bachof* VwR I, 9. Aufl 1974, § 54 II j; *Wolff/Bachof/Stober* VwR I, 10. Aufl 1994, § 55 Rn 20; ausf zum Erstattungsanspruch *Ossenbühl* (Fn 15) 333ff.

[89] HessVGH DÖV 1963, 389.

[90] *Theune* BayVBl 1963, 103ff.

[91] Dazu – noch vor BVerwG DÖV 1971, 857 – *Schmidt* JuS 1969, 166ff (krit zu BVerwGE 28, 155).

[92] IdS *Ivo* (Fn 63) 53ff; *Blanke/Peilert* (Fn 65) 31f, welche mit Recht die Inkonsequenz des BVerwG in seiner Rspr zu Bau- und Berufszulassungsfällen rügen.

[93] Zu diesen Fällen *Ivo* (Fn 63) 49ff.

[94] BVerwGE 1, 291, 295f; 4, 81, 88; BVerwG DVBl 1959, 775ff; BVerwG DVBl 1960,

33 Das BVerwG hat es jedoch abgelehnt, dieses Prinzip auf das Baurecht zu übertragen.[95] Erhebliche Bedenken sprechen dagegen, der Planung widerstreitende Bauanträge kurz vor Planänderungen durch eine auf die Rechtslage der Vergangenheit abstellende Rechtsprechung zu begünstigen.[96] Dem zu Unrecht zur Zeit der Geltung des alten günstigeren Rechts abgewiesenen Bewerber hilft ein anderer Gedanke: Jede Behörde ist kraft ihrer „Folgenbeseitigungslast" gehalten, bei späteren Ermessensentscheidungen ihren früheren Fehler zu berücksichtigen und nach Möglichkeit wiedergutzumachen. Aus der früheren rechtswidrigen Ablehnung ergibt sich also bei einer neuen Ermessensentscheidung eine Ermessensbindung, die bis zu einer Ermessensreduzierung auf nur eine Entscheidung reichen kann.[97] So ist uU einem Bauwilligen ohne Verstoß gegen das neue Baurecht durch einen Dispens zu helfen. Bei der Entscheidung über den Dispens ist die frühere rechtswidrige Ablehnung in die Erwägungen einzubeziehen. Ähnlich ist der zurückgewiesene Bewerber um eine Beamtenstelle oder der zu Unrecht nicht beförderte Beamte zu behandeln.[98]

34 Die Folgenbeseitigungslast schafft nicht ohne weiteres strikte Rechtsansprüche der Betroffenen, gibt ihnen aber doch eine günstige Position. Für die Behörde hat sie gegenüber einem strikten Rechtsanspruch den Vorteil, daß sie die Berücksichtigung öffentlicher und anderer entgegenstehender Interessen erlaubt.[99] Im Zweifel droht freilich bei einer Entscheidung gegen den Bürger die Amtshaftungsklage wegen der früheren rechtswidrigen Versagung. Da die Behörden gewillt sein werden, der Amtshaftung auszuweichen, wird – auch ohne Folgenbeseitigungslast – ihre Neigung gering sein, den Antrag des Bürgers abzuweisen. Insofern ist die praktische Bedeutung der Folgenbeseitigungslast oft begrenzt.

4. Der Herstellungsanspruch

35 Der Folgenbeseitigungsanspruch beschränkt sich in seiner bisherigen Ausgestaltung auf die Eingriffsverwaltung. Wenn der Leistungsverwaltung Fehler unterlaufen, schafft sie regelmäßig nicht rechtswidrige Zustände, die beseitigt werden müs-

778f; BVerwG DVBl 1961, 447ff; BSGE 5, 238, 242. BGHZ 37, 179, 181; OVG Hamburg VerwRspr 9, 635ff wendet das Prinzip auf eine Änderung von Prüfungsbestimmungen an; anders insoweit BayVGH DVBl 1981, 1158.

95 BVerwG DVBl 1962, 178, 179; NJW 1962, 507f; BBauBl 1963, 605ff; aA OVG Lüneburg E 18, 501, 506.

96 Die Begründungen des BVerwG überzeugen nicht, immerhin läßt § 236 BauGB (früher § 174 Abs 2 BBauG) erkennen, daß im Baurecht grundsätzlich das zur Zeit der Entscheidung geltende Recht anzuwenden ist; dazu *Dürr* in: Brügelmann, Baugesetzbuch, § 236 Rn 1.

97 Der Gedanke ist von *Weyreuther* (Fn 41) 107ff entwickelt worden; dazu BVerwG NJW 1968, 2350; sowie *Menger* und *Erichsen* VerwArch 60 (1969) 171ff; *Ivo* (Fn 63).

98 Eine sofortige Einstellung oder Beförderung scheitert zumeist daran, daß die Stelle durch einen Konkurrenten besetzt worden ist. Die hM läßt – entgegen *Solte* NJW 1980, 1027ff, dort und bei *Battis* NJW 1987, 1803 weitere Nachweise – eine Anfechtung der Ernennung des Konkurrenten nicht zu. Abhilfe bietet ein rechtzeitiger Rechtsschutz für den Konkurrenten, wie von BVerfG NJW 1990, 501 gefordert; dazu *Ivo* (Fn 63) 125ff.

99 Diesen Unterschied betonen mit Recht *Blanke/Peilert* (Fn 65) 46ff.

sen.[100] Sie verweigert nur Leistungen, die noch nachträglich erbracht werden können. Soweit das aus tatsächlichen Gründen nicht möglich ist oder zum Schadensausgleich nicht ausreicht, stellen sich die üblichen Probleme des Schadensersatzes, für den der Folgenbeseitigungsanspruch ohnehin keine Grundlage bietet.

Das Problem der Folgen rechtswidrigen Verwaltungshandelns tritt in der Leistungsverwaltung in anderer Form auf: Häufig sind Leistungen von Dispositionen des Bürgers, insbesondere von rechtzeitiger Beitragszahlung, rechtzeitigen Anträgen oder richtiger Entscheidung für die eine oder die andere Leistungsform abhängig. Diese möglichen Dispositionen stellen den Bürger insbesondere im Sozialrecht vor schwierige Fragen, für die er die Hilfe der Verwaltung braucht. Die §§ 13–15 SGB I enthalten deshalb ausführliche Vorschriften über Aufklärung, Auskunft und Beratung. Eine Verletzung dieser Betreuungspflichten kann Schadensersatzansprüche aus Amtshaftung oder Schadensersatzansprüche wegen Verletzung von Pflichten im verwaltungsrechtlichen Schuldverhältnis auslösen. Die sozialgerichtliche Rechtsprechung hat darüber hinaus einen verschuldensunabhängigen sog Herstellungsanspruch entwickelt.[101] Danach hat der Bürger, der durch einen Betreuungsfehler (falsche oder pflichtwidrig unterlassene Beratung oder Auskunft, sonstige Irreführung oder andere Fehler)[102] einen Nachteil erlitten hat, einen Anspruch auf Herstellung des Zustandes, der bestehen würde, wenn sich der Sozialleistungsträger rechtmäßig verhalten hätte.[103] 36

Dem Bürger wird danach gestattet, nach Fristablauf Anträge zu stellen, Beiträge nachzuzahlen oder sich in nunmehr richtiger Erkenntnis der Rechtslage entgegen an sich unwiderruflichen Erklärungen für eine andere Gestaltung zu entscheiden.[104] Die Grundlage dieses Herstellungsanspruchs, der über den Bereich der sozialgerichtlichen Rechtsprechung hinaus Beachtung verdient,[105] sieht das BSG in seiner neueren Rechtsprechung in einer Parallele zum Folgenbeseitigungsanspruch. Dies ist nur möglich, wenn der Folgenbeseitigungsanspruch nicht nur als negatorischer Beseitigungsanspruch,[106] sondern als Ausgleichsanspruch des 37

100 *Bieback* DVBl 1983, 164; anders *Ebsen* DVBl 1987, 393f, der die Nichterfüllung von Sozialleistungsansprüchen mit Rücksicht auf die sozialen Rechte in SGB I einem Eingriff gleichstellt.

101 Dazu *Bieback* (Fn 100) 159ff; *Ebsen* (Fn 100) 389ff; *Wallerath* DÖV 1987, 505ff; *Brugger* AöR 112 (1987) 389ff; *Schmidt-De Caluwe* Der sozialrechtliche Herstellungsanspruch, 1992, alle mwN der umfangreichen Literatur und Rspr; aus der Rspr insbes BSGE 41, 126; 49, 76; 50, 12, 13ff; 51, 89, 92ff; 57, 288, 290; 60, 245, 246f.

102 S die Zusammenstellung der Fälle bei *Wallerath* (Fn 101) 506.

103 Definition nach *Wallerath* (Fn 101) 506. – Dem Bürger muß Gelegenheit gegeben werden umzudisponieren. Die Verwaltung hat sich aber nicht so zu verhalten, als wäre die Beratung richtig gewesen. Dazu BSGE 25, 219; 32, 60, 65; BSG SGb 1977, 120 m Anm *Thieme*.

104 BVerwG v 18.4.1997 NJW 1997, 2966 will jedoch einen Herstellunganspruch ausschließen, wenn speziellere Vorschriften, wie die Möglichkeit der Wiedereinsetzung im Wohngeldrecht, die Folgen der Fristversäumung regeln.

105 *Bieback* (Fn 100) 170, der freilich mit Recht auf die außerhalb des Sozialrechts weniger ausgebildete Beratungspflicht hinweist; die Beschränkung auf den Bereich des Sozialrechts, die *Ebsen* DVBl (Fn 100) 395 fordert, ist trotzdem nicht überzeugend.

106 Anders, von seinem Standpunkt aus konsequent, *Ebsen* (Fn 100) 389ff; ähnlich *Brugger*

Staatshaftungsrechts aufgefaßt wird.[107] Davon geht auch das BSG ersichtlich aus.[108]

38 Auch der Herstellungsanspruch tendiert damit zu einem verschuldensunabhängigen Wiedergutmachungsanspruch.[109] Wie beim Folgenbeseitigungsanspruch war die Entwicklung eines solchen Wiedergutmachungsanspruchs im Grunde für die bisher entschiedenen Fälle nicht erforderlich.[110] Soweit verschuldensabhängige Ansprüche nicht ausreichten, hätte der Gedanke genügt, daß der Verwaltung nicht erlaubt sein kann, aus ihrem eigenen rechtswidrigen Verhalten Vorteile zu ziehen, den Bürger an entsprechenden Dispositionen festzuhalten und deshalb Leistungen zu verweigern. Dies gilt, allerdings unter einer gewissen Erweiterung des Verbots des venire contra factum proprium,[111] auch für die Fälle, in denen die falsche Disposition nicht durch den Leistungsträger selbst, sondern durch einen anderen Träger der öffentlichen Verwaltung, insbesondere durch einen anderen Sozialleistungsträger, verursacht war.[112] Es hätte für die bisher aufgetretenen praktischen Bedürfnisse genügt, für diese Fälle den sozialrechtlichen Erfüllungsanspruch aufrechtzuerhalten.[113]

39 Wie im allgemeinen Verwaltungsrecht bei der Entwicklung des Folgenbeseitigungsanspruchs scheint aber auch im Sozialrecht der Impetus übermächtig zu sein, einen verschuldensunabhängigen Ersatzanspruch im Wege richterlicher Rechtsfortbildung zu schaffen. Ein wesentlicher Grund für diese Entwicklung dürfte prozessualer Art sein: Die allgemeinen und besonderen Verwaltungsgerichte wollen entgegen § 40 Abs 2 VwGO auch die in ihrem Bereich einschlägigen Schadensersatz- und Entschädigungsansprüche soweit wie möglich selbst beurteilen, um dem Bürger nicht ein zusätzliches Verfahren vor dem ordentlichen Gericht zuzumuten. Dies scheint wesentlich wichtiger zu sein als die Frage Naturalrestitution oder Geldersatz.[114]

AöR 112 (1987) 410ff, der in der Fehlbetreuung einen Eingriff in grundrechtsrelevante Rechte sieht; gegen diesen Gedanken *Schoch* (Fn 50) 56f.

[107] *Wallerath* (Fn 101) 513 weist zu Recht auf den Restitutionsgedanken im Folgenbeseitigungsanspruch hin.

[108] BSGE 49, 76, 78; bestätigt in BSGE 51, 89, 94. Richtig ist allerdings, daß der Herstellungsanspruch – wie der Folgenbeseitigungsanspruch – dem Erfüllungsanspruch näher steht als andere Ansprüche des Staatshaftungsrechts. IdS *Brugger* (Fn 101) 406. *Brugger* weist (442ff) mit Recht auf Parallelen des Herstellungsanspruchs zu den erwähnten Ansprüchen (o Rn 32) auf Behandlung nach älterem günstigerem Recht hin. Einen neuen Ansatz bringt *Ladage* Der sozialrechtliche Herstellungsanspruch. Ein Sonderfall materiellrechtlicher Wiedereinsetzung in den vorigen Stand, 1990. Seine Lösungen kommen der im Text vertretenen Auffassung sehr nahe.

[109] Dazu abl *Schoch* (Fn 50) 55.

[110] *Schoch* (Fn 50) 59.

[111] *Wallerath* (Fn 101) 509f, der diese Erweiterung zu Unrecht nicht für möglich hält.

[112] BSGE 51, 89, 94ff; 57, 288, 290.

[113] Trotz weiter ausgreifender Begründung bleibt die Erhaltung des Erfüllungsanspruchs das Hauptanliegen bei *Kreßel* (Fn 87), wie sich insbes auf S 353 zeigt, wo er von der Erhaltung des primären Rentenanspruchs spricht; auch *ders* in: Der sozialrechtliche Herstellungsanspruch (SDSRV Bd. 39) 1994, 31ff; *Bauer* ebd, 59ff; deutlich idS *Schmidt-De Caluwe* (Fn 101) 516.

[114] Dieser Gedanke klingt in BSGE 57, 288, 290 an; desgl bei *Ebsen* (Fn 100) 389f, der aber

VI. Das Staatshaftungsrecht in den neuen Bundesländern

Im Gebiet der ehemaligen DDR wurde im Jahre 1969 ein Staatshaftungsgesetz (StHG DDR)[115] erlassen, dessen grundlegender § 1 Abs 1 lautete: „Für Schäden, die einem Bürger oder seinem persönlichen Eigentum durch Mitarbeiter oder Beauftragte staatlicher Organe oder staatlicher Einrichtungen in Ausübung staatlicher Tätigkeit rechtswidrig zugefügt werden, haftet das jeweilige Organ oder die staatliche Einrichtung." Dieses Gesetz wurde im Einigungsvertrag wesentlich geändert und gilt, soweit es nicht durch Landesgesetz modifiziert wird, als Landesrecht im Beitrittsgebiet fort.[116] Die Präambel, welche die ideologischen Voraussetzungen darlegte, entfiel. § 1 Abs 1 erhielt folgenden Wortlaut: „Für Schäden, die einer natürlichen oder juristischen Person hinsichtlich ihres Vermögens und ihrer Rechte durch Mitarbeiter oder Beauftragte staatlicher oder kommunaler Organe in Ausübung staatlicher Tätigkeit rechtswidrig[117] zugefügt werden, haftet das jeweilige staatliche oder kommunale Organ." Die Haftung wurde durch Neufassung des § 10 StHG DDR uneingeschränkt auf Ausländer erstreckt. Weitere Änderungen des Gesetzes betreffen den Rechtsschutz durch die ordentlichen Gerichte, der nach Art 34 GG vorgesehen werden mußte (§ 6 a StHG DDR nF), und die Rückgriffshaftung (§ 9 StHG DDR nF) der Mitarbeiter und der Beauftragten. Ein unmittelbarer Schadensersatzanspruch gegen Mitarbeiter und Beauftragte (darunter sind ehrenamtlich tätige Bürger zu verstehen)[118] ist ausgeschlossen (§ 1 Abs 2 StHG DDR). § 7 StHG DDR, der die Mitwirkung der Staatlichen Versicherung vorsah, wurde gestrichen. Die übrigen Bestimmungen wurden der Neufassung des § 1 Abs 1 StHG DDR angepaßt. **40**

Das StHG DDR beschränkt sich auf die hoheitliche Tätigkeit. Für die Schadensersatzpflicht staatlicher Organe und Einrichtungen als Teilnehmer am Zivilrechtsverkehr gilt das Zivilrecht (§ 1 Abs 3 StHG DDR). Das Gesetz gilt auch nicht für Schäden, die durch eine gerichtliche Entscheidung zugefügt wurden (§ 1 Abs 4 StHG DDR). Die Geschädigten haben alle ihnen möglichen und zumutbaren Maßnahmen zu ergreifen, um einen Schaden zu verhindern oder zu mindern. Verletzen sie diese Pflicht schuldhaft, wird die Haftung des staatlichen oder kommunalen Organs entsprechend eingeschränkt oder ausgeschlossen (§ 2 StHG DDR). Der Schadensersatz ist in Geld zu leisten. Das ersatzpflichtige staatliche Organ oder die staatliche Einrichtung kann den Schaden auch durch Wiederherstellung des Zustandes ausgleichen, der vor dem Schadensfall bestanden hat (§ 3 Abs 1 StHG DDR). Der gerichtlichen Geltendmachung des Anspruchs ist ein Verwaltungsver- **41**

den materiell-rechtlichen Anspruch auf unmittelbare Wiedergutmachung noch sehr in den Vordergrund stellt.

115 Zur Vorgeschichte *Ossenbühl* (Fn 15) 378 ff.

116 Einigungsvertrag Anl II, Kap III, Sachgeb B, Abschn III. *Schullan* VersR 1993, 283, 287 hält die Überleitung auf die neuen Bundesländer wegen Verstoßes gegen das Gebot des EV, die Rechts- und Verfassungseinheit herzustellen, für nichtig. Zum Problem der Altansprüche *Rädler* DtZ 1993, 296 ff; ferner *Lörler* DtZ 1992, 135, 137 f.

117 Es kommt auf die rechtswidrige Schadenszufügung, nicht auf die rechtswidrige Tätigkeit an, *Lühmann* LKV 1991, 360.

118 *Lörler* NVwZ 1990, 830, 831.

fahren vorgeschaltet. Über Grund und Höhe des Anspruchs entscheidet zunächst der Leiter des zuständigen staatlichen Organs oder der staatlichen Einrichtung, deren Mitarbeiter oder Beauftragte den Schaden verursacht haben (§ 5 StHG DDR). Gegen seine Entscheidung ist die Beschwerde zulässig, über die, wenn nicht abgeholfen wird, der Leiter des übergeordneten staatlichen Organs oder der übergeordneten staatlichen Einrichtung entscheidet (§ 6 StHG DDR).

42 Das StHG DDR idF des Einigungsvertrages ist eine geeignete Grundlage zur Fortentwicklung des Staatshaftungsrechts, mit dem die Rechtsprechung arbeiten kann.[119] Es handelt sich freilich um einen Neubeginn,[120] und zwar nicht nur wegen der genannten Änderungen, die den Kreis der Anspruchsberechtigten und der geschützten Rechtsgüter wesentlich erweiterten,[121] sondern auch deshalb, weil es bislang noch kaum einschlägige publizierte Rechtsprechung gibt.[122] Die Möglichkeit der gerichtlichen Kontrolle (§ 6 a StHG DDR aF) wurde erst durch Gesetze v 14.12.1988 mit Wirkung für nach dem 30.6.1989 erlassene Verwaltungsentscheidungen eingeführt.[123]

43 Das Gesetz gesteht dem Geschädigten verschuldensunabhängig vollen Schadensersatz (grundsätzlich in Geld) gemäß den zivilrechtlichen Bestimmungen zu (§ 3 Abs 3 StHG DDR). Nach Einführung des BGB bedeutet dies, daß der Schadensersatzanspruch – von gewissen Ausnahmen abgesehen – nicht hinter dem Ersatzanspruch für schuldhafte Amtspflichtverletzungen nach § 839 BGB iVm Art 34 GG zurückbleibt.[124] Die Subsidiaritätsklausel in § 3 Abs 3 StHG dürfte künftig in demselben Sinn ausgelegt werden wie § 839 Abs 1 S 2 BGB, dem sie – abgesehen von der Formulierung im Passiv – wörtlich entspricht.[125]

44 Der Anspruch aus dem StHG DDR konkurriert mit dem in ganz Deutschland nach § 839 BGB iVm Art 34 GG bestehenden Amtshaftungsanspruch,[126] dagegen nicht mit dem richterrechtlichen Anspruch aus enteignungsgleichem Ein-

[119] *Christoph* NVwZ 1991, 540f.

[120] *Ossenbühl* NJW 1991, 1201f, *ders* (Fn 15) 392, der aber zu Unrecht verfassungsrechtliche Bedenken erhebt. Die Gesetzgebung ist der DDR zuzurechnen und stößt deshalb nicht auf Kompetenzbedenken. Dazu zutr *Sträßer* NJW 1991, 2467f.

[121] Früher beschränkte sich die Haftung auf das persönliche Eigentum der Bürger, die ohnehin staatlichen Wirtschaftsunternehmen waren ausgeschlossen, *Lörler* (Fn 118) 830. Dies hatte schon der Staatsvertrag v 18.5.1990 verändert, *Ossenbühl* (Fn 15) 389.

[122] *Lörler* NVwZ (Fn 118) 833 zu den Rundschreiben der Staatlichen Versicherung, welche bisher nach § 7 StHG DDR aF mitzuwirken hatte. BGH NJW 1994, 2684 betrifft einen Fall (rechtswidriger Ausschluß aus dem Rechtsanwaltskollegium im Jahre 1987), der nach altem DDR-Recht zu entscheiden war.

[123] Gesetze v 14.12.1988, GBl I, 327 und 329.

[124] *Boujong* FS Gelzer, 1991, 273, 279f.

[125] Wegen der dadurch entstehenden Haftungserweiterung entgegen der in der DDR ursprünglich vorgesehenen Substruktur Bedenken bei *Ossenbühl* (Fn 120) 1205. Zur bisherigen Handhabung der Subsidiarität *Lörler* (Fn 118) 832f.

[126] *Ossenbühl* (Fn 15) 405; MünchKomm/*Papier* § 839 Rn 95; *Lühmann* Neuordnung des Amtshaftungsrechts in vereinigten deutschen Staat – zurück zur Rechtswidrigkeit? 3.Aufl 1994, 47ff mwN; anders *Schullan* (Fn 116) 283, 286f, der jedoch das StHG ohenhin für nichtig hält.

griff.[127] Das StHG erfaßt die Tatbestände, die unter den enteignungsgleichen Eingriff subsumiert werden können und ist als eine diesem richterrechtlichen Anspruch vorgehende landesrechtliche Spezialregelung anzusehen. Sie schließt die Lücke im Staatshaftungsrecht, und zwar besser und vollständiger als dies mit dem enteignungsgleichen Eingriff zu erreichen ist.[128] Der Folgenbeseitigungsanspruch bleibt unberührt. Der Anspruch aus dem StHG DDR ersetzt ihn nicht, da die Möglichkeit der Wiederherstellung des früheren Zustandes in § 3 Abs 1 S 2 StHG DDR im Ermessen der Behörde steht.

Das StHG DDR idF des Einigungsvertrages sieht eine Staatshaftung vor, welche **45** nicht nur weit über das bisherige Recht der DDR, sondern auch über das in der alten Bundesrepublik geltende Staatshaftungsrecht und sogar über das vom BVerfG für nichtig erklärte Staatshaftungsgesetz[129] v 26. 6. 1981 hinausgeht.[130] Das hoheitliche Unterlassen wird über den enteignungsgleichen Eingriff hinaus erfaßt, desgleichen Schäden aus Versagen technischer Einrichtungen.[131]

Trotz der Änderungen im Einigungsvertrag enthält das Gesetz einige Bestim- **46** mungen, die für westdeutsche Juristen befremdlich sind. Mit der Formulierung „Mitarbeiter und Bauftragte" sollte eine Haftung für Kollektiventscheidungen ausgeschlossen werden. Dies könnte bei Schädigungen durch kommunale Satzungen, insbesondere durch Bebauungspläne, Bedeutung haben. Die Frage wurde im Einigungsvertrag anscheinend übersehen. Eine Auslegung im Sinne des Rechtsverständnisses der Bundesrepublik wird das Versehen korrigieren müssen.[132] Die Haftung der staatlichen (bzw jetzt auch der kommunalen) Organe und Einrichtungen, nicht der Körperschaften setzt eine juristische Selbständigkeit, dh die Rechtsfähigkeit des betreffenden staatlichen Organs oder der staatlichen Einrichtung voraus. Diese Rechtsfähigkeit ist jedoch ungeklärt. Die örtlichen Volksvertretungen, die Räte (kollektive Leitungsorgane der Kommunen, den Magistraten vergleichbar) waren seit 1985 juristische Personen.[133] Die Neuorganisation der Staats- und Selbstverwaltung legt in diesem Bereich Änderungen durch neue Landesgesetze nahe. Soweit sie nicht ergehen, ist als Haftungssubjekt die jeweilige juristische Person zu verstehen, die durch das zuständige Organ vertreten wird.[134] Eine Beschwerde an eine übergeordnete staatliche Stelle kann es nach Einführung der kommunalen Selbstverwaltung in kommunalen Angelegenheiten nicht mehr geben. Die staatliche Stelle würde sonst ohne gerichtliche Kontrolle Schadens-

[127] BGH NVwZ-RR 1997, 204, 205; *Boujong* (Fn 124) 275 f; *Ossenbühl* (Fn 15) 405 f; MünchKomm/*Papier* § 839 Rn 95; diff *Lühmann* (Fn 126) 50 ff.

[128] Zur Zulässigkeit der landesrechtlichen Ersetzung des enteignungsgleichen Eingriffs s o Rn 3.

[129] Dazu u § 50 Rn 2 ff.

[130] *Lörler* (Fn 116) 135 f; *Ossenbühl* (Fn 15) 395 f.

[131] Zu diesen Fragen *Boujong* (Fn 124) 276 ff.

[132] *Boujong* (Fn 124) 278 f; MünchKomm/*Papier* § 839 Rn 91; idS BGHZ 127, 57, 66 zur ursprünglichen Fassung des Gesetzes; anders *Ossenbühl* (Fn 15) 389.

[133] § 81 S 1 des Ges über die örtlichen Volksvertretungen v 4.7.1985, GBl I 213. Dieses Ges ist durch § 102 Abs 1 des Ges über die Selbstverwaltung der Gemeinden und Landkreise v 17.5.1990, GBl I 255 aufgehoben worden.

[134] *Ossenbühl* (Fn 120) 1206.

ersatzansprüche zu Lasten der Kommunen zusprechen können. § 6 wurde mit Recht in Brandenburg gestrichen.[135]

47 Der Geltungsbereich des StHG DDR ist auf das Gebiet der bisherigen DDR und die Landesverwaltung sowie die Träger mittelbarer Landesverwaltung (Kommunen, landesunmittelbare Körperschaften, Anstalten und Stiftungen des öffentlichen Rechts) beschränkt. Es gilt in der Fassung des Einigungsvertrages noch in den Ländern Brandenburg, Mecklenburg-Vorpommern und Sachsen. In Berlin wurde es aufgehoben,[136] in Sachsen-Anhalt wesentlich,[137] in Thüringen in Einzelheiten[138] abgeändert. Ob ein derart großzügiges Staatshaftungsrecht gerade für die ärmeren neuen Länder sinnvoll ist,[139] erscheint zweifelhaft. Mit einer Gesetzgebung, welche die Haftung reduziert oder das Gesetz sogar aufhebt, ist nach dem Vorbild Berlins und Sachsen-Anhalts[140] auch in anderen Ländern zu rechnen.[141]

VII. Plangewährleistung

48 Die Plangewährleistung war ein Modethema der frühen siebziger Jahre.[142] Die damalige Planungseuphorie ist schnell verflogen, das Problem staatlicher Pläne und ihrer Konsequenzen ist geblieben. Die rechtliche Beurteilung von Plänen und Plangewährleistung steht vor der Schwierigkeit, daß es zwar Planungen im staatlichen wie im privaten Bereich schon immer gegeben hat, daß aber ein allgemeiner Rechtsbegriff der Planung oder der Plangewährleistung nie entwickelt wurde.[143] Das Bundesverfassunggericht meint, die Planung sei weder eindeutig der Legislative noch eindeutig der Exekutive zuzuordnen.[144]

49 Die Planung nutzt vielmehr die üblichen Rechtsformen, mit denen Staat und Verwaltung für den Bürger verbindliche Regelungen schaffen,[145] also Gesetz, Verordnung, Satzung und Verwaltungsakt. Daneben finden sich Verwaltungsvorschriften, behördeninterne Richtlinien und auch bloße politische Programmerklärungen, für die eine rechtliche Verbindlichkeit nicht angestrebt wird. Informelle Kooperation von Staat und Wirtschaft sowie gelegentlich vertragliche Abmachungen kommen hinzu.

50 Besondere Vorschriften finden sich vor allem im Bereich der Raumordnungs- und Bauplanung, wo mit den Raumordnungsplänen, Gebietsentwicklungsplänen

135 Art 2 Abs 4 des Ges v 14.6.1993, GVBl I, 198.
136 Ges v 29. 9. 1995, GVBl 607.
137 Jetzt Ges zur Regelung von Entschädigungsansprüchen im Lande Sachsen-Anhalt idF v 16.11.1993.
138 Zuletzt geänd durch 1. ÄndG v 22.4.1997, GVBl 165.
139 *Ossenbühl* (Fn 120) 1201f.
140 In Sachsen-Anhalt bleibt im wesentlichen nur eine landesrechtliche Regelung des enteignungsgleichen Eingriffs übrig, MünchKomm/*Papier* § 839 Rn 89.
141 Zu Überlegungen in Brandenburg *Lörler* (Fn 116) 135, 136.
142 *Ossenbühl* (Fn 15) 319.
143 *Thiele* DÖV 1980, 109f.
144 BVerfGE 95, 1, 16 („Südumfahrung Stendal").
145 Dazu *Korbmacher* WuV 1979, 37, 39.

und Flächennutzungsplänen besondere Zwischenformen zwischen der außenverbindlichen Planung durch Rechtsnorm oder Verwaltungsakt und unverbindlichen Absichtserklärung entwickelt wurden.

51 Kennzeichnend für jede Form der Planung ist, daß sie künftiges Verhalten der Träger öffentlicher Verwaltung und/oder der Bürger regulieren oder wenigstens beeinflussen will. Da dies das Ziel beinah jeder rechtlichen Steuerung ist, läßt sich ein trennscharfer Begriff der Planung schwerlich bilden.

52 Im Bereich des Staatshaftungsrechts stellt sich neben der Frage der Planbefolgung – sie spielt im Baunachbarrecht eine große Rolle – vor allem das Problem der Planungskonstanz und der Folgen von Planänderungen. Das Dilemma ist offensichtlich: Die Bürger werden sich auf Pläne des Staates einstellen, regelmäßig ist das erwünscht oder sogar erforderlich, wenn die Planung durchgesetzt werden soll. Eine absolute Konstanz der Pläne ist indes nicht zu gewährleisten. Pläne müssen wechselnden Gegebenheiten angepaßt werden, die Möglichkeit der Planänderung muß bestehen. Andernfalls werden nach Veränderung der Verhältnisse sinnlos gewordene Maßnahmen zum Schaden der Allgemeinheit weitergeführt. Beispiele lassen sich aus allen Bereichen finden: Eine Raumordnungsplanung erweist sich wegen Veränderung der Bevölkerungsstruktur oder des Bedarfs der Wirtschaft als überholt. Eine Steuervergünstigung oder eine Subvention begünstigt eine Tätigkeit, die früher erwünscht war, heute – etwa aus Gründen des Umweltschutzes oder wegen entstandener Überkapazitäten – aber unerwünscht ist. Immer wieder tritt das Problem auf, ob und wie die Interessen derjenigen geschützt werden sollen, welche ihr Verhalten nach dem bisher gültigen Plan ausgerichtet hatten.

53 Es handelt sich also um ein Problem des Vertrauensschutzes und, soweit es um Rechtsetzung geht, der Rückwirkung. Dieses Problem des Vertrauensschutzes ist für jedes Rechtsinstitut, das Grundlage der Planung war, gesondert zu lösen. Die bisher praktisch gewordenen Fälle lagen hauptsächlich auf dem Felde, das heute der ausgleichspflichtigen Inhaltsbestimmung, nach der früheren Rechtsprechung des BGH dem enteignungsgleichen oder enteignenden Eingriff zugeordnet war. Ansätze, auf dieser Grundlage Entschädigungen zu gewähren, gab es bei unvermuteten Änderungen der rechtlichen oder tatsächlichen Grundlage von Gewerbebetrieben, jedoch wurde in den meisten Fällen ein Eingriff in den rechtlich geschützten Bestand der Gewerbebetriebe verneint und schon deshalb ein Entschädigungsanspruch versagt.[146]

54 Die alten Entscheidungen zeigen die grundsätzliche Möglichkeit, einen Plangewährleistungsanspruch als Entschädigungsanspruch im „anerkannten Anspruchssystem zu plazieren“.[147] Nach der Neuorientierung der Dogmatik des Eigentumsschutzes ist jedoch der Vorrang des Primärrechtsschutzes zu beachten. Eine Entschädigung wegen enteignungsgleichen Eingriffs durch den Gesetzgeber entfällt nach der neueren Rechtsprechung des BGH ohnehin.[148] Wenn der Gesetzgeber

[146] S o § 48 Rn 65.

[147] So die Formulierung von *Ipsen* FS E. R. Huber, 1973, 219, 233; *Burmeister* Die Verwaltung 1969, 41 ff.

[148] S o § 48 Rn 62 f.

keine Entschädigung vorgesehen hat, ist danach eine Planänderung, welche über das zulässige Maß in das Eigentum eingreift, rechtswidrig und muß auf Klage bzw. Verfassungsbeschwerde des Betroffenen aufgehoben werden. Andererseits ermöglicht die neue Kategorie der „ausgleichspflichtigen Inhaltsbestimmungen" flexiblere Regelungen und Übergangsbestimmungen. Das Prinzip des „alles oder nichts", das in der früheren Abgrenzung von Enteignung und (entschädigungslos zulässiger) Inhaltsbestimmung enthalten war, muß nicht mehr gelten.[149]

55 Die Rechtsprechung neigt dazu, den Schutz des Vertrauens in die Beständigkeit der Gesetzgebung nicht zu überdehnen. Grundsätzlich muß sich der Bürger mit einer Rechtsänderung abfinden, ein Schutz des Vertrauens in den Fortbestand von Gesetzen wird nur bei besonderen Vertrauenstatbeständen anerkannt.[150]

56 Bei rechtsförmlichen Verwaltungsmaßnahmen ist häufig eine Entschädigung für Planänderungen vorgesehen, zB bei Änderungen von rechtsverbindlichen Bauleitplänen (§ 42 BauGB). Allgemeine Bedeutung haben die Vorschriften über die Zulässigkeit von Rücknahme und Widerruf von Verwaltungsakten sowie die einschlägigen Entschädigungsvorschriften. In zahlreichen wichtigen Fällen ist danach die Planänderung geregelt und für eine ausreichende Entschädigung gesorgt. Fehlt eine Bestimmung über die Entschädigung, ist eine Planänderung entgegen dem schutzwürdigen Vertrauen unzulässig und kann mit den Mitteln des primären Rechtsschutzes abgewehrt werden. Daneben und ergänzend ist der Bürger durch das Amtshaftungsrecht geschützt; denn die Verletzung der Amtspflicht zu konsequentem und rücksichtsvollem Verhalten kann Amtshaftungsansprüche auslösen.[151]

57 Es bleibt der Bereich der informellen Zusammenarbeit und des nicht durch förmliche staatliche Maßnahmen erzwungenen oder abgesicherten Mitwirkens der Bürger. Unternehmer verlassen sich etwa bei ihren Investitionsentscheidungen auf verkündete Planungsdaten der Wirtschafts- oder Währungspolitik. Sie rechnen etwa mit der Fortführung eines nur in Verwaltungsvorschriften geregelten Subventionsprogramms. In solchen Fällen ist, soweit keine vertragliche oder vertragsähnliche Absprache getroffen und damit ein Vertrauenstatbestand geschaffen wurde, eine wie immer geartete Plangewährleistung ausgeschlossen, sei es durch Ansprüche auf Plankonstanz oder auf Entschädigung. Es versagen nicht nur die herkömmlichen an Staatlichkeit und Staatsgewalt orientierten Kategorien.[152] Es besteht auch erkennbar kein Bindungswille des Staates. Der Bürger, der sich auf derart unverbindliche Aussichten verläßt, spekuliert auf Beständigkeit der Politik und handelt auf eigenes Risiko.[153]

[149] Damit ist dem Petitum *Lerches* Übermaß und Verfassungsrecht, 1961, 268ff; *ders* DÖV 1961, 486, 489 Rechnung getragen; zur diff Anpassung auch *Ossenbühl* Verhandlungen des 50. Deutschen Juristentages, Bd I, Gutachten B, 303ff; *ders* (Fn 15) 330f; *Muckel* Kriterien des verfassungsrechtlichen Vertrauensschutzes bei Gesetzesänderungen, 1989, 120ff.

[150] Schon RGZ 139, 177, 181ff; BVerfGE 30, 393, 402ff; s im übrigen die o § 48 Rn 65 erwähnten Entscheidungen des BGH.

[151] MünchKomm/*Papier* § 839 Rn 218.

[152] *Ossenbühl* (Fn 15) 323.

[153] So *Oldiges* Grundlagen eines Plangewährleistungsrechts, 1970, 88f zur verwaltungsinternen Ausbauplanung.

Es ist nicht zu verkennen, daß diese Aussage in ein Dilemma führt: Staatliche Politik ist möglicherweise darauf angewiesen, daß die Bürger ihr Verhalten an dieser Politik ausrichten. Sie kann aber keine Gewähr dafür geben, daß nicht irgendwann unvermutet das Steuer herumgerissen wird. Ob und inwieweit es unter diesen Umständen gelingt, den Bürger zur Mitarbeit zu bewegen, wird von den Umständen abhängen. Wenn rechtliche Verbindlichkeit gewünscht wird, bieten sich vertragliche Absprachen an.[154] 58

VIII. Öffentlich-rechtliche Gefährdungshaftung

Für eine öffentlich-rechtliche Gefährdungshaftung hat sich vor allem *Forsthoff*[155] 59 eingesetzt. Er geht davon aus, daß die moderne Verwaltung vielfach erhöhte Gefahrenlagen entstehen lasse, in denen es für den einzelnen keinen Schutz vor Schaden gebe. Die Tätigkeit der Verwaltung komme der Allgemeinheit zugute, es sei daher billig und iSd justitia distributiva gerecht, wenn dem Opfer eine Entschädigung von der Allgemeinheit gezahlt werde.

Diesem Argument ist kaum zu widersprechen. Der BGH hat indes eine Gefähr- 60 dungshaftung klar abgelehnt.[156] Seine Rechtsprechung zum enteignungsgleichen und enteignenden Eingriff sowie zur Aufopferung wird den praktischen Bedürfnissen im wesentlichen gerecht. Eine kritische Überprüfung zeigt, daß Abgrenzungskriterien, die für eine Gefährdungshaftung maßgebend sein müßten, jetzt unter dem Gesichtspunkt der Unmittelbarkeit behandelt werden. Der BGH lehnt eine Entschädigung wegen enteignungsgleichen oder enteignenden Eingriffs nicht ab, wenn durch eine hoheitliche Maßnahme eine außergewöhnliche Gefahrenlage geschaffen wird, die den Eintritt eines Schadens sehr wahrscheinlich macht. Als Beispiele mögen etwa der Schützenpanzerfall[157] oder der Treckerfall[158] dienen. Soweit der BGH in neuerer Zeit eine Entschädigung wegen mangelnder Unmittelbarkeit abgelehnt hat, lag eine solche außergewöhnliche Gefährdung nicht vor. Der Bürger, der durch den Bruch einer gemeindlichen Wasserleitung einen Schaden erlitt,[159] war ebensowenig einer besonderen Gefährdung ausgesetzt wie der Polizist, der seinen Diensthund in seinem Wagen mitnehmen mußte.[160] Auch der Gesichtspunkt, eine bestimmte hoheitlich auferlegte Gefährdung sei nicht über das all-

154 Schon RGZ 139, 177, 189 erwähnt die Möglichkeit einer vertragsmäßigen Regelung. IdS *Oldiges* (Fn 153) 147ff; *Ossenbühl* Verhandlungen des 50. Deutschen Juristentages, 202f; *ders* (Fn 15) 330 mwN; *Fronhöfer* BayVBl 1991, 193, 195.

155 *Forsthoff* (Fn 28) 359ff; zu diesem Problemkreis *Jaenicke/Leisner* VVDStRL 20, 135ff; *Ossenbühl* (Fn 15) 305ff; *Kohl* (Fn 38) 113ff; *K.-H. Vogt* Die Entwicklung der „Responsabilité sans faute" in der neueren französischen Lehre und Rechtsprechung, 1975.

156 BGHZ 54, 332, 336f; 55, 229, 232f und BGH VersR 1972, 1047.

157 BGH NJW 1964, 105; ob der Schaden in diesem Fall durch rechtswidriges Handeln oder durch technische Mängel verursacht wurde, ist der Entscheidung nicht zu entnehmen.

158 BGHZ 28, 310.

159 BGHZ 55, 229. Immerhin laßt sich über das Ergebnis streiten, *Ossenbühl* (Fn 15) 314f.

160 BGH VersR 1972, 1047; BGHZ 54, 332 (Ampelfall) war freilich auch unter diesem Blickwinkel falsch entschieden; dazu BGHZ 99, 249, dazu o § 48 Rn 59.

gemeine Lebensrisiko hinausgegangen und daher im Schadensfall nicht zu entschädigen,[161] ließe sich zur Abgrenzung einer Gefährdungshaftung verwenden.

61 Davon unberührt bleibt die spezialgesetzlich geregelte Gefährdungshaftung der Träger öffentlicher Verwaltung. Hier ist zB die Haftung nach § 34 AtomG[162] zu nennen. Auch die Haftung des Staates nach OEG[163] ist einer Gefährdungshaftung zumindest ähnlich. Im übrigen trifft die Träger öffentlicher Verwaltung die in besonderen Vorschriften des Privatrechts angeordnete Gefährdungshaftung auch bei öffentlich-rechtlichem Handeln.[164]

§ 50
Reform des Staatshaftungsrechts

I. Geschichte

1 Der Deutsche Juristentag stellte bereits 1955 die Frage, ob die verschiedenen Pflichten des Staates zur Entschädigungsleistung aus der Wahrnehmung von Hoheitsrechten neu zu regeln seien. Er kam damals nur zu der Empfehlung,[1] die geltende Regelung über die Entschädigungspflicht aus Staatshaftung (Art 34 GG, § 839 BGB) zu überprüfen.[2] Im Jahre 1968 beschäftigte sich der Deutsche Juristentag wieder mit dem Staatshaftungsrecht, wenn auch nach der Themenstellung vornehmlich unter dem Gesichtspunkt der Folgenbeseitigung und Folgenentschädigung. Die Verhandlungen zeigten alsbald, daß einzelne Teile des Staatshaftungsrechts nicht isoliert behandelt werden konnten. Der Juristentag empfahl[3] daher, die verschiedenen Bereiche der Staatshaftung untereinander und mit dem Rechtsschutz zu harmonisieren und umfassend bundesgesetzlich zu regeln. Leitgedanke sollte eine Haftung für staatliches Unrecht sein, die an die Rechtswidrigkeit als solche anknüpft.[4]

2 Auf Anregung des Deutschen Juristentags hat die Bundesregierung Anfang 1970 eine unabhängige Kommission mit der Aufgabe betraut, eine umfassende gesetzliche Neuregelung des Staatshaftungs- und des Tumultschädenrechts[5] vorzu-

161 BGHZ 46, 327 (Turnunfall in der Schule).

162 Dazu *Schmitt* DVBl 1977, 699.

163 Dazu o Rn 7.

164 ZB § 22 WHG, § 7 StVG.

1 Beschluß der Ersten Abteilung des 41. Deutschen Juristentags, Verhandlungen Bd II C, 114.

2 Zu den inzw überholten Vorschlägen zur Änderung des § 839 BGB im Referentenentwurf eines Gesetzes zur Änderung und Ergänzung schadensersatzrechtlicher Vorschriften von 1967 *Hinke* DVBl 1967, 641 ff.

3 Beschluß der öffentlich-rechtlichen Abteilung des 47. Deutschen Juristentags, Verhandlungen Bd II, L, 144 f.

4 Grundsätzlich zur Reform *H.-J. Vogel* Die Verwirklichung der Rechtsstaatsidee im Staatshaftungsrecht, 1977.

5 Zum geltenden Tumultschädenrecht o § 49 Rn 6.

bereiten. Die Kommission hat 1973 ihren Bericht „Reform des Staatshaftungsrechts“[6] vorgelegt, der Grundlage der 1976 unter demselben Titel veröffentlichten Referentenentwürfe geworden ist.[7]

Im Jahre 1978 legte die Bundesregierung den Entwurf eines Staatshaftungsgesetzes (StHG)[8] und gleichzeitig den Entwurf eines Gesetzes zur Änderung des Grundgesetzes[9] vor. Beide Gesetze sollten am 1.1.1982 in Kraft treten. Der Plan einer Grundgesetz-Änderung, welche „die verfassungsrechtlichen Voraussetzungen für die Reform des Staatshaftungsrechts“ schaffen sollte,[10] wurde jedoch später, da nicht realisierbar, nicht weiterverfolgt. Der Rechtsausschuß legte dem Bundestag im Juli 1980 nur den Entwurf eines Staatshaftungsgesetzes[11] vor, der auf die ursprünglich vorgesehene Regelung des Tumultschädenrechts verzichtete, im übrigen den Regierungsentwurf redaktionell verbesserte und der Tatsache Rechnung zu tragen versuchte, daß eine Grundgesetzänderung nicht mehr vorgesehen war. Wegen des Widerstands des Bundesrats wurde dieser Entwurf in der 8. Wahlperiode des Bundestages nicht mehr endgültig verabschiedet. Er wurde mit geringfügigen Änderungen im 9. Bundestag erneut eingebracht[12] und gegen den Widerstand des Bundesrats, der das Gesetz für verfassungswidrig, jedenfalls für zustimmungsbedürftig hielt, verabschiedet. Das Staatshaftungsgesetz (StHG) wurde danach am 26. Juni 1981 verkündet und sollte am 1.1.1982 in Kraft treten.[13]

In seiner Entscheidung v 19.10.1982 – 2 BvF 1/81 – erklärte das BVerfG das **3**
Gesetz für nichtig, weil es eine Regelung treffe, für die dem Bund in wesentlichen Teilen die erforderliche Gesetzgebungskompetenz fehle.[14] Das BVerfG gesteht

6 Dazu *Haueisen* DÖV 1974, 454ff; *Papier* DVBl 1974, 573ff; *ders* JZ 1975, 585ff; *Bender* VersR 1974, 1ff; *Dagtoglou* VerwArch 65 (1974) 345ff.

7 Dazu *Küchenhoff* BayVBl 1976, 740ff; *Haverkate* ZRP 1977, 33ff; *Schmidt* JZ 1977, 123ff; *Schäfer* Bundeswehrverwaltung 1977, 241ff; *Oldiges* DÖV 1977, 77ff (zum Vollzug verfassungswidriger Gesetze); *Millarg* ZRP 1977, 224ff (betr Rechtssetzung, die gegen das Recht der Europäischen Gemeinschaft verstößt). Rechtsvergleichende Gutachten sind von *Rehbinder* und vom Max-Planck-Institut für ausländisches öffentliches Recht und Völkerrecht erstattet und vom Bundesministerium der Justiz 1975 herausgegeben worden.

8 BT-Drucks 8/2079; dazu *Ossenbühl* JuS 1978, 720ff; *Bender* DÖV 1979, 109ff; zur Gesetzgebungskompetenz des Bundes auch *Zuleeg* DVBl 1963, 320ff; zum Landespolizeirecht o § 49 Rn 2f.

9 BT-Drucks 8/2080.

10 BT-Drucks (Fn 9) 1.

11 BT-Drucks 8/4144; dazu Bericht des Abgeordneten *Westphal* BT-Drucks 8/4145.

12 BT-Drucks 9/25.

13 BGBl I, 553. Zu dem Gesetz sind zahlreiche Einführungsaufsätze in den Zeitschriften erschienen. Sie werden bei *Maurer* Verw 16 (1983) 45ff, der einen umfassenden Überblick über die Probleme des StHG gibt, nachgewiesen. An Gesamtdarstellungen sind zu nennen: *Bender* StHR, 3. Aufl 1981; *K.-H. Boos/H. Haarmann* Das Recht der Staatshaftung, 1982; *R. Jacobs* Staatshaftungsrecht, 1982; *Papier* Staatshaftungsgesetz, in: Münch/Komm, Erg Bd, 3. Liefg, 1982; *A. Schäfer/H. I. Bonk* Staatshaftungsgesetz Kommentar, 1982.

14 BVerfGE 61, 149 = DÖV 1982, 982 m Anm *Ossenbühl*. Die Lit zur Frage der Bundeskompetenz ist im Urteil des BVerfG zusammengestellt.

zwar zu, daß der Begriff des bürgerlichen Rechts in Art 74 Nr 1 GG aus der Tradition heraus auszulegen sei und deshalb auch die Haftung des Beamten aus öffentlich-rechtlichem Handeln umfassen könne.[15] Der Bund habe aber weder aus Art 74 Nr 1 GG, noch aus Art 34 GG, der überhaupt keine Kompetenznorm sei, eine umfassende Zuständigkeit zur Regelung des Staatshaftungsrechts. Da das StHG an die Stelle der im BGB vorgesehenen Haftung des Beamten (mit grundsätzlichem Eintreten der Anstellungskörperschaft gem Art 34 GG und Einzelregelungen hierzu in Bundes- und Landesgesetzen) die unbedingte Haftung des Staates habe treten lassen, habe es jegliche Verbindung zur persönlichen Haftung des Beamten aufgegeben und die Kompetenzen des Bundes überschritten.

Das Gesetz in Teilen aufrechtzuerhalten, zB für die Bundesverwaltung, lehnte das BVerfG ab, da dies der gesetzgeberischen Intention zuwiderlaufen würde, eine prinzipielle Neuordnung unter Wahrung der Rechtseinheit zu schaffen.

4 Die grundsätzlichen Konsequenzen des Urteils für die Auslegung der Kompetenznormen des Grundgesetzes können hier nicht dargestellt werden. Die Bedeutung für das Staatshaftungsrecht ist inzwischen entfallen, weil in Art 74 Abs 1 Nr 25 GG eine konkurrierende Bundeskompetenz für die Staatshaftung geschaffen wurde. Allerdings bedürfen einschlägige Bundesgesetze der Zustimmung des Bundesrats.[16]

II. Grundzüge des StHG v 26.6.1981

5 Wenn nachstehend Grundzüge des StHG von 1981 dargestellt werden, so geschieht dies in der Erwartung, daß das Reformanliegen wieder aufgegriffen wird. Nach der Verfassungsänderung wird man auf die bisherigen Vorarbeiten der Reform mit Sicherheit zurückgreifen. Im übrigen gibt es in Rechtsprechung und Literatur zum Folgenbeseitigungsanspruch Tendenzen, sich an Vorstellungen des StHG zu orientieren.[17]

6 Das StHG sollte eine verschuldensunabhängige unmittelbare nichtsubsidiäre Staatshaftung für rechtswidriges hoheitliches Handeln begründen, wonach sowohl Ansprüche auf Geldersatz wie auf Naturalrestitution geltend gemacht werden konnten. In dieser umfassenden Staatshaftung sollte sowohl die bisherige Amtshaftung wie auch die Haftung aus enteignungsgleichem Eingriff und aus rechtswidriger Aufopferung aufgehen.

Der Grundsatz der verschuldensunabhängigen unmittelbaren Staatshaftung (§ 1 Abs 1 StHG), die auch für das Versagen technischer Einrichtungen gelten sollte (§ 1 Abs 2 StHG), wurde für die Fälle der Naturalrestitution (Folgenbeseitigung) und des Geldersatzes mit unterschiedlicher Konsequenz durchgeführt.

Im Grundsatz schuldete der Träger öffentlicher Gewalt Folgenbeseitigung gem § 3 Abs 1 StHG; dieser lautete:

[15] DVBl 1982, 1135, 1136.
[16] Ges zur Änderung des Grundgesetzes v 27.10.1994, BGBl I, 3146 Nr 6.
[17] Dazu o § 49 Rn 22ff.

„Besteht der Schaden in der Veränderung eines tatsächlichen Zustandes zum Nachteil des Geschädigten, so hat der Träger diese Folgen durch Herstellung des früheren oder, falls dies unzweckmäßig ist, eines gleichwertigen Zustandes zu beseitigen. Entsprechendes gilt, wenn ein durch die öffentliche Gewalt herbeigeführter Zustand nachträglich rechtswidrig wird, diese Folgen ihr als fortwirkender Eingriff zuzurechnen und nicht schon nach anderen Rechtsvorschriften zu beseitigen sind."

Der Geschädigte hatte jedoch die Wahl, statt der Folgenbeseitigung Geldersatz zu verlangen. Auf Geldersatz war er verwiesen, wenn eine Herstellung nicht möglich, nicht zulässig oder nicht zumutbar war (§ 3 Abs 2 StHG). Eine Folgenbeseitigung schied von vornherein bei reinen Vermögensschäden aus.

Beim Geldersatzanspruch wurde indes schon in den ersten Entwürfen das Prinzip der vollen, uneingeschränkt verschuldensunabhängigen Haftung nicht ganz verwirklicht.[18] Im Laufe der Beratungen kam es aus fiskalischen Gründen zu einer immer engeren Begrenzung der Haftung, die schließlich entfallen sollte, wenn die Pflichtverletzung auch bei Beachtung der den Umständen nach erforderlichen Sorgfalt nicht hätte vermieden werden können (§ 2 Abs 1 S 1 StHG). Das StHG beharrte also auf dem Prinzip der Verschuldenshaftung, wenn auch unter Umkehr der Beweislast (§ 2 Abs 1 S 2 StHG).

Damit wäre das Gesetz freilich hinter der Rechtsprechung des BGH, die unter Berufung auf das Verfassungsrecht Entschädigung wegen enteignungsgleichen Eingriffs und rechtswidriger Aufopferung gewährte, zurückgeblieben. Da das vermieden werden mußte, bestimmte § 2 Abs 2 StHG:

„Besteht die Pflichtverletzung in einem rechtswidrigen Grundrechtseingriff, so ist der Schaden auch bei Beachtung der nach Abs. 1 gebotenen Sorgfalt in Geld zu ersetzen."

In diesem Fall sollten jedoch ebenso wie beim Versagen technischer Einrichtungen weder Nichtvermögensschäden noch entgangener Gewinn ersetzt werden (§ 2 Abs 3 S 2 StHG).

Besonders diese Bestimmung über den Grundrechtseingriff wurde in der Literatur mit Recht als unklar kritisiert, weil sie der Sache nach auf die in ihren Abgrenzungen sehr unsichere Rechtsprechung des BVerfG zur Grundrechtsverletzung durch (unrichtige) Gesetzesanwendung hinauslief.[19]

Was die Rechtsprechung aus diesen Bestimmungen gemacht hätte, ist schwer zu sagen. Sicher ist, daß bei der Definition des Grundrechtseingriffs wie auch bei der Abgrenzung von unmittelbarem Schaden und entgangenem Gewinn infolge der Unklarheit des Gesetzes sehr schwierige Interpretationsprobleme entstanden wären, welche die Rechtsprechung über lange Zeit beschäftigt hätten.

Weitere wichtige Regelungen des Gesetzes betrafen die Haftung für Rechtsprechung und Gesetzgebung (§ 5 StHG) und das Verhältnis der neuen Staatshaftung zu Enteignung und Aufopferung (§ 14 StHG). In § 17 StHG wurde die Haftung

[18] Bericht der Kommission „Reform des Staatshaftungsrechts", 1973, § 2 Abs 2, 84f und Referentenentwurf 1976, § 2 Abs 3, 86ff.

[19] *Rüfner* AöR 106 (1981) 556ff mwN; *Bender* (Fn 13) Rn 354; *Jacobs* (Fn 13) 137ff; *Papier* (Fn 13) 15ff.

wegen öffentlich-rechtlichen Handelns nach dem StHG zur privatrechtlichen Haftung neu abgegrenzt. Die allgemeine Verkehrssicherungspflicht wurde – allerdings mit der wichtigen Ausnahme der öffentlichen Straßen, Wege, Plätze, Wasserstraßen und Wasserflächen – dem Privatrecht zugeordnet; desgleichen die Teilnahme am Verkehr, die Beförderung von Personen und Gütern durch Verkehrsbetriebe und die Versorgung mit Wasser und Energie.

Sowohl bei öffentlich-rechtlichem wie bei privatrechtlichem Handeln eines Trägers öffentlicher Verwaltung sollte die Haftung des Bediensteten gegenüber dem Geschädigten entfallen (§ 1 Abs 3, § 17 Abs 4 StHG). Auch bei privatrechtlichem Handeln sollte unmittelbare Staatshaftung nach den allgemeinen Deliktsvorschriften – die vertragliche Haftung blieb ohnehin unberührt – eintreten.

7 Das StHG hätte an manchen Stellen rechtsdogmatische Klarheit gebracht und das unübersichtlich gewordene Richterrecht ersetzt. Verbesserungen für den Bürger hätten sich jedoch in sehr engen Grenzen gehalten, da die verschuldensunabhängige Haftung nicht konsequent beibehalten worden war. Der verschuldensunabhängige Folgenbeseitigungsanspruch hätte, obwohl er zu einem Schadensersatzanspruch auf Naturalrestitution ausgestaltet worden war, gerade in den wichtigsten Fällen versagt und einen vollen Schadensausgleich in Geld nicht ersetzen können, weil er nur bei Veränderung eines tatsächlichen Zustandes gegeben war. Dazu kommt, daß die Rechtsprechung wichtigen Reformanliegen bereits Rechnung getragen hatte: Die Umkehr der Beweislast für das Verschulden konnte angesichts der geringen Anforderungen, die noch an den Verschuldensnachweis gestellt werden, kaum mehr von substantiellem Gewicht sein. Ganz abgesehen davon half schon bisher fast immer der „enteignungsgleiche Eingriff", durch den der BGH eine weitreichende verschuldensunabhängige Staatshaftung begründet hatte. Die Subsidiaritätsklausel in § 839 Abs 1 S 2 BGB ist neuerdings vom BGH so entschärft worden, daß ihre Abschaffung nur noch einer Rechtsbereinigung gleichkam. Als wichtige Verbesserung verblieb letztlich die Haftung für das Versagen technischer Einrichtungen. Angesichts dieser geringen, für den Bürger nur in wenigen Fällen fühlbaren Verbesserungen erscheint die Beanstandung durch das BVerfG nicht als schwerer Rückschlag. Das StHG DDR in der Fassung des Einigungsvertrages stellt den Bürger deutlich besser als das StHG v 26.6.1981.

8 Eine Reform des Staatshaftungsrechts wird weiterhin ein Diskussionsthema bleiben. Eine gemeinsame Arbeitsgruppe des Bundes und der Länder hat sich bald nach der Verwerfung des StHG durch das BVerfG mit der Neuregelung der Staatshaftung befaßt. Ein Bericht über ihre Arbeit ist unter dem Titel „Zur Reform des Staatshaftungsrechts" vom Bundesministerium der Justiz im Oktober 1987 veröffentlicht worden.[20] Im Bundesrat brachte Bayern im November 1989 einen Entwurf ein, der auf eine Abänderung des § 839 BGB und eine Regelung des Folgenbeseitigungsanspruchs in den Verwaltungsverfahrensgesetzen zielte,[21] während Hamburg im September 1990 eine Änderung der Art 14 und 34 GG vorschlug,

[20] Dazu *Caesar* Hat die Staatshaftungsreform noch eine Zukunft? Speyerer Vorträge Heft 11, 1988; *Schullan* BayVBl 1990, 360ff.

[21] BR-Drucks 644/89.

um dem Bund eine ausreichende Kompetenz zu verschaffen.[22] Beide Entwürfe führten nicht zu positiven Beschlüssen des Bundesrats, wurden also nicht beim Bundestag eingebracht. Mit neuen Vorschlägen ist nach Schaffung der Bundeskompetenz zu rechnen.

Angesichts der Bemühungen der Rechtsprechung, mit Beibehaltung und Fortentwicklung des enteignungsgleichen Eingriffs und des Folgenbeseitigungsanspruchs dem Bürger einen angemessenen Ausgleich für hoheitliches Unrecht zu gewähren, kann die Reform kaum als dringlich bezeichnet werden, zumal nicht, wenn sie dem Bürger so wenig gibt wie das StHG von 1981. Es ist zu wünschen, daß ein neuer Versuch nicht allzu sehr von kleinlichen Rücksichten auf die Staatsfinanzen bestimmt wird und zu einem Gesetz von größerer Klarheit führt. Ob die gegenwärtige Finanzkrise in absehbarer Zeit ein großzügigeres Staatshaftungsrecht erlaubt, sei dahingestellt.

[22] BR-Drucks 632/90.

SIEBENTER ABSCHNITT

Verwaltungsorganisation

Walter Rudolf

Gliederung

§ 51 Grundlagen der gegenwärtigen Verwaltungsorganisation

I. Bedeutung der Organisation

1 Jedes auf Dauer angelegte zweckorientierte soziale Gebilde bedarf der Organisation. Man versteht darunter dreierlei: Erstens die innere Ordnung dieses Gebildes, zweitens das System seiner institutionellen und menschlichen Beziehungen und drittens den Vorgang des Organisierens, dh die Errichtung, Veränderung und Beseitigung des sozialen Gebildes und die Einführung und Änderung seiner Bezugssysteme.[1] Außerdem gibt es den Fall, daß das soziale Gebilde selbst als Organisation bezeichnet wird.[2]

Organisation ist Gegenstand verschiedener Fachgebiete, vor allem der betriebswirtschaftlichen Organisationslehre und der Organisationssoziologie.[3] Die Rechtswissenschaft muß sich mit ihr befassen, weil Organisation in ihrer strukturellen, funktionalen und dynamischen Bedeutung von rechtlichen Normen und Normenkomplexen betroffen und geregelt wird. Gerade die öffentliche Verwaltung, die ständig soziale Abläufe zu ordnen und Leistungen regelmäßig zu erbringen hat, bedarf rechtlicher Regelungen als Mittel der Organisation. Deshalb muß sich auch die Verwaltungsrechtslehre mit Organisation beschäftigen. Das ist angesichts einer einseitig vom subjektiven Recht her betrachteten Verwaltung, deren „Innenrecht" die Rechtsqualität abgesprochen wurde, nicht immer geschehen.[4] Gegenwärtig fehlt jedoch die Behandlung des Organisationsrechts und seiner leitenden Prinzipien nicht nur in keinem Lehrbuch des allgemeinen Verwaltungsrechts mehr, sondern der Verwaltungsorganisation sind sogar besonders gründliche und umfangreiche Darstellungen gewidmet.[5]

[1] Vgl etwa *Mayntz* Soziologie der Organisation, 1963, 7f; *B. Becker* Öffentliche Verwaltung, 1989, § 14 (190ff); *v Heppe/U. Becker* in: Morstein Marx (Hrsg), Verwaltung, 1965, 87ff; *Wolff/Bachof* VwR II, § 71 I; *U. Becker* in: ders/Thieme (Hrsg), Handbuch der Verwaltung, Heft 3. 1, 1976, 1ff; *H. Siepmann/U. Siepmann* Verwaltungsorganisation, 1981, 3ff, *Trute* in: Schmidt-Aßmann/Hoffmann-Riem (Hrsg), Verwaltungsorganisationsrecht als Steuerungsressource, 1997, 252ff.

[2] So zB ausdrücklich bei zahlreichen internationalen Organisationen: Organisation der Vereinten Nationen, Internationale Arbeitsorganisation, Organisation der Amerikanischen Staaten.

[3] Einen Überblick über die Bandbreite der Organisationslehre gibt das von *Grochla* herausgegebene Handwörterbuch der Organisation, 2. Aufl 1980.

[4] Zum Behörden- und Organisationsrecht in den Lehrsystemen des deutschen Verwaltungsrechts vgl *Forsthoff* VwR, 431f. Zur Diskussion im Organisationsrecht vgl den Überblick von *Schnapp* AöR 105 (1980) 243ff. Grundbegriffe und ausgewählte Probleme behandelt *ders* Jura 1980, 68ff, 293ff.

[5] Zu dieser Entwicklung trug maßgeblich *Hans J. Wolff* bei. Vgl zB Organschaft und juristische Person, 2 Bde, 1933, 1934.

Die Organisation eines sozialen Gebildes richtet sich nach den von ihm verfolgten Zielen. Ein Industrieunternehmen wird also strukturell und funktional entsprechend seinen Zielen und den daran orientierten Aufgaben organisiert sein. Die Organisation kann sich neuen Zielen anpassen und das, wenn es notwendig ist, sehr rasch, elastisch und oft ohne Rücksicht auf überkommene Organisationsstrukturen. Für die öffentliche Verwaltung besteht diese Relation von Aufgabe und Organisation auch, doch sind die Möglichkeiten der Anpassung begrenzt. Auf der einen Seite existiert eine historisch gewachsene Verwaltungsorganisation des Staates, die in ihrer Grundstruktur selbst verfassungsrechtliche Umwälzungen überdauern kann und der neue Aufgaben übertragen werden müssen, ohne daß sie für die Erfüllung gerade dieser Aufgaben speziell geschaffen ist. Auch wenn neue Verwaltungsorgane gebildet werden, sind diese in der Regel in das allgemeine Organisationssystem einzufügen. Zum anderen ist die staatliche Verwaltungsorganisation an Rechtsnormen orientiert. Sie folgt nicht unmittelbar den Aufgaben, sondern für die einzelnen Verwaltungsträger und deren Verwaltungsorgane sind sachliche und räumliche Kompetenzen für die Erledigung von Verwaltungsaufgaben festgelegt.[6] Da die Organisation der öffentlichen Verwaltung insoweit eher durch Starrheit als durch Flexibilität gekennzeichnet ist, müssen Verwaltungsträger und Verwaltungsstellen gegenüber neuen Aufgaben unbedingt aufnahmefähig sein; denn neue Aufgaben sind in der Regel innerhalb der bestehenden Organisation zu erfüllen. Werden für neue Aufgaben jeweils spezialisierte Verwaltungseinrichtungen neu geschaffen – wie dies in Entwicklungsländern häufig der Fall ist –, muß im Laufe der Zeit wegen der Vielzahl von Verwaltungsstellen mit erheblichen Kompetenzüberschneidungen gerechnet werden, denen nur mit zusätzlich zu errichtenden Koordinationsstellen begegnet werden kann. Dem System, eine bestehende intakte Verwaltungsorganisation mit neuen anfallenden Aufgaben zu betrauen, ist deshalb vor einer Aufsplitterung der Verwaltung durch vielfach spezialisierte Verwaltungseinheiten grundsätzlich der Vorzug zu geben. 2

Das schließt nicht aus, daß für spezielle Aufgaben, die vor allem besonderes technisches Know How erfordern, Sonderbehörden geschaffen werden, die die bestehende Verwaltungsorganisation ergänzen, aber unerläßlich in sie eingefügt werden müssen. Auch kann sich ergeben, daß Aufgaben, die nicht-staatliche Einrichtungen besser – und billiger – erfüllen können, der öffentlichen Verwaltung entzogen und auf solche nicht-öffentlichen Stellen übertragen werden. Dabei kann es sich um eine bloß formelle Privatisierung handeln, indem die bisher in die Verwaltungsorganisation eingeordnete Stelle in einer privatrechtlichen Rechtsform betrieben wird. Das ist zB bei der Luftüberwachung, der Eisenbahn und der Post geschehen. Möglich ist aber auch eine strukturelle Privatisierung, indem die Aufgabe

[6] *Badenhoop* in: Grochla (Fn 3) Spalte 1056, Öffentliche Verwaltung, Organisation der; vgl auch *Brohm* JuS 1977, 500ff. Einen Überblick über die Aufgaben der öffentlichen Verwaltung gibt *Thieme* in: König/Siedentopf (Hrsg), Öffentliche Verwaltung in Deutschland, 2. Aufl 1997, 303ff. Zur Organisationsentwicklung in der öffentlichen Verwaltung vgl *Pitschas* VerwArch 72 (1981) 1ff; *Wunderer* VerwArch 73 (1982) 273ff; *R. Koch* Management von Organisationsänderungen in der öffentlichen Verwaltung, 1982; *Thieme* Verwaltungslehre, 4. Aufl 1984, Rn 236ff; *Schmidt-Aßmann* in: ders/Hoffmann-Riem (Fn 1) 27ff, 48ff.

ganz von der öffentlichen Hand aufgegeben und voll Privaten überlassen wird, wie zB die ursprünglich von der Bundespost betriebene Telekommunikation. Kurzfristig darf man jedoch keine wesentlich umgestaltete Aufgabenerfüllung und schon gar keine Wunder an Effizienz und Kosteneinsparungen durch Privatisierung erwarten, insbesondere dann nicht, wenn eine bisher in die Verwaltungsorganisation eingebundene Einrichtung privatisiert wurde und mit dem bisherigen Personal die Aufgabe wahrnimmt. In grundrechtssensiblen Bereichen sind der öffentlichen Hand ohnehin Grenzen für einen Rückzug aus der Verwaltung gezogen; eine Aufsichtspflicht des Staates bleibt, die von Behörden seiner Verwaltungsorganisation wahrgenommen werden muß.[7] Grenzen sind auch beim Outsourcing zu beachten, um Geheimhaltungspflichten – zB das Steuer- oder das Sozialgeheimnis – und andere datenschutzrechtliche Verpflichtungen zu gewährleisten. Weitere Grenzen ergeben sich aus der umfangreichen und schnellen Modernisierung der Büroorganisation der Verwaltung, die teilweise zur Abhängigkeit von den Herstellern des Geräts und Serviceunternehmen geführt hat, insbesondere bei Verwaltungssystemen, deren Wartung nicht durch die Verwaltung selbst erfolgt. Die notwendige Modernisierung der öffentlichen Verwaltung in Richtung auf eine kundenorientierte, bürgernahe und wirtschaftlich effiziente Organisation, wie sie ua der Sachverständigenrat „Schlanker Staat" fordert, ist jedenfalls nur bis an die Grenze der Gemeinwohlorientierung der Verwaltung möglich.[8] Insbesondere kann bei der Erfüllung öffentlicher Aufgaben durch die zunehmende Verzahnung von Verwaltung und gesellschaftlichen Einrichtungen auch organisatorisch auf die verfassungsrechtlich gebotene Unterscheidung von Staat und Gesellschaft, von öffentlichem und privatem Recht grundsätzlich nicht verzichtet werden.

II. Geschichtliche Entwicklung der Verwaltungsorganisation

3 Die gegenwärtige Organisation der öffentlichen Verwaltung in der Bundesrepublik Deutschland ist nur vor dem Hintergrund der Verfassungs- und Verwaltungsgeschichte des 19. und 20. Jahrhunderts zu verstehen. Das gilt sowohl für die organisatorische Trennung von Reichs- bzw Bundes- und Landesverwaltung und für die Organisation der Selbstverwaltung, insbesondere der Kommunalverwaltung, als auch für die territoriale und funktionale Verwaltungsgliederung.

1. Landesverwaltung

4 a) Zu Beginn des 19. Jahrhunderts war die Entwicklung der Verwaltungsorganisation durch zwei Tendenzen bestimmt: zum einen durch die Stärkung des monarchischen Verwaltungsapparates unter Zurückdrängung altständischer Verwaltungsstrukturen und zum anderen durch die Beteiligung der Bürger an der

[7] *Di Fabio* VVDStRL 56 (1997) 234, 262f; allg *König* DÖV 1997, 265; *Pabst/Schwartmann* DÖV 1998, 315.

[8] Vgl dazu *Meyer-Teschendorf/Hofmann* DÖV 1997, 268ff; 1998, 217ff; *Scholz* in: Kongreßdokumentation Schlanker Staat – Wege in die zukunftsorientierte Verwaltung, 1997, 11ff.

Verwaltung, vor allem an einer ausgedehnten kommunalen und regionalen Selbstverwaltung.[9] Die staatliche Behördenorganisation knüpfte teils an vorhandene Einrichtungen, teils an das durch die französische Revolution geschaffene und während der napoleonischen Herrschaft in einigen Staaten des Rheinbundes kopierte straffe französische Verwaltungssystem an.[10] So entstand in den einzelnen deutschen Staaten eine unitarische Verwaltungsorganisation als Grundlage für eine planvolle, rationale Verwaltung. Die durch den *Freiherrn vom Stein* 1808 in Preußen initiierte und seit 1818 auch in den süddeutschen Staaten eingeführte kommunale Selbstverwaltung brachte eine mehr oder weniger starke Beteiligung der Bürger an den städtischen Angelegenheiten und wurde im Laufe des 19. Jahrhunderts auf die Landgemeinden ausgedehnt. Die alten feudalen Ordnungen und lokale und regionale Verschiedenheiten wurden damit zum größten Teil beseitigt. Sowohl die Einrichtung einer unitarischen staatlichen Verwaltungsorganisation als auch die Einführung kommunaler Selbstverwaltung lagen im Interesse der Staatsraison. Beides war Voraussetzung für die Konsolidierung der Territorialstaaten durch Überwindung der ständischen Mediatisierung der Bürger.

Die staatliche Verwaltungsorganisation wurde in den großen deutschen Staaten **5** (Preußen, Bayern, Sachsen, Hannover, Württemberg, Baden und Hessen-Darmstadt) in drei, in den meisten anderen Staaten[11] in zwei Stufen gegliedert, wobei den Behörden jeder Stufe bestimmte Aufgaben zugewiesen waren. Behörden der höheren Stufe besaßen ein Aufsichts- und Weisungsrecht gegenüber den ihnen untergeordneten Behörden.

Als *zentrale* Behörden wurden monokratisch organisierte Ministerien (Departe- **6** ments) errichtet und in einem kollegialen Staatsministerium vereinigt. Diese Ministerien waren ressortmäßig (nach Sachgebieten) und nicht mehr regional aufgebaut. Ihre Zahl betrug zunächst fünf (Äußeres, Inneres, Justiz, Finanzen, Krieg), wurde aber noch im 19. Jahrhundert erhöht (zB in Preußen: Kultus, Handel, Landwirtschaft, öffentliche Arbeiten).[12]

Von den zentralen Behörden weisungsabhängig waren die regional gegliederten **7** *Mittelbehörden* (in Preußen: Regierungen; in Baden, Bayern und Württemberg: Kreisregierungen; in Sachsen: Kreishauptmannschaften; in Hannover und Hessen: Provinzen). Bei ihnen war für das jeweils verwaltete Gebiet die gesamte staatliche innere Verwaltung ohne Rücksicht auf die Ressorts der Zentralverwaltung zusammengefaßt. Ihr zu Anfang des 19. Jahrhunderts festgelegter räumlicher Kompetenzbereich hat sich bis zur Gebietsreform vor ca 25 Jahren kaum verändert und ist in einigen Bundesländern auch heute noch fast gleich geblieben. Im Laufe der

[9] Zur Kommunalverwaltung vgl *Schmidt-Aßmann* in: ders, Bes VwR, 1. Abschn. Zu den Zusammenhängen zwischen den Ideen zu den Verwaltungsreformen von Montgelas, Stein und Hardenberg s *Becker* BayVBl 1986, 705ff und 744ff; *Wolter* BayVBl 1993, 641.

[10] Dazu *Knemeyer* Regierungs- und Verwaltungsreformen in Deutschland zu Beginn des 19. Jahrhunderts, 1970; *ders* in: Jeserich ua, Deutsche Verwaltungsgeschichte, Bd 2, 1983, 122ff.

[11] Eine einstufige Verwaltungsorganisation bestand in den Hansestadten Lübeck, Hamburg und Bremen und in den Fürstentümern Lippe, Schaumburg-Lippe und Reuss ältere Linie.

[12] Vgl *Forsthoff* (Fn 4) 459ff.

Zeit wurden dann aber für die Erledigung einzelner Verwaltungsaufgaben besondere Mittelbehörden geschaffen, wie zB die Oberbergämter in Preußen. Keine Mittelbehörde war der in Preußen für jede Provinz vom König eingesetzte Oberpräsident. Er war politischer Vertreter der Krone und ständiger Kommissar des Ministeriums in der Provinz, die einen höheren Selbstverwaltungsverband bildete. Ihm standen nur wenige Verwaltungskompetenzen zu.[13]

8 Als *untere* staatliche Verwaltungsbehörden wurden in Preußen und Hessen die Kreise eingerichtet, denen in Baden die Amtsbezirke, in Bayern die Bezirksämter, in Württemberg die Oberämter und in Sachsen die Amtshauptmannschaften entsprachen. Auch die kleineren deutschen Staaten führten eine dem preußischen Kreis entsprechende untere Verwaltungsbehörde ein. Diese unteren Verwaltungsbehörden wurden durch einen vom Monarchen ernannten Beamten (in Preußen: Landrat) geleitet. Größere Städte blieben kreisfrei, dh ihren Selbstverwaltungsorganen wurden die Aufgaben der unteren staatlichen Verwaltungsbehörde ganz oder teilweise zur Erledigung im Auftrag und auf Weisung des Staates übertragen. Auch in den kreisangehörigen Gemeinden gab es keine staatliche Verwaltung mehr. Die staatlichen Verwaltungsaufgaben, vor allem Polizeiangelegenheiten, wurden auf kommunaler Ebene von den Selbstverwaltungsorganen in Auftragsverwaltung erledigt.[14] Angesichts der geringen Zahl staatlicher Verwaltungsaufgaben im liberalen Rechtsstaat des 19. Jahrhunderts konnte der preußische Staat beim Landrat aufhören. Im Laufe der Zeit entwickelten sich auf der unteren staatlichen Verwaltungsebene für spezielle Aufgaben besondere, von der allgemeinen inneren Verwaltungsorganisation getrennte Behörden.

9 b) Die Verwaltungsorganisation der deutschen Staaten blieb auch nach deren Vereinigung zum Deutschen Reich und auch noch in der Weimarer Republik im wesentlichen unangetastet. Änderungen gab es nur in einzelnen Ländern. Das 1920 durch die Vereinigung von 8 Ländern gebildete Land Thüringen verzichtete auf Mittelbehörden, und Württemberg schaffte 1924 die Kreisregierungen ab. In Preußen wurden anfangs der 30er Jahre die Zahl der Kreise verringert und vor allem im Ruhrgebiet zahlreiche Gemeinden in die kreisfreien Städte eingemeindet. Schon 1920 wurde durch die Vereinigung von 94 Städten, Landgemeinden und Gutsbezirken die Stadt Groß-Berlin gebildet.

10 Während der nationalsozialistischen Herrschaft wurden die Länder 1934 gleichgeschaltet, die Landesregierungen unter Reichsstatthaltern in Mittelbehörden des Reiches umgewandelt, die preußischen zentralen Behörden (ohne das Finanzministerium) mit den entsprechenden Behörden des Reiches vereinigt und der Behördenaufbau vereinheitlicht, ohne daß freilich der Unterschied zwischen Ländern bzw Reichsgauen mit drei- oder zwei- oder einstufigem Verwaltungsaufbau beseitigt wurde.[15] Auch gab es einige Veränderungen der regionalen Verwaltungsorganisation, wie etwa die Bildung von Groß-Hamburg, einen Ge-

[13] So mit Recht: *Wolff/Bachof* (Fn 1) § 80 II b. AM *Forsthoff* (Fn 4) 463.

[14] In den östlichen preußischen Provinzen wurde die gutsherrliche Polizei erst durch die Kreisordnung von 1872 abgeschafft.

[15] Die Texte der einschlägigen Gesetze sind zusammengestellt bei: I. v Münch (Hrsg), Gesetze des NS-Staates, 3. Aufl 1994, 41 ff.

bietstausch zwischen Preußen und Oldenburg sowie Preußen und Braunschweig, die Vergrößerung der unteren Verwaltungsbezirke in Württemberg, Baden und Oldenburg, die Aufhebung der Kreisfreiheit zahlreicher bayerischer Städte und die Beseitigung der meisten Enklaven der Länder. Im wesentlichen blieb die Verwaltungsorganisation – auch hinsichtlich der territorialen Gliederung – unverändert.

Nach dem Zusammenbruch 1945 wurde die Verwaltungsorganisation in den **11** westlichen Besatzungszonen „von unten nach oben" entwickelt. Eine Folge davon war die Kommunalisierung ehedem staatlicher Aufgaben auf und unterhalb der Ebene der unteren Verwaltungsbehörde. Im Rahmen der neugebildeten Länder wurde jedoch die überkommene Struktur staatlicher Verwaltung, wie sie sich seit dem Anfang des 19. Jahrhunderts entwickelt hatte, übernommen, obwohl die Zahl der staatlichen Verwaltungsaufgaben rapide hochschnellte und die zunehmend größer werdenden Aufgaben der Daseinsvorsorge den Charakter der Verwaltung jedenfalls teilweise veränderten. Soweit die Verwaltungsorganisation bisher dreistufig war, blieb sie es auch, ebenso wie sie in Schleswig-Holstein und im Saarland[16] zweistufig und in den Stadtstaaten im wesentlichen einstufig gelassen wurde.[17]

Auch die territoriale Verwaltungsorganisation blieb innerhalb der neuen Län- **12** dergrenzen im wesentlichen unverändert erhalten. Sie entsprach damit freilich nicht mehr überall den wirtschaftlichen Gegebenheiten. Die Wirtschaftsstruktur eines Gebietes kann zwar von der regionalen Verwaltungsorganisation bestimmt werden, doch läßt sich die wirtschaftliche Entwicklung nicht von traditionellen Verwaltungsgrenzen auf längere Zeit einengen. Bei der Raumordnung und Landesplanung hatten die neugeschaffenen Planungsräume oft keinen Bezug mehr zu der bestehenden territorialen Verwaltungsorganisation. Die in den Ländern gebildeten *Regionen* decken sich deshalb regelmäßig nicht mit den bereits vorhanden Verwaltungsbezirken. Sie sind größer als die Landkreise, aber kleiner als die Regierungsbezirke.[18] Ihre Grenzen durchschneiden mitunter die Gebiete mittlerer und sogar unterer staatlicher Verwaltungsbehörden.[19]

[16] Das Saarland verfügt ausnahmsweise über Landesmittelbehörden. Vgl § 6 Landesorganisationsgesetz v 2.7.1969 (ABl, 445) idF der Bek v 27.3.1997 (ABl, 410).

[17] In Berlin und Hamburg werden staatliche und gemeindliche Verwaltung nicht getrennt. In Bremen besteht diese Trennung hinsichtlich der Stadt Bremerhaven. Vgl *Wolff/Bachof* (Fn 1) § 83 IIc; *Wolff/Bachof/Stober* VwR II, § 87 Rn 71.

[18] *Thieme* (Fn 6) Rn 342ff.

[19] Das Bundesraumordnungsprogramm v 14.2.1975 sieht sogar drei Landesgrenzen übergreifende Gebietseinheiten vor: Die Region 3 (Hamburg) umfaßt neben dem Stadtstaat auch niedersächsisches und schleswig-holsteinisches Gebiet, die Region 25 (Mainz-Wiesbaden) hessisches und rheinland-pfälzisches und die Region 28 (Rhein-Neckar-Südpfalz) rheinland-pfälzisches und baden-württembergisches Gebiet. Zwischen Baden-Württemberg und Rheinland-Pfalz existiert ein Staatsvertrag v 8.3.1974 über die Zusammenarbeit bei der Raumordnung in den Gebieten Mittlerer Oberrhein und Südpfalz (BWGBl 1975, 1; GVBl Rheinland-Pfalz 1974, 291), ohne daß freilich eine gemeinsame Region gebildet wurde. Zur Bildung von Regionen vgl *Brösse* Raumordnungspolitik, 2. Aufl 1982, 85ff.

13 c) Angesichts der quantitativen und zum Teil auch qualitativen Veränderung staatlicher Verwaltungsaufgaben wurde nach der Phase der Konsolidierung der Verwaltungsorganisation der Länder zunehmend der Ruf nach *Verwaltungsreformen* laut.[20] Darunter wird in erster Linie eine Rationalisierung der Verwaltungsorganisation verstanden; die Verwaltungsabläufe sollen wirtschaftlicher, reibungsloser und zügiger gestaltet werden. Es werden leistungsfähigere Verwaltungseinheiten gefordert, was eine neue regionale und funktionale Verwaltungsgliederung voraussetzt, damit auch moderne Arbeitsmethoden angewandt werden können und der Einsatz technischer Mittel möglich wird. Als Ergebnis der Bemühungen um eine solche Reform ist eine zum Teil erhebliche Vergrößerung einzelner Verwaltungsträger und Verwaltungsstellen zu beobachten. Die in allen Flächenstaaten durchgeführten und inzwischen auch in den fünf ostdeutschen Ländern abgeschlossenen Gebietsreformen brachten neben einer drastischen Reduzierung der Zahl der Gemeinden[21] eine Vergrößerung der Gebiete der unteren Behörden der allgemeinen staatlichen Verwaltung.[22] Hinsichtlich der staatlichen Mittelbehörden wurden in vier Ländern Regierungsbezirke zusammengelegt.[23]

14 Mit der Bildung größerer Verwaltungseinheiten sind die Voraussetzungen für eine Verlagerung von Verwaltungsaufgaben – meist von oben nach unten – und eine Straffung der Verfahrensabläufe (funktionale Verwaltungsreform) geschaffen worden. Durch das Gesetz zur Erleichterung der Verwaltungsreform in den Ländern (Zuständigkeitslockerungsgesetz) vom 10. 3. 1975[24] und der Zuständigkeitslockerungsverordnung[25] hat der Bund den bundesrechtlich erforderlichen Beitrag für eine funktionale Verwaltungsreform bei wichtigen Materien geleistet. Die personellen und sachlichen Voraussetzungen für den Einsatz technischer Mittel

20 Das verwaltungsrechtliche, verwaltungswissenschaftliche und organisationssoziologische Schrifttum zur Verwaltungsreform ist inzwischen unübersehbar geworden. Vgl *Wagener* Neubau der Verwaltung, 2. Aufl 1974; *König* Zeitschrift für Verwaltung 1978, 241 ff; *Wagener* Zeitschrift für Verwaltung 1979, 289 ff; *Stüer* Funktionalreform und kommunale Selbstverwaltung, 1980; *ders* DÖV 1983, 745 ff.

21 Durch Zusammenlegung und Eingemeindungen wurde die Zahl der Gemeinden in der „alten" Bundesrepublik von 24282 auf 8518 reduziert. Vgl den statistischen Überblick bei *Mattenklodt* in: Püttner, HkWP, Bd I, 156 ff. Zur Gebietsreform vgl *v Unruh/Thieme/Scheuner* Die Grundlagen der kommunalen Gebietsreform, 1981; *Thieme/Prillwitz* Durchführung und Ergebnisse der kommunalen Gebietsreform, 1981.

22 Deren Zahl wurde zB in Bayern von 143 Gebietseinheiten auf 71 mehr als halbiert. Landkreisverband Bayern, Die bayerischen Landkreise und ihr Verband, 1977, 7.

23 In Rheinland-Pfalz die Regierungsbezirke Koblenz und Montabaur sowie Pfalz und Rheinhessen; in Hessen die Regierungsbezirke Darmstadt und Wiesbaden; in Nordrhein-Westfalen die Regierungsbezirke Aachen und Köln; in Niedersachsen wurden mit Wirkung v 1. 2. 1978 aus 6 Regierungsbezirken und 2 Verwaltungsbezirken 4 Regierungsbezirke (Braunschweig, Hannover, Lüneburg und Weser-Ems) geschaffen. Gem Art 1 § 1 G zur Neuorganisation der Regierungsbezirke und der Landesplanung v 15. 10. 1980 (GVBl I, 377) wurde in Hessen ein neuer Regierungsbezirk (Gießen) eingerichtet. Im „Beitrittsgebiet" sind Regierungsbezirke nur in Sachsen (Chemnitz, Dresden, Leipzig) und Sachsen-Anhalt (Dessau, Halle, Magdeburg) gebildet worden.

24 BGBl I, 685.

25 Vom 18. 4. 1975, BGBl I, 967.

und neuer Arbeitsmethoden können allerdings in dem erforderlichen Umfang nur langsam geschaffen werden. Mit zunehmender Größe nimmt zudem der prozentuale Anteil der Verwaltungsgeschäfte zu, wodurch sich die Verhältnisse innerhalb der Verwaltung,[26] aber auch zwischen Verwaltung und Bürger komplizieren können. Die Bildung größerer Verwaltungseinheiten bewirkt einen Bürokratisierungseffekt, der im einzelnen durchaus zu begrüßen sein mag, aber zur Folge haben kann, daß „bürgernahe" Verwaltung verlorengeht. Die gleichzeitig erhobenen Forderungen nach mehr Information und „Transparenz" und nach „Demokratisierung" der Verwaltung kontrastieren nicht selten zu den Vorstellungen von einer an Effizienz und Rationalität ausgerichteten „technokratischen" Verwaltungsorganisation.[27] Ein Vertrauensschwund gegenüber der Verwaltung und letztlich auch ein Verlust an Verwaltungsleistung tritt dann ein, wenn eine Konsolidierung der reformierten Verwaltungsorganisation nicht erreicht werden kann. Verwaltungsreform als „permanente Aufgabe" birgt die Gefahr, lebendige Tradition zu zerschlagen, ohne schöpferische Mobilität freizusetzen.[28]

2. Reichsverwaltung

Nach dem Zusammenschluß der deutschen Staaten nördlich der Mainlinie zum **15**
Norddeutschen Bund 1867 und der Verbindung der süddeutschen Staaten mit diesem zum Deutschen Reich 1871 wurde es nötig, auch auf der Ebene des Bundesstaates eine Verwaltungsorganisation einzurichten. Die Verwaltungskompetenzen des Reiches waren freilich zunächst gering. Leiter der Reichsverwaltung war der Reichskanzler, dem die Reichsämter untergeordnet waren. Bis 1879 wurden 8 Reichsämter eingerichtet: Reichskanzleramt, Auswärtiges Amt, Reichsmarineamt, Reichseisenbahnamt, Reichspostamt, Reichsjustizamt, Reichsamt für die Verwaltung der Reichseisenbahnen und Reichsschatzamt. 1907 wurde das Reichskolonialamt aus dem Auswärtigen Amt ausgegliedert. An der Spitze jedes dieser Ämter stand ein beamteter Staatssekretär, der seit 1878 für sein Ressort mit der Vertretung des Reichskanzlers in der Gegenzeichnung beauftragt werden konnte. Daneben bestanden weitere zentrale Verwaltungsbehörden, die zum Teil auch verwaltungsgerichtliche Funktionen wahrzunehmen hatten, wie zB das Reichspatentamt, das Reichsoberseeamt oder das Reichsversicherungsamt. Einen Verwaltungsunterbau gab es für den Auswärtigen Dienst, die dreistufig organisierte Reichspostverwaltung – wobei Bayern und Württemberg ihre eigene Post behielten –, die Marine, das Kolonialwesen und im Reichsland Elsaß-Lothringen.[29]

Ein stärkerer Ausbau der Reichsverwaltung setzte bereits im ersten Weltkrieg **16**
ein (Reichsernährungsamt, Reichswirtschaftsamt, Reichsarbeitsamt) und wurde unter der wesentlich zentralistischeren Weimarer Verfassung intensiviert. Die ehe-

[26] *Parkinson* Parkinson's Gesetz, 1958, 13ff.

[27] Dazu grundsätzlich *König* in: Demokratie und Verwaltung, 1972, 271ff; *Herzog* ebd, 485ff; zur „Bürgernähe" bzw „Bürgergemäßheit" vgl *Hegner* Verw 1979, 187ff; *Wagener* VerwArch 73 (1982) 153ff; *ders* DÖV 1983, 745.

[28] Vgl *Luhmann* Recht und Politik, 1968, 49ff.

[29] Vgl *E. R. Huber* Deutsche Verfassungsgeschichte, Bd 3, 2. Aufl 1969, 821ff.

maligen Reichsämter gingen in den Reichsministerien als zentrale Verwaltungsbehörden auf, wobei nur das Auswärtige Amt seine alte Bezeichnung – bis heute – beibehielt. Angesichts der dem Reiche zustehenden Verwaltungskompetenzen wurden mehrere Verwaltungszweige des Reiches mit Mittel- und Unterbehörden geschaffen, so für die Reichswehr, die Reichsbahn, die Reichswasserstraßen, die Reichspost, die Versorgung der Kriegsopfer und seit der *Erzbergerschen* Finanzreform 1919 für alle Zölle und Reichssteuern. Die Arbeitsverwaltung wurde 1927 der Reichsanstalt für Arbeitsvermittlung und Arbeitslosenversicherung mit eigenem Verwaltungsunterbau von Mittel- und Unterbehörden übertragen. Während des nationalsozialistischen Regimes wurden mehrere Verwaltungen der Länder unmittelbar vom Reich übernommen, vor allem die Polizei.[30]

17 Nach dem Zusammenbruch von 1945 entstanden länderübergreifende zentrale Verwaltungsbehörden zunächst auf zonaler, dann auf bizonaler Ebene, und 1948 wurde für die drei westlichen Besatzungszonen die Verwaltung des Vereinigten Wirtschaftsgebietes gebildet, die aus sechs Ressorts (Ernährung und Landwirtschaft, Verkehr, Wirtschaft, Finanzen, Post- und Telegraphenwesen, Arbeit), drei weiteren Ämtern (Personal, Statistik, Recht) und der Bank Deutscher Länder bestand. Ein Verwaltungsunterbau war nicht vorhanden. Zur Durchführung seiner Gesetze mußte sich der Wirtschaftsrat der Verwaltung der Länder bedienen.[31]

III. Verfassungsrechtliche Grundlagen

18 Das Grundgesetz brachte eine von der Kompetenzabschichtung der Weimarer Republik abweichende Verteilung der Verwaltungskompetenzen zwischen Bund und Ländern. Grundsätzlich ist die Verwaltung Landesangelegenheit (Art 30 GG). Die Länder führen auch die Bundesgesetze als eigene Angelegenheit aus, soweit das Grundgesetz nichts anderes bestimmt oder zuläßt (Art 83 GG). Der Bund besitzt allerdings unter bestimmten Voraussetzungen das Recht zur Regelung der Behördeneinrichtung und des Verwaltungsverfahrens, zum Erlaß allgemeiner Verwaltungsvorschriften, zur Rechtsaufsicht über die Landesexekutive von Bundesgesetzen und ein Weisungsrecht im Einzelfall (Art 84 GG). Für die deutsche Verwaltungsgeschichte neu ist die vom Kommunalrecht inspirierte Einrichtung einer Bundesauftragsverwaltung der Länder (Art 85 GG).

19 Eine bundeseigene Verwaltungskompetenz besteht gem Art 87ff GG nur für einige Sachgebiete. Dabei ist zu unterscheiden zwischen bundeseigener Verwaltung mit eigenem Verwaltungsunterbau und polizeilichen und nachrichtendienstlichen Zentralstellen gem Art 87 Abs 1 GG einerseits und bundesunmittelbaren Körperschaften des öffentlichen Rechts gem Art 87 Abs 2 GG andererseits. Eine Bundesverwaltungskompetenz besteht ferner hinsichtlich der Streitkräfte (Art 87a GG), der Bundeswehrverwaltung (Art 87b GG), des Luftverkehrs (Art 87 d GG), der Eisenbahnen des Bundes (Art 87e GG), der Post und Telekommunikation (Art 87f

[30] Über die Verwaltungsorganisation des Reiches unterrichtet die Kommentarliteratur zur Verfassung von 1871 und zur Reichsverfassung von 1919.

[31] Vgl *F. Klein* Neues Deutsches Verfassungsrecht, 1949, 173ff.

GG), der Bundeswasserstraßen (Art 89 Abs 2 GG) und der Währungs- und Notenbank (Art 88 GG). Art 87 Abs 3 S 1 GG sieht die Möglichkeit vor, für Angelegenheiten, für die dem Bunde die Gesetzgebung zusteht, selbständige Bundesoberbehörden und neue, bundesunmittelbare Körperschaften und Anstalten des öffentlichen Rechts zu errichten. Der Umfang dieser Kompetenz, der zunächst strittig war, ist in der Entscheidung des Bundesverfassungsgerichts zum Kreditwesengesetz näher umrissen.[32] Schließlich läßt Art 87 Abs 3 S 2 GG unter erschwerten Umständen die Errichtung bundeseigener Mittel- und Unterbehörden zu.[33]

Soweit das Grundgesetz dem Bunde Verwaltungskompetenzen nicht ausdrücklich zugewiesen hat, besitzt er Kompetenzen nur noch *kraft Natur der Sache*. Das ist der Fall, wenn *nur* der Bund eine Verwaltungsaufgabe zu erledigen vermag oder wenn die Verfassung Organe ohne ausdrücklich zugewiesene Verwaltungsaufgaben nennt, wie zB die Bundesministerien.[34] Ansonsten besitzt der Bund keine Verwaltungszuständigkeiten. Die Kompetenz zur Verwaltung steht auch bei überregionalen Aufgaben den Ländern zu.[35] Das Grundgesetz hat freilich insoweit einen Einfluß auf die Gestaltung der Verwaltungsorganisation der Länder, als einmal die Regelung der Behördeneinrichtung und des Verwaltungsverfahrens Sache des Bundes sein kann (Art 84 Abs 1 GG),[36] zum anderen den Gemeinden das Recht gewährleistet sein muß, alle Angelegenheiten der örtlichen Gemeinschaft zwar im Rahmen der Gesetze, aber in eigener Verantwortung zu regeln (Art 28 Abs 2 GG). Landesgesetze dürfen nur das Ausmaß kommunaler Aufgaben im einzelnen gesetzlich regeln, nicht aber den Kernbereich kommunaler Selbstverwaltung antasten.[37] Von zunehmender Bedeutung sind Eingriffe in die kommunale Planungshoheit, die der verfahrensmäßigen Absicherung bedürfen.[38] Die Einwirkungsmöglichkeiten der Länder auf dem Gebiet der inneren gemeindlichen Organisation können trotz gemeindlicher Spielräume über den Wesensgehalt der **20**

32 BVerfGE 14, 197ff; vgl auch *Maunz* in: Maunz/Dürig, GG, Art 87 Rn 46ff; *Scheuner* in: GS Hans Peters, 1967, 797ff; *H. H. Rupp* in: FS Kaufmann, 1972, 328ff; *H. H. Klein* in: BVerfG und GG, Bd 2, 1976, 277ff.

33 Zu den Verwaltungskompetenzen des Bundes vgl die Kommentarliteratur zu Art 87ff GG sowie *Maunz/Zippelius* StaatsR, 277ff; *Hesse* VerfR, Rn 245ff. Zur Zentralstellenkompetenz des Bundes *Gusy* DVBl 1993, 1117.

34 Dazu *H.H. Rupp* in: Scritti in Onore di Gaspare Ambrosini, 1970, 1743ff; *Kisker* Kooperation im Bundesstaat, 1971, 30. Vgl auch BVerfGE 11, 6, 17f; 22, 180, 217; 26, 246, 257; 41, 291, 312.

35 BVerfGE 12, 205, 250f. Deshalb ist die in § 9 des Gesetzes zur vorläufigen Regelung des Tiefseebergbaus v 16.8.1980 (BGBl I, 1457), idF des Gesetzes v 12.2.1982 (BGBl I, 136) enthaltene Kompetenz des Bundesministers für Wirtschaft zur Erteilung von Berechtigungen verfassungsrechtlich bedenklich.

36 Das Verwaltungsverfahrensgesetz (VwVfG) des Bundes v 25.5.1976 (BGBl I, 1253) gilt auch für bestimmte öffentlich-rechtliche Verwaltungstätigkeiten der Behörden der Länder und der juristischen Personen des öffentlichen Rechts, die der Aufsicht des Landes unterstehen; vgl § 1 VwVfG.

37 BVerfGE 17, 172, 182; 22, 180, 205; 23, 353, 365; 26, 172, 180f; 38, 258, 278; 52, 95, 116f; 65, 283, 290.

38 BVerfGE 56, 298, 312; 76, 107, 119; 86, 90, 108; BVerwGE 90, 96, 100; 95, 123, 129; 100, 388, 394.

Selbstverwaltungsgarantie hinausgehen.[39] Denn der Kernbereich der verfassungsrechtlichen Selbstverwaltungsgarantie liegt vorrangig bei der Wahrnehmung eigener sachlicher Aufgaben.[40] Ein unmittelbarer Durchgriff auf die Gemeinden ist dem Bunde allerdings versagt.[41] Die Verwaltungsorganisation der Gemeinden zu bestimmen, ist deshalb Landessache. Es bestehen jedoch Ausnahmen, da der Bundesgesetzgeber Ingerenzrechte zu direkten Einflußnahmen auf Grund verfassungsrechtlicher Sonderkompetenzen besitzt.[42]

21 Eine faktische Einschränkung der Länder auch hinsichtlich der Verwaltungsorganisation ist für die Materien der 1969 eingeführten *Gemeinschaftsaufgaben* nach Art 91a GG zu verzeichnen. Der Bund wirkt zwar nach dem Verfassungswortlaut bei der Erfüllung von Landesaufgaben lediglich mit, doch hat sich in Gestalt der Planungsausschüsse eine Art Mischverwaltung von Bund und Ländern etabliert.[43] Es handelt sich dabei zwar nur um „Einrichtungen für eine gemeinsame Rahmenplanung" (Art 91a Abs 3 GG); die paritätische Besetzung führt aber zu einem Übergewicht des Bundes. Dieser kann einmal mit „befreundeten" Ländern zwar nicht rechtlich, wohl aber tatsächlich zumindest ärmere Länder majorisieren. Außerdem besteht immer ein Mitspracherecht des Bundes schon wegen der Mitfinanzierungskompetenz. In der Praxis des Planungsausschusses für Hochschulbau deutet sich zB ein Einfluß des Bundes sogar auf die Struktur der Hochschulen an.[44]

22 Mischverwaltungen von Bund und Ländern und der Länder untereinander sind im gesamten Bereich des kooperativen Föderalismus anzutreffen. Die durch Abkommen zwischen den Beteiligten, also durch Ausübung staatlicher Organisationsgewalt geschaffenen Verwaltungseinrichtungen weisen zum Teil recht unterschiedliche Organisationsformen auf.[45] Bekannte Beispiele gemeinsamer Verwaltungseinrichtungen der Länder sind die Ständige Konferenz der Kultusminister der Länder, deren Sekretariat dem Lande Berlin zugeordnet ist,[46] oder das Zweite

[39] BVerfGE 91, 228, 236ff; s die Anm von *Schmidt-Jortzig* JZ 1995, 565.

[40] BVerfGE 79, 127, 143ff.

[41] BVerfGE 8, 122, 137; 26, 172, 181. Vgl auch *Lerche* BayVBl 1965, 145ff.

[42] *Niemeier* Bund und Gemeinden, 1972, 24ff. Zur finanziellen Belastung und zur Handlungsbindung der Kommunen durch den Bundesgesetzgeber vgl *Schmidt-Eichstaedt* Bundesgesetze und Gemeinden, 1981; *Henneke* DÖV 1996, 713.

[43] *Kisker* (Fn 34) 287ff; *Frowein* VVDStRL 31 (1973) 19ff.

[44] *I. v Münch* VVDStRL 31 (1973) 67ff. Eine derartige Gestaltungsbefugnis kann der Bund nur auf Grund seiner Rahmengesetzgebungskompetenz für die allgemeinen Grundsätze des Hochschulwesens (Art 75 Abs 1 Nr 1a GG) in Anspruch nehmen. Vgl hierzu das Hochschulrahmengesetz v 26.1.1976 (BGBl I, 185), idF der Bek v 9.4.1987 (BGBl I, 1170); *Bethge* in: Achterberg/Püttner, BesVwR I, 701 Rn 9.

[45] *Kölble* in: Gemeinschaftsaufgaben zwischen Bund, Ländern und Gemeinden, 1961, 17ff; *Grawert* Verwaltungsabkommen zwischen Bund und Ländern in der Bundesrepublik Deutschland, 1967, 205ff; *Crassl* Staatsverträge und Verwaltungsabkommen zwischen den Ländern der Bundesrepublik Deutschland, 1969, 128ff, *Kisker* (Fn 34) 307ff. Zur Mischverwaltung vgl ferner *Ronellenfitsch* Die Mischverwaltung im Bundesstaat, 1975; *Loeser* Theorie und Praxis der Mischverwaltung, 1976; *ders* Die bundesstaatliche Verwaltungsorganisation in der Bundesrepublik Deutschland, 1981; *Rudolf* in: Isensee/Kirchhof IV, § 105 Rn 20ff; *Maurer* Allg VwR, § 22 Rn 45ff.

[46] *Kisker* (Fn 34) 248 Fn 916.

Deutsche Fernsehen, das unmittelbar kein „Muttergemeinwesen" besitzt.[47] *Gemeinschaftseinrichtungen* von Bund und Ländern sind zB der Wissenschaftsrat,[48] die Vermittlungsstelle für deutsche Wissenschaftler im Ausland oder das Oberprüfungsamt für die höheren technischen Verwaltungsbeamten in Frankfurt.[49] Die Errichtung solcher gemeinschaftlicher Verwaltungsapparate ist bislang verfassungsrechtlich unbedenklich.[50]

Von erheblicher Bedeutung für die Verwaltungsorganisation sind der Gewaltenteilungsgrundsatz und das Prinzip der parlamentarischen Kontrolle der Verwaltung. Ein Verstoß gegen das Gewaltenteilungsprinzip würde vorliegen, wenn sich Organisationsregelungen häuften, welche die Regierung erheblich einengten, sei es durch unmittelbare Verwaltungskompetenzen des Parlaments, sei es durch ministerialfreie Verwaltung. Die *parlamentarische Kontrolle* erstreckt sich auf die Verantwortung der Regierung als oberstes Leitungsorgan der gesamten Verwaltung für alle Exekutivtätigkeiten, die ihrer Aufsicht unterstehen. Neben dem Regierungschef trifft die parlamentarische Kontrolle die Minister bzw Senatoren, die nach den Vorschriften des Grundgesetzes und der Landesverfassungen innerhalb der Richtlinien der Politik ihren Geschäftsbereich selbständig und unter eigener Verantwortung leiten.[51] Unter Berufung auf das verfassungsrechtliche Prinzip der parlamentarischen Kontrolle wurde die Auffassung vertreten, im Bereich der unmittelbaren Staatsverwaltung dürfe es keine *ministerialfreien Räume* geben, soweit Ausnahmen nicht verfassungsrechtlich ausdrücklich vorgesehen sind.[52] Demgegenüber weist die ständige Staatspraxis unter dem Grundgesetz ministerialfreie – und damit parlamentsfreie[53] – Räume auf.[54] Auch das Bundesverfassungs- 23

[47] *Kölble* NJW 1962, 1084; *Walter* DÖV 1967, 626; *Grawert* (Fn 45) 258f; *Rudolf* Bund und Länder im aktuellen deutschen Verfassungsrecht, 1968, 30; *Kisker* JuS 1969, 468f; vgl aber auch BVerwGE 22, 299, 311f.

[48] *Kisker* (Fn 34) 325f.

[49] *Grawert* (Fn 45) 246. Dieses Amt ressortiert beim Bundesminister für Verkehr. Zur Tätigkeit des Oberprüfungsamtes vgl *Duvenbeck* DÖV 1974, 161ff.

[50] *Kisker* (Fn 34) 246ff; *Rudolf* (Fn 45) Rn 79ff.

[51] Art 65 Satz 2 GG; Art 49 I 4 Verfassung des Landes Baden-Württemberg; Art 52 I Verfassung des Freistaates Bayern; Art 43 V 1 Verfassung von Berlin; Art 89 Satz 2 Verfassung des Landes Brandenburg; Art 120 I 1 Landesverfassung der Freien und Hansestadt Bremen; Art 42 I 1 Verfassung der Freien und Hansestadt Hamburg; Art 102 Satz 2 Verfassung des Landes Hessen; Art 46 II Verfassung des Landes Mecklenburg-Vorpommern; Art 37 I 2 Niedersächsische Verfassung; Art 55 II Verfassung für das Land Nordrhein-Westfalen; Art 104 Satz 2 Verfassung für Rheinland-Pfalz; Art 91 II Verfassung des Saarlandes; Art 63 II Verfassung des Freistaates Sachsen; Art 68 II Verfassung des Landes Sachsen-Anhalt; Art 29 II Verfassung des Landes Schleswig-Holstein; Art 76 I 2 Verfassung des Freistaates Thüringen.

[52] *Loening* DVBl 1954, 173, 175ff. Vgl auch Art 53 Satz 2 BayVerf: Jede Aufgabe der Staatsverwaltung ist einem Geschäftsbereich zuzuteilen.

[53] Ministerialfrei und parlamentsfrei sind synonyme Begriffe. Vgl *E. Klein* Die verfassungsrechtliche Problematik des ministerialfreien Raumes, 1974, 67.

[54] Vgl die umfangreichen Beispiele bei *Fichtmüller* AöR 91 (1966) 297, 301ff; *Füsslein* Ministerialfreie Verwaltung, Begriff, Erscheinungsformen und Vereinbarkeit mit dem Grundgesetz, Diss. Bonn 1972, 155ff; *E. Klein* (Fn 53) 58ff.

gericht[55] und der überwiegende Teil der Literatur[56] halten mit unterschiedlichen Begründungen ministerialfreie Räume in engen Grenzen für zulässig. Da die Lückenlosigkeit der parlamentarischen Verwaltungskontrolle weder durch das Grundgesetz noch durch die Landesverfassungen vorgeschrieben ist, kann das Parlament durch Gesetz auf Kontrollkompetenzen verzichten.[57] Hinsichtlich der verfassungsrechtlichen Grenzen, innerhalb deren ministerialfreie Räume zulässig sind, stellt das Bundesverfassungsgericht auf das politische Gewicht der Verwaltungsaufgaben ab.[58] Ferner werden die Quantität der dem Regierungseinfluß entzogenen Aufgaben[59] sowie ein Regel-Ausnahme-Verhältnis[60] als Maßstab für die Begrenzung genannt. Keiner parlamentarischen Kontrolle unterliegen die Rechnungshöfe und die Datenschutzbeauftragten des Bundes und der Länder, die keine exekutiven Eingriffsbefugnisse, sondern nur Kontrollbefugnisse gegenüber der Verwaltung besitzen.[61]

Keinen Einfluß auf die Organisation der Datenschutzkontrolle im öffentlichen Sektor hat die Datenschutzrichtlinie der Europäischen Gemeinschaft.[62] Wenn Art 28 der Datenschutzrichtlinie eine unabhängige Kontrollinstanz verlangt, ohne zwischen Kontrolle des öffentlichen und nicht-öffentlichen Bereichs zu unterscheiden, dann folgt daraus nicht, daß auch die Datenschutzkontrolle im nicht-öffentlichen Sektor den unabhängigen Datenschutzbeauftragten der Länder übertragen werden muß, sondern nur, daß auch die betrieblichen und anderen Datenschutzbeauftragten im privaten Bereich weisungsunabhängig sein müssen. Die für den nichtöffentlichen Datenschutz existierenden Aufsichtsbehörden bleiben weiterhin in die parlamentarisch kontrollierbare Verwaltungsorganisation eingebunden. Einen Einfluß auf die bestehende Datenschutzkontrolle im öffentlichen Sektor kann die

55 BVerfGE 9, 268, 279ff; 22, 106, 113f.

56 Vgl die Nachw bei *E. Klein* (Fn 53) 144ff; *v Mangoldt/Klein* GG, Art 83, Vorbem III, Nr 2; *Maunz/Dürig* GG, Art 83 Rn 79; *Stern* StR II, 790f.

57 Vgl etwa *E. Klein* (Fn 53) 190ff. Zu den verfassungsrechtlichen Schranken des Verzichts: ebd, 207ff.

58 BVerfGE 9, 268, 282. Ebenso: BVerwGE 46, 55, 57; StGH Bremen NJW 1974, 2223, 2230f. Vgl auch *E. Klein* (Fn 53) 211ff; auf eine zeitlich und sachlich beschränkte Regelung stellt ab: BVerwGE 12, 20, 28f.

59 *Fichtmüller* (Fn 54) 353ff.

60 *v Mangoldt/Klein* (Fn 56) Nr 3; *Stern* (Fn 56) 791.

61 Die Landesbeauftragten für den Datenschutz von Bremen, Hamburg, Niedersachsen und dem Saarland sind auch für den Datenschutz im privaten Sektor zuständig und insofern mit exekutiven Befugnissen ausgestattet; *Wind* Die Kontrolle des Datenschutzes im nichtöffentlichen Bereich, 1994. Insoweit sind die betreffenden Landesbeauftragten für den Datenschutz als Teil der öffentlichen Verwaltung zumindest der Rechtsaufsicht unterworfen; auch unterliegen ihre Anwirkungen mit Außenwirkung als Verwaltungsakte der verwaltungsgerichtlichen Kontrolle. Schließlich kann die parlamentarische Kontrolle insoweit nicht ausgeschlossen werden, vgl *Rudolf* in: FS Stern, 1997, 1347, 1355; grds aM *Giesen* DuD 1997, 529ff.

62 Ri 95/46/EG des Rates zum Schutz natürlicher Personen bei der Verarbeitung personenbezogener Daten und zum freien Datenverkehr v 24. 10. 1995, ABl Nr L 281 v 23. 11. 1995, 31.

Datenschutzrichtlinie schon deshalb nicht haben, weil der Europäischen Gemeinschaft in diesem Bereich grundsätzlich die Kompetenz zur Regelung der Kontrolle fehlt.[63]

§ 52
Organisationsrecht

I. Organisationsgewalt der Verwaltung

Organisationsgewalt ist die Kompetenz zur Bildung, Errichtung, Einrichtung, Änderung, Aufhebung und Abwicklung von Verwaltungsträgern, Behörden und anderen Verwaltungsstellen durch die Bestimmung ihrer Zuständigkeiten, ihrer Zusammenhänge und ihrer inneren Ordnung sowie durch ihre persönliche und sachliche Ausstattung.[1] Sie umfaßt somit einen Komplex einzelner Zuständigkeiten, die differenzierter rechtlicher Beurteilung bedürfen. Unter *Bildung* und *Errichtung* von Organen versteht man die rechtliche Anordnung, daß eine Verwaltungseinrichtung mit bestimmter sachlicher und örtlicher Kompetenz bestehen soll, wobei zwischen beiden Begriffen entweder gar nicht unterschieden wird oder Bildung den abstrakten, Errichtung den konkreten bzw konkretisierenden normativen Akt bezeichnet. *Einrichtung* einer Verwaltungsbehörde ist deren tatsächliche Etablierung und Equipierung. Die Terminologie ist freilich weder in der Gesetzessprache noch im Schrifttum einheitlich.[2] 1

Das entscheidende Kriterium der Organisationsgewalt ist die Festlegung der sachlichen und örtlichen Zuständigkeit. Verwaltungsträgern, Behörden und Verwaltungsstellen müssen Aufgaben zugewiesen werden, und sie müssen mit Kompetenzen ausgestattet sein, um diese Aufgaben erfüllen zu können. Die Kompetenzen müssen sachlich und regional festgelegt sein, damit keine Überschneidungen bei der Aufgabenerfüllung eintreten. Neben der organisatorischen Notwendigkeit der Zuständigkeitsfestlegung besitzt diese aber noch eine rechtsstaatliche Komponente. Mag ein Anspruch auf den „gesetzlichen Verwaltungsbeamten" auch nicht in dem Sinne bestehen wie das Recht auf den gesetzlichen Richter (Art 101 Abs 1 S 2 GG),[3] so bewirkt die Verletzung von Zuständigkeitsregelungen im Verwal- 2

[63] 15. Tätigkeitsbericht des Landesbeauftragten für den Datenschutz Rheinland-Pfalz, Landtag Rh-Pf, Drucks 12/7589 v 16.11.1995, 14. und 16. Tätigkeitsbericht, Drucks 13/2427 v 15.12.1997, 14; *Rudolf* (Fn 61) 1360; vgl aber *Simitis* NJW 1997, 287.

[1] *Wolff/Bachof* VwR II, § 78 Ia. Zum Problem der Einheit der Verwaltung s *Oldiges* NVwZ 1987, 737ff; *Schuppert* DÖV 1987, 757ff; *Mögele* BayVBl 1987, 545ff und *Oebbecke* DVBl 1987, 866ff; *Bryde* VVDStRL 46 (1988) 181ff.

[2] *Böckenförde* Die Organisationsgewalt im Bereich der Regierung, 1964, 45ff; *Schmidt-Aßmann* in: FS H.P. Ipsen, 1977, 333, 336ff.

[3] Dazu: *Mußgnug* Das Recht auf den gesetzlichen Verwaltungsbeamten, 1970; *Stettner* Grundfragen einer Kompetenzlehre, 1983, 367ff; *Schenke* VerwArch 68 (1977) 148f; *ders* DÖV 1985, 452f; *Horn* NVwZ 1986, 808ff.

tungsverfahren doch die Rechtswidrigkeit, in bestimmten Fällen sogar die Nichtigkeit der getroffenen Verwaltungsentscheidung.[4] Zuständigkeit bedeutet auch, daß Verwaltungshandeln nicht von außerhalb der Verwaltung stehenden Kräften beherrscht sein darf. Ein *„imperatives Mandat"* von Organwaltern durch Parteien, Gewerkschaften, Kirchen, Verbände, Unternehmen oder die „Basis" ist rechtsstaatlich indiskutabel.

3 Bei der Organisationsgewalt handelt es sich vor allem um verfassungsrechtliche Probleme. Ursprünglich galt die Organisationsgewalt als Prärogative des Monarchen, und auch nach dem Untergang der Monarchie in Deutschland wurde sie im Bereiche von Regierung und Verwaltung noch als „Hausgut der Exekutive" charakterisiert, soweit sie dieser nicht durch Verfassung oder Gesetz entzogen war. Das Verfassungsrecht der deutschen Staaten kennt allerdings schon seit dem Konstitutionalismus – in Württemberg seit 1819 – den *institutionellen Gesetzesvorbehalt,* der die Organisationsgewalt der Krone beschneiden sollte.[5] Fehlte ein Gesetzesvorbehalt, hatte die Exekutive freie Bahn, wobei nur der Haushaltsplan und der ihm zugeordnete Stellenplan Schranken bildeten und die Gesamtheit der dem Staat zustehenden Hoheitsrechte nicht ohne einen Gesetzgebungsakt eingeschränkt oder verändert werden durfte.[6] Unter der Herrschaft der Weimarer Verfassung und des Grundgesetzes ist diese Auffassung erschüttert worden. Inzwischen besteht weitgehend Einigkeit darüber, daß Organisationsgewalt heute nicht mehr als Bestandteil eines „Hausguts der Verwaltung" gedeutet werden kann, weil es keine Staatsgewalt außerhalb der Verfassung gibt.[7]

4 Verfassungsrechtliche Regelungen über die Organisationsgewalt enthalten sowohl das Grundgesetz als auch die Landesverfassungen. Gem Art 86 S 2 GG regelt die Bundesregierung die Einrichtung der Behörden, soweit das Gesetz nichts anderes vorschreibt. Für die Errichtung selbständiger Bundesoberbehörden und neuer bundesunmittelbarer Körperschaften und Anstalten des öffentlichen Rechts schreibt Art 87 Abs 3 S 1 GG ein Gesetz vor. Auch bundeseigene Mittel- und Unterbehörden zur Erledigung neuer Aufgaben können nur durch „qualifiziertes" Bundesgesetz errichtet werden (Art 87 Abs 3 S 2 GG). Die Landesverfassungen haben die Organisation der öffentlichen Verwaltung und ihre Regelung unterschiedlich geordnet. Nach den Verfassungen von Bayern (Art 77), Nordrhein-Westfalen (Art 77) und dem Saarland (Art 112) bedarf nur die Organisation der *allgemeinen* Landesverwaltung des Gesetzes, während in Baden-Württemberg (Art 70), Brandenburg (Art 96), Hamburg (Art 57), Mecklenburg-Vorpommern (Art 70), Niedersachsen (Art 56), Sachsen (Art 83), Sachsen-Anhalt (Art 86), Schleswig-Holstein (Art 45) und Thüringen (Art 90) der Gesetzesvorbehalt nicht auf die allgemeine staatliche Verwaltung beschränkt ist. Die Einrichtung der staatlichen Behörden obliegt in allen genannten Ländern der Landesregierung. Keine einschlägigen Bestimmungen enthalten die Verfassungen von Bremen, Hessen und

[4] Vgl § 44 BVwVfG sowie o § 15 Rn 21ff. Vgl auch Bundesdisziplinargericht v 24.1.1985 in DÖV 1985, 450f und NVwZ 1986, 866f.

[5] *Köttgen* VVDStRL 16 (1958) 161ff; *Ermacora* VVDStRL 16 (1958) 202ff.

[6] *Forsthoff* VwR, 435.

[7] *Ossenbühl* Verwaltungsvorschriften und Grundgesetz, 1968, 252f.

Rheinland-Pfalz.[8] Überall besteht ein Gesetzesvorbehalt hinsichtlich der Organisation der Kommunalverfassung.

Umstritten ist die Rechtsgrundlage der Organisationsgewalt dann, wenn die Verfassung keine diesbezüglichen Regelungen trifft. Hierzu werden zwischen den zwei extremen Positionen – daß die Verwaltung selbst aus der Natur der Sache oder aus anderen Gründen Rechtsgrundlage der Organisationsgewalt sei[9] bzw daß diese prinzipiell einer gesetzlichen Grundlage bedürfe[10] – recht unterschiedliche Auffassungen vertreten. Überwiegend besteht Einigkeit darin, daß dann, wenn Organisationsakte zur Schaffung neuer Verwaltungsträger und Behörden die Rechtsstellung der Bürger oder sonstiger Dritter berühren, es einer gesetzlichen Grundlage bedarf, eine Norm des Innenrechts also nicht ausreicht.[11] Streitig ist, ob auch innerhalb einer bestehenden Zuständigkeitsordnung nur durch gesetzliche Ermächtigung neue Behörden errichtet werden können und der Zuständigkeitsbereich anders abgegrenzt werden kann.[12] Nach der Verwaltungspraxis wird eine gesetzliche Ermächtigungsgrundlage auch hier für erforderlich gehalten, wenn die Rechtsstellung des Bürgers betroffen wird; es sei denn, es handele sich um rein „innerbetriebliche" Zuständigkeitsverlagerungen zwischen den Amtswaltern oder Behördenteilen innerhalb einer Verwaltungsbehörde. Es gibt jedoch auch Beispiele dafür, daß ohne ausdrückliche gesetzliche Ermächtigung neue Behörden errichtet und Zuständigkeiten anders abgegrenzt werden. So wird die Veränderung von Zuständigkeiten der Bundesministerien durch Organisationserlaß des Bundeskanzlers angeordnet, wobei umstritten ist, ob diese Praxis verfassungsgemäß ist, insbesondere ob § 9 GeschOBReg eine ausreichende Ermächtigung bildet, oder ob es hierfür einer Rechtsverordnung bedarf.[13] Für die Schaffung und Veränderung von Verwaltungseinrichtungen ohne hoheitliche Entscheidungsbefugnisse wird ein Gesetz grundsätzlich nicht verlangt. 5

II. Verwaltungsträger

Gem Art 20 Abs 2 S 1 GG geht alle Staatsgewalt vom Volke aus. Damit ist zum Ausdruck gebracht, daß auch Träger der Verwaltung das Volk ist, das die vollziehende Gewalt durch besondere Organe ausübt (Art 20 Abs 2 S 2 GG). Rechtlich 6

[8] Für Berlin vgl Art 4 Abs 2 S 2 und Art 51 der Verfassung v 1.9.1950.

[9] So zB *Böckenförde* (Fn 2) 78ff.

[10] So zB bereits *Spanner* DÖV 1957, 640ff; s *Stern* StR II, 793ff.

[11] *Ossenbühl* (Fn 7) 263ff.

[12] Bejahend: BayVerfGH VerwRspr 16, 515; *Obermayer* in: Mang/Maunz/Mayer/Obermayer, Staats- und Verwaltungsrecht in Bayern, 4. Aufl 1975, 176; *Wolff/Bachof* (Fn 1) § 78 IIc 1. Verneinend: *Böckenförde* (Fn 2) 93; *Ossenbühl* (Fn 7) 266.

[13] So *Wolff/Bachof* (Fn 1) § 78 II c 1. Vgl *Böckenförde* (Fn 2) 139ff, 192ff. Vgl etwa den mit Wirkung v 6. 6. 1986 in Kraft getretenen Organisationserlaß des Bundeskanzlers, BGBl I, 864, zur Errichtung eines BM für Umwelt, Naturschutz und Reaktorsicherheit und den mit Wirkung von 18.1.1991 in Kraft getretenen Organisationserlaß des Bundeskanzlers, BGBl I, 157, zur Errichtung eines BM für Gesundheit, eines BM für Familie und Senioren, die Änderung der Bezeichnung des BM für Jugend, Familie, Frauen und Gesundheit in BM für Frauen und Jugend und zur Auflösung des BM für innerdeutsche Beziehungen.

wird vollziehende Staatsgewalt dem Staat als *juristischer Person* zugerechnet. Die auf *Eduard Albrecht* zurückgehende Konstruktion des Staates als juristische Person[14] wird zwar kritisiert,[15] bestimmt aber nach wie vor die rechtliche Betrachtung. In einem vom Zivilrecht her entwickelten Rechtssystem ist die Rechtsfähigkeit des Staates sowohl für dessen Teilnahme am Rechtsverkehr als auch für den Rechtsschutz des Bürgers gegen staatliches Verwaltungshandeln bei unmittelbarer Haftung des Staates unverzichtbar. Für das Organisationsrecht ist diese Konstruktion der rechtsfähigen juristischen Person des Staates aber nicht überzubewerten.[16] Sie läßt vor allem keine Aussagen über die organisationsrechtlichen Verhältnisse innerhalb der Verwaltungsträger und Verwaltungsbehörden zu. Im übrigen wird auch hinsichtlich der Träger der Verwaltung die historische und rechtstheoretische Erkenntnis bestätigt, daß Rechtsfähigkeit immer nur relativ gesehen werden kann.[17] In der Verwaltung gibt es Gebilde mit Teilrechtsfähigkeit, die, obwohl sie nur in bestimmter Hinsicht Rechte und Pflichten besitzen, trotzdem insoweit Träger der Verwaltung sein können.[18]

1. Unmittelbare und mittelbare staatliche Verwaltung

7 Träger der öffentlichen Verwaltung ist entweder der Staat in Gestalt von Bund oder Land unmittelbar, oder es sind rechtsfähige Verwaltungseinheiten, die rechtlich verselbständigt sind, dh eigene Rechtsfähigkeit bzw Teilrechtsfähigkeit besitzen. Ist der Staat unmittelbar Verwaltungsträger, so handelt er durch seine Verwaltungsbehörden und sonstigen Stellen – der Bund durch die unmittelbare Bundesverwaltung, das Land durch die unmittelbare Landesverwaltung. Werden rechtsfähige juristische Personen mit eigenen Verwaltungsbehörden von Bund oder Land im Rahmen ihrer Kompetenzen geschaffen, so handeln diese Behörden für die juristische Person. Auch teilrechtsfähige Verbände können Verwaltungsträger sein und als solche nach außen handeln, soweit ihre Rechtsfähigkeit reicht. Öffentliche Verwaltung durch vom Staat ausgegliederte rechtsfähige Verwaltungsträger des öffentlichen Rechts oder des Privatrechts wird auch als *mittelbare Staatsverwaltung* bezeichnet,[19] wobei dieser Ausdruck mißverständlich ist, da es

14 *Albrecht* Rezension über Maurenbrechers Grundsätze des heutigen Staatsrechts, Göttinger gelehrte Anzeigen 1837 III, 1489ff, 1508ff.

15 Vgl etwa *Böckenförde* Gesetz und gesetzgebende Gewalt, 2. Aufl 1981, 334; *H. H. Rupp* Grundfragen der heutigen Verwaltungsrechtslehre, 2. Aufl 1991, 22f.

16 Einen weiterführenden, das Dogma von der juristischen Person überwindenden Weg, die Organisation des Staates rechtsbegrifflich zu erfassen und zu qualifizieren, zeigt *Böckenförde* in: FS Wolff, 1973, 294ff.

17 So auch *Böckenförde* (Fn 16) 304. Zur Relativität der Rechtsfähigkeit vgl zB *Thoma* HdbDStR II, 1932, 611; *Mosler* in: FS Thoma, 1950, 131f; *Fabricius* Relativität der Rechtsfähigkeit, 1963, 64; *Rudolf* Völkerrecht und deutsches Recht, 1967, 41f.

18 *Bachof* AöR 83 (1958) 208ff, 259ff.

19 *Forsthoff* (Fn 6) 471ff, 478ff – Zur Bedeutung der verselbständigten Verwaltungseinheiten vgl Wagener (Hrsg), Verselbständigung von Verwaltungsträgern, 1976; *Schuppert* Die Erfüllung öffentlicher Aufgaben durch verselbständigte Verwaltungseinheiten, 1981; *ders* DÖV 1981, 153ff; *Laux* DÖV 1981, 861ff – zu Zweifeln am Begriff der mittelbaren Verwaltung vgl *Bachof* in: Herzog ua, EvStL, Sp 3833.

auch mittelbare öffentliche Verwaltung von Selbstverwaltungskörperschaften gibt (zB Sparkassen), der Verwaltungsträger also doppelt mediatisiert ist. Zudem gibt es juristische Personen des öffentlichen Rechts, bei denen die Möglichkeit staatlicher Interventionen fast gar nicht vorhanden oder äußerst begrenzt ist (zB bei den Kirchen oder den öffentlich-rechtlichen Rundfunkanstalten).

Ob der Staat unmittelbarer Träger der Verwaltung ist oder ob Aufgaben durch verselbständigte Rechtsträger erledigt werden, hängt von der historischen Entwicklung und der Zweckmäßigkeit und rechtlich von der Verfassung und der Entscheidung des Gesetzgebers ab. So ist grundgesetzlich vorgeschrieben, daß die Gemeinden alle Angelegenheiten der örtlichen Gemeinschaft in eigener Verantwortung zu regeln und Gemeindeverbände das Recht der Selbstverwaltung haben (Art 28 Abs 2 GG) und daß soziale Versicherungsträger, deren Zuständigkeitsbereich sich über das Gebiet eines Landes hinaus erstreckt, als bundesunmittelbare Körperschaften des öffentlichen Rechts zu führen sind (Art 87 Abs 2 GG), also jeweils eigene Verwaltungsträger sein müssen. Der rechtspolitische Grund für solche eigenständigen Verwaltungsträger ist, Verwaltung zu *dezentralisieren,* dh ein Korrektiv zur einheitlichen staatlichen Verwaltung zu bilden.[20] Außerdem diente die Schaffung eigener Verwaltungsträger in der Form der juristischen Person des öffentlichen Rechts der Reglementierung und Formierung ganzer Sozialbereiche, wie zB von Industrie, Handel, Handwerk, Landwirtschaft, Heilberufen und Anwaltschaft.[21] Ferner greift der Staat zum Mittel der Errichtung selbständiger Verwaltungsträger in privatrechtlichen Rechtsformen, oder er bedient sich bestehender privater juristischer und natürlicher Personen, um bestimmte Verwaltungszwecke besser erfüllen zu können. Die vom Staat getrennte eigene Verwaltungsträgerschaft wird hier mehr oder weniger aus verwaltungstechnischen Gründen gewählt, sei es, daß besoldungs- oder haushaltsrechtliche Normen unmittelbare Staatsverwaltung nicht empfehlen, sei es, daß andere sachliche oder personelle Gründe für eine „Privatisierung“ sprechen. Beispiele bietet der Kultursektor: Das Theaterwesen ist teilweise in der Form der GmbH organisiert,[22] und die sog Mittlerorganisationen der auswärtigen Kulturverwaltung und der Entwicklungshilfe werden in recht verschiedenen privatrechtlichen Rechtsformen (eingetragener Verein, Stiftung, GmbH) geführt.[23] **8**

20 Zum verfassungspolitischen Grund der Selbstverwaltung vgl *Leibholz* DVBl 1973, 715ff; *B. Becker* Öffentliche Verwaltung, 1989, § 13, 3 (S 183ff). Zwischen Selbstverwaltung und Autonomie wird begrifflich unterschieden. Vgl *Forsthoff* (Fn 6) 479ff zur Autonomie vgl *Haug* Autonomie im öffentlichen Recht, 1961.

21 Zur Organisation der Wirtschaftsverwaltung vgl *Brohm* Strukturen der Wirtschaftsverwaltung, 1969, 69ff; *Badura* in: Schmidt-Aßmann, Bes VwR, 3. Abschn III 1; *Schmidt,* in: Achterberg/Püttner, Bes VwR I, 1, 51ff; *Schmidt* Öffentliches Wirtschaftsrecht, Bd 1, 1990, § 9. Zu den Gründen für eine mittelbare Staatsverwaltung vgl *H. Peters* Lehrbuch der Verwaltung, 1949, 105ff; *Stern* (Fn 10) 791ff.

22 *Uhde* Der Städtetag 1955, 438ff; *Oppermann* Kulturverwaltungsrecht, 1969, 450.

23 ZB als eingetragener Verein: Goethe-Institut zur Pflege deutscher Sprache und Kultur im Ausland, Inter-Nationes, DAAD, Carl-Duisberg-Gesellschaft; als Stiftung: Alexander von Humboldt-Stiftung, Deutsche Stiftung für internationale Entwicklung; als GmbH: Deutscher Entwicklungsdienst. Das Institut für Auslandsbeziehungen in Stuttgart ist Anstalt

2. Juristische Personen des öffentlichen Rechts

9 Als selbständige Verwaltungsträger öffentlichen Rechts haben sich drei Organisationstypen herausgebildet: die Körperschaft, die Anstalt und die Stiftung des öffentlichen Rechts. Alle drei sind eigenwüchsige Schöpfungen des öffentlichen Rechts[24] und unterscheiden sich von den starren Organisationstypen des Privatrechts durch die Breite der Gestaltungsmöglichkeiten.

10 Alle juristischen Personen des öffentlichen Rechts werden durch Hoheitsakt errichtet, der auch den Umfang der Rechtsfähigkeit im öffentlich-rechtlichen Bereich und in der Privatrechtsordnung bestimmt. Dienstherreneigenschaft im Sinne des Beamtenrechts brauchen juristische Personen des öffentlichen Rechts nicht zu besitzen, da sie auch von staatlichen Bediensteten verwaltet werden können. Neben den rechtsfähigen gibt es auch unselbständige Anstalten und Stiftungen, die nicht Selbstverwaltungsträger sein können.[25] Diese werden in der Regel mit den rechtlich selbständigen Anstalten und Stiftungen gemeinsam behandelt, sollten aber nicht mit ihnen begrifflich zusammengefaßt werden, da sie nur organisatorisch verselbständigte Verwaltungsstellen bilden.[26] Haushaltsrechtlich gelten für juristische Personen des öffentlichen Rechts besondere Vorschriften (§§ 105 ff BHO).

11 a) Die *Körperschaft des öffentlichen Rechts* ist ein mitgliedschaftlich verfaßter, unabhängig vom Wechsel der Mitglieder bestehender, mit Hoheitsgewalt ausgestatteter Verwaltungsträger. Nach den Bindungen der Mitgliedschaft unterscheidet man vier Formen: Bei den *Gebietskörperschaften,* nämlich den Gemeinden und Gemeindeverbänden, ergibt sich die Mitgliedschaft kraft Gesetzes aus dem Wohnsitz eines Menschen oder dem Sitz einer juristischen Person.[27] Die Mitgliedschaft bei den *Realkörperschaften* richtet sich nach dem Eigentum an einer Liegenschaft oder dem wirtschaftlichen Sitz eines Betriebes (zB Jagdgenossenschaft, Industrie- und Handelskammer). Bei den *Personalkörperschaften* hängt die Mitgliedschaft von der Zugehörigkeit zu einem bestimmten Beruf oder einer sonstigen Eigenschaft oder dem Willen einer Person ab (zB Ärztekammer, Rechtsanwaltskammer, teilweise die Studentenschaften),[28] *Verbandskörperschaften* sind solche, deren Mitglieder juristische

des öffentlichen Rechts (des Landes Baden-Württemberg). Allgemein zur Bundesverwaltung durch privatrechtlich organisierte Bundesunternehmen vgl *B. Becker* (Fn 20) § 15, 3 (S 251 ff).

[24] Dazu *W. Weber* Die Körperschaften, Anstalten und Stiftungen des öffentlichen Rechts, 2. Aufl 1943, 12. Zur Geschichte vgl *Bieback* Die öffentliche Körperschaft, 1976; *Endrös* Zeitschrift der Savigny-Stiftung für Rechtsgeschichte 100 (1983) 292 ff.

[25] Körperschaften des öffentlichen Rechts sind immer rechtsfähig. *Weber* (Fn 24) 16; aM *Wolff/Bachof/Stober* VwR II, § 84 Rn 17 ff. Vgl zur Grundrechtsfähigkeit juristischer Personen des öffentlichen Rechts *Broß* VerwArch 77 (1986) 65 ff, *Hoppe/Beckmann* Über die Grundrechtsfähigkeit von Wasser- und Bodenverbänden, DVBl 1990, 177 ff.

[26] So auch *Scheuner* in: GS Hans Peters, 1967, 800 Fn 11.

[27] Nicht zu verwechseln mit der Gebietshoheit. Vgl *Wolff/Bachof/Stober* (Fn 25) § 84 Rn 24, *Renck* BayVBl 93, 452.

[28] ZB gem § 106 Abs 1 und 2 UG Rheinland-Pfalz (GVBl 1995, 85). Das Bundesverwaltungsgericht hat die Verfassungsmäßigkeit der Studentenschaften nach dem Hessischen Hochschulgesetz festgestellt (BVerwGE 59, 231). Vgl demgegenüber den Vorlagebeschluß des VG Sigmaringen DVBl 1977, 465.

Personen sind, so daß ein Durchgriff auf Mitglieder dieser Mitglieder nicht in Betracht kommt (zB kommunale Zweckverbände).[29] Begründet werden kann die Mitgliedschaft kraft Gesetzes (Zwangsmitgliedschaft) oder durch freiwilligen Eintritt. Zwangsmitgliedschaft ist nur im Rahmen der verfassungsmäßigen Ordnung zulässig.[30] Grundsätzlich keine Mitglieder einer Körperschaft sind deren Bedienstete.[31]

Körperschaften des öffentlichen Rechts dienen – wie alle Verwaltungsträger – stets öffentlichen Zwecken. Sie sind mit Hoheitsgewalt ausgestattet, können also hoheitlich handeln und auch Zwang anwenden. Außerdem können sie, wie der Staat selbst auch, nicht-hoheitliche Verwaltungsaufgaben wahrnehmen. Neben ihren eigenen (freiwillig übernommenen oder gesetzlich zugewiesenen) Aufgaben, die sie eigenverantwortlich erfüllen, können ihnen Aufgaben zur Verwaltung nach Weisung oder im Auftrag des Staates übertragen werden. Die interne Verwaltungsorganisation kann in Behörden und andere Verwaltungsstellen aufgegliedert sein, doch braucht das nicht der Fall zu sein. **12**

Ihren Finanzbedarf decken Körperschaften des öffentlichen Rechts durch Mitgliedsbeiträge (zB Kammerbeitrag, Verbandsumlage), die Erhebung von anderen Beiträgen (zB Erschließungsbeiträge) und Gebühren (zB Studiengebühr) und andere Einnahmen (zB Erträge aus Vermietung von Grundstücken). **13**

Gebietskörperschaften und Kirchen (Art 140 GG iVm Art 137 Abs 6 WRV) besitzen das Recht, Steuern zu erheben. Das Aufkommen aus bestimmten Steuern steht verfassungsrechtlich den Gemeinden und Gemeindeverbänden zu (Art 106 Abs 7 GG), die 1996 mit 11,14 % am gesamten Steueraufkommen partizipierten.[32] Durch die Neufassung des Art 28 Abs 2 Satz 3 GG und des Art 106 GG soll eine ausreichende finanzielle Ausstattung der Gemeinden, insbesondere durch die Gewährleistung des Hebesatzrechts, sichergestellt werden.[33] **14**

Eine besondere Art von Körperschaften des öffentlichen Rechts stellen die Kirchen dar, die zwar in großem Umfange Aufgaben erfüllen, die sonst von der öffentlichen Hand erbracht werden müßten, aber nicht wirklich Träger öffentlicher Verwaltung sind.[34]

[29] Keine Körperschaften öffentlichen Rechts sind die Körperschaften genannten Kollegialorgane des Bundes und der Länder, wie zB Bundestag und Bundesrat, die Art 59 Abs 2 S 1 GG als Körperschaften bezeichnet.

[30] BVerfGE 10, 89 (Großer Erft-Verband); 15, 235 (Industrie-und Handelskammer); 32, 54 (Handwerkskammer); 38, 281 (Arbeitnehmerkammer); 71, 81, 95 (Arbeitnehmerkammer Bremen).

[31] Ausgenommen die Bediensteten der Hochschulen. Vgl zB § 32 Abs 1 UG Rheinland-Pfalz (Mitglieder der Hochschule). Daß Bedienstete der Hochschule auch deren Angehörige sind, wird zB von der Westdeutschen Rektorenkonferenz nicht als systemwidrig angesehen. Vgl das in BVerfGE 35, 79ff, 100ff zitierte Gutachten von *Mallmann* und *Strauch*. Zur Körperschaft im einzelnen vgl *Scheuner* (Fn 26) 797ff; *Brohm* (Fn 21) 144ff; *Rasch* DVBl 1970, 765ff; *Wolff/Bachof/Stober* (Fn 25) § 93.

[32] Stat Jb 1997, Ziff 20.6. Zum kommunalen Finanzausgleich im Zeichen der Landeshaushaltskonsolidierung vgl *Patzig* DVBl 1985, 137ff.

[33] Gesetz zur Änderung des Grundgesetzes (Artikel 28 und 106) v 20.10.1997, BGBl I, 2470.

[34] Art 140 GG iVm Art 137 Abs 5 WRV. Vgl die umfangreiche staatskirchenrechtliche Lite-

15 b) Die *Anstalt des Öffentlichen Rechts* ist ein nicht verbandsmäßig organisierter rechtsfähiger Verwaltungsträger zur dauerhaften Verfolgung eines bestimmten Verwaltungszwecks des Anstaltsträgers.[35] Sie unterscheidet sich von der Körperschaft dadurch, daß sie nicht von Mitgliedern getragen wird, sondern nur *Benutzer* haben kann; doch gibt es auch nicht nutzbare Anstalten, die allerdings bloß nicht-rechtsfähige Verwaltungseinheiten bilden.[36] Ist bei einem als „Anstalt" bezeichneten Verwaltungsträger Mitgliedschaft vorgesehen, so handelt es sich in Wirklichkeit um eine Körperschaft (zB die Landesversicherungsanstalten).[37] Die Abgrenzung zur Körperschaft bietet auch dann Schwierigkeiten, wenn eine *Benutzungspflicht* besteht. Das ist zB der Fall bei der anstaltlich organisierten Bayerischen Ärzteversorgung.[38]

16 Errichtet, verändert und aufgelöst wird eine Anstalt als rechtsfähiger Verwaltungsträger durch Gesetz oder auf Grund eines Gesetzes durch den *Anstaltsträger*. Anstaltsträger ist das übergeordnete Verwaltungssubjekt, das außerdem den Zweck der Anstalt bestimmt und begrenzt und die anstaltsleitenden Organe bestellt.[39]

17 In der Regel ist das der Staat oder eine sonstige Gebietskörperschaft. Der Anstaltsträger bestimmt auch Umfang und Grenzen der Rechtsfähigkeit der Anstalt. Angesichts der weiten Gestaltungsmöglichkeiten bei Errichtung öffentlich-rechtlicher Anstalten kann die Rechtsfähigkeit zB auf den Privatrechtsverkehr beschränkt werden.[40] Das war zB beim Bundesbahn Sozialwerk der Fall, das nach der Umstrukturierung der Bundesbahn als betriebliche Sozialeinrichtung für den Bereich des Bundeseisenbahnvermögens aufrechterhalten und nach den bisherigen Grundsätzen weitergeführt wird.[41] Bei teilrechtsfähigen Anstalten kann der Charakter als juristische Person zweifelhaft sein.

ratur, zB *Mikat* in: Bettermann/Nipperdey/Scheuner, Die Grundrechte, Bd 4, 1. Halbband, 2. Aufl 1972, 111ff; *H. Weber* Die Religionsgemeinschaften als Körperschaften des öffentlichen Rechts im System des Grundgesetzes, 1966; ferner die Abhandlungen in Quaritsch/H. Weber (Hrsg), Staat und Kirche in der Bundesrepublik Deutschland, 1967, und das ebd, 446ff, genannte Schrifttum, sowie Listl/Pirson (Hrsg), Handbuch des Staatskirchenrechts der Bundesrepublik Deutschland, 1994, 1995.

[35] Vgl die Definitionen bei *O. Mayer* VwR II, 331; *Weber* (Fn 24) 90f; *Brohm* (Fn 21) 168ff; *Wolff/Bachof/Stober* (Fn 25) § 98 Rn 1; *Forsthoff* (Fn 6) 495.

[36] Gegenteiliger Auffassung ist *Forsthoff* (Fn 6) 497: „Diese nutzbaren Anstalten sind... ein eindeutig abgegrenzter Sondertypus innerhalb der Gattung der rechtsfähigen Anstalt."

[37] Umgekehrt gibt es Körperschaften genannte Verwaltungsträger, die keine Mitglieder haben, also Anstalten sind. Bestritten ist dies bei der Bundesanstalt für Arbeit, die § 189 Abs 1 AFG als Körperschaft bezeichnet und die teils als solche – zB *Köttgen* JöR 3, 131, *Schewe/Nordhorn* Übersicht über die soziale Sicherung, 8. Aufl 1970, 189; *Ruland* in: Schmidt-Aßmann (Fn 21) 7. Abschn V 1 – teils als Anstalt – zB *Wolff/Bachof/Stober* (Fn25) § 100 Rn 4 – charakterisiert wird.

[38] „Mitglieder der Anstalt sind alle approbierten Ärzte...", Art 47 Abs 1 Bayerisches Versicherungsgesetz v 7.12.1933 (BayBS I, 242); vgl BVerfGE 10, 355.

[39] BGHZ 24, 83, 88f.

[40] OVG Lüneburg E 19, 416, 417.

[41] § 15 Abs 2 BENeuglG iVm Anlage A Nr 1.

Die Organisation der Anstalt wird durch Gesetz oder die *Anstaltssatzung* geregelt, die entweder vom Anstaltsträger selbst oder aber von den Anstaltsorganen mit Genehmigung des Anstaltsträgers erlassen wird. Die Einflußmöglichkeiten des Anstaltsträgers auf die Verwaltung der Anstalt können unterschiedlich stark ausgeprägt sein. Die Anstalt kann ihre Kompetenzen durch eigene Verwaltungsstellen mit eigenem Verwaltungspersonal wahrnehmen (so zB die Studentenwerke in Rheinland-Pfalz, §§ 110ff UG), doch kann auch der Verwaltungsträger durch seine Behörden und sein Personal die Anstalt verwalten (Organleihe).[42] Der Anstaltsträger sorgt auch für den Finanzbedarf der Anstalt, der entweder aus Gebühren oder sonstigen Einnahmen der Anstalt oder aus Mitteln des Anstaltsträgers gedeckt wird. **18**

Nach Rechtsstellung, Organisation, Zweck und Nutzbarkeit gibt es recht unterschiedliche Arten rechtsfähiger Anstalten. Eine besonders große Anstaltsverwaltung mit eigenem Verwaltungsunterbau ist die Bundesanstalt für Arbeit.[43] Die Rundfunkanstalten sind diejenigen, welche eine sehr weitgehende rechtliche Selbständigkeit von ihren Anstaltsträgern besitzen.[44] Bei den *kommunalen Sparkassen* haften die Anstaltsträger als Gewährträger für die Verbindlichkeiten der Sparkassen subsidiär unbeschränkt (Ausfallgarantie).[45] Die Rechtsbeziehungen zwischen Anstalt und Benutzern bei benutzbaren Anstalten werden durch die *Benutzungsordnung* geregelt. Nach der Rechtsform ist zwischen Anstalten mit privatrechtlicher (zB Sparkassen) und öffentlich-rechtlicher (zB Rundfunkanstalten) Nutzung zu unterscheiden.[46] **19**

c) *Stiftungen des öffentlichen Rechts* als Verwaltungsträger sind rechtsfähige Stiftungen, die ausschließlich öffentliche Zwecke verfolgen und zum Staat oder einer anderen Körperschaft des öffentlichen Rechts in einer solchen organisatorischen Beziehung stehen, daß die Stiftung als eine öffentliche Einrichtung erscheint.[47] Es handelt sich bei ihnen um Verwaltungsträger, die mit einem Kapital- oder Sachbestand Aufgaben der öffentlichen Verwaltung erfüllen.[48] Sie sind von den Stiftungen des bürgerlichen Rechts (§§ 80ff BGB), den nicht-rechtsfähigen Stiftungen des Verwaltungsrechts[49] und von den „öffentlichen Stiftungen" zu unterscheiden, unter denen man Stiftungen des bürgerlichen Rechts, die nicht ausschließlich private Zwecke verfolgen, und öffentlich-rechtliche Stiftungen zu- **20**

42 Zur Zulässigkeit der Organleihe bei sachlich eng umgrenzten Bereichen der Bundesverwaltung vgl BVerfGE 63, 1; *Hirschberger* Organleihe, 1989.

43 *Ruland* (Fn 37) 7. Abschn V 1. Vgl aber o Fn 36.

44 Zur Rundfunkanstalt vgl *Herrmann* Rundfunkrecht, 1. Aufl 1994, § 9 Rn 27ff; *Fuhr* in: Fuhr/Rudolf/Wasserburg (Hrsg), Recht der Neuen Medien, 1. Aufl 1989, 303ff.

45 *v Mutius* in: Püttner, HkWP, Bd V, 453ff; *Wolff/Bachof/Stober* (Fn 25) § 100 Rn 11ff.

46 Zur Anstalt im einzelnen vgl *Jecht* Die öffentliche Anstalt, 1963; *Wolff/Bachof/Stober* (Fn 25) § 98; *Lange* VVDStRL 44 (1986) 169ff; *Breuer* ebd, 211ff. Zur Anstaltsnutzung vgl o § 41 Rn 27ff.

47 Art 1 Abs 2 Bayerisches StiftG v 26.11.1954 (BayBS II, 661); § 2 Abs 4 StiftG Rheinland-Pfalz v 22.4.1966 (GVBl, 95).

48 So § 46 LVwG Schleswig-Holstein.

49 *Wolff/Bachof/Stober* (Fn 25) § 103 Rn 11.

sammenfaßt.[50] Das Spezifische der Stiftungen des öffentlichen Rechts besteht in der eigentümlichen Verbindung von Organisationsrecht und öffentlichem Sachenrecht.[51] In der sozialen Wirklichkeit spielen Stiftungen des bürgerlichen Rechts eine größere Rolle als die des öffentlichen Rechts.

21 Errichtet werden Stiftungen des öffentlichen Rechts durch Gesetz oder auf Grund eines Gesetzes (zB die „Stiftung Preußischer Kulturbesitz").[52] Daneben ist auch die Errichtung ohne ausdrückliche gesetzliche Ermächtigung möglich.[53] Schließlich können Stiftungen des bürgerlichen Rechts in solche des öffentlichen Rechts umgewandelt werden.[54]

22 Die Organisation der Stiftung wird durch Satzung geregelt. Die Stiftung ist durch ihre Organe so zu verwalten, wie es die dauernde nachhaltige Verwirklichung des Stiftungszwecks mit Rücksicht auf den erkennbaren und mutmaßlichen Willen des Stifters erfordert. Das Recht, eigene Beamte zu haben, ist in der Satzung bzw in der Verleihungsurkunde festzulegen. Der Bestand des Stiftungsvermögens ist tunlichst in seiner Zusammensetzung ungeschmälert zu erhalten. Das Stiftungsvermögen ist von anderen Vermögensmassen getrennt zu verwalten. Die Erträge sind ausschließlich für den Stiftungszweck zu verwenden.[55]

3. Sonstige Verwaltungsträger

23 Neben den genannten drei Typen der rechtsfähigen juristischen Person des öffentlichen Rechts gibt es keine anderen öffentlich-rechtlich organisierten Verwaltungsträger. Bei Regiebetrieben des Staates und Eigenbetrieben der sonstigen Gebietskörperschaften[56] handelt es sich um haushaltsrechtlich und organisatorisch verselbständigte nicht-rechtsfähige dekonzentrierte Verwaltungsstellen, nicht aber um rechtlich selbständige dezentralisierte Verwaltungsträger. Die Vertretung des Eigenbetriebes nach außen durch die Werksleitung stellt eine Vertretung der dahinterstehenden Gebietskörperschaft in Ansehung des Sondervermögens des Eigenbetriebes dar, so wie ein Behördenleiter den Staat für den Bereich seiner Behörden nach außen vertritt.

24 Auf dem Gebiet der Leistungsverwaltung bedient sich die öffentliche Hand auch *privatrechtlich organisierter* Verwaltungsträger, die neben anderen als

[50] Art 1 Abs 3 Bayerisches StiftG; § 2 Abs 3 StiftG Rheinland-Pfalz.

[51] *Köttgen* Die rechtsfähige Verwaltungseinheit, 1939, 77.

[52] Zur Stiftung „Preußischer Kulturbesitz", die schlichte Verwaltungstätigkeiten wahrnimmt, vgl: BVerfGE 10, 20; *Hoffmann* Verw 1988, 63 ff.

[53] So § 10 Abs 1 StiftG Rheinland-Pfalz: „... bedarf ihre Errichtung der Genehmigung der Bezirksregierung."

[54] § 20 Abs 1 StiftG Rheinland-Pfalz.

[55] Zur Stiftung des öffentlichen Rechts im einzelnen vgl *Ebersbach* Die Stiftung des öffentlichen Rechts, 1961; *ders* Handbuch des deutschen Stiftungsrechts, 1972; *Wolff/Bachof/Stober* (Fn 25) § 103; *Totenhoefer-Just* Öffentliche Stiftungen, 1973; *Strickrodt* Stiftungen als urbildhaftes Geschehen im Gemeinwesen, 1984.

[56] Zu Rechts- und Organisationsfragen moderner Wirtschaftsführung von gemeindlichen Eigenbetrieben vgl *R. Scholz/Pitschas* Gemeindewirtschaft zwischen Verwaltungs- und Unternehmensstruktur, 1982.

„öffentliche Unternehmen" bezeichnet werden.[57] Es handelt sich bei diesen „öffentlichen Unternehmen" um Verwaltung im funktionellen Sinne, die aber durch privatrechtlich organisierte Verwaltungsträger durchgeführt wird. Als Organisationstypen kommen vor allem die Aktiengesellschaft, die GmbH und die Kommanditgesellschaft auf Aktien in Betracht.

Der Grund für die Privatisierung öffentlicher Verwaltungsträger liegt einmal in der erleichterten Errichtung privatrechtlich organisierter Gesellschaften durch die Verwaltungsbehörden, da der Gesetzesvorbehalt, der bei juristischen Personen des öffentlichen Rechts besteht, überspielt werden kann (Flucht in das Privatrecht).[58] Zum anderen ist mit privatrechtlichen Organisationsformen häufig eine flexiblere Verwaltung von Wirtschaftsbetrieben möglich. Im übrigen ist die Rechtsform allein kein Garant dafür, die Elastizität eines Verwaltungsträgers zu bewahren.

Schließlich ist die erwerbswirtschaftliche Betätigung der öffentlichen Hand **25**
durch eigene Unternehmen und vor allem die Beteiligung an bestehenden privaten Unternehmen zu nennen.[59] Bedeutende gemischt-wirtschaftliche Unternehmen sind zB die Volkswagen-AG, die Deutsche Lufthansa, die Rheinisch-Westfälische Elektrizitätswerke AG. Wieweit der wirtschaftlichen Betätigung des Staates Grenzen gesetzt sind, ist eine Frage des Verfassungsrechts.

Für privatrechtlich organisierte Verwaltungsträger des Bundes und der Länder gelten ebenso wie für öffentlich-rechtlich organisierte Betriebe und Sondervermögen spezielle haushaltsrechtliche Regeln. Gem § 18 HGrG haben sie Wirtschaftspläne aufzustellen, falls kameralistisches Wirtschaften nicht zweckmäßig ist.[60]

Um öffentliche Verwaltung zu dezentralisieren und zu entlasten, können auch **26**
Private für Verwaltungsaufgaben in Dienst genommen werden.[61] Verwaltungsaufgaben, die solchen *Beliehenen* übertragen werden, reichen von der Einziehung der Lohnsteuer und der Beiträge zur Sozialversicherung durch die Arbeitgeber[62] über Schülerlotsen bis zu den Notaren.[63] In größerem Umfang werden die durch den Bund mitfinanzierten Mittlerorganisationen der auswärtigen Kulturverwaltung

[57] Zu den Rechtsformen öffentlicher Unternehmen existiert ein umfangreiches Schrifttum. Vgl etwa *Brohm* (Fn 21) 52; *Püttner* Die öffentlichen Unternehmen, 2. Aufl 1985, 23ff, 59ff; *Wenger* Die öffentliche Unternehmung, 1969, 256ff (unter besonderer Berücksichtigung des österreichischen Rechts und rechtsvergleichend); *Stober* NJW 1984, 449ff; *Erbguth/Stollmann* DÖV 93, 789; s a die Beiträge in J. Ipsen (Hrsg), Privatisierung öffentlicher Aufgaben, 1994.

[58] Zur verfassungsrechtlichen Problematik vgl *Badura* Das Verwaltungsmonopol, 1963, 244ff; *Püttner* (Fn 57) 76ff.

[59] Vgl dazu *H. H. Klein* Die Teilnahme des Staates am wirtschaftlichen Wettbewerb, 1968; *Püttner* (Fn 57) 49f; *Badura* (Fn 21) 311; *Stober* (Fn 57) 449ff.

[60] Für Beteiligungen vgl § 44 HGrG, für Betriebe des Bundes § 26 BHO.

[61] Vgl *v Heimburg* Verwaltungsaufgaben und Private, 1982.

[62] Vgl *H.P. Ipsen* in: FS Kaufmann, 1950, 145ff; aM *Wolff/Bachof/Stober* (Fn 25) § 104 Rn 5, der die Inpflichtnahme Privater zu technischen Dienstleistungen nicht für einen Fall der Beleihung hält.

[63] Zu den Schülerlotsen vgl *W. Martens* NJW 1970, 1029f. Hinsichtlich der Notare vgl § 1 BNotO. Die BNotO gilt nicht für Bezirksnotare im OLG-Bezirk Stuttgart, die Beamte sind (§ 114 BNotO).

mit Verwaltungsaufgaben des Bundes betraut.[64] Handelt es sich um die Übertragung hoheitlicher Funktionen auf Private, bedarf die Beleihung einer gesetzlichen Ermächtigung,[65] sonst genügt eine vertragliche Vereinbarung. Rechte und Pflichten der Beliehenen ergeben sich, sofern sie nicht gesetzlich normiert sind, aus dem Beleihungsakt bzw -vertrag. Die Rechtsverhältnisse zwischen Beliehenen und Dritten sind öffentlich-rechtlich, soweit sie auf öffentlich-rechtlichen Normen beruhen, im übrigen privatrechtlich.[66]

III. Behörden und sonstige Verwaltungsstellen

27 Um handelnd verwalten zu können, bedürfen die Verwaltungsträger organisierter Verwaltungsstellen. Diese werden auch als *Organe* bezeichnet, ein historisch geprägter und in den einzelnen Rechtsdisziplinen vieldeutiger Begriff.[67] Unter Verwaltungsorganen versteht man gewöhnlich alle durch Organisationsnormen gebildeten Subjekte, die Angelegenheiten eines Verwaltungsträgers wahrnehmen.[68] Das bedeutet, daß ein Organ nicht für sich, sondern für den Verwaltungsträger handelt, dessen Einrichtung es ist.

Verwaltungsorgane sind deshalb in der Regel nicht rechtsfähig. Es gibt aber auch rechtsfähige Organe, nämlich dann, wenn diese selbst Verwaltungsträger sind, wobei diese Rechtsfähigkeit wiederum relativ gesehen werden muß. So ist zB eine Gemeinde, die selbst als Gebietskörperschaft Verwaltungsträger ist, in Auftragsangelegenheiten Organ des Staates, weil sie insoweit für einen anderen Verwaltungsträger tätig wird.

Als Verwaltungsstellen werden demgegenüber nur solche Subjekte bezeichnet, die ausschließlich Angelegenheiten eines Verwaltungsträgers wahrnehmen, also insoweit nicht selbst rechtsfähig sind. Verwaltungsstelle ist deshalb nicht die Gemeinde, sondern das zuständige Organ der Gemeinde, das die Auftragsangelegenheit des Staates für die Gemeinde verwaltet. Solche Verwaltungsstellen sind in erster Linie *Behörden*. Die Bezeichnung „Verwaltungsstelle" ist dem in der neueren Gesetzgebung verwendeten Begriff der *Dienststelle*, wie er etwa in § 6 BPersVertrG definiert ist, vorzuziehen, da als Dienststellen auch Behördenteile bezeichnet werden können.

[64] Vgl den Bericht der Enquête-Kommission Auswärtige Kulturpolitik des Bundestages, BT-Drucks 7/215 (neu) 12f.

[65] OVG Münster NJW 1980, 1406.

[66] Zur Beleihung vgl *Ipsen* (Fn 62) 141ff; *H. H. Rupp* Privateigentum an Staatsfunktionen, 1963, 5ff; *Brohm* (Fn 21) 202ff; W. *Martens* Öffentlich als Rechtsbegriff, 1969, 130ff; *Krautzberger* Die Erfüllung öffentlicher Aufgaben durch Private, 1971, 15ff; *Wolff/Bachof/Stober* (Fn 25) § 104; *Maurer* Allg VwR, § 23 Rn 56ff.

[67] Zum Organbegriff vgl vor allem *Wolff/Bachof* (Fn 1) § 74 I. Ferner *Rupp* (Fn 15) 81ff; *Böckenförde* (Fn 16) 270ff.

[68] *Wolff/Bachof* (Fn 1) § 74 IIa.

1. Amt und Behörde

a) Die kleinste Verwaltungseinheit ist das *Amt.* Es ist die Amtsstelle oder der Dienstposten eines Menschen und bezeichnet dessen institutionell bestimmten konkreten Aufgabenbereich innerhalb der Verwaltungsorganisation. Organisationsrechtlich ist also mit jedem Amt eine Aufgabe und eine Zuständigkeit verbunden. So ist zB im Bundesministerium der Finanzen das Amt des Leiters der Haushaltsabteilung verknüpft mit der Aufgabe und den erforderlichen Kompetenzen, die Haushaltsabteilung zu leiten, dh letztlich die Verantwortung für alle im Bereich dieser Abteilung zu erledigenden Verwaltungsaufgaben zu tragen; oder das Amt des Hausmeisters einer Grundschule ist verbunden mit konkreten Aufgaben und Kompetenzen der Mitwirkung und Mitverantwortung zur Aufrechterhaltung der Funktionsfähigkeit dieser bestimmten Schule. Amt ist also instituierte Zuständigkeit.[69] **28**

Von dieser organisationsrechtlichen Bedeutung des Amtes ist die beamtenrechtliche zu unterscheiden. Der beamtenrechtliche Amtsbegriff ist bezogen auf das Dienstverhältnis, also auf die beamten-, besoldungs-, versorgungs- und disziplinarrechtliche Rechtsstellung eines Beamten als Rechtsperson ohne Rücksicht auf seine Aufgaben. Er bezeichnet die abstrakte Dienststellung bzw den bestimmten Dienstgrad (zB Ministerialdirektor, Oberamtsgehilfe). Demgegenüber ist Amt im organisationsrechtlichen Sinne die konkrete Dienststellung (zB Leiter der Haushaltsabteilung des Bundesministeriums der Finanzen, Hausmeister der Grundschule in Harxheim). **29**

Neben der organisationsrechtlichen und der beamtenrechtlichen Bedeutung kommt das Wort „Amt" noch als Bezeichnung einer Behörde oder des Teiles einer Behörde vor.[70] Behörden mit der Bezeichnung Amt sind zum Beispiel das Bundeskanzleramt, das Auswärtige Amt oder ein Finanzamt. Teile einer Behörde mit der Bezeichnung Amt sind etwa das Ordnungsamt, das Rechtsamt oder das Bauaufsichtsamt einer Gemeindeverwaltung.

Der Inhaber eines Amtes wird Amtsträger oder *Amtswalter* genannt. Er steht in einem beamten- oder arbeitsrechtlichen Verhältnis zu seinem Dienstherrn und zugleich in einem organisationsrechtlichen Verhältnis zu dem Verwaltungsträger, in dessen Verwaltungsorganisation das von ihm besetzte konkrete Amt mit seiner Zuständigkeit im Außenverhältnis gegenüber Dritten und gegenüber anderen Verwaltungsstellen und Ämtern seines Verwaltungsträgers eingebunden ist.[71] In der Regel ist jedes organisationsrechtlich ausgewiesene Amt mit *einem* Amtswalter besetzt, aber ausnahmsweise können sich mehrere Amtswalter in ein Amt teilen. Ein Fall einer Halbierung eines Dienstpostens liegt etwa bei halbtags beschäftigten Beamten vor. Auch bei der Teilung eines Amtes ist jeweils eine konkrete Aufgaben- und Kompetenzteilung hinsichtlich der Teile notwendig. Bei der Wahrnehmung der durch das Amt gekennzeichneten Aufgaben ist der Amtswalter dienstrechtlich zu unparteiischer und uneigennütziger Amtsführung verpflichtet.[72] **30**

[69] *Krüger* Allgemeine Staatslehre, 2. Aufl 1966, 256.

[70] Weitere Bedeutungen bei *Wolff/Bachof* (Fn 1) § 73 Ib.

[71] Zum Organwalterverhältnis vgl *Rupp* (Fn 15) 19ff; *Wolff/Bachof* (Fn 1) § 73 III. Zur Verwaltung durch Beauftragte vgl *Fuchs* DÖV 1986, 363ff.

[72] §§ 35 Abs 1 S 1 und 2, 36 S 2 BRRG. Vgl o § 35 Rn 4ff.

31 b) In der Regel bilden mehrere Ämter eine *Behörde*. Das Bundesverfassungsgericht faßt den Begriff der Behörde sehr weit und versteht darunter „eine in den Organismus der Staatsverwaltung eingeordnete, organisatorische Einheit von Personen und sächlichen Mitteln, die mit einer gewissen Selbständigkeit ausgestattet dazu berufen ist, unter öffentlicher Autorität für die Erreichung der Zwecke des Staates oder von ihm geförderter Zwecke tätig zu sein".[73] Noch weiter geht § 1 Abs 4 BVwVfG, wonach Behörde im Sinne dieses Gesetzes jede Stelle ist, die Aufgaben der öffentlichen Verwaltung wahrnimmt. Der *Behördenbegriff* ist im übrigen mehrdeutig.[74] Organisationsrechtlich knüpft er in erster Linie an die Ressortzuständigkeit und -abhängigkeit an, wobei es unerheblich ist, ob hoheitliche, fiskalische oder rein technische Aufgaben wahrgenommen werden, so daß auch selbständige Forschungsanstalten und kommunale Eigenbetriebe als Behörden bezeichnet werden können. Im Sinne des Verwaltungsprozeßrechts ist Behörde jede Stelle, die selbständig und eigenverantwortlich Verwaltungsakte erlassen kann.[75] Vom organisationsrechtlichen Behördenbegriff teilweise unterschieden ist der verfassungsrechtliche, wie er in Art 84ff GG verwendet wird.[76]

32 Organisationsrechtlich können Behörden nur diejenigen Verwaltungsstellen sein, die öffentlich-rechtlich geschaffen sind, nicht aber Organe einer juristischen Person des Privatrechts. Sie müssen ferner *eigenständig* sein. Ist das nicht der Fall, handelt es sich nur um einen *Teil* der Behörde (zB Ordnungsamt als Teil der Stadtverwaltung; Prüfungsausschuß als Teil des Prüfungsamts) und, falls sich dieser Teil nicht am Ort der Behörde befindet, um eine detachierte Außenstelle (zB Polizeireviere, Zollgrenzkommissariate). Datenschutzrechtlich ist wegen der Zweckbindung personenbezogener Daten bei deren Erheben, Speichern, Verändern oder Nutzen jede speichernde Stelle innerhalb einer Behörde als abgeschottete Organisationseinheit zu behandeln. So sind sogar Beihilfeakten von Beamten in einer von der übrigen Personalverwaltung getrennten Organisationseinheit zu bearbeiten (§ 56 a BRRG, § 90 a BBG). Die Weitergabe personenbezogener Daten von einer Stelle an eine andere innerhalb einer Behörde ist Datenübermittlung, die nur zulässig ist, wenn die Voraussetzungen dafür vorliegen (§ 15 BDSG). Da auch Anstalten des öffentlichen Rechts eine Behördenorganisation haben können, sind zB die eigenständig organisierten Landesarbeitsämter und die Arbeitsämter Mittelbzw Unterbehörden der Bundesanstalt für Arbeit.[77] Dagegen sind die Außenstellen der Arbeitsämter nicht deren nachgeordnete Behörden, sondern deren Teile.

33 Nach ihrer Stellung innerhalb der Behördenhierarchie eines Verwaltungsträgers wird zwischen obersten, oberen, mittleren und unteren Behörden unterschieden.[78]

[73] BVerfGE 10, 20, 48. Zum Behördenbegriff vgl *B. Becker* (Fn 20) § 15, 2 (S 233ff) und die Kommentarliteratur zu § 1 IV VwVfG; zB *Stelkens/Bonk/Sachs* VwVfG, § 1 Rn 212–241.

[74] Vgl *Böckenförde* (Fn 2) 31 Fn 36.

[75] Die verwaltungsprozessuale Behördeneigenschaft ist immer dann zu bejahen, wenn die Verwaltungsstelle ein gewisses Maß an Selbständigkeit und Eigenverantwortung aufweist (BVerwGE 9, 172, 177f). Der Behördenbegriff war früher in § 25 Abs 2 VO Nr 165 brit. Mil. Reg. definiert.

[76] *Böckenförde* (Fn 2) 31.

[77] *Bachof* Rspr BVerwG I, 180. Vgl auch BVerwGE 10, 161, 163.

[78] Dazu *Thieme* Verwaltungslehre, 4. Aufl 1984, Rn 289ff.

Die Bezeichnung für eine Behörde kann recht unterschiedlich sein. Häufig findet sich die Bezeichnung „Amt“ (Bundeskanzleramt, Presse- und Informationsamt, Auswärtiges Amt, Bundeskriminalamt, Finanzamt). Daneben gibt es zahlreiche andere Bezeichnungen (zB Bezirksregierung, Oberpostdirektion). In den norddeutschen Ländern decken sich häufig der Name der Behörde und die Amtsbezeichnung des Behördenleiters (Der Minister des Inneren, Der Regierungspräsident, Der Oberkreisdirektor). 34

Ihrer inneren Organisation nach ist zunächst zwischen kollegialen und monokratisch organisierten Verwaltungsbehörden zu unterscheiden. Bei *Kollegialbehörden* werden die Zuständigkeiten von mehreren gleichberechtigten Organwaltern wahrgenommen.[79] Es gibt Kollegialbehörden mit Entscheidungsbefugnissen, wie zB die Kreis- und Stadtrechtsausschüsse in Rheinland-Pfalz und im Saarland,[80] wobei die Entscheidung durch Mehrheitsbeschluß getroffen wird. Daneben gibt es bloß beratende kollegial organisierte Verwaltungsstellen, die keinen Behördencharakter besitzen (zB der Sachverständigenrat zur Begutachtung der gesamtwirtschaftlichen Entwicklung).[81] Solche Beiräte werden vor allem deshalb geschaffen, um sich den Sachverstand von Experten für die Verwaltung nutzbar zu machen. Sachverständige als Mitglieder solcher Kollegien sind weisungsfrei. Während die Zahl der Kollegialbehörden in der unmittelbaren staatlichen Verwaltung sehr stark zurückgegangen ist, hat sich die Zahl der Beiräte ständig erhöht. 35

In der Regel sind Verwaltungsbehörden *monokratisch* aufgebaut. Das bedeutet, daß die Zuständigkeiten der Behörde von einem leitenden Amtswalter oder für diesen von mehreren weisungsabhängigen Amtsträgern jeweils nach deren Zuständigkeitsbereich wahrgenommen werden. Die weisungsabhängigen Amtswalter sind dem Behördenleiter hierarchisch untergeordnet, dh der Leiter darf grundsätzlich allen Amtswaltern generelle oder spezielle Weisungen erteilen und jede Sache an sich ziehen und wieder abgeben (Evokationsrecht);[82] er hat in Zweifelsfällen das letzte Entscheidungsrecht. Demgegenüber ist der Leiter einer Kollegialbehörde in der Regel nur deren Verhandlungsleiter und Vertreter nach außen sowie zwischen den Sitzungen der Behörde mit der laufenden Verwaltung betraut. 36

Waren die Verwaltungsbehörden im 18. Jahrhundert noch überwiegend kollegial organisiert, so hat sich seit dem 19. Jahrhundert das monokratische Behördensystem durchgesetzt. Die Nachteile des Kollegialsystems – Schwerfälligkeit, Cliquenbildung, Anonymität der Verantwortung – wogen so schwer, daß es in der unmittelbaren Staatsverwaltung nur noch wenige kollegiale Entscheidungsorgane gibt.[83] Dagegen sind kollegiale Gremien zahlreicher in der mittelbaren Staatsver- 37

[79] Zur Kollegialbehörde und zu den Ausschüssen vgl *Dagtoglou* Kollegialorgane und Kollegialakte der Verwaltung, 1960; *P. Meyer* Die Verwaltungsorganisation, 1962, 269ff; *Thieme* (Fn 78) Rn 437ff; *ders* Entscheidungen in der öffentlichen Verwaltung, 1981, 77ff.

[80] § 7 AGVwGO Rheinland-Pfalz; § 6 AGVwGO Saarland.

[81] *Böckenförde* (Fn 2) 249ff; *Brohm* in: Isensee/Kirchhof I, § 36 Rn 24f.

[82] *Wolff/Bachof* (Fn 1) § 75 II b. Zur Weisungsgebundenheit der Beamten vgl § 37 BRRG, § 45 BBG.

[83] Beispiele bei *Wolff/Bachof* (Fn 1) § 76 I d 7. Zum Hierarchie- und Kollegialprinzip vgl *Püttner* Verwaltungslehre, 2. Aufl 1989, 143ff.

waltung, vor allem bei Selbstverwaltungskörperschaften des öffentlichen Rechts, anzutreffen, zB bei den Universitäten die Fachbereichsräte.

Wichtigster Vorteil des monokratischen Systems ist die ständige Aktionsbereitschaft, die ein wesentliches Kriterium moderner Verwaltung ist; denn in der Verwaltung gibt es nichts den Gerichtsferien Vergleichbares. Weitere Vorteile sind Anpassungsfähigkeit, leichte Lenkbarkeit und Transparenz der Verantwortung. Einige dieser Vorteile werden allerdings durch bestimmte Nachteile in Frage gestellt, die vor allem mit der *bürokratischen* Organisation der Verwaltung verbunden sind.[84] Neuerdings ist das monokratische Behördensystem Gegenstand von Angriffen geworden, die sich gegen Technokratie, Bürokratie und Hierarchie in der Verwaltung richten und – sofern sie nicht bloß eine Flucht aus der Politik in die Utopie darstellen, mindestens – auf eine „Demokratisierung" der Verwaltungsorganisation zielen.[85] Teamarbeit statt Hierarchie gilt als zeitgemäß. In der Praxis haben sich bereits nicht-hierarchische Organisationsformen neben der üblichen Behördenorganisation bei einzelnen Verwaltungsbehörden eingebürgert, die als „Arbeitsgruppen" oder „Projektgruppen" bezeichnet werden.[86] Sie können an die Stelle monokratisch organisierter Einheiten treten, aber auch als bloße Beratungsgremien lose organisiert sein. Kennzeichnend für diese Arbeitsgruppen ist die Gleichrangigkeit ihrer Mitglieder bei der Willensbildung innerhalb der Gruppe. Das strenge monokratische System läßt sich auch durch ein in der privaten Unternehmensorganisation praktiziertes *Management by Delegation* auflockern, indem Kompetenzen zur selbständigen Entscheidung vom Behördenleiter delegiert werden. Dadurch tritt ein Entlastungseffekt für den Behördenleiter ein, die Amtswalter werden an ihrer Tätigkeit stärker interessiert und motiviert und in die Verantwortung genommen mit der Folge für den Bürger, daß die Arbeitsabläufe verkürzt und die Entscheidungen beschleunigt werden. An dem rechtsstaatlich gebotenen System der Kompetenzen und Verantwortlichkeiten darf freilich nicht gerüttelt werden.

[84] Zur Verwaltung als Bürokratie vgl *Morstein Marx* Verwaltung, 1965, 69ff, 109ff; *Thieme* (Fn 78) Rn 154f; *Mayntz* Soziologie der öffentlichen Verwaltung, 3. Aufl 1985, 109ff. Zum Stand der organisatorischen Verwaltungsreform im westeuropäischen Vergleich vgl Glasl (Hrsg), Verwaltungsreform durch Organisationsentwicklung, 1983; zur öffentlichen Verwaltung in der europäischen Integration *Siedentopf/Hauschild* DÖV 1990, 445.

[85] Zum Verhältnis von Verwaltung und Demokratie vgl die Beiträge von *König, Herzog* und *Schnur* in: Demokratie und Verwaltung, 1972, 271ff, 485ff und 557ff. Vgl auch die verwaltungsrechtlichen Beiträge zur Partizipationsdiskussion, etwa *Schmitt Glaeser* VVDStRL 31 (1973) 179ff; *Hartisch* Verfassungsrechtliches Leistungsprinzip und Partizipationsverbot im Verwaltungsverfahren, 1975, 123ff; *Schmitt Glaeser* in: Lerche ua, Verfahren als staats- und verwaltungsrechtliche Kategorie, 1984, 37ff.

[86] *H. Kübler* Organisation und Führung in Behörden, 4. Aufl 1980, Bd 1, Rn 99ff; *Lepper* in: König/v Oertzen/Wagener (Hrsg), Öffentliche Verwaltung in der Bundesrepublik Deutschland, 1981, 115, 124ff; *Müller* DÖV 1986, 10ff; *Brohm* DÖV 1992, 1025; *ders* DVBl 1994, 133; *Lüder* DÖV 1993, 265. Vgl allg zur Organisation *Haneke* Organisation und Gestaltung von Verwaltungssystemen, 1985, 37ff. Zur Arbeit der Kommission Neue Führungsstruktur Baden-Württemberg s *Siedentopf* DÖV 1985, 1033ff; *Köhler/Teufel* DÖV 1985, 1051ff und *Menz/Andriof/Köhler/Teufel* DÖV 1987, 457ff. Vgl auch *Thieme* DÖV 1987, 933ff.

Verwaltungsbehörden werden entsprechend ihren Aufgaben nach dem *Organisationsplan* gegliedert. Dieser bestimmt die innerbetriebliche Zuständigkeitsordnung, indem er festlegt, welche Aufgaben und welche Kompetenzen den einzelnen Behördenteilen und Amtswaltern übertragen werden.[87] Der *Geschäftsverteilungsplan* legt die Verteilung der Aufgaben und Zuständigkeiten auf die einzelnen Amtswalter fest. Im *Stellenplan* werden die der Behörde im Haushaltsplan zugewiesenen Planstellen ausgewiesen. Bei diesen Plänen handelt es sich um internes Organisationsrecht. **38**

Die innere Organisation der meisten monokratischen Behörden zeigt übereinstimmende Organisationsstrukturen unabhängig davon auf, ob es sich um Behörden des Bundes, der Länder oder der Gemeinden handelt, wobei die Größe des Verwaltungsapparates der einzelnen Behörden und Behördenteile stark variiert.[88] Unterste Einheit innerhalb einer Behörde ist meist das *Referat* oder *Dezernat* (in der Kommunalverwaltung: Amt).[89] Es wird vom Referenten (Dezernenten, Amtsleiter) geleitet, dem Hilfsreferenten beigegeben sein können und der durch Sachbearbeiter unterstützt wird. Mehrere Referate bilden eine *Abteilung*. Abteilungen müssen einerseits genügend groß sein, um Schwankungen im Arbeitsanfall ausgleichen zu können, andererseits aber klein genug, um vom Abteilungsleiter überblickt und gesteuert werden zu können.[90] Bei den Bundesministerien sind deshalb zwischen Referat und Abteilung teilweise noch *Unterabteilungen* zwischengeschaltet. Außerdem werden in einigen Ministerien fachlich aufeinander bezogene Referate zu *Gruppen* zusammengefaßt bzw Gruppen ohne Referatsgliederung eingerichtet oder den Unterabteilungen gleichgestellt. **39**

[87] Vgl etwa den Mustergeschäftsverteilungsplan für die Regierungspräsidenten in Nordrhein-Westfalen (Ministerialblatt NW 1985, 456); vgl auch das Schema der Organisation der Behörde des Regierungspräsidenten in Nordrhein-Westfalen, unten Anlage 1.

[88] So sind zB die Bundesministerien nach ihrer Größe sehr unterschiedlich. Großen Ministerien, wie dem Bundesministerium der Finanzen (2150 Bedienstete, davon 1594 Beamte), dem Bundesministerium für Wirtschaft (1776 Bedienstete, davon 1141 Beamte) stehen kleinere gegenüber, wie zB das Bundesministerium für Bildung und Wissenschaft (482 Bedienstete, davon 286 Beamte), Quelle: Bundeshaushaltsplan 1994. Ebenso differiert die Untergliederung der Ministerien in Hauptabteilungen (im Bund nur im Bundesministerium für Verteidigung), Abteilungen, Unterabteilungen und Referate. Mehrere Referate können in Gruppen zusammengefaßt sein. Stabsreferate (zB Presse oder Kabinettsangelegenheiten) sind abteilungsfrei. Es kann aber auch abteilungsfreie Fachreferate und Gruppen geben. Auch können Referate unterabteilungsfrei sein. Ebenso kann es referatsgleiche Gruppen geben. Die unterschiedliche Größe der Bundesministerien und ihrer Teile wirft für die Verwaltungsarbeit der Bundesregierung zusätzliche Koordinationsprobleme auf.

[89] Zu den Referaten vgl *Johnson* in: Aktuelle Probleme der Ministerialorganisation, 1972, 115ff, und zu den Referaten in den Landesministerien *Derlien* DÖV 1985, 1042ff.

[90] *Wolff/Bachof* (Fn 1) § 76 IIIc. – Im Bundesministerium der Verteidigung sind mehrere Abteilungen unter Hauptabteilungsleitern zusammengefaßt. – Zur Ministerialverwaltung vgl *Kölble* DÖV 1969, 25ff; *ders* in: Aktuelle Probleme der Ministerialorganisation, 1972, 171ff; *Karehnke* DÖV 1974, 46ff; *ders* DÖV 1974, 115ff; *Wahl* Der Staat 13 (1974) 883ff; *Seemann* Abschied von der klassischen Ministerialverwaltung, 1978; *Knöpfle* Verw 1980, 93ff; *Schimanke* VerwArch 73 (1982) 216ff.

40 Zur Erfüllung von Grund- und Querschnittsaufgaben können außerhalb der bestehenden Verwaltungsorganisationen *Sonderbeauftragte* bestellt werden, denen begrenzte Eingriffskompetenzen zugewiesen sein können. Ihre Aufgabe besteht darin, für die Beachtung ganz spezieller Gesichtspunkte in der Verwaltung zu sorgen oder Kontrollaufgaben wahrzunehmen. Als Beispiele sind zu nennen der Wehrbeauftragte des Bundestages gem Art 45 b GG, der Bürgerbeauftragte des Landes Rheinland-Pfalz, Datenschutzbeauftragte, der Beauftragte für die Ausländerintegration der Bundesregierung, Europabeauftragte, Frauenbeauftragte, Organisationsbeauftragte und die Haushaltsbeauftragten gem § 9 I BHO.[91]

2. Sonstige Verwaltungsstellen

41 Angesichts des weiten Behördenbegriffs des Verwaltungsverfahrensgesetzes sind Behörden nicht nur die nach außen entscheidungsbefugten Verwaltungsstellen, sondern auch solche Verwaltungsstellen mit gewisser Selbständigkeit, die bloß beratende Funktionen zu erfüllen oder technische Dienste zu leisten haben, wie zB die Bundesstelle für Außenhandelsinformation, der Deutsche Wetterdienst in Offenbach, das Bundesinstitut für Bauforschung oder die Biologische Anstalt Helgoland. Die genannten Verwaltungsstellen sind Behörden des Bundes, unabhängig davon, ob sie als Bundesoberbehörde oder als unselbständige Anstalt gebildet sind.[92] Nicht-rechtsfähige Anstalten, wie zB öffentliche Schulen,[93] und Eigenbetriebe[94] sind ebenso Behörden oder Teile davon wie die Verwaltungsstellen rechtsfähiger Anstalten, sofern sie nur mit gewisser Selbständigkeit ausgestattet sind. Besitzt eine rechtsfähige Anstalt des öffentlichen Rechts keine von der Anstalt tatsächlich zu trennenden selbständigen Verwaltungsstellen, so ist gleichwohl juristisch zwischen der Anstalt als Verwaltungsträger und als Behörde zu unterscheiden.[95]

[91] Vgl *Püttner* (Fn 83) 156. Zum Beauftragten für den Haushalt vgl *Röhen* DVBl 1982, 570 ff. Zum Wehrbeauftragten vgl *Busch* Der Wehrbeauftragte, 1985. Zum Bürgerbeauftragten vgl *Matthes* Der Bürgerbeauftragte, 1981.

[92] Für die Stellung der Bundesstelle für Außenhandelsinformation als Bundesoberbehörde: *Kasulke* Die Bundesstelle für Außenhandelsinformation, 1971, 36.

[93] *Wolff/BachofStober* (Fn 25) § 101 Rn 30.

[94] Bei manchen kommunalen Eigenbetrieben und auch bei staatlichen Regiebetrieben kann es zweifelhaft sein, ob sie Behörden sind. Stellt man auf die nach kaufmännischen Grundsätzen strukturierte Unternehmensform ab, so könnte dies verneint werden. Betrachtet man aber die organisatorische Einbettung des Eigenbetriebes in die öffentliche Verwaltung, seine Aufgaben und seine innere Organisation, so spricht alles für die Qualifizierung als Behörde bzw als Teil einer Behörde. Wenn der die Dienststelle definierende § 6 Abs 1 BPersVertrG und die übereinstimmenden Regelungen der Personalvertretungsgesetze der Länder (zB § 5 Abs 1 LPersVG Rheinland-Pfalz, vgl auch § 88 Abs 1) die Betriebe von den Behörden und den Verwaltungsstellen abheben, so hat das spezifisch personalvertretungsrechtliche Gründe. Mitbestimmung nach Personalvertretungsrecht ist wie nach Betriebsverfassungsrecht auch betriebliche Mitbestimmung. Es kommt also nicht auf die organisationsrechtlichen Strukturen an.

[95] *Wolff/Bachof/Stober* (Fn 25) § 98 Rn 30: „Wegen ihrer Rechtsfähigkeit *sind* sie nicht Behörden, sondern *haben* sie Behörden."

Trotzdem gibt es noch Verwaltungsstellen, die keinen Behördencharakter besitzen und auch nicht Teil einer Behörde sind. Es handelt sich dabei vor allem um Koordinationsgremien innerhalb eines Verwaltungsträgers oder um solche von mehreren Verwaltungsträgern. Beispiele bilden die interministeriellen Ausschüsse und Arbeitsgemeinschaften, die nicht bei einer bestimmten Behörde ressortieren. Nicht dazu gehören Koordinationseinrichtungen innerhalb einer Behörde, wie zB die Abteilungsleiterkonferenz im Bundesministerium für Verteidigung, die Teil dieser Behörde ist. Aus dem intraföderativen Bereich ist zum Beispiel die Geschäftsstelle des Wissenschaftsrats[96] zu nennen, während das Sekretariat der Kultusministerkonferenz eine Behörde des Landes Berlin ist.[97] Auch die mittelbare intraföderative Verwaltung kennt solche Stellen, wie etwa das Sekretariat der Westdeutschen Rektorenkonferenz.[98] Die Arbeitsgemeinschaft der öffentlich-rechtlichen Rundfunkanstalten der Bundesrepublik Deutschland besitzt dagegen keine eigenen Verwaltungsstellen, sondern Geschäftsführung und Vertretung der ARD obliegen einer geschäftsführenden Rundfunkanstalt.[99] 42

IV. Institutionelle Beziehungen in der Verwaltung

Um eine wirksame öffentliche Verwaltung zu gewährleisten, ist es notwendig, die Beziehungen zwischen den Verwaltungsstellen so zu gestalten, daß Reibungsverluste möglichst niedrig gehalten werden. Angesichts des Umfangs der öffentlichen Verwaltungstätigkeit bedeutet das, daß die Arbeitsteilung zwischen den Verwaltungsstellen auf eine Art geregelt sein muß, daß einerseits alle anstehenden Verwaltungsaufgaben zur Erledigung an Verwaltungsstellen verteilt, andererseits keine Aufgaben mehreren Verwaltungsstellen gleichzeitig übertragen werden. Vor allem letzteres ist in Anbetracht der Komplexität der Lebensverhältnisse in der modernen Industriegesellschaft nicht immer zu erreichen. 43

1. Zuständigkeit

Das Mittel, die Verwaltungsträger und Verwaltungsstellen an ihre Aufgaben zu binden, ist die *Kompetenz,* dh die Zuständigkeit, eine Aufgabe wahrzunehmen. Kompetenzen sind in dreifacher Hinsicht festzulegen: einmal *zwischen* den Verwaltungsträgern (Bund, Länder, Gemeinden, andere Körperschaften usw), zweitens *innerhalb* der Verwaltungsträger für die einzelnen Verwaltungsstellen und 44

96 Art 8 des Verwaltungsabkommens über die Errichtung eines Wissenschaftsrates v 5.9. 1957 (GMBl 1957, 353).

97 Abkommen über das Sekretariat der Ständigen Konferenz der Kultusminister der Länder der Bundesrepublik Deutschland v 20.6.1959 (GVNW 1960, 32).

98 *J. Fischer* Westdeutsche Rektorenkonferenz – Geschichte, Aufgaben, Gliederung, 3. Aufl 1966.

99 § 3 Abs 1 der Satzung der ARD. Vgl *Brack* Organisation und wirtschaftliche Grundlagen des Hörfunks und des Fernsehens in Deutschland, 1968, 23; *Herrmann* (Fn 44) § 16 Rn 4. Zu den verfassungsrechtlichen Problemen vgl *Börner* Organisation, Programm und Finanzierung der Rundfunkanstalten im Lichte der Verfassung, 1984.

schließlich innerhalb der Verwaltungsstellen für deren Teile und die einzelnen Amtswalter. Diese Festlegung muß sowohl in sachlicher als auch in räumlicher Beziehung geschehen. Ist die Zuständigkeit einmal festgelegt, ist der betreffende Verwaltungsträger bzw die betreffende Verwaltungsstelle berechtigt und verpflichtet, sie zur Erledigung der Verwaltungsaufgaben wahrzunehmen. Mit welchen Mitteln – notfalls Zwangsmitteln – das zu geschehen hat, bedarf einer den Kompetenzträger ermächtigenden Regelung. Jedenfalls ist nicht davon auszugehen, daß eine Behörde, der eine Angelegenheit übertragen wird, auch ohne weiteres über die zur Erfüllung notwendigen Mittel verfügt.

Sachliche Zuständigkeit bedeutet die Berechtigung und Verpflichtung, bestimmte Aufgaben dem Gegenstande nach wahrnehmen zu dürfen. Ihrem Umfang nach kann die Zuständigkeit durch Aufzählung *einzelner* Kompetenzen oder engerer oder weiterer Kompetenzkomplexe oder durch Übertragung *aller* Verwaltungsangelegenheiten in einem bestimmten Gebiet festgelegt werden. Eine solche *Allzuständigkeit* besteht zB für die Länder gem Art 30 GG und für die Gemeinden gem Art 28 Abs 2 S 1 GG. Ansonsten gilt das Enumerationsprinzip.

Die Bestimmung des Bezirks, in welchem die sachliche Zuständigkeit ausgeübt werden darf, nennt man die *örtliche* Zuständigkeit. Diese kann sich auf das *gesamte* Gebiet einer Gebietskörperschaft (Bundesgebiet, Landesgebiet, Gemeindegebiet) erstrecken, kann aber auch auf einen Teil dieses Gebietes begrenzt sein (Regierungsbezirk, Bezirk eines Finanzamts), was bei den meisten staatlichen Behörden die Regel ist.[100]

45 Verwaltungsträger und Verwaltungsstellen sind an ihre rechtmäßig festgelegten Zuständigkeiten gebunden, dh sie sind berechtigt, aber auch verpflichtet, sie wahrzunehmen. Jede Verwaltungsbehörde hat deshalb von Amts wegen ihre Zuständigkeit zu prüfen.[101] Sie darf weder Zuständigkeiten anderer Behörden an sich ziehen noch Befugnisse auf andere Behörden delegieren. Das gilt grundsätzlich auch im Verhältnis der höheren zur nachgeordneten Behörde (instanzielle Zuständigkeit). Nur bei Gefahr im Verzuge darf die höhere Behörde die Zuständigkeit der nachgeordneten und im allgemeinen auch die nachgeordnete Behörde die der höheren Behörde wahrnehmen (Notzuständigkeit) oder eine Aufsichtsbehörde anstelle der beaufsichtigten handeln (Selbsteintrittsrecht).[102] Eine höhere Verwaltungsbehörde darf den ihr nachgeordneten Verwaltungsstellen grundsätzlich generelle oder konkrete Weisungen erteilen, ohne damit in deren Zuständigkeit ein-

[100] Zur örtlichen Zuständigkeit vgl § 3 BVwVfG. Eine zeitliche Zuständigkeit neben sachlicher und örtlicher gibt es nicht, da bei zeitlichen Befristungen einer Zuständigkeit die sachliche Zuständigkeit auf die Dauer der Befristung begrenzt ist. Vgl aber *Wolff/Bachof* (Fn 1) § 72 IIIc.

[101] Das gilt auch für die Zuständigkeit des einzelnen Amtswalters nach dem Organisationsplan der Behörde. Zum Ausschluß der Amtsführung wegen Beteiligt- oder Betroffenseins vgl § 20 BVwVfG sowie o § 35 Rn 4ff.

[102] Vgl zB §§ 14, 67 Abs 1 PolG BW; § 10 Abs 1 NWOBG; §§ 34 Abs 1, 93 Abs 2 POG Rheinland-Pfalz. Wegen der örtlichen Zuständigkeit bei Gefahr im Verzug vgl auch § 3 Abs 4 BVwVfG. Zu den Voraussetzungen des Selbsteintrittsrechts: *W. Krebs* in: Isensee/Kirchhof II, § 69 Rn 44. Zu staatlichem Selbsteintritt und kommunaler Selbstverwaltung vgl *Engel* DVBl 1982, 757ff.

zugreifen. Dies gilt für alle Bereiche der Verwaltung, auch für die Staatsanwaltschaft, da diese nicht richterliche Unabhängigkeit gem Art 97 Abs 1 GG genießt.[103] Weiterhin ist auch das Weisungsrecht des Ministers gegenüber den nachgeordneten Behörden ein im demokratischen Verfassungsstaat gefordertes Strukturelement.[104] Auf Grund einiger gesetzlicher Ausnahmen können bestimmte Verwaltungsträger ihre Zuständigkeit zu Lasten anderer ausweiten (Kompetenz-Kompetenz), wie zB in einigen Bundesländern die Landkreise[105] und in Rheinland-Pfalz die Verbandsgemeinden[106] gegenüber den Gemeinden.

Sind mehrere Behörden der Auffassung, daß sie zur Erfüllung einer Aufgabe zuständig seien, spricht man von einem positiven *Kompetenzkonflikt;* hält sich überhaupt keine Behörde für zuständig, so liegt ein negativer Kompetenzkonflikt vor. Kompetenzkonflikte zwischen Verwaltungsstellen *desselben* Verwaltungsträgers können durch eine gemeinsame Aufsichtsbehörde entschieden werden. In besonderen Fällen von Organstreitigkeiten ist verwaltungsgerichtliche Entscheidung möglich.[107] Ein Kompetenzkonflikt zwischen Verwaltungsbehörden *verschiedener* Verwaltungsträger kann, falls vorhanden, von einer gemeinsamen Aufsichtsbehörde, sonst nur gerichtlich entschieden werden. 46

Da Verwaltungsträger und ihre Behörden nur im Rahmen ihrer Zuständigkeit handeln dürfen, ist es grundsätzlich nicht zulässig, daß eine Verwaltungsbehörde in Kompetenzen einer anderen eingreift. Daraus folgt aber nicht, daß Verwaltungsbehörden bei der Ausübung von Fiskaltätigkeit von der Befolgung allgemeiner Rechtsnormen befreit wären. Gegenüber nicht-hoheitlich handelnden Verwaltungsbehörden kann von hoheitlich tätigen Behörden zur Durchsetzung der Rechtsordnung eingegriffen werden. So sind Verwaltungsträger insoweit auch polizeipflichtig.[108] Auch bei der Ausübung hoheitlicher Zuständigkeiten haben sich Verwaltungsbehörden an alle ressortfremden, örtlich geltenden allgemeinen Gesetze und Rechtsverordnungen zu halten.[109] Hoheitsträger können einem Zustimmungsverfahren unterworfen werden, wie zB in Baurechtssachen nach einigen Landesbauordnungen.[110] Darüber hinaus gibt es Fälle, wo Verwaltungsbehörden und deren Amtswalter Anordnungen ressortfremder Behörden – sogar

[103] BVerfGE 32, 199, 216f; 56, 111, 125.

[104] *Brandner* DÖV 1990, 966, will allerdings dieses formal uneingeschränkte Weisungsrecht auf die Fälle beschränken, in denen das tatsächliche Verhalten oder ein Rechtsfehler der nachgeordneten Behörde eine Weisung der vorgesetzten Behörde sachlich rechtfertigt oder gebietet. Eine solche restriktive Auslegung verhindere sachlich nicht mehr zu rechtfertigende Wertungswidersprüche zu den eingeschränkten Voraussetzungen des Selbsteintrittsrechts.

[105] Vgl zB § 2 Abs 2 LKO BW; § 2 Abs 3 LKO Rheinland-Pfalz.

[106] § 67 Abs 3 S 1 GO Rheinland-Pfalz.

[107] *Kisker* Insichprozeß und Einheit der Verwaltung, 1968, 15ff und 38ff; *Bethge* DVBl 1980, 311ff.

[108] *Rudolf* Polizei gegen Hoheitsträger, 1965, 13f.; *Wolff/Bachof* VwR III, § 127 Id 5.

[109] BVerwGE 29, 52, 57f; *Rudolf* (Fn 108) 15ff; *R. Scholz* DVBl 1968, 737; *Wolff/Bachof* (Fn 108) § 127 Id 5 mwN.

[110] ZB § 75 NWBauO, § 69 Abs 2 BWBauO.

fremder Verwaltungsträger – Folge zu leisten haben. So unterliegen zB Bundeswehr und Bundesgrenzschutz den Anordnungen der Verkehrspolizei.[111] Ein Eingriff in die rechtmäßig ausgeübte Kompetenz eines Hoheitsträgers durch eine ressortfremde Verwaltungsbehörde ist darin jedoch nicht zu erblicken. Vielmehr handelt es sich darum, daß eine für ein bestimmtes Sachgebiet zuständige Behörde auch anderen Hoheitsträgern Anweisungen erteilen kann, wenn diese in ihrem Ressort (Straßenverkehr) in Erscheinung treten. Diese Regelung gilt ganz allgemein für das Verhältnis von Hoheitsträgern untereinander. Deshalb darf jede Polizeibehörde für die ihr anvertrauten Rechtsgüter im Rahmen ihrer Kompetenz und ihrer gesetzlichen Ermächtigung auch gegen andere Hoheitsträger einschreiten, sofern diese in der rechtmäßigen Ausübung der ihnen übertragenen öffentlichen Aufgaben nicht gehindert werden,[112] dh Übergriffe und Eingriffe in die fremde Kompetenz unterbleiben.[113]

Nach herrschender Auffassung hat eine Verwaltungsbehörde grundsätzlich kein subjektives Recht auf Kompetenz.[114] Ausnahmsweise wird jedoch einer Verwaltungsstelle, die besondere Interessen geltend zu machen hat *(Kontrastorgan)*, das Recht attestiert, einen Kompetenzstreit mit anderen Organen auszutragen.[115] Es gäbe nämlich „zwischen der bloß dienenden Kompetenz und dem rein partikularinteressennützigen subjektiven Recht offenbar vielerlei Zwischenstufen, die bislang noch nicht hinreichend und rechtssystematisch erfaßt worden sind".[116]

2. Beziehungen innerhalb eines Verwaltungsträgers

47 Innerhalb der Verwaltungsorganisation eines Verwaltungsträgers sind die einzelnen Verwaltungsstellen einander hierarchisch zugeordnet. Es besteht ein Überordnungsverhältnis höherer Verwaltungsbehörden über nachgeordnete Mittel- und Unterbehörden.

[111] Sonderrechte gem § 35 StVO.

[112] *Rudolf* (Fn 108) 32.

[113] BVerwGE 29, 52, 59. Vgl auch *W. Wagner* Die Polizeipflicht von Hoheitsträgern, 1971, 105ff (mit Differenzierung, ob es sich um Maßnahmen gegen Behörden des eigenen oder eines anderen Verwaltungsträgers handelt).

[114] Vgl etwa *Rupp* (Fn 15) 99f; *Forsthoff* (Fn 6) 452.

[115] *Kisker* (Fn 107) 38; *Wolff/Bachof* (Fn 1) § 74 If 1; *Maurer* (Fn 66) § 21 Rn 28f. Nach der von einzelnen Autoren vertretenen Lehre von den „Organpersonen" wurden Befugnisse auch früher schon als subjektive Rechte qualifiziert. Vgl etwa *Preuss* Schmollers Jahrb 26 (1902) 590; *Goessl* Organstreitigkeiten innerhalb des Bundes, 1961, 54ff; *Bethge* Verw 1975, 459ff.

[116] *Kisker* (Fn 107) 58. Für eine Umpolung organschaftlich zugeordneter Kompetenzen in eigene subjektive Rechte der Organe *Bethge* DVBl 1980, 312f und 825; vgl aber auch *Böckenförde* (Fn 16) 303.

Beispiel:

Zentralstufe:	BUNDESANSTALT FÜR ARBEIT
Mittelstufe:	LANDESARBEITSAMT
Untere Stufe:	ARBEITSAMT

Das hierarchische System gilt jedoch nur innerhalb jeweils eines Zweiges der Verwaltung. Keine hierarchischen Beziehungen bestehen zB zwischen dem Kultusministerium als Behörde der Zentralstufe und dem Finanzamt als Behörde der unteren Stufe, weil das Finanzamt nicht dem Kultusministerium, sondern dem Finanzministerium zugeordnet ist. In der Zentralstufe sind die Behörden grundsätzlich gleichgeordnet. Dies gilt vor allem für die Ministerien. Meinungsverschiedenheiten zwischen Ministerien sind entweder durch Vermittlung eines interministeriellen Ausschusses, durch Kabinettsbeschluß oder, wenn dies verfassungsrechtlich zulässig ist, durch Entscheidung des Regierungschefs zu bereinigen. Dem Regierungschef und seinem Apparat obliegt die Koordination der Regierung und damit auch der Ministerien sowie die Prioritätensetzung.[117]

Jede Verwaltung kann den ihr nachgeordneten Verwaltungsstellen sowohl gene- **48**
relle als auch in einer konkreten Angelegenheit spezielle Anordnungen erteilen. Damit verbunden ist die Befugnis, die nachgeordneten Behörden zu beaufsichtigen.[118] Mit der *Fachaufsicht* können Zweckmäßigkeit und Rechtmäßigkeit von Entscheidungen nachgeordneter Behörden überprüft werden. Zu unterscheiden ist davon die *Dienstaufsicht,* die eine allgemeine Behördenaufsicht über nachgeordnete Verwaltungsstellen desselben Ressorts darstellt und im wesentlichen Personalaufsicht ist. So steht die Dienstaufsicht über den Regierungspräsidenten dem Innenminister zu, während sich die Fachaufsicht jeweils nach den vom Regierungspräsidenten zu erledigenden Angelegenheiten richtet, so daß zB in Polizeiangelegenheiten der Innenminister, in Verkehrssachen der Verkehrsminister und in Schulangelegenheiten der Kultusminister die Fachaufsicht ausübt.

Die Verwaltung eines Verwaltungsträgers kann konzentriert oder dekonzen- **49**
triert organisiert sein. Von *Konzentration* der Verwaltung spricht man, wenn möglichst viele Zuständigkeiten bei einer Verwaltungsbehörde zusammengefaßt sind. Mit Dekonzentration wird die Verteilung von Kompetenzen auf mehrere Verwaltungsbehörden bezeichnet. Konzentration bzw Dekonzentration ist sowohl vertikal als auch horizontal möglich.

Vertikale Konzentration bedeutet eine Zusammenfassung von Kompetenzen in zentralen Verwaltungseinrichtungen, während bei der vertikalen Dekonzentration die Kompetenzen bei Mittel- und Unterbehörden angesiedelt werden.

[117] Vgl die Beiträge bei Siedentopf (Hrsg), Regierungspolitik und Koordination, 1976, insbes *Schnur* ebd, 59ff und *Lepper* ebd, 433ff.

[118] Zur Aufsicht vgl *Giere* in: Morstein Marx (Fn 84) 315ff.

Beispiel:

Vertikale Konzentration (Kompetenzverlagerung nach oben) ↑	OBERBEHÖRDE MITTELBEHÖRDE UNTERBEHÖRDE	↓ Vertikale Dekonzentration (Kompetenzverlagerung nach unten)

Für eine vertikale Konzentration von Verwaltungsaufgaben, also eine Kompetenzverlagerung nach oben, sprechen leichtere Durchsetzbarkeit des politischen Willens der Zentrale, Gleichmäßigkeit des Verwaltungsvollzuges und bessere sachliche Arbeitsteilung. Nachteile einer vertikalen Konzentration sind die Gefahr der Überdimensionierung der Oberbehörde, womit Reibungsverluste durch Koordinationserfordernisse innerhalb der Behörde entstehen, und Ortsferne der Verwaltung. Ob eine Verwaltung besser vertikal konzentriert oder dekonzentriert zu organisieren ist, läßt sich nicht generell beantworten, sondern hängt von den jeweiligen Verwaltungsaufgaben und anderen Umständen ab.

Bei der *horizontalen Konzentration* handelt es sich um die Zusammenfassung von Kompetenzen bei einer Behörde in einem bestimmten Bezirk. Werden für einen Verwaltungsbezirk die Kompetenzen auf mehrere Behörden aufgeteilt, spricht man von horizontaler Dekonzentration. Eine (relative) Konzentration existiert gegenwärtig für die Mittelbehörden der allgemeinen inneren Verwaltung (Bezirksregierungen, Regierungspräsidenten).

Beispiel einer horizontalen Dekonzentration in der Zentral- und Unterinstanz und einer horizontalen Konzentration in der Mittelinstanz:

OBERBEHÖRDE	OBERBEHÖRDE	OBERBEHÖRDE
	MITTELBEHÖRDE	
UNTERBEHÖRDE	UNTERBEHÖRDE	UNTERBEHÖRDE

50 Für eine horizontale Konzentration spricht die für den Bürger überschaubare Einheit der Verwaltung in einem Bezirk. Der mögliche Nachteil ist auch hier die Überdimensionierung der Behörde.[119]

Ein mit der Dekonzentration zusammenhängendes organisatorisches Problem ist das der richtigen *Größe von Verwaltungsbezirken* und ihrer Abgrenzung voneinander.[120] Die Vergrößerung von Verwaltungsbezirken birgt durchaus auch Gefahren. Je größer ein Verwaltungsbezirk ist, desto größer ist der Grad der Büro-

[119] Zur Konzentration und Dekonzentration vgl Bericht der Sachverständigen-Kommission für die Vereinfachung der Verwaltung beim Bundesminister des Inneren, 1960, 30ff; *Meyer* (Fn 79) 223ff; *Uhlitz* in: GS Hans Peters, 1967, 248ff. Zur Entwicklung, Gestaltung und Durchsetzung von Regierungspolitik und den Einrichtungen und Verfahren der Koordination vgl *Siedentopf* (Fn 117).

[120] Dazu: *H. Müller* DÖV 1994, 533; *Thieme* (Fn 117) Rn 258ff und das ebd genannte Schrifttum.

kratisierung seiner Verwaltung. Werden bei der Abgrenzung von Verwaltungsbezirken nur wirtschaftliche Gesichtspunkte berücksichtigt, die historische Entwicklung und besondere geographische Umstände aber völlig außer acht gelassen, ist in der Regel mit einem Nachlassen der Verwaltungsleistung zu rechnen. Eine schematische Beurteilung ist bei der Festlegung der Größe von Verwaltungsbezirken deshalb grundsätzlich fehl am Platze.[121] Das gilt auch für die Vereinheitlichung von Verwaltungsgrenzen. Zwar ist es grundsätzlich zu begrüßen, wenn sich der räumliche Kompetenzbereich der verschiedenen Behörden deckt, also mit dem räumlichen Kompetenzbereich der Behörden der allgemeinen inneren Verwaltung zusammenfällt, doch kann es aus unterschiedlichen Gründen notwendig sein, Verwaltungsbezirke für einzelne Behörden anders abzugrenzen.[122]

3. Beziehungen zwischen verschiedenen Verwaltungsträgern

Werden Verwaltungskompetenzen vom Staat auf selbständige Verwaltungsträger **51**
übertragen, spricht man von *Dezentralisation.* Je mehr Kompetenzen der unmittelbaren Staatsverwaltung gegeben werden, desto stärker ist ein Staat zentralisiert. Die Verwaltung der Bundesrepublik zeichnet sich durch einen hohen Grad von Dezentralisation aus, wofür vor allem die in Art 28 Abs 2 GG vorgeschriebene kommunale Selbstverwaltung ursächlich ist. Dazu kommt noch die Dezentralisation infolge der Teilung der Staatsgewalt zwischen Bund und Ländern.[123] Dezentralisierte Verwaltung wird dadurch gekennzeichnet, daß grundsätzlich kein hierarchisches Verhältnis zwischen staatlichen Behörden einerseits und Behörden von selbständigen Verwaltungsträgern andererseits besteht. Das gilt auch für das Verhältnis von Bundes- und Landesbehörden zueinander. Eine Ausnahme von diesem Grundsatz besteht dann, wenn es sich um teilrechtsfähige Gebilde handelt, die administrativ mit der staatlichen Verwaltung verzahnt sind, etwa im Falle der Organleihe. Auch unterliegen die von der öffentlichen Verwaltung geschaffenen juristischen Personen des Privatrechts der Disposition der zuständigen Verwaltungsbehörde im Rahmen ihrer Kompetenz. Schließlich besteht ein Weisungsrecht des Staates gegenüber Verwaltungsträgern der mittelbaren Staatsverwaltung, wenn diese durch ihre Einrichtungen Aufgaben des Staates im Auftrag oder auf Weisung ausführen.

[121] Das gilt auch für den Gesichtspunkt der administrativen Leistungsfähigkeit bei der Neugliederung der Länder gem Art 29 Abs 1 GG. Einige der von der Sachverständigen-Kommission für die Neugliederung des Bundesgebietes aufgestellten Kriterien für Funktionsgrößen (Bericht der Sachverständigen-Kommission für die Neugliederung des Bundesgebietes, Vorschläge zur Neugliederung, 1973, 82ff) lassen erkennen, daß die meisten Mitgliedstaaten der Vereinten Nationen nicht den Anforderungen genügen würden, die an ein Bundesland zu stellen sind. Vgl dazu die kritischen Bemerkungen in den Beiträgen zur Neugliederung in DÖV 1974, 1ff.

[122] Beispiel: Bezirk eines Finanzamts.

[123] Dazu: Zur Struktur der deutschen Verwaltung – Föderalismus und Probleme der Zentralisation und Dezentralisation, Schriftenreihe der Hochschule Speyer, Bd 33, 1967. Vgl allgemein *Wagener* (Fn 19); zum Abbau politischer Konfliktüberlastung durch Dezentralisierung: *Kisker* ebd, 73ff; zur Frage der Anerkennung eines Hoheitsaktes eines Bundeslandes in einem anderen vgl *Bleckmann* NVwZ 1986, 1ff.

52 Wird eine Angelegenheit von einer Verwaltungseinrichtung eines Verwaltungsträgers der mittelbaren Staatsverwaltung im Auftrag oder auf Weisung des Staates administriert, übt die zuständige Aufsichtsbehörde des Staates insoweit *Fachaufsicht* aus. Ein Weisungsrecht besteht auch im Falle der Bundesauftragsverwaltung der Länder gem Art 85 GG. Weisungsbefugt sind jedoch nur die zuständigen obersten Bundesbehörden und Weisungsempfänger in der Regel nur die obersten Landesbehörden.[124]

53 Handelt es sich um Selbstverwaltungsaufgaben, so ist grundsätzlich nur *Rechtsaufsicht* des Staates möglich, dh Aufsicht über die Rechtmäßigkeit des Verwaltungshandelns des beaufsichtigten Verwaltungsträgers.[125] Beaufsichtigungsobjekt sind nicht etwa die Verwaltungsbehörden, geschweige denn die einzelnen Amtswalter des selbständigen Verwaltungsträgers, sondern dieser selbst. Von dem Selbstverwaltungsträger entliehene Staatsorgane können aber vom Staate hierarchisch geleitet werden, wie zB der an die Kommunalverwaltung entliehene Oberkreisdirektor.[126] Freilich kann eine weitergehende Aufsicht dann zulässig sein, wenn sie gesetzlich vorgesehen ist, was hinsichtlich des Finanzgebarens nicht selten der Fall ist. So unterstehen zB die Studentenwerke in Rheinland-Pfalz als Anstalten des öffentlichen Rechts bei der Personal-, Haushalts- und Vermögensverwaltung nicht nur der Rechts-, sondern auch der Fachaufsicht des Kultusministers.[127]

Alle Behörden des Bundes und der Länder einschließlich derjenigen der mittelbaren Staatsverwaltung haben sich gegenseitig *Amtshilfe* zu leisten (Art 35 Abs 1 GG).[128]

§ 53
Überblick über die Verwaltungsorganisation in Bund, Ländern und Gemeinden

I. Bundesverwaltung

1 Die Bundesverwaltung ist auf Grund der verfassungsrechtlichen Kompetenzverteilung zwischen Bund und Ländern verhältnismäßig stark vertikal konzentriert. Es gibt recht viele Bundesbehörden auf der Zentralstufe, aber nur verhältnismäßig

[124] Dazu *Schäfer* DÖV 1960, 641 ff; vgl auch BVerfGE 81, 310 sowie die Kommentarliteratur zu Art 85 GG.

[125] Dazu *Salzwedel* VVDStRL 22 (1965) 206 ff – zur Aufsicht der Landesverwaltung durch den Bund vgl *Frowein* Die selbständige Bundesaufsicht nach dem Grundgesetz, 1961, sowie die Kommentarliteratur zu Art 84 GG.

[126] *Baumann* Die allgemeine untere staatliche Verwaltungsbehörde im Landkreis, 1967, 35 ff; *W. Weber* Der Staat in der unteren Verwaltungsinstanz, 1964, 13 ff.

[127] § 114 Abs 1 UG Rheinland-Pfalz.

[128] Vgl § 4 BVwVfG sowie o § 37 Rn 37 ff. Zum Anwendungsbereich der Amtshilfevorschriften s *Schnapp* DVBl 1987, 561 ff.

wenige auf der Mittel- und Unterstufe. Neben der unmittelbaren Bundesverwaltung gibt es eine ziemlich stark ausgebaute mittelbare Verwaltung des Bundes durch Körperschaften und Anstalten des öffentlichen Rechts.[1]

1. Unmittelbare Bundesverwaltung

Im Bereich der unmittelbaren Bundesverwaltung wird auf der Zentralstufe zwischen obersten Bundesbehörden und Bundesoberbehörden unterschieden. Letzteren sind die nicht-rechtsfähigen Bundesanstalten gleichgestellt, da sie unmittelbar einem Bundesminister nachgeordnet sind. 2

Oberste Bundesbehörden sind diejenigen, denen Verfassungsrang zukommt. Neben ihrem verfassungsrechtlichen Auftrag nach dem Grundgesetz haben sie Verwaltungsaufgaben zu erfüllen und können, wie manche Bundesministerien, sogar an der Spitze einer stark ausgebauten Verwaltungshierarchie von nachgeordneten Behörden stehen. Oberste Bundesbehörden sind der Bundespräsident mit dem Bundespräsidialamt, das Präsidium des Bundestages mit der Bundestagsverwaltung,[2] der Bundesrat,[3] der Bundeskanzler mit dem Bundeskanzleramt, die Bundesministerien, das Bundesverfassungsgericht,[4] der Bundesrechnungshof[5] und die Bundesbank. Die Zahl der Bundesministerien und die Abgrenzung ihrer Zuständigkeiten wird durch Organisationserlaß des Bundeskanzlers bestimmt. Werden Geschäftsbereiche von Bundesministern neu abgegrenzt, so gehen die in Gesetzen und Rechtsverordnungen einem Bundesminister zugewiesenen Zuständigkeiten auf den nach der Neuabgrenzung zuständigen Bundesminister über.[6] Derzeit bestehen 15 Bundesministerien, nämlich Auswärtiges Amt, BM des Inneren, BM der Justiz, BM der Finanzen, BM für Wirtschaft, BM für Ernährung, Landwirtschaft und Forsten, BM für Arbeit und Sozialordnung, BM der Verteidigung, BM für Familie, Senioren, Frauen und Jugend, BM für Gesundheit, BM für Verkehr, BM für Umwelt, Naturschutz und Reaktorsicherheit, BM für Raumordnung, Bauwesen und Städtebau, BM für Bildung, Wissenschaft, Forschung und Technologie, BM

[1] Das Gesetz spricht von bundesunmittelbaren Körperschaften und Anstalten des öffentlichen Rechts. Vgl Art 87 Abs 2 und 3 S 1 GG. – Zur Bundesverwaltung vgl einführend *Kirschenmann* JuS 1977, 565ff sowie zur Lage nach 30 Jahren Grundgesetz *Hartkopf* DÖV 1979, 349ff.

[2] Die Bundestagsverwaltung wird vom Präsidium des Bundestages, insbesondere vom Präsidenten des Bundestages geleitet. Oberster Verwaltungsbeamter ist der Direktor des Bundestages.

[3] Die Verwaltung wird vom Präsidenten des Bundesrats geleitet. Oberster Verwaltungsbeamter ist der Direktor des Bundesrats.

[4] Die Verwaltung des Bundesverfassungsgerichts wird von dessen Präsidenten geleitet. Oberster Beamter ist der Direktor beim Bundesverfassungsgericht, dem der Wissenschaftliche Hilfsdienst und die allgemeine Verwaltung unterstehen.

[5] *Reger* BayVBl 1963, 329ff; *Bachmann* Der Bundesrechnungshof, 1967; *Tiemann* Die staatsrechtliche Stellung der Finanzkontrolle des Bundes, 1974; *Stern* DÖV 1990, 261.

[6] Der Bundeskanzler weist auf die Zuständigkeitsänderung und den Zeitpunkt des Übergangs im Bundesgesetzblatt hin. § 56 ZuständigkeitsanpassungsG v 18.3.1975 (BGBl I, 705).

für wirtschaftl. Zusammenarbeit und Entwicklung. Der Chef des Bundeskanzleramts ist derzeit ebenfalls ein Bundesminister.

3 *Bundesoberbehörden* sind Verwaltungsstellen, die aus den Ministerien ausgegliedert und als selbständige Behörden eingerichtet sind. Sie haben keinen Verwaltungsunterbau, können aber unselbständige detachierte Außenstellen einrichten. Bundesoberbehörden von der Größe eines großen oder mittleren Bundesministeriums sind das Presse- und Informationsamt der Bundesregierung, das Statistische Bundesamt (in Wiesbaden), das Bundeskriminalamt (in Wiesbaden), das Bundesverwaltungsamt (in Köln), das Deutsche Patentamt (in München), das Kraftfahrt-Bundesamt (in Flensburg), der Deutsche Wetterdienst (in Offenbach) und das Bundesamt für Zivilschutz (in Bonn). Kleinere Bundesoberbehörden sind zB das Umweltbundesamt und das Bundeskartellamt (beide in Berlin).

4 Nicht-rechtsfähige *Bundesanstalten,* die einem Bundesministerium unmittelbar nachgeordnet sind, sind ebenfalls zentrale Verwaltungsbehörden der unmittelbaren Bundesverwaltung. Von ihnen entspricht die Physikalisch-Technische Bundesanstalt ihrer Größe nach einem großen, die Bundesanstalt für Materialprüfung einem mittleren Bundesministerium. Die dem Bundesminister für Verkehr nachgeordnete Bundesanstalt für Flugsicherung übertrifft an Personal sogar jedes Bundesministerium. Kleinere nachgeordnete Anstalten sind etwa die Deutschen Historischen Institute in Rom und Paris und das Kunsthistorische Institut in Florenz, die sämtlich dem Bundesminister für Forschung und Technologie nachgeordnet sind.[7]

5 Einen eigenen *Verwaltungsunterbau* besitzt der Bund gem Art 87 Abs 1 GG nur für den Auswärtigen Dienst, für die Bundesfinanzverwaltung, die Bundeswasserstraßen- und Schiffahrtsverwaltung und für den Bundesgrenzschutz. Dem Auswärtigen Amt nachgeordnet sind die Vertretungen des Bundes im Ausland (Botschaften, Gesandtschaften, Generalkonsulate, Konsulate) und das Deutsche Archäologische Institut in Berlin.[8] Dem Bundesminister der Finanzen nachgeordnet sind 22 Oberfinanzdirektionen als Mittelbehörden. Sie sind gleichzeitig auch Behörden der Länder. Der Leiter einer Oberfinanzdirektion (Oberfinanzpräsident) ist sowohl Bundes- als auch Landesbeamter,[9] während die Abteilungen entweder Teil der Bundesbehörde oder Teil der Landesbehörde Oberfinanzdirektion sind. Unterbehörden der Finanzverwaltung des Bundes sind vor allem die Hauptzollämter, Zollfahndungsämter, Bundesvermögensämter und die Bundesforstämter.[10] Die Bundeswasserstraßenverwaltung untersteht dem Bundesminister für Verkehr und gliedert sich in Wasser- und Schiffahrtsdirektionen als Mittelbehörden und Wasserstraßenämter als untere Behörden. Außerdem besitzt der Bund Verwaltungen mit Verwaltungsunterbau für die Hoheitsaufgaben im Bereich des Postwesens

[7] Die zentralen nichtministeriellen Organisationseinheiten der unmittelbaren Bundesverwaltung sind genannt bei *B. Becker* Öffentliche Verwaltung, 1989, § 17, 2 Abb 34 (293 ff), Stand 1987.

[8] Dieses ist dekonzentriert in die Römisch-Germanische Kommission Frankfurt, die Kommission für alte Geschichte und Epigraphik München, die Kommission für allgemeine vergleichende Archäologie Bonn und die Abteilungen Rom, Athen, Istanbul, Madrid, Kairo, Bagdad, Sanaa, Damaskus und Teheran.

[9] § 9 Abs 2 S 1 FinVwG.

[10] Der Bund hat 52 Bundesforstämter eingerichtet, die teils mehrere Forsten verwalten.

und der Telekommunikation (Art 87f Abs 2 Satz 2 GG), die Eisenbahnverkehrsverwaltung (Art 87e Abs 1 Satz 1 GG), die Streitkräfte (Art 87a GG) und die Bundeswehrverwaltung (Art 87b GG).[11] Diese ist dem Bundesminister für Verteidigung nachgeordnet und gliedert sich territorial in 7 Wehrbereichsverwaltungen als Mittelbehörden und ihnen nachgeordnete untere Behörden, darunter die Standortverwaltungen.[12] Der wehrtechnische Bereich und die Streitkräfte besitzen eine eigene Verwaltungsorganisation.[13] Eine Bundesoberbehörde mit eigenem Verwaltungsunterbau, aber ohne Mittelbehörden ist das Bundeswehrverwaltungsamt, das eigene Bundeswehrverwaltungsstellen im Ausland als selbständige untere Verwaltungsbehörden hat.

In bundeseigener Verwaltung werden nach Art 87f Abs 2 Satz 2 GG Hoheits- **6**
aufgaben im Bereich des Postwesens und der Telekommunikation ausgeführt. Insbesondere gewährleistet der Bund die flächendeckende Versorgung mit angemessenen und ausreichenden Dienstleistungen (Art 87f Abs 1 GG).[14] Die Dienstleistungen selbst werden im Wege privatwirtschaftlicher Tätigkeit erbracht (Art 87f Abs 2 Satz 1 GG). Zu diesem Zweck bestehen aufgrund gesetzlicher Anordnung drei Aktiengesellschaften: die Deutsche Post AG, die Deutsche Postbank AG und die Deutsche Telekom AG.[15] Diese sollen in Konkurrenz mit privaten Anbietern die Versorgung mit jenen Dienstleistungen sicherstellen. Die Wahrnehmung der Rechte und Pflichten des Bundes im Hinblick auf diese Aktiengesellschaften, etwa die Verwaltung seiner Anteile, obliegt der Bundesanstalt für Post und Telekommunikation.[16] Diese prüft auch disziplinarrechtliche Maßnahmen, Entlassungen und Versetzungen in den Ruhestand, die gegenüber Beamten vorgenommen werden, welche bei den drei Aktiengesellschaften beschäftigt sind. Dem Bundesministerium für Post und Telekommunikation sind einige weitere dienstrechtliche Zuständigkeiten vorbehalten.[17] Ansonsten sind die Aktiengesellschaften ermächtigt, im Verhältnis zu den bei ihnen beschäftigten Beamten die dienstrechtlichen Zuständigkeiten wahrzunehmen.[18] Da Art 143b Abs 2 S 1 GG die Aufrechterhaltung ausschließlicher Rechte nur für eine Übergangszeit zuließ, haben das Telekommunikationsgesetz und das Postgesetz für ihr jeweiliges Sachgebiet einen regulierten Wettbewerb eingeführt, der von einer Regulierungsbehörde überwacht

[11] Dazu *Oldiges* in: Achterberg/Püttner, Bes VwR II, 746f Rn 1182ff.

[12] Vgl *Oldiges* (Fn 11) 747 Rn 1184.

[13] Zu der Verwaltung der Streitkräfte vgl *Oldiges* (Fn 11).

[14] Zu staatlichen Gewährleistungsaufträgen in Art 87e und 87f GG *Lerche* in: FS Friauf, 1996, 251.

[15] Art 143b Abs 1 GG, § 1 des Gesetzes zur Umwandlung der Unternehmen der Deutschen Bundespost in die Rechtsform der Aktiengesellschaft, Art 3 des Postneuordnungsgesetzes (PTNeuOG), BGBl 1994 I, 2325ff. Zur Neuordnung *Gramlich* NJW 1994, 2785.

[16] § 1 des Gesetzes über die Errichtung einer Bundesanstalt für Post und Telekommunikation Deutsche Bundespost (BAPostG), Art 1 PTNeuOG.

[17] §§ 12a–c BAPostG; § 3 des Gesetzes zum Personalrecht der Beschäftigten der früheren Deutschen Bundespost (PostPersRG), Art 4 PTNeuOG.

[18] Art 143b Abs 3 GG, § 1 PostPersRG; zu einigen Rechtsproblemen der Privatisierung *Großfeld/Janssen* DÖV 1993, 424; zu Schuldübergang und Haftung *F. Kirchhof* NVwZ 1994, 1041.

wird.[19] Diese Regulierungsbehörde ist eine Bundesoberbehörde im Geschäftsbereich des Bundesministeriums für Wirtschaft mit Sitz in Bonn (§ 66 TKG, § 44 PostG).[20]

7 Das Bundeseisenbahnvermögen, ein nicht rechtsfähiges Sondervermögen des Bundes, ist auf der Grundlage des Art 87e GG errichtet worden.[21] Es ist in einen unternehmerischen und einen Verwaltungsbereich gegliedert. Der unternehmerische Bereich ist der gesetzlich gegründeten Deutschen Bahn AG zugewiesen, deren Aufgaben das Erbringen von Eisenbahnverkehrsdienstleistungen und das Betreiben der Eisenbahninfrastruktur umfassen. Dementsprechend sind die dazu erforderlichen, also betriebsnotwendigen Liegenschaften an sie zu übertragen.[22] Denn nach Art 87 e Abs 3 S 1 GG werden die Eisenbahnen des Bundes als Wirtschaftsunternehmen in privat-rechtlicher Form geführt.[23] Die Bereiche „Personennahverkehr", „Personenfernverkehr", „Güterverkehr" und „Fahrweg" werden ab dem 1. 1. 1999 auf neu zu gründende Aktiengesellschaften verlagert.[24] Der Verwaltungsbereich bleibt hoheitlich organisiert. Die Eisenbahnverkehrsverwaltung wird in bundeseigener Verwaltung geführt (Art 87e Abs 1 S 1 GG). Zuständig ist das Bundesministerium für Verkehr. Zur Wahrnehmung der konkreten Aufgaben der Eisenbahnverkehrsverwaltung wurde das Eisenbahn-Bundesamt als selbständige Bundesoberbehörde geschaffen.[25] Dem Bundeseisenbahnvermögen selbst obliegen die Verwaltung der nicht betriebsnotwendigen Grundstücke und insbesondere die Verwaltung der Beamten, die der Deutschen Bahn AG durch Gesetz zugewiesen werden können (Art 143a Abs 1 S 3 GG). Das Bundeseisenbahnvermögen kann im Rechtsverkehr unter seinem Namen handeln, klagen und verklagt werden.[26]

8 Dem *Bundesgrenzschutz,* der als Polizei des Bundes dem Bundesminister des Inneren untersteht,[27] obliegt der grenzpolizeiliche Schutz des Bundesgebietes, soweit nicht die baden-württembergische Landespolizei, die bayerische Grenzpolizei und die bremische oder hamburgische Wasserschutzpolizei in ihrem Zuständigkeits-

[19] Telekommunikationsgesetz v 25. 7. 1996, BGBl I, 1120; PostG v 22. 12. 1997, BGBl I, 3294; dazu *Gramlich* NJW 1998, 866.

[20] Das PostG, das zum 1. 1. 1998 in Kraft trat, verweist an einigen Stellen auf das TKG, insbes auch bei den Vorschriften über die aufgrund der §§ 66ff TKG bereits errichtete Regulierungsbehörde.

[21] Gesetz zur Änderung des Grundgesetzes v 20. 12. 1993, BGBl 1993 I, 2089f; Gesetz zur Zusammenführung und Neuordnung des Eisenbahnwesens v 27. 12. 1993 (BENeuglG), BGBl 1993 I, 2378ff. Zur Neuregelung *Fromm* DVBl 1994, 187; *Heinze* BayVBl 1994, 266; *ders* NVwZ 1994, 748; *Schmidt-Aßmann/Röhl* DÖV 1994, 577.

[22] § 1 Abs 1 Deutsche Bahn Gründungsgesetz (DBGrG), § 20 BENeuglG.

[23] Zu Privatisierungsproblemen *Wegener* DÖV 1996, 305.

[24] § 2 Abs 1 iVm § 25 DBGrG.

[25] §§ 1 bis 3 Gesetz über die Eisenbahnverkehrsverwaltung des Bundes.

[26] § 4 Abs 1 BENeuglG.

[27] §§ 1 Abs 1 S 2, 57 BGSG. Zum Bundesgrenzschutz vgl. *Drews/Wacke/Vogel/Martens* Gefahrenabwehr, § 5 Nr 1b); zur Neufassung des BGSG v 19. 10. 1994, BGBl I, 2978, *Schreiber* NVwZ 1995, 521 und *Gröpl* DVBl 1995, 329; allgemein zu Organisation und Umfang der polizeilichen Kompetenzen des Bundes vgl *B. Becker* DVBl 1977, 945ff.

bereich diese Aufgabe wahrnehmen.[28] Die polizeiliche Kontrolle des grenzüberschreitenden Verkehrs (zB Paßnachschau) wird jedoch an den meisten Grenzübergängen von den Zollbehörden durchgeführt.[29] Der Bundesgrenzschutz nimmt auch die polizeilichen Aufgaben auf dem Gebiet der Bahnanlagen der Bundeseisenbahnen wahr (§ 3 BGSG). Er ist weiter mit dem Schutz der Luftsicherheit (§ 4 BGSG), dem Schutz von Bundesorganen (§ 5 BGSG) und weiteren im einzelnen gesetzlich festgelegten Aufgaben betraut. Auch Verwendungen des Bundesgrenzschutzes im Ausland sind im Rahmen internationaler Maßnahmen, insbesondere der Vereinten Nationen, zugelassen (§ 8 BGSG).[30] Die Aufgabenerweiterungen sind verfassungsrechtlich unbedenklich.[31] Bundesgrenzschutzbehörden sind als Mittelbehörden zB die Grenzschutzpräsidien und als Unterbehörden die Grenzschutz- und Bahnpolizeiämter.[32]

2. Bundesmittelbare Verwaltung

Als bundesunmittelbare juristische Personen des öffentlichen Rechts sind vor 9
allem diejenigen *sozialen Versicherungsträger* zu führen, deren Zuständigkeitsbereich sich über das Gebiet eines Landes hinaus erstreckt (Art 87 Abs 2 GG). An erster Stelle ist hier die *Bundesanstalt für Arbeit*[33] (in Nürnberg) zu nennen, die einen eigenen Verwaltungsunterbau mit Landesarbeitsämtern in der Mittelstufe und Arbeitsämtern als untere Verwaltungsbehörden besitzt. Der Versicherungsträger der Bergleute, die *Bundesknappschaft* (in Bochum), wird als Körperschaft des öffentlichen Rechts geführt.[34] Die *Bundesversicherungsanstalt für Angestellte* (in Berlin) und die *Berufsgenossenschaften* haben die Rechtsform von Körperschaften des öffentlichen Rechts. Die Landesversicherungsanstalten sind demgegenüber Verwaltungsträger der Länder mit Ausnahme der länderübergreifenden Landesversicherungsanstalt Oldenburg-Bremen, die zur bundesmittelbaren Verwaltung gehört.

Die gemeinnützige Bundesrundfunkanstalt „Deutsche Welle" veranstaltet Rundfunk für das Ausland, um dort ein umfassendes Bild des politischen, kulturellen und wirtschaftlichen Lebens in Deutschland zu vermitteln.[35] Sie wird vom Bund

[28] §§ 1 Abs 7, 2 Abs. 4 und 61 Abs 4 BGSG. Zu den Aufgaben und der Rechtsstellung der Bayerischen Grenzpolizei s *Köhler* BayVBl 1985, 673 ff.

[29] § 66 BGSG.

[30] Näher *Schreiber* (Fn 27) 523 ff.

[31] BVerfG NVwZ 1998, 496.

[32] § 57 BGSG.

[33] Dazu *Ruland* in: Schmidt-Aßmann, Bes VwR, 7. Abschn V 1; *Wolff/Bachof/Stober* VwR II, § 100 Rn 1 ff; *Schnapp* in: Schulin (Hrsg), Handbuch des Sozialversicherungsrechts, Bd 1, 1994, § 49.

[34] *Wolff/Bachof/Stober* (Fn 33) § 96 Rn 30.

[35] § 1 Abs 1, § 3 Abs 1 und § 4 des Deutsche-Welle-Gesetzes (DWG), das als Artikel 1 des Gesetzes über den Auslandsrundfunk v 16. 12. 1997, BGBl I 3049, verkündet wurde. Vgl allgemein zum Rundfunk des Bundes *Herrmann* Rundfunkrecht, 1994, § 9 Rn 13 und § 13 Rn 45.

finanziert.[36] Neben die vorrangige interne Kontrolle durch die eigenen Organe tritt die Rechtsaufsicht durch die Bundesregierung.[37]

Die gem Art 88 GG errichtete *Bundesbank* ist als juristische Person des öffentlichen Rechts[38] ebenfalls Teil der mittelbaren Bundesverwaltung.[39] Im Gegensatz zu allen übrigen durch die Ministerverantwortlichkeit unmittelbar oder mittelbar parlamentarischer Kontrolle unterworfenen Verwaltungseinrichtungen des Bundes besitzt die Bundesbank einen parlaments- und regierungsfreien, unkontrollierten, autonomen Verwaltungsbereich.[40] Einen Verwaltungsunterbau aus selbständigen Behörden hat die Bundesbank nicht.[41] Die Landeszentralbanken sind Abteilungen der Bundesbank, und auch die Hauptstellen und weitere Untergliederungen sind deren unselbständige Teile. – Aufgaben und Befugnisse der Bundesbank werden im Rahmen der Europäischen Union mit Wirkung ab dem 1.1.1999 der Europäischen Zentralbank übertragen.

II. Landesverwaltung

10 Auch in den Ländern ist zwischen unmittelbarer und mittelbarer Staatsverwaltung zu trennen. Hier spielt die mittelbare Staatsverwaltung wegen der kommunalen Selbstverwaltung eine besonders große Rolle. Keine Trennung von staatlicher und gemeindlicher Verwaltung gibt es in den Stadtstaaten Berlin, Bremen und Hamburg, ausgenommen die Kommunalverwaltung der bremischen Stadt Bremerhaven.[42] Die Verwaltungsorganisation der Stadtstaaten ist in ihren Grundzügen bereits durch deren Verfassungen detaillierter geregelt. Der Stadtstaatcharakter bedingt, daß zu der Verwaltungsorganisation der übrigen Länder erhebliche Unterschiede bestehen.

36 § 45 DWG.

37 § 62 DWG.

38 § 2 S 1 BBankG.

39 Zur Organisation der Bundesbank vgl *Seeck/Steffens* Die Deutsche Bundesbank, 4. Aufl 1979; *Brohm* Strukturen der Wirtschaftsverwaltung, 1969, 114f und die Nachw bei *Maunz/Dürig* GG, zu Art 88.

40 *Uhlenbruck* Die verfassungsmäßige Unabhängigkeit der Deutschen Bundesbank und ihre Grenzen, 1968; *Brohm* (Fn 39) 114ff; *Dahlgrün* in: Demokratie und Verwaltung, 1972, 323ff; *W. Schmidt* Der Staat, Beiheft 5 (1981) 61ff; *Papier* ebd, 109ff; *Hahn* BayVBl 1982, 33ff, 70ff.

41 Der Behördencharakter des Unterbaus der Bundesbank wird vom Bundesverfassungsgericht offengelassen. Das Bundesverfassungsgericht hat nur festgestellt, daß die Bundesbank mit Mittel- und Unterbehörden errichtet werden konnte (vgl BVerfGE 14, 197, 215).

42 *Wolff/Bachof* VwR II, § 83 II; *Wolff/Bachof/Stober* (Fn 33) § 87 Rn 71. Zu den Stadtstaaten vgl *Wolff/Bachof* VwR II, § 83 II; *Thieme* Verwaltungslehre, 4. Aufl 1984, Rn 347f und 532; *Püttner* Verwaltungslehre, 2. Aufl 1989, 104f. Zu Berlin: *Machalet* in: Püttner, HkWP, Bd II, 264ff; zu Hamburg: *H. P. Ipsen* Hamburgs Verfassung und Verwaltung, 1956, 337ff; *U. Becker/G. Schneider* in: Püttner HkWP, Bd II, 285ff; zu Bremen: *Heise* ebd, 310ff; *Göbel* in: Kröning ua (Hrsg), Handbuch der Bremischen Verfassung, 1991, 385ff. Eine umfassende Gesamtdarstellung der Länderverwaltung liefert *Wahl* in: Jeserich ua, Deutsche Verwaltungsgeschichte, 5. Bd (1987) 208ff.

1. Unmittelbare Landesverwaltung

Ebenso wie im Bund ist auch auf der Zentralstufe der Landesverwaltung zwischen obersten Landesbehörden und Landesoberbehörden zu unterscheiden. *Oberste Landesbehörden* sind die Landesregierung (in Bayern: Staatsregierung), der Ministerpräsident mit der Staatskanzlei (in Baden-Württemberg: Staatsministerium),[43] die Ministerien, der Landtagspräsident, der Landesrechnungshof und in Hessen zusätzlich das Landespersonalamt. *Oberbehörden* spielen in den Ländern nicht die Rolle wie im Bunde. Solche Landesoberbehörden sind etwa die Statistischen Landesämter, die Landeskriminalämter und die Landesversicherungsanstalten.[44] 11

Auf der *Mittel- und Unterstufe* bestehen zwischen den einzelnen Ländern Unterschiede in der Verwaltungsorganisation. In Baden-Württemberg, Bayern, Hessen, Niedersachsen, Nordrhein-Westfalen, Rheinland-Pfalz, Sachsen und Sachsen-Anhalt gibt es einen dreistufigen Behördenaufbau, während in Brandenburg, Mecklenburg-Vorpommern, dem Saarland,[45] Schleswig-Holstein[46] und in Thüringen eine territorial gegliederte Mittelstufe fehlt. Schleswig-Holstein und Thüringen haben als Mittelbehörde jeweils ein Landesverwaltungsamt. Die *mittleren Landesbehörden* haben vor allem die Aufgabe, die zentralen Behörden zu entlassen und die nachgeordneten Behörden zu koordinieren, sowie die Aufsicht über nachgeordnete Behörden und Selbstverwaltungsträger auszuüben. Für die Mittelstufe besteht weitgehend der Grundsatz der Einheit der Verwaltung, dh eine horizontale Konzentration bei der Verwaltungsbehörde des Regierungsbezirkes.[47] 12

Die Regierungsbezirke sind in den einzelnen Ländern nach Bevölkerungszahl und Fläche nicht mehr ganz so unterschiedlich wie vor der Gebietsreform. *Baden-Württemberg*[48] gliedert sich in 4 Regierungsbezirke (Stuttgart, Karlsruhe, Freiburg und Tübingen).[49] *Bayern*[50] ist in 7 Regierungsbezirke (Oberbayern, 13

[43] Vgl die Beiträge in: Die Staatskanzlei: Aufgaben, Organisation und Arbeitsweise auf vergleichender Grundlage, Schriftenreihe der Hochschule Speyer, Bd 34, 1967; zur Staatskanzlei (Hessen) vgl *Borchmann* VR 1990, 130. Zu den Ministerien und den Grundsätzen für die Geschaftsverteilung und Organisation vgl *Laux* DÖV 1986, 1ff.

[44] Für Nordrhein-Westfalen vgl das Schema über den Aufhau der Landesbehörden, u Anlage 3.

[45] Vgl Gesetz Nr 883 über die Organisation der Landesverwaltung (Landesorganisationsgesetz) v 2.7.1969 (ABl, 445), idF v 27.3.1997 (ABl, 410). Vgl auch *Thieme* DVBl 1958, 261ff.

[46] Vgl Allgemeines Verwaltungsgesetz für das Land Schleswig-Holstein (Landesverwaltungsgesetz) idF v 2.6.1992 (GVOBl, 243), zuletzt geändert am 11.3.1993 (GVOBl, 128).

[47] Zu den Regierungsbezirken im Gesamtaufbau der Verwaltung vgl *Wagener* VerwArch 73 (1982) 153ff. Vgl auch *Loschelder* VerwArch 48 (1957) 37ff; *Schrapper* DÖV 1994, 157; zum thüringischen Landesverwaltungsamt *Kießwetter/Parzefall* LKV 1993, 111; *B. Becker* Verw 1993, 317.

[48] Vgl LandesverwaltungsG idF v 2.1.1984 (GBl, 101), zuletzt geändert am 24.11.1997 (GBl, 465).

[49] Gem § 25 KreisreformG v 26.7.1971 (GBl, 314) war die Abschaffung der Regierungspräsidien zum 1.1.1977 vorgesehen. Vgl auch *Rochleder* VBlBW 1970, 166ff. § 25 KreisreformG wurde aber zwischenzeitlich aufgehoben.

Niederbayern, Oberpfalz, Oberfranken, Mittelfranken, Unterfranken und Schwaben) eingeteilt. In *Hessen*[51] gibt es 3 Regierungsbezirke (Darmstadt, Gießen und Kassel). Aufsichtsbehörde der Städte Frankfurt und Wiesbaden ist nicht der Regierungspräsident in Darmstadt, sondern der Minister des Inneren.[52] *Niedersachsen*[53] besteht aus 4 Regierungsbezirken (Braunschweig, Hannover, Lüneburg und Weser-Ems). *Nordrhein-Westfalen*[54] gliedert sich in 5 Regierungsbezirke (Arnsberg, Detmold, Düsseldorf, Köln und Münster). In *Rheinland-Pfalz*[55] bestehen derzeit noch 3 Regierungsbezirke (Koblenz, Rheinhessen-Pfalz und Trier), in *Sachsen* 3 Regierungsbezirke (Chemnitz, Dresden, Leipzig) und in *Sachsen-Anhalt* ebenfalls 3 Regierungsbezirke (Dessau, Halle, Magdeburg). In Rheinland-Pfalz sollen die 3 Bezirksregierungen aufgelöst und durch die „Struktur- und Genehmigungszentren“ Nord (Koblenz) und Süd (Neustadt/W) sowie ein „Aufsichts- und Service-Center“ (Trier) ersetzt werden.

14 Die *untere Verwaltungsbehörde* der allgemeinen staatlichen Verwaltung ist in allen Ländern außer den Stadtstaaten auf der Ebene des Landkreises eingerichtet (Landrat, Landratsamt, Kreisverwaltung).[56] In kreisfreien Städten werden die Aufgaben der allgemeinen unteren staatlichen Verwaltungsbehörde in der Regel von den Gemeinden als übertragene Verwaltungsaufgaben administriert. Auch können größeren Gemeinden (zB den Großen Kreisstädten in Baden-Württemberg und Bayern oder den großen kreisangehörigen Städten in Rheinland-Pfalz und Sachsen-Anhalt) Aufgaben der unteren staatlichen Verwaltungsbehörde übertragen werden.

15 Neben der allgemeinen inneren Verwaltung gibt es in allen Ländern Sonderverwaltungen mit eigenem Verwaltungsunterbau, zB die Landesfinanzverwaltung mit Mittel- und Unterbehörden (Oberfinanzdirektionen, Finanzämter) oder die Forstverwaltung mit Unterbehörden (Staatliche Forstämter). Außerdem bestehen auch

[50] Vgl Verordnung über die Errichtung der staatlichen Behörden idF v 31.3.1954 (BayBS I, 37). Vgl auch *Mang* in: Mang/Maunz/Mayer/Obermayer, Staats- und Verwaltungsrecht in Bayern, 4. Aufl 1975, 113ff.

[51] Vgl Gesetz über die Mittelstufe der Verwaltung und den Landeswohlfahrtsverband Hessen v 7.5.1953 (GVBl, 93), zuletzt geändert durch Gesetz v 18.12.1992 (GVBl I, 170), sowie Gesetz über die Grenzen der Regierungsbezirke und den Dienstsitz der Landesregierung v 15.10.1980 (GVBl I, 377). Vgl *H. Meyer* in: Meyer/Stolleis (Hrsg), StVerR Hessen, 4. Aufl 1996, 80.

[52] § 136 Abs 1 HessGO.

[53] Vgl Art II und XIII des Achten Gesetzes zur Verwaltungs- und Gebietsreform v 28. 6. 1977 (GVBl, 233), zuletzt geändert am 18.11.1984 (GVBl, 267).

[54] Vgl Gesetz über die Organisation der Landesverwaltung (Landesorganisationsgesetz) idF v 10.7.1962 (GVNW, 421), zuletzt geändert am 20.12.1994 (GVNW, 1114). Vgl auch *Rietdorf* in: Loschelder/Salzwedel (Hrsg), Verfassungs- und Verwaltungsrecht des Landes Nordrhein-Westfalen, 1964, 105ff; *Achterberg* in: Grimm/Papier (Hrsg), StVwR NW, 93f.

[55] *Gipp/Jänisch* in: Ley/Prümm (Hrsg), Staats- und Verwaltungsrecht für Rheinland-Pfalz, 3. Aufl 1992, 115 Rn 49.

[56] Vgl § 41 I LKO RhPf: „Der Landrat (...) leitet die Kreisverwaltung als Behörde des Landkreises und als untere Behörde der allgemeinen Landesverwaltung (...).“

in den Ländern Verwaltungseinrichtungen in der Form nicht-rechtsfähiger Anstalten, bei denen insgesamt ein nicht geringer Anteil des Verwaltungspersonals beschäftigt wird.[57]

2. Mittelbare Landesverwaltung

Der wichtigste Bereich mittelbarer Landesverwaltung ist die Kommunalverwaltung. Daneben spielt die Verwaltung durch andere Körperschaften und Anstalten sowie Stiftungen des öffentlichen Rechts eine erhebliche Rolle. Zu nennen sind hier vor allem die *Kammern* (Ärztekammern, Rechtsanwaltskammern, Industrie- und Handelskammern, Handwerkskammern, Landwirtschaftskammern usw), die *Versicherungsträger* des Landes (zB Landesversicherungsanstalten) und die öffentlich-rechtlichen *Bank- und Kreditinstitute* (zB die Landesbanken und Girozentralen) sowie die öffentlich-rechtlichen *Rundfunkanstalten* und die *Hochschulen*.[58] 16

III. Kommunalverwaltung

Gem Art 28 Abs 2 GG ist den Gemeinden und Gemeindeverbänden das Recht der Selbstverwaltung gewährleistet.[59] Die Regelung der Organisation der Kommunalverwaltung obliegt den Ländern insoweit, als die *Verfassung* der Gemeinden und Gemeindeverbände betroffen ist. Abgesehen von den Stadtstaaten, die keine Trennung von Staats- und Selbstverwaltung kennen,[60] ist die Kommunalverwaltung durch die von den Ländern erlassenen Gemeindeordnungen[61] und Kreisord- 17

[57] *Rietdorf* (Fn 54) 101, nennt für Nordrhein-Westfalen 16% der Angehörigen des öffentlichen Dienstes.

[58] Vgl *Bethge* in: Achterberg/Püttner, Bes VwR I, 722ff Rn 67ff.

[59] Zur Lage der kommunalen Selbstverwaltung vgl *Stern* in: FS Fröhler, 1980, 473ff; *Rommel* DÖV 1979, 362ff; *Pappermann* DVBl 1981, 1040ff; nach dem Rastede-Beschluß des BVerfG, *Schoch* VerwArch 81 (1990) 18ff.

[60] Vgl die Ausnahme für Bremerhaven, das die unechte Magistratsverfassung mit Stadtverordnetenversammlung, Magistrat und Oberbürgermeister hat. Vgl *Wolff/Bachof/Stober* (Fn 33) § 87 Rn 71. Zur Stadtstaatenklausel in Bundesgesetzen s *F. Kirchhof* DÖV 1983, 798ff.

[61] Baden-Württemberg: GO v 25.7.1955 (GBl, 129), idF v 3.10.1983 (GBl, 578), zuletzt geändert am 20.3.1997 (GBl, 101); Bayern: GO v 25.1.1952 (BayBS I, 461), idF v 6.1.1993 (GVBl, 65), zuletzt geändert am 29.8.1997 (GVBl, 520); Brandenburg: GO (KommunalVerf 1. Teil) v 15.10.1993 (GVBl I, 398), zuletzt geändert am 30.6.1994 (GVBl I, 230); Hessen: GO idF v 1.4.1993 (GVBl I 1992, 533), zuletzt geändert am 17.10.1996 (GVBl, 456); Mecklenburg-Vorpommern: GO (KommunalVerf 1. Teil) v 18.2.1994 (GVBl, 249); Niedersachsen: GO idF v 22.8.1996 (GVBl, 382); Nordrhein-Westfalen: GO v 28.10.1952 (GSNW, 179, 180), idF v 14.7.1994 (GVNW, 666); Rheinland-Pfalz: GO v 31.1.1994 (GVBl, 153), zuletzt geändert am 12.3.1996 (GVBl, 152); Saarland: GO (KSVG, Teil A) idF v 27.6.1997 (ABl, 682); Sachsen: GO v 21.4.1993 (GVBl, 301) zuletzt geändert am 15.7.1994 (GVBl, 1432); Sachsen-Anhalt: GO v 5.10.1993 (GVBl 568), zuletzt geändert am 31.7.1997 (GVBl, 721); Schleswig-Holstein: GO v 24.1.1950 (GVBl, 25), idF v 23.7.1996 (GVOBl, 529), zuletzt geändert am 18.3.1997 (GVOBl,

nungen[62] geregelt. Dazu kommen noch in einzelnen Ländern Gesetze über Gemeindeverbände unterhalb der Kreisebene[63] und über höhere Kommunalverbände[64] Schließlich sind die Regelungen über Zweckverbände zu nennen.

1. Gemeindeverwaltung

18 Wichtigste Träger kommunaler Selbstverwaltung sind die Gemeinden. Sie sind Gebietskörperschaften und in ihrem Gebiet im Rahmen der Gesetze unter eigener Verantwortung Träger der gesamten örtlichen öffentlichen Verwaltung. Obwohl nach Einwohnerzahl und Fläche recht starke Unterschiede zwischen den Gemeinden bestehen, wird darauf bei der Gemeindeverfassung kaum Rücksicht genommen. Erst ab einer je nach Bundesland unterschiedlichen, bestimmten Größe genießen Gemeinden eine Sonderstellung. So haben in allen Ländern größere Städte die Stellung von kreisfreien Städten, dh sie gehören keinem Landkreis an und unterliegen nicht der Aufsicht der unteren Verwaltungsbehörde. Darüber hinaus gibt es in Baden-Württemberg, Bayern und Sachsen noch Große Kreisstädte, in Rheinland-Pfalz und Sachsen-Anhalt große kreisangehörige Städte, die zwar zum

147); Thüringen: GO (KommunalO, 1. Teil) idF v 16.8.1993 (GVBl, 501), geändert am 8.6.1995 (GVBl, 200). – Die Gemeindeordnungen sind abgedruckt in dem Sammelwerk von *Schmidt-Eichstaedt/Stade/Borchmann* Die Gemeindeordnungen und die Kreisordnungen in der Bundesrepublik Deutschland, Loseblatt, Stand: Dezember 1995.

[62] Baden-Württemberg: LKO v 10.10.1955 (GBl, 207), idF v 19.6.1987 (GBl, 289), zuletzt geändert am 12.11.1995 (GBl, 761); Bayern: LKO idF v 6.1.1993 (GVBl, 93), zuletzt geändert am 29. 8.1997 (GBl S. 520); Brandenburg: LKO (Kommunalverf 2. Teil) v 15.10.1993 (GVBl I, 398), zuletzt geändert am 30.6.1994 (GVBl I, 230); Hessen: LKO idF v 1.4.1993 (GVBl I 1992, 568), zuletzt geändert am 15.7.1997 (GVBl I, 217); Mecklenburg-Vorpommern: LKO (KommunalVerf 2. Teil) v 18.2.1994 (GVBl, 249); Niedersachsen: LKO idF v 22.8.1996 (GVBl, 365); Nordrhein-Westfalen: KrO v 21.7. 1953 (GSNW, 208), idF v 14.7.1994 (GVNW, 646); Rheinland-Pfalz: LKO v 31.1. 1994 (GVBl, 188), zuletzt geändert am 12.3.1996 (GVBl, 152); Saarland: LKO (KSVG, Teil B) idF v 27.6.1997 (ABl, 682); Sachsen: LKO v 19.7.1993 (GVBl, 577), geändert am 19.4.1994 (GVBl, 773); Sachsen-Anhalt: LKO v 5.10.1993 (GVBl, 598), zuletzt geändert am 31.7.1997 (GVBl, 721); Schleswig-Holstein: KrO v 27.2.1950 (GVBl, 49) idF v 1.4.1996 (GVOBl, 356), geändert am 18.3.1997 (GVBl, 148); Thüringen: LKO (KommunalO, 2. Teil) idF v 18.6.1993 (GVBl, 501), geändert am 8.6.1995 (GVBl, 200). – Die Landkreisordnungen sind abgedruckt bei *Schmidt-Eichstaedt/ Stade/Borchmann* (Fn 61). Zur Frage der Abgrenzung der gemeindlichen Aufgaben von den Aufgaben der Kreise gem Art 28 Abs 2 GG vgl BVerfGE 79, 127ff; *Schoch* (Fn 59).

[63] Vgl für Brandenburg: AmtsO v 15.10.1993 (GVBl I, 450), geändert am 30.6.1994 (GVBl I, 230); Mecklenburg-Vorpommern: AmtsO (KommunalVerf 3. Teil) v 18.2. 1994 (GVOBl, 249); Rheinland-Pfalz: §§ 64–73 GO; Schleswig-Holstein: AmtsO v 17.6. 1952 (GVBl, 95), idF v 1.4.1996 (GVOBl, 372).

[64] Vgl für *Bayern:* BezO v 27.7.1953 (BayBS I, 529), idF v 6.1.1993 (GVBl, 115), zuletzt geändert am 26.7.1997 (GVBl, 344); *Nordrhein-Westfalen:* LVerbO v 12.5.1953 (GSNW, 217), idF v 14.7.1994 (GVNW, 657); *Rheinland-Pfalz:* BezO für den Bezirksverband Pfalz v 14.12.1973 (GVBl, 466), idF v 13.10.1994 (GVBl, 416), berichtigt GVBl 1995, 12.

Landkreis gehören, in zahlreichen Verwaltungsangelegenheiten aber unmittelbar der Aufsicht der mittleren Verwaltungsbehörde unterliegen.[65]

Die Organisation der Gemeindeverfassung ist in den einzelnen Ländern unterschiedlich geregelt. Dazu kommen weitere Differenzierungen innerhalb der Länder je nach der Größe der Gemeinden. Übereinstimmung besteht darin, daß jede Gemeinde eine gewählte kollegiale *Vertretung* haben muß; es sei denn, daß in Kleinstgemeinden anstelle der Vertretung die Gemeindeversammlung aller wahlberechtigten Bürger tritt. Das Kollegialorgan der Gemeinde wird Gemeindevertretung (Brandenburg, Mecklenburg-Vorpommern, Schleswig-Holstein) oder Gemeinderat bzw Stadtrat (so zB in Baden-Württemberg, Bayern, Rheinland-Pfalz, dem Saarland, Sachsen, Sachsen-Anhalt und Thüringen) oder Rat (Niedersachsen, Nordrhein-Westfalen) oder Stadtverordnetenversammlung (so in hessischen Städten) oder Ortsgemeinderat (in verbandsangehörigen Gemeinden in Rheinland-Pfalz) genannt. Sie ist nicht nur satzunggebendes Organ, sondern besitzt je nach Bundesland mehr oder weniger starke Verwaltungskompetenzen. 19

Recht unterschiedliche Regelungen bestehen über die Organisation des gemeindlichen *Vollzugsorgans*. Als solches kommt entweder ein Bürgermeister oder Gemeindedirektor allein oder neben der Gemeindevertretung oder ein kollegiales Organ (Magistrat) in Betracht. 20

Versucht man, die verschiedenen Organisationsformen der Gemeindeverfassung zu systematisieren, so schälen sich vier Gruppen von Organisationstypen heraus: die norddeutsche Ratsverfassung, die Bürgermeisterverfassung, die Magistratsverfassung und die süddeutsche Ratsverfassung.[66]

Nach der bis 1996 in Niedersachsen und bis 1994 in Nordrhein-Westfalen bestehenden *norddeutschen Ratsverfassung* war wichtigstes Organ der Rat der Gemeinde, dessen Vorsitzender der von ihm gewählte Bürgermeister (in kreisfreien Städten: Oberbürgermeister) war. Zweites Organ war der Gemeindedirektor (in Städten: Stadtdirektor, in kreisfreien Städten: Oberstadtdirektor), der den Geschäftsgang der Verwaltung leitete. 21

Die *Bürgermeisterverfassung* kennt neben der gewählten Gemeindevertretung als zweites Organ den Bürgermeister (in kreisfreien Städten und großen kreisangehörigen Städten: Oberbürgermeister), dem die Führung der Verwaltungsgeschäfte obliegt. Er wird von der Gemeindevertretung gewählt und führt in ihr den Vorsitz. Sein allgemeiner Vertreter ist der erste Beigeordnete (in kreisfreien Städten und großen kreisangehörigen Städten: Bürgermeister). Weitere Beigeordnete können ehren- und hauptamtlich bestellt werden. Diese Organisation der Gemeindeverfassung war bis 1994 im Saarland und bis 1998 in den Landgemeinden Schleswig-Holsteins anzutreffen. 22

65 Zu den kreisfreien Städten und den Großen Kreisstädten vgl etwa *Knemeyer* Bayerisches Kommunalrecht, 9. Aufl 1996, Rn 32 ff mit weiteren Literaturangaben.

66 Zum folgenden vgl *Schmidt-Aßmann* in: ders, Bes VwR, 1. Abschn III 1; *B. Becker* (Fn 7) § 19, 1, Abb 43 ff (S 343 ff); *Wolff/Bachof/Stober* (Fn 33) § 87 Rn 44 ff und *Schmidt-Jortzig* DÖV 1987, 281 ff. Zur Stellung des Bürgermeisters in Baden-Württemberg s a *Wehling* DÖV 1986, 1048 ff; *Wehling/Siewert* Der Bürgermeister in Baden Württemberg, 2. Aufl 1987; *Maurer* in: ders/Hendler (Hrsg), Baden-Württembergisches Staats- und Verwaltungsrecht, 1990, 215.

23 Bei der *Magistratsverfassung* gibt es zwei Organe: Gemeindevertretung und Magistrat. Beide Gremien sind personell getrennt, da Magistratsmitglieder nicht der Gemeindevertretung angehören dürfen. Den Vorsitz in der Gemeindevertretung führt nicht der Bürgermeister. Die Gemeindevertretung wählt für diese Aufgabe eines ihrer Mitglieder, welches dann in den Städten Hessens als Stadtverordnetenvorsteher bezeichnet wird. Der Magistrat oder Stadtvorstand ist ein kollegiales Verwaltungsorgan, das aus ehrenamtlich oder hauptamtlich tätigen Mitgliedern (Beigeordneten, Stadträten) unter dem Vorsitz eines Bürgermeisters durch Beschluß der Gemeindevertretung gebildet wird. Während nach der preußischen Städteordnung von 1808 der Magistrat neben der Stadtverordnetenversammlung Beschlußorgan war (sog *echte* Magistratsverfassung), ist er nach der heute für Hessen und die Stadt Bremerhaven geltenden *unechten* Magistratsverfassung nur Vollzugsorgan. In Hessen wird der Bürgermeister unmittelbar von den Bürgern gewählt, die Beigeordneten von der Gemeindevertretung. Zusammen bilden sie den Stadtvorstand. In Städten Hessens mit mehr als 50000 Einwohnern trägt der Bürgermeister die Bezeichnung Oberbürgermeister.

24 Nach der (ursprünglich) *süddeutschen Ratsverfassung* bestehen zwei Organe, nämlich der Gemeinderat und der Bürgermeister (in kreisfreien Städten und Großen Kreisstädten: Oberbürgermeister). Der Gemeinderat ist zugleich beschließendes und vollziehendes Organ. Der unmittelbar von den Bürgern gewählte Bürgermeister führt den Vorsitz im Gemeinderat und vollzieht dessen Beschlüsse. In Brandenburg und Sachsen-Anhalt haben nur die ehrenamtlichen, nicht aber die hauptamtlichen Bürgermeister den Vorsitz im Gemeinderat inne.[67] Diese Art der Gemeindeverfassung war zuerst in Baden-Württemberg und Bayern anzutreffen. Die Gemeindeordnungen der fünf neuen Bundesländer haben dieses System im Grundsatz übernommen. In Rheinland-Pfalz werden die Bürgermeister ebenfalls unmittelbar von den Bürgern gewählt. In Anlehnung an die unechte Magistratsverfassung ist hier für Städte mit mehr als 2 Beigeordneten ein Stadtvorstand zu bilden, dem einzelne Aufgaben zukommen, die sonst dem Bürgermeister obliegen.[68] In Niedersachsen, Nordrhein-Westfalen und Schleswig-Holstein wurde durch Änderungen der Kommunalverfassungen der durch Urwahl zu wählende Bürgermeister eingeführt. Erstmalig werden die Bürgermeister in Niedersachsen ab 1998 für die Dauer der Wahlzeit des Rates, in Schleswig-Holstein ebenfalls ab

[67] § 41 GO Brandenburg; § 36 Abs 2 GO Sachsen-Anhalt. In Brandenburg ist gem §§ 59 Abs 1, 60 Abs 1 GO der Bürgermeister in amtsangehörigen Gemeinden ehrenamtlich, in amtsfreien Gemeinden hauptamtlich tätig. Den Vorsitzenden der Gemeindevertretung in amtsfreien Gemeinden wählt die Gemeindevertretung aus ihrer Mitte. Nach § 57 GO Sachsen-Anhalt ist der Bürgermeister nur in Mitgliedsgemeinden von Verwaltungsgemeinschaften Ehrenbeamter, in allen anderen Gemeinden ist er hauptamtlicher Beamter. In letzteren Gemeinden wird ein Gemeinderatsmitglied zum Vorsitzenden des Gemeinderats gewählt. Durch diese Konstruktion wird die Stellung der ehrenamtlichen Bürgermeister in kleinen Gemeinden verstärkt, während in größeren Gemeinden und insbesondere Städten der Gemeindevertretung als Gegengewicht zum Bürgermeister höheres Gewicht verliehen wird; zur Kommunalverfassung in Sachsen-Anhalt vgl *Klang* LKV 1994, 265.

[68] §§ 57 GO Rheinland-Pfalz; zur sächsischen Gemeindeordnung *Hegele/Sponer* LKV 1993, 358; *Gern* Sächsisches Kommunalrecht, 1994.

1998 und in Nordrhein-Westfalen bei der Kommunalwahl 1999 direkt durch die Bürger gewählt.[69]

Unterhalb der landesgesetzlich detailliert vorgeschriebenen Gemeindeverfassung 25
ist die Organisation der Gemeindeverwaltung Angelegenheit der Gemeinden selbst, wobei allerdings durch andere Bestimmungen der Gemeindeordnung und einschlägiger Gesetze der Organisationsgewalt der Gemeinden tatsächlich Grenzen gesetzt sind.[70] Von den Gemeindeordnungen einiger Länder ist die Einrichtung von *Gemeindebezirksverwaltungen* vorgeschrieben.[71] Die Bildung von Ortsbezirken dient der Förderung des örtlichen Gemeinschaftslebens und der Übersichtlichkeit gemeindlicher Verwaltung für den Bürger, die durch die Eingemeindungsbewegung vor ca 20 Jahren unterzugehen drohte. Durch die Einrichtung von Ortsbeiräten, Ortsvorstehern und Verwaltungsstellen in Ortsbezirken soll in den Ortsteilen die Verwaltung wieder näher an die Bürger herangerückt werden.[72] Der Bedeutung von Akzeptanz in der Demokratie haben auch die fünf neuen Bundesländer Rechnung getragen, deren Kommunalverfassungen die Möglichkeit der Bildung von Ortsteilen mit Ortsteilvertretungen (Brandenburg, Mecklenburg-Vorpommern), Ortschaften mit Ortschaftsräten (Sachsen, Sachsen-Anhalt, Thüringen) oder auch Stadtbezirken mit Stadtbezirksräten vorsehen.

2. Verwaltung der Gemeindeverbände

Gemeindeverbände sind Gebietskörperschaften zur Erfüllung übergemeindlicher 26
oder im Falle der Samtgemeinden auch gemeindlicher Aufgaben. Mit Ausnahme der Stadtstaaten gibt es sie in allen Bundesländern in Gestalt der Landkreise. Die Länder Brandenburg, Mecklenburg-Vorpommern, Niedersachsen, Rheinland-Pfalz und Schleswig-Holstein kennen darüber hinaus noch Samtgemeinden (Ämter, Verbandsgemeinden).[73] Besondere Verwaltungseinheiten sind die Verwaltungsgemeinschaften in Bayern, die aus mehreren Mitgliedsgemeinden bestehen.[74] Auch in Sachsen-Anhalt und Thüringen können benachbarte Gemeinden zur Stärkung ihrer Leistungskraft Verwaltungsgemeinschaften bilden. In Bayern, Nordrhein-Westfalen und Rheinland-Pfalz gibt es außerdem noch höhere Kommunalverbände. Schließlich sind noch die Zweckverbände zu nennen.

69 *Gern* Deutsches Kommunalrecht, 2. Aufl 1997, Rn 361f: *Erichsen* Kommunalrecht des Landes Nordrhein-Westfalen, 2. Aufl 1998, 118.

70 Vgl dazu NWVerfGH JuS 1980, 232f.

71 *Rauball* Die Gemeindebezirke, Bezirksausschüsse und Ortsvorsteher, 1972, 18ff.

72 So bes in Rheinland-Pfalz. Vgl §§ 74ff GO Rheinland-Pfalz. Dem Ortsbeirat kommt hier in erster Linie beratende Funktion zu (§ 75 GO Rheinland-Pfalz), gleiches gilt für den Stadtbezirksbeirat in Sachsen (§ 71 GO Sachsen). Dagegen sind dem Stadtbezirksrat in Niedersachsen bestimmte Angelegenheiten der örtlichen Gemeinschaft zur Entscheidung zugewiesen (§ 55 c GO Niedersachsen).

73 Zum folgenden vgl *Schmidt-Aßmann* (Fn 66) 1. Abschn VIII 1; *Wolff/Bachof/Stober* (Fn 33) § 88.

74 Nach der bayerischen Gebietsreform gab es 1983 346 Verwaltungsgemeinschaften, denen 1085 Gemeinden angehörten; vgl *Tschira* in: FS zum 50jährigen Bestehen des Richard Boorberg Verlags, 1977, 280.

27 *Samtgemeinden* sind aus mehreren benachbarten Gemeinden innerhalb eines Landkreises gebildete Gemeindeverbände. Sie führen Verwaltungsgeschäfte im eigenen Namen, im Auftrag der Gemeinden und sind vornehmlich für die Verwaltungsaufgaben nach Weisung des Landes und die Auftragsangelegenheiten zuständig. Ihre Verfassung entspricht der der Gemeinden des jeweiligen Landes mit einer Samtgemeindevertretung als Repräsentativorgan (in Niedersachsen: Samtgemeinderat, in Rheinland-Pfalz: Verbandsgemeinderat, in Brandenburg, Mecklenburg-Vorpommern und Schleswig-Holstein: Amtsausschuß), deren Vorsitzender in Niedersachsen ein Samtgemeindebürgermeister, in den übrigen Ländern mit Samtgemeinden der leitende Verwaltungsbeamte ist. Niedersachsen kennt außerdem einen kollegialen Samtgemeindeausschuß. Das Vollzugsorgan heißt in Brandenburg „Amtsdirektor", in Mecklenburg-Vorpommern und in Schleswig-Holstein „Amtsvorsteher", in Niedersachsen „Samtgemeindedirektor", in Rheinland-Pfalz „Bürgermeister" (im Gegensatz zum „Ortsbürgermeister" der verbandsangehörigen Gemeinden). Die bayerischen Verwaltungsgemeinschaften sind Zusammenschlüsse benachbarter kreisangehöriger Gemeinden, die alle Angelegenheiten des übertragenen Wirkungskreises ihrer Mitgliedsgemeinden wahrnehmen, ausgenommen den Erlaß von Satzungen und Verordnungen. Daneben können sie durch Zweckvereinbarung einzelne Aufgaben und Befugnisse des eigenen Wirkungskreises der Mitgliedsgemeinden übernehmen.[75] Die gleiche Konzeption gilt für die Verwaltungsgemeinschaften in Thüringen, die allerdings mit dem Einverständnis der Mitgliedsgemeinden die Aufgabe der Aufstellung, Änderung und Ergänzung von Flächennutzungsplänen wahrnehmen. Die Verwaltungsgemeinschaften in Sachsen-Anhalt erfüllen die Aufgaben des übertragenen Wirkungskreises und soweit ihnen Aufgaben des eigenen Wirkungskreises von den Mitgliedsgemeinden übertragen werden, geht auch das Satzungsrecht mit über.[76] Auch in anderen Ländern bestehen Möglichkeiten der Kooperation zum Zweck der Aufgabenerfüllung.

28 Die Verfassung der *Landkreise* ist in den einzelnen Bundesländern ebenfalls unterschiedlich geregelt. Die unmittelbar vom Volk gewählte Vertretungskörperschaft trägt überall die Bezeichnung *„Kreistag"*. Vorsitzender des Kreistages ist in Brandenburg, Hessen, Mecklenburg-Vorpommern, Niedersachsen, Sachsen-Anhalt und Schleswig-Holstein ein Mitglied (in Brandenburg, Hessen, Niedersachsen und Sachsen-Anhalt: Kreistagsvorsitzender, in Mecklenburg-Vorpommern und in Schleswig-Holstein: Kreispräsident). In den übrigen Ländern führt der Hauptverwaltungsbeamte den Vorsitz. Kollegiales Verwaltungsorgan ist der *Kreisausschuß* (in Baden-Württemberg und im Saarland: Kreisrat), der in den einzelnen Ländern unterschiedlich zusammengesetzt ist.[77] Vollzugsorgan des Kreises ist ein Beamter

[75] Vgl Verwaltungsgemeinschaftsordnung idF vom 26. 10. 1982 (BayRS 2020-2-1-I), zuletzt geändert am 10. 6. 1994 (GVBl, 426).

[76] § 77 GO Sachsen-Anhalt; § 47 GO Thüringen, zur Kommunal- und Gemeindeverwaltungsreform in den neuen Bundesländern *Bernet* LKV 1993, 393; *Hoffmann* DÖV 1994, 621; *Köstering* DÖV 1994, 238 (zu Brandenburg); *Meyer* LKV 1993, 399 und *Glaser/Fittschen* LKV 1993, 335 (zu Mecklenburg-Vorpommern); *Veil* LKV 1993, 47 (zu Sachsen-Anhalt).

[77] Vgl *Wolff/Bachof/Stober* (Fn 33) § 89 Rn 16.

auf Zeit, der Landrat. Er ist zugleich allgemeine untere staatliche Verwaltungsbehörde und damit Bindeglied zwischen staatlicher und Selbstverwaltung im Landkreis. Berufen wird er in Brandenburg durch den Kreistag ohne Mitwirkung des Landes, in Baden-Württemberg durch den Kreistag unter Mitwirkung des Landes. In allen anderen Bundesländern wird der Landrat unmittelbar von den Bürgern gewählt. In Mecklenburg-Vorpommern und in Nordrhein-Westfalen wird die unmittelbare Wahl des Landrats mit dem Tag der Kommunalwahl des Jahres 1999 eingeführt.[78]

Höhere Kommunalverbände sind die 7 bayerischen Bezirke, die beiden nordrhein-westfälischen Landschaftsverbände, der rheinland-pfälzische Bezirksverband Pfalz, die baden-württembergischen Landeswohlfahrtsverbände Baden und Württemberg-Hohenzollern, die Landeswohlfahrtsverbände in Sachsen, der Landeswohlfahrtsverband Hessen und in Niedersachsen die Ostfriesische und die Oldenburgische Landschaft und der Bezirksverband Oldenburg.[79] Sie sind aus benachbarten Landkreisen und kreisfreien Städten zusammengesetzt. Dabei muß unterschieden werden, ob ihre Mitglieder unmittelbar die Bürger sind, die auch das satzunggebende Organ direkt wählen, oder die Landkreise und kreisfreien Städte. Unmittelbare Wahl ist vorgesehen für die Bestellung der Mitglieder der Bezirkstage der bayerischen Bezirke und des Bezirkstags des Bezirksverbands Pfalz,[80] während die Abgeordneten der Landschaftsversammlung der nordrhein-westfälischen Landschaftsverbände Rheinland und Westfalen-Lippe von den Kreistagen und Räten der kreisfreien Städte bestellt werden. Der kollegiale Verbandsausschuß (in Bayern und Rheinland-Pfalz: Bezirksausschuß, in Nordrhein-Westfalen: Landschaftsausschuß) besteht aus dem Vorsitzenden und mehreren Mitgliedern der Verbandsvertretung. Vollziehendes Organ ist bei den nordrhein-westfälischen Landschaftsverbänden der Direktor des Landschaftsverbandes, bei den bayerischen Bezirken der Bezirkstagspräsident und bei dem Bezirksverband Pfalz der Regierungspräsident. 29

Zur gemeinsamen Erfüllung bestimmter Aufgaben, zu deren Durchsetzung sie berechtigt oder verpflichtet sind, können Gemeinden und Gemeindeverbände sich zu *Zweckverbänden* zusammenschließen oder zu solchen zusammengeschlossen werden.[81] Hauptorgane sind stets ein Repräsentativorgan, in dem die Mitglieder 30

[78] Zur Stellung der Hauptverwaltungsbeamten auf Kreisebene vgl *Weilhammer* Der Landkreis 1988, 523 ff. Mit den inzwischen abgeschlossenen Kreisgebietsreformen in den neuen Bundesländern sollten funktionsfähige Verwaltungseinheiten geschaffen werden; umstrittenste Frage war regelmäßig die Entscheidung über den Kreissitz; vgl die Literatur in Fn 67 sowie *Meyn* LKV 1993, 408 (zu Thüringen); *Pfeifer* LKV 1993, 405 (zu Sachsen-Anhalt).

[79] Zu den höheren Gemeindeverbänden vgl *Wolff/Bachof/Stober* (Fn 33) § 90; *Witti* in: Püttner (Fn 42) 432 ff; *Meyer-Schwickerath* ebd, 452 ff zu den Regierungsbezirken in Bayern s. *Emmerig* BayVBl 1988, 65 ff.

[80] Art 12 BayBezO; § 5 Abs 1 BezO Rheinland-Pfalz. Zu dem in Bayern vorgeschriebenen (Art 35 BayBezO) Verwaltungsverbund zwischen der Selbstverwaltung der Bezirke und der Regierung als staatlicher Mittelinstanz vgl *Simnacher* BayVBl 1981, 385 ff.

[81] Zum Zweckverband vgl *Wolff/Bachof/Stober* (Fn 33) § 91 mwN. Zu den Formen interkommunaler Zusammenarbeit vgl *Rengeling* in: *Püttner* (Fn 42) 385 ff; zu den Stadt-Umland-Verbanden vgl *Wagener* ebd, 413 ff.

vertreten sind, und ein Verbandsvorsteher, der die laufenden Verwaltungsgeschäfte führt. Daneben können ein Verbandsausschuß und weitere beschließende Ausschüsse zur Entlastung der Verbandsversammlung gebildet werden. Zu den durch Gesetz errichteten Zweckverbänden, denen überörtliche Aufgaben in größerem Umfange – vor allem auf dem Gebiet der Raumplanung – übertragen sind und noch weitere Aufgaben übertragen werden können, gehören die Regionalverbände in Baden-Württemberg, die bayer. Planungsregionen, der Kommunalverband Ruhr, die rheinland-pfälzischen Planungsgemeinschaften, den Zweckverband Raum Kassel und der Verband Kieler Umland.[82]

[82] *B. Becker* (Fn 7) § 19, 2 (S 359f) mwN. Zu den Formen und Grenzen interkommunaler Zusammenarbeit durch öffentlich-rechtliche Vereinbarungen vgl *Schink* DVBl 1982, 769ff.

Anlagen

1. Organisationsplan der Behörde der Bezirksregierung in Nordrhein-Westfalen
2. Organisationsplan des Bundesministeriums für Bildung und Wissenschaft
3. Aufbau der Landesverwaltung in Nordrhein-Westfalen

Anlage 1

Organisationsplan der Behörde der Bezirksregierung in Nordrhein-Westfalen

Stand: 1.5.1998

Regierungspräsidentin/Regierungspräsident

Regierungsvizepräsidentin/Regierungsvizepräsident

- **ABTEILUNG 1**
  - **11** Personalangelegenheiten
  - **12** Beauftragter für den Haushalt und wirtschaftliche Angelegenheiten
  - **13** Regierungshauptkasse
  - **14** Organisationsangelegenheiten, Informationstechnik
  - **15** Justitiariat, Enteignung, Liegenschaften. Nur Arnsberg, Detmold und Köln: Verteidigungslasten
- **ABTEILUNG 2**
  - **21** Ordnungsrechtliche Angelegenheiten, Staatshoheitsangelegenheiten
  - **22** Zivile Verteidigung. Katastrophenschutz, Feuerschutz
  - **23** Veterinärangelegenheiten, Lebensmittelüberwachung
  - **24** Gesundheit
  - **25** Verwaltung und Logistik der Polizei
  - **26** Gefahrenabwehr/Strafverfolgung der Polizei, Autobahnpolizei
- **ABTEILUNG 3**
  - **31** Kommunal- und Sparkassenaufsicht
  - **32** Gemeindeprüfungsamt
  - **33** Landesvermessung und Liegenschaftskataster
  - **34** Staatshochbau
  - **35** Bauaufsicht, Städtebau, Denkmalangelegenheiten
  - **36** Bauförderung, Wohnungsangelegenheiten, Krankenhausförderung
  - **37** Sozialwesen
  - **38** Nur Münster: Lastenausgleich
- **ABTEILUNG 4**
  - **41** Grundschulen – Primarstufe – u. Sonderschulen
  - **42** Haupt- und Realschulen – Sekundarstufe I –
  - **43** Gymnasien Gesamtschulen – Sekundarstufen I und II –
  - **44** Berufbildende Schulen, Kollegschulen – Sekundarstufe II –
  - **41–44** Gemeinsames Büro
  - **45** Lehreraus- und -fortbildung
  - **46** Kunst- u. Kulturpflege, Weiterbildung, Zweiter Bildungsweg, Sport
  - **47** Personal- und Stellenplanangelegenheiten
  - **48** Schulrecht und Schulverwaltung, Schulbau, Kirchensachen
  - **49** Wirtschaftliche Angelegenheiten, Ersatzschulen, Finanzierung der Weiterbildung
- **ABTEILUNG 5**
  - **51** Landschaft, Fischerei
  - **52** Abfallwirtschaft
  - **53** Verkehr
  - **54** Wasserwirtschaft
  - **55** Arbeitsschutz
  - **56** Immissionsschutz
- **ABTEILUNG 6**
  - **61** Geschäftsstelle des Bezirksplanungsrates, Erarbeitungsverfahren, Bevölkerungs- und Wirtschaftsstruktur
  - **62** Durchsetzung der Ziele der Raumordnung und Landesplanung
  - **63** Gewerbliche Wirtschaft
  - **64** Nur Köln: Braunkohle
- Nur Düsseldorf: **ABTEILUNG 7** Wiedergutmachung
  - **71** Festsetzung, Sonstige Angelegenheiten der Wiedergutmachung
  - **72** Medizinische Angelegenheiten
  - **73** Rentenregelung, Heilverfahren, Rechtsangelegenheiten, Betreibung und Vollstreckung

Sachverzeichnis

Die Angaben beziehen sich auf Paragraphen und Randnummern